A BÍBLIA SAGRADA

Nova Versão Internacional

NVI™

A BÍBLIA SAGRADA

Nova Versão Internacional

NVI™

2ª Edição
Santo André - SP - Brasil
2025
[NVI8E 8606]
Geográfica editora

A SOCIEDADE BÍBLICA INTERNACIONAL

www.geografica.com.br
Quaisquer comentários ou dúvidas sobre este produto escreva para:
produtos@geografica.com.br

SIGA-NOS NAS REDES SOCIAIS

geograficaed

geoeditora

geograficaeditora

geograficaeditora

B582 A Bíblia sagrada: nova versão internacional – Palavras de Jesus em destaque. – Santo André: Geográfica, 2024.

NVI
ISBN 978-65-5655-460-0

1. Bíblia sagrada.

CDU 22

A BÍBLIA SAGRADA

ÍNDICE DOS LIVROS E NÚMEROS DE CAPÍTULOS

ANTIGO TESTAMENTO

Livro	*Abrev.*	*Pág.*	*Caps.*	*Livro*	*Abrev.*	*Pág.*	*Caps.*
Gênesis	Gn	11	50	Eclesiastes	Ec	409	12
Êxodo	Êx	45	40	Cântico dos Cânticos	Ct	415	8
Levítico	Lv	72	27	Isaías	Is	419	66
Números	Nm	92	36	Jeremias	Jr	452	52
Deuteronômio	Dt	120	34	Lamentações	Lm	490	5
Josué	Js	144	24	Ezequiel	Ez	493	48
Juízes	Jz	160	21	Daniel	Dn	528	12
Rute	Rt	176	4	Oséias	Os	538	14
1 Samuel	1Sm	178	31	Joel	Jl	543	3
2 Samuel	2Sm	199	24	Amós	Am	546	9
1 Reis	1Rs	218	22	Obadias	Ob	550	1
2 Reis	2Rs	239	25	Jonas	Jn	551	4
1 Crônicas	1Cr	259	29	Miquéias	Mq	552	7
2 Crônicas	2Cr	278	36	Naum	Na	556	3
Esdras	Ed	301	10	Habacuque	Hc	557	3
Neemias	Ne	308	13	Sofonias	Sf	559	3
Ester	Et	318	10	Ageu	Ag	561	2
Jó	Jó	323	42	Zacarias	Zc	562	14
Salmos	Sl	340	150	Malaquias	Ml	568	4
Provérbios	Pv	393	31				

NOVO TESTAMENTO

Livro	*Abrev.*	*Pág.*	*Caps.*	*Livro*	*Abrev.*	*Pág.*	*Caps.*
Mateus	Mt	577	28	1 Timóteo	1Tm	729	6
Marcos	Mr	602	16	2 Timóteo	2Tm	732	4
Lucas	Lc	618	24	Tito	Tt	734	3
João	Jo	644	21	Filemom	Fm	735	1
Atos	At	663	28	Hebreus	Hb	736	13
Romanos	Rm	687	16	Tiago	Tg	744	5
1 Coríntios	1Co	698	16	1 Pedro	1Pe	746	5
2 Coríntios	2Co	707	13	2 Pedro	2Pe	749	3
Gálatas	Gl	714	6	1 João	1Jo	751	5
Efésios	Ef	717	6	2 João	2Jo	754	1
Filipenses	Fp	721	4	3 João	3Jo	754	1
Colossenses	Cl	723	4	Judas	Jd	755	1
1 Tessalonicenses	1Ts	726	5	Apocalipse	Ap	756	22
2 Tessalonicenses	2Ts	728	3				

PREFÁCIO

A *Nova Versão Internacional* (NVI) da Bíblia é a mais recente tradução das Escrituras Sagradas em língua portuguesa a partir das línguas originais.

A realização deste empreendimento tornou-se possível pela iniciativa e esforços da Sociedade Bíblica Internacional, que em 1990 reuniu uma comissão de estudiosos para dedicar-se a um projeto que consumiria quase uma década.

Milhares de horas foram gastas no trabalho individual e em grupo. Muitas foram as reuniões da comissão realizadas em São Paulo, Campinas, Atibaia, Caraguatatuba, Curitiba, São Bento do Sul, Miami, Dallas, Denver e Colorado Springs. Quase vinte estudiosos de diferentes especialidades teológicas e linguísticas empreenderam o projeto de tradução da NVI. Esses peritos representavam os mais diferentes segmentos denominacionais; todos, porém, plenamente convictos da inspiração e da autoridade das Escrituras Sagradas.

A diversidade do grupo de tradutores muito contribuiu para a qualidade da nova tradução. Formou-se uma comissão composta de tradutores brasileiros e estrangeiros (teólogos de vários países: EUA, Inglaterra, Holanda), três dos quais residindo fora do Brasil (EUA, Israel e Portugal). Convém também ressaltar que dezenas de outras pessoas participaram no auxílio direto ou indireto ao projeto, nas mais diversas tarefas.

Aliou-se à erudição representada pela Comissão da NVI o que há de mais avançado e elevado em pesquisas teológicas e linguísticas disponíveis atualmente, em hebraico, alemão, inglês, holandês, espanhol, italiano, francês e português. Dezenas de comentários, dicionários, obras de consulta e softwares inovadores foram empregados durante o projeto.

O propósito dos estudiosos que traduziram a NVI foi somar à lista das várias traduções existentes em português um texto novo que se definisse por quatro elementos fundamentais: *precisão*, *beleza de estilo*, *clareza* e *dignidade*. Sem dúvida alguma, a língua portuguesa é privilegiada pelo fato de contar com tantas e tão boas traduções das Escrituras Sagradas. A NVI pretende fazer coro a tais esforços, prosseguindo a tarefa de transmitir a Palavra de Deus com fidelidade e com clareza, reconhecendo ao mesmo tempo a necessidade de uma nova tradução das Escrituras em português. Essa necessidade comprova-se particularmente em razão de dois fatores:

1. a dinâmica de transformação constante da linguagem, tanto no vocabulário como na organização de frases (sintaxe);
2. o aperfeiçoamento científico no campo da arqueologia bíblica, do estudo das línguas originais e de línguas cognatas, da crítica textual e da própria ciência linguística.

A NVI é uma tradução evangélica, fiel e contemporânea. Seu alvo é comunicar a Palavra de Deus ao leitor moderno com tanta clareza e impacto quanto os exercidos pelo texto bíblico original entre os primeiros leitores. Por essa razão, alguns trechos bíblicos foram traduzidos com maior ou menor grau de literalidade, levando sempre em conta a compreensão do leitor. O texto da NVI não se caracteriza por alta erudição vernacular, nem por um estilo muito popular. Regionalismos, termos vulgares, anacronismos e arcaísmos foram também deliberadamente evitados.

Quanto ao texto original, a NVI baseou-se no trabalho erudito mais respeitado em todo o mundo na área da crítica textual, tanto no caso dos manuscritos hebraicos e aramaicos do Antigo Testamento (AT) como no caso dos manuscritos gregos do Novo Testamento (NT). Não obstante, a avaliação das opções textuais nunca foi acrítica. Estudiosos da área poderão constatar que, tanto nas notas de rodapé como no texto bíblico, a comissão foi criteriosa e sensata em sua avaliação.

O processo de tradução consistiu inicialmente no trabalho individual dos tradutores, que sempre se submeteram à visão da Comissão e às suas diretrizes.

As questões gerais, mais difíceis e teologicamente muito relevantes, sempre foram discutidas e avaliadas em conjunto, para que fossem consideradas de todos os ângulos e não refletissem nenhuma perspectiva particular. Os enfoques teológico, linguístico, histórico, eclesiástico e estilístico sempre encontraram espaço na avaliação das decisões do grupo.

Com o propósito de melhor apresentar o perfil da NVI, queremos enumerar suas peculiaridades:

1. Fluência de linguagem

Em razão da grande diferença entre a sintaxe do português atual e a das línguas originais, a NVI entende não ser possível comunicar de modo adequado a Palavra de Deus prendendo-se às estruturas do hebraico, do aramaico e do grego. Por essa razão, os versículos são organizados em períodos menores, pontuados conforme as exigências da língua portuguesa e apresentando uma fluência de leitura da qual a Bíblia é digna.

2. Nível de linguagem

O nível de linguagem da NVI prima ao mesmo tempo pela dignidade e pela compreensão. Trata-se de uma versão útil para o estudo aprofundado, para a leitura pessoal, para a leitura pública e para a evangelização. É muito importante destacar que o nível de formalidade da linguagem foi definido de acordo com o contexto. Para exemplificar: o tratamento de um súdito para com seu rei deve necessariamente ser diferente, no tom cerimonioso, daquele utilizado por servos, conversando informalmente entre si.

3. Imparcialidade teológica

Por ser versão evangélica, a NVI apresenta uma tradução livre de interpretações particulares e denominacionais. No que diz respeito a questões menores que marcam a diversidade do mundo evangélico, a NVI não se permitiu traduzir nenhum texto bíblico com a intenção de ajustá-lo à doutrina particular de qualquer denominação ou corrente teológica.

4. Atenção aos diferentes gêneros de composição

Além da divisão em versículos, comum a todas as traduções da Bíblia, a NVI também organiza o texto bíblico seguindo padrões já estabelecidos de estruturação textual. O leitor encontrará a divisão em parágrafos, muito importante para a subdivisão do texto em unidades menores completas, e a diagramação diferenciada dos gêneros básicos de composição do texto bíblico. Os estilos narrativo, poético e epistolar apresentam diagramação distinta, facilmente identificável em cada caso.

5. Honestidade científica

Nem sempre a melhor tradução será a mais aceita. Em alguns textos haverá leitores que acharão a tradução da NVI muito diferente. Todavia, conscientes da responsabilidade de traduzir fielmente as Escrituras, os membros da Comissão da NVI preferiram seguir o sentido do original, ainda que alguns venham a estranhar a nova tradução. Nos casos em que o texto original apresenta dificuldades especiais de tradução ou permite mais de uma forma de verter o texto, foram incluídas notas de rodapé com a informação necessária.

6. Riqueza exegética

Muitos textos bíblicos, quando avaliados mais profundamente à luz da linguística e da exegese, transmitem seu conteúdo com muito mais clareza e impacto. O leitor poderá verificar na leitura da NVI a riqueza exegética da tradução. Muitos textos explicitarão mais nitidamente o campo semântico de determinadas palavras, bem como a função de certas construções gramaticais.

7. Notas de rodapé

As notas de rodapé são frequentes na NVI. Tais notas enriquecedoras atendem a várias necessidades: a) tratam de questões de crítica textual (i.e., de leituras alternativas nas línguas originais), b) apresentam traduções alternativas, c) oferecem explicações e d) mostram qual seria a opção literal de tradução. Não há dúvida de que permitirão ao leitor uma compreensão muito maior do texto sagrado.

8. Pesos e medidas

Levando em conta as diferenças culturais entre o mundo atual e o mundo bíblico, a NVI adequou os pesos e as medidas do texto sagrado levando em conta o leitor de hoje. Portanto, o sistema métrico decimal foi utilizado para tornar claras as distâncias. Também as medidas de peso e de capacidade receberam equivalentes contemporâneos.

9. A relação com a New International Version (NIV)

A NVI segue o mesmo ponto de partida da NIV, versão em língua inglesa reconhecida internacionalmente. A filosofia de tradução é muito semelhante. Todavia, não se deve imaginar que a versão inglesa foi a única fonte de referência da NVI. É verdade que muito da contribuição exegética desta versão irmã foi incorporada à NVI. No entanto, a Comissão de Tradução da NVI preferiu em muitos casos opções exegéticas bem distintas. Jamais houve dependência obrigatória da NVI em relação à NIV (ou em relação a qualquer outra versão estrangeira) em qualquer âmbito: teológico, exegético ou hermenêutico.

Estamos certos de que essa tradução será uma grande bênção para os povos de língua portuguesa em todos os continentes em que ela marca a sua presença. Se milhões de vidas forem abençoadas, compreendendo melhor a Revelação escrita de Deus aos homens e conhecendo de modo profundo a bendita pessoa de nosso Senhor e Salvador Jesus Cristo, nosso propósito terá sido alcançado.

Fevereiro de 2001
Comissão de Tradução

Antigo Testamento

GÊNESIS

1 O Princípio

1 No princípio Deus criou os céus e a terra.[a]
2 Era a terra sem forma e vazia; trevas cobriam a face do
abismo, e o Espírito de Deus se movia sobre a face das águas.
3 Disse Deus: "Haja luz", e houve luz. 4 Deus viu que a luz era
boa, e separou a luz das trevas. 5 Deus chamou à luz dia, e às
trevas chamou noite. Passaram-se a tarde e a manhã; esse foi
o primeiro dia.
6 Depois disse Deus: "Haja entre as águas um firmamento que
separe águas de águas". 7 Então Deus fez o firmamento e se-
parou as águas que ficaram abaixo do firmamento das que
ficaram por cima. E assim foi. 8 Ao firmamento, Deus chamou
céu. Passaram-se a tarde e a manhã; esse foi o segundo dia.
9 E disse Deus: "Ajuntem-se num só lugar as águas que estão
debaixo do céu, e apareça a parte seca". E assim foi. 10 À parte
seca Deus chamou terra, e chamou mares ao conjunto das
águas. E Deus viu que ficou bom.
11 Então disse Deus: "Cubra-se a terra de vegetação: plantas
que deem sementes e árvores cujos frutos produzam sementes
de acordo com as suas espécies". E assim foi. 12 A terra fez
brotar a vegetação: plantas que dão sementes de acordo com
as suas espécies, e árvores cujos frutos produzem sementes de
acordo com as suas espécies. E Deus viu que ficou bom. 13 Pas-
saram-se a tarde e a manhã; esse foi o terceiro dia.
14 Disse Deus: "Haja luminares no firmamento do céu para
separar o dia da noite. Sirvam eles de sinais para marcar es-
tações, dias e anos, 15 e sirvam de luminares no firmamento
do céu para iluminar a terra". E assim foi. 16 Deus fez os dois
grandes luminares: o maior para governar o dia e o menor para
governar a noite; fez também as estrelas. 17 Deus os colocou
no firmamento do céu para iluminar a terra, 18 governar o dia
e a noite, e separar a luz das trevas. E Deus viu que ficou bom.
19 Passaram-se a tarde e a manhã; esse foi o quarto dia.
20 Disse também Deus: "Encham-se as águas de seres vivos, e
voem as aves sobre a terra, sob o firmamento do céu". 21 Assim
Deus criou os grandes animais aquáticos e os demais seres
vivos que povoam as águas, de acordo com as suas espécies; e
todas as aves, de acordo com as suas espécies. E Deus viu que
ficou bom. 22 Então Deus os abençoou, dizendo: "Sejam férteis
e multipliquem-se! Encham as águas dos mares! E multipli-
quem-se as aves na terra". 23 Passaram-se a tarde e a manhã;
esse foi o quinto dia.
24 E disse Deus: "Produza a terra seres vivos de acordo com as
suas espécies: rebanhos domésticos, animais selvagens e os
demais seres vivos da terra, cada um de acordo com a sua es-
pécie". E assim foi. 25 Deus fez os animais selvagens de acordo
com as suas espécies, os rebanhos domésticos de acordo com
as suas espécies, e os demais seres vivos da terra de acordo
com as suas espécies. E Deus viu que ficou bom.
26 Então disse Deus: "Façamos o homem à nossa imagem, con-
forme a nossa semelhança. Domine ele[b] sobre os peixes do
mar, sobre as aves do céu, sobre os grandes animais de toda
a terra[c] e sobre todos os pequenos animais que se movem
rente ao chão".
27 Criou Deus o homem à sua imagem, à imagem de Deus o
criou; homem e mulher[d] os criou.
28 Deus os abençoou e lhes disse: "Sejam férteis e multipli-
quem-se! Encham e subjuguem a terra! Dominem sobre os
peixes do mar, sobre as aves do céu e sobre todos os animais
que se movem pela terra".
29 Disse Deus: "Eis que dou a vocês todas as plantas que
nascem em toda a terra e produzem sementes, e todas as ár-
vores que dão frutos com sementes. Elas servirão de alimento
para vocês. 30 E dou todos os vegetais como alimento a tudo
o que tem em si fôlego de vida: a todos os grandes animais
da terra[e], a todas as aves do céu e a todas as criaturas que se
movem rente ao chão". E assim foi.
31 E Deus viu tudo o que havia feito, e tudo havia ficado muito
bom. Passaram-se a tarde e a manhã; esse foi o sexto dia.

2
1 Assim foram concluídos os céus e a terra, e tudo o que neles
há.
2 No sétimo dia Deus já havia concluído a obra que realizara,
e nesse dia descansou. 3 Abençoou Deus o sétimo dia e o san-
tificou, porque nele descansou de toda a obra que realizara
na criação.

A Origem da Humanidade

4 Esta é a história das origens[f] dos céus e da terra, no tempo
em que foram criados: Quando o Senhor Deus fez a terra e os
céus, 5 ainda não tinha brotado nenhum arbusto no campo,
e nenhuma planta havia germinado, porque o Senhor Deus
ainda não tinha feito chover sobre a terra, e também não havia
homem para cultivar o solo. 6 Todavia brotava água[g] da terra e
irrigava toda a superfície do solo. 7 Então o Senhor Deus formou
o homem[h] do pó da terra e soprou em suas narinas o fôlego de
vida, e o homem se tornou um ser vivente.
8 Ora, o Senhor Deus tinha plantado um jardim no Éden, para os
lados do leste, e ali colocou o homem que formara. 9 Então o

---

a 1.1-3 Ou *Quando Deus começou a criar os céus e a terra 2sendo a terra ..., 3disse Deus*

b 1.26 Hebraico: *Dominem eles.*

c 1.26 A Versão Siríaca diz *sobre todos os animais selvagens da terra.*

d 1.27 Hebraico: *macho e fêmea.*

e 1.30 Ou *os animais selvagens*

f 2.4 Hebraico: *história da descendência*; a mesma expressão aparece em 5.1; 6.9; 10.1; 11.10, 27; 25.12, 19; 36.1, 9 e 37.2.

g 2.6 Ou *brotavam fontes*; ou ainda *surgia uma neblina*

h 2.7 Os termos homem e Adão (*adam*) assemelham-se à palavra terra (*adamah*) no hebraico.

SENHOR Deus fez nascer do solo todo tipo de árvores agradáveis
aos olhos e boas para alimento. E no meio do jardim estavam
a árvore da vida e a árvore do conhecimento do bem e do mal.
10 No Éden nascia um rio que irrigava o jardim, e depois se
dividia em quatro. 11 O nome do primeiro é Pisom. Ele percorre
toda a terra de Havilá, onde existe ouro. 12 O ouro daquela terra
é excelente; lá também existem o bdélio e a pedra de ônix.
13 O segundo, que percorre toda a terra de Cuxe, é o Giom.
14 O terceiro, que corre pelo lado leste da Assíria, é o Tigre. E o
quarto rio é o Eufrates.
15 O SENHOR Deus colocou o homem no jardim do Éden para
cuidar dele e cultivá-lo. 16 E o SENHOR Deus ordenou ao homem:
"Coma livremente de qualquer árvore do jardim, 17 mas não
coma da árvore do conhecimento do bem e do mal, porque no
dia em que dela comer, certamente você morrerá".
18 Então o SENHOR Deus declarou: "Não é bom que o homem es-
teja só; farei para ele alguém que o auxilie e lhe corresponda".
19 Depois que formou da terra todos os animais do campo e
todas as aves do céu, o SENHOR Deus os trouxe ao homem para
ver como este lhes chamaria; e o nome que o homem desse
a cada ser vivo, esse seria o seu nome. 20 Assim o homem deu
nomes a todos os rebanhos domésticos, às aves do céu e a
todos os animais selvagens. Todavia não se encontrou para o
homem[a] alguém que o auxiliasse e lhe correspondesse.
21 Então o SENHOR Deus fez o homem cair em profundo sono e,
enquanto este dormia, tirou-lhe uma das costelas[b], fechando o
lugar com carne. 22 Com a costela que havia tirado do homem,
o SENHOR Deus fez uma mulher e a levou até ele. 23 Disse então
o homem: "Esta, sim, é osso dos meus ossos e carne da minha
carne! Ela será chamada mulher, porque do homem[c] foi ti-
rada".
24 Por essa razão, o homem deixará pai e mãe e se unirá à sua
mulher, e eles se tornarão uma só carne.
25 O homem e sua mulher viviam nus, e não sentiam vergonha.

3 O Relato da Queda

Ora, a serpente era o mais astuto de todos os animais selva-
gens que o SENHOR Deus tinha feito. E ela perguntou à mulher:
"Foi isto mesmo que Deus disse: 'Não comam de nenhum fruto
das árvores do jardim'?"
2 Respondeu a mulher à serpente: "Podemos comer do fruto
das árvores do jardim, 3 mas Deus disse: 'Não comam do fruto
da árvore que está no meio do jardim, nem toquem nele; do
contrário vocês morrerão' ".
4 Disse a serpente à mulher: "Certamente não morrerão! 5 Deus
sabe que, no dia em que dele comerem, seus olhos se abrirão,
e vocês, como Deus[d], serão conhecedores do bem e do mal".
6 Quando a mulher viu que a árvore parecia agradável ao pa-
ladar, era atraente aos olhos e, além disso, desejável para
dela se obter discernimento, tomou do seu fruto, comeu-o e o
deu a seu marido, que comeu[e] também. 7 Os olhos dos dois se
abriram, e perceberam que estavam nus; então juntaram folhas
de figueira para cobrir-se.
8 Ouvindo o homem e sua mulher os passos[f] do SENHOR Deus,
que andava pelo jardim quando soprava a brisa do dia, escon-
deram-se da presença do SENHOR Deus entre as árvores do
jardim. 9 Mas o SENHOR Deus chamou o homem, perguntando:
"Onde está você?"
10 E ele respondeu: "Ouvi teus passos no jardim e fiquei com
medo, porque estava nu; por isso me escondi".
11 E Deus perguntou: "Quem disse que você estava nu? Você
comeu do fruto da árvore da qual o proibi de comer?"
12 Disse o homem: "Foi a mulher que me deste por companheira
que me deu do fruto da árvore, e eu comi".
13 O SENHOR Deus perguntou então à mulher: "Que foi que você
fez?" Respondeu a mulher: "A serpente me enganou, e eu
comi".
14 Então o SENHOR Deus declarou à serpente: "Uma vez que você
fez isso, maldita é você entre todos os rebanhos domésticos
e entre todos os animais selvagens! Sobre o seu ventre você
rastejará, e pó comerá todos os dias da sua vida. 15 Porei ini-
mizade entre você e a mulher, entre a sua descendência e o
descendente[g] dela; este ferirá a sua cabeça, e você lhe ferirá
o calcanhar".
16 À mulher, ele declarou: "Multiplicarei grandemente o seu
sofrimento na gravidez; com sofrimento você dará à luz filhos.
Seu desejo será para o seu marido, e ele[h] a dominará".
17 E ao homem declarou: "Visto que você deu ouvidos à sua mu-
lher e comeu do fruto da árvore da qual ordenei a você que não
comesse, maldita é a terra por sua causa; com sofrimento você
se alimentará dela todos os dias da sua vida. 18 Ela lhe dará
espinhos e ervas daninhas, e você terá que alimentar-se das
plantas do campo. 19 Com o suor do seu rosto você comerá o
seu pão, até que volte à terra, visto que dela foi tirado; porque
você é pó, e ao pó voltará".
20 Adão deu à sua mulher o nome de Eva, pois ela seria mãe de
toda a humanidade. 21 O SENHOR Deus fez roupas de pele e com
elas vestiu Adão e sua mulher.
22 Então disse o SENHOR Deus: "Agora o homem se tornou como
um de nós, conhecendo o bem e o mal. Não se deve, pois,
permitir que ele tome também do fruto da árvore da vida e o
coma, e viva para sempre". 23 Por isso o SENHOR Deus o mandou
embora do jardim do Éden para cultivar o solo do qual fora ti-
rado. 24 Depois de expulsar o homem, colocou a leste do jardim
do Éden querubins e uma espada flamejante que se movia,
guardando o caminho para a árvore da vida.

4 Caim Mata Abel

Adão teve relações com Eva, sua mulher, e ela engravidou
e deu à luz Caim. Disse ela: "Com o auxílio do SENHOR tive um

[a] 2.20 Ou *Adão*
[b] 2.21 Ou *parte de um dos lados do homem*; também no versículo 22.
[c] 2.23 Os termos homem (*ish*) e mulher (*ishah*) formam um jogo de palavras no hebraico.
[d] 3.5 Ou *deuses*
[e] 3.6 Ou *comeu e estava com ela*
[f] 3.8 Ou *a voz*; também no versículo 10.
[g] 3.15 Ou *a descendência*. Hebraico: *semente*.
[h] 3.16 Ou *será contra o seu marido, mas ele*; ou ainda *a impelirá ao seu marido, e ele*

filho homem". 2 Voltou a dar à luz, desta vez a Abel, irmão dele.
Abel tornou-se pastor de ovelhas, e Caim, agricultor. 3 Passado
algum tempo, Caim trouxe do fruto da terra uma oferta ao SE-
NHOR. 4 Abel, por sua vez, trouxe as partes gordas das primeiras
crias do seu rebanho. O SENHOR aceitou com agrado Abel e sua
oferta, 5 mas não aceitou Caim e sua oferta. Por isso Caim se
enfureceu e o seu rosto se transtornou.
6 O SENHOR disse a Caim: "Por que você está furioso? Por que se
transtornou o seu rosto? 7 Se você fizer o bem, não será aceito?
Mas, se não o fizer, saiba que o pecado o ameaça à porta; ele
deseja conquistá-lo, mas você deve dominá-lo".
8 Disse, porém, Caim a seu irmão Abel: "Vamos para o campo".[a]
Quando estavam lá, Caim atacou seu irmão Abel e o matou.
9 Então o SENHOR perguntou a Caim: "Onde está seu irmão
Abel?" Respondeu ele: "Não sei; sou eu o responsável por meu
irmão?"
10 Disse o SENHOR: "O que foi que você fez? Escute! Da terra o
sangue do seu irmão está clamando. 11 Agora amaldiçoado é
você pela terra[b], que abriu a boca para receber da sua mão
o sangue do seu irmão. 12 Quando você cultivar a terra, esta
não lhe dará mais da sua força. Você será um fugitivo errante
pelo mundo".
13 Disse Caim ao SENHOR: "Meu castigo é maior do que posso su-
portar. 14 Hoje me expulsas desta terra, e terei que me esconder
da tua face; serei um fugitivo errante pelo mundo, e qualquer
que me encontrar me matará".
15 Mas o SENHOR lhe respondeu: "Não será assim[c]; se alguém
matar Caim, sofrerá sete vezes a vingança". E o SENHOR colocou
em Caim um sinal, para que ninguém que viesse a encontrá-lo
o matasse. 16 Então Caim afastou-se da presença do SENHOR e
foi viver na terra de Node[d], a leste do Éden.

Os Descendentes de Caim

17 Caim teve relações com sua mulher, e ela engravidou e deu
à luz Enoque. Depois Caim fundou uma cidade, à qual deu o
nome do seu filho Enoque. 18 A Enoque nasceu Irade, Irade
gerou a Meujael, Meujael a Metusael, e Metusael a Lameque.
19 Lameque tomou duas mulheres: uma chamava-se Ada; a
outra, Zilá. 20 Ada deu à luz Jabal, que foi o pai daqueles que
moram em tendas e criam rebanhos. 21 O nome do irmão dele
era Jubal, que foi o pai de todos os que tocam harpa e flauta.
22 Zilá também deu à luz um filho, chamado Tubalcaim, que
fabricava todo tipo de ferramentas de bronze e de ferro[e]. Tu-
balcaim teve uma irmã chamada Naamá.
23 Disse Lameque às suas mulheres: "Ada e Zilá, ouçam-me;
mulheres de Lameque, escutem minhas palavras: Eu matei um
homem porque me feriu, e um menino, porque me machucou.
24 Se Caim é vingado sete vezes, Lameque o será setenta e
sete".

[a] 4.8 Conforme o Pentateuco Samaritano, a Septuaginta, a Vulgata e a Versão Siríaca. O Texto Massorético não traz *"Vamos para o campo"*.
[b] 4.11 Ou *amaldiçoado é você e expulso da terra*; ou ainda *amaldiçoado é você mais do que a terra*
[c] 4.15 Conforme a Septuaginta, a Vulgata e a Versão Siríaca.
[d] 4.16 *Node* significa *peregrinação*.
[e] 4.22 Ou *que ensinou todos os que trabalham o bronze e o ferro*

O Nascimento de Sete

25 Novamente Adão teve relações com sua mulher, e ela deu
à luz outro filho, a quem chamou Sete, dizendo: "Deus me
concedeu um filho no lugar de Abel, visto que Caim o matou".
26 Também a Sete nasceu um filho, a quem deu o nome de
Enos. Nessa época começou-se a invocar[f] o nome do SENHOR.

A Descendência de Adão

5 Este é o registro da descendência de Adão: Quando Deus
criou o homem, à semelhança de Deus o fez; 2 homem e mulher
os criou. Quando foram criados, ele os abençoou e os chamou
Homem[g].
3 Aos 130 anos, Adão gerou um filho à sua semelhança, con-
forme a sua imagem; e deu-lhe o nome de Sete. 4 Depois que
gerou Sete, Adão viveu 800 anos e gerou outros filhos e filhas.
5 Viveu ao todo 930 anos e morreu.
6 Aos 105 anos, Sete gerou[h] Enos. 7 Depois que gerou Enos, Sete
viveu 807 anos e gerou outros filhos e filhas. 8 Viveu ao todo 912
anos e morreu.
9 Aos 90 anos, Enos gerou Cainã. 10 Depois que gerou Cainã,
Enos viveu 815 anos e gerou outros filhos e filhas. 11 Viveu ao
todo 905 anos e morreu.
12 Aos 70 anos, Cainã gerou Maalaleel. 13 Depois que gerou
Maalaleel, Cainã viveu 840 anos e gerou outros filhos e filhas.
14 Viveu ao todo 910 anos e morreu.
15 Aos 65 anos, Maalaleel gerou Jarede. 16 Depois que gerou
Jarede, Maalaleel viveu 830 anos e gerou outros filhos e filhas.
17 Viveu ao todo 895 anos e morreu.
18 Aos 162 anos, Jarede gerou Enoque. 19 Depois que gerou
Enoque, Jarede viveu 800 anos e gerou outros filhos e filhas.
20 Viveu ao todo 962 anos e morreu.
21 Aos 65 anos, Enoque gerou Matusalém. 22 Depois que gerou
Matusalém, Enoque andou com Deus 300 anos e gerou outros
filhos e filhas. 23 Viveu ao todo 365 anos. 24 Enoque andou com
Deus; e já não foi encontrado, pois Deus o havia arrebatado.
25 Aos 187 anos, Matusalém gerou Lameque. 26 Depois que
gerou Lameque, Matusalém viveu 782 anos e gerou outros
filhos e filhas. 27 Viveu ao todo 969 anos e morreu.
28 Aos 182 anos, Lameque gerou um filho. 29 Deu-lhe o nome de
Noé e disse: "Ele nos aliviará do nosso trabalho e do sofrimento
de nossas mãos, causados pela terra que o SENHOR amaldi-
çoou". 30 Depois que Noé nasceu, Lameque viveu 595 anos e
gerou outros filhos e filhas. 31 Viveu ao todo 777 anos e morreu.
32 Aos 500 anos, Noé tinha gerado Sem, Cam e Jafé.

A Corrupção da Humanidade

6 Quando os homens começaram a multiplicar-se na terra e
lhes nasceram filhas, 2 os filhos de Deus viram que as filhas dos
homens eram bonitas, e escolheram para si aquelas que lhes
agradaram. 3 Então disse o SENHOR: "Por causa da perversi-

[f] 4.26 Ou *proclamar*
[g] 5.2 Hebraico: *Adam*.
[h] 5.6 *Gerar* pode ter o sentido de *ser ancestral*, também nos versículos 7-26.

dade do homem[a], meu Espírito[b] não contenderá com ele[c] para
sempre; ele só viverá cento e vinte anos".
4 Naqueles dias, havia nefilins[d] na terra, e também posterior-
mente, quando os filhos de Deus possuíram as filhas dos ho-
mens e elas lhes deram filhos. Eles foram os heróis do passado,
homens famosos.
5 O SENHOR viu que a perversidade do homem tinha aumentado
na terra e que toda a inclinação dos pensamentos do seu co-
ração era sempre e somente para o mal. 6 Então o SENHOR arre-
pendeu-se de ter feito o homem sobre a terra, e isso cortou-lhe
o coração. 7 Disse o Senhor: "Farei desaparecer da face da terra
o homem que criei, os homens e também os animais, grandes e
pequenos, e as aves do céu. Arrependo-me de havê-los feito".
8 A Noé, porém, o SENHOR mostrou benevolência.

A Arca de Noé

9 Esta é a história da família de Noé: Noé era homem justo,
íntegro entre o povo da sua época; ele andava com Deus. 10 Noé
gerou três filhos: Sem, Cam e Jafé.
11 Ora, a terra estava corrompida aos olhos de Deus e cheia
de violência. 12 Ao ver como a terra se corrompera, pois toda
a humanidade havia corrompido a sua conduta, 13 Deus disse
a Noé: "Darei fim a todos os seres humanos, porque a terra
encheu-se de violência por causa deles. Eu os destruirei com a
terra. 14 Você, porém, fará uma arca de madeira de cipreste[e];
divida-a em compartimentos e revista-a de piche por dentro e
por fora. 15 Faça-a com cento e trinta e cinco metros de com-
primento, vinte e dois metros e meio de largura e treze metros
e meio de altura[f]. 16 Faça-lhe um teto com um vão de quarenta
e cinco centímetros[g] entre o teto e o corpo da arca. Coloque
uma porta lateral na arca e faça um andar superior, um médio
e um inferior.
17 "Eis que vou trazer águas sobre a terra, o Dilúvio, para des-
truir debaixo do céu toda criatura que tem fôlego de vida. Tudo
o que há na terra perecerá. 18 Mas com você estabelecerei a
minha aliança, e você entrará na arca com seus filhos, sua
mulher e as mulheres de seus filhos. 19 Faça entrar na arca
um casal de cada um dos seres vivos, macho e fêmea, para
conservá-los vivos com você. 20 De cada espécie de ave, de
cada espécie de animal grande e de cada espécie de animal
pequeno que se move rente ao chão virá um casal a você para
que sejam conservados vivos. 21 E armazene todo tipo de ali-
mento, para que você e eles tenham mantimento".
22 Noé fez tudo exatamente como Deus lhe tinha ordenado.

7 Então o SENHOR disse a Noé: "Entre na arca, você e toda
a sua família, porque você é o único justo que encontrei
nesta geração. 2 Leve com você sete casais de cada espécie de
animal puro, macho e fêmea, e um casal de cada espécie de
animal impuro, macho e fêmea, 3 e leve também sete casais
de aves de cada espécie, macho e fêmea, a fim de preservá-los
em toda a terra. 4 Daqui a sete dias farei chover sobre a terra
quarenta dias e quarenta noites, e farei desaparecer da face
da terra todos os seres vivos que fiz".
5 E Noé fez tudo como o SENHOR lhe tinha ordenado.

O Dilúvio

6 Noé tinha seiscentos anos de idade quando as águas do Di-
lúvio vieram sobre a terra. 7 Noé, seus filhos, sua mulher e as
mulheres de seus filhos entraram na arca, por causa das águas
do Dilúvio. 8 Casais de animais grandes, puros e impuros, de
aves e de todos os animais pequenos que se movem rente
ao chão 9 vieram a Noé e entraram na arca, como Deus tinha
ordenado a Noé. 10 E, depois dos sete dias, as águas do Dilúvio
vieram sobre a terra.
11 No dia em que Noé completou seiscentos anos, um mês e
dezessete dias, nesse mesmo dia todas as fontes das grandes
profundezas jorraram, e as comportas do céu se abriram. 12 E
a chuva caiu sobre a terra quarenta dias e quarenta noites.
13 Naquele mesmo dia, Noé e seus filhos, Sem, Cam e Jafé, com
sua mulher e com as mulheres de seus três filhos, entraram na
arca. 14 Com eles entraram todos os animais de acordo com as
suas espécies: todos os animais selvagens, todos os rebanhos
domésticos, todos os demais seres vivos que se movem rente
ao chão e todas as criaturas que têm asas: todas as aves e
todos os outros animais que voam. 15 Casais de todas as cria-
turas que tinham fôlego de vida vieram a Noé e entraram na
arca. 16 Os animais que entraram foram um macho e uma fêmea
de cada ser vivo, conforme Deus ordenara a Noé. Então o SE-
NHOR fechou a porta.
17 Quarenta dias durou o Dilúvio, e as águas aumentaram e ele-
varam a arca acima da terra. 18 As águas prevaleceram, aumen-
tando muito sobre a terra, e a arca flutuava na superfície das
águas. 19 As águas dominavam cada vez mais a terra, e foram
cobertas todas as altas montanhas debaixo do céu. 20 As águas
subiram até quase sete metros[h] acima das montanhas. 21 Todos
os seres vivos que se movem sobre a terra pereceram: aves,
rebanhos domésticos, animais selvagens, todas as pequenas
criaturas que povoam a terra e toda a humanidade. 22 Tudo o
que havia em terra seca e tinha nas narinas o fôlego de vida
morreu. 23 Todos os seres vivos foram exterminados da face da
terra; tanto os homens como os animais grandes, os animais
pequenos que se movem rente ao chão e as aves do céu foram
exterminados da terra. Só restaram Noé e aqueles que com
ele estavam na arca.
24 E as águas prevaleceram sobre a terra cento e cinquenta
dias.

8 O Fim do Dilúvio

Então Deus lembrou-se de Noé e de todos os animais selva-

---

a **6.3** Ou *Por ser o homem mortal*
b **6.3** Ou *o espírito que lhe dei*
c **6.3** Ou *não permanecerá nele*
d **6.4** Possivelmente *gigantes* ou *homens poderosos*. Veja também Nm 13.33.
e **6.14** Ou *de cipreste e de juncos*
f **6.15** Hebraico: *300 côvados de comprimento, 50 côvados de largura e 30 côvados de altura*. O côvado era uma medida linear de cerca de 45 centímetros.
g **6.16** Ou *Faça-lhe uma abertura para a luz no topo, de 45 centímetros,*
h **7.20** Hebraico: *15 côvados*. O côvado era uma medida linear de cerca de 45 centímetros.

gens e rebanhos domésticos que estavam com ele na arca, e
enviou um vento sobre a terra, e as águas começaram a baixar.
2 As fontes das profundezas e as comportas do céu se fecharam,
e a chuva parou. 3 As águas foram baixando pouco a pouco
sobre a terra. Ao fim de cento e cinquenta dias, as águas ti-
nham diminuído, 4 e, no décimo sétimo dia do sétimo mês, a
arca pousou nas montanhas de Ararate. 5 As águas continuaram
a baixar até o décimo mês, e no primeiro dia do décimo mês
apareceram os topos das montanhas.
6 Passados quarenta dias, Noé abriu a janela que fizera na arca.
7 Esperando que a terra já tivesse aparecido, Noé soltou um
corvo, mas este ficou dando voltas. 8 Depois soltou uma pomba
para ver se as águas tinham diminuído na superfície da terra.
9 Mas a pomba não encontrou lugar onde pousar os pés porque
as águas ainda cobriam toda a superfície da terra e, por isso,
voltou para a arca, a Noé. Ele estendeu a mão para fora, apa-
nhou a pomba e a trouxe de volta para dentro da arca. 10 Noé
esperou mais sete dias e soltou novamente a pomba. 11 Quando
voltou ao entardecer, a pomba trouxe em seu bico uma folha
nova de oliveira. Noé então ficou sabendo que as águas tinham
diminuído sobre a terra. 12 Esperou ainda outros sete dias e de
novo soltou a pomba, mas dessa vez ela não voltou.
13 No primeiro dia do primeiro mês do ano seiscentos e um da
vida de Noé, secaram-se as águas na terra. Noé então removeu
o teto da arca e viu que a superfície da terra estava seca. 14 No
vigésimo sétimo dia do segundo mês, a terra estava comple-
tamente seca.
15 Então Deus disse a Noé: 16 "Saia da arca, você e sua mulher,
seus filhos e as mulheres deles. 17 Faça que saiam também
todos os animais que estão com você: as aves, os grandes
animais e os pequenos que se movem rente ao chão. Faça-os
sair para que se espalhem pela terra, sejam férteis e se mul-
tipliquem".
18 Então Noé saiu da arca com sua mulher e seus filhos e as mu-
lheres deles, 19 e com todos os grandes animais e os pequenos
que se movem rente ao chão e todas as aves. Tudo o que se
move sobre a terra saiu da arca, uma espécie após outra.
20 Depois Noé construiu um altar dedicado ao SENHOR e, to-
mando alguns animais e aves puros, ofereceu-os como holo-
causto[a], queimando-os sobre o altar. 21 O SENHOR sentiu o aroma
agradável e disse a si mesmo: "Nunca mais amaldiçoarei a
terra por causa do homem, pois o seu coração é inteiramente
inclinado para o mal desde a infância. E nunca mais destruirei
todos os seres vivos[b] como fiz desta vez.
22 "Enquanto durar a terra, plantio e colheita, frio e calor, verão
e inverno, dia e noite jamais cessarão".

9 A Aliança de Deus com Noé

Deus abençoou Noé e seus filhos, dizendo-lhes: "Sejam fér-
teis, multipliquem-se e encham a terra. 2 Todos os animais da
terra tremerão de medo diante de vocês: os animais selvagens,
as aves do céu, as criaturas que se movem rente ao chão e os
peixes do mar; eles estão entregues em suas mãos. 3 Tudo o
que vive e se move servirá de alimento para vocês. Assim como
dei a vocês os vegetais, agora dou todas as coisas.
4 "Mas não comam carne com sangue, que é vida. 5 A todo
aquele que derramar sangue, tanto homem como animal, pe-
direi contas; a cada um pedirei contas da vida do seu próximo.
6 "Quem derramar sangue do homem, pelo homem seu sangue
será derramado; porque à imagem de Deus foi o homem criado.
7 "Mas vocês sejam férteis e multipliquem-se; espalhem-se pela
terra e proliferem nela[c]".
8 Então disse Deus a Noé e a seus filhos, que estavam com ele:
9 "Vou estabelecer a minha aliança com vocês e com os seus fu-
turos descendentes, 10 e com todo ser vivo que está com vocês:
as aves, os rebanhos domésticos e os animais selvagens, todos
os que saíram da arca com vocês, todos os seres vivos da terra.
11 Estabeleço uma aliança com vocês: Nunca mais será ceifada
nenhuma forma de vida pelas águas de um dilúvio; nunca mais
haverá dilúvio para destruir a terra".
12 E Deus prosseguiu: "Este é o sinal da aliança que estou fa-
zendo entre mim e vocês e com todos os seres vivos que estão
com vocês, para todas as gerações futuras: 13 o meu arco que
coloquei nas nuvens. Será o sinal da minha aliança com a terra.
14 Quando eu trouxer nuvens sobre a terra e nelas aparecer o
arco-íris, 15 então me lembrarei da minha aliança com vocês
e com os seres vivos de todas as espécies[d]. Nunca mais as
águas se tornarão um dilúvio para destruir toda forma de vida[e].
16 Toda vez que o arco-íris estiver nas nuvens, olharei para ele
e me lembrarei da aliança eterna entre Deus e todos os seres
vivos de todas as espécies que vivem na terra".
17 Concluindo, disse Deus a Noé: "Esse é o sinal da aliança
que estabeleci entre mim e toda forma de vida que há sobre
a terra".

Os Filhos de Noé

18 Os filhos de Noé que saíram da arca foram Sem, Cam e Jafé.
Cam é o pai de Canaã. 19 Esses foram os três filhos de Noé; a
partir deles toda a terra foi povoada.
20 Noé, que era agricultor, foi o primeiro a plantar uma vinha.
21 Bebeu do vinho, embriagou-se e ficou nu dentro da sua
tenda. 22 Cam, pai de Canaã, viu a nudez do pai e foi contar aos
dois irmãos que estavam do lado de fora. 23 Mas Sem e Jafé
pegaram a capa, levantaram-na sobre os ombros e, andando
de costas para não verem a nudez do pai, cobriram-no.
24 Quando Noé acordou do efeito do vinho e descobriu o que
seu filho caçula lhe havia feito, 25 disse: "Maldito seja Canaã!
Escravo de escravos será para os seus irmãos". 26 Disse ainda:
"Bendito seja o SENHOR, o Deus de Sem! E seja Canaã seu es-
cravo. 27 Amplie Deus o território de Jafé; habite ele nas tendas
de Sem, e seja Canaã seu escravo".
28 Depois do Dilúvio Noé viveu trezentos e cinquenta anos.
29 Viveu ao todo novecentos e cinquenta anos e morreu.

---

a **8.20** Isto é, sacrifício totalmente queimado.
b **8.21** Ou *toda a raça humana*

c **9.7** Possivelmente *e a dominem*
d **9.15** Hebraico: *de toda carne*; também no versículo 16.
e **9.15** Hebraico: *toda carne*; também no versículo 17.

A Origem dos Povos

10 Este é o registro da descendência de Sem, Cam e Jafé,
filhos de Noé. Os filhos deles nasceram depois do Dilúvio.

Os Jafetitas

2 Estes foram os filhos[a] de Jafé: Gômer, Magogue, Madai, Javã,
Tubal, Meseque e Tirás. 3 Estes foram os filhos de Gômer: As-
quenaz, Rifate e Togarma. 4 Estes foram os filhos de Javã: Elisá,
Társis, Quitim e Rodanim[b]. 5 Deles procedem os povos marí-
timos, os quais se separaram em seu território, conforme a sua
língua, cada um segundo os clãs de suas nações.

Os Camitas

6 Estes foram os filhos de Cam: Cuxe, Mizraim[c], Pute e Canaã.
7 Estes foram os filhos de Cuxe: Sebá, Havilá, Sabtá, Raamá e
Sabtecá. Estes foram os filhos de Raamá: Sabá e Dedã.
8 Cuxe gerou[d] também Ninrode, o primeiro homem poderoso
na terra. 9 Ele foi o mais valente dos caçadores[e], e por isso se
diz: "Valente como Ninrode". 10 No início o seu reino abrangia
Babel, Ereque, Acade e Calné[f], na terra de Sinear[g]. 11 Dessa
terra ele partiu para a Assíria, onde fundou Nínive, Reobote-Ir[h],
Calá 12 e Resém, que fica entre Nínive e Calá, a grande cidade.
13 Mizraim gerou os luditas, os anamitas, os leabitas, os naf-
tuítas, 14 os patrusitas, os casluítas, dos quais se originaram os
filisteus, e os caftoritas.
15 Canaã gerou Sidom, seu filho mais velho, e Hete[i], 16 como
também os jebuseus, os amorreus, os girgaseus, 17 os heveus,
os arqueus, os sineus, 18 os arvadeus, os zemareus e os ha-
mateus. Posteriormente, os clãs cananeus se espalharam.
19 As fronteiras de Canaã estendiam-se desde Sidom, iam até
Gerar, e chegavam a Gaza e, de lá, prosseguiam até Sodoma,
Gomorra, Admá e Zeboim, chegando até Lasa.
20 São esses os descendentes de Cam, conforme seus clãs e
línguas, em seus territórios e nações.

Os Semitas

21 Sem, irmão mais velho de Jafé[j], também gerou filhos. Sem
foi o antepassado de todos os filhos de Héber.
22 Estes foram os filhos de Sem: Elão, Assur, Arfaxade, Lude e
Arã. 23 Estes foram os filhos de Arã: Uz, Hul, Géter e Meseque[k].
24 Arfaxade gerou Salá[l], e este gerou Héber. 25 A Héber nas-
ceram dois filhos: um deles se chamou Pelegue, porque em
sua época a terra foi dividida; seu irmão chamou-se Joctã.
26 Joctã gerou Almodá, Salefe, Hazarmavé, Jerá, 27 Adorão,
Uzal, Dicla, 28 Obal, Abimael, Sabá, 29 Ofir, Havilá e Jobabe.
Todos esses foram filhos de Joctã.
30 A região onde viviam estendia-se de Messa até Sefar, nas
colinas ao leste.
31 São esses os descendentes de Sem, conforme seus clãs e
línguas, em seus territórios e nações.
32 São esses os clãs dos filhos de Noé, distribuídos em suas na-
ções, conforme a história da sua descendência. A partir deles,
os povos se dispersaram pela terra, depois do Dilúvio.

A Torre de Babel

11 No mundo todo havia apenas uma língua, um só modo
de falar.
2 Saindo os homens do[m] Oriente, encontraram uma planície em
Sinear e ali se fixaram.
3 Disseram uns aos outros: "Vamos fazer tijolos e queimá-los
bem". Usavam tijolos em lugar de pedras, e piche em vez de
argamassa. 4 Depois disseram: "Vamos construir uma cidade,
com uma torre que alcance os céus. Assim nosso nome será
famoso e não seremos espalhados pela face da terra".
5 O SENHOR desceu para ver a cidade e a torre que os homens
estavam construindo. 6 E disse o SENHOR: "Eles são um só povo
e falam uma só língua, e começaram a construir isso. Em
breve nada poderá impedir o que planejam fazer. 7 Venham,
desçamos e confundamos a língua que falam, para que não
entendam mais uns aos outros".
8 Assim o SENHOR os dispersou dali por toda a terra, e pararam
de construir a cidade. 9 Por isso foi chamada Babel[n], porque ali
o SENHOR confundiu a língua de todo o mundo. Dali o SENHOR os
espalhou por toda a terra.

A Descendência de Sem

10 Este é o registro da descendência de Sem: Dois anos depois
do Dilúvio, aos 100 anos de idade, Sem gerou[o] Arfaxade. 11 E
depois de ter gerado Arfaxade, Sem viveu 500 anos e gerou
outros filhos e filhas.
12 Aos 35 anos, Arfaxade gerou Salá. 13 Depois que gerou Salá,
Arfaxade viveu 403 anos e gerou outros filhos e filhas.[p]
14 Aos 30 anos, Salá gerou Héber. 15 Depois que gerou Héber,
Salá viveu 403 anos e gerou outros filhos e filhas.
16 Aos 34 anos, Héber gerou Pelegue. 17 Depois que gerou Pe-
legue, Héber viveu 430 anos e gerou outros filhos e filhas.
18 Aos 30 anos, Pelegue gerou Reú. 19 Depois que gerou Reú,
Pelegue viveu 209 anos e gerou outros filhos e filhas.
20 Aos 32 anos, Reú gerou Serugue. 21 Depois que gerou
Serugue, Reú viveu 207 anos e gerou outros filhos e filhas.
22 Aos 30 anos, Serugue gerou Naor. 23 Depois que gerou Naor,
Serugue viveu 200 anos e gerou outros filhos e filhas.
24 Aos 29 anos, Naor gerou Terá. 25 Depois que gerou Terá, Naor
viveu 119 anos e gerou outros filhos e filhas.

a **10.2** *Filhos* pode significar *descendentes* ou *sucessores* ou *nações*; também nos versículos 3, 4, 6, 7, 20-23 e 29.
b **10.4** Alguns manuscritos dizem *Dodanim*.
c **10.6** Isto é, Egito; também no versículo 13.
d **10.8** *Gerar* pode ter o sentido de *ser ancestral* ou *predecessor*; também nos versículos 13, 15, 24 e 26.
e **10.9** Hebraico: *valente caçador diante do Senhor*.
f **10.10** Ou *e todos eles*
g **10.10** Isto é, Babilônia.
h **10.11** Ou *Nínive com as praças da cidade*
i **10.15** Ou *os sidônios, os primeiros, e os hititas*
j **10.21** Ou *Sem, cujo irmão mais velho era Jafé*
k **10.23** Alguns manuscritos dizem *Más*.
l **10.24** A Septuaginta diz *gerou Cainã, e Cainã gerou Salá*.

m **11.2** Ou *para o Oriente*
n **11.9** Isto é, Babilônia.
o **11.10** *Gerar* pode ter o sentido de *ser ancestral* ou *predecessor*; também nos versículos 11-25.
p **11.12,13** A Septuaginta diz *Aos 35 anos, Arfaxade gerou Cainã. 13Depois que gerou Cainã, Arfaxade viveu 430 anos e gerou outros filhos e filhas, e então morreu. Aos 130 anos, Cainã gerou Salá. Depois que gerou Salá, Cainã viveu 330 anos e gerou outros filhos e filhas.* Veja Gn 10.24 e Lc 3.35,36.

26 Aos 70 anos, Terá havia gerado Abrão, Naor e Harã.
27 Esta é a história da família de Terá: Terá gerou Abrão, Naor e
Harã. E Harã gerou Ló. 28 Harã morreu em Ur dos caldeus, sua
terra natal, quando ainda vivia Terá, seu pai. 29 Tanto Abrão
como Naor casaram-se. O nome da mulher de Abrão era Sarai,
e o nome da mulher de Naor era Milca; esta era filha de Harã,
pai de Milca e de Iscá. 30 Ora, Sarai era estéril; não tinha filhos.
31 Terá tomou seu filho Abrão, seu neto Ló, filho de Harã, e sua
nora Sarai, mulher de seu filho Abrão, e juntos partiram de Ur
dos caldeus para Canaã. Mas, ao chegarem a Harã, estabele-
ceram-se ali.
32 Terá viveu 205 anos e morreu em Harã.

O Chamado de Abrão

12 Então o SENHOR disse a Abrão: "Saia da sua terra, do meio
dos seus parentes e da casa de seu pai, e vá para a terra que
eu lhe mostrarei.
2 "Farei de você um grande povo, e o abençoarei. Tornarei fa-
moso o seu nome, e você será uma bênção. 3 Abençoarei os
que o abençoarem e amaldiçoarei os que o amaldiçoarem; e
por meio de você todos os povos da terra serão abençoados".
4 Partiu Abrão, como lhe ordenara o SENHOR, e Ló foi com ele.
Abrão tinha setenta e cinco anos quando saiu de Harã. 5 Levou
sua mulher Sarai, seu sobrinho Ló, todos os bens que haviam
acumulado e os seus servos, comprados em Harã; partiram
para a terra de Canaã e lá chegaram. 6 Abrão atravessou a terra
até o lugar do carvalho de Moré, em Siquém. Naquela época,
os cananeus habitavam essa terra.
7 O SENHOR apareceu a Abrão e disse: "À sua descendência darei
esta terra". Abrão construiu ali um altar dedicado ao SENHOR,
que lhe havia aparecido. 8 Dali prosseguiu em direção às colinas
a leste de Betel, onde armou acampamento, tendo Betel a
oeste e Ai a leste. Construiu ali um altar dedicado ao SENHOR e
invocou o nome do SENHOR. 9 Depois Abrão partiu e prosseguiu
em direção ao Neguebe.

Abrão no Egito

10 Houve fome naquela terra, e Abrão desceu ao Egito para ali
viver algum tempo, pois a fome era rigorosa. 11 Quando estava
chegando ao Egito, disse a Sarai, sua mulher: "Bem sei que
você é bonita. 12 Quando os egípcios a virem, dirão: 'Esta é a
mulher dele'. E me matarão, mas deixarão você viva. 13 Diga
que é minha irmã, para que me tratem bem por amor a você e
minha vida seja poupada por sua causa".
14 Quando Abrão chegou ao Egito, viram os egípcios que Sarai
era uma mulher muito bonita. 15 Vendo-a, os homens da corte
do faraó a elogiaram diante do faraó, e ela foi levada ao seu
palácio. 16 Ele tratou bem a Abrão por causa dela, e Abrão re-
cebeu ovelhas e bois, jumentos e jumentas, servos e servas,
e camelos.
17 Mas o SENHOR puniu o faraó e sua corte com graves doenças,
por causa de Sarai, mulher de Abrão. 18 Por isso o faraó mandou
chamar Abrão e disse: "O que você fez comigo? Por que não me
falou que ela era sua mulher? 19 Por que disse que era sua irmã?
Foi por isso que eu a tomei para ser minha mulher. Aí está a sua
mulher. Tome-a e vá!" 20 A seguir o faraó deu ordens para que
providenciassem o necessário para que Abrão partisse com sua
mulher e com tudo o que possuía.

A Desavença entre Abrão e Ló

13 Saiu, pois, Abrão do Egito e foi para o Neguebe, com sua
mulher e com tudo o que possuía, e Ló foi com ele. 2 Abrão
tinha enriquecido muito, tanto em gado como em prata e ouro.
3 Ele partiu do Neguebe em direção a Betel, indo de um lugar a
outro, até que chegou ao lugar entre Betel e Ai onde já havia ar-
mado acampamento anteriormente 4 e onde, pela primeira vez,
tinha construído um altar. Ali Abrão invocou o nome do SENHOR.
5 Ló, que acompanhava Abrão, também possuía rebanhos e
tendas. 6 E não podiam morar os dois juntos na mesma região,
porque possuíam tantos bens que a terra não podia susten-
tá-los. 7 Por isso surgiu uma desavença entre os pastores dos
rebanhos de Abrão e os de Ló. Nessa época os cananeus e os
ferezeus habitavam aquela terra.
8 Então Abrão disse a Ló: "Não haja desavença entre mim e
você, ou entre os seus pastores e os meus; afinal somos ir-
mãos! 9 Aí está a terra inteira diante de você. Vamos separar-
-nos. Se você for para a esquerda, irei para a direita; se for
para a direita, irei para a esquerda".
10 Olhou então Ló e viu todo o vale do Jordão, todo ele bem
irrigado, até Zoar; era como o jardim do SENHOR, como a terra
do Egito. Isto se deu antes de o SENHOR destruir Sodoma e Go-
morra. 11 Ló escolheu todo o vale do Jordão e partiu em direção
ao leste. Assim os dois se separaram: 12 Abrão ficou na terra
de Canaã, mas Ló mudou seu acampamento para um lugar
próximo a Sodoma, entre as cidades do vale. 13 Ora, os homens
de Sodoma eram extremamente perversos e pecadores contra
o SENHOR.

A Promessa de Deus a Abrão

14 Disse o SENHOR a Abrão, depois que Ló separou-se dele: "De
onde você está, olhe para o norte, para o sul, para o leste e
para o oeste: 15 toda a terra que você está vendo darei a você
e à sua descendência para sempre. 16 Tornarei a sua descen-
dência tão numerosa como o pó da terra. Se for possível contar
o pó da terra, também se poderá contar a sua descendência.
17 Percorra esta terra de alto a baixo, de um lado a outro,
porque eu a darei a você".
18 Então Abrão mudou seu acampamento e passou a viver pró-
ximo aos carvalhos de Manre, em Hebrom, onde construiu um
altar dedicado ao SENHOR.

Abrão Socorre Ló

14 Naquela época, Anrafel, rei de Sinear, Arioque, rei de
Elasar, Quedorlaomer, rei de Elão, e Tidal, rei de Goim, 2 foram
à guerra contra Bera, rei de Sodoma, contra Birsa, rei de Go-
morra, contra Sinabe, rei de Admá, contra Semeber, rei de
Zeboim, e contra o rei de Belá, que é Zoar. 3 Todos esses úl-
timos juntaram suas tropas no vale de Sidim, onde fica o mar

Salgado[a]. 4Doze anos estiveram sujeitos a Quedorlaomer, mas
no décimo terceiro ano se rebelaram.
5No décimo quarto ano, Quedorlaomer e os reis que a ele ti-
nham-se aliado derrotaram os refains em Asterote-Carnaim, os
zuzins em Hã, os emins em Savé-Quiriataim 6e os horeus desde
os montes de Seir até El-Parã, próximo ao deserto. 7Depois,
voltaram e foram para En-Mispate, que é Cades, e conquis-
taram todo o território dos amalequitas e dos amorreus que
viviam em Hazazom-Tamar.
8Então os reis de Sodoma, de Gomorra, de Admá, de Zeboim
e de Belá, que é Zoar, marcharam e tomaram posição de
combate no vale de Sidim 9contra Quedorlaomer, rei de Elão,
contra Tidal, rei de Goim, contra Anrafel, rei de Sinear, e contra
Arioque, rei de Elasar. Eram quatro reis contra cinco. 10Ora, o
vale de Sidim era cheio de poços de betume e, quando os reis
de Sodoma e de Gomorra fugiram, alguns dos seus homens
caíram nos poços e o restante escapou para os montes. 11Os
vencedores saquearam todos os bens de Sodoma e de Gomorra
e todo o seu mantimento, e partiram. 12Levaram também Ló,
sobrinho de Abrão, e os bens que ele possuía, visto que morava
em Sodoma.
13Mas alguém que tinha escapado veio e relatou tudo a
Abrão, o hebreu, que vivia próximo aos carvalhos de Manre,
o amorreu. Manre e os seus irmãos[b] Escol e Aner eram aliados
de Abrão. 14Quando Abrão ouviu que seu parente fora levado
prisioneiro, mandou convocar os trezentos e dezoito homens
treinados, nascidos em sua casa, e saiu em perseguição aos
inimigos até Dã. 15Atacou-os durante a noite em grupos, e
assim os derrotou, perseguindo-os até Hobá, ao norte[c] de
Damasco. 16Recuperou todos os bens e trouxe de volta seu
parente Ló com tudo o que possuía, com as mulheres e o res-
tante dos prisioneiros.

Melquisedeque Abençoa Abrão

17Voltando Abrão da vitória sobre Quedorlaomer e sobre os reis
que a ele se haviam aliado, o rei de Sodoma foi ao seu encontro
no vale de Savé, isto é, o vale do Rei.
18Então Melquisedeque, rei de Salém[d] e sacerdote do Deus
Altíssimo, trouxe pão e vinho 19e abençoou Abrão, dizendo:
"Bendito seja Abrão pelo Deus Altíssimo, Criador[e] dos céus e
da terra. 20E bendito seja o Deus Altíssimo, que entregou seus
inimigos em suas mãos". E Abrão lhe deu o dízimo de tudo.
21O rei de Sodoma disse a Abrão: "Dê-me as pessoas e pode
ficar com os bens".
22Mas Abrão respondeu ao rei de Sodoma: "De mãos levan-
tadas ao SENHOR, o Deus Altíssimo, Criador dos céus e da terra,
juro 23que não aceitarei nada do que pertence a você, nem
mesmo um cordão ou uma correia de sandália, para que você
jamais venha a dizer: 'Eu enriqueci Abrão'. 24Nada aceitarei, a
não ser o que os meus servos comeram e a porção pertencente
a Aner, Escol e Manre, os quais me acompanharam. Que eles
recebam a sua porção".

15 A Aliança de Deus com Abrão

Depois dessas coisas o SENHOR falou a Abrão numa visão:
"Não tenha medo, Abrão! Eu sou o seu escudo; grande será a
sua recompensa!"
2Mas Abrão perguntou: "Ó Soberano Senhor, que me darás,
se continuo sem filhos e o herdeiro do que possuo é Eliézer de
Damasco?" 3E acrescentou: "Tu não me deste filho algum! Um
servo da minha casa será o meu herdeiro!"
4Então o SENHOR deu-lhe a seguinte resposta: "Seu herdeiro
não será esse. Um filho gerado por você mesmo será o seu
herdeiro". 5Levando-o para fora da tenda, disse-lhe: "Olhe
para o céu e conte as estrelas, se é que pode contá-las". E
prosseguiu: "Assim será a sua descendência".
6Abrão creu no SENHOR, e isso lhe foi creditado como justiça.
7Disse-lhe ainda: "Eu sou o SENHOR, que o tirei de Ur dos cal-
deus para dar a você esta terra como herança".
8Perguntou-lhe Abrão: "Ó Soberano SENHOR, como posso saber
que tomarei posse dela?"
9Respondeu-lhe o SENHOR: "Traga-me uma novilha, uma cabra
e um carneiro, todos com três anos de vida, e também uma
rolinha e um pombinho".
10Abrão trouxe todos esses animais, cortou-os ao meio e co-
locou cada metade em frente à outra; as aves, porém, ele não
cortou. 11Nisso, aves de rapina começaram a descer sobre os
cadáveres, mas Abrão as enxotava.
12Ao pôr do sol, Abrão foi tomado de sono profundo, e eis que
vieram sobre ele trevas densas e apavorantes. 13Então o SE-
NHOR lhe disse: "Saiba que os seus descendentes serão es-
trangeiros numa terra que não lhes pertencerá, onde também
serão escravizados e oprimidos por quatrocentos anos. 14Mas
eu castigarei a nação a quem servirão como escravos e, de-
pois de tudo, sairão com muitos bens. 15Você, porém, irá em
paz a seus antepassados e será sepultado em boa velhice.
16Na quarta geração, os seus descendentes voltarão para cá,
porque a maldade dos amorreus ainda não atingiu a medida
completa".
17Depois que o sol se pôs e veio a escuridão, eis que um foga-
reiro esfumaçante, com uma tocha acesa, passou por entre os
pedaços dos animais. 18Naquele dia, o SENHOR fez a seguinte
aliança com Abrão: "Aos seus descendentes dei esta terra,
desde o ribeiro do Egito até o grande rio, o Eufrates: 19a terra
dos queneus, dos quenezeus, dos cadmoneus, 20dos hititas,
dos ferezeus, dos refains, 21dos amorreus, dos cananeus, dos
girgaseus e dos jebuseus".

16 O Nascimento de Ismael

Ora, Sarai, mulher de Abrão, não lhe dera nenhum filho.
Como tinha uma serva egípcia, chamada Hagar, 2disse a Abrão:
"Já que o SENHOR me impediu de ter filhos, possua a minha
serva; talvez eu possa formar família por meio dela". Abrão
atendeu à proposta de Sarai. 3Quando isso aconteceu, já fazia

---

a 14.3 Isto é, o mar Morto.
b 14.13 Ou *parentes*; ou ainda *aliados*.
c 14.15 Hebraico: *à esquerda*.
d 14.18 Isto é, Jerusalém.
e 14.19 Ou *Dono*; também no versículo 22.

dez anos que Abrão, seu marido, vivia em Canaã. Foi nessa
ocasião que Sarai, sua mulher, lhe entregou sua serva egípcia
Hagar. 4 Ele possuiu Hagar, e ela engravidou. Quando se viu
grávida, começou a olhar com desprezo para a sua senhora.
5 Então Sarai disse a Abrão: "Caia sobre você a afronta que
venho sofrendo. Coloquei minha serva em seus braços e, agora
que ela sabe que engravidou, despreza-me. Que o SENHOR seja
o juiz entre mim e você".
6 Respondeu Abrão a Sarai: "Sua serva está em suas mãos.
Faça com ela o que achar melhor". Então Sarai tanto maltratou
Hagar que esta acabou fugindo.
7 O Anjo do SENHOR encontrou Hagar perto de uma fonte no
deserto, no caminho de Sur, 8 e perguntou-lhe: "Hagar, serva
de Sarai, de onde você vem? Para onde vai?" Respondeu ela:
"Estou fugindo de Sarai, a minha senhora".
9 Disse-lhe então o Anjo do SENHOR: "Volte à sua senhora e su-
jeite-se a ela". 10 Disse mais o Anjo: "Multiplicarei tanto os seus
descendentes que ninguém os poderá contar".
11 Disse-lhe ainda o Anjo do SENHOR: "Você está grávida e terá
um filho, e lhe dará o nome de Ismael, porque o SENHOR a
ouviu em seu sofrimento. 12 Ele será como jumento selvagem;
sua mão será contra todos, e a mão de todos contra ele, e ele
viverá em hostilidade[a] contra todos os seus irmãos".
13 Este foi o nome que ela deu ao SENHOR, que lhe havia falado:
"Tu és o Deus que me vê", pois dissera: "Teria eu visto Aquele
que me vê?" 14 Por isso o poço, que fica entre Cades e Berede,
foi chamado Beer-Laai-Roi[b].
15 Hagar teve um filho de Abrão, e este lhe deu o nome de Is-
mael. 16 Abrão estava com oitenta e seis anos de idade quando
Hagar lhe deu Ismael.

17 A Circuncisão: O Sinal da Aliança

Quando Abrão estava com noventa e nove anos de idade o
SENHOR lhe apareceu e disse: "Eu sou o Deus todo-poderoso[c];
ande segundo a minha vontade e seja íntegro. 2 Estabelecerei
a minha aliança entre mim e você e multiplicarei muitíssimo a
sua descendência".
3 Abrão prostrou-se com o rosto em terra, e Deus lhe disse:
4 "De minha parte, esta é a minha aliança com você. Você será
o pai de muitas nações. 5 Não será mais chamado Abrão; seu
nome será Abraão[d], porque eu o constituí pai de muitas nações.
6 Eu o tornarei extremamente prolífero; de você farei nações e
de você procederão reis. 7 Estabelecerei a minha aliança como
aliança eterna entre mim e você e os seus futuros descen-
dentes, para ser o seu Deus e o Deus dos seus descendentes.
8 Toda a terra de Canaã, onde agora você é estrangeiro, darei
como propriedade perpétua a você e a seus descendentes; e
serei o Deus deles.
9 "De sua parte", disse Deus a Abraão, "guarde a minha
aliança, tanto você como os seus futuros descendentes. 10 Esta
é a minha aliança com você e com os seus descendentes,
aliança que terá que ser guardada: Todos os do sexo masculino
entre vocês serão circuncidados na carne. 11 Terão que fazer
essa marca, que será o sinal da aliança entre mim e vocês.
12 Da sua geração em diante, todo menino de oito dias de idade
entre vocês terá que ser circuncidado, tanto os nascidos em sua
casa quanto os que forem comprados de estrangeiros e que
não forem descendentes de vocês. 13 Sejam nascidos em sua
casa, sejam comprados, terão que ser circuncidados. Minha
aliança, marcada no corpo de vocês, será uma aliança per-
pétua. 14 Qualquer do sexo masculino que for incircunciso, que
não tiver sido circuncidado, será eliminado do meio do seu
povo; quebrou a minha aliança".
15 Disse também Deus a Abraão: "De agora em diante sua
mulher já não se chamará Sarai; seu nome será Sara[e]. 16 Eu a
abençoarei e também por meio dela darei a você um filho. Sim,
eu a abençoarei e dela procederão nações e reis de povos".
17 Abraão prostrou-se com o rosto em terra; riu-se e disse a si
mesmo: "Poderá um homem de cem anos de idade gerar um
filho? Poderá Sara dar à luz aos noventa anos?" 18 E Abraão
disse a Deus: "Permite que Ismael seja o meu herdeiro![f]"
19 Então Deus respondeu: "Na verdade Sara, sua mulher, lhe
dará um filho, e você lhe chamará Isaque[g]. Com ele estabe-
lecerei a minha aliança, que será aliança eterna para os seus
futuros descendentes. 20 E, no caso de Ismael, levarei em conta
o seu pedido. Também o abençoarei; eu o farei prolífero e
multiplicarei muito a sua descendência. Ele será pai de doze
príncipes e dele farei um grande povo. 21 Mas a minha aliança,
eu a estabelecerei com Isaque, filho que Sara dará a você no
ano que vem, por esta época". 22 Quando terminou de falar
com Abraão, Deus subiu e retirou-se da presença dele.
23 Naquele mesmo dia, Abraão tomou seu filho Ismael, todos
os nascidos em sua casa e os que foram comprados, todos os
do sexo masculino de sua casa, e os circuncidou, como Deus
lhe ordenara. 24 Abraão tinha noventa e nove anos quando foi
circuncidado, 25 e seu filho Ismael tinha treze; 26 Abraão e seu
filho Ismael foram circuncidados naquele mesmo dia. 27 E com
Abraão foram circuncidados todos os de sua casa, tanto os
nascidos em casa como os comprados de estrangeiros.

18 Deus Promete um Filho a Abraão

O SENHOR apareceu a Abraão perto dos carvalhos de
Manre, quando ele estava sentado à entrada de sua tenda, na
hora mais quente do dia. 2 Abraão ergueu os olhos e viu três ho-
mens em pé, a pouca distância. Quando os viu, saiu da entrada
de sua tenda, correu ao encontro deles e curvou-se até o chão.
3 Disse ele: "Meu senhor, se mereço o seu favor, não passe
pelo seu servo sem fazer uma parada. 4 Mandarei buscar um
pouco d'água para que lavem os pés e descansem debaixo
desta árvore. 5 Vou trazer a vocês também o que comer, para
que recuperem as forças e prossigam pelo caminho, agora que

[a] 16.12 Ou *defronte de todos*
[b] 16.14 Isto é, poço daquele que vive e me vê.
[c] 17.1 Hebraico: *El-Shaddai.*
[d] 17.5 *Abrão* significa *pai exaltado*; *Abraão* significa *pai de muitas nações.*
[e] 17.15 *Sara* significa *princesa.*
[f] 17.18 Hebraico: *Que Ismael viva na tua presença!*
[g] 17.19 *Isaque* significa *ele riu.*

já chegaram até este seu servo". "Está bem; faça como está
dizendo", responderam.
6 Abraão foi apressadamente à tenda e disse a Sara: "Depressa,
pegue três medidas[a] da melhor farinha, amasse-a e faça uns
pães".
7 Depois correu ao rebanho e escolheu o melhor novilho, e
o deu a um servo, que se apressou em prepará-lo. 8 Trouxe
então coalhada, leite e o novilho que havia sido preparado,
e os serviu. Enquanto comiam, ele ficou perto deles em pé,
debaixo da árvore.
9 "Onde está Sara, sua mulher?", perguntaram. "Ali na tenda",
respondeu ele.
10 Então disse o SENHOR[b]: "Voltarei a você na primavera, e Sara,
sua mulher, terá um filho". Sara escutava à entrada da tenda,
atrás dele. 11 Abraão e Sara já eram velhos, de idade bem avan-
çada, e Sara já tinha passado da idade de ter filhos. 12 Por isso
riu consigo mesma, quando pensou: "Depois de já estar velha
e meu senhor[c] já idoso, ainda terei esse prazer?"
13 Mas o SENHOR disse a Abraão: "Por que Sara riu e disse:
'Poderei realmente dar à luz, agora que sou idosa?' 14 Existe
alguma coisa impossível para o SENHOR? Na primavera voltarei
a você, e Sara terá um filho".
15 Sara teve medo, e por isso mentiu: "Eu não ri". Mas ele disse:
"Não negue, você riu".

Abraão Intercede por Sodoma

16 Quando os homens se levantaram para partir, avistaram lá
embaixo Sodoma; e Abraão os acompanhou para despedir-se.
17 Então o SENHOR disse: "Esconderei de Abraão o que estou
para fazer? 18 Abraão será o pai de uma nação grande e po-
derosa, e por meio dele todas as nações da terra serão aben-
çoadas. 19 Pois eu o escolhi, para que ordene aos seus filhos
e aos seus descendentes que se conservem no caminho do
SENHOR, fazendo o que é justo e direito, para que o SENHOR faça
vir a Abraão o que lhe prometeu".
20 Disse-lhe, pois, o SENHOR: "As acusações contra Sodoma e
Gomorra são tantas e o seu pecado é tão grave 21 que descerei
para ver se o que eles têm feito corresponde ao que tenho
ouvido. Se não, eu saberei".
22 Os homens partiram dali e foram para Sodoma, mas Abraão
permaneceu diante do SENHOR.[d] 23 Abraão aproximou-se dele
e disse: "Exterminarás o justo com o ímpio? 24 E se houver cin-
quenta justos na cidade? Ainda a destruirás e não pouparás o
lugar por amor aos cinquenta justos que nele estão? 25 Longe
de ti fazer tal coisa: matar o justo com o ímpio, tratando o
justo e o ímpio da mesma maneira. Longe de ti! Não agirá com
justiça o Juiz[e] de toda a terra?"
26 Respondeu o SENHOR: "Se eu encontrar cinquenta justos em
Sodoma, pouparei a cidade toda por amor a eles".
27 Mas Abraão tornou a falar: "Sei que já fui muito ousado a
ponto de falar ao Senhor, eu que não passo de pó e cinza.
28 Ainda assim pergunto: E se faltarem cinco para completar
os cinquenta justos? Destruirás a cidade por causa dos cinco?"
Disse ele: "Se encontrar ali quarenta e cinco, não a destruirei".
29 "E se encontrares apenas quarenta?", insistiu Abraão. Ele
respondeu: "Por amor aos quarenta não a destruirei".
30 Então continuou ele: "Não te ires, Senhor, mas permite-me
falar. E se apenas trinta forem encontrados ali?" Ele res-
pondeu: "Se encontrar trinta, não a destruirei".
31 Prosseguiu Abraão: "Agora que já fui tão ousado falando ao
Senhor, pergunto: E se apenas vinte forem encontrados ali?"
Ele respondeu: "Por amor aos vinte não a destruirei".
32 Então Abraão disse ainda: "Não te ires, Senhor, mas permi-
te-me falar só mais uma vez. E se apenas dez forem encon-
trados?" Ele respondeu: "Por amor aos dez não a destruirei".
33 Tendo acabado de falar com Abraão, o SENHOR partiu, e
Abraão voltou para casa.

19 A Destruição de Sodoma e Gomorra

Os dois anjos chegaram a Sodoma ao anoitecer, e Ló es-
tava sentado à porta da cidade. Quando os avistou, levantou-se
e foi recebê-los. Prostrou-se com o rosto em terra 2 e disse:
"Meus senhores, por favor, acompanhem-me à casa do seu
servo. Lá poderão lavar os pés, passar a noite e, pela manhã,
seguir caminho". "Não, passaremos a noite na praça", res-
ponderam.
3 Mas ele insistiu tanto com eles que, finalmente, o acompa-
nharam e entraram em sua casa. Ló mandou preparar-lhes uma
refeição e assar pão sem fermento, e eles comeram.
4 Ainda não tinham ido deitar-se, quando todos os homens de
toda parte da cidade de Sodoma, dos mais jovens aos mais
velhos, cercaram a casa. 5 Chamaram Ló e lhe disseram: "Onde
estão os homens que vieram à sua casa esta noite? Traga-os
para nós aqui fora para que tenhamos relações com eles".
6 Ló saiu da casa, fechou a porta atrás de si 7 e lhes disse: "Não,
meus amigos! Não façam essa perversidade! 8 Olhem, tenho
duas filhas que ainda são virgens. Vou trazê-las para que vocês
façam com elas o que bem entenderem. Mas não façam nada
a estes homens, porque se acham debaixo da proteção do meu
teto".
9 "Saia da frente!", gritaram. E disseram: "Este homem chegou
aqui como estrangeiro, e agora quer ser o juiz! Faremos a você
pior do que a eles". Então empurraram Ló com violência e
avançaram para arrombar a porta. 10 Nisso, os dois visitantes
agarraram Ló, puxaram-no para dentro e fecharam a porta.
11 Depois feriram de cegueira os homens que estavam à porta
da casa, dos mais jovens aos mais velhos, de maneira que não
conseguiam encontrar a porta.
12 Os dois homens perguntaram a Ló: "Você tem mais alguém
na cidade — genros, filhos ou filhas, ou qualquer outro pa-
rente? Tire-os daqui, 13 porque estamos para destruir este
lugar. As acusações feitas ao SENHOR contra este povo são
tantas que ele nos enviou para destruir a cidade".

---

[a] **18.6** Hebraico: *3 seás*. O seá era uma medida de capacidade para secos. As estimativas variam entre 7 e 14 litros.
[b] **18.10** Hebraico: *disse ele*.
[c] **18.12** Ou *marido*
[d] **18.22** Os massoretas indicam que a ordem original do texto era *o Senhor, porém, permaneceu diante de Abraão*.
[e] **18.25** Ou *Soberano*

14 Então Ló foi falar com seus genros, os quais iam casar-se com
suas filhas, e lhes disse: "Saiam imediatamente deste lugar,
porque o SENHOR está para destruir a cidade!" Mas pensaram
que ele estava brincando.
15 Ao raiar do dia, os anjos insistiam com Ló, dizendo: "De-
pressa! Leve daqui sua mulher e suas duas filhas, ou vocês
também serão mortos quando a cidade for castigada".
16 Tendo ele hesitado, os homens o agarraram pela mão, como
também a mulher e as duas filhas, e os tiraram dali à força e
os deixaram fora da cidade, porque o SENHOR teve misericórdia
deles. 17 Assim que os tiraram da cidade, um deles disse a Ló:
"Fuja por amor à vida! Não olhe para trás e não pare em lugar
nenhum da planície! Fuja para as montanhas, ou você será
morto!"
18 Ló, porém, lhes disse: "Não, meu senhor! 19 Seu servo foi
favorecido por sua benevolência, pois o senhor foi bondoso
comigo, poupando-me a vida. Não posso fugir para as mon-
tanhas, senão esta calamidade cairá sobre mim, e morrerei.
20 Aqui perto há uma cidade pequena. Está tão próxima que
dá para correr até lá. Deixe-me ir para lá! Mesmo sendo tão
pequena, lá estarei a salvo".
21 "Está bem", respondeu ele. "Também lhe atenderei esse
pedido; não destruirei a cidade da qual você fala. 22 Fuja de-
pressa, porque nada poderei fazer enquanto você não chegar
lá". Por isso a cidade foi chamada Zoar[a].
23 Quando Ló chegou a Zoar, o sol já havia nascido sobre a
terra. 24 Então o SENHOR, o próprio SENHOR, fez chover do céu
fogo e enxofre sobre Sodoma e Gomorra. 25 Assim ele destruiu
aquelas cidades e toda a planície, com todos os habitantes das
cidades e a vegetação. 26 Mas a mulher de Ló olhou para trás e
se transformou numa coluna de sal.
27 Na manhã seguinte, Abraão se levantou e voltou ao lugar
onde tinha estado diante do SENHOR. 28 E olhou para Sodoma e
Gomorra, para toda a planície, e viu uma densa fumaça subindo
da terra, como fumaça de uma fornalha.
29 Quando Deus arrasou as cidades da planície, lembrou-se de
Abraão e tirou Ló do meio da catástrofe que destruiu as cidades
onde Ló vivia.

Os Descendentes de Ló

30 Ló partiu de Zoar com suas duas filhas e passou a viver nas
montanhas, porque tinha medo de permanecer em Zoar. Ele e
suas duas filhas ficaram morando numa caverna.
31 Um dia, a filha mais velha disse à mais jovem: "Nosso pai
já está velho, e não há homens nas redondezas que nos pos-
suam, segundo o costume de toda a terra. 32 Vamos dar vinho
a nosso pai e então nos deitaremos com ele para preservar a
sua linhagem".
33 Naquela noite, deram vinho ao pai, e a filha mais velha en-
trou e se deitou com ele. E ele não percebeu quando ela se
deitou nem quando se levantou.
34 No dia seguinte a filha mais velha disse à mais nova: "Ontem
à noite deitei-me com meu pai. Vamos dar-lhe vinho também
esta noite, e você se deitará com ele, para que preservemos
a linhagem de nosso pai". 35 Então, outra vez deram vinho ao
pai naquela noite, e a mais nova foi e se deitou com ele. E ele
não percebeu quando ela se deitou nem quando se levantou.
36 Assim, as duas filhas de Ló engravidaram do próprio pai. 37 A
mais velha teve um filho e deu-lhe o nome de Moabe[b]; este é
o pai dos moabitas de hoje. 38 A mais nova também teve um
filho e deu-lhe o nome de Ben-Ami[c]; este é o pai dos amonitas
de hoje.

20 Abraão em Gerar

Abraão partiu dali para a região do Neguebe e foi viver
entre Cades e Sur. Depois morou algum tempo em Gerar. 2 Ele
dizia que Sara, sua mulher, era sua irmã. Então Abimeleque, rei
de Gerar, mandou buscar Sara e tomou-a para si.
3 Certa noite Deus veio a Abimeleque num sonho e lhe disse:
"Você morrerá! A mulher que você tomou é casada".
4 Mas Abimeleque, que ainda não havia tocado nela, disse: "Se-
nhor, destruirias um povo inocente? 5 Não foi ele que me disse:
'Ela é minha irmã'? E ela também não disse: 'Ele é meu irmão'?
O que fiz foi de coração puro e de mãos limpas".
6 Então Deus lhe respondeu no sonho: "Sim, eu sei que você
fez isso de coração puro. Eu mesmo impedi que você pecasse
contra mim e por isso não lhe permiti tocá-la. 7 Agora devolva
a mulher ao marido dela. Ele é profeta e orará em seu favor,
para que você não morra. Mas, se não a devolver, esteja certo
de que você e todos os seus morrerão".
8 Na manhã seguinte, Abimeleque convocou todos os seus con-
selheiros e, quando lhes contou tudo o que acontecera, tiveram
muito medo. 9 Depois Abimeleque chamou Abraão e disse: "O
que fizeste conosco? Em que foi que pequei contra ti para que
trouxesses tamanha culpa sobre mim e sobre o meu reino? O
que me fizeste não se faz a ninguém!" 10 E perguntou Abime-
leque a Abraão: "O que te levou a fazer isso?"
11 Abraão respondeu: "Eu disse a mim mesmo: Certamente nin-
guém teme a Deus neste lugar, e irão matar-me por causa da
minha mulher. 12 Além disso, na verdade ela é minha irmã por
parte de pai, mas não por parte de mãe; e veio a ser minha
mulher. 13 E, quando Deus me fez sair errante da casa de meu
pai, eu disse a ela: Assim você me provará sua lealdade: em
qualquer lugar aonde formos, diga que sou seu irmão".
14 Então Abimeleque trouxe ovelhas e bois, servos e servas,
deu-os a Abraão e devolveu-lhe Sara, sua mulher. 15 E disse
Abimeleque: "Minha terra está diante de ti; podes ficar onde
quiseres".
16 A Sara ele disse: "Estou dando a seu irmão mil peças de
prata, para reparar a ofensa feita a você[d] diante de todos os
seus; assim todos saberão que você é inocente".
17 A seguir Abraão orou a Deus, e Deus curou Abimeleque, sua
mulher e suas servas, de forma que puderam novamente ter
filhos, 18 porque o SENHOR havia tornado estéreis todas as mu-

[a] 19.22 *Zoar* significa *pequena*.

[b] 19.37 *Moabe* assemelha-se à expressão hebraica que significa *do pai*.

[c] 19.38 *Ben-Ami* significa *filho do meu povo*.

[d] 20.16 Hebraico: *para que lhe seja um véu para os olhos*.

lheres da casa de Abimeleque por causa de Sara, mulher de
Abraão.

21 O Nascimento de Isaque

O SENHOR foi bondoso com Sara, como lhe dissera, e fez
por ela o que prometera. 2 Sara engravidou e deu um filho a
Abraão em sua velhice, na época fixada por Deus em sua pro-
messa. 3 Abraão deu o nome de Isaque ao filho que Sara lhe
dera. 4 Quando seu filho Isaque tinha oito dias de vida, Abraão
o circuncidou, conforme Deus lhe havia ordenado. 5 Estava ele
com cem anos de idade quando lhe nasceu Isaque, seu filho.
6 E Sara disse: "Deus me encheu de riso, e todos os que sou-
berem disso rirão comigo".
7 E acrescentou: "Quem diria a Abraão que Sara amamentaria
filhos? Contudo eu lhe dei um filho em sua velhice!"

Abraão Expulsa Hagar e Ismael

8 O menino cresceu e foi desmamado. No dia em que Isaque foi
desmamado, Abraão deu uma grande festa. 9 Sara, porém, viu
que o filho que Hagar, a egípcia, dera a Abraão estava rindo de[a]
Isaque, 10 e disse a Abraão: "Livre-se daquela escrava e do seu
filho, porque ele jamais será herdeiro com o meu filho Isaque".
11 Isso perturbou demais Abraão, pois envolvia um filho seu.
12 Mas Deus lhe disse: "Não se perturbe por causa do menino e
da escrava. Atenda a tudo o que Sara lhe pedir, porque será por
meio de Isaque que a sua descendência há de ser considerada.
13 Mas também do filho da escrava farei um povo; pois ele é seu
descendente".
14 Na manhã seguinte, Abraão pegou alguns pães e uma vasilha
de couro cheia d'água, entregou-os a Hagar e, tendo-os colo-
cado nos ombros dela, despediu-a com o menino. Ela se pôs a
caminho e ficou vagando pelo deserto de Berseba[b].
15 Quando acabou a água da vasilha, ela deixou o menino de-
baixo de um arbusto 16 e foi sentar-se perto dali, à distância de
um tiro de flecha, porque pensou: "Não posso ver o menino
morrer". Sentada ali perto, começou a chorar[c].
17 Deus ouviu o choro do menino, e o anjo de Deus, do céu,
chamou Hagar e lhe disse: "O que a aflige, Hagar? Não tenha
medo; Deus ouviu o menino chorar, lá onde você o deixou.
18 Levante o menino e tome-o pela mão, porque dele farei um
grande povo".
19 Então Deus lhe abriu os olhos, e ela viu uma fonte. Foi até lá,
encheu de água a vasilha e deu de beber ao menino.
20 Deus estava com o menino. Ele cresceu, viveu no deserto
e tornou-se flecheiro. 21 Vivia no deserto de Parã, e sua mãe
conseguiu-lhe uma mulher da terra do Egito.

O Acordo entre Abraão e Abimeleque

22 Naquela ocasião, Abimeleque, acompanhado de Ficol, co-
mandante do seu exército, disse a Abraão: "Deus está contigo
em tudo o que fazes. 23 Agora, jura-me, diante de Deus, que
não vais enganar-me, nem a mim nem a meus filhos e descen-
dentes. Trata a nação que te acolheu como estrangeiro com a
mesma bondade com que te tratei".
24 Respondeu Abraão: "Eu juro!"
25 Todavia Abraão reclamou com Abimeleque a respeito de
um poço que os servos de Abimeleque lhe tinham tomado à
força. 26 Mas Abimeleque lhe respondeu: "Não sei quem fez
isso. Nunca me disseste nada, e só fiquei sabendo disso hoje".
27 Então Abraão trouxe ovelhas e bois, deu-os a Abimeleque, e
os dois firmaram um acordo. 28 Abraão separou sete ovelhas
do rebanho, 29 pelo que Abimeleque lhe perguntou: "Que sig-
nificam estas sete ovelhas que separaste das demais?"
30 Ele respondeu: "Aceita estas sete ovelhas de minhas mãos
como testemunho de que eu cavei este poço".
31 Por isso aquele lugar foi chamado Berseba, porque ali os dois
fizeram um juramento.
32 Firmado esse acordo em Berseba, Abimeleque e Ficol, co-
mandante das suas tropas, voltaram para a terra dos filisteus.
33 Abraão, por sua vez, plantou uma tamargueira em Berseba e
ali invocou o nome do SENHOR, o Deus Eterno. 34 E morou Abraão
na terra dos filisteus por longo tempo.

22 Deus Prova Abraão

Passado algum tempo, Deus pôs Abraão à prova, dizen-
do-lhe: "Abraão!" Ele respondeu: "Eis-me aqui".
2 Então disse Deus: "Tome seu filho, seu único filho, Isaque, a
quem você ama, e vá para a região de Moriá. Sacrifique-o ali
como holocausto[d] num dos montes que lhe indicarei".
3 Na manhã seguinte, Abraão levantou-se e preparou o seu ju-
mento. Levou consigo dois de seus servos e Isaque, seu filho.
Depois de cortar lenha para o holocausto, partiu em direção ao
lugar que Deus lhe havia indicado. 4 No terceiro dia de viagem,
Abraão olhou e viu o lugar ao longe. 5 Disse ele a seus servos:
"Fiquem aqui com o jumento enquanto eu e o rapaz vamos até
lá. Depois de adorar, voltaremos".
6 Abraão pegou a lenha para o holocausto e a colocou nos om-
bros de seu filho Isaque, e ele mesmo levou as brasas para o
fogo, e a faca. E, caminhando os dois juntos, 7 Isaque disse
a seu pai, Abraão: "Meu pai!" "Sim, meu filho", respondeu
Abraão. Isaque perguntou: "As brasas e a lenha estão aqui,
mas onde está o cordeiro para o holocausto?"
8 Respondeu Abraão: "Deus mesmo há de prover o cordeiro
para o holocausto, meu filho". E os dois continuaram a ca-
minhar juntos.
9 Quando chegaram ao lugar que Deus lhe havia indicado,
Abraão construiu um altar e sobre ele arrumou a lenha.
Amarrou seu filho Isaque e o colocou sobre o altar, em cima da
lenha. 10 Então estendeu a mão e pegou a faca para sacrificar
seu filho. 11 Mas o Anjo do SENHOR o chamou do céu: "Abraão!
Abraão!" "Eis-me aqui", respondeu ele.
12 "Não toque no rapaz", disse o Anjo. "Não lhe faça nada.
Agora sei que você teme a Deus, porque não me negou seu
filho, o seu único filho."

---

[a] 21.9 Ou *brincando com*

[b] 21.14 *Berseba* pode significar *poço dos sete* ou *poço do juramento*; também em 21.31-33; 22.19; 26.23, 33 e 28.10.

[c] 21.16 A Septuaginta diz *e o menino começou a chorar*.

[d] 22.2 Isto é, sacrifício totalmente queimado; também nos versículos 3, 6-8 e 13.

13 Abraão ergueu os olhos e viu um carneiro preso pelos chifres
num arbusto. Foi lá pegá-lo, e o sacrificou como holocausto
em lugar de seu filho. 14 Abraão deu àquele lugar o nome de
"O SENHOR Proverá". Por isso até hoje se diz: "No monte do
SENHOR se proverá".
15 Pela segunda vez o Anjo do SENHOR chamou do céu a Abraão
16 e disse: "Juro por mim mesmo", declara o SENHOR, "que, por
ter feito o que fez, não me negando seu filho, o seu único filho,
17 esteja certo de que o abençoarei e farei seus descendentes
tão numerosos como as estrelas do céu e como a areia das
praias do mar. Sua descendência conquistará as cidades dos
que lhe forem inimigos 18 e, por meio dela, todos os povos da
terra serão abençoados, porque você me obedeceu".
19 Então voltou Abraão a seus servos, e juntos partiram para
Berseba, onde passou a viver.

Os Filhos de Naor

20 Passado algum tempo, disseram a Abraão que Milca dera
filhos a seu irmão Naor: 21 Uz, o mais velho, Buz, seu irmão,
Quemuel, pai de Arã, 22 Quésede, Hazo, Pildas, Jidlafe e Betuel,
23 pai de Rebeca. Estes foram os oito filhos que Milca deu a
Naor, irmão de Abraão. 24 E sua concubina, chamada Reumá,
teve os seguintes filhos: Tebá, Gaã, Taás e Maaca.

A Morte de Sara

23 Sara viveu cento e vinte e sete anos 2 e morreu em Qui-
riate-Arba, que é Hebrom, em Canaã; e Abraão foi lamentar e
chorar por ela.
3 Depois Abraão deixou ali o corpo de sua mulher e foi falar
com os hititas: 4 "Sou apenas um estrangeiro entre vocês.
Cedam-me alguma propriedade para sepultura, para que eu
tenha onde enterrar a minha mulher".
5 Responderam os hititas a Abraão: 6 "Ouça-nos, senhor; o se-
nhor é um príncipe de Deus[a] em nosso meio. Enterre a sua
mulher numa de nossas sepulturas, na que lhe parecer melhor.
Nenhum de nós recusará ceder-lhe sua sepultura para que en-
terre a sua mulher".
7 Abraão levantou-se, curvou-se perante o povo daquela terra,
os hititas, 8 e disse-lhes: "Já que vocês me dão permissão para
sepultar minha mulher, peço que intercedam por mim junto
a Efrom, filho de Zoar, 9 a fim de que ele me ceda a caverna
de Macpela, que lhe pertence e se encontra na divisa do seu
campo. Peçam-lhe que a ceda a mim pelo preço justo, para
que eu tenha uma propriedade para sepultura entre vocês".
10 Efrom, o hitita, estava sentado no meio do seu povo e res-
pondeu a Abraão, sendo ouvido por todos os hititas que tinham
vindo à porta da cidade: 11 "Não, meu senhor. Ouça-me, eu lhe
cedo o campo e também a caverna que nele está. Cedo-os na
presença do meu povo. Sepulte a sua mulher".
12 Novamente Abraão curvou-se perante o povo daquela terra
13 e disse a Efrom, sendo ouvido por todos: "Ouça-me, por
favor. Pagarei o preço do campo. Aceite-o, para que eu possa
sepultar a minha mulher".
14 Efrom respondeu a Abraão: 15 "Ouça-me, meu senhor: aquele
pedaço de terra vale quatrocentas peças de prata, mas o que
significa isso entre mim e você? Sepulte a sua mulher".
16 Abraão concordou com Efrom e pesou-lhe o valor por ele
estipulado diante dos hititas: quatrocentas peças de prata, de
acordo com o peso corrente entre os mercadores.
17 Assim o campo de Efrom em Macpela, perto de Manre, o
próprio campo com a caverna que nele há e todas as árvores
dentro das divisas do campo, foi transferido 18 a Abraão como
sua propriedade diante de todos os hititas que tinham vindo à
porta da cidade. 19 Depois disso, Abraão sepultou sua mulher
Sara na caverna do campo de Macpela, perto de Manre, que se
encontra em Hebrom, na terra de Canaã. 20 Assim o campo e a
caverna que nele há foram transferidos a Abraão pelos hititas
como propriedade para sepultura.

Uma Esposa para Isaque

24 Abraão já era velho, de idade bem avançada, e o SENHOR
em tudo o abençoara. 2 Disse ele ao servo mais velho de sua
casa, que era o responsável por tudo quanto tinha: "Ponha a
mão debaixo da minha coxa 3 e jure pelo Senhor, o Deus dos
céus e o Deus da terra, que não buscará mulher para meu filho
entre as filhas dos cananeus, no meio dos quais estou vivendo,
4 mas irá à minha terra e buscará entre os meus parentes uma
mulher para meu filho Isaque".
5 O servo lhe perguntou: "E se a mulher não quiser vir comigo
a esta terra? Devo então levar teu filho de volta à terra de
onde vieste?"
6 "Cuidado!", disse Abraão, "Não deixe o meu filho voltar para
lá.
7 "O SENHOR, o Deus dos céus, que me tirou da casa de meu
pai e de minha terra natal e que me prometeu sob juramento
que à minha descendência daria esta terra, enviará o seu anjo
adiante de você para que de lá traga uma mulher para meu
filho. 8 Se a mulher não quiser vir, você estará livre do jura-
mento. Mas não leve o meu filho de volta para lá." 9 Então
o servo pôs a mão debaixo da coxa de Abraão, seu senhor, e
jurou cumprir aquela palavra.
10 O servo partiu, com dez camelos do seu senhor, levando
também do que o seu senhor tinha de melhor. Partiu para a
Mesopotâmia[b], em direção à cidade onde Naor tinha morado.
11 Ao cair da tarde, quando as mulheres costumam sair para
buscar água, ele fez os camelos se ajoelharem junto ao poço
que ficava fora da cidade.
12 Então orou: "SENHOR, Deus do meu senhor Abraão, dá-me
neste dia bom êxito e seja bondoso com o meu senhor Abraão.
13 Como vês, estou aqui ao lado desta fonte, e as jovens do
povo desta cidade estão vindo para tirar água. 14 Concede que
a jovem a quem eu disser: Por favor, incline o seu cântaro e
dê-me de beber, e ela me responder: 'Bebe. Também darei
água aos teus camelos', seja essa a que escolheste para teu
servo Isaque. Saberei assim que foste bondoso com o meu
senhor".

[a] **23.6** Ou *príncipe poderoso*; ou ainda *príncipe dos deuses*

[b] **24.10** Hebraico: *Arã Naaraim*.

15 Antes que ele terminasse de orar, surgiu Rebeca, filha de Be-
tuel, filho de Milca, mulher de Naor, irmão de Abraão, trazendo
no ombro o seu cântaro. 16 A jovem era muito bonita e virgem;
nenhum homem tivera relações com ela. Rebeca desceu à
fonte, encheu seu cântaro e voltou.
17 O servo apressou-se ao encontro dela e disse: "Por favor,
dê-me um pouco de água do seu cântaro".
18 "Beba, meu senhor", disse ela, e tirou rapidamente dos om-
bros o cântaro e o serviu.
19 Depois que lhe deu de beber, disse: "Tirarei água também
para os seus camelos até saciá-los". 20 Assim ela esvaziou de-
pressa seu cântaro no bebedouro e correu de volta ao poço
para tirar mais água para todos os camelos. 21 Sem dizer nada,
o homem a observava atentamente para saber se o SENHOR
tinha ou não coroado de êxito a sua missão.
22 Quando os camelos acabaram de beber, o homem deu à
jovem um pendente de ouro de seis gramas[a] e duas pulseiras
de ouro de cento e vinte gramas[b], 23 e perguntou: "De quem
você é filha? Diga-me, por favor, se há lugar na casa de seu pai
para eu e meus companheiros passarmos a noite".
24 "Sou filha de Betuel, o filho que Milca deu a Naor", res-
pondeu ela; 25 e acrescentou: "Temos bastante palha e for-
ragem, e também temos lugar para vocês passarem a noite".
26 Então o homem curvou-se em adoração ao SENHOR, 27 di-
zendo: "Bendito seja o Senhor, o Deus do meu senhor Abraão,
que não retirou sua bondade e sua fidelidade do meu senhor.
Quanto a mim, o SENHOR me conduziu na jornada até a casa dos
parentes do meu senhor".
28 A jovem correu para casa e contou tudo à família de sua mãe.
29 Rebeca tinha um irmão chamado Labão. Ele saiu apressado
à fonte para conhecer o homem, 30 pois tinha visto o pendente
e as pulseiras no braço de sua irmã, e ouvira Rebeca contar o
que o homem lhe dissera. Saiu, pois, e foi encontrá-lo parado
junto à fonte, ao lado dos camelos. 31 E disse: "Venha, bendito
do SENHOR! Por que ficar aí fora? Já arrumei a casa e um lugar
para os camelos".
32 Assim o homem dirigiu-se à casa, e os camelos foram des-
carregados. Deram palha e forragem aos camelos, e água
ao homem e aos que estavam com ele para lavarem os pés.
33 Depois lhe trouxeram comida, mas ele disse: "Não comerei
enquanto não disser o que tenho para dizer". Disse Labão:
"Então fale".
34 E ele disse: "Sou servo de Abraão. 35 O SENHOR o abençoou
muito, e ele se tornou muito rico. Deu-lhe ovelhas e bois, prata
e ouro, servos e servas, camelos e jumentos. 36 Sara, mulher
do meu senhor, na velhice lhe deu um filho, que é o herdeiro
de tudo o que Abraão possui. 37 E meu senhor fez-me jurar,
dizendo: 'Você não buscará mulher para meu filho entre as
filhas dos cananeus, em cuja terra estou vivendo, 38 mas irá
à família de meu pai, ao meu próprio clã, buscar uma mulher
para meu filho'.
39 "Então perguntei a meu senhor: E se a mulher não quiser
me acompanhar?
40 "Ele respondeu: 'O SENHOR, a quem tenho servido, enviará
seu anjo com você e coroará de êxito a sua missão, para que
você traga para meu filho uma mulher do meu próprio clã, da
família de meu pai. 41 Quando chegar aos meus parentes, você
estará livre do juramento se eles se recusarem a entregá-la a
você. Só então você estará livre do juramento'.
42 "Hoje, quando cheguei à fonte, eu disse: Ó SENHOR, Deus do
meu senhor Abraão, se assim desejares, dá êxito à missão de
que fui incumbido. 43 Aqui estou em pé diante desta fonte; se
uma moça vier tirar água e eu lhe disser: Por favor, dê-me de
beber um pouco de seu cântaro, 44 e ela me responder: 'Bebe.
Também darei água aos teus camelos', seja essa a que o SE-
NHOR escolheu para o filho do meu senhor.
45 "Antes de terminar de orar em meu coração, surgiu Rebeca,
com o cântaro ao ombro. Dirigiu-se à fonte e tirou água, e eu
lhe disse: Por favor, dê-me de beber.
46 "Ela se apressou a tirar o cântaro do ombro e disse: 'Bebe.
Também darei água aos teus camelos'. Eu bebi, e ela deu de
beber também aos camelos.
47 "Depois lhe perguntei: De quem você é filha? "Ela me res-
pondeu: 'De Betuel, filho de Naor e Milca'. "Então coloquei
o pendente em seu nariz e as pulseiras em seus braços, 48 e
curvei-me em adoração ao SENHOR. Bendisse ao SENHOR, o
Deus do meu senhor Abraão, que me guiou pelo caminho certo
para buscar para o filho dele a neta do irmão do meu senhor.
49 Agora, se quiserem mostrar fidelidade e bondade a meu se-
nhor, digam-me; e, se não quiserem, digam-me também, para
que eu decida o que fazer".

O Casamento de Isaque e Rebeca

50 Labão e Betuel responderam: "Isso vem do SENHOR; nada lhe
podemos dizer, nem a favor, nem contra. 51 Aqui está Rebeca;
leve-a com você e que ela se torne a mulher do filho do seu
senhor, como disse o SENHOR".
52 Quando o servo de Abraão ouviu o que disseram, curvou-se
até o chão diante do Senhor. 53 Então o servo deu joias de ouro
e de prata e vestidos a Rebeca; deu também presentes valiosos
ao irmão dela e à sua mãe. 54 Depois ele e os homens que o
acompanhavam comeram, beberam e ali passaram a noite.
Ao se levantarem na manhã seguinte, ele disse: "Deixem-me
voltar ao meu senhor".
55 Mas o irmão e a mãe dela responderam: "Deixe a jovem ficar
mais uns dez dias conosco; então você[c] poderá partir".
56 Mas ele disse: "Não me detenham, agora que o SENHOR co-
roou de êxito a minha missão. Vamos despedir-nos, e voltarei
ao meu senhor".
57 Então lhe disseram: "Vamos chamar a jovem e ver o que ela
diz". 58 Chamaram Rebeca e lhe perguntaram: "Você quer ir
com este homem?" "Sim, quero", respondeu ela.
59 Despediram-se, pois, de sua irmã Rebeca, de sua ama, do
servo de Abraão e dos que o acompanhavam. 60 E abençoaram
Rebeca, dizendo-lhe: "Que você cresça, nossa irmã, até ser
milhares de milhares; e que a sua descendência conquiste as
cidades dos seus inimigos".

[a] 24.22 Hebraico: *1 beca*.
[b] 24.22 Hebraico: *10 siclos*. Um siclo equivalia a 12 gramas.
[c] 24.55 Ou *ela*

61 Então Rebeca e suas servas se aprontaram, montaram seus
camelos e partiram com o homem. E assim o servo partiu le-
vando Rebeca.
62 Isaque tinha voltado de Beer-Laai-Roi[a], pois habitava no Ne-
guebe. 63 Certa tarde, saiu ao campo para meditar. Ao erguer
os olhos, viu que se aproximavam camelos. 64 Rebeca também
ergueu os olhos e viu Isaque. Ela desceu do camelo 65 e per-
guntou ao servo: "Quem é aquele homem que vem pelo campo
ao nosso encontro?" "É meu senhor", respondeu o servo.
Então ela se cobriu com o véu.
66 Depois o servo contou a Isaque tudo o que havia feito.
67 Isaque levou Rebeca para a tenda de sua mãe, Sara; fez dela
sua mulher, e a amou; assim Isaque foi consolado após a morte
de sua mãe.

A Morte de Abraão

25 Abraão casou-se com outra mulher, chamada Quetura.
2 Ela lhe deu os seguintes filhos: Zinrã, Jocsã, Medã, Midiã,
Isbaque e Suá. 3 Jocsã gerou Sabá e Dedã; os descendentes de
Dedã foram os assuritas, os letusitas e os leumitas. 4 Os filhos
de Midiã foram Efá, Éfer, Enoque, Abida e Elda. Todos esses
foram descendentes de Quetura.
5 Abraão deixou tudo o que tinha para Isaque. 6 Mas para os
filhos de suas concubinas deu presentes; e, ainda em vida,
enviou-os para longe de Isaque, para a terra do oriente.
7 Abraão viveu cento e setenta e cinco anos. 8 Morreu em boa
velhice, em idade bem avançada, e foi reunido aos seus an-
tepassados. 9 Seus filhos, Isaque e Ismael, o sepultaram na
caverna de Macpela, perto de Manre, no campo de Efrom, filho
de Zoar, o hitita, 10 campo que Abraão comprara dos hititas. Foi
ali que Abraão e Sara, sua mulher, foram sepultados. 11 Depois
da morte de Abraão, Deus abençoou seu filho Isaque. Isaque
morava próximo a Beer-Laai-Roi.

Os Filhos de Ismael

12 Este é o registro da descendência de Ismael, o filho de Abraão
que Hagar, a serva egípcia de Sara, deu a ele.
13 São estes os nomes dos filhos de Ismael, alistados por
ordem de nascimento: Nebaiote, o filho mais velho de Ismael,
Quedar, Adbeel, Mibsão, 14 Misma, Dumá, Massá, 15 Hadade,
Temá, Jetur, Nafis e Quedemá. 16 Foram esses os doze filhos
de Ismael, que se tornaram os líderes de suas tribos; os seus
povoados e acampamentos receberam os seus nomes. 17 Ismael
viveu cento e trinta e sete anos. Morreu e foi reunido aos seus
antepassados. 18 Seus descendentes se estabeleceram na re-
gião que vai de Havilá a Sur, próximo à fronteira com o Egito,
na direção de quem vai para Assur. E viveram em hostilidade[b]
contra todos os seus irmãos.

Esaú e Jacó

19 Esta é a história da família de Isaque, filho de Abraão: Abraão
gerou Isaque, 20 o qual aos quarenta anos se casou com Re-
beca, filha de Betuel, o arameu de Padã-Arã[c], e irmã de Labão,
também arameu.
21 Isaque orou ao SENHOR em favor de sua mulher, porque era
estéril. O SENHOR respondeu à sua oração, e Rebeca, sua mu-
lher, engravidou. 22 Os meninos se empurravam dentro dela,
pelo que disse: "Por que está me acontecendo isso?" Foi então
consultar o SENHOR.
23 Disse-lhe o SENHOR: "Duas nações estão em seu ventre; já
desde as suas entranhas dois povos se separarão; um deles
será mais forte que o outro, mas o mais velho servirá ao mais
novo".
24 Ao chegar a época de dar à luz, confirmou-se que havia gê-
meos em seu ventre. 25 O primeiro a sair era ruivo[d], e todo o seu
corpo era como um manto de pelos; por isso lhe deram o nome
de Esaú[e]. 26 Depois saiu seu irmão, com a mão agarrada no
calcanhar de Esaú; pelo que lhe deram o nome de Jacó[f]. Tinha
Isaque sessenta anos de idade quando Rebeca os deu à luz.
27 Os meninos cresceram. Esaú tornou-se caçador habilidoso
e vivia percorrendo os campos, ao passo que Jacó cuidava do
rebanho[g] e vivia nas tendas. 28 Isaque preferia Esaú, porque
gostava de comer de suas caças; Rebeca preferia Jacó.
29 Certa vez, quando Jacó preparava um ensopado, Esaú
chegou faminto, voltando do campo, 30 e pediu-lhe: "Dê-me
um pouco desse ensopado vermelho aí. Estou faminto!" Por
isso também foi chamado Edom[h].
31 Respondeu-lhe Jacó: "Venda-me primeiro o seu direito de
filho mais velho".
32 Disse Esaú: "Estou quase morrendo. De que me vale esse
direito?"
33 Jacó, porém, insistiu: "Jure primeiro". Ele fez um juramento,
vendendo o seu direito de filho mais velho a Jacó.
34 Então Jacó serviu a Esaú pão com ensopado de lentilhas. Ele
comeu e bebeu, levantou-se e se foi. Assim Esaú desprezou o
seu direito de filho mais velho.

Isaque em Gerar

26 Houve fome naquela terra, como tinha acontecido no
tempo de Abraão. Por isso Isaque foi para Gerar, onde Abi-
meleque era o rei dos filisteus. 2 O SENHOR apareceu a Isaque
e disse: "Não desça ao Egito; procure estabelecer-se na terra
que eu lhe indicar. 3 Permaneça nesta terra mais um pouco, e
eu estarei com você e o abençoarei. Porque a você e a seus
descendentes darei todas estas terras e confirmarei o jura-
mento que fiz a seu pai, Abraão. 4 Tornarei seus descendentes
tão numerosos como as estrelas do céu e lhes darei todas estas
terras; e por meio da sua descendência todos os povos da terra
serão abençoados, 5 porque Abraão me obedeceu e guardou
meus preceitos, meus mandamentos, meus decretos e minhas
leis". 6 Assim Isaque ficou em Gerar.

[a] 24.62 Isto é, poço daquele que vive e me vê; também em 25.11.
[b] 25.18 Ou *defronte de todos*
[c] 25.20 Provavelmente na região noroeste da Mesopotâmia; também em 28.2 e 5-7.
[d] 25.25 Ou *moreno*
[e] 25.25 *Esaú* pode significar *peludo, cabeludo*.
[f] 25.26 *Jacó* significa *ele agarra o calcanhar* ou *ele age traiçoeiramente*; também em 27.36.
[g] 25.27 Hebraico: *era homem pacato*.
[h] 25.30 *Edom* significa *vermelho*.

7 Quando os homens do lugar lhe perguntaram sobre a sua mu-
lher, ele disse: "Ela é minha irmã". Teve medo de dizer que
era sua mulher, pois pensou: "Os homens deste lugar podem
matar-me por causa de Rebeca, por ser ela tão bonita".
8 Isaque estava em Gerar já fazia muito tempo. Certo dia,
Abimeleque, rei dos filisteus, estava olhando do alto de uma
janela quando viu Isaque acariciando Rebeca, sua mulher.
9 Então Abimeleque chamou Isaque e lhe disse: "Na verdade
ela é tua mulher! Por que me disseste que ela era tua irmã?"
Isaque respondeu: "Porque pensei que eu poderia ser morto
por causa dela".
10 Então disse Abimeleque: "Tens ideia do que nos fizeste? Qual-
quer homem bem poderia ter-se deitado com tua mulher, e
terias trazido culpa sobre nós".
11 E Abimeleque advertiu todo o povo: "Quem tocar neste
homem ou em sua mulher certamente morrerá!"
12 Isaque formou lavoura naquela terra e no mesmo ano co-
lheu a cem por um, porque o SENHOR o abençoou. 13 O homem
enriqueceu, e a sua riqueza continuou a aumentar, até que
ficou riquíssimo. 14 Possuía tantos rebanhos e servos que os
filisteus o invejavam. 15 Estes taparam todos os poços que os
servos de Abraão, pai de Isaque, tinham cavado na sua época,
enchendo-os de terra.
16 Então Abimeleque pediu a Isaque: "Sai de nossa terra, pois
já és poderoso demais para nós".
17 Por isso Isaque mudou-se de lá, acampou no vale de Gerar e
ali se estabeleceu. 18 Isaque reabriu os poços cavados no tempo
de seu pai, Abraão, os quais os filisteus fecharam depois que
Abraão morreu, e deu-lhes os mesmos nomes que seu pai lhes
tinha dado.
19 Os servos de Isaque cavaram no vale e descobriram um veio
d'água. 20 Mas os pastores de Gerar discutiram com os pas-
tores de Isaque, dizendo: "A água é nossa!" Por isso Isaque
deu ao poço o nome de Eseque, porque discutiram por causa
dele. 21 Então os seus servos cavaram outro poço, mas eles
também discutiram por causa dele; por isso o chamou Sitna.
22 Isaque mudou-se dali e cavou outro poço, e ninguém discutiu
por causa dele. Deu-lhe o nome de Reobote, dizendo: "Agora o
SENHOR nos abriu espaço e prosperaremos na terra".
23 Dali Isaque foi para Berseba. 24 Naquela noite, o SENHOR
lhe apareceu e disse: "Eu sou o Deus de seu pai, Abraão. Não
tema, porque estou com você; eu o abençoarei e multiplicarei
os seus descendentes por amor ao meu servo Abraão".
25 Isaque construiu nesse lugar um altar e invocou o nome do
SENHOR. Ali armou acampamento, e os seus servos cavaram
outro poço.

O Acordo entre Isaque e Abimeleque

26 Por aquele tempo, veio a ele Abimeleque, de Gerar, com Au-
zate, seu conselheiro pessoal, e Ficol, o comandante dos seus
exércitos. 27 Isaque lhes perguntou: "Por que me vieram ver,
uma vez que foram hostis e me mandaram embora?"
28 Eles responderam: "Vimos claramente que o SENHOR está
contigo; por isso dissemos: Façamos um juramento entre nós.
Queremos firmar um acordo contigo: 29 Tu não nos farás mal,
assim como nada te fizemos, mas sempre te tratamos bem e
te despedimos em paz. Agora sabemos que o SENHOR te tem
abençoado".
30 Então Isaque ofereceu-lhes um banquete, e eles comeram
e beberam. 31 Na manhã seguinte os dois fizeram juramento.
Depois Isaque os despediu e partiram em paz.
32 Naquele mesmo dia, os servos de Isaque vieram falar-lhe
sobre o poço que tinham cavado e disseram: "Achamos água!"
33 Isaque deu-lhe o nome de Seba e, por isso, até o dia de hoje
aquela cidade é conhecida como Berseba.
34 Tinha Esaú quarenta anos de idade quando escolheu por mu-
lher a Judite, filha de Beeri, o hitita, e também a Basemate,
filha de Elom, o hitita. 35 Elas amarguraram a vida de Isaque
e de Rebeca.

27 Isaque Abençoa Jacó

Tendo Isaque envelhecido, seus olhos ficaram tão fracos
que ele já não podia enxergar. Certo dia chamou Esaú, seu filho
mais velho, e lhe disse: "Meu filho!" Ele respondeu: "Estou
aqui".
2 Disse-lhe Isaque: "Já estou velho e não sei o dia da minha
morte. 3 Pegue agora suas armas, o arco e a aljava, e vá ao
campo caçar alguma coisa para mim. 4 Prepare-me aquela co-
mida saborosa que tanto aprecio e traga-me, para que eu a
coma e o abençoe antes de morrer".
5 Ora, Rebeca estava ouvindo o que Isaque dizia a seu filho
Esaú. Quando Esaú saiu ao campo para caçar, 6 Rebeca disse
a seu filho Jacó: "Ouvi seu pai dizer a seu irmão Esaú: 7 'Tra-
ga-me alguma caça e prepare-me aquela comida saborosa,
para que eu a coma e o abençoe na presença do SENHOR antes
de morrer'. 8 Agora, meu filho, ouça bem e faça o que lhe or-
deno: 9 Vá ao rebanho e traga-me dois cabritos escolhidos, para
que eu prepare uma comida saborosa para seu pai, como ele
aprecia. 10 Leve-a então a seu pai, para que ele a coma e o
abençoe antes de morrer".
11 Disse Jacó a Rebeca, sua mãe: "Mas o meu irmão Esaú é
homem peludo, e eu tenho a pele lisa. 12 E se meu pai me
apalpar? Vai parecer que estou tentando enganá-lo, fazen-
do-o de tolo e, em vez de bênção, trarei sobre mim maldição".
13 Disse-lhe sua mãe: "Caia sobre mim a maldição, meu filho.
Faça apenas o que eu digo: Vá e traga-os para mim".
14 Então ele foi, apanhou-os e os trouxe à sua mãe, que pre-
parou uma comida saborosa, como seu pai apreciava. 15 Rebeca
pegou as melhores roupas de Esaú, seu filho mais velho, roupas
que tinha em casa, e colocou-as em Jacó, seu filho mais novo.
16 Depois cobriu-lhe as mãos e a parte lisa do pescoço com
as peles dos cabritos, 17 e por fim entregou a Jacó a refeição
saborosa e o pão que tinha feito.
18 Ele se dirigiu ao pai e disse: "Meu pai". Respondeu ele: "Sim,
meu filho. Quem é você?"
19 Jacó disse a seu pai: "Sou Esaú, seu filho mais velho. Fiz
como o senhor me disse. Agora, assente-se e coma do que
cacei para que me abençoe".

20 Isaque perguntou ao filho: "Como encontrou a caça tão de-
pressa, meu filho?" Ele respondeu: "O SENHOR, o seu Deus, a
colocou no meu caminho".
21 Então Isaque disse a Jacó: "Chegue mais perto, meu filho,
para que eu possa apalpá-lo e saber se você é realmente meu
filho Esaú".
22 Jacó aproximou-se do seu pai, Isaque, que o apalpou e disse:
"A voz é de Jacó, mas os braços são de Esaú". 23 Não o reco-
nheceu, pois seus braços estavam peludos como os de Esaú,
seu irmão; e o abençoou.
24 Isaque perguntou-lhe outra vez: "Você é mesmo meu filho
Esaú?" E ele respondeu: "Sou".
25 Então lhe disse: "Meu filho, traga-me da sua caça para
que eu coma e o abençoe". Jacó a trouxe, e seu pai comeu;
também trouxe vinho, e ele bebeu. 26 Então Isaque, seu pai, lhe
disse: "Venha cá, meu filho, dê-me um beijo".
27 Ele se aproximou e o beijou. Quando sentiu o cheiro de suas
roupas, Isaque o abençoou, dizendo: "Ah, o cheiro de meu
filho é como o cheiro de um campo que o SENHOR abençoou.
28 Que Deus lhe conceda do céu o orvalho e da terra a riqueza,
com muito cereal e muito vinho. 29 Que as nações o sirvam
e os povos se curvem diante de você. Seja senhor dos seus
irmãos, e curvem-se diante de você os filhos de sua mãe. Mal-
ditos sejam os que o amaldiçoarem e benditos sejam os que
o abençoarem".
30 Quando Isaque acabou de abençoar Jacó, mal tendo ele
saído da presença do pai, seu irmão, Esaú, chegou da caçada.
31 Ele também preparou uma comida saborosa e a trouxe a seu
pai. E lhe disse: "Meu pai, levante-se e coma da minha caça,
para que o senhor me dê sua bênção".
32 Perguntou-lhe seu pai, Isaque: "Quem é você?" Ele res-
pondeu: "Sou Esaú, seu filho mais velho".
33 Profundamente abalado, Isaque começou a tremer muito
e disse: "Quem então apanhou a caça e a trouxe para mim?
Acabei de comê-la antes de você entrar e a ele abençoei; e
abençoado ele será!"
34 Quando Esaú ouviu as palavras de seu pai, deu um forte grito
e, cheio de amargura, implorou ao pai: "Abençoe também a
mim, meu pai!"
35 Mas ele respondeu: "Seu irmão chegou astutamente e re-
cebeu a bênção que pertencia a você".
36 E disse Esaú: "Não é com razão que o seu nome é Jacó? Já
é a segunda vez que ele me engana! Primeiro tomou o meu
direito de filho mais velho, e agora recebeu a minha bênção!"
Então perguntou ao pai: "O senhor não reservou nenhuma
bênção para mim?"
37 Isaque respondeu a Esaú: "Eu o constituí senhor sobre você,
e a todos os seus parentes tornei servos dele; a ele supri de
cereal e de vinho. Que é que eu poderia fazer por você, meu
filho?"
38 Esaú pediu ao pai: "Meu pai, o senhor tem apenas uma
bênção? Abençoe-me também, meu pai!" Então chorou Esaú
em alta voz.
39 Isaque, seu pai, respondeu-lhe: "Sua habitação será longe
das terras férteis, distante do orvalho que desce do alto céu.
40 Você viverá por sua espada e servirá a seu irmão. Mas,
quando você não suportar mais, arrancará do pescoço o jugo".

A Fuga de Jacó

41 Esaú guardou rancor contra Jacó por causa da bênção que
seu pai lhe dera. E disse a si mesmo: "Os dias de luto pela
morte de meu pai estão próximos; então matarei meu irmão
Jacó".
42 Quando contaram a Rebeca o que seu filho Esaú dissera, ela
mandou chamar Jacó, seu filho mais novo, e lhe disse: "Esaú
está se consolando com a ideia de matá-lo. 43 Ouça, pois, o que
lhe digo, meu filho: Fuja imediatamente para a casa de meu
irmão Labão, em Harã. 44 Fique com ele algum tempo, até que
passe o furor de seu irmão. 45 Quando seu irmão não estiver
mais irado contra você e esquecer o que você lhe fez, mandarei
buscá-lo. Por que perderia eu vocês dois num só dia?"
46 Então Rebeca disse a Isaque: "Estou desgostosa da vida, por
causa destas mulheres hititas. Se Jacó escolher esposa entre
as mulheres desta terra, entre mulheres hititas como estas,
perderei a razão de viver".

28 Então Isaque chamou Jacó, deu-lhe sua bênção[a] e lhe
ordenou: "Não se case com mulher cananeia. 2 Vá a Pa-
dã-Arã, à casa de Betuel, seu avô materno, e case-se com uma
das filhas de Labão, irmão de sua mãe. 3 Que o Deus todo-
-poderoso[b] o abençoe, faça-o prolífero e multiplique os seus
descendentes, para que você se torne uma comunidade de
povos. 4 Que ele dê a você e a seus descendentes a bênção de
Abraão, para que você tome posse da terra na qual vive como
estrangeiro, a terra dada por Deus a Abraão". 5 Então Isaque
despediu Jacó e este foi a Padã-Arã, a Labão, filho do arameu
Betuel, irmão de Rebeca, mãe de Jacó e Esaú.
6 Esaú viu que Isaque havia abençoado a Jacó e o havia man-
dado a Padã-Arã para escolher ali uma mulher e que, ao aben-
çoá-lo, dera-lhe a ordem de não se casar com mulher cana-
neia. 7 Também soube que Jacó obedecera a seu pai e a sua
mãe e fora para Padã Arã. 8 Percebendo então Esaú que seu
pai Isaque não aprovava as mulheres cananeias, 9 foi à casa de
Ismael e tomou a Maalate, irmã de Nebaiote, filha de Ismael,
filho de Abraão, além das outras mulheres que já tinha.

O Sonho de Jacó em Betel

10 Jacó partiu de Berseba e foi para Harã. 11 Chegando a deter-
minado lugar, parou para pernoitar, porque o sol já se havia
posto. Tomando uma das pedras dali, usou-a como travesseiro
e deitou-se. 12 E teve um sonho no qual viu uma escada apoiada
na terra; o seu topo alcançava os céus, e os anjos de Deus su-
biam e desciam por ela. 13 Ao lado dele[c] estava o SENHOR, que
lhe disse: "Eu sou o SENHOR, o Deus de seu pai Abraão e o Deus

---

[a] 28.1 Ou *saudou-o*
[b] 28.3 Hebraico: *El-Shaddai*.
[c] 28.13 Ou *Acima dela*

de Isaque. Darei a você e a seus descendentes a terra na qual
você está deitado. 14 Seus descendentes serão como o pó da
terra, e se espalharão para o Oeste e para o Leste, para o Norte
e para o Sul. Todos os povos da terra serão abençoados por
meio de você e da sua descendência. 15 Estou com você e cui-
darei de você, aonde quer que vá; e eu o trarei de volta a esta
terra. Não o deixarei enquanto não fizer o que lhe prometi".
16 Quando Jacó acordou do sono, disse: "Sem dúvida o Senhor
está neste lugar, mas eu não sabia!" 17 Teve medo e disse:
"Temível é este lugar! Não é outro, senão a casa de Deus; esta
é a porta dos céus".
18 Na manhã seguinte, Jacó pegou a pedra que tinha usado
como travesseiro, colocou-a em pé como coluna e derramou
óleo sobre o seu topo. 19 E deu o nome de Betel[a] àquele lugar,
embora a cidade anteriormente se chamasse Luz.
20 Então Jacó fez um voto, dizendo: "Se Deus estiver comigo,
cuidar de mim nesta viagem que estou fazendo, prover-me de
comida e roupa, 21 e levar-me de volta em segurança à casa de
meu pai, então o Senhor será o meu Deus. 22 E esta pedra que
hoje coloquei como coluna servirá de santuário[b] de Deus; e de
tudo o que me deres certamente te darei o dízimo".

Jacó Encontra-se com Raquel

29 Então Jacó seguiu viagem e chegou à Mesopotâmia[c].
2 Certo dia, olhando ao redor, viu um poço no campo e três re-
banhos de ovelhas deitadas por perto, pois os rebanhos bebiam
daquele poço, que era tapado por uma grande pedra. 3 Por
isso, quando todos os rebanhos se reuniam ali, os pastores
rolavam a pedra da boca do poço e davam água às ovelhas.
Depois recolocavam a pedra em seu lugar, sobre o poço.
4 Jacó perguntou aos pastores: "Meus amigos, de onde são
vocês?" "Somos de Harã", responderam.
5 "Vocês conhecem Labão, neto de Naor?", perguntou-lhes
Jacó. Eles responderam: "Sim, nós o conhecemos".
6 Então Jacó perguntou: "Ele vai bem?" "Sim, vai bem", dis-
seram eles, "e ali vem sua filha Raquel com as ovelhas."
7 Disse ele: "Olhem, o sol ainda vai alto e não é hora de reco-
lher os rebanhos. Deem de beber às ovelhas e levem-nas de
volta ao pasto".
8 Mas eles responderam: "Não podemos, enquanto os rebanhos
não se agruparem e a pedra não for removida da boca do poço.
Só então daremos de beber às ovelhas".
9 Ele ainda estava conversando, quando chegou Raquel com
as ovelhas de seu pai, pois ela era pastora. 10 Quando Jacó
viu Raquel, filha de Labão, irmão de sua mãe, e as ovelhas
de Labão, aproximou-se, removeu a pedra da boca do poço
e deu de beber às ovelhas de seu tio Labão. 11 Depois Jacó
beijou Raquel e começou a chorar bem alto. 12 Então contou a
Raquel que era parente do pai dela e filho de Rebeca. E ela foi
correndo contar tudo a seu pai.
13 Logo que Labão ouviu as notícias acerca de Jacó, seu so-
brinho, correu ao seu encontro, abraçou-o e o beijou. Depois,
levou-o para casa, e Jacó contou-lhe tudo o que havia ocorrido.
14 Então Labão lhe disse: "Você é sangue do meu sangue[d]".

O Casamento de Jacó

Já fazia um mês que Jacó estava na casa de Labão, 15 quando
este lhe disse: "Só por ser meu parente você vai trabalhar de
graça? Diga-me qual deve ser o seu salário".
16 Ora, Labão tinha duas filhas; o nome da mais velha era Lia, e
o da mais nova, Raquel. 17 Lia tinha olhos meigos[e], mas Raquel
era bonita e atraente. 18 Como Jacó gostava muito de Raquel,
disse: "Trabalharei sete anos em troca de Raquel, sua filha
mais nova".
19 Labão respondeu: "Será melhor dá-la a você do que a algum
outro homem. Fique aqui comigo". 20 Então Jacó trabalhou sete
anos por Raquel, mas lhe pareceram poucos dias, pelo tanto
que a amava.
21 Então disse Jacó a Labão: "Entregue-me a minha mulher.
Cumpri o prazo previsto e quero deitar-me com ela".
22 Então Labão reuniu todo o povo daquele lugar e deu uma
festa. 23 Mas, quando a noite chegou, deu sua filha Lia a Jacó,
e Jacó deitou-se com ela. 24 Labão também entregou sua serva
Zilpa à sua filha, para que ficasse a serviço dela.
25 Quando chegou a manhã, lá estava Lia. Então Jacó disse a
Labão: "Que foi que você me fez? Eu não trabalhei por Raquel?
Por que você me enganou?"
26 Labão respondeu: "Aqui não é costume entregar em casa-
mento a filha mais nova antes da mais velha. 27 Deixe passar
esta semana de núpcias e daremos a você também a mais
nova, em troca de mais sete anos de trabalho".
28 Jacó concordou. Passou aquela semana de núpcias com Lia,
e Labão lhe deu sua filha Raquel por mulher. 29 Labão deu a
Raquel sua serva Bila, para que ficasse a serviço dela. 30 Jacó
deitou-se também com Raquel, que era a sua preferida. E tra-
balhou para Labão outros sete anos.

Os Filhos de Jacó

31 Quando o Senhor viu que Lia era desprezada, concedeu-lhe
filhos; Raquel, porém, era estéril. 32 Lia engravidou, deu à luz
um filho e deu-lhe o nome de Rúben, pois dizia: "O Senhor
viu a minha infelicidade. Agora, certamente o meu marido me
amará".
33 Lia engravidou de novo e, quando deu à luz outro filho, disse:
"Porque o Senhor ouviu que sou desprezada, deu-me também
este". Pelo que o chamou Simeão.
34 De novo engravidou e, quando deu à luz mais um filho, disse:
"Agora, finalmente, meu marido se apegará a mim, porque já
lhe dei três filhos". Por isso deu-lhe o nome de Levi.
35 Engravidou ainda outra vez e, quando deu à luz mais outro
filho, disse: "Desta vez louvarei o Senhor". Assim deu-lhe o
nome de Judá. Então parou de ter filhos.

---

a 28.19 *Betel* significa *casa de Deus*.
b 28.22 Hebraico: *será a casa*.
c 29.1 Hebraico: *à terra dos filhos do oriente*.
d 29.14 Hebraico: *meu osso e minha carne*.
e 29.17 Ou *sem brilho*

30 Quando Raquel viu que não dava filhos a Jacó, teve in-
veja de sua irmã. Por isso disse a Jacó: "Dê-me filhos
ou morrerei!"
2 Jacó ficou irritado e disse: "Por acaso estou no lugar de Deus,
que a impediu de ter filhos?"
3 Então ela respondeu: "Aqui está Bila, minha serva. Deite-se
com ela, para que tenha filhos em meu lugar[a] e por meio dela
eu também possa formar família".
4 Por isso ela deu a Jacó sua serva Bila por mulher. Ele deitou-se
com ela, 5 Bila engravidou e deu-lhe um filho. 6 Então Raquel
disse: "Deus me fez justiça, ouviu o meu clamor e deu-me um
filho". Por isso deu-lhe o nome de Dã.
7 Bila, serva de Raquel, engravidou novamente e deu a Jacó
o segundo filho. 8 Então disse Raquel: "Tive grande luta com
minha irmã e venci". Pelo que o chamou Naftali.
9 Quando Lia viu que tinha parado de ter filhos, tomou sua serva
Zilpa e a deu a Jacó por mulher. 10 Zilpa, serva de Lia, deu a
Jacó um filho. 11 Então disse Lia: "Que grande sorte!"[b] Por isso
o chamou Gade.
12 Zilpa, serva de Lia, deu a Jacó mais um filho. 13 Então Lia
exclamou: "Como sou feliz! As mulheres dirão que sou feliz".
Por isso lhe deu o nome de Aser.
14 Durante a colheita do trigo, Rúben saiu ao campo, encontrou
algumas mandrágoras[c] e as trouxe a Lia, sua mãe. Então Ra-
quel disse a Lia: "Dê-me algumas mandrágoras do seu filho".
15 Mas ela respondeu: "Não lhe foi suficiente tomar de mim o
marido? Vai tomar também as mandrágoras que o meu filho
trouxe?" Então disse Raquel: "Jacó se deitará com você esta
noite, em troca das mandrágoras trazidas pelo seu filho".
16 Quando Jacó chegou do campo naquela tarde, Lia saiu ao seu
encontro e lhe disse: "Hoje você me possuirá, pois eu comprei
esse direito com as mandrágoras do meu filho". E naquela
noite ele se deitou com ela.
17 Deus ouviu Lia, e ela engravidou e deu a Jacó o quinto filho.
18 Disse Lia: "Deus me recompensou por ter dado a minha serva
ao meu marido". Por isso deu-lhe o nome de Issacar.
19 Lia engravidou de novo e deu a Jacó o sexto filho. 20 Disse
Lia: "Deus presenteou-me com uma dádiva preciosa. Agora
meu marido me tratará melhor[d]; afinal já lhe dei seis filhos".
Por isso deu-lhe o nome de Zebulom.
21 Algum tempo depois, ela deu à luz uma menina a quem
chamou Diná.
22 Então Deus lembrou-se de Raquel. Deus ouviu o seu clamor
e a tornou fértil. 23 Ela engravidou, deu à luz um filho e disse:
"Deus tirou de mim a minha humilhação". 24 Deu-lhe o nome de
José e disse: "Que o SENHOR me acrescente ainda outro filho".

A Riqueza de Jacó

25 Depois que Raquel deu à luz José, Jacó disse a Labão: "Dei-
xe-me voltar para a minha terra natal. 26 Dê-me as minhas mu-
lheres, pelas quais o servi, e os meus filhos, e partirei. Você
bem sabe quanto trabalhei para você".
27 Mas Labão lhe disse: "Se mereço sua consideração, peço-lhe
que fique. Por meio de adivinhação descobri que o SENHOR me
abençoou por sua causa". 28 E acrescentou: "Diga o seu salário,
e eu lhe pagarei".
29 Jacó lhe respondeu: "Você sabe quanto trabalhei para você e
como os seus rebanhos cresceram sob os meus cuidados. 30 O
pouco que você possuía antes da minha chegada aumentou
muito, pois o SENHOR o abençoou depois que vim para cá. Con-
tudo, quando farei algo em favor da minha própria família?"
31 Então Labão perguntou: "Que você quer que eu lhe dê?"
"Não me dê coisa alguma", respondeu Jacó. "Voltarei a cuidar
dos seus rebanhos se você concordar com o seguinte: 32 hoje
passarei por todos os seus rebanhos e tirarei do meio deles
todas as ovelhas salpicadas e pintadas, todos os cordeiros
pretos e todas as cabras pintadas e salpicadas. Eles serão o
meu salário. 33 E a minha honestidade dará testemunho de mim
no futuro, toda vez que você resolver verificar o meu salário.
Se estiver em meu poder alguma cabra que não seja salpicada
ou pintada, e algum cordeiro que não seja preto, poderá con-
siderá-los roubados."
34 E disse Labão: "De acordo. Seja como você disse". 35 Naquele
mesmo dia, Labão separou todos os bodes que tinham listras[e]
ou manchas brancas, todas as cabras que tinham pintas ou
manchas brancas e todos os cordeiros pretos e os pôs aos cui-
dados de seus filhos. 36 Afastou-se então de Jacó, à distância
equivalente a três dias de viagem, e Jacó continuou a apas-
centar o resto dos rebanhos de Labão.
37 Jacó pegou galhos verdes de estoraque, amendoeira e plá-
tano e neles fez listras brancas, descascando-os parcialmente
e expondo assim a parte branca interna dos galhos. 38 Depois
fixou os galhos descascados junto aos bebedouros, na frente
dos rebanhos, no lugar onde costumavam beber água. Na
época do cio, os rebanhos vinham beber e 39 se acasalavam
diante dos galhos. E geravam filhotes listrados, salpicados e
pintados. 40 Jacó separava os filhotes do rebanho dos demais,
e fazia com que esses ficassem juntos dos animais listrados e
pretos de Labão. Assim foi formando o seu próprio rebanho que
separou do de Labão. 41 Toda vez que as fêmeas mais fortes
estavam no cio, Jacó colocava os galhos nos bebedouros, em
frente dos animais, para que se acasalassem perto dos ga-
lhos; 42 mas, se os animais eram fracos, não os colocava ali.
Desse modo, os animais fracos ficavam para Labão e os mais
fortes para Jacó. 43 Assim o homem ficou extremamente rico,
tornando-se dono de grandes rebanhos e de servos e servas,
camelos e jumentos.

Jacó Foge de Labão

31 Jacó, porém, ouviu falar que os filhos de Labão estavam
dizendo: "Jacó tomou tudo que o nosso pai tinha e juntou toda
a sua riqueza à custa do nosso pai". 2 E Jacó percebeu que a
atitude de Labão para com ele já não era a mesma de antes.

[a] **30.3** Hebraico: *nos meus joelhos.*
[b] **30.11** Ou *"Uma tropa está vindo!"*
[c] **30.14** Isto é, plantas tidas por afrodisíacas e capazes de favorecer a fertilidade feminina.
[d] **30.20** Ou *me honrará*
[e] **30.35** Ou *cauda retorcida*; também em 30.39, 40; 31.8, 10 e 12.

3 E o SENHOR disse a Jacó: "Volte para a terra de seus pais e de
seus parentes, e eu estarei com você".
4 Então Jacó mandou chamar Raquel e Lia para virem ao campo
onde estavam os seus rebanhos, 5 e lhes disse: "Vejo que a
atitude do seu pai para comigo não é mais a mesma, mas o
Deus de meu pai tem estado comigo. 6 Vocês sabem que tra-
balhei para seu pai com todo o empenho, 7 mas ele tem me
feito de tolo, mudando o meu salário dez vezes. Contudo, Deus
não permitiu que ele me prejudicasse. 8 Se ele dizia: 'As crias
salpicadas serão o seu salário', todos os rebanhos geravam fi-
lhotes salpicados; e, se ele dizia: 'As que têm listras serão o seu
salário', todos os rebanhos geravam filhotes com listras. 9 Foi
assim que Deus tirou os rebanhos de seu pai e os deu a mim.
10 "Na época do acasalamento, tive um sonho em que olhei e
vi que os machos que fecundavam o rebanho tinham listras,
eram salpicados e malhados. 11 O Anjo de Deus me disse no
sonho: 'Jacó!' Eu respondi: 'Eis-me aqui!' 12 Então ele disse:
'Olhe e veja que todos os machos que fecundam o rebanho têm
listras, são salpicados e malhados, porque tenho visto tudo o
que Labão lhe fez. 13 Sou o Deus de Betel, onde você ungiu uma
coluna e me fez um voto. Saia agora desta terra e volte para
a sua terra natal' ".
14 Raquel e Lia disseram a Jacó: "Temos ainda parte na herança
dos bens de nosso pai? 15 Não nos trata ele como estrangeiras?
Não apenas nos vendeu como também gastou tudo o que foi
pago por nós! 16 Toda a riqueza que Deus tirou de nosso pai
é nossa e de nossos filhos. Portanto, faça tudo quanto Deus
lhe ordenou".
17 Então Jacó ajudou seus filhos e suas mulheres a montar nos
camelos, 18 e conduziu todo o seu rebanho, junto com todos
os bens que havia acumulado em Padã-Arã[a], para ir à terra de
Canaã, à casa de seu pai, Isaque.
19 Enquanto Labão tinha saído para tosquiar suas ovelhas, Ra-
quel roubou de seu pai os ídolos do clã. 20 Foi assim que Jacó
enganou a Labão, o arameu, fugindo sem lhe dizer nada. 21 Ele
fugiu com tudo o que tinha e, atravessando o Eufrates[b], foi para
os montes de Gileade.

Labão Persegue Jacó

22 Três dias depois, Labão foi informado de que Jacó tinha
fugido. 23 Tomando consigo os homens de sua família, perse-
guiu Jacó por sete dias e o alcançou nos montes de Gileade.
24 Então, de noite, Deus veio em sonho a Labão, o arameu,
e o advertiu: "Cuidado! Não diga nada a Jacó, não lhe faça
promessas nem ameaças".
25 Labão alcançou Jacó, que estava acampado nos montes de
Gileade. Então Labão e os homens se acamparam ali também.
26 Ele perguntou a Jacó: "Que foi que você fez? Não só me
enganou como também raptou minhas filhas como se fossem
prisioneiras de guerra. 27 Por que você me enganou, fugindo em
segredo, sem avisar-me? Eu teria celebrado a sua partida com
alegria e cantos, ao som dos tamborins e das harpas. 28 Você
nem sequer me deixou beijar meus netos e minhas filhas para
despedir-me deles. Você foi insensato. 29 Tenho poder para
prejudicá-los; mas, na noite passada, o Deus do pai de vocês
me advertiu: 'Cuidado! Não diga nada a Jacó, não lhe faça
promessas nem ameaças'. 30 Agora, se você partiu porque tinha
saudade da casa de seu pai, por que roubou meus deuses?"
31 Jacó respondeu a Labão: "Tive medo, pois pensei que você
tiraria suas filhas de mim à força. 32 Quanto aos seus deuses,
quem for encontrado com eles não ficará vivo. Na presença
dos nossos parentes, veja você mesmo se está aqui comigo
qualquer coisa que lhe pertença, e, se estiver, leve-a de volta".
Ora, Jacó não sabia que Raquel os havia roubado.
33 Então Labão entrou na tenda de Jacó, e nas tendas de Lia e
de suas duas servas, mas nada encontrou. Depois de sair da
tenda de Lia, entrou na tenda de Raquel. 34 Raquel tinha colo-
cado os ídolos dentro da sela do seu camelo e estava sentada
em cima. Labão vasculhou toda a tenda, mas nada encontrou.
35 Raquel disse ao pai: "Não se irrite, meu senhor, por não
poder me levantar em sua presença, pois estou com o fluxo
das mulheres". Ele procurou os ídolos, mas não os encontrou.
36 Jacó ficou irado e queixou-se a Labão: "Qual foi meu crime?
Que pecado cometi para que você me persiga furiosamente?
37 Você já vasculhou tudo o que me pertence. Encontrou algo
que lhe pertença? Então coloque tudo aqui na frente dos meus
parentes e dos seus, e que eles julguem entre nós dois.
38 "Vinte anos estive com você. Suas ovelhas e cabras nunca
abortaram, e jamais comi um só carneiro do seu rebanho. 39 Eu
nunca levava a você os animais despedaçados por feras; eu
mesmo assumia o prejuízo. E você pedia contas de todo animal
roubado de dia ou de noite. 40 O calor me consumia de dia, e
o frio de noite, e o sono fugia dos meus olhos. 41 Foi assim nos
vinte anos em que fiquei em sua casa. Trabalhei para você
catorze anos em troca de suas duas filhas e seis anos por seus
rebanhos, e dez vezes você alterou o meu salário. 42 Se o Deus
de meu pai, o Deus de Abraão, o Temor de Isaque, não esti-
vesse comigo, certamente você me despediria de mãos vazias.
Mas Deus viu o meu sofrimento e o trabalho das minhas mãos
e, na noite passada, ele manifestou a sua decisão".

O Acordo entre Labão e Jacó

43 Labão respondeu a Jacó: "As mulheres são minhas filhas, os
filhos são meus, os rebanhos são meus. Tudo o que você vê é
meu. Que posso fazer por essas minhas filhas ou pelos filhos
que delas nasceram? 44 Façamos agora, eu e você, um acordo
que sirva de testemunho entre nós dois".
45 Então Jacó tomou uma pedra e a colocou em pé como co-
luna. 46 E disse aos seus parentes: "Juntem algumas pedras".
Eles apanharam pedras e as amontoaram. Depois comeram ali,
ao lado do monte de pedras. 47 Labão o chamou Jegar-Saaduta,
e Jacó o chamou Galeede[c].
48 Labão disse: "Este monte de pedras é uma testemunha entre
mim e você, no dia de hoje". Por isso foi chamado Galeede.

a 31.18 Provavelmente na região noroeste da Mesopotâmia; também em 33.18; 35.9 e 26.
b 31.21 Hebraico: *o Rio*.
c 31.47 Tanto *Jegar-Saaduta* (aramaico) como *Galeede* (hebraico) significam *monte de pedras do testemunho*.

49 Foi também chamado Mispá[a], porque ele declarou: "Que
o SENHOR nos vigie, a mim e a você, quando estivermos se-
parados um do outro. 50 Se você maltratar minhas filhas ou
menosprezá-las, tomando outras mulheres além delas, ainda
que ninguém saiba, lembre-se de que Deus é testemunha entre
mim e você".
51 Disse ainda Labão a Jacó: "Aqui estão este monte de pedras
e esta coluna que coloquei entre mim e você. 52 São testemu-
nhas de que não passarei para o lado de lá para prejudicá-lo,
nem você passará para o lado de cá para prejudicar-me.
53 Que o Deus de Abraão, o Deus de Naor, o Deus do pai deles,
julgue[b] entre nós". Então Jacó fez um juramento em nome do
Temor de seu pai, Isaque. 54 Ofereceu um sacrifício no monte e
chamou os parentes que lá estavam para uma refeição. Depois
de comerem, passaram a noite ali.
55 Na manhã seguinte, Labão beijou seus netos e suas filhas e
os abençoou, e depois voltou para a sua terra.

32 Jacó Prepara-se para o Encontro com Esaú

Jacó também seguiu o seu caminho, e anjos de Deus
vieram ao encontro dele. 2 Quando Jacó os avistou, disse: "Este
é o exército de Deus!" Por isso deu àquele lugar o nome de
Maanaim[c].
3 Jacó mandou mensageiros adiante dele a seu irmão Esaú,
na região de Seir, território de Edom. 4 E lhes ordenou: "Vocês
dirão o seguinte ao meu senhor Esaú: Assim diz teu servo Jacó:
Morei na casa de Labão e com ele permaneci até agora. 5 Tenho
bois e jumentos, ovelhas e cabras, servos e servas. Envio agora
esta mensagem ao meu senhor, para que me recebas bem".
6 Quando os mensageiros voltaram a Jacó, disseram-lhe:
"Fomos até seu irmão Esaú, e ele está vindo ao seu encontro,
com quatrocentos homens".
7 Jacó encheu-se de medo e foi tomado de angústia. Então
dividiu em dois grupos todos os que estavam com ele, bem
como as ovelhas, as cabras, os bois e os camelos, 8 pois assim
pensou: "Se Esaú vier e atacar um dos grupos, o outro poderá
escapar".
9 Então Jacó orou: "Ó Deus de meu pai Abraão, Deus de meu
pai Isaque, ó SENHOR que me disseste: 'Volte para a sua terra e
para os seus parentes e eu o farei prosperar'; 10 não sou digno
de toda a bondade e lealdade com que trataste o teu servo.
Quando atravessei o Jordão eu tinha apenas o meu cajado,
mas agora possuo duas caravanas. 11 Livra-me, rogo-te, das
mãos de meu irmão Esaú, porque tenho medo que ele venha
nos atacar, tanto a mim como às mães e às crianças. 12 Pois tu
prometeste: 'Esteja certo de que eu o farei prosperar e farei os
seus descendentes tão numerosos como a areia do mar, que
não se pode contar' ".
13 Depois de passar ali a noite, escolheu entre os seus rebanhos
um presente para o seu irmão Esaú: 14 duzentas cabras e vinte
bodes, duzentas ovelhas e vinte carneiros, 15 trinta fêmeas de
camelo com seus filhotes, quarenta vacas e dez touros, vinte
jumentas e dez jumentos. 16 Designou cada rebanho sob o cui-
dado de um servo e disse-lhes: "Vão à minha frente e mante-
nham certa distância entre um rebanho e outro".
17 Ao que ia à frente deu a seguinte instrução: "Quando meu
irmão Esaú encontrar-se com você e lhe perguntar: 'A quem
você pertence, para onde vai e de quem é todo este rebanho
à sua frente?', 18 você responderá: É do teu servo Jacó. É um
presente para o meu senhor Esaú; e ele mesmo está vindo
atrás de nós".
19 Também instruiu o segundo, o terceiro e todos os outros que
acompanhavam os rebanhos: "Digam também a mesma coisa a
Esaú quando o encontrarem. 20 E acrescentem: Teu servo Jacó
está vindo atrás de nós". Porque pensava: "Eu o apaziguarei
com esses presentes que estou enviando antes de mim; mais
tarde, quando eu o vir, talvez me receba". 21 Assim os presentes
de Jacó seguiram à sua frente; ele, porém, passou a noite no
acampamento.

Jacó Luta com Deus

22 Naquela noite, Jacó levantou-se, tomou suas duas mulheres,
suas duas servas e seus onze filhos para atravessar o lugar de
passagem do Jaboque. 23 Depois de havê-los feito atravessar o
ribeiro, fez passar também tudo o que possuía. 24 E Jacó ficou
sozinho. Então veio um homem que se pôs a lutar com ele até
o amanhecer. 25 Quando o homem viu que não poderia dominar
Jacó, tocou-lhe na articulação da coxa, de forma que a des-
locou enquanto lutavam. 26 Então o homem disse: "Deixe-me
ir, pois o dia já desponta". Mas Jacó lhe respondeu: "Não te
deixarei ir, a não ser que me abençoes".
27 O homem lhe perguntou: "Qual é o seu nome?" "Jacó[d]",
respondeu ele.
28 Então disse o homem: "Seu nome não será mais Jacó, mas
sim Israel[e], porque você lutou com Deus e com homens e
venceu".
29 Prosseguiu Jacó: "Peço-te que digas o teu nome". Mas ele
respondeu: "Por que pergunta o meu nome?" E o abençoou ali.
30 Jacó chamou àquele lugar Peniel, pois disse: "Vi a Deus face
a face e, todavia, minha vida foi poupada".
31 Ao nascer do sol, atravessou Peniel, mancando por causa da
coxa. 32 Por isso, até o dia de hoje, os israelitas não comem o
músculo ligado à articulação do quadril, porque nesse músculo
Jacó foi ferido.

33 O Encontro de Esaú e Jacó

Quando Jacó olhou e viu que Esaú estava se aproximando
com quatrocentos homens, dividiu as crianças entre Lia, Raquel
e as duas servas. 2 Colocou as servas e os seus filhos à frente;
Lia e seus filhos, depois; e Raquel com José, por último. 3 Ele
mesmo passou à frente e, ao aproximar-se do seu irmão, cur-
vou-se até o chão sete vezes.

---

a 31.49 *Mispá* significa *torre de vigia*.
b 31.53 Conforme a Septuaginta e o Pentateuco Samaritano. O Texto Massorético permite que o versículo seja entendido no plural.
c 32.2 *Maanaim* significa *dois exércitos*.
d 32.27 *Jacó* significa *ele agarra o calcanhar* ou *ele age traiçoeiramente*; também em 35.10.
e 32.28 *Israel* significa *ele luta com Deus*; também em 35.10.

4 Mas Esaú correu ao encontro de Jacó e abraçou-se ao seu
pescoço, e o beijou. E eles choraram. 5 Então Esaú ergueu o
olhar e viu as mulheres e as crianças. E perguntou: "Quem são
estes?" Jacó respondeu: "São os filhos que Deus concedeu
ao teu servo".

6 Então as servas e os seus filhos se aproximaram e se cur-
varam. 7 Depois, Lia e os seus filhos vieram e se curvaram. Por
último, chegaram José e Raquel, e também se curvaram.

8 Esaú perguntou: "O que você pretende com todos os rebanhos
que encontrei pelo caminho?" "Ser bem recebido por ti, meu
senhor", respondeu Jacó.

9 Disse, porém, Esaú: "Eu já tenho muito, meu irmão. Guarde
para você o que é seu".

10 Mas Jacó insistiu: "Não! Se te agradaste de mim, aceita este
presente de minha parte, porque ver a tua face é como con-
templar a face de Deus; além disso, tu me recebeste tão bem!
11 Aceita, pois, o presente que te foi trazido, pois Deus tem sido
favorável para comigo, e eu já tenho tudo o que necessito".
Jacó tanto insistiu que Esaú acabou aceitando.

12 Então disse Esaú: "Vamos seguir em frente. Eu o acompa-
nharei".

13 Jacó, porém, lhe disse: "Meu senhor sabe que as crianças
são frágeis e que estão sob os meus cuidados ovelhas e vacas
que amamentam suas crias. Se forçá-las demais na caminhada,
um só dia que seja, todo o rebanho morrerá. 14 Por isso, meu
senhor, vai à frente do teu servo, e eu sigo atrás, devagar, no
passo dos rebanhos e das crianças, até que eu chegue ao meu
senhor em Seir".

15 Esaú sugeriu: "Permita-me, então, deixar alguns homens
com você". Jacó perguntou: "Mas para quê, meu senhor? Ter
sido bem recebido já me foi suficiente!"

16 Naquele dia, Esaú voltou para Seir. 17 Jacó, todavia, foi para
Sucote, onde construiu uma casa para si e abrigos para o seu
gado. Foi por isso que o lugar recebeu o nome de Sucote.

18 Tendo voltado de Padã-Arã, Jacó chegou a salvo à[a] cidade de
Siquém, em Canaã, e acampou próximo da cidade. 19 Por cem
peças de prata[b] comprou dos filhos de Hamor, pai de Siquém,
a parte do campo onde tinha armado acampamento. 20 Ali edi-
ficou um altar e lhe chamou El Elohe Israel[c].

O Conflito entre os Filhos de Jacó e os Siquemitas

34 Certa vez, Diná, a filha que Lia dera a Jacó, saiu para
conhecer as mulheres daquela terra. 2 Siquém, filho de Hamor,
o heveu, governador daquela região, viu-a, agarrou-a e a vio-
lentou. 3 Mas o seu coração foi atraído por Diná, filha de Jacó,
e ele amou a moça e falou-lhe com ternura. 4 Por isso Siquém
foi dizer a Hamor, seu pai: "Consiga-me aquela moça para que
seja minha mulher".

5 Quando Jacó soube que sua filha Diná tinha sido desonrada,
seus filhos estavam no campo, com os rebanhos; por isso es-
perou calado até que regressassem.

6 Então Hamor, pai de Siquém, foi conversar com Jacó. 7 Quando
os filhos de Jacó voltaram do campo e souberam de tudo, fi-
caram profundamente entristecidos e irados, porque Siquém
tinha cometido um ato vergonhoso em[d] Israel, ao deitar-se com
a filha de Jacó — coisa que não se faz.

8 Mas Hamor lhes disse: "Meu filho Siquém apaixonou-se pela
filha de vocês. Por favor, entreguem-na a ele para que seja sua
mulher. 9 Casem-se entre nós; deem-nos suas filhas e tomem
para vocês as nossas. 10 Estabeleçam-se entre nós. A terra está
aberta para vocês: habitem-na, façam comércio[e] nela e ad-
quiram propriedades".

11 Então Siquém disse ao pai e aos irmãos de Diná: "Conce-
dam-me este favor, e eu lhes darei o que me pedirem. 12 Au-
mentem quanto quiserem o preço e o presente pela noiva, e
pagarei o que me pedirem. Tão somente me deem a moça
por mulher".

13 Os filhos de Jacó, porém, responderam com falsidade a Si-
quém e a seu pai, Hamor, por ter Siquém desonrado Diná, a
irmã deles. 14 Disseram: "Não podemos fazer isso; jamais entre-
garemos nossa irmã a um homem que não seja circuncidado.
Seria uma vergonha para nós. 15 Daremos nosso consentimento
a vocês com uma condição: que vocês se tornem como nós,
circuncidando todos os do sexo masculino. 16 Só então lhes da-
remos as nossas filhas e poderemos casar-nos com as suas.
Nós nos estabeleceremos entre vocês e seremos um só povo.
17 Mas, se não aceitarem circuncidar-se, tomaremos nossa irmã[f]
e partiremos". 18 A proposta deles pareceu boa a Hamor e a seu
filho Siquém. 19 O jovem, que era o mais respeitado de todos os
da casa de seu pai, não demorou em cumprir o que pediram,
porque realmente gostava da filha de Jacó.

20 Assim Hamor e seu filho Siquém dirigiram-se à porta da ci-
dade para conversar com os seus concidadãos. E disseram:
21 "Esses homens são de paz. Permitam que eles habitem em
nossa terra e façam comércio entre nós; a terra tem bastante
lugar para eles. Poderemos casar com as suas filhas, e eles
com as nossas. 22 Mas eles só consentirão em viver conosco
como um só povo sob a condição de que todos os nossos ho-
mens sejam circuncidados, como eles. 23 Lembrem-se de que
os seus rebanhos, os seus bens e todos os seus outros animais
passarão a ser nossos. Aceitemos então a condição para que
se estabeleçam em nosso meio".

24 Todos os que saíram para reunir-se à porta da cidade concor-
daram com Hamor e com seu filho Siquém, e todos os homens
e meninos da cidade foram circuncidados.

25 Três dias depois, quando ainda sofriam dores, dois filhos de
Jacó, Simeão e Levi, irmãos de Diná, pegaram suas espadas e
atacaram a cidade desprevenida, matando todos os homens.
26 Mataram ao fio da espada Hamor e seu filho Siquém, tiraram
Diná da casa de Siquém e partiram. 27 Vieram então os outros
filhos de Jacó e, passando pelos corpos, saquearam a cidade

a 33.18 Ou *chegou a Salém, uma cidade de Siquém*,

b 33.19 Hebraico: *100 quesitas*. Uma *quesita* era uma unidade monetária de peso e valor desconhecidos.

c 33.20 Isto é, Deus, o Deus de Israel ou poderoso é o Deus de Israel.

d 34.7 Ou *contra*

e 34.10 Ou *movam-se livremente*; também no versículo 21.

f 34.17 Hebraico: *filha*.

onde[a] sua irmã tinha sido desonrada. 28 Apoderaram-se das
ovelhas, dos bois e dos jumentos, e de tudo o que havia na
cidade e no campo. 29 Levaram as mulheres e as crianças, e
saquearam todos os bens e tudo o que havia nas casas.
30 Então Jacó disse a Simeão e a Levi: "Vocês me puseram em
grandes apuros, atraindo sobre mim o ódio[b] dos cananeus e
dos ferezeus, habitantes desta terra. Somos poucos, e, se eles
juntarem suas forças e nos atacarem, eu e a minha família
seremos destruídos".
31 Mas eles responderam: "Está certo ele tratar nossa irmã
como uma prostituta?"

35 O Retorno de Jacó a Betel

Deus disse a Jacó: "Suba a Betel[c] e estabeleça-se lá, e
faça um altar ao Deus que lhe apareceu quando você fugia do
seu irmão, Esaú".
2 Disse, pois, Jacó aos de sua casa e a todos os que estavam
com ele: "Livrem-se dos deuses estrangeiros que estão entre
vocês, purifiquem-se e troquem de roupa. 3 Venham! Vamos
subir a Betel, onde farei um altar ao Deus que me ouviu no dia
da minha angústia e que tem estado comigo por onde tenho
andado". 4 Então entregaram a Jacó todos os deuses estran-
geiros que possuíam e os brincos que usavam nas orelhas, e
Jacó os enterrou ao pé da grande árvore, próximo a Siquém.
5 Quando eles partiram, o terror de Deus caiu de tal maneira
sobre as cidades ao redor que ninguém ousou perseguir os
filhos de Jacó.
6 Jacó e todos os que com ele estavam chegaram a Luz, que é
Betel, na terra de Canaã. 7 Nesse lugar construiu um altar e lhe
deu o nome de El-Betel[d], porque ali Deus havia se revelado[e] a
ele, quando fugia do seu irmão.
8 Débora, ama de Rebeca, morreu e foi sepultada perto de
Betel, ao pé do Carvalho, que por isso foi chamado Alom-Ba-
cute[f].
9 Depois que Jacó retornou de Padã-Arã, Deus lhe apareceu de
novo e o abençoou, 10 dizendo: "Seu nome é Jacó, mas você
não será mais chamado Jacó; seu nome será Israel". Assim lhe
deu o nome de Israel.
11 E Deus ainda lhe disse: "Eu sou o Deus todo-poderoso[g]; seja
prolífero e multiplique-se. De você procederão uma nação e
uma comunidade de nações, e reis estarão entre os seus des-
cendentes. 12 A terra que dei a Abraão e a Isaque, dou a você;
e também aos seus futuros descendentes darei esta terra".
13 A seguir, Deus elevou-se do lugar onde estivera falando com
Jacó.
14 Jacó levantou uma coluna de pedra no lugar em que Deus lhe
falara, e derramou sobre ela uma oferta de bebidas[h] e a ungiu
com óleo. 15 Jacó deu o nome de Betel ao lugar onde Deus
tinha falado com ele.

A Morte de Isaque e de Raquel

16 Eles partiram de Betel, e, quando ainda estavam a certa
distância de Efrata, Raquel começou a dar à luz com grande
dificuldade. 17 E, enquanto sofria muito, tentando dar à luz,
a parteira lhe disse: "Não tenha medo, pois você ainda terá
outro menino". 18 Já a ponto de sair-lhe a vida, quando estava
morrendo, deu ao filho o nome de Benoni[i]. Mas o pai deu-lhe
o nome de Benjamim[j].
19 Assim morreu Raquel, e foi sepultada junto do caminho de
Efrata, que é Belém. 20 Sobre a sua sepultura Jacó levantou
uma coluna, e até o dia de hoje aquela coluna marca o túmulo
de Raquel.
21 Israel partiu novamente e armou acampamento adiante de
Migdal-Éder[k]. 22 Na época em que Israel vivia naquela região,
Rúben deitou-se com Bila, concubina de seu pai. E Israel ficou
sabendo disso. Jacó teve doze filhos:
23 Estes foram seus filhos com Lia: Rúben, o filho mais velho de
Jacó, Simeão, Levi, Judá, Issacar e Zebulom.
24 Estes foram seus filhos com Raquel: José e Benjamim.
25 Estes foram seus filhos com Bila, serva de Raquel: Dã e Naf-
tali.
26 Estes foram seus filhos com Zilpa, serva de Lia: Gade e Aser.
Foram esses os filhos de Jacó, nascidos em Padã-Arã.
27 Depois Jacó foi visitar seu pai Isaque em Manre, perto de
Quiriate-Arba, que é Hebrom, onde Abraão e Isaque tinham
morado. 28 Isaque viveu cento e oitenta anos. 29 Morreu em
idade bem avançada e foi reunido aos seus antepassados. E
seus filhos, Esaú e Jacó, o sepultaram.

36 Os Descendentes de Esaú

Esta é a história da família de Esaú, que é Edom.
2 Esaú casou-se com mulheres de Canaã: com Ada, filha de
Elom, o hitita, e com Oolibama, filha de Aná e neta de Zibeão,
o heveu; 3 e também com Basemate, filha de Ismael e irmã
de Nebaiote.
4 Ada deu a Esaú um filho chamado Elifaz; Basemate deu-lhe
Reuel; 5 e Oolibama deu-lhe Jeús, Jalão e Corá. Esses foram os
filhos de Esaú que lhe nasceram em Canaã.
6 Esaú tomou suas mulheres, seus filhos e filhas e todos os
de sua casa, assim como os seus rebanhos, todos os outros
animais e todos os bens que havia adquirido em Canaã, e foi
para outra região, para longe do seu irmão Jacó. 7 Os seus bens
eram tantos que eles já não podiam morar juntos; a terra onde
estavam vivendo não podia sustentá-los, por causa dos seus
rebanhos. 8 Por isso Esaú, que é Edom, fixou-se nos montes
de Seir.
9 Este é o registro da descendência de Esaú, pai dos edomitas,
nos montes de Seir.

[a] **34.27** Ou *porque*
[b] **34.30** Hebraico: *transformando-me em mau cheiro para os.*
[c] **35.1** *Betel* significa *casa de Deus*.
[d] **35.7** *El-Betel* significa *Deus de Betel.*
[e] **35.7** Ou *ali os seres celestiais se revelaram*
[f] **35.8** *Alom-Bacute* significa *carvalho do pranto*.
[g] **35.11** Hebraico: *El-Shaddai.*
[h] **35.14** Veja Nm 28.7.
[i] **35.18** *Benoni* significa *filho da minha aflição*
[j] **35.18** *Benjamim* significa *filho da minha direita.*
[k] **35.21** *Migdal-Éder* significa *torre do rebanho*.

10 Estes são os nomes dos filhos de Esaú: Elifaz, filho de Ada,
mulher de Esaú; e Reuel, filho de Basemate, mulher de Esaú.
11 Estes foram os filhos de Elifaz: Temã, Omar, Zefô, Gaetã e
Quenaz.
12 Elifaz, filho de Esaú, tinha uma concubina chamada Timna,
que lhe deu um filho chamado Amaleque. Foram esses os netos
de Ada, mulher de Esaú.
13 Estes foram os filhos de Reuel: Naate, Zerá, Samá e Mizá.
Foram esses os netos de Basemate, mulher de Esaú.
14 Estes foram os filhos de Oolibama, mulher de Esaú, filha de Aná
e neta de Zibeão, os quais ela deu a Esaú: Jeús, Jalão e Corá.
15 Foram estes os chefes dentre os descendentes de Esaú: Os
filhos de Elifaz, filho mais velho de Esaú: Temã, Omar, Zefô,
Quenaz, 16 Corá[a], Gaetã e Amaleque. Foram esses os chefes
descendentes de Elifaz em Edom; eram netos de Ada.
17 Foram estes os filhos de Reuel, filho de Esaú: Os chefes
Naate, Zerá, Samá e Mizá. Foram esses os chefes descendentes
de Reuel em Edom; netos de Basemate, mulher de Esaú.
18 Foram estes os filhos de Oolibama, mulher de Esaú: Os chefes
Jeús, Jalão e Corá. Foram esses os chefes descendentes de
Oolibama, mulher de Esaú, filha de Aná.
19 Foram esses os filhos de Esaú, que é Edom, e esses foram
os seus chefes.

Os Descendentes de Seir

20 Estes foram os filhos de Seir, o horeu, que estavam habitando
aquela região: Lotã, Sobal, Zibeão e Aná, 21 Disom, Ézer e Disã.
Esses filhos de Seir foram chefes dos horeus no território de
Edom.
22 Estes foram os filhos de Lotã: Hori e Hemã. Timna era irmã
de Lotã.
23 Estes foram os filhos de Sobal: Alvã, Manaate, Ebal, Sefô
e Onã.
24 Estes foram os filhos de Zibeão: Aiá e Aná. Foi esse Aná que
descobriu as fontes de águas quentes[b] no deserto, quando le-
vava para pastar os jumentos de Zibeão, seu pai.
25 Estes foram os filhos de Aná: Disom e Oolibama, a filha de
Aná.
26 Estes foram os filhos de Disom: Hendã, Esbã, Itrã e Querã.
27 Estes foram os filhos de Ézer: Bilã, Zaavã e Acã.
28 Estes foram os filhos de Disã: Uz e Arã.
29 Estes foram os chefes dos horeus: Lotã, Sobal, Zibeão, Aná,
30 Disom, Ézer e Disã. Esses foram os chefes dos horeus, de
acordo com as suas divisões tribais na região de Seir.

Os Reis e os Chefes de Edom

31 Estes foram os reis que reinaram no território de Edom antes
de haver rei entre os israelitas:
32 Belá, filho de Beor, reinou em Edom. Sua cidade chamava-se
Dinabá. 33 Quando Belá morreu, foi sucedido por Jobabe, filho
de Zerá, de Bozra.
34 Jobabe morreu, e Husã, da terra dos temanitas, foi o seu
sucessor.
35 Husã morreu, e Hadade, filho de Bedade, que tinha derro-
tado os midianitas na terra de Moabe, foi o seu sucessor. Sua
cidade chamava-se Avite.
36 Hadade morreu, e Samlá de Masreca foi o seu sucessor.
37 Samlá morreu, e Saul, de Reobote, próxima ao Eufrates[c], foi
o seu sucessor.
38 Saul morreu, e Baal-Hanã, filho de Acbor, foi o seu sucessor.
39 Baal-Hanã, filho de Acbor, morreu, e Hadade[d] foi o seu su-
cessor. Sua cidade chamava-se Paú, e o nome de sua mulher
era Meetabel, filha de Matrede, neta de Mezaabe.
40 Estes foram os chefes descendentes de Esaú, conforme os
seus nomes, clãs e regiões: Timna, Alva, Jetete, 41 Oolibama,
Elá, Pinom, 42 Quenaz, Temã, Mibzar, 43 Magdiel e Irã. Foram
esses os chefes de Edom; cada um deles fixou-se numa região
da terra que ocuparam. Os edomitas eram descendentes de
Esaú.

37 Os Sonhos de José

Jacó habitou na terra de Canaã, onde seu pai tinha vivido
como estrangeiro.
2 Esta é a história da família de Jacó: Quando José tinha de-
zessete anos, pastoreava os rebanhos com os seus irmãos.
Ajudava os filhos de Bila e os filhos de Zilpa, mulheres de seu
pai; e contava ao pai a má fama deles.
3 Ora, Israel gostava mais de José do que de qualquer outro
filho, porque lhe havia nascido em sua velhice; por isso
mandou fazer para ele uma túnica longa[e]. 4 Quando os seus
irmãos viram que o pai gostava mais dele do que de qualquer
outro filho, odiaram-no e não conseguiam falar com ele ami-
gavelmente.
5 Certa vez, José teve um sonho e, quando o contou a seus
irmãos, eles passaram a odiá-lo ainda mais.
6 "Ouçam o sonho que tive", disse-lhes. 7 "Estávamos amar-
rando os feixes de trigo no campo, quando o meu feixe se
levantou e ficou em pé, e os seus feixes se ajuntaram ao redor
do meu e se curvaram diante dele."
8 Seus irmãos lhe disseram: "Então você vai reinar sobre nós?
Quer dizer que você vai nos governar?" E o odiaram ainda mais,
por causa do sonho e do que tinha dito.
9 Depois teve outro sonho e o contou aos seus irmãos: "Tive
outro sonho, e desta vez o sol, a lua e onze estrelas se cur-
vavam diante de mim".
10 Quando o contou ao pai e aos irmãos, o pai o repreendeu
e lhe disse: "Que sonho foi esse que você teve? Será que eu,
sua mãe, e seus irmãos viremos a nos curvar até o chão diante
de você?" 11 Assim seus irmãos tiveram ciúmes dele; o pai, no
entanto, refletia naquilo.

Vendido pelos Irmãos

12 Os irmãos de José tinham ido cuidar dos rebanhos do pai,
perto de Siquém, 13 e Israel disse a José: "Como você sabe,

a 36.16 Alguns manuscritos não trazem *Corá*. Veja também o versículo 11 e 1Cr 1.36.
b 36.24 Ou *descobriu água*
c 36.37 Hebraico: *ao Rio*.
d 36.39 Vários manuscritos dizem *Hadar*. Veja 1Cr 1.50.
e 37.3 Ou *de diversas cores*; também nos versículos 23 e 32.

seus irmãos estão apascentando os rebanhos perto de Siquém.
Quero que você vá até lá". "Sim, senhor", respondeu ele.

14 Disse-lhe o pai: "Vá ver se está tudo bem com os seus irmãos
e com os rebanhos, e traga-me notícias". Jacó o enviou quando
estava no vale de Hebrom. Mas José se perdeu quando se apro-
ximava de Siquém; 15 um homem o encontrou vagueando pelos
campos e lhe perguntou: "Que é que você está procurando?"

16 Ele respondeu: "Procuro meus irmãos. Pode me dizer onde
eles estão apascentando os rebanhos?"

17 Respondeu o homem: "Eles já partiram daqui. Eu os ouvi
dizer: 'Vamos para Dotã' ". Assim José foi em busca dos seus
irmãos e os encontrou perto de Dotã. 18 Mas eles o viram de
longe e, antes que chegasse, planejaram matá-lo.

19 "Lá vem aquele sonhador!", diziam uns aos outros. 20 "É
agora! Vamos matá-lo e jogá-lo num destes poços, e diremos
que um animal selvagem o devorou. Veremos então o que será
dos seus sonhos."

21 Quando Rúben ouviu isso, tentou livrá-lo das mãos deles,
dizendo: "Não lhe tiremos a vida!" 22 E acrescentou: "Não der-
ramem sangue. Joguem-no naquele poço no deserto, mas não
toquem nele". Rúben propôs isso com a intenção de livrá-lo e
levá-lo de volta ao pai.

23 Chegando José, seus irmãos lhe arrancaram a túnica longa,
24 agarraram-no e o jogaram no poço, que estava vazio e sem
água.

25 Ao se assentarem para comer, viram ao longe uma caravana
de ismaelitas que vinha de Gileade. Seus camelos estavam car-
regados de especiarias, bálsamo e mirra, que eles levavam
para o Egito.

26 Judá disse então a seus irmãos: "Que ganharemos se ma-
tarmos o nosso irmão e escondermos o seu sangue? 27 Vamos
vendê-lo aos ismaelitas. Não tocaremos nele, afinal é nosso
irmão, é nosso próprio sangue[a]". E seus irmãos concordaram.
28 Quando os mercadores ismaelitas de Midiã se aproximaram,
seus irmãos tiraram José do poço e o venderam por vinte peças
de prata aos ismaelitas, que o levaram para o Egito.

29 Quando Rúben voltou ao poço e viu que José não estava lá,
rasgou suas vestes 30 e, voltando a seus irmãos, disse: "O jovem
não está lá! Para onde irei agora?"

31 Então eles mataram um bode, mergulharam no sangue
a túnica de José 32 e a mandaram ao pai com este recado:
"Achamos isto. Veja se é a túnica de teu filho".

33 Ele a reconheceu e disse: "É a túnica de meu filho! Um animal
selvagem o devorou! José foi despedaçado!"

34 Então Jacó rasgou suas vestes, vestiu-se de pano de saco e
chorou muitos dias por seu filho. 35 Todos os seus filhos e filhas
vieram consolá-lo, mas ele recusou ser consolado, dizendo:
"Não! Chorando descerei à sepultura[b] para junto de meu filho".
E continuou a chorar por ele.

36 Nesse meio-tempo, no Egito, os midianitas venderam José a
Potifar, oficial do faraó e capitão da guarda.

[a] 37.27 Hebraico: *nossa carne*.

[b] 37.35 Hebraico: *Sheol*. Essa palavra também pode ser traduzida por *profundezas*, *pó* ou *morte*.

38 A História de Judá e Tamar

Por essa época, Judá deixou seus irmãos e passou a viver
na casa de um homem de Adulão, chamado Hira. 2 Ali Judá
encontrou a filha de um cananeu chamado Suá e casou-se com
ela. Ele a possuiu, 3 ela engravidou e deu à luz um filho, ao qual
ele deu o nome de Er. 4 Tornou a engravidar, teve um filho e
deu-lhe o nome de Onã. 5 Quando estava em Quezibe, ela teve
ainda outro filho e chamou-o Selá.

6 Judá escolheu uma mulher chamada Tamar para Er, seu filho
mais velho. 7 Mas o SENHOR reprovou a conduta perversa de Er,
filho mais velho de Judá, e por isso o matou.

8 Então Judá disse a Onã: "Case-se com a mulher do seu irmão,
cumpra as suas obrigações de cunhado para com ela e dê uma
descendência a seu irmão". 9 Mas Onã sabia que a descen-
dência não seria sua; assim, toda vez que possuía a mulher
do seu irmão, derramava o sêmen no chão para evitar que seu
irmão tivesse descendência. 10 O SENHOR reprovou o que ele
fazia, e por isso o matou também.

11 Disse então Judá à sua nora Tamar: "More como viúva na
casa de seu pai até que o meu filho Selá cresça", porque temia
que ele viesse a morrer, como os seus irmãos. Assim Tamar foi
morar na casa do pai.

12 Tempos depois morreu a mulher de Judá, filha de Suá. Pas-
sado o luto, Judá foi ver os tosquiadores do seu rebanho em
Timna com o seu amigo Hira, o adulamita.

13 Quando foi dito a Tamar: "Seu sogro está a caminho de Timna
para tosquiar suas ovelhas", 14 ela trocou suas roupas de viúva,
cobriu-se com um véu para se disfarçar e foi sentar-se à en-
trada de Enaim, que fica no caminho de Timna. Ela fez isso
porque viu que, embora Selá já fosse crescido, ela não lhe tinha
sido dada em casamento.

15 Quando a viu, Judá pensou que fosse uma prostituta, porque
ela havia encoberto o rosto.

16 Não sabendo que era a sua nora, dirigiu-se a ela, à beira da
estrada, e disse: "Venha cá, quero deitar-me com você". Ela
lhe perguntou: "O que você me dará para deitar-se comigo?"
17 Disse ele: "Eu lhe mandarei um cabritinho do meu rebanho".
E ela perguntou: "Você me deixará alguma coisa como garantia
até que o mande?"

18 Disse Judá: "Que garantia devo dar-lhe?" Respondeu ela: "O
seu selo com o cordão, e o cajado que você tem na mão". Ele
os entregou e a possuiu, e Tamar engravidou dele. 19 Ela se foi,
tirou o véu e tornou a vestir as roupas de viúva.

20 Judá mandou o cabritinho por meio de seu amigo adulamita,
a fim de reaver da mulher sua garantia, mas ele não a encon-
trou, 21 e perguntou aos homens do lugar: "Onde está a prosti-
tuta cultual que costuma ficar à beira do caminho de Enaim?"
Eles responderam: "Aqui não há nenhuma prostituta cultual".
22 Assim ele voltou a Judá e disse: "Não a encontrei. Além disso,
os homens do lugar disseram que lá não há nenhuma prostituta
cultual".

23 Disse Judá: "Fique ela com o que lhe dei. Não quero que nos
tornemos objeto de zombaria. Afinal de contas, mandei a ela
este cabritinho, mas você não a encontrou".

24 Cerca de três meses mais tarde, disseram a Judá: "Sua nora
Tamar prostituiu-se, e na sua prostituição ficou grávida". Disse
Judá: "Tragam-na para fora e queimem-na viva!"
25 Quando ela estava sendo levada para fora, mandou o se-
guinte recado ao sogro: "Estou grávida do homem que é dono
destas coisas". E acrescentou: "Veja se o senhor reconhece a
quem pertencem este selo, este cordão e este cajado".
26 Judá os reconheceu e disse: "Ela é mais justa do que eu,
pois eu devia tê-la entregue a meu filho Selá". E não voltou a
ter relações com ela.
27 Quando lhe chegou a época de dar à luz, havia gêmeos em
seu ventre. 28 Enquanto ela dava à luz, um deles pôs a mão
para fora; então a parteira pegou um fio vermelho e amarrou o
pulso do menino, dizendo: "Este saiu primeiro". 29 Mas, quando
ele recolheu a mão, seu irmão saiu, e ela disse: "Então você
conseguiu uma brecha para sair!" E deu-lhe o nome de Perez.
30 Depois saiu seu irmão que estava com o fio vermelho no
pulso, e foi-lhe dado o nome de Zerá.

39 José é Assediado pela Mulher de Potifar

José havia sido levado para o Egito, onde o egípcio Po-
tifar, oficial do faraó e capitão da guarda, comprou-o dos is-
maelitas que o tinham levado para lá.
2 O Senhor estava com José, de modo que este prosperou e
passou a morar na casa do seu senhor egípcio. 3 Quando este
percebeu que o Senhor estava com ele e que o fazia prosperar
em tudo o que realizava, 4 agradou-se de José e tornou-o ad-
ministrador de seus bens. Potifar deixou a seu cuidado a sua
casa e lhe confiou tudo o que possuía. 5 Desde que o deixou
cuidando de sua casa e de todos os seus bens, o Senhor aben-
çoou a casa do egípcio por causa de José. A bênção do Senhor
estava sobre tudo o que Potifar possuía, tanto em casa como
no campo. 6 Assim, deixou ele aos cuidados de José tudo o
que tinha, e não se preocupava com coisa alguma, exceto com
sua própria comida. José era atraente e de boa aparência, 7 e,
depois de certo tempo, a mulher do seu senhor começou a
cobiçá-lo e o convidou: "Venha, deite-se comigo!" 8 Mas ele se
recusou e lhe disse: "Meu senhor não se preocupa com coisa
alguma de sua casa, e tudo o que tem deixou aos meus cui-
dados. 9 Ninguém desta casa está acima de mim. Ele nada me
negou, a não ser a senhora, porque é a mulher dele. Como
poderia eu, então, cometer algo tão perverso e pecar contra
Deus?" 10 Assim, embora ela insistisse com José dia após dia,
ele se recusava a deitar-se com ela e evitava ficar perto dela.
11 Um dia ele entrou na casa para fazer suas tarefas, e nenhum
dos empregados ali se encontrava. 12 Ela o agarrou pelo manto
e voltou a convidá-lo: "Vamos, deite-se comigo!" Mas ele fugiu
da casa, deixando o manto na mão dela.
13 Quando ela viu que, ao fugir, ele tinha deixado o manto em
sua mão, 14 chamou os empregados e lhes disse: "Vejam, este
hebreu nos foi trazido para nos insultar! Ele entrou aqui e
tentou abusar de mim, mas eu gritei. 15 Quando me ouviu gritar
por socorro, largou seu manto ao meu lado e fugiu da casa".
16 Ela conservou o manto consigo até que o senhor de José
chegasse à casa. 17 Então repetiu-lhe a história: "Aquele es-
cravo hebreu que você nos trouxe aproximou-se de mim para
me insultar. 18 Mas, quando gritei por socorro, ele largou seu
manto ao meu lado e fugiu".
19 Quando o seu senhor ouviu o que a sua mulher lhe disse:
"Foi assim que o seu escravo me tratou", ficou indignado.
20 Mandou buscar José e lançou-o na prisão em que eram
postos os prisioneiros do rei. José ficou na prisão, 21 mas o
Senhor estava com ele e o tratou com bondade, conceden-
do-lhe a simpatia do carcereiro. 22 Por isso o carcereiro encar-
regou José de todos os que estavam na prisão, e ele se tornou
responsável por tudo o que lá sucedia. 23 O carcereiro não se
preocupava com nada do que estava a cargo de José, porque
o Senhor estava com José e lhe concedia bom êxito em tudo
o que realizava.

40 José Interpreta os Sonhos de Dois Prisioneiros

Algum tempo depois, o copeiro e o padeiro do rei do
Egito fizeram uma ofensa ao seu senhor, o rei do Egito. 2 O
faraó irou-se com os dois oficiais, o chefe dos copeiros e o
chefe dos padeiros, 3 e mandou prendê-los na casa do capitão
da guarda, na prisão em que José estava. 4 O capitão da guarda
os deixou aos cuidados de José, que os servia. Depois de certo
tempo, 5 o copeiro e o padeiro do rei do Egito, que estavam na
prisão, sonharam. Cada um teve um sonho, ambos na mesma
noite, e cada sonho tinha a sua própria interpretação.
6 Quando José foi vê-los na manhã seguinte, notou que es-
tavam abatidos. 7 Por isso perguntou aos oficiais do faraó, que
também estavam presos na casa do seu senhor: "Por que hoje
vocês estão com o semblante triste?"
8 Eles responderam: "Tivemos sonhos, mas não há quem os
interprete". Disse-lhes José: "Não são de Deus as interpreta-
ções? Contem-me os sonhos".
9 Então o chefe dos copeiros contou o seu sonho a José: "Em
meu sonho vi diante de mim uma videira, 10 com três ramos.
Ela brotou, floresceu e deu uvas que amadureciam em cachos.
11 A taça do faraó estava em minha mão. Peguei as uvas, e as
espremi na taça do faraó, e a entreguei em sua mão".
12 Disse-lhe José: "Esta é a interpretação: os três ramos são
três dias. 13 Dentro de três dias o faraó vai exaltá-lo e restau-
rá-lo à sua posição, e você servirá a taça na mão dele, como
costumava fazer quando era seu copeiro. 14 Quando tudo estiver
indo bem com você, lembre-se de mim e seja bondoso comigo;
fale de mim ao faraó e tire-me desta prisão, 15 pois fui trazido
à força da terra dos hebreus, e também aqui nada fiz para ser
jogado neste calabouço".
16 Ouvindo o chefe dos padeiros essa interpretação favorável,
disse a José: "Eu também tive um sonho: sobre a minha cabeça
havia três cestas de pão branco. 17 Na cesta de cima havia todo
tipo de pães e doces que o faraó aprecia, mas as aves vinham
comer da cesta que eu trazia na cabeça".
18 E disse José: "Esta é a interpretação: as três cestas são três
dias. 19 Dentro de três dias o faraó vai decapitá-lo e pendurá-lo
numa árvore[a]. E as aves comerão a sua carne".

---

[a] 40.19 *Ou empalar você numa estaca*

20 Três dias depois era o aniversário do faraó, e ele ofereceu
um banquete a todos os seus conselheiros. Na presença deles
reapresentou o chefe dos copeiros e o chefe dos padeiros;
21 restaurou à sua posição o chefe dos copeiros, de modo que
ele voltou a ser aquele que servia a taça do faraó, 22 mas ao
chefe dos padeiros mandou enforcar[a], como José lhes dissera
em sua interpretação.
23 O chefe dos copeiros, porém, não se lembrou de José; ao
contrário, esqueceu-se dele.

José Interpreta os Sonhos do Faraó

41 Ao final de dois anos, o faraó teve um sonho. Ele estava
em pé junto ao rio Nilo, 2 quando saíram do rio sete vacas belas
e gordas, que começaram a pastar entre os juncos. 3 Depois
saíram do rio mais sete vacas, feias e magras, que foram
para junto das outras, à beira do Nilo. 4 Então as vacas feias e
magras comeram as sete vacas belas e gordas. Nisso o faraó
acordou.
5 Tornou a adormecer e teve outro sonho. Sete espigas de trigo,
graúdas e boas, cresciam no mesmo pé. 6 Depois brotaram ou-
tras sete espigas, mirradas e ressequidas pelo vento leste. 7 As
espigas mirradas engoliram as sete espigas graúdas e cheias.
Então o faraó acordou; era um sonho.
8 Pela manhã, perturbado, mandou chamar todos os magos
e sábios do Egito e lhes contou os sonhos, mas ninguém foi
capaz de interpretá-los.
9 Então o chefe dos copeiros disse ao faraó: "Hoje me lembro
de minhas faltas. 10 Certa vez o faraó ficou irado com dois dos
seus servos e mandou prender-me junto com o chefe dos pa-
deiros, na casa do capitão da guarda. 11 Certa noite cada um
de nós teve um sonho, e cada sonho tinha uma interpretação.
12 Pois bem, havia lá conosco um jovem hebreu, servo do ca-
pitão da guarda. Contamos a ele os nossos sonhos, e ele os
interpretou, dando a cada um de nós a interpretação do seu
próprio sonho. 13 E tudo aconteceu conforme ele nos dissera:
eu fui restaurado à minha posição, e o outro foi enforcado[b]".
14 O faraó mandou chamar José, que foi trazido depressa do
calabouço. Depois de se barbear e trocar de roupa, apresen-
tou-se ao faraó.
15 O faraó disse a José: "Tive um sonho que ninguém consegue
interpretar. Mas ouvi falar que você, ao ouvir um sonho, é
capaz de interpretá-lo".
16 Respondeu-lhe José: "Isso não depende de mim, mas Deus
dará ao faraó uma resposta favorável".
17 Então o faraó contou o sonho a José: "Sonhei que estava em
pé, à beira do Nilo, 18 quando saíram do rio sete vacas, belas
e gordas, que começaram a pastar entre os juncos. 19 Depois
saíram outras sete, raquíticas, muito feias e magras. Nunca vi
vacas tão feias em toda a terra do Egito. 20 As vacas magras
e feias comeram as sete vacas gordas que tinham aparecido
primeiro. 21 Mesmo depois de havê-las comido, não parecia que
o tivessem feito, pois continuavam tão magras como antes.
Então acordei.
22 "Depois tive outro sonho. Vi sete espigas de cereal, cheias e
boas, que cresciam num mesmo pé. 23 Depois delas, brotaram
outras sete, murchas e mirradas, ressequidas pelo vento leste.
24 As espigas magras engoliram as sete espigas boas. Contei
isso aos magos, mas ninguém foi capaz de explicá-lo".
25 "O faraó teve um único sonho", disse-lhe José. "Deus re-
velou ao faraó o que ele está para fazer. 26 As sete vacas boas
são sete anos, e as sete espigas boas são também sete anos;
trata-se de um único sonho. 27 As sete vacas magras e feias
que surgiram depois das outras, e as sete espigas mirradas,
queimadas pelo vento leste, são sete anos. Serão sete anos
de fome.
28 "É exatamente como eu disse ao faraó: Deus mostrou ao
faraó aquilo que ele vai fazer. 29 Sete anos de muita fartura
estão para vir sobre toda a terra do Egito, 30 mas depois virão
sete anos de fome. Então todo o tempo de fartura será esque-
cido, pois a fome arruinará a terra. 31 A fome que virá depois
será tão rigorosa que o tempo de fartura não será mais lem-
brado na terra. 32 O sonho veio ao faraó duas vezes porque a
questão já foi decidida por Deus, que se apressa em realizá-la.
33 "Procure agora o faraó um homem criterioso e sábio e po-
nha-o no comando da terra do Egito. 34 O faraó também deve
estabelecer supervisores para recolher um quinto da colheita
do Egito durante os sete anos de fartura. 35 Eles deverão reco-
lher o que puderem nos anos bons que virão e fazer estoques
de trigo que, sob o controle do faraó, serão armazenados nas
cidades. 36 Esse estoque servirá de reserva para os sete anos
de fome que virão sobre o Egito, para que a terra não seja
arrasada pela fome."

José no Governo do Egito

37 O plano pareceu bom ao faraó e a todos os seus conselheiros.
38 Por isso o faraó lhes perguntou: "Será que vamos achar al-
guém como este homem, em quem está o espírito divino?"
39 Disse, pois, o faraó a José: "Uma vez que Deus lhe revelou
todas essas coisas, não há ninguém tão criterioso e sábio como
você. 40 Você terá o comando de meu palácio, e todo o meu
povo se sujeitará às suas ordens. Somente em relação ao trono
serei maior que você". 41 E o faraó prosseguiu: "Entrego a você
agora o comando de toda a terra do Egito". 42 Em seguida, o
faraó tirou do dedo o seu anel-selo e o colocou no dedo de
José. Mandou-o vestir linho fino e colocou uma corrente de
ouro em seu pescoço. 43 Também o fez subir em sua segunda
carruagem real, e à frente os arautos iam gritando: "Abram
caminho!"[c] Assim José foi posto no comando de toda a terra
do Egito.
44 Disse ainda o faraó a José: "Eu sou o faraó, mas sem a sua
palavra ninguém poderá levantar a mão nem o pé em todo o
Egito". 45 O faraó deu a José o nome de Zafenate-Paneia e lhe
deu por mulher Azenate, filha de Potífera, sacerdote de Om[d].
Depois José foi inspecionar toda a terra do Egito.

[a] 40.22 *Ou empalar*
[b] 41.13 *Ou empalado*
[c] 41.43 *Ou "Curvem-se!"*
[d] 41.45 Isto é, Heliópolis; também no versículo 50.

46 José tinha trinta anos de idade quando começou a servir[a]
ao faraó, rei do Egito. Ele se ausentou da presença do faraó e
foi percorrer todo o Egito. 47 Durante os sete anos de fartura a
terra teve grande produção. 48 José recolheu todo o excedente
dos sete anos de fartura no Egito e o armazenou nas cidades.
Em cada cidade ele armazenava o trigo colhido nas lavouras
das redondezas. 49 Assim José estocou muito trigo, como a
areia do mar. Tal era a quantidade que ele parou de anotar,
porque ia além de toda medida.
50 Antes dos anos de fome, Azenate, filha de Potífera, sacerdote
de Om, deu a José dois filhos. 51 Ao primeiro, José deu o nome
de Manassés, dizendo: "Deus me fez esquecer todo o meu
sofrimento e toda a casa de meu pai".
52 Ao segundo filho, chamou Efraim, dizendo: "Deus me fez
prosperar na terra onde tenho sofrido".
53 Assim chegaram ao fim os sete anos de fartura no Egito, 54 e
começaram os sete anos de fome, como José tinha predito.
Houve fome em todas as terras, mas em todo o Egito havia ali-
mento. 55 Quando todo o Egito começou a sofrer com a fome, o
povo clamou ao faraó por comida, e este respondeu a todos os
egípcios: "Dirijam-se a José e façam o que ele disser".
56 Quando a fome já se havia espalhado por toda a terra, José
mandou abrir os locais de armazenamento e começou a vender
trigo aos egípcios, pois a fome se agravava em todo o Egito.
57 E de toda a terra vinha gente ao Egito para comprar trigo de
José, porquanto a fome se agravava em toda parte.

42 Os Irmãos de José no Egito

Quando Jacó soube que no Egito havia trigo, disse a seus
filhos: "Por que estão aí olhando uns para os outros?" 2 Disse
ainda: "Ouvi dizer que há trigo no Egito. Desçam até lá e com-
prem trigo para nós, para que possamos continuar vivos e não
morramos de fome".
3 Assim dez dos irmãos de José desceram ao Egito para comprar
trigo. 4 Jacó não deixou que Benjamim, irmão de José, fosse
com eles, temendo que algum mal lhe acontecesse. 5 Os filhos
de Israel estavam entre outros que também foram comprar
trigo, por causa da fome na terra de Canaã.
6 José era o governador do Egito e era ele que vendia trigo a
todo o povo da terra. Por isso, quando os irmãos de José che-
garam, curvaram-se diante dele com o rosto em terra. 7 José
reconheceu os seus irmãos logo que os viu, mas agiu como se
não os conhecesse, e lhes falou asperamente: "De onde vocês
vêm?" Responderam eles: "Da terra de Canaã, para comprar
comida".
8 José reconheceu os seus irmãos, mas eles não o reconhe-
ceram. 9 Lembrou-se então dos sonhos que tivera a respeito
deles e lhes disse: "Vocês são espiões! Vieram para ver onde a
nossa terra está desprotegida".
10 Eles responderam: "Não, meu senhor. Teus servos vieram
comprar comida. 11 Todos nós somos filhos do mesmo pai. Teus
servos são homens honestos, e não espiões".
12 Mas José insistiu: "Não! Vocês vieram ver onde a nossa terra
está desprotegida".
13 E eles disseram: "Teus servos eram doze irmãos, todos filhos
do mesmo pai, na terra de Canaã. O caçula está agora em casa
com o pai, e o outro já morreu".
14 José tornou a afirmar: "É como lhes falei: Vocês são espiões!
15 Vocês serão postos à prova. Juro pela vida do faraó que vocês
não sairão daqui, enquanto o seu irmão caçula não vier para
cá. 16 Mandem algum de vocês buscar o seu irmão enquanto
os demais aguardam presos. Assim ficará provado se as suas
palavras são verdadeiras ou não. Se não forem, juro pela vida
do faraó que ficará confirmado que vocês são espiões!" 17 E os
deixou presos três dias.
18 No terceiro dia, José lhes disse: "Eu tenho temor de Deus.
Se querem salvar sua vida, façam o seguinte: 19 se vocês são
homens honestos, deixem um dos seus irmãos aqui na prisão,
enquanto os demais voltam, levando trigo para matar a fome
das suas famílias. 20 Tragam-me, porém, o seu irmão caçula,
para que se comprovem as suas palavras e vocês não tenham
que morrer".
21 Eles se prontificaram a fazer isso e disseram uns aos outros:
"Certamente estamos sendo punidos pelo que fizemos a nosso
irmão. Vimos como ele estava angustiado, quando nos implo-
rava por sua vida, mas não lhe demos ouvidos; por isso nos
sobreveio esta angústia".
22 Rúben respondeu: "Eu não lhes disse que não maltratassem
o menino? Mas vocês não quiseram me ouvir! Agora teremos
que prestar contas do seu sangue".
23 Eles, porém, não sabiam que José podia compreendê-los,
pois ele lhes falava por meio de um intérprete.
24 Nisso José retirou-se e começou a chorar, mas logo depois
voltou e conversou de novo com eles. Então escolheu Simeão
e mandou acorrentá-lo diante deles.

A Volta para Canaã

25 Em seguida, José deu ordem para que enchessem de trigo
suas bagagens, devolvessem a prata de cada um deles, co-
locando-a nas bagagens, e lhes dessem mantimentos para a
viagem. E assim foi feito. 26 Eles puseram a carga de trigo sobre
os seus jumentos e partiram.
27 No lugar onde pararam para pernoitar, um deles abriu a ba-
gagem para pegar forragem para o seu jumento e viu a prata
na boca da bagagem. 28 E disse a seus irmãos: "Devolveram a
minha prata. Está aqui em minha bagagem". Tomados de pavor
em seu coração e tremendo, disseram uns aos outros: "Que é
isto que Deus fez conosco?"
29 Ao chegarem à casa de seu pai Jacó, na terra de Canaã, re-
lataram-lhe tudo o que lhes acontecera, dizendo: 30 "O homem
que governa aquele país falou asperamente conosco e nos
tratou como espiões. 31 Mas nós lhe asseguramos que somos
homens honestos e não espiões. 32 Dissemos também que
éramos doze irmãos, filhos do mesmo pai, e que um já havia
morrido e que o caçula estava com o nosso pai, em Canaã.
33 "Então o homem que governa aquele país nos disse: 'Ve-
jamos se vocês são honestos: um dos seus irmãos ficará aqui
comigo, e os outros poderão voltar e levar mantimentos para

---

a 41.46 Ou *quando se apresentou ao faraó*

matar a fome das suas famílias. 34 Tragam-me, porém, o seu
irmão caçula, para que eu comprove que vocês não são es-
piões, mas sim, homens honestos. Então lhes devolverei o
irmão e os autorizarei a fazer negócios nesta terra' ".
35 Ao esvaziarem as bagagens, dentro da bagagem de cada
um estava a sua bolsa cheia de prata. Quando eles e seu pai
viram as bolsas cheias de prata, ficaram com medo. 36 E disse-
-lhes seu pai Jacó: "Vocês estão tirando meus filhos de mim!
Já fiquei sem José, agora sem Simeão e ainda querem levar
Benjamim. Tudo está contra mim!"
37 Então Rúben disse ao pai: "Podes matar meus dois filhos
se eu não o trouxer de volta. Deixa-o aos meus cuidados, e
eu o trarei".
38 Mas o pai respondeu: "Meu filho não descerá com vocês;
seu irmão está morto, e ele é o único que resta. Se qualquer
mal lhe acontecer na viagem que estão por fazer, vocês farão
estes meus cabelos brancos descer à sepultura[a] com tristeza".

43 De Volta ao Egito

A fome continuava rigorosa na terra. 2 Assim, quando
acabou todo o trigo que os filhos de Jacó tinham trazido do
Egito, seu pai lhes disse: "Voltem e comprem um pouco mais
de comida para nós".
3 Mas Judá lhe disse: "O homem nos advertiu severamente:
'Não voltem à minha presença, a não ser que tragam o seu
irmão'. 4 Se enviares o nosso irmão conosco, desceremos e
compraremos comida para ti. 5 Mas, se não o enviares conosco,
não iremos, porque foi assim que o homem falou: 'Não voltem
à minha presença, a não ser que tragam o seu irmão' ".
6 Israel perguntou: "Por que me causaram esse mal, contando
àquele homem que tinham outro irmão?"
7 E lhe responderam: "Ele nos interrogou sobre nós e sobre
nossa família. E também nos perguntou: 'O pai de vocês ainda
está vivo? Vocês têm outro irmão?' Nós simplesmente respon-
demos ao que ele nos perguntou. Como poderíamos saber que
ele exigiria que levássemos o nosso irmão?"
8 Então disse Judá a Israel, seu pai: "Deixa o jovem ir comigo
e partiremos imediatamente, a fim de que tu, nós e nossas
crianças sobrevivamos e não venhamos a morrer. 9 Eu me com-
prometo pessoalmente pela segurança dele; podes me consi-
derar responsável por ele. Se eu não o trouxer de volta e não
o colocar bem aqui na tua presença, serei culpado diante de
ti pelo resto da minha vida. 10 Como se vê, se não tivéssemos
demorado tanto, já teríamos ido e voltado duas vezes".
11 Então Israel, seu pai, lhes disse: "Se tem que ser assim, que
seja! Coloquem alguns dos melhores produtos da nossa terra
na bagagem e levem-nos como presente ao tal homem: um
pouco de bálsamo, um pouco de mel, algumas especiarias e
mirra, algumas nozes de pistache e amêndoas. 12 Levem prata
em dobro, e devolvam a prata que foi colocada de volta na
boca da bagagem de vocês. Talvez isso tenha acontecido
por engano. 13 Peguem também o seu irmão e voltem àquele
homem. 14 Que o Deus todo-poderoso[b] lhes conceda miseri-
córdia diante daquele homem, para que ele permita que o seu
outro irmão e Benjamim voltem com vocês. Quanto a mim, se
ficar sem filhos, sem filhos ficarei".
15 Então os homens desceram ao Egito, levando o presente,
prata em dobro e Benjamim, e foram à presença de José.
16 Quando José viu Benjamim com eles, disse ao adminis-
trador de sua casa: "Leve estes homens à minha casa, mate
um animal e prepare-o; eles almoçarão comigo ao meio-dia".
17 Ele fez o que lhe fora ordenado e levou-os à casa de José.
18 Eles ficaram com medo, quando foram levados à casa de
José, e pensaram: "Trouxeram-nos aqui por causa da prata
que foi devolvida às nossas bagagens na primeira vez. Ele quer
atacar-nos, subjugar-nos, tornar-nos escravos e tomar de nós
os nossos jumentos".
19 Por isso, dirigiram-se ao administrador da casa de José e lhe
disseram à entrada da casa: 20 "Ouça, senhor! A primeira vez
que viemos aqui foi realmente para comprar comida. 21 Mas, no
lugar em que paramos para pernoitar, abrimos nossas baga-
gens e cada um de nós encontrou a prata que tinha trazido, na
quantia exata. Por isso a trouxemos de volta conosco, 22 além
de mais prata, para comprar comida. Não sabemos quem pôs
a prata em nossa bagagem".
23 "Fiquem tranquilos", disse o administrador. "Não tenham
medo. O seu Deus, o Deus de seu pai, foi quem lhes deu um te-
souro em suas bagagens, porque a prata de vocês eu recebi."
Então soltou Simeão e o levou à presença deles. 24 Em seguida,
os levou à casa de José, deu-lhes água para lavarem os pés e
forragem para os seus jumentos. 25 Eles então prepararam o
presente para a chegada de José ao meio-dia, porque ficaram
sabendo que iriam almoçar ali.
26 Quando José chegou, eles o presentearam com o que tinham
trazido e curvaram-se diante dele até o chão. 27 Ele então lhes
perguntou como passavam e disse em seguida: "Como vai o
pai de vocês, o homem idoso de quem me falaram? Ainda está
vivo?"
28 Eles responderam: "Teu servo, nosso pai, ainda vive e passa
bem". E se curvaram para prestar-lhe honra.
29 Olhando ao redor e vendo seu irmão Benjamim, filho de sua
mãe, José perguntou: "É este o irmão caçula de quem me fa-
laram?" E acrescentou: "Deus lhe conceda graça, meu filho".
30 Profundamente emocionado por causa de seu irmão, José
apressou-se em sair à procura de um lugar para chorar, e,
entrando em seu quarto, chorou.
31 Depois de lavar o rosto, saiu e, controlando-se, disse:
"Sirvam a comida".
32 Serviram a ele em separado dos seus irmãos e também dos
egípcios que comiam com ele, porque os egípcios não podiam
comer com os hebreus, pois isso era sacrilégio para eles.
33 Seus irmãos foram colocados à mesa perante ele por ordem
de idade, do mais velho ao mais moço, e olhavam perplexos
uns para os outros. 34 Então lhes serviram da comida da mesa
de José, e a porção de Benjamim era cinco vezes maior que a
dos outros. E eles festejaram e beberam à vontade.

---

[a] 42.38 Hebraico: *Sheol*. Essa palavra também pode ser traduzida por *profundezas*, *pó* ou *morte*.

[b] 43.14 Hebraico: *El-Shaddai*; também em 48.3 e 49.25.

44 A Taça de José na Bagagem de Benjamim

José deu as seguintes ordens ao administrador de sua
casa: "Encha as bagagens desses homens com todo o manti-
mento que puderem carregar e coloque a prata de cada um na
boca de sua bagagem. 2 Depois coloque a minha taça, a taça
de prata, na boca da bagagem do caçula, junto com a prata
paga pelo trigo". E ele fez tudo conforme as ordens de José.
3 Assim que despontou a manhã, despediram os homens com
os seus jumentos. 4 Ainda não tinham se afastado da cidade,
quando José disse ao administrador de sua casa: "Vá atrás
daqueles homens e, quando os alcançar, diga-lhes: Por que
retribuíram o bem com o mal? 5 Não é esta a taça que o meu
senhor usa para beber e para fazer adivinhações? Vocês come-
teram grande maldade!"
6 Quando ele os alcançou, repetiu-lhes essas palavras. 7 Mas
eles lhe responderam: "Por que o meu senhor diz isso? Longe
dos seus servos fazer tal coisa! 8 Nós lhe trouxemos de volta,
da terra de Canaã, a prata que encontramos na boca de nossa
bagagem. Como roubaríamos prata ou ouro da casa do seu
senhor? 9 Se algum dos seus servos for encontrado com ela,
morrerá; e nós, os demais, seremos escravos do meu senhor".
10 E disse ele: "Concordo. Somente quem for encontrado com
ela será meu escravo; os demais estarão livres".
11 Cada um deles descarregou depressa a sua bagagem e
abriu-a. 12 O administrador começou então a busca, desde a
bagagem do mais velho até a do mais novo. E a taça foi encon-
trada na bagagem de Benjamim. 13 Diante disso, eles rasgaram
as suas vestes. Em seguida, todos puseram a carga de novo em
seus jumentos e retornaram à cidade.
14 Quando Judá e seus irmãos chegaram à casa de José, ele
ainda estava lá. Então eles se lançaram ao chão perante ele.
15 E José lhes perguntou: "Que foi que vocês fizeram? Vocês não
sabem que um homem como eu tem poder para adivinhar?"
16 Respondeu Judá: "O que diremos a meu senhor? Que po-
demos falar? Como podemos provar nossa inocência? Deus
trouxe à luz a culpa dos teus servos. Agora somos escravos
do meu senhor, como também aquele que foi encontrado com
a taça".
17 Disse, porém, José: "Longe de mim fazer tal coisa! Somente
aquele que foi encontrado com a taça será meu escravo. Os
demais podem voltar em paz para a casa do seu pai".
18 Então Judá dirigiu-se a ele, dizendo: "Por favor, meu se-
nhor, permite-me dizer-te uma palavra. Não se acenda a tua
ira contra o teu servo, embora sejas igual ao próprio faraó.
19 Meu senhor perguntou a estes seus servos se ainda tínhamos
pai e algum outro irmão. 20 E nós respondemos: Temos um pai
já idoso, cujo filho caçula nasceu-lhe em sua velhice. O irmão
deste já morreu, e ele é o único filho da mesma mãe que
restou, e seu pai o ama muito.
21 "Então disseste a teus servos que o trouxessem a ti para que
os teus olhos pudessem vê-lo. 22 E nós respondemos a meu
senhor que o jovem não poderia deixar seu pai, pois, caso o
fizesse, seu pai morreria. 23 Todavia disseste a teus servos que,
se o nosso irmão caçula não viesse conosco, nunca mais ve-
ríamos a tua face. 24 Quando voltamos a teu servo, a meu pai,
contamos-lhe o que o meu senhor tinha dito.
25 "Quando o nosso pai nos mandou voltar para comprar um
pouco mais de comida, 26 nós lhe dissemos: 'Só poderemos
voltar para lá, se o nosso irmão caçula for conosco. Pois não
poderemos ver a face daquele homem, a não ser que o nosso
irmão caçula esteja conosco'.
27 "Teu servo, meu pai, nos disse então: 'Vocês sabem que
minha mulher me deu apenas dois filhos. 28 Um deles se foi, e
eu disse: Com certeza foi despedaçado. E, até hoje, nunca mais
o vi. 29 Se agora vocês também levarem este de mim, e algum
mal lhe acontecer, a tristeza que me causarão fará com que os
meus cabelos brancos desçam à sepultura[a]'.
30 "Agora, pois, se eu voltar a teu servo, a meu pai, sem levar
o jovem conosco, logo que meu pai, que é tão apegado a ele,
31 perceber que o jovem não está conosco, morrerá. Teus servos
farão seu velho pai descer seus cabelos brancos à sepultura
com tristeza.
32 "Além disso, teu servo garantiu a segurança do jovem a seu
pai, dizendo-lhe: 'Se eu não o trouxer de volta, suportarei essa
culpa diante de ti pelo resto da minha vida!'
33 "Por isso agora te peço, por favor, deixa o teu servo ficar
como escravo do meu senhor no lugar do jovem e permite que
ele volte com os seus irmãos. 34 Como poderei eu voltar a meu
pai sem levar o jovem comigo? Não! Não posso ver o mal que
sobreviria a meu pai".

45 José Revela a Verdade

A essa altura, José já não podia mais conter-se diante
de todos os que ali estavam, e gritou: "Façam sair a todos!"
Assim, ninguém mais estava presente quando José se revelou
a seus irmãos. 2 E ele se pôs a chorar tão alto que os egípcios o
ouviram, e a notícia chegou ao palácio do faraó.
3 Então disse José a seus irmãos: "Eu sou José! Meu pai ainda
está vivo?" Mas os seus irmãos ficaram tão pasmados diante
dele que não conseguiam responder-lhe.
4 "Cheguem mais perto", disse José a seus irmãos. Quando eles
se aproximaram, disse-lhes: "Eu sou José, seu irmão, aquele
que vocês venderam ao Egito! 5 Agora, não se aflijam nem se
recriminem por terem me vendido para cá, pois foi para salvar
vidas que Deus me enviou adiante de vocês. 6 Já houve dois
anos de fome na terra, e nos próximos cinco anos não haverá
cultivo nem colheita. 7 Mas Deus me enviou à frente de vocês
para lhes preservar um remanescente nesta terra e para sal-
var-lhes a vida com grande livramento[b].
8 "Assim, não foram vocês que me mandaram para cá, mas
sim o próprio Deus. Ele me tornou ministro[c] do faraó, e me fez
administrador de todo o palácio e governador de todo o Egito.
9 Voltem depressa a meu pai e digam-lhe: Assim diz o seu filho
José: 'Deus me fez senhor de todo o Egito. Vem para cá, não

---

a 44.29 Hebraico: *Sheol*; também no versículo 31. Essa palavra também pode ser traduzida por *profundezas*, *pó* ou *morte*.
b 45.7 Ou *salvá-los como a um grande grupo de sobreviventes*
c 45.8 Hebraico: *pai*.

te demores. 10 Tu viverás na região de Gósen e ficarás perto de
mim — tu, os teus filhos, os teus netos, as tuas ovelhas, os teus
bois e todos os teus bens. 11 Eu te sustentarei ali, porque ainda
haverá cinco anos de fome. Do contrário, tu, a tua família e
todos os teus rebanhos acabarão na miséria'.
12 "Vocês estão vendo com os seus próprios olhos, e meu irmão
Benjamim também, que realmente sou eu que estou falando
com vocês. 13 Contem a meu pai quanta honra me prestam no
Egito e tudo o que vocês mesmos testemunharam. E tragam
meu pai para cá depressa".
14 Então ele se lançou chorando sobre o seu irmão Benjamim
e o abraçou, e Benjamim também o abraçou, chorando. 15 Em
seguida, beijou todos os seus irmãos e chorou com eles. E só
depois os seus irmãos conseguiram conversar com ele.
16 Quando se ouviu no palácio do faraó que os irmãos de José
haviam chegado, o faraó e todos os seus conselheiros se ale-
graram. 17 Disse então o faraó a José: "Diga a seus irmãos que
ponham as cargas nos seus animais, voltem para a terra de
Canaã 18 e retornem para cá, trazendo seu pai e suas famílias.
Eu lhes darei o melhor da terra do Egito e vocês poderão des-
frutar a fartura desta terra.
19 "Mande-os também levar carruagens do Egito para tra-
zerem as suas mulheres, os seus filhos e seu pai. 20 Não se
preocupem com os seus bens, pois o melhor de todo o Egito
será de vocês".
21 Assim fizeram os filhos de Israel. José lhes providenciou car-
ruagens, como o faraó tinha ordenado, e também mantimentos
para a viagem. 22 A cada um deu uma muda de roupa nova,
mas a Benjamim deu trezentas peças de prata e cinco mudas
de roupa nova. 23 E a seu pai enviou dez jumentos carregados
com o melhor do que havia no Egito e dez jumentas carre-
gadas de trigo, pão e outras provisões para a viagem. 24 Depois
despediu-se dos seus irmãos e, ao partirem, disse-lhes: "Não
briguem pelo caminho!"
25 Assim partiram do Egito e voltaram a seu pai Jacó, na terra
de Canaã, 26 e lhe deram a notícia: "José ainda está vivo! Na
verdade ele é o governador de todo o Egito". O coração de
Jacó quase parou! Não podia acreditar neles. 27 Mas, quando
lhe relataram tudo o que José lhes dissera, e, vendo Jacó, seu
pai, as carruagens que José enviara para buscá-lo, seu espírito
reviveu. 28 E Israel disse: "Basta! Meu filho José ainda está vivo.
Irei vê-lo antes que eu morra".

46 Jacó Emigra para o Egito

Israel partiu com tudo o que lhe pertencia. Ao chegar
a Berseba[a], ofereceu sacrifícios ao Deus de Isaque, seu pai.
2 E Deus falou a Israel por meio de uma visão noturna: "Jacó!
Jacó!" "Eis-me aqui", respondeu ele.
3 "Eu sou Deus, o Deus de seu pai", disse ele. "Não tenha medo
de descer ao Egito, porque lá farei de você uma grande nação.
4 Eu mesmo descerei ao Egito com você e certamente o trarei
de volta. E a mão de José fechará os seus olhos."
5 Então Jacó partiu de Berseba. Os filhos de Israel levaram seu
pai, Jacó, seus filhos e as suas mulheres nas carruagens que
o faraó tinha enviado. 6 Também levaram os seus rebanhos e
os bens que tinham adquirido em Canaã. Assim Jacó foi para
o Egito com toda a sua descendência. 7 Levou consigo para o
Egito seus filhos, seus netos, suas filhas e suas netas, isto é,
todos os seus descendentes.
8 Estes são os nomes dos israelitas, Jacó e seus descendentes,
que foram para o Egito: Rúben, o filho mais velho de Jacó.
9 Estes foram os filhos de Rúben: Enoque, Palu, Hezrom e
Carmi.
10 Estes foram os filhos de Simeão: Jemuel, Jamim, Oade, Ja-
quim, Zoar e Saul, filho de uma cananeia.
11 Estes foram os filhos de Levi: Gérson, Coate e Merari.
12 Estes foram os filhos de Judá: Er, Onã, Selá, Perez e Zerá. Er
e Onã morreram na terra de Canaã. Estes foram os filhos de
Perez: Hezrom e Hamul.
13 Estes foram os filhos de Issacar: Tolá, Puá[b], Jasube[c] e Sinrom.
14 Estes foram os filhos de Zebulom: Serede, Elom e Jaleel.
15 Foram esses os filhos que Lia deu a Jacó em Padã-Arã[d], além
de Diná, sua filha. Seus descendentes eram ao todo trinta e
três.
16 Estes foram os filhos de Gade: Zefom[e], Hagi, Suni, Esbom,
Eri, Arodi e Areli.
17 Estes foram os filhos de Aser: Imna, Isvá, Isvi e Berias, e a
irmã deles, Sera. Estes foram os filhos de Berias: Héber e Mal-
quiel.
18 Foram esses os dezesseis descendentes que Zilpa, serva que
Labão tinha dado à sua filha Lia, deu a Jacó.
19 Estes foram os filhos de Raquel, mulher de Jacó: José e
Benjamim.
20 Azenate, filha de Potífera, sacerdote de Om[f], deu dois filhos
a José no Egito: Manassés e Efraim.
21 Estes foram os filhos de Benjamim: Belá, Bequer, Asbel, Gera,
Naamã, Eí, Rôs, Mupim, Hupim e Arde.
22 Foram esses os catorze descendentes que Raquel deu a Jacó.
23 O filho de Dã foi Husim.
24 Estes foram os filhos de Naftali: Jazeel, Guni, Jezer e Silém.
25 Foram esses os sete descendentes que Bila, serva que Labão
tinha dado à sua filha Raquel, deu a Jacó.
26 Todos os que foram para o Egito com Jacó, todos os seus
descendentes, sem contar as mulheres de seus filhos, totali-
zaram sessenta e seis pessoas. 27 Com mais os dois filhos[g] que
nasceram a José no Egito, os membros da família de Jacó que
foram para o Egito chegaram a setenta[h].
28 Ora, Jacó enviou Judá à sua frente a José, para saber como ir a
Gósen. Quando lá chegaram, 29 José, de carruagem pronta, partiu
para Gósen para encontrar-se com seu pai, Israel. Assim que o
viu, correu para abraçá-lo e, abraçado a ele, chorou longamente.

[a] **46.1** *Berseba* pode significar *poço dos sete* ou *poço do juramento*; também no versículo 5.

[b] **46.13** Alguns manuscritos dizem *Puva*. Veja 1Cr 7.1.

[c] **46.13** Alguns manuscritos dizem *Jó*. Veja Nm 26.24 e 1Cr 7.1.

[d] **46.15** Provavelmente na região noroeste da Mesopotâmia; também em 48.7.

[e] **46.16** Alguns manuscritos dizem *Zifiom*. Veja Nm 26.15.

[f] **46.20** Isto é, Heliópolis.

[g] **46.27** A Septuaginta diz *novo filhos*.

[h] **46.27** A Septuaginta diz *setenta e cinco*. Veja Êx 1.5 e At 7.14.

30 Israel disse a José: "Agora já posso morrer, pois vi o seu rosto
e sei que você ainda está vivo".
31 Então José disse aos seus irmãos e a toda a família de seu
pai: "Vou partir e informar ao faraó que os meus irmãos e toda
a família de meu pai, que viviam em Canaã, vieram para cá.
32 Direi que os homens são pastores, cuidam de rebanhos, e
trouxeram consigo suas ovelhas, seus bois e tudo quanto lhes
pertence. 33 Quando o faraó mandar chamá-los e perguntar:
'Em que vocês trabalham?', 34 respondam-lhe assim: 'Teus
servos criam rebanhos desde pequenos, como o fizeram
nossos antepassados'. Assim lhes será permitido habitar na
região de Gósen, pois todos os pastores são desprezados pelos
egípcios".

Jacó se Estabelece no Egito

47 José foi dar as notícias ao faraó: "Meu pai e meus irmãos
chegaram de Canaã com suas ovelhas, seus bois e tudo o que
lhes pertence, e estão agora em Gósen". 2 Depois escolheu
cinco de seus irmãos e os apresentou ao faraó.
3 Perguntou-lhes o faraó: "Em que vocês trabalham?" Eles lhe
responderam: "Teus servos são pastores, como os nossos an-
tepassados". 4 Disseram-lhe ainda: "Viemos morar aqui por uns
tempos, porque a fome é rigorosa em Canaã, e os rebanhos de
teus servos não têm pastagem. Agora, por favor, permite que
teus servos se estabeleçam em Gósen".
5 Então o faraó disse a José: "Seu pai e seus irmãos vieram
a você, 6 e a terra do Egito está a sua disposição; faça com
que seu pai e seus irmãos habitem na melhor parte da terra.
Deixe-os morar em Gósen. E, se você vê que alguns deles são
competentes, ponha-os como responsáveis por meu rebanho".
7 Então José levou seu pai Jacó ao faraó e o apresentou a
ele. Depois Jacó abençoou[a] o faraó, 8 e este lhe perguntou:
"Quantos anos o senhor tem?"
9 Jacó respondeu ao faraó: "São cento e trinta os anos da
minha peregrinação. Foram poucos e difíceis e não chegam
aos anos da peregrinação dos meus antepassados". 10 Então,
Jacó abençoou[b] o faraó e retirou-se.
11 José instalou seu pai e seus irmãos e deu-lhes propriedade
na melhor parte das terras do Egito, na região de Ramessés,
conforme a ordem do faraó. 12 Providenciou também sustento
para seu pai, para seus irmãos e para toda a sua família, de
acordo com o número de filhos de cada um.

Os Anos de Fome

13 Não havia mantimento em toda a região, pois a fome era
rigorosa; tanto o Egito como Canaã desfaleciam por causa da
fome. 14 José recolheu toda a prata que circulava no Egito e em
Canaã, dada como pagamento do trigo que o povo comprava,
e levou-a ao palácio do faraó. 15 Quando toda a prata do Egito
e de Canaã se esgotou, todos os egípcios foram suplicar a José:
"Dá-nos comida! Não nos deixes morrer só porque a nossa
prata acabou".
16 E José lhes disse: "Tragam então os seus rebanhos, e em
troca lhes darei trigo, uma vez que a prata de vocês acabou".
17 E trouxeram a José os rebanhos, e ele deu-lhes trigo em troca
de cavalos, ovelhas, bois e jumentos. Durante aquele ano in-
teiro ele os sustentou em troca de todos os seus rebanhos.
18 O ano passou, e no ano seguinte voltaram a José, dizendo:
"Não temos como esconder de ti, meu senhor, que uma vez
que a nossa prata acabou e os nossos rebanhos lhe pertencem,
nada mais nos resta para oferecer, a não ser os nossos próprios
corpos e as nossas terras. 19 Não deixes que morramos e que
as nossas terras pereçam diante dos teus olhos! Compra-nos,
e compra as nossas terras, em troca de trigo, e nós, com as
nossas terras, seremos escravos do faraó. Dá-nos sementes
para que sobrevivamos e não morramos de fome, a fim de que
a terra não fique desolada".
20 Assim, José comprou todas as terras do Egito para o faraó.
Todos os egípcios tiveram que vender os seus campos, pois
a fome os obrigou a isso. A terra tornou-se propriedade do
faraó. 21 Quanto ao povo, José o reduziu à servidão[c], de uma
à outra extremidade do Egito. 22 Somente as terras dos sacer-
dotes não foram compradas, porque, por lei, esses recebiam
sustento regular do faraó, e disso viviam. Por isso não tiveram
que vender as suas terras.
23 Então José disse ao povo: "Ouçam! Hoje comprei vocês e
suas terras para o faraó; aqui estão as sementes para que
cultivem a terra. 24 Mas vocês darão a quinta parte das suas
colheitas ao faraó. Os outros quatro quintos ficarão para vocês
como sementes para os campos e como alimento para vocês,
seus filhos e os que vivem em suas casas".
25 Eles disseram: "Meu senhor, tu nos salvaste a vida. Visto que
nos favoreceste, seremos escravos do faraó".
26 Assim, quanto à terra, José estabeleceu o seguinte decreto
no Egito, que permanece até hoje: um quinto da produção
pertence ao faraó. Somente as terras dos sacerdotes não se
tornaram propriedade do faraó.

O Último Desejo de Jacó

27 Os israelitas se estabeleceram no Egito, na região de Gósen.
Lá adquiriram propriedades, foram prolíferos e multiplica-
ram-se muito.
28 Jacó viveu dezessete anos no Egito, e os anos da sua vida
chegaram a cento e quarenta e sete. 29 Aproximando-se a
hora da sua morte, Israel chamou seu filho José e lhe disse:
"Se quer agradar-me, ponha a mão debaixo da minha coxa e
prometa que será bondoso e fiel comigo: Não me sepulte no
Egito. 30 Quando eu descansar com meus pais, leve-me daqui
do Egito e sepulte-me junto a eles". José respondeu: "Farei
como o senhor me pede".
31 Mas Jacó insistiu: "Jure-me". E José lhe jurou, e Israel cur-
vou-se apoiado em seu bordão[d].

[a] **47.7** Ou *saudou*
[b] **47.10** Ou *despediu-se do*
[c] **47.21** Conforme o Pentateuco Samaritano e a Septuaginta. O Texto Massorético diz *mudou-o para as cidades*.
[d] **47.31** Conforme a Septuaginta. O Texto Massorético diz *curvou-se à cabeceira de sua cama*.

48 Jacó Abençoa Manassés e Efraim

Algum tempo depois, disseram a José: "Seu pai está
doente"; e ele foi vê-lo, levando consigo seus dois filhos, Ma-
nassés e Efraim. 2 E anunciaram a Jacó: "Seu filho José veio
vê-lo". Israel reuniu suas forças e assentou-se na cama.
3 Então disse Jacó a José: "O Deus todo-poderoso apareceu-me
em Luz, na terra de Canaã, e ali me abençoou, 4 dizendo: 'Eu o
farei prolífero e o multiplicarei. Farei de você uma comunidade
de povos e darei esta terra por propriedade perpétua aos seus
descendentes'.
5 "Agora, pois, os seus dois filhos que lhe nasceram no Egito,
antes da minha vinda para cá, serão reconhecidos como meus;
Efraim e Manassés serão meus, como são meus Rúben e Si-
meão. 6 Os filhos que lhe nascerem depois deles serão seus;
serão convocados sob o nome dos seus irmãos para receberem
sua herança. 7 Quando eu voltava de Padã, para minha tristeza
Raquel morreu em Canaã, quando ainda estávamos a caminho,
a pouca distância de Efrata. Eu a sepultei ali, ao lado do ca-
minho para Efrata, que é Belém".
8 Quando Israel viu os filhos de José, perguntou: "Quem são
estes?"
9 Respondeu José a seu pai: "São os filhos que Deus me deu
aqui". Então Israel disse: "Traga-os aqui para que eu os
abençoe".
10 Os olhos de Israel já estavam enfraquecidos por causa da
idade avançada, e ele mal podia enxergar. Por isso José levou
seus filhos para perto dele, e seu pai os beijou e os abraçou.
11 E Israel disse a José: "Nunca pensei que veria a sua face
novamente, e agora Deus me concede ver também os seus
filhos!"
12 Em seguida, José os tirou do colo de Israel e curvou-se com
o rosto em terra. 13 E José tomou os dois, Efraim à sua direita,
perto da mão esquerda de Israel, e Manassés à sua esquerda,
perto da mão direita de Israel, e os aproximou dele. 14 Israel,
porém, estendeu a mão direita e a pôs sobre a cabeça de
Efraim, embora este fosse o mais novo e, cruzando os braços,
pôs a mão esquerda sobre a cabeça de Manassés, embora
Manassés fosse o filho mais velho.
15 E abençoou a José, dizendo: "Que o Deus, a quem serviram
meus pais Abraão e Isaque, o Deus que tem sido o meu pastor
em toda a minha vida até o dia de hoje, 16 o Anjo que me re-
dimiu de todo o mal, abençoe estes meninos. Sejam eles cha-
mados pelo meu nome e pelos nomes de meus pais Abraão e
Isaque, e cresçam muito na terra".
17 Quando José viu seu pai colocar a mão direita sobre a cabeça
de Efraim, não gostou; por isso pegou a mão do pai, a fim
de mudá-la da cabeça de Efraim para a de Manassés, 18 e lhe
disse: "Não, meu pai, este aqui é o mais velho; ponha a mão
direita sobre a cabeça dele".
19 Mas seu pai recusou-se e respondeu: "Eu sei, meu filho, eu
sei. Ele também se tornará um povo, também será grande.
Apesar disso, seu irmão mais novo será maior do que ele, e
seus descendentes se tornarão muitos[a] povos". 20 Assim, Jacó
os abençoou naquele dia, dizendo: "O povo de Israel usará os
seus nomes para abençoar uns aos outros com esta expressão:
Que Deus faça a você como fez a Efraim e a Manassés!" E co-
locou Efraim à frente de Manassés.
21 A seguir, Israel disse a José: "Estou para morrer, mas Deus
estará com vocês e os levará de volta à terra de seus ante-
passados. 22 E a você, como alguém que está acima de seus
irmãos, dou a região montanhosa[b] que tomei dos amorreus
com a minha espada e com o meu arco".

49 Jacó Abençoa seus Filhos

Então Jacó chamou seus filhos e disse: "Ajuntem-se a
meu lado para que eu lhes diga o que lhes acontecerá nos
dias que virão.
2 "Reúnam-se para ouvir, filhos de Jacó; ouçam o que diz Is-
rael, seu pai.
3 "Rúben, você é meu primogênito, minha força, o primeiro
sinal do meu vigor, superior em honra, superior em poder.
4 Turbulento como as águas, já não será superior, porque você
subiu à cama de seu pai, ao meu leito, e o desonrou. 5 Simeão e
Levi são irmãos; suas espadas são armas de violência. 6 Que eu
não entre no conselho deles, nem participe da sua assembleia,
porque em sua ira mataram homens e a seu bel-prazer alei-
jaram bois, cortando-lhes o tendão. 7 Maldita seja a sua ira, tão
tremenda, e a sua fúria, tão cruel! Eu os dividirei pelas terras de
Jacó e os dispersarei em Israel. 8 Judá, seus irmãos o louvarão,
sua mão estará sobre o pescoço dos seus inimigos; os filhos
de seu pai se curvarão diante de você. 9 Judá é um leão novo.
Você vem subindo, filho meu, depois de matar a presa. Como
um leão, ele se assenta; e deita-se como uma leoa; quem tem
coragem de acordá-lo? 10 O cetro não se apartará de Judá, nem
o bastão de comando de seus descendentes[c], até que venha
aquele a quem ele pertence[d], e a ele as nações obedecerão.
11 Ele amarrará seu jumento a uma videira; e o seu jumentinho,
ao ramo mais seleto; lavará no vinho as suas roupas; no sangue
das uvas, as suas vestimentas. 12 Seus olhos serão mais escuros
que o vinho; seus dentes, mais brancos que o leite[e]. 13 Zebulom
morará à beira-mar e se tornará um porto para os navios; suas
fronteiras se estenderão até Sidom. 14 Issacar é um jumento
forte, deitado entre as suas cargas[f]. 15 Quando ele perceber
como é bom seu lugar de repouso e como é aprazível a sua
terra, curvará seus ombros ao fardo e se submeterá a tra-
balhos forçados. 16 Dã defenderá o direito do seu povo como
qualquer das tribos de Israel. 17 Dã será uma serpente à beira
da estrada, uma víbora à margem do caminho, que morde o
calcanhar do cavalo e faz cair de costas o seu cavaleiro. 18 Ó
SENHOR, eu espero a tua libertação! 19 Gade será atacado por
um bando, mas é ele que o atacará e o perseguirá[g]. 20 A mesa
de Aser será farta; ele oferecerá manjares de rei. 21 Naftali é

[a] 48.19 Hebraico: *uma plenitude de povos.*

[b] 48.22 Ou *E a você dou uma porção a mais do que a seus irmãos, a porção que tomei*

[c] 49.10 Hebraico: *de entre seus pés.*

[d] 49.10 Ou *até que Siló venha*; ou ainda *até que venha aquele a quem pertence o tributo*

[e] 49.12 Ou *ficarão vermelhos por causa do vinho, seus dentes branqueados pelo leite*

[f] 49.14 Ou *os seus currais*; ou ainda *as suas fogueiras*

[g] 49.19 Hebraico: *atacará nos calcanhares.*

uma gazela solta, que por isso faz festa[a]. 22 José é uma árvore
frutífera, árvore frutífera à beira de uma fonte, cujos galhos
passam por cima do muro.[b] 23 Com rancor arqueiros o atacaram,
atirando-lhe flechas com hostilidade. 24 Mas o seu arco perma-
neceu firme; os seus braços continuaram fortes, ágeis para
atirar, pela mão do Poderoso de Jacó, pelo nome do Pastor,
a Rocha de Israel, 25 pelo Deus de seu pai, que ajuda você, o
Todo-poderoso[c], que o abençoa com bênçãos dos altos céus,
bênçãos das profundezas, bênçãos da fertilidade e da fartura[d].
26 As bênçãos de seu pai são superiores às bênçãos dos montes
antigos, às delícias das colinas eternas[e]. Que todas essas bên-
çãos repousem sobre a cabeça de José, sobre a fronte daquele
que foi separado de entre[f] os seus irmãos. 27 Benjamim é um
lobo predador; pela manhã devora a presa e à tarde divide o
despojo".

28 São esses os que formaram as doze tribos de Israel, e foi isso que seu pai lhes disse, ao abençoá-los, dando a cada um a bênção que lhe pertencia.

A Morte de Jacó

29 A seguir, Jacó deu-lhes estas instruções: "Estou para ser re-
unido aos meus antepassados. Sepultem-me junto aos meus
pais na caverna do campo de Efrom, o hitita, 30 na caverna do
campo de Macpela, perto de Manre, em Canaã, campo que
Abraão comprou de Efrom, o hitita, como propriedade para
sepultura. 31 Ali foram sepultados Abraão e Sara, sua mulher, e
Isaque e Rebeca, sua mulher; ali também sepultei Lia.

32 "Tanto o campo como a caverna que nele está foram comprados dos hititas".

33 Ao acabar de dar essas instruções a seus filhos, Jacó deitou-se[g], expirou e foi reunido aos seus antepassados.

50 José atirou-se sobre seu pai, chorou sobre ele e o beijou.
2 Em seguida, deu ordens aos médicos, que estavam ao
seu serviço, que embalsamassem seu pai Israel. E eles o em-
balsamaram. 3 Levaram quarenta dias completos, pois esse era
o tempo para o embalsamamento. E os egípcios choraram sua
morte setenta dias.

4 Passados os dias de luto, José disse à corte do faraó: "Se
posso contar com a bondade de vocês, falem com o faraó
em meu favor. Digam-lhe que 5 meu pai fez-me prestar-lhe o
seguinte juramento: 'Estou à beira da morte; sepulte-me no
túmulo que preparei para mim na terra de Canaã'. Agora, pois,
peçam-lhe que me permita partir e sepultar meu pai; logo de-
pois voltarei".

6 Respondeu o faraó: "Vá e faça o sepultamento de seu pai como este o fez jurar".

7 Então José partiu para sepultar seu pai. Com ele foram todos
os conselheiros do faraó, as autoridades da sua corte e todas
as autoridades do Egito, 8 e, além deles, todos os da família de
José, os seus irmãos e todos os da casa de seu pai. Somente
as crianças, as ovelhas e os bois foram deixados em Gósen.
9 Carruagens e cavaleiros[h] também o acompanharam. A comi-
tiva era imensa.

10 Chegando à eira de Atade, perto do Jordão, lamentaram-se
em alta voz, com grande amargura; e ali José guardou sete
dias de pranto pela morte do seu pai. 11 Quando os cananeus
que lá habitavam viram aquele pranto na eira de Atade, dis-
seram: "Os egípcios estão celebrando uma cerimônia de luto
solene". Por essa razão, aquele lugar, próximo ao Jordão, foi
chamado Abel-Mizraim.

12 Assim fizeram os filhos de Jacó o que este lhes havia or-
denado: 13 Levaram-no à terra de Canaã e o sepultaram na
caverna do campo de Macpela, perto de Manre, que, com o
campo, Abraão tinha comprado de Efrom, o hitita, para que lhe
servisse de propriedade para sepultura. 14 Depois de sepultar
seu pai, José voltou ao Egito, com os seus irmãos e com todos
os demais que o tinham acompanhado.

A Bondade de José

15 Vendo os irmãos de José que seu pai havia morrido, dis-
seram: "E se José tiver rancor contra nós e resolver retribuir
todo o mal que lhe causamos?" 16 Então mandaram um recado
a José, dizendo: "Antes de morrer, teu pai nos ordenou 17 que
te disséssemos o seguinte: 'Peço-lhe que perdoe os erros e
pecados de seus irmãos que o trataram com tanta maldade!'
Agora, pois, perdoa os pecados dos servos do Deus do teu pai".
Quando recebeu o recado, José chorou.

18 Depois vieram seus irmãos, prostraram-se diante dele e disseram: "Aqui estamos. Somos teus escravos!"

19 José, porém, lhes disse: "Não tenham medo. Estaria eu no
lugar de Deus? 20 Vocês planejaram o mal contra mim, mas
Deus o tornou em bem, para que hoje fosse preservada a vida
de muitos. 21 Por isso, não tenham medo. Eu sustentarei vocês e
seus filhos". E assim os tranquilizou e lhes falou amavelmente.

A Morte de José

22 José permaneceu no Egito, com toda a família de seu pai.
Viveu cento e dez anos 23 e viu a terceira geração dos filhos de
Efraim. Além disso, recebeu como seus[i] os filhos de Maquir,
filho de Manassés.

24 Antes de morrer José disse a seus irmãos: "Estou à beira da
morte. Mas Deus certamente virá em auxílio de vocês e os tirará
desta terra, levando-os para a terra que prometeu com jura-
mento a Abraão, a Isaque e a Jacó". 25 E José fez que os filhos
de Israel lhe prestassem um juramento, dizendo-lhes: "Quando
Deus intervier em favor de vocês, levem os meus ossos daqui".

26 Morreu José com a idade de cento e dez anos. E, depois de embalsamado, foi colocado num sarcófago no Egito.

---

a 49.21 Ou *solta, que pronuncia lindas palavras*
b 49.22 Ou *José é um potro selvagem, um potro selvagem à beira de uma fonte, um asno selvagem numa colina aterrada.*
c 49.25 O Pentateuco Samaritano, a Septuaginta, a Versão Siríaca e alguns manuscritos do Texto Massorético dizem *Deus todo-poderoso.*
d 49.25 Hebraico: *dos seios e do ventre.*
e 49.26 Ou *superiores às bênçãos dos meus antepassados, até os limites das colinas eternas*
f 49.26 Ou *a fronte do príncipe entre*
g 49.33 Hebraico: *recolheu seus pés na cama.*
h 50.9 Ou *condutores de carruagem*
i 50.23 Hebraico: *nasceram sobre os joelhos de José.*

ÊXODO

1 A Opressão no Egito

São estes, pois, os nomes dos filhos de Israel que entraram
com Jacó no Egito, cada um com a sua respectiva família:
2 Rúben, Simeão, Levi e Judá; 3 Issacar, Zebulom e Benjamim;
4 Dã, Naftali, Gade e Aser. 5 Ao todo, os descendentes de Jacó
eram setenta[a]; José, porém, já estava no Egito.
6 Ora, morreram José, todos os seus irmãos e toda aquela
geração. 7 Os israelitas, porém, eram férteis, proliferaram,
tornaram-se numerosos e fortaleceram-se muito, tanto que
encheram o país.
8 Então subiu ao trono do Egito um novo rei, que nada sabia
sobre José. 9 Disse ele ao seu povo: "Vejam! O povo israelita é
agora numeroso e mais forte que nós. 10 Temos que agir com
astúcia, para que não se tornem ainda mais numerosos e, no
caso de guerra, aliem-se aos nossos inimigos, lutem contra
nós e fujam do país".
11 Estabeleceram, pois, sobre eles chefes de trabalhos forçados,
para os oprimir com tarefas pesadas. E assim os israelitas cons-
truíram para o faraó as cidades-celeiros de Pitom e Ramessés.
12 Todavia, quanto mais eram oprimidos, mais numerosos se
tornavam e mais se espalhavam. Por isso os egípcios passaram
a temer os israelitas 13 e os sujeitaram a cruel escravidão. 14 Tor-
naram-lhes a vida amarga, impondo-lhes a árdua tarefa de pre-
parar o barro e fazer tijolos, e executar todo tipo de trabalho
agrícola; em tudo os egípcios os sujeitavam a cruel escravidão.
15 O rei do Egito ordenou às parteiras dos hebreus, que se cha-
mavam Sifrá e Puá: 16 "Quando vocês ajudarem as hebreias a
dar à luz, verifiquem se é menino[b]. Se for, matem-no; se for
menina, deixem-na viver". 17 Todavia, as parteiras temeram a
Deus e não obedeceram às ordens do rei do Egito; deixaram
viver os meninos. 18 Então o rei do Egito convocou as parteiras e
lhes perguntou: "Por que vocês fizeram isso? Por que deixaram
viver os meninos?"
19 Responderam as parteiras ao faraó: "As mulheres hebreias
não são como as egípcias. São cheias de vigor e dão à luz antes
de chegarem as parteiras".
20 Deus foi bondoso com as parteiras; e o povo ia se tornando
ainda mais numeroso, cada vez mais forte. 21 Visto que as par-
teiras temeram a Deus, ele concedeu-lhes que tivessem suas
próprias famílias.
22 Por isso o faraó ordenou a todo o seu povo: "Lancem ao Nilo
todo menino recém-nascido[c], mas deixem viver as meninas".

2 O Nascimento de Moisés

Um homem da tribo de Levi casou-se com uma mulher da
mesma tribo, 2 e ela engravidou e deu à luz um filho. Vendo
que era bonito, ela o escondeu por três meses. 3 Quando já
não podia mais escondê-lo, pegou um cesto feito de junco e
o vedou com piche e betume. Colocou nele o menino e deixou
o cesto entre os juncos, à margem do Nilo. 4 A irmã do menino
ficou observando de longe para ver o que lhe aconteceria.
5 A filha do faraó descera ao Nilo para tomar banho. Enquanto
isso, as suas servas andavam pela margem do rio. Nisso viu
o cesto entre os juncos e mandou sua criada apanhá-lo. 6 Ao
abri-lo, viu um bebê chorando. Ficou com pena dele e disse:
"Este menino é dos hebreus".
7 Então a irmã do menino aproximou-se e perguntou à filha
do faraó: "A senhora quer que eu vá chamar uma mulher dos
hebreus para amamentar e criar o menino?"
8 "Quero", respondeu ela. E a moça foi chamar a mãe do me-
nino. 9 Então a filha do faraó disse à mulher: "Leve este menino
e amamente-o para mim, e eu pagarei você por isso". A mulher
levou o menino e o amamentou. 10 Tendo o menino crescido,
ela o levou à filha do faraó, que o adotou e lhe deu o nome de
Moisés, dizendo: "Porque eu o tirei das águas".

Moisés Mata um Egípcio e Foge para Midiã

11 Certo dia, sendo Moisés já adulto, foi ao lugar onde estavam
os seus irmãos hebreus e descobriu como era pesado o tra-
balho que realizavam. Viu também um egípcio espancar um
dos hebreus. 12 Correu o olhar por todos os lados e, não vendo
ninguém, matou o egípcio e o escondeu na areia.
13 No dia seguinte saiu e viu dois hebreus brigando. Então per-
guntou ao agressor: "Por que você está espancando o seu com-
panheiro?" 14 O homem respondeu: "Quem o nomeou líder e
juiz sobre nós? Quer matar-me como matou o egípcio?" Moisés
teve medo e pensou: "Com certeza tudo já foi descoberto!"
15 Quando o faraó soube disso, procurou matar Moisés, mas
este fugiu e foi morar na terra de Midiã. Ali assentou-se à beira
de um poço. 16 Ora, o sacerdote de Midiã tinha sete filhas. Elas
foram buscar água para encher os bebedouros e dar de beber
ao rebanho de seu pai. 17 Alguns pastores se aproximaram e
começaram a expulsá-las dali; Moisés, porém, veio em auxílio
delas e deu água ao rebanho.
18 Quando as moças voltaram a seu pai Reuel[d], este lhes per-
guntou: "Por que voltaram tão cedo hoje?"
19 Elas responderam: "Um egípcio defendeu-nos dos pastores e
ainda tirou água do poço para nós e deu de beber ao rebanho".
20 "Onde está ele?", perguntou o pai a elas. "Por que o dei-
xaram lá? Convidem-no para comer conosco."
21 Moisés aceitou e concordou também em morar na casa da-
quele homem; este lhe deu por mulher sua filha Zípora. 22 Ela
deu à luz um menino, a quem Moisés deu o nome de Gérson,
dizendo: "Sou imigrante em terra estrangeira".

---

[a] **1.5** Os manuscritos do mar Morto e a Septuaginta dizem setenta e cinco. Veja Gn 46.27 e At 7.14.

[b] **1.16** Hebraico: *as duas pedras*. Possível eufemismo para os órgãos genitais ou ainda uma referência a um assento onde as mulheres davam à luz.

[c] **1.22** O Pentateuco Samaritano, a Septuaginta e os Targuns dizem recém-nascido hebreu.

[d] **2.18** Também chamado Jetro. Veja 3.1.

23 Muito tempo depois, morreu o rei do Egito. Os israelitas
gemiam e clamavam debaixo da escravidão; e o seu clamor
subiu até Deus. 24 Ouviu Deus o lamento deles e lembrou-se
da aliança que fizera com Abraão, Isaque e Jacó. 25 Deus olhou
para os israelitas e viu a situação deles.

3 Moisés e a Sarça em Chamas

Moisés pastoreava o rebanho de seu sogro, Jetro, que era
sacerdote de Midiã. Um dia levou o rebanho para o outro lado
do deserto e chegou a Horebe, o monte de Deus. 2 Ali o Anjo
do SENHOR lhe apareceu numa chama de fogo que saía do
meio de uma sarça. Moisés viu que, embora a sarça estivesse
em chamas, não era consumida pelo fogo. 3 "Que impressio-
nante!", pensou. "Por que a sarça não se queima? Vou ver
isso de perto."
4 O SENHOR viu que ele se aproximava para observar. E então,
do meio da sarça Deus o chamou: "Moisés, Moisés!" "Eis-me
aqui", respondeu ele.
5 Então disse Deus: "Não se aproxime. Tire as sandálias dos
pés, pois o lugar em que você está é terra santa". 6 Disse ainda:
"Eu sou o Deus de seu pai, o Deus de Abraão, o Deus de Isaque,
o Deus de Jacó". Então Moisés cobriu o rosto, pois teve medo
de olhar para Deus.
7 Disse o SENHOR: "De fato tenho visto a opressão sobre o meu
povo no Egito, tenho escutado o seu clamor, por causa dos
seus feitores, e sei quanto eles estão sofrendo. 8 Por isso desci
para livrá-los das mãos dos egípcios e tirá-los daqui para uma
terra boa e vasta, onde há leite e mel com fartura: a terra dos
cananeus, dos hititas, dos amorreus, dos ferezeus, dos heveus
e dos jebuseus. 9 Pois agora o clamor dos israelitas chegou a
mim, e tenho visto como os egípcios os oprimem. 10 Vá, pois,
agora; eu o envio ao faraó para tirar do Egito o meu povo, os
israelitas". 11 Moisés, porém, respondeu a Deus: "Quem sou
eu para apresentar-me ao faraó e tirar os israelitas do Egito?"
12 Deus afirmou: "Eu estarei com você. Esta é a prova de que
sou eu quem o envia: quando você tirar o povo do Egito, vocês
prestarão culto a Deus neste monte".
13 Moisés perguntou: "Quando eu chegar diante dos israelitas e
lhes disser: O Deus dos seus antepassados me enviou a vocês,
e eles me perguntarem: 'Qual é o nome dele?' Que lhes direi?"
14 Disse Deus a Moisés: "Eu Sou o que Sou. É isto que você dirá
aos israelitas: Eu Sou me enviou a vocês".
15 Disse também Deus a Moisés: "Diga aos israelitas: O SENHOR[a],
o Deus dos seus antepassados, o Deus de Abraão, o Deus de
Isaque, o Deus de Jacó, enviou-me a vocês. Esse é o meu nome
para sempre, nome pelo qual serei lembrado de geração em
geração.
16 "Vá, reúna as autoridades de Israel e diga-lhes: O SENHOR, o
Deus dos seus antepassados, o Deus de Abraão, de Isaque e
de Jacó, apareceu a mim e disse: Eu virei em auxílio de vocês;
pois vi o que tem sido feito a vocês no Egito. 17 Prometi tirá-los
da opressão do Egito para a terra dos cananeus, dos hititas,
dos amorreus, dos ferezeus, dos heveus e dos jebuseus, terra
onde há leite e mel com fartura.
18 "As autoridades de Israel o atenderão. Depois você irá com
elas ao rei do Egito e lhe dirá: O SENHOR, o Deus dos hebreus,
veio ao nosso encontro. Agora, deixe-nos fazer uma caminhada
de três dias, adentrando o deserto, para oferecermos sacrifí-
cios ao SENHOR, o nosso Deus. 19 Eu sei que o rei do Egito não
os deixará sair, a não ser que uma poderosa mão o force. 20 Por
isso estenderei a minha mão e ferirei os egípcios com todas
as maravilhas que realizarei no meio deles. Depois disso ele
os deixará sair.
21 "E farei que os egípcios tenham boa vontade para com o
povo, de modo que, quando vocês saírem, não sairão de mãos
vazias. 22 Todas as israelitas pedirão às suas vizinhas, e às mu-
lheres que estiverem hospedando em casa, objetos de prata e
de ouro, e roupas, que vocês porão em seus filhos e em suas
filhas. Assim vocês despojarão os egípcios".

4 Os Sinais Concedidos a Moisés

Moisés respondeu: "E se eles não acreditarem em mim
nem quiserem me ouvir e disserem: 'O SENHOR não apareceu
a você'?"
2 Então o SENHOR lhe perguntou: "Que é isso em sua mão?"
"Uma vara", respondeu ele.
3 Disse o SENHOR: "Jogue-a ao chão". Moisés jogou-a, e ela se
transformou numa serpente. Moisés fugiu dela, 4 mas o SENHOR
lhe disse: "Estenda a mão e pegue-a pela cauda". Moisés es-
tendeu a mão, pegou a serpente e esta se transformou numa
vara em sua mão. 5 E disse o SENHOR: "Isso é para que eles
acreditem que o Deus dos seus antepassados, o Deus de
Abraão, o Deus de Isaque, o Deus de Jacó, apareceu a você".
6 Disse-lhe mais o SENHOR: "Coloque a mão no peito". Moisés
obedeceu e, quando a retirou, ela estava leprosa[b]; parecia
neve.
7 Ordenou-lhe depois: "Agora, coloque de novo a mão no
peito". Moisés tornou a pôr a mão no peito e, quando a tirou,
ela estava novamente como o restante da sua pele.
8 Prosseguiu o SENHOR: "Se eles não acreditarem em você nem
derem atenção ao primeiro sinal milagroso, acreditarão no se-
gundo. 9 E, se ainda assim não acreditarem nesses dois sinais
nem lhe derem ouvidos, tire um pouco de água do Nilo e der-
rame-a em terra seca. Quando você derramar essa água em
terra seca, ela se transformará em sangue".
10 Disse, porém, Moisés ao SENHOR: "Ó Senhor! Nunca tive faci-
lidade para falar, nem no passado nem agora que falaste a teu
servo. Não consigo falar bem!"
11 Disse-lhe o SENHOR: "Quem deu boca ao homem? Quem o
fez surdo ou mudo? Quem lhe concede vista ou o torna cego?
Não sou eu, o SENHOR? 12 Agora, pois, vá; eu estarei com você,
ensinando-lhe o que dizer".
13 Respondeu-lhe, porém, Moisés: "Ah, Senhor! Peço-te que
envies outra pessoa".
14 Então o SENHOR se irou com Moisés e lhe disse: "Você não tem
o seu irmão, Arão, o levita? Eu sei que ele fala bem. Ele já está
vindo ao seu encontro e se alegrará ao vê-lo. 15 Você falará com

a 3.15 Hebraico: *YHWH*. O termo assemelha-se à expressão *Eu sou* em hebraico.

b 4.6 O termo hebraico não se refere somente à lepra, mas também a diversas doenças da pele.

ele e dirá o que ele deve dizer; eu estarei com vocês quando
falarem e direi a vocês o que fazer. 16 Assim como Deus fala ao
profeta, você falará a seu irmão, e ele será o seu porta-voz
diante do povo. 17 E leve na mão esta vara; com ela você fará
os sinais milagrosos”.

A Volta de Moisés ao Egito

18 Depois Moisés voltou a Jetro, seu sogro, e lhe disse: “Preciso
voltar ao Egito para ver se meus parentes ainda vivem”. Jetro
lhe respondeu: “Vá em paz!”

19 Ora, o SENHOR tinha dito a Moisés, em Midiã: “Volte ao Egito,
pois já morreram todos os que procuravam matá-lo”. 20 Então
Moisés levou sua mulher e seus filhos montados num jumento e
partiu de volta ao Egito. Levava na mão a vara de Deus.

21 Disse mais o SENHOR a Moisés: “Quando você voltar ao Egito,
tenha o cuidado de fazer diante do faraó todas as maravilhas
que concedi a você o poder de realizar. Mas eu vou endurecer o
coração dele, para não deixar o povo ir. 22 Depois diga ao faraó
que assim diz o SENHOR: Israel é o meu primeiro filho, 23 e eu já
disse a você que deixe o meu filho ir para prestar-me culto. Mas
você não quis deixá-lo ir; por isso matarei o seu primeiro filho!”

24 Numa hospedaria ao longo do caminho, o SENHOR foi ao en-
contro de Moisés[a] e procurou matá-lo. 25 Mas Zípora pegou uma
pedra afiada, cortou o prepúcio de seu filho e tocou os pés de
Moisés[b]. E disse: “Você é para mim um marido de sangue!”
26 Ela disse “marido de sangue”, referindo-se à circuncisão.
Nessa ocasião o SENHOR o deixou.

27 Então o SENHOR disse a Arão: “Vá ao deserto encontrar-se
com Moisés”. Ele foi, encontrou-se com Moisés no monte de
Deus e o saudou com um beijo. 28 Moisés contou a Arão tudo
o que o SENHOR lhe tinha mandado dizer e prosseguiu falando
de todos os sinais milagrosos que o SENHOR lhe havia ordenado
realizar.

29 Assim Moisés e Arão foram e reuniram todas as autoridades
dos israelitas, 30 e Arão lhes contou tudo o que o SENHOR dis-
sera a Moisés. Em seguida, Moisés também realizou os sinais
diante do povo, 31 e eles creram. Quando o povo soube que o
SENHOR decidira vir em seu auxílio, tendo visto a sua opressão,
curvou-se em adoração.

5

O Faraó Aumenta a Opressão

Depois disso Moisés e Arão foram falar com o faraó e dis-
seram: “Assim diz o SENHOR, o Deus de Israel: ‘Deixe o meu
povo ir para celebrar-me uma festa no deserto’ ”.

2 O faraó respondeu: “Quem é o SENHOR, para que eu lhe obe-
deça e deixe Israel sair? Não conheço o SENHOR e não deixarei
Israel sair”.

3 Eles insistiram: “O Deus dos hebreus veio ao nosso encontro.
Agora, permite-nos caminhar três dias no deserto, para ofe-
recer sacrifícios ao SENHOR, o nosso Deus; caso contrário, ele
nos atingirá com pragas ou com a espada”.

4 Mas o rei do Egito respondeu: “Moisés e Arão, por que vocês
estão fazendo o povo interromper suas tarefas? Voltem ao tra-
balho!” 5 E acrescentou: “Essa gente já é tão numerosa, e vocês
ainda os fazem parar de trabalhar!”

6 No mesmo dia o faraó deu a seguinte ordem aos feitores e
capatazes responsáveis pelo povo: 7 “Não forneçam mais palha
ao povo para fazer tijolos, como faziam antes. Eles que tratem
de ajuntar palha! 8 Mas exijam que continuem a fazer a mesma
quantidade de tijolos; não reduzam a cota. São preguiçosos, e
por isso estão clamando: ‘Iremos oferecer sacrifícios ao nosso
Deus’. 9 Aumentem a carga de trabalho dessa gente para que
cumpram suas tarefas e não deem atenção a mentiras”.

10 Os feitores e os capatazes foram dizer ao povo: “Assim diz
o faraó: ‘Já não darei palha a vocês. 11 Saiam e recolham-na
onde puderem achá-la, pois o trabalho de vocês em nada será
reduzido’ ”. 12 O povo, então, espalhou-se por todo o Egito, a
fim de ajuntar restolho em lugar da palha. 13 Enquanto isso,
os feitores os pressionavam, dizendo: “Completem a mesma
tarefa diária que foi exigida de vocês quando tinham palha”.

14 Os capatazes israelitas indicados pelos feitores do faraó eram
espancados e interrogados: “Por que não completaram ontem
e hoje a mesma cota de tijolos dos dias anteriores?”

15 Então os capatazes israelitas foram apelar para o faraó: “Por
que tratas os teus servos dessa maneira? 16 Nós, teus servos,
não recebemos palha, e, contudo, nos dizem: ‘Façam tijolos!’
Os teus servos têm sido espancados, mas a culpa é do teu
próprio povo[c]”.

17 Respondeu o faraó: “Preguiçosos é o que vocês são! Pre-
guiçosos! Por isso andam dizendo: ‘Iremos oferecer sacrifícios
ao SENHOR’. 18 Agora, voltem ao trabalho. Vocês não receberão
palha alguma! Continuem a produzir a cota integral de tijolos!”

19 Os capatazes israelitas se viram em dificuldade quando lhes
disseram que não poderiam reduzir a quantidade de tijolos
exigida a cada dia. 20 Ao saírem da presença do faraó, encon-
traram-se com Moisés e Arão, que estavam à espera deles,
21 e lhes disseram: “O SENHOR os examine e os julgue! Vocês
atraíram o ódio[d] do faraó e dos seus conselheiros sobre nós,
e lhes puseram nas mãos uma espada para que nos matem”.

Deus Anuncia Libertação

22 Moisés voltou-se para o SENHOR e perguntou: “Senhor,
por que maltrataste este povo? Afinal, por que me enviaste?
23 Desde que me dirigi ao faraó para falar em teu nome, ele
tem maltratado este povo, e tu de modo algum libertaste o
teu povo!”

6

Então o SENHOR disse a Moisés: “Agora você verá o que farei
ao faraó: Por minha mão poderosa, ele os deixará ir; por
minha mão poderosa, ele os expulsará do seu país”.

2 Disse Deus ainda a Moisés: “Eu sou o SENHOR. 3 Apareci a
Abraão, a Isaque e a Jacó como o Deus todo-poderoso[e], mas

[a] 4.21 Ou *do filho de Moisés*

[b] 4.25 Hebraico: *pés dele*. Possível eufemismo para os órgãos genitais.

[c] 5.16 Ou *a culpa é tua*; ou ainda *tu estás pecando contra o teu próprio povo*

[d] 5.21 Hebraico: *transformaram nos em mau cheiro para o*.

[e] 6.3 Hebraico: *El-Shaddai*.

pelo meu nome, o SENHOR[a], não me revelei a eles[b]. 4 Depois
estabeleci com eles a minha aliança para dar-lhes a terra de
Canaã, terra onde viveram como estrangeiros. 5 E agora ouvi o
lamento dos israelitas, a quem os egípcios mantêm escravos,
e lembrei-me da minha aliança.
6 "Por isso, diga aos israelitas: Eu sou o SENHOR. Eu os livrarei
do trabalho imposto pelos egípcios. Eu os libertarei da escra-
vidão e os resgatarei com braço forte e com poderosos atos
de juízo. 7 Eu os farei meu povo e serei o Deus de vocês. Então
vocês saberão que eu sou o SENHOR, o seu Deus, que os livra
do trabalho imposto pelos egípcios. 8 E os farei entrar na terra
que, com mão levantada, jurei que daria a Abraão, a Isaque e a
Jacó. Eu a darei a vocês como propriedade. Eu sou o SENHOR".
9 Moisés declarou isso aos israelitas, mas eles não lhe deram
ouvidos, por causa da angústia e da cruel escravidão que so-
friam.
10 Então o SENHOR ordenou a Moisés: 11 "Vá dizer ao faraó, rei do
Egito, que deixe os israelitas saírem do país".
12 Moisés, porém, disse na presença do SENHOR: "Se os israe-
litas não me dão ouvidos, como me ouvirá o faraó? Ainda mais
que não tenho facilidade para falar[c]!"
13 Mas o SENHOR ordenou a Moisés e a Arão que dissessem aos
israelitas e ao faraó, rei do Egito, que tinham ordem para tirar
do Egito os israelitas.

A Genealogia de Moisés e Arão

14 Estes foram os chefes das famílias israelitas: Os filhos de
Rúben, filho mais velho de Israel, foram: Enoque, Palu, He-
zrom e Carmi. Esses foram os clãs de Rúben.
15 Os filhos de Simeão foram: Jemuel, Jamim, Oade, Jaquim,
Zoar e Saul, filho de uma cananeia. Esses foram os clãs de
Simeão.
16 Estes são os nomes dos filhos de Levi, por ordem de nas-
cimento: Gérson, Coate e Merari. Levi viveu cento e trinta e
sete anos.
17 Os filhos de Gérson, conforme seus clãs, foram Libni e Simei.
18 Os filhos de Coate foram Anrão, Isar, Hebrom e Uziel. Coate
viveu cento e trinta e três anos.
19 Os filhos de Merari foram Mali e Musi. Esses foram os clãs de
Levi, por ordem de nascimento.
20 Anrão tomou por mulher sua tia Joquebede, que lhe deu à luz
Arão e Moisés. Anrão viveu cento e trinta e sete anos.
21 Os filhos de Isar foram Corá, Nefegue e Zicri.
22 Os filhos de Uziel foram Misael, Elzafã e Sitri.
23 Arão tomou por mulher a Eliseba, filha de Aminadabe, irmã
de Naassom, e ela lhe deu à luz Nadabe, Abiú, Eleazar e Itamar.
24 Os filhos de Corá foram Assir, Elcana e Abiasafe. Esses foram
os clãs dos coraítas.
25 Eleazar, filho de Arão, tomou por mulher uma das filhas de
Futiel, e ela lhe deu à luz Fineias. Esses foram os chefes das
famílias dos levitas, conforme seus clãs.
26 Foi a este Arão e a este Moisés que o SENHOR disse: "Tirem
os israelitas do Egito, organizados segundo as suas divisões".
27 Foram eles, Moisés e Arão, que falaram ao faraó, rei do Egito,
a fim de tirarem os israelitas do Egito.

Arão: O Porta-voz de Moisés

28 Ora, quando o SENHOR falou com Moisés no Egito, 29 disse-lhe:
"Eu sou o SENHOR. Diga ao faraó, rei do Egito, tudo o que eu
disser a você".
30 Moisés, porém, perguntou ao SENHOR: "Como o faraó me
dará ouvidos, se não tenho facilidade para falar?"

7 O SENHOR lhe respondeu: "Dou a você a minha autoridade[d]
perante o faraó, e seu irmão, Arão, será seu porta-voz. 2 Você
falará tudo o que eu ordenar, e o seu irmão, Arão, dirá ao faraó
que deixe os israelitas sair do país. 3 Eu, porém, farei o coração
do faraó resistir; e, embora multiplique meus sinais e maravi-
lhas no Egito, 4 ele não os ouvirá. Então porei a minha mão
sobre o Egito, e com poderosos atos de juízo tirarei do Egito
os meus exércitos, o meu povo, os israelitas. 5 E os egípcios
saberão que eu sou o SENHOR, quando eu estender a minha
mão contra o Egito e tirar de lá os israelitas".
6 Moisés e Arão fizeram como o SENHOR lhes havia ordenado.
7 Moisés tinha oitenta anos de idade e Arão oitenta e três,
quando falaram com o faraó.

A Vara de Arão Transforma-se em Serpente

8 Disse o SENHOR a Moisés e a Arão: 9 "Quando o faraó pedir
que façam algum milagre, diga a Arão que tome a sua vara e
jogue-a diante do faraó; e ela se transformará numa serpente".
10 Moisés e Arão dirigiram-se ao faraó e fizeram como o SENHOR
tinha ordenado. Arão jogou a vara diante do faraó e seus con-
selheiros, e ela se transformou em serpente. 11 O faraó, porém,
mandou chamar os sábios e feiticeiros; e também os magos
do Egito fizeram a mesma coisa por meio das suas ciências
ocultas. 12 Cada um deles jogou ao chão uma vara, e estas se
transformaram em serpentes. Mas a vara de Arão engoliu as
varas deles. 13 Contudo, o coração do faraó se endureceu, e
ele não quis dar ouvidos a Moisés e a Arão, como o SENHOR
tinha dito.

A Primeira Praga: Sangue

14 Disse o SENHOR a Moisés: "O coração do faraó está obstinado;
ele não quer deixar o povo ir. 15 Vá ao faraó de manhã, quando
ele estiver indo às águas. Espere-o na margem do rio para
encontrá-lo e leve também a vara que se transformou em ser-
pente. 16 Diga-lhe: O SENHOR, o Deus dos hebreus, mandou-me
dizer: Deixe ir o meu povo, para prestar-me culto no deserto.
Mas até agora você não me atendeu. 17 Assim diz o SENHOR:
Nisto você saberá que eu sou o SENHOR: com a vara que trago
na mão ferirei as águas do Nilo, e elas se transformarão em
sangue. 18 Os peixes do Nilo morrerão, o rio ficará cheirando
mal, e os egípcios não suportarão beber das suas águas".

---

[a] **6.3** Hebraico: *YHWH*. O termo assemelha-se à expressão *Eu sou* em hebraico.
[b] **6.3** Ou *não fui conhecido por eles*
[c] **6.12** Hebraico: *Eu sou incircunciso de lábios*; também no versículo 30.

[d] **7.1** Hebraico: *Eu o coloco por Deus.*

19 Disse o SENHOR a Moisés: “Diga a Arão que tome a sua vara e
estenda a mão sobre as águas do Egito, dos rios, dos canais,
dos açudes e de todos os reservatórios, e elas se transformarão
em sangue. Haverá sangue por toda a terra do Egito, até nas
vasilhas de madeira e nas vasilhas de pedra”.
20 Moisés e Arão fizeram como o SENHOR tinha ordenado. Arão
levantou a vara e feriu as águas do Nilo na presença do faraó e
dos seus conselheiros; e toda a água do rio transformou-se em
sangue. 21 Os peixes morreram, e o rio cheirava tão mal que os
egípcios não conseguiam beber das suas águas. Havia sangue
por toda a terra do Egito.
22 Mas os magos do Egito fizeram a mesma coisa por meio de
suas ciências ocultas. O coração do faraó se endureceu, e ele
não deu ouvidos a Moisés e a Arão, como o SENHOR tinha dito.
23 Ao contrário, deu-lhes as costas e voltou para o seu palácio.
Nem assim o faraó levou isso a sério. 24 Todos os egípcios ca-
varam buracos às margens do Nilo para encontrar água po-
tável, pois da água do rio não podiam mais beber.
25 Passaram-se sete dias depois que o SENHOR feriu o Nilo.

A Segunda Praga: Rãs

8 O SENHOR falou a Moisés: “Vá ao faraó e diga-lhe que assim
diz o SENHOR: Deixe o meu povo ir para que me preste culto.
2 Se você não quiser deixá-lo ir, mandarei sobre todo o seu
território uma praga de rãs. 3 O Nilo ficará infestado de rãs. Elas
subirão e entrarão em seu palácio, em seu quarto, e até em
sua cama; estarão também nas casas dos seus conselheiros e
do seu povo, dentro dos seus fornos e nas suas amassadeiras.
4 As rãs subirão em você, em seus conselheiros e em seu povo”.
5 Depois o SENHOR disse a Moisés: “Diga a Arão que estenda
a mão com a vara sobre os rios, sobre os canais e sobre os
açudes, e faça subir deles rãs sobre a terra do Egito”.
6 Assim Arão estendeu a mão sobre as águas do Egito, e as rãs
subiram e cobriram a terra do Egito. 7 Mas os magos fizeram a
mesma coisa por meio das suas ciências ocultas: fizeram subir
rãs sobre a terra do Egito.
8 O faraó mandou chamar Moisés e Arão e disse: “Orem ao SE-
NHOR para que ele tire estas rãs de mim e do meu povo; então
deixarei o povo ir e oferecer sacrifícios ao SENHOR”.
9 Moisés disse ao faraó: “Tua é a honra de dizer-me quando
devo orar por ti, por teus conselheiros e por teu povo, para
que tu e tuas casas fiquem livres das rãs e sobrem apenas as
que estão no rio”.
10 “Amanhã”, disse o faraó. Moisés respondeu: “Será como tu
dizes, para que saibas que não há ninguém como o SENHOR, o
nosso Deus. 11 As rãs deixarão a ti, a tuas casas, a teus conse-
lheiros e a teu povo; sobrarão apenas as que estão no rio”.
12 Depois que Moisés e Arão saíram da presença do faraó,
Moisés clamou ao SENHOR por causa das rãs que enviara sobre o
faraó. 13 E o SENHOR atendeu o pedido de Moisés; morreram as
rãs que estavam nas casas, nos pátios e nos campos. 14 Foram
ajuntadas em montões e, por isso, a terra cheirou mal. 15 Mas,
quando o faraó percebeu que houve alívio, obstinou-se em seu
coração e não deu mais ouvidos a Moisés e a Arão, conforme
o SENHOR tinha dito.

A Terceira Praga: Piolhos

16 Então o SENHOR disse a Moisés: “Diga a Arão que estenda a
sua vara e fira o pó da terra, e o pó se transformará em piolhos[a]
por toda a terra do Egito”. 17 Assim fizeram e, quando Arão es-
tendeu a mão e com a vara feriu o pó da terra, surgiram piolhos
nos homens e nos animais. Todo o pó de toda a terra do Egito
transformou-se em piolhos. 18 Mas, quando os magos tentaram
fazer surgir piolhos por meio das suas ciências ocultas, não
conseguiram. E os piolhos infestavam os homens e os animais.
19 Os magos disseram ao faraó: “Isso é o dedo de Deus”. Mas
o coração do faraó permaneceu endurecido, e ele não quis
ouvi-los, conforme o SENHOR tinha dito.

A Quarta Praga: Moscas

20 Depois o SENHOR disse a Moisés: “Levante-se bem cedo e
apresente-se ao faraó, quando ele estiver indo às águas. Di-
ga-lhe que assim diz o SENHOR: Deixe o meu povo ir para que
me preste culto. 21 Se você não deixar meu povo ir, enviarei
enxames de moscas para atacar você, os seus conselheiros, o
seu povo e as suas casas. As casas dos egípcios e o chão em
que pisam se encherão de moscas.
22 “Mas naquele dia tratarei de maneira diferente a terra de
Gósen, onde habita o meu povo; nenhum enxame de moscas se
achará ali, para que você saiba que eu, o SENHOR, estou nessa
terra. 23 Farei distinção[b] entre o meu povo e o seu. Este sinal
milagroso acontecerá amanhã”.
24 E assim fez o SENHOR. Grandes enxames de moscas invadiram
o palácio do faraó e as casas de seus conselheiros, e em todo o
Egito a terra foi arruinada pelas moscas.
25 Então o faraó mandou chamar Moisés e Arão e disse: “Vão
oferecer sacrifícios ao seu Deus, mas não saiam do país”.
26 “Isso não seria sensato”, respondeu Moisés; “os sacrifícios
que oferecemos ao SENHOR, o nosso Deus, são um sacrilégio
para os egípcios. Se oferecermos sacrifícios que lhes pareçam
sacrilégio, isso não os levará a nos apedrejar? 27 Faremos três
dias de viagem no deserto, e ofereceremos sacrifícios ao SE-
NHOR, o nosso Deus, como ele nos ordena.”
28 Disse o faraó: “Eu os deixarei ir e oferecer sacrifícios ao SE-
NHOR, o seu Deus, no deserto, mas não se afastem muito e
orem por mim também”.
29 Moisés respondeu: “Assim que sair da tua presença, orarei
ao SENHOR, e amanhã os enxames de moscas deixarão o faraó,
teus conselheiros e teu povo. Mas que o faraó não volte a agir
com falsidade, impedindo que o povo vá oferecer sacrifícios
ao SENHOR”.
30 Então Moisés saiu da presença do faraó e orou ao SENHOR, 31 e
o SENHOR atendeu o seu pedido: as moscas deixaram o faraó,
seus conselheiros e seu povo; não restou uma só mosca. 32 Mas
também dessa vez o faraó obstinou-se em seu coração e não
deixou que o povo saísse.

---

[a] 8.16 Ou *mosquitos*

[b] 8.23 Conforme a Septuaginta e a Vulgata. O Texto Massorético diz Porei uma libertação.

A Quinta Praga: Morte dos Rebanhos
9 Depois o SENHOR disse a Moisés: "Vá ao faraó e diga-lhe que
assim diz o SENHOR, o Deus dos hebreus: Deixe o meu povo ir
para que me preste culto. 2 Se você ainda não quiser deixá-lo
ir e continuar a impedi-lo, 3 saiba que a mão do SENHOR trará
uma praga terrível sobre os rebanhos do faraó que estão nos
campos: os cavalos, os jumentos, os camelos, os bois e as
ovelhas. 4 Mas o SENHOR fará distinção entre os rebanhos de
Israel e os do Egito. Nenhum animal dos israelitas morrerá".
5 O SENHOR estabeleceu um prazo: "Amanhã o SENHOR fará o que
prometeu nesta terra". 6 No dia seguinte o SENHOR o fez. Todos
os rebanhos dos egípcios morreram, mas nenhum rebanho dos
israelitas morreu. 7 O faraó mandou verificar e constatou que
nenhum animal dos israelitas havia morrido. Mesmo assim, seu
coração continuou obstinado e não deixou o povo ir.

A Sexta Praga: Feridas Purulentas
8 Disse mais o SENHOR a Moisés e a Arão: "Tirem um punhado de
cinza de uma fornalha, e Moisés a espalhará no ar, diante do
faraó. 9 Ela se tornará como um pó fino sobre toda a terra do
Egito, e feridas purulentas surgirão nos homens e nos animais
em todo o Egito".
10 Eles tiraram cinza duma fornalha e se puseram diante do
faraó. Moisés a espalhou pelo ar, e feridas purulentas come-
çaram a estourar nos homens e nos animais. 11 Nem os magos
podiam manter-se diante de Moisés, porque ficaram cobertos
de feridas, como os demais egípcios. 12 Mas o SENHOR endu-
receu o coração do faraó, e ele se recusou a atender Moisés e
Arão, conforme o SENHOR tinha dito a Moisés.

A Sétima Praga: Granizo
13 Disse o SENHOR a Moisés: "Levante-se logo cedo, apresen-
te-se ao faraó e diga-lhe que assim diz o SENHOR, o Deus dos
hebreus: Deixe o meu povo ir para que me preste culto. 14 Caso
contrário, mandarei desta vez todas as minhas pragas contra
você, contra os seus conselheiros e contra o seu povo, para
que você saiba que em toda a terra não há ninguém como eu.
15 Porque eu já poderia ter estendido a mão, ferindo você e o
seu povo com uma praga que teria eliminado você da terra.
16 Mas eu o mantive em pé exatamente com este propósito:
mostrar a você o meu poder e fazer que o meu nome seja
proclamado em toda a terra. 17 Contudo você ainda insiste em
colocar-se contra o meu povo e não o deixa ir. 18 Amanhã, a esta
hora, enviarei a pior tempestade de granizo que já caiu sobre
o Egito, desde o dia da sua fundação até hoje. 19 Agora, mande
recolher os seus rebanhos e tudo o que você tem nos campos.
Todos os homens e animais que estiverem nos campos, que
não tiverem sido abrigados, serão atingidos pelo granizo e
morrerão".
20 Os conselheiros do faraó que temiam a palavra do SENHOR
apressaram-se em recolher aos abrigos os seus rebanhos e os
seus escravos. 21 Mas os que não se importaram com a palavra
do SENHOR deixaram os seus escravos e os seus rebanhos no
campo.
22 Então o SENHOR disse a Moisés: "Estenda a mão para o céu,
e cairá granizo sobre toda a terra do Egito: sobre homens,
sobre animais e sobre toda a vegetação do Egito". 23 Quando
Moisés estendeu a vara para o céu, o SENHOR fez vir trovões e
granizo, e raios caíam sobre a terra. Assim o SENHOR fez chover
granizo sobre a terra do Egito. 24 Caiu granizo, e raios cortavam
o céu em todas as direções. Nunca houve uma tempestade de
granizo como aquela em todo o Egito, desde que este se tornou
uma nação. 25 Em todo o Egito o granizo atingiu tudo o que
havia nos campos, tanto homens como animais; destruiu toda
a vegetação, além de quebrar todas as árvores. 26 Somente na
terra de Gósen, onde estavam os israelitas, não caiu granizo.
27 Então o faraó mandou chamar Moisés e Arão e disse-lhes:
"Desta vez eu pequei. O SENHOR é justo; eu e o meu povo é
que somos culpados. 28 Orem ao SENHOR! Os trovões de Deus e
o granizo já são demais. Eu os deixarei ir; não precisam mais
ficar aqui".
29 Moisés respondeu: "Assim que eu tiver saído da cidade, er-
guerei as mãos em oração ao SENHOR. Os trovões cessarão e
não cairá mais granizo, para que saibas que a terra pertence ao
SENHOR. 30 Mas eu bem sei que tu e os teus conselheiros ainda
não sabem o que é tremer diante do SENHOR Deus!"
31 (O linho e a cevada foram destruídos, pois a cevada já havia
amadurecido e o linho estava em flor. 32 Todavia, o trigo e o
centeio nada sofreram, pois só amadurecem mais tarde.)
33 Assim Moisés deixou o faraó, saiu da cidade, e ergueu as
mãos ao SENHOR. Os trovões e o granizo cessaram, e a chuva
parou. 34 Quando o faraó viu que a chuva, o granizo e os tro-
vões haviam cessado, pecou novamente e obstinou-se em seu
coração, ele e os seus conselheiros. 35 O coração do faraó con-
tinuou endurecido, e ele não deixou que os israelitas saíssem,
como o SENHOR tinha dito por meio de Moisés.

A Oitava Praga: Gafanhotos
10 O SENHOR disse a Moisés: "Vá ao faraó, pois tornei obsti-
nado o coração dele e o de seus conselheiros, a fim de realizar
estes meus prodígios entre eles, 2 para que você possa contar
a seus filhos e netos como zombei dos egípcios e como realizei
meus milagres entre eles. Assim vocês saberão que eu sou o
SENHOR".
3 Dirigiram-se, pois, Moisés e Arão ao faraó e lhe disseram:
"Assim diz o SENHOR, o Deus dos hebreus: 'Até quando você
se recusará a humilhar-se perante mim? Deixe ir o meu povo,
para que me preste culto. 4 Se você não quiser deixá-lo ir, farei
vir gafanhotos sobre o seu território amanhã. 5 Eles cobrirão a
face[a] da terra até não se poder enxergar o solo. Devorarão o
pouco que ainda lhes restou da tempestade de granizo e todas
as árvores que estiverem brotando nos campos. 6 Encherão os
seus palácios e as casas de todos os seus conselheiros e de
todos os egípcios: algo que os seus pais e os seus antepas-
sados jamais viram, desde o dia em que se fixaram nesta terra
até o dia de hoje' ". A seguir Moisés virou as costas e saiu da
presença do faraó.

a 10.5 Hebraico: *olho*; também no versículo 15.

7 Os conselheiros do faraó lhe disseram: "Até quando este
homem será uma ameaça para nós? Deixa os homens irem
prestar culto ao SENHOR, o Deus deles. Não percebes que o
Egito está arruinado?"
8 Então Moisés e Arão foram trazidos de volta à presença do
faraó, que lhes disse: "Vão e prestem culto ao SENHOR, o seu
Deus. Mas, digam-me, quem irá?"
9 Moisés respondeu: "Temos que levar todos: os jovens e os
velhos, os nossos filhos e as nossas filhas, as nossas ovelhas e
os nossos bois, porque vamos celebrar uma festa ao SENHOR".
10 Disse-lhes o faraó: "Vocês vão mesmo precisar do SENHOR
quando eu deixá-los ir com as mulheres e crianças! É claro
que vocês estão com más intenções. 11 De forma alguma! Só
os homens podem ir prestar culto ao SENHOR, como vocês têm
pedido". E Moisés e Arão foram expulsos da presença do faraó.
12 Mas o SENHOR disse a Moisés: "Estenda a mão sobre o Egito
para que os gafanhotos venham sobre a terra e devorem toda
a vegetação, tudo o que foi deixado pelo granizo".
13 Moisés estendeu a vara sobre o Egito, e o SENHOR fez soprar
sobre a terra um vento oriental durante todo aquele dia e toda
aquela noite. Pela manhã, o vento havia trazido os gafanhotos,
14 os quais invadiram todo o Egito e desceram em grande nú-
mero sobre toda a sua extensão. Nunca antes houve tantos
gafanhotos, nem jamais haverá. 15 Eles cobriram toda a face
da terra de tal forma que ela escureceu. Devoraram tudo o que
o granizo tinha deixado: toda a vegetação e todos os frutos das
árvores. Não restou nada verde nas árvores nem nas plantas do
campo, em toda a terra do Egito.
16 O faraó mandou chamar Moisés e Arão imediatamente e dis-
se-lhes: "Pequei contra o SENHOR, o seu Deus, e contra vocês!
17 Agora perdoem ainda esta vez o meu pecado e orem ao SE-
NHOR, o seu Deus, para que leve esta praga mortal para longe
de mim".
18 Moisés saiu da presença do faraó e orou ao SENHOR. 19 E o
SENHOR fez soprar com muito mais força o vento ocidental, e
este envolveu os gafanhotos e os lançou no mar Vermelho.
Não restou um gafanhoto sequer em toda a extensão do Egito.
20 Mas o SENHOR endureceu o coração do faraó, e ele não
deixou que os israelitas saíssem.

A Nona Praga: Trevas

21 O SENHOR disse a Moisés: "Estenda a mão para o céu, e trevas
cobrirão o Egito, trevas tais que poderão ser apalpadas".
22 Moisés estendeu a mão para o céu, e por três dias houve
densas trevas em todo o Egito. 23 Ninguém pôde ver ninguém,
nem sair do seu lugar durante três dias. Todavia, todos os is-
raelitas tinham luz nos locais em que habitavam.
24 Então o faraó mandou chamar Moisés e disse: "Vão e
prestem culto ao SENHOR. Deixem somente as ovelhas e os
bois; as mulheres e as crianças podem ir".
25 Mas Moisés contestou: "Tu mesmo nos darás os animais para
os nossos sacrifícios e holocaustos[a] que ofereceremos ao SE-
NHOR. 26 Além disso, os nossos rebanhos também irão conosco;
nem um casco de animal será deixado. Temos que escolher
alguns deles para prestar culto ao SENHOR, o nosso Deus, e,
enquanto não chegarmos ao local, não saberemos quais ani-
mais sacrificaremos".
27 Mas o SENHOR endureceu o coração do faraó, e ele se recusou
a deixá-los ir. 28 Disse o faraó a Moisés: "Saia da minha pre-
sença! Trate de não aparecer nunca mais diante de mim! No
dia em que vir a minha face, você morrerá".
29 Respondeu Moisés: "Será como disseste; nunca mais verei
a tua face".

O Anúncio da Décima Praga

11 Disse então o SENHOR a Moisés: "Enviarei ainda mais uma
praga sobre o faraó e sobre o Egito. Somente depois desta
ele os deixará sair daqui e até os expulsará totalmente. 2 Diga
ao povo, tanto aos homens como às mulheres, que peça aos
seus vizinhos objetos de prata e de ouro". 3 O SENHOR tornou
os egípcios favoráveis ao povo, e o próprio Moisés era tido em
alta estima no Egito pelos conselheiros do faraó e pelo povo.
4 Disse, pois, Moisés ao faraó: "Assim diz o SENHOR: 'Por volta
da meia-noite, passarei por todo o Egito. 5 Todos os primogê-
nitos do Egito morrerão, desde o filho mais velho do faraó, her-
deiro do trono, até o filho mais velho da escrava que trabalha
no moinho, e também todas as primeiras crias do gado. 6 Ha-
verá grande pranto em todo o Egito, como nunca houve antes
nem jamais haverá. 7 Entre os israelitas, porém, nem sequer um
cão latirá contra homem ou animal'. Então vocês saberão que
o SENHOR faz distinção entre o Egito e Israel! 8 Todos esses seus
conselheiros virão a mim e se ajoelharão diante de mim, supli-
cando: 'Saiam você e todo o povo que o segue!' Só então eu
sairei". E, com grande ira, Moisés saiu da presença do faraó.
9 O SENHOR tinha dito a Moisés: "O faraó não dará ouvidos a
vocês, a fim de que os meus prodígios se multipliquem no
Egito". 10 Moisés e Arão realizaram todos esses prodígios diante
do faraó, mas o SENHOR lhe endureceu o coração, e ele não quis
deixar os israelitas saírem do país.

A Páscoa

12 O SENHOR disse a Moisés e a Arão, no Egito: 2 "Este deverá
ser o primeiro mês do ano para vocês. 3 Digam a toda a comu-
nidade de Israel que no décimo dia deste mês todo homem
deverá separar um cordeiro ou um cabrito, para a sua família,
um para cada casa. 4 Se uma família for pequena demais para
um animal inteiro, deve dividi-lo com seu vizinho mais próximo,
conforme o número de pessoas e conforme o que cada um
puder comer. 5 O animal escolhido será macho de um ano, sem
defeito, e pode ser cordeiro ou cabrito. 6 Guardem-no até o
décimo quarto dia do mês, quando toda a comunidade de Israel
irá sacrificá-lo, ao pôr do sol. 7 Passem, então, um pouco do
sangue nas laterais e nas vigas superiores das portas das casas
nas quais vocês comerão o animal. 8 Naquela mesma noite co-
merão a carne assada no fogo, com ervas amargas e pão sem
fermento. 9 Não comam a carne crua, nem cozida em água,
mas assada no fogo: cabeça, pernas e vísceras. 10 Não deixem

[a] 10.25 Isto é, sacrifícios totalmente queimados; também em 18.12.

sobrar nada até pela manhã; caso isso aconteça, queimem o
que restar. 11 Ao comerem, estejam prontos para sair: cinto no
lugar, sandálias nos pés e cajado na mão. Comam apressada-
mente. Esta é a Páscoa do SENHOR.
12 "Naquela mesma noite passarei pelo Egito e matarei todos
os primogênitos, tanto dos homens como dos animais, e exe-
cutarei juízo sobre todos os deuses do Egito. Eu sou o SENHOR!
13 O sangue será um sinal para indicar as casas em que vocês
estiverem; quando eu vir o sangue, passarei adiante. A praga
de destruição não os atingirá quando eu ferir o Egito.
14 "Este dia será um memorial que vocês e todos os seus des-
cendentes celebrarão como festa ao SENHOR. Celebrem-no
como decreto perpétuo. 15 Durante sete dias comam pão sem
fermento. No primeiro dia tirem de casa o fermento, porque
quem comer qualquer coisa fermentada, do primeiro ao sétimo
dia, será eliminado de Israel. 16 Convoquem uma reunião santa
no primeiro dia e outra no sétimo. Não façam nenhum trabalho
nesses dias, exceto o da preparação da comida para todos. É
só o que poderão fazer.
17 "Celebrem a festa dos pães sem fermento, porque foi nesse
mesmo dia que eu tirei os exércitos de vocês do Egito. Cele-
brem esse dia como decreto perpétuo por todas as suas gera-
ções. 18 No primeiro mês comam pão sem fermento, desde o
entardecer do décimo quarto dia até o entardecer do vigésimo
primeiro. 19 Durante sete dias vocês não deverão ter fermento
em casa. Quem comer qualquer coisa fermentada será elimi-
nado da comunidade de Israel, seja estrangeiro, seja natural
da terra. 20 Não comam nada fermentado. Onde quer que mo-
rarem, comam apenas pão sem fermento".

A Décima Praga: A Morte dos Primogênitos

21 Então Moisés convocou todas as autoridades de Israel e lhes
disse: "Escolham um cordeiro ou um cabrito para cada família.
Sacrifiquem-no para celebrar a Páscoa! 22 Molhem um feixe
de hissopo no sangue que estiver na bacia e passem o sangue
na viga superior e nas laterais das portas. Nenhum de vocês
poderá sair de casa até o amanhecer. 23 Quando o SENHOR
passar pela terra para matar os egípcios, verá o sangue na
viga superior e nas laterais da porta e passará sobre aquela
porta, e não permitirá que o destruidor entre na casa de vocês
para matá-los.
24 "Obedeçam a essas instruções como decreto perpétuo para
vocês e para os seus descendentes. 25 Quando entrarem na
terra que o SENHOR prometeu dar a vocês, celebrem essa ceri-
mônia. 26 Quando os seus filhos perguntarem: 'O que significa
esta cerimônia?', 27 respondam-lhes: É o sacrifício da Páscoa
ao SENHOR, que passou sobre as casas dos israelitas no Egito e
poupou nossas casas quando matou os egípcios". Então o povo
curvou-se em adoração. 28 Depois os israelitas se retiraram e
fizeram conforme o SENHOR tinha ordenado a Moisés e a Arão.
29 Então, à meia-noite, o SENHOR matou todos os primogênitos
do Egito, desde o filho mais velho do faraó, herdeiro do trono,
até o filho mais velho do prisioneiro que estava no calabouço,
e também todas as primeiras crias do gado. 30 No meio da noite
o faraó, todos os seus conselheiros e todos os egípcios se le-
vantaram. E houve grande pranto no Egito, pois não havia casa
que não tivesse um morto.

O Êxodo

31 Naquela mesma noite o faraó mandou chamar Moisés e Arão
e lhes disse: "Saiam imediatamente do meio do meu povo,
vocês e os israelitas! Vão prestar culto ao SENHOR, como vocês
pediram. 32 Levem os seus rebanhos, como tinham dito, e aben-
çoem a mim também".
33 Os egípcios pressionavam o povo para que se apressasse
em sair do país, dizendo: "Todos nós morreremos!" 34 Então o
povo tomou a massa de pão ainda sem fermento e a carregou
nos ombros, nas amassadeiras embrulhadas em suas roupas.
35 Os israelitas obedeceram à ordem de Moisés e pediram aos
egípcios objetos de prata e de ouro, bem como roupas. 36 O
SENHOR concedeu ao povo uma disposição favorável da parte
dos egípcios, de modo que lhes davam o que pediam; assim
eles despojaram os egípcios.
37 Os israelitas foram de Ramessés até Sucote. Havia cerca
de seiscentos mil homens a pé, além de mulheres e crianças.
38 Grande multidão de estrangeiros de todo tipo seguiu com
eles, além de grandes rebanhos, tanto de bois como de ove-
lhas e cabras. 39 Com a massa que haviam levado do Egito,
fizeram pães sem fermento. A massa não tinha fermentado,
pois eles foram expulsos do Egito e não tiveram tempo de pre-
parar comida.
40 Ora, o período que os israelitas viveram no Egito[a] foi de
quatrocentos e trinta anos. 41 No dia em que se completaram
os quatrocentos e trinta anos, todos os exércitos do SENHOR
saíram do Egito. 42 Assim como o SENHOR passou em vigília
aquela noite para tirar do Egito os israelitas, estes também
devem passar em vigília essa mesma noite, para honrar o SE-
NHOR, por todas as suas gerações.

As Leis sobre a Participação na Páscoa

43 Disse o SENHOR a Moisés e a Arão: "Estas são as leis da
Páscoa: Nenhum estrangeiro poderá comê-la. 44 O escravo
comprado poderá comer da Páscoa, depois de circuncidado,
45 mas o residente temporário e o trabalhador contratado dela
não comerão.
46 "Vocês a comerão numa só casa; não levem nenhum pedaço
de carne para fora da casa nem quebrem nenhum dos ossos.
47 Toda a comunidade de Israel terá que celebrar a Páscoa.
48 "Qualquer estrangeiro residente entre vocês que quiser ce-
lebrar a Páscoa do SENHOR terá que circuncidar todos os do
sexo masculino da sua família; então poderá participar como
o natural da terra. Nenhum incircunciso poderá participar. 49 A
mesma lei se aplicará ao natural da terra e ao estrangeiro re-
sidente".
50 Todos os israelitas fizeram como o SENHOR tinha ordenado a
Moisés e a Arão. 51 No mesmo dia o SENHOR tirou os israelitas
do Egito, organizados segundo as suas divisões.

---

a 12.40 O Pentateuco Samaritano e a Septuaginta dizem no Egito e em Canaã.

A Consagração dos Primogênitos

13 E disse o SENHOR a Moisés: 2 "Consagre a mim todos os pri-
mogênitos. O primeiro filho israelita me pertence, não somente
entre os homens, mas também entre os animais".
3 Então disse Moisés ao povo: "Comemorem esse dia em que
vocês saíram do Egito, da terra da escravidão, porque o SENHOR
os tirou dali com mão poderosa. Não comam nada fermentado.
4 Neste dia do mês de abibe[a] vocês estão saindo. 5 Quando o
SENHOR os fizer entrar na terra dos cananeus, dos hititas, dos
amorreus, dos heveus e dos jebuseus — terra que ele jurou aos
seus antepassados que daria a vocês, terra onde há leite e mel
com fartura — vocês deverão celebrar esta cerimônia neste
mesmo mês. 6 Durante sete dias comam pão sem fermento e,
no sétimo dia, façam uma festa dedicada ao SENHOR. 7 Comam
pão sem fermento durante os sete dias; não haja nada fermen-
tado entre vocês, nem fermento algum dentro do seu território.
8 "Nesse dia cada um dirá a seu filho: Assim faço pelo que o
SENHOR fez por mim quando saí do Egito. 9 Isto lhe será como
sinal em sua mão e memorial em sua testa, para que a lei do
SENHOR esteja em seus lábios, porque o SENHOR o tirou do Egito
com mão poderosa. 10 Cumpra esta determinação na época
certa, de ano em ano.
11 "Depois que o SENHOR os fizer entrar na terra dos cananeus
e entregá-la a vocês, como jurou a vocês e aos seus ante-
passados, 12 separem para o SENHOR o primeiro nascido de
todo ventre. Todos os primeiros machos dos seus rebanhos
pertencem ao SENHOR. 13 Resgatem com um cordeiro toda pri-
meira cria dos jumentos, mas, se não quiserem resgatá-la,
quebrem-lhe o pescoço. Resgatem também todo primogênito
entre os seus filhos.
14 "No futuro, quando os seus filhos perguntarem: 'Que signi-
fica isto?', digam-lhes: Com mão poderosa o SENHOR nos tirou
do Egito, da terra da escravidão. 15 Quando o faraó resistiu e
recusou deixar-nos sair, o SENHOR matou todos os primogênitos
do Egito, tanto os de homens como os de animais. Por isso
sacrificamos ao SENHOR os primeiros machos de todo ventre e
resgatamos os nossos primogênitos.
16 "Isto será como sinal em sua mão e símbolo em sua testa de
que o SENHOR nos tirou do Egito com mão poderosa".

A Partida dos Israelitas

17 Quando o faraó deixou sair o povo, Deus não o guiou pela
rota da terra dos filisteus, embora esse fosse o caminho mais
curto, pois disse: "Se eles se defrontarem com a guerra, talvez
se arrependam e voltem para o Egito". 18 Assim, Deus fez o povo
dar a volta pelo deserto, seguindo o caminho que leva ao mar
Vermelho. Os israelitas saíram do Egito preparados para lutar.
19 Moisés levou os ossos de José, porque José havia feito os
filhos de Israel prestarem um juramento, quando disse: "Deus
certamente virá em auxílio de vocês; levem então os meus
ossos daqui".
20 Os israelitas partiram de Sucote e acamparam em Etã, junto
ao deserto. 21 Durante o dia o SENHOR ia adiante deles, numa
coluna de nuvem, para guiá-los no caminho, e de noite, numa
coluna de fogo, para iluminá-los, e assim podiam caminhar de
dia e de noite. 22 A coluna de nuvem não se afastava do povo
de dia; nem a coluna de fogo, de noite.

A Perseguição dos Egípcios

14 Disse o SENHOR a Moisés: 2 "Diga aos israelitas que mudem
o rumo e acampem perto de Pi-Hairote, entre Migdol e o mar.
Acampem à beira-mar, defronte de Baal-Zefom. 3 O faraó pen-
sará que os israelitas estão vagando confusos, cercados pelo
deserto. 4 Então endurecerei o coração do faraó, e ele os perse-
guirá. Todavia, eu serei glorificado por meio do faraó e de todo
o seu exército; e os egípcios saberão que eu sou o SENHOR". E
assim fizeram os israelitas.
5 Contaram ao rei do Egito que o povo havia fugido. Então o
faraó e os seus conselheiros mudaram de ideia e disseram: "O
que foi que fizemos? Deixamos os israelitas sair e perdemos
os nossos escravos!" 6 Então o faraó mandou aprontar a sua
carruagem e levou consigo o seu exército. 7 Levou todos os
carros de guerra do Egito, inclusive seiscentos dos melhores
desses carros, cada um com um oficial no comando. 8 O SENHOR
endureceu o coração do faraó, rei do Egito, e este perseguiu os
israelitas, que marchavam triunfantemente. 9 Os egípcios, com
todos os cavalos e carros de guerra do faraó, os cavaleiros[b]
e a infantaria, saíram em perseguição aos israelitas e os al-
cançaram quando estavam acampados à beira-mar, perto de
Pi-Hairote, defronte de Baal-Zefom.

A Travessia do Mar

10 Ao aproximar-se o faraó, os israelitas olharam e avistaram
os egípcios que marchavam na direção deles. E, aterrori-
zados, clamaram ao SENHOR. 11 Disseram a Moisés: "Foi por
falta de túmulos no Egito que você nos trouxe para morrermos
no deserto? O que você fez conosco, tirando-nos de lá? 12 Já
tínhamos dito a você no Egito: 'Deixe-nos em paz! Seremos
escravos dos egípcios!' Antes ser escravos dos egípcios do que
morrer no deserto!"
13 Moisés respondeu ao povo: "Não tenham medo. Fiquem
firmes e vejam o livramento que o SENHOR trará hoje, porque
vocês nunca mais verão os egípcios que hoje veem. 14 O SENHOR
lutará por vocês; tão somente acalmem-se".
15 Disse então o SENHOR a Moisés: "Por que você está clamando
a mim? Diga aos israelitas que sigam avante. 16 Erga a sua vara
e estenda a mão sobre o mar, e as águas se dividirão para que
os israelitas atravessem o mar em terra seca. 17 Eu, porém,
endurecerei o coração dos egípcios, e eles os perseguirão. E
serei glorificado com a derrota do faraó e de todo o seu exér-
cito, com seus carros de guerra e seus cavaleiros. 18 Os egípcios
saberão que eu sou o SENHOR quando eu for glorificado com a
derrota do faraó, com seus carros de guerra e seus cavaleiros".
19 A seguir o anjo de Deus que ia à frente dos exércitos de Is-
rael retirou-se, colocando-se atrás deles. A coluna de nuvem
também saiu da frente deles e se pôs atrás, 20 entre os egípcios

[a] 13.4 Aproximadamente março/abril.

[b] 14.9 Ou *condutores dos carros de guerra*; também nos versículos 17, 18, 23, 26 e 28.

e os israelitas. A nuvem trouxe trevas para um e luz para o
outro, de modo que os egípcios não puderam aproximar-se
dos israelitas durante toda a noite.
21 Então Moisés estendeu a mão sobre o mar, e o SENHOR
afastou o mar e o tornou em terra seca, com um forte vento
oriental que soprou toda aquela noite. As águas se dividiram,
22 e os israelitas atravessaram pelo meio do mar em terra seca,
tendo uma parede de água à direita e outra à esquerda.
23 Os egípcios os perseguiram, e todos os cavalos, carros de
guerra e cavaleiros do faraó foram atrás deles até o meio do
mar. 24 No fim da madrugada, do alto da coluna de fogo e de
nuvem, o SENHOR viu o exército dos egípcios e o pôs em con-
fusão. 25 Fez que as rodas dos seus carros começassem a sol-
tar-se[a], de forma que tinham dificuldade em conduzi-los. E os
egípcios gritaram: "Vamos fugir dos israelitas! O SENHOR está
lutando por eles contra o Egito".
26 Mas o SENHOR disse a Moisés: "Estenda a mão sobre o mar
para que as águas voltem sobre os egípcios, sobre os seus
carros de guerra e sobre os seus cavaleiros". 27 Moisés es-
tendeu a mão sobre o mar, e ao raiar do dia o mar voltou
ao seu lugar. Quando os egípcios estavam fugindo, foram de
encontro às águas, e o SENHOR os lançou ao mar. 28 As águas
voltaram e encobriram os seus carros de guerra e os seus ca-
valeiros, todo o exército do faraó que havia perseguido os is-
raelitas mar adentro. Ninguém sobreviveu.
29 Mas os israelitas atravessaram o mar pisando em terra
seca, tendo uma parede de água à direita e outra à esquerda.
30 Naquele dia o SENHOR salvou Israel das mãos dos egípcios,
e os israelitas viram os egípcios mortos na praia. 31 Israel viu o
grande poder do SENHOR contra os egípcios, temeu o SENHOR e
pôs nele a sua confiança, como também em Moisés, seu servo.

15 O Cântico de Moisés

Então Moisés e os israelitas entoaram este cântico ao
SENHOR: "Cantarei ao SENHOR, pois triunfou gloriosamente.
Lançou ao mar o cavalo e o seu cavaleiro! 2 O SENHOR é a minha
força e a minha canção; ele é a minha salvação! Ele é o meu
Deus, e eu o louvarei; é o Deus de meu pai, e eu o exaltarei! 3 O
SENHOR é guerreiro, o seu nome é SENHOR. 4 Ele lançou ao mar
os carros de guerra e o exército do faraó. Os seus melhores
oficiais afogaram-se no mar Vermelho. 5 Águas profundas os
encobriram; como pedra desceram ao fundo.
6 "SENHOR, a tua mão direita foi majestosa em poder. SENHOR,
a tua mão direita despedaçou o inimigo. 7 Em teu triunfo gran-
dioso, derrubaste os teus adversários. Enviaste o teu furor fla-
mejante, que os consumiu como palha. 8 Pelo forte sopro das
tuas narinas as águas se amontoaram. As águas turbulentas
firmaram-se como muralha; as águas profundas congelaram-se
no coração do mar.
9 "O inimigo se gloriava: 'Eu os perseguirei e os alcançarei,
dividirei o despojo e os devorarei. Com a espada na mão, eu os
destruirei'. 10 Mas enviaste o teu sopro, e o mar os encobriu.
Afundaram como chumbo nas águas volumosas.
11 "Quem entre os deuses é semelhante a ti, SENHOR? Quem é
semelhante a ti? Majestoso em santidade, terrível em feitos
gloriosos, autor de maravilhas? 12 Estendes a tua mão direita e
a terra os engole. 13 Com o teu amor conduzes o povo que res-
gataste; com a tua força tu o levas à tua santa habitação. 14 As
nações ouvem e estremecem; angústia se apodera do povo da
Filístia. 15 Os chefes de Edom ficam aterrorizados; os poderosos
de Moabe são tomados de tremor; o povo de Canaã esmorece;
16 terror e medo caem sobre eles; pelo poder do teu braço ficam
paralisados como pedra, até que passe o teu povo, ó Senhor,
até que passe o povo que tu compraste[b]. 17 Tu o farás entrar e
o plantarás no monte da tua herança, no lugar, ó SENHOR, que
fizeste para a tua habitação, no santuário, ó Senhor, que as
tuas mãos estabeleceram. 18 O SENHOR reinará eternamente".
19 Quando os cavalos, os carros de guerra e os cavaleiros[c] do
faraó entraram no mar, o SENHOR fez que as águas do mar se
voltassem sobre eles, mas os israelitas atravessaram o mar
pisando em terra seca. 20 Então Miriã, a profetisa, irmã de Arão,
pegou um tamborim e todas as mulheres a seguiram, tocando
tamborins e dançando. 21 E Miriã lhes respondia, cantando:
"Cantem ao SENHOR, pois triunfou gloriosamente. Lançou ao
mar o cavalo e o seu cavaleiro".

As Águas de Mara e de Elim

22 Depois Moisés conduziu Israel desde o mar Vermelho até o
deserto de Sur. Durante três dias caminharam no deserto sem
encontrar água. 23 Então chegaram a Mara, mas não puderam
beber das águas de lá porque eram amargas. Esta é a razão
pela qual o lugar chama-se Mara. 24 E o povo começou a re-
clamar a Moisés, dizendo: "Que beberemos?"
25 Moisés clamou ao SENHOR, e este lhe indicou um arbusto.
Ele o lançou na água, e esta se tornou boa. Em Mara o SENHOR
lhes deu leis e ordenanças e os pôs à prova, 26 dizendo-lhes:
"Se vocês derem atenção ao SENHOR, o seu Deus, e fizerem o
que ele aprova, se derem ouvidos aos seus mandamentos e
obedecerem a todos os seus decretos, não trarei sobre vocês
nenhuma das doenças que eu trouxe sobre os egípcios, pois eu
sou o SENHOR que os cura".
27 Depois chegaram a Elim, onde havia doze fontes de água e
setenta palmeiras; e acamparam junto àquelas águas.

16 O Maná e as Codornizes

Toda a comunidade de Israel partiu de Elim e chegou ao
deserto de Sim, que fica entre Elim e o Sinai. Foi no décimo
quinto dia do segundo mês, depois que saíram do Egito. 2 No
deserto, toda a comunidade de Israel reclamou a Moisés e
Arão. 3 Disseram-lhes os israelitas: "Quem dera a mão do SE-
NHOR nos tivesse matado no Egito! Lá nos sentávamos ao redor
das panelas de carne e comíamos pão à vontade, mas vocês
nos trouxeram a este deserto para fazer morrer de fome toda
esta multidão!"
4 Disse, porém, o SENHOR a Moisés: "Eu lhes farei chover pão do

a 14.25 Ou *carros emperrassem*

b 15.16 Ou *criaste*

c 15.19 Ou *condutores dos carros de guerra*

céu. O povo sairá e recolherá diariamente a porção necessária
para aquele dia. Com isso os porei à prova para ver se seguem
ou não as minhas instruções. 5 No sexto dia trarão para ser
preparado o dobro do que recolhem nos outros dias".
6 Assim Moisés e Arão disseram a todos os israelitas: "Ao entar-
decer, vocês saberão que foi o SENHOR quem os tirou do Egito
7 e amanhã cedo verão a glória do SENHOR, porque o SENHOR
ouviu a queixa de vocês contra ele. Quem somos nós para que
vocês reclamem a nós?" 8 Disse ainda Moisés: "O SENHOR dará
a vocês carne para comer ao entardecer e pão à vontade pela
manhã, porque ele ouviu as suas queixas contra ele. Quem
somos nós? Vocês não estão reclamando de nós, mas do SE-
NHOR".
9 Disse Moisés a Arão: "Diga a toda a comunidade de Israel
que se apresente ao SENHOR, pois ele ouviu as suas queixas".
10 Enquanto Arão falava a toda a comunidade, todos olharam
em direção ao deserto, e a glória do SENHOR apareceu na
nuvem.
11 E o SENHOR disse a Moisés: 12 "Ouvi as queixas dos israelitas.
Responda-lhes que ao pôr do sol vocês comerão carne e ao
amanhecer se fartarão de pão. Assim saberão que eu sou o
SENHOR, o seu Deus".
13 No final da tarde, apareceram codornizes que cobriram o
lugar onde estavam acampados; ao amanhecer havia uma ca-
mada de orvalho ao redor do acampamento. 14 Depois que o
orvalho secou, flocos finos semelhantes a geada estavam sobre
a superfície do deserto. 15 Quando os israelitas viram aquilo,
começaram a perguntar uns aos outros: "Que é isso?", pois não
sabiam do que se tratava. Disse-lhes Moisés: "Este é o pão que
o SENHOR deu a vocês para comer. 16 Assim ordenou o SENHOR:
'Cada chefe de família recolha quanto precisar: um jarro[a] para
cada pessoa da sua tenda' ".
17 Os israelitas fizeram como lhes fora dito; alguns recolheram
mais, outros menos. 18 Quando mediram com o jarro, quem
tinha recolhido muito não teve demais, e não faltou a quem
tinha recolhido pouco. Cada um recolheu quanto precisava.
19 "Ninguém deve guardar nada para a manhã seguinte", or-
denou-lhes Moisés.
20 Todavia, alguns deles não deram atenção a Moisés e guar-
daram um pouco até a manhã seguinte, mas aquilo criou bicho
e começou a cheirar mal. Por isso Moisés irou-se contra eles.
21 Cada manhã todos recolhiam quanto precisavam, pois,
quando o sol esquentava, aquilo se derretia. 22 No sexto dia
recolheram o dobro: dois jarros para cada pessoa; e os líderes
da comunidade foram contar isso a Moisés, 23 que lhes ex-
plicou: "Foi isto que o SENHOR ordenou: 'Amanhã será dia de
descanso, sábado consagrado ao SENHOR. Assem e cozinhem o
que quiserem. Guardem o que sobrar até a manhã seguinte' ".
24 E eles o guardaram até a manhã seguinte, como Moisés
tinha ordenado, e não cheirou mal nem criou bicho. 25 "Co-
mam-no hoje", disse Moisés, "pois hoje é o sábado do SENHOR.
Hoje, vocês não o encontrarão no terreno. 26 Durante seis dias
vocês podem recolhê-lo, mas, no sétimo dia, o sábado, nada
acharão."
27 Apesar disso, alguns deles saíram no sétimo dia para reco-
lhê-lo, mas não encontraram nada. 28 Então o SENHOR disse a
Moisés: "Até quando vocês se recusarão a obedecer aos meus
mandamentos e às minhas instruções? 29 Vejam que o SENHOR
deu o sábado a vocês; por isso, no sexto dia, ele lhes envia pão
para dois dias. No sétimo dia, fiquem todos onde estiverem;
ninguém deve sair". 30 Então o povo descansou no sétimo dia.
31 O povo de Israel chamou maná[b] àquele pão. Era branco como
semente de coentro e tinha gosto de bolo de mel. 32 Disse
Moisés: "O SENHOR ordenou a vocês que recolham um jarro
de maná e que o guardem para as futuras gerações, 'para
que vejam o pão que lhes dei no deserto, quando os tirei do
Egito' ".
33 Então Moisés disse a Arão: "Ponha numa vasilha a medida
de um jarro de maná e coloque-a diante do SENHOR, para que
seja conservado para as futuras gerações".
34 Em obediência ao que o SENHOR tinha ordenado a Moisés,
Arão colocou o maná junto às tábuas da aliança, para ali ser
guardado. 35 Os israelitas comeram maná durante quarenta
anos, até chegarem a uma terra habitável; comeram maná
até chegarem às fronteiras de Canaã. 36 (O jarro é a décima
parte de uma arroba[c].)

17 Água Jorra da Rocha

Toda a comunidade de Israel partiu do deserto de Sim,
andando de um lugar para outro, conforme a ordem do SENHOR.
Acamparam em Refidim, mas lá não havia água para beber.
2 Por essa razão queixaram-se a Moisés e exigiram: "Dê-nos
água para beber". Ele respondeu: "Por que se queixam a mim?
Por que põem o SENHOR à prova?"
3 Mas o povo estava sedento e reclamou a Moisés: "Por que
você nos tirou do Egito? Foi para matar de sede a nós, aos
nossos filhos e aos nossos rebanhos?"
4 Então Moisés clamou ao SENHOR: "Que farei com este povo?
Estão a ponto de apedrejar-me!"
5 Respondeu-lhe o SENHOR: "Passe à frente do povo. Leve com
você algumas das autoridades de Israel, tenha na mão a vara
com a qual você feriu o Nilo e vá adiante. 6 Eu estarei à sua es-
pera no alto da rocha do monte Horebe. Bata na rocha, e dela
sairá água para o povo beber". Assim fez Moisés, à vista das
autoridades de Israel. 7 E chamou aquele lugar Massá[d] e Me-
ribá[e], porque ali os israelitas reclamaram e puseram o SENHOR
à prova, dizendo: "O SENHOR está entre nós, ou não?"

A Vitória sobre os Amalequitas

8 Sucedeu que os amalequitas vieram atacar os israelitas em
Refidim. 9 Então Moisés disse a Josué: "Escolha alguns dos
nossos homens e lute contra os amalequitas. Amanhã tomarei

a 16.16 Hebraico: *ômer*. O ômer era uma medida de capacidade para secos. As estimativas variam entre 2 e 4 litros.

b 16.31 Maná significa *Que é isso?*

c 16.36 Hebraico: *efa*. O efa era uma medida de capacidade para secos. As estimativas variam entre 20 e 40 litros.

d 17.7 Massá significa *provação*.

e 17.7 Meribá significa *rebelião*.

posição no alto da colina, com a vara de Deus em minhas
mãos".
10 Josué foi então lutar contra os amalequitas, conforme Moisés
tinha ordenado. Moisés, Arão e Hur, porém, subiram ao alto da
colina. 11 Enquanto Moisés mantinha as mãos erguidas, os is-
raelitas venciam; quando, porém, as abaixava, os amalequitas
venciam. 12 Quando as mãos de Moisés já estavam cansadas,
eles pegaram uma pedra e a colocaram debaixo dele, para que
nela se assentasse. Arão e Hur mantiveram erguidas as mãos
de Moisés, um de cada lado, de modo que as mãos permane-
ceram firmes até o pôr do sol. 13 E Josué derrotou o exército
amalequita ao fio da espada.
14 Depois o SENHOR disse a Moisés: "Escreva isto num rolo, como
memorial, e declare a Josué que farei que os amalequitas
sejam esquecidos para sempre debaixo do céu".
15 Moisés construiu um altar e chamou-lhe "o SENHOR é minha
bandeira". 16 E jurou: "Pelo trono do SENHOR![a] O SENHOR fará
guerra contra os amalequitas de geração em geração".

18 A Visita de Jetro

Jetro, sacerdote de Midiã e sogro de Moisés, soube de
tudo o que Deus tinha feito por Moisés e pelo povo de Israel,
como o SENHOR havia tirado Israel do Egito.
2 Moisés tinha mandado Zípora, sua mulher, para a casa de
seu sogro, Jetro, que a recebeu 3 com os seus dois filhos. Um
deles chamava-se Gérson, pois Moisés dissera: "Tornei-me imi-
grante em terra estrangeira"; 4 e o outro chamava-se Eliézer,
pois dissera: "O Deus de meu pai foi o meu ajudador; livrou-me
da espada do faraó".
5 Jetro, sogro de Moisés, veio com os filhos e a mulher de
Moisés encontrá-lo no deserto, onde estava acampado, perto
do monte de Deus. 6 E Jetro mandou dizer-lhe: "Eu, seu sogro
Jetro, estou indo encontrá-lo, e comigo vão sua mulher e seus
dois filhos".
7 Então Moisés saiu ao encontro do sogro, curvou-se e bei-
jou-o; trocaram saudações e depois entraram na tenda.
8 Então Moisés contou ao sogro tudo quanto o SENHOR tinha
feito ao faraó e aos egípcios por amor a Israel e também todas
as dificuldades que tinham enfrentado pelo caminho e como
o SENHOR os livrara.
9 Jetro alegrou-se ao ouvir todas as coisas boas que o SENHOR
tinha feito a Israel, libertando-o das mãos dos egípcios. 10 Disse
ele: "Bendito seja o SENHOR que libertou vocês das mãos dos
egípcios e do faraó; que livrou o povo das mãos dos egíp-
cios! 11 Agora sei que o SENHOR é maior do que todos os ou-
tros deuses, pois ele os superou exatamente naquilo de que
se vangloriavam". 12 Então Jetro, sogro de Moisés, ofereceu
um holocausto e sacrifícios a Deus, e Arão veio com todas as
autoridades de Israel para comerem com o sogro de Moisés na
presença de Deus.

O Conselho de Jetro

13 No dia seguinte Moisés assentou-se para julgar as questões
do povo, e este permaneceu em pé diante dele, desde a manhã
até o cair da tarde. 14 Quando o seu sogro viu tudo o que ele es-
tava fazendo pelo povo, disse: "Que é que você está fazendo?
Por que só você se assenta para julgar, e todo este povo o
espera em pé, desde a manhã até o cair da tarde?"
15 Moisés lhe respondeu: "O povo me procura para que eu con-
sulte a Deus. 16 Toda vez que alguém tem uma questão, esta
me é trazida, e eu decido entre as partes, e ensino-lhes os
decretos e leis de Deus".
17 Respondeu o sogro de Moisés: "O que você está fazendo não
é bom. 18 Você e o seu povo ficarão esgotados, pois essa tarefa
é pesada demais. Você não pode executá-la sozinho. 19 Agora
ouça o meu conselho. E que Deus esteja com você! Seja você
o representante do povo diante de Deus e leve a Deus as suas
questões. 20 Oriente-os quanto aos decretos e leis, mostran-
do-lhes como devem viver e o que devem fazer. 21 Mas escolha
dentre todo o povo homens capazes, tementes a Deus, dignos
de confiança e inimigos de ganho desonesto. Estabeleça-os
como chefes de mil, de cem, de cinquenta e de dez. 22 Eles
estarão sempre à disposição do povo para julgar as questões.
Trarão a você apenas as questões difíceis; as mais simples deci-
dirão sozinhos. Isso tornará mais leve o seu fardo, porque eles
o dividirão com você. 23 Se você assim fizer, e, se assim Deus
ordenar, você será capaz de suportar as dificuldades, e todo
este povo voltará para casa satisfeito".
24 Moisés aceitou o conselho do sogro e fez tudo como ele tinha
sugerido. 25 Escolheu homens capazes de todo o Israel e colo-
cou-os como líderes do povo: chefes de mil, de cem, de cin-
quenta e de dez. 26 Estes ficaram como juízes permanentes do
povo. As questões difíceis levavam a Moisés; as mais simples,
porém, eles mesmos resolviam.
27 Então Moisés e seu sogro se despediram, e este voltou para
a sua terra.

19 Israel Chega ao Monte Sinai

No dia em que se completaram três meses que os israe-
litas haviam saído do Egito, chegaram ao deserto do Sinai.
2 Depois de saírem de Refidim, entraram no deserto do Sinai, e
Israel acampou ali, diante do monte.
3 Logo Moisés subiu o monte para encontrar-se com Deus. E
o SENHOR o chamou do monte, dizendo: "Diga o seguinte aos
descendentes de Jacó e declare aos israelitas: 4 Vocês viram
o que fiz ao Egito e como os transportei sobre asas de águias
e os trouxe para junto de mim. 5 Agora, se me obedecerem
fielmente e guardarem a minha aliança, vocês serão o meu
tesouro pessoal entre todas as nações. Embora toda a terra
seja minha, 6 vocês[b] serão para mim um reino de sacerdotes
e uma nação santa. Essas são as palavras que você dirá aos
israelitas".
7 Moisés voltou, convocou as autoridades do povo e lhes expôs
tudo o que o SENHOR havia mandado que ele falasse. 8 O povo
todo respondeu unânime: "Faremos tudo o que o SENHOR or-
denou". E Moisés levou ao SENHOR a resposta do povo.
9 Disse o SENHOR a Moisés: "Virei numa densa nuvem, a fim

---

a 17.16 Ou *"Mão levantada contra o trono do Senhor!*

b 19.5,6 Ou *nações, pois toda a terra é minha. 6Vocês*

de que o povo, ouvindo-me falar com você, passe a confiar
sempre em você". Então Moisés relatou ao SENHOR o que o
povo lhe dissera.
10 E o SENHOR disse a Moisés: "Vá ao povo e consagre-o hoje e
amanhã. Eles deverão lavar as suas vestes 11 e estar prontos no
terceiro dia, porque nesse dia o SENHOR descerá sobre o monte
Sinai, à vista de todo o povo. 12 Estabeleça limites em torno
do monte e diga ao povo: Tenham o cuidado de não subir ao
monte e de não tocar na sua base. Quem tocar no monte cer-
tamente será morto; 13 será apedrejado ou morto a flechadas.
Ninguém deverá tocá-lo com a mão. Seja homem, seja animal,
não viverá. Somente quando a corneta soar um toque longo
eles poderão subir ao monte".
14 Tendo Moisés descido do monte, consagrou o povo; e eles la-
varam as suas vestes. 15 Disse ele então ao povo: "Preparem-se
para o terceiro dia, e até lá não se acheguem a mulher".
16 Ao amanhecer do terceiro dia houve trovões e raios, uma
densa nuvem cobriu o monte, e uma trombeta ressoou forte-
mente. Todos no acampamento tremeram de medo. 17 Moisés
levou o povo para fora do acampamento, para encontrar-se
com Deus, e eles ficaram ao pé do monte. 18 O monte Sinai
estava coberto de fumaça, pois o SENHOR tinha descido sobre
ele em chamas de fogo. Dele subia fumaça como que de uma
fornalha; todo o monte[a] tremia violentamente, 19 e o som da
trombeta era cada vez mais forte. Então Moisés falou, e a voz
de Deus lhe respondeu[b].
20 O SENHOR desceu ao topo do monte Sinai e chamou Moisés
para o alto do monte. Moisés subiu 21 e o SENHOR lhe disse:
"Desça e alerte o povo que não ultrapasse os limites para ver
o SENHOR, e muitos deles pereçam. 22 Mesmo os sacerdotes
que se aproximarem do SENHOR devem consagrar-se; senão o
SENHOR os fulminará".
23 Moisés disse ao SENHOR: "O povo não pode subir ao monte
Sinai, pois tu mesmo nos avisaste: 'Estabeleça um limite em
torno do monte e declare-o santo' ".
24 O SENHOR respondeu: "Desça e depois torne a subir, acompa-
nhado de Arão. Quanto aos sacerdotes e ao povo, não devem
ultrapassar o limite para subir ao SENHOR; senão, o SENHOR os
fulminará".
25 Então Moisés desceu e avisou o povo.

20 Os Dez Mandamentos

E Deus falou todas estas palavras:
2 "Eu sou o SENHOR, o teu Deus, que te tirou do Egito, da terra
da escravidão.
3 "Não terás outros deuses além de mim.
4 "Não farás para ti nenhum ídolo, nenhuma imagem de qual-
quer coisa no céu, na terra, ou nas águas debaixo da terra.
5 Não te prostrarás diante deles nem lhes prestarás culto,
porque eu, o SENHOR, o teu Deus, sou Deus zeloso, que castigo
os filhos pelos pecados de seus pais até a terceira e quarta
geração daqueles que me desprezam, 6 mas trato com bon-
dade até mil gerações[c] aos que me amam e obedecem aos
meus mandamentos.
7 "Não tomarás em vão o nome do SENHOR, o teu Deus, pois o
SENHOR não deixará impune quem tomar o seu nome em vão.
8 "Lembra-te do dia de sábado, para santificá-lo. 9 Trabalharás
seis dias e neles farás todos os teus trabalhos, 10 mas o sétimo
dia é o sábado dedicado ao SENHOR, o teu Deus. Nesse dia não
farás trabalho algum, nem tu, nem teus filhos ou filhas, nem
teus servos ou servas, nem teus animais, nem os estrangeiros
que morarem em tuas cidades. 11 Pois em seis dias o SENHOR
fez os céus e a terra, o mar e tudo o que neles existe, mas no
sétimo dia descansou. Portanto, o SENHOR abençoou o sétimo
dia e o santificou.
12 "Honra teu pai e tua mãe, a fim de que tenhas vida longa na
terra que o SENHOR, o teu Deus, te dá.
13 "Não matarás.
14 "Não adulterarás.
15 "Não furtarás.
16 "Não darás falso testemunho contra o teu próximo.
17 "Não cobiçarás a casa do teu próximo. Não cobiçarás a mu-
lher do teu próximo, nem seus servos ou servas, nem seu boi
ou jumento, nem coisa alguma que lhe pertença".
18 Vendo-se o povo diante dos trovões e dos relâmpagos, e do
som da trombeta e do monte fumegando, todos tremeram as-
sustados. Ficaram a distância 19 e disseram a Moisés: "Fala tu
mesmo conosco, e ouviremos. Mas que Deus não fale conosco,
para que não morramos".
20 Moisés disse ao povo: "Não tenham medo! Deus veio pro-
vá-los, para que o temor de Deus esteja em vocês e os livre
de pecar".
21 Mas o povo permaneceu a distância, ao passo que Moisés
aproximou-se da nuvem escura em que Deus se encontrava.

A Lei sobre o Altar do SENHOR

22 O SENHOR disse a Moisés: "Diga o seguinte aos israelitas:
Vocês viram por vocês mesmos que do céu lhes falei: 23 não
façam ídolos de prata nem de ouro para me representarem.
24 "Façam-me um altar de terra e nele sacrifiquem-me os seus
holocaustos[d] e as suas ofertas de comunhão[e], as suas ovelhas e
os seus bois. Onde quer que eu faça celebrar o meu nome, virei
a vocês e os abençoarei. 25 Se me fizerem um altar de pedras,
não o façam com pedras lavradas, porque o uso de ferramentas
o profanaria. 26 Não subam por degraus ao meu altar, para que
nele não seja exposta a sua nudez.

21 Leis acerca dos Escravos Hebreus

"São estas as leis que você proclamará ao povo:
2 "Se você comprar um escravo hebreu, ele o servirá por seis
anos. Mas no sétimo ano será liberto, sem precisar pagar
nada. 3 Se chegou solteiro, solteiro receberá liberdade; mas,

[a] 19.18 Conforme a maioria dos manuscritos do Texto Massorético. Alguns manuscritos do Texto Massorético e a Septuaginta dizem o povo.
[b] 19.19 Ou *e Deus lhe respondeu com um trovão*
[c] 20.6 Ou *a milhares que*
[d] 20.24 Isto é, sacrifícios totalmente queimados; também em 24.5; 29.18, 25 e 42.
[e] 20.24 Ou *de paz*; também em 24.5 e 29.28.

se chegou casado, sua mulher irá com ele. 4Se o seu senhor
lhe tiver dado uma mulher, e esta lhe tiver dado filhos ou fi-
lhas, a mulher e os filhos pertencerão ao senhor; somente o
homem sairá livre.
5"Se, porém, o escravo declarar: 'Eu amo o meu senhor, a
minha mulher e os meus filhos, e não quero sair livre', 6o seu
senhor o levará perante os juízes[a]. Terá que levá-lo à porta
ou à lateral da porta e furar a sua orelha. Assim, ele será seu
escravo por toda a vida.
7"Se um homem vender sua filha como escrava, ela não será
liberta como os escravos homens. 8Se ela não agradar ao seu
senhor que a escolheu, ele deverá permitir que ela seja res-
gatada. Não poderá vendê-la a estrangeiros, pois isso seria
deslealdade para com ela. 9Se o seu senhor a escolher para
seu filho, dê a ela os direitos de uma filha. 10Se o senhor tomar
uma segunda mulher para si, não poderá privar a primeira
de alimento, de roupas e dos direitos conjugais. 11Se não lhe
garantir essas três coisas, ela poderá ir embora sem precisar
pagar nada.

Leis acerca da Violência e dos Acidentes

12"Quem ferir um homem e o matar terá que ser executado.
13Todavia, se não o fez intencionalmente, mas Deus o permitiu,
designei um lugar para onde poderá fugir. 14Mas, se alguém
tiver planejado matar outro deliberadamente, tire-o até mesmo
do meu altar e mate-o.
15"Quem agredir o próprio pai ou a própria mãe terá que ser
executado.
16"Aquele que sequestrar alguém e vendê-lo ou for apanhado
com ele em seu poder, terá que ser executado.
17"Quem amaldiçoar seu pai ou sua mãe terá que ser execu-
tado.
18"Se dois homens brigarem e um deles ferir o outro com uma
pedra ou com o punho[b] e o outro não morrer, mas cair de
cama, 19aquele que o feriu será absolvido, se o outro se le-
vantar e caminhar com o auxílio de uma bengala; todavia, ele
terá que indenizar o homem ferido pelo tempo que este perdeu
e responsabilizar-se por sua completa recuperação.
20"Se alguém ferir seu escravo ou escrava com um pedaço de
pau e como resultado o escravo morrer, será punido; 21mas,
se o escravo sobreviver um ou dois dias, não será punido, visto
que é sua propriedade.
22"Se homens brigarem e ferirem uma mulher grávida, e ela
der à luz prematuramente[c], não havendo, porém, nenhum dano
sério, o ofensor pagará a indenização que o marido daquela
mulher exigir, conforme a determinação dos juízes[d]. 23Mas,
se houver danos graves, a pena será vida por vida, 24olho por
olho, dente por dente, mão por mão, pé por pé, 25queimadura
por queimadura, ferida por ferida, contusão por contusão.
26"Se alguém ferir o seu escravo ou sua escrava no olho e
o cegar, terá que libertar o escravo como compensação pelo
olho. 27Se quebrar um dente de um escravo ou de uma escrava,
terá que libertar o escravo como compensação pelo dente.
28"Se um boi chifrar um homem ou uma mulher, causando-lhe
a morte, o boi terá que ser apedrejado até a morte, e a sua
carne não poderá ser comida. Mas o dono do boi será absol-
vido. 29Se, todavia, o boi costumava chifrar e o dono, ainda que
alertado, não o manteve preso, e o boi matar um homem ou
uma mulher, o boi será apedrejado e o dono também terá que
ser morto. 30Caso, porém, lhe peçam um pagamento, poderá
resgatar a sua vida pagando o que for exigido. 31Esta sentença
também se aplica no caso de um boi chifrar um menino ou uma
menina. 32Se o boi chifrar um escravo ou escrava, o dono do
animal terá que pagar trezentos e sessenta gramas[e] de prata
ao dono do escravo, e o boi será apedrejado.
33"Se alguém abrir ou deixar aberta uma cisterna, não tendo
o cuidado de tampá-la, e um jumento ou um boi nela cair, 34o
dono da cisterna terá que pagar o prejuízo, indenizando o dono
do animal, e ficará com o animal morto.
35"Se o boi de alguém ferir o boi de outro e o matar, venderão
o boi vivo e dividirão em partes iguais, tanto o valor do boi vivo
como o animal morto. 36Contudo, se o boi costumava chifrar e
o dono não o manteve preso, este terá que pagar boi por boi,
e ficará com o que morreu.

Leis acerca da Proteção da Propriedade

22"Se alguém roubar um boi, ou uma ovelha, e abatê-lo ou
vendê-lo, terá que restituir cinco bois pelo boi e quatro ovelhas
pela ovelha.
2"Se o ladrão que for pego arrombando for ferido e morrer,
quem o feriu não será culpado de homicídio, 3mas, se isso
acontecer depois do nascer do sol, será culpado de homicídio.
"O ladrão terá que restituir o que roubou, mas, se não tiver
nada, será vendido para pagar o roubo. 4Se o que foi roubado
for encontrado vivo em seu poder, seja boi, seja jumento, seja
ovelha, ele deverá restituí-lo em dobro.
5"Se alguém levar seu rebanho para pastar num campo ou
numa vinha e soltá-lo de modo que venha a pastar no campo
de outro homem, fará restituição com o melhor do seu campo
ou da sua vinha.
6"Se um fogo se espalhar e alcançar os espinheiros e queimar
os feixes colhidos ou o trigo plantado ou até a lavoura toda,
aquele que iniciou o incêndio restituirá o prejuízo.
7"Se alguém entregar ao seu próximo prata ou bens para
serem guardados e estes forem roubados da casa deste, o
ladrão, se for encontrado, terá que restituí-los em dobro.
8Mas, se o ladrão não for encontrado, o dono da casa terá
que comparecer perante os juízes[f] para que se determine se
ele não lançou mão dos bens do outro. 9Sempre que alguém
se apossar de boi, jumento, ovelha, roupa ou qualquer outro
bem perdido, mas alguém disser: 'Isto me pertence', as duas
partes envolvidas levarão o caso aos juízes. Aquele a quem os

[a] 21.6 Ou *perante Deus*
[b] 21.18 Ou *com uma ferramenta*
[c] 21.22 Hebraico: *e a criança sair.*
[d] 21.22 Ou *de Deus*
[e] 21.32 Hebraico: *30 siclos*. Um siclo equivalia a 12 gramas.
[f] 22.8 Ou *perante Deus*; também no versículo 9.

juízes declararem[a] culpado restituirá o dobro ao seu próximo.
10“Se alguém der ao seu próximo o seu jumento, ou boi, ou
ovelha ou qualquer outro animal para ser guardado e o animal
morrer, for ferido ou for levado sem que ninguém o veja, 11a
questão entre eles será resolvida prestando-se um juramento
diante do SENHOR de que um não lançou mão da propriedade
do outro. O dono terá que aceitar isso e nenhuma restituição
será exigida. 12Mas, se o animal tiver sido roubado do seu pró-
ximo, este terá que fazer restituição ao dono. 13Se tiver sido
despedaçado por um animal selvagem, ele trará como prova o
que restou dele; e não terá que fazer restituição.
14“Se alguém pedir emprestado ao seu próximo um animal e
este for ferido ou morrer na ausência do dono, terá que fazer
restituição. 15Mas, se o dono estiver presente, o que tomou
emprestado não terá que restituí-lo. Se o animal tiver sido alu-
gado, o preço do aluguel cobrirá a perda.

Leis acerca das Responsabilidades Sociais

16“Se um homem seduzir uma virgem que ainda não tenha
compromisso de casamento e deitar-se com ela, terá que
pagar o preço do seu dote, e ela será sua mulher. 17Mas, se
o pai recusar-se a entregá-la, ainda assim o homem terá que
pagar o equivalente ao dote das virgens.
18“Não deixem viver a feiticeira.
19“Todo aquele que tiver relações sexuais com animal terá que
ser executado.
20“Quem oferecer sacrifício a qualquer outro deus, e não uni-
camente ao SENHOR, será destruído.
21“Não maltratem nem oprimam o estrangeiro, pois vocês
foram estrangeiros no Egito.
22“Não prejudiquem as viúvas nem os órfãos; 23porque, se o
fizerem e eles clamarem a mim, eu certamente atenderei ao
seu clamor. 24Com grande ira matarei vocês à espada; suas
mulheres ficarão viúvas e seus filhos, órfãos.
25“Se fizerem empréstimo a alguém do meu povo, a algum
necessitado que viva entre vocês, não cobrem juros dele; não
emprestem visando a lucro. 26Se tomarem como garantia o
manto do seu próximo, devolvam-no até o pôr do sol, 27porque
o manto é a única coberta que ele possui para o corpo. Em que
mais se deitaria? Quando ele clamar a mim, eu o ouvirei, pois
sou misericordioso.
28“Não blasfemem contra Deus[b] nem amaldiçoem uma auto-
ridade do seu povo.
29“Não retenham as ofertas de suas colheitas[c]. “Consa-
grem-me o primeiro filho de vocês 30e a primeira cria das
vacas, das ovelhas e das cabras. Durante sete dias a cria ficará
com a mãe, mas, no oitavo dia, entreguem-na a mim.
31“Vocês serão meu povo santo. Não comam a carne de ne-
nhum animal despedaçado por feras no campo; joguem-na
aos cães.

23 Leis acerca do Exercício da Justiça

“Ninguém faça declarações[d] falsas nem seja cúmplice do
ímpio, sendo-lhe testemunha mal-intencionada.
2“Não acompanhe a maioria para fazer o mal. Ao testemunhar
num processo, não perverta a justiça para apoiar a maioria,
3nem para favorecer o pobre num processo.
4“Se você encontrar perdido o boi ou o jumento que pertence
ao seu inimigo, leve-o de volta a ele. 5Se você vir o jumento
de alguém que o odeia caído sob o peso de sua carga, não o
abandone, procure ajudá-lo.
6“Não perverta o direito dos pobres em seus processos. 7Não
se envolva em falsas acusações nem condene à morte o ino-
cente e o justo, porque não absolverei o culpado.
8“Não aceite suborno, pois o suborno cega até os que têm
discernimento[e] e prejudica a causa do justo.
9“Não oprima o estrangeiro. Vocês sabem o que é ser estran-
geiro, pois foram estrangeiros no Egito.

Leis acerca do Sábado

10“Plantem e colham em sua terra durante seis anos, 11mas no
sétimo deixem-na descansar sem cultivá-la. Assim os pobres do
povo poderão comer o que crescer por si, e o que restar ficará
para os animais do campo. Façam o mesmo com as suas vinhas
e com os seus olivais.
12“Em seis dias façam os seus trabalhos, mas no sétimo não
trabalhem, para que o seu boi e o seu jumento possam des-
cansar, e o seu escravo e o estrangeiro renovem as forças.
13“Tenham o cuidado de fazer tudo o que ordenei a vocês. Não
invoquem o nome de outros deuses; não se ouçam tais nomes
dos seus lábios.

Leis acerca das Grandes Festas Anuais

14“Três vezes por ano vocês me celebrarão festa.
15“Celebrem a festa dos pães sem fermento; durante sete
dias comam pão sem fermento, como ordenei a vocês. Façam
isso na época determinada do mês de abibe[f], pois nesse mês
vocês saíram do Egito. “Ninguém se apresentará a mim de
mãos vazias.
16“Celebrem a festa da colheita dos primeiros frutos do seu
trabalho de semeadura. “Celebrem a festa do encerramento
da colheita quando, no final do ano, vocês armazenarem as
colheitas.
17“Três vezes por ano todos os homens devem comparecer
diante do SENHOR, o Soberano.
18“Não ofereçam o sangue de um sacrifício feito em minha
honra com pão fermentado. “A gordura das ofertas de minhas
festas não deverá ser guardada até a manhã seguinte.
19“Tragam ao santuário do SENHOR, o seu Deus, o melhor dos
primeiros frutos das suas colheitas. “Não cozinhem o cabrito
no leite da própria mãe.

[a] 22.9 Ou *a quem Deus declarar*
[b] 22.28 Ou “*Não insultem os juízes*
[c] 22.29 Ou *do trigo, do vinho e do azeite*. Hebraico: *a sua prosperidade e as suas lágrimas*.
[d] 23.1 Ou *não espalhe notícias*
[e] 23.8 Ou os *juízes*
[f] 23.15 Aproximadamente março/abril.

Promessas e Advertências sobre a Conquista de Canaã

20 “Eis que envio um anjo à frente de vocês para protegê-los
por todo o caminho e fazê-los chegar ao lugar que preparei.
21 Prestem atenção e ouçam o que ele diz. Não se rebelem
contra ele, pois não perdoará as suas transgressões, pois nele
está o meu nome. 22 Se vocês ouvirem atentamente o que ele
disser e fizerem tudo o que lhes ordeno, serei inimigo dos seus
inimigos, e adversário dos seus adversários. 23 O meu anjo irá
à frente de vocês e os fará chegar à terra dos amorreus, dos
hititas, dos ferezeus, dos cananeus, dos heveus e dos jebu-
seus, e eu os exterminarei. 24 Não se curvem diante dos deuses
deles, nem lhes prestem culto, nem sigam as suas práticas.
Destruam-nos totalmente e quebrem as suas colunas sagradas.
25 Prestem culto ao SENHOR, o Deus de vocês, e ele os aben-
çoará, dando a vocês alimento e água. Tirarei a doença do
meio de vocês. 26 Em sua terra nenhuma grávida perderá o
filho nem haverá mulher estéril. Farei completar-se o tempo
de duração da vida de vocês.
27 “Mandarei adiante de vocês o meu terror, que porá em con-
fusão todas as nações que vocês encontrarem. Farei que todos
os seus inimigos virem as costas e fujam. 28 Causarei pânico[a]
entre os heveus, os cananeus e os hititas para expulsá-los de
diante de vocês. 29 Não os expulsarei num só ano, pois a terra
se tornaria desolada e os animais selvagens se multiplicariam,
ameaçando vocês. 30 Eu os expulsarei aos poucos, até que
vocês sejam numerosos o suficiente para tomarem posse da
terra.
31 “Estabelecerei as suas fronteiras desde o mar Vermelho até
o mar dos filisteus[b], e desde o deserto até o Eufrates[c]. Entre-
garei em suas mãos os povos que vivem na terra, os quais
vocês expulsarão de diante de vocês. 32 Não façam aliança
com eles nem com os seus deuses. 33 Não deixem que esses
povos morem na terra de vocês, senão eles os levarão a pecar
contra mim, porque prestar culto aos deuses deles será uma
armadilha para vocês”.

24 A Confirmação da Aliança

Depois Deus disse a Moisés: “Subam o monte para en-
contrar-se com o SENHOR, você e Arão, Nadabe e Abiú, e setenta
autoridades de Israel. Adorem à distância. 2 Somente Moisés
se aproximará do SENHOR; os outros não. O povo também não
subirá com ele”.
3 Quando Moisés se dirigiu ao povo e transmitiu-lhes todas
as palavras e ordenanças do SENHOR, eles responderam em
uníssono: “Faremos tudo o que o SENHOR ordenou”. 4 Moisés,
então, escreveu tudo o que o SENHOR dissera. Na manhã se-
guinte Moisés levantou-se, construiu um altar ao pé do monte
e ergueu doze colunas de pedra, representando as doze tribos
de Israel. 5 Em seguida, enviou jovens israelitas, que ofere-
ceram holocaustos e novilhos como sacrifícios de comunhão
ao SENHOR. 6 Moisés colocou metade do sangue em tigelas e a
outra metade derramou sobre o altar. 7 Em seguida, leu o Livro
da Aliança para o povo, e eles disseram: “Faremos fielmente
tudo o que o SENHOR ordenou”.
8 Depois Moisés aspergiu o sangue sobre o povo, dizendo: “Este
é o sangue da aliança que o SENHOR fez com vocês de acordo
com todas essas palavras”.
9 Moisés, Arão, Nadabe, Abiú e setenta autoridades de Israel
subiram 10 e viram o Deus de Israel, sob cujos pés havia algo
semelhante a um pavimento de safira, como o céu em seu es-
plendor. 11 Deus, porém, não estendeu a mão para punir esses
líderes do povo de Israel; eles viram a Deus, e depois comeram
e beberam.

Moisés na Presença de Deus

12 Disse o SENHOR a Moisés: “Suba o monte, venha até mim e
fique aqui; e lhe darei as tábuas de pedra com a lei e os man-
damentos que escrevi para a instrução do povo”.
13 Moisés partiu com Josué, seu auxiliar, e subiu ao monte de
Deus. 14 Disse ele às autoridades de Israel: “Esperem-nos aqui,
até que retornemos. Arão e Hur ficarão com vocês; quem tiver
alguma questão para resolver, poderá procurá-los”.
15 Quando Moisés subiu, a nuvem cobriu o monte, 16 e a glória
do SENHOR permaneceu sobre o monte Sinai. Durante seis dias a
nuvem cobriu o monte. No sétimo dia o SENHOR chamou Moisés
do interior da nuvem. 17 Aos olhos dos israelitas, a glória do SE-
NHOR parecia um fogo consumidor no topo do monte. 18 Moisés
entrou na nuvem e foi subindo o monte. E permaneceu no
monte quarenta dias e quarenta noites.

25 As Ofertas para o Tabernáculo

Disse o SENHOR a Moisés: 2 “Diga aos israelitas que me
tragam uma oferta. Receba-a de todo aquele cujo coração o
compelir a dar. 3 Estas são as ofertas que deverá receber deles:
ouro, prata e bronze; 4 fios de tecidos azul, roxo e vermelho,
linho fino, pelos de cabra; 5 peles de carneiro tingidas de ver-
melho, couro[d], madeira de acácia; 6 azeite para iluminação,
especiarias para o óleo da unção e para o incenso aromático;
7 pedras de ônix e outras pedras preciosas para serem encra-
vadas no colete sacerdotal e no peitoral.
8 “E farão um santuário para mim, e eu habitarei no meio deles.
9 Façam tudo como eu lhe mostrar, conforme o modelo do ta-
bernáculo e de cada utensílio.

A Arca da Aliança

10 “Faça uma arca de madeira de acácia com um metro e dez
centímetros de comprimento, setenta centímetros de largura
e setenta centímetros de altura[e]. 11 Revista-a de ouro puro, por
dentro e por fora, e faça uma moldura de ouro ao seu redor.
12 Mande fundir quatro argolas de ouro para ela e prenda-as em
seus quatro pés, com duas argolas de um lado e duas do outro.

[a] 23.28 Ou *mandarei vespas*; ou ainda *mandarei uma praga*
[b] 23.31 Isto é, o Mediterrâneo.
[c] 23.31 Hebraico: o Rio.
[d] 25.5 Possivelmente de animais marinhos; também em 26.14.
[e] 25.10 Hebraico: *2,5 côvados de comprimento, 1,5 côvados de largura e 1,5 côvados de altura*. O côvado era uma medida linear de cerca de 45 centímetros.

13 Depois faça varas de madeira de acácia, revista-as de ouro
14 e coloque-as nas argolas laterais da arca, para que possa ser
carregada. 15 As varas permanecerão nas argolas da arca; não
devem ser retiradas. 16 Então coloque dentro da arca as tábuas
da aliança que lhe darei.
17 "Faça uma tampa[a] de ouro puro com um metro e dez centíme-
tros de comprimento por setenta centímetros de largura, 18 com
dois querubins de ouro batido nas extremidades da tampa.
19 Faça um querubim numa extremidade e o segundo na outra,
formando uma só peça com a tampa. 20 Os querubins devem ter
suas asas estendidas para cima, cobrindo com elas a tampa.
Ficarão de frente um para o outro, com o rosto voltado para a
tampa. 21 Coloque a tampa sobre a arca e dentro dela as tábuas
da aliança que darei a você. 22 Ali, sobre a tampa, no meio dos
dois querubins que se encontram sobre a arca da aliança[b], eu
me encontrarei com você e lhe darei todos os meus manda-
mentos destinados aos israelitas.

A Mesa e seus Utensílios

23 "Faça uma mesa de madeira de acácia com noventa centíme-
tros de comprimento, quarenta e cinco centímetros de largura
e setenta centímetros de altura. 24 Revista-a de ouro puro e
faça uma moldura de ouro ao seu redor. 25 Faça também ao seu
redor uma borda com a largura de quatro dedos e uma moldura
de ouro para essa borda. 26 Faça quatro argolas de ouro para a
mesa e prenda-as nos quatro cantos dela, onde estão os seus
quatro pés. 27 As argolas devem ser presas próximas da borda
para que sustentem as varas usadas para carregar a mesa.
28 Faça as varas de madeira de acácia, revestindo-as de ouro;
com elas se carregará a mesa. 29 Faça de ouro puro os seus
pratos e o recipiente para incenso, as suas tigelas e as ba-
cias nas quais se derramam as ofertas de bebidas[c]. 30 Coloque
sobre a mesa os pães da Presença, para que estejam sempre
diante de mim.

O Candelabro de Ouro

31 "Faça um candelabro de ouro puro e batido. O pedestal, a
haste, as taças, as flores e os botões do candelabro formarão
com ele uma só peça. 32 Seis braços sairão do candelabro: três
de um lado e três do outro. 33 Haverá três taças com formato
de flor de amêndoa num dos braços, cada uma com botão e
flor; e três taças com formato de flor de amêndoa no braço
seguinte, cada uma com botão e flor. Assim será com os seis
braços que saem do candelabro. 34 Na haste do candelabro
haverá quatro taças com formato de flor de amêndoa, cada
uma com botão e flor. 35 Haverá um botão debaixo de cada par
dos seis braços que saem do candelabro. 36 Os braços com seus
botões formarão uma só peça com o candelabro; tudo feito de
ouro puro e batido.
37 "Faça-lhe também sete lâmpadas e coloque-as nele para
que iluminem a frente dele. 38 Seus cortadores de pavio e seus
apagadores serão de ouro puro. 39 Com trinta e cinco quilos[d] de
ouro puro faça o candelabro e todos esses utensílios. 40 Tenha
o cuidado de fazê-lo segundo o modelo que lhe foi mostrado
no monte.

26 O Tabernáculo

"Faça o tabernáculo com dez cortinas internas de linho
fino trançado e de fios de tecidos azul, roxo e vermelho, e
nelas mande bordar querubins. 2 Todas as cortinas internas
terão a mesma medida: doze metros e sessenta centímetros
de comprimento e um metro e oitenta centímetros de largura[e].
3 Prenda cinco dessas cortinas internas uma com a outra e faça
o mesmo com as outra cinco. 4 Faça laçadas de tecido azul ao
longo da borda da cortina interna, na extremidade do primeiro
conjunto de cortinas internas; o mesmo será feito à cortina
interna na extremidade do outro conjunto. 5 Faça cinquenta
laçadas numa cortina interna e cinquenta laçadas na cortina
interna que está na extremidade do outro conjunto, de modo
que as laçadas estejam opostas umas às outras. 6 Faça também
cinquenta colchetes de ouro com os quais se prenderão as cor-
tinas internas uma na outra, para que o tabernáculo seja um
todo.
7 "Com o total de onze cortinas internas de pelos de cabra faça
uma tenda para cobrir o tabernáculo. 8 As onze cortinas internas
terão o mesmo tamanho: treze metros e meio de comprimento
e um metro e oitenta centímetros de largura. 9 Prenda de um
lado cinco cortinas internas e também as outras seis do outro
lado. Dobre em duas partes a sexta cortina interna na frente da
tenda. 10 Faça cinquenta laçadas ao longo da borda da cortina
interna na extremidade do primeiro conjunto de cortinas, e
também ao longo da borda da cortina interna do outro con-
junto. 11 Em seguida, faça cinquenta colchetes de bronze e po-
nha-os nas laçadas para unir a tenda como um todo. 12 Quanto
à sobra no comprimento das cortinas internas da tenda, a meia
cortina interna que sobrar será pendurada na parte de trás do
tabernáculo. 13 As dez cortinas internas serão quarenta e cinco
centímetros mais compridas de cada lado; e o que sobrar será
pendurado nos dois lados do tabernáculo, para cobri-lo. 14 Faça
também para a tenda uma cobertura de pele de carneiro tin-
gida de vermelho e por cima desta uma cobertura de couro.

As Armações do Tabernáculo

15 "Faça armações verticais de madeira de acácia para o taber-
náculo. 16 Cada armação terá quatro metros e meio de compri-
mento por setenta centímetros de largura, 17 com dois encaixes
paralelos um ao outro. Todas as armações do tabernáculo
devem ser feitas dessa maneira. 18 Faça vinte armações para o
lado sul do tabernáculo 19 e quarenta bases de prata debaixo
delas: duas bases para cada armação, uma debaixo de cada
encaixe. 20 Para o outro lado, o lado norte do tabernáculo, faça
vinte armações 21 e quarenta bases de prata, duas debaixo de

a 25.17 Tradicionalmente um propiciatório; também no restante do capítulo e em 26.34.
b 25.22 Hebraico: *do Testemunho*. Isto é, das tábuas da aliança; também em 26.33 e 34.
c 25.29 Veja Nm 28.7.
d 25.39 Hebraico: *1 talento*.
e 26.2 Hebraico: *28 côvados de comprimento e 4 côvados de largura*. O côvado era uma medida linear de cerca de 45 centímetros.

cada armação. 22 Faça seis armações para o lado ocidental do
tabernáculo, 23 e duas armações na parte de trás, nos cantos.
24 As armações nesses dois cantos serão duplas, desde a parte
inferior até a superior, colocadas numa única argola; ambas
serão assim. 25 Desse modo, haverá oito armações e dezesseis
bases de prata; duas debaixo de cada armação.
26 "Faça também travessões de madeira de acácia: cinco para
as armações de um lado do tabernáculo, 27 cinco para as do
outro lado e cinco para as do lado ocidental, na parte de trás
do tabernáculo. 28 O travessão central se estenderá de uma
extremidade à outra entre as armações. 29 Revista de ouro as
armações e faça argolas de ouro para sustentar os travessões,
os quais também terão que ser revestidos de ouro.
30 "Faça o tabernáculo de acordo com o modelo que lhe foi
mostrado no monte.

O Véu

31 "Faça um véu de linho fino trançado e de fios de tecidos
azul, roxo e vermelho, e mande bordar nele querubins. 32 Pen-
dure-o com ganchos de ouro em quatro colunas de madeira de
acácia revestidas de ouro e fincadas em quatro bases de prata.
33 Pendure o véu pelos colchetes e coloque atrás do véu a arca
da aliança. O véu separará o Lugar Santo do Lugar Santíssimo.
34 Coloque a tampa sobre a arca da aliança no Lugar Santís-
simo. 35 Coloque a mesa do lado de fora do véu, no lado norte
do tabernáculo; e o candelabro em frente dela, no lado sul.
36 "Para a entrada da tenda faça uma cortina de linho fino
trançado e de fios de tecidos azul, roxo e vermelho — obra
de bordador. 37 Faça ganchos de ouro para essa cortina e cinco
colunas de madeira de acácia revestidas de ouro. Mande fundir
para eles cinco bases de bronze.

27 O Altar dos Holocaustos

"Faça um altar de madeira de acácia. Será quadrado,
com dois metros e vinte e cinco centímetros de largura e um
metro e trinta e cinco centímetros de altura[a]. 2 Faça uma ponta
em forma de chifre em cada um dos quatro cantos, formando
uma só peça com o altar, que será revestido de bronze. 3 Faça
de bronze todos os seus utensílios: os recipientes para recolher
cinzas, as pás, as bacias de aspersão, os garfos para carne e os
braseiros. 4 Faça também para ele uma grelha de bronze em
forma de rede e uma argola de bronze em cada um dos quatro
cantos da grelha. 5 Coloque-a abaixo da beirada do altar, de
maneira que fique a meia altura do altar. 6 Faça varas de ma-
deira de acácia para o altar e revista-as de bronze. 7 Essas varas
serão colocadas nas argolas, dos dois lados do altar, quando
este for carregado. 8 Faça o altar oco e de tábuas, conforme
lhe foi mostrado no monte.

O Pátio

9 "Faça um pátio para o tabernáculo. O lado sul terá quarenta
e cinco metros de comprimento e cortinas externas de linho
fino trançado, 10 com vinte colunas e vinte bases de bronze,
com ganchos e ligaduras de prata nas colunas. 11 O lado norte
também terá quarenta e cinco metros de comprimento e cor-
tinas externas, com vinte colunas e vinte bases de bronze, com
ganchos e ligaduras de prata nas colunas.
12 "O lado ocidental, com as suas cortinas externas, terá vinte
e dois metros e meio de largura, com dez colunas e dez bases.
13 O lado oriental, que dá para o nascente, também terá vinte e
dois metros e meio de largura. 14 Haverá cortinas de seis metros
e setenta e cinco centímetros de comprimento num dos lados
da entrada, com três colunas e três bases, 15 e cortinas externas
de seis metros e setenta e cinco centímetros de comprimento
no outro lado, também com três colunas e três bases.
16 "À entrada do pátio, haverá uma cortina de nove metros de
comprimento, de linho fino trançado e de fios de tecidos azul,
roxo e vermelho — obra de bordador — com quatro colunas
e quatro bases. 17 Todas as colunas ao redor do pátio terão
ligaduras, ganchos de prata e bases de bronze. 18 O pátio terá
quarenta e cinco metros de comprimento e vinte e dois metros
e meio de largura, com cortinas de linho fino trançado de dois
metros e vinte e cinco centímetros de altura e bases de bronze.
19 Todos os utensílios para o serviço do tabernáculo, inclusive
todas as estacas da tenda e as do pátio, serão feitos de bronze.

O Óleo para o Candelabro

20 "Ordene aos israelitas que tragam azeite puro de olivas ba-
tidas para a iluminação, para que as lâmpadas fiquem sempre
acesas. 21 Na Tenda do Encontro, do lado de fora do véu que se
encontra diante das tábuas da aliança, Arão e seus filhos man-
terão acesas as lâmpadas diante do SENHOR, do entardecer até
de manhã. Esse será um decreto perpétuo entre os israelitas,
geração após geração.

28 As Vestes Sacerdotais

"Chame seu irmão, Arão, e separe-o dentre os israelitas,
e também os seus filhos Nadabe e Abiú, Eleazar e Itamar, para
que me sirvam como sacerdotes. 2 Para o seu irmão Arão, faça
vestes sagradas que lhe confiram dignidade e honra. 3 Diga a
todos os homens capazes, aos quais dei habilidade, que façam
vestes para a consagração de Arão, para que me sirva como
sacerdote. 4 São estas as vestes que farão: um peitoral, um co-
lete sacerdotal, um manto, uma túnica bordada, um turbante e
um cinturão. Para que o sacerdote Arão e seus filhos me sirvam
como sacerdotes, eles farão essas vestes sagradas 5 e usarão
linho fino, fios de ouro e fios de tecidos azul, roxo e vermelho.

O Colete Sacerdotal

6 "Faça o colete sacerdotal de linho fino trançado, de fios de
ouro e de fios de tecidos azul, roxo e vermelho — trabalho
artesanal. 7 Terá duas ombreiras atadas às suas duas extre-
midades para uni-lo bem. 8 O cinturão e o colete que por ele é
preso serão feitos da mesma peça. O cinturão também será de
linho fino trançado, de fios de ouro e de fios de tecidos azul,
roxo e vermelho.

[a] 27.1 Hebraico: *5 côvados de largura e 3 côvados de altura.* O côvado era uma medida linear de cerca de 45 centímetros.

9 “Grave em duas pedras de ônix os nomes dos filhos de Israel,
10 por ordem de nascimento: seis nomes numa pedra e seis na
outra. 11 Grave os nomes dos filhos de Israel nas duas pedras
como o lapidador grava um selo. Em seguida, prenda-as com
filigranas de ouro, 12 costurando-as nas ombreiras do colete
sacerdotal, como pedras memoriais para os filhos de Israel.
Assim Arão levará os nomes em seus ombros como memorial
diante do SENHOR. 13 Faça filigranas de ouro 14 e duas correntes
de ouro puro, entrelaçadas como uma corda; e prenda as cor-
rentes às filigranas.

O Peitoral

15 “Faça um peitoral de decisões — trabalho artesanal. Faça-o
como o colete sacerdotal: de linho fino trançado, de fios de
ouro e de fios de tecidos azul, roxo e vermelho. 16 Será qua-
drado, com um palmo de comprimento e um palmo de largura,
e dobrado em dois. 17 Em seguida, fixe nele quatro fileiras de
pedras preciosas. Na primeira fileira haverá um rubi, um to-
pázio e um berilo; 18 na segunda, uma turquesa, uma safira
e um diamante; 19 na terceira, um jacinto, uma ágata e uma
ametista; 20 na quarta, um crisólito, um ônix e um jaspe.[a]
21 Serão doze pedras, uma para cada um dos nomes dos filhos
de Israel, cada uma gravada como um selo, com o nome de
uma das doze tribos.
22 “Faça para o peitoral correntes de ouro puro trançadas como
cordas. 23 Faça também duas argolas de ouro e prenda-as às
duas extremidades do peitoral. 24 Prenda as duas correntes de
ouro às argolas nas extremidades do peitoral, 25 e as outras
extremidades das correntes, às duas filigranas, unindo-as às
peças das ombreiras do colete sacerdotal, na parte da frente.
26 Faça outras duas argolas de ouro e prenda-as às outras duas
extremidades do peitoral, na borda interna, próxima ao colete
sacerdotal. 27 Faça mais duas argolas de ouro e prenda-as na
parte inferior das ombreiras, na frente do colete sacerdotal,
próximas da costura, logo acima do cinturão do colete sacer-
dotal. 28 As argolas do peitoral serão amarradas às argolas do
colete com um cordão azul, ligando o peitoral ao cinturão, para
que não se separe do colete sacerdotal.
29 “Toda vez que Arão entrar no Lugar Santo, levará os nomes
dos filhos de Israel sobre o seu coração no peitoral de deci-
sões, como memorial permanente perante o SENHOR. 30 Ponha
também o Urim e o Tumim[b] no peitoral das decisões, para que
estejam sobre o coração de Arão sempre que ele entrar na
presença do SENHOR. Assim, Arão levará sempre sobre o co-
ração, na presença do SENHOR, os meios para tomar decisões
em Israel.

Outras Vestes Sacerdotais

31 “Faça o manto do colete sacerdotal inteiramente de fios de
tecido azul, 32 com uma abertura para a cabeça no centro. Ao
redor dessa abertura haverá uma dobra tecida, como uma
gola, para que não se rasgue. 33 Faça romãs de fios de tecidos
azul, roxo e vermelho em volta da borda do manto, intercaladas
com pequenos sinos de ouro. 34 Os sinos de ouro e as romãs
se alternarão por toda a volta da borda do manto. 35 Arão o
vestirá quando ministrar. O som dos sinos será ouvido quando
ele entrar no Lugar Santo diante do SENHOR e quando sair, para
que não morra.
36 “Faça um diadema de ouro puro e grave nele como se grava
um selo: Consagrado ao SENHOR. 37 Prenda-o na parte da frente
do turbante com uma fita azul. 38 Estará sobre a testa de Arão;
assim ele levará a culpa de qualquer pecado que os israelitas
cometerem em relação às coisas sagradas, ao fazerem todas
as suas ofertas. Estará sempre sobre a testa de Arão, para que
as ofertas sejam aceitas pelo SENHOR.
39 “Teça a túnica e o turbante com linho fino. O cinturão será
feito por um bordador. 40 Faça também túnicas, cinturões e
gorros para os filhos de Arão, para conferir-lhes honra e dig-
nidade. 41 Depois de vestir seu irmão, Arão, e os filhos dele,
unja-os e consagre-os, para que me sirvam como sacerdotes.
42 “Faça-lhes calções de linho que vão da cintura até a coxa,
para cobrirem a sua nudez. 43 Arão e seus filhos terão que ves-
ti-los sempre que entrarem na Tenda do Encontro ou quando se
aproximarem do altar para ministrar no Lugar Santo, para que
não incorram em culpa e morram. “Este é um decreto perpétuo
para Arão e para os seus descendentes.

A Consagração dos Sacerdotes

29 “Assim você os consagrará, para que me sirvam como
sacerdotes: separe um novilho e dois cordeiros sem defeito.
2 Com a melhor farinha de trigo, sem fermento, faça pães e
bolos amassados com azeite, e pães finos, untados com azeite.
3 Coloque-os numa cesta e ofereça-os dentro dela; também
ofereça o novilho e os dois cordeiros. 4 Depois traga Arão e seus
filhos à entrada da Tenda do Encontro e mande-os lavar-se.
5 Pegue as vestes e vista Arão com a túnica e o peitoral. Prenda
o colete sacerdotal sobre ele com o cinturão. 6 Ponha-lhe o
turbante na cabeça e prenda a coroa sagrada ao turbante.
7 Unja-o com o óleo da unção, derramando-o sobre a cabeça
de Arão. 8 Traga os filhos dele, vista cada um com uma túnica
9 e um gorro na cabeça. Ponha também os cinturões em Arão
e em seus filhos. O sacerdócio lhes pertence como ordenança
perpétua. Assim você dedicará Arão e seus filhos.
10 “Traga o novilho para a frente da Tenda do Encontro. Arão e
seus filhos colocarão as mãos sobre a cabeça do novilho, 11 e
você o sacrificará na presença do SENHOR, defronte da Tenda do
Encontro. 12 Com o dedo, coloque um pouco do sangue do no-
vilho nas pontas do altar e derrame o resto do sangue na base
do altar. 13 Depois tire toda a gordura que cobre as vísceras, o
lóbulo do fígado e os dois rins com a gordura que os envolve e
queime-os no altar. 14 Mas queime a carne, o couro e o excre-
mento do novilho fora do acampamento; é oferta pelo pecado.
15 “Separe um dos cordeiros sobre cuja cabeça Arão e seus fi-
lhos terão que colocar as mãos. 16 Sacrifique-o, pegue o sangue
e jogue-o nos lados do altar. 17 Corte o cordeiro em pedaços,
lave as vísceras e as pernas e coloque-as ao lado da cabeça

[a] 28.20 A identificação precisa de algumas destas pedras não é conhecida.
[b] 28.30 Objetos utilizados para se conhecer a vontade de Deus.

e das outras partes. 18 Depois queime o cordeiro inteiro sobre
o altar; é holocausto dedicado ao SENHOR; é oferta de aroma
agradável dedicada ao SENHOR preparada no fogo.
19 "Pegue depois o outro cordeiro. Arão e seus filhos colocarão
as mãos sobre a cabeça do animal, 20 e você o sacrificará.
Pegue do sangue e coloque-o na ponta da orelha direita de
Arão e dos seus filhos, no polegar da mão direita e do pé direito
de cada um deles. Depois derrame o resto do sangue nos lados
do altar. 21 Pegue, então, um pouco do sangue do altar e um
pouco do óleo da unção, e faça aspersão com eles sobre Arão
e suas vestes, sobre seus filhos e as vestes deles. Assim serão
consagrados, ele e suas vestes, seus filhos e as vestes deles.
22 "Tire desse cordeiro a gordura, a parte gorda da cauda, a
gordura que cobre as vísceras, o lóbulo do fígado, os dois rins
e a gordura que os envolve, e a coxa direita. Esse é o cordeiro
da oferta de ordenação. 23 Da cesta de pães sem fermento,
que está diante do SENHOR, tire um pão, um bolo assado com
azeite e um pão fino. 24 Coloque tudo nas mãos de Arão e de
seus filhos, e apresente-os como oferta ritualmente movida
perante o SENHOR. 25 Em seguida, retome-o das mãos deles e
queime os pães no altar com o holocausto de aroma agradável
ao SENHOR; é oferta dedicada ao SENHOR preparada no fogo.
26 Tire o peito do cordeiro para a ordenação de Arão e mova-o
perante o SENHOR, como gesto ritual de apresentação; essa
parte pertencerá a você.
27 "Consagre aquelas partes do cordeiro da ordenação que per-
tencem a Arão e a seus filhos: o peito e a coxa movidos como
oferta. 28 Essas partes sempre serão dadas pelos israelitas a
Arão e a seus filhos. É a contribuição obrigatória que lhes farão,
das suas ofertas de comunhão ao SENHOR.
29 "As vestes sagradas de Arão passarão aos seus descen-
dentes, para que as vistam quando forem ungidos e consa-
grados. 30 O filho que o suceder como sacerdote e vier à Tenda
do Encontro para ministrar no Lugar Santo terá que usá-las
durante sete dias.
31 "Pegue o cordeiro da ordenação e cozinhe a sua carne num
lugar sagrado. 32 À entrada da Tenda do Encontro, Arão e seus
filhos deverão comer a carne do cordeiro e o pão que está
na cesta. 33 Eles comerão dessas ofertas com as quais se fez
propiciação para sua ordenação e consagração; somente os
sacerdotes poderão comê-las, pois são sagradas. 34 Se sobrar
carne do cordeiro da ordenação ou pão até a manhã seguinte,
queime a sobra. Não se deve comê-los, visto que são sagrados.
35 "Para a ordenação de Arão e seus filhos, faça durante sete
dias tudo que ordenei. 36 Sacrifique um novilho por dia como
oferta pelo pecado para fazer propiciação. Purifique o altar,
fazendo propiciação por ele, e unja-o para consagrá-lo. 37 Du-
rante sete dias faça propiciação pelo altar, consagrando-o.
Então o altar será santíssimo, e tudo o que nele tocar será
santo.

Os Dois Holocaustos Diários

38 "Eis o que você terá que sacrificar regularmente sobre o
altar: a cada dia dois cordeiros de um ano. 39 Ofereça um de
manhã e o outro ao entardecer. 40 Com o primeiro cordeiro
ofereça um jarro[a] da melhor farinha misturada com um litro[b]
de azeite de olivas batidas, e um litro de vinho como oferta
derramada. 41 Ofereça o outro cordeiro ao entardecer com uma
oferta de cereal e uma oferta derramada, como de manhã.
É oferta de aroma agradável ao SENHOR preparada no fogo.
42 "De geração em geração esse holocausto deverá ser feito
regularmente à entrada da Tenda do Encontro, diante do SE-
NHOR. Nesse local eu os encontrarei e falarei com você; 43 ali
me encontrarei com os israelitas, e o lugar será consagrado
pela minha glória.
44 "Assim consagrarei a Tenda do Encontro e o altar, e consa-
grarei também Arão e seus filhos para me servirem como sacer-
dotes. 45 E habitarei no meio dos israelitas e serei o seu Deus.
46 Saberão que eu sou o SENHOR, o seu Deus, que os tirou do
Egito para habitar no meio deles. Eu sou o SENHOR, o seu Deus.

O Altar do Incenso

30 "Faça um altar de madeira de acácia para queimar in-
censo. 2 Será quadrado, com quarenta e cinco centímetros de
cada lado[c] e noventa centímetros de altura; suas pontas for-
marão com ele uma só peça. 3 Revista de ouro puro a parte
superior, todos os lados e as pontas, e faça uma moldura de
ouro ao seu redor. 4 Faça duas argolas de ouro de cada lado
do altar, abaixo da moldura, que sustentem as varas utilizadas
para carregá-lo, 5 e use madeira de acácia para fazer as varas
e revista-as de ouro. 6 Coloque o altar em frente do véu que se
encontra diante da arca da aliança[d], diante da tampa[e] que está
sobre ele, onde me encontrarei com você.
7 "Arão queimará incenso aromático sobre o altar todas as ma-
nhãs, quando vier cuidar das lâmpadas, 8 e também quando
acendê-las ao entardecer. Será queimado incenso continua-
mente perante o SENHOR, pelas suas gerações. 9 Não ofereçam
nesse altar nenhum outro tipo de incenso nem holocausto[f] nem
oferta de cereal nem derramem sobre ele ofertas de bebidas[g].
10 Uma vez por ano, Arão fará propiciação sobre as pontas do
altar. Essa propiciação anual será realizada com o sangue da
oferta para propiciação pelo pecado, geração após geração.
Esse altar é santíssimo ao SENHOR".

O Preço da Propiciação

11 Disse então o SENHOR a Moisés: 12 "Quando você fizer o re-
censeamento dos israelitas, cada um deles terá que pagar ao
SENHOR um preço pelo resgate por sua vida ao ser for contado.
Dessa forma nenhuma praga virá sobre eles quando você os

---

[a] **29.40** Hebraico: *1/10 de efa*. O efa era uma medida de capacidade para secos. As estimativas variam entre 20 e 40 litros.

[b] **29.40** Hebraico: *1/4 de him*. O him era uma medida de capacidade para líquidos. As estimativas variam entre 3 e 6 litros.

[c] **30.2** Hebraico: *1 côvado de comprimento e de largura*.

[d] **30.6** Hebraico: *do Testemunho*. Isto é, das tábuas da aliança; também em 30.26; 31.7; 39.35; 40.3, 5 e 21.

[e] **30.6** Tradicionalmente um propiciatório; também em 31.7; 35.12; 37.6-9; 39.35 e 40.20.

[f] **30.9** Isto é, sacrifício totalmente queimado; também em 30.28; 31.9; 32.6; 35.16; 38.1; 40.6, 10 e 29.

[g] **30.9** Veja Nm 28.7.

contar. 13 Cada recenseado contribuirá com seis gramas[a], com
base no peso padrão[b] do santuário, que tem doze gramas[c]. Os
seis gramas são uma oferta ao SENHOR. 14 Todos os alistados,
da idade de vinte anos para cima, darão ao SENHOR essa oferta.
15 Os ricos não contribuirão com mais, nem os pobres darão
menos que seis gramas, quando apresentarem a oferta ao SE-
NHOR como propiciação por sua vida. 16 Receba dos israelitas
o preço da propiciação e use-o para o serviço da Tenda do
Encontro. Será um memorial perante o SENHOR em favor dos
israelitas, para fazerem propiciação por suas vidas".

A Bacia de Bronze

17 Disse então o SENHOR a Moisés: 18 "Faça uma bacia de bronze
com uma base de bronze, para se lavarem. Coloque-a entre a
Tenda do Encontro e o altar, e mande enchê-la de água. 19 Arão
e seus filhos lavarão as mãos e os pés com a água da bacia.
20 Toda vez que entrarem na Tenda do Encontro, terão que la-
var-se com água, para que não morram. Quando também se
aproximarem do altar para ministrar ao SENHOR, apresentando
uma oferta preparada no fogo, 21 lavarão as mãos e os pés para
que não morram. Esse é um decreto perpétuo, para Arão e os
seus descendentes, geração após geração".

O Óleo para as Unções

22 Em seguida, o SENHOR disse a Moisés: 23 "Junte as seguintes
especiarias: seis quilos de mirra líquida, a metade disso, ou
seja, três quilos de canela, três quilos de cana aromática,
24 seis quilos de cássia, com base no peso padrão do santuário,
e um galão[d] de azeite de oliva. 25 Faça com eles o óleo sagrado
para as unções, uma mistura de aromas — obra de perfumista.
Esse será o óleo sagrado para as unções. 26 Use-o para ungir a
Tenda do Encontro, a arca da aliança, 27 a mesa e todos os seus
utensílios, o candelabro e os seus utensílios, o altar do incenso,
28 o altar do holocausto e todos os seus utensílios, e a bacia
com a sua base. 29 Você os consagrará e serão santíssimos, e
tudo o que neles tocar se tornará santo.
30 "Unja Arão e seus filhos e consagre-os para que me sirvam
como sacerdotes. 31 Diga aos israelitas: Este será o meu óleo
sagrado para as unções, geração após geração. 32 Não o der-
ramem sobre nenhum outro homem e não façam nenhum outro
óleo com a mesma composição. É óleo sagrado, e assim vocês
devem considerá-lo. 33 Quem fizer óleo como esse ou usá-lo
em alguém que não seja sacerdote, será eliminado do meio
do seu povo".

O Incenso

34 Disse ainda o SENHOR a Moisés: "Junte as seguintes essên-
cias: bálsamo, ônica, gálbano e incenso puro — todos em
quantidades iguais —, 35 e faça um incenso de mistura aro-
mática — obra de perfumista. Levará sal e será puro e santo.
36 Moa parte dele, até virar pó, e coloque-o diante das tábuas
da aliança, na Tenda do Encontro, onde me encontrarei com
você. O incenso lhes será santíssimo. 37 Não façam nenhum
outro incenso com a mesma composição para uso pessoal;
considerem-no sagrado, reservado para o SENHOR. 38 Quem
fizer um incenso semelhante, para usufruir sua fragrância,
será eliminado do seu povo".

31

A Escolha dos Artesãos do Tabernáculo

Disse então o SENHOR a Moisés: 2 "Eu escolhi Bezalel, filho
de Uri, filho de Hur, da tribo de Judá, 3 e o enchi do Espírito
de Deus, dando-lhe destreza, habilidade e plena capacidade
artística 4 para desenhar e executar trabalhos em ouro, prata e
bronze, 5 para talhar e esculpir pedras, para entalhar madeira
e executar todo tipo de obra artesanal. 6 Além disso, designei
Aoliabe, filho de Aisamaque, da tribo de Dã, para auxiliá-lo.
Também capacitei todos os artesãos para que executem tudo
o que lhe ordenei: 7 a Tenda do Encontro, a arca da aliança e a
tampa que está sobre ela, e todos os outros utensílios da tenda
— 8 a mesa com os seus utensílios, o candelabro de ouro puro
e os seus utensílios, o altar do incenso, 9 o altar do holocausto
com os seus utensílios, a bacia com a sua base — 10 as vestes
litúrgicas, tanto as vestes sagradas para Arão, o sacerdote,
como as vestes para os seus filhos, quando servirem como
sacerdotes, 11 e o óleo para as unções e o incenso aromático
para o Lugar Santo. Tudo deve ser feito exatamente como eu
lhe ordenei".

O Dia de Sábado

12 Disse ainda o SENHOR a Moisés: 13 "Diga aos israelitas que
guardem os meus sábados. Isso será um sinal entre mim e
vocês, geração após geração, a fim de que saibam que eu sou
o SENHOR, que os santifica.
14 "Guardem o sábado, pois para vocês é santo. Aquele que o
profanar terá que ser executado; quem fizer algum trabalho
nesse dia será eliminado do meio do seu povo. 15 Em seis dias
qualquer trabalho poderá ser feito, mas o sétimo dia é o sá-
bado, o dia de descanso, consagrado ao SENHOR. Quem fizer
algum trabalho no sábado terá que ser executado. 16 Os israe-
litas terão que guardar o sábado, eles e os seus descendentes,
como aliança perpétua. 17 Isso será um sinal perpétuo entre
mim e os israelitas, pois em seis dias o SENHOR fez os céus e a
terra, e no sétimo dia ele não trabalhou e descansou".
18 Quando o SENHOR terminou de falar com Moisés no monte
Sinai, deu-lhe as duas tábuas da aliança, tábuas de pedra, es-
critas pelo dedo de Deus.

32

O Bezerro de Ouro

O povo, ao ver que Moisés demorava a descer do monte,
juntou-se ao redor de Arão e lhe disse: "Venha, faça para nós
deuses[e] que nos conduzam, pois a esse Moisés, o homem que
nos tirou do Egito, não sabemos o que lhe aconteceu".
2 Respondeu-lhes Arão: "Tirem os brincos de ouro de suas mu-

[a] 30.13 Hebraico: *1/2 siclo*. Um siclo equivalia a 12 gramas.
[b] 30.13 Hebraico: *no siclo*; também no versículo 24 e em 38.24 e 25.
[c] 30.13 Hebraico: *20 geras*. Uma gera equivalia a 0,6 gramas.
[d] 30.24 Hebraico: *1 him*. O him era uma medida de capacidade para líquidos. As estimativas variam entre 3 e 6 litros.
[e] 32.1 Ou *um deus*; também nos versículos 23 e 31.

lheres, de seus filhos e de suas filhas e tragam-nos a mim".
3 Todos tiraram os seus brincos de ouro e os levaram a Arão.
4 Ele os recebeu e os fundiu, transformando tudo num ídolo,
que modelou com uma ferramenta própria, dando-lhe a forma
de um bezerro. Então disseram: "Eis aí os seus deuses[a], ó Is-
rael, que tiraram vocês do Egito!"
5 Vendo isso, Arão edificou um altar diante do bezerro e anun-
ciou: "Amanhã haverá uma festa dedicada ao SENHOR". 6 Na
manhã seguinte, ofereceram holocaustos e sacrifícios de comu-
nhão[b]. O povo se assentou para comer e beber, e levantou-se
para se entregar à farra.
7 Então o SENHOR disse a Moisés: "Desça, porque o seu povo,
que você tirou do Egito, corrompeu-se. 8 Muito depressa se
desviaram daquilo que lhes ordenei e fizeram um ídolo em
forma de bezerro, curvaram-se diante dele, ofereceram-lhe
sacrifícios e disseram: 'Eis aí, ó Israel, os seus deuses que ti-
raram vocês do Egito' ".
9 Disse o SENHOR a Moisés: "Tenho visto que este povo é um
povo obstinado. 10 Deixe-me agora, para que a minha ira se
acenda contra eles, e eu os destrua. Depois farei de você uma
grande nação".
11 Moisés, porém, suplicou ao SENHOR, o seu Deus, clamando:
"Ó SENHOR, por que se acenderia a tua ira contra o teu povo,
que tiraste do Egito com grande poder e forte mão? 12 Por que
diriam os egípcios: 'Foi com intenção maligna que ele os li-
bertou, para matá-los nos montes e bani-los da face da terra'?
Arrepende-te do fogo da tua ira! Tem piedade, e não tragas
este mal sobre o teu povo! 13 Lembra-te dos teus servos Abraão,
Isaque e Israel, aos quais juraste por ti mesmo: 'Farei que os
seus descendentes sejam numerosos como as estrelas do céu
e lhes darei toda esta terra que lhes prometi, que será a sua
herança para sempre' ". 14 E sucedeu que o SENHOR arrepen-
deu-se do mal que ameaçara trazer sobre o povo.
15 Então Moisés desceu do monte, levando nas mãos as duas
tábuas da aliança; estavam escritas em ambos os lados, frente
e verso. 16 As tábuas tinham sido feitas por Deus; o que nelas
estava gravado fora escrito por Deus.
17 Quando Josué ouviu o barulho do povo gritando, disse a
Moisés: "Há barulho de guerra no acampamento".
18 Respondeu Moisés: "Não é canto de vitória, nem canto de
derrota; mas ouço o som de canções!"
19 Quando Moisés aproximou-se do acampamento e viu o be-
zerro e as danças, irou-se e jogou as tábuas no chão, ao pé do
monte, quebrando-as. 20 Pegou o bezerro que eles tinham feito
e o destruiu no fogo; depois de moê-lo até virar pó, espalhou-o
na água e fez com que os israelitas a bebessem.
21 E perguntou a Arão: "Que fez esse povo a você para que o
levasse a tão grande pecado?"
22 Respondeu Arão: "Não te enfureças, meu senhor; tu bem
sabes como esse povo é propenso para o mal. 23 Eles me dis-
seram: 'Faça para nós deuses que nos conduzam, pois não
sabemos o que aconteceu com esse Moisés, o homem que nos
tirou do Egito'. 24 Então eu lhes disse: 'Quem tiver enfeites de
ouro, traga-os para mim'. O povo trouxe-me o ouro, eu o joguei
no fogo e surgiu esse bezerro!"
25 Moisés viu que o povo estava desenfreado e que Arão o tinha
deixado fora de controle, tendo se tornado objeto de riso para
os seus inimigos. 26 Então ficou em pé, à entrada do acampa-
mento, e disse: "Quem é pelo SENHOR, junte-se a mim". Todos
os levitas se juntaram a ele.
27 Declarou-lhes também: "Assim diz o SENHOR, o Deus de Is-
rael: 'Pegue cada um sua espada, percorra o acampamento,
de tenda em tenda, e mate o seu irmão, o seu amigo e o seu
vizinho' ". 28 Fizeram os levitas conforme Moisés ordenou, e
naquele dia morreram cerca de três mil dentre o povo. 29 Disse
então Moisés: "Hoje vocês se consagraram ao SENHOR, pois
nenhum de vocês poupou o seu filho e o seu irmão, de modo
que o SENHOR os abençoou neste dia".
30 No dia seguinte Moisés disse ao povo: "Vocês cometeram
um grande pecado. Mas agora subirei ao SENHOR e talvez possa
oferecer propiciação pelo pecado de vocês".
31 Assim, Moisés voltou ao SENHOR e disse: "Ah, que grande
pecado cometeu este povo! Fizeram para si deuses de ouro.
32 Mas agora, eu te rogo, perdoa-lhes o pecado; se não, ris-
ca-me do teu livro que escreveste".
33 Respondeu o SENHOR a Moisés: "Riscarei do meu livro todo
aquele que pecar contra mim. 34 Agora vá, guie o povo ao lugar
de que lhe falei, e meu anjo irá à sua frente. Todavia, quando
chegar a hora de puni-los, eu os punirei pelos pecados deles".
35 E o SENHOR feriu o povo com uma praga porque quiseram que
Arão fizesse o bezerro.

33 Depois ordenou o SENHOR a Moisés: "Saia deste lugar,
com o povo que você tirou do Egito, e vá para a terra que
prometi com juramento a Abraão, a Isaque e a Jacó, dizendo:
'Eu a darei a seus descendentes'. 2 Mandarei à sua frente um
anjo e expulsarei os cananeus, os amorreus, os hititas, os fe-
rezeus, os heveus e os jebuseus. 3 Vão para a terra onde há
leite e mel com fartura. Mas eu não irei com vocês, pois vocês
são um povo obstinado, e eu poderia destruí-los no caminho".
4 Quando o povo ouviu essas palavras terríveis, começou a
chorar, e ninguém usou enfeite algum. 5 Isso porque o SENHOR
ordenara que Moisés dissesse aos israelitas: "Vocês são um
povo obstinado. Se eu fosse com vocês, ainda que por um só
momento, eu os destruiria. Agora tirem os seus enfeites, e eu
decidirei o que fazer com vocês". 6 Por isso, do monte Horebe
em diante, os israelitas não usaram mais nenhum enfeite.

A Tenda do Encontro

7 Moisés costumava montar uma tenda do lado de fora do
acampamento; ele a chamava Tenda do Encontro. Quem qui-
sesse consultar o SENHOR ia à tenda, fora do acampamento.
8 Sempre que Moisés ia até lá, todo o povo se levantava e ficava
em pé à entrada de suas tendas, observando-o, até que ele en-
trasse na tenda. 9 Assim que Moisés entrava, a coluna de nuvem
descia e ficava à entrada da tenda, enquanto o SENHOR falava

[a] 32.4 Ou *o seu deus*; também no versículo 8.
[b] 32.6 Ou *de paz*

com Moisés. 10 Quando o povo via a coluna de nuvem parada à
entrada da tenda, todos prestavam adoração em pé, cada qual
na entrada de sua própria tenda. 11 O SENHOR falava com Moisés
face a face, como quem fala com seu amigo. Depois Moisés
voltava ao acampamento; mas Josué, filho de Num, que lhe
servia como auxiliar, não se afastava da tenda.

Moisés diante da Glória de Deus

12 Disse Moisés ao SENHOR: "Tu me ordenaste: 'Conduza este
povo', mas não me permites saber quem enviarás comigo. Dis-
seste: 'Eu o conheço pelo nome e de você tenho me agradado'.
13 Se me vês com agrado, revela-me os teus propósitos, para
que eu te conheça e continue sendo aceito por ti. Lembra-te
de que esta nação é o teu povo".
14 Respondeu o SENHOR: "Eu mesmo o acompanharei e lhe darei
descanso".
15 Então Moisés lhe declarou: "Se não fores conosco, não nos
envies. 16 Como se saberá que eu e o teu povo podemos contar
com o teu favor, se não nos acompanhares? Que mais poderá
distinguir a mim e a teu povo de todos os demais povos da
face da terra?"
17 O SENHOR disse a Moisés: "Farei o que me pede, porque tenho
me agradado de você e o conheço pelo nome".
18 Então disse Moisés: "Peço-te que me mostres a tua glória".
19 E Deus respondeu: "Diante de você farei passar toda a minha
bondade e diante de você proclamarei o meu nome: o SENHOR.
Terei misericórdia de quem eu quiser ter misericórdia e terei
compaixão de quem eu quiser ter compaixão". 20 E acres-
centou: "Você não poderá ver a minha face, porque ninguém
poderá ver-me e continuar vivo".
21 E prosseguiu o SENHOR: "Há aqui um lugar perto de mim, onde
você ficará, em cima de uma rocha. 22 Quando a minha glória
passar, eu o colocarei numa fenda da rocha e o cobrirei com a
minha mão até que eu tenha acabado de passar. 23 Então tirarei
a minha mão e você verá as minhas costas; mas a minha face
ninguém poderá ver".

34 As Novas Tábuas da Lei

Disse o SENHOR a Moisés: "Talhe duas tábuas de pedra
semelhantes às primeiras, e nelas escreverei as palavras que
estavam nas primeiras tábuas que você quebrou. 2 Esteja
pronto pela manhã para subir ao monte Sinai. E lá mesmo, no
alto do monte, apresente-se a mim. 3 Ninguém poderá ir com
você nem ficar em lugar algum do monte; nem mesmo ovelhas
e bois deverão pastar diante do monte".
4 Assim Moisés lavrou duas tábuas de pedra semelhantes às
primeiras e subiu ao monte Sinai, logo de manhã, como o SE-
NHOR lhe havia ordenado, levando nas mãos as duas tábuas
de pedra. 5 Então o SENHOR desceu na nuvem, permaneceu ali
com ele e proclamou o seu nome: o SENHOR. 6 E passou diante
de Moisés, proclamando: "SENHOR, SENHOR, Deus compassivo e
misericordioso, paciente, cheio de amor e de fidelidade, 7 que
mantém o seu amor a milhares e perdoa a maldade, a rebelião
e o pecado. Contudo, não deixa de punir o culpado; castiga os
filhos e os netos pelo pecado de seus pais, até a terceira e a
quarta gerações".
8 Imediatamente Moisés prostrou-se com o rosto em terra e o
adorou, dizendo: 9 "Senhor, se de fato me aceitas com agrado,
que o Senhor nos acompanhe. Mesmo sendo esse um povo
obstinado, perdoa a nossa maldade e o nosso pecado e faze
de nós a tua herança".

A Renovação da Aliança

10 "Faço com você uma aliança", disse o SENHOR. "Diante de
todo o seu povo farei maravilhas jamais realizadas na presença
de nenhum outro povo do mundo. O povo no meio do qual você
habita verá a obra maravilhosa que eu, o SENHOR, farei. 11 Obe-
deça às ordens que hoje lhe dou. Expulsarei de diante de você
os amorreus, os cananeus, os hititas, os ferezeus, os heveus e
os jebuseus. 12 Acautele-se para não fazer acordo com aqueles
que vivem na terra para a qual você está indo, pois eles se
tornariam uma armadilha. 13 Ao contrário, derrube os altares
deles, quebre as suas colunas sagradas e corte os seus postes
sagrados. 14 Nunca adore nenhum outro deus, porque o SENHOR,
cujo nome é Zeloso, é de fato Deus zeloso.
15 "Acautele-se para não fazer acordo com aqueles que já vivem
na terra; pois, quando eles se prostituírem seguindo os seus
deuses e lhes oferecerem sacrifícios, convidarão você e po-
derão levá-lo a comer dos seus sacrifícios 16 e a escolher para
os seus filhos mulheres dentre as filhas deles. Quando elas se
prostituírem seguindo os seus deuses, poderão levar os seus
filhos a se prostituir também.
17 "Não faça ídolos de metal para você.
18 "Celebre a festa dos pães sem fermento. Durante sete dias
coma pão sem fermento, como lhe ordenei. Faça isso no tempo
certo, no mês de abibe[a], porquanto naquele mês você saiu
do Egito.
19 "O primeiro a nascer de cada ventre me pertence, todos os
machos dentre as primeiras crias dos seus rebanhos: bezerros,
cordeiros e cabritos. 20 Resgate com um cordeiro cada primeiro
jumentinho que nascer; mas, se não o resgatar, quebre-lhe o
pescoço. Resgate todos os seus primogênitos. "Ninguém com-
pareça perante mim de mãos vazias.
21 "Trabalhe seis dias, mas descanse no sétimo; tanto na época
de arar como na da colheita.
22 "Celebre a festa das semanas[b], na ocasião dos primeiros
frutos da colheita do trigo, e a festa do encerramento da co-
lheita, no fim do ano. 23 Três vezes por ano todos os homens do
seu povo comparecerão diante do Soberano, o SENHOR, o Deus
de Israel. 24 Expulsarei nações de diante de você e ampliarei o
seu território. Quando você subir três vezes por ano para apre-
sentar-se ao SENHOR, o seu Deus, ninguém cobiçará a sua terra.
25 "Não me ofereça o sangue de nenhum sacrifício misturado
com algo fermentado, e não deixe sobra alguma do sacrifício
da festa da Páscoa até a manhã seguinte.

---

[a] 34.18 Aproximadamente março/abril.
[b] 34.22 Isto é, do Pentecoste.

26“Traga o melhor dos primeiros frutos da terra ao santuário
do SENHOR, o seu Deus. “Não cozinhe o cabrito no leite da pró-
pria mãe.”
27Disse o SENHOR a Moisés: “Escreva essas palavras; porque é
de acordo com elas que faço aliança com você e com Israel”.
28Moisés ficou ali com o SENHOR quarenta dias e quarenta
noites, sem comer pão e sem beber água. E escreveu nas tá-
buas as palavras da aliança: os Dez Mandamentos.

O Rosto Resplandecente de Moisés

29Ao descer do monte Sinai com as duas tábuas da aliança nas
mãos, Moisés não sabia que o seu rosto resplandecia por ter
conversado com o SENHOR. 30Quando Arão e todos os israelitas
viram Moisés com o rosto resplandecente, tiveram medo de
aproximar-se dele. 31Ele, porém, os chamou; Arão e os líderes
da comunidade atenderam, e Moisés falou com eles. 32Depois,
todos os israelitas se aproximaram, e ele lhes transmitiu todos
os mandamentos que o SENHOR lhe tinha dado no monte Sinai.
33Quando acabou de falar com eles, cobriu o rosto com um véu.
34Mas toda vez que entrava para estar na presença do SENHOR e
falar com ele, tirava o véu até sair. Sempre que saía e contava
aos israelitas tudo o que lhe havia sido ordenado, 35eles viam
que o seu rosto resplandecia. Então, de novo Moisés cobria o
rosto com o véu até entrar de novo para falar com o SENHOR.

A Lei do Sábado

35 Moisés reuniu toda a comunidade de Israel e disse a ela:
“Estas são as coisas que o SENHOR os mandou fazer: 2Em seis
dias qualquer trabalho poderá ser feito, mas o sétimo dia lhes
será santo, um sábado de descanso consagrado ao SENHOR.
Todo aquele que trabalhar nesse dia terá que ser morto. 3Nem
sequer acendam fogo em nenhuma de suas casas no dia de
sábado!”

O Material para o Tabernáculo

4Disse Moisés a toda a comunidade de Israel: “Foi isto que o
SENHOR ordenou: 5‘Separem dentre os seus bens uma oferta
para o SENHOR. Todo aquele que, de coração, estiver disposto,
trará como oferta ao SENHOR ouro, prata e bronze; 6fios de te-
cidos azul, roxo e vermelho; linho fino e pelos de cabra; 7peles
de carneiro tingidas de vermelho e couro[a]; madeira de acácia;
8óleo para a iluminação; especiarias para o óleo da unção e
para o incenso aromático; 9pedras de ônix e outras pedras
preciosas para serem encravadas no colete sacerdotal e no
peitoral.
10“Todos os que dentre vocês forem capazes virão fazer tudo
quanto o SENHOR ordenou: 11o tabernáculo com sua tenda e sua
cobertura, os ganchos, as armações, os travessões, as colunas
e as bases; 12a arca com suas varas, a tampa e o véu que a
protege; 13a mesa com suas varas e todos os seus utensílios,
e os pães da Presença; 14o candelabro com seus utensílios, as
lâmpadas e o óleo para iluminação; 15o altar do incenso com
suas varas, o óleo da unção e o incenso aromático; a cortina
divisória à entrada do tabernáculo; 16o altar de holocaustos
com sua grelha de bronze, suas varas e todos os seus utensí-
lios; a bacia de bronze e sua base; 17as cortinas externas do
pátio com suas colunas e bases, e a cortina da entrada para
o pátio; 18as estacas do tabernáculo e do pátio e suas cordas;
19as vestes litúrgicas para ministrar no Lugar Santo, tanto as
vestes sagradas de Arão, o sacerdote, como as vestes de seus
filhos, para quando servirem como sacerdotes’”.
20Então toda a comunidade de Israel saiu da presença de
Moisés, 21e todos os que estavam dispostos, cujo coração os
impeliu a isso, trouxeram uma oferta ao SENHOR para a obra
da Tenda do Encontro, para todos os seus serviços e para as
vestes sagradas. 22Todos os que se dispuseram, tanto homens
como mulheres, trouxeram joias de ouro de todos os tipos:
broches, brincos, anéis e ornamentos; e apresentaram seus
objetos de ouro como oferta ritualmente movida perante o
SENHOR. 23Todos os que possuíam fios de tecidos azul, roxo e
vermelho, ou linho fino, ou pelos de cabra, peles de carneiro
tingidas de vermelho, ou couro, trouxeram-nos. 24Aqueles que
apresentaram oferta de prata ou de bronze trouxeram-na como
oferta ao SENHOR, e todo aquele que possuía madeira de acácia
para qualquer das partes da obra também a trouxe. 25Todas as
mulheres capazes teceram com suas mãos e trouxeram o que
haviam feito: tecidos azul, roxo e vermelho e linho fino. 26Todas
as mulheres que se dispuseram e que tinham habilidade te-
ceram os pelos de cabra. 27Os líderes trouxeram pedras de ônix
e outras pedras preciosas para serem encravadas no colete
sacerdotal e no peitoral. 28Trouxeram também especiarias e
azeite de oliva para a iluminação, para o óleo da unção e para
o incenso aromático. 29Todos os israelitas que se dispuseram,
tanto homens como mulheres, trouxeram ao SENHOR ofertas
voluntárias para toda a obra que o SENHOR, por meio de Moisés,
ordenou-lhes que fizessem.

Os Artesãos do Tabernáculo

30Disse então Moisés aos israelitas: “O SENHOR escolheu Be-
zalel, filho de Uri, neto de Hur, da tribo de Judá, 31e o encheu
do Espírito de Deus, dando-lhe destreza, habilidade e plena
capacidade artística, 32para desenhar e executar trabalhos em
ouro, prata e bronze, 33para talhar e lapidar pedras e entalhar
madeira para todo tipo de obra artesanal. 34E concedeu tanto
a ele como a Aoliabe, filho de Aisamaque, da tribo de Dã, a ha-
bilidade de ensinar os outros. 35A todos esses deu capacidade
para realizar todo tipo de obra como artesãos, projetistas, bor-
dadores de linho fino e de fios de tecidos azul, roxo e vermelho,
e como tecelões. Eram capazes de projetar e executar qualquer
trabalho artesanal.

36 “Assim Bezalel, Aoliabe e todos os homens capazes, a
quem o SENHOR concedeu destreza e habilidade para
fazer toda a obra de construção do santuário, realizarão a
obra como o SENHOR ordenou”.
2Então Moisés chamou Bezalel e Aoliabe e todos os homens
capazes a quem o SENHOR dera habilidade e que estavam dis-

[a] 35.7 Possivelmente de animais marinhos; também em 35.23, 36.19 e 39.34.

postos a vir realizar a obra. 3 Receberam de Moisés todas as
ofertas que os israelitas tinham trazido para a obra de cons-
trução do santuário. E o povo continuava a trazer voluntaria-
mente ofertas, manhã após manhã. 4 Por isso, todos os arte-
sãos habilidosos que trabalhavam no santuário interromperam
o trabalho 5 e disseram a Moisés: "O povo está trazendo mais
do que o suficiente para realizar a obra que o SENHOR ordenou".
6 Então Moisés ordenou que fosse feita esta proclamação em
todo o acampamento: "Nenhum homem ou mulher deverá
fazer mais nada para ser oferecido ao santuário". Assim, o povo
foi impedido de trazer mais, 7 pois o que já haviam recebido era
mais que suficiente para realizar toda a obra.

A Construção do Tabernáculo

8 Todos os homens capazes dentre os trabalhadores fizeram o
tabernáculo com dez cortinas internas de linho fino trançado e
de fios de tecidos azul, roxo e vermelho, com os querubins bor-
dados sobre eles. 9 Todas as cortinas internas tinham o mesmo
tamanho: doze metros e sessenta centímetros de comprimento
por um metro e oitenta centímetros de largura[a]. 10 Prenderam
cinco cortinas internas e fizeram o mesmo com as outras cinco.
11 Em seguida, fizeram laçadas de tecido azul ao longo da borda
da última cortina interna do primeiro conjunto de cortinas in-
ternas, fazendo o mesmo com o segundo conjunto. 12 Fizeram
também cinquenta laçadas na primeira cortina interna e cin-
quenta laçadas na última cortina interna do segundo conjunto;
as laçadas estavam opostas umas às outras. 13 Depois fizeram
cinquenta ganchos de ouro e com eles prenderam um conjunto
de cortinas internas ao outro, para que o tabernáculo formasse
um todo.
14 Com o total de onze cortinas internas de pelos de cabra fi-
zeram uma tenda para cobrir o tabernáculo. 15 As onze cortinas
internas tinham a mesma medida: treze metros e meio de
comprimento por um metro e oitenta centímetros de largura.
16 Prenderam cinco cortinas internas num conjunto e as outras
seis noutro conjunto. 17 Depois fizeram cinquenta laçadas em
volta da borda da última cortina interna de um dos conjuntos e
também na borda da última cortina interna do outro conjunto.
18 Fizeram também cinquenta ganchos de bronze para unir a
tenda, formando um todo. 19 Em seguida, fizeram para a tenda
uma cobertura de pele de carneiro tingida de vermelho, e por
cima desta uma cobertura de couro.
20 Fizeram ainda armações verticais de madeira de acácia para
o tabernáculo. 21 Cada armação tinha quatro metros e meio de
comprimento por setenta centímetros de largura, 22 com dois
encaixes paralelos um ao outro. E fizeram todas as armações
do tabernáculo dessa madeira. 23 Fizeram também vinte ar-
mações para o lado sul do tabernáculo 24 e quarenta bases de
prata para serem colocadas debaixo delas; duas bases para
cada armação, uma debaixo de cada encaixe. 25 Para o outro
lado, o lado norte do tabernáculo, fizeram vinte armações 26 e
quarenta bases de prata, duas debaixo de cada armação. 27 Fi-
zeram ainda seis armações na parte de trás do tabernáculo,
isto é, para o lado ocidental, 28 e duas armações foram mon-
tadas nos cantos, na parte de trás do tabernáculo. 29 Nesses
dois cantos as armações eram duplas, desde a parte inferior
até a mais alta, colocadas numa só argola, ambas feitas do
mesmo modo. 30 Havia, pois, oito armações e dezesseis bases
de prata, duas debaixo de cada armação.
31 Também fizeram travessões de madeira de acácia: cinco para
as armações de um lado do tabernáculo, 32 cinco para as do
outro lado e cinco para as do lado ocidental, na parte de trás
do tabernáculo. 33 Fizeram o travessão central de uma extremi-
dade à outra, passando pelo meio das armações. 34 Revestiram
de ouro as armações e fizeram argolas de ouro para sustentar
os travessões, os quais também revestiram de ouro.
35 Fizeram o véu de linho fino trançado e de fios de tecidos
azul, roxo e vermelho, e mandaram bordar nele querubins.
36 Fizeram-lhe quatro colunas de madeira de acácia e as reves-
tiram de ouro. Fizeram-lhe ainda ganchos de ouro e fundiram
as suas bases de prata. 37 Para a entrada da tenda fizeram uma
cortina de linho fino trançado e de fios de tecidos azul, roxo e
vermelho — obra de bordador; 38 e fizeram-lhe cinco colunas
com ganchos. Revestiram de ouro as partes superior e lateral
das colunas e fizeram de bronze as suas cinco bases.

A Arca da Aliança

37 Bezalel fez a arca com madeira de acácia, com um metro
e dez centímetros de comprimento, setenta centímetros de
largura e setenta centímetros de altura[b]. 2 Revestiu-a de ouro
puro, por dentro e por fora, e fez uma moldura de ouro ao seu
redor. 3 Fundiu quatro argolas de ouro para ela, prendendo-as
a seus quatro pés, com duas argolas de um lado e duas do
outro. 4 Depois fez varas de madeira de acácia, revestiu-as de
ouro 5 e colocou-as nas argolas laterais da arca para que pu-
desse ser carregada.
6 Fez a tampa de ouro puro com um metro e dez centímetros de
comprimento por setenta centímetros de largura. 7 Fez também
dois querubins de ouro batido nas extremidades da tampa.
8 Fez ainda um querubim numa extremidade e o segundo na
outra, formando uma só peça com a tampa. 9 Os querubins
tinham as asas estendidas para cima, cobrindo com elas a
tampa. Estavam de frente um para o outro, com o rosto vol-
tado para a tampa.

A Mesa e seus Utensílios

10 Fez a mesa com madeira de acácia com noventa centímetros
de comprimento, quarenta e cinco centímetros de largura e
setenta centímetros de altura. 11 Revestiu-a de ouro puro e fez
uma moldura de ouro ao seu redor. 12 Fez também ao seu redor
uma borda com a largura de quatro dedos e uma moldura de
ouro para essa borda. 13 Fundiu quatro argolas de ouro para a
mesa e prendeu-as nos quatro cantos, onde estavam os seus
quatro pés. 14 As argolas foram presas próximas da borda, para

[a] **36.9** Hebraico: *28 côvados de comprimento por 4 côvados de largura*. O côvado era uma medida linear de cerca de 45 centímetros.

[b] **37.1** Hebraico: *2,5 côvados de comprimento e 1,5 côvados de largura e de altura*. O côvado era uma medida linear de cerca de 45 centímetros.

que sustentassem as varas usadas para carregar a mesa. 15 Fez
as varas para carregar a mesa de madeira de acácia, revestidas
de ouro. 16 E de ouro puro fez os utensílios para a mesa: seus
pratos e recipientes para incenso, as tigelas e as bacias nas
quais se derramam as ofertas de bebidas[a].

O Candelabro de Ouro

17 Fez o candelabro de ouro puro e batido. O pedestal, a haste,
as taças, as flores e os botões formavam com ele uma só peça.
18 Seis braços saíam do candelabro: três de um lado e três do
outro. 19 Havia três taças com formato de flor de amêndoa,
num dos braços, cada uma com botão e flor, e três taças com
formato de flor de amêndoa no braço seguinte, cada uma com
botão e flor. Assim era com os seis braços que saem do cande-
labro. 20 Na haste do candelabro havia quatro taças com for-
mato de flor de amêndoa, cada uma com flor e botão. 21 Havia
um botão debaixo de cada par dos seis braços que saíam do
candelabro. 22 Os braços com seus botões formavam uma só
peça com o candelabro; tudo feito de ouro puro e batido.
23 Fez de ouro puro suas sete lâmpadas, seus cortadores de
pavio e seus apagadores. 24 Com trinta e cinco quilos[b] de ouro
puro fez o candelabro com seus botões e todos esses utensílios.

O Altar do Incenso

25 Fez ainda o altar do incenso de madeira de acácia. Era qua-
drado, com quarenta e cinco centímetros de cada lado e no-
venta centímetros de altura; suas pontas formavam com ele
uma só peça. 26 Revestiu de ouro puro a parte superior, todos
os lados e as pontas, e fez uma moldura de ouro ao seu redor.
27 Fez também duas argolas de ouro de cada lado do altar,
abaixo da moldura, para sustentar as varas utilizadas para
carregá-lo, 28 e usou madeira de acácia para fazer as varas e
revestiu-as de ouro.
29 Fez ainda o óleo sagrado para as unções e o incenso puro e
aromático — obra de perfumista.

38 O Altar dos Holocaustos

Fez um altar de madeira de acácia para os holocaustos,
com um metro e trinta e cinco centímetros[c] de altura; era qua-
drado, com dois metros e vinte e cinco centímetros de cada
lado. 2 E fez uma ponta em forma de chifre em cada um dos
quatro cantos, formando uma só peça com o altar, o qual
revestiu de bronze. 3 De bronze fez todos os seus utensílios:
os recipientes para recolher cinzas, as pás, as bacias de as-
persão, os garfos para carne e os braseiros. 4 Fez uma grelha
de bronze para o altar em forma de rede, abaixo da sua bei-
rada, a meia altura do altar. 5 Fundiu quatro argolas de bronze
para sustentar as varas nos quatro cantos da grelha de bronze.
6 Fez as varas de madeira de acácia, revestiu-as de bronze 7 e
colocou-as nas argolas, nos dois lados do altar, para que o
pudessem carregar. O altar era oco, feito de tábuas.
8 Fez a bacia de bronze e a sua base com os espelhos das mu-
lheres que serviam à entrada da Tenda do Encontro.

O Pátio

9 Fez também o pátio. O lado sul tinha quarenta e cinco metros
de comprimento e cortinas externas de linho fino trançado,
10 com vinte colunas e vinte bases de bronze. Os ganchos e as
ligaduras das colunas eram de prata. 11 O lado norte também
tinha quarenta e cinco metros de comprimento, com vinte co-
lunas e vinte bases de bronze. Os ganchos e as ligaduras das
colunas eram de prata.
12 O lado ocidental, com suas cortinas externas, tinha vinte e
dois metros e meio de largura, com dez colunas e dez bases.
Os ganchos e as ligaduras das colunas eram de prata. 13 O lado
oriental, que dá para o nascente, também tinha vinte e dois
metros e meio de largura. 14 Havia cortinas de seis metros e
setenta e cinco centímetros de comprimento num dos lados
da entrada, com três colunas e três bases; 15 e cortinas de
seis metros e setenta e cinco centímetros de comprimento no
outro lado da entrada do pátio, também com três colunas e
três bases. 16 Todas as cortinas ao redor do pátio eram feitas
de linho fino trançado. 17 As bases das colunas eram de bronze.
Os ganchos e as ligaduras das colunas eram de prata, e o topo
das colunas também eram revestidos de prata; de modo que
todas as colunas do pátio tinham ligaduras de prata.
18 Na entrada do pátio havia uma cortina de linho fino trançado
e de fios de tecidos azul, roxo e vermelho — obra de bordador.
Tinha nove metros de comprimento e, à semelhança das cor-
tinas do pátio, tinha dois metros e vinte e cinco centímetros
de altura, 19 com quatro colunas e quatro bases de bronze.
Seus ganchos e ligaduras eram de prata, e o topo das colunas
também era revestido de prata. 20 Todas as estacas da tenda do
tabernáculo e do pátio que o rodeava eram de bronze.

O Material para a Construção do Tabernáculo

21 Esta é a relação do material usado para o tabernáculo, o
tabernáculo da aliança, registrada por ordem de Moisés pelos
levitas, sob a direção de Itamar, filho de Arão, o sacerdote.
22 Bezalel, filho de Uri, neto de Hur, da tribo de Judá, fez tudo
o que o SENHOR tinha ordenado a Moisés. 23 Com ele estava Ao-
liabe, filho de Aisamaque, da tribo de Dã, artesão e projetista,
e também bordador em linho fino e de fios de tecidos azul, roxo
e vermelho. 24 O peso total do ouro recebido na oferta movida
e utilizado para a obra do santuário foi de uma tonelada[d], com
base no peso padrão do santuário.
25 O peso da prata recebida dos que foram contados no recen-
seamento da comunidade foi superior a três toneladas e meia[e],
com base no peso padrão do santuário: 26 seis gramas[f] para
cada um dos recenseados, isto é, para seiscentos e três mil,
quinhentos e cinquenta homens de vinte anos de idade para

---

a **37.16** Hebraico: *Veja Nm 28.7.*
b **37.24** Hebraico: *1 talento.*
c **38.1** Hebraico: *3 côvados de altura.* O côvado era uma medida linear de cerca de 45 centímetros.
d **38.24** Hebraico: *29 talentos e 730 siclos, segundo o siclo do santuário.* O talento equivalia a 35 quilos e o siclo, a 12 gramas.
e **38.25** Hebraico: *100 talentos e 1.775 siclos, segundo o siclo do santuário.*
f **38.26** Hebraico: *1 beca por cabeça, ou seja, 1/2 siclo, segundo o siclo do santuário.*

cima. 27 As três toneladas e meia de prata foram usadas para fundir as bases do santuário e do véu: cem bases feitas das três toneladas e meia, trinta e cinco quilos para cada base. 28 Vinte quilos e trezentos gramas foram usados para fazer os ganchos para as colunas, para revestir a parte superior das colunas e para fazer as suas ligaduras.

29 O peso do bronze da oferta movida foi de duas toneladas e meia[a]. 30 Ele o utilizou para fazer as bases da entrada da Tenda do Encontro, o altar de bronze, a sua grelha e todos os seus utensílios, 31 as bases do pátio ao redor e da sua entrada, e todas as estacas do tabernáculo e do pátio em derredor.

39 As Vestes Sacerdotais

Com fios de tecidos azul, roxo e vermelho fizeram as vestes litúrgicas para ministrar no Lugar Santo. Também fizeram as vestes sagradas de Arão, como o SENHOR tinha ordenado a Moisés.

O Colete Sacerdotal

2 Fizeram o colete sacerdotal de linho fino trançado e de fios de ouro e de fios de tecidos azul, roxo e vermelho. 3 E bateram o ouro em finas placas das quais cortaram fios de ouro para serem bordados no linho fino com os fios de tecidos azul, roxo e vermelho — trabalho artesanal. 4 Fizeram as ombreiras para o colete sacerdotal, atadas às suas duas extremidades, para que pudessem ser amarradas. 5 O cinturão e o colete por ele preso foram feitos da mesma peça. O cinturão também foi feito de linho fino trançado, de fios de ouro e de fios de tecidos azul, roxo e vermelho, como o SENHOR tinha ordenado a Moisés.

6 Prenderam as pedras de ônix em filigranas de ouro e nelas gravaram os nomes dos filhos de Israel, como um lapidador grava um selo. 7 Então as costuraram nas ombreiras do colete sacerdotal, como pedras memoriais para os filhos de Israel, como o SENHOR tinha ordenado a Moisés.

O Peitoral

8 Fizeram o peitoral — trabalho artesanal — como o colete sacerdotal: de linho fino trançado, de fios de ouro e de fios de tecidos azul, roxo e vermelho. 9 Era quadrado, com um palmo de comprimento e um palmo de largura; dobrado em dois. 10 Em seguida, fixaram nele quatro fileiras de pedras preciosas. Na primeira fileira havia um rubi, um topázio e um berilo; 11 na segunda, uma turquesa, uma safira e um diamante; 12 na terceira, um jacinto, uma ágata e uma ametista; 13 na quarta, um crisólito, um ônix e um jaspe;[b] todas fixadas em filigranas de ouro. 14 Havia doze pedras, uma para cada nome dos filhos de Israel, cada uma gravada como um lapidador grava um selo, com o nome de uma das doze tribos.

15 Para o peitoral fizeram correntes trançadas de ouro puro, como cordas. 16 De ouro fizeram duas filigranas e duas argolas, as quais prenderam às duas extremidades do peitoral. 17 Prenderam as duas correntes de ouro às duas argolas nas extremidades do peitoral; 18 as outras extremidades das correntes, às duas filigranas, unindo-as às peças das ombreiras do colete sacerdotal, na parte da frente. 19 Fizeram outras duas argolas de ouro e as prenderam às duas extremidades do peitoral na borda interna, próxima ao colete sacerdotal. 20 Depois fizeram mais duas argolas de ouro e as prenderam na parte inferior das ombreiras, na frente do colete sacerdotal, próximas da costura, logo acima do cinturão do colete sacerdotal. 21 Amarraram as argolas do peitoral às argolas do colete com um cordão azul, ligando-o ao cinturão, para que o peitoral não se separasse do colete sacerdotal, como o SENHOR tinha ordenado a Moisés.

Outras Vestes Sacerdotais

22 Fizeram o manto do colete sacerdotal inteiramente de fios de tecido azul — obra de tecelão — 23 com uma abertura no centro. Ao redor dessa abertura havia uma dobra tecida, como uma gola, para que não se rasgasse. 24 Fizeram romãs de linho fino trançado e de fios de tecidos azul, roxo e vermelho em volta da borda do manto. 25 Fizeram ainda pequenos sinos de ouro puro, atando-os em volta da borda, entre as romãs. 26 Os sinos e as romãs se alternavam por toda a borda do manto. Tudo feito para ser usado ao se ministrar, como o SENHOR tinha ordenado a Moisés.

27 Para Arão e seus filhos fizeram de linho fino as túnicas — obra de tecelão; 28 o turbante, os gorros e os calções, de linho fino trançado. 29 O cinturão também era de linho fino trançado e de fios de tecidos azul, roxo e vermelho — obra de bordador — como o SENHOR tinha ordenado a Moisés.

30 Fizeram de ouro puro o diadema sagrado, e gravaram nele como se grava um selo: Consagrado ao SENHOR. 31 Depois usaram um cordão azul para prendê-lo na parte de cima do turbante, como o SENHOR tinha ordenado a Moisés.

A Condução do Trabalho

32 Assim foi encerrada toda a obra do tabernáculo, a Tenda do Encontro. Os israelitas fizeram tudo conforme o SENHOR tinha ordenado a Moisés. 33 Então trouxeram o tabernáculo a Moisés; a tenda e todos os seus utensílios, os ganchos, as molduras, os travessões, as colunas e as bases; 34 a cobertura de pele de carneiro tingida de vermelho, a cobertura de couro e o véu protetor; 35 a arca da aliança com as suas varas e a tampa; 36 a mesa com todos os seus utensílios e os pães da Presença; 37 o candelabro de ouro puro com a sua fileira de lâmpadas e todos os seus utensílios e o óleo para iluminação; 38 o altar de ouro, o óleo da unção, o incenso aromático e a cortina de entrada para a tenda; 39 o altar de bronze com a sua grelha, as suas varas e todos os seus utensílios; a bacia e a sua base; 40 as cortinas externas do pátio com as suas colunas e bases e a cortina para a entrada do pátio, as cordas e estacas da tenda do pátio — todos os utensílios para o tabernáculo, a Tenda do Encontro, 41 e as vestes litúrgicas para ministrar no Lugar Santo, tanto as vestes sagradas para Arão, o sacerdote, como as vestes de seus filhos, para quando servissem como sacerdotes.

42 Os israelitas fizeram todo o trabalho conforme o SENHOR tinha ordenado a Moisés. 43 Moisés inspecionou a obra e viu

[a] 38.29 Hebraico: *70 talentos e 2.400 siclos.*

[b] 39.13 A identificação precisa de algumas destas pedras não é conhecida.

que tinham feito tudo como o SENHOR tinha ordenado. Então Moisés os abençoou.

40 O Tabernáculo é Armado

Disse o SENHOR a Moisés: 2 "Arme o tabernáculo, a Tenda do Encontro, no primeiro dia do primeiro mês. 3 Coloque nele a arca da aliança e proteja-a com o véu. 4 Traga a mesa e arrume sobre ela tudo o que lhe pertence. Depois traga o candelabro e coloque as suas lâmpadas. 5 Ponha o altar de ouro para o incenso diante da arca da aliança e coloque a cortina à entrada do tabernáculo.

6 "Coloque o altar dos holocaustos em frente da entrada do tabernáculo, da Tenda do Encontro; 7 ponha a bacia entre a Tenda do Encontro e o altar, e encha-a de água. 8 Arme ao seu redor o pátio e coloque a cortina na entrada do pátio.

9 "Unja com o óleo da unção o tabernáculo e tudo o que nele há; consagre-o, e com ele tudo o que lhe pertence, e ele será sagrado. 10 Depois unja o altar dos holocaustos e todos os seus utensílios; consagre o altar, e ele será santíssimo. 11 Unja também a bacia com a sua base e consagre-a.

12 "Traga Arão e seus filhos à entrada da Tenda do Encontro e mande-os lavar-se. 13 Vista depois Arão com as vestes sagradas, unja-o e consagre-o para que me sirva como sacerdote. 14 Traga os filhos dele e vista-os com túnicas. 15 Unja-os como você ungiu o pai deles, para que me sirvam como sacerdotes. A unção deles será para um sacerdócio perpétuo, geração após geração". 16 Moisés fez tudo conforme o SENHOR lhe havia ordenado.

17 Assim, o tabernáculo foi armado no primeiro dia do primeiro mês do segundo ano. 18 Moisés armou o tabernáculo, colocou as bases em seus lugares, armou as molduras, colocou as vigas e levantou as colunas. 19 Depois estendeu a tenda sobre o tabernáculo e colocou a cobertura sobre ela, como o SENHOR tinha ordenado.

20 Colocou também as tábuas da aliança na arca, fixou nela as varas, e pôs sobre ela a tampa. 21 Em seguida, trouxe a arca para dentro do tabernáculo e pendurou o véu protetor, cobrindo a arca da aliança, como o SENHOR tinha ordenado.

22 Moisés colocou a mesa na Tenda do Encontro, no lado norte do tabernáculo, do lado de fora do véu, 23 e sobre ela colocou os pães da Presença, diante do SENHOR, como o SENHOR tinha ordenado.

24 Pôs o candelabro na Tenda do Encontro, em frente da mesa, no lado sul do tabernáculo, 25 e colocou as lâmpadas diante do SENHOR, como o SENHOR tinha ordenado.

26 Moisés também pôs o altar de ouro na Tenda do Encontro, diante do véu, 27 e nele queimou incenso aromático, como o SENHOR tinha ordenado. 28 Pôs também a cortina à entrada do tabernáculo.

29 Montou o altar de holocaustos à entrada do tabernáculo, a Tenda do Encontro, e sobre ele ofereceu holocaustos e ofertas de cereal, como o SENHOR tinha ordenado.

30 Colocou a bacia entre a Tenda do Encontro e o altar, e encheu-a de água; 31 Moisés, Arão e os filhos deste usavam-na para lavar as mãos e os pés. 32 Sempre que entravam na Tenda do Encontro e se aproximavam do altar, eles se lavavam, como o SENHOR tinha ordenado a Moisés.

33 Finalmente, Moisés armou o pátio ao redor do tabernáculo e colocou a cortina à entrada do pátio. Assim, Moisés terminou a obra.

A Glória do SENHOR: o Guia de Israel

34 Então a nuvem cobriu a Tenda do Encontro, e a glória do SENHOR encheu o tabernáculo. 35 Moisés não podia entrar na Tenda do Encontro, porque a nuvem estava sobre ela, e a glória do SENHOR enchia o tabernáculo.

36 Sempre que a nuvem se erguia sobre o tabernáculo, os israelitas seguiam viagem; 37 mas, se a nuvem não se erguia, eles não prosseguiam; só partiam no dia em que ela se erguia. 38 De dia a nuvem do SENHOR ficava sobre o tabernáculo, e de noite havia fogo na nuvem, à vista de toda a nação de Israel, em todas as suas viagens.

LEVÍTICO

1 O Holocausto

Da Tenda do Encontro o SENHOR chamou Moisés e lhe ordenou: 2 "Diga o seguinte aos israelitas: Quando alguém trouxer um animal como oferta ao SENHOR, que seja do gado ou do rebanho de ovelhas.

3 "Se o holocausto[a] for de gado, oferecerá um macho sem defeito. Ele o apresentará à entrada da Tenda do Encontro, para que seja aceito pelo SENHOR, 4 e porá a mão sobre a cabeça do animal do holocausto para que seja aceito como propiciação em seu lugar. 5 Então o novilho será morto perante o SENHOR, e os sacerdotes, descendentes de Arão, trarão o sangue e o derramarão em todos os lados do altar, que está à entrada da Tenda do Encontro. 6 Depois se tirará a pele do animal, que será cortado em pedaços. 7 Então os descendentes do sacerdote Arão acenderão o fogo do altar e arrumarão a lenha sobre o fogo. 8 Em seguida, arrumarão os pedaços, inclusive a cabeça e a gordura, sobre a lenha que está no fogo do altar. 9 As vísceras

[a] 1.3 Isto é, sacrifício totalmente queimado; também em todo o livro de Levítico.

e as pernas serão lavadas com água. E o sacerdote queimará tudo isso no altar. É um holocausto; oferta preparada no fogo, de aroma agradável ao SENHOR.

10 "Se a oferta for um holocausto do rebanho — quer de cordeiros quer de cabritos —, oferecerá um macho sem defeito. 11 O animal será morto no lado norte do altar, perante o SENHOR; os sacerdotes, descendentes de Arão, derramarão o sangue nos lados do altar. 12 Então o animal será cortado em pedaços. O sacerdote arrumará os pedaços, inclusive a cabeça e a gordura, sobre a lenha que está no fogo do altar. 13 As vísceras e as pernas serão lavadas com água. O sacerdote trará tudo isso como oferta e o queimará no altar. É um holocausto; oferta preparada no fogo, de aroma agradável ao SENHOR.

14 "Se a sua oferta ao SENHOR for um holocausto de aves, traga uma rolinha ou um pombinho. 15 O sacerdote trará a ave ao altar, destroncará o pescoço dela e a queimará, e deixará escorrer o sangue da ave na parede do altar. 16 Ele retirará o papo com o seu conteúdo[a] e o jogará no lado leste do altar, onde ficam as cinzas. 17 Rasgará a ave pelas asas, sem dividi-la totalmente, e então o sacerdote a queimará sobre a lenha acesa no altar. É um holocausto; oferta preparada no fogo, de aroma agradável ao SENHOR.

2 A Oferta de Cereal

"Quando alguém trouxer uma oferta de cereal ao SENHOR, terá que ser da melhor farinha. Sobre ela derramará óleo, colocará incenso 2 e a levará aos descendentes de Arão, os sacerdotes. Um deles apanhará um punhado da melhor farinha com óleo e com todo o incenso e os queimará no altar como porção memorial. É oferta preparada no fogo, de aroma agradável ao SENHOR. 3 O que restar da oferta de cereal pertence a Arão e a seus descendentes; é parte santíssima das ofertas dedicadas ao SENHOR, preparadas no fogo.

4 "Se um de vocês trouxer uma oferta de cereal assada no forno, seja da melhor farinha: bolos feitos sem fermento, amassados com óleo, ou[b] pães finos sem fermento e untados com óleo. 5 Se a sua oferta de cereal for preparada numa assadeira, seja da melhor farinha, amassada com óleo e sem fermento. 6 Divida-a em pedaços e derrame óleo sobre ela; é uma oferta de cereal. 7 Se a sua oferta de cereal for cozida numa panela, seja da melhor farinha com óleo. 8 Traga ao SENHOR a oferta de cereal feita desses ingredientes e apresente-a ao sacerdote, que a levará ao altar. 9 Ele apanhará a porção memorial da oferta de cereal e a queimará no altar; é oferta preparada no fogo, de aroma agradável ao SENHOR. 10 O restante da oferta de cereal pertence a Arão e a seus descendentes; é parte santíssima das ofertas dedicadas ao SENHOR, preparadas no fogo.

11 "Nenhuma oferta de cereal que vocês trouxerem ao SENHOR será feita com fermento, pois vocês não queimarão fermento nem mel como oferta preparada no fogo ao SENHOR. 12 Podem trazê-los como oferta dos primeiros frutos ao SENHOR, mas não podem oferecê-los no altar como aroma agradável. 13 Temperem com sal todas as suas ofertas de cereal. Não excluam de suas ofertas de cereal o sal da aliança do seu Deus; acrescentem sal a todas as suas ofertas.

14 "Se você trouxer ao SENHOR uma oferta de cereal dos primeiros frutos, ofereça grãos esmagados de cereal novo, tostados no fogo. 15 Sobre ela derrame óleo e coloque incenso; é oferta de cereal. 16 O sacerdote queimará a porção memorial do cereal esmagado e do óleo, com todo o incenso, como uma oferta ao SENHOR preparada no fogo.

3 A Oferta de Comunhão

"Quando a oferta de alguém for sacrifício de comunhão[c], assim se fará: se oferecer um animal do gado — seja macho seja fêmea —, apresentará ao SENHOR um animal sem defeito. 2 Porá a mão sobre a cabeça do animal, que será morto à entrada da Tenda do Encontro. Os descendentes de Arão, os sacerdotes, derramarão o sangue nos lados do altar. 3 Desse sacrifício de comunhão, oferta preparada no fogo, ele trará ao SENHOR toda a gordura que cobre as vísceras e está ligada a elas, 4 os dois rins com a gordura que os cobre e que está perto dos lombos, e o lóbulo do fígado, que ele removerá junto com os rins. 5 Os descendentes de Arão queimarão tudo isso em cima do holocausto que está sobre a lenha acesa no altar como oferta preparada no fogo, de aroma agradável ao SENHOR.

6 "Se oferecer um animal do rebanho como sacrifício de comunhão ao SENHOR, trará um macho ou uma fêmea sem defeito. 7 Se oferecer um cordeiro, ele o apresentará ao SENHOR. 8 Porá a mão sobre a cabeça do animal, que será morto diante da Tenda do Encontro. Então os descendentes de Arão derramarão o sangue nos lados do altar. 9 Desse sacrifício de comunhão, oferta preparada no fogo, ele trará ao SENHOR a gordura, tanto a da cauda gorda cortada rente à espinha, como toda a gordura que cobre as vísceras e está ligada a elas, 10 os dois rins com a gordura que os cobre e que está perto dos lombos, e o lóbulo do fígado, que ele removerá junto com os rins. 11 O sacerdote os queimará no altar como alimento oferecido ao SENHOR, preparado no fogo.

12 "Se a sua oferta for um cabrito, ele o apresentará ao SENHOR. 13 Porá a mão sobre a cabeça do animal, que será morto diante da Tenda do Encontro. Então os descendentes de Arão derramarão o sangue nos lados do altar. 14 Desse animal, que é uma oferta preparada no fogo, trará ao SENHOR a gordura que cobre as vísceras e está ligada a elas, 15 os dois rins com a gordura que os cobre e que está perto dos lombos, e o lóbulo do fígado, que ele removerá junto com os rins. 16 O sacerdote os queimará no altar como alimento, como oferta preparada no fogo, de aroma agradável. Toda a gordura será do SENHOR.

17 "Este é um decreto perpétuo para as suas gerações, onde quer que vivam: Não comam gordura alguma nem sangue algum".

---

[a] 1.16 *Ou o papo e as penas*

[b] 2.4 Ou *e*

[c] 3.1 Ou *de paz*; também em todo o livro de Levítico.

4 A Oferta pelo Pecado

O SENHOR ordenou a Moisés: 2 "Diga aos israelitas: Quando
alguém pecar sem intenção, fazendo o que é proibido em qual-
quer dos mandamentos do SENHOR, assim se fará:
3 "Se for o sacerdote ungido que pecar, trazendo culpa sobre
o povo, o sacerdote trará ao SENHOR um novilho sem defeito
como oferta pelo pecado que cometeu. 4 Apresentará ao SE-
NHOR o novilho à entrada da Tenda do Encontro. Porá a mão
sobre a cabeça do novilho, que será morto perante o SENHOR.
5 Então o sacerdote ungido pegará um pouco do sangue do
novilho e o levará à Tenda do Encontro; 6 molhará o dedo no
sangue e o aspergirá sete vezes perante o SENHOR, diante do
véu do santuário. 7 O sacerdote porá um pouco do sangue
nas pontas do altar do incenso aromático que está perante o
SENHOR na Tenda do Encontro. Derramará todo o restante do
sangue do novilho na base do altar do holocausto, na entrada
da Tenda do Encontro. 8 Então retirará toda a gordura do no-
vilho da oferta pelo pecado: a gordura que cobre as vísceras
e está ligada a elas, 9 os dois rins com a gordura que os cobre
e que está perto dos lombos, e o lóbulo do fígado, que ele
removerá junto com os rins, 10 como se retira a gordura do
boi[a] sacrificado como oferta de comunhão. Então o sacerdote
queimará essas partes no altar dos holocaustos. 11 Mas o couro
do novilho e toda a sua carne, bem como a cabeça e as pernas,
as vísceras e os excrementos — 12 isto é, tudo o que restar do
novilho — ele levará para fora do acampamento, a um local
cerimonialmente puro, onde se lançam as cinzas. Ali os quei-
mará sobre a lenha de uma fogueira, sobre o monte de cinzas.
13 "Se for toda a comunidade de Israel que pecar sem intenção,
fazendo o que é proibido em qualquer dos mandamentos do
SENHOR, ainda que não tenha consciência disso, a comunidade
será culpada. 14 Quando tiver consciência do pecado que co-
meteu, a comunidade trará um novilho como oferta pelo pe-
cado e o apresentará diante da Tenda do Encontro. 15 As autori-
dades da comunidade porão as mãos sobre a cabeça do novilho
perante o SENHOR. E o novilho será morto perante o SENHOR.
16 Então o sacerdote ungido levará um pouco do sangue do no-
vilho para a Tenda do Encontro; 17 molhará o dedo no sangue e
o aspergirá sete vezes perante o SENHOR, diante do véu. 18 Porá
o sangue nas pontas do altar que está perante o SENHOR na
Tenda do Encontro e derramará todo o restante do sangue na
base do altar dos holocaustos, na entrada da Tenda do En-
contro. 19 Então retirará toda a gordura do animal e a queimará
no altar, 20 e fará com este novilho como se faz com o novilho
da oferta pelo pecado. Assim o sacerdote fará propiciação por
eles, e serão perdoados. 21 Depois levará o novilho para fora do
acampamento e o queimará como queimou o primeiro. É oferta
pelo pecado da comunidade.
22 "Quando for um líder que pecar sem intenção, fazendo o
que é proibido em qualquer dos mandamentos do SENHOR, o
seu Deus, será culpado. 23 Quando o conscientizarem do seu
pecado, o líder trará como oferta um bode sem defeito. 24 Porá
a mão sobre a cabeça do bode, que será morto no local onde o
holocausto é sacrificado, perante o SENHOR. Esta é a oferta pelo
pecado. 25 Então o sacerdote pegará com o dedo um pouco do
sangue da oferta pelo pecado e o porá nas pontas do altar
dos holocaustos e derramará o restante do sangue na base
do altar. 26 Queimará toda a gordura no altar, como queimou
a gordura do sacrifício de comunhão. Assim o sacerdote fará
propiciação pelo pecado do líder, e este será perdoado.
27 "Se for alguém da comunidade que pecar sem intenção,
fazendo o que é proibido em qualquer dos mandamentos
do SENHOR, o seu Deus, será culpado. 28 Quando o conscien-
tizarem do seu pecado, trará como oferta pelo pecado que
cometeu uma cabra sem defeito. 29 Porá a mão sobre a cabeça
do animal da oferta pelo pecado, que será morto no lugar
dos holocaustos. 30 Então o sacerdote pegará com o dedo um
pouco do sangue e o porá nas pontas do altar dos holocaustos
e derramará o restante do sangue na base do altar. 31 Então
retirará toda a gordura, como se retira a gordura do sacrifício
de comunhão; o sacerdote a queimará no altar como aroma
agradável ao SENHOR. Assim o sacerdote fará propiciação por
esse homem, e ele será perdoado.
32 "Se trouxer uma ovelha como oferta pelo pecado, terá que
ser sem defeito. 33 Porá a mão sobre a cabeça do animal, que
será morto como oferta pelo pecado no lugar onde é sacrifi-
cado o holocausto. 34 Então o sacerdote pegará com o dedo um
pouco do sangue da oferta pelo pecado e o porá nas pontas
do altar dos holocaustos e derramará o restante do sangue
na base do altar. 35 Retirará toda a gordura, como se retira a
gordura do cordeiro do sacrifício de comunhão; o sacerdote a
queimará no altar, em cima das ofertas dedicadas ao SENHOR,
preparadas no fogo. Assim o sacerdote fará em favor do cul-
pado propiciação pelo pecado cometido, e ele será perdoado.

5 "Se alguém pecar porque, tendo sido testemunha de algo
que viu ou soube, não o declarou, sofrerá as consequências
da sua iniquidade.
2 "Se alguém tocar qualquer coisa impura — seja um cadáver
de animal selvagem, seja de animal do rebanho, seja de uma
das pequenas criaturas que povoam a terra —, ainda que não
tenha consciência disso, ele se tornará impuro e será culpado.
3 "Se alguém tocar impureza humana ou qualquer coisa que o
torne impuro sem ter consciência disso, será culpado quando
o souber.
4 "Se alguém impensadamente jurar fazer algo bom ou mau em
qualquer assunto que possa jurar descuidadamente ainda que
não tenha consciência disso, será culpado quando o souber.
5 "Quando alguém for culpado de qualquer dessas coisas, con-
fessará em que pecou 6 e, pelo pecado que cometeu, trará ao
SENHOR uma ovelha ou uma cabra do rebanho como oferta de
reparação; e em favor do culpado o sacerdote fará propiciação
pelo pecado.
7 "Se não tiver recursos para oferecer uma ovelha, trará pela
culpa do seu pecado duas rolinhas ou dois pombinhos ao SE-
NHOR: um como oferta pelo pecado e o outro como holocausto.
8 Ele os trará ao sacerdote, que apresentará primeiro a oferta

[a] 4.10 A palavra hebraica pode significar boi ou vaca.

de sacrifício pelo pecado. Ele destroncará o pescoço da ave,
sem arrancar-lhe a cabeça totalmente. 9 A seguir aspergirá no
lado do altar o sangue da oferta pelo pecado e deixará escorrer
o restante do sangue na base do altar. É oferta pelo pecado.
10 O sacerdote então oferecerá a outra ave como holocausto, de
acordo com a forma prescrita, e fará propiciação em favor do
culpado pelo pecado cometido, e ele será perdoado.
11 "Se, contudo, não tiver recursos para oferecer duas rolinhas
ou dois pombinhos, trará como oferta pelo pecado um jarro[a]
da melhor farinha como oferta pelo pecado. Mas sobre ela não
derramará óleo nem colocará incenso, porquanto é oferta pelo
pecado. 12 Ele a trará ao sacerdote, que apanhará um punhado
dela como porção memorial e queimará essa porção no altar,
em cima das ofertas dedicadas ao SENHOR, preparadas no fogo.
É oferta pelo pecado. 13 Assim o sacerdote fará propiciação em
favor do culpado por qualquer desses pecados cometidos, e
ele será perdoado. O restante da oferta pertence ao sacerdote,
como no caso da oferta de cereal".

A Oferta pela Culpa

14 O SENHOR disse a Moisés: 15 "Quando alguém cometer um
erro, pecando sem intenção em qualquer coisa consagrada ao
SENHOR, trará ao SENHOR um carneiro do rebanho, sem defeito,
avaliado em prata com base no peso padrão[b] do santuário,
como oferta pela culpa. 16 Fará restituição pelo que deixou
de fazer em relação às coisas consagradas, acrescentará um
quinto do valor e o entregará ao sacerdote. Este fará propi-
ciação pelo culpado com o carneiro da oferta pela culpa, e
ele será perdoado.
17 "Se alguém pecar, fazendo o que é proibido em qualquer dos
mandamentos do SENHOR, ainda que não o saiba, será culpado
e sofrerá as consequências da sua iniquidade. 18 Do rebanho
ele trará ao sacerdote um carneiro, sem defeito e devidamente
avaliado, como oferta pela culpa. Assim o sacerdote fará pro-
piciação em favor do culpado pelo erro que cometeu sem in-
tenção, e ele será perdoado. 19 É oferta pela culpa, pois com
certeza tornou-se culpado perante o SENHOR".

6 Disse ainda o SENHOR a Moisés: 2 "Se alguém pecar, come-
tendo um erro contra o SENHOR, enganando o seu próximo
no que diz respeito a algo que lhe foi confiado ou deixado
como penhor ou roubado, ou se lhe extorquir algo, 3 ou se
achar algum bem perdido e mentir a respeito disso, ou se jurar
falsamente a respeito de qualquer coisa, cometendo pecado;
4 quando assim pecar, tornando-se por isso culpado, terá que
devolver o que roubou ou tomou mediante extorsão, ou o que
lhe foi confiado, ou os bens perdidos que achou, 5 ou qualquer
coisa sobre a qual tenha jurado falsamente. Fará restituição
plena, acrescentará a isso um quinto do valor e dará tudo ao
proprietário no dia em que apresentar a sua oferta pela culpa.
6 E por sua culpa trará ao sacerdote uma oferta dedicada ao
SENHOR: um carneiro do rebanho, sem defeito e devidamente
avaliado. 7 Dessa forma, o sacerdote fará propiciação pelo
culpado perante o SENHOR, e ele será perdoado de qualquer
dessas coisas que fez e que o tornou culpado".

A Regulamentação acerca do Holocausto

8 O SENHOR disse a Moisés: 9 "Dê este mandamento a Arão e a
seus filhos, a regulamentação acerca do holocausto: Ele terá
que ficar queimando até de manhã sobre as brasas do altar,
onde o fogo terá que ser mantido aceso. 10 O sacerdote vestirá
suas roupas de linho e os calções de linho por baixo, retirará
as cinzas do holocausto que o fogo consumiu no altar e as co-
locará ao lado do altar. 11 Depois trocará de roupa e levará as
cinzas para fora do acampamento, a um lugar cerimonialmente
puro. 12 Mantenha-se aceso o fogo no altar; não deve ser apa-
gado. Toda manhã o sacerdote acrescentará lenha, arrumará
o holocausto sobre o fogo e queimará sobre ele a gordura das
ofertas de comunhão. 13 Mantenha-se o fogo continuamente
aceso no altar; não deve ser apagado.

A Regulamentação da Oferta de Cereal

14 "Esta é a regulamentação da oferta de cereal: Os filhos de
Arão a apresentarão ao SENHOR, em frente do altar. 15 O sacer-
dote apanhará um punhado da melhor farinha com óleo, com
todo o incenso que está sobre a oferta de cereal, e queimará
no altar a porção memorial como aroma agradável ao SENHOR.
16 Arão e seus filhos comerão o restante da oferta, mas deverão
comê-lo sem fermento e em lugar sagrado, no pátio da Tenda
do Encontro. 17 Essa oferta não será assada com fermento; eu
a dei a eles como porção das ofertas feitas a mim com fogo.
É santíssima, como a oferta pelo pecado e como a oferta pela
culpa. 18 Somente os homens descendentes de Arão poderão
comer da porção das ofertas dedicadas ao SENHOR, preparadas
no fogo. É um decreto perpétuo para as suas gerações. Tudo o
que nelas tocar se tornará santo[c]".
19 O SENHOR disse também a Moisés: 20 "Esta é a oferta que
Arão e os seus descendentes terão que trazer ao SENHOR no
dia em que ele[d] for ungido: um jarro[e] da melhor farinha, como
na oferta regular de cereal, metade pela manhã e metade à
tarde. 21 Prepare-a com óleo numa assadeira; traga-a bem
misturada e apresente a oferta de cereal partida em pedaços,
como aroma agradável ao SENHOR. 22 Todo sacerdote ungido,
dos descendentes de Arão, também preparará essa oferta. É a
porção do SENHOR por decreto perpétuo e será totalmente quei-
mada. 23 Toda oferta de cereal do sacerdote será totalmente
queimada; não será comida".

A Regulamentação da Oferta pelo Pecado

24 O SENHOR disse a Moisés: 25 "Diga a Arão e aos seus filhos
a regulamentação da oferta pelo pecado: O animal da oferta

a 5.11 Hebraico: *1/10 de efa*. O efa era uma medida de capacidade para secos. As estimativas variam entre 20 e 40 litros.

b 5.15 Hebraico: *no siclo*. Um siclo equivalia a 12 gramas.

c 6.18 Ou *Todo aquele que nelas tocar deve ser santo*; também no versículo 27.

d 6.20 Ou *cada um*

e 6.20 Hebraico: *1/10 de efa*. O efa era uma medida de capacidade para secos. As estimativas variam entre 20 e 40 litros.

pelo pecado será morto perante o SENHOR no local onde é sacrificado o holocausto; é uma oferta santíssima. 26 O sacerdote que oferecer o animal o comerá em lugar sagrado, no pátio da Tenda do Encontro. 27 Tudo o que tocar na carne se tornará santo; se o sangue respingar na roupa, será lavada em lugar sagrado. 28 A vasilha de barro em que a carne for cozida deverá ser quebrada; mas, se for cozida numa vasilha de bronze, a vasilha deverá ser esfregada e enxaguada com água. 29 Somente os homens da família dos sacerdotes poderão comê-la; é uma oferta santíssima. 30 Mas toda oferta pelo pecado, cujo sangue for trazido para a Tenda do Encontro para propiciação no Lugar Santo, não será comida; terá que ser queimada.

A Regulamentação da Oferta pela Culpa

7 "Esta é a regulamentação da oferta pela culpa, que é oferta santíssima: 2 O animal da oferta pela culpa será morto no local onde são sacrificados os holocaustos, e seu sangue será derramado nos lados do altar. 3 Toda a sua gordura será oferecida: a parte gorda da cauda e a gordura que cobre as vísceras, 4 os dois rins com a gordura que os cobre e que está perto dos lombos, e o lóbulo do fígado, que será removido com os rins. 5 O sacerdote os queimará no altar como oferta dedicada ao SENHOR, preparada no fogo. É oferta pela culpa. 6 Somente os homens da família dos sacerdotes poderão comê-la, mas deve ser comida em lugar sagrado; é oferta santíssima.

7 "A mesma regulamentação aplica-se tanto à oferta pelo pecado quanto à oferta pela culpa: a carne pertence ao sacerdote que faz propiciação pela culpa. 8 O sacerdote que oferecer um holocausto por alguém ficará com o couro do animal. 9 Toda oferta de cereal, assada num forno ou cozida numa panela ou numa assadeira, pertence ao sacerdote que a oferecer, 10 e toda oferta de cereal, amassada com óleo ou não, pertence igualmente aos descendentes de Arão.

A Regulamentação da Oferta de Comunhão

11 "Esta é a regulamentação da oferta de comunhão que pode ser apresentada ao SENHOR:

12 "Se alguém a fizer por gratidão, então, com sua oferta de gratidão, terá que oferecer bolos sem fermento e amassados com óleo, pães finos sem fermento e untados com óleo, e bolos da melhor farinha bem amassados e misturados com óleo. 13 Com sua oferta de comunhão por gratidão, apresentará uma oferta que inclua bolos com fermento. 14 De cada oferta trará uma contribuição ao SENHOR, que será dada ao sacerdote que asperge o sangue das ofertas de comunhão. 15 A carne da sua oferta de comunhão por gratidão será comida no dia em que for oferecida; nada poderá sobrar até o amanhecer.

16 "Se, contudo, sua oferta for resultado de um voto ou for uma oferta voluntária, a carne do sacrifício será comida no dia em que for oferecida, e o que sobrar poderá ser comido no dia seguinte. 17 Mas a carne que sobrar do sacrifício até o terceiro dia será queimada no fogo. 18 Se a carne da oferta de comunhão for comida ao terceiro dia, ela não será aceita. A oferta não será atribuída àquele que a ofereceu, pois a carne estará estragada; e quem dela comer sofrerá as consequências da sua iniquidade.

19 "A carne que tocar em qualquer coisa impura não será comida; será queimada no fogo. A carne do sacrifício, porém, poderá ser comida por quem estiver puro. 20 Mas, se alguém que, estando impuro, comer da carne da oferta de comunhão que pertence ao SENHOR, será eliminado do meio do seu povo. 21 Se alguém tocar em alguma coisa impura — seja impureza humana, seja de animal, seja qualquer outra coisa impura e proibida — e comer da carne da oferta de comunhão que pertence ao SENHOR, será eliminado do meio do seu povo".

A Proibição de Comer Gordura e Sangue

22 E disse o SENHOR a Moisés: 23 "Diga aos israelitas: Não comam gordura alguma de boi, carneiro ou cabrito. 24 A gordura de um animal encontrado morto ou despedaçado por animais selvagens pode ser usada para qualquer outra finalidade, mas nunca poderá ser comida. 25 Quem comer a gordura de um animal dedicado ao SENHOR numa oferta preparada no fogo, será eliminado do meio do seu povo. 26 Onde quer que vocês vivam, não comam o sangue de nenhuma ave nem de animal. 27 Quem comer sangue será eliminado do meio do seu povo".

A Porção dos Sacerdotes

28 Disse mais o SENHOR a Moisés: 29 "Diga aos israelitas: Todo aquele que trouxer sacrifício de comunhão ao SENHOR terá que dedicar parte dele ao SENHOR. 30 Com suas próprias mãos trará ao SENHOR as ofertas preparadas no fogo; trará a gordura com o peito, e o moverá perante o SENHOR como gesto ritual de apresentação. 31 O sacerdote queimará a gordura no altar, mas o peito pertence a Arão e a seus descendentes. 32 Vocês deverão dar a coxa direita das ofertas de comunhão ao sacerdote como contribuição. 33 O descendente de Arão que oferecer o sangue e a gordura da oferta de comunhão receberá a coxa direita como porção. 34 Das ofertas de comunhão dos israelitas, tomei o peito que é movido ritualmente e a coxa que é ofertada, e os dei ao sacerdote Arão e a seus descendentes por decreto perpétuo para os israelitas".

35 Essa é a parte das ofertas dedicadas ao SENHOR, preparadas no fogo, destinada a Arão e a seus filhos no dia em que foram apresentados para servirem ao SENHOR como sacerdotes. 36 Foi isso que o SENHOR ordenou dar a eles, no dia em que foram ungidos dentre os israelitas. É um decreto perpétuo para as suas gerações.

37 Essa é a regulamentação acerca do holocausto, da oferta de cereal, da oferta pelo pecado, da oferta pela culpa, da oferta de ordenação e da oferta de comunhão. 38 O SENHOR entregou-a a Moisés no monte Sinai, no dia em que ordenou aos israelitas que trouxessem suas ofertas ao SENHOR, no deserto do Sinai.

A Ordenação de Arão e de seus Filhos

8 O SENHOR disse a Moisés: 2 "Traga Arão e seus filhos, suas vestes, o óleo da unção, o novilho para a oferta pelo pecado, os dois carneiros e o cesto de pães sem fermento; 3 e reúna toda

a comunidade à entrada da Tenda do Encontro". 4 Moisés fez
como o SENHOR lhe tinha ordenado, e a comunidade reuniu-se
à entrada da Tenda do Encontro.
5 Então Moisés disse à comunidade: "Foi isto que o SENHOR
mandou fazer"; 6 e levou Arão e seus filhos à frente e man-
dou-os banhar-se com água; 7 pôs a túnica em Arão, colocou-
-lhe o cinto e o manto e pôs sobre este o colete sacerdotal;
depois a ele prendeu o manto sacerdotal com o cinturão; 8 co-
locou também o peitoral, no qual pôs o Urim e o Tumim[a]; 9 e
colocou o turbante na cabeça de Arão com a lâmina de ouro,
isto é, a coroa sagrada, na frente do turbante, conforme o
SENHOR tinha ordenado a Moisés.
10 Depois Moisés pegou o óleo da unção e ungiu o tabernáculo
e tudo o que nele havia, e assim os consagrou. 11 Aspergiu sete
vezes o óleo sobre o altar, ungindo o altar e todos os seus uten-
sílios e a bacia com o seu suporte, para consagrá-los. 12 Der-
ramou o óleo da unção sobre a cabeça de Arão para ungi-lo e
consagrá-lo. 13 Trouxe então os filhos de Arão à frente, vestiu-os
com suas túnicas e cintos e colocou-lhes gorros, conforme o
SENHOR lhe havia ordenado.
14 Em seguida, trouxe o novilho para a oferta pelo pecado, e
Arão e seus filhos puseram as mãos sobre a cabeça do novilho.
15 Moisés sacrificou o novilho e com o dedo pôs um pouco do
sangue em todas as pontas do altar para purificá-lo. Derramou
o restante do sangue na base do altar e assim o consagrou
para fazer propiciação por ele. 16 Moisés pegou também toda
a gordura que cobre as vísceras, o lóbulo do fígado e os dois
rins com a gordura que os cobre e os queimou no altar. 17 Mas
o novilho com o seu couro, a sua carne e o seu excremento,
ele queimou fora do acampamento, conforme o SENHOR lhe
havia ordenado.
18 Mandou trazer então o carneiro para o holocausto, e Arão
e seus filhos puseram as mãos sobre a cabeça do carneiro.
19 A seguir Moisés sacrificou o carneiro e derramou o sangue
nos lados do altar. 20 Depois, cortou o carneiro em pedaços;
queimou a cabeça, os pedaços e a gordura. 21 Lavou as vísceras
e as pernas e queimou o carneiro inteiro sobre o altar, como
holocausto, oferta de aroma agradável ao SENHOR, preparada
no fogo, conforme o SENHOR lhe havia ordenado.
22 A seguir mandou trazer o outro carneiro, o carneiro para a
oferta de ordenação, e Arão e seus filhos colocaram as mãos
sobre a cabeça do carneiro. 23 Moisés sacrificou o carneiro e
pôs um pouco do sangue na ponta da orelha direita de Arão,
no polegar da sua mão direita e no polegar do seu pé direito.
24 Moisés também mandou que os filhos de Arão se aproxi-
massem e sobre cada um pôs um pouco do sangue na ponta
da orelha direita, no polegar da mão direita e no polegar do
pé direito; derramou o restante do sangue nos lados do altar.
25 Apanhou a gordura, a cauda gorda, toda a gordura que cobre
as vísceras, o lóbulo do fígado, os dois rins e a gordura que os
cobre e a coxa direita. 26 Então, do cesto de pães sem fermento
que estava perante o SENHOR, apanhou um pão comum, outro
feito com óleo e um pão fino, e os colocou sobre as porções de
gordura e sobre a coxa direita. 27 Pôs tudo nas mãos de Arão e
de seus filhos e moveu esses alimentos perante o SENHOR como
gesto ritual de apresentação. 28 Depois Moisés os pegou de
volta das mãos deles e queimou tudo no altar, em cima do ho-
locausto, como uma oferta de ordenação, preparada no fogo,
de aroma agradável ao SENHOR. 29 Moisés pegou também o
peito que era a sua própria porção do carneiro da ordenação e
o moveu perante o SENHOR como gesto ritual de apresentação,
como o SENHOR lhe havia ordenado.
30 A seguir pegou um pouco do óleo da unção e um pouco do
sangue que estava no altar e os aspergiu sobre Arão e suas
vestes, bem como sobre seus filhos e suas vestes. Assim con-
sagrou Arão e suas vestes; seus filhos e suas vestes.
31 Moisés então disse a Arão e a seus filhos: "Cozinhem a carne
na entrada da Tenda do Encontro, onde a deverão comer com o
pão do cesto das ofertas de ordenação, conforme me foi orde-
nado[b]: 'Arão e seus filhos deverão comê-la'. 32 Depois queimem
o restante da carne e do pão. 33 Não saiam da entrada da Tenda
do Encontro por sete dias, até que se completem os dias da
ordenação de vocês, pois essa cerimônia de ordenação durará
sete dias. 34 O que se fez hoje foi ordenado pelo SENHOR para
fazer propiciação por vocês. 35 Vocês terão que permanecer
dia e noite à entrada da Tenda do Encontro por sete dias e
obedecer às exigências do SENHOR, para que não morram; pois
isso me foi ordenado". 36 Arão e seus filhos fizeram tudo o que
o SENHOR tinha ordenado por meio de Moisés.

Os Sacerdotes Começam o seu Ministério

9 Oito dias depois, Moisés convocou Arão, seus filhos e as
autoridades de Israel. 2 E disse a Arão: "Traga um bezerro para
a oferta pelo pecado e um carneiro para o holocausto, ambos
sem defeito, e apresente-os ao SENHOR. 3 Depois diga aos is-
raelitas: Tragam um bode para oferta pelo pecado; um bezerro
e um cordeiro, ambos de um ano de idade e sem defeito, para
holocausto; 4 e um boi[c] e um carneiro para oferta de comunhão,
para os sacrificar perante o SENHOR, com a oferta de cereal
amassada com óleo; pois hoje o SENHOR aparecerá a vocês".
5 Levaram então tudo o que Moisés tinha determinado para a
frente da Tenda do Encontro, e a comunidade inteira aproxi-
mou-se e ficou em pé perante o SENHOR. 6 Disse-lhes Moisés:
"Foi isso que o SENHOR ordenou que façam, para que a glória
do SENHOR apareça a vocês".
7 Disse Moisés a Arão: "Venha até o altar e ofereça o seu sacri-
fício pelo pecado e o seu holocausto, e faça propiciação por
você mesmo e pelo povo; ofereça o sacrifício pelo povo e faça
propiciação por ele, conforme o SENHOR ordenou".
8 Arão foi até o altar e ofereceu o bezerro como sacrifício pelo
pecado por si mesmo. 9 Seus filhos levaram-lhe o sangue, e
ele molhou o dedo no sangue e o pôs nas pontas do altar; de-
pois derramou o restante do sangue na base do altar, 10 onde
queimou a gordura, os rins e o lóbulo do fígado da oferta pelo
pecado, conforme o SENHOR tinha ordenado a Moisés; 11 a carne
e o couro, porém, queimou fora do acampamento.

a 8.8 Objetos utilizados para se conhecer a vontade de Deus.

b 8.31 Ou *conforme ordenei*

c 9.4 A palavra hebraica pode significar boi ou vaca.

12 Depois sacrificou o holocausto. Seus filhos lhe entregaram o
sangue, e ele o derramou nos lados do altar. 13 Entregaram-lhe,
em seguida, o holocausto pedaço por pedaço, inclusive a ca-
beça, e ele os queimou no altar. 14 Lavou as vísceras e as pernas
e as queimou em cima do holocausto sobre o altar.

15 Depois Arão apresentou a oferta pelo povo. Pegou o bode
para a oferta pelo pecado do povo e o ofereceu como sacrifício
pelo pecado, como fizera com o primeiro.

16 Apresentou o holocausto e ofereceu-o conforme fora pres-
crito. 17 Também apresentou a oferta de cereal, pegou um
punhado dela e a queimou no altar, além do holocausto da
manhã.

18 Matou o boi e o carneiro como sacrifício de comunhão pelo
povo. Seus filhos levaram-lhe o sangue, e ele o derramou
nos lados do altar. 19 Mas as porções de gordura do boi e do
carneiro, a cauda gorda, a gordura que cobre as vísceras, os
rins e o lóbulo do fígado, 20 puseram em cima do peito; e Arão
queimou essas porções no altar. 21 Em seguida, Arão moveu o
peito e a coxa direita do animal perante o SENHOR como gesto
ritual de apresentação, conforme Moisés tinha ordenado.

22 Depois Arão ergueu as mãos em direção ao povo e o aben-
çoou. E, tendo oferecido o sacrifício pelo pecado, o holocausto
e o sacrifício de comunhão, desceu.

23 Assim Moisés e Arão entraram na Tenda do Encontro. Quando
saíram, abençoaram o povo; e a glória do SENHOR apareceu a
todos eles. 24 Saiu fogo da presença do SENHOR e consumiu o
holocausto e as porções de gordura sobre o altar. E, quando
todo o povo viu isso, gritou de alegria e prostrou-se com o
rosto em terra.

A Morte de Nadabe e de Abiú

10 Nadabe e Abiú, filhos de Arão, pegaram cada um o seu
incensário, nos quais acenderam fogo, acrescentaram incenso
e trouxeram fogo profano perante o SENHOR, sem que tivessem
sido autorizados. 2 Então saiu fogo da presença do SENHOR e os
consumiu. Morreram perante o SENHOR. 3 Moisés então disse a
Arão: "Foi isto que o SENHOR disse:

'Aos que de mim se aproximam santo me mostrarei; à vista de
todo o povo glorificado serei' ". Arão, porém, ficou em silêncio.
4 Então Moisés chamou Misael e Elzafã, filhos de Uziel, tio de
Arão, e lhes disse: "Venham cá; tirem os seus primos da frente
do santuário e levem-nos para fora do acampamento". 5 Eles
foram e os puxaram pelas túnicas, para fora do acampamento,
conforme Moisés tinha ordenado.

6 Então Moisés disse a Arão e a seus filhos Eleazar e Itamar:
"Não andem descabelados nem rasguem as roupas em sinal
de luto, senão vocês morrerão e a ira do SENHOR cairá sobre
toda a comunidade. Mas os seus parentes, e toda a nação
de Israel, poderão chorar por aqueles que o SENHOR destruiu
pelo fogo. 7 Não saiam da entrada da Tenda do Encontro, senão
vocês morrerão, porquanto o óleo da unção do SENHOR está
sobre vocês". E eles fizeram conforme Moisés tinha ordenado.
8 Depois o SENHOR disse a Arão: 9 "Você e seus filhos não devem
beber vinho nem outra bebida fermentada antes de entrar na
Tenda do Encontro, senão vocês morrerão. É um decreto per-
pétuo para as suas gerações. 10 Vocês têm que fazer separação
entre o santo e o profano, entre o puro e o impuro, 11 e ensinar
aos israelitas todos os decretos que o SENHOR lhes deu por
meio de Moisés".

12 Então Moisés disse a Arão e aos seus filhos que ficaram vivos,
Eleazar e Itamar: "Peguem a oferta de cereal que sobrou das
ofertas dedicadas ao SENHOR, preparadas no fogo, e tratem
de comê-la sem fermento junto ao altar, pois é santíssima.
13 Comam-na em lugar sagrado, porquanto é a porção que lhes
cabe por decreto, a você e a seus filhos, das ofertas dedicadas
ao SENHOR, preparadas no fogo; pois assim me foi ordenado.
14 O peito ritualmente movido e a coxa ofertada, você, seus
filhos e suas filhas poderão comer num lugar cerimonialmente
puro; essa porção foi dada a você e a seus filhos como parte
das ofertas de comunhão dos israelitas. 15 A coxa ofertada e o
peito ritualmente movido devem ser trazidos com as porções de
gordura das ofertas preparadas no fogo, para serem movidos
perante o SENHOR como gesto ritual de apresentação. Essa será
a porção por decreto perpétuo para você e seus descendentes,
conforme o SENHOR tinha ordenado".

16 Quando Moisés procurou por toda parte o bode da oferta
pelo pecado e soube que já fora queimado, irou-se contra
Eleazar e Itamar, os filhos de Arão que ficaram vivos, e per-
guntou: 17 "Por que vocês não comeram a carne da oferta pelo
pecado no Lugar Santo? É santíssima; foi dada para retirar a
culpa da comunidade e fazer propiciação por ela perante o
SENHOR. 18 Como o sangue do animal não foi levado para dentro
do Lugar Santo, vocês deviam tê-lo comido ali, conforme or-
denei".

19 Arão respondeu a Moisés: "Hoje eles ofereceram o seu sa-
crifício pelo pecado e o seu holocausto perante o SENHOR; mas
e essas coisas que aconteceram comigo? Será que teria agra-
dado ao SENHOR se eu tivesse comido a oferta pelo pecado
hoje?" 20 Essa explicação foi satisfatória para Moisés.

Animais Puros e Impuros

11 Disse o SENHOR a Moisés e a Arão: 2 "Digam aos israelitas:
De todos os animais que vivem na terra, estes são os que vocês
poderão comer: 3 qualquer animal que tem casco fendido e
dividido em duas unhas e que rumina.

4 "Vocês não poderão comer aqueles que só ruminam nem os
que só têm o casco fendido. O camelo, embora rumine, não
tem casco fendido; considerem-no impuro. 5 O coelho, embora
rumine, não tem casco fendido; é impuro para vocês. 6 A lebre,
embora rumine, não tem casco fendido; considerem-na im-
pura. 7 E o porco, embora tenha casco fendido e dividido em
duas unhas, não rumina; considerem-no impuro. 8 Vocês não
comerão a carne desses animais nem tocarão em seus cadá-
veres; considerem-nos impuros.

9 "De todas as criaturas que vivem nas águas do mar e dos
rios, vocês poderão comer todas as que possuem barbatanas
e escamas. 10 Mas todas as criaturas que vivem nos mares ou
nos rios, que não possuem barbatanas e escamas — quer entre

todas as pequenas criaturas que povoam as águas, quer entre
todos os outros animais das águas —, serão proibidas para
vocês. 11 Por isso, não poderão comer sua carne e considerarão
impuros os seus cadáveres. 12 Tudo o que vive na água e não
possui barbatanas e escamas será proibido para vocês.
13 "Estas são as aves que vocês considerarão impuras, das quais
não poderão comer porque são proibidas: a águia, o urubu,
a águia-marinha, 14 o milhafre, o falcão, 15 qualquer espécie
de corvo, 16 a coruja-de-chifre[a], a coruja-de-orelha-pequena,
a coruja-orelhuda[b], qualquer espécie de gavião, 17 o mocho,
a coruja-pescadora e o corujão, 18 a coruja-branca[c], a coruja-
-do-deserto, o abutre, 19 a cegonha, qualquer tipo de garça, a
poupa e o morcego.[d]
20 "Todas as pequenas criaturas que enxameiam, que têm asas
e se movem pelo chão[e] serão proibidas para vocês. 21 Dessas,
porém, vocês poderão comer aquelas que têm pernas articu-
ladas para saltar no chão. 22 Dessas vocês poderão comer os
diversos tipos de gafanhotos. 23 Mas considerarão impuras
todas as outras criaturas que enxameiam, que têm asas e se
movem pelo chão.
24 "Por meio delas vocês ficarão impuros; todo aquele que tocar
em seus cadáveres estará impuro até a tarde. 25 Todo o que car-
regar o cadáver de alguma delas deverá lavar as suas roupas e
estará impuro até a tarde.
26 "Todo animal de casco não dividido em duas unhas ou que
não rumina é impuro para vocês; quem tocar qualquer um
deles ficará impuro. 27 Todos os animais de quatro pés, que
andam sobre a planta dos pés, são impuros para vocês; todo o
que tocar os seus cadáveres ficará impuro até a tarde. 28 Quem
carregar o cadáver de algum deles lavará suas roupas e estará
impuro até a tarde. São impuros para vocês.
29 "Dos animais que se movem rente ao chão, estes vocês
considerarão impuros: a doninha, o rato, qualquer espécie de
lagarto grande, 30 a lagartixa, o lagarto-pintado, o lagarto, o
lagarto da areia e o camaleão. 31 De todos os que se movem
rente ao chão, esses vocês considerarão impuros. Quem neles
tocar depois de mortos estará impuro até a tarde. 32 E tudo
sobre o que um deles cair depois de morto, qualquer que seja
o seu uso, ficará impuro — não importa se o objeto for feito
de madeira, de pano, de couro ou de pano de saco. Deverá
ser posto em água e estará impuro até a tarde; então ficará
puro. 33 Se um deles cair dentro de uma vasilha de barro, tudo
o que nela houver ficará impuro, e vocês quebrarão a vasilha.
34 Qualquer alimento sobre o qual cair essa água ficará impuro,
e qualquer bebida que estiver dentro da vasilha ficará impura.
35 Tudo aquilo sobre o que o cadáver de um desses animais cair
ficará impuro; se for um forno ou um fogão de barro vocês o
quebrarão. Estão impuros, e vocês os considerarão como tais.
36 Mas, se cair numa fonte ou numa cisterna onde se recolhe
água, ela permanece pura; mas quem tocar no cadáver ficará
impuro. 37 Se um cadáver cair sobre alguma semente a ser plan-
tada, ela permanece pura; 38 mas, se foi derramada água sobre
a semente, vocês a considerarão impura.
39 "Quando morrer um animal que vocês têm permissão para
comer, quem tocar no seu cadáver ficará impuro até a tarde.
40 Quem comer da carne do animal morto terá que lavar as suas
roupas e ficará impuro até a tarde. Quem carregar o cadáver
do animal terá que lavar as suas roupas e ficará impuro até
a tarde.
41 "Todo animal que se move rente ao chão será proibido a
vocês e não poderá ser comido. 42 Vocês não poderão comer
animal algum que se move rente ao chão, quer se arraste sobre
o ventre, quer ande de quatro ou com o auxílio de muitos pés;
são proibidos a vocês. 43 Não se contaminem com qualquer
desses animais. Não se tornem impuros com eles nem deixem
que eles os tornem impuros. 44 Pois eu sou o SENHOR, o Deus
de vocês; consagrem-se e sejam santos, porque eu sou santo.
Não se tornem impuros com qualquer animal que se move rente
ao chão. 45 Eu sou o SENHOR que os tirou da terra do Egito para
ser o seu Deus; por isso, sejam santos, porque eu sou santo.
46 "Essa é a regulamentação acerca dos animais, das aves, de
todos os seres vivos que se movem na água e de todo animal
que se move rente ao chão. 47 Vocês farão separação entre o
impuro e o puro, entre os animais que podem ser comidos e
os que não podem".

12 A Purificação após o Parto

12 Disse o SENHOR a Moisés: 2 "Diga aos israelitas: Quando
uma mulher engravidar e der à luz um menino, estará impura
por sete dias, assim como está impura durante o seu período
menstrual. 3 No oitavo dia o menino terá que ser circuncidado.
4 Então a mulher aguardará trinta e três dias para ser puri-
ficada do seu sangramento. Não poderá tocar em nenhuma
coisa sagrada e não poderá ir ao santuário, até que se com-
pletem os dias da sua purificação. 5 Se der à luz uma menina,
estará impura por duas semanas, como durante o seu período
menstrual. Nesse caso aguardará sessenta e seis dias para ser
purificada do seu sangramento.
6 "Quando se completarem os dias da sua purificação pelo
nascimento de um menino ou de uma menina, ela trará ao
sacerdote, à entrada da Tenda do Encontro, um cordeiro de um
ano para o holocausto e um pombinho ou uma rolinha como
oferta pelo pecado. 7 O sacerdote os oferecerá ao SENHOR para
fazer propiciação por ela, que ficará pura do fluxo do seu san-
gramento. Essa é a regulamentação para a mulher que der
à luz um menino ou uma menina. 8 Se ela não tiver recursos
para oferecer um cordeiro, poderá trazer duas rolinhas ou dois
pombinhos, um para o holocausto e o outro para a oferta pelo
pecado. Assim o sacerdote fará propiciação por ela, e ela fi-
cará pura".

13 Leis acerca da Lepra

13 Disse o SENHOR a Moisés e a Arão: 2 "Quando alguém tiver
um inchaço, uma erupção ou uma mancha brilhante na pele

[a] 11.16 Ou *avestruz*
[b] 11.16 Ou *gaivota*
[c] 11.18 Ou *pelicano*
[d] 11.19 A identificação exata de algumas das aves, insetos e animais deste capítulo é desconhecida.
[e] 11.20 Hebraico: *sobre quatro pés*; também no versículo 23.

que possa ser sinal de lepra[a], será levado ao sacerdote Arão
ou a um dos seus filhos[b] que seja sacerdote. 3 Este examinará
a parte afetada da pele, e, se naquela parte o pelo tiver se
tornado branco e o lugar parecer mais profundo do que a pele,
é sinal de lepra. Depois de examiná-lo, o sacerdote o declarará
impuro. 4 Se a mancha na pele for branca, mas não parecer
mais profunda do que a pele e sobre ela o pelo não tiver se
tornado branco, o sacerdote o porá em isolamento por sete
dias. 5 No sétimo dia o sacerdote o examinará e, se verificar
que a parte afetada não se alterou nem se espalhou pela pele,
o manterá em isolamento por mais sete dias. 6 Ao sétimo dia o
sacerdote o examinará de novo e, se a parte afetada diminuiu
e não se espalhou pela pele, o sacerdote o declarará puro; é
apenas uma erupção. Então ele lavará as suas roupas, e estará
puro. 7 Mas, se depois que se apresentou ao sacerdote para ser
declarado puro a erupção se espalhar pela pele, ele terá que se
apresentar novamente ao sacerdote. 8 O sacerdote o examinará
e, se a erupção tiver se espalhado pela pele, ele o declarará
impuro; trata-se de lepra.

9 "Quando alguém apresentar sinal de lepra, será levado ao
sacerdote. 10 Este o examinará e, se houver inchaço branco na
pele, o qual tenha tornado branco o pelo, e se houver carne
viva no inchaço, 11 é lepra crônica na pele, e o sacerdote o de-
clarará impuro. Não o porá em isolamento, porquanto já está
impuro.

12 "Se a doença se alastrar e cobrir toda a pele da pessoa in-
fectada, da cabeça aos pés, até onde é possível ao sacerdote
verificar, 13 este a examinará e, se observar que a lepra cobriu
todo o corpo, ele a declarará pura. Visto que tudo tenha ficado
branco, ela está pura. 14 Mas, quando nela aparecer carne viva,
ficará impura. 15 Quando o sacerdote vir a carne viva, ele a de-
clarará impura. A carne viva é impura; trata-se de lepra. 16 Se
a carne viva retroceder e a pele se tornar branca, a pessoa
voltará ao sacerdote. 17 Este a examinará e, se a parte afetada
tiver se tornado branca, o sacerdote declarará pura a pessoa
infectada, a qual então estará pura.

18 "Quando alguém tiver uma ferida purulenta em sua pele e
ela sarar 19 e no lugar da ferida aparecer um inchaço branco ou
uma mancha avermelhada, ele se apresentará ao sacerdote.
20 Este examinará o local e, se parecer mais profundo do que
a pele e o pelo ali tiver se tornado branco, o sacerdote o de-
clarará impuro. É sinal de lepra que se alastrou onde estava a
ferida. 21 Mas, se quando o sacerdote o examinar não houver
nenhum pelo branco e o lugar não estiver mais profundo do
que a pele e tiver diminuído, então o sacerdote o porá em iso-
lamento por sete dias. 22 Se de fato estiver se espalhando pela
pele, o sacerdote o declarará impuro; é sinal de lepra. 23 Mas,
se a mancha não tiver se alterado nem se espalhado, é apenas
a cicatriz da ferida, e o sacerdote o declarará puro.

24 "Quando alguém tiver uma queimadura na pele, e uma
mancha avermelhada ou branca aparecer na carne viva da
queimadura, 25 o sacerdote examinará a mancha e, se o pelo
sobre ela tiver se tornado branco e ela parecer mais profunda
do que a pele, é lepra que surgiu na queimadura. O sacerdote
o declarará impuro; é sinal de lepra na pele. 26 Mas, se o sa-
cerdote examinar a mancha e nela não houver pelo branco e
esta não estiver mais profunda do que a pele e tiver diminuído,
então o sacerdote o porá em isolamento por sete dias. 27 No
sétimo dia o sacerdote o examinará e, se a mancha tiver se
espalhado pela pele, o sacerdote o declarará impuro; é sinal
de lepra. 28 Se, todavia, a mancha não tiver se alterado nem
se espalhado pela pele, mas tiver diminuído, é um inchaço
da queimadura, e o sacerdote o declarará puro; é apenas a
cicatriz da queimadura.

29 "Quando um homem ou uma mulher tiver uma ferida na ca-
beça ou no queixo, 30 o sacerdote examinará a ferida e, se ela
parecer mais profunda do que a pele e o pelo nela for ama-
relado e fino, o sacerdote declarará impura aquela pessoa; é
sarna, isto é, lepra da cabeça ou do queixo. 31 Mas, se quando
o sacerdote examinar o sinal de sarna este não parecer mais
profundo do que a pele e não houver pelo escuro nela, então
o sacerdote porá a pessoa infectada em isolamento por sete
dias. 32 No sétimo dia o sacerdote examinará a parte afetada e,
se a sarna não tiver se espalhado e não houver pelo amarelado
nela e não parecer mais profunda do que a pele, 33 a pessoa
rapará os pelos, exceto na parte afetada, e o sacerdote a porá
em isolamento por mais sete dias. 34 No sétimo dia o sacerdote
examinará a sarna e, se não tiver se espalhado mais e não
parecer mais profunda do que a pele, o sacerdote declarará
pura a pessoa. Esta lavará suas roupas e estará pura. 35 Mas,
se a sarna se espalhar pela pele depois que a pessoa for de-
clarada pura, 36 o sacerdote a examinará e, se a sarna tiver se
espalhado pela pele, o sacerdote não precisará procurar pelo
amarelado; a pessoa está impura. 37 Se, entretanto, verificar
que não houve alteração e cresceu pelo escuro, a sarna está
curada. A pessoa está pura, e o sacerdote a declarará pura.

38 "Quando um homem ou uma mulher tiver manchas brancas
na pele, 39 o sacerdote examinará as manchas; se forem
brancas e sem brilho, é um eczema que se alastrou; essa
pessoa está pura.

40 "Quando os cabelos de um homem caírem, ele está calvo,
todavia puro. 41 Se lhe caírem os cabelos da frente da cabeça,
ele está meio-calvo, porém puro. 42 Mas, se tiver uma ferida
avermelhada na parte calva da frente ou de trás da cabeça, é
lepra que se alastra pela calva da frente ou de trás da cabeça.
43 O sacerdote o examinará e, se a ferida inchada na parte da
frente ou de trás da calva for avermelhada como a lepra de
pele, 44 o homem está leproso e impuro. O sacerdote terá que
declará-lo impuro devido à ferida na cabeça.

45 "Quem ficar leproso, apresentando quaisquer desses sin-
tomas, usará roupas rasgadas, andará descabelado, cobrirá a
parte inferior do rosto e gritará: 'Impuro! Impuro!' 46 Enquanto
tiver a doença, estará impuro. Viverá separado, fora do acam-
pamento.

---

[a] 13.2 O termo hebraico não se refere somente à lepra, mas também a diversas doenças da pele; também no restante do capítulo.

[b] 13.2 Ou *descendentes*

A Lei acerca do Mofo

47 "Quando aparecer mancha de mofo[a] em alguma roupa —
seja de lã, seja de linho — 48 ou em qualquer peça tecida ou
entrelaçada de linho ou de lã, ou em algum pedaço ou objeto
de couro, 49 se a mancha na roupa, ou no pedaço de couro,
ou na peça tecida ou entrelaçada, ou em qualquer objeto de
couro, for esverdeada ou avermelhada, é mancha de mofo que
deverá ser mostrada ao sacerdote. 50 O sacerdote examinará
a mancha e isolará o objeto afetado por sete dias. 51 No sé-
timo dia examinará a mancha e, se ela tiver se espalhado pela
roupa, ou pela peça tecida ou entrelaçada, ou pelo pedaço de
couro, qualquer que seja o seu uso, é mofo corrosivo; o objeto
está impuro. 52 Ele queimará a roupa, ou a peça tecida ou en-
trelaçada, ou qualquer objeto de couro que tiver a mancha,
pois é mofo corrosivo; o objeto será queimado.

53 "Mas, se, quando o sacerdote o examinar, a mancha não
tiver se espalhado pela roupa, ou pela peça tecida ou entrela-
çada, ou pelo objeto de couro, 54 ordenará que o objeto afetado
seja lavado. Então ele o isolará por mais sete dias. 55 Depois
de lavado o objeto afetado, o sacerdote o examinará e, se a
mancha não tiver alterado sua cor, ainda que não tenha se
espalhado, o objeto estará impuro. Queime-o com fogo, quer
o mofo corrosivo tenha afetado um lado do objeto quer o outro.
56 Se, quando o sacerdote o examinar, a mancha tiver dimi-
nuído depois de lavado o objeto, ele cortará a parte afetada
da roupa, ou do pedaço de couro, ou da peça tecida ou entre-
laçada. 57 Mas, se a mancha ainda aparecer na roupa, ou na
peça tecida ou entrelaçada, ou no objeto de couro, é mofo que
se alastra, e tudo o que tiver o mofo será queimado com fogo.
58 Mas, se, depois de lavada, a mancha desaparecer da roupa,
ou da peça tecida ou entrelaçada, ou do objeto de couro, o
objeto afetado será lavado de novo, e então estará puro".

59 Essa é a regulamentação acerca da mancha de mofo nas
roupas de lã ou de linho, nas peças tecidas ou entrelaçadas,
ou nos objetos de couro, para que sejam declarados puros ou
impuros.

14 A Purificação da Lepra

Disse também o SENHOR a Moisés: 2 "Esta é a regulamen-
tação acerca da purificação de um leproso: Ele será levado ao
sacerdote, 3 que sairá do acampamento e o examinará. Se a
pessoa foi curada da lepra[b], 4 o sacerdote ordenará que duas
aves puras, vivas, um pedaço de madeira de cedro, um pano
vermelho e um ramo de hissopo sejam trazidos em favor da-
quele que será purificado. 5 Então o sacerdote ordenará que
uma das aves seja morta numa vasilha de barro com água da
fonte. 6 Então pegará a ave viva e a molhará, com o pedaço
de madeira de cedro, com o pano vermelho e com o ramo
de hissopo, no sangue da ave morta em água corrente. 7 Sete
vezes ele aspergirá aquele que está sendo purificado da lepra
e o declarará puro. Depois soltará a ave viva em campo aberto.

8 "Aquele que estiver sendo purificado lavará as suas roupas,
rapará todos os seus pelos e se banhará com água; e assim
estará puro. Depois disso poderá entrar no acampamento, mas
ficará fora da sua tenda por sete dias. 9 No sétimo dia rapará
todos os seus pelos: o cabelo, a barba, as sobrancelhas e o
restante dos pelos. Lavará suas roupas e banhará o corpo com
água; então ficará puro.

10 "No oitavo dia pegará dois cordeiros sem defeito e uma
cordeira de um ano sem defeito, com três jarros[c] da melhor
farinha amassada com óleo, como oferta de cereal, e uma ca-
neca[d] de óleo. 11 O sacerdote que faz a purificação apresentará
ao SENHOR, à entrada da Tenda do Encontro, tanto aquele que
estiver para ser purificado como as suas ofertas.

12 "Então o sacerdote pegará um dos cordeiros e o sacrificará
como oferta pela culpa, com a caneca de óleo; ele os mo-
verá perante o SENHOR como gesto ritual de apresentação e
13 matará o cordeiro no Lugar Santo, onde são sacrificados a
oferta pelo pecado e o holocausto. Como se dá com a oferta
pelo pecado, também a oferta pela culpa pertence ao sacer-
dote; é santíssima. 14 O sacerdote porá um pouco do sangue da
oferta pela culpa na ponta da orelha direita daquele que será
purificado, no polegar da sua mão direita e no polegar do seu
pé direito. 15 Então o sacerdote pegará um pouco de óleo da
caneca e o derramará na palma da sua própria mão esquerda,
16 molhará o dedo direito no óleo que está na palma da mão es-
querda e com o dedo o aspergirá sete vezes perante o SENHOR.
17 O sacerdote ainda porá um pouco do óleo restante na palma
da sua mão, na ponta da orelha direita daquele que está sendo
purificado, no polegar da sua mão direita e no polegar do seu
pé direito, em cima do sangue da oferta pela culpa. 18 O óleo
que restar na palma da sua mão, o sacerdote derramará sobre
a cabeça daquele que está sendo purificado e fará propiciação
por ele perante o SENHOR.

19 "Então o sacerdote sacrificará a oferta pelo pecado e fará
propiciação em favor daquele que está sendo purificado da sua
impureza. Depois disso, o sacerdote matará o animal do ho-
locausto 20 e o oferecerá sobre o altar com a oferta de cereal;
e assim fará propiciação pelo ofertante, o qual estará puro.

21 "Se, todavia, o ofertante for pobre, sem recursos para isso,
pegará um cordeiro como oferta pela culpa, o qual será movido
para fazer propiciação pelo ofertante, com um jarro da melhor
farinha, amassada com óleo, como oferta de cereal, uma ca-
neca de óleo 22 e duas rolinhas ou dois pombinhos, conforme
os seus recursos, um como oferta pelo pecado e o outro como
holocausto.

23 "No oitavo dia o ofertante os trará, para a sua purificação,
ao sacerdote, à entrada da Tenda do Encontro, perante o SE-
NHOR. 24 O sacerdote pegará o cordeiro da oferta pela culpa,
com uma caneca de óleo, e os moverá perante o SENHOR como
gesto ritual de apresentação. 25 Matará o cordeiro da oferta

---

[a] **13.47** O termo hebraico é o mesmo traduzido por lepra nos versículos anteriores.

[b] **14.3** O termo hebraico não se refere somente à lepra, mas também a diversas doenças da pele; também no restante do capítulo.

[c] **14.10** Hebraico: *3/10 de efa*. O efa era uma medida de capacidade para secos. As estimativas variam entre 20 e 40 litros.

[d] **14.10** Hebraico: *1 loque*. O loque era uma medida de capacidade. As estimativas variam entre 1/4 de litro e 1/2 litro.

pela culpa e pegará um pouco do sangue e o porá na ponta da orelha direita daquele que está sendo purificado, no polegar da sua mão direita e no polegar do seu pé direito. 26 O sacerdote derramará um pouco do óleo na palma da sua mão esquerda, 27 e com o dedo indicador direito aspergirá um pouco do óleo da palma da sua mão esquerda sete vezes perante o SENHOR. 28 Ele porá o óleo da palma da sua mão nos mesmos lugares em que pôs o sangue da oferta pela culpa: na ponta da orelha direita daquele que está sendo purificado, no polegar da sua mão direita e no polegar do seu pé direito. 29 O que restar do óleo na palma da sua mão, o sacerdote derramará sobre a cabeça daquele que está sendo purificado, para fazer propiciação por ele perante o SENHOR. 30 Depois sacrificará uma das rolinhas ou um dos pombinhos, conforme os seus recursos, 31 um como oferta pelo pecado e o outro como holocausto, com a oferta de cereal. Assim o sacerdote fará propiciação perante o SENHOR em favor daquele que está sendo purificado".

32 Essa é a regulamentação para todo aquele que tem lepra e não tem recursos para fazer a oferta da sua purificação.

A Purificação do Mofo

33 O SENHOR disse a Moisés e a Arão: 34 "Quando vocês entrarem na terra de Canaã, que dou a vocês como propriedade, e eu puser mancha de mofo numa casa, na terra que lhes pertence, 35 o dono da casa irá ao sacerdote e dirá: Parece-me que há mancha de mofo em minha casa. 36 Antes de examinar o mofo, o sacerdote ordenará que desocupem a casa para que nada que houver na casa se torne impuro. Depois disso, o sacerdote irá examinar a casa. 37 Examinará as manchas nas paredes e, se elas forem esverdeadas ou avermelhadas e parecerem mais profundas do que a superfície da parede, 38 o sacerdote sairá da casa e a deixará fechada por sete dias. 39 No sétimo dia voltará para examinar a casa. Se as manchas se houverem espalhado pelas paredes da casa, 40 ordenará que as pedras contaminadas pelas manchas sejam retiradas e jogadas num local impuro, fora da cidade. 41 Fará que a casa seja raspada por dentro e que o reboco raspado seja jogado num local impuro, fora da cidade. 42 Depois colocarão outras pedras no lugar das primeiras e rebocarão a casa com barro novo.

43 "Se as manchas tornarem a alastrar-se na casa depois de retiradas as pedras e de raspada e rebocada a casa, 44 o sacerdote irá examiná-la e, se as manchas se espalharam pela casa, é mofo corrosivo; a casa está impura. 45 Ela terá que ser demolida: as pedras, as madeiras e todo o reboco da casa; tudo será levado para um local impuro, fora da cidade.

46 "Quem entrar na casa enquanto estiver fechada estará impuro até a tarde. 47 Aquele que dormir ou comer na casa terá que lavar as suas roupas.

48 "Mas, se o sacerdote for examiná-la e as manchas não se houverem espalhado depois de rebocada a casa, declarará pura a casa, pois as manchas de mofo desapareceram. 49 Para purificar a casa, ele pegará duas aves, um pedaço de madeira de cedro, um pano vermelho e hissopo. 50 Depois matará uma das aves numa vasilha de barro com água da fonte. 51 Então pegará o pedaço de madeira de cedro, o hissopo, o pano vermelho e a ave viva, e os molhará no sangue da ave morta e na água da fonte, e aspergirá a casa sete vezes. 52 Ele purificará a casa com o sangue da ave, com a água da fonte, com a ave viva, com o pedaço de madeira de cedro, com o hissopo e com o pano vermelho. 53 Depois soltará a ave viva em campo aberto, fora da cidade. Assim fará propiciação pela casa, e ela ficará pura".

54 Essa é a regulamentação acerca de qualquer tipo de lepra, de sarna, 55 de mofo nas roupas ou numa casa 56 e de inchaço, erupção ou mancha brilhante, 57 para se determinar quando uma coisa é pura ou impura. Essa é a regulamentação acerca de qualquer tipo de lepra e de mofo.

Impurezas do Homem e da Mulher

15 O SENHOR disse a Moisés e a Arão: 2 "Digam o seguinte aos israelitas: Quando um homem tiver um fluxo que sai do corpo, o fluxo é impuro. 3 Ele ficará impuro por causa do seu fluxo, quer continue, quer fique retido.

4 "A cama em que um homem com fluxo se deitar ficará impura, e qualquer coisa em que se sentar ficará impura. 5 Quem tocar na cama dele lavará as suas roupas, se banhará com água e ficará impuro até a tarde. 6 Todo aquele que se sentar sobre qualquer coisa na qual esse homem se sentou, lavará suas roupas, se banhará com água e estará impuro até a tarde.

7 "Quem tocar no homem que tiver um fluxo lavará as suas roupas, se banhará com água e ficará impuro até a tarde.

8 "Se o homem cuspir em alguém que está puro, este lavará as suas roupas, se banhará com água e ficará impuro até a tarde. 9 Tudo aquilo em que o homem se sentar quando montar um animal estará impuro, 10 e todo aquele que tocar em qualquer coisa que tenha estado debaixo dele ficará impuro até a tarde; quem pegar essas coisas lavará as suas roupas, se banhará com água e ficará impuro até a tarde.

11 "Quaisquer pessoas tocadas pelo homem com fluxo, sem que este tenha lavado as mãos, lavarão as suas roupas, se banharão com água e ficarão impuras até a tarde.

12 "A vasilha de barro na qual ele tocar será quebrada; se tocar numa vasilha de madeira, ela será lavada.

13 "Quando um homem sarar de seu fluxo, contará sete dias para a sua purificação; lavará as suas roupas,se banhará em água corrente e ficará puro. 14 No oitavo dia pegará duas rolinhas ou dois pombinhos e irá perante o SENHOR, à entrada da Tenda do Encontro, e os dará ao sacerdote. 15 O sacerdote os sacrificará, um como oferta pelo pecado e o outro como holocausto, e assim fará propiciação perante o SENHOR em favor do homem, por causa do fluxo.

16 "Quando de um homem sair o sêmen, banhará todo o seu corpo com água e ficará impuro até a tarde. 17 Qualquer peça de roupa ou de couro em que houver sêmen será lavada com água e ficará impura até a tarde.

18 "Quando um homem se deitar com uma mulher e lhe sair o sêmen, ambos terão que se banhar com água e estarão impuros até a tarde.

19 “Quando uma mulher tiver fluxo de sangue que sai do corpo,
a impureza da sua menstruação durará sete dias, e quem nela
tocar ficará impuro até a tarde.
20 “Tudo sobre o que ela se deitar durante a sua menstruação
ficará impuro, e tudo sobre o que ela se sentar ficará impuro.
21 Todo aquele que tocar em sua cama lavará as suas roupas
e se banhará com água, e ficará impuro até a tarde. 22 Quem
tocar em alguma coisa sobre a qual ela se sentar lavará as
suas roupas, se banhará com água e estará impuro até a tarde.
23 Quer seja a cama, quer seja qualquer coisa sobre a qual ela
esteve sentada, quando alguém nisso tocar, estará impuro até
a tarde.
24 “Se um homem se deitar com ela e a menstruação dela nele
tocar, estará impuro por sete dias; qualquer cama sobre a qual
ele se deitar estará impura.
25 “Quando uma mulher tiver um fluxo de sangue por muitos
dias fora da sua menstruação normal, ou um fluxo que continue
além desse período, ela ficará impura enquanto durar o corri-
mento, como nos dias da sua menstruação. 26 Qualquer cama
em que ela se deitar enquanto continuar o seu fluxo estará
impura, como acontece com a sua cama durante a sua mens-
truação, e tudo sobre o que ela se sentar estará impuro, como
durante a sua menstruação. 27 Quem tocar em alguma dessas
coisas ficará impuro; lavará as suas roupas, se banhará com
água e ficará impuro até a tarde.
28 “Quando sarar do seu fluxo, contará sete dias e depois disso
estará pura. 29 No oitavo dia pegará duas rolinhas ou dois
pombinhos e os levará ao sacerdote, à entrada da Tenda do
Encontro. 30 O sacerdote sacrificará um como oferta pelo pe-
cado e o outro como holocausto, e assim fará propiciação em
favor dela, perante o SENHOR, devido à impureza do seu fluxo.
31 “Mantenham os israelitas separados das coisas que os
tornam impuros, para que não morram por contaminar com
sua impureza o meu tabernáculo, que está entre eles”.
32 Essa é a regulamentação acerca do homem que tem fluxo e
daquele de quem sai o sêmen, tornando-se impuro, 33 da mulher
em sua menstruação, do homem ou da mulher que têm fluxo
e do homem que se deita com uma mulher que está impura.

O Dia da Expiação

16 O SENHOR falou com Moisés depois que morreram os dois
filhos de Arão, por haverem se aproximado do SENHOR. 2 O SE-
NHOR disse a Moisés: “Diga a seu irmão Arão que não entre a
toda hora no Lugar Santíssimo, atrás do véu, diante da tampa
da arca, para que não morra; pois aparecerei na nuvem, acima
da tampa.
3 “Arão deverá entrar no Lugar Santo com um novilho como
oferta pelo pecado e com um carneiro como holocausto. 4 Ele
vestirá a túnica sagrada de linho, com calções também de linho
por baixo; porá o cinto de linho na cintura e também o turbante
de linho. Essas vestes são sagradas; por isso ele se banhará
com água antes de vesti-las. 5 Receberá da comunidade de
Israel dois bodes como oferta pelo pecado e um carneiro como
holocausto.
6 “Arão sacrificará o novilho como oferta pelo seu próprio pe-
cado, para fazer propiciação por si mesmo e por sua família.
7 Depois pegará os dois bodes e os apresentará ao SENHOR, à
entrada da Tenda do Encontro. 8 E lançará sortes quanto aos
dois bodes: uma para o SENHOR e a outra para Azazel[a]. 9 Arão
trará o bode cuja sorte caiu para o SENHOR e o sacrificará como
oferta pelo pecado. 10 Mas o bode sobre o qual caiu a sorte para
Azazel será apresentado vivo ao SENHOR para fazer propiciação
e será enviado para Azazel no deserto.
11 “Arão trará o novilho como oferta por seu próprio pecado
para fazer propiciação por si mesmo e por sua família, e ele o
oferecerá como sacrifício pelo seu próprio pecado. 12 Pegará o
incensário cheio de brasas do altar que está perante o SENHOR
e dois punhados de incenso aromático em pó e os levará para
trás do véu. 13 Porá o incenso no fogo perante o SENHOR, e a
fumaça do incenso cobrirá a tampa que está acima das tábuas
da aliança, a fim de que não morra. 14 Pegará um pouco do
sangue do novilho e com o dedo o aspergirá sobre a parte da
frente da tampa; depois, com o dedo aspergirá o sangue sete
vezes, diante da tampa.
15 “Então sacrificará o bode da oferta pelo pecado, em favor do
povo, e trará o sangue para trás do véu; fará com o sangue o
que fez com o sangue do novilho; ele o aspergirá sobre a tampa
e na frente dela. 16 Assim fará propiciação pelo Lugar Santís-
simo por causa das impurezas e das rebeliões dos israelitas,
quaisquer que tenham sido os seus pecados. Fará o mesmo
em favor da Tenda do Encontro, que está entre eles no meio
das suas impurezas. 17 Ninguém estará na Tenda do Encontro
quando Arão entrar para fazer propiciação no Lugar Santíssimo,
até a saída dele, depois que fizer propiciação por si mesmo,
por sua família e por toda a assembleia de Israel.
18 “Depois irá ao altar que está perante o SENHOR e pelo altar
fará propiciação. Pegará um pouco do sangue do novilho e do
sangue do bode e o porá em todas as pontas do altar. 19 Com
o dedo aspergirá o sangue sete vezes sobre o altar para purifi-
cá-lo e santificá-lo das impurezas dos israelitas.
20 “Quando Arão terminar de fazer propiciação pelo Lugar San-
tíssimo, pela Tenda do Encontro e pelo altar, trará para a frente
o bode vivo. 21 Então colocará as duas mãos sobre a cabeça do
bode vivo e confessará todas as iniquidades e rebeliões dos
israelitas, todos os seus pecados, e os porá sobre a cabeça do
bode. Em seguida, enviará o bode para o deserto aos cuidados
de um homem designado para isso. 22 O bode levará consigo
todas as iniquidades deles para um lugar solitário. E o homem
soltará o bode no deserto.
23 “Depois Arão entrará na Tenda do Encontro, tirará as vestes
de linho que usou para entrar no Santo dos Santos e as deixará
ali. 24 Ele se banhará com água num lugar sagrado e vestirá as
suas próprias roupas. Então sairá e sacrificará o holocausto
por si mesmo e o holocausto pelo povo, para fazer propiciação
por si mesmo e pelo povo. 25 Também queimará sobre o altar a
gordura da oferta pelo pecado.
26 “Aquele que soltar o bode para Azazel lavará as suas roupas,
se banhará com água e depois poderá entrar no acampamento.

[a] 16.8 Ou *o bode emissário*; também nos versículos 10 e 26.

27 O novilho e o bode da oferta pelo pecado, cujo sangue foi tra-
zido ao Lugar Santíssimo para fazer propiciação, serão levados
para fora do acampamento; o couro, a carne e o excremento
deles serão queimados com fogo. 28 Aquele que os queimar
lavará as suas roupas e se banhará com água; depois poderá
entrar no acampamento.
29 "Este é um decreto perpétuo para vocês: No décimo dia
do sétimo mês vocês se humilharão[a] e não poderão realizar
trabalho algum, nem o natural da terra, nem o estrangeiro
residente. 30 Porquanto nesse dia se fará propiciação por vocês,
para purificá-los. Então, perante o SENHOR, vocês estarão puros
de todos os seus pecados. 31 Este lhes será um sábado de des-
canso, quando vocês se humilharão; é um decreto perpétuo.
32 O sacerdote que for ungido e ordenado para suceder seu
pai como sumo sacerdote fará a propiciação. Porá as vestes
sagradas de linho 33 e fará propiciação pelo Lugar Santíssimo,
pela Tenda do Encontro, pelo altar, por todos os sacerdotes e
por todo o povo da assembleia.
34 "Este é um decreto perpétuo para vocês: A propiciação será
feita uma vez por ano, por todos os pecados dos israelitas".
E tudo foi feito conforme o SENHOR tinha ordenado a Moisés.

17 A Proibição de Comer Sangue

O SENHOR disse a Moisés: 2 "Diga a Arão e seus filhos e a
todos os israelitas o que o SENHOR ordenou: 3 Qualquer israelita
que sacrificar um boi[b], um cordeiro ou um cabrito dentro ou
fora do acampamento, 4 e não o trouxer à entrada da Tenda do
Encontro para apresentá-lo como oferta ao SENHOR, diante do
tabernáculo do SENHOR, será considerado culpado de sangue;
derramou sangue e será eliminado do meio do seu povo. 5 Os
sacrifícios, que os israelitas agora fazem em campo aberto,
passarão a trazer ao SENHOR, entregando-os ao sacerdote,
para oferecê-los ao SENHOR, à entrada da Tenda do Encontro,
e os sacrificarão como ofertas de comunhão. 6 O sacerdote
aspergirá o sangue no altar do SENHOR, à entrada da Tenda
do Encontro, e queimará a gordura como aroma agradável ao
SENHOR. 7 Não oferecerão mais sacrifícios aos ídolos em forma
de bode, aos quais prestam culto imoral. Este é um decreto
perpétuo para eles e para as suas gerações.
8 "Diga-lhes: Todo israelita ou estrangeiro residente que ofe-
recer holocausto ou sacrifício 9 e não o trouxer à entrada da
Tenda do Encontro para oferecê-lo ao SENHOR será eliminado
do meio do seu povo.
10 "Todo israelita ou estrangeiro residente que comer sangue
de qualquer animal, contra esse eu me voltarei e o eliminarei
do meio do seu povo. 11 Pois a vida da carne está no sangue, e
eu o dei a vocês para fazerem propiciação por vocês mesmos
no altar; é o sangue que faz propiciação pela vida. 12 Por isso
digo aos israelitas: Nenhum de vocês poderá comer sangue;
tampouco, o estrangeiro residente.
13 "Qualquer israelita ou estrangeiro residente que caçar um
animal ou ave que se pode comer, derramará o sangue e o co-
brirá com terra, 14 porque a vida de toda carne é o seu sangue.
Por isso eu disse aos israelitas: Vocês não poderão comer o
sangue de nenhum animal, porque a vida de toda carne é o seu
sangue; todo aquele que o comer será eliminado.
15 "Todo aquele que, natural da terra ou estrangeiro, comer um
animal encontrado morto ou despedaçado por animais selva-
gens, lavará suas roupas, se banhará com água e ficará impuro
até a tarde; então estará puro. 16 Mas, se não lavar suas roupas
nem se banhar, sofrerá as consequências da sua iniquidade".

18 As Relações Sexuais Ilícitas

Disse o SENHOR a Moisés: 2 "Diga o seguinte aos israelitas:
Eu sou o SENHOR, o Deus de vocês. 3 Não procedam como se
procede no Egito, onde vocês moraram, nem como se procede
na terra de Canaã, para onde os estou levando. Não sigam as
suas práticas. 4 Pratiquem as minhas ordenanças, obedeçam
aos meus decretos e sigam-nos. Eu sou o SENHOR, o Deus de
vocês. 5 Obedeçam aos meus decretos e ordenanças, pois o
homem que os praticar viverá por eles. Eu sou o SENHOR.
6 "Ninguém poderá se aproximar de uma parenta próxima para
se envolver sexualmente[c] com ela. Eu sou o SENHOR.
7 "Não desonre o seu pai, envolvendo-se sexualmente com a
sua mãe. Ela é sua mãe; não se envolva sexualmente com ela.
8 "Não se envolva sexualmente com a mulher do seu pai; isso
desonraria seu pai.
9 "Não se envolva sexualmente com a sua irmã, filha do seu
pai ou da sua mãe, tenha ela nascido na mesma casa ou em
outro lugar.
10 "Não se envolva sexualmente com a filha do seu filho ou com
a filha da sua filha; isso desonraria você.
11 "Não se envolva sexualmente com a filha da mulher do seu
pai, gerada por seu pai; ela é sua irmã.
12 "Não se envolva sexualmente com a irmã do seu pai; ela é
parenta próxima do seu pai.
13 "Não se envolva sexualmente com a irmã da sua mãe; ela é
parenta próxima da sua mãe.
14 "Não desonre o irmão do seu pai aproximando-se da sua
mulher para com ela se envolver sexualmente; ela é sua tia.
15 "Não se envolva sexualmente com a sua nora. Ela é mulher
do seu filho; não se envolva sexualmente com ela.
16 "Não se envolva sexualmente com a mulher do seu irmão;
isso desonraria seu irmão.
17 "Não se envolva sexualmente com uma mulher e sua filha.
Não se envolva sexualmente com a filha do seu filho ou com
a filha da sua filha; são parentes próximos. É perversidade.
18 "Não tome por mulher a irmã da sua mulher, tornando-a
rival, envolvendo-se sexualmente com ela, estando a sua mu-
lher ainda viva.
19 "Não se aproxime de uma mulher para se envolver sexual-
mente com ela quando ela estiver na impureza da sua mens-
truação.
20 "Não se deite com a mulher do seu próximo, contaminan-
do-se com ela.

[a] 16.29 Ou *jejuarão*; também no versículo 31.
[b] 17.3 A palavra hebraica pode significar boi ou vaca.
[c] 18.6 Hebraico: *descobrir a nudez*; também nos versículos de 7 a 20 e no capítulo 20.

21 "Não entregue os seus filhos para serem sacrificados a Mo-
loque[a]. Não profanem o nome do seu Deus. Eu sou o SENHOR.
22 "Não se deite com um homem como quem se deita com uma
mulher; é repugnante.
23 "Não tenha relações sexuais com um animal, contaminan-
do-se com ele. Mulher nenhuma se porá diante de um animal
para ajuntar-se com ele; é depravação.
24 "Não se contaminem com nenhuma dessas coisas, porque
assim se contaminaram as nações que vou expulsar da pre-
sença de vocês. 25 Até a terra ficou contaminada; e eu castiguei
a sua iniquidade, e a terra vomitou os seus habitantes. 26 Mas
vocês obedecerão aos meus decretos e às minhas leis. Nem o
natural da terra nem o estrangeiro residente entre vocês farão
nenhuma dessas abominações, 27 pois todas estas abomina-
ções foram praticadas pelos que habitaram essa terra antes
de vocês; por isso a terra ficou contaminada. 28 E, se vocês
contaminarem a terra, ela os vomitará, como vomitou os povos
que ali estavam antes de vocês.
29 "Todo aquele que fizer alguma dessas abominações, aqueles
que assim procederem serão eliminados do meio do seu povo.
30 Obedeçam aos meus preceitos e não pratiquem os costumes
repugnantes praticados antes de vocês, nem se contaminem
com eles. Eu sou o SENHOR, o Deus de vocês".

Diversas Leis

19 Disse ainda o SENHOR a Moisés: 2 "Diga o seguinte a toda
comunidade de Israel: Sejam santos porque eu, o SENHOR, o
Deus de vocês, sou santo.
3 "Respeite cada um de vocês a sua mãe e o seu pai e guarde os
meus sábados. Eu sou o SENHOR, o Deus de vocês.
4 "Não se voltem para os ídolos nem façam para vocês deuses
de metal. Eu sou o SENHOR, o Deus de vocês.
5 "Quando vocês oferecerem um sacrifício de comunhão ao SE-
NHOR, ofereçam-no de modo que seja aceito em favor de vocês.
6 Terá que ser comido no dia em que o oferecerem, ou no dia
seguinte; o que sobrar até o terceiro dia será queimado. 7 Se
alguma coisa for comida no terceiro dia, estará estragada e
não será aceita. 8 Quem a comer sofrerá as consequências da
sua iniquidade, porque profanou o que é santo ao SENHOR; será
eliminado do meio do seu povo.
9 "Quando fizerem a colheita da sua terra, não colham até as
extremidades da sua lavoura nem ajuntem as espigas caídas
de sua colheita. 10 Não passem duas vezes pela sua vinha nem
apanhem as uvas que tiverem caído. Deixem-nas para o neces-
sitado e para o estrangeiro. Eu sou o SENHOR, o Deus de vocês.
11 "Não furtem.
"Não mintam.
"Não enganem uns aos outros.
12 "Não jurem falsamente pelo meu nome, profanando assim o
nome do seu Deus. Eu sou o SENHOR.
13 "Não oprimam nem roubem o seu próximo.
"Não retenham até a manhã do dia seguinte o pagamento de
um diarista.
14 "Não amaldiçoem o surdo nem ponham pedra de tropeço
à frente do cego, mas temam o seu Deus. Eu sou o SENHOR.
15 "Não cometam injustiça num julgamento; não favoreçam os
pobres nem procurem agradar os grandes, mas julguem o seu
próximo com justiça.
16 "Não espalhem calúnias no meio do seu povo.
"Não se levantem contra a vida do seu próximo. Eu sou o SE-
NHOR.
17 "Não guardem ódio contra o seu irmão no coração; antes
repreendam com franqueza o seu próximo para que, por causa
dele, não sofram as consequências de um pecado.
18 "Não procurem vingança nem guardem rancor contra al-
guém do seu povo, mas ame cada um o seu próximo como a si
mesmo. Eu sou o SENHOR.
19 "Obedeçam às minhas leis.
"Não cruzem diferentes espécies de animais.
"Não plantem duas espécies de sementes na sua lavoura.
"Não usem roupas feitas com dois tipos de tecido.
20 "Se um homem deitar-se com uma escrava prometida a
outro homem, mas que não tenha sido resgatada nem tenha
recebido sua liberdade, aplique-se a devida punição. Contudo
não serão mortos, porquanto ela não havia sido libertada. 21 O
homem, porém, trará ao SENHOR, à entrada da Tenda do En-
contro, um carneiro como oferta pela culpa. 22 Com o carneiro
da oferta pela culpa, o sacerdote fará propiciação pelo ofer-
tante perante o SENHOR, pelo pecado que cometeu; assim o
pecado que ele cometeu será perdoado.
23 "Quando vocês entrarem na terra e plantarem qualquer tipo
de árvore frutífera, considerem proibidas[b] as suas frutas. Du-
rante três anos vocês as considerarão proibidas; não poderão
comê-las. 24 No quarto ano todas as suas frutas serão santas;
será uma oferta de louvor ao SENHOR. 25 No quinto ano, porém,
vocês poderão comer as suas frutas. Assim a sua colheita au-
mentará. Eu sou o SENHOR, o Deus de vocês.
26 "Não comam nada com sangue.
"Não pratiquem adivinhação nem feitiçaria.
27 "Não cortem o cabelo dos lados da cabeça nem aparem as
pontas da barba.
28 "Não façam cortes no corpo por causa dos mortos nem ta-
tuagens em vocês mesmos. Eu sou o SENHOR.
29 "Ninguém desonre a sua filha tornando-a uma prostituta;
se não, a terra se entregará à prostituição e se encherá de
perversidade.
30 "Guardem os meus sábados e reverenciem o meu santuário.
Eu sou o SENHOR.
31 "Não recorram aos médiuns nem busquem a quem consulta
espíritos, pois vocês serão contaminados por eles. Eu sou o
SENHOR, o Deus de vocês.
32 "Levantem-se na presença dos idosos, honrem os anciãos,
temam o seu Deus. Eu sou o SENHOR.
33 "Quando um estrangeiro viver na terra de vocês, não o
maltratem. 34 O estrangeiro residente que viver com vocês
deverá ser tratado como o natural da terra. Amem-no como

[a] 18.21 Ou *a Moloque fazendo-os passar pelo fogo*

[b] 19.23 Hebraico: *incircuncisas*.

a si mesmos, pois vocês foram estrangeiros no Egito. Eu sou o
SENHOR, o Deus de vocês.
35 "Não usem medidas desonestas quando medirem compri-
mento, peso ou quantidade. 36 Usem balanças de pesos ho-
nestos, tanto para cereais quanto para líquidos[a]. Eu sou o SE-
NHOR, o Deus de vocês, que os tirei da terra do Egito.
37 "Obedeçam a todos os meus decretos e a todas as minhas
leis e pratiquem-nos. Eu sou o SENHOR".

20 Punições para o Pecado

Disse o SENHOR a Moisés: 2 "Diga aos israelitas: Qualquer
israelita ou estrangeiro residente em Israel que entregar[b] um
dos seus filhos a Moloque, terá que ser executado. O povo
da terra o apedrejará. 3 Voltarei o meu rosto contra ele e o
eliminarei do meio do seu povo; pois deu os seus filhos a Mo-
loque, contaminando assim o meu santuário e profanando o
meu santo nome. 4 Se o povo deliberadamente fechar os olhos
quando alguém entregar um dos seus filhos a Moloque e deixar
de executar o agressor, 5 voltarei o meu rosto contra aquele
homem e contra o seu clã e eliminarei do meio do seu povo
tanto ele quanto todos os que o seguem, prostituindo-se com
Moloque.
6 "Voltarei o meu rosto contra quem consulta espíritos e contra
quem procura médiuns para segui-los, prostituindo-se com
eles. Eu o eliminarei do meio do seu povo.
7 "Consagrem-se, porém, e sejam santos, porque eu sou o
SENHOR, o Deus de vocês. 8 Obedeçam aos meus decretos e
pratiquem-nos. Eu sou o SENHOR que os santifica.
9 "Se alguém amaldiçoar seu pai ou sua mãe, terá que ser exe-
cutado. Por ter amaldiçoado o seu pai ou a sua mãe, merece
a morte.
10 "Se um homem cometer adultério com a mulher de outro
homem, com a mulher do seu próximo, tanto o adúltero quanto
a adúltera terão que ser executados.
11 "Se um homem se deitar com a mulher do seu pai, desonrou
seu pai. Tanto o homem quanto a mulher terão que ser execu-
tados, pois merecem a morte.
12 "Se um homem se deitar com a sua nora, ambos terão que
ser executados. O que fizeram é depravação; merecem a
morte.
13 "Se um homem se deitar com outro homem como quem se
deita com uma mulher, ambos praticaram um ato repugnante.
Terão que ser executados, pois merecem a morte.
14 "Se um homem tomar uma mulher e a mãe dela, comete per-
versidade. Tanto ele quanto elas serão queimados com fogo,
para que não haja perversidade entre vocês.
15 "Se um homem tiver relações sexuais com um animal, terá
que ser executado, e vocês matarão também o animal.
16 "Se uma mulher se aproximar de algum animal para ajun-
tar-se com ele, vocês matarão a mulher e o animal. Ambos
terão que ser executados, pois merecem a morte.
17 "Se um homem tomar por mulher sua irmã, filha de seu pai
ou de sua mãe, e se envolver sexualmente com ela, pratica
um ato vergonhoso. Serão eliminados à vista de todo o povo.
Esse homem desonrou sua irmã e sofrerá as consequências
da sua iniquidade.
18 "Se um homem se deitar com uma mulher durante a mens-
truação e com ela se envolver sexualmente, ambos serão eli-
minados do meio do seu povo, pois expuseram o sangramento
dela.
19 "Não se envolva sexualmente com a irmã de sua mãe nem
com a irmã de seu pai; pois quem se envolver sexualmente
com uma parenta próxima sofrerá as consequências da sua
iniquidade.
20 "Se um homem se deitar com a mulher do seu tio, desonrou
seu tio. Eles sofrerão as consequências do seu pecado; mor-
rerão sem filhos.
21 "Se um homem tomar por mulher a mulher do seu irmão,
comete impureza; desonrou seu irmão. Ficarão sem filhos.
22 "Obedeçam a todos os meus decretos e leis e pratiquem-nos,
para que a terra para onde os estou levando para nela habitar
não os vomite. 23 Não sigam os costumes dos povos que vou
expulsar de diante de vocês. Por terem feito todas essas coisas,
causam-me repugnância. 24 Mas a vocês prometi que herdarão
a terra deles; eu a darei a vocês como herança, terra onde há
leite e mel com fartura. Eu sou o SENHOR, o Deus de vocês, que
os separou dentre os povos.
25 "Portanto, façam separação entre animais puros e impuros
e entre aves puras e impuras. Não se contaminem com animal,
ou ave, ou com qualquer criatura que se move rente ao chão,
os quais separei de vocês por serem eles impuros. 26 Vocês
serão santos para mim, porque eu, o SENHOR, sou santo e os
separei dentre os povos para serem meus.
27 "Os homens ou mulheres que, entre vocês, forem médiuns
ou consultarem os espíritos, terão que ser executados. Serão
apedrejados, pois merecem a morte".

21 Regulamentação para os Sacerdotes

Disse ainda o SENHOR a Moisés: "Diga o seguinte aos sa-
cerdotes, os filhos de Arão: Um sacerdote não poderá tornar-se
impuro por causa de alguém do seu povo que venha a morrer,
2 a não ser por um parente próximo, como mãe ou pai, filho ou
filha, irmão 3 ou irmã virgem dependente dele por ainda não ter
marido; por causa dela, poderá tornar-se impuro. 4 Não poderá
tornar-se impuro e contaminar-se por causa de parentes por
casamento[c].
5 "Os sacerdotes não raparão a cabeça, nem apararão as
pontas da barba, nem farão cortes no corpo. 6 Serão santos
ao seu Deus e não profanarão o nome do seu Deus. Pelo fato
de apresentarem ao SENHOR as ofertas preparadas no fogo,
ofertas de alimento do seu Deus, serão santos.
7 "Não poderão tomar por mulher uma prostituta, uma moça
que tenha perdido a virgindade, ou uma mulher divorciada do
seu marido, porque o sacerdote é santo ao seu Deus. 8 Consi-
derem-no santo, porque ele oferece o alimento do seu Deus.

[a] 19.36 Hebraico: *efa honesto e him honesto*.
[b] 20.2 Ou *sacrificar*; também nos versículos 3 e 4.
[c] 21.4 Ou *impuro como líder no meio de seu povo*

Considerem-no santo, porque eu, o SENHOR, que os santifico, sou santo.

9 "Se a filha de um sacerdote se corromper, tornando-se prostituta, desonra seu pai; deverá morrer queimada.

10 "O sumo sacerdote, aquele entre seus irmãos sobre cuja cabeça tiver sido derramado o óleo da unção, e que tiver sido consagrado para usar as vestes sacerdotais, não andará descabelado nem rasgará as roupas em sinal de luto. 11 Não entrará onde houver um cadáver. Não se tornará impuro, nem mesmo por causa do seu pai ou da sua mãe; 12 e não deixará o santuário do seu Deus nem o profanará, porquanto foi consagrado pelo óleo da unção do seu Deus. Eu sou o SENHOR.

13 "A mulher que ele tomar terá que ser virgem. 14 Não poderá ser viúva, nem divorciada, nem moça que perdeu a virgindade, nem prostituta, mas terá que ser uma virgem do seu próprio povo, 15 assim ele não profanará a sua descendência em meio ao seu povo. Eu sou o SENHOR, que o santifico".

16 Disse ainda o SENHOR a Moisés: 17 "Diga a Arão: Pelas suas gerações, nenhum dos seus descendentes que tenha algum defeito poderá aproximar-se para trazer ao seu Deus ofertas de alimento. 18 Nenhum homem que tenha algum defeito poderá aproximar-se: ninguém que seja cego ou aleijado, que tenha o rosto defeituoso ou o corpo deformado; 19 ninguém que tenha o pé ou a mão defeituosos, 20 ou que seja corcunda ou anão, ou que tenha qualquer defeito na vista, ou que esteja com feridas purulentas ou com fluxo, ou que tenha testículos defeituosos. 21 Nenhum descendente do sacerdote Arão que tenha qualquer defeito poderá aproximar-se para apresentar ao SENHOR ofertas preparadas no fogo. Tem defeito; não poderá aproximar-se para trazê-las ao seu Deus. 22 Poderá comer o alimento santíssimo de seu Deus e também o alimento santo; 23 contudo, por causa do seu defeito, não se aproximará do véu nem do altar, para que não profane o meu santuário. Eu sou o SENHOR, que os santifico".

24 Foi isso que Moisés falou a Arão e a seus filhos e a todos os israelitas.

22 Disse o SENHOR a Moisés: 2 "Diga a Arão e a seus filhos que tratem com respeito as ofertas sagradas que os israelitas me consagrarem, para que não profanem o meu santo nome. Eu sou o SENHOR.

3 "Avise-lhes que, se, em suas futuras gerações, algum dos seus descendentes estiver impuro ao se aproximar das ofertas sagradas que os israelitas consagrarem ao SENHOR, será eliminado da minha presença. Eu sou o SENHOR.

4 "Nenhum descendente de Arão que tenha lepra[a] ou fluxo no corpo poderá comer das ofertas sagradas até que esteja purificado. Também estará impuro se tocar em algo contaminado por um cadáver, ou se lhe sair o sêmen, 5 ou se tocar em alguma criatura ou em alguém que o torne impuro, seja qual for a impureza. 6 Aquele que neles tocar ficará impuro até a tarde. Não poderá comer das ofertas sagradas, a menos que se tenha banhado com água. 7 Depois do pôr do sol estará puro e então poderá comer as ofertas sagradas, pois são o seu alimento.

8 Também não poderá comer animal encontrado morto ou despedaçado por animais selvagens, pois se tornaria impuro por causa deles. Eu sou o SENHOR.

9 "Os sacerdotes obedecerão aos meus preceitos, para que não sofram as consequências do seu pecado nem sejam executados por tê-los profanado. Eu sou o SENHOR, que os santifico.

10 "Somente o sacerdote e a sua família poderão comer da oferta sagrada; não poderá comê-la o seu hóspede nem o seu empregado. 11 Mas, se um sacerdote comprar um escravo, ou se um escravo nascer em sua casa, esse escravo poderá comer do seu alimento. 12 Se a filha de um sacerdote se casar com alguém que não seja sacerdote, não poderá comer das ofertas sagradas. 13 Mas, se a filha de um sacerdote ficar viúva ou se divorciar, não tiver filhos e voltar a viver na casa do pai como na sua juventude, poderá comer do alimento do pai, mas dele não poderá comer ninguém que não seja da família do sacerdote.

14 "Se alguém, sem intenção, comer uma oferta sagrada, fará restituição da oferta ao sacerdote e lhe acrescentará um quinto do seu valor.

15 "Os sacerdotes não profanarão as ofertas sagradas que os israelitas apresentam ao SENHOR, 16 permitindo-lhes comê-las e trazendo assim sobre eles culpa que exige reparação. Eu sou o SENHOR que os santifico".

Os Sacrifícios Inaceitáveis

17 Disse o SENHOR a Moisés: 18 "Diga o seguinte a Arão e a seus filhos e a todos os israelitas: Se algum de vocês — seja israelita, seja estrangeiro residente em Israel —, apresentar uma oferta como holocausto ao SENHOR — quer para cumprir voto, quer como oferta voluntária —, 19 apresentará um macho sem defeito do rebanho, isto é, um boi, um carneiro ou um bode, a fim de que seja aceito em seu favor. 20 Não tragam nenhum animal defeituoso, porque não será aceito em favor de vocês. 21 Quando alguém trouxer um animal do gado ou do rebanho de ovelhas como oferta de comunhão para o SENHOR, em cumprimento de voto ou como oferta voluntária, o animal, para ser aceitável, não poderá ter defeito nem mácula. 22 Não ofereçam ao SENHOR animal cego, aleijado, mutilado, ulceroso, cheio de feridas purulentas ou com fluxo. Não coloquem nenhum desses animais sobre o altar como oferta ao SENHOR, preparada no fogo. 23 Todavia, poderão apresentar como oferta voluntária um boi ou um carneiro ou um cabrito deformados ou atrofiados, mas no caso do cumprimento de voto não serão aceitos. 24 Não poderão oferecer ao SENHOR um animal cujos testículos estejam machucados, esmagados, despedaçados ou cortados. Não façam isso em sua própria terra 25 nem aceitem animais como esses das mãos de um estrangeiro para oferecê-los como alimento do seu Deus. Não serão aceitos em favor de vocês, pois são deformados e apresentam defeitos".

26 Disse ainda o SENHOR a Moisés: 27 "Quando nascer um bezerro, um cordeiro ou um cabrito, ficará sete dias com sua mãe. Do oitavo dia em diante será aceito como oferta ao SENHOR preparada no fogo. 28 Não matem uma vaca ou uma ovelha ou uma cabra e sua cria no mesmo dia.

[a] 22.4 O termo hebraico não se refere somente à lepra, mas também a diversas doenças da pele.

29 “Quando vocês oferecerem um sacrifício de gratidão ao
SENHOR, ofereçam-no de maneira que seja aceito em favor de
vocês. 30 Será comido naquele mesmo dia; não deixem nada
até a manhã seguinte. Eu sou o SENHOR.
31 “Obedeçam aos meus mandamentos e ponham-nos em prá-
tica. Eu sou o SENHOR. 32 Não profanem o meu santo nome. Eu
serei reconhecido como santo pelos israelitas. Eu sou o SENHOR,
eu os santifico, 33 eu os tirei do Egito para ser o Deus de vocês.
Eu sou o SENHOR”.

23 Disse o SENHOR a Moisés: 2 “Diga o seguinte aos israelitas:
Estas são as minhas festas, as festas fixas do SENHOR, que
vocês proclamarão como reuniões sagradas:

O Sábado

3 “Em seis dias realizem os seus trabalhos, mas o sétimo dia é
sábado, dia de descanso e de reunião sagrada. Não realizem
trabalho algum; onde quer que morarem, será sábado dedi-
cado ao SENHOR.

A Páscoa e os Pães sem Fermento

4 “Estas são as festas fixas do SENHOR, as reuniões sagradas
que vocês proclamarão no tempo devido: 5 a Páscoa do SENHOR,
que começa no entardecer do décimo quarto dia do primeiro
mês. 6 No décimo quinto dia daquele mês começa a festa do
SENHOR, a festa dos pães sem fermento; durante sete dias
vocês comerão pães sem fermento. 7 No primeiro dia façam
uma reunião sagrada e não realizem trabalho algum. 8 Durante
sete dias apresentem ao SENHOR ofertas preparadas no fogo.
E no sétimo dia façam uma reunião sagrada e não realizem
trabalho algum”.

Os Primeiros Frutos

9 Disse o SENHOR a Moisés: 10 “Diga o seguinte aos israelitas:
Quando vocês entrarem na terra que dou a vocês e fizerem co-
lheita, tragam ao sacerdote um feixe do primeiro cereal que
colherem. 11 O sacerdote moverá ritualmente o feixe perante o
SENHOR para que seja aceito em favor de vocês; ele o moverá no
dia seguinte ao sábado. 12 No dia em que moverem o feixe, vocês
oferecerão em holocausto ao SENHOR um cordeiro de um ano de
idade sem defeito. 13 Apresentem também uma oferta de cereal
de dois jarros[a] da melhor farinha amassada com óleo, oferta ao
SENHOR preparada no fogo, de aroma agradável, e uma oferta
derramada de um litro[b] de vinho. 14 Vocês não poderão comer
pão algum, nem cereal tostado, nem cereal novo, até o dia em
que trouxerem essa oferta ao Deus de vocês. Este é um decreto
perpétuo para as suas gerações, onde quer que morarem.

A Festa das Semanas

15 “A partir do dia seguinte ao sábado, o dia em que vocês
trarão o feixe da oferta ritualmente movida, contem sete
semanas completas. 16 Contem cinquenta dias, até um dia de-
pois do sétimo sábado, e então apresentem uma oferta de
cereal novo ao SENHOR. 17 Onde quer que morarem, tragam de
casa dois pães feitos com dois jarros da melhor farinha, cozidos
com fermento, como oferta movida dos primeiros frutos ao
SENHOR. 18 Junto com os pães apresentem sete cordeiros, cada
um com um ano de idade e sem defeito, um novilho e dois
carneiros. Eles serão um holocausto ao SENHOR, com as suas
ofertas de cereal e ofertas derramadas; é oferta preparada no
fogo, de aroma agradável ao SENHOR. 19 Depois sacrifiquem um
bode como oferta pelo pecado e dois cordeiros, cada um com
um ano de idade, como oferta de comunhão. 20 O sacerdote
moverá os dois cordeiros perante o SENHOR como gesto ritual
de apresentação, com o pão dos primeiros frutos. São uma
oferta sagrada ao SENHOR e pertencem ao sacerdote. 21 Naquele
mesmo dia, vocês proclamarão uma reunião sagrada e não
realizarão trabalho algum. Este é um decreto perpétuo para as
suas gerações, onde quer que morarem.
22 “Quando fizerem a colheita da sua terra, não colham até as
extremidades da sua lavoura nem ajuntem as espigas caídas
da sua colheita. Deixem-nas para o necessitado e para o es-
trangeiro. Eu sou o SENHOR, o Deus de vocês”.

A Festa das Trombetas

23 Disse o SENHOR a Moisés: 24 “Diga também aos israelitas: No
primeiro dia do sétimo mês vocês terão um dia de descanso,
uma reunião sagrada, celebrada com toques de trombeta.
25 Não realizem trabalho algum, mas apresentem ao SENHOR
uma oferta preparada no fogo”.

O Dia da Expiação

26 Disse o SENHOR a Moisés: 27 “O décimo dia deste sétimo mês
é o Dia da Expiação[c]. Façam uma reunião sagrada e humi-
lhem-se[d], e apresentem ao SENHOR uma oferta preparada no
fogo. 28 Não realizem trabalho algum nesse dia, porque é o
Dia da Expiação, quando se faz propiciação por vocês perante
o SENHOR, o Deus de vocês. 29 Quem não se humilhar nesse
dia será eliminado do seu povo. 30 Eu destruirei do meio do
seu povo todo aquele que realizar algum trabalho nesse dia.
31 Vocês não realizarão trabalho algum. Este é um decreto per-
pétuo para as suas gerações, onde quer que morarem. 32 É um
sábado de descanso para vocês, no qual vocês se humilharão.
Desde o entardecer do nono dia do mês até o entardecer do
dia seguinte vocês guardarão esse sábado”.

A Festa das Cabanas

33 Disse o SENHOR a Moisés: 34 “Diga ainda aos israelitas: No
décimo quinto dia deste sétimo mês começa a festa das ca-
banas[e] do SENHOR, que dura sete dias. 35 No primeiro dia haverá
reunião sagrada; não realizem trabalho algum. 36 Durante sete
dias apresentem ao SENHOR ofertas preparadas no fogo, no

[a] 23.13 Hebraico: *2/10 de efa*; também no versículo 17. O efa era uma medida de capacidade para secos. As estimativas variam entre 20 e 40 litros.

[b] 23.13 Hebraico: *1/4 de him*. O him era uma medida de capacidade para líquidos. As estimativas variam entre 3 e 6 litros.

[c] 23.27 O termo hebraico é o mesmo traduzido por propiciação.

[d] 23.27 Ou *e jejuem*; também nos versículos 29 e 32.

[e] 23.34 Ou *dos tabernáculos*; hebraico: *sucote*.

oitavo dia façam outra reunião sagrada e também apresentem
ao SENHOR uma oferta preparada no fogo. É reunião solene;
não realizem trabalho algum.
37 (Estas são as festas fixas do SENHOR, que vocês proclamarão
como reuniões sagradas para trazerem ao SENHOR ofertas pre-
paradas no fogo, holocaustos e ofertas de cereal, sacrifícios
e ofertas derramadas exigidas para cada dia. 38 Isso fora as
do sábado do SENHOR e fora as[a] dádivas e os votos de vocês,
e todas as ofertas voluntárias que vocês derem ao SENHOR.)
39 "Assim, começando no décimo quinto dia do sétimo mês, de-
pois de terem colhido o que a terra produziu, celebrem a festa
do SENHOR durante sete dias; o primeiro dia e também o oitavo
serão dias de descanso. 40 No primeiro dia vocês apanharão os
melhores frutos das árvores, folhagem de tamareira, galhos
frondosos e salgueiros, e se alegrarão perante o SENHOR, o Deus
de vocês, durante sete dias. 41 Celebrem essa festa do SENHOR
durante sete dias todos os anos. Este é um decreto perpétuo
para as suas gerações; celebrem-na no sétimo mês. 42 Morem
em tendas durante sete dias; todos os israelitas de nascimento
morarão em tendas, 43 para que os descendentes de vocês
saibam que eu fiz os israelitas morarem em tendas quando
os tirei da terra do Egito. Eu sou o SENHOR, o Deus de vocês".
44 Assim anunciou Moisés aos israelitas as festas fixas do SENHOR.

24 O Candelabro e os Pães Sagrados

Disse o SENHOR a Moisés: 2 "Ordene aos israelitas que
tragam azeite puro de olivas batidas para as lâmpadas, para
que fiquem sempre acesas. 3 Na Tenda do Encontro, do lado de
fora do véu que esconde as tábuas da aliança, Arão manterá
as lâmpadas continuamente acesas diante do SENHOR, desde o
entardecer até a manhã seguinte. Este é um decreto perpétuo
para as suas gerações: 4 Mantenha sempre em ordem as lâm-
padas no candelabro de ouro puro perante o SENHOR.
5 "Apanhe da melhor farinha e asse doze pães, usando dois
jarros[b] para cada pão. 6 Coloque-os em duas fileiras, com seis
pães em cada uma, sobre a mesa de ouro puro perante o SE-
NHOR. 7 Junto a cada fileira coloque um pouco de incenso puro
como porção memorial para representar o pão e ser uma oferta
ao SENHOR preparada no fogo. 8 Esses pães serão colocados
regularmente perante o SENHOR, cada sábado, em nome dos
israelitas, como aliança perpétua. 9 Pertencem a Arão e a seus
descendentes, que os comerão num lugar sagrado, porque é
parte santíssima de sua porção regular das ofertas dedicadas
ao SENHOR, preparadas no fogo. É decreto perpétuo".

O Castigo da Blasfêmia

10 Aconteceu que o filho de uma israelita com um egípcio saiu
e foi para o meio dos israelitas. No acampamento houve uma
briga entre ele e um israelita. 11 O filho da israelita blasfemou
o Nome com uma maldição; então o levaram a Moisés. O
nome de sua mãe era Selomite, filha de Dibri, da tribo de Dã.
12 Deixaram-no preso até que a vontade do SENHOR lhes fosse
declarada.
13 Então o SENHOR disse a Moisés: 14 "Leve o que blasfemou para
fora do acampamento. Todos aqueles que o ouviram colocarão
as mãos sobre a cabeça dele, e a comunidade toda o apedre-
jará. 15 Diga aos israelitas: Se alguém amaldiçoar seu Deus,
será responsável pelo seu pecado; 16 quem blasfemar o nome
do SENHOR terá que ser executado. A comunidade toda o ape-
drejará. Seja estrangeiro seja natural da terra, se blasfemar o
Nome, terá que ser morto.
17 "Se alguém ferir uma pessoa a ponto de matá-la, terá que
ser executado. 18 Quem matar um animal fará restituição: vida
por vida. 19 Se alguém ferir seu próximo, deixando-o defeituoso,
assim como fez lhe será feito: 20 fratura por fratura, olho por
olho, dente por dente. Assim como feriu o outro, deixando-o
defeituoso, assim também será ferido. 21 Quem matar um
animal fará restituição, mas quem matar um homem será
morto. 22 Vocês terão a mesma lei para o estrangeiro e para o
natural da terra. Eu sou o SENHOR, o Deus de vocês".
23 Depois que Moisés falou aos israelitas, levaram o que blas-
femou para fora do acampamento e o apedrejaram. Os israe-
litas fizeram conforme o SENHOR tinha ordenado a Moisés.

25 O Ano Sabático

Então disse o SENHOR a Moisés no monte Sinai: 2 "Diga
o seguinte aos israelitas: Quando entrarem na terra que dou
a vocês, a própria terra guardará um sábado para o SENHOR.
3 Durante seis anos semeiem as suas lavouras, aparem as suas
vinhas e façam a colheita de suas plantações. 4 Mas no sétimo
ano a terra terá um sábado de descanso, um sábado dedicado
ao SENHOR. Não semeiem as suas lavouras nem aparem as
suas vinhas. 5 Não colham o que crescer por si, nem colham
as uvas das suas vinhas, que não serão podadas. A terra terá
um ano de descanso. 6 Vocês se sustentarão do que a terra
produzir no ano de descanso, você, o seu escravo, a sua es-
crava, o trabalhador contratado e o residente temporário que
vive entre vocês, 7 bem como os seus rebanhos e os animais
selvagens de sua terra. Tudo o que a terra produzir poderá
ser comido.

O Ano do Jubileu

8 "Contem sete semanas de anos, sete vezes sete anos; essas
sete semanas de anos totalizam quarenta e nove anos. 9 Então
façam soar a trombeta no décimo dia do sétimo mês; no Dia
da Expiação façam soar a trombeta por toda a terra de vocês.
10 Consagrem o quinquagésimo ano e proclamem libertação por
toda a terra a todos os seus moradores. Este será um ano de
jubileu, quando cada um de vocês voltará para a propriedade
da sua família e para o seu próprio clã. 11 O quinquagésimo ano
será jubileu; não semeiem e não ceifem o que cresce por si
mesmo nem colham das vinhas não podadas. 12 É jubileu e será
santo a vocês; comam apenas o que a terra produzir.
13 "Nesse ano do Jubileu cada um de vocês voltará para a sua
propriedade.

[a] **23.38** Ou *Estas festas são além dos sábados do Senhor, e estas ofertas são as*

[b] **24.5** Hebraico: *2/10 de efa*. O efa era uma medida de capacidade para secos. As estimativas variam entre 20 e 40 litros.

14“Se vocês venderem alguma propriedade ao seu próximo
ou se comprarem alguma propriedade dele, não explorem o
seu irmão. 15O que comprarem do seu próximo será avaliado
com base no número de anos desde o Jubileu. E ele fará a
venda com base no número de anos que restam de colheitas.
16Quando os anos forem muitos, vocês deverão aumentar o
preço, mas, quando forem poucos, deverão diminuir o preço,
pois o que ele está lhes vendendo é o número de colheitas.
17Não explorem um ao outro, mas temam o Deus de vocês. Eu
sou o SENHOR, o Deus de vocês.

18“Pratiquem os meus decretos e obedeçam às minhas orde-
nanças, e vocês viverão com segurança na terra. 19Então a terra
dará o seu fruto, e vocês comerão até fartar-se e ali viverão
em segurança. 20Vocês poderão perguntar: ‘Que iremos comer
no sétimo ano, se não plantarmos nem fizermos a colheita?’
21Saibam que enviarei a vocês minha bênção no sexto ano, e
a terra produzirá o suficiente para três anos. 22Quando vocês
estiverem plantando no oitavo ano, comerão ainda da colheita
anterior e dela continuarão a comer até a colheita do nono ano.

23“A terra não poderá ser vendida definitivamente, porque ela
é minha, e vocês são apenas estrangeiros e imigrantes. 24Em
toda terra em que tiverem propriedade, concedam o direito
de resgate da terra.

25“Se alguém do seu povo empobrecer e vender parte da sua
propriedade, seu parente mais próximo virá e resgatará aquilo
que o seu compatriota vendeu. 26Se, contudo, um homem não
tiver quem lhe resgate a terra, mas ele mesmo prosperar e
adquirir recursos para resgatá-la, 27calculará os anos desde
que a vendeu e devolverá a diferença àquele a quem a vendeu;
então poderá voltar para a sua propriedade. 28Mas, se não
adquirir recursos para devolver-lhe o valor, a propriedade que
vendeu permanecerá em posse do comprador até o ano do
Jubileu. Será devolvida no Jubileu, e ele então poderá voltar
para a sua propriedade.

29“Se um homem vender uma casa numa cidade murada, terá
o direito de resgate até que se complete um ano após a venda.
Nesse período poderá resgatá-la. 30Se não for resgatada antes
de se completar um ano, a casa da cidade murada pertencerá
definitivamente ao comprador e aos seus descendentes; não
será devolvida no Jubileu. 31Mas as casas dos povoados sem
muros ao redor serão consideradas campo aberto. Poderão ser
resgatadas e serão devolvidas no Jubileu.

32“No caso das cidades dos levitas, eles sempre terão di-
reito de resgatar suas casas nas cidades que lhes pertencem.
33Assim, a propriedade dos levitas, isto é, uma casa vendida
em qualquer cidade deles, é resgatável e deverá ser devolvida
no Jubileu, porque as casas das cidades dos levitas são pro-
priedade deles entre os israelitas. 34Mas as pastagens perten-
centes às suas cidades não serão vendidas; são propriedade
permanente deles.

35“Se alguém do seu povo empobrecer e não puder susten-
tar-se, ajudem-no como se faz ao estrangeiro e ao residente
temporário, para que possa continuar a viver entre vocês.
36Não cobrem dele juro algum, mas temam o seu Deus, para
que o seu próximo continue a viver entre vocês. 37Vocês não
poderão exigir dele juros nem emprestar-lhe mantimento vi-
sando a algum lucro. 38Eu sou o SENHOR, o Deus de vocês, que
os tirou da terra do Egito para dar a vocês a terra de Canaã e
para ser o seu Deus.

39“Se alguém do seu povo empobrecer e se vender a algum de
vocês, não o façam trabalhar como escravo. 40Ele deverá ser
tratado como trabalhador contratado ou como residente tem-
porário; trabalhará para quem o comprou até o ano do Jubileu.
41Então ele e os seus filhos estarão livres, e ele poderá voltar
para o seu próprio clã e para a propriedade dos seus antepas-
sados. 42Pois os israelitas são meus servos, os quais tirei da
terra do Egito; não poderão ser vendidos como escravos. 43Não
dominem impiedosamente sobre eles, mas temam o seu Deus.

44“Os seus escravos e as suas escravas deverão vir dos povos
que vivem ao redor de vocês; deles vocês poderão comprar
escravos e escravas. 45Também poderão comprá-los entre os
filhos dos residentes temporários que vivem entre vocês e entre
os que pertencem aos clãs deles, ainda que nascidos na terra
de vocês; eles se tornarão sua propriedade. 46Vocês poderão
deixá-los como herança para os seus filhos e poderão fazê-los
escravos para sempre, mas sobre os seus irmãos israelitas
vocês não poderão dominar impiedosamente.

47“Se um estrangeiro ou um residente temporário entre vocês
enriquecer e alguém do seu povo empobrecer e se vender a
esse estrangeiro ou a alguém que pertence ao clã desse es-
trangeiro, 48manterá o direito de resgate mesmo depois de se
vender. Um dos seus parentes poderá resgatá-lo: 49ou tio, ou
primo, ou qualquer parente próximo poderá resgatá-lo. Se,
todavia, prosperar, poderá resgatar a si mesmo. 50Ele e o seu
comprador contarão o tempo desde o ano em que se vendeu
até o ano do Jubileu. O preço do resgate se baseará no salário
de um empregado contratado por aquele número de anos.
51Se restarem muitos anos, pagará o seu resgate proporcio-
nalmente ao preço de compra. 52Se restarem apenas poucos
anos até o ano do Jubileu, fará o cálculo e pagará o seu resgate
proporcionalmente aos anos. 53Ele deverá ser tratado como um
empregado contratado anualmente; não permitam que o seu
senhor domine impiedosamente sobre ele.

54“Se não for resgatado por nenhuma dessas maneiras, ele
e os seus filhos estarão livres no ano do Jubileu, 55porque os
israelitas são meus servos, os quais tirei da terra do Egito. Eu
sou o SENHOR, o Deus de vocês.

A Recompensa da Obediência

26“Não façam ídolos, nem imagens, nem colunas sagradas
para vocês, e não coloquem nenhuma pedra esculpida em sua
terra para curvar-se diante dela. Eu sou o SENHOR, o Deus de
vocês.

2“Guardem os meus sábados e reverenciem o meu santuário.
Eu sou o SENHOR.

3“Se vocês seguirem os meus decretos, obedecerem aos meus
mandamentos e os puserem em prática, 4eu mandarei a vocês
chuva na estação certa, e a terra dará a sua colheita e as ár-
vores do campo darão o seu fruto. 5A debulha prosseguirá até a

colheita das uvas, e a colheita das uvas prosseguirá até a época
da plantação, e vocês comerão até ficarem satisfeitos e viverão
em segurança em sua terra.
6 “Estabelecerei paz na terra, e vocês se deitarão, e ninguém os
amedrontará. Farei desaparecer da terra os animais selvagens,
e a espada não passará pela sua terra. 7 Vocês perseguirão os
seus inimigos, e estes cairão à espada diante de vocês. 8 Cinco
de vocês perseguirão cem, cem de vocês perseguirão dez mil,
e os seus inimigos cairão à espada diante de vocês.
9 “Eu me voltarei para vocês e os farei prolíferos; e os multi-
plicarei e guardarei a minha aliança com vocês. 10 Vocês ainda
estarão comendo da colheita armazenada no ano anterior,
quando terão que se livrar dela para dar espaço para a nova
colheita. 11 Estabelecerei a minha habitação entre vocês e não
os rejeitarei. 12 Andarei entre vocês e serei o seu Deus, e vocês
serão o meu povo. 13 Eu sou o SENHOR, o Deus de vocês, que
os tirou da terra do Egito para que não mais fossem escravos
deles; quebrei as traves do jugo que os prendia e os fiz andar
de cabeça erguida.

O Castigo da Desobediência

14 “Mas, se vocês não me ouvirem e não puserem em prática
todos esses mandamentos, 15 e desprezarem os meus decretos,
rejeitarem as minhas ordenanças, deixarem de pôr em prática
todos os meus mandamentos e forem infiéis à minha aliança,
16 então assim os tratarei: eu trarei sobre vocês pavor repen-
tino, doenças e febre que tirarão a sua visão e definharão a
sua vida. Vocês semearão inutilmente, porque os seus inimigos
comerão as suas sementes. 17 O meu rosto estará contra vocês,
e vocês serão derrotados pelos inimigos; os seus adversários os
dominarão, e vocês fugirão mesmo quando ninguém os estiver
perseguindo.
18 “Se depois disso tudo vocês não me ouvirem, eu os castigarei
sete vezes mais pelos seus pecados. 19 Eu quebrarei o seu or-
gulho rebelde e farei que o céu sobre vocês fique como ferro
e a terra de vocês fique como bronze. 20 A força de vocês será
gasta em vão, porque a terra não dará a sua colheita nem as
árvores da terra darão o seu fruto porque a terra não lhes dará
colheita, nem as árvores da terra lhes darão fruto.
21 “Se continuarem se opondo a mim e recusarem ouvir-me,
eu os castigarei sete vezes mais, conforme os seus pecados.
22 Mandarei contra vocês animais selvagens que matarão os
seus filhos, acabarei com os seus rebanhos e reduzirei vocês a
tão poucos que os seus caminhos ficarão desertos.
23 “Se, apesar disso, vocês não aceitarem a minha disciplina,
mas continuarem a opor-se a mim, 24 eu mesmo me oporei a
vocês e os castigarei sete vezes mais por causa dos seus pe-
cados. 25 E trarei a espada contra vocês para vingar a aliança.
Quando se refugiarem em suas cidades, eu lhes mandarei uma
praga, e vocês serão entregues em mãos inimigas. 26 Quando
eu cortar o suprimento de pão, dez mulheres assarão o pão
num único forno e repartirão o pão a peso. Vocês comerão,
mas não ficarão satisfeitos.
27 “Se, apesar disso tudo, vocês ainda não me ouvirem, mas
continuarem a opor-se a mim, 28 então com furor me oporei a
vocês, e eu mesmo os castigarei sete vezes mais por causa dos
seus pecados. 29 Vocês comerão a carne dos seus filhos e das
suas filhas. 30 Destruirei os seus altares idólatras, despedaçarei
os seus altares de incenso[a] e empilharei os seus cadáveres
sobre os seus ídolos mortos, e rejeitarei vocês. 31 Deixarei as
cidades de vocês em ruínas e arrasarei os seus santuários, e
não terei prazer no aroma das suas ofertas. 32 Desolarei a terra
a ponto de ficarem perplexos os seus inimigos que vierem ocu-
pá-la. 33 Espalharei vocês entre as nações e empunharei a es-
pada contra vocês. Sua terra ficará desolada; as suas cidades,
em ruínas. 34 Então a terra desfrutará os seus anos sabáticos
enquanto estiver desolada e enquanto vocês estiverem na terra
dos seus inimigos; e a terra descansará e desfrutará os seus
sábados. 35 Enquanto estiver desolada, a terra terá o descanso
sabático que não teve quando vocês a habitavam.
36 “Quanto aos que sobreviverem, eu lhes encherei o coração
de tanto medo na terra do inimigo, que o som de uma folha
levada pelo vento os porá em fuga. Correrão como quem foge
da espada, e cairão, sem que ninguém os persiga. 37 Trope-
çarão uns nos outros, como que fugindo da espada, sem que
ninguém os esteja perseguindo. Assim vocês não poderão sub-
sistir diante dos inimigos. 38 Vocês perecerão entre as nações,
e a terra dos seus inimigos os devorará. 39 Os que sobreviverem
apodrecerão na terra do inimigo por causa dos seus pecados e
também por causa dos pecados dos seus antepassados.
40 “Mas, se confessarem os seus pecados e os pecados dos
seus antepassados, sua infidelidade e oposição a mim, 41 que
me levaram a opor-me a eles e a enviá-los para a terra dos
seus inimigos; se o seu coração obstinado[b] se humilhar, e
eles aceitarem o castigo do seu pecado, 42 eu me lembrarei
da minha aliança com Jacó, da minha aliança com Isaque e da
minha aliança com Abraão, e também me lembrarei da terra,
43 que por eles será abandonada e desfrutará os seus sábados
enquanto permanecer desolada. Receberão o castigo pelos
seus pecados porque desprezaram as minhas ordenanças e
rejeitaram os meus decretos. 44 Apesar disso, quando estiverem
na terra do inimigo, não os desprezarei, nem os rejeitarei, para
destruí-los totalmente, quebrando a minha aliança com eles,
pois eu sou o SENHOR, o Deus deles. 45 Mas por amor deles eu
me lembrarei da aliança com os seus antepassados que tirei
da terra do Egito à vista das nações, para ser o Deus deles. Eu
sou o SENHOR”.
46 São esses os decretos, as ordenanças e as leis que o SENHOR
estabeleceu no monte Sinai entre ele próprio e os israelitas,
por intermédio de Moisés.

27 O Resgate do que Pertence ao SENHOR

Disse também o SENHOR a Moisés: 2 “Diga o seguinte
aos israelitas: Se alguém fizer um voto especial, dedicando
pessoas ao SENHOR, faça-o conforme o devido valor; 3 atribua
aos homens entre vinte e sessenta anos o valor de seiscentos

[a] **26.30** Provavelmente colunas dedicadas ao deus Sol.
[b] **26.41** Hebraico: *incircunciso*.

gramas[a] de prata, com base no peso padrão[b] do santuário;
4e, se for mulher, atribua-lhe o valor de trezentos e sessenta
gramas. 5Se for alguém que tenha entre cinco e vinte anos,
atribua aos homens o valor de duzentos e quarenta gramas e
às mulheres o valor de cento e vinte gramas. 6Se for alguém
que tenha entre um mês e cinco anos de idade, atribua aos me-
ninos o valor de sessenta gramas de prata e às meninas o valor
de trinta e seis gramas de prata. 7Se for alguém que tenha
de sessenta anos para cima, atribua aos homens o valor de
cento e oitenta gramas e às mulheres o valor de cento e vinte
gramas. 8Se quem fizer o voto for pobre demais para pagar
o valor especificado, deverá ser apresentado ao sacerdote,
que estabelecerá o valor de acordo com as possibilidades do
homem que fez o voto.
9"Se o que ele prometeu mediante voto for um animal acei-
tável como oferta ao SENHOR, um animal assim dado ao SENHOR
torna-se santo. 10Ele não poderá trocá-lo nem substituir um
animal ruim por um bom, nem um animal bom por um ruim;
caso troque um animal por outro, tanto o substituto quanto o
substituído se tornarão santos. 11Se o que ele prometeu me-
diante voto for um animal impuro, não aceitável como oferta
ao SENHOR, o animal será apresentado ao sacerdote, 12que o
avaliará por suas qualidades. A avaliação do sacerdote determi-
nará o valor do animal. 13Se o dono desejar resgatar o animal,
terá que acrescentar um quinto ao seu valor.
14"Se um homem consagrar a sua casa ao SENHOR, o sacerdote
avaliará a casa por suas qualidades. A avaliação do sacerdote
determinará o valor da casa. 15Se o homem que consagrar a
sua casa quiser resgatá-la, terá que acrescentar um quinto ao
seu valor, e a casa voltará a ser sua.
16"Se um homem consagrar ao SENHOR parte das terras da
sua família, sua avaliação será de acordo com a semeadura:
seiscentos gramas de prata para cada barril[c] de semente de
cevada. 17Se consagrar a sua terra durante o ano do Jubileu,
o valor será integral. 18Mas, se a consagrar depois do Jubileu,
o sacerdote calculará o valor de acordo com o número de
anos que faltar para o ano do Jubileu seguinte, e o valor será
reduzido. 19Se o homem que consagrar a sua terra desejar
resgatá-la, terá que acrescentar um quinto ao seu valor, e a
terra voltará a ser sua. 20Mas, se não a resgatar ou se a tiver
vendido, não poderá mais ser resgatada; 21quando a terra for
liberada no Jubileu, será santa, consagrada ao SENHOR, e se
tornará propriedade dos sacerdotes[d].
22"Se um homem consagrar ao SENHOR terras que tenha com-
prado, terras que não fazem parte da propriedade da sua
família, 23o sacerdote determinará o valor de acordo com o
tempo que falta para o ano do Jubileu; o homem pagará o valor
no mesmo dia, consagrando-o ao SENHOR. 24No ano do Jubileu
as terras serão devolvidas àquele de quem ele as comprou.
25Todos os valores serão calculados com base no peso padrão
do santuário, que são doze gramas[e].
26"Ninguém poderá consagrar a primeira cria de um animal,
pois já pertence ao SENHOR; seja cria de vaca, seja de cabra,
seja de ovelha, pertence ao SENHOR. 27Mas, se for a cria de
um animal impuro, poderá resgatá-la pelo valor estabelecido,
acrescentando um quinto a esse valor. Se não for resgatada,
será vendida pelo valor estabelecido.
28"Todavia, nada que um homem possua e consagre ao SENHOR
— seja homem, seja animal, sejam terras de sua propriedade
— poderá ser vendido ou resgatado; todas as coisas assim
consagradas são santíssimas ao SENHOR.
29"Nenhuma pessoa consagrada para a destruição poderá ser
resgatada; terá que ser executada.
30"Todos os dízimos da terra — seja dos cereais, seja das
frutas — pertencem ao SENHOR; são consagrados ao SENHOR.
31Se um homem desejar resgatar parte do seu dízimo, terá que
acrescentar um quinto ao seu valor. 32O dízimo dos seus reba-
nhos, um de cada dez animais que passem debaixo da vara do
pastor, será consagrado ao SENHOR. 33O dono não poderá re-
tirar os bons dentre os ruins nem fazer qualquer troca. Se fizer
alguma troca, tanto o animal quanto o substituto se tornarão
consagrados e não poderão ser resgatados".
34São esses os mandamentos que o SENHOR ordenou a Moisés,
no monte Sinai, para os israelitas.

[a] 27.3 Hebraico: *50 siclos*. Um siclo equivalia a 12 gramas.
[b] 27.3 Hebraico: *no siclo*.
[c] 27.16 Hebraico: *hômer*. O hômer era uma medida de capacidade para secos. As estimativas variam entre 200 e 400 litros.
[d] 27.21 Ou *do sacerdote*
[e] 27.25 Hebraico: *no siclo do santuário, que são 20 geras*. Um gera equivalia a 0,6 gramas.

NÚMEROS

O Recenseamento

1 O SENHOR falou a Moisés na Tenda do Encontro, no deserto
do Sinai, no primeiro dia do segundo mês do segundo ano,
depois que os israelitas saíram do Egito. Ele disse: 2"Façam um
recenseamento de toda a comunidade de Israel, pelos seus clãs
e famílias, alistando todos os homens, um a um, pelo nome.
3Você e Arão contarão todos os homens que possam servir no
exército, de vinte anos para cima, organizados segundo as suas
divisões. 4Um homem de cada tribo, o chefe dos grupos de
famílias, deverá ajudá-los. 5Estes são os nomes dos homens

que os ajudarão: de Rúben, Elizur, filho de Sedeur; 6 de Simeão,
Selumiel, filho de Zurisadai; 7 de Judá, Naassom, filho de Ami-
nadabe; 8 de Issacar, Natanael, filho de Zuar; 9 de Zebulom,
Eliabe, filho de Helom; 10 dos filhos de José: de Efraim, Elisama,
filho de Amiúde; de Manassés, Gamaliel, filho de Pedazur; 11 de
Benjamim, Abidã, filho de Gideoni; 12 de Dã, Aieser, filho de
Amisadai; 13 de Aser, Pagiel, filho de Ocrã; 14 de Gade, Eliasafe,
filho de Deuel; 15 de Naftali, Aira, filho de Enã".
16 Foram esses os escolhidos da comunidade, líderes das tribos
dos seus antepassados, chefes dos clãs de Israel.
17 Moisés e Arão reuniram os homens nomeados 18 e convo-
caram toda a comunidade no primeiro dia do segundo mês. Os
homens de vinte anos para cima inscreveram-se conforme os
seus clãs e as suas famílias, um a um, pelo nome, 19 conforme
o SENHOR tinha ordenado a Moisés. E assim ele os contou no
deserto do Sinai, na seguinte ordem:
20 Dos descendentes de Rúben, o filho mais velho de Israel:
Todos os homens de vinte anos para cima que podiam servir
no exército foram relacionados, cada um pelo seu nome, de
acordo com os registros de seus clãs e famílias. 21 O número
dos da tribo de Rúben foi 46.500.
22 Dos descendentes de Simeão: Todos os homens de vinte anos
para cima que podiam servir no exército foram relacionados,
cada um pelo seu nome, de acordo com os registros de seus
clãs e famílias. 23 O número dos da tribo de Simeão foi 59.300.
24 Dos descendentes de Gade: Todos os homens de vinte anos
para cima que podiam servir no exército foram relacionados,
cada um pelo seu nome, de acordo com os registros de seus
clãs e famílias. 25 O número dos da tribo de Gade foi 45.650.
26 Dos descendentes de Judá: Todos os homens de vinte anos
para cima que podiam servir no exército foram relacionados,
cada um pelo seu nome, de acordo com os registros de seus
clãs e famílias. 27 O número dos da tribo de Judá foi 74.600.
28 Dos descendentes de Issacar: Todos os homens de vinte anos
para cima que podiam servir no exército foram relacionados,
cada um pelo seu nome, de acordo com os registros de seus
clãs e famílias. 29 O número dos da tribo de Issacar foi 54.400.
30 Dos descendentes de Zebulom: Todos os homens de vinte
anos para cima que podiam servir no exército foram relacio-
nados, cada um pelo seu nome, de acordo com os registros
de seus clãs e famílias. 31 O número dos da tribo de Zebulom
foi 57.400.
32 Dos filhos de José: Dos descendentes de Efraim: Todos os
homens de vinte anos para cima que podiam servir no exército
foram relacionados, cada um pelo seu nome, de acordo com
os registros de seus clãs e famílias. 33 O número dos da tribo
de Efraim foi 40.500.
34 Dos descendentes de Manassés: Todos os homens de vinte
anos para cima que podiam servir no exército foram relacio-
nados, cada um pelo seu nome, de acordo com os registros
de seus clãs e famílias. 35 O número dos da tribo de Manassés
foi 32.200.
36 Dos descendentes de Benjamim: Todos os homens de vinte
anos para cima que podiam servir no exército foram relacio-
nados, cada um pelo seu nome, de acordo com os registros
de seus clãs e famílias. 37 O número dos da tribo de Benjamim
foi 35.400.
38 Dos descendentes de Dã: Todos os homens de vinte anos
para cima que podiam servir no exército foram relacionados,
cada um pelo seu nome, de acordo com os registros de seus
clãs e famílias. 39 O número dos da tribo de Dã foi 62.700.
40 Dos descendentes de Aser: Todos os homens de vinte anos
para cima que podiam servir no exército foram relacionados,
cada um pelo seu nome, de acordo com os registros de seus
clãs e famílias. 41 O número dos da tribo de Aser foi 41.500.
42 Dos descendentes de Naftali: Todos os homens de vinte anos
para cima que podiam servir no exército foram relacionados,
cada um pelo seu nome, de acordo com os registros de seus
clãs e famílias. 43 O número dos da tribo de Naftali foi 53.400.
44 Esses foram os homens contados por Moisés e por Arão e
pelos doze líderes de Israel, cada um representando a sua fa-
mília. 45 Todos os israelitas de vinte anos para cima que podiam
servir no exército foram contados de acordo com as suas famí-
lias. 46 O total foi 603.550 homens.

A Função dos Levitas

47 As famílias da tribo de Levi, porém, não foram contadas jun-
tamente com as outras, 48 pois o SENHOR tinha dito a Moisés:
49 "Não faça o recenseamento da tribo de Levi nem a relacione
entre os demais israelitas. 50 Em vez disso, designe os levitas
como responsáveis pelo tabernáculo que guarda as tábuas da
aliança, por todos os seus utensílios e por tudo o que pertence
a ele. Eles transportarão o tabernáculo e todos os seus utensí-
lios; cuidarão dele e acamparão ao seu redor. 51 Sempre que o
tabernáculo tiver que ser removido, os levitas o desmontarão
e, sempre que tiver que ser armado, os levitas o farão. Qual-
quer pessoa não autorizada que se aproximar do tabernáculo
terá que ser executada. 52 Os israelitas armarão as suas tendas
organizadas segundo as suas divisões, cada um em seu próprio
acampamento e junto à sua bandeira. 53 Os levitas, porém, ar-
marão as suas tendas ao redor do tabernáculo que guarda as
tábuas da aliança, para que a ira divina não caia sobre a comu-
nidade de Israel. Os levitas terão a responsabilidade de cuidar
do tabernáculo que guarda as tábuas da aliança".
54 Os israelitas fizeram tudo exatamente como o SENHOR tinha
ordenado a Moisés.

2 A Disposição das Tribos no Acampamento

O SENHOR disse a Moisés e a Arão: 2 "Os israelitas acamparão
ao redor da Tenda do Encontro, a certa distância, cada homem
junto à sua bandeira com os emblemas da sua família".
3 A leste, os exércitos de Judá acamparão junto à sua bandeira.
O líder de Judá será Naassom, filho de Aminadabe. 4 Seu exér-
cito é de 74.600 homens.
5 A tribo de Issacar acampará ao lado de Judá. O líder de Is-
sacar será Natanael, filho de Zuar. 6 Seu exército é de 54.400
homens.
7 A tribo de Zebulom virá em seguida. O líder de Zebulom será
Eliabe, filho de Helom. 8 Seu exército é de 57.400 homens.

9 O número total dos homens recenseados do acampamento
de Judá, de acordo com os seus exércitos, foi 186.400. Esses
marcharão primeiro.
10 Ao sul estarão os exércitos do acampamento de Rúben, junto
à sua bandeira. O líder de Rúben será Elizur, filho de Sedeur.
11 Seu exército é de 46.500 homens.
12 A tribo de Simeão acampará ao lado de Rúben. O líder de
Simeão será Selumiel, filho de Zurisadai. 13 Seu exército é de
59.300 homens.
14 A tribo de Gade virá em seguida. O líder de Gade será Eliasafe,
filho de Deuel[a]. 15 Seu exército é de 45.650 homens.
16 O número total dos homens recenseados do acampamento
de Rúben, de acordo com os seus exércitos, foi 151.450. Esses
marcharão em segundo lugar.
17 Em seguida, os levitas marcharão levando a Tenda do En-
contro no meio dos outros acampamentos, na mesma ordem
em que acamparem, cada um em seu próprio lugar, junto à
sua bandeira.
18 A oeste estarão os exércitos do acampamento de Efraim,
junto à sua bandeira. O líder de Efraim será Elisama, filho de
Amiúde. 19 Seu exército é de 40.500 homens.
20 A tribo de Manassés acampará ao lado de Efraim. O líder de
Manassés será Gamaliel, filho de Pedazur. 21 Seu exército é de
32.200 homens.
22 A tribo de Benjamim virá em seguida. O líder de Benjamim
será Abidã, filho de Gideoni. 23 Seu exército é de 35.400 ho-
mens.
24 O número total dos homens recenseados do acampamento
de Efraim, de acordo com os seus exércitos, foi 108.100. Esses
marcharão em terceiro lugar.
25 Ao norte estarão os exércitos do acampamento de Dã, junto à
sua bandeira. O líder de Dã será Aieser, filho de Amisadai. 26 Seu
exército é de 62.700 homens.
27 A tribo de Aser acampará ao lado de Dã. O líder de Aser será
Pagiel, filho de Ocrã. 28 Seu exército é de 41.500 homens.
29 A tribo de Naftali virá em seguida. O líder de Naftali será Aira,
filho de Enã. 30 Seu exército é de 53.400 homens.
31 O número total dos homens recenseados do acampamento
de Dã, de acordo com os seus exércitos, foi 157.600. Esses
marcharão por último, junto às suas bandeiras.
32 Foram esses os israelitas contados de acordo com as suas
famílias. O número total dos que foram contados nos acampa-
mentos, de acordo com os seus exércitos, foi 603.550. 33 Os
levitas, contudo, não foram contados com os outros israelitas,
conforme o SENHOR tinha ordenado a Moisés.
34 Assim os israelitas fizeram tudo o que o SENHOR tinha or-
denado a Moisés; eles acampavam junto às suas bandeiras
e depois partiam, cada um com o seu clã e com a sua família.

3 Os Levitas e suas Responsabilidades

Esta é a história da descendência de Arão e de Moisés
quando o SENHOR falou com Moisés no monte Sinai.
2 Os nomes dos filhos de Arão são Nadabe, o mais velho, Abiú,
Eleazar e Itamar. 3 São esses os nomes dos filhos de Arão, que
foram ungidos para o sacerdócio e que foram ordenados sa-
cerdotes. 4 Nadabe e Abiú, entretanto, caíram mortos perante
o SENHOR quando lhe trouxeram uma oferta com fogo profano,
no deserto do Sinai. Como não tinham filhos, somente Eleazar
e Itamar serviram como sacerdotes durante a vida de Arão,
seu pai.
5 O SENHOR disse a Moisés: 6 "Mande chamar a tribo de Levi e
apresente-a ao sacerdote Arão para auxiliá-lo. 7 Eles cuidarão
das obrigações próprias da Tenda do Encontro, fazendo o ser-
viço do tabernáculo para Arão e para toda a comunidade. 8 To-
marão conta de todos os utensílios da Tenda do Encontro, cum-
prindo as obrigações dos israelitas no serviço do tabernáculo.
9 Dedique os levitas a Arão e a seus filhos; eles serão escolhidos
entre os israelitas para serem inteiramente dedicados a Arão[b].
10 Encarregue Arão e os seus filhos de cuidar do sacerdócio;
qualquer pessoa não autorizada que se aproximar do santuário
terá que ser executada".
11 Disse também o SENHOR a Moisés: 12 "Eu mesmo escolho os
levitas entre os israelitas em lugar do primeiro filho de cada
mulher israelita. Os levitas são meus, 13 pois todos os primogê-
nitos são meus. Quando feri todos os primogênitos no Egito,
separei para mim mesmo todo primogênito de Israel, tanto
entre os homens como entre os rebanhos. Serão meus. Eu sou
o SENHOR".

O Recenseamento dos Levitas

14 E o SENHOR disse ainda a Moisés no deserto do Sinai: 15 "Conte
os levitas pelas suas famílias e seus clãs. Serão contados todos
os do sexo masculino de um mês de idade para cima". 16 Então
Moisés os contou, conforme a ordem que recebera do SENHOR.
17 São estes os nomes dos filhos de Levi: Gérson, Coate e Me-
rari.
18 São estes os nomes dos clãs gersonitas: Libni e Simei.
19 São estes os nomes dos clãs coatitas: Anrão, Isar, Hebrom
e Uziel.
20 E estes são os nomes dos clãs meraritas: Mali e Musi. Foram
esses os líderes dos clãs levitas.
21 A Gérson pertenciam os clãs dos libnitas e dos simeítas; eram
esses os clãs gersonitas. 22 O número de todos os que foram
contados do sexo masculino, de um mês de idade para cima,
foi 7.500. 23 Os clãs gersonitas tinham que acampar a oeste,
atrás do tabernáculo. 24 O líder das famílias dos gersonitas era
Eliasafe, filho de Lael. 25 Na Tenda do Encontro os gersonitas
tinham a responsabilidade de cuidar do tabernáculo, da tenda,
da sua cobertura, da cortina da entrada da Tenda do Encontro,
26 das cortinas externas do pátio, da cortina da entrada do pátio
que rodeia o tabernáculo e o altar, das cordas, e de tudo o que
estava relacionado com esse serviço.
27 A Coate pertenciam os clãs dos anramitas, dos isaritas, dos
hebronitas e dos uzielitas; eram esses os clãs coatitas. 28 O
número de todos os do sexo masculino, de um mês de idade

[a] 2.14 Alguns manuscritos dizem Reuel.

[b] 3.9 Conforme a maioria dos manuscritos do Texto Massorético. Alguns manuscritos do Texto Massorético, o Pentateuco Samaritano e a Septuaginta dizem a mim. Veja Nm 8.16.

para cima, foi 8.600[a]. Os coatitas tinham a responsabilidade
de cuidar do santuário. 29 Os clãs coatitas tinham que acampar
no lado sul do tabernáculo. 30 O líder das famílias dos clãs coa-
titas era Elisafã, filho de Uziel. 31 Tinham a responsabilidade
de cuidar da arca, da mesa, do candelabro, dos altares, dos
utensílios do santuário com os quais ministravam, da cortina e
de tudo o que estava relacionado com esse serviço. 32 O prin-
cipal líder dos levitas era Eleazar, filho do sacerdote Arão. Ele
tinha a responsabilidade de supervisionar os encarregados de
cuidar do santuário.
33 A Merari pertenciam os clãs dos malitas e dos musitas; eram
esses os clãs meraritas. 34 O número de todos os que foram
contados do sexo masculino, de um mês de idade para cima,
foi 6.200. 35 O líder das famílias dos clãs meraritas era Zuriel,
filho de Abiail; eles tinham que acampar no lado norte do taber-
náculo. 36 Os meraritas tinham a responsabilidade de cuidar das
armações do tabernáculo, de seus travessões, das colunas, das
bases, de todos os seus utensílios e de tudo o que estava rela-
cionado com esse serviço, 37 bem como das colunas do pátio ao
redor, com suas bases, suas estacas e suas cordas.
38 E acamparam a leste do tabernáculo, em frente da Tenda
do Encontro, Moisés, Arão e seus filhos. Tinham a responsabi-
lidade de cuidar do santuário em favor dos israelitas. Qualquer
pessoa não autorizada que se aproximasse do santuário teria
que ser executada.
39 O número total de levitas contados por Moisés e Arão, con-
forme a ordem do SENHOR, segundo os clãs deles, todos os do
sexo masculino, de um mês de idade para cima, foi 22.000.

O Resgate dos Primogênitos

40 E o SENHOR disse a Moisés: "Conte todos os primeiros filhos
dos israelitas, do sexo masculino, de um mês de idade para
cima e faça uma relação de seus nomes. 41 Dedique a mim os
levitas em lugar de todos os primogênitos dos israelitas e os
rebanhos dos levitas em lugar de todas as primeiras crias dos
rebanhos dos israelitas. Eu sou o SENHOR".
42 E Moisés contou todos os primeiros filhos dos israelitas,
conforme o SENHOR lhe havia ordenado. 43 O número total dos
primeiros filhos do sexo masculino, de um mês de idade para
cima, relacionados pelo nome, foi 22.273.
44 Disse também o SENHOR a Moisés: 45 "Dedique os levitas em
lugar de todos os primogênitos dos israelitas e os rebanhos dos
levitas em lugar dos rebanhos dos israelitas. Os levitas serão
meus. Eu sou o SENHOR. 46 Para o resgate dos primeiros 273
filhos dos israelitas que excedem o número de levitas, 47 re-
colha sessenta gramas de prata[b], com base no peso padrão
do santuário, que são doze gramas[c]. 48 Entregue a Arão e aos
seus filhos a prata para o resgate do número excedente de
israelitas".
49 Assim Moisés recolheu a prata para o resgate daqueles que
excederam o número dos levitas. 50 Dos primeiros filhos dos
israelitas ele recolheu prata no peso de quase dezesseis quilos
e meio[d], com base no peso padrão do santuário. 51 Moisés en-
tregou a Arão e aos filhos dele a prata para o resgate, conforme
a ordem que recebera do SENHOR.

4

Os Coatitas e suas Responsabilidades

Disse o SENHOR a Moisés e a Arão: 2 "Façam um recensea-
mento dos coatitas na tribo de Levi, pelos seus clãs e famílias;
3 contem todos os homens entre trinta e cinquenta anos, aptos
para servir, para que façam o serviço da Tenda do Encontro.
4 "O serviço dos coatitas na Tenda do Encontro será o cuidado
das coisas santíssimas. 5 Quando o acampamento tiver que
mudar, Arão e os seus filhos entrarão e descerão o véu pro-
tetor e com ele cobrirão a arca da aliança[e]. 6 Depois a cobrirão
com couro[f], estenderão um pano inteiramente azul sobre ela e
colocarão as varas no lugar.
7 "Sobre a mesa da Presença eles estenderão um pano azul e
colocarão os pratos, os recipientes para incenso, as tigelas e as
bacias para as ofertas derramadas e os pães da Presença, que
devem estar sempre sobre ela. 8 Sobre tudo isso estenderão
um pano vermelho e o cobrirão com couro. Depois colocarão
as varas no lugar.
9 "Pegarão também um pano azul e cobrirão o candelabro
usado para iluminação, as suas candeias, as suas tesouras
de aparo, os seus apagadores e todos os jarros para o seu
suprimento de óleo. 10 Em seguida o embrulharão com todos
os seus utensílios numa cobertura de couro e o colocarão num
suporte para carregar.
11 "Sobre o altar de ouro estenderão um pano azul e o cobrirão
com couro. E colocarão as suas varas no lugar.
12 "Apanharão todos os utensílios usados na ministração no
santuário, depois os embrulharão num pano azul e os cobrirão
com couro; a seguir, os colocarão num suporte para carregar.
13 "Tirarão a cinza do altar de bronze e estenderão sobre ele um
pano roxo. 14 Colocarão sobre ele todos os utensílios usados na
ministração no altar: os braseiros, os garfos de carne, as pás
e as bacias da aspersão. Sobre ele estenderão uma cobertura
de couro e colocarão as varas no lugar.
15 "Quando Arão e os seus filhos terminarem de cobrir os utensí-
lios sagrados e todos os artigos sagrados e o acampamento es-
tiver pronto para partir, os coatitas virão carregá-los. Mas não
tocarão nas coisas sagradas; se o fizerem, morrerão. São esses
os utensílios da Tenda do Encontro que os coatitas carregarão.
16 "Eleazar, filho do sacerdote Arão, ficará encarregado do
azeite para a iluminação, do incenso aromático, da oferta
costumeira de cereal e do óleo da unção. Ficará encarregado
de todo o tabernáculo e de tudo o que nele há, isto é, seus
utensílios e seus artigos sagrados".
17 O SENHOR disse ainda a Moisés e a Arão: 18 "Não permitam
que o ramo dos clãs coatitas seja eliminado dentre os levitas.
19 Mas, para que continuem vivos e não morram quando se

a **3.28** Alguns manuscritos da Septuaginta dizem 8.300.
b **3.47** Hebraico: *5 siclos*. Um siclo equivalia a 12 gramas.
c **3.47** Hebraico: *no siclo do santuário, 20 geras por siclo*. Um gera equivalia a 0,6 gramas.
d **3.50** Hebraico: *1.365 siclos, de acordo com o siclo do santuário.*
e **4.5** Hebraico: *do Testemunho*. Isto é, das tábuas da aliança; também em 7.89.
f **4.6** Possivelmente peles de animais marinhos; também nos versículos 8, 10, 12, 14 e 25.

aproximarem das coisas santíssimas, Arão e os seus filhos en-
trarão no santuário e designarão a cada homem a sua tarefa
e o que deverá carregar. 20 Os coatitas não entrarão para ver
as coisas sagradas, nem por um breve momento, para que
não morram".

Os Gersonitas e as suas Responsabilidades

21 E o SENHOR disse a Moisés: 22 "Faça também um recensea-
mento dos gersonitas, pelas suas famílias e clãs; 23 conte todos
os homens entre trinta e cinquenta anos, aptos para servir,
para que façam o serviço da Tenda do Encontro.
24 "Este é o serviço dos clãs gersonitas, o que devem fazer e
carregar: 25 Eles levarão as cortinas internas do tabernáculo,
a Tenda do Encontro, a sua cobertura, a cobertura externa de
couro, as cortinas da entrada da Tenda do Encontro. 26 Farão
tudo o que for necessário com aquelas coisas e com as cor-
tinas externas do pátio que rodeia o tabernáculo e o altar,
com a cortina da entrada, com as cordas e com todos os uten-
sílios usados em seu serviço. 27 Todo o serviço deles, tudo o
que devem fazer e carregar estará sob a direção de Arão e de
seus filhos. Designe como responsabilidade deles tudo o que
tiverem que carregar. 28 Esse é o serviço dos clãs gersonitas na
Tenda do Encontro. Suas atividades estarão sob a supervisão
de Itamar, filho do sacerdote Arão.

Os Meraritas e as suas Responsabilidades

29 "Conte os meraritas conforme os seus clãs e famílias, 30 todos
os homens entre trinta e cinquenta anos, aptos para servir,
para que façam o serviço da Tenda do Encontro. 31 Esta é a res-
ponsabilidade deles no serviço que deverão realizar na Tenda
do Encontro: carregar as armações do tabernáculo, seus tra-
vessões, suas colunas e suas bases, 32 bem como as colunas do
pátio, que rodeia a tenda, com suas bases, suas estacas e suas
cordas; todos os seus utensílios e tudo o que está relacionado
com o seu uso. Designe a cada um aquilo que deverá levar.
33 Esse é o serviço dos clãs meraritas. Todo o serviço deles na
Tenda do Encontro estará sob a supervisão de Itamar, filho do
sacerdote Arão".

O Recenseamento dos Levitas

34 Moisés, Arão e os líderes da comunidade contaram os coa-
titas, conforme seus clãs e famílias, 35 todos os homens entre
trinta e cinquenta anos, aptos para servir, para que fizessem
o serviço da Tenda do Encontro. 36 Foram contados, conforme
os seus clãs, 2.750 homens. 37 Esse foi o total de recenseados
dos clãs coatitas que serviam na Tenda do Encontro. Moisés e
Arão os contaram de acordo com a ordem do SENHOR, anun-
ciada por Moisés.
38 Os gersonitas foram contados conforme os seus clãs e famí-
lias, 39 todos os homens entre trinta e cinquenta anos, aptos
para servir, para fazer o serviço da Tenda do Encontro. 40 Foram
contados conforme os seus clãs e famílias 2.630. 41 Esse foi
o total de recenseados dos clãs gersonitas que serviam na
Tenda do Encontro. Moisés e Arão os contaram de acordo com
a ordem do SENHOR.
42 Os meraritas foram contados conforme os seus clãs e famí-
lias, 43 todos os homens entre trinta e cinquenta anos, aptos
para servir, para fazer o serviço da Tenda do Encontro. 44 Foram
contados conforme os seus clãs 3.200. 45 Esse foi o total de
recenseados dos clãs meraritas que serviam na Tenda do En-
contro. Moisés e Arão os contaram de acordo com a ordem do
SENHOR, anunciada por Moisés.
46 Assim Moisés, Arão e os líderes de Israel contaram todos os
levitas conforme os seus clãs e famílias; 47 todos os homens
entre trinta e cinquenta anos de idade que vieram para servir e
carregar a Tenda do Encontro 48 somavam 8.580. 49 Conforme
a ordem do SENHOR anunciada por Moisés, a cada um foi de-
signado o seu trabalho e foi dito o que deveria carregar. Assim
foram todos contados, conforme o SENHOR tinha ordenado a
Moisés.

5 A Pureza do Acampamento

O SENHOR disse a Moisés: 2 "Ordene aos israelitas que
mandem para fora do acampamento todo aquele que tiver
lepra[a], ou que tiver um fluxo, ou que se tornar impuro por tocar
um cadáver. 3 Mande-os para fora do acampamento, tanto ho-
mens como mulheres, para que não contaminem o seu próprio
acampamento, onde habito entre eles". 4 Os israelitas assim
fizeram e os mandaram para fora do acampamento, como o
SENHOR tinha ordenado a Moisés.

A Restituição por Danos e Prejuízos

5 E o SENHOR disse a Moisés: 6 "Diga aos israelitas: Quando um
homem ou uma mulher prejudicar outra pessoa[b] e, portanto,
ofender o SENHOR, será culpado. 7 Confessará o pecado que
cometeu, fará restituição total, acrescentará um quinto a esse
valor e entregará tudo isso a quem ele prejudicou. 8 Mas, se o
prejudicado não tiver nenhum parente próximo para receber
a restituição, esta pertencerá ao SENHOR e será entregue ao
sacerdote, juntamente com o carneiro com o qual se faz pro-
piciação pelo culpado. 9 Todas as contribuições, ou seja, todas
as dádivas sagradas que os israelitas trouxerem ao sacerdote
pertencerão a ele. 10 As dádivas sagradas de cada pessoa per-
tencem a ela, mas o que ela der ao sacerdote pertencerá ao
sacerdote".

O Teste da Mulher Suspeita de Adultério

11 Então o SENHOR disse a Moisés: 12 "Diga o seguinte aos is-
raelitas: Se a mulher de alguém se desviar e lhe for infiel, 13 e
outro homem deitar-se com ela, e isso estiver oculto de seu
marido, e a impureza dela não for descoberta, por não haver
testemunha contra ela nem ter ela sido pega no ato; 14 se o
marido dela tiver ciúmes e suspeitar de sua mulher, esteja ela
pura ou impura, 15 ele a levará ao sacerdote, com uma oferta de
um jarro[c] de farinha de cevada em favor dela. Não derramará
azeite nem porá incenso sobre a farinha, porque é uma oferta

---

[a] **5.2** O termo hebraico não se refere somente à lepra, mas também a diversas doenças da pele.
[b] **5.6** Ou *cometer qualquer pecado que os homens cometem*
[c] **5.15** Hebraico: *1/10 de efa*. O efa era uma medida de capacidade para secos. As estimativas variam entre 20 e 40 litros.

de cereal pelo ciúme, para que se revele a verdade sobre o
pecado.
16 "O sacerdote trará a mulher e a colocará perante o SENHOR.
17 Então apanhará um pouco de água sagrada num jarro de
barro e colocará na água um pouco do pó do chão do taber-
náculo. 18 Depois de colocar a mulher perante o SENHOR, o sa-
cerdote soltará o cabelo dela e porá nas mãos dela a oferta
memorial, a oferta pelo ciúme, enquanto ele mesmo terá em
sua mão a água amarga que traz maldição. 19 Então o sacer-
dote fará a mulher jurar e lhe dirá: Se nenhum outro homem se
deitou com você e se você não foi infiel nem se tornou impura
enquanto casada, que esta água amarga que traz maldição não
faça mal a você. 20 Mas, se você foi infiel enquanto casada e se
contaminou por ter se deitado com um homem que não é seu
marido — 21 então o sacerdote fará a mulher pronunciar este
juramento com maldição — que o SENHOR faça de você objeto
de maldição e de desprezo no meio do povo fazendo que a sua
barriga inche e que você jamais tenha filhos[a]. 22 Que esta água
que traz maldição entre em seu corpo, inche a sua barriga e a
impeça de ter filhos. "Então a mulher dirá: Amém. Assim seja.
23 "O sacerdote escreverá essas maldições num documento e
depois as lavará na água amarga. 24 Ele a fará beber a água
amarga que traz maldição, e essa água entrará nela, causan-
do-lhe amargo sofrimento. 25 O sacerdote apanhará das mãos
dela a oferta de cereal pelo ciúme, a moverá ritualmente pe-
rante o SENHOR e a trará ao altar. 26 Então apanhará um pu-
nhado da oferta de cereal como oferta memorial e a queimará
sobre o altar; depois disso fará a mulher beber a água. 27 Se ela
houver se contaminado, sendo infiel ao seu marido, quando o
sacerdote fizer que ela beba a água que traz maldição, essa
água entrará nela e causará um amargo sofrimento; sua bar-
riga inchará e ela, incapaz de ter filhos, se tornará objeto de
maldição no meio do seu povo. 28 Se, porém, a mulher não
houver se contaminado, mas estiver pura, não sofrerá punição
e será capaz de ter filhos.
29 "Esse é, pois, o ritual quanto ao ciúme, quando uma mulher
for infiel e se contaminar enquanto casada, 30 ou quando o
ciúme se apoderar de um homem porque suspeita de sua mu-
lher. O sacerdote a colocará perante o SENHOR e a fará passar
por todo esse ritual. 31 Se a suspeita se confirmar ou não, o
marido estará inocente; mas a mulher sofrerá as consequên-
cias da sua iniquidade".

6 As Regulamentações do Voto de Nazireu

1 O SENHOR disse ainda a Moisés: 2 "Diga o seguinte aos israe-
litas: Se um homem ou uma mulher fizer um voto especial, um
voto de separação para o SENHOR como nazireu, 3 terá que se
abster de vinho e de outras bebidas fermentadas e não poderá
beber vinagre feito de vinho ou de outra bebida fermentada.
Não poderá beber suco de uva nem comer uvas nem passas.
4 Enquanto for nazireu, não poderá comer nada que venha da
videira, nem mesmo as sementes ou as cascas.
5 "Durante todo o período de seu voto de separação, nenhuma
lâmina será usada em sua cabeça. Até que termine o período
de sua separação para o SENHOR ele estará consagrado e dei-
xará crescer o cabelo de sua cabeça. 6 Durante todo o período
de sua separação para o SENHOR, não poderá aproximar-se de
um cadáver. 7 Mesmo que o seu próprio pai ou mãe ou irmã
ou irmão morra, ele não poderá tornar-se impuro por causa
deles, pois traz sobre a cabeça o símbolo de sua separação
para Deus. 8 Durante todo o período de sua separação, estará
consagrado ao SENHOR.
9 "Se alguém morrer repentinamente perto dele, contaminando
assim o cabelo que consagrou, ele terá que rapar a cabeça sete
dias depois, dia da sua purificação. 10 No oitavo dia, trará duas
rolinhas ou dois pombinhos ao sacerdote, à entrada da Tenda
do Encontro. 11 O sacerdote oferecerá um como oferta pelo
pecado e o outro como holocausto[b], para fazer propiciação
por ele, pois pecou ao se aproximar de um cadáver. Naquele
mesmo dia, o nazireu reconsagrará a sua cabeça. 12 Ele se de-
dicará ao SENHOR pelo período de sua separação e trará um
cordeiro de um ano de idade como oferta de reparação. Não se
contarão os dias anteriores porque ficou contaminado durante
a sua separação.
13 "Este é o ritual do nazireu quando terminar o período de sua
separação: ele será trazido à entrada da Tenda do Encontro.
14 Ali apresentará a sua oferta ao SENHOR: um cordeiro de um
ano e sem defeito como holocausto, uma cordeira de um ano e
sem defeito como oferta pelo pecado, um carneiro sem defeito
como oferta de comunhão[c], 15 juntamente com a sua oferta de
cereal, com a oferta derramada e com um cesto de pães sem
fermento, bolos feitos da melhor farinha amassada com azeite
e pães finos untados com azeite.
16 "O sacerdote os apresentará ao SENHOR e oferecerá o sa-
crifício pelo pecado e o holocausto. 17 Apresentará o cesto de
pães sem fermento e oferecerá o cordeiro como sacrifício de
comunhão ao SENHOR, juntamente com a oferta de cereal e a
oferta derramada.
18 "Em seguida, à entrada da Tenda do Encontro, o nazireu
rapará o cabelo que consagrou e o jogará no fogo que está
embaixo do sacrifício da oferta de comunhão.
19 "Depois que o nazireu rapar o cabelo da sua consagração, o
sacerdote lhe colocará nas mãos um ombro cozido do carneiro,
um bolo e um pão fino tirados do cesto, ambos sem fermento.
20 O sacerdote os moverá perante o SENHOR como gesto ritual
de apresentação; são santos e pertencem ao sacerdote, bem
como o peito que foi movido e a coxa. Depois disso o nazireu
poderá beber vinho.
21 "Esse é o ritual do voto de nazireu e da oferta dedicada ao
SENHOR de acordo com a sua separação, sem contar qualquer
outra coisa que ele possa dedicar. Cumprirá o voto que tiver
feito de acordo com o ritual do nazireu".

A Bênção Sacerdotal

22 O SENHOR disse a Moisés: 23 "Diga a Arão e aos seus filhos:
Assim vocês abençoarão os israelitas:

[a] 5.21 Hebraico: *que a sua coxa caia e seu ventre inche*; também nos versículos 22 e 27.

[b] 6.11 Isto é, sacrifício totalmente queimado; também em todo o livro de Números.

[c] 6.14 Ou *de paz*; também em 6.17, 18 e em todo o capítulo 7.

24 "O SENHOR te abençoe e te guarde; 25 o SENHOR faça resplandecer o seu rosto sobre ti[a] e te conceda graça; 26 o SENHOR volte para ti o seu rostoe te dê paz.

27 "Assim eles invocarão o meu nome sobre os israelitas, e eu os abençoarei".

7 Ofertas por Ocasião da Dedicação do Tabernáculo

1 Quando Moisés acabou de armar o tabernáculo, ele o ungiu e o consagrou, juntamente com todos os seus utensílios. Também ungiu e consagrou o altar com todos os seus utensílios. 2 Então os líderes de Israel, os chefes das famílias que eram os líderes das tribos encarregados do recenseamento apresentaram ofertas. 3 Trouxeram as suas dádivas ao SENHOR: seis carroças cobertas e doze bois, um boi de cada líder e uma carroça de cada dois líderes; e as apresentaram diante do tabernáculo.

4 O SENHOR disse a Moisés: 5 "Aceite as ofertas deles para que sejam usadas no trabalho da Tenda do Encontro. Entregue-as aos levitas, conforme exigir o trabalho de cada homem".

6 Então Moisés recebeu as carroças e os bois e os entregou aos levitas. 7 Deu duas carroças e quatro bois aos gersonitas, conforme exigia o trabalho deles, 8 e quatro carroças e oito bois aos meraritas, conforme exigia o trabalho deles. Estavam todos sob a supervisão de Itamar, filho do sacerdote Arão. 9 Mas aos coatitas Moisés não deu nada, pois eles deveriam carregar nos ombros os objetos sagrados pelos quais eram responsáveis.

10 Quando o altar foi ungido, os líderes trouxeram as suas ofertas para a dedicação do altar e as apresentaram diante dele. 11 Pois o SENHOR tinha dito a Moisés: "Cada dia um líder deverá trazer a sua oferta para a dedicação do altar".

12 No primeiro dia, Naassom, filho de Aminadabe, da tribo de Judá, trouxe a sua oferta.

13 A oferta dele foi um prato de prata de um quilo e quinhentos e sessenta gramas[b] e uma bacia de prata para as aspersões, de oitocentos e quarenta gramas, ambos pesados com base no peso padrão do santuário, cada um cheio da melhor farinha amassada com óleo, como oferta de cereal; 14 uma vasilha de ouro de cento e vinte gramas, cheia de incenso; 15 um novilho, um carneiro e um cordeiro de um ano como holocausto; 16 um bode como oferta pelo pecado; 17 e dois bois, cinco carneiros, cinco bodes e cinco cordeiros de um ano para serem oferecidos como sacrifício de comunhão. Essa foi a oferta de Naassom, filho de Aminadabe.

18 No segundo dia, Natanael, filho de Zuar e líder de Issacar, trouxe a sua oferta.

19 A oferta dele foi um prato de prata de um quilo e quinhentos e sessenta gramas e uma bacia de prata para as aspersões, de oitocentos e quarenta gramas, ambos pesados com base no peso padrão do santuário, cada um cheio da melhor farinha amassada com óleo, como oferta de cereal; 20 uma vasilha de ouro de cento e vinte gramas, cheia de incenso; 21 um novilho, um carneiro e um cordeiro de um ano como holocausto; 22 um bode como oferta pelo pecado; 23 e dois bois, cinco carneiros, cinco bodes e cinco cordeiros de um ano para serem oferecidos como sacrifício de comunhão. Essa foi a oferta de Natanael, filho de Zuar.

24 No terceiro dia, Eliabe, filho de Helom e líder de Zebulom, trouxe a sua oferta.

25 A oferta dele foi um prato de prata de um quilo e quinhentos e sessenta gramas e uma bacia de prata para as aspersões, de oitocentos e quarenta gramas, ambos pesados com base no peso padrão do santuário, cada um cheio da melhor farinha amassada com óleo, como oferta de cereal; 26 uma vasilha de ouro de cento e vinte gramas, cheia de incenso; 27 um novilho, um carneiro e um cordeiro de um ano como holocausto; 28 um bode como oferta pelo pecado; 29 e dois bois, cinco carneiros, cinco bodes e cinco cordeiros de um ano para serem oferecidos como sacrifício de comunhão. Essa foi a oferta de Eliabe, filho de Helom.

30 No quarto dia, Elizur, filho de Sedeur e líder de Rúben, trouxe a sua oferta.

31 A oferta dele foi um prato de prata de um quilo e quinhentos e sessenta gramas e uma bacia de prata para as aspersões, de oitocentos e quarenta gramas, ambos pesados com base no peso padrão do santuário, cada um cheio da melhor farinha amassada com óleo, como oferta de cereal; 32 uma vasilha de ouro de cento e vinte gramas, cheia de incenso; 33 um novilho, um carneiro e um cordeiro de um ano como holocausto; 34 um bode como oferta pelo pecado; 35 e dois bois, cinco carneiros, cinco bodes e cinco cordeiros de um ano para serem oferecidos como sacrifício de comunhão. Essa foi a oferta de Elizur, filho de Sedeur.

36 No quinto dia, Selumiel, filho de Zurisadai e líder de Simeão, trouxe a sua oferta.

37 A oferta dele foi um prato de prata de um quilo e quinhentos e sessenta gramas e uma bacia de prata para as aspersões, de oitocentos e quarenta gramas, ambos pesados com base no peso padrão do santuário, cada um cheio da melhor farinha amassada com óleo, como oferta de cereal; 38 uma vasilha de ouro de cento e vinte gramas, cheia de incenso; 39 um novilho, um carneiro e um cordeiro de um ano como holocausto; 40 um bode como oferta pelo pecado; 41 e dois bois, cinco carneiros, cinco bodes e cinco cordeiros de um ano para serem oferecidos como sacrifício de comunhão. Essa foi a oferta de Selumiel, filho de Zurisadai.

42 No sexto dia, Eliasafe, filho de Deuel e líder de Gade, trouxe a sua oferta.

43 A oferta dele foi um prato de prata de um quilo e quinhentos e sessenta gramas e uma bacia de prata para as aspersões, de oitocentos e quarenta gramas, ambos pesados com base no peso padrão do santuário, cada um cheio da melhor farinha amassada com óleo, como oferta de cereal; 44 uma vasilha de ouro de cento e vinte gramas, cheia de incenso; 45 um novilho, um carneiro e um cordeiro de um ano como holocausto; 46 um bode como oferta pelo pecado; 47 e dois bois, cinco carneiros, cinco bodes e cinco cordeiros de um ano para serem oferecidos

[a] 6.25 Isto é, mostre a sua bondade para contigo.
[b] 7.13 Hebraico: *130 siclos*. Um siclo equivalia a 12 gramas.

como sacrifício de comunhão. Essa foi a oferta de Eliasafe,
filho de Deuel.
48 No sétimo dia, Elisama, filho de Amiúde e líder de Efraim,
trouxe a sua oferta.
49 A oferta dele foi um prato de prata de um quilo e quinhentos
e sessenta gramas e uma bacia de prata para as aspersões, de
oitocentos e quarenta gramas, ambos pesados com base no
peso padrão do santuário, cada um cheio da melhor farinha
amassada com óleo, como oferta de cereal; 50 uma vasilha de
ouro de cento e vinte gramas, cheia de incenso; 51 um novilho,
um carneiro e um cordeiro de um ano como holocausto; 52 um
bode como oferta pelo pecado; 53 e dois bois, cinco carneiros,
cinco bodes e cinco cordeiros de um ano para serem oferecidos
como sacrifício de comunhão. Essa foi a oferta de Elisama,
filho de Amiúde.
54 No oitavo dia, Gamaliel, filho de Pedazur e líder de Manassés,
trouxe a sua oferta.
55 A oferta dele foi um prato de prata de um quilo e quinhentos
e sessenta gramas e uma bacia de prata para as aspersões, de
oitocentos e quarenta gramas, ambos pesados com base no
peso padrão do santuário, cada um cheio da melhor farinha
amassada com óleo, como oferta de cereal; 56 uma vasilha de
ouro de cento e vinte gramas, cheia de incenso; 57 um novilho,
um carneiro e um cordeiro de um ano como holocausto; 58 um
bode como oferta pelo pecado; 59 e dois bois, cinco carneiros,
cinco bodes e cinco cordeiros de um ano para serem oferecidos
como sacrifício de comunhão. Essa foi a oferta de Gamaliel,
filho de Pedazur.
60 No nono dia, Abidã, filho de Gideoni e líder de Benjamim,
trouxe a sua oferta.
61 A oferta dele foi um prato de prata de um quilo e quinhentos
e sessenta gramas e uma bacia de prata para as aspersões, de
oitocentos e quarenta gramas, ambos pesados com base no
peso padrão do santuário, cada um cheio da melhor farinha
amassada com óleo, como oferta de cereal; 62 uma vasilha de
ouro de cento e vinte gramas, cheia de incenso; 63 um novilho,
um carneiro e um cordeiro de um ano como holocausto; 64 um
bode como oferta pelo pecado; 65 e dois bois, cinco carneiros,
cinco bodes e cinco cordeiros de um ano para serem oferecidos
como sacrifício de comunhão. Essa foi a oferta de Abidã, filho
de Gideoni.
66 No décimo dia, Aieser, filho de Amisadai e líder de Dã, trouxe
a sua oferta.
67 A oferta dele foi um prato de prata de um quilo e quinhentos
e sessenta gramas e uma bacia de prata para as aspersões, de
oitocentos e quarenta gramas, ambos pesados com base no
peso padrão do santuário, cada um cheio da melhor farinha
amassada com óleo, como oferta de cereal; 68 uma vasilha de
ouro de cento e vinte gramas, cheia de incenso; 69 um novilho,
um carneiro e um cordeiro de um ano como holocausto; 70 um
bode como oferta pelo pecado; 71 e dois bois, cinco carneiros,
cinco bodes e cinco cordeiros de um ano para serem oferecidos
como sacrifício de comunhão. Essa foi a oferta de Aieser, filho
de Amisadai.
72 No décimo primeiro dia, Pagiel, filho de Ocrã e líder de Aser,
trouxe a sua oferta.
73 A oferta dele foi um prato de prata de um quilo e quinhentos
e sessenta gramas e uma bacia de prata para as aspersões, de
oitocentos e quarenta gramas, ambos pesados com base no
peso padrão do santuário, cada um cheio da melhor farinha
amassada com óleo, como oferta de cereal; 74 uma vasilha de
ouro de cento e vinte gramas, cheia de incenso; 75 um novilho,
um carneiro e um cordeiro de um ano como holocausto; 76 um
bode como oferta pelo pecado; 77 e dois bois, cinco carneiros,
cinco bodes e cinco cordeiros de um ano para serem oferecidos
como sacrifício de comunhão. Essa foi a oferta de Pagiel, filho
de Ocrã.
78 No décimo segundo dia, Aira, filho de Enã e líder de Naftali,
trouxe a sua oferta.
79 A oferta dele foi um prato de prata de um quilo e quinhentos
e sessenta gramas e uma bacia de prata para as aspersões, de
oitocentos e quarenta gramas, ambos pesados com base no
peso padrão do santuário, cada um cheio da melhor farinha
amassada com óleo, como oferta de cereal; 80 uma vasilha de
ouro de cento e vinte gramas, cheia de incenso; 81 um novilho,
um carneiro e um cordeiro de um ano como holocausto; 82 um
bode como oferta pelo pecado; 83 e dois bois, cinco carneiros,
cinco bodes e cinco cordeiros de um ano para serem oferecidos como sacrifício de comunhão. Essa foi a oferta de Aira,
filho de Enã.
84 Essas foram as ofertas dos líderes israelitas para a dedicação
do altar quando este foi ungido. Ao todo foram: doze pratos de
prata, doze bacias de prata para as aspersões e doze vasilhas
de ouro. 85 Cada prato de prata pesava um quilo e quinhentos
e sessenta gramas, e cada bacia para as aspersões pesava oitocentos e quarenta gramas. O total de peças de prata pesava
vinte e oito quilos e oitocentos gramas, com base no peso padrão do santuário. 86 As doze vasilhas de ouro cheias de incenso
pesavam cada uma cento e vinte gramas, com base no peso
padrão do santuário. O total de vasilhas de ouro pesava um
quilo e quatrocentos e quarenta gramas. 87 O total de animais
oferecidos em holocausto foi doze novilhos, doze carneiros e
doze cordeiros de um ano, juntamente com as ofertas de cereal. Doze bodes foram trazidos para a oferta pelo pecado. 88 O
total de animais oferecidos em sacrifício de comunhão foi vinte
e quatro bois, sessenta carneiros, sessenta bodes e sessenta
cordeiros de um ano. Foram essas as ofertas trazidas para a
dedicação do altar depois que este foi ungido.
89 Quando entrava na Tenda do Encontro para falar com o SENHOR, Moisés ouvia a voz que lhe falava do meio dos dois querubins, de cima da tampa da arca da aliança. Era assim que o
SENHOR falava com ele.

8 A Preparação das Lâmpadas do Candelabro

1 Disse também o SENHOR a Moisés: 2 "Diga o seguinte a Arão:
Quando você preparar as sete lâmpadas, estas deverão iluminar a área da frente do candelabro".
3 Arão assim fez; dispôs as lâmpadas de modo que estivessem

voltadas para a frente do candelabro, como o SENHOR tinha
ordenado a Moisés. 4 O candelabro foi feito de ouro batido,
do pedestal às flores, conforme o modelo que o SENHOR tinha
mostrado a Moisés.

A Consagração dos Levitas

5 O SENHOR disse a Moisés: 6 "Separe os levitas do meio dos is-
raelitas e purifique-os. 7 A purificação deles será assim: você as-
pergirá a água da purificação sobre eles; fará com que rapem o
corpo todo e lavem as roupas, para que se purifiquem. 8 Depois
eles trarão um novilho com a oferta de cereal da melhor farinha
amassada com óleo; e você trará um segundo novilho como
oferta pelo pecado. 9 Você levará os levitas para a frente da
Tenda do Encontro e reunirá toda a comunidade de Israel. 10 Le-
vará os levitas à presença do SENHOR, e os israelitas imporão as
mãos sobre eles. 11 Arão apresentará os levitas ao SENHOR como
oferta ritualmente movida da parte dos israelitas: eles serão
dedicados ao trabalho do SENHOR.
12 "Depois que os levitas impuserem as mãos sobre a cabeça
dos novilhos, você oferecerá um novilho como oferta pelo pe-
cado e o outro como holocausto ao SENHOR, para fazer propi-
ciação pelos levitas. 13 Disponha os levitas em frente de Arão e
dos filhos dele e apresente-os como oferta movida ao SENHOR.
14 Dessa maneira você separará os levitas do meio dos israe-
litas, e os levitas serão meus.
15 "Depois que você purificar os levitas e os apresentar como
oferta movida, eles entrarão na Tenda do Encontro para mi-
nistrar. 16 Eles são os israelitas que deverão ser inteiramente
dedicados a mim. Eu os separei para serem meus em lugar dos
primogênitos, do primeiro filho homem de cada mulher israe-
lita. 17 Todo primogênito em Israel, entre os homens e entre os
rebanhos, é meu. Eu os separei para mim quando feri todos
os primogênitos no Egito 18 e escolhi os levitas em lugar de
todos os primogênitos em Israel. 19 Dentre todos os israelitas,
dediquei os levitas como dádivas a Arão e aos seus filhos; eles
ministrarão na Tenda do Encontro em nome dos israelitas e
farão propiciação por eles, para que nenhuma praga atinja os
israelitas quando se aproximarem do santuário".
20 Moisés, Arão e toda a comunidade de Israel fizeram com os
levitas como o SENHOR tinha ordenado a Moisés. 21 Os levitas se
purificaram e lavaram suas roupas; e Arão os apresentou como
oferta ritualmente movida perante o SENHOR e fez propiciação
por eles para purificá-los. 22 Depois disso os levitas passaram
a ministrar na Tenda do Encontro sob a supervisão de Arão e
dos seus filhos. Fizeram com os levitas como o SENHOR tinha
ordenado a Moisés.
23 O SENHOR disse ainda a Moisés: 24 "Isto diz respeito aos le-
vitas: os homens de vinte e cinco anos para cima, aptos para
servir, tomarão parte no trabalho que se faz na Tenda do En-
contro, 25 mas aos cinquenta anos deverão afastar-se do ser-
viço regular e nele não mais trabalharão. 26 Poderão ajudar
seus companheiros de ofício na responsabilidade de cuidar da
Tenda do Encontro, mas eles mesmos não deverão fazer o tra-
balho. Assim você designará as responsabilidades dos levitas".

A Celebração da Páscoa

9 O SENHOR falou com Moisés no deserto do Sinai, no primeiro
mês do segundo ano depois que o povo saiu do Egito. Ele disse:
2 "Os israelitas devem celebrar a Páscoa na ocasião própria.
3 Celebrem-na no tempo determinado, ao pôr do sol do dé-
cimo quarto dia deste mês, de acordo com todas as suas leis
e ordenanças".
4 Então Moisés ordenou aos israelitas que celebrassem a
Páscoa; 5 eles a celebraram no deserto do Sinai, ao pôr do sol
do décimo quarto dia do primeiro mês. Os israelitas fizeram
tudo conforme o SENHOR tinha ordenado a Moisés.
6 Mas alguns deles não puderam celebrar a Páscoa naquele
dia porque se haviam tornado impuros por terem tocado num
cadáver. Por isso procuraram Moisés e Arão naquele mesmo dia
7 e disseram a Moisés: "Nós nos tornamos impuros por termos
tocado num cadáver, mas por que deveríamos ser impedidos
de apresentar a nossa oferta ao SENHOR na ocasião própria,
como os demais israelitas?"
8 Moisés respondeu-lhes: "Esperem até que eu saiba o que o
SENHOR ordena a respeito de vocês".
9 Então o SENHOR disse a Moisés: 10 "Diga o seguinte aos is-
raelitas: Quando algum de vocês ou dos seus descendentes
se tornar impuro por tocar algum cadáver ou estiver distante
por motivo de viagem, ainda assim poderá celebrar a Páscoa
do SENHOR. 11 Deverão celebrá-la no décimo quarto dia do se-
gundo mês, ao pôr do sol. Comerão o cordeiro com pães sem
fermento e com ervas amargas. 12 Não deixarão sobrar nada
até o amanhecer e não quebrarão nenhum osso do cordeiro.
Quando a celebrarem, obedeçam a todas as leis da Páscoa.
13 Se, porém, um homem estiver puro e não estiver distante
por motivo de viagem e ainda assim não celebrar a Páscoa, ele
será eliminado do meio do seu povo porque não apresentou a
oferta do SENHOR na ocasião própria. Ele sofrerá as consequên-
cias do seu pecado.
14 "Um estrangeiro residente entre vocês, que queira celebrar
a Páscoa do SENHOR, deverá fazê-lo de acordo com as leis e
ordenanças da Páscoa. Vocês terão as mesmas leis para o es-
trangeiro e para o natural da terra".

A Nuvem sobre o Tabernáculo

15 No dia em que foi armado o tabernáculo, a tenda que guarda
as tábuas da aliança, a nuvem o cobriu. Desde o entardecer
até o amanhecer a nuvem por cima do tabernáculo tinha a
aparência de fogo. 16 Era assim que sempre acontecia: de
dia a nuvem o cobria, e de noite tinha a aparência de fogo.
17 Sempre que a nuvem se levantava de cima da Tenda, os is-
raelitas partiam; no lugar em que a nuvem descia, ali acam-
pavam. 18 Conforme a ordem do SENHOR, os israelitas partiam
e, conforme a ordem do SENHOR, acampavam. Enquanto a
nuvem estivesse por cima do tabernáculo, eles permaneciam
acampados. 19 Quando a nuvem ficava sobre o tabernáculo por
muito tempo, os israelitas cumpriam suas responsabilidades
para com o SENHOR e não partiam. 20 Às vezes a nuvem ficava
sobre o tabernáculo poucos dias; conforme a ordem do SENHOR,

eles acampavam e, também conforme a ordem do SENHOR, par-
tiam. 21 Outras vezes a nuvem permanecia somente desde o en-
tardecer até o amanhecer e, quando se levantava pela manhã,
eles partiam. De dia ou de noite, sempre que a nuvem se le-
vantava, eles partiam. 22 Quer a nuvem ficasse sobre o taber-
náculo dois dias, quer um mês, quer mais tempo, os israelitas
permaneciam no acampamento e não partiam; mas, quando
ela se levantava, partiam. 23 Conforme a ordem do SENHOR
acampavam e conforme a ordem do SENHOR partiam. Nesse
meio tempo, cumpriam suas responsabilidades para com o
SENHOR, de acordo com as suas ordens, anunciadas por Moisés.

10 As Cornetas de Prata

O SENHOR disse a Moisés: 2 "Faça duas cornetas de prata
batida a fim de usá-las para reunir a comunidade e para dar
aos acampamentos o sinal para partirem. 3 Quando as duas
cornetas tocarem, a comunidade inteira se reunirá diante de
você, à entrada da Tenda do Encontro. 4 Se apenas uma tocar,
os líderes, chefes dos clãs de Israel, se reunirão diante de você.
5 Quando a corneta der um toque de alerta, as tribos acam-
padas a leste deverão partir. 6 Ao som do segundo toque, os
acampamentos do lado sul partirão. O toque de alerta será o
sinal para partir. 7 Para reunir a assembleia, faça soar as cor-
netas, mas não com o mesmo toque.
8 "Os filhos de Arão, os sacerdotes, tocarão as cornetas. Este
é um decreto perpétuo para vocês e para as suas gerações.
9 Quando em sua terra vocês entrarem em guerra contra um
adversário que os esteja oprimindo, toquem as cornetas; e o
SENHOR, o Deus de vocês, se lembrará de vocês e os libertará
dos seus inimigos. 10 Também em seus dias festivos, nas festas
fixas e no primeiro dia de cada mês, vocês deverão tocar as
cornetas por ocasião dos seus holocaustos e das suas ofertas
de comunhão[a], e elas serão um memorial em favor de vocês
perante o seu Deus. Eu sou o SENHOR, o Deus de vocês".

Os Israelitas Partem do Sinai

11 No vigésimo dia do segundo mês do segundo ano, a nuvem
se levantou de cima do tabernáculo que guarda as tábuas da
aliança. 12 Então os israelitas partiram do deserto do Sinai e
viajaram por etapas, até que a nuvem pousou no deserto de
Parã. 13 Assim partiram pela primeira vez, conforme a ordem do
SENHOR anunciada por Moisés.
14 Os exércitos do acampamento de Judá partiram primeiro,
junto à sua bandeira. Naassom, filho de Aminadabe, estava no
comando. 15 Natanael, filho de Zuar, comandava os exércitos
da tribo de Issacar, 16 e Eliabe, filho de Helom, chefiava os exér-
citos da tribo de Zebulom. 17 Quando o tabernáculo era desmon-
tado, os gersonitas e os meraritas o carregavam e partiam.
18 Os exércitos do acampamento de Rúben partiram em se-
guida, junto à sua bandeira. Elizur, filho de Sedeur, estava no
comando. 19 Selumiel, filho de Zurisadai, comandava os exér-
citos da tribo de Simeão, 20 e Eliasafe, filho de Deuel, chefiava
os exércitos da tribo de Gade. 21 Então os coatitas partiam
carregando as coisas sagradas. Antes que eles chegassem, o
tabernáculo já deveria estar armado.
22 Os exércitos do acampamento de Efraim partiram em se-
guida, junto à sua bandeira. Elisama, filho de Amiúde, estava
no comando. 23 Gamaliel, filho de Pedazur, comandava os
exércitos da tribo de Manassés, 24 e Abidã, filho de Gideoni, os
exércitos da tribo de Benjamim.
25 Finalmente, partiram os exércitos do acampamento de Dã,
junto à sua bandeira, como retaguarda para todos os acampa-
mentos. Aieser, filho de Amisadai, estava no comando. 26 Pa-
giel, filho de Ocrã, comandava os exércitos da tribo de Aser,
27 e Aira, filho de Enã, a divisão da tribo de Naftali. 28 Essa era a
ordem que os exércitos israelitas seguiam quando se punham
em marcha.
29 Então Moisés disse a Hobabe, filho do midianita Reuel, sogro
de Moisés: "Estamos partindo para o lugar a respeito do qual
o SENHOR disse: 'Eu o darei a vocês'. Venha conosco e o trata-
remos bem, pois o SENHOR prometeu boas coisas para Israel".
30 Ele respondeu: "Não, não irei; voltarei para a minha terra e
para o meu povo".
31 Moisés, porém, disse: "Por favor, não nos deixe. Você sabe
onde devemos acampar no deserto e pode ser o nosso guia[b].
32 Se vier conosco, partilharemos com você todas as coisas boas
que o SENHOR nos der".
33 Então eles partiram do monte do SENHOR e viajaram três
dias. A arca da aliança do SENHOR foi à frente deles durante
aqueles três dias para encontrar um lugar para descansarem.
34 A nuvem do SENHOR estava sobre eles de dia, sempre que
partiam de um acampamento.
35 Sempre que a arca partia, Moisés dizia: "Levanta-te, ó SE-
NHOR! Sejam espalhados os teus inimigos e fujam de diante de
ti os teus adversários".
36 Sempre que a arca parava, ele dizia: "Volta, ó SENHOR, para
os incontáveis milhares de Israel".

11 O Fogo da Ira do SENHOR

Aconteceu que o povo começou a queixar-se das suas di-
ficuldades aos ouvidos do SENHOR. Quando ele os ouviu, a sua
ira acendeu-se, e fogo da parte do SENHOR queimou entre eles
e consumiu algumas extremidades do acampamento. 2 Então
o povo clamou a Moisés, este orou ao SENHOR, e o fogo extin-
guiu-se. 3 Por isso aquele lugar foi chamado Taberá, porque o
fogo da parte do SENHOR queimou entre eles.

A Reclamação do Povo

4 Um bando de estrangeiros que havia no meio deles encheu-se
de gula, e até os próprios israelitas tornaram a queixar-se e
diziam: "Ah, se tivéssemos carne para comer! 5 Nós nos lem-
bramos dos peixes que comíamos de graça no Egito, e também
dos pepinos, das melancias, dos alhos-porós, das cebolas e dos
alhos. 6 Mas agora perdemos o apetite; nunca vemos nada, a
não ser este maná!"
7 O maná era como semente de coentro e tinha aparência de re-
sina. 8 O povo saía recolhendo o maná nas redondezas e o moía

a 10.10 Ou *de paz*; também em 15.8.

b 10.31 Hebraico: *os nossos olhos*.

num moinho manual ou socava-o num pilão; depois cozinhava o
maná e com ele fazia bolos. Tinha gosto de bolo amassado com
azeite de oliva. 9 Quando o orvalho caía sobre o acampamento
à noite, também caía o maná.
10 Moisés ouviu gente de todas as famílias se queixando, cada
uma à entrada de sua tenda. Então acendeu-se a ira do SENHOR,
e isso pareceu mal a Moisés. 11 E ele perguntou ao SENHOR:
"Por que trouxeste este mal sobre o teu servo? Foi por não
te agradares de mim, que colocaste sobre os meus ombros a
responsabilidade de todo esse povo? 12 Por acaso fui eu quem
o concebeu? Fui eu quem o deu à luz? Por que me pedes para
carregá-lo nos braços, como uma ama carrega um recém-nas-
cido, para levá-lo à terra que prometeste sob juramento aos
seus antepassados? 13 Onde conseguirei carne para todo esse
povo? Eles ficam se queixando contra mim, dizendo: 'Dê-nos
carne para comer!' 14 Não posso levar todo esse povo sozinho;
essa responsabilidade é grande demais para mim. 15 Se é assim
que vais me tratar, mata-me agora mesmo; se te agradas de
mim, não me deixes ver a minha própria ruína".

A Missão Dada a Setenta Autoridades do Povo

16 E o SENHOR disse a Moisés: "Reúna setenta autoridades de
Israel, que você sabe que são líderes e supervisores entre o
povo. Leve-os à Tenda do Encontro, para que estejam ali com
você. 17 Eu descerei e falarei com você; e tirarei do Espírito que
está sobre você e o porei sobre eles. Eles o ajudarão na árdua
responsabilidade de conduzir o povo, de modo que você não
tenha que assumir tudo sozinho.
18 "Diga ao povo: Consagrem-se para amanhã, pois vocês co-
merão carne. O SENHOR os ouviu quando se queixaram a ele,
dizendo: 'Ah, se tivéssemos carne para comer! Estávamos me-
lhor no Egito!' Agora o SENHOR dará carne a vocês, e vocês a
comerão. 19 Vocês não comerão carne apenas um dia, ou dois,
ou cinco, ou dez ou vinte, 20 mas um mês inteiro, até que saia
carne pelo nariz de vocês e vocês tenham nojo dela, porque re-
jeitaram o SENHOR, que está no meio de vocês, e se queixaram
a ele, dizendo: 'Por que saímos do Egito?' "
21 Disse, porém, Moisés: "Aqui estou eu no meio de seiscentos
mil homens em pé, e dizes: 'Darei a eles carne para comerem
durante um mês inteiro!' 22 Será que haveria o suficiente para
eles se todos os rebanhos fossem abatidos? Será que haveria
o suficiente para eles se todos os peixes do mar fossem apa-
nhados?"
23 O SENHOR respondeu a Moisés: "Estará limitado o poder do
SENHOR? Agora você verá se a minha palavra se cumprirá ou
não".
24 Então Moisés saiu e contou ao povo o que o SENHOR tinha
dito. Reuniu setenta autoridades dentre eles e as dispôs ao
redor da Tenda. 25 O SENHOR desceu na nuvem e lhe falou e tirou
do Espírito que estava sobre Moisés e o pôs sobre as setenta
autoridades. Quando o Espírito veio sobre elas, profetizaram,
mas depois nunca mais tornaram a fazê-lo[a].
26 Entretanto, dois homens, chamados Eldade e Medade, ti-
nham ficado no acampamento. Ambos estavam na lista das
autoridades, mas não tinham ido para a Tenda. O Espírito
também veio sobre eles, e profetizaram no acampamento.
27 Então, certo jovem correu e contou a Moisés: "Eldade e Me-
dade estão profetizando no acampamento".
28 Josué, filho de Num, que desde jovem era auxiliar de Moisés,
interferiu e disse: "Moisés, meu senhor, proíba-os!"
29 Mas Moisés respondeu: "Você está com ciúmes por mim?
Quem dera todo o povo do SENHOR fosse profeta e que o SENHOR
pusesse o seu Espírito sobre eles!" 30 Então Moisés e as autori-
dades de Israel voltaram para o acampamento.

O SENHOR Envia Codornizes

31 Depois disso, veio um vento da parte do SENHOR que trouxe
codornizes do mar e as fez cair por todo o acampamento, a
uma altura de noventa centímetros[b], espalhando-as em todas
as direções num raio de um dia de caminhada[c]. 32 Durante todo
aquele dia e aquela noite e durante todo o dia seguinte, o
povo saiu e recolheu codornizes. Ninguém recolheu menos de
dez barris[d]. Então eles as estenderam para secar ao redor de
todo o acampamento. 33 Mas, enquanto a carne ainda estava
entre os seus dentes e antes que a ingerissem, a ira do SENHOR
acendeu-se contra o povo, e ele o feriu com uma praga terrível.
34 Por isso o lugar foi chamado Quibrote-Hataavá, porque ali
foram enterrados os que tinham sido dominados pela gula.
35 De Quibrote-Hataavá o povo partiu para Hazerote, e lá ficou.

12 Miriã e Arão Criticam Moisés

Miriã e Arão começaram a criticar Moisés porque ele havia
se casado com uma mulher etíope[e]. 2 "Será que o SENHOR tem
falado apenas por meio de Moisés?", perguntaram. "Também
não tem ele falado por meio de nós?" E o SENHOR ouviu isso.
3 Ora, Moisés era um homem muito paciente, mais do que qual-
quer outro que havia na terra.
4 Imediatamente o SENHOR disse a Moisés, a Arão e a Miriã:
"Dirijam-se à Tenda do Encontro, vocês três". E os três foram
para lá. 5 Então o SENHOR desceu numa coluna de nuvem e, pon-
do-se à entrada da Tenda, chamou Arão e Miriã. Os dois vieram
à frente, 6 e ele disse: "Ouçam as minhas palavras: Quando
entre vocês há um profeta do SENHOR[f], a ele me revelo em vi-
sões, em sonhos falo com ele. 7 Não é assim, porém, com meu
servo Moisés, que é fiel em toda a minha casa[g]. 8 Com ele falo
face a face, claramente, e não por enigmas; e ele vê a forma
do SENHOR. Por que não temeram criticar meu servo Moisés?"
9 Então a ira do SENHOR acendeu-se contra eles, e ele os deixou.
10 Quando a nuvem se afastou da Tenda, Miriã estava leprosa[h];
sua aparência era como a da neve. Arão voltou-se para Miriã,

[a] **11.25** Ou *profetizaram e continuaram a fazê-lo*

[b] **11.31** Hebraico: *2 côvados*. O côvado era uma medida linear de cerca de 45 centímetros.

[c] **11.31** Isto é, cerca de 30 quilômetros.

[d] **11.32** Hebraico: *hômeres*. O hômer era uma medida de capacidade para secos. As estimativas variam entre 200 e 400 litros.

[e] **12.1** Hebraico: cuxita

[f] **12.6** Ou *profeta, eu, o Senhor*

[g] **12.7** Ou *é o líder de todo o meu povo*; ou ainda *é o mais fiel dos meus servos*

[h] **12.10** O termo hebraico não se refere somente à lepra, mas também a diversas doenças da pele.

viu que ela estava com lepra 11 e disse a Moisés: "Por favor,
meu senhor, não nos castigue pelo pecado que tão tolamente
cometemos. 12 Não permita que ela fique como um feto abor-
tado que sai do ventre de sua mãe com a metade do corpo
destruída".
13 Então Moisés clamou ao SENHOR: "Ó Deus, por misericórdia,
concede-lhe cura!"
14 O SENHOR respondeu a Moisés: "Se o pai dela lhe tivesse cus-
pido no rosto, não estaria ela envergonhada sete dias? Que
fique isolada fora do acampamento sete dias; depois ela po-
derá ser trazida de volta". 15 Então Miriã ficou isolada sete dias
fora do acampamento, e o povo não partiu enquanto ela não
foi trazida de volta.
16 Depois disso, partiram de Hazerote e acamparam no deserto
de Parã.

13 A Missão de Reconhecimento de Canaã

E o SENHOR disse a Moisés: 2 "Envie alguns homens em
missão de reconhecimento à terra de Canaã, terra que dou aos
israelitas. Envie um líder de cada tribo dos seus antepassados".
3 Assim Moisés os enviou do deserto de Parã, conforme a ordem
do SENHOR. Todos eles eram chefes dos israelitas. 4 São estes os
seus nomes: da tribo de Rúben, Samua,filho de Zacur; 5 da tribo
de Simeão, Safate, filho de Hori; 6 da tribo de Judá, Calebe,
filho de Jefoné; 7 da tribo de Issacar, Igal, filho de José; 8 da
tribo de Efraim, Oseias, filho de Num; 9 da tribo de Benjamim,
Palti, filho de Rafu; 10 da tribo de Zebulom, Gadiel, filho de Sodi;
11 da tribo de José, isto é, da tribo de Manassés, Gadi, filho de
Susi; 12 da tribo de Dã, Amiel, filho de Gemali; 13 da tribo de Aser,
Setur, filho de Micael; 14 da tribo de Naftali, Nabi, filho de Vofsi;
15 da tribo de Gade, Güel, filho de Maqui.
16 São esses os nomes dos homens que Moisés enviou em
missão de reconhecimento do território. (A Oseias, filho de
Num, Moisés deu o nome de Josué.)
17 Quando Moisés os enviou para observarem Canaã, disse:
"Subam pelo Neguebe e prossigam até a região montanhosa.
18 Vejam como é a terra e se o povo que vive lá é forte ou fraco,
se são muitos ou poucos; 19 se a terra em que habitam é boa ou
ruim; se as cidades em que vivem são cidades sem muros ou
fortificadas; 20 se o solo é fértil ou pobre; se existe ali floresta
ou não. Sejam corajosos! Tragam alguns frutos da terra". Era
a época do início da colheita das uvas.
21 Eles subiram e observaram a terra desde o deserto de Zim até
Reobe, na direção de Lebo-Hamate. 22 Subiram do Neguebe e
chegaram a Hebrom, onde viviam Aimã, Sesai e Talmai, des-
cendentes de Enaque. (Hebrom havia sido construída sete anos
antes de Zoã, no Egito.) 23 Quando chegaram ao vale de Escol[a],
cortaram um ramo do qual pendia um único cacho de uvas. Dois
deles carregaram o cacho, pendurado numa vara. Colheram
também romãs e figos. 24 Aquele lugar foi chamado vale de
Escol por causa do cacho de uvas que os israelitas cortaram
ali. 25 Ao fim de quarenta dias eles voltaram da missão de reco-
nhecimento daquela terra.

O Relatório da Expedição

26 Eles então retornaram a Moisés e a Arão e a toda a comu-
nidade de Israel em Cades, no deserto de Parã, onde pres-
taram relatório a eles e a toda a comunidade de Israel, e lhes
mostraram os frutos da terra. 27 E deram o seguinte relatório
a Moisés: "Entramos na terra à qual você nos enviou, onde há
leite e mel com fartura! Aqui estão alguns frutos dela. 28 Mas
o povo que lá vive é poderoso, e as cidades são fortificadas e
muito grandes. Também vimos descendentes de Enaque. 29 Os
amalequitas vivem no Neguebe; os hititas, os jebuseus e os
amorreus vivem na região montanhosa; os cananeus vivem
perto do mar e junto ao Jordão".
30 Então Calebe fez o povo calar-se perante Moisés e disse: "Su-
bamos e tomemos posse da terra. É certo que venceremos!"
31 Mas os homens que tinham ido com ele disseram: "Não
podemos atacar aquele povo; é mais forte do que nós". 32 E
espalharam entre os israelitas um relatório negativo acerca
daquela terra. Disseram: "A terra para a qual fomos em missão
de reconhecimento devora os que nela vivem. Todos os que
vimos são de grande estatura. 33 Vimos também os gigantes,
os descendentes de Enaque, diante de quem parecíamos ga-
fanhotos, a nós e a eles".

14 A Revolta do Povo

Naquela noite, toda a comunidade começou a chorar
em alta voz. 2 Todos os israelitas queixaram-se contra Moisés
e contra Arão, e toda a comunidade lhes disse: "Quem dera
tivéssemos morrido no Egito! Ou neste deserto! 3 Por que o
SENHOR está nos trazendo para esta terra? Só para nos deixar
cair à espada? Nossas mulheres e nossos filhos serão tomados
como despojo de guerra. Não seria melhor voltar para o Egito?"
4 E disseram uns aos outros: "Escolheremos um chefe e volta-
remos para o Egito!"
5 Então Moisés e Arão prostraram-se com o rosto em terra,
diante de toda a assembleia dos israelitas. 6 Josué, filho de
Num, e Calebe, filho de Jefoné, dentre os que haviam obser-
vado a terra, rasgaram as suas vestes 7 e disseram a toda a co-
munidade dos israelitas: "A terra que percorremos em missão
de reconhecimento é excelente. 8 Se o SENHOR se agradar de
nós, ele nos fará entrar nessa terra, onde há leite e mel com
fartura, e a dará a nós. 9 Somente não sejam rebeldes contra o
SENHOR. E não tenham medo do povo da terra, porque nós os
devoraremos como se fossem pão. A proteção deles se foi, mas
o SENHOR está conosco. Não tenham medo deles!"
10 Mas a comunidade toda falou em apedrejá-los. Então a glória
do SENHOR apareceu a todos os israelitas na Tenda do Encontro.
11 E o SENHOR disse a Moisés: "Até quando este povo me tra-
tará com pouco caso? Até quando se recusará a crer em mim,
apesar de todos os sinais que realizei entre eles? 12 Eu os ferirei
com praga e os destruirei, mas farei de você uma nação maior
e mais forte do que eles".
13 Moisés disse ao SENHOR: "Então os egípcios ouvirão que pelo
teu poder fizeste este povo sair dentre eles, 14 e falarão disso
aos habitantes desta terra. Eles ouviram que tu, ó SENHOR,

---

a 13.23 Escol significa cacho; também no versículo 24.

estás com este povo e que te veem face a face, SENHOR, e
que a tua nuvem paira sobre eles, e que vais adiante deles
numa coluna de nuvem de dia e numa coluna de fogo de noite.
15 Se exterminares este povo, as nações que ouvirem falar do
que fizeste dirão: 16 'O SENHOR não conseguiu levar esse povo
à terra que lhes prometeu em juramento; por isso os matou
no deserto'.
17 "Mas agora, que a força do Senhor se manifeste, segundo
prometeste: 18 'O SENHOR é muito paciente e grande em fideli-
dade e perdoa a iniquidade e a rebelião, se bem que não deixa
o pecado sem punição e castiga os filhos pela iniquidade dos
pais até a terceira e quarta gerações'. 19 Segundo a tua grande
fidelidade, perdoa a iniquidade deste povo, como a este povo
tens perdoado desde que saíram do Egito até agora".
20 O SENHOR respondeu: "Eu o perdoei, conforme você pediu.
21 No entanto, juro pela glória do SENHOR, que enche toda a
terra, 22 que nenhum dos que viram a minha glória e os sinais
milagrosos que realizei no Egito e no deserto e me puseram
à prova e me desobedeceram dez vezes — 23 nenhum deles
chegará a ver a terra que prometi com juramento aos seus
antepassados. Ninguém que me tratou com desprezo a verá.
24 Mas, como o meu servo Calebe tem outro espírito e me segue
com integridade, eu o farei entrar na terra que foi observar,
e seus descendentes a herdarão. 25 Visto que os amalequitas
e os cananeus habitam nos vales, amanhã deem meia-volta
e partam em direção ao deserto pelo caminho que vai para
o mar Vermelho".

O Castigo do Povo

26 Disse mais o SENHOR a Moisés e a Arão: 27 "Até quando esta
comunidade ímpia se queixará contra mim? Tenho ouvido as
queixas desses israelitas murmuradores. 28 Diga-lhes: Juro
pelo meu nome, declara o SENHOR, que farei a vocês tudo o
que pediram: 29 Cairão neste deserto os cadáveres de todos
vocês, de vinte anos para cima, que foram contados no recen-
seamento e que se queixaram contra mim. 30 Nenhum de vocês
entrará na terra que, com mão levantada, jurei dar-lhes para
sua habitação, exceto Calebe, filho de Jefoné, e Josué, filho
de Num. 31 Mas, quanto aos seus filhos, sobre os quais vocês
disseram que seriam tomados como despojo de guerra, eu os
farei entrar para desfrutarem a terra que vocês rejeitaram.
32 Os cadáveres de vocês, porém, cairão neste deserto. 33 Seus
filhos serão pastores[a] aqui durante quarenta anos, sofrendo
pela infidelidade de vocês, até que o último cadáver de vocês
seja destruído no deserto. 34 Durante quarenta anos vocês so-
frerão a consequência dos seus pecados e experimentarão a
minha rejeição; cada ano corresponderá a cada um dos qua-
renta dias em que vocês observaram a terra. 35 Eu, o SENHOR,
falei, e certamente farei essas coisas a toda esta comunidade
ímpia, que conspirou contra mim. Encontrarão o seu fim neste
deserto; aqui morrerão".
36 Os homens enviados por Moisés em missão de reconheci-
mento daquela terra voltaram e fizeram toda a comunidade
queixar-se contra ele ao espalharem um relatório negativo;

[a] 14.33 Possivelmente nômades. Veja Nm 32.13.

37 esses homens responsáveis por espalhar o relatório nega-
tivo sobre a terra morreram subitamente de praga perante o
SENHOR. 38 De todos os que foram observar a terra, somente
Josué, filho de Num, e Calebe, filho de Jefoné, sobreviveram.
39 Quando Moisés transmitiu essas palavras a todos os israe-
litas, eles choraram amargamente. 40 Na madrugada seguinte,
subiram para o alto da região montanhosa e disseram: "Su-
biremos ao lugar que o SENHOR prometeu, pois cometemos
pecado".
41 Moisés, porém, disse: "Por que vocês estão desobedecendo à
ordem do SENHOR? Isso não terá sucesso! 42 Não subam, porque
o SENHOR não está com vocês. Vocês serão derrotados pelos
inimigos, 43 pois os amalequitas e os cananeus os enfrentarão
ali, e vocês cairão à espada. Visto que deixaram de seguir o
SENHOR, ele não estará com vocês".
44 Apesar disso, eles subiram desafiadoramente ao alto da
região montanhosa, mas nem Moisés nem a arca da aliança
do SENHOR saíram do acampamento. 45 Então os amalequitas
e os cananeus que lá viviam desceram, derrotaram-nos e os
perseguiram até Hormá.

15 Ofertas Suplementares

O SENHOR disse a Moisés: 2 "Diga o seguinte aos israelitas:
Quando entrarem na terra que dou a vocês para sua habitação
3 e apresentarem ao SENHOR uma oferta, de bois ou de ove-
lhas, preparada no fogo como aroma agradável ao SENHOR,
seja holocausto, seja sacrifício, para cumprir um voto ou como
oferta voluntária ou como oferta relativa a uma festa, 4 aquele
que trouxer a sua oferta apresentará também ao SENHOR uma
oferta de cereal de um jarro[b] da melhor farinha amassada com
um litro[c] de óleo. 5 Para cada cordeiro do holocausto ou do
sacrifício, prepare um litro de vinho como oferta derramada.
6 "Para um carneiro, prepare uma oferta de cereal de dois
jarros da melhor farinha com um litro de óleo, 7 e um litro de
vinho como oferta derramada. Apresente-a como aroma agra-
dável ao SENHOR.
8 "Quando algum de vocês preparar um novilho para holocausto
ou para sacrifício, para cumprir voto especial ou como oferta
de comunhão ao SENHOR, 9 traga com o novilho uma oferta de
cereal de três jarros da melhor farinha amassada com meio
galão[d] de óleo. 10 Traga também meio galão de vinho para
a oferta derramada. Será uma oferta preparada no fogo, de
aroma agradável ao SENHOR. 11 Cada novilho ou carneiro ou cor-
deiro ou cabrito deverá ser preparado dessa maneira. 12 Façam
isso para cada animal, para tantos quantos vocês prepararem.
13 "Todo o que for natural da terra deverá proceder dessa ma-
neira quando trouxer uma oferta preparada no fogo, de aroma
agradável ao SENHOR. 14 E, se um estrangeiro que vive entre
vocês, ou entre os descendentes de vocês, apresentar uma
oferta preparada no fogo, de aroma agradável ao SENHOR, de-

[b] 15.4 Hebraico: *1/10 de efa*. O efa era uma medida de capacidade para secos. As estimativas variam entre 20 e 40 litros.

[c] 15.4 Hebraico: *1/4 de him*. O him era uma medida de capacidade para líquidos. As estimativas variam entre 3 e 6 litros.

[d] 15.9 Hebraico: *him*.

verá fazer o mesmo. 15 A assembleia deverá ter as mesmas leis,
que valerão tanto para vocês como para o estrangeiro que vive
entre vocês; este é um decreto perpétuo pelas suas gerações,
que, perante o SENHOR, valerá tanto para vocês quanto para o
estrangeiro residente. 16 A mesma lei e ordenança se aplicará
tanto a vocês como ao estrangeiro residente".
17 O SENHOR disse ainda a Moisés: 18 "Diga aos israelitas: Quando
vocês entrarem na terra para onde os levo 19 e comerem do
fruto da terra, apresentem uma porção como contribuição ao
SENHOR. 20 Apresentem um bolo feito das primícias da farinha
de vocês. Apresentem-no como contribuição da sua colheita.
21 Em todas as suas gerações vocês apresentarão das primícias
da farinha uma contribuição ao SENHOR.

Ofertas pelos Pecados Involuntários

22 "Mas, se vocês pecarem e deixarem de cumprir todos esses
mandamentos 23 — tudo o que o SENHOR ordenou a vocês por
meio de Moisés, desde o dia em que o ordenou e para todas
as suas gerações — 24 e, se isso for feito sem intenção e não
for do conhecimento da comunidade, toda a comunidade terá
que oferecer um novilho para o holocausto de aroma agradável
ao SENHOR. Também apresentarão com sua oferta de cereal
uma oferta derramada, conforme as prescrições, e um bode
como oferta pelo pecado. 25 O sacerdote fará propiciação por
toda a comunidade de Israel, e eles serão perdoados, pois o
seu pecado não foi intencional e eles trouxeram ao SENHOR
uma oferta preparada no fogo e uma oferta pelo pecado. 26 A
comunidade de Israel toda e os estrangeiros residentes entre
eles serão perdoados, porque todo o povo esteve envolvido
num pecado involuntário.
27 "Se, contudo, apenas uma pessoa pecar sem intenção, ela
terá que trazer uma cabra de um ano como oferta pelo pe-
cado. 28 O sacerdote fará propiciação pela pessoa que pecar,
cometendo uma falta involuntária perante o SENHOR, e ela será
perdoada. 29 Somente uma lei haverá para todo aquele que
pecar sem intenção, seja ele israelita de nascimento, seja es-
trangeiro residente.
30 "Mas todo aquele que pecar com atitude desafiadora, seja
natural da terra, seja estrangeiro residente, insulta o SENHOR,
e será eliminado do meio do seu povo. 31 Por ter desprezado a
palavra do SENHOR e quebrado os seus mandamentos, terá que
ser eliminado; sua culpa estará sobre ele".

O Castigo pela Transgressão do Sábado

32 Certo dia, quando os israelitas estavam no deserto, en-
contraram um homem recolhendo lenha no dia de sábado.
33 Aqueles que o encontraram recolhendo lenha levaram-no a
Moisés, a Arão e a toda a comunidade, 34 que o prenderam,
porque não sabiam o que deveria ser feito com ele. 35 Então
o SENHOR disse a Moisés: "O homem terá que ser executado.
Toda a comunidade o apedrejará fora do acampamento".
36 Assim, toda a comunidade o levou para fora do acampa-
mento e o apedrejou até a morte, conforme o SENHOR tinha
ordenado a Moisés.

As Borlas das Roupas

37 O SENHOR disse a Moisés: 38 "Diga o seguinte aos israelitas:
Façam borlas nas extremidades das suas roupas e ponham um
cordão azul em cada uma delas; façam isso por todas as suas
gerações. 39 Quando virem essas borlas, vocês se lembrarão de
todos os mandamentos do SENHOR, para que lhes obedeçam e
não se prostituam nem sigam as inclinações do seu coração
e dos seus olhos. 40 Assim vocês se lembrarão de obedecer a
todos os meus mandamentos, e para o seu Deus vocês serão
um povo consagrado. 41 Eu sou o SENHOR, o seu Deus, que os
trouxe do Egito para ser o Deus de vocês. Eu sou o SENHOR, o
seu Deus".

A Rebelião de Corá, Datã e Abirão

16 Corá, filho de Isar, neto de Coate, bisneto de Levi, reuniu
Datã e Abirão, filhos de Eliabe, e Om, filho de Pelete, todos da
tribo de Rúben, 2 e eles se insurgiram contra Moisés. Com eles
estavam duzentos e cinquenta israelitas, líderes bem conhe-
cidos na comunidade e que haviam sido nomeados membros
do concílio. 3 Eles se ajuntaram contra Moisés e Arão, e lhes
disseram: "Basta! A assembleia toda é santa, cada um deles é
santo, e o SENHOR está no meio deles. Então, por que vocês se
colocam acima da assembleia do SENHOR?"
4 Quando ouviu isso, Moisés prostrou-se com o rosto em terra.
5 Depois disse a Corá e a todos os seus seguidores: "Pela
manhã o SENHOR mostrará quem lhe pertence e fará aproxi-
mar-se dele aquele que é santo, o homem a quem ele esco-
lher. 6 Você, Corá, e todos os seus seguidores deverão fazer o
seguinte: peguem incensários 7 e amanhã coloquem neles fogo
e incenso perante o SENHOR. Quem o SENHOR escolher será o
homem consagrado. Basta, levitas!"
8 Moisés disse também a Corá: "Agora ouçam-me, levitas! 9 Não
é suficiente para vocês que o Deus de Israel os tenha separado
do restante da comunidade de Israel e os tenha trazido para
junto de si a fim de realizarem o trabalho no tabernáculo do
SENHOR e para estarem preparados para servir a comunidade?
10 Ele trouxe você e todos os seus irmãos levitas para junto
dele, e agora vocês querem também o sacerdócio? 11 É contra
o SENHOR que você e todos os seus seguidores se ajuntaram!
Quem é Arão, para que se queixem contra ele?"
12 Então Moisés mandou chamar Datã e Abirão, filhos de Eliabe.
Mas eles disseram: "Nós não iremos! 13 Não basta a você nos
ter tirado de uma terra onde há leite e mel com fartura para
matar-nos no deserto? E ainda quer se fazer chefe sobre nós?
14 Além disso, você não nos levou a uma terra onde há leite
e mel com fartura, nem nos deu uma herança de campos e
vinhas. Você pensa que pode cegar os olhos destes homens?
Nós não iremos!"
15 Moisés indignou-se e disse ao SENHOR: "Não aceites a oferta
deles. Não tomei deles nem sequer um jumento, nem prejudi-
quei a nenhum deles".
16 Moisés disse a Corá: "Você e todos os seus seguidores terão
que apresentar-se amanhã ao SENHOR, você, eles e Arão.
17 Cada homem pegará o seu incensário, nele colocará incenso

e o apresentará ao SENHOR. Serão duzentos e cinquenta in-
censários ao todo. Você e Arão também apresentarão os seus
incensários". 18 Assim, cada um deles pegou o seu incensário,
acendeu o incenso, e se colocou com Moisés e com Arão à
entrada da Tenda do Encontro. 19 Quando Corá reuniu todos
os seus seguidores à entrada da Tenda do Encontro, incitan-
do-os contra Moisés e Arão, a glória do SENHOR apareceu a
toda a comunidade. 20 E o SENHOR disse a Moisés e a Arão:
21 "Afastem-se dessa comunidade para que eu acabe com eles
imediatamente".
22 Mas Moisés e Arão prostraram-se com o rosto em terra e
disseram: "Ó Deus, Deus que a todos dá vida[a], ficarás tu irado
contra toda a comunidade quando um só homem pecou?"
23 Então o SENHOR disse a Moisés: 24 "Diga à comunidade que se
afaste das tendas de Corá, Datã e Abirão".
25 Moisés levantou-se e foi para onde estavam Datã e Abirão, e
as autoridades de Israel o seguiram. 26 Ele advertiu a comuni-
dade: "Afastem-se das tendas desses ímpios! Não toquem em
nada do que pertence a eles, senão vocês serão eliminados por
causa dos pecados deles". 27 Eles se afastaram das tendas de
Corá, Datã e Abirão. Datã e Abirão tinham saído e estavam em
pé, à entrada de suas tendas, junto com suas mulheres, seus
filhos e suas crianças pequenas.
28 E disse Moisés: "Assim vocês saberão que o SENHOR me en-
viou para fazer todas essas coisas e que isso não partiu de mim.
29 Se estes homens tiverem morte natural e experimentarem
somente aquilo que normalmente acontece aos homens, então
o SENHOR não me enviou. 30 Mas, se o SENHOR fizer acontecer
algo totalmente novo, e a terra abrir a sua boca e os engolir,
junto com tudo o que é deles, e eles descerem vivos ao Sheol[b],
então vocês saberão que estes homens desprezaram o SE-
NHOR".
31 Assim que Moisés acabou de dizer tudo isso, o chão debaixo
deles fendeu-se 32 e a terra abriu a sua boca e os engoliu jun-
tamente com suas famílias, com todos os seguidores de Corá
e com todos os seus bens. 33 Desceram vivos à sepultura, com
tudo o que possuíam; a terra fechou-se sobre eles, e pere-
ceram, desaparecendo do meio da assembleia. 34 Diante dos
seus gritos, todos os israelitas ao redor fugiram, gritando: "A
terra vai nos engolir também!"
35 Então veio fogo da parte do SENHOR e consumiu os duzentos
e cinquenta homens que ofereciam incenso.
36 O SENHOR disse a Moisés: 37 "Diga a Eleazar, filho do sacer-
dote Arão, que apanhe os incensários dentre os restos fume-
gantes e espalhe as brasas, porque os incensários são santos.
38 Os incensários dos homens que pelo seu pecado perderam
a vida serão batidos em forma de lâminas e servirão de re-
vestimento do altar, pois foram apresentados ao SENHOR e se
tornaram sagrados. Que sejam um sinal para os israelitas".
39 O sacerdote Eleazar juntou os incensários de bronze que
tinham sido apresentados pelos que foram consumidos pelo
fogo. Os incensários foram batidos e serviram de revestimento
do altar, 40 como o SENHOR tinha dito por meio de Moisés. Isso
foi feito como memorial para os israelitas, a fim de que nin-
guém que não fosse descendente de Arão queimasse incenso
perante o SENHOR, para não sofrer o que Corá e os seus segui-
dores sofreram.
41 No dia seguinte toda a comunidade de Israel começou a
queixar-se contra Moisés e Arão, dizendo: "Vocês mataram o
povo do SENHOR".

A Revolta do Povo contra Moisés e Arão

42 Quando, porém, a comunidade se ajuntou contra Moisés
e contra Arão, e eles se voltaram para a Tenda do Encontro,
repentinamente a nuvem a cobriu e a glória do SENHOR apa-
receu. 43 Então Moisés e Arão foram para a frente da Tenda do
Encontro, 44 e o SENHOR disse a Moisés: 45 "Saia do meio dessa
comunidade para que eu acabe com eles imediatamente". Mas
eles se prostraram com o rosto em terra; 46 e Moisés disse a
Arão: "Pegue o seu incensário e ponha incenso nele, com fogo
tirado do altar, e vá depressa até a comunidade para fazer
propiciação por eles, porque saiu grande ira da parte do SE-
NHOR e a praga começou". 47 Arão fez o que Moisés ordenou e
correu para o meio da assembleia. A praga já havia começado
entre o povo, mas Arão ofereceu o incenso e fez propiciação
por eles. 48 Arão se pôs entre os mortos e os vivos, e a praga
cessou. 49 Foram catorze mil e setecentos os que morreram
daquela praga, além dos que haviam morrido por causa de
Corá. 50 Então Arão voltou a Moisés, à entrada da Tenda do
Encontro, pois a praga já havia cessado.

17

A Vara de Arão Floresce

O SENHOR disse a Moisés: 2 "Peça aos israelitas que tragam
doze varas, uma de cada líder das tribos. Escreva o nome de
cada líder em sua vara. 3 Na vara de Levi escreva o nome de
Arão, pois é preciso que haja uma vara para cada chefe das
tribos. 4 Deposite-as na Tenda do Encontro, em frente da arca
das tábuas da aliança, onde eu me encontro com vocês. 5 A
vara daquele que eu escolher florescerá, e eu me livrarei dessa
constante queixa dos israelitas contra vocês".
6 Assim Moisés falou aos israelitas, e seus líderes deram-lhe
doze varas, uma de cada líder das tribos, e a vara de Arão es-
tava entre elas. 7 Moisés depositou as varas perante o SENHOR
na tenda que guarda as tábuas da aliança.
8 No dia seguinte Moisés entrou na tenda e viu que a vara de
Arão, que representava a tribo de Levi, tinha brotado, produ-
zindo botões e flores, além de amêndoas maduras. 9 Então
Moisés retirou todas as varas da presença do SENHOR e as
levou a todos os israelitas. Eles viram as varas, e cada líder
pegou a sua.
10 O SENHOR disse a Moisés: "Ponha de volta a vara de Arão em
frente da arca das tábuas da aliança, para ser guardada como
uma advertência para os rebeldes. Isso porá fim à queixa deles
contra mim, para que não morram". 11 Moisés fez conforme o
SENHOR lhe havia ordenado.

---

[a] 16.22 Hebraico: *Deus dos espíritos de toda a humanidade.*

[b] 16.30 Essa palavra pode ser traduzida por sepultura, profundezas, pó ou morte; também no versículo 33.

12 Os israelitas disseram a Moisés: "Nós morreremos! Estamos
perdidos, estamos todos perdidos! 13 Todo aquele que se apro-
ximar do santuário do SENHOR morrerá. Será que todos nós
vamos morrer?"

18 Os Deveres dos Sacerdotes e dos Levitas

O SENHOR disse a Arão: "Você, os seus filhos e a família de
seu pai serão responsáveis pelas ofensas contra o santuário;
você e seus filhos serão responsáveis pelas ofensas cometidas
no exercício do sacerdócio. 2 Traga também os seus irmãos
levitas, que pertencem à tribo de seus antepassados, para se
unirem a você e o ajudarem quando você e seus filhos minis-
trarem perante a tenda que guarda as tábuas da aliança. 3 Eles
ficarão a seu serviço e cuidarão também do serviço da Tenda,
mas não poderão aproximar-se dos utensílios do santuário
ou do altar; se o fizerem, morrerão, tanto eles como vocês.
4 Eles se unirão a vocês e terão a responsabilidade de cuidar da
Tenda do Encontro, realizando todos os trabalhos necessários.
Ninguém mais poderá aproximar-se de vocês.
5 "Vocês terão a responsabilidade de cuidar do santuário e do
altar, para que não torne a cair a ira divina sobre os israelitas.
6 Eu mesmo escolhi os seus irmãos, os levitas, dentre os is-
raelitas, como um presente para vocês, dedicados ao SENHOR
para fazerem o trabalho da Tenda do Encontro. 7 Mas somente
você e seus filhos poderão servir como sacerdotes em tudo o
que se refere ao altar e ao que se encontra além do véu. Dou
a vocês o serviço do sacerdócio como um presente. Qualquer
pessoa não autorizada que se aproximar do santuário terá que
ser executada".

As Ofertas Destinadas aos Sacerdotes e aos Levitas

8 Então o SENHOR disse a Arão: "Eu mesmo o tornei responsável
pelas contribuições trazidas a mim; todas as ofertas sagradas
que os israelitas me derem, eu as dou como porção a você e a
seus filhos. 9 Das ofertas santíssimas vocês terão a parte que é
poupada do fogo. Dentre todas as dádivas que me trouxerem
como ofertas santíssimas, seja oferta de cereal, seja pelo pe-
cado, seja de reparação, tal parte pertence a você e a seus
filhos. 10 Comam-na como algo santíssimo; todos os do sexo
masculino a comerão. Considerem-na santa.
11 "Também dou a você, e a seus filhos e filhas, por decreto per-
pétuo, as contribuições que cabe a vocês de todas as ofertas
dos israelitas e que devem ser ritualmente movidas. Todos os
da sua família que estiverem cerimonialmente puros poderão
comê-las.
12 "Dou a você o melhor azeite e o melhor vinho novo e o melhor
trigo que eles apresentarem ao SENHOR como primeiros frutos
da colheita. 13 Todos os primeiros frutos da terra que trouxerem
ao SENHOR serão seus. Todos os da sua família que estiverem
cerimonialmente puros poderão comê-los.
14 "Tudo o que em Israel for consagrado a Deus pertencerá a
você. 15 O primeiro nascido de todo ventre, oferecido ao SE-
NHOR, seja homem, seja animal, será seu. Mas você deverá
resgatar todo filho mais velho, como também toda primeira
cria de animais impuros. 16 Quando tiverem um mês de idade,
você deverá resgatá-los pelo preço de resgate estabelecido
em sessenta gramas[a] de prata, com base no peso padrão do
santuário, que são doze gramas[b].
17 "Não resgate, porém, a primeira cria de uma vaca, de uma
ovelha ou de uma cabra. Derrame o sangue deles sobre o altar
e queime a sua gordura como uma oferta preparada no fogo,
de aroma agradável ao SENHOR. 18 A carne desses animais per-
tence a você, como também o peito da oferta movida e a coxa
direita. 19 Tudo aquilo que for separado dentre todas as dádivas
sagradas que os israelitas apresentarem ao SENHOR eu dou a
você e a seus filhos e filhas como decreto perpétuo. É uma
aliança de sal perpétua perante o SENHOR, para você e para os
seus descendentes".
20 Disse ainda o SENHOR a Arão: "Você não terá herança na terra
deles, nem terá porção entre eles; eu sou a sua porção e a sua
herança entre os israelitas.
21 "Dou aos levitas todos os dízimos em Israel como retribuição
pelo trabalho que fazem ao servirem na Tenda do Encontro.
22 De agora em diante os israelitas não poderão aproximar-se
da Tenda do Encontro, caso contrário, sofrerão as consequên-
cias do seu pecado e morrerão. 23 É dever dos levitas fazer o
trabalho na Tenda do Encontro e assumir a responsabilidade
pelas ofensas contra ela. Este é um decreto perpétuo pelas
suas gerações. Eles não receberão herança alguma entre os
israelitas. 24 Em vez disso, dou como herança aos levitas os
dízimos que os israelitas apresentarem como contribuição ao
SENHOR. É por isso que eu disse que eles não teriam herança
alguma entre os israelitas".
25 O SENHOR disse depois a Moisés: 26 "Diga o seguinte aos
levitas: Quando receberem dos israelitas o dízimo que dou a
vocês como herança, vocês deverão apresentar um décimo
daquele dízimo como contribuição pertencente ao SENHOR.
27 Essa contribuição será considerada equivalente à do trigo
tirado da eira e do vinho do tanque de prensar uvas. 28 Assim,
vocês apresentarão uma contribuição ao SENHOR de todos os
dízimos recebidos dos israelitas. Desses dízimos vocês darão a
contribuição do SENHOR ao sacerdote Arão. 29 E deverão apre-
sentar como contribuição ao SENHOR a melhor parte, a parte
sagrada de tudo o que for dado a vocês.
30 "Diga aos levitas: Quando vocês apresentarem a melhor
parte, ela será considerada equivalente ao produto da eira e
do tanque de prensar uvas. 31 Vocês e suas famílias poderão
comer dessa porção em qualquer lugar, pois é o salário pelo
trabalho de vocês na Tenda do Encontro. 32 Ao apresentarem a
melhor parte, vocês não se tornarão culpados e não profanarão
as ofertas sagradas dos israelitas, para que não morram".

19 A Água da Purificação

Disse também o SENHOR a Moisés e a Arão: 2 "Esta é uma
exigência da lei que o SENHOR ordenou: Mande os israelitas
trazerem uma novilha vermelha, sem defeito e sem mancha,

[a] **18.16** Hebraico: *5 siclos*. Um siclo equivalia a 12 gramas.
[b] **18.16** Hebraico: *no siclo do santuário, que são 20 geras*. Um gera equivalia a 0,6 gramas.

sobre a qual nunca tenha sido colocada uma canga. 3Vocês a
darão ao sacerdote Eleazar; ela será levada para fora do acam-
pamento e sacrificada na presença dele. 4Então o sacerdote
Eleazar pegará um pouco do sangue com o dedo e o aspergirá
sete vezes, na direção da entrada da Tenda do Encontro. 5Na
presença dele a novilha será queimada: o couro, a carne, o
sangue e o excremento. 6O sacerdote apanhará um pedaço de
madeira de cedro, hissopo e lã vermelha e os atirará ao fogo
que estiver queimando a novilha. 7Depois disso o sacerdote
lavará as suas roupas e se banhará com água. Então, poderá
entrar no acampamento, mas estará impuro até o cair da tarde.
8Aquele que queimar a novilha também lavará as suas roupas
e se banhará com água, e também estará impuro até o cair
da tarde.
9"Um homem cerimonialmente puro recolherá as cinzas da
novilha e as colocará num local puro, fora do acampamento.
Serão guardadas pela comunidade de Israel para uso na água
da purificação, para a purificação de pecados. 10Aquele que
recolher as cinzas da novilha também lavará as suas roupas, e
ficará impuro até o cair da tarde. Este é um decreto perpétuo,
tanto para os israelitas como para os estrangeiros residentes.
11"Quem tocar num cadáver humano ficará impuro durante
sete dias. 12Deverá purificar-se com essa água no terceiro e
no sétimo dias; então estará puro. Mas, se não se purificar no
terceiro e no sétimo dias, não estará puro. 13Quem tocar num
cadáver humano e não se purificar, contamina o tabernáculo
do SENHOR e será eliminado de Israel. Ficará impuro porque a
água da purificação não foi derramada sobre ele; sua impureza
permanece sobre ele.
14"Esta é a lei que se aplica quando alguém morre numa tenda:
quem entrar na tenda e quem nela estiver ficará impuro sete
dias, 15e qualquer recipiente que não estiver bem fechado fi-
cará impuro.
16"Quem estiver no campo e tocar em alguém que tenha sido
morto à espada, ou em alguém que tenha sofrido morte na-
tural, ou num osso humano, ou num túmulo, ficará impuro
durante sete dias.
17"Pela pessoa impura, colocarão um pouco das cinzas do ho-
locausto de purificação num jarro e derramarão água da fonte
por cima. 18Então um homem cerimonialmente puro pegará
hissopo, molhará na água e a aspergirá sobre a tenda, sobre
todos os utensílios e sobre todas as pessoas que estavam
ali. Também a aspergirá sobre todo aquele que tiver tocado
num osso humano, ou num túmulo, ou em alguém que tenha
sido morto ou que tenha sofrido morte natural. 19Aquele que
estiver puro a aspergirá sobre a pessoa impura no terceiro e
no sétimo dia, e no sétimo dia deverá purificá-la. Aquele que
estiver sendo purificado lavará as suas roupas e se banhará
com água, e naquela tarde estará puro. 20Mas, se aquele que
estiver impuro não se purificar, será eliminado da assembleia,
pois contaminou o santuário do SENHOR. A água da purificação
não foi aspergida sobre ele, e ele está impuro. 21Este é um
decreto perpétuo para eles. "O homem que aspergir a água da
purificação também lavará as suas roupas, e todo aquele que
tocar na água da purificação ficará impuro até o cair da tarde.
22Qualquer coisa na qual alguém que estiver impuro tocar se
tornará impura, e qualquer pessoa que nela tocar ficará impura
até o cair da tarde".

20 As Águas de Meribá

No primeiro mês toda a comunidade de Israel chegou ao
deserto de Zim e ficou em Cades. Ali Miriã morreu e foi sepultada.
2Não havia água para a comunidade, e o povo se juntou contra
Moisés e contra Arão. 3Discutiram com Moisés e disseram:
"Quem dera tivéssemos morrido quando os nossos irmãos
caíram mortos perante o SENHOR! 4Por que vocês trouxeram a
assembleia do SENHOR a este deserto, para que nós e os nossos
rebanhos morrêssemos aqui? 5Por que vocês nos tiraram do
Egito e nos trouxeram para este lugar terrível? Aqui não há ce-
real, nem figos, nem uvas, nem romãs, nem água para beber!"
6Moisés e Arão saíram de diante da assembleia para a en-
trada da Tenda do Encontro e se prostraram com o rosto em
terra, e a glória do SENHOR lhes apareceu. 7E o SENHOR disse
a Moisés: 8"Pegue a vara, e com o seu irmão Arão reúna a
comunidade e diante desta fale àquela rocha, e ela verterá
água. Vocês tirarão água da rocha para a comunidade e os
rebanhos beberem".
9Então Moisés pegou a vara que estava diante do SENHOR, como
este lhe havia ordenado. 10Moisés e Arão reuniram a assem-
bleia em frente da rocha, e Moisés disse: "Escutem, rebeldes,
será que teremos que tirar água desta rocha para dar a vocês?"
11Então Moisés ergueu o braço e bateu na rocha duas vezes com
a vara. Jorrou água, e a comunidade e os rebanhos beberam.
12O SENHOR, porém, disse a Moisés e a Arão: "Como vocês não
confiaram em mim para honrar minha santidade à vista dos
israelitas, vocês não conduzirão esta comunidade para a terra
que dou a vocês".
13Essas foram as águas de Meribá[a], onde os israelitas discu-
tiram com o SENHOR e onde ele manifestou sua santidade entre
eles.

Edom Nega Passagem a Israel

14De Cades, Moisés enviou mensageiros ao rei de Edom, di-
zendo: "Assim diz o teu irmão Israel: Tu sabes de todas as di-
ficuldades que vieram sobre nós. 15Os nossos antepassados
desceram para o Egito, e ali vivemos durante muitos anos.
Os egípcios, porém, nos maltrataram, como também a eles,
16mas, quando clamamos ao SENHOR, ele ouviu o nosso clamor,
enviou um anjo e nos tirou do Egito. "Agora estamos em Cades,
cidade na fronteira do teu território. 17Deixa-nos atravessar a
tua terra. Não passaremos por nenhuma plantação ou vinha,
nem beberemos água de poço algum. Passaremos pela estrada
do rei e não nos desviaremos nem para a direita nem para
a esquerda, até que tenhamos atravessado o teu território".
18Mas Edom respondeu: "Vocês não poderão passar por aqui;
se tentarem, nós os atacaremos com a espada".
19E os israelitas disseram: "Iremos pela estrada principal; se
nós e os nossos rebanhos bebermos de tua água, pagaremos
por ela. Queremos apenas atravessar a pé, e nada mais".

[a] 20.13 Meribá significa rebelião.

20 Mas Edom insistiu: "Vocês não poderão atravessar". Então
Edom os atacou com um exército grande e poderoso. 21 Visto
que Edom se recusou a deixá-los atravessar o seu território,
Israel desviou-se dele.

A Morte de Arão

22 Toda a comunidade israelita partiu de Cades e chegou ao
monte Hor. 23 Naquele monte, perto da fronteira de Edom, o
SENHOR disse a Moisés e a Arão: 24 "Arão será reunido aos seus
antepassados. Não entrará na terra que dou aos israelitas,
porque vocês dois se rebelaram contra a minha ordem junto
às águas de Meribá. 25 Leve Arão e seu filho Eleazar para o alto
do monte Hor. 26 Tire as vestes de Arão e coloque-as em seu
filho Eleazar, pois Arão será reunido aos seus antepassados;
ele morrerá ali".
27 Moisés fez conforme o SENHOR ordenou; subiram o monte
Hor à vista de toda a comunidade. 28 Moisés tirou as vestes de
Arão e as colocou em seu filho Eleazar. E Arão morreu no alto
do monte. Depois disso, Moisés e Eleazar desceram do monte,
29 e, quando toda a comunidade soube que Arão tinha morrido,
toda a nação de Israel pranteou por ele durante trinta dias.

21 A Vitória sobre o Rei de Arade

Quando o rei cananeu de Arade, que vivia no Neguebe,
soube que Israel vinha pela estrada de Atarim, atacou os is-
raelitas e capturou alguns deles. 2 Então Israel fez este voto
ao SENHOR: "Se entregares este povo em nossas mãos, des-
truiremos totalmente as suas cidades". 3 O SENHOR ouviu o pe-
dido de Israel e lhes entregou os cananeus. Israel os destruiu
completamente, a eles e às suas cidades; de modo que o lugar
foi chamado Hormá.

A Serpente de Bronze

4 Partiram eles do monte Hor pelo caminho do mar Vermelho,
para contornarem a terra de Edom. Mas o povo ficou impa-
ciente no caminho 5 e falou contra Deus e contra Moisés, di-
zendo: "Por que vocês nos tiraram do Egito para morrermos
no deserto? Não há pão! Não há água! E nós detestamos esta
comida miserável!"
6 Então o SENHOR enviou serpentes venenosas que morderam
o povo, e muitos morreram. 7 O povo foi a Moisés e disse: "Pe-
camos quando falamos contra o SENHOR e contra você. Ore
pedindo ao SENHOR que tire as serpentes do meio de nós". E
Moisés orou pelo povo.
8 O SENHOR disse a Moisés: "Faça uma serpente e coloque-a no
alto de um poste; quem for mordido e olhar para ela viverá".
9 Moisés fez então uma serpente de bronze e a colocou num
poste. Quando alguém era mordido por uma serpente e olhava
para a serpente de bronze, permanecia vivo.

A Viagem para Moabe

10 Os israelitas partiram e acamparam em Obote. 11 Depois
partiram de Obote e acamparam em Ijé-Abarim, no deserto
defronte de Moabe, ao leste. 12 Dali partiram e acamparam
no vale de Zerede. 13 Partiram dali e acamparam do outro lado
do Arnom, que fica no deserto que se estende até o território
amorreu. O Arnom é a fronteira de Moabe, entre Moabe e os
amorreus. 14 É por isso que se diz no Livro das Guerras do SE-
NHOR: "... Vaebe, em Sufá, e os vales, o Arnom 15 e as ravinas
dos vales que se estendem até a cidade de Ar e chegam até a
fronteira de Moabe".
16 De lá prosseguiram até Beer, o poço onde o SENHOR disse a
Moisés: "Reúna o povo, e eu lhe darei água".
17 Então Israel cantou esta canção: "Brote água, ó poço!
Cantem a seu respeito, 18 a respeito do poço que os líderes
cavaram, que os nobres abriram com cetros e cajados". Então
saíram do deserto para Mataná, 19 de Mataná para Naaliel, de
Naaliel para Bamote, 20 e de Bamote para o vale de Moabe,
onde o topo do Pisga defronta com o deserto de Jesimom.

A Vitória sobre Seom e Ogue

21 Israel enviou mensageiros para dizer a Seom, rei dos amor-
reus: 22 "Deixa-nos atravessar a tua terra. Não entraremos em
nenhuma plantação, em nenhuma vinha, nem beberemos água
de poço algum. Passaremos pela estrada do rei até que te-
nhamos atravessado o teu território".
23 Seom, porém, não deixou Israel atravessar o seu território.
Convocou todo o seu exército e atacou Israel no deserto.
Quando chegou a Jaza, lutou contra Israel. 24 Porém Israel o
destruiu com a espada e tomou-lhe as terras desde o Arnom
até o Jaboque, até o território dos amonitas, pois Jazar estava
na fronteira dos amonitas. 25 Israel capturou todas as cidades
dos amorreus e as ocupou, inclusive Hesbom e todos os seus
povoados. 26 Hesbom era a cidade de Seom, rei dos amorreus,
que havia lutado contra o antigo rei de Moabe, tendo tomado
todas as suas terras até o Arnom.
27 É por isso que os poetas dizem: "Venham a Hesbom! Seja ela
reconstruída; seja restaurada a cidade de Seom!
28 "Fogo saiu de Hesbom, uma chama da cidade de Seom;
consumiu Ar, de Moabe, os senhores do alto Arnom. 29 Ai de
você, Moabe! Você está destruído, ó povo de Camos! Ele fez
de seus filhos, fugitivos, e de suas filhas, prisioneiras de Seom,
rei dos amorreus.
30 "Mas nós os derrotamos; Hesbom está destruída por todo
o caminho até Dibom. Nós os arrasamos até Nofá, e até Me-
deba".
31 Assim Israel habitou na terra dos amorreus.
32 Moisés enviou espiões a Jazar, e os israelitas tomaram os
povoados ao redor e expulsaram os amorreus que ali estavam.
33 Depois voltaram e subiram pelo caminho de Basã, e Ogue,
rei de Basã, com todo o seu exército, marchou para enfrentá-
-los em Edrei.
34 Mas o SENHOR disse a Moisés: "Não tenha medo dele, pois
eu o entreguei a você, juntamente com todo o seu exército e
com a sua terra. Você fará com ele o que fez com Seom, rei dos
amorreus, que habitava em Hesbom".
35 Então eles o derrotaram, bem como os seus filhos e todo
o seu exército, não lhes deixando sobrevivente algum. E to-
maram posse da terra dele.

22 Balaque Manda Chamar Balaão

Os israelitas partiram e acamparam nas campinas de
Moabe, para além do Jordão, perto de Jericó[a].
2 Balaque, filho de Zipor, viu tudo o que Israel tinha feito aos
amorreus, 3 e Moabe teve muito medo do povo, porque era
muita gente. Moabe teve pavor dos israelitas.
4 Então os moabitas disseram aos líderes de Midiã: "Essa mul-
tidão devorará tudo o que há ao nosso redor, como o boi de-
vora o capim do pasto". Balaque, filho de Zipor, rei de Moabe
naquela época, 5 enviou mensageiros para chamar Balaão, filho
de Beor, que estava em Petor, perto do Eufrates[b], em sua terra
natal. A mensagem de Balaque dizia: "Um povo que saiu do
Egito cobre a face da terra e se estabeleceu perto de mim.
6 Venha agora lançar uma maldição contra ele, pois é forte de-
mais para mim. Talvez então eu tenha condições de derrotá-lo
e de expulsá-lo da terra. Pois sei que aquele que você abençoa
é abençoado, e aquele que você amaldiçoa é amaldiçoado".
7 Os líderes de Moabe e os de Midiã partiram, levando consigo
a quantia necessária para pagar os encantamentos mágicos.
Quando chegaram, comunicaram a Balaão o que Balaque tinha
dito.
8 Disse-lhes Balaão: "Passem a noite aqui, e eu trarei a vocês a
resposta que o SENHOR me der". E os líderes moabitas ficaram
com ele.
9 Deus veio a Balaão e lhe perguntou: "Quem são esses homens
que estão com você?"
10 Balaão respondeu a Deus: "Balaque, filho de Zipor, rei de
Moabe, enviou-me esta mensagem: 11 'Um povo que saiu do
Egito cobre a face da terra. Venha agora lançar uma maldição
contra ele. Talvez então eu tenha condições de derrotá-lo e
de expulsá-lo' ".
12 Mas Deus disse a Balaão: "Não vá com eles. Você não poderá
amaldiçoar este povo, porque é povo abençoado".
13 Na manhã seguinte Balaão se levantou e disse aos líderes de
Balaque: "Voltem para a sua terra, pois o SENHOR não permitiu
que eu os acompanhe".
14 Os líderes moabitas voltaram a Balaque e lhe disseram: "Ba-
laão recusou-se a acompanhar-nos".
15 Balaque enviou outros líderes, em maior número e mais im-
portantes do que os primeiros. 16 Eles foram a Balaão e lhe dis-
seram: "Assim diz Balaque, filho de Zipor: 'Que nada o impeça
de vir a mim, 17 porque o recompensarei generosamente e farei
tudo o que você me disser. Venha, por favor, e lance para mim
uma maldição contra este povo' ".
18 Balaão, porém, respondeu aos conselheiros de Balaque:
"Mesmo que Balaque me desse o seu palácio cheio de prata
e de ouro, eu não poderia fazer coisa alguma, grande ou pe-
quena, que vá além da ordem do SENHOR, o meu Deus. 19 Agora,
fiquem vocês também aqui esta noite, e eu descobrirei o que
mais o SENHOR tem para dizer-me".
20 Naquela noite, Deus veio a Balaão e lhe disse: "Visto que
esses homens vieram chamá-lo, vá com eles, mas faça apenas
o que eu disser a você".

O Anjo do SENHOR e a Jumenta de Balaão

21 Balaão levantou-se pela manhã, pôs a sela sobre a sua ju-
menta e foi com os líderes de Moabe. 22 Mas acendeu-se a
ira de Deus quando ele foi, e o Anjo do SENHOR pôs-se no ca-
minho para impedi-lo de prosseguir. Balaão ia montado em
sua jumenta, e seus dois servos o acompanhavam. 23 Quando a
jumenta viu o Anjo do SENHOR parado no caminho, empunhando
uma espada, saiu do caminho e prosseguiu pelo campo. Balaão
bateu nela para fazê-la voltar ao caminho.
24 Então o Anjo do SENHOR se pôs num caminho estreito entre
duas vinhas, com muros dos dois lados. 25 Quando a jumenta
viu o Anjo do SENHOR, encostou-se no muro, apertando o pé de
Balaão contra ele. Por isso ele bateu nela de novo.
26 O Anjo do SENHOR foi adiante e se colocou num lugar estreito,
onde não havia espaço para desviar-se, nem para a direita nem
para a esquerda. 27 Quando a jumenta viu o Anjo do SENHOR,
deitou-se debaixo de Balaão. Acendeu-se a ira de Balaão, que
bateu nela com uma vara. 28 Então o SENHOR abriu a boca da
jumenta, e ela disse a Balaão: "Que foi que eu fiz a você, para
você bater em mim três vezes?"
29 Balaão respondeu à jumenta: "Você me fez de tolo! Quem
dera eu tivesse uma espada na mão; eu a mataria agora
mesmo".
30 Mas a jumenta disse a Balaão: "Não sou sua jumenta, que
você sempre montou até o dia de hoje? Tenho eu o costume de
fazer isso com você?" "Não", disse ele.
31 Então o SENHOR abriu os olhos de Balaão, e ele viu o Anjo do
SENHOR parado no caminho, empunhando a sua espada. Então
Balaão inclinou-se e prostrou-se com o rosto em terra.
32 E o Anjo do SENHOR lhe perguntou: "Por que você bateu três
vezes em sua jumenta? Eu vim aqui para impedi-lo de prosse-
guir porque o seu caminho me desagrada. 33 A jumenta me viu
e se afastou de mim por três vezes. Se ela não se afastasse,
certamente eu já o teria matado; mas a jumenta eu teria pou-
pado".
34 Balaão disse ao Anjo do SENHOR: "Pequei. Não percebi que
estavas parado no caminho para me impedires de prosseguir.
Agora, se o que estou fazendo te desagrada, eu voltarei".
35 Então o Anjo do SENHOR disse a Balaão: "Vá com os homens,
mas fale apenas o que eu disser a você". Assim Balaão foi com
os príncipes de Balaque.

Balaque Reencontra-se com Balaão

36 Quando Balaque soube que Balaão estava chegando, foi ao
seu encontro na cidade moabita da fronteira do Arnom, no li-
mite do seu território. 37 E Balaque disse a Balaão: "Não mandei
chamá-lo urgentemente? Por que não veio? Acaso não tenho
condições de recompensá-lo?"
38 "Aqui estou!", respondeu Balaão. "Mas seria eu capaz de
dizer alguma coisa? Direi somente o que Deus puser em minha
boca".

[a] 22.1 Hebraico: *Jordão de Jericó*. Possivelmente um antigo nome do rio Jordão; também em 26.3 e 63.

[b] 22.5 Hebraico: o Rio.

39 Então Balaão foi com Balaque até Quiriate-Huzote. 40 Balaque
sacrificou bois e ovelhas, e deu parte da carne a Balaão e aos
líderes que com ele estavam. 41 Na manhã seguinte Balaque
levou Balaão até o alto de Bamote-Baal, de onde viu uma parte
do povo.

O Primeiro Oráculo de Balaão

23 Balaão disse a Balaque: "Construa para mim aqui sete
altares e prepare-me sete novilhos e sete carneiros". 2 Balaque
fez o que Balaão pediu, e os dois ofereceram um novilho e um
carneiro em cada altar.
3 E Balaão disse a Balaque: "Fique aqui junto ao seu holo-
causto, enquanto eu me retiro. Talvez o SENHOR venha ao meu
encontro. O que ele me revelar eu contarei a você". E foi para
um monte.
4 Deus o encontrou, e Balaão disse: "Preparei sete altares, e em
cada altar ofereci um novilho e um carneiro".
5 O SENHOR pôs uma mensagem na boca de Balaão e disse:
"Volte a Balaque e dê-lhe essa mensagem".
6 Ele voltou a Balaque e o encontrou ao lado de seu holocausto,
e com ele todos os líderes de Moabe. 7 Então Balaão pronunciou
este oráculo: "Balaque trouxe-me de Arã, o rei de Moabe bus-
cou-me nas montanhas do oriente. 'Venha, amaldiçoe a Jacó
para mim', disse ele, 'venha, pronuncie ameaças contra Israel!'
8 Como posso amaldiçoar a quem Deus não amaldiçoou? Como
posso pronunciar ameaças contra quem o SENHOR não quis
ameaçar?
9 Dos cumes rochosos eu os vejo, dos montes eu os avisto. Vejo
um povo que vive separado e não se considera como qualquer
nação.
10 Quem pode contar o pó de Jacó ou o número da quarta parte
de Israel? Morra eu a morte dos justos, e seja o meu fim como
o deles!"
11 Então Balaque disse a Balaão: "Que foi que você me fez? Eu
o chamei para amaldiçoar meus inimigos, mas você nada fez
senão abençoá-los!"
12 E ele respondeu: "Será que não devo dizer o que o SENHOR
põe em minha boca?"

O Segundo Oráculo de Balaão

13 Balaque lhe disse: "Venha comigo a outro lugar de onde você
poderá vê-los; você verá só uma parte, mas não todos eles. E
dali amaldiçoe este povo para mim". 14 Então ele o levou para o
campo de Zofim, no topo do Pisga, e ali construiu sete altares e
ofereceu um novilho e um carneiro em cada altar.
15 Balaão disse a Balaque: "Fique aqui ao lado de seu holo-
causto enquanto vou me encontrar com ele ali adiante".
16 Encontrando-se o SENHOR com Balaão, pôs uma mensagem em
sua boca e disse: "Volte a Balaque e dê-lhe essa mensagem".
17 Ele voltou e o encontrou ao lado de seu holocausto, e com
ele os líderes de Moabe. Balaque perguntou-lhe: "O que o SE-
NHOR disse?"
18 Então ele pronunciou este oráculo: "Levante-se, Balaque, e
ouça-me; escute-me, filho de Zipor.
19 Deus não é homem para que minta, nem filho de homem
para que se arrependa. Acaso ele fala e deixa de agir? Acaso
promete e deixa de cumprir?
20 Recebi uma ordem para abençoar; ele abençoou, e não o
posso mudar.
21 Nenhuma desgraça se vê em Jacó, nenhum sofrimento em
Israel.[a] O SENHOR, o seu Deus, está com eles; o brado de acla-
mação do Rei está no meio deles.
22 Deus os está trazendo do Egito; eles têm a força do boi sel-
vagem. 23 Não há magia que possa contra Jacó, nem encanta-
mento contra Israel. Agora se dirá de Jacó e de Israel: 'Vejam
o que Deus tem feito!'
24 O povo se levanta como leoa; levanta-se como o leão, que
não se deita até que devore a sua presa e beba o sangue das
suas vítimas".
25 Balaque disse então a Balaão: "Não os amaldiçoe nem os
abençoe!"
26 Balaão respondeu: "Não disse a você que devo fazer tudo o
que o SENHOR disser?"

O Terceiro Oráculo de Balaão

27 Balaque disse a Balaão: "Venha, deixe-me levá-lo a outro
lugar. Talvez Deus se agrade que dali você os amaldiçoe para
mim". 28 E Balaque levou Balaão para o topo do Peor, de onde
se vê o deserto de Jesimom.
29 Balaão disse a Balaque: "Edifique-me aqui sete altares e
prepare-me sete novilhos e sete carneiros". 30 Balaque fez
o que Balaão disse e ofereceu um novilho e um carneiro em
cada altar.

24 Quando Balaão viu que agradava ao SENHOR abençoar
Israel, não recorreu à magia como nas outras vezes, mas
voltou o rosto para o deserto. 2 Então viu Israel acampado, tribo
por tribo; e o Espírito de Deus veio sobre ele, 3 e ele pronun-
ciou este oráculo: "Palavra de Balaão, filho de Beor, palavra
daquele cujos olhos veem claramente, 4 palavra daquele que
ouve as palavras de Deus, daquele que vê a visão que vem do
Todo-poderoso[b], daquele que cai prostrado e vê com clareza:
5 "Quão belas são as suas tendas, ó Jacó, as suas habitações, ó
Israel! 6 Como vales estendem-se, como jardins que margeiam
rios, como aloés plantados pelo SENHOR, como cedros junto
às águas. 7 Seus reservatórios de água transbordarão; suas
lavouras serão bem irrigadas. "O seu rei será maior do que
Agague; o seu reino será exaltado. 8 Deus os está trazendo
do Egito; eles têm a força do boi selvagem. Devoram nações
inimigas e despedaçam seus ossos; com suas flechas os atra-
vessam. 9 Como o leão e a leoa eles se abaixam e se deitam,
quem ousará despertá-los? Sejam abençoados os que os aben-
çoarem, e amaldiçoados os que os amaldiçoarem!"
10 Então acendeu-se a ira de Balaque contra Balaão, e, batendo
as palmas das mãos, disse: "Eu o chamei para amaldiçoar
meus inimigos, mas você já os abençoou três vezes! 11 Agora,

a 23.21 Ou *Ele não olhou para as ofensas de Jacó, nem para os erros encontrados em Israel.*
b 24.4 Hebraico: *Shaddai*; também no versículo 16.

fuja para a sua casa! Eu disse que daria a você generosa recom-
pensa, mas o SENHOR o impediu de recebê-la".
12 Mas Balaão respondeu a Balaque: "Eu bem que avisei aos
mensageiros que você me enviou: 13 'Mesmo que Balaque me
desse o seu palácio cheio de prata e de ouro, eu não poderia
fazer coisa alguma de minha própria vontade, boa ou má, que
vá além da ordem do SENHOR, e devo dizer somente o que o
SENHOR disser.' 14 Agora estou voltando para o meu povo, mas
venha, deixe-me adverti-lo do que este povo fará ao seu povo
nos dias futuros".

O Quarto Oráculo de Balaão

15 Então pronunciou este seu oráculo: "Palavra de Balaão,
filho de Beor, palavra daquele cujos olhos veem claramente,
16 daquele que ouve as palavras de Deus, que possui o conhe-
cimento do Altíssimo, daquele que vê a visão que vem do To-
do-poderoso, daquele que cai prostrado, e vê com clareza:
17 Eu o vejo, mas não agora; eu o avisto, mas não de perto.
Uma estrela surgirá de Jacó; um cetro se levantará de Israel.
Ele esmagará as frontes de Moabe e o crânio[a] de todos os des-
cendentes de Sete[b]. 18 Edom será dominado; Seir, seu inimigo,
também será dominado; mas Israel se fortalecerá. 19 De Jacó
sairá o governo; ele destruirá os sobreviventes das cidades".

Os Últimos Oráculos de Balaão

20 Balaão viu Amaleque e pronunciou este oráculo: "Amaleque
foi o primeiro das nações, mas o seu fim será destruição".
21 Depois viu os queneus e pronunciou este oráculo: "Sua ha-
bitação é segura, seu ninho está firmado na rocha; 22 todavia,
vocês, queneus, serão destruídos quando Assur os levar pri-
sioneiros".
23 Finalmente pronunciou este oráculo: "Ah, quem poderá viver
quando Deus fizer isto?[c] 24 Navios virão da costa de Quitim e
subjugarão Assur e Héber, mas o seu fim também será des-
truição".
25 Então Balaão se levantou e voltou para casa, e Balaque se-
guiu o seu caminho.

25 A Adoração a Baal-Peor

Enquanto Israel estava em Sitim, o povo começou a en-
tregar-se à imoralidade sexual com mulheres moabitas, 2 que
os convidavam aos sacrifícios de seus deuses. O povo comia
e se prostrava perante esses deuses. 3 Assim Israel se juntou
à adoração a Baal-Peor. E a ira do SENHOR acendeu-se contra
Israel.
4 E o SENHOR disse a Moisés: "Prenda todos os chefes desse
povo, enforque-os diante do SENHOR, à luz do sol, para que o
fogo da ira do SENHOR se afaste de Israel".
5 Então Moisés disse aos juízes de Israel: "Cada um de vocês
terá que matar aqueles que dentre os seus homens se juntaram
à adoração a Baal-Peor".

6 Um israelita trouxe para casa uma mulher midianita, na pre-
sença de Moisés e de toda a comunidade de Israel, que cho-
ravam à entrada da Tenda do Encontro. 7 Quando Fineias, filho
de Eleazar, neto do sacerdote Arão, viu isso, apanhou uma
lança, 8 seguiu o israelita até o interior da tenda e atravessou
os dois com a lança; atravessou o corpo do israelita e o da
mulher. Então cessou a praga contra os israelitas. 9 Mas os que
morreram por causa da praga foram vinte e quatro mil.
10 E o SENHOR disse a Moisés: 11 "Fineias, filho de Eleazar, neto
do sacerdote Arão, desviou a minha ira de sobre os israelitas,
pois foi zeloso, com o mesmo zelo que tenho por eles, para
que em meu zelo eu não os consumisse. 12 Diga-lhe, pois, que
estabeleço com ele a minha aliança de paz. 13 Dele e dos seus
descendentes será a aliança do sacerdócio perpétuo, porque
ele foi zeloso pelo seu Deus e fez propiciação pelos israelitas".
14 O nome do israelita que foi morto com a midianita era Zinri,
filho de Salu, líder de uma família simeonita. 15 E o nome da
mulher midianita que morreu era Cosbi, filha de Zur, chefe de
um clã midianita.
16 O SENHOR disse a Moisés: 17 "Tratem os midianitas como ini-
migos e matem-nos, 18 porque trataram vocês como inimigos
quando os enganaram no caso de Peor e de Cosbi, filha de um
líder midianita, mulher do povo deles que foi morta pela praga
que enviei por causa de Peor".

26 O Segundo Recenseamento

Depois da praga, o SENHOR disse a Moisés e a Eleazar,
filho do sacerdote Arão: 2 "Façam um recenseamento de toda a
comunidade de Israel, segundo as suas famílias; contem todos
os de vinte anos para cima que possam servir no exército de
Israel". 3 Nas campinas de Moabe, junto ao Jordão, frente a
Jericó, Moisés e o sacerdote Eleazar falaram com eles e dis-
seram: 4 "Façam um recenseamento dos homens de vinte anos
para cima", conforme o SENHOR tinha ordenado a Moisés. Estes
foram os israelitas que saíram do Egito:
5 Os descendentes de Rúben, filho mais velho de Israel, foram:
de Enoque, o clã enoquita; de Palu, o clã paluíta; 6 de Hezrom,
o clã hezronita; de Carmi, o clã carmita.
7 Esses foram os clãs de Rúben; foram contados 43.730 homens.
8 O filho de Palu foi Eliabe, 9 e os filhos de Eliabe foram Nemuel,
Datã e Abirão. Estes, Datã e Abirão, foram os líderes da comu-
nidade que se rebelaram contra Moisés e contra Arão, estando
entre os seguidores de Corá quando se rebelaram contra o SE-
NHOR. 10 A terra abriu a boca e os engoliu juntamente com Corá,
cujos seguidores morreram quando o fogo devorou duzentos e
cinquenta homens, que serviram como sinal de advertência. 11 A
descendência de Corá, contudo, não desapareceu.
12 Os descendentes de Simeão segundo os seus clãs foram: de
Nemuel, o clã nemuelita; de Jamim, o clã jaminita; de Jaquim,
o clã jaquinita; 13 de Zerá, o clã zeraíta; de Saul, o clã saulita.
14 Esses foram os clãs de Simeão; havia 22.200 homens.
15 Os descendentes de Gade segundo os seus clãs foram: de
Zefom, o clã zefonita; de Hagi, o clã hagita; de Suni, o clã su-

[a] 24.17 Conforme o Pentateuco Samaritano. Veja Jr 48.45.
[b] 24.17 Ou *todos os arrogantes*
[c] 24.23 Ou *"Um povo se ajuntará vindo do norte.*

nita; 16 de Ozni, o clã oznita; de Eri, o clã erita; 17 de Arodi[a], o clã arodita; de Areli, o clã arelita. 18 Esses foram os clãs de Gade; foram contados 40.500 homens.

19 Er e Onã eram filhos de Judá, mas morreram em Canaã. 20 Os descendentes de Judá segundo os seus clãs foram: de Selá, o clã selanita; de Perez, o clã perezita; de Zerá, o clã zeraíta. 21 Os descendentes de Perez foram: de Hezrom, o clã hezronita; de Hamul, o clã hamulita. 22 Esses foram os clãs de Judá; foram contados 76.500 homens.

23 Os descendentes de Issacar segundo os seus clãs foram: de Tolá, o clã tolaíta; de Puá, o clã punita[b]; 24 de Jasube, o clã jasubita; de Sinrom, o clã sinronita. 25 Esses foram os clãs de Issacar; foram contados 64.300 homens.

26 Os descendentes de Zebulom segundo os seus clãs foram: de Serede, o clã seredita; de Elom, o clã elonita; de Jaleel, o clã jaleelita. 27 Esses foram os clãs de Zebulom; foram contados 60.500 homens.

28 Os descendentes de José segundo os seus clãs, por meio de Manassés e Efraim, foram:

29 Os descendentes de Manassés: de Maquir, o clã maquirita (Maquir foi o pai de Gileade); de Gileade, o clã gileadita. 30 Estes foram os descendentes de Gileade: de Jezer, o clã jezerita; de Heleque, o clã helequita; 31 de Asriel, o clã asrielita; de Siquém, o clã siquemita; 32 de Semida, o clã semidaíta; de Héfer, o clã heferita. 33 (Zelofeade, filho de Héfer, não teve filhos; teve somente filhas, cujos nomes eram Maalá, Noa, Hogla, Milca e Tirza.) 34 Esses foram os clãs de Manassés; foram contados 52.700 homens.

35 Os descendentes de Efraim segundo os seus clãs foram: de Sutela, o clã sutelaíta; de Bequer, o clã bequerita; de Taã, o clã taanita. 36 Estes foram os descendentes de Sutela: de Erã, o clã eranita. 37 Esses foram os clãs de Efraim; foram contados 32.500 homens. Esses foram os descendentes de José segundo os seus clãs.

38 Os descendentes de Benjamim segundo os seus clãs foram: de Belá, o clã belaíta; de Asbel, o clã asbelita; de Airã, o clã airamita; 39 de Sufã[c], o clã sufamita; de Hufã, o clã hufamita. 40 Os descendentes de Belá, por meio de Arde e Naamã, foram: de Arde[d], o clã ardita; de Naamã, o clã naamanita. 41 Esses foram os clãs de Benjamim; foram contados 45.600 homens.

42 Os descendentes de Dã segundo os seus clãs foram: de Suã, o clã suamita. Esses foram os clãs de Dã, 43 todos eles clãs suamitas; foram contados 64.400 homens.

44 Os descendentes de Aser segundo os seus clãs foram: de Imna, o clã imnaíta; de Isvi, o clã isvita; de Berias, o clã beriaíta; 45 e dos descendentes de Berias: de Héber, o clã heberita; de Malquiel, o clã malquielita. 46 Aser teve uma filha chamada Sera. 47 Esses foram os clãs de Aser; foram contados 53.400 homens.

48 Os descendentes de Naftali segundo os seus clãs foram: de Jazeel, o clã jazeelita; de Guni, o clã gunita; 49 de Jezer, o clã jezerita; de Silém, o clã silemita. 50 Esses foram os clãs de Naftali; foram contados 45.400 homens.

51 O número total dos homens de Israel foi 601.730.

As Normas para a Repartição da Terra

52 Disse ainda o SENHOR a Moisés: 53 "A terra será repartida entre eles como herança, de acordo com o número dos nomes alistados. 54 A um clã maior dê uma herança maior, e a um clã menor, uma herança menor; cada um receberá a sua herança de acordo com o seu número de recenseados. 55 A terra, porém, será distribuída por sorteio. Cada um herdará sua parte de acordo com o nome da tribo de seus antepassados. 56 Cada herança será distribuída por sorteio entre os clãs maiores e os menores".

O Segundo Recenseamento dos Levitas

57 Estes foram os levitas contados segundo os seus clãs: de Gérson, o clã gersonita; de Coate, o clã coatita; de Merari, o clã merarita. 58 Estes também eram clãs levitas: o clã libnita; o clã hebronita; o clã malita; o clã musita; o clã coreíta. Coate foi o pai de Anrão; 59 o nome da mulher de Anrão era Joquebede, descendente de Levi, que nasceu no Egito. Ela lhe deu à luz Arão, Moisés e Miriã, irmã deles. 60 Arão foi o pai de Nadabe, Abiú, Eleazar e Itamar. 61 Mas Nadabe e Abiú morreram quando apresentaram uma oferta com fogo profano perante o SENHOR.

62 O total de levitas do sexo masculino, de um mês de idade para cima, que foram contados foi 23.000. Não foram contados junto com os outros israelitas porque não receberam herança entre eles.

63 São esses os que foram recenseados por Moisés e pelo sacerdote Eleazar quando contaram os israelitas nas campinas de Moabe, junto ao Jordão, frente a Jericó. 64 Nenhum deles estava entre os que foram contados por Moisés e pelo sacerdote Arão quando contaram os israelitas no deserto do Sinai. 65 Pois o SENHOR tinha dito àqueles israelitas que eles iriam morrer no deserto, e nenhum deles sobreviveu, exceto Calebe, filho de Jefoné, e Josué, filho de Num.

A Herança das Filhas de Zelofeade

27 Aproximaram-se as filhas de Zelofeade, filho de Héfer, neto de Gileade, bisneto de Maquir, trineto de Manassés; pertencia aos clãs de Manassés, filho de José. Os nomes das suas filhas eram Maalá, Noa, Hogla, Milca e Tirza. 2 Elas se prostraram à entrada da Tenda do Encontro diante de Moisés, do sacerdote Eleazar, dos líderes de toda a comunidade, e disseram: 3 "Nosso pai morreu no deserto. Ele não estava entre os seguidores de Corá, que se ajuntaram contra o SENHOR, mas morreu por causa do seu próprio pecado e não deixou filhos. 4 Por que o nome de nosso pai deveria desaparecer de seu clã por não ter tido um filho? Dê-nos propriedade entre os parentes de nosso pai".

5 Moisés levou o caso perante o SENHOR, 6 e o SENHOR lhe disse: 7 "As filhas de Zelofeade têm razão. Você lhes dará propriedade

a 26.17 Alguns manuscritos dizem Arode. Veja Gn 46.16.
b 26.23 Alguns manuscritos dizem por meio de Puva, o clã puvita. Veja 1 Cr 7.1.
c 26.39 Muitos manuscritos dizem Sefufã.
d 26.40 Conforme o Pentateuco Samaritano e a Vulgata. O Texto Massorético não traz de Arde.

como herança entre os parentes do pai delas e lhes passará
a herança do pai.
8 "Diga aos israelitas: Se um homem morrer e não deixar filho,
transfiram a sua herança para a sua filha. 9 Se ele não tiver
filha, deem a sua herança aos irmãos dele. 10 Se não tiver ir-
mãos, deem-na aos irmãos de seu pai. 11 Se ainda seu pai não
tiver irmãos, deem a herança ao parente mais próximo em seu
clã". Esta será uma exigência legal para os israelitas, como o
SENHOR ordenou a Moisés.

Josué, Sucessor de Moisés

12 Então o SENHOR disse a Moisés: "Suba este monte da serra de
Abarim e veja a terra que dei aos israelitas. 13 Depois de vê-la,
você também será reunido ao seu povo, como seu irmão Arão,
14 pois, quando a comunidade se rebelou nas águas do deserto
de Zim, vocês dois desobedeceram à minha ordem de honrar
minha santidade perante eles". Isso aconteceu nas águas de
Meribá, em Cades, no deserto de Zim.
15 Moisés disse ao SENHOR: 16 "Que o SENHOR, o Deus que a todos
dá vida[a], designe um homem como líder desta comunidade
17 para conduzi-los em suas batalhas, para que a comunidade
do SENHOR não seja como ovelhas sem pastor".
18 Então o SENHOR disse a Moisés: "Chame Josué, filho de Num,
homem em quem está o Espírito[b], e imponha as mãos sobre
ele. 19 Faça-o apresentar-se ao sacerdote Eleazar e a toda a
comunidade e o comissione na presença deles. 20 Dê-lhe parte
da sua autoridade para que toda a comunidade de Israel lhe
obedeça. 21 Ele deverá apresentar-se ao sacerdote Eleazar,
que lhe dará diretrizes ao consultar o Urim[c] perante o SENHOR.
Josué e toda a comunidade dos israelitas seguirão suas instru-
ções quando saírem para a batalha".
22 Moisés fez como o SENHOR lhe ordenou. Chamou Josué e
o apresentou ao sacerdote Eleazar e a toda a comunidade.
23 Impôs as mãos sobre ele e o comissionou. Tudo conforme o
SENHOR tinha dito por meio de Moisés.

As Ofertas Diárias

28 O SENHOR disse a Moisés: 2 "Ordene aos israelitas e diga-
-lhes: Tenham o cuidado de apresentar-me na época designada
a comida para as minhas ofertas preparadas no fogo, como
um aroma que me seja agradável. 3 Diga-lhes: Esta é a oferta
preparada no fogo que vocês apresentarão ao SENHOR: dois
cordeiros de um ano, sem defeito, como holocausto diário.
4 Ofereçam um cordeiro pela manhã e um ao cair da tarde,
5 juntamente com uma oferta de cereal de um jarro[d] da melhor
farinha amassada com um litro[e] de azeite de olivas batidas.
6 Este é o holocausto diário instituído no monte Sinai, de aroma
agradável; é oferta dedicada ao SENHOR, preparada no fogo.
7 A oferta derramada que a acompanha será um litro de bebida
fermentada para cada cordeiro. Derramem a oferta de bebida
para o SENHOR no Lugar Santo. 8 Ofereçam o segundo cordeiro
ao cair da tarde, juntamente com o mesmo tipo de oferta de ce-
real e de oferta derramada que vocês prepararem de manhã. É
uma oferta preparada no fogo, de aroma agradável ao SENHOR.

As Ofertas do Sábado

9 "No dia de sábado, façam uma oferta de dois cordeiros de
um ano de idade e sem defeito, juntamente com a oferta der-
ramada e com uma oferta de cereal de dois jarros da melhor
farinha amassada com óleo. 10 Este é o holocausto para cada
sábado, além do holocausto diário e da oferta derramada.

As Ofertas Mensais

11 "No primeiro dia de cada mês, apresentem ao SENHOR um
holocausto de dois novilhos, um carneiro e sete cordeiros de
um ano, todos sem defeito. 12 Para cada novilho deverá haver
uma oferta de cereal de três jarros da melhor farinha amassada
com óleo; para o carneiro, uma oferta de cereal de dois jarros
da melhor farinha amassada com óleo; 13 e para cada cordeiro,
uma oferta de cereal de um jarro da melhor farinha amassada
com óleo. É um holocausto, de aroma agradável, uma oferta
dedicada ao SENHOR, preparada no fogo. 14 Para cada novilho
deverá haver uma oferta derramada de meio galão[f] de vinho;
para o carneiro, um litro; e para cada cordeiro, um litro. É o ho-
locausto mensal, que deve ser oferecido cada lua nova durante
o ano. 15 Além do holocausto diário com a oferta derramada, um
bode será oferecido ao SENHOR como sacrifício pelo pecado.

As Ofertas da Páscoa

16 "No décimo quarto dia do primeiro mês é a Páscoa do SENHOR.
17 No décimo quinto dia desse mês haverá uma festa; durante
sete dias comam pão sem fermento. 18 No primeiro dia con-
voquem uma santa assembleia e não façam trabalho algum.
19 Apresentem ao SENHOR uma oferta preparada no fogo, um
holocausto de dois novilhos, um carneiro e sete cordeiros de
um ano, todos sem defeito. 20 Para cada novilho preparem uma
oferta de cereal de três jarros da melhor farinha amassada com
óleo; para o carneiro, dois jarros; 21 e para cada cordeiro, um
jarro. 22 Ofereçam um bode como sacrifício pela culpa, para fazer
propiciação por vocês. 23 Apresentem essas ofertas além do holo-
causto diário oferecido pela manhã. 24 Façam assim diariamente,
durante sete dias: apresentem a comida para a oferta preparada
no fogo, de aroma agradável ao SENHOR; isso será feito além
do holocausto diário e da sua oferta derramada. 25 No sétimo
dia convoquem uma santa reunião e não façam trabalho algum.

As Ofertas da Festa das Semanas

26 "No dia da festa da colheita dos primeiros frutos, a festa
das semanas[g], quando apresentarem ao SENHOR uma oferta
do cereal novo, convoquem uma santa assembleia e não façam

a **27.16** Hebraico: *o Deus dos espíritos de toda a humanidade*.
b **27.18** Ou *homem capaz*
c **27.21** Objeto usado para se conhecer a vontade de Deus.
d **28.5** Hebraico: *1/10 de efa*. O efa era uma medida de capacidade para secos. As estimativas variam entre 20 e 40 litros.
e **28.5** Hebraico: *1/4 de him*. O him era uma medida de capacidade para líquidos. As estimativas variam entre 3 e 6 litros.
f **28.14** Hebraico: *him*.
g **28.26** Isto é, do Pentecoste.

trabalho algum. 27Apresentem um holocausto de dois novilhos,
de um carneiro e de sete cordeiros de um ano, como aroma
agradável ao SENHOR. 28Para cada novilho deverá haver uma
oferta de cereal de três jarros da melhor farinha amassada
com óleo; para o carneiro, dois jarros; 29e para cada um dos
cordeiros, um jarro. 30Ofereçam também um bode para fazer
propiciação por vocês. 31Preparem tudo isso junto com a oferta
derramada, além do holocausto diário e da oferta de cereal.
Verifiquem que os animais sejam sem defeito.

As Ofertas da Festa das Trombetas

29 "No primeiro dia do sétimo mês convoquem uma santa
assembleia e não façam trabalho algum. Nesse dia vocês
tocarão as trombetas. 2Como aroma agradável ao SENHOR,
ofereçam um holocausto de um novilho, um carneiro e sete
cordeiros de um ano, todos sem defeito. 3Para o novilho pre-
parem uma oferta de cereal de três jarros[a] da melhor farinha
amassada com óleo; para o carneiro, dois jarros; 4e para cada
um dos sete cordeiros, um jarro. 5Ofereçam também um bode
como sacrifício pelo pecado, para fazer propiciação por vocês,
6além dos holocaustos mensais e diários com as ofertas de
cereal e com as ofertas derramadas, conforme prescritas. São
ofertas preparadas no fogo, de aroma agradável ao SENHOR.

As Ofertas do Dia da Expiação

7"No décimo dia desse sétimo mês convoquem uma santa as-
sembleia. Vocês se humilharão[b] e não farão trabalho algum.
8Apresentem como aroma agradável ao SENHOR um holocausto
de um novilho, de um carneiro e de sete cordeiros de um ano
de idade, todos sem defeito. 9Para o novilho preparem uma
oferta de cereal de três jarros da melhor farinha amassada com
óleo; para o carneiro, dois jarros; 10e para cada um dos sete
cordeiros, um jarro. 11Ofereçam também um bode como sacri-
fício pelo pecado, além do sacrifício pelo pecado para fazer
propiciação e do holocausto diário com a oferta de cereal e
com as ofertas derramadas.

As Ofertas da Festa dos Tabernáculos

12"No décimo quinto dia do sétimo mês convoquem uma santa
assembleia e não façam trabalho algum. Celebrem uma festa
ao SENHOR durante sete dias. 13Apresentem a seguinte oferta
preparada no fogo, de aroma agradável ao SENHOR: um holo-
causto de treze novilhos, dois carneiros e catorze cordeiros
de um ano de idade, todos sem defeito. 14Para cada um dos
treze novilhos preparem uma oferta de cereal de três jarros
da melhor farinha amassada com óleo; para cada um dos car-
neiros, dois jarros; 15e para cada um dos catorze cordeiros,
um jarro. 16Ofereçam também um bode como sacrifício pelo
pecado, além do holocausto diário com a oferta de cereal e
com a oferta derramada.
17"No segundo dia preparem doze novilhos, dois carneiros
e catorze cordeiros de um ano de idade, todos sem defeito.
18Para a oferta de novilhos, carneiros e cordeiros, preparem
ofertas derramadas e de cereal, de acordo com o número es-
pecificado. 19Ofereçam também um bode como sacrifício pelo
pecado, além do holocausto diário com a oferta derramada e
com a oferta de cereal.
20"No terceiro dia preparem onze novilhos, dois carneiros
e catorze cordeiros de um ano de idade, todos sem defeito.
21Para a oferta de novilhos, carneiros e cordeiros, preparem
ofertas derramadas e de cereal, de acordo com o número es-
pecificado. 22Ofereçam também um bode como sacrifício pelo
pecado, além do holocausto diário com a oferta derramada e
com a oferta de cereal.
23"No quarto dia preparem dez novilhos, dois carneiros e ca-
torze cordeiros de um ano de idade, todos sem defeito. 24Para
a oferta de novilhos, carneiros e cordeiros, preparem ofertas
derramadas e de cereal, de acordo com o número especifi-
cado. 25Ofereçam também um bode como sacrifício pelo pe-
cado, além do holocausto diário com a oferta derramada e com
a oferta de cereal.
26"No quinto dia preparem nove novilhos, dois carneiros e
catorze cordeiros de um ano de idade, todos sem defeito.
27Para a oferta de novilhos, carneiros e cordeiros, preparem
ofertas derramadas e de cereal, de acordo com o número es-
pecificado. 28Ofereçam também um bode como sacrifício pelo
pecado, além do holocausto diário com a oferta derramada e
com a oferta de cereal.
29"No sexto dia preparem oito novilhos, dois carneiros e ca-
torze cordeiros de um ano de idade, todos sem defeito. 30Para
a oferta de novilhos, carneiros e cordeiros, preparem ofertas
derramadas e de cereal, de acordo com o número especifi-
cado. 31Ofereçam também um bode como sacrifício pelo pe-
cado, além do holocausto diário com a oferta derramada e com
a oferta de cereal.
32"No sétimo dia preparem sete novilhos, dois carneiros e
catorze cordeiros de um ano de idade, todos sem defeito.
33Para a oferta de novilhos, carneiros e cordeiros, preparem
ofertas derramadas e de cereal, de acordo com o número es-
pecificado. 34Ofereçam também um bode como sacrifício pelo
pecado, além do holocausto diário com a oferta derramada e
com a oferta de cereal.
35"No oitavo dia convoquem uma assembleia e não façam tra-
balho algum. 36Apresentem uma oferta preparada no fogo, de
aroma agradável ao SENHOR, um holocausto de um novilho, um
carneiro e sete cordeiros de um ano, todos sem defeito. 37Para
a oferta do novilho, do carneiro e dos cordeiros, preparem
ofertas derramadas e de cereal, de acordo com o número es-
pecificado. 38Ofereçam também um bode como sacrifício pelo
pecado, além do holocausto diário com a oferta derramada e
com a oferta de cereal.
39"Além dos votos que fizerem e das ofertas voluntárias, pre-
parem isto para o SENHOR nas festas que são designadas a
vocês: os holocaustos, as ofertas derramadas, de cereal e de
comunhão[c]".

[a] 29.3 Hebraico: *3/10 de efa*. O efa era uma medida de capacidade para secos. As estimativas variam entre 20 e 40 litros.

[b] 29.7 Ou *devem jejuar*

[c] 29.39 Ou *de paz*

40 E Moisés comunicou aos israelitas tudo o que o SENHOR lhe
tinha ordenado.

30 A Regulamentação dos Votos

Moisés disse aos chefes das tribos de Israel: "É isto que
o SENHOR ordena: 2 Quando um homem fizer um voto ao SENHOR
ou um juramento que o obrigar a algum compromisso, não
poderá quebrar a sua palavra, mas terá que cumprir tudo o
que disse.

3 "Quando uma moça que ainda vive na casa de seu pai fizer um
voto ao SENHOR ou obrigar-se por um compromisso 4 e seu pai
souber do voto ou compromisso, mas nada lhe disser, então
todos os votos e cada um dos compromissos pelos quais se
obrigou serão válidos. 5 Mas, se o pai a proibir quando souber
do voto, nenhum dos votos ou dos compromissos pelos quais
se obrigou será válido; o SENHOR a livrará porque o seu pai a
proibiu.

6 "Se ela se casar depois de fazer um voto ou depois de seus
lábios proferirem uma promessa precipitada pela qual obriga
a si mesma 7 e o seu marido o souber, mas nada lhe disser no
dia em que ficar sabendo, então os seus votos ou compro-
missos pelos quais ela se obrigou serão válidos. 8 Mas, se o
seu marido a proibir quando o souber, anulará o voto que a
obriga ou a promessa precipitada pela qual ela se obrigou, e
o SENHOR a livrará.

9 "Qualquer voto ou compromisso assumido por uma viúva ou
por uma mulher divorciada será válido.

10 "Se uma mulher que vive com o seu marido fizer um voto ou
obrigar-se por juramento a um compromisso 11 e o seu marido
o souber, mas nada lhe disser e não a proibir, então todos
os votos ou compromissos pelos quais ela se obrigou serão
válidos. 12 Mas, se o seu marido os anular quando deles souber,
então nenhum dos votos ou compromissos que saíram de seus
lábios será válido. Seu marido os anulou, e o SENHOR a livrará.
13 O marido poderá confirmar ou anular qualquer voto ou qual-
quer compromisso que a obrigue a humilhar-se[a]. 14 Mas, se o
marido nada lhe disser a respeito disso até o dia seguinte, com
isso confirma todos os seus votos ou compromissos pelos quais
se obrigou. Ele os confirma por nada lhe dizer quando os ouviu.
15 Se, contudo, ele os anular algum tempo depois de ouvi-los,
ele sofrerá as consequências de sua iniquidade".
16 São essas as ordenanças que o SENHOR deu a Moisés a res-
peito do relacionamento entre um homem e sua mulher, e
entre um pai e sua filha moça que ainda vive na casa do pai.

31 A Vingança contra os Midianitas

O SENHOR disse a Moisés: 2 "Vingue-se dos midianitas pelo
que fizeram aos israelitas. Depois disso você será reunido aos
seus antepassados".
3 Então Moisés disse ao povo: "Armem alguns dos homens para
irem à guerra contra os midianitas e executarem a vingança
do SENHOR contra eles. 4 Enviem à batalha mil homens de cada
tribo de Israel". 5 Doze mil homens armados para a guerra, mil
de cada tribo, foram mandados pelos clãs de Israel. 6 Moisés
os enviou à guerra, mil de cada tribo, juntamente com Fineias,
filho do sacerdote Eleazar, que levou consigo objetos do san-
tuário e as cornetas para o toque de guerra.
7 Lutaram então contra Midiã, conforme o SENHOR tinha orde-
nado a Moisés, e mataram todos os homens. 8 Entre os mortos
estavam os cinco reis de Midiã: Evi, Requém, Zur, Hur e Reba.
Também mataram à espada Balaão, filho de Beor. 9 Os israe-
litas capturaram as mulheres e as crianças midianitas e to-
maram como despojo todos os rebanhos e bens dos midianitas.
10 Queimaram todas as cidades em que os midianitas haviam se
estabelecido, bem como todos os seus acampamentos. 11 To-
maram todos os despojos, incluindo pessoas e animais, 12 e
levaram os prisioneiros, homens e mulheres, e os despojos
a Moisés, ao sacerdote Eleazar e à comunidade de Israel, em
seu acampamento, nas campinas de Moabe, frente a Jericó[b].
13 Moisés, o sacerdote Eleazar e todos os líderes da comuni-
dade saíram para recebê-los fora do acampamento. 14 Mas
Moisés indignou-se contra os oficiais do exército que voltaram
da guerra, os líderes de milhares e os líderes de centenas.
15 "Vocês deixaram todas as mulheres vivas?", perguntou-lhes.
16 "Foram elas que seguiram o conselho de Balaão e levaram
Israel a ser infiel ao SENHOR no caso de Peor, de modo que uma
praga feriu a comunidade do SENHOR. 17 Agora matem todos os
meninos. E matem também todas as mulheres que se deitaram
com homem, 18 mas poupem todas as meninas virgens.
19 "Todos vocês que mataram alguém ou que tocaram em
algum morto ficarão sete dias fora do acampamento. No ter-
ceiro e no sétimo dia vocês deverão purificar a vocês mesmos
e aos seus prisioneiros. 20 Purifiquem toda roupa e também
tudo o que é feito de couro, de pelo de bode ou de madeira."
21 Depois o sacerdote Eleazar disse aos soldados que tinham
ido à guerra: "Esta é a exigência da lei que o SENHOR ordenou
a Moisés: 22 Ouro, prata, bronze, ferro, estanho, chumbo 23 e
tudo o que resista ao fogo, vocês terão que passar pelo fogo
para purificá-los, mas também deverão purificá-los com a água
da purificação. E tudo o que não resistir ao fogo terá que passar
pela água. 24 No sétimo dia lavem as suas roupas, e vocês fi-
carão puros. Depois, poderão entrar no acampamento".

A Divisão dos Despojos

25 O SENHOR disse a Moisés: 26 "Você, o sacerdote Eleazar e
os chefes das famílias da comunidade deverão contar todo o
povo e os animais capturados. 27 Dividam os despojos pelos
guerreiros que participaram da batalha e o restante da comu-
nidade. 28 Daquilo que os guerreiros trouxeram da guerra, se-
parem como tributo ao SENHOR um de cada quinhentos, sejam
pessoas, bois, jumentos, ovelhas ou bodes. 29 Tomem esse
tributo da metade que foi dada como porção a eles e entre-
guem-no ao sacerdote Eleazar como a porção do SENHOR. 30 Da
metade dada aos israelitas, escolham um de cada cinquenta,
sejam pessoas, bois, jumentos, ovelhas ou bodes. Entreguem-

[a] 30.13 Ou *jejuar*

[b] 31.12 Hebraico: *Jordão de Jericó*. Possivelmente um antigo nome do rio Jordão; também em 33.48, 50; 34.15; 35.1 e 36.13.

-nos aos levitas, encarregados de cuidar do tabernáculo do SENHOR". 31 Moisés e o sacerdote Eleazar fizeram como o SENHOR tinha ordenado a Moisés.

32 Os despojos que restaram da presa tomada pelos soldados foram 675.000 ovelhas, 33 72.000 cabeças de gado, 34 61.000 jumentos 35 e 32.000 mulheres virgens.

36 A metade dada aos que lutaram na guerra foi esta: 337.500 ovelhas, 37 das quais o tributo para o SENHOR foram 675; 38 36.000 cabeças de gado, das quais o tributo para o SENHOR foram 72; 39 30.500 jumentos, dos quais o tributo para o SENHOR foram 61; 40 16.000 pessoas, das quais o tributo para o SENHOR foram 32.

41 Moisés deu o tributo ao sacerdote Eleazar como contribuição ao SENHOR, conforme o SENHOR tinha ordenado a Moisés.

42 A outra metade, pertencente aos israelitas, Moisés separou da dos combatentes; 43 essa era a metade pertencente à comunidade, com 337.500 ovelhas, 44 36.000 cabeças de gado, 45 30.500 jumentos 46 e 16.000 pessoas. 47 Da metade pertencente aos israelitas, Moisés escolheu um de cada cinquenta, tanto de pessoas como de animais, conforme o SENHOR lhe tinha ordenado, e os entregou aos levitas, encarregados de cuidar do tabernáculo do SENHOR.

48 Então os oficiais que estavam sobre as unidades do exército, os líderes de milhares e os líderes de centenas foram a Moisés 49 e lhe disseram: "Seus servos contaram os soldados sob o nosso comando, e não está faltando ninguém. 50 Por isso trouxemos como oferta ao SENHOR os artigos de ouro dos quais cada um de nós se apossou: braceletes, pulseiras, anéis-selo, brincos e colares; para fazer propiciação por nós perante o SENHOR".

51 Moisés e o sacerdote Eleazar receberam deles todas as joias de ouro. 52 Todo o ouro dado pelos líderes de milhares e pelos líderes de centenas que Moisés e Eleazar apresentaram como contribuição ao SENHOR pesou duzentos quilos[a]. 53 Cada soldado tinha tomado despojos para si mesmo. 54 Moisés e o sacerdote Eleazar receberam o ouro dado pelos líderes de milhares e pelos líderes de centenas e o levaram para a Tenda do Encontro como memorial, para que o SENHOR se lembrasse dos israelitas.

32 As Tribos de Rúben e de Gade se Estabelecem na Transjordânia

As tribos de Rúben e de Gade, donas de numerosos rebanhos, viram que as terras de Jazar e de Gileade eram próprias para a criação de gado. 2 Por isso foram a Moisés, ao sacerdote Eleazar e aos líderes da comunidade e disseram: 3 "Atarote, Dibom, Jazar, Ninra, Hesbom, Eleale, Sebã, Nebo e Beom, 4 terras que o SENHOR subjugou perante a comunidade de Israel, são próprias para a criação de gado, e os seus servos possuem gado". 5 E acrescentaram: "Se podemos contar com o favor de vocês, deixem que essa terra seja dada a estes seus servos como herança. Não nos façam atravessar o Jordão".

6 Moisés respondeu aos homens de Gade e de Rúben: "E os seus compatriotas irão à guerra enquanto vocês ficam aqui? 7 Por que vocês desencorajam os israelitas de entrar na terra que o SENHOR lhes deu? 8 Foi isso que os pais de vocês fizeram quando os enviei de Cades-Barneia para verem a terra. 9 Depois de subirem ao vale de Escol e examinarem a terra, desencorajaram os israelitas de entrar na terra que o SENHOR lhes tinha dado. 10 A ira do SENHOR se acendeu naquele dia, e ele fez este juramento: 11 'Como não me seguiram de coração íntegro, nenhum dos homens de vinte anos para cima que saíram do Egito verá a terra que prometi sob juramento a Abraão, a Isaque e a Jacó, 12 com exceção de Calebe, filho de Jefoné, o quenezeu, e Josué, filho de Num, que seguiram o SENHOR com integridade de coração'. 13 A ira do SENHOR acendeu-se contra Israel, e ele os fez andar errantes no deserto durante quarenta anos, até que passou toda a geração daqueles que lhe tinham desagradado com seu mau procedimento.

14 "E aí estão vocês, raça de pecadores, pondo-se no lugar dos seus antepassados e acendendo ainda mais a ira do SENHOR contra Israel. 15 Se deixarem de segui-lo, de novo ele os abandonará no deserto, e vocês serão o motivo da destruição de todo este povo".

16 Então se aproximaram de Moisés e disseram: "Gostaríamos de construir aqui currais para o nosso gado e cidades para as nossas mulheres e para os nossos filhos. 17 Mas nós nos armaremos e estaremos prontos para ir à frente dos israelitas até que os tenhamos levado ao seu lugar. Enquanto isso, nossas mulheres e nossos filhos morarão em cidades fortificadas para se protegerem dos habitantes da terra. 18 Não retornaremos aos nossos lares enquanto todos os israelitas não receberem a sua herança. 19 Não receberemos herança alguma com eles do outro lado do Jordão, uma vez que a nossa herança nos seja dada no lado leste do Jordão".

20 Disse-lhes Moisés: "Se fizerem isso, se perante o SENHOR vocês se armarem para a guerra, 21 e se, armados, todos vocês atravessarem o Jordão perante o SENHOR até que ele tenha expulsado os seus inimigos da frente dele, 22 então, quando a terra estiver subjugada perante o SENHOR, vocês poderão voltar e estarão livres da sua obrigação para com o SENHOR e para com Israel. E esta terra será propriedade de vocês perante o SENHOR.

23 "Mas, se vocês não fizerem isso, estarão pecando contra o SENHOR; e estejam certos de que vocês não escaparão do pecado cometido. 24 Construam cidades para as suas mulheres e crianças e currais para os seus rebanhos, mas façam o que vocês prometeram".

25 Então os homens de Gade e de Rúben disseram a Moisés: "Nós, seus servos, faremos como o meu senhor ordena. 26 Nossos filhos e nossas mulheres, e todos os nossos rebanhos ficarão aqui nas cidades de Gileade. 27 Mas os seus servos, todos os homens armados para a batalha, atravessarão para lutar perante o SENHOR, como o meu senhor está dizendo".

28 Moisés deu as seguintes instruções acerca deles ao sacerdote Eleazar, a Josué, filho de Num, e aos chefes de família das tribos israelitas: 29 "Se os homens de Gade e de Rúben, todos eles armados para a batalha, atravessarem o Jordão com vocês

---

[a] 31.52 Hebraico: *16.750 siclos*. Um siclo equivalia a 12 gramas.

perante o SENHOR, então, quando a terra for subjugada perante
vocês, entreguem-lhes como propriedade a terra de Gileade.
30 Mas, se não atravessarem armados com vocês, terão que
aceitar a propriedade deles com vocês em Canaã".
31 Os homens de Gade e de Rúben responderam: "Os seus
servos farão o que o SENHOR disse. 32 Atravessaremos o Jordão
perante o SENHOR e entraremos armados em Canaã, mas a
propriedade que receberemos como herança estará deste lado
do Jordão".
33 Então Moisés deu às tribos de Gade e de Rúben e à metade
da tribo de Manassés, filho de José, o reino de Seom, rei dos
amorreus, e o reino de Ogue, rei de Basã, toda a terra com as
suas cidades e o território ao redor delas.
34 A tribo de Gade construiu Dibom, Atarote, Aroer, 35 Atarote-
-Sofã, Jazar, Jogbeá, 36 Bete-Ninra e Bete-Harã como cidades
fortificadas e fez currais para os seus rebanhos. 37 E a tribo de
Rúben reconstruiu Hesbom, Eleale e Quiriataim, 38 bem como
Nebo e Baal-Meom (esses nomes foram mudados) e Sibma. E
deu outros nomes a essas cidades.
39 Os descendentes de Maquir, filho de Manassés, foram a
Gileade, tomaram posse dela e expulsaram os amorreus que
lá estavam. 40 Então Moisés deu Gileade aos maquiritas, des-
cendentes de Manassés, e eles passaram a habitar ali. 41 Jair,
descendente de Manassés, conquistou os povoados deles e
os chamou Havote-Jair[a]. 42 E Noba conquistou Quenate e os
seus povoados e a chamou Noba, dando-lhe seu próprio nome.

33 As Etapas da Viagem desde o Egito

Estas são as jornadas dos israelitas quando saíram do
Egito, organizados segundo as suas divisões, sob a liderança
de Moisés e Arão. 2 Por ordem do SENHOR Moisés registrou as
etapas da jornada deles. Esta foi a jornada deles, por etapas:
3 Os israelitas partiram de Ramessés no décimo quinto dia do
primeiro mês, no dia seguinte ao da Páscoa. Saíram, mar-
chando desafiadoramente à vista de todos os egípcios, 4 en-
quanto estes sepultavam o primeiro filho de cada um deles,
que o SENHOR matou. O SENHOR impôs castigo aos seus deuses.
5 Os israelitas partiram de Ramessés e acamparam em Sucote.
6 Partiram de Sucote e acamparam em Etã, nos limites do de-
serto.
7 Partiram de Etã, voltaram para Pi-Hairote, a leste de Baal-
-Zefom, e acamparam perto de Migdol.
8 Partiram de Pi-Hairote e atravessaram o mar, chegando ao
deserto, e, depois de viajarem três dias no deserto de Etã,
acamparam em Mara.
9 Partiram de Mara e foram para Elim, onde havia doze fontes
e setenta palmeiras, e acamparam ali.
10 Partiram de Elim e acamparam junto ao mar Vermelho.
11 Partiram do mar Vermelho e acamparam no deserto de Sim.
12 Partiram do deserto de Sim e acamparam em Dofca.
13 Partiram de Dofca e acamparam em Alus.
14 Partiram de Alus e acamparam em Refidim, onde não havia
água para o povo beber.
15 Partiram de Refidim e acamparam no deserto do Sinai.
16 Partiram do deserto do Sinai e acamparam em Quibrote-Ha-
taavá.
17 Partiram de Quibrote-Hataavá e acamparam em Hazerote.
18 Partiram de Hazerote e acamparam em Ritmá.
19 Partiram de Ritmá e acamparam em Rimom-Perez.
20 Partiram de Rimom-Perez e acamparam em Libna.
21 Partiram de Libna e acamparam em Rissa.
22 Partiram de Rissa e acamparam em Queelata.
23 Partiram de Queelata e acamparam no monte Séfer.
24 Partiram do monte Séfer e acamparam em Harada.
25 Partiram de Harada e acamparam em Maquelote.
26 Partiram de Maquelote e acamparam em Taate.
27 Partiram de Taate e acamparam em Terá.
28 Partiram de Terá e acamparam em Mitca.
29 Partiram de Mitca e acamparam em Hasmona.
30 Partiram de Hasmona e acamparam em Moserote.
31 Partiram de Moserote e acamparam em Bene-Jaacã.
32 Partiram de Bene-Jaacã e acamparam em Hor-Gidgade.
33 Partiram de Hor-Gidgade e acamparam em Jotbatá.
34 Partiram de Jotbatá e acamparam em Abrona.
35 Partiram de Abrona e acamparam em Eziom-Geber.
36 Partiram de Eziom-Geber e acamparam em Cades, no de-
serto de Zim.
37 Partiram de Cades e acamparam no monte Hor, na fronteira
de Edom. 38 Por ordem do SENHOR, o sacerdote Arão subiu o
monte Hor, onde morreu no primeiro dia do quinto mês do
quadragésimo ano depois que os israelitas saíram do Egito.
39 Arão tinha cento e vinte e três anos de idade quando morreu
no monte Hor.
40 O rei cananeu de Arade, que vivia no Neguebe, na terra de
Canaã, soube que os israelitas estavam chegando.
41 Eles partiram do monte Hor e acamparam em Zalmona.
42 Partiram de Zalmona e acamparam em Punom.
43 Partiram de Punom e acamparam em Obote.
44 Partiram de Obote e acamparam em Ijé-Abarim, na fronteira
de Moabe.
45 Partiram de Ijim[b] e acamparam em Dibom-Gade.
46 Partiram de Dibom-Gade e acamparam em Almom-Diblataim.
47 Partiram de Almom-Diblataim e acamparam nos montes de
Abarim, defronte de Nebo.
48 Partiram dos montes de Abarim e acamparam nas campinas
de Moabe junto ao Jordão, frente a Jericó. 49 Nas campinas de
Moabe eles acamparam junto ao Jordão, desde Bete-Jesimote
até Abel-Sitim.

As Normas para a Ocupação e Distribuição de Canaã

50 Nas campinas de Moabe, junto ao Jordão, frente a Jericó,
o SENHOR disse a Moisés: 51 "Diga aos israelitas: Quando vocês
atravessarem o Jordão para entrar em Canaã, 52 expulsem da
frente de vocês todos os habitantes da terra. Destruam todas
as imagens esculpidas e todos os ídolos fundidos, e derrubem
todos os altares idólatras deles. 53 Apoderem-se da terra e

---

a 32.41 Ou *povoados de Jair*

b 33.45 Isto é, Ijé-Abarim.

instalem-se nela, pois eu dei a vocês a terra para que dela
tomem posse. [54]Distribuam a terra por sorteio, de acordo com
os seus clãs. Aos clãs maiores vocês darão uma herança maior,
e aos menores, uma herança menor. Cada clã receberá a terra
que lhe cair por sorte. Distribuam-na entre as tribos dos seus
antepassados.
[55]"Se, contudo, vocês não expulsarem os habitantes da terra,
aqueles que vocês permitirem ficar se tornarão farpas em seus
olhos e espinhos em suas costas. Eles causarão problemas para
vocês na terra em que vocês irão morar. [56]Então farei a vocês
o mesmo que planejo fazer a eles".

34 As Fronteiras de Canaã

Disse mais o SENHOR a Moisés: [2]"Dê ordem aos israelitas
e diga-lhes: Quando vocês entrarem em Canaã, a terra que
será sorteada para vocês como herança terá estas fronteiras:
[3]"O lado sul começará no deserto de Zim, junto à fronteira de
Edom. No leste, sua fronteira sul começará na extremidade do
mar Salgado[a], [4]passará pelo sul da subida de Acrabim[b], prosse-
guirá até Zim e irá para o sul de Cades-Barneia. Depois passará
por Hazar-Adar e irá até Azmom, [5]onde fará uma curva e se
juntará ao ribeiro do Egito, indo terminar no Mar[c].
[6]A fronteira ocidental de vocês será o litoral do mar Grande.
Será essa a fronteira do oeste.
[7]Esta será a fronteira norte: façam uma linha desde o mar
Grande até o monte Hor, [8]e do monte Hor até Lebo-Hamate.
O limite da fronteira será Zedade, [9]prosseguirá até Zifrom e
terminará em Hazar-Enã. Será essa a fronteira norte de vocês.
[10]Esta será a fronteira oriental: façam uma linha de Hazar-
-Enã até Sefã. [11]A fronteira descerá de Sefã até Ribla, no lado
oriental de Aim, e prosseguirá ao longo das encostas a leste do
mar de Quinerete[d]. [12]A fronteira descerá ao longo do Jordão e
terminará no mar Salgado. Será essa a terra de vocês, com as
suas fronteiras de todos os lados".
[13]Moisés ordenou aos israelitas: "Distribuam a terra por sor-
teio como herança. O SENHOR ordenou que seja dada às nove
tribos e meia, [14]porque as famílias da tribo de Rúben, da tribo
de Gade e da metade da tribo de Manassés já receberam a
herança delas. [15]Estas duas tribos e meia receberam sua he-
rança no lado leste do Jordão, frente a Jericó, na direção do
nascer do sol".
[16]O SENHOR disse a Moisés: [17]"Estes são os nomes dos homens
que deverão distribuir a terra a vocês como herança: o sa-
cerdote Eleazar e Josué, filho de Num. [18]Designem um líder
de cada tribo para ajudar a distribuir a terra. [19]Estes são os
seus nomes: Calebe, filho de Jefoné, da tribo de Judá; [20]Sa-
muel, filho de Amiúde, da tribo de Simeão; [21]Elidade, filho de
Quislom, da tribo de Benjamim; [22]Buqui, filho de Jogli, o líder
da tribo de Dã; [23]Haniel, filho de Éfode, o líder da tribo de
Manassés, filho de José; [24]Quemuel, filho de Siftã, o líder da
tribo de Efraim, filho de José; [25]Elisafã, filho de Parnaque, o
líder da tribo de Zebulom; [26]Paltiel, filho de Azã, o líder da tribo
de Issacar; [27]Aiúde, filho de Selomi, o líder da tribo de Aser;
[28]Pedael, filho de Amiúde, o líder da tribo de Naftali".
[29]Foram esses os homens a quem o SENHOR ordenou que distri-
buíssem a herança aos israelitas na terra de Canaã.

35 As Cidades dos Levitas

Nas campinas de Moabe, junto ao Jordão, frente a Je-
ricó, o SENHOR disse a Moisés: [2]"Ordene aos israelitas que, da
herança que possuem, deem cidades para os levitas morarem.
E deem-lhes também pastagens ao redor das cidades. [3]Assim
eles terão cidades para habitar e pastagens para o gado, para
os rebanhos e para todos os seus outros animais de criação.
[4]"As pastagens ao redor das cidades que vocês derem aos
levitas se estenderão para fora quatrocentos e cinquenta
metros[e], a partir do muro da cidade. [5]Do lado de fora da ci-
dade, meçam novecentos metros para o lado leste, para o lado
sul, para o lado oeste e para o lado norte, tendo a cidade no
centro. Eles terão essa área para pastagens das cidades.
[6]"Seis das cidades que vocês derem aos levitas serão cidades
de refúgio, para onde poderá fugir quem tiver matado alguém.
Além disso, deem a eles outras quarenta e duas cidades. [7]Ao
todo, vocês darão aos levitas quarenta e oito cidades, junta-
mente com as suas pastagens. [8]As cidades que derem aos le-
vitas, das terras dos israelitas, deverão ser dadas proporcional-
mente à herança de cada tribo; tomem muitas cidades da tribo
que tem muitas, mas poucas da que tem poucas".

As Cidades de Refúgio

[9]Disse também o SENHOR a Moisés: [10]"Diga aos israelitas:
Quando vocês atravessarem o Jordão e entrarem em Canaã,
[11]escolham algumas cidades para serem suas cidades de re-
fúgio, para onde poderá fugir quem tiver matado alguém sem
intenção. [12]Elas serão locais de refúgio contra o vingador da
vítima, a fim de que alguém acusado de assassinato não morra
antes de apresentar-se para julgamento perante a comuni-
dade. [13]As seis cidades que vocês derem serão suas cidades
de refúgio. [14]Designem três cidades de refúgio deste lado do
Jordão e três outras em Canaã. [15]As seis cidades servirão de
refúgio para os israelitas, para os estrangeiros residentes e
para quaisquer outros estrangeiros que vivam entre eles, para
que todo aquele que tiver matado alguém sem intenção possa
fugir para lá.
[16]"Se um homem ferir alguém com um objeto de ferro de modo
que essa pessoa morra, ele é assassino; o assassino terá que
ser executado. [17]Ou, se alguém tiver nas mãos uma pedra que
possa matar e ferir uma pessoa de modo que ela morra, é
assassino; o assassino terá que ser executado. [18]Ou, se al-
guém tiver nas mãos um pedaço de madeira que possa matar
e ferir uma pessoa de modo que ela morra, é assassino; o
assassino terá que ser executado. [19]O vingador da vítima ma-
tará o assassino; quando o encontrar o matará. [20]Se alguém,

[a] 34.3 Isto é, o mar Morto; também no versículo 12.
[b] 34.4 Isto é, dos Escorpiões.
[c] 34.5 Isto é, o Mediterrâneo; também nos versículos 6 e 7.
[d] 34.11 Isto é, mar da Galileia.

[e] 35.4 Hebraico: *1.000 côvados*. O côvado era uma medida linear de cerca de 45 centímetros.

com ódio, empurrar uma pessoa premeditadamente ou atirar
alguma coisa contra ela de modo que ela morra, 21 ou se com
hostilidade der-lhe um soco provocando a sua morte, ele terá
que ser executado; é assassino. O vingador da vítima matará o
assassino quando encontrá-lo.
22 "Todavia, se alguém, sem hostilidade, empurrar uma pessoa
ou atirar alguma coisa contra ela sem intenção, 23 ou se, sem
vê-la, deixar cair sobre ela uma pedra que possa matá-la, e
ela morrer, então, como não era sua inimiga e não pretendia
feri-la, 24 a comunidade deverá julgar entre ele e o vingador da
vítima de acordo com essas leis. 25 A comunidade protegerá o
acusado de assassinato do vingador da vítima e o enviará de
volta à cidade de refúgio para onde tinha fugido. Ali perma-
necerá até a morte do sumo sacerdote, que foi ungido com
o óleo santo.
26 "Se, contudo, o acusado sair dos limites da cidade de re-
fúgio para onde fugiu 27 e o vingador da vítima o encontrar fora
da cidade, ele poderá matar o acusado sem ser culpado de
assassinato. 28 O acusado deverá permanecer em sua cidade
de refúgio até a morte do sumo sacerdote; somente depois da
morte do sumo sacerdote poderá voltar à sua propriedade.
29 "Estas exigências legais serão para vocês e para as suas fu-
turas gerações, onde quer que vocês vivam.
30 "Quem matar uma pessoa terá que ser executado como as-
sassino mediante depoimento de testemunhas. Mas ninguém
será executado mediante o depoimento de apenas uma tes-
temunha.
31 "Não aceitem resgate pela vida de um assassino; ele merece
morrer. Certamente terá que ser executado.
32 "Não aceitem resgate por alguém que tenha fugido para uma
cidade de refúgio, permitindo que ele retorne e viva em sua
própria terra antes da morte do sumo sacerdote.
33 "Não profanem a terra onde vocês estão. O derramamento
de sangue profana a terra, e só se pode fazer propiciação em
favor da terra em que se derramou sangue, mediante o sangue
do assassino que o derramou. 34 Não contaminem a terra onde
vocês vivem e onde eu habito, pois eu, o SENHOR, habito entre
os israelitas".

36 **A Lei da Herança das Mulheres: o Caso das Filhas de Zelofeade**

1 Os chefes de família do clã de Gileade, filho de Maquir, neto
de Manassés, que pertenciam aos clãs dos descendentes de
José, foram falar com Moisés e com os líderes, os chefes das
famílias israelitas. 2 E disseram: "Quando o SENHOR ordenou
ao meu senhor que, por sorteio, desse a terra como herança
aos israelitas, ordenou que vocês dessem a herança de nosso
irmão Zelofeade às suas filhas. 3 Agora, suponham que elas se
casem com homens de outras tribos israelitas; nesse caso a
herança delas será tirada da herança dos nossos antepassados
e acrescentada à herança da tribo com a qual se unirem pelo
casamento. 4 Quando chegar o ano do Jubileu para os israe-
litas, a herança delas será acrescentada à da tribo com a qual
se unirem pelo casamento, e a propriedade delas será tirada
da herança da tribo de nossos antepassados".
5 Então, instruído pelo SENHOR, Moisés deu esta ordem aos
israelitas: "A tribo dos descendentes de José tem razão. 6 É
isto que o SENHOR ordena quanto às filhas de Zelofeade: Elas
poderão casar-se com quem lhes agradar, contanto que se
casem dentro do clã da tribo de seu pai. 7 Nenhuma herança
em Israel poderá passar de uma tribo para outra, pois todos os
israelitas manterão as terras das tribos que herdaram de seus
antepassados. 8 Toda filha que herdar terras em qualquer tribo
israelita se casará com alguém do clã da tribo de seu pai, para
que cada israelita possua a herança dos seus antepassados.
9 Nenhuma herança poderá passar de uma tribo para outra,
pois cada tribo israelita deverá manter as terras que herdou".
10 As filhas de Zelofeade fizeram conforme o SENHOR havia or-
denado a Moisés. 11 As filhas de Zelofeade, Maalá, Tirza, Hogla,
Milca e Noa, casaram-se com seus primos paternos, 12 dentro
dos clãs dos descendentes de Manassés, filho de José, e a
herança delas permaneceu no clã e na tribo de seu pai.
13 São esses os mandamentos e as ordenanças que o SENHOR
deu aos israelitas por intermédio de Moisés nas campinas de
Moabe, junto ao Jordão, frente a Jericó.

DEUTERONÔMIO

1 **A Ordem para Partir de Horebe**

Estas são as palavras ditas por Moisés a todo o Israel no
deserto, a leste do Jordão, na Arabá, defronte de Sufe, entre
Parã e Tofel, Labã, Hazerote e Di-Zaabe. 2 Em onze dias se vai
de Horebe a Cades-Barneia pelo caminho dos montes de Seir.
3 No quadragésimo ano, no primeiro dia do décimo primeiro
mês, Moisés proclamou aos israelitas todas as ordens do SENHOR
acerca deles. 4 Isso foi depois que ele derrotou Seom, rei dos
amorreus, que habitava em Hesbom, e, em Edrei, derrotou
Ogue, rei de Basã, que habitava em Asterote.
5 A leste do Jordão, na terra de Moabe, Moisés tomou sobre si
a responsabilidade de expor esta lei:
6 "O SENHOR, o nosso Deus, disse-nos em Horebe: 'Vocês já
ficaram bastante tempo nesta montanha. 7 Levantem acam-

pamento e avancem para a serra dos amorreus; vão a todos
os povos vizinhos na Arabá, nas montanhas, na Sefelá[a], no Ne-
guebe e ao longo do litoral, à terra dos cananeus e ao Líbano,
até o grande rio, o Eufrates.
8 “ ‘Ponho esta terra diante de vocês. Entrem e tomem posse da
terra que o SENHOR prometeu sob juramento dar aos seus an-
tepassados, Abraão, Isaque e Jacó, e aos seus descendentes’.

A Nomeação de Líderes

9 “Naquela ocasião eu disse a vocês: Não posso levá-los so-
zinho. 10 O SENHOR, o seu Deus, os fez multiplicar-se de tal
modo que hoje vocês são tão numerosos quanto as estrelas
do céu. 11 Que o SENHOR, o Deus dos seus antepassados, os
multiplique mil vezes mais e os abençoe, conforme prometeu
a vocês! 12 Mas como poderei levar sozinho as suas cargas,
os seus problemas, e as suas disputas? 13 Escolham homens
sábios, criteriosos e experientes de cada uma de suas tribos, e
eu os colocarei como chefes de vocês.
14 “Vocês me disseram que essa era uma boa proposta.
15 “Então convoquei os chefes das tribos, homens sábios e ex-
perientes, e os designei para chefes de mil, de cem, de cin-
quenta e de dez, além de oficiais para cada tribo.
16 “Naquela ocasião ordenei aos seus juízes: Atendam as
demandas de seus irmãos e julguem com justiça, não só as
questões entre os seus compatriotas mas também entre um
israelita e um estrangeiro. 17 Não sejam parciais no julgamento!
Atendam tanto o pequeno como o grande. Não se deixem in-
timidar por ninguém, pois o veredicto pertence a Deus. Tra-
gam-me os casos mais difíceis e eu os ouvirei. 18 Naquela oca-
sião eu ordenei a vocês tudo o que deveriam fazer.

A Expedição de Reconhecimento da Terra

19 “Depois, conforme o SENHOR, o nosso Deus, nos tinha orde-
nado, partimos de Horebe e fomos para a serra dos amorreus,
passando por todo aquele imenso e terrível deserto que vocês
viram, e assim chegamos a Cades-Barneia. 20 Então eu disse a
vocês: Vocês chegaram à serra dos amorreus, a qual o SENHOR,
o nosso Deus, nos dá. 21 Vejam, o SENHOR, o seu Deus, põe
diante de vocês esta terra. Entrem na terra e tomem posse
dela, conforme o SENHOR, o Deus dos seus antepassados, disse
a vocês. Não tenham medo nem desanimem.
22 “Vocês todos vieram dizer-me: ‘Mandemos alguns homens
à nossa frente em missão de reconhecimento da região, para
que nos indiquem por qual caminho subiremos e a quais ci-
dades iremos’.
23 “A sugestão pareceu-me boa; por isso escolhi doze de vocês,
um homem de cada tribo. 24 Eles subiram a região montanhosa,
chegaram ao vale de Escol e o exploraram. 25 Trouxeram alguns
frutos da região, com o seguinte relato: ‘Essa terra que o SE-
NHOR, o nosso Deus, nos dá é boa’.

A Rebelião contra o SENHOR

26 “Vocês, contudo, não quiseram ir e se rebelaram contra a
ordem do SENHOR, o seu Deus. 27 Queixaram-se em suas tendas,
dizendo: ‘O SENHOR nos odeia; por isso nos trouxe do Egito para
nos entregar nas mãos dos amorreus e destruir-nos. 28 Para
onde iremos? Nossos compatriotas nos desanimaram quando
disseram: “O povo é mais forte e mais alto do que nós; as
cidades são grandes, com muros que vão até o céu. Vimos ali
os enaquins” ’.
29 “Então eu disse a vocês: Não fiquem apavorados; não te-
nham medo deles. 30 O SENHOR, o seu Deus, que está indo à
frente de vocês, lutará por vocês, diante de seus próprios
olhos, como fez no Egito. 31 Também no deserto vocês viram
como o SENHOR, o seu Deus, os carregou, como um pai carrega
seu filho, por todo o caminho que percorreram até chegarem
a este lugar.
32 “Apesar disso, vocês não confiaram no SENHOR, o seu Deus,
33 que foi à frente de vocês, numa coluna de fogo de noite
e numa nuvem de dia, procurando lugares para vocês acam-
parem e mostrando a vocês-lhes o caminho que deviam seguir.

O Castigo dos Israelitas

34 “Quando o SENHOR ouviu o que vocês diziam, irou-se e jurou:
35 ‘Ninguém desta geração má verá a boa terra que jurei dar
aos seus antepassados, 36 exceto Calebe, filho de Jefoné. Ele
a verá, e eu darei a ele e a seus descendentes a terra em que
pisou, pois seguiu o SENHOR de todo o coração’.
37 “Por causa de vocês o SENHOR irou-se contra mim e me
disse: ‘Você também não entrará na terra. 38 Mas o seu auxi-
liar, Josué, filho de Num, entrará. Encoraje-o, pois ele fará com
que Israel tome posse dela. 39 E as crianças que vocês disseram
que seriam levadas como despojo, os seus filhos que ainda
não distinguem entre o bem e o mal, eles entrarão na terra.
Eu a darei a eles, e eles tomarão posse dela. 40 Mas quanto a
vocês, deem meia-volta e partam para o deserto pelo caminho
do mar Vermelho’.
41 “Então vocês responderam: ‘Pecamos contra o SENHOR. Nós
subiremos e lutaremos, conforme tudo o que o SENHOR, o nosso
Deus, nos ordenou’. Cada um de vocês preparou-se com as
suas armas de guerra, achando que seria fácil subir a região
montanhosa.
42 “Mas o SENHOR me disse: ‘Diga-lhes que não subam nem
lutem, porque não estarei com eles. Serão derrotados pelos
seus inimigos’.
43 “Eu disse isso a vocês, mas vocês não me deram ouvidos,
rebelaram-se contra o SENHOR e, com presunção, subiram a
região montanhosa. 44 Os amorreus que lá viviam os atacaram,
os perseguiram como um enxame de abelhas e os arrasaram
desde Seir até Hormá. 45 Vocês voltaram e choraram perante
o SENHOR, mas ele não ouviu o seu clamor nem deu atenção a
vocês. 46 Então vocês ficaram em Cades, onde permaneceram
muito tempo.

Os Anos no Deserto

2 “Então demos meia-volta e partimos para o deserto pelo
caminho do mar Vermelho, como o SENHOR me havia ordenado.
E por muitos anos caminhamos em redor dos montes de Seir.

[a] 1.7 Pequena faixa de terra de relevo variável entre a planície costeira e as montanhas.

2 "Então o SENHOR me disse: 3 'Vocês já caminharam bastante
tempo ao redor destas montanhas; agora vão para o norte. 4 E
diga ao povo: Vocês estão passando pelo território de seus ir-
mãos, os descendentes de Esaú, que vivem em Seir. Eles terão
medo de vocês, mas tenham muito cuidado. 5 Não os provo-
quem, pois não darei a vocês parte alguma da terra deles, nem
mesmo o espaço de um pé. Já dei a Esaú a posse dos montes
de Seir. 6 Vocês lhes pagarão com prata a comida que comerem
e a água que beberem'.
7 "Pois o SENHOR, o seu Deus, os tem abençoado em tudo o que
vocês têm feito. Ele cuidou de vocês em sua jornada por este
grande deserto. Nestes quarenta anos o SENHOR, o seu Deus,
tem estado com vocês, e não tem faltado coisa alguma a vocês.
8 "Assim, passamos ao largo de nossos irmãos, os descen-
dentes de Esaú, que habitam em Seir. Saímos da rota da Arabá,
de Elate e de Eziom-Geber. Voltamos e fomos pela rota do
deserto de Moabe.
9 "Então o SENHOR me disse: 'Não perturbem os moabitas nem
os provoquem à guerra, pois não darei a vocês parte alguma
da terra deles, pois já entreguei a região de Ar aos descen-
dentes de Ló'.
10 (Antigamente os emins habitavam nessa terra; eram um povo
forte e numeroso, alto como os enaquins. 11 Como os enaquins,
eles também eram considerados refains, mas os moabitas os
chamavam emins. 12 Também em Seir antigamente habitavam
os horeus. Mas os descendentes de Esaú os expulsaram e os
exterminaram e se estabeleceram no seu lugar, tal como Israel
fez com a terra que o SENHOR lhe deu.)
13 " 'Agora levantem-se! Atravessem o vale de Zerede.' Assim
atravessamos o vale.
14 "Passaram-se trinta e oito anos entre a época em que par-
timos de Cades-Barneia e a nossa travessia do vale de Zerede,
período no qual pereceu do acampamento toda aquela geração
de homens de guerra, conforme o SENHOR lhes havia jurado. 15 A
mão do SENHOR caiu sobre eles e por fim os eliminou completa-
mente do acampamento.
16 "Depois que todos os guerreiros do povo tinham morrido, 17 o
SENHOR me disse: 18 'Vocês estão prestes a passar pelo território
de Moabe, pela região de Ar, 19 e vão chegar perto da fronteira
dos amonitas. Não sejam hostis a eles, pois não darei a vocês
parte alguma da terra dos amonitas, pois eu a entreguei aos
descendentes de Ló'.
20 (Essa região também era considerada terra dos refains, que
ali habitaram no passado. Os amonitas os chamavam zanzu-
mins. 21 Eram fortes, numerosos e altos como os enaquins. O
SENHOR os exterminou, e os amonitas os expulsaram e se esta-
beleceram em seu lugar. 22 O SENHOR fez o mesmo em favor dos
descendentes de Esaú que vivem em Seir, quando exterminou
os horeus diante deles. Os descendentes de Esaú os expul-
saram e se estabeleceram em seu lugar até hoje. 23 Foi o que
também aconteceu aos aveus, que viviam em povoados pró-
ximos de Gaza; os caftoritas, vindos de Caftor[a], os destruíram
e se estabeleceram em seu lugar.)

A Vitória sobre Seom, Rei de Hesbom

24 " 'Vão agora e atravessem o ribeiro do Arnom. Vejam que eu
entreguei em suas mãos o amorreu Seom, rei de Hesbom, e
a terra dele. Comecem a ocupação, entrem em guerra contra
ele. 25 Hoje mesmo começarei a infundir pavor e medo de vocês
em todos os povos debaixo do céu. Quando ouvirem da fama de
vocês, tremerão e ficarão angustiados.'
26 "Do deserto de Quedemote enviei mensageiros a Seom, rei
de Hesbom, oferecendo paz e dizendo: 27 Deixa-nos passar
pela tua terra. Iremos somente pela estrada; não nos desvia-
remos nem para a direita nem para a esquerda. 28 Por prata
nos venderás tanto a comida que comermos como a água que
bebermos. Apenas deixa-nos passar a pé, 29 como fizeram
os descendentes de Esaú, que habitam em Seir, e os moa-
bitas, que habitam em Ar. Assim chegaremos ao Jordão, e,
atravessando-o, à terra que o SENHOR, o nosso Deus, nos dá.
30 Mas Seom, rei de Hesbom, não quis deixar-nos passar; pois
o SENHOR, o Deus de vocês, tornou-lhe obstinado o espírito e
endureceu-lhe o coração, para entregá-lo nas mãos de vocês,
como hoje se vê.
31 "O SENHOR me disse: 'Estou entregando a você Seom e sua
terra. Comece a ocupação, tome posse da terra dele!'
32 "Então Seom saiu à batalha contra nós em Jaza, com todo o
seu exército. 33 Mas o SENHOR, o nosso Deus, entregou-o a nós,
e o derrotamos, a ele, aos seus filhos e a todo o seu exército.
34 Naquela ocasião conquistamos todas as suas cidades e as
destruímos totalmente, matando homens, mulheres e crianças,
sem deixar nenhum sobrevivente. 35 Tomamos como presa so-
mente os animais e o despojo das cidades que conquistamos.
36 Desde Aroer, junto ao ribeiro do Arnom, e a cidade que fica
no mesmo vale, até Gileade, não houve cidade de muros altos
demais para nós. O SENHOR, o nosso Deus, entregou-nos tudo.
37 Somente da terra dos amonitas vocês não se aproximaram,
ou seja, toda a extensão do vale do rio Jaboque e as cidades
da região montanhosa, conforme o SENHOR, o nosso Deus, tinha
ordenado.

3

A Vitória sobre Ogue, Rei de Basã

"Depois, voltamos e subimos rumo a Basã. Ogue, rei de
Basã, atacou-nos com todo o seu exército, em Edrei. 2 O SENHOR
me disse: 'Não tenha medo dele, pois eu o entreguei em suas
mãos, com todo o seu exército, e dei a você também a terra
dele. Você fará com ele como fez com Seom, rei dos amorreus,
que habitava em Hesbom'.
3 "Então o SENHOR, o nosso Deus, também entregou em nossas
mãos Ogue, rei de Basã, e todo o seu exército. Nós os derro-
tamos, sem deixar nenhum sobrevivente. 4 Naquela ocasião,
conquistamos todas as suas cidades. Não houve cidade que
não tomássemos. Foram sessenta em toda a região de Ar-
gobe, o reino de Ogue, em Basã. 5 Todas elas eram fortificadas
com muros altos, portas e trancas. Além delas havia muitas
cidades sem muros. 6 Nós as destruímos completamente, tal
como havíamos feito com Seom, rei de Hesbom, destruindo
todas as cidades, matando também os homens, as mulheres

a 2.23 Isto é, Creta.

e as crianças. 7 Mas os animais todos e o despojo das cidades
tomamos como espólio de guerra.
8 "Foi assim que, naquela ocasião, tomamos desses dois reis
amorreus o território a leste do Jordão, que vai desde o ri-
beiro do Arnom até o monte Hermom. 9 (Os sidônios chamam o
Hermom de Siriom; os amorreus o chamam Senir.) 10 Conquis-
tamos todas as cidades do planalto, toda a Gileade, e também
toda a Basã, até Salcá e Edrei, cidades do reino de Ogue, em
Basã. 11 Ogue, rei de Basã, era o único sobrevivente dos refains.
Sua cama[a] era de ferro e tinha, pela medida comum, quatro
metros de comprimento e um metro e oitenta centímetros de
largura[b]. Ela ainda está em Rabá dos amonitas.

A Divisão da Terra

12 "Da terra da qual tomamos posse naquela época, o território
que vai de Aroer, junto ao ribeiro do Arnom, até mais da metade
dos montes de Gileade com as suas cidades, dei-o às tribos de
Rúben e de Gade. 13 O restante de Gileade e também toda a
Basã, o reino de Ogue, dei-o à metade da tribo de Manassés.
(Toda a região de Argobe em Basã era conhecida no passado
como a terra dos refains. 14 Jair, um descendente de Manassés,
conquistou toda a região de Argobe até a fronteira dos ge-
suritas e dos maacatitas; essa região recebeu o seu nome, de
modo que até hoje Basã é chamada povoados de Jair.) 15 E dei
Gileade a Maquir. 16 Às tribos de Rúben e de Gade dei a região
que vai de Gileade até o ribeiro do Arnom (a fronteira passava
bem no meio do vale) e até o vale do Jaboque, na fronteira dos
amonitas. 17 Dei-lhes também a Arabá, tendo como fronteira
ocidental o Jordão, desde Quinerete até o mar da Arabá, que é
o mar Salgado[c], abaixo das encostas do Pisga.
18 "Naquela ocasião eu ordenei o seguinte a vocês: O SENHOR,
o Deus de vocês, deu esta terra para que dela tomem posse.
Todos os guerreiros devem marchar à frente dos seus irmãos
israelitas, armados para a guerra! 19 Deixem nas cidades que
dei a vocês as mulheres, as crianças e os grandes rebanhos,
que eu sei que vocês possuem, 20 até que o SENHOR conceda
descanso aos seus outros irmãos israelitas como deu a vocês, e
tomem eles posse da terra que o SENHOR, o Deus de vocês, está
dando a eles do outro lado do Jordão. Depois vocês poderão
retornar, cada um à propriedade que recebeu.
21 "Naquela ocasião também ordenei a Josué: Você viu com os
seus próprios olhos tudo o que o SENHOR, o Deus de vocês, fez
com estes dois reis. Assim o SENHOR fará com todos os reinos
pelos quais vocês terão que passar. 22 Não tenham medo deles.
O SENHOR, o seu Deus, é quem lutará por vocês.

Moisés É Impedido de Entrar em Canaã

23 "Naquela ocasião implorei ao SENHOR: 24 Ó Soberano SENHOR,
tu começaste a mostrar ao teu servo a tua grandeza e a tua
mão poderosa! Que Deus existe no céu ou na terra que possa
realizar as tuas obras e os teus feitos poderosos? 25 Deixa-me
atravessar, eu te suplico, e ver a boa terra do outro lado do
Jordão, a bela região montanhosa e o Líbano!
26 "Todavia, por causa de vocês, o SENHOR irou-se contra mim
e não quis me atender. 'Basta!', ele disse. 'Não me fale mais
sobre isso. 27 Suba ao ponto mais alto do Pisga e olhe para o
norte, para o sul, para o leste, e para o oeste. Veja a terra com
os seus próprios olhos, pois você não atravessará o Jordão.
28 Portanto, dê ordens a Josué, fortaleça-o e encoraje-o;
porque será ele que atravessará à frente deste povo, e lhes
repartirá por herança a terra que você apenas verá.'
29 "Então ficamos acampados no vale, diante de Bete-Peor.

Exortação à Obediência

4 "E agora, ó Israel, ouça os decretos e as leis que estou en-
sinando vocês a cumprir, para que vivam e tomem posse da
terra, que o SENHOR, o Deus dos seus antepassados, dá a vocês.
2 Nada acrescentem às palavras que eu ordeno a vocês e delas
nada retirem, mas obedeçam aos mandamentos do SENHOR, o
seu Deus, que eu ordeno a vocês.
3 "Vocês viram com os seus próprios olhos o que o SENHOR fez
em Baal-Peor. O SENHOR, o seu Deus, destruiu do meio de vocês
todos os que seguiram a Baal-Peor, 4 mas vocês, que perma-
neceram fiéis ao SENHOR, o seu Deus, hoje estão todos vivos.
5 "Eu ensinei a vocês decretos e leis, como me ordenou o SE-
NHOR, o meu Deus, para que sejam cumpridos na terra na qual
vocês estão entrando para dela tomar posse. 6 Vocês devem
obedecer-lhes e cumpri-los, pois assim os outros povos verão
a sabedoria e o discernimento de vocês. Quando eles ouvirem
todos estes decretos, dirão: 'De fato esta grande nação é um
povo sábio e inteligente'. 7 Pois, que grande nação tem um
Deus tão próximo como o SENHOR, o nosso Deus, sempre que o
invocamos? 8 Ou, que grande nação tem decretos e preceitos
tão justos como esta lei que estou apresentando a vocês hoje?
9 "Apenas tenham cuidado! Tenham muito cuidado para que
vocês nunca se esqueçam das coisas que os seus olhos viram;
conservem-nas por toda a sua vida na memória. Contem-nas a
seus filhos e a seus netos. 10 Lembrem-se do dia em que vocês
estiveram diante do SENHOR, o seu Deus, em Horebe, quando
o SENHOR me disse: 'Reúna o povo diante de mim para ouvir as
minhas palavras, a fim de que aprendam a me temer enquanto
viverem sobre a terra, e as ensinem a seus filhos'. 11 Vocês se
aproximaram e ficaram ao pé do monte. O monte ardia em
chamas que subiam até o céu, e estava envolvido por uma
nuvem escura e densa. 12 Então o SENHOR falou a vocês do meio
do fogo. Vocês ouviram as palavras, mas não viram forma al-
guma; apenas se ouvia a voz. 13 Ele lhes anunciou a sua aliança,
os Dez Mandamentos. Escreveu-os sobre duas tábuas de pedra
e ordenou que os cumprissem. 14 Naquela ocasião, o SENHOR
mandou-me ensinar a vocês decretos e leis para que vocês os
cumprissem na terra da qual vão tomar posse.

A Proibição da Idolatria

15 "No dia em que o SENHOR falou a vocês do meio do fogo
em Horebe, vocês não viram forma alguma. Portanto, tenham

[a] 3.11 Ou *sarcófago*
[b] 3.11 Hebraico: *9 côvados de comprimento e 4 côvados de largura*. O côvado era uma medida linear de cerca de 45 centímetros.
[c] 3.17 Isto é, o mar Morto.

muito cuidado, 16 para que não se corrompam fazendo para si um ídolo, uma imagem de alguma forma semelhante a homem ou mulher, 17 ou a qualquer animal da terra, a qualquer ave que voa no céu, 18 a qualquer criatura que se move rente ao chão ou a qualquer peixe que vive nas águas debaixo da terra. 19 E para que, ao erguerem os olhos ao céu e virem o sol, a lua e as estrelas, todos os corpos celestes, vocês não se desviem e se prostrem diante deles e prestem culto àquilo que o SENHOR, o seu Deus, distribuiu a todos os povos debaixo do céu. 20 A vocês, porém, o SENHOR tomou e tirou da fornalha de fundir ferro, do Egito, para serem o povo de sua herança, como hoje se pode ver.

21 "O SENHOR irou-se contra mim por causa de vocês e jurou que eu não atravessaria o Jordão e não entraria na boa terra que o SENHOR, o seu Deus, está dando a vocês por herança. 22 Eu morrerei nesta terra; não atravessarei o Jordão. Mas vocês atravessarão e tomarão posse daquela boa terra. 23 Tenham o cuidado de não esquecer a aliança que o SENHOR, o seu Deus, fez com vocês; não façam para si ídolo algum com a forma de qualquer coisa que o SENHOR, o seu Deus, proibiu. 24 Pois o SENHOR, o seu Deus, é Deus zeloso; é fogo consumidor.

25 "Quando vocês tiverem filhos e netos e já estiverem há muito tempo na terra e se corromperem e fizerem ídolos de qualquer tipo, fazendo o que o SENHOR, o seu Deus, reprova, provocando a sua ira, 26 invoco hoje o céu e a terra como testemunhas contra vocês de que vocês serão rapidamente eliminados da terra, da qual estão tomando posse ao atravessar o Jordão. Vocês não viverão muito ali; serão totalmente destruídos. 27 O SENHOR os espalhará entre os povos, e restarão apenas alguns de vocês no meio das nações às quais o SENHOR os levará. 28 Lá vocês prestarão culto a deuses de madeira e de pedra, deuses feitos por mãos humanas, deuses que não podem ver, nem ouvir, nem comer, nem cheirar. 29 E lá procurarão o SENHOR, o seu Deus, e o acharão, se o procurarem de todo o seu coração e de toda a sua alma. 30 Quando vocês estiverem sofrendo e todas essas coisas tiverem acontecido com vocês, então, em dias futuros, vocês voltarão para o SENHOR, o seu Deus, e lhe obedecerão. 31 Pois o SENHOR, o seu Deus, é Deus misericordioso; ele não os abandonará, nem os destruirá, nem se esquecerá da aliança que com juramento fez com os seus antepassados.

O SENHOR é Deus

32 "Perguntem, agora, aos tempos antigos, antes de vocês existirem, desde o dia em que Deus criou o homem sobre a terra; perguntem de um lado ao outro do céu: Já aconteceu algo tão grandioso ou já se ouviu algo parecido? 33 Que povo ouviu a voz de Deus[a] falando do meio do fogo, como vocês ouviram, e continua vivo? 34 Ou que deus decidiu tirar uma nação do meio de outra para lhe pertencer, com provas, sinais, maravilhas e lutas, com mão poderosa e braço forte, e com feitos temíveis e grandiosos, conforme tudo o que o SENHOR fez por vocês no Egito, como vocês viram com os seus próprios olhos?

35 "Tudo isso foi mostrado a vocês para que soubessem que o SENHOR é Deus e que não há outro além dele. 36 Do céu ele fez com que vocês ouvissem a sua voz, para discipliná-los. Na terra, mostrou a vocês o seu grande fogo, e vocês ouviram as suas palavras vindas do meio do fogo. 37 E porque amou os seus antepassados e escolheu a descendência deles, ele foi em pessoa tirá-los do Egito com o seu grande poder, 38 para expulsar de diante de vocês nações maiores e mais fortes, a fim de fazê-los entrar e possuir como herança a terra delas, como hoje se vê.

39 "Reconheçam isso hoje, e ponham no coração que o SENHOR é Deus em cima nos céus e embaixo na terra. Não há nenhum outro. 40 Obedeçam aos seus decretos e mandamentos que hoje eu ordeno a vocês, para que tudo vá bem com vocês e com seus descendentes e para que vivam muito tempo na terra que o SENHOR, o seu Deus, dá a vocês para sempre".

As Cidades de Refúgio

41 Então Moisés separou três cidades a leste do Jordão, 42 para onde poderia fugir quem tivesse matado alguém sem intenção e sem premeditação. O perseguido poderia fugir para uma dessas cidades a fim de salvar sua vida. 43 As cidades eram as seguintes: Bezer, no planalto do deserto, para a tribo de Rúben; Ramote, em Gileade, para a tribo de Gade; e Golã, em Basã, para a tribo de Manassés.

A Introdução da Lei

44 Esta é a lei que Moisés apresentou aos israelitas. 45 Estes são os mandamentos, os decretos e as ordenanças que Moisés promulgou como leis para os israelitas quando saíram do Egito. 46 Estavam do outro lado do Jordão, no vale fronteiro a Bete-Peor, na terra de Seom, rei dos amorreus, que habitava em Hesbom, a quem Moisés e os israelitas derrotaram quando saíram do Egito. 47 Eles tomaram posse da terra dele e da terra de Ogue, rei de Basã, os dois reis amorreus que viviam a leste do Jordão. 48 Essa terra estendia-se desde Aroer, na margem do ribeiro do Arnom, até o monte Siom[b], isto é, o Hermom, 49 e incluía toda a região da Arabá, a leste do Jordão, até o mar da Arabá[c], abaixo das encostas do Pisga.

Os Dez Mandamentos

5 Então Moisés convocou todo o Israel e lhe disse: "Ouça, ó Israel, os decretos e as ordenanças que hoje estou anunciando a você. Aprenda-os e tenha o cuidado de cumpri-los. 2 O SENHOR, o nosso Deus, fez conosco uma aliança em Horebe. 3 Não foi com os nossos antepassados que o SENHOR fez essa aliança, mas conosco, com todos nós que hoje estamos vivos aqui. 4 O SENHOR falou com você face a face, do meio do fogo, no monte. 5 Naquela ocasião, eu fiquei entre o SENHOR e você para declarar-lhe a palavra do SENHOR, porque você teve medo do fogo e não subiu o monte. E ele disse:

6 " 'Eu sou o SENHOR, o teu Deus, que te tirei do Egito, da terra da escravidão.

[a] 4.33 Ou *de um deus*

[b] 4.48 A Versão Siríaca diz Sirion. Veja Dt 3.9.

[c] 4.49 Isto é, o mar Morto.

7 “ ‘Não terás outros deuses além de mim.
8 “ ‘Não farás para ti nenhum ídolo, nenhuma imagem de qual-
quer coisa no céu, na terra ou nas águas debaixo da terra. 9 Não
te prostrarás diante deles nem lhes prestarás culto, porque
eu, o SENHOR, o teu Deus, sou Deus zeloso, que castigo os fi-
lhos pelo pecado de seus pais até a terceira e quarta geração
daqueles que me desprezam, 10 mas trato com bondade até
mil gerações os[a] que me amam e obedecem aos meus man-
damentos.
11 “ ‘Não tomarás em vão o nome do SENHOR, o teu Deus, pois
o SENHOR não deixará impune quem usar o seu nome em vão.
12 “ ‘Guardarás o dia de sábado a fim de santificá-lo, conforme
o SENHOR, o teu Deus, te ordenou. 13 Trabalharás seis dias e
neles farás todos os teus trabalhos, 14 mas o sétimo dia é um
sábado para o SENHOR, o teu Deus. Nesse dia não farás trabalho
algum, nem tu nem teu filho ou filha, nem o teu servo ou serva,
nem o teu boi, teu jumento ou qualquer dos teus animais, nem
o estrangeiro que estiver em tua propriedade; para que o teu
servo e a tua serva descansem como tu. 15 Lembra-te de que
foste escravo no Egito e que o SENHOR, o teu Deus, te tirou de
lá com mão poderosa e com braço forte. Por isso o SENHOR, o
teu Deus, te ordenou que guardes o dia de sábado.
16 “ ‘Honra teu pai e tua mãe, como te ordenou o SENHOR, o teu
Deus, para que tenhas longa vida e tudo te vá bem na terra que
o SENHOR, o teu Deus, te dá.
17 “ ‘Não matarás.
18 “ ‘Não adulterarás.
19 “ ‘Não furtarás.
20 “ ‘Não darás falso testemunho contra o teu próximo.
21 “ ‘Não cobiçarás a mulher do teu próximo. Não desejarás
a casa do teu próximo, nem sua propriedade, nem seu servo
ou serva, nem seu boi ou jumento, nem coisa alguma que lhe
pertença’.
22 “Essas foram as palavras que o SENHOR falou a toda a assem-
bleia de vocês, em alta voz, no monte, do meio do fogo, da
nuvem e da densa escuridão; e nada mais acrescentou. Então
as escreveu em duas tábuas de pedra e as deu a mim.
23 “Quando vocês ouviram a voz que vinha do meio da escu-
ridão, estando o monte em chamas, aproximaram-se de mim
todos os chefes das tribos de vocês, com as suas autoridades.
24 E vocês disseram: ‘O SENHOR, o nosso Deus, mostrou-nos
sua glória e sua majestade, e nós ouvimos a sua voz vinda de
dentro do fogo. Hoje vimos que Deus fala com o homem e que
este ainda continua vivo! 25 Mas, agora, por que deveríamos
morrer? Este grande fogo por certo nos consumirá. Se conti-
nuarmos a ouvir a voz do SENHOR, o nosso Deus, morreremos.
26 Pois, que homem mortal chegou a ouvir a voz do Deus vivo
falando de dentro do fogo, como nós o ouvimos, e sobreviveu?
27 Aproxime-se você, Moisés, e ouça tudo o que o SENHOR, o
nosso Deus, disser; você nos relatará tudo o que o SENHOR, o
nosso Deus, lhe disser. Nós ouviremos e obedeceremos’.
28 “O SENHOR ouviu quando vocês me falaram e me disse: ‘Ouvi
o que este povo disse a você, e eles têm razão em tudo o que
disseram. 29 Quem dera eles tivessem sempre no coração esta
disposição para temer-me e para obedecer a todos os meus
mandamentos. Assim tudo iria bem com eles e com seus des-
cendentes para sempre!
30 “ ‘Vá, diga-lhes que voltem às suas tendas. 31 Você ficará aqui
comigo, e anunciarei a você toda a lei, isto é, os decretos e as
ordenanças que você lhes ensinará e que eles deverão cumprir
na terra que eu dou a eles como propriedade’.
32 “Por isso, tenham o cuidado de fazer tudo como o SENHOR, o
seu Deus, ordenou a vocês; não se desviem, nem para a direita,
nem para a esquerda. 33 Andem sempre pelo caminho que o
SENHOR, o seu Deus, ordenou a vocês, para que tenham vida,
tudo vá bem com vocês e os seus dias se prolonguem na terra
da qual tomarão posse.

6 O Grande Mandamento: Amar a Deus

1 “Esta é a lei, isto é, os decretos e as ordenanças, que o
SENHOR, o seu Deus, ordenou que eu ensinasse a vocês, para
que vocês os cumpram na terra para a qual estão indo para
dela tomar posse. 2 Desse modo vocês, seus filhos e seus netos
temerão o SENHOR, o seu Deus, e obedecerão a todos os seus
decretos e mandamentos, que eu lhes ordeno, todos os dias
da sua vida, para que tenham vida longa. 3 Ouça e obedeça,
ó Israel! Assim tudo lhe irá bem e você será muito numeroso
numa terra onde há leite e mel com fartura, como lhe prometeu
o SENHOR, o Deus dos seus antepassados.
4 “Ouça, ó Israel: O SENHOR, o nosso Deus, é o único SENHOR.[b]
5 Ame o SENHOR, o seu Deus, de todo o seu coração, de toda a
sua alma e de todas as suas forças. 6 Que todas estas palavras
que hoje lhe ordeno estejam em seu coração. 7 Ensine-as com
persistência a seus filhos. Converse sobre elas quando estiver
sentado em casa, quando estiver andando pelo caminho,
quando se deitar e quando se levantar. 8 Amarre-as como um
sinal nos braços e prenda-as na testa. 9 Escreva-as nos batentes
das portas de sua casa e em seus portões.

Exortação à Obediência

10 “O SENHOR, o seu Deus, os conduzirá à terra que jurou aos
seus antepassados, Abraão, Isaque e Jacó, dar a vocês, terra
com grandes e boas cidades que vocês não construíram,
11 com casas cheias de tudo o que há de melhor, de coisas que
vocês não produziram, com cisternas que vocês não cavaram,
com vinhas e oliveiras que vocês não plantaram. Quando isso
acontecer, e vocês comerem e ficarem satisfeitos, 12 tenham
cuidado! Não esqueçam o SENHOR que os tirou do Egito, da
terra da escravidão. 13 Temam o SENHOR, o seu Deus e só a ele
prestem culto e jurem somente pelo seu nome. 14 Não sigam
outros deuses, os deuses dos povos ao redor; 15 pois o SENHOR,
o seu Deus, que está no meio de vocês, é Deus zeloso; a ira
do SENHOR, o seu Deus, se acenderá contra vocês, e ele os
banirá da face da terra. 16 Não ponham à prova o SENHOR, o seu
Deus, como fizeram em Massá. 17 Obedeçam cuidadosamente

[a] 5.10 Ou *até milhares os que*

[b] 6.4 Ou *O Senhor, o nosso Deus, é um só Senhor*, ou *O Senhor é nosso Deus, o Senhor é um só*; ou ainda *O Senhor é nosso Deus, o Senhor somente*.

aos mandamentos do SENHOR, o seu Deus, e aos preceitos e
decretos que ele ordenou a vocês. 18 Façam o que é justo e bom
perante o SENHOR, para que tudo vá bem com vocês e vocês en-
trem e tomem posse da boa terra que o SENHOR prometeu, sob
juramento, a seus antepassados, 19 expulsando todos os seus
inimigos de diante de vocês, conforme o SENHOR prometeu.
20 "No futuro, quando os seus filhos perguntarem a vocês: 'O
que significam estes preceitos, decretos e ordenanças que o
SENHOR, o nosso Deus, ordenou a vocês?' 21 Vocês lhes respon-
derão: 'Fomos escravos do faraó no Egito, mas o SENHOR nos
tirou de lá com mão poderosa. 22 O SENHOR realizou, diante dos
nossos olhos, sinais e maravilhas grandiosas e terríveis contra
o Egito e contra o faraó e toda a sua família. 23 Mas ele nos
tirou do Egito para nos trazer para cá e nos dar a terra que,
sob juramento, prometeu a nossos antepassados. 24 O SENHOR
nos ordenou que obedecêssemos a todos estes decretos e que
temêssemos o SENHOR, o nosso Deus, para que sempre fôs-
semos bem-sucedidos e que fôssemos preservados em vida,
como hoje se pode ver. 25 E, se nós nos aplicarmos a obedecer
a toda esta lei perante o SENHOR, o nosso Deus, conforme ele
nos ordenou, esta será a nossa justiça'.

As Nações Idólatras Serão Expulsas

7 "Quando o SENHOR, o seu Deus, os fizer entrar na terra, para
a qual vocês estão indo para dela tomarem posse, ele expul-
sará de diante de vocês muitas nações: os hititas, os girgaseus,
os amorreus, os cananeus, os ferezeus, os heveus e os jebu-
seus. São sete nações maiores e mais fortes do que vocês; 2 e
quando o SENHOR, o seu Deus, as tiver dado a vocês, e vocês as
tiverem derrotado, então vocês as destruirão totalmente. Não
façam com elas tratado algum e não tenham piedade delas.
3 Não se casem com pessoas de lá. Não deem suas filhas aos fi-
lhos delas, nem tomem as filhas delas para os seus filhos, 4 pois
elas desviariam seus filhos de seguir-me para servir a outros
deuses e, por causa disso, a ira do SENHOR se acenderia contra
vocês e rapidamente os destruiria. 5 Assim vocês tratarão essas
nações: derrubem os seus altares, quebrem as suas colunas
sagradas, cortem os seus postes sagrados e queimem os seus
ídolos. 6 Pois vocês são um povo santo para o SENHOR, o seu
Deus. O SENHOR, o seu Deus, os escolheu dentre todos os povos
da face da terra para ser o seu povo, o seu tesouro pessoal.
7 "O SENHOR não se afeiçoou a vocês nem os escolheu por serem
mais numerosos do que os outros povos, pois vocês eram o
menor de todos os povos. 8 Mas foi porque o SENHOR os amou
e por causa do juramento que fez aos seus antepassados. Por
isso ele os tirou com mão poderosa e os redimiu da terra da
escravidão, do poder do faraó, rei do Egito. 9 Saibam, por-
tanto, que o SENHOR, o seu Deus, é Deus; ele é o Deus fiel, que
mantém a aliança e a bondade por mil gerações daqueles que
o amam e obedecem aos seus mandamentos. 10 Mas àqueles
que o desprezam, retribuirá com destruição; ele não demora
em retribuir àqueles que o desprezam. 11 Obedeçam, pois, à lei,
isto é, aos decretos e às ordenanças que hoje ordeno a vocês.

As Bênçãos da Obediência

12 "Se vocês obedecerem a essas ordenanças, as guardarem
e as cumprirem, então o SENHOR, o seu Deus, manterá com
vocês a aliança e a bondade que prometeu sob juramento aos
seus antepassados. 13 Ele os amará, os abençoará e fará com
que vocês se multipliquem. Ele abençoará os seus filhos e os
frutos da sua terra: o cereal, o vinho novo e o azeite, as crias
das vacas e das ovelhas, na terra que aos seus antepassados
jurou dar a vocês. 14 Vocês serão mais abençoados do que qual-
quer outro povo! Nenhum dos seus homens ou mulheres será
estéril, nem mesmo os animais do seu rebanho. 15 O SENHOR os
guardará de todas as doenças. Não infligirá a vocês as doenças
terríveis que, como sabem, atingiram o Egito, mas as infligirá
a todos os seus inimigos. 16 Vocês destruirão todos os povos
que o SENHOR, o seu Deus, entregar a vocês. Não olhem com
piedade para eles, nem sirvam aos seus deuses, pois isso seria
uma armadilha para vocês.
17 "Talvez vocês digam a si mesmos: 'Essas nações são mais
fortes do que nós. Como poderemos expulsá-las?' 18 Não te-
nham medo delas! Lembrem-se bem do que o SENHOR, o seu
Deus, fez ao faraó e a todo o Egito. 19 Vocês viram com os seus
próprios olhos as grandes provas, os sinais miraculosos e as
maravilhas, a mão poderosa e o braço forte com que o SENHOR,
o seu Deus, os tirou de lá. O SENHOR, o seu Deus, fará o mesmo
com todos os povos que agora vocês temem. 20 Além disso, o
SENHOR, o seu Deus, causará pânico[a] entre eles até destruir o
restante deles, os que se esconderem de vocês. 21 Não fiquem
apavorados por causa deles, pois o SENHOR, o seu Deus, que
está com vocês, é Deus grande e temível. 22 O SENHOR, o seu
Deus, expulsará, aos poucos, essas nações de diante de vocês.
Vocês não deverão eliminá-las de uma só vez, senão os animais
selvagens se multiplicarão, ameaçando-os. 23 Mas o SENHOR, o
seu Deus, as entregará a vocês, lançando-as em grande con-
fusão, até que sejam destruídas. 24 Ele entregará nas mãos de
vocês os reis dessas nações, e vocês apagarão o nome deles de
debaixo do céu. Ninguém conseguirá resistir a vocês até que os
tenham destruído. 25 Vocês queimarão as imagens dos deuses
dessas nações. Não cobicem a prata e o ouro de que são re-
vestidas; isso seria uma armadilha para vocês. Para o SENHOR, o
seu Deus, isso é detestável. 26 Não levem coisa alguma que seja
detestável para dentro de casa, senão também vocês serão
separados para a destruição. Considerem tudo isso proibido e
detestem-no totalmente, pois está separado para a destruição.

A Disciplina do SENHOR no Caminho para a Boa Terra

8 "Tenham o cuidado de obedecer a toda a lei que eu hoje or-
deno a vocês, para que vocês vivam, multipliquem-se e tomem
posse da terra que o SENHOR prometeu, com juramento, aos
seus antepassados.
2 "Lembrem-se de como o SENHOR, o seu Deus, os conduziu
por todo o caminho no deserto, durante estes quarenta anos,
para humilhá-los e pô-los à prova, a fim de conhecer suas in-
tenções, se iriam obedecer aos seus mandamentos ou não.

[a] 7.20 Ou *mandará vespas*; ou ainda *a praga*

3Assim, ele os humilhou e os deixou passar fome. Mas depois
os sustentou com maná, que nem vocês nem os seus antepas-
sados conheciam, para mostrar a vocês que nem só de pão
viverá o homem, mas de toda palavra que procede da boca do
SENHOR. 4As roupas de vocês não se gastaram e os seus pés não
incharam durante esses quarenta anos. 5Saibam, pois, em seu
coração que, assim como um homem disciplina o seu filho, da
mesma forma o SENHOR, o seu Deus, os disciplina.
6"Obedeçam aos mandamentos do SENHOR, o seu Deus, an-
dando em seus caminhos e dele tendo temor. 7Pois o SENHOR,
o seu Deus, os está levando a uma boa terra, cheia de riachos e
tanques de água, de fontes que jorram nos vales e nas colinas;
8terra de trigo e cevada, videiras e figueiras, de romãzeiras,
azeite de oliva e mel; 9terra onde não faltará pão e onde não
terão falta de nada; terra onde as rochas têm ferro e onde
vocês poderão extrair cobre das colinas.

Advertência contra a Ingratidão

10"Depois que tiverem comido até ficarem satisfeitos, louvem o
SENHOR, o seu Deus, pela boa terra que deu a vocês. 11Tenham
o cuidado de não se esquecer do SENHOR, o seu Deus, deixando
de obedecer aos seus mandamentos, às suas ordenanças e aos
seus decretos que hoje ordeno a vocês. 12Não aconteça que,
depois de terem comido até ficarem satisfeitos, de terem cons-
truído boas casas e nelas morado, 13de aumentarem os seus
rebanhos, a sua prata e o seu ouro e todos os seus bens, 14o
seu coração fique orgulhoso e vocês se esqueçam do SENHOR,
o seu Deus, que os tirou do Egito, da terra da escravidão. 15Ele
os conduziu pelo imenso e pavoroso deserto, por aquela terra
seca e sem água, de serpentes e escorpiões venenosos. Ele
tirou água da rocha para vocês 16e os sustentou no deserto com
maná, que os seus antepassados não conheciam, para humi-
lhá-los e prová-los, a fim de que tudo fosse bem com vocês.
17Não digam, pois, em seu coração: 'A minha capacidade e a
força das minhas mãos ajuntaram para mim toda esta riqueza'.
18Mas, lembrem-se do SENHOR, o seu Deus, pois é ele que dá a
vocês a capacidade de produzir riqueza, confirmando a aliança
que jurou aos seus antepassados, conforme hoje se vê.
19"Mas, se vocês se esquecerem do SENHOR, o seu Deus, e
seguirem outros deuses, prestando-lhes culto e curvando-se
diante deles, asseguro-lhes hoje que vocês serão destruídos.
20Por não obedecerem ao SENHOR, o seu Deus, vocês serão
destruídos como o foram as outras nações que o SENHOR des-
truiu perante vocês.

9 O Mérito Não Foi de Israel

"Ouça, ó Israel: Hoje você está atravessando o Jordão para
entrar na terra e conquistar nações maiores e mais poderosas
do que você, as quais têm cidades grandes, com muros que
vão até o céu. 2O povo é forte e alto. São enaquins! Você já
ouviu falar deles e até conhece o que se diz: 'Quem é capaz de
resistir aos enaquins?' 3Esteja, hoje, certo de que o SENHOR,
o seu Deus, ele mesmo, vai adiante de você como fogo con-
sumidor. Ele os exterminará e os subjugará diante de você. E
você os expulsará e os destruirá, como o SENHOR lhe prometeu.
4"Depois que o SENHOR, o seu Deus, os tiver expulsado da pre-
sença de você, não diga: 'O SENHOR me trouxe aqui para tomar
posse desta terra por causa da minha justiça'. Não! É devido
à impiedade destas nações que o SENHOR vai expulsá-las da
presença de você. 5Não é por causa de sua justiça ou de sua
retidão que você conquistará a terra delas. Mas é por causa da
maldade destas nações que o SENHOR, o seu Deus, as expulsará
de diante de você, para cumprir a palavra que o SENHOR pro-
meteu, sob juramento, aos seus antepassados, Abraão, Isaque
e Jacó. 6Portanto, esteja certo de que não é por causa de sua
justiça que o SENHOR, o seu Deus, lhe dá esta boa terra para
dela tomar posse, pois você é um povo obstinado.

O Bezerro de Ouro

7"Lembrem-se disto e jamais esqueçam como vocês provo-
caram a ira do SENHOR, o seu Deus, no deserto. Desde o dia
em que saíram do Egito até chegarem aqui, vocês têm sido
rebeldes contra o SENHOR. 8Até mesmo em Horebe vocês provo-
caram a ira do SENHOR, e ele ficou furioso, ao ponto de querer
exterminá-los. 9Quando subi o monte para receber as tábuas
de pedra, as tábuas da aliança que o SENHOR tinha feito com
vocês, fiquei no monte quarenta dias e quarenta noites; não
comi pão, nem bebi água. 10O SENHOR me deu as duas tábuas
de pedra escritas pelo dedo de Deus. Nelas estavam escritas
todas as palavras que o SENHOR proclamou a vocês no monte,
de dentro do fogo, no dia da assembleia.
11"Passados os quarenta dias e quarenta noites, o SENHOR me
deu as duas tábuas de pedra, as tábuas da aliança, 12e me
disse: 'Desça imediatamente, pois o seu povo, que você tirou
do Egito, corrompeu-se. Eles se afastaram bem depressa do
caminho que eu lhes ordenei e fizeram um ídolo de metal para
si'.
13"E o SENHOR me disse: 'Vejo que este povo é realmente um
povo obstinado! 14Deixe que eu os destrua e apague o nome
deles de debaixo do céu. E farei de você uma nação mais forte
e mais numerosa do que eles'.
15"Então voltei e desci do monte, enquanto este ardia em
chamas. E as duas tábuas da aliança estavam em minhas
mãos.[a] 16E vi que vocês tinham pecado contra o SENHOR, o seu
Deus. Fizeram para si um ídolo de metal em forma de bezerro.
Bem depressa vocês se desviaram do caminho que o SENHOR, o
Deus de vocês, tinha ordenado a vocês. 17Então peguei as duas
tábuas e as lancei das minhas mãos, quebrando-as diante dos
olhos de vocês.
18"Depois prostrei-me perante o SENHOR outros quarenta dias
e quarenta noites; não comi pão, nem bebi água, por causa
do grande pecado que vocês tinham cometido, fazendo o que
o SENHOR reprova, provocando a ira dele. 19Tive medo da ira
e do furor do SENHOR, pois ele estava irado ao ponto de des-
truí-los, mas de novo o SENHOR me escutou. 20O SENHOR irou-se
contra Arão a ponto de querer destruí-lo, mas naquela ocasião
também orei por Arão. 21Então peguei o bezerro, o bezerro do
pecado de vocês, e o queimei no fogo; depois o esmigalhei e
o moí até virar pó e o joguei no riacho que desce do monte.

[a] 9.15 Ou *E eu tinha as duas tábuas da aliança comigo, uma em cada mão.*

22 "Além disso, vocês tornaram a provocar a ira do SENHOR em
Taberá, em Massá e em Quibrote-Hataavá.
23 "E, quando o SENHOR os enviou de Cades-Barneia, disse: 'En-
trem lá e tomem posse da terra que dei a vocês'. Mas vocês
se rebelaram contra a ordem do SENHOR, o seu Deus. Não con-
fiaram nele, nem lhe obedeceram. 24 Vocês têm sido rebeldes
contra o SENHOR desde que os conheço.
25 "Fiquei prostrado perante o SENHOR durante aqueles qua-
renta dias e quarenta noites porque o SENHOR tinha dito que ia
destruí-los. 26 Foi quando orei ao SENHOR, dizendo: Ó Soberano
SENHOR, não destruas o teu povo, a tua própria herança! Tu o
redimiste com a tua grandeza e o tiraste da terra do Egito com
mão poderosa. 27 Lembra-te de teus servos Abraão, Isaque e
Jacó. Não leves em conta a obstinação deste povo, a sua mal-
dade e o seu pecado, 28 senão os habitantes da terra de onde
nos tiraste dirão: 'Como o SENHOR não conseguiu levá-los à
terra que lhes havia prometido, e como ele os odiava, tirou-os
para fazê-los morrer no deserto'. 29 Mas eles são o teu povo,
a tua herança, que tiraste do Egito com o teu grande poder e
com o teu braço forte.

10 Tábuas Iguais às Primeiras

"Naquela ocasião o SENHOR me ordenou: 'Corte duas tá-
buas de pedra, como as primeiras, e suba para encontrar-se
comigo no monte. Faça também uma arca de madeira. 2 Eu
escreverei nas tábuas as palavras que estavam nas primeiras,
que você quebrou, e você as colocará na arca'.
3 "Então fiz a arca de madeira de acácia, cortei duas tábuas
de pedra como as primeiras e subi o monte com as duas tá-
buas nas mãos. 4 O SENHOR escreveu nelas o que tinha escrito
anteriormente, os Dez Mandamentos que havia proclamado
a vocês no monte, do meio do fogo, no dia em que estavam
todos reunidos. O SENHOR as entregou a mim, 5 e eu voltei, desci
do monte e coloquei as tábuas na arca que eu tinha feito. E lá
ficaram, conforme o SENHOR tinha ordenado.
6 (Os israelitas partiram dos poços dos jaacanitas e foram até
Moserá. Ali Arão morreu e foi sepultado, e o seu filho Eleazar
foi o seu sucessor como sacerdote. 7 Dali foram para Gudgodá
e de lá para Jotbatá, terra de riachos. 8 Naquela ocasião o SE-
NHOR separou a tribo de Levi para carregar a arca da aliança
do SENHOR, para estar perante o SENHOR a fim de ministrar e
pronunciar bênçãos em seu nome, como se faz ainda hoje.
9 É por isso que os levitas não têm nenhuma porção de terra
ou herança entre os seus irmãos; o SENHOR é a sua herança,
conforme o SENHOR, o seu Deus, lhes prometeu.)
10 "Assim eu fiquei no monte quarenta dias e quarenta noites,
como da primeira vez; e também desta vez o SENHOR me
atendeu e não quis destruí-los. 11 'Vá', o SENHOR me disse.
'Conduza o povo em seu caminho, para que tome posse da
terra que jurei aos seus antepassados dar a você.'

Exortação ao Temor do SENHOR

12 "E agora, ó Israel, que é que o SENHOR, o seu Deus, pede
a você, senão que tema o SENHOR, o seu Deus, que ande em
todos os seus caminhos, que o ame e que sirva ao SENHOR, o
seu Deus, de todo o seu coração e de toda a sua alma, 13 e que
obedeça aos mandamentos e aos decretos do SENHOR, que hoje
dou a você para o seu próprio bem?
14 "Ao SENHOR, o seu Deus, pertencem os céus e até os mais
altos céus, a terra e tudo o que nela existe. 15 No entanto, o SE-
NHOR se afeiçoou aos seus antepassados e os amou, e a vocês,
descendentes deles, escolheu entre todas as nações, como
hoje se vê. 16 Sejam fiéis, de coração[a], à sua aliança; e deixem
de ser obstinados. 17 Pois o SENHOR, o seu Deus, é o Deus dos
deuses e o Soberano dos soberanos, o grande Deus, poderoso
e temível, que não age com parcialidade nem aceita suborno.
18 Ele defende a causa do órfão e da viúva e ama o estran-
geiro, dando-lhe alimento e roupa. 19 Amem os estrangeiros,
pois vocês mesmos foram estrangeiros no Egito. 20 Temam o
SENHOR, o seu Deus, e sirvam-no. Apeguem-se a ele e façam os
seus juramentos somente em nome dele. 21 Seja ele o motivo
do seu louvor, pois ele é o seu Deus, que por vocês fez aquelas
grandes e temíveis maravilhas que vocês viram com os próprios
olhos. 22 Os seus antepassados que desceram ao Egito eram
setenta ao todo, mas agora o SENHOR, o seu Deus, os tornou
tão numerosos quanto as estrelas do céu.

11 Exortação ao Amor e à Obediência

"Amem o SENHOR, o seu Deus e obedeçam sempre aos seus
preceitos, aos seus decretos, às suas ordenanças e aos seus
mandamentos. 2 Lembrem-se hoje de que não foram os seus
filhos que experimentaram e viram a disciplina do SENHOR, o
seu Deus, a sua majestade, a sua mão poderosa, o seu braço
forte. 3 Vocês viram os sinais que ele realizou e tudo o que fez
no coração do Egito, tanto com o faraó, rei do Egito, quanto
com toda a sua terra; 4 o que fez com o exército egípcio, com
os seus cavalos e carros, como os surpreendeu com as águas
do mar Vermelho, quando estavam perseguindo vocês, e como
o SENHOR os destruiu para sempre. 5 Vocês também viram o
que ele fez por vocês no deserto até chegarem a este lugar,
6 e o que fez a Datã e a Abirão, filhos de Eliabe, da tribo de
Rúben, quando a terra abriu a boca no meio de todo o Israel
e os engoliu com suas famílias, suas tendas e tudo o que lhes
pertencia. 7 Vocês mesmos viram com os seus próprios olhos
todas essas coisas grandiosas que o SENHOR fez.
8 "Obedeçam, portanto, a toda a lei que hoje estou dando a
vocês, para que tenham forças para invadir e conquistar a
terra para onde estão indo 9 e para que vivam muito tempo
na terra que o SENHOR jurou dar aos seus antepassados e aos
descendentes deles, terra onde há leite e mel com fartura. 10 A
terra da qual vocês vão tomar posse não é como a terra do
Egito, de onde vocês vieram e onde plantavam as sementes
e tinham que fazer a irrigação a pé, como numa horta. 11 Mas
a terra em que vocês, atravessando o Jordão, vão entrar para
dela tomar posse, é terra de montes e vales, que bebe chuva
do céu. 12 É uma terra da qual o SENHOR, o seu Deus, cuida; os
olhos do SENHOR, o seu Deus, estão continuamente sobre ela,
do início ao fim do ano.

---

[a] 10.16 Hebraico: *Circuncidem o coração de vocês.*

13 “Portanto, se vocês obedecerem fielmente aos mandamentos
que hoje dou a vocês, amando o SENHOR, o seu Deus, e servin-
do-o de todo o coração e de toda a alma, 14 então, no devido
tempo, enviarei chuva sobre a sua terra, chuva de outono e de
primavera, para que vocês recolham o seu cereal e tenham
vinho novo e azeite. 15 Ela dará pasto nos campos para os seus
rebanhos, e quanto a vocês, terão o que comer e ficarão sa-
tisfeitos.
16 “Por isso, tenham cuidado para não serem enganados e le-
vados a desviar-se para adorar outros deuses e a prostrar-se
perante eles. 17 Caso contrário, a ira do SENHOR se acenderá
contra vocês e ele fechará o céu para que não chova e para
que a terra nada produza, e assim vocês logo desaparecerão
da boa terra que o SENHOR está dando a vocês. 18 Gravem estas
minhas palavras no coração e na mente; amarrem-nas como
sinal nas mãos e prendam-nas na testa. 19 Ensinem-nas a seus
filhos, conversando a respeito delas quando estiverem sen-
tados em casa e quando estiverem andando pelo caminho,
quando se deitarem e quando se levantarem. 20 Escrevam-nas
nos batentes das portas de suas casas e nos seus portões,
21 para que, na terra que o SENHOR jurou que daria aos seus
antepassados, os seus dias e os dias dos seus filhos sejam
muitos, sejam tantos como os dias durante os quais o céu está
acima da terra.
22 “Se vocês obedecerem a todos os mandamentos que mando
vocês cumprirem, amando o SENHOR, o seu Deus, andando em
todos os seus caminhos e apegando-se a ele, 23 então o SENHOR
expulsará todas essas nações da presença de vocês, e vocês
despojarão nações maiores e mais fortes do que vocês. 24 Todo
lugar onde vocês puserem os pés será de vocês. O seu território
se estenderá do deserto do Líbano e do rio Eufrates ao mar
Ocidental[a]. 25 Ninguém conseguirá resisti-los. O SENHOR, o seu
Deus, conforme prometeu a vocês, trará pavor e medo de vocês
a todos os povos daquela terra, aonde quer que vocês forem.
26 “Prestem atenção! Hoje estou pondo diante de vocês a
bênção e a maldição. 27 Vocês terão bênção se obedecerem aos
mandamentos do SENHOR, o seu Deus, que hoje estou dando
a vocês; 28 mas terão maldição se desobedecerem aos man-
damentos do SENHOR, o seu Deus, e se afastarem do caminho
que hoje ordeno a vocês, para seguir deuses desconhecidos.
29 Quando o SENHOR, o seu Deus, os tiver levado para a terra da
qual vão tomar posse, vocês terão que proclamar a bênção no
monte Gerizim e a maldição no monte Ebal. 30 Como sabem,
esses montes estão do outro lado do Jordão, a oeste da es-
trada[b], na direção do poente, perto dos carvalhos de Moré, no
território dos cananeus que vivem na Arabá, próximos de Gilgal.
31 Vocês estão a ponto de atravessar o Jordão e de tomar posse
da terra que o SENHOR, o seu Deus, lhes está dando. Quando
vocês a tiverem conquistado e estiverem vivendo nela, 32 te-
nham o cuidado de obedecer a todos os decretos e ordenanças
que hoje estou dando a vocês.

[a] 11.24 Isto é, o Mediterrâneo.
[b] 11.30 Ou *Jordão, na direção oeste*

O Único Local de Adoração

12 “Estes são os decretos e ordenanças que vocês devem ter
o cuidado de cumprir enquanto viverem na terra que o SENHOR,
o Deus dos seus antepassados, deu a vocês como herança.
2 Destruam completamente todos os lugares nos quais as na-
ções que vocês estão desalojando adoram os seus deuses,
tanto nos altos montes como nas colinas e à sombra de toda
árvore frondosa. 3 Derrubem os seus altares, esmigalhem as
suas colunas sagradas e queimem os seus postes sagrados;
despedacem os ídolos dos seus deuses e eliminem os nomes
deles daqueles lugares.
4 “Vocês, porém, não adorarão o SENHOR, o seu Deus, como
eles adoram os seus deuses. 5 Mas procurarão o local que o
SENHOR, o seu Deus, escolher dentre todas as tribos para ali
pôr o seu Nome e sua habitação. Para lá vocês deverão ir 6 e
levar holocaustos[c] e sacrifícios, dízimos e dádivas especiais, o
que em voto tiverem prometido, as suas ofertas voluntárias e
a primeira cria de todos os rebanhos. 7 Ali, na presença do SE-
NHOR, o seu Deus, vocês e suas famílias comerão e se alegrarão
com tudo o que tiverem feito, pois o SENHOR, o seu Deus, os
terá abençoado.
8 “Vocês não agirão como estamos agindo aqui, cada um fa-
zendo o que bem entende, 9 pois ainda não chegaram ao lugar
de descanso e à herança que o SENHOR, o seu Deus, está dando
a vocês. 10 Mas vocês atravessarão o Jordão e se estabelecerão
na terra que o SENHOR, o seu Deus, dá a vocês como herança,
e ele concederá a vocês descanso de todos os inimigos que os
cercam, para que vocês vivam em segurança. 11 Então, para
o lugar que o SENHOR, o seu Deus, escolher como habitação
do seu Nome, vocês levarão tudo o que eu ordenar a vocês:
holocaustos e sacrifícios, dízimos e dádivas especiais e tudo o
que tiverem prometido em voto ao SENHOR. 12 E regozijem-se ali
perante o SENHOR, o seu Deus, vocês, os seus filhos e filhas, os
seus servos e servas e os levitas que vivem nas cidades de vocês
por não terem recebido terras nem propriedades. 13 Tenham
o cuidado de não sacrificar os seus holocaustos em qualquer
lugar que agrade a vocês. 14 Ofereçam-nos somente no local
que o SENHOR escolher numa das suas tribos, e ali ponham em
prática tudo o que eu ordenar a vocês.
15 “No entanto, vocês poderão abater os seus animais em qual-
quer das suas cidades e comer quanta carne desejarem, como
se fosse carne de gazela ou de veado, de acordo com a bênção
que o SENHOR, o seu Deus, der a vocês. Tanto quem estiver
cerimonialmente impuro quanto quem estiver puro poderá
comê-la. 16 Mas não poderão comer o sangue; derramem-no
no chão como se fosse água. 17 Vocês não poderão comer em
suas próprias cidades o dízimo do cereal, do vinho novo e do
azeite, nem a primeira cria dos rebanhos, nem o que, em voto,
tiverem prometido, nem as suas ofertas voluntárias ou dádivas
especiais. 18 Ao invés disso, vocês os comerão na presença do
SENHOR, o seu Deus, no local que o SENHOR, o seu Deus, esco-
lher; vocês, os seus filhos e filhas, os seus servos e servas e os
levitas das suas cidades. Alegrem-se perante o SENHOR, o seu

[c] 12.6 Isto é, sacrifícios totalmente queimados.

Deus, em tudo o que fizerem. 19 Tenham o cuidado de não aban-
donar os levitas enquanto vocês viverem na sua própria terra.
20 “Quando o SENHOR, o seu Deus, tiver aumentado o seu ter-
ritório conforme prometeu a vocês, e vocês desejarem comer
carne e disserem: ‘Gostaríamos de um pouco de carne’, po-
derão comer o quanto quiserem. 21 Se o local que o SENHOR, o
seu Deus, escolher para pôr o seu Nome ficar longe demais,
vocês poderão abater animais de todos os rebanhos que o
SENHOR lhes der, conforme lhes ordenei, e em suas próprias
cidades poderão comer quanta carne desejarem. 22 Vocês a
comerão como comeriam carne de gazela ou de veado. Tanto
os cerimonialmente impuros quanto os puros poderão comer.
23 Mas não comam o sangue, porque o sangue é a vida, e vocês
não poderão comer a vida com o sangue. 24 Vocês não comerão
o sangue; derramem-no no chão como se fosse água. 25 Não o
comam, para que tudo vá bem com vocês e com os seus filhos,
porque estarão fazendo o que é justo perante o SENHOR.
26 “Todavia, apanhem os seus objetos consagrados e o que,
em voto, tiverem prometido e dirijam-se ao local que o SENHOR
escolher. 27 Apresentem os seus holocaustos colocando-os no
altar do SENHOR, o seu Deus, tanto a carne quanto o sangue. O
sangue dos seus sacrifícios será derramado ao lado do altar do
SENHOR, o seu Deus, mas vocês poderão comer a carne. 28 Te-
nham o cuidado de obedecer a todos estes regulamentos que
estou dando a vocês, para que sempre vá tudo bem com vocês
e com os seus filhos, porque estarão fazendo o que é bom e
certo perante o SENHOR, o seu Deus.
29 “O SENHOR, o seu Deus, eliminará da sua presença as nações
que vocês estão a ponto de invadir e expulsar. Mas, quando
vocês as tiverem expulsado e tiverem se estabelecido na terra
delas, 30 e depois que elas forem destruídas, tenham cuidado
para não serem enganados e para não se interessarem pelos
deuses delas, dizendo: ‘Como essas nações servem aos seus
deuses? Faremos o mesmo!’ 31 Não adorem o SENHOR, o seu
Deus, da maneira como fazem essas nações, porque, ao ado-
rarem os seus deuses, elas fazem todo tipo de coisas repug-
nantes que o SENHOR odeia, como queimar seus filhos e filhas
no fogo em sacrifícios aos seus deuses.
32 “Apliquem-se a fazer tudo o que eu ordeno a vocês; não
acrescentem nem tirem coisa alguma.

A Adoração a Outros Deuses

13 “Se aparecer no meio de vocês um profeta ou alguém
que faz predições por meio de sonhos e anunciar a vocês um
sinal miraculoso ou um prodígio, 2 e se o sinal ou prodígio de
que ele falou acontecer, e ele disser: ‘Vamos seguir outros
deuses que vocês não conhecem e vamos adorá-los’, 3 não
deem ouvidos às palavras daquele profeta ou sonhador. O
SENHOR, o seu Deus, está pondo vocês à prova para ver se o
amam de todo o coração e de toda a alma. 4 Sigam somente
o SENHOR, o seu Deus, e temam a ele somente. Cumpram os
seus mandamentos e obedeçam-lhe; sirvam-no e apeguem-se
a ele. 5 Aquele profeta ou sonhador terá que ser morto, pois
pregou rebelião contra o SENHOR, o seu Deus, que os tirou do
Egito e os redimiu da terra da escravidão; ele tentou afastá-los
do caminho que o SENHOR, o seu Deus, ordenou a vocês que
seguissem. Eliminem o mal do meio de vocês.
6 “Se o seu próprio irmão ou filho ou filha, ou a mulher que você
ama ou o seu amigo mais chegado secretamente instigá-lo, di-
zendo: ‘Vamos adorar outros deuses!’ — deuses que nem você
nem os seus antepassados conheceram, 7 deuses dos povos
que vivem ao seu redor, quer próximos, quer distantes, de um
ao outro lado da terra — 8 não se deixe convencer nem ouça
o que ele diz. Não tenha piedade nem compaixão dele e não
o proteja. 9 Você terá que matá-lo. Seja a sua mão a primeira
a levantar-se para matá-lo, e depois as mãos de todo o povo.
10 Apedreje-o até a morte, porque tentou desviá-lo do SENHOR, o
seu Deus, que o tirou do Egito, da terra da escravidão. 11 Então
todo o Israel saberá disso; todos temerão e ninguém tornará a
cometer uma maldade dessas.
12 “Se vocês ouvirem dizer que numa das cidades que o SENHOR,
o seu Deus, dá a vocês para nelas morarem, 13 surgiram homens
perversos e desviaram os seus habitantes, dizendo: ‘Vamos
adorar outros deuses!’, deuses que vocês não conhecem,
14 vocês deverão verificar e investigar. Se for verdade e ficar
comprovado que se praticou esse ato detestável no meio de
vocês, 15 matem ao fio da espada todos os que viverem na-
quela cidade. Destruam totalmente a cidade, matando tanto
os seus habitantes quanto os seus animais. 16 Ajuntem todos
os despojos no meio da praça pública e queimem totalmente
a cidade e todos os seus despojos, como oferta ao SENHOR, o
seu Deus. Fique ela em ruínas para sempre e nunca mais seja
reconstruída. 17 Não seja encontrado em suas mãos nada do
que foi destinado à destruição, para que o SENHOR se afaste do
fogo da sua ira. Ele terá misericórdia e compaixão de vocês e
os fará multiplicar-se, conforme prometeu sob juramento aos
seus antepassados, 18 somente se obedecerem ao SENHOR, o
seu Deus, guardando todos os seus mandamentos, que estou
dando a vocês, e fazendo o que é justo para ele.

Animais Puros e Impuros

14 “Vocês são os filhos do SENHOR, o seu Deus. Não façam
cortes no corpo nem rapem a frente da cabeça por causa dos
mortos, 2 pois vocês são povo consagrado ao SENHOR, o seu
Deus. Dentre todos os povos da face da terra, o SENHOR os
escolheu para serem o seu tesouro pessoal.
3 “Não comam nada que seja proibido. 4 São estes os animais
que vocês podem comer: o boi, a ovelha, o bode, 5 o veado, a
gazela, a corça, o bode montês, o antílope, o bode selvagem e
a ovelha montês.[a] 6 Vocês poderão comer qualquer animal que
tenha o casco fendido e dividido em duas unhas e que rumine.
7 Contudo, dos que ruminam ou têm o casco fendido, vocês não
poderão comer o camelo, o coelho e o rato silvestre. Embora
ruminem, não têm casco fendido; são impuros para vocês. 8 O
porco também é impuro; embora tenha casco fendido, não
rumina. Vocês não poderão comer a carne desses animais nem
tocar em seus cadáveres.

[a] 14.5 A identificação exata de algumas aves, insetos e animais deste capítulo não é conhecida.

9 “De todas as criaturas que vivem nas águas vocês poderão comer as que possuem barbatanas e escamas. 10 Mas não poderão comer nenhuma criatura que não tiver barbatanas nem escamas; é impura para vocês.

11 “Vocês poderão comer qualquer ave pura. 12 Mas estas vocês não poderão comer: a águia, o urubu, a águia-marinha, 13 o milhafre, qualquer espécie de falcão, 14 qualquer espécie de corvo, 15 a coruja-de-chifre[a], a coruja-de-orelha-pequena, a coruja-orelhuda[b], qualquer espécie de gavião, 16 o mocho, o corujão, a coruja-branca[c], 17 a coruja-do-deserto, o abutre, a coruja-pescadora, 18 a cegonha, qualquer tipo de garça, a poupa e o morcego.

19 “Todas as pequenas criaturas que enxameiam e têm asas são impuras para vocês; não as comam. 20 Mas qualquer criatura que tem asas, sendo pura, vocês poderão comer.

21 “Não comam nada que encontrarem morto. Vocês poderão dá-lo a um estrangeiro residente de qualquer cidade de vocês, e ele poderá comê-lo, ou vocês poderão vendê-lo a outros estrangeiros. Mas vocês são povo consagrado ao SENHOR, o seu Deus. “Não cozinhem o cabrito no leite da própria mãe.

A Entrega dos Dízimos

22 “Separem o dízimo de tudo o que a terra produzir anualmente. 23 Comam o dízimo do cereal, do vinho novo e do azeite, e a primeira cria de todos os seus rebanhos na presença do SENHOR, o seu Deus, no local que ele escolher como habitação do seu Nome, para que aprendam a temer sempre o SENHOR, o seu Deus. 24 Mas, se o local for longe demais e vocês tiverem sido abençoados pelo SENHOR, o seu Deus, e não puderem carregar o dízimo, pois o local escolhido pelo SENHOR para ali pôr o seu Nome é longe demais, 25 troquem o dízimo por prata, e levem a prata ao local que o SENHOR, o seu Deus, tiver escolhido. 26 Com prata comprem o que quiserem: bois, ovelhas, vinho ou outra bebida fermentada, ou qualquer outra coisa que desejarem. Então juntamente com suas famílias comam e alegrem-se ali, na presença do SENHOR, o seu Deus. 27 E nunca se esqueçam dos levitas que vivem em suas cidades, pois eles não possuem propriedade nem herança próprias.

28 “Ao final de cada três anos, tragam todos os dízimos da colheita do terceiro ano, armazenando-os em sua própria cidade, 29 para que os levitas, que não possuem propriedade nem herança, e os estrangeiros, os órfãos e as viúvas que vivem na sua cidade venham comer e saciar-se, e para que o SENHOR, o seu Deus, os abençoe em todo o trabalho das suas mãos.

O Ano do Cancelamento das Dívidas

15 “No final de cada sete anos as dívidas deverão ser canceladas. 2 Isso deverá ser feito da seguinte forma: todo credor cancelará o empréstimo que fez ao seu próximo. Nenhum israelita exigirá pagamento de seu próximo ou de seu parente, porque foi proclamado o tempo do SENHOR para o cancelamento das dívidas. 3 Vocês poderão exigir pagamento do estrangeiro, mas terão que cancelar qualquer dívida de seus irmãos israelitas. 4 Assim, não deverá haver pobre algum no meio de vocês, pois na terra que o SENHOR, o seu Deus, está dando a vocês como herança para que dela tomem posse, ele os abençoará ricamente, 5 contanto que obedeçam em tudo ao SENHOR, o seu Deus, e ponham em prática toda esta lei que hoje estou dando a vocês. 6 Pois o SENHOR, o seu Deus, os abençoará conforme prometeu, e vocês emprestarão a muitas nações, mas de nenhuma tomarão emprestado. Vocês dominarão muitas nações, mas por nenhuma serão dominados.

7 “Se houver algum israelita pobre em qualquer das cidades da terra que o SENHOR, o seu Deus, está dando a vocês, não endureçam o coração, nem fechem a mão para com o seu irmão pobre. 8 Ao contrário, tenham mão aberta e emprestem-lhe liberalmente o que ele precisar. 9 Cuidado! Que nenhum de vocês alimente este pensamento ímpio: ‘O sétimo ano, o ano do cancelamento das dívidas, está se aproximando, e não quero ajudar o meu irmão pobre’. Ele poderá apelar para o SENHOR contra você, e você será culpado desse pecado. 10 Dê-lhe generosamente e sem relutância no coração; pois, por isso, o SENHOR, o seu Deus, o abençoará em todo o seu trabalho e em tudo o que você fizer. 11 Sempre haverá pobres na terra. Portanto, eu ordeno a você que abra o coração para o seu irmão israelita, tanto para o pobre como para o necessitado de sua terra.

A Libertação de Escravos

12 “Se seu compatriota hebreu, homem ou mulher, vender-se a você e servi-lo seis anos, no sétimo ano dê-lhe a liberdade. 13 E, quando o fizer, não o mande embora de mãos vazias. 14 Dê-lhe com generosidade dos animais do seu rebanho e do produto da sua eira e do seu tanque de prensar uvas. Dê-lhe conforme a bênção que o SENHOR, o seu Deus, tem dado a você. 15 Lembre-se de que você foi escravo no Egito e que o SENHOR, o seu Deus, o redimiu. É por isso que hoje dou a você essa ordem.

16 “Mas, se o seu escravo disser a você que não quer deixá-lo, porque ama você e sua família e não tem falta de nada, 17 então apanhe um furador e fure a orelha dele contra a porta, e ele se tornará seu escravo para o resto da vida. Faça o mesmo com a sua escrava.

18 “Não se sinta prejudicado ao libertar o seu escravo, pois o serviço que ele prestou a você nesses seis anos custou a metade do serviço de um trabalhador contratado. Além disso, o SENHOR, o seu Deus, o abençoará em tudo o que você fizer.

As Primeiras Crias

19 “Separe para o SENHOR, o seu Deus, todo primeiro macho de todos os seus rebanhos. Não use a primeira cria das suas vacas para trabalhar, nem tosquie a primeira cria das suas ovelhas. 20 Todo ano você e a sua família as comerão na presença do SENHOR, o seu Deus, no local que ele escolher. 21 Se o animal tiver defeito, ou for manco ou cego, ou tiver qualquer outro defeito grave, você não poderá sacrificá-lo ao SENHOR, o seu

[a] 14.15 Ou *o avestruz*
[b] 14.15 Ou *a gaivota*
[c] 14.16 Ou *o pelicano*

Deus. 22 Coma-o na cidade onde estiver morando. Tanto o ceri-
monialmente impuro quanto o puro o comerão, como se come
a carne da gazela ou do veado. 23 Mas não poderá comer o
sangue; derrame-o no chão como se fosse água.

A Páscoa

16 "Observem o mês de abibe[a] e celebrem a Páscoa do SE-
NHOR, o seu Deus, pois no mês de abibe, de noite, ele os tirou
do Egito. 2 Ofereçam como sacrifício da Páscoa ao SENHOR, o
seu Deus, um animal dos rebanhos de bois ou de ovelhas, no
local que o SENHOR escolher para habitação do seu Nome. 3 Não
o comam com pão fermentado, mas durante sete dias comam
pães sem fermento, o pão da aflição, pois foi às pressas que
vocês saíram do Egito, para que todos os dias da sua vida vocês
se lembrem da época em que saíram do Egito. 4 Durante sete
dias não permitam que seja encontrado fermento com vocês em
toda a sua terra. Tampouco permitam que alguma carne sacrifi-
cada à tarde do primeiro dia permaneça até a manhã seguinte.
5 "Não ofereçam o sacrifício da Páscoa em nenhuma das ci-
dades que o SENHOR, o seu Deus, der a vocês; 6 sacrifiquem-na
apenas no local que ele escolher para habitação do seu Nome.
Ali vocês oferecerão o sacrifício da Páscoa à tarde, ao pôr do
sol, na data[b] da sua partida do Egito. 7 Vocês cozinharão a carne
do animal e a comerão no local que o SENHOR, o seu Deus,
escolher. E, pela manhã, cada um de vocês voltará para a sua
tenda. 8 Durante seis dias comam pão sem fermento e no sé-
timo dia façam uma assembleia em honra ao SENHOR, o seu
Deus; não façam trabalho algum.

A Festa das Semanas

9 "Contem sete semanas a partir da época em que vocês co-
meçarem a colheita do cereal. 10 Celebrem então a festa das
semanas[c] ao SENHOR, o seu Deus, e tragam uma oferta volun-
tária conforme as bênçãos recebidas do SENHOR, o seu Deus.
11 E alegrem-se perante o SENHOR, o seu Deus, no local que ele
escolher para habitação do seu Nome, junto com os seus filhos
e as suas filhas, os seus servos e as suas servas, os levitas que
vivem na sua cidade, os estrangeiros, os órfãos e as viúvas que
vivem com vocês. 12 Lembrem-se de que vocês foram escravos
no Egito e obedeçam fielmente a estes decretos.

A Festa das Cabanas

13 "Celebrem também a festa das cabanas[d] durante sete
dias, depois que ajuntarem o produto da eira e do tanque de
prensar uvas. 14 Alegrem-se nessa festa com os seus filhos e
as suas filhas, os seus servos e as suas servas, os levitas, os
estrangeiros, os órfãos e as viúvas que vivem na sua cidade.
15 Durante sete dias celebrem a festa, dedicada ao SENHOR, o
seu Deus, no local que o SENHOR escolher. Pois o SENHOR, o
seu Deus, os abençoará em toda a sua colheita e em todo o
trabalho de suas mãos, e a sua alegria será completa.

16 "Três vezes por ano todos os seus homens se apresentarão
ao SENHOR, o seu Deus, no local que ele escolher, por ocasião
da festa dos pães sem fermento, da festa das semanas e da
festa das cabanas. Nenhum deles deverá apresentar-se ao SE-
NHOR de mãos vazias: 17 cada um de vocês trará uma dádiva
conforme as bênçãos recebidas do SENHOR, o seu Deus.

Os Juízes e suas Funções

18 "Nomeiem juízes e oficiais para cada uma de suas tribos em
todas as cidades que o SENHOR, o seu Deus, dá a vocês, para
que eles julguem o povo com justiça. 19 Não pervertam a jus-
tiça nem mostrem parcialidade. Não aceitem suborno, pois o
suborno cega até os sábios[e] e prejudica a causa dos justos.
20 Sigam única e exclusivamente a justiça, para que tenham
vida e tomem posse da terra que o SENHOR, o seu Deus, dá
a vocês.

Advertência contra a Idolatria

21 "Não ergam nenhum poste sagrado além do altar que cons-
truírem em honra ao SENHOR, o seu Deus, 22 e não levantem
nenhuma coluna sagrada, pois isto é detestável para o SENHOR,
o seu Deus.

17 "Não sacrifiquem para o SENHOR, o seu Deus, um boi ou
uma ovelha que tenha qualquer defeito ou imperfeição;
isso seria detestável para ele.
2 "Se um homem ou uma mulher que vive numa das cidades que
o SENHOR dá a vocês for encontrado fazendo o que o SENHOR, o
seu Deus, reprova, violando a sua aliança 3 e, desobedecendo
ao meu mandamento, estiver adorando outros deuses, pros-
trando-se diante deles, ou diante do sol, ou diante da lua, ou
diante das estrelas do céu, 4 e vocês ficarem sabendo disso,
investiguem o caso a fundo. Se for verdade e ficar compro-
vado que se fez tal abominação em Israel, 5 levem o homem
ou a mulher que tiver praticado esse pecado à porta da sua
cidade e apedreje-o até morrer. 6 Pelo depoimento de duas ou
três testemunhas tal pessoa poderá ser morta, mas ninguém
será morto pelo depoimento de uma única testemunha. 7 As
mãos das testemunhas serão as primeiras a proceder à sua
execução, e depois as mãos de todo o povo. Eliminem o mal
do meio de vocês.

O Julgamento dos Casos Difíceis

8 "Se para os seus tribunais vierem casos difíceis demais de
julgar, sejam crimes de sangue, litígios ou agressões, diri-
jam-se ao local escolhido pelo SENHOR, o seu Deus, 9 e pro-
curem os sacerdotes levitas e o juiz que estiver exercendo o
cargo na ocasião. Apresentem-lhes o caso, e eles darão a vocês
o veredicto. 10 Procedam de acordo com a decisão que eles pro-
clamarem no local que o SENHOR escolher. Tratem de fazer tudo
o que eles ordenarem. 11 Procedam de acordo com a sentença e
as orientações que eles derem a vocês. Não se desviem daquilo
que eles determinarem para vocês, nem para a direita, nem

---

[a] **16.1** Aproximadamente março/abril.
[b] **16.6** Ou *hora*
[c] **16.10** Isto é, do Pentecoste; também no versículo 16.
[d] **16.13** Ou *dos tabernáculos*; hebraico: *sucote*; também no versículo 16.
[e] **16.19** Ou *juízes*

para a esquerda. 12 Mas quem agir com rebeldia contra o juiz
ou contra o sacerdote que ali estiver no serviço do SENHOR terá
que ser morto. Eliminem o mal do meio de Israel. 13 Assim, todo
o povo temerá e não ousará mais agir com rebeldia.

Os Decretos do Rei

14 "Se, quando entrarem na terra que o SENHOR, o seu Deus, dá
a vocês, tiverem tomado posse dela, e nela tiverem se esta-
belecido, vocês disserem: 'Queremos um rei que nos governe,
como têm todas as nações vizinhas', 15 tenham o cuidado de
nomear o rei que o SENHOR, o seu Deus, escolher. Ele deve vir
dentre os seus próprios irmãos israelitas. Não coloquem um
estrangeiro como rei, alguém que não seja israelita. 16 Esse rei,
porém, não deverá adquirir muitos cavalos, nem fazer o povo
voltar ao Egito para conseguir mais cavalos, pois o SENHOR disse
a vocês: 'Jamais voltem por este caminho'. 17 Ele não deverá
tomar para si muitas mulheres; se o fizer, desviará o seu co-
ração. Também não deverá acumular muita prata e muito ouro.
18 "Quando subir ao trono do seu reino, mandará fazer num
rolo, para o seu uso pessoal, uma cópia da lei que está aos
cuidados dos sacerdotes levitas. 19 Trará sempre essa cópia
consigo e terá que lê-la todos os dias da sua vida, para que
aprenda a temer o SENHOR, o seu Deus, e a cumprir fielmente
todas as palavras desta lei, e todos estes decretos. 20 Isso fará
que ele não se considere superior aos seus irmãos israelitas
e que não se desvie da lei, nem para a direita, nem para a
esquerda. Assim prolongará o seu reinado sobre Israel, bem
como o dos seus descendentes.

18

A Herança dos Sacerdotes e dos Levitas

1 "Os sacerdotes levitas e todo o restante da tribo de Levi
não terão posse nem herança em Israel. Viverão das ofertas sa-
crificadas para o SENHOR, preparadas no fogo, pois esta é a sua
herança. 2 Não terão herança alguma no meio dos seus com-
patriotas; o SENHOR é a sua herança, conforme lhes prometeu.
3 "Quando o povo sacrificar um novilho ou uma ovelha, os sa-
cerdotes receberão a porção devida: a espádua, a queixada e
o estômago. 4 Vocês terão que dar-lhes as primícias do trigo, do
vinho e do azeite, e a primeira lã da tosquia das ovelhas, 5 pois,
de todas as tribos, o SENHOR, o seu Deus, escolheu os levitas e
os seus descendentes para estarem na presença do SENHOR e
para ministrarem sempre em seu nome.
6 "Se um levita que estiver morando em qualquer cidade de
Israel desejar ir ao local escolhido pelo SENHOR, 7 poderá minis-
trar em nome do SENHOR, o seu Deus, à semelhança de todos
os outros levitas que ali servem na presença do SENHOR. 8 Ele
receberá uma porção de alimento igual à dos outros levitas;
além disso, ficará com o que receber com a venda dos bens
da sua família.

Advertência contra Práticas Pagãs

9 "Quando entrarem na terra que o SENHOR, o seu Deus, dá
a vocês, não procurem imitar as coisas repugnantes que as
nações de lá praticam. 10 Não permitam que se ache alguém
no meio de vocês que queime em sacrifício o seu filho ou a sua
filha; que pratique adivinhação, ou se dedique à magia, ou faça
presságios, ou pratique feitiçaria 11 ou faça encantamentos; que
seja médium, consulte os espíritos ou consulte os mortos. 12 O
SENHOR tem repugnância por quem pratica essas coisas, e é
por causa dessas abominações que o SENHOR, o seu Deus, vai
expulsar aquelas nações da presença de vocês. 13 Permaneçam
inculpáveis perante o SENHOR, o seu Deus.

O Profeta do SENHOR

14 "As nações que vocês vão expulsar dão ouvidos aos que
praticam magia e adivinhação. Mas, a vocês, o SENHOR, o seu
Deus, não permitiu tais práticas. 15 O SENHOR, o seu Deus, le-
vantará do meio de seus próprios irmãos um profeta como eu;
ouçam-no. 16 Pois foi isso que pediram ao SENHOR, o seu Deus,
em Horebe, no dia em que se reuniram, quando disseram: 'Não
queremos ouvir a voz do SENHOR, do nosso Deus, nem ver o seu
grande fogo, senão morreremos!'
17 "O SENHOR me disse: 'Eles têm razão! 18 Levantarei do meio
dos seus irmãos um profeta como você; porei minhas palavras
na sua boca, e ele dirá a vocês tudo o que eu lhe ordenar. 19 Se
alguém não ouvir as minhas palavras, que o profeta falará em
meu nome, eu mesmo lhe pedirei contas. 20 Mas o profeta que
ousar falar em meu nome alguma coisa que não lhe ordenei,
ou que falar em nome de outros deuses, terá que ser morto'.
21 "Mas talvez vocês se perguntem: 'Como saberemos se uma
mensagem não vem do SENHOR?' 22 Se o que o profeta pro-
clamar em nome do SENHOR não acontecer nem se cumprir,
essa mensagem não vem do SENHOR. Aquele profeta falou com
presunção. Não tenham medo dele.

19

As Cidades de Refúgio

1 "Quando o SENHOR, o seu Deus, tiver destruído as nações
cuja terra dá a vocês, e quando vocês as expulsarem e ocu-
parem as cidades e as casas dessas nações, 2 separem três
cidades de refúgio na parte central da terra que o SENHOR,
o seu Deus, está dando a vocês para que dela tomem posse.
3 Dividam em três partes a terra que o SENHOR, o seu Deus, está
dando como herança a vocês e façam nela vias de acesso, para
que aquele que matar alguém possa fugir para lá.
4 "Este é o caso em que um homem que matar outro poderá
fugir para lá para salvar a vida: se matar o seu próximo sem in-
tenção, sem que houvesse inimizade entre eles. 5 Por exemplo,
se um homem for com o seu amigo cortar lenha na floresta
e, ao levantar o machado para derrubar uma árvore, o ferro
escapar e atingir o seu amigo e matá-lo, ele poderá fugir para
uma daquelas cidades para salvar a vida. 6 Do contrário, o vin-
gador da vítima poderia persegui-lo enfurecido e alcançá-lo,
caso a distância fosse grande demais, e poderia matá-lo, muito
embora este não merecesse morrer, pois não havia inimizade
entre ele e o seu próximo. 7 É por isso que ordeno a vocês que
separem três cidades.
8 "Se o SENHOR, o seu Deus, aumentar o seu território, como
prometeu sob juramento aos seus antepassados, e der a vocês

toda a terra que prometeu a eles, 9 separem então mais três ci-
dades. Isso acontecerá se vocês obedecerem fielmente a toda
esta lei que hoje ordeno a vocês: Amar o SENHOR, o seu Deus, e
sempre andar nos seus caminhos. 10 Façam isso para que não
se derrame sangue inocente na sua terra, a qual o SENHOR,
o seu Deus, dá a vocês por herança, e para que não sejam
culpados de derramamento de sangue.
11 "Mas, se alguém odiar o seu próximo, ficar à espreita dele,
atacá-lo e matá-lo e fugir para uma dessas cidades, 12 as au-
toridades da sua cidade mandarão buscá-lo na cidade de re-
fúgio e o entregarão nas mãos do vingador da vítima, para
que morra. 13 Não tenham piedade dele. Eliminem de Israel a
culpa pelo derramamento de sangue inocente, para que tudo
vá bem com vocês.
14 "Não mudem os marcos de divisa da propriedade do seu vi-
zinho, que os seus antecessores colocaram na herança que
vocês receberão na terra que o SENHOR, o seu Deus, dá a vocês
para que dela tomem posse.

As Testemunhas

15 "Uma só testemunha não é suficiente para condenar alguém
de algum crime ou delito. Qualquer acusação precisa ser confir-
mada pelo depoimento de duas ou três testemunhas.
16 "Se uma testemunha falsa quiser acusar um homem de algum
crime, 17 os dois envolvidos na questão deverão apresentar-se
ao SENHOR, diante dos sacerdotes e juízes que estiverem exer-
cendo o cargo naquela ocasião. 18 Os juízes investigarão o caso
e, se ficar provado que a testemunha mentiu e deu falso tes-
temunho contra o seu próximo, 19 deem-lhe a punição que ele
planejava para o seu irmão. Eliminem o mal do meio de vocês.
20 O restante do povo saberá disso e terá medo e nunca mais
se fará uma coisa dessas entre vocês. 21 Não tenham piedade.
Exijam vida por vida, olho por olho, dente por dente, mão por
mão, pé por pé.

20 As Leis sobre a Guerra

"Quando vocês forem à guerra contra os seus inimigos
e virem cavalos e carros e um exército maior do que o seu,
não tenham medo, pois o SENHOR, o seu Deus, que os tirou do
Egito, estará com vocês. 2 Quando chegar a hora da batalha,
o sacerdote virá à frente e dirá ao exército: 3 'Ouça, ó Israel.
Hoje vocês vão lutar contra os seus inimigos. Não desanimem
nem tenham medo; não fiquem apavorados nem aterrorizados
por causa deles, 4 pois o SENHOR, o seu Deus, os acompanhará
e lutará por vocês contra os seus inimigos, para dar a vitória
a vocês'.
5 "Os oficiais dirão ao exército: 'Há alguém que construiu uma
casa e ainda não a dedicou? Volte ele para sua casa, para
que não morra na guerra e outro a dedique. 6 Há alguém que
plantou uma vinha e ainda não desfrutou dela? Volte ele para
sua casa, para que não morra na guerra e outro desfrute da
vinha. 7 Há alguém comprometido para casar-se que ainda não
recebeu sua mulher? Volte ele para sua casa, para que não
morra na guerra e outro se case com ela'. 8 Por fim os oficiais
acrescentarão: 'Alguém está com medo e não tem coragem?
Volte ele para sua casa, para que os seus irmãos israelitas
também não fiquem desanimados'. 9 Quando os oficiais termi-
narem de falar ao exército, designarão chefes para comandar
as tropas.
10 "Quando vocês avançarem para atacar uma cidade, enviem-
-lhe primeiro uma proposta de paz. 11 Se os seus habitantes
aceitarem e abrirem suas portas, serão seus escravos e se su-
jeitarão a trabalhos forçados. 12 Mas, se eles recusarem a paz
e entrarem em guerra contra vocês, sitiem a cidade. 13 Quando
o SENHOR, o seu Deus, entregá-la em suas mãos, matem ao
fio da espada todos os homens que nela houver. 14 Mas as
mulheres, as crianças, os rebanhos e tudo o que acharem na
cidade, será de vocês; vocês poderão ficar com os despojos dos
seus inimigos dados pelo SENHOR, o seu Deus. 15 É assim que
vocês tratarão todas as cidades distantes que não pertencem
às nações vizinhas de vocês.
16 "Contudo, nas cidades das nações que o SENHOR, o seu Deus,
dá a vocês por herança, não deixem vivo nenhum ser que res-
pira. 17 Conforme a ordem do SENHOR, o seu Deus, destruam
totalmente os hititas, os amorreus, os cananeus, os ferezeus,
os heveus e os jebuseus. 18 Se não, eles os ensinarão a praticar
todas as coisas repugnantes que fazem quando adoram os seus
deuses, e vocês pecarão contra o SENHOR, o seu Deus.
19 "Quando sitiarem uma cidade por um longo período, lutando
contra ela para conquistá-la, não destruam as árvores dessa
cidade a golpes de machado, pois vocês poderão comer as
suas frutas. Não as derrubem. Por acaso as árvores são gente,
para que vocês as sitiem?[a] 20 Entretanto, poderão derrubar as
árvores que vocês sabem que não são frutíferas, para utilizá-las
em obras que ajudem o cerco, até que caia a cidade que está
em guerra contra vocês.

21 Os Casos de Homicídio Não Desvendado

"Se alguém for encontrado morto no campo, na terra que
o SENHOR, o seu Deus, dá a vocês para dela tomarem posse,
sem que se saiba quem o matou, 2 as autoridades e os juízes
sairão e medirão a distância do corpo até as cidades vizinhas.
3 Então as autoridades da cidade mais próxima do corpo apa-
nharão uma novilha que nunca foi usada no trabalho e sobre
a qual nunca foi posto jugo 4 e a levarão a um vale de terras
nunca aradas nem semeadas e onde haja um ribeiro de águas
perenes. Vocês quebrarão o pescoço da novilha. 5 Depois, os
sacerdotes, descendentes de Levi, se aproximarão, pois o SE-
NHOR, o seu Deus, os escolheu para ministrarem e para pro-
nunciarem bênçãos em nome do SENHOR e resolverem todos os
casos de litígio e de violência. 6 Então todas as autoridades da
cidade mais próxima do corpo lavarão as mãos sobre a novilha
cujo pescoço foi quebrado no vale, 7 e declararão: 'As nossas
mãos não derramaram este sangue, nem os nossos olhos viram
quem fez isso. 8 Aceita, SENHOR, esta propiciação em favor de
Israel, o teu povo, a quem resgataste, e não consideres o teu

---

a **20.19** Ou *derrubem para utilizá-las no cerco, pois as árvores frutíferas são para o benefício do homem.*

povo culpado do sangue de um inocente'. Assim a culpa do derramamento de sangue será propiciada. 9 Desse modo vocês eliminarão de vocês mesmos a culpa pelo derramamento de sangue inocente, pois fizeram o que o SENHOR aprova.

O Casamento com uma Prisioneira

10 "Quando vocês guerrearem contra os seus inimigos e o SENHOR, o seu Deus, os entregar em suas mãos e vocês fizerem prisioneiros, 11 um de vocês poderá ver entre eles uma mulher muito bonita, agradar-se dela e tomá-la como esposa. 12 Leve-a para casa; ela rapará a cabeça, cortará as unhas 13 e se desfará das roupas que estava usando quando foi capturada. Ficará em casa e panteará seu pai e sua mãe um mês inteiro. Depois você poderá chegar-se a ela e tornar-se o seu marido, e ela será sua mulher. 14 Se você já não se agradar dela, deixe-a ir para onde quiser, mas não poderá vendê-la nem tratá-la como escrava, pois você a desonrou.

O Direito do Filho Mais Velho

15 "Se um homem tiver duas mulheres e preferir uma delas, e ambas lhe derem filhos, e o filho mais velho for filho da mulher que ele não prefere, 16 quando der a herança de sua propriedade aos filhos, não poderá dar os direitos do filho mais velho ao filho da mulher preferida se o filho da mulher que ele não prefere for de fato o mais velho. 17 Ele terá que reconhecer como primogênito o filho da mulher que ele não prefere, dando-lhe porção dupla de tudo o que possui. Aquele filho é o primeiro sinal da força de seu pai e o direito do filho mais velho lhe pertence.

O Castigo dos Filhos Rebeldes

18 "Se um homem tiver um filho obstinado e rebelde que não obedece ao seu pai nem à sua mãe e não os escuta quando o disciplinam, 19 o pai e a mãe o levarão aos líderes da sua comunidade, à porta da cidade, 20 e dirão aos líderes: 'Este nosso filho é obstinado e rebelde. Não nos obedece! É devasso e vive bêbado'. 21 Então todos os homens da cidade o apedrejarão até a morte. Eliminem o mal do meio de vocês. Todo o Israel saberá disso e temerá.

Diversas Leis

22 "Se um homem culpado de um crime que merece a morte for morto e pendurado num madeiro, 23 não deixem o corpo no madeiro durante a noite. Enterrem-no naquele mesmo dia, porque qualquer que for pendurado num madeiro está debaixo da maldição de Deus. Não contaminem a terra que o SENHOR, o seu Deus, dá a vocês por herança.

22 "Se o boi ou a ovelha de um israelita se extraviar e você o vir, não ignore o fato, mas faça questão de levar o animal de volta ao dono. 2 Se este não morar perto de você ou se você não o conhecer, leve o animal para casa e fique com ele até que o seu compatriota venha procurá-lo e você possa devolvê-lo. 3 Faça o mesmo com o jumento, com a capa e com qualquer coisa perdida que encontrar. Não ignore o fato.

4 "Se você vir o jumento ou o boi de um israelita caído no caminho, não o ignore. Ajude-o a pôr o animal em pé.

5 "A mulher não usará roupas de homem, e o homem não usará roupas de mulher, pois o SENHOR, o seu Deus, tem aversão por todo aquele que assim procede.

6 "Se você passar por um ninho de pássaros, numa árvore ou no chão, e a mãe estiver sobre os filhotes ou sobre os ovos, não apanhe a mãe com os filhotes. 7 Você poderá apanhar os filhotes, mas deixe a mãe solta, para que tudo vá bem com você e você tenha vida longa.

8 "Quando você construir uma casa nova, faça um parapeito em torno do terraço, para que não traga sobre a sua casa a culpa pelo derramamento de sangue inocente, caso alguém caia do terraço.

9 "Não plante dois tipos de semente em sua vinha; se o fizer, tanto a semente que plantar como o fruto da vinha estarão contaminados[a].

10 "Não are a terra usando um boi e um jumento sob o mesmo jugo.

11 "Não use roupas de lã e de linho misturados no mesmo tecido.

12 "Faça borlas nas quatro pontas do manto que você usa para cobrir-se.

As Violações do Casamento

13 "Se um homem casar-se e, depois de deitar-se com a mulher, rejeitá-la 14 e falar mal dela e difamá-la, dizendo: 'Casei-me com esta mulher, mas, quando me cheguei a ela, descobri que não era virgem', 15 o pai e a mãe da moça trarão aos líderes da cidade, junto à porta, a prova da sua virgindade. 16 Então o pai da moça dirá aos líderes: 'Dei a minha filha em casamento a este homem, mas ele a rejeita. 17 Ele também a difamou e disse: "Descobri que a sua filha não era virgem". Mas aqui está a prova da virgindade da minha filha'. Então os pais dela apresentarão a prova aos líderes da cidade, 18 e eles castigarão o homem. 19 Aplicarão a ele a multa de cem peças de prata, que serão dadas ao pai da moça, pois aquele homem prejudicou a reputação de uma virgem israelita. E ele não poderá divorciar-se dela enquanto viver.

20 "Se, contudo, a acusação for verdadeira e não se encontrar prova de virgindade da moça, 21 ela será levada à porta da casa do seu pai e ali os homens da sua cidade a apedrejarão até a morte. Ela cometeu um ato vergonhoso em Israel, prostituindo-se enquanto estava na casa de seu pai. Eliminem o mal do meio de vocês.

22 "Se um homem for surpreendido deitado com a mulher de outro, os dois terão que morrer, o homem e a mulher com quem se deitou. Eliminem o mal do meio de Israel.

23 "Se numa cidade um homem se encontrar com uma jovem prometida em casamento e se deitar com ela, 24 levem os dois à porta daquela cidade e apedrejem-nos até a morte: a moça porque estava na cidade e não gritou por socorro, e o homem porque desonrou a mulher doutro homem. Eliminem o mal do meio de vocês.

[a] 22.9 Ou *serão confiscados para o santuário*

25 "Se, contudo, um homem encontrar no campo uma jovem
prometida em casamento e a forçar, somente o homem mor-
rerá. 26 Não façam nada à moça, pois ela não cometeu pecado
algum que mereça a morte. Este caso é semelhante ao daquele
que ataca e mata o seu próximo, 27 pois o homem encontrou
a moça virgem no campo, e, ainda que a jovem prometida em
casamento gritasse, ninguém poderia socorrê-la.
28 "Se um homem se encontrar com uma moça sem compro-
misso de casamento e a violentar, e eles forem descobertos,
29 ele pagará ao pai da moça cinquenta peças de prata e terá
que casar-se com a moça, pois a violentou. Jamais poderá
divorciar-se dela.
30 "Nenhum homem poderá tomar por mulher a mulher do seu
pai, pois isso desonraria a cama de seu pai.

Os Casos de Exclusão da Assembleia

23 "Qualquer que tenha os testículos esmagados ou tenha
amputado o membro viril não poderá entrar na assembleia do
SENHOR.
2 "Quem nasceu de união ilícita não poderá entrar na assem-
bleia do SENHOR, como também os seus descendentes, até a
décima geração.
3 "Nenhum amonita ou moabita ou qualquer dos seus descen-
dentes, até a décima geração, poderá entrar na assembleia
do SENHOR. 4 Pois eles não vieram encontrar-se com vocês com
pão e água no caminho, quando vocês saíram do Egito; além
disso convocaram Balaão, filho de Beor, para vir de Petor, na
Mesopotâmia[a], para pronunciar maldição contra vocês. 5 No
entanto, o SENHOR, o seu Deus, não atendeu Balaão, e trans-
formou a maldição em bênção para vocês, pois o SENHOR, o seu
Deus, os ama. 6 Não façam um tratado de amizade com eles
enquanto vocês viverem.
7 "Não rejeitem o edomita, pois ele é seu irmão. Também não
rejeitem o egípcio, pois vocês viveram como estrangeiros na
terra deles. 8 A terceira geração dos filhos deles poderá entrar
na assembleia do SENHOR.

A Pureza do Acampamento

9 "Quando estiverem acampados, em guerra contra os seus ini-
migos, mantenham-se afastados de todas as coisas impuras.
10 Se um de seus homens estiver impuro devido à polução no-
turna, ele terá que sair do acampamento. 11 Mas ao entardecer
ele se lavará, e ao pôr do sol poderá voltar ao acampamento.
12 "Determinem um local fora do acampamento onde se possa
evacuar. 13 Como parte do seu equipamento, tenham algo com
que cavar e, quando evacuarem, façam um buraco e cubram
as fezes. 14 Pois o SENHOR, o seu Deus, anda pelo seu acampa-
mento para protegê-los e entregar a vocês os seus inimigos.
O acampamento terá que ser santo, para que ele não veja no
meio de vocês alguma coisa desagradável e se afaste de vocês.

Diversas Leis

15 "Se um escravo refugiar-se entre vocês, não o entreguem nas
mãos do seu senhor. 16 Deixem-no viver no meio de vocês pelo
tempo que ele desejar e em qualquer cidade que ele escolher.
Não o oprimam.
17 "Nenhum israelita, homem ou mulher, poderá tornar-se
prostituto cultual. 18 Não tragam ao santuário do SENHOR, o seu
Deus, os ganhos de uma prostituta ou de um prostituto[b], a fim
de pagar algum voto, pois o SENHOR, o seu Deus, por ambos
tem repugnância.
19 "Não cobrem juros de um israelita, por dinheiro, alimento, ou
qualquer outra coisa que possa render juros. 20 Vocês poderão
cobrar juros do estrangeiro, mas não do seu irmão israelita,
para que o SENHOR, o seu Deus, os abençoe em tudo o que vocês
fizerem na terra em que estão entrando para dela tomar posse.
21 "Se um de vocês fizer um voto ao SENHOR, o seu Deus, não
demore a cumpri-lo, pois o SENHOR, o seu Deus, certamente
pedirá contas a você, e você será culpado de pecado se não o
cumprir. 22 Mas, se você não fizer o voto, de nada será culpado.
23 Faça tudo para cumprir o que os seus lábios prometeram,
pois com a sua própria boca você fez, espontaneamente, o seu
voto ao SENHOR, o seu Deus.
24 "Se vocês entrarem na vinha do seu próximo, poderão comer
as uvas que desejarem, mas nada poderão levar em sua cesta.
25 Se entrarem na plantação de trigo do seu próximo, poderão
apanhar espigas com as mãos, mas nunca usem foice para
ceifar o trigo do seu próximo.

24 "Se um homem casar-se com uma mulher e depois não
a quiser mais por encontrar nela algo que ele reprova,
dará certidão de divórcio à mulher e a mandará embora. 2 Se,
depois de sair da casa, ela se tornar mulher de outro homem,
3 e este não gostar mais dela, lhe dará certidão de divórcio, e a
mandará embora. Ou se o segundo marido morrer, 4 o primeiro,
que se divorciou dela, não poderá casar-se com ela de novo,
visto que ela foi contaminada. Seria detestável para o SENHOR.
Não tragam pecado sobre a terra que o SENHOR, o seu Deus, dá
a vocês por herança.
5 "Se um homem tiver se casado recentemente, não será en-
viado à guerra, nem assumirá nenhum compromisso público.
Durante um ano estará livre para ficar em casa e fazer feliz a
mulher com quem se casou.
6 "Não tomem as duas pedras de moinho, nem mesmo apenas
a pedra de cima, como garantia de uma dívida, pois isso seria
tomar como garantia o meio de subsistência do devedor.
7 "Se um homem for pego sequestrando um dos seus irmãos
israelitas, tratando-o como escravo ou vendendo-o, o seques-
trador terá que morrer. Eliminem o mal do meio de vocês.
8 "Nos casos de doenças de lepra[c], tenham todo o cuidado de
seguir exatamente as instruções dos sacerdotes levitas. Sigam
cuidadosamente o que eu ordenei a eles. 9 Lembrem-se do que
o SENHOR, o seu Deus, fez com Miriã no caminho, depois que
vocês saíram do Egito.
10 "Quando um de vocês fizer um empréstimo de qualquer tipo
ao seu próximo, não entre na casa dele para apanhar o que ele

[a] 23.4 Hebraico: *Arã Naaraim*.

[b] 23.18 Hebraico: *de um cachorro*. Forma depreciativa de se referir a homens que se prostituíam.

[c] 24.8 O termo hebraico não se refere somente à lepra, mas também a diversas doenças da pele.

oferecer a você como penhor. 11 Fique do lado de fora e deixe que o homem, a quem você está fazendo o empréstimo, traga a você o penhor. 12 Se o homem for pobre, não vá dormir tendo com você o penhor. 13 Devolva-lhe o manto ao pôr do sol, para que ele possa usá-lo para dormir, e lhe seja grato. Isso será considerado um ato de justiça pelo SENHOR, o seu Deus.

14 "Não se aproveitem do pobre e necessitado, seja ele um irmão israelita ou um estrangeiro que viva numa das suas cidades. 15 Paguem-lhe o seu salário diariamente, antes do pôr do sol, pois ele é necessitado e depende disso. Se não, ele poderá clamar ao SENHOR contra você, e você será culpado de pecado.

16 "Os pais não serão mortos em lugar dos filhos, nem os filhos em lugar dos pais; cada um morrerá pelo seu próprio pecado.

17 "Não neguem justiça ao estrangeiro e ao órfão, nem tomem como penhor o manto de uma viúva. 18 Lembrem-se de que vocês foram escravos no Egito e de que o SENHOR, o seu Deus, os libertou; por isso ordeno a vocês que façam tudo isso.

19 "Quando vocês estiverem fazendo a colheita de sua lavoura e deixarem um feixe de trigo para trás, não voltem para apanhá-lo. Deixem-no para o estrangeiro, para o órfão e para a viúva, para que o SENHOR, o seu Deus, os abençoe em todo o trabalho das suas mãos. 20 Quando sacudirem as azeitonas das suas oliveiras, não voltem para colher o que ficar nos ramos. Deixem o que sobrar para o estrangeiro, para o órfão e para a viúva. 21 E, quando colherem as uvas da sua vinha, não passem de novo por ela. Deixem o que sobrar para o estrangeiro, para o órfão e para a viúva. 22 Lembrem-se de que vocês foram escravos no Egito; por isso ordeno a vocês que façam tudo isso.

25 "Quando dois homens se envolverem numa briga, terão que levar a causa ao tribunal, e os juízes decidirão a questão, absolvendo o inocente e condenando o culpado. 2 Se o culpado merecer açoitamento, o juiz ordenará que ele se deite e seja açoitado em sua presença com o número de açoites que o seu crime merecer, 3 desde que nunca ultrapasse quarenta açoites. Açoitá-lo além disso seria humilhar publicamente um israelita.

4 "Não amordacem o boi enquanto está debulhando o cereal.

5 "Se dois irmãos morarem juntos, e um deles morrer sem deixar filhos, a sua viúva não se casará com alguém de fora da família. O irmão do marido se casará com ela e cumprirá com ela o dever de cunhado. 6 O primeiro filho que ela tiver levará o nome do irmão falecido, para que o seu nome não seja apagado de Israel.

7 "Se, todavia, ele não quiser casar-se com a mulher do seu irmão, ela irá aos líderes do lugar, à porta da cidade, e dirá: 'O irmão do meu marido está se recusando a dar continuidade ao nome do seu irmão em Israel. Ele não quer cumprir para comigo o dever de cunhado'. 8 Os líderes da cidade o convocarão e conversarão com ele. Se ele insistir em dizer: 'Não quero me casar com ela', 9 a viúva do seu irmão se aproximará dele, na presença dos líderes, tirará uma das sandálias dele, cuspirá no seu rosto e dirá: 'É isso que se faz com o homem que não perpetua a descendência do seu irmão'. 10 E a descendência daquele homem será conhecida em Israel como 'a família do descalçado'.

11 "Se dois homens estiverem brigando, e a mulher de um deles vier para livrar o marido daquele que o ataca e pegá-lo pelos órgãos genitais, 12 cortem a mão dela. Não tenham piedade.

13 "Não tenham na bolsa dois padrões para o mesmo peso, um maior e outro menor. 14 Não tenham em casa dois padrões para a mesma medida, um maior e outro menor. 15 Tenham pesos e medidas exatos e honestos, para que vocês vivam muito tempo na terra que o SENHOR, o seu Deus, dá a vocês. 16 Pois o SENHOR, o seu Deus, detesta quem faz essas coisas, quem negocia desonestamente.

17 "Lembrem-se do que os amalequitas lhes fizeram no caminho quando vocês saíram do Egito. 18 Quando vocês estavam cansados e exaustos, eles se encontraram com vocês no caminho e eliminaram todos os que ficaram para trás; não tiveram temor de Deus. 19 Quando o SENHOR, o seu Deus, der a vocês o descanso de todos os inimigos ao seu redor, na terra que ele lhes dá para dela tomarem posse como herança, vocês farão que os amalequitas sejam esquecidos debaixo do céu. Não se esqueçam!

Os Primeiros Frutos e os Dízimos

26 "Quando vocês tiverem entrado na terra que o SENHOR, o seu Deus, dá a vocês por herança e dela tiverem tomado posse e lá estiverem estabelecidos, 2 apanhem alguns dos primeiros frutos de tudo o que produzirem na terra que o SENHOR, o seu Deus, dá a vocês e ponham tudo numa cesta. Depois vocês deverão ir ao local que o SENHOR, o seu Deus, escolher para habitação do seu Nome 3 e dizer ao sacerdote que estiver exercendo o cargo naquela ocasião: 'Declaro hoje ao SENHOR, o seu Deus, que vim para a terra que o SENHOR jurou aos nossos antepassados que nos daria'. 4 O sacerdote apanhará a cesta das suas mãos e a colocará em frente do altar do SENHOR, o seu Deus. 5 Então vocês declararão perante o SENHOR, o seu Deus: 'O meu pai era um arameu errante. Ele desceu ao Egito com pouca gente e ali viveu e se tornou uma grande nação, poderosa e numerosa. 6 Mas os egípcios nos maltrataram e nos oprimiram, sujeitando-nos a trabalhos forçados. 7 Então clamamos ao SENHOR, o Deus dos nossos antepassados, e o SENHOR ouviu a nossa voz e viu o nosso sofrimento, a nossa fadiga e a opressão que sofríamos. 8 Por isso o SENHOR nos tirou do Egito com mão poderosa e braço forte, com feitos temíveis e com sinais e maravilhas. 9 Ele nos trouxe a este lugar e nos deu esta terra, terra onde há leite e mel com fartura. 10 E agora trago os primeiros frutos do solo que tu, ó SENHOR, me deste'. Ponham a cesta perante o SENHOR, o seu Deus, e curvem-se perante ele. 11 Vocês e os levitas e os estrangeiros que estiverem no meio de vocês se alegrarão com todas as coisas boas que o SENHOR, o seu Deus, dá a vocês e às suas famílias.

12 "Quando tiverem separado o dízimo de tudo quanto produziram no terceiro ano, o ano do dízimo, entreguem-no ao levita, ao estrangeiro, ao órfão e à viúva, para que possam

comer até saciar-se nas cidades de vocês. 13 Depois digam ao
Senhor, o seu Deus: 'Retirei da minha casa a porção sagrada
e dei-a ao levita, ao estrangeiro, ao órfão e à viúva, de acordo
com tudo o que ordenaste. Não me afastei dos teus manda-
mentos nem esqueci nenhum deles. 14 Não comi nada da porção
sagrada enquanto estive de luto, nada retirei dela enquanto
estive impuro, e dela não ofereci nada aos mortos. Obedeci ao
Senhor, o meu Deus; fiz tudo o que me ordenaste. 15 Olha dos
céus, da tua santa habitação, e abençoa Israel, o teu povo, e a
terra que nos deste, conforme prometeste sob juramento aos
nossos antepassados, terra onde há leite e mel com fartura'.

Exortação à Obediência

16 "O Senhor, o seu Deus, ordena a vocês hoje que sigam esses
decretos e ordenanças; obedeçam-lhes atentamente, de todo
o seu coração e de toda a sua alma. 17 Hoje vocês declararam
que o Senhor é o seu Deus e que vocês andarão nos seus cami-
nhos, que guardarão os seus decretos, os seus mandamentos
e as suas ordenanças, e que vocês lhe obedecerão. 18 E hoje o
Senhor declarou que vocês são o seu povo, o seu tesouro pes-
soal, conforme ele prometeu, e que vocês terão que obedecer
a todos os seus mandamentos. 19 Ele declarou que dará a vocês
uma posição de glória, fama e honra muito acima de todas as
nações que ele fez e que vocês serão um povo santo para o
Senhor, o seu Deus, conforme ele prometeu".

27 O Altar no Monte Ebal

Moisés, acompanhado das autoridades de Israel, ordenou
ao povo: "Obedeçam a toda esta lei que hoje dou a vocês.
2 Quando vocês atravessarem o Jordão e entrarem na terra que
o Senhor, o seu Deus, dá a vocês, levantem algumas pedras
grandes e pintem-nas com cal. 3 Escrevam nelas todas as pa-
lavras desta lei, assim que tiverem atravessado para entrar
na terra que o Senhor, o seu Deus, dá a vocês, terra onde há
leite e mel com fartura, como o Senhor, o Deus dos seus ante-
passados, prometeu a vocês. 4 E, quando tiverem atravessado
o Jordão, levantem essas pedras no monte Ebal, como hoje
ordeno a vocês e pintem-nas com cal. 5 Construam ali um altar
ao Senhor, o seu Deus, um altar de pedras. Não utilizem fer-
ramenta de ferro nas pedras. 6 Façam o altar do Senhor, o seu
Deus, com pedras brutas, e sobre ele ofereçam holocaustos[a]
ao Senhor, o seu Deus. 7 Ofereçam também sacrifícios de co-
munhão[b] e comam e alegrem-se na presença do Senhor, o seu
Deus. 8 E nessas pedras que levantarem, vocês escreverão com
bastante clareza todas as palavras desta lei".

As Maldições Proferidas do Monte Ebal

9 Então Moisés, tendo ao seu lado os sacerdotes levitas, disse
a todo o Israel: "Faça silêncio e escute, ó Israel! Agora você se
tornou o povo do Senhor, o seu Deus. 10 Obedeça ao Senhor,
o seu Deus, e siga os seus mandamentos e decretos que hoje
dou a você".

11 No mesmo dia Moisés ordenou ao povo:
12 "Quando vocês tiverem atravessado o Jordão, as tribos que
estarão no monte Gerizim para abençoar o povo serão: Simeão,
Levi, Judá, Issacar, José e Benjamim. 13 E as tribos que estarão
no monte Ebal para declararem maldições serão: Rúben, Gade,
Aser, Zebulom, Dã e Naftali.
14 "E os levitas recitarão a todo o povo de Israel em alta voz:
15 " 'Maldito quem esculpir uma imagem ou fizer um ídolo
fundido, obra de artesãos, detestável ao Senhor, e levantá-lo
secretamente'. Todo o povo dirá: 'Amém!'
16 'Maldito quem desonrar o seu pai ou a sua mãe'. Todo o
povo dirá: 'Amém!'
17 'Maldito quem mudar o marco de divisa da propriedade do
seu próximo'. Todo o povo dirá: 'Amém!'
18 'Maldito quem fizer o cego errar o caminho'. Todo o povo
dirá: 'Amém!'
19 'Maldito quem negar justiça ao estrangeiro, ao órfão ou à
viúva'. Todo o povo dirá: 'Amém!'
20 'Maldito quem se deitar com a mulher do seu pai, deson-
rando a cama do seu pai'. Todo o povo dirá: 'Amém!'
21 'Maldito quem tiver relações sexuais com algum animal'.
Todo o povo dirá: 'Amém!'
22 'Maldito quem se deitar com a sua irmã, filha do seu pai ou
da sua mãe'. Todo o povo dirá: 'Amém!'
23 'Maldito quem se deitar com a sua sogra'. Todo o povo dirá:
'Amém!'
24 'Maldito quem matar secretamente o seu próximo'. Todo o
povo dirá: 'Amém!'
25 'Maldito quem aceitar pagamento para matar um inocente'.
Todo o povo dirá: 'Amém!'
26 'Maldito quem não puser em prática as palavras desta lei'.
Todo o povo dirá: 'Amém!'

28 As Bênçãos da Obediência

"Se vocês obedecerem fielmente ao Senhor, o seu Deus,
e seguirem cuidadosamente todos os seus mandamentos que
hoje dou a vocês, o Senhor, o seu Deus, os colocará muito
acima de todas as nações da terra. 2 Todas estas bênçãos virão
sobre vocês e os acompanharão se vocês obedecerem ao Se-
nhor, o seu Deus:
3 "Vocês serão abençoados na cidade e serão abençoados
no campo. 4 Os filhos do seu ventre serão abençoados, como
também as colheitas da sua terra e os bezerros e os cordeiros
dos seus rebanhos. 5 A sua cesta e a sua amassadeira serão
abençoadas. 6 Vocês serão abençoados em tudo o que fizerem.
7 "O Senhor concederá que sejam derrotados diante de vocês
os inimigos que os atacarem. Virão a vocês por um caminho e
por sete fugirão.
8 "O Senhor enviará bênçãos aos seus celeiros e a tudo o que
as suas mãos fizerem. O Senhor, o seu Deus, os abençoará na
terra que dá a vocês.
9 "O Senhor fará de vocês o seu povo santo, conforme pro-
meteu sob juramento se obedecerem aos mandamentos do
Senhor, o seu Deus, e andarem nos caminhos dele. 10 Então

[a] 27.6 Isto é, sacrifícios totalmente queimados.
[b] 27.7 Ou *de paz*

todos os povos da terra verão que vocês pertencem ao SENHOR
e terão medo de vocês. 11 O SENHOR concederá grande prosperi-
dade a vocês, no fruto do seu ventre, nas crias dos seus animais
e nas colheitas da sua terra, nesta terra que ele jurou aos seus
antepassados que daria a vocês.
12 "O SENHOR abrirá o céu, o depósito do seu tesouro, para en-
viar chuva à sua terra no devido tempo e para abençoar todo o
trabalho das suas mãos. Vocês emprestarão a muitas nações
e de nenhuma tomarão emprestado. 13 O SENHOR fará de vocês
a cabeça das nações e não a cauda. Se obedecerem aos man-
damentos do SENHOR, o seu Deus, que hoje dou a vocês e os
seguirem cuidadosamente, vocês estarão sempre por cima,
nunca por baixo. 14 Não se desviem, nem para a direita nem
para a esquerda, de qualquer dos mandamentos que hoje dou
a vocês, para seguir outros deuses e prestar-lhes culto.

As Maldições da Desobediência

15 "Entretanto, se vocês não obedecerem ao SENHOR, o seu
Deus, e não seguirem cuidadosamente todos os seus manda-
mentos e decretos que hoje dou a vocês, todas estas maldições
cairão sobre vocês e os atingirão:
16 "Vocês serão amaldiçoados na cidade e serão amaldiçoados no
campo. 17 A sua cesta e a sua amassadeira serão amaldiçoadas.
18 Os filhos do seu ventre serão amaldiçoados, como também
as colheitas da sua terra, e os bezerros e os cordeiros dos seus
rebanhos. 19 Vocês serão amaldiçoados em tudo o que fizerem.
20 "O SENHOR enviará sobre vocês maldições, confusão e re-
preensão em tudo o que fizerem, até que vocês sejam des-
truídos e sofram repentina ruína pelo mal que praticaram ao
se esquecerem dele[a]. 21 O SENHOR os encherá de doenças até
bani-los da terra em que vocês estão entrando para dela tomar
posse. 22 O SENHOR os ferirá com doenças devastadoras, febre e
inflamação, com calor abrasador e seca, com ferrugem e mofo,
que os infestarão até que morram. 23 O céu sobre a sua cabeça
será como bronze; o chão debaixo de vocês, como ferro. 24 Na
sua terra o SENHOR transformará a chuva em cinza e pó, que
descerão do céu até que vocês sejam destruídos.
25 "O SENHOR fará que vocês sejam derrotados pelos inimigos.
Vocês irão a eles por um caminho, e por sete fugirão, e vocês se
tornarão motivo de horror para todos os reinos da terra. 26 Os
seus cadáveres servirão de alimento para todas as aves do céu
e para os animais da terra, e não haverá quem os espante. 27 O
SENHOR os castigará com as úlceras do Egito e com tumores,
feridas purulentas e sarna, males dos quais vocês não poderão
curar-se. 28 O SENHOR os afligirá com loucura, cegueira e con-
fusão mental. 29 Ao meio-dia vocês ficarão tateando às voltas,
como um cego na escuridão. Vocês não serão bem-sucedidos
em nada que fizerem; dia após dia serão oprimidos e roubados,
sem que ninguém os salve.
30 "Você ficará noivo de uma mulher, mas outro homem a pos-
suirá. Construirá uma casa, mas não morará nela. Plantará uma
vinha, mas não provará dos seus frutos. 31 O seu boi será aba-
tido diante dos seus olhos, mas você não comerá da sua carne.
O seu jumento será tirado de você à força e não será devolvido.
As suas ovelhas serão dadas aos inimigos, e ninguém as livrará.
32 Os seus filhos e as suas filhas serão entregues a outra nação
e os seus olhos se consumirão à espera deles, dia após dia,
sem que você possa erguer uma só mão para trazê-los de volta.
33 Um povo que vocês não conhecem comerá aquilo que a terra
e o seu trabalho produzirem, e vocês sofrerão opressão cruel
todos os seus dias. 34 Aquilo que os seus olhos virem os levará
à loucura. 35 O SENHOR afligirá os seus joelhos e as suas pernas
com feridas dolorosas e incuráveis, que se espalharão sobre
vocês desde a sola do pé até o alto da cabeça.
36 "O SENHOR os levará, e também o rei que os governar, a uma
nação que vocês e seus antepassados nunca conheceram. Lá
vocês adorarão outros deuses, deuses de madeira e de pedra.
37 Vocês serão motivo de horror e objeto de zombaria e de riso
para todas as nações para onde o SENHOR os levar.
38 "Vocês semearão muito em sua terra, mas colherão bem
pouco, porque gafanhotos devorarão quase tudo. 39 Plantarão
vinhas e as cultivarão, mas não beberão o vinho nem colherão
as uvas, porque os vermes as comerão. 40 Vocês terão oliveiras
em todo o país, mas vocês mesmos não utilizarão o azeite,
porque as azeitonas cairão. 41 Os seus filhos e filhas não ficarão
com vocês, porque serão levados para o cativeiro. 42 Enxames
de gafanhotos se apoderarão de todas as suas árvores e das
plantações da sua terra.
43 "Os estrangeiros que vivem no meio de vocês progredirão
cada vez mais, e cada vez mais vocês regredirão. 44 Eles em-
prestarão dinheiro a vocês, mas vocês não emprestarão a eles.
Eles serão a cabeça, e vocês serão a cauda.
45 "Todas essas maldições cairão sobre vocês. Elas os perse-
guirão e os alcançarão até que sejam destruídos, porque não
obedeceram ao SENHOR, o seu Deus, nem guardaram os man-
damentos e decretos que ele deu a vocês. 46 Essas maldições
serão um sinal e um prodígio para vocês e para os seus descen-
dentes para sempre. 47 Uma vez que vocês não serviram com
júbilo e alegria ao SENHOR, o seu Deus, na época da prosperi-
dade, 48 então, em meio à fome e à sede, em nudez e pobreza
extrema, vocês servirão aos inimigos que o SENHOR enviará
contra vocês. Ele porá um jugo de ferro sobre o seu pescoço,
até que os tenha destruído.
49 "O SENHOR trará de um lugar longínquo, dos confins da terra,
uma nação que virá contra vocês como a águia em mergulho,
nação cujo idioma não compreenderão, 50 nação de aparência
feroz, sem respeito pelos idosos nem piedade para com os
moços. 51 Ela devorará as crias dos seus animais e as planta-
ções da sua terra até que vocês sejam destruídos. Ela não dei-
xará para vocês cereal, vinho, azeite, como também nenhum
bezerro ou cordeiro dos seus rebanhos, até que vocês sejam
arruinados. 52 Ela sitiará todas as cidades da sua terra, até que
caiam os altos muros fortificados em que vocês confiam. Sitiará
todas as suas cidades, em toda a terra que o SENHOR, o seu
Deus, dá a vocês.
53 "Por causa do sofrimento que o seu inimigo infligirá sobre
vocês durante o cerco, vocês comerão o fruto do seu próprio

[a] 28.20 Hebraico: *de mim*.

ventre, a carne dos filhos e filhas que o SENHOR, o seu Deus,
deu a vocês. 54 Até mesmo o homem mais gentil e educado
entre vocês não terá compaixão do seu irmão, da mulher que
ama e dos filhos que sobreviverem, 55 de modo que não dará
a nenhum deles nenhum pedaço da carne dos seus filhos que
estiver comendo, pois nada lhe sobrará devido aos sofrimentos
que o seu inimigo lhe infligirá durante o cerco de todas as suas
cidades. 56 A mulher mais gentil e delicada entre vocês, tão
delicada e gentil que não ousaria encostar no chão a sola do
pé, será mesquinha com o marido a quem ama e com o filho e
a filha, 57 não lhes dando a placenta do ventre nem os filhos que
gerar. Pois a intenção dela é comê-los secretamente durante
o cerco e no sofrimento que o seu inimigo infligirá a vocês em
suas cidades.

58 "Se vocês não seguirem fielmente todas as palavras desta
lei, escritas neste livro, e não temerem este nome glorioso
e terrível, o SENHOR, o seu Deus, 59 ele enviará pestes terrí-
veis sobre vocês e sobre os seus descendentes, desgraças
horríveis e prolongadas, doenças graves e persistentes. 60 Ele
trará sobre vocês todas as temíveis doenças do Egito, e vocês
as contrairão. 61 O SENHOR também fará vir sobre vocês todo
tipo de enfermidade e desgraça não registradas neste Livro
da Lei, até que sejam destruídos. 62 Vocês, que no passado
foram tantos quanto as estrelas do céu, ficarão reduzidos a um
pequeno número, porque não obedeceram ao SENHOR, o seu
Deus. 63 Assim como foi agradável ao SENHOR fazê-los prosperar
e aumentar em número, também lhe será agradável arruiná-los
e destruí-los. Vocês serão desarraigados da terra em que estão
entrando para dela tomar posse.

64 "Então o SENHOR os espalhará pelas nações, de um lado ao
outro da terra. Ali vocês adorarão outros deuses; deuses de
madeira e de pedra, que vocês e os seus antepassados nunca
conheceram. 65 No meio daquelas nações vocês não encon-
trarão repouso, nem mesmo um lugar de descanso para a sola
dos pés. Lá o SENHOR dará a vocês coração desesperado, olhos
exaustos de tanto esperar, e alma ansiosa. 66 Vocês viverão
em constante incerteza, cheios de terror, dia e noite, sem ne-
nhuma segurança na vida. 67 De manhã dirão: 'Quem me dera
fosse noite!' E de noite: 'Ah, quem me dera fosse dia!', por
causa do terror que encherá o coração de vocês e por aquilo
que os seus olhos verão. 68 O SENHOR os enviará de volta ao
Egito, ou em navios ou pelo caminho que eu disse a vocês que
nunca mais poderiam percorrer. Lá vocês serão postos à venda
como escravos e escravas, mas ninguém os comprará".

29 A Renovação da Aliança

São estes os termos da aliança que o SENHOR ordenou
que Moisés fizesse com os israelitas em Moabe, além da
aliança que tinha feito com eles em Horebe.

2 Moisés convocou todos os israelitas e lhes disse: "Os seus
olhos viram tudo o que o SENHOR fez no Egito ao faraó, a todos
os seus oficiais e a toda a sua terra. 3 Com os seus próprios
olhos vocês viram aquelas grandes provas, aqueles sinais e
grandes maravilhas. 4 Mas até hoje o SENHOR não deu a vocês
mente que entenda, olhos que vejam, e ouvidos que ouçam.
5 'Durante os quarenta anos em que os conduzi pelo deserto',
disse ele, 'nem as suas roupas, nem as sandálias dos seus pés
se gastaram. 6 Vocês não comeram pão, nem beberam vinho,
nem qualquer outra bebida fermentada. Fiz isso para que vocês
soubessem que eu sou o SENHOR, o seu Deus.'

7 "Quando vocês chegaram a este lugar, Seom, rei de Hesbom,
e Ogue, rei de Basã, atacaram-nos, mas nós os derrotamos.
8 Conquistamos a terra deles e a demos por herança às tribos
de Rúben e de Gade e à metade da tribo de Manassés.

9 "Sigam fielmente os termos desta aliança, para que vocês
prosperem em tudo o que fizerem. 10 Hoje todos vocês estão
na presença do SENHOR, o seu Deus: os seus chefes e homens
destacados, os seus líderes e oficiais e todos os demais ho-
mens de Israel, 11 juntamente com os seus filhos e as suas mu-
lheres e os estrangeiros que vivem nos seus acampamentos
cortando lenha e carregando água para vocês. 12 Vocês estão
aqui presentes para entrar em aliança com o SENHOR, o seu
Deus, aliança que ele está fazendo com vocês hoje, selando-a
sob juramento, 13 para hoje confirmá-los como seu povo, para
que ele seja o seu Deus, conforme prometeu a vocês e jurou
aos seus antepassados, Abraão, Isaque e Jacó. 14 Não faço esta
aliança, sob juramento, somente com vocês 15 que estão aqui
conosco na presença do SENHOR, o nosso Deus, mas também
com aqueles que não estão aqui hoje.

16 "Vocês mesmos sabem como vivemos no Egito e como pas-
samos por várias nações até chegarmos aqui. 17 Vocês viram
nelas as suas imagens e os seus ídolos detestáveis, feitos de
madeira, de pedra, de prata e de ouro. 18 Cuidem que não
haja entre vocês nenhum homem ou mulher, clã ou tribo cujo
coração se afaste do SENHOR, o nosso Deus, para adorar os
deuses daquelas nações e para que não haja no meio de vocês
nenhuma raiz que produza esse veneno amargo.

19 "Se alguém, cujo coração se afastou do SENHOR para adorar
outros deuses, ouvir as palavras deste juramento, invocar uma
bênção sobre si mesmo e pensar: 'Estarei em segurança, muito
embora persista em seguir o meu próprio caminho', trará des-
graça tanto à terra irrigada quanto à terra seca. 20 O SENHOR ja-
mais se disporá a perdoá-lo; a sua ira e o seu zelo se acenderão
contra tal pessoa. Todas as maldições escritas neste livro cairão
sobre ela, e o SENHOR apagará o seu nome de debaixo do céu.
21 O SENHOR a separará de todas as tribos de Israel para que
sofra desgraça, de acordo com todas as maldições da aliança
escrita neste Livro da Lei.

22 "Os seus filhos, os seus descendentes e os estrangeiros que
vierem de terras distantes verão as desgraças que terão caído
sobre a terra e as doenças com que o SENHOR a terá afligido.
23 A terra inteira será um deserto abrasador de sal e enxofre, no
qual nada que for plantado brotará, onde nenhuma vegetação
crescerá. Será como a destruição de Sodoma e Gomorra, de
Admá e Zeboim, que o SENHOR destruiu com ira e furor. 24 Todas
as nações perguntarão: 'Por que o SENHOR fez isto a esta terra?
Por que tanta ira e tanto furor?'

25 "E a resposta será: 'Foi porque este povo abandonou a
aliança do SENHOR, o Deus dos seus antepassados, aliança feita

com eles quando os tirou do Egito. 26 Eles foram adorar outros deuses e se prostraram diante deles, deuses que eles não conheciam antes, deuses que o SENHOR não lhes tinha dado. 27 Por isso a ira do SENHOR acendeu-se contra esta terra, e ele trouxe sobre ela todas as maldições escritas neste livro. 28 Cheio de ira, indignação e grande furor, o SENHOR os desarraigou da sua terra e os lançou numa outra terra, como hoje se vê".

29 "As coisas encobertas pertencem ao SENHOR, o nosso Deus, mas as reveladas pertencem a nós e aos nossos filhos para sempre, para que sigamos todas as palavras desta lei.

30 Misericórdia para Quem se Arrepende

"Quando todas essas bênçãos e maldições que coloquei diante de vocês acontecerem e elas os atingirem onde quer que o SENHOR, o seu Deus, os dispersar entre as nações, 2 e quando vocês e os seus filhos voltarem para o SENHOR, o seu Deus, e lhe obedecerem de todo o coração e de toda a alma, de acordo com tudo o que hoje ordeno a vocês, 3 então o SENHOR, o seu Deus, trará restauração a vocês[a], terá compaixão de vocês e os reunirá novamente de todas as nações por onde os tiver espalhado. 4 Mesmo que tenham sido levados para a terra mais distante debaixo do céu, de lá o SENHOR, o seu Deus, os reunirá e os trará de volta. 5 Ele os trará para a terra dos seus antepassados, e vocês tomarão posse dela. Ele fará com que vocês sejam mais prósperos e mais numerosos do que os seus antepassados. 6 O SENHOR, o seu Deus, dará um coração fiel a vocês[b] e aos seus descendentes, para que o amem de todo o coração e de toda a alma e vivam. 7 O SENHOR, o seu Deus, enviará então todas essas maldições sobre os inimigos que os odeiam e os perseguem. 8 Vocês obedecerão de novo ao SENHOR e seguirão todos os seus mandamentos que dou a vocês hoje. 9 Então o SENHOR, o seu Deus, abençoará o que as suas mãos fizerem, os filhos do seu ventre, a cria dos seus animais e as colheitas da sua terra. O SENHOR se alegrará novamente em vocês e os tornará prósperos, como se alegrou em seus antepassados, 10 se vocês obedecerem ao SENHOR, o seu Deus, e guardarem os seus mandamentos e decretos que estão escritos neste Livro da Lei e se vocês se voltarem para o SENHOR, o seu Deus, de todo o coração e de toda a alma.

Vida ou Morte

11 "O que hoje estou ordenando a vocês não é difícil fazer, nem está além do seu alcance. 12 Não está lá em cima no céu, de modo que vocês tenham que perguntar: "Quem subirá ao céu para trazê-lo e proclamá-lo a nós a fim de que lhe obedeçamos?" 13 Nem está além do mar, de modo que vocês tenham que perguntar: "Quem atravessará o mar para trazê-lo e, voltando, proclamá-lo a nós a fim de que lhe obedeçamos?" 14 Nada disso! A palavra está bem próxima de vocês; está em sua boca e em seu coração; por isso vocês poderão obedecer-lhe.

15 "Vejam que hoje ponho diante de vocês vida e prosperidade, ou morte e destruição. 16 Pois hoje ordeno a vocês que amem o SENHOR, o seu Deus, andem nos seus caminhos e guardem os seus mandamentos, decretos e ordenanças; então vocês terão vida e aumentarão em número, e o SENHOR, o seu Deus, os abençoará na terra em que vocês estão entrando para dela tomar posse.

17 "Se, todavia, o seu coração se desviar e vocês não forem obedientes, e se deixarem levar, prostrando-se diante de outros deuses para adorá-los, 18 eu hoje declaro a vocês que, sem dúvida, vocês serão destruídos. Vocês não viverão muito tempo na terra em que vão entrar e da qual vão tomar posse, depois de atravessarem o Jordão.

19 "Hoje invoco os céus e a terra como testemunhas contra vocês, de que coloquei diante de vocês a vida e a morte, a bênção e a maldição. Agora escolham a vida, para que vocês e os seus filhos vivam, 20 e para que vocês amem o SENHOR, o seu Deus, ouçam a sua voz e se apeguem firmemente a ele. Pois o SENHOR é a sua vida, e ele dará a vocês muitos anos na terra que jurou dar aos seus antepassados, Abraão, Isaque e Jacó".

31 Josué, o Sucessor de Moisés

Moisés disse ainda estas palavras a todo o Israel: 2 "Estou com cento e vinte anos de idade e já não sou capaz de liderá-los. O SENHOR me disse: 'Você não atravessará o Jordão'. 3 O SENHOR, o seu Deus, o atravessará pessoalmente à frente de vocês. Ele destruirá estas nações perante vocês, e vocês tomarão posse da terra delas. Josué também atravessará à frente de vocês, conforme o SENHOR disse. 4 E o SENHOR fará com elas como fez com Seom e Ogue, os reis dos amorreus, os quais destruiu juntamente com a sua terra. 5 O SENHOR as entregará a vocês, e vocês deverão fazer com elas tudo o que ordenei a vocês. 6 Sejam fortes e corajosos. Não tenham medo nem fiquem apavorados por causa delas, pois o SENHOR, o seu Deus, vai com vocês; nunca os deixará, nunca os abandonará".

7 Então Moisés convocou Josué e lhe disse na presença de todo o Israel: "Seja forte e corajoso, pois você irá com este povo para a terra que o SENHOR jurou aos seus antepassados que lhes daria, e você a repartirá entre eles como herança. 8 O próprio SENHOR irá à sua frente e estará com você; ele nunca o deixará, nunca o abandonará. Não tenha medo! Não desanime!"

A Leitura da Lei

9 Moisés escreveu esta lei e a deu aos sacerdotes, filhos de Levi, que transportavam a arca da aliança do SENHOR, e a todos os líderes de Israel. 10 E Moisés lhes ordenou: "Ao final de cada sete anos, no ano do cancelamento das dívidas, durante a festa das cabanas[c], 11 quando todo o Israel vier apresentar-se ao SENHOR, o seu Deus, no local que ele escolher, vocês lerão esta lei perante eles para que a escutem. 12 Reúnam o povo, homens, mulheres e crianças, e os estrangeiros que morarem nas suas cidades, para que ouçam e aprendam a temer o SENHOR, o seu Deus, e sigam fielmente todas as palavras desta lei. 13 Os seus filhos, que não conhecem esta lei, terão que ouvi-la e aprender a temer o SENHOR, o seu Deus, enquanto vocês viverem na terra da qual tomarão posse quando atravessarem o Jordão".

[a] 30.3 Ou *Deus os trará de volta do exílio*

[b] 30.6 Hebraico: *circuncidará o coração de vocês*.

[c] 31.10 Ou *dos tabernáculos*; hebraico: *sucote*.

A Predição da Rebeldia de Israel

14 O SENHOR disse a Moisés: "O dia da sua morte se aproxima. Chame Josué e apresentem-se na Tenda do Encontro, onde darei incumbências a ele". Então Moisés e Josué vieram e se apresentaram na Tenda do Encontro.

15 Então o SENHOR apareceu na Tenda, numa coluna de nuvem, e a coluna pairou sobre a entrada da Tenda. 16 E o SENHOR disse a Moisés: "Você vai descansar com os seus antepassados, e este povo logo irá prostituir-se, seguindo aos deuses estrangeiros da terra em que vão entrar. Eles se esquecerão de mim e quebrarão a aliança que fiz com eles. 17 Naquele dia, se acenderá a minha ira contra eles, e eu me esquecerei deles; esconderei deles o meu rosto, e eles serão destruídos. Muitas desgraças e sofrimentos os atingirão, e naquele dia perguntarão: 'Será que essas desgraças não estão acontecendo conosco porque o nosso Deus não está mais conosco?' 18 E com certeza esconderei deles o meu rosto naquele dia, por causa de todo o mal que praticaram, voltando-se para outros deuses.

19 "Agora escrevam para vocês esta canção, ensinem-na aos israelitas e façam-nos cantá-la, para que seja uma testemunha a meu favor contra eles. 20 Quando eu os tiver introduzido na terra onde há leite e mel com fartura, terra que prometi sob juramento aos seus antepassados, e quando tiverem comido à vontade e tiverem prosperado, eles se voltarão para outros deuses e os adorarão, rejeitando-me e quebrando a minha aliança. 21 E, quando muitas desgraças e dificuldades lhes sobrevierem, esta canção testemunhará contra eles, porque não será esquecida pelos seus descendentes. Sei o que estão dispostos a fazer antes mesmo de levá-los para a terra que lhes prometi sob juramento". 22 Então, naquele dia, Moisés escreveu esta canção e ensinou-a aos israelitas.

23 O SENHOR deu esta ordem a Josué, filho de Num: "Seja forte e corajoso, pois você conduzirá os israelitas à terra que lhes prometi sob juramento, e eu mesmo estarei com você".

24 Depois que Moisés terminou de escrever num livro as palavras desta lei do início ao fim, 25 deu esta ordem aos levitas que transportavam a arca da aliança do SENHOR: 26 "Coloquem este Livro da Lei ao lado da arca da aliança do SENHOR, do seu Deus, onde ficará como testemunha contra vocês. 27 Pois sei quão rebeldes e obstinados vocês são. Se vocês têm sido rebeldes contra o SENHOR enquanto ainda estou vivo, quanto mais depois que eu morrer! 28 Reúnam na minha presença todos os líderes das suas tribos e todos os seus oficiais, para que eu fale estas palavras de modo que ouçam, e ainda invoque os céus e a terra para testemunharem contra eles. 29 Pois sei que depois da minha morte vocês com certeza se corromperão e se afastarão do caminho que ordenei a vocês. Nos dias futuros a desgraça cairá sobre vocês, porque vocês farão o que o SENHOR reprova e o provocarão à ira por aquilo que as mãos de vocês terão feito".

A Canção de Moisés

30 E Moisés recitou as palavras desta canção, do começo ao fim, na presença de toda a assembleia de Israel:

32 "Escutem, ó céus, e eu falarei; ouça, ó terra, as palavras da minha boca. 2 Que o meu ensino caia como chuva e as minhas palavras desçam como orvalho, como chuva branda sobre o pasto novo, como garoa sobre tenras plantas.

3 "Proclamarei o nome do SENHOR. Louvem a grandeza do nosso Deus! 4 Ele é a Rocha, as suas obras são perfeitas, e todos os seus caminhos são justos. É Deus fiel, que não comete erros; justo e reto ele é. 5 "Seus filhos têm agido corruptamente para com ele, e não como filhos; que vergonha! São geração corrompida e depravada.[a] 6 É assim que retribuem ao SENHOR, povo insensato e ignorante? Não é ele o Pai de vocês, o seu Criador[b], que os fez e os formou?

7 "Lembrem-se dos dias do passado; considerem as gerações há muito passadas. Perguntem aos seus pais, e estes contarão a vocês, aos seus líderes, e eles explicarão a vocês. 8 Quando o Altíssimo deu às nações a sua herança, quando dividiu toda a humanidade, estabeleceu fronteiras para os povos de acordo com o número dos filhos de Israel[c]. 9 Pois o povo preferido do SENHOR é este povo, Jacó é a herança que lhe coube.

10 "Numa terra deserta ele o encontrou, numa região árida e de ventos uivantes. Ele o protegeu e dele cuidou; guardou-o como a menina dos seus olhos, 11 como a águia que desperta a sua ninhada, paira sobre os seus filhotes, e depois estende as asas para apanhá-los, levando-os sobre elas. 12 O SENHOR sozinho o levou; nenhum deus estrangeiro o ajudou. 13 Ele o fez cavalgar nos lugares altos da terra e o alimentou com o fruto dos campos. Ele o nutriu com mel tirado da rocha, e com óleo extraído do penhasco pedregoso, 14 com coalhada e leite do gado e do rebanho, e com cordeiros e bodes cevados; com os melhores carneiros de Basã e com as mais excelentes sementes de trigo. Você bebeu o espumoso sangue das uvas.

15 "Jesurum[d] engordou e deu pontapés; você engordou, tornou-se pesado e farto de comida. Abandonou o Deus que o fez e rejeitou a Rocha, que é o seu Salvador. 16 Eles o deixaram com ciúmes por causa dos deuses estrangeiros, e o provocaram com os seus ídolos abomináveis. 17 Sacrificaram a demônios que não são Deus, a deuses que não conheceram, a deuses que surgiram recentemente, a deuses que os seus antepassados não adoraram. 18 Vocês abandonaram a Rocha, que os gerou; vocês se esqueceram do Deus que os fez nascer.

19 "O SENHOR viu isso e os rejeitou, porque foi provocado pelos seus filhos e suas filhas. 20 'Esconderei o meu rosto deles', disse, 'e verei qual o fim que terão; pois são geração perversa, filhos infiéis. 21 Provocaram-me os ciúmes com aquilo que nem deus é e irritaram-me com seus ídolos inúteis. Farei que tenham ciúmes de quem não é meu povo; eu os provocarei à ira por meio de uma nação insensata. 22 Pois um fogo foi aceso pela minha ira, fogo que queimará até as profundezas do Sheol[e]. Ele devorará a terra e as suas colheitas e consumirá os alicerces dos montes.

---

[a] **32.5** Ou *Corruptos são eles e não os seus filhos, uma geração corrompida e depravada para a sua vergonha.*

[b] **32.6** Ou *que os comprou*

[c] **32.8** Os manuscritos do mar Morto dizem filhos de Deus.

[d] **32.15** Jesurum (nome poético de Israel) significa o íntegro; também em 33.5 e 26.

[e] **32.22** Essa palavra pode ser traduzida por sepultura, profundezas, pó ou morte.

23 " 'Amontoarei desgraças sobre eles e contra eles gastarei as
minhas flechas. 24 Enviarei dentes de feras, uma fome devas-
tadora, uma peste avassaladora e uma praga mortal; enviarei
contra eles dentes de animais selvagens, e veneno de víboras
que se arrastam no pó. 25 Nas ruas a espada os deixará sem
filhos; em seus lares reinará o terror. Morrerão moços e moças,
crianças e homens já grisalhos. 26 Eu disse que os dispersaria
e que apagaria da humanidade a lembrança deles. 27 Mas temi
a provocação do inimigo, que o adversário entendesse mal e
dissesse: "A nossa mão triunfou; o SENHOR nada fez".'
28 "É uma nação sem juízo e sem discernimento. 29 Quem dera
fossem sábios e entendessem; e compreendessem qual será o
seu fim! 30 Como poderia um só homem perseguir mil, ou dois
porem em fuga dez mil, a não ser que a sua Rocha os tivesse
vendido, a não ser que o SENHOR os tivesse abandonado? 31 Pois
a rocha deles não é como a nossa Rocha, com o que até mesmo
os nossos inimigos concordam. 32 A vinha deles é de Sodoma e
das lavouras de Gomorra. Suas uvas estão cheias de veneno,
e seus cachos, de amargura. 33 O vinho deles é a peçonha das
serpentes, o veneno mortal das cobras.
34 " 'Acaso não guardei isto em segredo? Não o selei em meus
tesouros? 35 A mim pertence a vingança e a retribuição. No de-
vido tempo os pés deles escorregarão; o dia da sua desgraça
está chegando e o seu próprio destino se apressa sobre eles.'
36 "O SENHOR defenderá o seu povo e terá compaixão dos seus
servos, quando vir que a força deles se esvaiu e que ninguém
sobrou, nem escravo nem livre. 37 Ele dirá: 'Agora, onde estão
os seus deuses, a rocha em que se refugiaram, 38 os deuses que
comeram a gordura dos seus sacrifícios e beberam o vinho das
suas ofertas derramadas? Que eles se levantem para ajudá-los!
Que eles ofereçam abrigo a vocês!
39 " 'Vejam agora que eu sou o único, eu mesmo. Não há Deus
além de mim. Faço morrer e faço viver, feri e curarei, e nin-
guém é capaz de livrar-se da minha mão. 40 Ergo a minha mão
para os céus e declaro: Juro pelo meu nome que, 41 quando eu
afiar a minha espada refulgente e a minha mão empunhá-la
para julgar, eu me vingarei dos meus adversários e retribuirei
àqueles que me odeiam. 42 Embeberei as minhas flechas em
sangue, enquanto a minha espada devorar carne: o sangue
dos mortos e dos cativos, as cabeças dos líderes inimigos'.
43 "Cantem de alegria, ó nações, com o povo dele,[a] [b] pois ele
vingará o sangue dos seus servos; retribuirá com vingança aos
seus adversários e fará propiciação por sua terra e por seu
povo".
44 Moisés veio com Josué[c], filho de Num, e recitou todas as
palavras dessa canção na presença do povo. 45 Quando Moisés
terminou de recitar todas essas palavras a todo o Israel, 46 dis-
se-lhes: "Guardem no coração todas as palavras que hoje de-
clarei a vocês solenemente, para que ordenem aos seus filhos
que obedeçam fielmente a todas as palavras desta lei. 47 Elas
não são palavras inúteis. São a sua vida. Por meio delas vocês
viverão muito tempo na terra da qual tomarão posse do outro
lado do Jordão".

A Morte de Moisés no Monte Nebo

48 Naquele mesmo dia, o SENHOR disse a Moisés: 49 "Suba as
montanhas de Abarim, até o monte Nebo, em Moabe, em
frente de Jericó, e contemple Canaã, a terra que dou aos is-
raelitas como propriedade. 50 Ali, na montanha que você tiver
subido, você morrerá e será reunido aos seus antepassados,
assim como o seu irmão Arão morreu no monte Hor e foi re-
unido aos seus antepassados. 51 Assim será porque vocês dois
foram infiéis para comigo na presença dos israelitas, junto às
águas de Meribá, em Cades, no deserto de Zim, e porque vocês
não sustentaram a minha santidade no meio dos israelitas.
52 Portanto, você verá a terra somente a distância, mas não
entrará na terra que estou dando ao povo de Israel".

33

A Bênção de Moisés

Esta é a bênção com a qual Moisés, homem de Deus,
abençoou os israelitas antes da sua morte. 2 Ele disse: "O SE-
NHOR veio do Sinai e alvoreceu sobre eles desde o Seir, resplan-
deceu desde o monte Parã. Veio com miríades de santos desde
o sul, desde as encostas de suas montanhas. 3 Certamente és
tu que amas o povo; todos os santos estão em tuas mãos. A
teus pés todos eles se prostram e de ti recebem instrução, 4 a
lei que Moisés nos deu, a herança da assembleia de Jacó. 5 Ele
era rei sobre Jesurum, quando os chefes do povo se reuniam,
juntamente com as tribos de Israel.
6 "Que Rúben viva e não morra, mesmo sendo poucos os seus
homens".
7 E disse a respeito de Judá: "Ouve, ó SENHOR, o grito de Judá;
traze-o para o seu povo. Que as suas próprias mãos sejam sufi-
cientes, e que haja auxílio contra os seus adversários!"
8 A respeito de Levi disse: "O teu Urim e o teu Tumim[d] per-
tencem ao homem a quem favoreceste. Tu o provaste em
Massá[e]; disputaste com ele junto às águas de Meribá[f]. 9 Levi
disse do seu pai e da sua mãe: 'Não tenho consideração por
eles'. Não reconheceu os seus irmãos, nem conheceu os pró-
prios filhos, apesar de que guardaram a tua palavra e obser-
varam a tua aliança. 10 Ele ensina as tuas ordenanças a Jacó e a
tua lei a Israel. Ele te oferece incenso e holocaustos completos
no teu altar. 11 Abençoa todos os seus esforços, ó Senhor, e
aprova a obra das suas mãos. Despedaça os lombos dos seus
adversários, dos que o odeiam, sejam quem forem".
12 A respeito de Benjamim disse: "Que o amado do SENHOR des-
canse nele em segurança, pois ele o protege o tempo inteiro,
e aquele a quem o SENHOR ama descansa nos seus braços".
13 A respeito de José disse: "Que o SENHOR abençoe a sua terra
com o precioso orvalho que vem de cima, do céu, e com as
águas das profundezas; 14 com o melhor que o sol amadurece e
com o melhor que a lua possa dar; 15 com as dádivas mais bem

[a] 32.43 Ou *Façam o povo dele cantar de alegria, ó nações,*
[b] 32.43 Os manuscritos do mar Morto dizem *povo dele, e todos os anjos o adorem,*
[c] 32.44 Hebraico: *Oseias*, variante de *Josué*.
[d] 33.8 Objetos utilizados para se conhecer a vontade de Deus.
[e] 33.8 *Massá* significa *provação*.
[f] 33.8 *Meribá* significa *rebelião*.

escolhidas dos montes antigos e com a fertilidade das colinas eternas; 16 com os melhores frutos da terra e a sua plenitude, e com o favor daquele que apareceu na sarça ardente. Que tudo isso repouse sobre a cabeça de José, sobre a fronte do escolhido entre os seus irmãos. 17 É majestoso como a primeira cria de um touro; seus chifres são os chifres de um boi selvagem, com os quais ferirá as nações até os confins da terra. Assim são as dezenas de milhares de Efraim; assim são os milhares de Manassés".

18 A respeito de Zebulom disse: "Alegre-se, Zebulom, em suas viagens, e você, Issacar, em suas tendas. 19 Eles convocarão povos para o monte e ali oferecerão sacrifícios de justiça; farão um banquete com a riqueza dos mares, com os tesouros ocultos das praias".

20 A respeito de Gade disse: "Bendito é aquele que amplia os domínios de Gade! Gade fica à espreita como um leão; despedaça um braço e também a cabeça. 21 Escolheu para si o melhor; a porção do líder lhe foi reservada. Tornou-se o chefe do povo e executou a justa vontade do SENHOR e os seus juízos sobre Israel".

22 A respeito de Dã disse: "Dã é um filhote de leão, que vem saltando desde Basã".

23 A respeito de Naftali disse: "Naftali tem fartura do favor do SENHOR e está repleto de suas bênçãos; suas posses estendem-se para o sul, em direção ao mar".

24 A respeito de Aser disse: "Bendito é Aser entre os filhos; seja ele favorecido por seus irmãos, e banhe os seus pés no azeite! 25 Sejam de ferro e bronze as trancas das suas portas, e dure a sua força como os seus dias.

26 "Não há ninguém como o Deus de Jesurum, que cavalga os céus para ajudá-lo, e cavalga as nuvens em sua majestade! 27 O Deus eterno é o seu refúgio, e para segurá-lo estão os braços eternos. Ele expulsará os inimigos da sua presença, dizendo: 'Destrua-os!' 28 Somente Israel viverá em segurança; a fonte de Jacó está segura numa terra de trigo e de vinho novo, onde os céus gotejam orvalho. 29 Como você é feliz, Israel! Quem é como você, povo salvo pelo SENHOR? Ele é o seu abrigo, o seu ajudador e a sua espada gloriosa. Os seus inimigos se encolherão diante de você, mas você pisará as suas colinas".

A Morte de Moisés

34 Então, das campinas de Moabe Moisés subiu ao monte Nebo, ao topo do Pisga, em frente de Jericó. Ali o SENHOR lhe mostrou a terra toda: de Gileade a Dã, 2 toda a região de Naftali, o território de Efraim e Manassés, toda a terra de Judá até o mar ocidental[a], 3 o Neguebe e toda a região que vai do vale de Jericó, a cidade das Palmeiras, até Zoar. 4 E o SENHOR lhe disse: "Esta é a terra que prometi sob juramento a Abraão, a Isaque e a Jacó, quando lhes disse: Eu a darei a seus descendentes. Permiti que você a visse com os seus próprios olhos, mas você não atravessará o rio, não entrará nela".

5 Moisés, o servo do SENHOR, morreu ali, em Moabe, como o SENHOR dissera. 6 Ele o sepultou[b] em Moabe, no vale que fica diante de Bete-Peor, mas até hoje ninguém sabe onde está localizado seu túmulo. 7 Moisés tinha cento e vinte anos de idade quando morreu; todavia, nem os seus olhos nem o seu vigor tinham se enfraquecido. 8 Os israelitas choraram Moisés nas campinas de Moabe durante trinta dias, até passar o período de pranto e luto.

9 Ora, Josué, filho de Num, estava cheio do Espírito[c] de sabedoria, porque Moisés tinha imposto as suas mãos sobre ele. De modo que os israelitas lhe obedeceram e fizeram o que o SENHOR tinha ordenado a Moisés.

10 Em Israel nunca mais se levantou profeta como Moisés, a quem o SENHOR conheceu face a face, 11 e que fez todos aqueles sinais e maravilhas que o SENHOR o tinha enviado para fazer no Egito, contra o faraó, contra todos os seus servos e contra toda a sua terra. 12 Pois ninguém jamais mostrou tamanho poder como Moisés nem executou os feitos temíveis que Moisés realizou aos olhos de todo o Israel.

[a] 34.2 Isto é, o mar Mediterrâneo.

[b] 34.6 Ou *Ele foi sepultado*

[c] 34.9 Ou *cheio de sabedoria*

JOSUÉ

Palavra do SENHOR a Josué

1 Depois da morte de Moisés, servo do SENHOR, disse o SENHOR a Josué, filho de Num, auxiliar de Moisés: 2 "Meu servo Moisés está morto. Agora, pois, você e todo este povo preparem-se para atravessar o rio Jordão e entrar na terra que eu estou para dar aos israelitas. 3 Como prometi a Moisés, todo lugar onde puserem os pés eu darei a vocês. 4 Seu território se estenderá do deserto ao Líbano[a], e do grande rio, o Eufrates, toda a terra dos hititas até o mar Grande[b], no oeste. 5 Ninguém conseguirá resistir a você todos os dias da sua vida. Assim como estive com Moisés, estarei com você; nunca o deixarei, nunca o abandonarei.

6 "Seja forte e corajoso, porque você conduzirá este povo para herdar a terra que prometi sob juramento aos seus antepassados. 7 Somente seja forte e muito corajoso! Tenha o cuidado de obedecer a toda a lei que o meu servo Moisés ordenou a

[a] 1.4 Hebraico: *o este Líbano*. Provavelmente montanhas do Líbano.

[b] 1.4 Isto é, o mar Mediterrâneo; também em 9.1; 15.12, 47 e 23.4.

você; não se desvie dela, nem para a direita nem para a es-
querda, para que você seja bem-sucedido por onde quer que
andar. 8 Não deixe de falar as palavras deste Livro da Lei e de
meditar nelas de dia e de noite, para que você cumpra fielmente
tudo o que nele está escrito. Só então os seus caminhos pros-
perarão e você será bem-sucedido. 9 Não fui eu que ordenei a
você? Seja forte e corajoso! Não se apavore nem desanime, pois
o SENHOR, o seu Deus, estará com você por onde você andar".

Os Preparativos para a Conquista da Terra

10 Assim Josué ordenou aos oficiais do povo: 11 "Percorram o
acampamento e ordenem ao povo que prepare as provisões.
Daqui a três dias vocês atravessarão o Jordão neste ponto, para
entrar e tomar posse da terra que o SENHOR, o seu Deus, lhes dá".
12 Mas às tribos de Rúben, de Gade e à metade da tribo de
Manassés Josué disse: 13 "Lembrem-se da ordem que Moisés,
servo do SENHOR, deu a vocês, quando o SENHOR, o seu Deus,
prometeu descanso e dar a vocês esta terra: 14 'As suas mu-
lheres, os seus filhos e os seus rebanhos poderão ficar na terra
que Moisés lhes deu a leste do Jordão, mas todos os homens
de guerra, preparados para lutar, atravessarão à frente dos
seus irmãos israelitas'. Vocês os ajudarão 15 até que o SENHOR
conceda um lugar de descanso para eles, como deu a vocês,
e até que eles também tenham tomado posse da terra que o
SENHOR, o seu Deus, lhes dá. Depois disso vocês poderão voltar
e ocupar a sua própria terra, que Moisés, servo do SENHOR, deu
a vocês a leste do Jordão, na direção do nascer do sol".
16 Então eles responderam a Josué: "Tudo o que você nos or-
denar faremos e aonde quer que nos enviar iremos. 17 Assim
como obedecemos totalmente a Moisés, também obedeceremos
a você. Somente que o SENHOR, o seu Deus, seja com você, como
foi com Moisés. 18 Todo aquele que se rebelar contra as suas
instruções e não obedecer às suas ordens, seja o que for que
você lhe ordenar, será morto. Somente seja forte e corajoso!"

Raabe e os Espiões

2 Então Josué, filho de Num, enviou secretamente de Sitim
dois espiões e lhes disse: "Vão examinar a terra, especialmente
Jericó". Eles foram e entraram na casa de uma prostituta cha-
mada Raabe, e ali passaram a noite.
2 Todavia, o rei de Jericó foi avisado: "Alguns israelitas vieram
aqui esta noite para espionar a terra". 3 Diante disso, o rei de Je-
ricó enviou esta mensagem a Raabe: "Mande embora os homens
que entraram em sua casa, pois vieram espionar a terra toda".
4 Mas a mulher que tinha escondido os dois homens respondeu:
"É verdade que os homens vieram a mim, mas eu não sabia de
onde tinham vindo. 5 Ao anoitecer, na hora de fechar a porta
da cidade, eles partiram. Não sei por onde foram. Corram atrás
deles. Talvez os alcancem". 6 Ela, porém, os tinha levado para
o terraço e os tinha escondido sob os talos de linho que havia
arrumado lá.
7 Os perseguidores partiram atrás deles pelo caminho que vai
para o lugar de passagem do Jordão. E, logo que saíram, a
porta foi trancada.
8 Antes de os espiões se deitarem, Raabe subiu ao terraço 9 e
lhes disse: "Sei que o SENHOR deu a vocês esta terra. Vocês
nos causaram um medo terrível, e todos os habitantes desta
terra estão apavorados por causa de vocês. 10 Pois temos ou-
vido como o SENHOR secou as águas do mar Vermelho perante
vocês quando saíram do Egito, e o que vocês fizeram a leste
do Jordão com Seom e Ogue, os dois reis amorreus que vocês
aniquilaram. 11 Quando soubemos disso, o povo desanimou-se
completamente, e por causa de vocês todos perderam a co-
ragem, pois o SENHOR, o seu Deus, é Deus em cima nos céus e
embaixo na terra. 12 Jurem-me pelo SENHOR que, assim como eu
fui bondosa com vocês, vocês também serão bondosos com a
minha família. Deem-me um sinal seguro 13 de que pouparão a
vida de meu pai e de minha mãe, de meus irmãos e de minhas
irmãs, e de tudo o que lhes pertence. Livrem-nos da morte".
14 "A nossa vida pela de vocês!", os homens lhe garantiram.
"Se você não contar o que estamos fazendo, nós a trataremos
com bondade e fidelidade quando o SENHOR nos der a terra."
15 Então Raabe os ajudou a descer pela janela com uma corda,
pois a casa em que morava fazia parte do muro da cidade, 16 e
lhes disse: "Vão para aquela montanha, para que os persegui-
dores não os encontrem. Escondam-se lá por três dias, até que
eles voltem; depois poderão seguir o seu caminho".
17 Os homens lhe disseram: "Estaremos livres do juramento que
você nos levou a fazer 18 se, quando entrarmos na terra, você
não tiver amarrado este cordão vermelho na janela pela qual
nos ajudou a descer e se não tiver trazido para a sua casa o seu
pai e a sua mãe, os seus irmãos e toda a sua família. 19 Qual-
quer pessoa que sair da casa será responsável por sua própria
morte; nós seremos inocentes. Mas seremos responsáveis pela
morte de quem estiver na casa com você, caso alguém toque
nessa pessoa. 20 E, se você contar o que estamos fazendo, esta-
remos livres do juramento que você nos levou a fazer".
21 "Seja como vocês disseram", respondeu Raabe. Assim ela
os despediu, e eles partiram. Depois ela amarrou o cordão
vermelho na janela.
22 Quando partiram, foram para a montanha e ali ficaram três
dias, até que os seus perseguidores regressassem. Estes os
procuraram ao longo de todo o caminho e não os acharam.
23 Por fim os dois homens voltaram; desceram a montanha,
atravessaram o rio e chegaram a Josué, filho de Num, e lhe
contaram tudo o que lhes havia acontecido. 24 E disseram a
Josué: "Sem dúvida o SENHOR entregou a terra toda em nossas
mãos; todos estão apavorados por nossa causa".

A Travessia do Jordão

3 De manhã bem cedo Josué e todos os israelitas partiram
de Sitim e foram para o Jordão, onde acamparam antes de
atravessar o rio. 2 Três dias depois, os oficiais percorreram o
acampamento 3 e deram esta ordem ao povo: "Quando virem a
arca da aliança do SENHOR, o seu Deus, e os sacerdotes levitas[a]
carregando a arca, saiam das suas posições e sigam-na. 4 Mas

[a] 3.3 Alguns manuscritos do Texto Massorético e as Versões Grega, Siríaca e Aramaica dizem e os levitas.

mantenham a distância de cerca de novecentos metros[a] entre
vocês e a arca; não se aproximem! Desse modo saberão que
caminho seguir, pois vocês nunca passaram por lá".
5 Josué ordenou ao povo: "Santifiquem-se, pois amanhã o SE-
NHOR fará maravilhas entre vocês".
6 E disse aos sacerdotes: "Levantem a arca da aliança e passem
à frente do povo". Eles a levantaram e foram na frente.
7 E o SENHOR disse a Josué: "Hoje começarei a exaltá-lo à vista de
todo o Israel, para que saibam que estarei com você como estive
com Moisés. 8 Portanto, você é quem dará a seguinte ordem aos
sacerdotes que carregam a arca da aliança: Quando chegarem
às margens das águas do Jordão, parem junto ao rio".
9 Então Josué disse aos israelitas: "Venham ouvir as palavras do
SENHOR, o seu Deus. 10 Assim saberão que o Deus vivo está no
meio de vocês e que certamente expulsará de diante de vocês
os cananeus, os hititas, os heveus, os ferezeus, os girgaseus,
os amorreus e os jebuseus. 11 Vejam, a arca da aliança do So-
berano de toda a terra atravessará o Jordão à frente de vocês.
12 Agora, escolham doze israelitas, um de cada tribo. 13 Quando
os sacerdotes que carregam a arca do SENHOR, o Soberano
de toda a terra, puserem os pés no Jordão, a correnteza será
represada e as águas formarão uma muralha".
14 Quando, pois, o povo desmontou o acampamento para
atravessar o Jordão, os sacerdotes que carregavam a arca da
aliança foram adiante. 15 (O Jordão transborda em ambas as
margens na época da colheita.) Assim que os sacerdotes que
carregavam a arca da aliança chegaram ao Jordão e seus pés
tocaram as águas, 16 a correnteza que descia parou de correr e
formou uma muralha a grande distância, perto de uma cidade
chamada Adã, nas proximidades de Zaretã; e as águas que
desciam para o mar da Arabá, o mar Salgado[b], escoaram to-
talmente. E assim o povo atravessou o rio em frente de Jericó.
17 Os sacerdotes que carregavam a arca da aliança do SENHOR
ficaram parados em terra seca no meio do Jordão, enquanto
todo o Israel passava, até que toda a nação o atravessou pi-
sando em terra seca.

4 O Memorial das Doze Pedras

Quando toda a nação terminou de atravessar o Jordão, o
SENHOR disse a Josué: 2 "Escolha doze homens dentre o povo,
um de cada tribo, 3 e mande que apanhem doze pedras do
meio do Jordão, do lugar onde os sacerdotes ficaram parados.
Levem-nas com vocês para o local onde forem passar a noite".
4 Josué convocou os doze homens que escolhera dentre os
israelitas, um de cada tribo, 5 e lhes disse: "Passem adiante
da arca do SENHOR, o seu Deus, até o meio do Jordão. Ponha
cada um de vocês uma pedra nos ombros, conforme o número
das tribos dos israelitas. 6 Elas servirão de sinal para vocês. No
futuro, quando os seus filhos perguntarem: 'Que significam
essas pedras?', 7 respondam que as águas do Jordão foram
interrompidas diante da arca da aliança do SENHOR. Quando a
arca atravessou o Jordão, as águas foram interrompidas. Essas
pedras serão um memorial perpétuo para o povo de Israel".
8 Os israelitas fizeram como Josué lhes havia ordenado. Apa-
nharam doze pedras do meio do Jordão, conforme o número
das tribos de Israel, como o SENHOR tinha ordenado a Josué;
e as levaram ao acampamento, onde as deixaram. 9 Josué er-
gueu também doze pedras no meio[c] do Jordão, no local onde
os sacerdotes que carregavam a arca da aliança tinham ficado.
E elas estão lá até hoje.
10 Os sacerdotes que carregavam a arca permaneceram em pé
no meio do Jordão até que o povo fez tudo o que o SENHOR
ordenara a Josué, por meio de Moisés. E o povo atravessou
apressadamente. 11 Quando todos tinham acabado de atra-
vessar, a arca do SENHOR e os sacerdotes passaram para o
outro lado, diante do povo. 12 Os homens das tribos de Rúben,
de Gade e da metade da tribo de Manassés atravessaram pre-
parados para lutar, à frente dos israelitas, como Moisés os
tinha orientado. 13 Cerca de quarenta mil homens preparados
para a guerra passaram perante o SENHOR, rumo à planície
de Jericó.
14 Naquele dia o SENHOR exaltou Josué à vista de todo o Israel;
e eles o respeitaram enquanto viveu, como tinham respeitado
Moisés.
15 Então o SENHOR disse a Josué: 16 "Ordene aos sacerdotes que
carregam a arca da aliança[d] que saiam do Jordão".
17 E Josué lhes ordenou que saíssem.
18 Quando os sacerdotes que carregavam a arca da aliança do
SENHOR saíram do Jordão, mal tinham posto os pés em terra
seca, as águas do Jordão voltaram ao seu lugar e cobriram
como antes as suas margens.
19 No décimo dia do primeiro mês o povo subiu do Jordão e
acampou em Gilgal, na fronteira leste de Jericó. 20 E em Gilgal
Josué ergueu as doze pedras tiradas do Jordão. 21 Disse ele aos
israelitas: "No futuro, quando os filhos perguntarem aos seus
pais: 'Que significam essas pedras?', 22 expliquem a eles: Aqui
Israel atravessou o Jordão em terra seca. 23 Pois o SENHOR, o
seu Deus, secou o Jordão perante vocês até que o tivessem
atravessado. O SENHOR, o seu Deus, fez com o Jordão como
fizera com o mar Vermelho, quando o secou diante de nós até
que o tivéssemos atravessado. 24 Ele assim fez para que todos
os povos da terra saibam que a mão do SENHOR é poderosa e
para que vocês sempre temam o SENHOR, o seu Deus".

5 A Circuncisão dos Israelitas em Gilgal

Todos os reis amorreus que habitavam a oeste do Jordão e
todos os reis cananeus que viviam ao longo do litoral souberam
como o SENHOR tinha secado o Jordão diante dos israelitas até
que tivéssemos atravessado. Por isso, desanimaram-se e per-
deram a coragem de enfrentar os israelitas.
2 Naquela ocasião o SENHOR disse a Josué: "Faça facas de pedra
e circuncide os israelitas". 3 Josué fez facas de pedra e circun-
cidou os israelitas em Gibeate-Aralote[e].
4 Ele fez isso porque todos os homens aptos para a guerra mor-
reram no deserto depois de terem saído do Egito. 5 Todos os

[a] 3.4 Hebraico: *cerca de 2.000 côvados*. O côvado era uma medida linear de cerca de 45 centímetros.
[b] 3.16 Isto é, o mar Morto; também em 12.3; 15.2, 5 e 18.19.
[c] 4.9 Ou *ergueu as doze pedras que haviam estado no meio*
[d] 4.16 Hebraico: *do Testemunho*. Isto é, das tábuas da aliança.
[e] 5.3 Gibeate-Aralote significa colina dos prepúcios.

que saíram haviam sido circuncidados, mas todos os que nas-
ceram no deserto, no caminho, depois da saída do Egito, não
passaram pela circuncisão. 6Os israelitas andaram quarenta
anos pelo deserto, até que todos os guerreiros que tinham
saído do Egito morressem, visto que não tinham obedecido
ao SENHOR. Pois o SENHOR lhes havia jurado que não veriam
a terra que prometera aos seus antepassados que nos daria,
terra onde há leite e mel com fartura. 7Assim, em lugar deles
colocou os seus filhos, e estes foram os que Josué circuncidou.
Ainda estavam incircuncisos porque não tinham sido circunci-
dados durante a viagem. 8E, depois que a nação inteira foi
circuncidada, eles ficaram onde estavam, no acampamento,
até se recuperarem.
9Então o SENHOR disse a Josué: "Hoje removi de vocês a hu-
milhação sofrida no Egito". Por isso até hoje o lugar se chama
Gilgal.
10Na tarde do décimo quarto dia do mês, enquanto estavam
acampados em Gilgal, na planície de Jericó, os israelitas ce-
lebraram a Páscoa. 11No dia seguinte ao da Páscoa, nesse
mesmo dia, eles comeram pães sem fermento e grãos de trigo
tostados, produtos daquela terra. 12Um dia depois de comerem
do produto da terra, o maná cessou. Já não havia maná para
os israelitas, e naquele mesmo ano eles comeram do fruto da
terra de Canaã.

A Queda de Jericó

13Estando Josué já perto de Jericó, olhou para cima e viu um
homem em pé, empunhando uma espada. Aproximou-se dele
e perguntou-lhe: "Você é por nós, ou por nossos inimigos?"
14"Nem uma coisa nem outra", respondeu ele. "Venho na qua-
lidade de comandante do exército do SENHOR." Então Josué
prostrou-se com o rosto em terra, em sinal de respeito, e lhe
perguntou: "Que mensagem o meu senhor tem para o seu
servo?"
15O comandante do exército do SENHOR respondeu: "Tire as
sandálias dos pés, pois o lugar em que você está é santo". E
Josué as tirou.

6Jericó estava completamente fechada por causa dos israe-
litas. Ninguém saía nem entrava.
2Então o SENHOR disse a Josué: "Saiba que entreguei nas suas
mãos Jericó, seu rei e seus homens de guerra. 3Marche uma
vez ao redor da cidade, com todos os homens armados. Faça
isso durante seis dias. 4Sete sacerdotes levarão cada um uma
trombeta de chifre de carneiro à frente da arca. No sétimo dia,
marchem todos sete vezes ao redor da cidade, e os sacerdotes
toquem as trombetas. 5Quando as trombetas soarem um longo
toque, todo o povo dará um forte grito; o muro da cidade cairá
e o povo atacará, cada um do lugar onde estiver".
6Josué, filho de Num, chamou os sacerdotes e lhes disse:
"Levem a arca da aliança do SENHOR. Sete de vocês levarão
trombetas à frente da arca". 7E ordenou ao povo: "Avancem!
Marchem ao redor da cidade! Os soldados armados irão à
frente da arca do SENHOR".
8Quando Josué terminou de falar ao povo, os sete sacer-
dotes que levavam suas trombetas perante o SENHOR saíram
à frente, tocando as trombetas. E a arca da aliança do SENHOR
ia atrás deles. 9Os soldados armados marchavam à frente dos
sacerdotes que tocavam as trombetas, e o restante dos sol-
dados seguia a arca. Durante todo esse tempo tocavam-se as
trombetas. 10Mas Josué tinha ordenado ao povo: "Não deem
o brado de guerra, não levantem a voz, não digam palavra
alguma, até o dia em que eu ordenar. Então vocês gritarão!"
11Assim se fez a arca do SENHOR rodear a cidade, dando uma
volta em torno dela. Então o povo voltou para o acampamento,
onde passou a noite.
12Josué levantou-se na manhã seguinte, e os sacerdotes le-
varam a arca do SENHOR. 13Os sete sacerdotes que levavam as
trombetas iam adiante da arca do SENHOR, tocando as trom-
betas. Os homens armados iam à frente deles, e o restante
dos soldados seguia a arca do SENHOR, enquanto as trombetas
tocavam continuamente. 14No segundo dia também rodearam
a cidade uma vez e voltaram ao acampamento. E durante seis
dias repetiram aquela ação.
15No sétimo dia, levantaram-se ao romper da manhã e mar-
charam da mesma maneira sete vezes ao redor da cidade; foi
apenas nesse dia que rodearam a cidade sete vezes. 16Na sé-
tima vez, quando os sacerdotes deram o toque de trombeta,
Josué ordenou ao povo: "Gritem! O SENHOR entregou a cidade a
vocês! 17A cidade, com tudo o que nela existe, será consagrada
ao SENHOR para destruição. Somente a prostituta Raabe e todos
os que estão com ela em sua casa serão poupados, pois ela
escondeu os espiões que enviamos. 18Mas fiquem longe das
coisas consagradas, não se apossem de nenhuma delas, para
que não sejam destruídos. Do contrário trarão destruição e des-
graça ao acampamento de Israel. 19Toda a prata, todo o ouro
e todos os utensílios de bronze e de ferro são sagrados e per-
tencem ao SENHOR e deverão ser levados para o seu tesouro".
20Quando soaram as trombetas, o povo gritou. Ao som das
trombetas e do forte grito, o muro caiu. Cada um atacou do
lugar onde estava, e tomaram a cidade. 21Consagraram a ci-
dade ao SENHOR, destruindo ao fio da espada homens, mu-
lheres, jovens, velhos, bois, ovelhas e jumentos; todos os seres
vivos que nela havia.
22Josué disse aos dois homens que tinham espionado a terra:
"Entrem na casa da prostituta e tirem-na de lá com todos os
seus parentes, conforme o juramento que fizeram a ela".
23Então os jovens que tinham espionado a terra entraram e
trouxeram Raabe, seu pai, sua mãe, seus irmãos e todos os
seus parentes. Tiraram de lá todos os da sua família e os dei-
xaram num local fora do acampamento de Israel.
24Depois incendiaram a cidade inteira e tudo o que nela havia,
mas entregaram a prata, o ouro e os utensílios de bronze e de
ferro ao tesouro do santuário do SENHOR. 25E Josué poupou a
prostituta Raabe, a sua família e todos os seus pertences, pois
ela escondeu os homens que Josué tinha enviado a Jericó como
espiões. E Raabe vive entre os israelitas até hoje.
26Naquela ocasião Josué pronunciou este juramento solene:

"Maldito seja diante do SENHOR o homem que reconstruir a
cidade de Jericó:
"Ao preço de seu filho mais velho lançará os alicerces da ci-
dade; ao preço de seu filho mais novo porá suas portas!"
27 Assim o SENHOR esteve com Josué, cuja fama espalhou-se
por toda a região.

7 O Pecado de Acã e suas Consequências

1 Mas os israelitas foram infiéis com relação às coisas con-
sagradas. Acã, filho de Carmi, filho de Zinri[a], filho de Zerá, da
tribo de Judá, apossou-se de algumas delas. E a ira do SENHOR
acendeu-se contra Israel.
2 Sucedeu que Josué enviou homens de Jericó a Ai, que fica
perto de Bete-Áven, a leste de Betel, e ordenou-lhes: "Subam
e espionem a região". Os homens subiram e espionaram Ai.
3 Quando voltaram a Josué, disseram: "Não é preciso que todos
avancem contra Ai. Envie uns dois ou três mil homens para
atacá-la. Não canse todo o exército, pois eles são poucos".
4 Por isso cerca de três mil homens atacaram a cidade; mas os
homens de Ai os puseram em fuga, 5 chegando a matar trinta
e seis deles. Eles perseguiram os israelitas desde a porta da
cidade até Sebarim[b] e os feriram na descida. Diante disso o
povo desanimou-se completamente.
6 Então Josué, com as autoridades de Israel, rasgou as vestes,
prostrou-se com o rosto em terra, diante da arca do SENHOR,
cobrindo de terra a cabeça, e ali permaneceu até a tarde.
7 Disse então Josué: "Ah, Soberano SENHOR, por que fizeste este
povo atravessar o Jordão? Foi para nos entregar nas mãos dos
amorreus e nos destruir? Antes nos contentássemos em con-
tinuar no outro lado do Jordão! 8 Que poderei dizer, Senhor,
agora que Israel foi derrotado por seus inimigos? 9 Os cananeus
e os demais habitantes desta terra saberão disso, nos cercarão
e eliminarão o nosso nome da terra. Que farás, então, pelo teu
grande nome?"
10 O SENHOR disse a Josué: "Levante-se! Por que você está aí
prostrado? 11 Israel pecou. Violou a aliança que eu lhe ordenei.
Apossou-se de coisas consagradas, roubou-as, escondeu-as e
as colocou junto de seus bens. 12 Por isso os israelitas não con-
seguem resistir aos inimigos; fogem deles porque se tornaram
merecedores da sua destruição. Não estarei mais com vocês,
se não destruírem do meio de vocês o que foi consagrado à
destruição.
13 "Vá, santifique o povo! Diga-lhes: Santifiquem-se para
amanhã, pois assim diz o SENHOR, o Deus de Israel: Há coisas
consagradas à destruição no meio de vocês, ó Israel. Vocês
não conseguirão resistir aos seus inimigos enquanto não as
retirarem.
14 "Apresentem-se de manhã, uma tribo de cada vez. A tribo
que o SENHOR escolher virá à frente, um clã de cada vez; o clã
que o SENHOR escolher virá à frente, uma família de cada vez;
e a família que o SENHOR escolher virá à frente, um homem de
cada vez. 15 Aquele que for pego com as coisas consagradas
será queimado no fogo com tudo o que lhe pertence. Violou a
aliança do SENHOR e cometeu loucura em Israel!"
16 Na manhã seguinte Josué mandou os israelitas virem à frente
segundo as suas tribos, e a de Judá foi a escolhida. 17 Os clãs de
Judá vieram à frente, e ele escolheu os zeraítas. Fez o clã dos
zeraítas vir à frente, família por família, e o escolhido foi Zinri.
18 Josué fez a família de Zinri vir à frente, homem por homem,
e Acã, filho de Carmi, filho de Zinri, filho de Zerá, da tribo de
Judá, foi o escolhido.
19 Então Josué disse a Acã: "Meu filho, para a glória do SENHOR,
o Deus de Israel, diga a verdade. Conte-me o que você fez; não
me esconda nada".
20 Acã respondeu: "É verdade que pequei contra o SENHOR, o
Deus de Israel. O que fiz foi o seguinte: 21 quando vi entre os
despojos uma bela capa feita na Babilônia[c], dois quilos e qua-
trocentos gramas de prata e uma barra de ouro de seiscentos
gramas[d], eu os cobicei e me apossei deles. Estão escondidos
no chão da minha tenda, com a prata por baixo".
22 Josué enviou alguns homens que correram à tenda de Acã; lá
estavam escondidas as coisas, com a prata por baixo. 23 Retira-
ram-nas da tenda e as levaram a Josué e a todos os israelitas,
e as puseram perante o SENHOR.
24 Então Josué, com todo o Israel, levou Acã, bisneto de
Zerá, e a prata, a capa, a barra de ouro, seus filhos e filhas,
seus bois, seus jumentos, suas ovelhas, sua tenda e tudo o
que lhe pertencia, ao vale de Acor. 25 Disse Josué: "Por que
você nos causou esta desgraça? Hoje o SENHOR causará a sua
desgraça[e]". E todo o Israel o apedrejou e depois apedrejou
também os seus, e queimou tudo e todos eles no fogo. 26 Sobre
Acã ergueram um grande monte de pedras, que existe até hoje.
Então o SENHOR se afastou do fogo da sua ira. Por isso foi dado
àquele lugar o nome de vale de Acor, nome que permanece
até hoje.

8 A Destruição de Ai

E disse o SENHOR a Josué: "Não tenha medo! Não desanime!
Leve todo o exército com você e avance contra Ai. Eu entreguei
nas suas mãos o rei de Ai, seu povo, sua cidade e sua terra.
2 Você fará com Ai e seu rei o que fez com Jericó e seu rei; e
desta vez vocês poderão se apossar dos despojos e dos ani-
mais. Prepare uma emboscada atrás da cidade".
3 Então Josué e todo o exército se prepararam para atacar a
cidade de Ai. Ele escolheu trinta mil dos seus melhores ho-
mens de guerra e os enviou de noite 4 com a seguinte ordem:
"Atenção! Preparem uma emboscada atrás da cidade e não se
afastem muito dela. Fiquem todos alerta. 5 Eu e todos os que
estiverem comigo nos aproximaremos da cidade. Quando os
homens nos atacarem como fizeram antes, fugiremos deles.
6 Eles nos perseguirão até que os tenhamos atraído para longe
da cidade, pois dirão: 'Estão fugindo de nós como fizeram
antes'. Quando estivermos fugindo, 7 vocês sairão da embos-

[a] 7.1 Alguns manuscritos dizem Zabdi; também nos versículos 17 e 18. Veja 1Cr 2.6.
[b] 7.5 Ou *as pedreiras*
[c] 7.21 Hebraico: *capa de Sinear*.
[d] 7.21 Hebraico: *200 siclos de prata e 50 siclos de ouro*. Um siclo equivalia a 12 gramas.
[e] 7.25 O termo aqui traduzido por desgraça está relacionado no hebraico com os nomes Acã e Acor.

cada e tomarão a cidade. O SENHOR, o seu Deus, a entregará
em suas mãos. 8 Depois que tomarem a cidade, vocês a incen-
diarão. Façam o que o SENHOR ordenou. Atentem bem para as
minhas instruções".
9 Então Josué os enviou. Eles foram e ficaram de emboscada
entre Betel e Ai, a oeste de Ai. Josué, porém, passou aquela
noite com o povo.
10 Na manhã seguinte Josué passou em revista os homens, e
ele e os líderes de Israel partiram à frente deles para atacar
a cidade. 11 Todos os homens de guerra que estavam com ele
avançaram, aproximaram-se da cidade pela frente e armaram
acampamento ao norte de Ai, onde o vale os separava da ci-
dade. 12 Josué pôs de emboscada cerca de cinco mil homens
entre Betel e Ai, a oeste da cidade. 13 Os que estavam no acam-
pamento ao norte da cidade, e os que estavam na emboscada
a oeste, tomaram posição. Naquela noite Josué foi ao vale.
14 Quando o rei de Ai viu isso, ele e todos os homens da cidade
se apressaram, levantaram-se logo cedo e saíram para en-
frentar Israel no campo de batalha, no local de onde se avista
a Arabá. Ele não sabia da emboscada armada contra ele atrás
da cidade. 15 Josué e todo o Israel deixaram-se perseguir por
eles e fugiram para o deserto. 16 Todos os homens de Ai foram
chamados para persegui-los. Eles perseguiram Josué e foram
atraídos para longe da cidade. 17 Nem um só homem ficou em
Ai e em Betel; todos foram atrás de Israel. Deixaram a cidade
aberta e saíram em perseguição de Israel.
18 Disse então o SENHOR a Josué: "Estende a lança que você
tem na mão na direção de Ai, pois nas suas mãos entregarei a
cidade". Josué estendeu a lança na direção de Ai, 19 e, assim
que o fez, os homens da emboscada saíram correndo da sua
posição, entraram na cidade, tomaram-na e depressa a in-
cendiaram.
20 Quando os homens de Ai olharam para trás e viram a fumaça
da cidade subindo ao céu, não tinham para onde escapar, pois
os israelitas que fugiam para o deserto se voltaram contra os
seus perseguidores. 21 Vendo Josué e todo o Israel que os ho-
mens da emboscada tinham tomado a cidade e que desta subia
fumaça, deram meia-volta e atacaram os homens de Ai. 22 Os
outros israelitas também saíram da cidade para lutar contra
eles, de modo que foram cercados, tendo os israelitas dos
dois lados. Então os israelitas os mataram, sem deixar sobre-
viventes nem fugitivos, 23 mas prenderam vivo o rei de Ai e o
levaram a Josué.
24 Israel terminou de matar os habitantes de Ai no campo e no
deserto, onde os tinha perseguido; eles morreram ao fio da
espada. Depois disso, todos os israelitas voltaram à cidade
de Ai e mataram os que lá haviam ficado. 25 Doze mil homens
e mulheres caíram mortos naquele dia. Era toda a população
de Ai. 26 Pois Josué não recuou a lança até exterminar todos
os habitantes de Ai. 27 Mas Israel se apossou dos animais e
dos despojos daquela cidade, conforme a ordem que o SENHOR
tinha dado a Josué.
28 Assim Josué incendiou Ai e fez dela um perpétuo monte de
ruínas, um lugar abandonado até hoje. 29 Enforcou o rei de Ai
numa árvore e ali o deixou até a tarde. Ao pôr do sol Josué
ordenou que tirassem o corpo da árvore e que o atirassem à
entrada da cidade. E sobre ele ergueram um grande monte de
pedras, que perdura até hoje.

A Renovação da Aliança no Monte Ebal

30 Então Josué construiu no monte Ebal um altar ao SENHOR,
o Deus de Israel, 31 conforme Moisés, servo do SENHOR, tinha
ordenado aos israelitas. Ele o construiu de acordo com o que
está escrito no Livro da Lei de Moisés: um altar de pedras não
lavradas, nas quais não se usou ferramenta de ferro. Sobre ele
ofereceram ao SENHOR holocaustos[a] e sacrifícios de comunhão[b].
32 Ali, na presença dos israelitas, Josué copiou nas pedras a
Lei que Moisés havia escrito. 33 Todo o Israel, estrangeiros e
naturais da terra, com os seus líderes, os seus oficiais e os
seus juízes, estavam em pé dos dois lados da arca da aliança
do SENHOR, diante dos sacerdotes levitas, que a carregavam.
Metade do povo estava em pé, defronte do monte Gerizim, e
metade defronte do monte Ebal. Tudo conforme Moisés, servo
do SENHOR, tinha ordenado anteriormente, para que o povo de
Israel fosse abençoado.
34 Em seguida Josué leu todas as palavras da lei, a bênção e
a maldição, segundo o que está escrito no Livro da Lei. 35 Não
houve uma só palavra de tudo o que Moisés tinha ordenado
que Josué não lesse para toda a assembleia de Israel, inclusive
mulheres, crianças e os estrangeiros que viviam no meio deles.

9 A Astúcia dos Gibeonitas: o Acordo com Josué

E souberam disso todos os reis que viviam a oeste do
Jordão, nas montanhas, na Sefelá[c] e em todo o litoral do mar
Grande até o Líbano. Eram os reis dos hititas, dos amorreus,
dos cananeus, dos ferezeus, dos heveus e dos jebuseus. 2 Eles
se ajuntaram para guerrear contra Josué e contra Israel.
3 Contudo, quando os habitantes de Gibeom souberam o que
Josué tinha feito com Jericó e Ai, 4 recorreram a um ardil. En-
viaram uma delegação, trazendo jumentos carregados de sacos
gastos e vasilhas de couro velhas, rachadas e remendadas. 5 Os
homens calçavam sandálias gastas e remendadas e vestiam
roupas velhas. Todos os pães do suprimento deles estavam
secos e esmigalhados. 6 Foram a Josué, no acampamento de
Gilgal, e disseram a ele e aos homens de Israel: "Viemos de
uma terra distante. Queremos que façam um acordo conosco".
7 Os israelitas disseram aos heveus: "Talvez vocês vivam perto
de nós. Como poderemos fazer um acordo com vocês?"
8 "Somos seus servos", disseram a Josué. Josué, porém, per-
guntou: "Quem são vocês? De onde vocês vêm?"
9 Eles responderam: "Seus servos vieram de uma terra muito
distante por causa da fama do SENHOR, o seu Deus. Pois ou-
vimos falar dele, de tudo o que fez no Egito 10 e de tudo o que
fez aos dois reis dos amorreus a leste do Jordão: Seom, rei

[a] 8.31 Isto é, sacrifícios totalmente queimados.
[b] 8.31 Ou *de paz*
[c] 9.1 Pequena faixa de terra de relevo variável entre a planície costeira e as montanhas; também em 10.40; 11.2, 16; 12.8 e 15.33.

de Hesbom, e Ogue, rei de Basã, que reinava em Asterote.
11 E os nossos líderes e todos os habitantes da nossa terra nos
disseram: 'Juntem provisões para a viagem, vão encontrar-se
com eles e digam-lhes: Somos seus servos, façam um acordo
conosco'. 12 Este nosso pão estava quente quando o embru-
lhamos em casa no dia em que saímos de viagem para cá. Mas
vejam como agora está seco e esmigalhado. 13 Estas vasilhas de
couro que enchemos de vinho eram novas, mas agora estão ra-
chadas. E as nossas roupas e sandálias estão gastas por causa
da longa viagem".
14 Os israelitas examinaram[a] as provisões dos heveus, mas não
consultaram o SENHOR. 15 Então Josué fez um acordo de paz
com eles, garantindo poupar-lhes a vida, e os líderes da comu-
nidade o confirmaram com juramento.
16 Três dias depois de fazerem o acordo com os gibeonitas, os
israelitas souberam que eram vizinhos e que viviam perto deles.
17 Por isso partiram de viagem e três dias depois chegaram às
cidades dos heveus, que eram Gibeom, Quefira, Beerote e
Quiriate-Jearim. 18 Mas não os atacaram, porque os líderes da
comunidade lhes haviam feito um juramento em nome do SE-
NHOR, o Deus de Israel. Toda a comunidade, porém, queixou-se
contra os líderes, 19 que lhes responderam: "Fizemos a eles o
nosso juramento em nome do SENHOR, o Deus de Israel; por
isso não podemos tocar neles. 20 Todavia, nós os trataremos
assim: vamos deixá-los viver, para que não caia sobre nós a
ira divina por quebrarmos o juramento que lhes fizemos". 21 E
acrescentaram: "Eles ficarão vivos, mas serão lenhadores e
carregadores de água para toda a comunidade". E assim se
manteve a promessa dos líderes.
22 Então Josué convocou os gibeonitas e disse: "Por que vocês
nos enganaram dizendo que viviam muito longe de nós, quando
na verdade vivem perto? 23 Agora vocês estão debaixo de mal-
dição: nunca deixarão de ser escravos, rachando lenha e car-
regando água para a casa do meu Deus".
24 Eles responderam a Josué: "Os seus servos ficaram sabendo
como o SENHOR, o seu Deus, ordenou que o seu servo Moisés
desse a vocês toda esta terra e que eliminasse todos os seus
habitantes da presença de vocês. Tivemos medo do que po-
deria acontecer conosco por causa de vocês. Por isso agimos
assim. 25 Estamos agora nas suas mãos. Faça conosco o que
parecer bom e justo".
26 Josué então os protegeu e não permitiu que os matassem.
27 Mas naquele dia fez dos gibeonitas lenhadores e carrega-
dores de água para a comunidade e para o altar do SENHOR,
no local que o SENHOR escolhesse. É o que eles são até hoje.

O Dia em que o Sol Parou

10 Sucedeu que Adoni-Zedeque, rei de Jerusalém, soube que
Josué tinha conquistado Ai e a tinha destruído totalmente, fa-
zendo com Ai e seu rei o que fizera com Jericó e seu rei, e que
o povo de Gibeom tinha feito a paz com Israel e estava vivendo
no meio deles. 2 Ele e o seu povo ficaram com muito medo, pois
Gibeom era tão importante como uma cidade governada por
um rei; era maior do que Ai, e todos os seus homens eram bons
guerreiros. 3 Por isso Adoni-Zedeque, rei de Jerusalém, fez o
seguinte apelo a Hoão, rei de Hebrom, a Piram, rei de Jarmute,
a Jafia, rei de Laquis, e a Debir, rei de Eglom: 4 "Venham para
cá e ajudem-me a atacar Gibeom, pois ela fez a paz com Josué
e com os israelitas".
5 Então os cinco reis dos amorreus, os reis de Jerusalém, de He-
brom, de Jarmute, de Laquis e de Eglom reuniram-se e vieram
com todos os seus exércitos. Cercaram Gibeom e a atacaram.
6 Os gibeonitas enviaram esta mensagem a Josué, no acam-
pamento de Gilgal: "Não abandone os seus servos. Venha de-
pressa! Salve-nos! Ajude-nos, pois todos os reis amorreus que
vivem nas montanhas se uniram contra nós!"
7 Josué partiu de Gilgal com todo o seu exército, inclusive com
os seus melhores guerreiros. 8 E disse o SENHOR a Josué: "Não
tenha medo desses reis; eu os entreguei nas suas mãos. Ne-
nhum deles conseguirá resistir a você".
9 Depois de uma noite inteira de marcha desde Gilgal, Josué
os apanhou de surpresa. 10 O SENHOR os lançou em confusão
diante de Israel, que lhes impôs grande derrota em Gibeom.
Os israelitas os perseguiram na subida para Bete-Horom e os
mataram por todo o caminho até Azeca e Maquedá. 11 Enquanto
fugiam de Israel na descida de Bete-Horom para Azeca, do céu
o SENHOR lançou sobre eles grandes pedras de granizo, que
mataram mais gente do que as espadas dos israelitas.
12 No dia em que o SENHOR entregou os amorreus aos israelitas,
Josué exclamou ao SENHOR, na presença de Israel: "Sol, pare
sobre Gibeom! E você, ó lua, sobre o vale de Aijalom!" 13 O
sol parou, e a lua se deteve, até a nação vingar-se dos[b] seus
inimigos, como está escrito no Livro de Jasar. O sol parou no
meio do céu e por quase um dia inteiro não se pôs. 14 Nunca
antes nem depois houve um dia como aquele, quando o SENHOR
atendeu a um homem. Sem dúvida o SENHOR lutava por Israel!
15 Então Josué voltou com todo o Israel ao acampamento em
Gilgal.

Os Cinco Reis Amorreus São Mortos

16 Os cinco reis fugiram e se esconderam na caverna de Ma-
quedá. 17 Avisaram a Josué que eles tinham sido achados numa
caverna em Maquedá. 18 Disse ele: "Rolem grandes pedras até
a entrada da caverna, e deixem ali alguns homens de guarda.
19 Mas não se detenham! Persigam os inimigos. Ataquem-nos
pela retaguarda e não os deixem chegar às suas cidades, pois
o SENHOR, o seu Deus, os entregou em suas mãos".
20 Assim Josué e os israelitas os derrotaram por completo,
quase exterminando-os. Mas alguns conseguiram escapar e
se refugiaram em suas cidades fortificadas. 21 O exército inteiro
voltou então em segurança a Josué, ao acampamento de Ma-
quedá, e, depois disso, ninguém mais ousou abrir a boca para
provocar os israelitas.
22 Então disse Josué: "Abram a entrada da caverna e tra-
gam-me aqueles cinco reis". 23 Os cinco reis foram tirados da
caverna. Eram os reis de Jerusalém, de Hebrom, de Jarmute,

a 9.14 *Ou provaram*

b 10.13 *Ou derrotar os*

de Laquis e de Eglom. [24]Quando os levaram a Josué, ele con-
vocou todos os homens de Israel e disse aos comandantes do
exército que o tinham acompanhado: “Venham aqui e ponham
o pé no pescoço destes reis”. E eles obedeceram.
[25]Disse-lhes Josué: “Não tenham medo! Não desanimem!
Sejam fortes e corajosos! É isso que o SENHOR fará com todos
os inimigos que vocês tiverem que combater”. [26]Depois Josué
matou os reis e mandou pendurá-los em cinco árvores, onde
ficaram até a tarde.
[27]Ao pôr do sol, sob as ordens de Josué, eles foram tirados das
árvores e jogados na caverna onde haviam se escondido. Na
entrada da caverna colocaram grandes pedras, que lá estão
até hoje.
[28]Naquele dia Josué tomou Maquedá. Atacou a cidade e matou
o seu rei à espada e exterminou todos os que nela viviam, sem
deixar sobreviventes. E fez com o rei de Maquedá o que tinha
feito com o rei de Jericó.

A Conquista das Cidades do Sul

[29]Então Josué, e todo o Israel com ele, avançou de Maquedá
para Libna e a atacou. [30]O SENHOR entregou também aquela
cidade e seu rei nas mãos dos israelitas. Josué atacou a ci-
dade e matou à espada todos os que nela viviam, sem deixar
nenhum sobrevivente ali. E fez com o seu rei o que fizera com
o rei de Jericó.
[31]Depois Josué, e todo o Israel com ele, avançou de Libna para
Laquis, cercou-a e a atacou. [32]O SENHOR entregou Laquis nas
mãos dos israelitas, e Josué tomou-a no dia seguinte. Atacou a
cidade e matou à espada todos os que nela viviam, como tinha
feito com Libna. [33]Nesse meio-tempo Horão, rei de Gezer, fora
socorrer Laquis, mas Josué o derrotou, a ele e ao seu exército,
sem deixar sobrevivente algum.
[34]Josué, e todo o Israel com ele, avançou de Laquis para
Eglom, cercou-a e a atacou. [35]Eles a conquistaram naquele
mesmo dia, feriram-na à espada e exterminaram os que nela
viviam, como tinham feito com Laquis.
[36]Então Josué, e todo o Israel com ele, foi de Eglom para He-
brom e a atacou. [37]Tomaram a cidade e a feriram à espada,
como também o seu rei, os seus povoados e todos os que nela
viviam, sem deixar sobrevivente algum. Destruíram totalmente a
cidade e todos os que nela viviam, como tinham feito com Eglom.
[38]Depois Josué, e todo o Israel com ele, voltou e atacou Debir.
[39]Tomaram a cidade, seu rei e seus povoados e os mataram à
espada. Exterminaram os que nela viviam, sem deixar sobre-
vivente algum. Fizeram com Debir e seu rei o que tinham feito
com Libna e seu rei e com Hebrom.
[40]Assim Josué conquistou a região toda, incluindo a serra cen-
tral, o Neguebe, a Sefelá e as vertentes, e derrotou todos os
seus reis, sem deixar sobrevivente algum. Exterminou tudo o
que respirava, conforme o SENHOR, o Deus de Israel, tinha or-
denado. [41]Josué os derrotou desde Cades-Barneia até Gaza, e
toda a região de Gósen, e de lá até Gibeom. [42]Também sub-
jugou todos esses reis e conquistou suas terras numa única
campanha, pois o SENHOR, o Deus de Israel, lutou por Israel.
[43]Então Josué retornou com todo o Israel ao acampamento
em Gilgal.

11

A Vitória sobre os Reis do Norte

Quando Jabim, rei de Hazor, soube disso, enviou men-
sagem a Jobabe, rei de Madom, aos reis de Sinrom e Acsafe, [2]e
aos reis do norte que viviam nas montanhas, na Arabá ao sul de
Quinerete, na Sefelá e em Nafote-Dor[a], a oeste; [3]aos cananeus
a leste e a oeste; aos amorreus, aos hititas, aos ferezeus e aos
jebuseus das montanhas; e aos heveus do sopé do Hermom, na
região de Mispá. [4]Saíram com todas as suas tropas, um exér-
cito imenso, tão numeroso como a areia da praia, além de um
grande número de cavalos e carros. [5]Todos esses reis se uniram
e acamparam junto às águas de Merom, para lutar contra Israel.
[6]E o SENHOR disse a Josué: “Não tenha medo deles, porque
amanhã a esta hora os entregarei todos mortos a Israel. A
você cabe cortar os tendões dos cavalos deles e queimar os
seus carros”.
[7]Josué e todo o seu exército os surpreenderam junto às águas
de Merom e os atacaram, [8]e o SENHOR os entregou nas mãos
de Israel, que os derrotou e os perseguiu até Sidom, a grande,
até Misrefote-Maim e até o vale de Mispá, a leste. Eles os ma-
taram sem deixar sobrevivente algum. [9]Josué os tratou como o
SENHOR lhe tinha ordenado. Cortou os tendões dos seus cavalos
e queimou os seus carros.
[10]Na mesma ocasião Josué voltou, conquistou Hazor e matou
o seu rei à espada. (Hazor tinha sido a capital de todos esses
reinos.) [11]Matou à espada todos os que nela estavam. Exter-
minou-os totalmente, sem poupar nada que respirasse, e in-
cendiou Hazor.
[12]Josué conquistou todas essas cidades e matou à espada
os reis que as governavam. Destruiu-as totalmente, como
Moisés, servo do SENHOR, tinha ordenado. [13]Contudo, Israel
não incendiou nenhuma das cidades construídas nas colinas,
com exceção de Hazor, que Josué incendiou. [14]Os israelitas
tomaram posse de todos os despojos e dos animais dessas
cidades, mas mataram todo o povo à espada, até exterminá-lo
completamente, sem poupar ninguém. [15]Tudo o que o SENHOR
tinha ordenado a seu servo Moisés, Moisés ordenou a Josué, e
Josué obedeceu, sem deixar de cumprir nada de tudo o que o
SENHOR tinha ordenado a Moisés.
[16]Assim Josué conquistou toda aquela terra: a serra central,
todo o Neguebe, toda a região de Gósen, a Sefelá, a Arabá
e os montes de Israel e suas planícies, [17]desde o monte Ha-
laque, que se ergue na direção de Seir, até Baal-Gade, no vale
do Líbano, no sopé do monte Hermom. Ele capturou todos os
seus reis e os matou. [18]Josué guerreou contra todos esses reis
por muito tempo. [19]Com exceção dos heveus que viviam em
Gibeom, nenhuma cidade fez a paz com os israelitas, que a
todas conquistou em combate. [20]Pois foi o próprio SENHOR que
lhes endureceu o coração para guerrearem contra Israel, para
que ele os destruísse totalmente, exterminando-os sem mise-
ricórdia, como o SENHOR tinha ordenado a Moisés.

a 11.2 Ou *no planalto de Dor*; também em 12.23.

21 Naquela ocasião Josué exterminou os enaquins dos montes
de Hebrom, de Debir e de Anabe, de todos os montes de Judá
e de Israel. Josué destruiu-os totalmente e também as suas
cidades. 22 Nenhum enaquim foi deixado vivo no território is-
raelita; somente em Gaza, em Gate e em Asdode é que alguns
sobreviveram. 23 Foi assim que Josué conquistou toda a terra,
conforme o SENHOR tinha dito a Moisés, e deu-a por herança
a Israel, repartindo-a entre as suas tribos. E a terra teve des-
canso da guerra.

12 A Lista dos Reis Derrotados

São estes os reis que os israelitas derrotaram, e de cujo ter-
ritório se apossaram a leste do Jordão, desde o ribeiro do Arnom
até o monte Hermom, inclusive todo o lado leste da Arabá:
2 Seom, rei dos amorreus, que reinou em Hesbom. Governou
desde Aroer, na borda do ribeiro do Arnom, desde o meio do
ribeiro até o rio Jaboque, que é a fronteira dos amonitas. Esse
território incluía a metade de Gileade. 3 Também governou a
Arabá oriental, desde o mar de Quinerete[a] até o mar da Arabá,
o mar Salgado, até Bete-Jesimote, e mais ao sul, ao pé das
encostas do Pisga.
4 Tomaram o território de Ogue, rei de Basã, um dos últimos
refains, que reinou em Asterote e Edrei. 5 Ele governou o monte
Hermom, Salcá, toda a Basã até a fronteira do povo de Gesur
e de Maaca, e metade de Gileade até a fronteira de Seom, rei
de Hesbom.
6 Moisés, servo do SENHOR, e os israelitas os derrotaram. E
Moisés, servo do SENHOR, deu a terra deles como propriedade
às tribos de Rúben, de Gade e à metade da tribo de Manassés.
7 São estes os reis que Josué e os israelitas derrotaram no lado
ocidental do Jordão, desde Baal-Gade, no vale do Líbano, até
o monte Halaque, que se ergue na direção de Seir. Josué deu
a terra deles por herança às tribos de Israel, repartindo-a entre
elas — 8 a serra central, a Sefelá, a Arabá, as encostas das
montanhas, o deserto e o Neguebe — as terras dos hititas,
dos amorreus, dos cananeus, dos ferezeus, dos heveus e dos
jebuseus: 9 o rei de Jericó, o rei de Ai, próxima a Betel, 10 o rei
de Jerusalém, o rei de Hebrom, 11 o rei de Jarmute, o rei de La-
quis, 12 o rei de Eglom, o rei de Gezer, 13 o rei de Debir, o rei de
Geder, 14 o rei de Hormá, o rei de Arade, 15 o rei de Libna, o rei
de Adulão, 16 o rei de Maquedá, o rei de Betel, 17 o rei de Tapua,
o rei de Héfer, 18 o rei de Afeque, o rei de Lasarom, 19 o rei de
Madom, o rei de Hazor, 20 o rei de Sinrom-Merom, o rei de Ac-
safe, 21 o rei de Taanaque, o rei de Megido, 22 o rei de Quedes, o
rei de Jocneão do Carmelo, 23 o rei de Dor em Nafote-Dor, o rei
de Goim de Gilgal, 24 e o rei de Tirza. Trinta e um reis ao todo.

13 Terras a Serem Conquistadas

Sendo Josué já velho, de idade bastante avançada, o SE-
NHOR lhe disse: "Você já está velho, e ainda há muita terra para
ser conquistada.
2 "Esta é a terra que resta: todas as regiões dos filisteus e dos
gesuritas; 3 desde o rio Sior, próximo ao Egito, até o território
de Ecrom, ao norte, todo esse território considerado cananeu.
Abrange a região dos aveus, isto é, dos cinco chefes filisteus,
governantes de Gaza, de Asdode, de Ascalom, de Gate e de
Ecrom. 4 Resta ainda, desde o sul, toda a terra dos cananeus,
desde Ara dos sidônios até Afeque, a região dos amorreus, 5 a
dos gibleus e todo o Líbano, para o leste, desde Baal-Gade, ao
pé do monte Hermom, até Lebo-Hamate.
6 "Todos os habitantes das montanhas, desde o Líbano até Mis-
refote-Maim, isto é, todos os sidônios; eu mesmo os expulsarei
da presença dos israelitas. Você, porém, distribuirá essa terra
a Israel por herança, como ordenei, 7 repartindo-a agora entre
as nove tribos e a metade da tribo de Manassés".

A Divisão das Terras a Leste do Jordão

8 Com a outra metade da tribo de Manassés, as tribos de Rúben
e de Gade já haviam recebido a herança a leste do Jordão, con-
forme Moisés, servo do SENHOR, lhes tinha designado.
9 Esse território se estendia de Aroer, na margem do ribeiro
do Arnom, e da cidade situada no meio do vale desse ribeiro,
incluindo todo o planalto de Medeba até Dibom, 10 e todas as ci-
dades de Seom, rei dos amorreus, que governava em Hesbom,
e prosseguia até a fronteira dos amonitas. 11 Também incluía Gi-
leade, o território dos gesuritas e maacatitas, toda a região do
monte Hermom e toda a Basã até Salcá, 12 isto é, todo o reino
de Ogue, em Basã, que tinha reinado em Asterote e Edrei, um
dos últimos refains sobreviventes. Moisés os tinha derrotado
e tomado as suas terras. 13 Mas os israelitas não expulsaram
os gesuritas e maacatitas, de modo que até hoje continuam a
viver no meio deles.
14 Mas à tribo de Levi não deu herança alguma, visto que as
ofertas preparadas no fogo ao SENHOR, o Deus de Israel, são a
herança deles, como já lhes dissera.
15 À tribo de Rúben, clã por clã, Moisés dera o seguinte ter-
ritório:
16 Desde Aroer, na margem do ribeiro do Arnom, e desde a ci-
dade situada no meio do vale desse ribeiro e todo o planalto
depois de Medeba 17 até Hesbom e todas as suas cidades no
planalto, inclusive Dibom, Bamote-Baal, Bete-Baal-Meom,
18 Jaza, Quedemote, Mefaate, 19 Quiriataim, Sibma, Zerete-
-Saar, na encosta do vale, 20 Bete-Peor, as encostas do Pisga,
e Bete-Jesimote: 21 todas as cidades do planalto e todo o do-
mínio de Seom, rei dos amorreus, que governava em Hesbom.
Moisés o tinha derrotado, bem como aos líderes midianitas
Evi, Requém, Zur, Hur e Reba, aliados de Seom, que viviam
naquela terra. 22 Além dos que foram mortos na guerra, os is-
raelitas mataram à espada Balaão, filho de Beor, que praticava
adivinhação. 23 A fronteira da tribo de Rúben era a margem do
Jordão. Essas cidades e os seus povoados foram a herança de
Rúben, clã por clã.
24 À tribo de Gade, clã por clã, Moisés dera o seguinte território:
25 O território de Jazar, todas as cidades de Gileade e metade
do território amonita até Aroer, perto de Rabá. 26 Estendia-se
desde Hesbom até Ramate-Mispá e Betonim, e desde Maanaim
até o território de Debir. 27 No vale do Jordão incluía Bete-Arã,

a 12.3 Isto é, o mar da Galileia; também em 13.27.

Bete-Ninra, Sucote e Zafom; o restante do domínio de Seom,
rei de Hesbom. Abrangia a margem leste do Jordão até o mar
de Quinerete. 28 Essa região com suas cidades e povoados
foram a herança de Gade, clã por clã.
29 À metade da tribo de Manassés, isto é, à metade dos des-
cendentes de Manassés, clã por clã, Moisés dera o seguinte
território:
30 O seu território se estendia desde Maanaim e incluía toda
a região de Basã, todo o domínio de Ogue, rei de Basã: todos
os povoados de Jair em Basã, sessenta cidades; 31 metade de
Gileade, e Asterote e Edrei, cidades do reino de Ogue, em Basã.
Esse foi o território destinado à metade dos descendentes de
Maquir, filho de Manassés, clã por clã.
32 Essa foi a herança que Moisés lhes deu quando estava na
planície de Moabe, do outro lado do Jordão, a leste de Jericó.
33 Mas à tribo de Levi Moisés não deu herança alguma; o SE-
NHOR, o Deus de Israel, é a herança deles, como já lhes dissera.

14 A Divisão das Terras a Oeste do Jordão

Foram estas as terras que os israelitas receberam por
herança em Canaã e que o sacerdote Eleazar, Josué, filho de
Num, e os chefes dos clãs das tribos dos israelitas repartiram
entre eles. 2 A divisão da herança foi decidida por sorteio entre
as nove tribos e meia, como o SENHOR tinha ordenado por meio
de Moisés, 3 pois Moisés já tinha dado herança às duas tribos
e meia a leste do Jordão. Mas aos levitas não dera herança
entre os demais. 4 Os filhos de José formaram as duas tribos
de Manassés e Efraim. Os levitas não receberam porção alguma
da terra; receberam apenas cidades onde viver, com pastagens
para os seus rebanhos. 5 Os israelitas dividiram a terra con-
forme o SENHOR tinha ordenado a Moisés.

Calebe Recebe Hebrom

6 Os homens de Judá vieram a Josué em Gilgal, e Calebe, filho
do quenezeu Jefoné, lhe disse: "Você sabe o que o SENHOR
disse a Moisés, homem de Deus, em Cades-Barneia, sobre mim
e sobre você. 7 Eu tinha quarenta anos quando Moisés, servo do
SENHOR, enviou-me de Cades-Barneia para espionar a terra. Eu
lhe dei um relatório digno de confiança, 8 mas os meus irmãos
israelitas que foram comigo fizeram o povo desanimar-se de
medo. Eu, porém, fui inteiramente fiel ao SENHOR, o meu Deus.
9 Por isso naquele dia Moisés me jurou: 'Certamente a terra em
que você pisou será uma herança perpétua para você e para
os seus descendentes, porquanto você foi inteiramente fiel ao
SENHOR, o meu Deus'.
10 "Pois bem, o SENHOR manteve-me vivo, como prometeu. E foi
há quarenta e cinco anos que ele disse isso a Moisés, quando
Israel caminhava pelo deserto. Por isso aqui estou hoje, com
oitenta e cinco anos de idade! 11 Ainda estou tão forte como no
dia em que Moisés me enviou; tenho agora tanto vigor para ir
à guerra como tinha naquela época. 12 Dê-me, pois, a região
montanhosa que naquela ocasião o SENHOR me prometeu. Na
época, você ficou sabendo que os enaquins lá viviam com suas
cidades grandes e fortificadas; mas, se o SENHOR estiver co-
migo, eu os expulsarei de lá, como ele prometeu".
13 Então Josué abençoou Calebe, filho de Jefoné, e lhe deu
Hebrom por herança. 14 Por isso, até hoje, Hebrom pertence
aos descendentes de Calebe, filho do quenezeu Jefoné, pois
ele foi inteiramente fiel ao SENHOR, o Deus de Israel. 15 Hebrom
era chamada Quiriate-Arba, em homenagem a Arba, o maior
dos enaquins. E a terra teve descanso da guerra.

15 As Terras da Tribo de Judá

As terras distribuídas à tribo de Judá, clã por clã, esten-
diam-se para o sul até a fronteira com Edom, até o deserto de
Zim, no extremo sul.
2 Sua fronteira sul começava na ponta de terra do extremo sul
do mar Salgado, 3 passava pelo sul da subida de Acrabim[a], pros-
seguia até Zim e daí até o sul de Cades-Barneia. Depois pas-
sava por Hezrom, indo até Adar e fazia uma curva em direção a
Carca. 4 Dali continuava até Azmom, indo até o ribeiro do Egito
e terminando no mar. Essa era a fronteira sul deles[b].
5 A fronteira oriental era o mar Salgado até a foz do Jordão. A
fronteira norte começava na enseada, na foz do Jordão, 6 subia
até Bete-Hogla e passava ao norte de Bete-Arabá até a Pedra
de Boã, filho de Rúben. 7 A fronteira subia então do vale de
Acor até Debir, e virava para o norte, na direção de Gilgal, que
fica defronte da subida de Adumim, ao sul do ribeiro. Passava
pelas águas de En-Semes, indo até En-Rogel. 8 Depois subia
pelo vale de Ben-Hinom, ao longo da encosta sul da cidade
dos jebuseus, isto é, Jerusalém. Dali subia até o alto da mon-
tanha, a oeste do vale de Hinom, no lado norte do vale de
Refaim. 9 Do alto da montanha a fronteira prosseguia para a
fonte de Neftoa, ia para as cidades do monte Efrom e descia
na direção de Baalá, que é Quiriate-Jearim. 10 De Baalá fazia
uma curva em direção ao oeste até o monte Seir, prosseguia
pela encosta norte do monte Jearim, isto é, Quesalom; em
seguida continuava descendo até Bete-Semes e passava por
Timna. 11 Depois ia para a encosta norte de Ecrom, virava na
direção de Sicrom, continuava até o monte Baalá e chegava a
Jabneel, terminando no mar.
12 A fronteira ocidental era o litoral do mar Grande. Eram essas
as fronteiras que demarcavam Judá por todos os lados, de
acordo com os seus clãs.
13 Conforme a ordem dada pelo SENHOR, Josué deu a Calebe,
filho de Jefoné, uma porção de terra em Judá, que foi Quiriate-
-Arba, isto é, Hebrom. Arba era antepassado de Enaque. 14 Ca-
lebe expulsou de Hebrom os três enaquins: Sesai, Aimã e Talmai,
descendentes de Enaque. 15 Dali avançou contra o povo de Debir,
anteriormente chamada Quiriate-Sefer. 16 E Calebe disse: "Darei
minha filha Acsa por mulher ao homem que atacar e conquistar
Quiriate-Sefer". 17 Otoniel, filho de Quenaz, irmão de Calebe, a
conquistou; e Calebe lhe deu sua filha Acsa por mulher.
18 Quando Acsa foi viver com Otoniel, ela o[c] pressionou para
que pedisse um campo ao pai dela. Assim que ela desceu do
jumento, perguntou-lhe Calebe: "O que você quer?"

---

[a] **15.3** Isto é, dos Escorpiões.
[b] **15.4** Hebraico: *de vocês*.
[c] **15.10** Conforme o Texto Massorético e alguns manuscritos da Septuaginta. Alguns manuscritos da Septuaginta dizem ele a. Veja Jz 1.14 e a nota.

19 "Quero um presente", respondeu ela. "Já que me deu terras no Neguebe, dê-me também fontes de água." Então Calebe lhe deu as fontes superiores e as inferiores.

20 Esta é a herança da tribo de Judá, clã por clã:

21 As cidades que ficavam no extremo sul da tribo de Judá, no Neguebe, na direção da fronteira de Edom, eram: Cabzeel, Éder, Jagur, 22 Quiná, Dimona, Adada, 23 Quedes, Hazor, Itnã, 24 Zife, Telém, Bealote, 25 Hazor-Hadata, Queriote-Hezrom, que é Hazor, 26 Amã, Sema, Moladá, 27 Hazar-Gada, Hesmom, Bete-Pelete, 28 Hazar-Sual, Berseba, Biziotiá, 29 Baalá, Iim, Azém, 30 Eltolade, Quesil, Hormá, 31 Ziclague, Madmana, Sansana, 32 Lebaote, Silim, Aim e Rimom. Eram vinte e nove cidades com seus povoados.

33 Na Sefelá: Estaol, Zorá, Asná, 34 Zanoa, En-Ganim, Tapua, Enã, 35 Jarmute, Adulão, Socó, Azeca, 36 Saaraim, Aditaim, e Gederá ou[a] Gederotaim. Eram catorze cidades com seus povoados. 37 Zenã, Hadasa, Migdal-Gade, 38 Dileã, Mispá, Jocteel, 39 Laquis, Bozcate, Eglom, 40 Cabom, Laamás, Quitlis, 41 Gederote, Bete-Dagom, Naamá e Maquedá. Eram dezesseis cidades com seus povoados. 42 Libna, Eter, Asã, 43 Iftá, Asná, Nezibe, 44 Queila, Aczibe e Maressa. Eram nove cidades com seus povoados. 45 Ecrom, com suas vilas e seus povoados; 46 de Ecrom até o mar, todas as cidades nas proximidades de Asdode, com os seus povoados; 47 Asdode, com suas vilas e seus povoados; e Gaza, com suas vilas e seus povoados até o ribeiro do Egito e o litoral do mar Grande.

48 Na região montanhosa: Samir, Jatir, Socó, 49 Daná, Quiriate-Sana, que é Debir, 50 Anabe, Estemo, Anim, 51 Gósen, Holom e Gilo. Eram onze cidades com seus povoados. 52 Arabe, Dumá, Esã, 53 Janim, Bete-Tapua, Afeca, 54 Hunta, Quiriate-Arba, que é Hebrom e Zior. Eram nove cidades com seus povoados. 55 Maom, Carmelo, Zife, Jutá, 56 Jezreel, Jocdeão, Zanoa, 57 Caim, Gibeá e Timna. Eram dez cidades com seus povoados. 58 Halul, Bete-Zur, Gedor, 59 Maarate, Bete-Anote e Eltecom. Eram seis cidades com seus povoados. 60 Quiriate-Baal, que é Quiriate-Jearim e Rabá. Eram duas cidades com seus povoados.

61 No deserto: Bete-Arabá, Midim, Secacá, 62 Nibsã, Cidade do Sal e En-Gedi. Eram seis cidades com seus povoados. 63 Os descendentes de Judá não conseguiram expulsar os jebuseus, que viviam em Jerusalém; até hoje os jebuseus vivem ali com o povo de Judá.

16 As Terras das Tribos de Efraim e Manassés

1 As terras distribuídas aos descendentes de José iam desde o Jordão, perto de Jericó, a leste das águas de Jericó, e daí subiam pelo deserto até a serra que vai de Jericó a Betel. 2 De Betel, que é Luz[b], iam para o território dos arquitas, em Atarote, 3 desciam para o oeste até o território dos jafletitas, chegando à região de Bete-Horom Baixa, e prosseguiam até Gezer, terminando no mar.

4 Assim os descendentes de Manassés e Efraim, filhos de José, receberam a sua herança.

A Herança de Efraim

5 Este era o território de Efraim, clã por clã: A fronteira da sua herança ia de Atarote-Adar, a leste, até Bete-Horom Alta 6 e prosseguia até o mar. De Micmetá, ao norte, fazia uma curva para o leste até Taanate-Siló e, passando por ela, ia até Janoa, a leste. 7 Depois descia de Janoa para Atarote e Naarate, encostava em Jericó e terminava no Jordão. 8 De Tapua a fronteira seguia rumo oeste até o ribeiro de Caná e terminava no mar. Essa foi a herança da tribo dos efraimitas, clã por clã, 9 que incluía todas as cidades com os seus povoados, separadas para os efraimitas na herança dos manassitas.

10 Os cananeus de Gezer não foram expulsos, e até hoje vivem no meio do povo de Efraim, mas são sujeitos a trabalhos forçados.

17 A Herança de Manassés

Estas foram as terras distribuídas à tribo de Manassés, filho mais velho de José. Foram entregues a Maquir, filho mais velho de Manassés. Maquir, pai de Gileade, guerreiro valente, recebeu Gileade e Basã. 2 Também foram dadas terras para os clãs dos outros filhos de Manassés: Abiezer, Heleque, Asriel, Siquém, Héfer e Semida. Esses são os filhos homens de Manassés, filho de José, de acordo com os seus clãs.

3 Zelofeade, porém, filho de Héfer, neto de Gileade, bisneto de Maquir, trineto de Manassés, não teve nenhum filho, somente filhas. Seus nomes eram Maalá, Noa, Hogla, Milca e Tirza. 4 Elas foram ao sacerdote Eleazar, a Josué, filho de Num, e aos líderes, e disseram: "O SENHOR ordenou a Moisés que nos desse uma herança entre os nossos parentes". Josué deu-lhes então uma herança entre os irmãos de seu pai, de acordo com a ordem do SENHOR. 5 A tribo de Manassés recebeu dez quinhões de terra, além de Gileade e Basã, que ficam a leste do Jordão, 6 pois tanto as filhas de Manassés como os filhos dele receberam herança. A terra de Gileade ficou para os outros descendentes de Manassés.

7 O território de Manassés estendia-se desde Aser até Micmetá, a leste de Siquém. A fronteira ia dali para o sul, chegando até o povo que vivia em En-Tapua. 8 As terras de Tapua eram de Manassés, mas a cidade de Tapua, na fronteira de Manassés, pertencia aos efraimitas. 9 Depois a fronteira descia até o ribeiro de Caná. Ao sul do ribeiro havia cidades pertencentes a Efraim que ficavam em meio às cidades de Manassés, mas a fronteira de Manassés ficava ao norte do ribeiro e terminava no mar. 10 Do lado sul a terra pertencia a Efraim; do lado norte, a Manassés. O território de Manassés chegava até o mar e alcançava Aser, ao norte, e Issacar, a leste.

11 Em Issacar e Aser, Manassés tinha também Bete-Seã, Ibleã e as populações de Dor, En-Dor, Taanaque e Megido, com os seus respectivos povoados. A terceira da lista, isto é, Dor, é Nafote[c].

12 Mas os manassitas não conseguiram expulsar os habitantes dessas cidades, pois os cananeus estavam decididos a viver naquela região. 13 Entretanto, quando os israelitas se fortaleceram, submeteram os cananeus a trabalhos forçados, mas não os expulsaram totalmente.

---

[a] 15.36 Ou *e*

[b] 16.2 Conforme a Septuaginta. O Texto Massorético diz De Betel vai até Luz.

[c] 17.11 Isto é, Nafote-Dor, ou planalto de Dor.

14 Os descendentes de José disseram então a Josué: "Por que nos deste apenas um quinhão, uma só porção de herança? Somos um povo numeroso, e o SENHOR nos tem abençoado ricamente".
15 Respondeu Josué: "Se vocês são tão numerosos e se os montes de Efraim têm pouco espaço para vocês, subam, entrem na floresta e limpem o terreno para vocês na terra dos ferezeus e dos refains".
16 Os descendentes de José responderam: "Os montes não são suficientes para nós; além disso todos os cananeus que vivem na planície possuem carros de ferro, tanto os que vivem em Bete-Seã e seus povoados como os que vivem no vale de Jezreel".
17 Josué, porém, disse à tribo de José, a Efraim e a Manassés: "Vocês são numerosos e poderosos. Vocês não terão apenas um quinhão. 18 Os montes cobertos de floresta serão de vocês. Limpem o terreno, e será de vocês, até os seus limites mais distantes. Embora os cananeus possuam carros de ferro e sejam fortes, vocês poderão expulsá-los".

18 A Divisão do Restante da Terra

Toda a comunidade dos israelitas reuniu-se em Siló e ali armou a Tenda do Encontro. A terra foi dominada por eles; 2 mas sete tribos ainda não tinham recebido a sua herança.
3 Então Josué disse aos israelitas: "Até quando vocês vão negligenciar a posse da terra que o SENHOR, o Deus dos seus antepassados, deu a vocês? 4 Escolham três homens de cada tribo, e eu os enviarei. Eles vão examinar a terra e mapeá-la, conforme a herança de cada tribo. Depois voltarão a mim. 5 Dividam a terra em sete partes. Judá ficará em seu território ao sul, e a tribo de José em seu território ao norte. 6 Depois que fizerem um mapa das sete partes da terra, tragam-no para mim, e eu farei sorteio para vocês na presença do SENHOR, o nosso Deus. 7 Mas os levitas nada receberão entre vocês, pois o sacerdócio do SENHOR é a herança deles. Gade, Rúben e a metade da tribo de Manassés já receberam a sua herança no lado leste do Jordão, dada a eles por Moisés, servo do SENHOR".
8 Quando os homens estavam de partida para mapear a terra, Josué os instruiu: "Vão examinar a terra e façam uma descrição dela. Depois voltem, e eu farei um sorteio para vocês aqui em Siló, na presença do SENHOR". 9 Os homens partiram e percorreram a terra. Descreveram-na num rolo, cidade por cidade, em sete partes, e retornaram a Josué, ao acampamento de Siló. 10 Josué fez então um sorteio para eles em Siló, na presença do SENHOR, e ali distribuiu a terra aos israelitas, conforme a porção devida a cada tribo.

As Terras da Tribo de Benjamim

11 Saiu a sorte para a tribo de Benjamim, clã por clã. O território sorteado ficava entre as tribos de Judá e de José.
12 No lado norte a sua fronteira começava no Jordão, passava pela encosta norte de Jericó e prosseguia para o oeste, para a região montanhosa, terminando no deserto de Bete-Áven. 13 Dali ia para a encosta sul de Luz, que é Betel, e descia para Atarote-Adar, na montanha que está ao sul de Bete-Horom Baixa.
14 Da montanha que fica defronte de Bete-Horom, no sul, a fronteira virava para o sul, ao longo do lado ocidental, e terminava em Quiriate-Baal, que é Quiriate-Jearim, cidade do povo de Judá. Esse era o lado ocidental.
15 A fronteira sul começava no oeste, nos arredores de Quiriate-Jearim, e chegava à fonte de Neftoa. 16 A fronteira descia até o sopé da montanha que fica defronte do vale de Ben-Hinom, ao norte do vale de Refaim. Depois, prosseguia, descendo pelo vale de Hinom ao longo da encosta sul da cidade dos jebuseus e chegava até En-Rogel. 17 Fazia então uma curva para o norte, ia para En-Semes, continuava até Gelilote, que fica defronte da subida de Adumim, e descia até a Pedra de Boã, filho de Rúben.
18 Prosseguia para a encosta norte de Bete-Arabá[a], e daí descia para a Arabá. 19 Depois ia para a encosta norte de Bete-Hogla e terminava na baía norte do mar Salgado, na foz do Jordão, no sul. Essa era a fronteira sul.
20 O Jordão delimitava a fronteira oriental. Essas eram as fronteiras que demarcavam por todos os lados a herança dos clãs de Benjamim.
21 A tribo de Benjamim, clã por clã, recebeu as seguintes cidades: Jericó, Bete-Hogla, Emeque-Queziz, 22 Bete-Arabá, Zemaraim, Betel, 23 Avim, Pará, Ofra, 24 Quefar-Amonai, Ofni e Geba. Eram doze cidades com os seus povoados.
25 Gibeom, Ramá, Beerote, 26 Mispá, Quefira, Mosa, 27 Requém, Irpeel, Tarala, 28 Zela, Elefe, Jebus, que é Jerusalém, Gibeá e Quiriate. Eram catorze cidades com os seus povoados. Essa foi a herança dos clãs de Benjamim.

19 As Terras da Tribo de Simeão

Na segunda vez, a sorte saiu para a tribo de Simeão, clã por clã. A herança deles ficava dentro do território de Judá.
2 Eles receberam: Berseba ou Seba, Moladá, 3 Hazar-Sual, Balá, Azém, 4 Eltolade, Betul, Hormá, 5 Ziclague, Bete-Marcabote, Hazar-Susa, 6 Bete-Lebaote e Saruém. Eram treze cidades com os seus povoados.
7 Aim, Rimom, Eter e Asã, quatro cidades com os seus povoados, 8 e todos os povoados ao redor dessas cidades até Baalate-Beer, que é Ramá, no Neguebe. Essa foi a herança da tribo dos simeonitas, clã por clã. 9 A herança dos simeonitas foi tirada de Judá, pois Judá recebera mais terras do que precisava. Assim os simeonitas receberam a sua herança dentro do território de Judá.

As Terras da Tribo de Zebulom

10 Na terceira vez, a sorte saiu para Zebulom, clã por clã. A fronteira da sua herança ia até Saride. 11 De lá ia para o oeste, chegava a Maralá, alcançava Dabesete e se estendia até o ribeiro próximo a Jocneão. 12 De Saride fazia uma curva para o leste, para o lado do nascente, em direção ao território de Quislote-Tabor, prosseguia até Daberate e subia para Jafia.
13 Depois continuava para o leste até Gate-Héfer e Ete-Cazim, chegava a Rimom e fazia uma curva na direção de Neá. 14 Do norte a fronteira voltava até Hanatom e terminava no vale de Iftá-El. 15 Aí também estavam Catate, Naalal, Sinrom, Idala e Belém. Eram doze cidades com os seus povoados.
16 Essas cidades com os seus povoados foram a herança de Zebulom, clã por clã.

[a] 18.18 Conforme a Septuaginta. O Texto Massorético diz encosta norte defronte da Arabá.

As Terras da Tribo de Issacar

17 Na quarta vez, a sorte saiu para Issacar, clã por clã. 18 Seu
território abrangia: Jezreel, Quesulote, Suném, 19 Hafaraim,
Siom, Anaarate, 20 Rabite, Quisiom, Ebes, 21 Remete, En-Ganim,
En-Hadá e Bete-Pazes. 22 A fronteira chegava a Tabor, Saazima
e Bete-Semes e terminava no Jordão. Eram dezesseis cidades
com os seus povoados.
23 Essas cidades com os seus povoados foram a herança da
tribo de Issacar, clã por clã.

As Terras da Tribo de Aser

24 Na quinta vez, a sorte saiu para Aser, clã por clã. 25 Seu ter-
ritório abrangia: Helcate, Hali, Béten, Acsafe, 26 Alameleque,
Amade e Misal. A oeste a fronteira alcançava o Carmelo e Sior-
-Libnate. 27 De lá virava para o leste em direção a Bete-Dagom,
alcançava Zebulom e o vale de Iftá-El e ia para o norte, para Be-
te-Emeque e Neiel, passando por Cabul, à esquerda, 28 Ebrom,
Reobe, Hamom e Caná até Sidom, a grande. 29 Depois a fron-
teira voltava para Ramá e ia para a cidade fortificada de Tiro,
virava na direção de Hosa e terminava no mar, na região de
Aczibe, 30 Umá, Afeque e Reobe. Eram vinte e duas cidades
com os seus povoados.
31 Essas cidades com os seus povoados foram a herança da tribo
de Aser, clã por clã.

As Terras da Tribo de Naftali

32 Na sexta vez, a sorte saiu para Naftali, clã por clã.
33 Sua fronteira ia desde Helefe e do carvalho de Zaanim, passava
por Adami-Neguebe e Jabneel e ia até Lacum, terminando no
Jordão. 34 Voltando para o oeste, a fronteira passava por Azno-
te-Tabor e ia para Hucoque. Atingia Zebulom ao sul, Aser a oeste
e o Jordão[a] a leste. 35 As cidades fortificadas eram Zidim, Zer,
Hamate, Racate, Quinerete, 36 Adamá, Ramá, Hazor, 37 Quedes,
Edrei, En-Hazor, 38 Irom, Migdal-El, Horém, Bete-Anate e Bete-
-Semes. Eram dezenove cidades com os seus povoados.
39 Essas cidades com os seus povoados foram a herança da
tribo de Naftali, clã por clã.

As Terras da Tribo de Dã

40 Na sétima vez, a sorte saiu para Dã, clã por clã. 41 O território
da sua herança abrangia: Zorá, Estaol, Ir-Semes, 42 Saalabim,
Aijalom, Itla, 43 Elom, Timna, Ecrom, 44 Elteque, Gibetom,
Baalate, 45 Jeúde, Bene-Beraque, Gate-Rimom, 46 Me-Jarcom
e Racom, e a região situada defronte de Jope.
47 Mas a tribo de Dã teve dificuldade para tomar posse do seu
território. Por isso atacaram Lesém, conquistaram-na, passa-
ram-na ao fio da espada e a ocuparam. Estabeleceram-se em
Lesém e lhe deram o nome de Dã, por causa do seu antepas-
sado. 48 Essas cidades com os seus povoados foram a herança
da tribo de Dã, clã por clã.

As Terras Dadas a Josué

49 Quando terminaram de dividir a terra em territórios delimi-
tados, os israelitas deram a Josué, filho de Num, uma herança
no meio deles, 50 como o SENHOR tinha ordenado. Deram-lhe
a cidade que ele havia pedido, Timnate-Será[b], nos montes de
Efraim, onde ele reconstruiu a cidade e se estabeleceu.
51 Foram esses os territórios que o sacerdote Eleazar, Josué,
filho de Num, e os chefes dos clãs das tribos de Israel repar-
tiram por sorteio em Siló, na presença do SENHOR, à entrada
da Tenda do Encontro. E assim terminaram de dividir a terra.

As Cidades de Refúgio

20 Disse o SENHOR a Josué: 2 "Diga aos israelitas que de-
signem as cidades de refúgio, como lhes ordenei por meio de
Moisés, 3 para que todo aquele que matar alguém sem intenção
e acidentalmente possa fugir para lá e proteger-se do vingador
da vítima.
4 "Quando o homicida involuntário fugir para uma dessas ci-
dades, terá que colocar-se junto à porta da cidade e expor o
caso às autoridades daquela cidade. Eles o receberão e lhe
darão um local para morar entre eles. 5 Caso o vingador da ví-
tima o persiga, eles não o entregarão, pois matou seu próximo
acidentalmente, sem maldade e sem premeditação. 6 Todavia,
ele terá que permanecer naquela cidade até comparecer a jul-
gamento perante a comunidade e até morrer o sumo sacerdote
que estiver servindo naquele período. Então poderá voltar para
a sua própria casa, à cidade de onde fugiu".
7 Assim eles separaram Quedes, na Galileia, nos montes de
Naftali, Siquém, nos montes de Efraim, e Quiriate-Arba, que é
Hebrom, nos montes de Judá. 8 No lado leste do Jordão, perto
de Jericó, designaram Bezer, no planalto desértico da tribo
de Rúben; Ramote, em Gileade, na tribo de Gade; e Golã, em
Basã, na tribo de Manassés. 9 Qualquer israelita ou estrangeiro
residente que matasse alguém sem intenção, poderia fugir
para qualquer dessas cidades para isso designadas e escapar
do vingador da vítima, antes de comparecer a julgamento pe-
rante a comunidade.

As Cidades dos Levitas

21 Os chefes de família dos levitas se aproximaram do sacer-
dote Eleazar, de Josué, filho de Num, e dos chefes das outras
famílias das tribos dos israelitas 2 em Siló, na terra de Canaã,
e lhes disseram: "O SENHOR ordenou por meio de Moisés que
vocês nos dessem cidades onde pudéssemos habitar e pas-
tagens para os nossos animais". 3 Por isso, de acordo com a
ordem do SENHOR, os israelitas deram da sua própria herança
as seguintes cidades com suas pastagens aos levitas:
4 A sorte saiu primeiro para os coatitas, clã por clã. Os levitas,
que eram descendentes do sacerdote Arão, receberam treze ci-
dades das tribos de Judá, de Simeão e de Benjamim. 5 Os outros
descendentes de Coate receberam dez cidades dos clãs das
tribos de Efraim e de Dã, e da metade da tribo de Manassés.
6 Os descendentes de Gérson receberam treze cidades dos clãs
das tribos de Issacar, de Aser e de Naftali, e da metade da tribo
de Manassés estabelecida em Basã.
7 Os descendentes de Merari, clã por clã, receberam doze ci-
dades das tribos de Rúben, de Gade e de Zebulom.

[a] 19.34 Conforme a Septuaginta. O Texto Massorético diz oeste, e Judá, o Jordão.

[b] 19.50 Também conhecida como Timnate-Heres. Veja Jz 2.9.

8 Dessa maneira os israelitas deram aos levitas essas cidades
com suas pastagens, como o SENHOR tinha ordenado por meio
de Moisés.
9 Das tribos de Judá e de Simeão, os israelitas deram as se-
guintes cidades, indicadas nominalmente. 10 Foram dadas aos
descendentes de Arão que pertenciam aos clãs coatitas dos
levitas, pois para eles saiu a primeira sorte:
11 Quiriate-Arba, que é Hebrom, com as suas pastagens ao
redor, nos montes de Judá. (Arba era antepassado de Enaque.)
12 Mas os campos e os povoados em torno da cidade foram
dados a Calebe, filho de Jefoné, como sua propriedade.
13 Assim, aos descendentes do sacerdote Arão deram Hebrom,
cidade de refúgio para os acusados de homicídio, Libna, 14 Jatir,
Estemoa, 15 Holom, Debir, 16 Aim, Jutá e Bete-Semes, cada qual
com os seus arredores. Foram nove cidades dadas por essas
duas tribos.
17 Da tribo de Benjamim deram-lhes Gibeom, Geba, 18 Anatote e
Almom, cada qual com os seus arredores. Eram quatro cidades.
19 Todas as cidades dadas aos sacerdotes, descendentes de
Arão, foram treze; cada qual com os seus arredores.
20 Os outros clãs coatitas dos levitas receberam cidades da tribo
de Efraim.
21 Nos montes de Efraim receberam Siquém, cidade de re-
fúgio para os acusados de homicídio, Gezer, 22 Quibzaim e
Bete-Horom, cada qual com os seus arredores. Foram quatro
cidades.
23 Também da tribo de Dã receberam Elteque, Gibetom, 24 Ai-
jalom e Gate-Rimom, cada qual com os seus arredores. Foram
quatro cidades.
25 Da meia tribo de Manassés receberam Taanaque e Gate-
-Rimom, cada qual com os seus arredores. Foram duas ci-
dades.
26 Todas essas dez cidades e seus arredores foram dadas aos
outros clãs coatitas.
27 Os clãs levitas gersonitas receberam da metade da tribo de
Manassés: Golã, em Basã, cidade de refúgio para os acusados
de homicídio, e Beesterá, cada qual com os seus arredores.
Foram duas cidades.
28 Receberam da tribo de Issacar: Quisiom, Daberate, 29 Jar-
mute e En-Ganim, cada qual com os seus arredores. Foram
quatro cidades.
30 Receberam da tribo de Aser: Misal, Abdom, 31 Helcate e
Reobe, cada qual com os seus arredores. Foram quatro cidades.
32 Receberam da tribo de Naftali: Quedes, na Galileia, cidade de
refúgio dos acusados de homicídio, Hamote-Dor e Cartã, cada
qual com os seus arredores. Foram três cidades.
33 Todas as cidades dos clãs gersonitas foram treze.
34 Os clãs meraritas, o restante dos levitas, receberam as se-
guintes cidades: Da tribo de Zebulom: Jocneão, Cartá, 35 Dimna e
Naalal, cada qual com os seus arredores. Foram quatro cidades.
36 Da tribo de Rúben: Bezer, Jaza, 37 Quedemote e Mefaate,
cada qual com os seus arredores. Foram quatro cidades.
38 Da tribo de Gade: em Gileade, Ramote, cidade de refúgio dos
acusados de homicídio, Maanaim, 39 Hesbom e Jazar, cada qual
com os seus arredores. Foram quatro cidades ao todo.
40 Todas as cidades dadas aos clãs meraritas, que eram o res-
tante dos levitas, foram doze.
41 No total, as cidades dos levitas nos territórios dos outros is-
raelitas foram quarenta e oito cidades com os seus arredores.
42 Cada uma de todas essas cidades tinha pastagens ao seu redor.
43 Assim o SENHOR deu aos israelitas toda a terra que tinha pro-
metido sob juramento aos seus antepassados, e eles tomaram
posse dela e se estabeleceram ali. 44 O SENHOR lhes concedeu
descanso de todos os lados, como tinha jurado aos seus ante-
passados. Nenhum dos seus inimigos pôde resistir-lhes, pois o
SENHOR entregou todos eles em suas mãos. 45 De todas as boas
promessas do SENHOR à nação de Israel, nenhuma delas falhou;
todas se cumpriram.

O Regresso das Tribos do Leste

22 Josué convocou as tribos de Rúben, de Gade e a metade
da tribo de Manassés 2 e lhes disse: "Vocês fizeram tudo o que
Moisés, servo do SENHOR, ordenou. 3 Durante muito tempo, e
até hoje, vocês não abandonaram os seus irmãos, mas cum-
priram a missão que o SENHOR, o seu Deus, entregou a vocês.
4 Agora que o SENHOR, o seu Deus, já concedeu descanso aos
seus irmãos israelitas, como tinha prometido, voltem para
casa, para a terra que Moisés, servo do SENHOR, deu a vocês no
outro lado do Jordão. 5 Mas guardem fielmente o mandamento
e a lei que Moisés, servo do SENHOR, deu a vocês, que amem o
SENHOR, o seu Deus, andem em todos os seus caminhos, obe-
deçam aos seus mandamentos, apeguem-se a ele e o sirvam
de todo o coração e de toda a alma".
6 Então Josué os abençoou e os despediu, e eles foram para
casa. 7 (À metade da tribo de Manassés Moisés dera terras em
Basã, e à outra metade da tribo Josué dera terras no lado
oeste do Jordão, junto com os outros israelitas.) Ao mandá-los
para casa, Josué os abençoou, 8 dizendo: "Voltem para casa
com as riquezas que juntaram: grandes rebanhos, prata, ouro,
bronze e ferro, e muitas roupas. Dividam com os seus irmãos
os despojos de seus inimigos".
9 Assim as tribos de Rúben, de Gade e a metade da tribo de
Manassés deixaram os outros israelitas em Siló, na terra de
Canaã, para voltarem para Gileade, sua própria terra, da qual
se apossaram de acordo com a ordem do SENHOR, dada por
meio de Moisés.
10 Quando chegaram a Gelilote, perto do Jordão, em Canaã,
as tribos de Rúben, de Gade e a metade da tribo de Manassés
construíram um imponente altar ali, junto ao Jordão. 11 Quando
os outros israelitas souberam que eles tinham construído o
altar na fronteira de Canaã, em Gelilote, perto do Jordão, no
lado israelita, 12 toda a comunidade de Israel reuniu-se em Siló
para guerrear contra eles.
13 Então os israelitas enviaram Fineias, filho do sacerdote
Eleazar, à terra de Gileade, às tribos de Rúben e Gade e à
metade da tribo de Manassés. 14 Com ele enviaram dez líderes,
um de cada tribo de Israel, sendo cada um deles chefe de suas
respectivas famílias dos clãs israelitas.
15 Quando chegaram a Gileade, às tribos de Rúben e de Gade
e à metade da tribo de Manassés, disseram-lhes: 16 "Assim diz

toda a comunidade do SENHOR: 'Como foi que vocês cometeram
essa infidelidade para com o Deus de Israel? Como foi que se
afastaram do SENHOR, construindo um altar para vocês, rebe-
lando-se assim contra ele? 17 Já não nos bastou o pecado de
Peor? Até hoje não nos purificamos daquele pecado, muito em-
bora uma praga tenha caído sobre a comunidade do SENHOR!
18 E agora vocês estão abandonando o SENHOR!
" 'Se hoje vocês se rebelarem contra o SENHOR, amanhã a sua
ira cairá sobre toda a comunidade de Israel. 19 Se a terra que
vocês receberam como propriedade está contaminada, passem
então para a terra que pertence ao SENHOR, onde está o taber-
náculo do SENHOR, e se apossem de um território entre nós.
Mas não se rebelem contra o SENHOR nem contra nós, cons-
truindo para vocês um altar que não seja o altar do SENHOR, o
nosso Deus. 20 Quando Acã, filho de Zerá, foi infiel com relação
às coisas consagradas, não caiu a ira sobre toda a comunidade
de Israel? E ele não foi o único que morreu por causa do seu
pecado' ".
21 Então as tribos de Rúben, de Gade e a metade da tribo de
Manassés responderam aos chefes dos clãs de Israel: 22 "O Po-
deroso, Deus, o SENHOR! O Poderoso, Deus, o SENHOR! Ele sabe!
E que Israel o saiba! Se agimos com rebelião ou infidelidade
para com o SENHOR, não nos poupem hoje. 23 Se construímos
nosso próprio altar para nos afastarmos do SENHOR e para ofe-
recermos holocaustos[a] e ofertas de cereal, ou sacrifícios de
comunhão[b] sobre ele, que o próprio SENHOR nos peça contas
disso!
24 "Ao contrário! Fizemos isso temendo que no futuro os seus
descendentes digam aos nossos: 'Que relação vocês têm com o
SENHOR, com o Deus de Israel? 25 Homens de Rúben e de Gade!
O SENHOR fez do Jordão uma fronteira entre nós e vocês. Vocês
não têm parte com o SENHOR'. Assim os seus descendentes
poderiam levar os nossos a deixarem de temer o SENHOR.
26 "É por isso que resolvemos construir um altar, não para ho-
locaustos ou sacrifícios, 27 mas para que esse altar sirva de
testemunho entre nós e vocês e as gerações futuras de que cul-
tuaremos o SENHOR em seu santuário com nossos holocaustos,
sacrifícios e ofertas de comunhão. Então, no futuro, os seus
descendentes não poderão dizer aos nossos: 'Vocês não têm
parte com o SENHOR'.
28 "E dissemos: Se algum dia disserem isso a nós ou aos nossos
descendentes, responderemos: Vejam a réplica do altar do
SENHOR que os nossos antepassados construíram, não para
holocaustos ou sacrifícios, mas como testemunho entre nós
e vocês.
29 "Longe de nós nos rebelarmos contra o SENHOR e nos afas-
tarmos dele, construindo para holocaustos, ofertas de cereal
e sacrifícios um altar que não seja o altar do SENHOR, o nosso
Deus, que está diante do seu tabernáculo!"
30 Quando o sacerdote Fineias e os líderes da comunidade, os
chefes dos clãs dos israelitas, ouviram o que os homens de
Rúben, de Gade e de Manassés disseram, deram-se por satis-
feitos. 31 E Fineias, filho do sacerdote Eleazar, disse a Rúben,
a Gade e a Manassés: "Hoje sabemos que o SENHOR está co-
nosco, pois vocês não foram infiéis para com o SENHOR. Assim
vocês livraram os israelitas da mão do SENHOR".
32 Então Fineias, filho do sacerdote Eleazar, e os líderes vol-
taram do encontro com os homens de Rúben e de Gade em
Gileade e foram para Canaã dar relatório aos outros israelitas.
33 Estes se alegraram com o relatório e louvaram a Deus. E não
mais falaram em guerrear contra as tribos de Rúben e de Gade
nem em devastar a região onde eles viviam.
34 Os homens de Rúben e de Gade deram ao altar este nome:
Um Testemunho Entre Nós de que o SENHOR é Deus.

A Despedida de Josué

23 Passado muito tempo, depois que o SENHOR concedeu a
Israel descanso de todos os inimigos ao redor, Josué, agora
velho, de idade muito avançada, 2 convocou todo o Israel, com
as autoridades, os líderes, os juízes e os oficiais, e lhes disse:
"Estou velho, com idade muito avançada. 3 Vocês mesmos
viram tudo o que o SENHOR, o seu Deus, fez com todas essas
nações por amor a vocês; foi o SENHOR, o seu Deus, que lutou
por vocês. 4 Lembrem-se de que eu reparti por herança para
as tribos de vocês toda a terra das nações, tanto as que ainda
restam como as que conquistei entre o Jordão e o mar Grande,
a oeste. 5 O SENHOR, o seu Deus, as expulsará da presença de
vocês. Ele as empurrará de diante de vocês, e vocês se apos-
sarão da terra delas, como o SENHOR prometeu.
6 "Façam todo o esforço para obedecer e cumprir tudo o que
está escrito no Livro da Lei de Moisés, sem se desviar, nem
para a direita nem para a esquerda. 7 Não se associem com
essas nações que restam no meio de vocês. Não invoquem os
nomes dos seus deuses nem jurem por eles. Não lhes prestem
culto nem se inclinem perante eles. 8 Mas apeguem-se somente
ao SENHOR, o seu Deus, como fizeram até hoje.
9 "O SENHOR expulsou de diante de vocês nações grandes e po-
derosas; até hoje ninguém conseguiu resistir a vocês. 10 Um
só de vocês faz fugir mil, pois o SENHOR, o seu Deus, luta por
vocês, conforme prometeu. 11 Por isso dediquem-se com zelo a
amar o SENHOR, o seu Deus.
12 "Se, todavia, vocês se afastarem e se aliarem aos sobrevi-
ventes dessas nações que restam no meio de vocês e se ca-
sarem com eles e se associarem com eles, 13 estejam certos de
que o SENHOR, o seu Deus, já não expulsará essas nações de
diante de vocês. Ao contrário, elas se tornarão armadilhas e
laços para vocês, chicote em suas costas e espinhos em seus
olhos, até que vocês desapareçam desta boa terra que o SE-
NHOR, o seu Deus, deu a vocês.
14 "Agora estou prestes a ir pelo caminho de toda a terra. Vocês
sabem, lá no fundo do coração e da alma, que nenhuma das
boas promessas que o SENHOR, o seu Deus, fez deixou de cum-
prir-se. Todas se cumpriram; nenhuma delas falhou. 15 Mas,
assim como cada uma das boas promessas do SENHOR, o seu
Deus, se cumpriu, também o SENHOR fará cumprir-se em vocês
todo o mal com que os ameaçou, até eliminá-los desta boa
terra que deu a vocês. 16 Se violarem a aliança que o SENHOR, o
seu Deus, ordenou e passarem a cultuar outros deuses e a incli-

[a] 22.23 Isto é, sacrifícios totalmente queimados; também nos versículos 26-29.
[b] 22.23 Ou *de paz*; também no versículo 27.

nar-se diante deles, a ira do SENHOR se acenderá contra vocês,
e vocês logo desaparecerão da boa terra que ele deu a vocês".

24 A Renovação da Aliança em Siquém

Então Josué reuniu todas as tribos de Israel em Siquém.
Convocou as autoridades, os líderes, os juízes e os oficiais de
Israel, e eles compareceram diante de Deus.
2 Josué disse a todo o povo: "Assim diz o SENHOR, o Deus de
Israel: 'Há muito tempo, os seus antepassados, inclusive Terá,
pai de Abraão e de Naor, viviam além do Eufrates[a] e prestavam
culto a outros deuses. 3 Mas eu tirei seu pai Abraão da terra
que fica além do Eufrates e o conduzi por toda a Canaã e lhe
dei muitos descendentes. Dei-lhe Isaque, 4 e a Isaque dei Jacó
e Esaú. A Esaú dei os montes de Seir, mas Jacó e seus filhos
desceram para o Egito.
5 " 'Então enviei Moisés e Arão e feri os egípcios com pragas,
com as quais os castiguei, e depois tirei vocês de lá. 6 Quando
tirei os seus antepassados do Egito, vocês vieram para o mar, e
os egípcios os perseguiram com carros de guerra e cavaleiros[b]
até o mar Vermelho. 7 Mas os seus antepassados clamaram a
mim, e eu coloquei trevas entre vocês e os egípcios; fiz voltar o
mar sobre eles e os encobrir. Vocês viram com os seus próprios
olhos o que eu fiz com os egípcios. Depois disso vocês viveram
no deserto longo tempo.
8 " 'Eu os trouxe para a terra dos amorreus que viviam a leste
do Jordão. Eles lutaram contra vocês, mas eu os entreguei nas
suas mãos. Eu os destruí diante de vocês, e vocês se apossaram
da terra deles. 9 Quando Balaque, rei de Moabe, filho de Zipor,
se preparava para lutar contra Israel, mandou buscar Balaão,
filho de Beor, para lançar maldição sobre vocês. 10 Mas eu não
quis ouvir Balaão, de modo que ele os abençoou vez após vez,
e eu os livrei das mãos dele.
11 " 'Depois vocês atravessaram o Jordão e chegaram a Je-
ricó. Os chefes de Jericó lutaram contra vocês, assim como os
amorreus, os ferezeus, os cananeus, os hititas, os girgaseus, os
heveus e os jebuseus, mas eu os entreguei nas mãos de vocês.
12 Eu lhes causei pânico[c] para expulsá-los de diante de vocês,
como fiz aos dois reis amorreus. Não foram a espada e o arco
que lhes deram a vitória. 13 Foi assim que dei a vocês uma terra
que não cultivaram e cidades que vocês não construíram. Nelas
vocês moram e comem de vinhas e olivais que não plantaram'.
14 "Agora temam o SENHOR e sirvam-no com integridade e fi-
delidade. Joguem fora os deuses que os seus antepassados
adoraram além do Eufrates e no Egito e sirvam ao SENHOR.
15 Se, porém, não agrada a vocês servir ao SENHOR, escolham
hoje a quem irão servir, se aos deuses que os seus antepas-
sados serviram além do Eufrates, ou aos deuses dos amorreus,
em cuja terra vocês estão vivendo. Mas eu e a minha família
serviremos ao SENHOR".
16 Então o povo respondeu: "Longe de nós abandonar o SENHOR
para servir outros deuses! 17 Foi o próprio SENHOR, o nosso Deus,
que nos tirou, a nós e a nossos pais, do Egito, daquela terra
de escravidão, e realizou aquelas grandes maravilhas diante
dos nossos olhos. Ele nos protegeu no caminho e entre as na-
ções pelas quais passamos. 18 Além disso, o SENHOR expulsou
de diante de nós todas as nações, inclusive os amorreus, que
viviam nesta terra. Nós também serviremos ao SENHOR, porque
ele é o nosso Deus".
19 Josué disse ao povo: "Vocês não têm condições de servir ao
SENHOR. Ele é Deus santo! É Deus zeloso! Ele não perdoará a
rebelião e o pecado de vocês. 20 Se abandonarem o SENHOR e
servirem a deuses estrangeiros, ele se voltará contra vocês e
os castigará. Mesmo depois de ter sido bondoso com vocês,
ele os exterminará".
21 O povo, porém, respondeu a Josué: "De maneira nenhuma!
Nós serviremos ao SENHOR".
22 Disse então Josué: "Vocês são testemunhas contra vocês
mesmos de que escolheram servir ao SENHOR". "Somos", res-
ponderam eles.
23 Disse Josué: "Agora, então, joguem fora os deuses estran-
geiros que estão com vocês e voltem-se de coração para o
SENHOR, o Deus de Israel".
24 E o povo disse a Josué: "Serviremos ao SENHOR, o nosso Deus,
e lhe obedeceremos".
25 Naquele dia Josué firmou um acordo com o povo em Siquém
e lhe deu decretos e leis. 26 Josué registrou essas coisas no
Livro da Lei de Deus. Depois ergueu uma grande pedra ali, sob
a Grande Árvore, perto do santuário do SENHOR.
27 Então disse ele a todo o povo: "Vejam esta pedra! Ela será
uma testemunha contra nós, pois ouviu todas as palavras que
o SENHOR nos disse. Será uma testemunha contra vocês, caso
sejam infiéis ao seu Deus".

A Morte de Josué

28 Depois Josué despediu o povo, e cada um foi para a sua
propriedade.
29 Passado algum tempo, Josué, filho de Num, servo do SENHOR,
morreu. Tinha cento e dez anos de idade. 30 E o sepultaram na
terra que tinha recebido por herança, em Timnate-Sera, nos
montes de Efraim, ao norte do monte Gaás.
31 Israel serviu ao SENHOR durante toda a vida de Josué e dos
líderes que lhe sobreviveram e que sabiam de tudo o que o
SENHOR fizera em favor de Israel.
32 Os ossos de José, que os israelitas haviam trazido do Egito,
foram enterrados em Siquém, no quinhão de terra que Jacó
havia comprado dos filhos de Hamor, pai de Siquém, por cem
peças de prata[d]. Aquele terreno tornou-se herança dos des-
cendentes de José.
33 Sucedeu também que Eleazar, filho de Arão, morreu e foi
sepultado em Gibeá, que fora dada a seu filho Fineias, nos
montes de Efraim.

[a] 24.2 Hebraico: *do Rio*; também nos versículos 3, 14 e 15.
[b] 24.6 Ou *condutores de carros de guerra*
[c] 24.12 Ou *enviei vespas à sua frente*; ou ainda *enviei praga à sua frente*.
[d] 24.32 Hebraico: *100 quesitas*. A quesita era uma unidade monetária de peso e valor desconhecidos.

JUÍZES

1 **A Guerra contra os Cananeus Restantes**
Depois da morte de Josué, os israelitas perguntaram ao SE-
NHOR: "Quem de nós será o primeiro a atacar os cananeus?"
2 O SENHOR respondeu: "Judá será o primeiro; eu entreguei a
terra em suas mãos".
3 Então os homens de Judá disseram aos seus irmãos de Si-
meão: "Venham conosco ao território que nos foi designado
por sorteio, e lutemos contra os cananeus. Iremos juntos para
o território". E os homens de Simeão foram com eles.
4 Quando os homens de Judá atacaram, o SENHOR entregou os
cananeus e os ferezeus nas mãos deles, e eles mataram dez mil
homens em Bezeque. 5 Foi lá que encontraram Adoni-Bezeque,
lutaram contra ele e derrotaram os cananeus e os ferezeus.
6 Adoni-Bezeque fugiu, mas eles o perseguiram e o prenderam,
e lhe cortaram os polegares das mãos e dos pés.
7 Então Adoni-Bezeque disse: "Setenta reis com os polegares
das mãos e dos pés cortados apanhavam migalhas debaixo da
minha mesa. Agora Deus me retribuiu aquilo que lhes fiz". Eles
o levaram para Jerusalém, onde morreu.
8 Os homens de Judá atacaram também Jerusalém e a con-
quistaram. Mataram seus habitantes ao fio da espada e a in-
cendiaram.
9 Depois disso eles desceram para lutar contra os cananeus que
viviam na serra, no Neguebe e na Sefelá[a]. 10 Avançaram contra
os cananeus que viviam em Hebrom, anteriormente chamada
Quiriate-Arba, e derrotaram Sesai, Aimã e Talmai.
11 Dali avançaram contra o povo que morava em Debir, anterior-
mente chamada Quiriate-Sefer. 12 E disse Calebe: "Darei minha
filha Acsa em casamento ao homem que atacar e conquistar
Quiriate-Sefer". 13 Otoniel, filho de Quenaz, irmão mais novo
de Calebe, conquistou a cidade; por isso Calebe lhe deu sua
filha Acsa por mulher.
14 Um dia, quando já vivia com Otoniel, ela o persuadiu[b] a pedir
um campo ao pai dela. Assim que ela desceu do jumento, Ca-
lebe lhe perguntou: "O que você quer?"
15 Ela respondeu: "Dê-me um presente. Já que o senhor me deu
terras no Neguebe, dê-me também fontes de água". E Calebe
lhe deu as fontes superiores e as inferiores.
16 Os descendentes do sogro de Moisés, o queneu, saíram da
Cidade das Palmeiras[c] com os homens de Judá e passaram a
viver no meio do povo do deserto de Judá, no Neguebe, perto
de Arade.
17 Depois os homens de Judá foram com seus irmãos de Simeão
e derrotaram os cananeus que viviam em Zefate e destruíram
totalmente a cidade. Por essa razão ela foi chamada Hormá[d].
18 Os homens de Judá também conquistaram[e] Gaza, Ascalom e
Ecrom, com os seus territórios.
19 O SENHOR estava com os homens de Judá. Eles ocuparam
a serra central, mas não conseguiram expulsar os habitantes
dos vales, pois estes possuíam carros de guerra feitos de
ferro. 20 Conforme Moisés havia prometido, Hebrom foi dada
a Calebe, que expulsou de lá os três filhos de Enaque. 21 Já os
benjamitas deixaram de expulsar os jebuseus que estavam mo-
rando em Jerusalém. Os jebuseus vivem ali com os benjamitas
até o dia de hoje.
22 Os homens das tribos de José, por sua vez, atacaram Betel,
e o SENHOR estava com eles. 23 Enviaram espias a Betel, ante-
riormente chamada Luz. 24 Quando os espias viram um homem
saindo da cidade, disseram-lhe: "Mostre-nos como entrar na
cidade, e nós pouparemos a sua vida". 25 Ele mostrou como en-
trar, e eles mataram os habitantes da cidade ao fio da espada,
mas pouparam o homem e toda a sua família. 26 Ele foi, então,
para a terra dos hititas, onde fundou uma cidade e lhe deu o
nome de Luz, que é o seu nome até o dia de hoje.
27 Manassés, porém, não expulsou o povo de Bete-Seã, o de
Taanaque, o de Dor, o de Ibleã, o de Megido, nem tampouco
o dos povoados ao redor dessas cidades, pois os cananeus
estavam decididos a permanecer naquela terra. 28 Quando Is-
rael se tornou forte, impôs trabalhos forçados aos cananeus,
mas não os expulsou completamente. 29 Efraim também não
expulsou os cananeus que viviam em Gezer, mas os cananeus
continuaram a viver entre eles. 30 Nem Zebulom expulsou os
cananeus que viviam em Quitrom e em Naalol, mas estes
permaneceram entre eles e foram submetidos a trabalhos
forçados. 31 Nem Aser expulsou os que viviam em Aco, Sidom,
Alabe, Aczibe, Helba, Afeque e Reobe, 32 e, por esse motivo, o
povo de Aser vivia entre os cananeus que habitavam naquela
terra. 33 Nem Naftali expulsou os que viviam em Bete-Semes e
em Bete-Anate; mas o povo de Naftali também vivia entre os
cananeus que habitavam a terra, e aqueles que viviam em Be-
te-Semes e em Bete-Anate passaram a fazer trabalhos forçados
para eles. 34 Os amorreus confinaram a tribo de Dã à serra cen-
tral, não permitindo que descessem ao vale. 35 E os amorreus
igualmente estavam decididos a resistir no monte Heres, em
Aijalom e em Saalbim, mas, quando as tribos de José ficaram
mais poderosas, eles também foram submetidos a trabalhos
forçados. 36 A fronteira dos amorreus ia da subida de Acrabim[f]
até Selá, e mais adiante.

2 **O Anjo do SENHOR em Boquim**
O Anjo do SENHOR subiu de Gilgal a Boquim e disse: "Tirei
vocês do Egito e os trouxe para a terra que prometi com jura-

a 1.9 Pequena faixa de terra de relevo variável entre a planície costeira e as montanhas.
b 1.14 Conforme o Texto Massorético. A Septuaginta e a Vulgata dizem ele a persuadiu.
c 1.16 Isto é, Jericó.
d 1.17 Hormá significa destruição.
e 1.18 A Septuaginta diz Judá não conquistaram.
f 1.36 Isto é, dos Escorpiões.

mento dar a seus antepassados. Eu disse: Jamais quebrarei a
minha aliança com vocês. 2 E vocês não farão acordo com o
povo desta terra, mas demolirão os seus altares. Por que vocês
não me obedeceram? 3 Portanto, agora digo a vocês que não os
expulsarei da presença de vocês; eles serão seus adversários, e
os deuses deles serão uma armadilha para vocês".
4 Quando o Anjo do SENHOR acabou de falar a todos os israelitas,
o povo chorou em alta voz, 5 e ao lugar chamaram Boquim[a]. Ali
ofereceram sacrifícios ao SENHOR.

Desobediência e Derrota

6 Depois que Josué despediu os israelitas, eles saíram para
ocupar a terra, cada um a sua herança. 7 O povo prestou culto
ao SENHOR durante toda a vida de Josué e dos líderes que so-
breviveram a Josué e que tinham visto todos os grandes feitos
do SENHOR em favor de Israel.
8 Josué, filho de Num, servo do SENHOR, morreu com a idade
de cento e dez anos. 9 Foi sepultado na terra de sua herança,
em Timnate-Heres[b], nos montes de Efraim, ao norte do monte
Gaás.
10 Depois que toda aquela geração foi reunida a seus antepas-
sados, surgiu uma nova geração que não conhecia o SENHOR e
o que ele havia feito por Israel. 11 Então os israelitas fizeram o
que o SENHOR reprova e prestaram culto aos baalins. 12 Aban-
donaram o SENHOR, o Deus dos seus antepassados, que os
havia tirado do Egito, e seguiram e adoraram vários deuses
dos povos ao seu redor, provocando a ira do SENHOR. 13 Abando-
naram o SENHOR e prestaram culto a Baal e a Astarote. 14 A ira do
SENHOR se acendeu contra Israel, e ele os entregou nas mãos
de invasores que os saquearam. Ele os entregou aos inimigos
ao seu redor, aos quais já não conseguiam resistir. 15 Sempre
que os israelitas saíam para a batalha, a mão do SENHOR era
contra eles para derrotá-los, conforme havia advertido e jurado
a vocês. Grande angústia os dominava.
16 Então o SENHOR levantou juízes[c], que os libertaram das mãos
daqueles que os atacavam. 17 Mesmo assim eles não quiseram
ouvir os juízes, antes se prostituíram com outros deuses e os
adoraram. Ao contrário dos seus antepassados, logo se des-
viaram do caminho pelo qual os seus antepassados tinham an-
dado, o caminho da obediência aos mandamentos do SENHOR.
18 Sempre que o SENHOR lhes levantava um juiz, ele estava com
o juiz e os salvava das mãos de seus inimigos enquanto o juiz
vivia; pois o SENHOR tinha misericórdia por causa dos gemidos
deles diante daqueles que os oprimiam e os afligiam. 19 Mas,
quando o juiz morria, o povo voltava a caminhos ainda piores
do que os caminhos dos seus antepassados, seguindo outros
deuses, prestando-lhes culto e adorando-os. Recusavam-se a
abandonar suas práticas e seu caminho obstinado.
20 Por isso a ira do SENHOR acendeu-se contra Israel, e ele disse:
"Como este povo violou a aliança que fiz com os seus ante-
passados e não tem ouvido a minha voz, 21 não expulsarei de
diante dele nenhuma das nações que Josué deixou quando
morreu. 22 Eu as usarei para pôr Israel à prova e ver se guar-
dará o caminho do SENHOR e se andará nele como o fizeram
os seus antepassados". 23 O SENHOR havia permitido que essas
nações permanecessem; não as expulsou de imediato e não as
entregou nas mãos de Josué.

3 São estas as nações que o SENHOR deixou para pôr à prova
todos os israelitas que não tinham visto nenhuma das
guerras em Canaã 2 (fez isso apenas para treinar na guerra os
descendentes dos israelitas, pois não tinham tido experiência
anterior de combate): 3 os cinco governantes dos filisteus,
todos os cananeus, os sidônios e os heveus que viviam nos
montes do Líbano, desde o monte Baal-Hermom até Lebo-Ha-
mate. 4 Essas nações foram deixadas para que por elas os israe-
litas fossem postos à prova, se obedeceriam aos mandamentos
que o SENHOR dera aos seus antepassados por meio de Moisés.
5 Os israelitas viviam entre os cananeus, os hititas, os amorreus,
os ferezeus, os heveus e os jebuseus. 6 Tomaram as filhas deles
em casamento e deram suas filhas aos filhos deles, e pres-
taram culto aos deuses deles.

Otoniel

7 Os israelitas fizeram o que o SENHOR reprova, pois se esque-
ceram do SENHOR, o seu Deus, e prestaram culto aos baalins e
a Aserá. 8 Acendeu-se a ira do SENHOR de tal forma contra Israel
que ele os entregou nas mãos de Cuchã-Risataim, rei da Meso-
potâmia[d], por quem os israelitas foram subjugados durante oito
anos. 9 Mas, quando clamaram ao SENHOR, ele lhes levantou
um libertador, Otoniel, filho de Quenaz, o irmão mais novo de
Calebe, que os libertou. 10 O Espírito do SENHOR veio sobre ele,
de modo que liderou Israel e foi à guerra. O SENHOR entregou
Cuchã-Risataim, rei da Mesopotâmia, nas mãos de Otoniel, que
prevaleceu contra ele. 11 E a terra teve paz durante quarenta
anos, até a morte de Otoniel, filho de Quenaz.

Eúde

12 Mais uma vez os israelitas fizeram o que o SENHOR reprova,
e por isso o SENHOR deu a Eglom, rei de Moabe, poder sobre
Israel. 13 Conseguindo uma aliança com os amonitas e com os
amalequitas, Eglom veio e derrotou Israel e conquistou a Ci-
dade das Palmeiras[e]. 14 Os israelitas ficaram sob o domínio de
Eglom, rei de Moabe, durante dezoito anos.
15 Novamente os israelitas clamaram ao SENHOR, que lhes deu
um libertador chamado Eúde, homem canhoto, filho do ben-
jamita Gera. Os israelitas o enviaram com o pagamento de tri-
butos a Eglom, rei de Moabe. 16 Eúde havia feito uma espada
de dois gumes, de quarenta e cinco centímetros[f] de compri-
mento, e a tinha amarrado na coxa direita, debaixo da roupa.
17 Ele entregou o tributo a Eglom, rei de Moabe, homem muito
gordo. 18 Em seguida, Eúde mandou embora os carregadores.

---

[a] **2.5** Boquim significa pranteadores.
[b] **2.9** Também conhecida como Timnate-Sera. Veja Js 19.50 e 24.30.
[c] **2.16** Ou *líderes*; também nos versículos 17-19.
[d] **3.8** Hebraico: *Arã Naaraim; também no versículo 10.*
[e] **3.13** Isto é, Jericó.
[f] **3.16** Hebraico: *1 côvado.*

19 Junto aos ídolos[a] que estão perto de Gilgal, ele voltou e disse:
"Tenho uma mensagem secreta para ti, ó rei". O rei respondeu:
"Calado!" E todos os seus auxiliares saíram de sua presença.
20 Eúde aproximou-se do rei, que estava sentado sozinho na
sala superior do palácio de verão, e repetiu: "Tenho uma men-
sagem de Deus para ti". Quando o rei se levantou do trono,
21 Eúde estendeu a mão esquerda, apanhou a espada de sua
coxa direita e cravou-a na barriga do rei. 22 Até o cabo penetrou
com a lâmina; e, como não tirou a espada, a gordura se fechou
sobre ela. 23 Então Eúde saiu para o pórtico, depois de fechar
e trancar as portas da sala atrás de si.
24 Depois que ele saiu, vieram os servos e encontraram trancadas
as portas da sala superior, e disseram: "Ele deve estar fazendo
suas necessidades em seu cômodo privativo". 25 Cansaram-se de
esperar e, como ele não abria a porta da sala, pegaram a chave
e a abriram. E lá estava o seu senhor, caído no chão, morto!
26 Enquanto esperavam, Eúde escapou. Passou pelos ídolos
e fugiu para Seirá. 27 Quando chegou, tocou a trombeta nos
montes de Efraim, e os israelitas desceram dos montes, com
ele à sua frente.
28 "Sigam-me", ordenou, "pois o SENHOR entregou Moabe, o
inimigo de vocês, em suas mãos." Eles o seguiram, tomaram
posse do lugar de passagem do Jordão que levava a Moabe e
não deixaram ninguém atravessar o rio. 29 Naquela ocasião,
mataram cerca de dez mil moabitas, todos eles fortes e vigo-
rosos; nem um só homem escapou. 30 Naquele dia, Moabe foi
subjugado por Israel, e a terra teve paz durante oitenta anos.

Sangar

31 Depois de Eúde veio Sangar, filho de Anate, que matou
seiscentos filisteus com uma aguilhada de bois. Ele também
libertou Israel.

4 Débora

Depois da morte de Eúde, mais uma vez os israelitas fizeram
o que o SENHOR reprova. 2 Assim o SENHOR os entregou nas mãos
de Jabim, rei de Canaã, que reinava em Hazor. O comandante
do seu exército era Sísera, que habitava em Harosete-Hagoim.
3 Os israelitas clamaram ao SENHOR, porque Jabim, que tinha
novecentos carros de ferro, os havia oprimido cruelmente du-
rante vinte anos.
4 Débora, uma profetisa, mulher de Lapidote, liderava Israel
naquela época. 5 Ela se sentava debaixo da tamareira de Dé-
bora, entre Ramá e Betel, nos montes de Efraim, e os israelitas
a procuravam, para que ela decidisse as suas questões. 6 Dé-
bora mandou chamar Baraque, filho de Abinoão, de Quedes,
em Naftali, e lhe disse: "O SENHOR, o Deus de Israel, ordena a
você que reúna dez mil homens de Naftali e Zebulom e vá ao
monte Tabor. 7 Ele fará que Sísera, o comandante do exército
de Jabim, vá atacá-lo, com seus carros de guerra e tropas,
junto ao rio Quisom, e os entregará em suas mãos".
8 Baraque disse a ela: "Se você for comigo, irei; mas, se não
for, não irei".
9 Respondeu Débora: "Está bem, irei com você. Mas saiba que,
por causa do seu modo de agir[b], a honra não será sua; porque o
SENHOR entregará Sísera nas mãos de uma mulher". Então Débora
foi a Quedes com Baraque, 10 onde ele convocou Zebulom e Naf-
tali. Dez mil homens o seguiram, e Débora também foi com ele.
11 Ora, o queneu Héber se havia separado dos outros queneus,
descendentes de Hobabe, sogro de Moisés, e tinha armado sua
tenda junto ao carvalho de Zaanim, perto de Quedes.
12 Quando disseram a Sísera que Baraque, filho de Abinoão,
tinha subido o monte Tabor, 13 Sísera reuniu seus novecentos
carros de ferro e todos os seus soldados, de Harosete-Hagoim
ao rio Quisom.
14 E Débora disse também a Baraque: "Vá! Este é o dia em que
o SENHOR entregou Sísera em suas mãos. O SENHOR está indo
à sua frente!" Então Baraque desceu o monte Tabor, seguido
por dez mil homens. 15 Diante do avanço de Baraque, o SENHOR
derrotou Sísera e todos os seus carros de guerra e o seu exér-
cito ao fio da espada, e Sísera desceu do seu carro e fugiu a
pé. 16 Baraque perseguiu os carros de guerra e o exército até
Harosete-Hagoim. Todo o exército de Sísera caiu ao fio da es-
pada; não sobrou um só homem.
17 Sísera, porém, fugiu a pé para a tenda de Jael, mulher do
queneu Héber, pois havia paz entre Jabim, rei de Hazor, e o
clã do queneu Héber.
18 Jael saiu ao encontro de Sísera e o convidou: "Venha, entre
na minha tenda, meu senhor. Não tenha medo!" Ele entrou, e
ela o cobriu com um pano.
19 "Estou com sede", disse ele. "Por favor, dê-me um pouco de
água." Ela abriu uma vasilha de leite feita de couro, deu-lhe
de beber, e tornou a cobri-lo.
20 E Sísera disse à mulher: "Fique à entrada da tenda. Se alguém
passar e perguntar se há alguém aqui, responda que não".
21 Entretanto, Jael, mulher de Héber, apanhou uma estaca da
tenda e um martelo e aproximou-se silenciosamente enquanto
ele, exausto, dormia um sono profundo. E cravou-lhe a estaca
na têmpora até penetrar o chão, e ele morreu.
22 Baraque passou à procura de Sísera, e Jael saiu ao seu en-
contro. "Venha", disse ela, "eu mostrarei a você o homem que
você está procurando." E entrando ele na tenda, viu ali caído
Sísera, morto, com a estaca atravessada nas têmporas.
23 Naquele dia, Deus subjugou Jabim, o rei cananeu, perante
os israelitas. 24 E os israelitas atacaram cada vez mais a Jabim,
o rei cananeu, até que eles o destruíram.

5 O Cântico de Débora

Naquele dia, Débora e Baraque, filho de Abinoão, entoaram
este cântico:
2 "Consagrem-se para a guerra os chefes de Israel. Volunta-
riamente o povo se apresenta. Louvem o SENHOR! 3 "Ouçam,
ó reis! Governantes, escutem! Cantarei ao[c] SENHOR, cantarei;
comporei músicas ao[d] SENHOR, o Deus de Israel.

[a] 3.19 Ou *às pedreiras*; também no versículo 26.

[b] 4.9 Ou *saiba que, quanto à expedição que você está assumindo*

[c] 5.3 Ou *sobre o*

[d] 5.3 Ou *Com cânticos louvarei o*

4 "Ó SENHOR, quando saíste de Seir, quando marchaste desde os campos de Edom, a terra estremeceu, os céus gotejaram, as nuvens despejaram água! 5 Os montes tremeram perante o SENHOR, o Deus do Sinai, perante o SENHOR, o Deus de Israel.

6 "Nos dias de Sangar, filho de Anate, nos dias de Jael, as estradas estavam desertas; os que viajavam seguiam caminhos tortuosos.

7 Já tinham desistido os camponeses de Israel,[a] já tinham desistido, até que eu, Débora, me levantei;[b] levantou-se uma mãe em Israel.

8 Quando escolheram novos deuses, a guerra chegou às portas, e não se via um só escudo ou lança entre quarenta mil de Israel. 9 Meu coração está com os comandantes de Israel, com os voluntários dentre o povo. Louvem o SENHOR!

10 "Vocês, que cavalgam em brancos jumentos, que se assentam em ricos tapetes, que caminham pela estrada, considerem! 11 Mais alto que a voz dos que distribuem água[c] junto aos bebedouros, recitem-se os justos feitos do SENHOR, os justos feitos em favor dos camponeses[d] de Israel.

"Então o povo do SENHOR desceu às portas. 12 'Desperte, Débora! Desperte! Desperte, desperte, irrompa em cânticos! Levante-se, Baraque! Leve presos os seus prisioneiros, ó filho de Abinoão!'

13 "Então desceram os restantes e foram aos nobres; o povo do SENHOR veio a mim contra os poderosos. 14 Alguns vieram de Efraim, das raízes de Amaleque; Benjamim estava com o povo que seguiu você. De Maquir desceram comandantes; de Zebulom, os que levam a vara de oficial.

15 Os líderes de Issacar estavam com Débora; sim, Issacar também estava com Baraque, apressando-se após ele até o vale. Nas divisões de Rúben houve muita inquietação.

16 Por que vocês permaneceram entre as fogueiras[e] a ouvir o balido dos rebanhos? Nas divisões de Rúben houve muita indecisão. 17 Gileade permaneceu do outro lado do Jordão. E Dã, por que se deteve junto aos navios? Aser permaneceu no litoral e em suas enseadas ficou. 18 O povo de Zebulom arriscou a vida, como o fez Naftali nas altas regiões do campo.

19 "Vieram reis e lutaram. Os reis de Canaã lutaram em Taanaque, junto às águas de Megido, mas não levaram prata alguma, despojo algum. 20 Desde o céu lutaram as estrelas, desde as suas órbitas lutaram contra Sísera. 21 O rio Quisom os levou, o antigo rio, o rio Quisom. Avante, minh'alma! Seja forte!

22 Os cascos dos cavalos faziam tremer o chão; galopavam, galopavam os seus poderosos cavalos. 23 'Amaldiçoem Meroz', disse o anjo do SENHOR. 'Amaldiçoem o seu povo, pois não vieram ajudar o SENHOR, ajudar o SENHOR contra os poderosos.'

24 "Que Jael seja a mais bendita das mulheres, Jael, mulher de Héber, o queneu! Seja ela bendita entre as mulheres que habitam em tendas! 25 Ele pediu água, e ela lhe deu leite; numa tigela digna de príncipes trouxe-lhe coalhada. 26 Ela estendeu a mão e apanhou a estaca da tenda; e com a mão direita o martelo do trabalhador. Golpeou Sísera, esmigalhou sua cabeça, esmagou e traspassou suas têmporas. 27 Aos seus pés ele se curvou, caiu e ali ficou prostrado. Aos seus pés ele se curvou e caiu; onde caiu, ali ficou. Morto!

28 "Pela janela olhava a mãe de Sísera; atrás da grade ela exclamava: 'Por que o seu carro se demora tanto? Por que custa a chegar o ruído de seus carros?' 29 As mais sábias de suas damas respondiam, e ela continuava falando consigo mesma: 30 'Estarão achando e repartindo os despojos? Uma ou duas moças para cada homem, roupas coloridas como despojo para Sísera, roupas coloridas e bordadas, tecidos bordados para o meu pescoço, tudo isso como despojo?'

31 "Assim pereçam todos os teus inimigos, ó SENHOR! Mas os que te amam sejam como o sol quando se levanta na sua força". E a terra teve paz durante quarenta anos.

6 Gideão

De novo os israelitas fizeram o que o SENHOR reprova, e durante sete anos ele os entregou nas mãos dos midianitas. 2 Os midianitas dominaram Israel; por isso os israelitas fizeram para si esconderijos nas montanhas, nas cavernas e nas fortalezas.

3 Sempre que os israelitas faziam as suas plantações, os midianitas, os amalequitas e outros povos da região a leste deles as invadiam. 4 Acampavam na terra e destruíam as plantações ao longo de todo o caminho, até Gaza, e não deixavam nada vivo em Israel, nem ovelhas nem gado nem jumentos. 5 Eles subiam trazendo os seus animais e suas tendas, e vinham como enxames de gafanhotos; era impossível contar os homens e os seus camelos. Invadiam a terra para devastá-la. 6 Por causa de Midiã, Israel empobreceu tanto que os israelitas clamaram por socorro ao SENHOR.

7 Quando os israelitas clamaram ao SENHOR por causa de Midiã, 8 ele lhes enviou um profeta, que disse: "Assim diz o SENHOR, o Deus de Israel: 'Tirei vocês do Egito, da terra da escravidão. 9 Eu os livrei do poder do Egito e das mãos de todos os seus opressores. Expulsei-os e dei a vocês a terra deles. 10 E também disse a vocês: Eu sou o SENHOR, o seu Deus; não adorem os deuses dos amorreus, em cuja terra vivem, mas vocês não me deram ouvidos' ".

11 Então o Anjo do SENHOR veio e sentou-se sob a grande árvore de Ofra, que pertencia ao abiezrita Joás. Gideão, filho de Joás, estava malhando o trigo num tanque de prensar uvas, para escondê-lo dos midianitas. 12 Então o Anjo do SENHOR apareceu a Gideão e lhe disse: "O SENHOR está com você, poderoso guerreiro".

13 "Ah, Senhor", Gideão respondeu, "se o SENHOR está conosco, por que aconteceu tudo isso? Onde estão todas as suas maravilhas que os nossos pais nos contam quando dizem: 'Não foi o SENHOR que nos tirou do Egito?' Mas agora o SENHOR nos abandonou e nos entregou nas mãos de Midiã".

14 O SENHOR se voltou para ele e disse: "Com a força que você tem, vá libertar Israel das mãos de Midiã. Não sou eu quem o está enviando?"

a 5.7 Ou *Desapareceram os guerreiros em Israel,*
b 5.7 Ou *até que você, Débora, se levantou;*
c 5.11 Ou dos *flecheiros*
d 5.11 Ou *guerreiros*
e 5.16 Ou *os alforjes*

15 "Ah, Senhor[a]", respondeu Gideão, "como posso libertar Is-
rael? Meu clã é o menos importante de Manassés, e eu sou o
menor da minha família."
16 "Eu estarei com você", respondeu o SENHOR, "e você der-
rotará todos os midianitas como se fossem um só homem".
17 E Gideão prosseguiu: "Se de fato posso contar com o teu
favor, dá-me um sinal de que és tu que estás falando comigo.
18 Peço-te que não vás embora até que eu volte e traga minha
oferta e a coloque diante de ti". E o SENHOR respondeu: "Espe-
rarei até você voltar".
19 Gideão foi para casa, preparou um cabrito e com uma arroba[b]
de farinha fez pães sem fermento. Pôs a carne num cesto e o
caldo numa panela, trouxe-os para fora e ofereceu-os a ele
sob a grande árvore.
20 E o Anjo de Deus lhe disse: "Apanhe a carne e os pães sem
fermento, ponha-os sobre esta rocha e derrame o caldo". Gi-
deão assim o fez. 21 Com a ponta do cajado que estava em sua
mão, o Anjo do SENHOR tocou a carne e os pães sem fermento.
Fogo subiu da rocha, consumindo a carne e os pães. E o Anjo
do SENHOR desapareceu. 22 Quando Gideão viu que era o Anjo
do SENHOR, exclamou: "Ah, SENHOR Soberano! Vi o Anjo do SE-
NHOR face a face!"
23 Disse-lhe, porém, o SENHOR: "Paz seja com você! Não tenha
medo. Você não morrerá".
24 Gideão construiu ali um altar em honra ao SENHOR e lhe deu
este nome: O SENHOR é Paz. Até hoje o altar está em Ofra dos
abiezritas.
25 Naquela mesma noite, o SENHOR lhe disse: "Separe o se-
gundo novilho[c] do rebanho de seu pai, aquele de sete anos
de idade. Despedace o altar de Baal, que pertence a seu pai,
e corte o poste sagrado de Aserá que está ao lado do altar.
26 Depois faça um altar para o SENHOR, o seu Deus, no topo
desta elevação. Ofereça o segundo novilho em holocausto[d] com
a madeira do poste sagrado que você irá cortar".
27 Assim Gideão chamou dez dos seus servos e fez como o SE-
NHOR lhe ordenara. Mas, com medo da sua família e dos ho-
mens da cidade, fez tudo de noite, e não durante o dia.
28 De manhã, quando os homens da cidade se levantaram, lá
estava demolido o altar de Baal, com o poste sagrado ao seu
lado, cortado, e com o segundo novilho sacrificado no altar
recém-construído!
29 Perguntaram uns aos outros: "Quem fez isso?" Depois de
investigar, concluíram: "Foi Gideão, filho de Joás".
30 Os homens da cidade disseram a Joás: "Traga seu filho para
fora. Ele deve morrer, pois derrubou o altar de Baal e quebrou
o poste sagrado que ficava ao seu lado".
31 Joás, porém, respondeu à multidão hostil que o cercava:
"Vocês vão defender a causa de Baal? Estão tentando salvá-lo?
Quem lutar por ele será morto pela manhã! Se Baal fosse real-
mente um deus, poderia defender-se quando derrubaram o seu
altar". 32 Por isso naquele dia chamaram Gideão de "Jerubaal",
dizendo: "Que Baal dispute com ele, pois derrubou o seu altar".
33 Nesse meio tempo, todos os midianitas, amalequitas e outros
povos que vinham do leste uniram os seus exércitos, atraves-
saram o Jordão e acamparam no vale de Jezreel. 34 Então o Espí-
rito do SENHOR apoderou-se de Gideão, e ele, com toque de trom-
beta, convocou os abiezritas para segui-lo. 35 Enviou mensageiros
a todo o Manassés, chamando-o às armas, e também a Aser,
a Zebulom e a Naftali, que também subiram ao seu encontro.
36 E Gideão disse a Deus: "Quero saber se vais libertar Israel
por meu intermédio, como prometeste. 37 Vê, colocarei uma
porção de lã na eira. Se o orvalho molhar apenas a lã e todo
o chão estiver seco, saberei que tu libertarás Israel por meu
intermédio, como prometeste". 38 E assim aconteceu. Gideão
levantou-se bem cedo no dia seguinte, torceu a lã e encheu
uma tigela de água do orvalho.
39 Disse ainda Gideão a Deus: "Não se acenda a tua ira contra
mim. Deixa-me fazer só mais um pedido. Permite-me fazer
mais um teste com a lã. Desta vez faze ficar seca a lã e o chão
coberto de orvalho". 40 E Deus assim fez naquela noite. So-
mente a lã estava seca; o chão estava todo coberto de orvalho.

A Vitória de Gideão sobre os Midianitas

7 De madrugada Jerubaal, isto é, Gideão, e todo o seu exér-
cito acampou junto à fonte de Harode. O acampamento de
Midiã estava ao norte deles, no vale, perto do monte Moré.
2 E o SENHOR disse a Gideão: "Você tem gente demais, para
eu entregar Midiã nas suas mãos. A fim de que Israel não se
orgulhe contra mim, dizendo que a sua própria força o libertou,
3 anuncie, pois, ao povo que todo aquele que estiver tremendo
de medo poderá ir embora do monte Gileade". Então vinte e
dois mil homens partiram, e ficaram apenas dez mil.
4 Mas o SENHOR tornou a dizer a Gideão: "Ainda há gente de-
mais. Desça com eles à beira d'água, e eu separarei os que
ficarão com você. Se eu disser: Este irá com você, ele irá; mas,
se eu disser: Este não irá com você, ele não irá".
5 Assim Gideão levou os homens à beira d'água, e o SENHOR lhe
disse: "Separe os que beberem a água lambendo-a como faz o
cachorro, daqueles que se ajoelharem para beber". 6 O número
dos que lamberam a água levando-a com as mãos à boca foi de
trezentos homens. Todos os demais se ajoelharam para beber.
7 O SENHOR disse a Gideão: "Com os trezentos homens que lam-
beram a água livrarei vocês e entregarei os midianitas nas suas
mãos. Mande para casa todos os outros homens". 8 Gideão
mandou os israelitas para as suas tendas, mas reteve os tre-
zentos. E estes ficaram com as provisões e as trombetas dos
que partiram. O acampamento de Midiã ficava abaixo deles,
no vale. 9 Naquela noite, o SENHOR disse a Gideão: "Levante-se
e desça ao acampamento, pois vou entregá-lo nas suas mãos.
10 Se você está com medo de atacá-los, desça ao acampamento
com o seu servo Pura 11 e ouça o que estiverem dizendo. Depois
disso você terá coragem para atacar". Então ele e o seu servo
Pura desceram até os postos avançados do acampamento. 12 Os
midianitas, os amalequitas e todos os outros povos que vinham

[a] 6.15 Ou *senhor*
[b] 6.19 Hebraico: *1 efa*. O efa era uma capacidade de medidas para secos. As estimativas variam entre 20 e 40 litros.
[c] 6.25 Ou *um touro bem crescido*; também nos versículos 26 e 28.
[d] 6.26 Isto é, sacrifício totalmente queimado; também em 11.31; 13.16, 23; 20.26 e 21.4.

do leste haviam se instalado no vale; eram numerosos como
nuvens de gafanhotos. Assim como não se pode contar a areia
da praia, também não se podia contar os seus camelos.
13 Gideão chegou bem no momento em que um homem estava
contando seu sonho a um amigo. "Tive um sonho", dizia ele.
"Um pão de cevada vinha rolando dentro do acampamento
midianita e atingiu a tenda com tanta força que ela tombou
e se desmontou."
14 Seu amigo respondeu: "Não pode ser outra coisa senão a
espada de Gideão, filho de Joás, o israelita. Deus entregou os
midianitas e todo o acampamento nas mãos dele".
15 Quando Gideão ouviu o sonho e a sua interpretação, adorou
a Deus. Voltou para o acampamento de Israel e gritou: "Le-
vantem-se! O SENHOR entregou o acampamento midianita nas
mãos de vocês". 16 Dividiu os trezentos homens em três compa-
nhias e pôs nas mãos de todos eles trombetas e jarros vazios,
com tochas dentro.
17 E ele lhes disse: "Observem-me. Façam o que eu fizer.
Quando eu chegar à extremidade do acampamento, façam o
que eu fizer. 18 Quando eu e todos os que estiverem comigo
tocarmos as nossas trombetas ao redor do acampamento, to-
quem as suas, e gritem: Pelo SENHOR e por Gideão!"
19 Gideão e os cem homens que o acompanhavam chegaram
aos postos avançados do acampamento pouco depois da meia-
-noite[a], assim que foram trocadas as sentinelas. Então tocaram
as suas trombetas e quebraram os jarros que tinham nas mãos;
20 as três companhias tocaram as trombetas e despedaçaram
os jarros. Empunhando as tochas com a mão esquerda e as
trombetas com a direita, gritaram: "À espada, pelo SENHOR e por
Gideão!" 21 Cada homem mantinha a sua posição em torno do
acampamento, e todos os midianitas fugiam correndo e gritando.
22 Quando as trezentas trombetas soaram, o SENHOR fez que
em todo o acampamento os homens se voltassem uns contra
os outros com as suas espadas. Mas muitos fugiram para Be-
te-Sita, na direção de Zererá, até a fronteira de Abel-Meolá,
perto de Tabate. 23 Os israelitas de Naftali, de Aser e de todo
o Manassés foram convocados, e perseguiram os midianitas.
24 Gideão enviou mensageiros a todos os montes de Efraim,
dizendo: "Desçam para atacar os midianitas e cerquem as
águas do Jordão à frente deles até Bete-Bara". Foram, pois,
convocados todos os homens de Efraim, e eles ocuparam as
águas do Jordão até Bete-Bara. 25 Eles prenderam dois líderes
midianitas, Orebe e Zeebe. Mataram Orebe na rocha de Orebe
e Zeebe no tanque de prensar uvas de Zeebe. E, depois de
perseguir os midianitas, trouxeram a cabeça de Orebe e a de
Zeebe a Gideão, que estava do outro lado do Jordão.

A Derrota de Zeba e Zalmuna

8 Os efraimitas perguntaram, então, a Gideão: "Por que você
nos tratou dessa forma? Por que não nos chamou quando foi
lutar contra Midiã?" E o criticaram duramente.
2 Ele, porém, lhes respondeu: "Que é que eu fiz, em compa-
ração com vocês? O resto das uvas de Efraim não são melhores
do que toda a colheita de Abiezer? 3 Deus entregou os líderes
midianitas Orebe e Zeebe nas mãos de vocês. O que pude fazer
não se compara com o que vocês fizeram!" Diante disso, acal-
mou-se a indignação deles contra Gideão.
4 Gideão e seus trezentos homens, já exaustos, continuaram
a perseguição, chegaram ao Jordão e o atravessaram. 5 Em
Sucote, disse ele aos homens dali: "Peço a vocês um pouco de
pão para as minhas tropas; os homens estão cansados, e eu
ainda estou perseguindo os reis de Midiã, Zeba e Zalmuna".
6 Os líderes de Sucote, porém, disseram: "Ainda não estão em
seu poder Zeba e Zalmuna? Por que deveríamos dar pão às
suas tropas?"
7 "É assim?", replicou Gideão. "Quando o SENHOR entregar Zeba
e Zalmuna em minhas mãos, rasgarei a carne de vocês com
espinhos e espinheiros do deserto."
8 Dali subiu a Peniel e fez o mesmo pedido aos homens de Pe-
niel, mas eles responderam como os de Sucote. 9 Aos homens
de Peniel ele disse: "Quando eu voltar triunfante, destruirei
esta fortaleza".
10 Ora, Zeba e Zalmuna estavam em Carcor, e com eles cerca
de quinze mil homens. Estes foram todos os que sobraram dos
exércitos dos povos que vinham do leste, pois cento e vinte mil
homens que portavam espada tinham sido mortos. 11 Gideão
subiu pela rota dos nômades, a leste de Noba e Jogbeá, e
atacou de surpresa o exército. 12 Zeba e Zalmuna, os dois reis
de Midiã, fugiram, mas ele os perseguiu e os capturou, derro-
tando também o exército.
13 Depois Gideão, filho de Joás, voltou da batalha, pela subida
de Heres. 14 Ele capturou um jovem de Sucote e o interrogou,
e o jovem escreveu para Gideão os nomes dos setenta e sete
líderes e autoridades da cidade. 15 Gideão foi então a Sucote e
disse aos homens de lá: "Aqui estão Zeba e Zalmuna, acerca
dos quais vocês zombaram de mim, dizendo: 'Ainda não estão
em seu poder Zeba e Zalmuna? Por que deveríamos dar pão
aos seus homens exaustos?' " 16 Gideão prendeu os líderes da
cidade de Sucote, castigando-os com espinhos e espinheiros
do deserto; 17 depois derrubou a fortaleza de Peniel e matou os
homens daquela cidade.
18 Então perguntou a Zeba e a Zalmuna: "Como eram os homens
que vocês mataram em Tabor?" "Eram como você", respon-
deram, "cada um tinha o porte de um príncipe."
19 Gideão prosseguiu: "Aqueles homens eram meus irmãos, fi-
lhos de minha própria mãe. Juro pelo nome do SENHOR que, se
vocês tivessem poupado a vida deles, eu não mataria vocês".
20 E Gideão voltou-se para Jéter, seu filho mais velho, e lhe
disse: "Mate-os!" Jéter, porém, teve medo e não desembai-
nhou a espada, pois era muito jovem.
21 Mas Zeba e Zalmuna disseram: "Venha, mate-nos você
mesmo. Isso exige coragem de homem". Então Gideão avançou
e os matou, e tirou os enfeites do pescoço dos camelos deles.

O Manto Sacerdotal de Gideão

22 Os israelitas disseram a Gideão: "Reine sobre nós, você, seu
filho e seu neto, pois você nos libertou das mãos de Midiã".

[a] 7.19 Hebraico: *no início da vigília da meia-noite.*

23 "Não reinarei sobre vocês", respondeu-lhes Gideão, "nem
meu filho reinará sobre vocês. O SENHOR reinará sobre vocês."
24 E prosseguiu: "Só faço a vocês um pedido: que cada um de
vocês me dê um brinco da sua parte dos despojos". (Os ismae-
litas[a] costumavam usar brincos de ouro.)
25 Eles responderam: "De boa vontade os daremos a você!"
Então estenderam uma capa, e cada homem jogou sobre ela
um brinco tirado de seus despojos. 26 O peso dos brincos de
ouro chegou a vinte quilos e meio[b], sem contar os enfeites, os
pendentes e as roupas de púrpura que os reis de Midiã usavam
e os colares que estavam no pescoço de seus camelos. 27 Gi-
deão usou o ouro para fazer um manto sacerdotal, que ele
colocou em sua cidade, em Ofra. Todo o Israel prostituiu-se,
fazendo dele objeto de adoração; e veio a ser uma armadilha
para Gideão e sua família.

A Morte de Gideão

28 Assim Midiã foi subjugado pelos israelitas, e não tornou a
erguer a cabeça. Durante a vida de Gideão a terra desfrutou
paz quarenta anos.
29 Jerubaal, filho de Joás, retirou-se e foi para casa, onde ficou
morando. 30 Teve setenta filhos, todos gerados por ele, pois
tinha muitas mulheres. 31 Sua concubina, que morava em Si-
quém, também lhe deu um filho, a quem ele deu o nome de
Abimeleque. 32 Gideão, filho de Joás, morreu em idade avan-
çada e foi sepultado no túmulo de seu pai, Joás, em Ofra dos
abiezritas.
33 Logo depois que Gideão morreu, os israelitas voltaram a
prostituir-se com os baalins, cultuando-os. Ergueram Baal-
-Berite como seu deus e 34 não se lembraram do SENHOR, o
seu Deus, que os tinha livrado das mãos dos seus inimigos
em redor. 35 Também não foram bondosos com a família de
Jerubaal, isto é, Gideão, pois não reconheceram todo o bem
que ele tinha feito a Israel.

9 Abimeleque

Abimeleque, filho de Jerubaal, foi aos irmãos de sua mãe
em Siquém e disse a eles e a todo o clã da família de sua mãe:
2 "Perguntem a todos os cidadãos de Siquém o que é melhor
para eles, ter todos os setenta filhos de Jerubaal governando
sobre eles, ou somente um homem? Lembrem-se de que eu
sou sangue do seu sangue[c]".
3 Os irmãos de sua mãe repetiram tudo aos cidadãos de Si-
quém, e estes se mostraram propensos a seguir Abimeleque,
pois disseram: "Ele é nosso irmão". 4 Deram-lhe setenta peças[d]
de prata tiradas do templo de Baal-Berite, as quais Abimeleque
usou para contratar alguns desocupados e vadios, que se tor-
naram seus seguidores. 5 Foi à casa de seu pai em Ofra e matou
seus setenta irmãos, filhos de Jerubaal, sobre uma rocha. Mas
Jotão, o filho mais novo de Jerubaal, escondeu-se e escapou.
6 Então todos os cidadãos de Siquém e de Bete-Milo reuni-
ram-se ao lado do Carvalho, junto à coluna de Siquém, para
coroar Abimeleque rei.
7 Quando Jotão soube disso, subiu ao topo do monte Gerizim e
gritou para eles: "Ouçam-me, cidadãos de Siquém, para que
Deus os ouça. 8 Certo dia as árvores saíram para ungir um rei
para si. Disseram à oliveira: 'Seja o nosso rei!'
9 "A oliveira, porém, respondeu: 'Deveria eu renunciar ao meu
azeite, com o qual se presta honra aos deuses e aos homens,
para dominar sobre as árvores?'
10 "Então as árvores disseram à figueira: 'Venha ser o nosso
rei!'
11 "A figueira, porém, respondeu: 'Deveria eu renunciar ao meu
fruto saboroso e doce, para dominar sobre as árvores?'
12 "Depois as árvores disseram à videira: 'Venha ser o nosso
rei!'
13 "A videira, porém, respondeu: 'Deveria eu renunciar ao meu
vinho, que alegra os deuses e os homens, para ter domínio
sobre as árvores?'
14 "Finalmente todas as árvores disseram ao espinheiro: 'Venha
ser o nosso rei!'
15 "O espinheiro disse às árvores: 'Se querem realmente un-
gir-me rei sobre vocês, venham abrigar-se à minha sombra; do
contrário, sairá fogo do espinheiro e consumirá até os cedros
do Líbano!'
16 "Será que vocês agiram de fato com sinceridade quando
fizeram Abimeleque rei? Foram justos com Jerubaal e sua fa-
mília, como ele merecia? 17 Meu pai lutou por vocês e arriscou
a vida para livrá-los das mãos de Midiã. 18 Hoje, porém, vocês
se revoltaram contra a família de meu pai, mataram seus se-
tenta filhos sobre a mesma rocha e proclamaram Abimeleque,
o filho de sua escrava, rei sobre os cidadãos de Siquém pelo
fato de ser irmão de vocês. 19 Se hoje vocês de fato agiram com
sinceridade para com Jerubaal e sua família, alegrem-se com
Abimeleque, e alegre-se ele com vocês! 20 Entretanto, se não
foi assim, que saia fogo de Abimeleque e consuma os cidadãos
de Siquém e de Bete-Milo, e que saia fogo dos cidadãos de
Siquém e de Bete-Milo, e consuma Abimeleque!"
21 Depois Jotão fugiu para Beer, onde ficou morando, longe de
seu irmão Abimeleque.
22 Fazia três anos que Abimeleque governava Israel, 23 quando
Deus enviou um espírito maligno entre Abimeleque e os cida-
dãos de Siquém, e estes agiram traiçoeiramente contra Abi-
meleque. 24 Isso aconteceu para que o crime contra os setenta
filhos de Jerubaal, o derramamento do sangue deles, fosse
vingado em seu irmão Abimeleque e nos cidadãos de Siquém
que o ajudaram a assassinar os seus irmãos. 25 Os cidadãos de
Siquém enviaram homens para o alto das colinas para embos-
carem os que passassem por ali, e Abimeleque foi informado
disso.
26 Nesse meio tempo, Gaal, filho de Ebede, mudou-se com seus
parentes para Siquém, cujos cidadãos confiavam nele. 27 Su-
cedeu que foram ao campo, colheram uvas, pisaram-nas e fi-
zeram uma festa no templo do seu deus. Comendo e bebendo,

[a] 8.24 Os ismaelitas eram parentes dos midianitas.
[b] 8.26 Hebraico: *1.700 siclos*. Um siclo equivalia a 12 gramas.
[c] 9.2 Hebraico: *osso e carne de vocês*.
[d] 9.4 Hebraico: *siclos*. Um siclo equivalia a 12 gramas.

amaldiçoaram Abimeleque. 28 Então Gaal, filho de Ebede, disse:
"Quem é Abimeleque para que o sirvamos? E quem é Siquém?
Não é ele o filho de Jerubaal, e não é Zebul o seu represen-
tante? Sirvam aos homens de Hamor, o pai de Siquém! Por que
servir a Abimeleque? 29 Ah! Se eu tivesse esse povo sob o meu
comando! Eu me livraria de Abimeleque e lhe diria: Mobilize o
seu exército e venha![a]"
30 Quando Zebul, o governante da cidade, ouviu o que dizia
Gaal, filho de Ebede, ficou indignado. 31 Secretamente enviou
mensageiros a Abimeleque dizendo: "Gaal, filho de Ebede,
e seus parentes vieram a Siquém e estão agitando a cidade
contra você. 32 Venha de noite, você e seus homens, e fiquem à
espera no campo. 33 De manhã, ao nascer do sol, avance contra
a cidade. Quando Gaal e sua tropa atacarem, faça com eles o
que achar melhor".
34 E assim Abimeleque e todas as suas tropas partiram de noite
e prepararam emboscadas perto de Siquém, em quatro com-
panhias. 35 Ora, Gaal, filho de Ebede, tinha saído e estava à
porta da cidade quando Abimeleque e seus homens saíram da
sua emboscada.
36 Quando Gaal os viu, disse a Zebul: "Veja, vem gente des-
cendo do alto das colinas!" Zebul, porém, respondeu: "Você
está confundindo as sombras dos montes com homens".
37 Mas Gaal tornou a falar: "Veja, vem gente descendo da parte
central do território[b], e uma companhia está vindo pelo ca-
minho do carvalho dos Adivinhadores".
38 Disse-lhe Zebul: "Onde está toda aquela sua conversa? Você
dizia: 'Quem é Abimeleque, para que o sirvamos?' Não são
estes os homens que você ridicularizou? Saia e lute contra
eles!"
39 Então Gaal conduziu para fora os[c] cidadãos de Siquém e
lutou contra Abimeleque. 40 Abimeleque o perseguiu, e ele
fugiu. Muitos dos homens de Siquém caíram mortos ao longo
de todo o caminho, até a porta da cidade. 41 Abimeleque per-
maneceu em Arumá, e Zebul expulsou Gaal e os seus parentes
de Siquém.
42 No dia seguinte, o povo de Siquém saiu aos campos, e Abi-
meleque ficou sabendo disso. 43 Então dividiu os seus homens
em três companhias e armou emboscadas no campo. Quando
viu o povo saindo da cidade, levantou-se contra ele e atacou-o.
44 Abimeleque e as tropas que estavam com ele avançaram até
a porta da cidade. Então duas companhias avançaram sobre os
que estavam nos campos e os mataram. 45 E Abimeleque atacou
a cidade o dia todo, até conquistá-la e matar o seu povo. De-
pois destruiu a cidade e espalhou sal sobre ela.
46 Ao saberem disso, os cidadãos que estavam na torre de Si-
quém entraram na fortaleza do templo de El-Berite. 47 Quando
Abimeleque soube que se haviam reunido lá, 48 ele e todos os
seus homens subiram o monte Zalmom. Ele apanhou um ma-
chado, cortou um galho de árvore e o pôs nos ombros. Então
deu esta ordem aos homens que estavam com ele: "Rápido!
Façam o que eu estou fazendo!" 49 Todos os homens cortaram
galhos e seguiram Abimeleque. Empilharam os galhos junto à
fortaleza e a incendiaram. Assim morreu também o povo que
estava na torre de Siquém, cerca de mil homens e mulheres.
50 A seguir, Abimeleque foi a Tebes, sitiou-a e conquistou-a.
51 Mas dentro da cidade havia uma torre bastante forte, para
a qual fugiram todos os homens e mulheres, todo o povo da
cidade. Trancaram-se por dentro e subiram para o telhado da
torre. 52 Abimeleque foi para a torre e atacou-a. E, quando se
aproximava da entrada da torre para incendiá-la, 53 uma mu-
lher jogou uma pedra de moinho na cabeça dele, e lhe rachou
o crânio.
54 Imediatamente ele chamou seu escudeiro e lhe ordenou:
"Tire a espada e mate-me, para que não digam que uma mu-
lher me matou". Então o jovem o atravessou, e ele morreu.
55 Quando os israelitas viram que Abimeleque estava morto,
voltaram para casa.
56 Assim Deus retribuiu a maldade que Abimeleque praticara
contra o seu pai, matando os seus setenta irmãos. 57 Deus fez
também os homens de Siquém pagarem por toda a sua mal-
dade. A maldição de Jotão, filho de Jerubaal, caiu sobre eles.

10 **Tolá**
Depois de Abimeleque, um homem de Issacar chamado
Tolá, filho de Puá, filho de Dodô, levantou-se para libertar Is-
rael. Ele morava em Samir, nos montes de Efraim, 2 e liderou
Israel durante vinte e três anos; então morreu e foi sepultado
em Samir.

Jair

3 Depois dele veio Jair, de Gileade, que liderou Israel durante
vinte e dois anos. 4 Teve trinta filhos, que montavam trinta ju-
mentos. Eles tinham autoridade sobre trinta cidades, as quais
até hoje são chamadas "povoados de Jair" e ficam em Gileade.
5 Quando Jair morreu, foi sepultado em Camom.

Jefté

6 Mais uma vez os israelitas fizeram o que o SENHOR reprova.
Serviram aos baalins, às imagens de Astarote, aos deuses de
Arã, aos deuses de Sidom, aos deuses de Moabe, aos deuses
dos amonitas e aos deuses dos filisteus. E como os israelitas
abandonaram o SENHOR e não mais lhe prestaram culto, 7 a ira
do SENHOR se acendeu contra eles. Ele os entregou nas mãos
dos filisteus e dos amonitas, 8 que naquele ano os humilharam
e os oprimiram. Durante dezoito anos oprimiram todos os israe-
litas do lado leste do Jordão, em Gileade, terra dos amorreus.
9 Os amonitas também atravessaram o Jordão para lutar contra
Judá, contra Benjamim e contra a tribo de Efraim; e grande
angústia dominou Israel. 10 Então os israelitas clamaram ao SE-
NHOR, dizendo: "Temos pecado contra ti, pois abandonamos o
nosso Deus e prestamos culto aos baalins!"
11 O SENHOR respondeu: "Quando os egípcios, os amorreus, os
amonitas, os filisteus, 12 os sidônios, os amalequitas e os mao-

[a] 9.29 Conforme a Septuaginta. O Texto Massorético diz *E ele disse a Abimeleque: Convoque todo o seu exército!*
[b] 9.37 Hebraico: *do Umbigo da Terra.*
[c] 9.39 Ou *Gaal saiu à vista dos*

nitas[a] os oprimiram, e vocês clamaram a mim, eu os libertei
das mãos deles. 13 Mas vocês me abandonaram e prestaram
culto a outros deuses. Por isso não os livrarei mais. 14 Clamem
aos deuses que vocês escolheram. Que eles os livrem na hora
do aperto!"
15 Os israelitas, porém, disseram ao SENHOR: "Nós pecamos.
Faze conosco o que achares melhor, mas te rogamos, livra-nos
agora". 16 Então eles se desfizeram dos deuses estrangeiros
que havia no meio deles e prestaram culto ao SENHOR. E ele
não pôde mais suportar o sofrimento de Israel.
17 Quando os amonitas foram convocados e acamparam em Gi-
leade, os israelitas reuniram-se e acamparam em Mispá. 18 Os
líderes do povo de Gileade disseram uns aos outros: "Quem
iniciar o ataque contra os amonitas será chefe dos que vivem
em Gileade".

11 Jefté, o gileadita, era um guerreiro valente. Sua mãe era
uma prostituta; seu pai chamava-se Gileade. 2 A mulher
de Gileade também lhe deu filhos, que, quando já estavam
grandes, expulsaram Jefté, dizendo: "Você não vai receber ne-
nhuma herança de nossa família, pois é filho de outra mulher".
3 Então Jefté fugiu dos seus irmãos e se estabeleceu em Tobe.
Ali um bando de vadios uniu-se a ele e o seguia.
4 Algum tempo depois, quando os amonitas entraram em guerra
contra Israel, 5 os líderes de Gileade foram buscar Jefté em
Tobe. 6 "Venha", disseram. "Seja nosso comandante, para que
possamos combater os amonitas."
7 Disse-lhes Jefté: "Vocês não me odiavam e não me expul-
saram da casa de meu pai? Por que me procuram agora,
quando estão em dificuldades?"
8 "Apesar disso, agora estamos apelando para você", res-
ponderam os líderes de Gileade. "Venha conosco combater
os amonitas, e você será o chefe de todos os que vivem em
Gileade."
9 Jefté respondeu: "Se vocês me levarem de volta para com-
bater os amonitas e o SENHOR os entregar a mim, serei o chefe
de vocês?"
10 Os líderes de Gileade responderam: "O SENHOR é nossa tes-
temunha; faremos conforme você diz". 11 Assim Jefté foi com
os líderes de Gileade, e o povo o fez chefe e comandante sobre
todos. E ele repetiu perante o SENHOR, em Mispá, todas as
palavras que tinha dito.
12 Jefté enviou mensageiros ao rei amonita com a seguinte
pergunta: "Que é que tens contra nós, para teres atacado a
nossa terra?"
13 O rei dos amonitas respondeu aos mensageiros de Jefté:
"Quando Israel veio do Egito tomou as minhas terras, desde
o Arnom até o Jaboque e até o Jordão. Agora, devolvam-me
essas terras pacificamente".
14 Jefté mandou de novo mensageiros ao rei amonita, 15 di-
zendo: "Assim diz Jefté: Israel não tomou a terra de Moabe, e
tampouco a terra dos amonitas. 16 Quando veio do Egito, Israel
foi pelo deserto até o mar Vermelho e daí para Cades. 17 Então
Israel enviou mensageiros ao rei de Edom, dizendo: 'Deixa-nos
atravessar a tua terra', mas o rei de Edom não quis ouvi-lo.
Enviou o mesmo pedido ao rei de Moabe, e ele também não
consentiu. Assim Israel permaneceu em Cades.
18 "Em seguida, os israelitas viajaram pelo deserto e contor-
naram Edom e Moabe; passaram a leste de Moabe e acam-
param do outro lado do Arnom. Não entraram no território de
Moabe, pois o Arnom era a sua fronteira.
19 "Depois Israel enviou mensageiros a Seom, rei dos amor-
reus, em Hesbom, e lhe pediu: 'Deixa-nos atravessar a tua terra
para irmos ao lugar que nos pertence!' 20 Seom, porém, não
acreditou que Israel fosse apenas[b] atravessar o seu território;
assim convocou todos os seus homens, acampou em Jaza e
lutou contra Israel.
21 "Então o SENHOR, o Deus de Israel, entregou Seom e todos
os seus homens nas mãos de Israel, e este os derrotou. Israel
tomou posse de todas as terras dos amorreus que viviam na-
quela região, 22 conquistando-a por inteiro, desde o Arnom até
o Jaboque, e desde o deserto até o Jordão.
23 "Agora que o SENHOR, o Deus de Israel, expulsou os amor-
reus da presença de Israel, seu povo, queres tu tomá-la?
24 Acaso não tomas posse daquilo que o teu deus Camos te
dá? Da mesma forma tomaremos posse do que o SENHOR, o
nosso Deus, nos deu. 25 És tu melhor do que Balaque, filho de
Zipor, rei de Moabe? Entrou ele alguma vez em conflito com
Israel ou lutou com ele? 26 Durante trezentos anos Israel ocupou
Hesbom, Aroer, os povoados ao redor e todas as cidades às
margens do Arnom. Por que não os reconquistaste todo esse
tempo? 27 Nada fiz contra ti, mas tu estás cometendo um erro,
lutando contra mim. Que o SENHOR, o Juiz, julgue hoje a disputa
entre os israelitas e os amonitas".
28 Entretanto, o rei de Amom não deu atenção à mensagem
de Jefté.
29 Então o Espírito do SENHOR se apossou de Jefté. Este atra-
vessou Gileade e Manassés, passou por Mispá de Gileade, e daí
avançou contra os amonitas. 30 E Jefté fez este voto ao SENHOR:
"Se entregares os amonitas nas minhas mãos, 31 aquele que es-
tiver saindo da porta da minha casa ao meu encontro, quando
eu retornar da vitória sobre os amonitas, será do SENHOR, e eu
o oferecerei em holocausto".
32 Então Jefté foi combater os amonitas, e o SENHOR os en-
tregou nas suas mãos. 33 Ele conquistou vinte cidades, desde
Aroer até as vizinhanças de Minite, chegando a Abel-Queramim.
Assim os amonitas foram subjugados pelos israelitas.
34 Quando Jefté chegou à sua casa em Mispá, sua filha saiu
ao seu encontro, dançando ao som de tamborins. E ela era
filha única. Ele não tinha outro filho ou filha. 35 Quando a viu,
rasgou suas vestes e gritou: "Ah, minha filha! Estou angustiado
e desesperado por sua causa, pois fiz ao SENHOR um voto que
não posso quebrar".
36 "Meu pai", respondeu ela, "sua palavra foi dada ao SENHOR.
Faça comigo o que prometeu, agora que o SENHOR o vingou dos
seus inimigos, os amonitas." 37 E prosseguiu: "Mas conceda-me

[a] 10.12 Alguns manuscritos da Septuaginta dizem midianitas.

[b] 11.20 Ou *porém, não quis fazer acordo com Israel, permitindo-lhe*

dois meses para vagar pelas colinas e chorar com as minhas
amigas, porque jamais me casarei”.
38 “Vá!”, disse ele. E deixou que ela fosse por dois meses. Ela
e suas amigas foram para as colinas e choraram porque ela
jamais se casaria. 39 Passados os dois meses, ela voltou a seu
pai, e ele fez com ela o que tinha prometido no voto. Assim,
ela nunca deixou de ser virgem. Daí vem o costume em Israel
40 de saírem as moças durante quatro dias, todos os anos, para
celebrar a memória da filha de Jefté, o gileadita.

O Conflito de Jefté contra Efraim

12 Os homens de Efraim foram convocados para a batalha;
dirigiram-se para Zafom e disseram a Jefté: “Por que você foi
lutar contra os amonitas sem nos chamar para irmos juntos?
Vamos queimar a sua casa e você junto!”
2 Jefté respondeu: “Eu e meu povo estávamos envolvidos numa
grande contenda com os amonitas, e, embora eu os tenha cha-
mado, vocês não me livraram das mãos deles. 3 Quando vi que
vocês não ajudariam, arrisquei a vida e fui lutar contra os amo-
nitas, e o SENHOR me deu a vitória sobre eles. E, por que vocês
vieram para cá hoje? Para lutar contra mim?”
4 Jefté reuniu então todos os homens de Gileade e lutou contra
Efraim. Os gileaditas feriram os efraimitas porque estes tinham
dito: “Vocês, gileaditas, são desertores de Efraim e de Ma-
nassés”. 5 Os gileaditas tomaram as passagens do Jordão que
conduziam a Efraim. Sempre que um fugitivo de Efraim dizia:
“Deixem-me atravessar”, os homens de Gileade perguntavam:
“Você é efraimita?” Se respondesse que não, 6 diziam: “Então
diga: Chibolete”. Se ele dissesse: “Sibolete”, sem conseguir
pronunciar corretamente a palavra, prendiam-no e mata-
vam-no no lugar de passagem do Jordão. Quarenta e dois mil
efraimitas foram mortos naquela ocasião.
7 Jefté liderou Israel durante seis anos. Então o gileadita Jefté
morreu e foi sepultado numa cidade de Gileade.

Ibsã, Elom e Abdom

8 Depois de Jefté, Ibsã, de Belém, liderou Israel. 9 Teve trinta fi-
lhos e trinta filhas. Deu suas filhas em casamento a homens de
fora do seu clã e trouxe para os seus filhos trinta mulheres de
fora do seu clã. Ibsã liderou Israel durante sete anos. 10 Então
Ibsã morreu e foi sepultado em Belém.
11 Depois dele, Elom, da tribo de Zebulom, liderou Israel durante
dez anos. 12 Elom morreu e foi sepultado em Aijalom, na terra
de Zebulom.
13 Depois dele, Abdom, filho de Hilel, de Piratom, liderou Israel.
14 Teve quarenta filhos e trinta netos, que montavam setenta
jumentos. Abdom liderou Israel durante oito anos. 15 Então
Abdom, filho de Hilel, morreu e foi sepultado em Piratom, na
terra de Efraim, na serra dos amalequitas.

O Nascimento de Sansão

13 Os israelitas voltaram a fazer o que o SENHOR reprova, e
por isso o SENHOR os entregou nas mãos dos filisteus durante
quarenta anos.
2 Certo homem de Zorá, chamado Manoá, do clã da tribo de Dã,
tinha mulher estéril. 3 Certo dia o Anjo do SENHOR apareceu a ela
e lhe disse: “Você é estéril, não tem filhos, mas engravidará e
dará à luz um filho. 4 Todavia, tenha cuidado, não beba vinho
nem outra bebida fermentada e não coma nada impuro; 5 e não
se passará navalha na cabeça do filho que você vai ter, porque
o menino será nazireu, consagrado a Deus desde o nascimento;
ele iniciará a libertação de Israel das mãos dos filisteus”.
6 Então a mulher foi contar tudo ao seu marido: “Um homem
de Deus veio falar comigo. Era como um anjo de Deus, de apa-
rência impressionante. Não lhe perguntei de onde tinha vindo,
e ele não me disse o seu nome, 7 mas ele me assegurou: ‘Você
engravidará e dará à luz um filho. Todavia, não beba vinho nem
outra bebida fermentada, e não coma nada impuro, porque o
menino será nazireu, consagrado a Deus, desde o nascimento
até o dia da sua morte’ ”.
8 Então Manoá orou ao SENHOR: “Senhor, eu te imploro que o
homem de Deus que enviaste volte para nos instruir sobre o
que fazer com o menino que vai nascer”.
9 Deus ouviu a oração de Manoá, e o Anjo de Deus veio no-
vamente falar com a mulher quando ela estava sentada no
campo; Manoá, seu marido, não estava com ela. 10 Mas ela
foi correndo contar ao marido: “O homem que me apareceu
outro dia está aqui!”
11 Manoá levantou-se e seguiu a mulher. Quando se aproximou
do homem, perguntou: “Foste tu que falaste com a minha mu-
lher?” “Sim”, disse ele.
12 “Quando as tuas palavras se cumprirem”, Manoá perguntou,
“como devemos criar o menino? O que ele deverá fazer?”
13 O Anjo do SENHOR respondeu: “Sua mulher terá que seguir
tudo o que eu ordenei a você. 14 Ela não poderá comer nenhum
produto da videira, nem vinho ou bebida fermentada, nem
comer nada impuro. Terá que obedecer a tudo o que ordenei
a você”.
15 Manoá disse ao Anjo do SENHOR: “Gostaríamos que ficasses
conosco; queremos oferecer-te um cabrito”.
16 O Anjo do SENHOR respondeu: “Se eu ficar, não comerei nada.
Mas, se você preparar um holocausto, ofereça-o ao SENHOR”.
Manoá não sabia que ele era o Anjo do SENHOR.
17 Então Manoá perguntou ao Anjo do SENHOR: “Qual é o teu
nome, para que te prestemos homenagem quando se cumprir
a tua palavra?”
18 Ele respondeu: “Por que pergunta o meu nome? Meu nome
está além do entendimento[a]”. 19 Então Manoá apanhou um ca-
brito e a oferta de cereal e os ofereceu ao SENHOR sobre uma
rocha. E o SENHOR fez algo estranho enquanto Manoá e sua
mulher observavam: 20 quando a chama do altar subiu ao céu,
o Anjo do SENHOR subiu na chama. Vendo isso, Manoá e sua
mulher prostraram-se com o rosto em terra. 21 Como o Anjo do
SENHOR não voltou a manifestar-se a Manoá e à sua mulher,
Manoá percebeu que era o Anjo do SENHOR.
22 “Sem dúvida vamos morrer!” disse ele à mulher, “pois vimos
a Deus!”

---

a 13.18 Ou *nome é maravilhoso*

[23]Mas a mulher respondeu: "Se o SENHOR tivesse a intenção de
nos matar, não teria aceitado o holocausto e a oferta de cereal
das nossas mãos, não nos teria mostrado todas essas coisas e
não nos teria revelado o que agora nos revelou".
[24]A mulher deu à luz um menino e pôs-lhe o nome de Sansão.
Ele cresceu, e o SENHOR o abençoou, [25]e o Espírito do SENHOR
começou a agir nele quando ele se achava em Maané-Dã, entre
Zorá e Estaol.

14 O Casamento de Sansão

Sansão desceu a Timna e viu ali uma mulher do povo fi-
listeu. [2]Quando voltou para casa, disse a seu pai e a sua mãe:
"Vi uma mulher filisteia em Timna; consigam essa mulher para
ser minha esposa".
[3]Seu pai e sua mãe lhe perguntaram: "Será que não há mu-
lher entre os seus parentes ou entre todo o seu povo? Você
tem que ir aos filisteus incircuncisos para conseguir esposa?"
Sansão, porém, disse ao pai: "Consiga-a para mim. É ela que
me agrada". [4]Seus pais não sabiam que isso vinha do SENHOR,
que buscava ocasião contra os filisteus; pois naquela época
eles dominavam Israel. [5]Sansão foi para Timna com seu pai
e sua mãe. Quando se aproximavam das vinhas de Timna, de
repente um leão forte veio rugindo na direção dele. [6]O Espírito
do SENHOR apossou-se de Sansão, e ele, sem nada nas mãos,
rasgou o leão como se fosse um cabrito. Mas não contou nem
ao pai nem à mãe o que fizera. [7]Então foi conversar com a
mulher de quem gostava.
[8]Algum tempo depois, quando voltou para casar-se com ela,
Sansão saiu do caminho para olhar o cadáver do leão, e nele
havia um enxame de abelhas e mel. [9]Tirou o mel com as mãos
e o foi comendo pelo caminho. Quando voltou aos seus pais,
repartiu com eles o mel, e eles também comeram. Mas não
lhes contou que tinha tirado o mel do cadáver do leão.
[10]Seu pai desceu à casa da mulher, e Sansão deu ali uma festa,
como era costume dos noivos. [11]Quando ele chegou, trouxe-
ram-lhe trinta rapazes para o acompanharem na festa.
[12]"Vou propor um enigma para vocês", disse-lhes Sansão.
"Se vocês puderem dar-me a resposta certa durante os sete
dias da festa, então eu darei a vocês trinta vestes de linho e
trinta mudas de roupas. [13]Se não conseguirem dar-me a res-
posta, vocês me darão trinta vestes de linho e trinta mudas
de roupas." "Proponha-nos o seu enigma", disseram. "Vamos
ouvi-lo."
[14]Disse ele então: "Do que come saiu comida; do que é forte
saiu doçura". Durante três dias eles não conseguiram dar a
resposta.
[15]No quarto[a] dia disseram à mulher de Sansão: "Convença o
seu marido a explicar o enigma. Caso contrário, poremos fogo
em você e na família de seu pai, e vocês morrerão. Você nos
convidou para nos roubar?"
[16]Então a mulher de Sansão implorou-lhe aos prantos: "Você
me odeia! Você não me ama! Você deu ao meu povo um
enigma, mas não me contou a resposta!" "Nem a meu pai
nem à minha mãe expliquei o enigma", respondeu ele. "Por
que deveria explicá-lo a você?" [17]Ela chorou durante o restante
da semana da festa. Por fim, no sétimo dia, ele lhe contou,
pois ela continuava a perturbá-lo. Ela, por sua vez, revelou o
enigma ao seu povo.
[18]Antes do pôr do sol do sétimo dia, os homens da cidade
vieram lhe dizer: "O que é mais doce que o mel? O que é mais
forte que o leão?" Sansão lhes disse: "Se vocês não tivessem
arado com a minha novilha, não teriam solucionado o meu
enigma".
[19]Então o Espírito do SENHOR apossou-se de Sansão. Ele desceu
a Ascalom, matou trinta homens, pegou as suas roupas e as
deu aos que tinham explicado o enigma. Depois, enfurecido,
foi para a casa do seu pai. [20]E a mulher de Sansão foi dada
ao amigo que tinha sido o acompanhante dele no casamento.

15 A Vingança de Sansão

Algum tempo depois, na época da colheita do trigo,
Sansão foi visitar a sua mulher e levou-lhe um cabrito. "Vou
ao quarto da minha mulher", disse ele. Mas o pai dela não
quis deixá-lo entrar.
[2]"Eu estava tão certo de que você a odiava", disse ele, "que
a dei ao seu amigo. A sua irmã mais nova não é mais bonita?
Fique com ela no lugar da irmã".
[3]Sansão lhes disse: "Desta vez ninguém poderá me culpar
quando eu acertar as contas com os filisteus!" [4]Então saiu,
capturou trezentas raposas e as amarrou aos pares pela cauda.
Depois prendeu uma tocha em cada par de caudas, [5]acendeu
as tochas e soltou as raposas no meio das plantações dos fi-
listeus. Assim ele queimou os feixes, o cereal que iam colher e
também as vinhas e os olivais.
[6]Os filisteus perguntaram: "Quem fez isso?" Responderam-
-lhes: "Foi Sansão, o genro do timnita, porque a sua mulher
foi dada ao seu amigo". Então os filisteus foram e queimaram
a mulher e seu pai.
[7]Sansão lhes disse: "Já que fizeram isso, não sossegarei en-
quanto não me vingar de vocês". [8]Ele os atacou sem dó nem
piedade e fez terrível matança. Depois desceu e ficou numa
caverna da rocha de Etã.
[9]Os filisteus foram para Judá e lá acamparam, espalhando-se
pelas proximidades de Leí. [10]Os homens de Judá perguntaram:
"Por que vocês vieram lutar contra nós?" Eles responderam:
"Queremos levar Sansão amarrado, para tratá-lo como ele nos
tratou".
[11]Três mil homens de Judá desceram então à caverna da rocha
de Etã e disseram a Sansão: "Você não sabe que os filisteus
dominam sobre nós? Você viu o que nos fez?" Ele respondeu:
"Fiz a eles apenas o que eles me fizeram".
[12]Disseram-lhe: "Viemos amarrá-lo para entregá-lo aos filis-
teus". Sansão disse: "Jurem-me que vocês mesmos não me
matarão".
[13]"Certamente que não!", responderam. "Somente vamos
amarrá-lo e entregá-lo nas mãos deles. Não o mataremos." E

[a] 14.15 Conforme alguns manuscritos da Septuaginta e a Versão Siríaca. O Texto Massorético diz sétimo.

o prenderam com duas cordas novas e o fizeram sair da rocha.
14 Quando ia chegando a Leí, os filisteus foram ao encontro dele
aos gritos. Mas o Espírito do SENHOR apossou-se dele. As cordas
em seus braços se tornaram como fibra de linho queimada, e
os laços caíram das suas mãos. 15 Encontrando a carcaça de
um jumento, pegou a queixada e com ela matou mil homens.
16 Disse ele então: "Com uma queixada de jumento fiz deles
montões[a]. Com uma queixada de jumento matei mil homens".
17 Quando acabou de falar, jogou fora a queixada; e o local foi
chamado Ramate-Leí[b].
18 Sansão estava com muita sede e clamou ao SENHOR: "Deste
pela mão de teu servo esta grande vitória. Morrerei eu agora
de sede para cair nas mãos dos incircuncisos?" 19 Deus então
abriu a rocha que há em Leí, e dela saiu água. Sansão bebeu,
suas forças voltaram, e ele recobrou o ânimo. Por esse motivo
essa fonte foi chamada En-Hacoré[c], e ainda lá está, em Leí.
20 Sansão liderou Israel durante vinte anos, no tempo do do-
mínio dos filisteus.

Sansão e Dalila

16 Certa vez Sansão foi a Gaza, viu ali uma prostituta e
passou a noite com ela. 2 Disseram ao povo de Gaza: "Sansão
está aqui!" Então cercaram o local e ficaram à espera dele a
noite toda, junto à porta da cidade. Não se moveram a noite
inteira, dizendo: "Ao amanhecer o mataremos".
3 Sansão, porém, ficou deitado só até a meia-noite. Levan-
tou-se, agarrou firme a porta da cidade, com os dois batentes,
e os arrancou, com tranca e tudo. Pôs tudo nos ombros e o
levou ao topo da colina que fica defronte de Hebrom.
4 Depois dessas coisas, ele se apaixonou por uma mulher do
vale de Soreque, chamada Dalila. 5 Os líderes dos filisteus
foram dizer a ela: "Veja se consegue induzi-lo a mostrar para
você o segredo da sua grande força e como poderemos domi-
ná-lo, para que o amarremos e o subjuguemos. Cada um de
nós dará a você treze quilos[d] de prata".
6 Disse, pois, Dalila a Sansão: "Conte-me, por favor, de onde
vem a sua grande força e como você pode ser amarrado e
subjugado".
7 Respondeu-lhe Sansão: "Se alguém me amarrar com sete
tiras de couro[e] ainda úmidas, ficarei tão fraco quanto qualquer
outro homem".
8 Então os líderes dos filisteus trouxeram a ela sete tiras de
couro ainda úmidas, e Dalila o amarrou com elas. 9 Tendo ho-
mens escondidos no quarto, ela o chamou: "Sansão, os filisteus
o estão atacando!" Mas ele arrebentou as tiras de couro como
se fossem um fio de estopa posto perto do fogo. Assim, não se
descobriu de onde vinha a sua força.
10 Disse Dalila a Sansão: "Você me fez de boba; mentiu para
mim! Agora conte-me, por favor, como você pode ser amar-
rado".
11 Ele disse: "Se me amarrarem firmemente com cordas que
nunca tenham sido usadas, ficarei tão fraco quanto qualquer
outro homem".
12 Dalila o amarrou com cordas novas. Depois, tendo homens
escondidos no quarto, ela o chamou: "Sansão, os filisteus o
estão atacando!" Mas ele arrebentou as cordas de seus braços
como se fossem uma linha.
13 Disse Dalila a Sansão: "Até agora você me fez de boba e
mentiu para mim. Diga-me como pode ser amarrado". Ele res-
pondeu: "Se você tecer num pano as sete tranças da minha ca-
beça e o prender com uma lançadeira, ficarei tão fraco quanto
qualquer outro homem". Assim, enquanto ele dormia, Dalila
teceu as sete tranças da sua cabeça num pano 14 e[f] o prendeu
com a lançadeira. Novamente ela o chamou: "Sansão, os filis-
teus o estão atacando!" Ele despertou do sono e arrancou a
lançadeira e o tear, com os fios.
15 Então ela lhe disse: "Como você pode dizer que me ama se
não confia em mim? Esta é a terceira vez que você me fez de
boba e não contou o segredo da sua grande força". 16 Impor-
tunando-o o tempo todo, ela o cansava dia após dia, ficando
ele a ponto de morrer.
17 Por isso ele lhe contou o segredo: "Jamais se passou navalha
em minha cabeça", disse ele, "pois sou nazireu, desde o ventre
materno. Se fosse rapado o cabelo da minha cabeça, a minha
força se afastaria de mim, e eu ficaria tão fraco quanto qual-
quer outro homem".
18 Quando Dalila viu que Sansão lhe tinha contado todo o se-
gredo, enviou esta mensagem aos líderes dos filisteus: "Subam
mais esta vez, pois ele me contou todo o segredo". Os líderes
dos filisteus voltaram a ela levando a prata. 19 Fazendo-o dormir
no seu colo, ela chamou um homem para cortar as sete tranças
do cabelo dele, e assim começou a subjugá-lo[g]. E a sua força
o deixou.
20 Então ela chamou: "Sansão, os filisteus o estão atacando!"
Ele acordou do sono e pensou: "Sairei como antes e me li-
vrarei". Mas não sabia que o SENHOR o tinha deixado.
21 Os filisteus o prenderam, furaram os seus olhos e o levaram
para Gaza. Prenderam-no com algemas de bronze, e o puseram
a girar um moinho na prisão. 22 Mas, logo o cabelo da sua ca-
beça começou a crescer de novo.

A Morte de Sansão

23 Os líderes dos filisteus se reuniram para oferecer um grande
sacrifício a seu deus Dagom e para festejar. Comemorando sua
vitória, diziam: "O nosso deus entregou o nosso inimigo Sansão
em nossas mãos".
24 Quando o povo o viu, louvou o seu deus: "O nosso deus nos
entregou o nosso inimigo, o devastador da nossa terra, aquele
que multiplicava os nossos mortos".
25 Com o coração cheio de alegria, gritaram: "Tragam-nos
Sansão para nos divertir!" E mandaram trazer Sansão da

---

[a] **15.16** Ou *jumentos*. Há um jogo de palavras no hebraico entre jumento e montão.
[b] **15.17** Ramate-Leí significa colina da queixada.
[c] **15.19** En-Hacoré significa a fonte do que clama.
[d] **16.5** Hebraico: *1.100 siclos*. Um siclo equivalia a 12 gramas.
[e] **16.7** Ou *sete cordas de arco*; também nos versículos 8 e 9.
[f] **16.13,14** Conforme alguns manuscritos da Septuaginta. O Texto Massorético diz "Só se você tecer num pano as sete tranças da minha cabeça". 14 Assim, ela.
[g] **16.19** Alguns manuscritos da Septuaginta dizem e ele começou a enfraquecer.

prisão, e ele os divertia. Quando o puseram entre as colunas,
26 Sansão disse ao jovem que o guiava pela mão: "Ponha-me
onde eu possa apalpar as colunas que sustentam o templo,
para que eu me apoie nelas". 27 Homens e mulheres lotavam
o templo; todos os líderes dos filisteus estavam presentes e,
no alto, na galeria, havia cerca de três mil homens e mulheres
vendo Sansão, que os divertia. 28 E Sansão orou ao SENHOR: "Ó
Soberano SENHOR, lembra-te de mim! Ó Deus, eu te suplico,
dá-me forças, mais uma vez, e faze com que eu me vingue
dos filisteus por causa dos meus dois olhos!" 29 Então Sansão
forçou as duas colunas centrais sobre as quais o templo se
firmava. Apoiando-se nelas, tendo a mão direita numa coluna e
a esquerda na outra, 30 disse: "Que eu morra com os filisteus!"
Em seguida, ele as empurrou com toda a força, e o templo
desabou sobre os líderes e sobre todo o povo que ali estava.
Assim, na sua morte, Sansão matou mais homens do que em
toda a sua vida.
31 Foram, então, os seus irmãos e toda a família do seu pai para
buscá-lo. Trouxeram-no e o sepultaram entre Zorá e Estaol,
no túmulo de Manoá, seu pai. Sansão liderou Israel durante
vinte anos.

17 Os Ídolos de Mica

Havia um homem chamado Mica, dos montes de Efraim,
2 que disse certa vez à sua mãe: "Os treze quilos[a] de prata que
foram roubados de você e pelos quais eu a ouvi pronunciar
uma maldição, na verdade a prata está comigo; eu a peguei".
Disse-lhe sua mãe: "O SENHOR o abençoe, meu filho!"
3 Quando ele devolveu os treze quilos de prata à mãe, ela disse:
"Consagro solenemente a minha prata ao SENHOR para que o
meu filho faça uma imagem esculpida e um ídolo de metal. Eu
a devolvo a você".
4 Mas ele devolveu a prata à sua mãe, e ela separou dois quilos
e quatrocentos gramas, e os deu a um ourives, que deles fez
a imagem e o ídolo. E estes foram postos na casa de Mica.
5 Ora, esse homem, Mica, possuía um santuário, fez um manto
sacerdotal e alguns ídolos da família e pôs um dos seus filhos
como seu sacerdote. 6 Naquela época, não havia rei em Israel;
cada um fazia o que lhe parecia certo.
7 Um jovem levita de Belém de Judá, procedente do clã de Judá,
8 saiu daquela cidade em busca de outro lugar para morar. Em
sua viagem[b], chegou à casa de Mica, nos montes de Efraim.
9 Mica lhe perguntou: "De onde você vem?" "Sou levita, de
Belém de Judá", respondeu ele. "Estou procurando um lugar
para morar."
10 "Fique comigo", disse-lhe Mica. "Seja meu pai e sacerdote, e
eu darei a você cento e vinte gramas de prata por ano, roupas
e comida." 11 O jovem levita concordou em ficar com Mica, e
tornou-se como um dos seus filhos. 12 Mica acolheu o levita,
e o jovem se tornou seu sacerdote, e ficou morando em sua
casa. 13 E Mica disse: "Agora sei que o SENHOR me tratará com
bondade, pois esse levita se tornou meu sacerdote".

18 A Tribo de Dã se Estabelece em Laís

Naquela época, não havia rei em Israel, e a tribo de Dã
estava procurando um local onde se estabelecer, pois ainda
não tinha recebido herança entre as tribos de Israel. 2 Então
enviaram cinco guerreiros de Zorá e de Estaol para espionarem
a terra e explorá-la. Esses homens representavam todos os clãs
da tribo. Disseram-lhes: "Vão, explorem a terra". Os homens
chegaram aos montes de Efraim e foram à casa de Mica, onde
passaram a noite. 3 Quando estavam perto da casa de Mica,
reconheceram a voz do jovem levita; aproximaram-se e lhe per-
guntaram: "Quem o trouxe para cá? O que você está fazendo
neste lugar? Por que você está aqui?"
4 O jovem lhes contou o que Mica fizera por ele, e disse: "Ele
me contratou, e eu sou seu sacerdote".
5 Então eles lhe pediram: "Pergunte a Deus se a nossa viagem
será bem-sucedida".
6 O sacerdote lhes respondeu: "Vão em paz. Sua viagem tem a
aprovação do SENHOR".
7 Os cinco homens partiram e chegaram a Laís, onde viram que
o povo vivia em segurança, como os sidônios, despreocupado
e tranquilo, e gozava prosperidade, pois a sua terra não lhe
deixava faltar nada. Viram também que o povo vivia longe dos
sidônios e não tinha relações com nenhum outro povo[c].
8 Quando voltaram a Zorá e a Estaol, seus irmãos lhes pergun-
taram: "O que descobriram?"
9 Eles responderam: "Vamos atacá-los! Vimos que a terra é
muito boa. Vocês vão ficar aí sem fazer nada? Não hesitem em
ir apossar-se dela. 10 Chegando lá, vocês encontrarão um povo
despreocupado e uma terra espaçosa que Deus pôs nas mãos
de vocês, terra onde não falta coisa alguma!"
11 Então seiscentos homens da tribo de Dã partiram de Zorá e de
Estaol, armados para a guerra. 12 Na viagem armaram acampa-
mento perto de Quiriate-Jearim, em Judá. É por isso que até hoje
o local, a oeste de Quiriate-Jearim, é chamado Maané-Dã[d]. 13 Dali
foram para os montes de Efraim e chegaram à casa de Mica.
14 Os cinco homens que haviam espionado a terra de Laís dis-
seram a seus irmãos: "Vocês sabiam que numa dessas casas há
um manto sacerdotal, ídolos da família, uma imagem esculpida
e um ídolo de metal? Agora vocês sabem o que devem fazer".
15 Então eles se aproximaram e foram à casa do jovem levita,
à casa de Mica, e o saudaram. 16 Os seiscentos homens de Dã,
armados para a guerra, ficaram junto à porta. 17 Os cinco ho-
mens que haviam espionado a terra entraram e apanharam a
imagem, o manto sacerdotal, os ídolos da família e o ídolo de
metal, enquanto o sacerdote e os seiscentos homens armados
permaneciam à porta.
18 Quando os homens entraram na casa de Mica e apanharam
a imagem, o manto sacerdotal, os ídolos da família e o ídolo
de metal, o sacerdote lhes perguntou: "Que é que vocês estão
fazendo?"
19 Eles lhe responderam: "Silêncio! Não diga nada. Venha co-
nosco, e seja nosso pai e sacerdote. Não será melhor para

[a] 17.2 Hebraico: *1.100 siclos*. Um siclo equivalia a 12 gramas.
[b] 17.8 Ou *Querendo exercer a sua profissão*

[c] 18.7 Alguns manuscritos da Septuaginta dizem *com os arameus*.
[d] 18.12 Maané-Dã significa *campo de Dã*.

você servir como sacerdote uma tribo e um clã de Israel do
que apenas a família de um só homem?" 20Então o sacerdote
se alegrou, apanhou o manto sacerdotal, os ídolos da família
e a imagem esculpida e se juntou à tropa. 21Pondo os seus
filhos, os seus animais e os seus bens na frente deles, partiram
de volta.
22Quando já estavam a certa distância da casa, os homens que
moravam perto de Mica foram convocados e alcançaram os
homens de Dã. 23Como vinham gritando atrás deles, estes se
voltaram e perguntaram a Mica: "Qual é o seu problema? Por
que convocou os seus homens para lutar?"
24Ele respondeu: "Vocês estão levando embora os deuses que
fiz e o meu sacerdote. O que me sobrou? Como é que ainda
podem perguntar: 'Qual é o seu problema?' "
25Os homens de Dã responderam: "Não discuta conosco, senão
alguns homens de temperamento violento o atacarão, e você
e a sua família perderão a vida". 26E assim os homens de Dã
seguiram seu caminho. Vendo que eles eram fortes demais
para ele, Mica virou-se e voltou para casa.
27Os homens de Dã levaram o que Mica fizera e o seu sacer-
dote, e foram para Laís, lugar de um povo pacífico e despreo-
cupado. Eles mataram todos ao fio da espada e queimaram a
cidade. 28Não houve quem os livrasse, pois viviam longe de
Sidom e não tinham relações com nenhum outro povo. A cidade
ficava num vale que se estende até Bete-Reobe. Os homens de
Dã reconstruíram a cidade e se estabeleceram nela. 29Deram
à cidade anteriormente chamada Laís o nome de Dã, em home-
nagem a seu antepassado Dã, filho de Israel. 30Eles levantaram
para si o ídolo, e Jônatas, filho de Gérson, neto de Moisés[a], e
os seus filhos foram sacerdotes da tribo de Dã até que o povo
foi para o exílio. 31Ficaram com o ídolo feito por Mica durante
todo o tempo em que o santuário de Deus esteve em Siló.

19 O Levita e a Morte da sua Concubina

Naquela época, não havia rei em Israel. Aconteceu que um
levita que vivia nos montes de Efraim, numa região afastada,
tomou para si uma concubina, que era de Belém de Judá. 2Mas
ela lhe foi infiel. Deixou-o e voltou para a casa do seu pai, em
Belém de Judá. Quatro meses depois, 3seu marido foi conven-
cê-la a voltar. Ele tinha levado o seu servo e dois jumentos. A
mulher o levou para dentro da casa do seu pai, e quando seu
pai o viu, alegrou-se. 4O sogro dele o convenceu a ficar ali; e
ele permaneceu com eles três dias; todos comendo, bebendo
e dormindo ali.
5No quarto dia, eles se levantaram cedo, e o levita se preparou
para partir, mas o pai da moça disse ao genro: "Coma alguma
coisa, e depois vocês poderão partir". 6Os dois se assentaram
para comer e beber juntos. Mas o pai da moça disse: "Eu peço
a você que fique esta noite, e que se alegre". 7E, quando o
homem se levantou para partir, seu sogro o convenceu a ficar
ainda aquela noite. 8Na manhã do quinto dia, quando ele se
preparou para partir, o pai da moça disse: "Vamos comer! Es-
pere até a tarde!" E os dois comeram juntos.
9Então, quando o homem, sua concubina e seu servo levanta-
ram-se para partir, o pai da moça, disse outra vez: "Veja, o dia
está quase acabando, é quase noite; passe a noite aqui. Fique
e alegre-se. Amanhã de madrugada vocês poderão levantar-se
e ir para casa". 10Não desejando ficar outra noite, o homem
partiu rumo a Jebus, isto é, Jerusalém, com dois jumentos
selados e com a sua concubina.
11Quando estavam perto de Jebus e já se findava o dia, o servo
disse a seu senhor: "Venha. Vamos parar nesta cidade dos je-
buseus e passar a noite aqui".
12O seu senhor respondeu: "Não. Não vamos entrar numa
cidade estrangeira, cujo povo não é israelita. Iremos para
Gibeá". 13E acrescentou: "Ande! Vamos tentar chegar a Gibeá
ou a Ramá e passar a noite num desses lugares". 14Então pros-
seguiram, e o sol se pôs quando se aproximavam de Gibeá de
Benjamim. 15Ali entraram para passar a noite. Foram sentar-se
na praça da cidade. E ninguém os convidou para passarem a
noite em sua casa.
16Naquela noite, um homem idoso procedente dos montes de
Efraim e que estava morando em Gibeá (os homens do lugar
eram benjamitas), voltava de seu trabalho no campo. 17Quando
viu o viajante na praça da cidade, o homem idoso perguntou:
"Para onde você está indo? De onde vem?"
18Ele respondeu: "Estamos de viagem, indo de Belém de Judá
para uma região afastada, nos montes de Efraim, onde moro.
Fui a Belém de Judá, e agora estou indo ao santuário do SE-
NHOR[b]. Mas aqui ninguém me recebeu em casa. 19Temos palha
e forragem para os nossos jumentos, e para nós mesmos, que
somos seus servos, temos pão e vinho, para mim, para a sua
serva e para o jovem que está conosco. Não temos falta de
nada".
20"Você é bem-vindo em minha casa", disse o homem idoso.
"Vou atendê-lo no que você precisar. Não passe a noite na
praça." 21E os levou para a sua casa e alimentou os jumentos.
Depois de lavarem os pés, comeram e beberam alguma coisa.
22Quando estavam entretidos, alguns vadios da cidade cer-
caram a casa. Esmurrando a porta, gritaram para o homem
idoso, dono da casa: "Traga para fora o homem que entrou em
sua casa para que tenhamos relações com ele!"
23O dono da casa saiu e lhes disse: "Não sejam tão perversos,
meus amigos. Já que esse homem é meu hóspede, não co-
metam essa loucura. 24Vejam, aqui está minha filha virgem e
a concubina do meu hóspede. Eu as trarei para vocês, e vocês
poderão usá-las e fazer com elas o que quiserem. Mas, nada
façam com esse homem, não cometam tal loucura!"
25Mas os homens não quiseram ouvi-lo. Então o levita mandou
a sua concubina para fora, e eles a violentaram e abusaram
dela a noite toda. Ao alvorecer a deixaram. 26Ao romper do dia
a mulher voltou para a casa onde o seu senhor estava hospe-
dado, caiu junto à porta e ali ficou até o dia clarear.
27Quando o seu senhor se levantou de manhã, abriu a porta da
casa e saiu para prosseguir viagem, lá estava a sua concubina,
caída à entrada da casa, com as mãos na soleira da porta. 28Ele

[a] 18.30 Conforme uma antiga tradição de escribas hebreus. O Texto Massorético diz Manassés.

[b] 19.18 A Septuaginta diz para a minha casa.

lhe disse: "Levante-se, vamos!" Não houve resposta. Então o
homem a pôs em seu jumento e foi para casa.
29Quando chegou, apanhou uma faca e cortou o corpo da sua
concubina em doze partes, e as enviou a todas as regiões de
Israel. 30Todos os que viram isso disseram: "Nunca se viu nem
se fez uma coisa dessas desde o dia em que os israelitas saíram
do Egito. Pensem! Reflitam! Digam o que se deve fazer!"

20 A Guerra entre os Israelitas e os Benjamitas

Então todos os israelitas, de Dã a Berseba, e de Gileade,
saíram como um só homem e se reuniram em assembleia pe-
rante o SENHOR, em Mispá. 2Os líderes de todo o povo das tribos
de Israel tomaram seus lugares na assembleia do povo de
Deus, quatrocentos mil soldados armados de espada. 3(Os ben-
jamitas souberam que os israelitas haviam subido a Mispá.) Os
israelitas perguntaram: "Como aconteceu essa perversidade?"
4Então o levita, marido da mulher assassinada, disse: "Eu e a
minha concubina chegamos a Gibeá de Benjamim para passar
a noite. 5Durante a noite os homens de Gibeá vieram para ata-
car-me e cercaram a casa, com a intenção de matar-me. Então
violentaram minha concubina, e ela morreu. 6Peguei minha
concubina, cortei-a em pedaços e enviei um pedaço a cada
região da herança de Israel, pois eles cometeram essa perver-
sidade e esse ato vergonhoso em Israel. 7Agora, todos vocês,
israelitas, manifestem-se e deem o seu veredicto".
8Todo o povo se levantou como se fosse um só homem, di-
zendo: "Nenhum de nós irá para casa. Nenhum de nós voltará
para o seu lar. 9Mas é isto que faremos agora contra Gibeá:
separaremos, por sorteio, de todas as tribos de Israel, 10de
cada cem homens dez, de cada mil homens cem, de cada dez
mil homens mil, para conseguirem provisões para o exército
poder chegar a Gibeá[a] de Benjamim e dar a eles o que me-
recem por esse ato vergonhoso cometido em Israel". 11E todos
os israelitas se ajuntaram e se uniram como um só homem
contra a cidade.
12As tribos de Israel enviaram homens a toda a tribo de Ben-
jamim, dizendo: "O que vocês dizem dessa maldade terrível
que foi cometida no meio de vocês? 13Agora, entreguem esses
canalhas de Gibeá, para que os matemos e eliminemos esse
mal de Israel". Mas os benjamitas não quiseram ouvir seus
irmãos israelitas. 14Vindos de suas cidades, reuniram-se em
Gibeá para lutar contra os israelitas. 15Naquele dia, os benja-
mitas mobilizaram vinte e seis mil homens armados de espada
que vieram das suas cidades, além dos setecentos melhores
soldados que viviam em Gibeá. 16Dentre todos esses soldados
havia setecentos canhotos, muito hábeis, e cada um deles
podia atirar com a funda uma pedra num cabelo sem errar.
17Israel, sem os de Benjamim, convocou quatrocentos mil ho-
mens armados de espada, todos eles homens de guerra.
18Os israelitas subiram a Betel[b] e consultaram a Deus. "Quem
de nós irá lutar primeiro contra os benjamitas?", perguntaram.
O SENHOR respondeu: "Judá irá primeiro".
19Na manhã seguinte, os israelitas se levantaram e armaram
acampamento perto de Gibeá.
20Os homens de Israel saíram para lutar contra os benjamitas e
tomaram posição de combate contra eles em Gibeá. 21Os ben-
jamitas saíram de Gibeá e, naquele dia, mataram vinte e dois
mil israelitas no campo de batalha. 22Mas os homens de Israel
procuraram animar-se uns aos outros e novamente ocuparam
as mesmas posições do primeiro dia. 23Os israelitas subiram,
choraram perante o SENHOR até a tarde e consultaram o SE-
NHOR: "Devemos atacar de novo os nossos irmãos benjamitas?"
O SENHOR respondeu: "Vocês devem atacar".
24Então os israelitas avançaram contra os benjamitas no se-
gundo dia. 25Dessa vez, quando os benjamitas saíram de Gibeá
para enfrentá-los, derrubaram outros dezoito mil israelitas,
todos eles armados de espada.
26Então todos os israelitas subiram a Betel, e ali se assen-
taram, chorando perante o SENHOR. Naquele dia, jejuaram
até a tarde e apresentaram holocaustos e ofertas de comu-
nhão[c] ao SENHOR. 27E os israelitas consultaram ao SENHOR. (Na-
queles dias, a arca da aliança estava ali, 28e Fineias, filho de
Eleazar, filho de Arão, ministrava perante ela.) Perguntaram:
"Sairemos de novo ou não, para lutar contra os nossos irmãos
benjamitas?" O SENHOR respondeu: "Vão, pois amanhã eu os
entregarei nas suas mãos".
29Então os israelitas armaram uma emboscada em torno de
Gibeá. 30Avançaram contra os benjamitas no terceiro dia e
tomaram posição contra Gibeá, como tinham feito antes.
31Os benjamitas saíram para enfrentá-los e foram atraídos
para longe da cidade. Começaram a ferir alguns dos israelitas
como tinham feito antes, e uns trinta homens foram mortos em
campo aberto e nas estradas, uma que vai para Betel e a outra
que vai para Gibeá.
32Enquanto os benjamitas diziam: "Nós os derrotamos como
antes", os israelitas diziam: "Vamos retirar-nos e atraí-los para
longe da cidade, para as estradas".
33Todos os homens de Israel saíram dos seus lugares e ocu-
param posições em Baal-Tamar, e a emboscada israelita
atacou da sua posição a oeste[d] de Gibeá. 34Então dez mil dos
melhores soldados de Israel iniciaram um ataque frontal contra
Gibeá. O combate foi duro, e os benjamitas não perceberam
que a desgraça estava próxima deles. 35O SENHOR derrotou
Benjamim perante Israel, e naquele dia os israelitas feriram
vinte e cinco mil e cem benjamitas, todos armados de espada.
36Então os benjamitas viram que estavam derrotados. Os is-
raelitas bateram em retirada diante de Benjamim, pois con-
fiavam na emboscada que tinham preparado perto de Gibeá.
37Os da emboscada avançaram repentinamente para dentro
de Gibeá, espalharam-se e mataram todos os habitantes da
cidade à espada. 38Os israelitas tinham combinado com os
da emboscada que estes fariam subir da cidade uma grande
nuvem de fumaça, 39e então os israelitas voltariam a combater.
Os benjamitas tinham começado a ferir os israelitas, matando

[a] 20.10 Muitos manuscritos dizem Geba, variante de Gibeá.
[b] 20.18 Ou *subiram à casa de Deus*; também no versículo 26.
[c] 20.26 Ou *de paz*
[d] 20.33 Conforme alguns manuscritos da Septuaginta e a Vulgata.

cerca de trinta deles, e disseram: "Nós os derrotamos como na
primeira batalha". 40Mas, quando a coluna de fumaça começou
a se levantar da cidade, os benjamitas se viraram e viram a
fumaça subindo ao céu. 41Então os israelitas se voltaram contra
eles, e os homens de Benjamim ficaram apavorados, pois per-
ceberam que a sua desgraça havia chegado. 42Assim, fugiram
da presença dos israelitas tomando o caminho do deserto,
mas não conseguiram escapar do combate. E os homens de
Israel que saíram das cidades os mataram ali. 43Cercaram os
benjamitas e os perseguiram, e facilmente os alcançaram nas
proximidades de Gibeá, no lado leste. 44Dezoito mil benjamitas
morreram, todos eles soldados valentes. 45Quando se viraram
e fugiram rumo ao deserto, para a rocha de Rimom, os israe-
litas abateram cinco mil homens ao longo das estradas. Até
Gidom eles pressionaram os benjamitas e mataram mais de
dois mil homens.

46Naquele dia, vinte e cinco mil benjamitas que portavam es-
pada morreram, todos eles soldados valentes. 47Seiscentos
homens, porém, viraram as costas e fugiram para o deserto,
para a rocha de Rimom, onde ficaram durante quatro meses.

48Os israelitas voltaram a Benjamim e passaram todas as ci-
dades à espada, matando inclusive os animais e tudo o que
encontraram nelas. E incendiaram todas as cidades por onde
passaram.

21 Mulheres para os Benjamitas

Os homens de Israel tinham feito este juramento em
Mispá: "Nenhum de nós dará sua filha em casamento a um
benjamita".

2O povo foi a Betel[a], onde esteve sentado perante Deus até
a tarde, chorando alto e amargamente. 3"Ó SENHOR Deus de
Israel", lamentaram, "por que aconteceu isso em Israel? Por
que teria que faltar hoje uma tribo em Israel?"

4Na manhã do dia seguinte, o povo se levantou cedo, construiu
um altar e apresentou holocaustos e ofertas de comunhão[b].

5Os israelitas perguntaram: "Quem dentre todas as tribos de Is-
rael deixou de vir à assembleia perante o SENHOR?" Pois tinham
feito um juramento solene de que qualquer que deixasse de se
reunir perante o SENHOR em Mispá seria morto.

6Os israelitas prantearam pelos seus irmãos benjamitas. "Hoje
uma tribo foi eliminada de Israel", diziam. 7"Como poderemos
conseguir mulheres para os sobreviventes, visto que juramos
pelo SENHOR não lhes dar em casamento nenhuma de nossas
filhas?" 8Então perguntaram: "Qual das tribos de Israel deixou
de reunir-se perante o SENHOR em Mispá?" Descobriu-se então
que ninguém de Jabes-Gileade tinha vindo ao acampamento
para a assembleia. 9Quando contaram o povo, verificaram que
ninguém do povo de Jabes-Gileade estava ali.

10Então a comunidade enviou doze mil homens de guerra
com instruções para irem a Jabes-Gileade e matarem à es-
pada todos os que viviam lá, inclusive mulheres e crianças.
11"É isto o que vocês deverão fazer", disseram, "matem todos
os homens e todas as mulheres que não forem virgens." 12No
meio de todo o povo que vivia em Jabes-Gileade encontraram
quatrocentas moças virgens e as levaram para o acampamento
de Siló, em Canaã.

13Depois a comunidade toda enviou uma oferta de comunhão
aos benjamitas que estavam na rocha de Rimom. 14Os ben-
jamitas voltaram naquela ocasião e receberam as mulheres
de Jabes-Gileade que tinham sido poupadas. Mas não havia
mulheres suficientes para todos eles.

15O povo pranteou Benjamim, pois o SENHOR tinha aberto uma
lacuna nas tribos de Israel. 16E os líderes da comunidade dis-
seram: "Mortas as mulheres de Benjamim, como consegui-
remos mulheres para os homens que restaram? 17Os benja-
mitas sobreviventes precisam ter herdeiros, para que uma tribo
de Israel não seja destruída. 18Não podemos dar-lhes nossas
filhas em casamento, pois nós, israelitas, fizemos este jura-
mento: Maldito seja todo aquele que der mulher a um benja-
mita. 19Há, porém, a festa anual do SENHOR em Siló, ao norte
de Betel, a leste da estrada que vai de Betel a Siquém, e ao
sul de Lebona".

20Então mandaram para lá os benjamitas, dizendo: "Vão,
escondam-se nas vinhas 21e fiquem observando. Quando as
moças de Siló forem para as danças, saiam correndo das vinhas
e cada um de vocês apodere-se de uma das moças de Siló e vá
para a terra de Benjamim. 22Quando os pais ou irmãos delas se
queixarem a nós, diremos: Tenham misericórdia deles, pois não
conseguimos mulheres para eles durante a guerra, e vocês são
inocentes, visto que não lhes deram suas filhas".

23Foi o que os benjamitas fizeram. Quando as moças estavam
dançando, cada homem tomou uma para fazer dela sua mu-
lher. Depois voltaram para a sua herança, reconstruíram as
cidades e se estabeleceram nelas.

24Na mesma ocasião os israelitas saíram daquele local e vol-
taram para as suas tribos e para os seus clãs, cada um para a
sua própria herança.

25Naquela época, não havia rei em Israel; cada um fazia o que
lhe parecia certo.

[a] 21.2 Ou *foi à casa de Deus*

[b] 21.4 Ou *de paz*, também no versículo 13.

RUTE

1 A Família de Elimeleque em Moabe

1 Na época dos juízes houve fome na terra. Um homem de
Belém de Judá, com a mulher e os dois filhos, foi viver por
algum tempo nas terras de Moabe. 2 O homem chamava-se
Elimeleque; sua mulher, Noemi; e seus dois filhos, Malom e
Quiliom. Eram efrateus de Belém de Judá. Chegaram a Moabe,
e lá ficaram.
3 Morreu Elimeleque, marido de Noemi, e ela ficou sozinha, com
seus dois filhos. 4 Eles se casaram com mulheres moabitas, uma
chamada Orfa e a outra Rute. Depois de terem morado lá por
quase dez anos, 5 morreram também Malom e Quiliom, e Noemi
ficou sozinha, sem os seus dois filhos e sem o seu marido.

Noemi e Rute Voltam para Belém

6 Quando Noemi soube em Moabe que o SENHOR viera em au-
xílio do seu povo, dando-lhe alimento, decidiu voltar com suas
duas noras para a sua terra. 7 Assim, ela, com as duas noras,
partiu do lugar onde tinha morado. Enquanto voltavam para a
terra de Judá, 8 disse-lhes Noemi: "Vão! Retornem para a casa
de suas mães! Que o SENHOR seja leal com vocês, como vocês
foram leais com os falecidos e comigo. 9 O SENHOR conceda que
cada uma de vocês encontre segurança no lar doutro marido".
Então deu-lhes beijos de despedida. Mas elas começaram a
chorar alto 10 e lhe disseram: "Não! Voltaremos com você para
junto de seu povo!"
11 Disse, porém, Noemi: "Voltem, minhas filhas! Por que viriam
comigo? Poderia eu ainda ter filhos, que viessem a ser seus
maridos? 12 Voltem, minhas filhas! Vão! Estou velha demais
para ter outro marido. E mesmo que eu pensasse que ainda
há esperança para mim — ainda que eu me casasse esta noite
e depois desse à luz filhos, 13 iriam vocês esperar até que eles
crescessem? Ficariam sem se casar à espera deles? De jeito
nenhum, minhas filhas! Para mim é mais amargo do que para
vocês, pois a mão do SENHOR voltou-se contra mim!"
14 Elas, então, começaram a chorar alto de novo. Depois Orfa
deu um beijo de despedida em sua sogra, mas Rute ficou com
ela.
15 Então Noemi a aconselhou: "Veja, sua concunhada está vol-
tando para o seu povo e para o seu deus. Volte com ela!"
16 Rute, porém, respondeu: "Não insistas comigo que te deixe
e que não mais te acompanhe. Aonde fores irei, onde ficares
ficarei! O teu povo será o meu povo e o teu Deus será o meu
Deus! 17 Onde morreres morrerei, e ali serei sepultada. Que o
SENHOR me castigue com todo o rigor se outra coisa que não a
morte me separar de ti!"
18 Quando Noemi viu que Rute estava de fato decidida a acom-
panhá-la, não insistiu mais.
19 Prosseguiram, pois, as duas até Belém. Ali chegando, todo
o povoado ficou alvoroçado por causa delas. "Será que é
Noemi?", perguntavam as mulheres. 20 Mas ela respondeu:
"Não me chamem Noemi[a], melhor que me chamem de Mara[b],
pois o Todo-poderoso[c] tornou minha vida muito amarga! 21 De
mãos cheias eu parti, mas de mãos vazias o SENHOR me trouxe
de volta. Por que me chamam Noemi? O SENHOR colocou-se
contra mim![d] O Todo-poderoso me trouxe desgraça!"
22 Foi assim que Noemi voltou das terras de Moabe, com sua
nora Rute, a moabita. Elas chegaram a Belém no início da co-
lheita da cevada.

2 Rute nas Plantações de Boaz

1 Noemi tinha um parente por parte do marido. Era um
homem rico e influente, pertencia ao clã de Elimeleque e cha-
mava-se Boaz.
2 Rute, a moabita, disse a Noemi: "Vou recolher espigas no
campo daquele que me permitir".
"Vá, minha filha", respondeu-lhe Noemi. 3 Então ela foi e co-
meçou a recolher espigas atrás dos ceifeiros. Casualmente
entrou justo na parte da plantação que pertencia a Boaz, que
era do clã de Elimeleque.
4 Naquele exato momento, Boaz chegou de Belém e saudou os
ceifeiros: "O SENHOR esteja com vocês!"
Eles responderam: "O SENHOR te abençoe!"
5 Boaz perguntou ao capataz dos ceifeiros: "A quem pertence
aquela moça?"
6 O capataz respondeu: "É uma moabita que voltou de Moabe
com Noemi. 7 Ela me pediu que a deixasse recolher e juntar
espigas entre os feixes, após os ceifeiros. Ela chegou cedo
e está em pé até agora. Só sentou-se um pouco no abrigo".
8 Disse então Boaz a Rute: "Ouça bem, minha filha, não vá co-
lher noutra lavoura, nem se afaste daqui. Fique com minhas
servas. 9 Preste atenção onde os homens estão ceifando, e vá
atrás das moças que vão colher. Darei ordem aos rapazes para
que não toquem em você. Quando tiver sede, beba da água dos
potes que os rapazes encheram".
10 Ela inclinou-se e, prostrada com o rosto em terra, exclamou:
"Por que achei favor a seus olhos, ao ponto de o senhor se
importar comigo, uma estrangeira?"
11 Boaz respondeu: "Contaram-me tudo o que você tem feito
por sua sogra, depois que você perdeu o seu marido: como
deixou seu pai, sua mãe e sua terra natal para viver com um
povo que você não conhecia bem. 12 O SENHOR retribua a você
o que você tem feito! Que seja ricamente recompensada pelo
SENHOR, o Deus de Israel, sob cujas asas você veio buscar re-
fúgio!"

---

[a] **1.20** *Noemi* significa *agradável*; também no versículo 21.
[b] **1.20** *Mara* significa *amarga*.
[c] **1.20** Hebraico: *Shaddai*; também no versículo 21.
[d] **1.21** Ou *me trouxe sofrimento!*

13 E disse ela: "Continue eu a ser bem acolhida, meu senhor!
O senhor me deu ânimo e encorajou sua serva[a] — e eu sequer
sou uma de suas servas!"
14 Na hora da refeição, Boaz lhe disse: "Venha cá! Pegue um
pedaço de pão e molhe-o no vinagre".
Quando ela se sentou junto aos ceifeiros, Boaz lhe ofereceu
grãos tostados. Ela comeu até ficar satisfeita e ainda sobrou.
15 Quando ela se levantou para recolher espigas, Boaz deu estas
ordens a seus servos: "Mesmo que ela recolha entre os feixes,
não a repreendam! 16 Ao contrário, quando estiverem colhendo,
tirem para ela algumas espigas dos feixes e deixem-nas cair
para que ela as recolha, e não a impeçam".
17 E assim Rute colheu na lavoura até o entardecer. Depois de-
bulhou o que tinha ajuntado: quase uma arroba[b] de cevada.
18 Carregou-a para o povoado, e sua sogra viu quanto Rute
havia recolhido quando ela lhe ofereceu o que havia sobrado
da refeição.
19 A sogra lhe perguntou: "Onde você colheu hoje? Onde traba-
lhou? Bendito seja aquele que se importou com você!" Então
Rute contou à sogra com quem tinha trabalhado: "O nome do
homem com quem trabalhei hoje é Boaz".
20 E Noemi exclamou: "Seja ele abençoado pelo SENHOR, que
não deixa de ser leal e bondoso com os vivos e com os mortos!"
E acrescentou: "Aquele homem é nosso parente; é um de
nossos resgatadores[c]!"
21 E Rute, a moabita, continuou: "Pois ele mesmo me disse
também: 'Fique com os meus ceifeiros até que terminem toda
a minha colheita'".
22 Então Noemi aconselhou à sua nora Rute: "É melhor mesmo
você ir com as servas dele, minha filha. Noutra lavoura pode-
riam molestá-la".
23 Assim Rute ficou com as servas de Boaz para recolher es-
pigas, até acabarem as colheitas de cevada e de trigo. E con-
tinuou morando com a sua sogra.

3 Na Eira de Boaz

Certo dia, Noemi, sua sogra, lhe disse: "Minha filha, tenho
que procurar um lar seguro[d], para a sua felicidade. 2 Boaz,
senhor das servas com quem você esteve, é nosso parente
próximo. Esta noite ele estará limpando cevada na eira. 3 La-
ve-se, perfume-se, vista sua melhor roupa e desça para a eira.
Mas não deixe que ele perceba você até que tenha comido e
bebido. 4 Quando ele for dormir, note bem o lugar em que ele
se deitar. Então vá, descubra os pés dele e deite-se. Ele dirá
a você o que fazer".
5 Respondeu Rute: "Farei tudo o que você está me dizendo".
6 Então ela desceu para a eira e fez tudo o que a sua sogra lhe
tinha recomendado.
7 Quando Boaz terminou de comer e beber, ficou alegre e foi
deitar-se perto do monte de grãos. Rute aproximou-se sem ser
notada, descobriu os pés dele e deitou-se. 8 No meio da noite,
o homem acordou de repente. Ele se virou e assustou-se ao ver
uma mulher deitada a seus pés.
9 "Quem é você?", perguntou ele. "Sou sua serva Rute", disse
ela. "Estenda a sua capa sobre a sua serva, pois o senhor é
resgatador."
10 Boaz lhe respondeu: "O SENHOR a abençoe, minha filha! Este
seu gesto de bondade é ainda maior do que o primeiro, pois
você poderia ter ido atrás dos mais jovens, ricos ou pobres!
11 Agora, minha filha, não tenha medo; farei por você tudo o
que me pedir. Todos os meus concidadãos sabem que você é
mulher virtuosa. 12 É verdade que sou resgatador, mas há um
outro que é parente mais próximo do que eu. 13 Passe a noite
aqui. De manhã veremos: se ele quiser resgatá-la, muito bem,
que resgate. Se não quiser, juro pelo nome do SENHOR que eu
a resgatarei. Deite-se aqui até de manhã".
14 Ela ficou deitada aos pés dele até de manhã, mas levantou-se
antes de clarear para não ser reconhecida. Boaz pensou: "Nin-
guém deve saber que esta mulher esteve na eira".
15 Por isso disse: "Traga-me o manto que você está usando e
segure-o". Ela o segurou, e o homem despejou nele seis me-
didas de cevada e o pôs sobre os ombros dela. Depois ele[e]
voltou para a cidade.
16 Quando Rute voltou à sua sogra, esta lhe perguntou: "Como
foi, minha filha?" Rute lhe contou tudo o que Boaz lhe tinha
feito, 17 e acrescentou: "Ele me deu estas seis medidas de ce-
vada, dizendo: 'Não volte para a sua sogra de mãos vazias'".
18 Disse então Noemi: "Agora espere, minha filha, até saber o
que acontecerá. Sem dúvida aquele homem não descansará
enquanto não resolver esta questão hoje mesmo".

4 O Resgate de Noemi e de Rute

Enquanto isso, Boaz subiu à porta da cidade e sentou-se,
exatamente quando o resgatador que ele havia mencionado
estava passando por ali. Boaz o chamou e disse: "Meu amigo,
venha cá e sente-se". Ele foi e sentou-se.
2 Boaz reuniu dez líderes da cidade e disse: "Sentem-se aqui".
E eles se sentaram. 3 Depois disse ao resgatador: "Noemi, que
voltou de Moabe, está vendendo o pedaço de terra que per-
tencia ao nosso irmão Elimeleque. 4 Pensei que devia apre-
sentar a você o assunto, na presença dos líderes do povo, e
sugerir a você que adquira o terreno. Se quiser resgatar esta
propriedade, resgate-a. Se não[f], diga-me, para que eu o saiba.
Pois ninguém tem esse direito, a não ser você; e depois eu".
"Eu a resgatarei", respondeu ele.
5 Boaz, porém, lhe disse: "No dia em que você adquirir as terras
de Noemi e da moabita Rute, estará adquirindo[g] também a
viúva do falecido, para manter o nome dele em sua herança".

---

a **2.13** Ou *falou com carinho à sua serva*

b **2.17** Hebraico: *efa*. O efa era uma medida de capacidade para secos; as estimativas variam entre 20 e 40 litros.

c **2.20** Isto é, o responsável por garantir os direitos de subsistência, descendência e propriedade; também nos capítulos 3 e 4.

d **3.1** Hebraico: *encontrar descanso*. Veja Rt 1.9.

e **3.15** Conforme a maioria dos manuscritos do Texto Massorético. Muitos manuscritos do Texto Massorético, a Vulgata e a Versão Siríaca dizem *ela*.

f **4.4** Conforme muitos manuscritos do Texto Massorético, a Septuaginta, a Vulgata e a Versão Siríaca. A maioria dos manuscritos do Texto Massorético diz se ele não.

g **4.5** Conforme o Texto Massorético. A Vulgata e a Versão Siríaca dizem *Noemi, você estará adquirindo a moabita Rute*.

[6]Diante disso, o resgatador respondeu: "Nesse caso não po-
derei resgatá-la, pois poria em risco a minha propriedade.
Resgate-a você mesmo. Eu não poderei fazê-lo!"
[7](Antigamente, em Israel, para que o resgate e a transferência
de propriedade fossem válidos, a pessoa tirava a sandália e
a dava ao outro. Assim oficializavam os negócios em Israel.)
[8]Quando, pois, o resgatador disse a Boaz: "Adquira-a você
mesmo!", tirou a sandália.
[9]Então Boaz anunciou aos líderes e a todo o povo ali pre-
sente: "Vocês hoje são testemunhas de que estou adquirindo
de Noemi toda a propriedade de Elimeleque, de Quiliom e de
Malom. [10]Também estou adquirindo o direito de ter como mu-
lher a moabita Rute, viúva de Malom, para manter o nome
do falecido sobre a sua herança e para que o seu nome não
desapareça do meio da sua família ou dos registros da cidade.
Vocês hoje são testemunhas disso!"
[11]Os líderes e todos os que estavam na porta confirmaram:
"Somos testemunhas! Faça o SENHOR com essa mulher que
está entrando em sua família como fez com Raquel e Lia, que,
juntas, formaram as tribos de Israel. Seja poderoso em Efrata
e ganhe fama em Belém! [12]E com os filhos que o SENHOR con-
ceder a você dessa jovem, seja a sua família como a de Perez,
que Tamar deu a Judá!"

O Casamento de Boaz e Rute

[13]Boaz casou-se com Rute, e ela se tornou sua mulher. Boaz
a possuiu e o SENHOR concedeu que ela engravidasse dele e
desse à luz um filho.
[14]As mulheres disseram a Noemi: "Louvado seja o SENHOR,
que hoje não a deixou sem resgatador! Que o seu nome seja
celebrado em Israel! [15]O menino dará a você nova vida e a
sustentará na velhice, pois é filho da sua nora, que a ama e
que é melhor do que sete filhos para você!"
[16]Noemi pôs o menino no colo[a] e passou a cuidar dele. [17]As
mulheres da vizinhança celebraram o seu nome e disseram:
"Noemi tem um filho!", e lhe deram o nome de Obede. Este foi
o pai de Jessé, pai de Davi.

A Genealogia de Davi

[18]Esta é a história dos antepassados de Davi, desde Perez:
Perez gerou Hezrom; [19]Hezrom gerou Rão; Rão gerou Amina-
dabe; [20]Aminadabe gerou Naassom; Naassom gerou Salmom[b];
[21]Salmom gerou Boaz; Boaz gerou Obede; [22]Obede gerou
Jessé; e Jessé gerou Davi.

---

[a] 4.16 Possivelmente adotou o menino.

[b] 4.20 Muitos manuscritos dizem *Salmo*. Veja Rt 4.21 e 1 Cr 2.11.

1 SAMUEL

O Nascimento de Samuel

1 Havia certo homem de Ramataim, zufita[a], dos montes de
Efraim, chamado Elcana, filho de Jeroão, neto de Eliú e bisneto
de Toú, filho do efraimita Zufe. [2]Ele tinha duas mulheres: uma
se chamava Ana e a outra Penina. Penina tinha filhos; Ana,
porém, não tinha.
[3]Todos os anos esse homem subia de sua cidade a Siló para
adorar e sacrificar ao SENHOR dos Exércitos. Lá, Hofni e Fineias,
os dois filhos de Eli, eram sacerdotes do SENHOR. [4]No dia em
que Elcana oferecia sacrifícios, dava porções à sua mulher Pe-
nina e a todos os filhos e filhas dela. [5]Mas a Ana dava uma
porção dupla, porque a amava, apesar de o SENHOR tê-la dei-
xado estéril. [6]E porque o SENHOR a tinha deixado estéril, sua
rival a provocava continuamente, a fim de irritá-la. [7]Isso acon-
tecia ano após ano. Sempre que Ana subia à casa do SENHOR,
sua rival a provocava, e ela chorava e não comia. [8]Elcana, seu
marido, lhe perguntava: "Ana, por que você está chorando? Por
que não come? Por que está triste? Será que eu não sou melhor
para você do que dez filhos?"
[9]Certa vez quando terminou de comer e beber em Siló, estando
o sacerdote Eli sentado numa cadeira junto à entrada do san-
tuário do SENHOR, Ana se levantou [10]e, com a alma amargurada,
chorou muito e orou ao SENHOR. [11]E fez um voto, dizendo: "Ó
SENHOR dos Exércitos, se tu deres atenção à humilhação de tua
serva, te lembrares de mim e não te esqueceres de tua serva,
mas lhe deres um filho, então eu o dedicarei ao SENHOR por
todos os dias de sua vida, e o seu cabelo e a sua barba nunca
serão cortados".
[12]Enquanto ela continuava a orar diante do SENHOR, Eli obser-
vava sua boca. [13]Como Ana orava silenciosamente, seus lábios
se mexiam, mas não se ouvia sua voz. Então Eli pensou que ela
estivesse embriagada [14]e lhe disse: "Até quando você conti-
nuará embriagada? Abandone o vinho!"
[15]Ana respondeu: "Não se trata disso, meu senhor. Sou uma
mulher muito angustiada. Não bebi vinho nem bebida fermen-
tada; eu estava derramando minha alma diante do SENHOR.
[16]Não julgues tua serva uma mulher vadia; estou orando aqui
até agora por causa de minha grande angústia e tristeza".
[17]Eli respondeu: "Vá em paz, e que o Deus de Israel conceda
a você o que pediu".
[18]Ela disse: "Espero que sejas benevolente para com tua
serva!" Então ela seguiu seu caminho, comeu, e seu rosto já
não estava mais abatido.

---

[a] 1.1 Ou de *Ramataim-Zofim*

[19]Na manhã seguinte, eles se levantaram e adoraram o SENHOR;
então voltaram para casa, em Ramá. Elcana teve relações com
sua mulher Ana, e o SENHOR se lembrou dela. [20]Assim Ana en-
gravidou e, no devido tempo, deu à luz um filho. E deu-lhe o
nome de Samuel[a], dizendo: "Eu o pedi ao SENHOR".

Ana Consagra Samuel

[21]Quando no ano seguinte Elcana subiu com toda a família para
oferecer o sacrifício anual ao SENHOR e para cumprir o seu voto,
[22]Ana não foi e disse a seu marido: "Depois que o menino for
desmamado, eu o levarei e o apresentarei ao SENHOR, e ele
morará ali para sempre".
[23]Disse Elcana, seu marido: "Faça o que parecer melhor a
você. Fique aqui até desmamá-lo; que o SENHOR apenas con-
firme a palavra[b] dele!" Então ela ficou em casa e criou seu filho
até que o desmamou.
[24]Depois de desmamá-lo, levou o menino, ainda pequeno,
à casa do SENHOR, em Siló, com um novilho de três anos de
idade,[c] uma arroba[d] de farinha e uma vasilha de couro cheia
de vinho. [25]Eles sacrificaram o novilho e levaram o menino a
Eli, [26]e ela lhe disse: "Meu senhor, juro por tua vida que eu sou
a mulher que esteve aqui a teu lado, orando ao SENHOR. [27]Era
este menino que eu pedia, e o SENHOR concedeu-me o pedido.
[28]Por isso, agora, eu o dedico ao SENHOR. Por toda a sua vida
será dedicado ao SENHOR". E ali adorou o SENHOR.

2
A Oração de Ana

Então Ana orou assim: "Meu coração exulta no SENHOR; no
SENHOR minha força[e] é exaltada. Minha boca se exalta sobre os
meus inimigos, pois me alegro em tua libertação.
[2]"Não há ninguém santo[f] como o SENHOR; não há outro além
de ti; não há rocha alguma como o nosso Deus.
[3]"Não falem tão orgulhosamente, nem saia de sua boca tal
arrogância, pois o SENHOR é Deus sábio; é ele quem julga os
atos dos homens.
[4]"O arco dos fortes é quebrado, mas os fracos são revestidos
de força. [5]Os que tinham muito agora trabalham por comida,
mas os que estavam famintos agora não passam fome. A que
era estéril deu à luz sete filhos, mas a que tinha muitos filhos
ficou sem vigor.
[6]"O SENHOR mata e preserva a vida; ele faz descer à sepultura[g]
e dela resgata. [7]O SENHOR é quem dá pobreza e riqueza; ele
humilha e exalta. [8]Levanta do pó o necessitado e do monte de
cinzas ergue o pobre; ele os faz sentar-se com príncipes e lhes
dá lugar de honra.Pois os alicerces da terra são do SENHOR;
sobre eles estabeleceu o mundo. [9]Ele guardará os pés dos seus
santos, mas os ímpios serão silenciados nas trevas, pois não é
pela força que o homem prevalece. [10]Aqueles que se opõem ao
SENHOR serão despedaçados. Ele trovejará do céu contra eles;
o SENHOR julgará até os confins da terra.Ele dará poder a seu
rei e exaltará a força do seu ungido".
[11]Então Elcana voltou para casa em Ramá, mas o menino co-
meçou a servir o SENHOR sob a direção do sacerdote Eli.

A Maldade dos Filhos de Eli

[12]Os filhos de Eli eram ímpios; não se importavam com o SE-
NHOR [13]nem cumpriam os deveres de sacerdotes para com o
povo; sempre que alguém oferecia um sacrifício, o auxiliar do
sacerdote vinha com um garfo de três dentes, [14]e, enquanto
a carne estava cozinhando, ele enfiava o garfo na panela, ou
travessa, ou caldeirão, ou caçarola, e o sacerdote pegava para
si tudo o que vinha no garfo. Assim faziam com todos os is-
raelitas que iam a Siló. [15]Mas, antes mesmo de queimarem a
gordura, vinha o auxiliar do sacerdote e dizia ao homem que
estava oferecendo o sacrifício: "Dê um pedaço desta carne
para o sacerdote assar; ele não aceitará de você carne cozida,
somente crua".
[16]Se o homem lhe dissesse: "Deixe primeiro a gordura se
queimar e então pegue o que quiser", o auxiliar respondia:
"Não. Entregue a carne agora. Se não, eu a tomarei à força".
[17]O pecado desses jovens era muito grande à vista do SENHOR,
pois eles estavam tratando com desprezo a oferta do SENHOR.
[18]Samuel, contudo, ainda menino, ministrava perante o SE-
NHOR, vestindo uma túnica de linho. [19]Todos os anos sua mãe
fazia uma pequena túnica e a levava para ele, quando subia a
Siló com o marido para oferecer o sacrifício anual. [20]Eli aben-
çoava Elcana e sua mulher, dizendo: "O SENHOR dê a você filhos
desta mulher no lugar daquele por quem ela pediu e dedicou
ao SENHOR". Então voltavam para casa. [21]O SENHOR foi bondoso
com Ana; ela engravidou e deu à luz três filhos e duas filhas. En-
quanto isso, o menino Samuel crescia na presença do SENHOR.
[22]Eli, já bem idoso, ficou sabendo de tudo o que seus filhos
faziam a todo o Israel e que eles se deitavam com as mulheres
que serviam junto à entrada da Tenda do Encontro. [23]Por isso
lhes perguntou: "Por que vocês fazem estas coisas? De todo
o povo ouço a respeito do mal que vocês fazem. [24]Não, meus
filhos; não é bom o que escuto se espalhando no meio do povo
do SENHOR. [25]Se um homem pecar contra outro homem, os
juízes poderão[h] intervir em seu favor; mas, se pecar contra
o SENHOR, quem intercederá por ele?" Seus filhos, contudo,
não deram atenção à repreensão de seu pai, pois o SENHOR
queria matá-los.
[26]E o menino Samuel continuava a crescer, sendo cada vez
mais estimado pelo SENHOR e pelo povo.

Profecia contra a Família de Eli

[27]E veio um homem de Deus a Eli e lhe disse: "Assim diz o
SENHOR: 'Acaso não me revelei claramente à família de seu
pai, quando eles estavam no Egito, sob o domínio do faraó?
[28]Escolhi seu pai dentre todas as tribos de Israel para ser o

[a] **1.20** *Samuel* assemelha-se à palavra hebraica para *ouvido por Deus*.
[b] **1.23** Os manuscritos do mar Morto, a Septuaginta e a Versão Siríaca dizem *a palavra que você disse*.
[c] **1.24** Conforme os manuscritos do mar Morto, a Septuaginta e a Versão Siríaca. O Texto Massorético diz *com três novilhos*.
[d] **1.24** Hebraico: *1 efa*. O efa era uma medida de capacidade para secos. As estimativas variam entre 20 e 40 litros.
[e] **2.1** Hebraico: *meu chifre*; também no versículo 10.
[f] **2.2** Ou *Não há nenhum Santo*
[g] **2.6** Hebraico: *Sheol*. Essa palavra também pode ser traduzida por *profundezas*, *pó* ou *morte*.
[h] **2.25** Ou *Deus poderá*

meu sacerdote, subir ao meu altar, queimar incenso e usar um
colete sacerdotal na minha presença. Também dei à família de
seu pai todas as ofertas preparadas no fogo pelos israelitas.
29 Por que vocês zombam de meu sacrifício e da oferta que
determinei para a minha habitação? Por que você honra seus
filhos mais do que a mim, deixando-os engordar com as me-
lhores partes de todas as ofertas feitas por Israel, o meu povo?'
30 "Portanto, o SENHOR, o Deus de Israel, declara: 'Prometi à
sua família e à linhagem de seu pai que ministrariam diante
de mim para sempre'. Mas agora o SENHOR declara: 'Longe de
mim tal coisa! Honrarei aqueles que me honram, mas aqueles
que me desprezam serão tratados com desprezo. 31 É chegada
a hora em que eliminarei a sua força e a força da família[a] de
seu pai, e não haverá mais nenhum idoso na sua família, 32 e
você verá aflição na minha habitação. Embora Israel prospere,
na sua família ninguém alcançará idade avançada. 33 E todo
descendente seu que eu não eliminar de meu altar será pou-
pado apenas para consumir os seus olhos com lágrimas[b] e para
entristecer o seu coração, e todos os seus descendentes mor-
rerão no vigor da vida.
34 " 'E o que acontecer a seus dois filhos, Hofni e Fineias, será
um sinal para você: os dois morrerão no mesmo dia. 35 Levan-
tarei para mim um sacerdote fiel, que agirá de acordo com o
meu coração e o meu pensamento. Edificarei firmemente a
família dele, e ele ministrará sempre perante o meu rei ungido.
36 Então todo o que restar da sua família virá e se prostrará pe-
rante ele, para obter uma moeda de prata e um pedaço de pão.
E lhe implorará que o ponha em alguma função sacerdotal,
para ter o que comer' ".

O Chamado de Samuel

3 O menino Samuel ministrava perante o SENHOR, sob a di-
reção de Eli; naqueles dias raramente o SENHOR falava, e as
visões não eram frequentes.
2 Certa noite, Eli, cujos olhos estavam ficando tão fracos que já
não conseguia mais enxergar, estava deitado em seu lugar de
costume. 3 A lâmpada de Deus ainda não havia se apagado, e
Samuel estava deitado no santuário do SENHOR, onde se encon-
trava a arca de Deus. 4 Então o SENHOR chamou Samuel. Samuel
respondeu: "Estou aqui". 5 E correu até Eli e disse: "Estou aqui;
o senhor me chamou?" Eli, porém, disse: "Não o chamei; volte
e deite-se". Então, ele foi e se deitou.
6 De novo o SENHOR chamou: "Samuel!" E Samuel se levantou
e foi até Eli e disse: "Estou aqui; o senhor me chamou?" Disse
Eli: "Meu filho, não o chamei; volte e deite-se".
7 Ora, Samuel ainda não conhecia o SENHOR. A palavra do SE-
NHOR ainda não lhe havia sido revelada.
8 O SENHOR chamou Samuel pela terceira vez. Ele se levantou,
foi até Eli e disse: "Estou aqui; o senhor me chamou?" Eli per-
cebeu que o SENHOR estava chamando o menino 9 e lhe disse:
"Vá e deite-se; se ele chamá-lo, diga: 'Fala, SENHOR, pois o teu
servo está ouvindo' ". Então Samuel foi deitar-se.
10 O SENHOR voltou a chamá-lo como nas outras vezes: "Samuel,
Samuel!" Samuel disse: "Fala, pois o teu servo está ouvindo".
11 E o SENHOR disse a Samuel: "Vou realizar em Israel algo que
fará tinir os ouvidos de todos os que ficarem sabendo. 12 Nessa
ocasião executarei contra Eli tudo o que falei contra sua fa-
mília, do começo ao fim. 13 Pois eu lhe disse que julgaria sua
família para sempre, por causa do pecado dos seus filhos, do
qual ele tinha consciência; seus filhos se fizeram desprezíveis[c],
e ele não os puniu. 14 Por isso jurei à família de Eli: 'Jamais se
fará propiciação pela culpa da família de Eli mediante sacrifício
ou oferta' ".
15 Samuel ficou deitado até de manhã e então abriu as portas
da casa do SENHOR. Ele teve medo de contar a visão a Eli, 16 mas
este o chamou e disse: "Samuel, meu filho".Estou aqui", res-
pondeu Samuel.
17 Eli perguntou: "O que o SENHOR disse a você? Não esconda
de mim. Deus o castigue, e o faça com muita severidade, se
você esconder de mim qualquer coisa que ele falou". 18 Então,
Samuel lhe contou tudo e nada escondeu. Então Eli disse: "Ele
é o SENHOR; que faça o que lhe parecer melhor".
19 Enquanto Samuel crescia, o SENHOR estava com ele e fazia
com que todas as suas palavras se cumprissem. 20 Todo o Is-
rael, desde Dã até Berseba, reconhecia que Samuel estava
confirmado como profeta do SENHOR. 21 O SENHOR continuou
aparecendo em Siló, onde havia se revelado a Samuel por
meio de sua palavra.

4 E a palavra de Samuel espalhou-se por todo o Israel.

Os Filisteus Tomam a Arca

Nessa época os israelitas saíram à guerra contra os filisteus.
Eles acamparam em Ebenézer e os filisteus em Afeque. 2 Os
filisteus dispuseram suas forças em linha para enfrentar Is-
rael, e, intensificando-se o combate, Israel foi derrotado pelos
filisteus, que mataram cerca de quatro mil deles no campo de
batalha. 3 Quando os soldados voltaram ao acampamento, as
autoridades de Israel perguntaram: "Por que o SENHOR deixou
que os filisteus nos derrotassem?" E acrescentaram: "Vamos
a Siló buscar a arca da aliança do SENHOR, para que ele vá
conosco e nos salve das mãos de nossos inimigos".
4 Então mandaram trazer de Siló a arca da aliança do SENHOR
dos Exércitos, que tem o seu trono entre os querubins. E os
dois filhos de Eli, Hofni e Fineias, acompanharam a arca da
aliança de Deus.
5 Quando a arca da aliança do SENHOR entrou no acampamento,
todos os israelitas gritaram tão alto que o chão estremeceu.
6 Os filisteus, ouvindo os gritos, perguntaram: "O que significam
todos esses gritos no acampamento dos hebreus?" Quando
souberam que a arca do SENHOR viera para o acampamento,
7 os filisteus ficaram com medo e disseram: "Deuses chegaram
ao acampamento. Ai de nós! Nunca nos aconteceu uma coisa
dessas! 8 Ai de nós! Quem nos livrará das mãos desses deuses

---

[a] 2.31 Hebraico: *cortarei o seu braço e o braço da casa.*
[b] 2.33 Ou *cegar os olhos*; ou ainda *consumir os olhos de inveja*

[c] 3.13 Uma antiga tradição dos escribas hebreus e a Septuaginta dizem *filhos blasfemaram contra Deus.*

poderosos? São os deuses que feriram os egípcios com toda
espécie de pragas, no deserto. 9 Sejam fortes, filisteus! Sejam
homens, ou vocês se tornarão escravos dos hebreus, assim
como eles foram escravos de vocês. Sejam homens e lutem!"
10 Então os filisteus lutaram, e Israel foi derrotado; cada homem
fugiu para a sua tenda. O massacre foi muito grande: Israel
perdeu trinta mil homens de infantaria. 11 A arca de Deus foi
tomada, e os dois filhos de Eli, Hofni e Fineias, morreram.

A Morte de Eli

12 Naquele mesmo dia um benjamita correu da linha de batalha
até Siló, com as roupas rasgadas e terra na cabeça. 13 Quando
ele chegou, Eli estava sentado em sua cadeira, ao lado da
estrada. Estava preocupado, pois em seu coração temia pela
arca de Deus. O homem entrou na cidade, contou o que havia
acontecido, e a cidade começou a gritar.
14 Eli ouviu os gritos e perguntou: "O que significa esse tu-
multo?" O homem correu para contar tudo a Eli. 15 Eli tinha
noventa e oito anos de idade e seus olhos estavam imóveis;
ele já não conseguia enxergar. 16 O homem lhe disse: "Acabei
de chegar da linha de batalha; fugi de lá hoje mesmo". Eli
perguntou: "O que aconteceu, meu filho?"
17 O mensageiro respondeu: "Israel fugiu dos filisteus, e houve
uma grande matança entre os soldados. Também os seus dois fi-
lhos, Hofni e Fineias, estão mortos, e a arca de Deus foi tomada".
18 Quando ele mencionou a arca de Deus, Eli caiu da cadeira
para trás, ao lado do portão, quebrou o pescoço e morreu, pois
era velho e pesado. Ele liderou Israel durante quarenta anos.
19 Sua nora, a mulher de Fineias, estava grávida e perto de dar
à luz. Quando ouviu a notícia de que a arca de Deus havia sido
tomada e que seu sogro e seu marido estavam mortos, entrou
em trabalho de parto e deu à luz, mas não resistiu às dores do
parto. 20 Enquanto morria, as mulheres que a ajudavam dis-
seram: "Não se desespere; você teve um menino". Mas ela
não respondeu nem deu atenção.
21 Ela deu ao menino o nome de Icabode[a], e disse: "A glória se
foi de Israel", porque a arca fora tomada e porque o sogro e o
marido haviam morrido. 22 E ainda acrescentou: "A glória se foi
de Israel, pois a arca de Deus foi tomada".

5 A Arca em Asdode e Ecrom

Depois que os filisteus tomaram a arca de Deus, eles a
levaram de Ebenézer para Asdode 2 e a colocaram dentro do
templo de Dagom, ao lado de sua estátua. 3 Quando o povo de
Asdode se levantou na madrugada do dia seguinte, lá estava
Dagom caído com o rosto em terra, diante da arca do SENHOR!
Eles levantaram Dagom e o colocaram de volta em seu lugar.
4 Mas, na manhã seguinte, quando se levantaram de madru-
gada, lá estava Dagom caído com o rosto em terra, diante da
arca do SENHOR! Sua cabeça e mãos tinham sido quebradas e
estavam sobre a soleira; só o seu corpo ficou no lugar. 5 Por
isso, até hoje, os sacerdotes de Dagom e todos os que entram
em seu templo, em Asdode, não pisam na soleira.

[a] 4.21 *Icabode* significa *glória nenhuma*.

6 Depois disso a mão do SENHOR pesou sobre o povo de Asdode
e dos arredores, trazendo devastação sobre eles e afligindo-os
com tumores.[b] 7 Quando os homens de Asdode viram o que es-
tava acontecendo, disseram: "A arca do deus de Israel não
deve ficar aqui conosco, pois a mão dele pesa sobre nós e
sobre nosso deus Dagom". 8 Então reuniram todos os gover-
nantes dos filisteus e lhes perguntaram: "O que faremos com
a arca do deus de Israel?" Eles responderam: "Levem a arca
do deus de Israel para Gate". E então levaram a arca do Deus
de Israel.
9 Mas, quando a arca chegou, a mão do SENHOR castigou aquela
cidade e lhe trouxe grande pânico. Ele afligiu o povo da cidade,
jovens e velhos, com uma epidemia de tumores[c]. 10 Então en-
viaram a arca de Deus para Ecrom. Quando a arca de Deus
estava entrando na cidade de Ecrom, o povo começou a gritar:
"Eles trouxeram a arca do deus de Israel para cá a fim de matar
a nós e a nosso povo". 11 Então reuniram todos os governantes
dos filisteus e disseram: "Levem embora a arca do deus de
Israel; que ela volte ao seu lugar; caso contrário ela[d] matará
a nós e a nosso povo". Pois havia pânico mortal em toda a
cidade; a mão de Deus pesava muito sobre ela. 12 Aqueles que
não morreram foram afligidos com tumores, e o clamor da
cidade subiu até o céu.

6 O Retorno da Arca a Israel

Quando já fazia sete meses que a arca do SENHOR estava
em território filisteu, 2 os filisteus chamaram os sacerdotes e
adivinhos e disseram: "O que faremos com a arca do SENHOR?
Digam-nos com o que devemos mandá-la de volta a seu lugar".
3 Eles responderam: "Se vocês devolverem a arca do deus de
Israel, não mandem de volta só a arca, mas enviem também
uma oferta pela culpa. Então vocês serão curados e saberão
por que a sua mão não tem se afastado de vocês".
4 Os filisteus perguntaram: "Que oferta pela culpa devemos en-
viar-lhe?" Eles responderam: "Cinco tumores de ouro e cinco
ratos de ouro, de acordo com o número de governantes filis-
teus, porquanto a mesma praga atingiu vocês e todos os seus
governantes. 5 Façam imagens dos tumores e dos ratos que
estão assolando o país e deem glória ao deus de Israel. Talvez
ele alivie a mão de sobre vocês, seus deuses e sua terra. 6 Por
que ter o coração obstinado como os egípcios e o faraó? Só
quando esse deus[e] os tratou severamente, eles deixaram os
israelitas seguirem o seu caminho.
7 "Agora, então, preparem uma carroça nova, com duas vacas
que deram cria e sobre as quais nunca foi colocado jugo.
Amarrem-nas à carroça, mas afastem delas os seus bezerros
e ponham-nos no curral. 8 Coloquem a arca do SENHOR sobre
a carroça e ponham numa caixa ao lado os objetos de ouro
que vocês estão lhe enviando como oferta pela culpa. Enviem
a carroça 9 e fiquem observando. Se ela for para o seu próprio

[b] 5.6 A Septuaginta e a Vulgata acrescentam *E ratos surgiram na região, e a morte e a destruição estavam por toda a cidade.*
[c] 5.9 Ou *com tumores na virilha*
[d] 5.11 Ou *ele*
[e] 6.6 Isto é, Deus.

território, na direção de Bete-Semes, então foi o SENHOR quem
trouxe essa grande desgraça sobre nós. Mas, se ela não for,
então saberemos que não foi a sua mão que nos atingiu e que
isso aconteceu conosco por acaso".
10 E assim fizeram. Pegaram duas vacas com cria, amarraram-
-nas a uma carroça e prenderam seus bezerros no curral. 11 Co-
locaram a arca do SENHOR na carroça e junto dela a caixa com
os ratos de ouro e as imagens dos tumores. 12 Então as vacas
foram diretamente para Bete-Semes, mantendo-se na estrada
e mugindo por todo o caminho; não se desviaram nem para a
direita nem para a esquerda. Os governantes dos filisteus as
seguiram até a fronteira de Bete-Semes.
13 Ora, o povo de Bete-Semes estava colhendo trigo no vale
e, quando viu a arca, alegrou-se muito. 14 A carroça chegou
ao campo de Josué, de Bete-Semes, e ali parou ao lado de
uma grande rocha. Então cortaram a madeira da carroça e
ofereceram as vacas como holocausto[a] ao SENHOR. 15 Os levitas
tinham descido a arca do SENHOR e a caixa com os objetos de
ouro e as tinham colocado sobre a grande rocha. Naquele dia,
o povo de Bete-Semes ofereceu holocaustos e sacrifícios ao
SENHOR. 16 Os cinco governantes dos filisteus viram tudo isso e
voltaram naquele mesmo dia a Ecrom.
17 Os filisteus enviaram ao SENHOR como oferta pela culpa estes
tumores de ouro: um por Asdode, outro por Gaza, outro por
Ascalom, outro por Gate e outro por Ecrom. 18 O número dos
ratos de ouro foi conforme o número das cidades filisteias que
pertenciam aos cinco governantes; tanto as cidades fortificadas
como os povoados do campo. A grande rocha, sobre a qual
puseram[b] a arca do SENHOR, é até hoje uma testemunha no
campo de Josué, de Bete-Semes.
19 O SENHOR, contudo, feriu alguns dos homens de Bete-Semes,
matando setenta[c] deles, por terem olhado para dentro da arca
do SENHOR. O povo chorou por causa da grande matança que
o SENHOR fizera, 20 e os homens de Bete-Semes perguntaram:
"Quem pode permanecer na presença do SENHOR, esse Deus
santo? A quem enviaremos a arca, para que ele se afaste de
nós?"
21 Então enviaram mensageiros ao povo de Quiriate-Jearim,
dizendo: "Os filisteus devolveram a arca do SENHOR. Venham
e levem-na para vocês".

7 Os homens de Quiriate-Jearim vieram para levar a arca do
SENHOR. Eles a levaram para a casa de Abinadabe, na colina,
e consagraram seu filho Eleazar para guardar a arca do SENHOR.

Samuel Subjuga os Filisteus em Mispá

2 A arca permaneceu em Quiriate-Jearim muito tempo; foram
vinte anos. E todo o povo de Israel buscava o SENHOR com sú-
plicas[d]. 3 E Samuel disse a toda a nação de Israel: "Se vocês
querem voltar-se para o SENHOR de todo o coração, livrem-se
então dos deuses estrangeiros e das imagens de Astarote,
consagrem-se ao SENHOR e prestem culto somente a ele, e ele
os libertará das mãos dos filisteus". 4 Assim, os israelitas se
livraram dos baalins e dos postes sagrados e começaram a
prestar culto somente ao SENHOR.
5 E Samuel prosseguiu: "Reúnam todo o Israel em Mispá, e eu
intercederei ao SENHOR a favor de vocês". 6 Quando eles se
reuniram em Mispá, tiraram água e a derramaram perante o
SENHOR. Naquele dia jejuaram e ali disseram: "Temos pecado
contra o SENHOR". E foi em Mispá que Samuel liderou os israe-
litas como juiz.
7 Quando os filisteus souberam que os israelitas estavam re-
unidos em Mispá, os governantes dos filisteus saíram para
atacá-los. Quando os israelitas souberam disso, ficaram com
medo. 8 E disseram a Samuel: "Não pares de clamar por nós
ao SENHOR, o nosso Deus, para que nos salve das mãos dos
filisteus". 9 Então Samuel pegou um cordeiro ainda não des-
mamado e o ofereceu inteiro como holocausto ao SENHOR.
Ele clamou ao SENHOR em favor de Israel, e o SENHOR lhe res-
pondeu.
10 Enquanto Samuel oferecia o holocausto, os filisteus se apro-
ximaram para combater Israel. Naquele dia, porém, o SENHOR
trovejou com fortíssimo estrondo contra os filisteus e os co-
locou em pânico, e foram derrotados por Israel. 11 Os soldados
de Israel saíram de Mispá e perseguiram os filisteus até um
lugar abaixo de Bete-Car, matando-os pelo caminho.
12 Então Samuel pegou uma pedra e a ergueu entre Mispá e
Sem; e deu-lhe o nome de Ebenézer[e], dizendo: "Até aqui o
SENHOR nos ajudou". 13 Assim os filisteus foram dominados e
não voltaram a invadir o território israelita. A mão do SENHOR
esteve contra os filisteus durante toda a vida de Samuel. 14 As
cidades que os filisteus haviam conquistado foram devolvidas
a Israel, desde Ecrom até Gate. Israel libertou os territórios ao
redor delas do poder dos filisteus. E houve também paz entre
Israel e os amorreus.
15 Samuel continuou como juiz de Israel durante todos os dias
de sua vida. 16 A cada ano percorria Betel, Gilgal e Mispá, de-
cidindo as questões de Israel em todos esses lugares. 17 Mas
sempre retornava a Ramá, onde ficava sua casa; ali ele liderava
Israel como juiz e naquele lugar construiu um altar em honra
ao SENHOR.

8 Israel Pede um Rei

Quando envelheceu, Samuel nomeou seus filhos como lí-
deres de Israel. 2 Seu filho mais velho chamava-se Joel; o se-
gundo, Abias. Eles eram líderes em Berseba. 3 Mas os filhos
dele não andaram em seus caminhos. Eles se tornaram ganan-
ciosos, aceitavam suborno e pervertiam a justiça.
4 Por isso todas as autoridades de Israel reuniram-se e foram
falar com Samuel, em Ramá. 5 E disseram-lhe: "Tu já estás
idoso, e teus filhos não andam em teus caminhos; escolhe agora
um rei para que nos lidere, à semelhança das outras nações".

---

a **6.14** Isto é, sacrifício totalmente queimado; também em todo o livro de 1 Samuel.
b **6.18** Conforme alguns manuscritos do Texto Massorético. A maioria dos manuscritos do Texto Massorético diz *povoados do campo até Abel Maior, onde puseram*.
c **6.19** Conforme alguns manuscritos do Texto Massorético. A maioria dos manuscritos do Texto Massorético e a Septuaginta dizem *50.070*.
d **7.2** Hebraico: *lamentava-se após o Senhor*.

e **7.12** *Ebenézer* significa *pedra de ajuda*.

6 Quando, porém, disseram: "Dá-nos um rei para que nos li-
dere", isso desagradou a Samuel; então ele orou ao SENHOR. 7 E
o SENHOR lhe respondeu: "Atenda a tudo o que o povo está pe-
dindo; não foi a você que rejeitaram; foi a mim que rejeitaram
como rei. 8 Assim como fizeram comigo desde o dia em que os
tirei do Egito até hoje, abandonando-me e prestando culto a
outros deuses, também estão fazendo com você. 9 Agora aten-
da-os; mas advirta-os solenemente e diga-lhes quais direitos
reivindicará o rei que os governará".
10 Samuel transmitiu todas as palavras do SENHOR ao povo, que
estava lhe pedindo um rei, 11 dizendo: "O rei que reinará sobre
vocês reivindicará como seu direito o seguinte: ele tomará os
filhos de vocês para servi-lo em seus carros de guerra e em
sua cavalaria e para correr à frente dos seus carros de guerra.
12 Colocará alguns como comandantes de mil e outros como
comandantes de cinquenta. Ele os fará arar as terras dele,
fazer a colheita e fabricar armas de guerra e equipamentos
para os seus carros de guerra. 13 Tomará as filhas de vocês para
serem perfumistas, cozinheiras e padeiras. 14 Tomará de vocês
o melhor das plantações, das vinhas e dos olivais e o dará aos
criados dele. 15 Tomará um décimo dos cereais e da colheita
das uvas e o dará a seus oficiais e a seus criados. 16 Também
tomará de vocês para seu uso particular os servos e as servas,
e o melhor do gado[a] e dos jumentos. 17 E tomará de vocês um
décimo dos rebanhos, e vocês mesmos se tornarão escravos
dele. 18 Naquele dia, vocês clamarão por causa do rei que vocês
mesmos escolheram, e o SENHOR não os ouvirá".
19 Todavia, o povo recusou-se a ouvir Samuel e disse: "Não!
Queremos ter um rei. 20 Seremos como todas as outras nações;
um rei nos governará, e sairá à nossa frente para combater em
nossas batalhas".
21 Depois de ter ouvido tudo o que o povo disse, Samuel o re-
petiu perante o SENHOR. 22 E o SENHOR respondeu: "Atenda-os
e dê-lhes um rei". Então Samuel disse aos homens de Israel:
"Volte cada um para a sua cidade".

9 O Encontro entre Saul e Samuel

Havia um homem de Benjamim, rico e influente, chamado
Quis, filho de Abiel, neto de Zeror, bisneto de Becorate e tri-
neto de Afia. 2 Ele tinha um filho chamado Saul, jovem de boa
aparência, sem igual entre os israelitas; os mais altos batiam
nos seus ombros.
3 E aconteceu que as jumentas de Quis, pai de Saul, extravia-
ram-se. E ele disse a Saul: "Chame um dos servos e vá procurar
as jumentas". 4 Eles atravessaram os montes de Efraim e a re-
gião de Salisa, mas não as encontraram. Prosseguindo, en-
traram no distrito de Saalim, mas as jumentas não estavam lá.
Então atravessaram o território de Benjamim e mesmo assim
não as encontraram.
5 Chegando ao distrito de Zufe, disse Saul ao seu servo: "Vamos
voltar, ou meu pai deixará de pensar nas jumentas para co-
meçar a preocupar-se conosco".
6 O servo, contudo, respondeu: "Nesta cidade mora um homem
de Deus que é muito respeitado. Tudo o que ele diz acontece.
Vamos falar com ele. Talvez ele nos aponte o caminho a seguir".
7 Saul disse a seu servo: "Se formos, o que lhe poderemos dar?
A comida de nossos sacos de viagem acabou. Não temos ne-
nhum presente para levar ao homem de Deus. O que temos
para oferecer?"
8 O servo lhe respondeu: "Tenho três gramas[b] de prata. Darei
isto ao homem de Deus para que ele nos aponte o caminho a
seguir". 9 (Antigamente em Israel, quando alguém ia consultar
a Deus, dizia: "Vamos ao vidente", pois o profeta de hoje era
chamado vidente.)
10 E Saul concordou: "Muito bem, vamos!" Assim, foram em
direção à cidade onde estava o homem de Deus.
11 Ao subirem a colina para chegar à cidade, encontraram al-
gumas jovens que estavam saindo para buscar água e pergun-
taram a elas: "O vidente está na cidade?"
12 Elas responderam: "Sim. Ele está ali adiante. Apressem-se;
ele chegou hoje à nossa cidade, porque o povo vai oferecer
um sacrifício no altar que há no monte. 13 Assim que entrarem
na cidade, vocês o encontrarão antes que suba ao altar do
monte para comer. O povo não começará a comer antes que
ele chegue, pois ele deve abençoar o sacrifício; depois disso,
os convidados irão comer. Subam agora e vocês logo o en-
contrarão".
14 Eles foram à cidade e, ao entrarem, Samuel vinha na direção
deles a caminho do altar do monte.
15 No dia anterior à chegada de Saul, o SENHOR havia revelado
isto a Samuel: 16 "Amanhã, por volta desta hora, enviarei a você
um homem da terra de Benjamim. Unja-o como líder sobre
Israel, o meu povo; ele libertará o meu povo das mãos dos
filisteus. Atentei para o meu povo, pois o seu clamor chegou
a mim".
17 Quando Samuel viu Saul, o SENHOR lhe disse: "Este é o homem
de quem falei; ele governará o meu povo".
18 Saul aproximou-se de Samuel na entrada da cidade e lhe per-
guntou: "Por favor, pode me dizer onde é a casa do vidente?"
19 Respondeu Samuel: "Eu sou o vidente. Vá na minha frente
para o altar, pois hoje você comerá comigo. Amanhã cedo eu
contarei a você tudo o que quer saber e o deixarei ir. 20 Quanto
às jumentas que você perdeu há três dias, não se preocupe
com elas; já foram encontradas. E a quem pertencerá tudo
o que é precioso em Israel, senão a você e a toda a família
de seu pai?"
21 Saul respondeu: "Acaso não sou eu um benjamita, da menor
das tribos de Israel, e não é o meu clã o mais insignificante de
todos os clãs da tribo de Benjamim? Por que estás me dizendo
tudo isso?"
22 Então Samuel levou Saul e seu servo para a sala e lhes deu
o lugar de honra entre os convidados, cerca de trinta pessoas.
23 E disse ao cozinheiro: "Traga-me a porção de carne que en-
treguei a você e mandei reservar".
24 O cozinheiro pegou a coxa do animal com o que estava sobre
ela e colocou tudo diante de Saul. E disse Samuel: "Aqui está o

[a] **8.16** Conforme a Septuaginta. O Texto Massorético diz *jovens*.

[b] **9.8** Hebraico: *1/4 de siclo*. Um siclo equivalia a 12 gramas.

que foi reservado para você. Coma, pois desde o momento em
que eu disse: Tenho convidados, essa parte foi separada para
você para esta ocasião". E Saul comeu com Samuel naquele dia.
25 Depois que desceu do altar do monte para a cidade, Samuel
conversou com Saul no terraço de sua casa. 26 Ao romper do
dia, quando se levantaram, Samuel chamou Saul no terraço
e disse: "Levante-se, e eu o acompanharei, e depois você se-
guirá viagem". Saul se levantou e saiu com Samuel. 27 Enquanto
desciam para a saída da cidade, Samuel disse a Saul: "Diga
ao servo que vá na frente". O servo foi e Samuel prosseguiu:
"Fique você aqui um instante, para que eu dê a você uma men-
sagem da parte de Deus".

10 Saul é Ungido Rei

Samuel apanhou um jarro de óleo, derramou-o sobre a
cabeça de Saul e o beijou, dizendo: "O SENHOR o ungiu como
líder da herança dele.[a] 2 Hoje, quando você partir, encontrará
dois homens perto do túmulo de Raquel, em Zelza, na fronteira
de Benjamim. Eles dirão: 'As jumentas que você foi procurar
já foram encontradas. Agora seu pai deixou de se importar
com elas e está preocupado com vocês. Ele está perguntando:
"Como encontrarei meu filho?" '
3 "Então, dali, você prosseguirá para o carvalho de Tabor.
Três homens virão subindo ao santuário de Deus, em Betel,
e encontrarão você ali. Um estará levando três cabritos, outro
três pães e outro uma vasilha de couro cheia de vinho. 4 Eles
o cumprimentarão e oferecerão a você dois pães, que você
deve aceitar.
5 "Depois você irá a Gibeá de Deus, onde há um destacamento
filisteu. Ao chegar à cidade, você encontrará um grupo de
profetas que virão descendo do altar do monte tocando liras,
tamborins, flautas e harpas; e eles estarão profetizando. 6 O
Espírito do SENHOR se apossará de você, e com eles você pro-
fetizará[b] e será um novo homem. 7 Assim que esses sinais se
cumprirem, faça o que achar melhor, pois Deus está com você.
8 "Vá na minha frente até Gilgal. Depois eu irei também, para
oferecer holocaustos e sacrifícios de comunhão[c], mas você
deve esperar sete dias, até que eu chegue e diga a você o
que fazer".
9 Quando se virou para afastar-se de Samuel, Deus mudou o
coração de Saul, e todos aqueles sinais se cumpriram naquele
dia. 10 Chegando a Gibeá, um grupo veio em sua direção; o Es-
pírito de Deus se apossou dele, e ele profetizou no meio deles.
11 Quando os que já o conheciam viram-no profetizando com os
profetas, perguntaram uns aos outros: "O que aconteceu ao
filho de Quis? Saul também está entre os profetas?"
12 Um homem daquele lugar respondeu: "E quem é o pai
deles?" De modo que isto se tornou um ditado: "Saul também
está entre os profetas?" 13 Depois que Saul parou de profetizar,
foi para o altar do monte.

14 Então o tio de Saul perguntou a ele e ao seu servo: "Aonde
vocês foram?" Ele respondeu: "Procurar as jumentas. Quando,
porém, vimos que não seriam encontradas, fomos falar com
Samuel".
15 "O que Samuel disse a vocês?", perguntou o tio.
16 Saul respondeu: "Ele nos garantiu que as jumentas tinham
sido encontradas". Todavia, Saul não contou ao tio o que Sa-
muel tinha dito sobre o reino.
17 Samuel convocou o povo de Israel ao SENHOR, em Mispá, 18 e
disse a eles: "Assim diz o SENHOR, o Deus de Israel: 'Eu tirei
Israel do Egito e libertei vocês do poder do Egito e de todos
os reinos que os oprimiam'. 19 Mas vocês agora rejeitaram o
Deus que os salva de todas as suas desgraças e angústias.
E disseram: 'Não! Escolhe um rei para nós'. Por isso, agora,
apresentem-se perante o SENHOR, de acordo com as suas tribos
e os seus clãs".
20 Tendo Samuel feito todas as tribos de Israel se aproximarem,
a de Benjamim foi escolhida. 21 Então fez ir à frente a tribo
de Benjamim, clã por clã, e o clã de Matri foi escolhido. Fi-
nalmente foi escolhido Saul, filho de Quis. Quando, porém, o
procuraram, ele não foi encontrado. 22 Consultaram novamente
o SENHOR: "Ele já chegou?" E o SENHOR disse: "Sim, ele está
escondido no meio da bagagem".
23 Correram e o tiraram de lá. Quando ficou em pé no meio do
povo, os mais altos só chegavam aos seus ombros. 24 E Samuel
disse a todos: "Vocês veem o homem que o SENHOR escolheu?
Não há ninguém como ele no meio de todo o povo". Então
todos gritaram: "Viva o rei!"
25 Samuel expôs ao povo as leis do reino. Ele as escreveu num
livro e o pôs perante o SENHOR. Depois disso, Samuel mandou
o povo de volta para as suas casas.
26 Saul também foi para sua casa em Gibeá, acompanhado por
guerreiros, cujo coração Deus tinha tocado. 27 Alguns vadios,
porém, disseram: "Como este homem pode nos salvar?" Des-
prezaram-no e não lhe trouxeram presente algum. Mas Saul
ficou calado.

11 Saul Liberta a Cidade de Jabes

O amonita Naás avançou contra a cidade de Jabes-Gileade
e a cercou. E os homens de Jabes lhe disseram: "Faça um
tratado conosco, e nos sujeitaremos a você".
2 Contudo, Naás, o amonita, respondeu: "Só farei um tratado
com vocês sob a condição de que eu arranque o olho direito de
cada um de vocês e assim humilhe todo o Israel".
3 As autoridades de Jabes lhe disseram: "Dê-nos sete dias para
que possamos enviar mensageiros a todo o Israel; se ninguém
vier nos socorrer, nós nos renderemos".
4 Quando os mensageiros chegaram a Gibeá, cidade de Saul, e
relataram essas coisas ao povo, todos choraram em alta voz.
5 Naquele momento, Saul estava trazendo o gado do campo e
perguntou: "O que há com o povo? Por que estão chorando?"
Então lhe contaram o que os homens de Jabes tinham dito.
6 Quando Saul ouviu isso, o Espírito de Deus apoderou-se dele, e
ele ficou furioso. 7 Apanhou dois bois, cortou-os em pedaços e,

---

[a] **10.1** A Septuaginta e a Vulgata dizem *líder de Israel, o seu povo. Você reinará sobre o povo do Senhor e o salvará do poder de seus inimigos ao redor. E isto lhe será um sinal de que o Senhor o ungiu como líder sobre a herança dele.*

[b] **10.6** Ou *você estará em transe*; também no versículo 10 e em 19.24. Veja 18.10.

[c] **10.8** Ou *de paz*

por meio dos mensageiros, enviou os pedaços a todo o Israel,
proclamando: "Isto é o que acontecerá aos bois de quem não
seguir Saul e Samuel". Então o temor do SENHOR caiu sobre o
povo, e eles vieram unânimes. 8Quando Saul os reuniu em Be-
zeque, havia trezentos mil homens de Israel e trinta mil de Judá.
9E disseram aos mensageiros de Jabes: "Digam aos homens de
Jabes-Gileade: 'Amanhã, na hora mais quente do dia, haverá
libertação para vocês' ". Quando relataram isso aos habitantes
de Jabes, eles se alegraram. 10Então, os homens de Jabes dis-
seram aos amonitas: "Amanhã nós nos renderemos a vocês, e
poderão fazer conosco o que quiserem".
11No dia seguinte, Saul dividiu seus soldados em três grupos;
entraram no acampamento amonita na alta madrugada e os
mataram até a hora mais quente do dia. Aqueles que sobrevi-
veram se dispersaram de tal modo que não ficaram dois juntos.

Saul Confirmado como Rei

12Então o povo disse a Samuel: "Quem foi que perguntou: 'Será
que Saul vai reinar sobre nós?' Traze-nos esses homens, e nós
os mataremos".
13Saul, porém, disse: "Hoje ninguém será morto, pois neste dia
o SENHOR trouxe libertação a Israel".
14Então Samuel disse ao povo: "Venham, vamos a Gilgal e rea-
firmemos ali o reino". 15Assim, todo o povo foi a Gilgal e pro-
clamou Saul como rei na presença do SENHOR. Ali ofereceram
sacrifícios de comunhão[a] ao SENHOR, e Saul e todos os israelitas
tiveram momentos de grande alegria.

A Palavra de Despedida de Samuel

12 Samuel disse a todo o Israel: "Atendi a tudo o que vocês
me pediram e estabeleci um rei para vocês. 2Agora vocês têm
um rei que os governará. Quanto a mim, estou velho e de
cabelos brancos, e meus filhos estão aqui com vocês. Tenho
vivido diante de vocês desde a minha juventude até agora.
3Aqui estou. Se tomei um boi ou um jumento de alguém, ou se
explorei ou oprimi alguém, ou se das mãos de alguém aceitei
suborno, fechando os olhos para a sua culpa, testemunhem
contra mim na presença do SENHOR e do seu ungido. Se alguma
dessas coisas pratiquei, eu farei restituição".
4E responderam: "Tu não nos exploraste nem nos oprimiste. Tu
não tiraste coisa alguma das mãos de ninguém".
5Samuel lhes disse: "O SENHOR é testemunha diante de vocês,
como também o seu ungido é hoje testemunha, de que vocês
não encontraram culpa alguma em minhas mãos". E disseram:
"Ele é testemunha".
6Então Samuel disse ao povo: "O SENHOR designou Moisés
e Arão e tirou os seus antepassados do Egito. 7Agora, pois,
fiquem aqui, porque vou entrar em julgamento com vocês
perante o SENHOR, com base nos atos justos realizados pelo
SENHOR em favor de vocês e dos seus antepassados.
8"Depois que Jacó entrou no Egito, eles clamaram ao SENHOR,
e ele enviou Moisés e Arão para tirar os seus antepassados do
Egito e os estabelecer neste lugar.
9"Seus antepassados, porém, se esqueceram do SENHOR seu
Deus; então ele os vendeu a Sísera, o comandante do exército
de Hazor, aos filisteus e ao rei de Moabe, que lutaram contra
eles. 10Eles clamaram ao SENHOR, dizendo: 'Pecamos, aban-
donando o SENHOR e prestando culto aos baalins e aos postes
sagrados. Agora, porém, liberta-nos das mãos dos nossos ini-
migos, e nós prestaremos culto a ti'. 11Então o SENHOR enviou
Jerubaal[b], Baraque[c], Jefté e Samuel[d], e os libertou das mãos
dos inimigos que os rodeavam, de modo que vocês viveram
em segurança.
12"Quando porém, vocês viram que Naás, rei dos amonitas,
estava avançando contra vocês, me disseram: 'Não! Escolha
um rei para nós', embora o SENHOR, o seu Deus, fosse o rei.
13Agora, aqui está o rei que vocês escolheram, aquele que
vocês pediram; o SENHOR deu um rei a vocês. 14Se vocês te-
merem, servirem, obedecerem ao SENHOR e não se rebelarem
contra suas ordens e se vocês e o rei que reinar sobre vocês se-
guirem o SENHOR, o seu Deus, tudo irá bem a vocês! 15Todavia,
se vocês desobedecerem ao SENHOR e se rebelarem contra o
seu mandamento, sua mão se oporá a vocês da mesma forma
como se opôs aos seus antepassados.
16"Agora, preparem-se para ver este grande feito que o SE-
NHOR vai realizar diante de vocês! 17Não estamos na época da
colheita do trigo? Pedirei ao SENHOR que envie trovões e chuva
para que vocês reconheçam que fizeram o que o SENHOR re-
prova totalmente, quando pediram um rei".
18Então Samuel clamou ao SENHOR, e naquele mesmo dia o
SENHOR enviou trovões e chuva. E assim todo o povo temeu
grandemente ao SENHOR e a Samuel.
19E todo o povo disse a Samuel: "Ora ao SENHOR, o teu Deus, em
favor dos teus servos, para que não morramos, pois a todos os
nossos pecados acrescentamos o mal de pedir um rei".
20Respondeu Samuel: "Não tenham medo. De fato, vocês fi-
zeram todo esse mal. Contudo, não deixem de seguir o SENHOR,
mas sirvam ao SENHOR de todo o coração. 21Não se desviem,
para seguir ídolos inúteis, que de nada valem nem podem li-
vrá-los, pois são inúteis. 22Por causa de seu grande nome, o
SENHOR não os rejeitará, pois o SENHOR teve prazer em torná-los
o seu próprio povo. 23E longe de mim esteja pecar contra o
SENHOR, deixando de orar por vocês. Também ensinarei a vocês
o caminho que é bom e direito. 24Somente temam ao SENHOR
e sirvam a ele fielmente de todo o coração; e considerem as
grandes coisas que ele tem feito por vocês. 25Todavia, se in-
sistirem em fazer o mal, vocês e o seu rei serão destruídos".

Samuel Repreende Saul

13 Saul tinha trinta[e] anos de idade quando começou a reinar
e reinou sobre Israel quarenta[f] e dois anos.
2Saul[g] escolheu três mil homens de Israel; dois mil ficaram

a 11.15 *Ou de paz*

b 12.11 Também chamado *Gideão*.

c 12.11 Conforme alguns manuscritos da Septuaginta e a Versão Siríaca. O Texto Massorético diz *Bedã*.

d 12.11 Alguns manuscritos da Septuaginta e a Versão Siríaca dizem *Sansão*.

e 13.1 Conforme alguns manuscritos da Septuaginta. O Texto Massorético não traz *trinta*.

f 13.1 Veja o número arredondado em At 13.21. O Texto Massorético não traz *quarenta*.

g 13.1,2 *Ou com dois anos de reinado, 2Saul*

com ele em Micmás e nos montes de Betel e mil ficaram com
Jônatas em Gibeá de Benjamim. O restante dos homens ele
mandou de volta para suas tendas.
3 Jônatas atacou os destacamentos dos filisteus em Gibeá[a], e
os filisteus foram informados disso. Então Saul mandou tocar
a trombeta por todo o país, dizendo: "Que os hebreus fiquem
sabendo disto!" 4 E todo o Israel ouviu a notícia de que Saul
tinha atacado o destacamento dos filisteus, atraindo o ódio
dos filisteus sobre Israel[b]. Então os homens foram convocados
para se unirem a Saul em Gilgal.
5 Os filisteus reuniram-se para lutar contra Israel com três mil[c]
carros de guerra, seis mil condutores de carros e tantos sol-
dados quanto a areia da praia. Eles foram a Micmás, a leste
de Bete-Áven, e lá acamparam. 6 Quando os soldados de Israel
viram que a situação era difícil e que o seu exército estava
sendo muito pressionado, esconderam-se em cavernas e bu-
racos, entre as rochas e em poços e cisternas. 7 Alguns hebreus
até atravessaram o Jordão para chegar à terra de Gade e de Gi-
leade. Saul ficou em Gilgal, e os soldados que estavam com ele
tremiam de medo. 8 Ele esperou sete dias, o prazo estabelecido
por Samuel; mas este não chegou a Gilgal, e os soldados de
Saul começaram a se dispersar. 9 E ele ordenou: "Tragam-me
o holocausto e os sacrifícios de comunhão[d]". Saul então ofe-
receu o holocausto; 10 quando terminou de oferecê-lo, Samuel
chegou, e Saul foi saudá-lo.
11 Perguntou-lhe Samuel: "O que você fez?" Saul respondeu:
"Quando vi que os soldados estavam se dispersando e que
não tinhas chegado no prazo estabelecido, e que os filisteus
estavam reunidos em Micmás, 12 pensei: Agora, os filisteus me
atacarão em Gilgal, e eu não busquei o SENHOR. Por isso sen-
ti-me obrigado a oferecer o holocausto".
13 Disse Samuel: "Você agiu como tolo, desobedecendo ao
mandamento que o SENHOR, o seu Deus, deu a você; se tivesse
obedecido, ele teria estabelecido para sempre o seu reinado
sobre Israel. 14 Mas agora o seu reinado não permanecerá; o SE-
NHOR procurou um homem segundo o seu coração e o designou
líder de seu povo, pois você não obedeceu ao mandamento
do SENHOR".
15 Então Samuel partiu de Gilgal[e] e foi a Gibeá de Benjamim,
e Saul contou os soldados que estavam com ele. Eram cerca
de seiscentos.

A Desvantagem Militar de Israel

16 Saul e seu filho Jônatas, acompanhados de seus soldados,
ficaram em Gibeá de Benjamim, enquanto os filisteus estavam
acampados em Micmás. 17 Uma tropa de ataque saiu do acam-
pamento filisteu em três divisões. Uma foi em direção a Ofra,
nos arredores de Sual, 18 outra em direção a Bete-Horom, e a
terceira em direção à região fronteiriça de onde se avista o vale
de Zeboim, diante do deserto.
19 Naquela época não havia nem mesmo um único ferreiro em
toda a terra de Israel, pois os filisteus não queriam que os
hebreus fizessem espadas e lanças. 20 Assim, eles tinham que
ir aos filisteus para afiar seus arados, enxadas, machados e
foices[f]. 21 O preço para afiar rastelos e enxadas era oito gramas[g]
de prata, e quatro gramas[h] de prata para afiar tridentes, ma-
chados e pontas de aguilhadas.
22 Por isso, no dia da batalha, nenhum soldado de Saul e Jô-
natas tinha espada ou lança nas mãos, exceto o próprio Saul
e seu filho Jônatas.

Jônatas Ataca os Filisteus

23 Aconteceu que um destacamento filisteu foi para o desfila-
deiro de Micmás.

14 Certo dia, Jônatas, filho de Saul, disse ao seu jovem escu-
deiro: "Vamos ao destacamento filisteu, do outro lado".
Ele, porém, não contou isso a seu pai.
2 Saul estava sentado debaixo de uma romãzeira na fronteira
de Gibeá, em Migrom. Com ele estavam uns seiscentos sol-
dados, 3 entre os quais Aías, que levava o colete sacerdotal.
Ele era filho de Aitube, irmão de Icabode, filho de Fineias e
neto de Eli, o sacerdote do SENHOR em Siló. Ninguém sabia que
Jônatas havia saído.
4 Em cada lado do desfiladeiro que Jônatas pretendia atra-
vessar para chegar ao destacamento filisteu, havia um pe-
nhasco íngreme; um se chamava Bozez; o outro, Sené. 5 Havia
um penhasco ao norte, na direção de Micmás, e outro ao sul,
na direção de Geba.
6 E Jônatas disse a seu escudeiro: "Vamos ao destacamento
daqueles incircuncisos. Talvez o SENHOR aja em nosso favor,
pois nada pode impedir o SENHOR de salvar, seja com muitos
seja com poucos".
7 Disse o seu escudeiro: "Faze tudo o que tiveres em mente;
eu irei contigo".
8 Jônatas disse: "Venha, vamos atravessar na direção dos
soldados e deixaremos que nos avistem. 9 Se nos disserem:
'Esperem aí até que cheguemos perto', ficaremos onde esti-
vermos e não avançaremos. 10 Mas, se disserem: 'Subam até
aqui', subiremos, pois este será um sinal para nós de que o
SENHOR os entregou em nossas mãos".
11 Então os dois se deixaram ver pelo destacamento dos filis-
teus, que disseram: "Vejam, os hebreus estão saindo dos bu-
racos onde estavam escondidos". 12 E gritaram para Jônatas
e seu escudeiro: "Subam até aqui e daremos uma lição em
vocês". Diante disso, Jônatas disse a seu escudeiro: "Siga-me;
o SENHOR os entregou nas mãos de Israel".
13 Jônatas escalou o desfiladeiro, usando as mãos e os pés, e o

[a] 13.3 Conforme dois manuscritos do Texto Massorético. A maioria dos manuscritos do Texto Massorético diz *Geba*, variante de *Gibeá*; também no versículo 16.
[b] 13.4 Hebraico: *transformando Israel em mau cheiro para os filisteus.*
[c] 13.5 Conforme alguns manuscritos da Septuaginta e a Versão Siríaca. O Texto Massorético diz *trinta mil.*
[d] 13.9 Ou *de paz*
[e] 13.15 A Septuaginta diz *Gilgal e seguiu seu caminho; o restante do povo foi com Saul encontrar-se com o exército, e saíram de Gilgal.*
[f] 13.20 Conforme a Septuaginta. O Texto Massorético diz *arados.*
[g] 13.21 Hebraico: *1 pim.*
[h] 13.21 Hebraico: *1/3 de siclo.* Um siclo equivalia a 12 gramas.

escudeiro foi logo atrás. Jônatas os derrubava e seu escudeiro,
logo atrás dele, os matava. 14Naquele primeiro ataque, Jônatas
e seu escudeiro mataram cerca de vinte homens numa pequena
área de terra[a].

A Vitória de Israel sobre os Filisteus

15Então caiu terror sobre todo o exército, tanto sobre os que
estavam no acampamento e no campo como sobre os que es-
tavam nos destacamentos, e até mesmo nas tropas de ataque.
O chão tremeu e houve um pânico terrível[b].
16As sentinelas de Saul em Gibeá de Benjamim viram o exército
filisteu se dispersando, correndo em todas as direções. 17Então
Saul disse aos seus soldados: "Contem os soldados e vejam
quem está faltando". Quando o fizeram, viram que Jônatas e
seu escudeiro não estavam presentes.
18Saul ordenou a Aías: "Traga a arca de Deus". Naquele tempo
ela estava com os israelitas.[c] 19Enquanto Saul falava com o
sacerdote, o tumulto no acampamento filisteu ia crescendo
cada vez mais. Então Saul disse ao sacerdote: "Não precisa
trazer a arca"[d].
20Na mesma hora Saul e todos os soldados se reuniram e foram
para a batalha. Encontraram os filisteus em total confusão,
ferindo uns aos outros com suas espadas. 21Alguns hebreus que
antes estavam do lado dos filisteus e que com eles tinham ido
ao acampamento filisteu, passaram para o lado dos israelitas
que estavam com Saul e Jônatas. 22Quando todos os israelitas
que haviam se escondido nos montes de Efraim ouviram que
os filisteus batiam em retirada, também entraram na batalha,
perseguindo-os. 23Assim o SENHOR concedeu vitória a Israel
naquele dia, e a batalha se espalhou para além de Bete-Áven.

O Juramento Impensado de Saul

24Os homens de Israel estavam exaustos naquele dia, pois Saul
lhes havia imposto um juramento, dizendo: "Maldito seja todo
o que comer antes do anoitecer, antes que eu tenha me vin-
gado de meus inimigos!" Por isso ninguém tinha comido nada.
25O exército inteiro entrou num bosque, onde havia mel no
chão. 26Eles viram o mel escorrendo, contudo ninguém comeu,
pois temiam o juramento. 27Jônatas, porém, não sabia do ju-
ramento que seu pai havia imposto ao exército, de modo que
estendeu a ponta da vara que tinha na mão e a molhou no favo
de mel. Quando comeu, seus olhos brilharam[e]. 28Então um dos
soldados lhe disse: "Seu pai impôs ao exército um juramento
severo, dizendo: 'Maldito seja todo o que comer hoje!' Por isso
os homens estão exaustos".
29Jônatas disse: "Meu pai trouxe desgraça para nós. Veja como
meus olhos brilham[f] desde que provei um pouco deste mel.
30Como teria sido bem melhor se os homens tivessem comido
hoje um pouco do que tomaram dos seus inimigos. A matança
de filisteus não teria sido ainda maior?"
31Naquele dia, depois de derrotarem os filisteus, desde Micmás
até Aijalom, os israelitas estavam completamente exaustos.
32Eles então se lançaram sobre os despojos e pegaram ove-
lhas, bois e bezerros; mataram-nos ali mesmo e comeram a
carne com o sangue. 33E alguém disse a Saul: "Veja, os sol-
dados estão pecando contra o SENHOR, comendo carne com
sangue". Ele disse: "Vocês foram infiéis. Rolem uma grande
pedra até aqui. 34Saiam entre os soldados e digam-lhes: Cada
um traga a mim seu boi ou sua ovelha, abatam-nos e comam a
carne aqui. Não pequem contra o SENHOR comendo carne com
sangue". Assim, cada um levou seu boi naquela noite e ali o
abateu. 35Então, Saul edificou um altar para o SENHOR; foi a
primeira vez que fez isso.
36Saul disse ainda: "Desçamos atrás dos filisteus à noite;
vamos saqueá-los até o amanhecer e não deixemos vivo nem
um só deles". Eles responderam: "Faze o que achares melhor".
O sacerdote, porém, disse: "Consultemos aqui a Deus".
37Então Saul perguntou a Deus: "Devo perseguir os filisteus?
Tu os entregarás nas mãos de Israel?" Mas naquele dia Deus
não lhe respondeu.
38Disse então Saul: "Venham cá, todos vocês que são líderes
do exército, e descubramos que pecado foi cometido hoje.
39Juro pelo nome do SENHOR, o libertador de Israel; mesmo
que seja meu filho Jônatas, ele morrerá". Mas ninguém disse
uma só palavra.
40A seguir disse Saul a todos os israelitas: "Fiquem vocês de
um lado; eu e meu filho Jônatas ficaremos do outro". E eles
responderam: "Faze o que achares melhor".
41E Saul orou ao SENHOR, ao Deus de Israel: "Dá-me a resposta
certa"[g]. A sorte caiu em Jônatas e Saul, e os soldados saíram
livres. 42Saul disse: "Lancem sortes entre mim e meu filho Jô-
natas". E Jônatas foi indicado.
43Então Saul disse a Jônatas: "Diga-me o que você fez". E Jô-
natas lhe contou: "Eu provei um pouco de mel com a ponta de
minha vara. Estou pronto para morrer".
44Saul disse: "Que Deus me castigue com todo rigor, caso você
não morra, Jônatas!"
45Os soldados, porém, disseram a Saul: "Será que Jônatas,
que trouxe esta grande libertação para Israel, deve morrer?
Nunca! Juramos pelo nome do SENHOR: Nem um só cabelo de
sua cabeça cairá ao chão, pois o que ele fez hoje foi com o
auxílio de Deus". Então os homens resgataram Jônatas, e ele
não foi morto.
46E Saul parou de perseguir os filisteus, e eles voltaram para
a sua própria terra.
47Quando Saul assumiu o reinado sobre Israel, lutou contra
os seus inimigos em redor: moabitas, amonitas, edomitas, os
reis[h] de Zobá e os filisteus. Para qualquer lado que fosse, infli-

---

[a] **14.14** Isto é, a terra arada por um jugo de bois num dia.
[b] **14.15** Ou *um pânico de Deus*
[c] **14.18** A Septuaginta diz *"Traga o colete sacerdotal". Naquele tempo ele usava o colete sacerdotal diante dos israelitas.*
[d] **14.19** Hebraico: *"Retire a sua mão"*.
[e] **14.27** Ou *suas forças se renovaram*
[f] **14.29** Ou *como minhas forças se renovaram*
[g] **14.41** A Septuaginta diz *"Por que não respondeste a teu servo hoje? Se a falta está em mim ou no meu filho Jônatas, responde pelo Urim, mas, se os homens de Israel pecaram, responde pelo Tumim".*
[h] **14.47** Os manuscritos do mar Morto e a Septuaginta dizem *o rei*.

gia-lhes castigo[a]. 48 Lutou corajosamente e derrotou os amale-
quitas, libertando Israel das mãos daqueles que os saqueavam.

A Família de Saul

49 Os filhos de Saul foram Jônatas, Isvi e Malquisua. O nome de
sua filha mais velha era Merabe, e o da mais nova era Mical.
50 Sua mulher chamava-se Ainoã e era filha de Aimaás. O nome
do comandante do exército de Saul era Abner, filho de Ner, tio
de Saul. 51 Quis, pai de Saul, e Ner, pai de Abner, eram filhos
de Abiel.
52 Houve guerra acirrada contra os filisteus durante todo o rei-
nado de Saul. Por isso, sempre que Saul conhecia um homem
forte e corajoso, alistava-o no seu exército.

15 O SENHOR Rejeita Saul como Rei

Samuel disse a Saul: "Eu sou aquele a quem o SENHOR
enviou para ungi-lo como rei de Israel, o povo dele; por isso
escute agora a mensagem do SENHOR. 2 Assim diz o SENHOR dos
Exércitos: 'Castigarei os amalequitas pelo que fizeram a Is-
rael, atacando-o quando saía do Egito. 3 Agora vão, ataquem
os amalequitas e consagrem ao SENHOR para destruição tudo
o que lhes pertence. Não os poupem; matem homens, mu-
lheres, crianças, recém-nascidos, bois, ovelhas, camelos e
jumentos' ".
4 Então convocou Saul os homens e os reuniu em Telaim: du-
zentos mil soldados de infantaria e dez mil homens de Judá.
5 Saul foi à cidade de Amaleque e armou uma emboscada no
vale. 6 Depois disse aos queneus: "Retirem-se, saiam do meio
dos amalequitas para que eu não os destrua com eles; pois
vocês foram bondosos com os israelitas, quando eles estavam
vindo do Egito". Então os queneus saíram do meio dos ama-
lequitas.
7 E Saul atacou os amalequitas por todo o caminho, desde Ha-
vilá até Sur, a leste do Egito. 8 Capturou vivo Agague, rei dos
amalequitas, e exterminou o seu povo. 9 Mas Saul e o exército
pouparam Agague e o melhor das ovelhas e dos bois, os be-
zerros gordos e os cordeiros. Pouparam tudo o que era bom,
mas tudo o que era desprezível e inútil destruíram por com-
pleto.
10 Então o SENHOR falou a Samuel: 11 "Arrependo-me de ter
posto Saul como rei, pois ele me abandonou e não seguiu as
minhas instruções". Samuel ficou irado e clamou ao SENHOR
toda aquela noite.
12 De madrugada Samuel foi ao encontro de Saul, mas lhe dis-
seram: "Saul foi para o Carmelo, onde ergueu um monumento
em sua própria honra e depois foi para Gilgal".
13 Quando Samuel o encontrou, Saul disse: "O SENHOR te
abençoe! Eu segui as instruções do SENHOR".
14 Samuel, porém, perguntou: "Então que balido de ovelhas é
esse que ouço com meus próprios ouvidos? Que mugido de bois
é esse que estou ouvindo?"
15 Respondeu Saul: "Os soldados os trouxeram dos amalequitas;
eles pouparam o melhor das ovelhas e dos bois para sacrifi-
carem ao SENHOR, o teu Deus, mas destruímos totalmente o
restante".
16 Samuel disse a Saul: "Fique quieto! Eu direi a você o que
o SENHOR me falou esta noite". Respondeu Saul: "Dize-me".
17 E Samuel disse: "Embora pequeno aos seus próprios olhos,
você não se tornou o líder das tribos de Israel? O SENHOR o
ungiu como rei sobre Israel 18 e o enviou numa missão, orde-
nando: 'Vá e destrua completamente aquele povo ímpio, os
amalequitas; guerreie contra eles até que os tenha eliminado'.
19 Por que você não obedeceu ao SENHOR? Por que se lançou
sobre os despojos e fez o que o SENHOR reprova?"
20 Disse Saul: "Mas eu obedeci ao SENHOR! Cumpri a missão que
o SENHOR me designou. Trouxe Agague, o rei dos amalequitas,
mas exterminei os amalequitas. 21 Os soldados tomaram ove-
lhas e bois do despojo, o melhor do que estava consagrado a
Deus para destruição, a fim de os sacrificarem ao SENHOR, o
seu Deus, em Gilgal".
22 Samuel, porém, respondeu: "Acaso tem o SENHOR tanto
prazer em holocaustos e em sacrifícios quanto em que se obe-
deça à sua palavra? A obediência é melhor do que o sacrifício,
e a submissão é melhor do que a gordura de carneiros. 23 Pois
a rebeldia é como o pecado da feitiçaria; a arrogância, como o
mal da idolatria. Assim como você rejeitou a palavra do SENHOR,
ele o rejeitou como rei".
24 "Pequei", disse Saul. "Violei a ordem do SENHOR e as ins-
truções que tu me deste. Tive medo dos soldados e os atendi.
25 Agora eu te imploro, perdoa o meu pecado e volta comigo,
para que eu adore o SENHOR."
26 Samuel, contudo, lhe disse: "Não voltarei com você. Você
rejeitou a palavra do SENHOR, e o SENHOR o rejeitou como rei
de Israel!"
27 Quando Samuel se virou para sair, Saul agarrou-se à barra
do manto dele, e o manto se rasgou. 28 E Samuel lhe disse: "O
SENHOR rasgou de você, hoje, o reino de Israel, e o entregou
a alguém que é melhor que você. 29 Aquele que é a Glória de
Israel não mente nem se arrepende, pois não é homem para
se arrepender".
30 Saul repetiu: "Pequei. Agora, honra-me perante as autori-
dades do meu povo e perante Israel; volta comigo, para que eu
possa adorar o SENHOR, o teu Deus". 31 E assim Samuel voltou
com ele, e Saul adorou o SENHOR.
32 Então Samuel disse: "Traga-me Agague, o rei dos amale-
quitas". Agague veio confiante, pensando[b]: "Com certeza já
passou a amargura da morte".
33 Samuel, porém, disse: "Assim como a sua espada deixou
mulheres sem filhos, também sua mãe, entre as mulheres, fi-
cará sem o seu filho". E Samuel despedaçou Agague perante
o SENHOR, em Gilgal.
34 Então Samuel partiu para Ramá, e Saul foi para a sua casa,
em Gibeá de Saul. 35 Nunca mais Samuel viu Saul, até o dia de
sua morte, embora se entristecesse por causa dele porque o
SENHOR se arrependera de ter estabelecido Saul como rei de
Israel.

---

a 14.47 A Septuaginta diz *era vitorioso*.

b 15.32 Ou *veio tremendo, mas ao mesmo tempo pensava*

16 Samuel Unge Davi

O SENHOR disse a Samuel: "Até quando você irá se entris-
tecer por causa de Saul? Eu o rejeitei como rei de Israel. Encha
um chifre com óleo e vá a Belém; eu o enviarei a Jessé. Escolhi
um de seus filhos para fazê-lo rei".
2 Samuel, porém, disse: "Como poderei ir? Saul saberá disto e
me matará". O SENHOR disse: "Leve um novilho com você e diga
que foi sacrificar ao SENHOR. 3 Convide Jessé para o sacrifício,
e eu mostrarei a você o que fazer. Você irá ungir para mim
aquele que eu indicar".
4 Samuel fez o que o SENHOR disse. Quando chegou a Belém, as
autoridades da cidade foram encontrar-se com ele, tremendo
de medo, e perguntaram: "Vens em paz?"
5 Respondeu Samuel: "Sim, venho em paz; vim sacrificar ao SE-
NHOR. Consagrem-se e venham ao sacrifício comigo". Então ele
consagrou Jessé e os filhos dele e os convidou para o sacrifício.
6 Quando chegaram, Samuel viu Eliabe e pensou: "Com certeza
é este que o SENHOR quer ungir".
7 O SENHOR, contudo, disse a Samuel: "Não considere sua
aparência nem sua altura, pois eu o rejeitei. O SENHOR não
vê como o homem: o homem vê a aparência, mas o SENHOR
vê o coração".
8 Então Jessé chamou Abinadabe e o levou a Samuel. Ele,
porém, disse: "O SENHOR também não escolheu este". 9 Em
seguida Jessé levou Samá a Samuel, mas este disse: "Também
não foi este que o SENHOR escolheu". 10 Jessé levou a Samuel
sete de seus filhos, mas Samuel lhe disse: "O SENHOR não es-
colheu nenhum destes". 11 Então perguntou a Jessé: "Estes são
todos os filhos que você tem?" Jessé respondeu: "Ainda tenho
o caçula, mas ele está cuidando das ovelhas". Samuel disse:
"Traga-o aqui; não nos sentaremos para comer enquanto ele
não chegar".
12 Jessé mandou chamá-lo, e ele veio. Ele era ruivo[a], de belos
olhos e boa aparência. Então o SENHOR disse a Samuel: "É este!
Levante-se e unja-o".
13 Samuel apanhou o chifre cheio de óleo e o ungiu na presença
de seus irmãos, e, a partir daquele dia, o Espírito do SENHOR
apoderou-se de Davi. E Samuel voltou para Ramá.

Davi a Serviço de Saul

14 O Espírito do SENHOR se retirou de Saul, e um espírito maligno,
vindo da parte do SENHOR, o atormentava.
15 Os oficiais de Saul lhe disseram: "Há um espírito maligno[b],
mandado por Deus, te atormentando. 16 Que o nosso soberano
mande estes seus servos procurar um homem que saiba tocar
harpa. Quando o espírito maligno, vindo da parte de Deus, se
apoderar de ti, o homem tocará harpa e tu te sentirás melhor".
17 E Saul respondeu aos que o serviam: "Encontrem alguém que
toque bem e tragam-no até aqui".
18 Um dos oficiais respondeu: "Conheço um filho de Jessé, de
Belém, que sabe tocar harpa. É um guerreiro valente, sabe
falar bem, tem boa aparência e o SENHOR está com ele".
19 Então Saul mandou mensageiros a Jessé com a seguinte
mensagem: "Envie-me seu filho Davi, que cuida das ovelhas".
20 Jessé apanhou um jumento e o carregou de pães, uma va-
silha de couro cheia de vinho e um cabrito e os enviou a Saul
por meio de Davi, seu filho.
21 Davi apresentou-se a Saul e passou a trabalhar para ele. Saul
gostou muito dele, e Davi tornou-se seu escudeiro. 22 Então
Saul enviou a seguinte mensagem a Jessé: "Deixe que Davi
continue trabalhando para mim, pois estou satisfeito com ele".
23 Sempre que o espírito mandado por Deus se apoderava de
Saul, Davi apanhava sua harpa e tocava. Então Saul sentia alívio
e melhorava, e o espírito maligno o deixava.

17 Davi e Golias

Os filisteus juntaram suas forças para a guerra e se reu-
niram em Socó, de Judá. E acamparam em Efes-Damim, entre
Socó e Azeca. 2 Saul e os israelitas reuniram-se e acamparam
no vale de Elá, posicionando-se em linha de batalha para en-
frentar os filisteus. 3 Os filisteus ocuparam uma colina e os is-
raelitas outra, estando o vale entre eles.
4 Um guerreiro chamado Golias, que era de Gate, veio do acam-
pamento filisteu. Tinha dois metros e noventa centímetros[c] de
altura. 5 Ele usava um capacete de bronze e vestia uma cou-
raça de escamas de bronze que pesava sessenta quilos[d]; 6 nas
pernas usava caneleiras de bronze e tinha um dardo de bronze
pendurado nas costas. 7 A haste de sua lança era parecida com
uma lançadeira de tecelão, e sua ponta de ferro pesava sete
quilos e duzentos gramas. Seu escudeiro ia à frente dele.
8 Golias parou e gritou às tropas de Israel: "Por que vocês estão
se posicionando para a batalha? Não sou eu um filisteu, e vocês
os servos de Saul? Escolham um homem para lutar comigo.
9 Se ele puder lutar e vencer-me, nós seremos seus escravos;
todavia, se eu o vencer e o puser fora de combate, vocês serão
nossos escravos e nos servirão". 10 E acrescentou: "Eu desafio
hoje as tropas de Israel! Mandem-me um homem para lutar
sozinho comigo". 11 Ao ouvirem as palavras do filisteu, Saul e
todos os israelitas ficaram atônitos e apavorados.
12 Davi era filho de Jessé, o efrateu de Belém de Judá. Jessé
tinha oito filhos e já era idoso na época de Saul. 13 Os três fi-
lhos mais velhos de Jessé tinham ido para a guerra com Saul:
Eliabe, o mais velho; Abinadabe, o segundo; e Samá, o terceiro.
14 Davi era o caçula. Os três mais velhos seguiram Saul, 15 mas
Davi ia ao acampamento de Saul e voltava para apascentar as
ovelhas de seu pai, em Belém.
16 Durante quarenta dias o filisteu aproximou-se, de manhã e
de tarde, e tomou posição.
17 Nessa ocasião Jessé disse a seu filho Davi: "Pegue uma ar-
roba[e] de grãos tostados e dez pães e leve-os depressa a seus
irmãos no acampamento. 18 Leve também estes dez queijos ao

a 16.12 Ou *moreno*
b 16.15 Ou *arruinador*

c 17.4 Hebraico: *tinha 6 côvados e 1 palmo*. O côvado era uma medida linear de cerca de 45 centímetros.
d 17.5 Hebraico: *5.000 siclos*. Um siclo equivalia a 12 gramas.
e 17.17 Hebraico: *1 efa*. O efa era uma medida de capacidade para secos. As estimativas variam entre 20 e 40 litros.

comandante da unidade[a] deles. Veja como estão seus irmãos e
traga-me alguma garantia[b] de que estão bem. 19 Eles estão com
Saul e com todos os homens de Israel no vale de Elá, lutando
contra os filisteus".
20 Levantando-se de madrugada, Davi deixou o rebanho com
outro pastor, pegou a carga e partiu, conforme Jessé lhe havia
ordenado. Chegou ao acampamento na hora em que, com o
grito de batalha, o exército estava saindo para suas posições
de combate. 21 Israel e os filisteus estavam se posicionando
em linha de batalha, frente a frente. 22 Davi deixou o que havia
trazido com o responsável pelos suprimentos e correu para a
linha de batalha para saber como estavam seus irmãos. 23 En-
quanto conversava com eles, Golias, o guerreiro filisteu de
Gate, avançou e lançou seu desafio habitual; e Davi o ouviu.
24 Quando os israelitas viram o homem, todos fugiram cheios
de medo.
25 Os israelitas diziam entre si: "Vocês viram aquele homem?
Ele veio desafiar Israel. O rei dará grandes riquezas a quem o
vencer. Também lhe dará sua filha em casamento e isentará
de impostos em Israel a família de seu pai".
26 Davi perguntou aos soldados que estavam ao seu lado: "O
que receberá o homem que matar esse filisteu e salvar a honra
de Israel? Quem é esse filisteu incircunciso para desafiar os
exércitos do Deus vivo?"
27 Repetiram a Davi o que haviam comentado e lhe disseram:
"É isso que receberá o homem que matá-lo".
28 Quando Eliabe, o irmão mais velho, ouviu Davi falando com
os soldados, ficou muito irritado com ele e perguntou: "Por que
você veio até aqui? Com quem deixou aquelas poucas ovelhas
no deserto? Sei que você é presunçoso e que o seu coração é
mau; você veio só para ver a batalha".
29 E disse Davi: "O que fiz agora? Será que não posso nem
mesmo conversar?" 30 Ele então se virou para outro e per-
guntou a mesma coisa, e os homens responderam-lhe como
antes.
31 As palavras de Davi chegaram aos ouvidos de Saul, que o
mandou chamar.
32 Davi disse a Saul: "Ninguém deve ficar com o coração abatido
por causa desse filisteu; teu servo irá e lutará com ele".
33 Respondeu Saul: "Você não tem condições de lutar contra
esse filisteu; você é apenas um rapaz, e ele é um guerreiro
desde a mocidade".
34 Davi, entretanto, disse a Saul: "Teu servo toma conta das
ovelhas de seu pai. Quando aparece um leão ou um urso e leva
uma ovelha do rebanho, 35 eu vou atrás dele, dou-lhe golpes
e livro a ovelha de sua boca. Quando se vira contra mim, eu o
pego pela juba e lhe dou golpes até matá-lo. 36 Teu servo pôde
matar um leão e um urso; esse filisteu incircunciso será como
um deles, pois desafiou os exércitos do Deus vivo. 37 O SENHOR
que me livrou das garras do leão e das garras do urso me livrará
das mãos desse filisteu". Diante disso Saul disse a Davi: "Vá, e
que o SENHOR esteja com você".
38 Saul vestiu Davi com sua própria túnica, colocou-lhe uma
armadura e lhe pôs um capacete de bronze na cabeça. 39 Davi
prendeu sua espada sobre a túnica e tentou andar, pois não
estava acostumado com aquilo. E disse a Saul: "Não consigo
andar com isto, pois não estou acostumado". Então tirou tudo
aquilo 40 e em seguida pegou seu cajado, escolheu no riacho
cinco pedras lisas, colocou-as na bolsa, isto é, no seu alforje de
pastor, e, com sua atiradeira na mão, aproximou-se do filisteu.
41 Enquanto isso, o filisteu, com seu escudeiro à frente, vinha
se aproximando de Davi. 42 Olhou para Davi com desprezo, viu
que era só um rapaz, ruivo[c] e de boa aparência, e fez pouco
caso dele. 43 Disse ele a Davi: "Por acaso sou um cão, para que
você venha contra mim com pedaços de pau?" E o filisteu amal-
diçoou Davi, invocando seus deuses, 44 e disse: "Venha aqui,
e darei sua carne às aves do céu e aos animais do campo!"
45 Davi, porém, disse ao filisteu: "Você vem contra mim com
espada, com lança e com dardos, mas eu vou contra você em
nome do SENHOR dos Exércitos, o Deus dos exércitos de Israel,
a quem você desafiou. 46 Hoje mesmo o SENHOR o entregará
nas minhas mãos, eu o matarei e cortarei a sua cabeça. Hoje
mesmo darei os cadáveres do exército filisteu às aves do céu e
aos animais selvagens, e toda a terra saberá que há Deus em
Israel. 47 Todos os que estão aqui saberão que não é por espada
ou por lança que o SENHOR concede vitória; pois a batalha é do
SENHOR, e ele entregará todos vocês em nossas mãos".
48 Quando o filisteu começou a vir na direção de Davi, este
correu para a linha de batalha para enfrentá-lo. 49 Tirando uma
pedra de seu alforje, arremessou-a com a atiradeira e atingiu
o filisteu na testa, de tal modo que ela ficou encravada, e ele
caiu, dando com o rosto no chão.
50 Assim Davi venceu o filisteu com uma atiradeira e uma pedra;
sem espada na mão, derrubou o filisteu e o matou.
51 Davi correu, pôs os pés sobre ele, e, desembainhando a es-
pada do filisteu, acabou de matá-lo, cortando-lhe a cabeça
com ela. Quando os filisteus viram que o seu guerreiro estava
morto, recuaram e fugiram. 52 Então os homens de Israel e de
Judá deram o grito de guerra e perseguiram os filisteus até a
entrada de Gate[d] e até as portas de Ecrom. Cadáveres de filis-
teus ficaram espalhados ao longo da estrada de Saaraim até
Gate e Ecrom. 53 Quando os israelitas voltaram da perseguição
aos filisteus, levaram tudo o que havia no acampamento deles.
54 Davi pegou a cabeça do filisteu, levou-a para Jerusalém e
guardou as armas do filisteu em sua própria tenda.
55 Quando Saul viu Davi avançando para enfrentar o filisteu,
perguntou a Abner, o comandante do exército: "Abner, quem
é o pai daquele rapaz?" Abner respondeu: "Juro por tua vida,
ó rei, que eu não sei".
56 E o rei ordenou-lhe: "Descubra quem é o pai dele".
57 Logo que Davi voltou, depois de ter matado o filisteu, Abner
levou-o perante Saul. Davi ainda segurava a cabeça de Golias.
58 E Saul lhe perguntou: "De quem você é filho, meu jovem?"
Respondeu Davi: "Sou filho de teu servo Jessé, de Belém".

[a] 17.18 Hebraico: *dos mil.*
[b] 17.18 Ou *algum sinal*
[c] 17.42 Ou *moreno*
[d] 17.52 Conforme alguns manuscritos da Septuaginta. O Texto Massorético diz *até um vale.*

18 A Inveja de Saul

Depois dessa conversa de Davi com Saul, surgiu tão grande amizade entre Jônatas e Davi que Jônatas tornou-se o seu melhor amigo. 2 Daquele dia em diante, Saul manteve Davi consigo e não o deixou voltar à casa de seu pai. 3 E Jônatas fez um acordo de amizade com Davi, pois se tornara o seu melhor amigo. 4 Jônatas tirou o manto que estava vestindo e o deu a Davi, com sua túnica, e até sua espada, seu arco e seu cinturão.

5 Tudo o que Saul lhe ordenava fazer, Davi fazia com tanta habilidade[a] que Saul lhe deu um posto elevado no exército. Isso agradou a todo o povo, bem como aos conselheiros de Saul.

6 Quando os soldados voltavam para casa, depois que Davi matou o filisteu, as mulheres saíram de todas as cidades de Israel ao encontro do rei Saul com cânticos e danças, com tamborins, com músicas alegres e instrumentos de três cordas. 7 As mulheres dançavam e cantavam: "Saul matou milhares; Davi, dezenas de milhares".

8 Saul ficou muito irritado com esse refrão e, aborrecido, disse: "Atribuíram a Davi dezenas de milhares, mas a mim apenas milhares. O que mais lhe falta senão o reino?" 9 Daí em diante Saul olhava com inveja para Davi.

10 No dia seguinte, um espírito maligno[b] mandado por Deus apoderou-se de Saul, e ele entrou em transe[c] em sua casa, enquanto Davi tocava harpa, como costumava fazer. Saul estava com uma lança na mão 11 e a atirou, dizendo: "Encravarei Davi na parede". Mas Davi desviou-se duas vezes.

12 Saul tinha medo de Davi porque o SENHOR o havia abandonado e agora estava com Davi. 13 Então afastou Davi de sua presença e deu-lhe o comando de uma tropa de mil soldados, que Davi conduzia em suas campanhas. 14 Ele tinha êxito[d] em tudo o que fazia, pois o SENHOR estava com ele. 15 Vendo isso, Saul teve muito medo dele. 16 Todo o Israel e todo o Judá, porém, gostavam de Davi, pois ele os conduzia em suas batalhas.

17 Saul disse a Davi: "Aqui está a minha filha mais velha, Merabe. Eu a darei em casamento a você; apenas sirva-me com bravura e lute as batalhas do SENHOR". Pois Saul pensou: "Não o matarei. Deixo isso para os filisteus!"

18 Mas Davi disse a Saul: "Quem sou eu, e o que é minha família ou o clã de meu pai em Israel, para que eu me torne genro do rei?" 19 Por isso,[e] quando chegou a época de Merabe, a filha de Saul, ser dada em casamento a Davi, ela foi dada a Adriel, de Meolá.

20 Mical, a outra filha de Saul, gostava de Davi. Quando disseram isso a Saul, ele ficou contente e pensou: 21 "Eu a darei a ele, para que lhe sirva de armadilha, fazendo-o cair nas mãos dos filisteus". Então Saul disse a Davi: "Hoje você tem uma segunda oportunidade de tornar-se meu genro".

22 Então Saul ordenou aos seus conselheiros que falassem em particular com Davi, dizendo: "O rei está satisfeito com você, e todos os seus conselheiros o estimam. Torne-se, agora, seu genro".

23 Quando falaram com Davi, ele disse: "Vocês acham que tornar-se genro do rei é fácil? Sou homem pobre e sem recursos".

24 Quando os conselheiros de Saul lhe contaram o que Davi tinha dito, 25 Saul ordenou que dissessem a Davi: "O rei não quer outro preço pela noiva além de cem prepúcios de filisteus, para vingar-se de seus inimigos". O plano de Saul era que Davi fosse morto pelos filisteus.

26 Quando os conselheiros falaram novamente com Davi, ele gostou da ideia de tornar-se genro do rei. Por isso, antes de terminar o prazo estipulado, 27 Davi e seus soldados saíram e mataram duzentos filisteus. Ele trouxe os prepúcios e apresentou-os ao rei para que se tornasse seu genro. Então Saul lhe deu em casamento sua filha Mical.

28 Quando Saul viu claramente que o SENHOR estava com Davi e que sua filha Mical o amava, 29 temeu-o ainda mais e continuou seu inimigo pelo resto da vida.

30 Os comandantes filisteus continuaram saindo para a batalha, e, todas as vezes que o faziam, Davi tinha mais habilidade do que os outros oficiais de Saul e assim tornou-se ainda mais famoso.

19 Saul Procura Matar Davi

Saul falou a seu filho Jônatas e a todos os seus conselheiros sobre a sua intenção de matar Davi. Jônatas, porém, gostava muito de Davi 2 e o alertou: "Meu pai está procurando uma oportunidade para matá-lo. Tenha cuidado amanhã cedo. Vá para um esconderijo e fique por lá. 3 Sairei e ficarei com meu pai no campo onde você estiver. Falarei a ele sobre você e, depois, contarei a você o que eu descobrir".

4 Jônatas falou bem de Davi a Saul, seu pai, e lhe disse: "Que o rei não faça mal a seu servo Davi; ele não lhe fez mal nenhum. Ao contrário, o que ele fez trouxe grandes benefícios ao rei. 5 Ele arriscou a vida quando matou o filisteu. O SENHOR trouxe grande vitória para todo o Israel; tu mesmo viste tudo e ficaste contente. Por que, então, farias mal a um inocente como Davi, matando-o sem motivo?"

6 Saul atendeu Jônatas e fez este juramento: "Juro pelo nome do SENHOR que Davi não será morto".

7 Então Jônatas chamou Davi e lhe contou a conversa toda. Levou-o até Saul, e Davi voltou a servir Saul como anteriormente.

8 E houve guerra outra vez, e Davi foi lutar contra os filisteus. Ele lhes impôs uma grande derrota, por isso fugiram de Davi.

9 Mas um espírito maligno[f] mandado pelo SENHOR apoderou-se de Saul quando ele estava sentado em sua casa, com sua lança na mão. Enquanto Davi estava tocando harpa, 10 Saul tentou encravá-lo na parede com sua lança, mas Davi desviou-se e a lança encravou na parede. E Davi conseguiu escapar. Naquela mesma noite, 11 Saul enviou alguns homens à casa de Davi para vigiá-lo e matá-lo de manhã; mas Mical, a mulher de Davi, o alertou: "Se você não fugir esta noite para salvar sua vida, amanhã estará morto". 12 Então Mical fez Davi descer por uma janela, e ele fugiu. 13 Depois Mical pegou um ídolo do clã e

---

[a] 18.5 Ou *sabedoria*; também nos versículos 15 e 30.
[b] 10.10 Ou *arruinador*
[c] 18.10 Ou *e ele profetizou*; também em 19.20, 21 e 23. Veja 10.6.
[d] 18.14 Ou *Ele era muito sábio*
[e] 18.19 Ou *Todavia*,

[f] 19.9 Ou *arruinador*

o deitou na cama, pôs uma almofada de pelos de cabra na
cabeceira e o cobriu com um manto.
14 Quando chegaram os homens que Saul tinha enviado para
prender Davi, Mical disse: "Ele está doente".
15 Então Saul enviou os homens de volta para verem Davi,
dizendo: "Tragam-no até aqui em sua cama para que eu o
mate". 16 Quando, porém, os homens entraram, o ídolo do clã
estava na cama, e na cabeceira havia uma almofada de pelos
de cabra.
17 Saul disse a Mical: "Por que você me enganou desse modo e
deixou que o meu inimigo escapasse?" Ela lhe respondeu: "Ele
me disse que o deixasse fugir, se não me mataria."
18 Depois que fugiu, Davi foi falar com Samuel em Ramá e lhe
contou tudo o que Saul lhe havia feito. Então ele e Samuel
foram a Naiote e ficaram lá. 19 E Saul foi informado: "Davi
está em Naiote, em Ramá", disseram-lhe. 20 Então Saul en-
viou alguns homens para capturá-lo. Todavia, quando viram
um grupo de profetas profetizando, dirigidos por Samuel, o
Espírito de Deus apoderou-se dos mensageiros de Saul, e eles
também entraram em transe. 21 Contaram isso a Saul, e ele
enviou mais mensageiros, e estes também entraram em transe.
Depois mandou um terceiro grupo, e eles também entraram em
transe. 22 Finalmente, ele mesmo foi para Ramá. Chegando
à grande cisterna do lugar chamado Seco, perguntou onde
estavam Samuel e Davi. E lhe responderam: "Em Naiote de
Ramá".
23 Então Saul foi para lá. Entretanto, o Espírito de Deus apo-
derou-se dele, e ele foi andando pelo caminho em transe, até
chegar a Naiote. 24 Despindo-se de suas roupas, também pro-
fetizou na presença de Samuel, e, despido, ficou deitado todo
aquele dia e toda aquela noite. Por isso, o povo diz: "Está Saul
também entre os profetas?"

A Amizade entre Davi e Jônatas

20 Depois Davi fugiu de Naiote, em Ramá, foi falar com Jô-
natas e lhe perguntou: "O que foi que eu fiz? Qual é o meu
crime? Qual foi o pecado que cometi contra seu pai para que
ele queira tirar a minha vida?"
2 "Nem pense nisso", respondeu Jônatas; "você não será
morto! Meu pai não fará coisa alguma sem antes me avisar,
quer importante quer não. Por que ele iria esconder isso de
mim? Não é nada disso!"
3 Davi, contudo, fez um juramento e disse: "Seu pai sabe muito
bem que eu conto com a sua simpatia, e pensou: 'Jônatas
não deve saber disso para não se entristecer'. No entanto,
eu juro pelo nome do SENHOR e por sua vida que estou a um
passo da morte".
4 Jônatas disse a Davi: "Eu farei o que você achar necessário".
5 Então disse Davi: "Amanhã é a festa da lua nova, e devo jantar
com o rei; mas deixe que eu vá esconder-me no campo até o
final da tarde de depois de amanhã. 6 Se seu pai sentir minha
falta, diga-lhe: Davi insistiu comigo que lhe permitisse ir a
Belém, sua cidade natal, por causa do sacrifício anual que está
sendo feito lá por todo o seu clã. 7 Se ele disser: 'Está bem',
então seu servo estará seguro. Se ele, porém, ficar muito irado,
você pode estar certo de que está decidido a me fazer mal.
8 Mas seja leal a seu servo, porque fizemos um acordo perante
o SENHOR. Se sou culpado, mate-me você mesmo! Por que en-
tregar-me a seu pai?"
9 Disse Jônatas: "Nem pense nisso! Se eu tiver a menor sus-
peita de que meu pai está decidido a matá-lo, certamente o
avisarei!"
10 Davi perguntou: "Quem irá contar-me, se seu pai responder
asperamente?"
11 Jônatas disse: "Venha, vamos ao campo". Eles foram, 12 e Jô-
natas disse a Davi: "Pelo SENHOR, o Deus de Israel, prometo que
sondarei meu pai, a esta hora, depois de amanhã! Saberei se
as suas intenções são boas ou não para com você, e mandarei
avisá-lo. 13 E, se meu pai quiser fazer algum mal a você, que
o SENHOR me castigue com todo o rigor, se eu não o informar
disso e não deixá-lo ir em segurança. O SENHOR esteja com você
assim como esteve com meu pai. 14 Se eu continuar vivo, seja
leal comigo, com a lealdade do SENHOR; mas, se eu morrer,
15 jamais deixe de ser leal com a minha família, mesmo quando
o SENHOR eliminar da face da terra todos os inimigos de Davi".
16 Assim Jônatas fez uma aliança com a família de Davi, di-
zendo: "Que o SENHOR chame os inimigos de Davi para prestar
contas". 17 E Jônatas fez Davi reafirmar seu juramento de ami-
zade, pois era seu amigo leal.
18 Então Jônatas disse a Davi: "Amanhã é a festa da lua nova.
Vão sentir sua falta, pois sua cadeira estará vazia. 19 Depois de
amanhã, vá ao lugar onde você se escondeu quando tudo isto
começou e espere junto à pedra de Ezel. 20 Atirarei três flechas
para o lado dela, como se estivesse atirando num alvo, 21 e
mandarei um menino procurar as flechas. Se eu gritar para
ele: As flechas estão mais para cá, traga-as aqui, você poderá
vir, pois juro pelo nome do SENHOR que você estará seguro; não
haverá perigo algum. 22 Mas, se eu gritar para ele: Olhe, as fle-
chas estão mais para lá, vá embora, pois o SENHOR o manda ir.
23 Quanto ao nosso acordo, o SENHOR é testemunha entre mim
e você para sempre". 24 Então Davi escondeu-se no campo.
Quando chegou a festa da lua nova, o rei sentou-se à mesa.
25 Ocupou o lugar de costume, junto à parede, em frente de Jô-
natas,[a] e Abner sentou-se ao lado de Saul, mas o lugar de Davi
ficou vazio. 26 Saul não disse nada naquele dia, pois pensou:
"Algo deve ter acontecido a Davi, deixando-o cerimonialmente
impuro. Com certeza ele está impuro". 27 No dia seguinte, o
segundo dia da festa da lua nova, o lugar de Davi continuou
vazio. Então Saul perguntou a seu filho Jônatas: "Por que o
filho de Jessé não veio para a refeição, nem ontem nem hoje?"
28 Jônatas respondeu: "Davi me pediu, com insistência, per-
missão para ir a Belém, 29 dizendo: 'Deixe-me ir, pois nossa
família oferecerá um sacrifício na cidade, e meu irmão ordenou
que eu estivesse lá. Se conto com a sua simpatia, deixe-me ir
ver meus irmãos'. Por isso ele não veio à mesa do rei".
30 A ira de Saul se acendeu contra Jônatas, e ele lhe disse:
"Filho de uma mulher perversa e rebelde! Será que eu não

[a] 20.25 Conforme a Septuaginta. O Texto Massorético diz *parede. Jônatas se levantou.*

sei que você tem apoiado o filho de Jessé para a sua própria
vergonha e para vergonha daquela que o deu à luz? 31 Enquanto
o filho de Jessé viver, nem você nem seu reino serão esta-
belecidos. Agora mande chamá-lo e traga-o a mim, pois ele
deve morrer!"
32 Jônatas perguntou a seu pai: "Por que ele deve morrer? O
que ele fez?" 33 Então Saul atirou sua lança contra Jônatas para
matá-lo. E assim Jônatas viu que seu pai estava mesmo deci-
dido a matar Davi.
34 Jônatas levantou-se da mesa muito irado; naquele segundo
dia da festa da lua nova ele não comeu, entristecido porque
seu pai havia humilhado Davi.
35 Pela manhã, Jônatas saiu ao campo para o encontro combi-
nado com Davi. Levava consigo um menino 36 e lhe disse: "Vá
correndo buscar as flechas que eu atirar". O menino correu, e
Jônatas atirou uma flecha para além dele. 37 Quando o menino
chegou ao lugar onde a flecha havia caído, Jônatas gritou: "A
flecha não está mais para lá? 38 Vamos! Rápido! Não pare!" O
menino apanhou a flecha e voltou 39 sem saber de nada, pois
somente Jônatas e Davi sabiam do que tinham combinado.
40 Então Jônatas deu suas armas ao menino e disse: "Vá, le-
ve-as de volta à cidade".
41 Depois que o menino foi embora, Davi saiu do lado sul da
pedra e inclinou-se três vezes perante Jônatas com o rosto em
terra. Então despediram-se beijando um ao outro e chorando;
Davi chorou ainda mais do que Jônatas.
42 E ele disse a Davi: "Vá em paz, pois temos jurado um ao
outro, em nome do SENHOR, quando dissemos: O SENHOR para
sempre é testemunha entre nós e entre os nossos descen-
dentes". 43 Então Davi partiu, e Jônatas voltou à cidade.

21 Davi Vai para Nobe

Davi foi falar com o sacerdote Aimeleque, em Nobe. Ai-
meleque tremia de medo quando se encontrou com ele e per-
guntou: "Por que você está sozinho? Ninguém veio com você?"
2 Respondeu Davi: "O rei me encarregou de uma certa missão e
me disse: 'Ninguém deve saber coisa alguma sobre sua missão
e sobre as suas instruções'. E eu ordenei aos meus soldados
que se encontrassem comigo num certo lugar. 3 Agora, então,
o que você pode oferecer-me? Dê-me cinco pães ou algo que
tiver".
4 O sacerdote, contudo, respondeu a Davi: "Não tenho pão
comum; somente pão consagrado; se os soldados não tiveram
relações com mulheres recentemente, podem comê-lo".
5 Davi respondeu: "Certamente que não, pois esse é o nosso
costume sempre que saímos em campanha. Não tocamos em
mulher. Esses homens mantêm o corpo puro mesmo em mis-
sões comuns. Quanto mais hoje!" 6 Então, o sacerdote lhe deu
os pães consagrados, visto que não havia outro além do pão da
Presença, que era retirado de diante do SENHOR e substituído
por pão quente no dia em que era tirado.
7 Aconteceu que um dos servos de Saul estava ali naquele dia,
cumprindo seus deveres diante do SENHOR; era o edomita
Doegue, chefe dos pastores de Saul.
8 Davi perguntou a Aimeleque: "Você tem uma lança ou uma
espada aqui? Não trouxe minha espada nem qualquer outra
arma, pois o rei exigiu urgência".
9 O sacerdote respondeu: "A espada de Golias, o filisteu que
você matou no vale de Elá, está enrolada num pano atrás do
colete sacerdotal. Se quiser, pegue-a; não há nenhuma outra
espada". Davi disse: "Não há outra melhor; dê-me essa es-
pada".

Davi Foge para Gate

10 Naquele dia, Davi fugiu de Saul e foi procurar Aquis, rei de
Gate. 11 Todavia os conselheiros de Aquis lhe disseram: "Não
é este Davi, o rei da terra de Israel? Não é aquele acerca de
quem cantavam em suas danças: 'Saul matou milhares; Davi,
dezenas de milhares'?"
12 Davi levou a sério aquelas palavras e ficou com muito medo
de Aquis, rei de Gate. 13 Por isso, na presença deles fingiu que
estava louco; enquanto esteve com eles, agiu como um louco,
riscando as portas da cidade e deixando escorrer saliva pela
barba.
14 Aquis disse a seus conselheiros: "Vejam este homem! Ele está
louco! Por que trazê-lo aqui? 15 Será que me faltam loucos para
que vocês o tragam para agir como doido na minha frente? O
que ele veio fazer no meu palácio?"

22 Davi Refugia-se em Adulão e em Mispá

Davi fugiu da cidade de Gate e foi para a caverna de
Adulão. Quando seus irmãos e a família de seu pai souberam
disso, foram até lá para encontrá-lo. 2 Também juntaram-se a
ele todos os que estavam em dificuldades, os endividados e
os descontentes; e ele se tornou o líder deles. Havia cerca de
quatrocentos homens com ele.
3 De lá Davi foi para Mispá, em Moabe, e disse ao rei de Moabe:
"Posso deixar meu pai e minha mãe virem para cá e ficarem
contigo até que eu saiba o que Deus fará comigo?" 4 E assim
Davi os deixou com o rei de Moabe, e lá eles ficaram enquanto
Davi permaneceu na fortaleza.
5 Contudo, o profeta Gade disse a Davi: "Não fique na fortaleza.
Vá para Judá". Então Davi foi para a floresta de Herete.

Saul Mata os Sacerdotes de Nobe

6 Saul ficou sabendo que Davi e seus homens tinham sido des-
cobertos. Saul estava sentado, com a lança na mão, debaixo da
tamargueira, na colina de Gibeá, com todos os seus oficiais ao
redor, 7 e ele lhes disse: "Ouçam, homens de Benjamim! Será
que o filho de Jessé dará a todos vocês terras e vinhas? Será
que ele os fará todos comandantes de mil e comandantes de
cem? 8 É por isso que todos vocês têm conspirado contra mim?
Ninguém me informa quando meu filho faz acordo com o filho
de Jessé. Nenhum de vocês se preocupa comigo nem me avisa
que meu filho incitou meu servo a ficar à minha espreita, como
ele está fazendo hoje".
9 Entretanto, Doegue, o edomita, que estava com os oficiais
de Saul, disse: "Vi o filho de Jessé chegar em Nobe e encon-

trar-se com Aimeleque, filho de Aitube. 10 Aimeleque consultou
o SENHOR em favor dele; também lhe deu provisões e a espada
de Golias, o filisteu".
11 Então o rei mandou chamar o sacerdote Aimeleque, filho de
Aitube, e toda a família de seu pai, que eram os sacerdotes
em Nobe, e todos foram falar com o rei. 12 E Saul disse: "Ouça
agora, filho de Aitube". Ele respondeu: "Sim, meu senhor".
13 Saul lhe disse: "Por que vocês conspiraram contra mim, você
e o filho de Jessé? Porque você lhe deu comida e espada, e
consultou a Deus em favor dele, para que se rebelasse contra
mim e me armasse cilada, como ele está fazendo?"
14 Aimeleque respondeu ao rei: "Quem entre todos os teus oficiais é tão leal quanto Davi, o genro do rei, capitão de sua
guarda pessoal e altamente respeitado em sua casa? 15 Será
que foi essa a primeira vez que consultei a Deus em favor dele?
Certamente que não! Que o rei não acuse a mim, seu servo,
nem a qualquer um da família de meu pai, pois seu servo nada
sabe acerca do que está acontecendo".
16 O rei, porém, disse: "Com certeza você será morto, Aimeleque, você e toda a família de seu pai".
17 Em seguida o rei ordenou aos guardas que estavam ao seu
lado: "Matem os sacerdotes do SENHOR, pois eles também
apoiam Davi. Sabiam que ele estava fugindo, mas nada me
informaram". Contudo, os oficiais do rei recusaram erguer as
mãos para matar os sacerdotes do SENHOR.
18 Então o rei ordenou a Doegue: "Mate os sacerdotes", e ele
os matou. E naquele dia, matou oitenta e cinco homens que
vestiam túnica de linho. 19 Além disso, Saul mandou matar os
habitantes de Nobe, a cidade dos sacerdotes: homens, mulheres, crianças, recém-nascidos, bois, jumentos e ovelhas.
20 Entretanto, Abiatar, filho de Aimeleque e neto de Aitube, escapou e fugiu para juntar-se a Davi, 21 e lhe contou que Saul
havia matado os sacerdotes do SENHOR. 22 Então Davi disse a
Abiatar: "Naquele dia, quando o edomita Doegue estava ali,
eu sabia que ele não deixaria de levar a informação a Saul. Sou
responsável pela morte de toda a família de seu pai. 23 Fique
comigo, não tenha medo; o homem que está atrás de sua vida
também está atrás da minha. Mas você estará a salvo comigo".

Davi Liberta o Povo de Queila

23 Quando disseram a Davi que os filisteus estavam atacando a cidade de Queila e saqueando as eiras, 2 ele perguntou
ao SENHOR: "Devo atacar esses filisteus?" O SENHOR lhe respondeu: "Vá, ataque os filisteus e liberte Queila".
3 Os soldados de Davi, porém, lhe disseram: "Aqui em Judá estamos com medo. Quanto mais, se formos a Queila lutar contra
as tropas dos filisteus!"
4 Davi consultou o SENHOR novamente. "Levante-se", disse o SENHOR, "vá à cidade de Queila, pois estou entregando os filisteus
em suas mãos." 5 Então Davi e seus homens foram a Queila,
combateram os filisteus e se apoderaram de seus rebanhos,
impondo-lhes grande derrota e libertando o povo daquela cidade. 6 Ora, Abiatar, filho de Aimeleque, tinha levado o colete
sacerdotal quando fugiu para se juntar a Davi, em Queila.

Saul Persegue Davi

7 Foi dito a Saul que Davi tinha ido a Queila, e ele disse: "Deus
o entregou nas minhas mãos, pois Davi se aprisionou ao entrar
numa cidade com portas e trancas". 8 E Saul convocou todo o
seu exército para a batalha, para irem a Queila e cercarem Davi
e os homens que o seguiam.
9 Quando Davi soube que Saul tramava atacá-lo, disse a Abiatar:
"Traga o colete sacerdotal". 10 Então orou: "Ó SENHOR, Deus
de Israel, este teu servo ouviu claramente que Saul planeja
vir a Queila e destruir a cidade por minha causa. 11 Será que
os cidadãos de Queila me entregarão a ele? Saul virá de fato,
conforme teu servo ouviu? Ó SENHOR, Deus de Israel, responde-me". E o SENHOR lhe disse: "Ele virá".
12 E Davi, novamente, perguntou: "Será que os cidadãos de
Queila entregarão a mim e a meus soldados a Saul?" E o SENHOR respondeu: "Entregarão".
13 Então Davi e seus soldados, que eram cerca de seiscentos,
partiram de Queila, e ficaram andando sem direção definida.
Quando informaram a Saul que Davi tinha fugido de Queila, ele
interrompeu a marcha.
14 Davi permaneceu nas fortalezas do deserto e nas colinas do
deserto de Zife. Dia após dia Saul o procurava, mas Deus não
entregou Davi em suas mãos.
15 Quando Davi estava em Horesa, no deserto de Zife, soube
que Saul tinha saído para matá-lo. 16 E Jônatas, filho de Saul,
foi falar com ele, em Horesa, e o ajudou a encontrar forças em
Deus. 17 "Não tenha medo", disse ele, "meu pai não porá as
mãos em você. Você será rei de Israel, e eu serei o seu segundo
em comando. Até meu pai sabe disso." 18 Os dois fizeram um
acordo perante o SENHOR. Então, Jônatas foi para casa, mas
Davi ficou em Horesa.
19 Alguns zifeus foram dizer a Saul, em Gibeá: "Davi está se
escondendo entre nós nas fortalezas de Horesa, na colina de
Haquilá, ao sul do deserto de Jesimom. 20 Agora, ó rei, vai
quando quiseres, e nós seremos responsáveis por entregá-lo
em tuas mãos".
21 Saul respondeu: "O SENHOR os abençoe por terem compaixão
de mim. 22 Vão e façam mais preparativos. Descubram aonde
Davi geralmente vai e quem o tem visto ali. Dizem que ele é
muito astuto. 23 Descubram todos os esconderijos dele e voltem
aqui com informações exatas[a]. Então irei com vocês; se ele
estiver na região, eu o procurarei entre todos os clãs de Judá".
24 E eles voltaram para Zife, antes de Saul. Davi e seus soldados
estavam no deserto de Maom, na Arabá, ao sul do deserto de
Jesimom. 25 Depois, Saul e seus soldados saíram e começaram
a busca, e, ao ser informado, Davi desceu à rocha e permaneceu no deserto de Maom. Sabendo disso, Saul foi para lá
em perseguição a Davi.
26 Saul ia por um lado da montanha, e, pelo outro, Davi e seus
soldados fugiam depressa para escapar de Saul. Quando Saul
e suas tropas estavam cercando Davi e seus soldados para capturá-los, 27 um mensageiro veio dizer a Saul: "Venha depressa!
Os filisteus estão atacando Israel". 28 Então Saul interrompeu a

[a] 23.23 *Ou a mim em Nacom*

perseguição a Davi e foi enfrentar os filisteus. Por isso chamam
esse lugar Selá-Hamalecote[a]. 29 E Davi saiu daquele lugar e foi
viver nas fortalezas de En-Gedi.

Davi Poupa a Vida de Saul

24 Saul voltou da luta contra os filisteus e disseram-lhe que
Davi estava no deserto de En-Gedi. 2 Então Saul tomou três mil
de seus melhores soldados de todo o Israel e partiu à pro-
cura de Davi e seus homens, perto dos rochedos dos Bodes
Selvagens.
3 Ele foi aos currais de ovelhas que ficavam junto ao caminho;
havia ali uma caverna, e Saul entrou nela para fazer suas ne-
cessidades. Davi e seus soldados estavam bem no fundo da
caverna. 4 Eles disseram: "Este é o dia sobre o qual o SENHOR
falou a você:[b] 'Entregarei nas suas mãos o seu inimigo para
que você faça com ele o que quiser' ". Então Davi foi com
muito cuidado e cortou uma ponta do manto de Saul, sem que
este percebesse.
5 Mas Davi sentiu bater-lhe o coração de remorso por ter cor-
tado uma ponta do manto de Saul 6 e então disse a seus sol-
dados: "Que o SENHOR me livre de fazer tal coisa a meu senhor,
de erguer a mão contra ele, pois é o ungido do SENHOR". 7 Com
essas palavras Davi repreendeu os soldados e não permitiu que
atacassem Saul. E este saiu da caverna e seguiu seu caminho.
8 Então Davi saiu da caverna e gritou para Saul: "Ó rei, meu
senhor!" Quando Saul olhou para trás, Davi inclinou-se com o
rosto em terra 9 e depois disse: "Por que o rei dá atenção aos
que dizem que eu pretendo fazer-te mal? 10 Hoje o rei pode ver
com teus próprios olhos como o SENHOR te entregou em minhas
mãos na caverna. Alguns insistiram que eu te matasse, mas eu
te poupei, pois disse: Não erguerei a mão contra meu senhor,
pois ele é o ungido do SENHOR. 11 Olha, meu pai, olha para este
pedaço de teu manto em minha mão! Cortei a ponta de teu
manto, mas não te matei. Agora entende e reconhece que não
sou culpado de fazer-te mal ou de rebelar-me. Não te fiz mal
algum, embora estejas à minha procura para tirar-me a vida.
12 O SENHOR julgue entre mim e ti. Vingue ele os males que tens
feito contra mim, mas não levantarei a mão contra ti. 13 Como
diz o provérbio antigo: 'Dos ímpios vêm coisas ímpias'; por isso,
não levantarei minha mão contra ti.
14 "Contra quem saiu o rei de Israel? A quem está perseguindo?
A um cão morto! A uma pulga! 15 O SENHOR seja o juiz e nos
julgue. Considere ele minha causa e a sustente; que ele me
julgue, livrando-me de tuas mãos".
16 Tendo Davi falado todas essas palavras, Saul perguntou: "É
você, meu filho Davi?" E chorou em alta voz. 17 "Você é mais
justo do que eu", disse a Davi. "Você me tratou bem, mas eu
o tratei mal. 18 Você acabou de mostrar o bem que me tem
feito; o SENHOR me entregou em suas mãos, mas você não me
matou. 19 Quando um homem encontra um inimigo e o deixa ir
sem fazer-lhe mal? O SENHOR o recompense com o bem, pelo
modo com que você me tratou hoje. 20 Agora tenho certeza
de que você será rei e de que o reino de Israel será firmado
em suas mãos. 21 Portanto, jure-me pelo SENHOR que você não
eliminará meus descendentes nem fará meu nome desaparecer
da família de meu pai".
22 Então Davi fez seu juramento a Saul. E este voltou para casa,
mas Davi e seus soldados foram para a fortaleza.

A Morte de Samuel

25 Samuel morreu, e todo o Israel se reuniu e o pranteou; e
o sepultaram onde tinha vivido, em Ramá.

Davi e Abigail

Depois Davi foi para o deserto de Maom[c]. 2 Certo homem de
Maom, que tinha seus bens na cidade de Carmelo, era muito
rico. Possuía mil cabras e três mil ovelhas, as quais estavam
sendo tosquiadas em Carmelo. 3 Seu nome era Nabal e o nome
de sua mulher era Abigail, mulher inteligente e bonita; mas seu
marido, descendente de Calebe, era rude e mau.
4 No deserto, Davi ficou sabendo que Nabal estava tosquiando
as ovelhas. 5 Por isso, enviou dez rapazes, dizendo-lhes:
"Levem minha mensagem a Nabal, em Carmelo, e cumprimen-
tem-no em meu nome. 6 Digam-lhe: Longa vida para o senhor!
Muita paz para o senhor e sua família! E muita prosperidade
para tudo o que é seu!
7 "Sei que você está tosquiando suas ovelhas. Quando os seus
pastores estavam conosco, nós não os maltratamos, e, du-
rante todo o tempo em que estiveram em Carmelo, nada que
fosse deles se perdeu. 8 Pergunte a eles, e eles lhe dirão. Por
isso, seja favorável, pois estamos vindo em época de festa. Por
favor, dê a nós, seus servos, e a seu filho Davi o que puder".
9 Os rapazes foram e deram a Nabal essa mensagem, em nome
de Davi. E ficaram esperando.
10 Nabal respondeu então aos servos de Davi: "Quem é Davi?
Quem é esse filho de Jessé? Hoje em dia muitos servos estão
fugindo de seus senhores. 11 Por que deveria eu pegar meu pão
e minha água, e a carne do gado que abati para meus tos-
quiadores, e dá-los a homens que vêm não se sabe de onde?"
12 Então, os mensageiros de Davi voltaram e lhe relataram cada
uma dessas palavras. 13 Davi ordenou a seus homens: "Ponham
suas espadas na cintura!" Assim eles fizeram e também Davi.
Cerca de quatrocentos homens acompanharam Davi, enquanto
duzentos permaneceram com a bagagem.
14 Um dos servos disse a Abigail, mulher de Nabal: "Do deserto,
Davi enviou mensageiros para saudar o nosso senhor, mas ele
os insultou. 15 No entanto, aqueles homens foram muito bons
para conosco. Não nos maltrataram, e, durante todo o tempo
em que estivemos com eles nos campos, nada perdemos. 16 Dia
e noite eles eram como um muro ao nosso redor, durante todo
o tempo em que estivemos com eles cuidando de nossas ove-
lhas. 17 Agora, leve isso em consideração e veja o que a senhora
pode fazer, pois a destruição paira sobre o nosso senhor e
sobre toda a sua família. Ele é um homem tão mau que nin-
guém consegue conversar com ele".

[a] 23.28 *Selá-Hamalecote* significa *rocha da separação*.
[b] 24.4 Ou *"Hoje o Senhor está dizendo:*
[c] 25.1 Conforme alguns manuscritos da Septuaginta. O Texto Massorético diz *Parã*.

18 Imediatamente, Abigail pegou duzentos pães, duas vasilhas
de couro cheias de vinho, cinco ovelhas preparadas, cinco
medidas[a] de grãos torrados, cem bolos de uvas passas e du-
zentos bolos de figos prensados, e os carregou em jumentos.
19 E disse a seus servos: "Vocês vão na frente; eu os seguirei".
Ela, porém, nada disse a Nabal, seu marido.
20 Enquanto ela ia montada num jumento, encoberta pela mon-
tanha, Davi e seus soldados estavam descendo em sua direção, e
ela os encontrou. 21 Davi tinha dito: "De nada adiantou proteger
os bens daquele homem no deserto, para que nada se perdesse.
Ele me pagou o bem com o mal. 22 Que Deus castigue Davi[b], e
o faça com muita severidade, caso até de manhã eu deixe vivo
um só do sexo masculino[c] de todos os que pertencem a Nabal!"
23 Quando Abigail viu Davi, desceu depressa do jumento e pros-
trou-se perante Davi com o rosto em terra. 24 Ela caiu a seus
pés e disse: "Meu senhor, a culpa é toda minha. Por favor, per-
mite que tua serva te fale; ouve o que ela tem a dizer. 25 Meu
senhor, não dês atenção àquele homem mau, Nabal. Ele é in-
sensato, conforme o significado do seu nome; e a insensatez
o acompanha. Contudo, eu, tua serva, não vi os rapazes que
meu senhor enviou.
26 "Agora, meu senhor, juro pelo nome do SENHOR e por tua vida
que foi o SENHOR que te impediu de derramar sangue e de te
vingares com tuas próprias mãos. Que teus inimigos e todos os
que pretendem fazer-te mal sejam castigados como Nabal. 27 E
que este presente que esta tua serva trouxe ao meu senhor seja
dado aos homens que te seguem. 28 Esquece, eu te suplico, a
ofensa de tua serva, pois o SENHOR certamente fará um reino
duradouro para ti, que travas os combates do SENHOR. E, em
toda a tua vida, nenhuma culpa se ache em ti. 29 Mesmo que
alguém te persiga para tirar-te a vida, a vida de meu senhor
estará firmemente segura como a dos que são protegidos pelo
SENHOR, o teu Deus. Mas a vida de teus inimigos será atirada
para longe como por uma atiradeira. 30 Quando o SENHOR tiver
feito a meu senhor todo o bem que prometeu e te tiver no-
meado líder sobre Israel, 31 meu senhor não terá no coração o
peso de ter derramado sangue desnecessariamente, nem de
ter feito justiça com tuas próprias mãos. E, quando o SENHOR
tiver abençoado a ti, lembra-te de tua serva".
32 Davi disse a Abigail: "Bendito seja o SENHOR, o Deus de Israel,
que hoje a enviou ao meu encontro. 33 Seja você abençoada
pelo seu bom senso e por evitar que eu hoje derrame sangue
e me vingue com minhas próprias mãos. 34 De outro modo,
juro pelo nome do SENHOR, o Deus de Israel, que evitou que
eu fizesse mal a você, que, se você não tivesse vindo depressa
encontrar-me, nem um só do sexo masculino pertencente a
Nabal teria sido deixado vivo ao romper do dia".
35 Então Davi aceitou o que Abigail lhe tinha trazido e disse:
"Vá para sua casa em paz. Ouvi o que você disse e atenderei
ao seu pedido".

[a] **25.18** Hebraico: *5 seás*. O seá era uma medida de capacidade para secos. As estimativas variam entre 7 e 14 litros.

[b] **25.22** Conforme alguns manuscritos da Septuaginta. O texto Massorético diz *os inimigos de Davi*.

[c] **25.22** Hebraico: *dos que urinam na parede*; também no versículo 34.

36 Quando Abigail retornou a Nabal, ele estava dando um ban-
quete em casa, como um banquete de rei. Ele estava alegre e
bastante bêbado, e ela nada lhe falou até o amanhecer. 37 De
manhã, quando Nabal estava sóbrio, sua mulher lhe contou
tudo; ele sofreu um ataque e ficou paralisado como pedra.
38 Cerca de dez dias depois, o SENHOR feriu Nabal, e ele morreu.
39 Quando Davi soube que Nabal estava morto, disse: "Bendito
seja o SENHOR, que defendeu a minha causa contra Nabal, por
ter me tratado com desprezo. O SENHOR impediu seu servo de
praticar o mal e fez com que a maldade de Nabal caísse sobre
a sua própria cabeça". Então Davi enviou uma mensagem a
Abigail, pedindo-lhe que se tornasse sua mulher. 40 Seus servos
foram a Carmelo e disseram a Abigail: "Davi nos mandou bus-
cá-la para que seja sua mulher".
41 Ela se levantou, inclinou-se com o rosto em terra e disse:
"Aqui está a sua serva, pronta para servi-los e lavar os pés dos
servos de meu senhor". 42 Abigail logo montou num jumento e,
acompanhada por suas cinco servas, foi com os mensageiros
de Davi e tornou-se sua mulher. 43 Davi também casou-se com
Ainoã, de Jezreel; as duas foram suas mulheres. 44 Saul, porém,
tinha dado sua filha Mical, mulher de Davi, a Paltiel[d], filho de
Laís, de Galim.

Davi Poupa Novamente a Vida de Saul

26 Os zifeus foram falar com Saul, em Gibeá, e disseram:
"Davi está escondido na colina de Haquilá, em frente do de-
serto de Jesimom".
2 Então Saul desceu ao deserto de Zife com três mil dos me-
lhores soldados de Israel, em busca de Davi. 3 Saul acampou
ao lado da estrada, na colina de Haquilá, em frente do deserto
de Jesimom, mas Davi permaneceu no deserto. Quando viu
que Saul o estava seguindo, 4 enviou espiões e soube que Saul
havia, de fato, chegado.[e]
5 Então Davi foi para onde Saul estava acampado. E viu o lugar
onde Saul e Abner, filho de Ner, comandante de seu exército,
haviam se deitado. Saul estava deitado no acampamento, com
o exército acampado ao redor.
6 Davi perguntou ao hitita Aimeleque e a Abisai, filho de Zeruia,
irmão de Joabe: "Quem descerá comigo ao acampamento de
Saul?" Disse Abisai: "Irei com você".
7 Davi e Abisai entraram à noite no acampamento. Saul estava
dormindo e tinha fincado sua lança no chão, perto da cabeça.
Abner e os soldados estavam deitados à sua volta.
8 Abisai disse a Davi: "Hoje Deus entregou o seu inimigo nas
suas mãos. Agora deixe que eu crave a lança nele até o chão,
com um só golpe; não precisarei de outro".
9 Davi, contudo, disse a Abisai: "Não o mate! Quem pode le-
vantar a mão contra o ungido do SENHOR e permanecer ino-
cente? 10 Juro pelo nome do SENHOR", disse ele, "o SENHOR
mesmo o matará; ou chegará a sua hora e ele morrerá, ou ele
irá para a batalha e perecerá. 11 O SENHOR me livre de levantar
a mão contra o seu ungido. Agora, peguemos a lança e o jarro

[d] **25.44** Hebraico: *Palti*, variante de *Paltiel*.

[e] **26.4** Ou *tinha vindo a Nacom*.

com água que estão perto da cabeça dele e vamos embora".
[12]Dito isso, Davi apanhou a lança e o jarro que estavam perto
da cabeça de Saul, e eles foram embora. Ninguém os viu,
ninguém percebeu nada e ninguém acordou. Estavam todos
dormindo, pois um sono pesado vindo do SENHOR havia caído
sobre eles.
[13]Então Davi foi para o outro lado e colocou-se no topo da
colina, ao longe, a uma boa distância deles. [14]E gritou para
o exército e para Abner, filho de Ner: "Você não vai me res-
ponder, Abner?" Abner respondeu: "Quem é que está gritando
para o rei?"
[15]Disse Davi: "Você é homem, não é? Quem é como você em
Israel? Por que você não protegeu o rei, seu senhor? Alguém
foi até aí para matá-lo. [16]Não é bom isso que você fez! Juro
pelo SENHOR que todos vocês merecem morrer, pois não pro-
tegeram o seu rei, o ungido do SENHOR. Agora, olhem! Onde
estão a lança e o jarro de água do rei, que estavam perto da
cabeça dele?"
[17]Saul reconheceu a voz de Davi e disse: "É você, meu filho
Davi?" Davi respondeu: "Sim, ó rei, meu senhor". [18]E acres-
centou: "Por que meu senhor está perseguindo este seu servo?
O que eu fiz, e de que mal sou culpado? [19]Que o rei, meu se-
nhor, escute as palavras de seu servo. Se o SENHOR o instigou
contra mim, queira ele aceitar uma oferta; se, porém, são
homens que o fizeram, que sejam amaldiçoados perante o SE-
NHOR! Eles agora me afastaram de minha porção na herança do
SENHOR e disseram: 'Vá, preste culto a outros deuses'. [20]Agora,
que o meu sangue não seja derramado longe da presença do
SENHOR. O rei de Israel saiu à procura de uma pulga como al-
guém que sai à caça de uma perdiz nos montes".
[21]Então Saul disse: "Pequei! Volte, meu filho Davi! Como hoje
você considerou preciosa a minha vida, não farei mal a você
de novo. Tenho agido como um tolo e cometi um grande erro".
[22]Respondeu Davi: "Aqui está a lança do rei. Venha um de seus
servos pegá-la. [23]O SENHOR recompensa a justiça e a fidelidade
de cada um. Ele te entregou nas minhas mãos hoje, mas eu não
levantaria a mão contra o ungido do SENHOR. [24]Assim como
eu hoje considerei a tua vida de grande valor, que o SENHOR
também considere a minha vida e me livre de toda a angústia".
[25]Então Saul disse a Davi: "Seja você abençoado, meu filho
Davi; você fará muitas coisas e em tudo será bem-sucedido".
Assim Davi seguiu seu caminho, e Saul voltou para casa.

27 Davi entre os Filisteus

27 Davi, contudo, pensou: "Algum dia serei morto por Saul.
É melhor fugir para a terra dos filisteus. Então Saul desistirá de
procurar-me por todo o Israel, e escaparei dele".
[2]Assim, Davi e os seiscentos homens que estavam com ele
foram até Aquis, filho de Maoque, rei de Gate. [3]Davi e seus
soldados se estabeleceram em Gate, acolhidos por Aquis. Cada
homem levou sua família, e Davi, suas duas mulheres: Ainoã,
de Jezreel, e Abigail, que fora mulher de Nabal, de Carmelo.
[4]Quando contaram a Saul que Davi havia fugido para Gate, ele
parou de persegui-lo.
[5]Então Davi disse a Aquis: "Se eu conto com a tua simpatia,
dá-me um lugar numa das cidades desta terra onde eu possa
viver. Por que este teu servo viveria contigo na cidade real?"
[6]Naquele dia Aquis deu-lhe Ziclague. Por isso, Ziclague per-
tence aos reis de Judá até hoje. [7]Davi morou em território
filisteu durante um ano e quatro meses.
[8]Ele e seus soldados atacavam os gesuritas, os gersitas e os
amalequitas, povos que, desde tempos antigos, habitavam a
terra que se estende desde Sur até o Egito. [9]Quando Davi ata-
cava a região, não poupava homens nem mulheres e tomava
ovelhas, bois, jumentos, camelos e roupas. Depois retornava
a Aquis.
[10]Quando Aquis perguntava: "Quem você atacou hoje?" Davi
respondia: "O Neguebe de Judá" ou "O Neguebe de Jerameel"
ou "O Neguebe dos queneus". [11]Ele matava todos, homens e
mulheres, para que não fossem levados a Gate, pois pensava:
"Eles poderão denunciar-me". Este foi o seu procedimento en-
quanto viveu em território filisteu. [12]Aquis confiava em Davi e
dizia: "Ele se tornou tão odiado por seu povo, os israelitas, que
será meu servo para sempre".

28 Saul e a Médium de En-Dor

28 Naqueles dias os filisteus reuniram suas tropas para lutar
contra Israel. Aquis disse a Davi: "Saiba que você e seus sol-
dados me acompanharão no exército".
[2]Disse Davi a Aquis: "Então tu saberás o que teu servo é capaz
de fazer". Aquis respondeu-lhe: "Muito bem, eu o colocarei
como minha guarda pessoal permanente".
[3]Samuel já havia morrido, e todo o Israel o havia pranteado e
sepultado em Ramá, sua cidade natal. Saul havia expulsado do
país os médiuns e os que consultavam espíritos.
[4]Depois que os filisteus se reuniram, vieram e acamparam em
Suném, enquanto Saul reunia todos os israelitas e acampava
em Gilboa. [5]Quando Saul viu o acampamento filisteu, teve
medo; ficou apavorado. [6]Ele consultou o SENHOR, mas este
não lhe respondeu nem por sonhos, nem por Urim[a], nem por
profetas. [7]Então Saul disse aos seus auxiliares: "Procurem uma
mulher que invoca espíritos, para que eu a consulte". Eles dis-
seram: "Existe uma em En-Dor".
[8]Saul então se disfarçou, vestindo outras roupas, e foi à noite,
com dois homens, até a casa da mulher. Ele disse a ela: "In-
voque um espírito para mim, fazendo subir aquele cujo nome
eu disser".
[9]A mulher, porém, lhe disse: "Certamente você sabe o que Saul
fez. Ele eliminou os médiuns e os que consultam os espíritos da
terra de Israel. Por que você está preparando uma armadilha
contra mim, que me levará à morte?"
[10]Saul jurou-lhe pelo SENHOR: "Juro pelo nome do SENHOR que
você não será punida por isso".
[11]"Quem devo fazer subir?", perguntou a mulher. Ele res-
pondeu: "Samuel".
[12]Quando a mulher viu Samuel, gritou e disse a Saul: "Por que
me enganaste? Tu mesmo és Saul!"

[a] **28.6** Objeto utilizado para se conhecer a vontade de Deus.

13 O rei lhe disse: "Não tenha medo. O que você está vendo?" A
mulher respondeu: "Vejo um ser[a] que sobe do chão".
14 Ele perguntou: "Qual a aparência dele?" E disse ela: "Um
ancião que veste um manto está subindo". Então Saul ficou
sabendo que era Samuel, inclinou-se e prostrou-se com o rosto
em terra.
15 Samuel perguntou a Saul: "Por que você me perturbou, fa-
zendo-me subir?" Respondeu Saul: "Estou muito angustiado.
Os filisteus estão me atacando, e Deus se afastou de mim. Ele
já não responde nem por profetas, nem por sonhos; por isso te
chamei para me dizeres o que fazer".
16 Disse Samuel: "Por que você me chamou, já que o SENHOR se
afastou de você e se tornou seu inimigo? 17 O SENHOR fez o que
predisse por meu intermédio: rasgou de suas mãos o reino e
o deu a seu próximo, a Davi. 18 Porque você não obedeceu ao
SENHOR nem executou a grande ira dele contra os amalequitas,
ele faz isso a você hoje. 19 O SENHOR entregará você e o povo
de Israel nas mãos dos filisteus, e amanhã você e seus filhos
estarão comigo. O SENHOR também entregará o exército de
Israel nas mãos dos filisteus".
20 Na mesma hora Saul caiu estendido no chão, aterrorizado
pelas palavras de Samuel. Suas forças se esgotaram, pois ele
tinha passado todo aquele dia e toda aquela noite sem comer.
21 Quando a mulher se aproximou de Saul e viu que ele estava
profundamente perturbado, disse: "Olha, tua serva te obe-
deceu. Arrisquei minha vida e fiz o que me ordenaste. 22 Agora,
por favor, ouve tua serva e come um pouco para que tenhas
forças para seguir teu caminho".
23 Ele recusou e disse: "Não vou comer". Seus homens, porém,
insistiram com ele, e a mulher também; e ele os atendeu. Ele
se levantou do chão e sentou-se na cama.
24 A mulher matou depressa um bezerro gordo que tinha em
casa; apanhou um pouco de farinha, amassou-a e assou pão
sem fermento. 25 Então ela serviu Saul e seus homens, e eles
comeram. E naquela mesma noite eles partiram.

29 Os Filisteus Desconfiam de Davi

29 Os filisteus reuniram todas as suas tropas em Afeque, e
Israel acampou junto à fonte de Jezreel. 2 Enquanto os gover-
nantes filisteus avançavam com seus grupos de cem e de mil,
Davi e seus homens iam na retaguarda com Aquis. 3 Os coman-
dantes dos filisteus perguntaram: "O que estes hebreus fazem
aqui?" Aquis respondeu: "Este é Davi, que era oficial de Saul,
rei de Israel. Ele já está comigo há mais de um ano e, desde o
dia em que deixou Saul, nada fez que mereça desconfiança".
4 Contudo, os comandantes filisteus se iraram contra ele e dis-
seram: "Mande embora este homem para a cidade que você
lhe designou. Ele não deve ir para a guerra conosco, senão se
tornará nosso adversário durante o combate. Qual seria a me-
lhor maneira de recuperar a boa vontade de seu senhor, senão
à custa da cabeça de nossos homens? 5 Não é ele o Davi de
quem cantavam em suas danças: 'Saul matou milhares; Davi,
dezenas de milhares'?"
6 Então Aquis chamou Davi e lhe disse: "Juro, pelo nome do
SENHOR, que você tem sido leal, e ficaria contente em tê-lo ser-
vindo comigo no exército. Desde o dia em que você veio a mim,
nunca desconfiei de você, mas os governantes não o aprovam.
7 Agora, volte e vá em paz! Não faça nada que desagrade aos
governantes filisteus".
8 Davi perguntou: "O que foi que eu fiz? O que descobriste
contra teu servo, desde o dia em que cheguei? Por que não
posso ir lutar contra os inimigos do rei, meu senhor?"
9 Aquis respondeu: "Reconheço que você tem feito o que eu
aprovo, como um anjo de Deus. Os comandantes filisteus,
no entanto, dizem que você não deve ir à batalha conosco.
10 Agora, levante-se bem cedo, com os servos de seu senhor
que vieram com você, e partam de manhã, assim que clarear
o dia".
11 Então Davi e seus soldados levantaram-se de madrugada para
voltar à terra dos filisteus. E os filisteus foram para Jezreel.

30 Davi Derrota os Amalequitas

30 Quando Davi e seus soldados chegaram a Ziclague, no
terceiro dia, os amalequitas tinham atacado o Neguebe e in-
cendiado a cidade de Ziclague. 2 Levaram como prisioneiros
todos os que lá estavam: as mulheres, os jovens e os idosos. A
ninguém mataram, mas os levaram consigo, quando prosse-
guiram seu caminho.
3 Ao chegarem a Ziclague, Davi e seus soldados encontraram a
cidad destruída pelo fogo e viram que suas mulheres, seus fi-
lhos e suas filhas tinham sido levados como prisioneiros. 4 Então
Davi e seus soldados choraram em alta voz até não terem mais
forças. 5 As duas mulheres de Davi também tinham sido levadas:
Ainoã, de Jezreel, e Abigail, de Carmelo, a que fora mulher
de Nabal. 6 Davi ficou profundamente angustiado, pois os ho-
mens falavam em apedrejá-lo; todos estavam amargurados por
causa de seus filhos e de suas filhas. Davi, porém, fortaleceu-se
no SENHOR, o seu Deus.
7 Então Davi disse ao sacerdote Abiatar, filho de Aimeleque:
"Traga-me o colete sacerdotal". Abiatar o trouxe a Davi, 8 e
ele perguntou ao SENHOR: "Devo perseguir esse bando de
invasores? Irei alcançá-los?" E o SENHOR respondeu: "Persi-
ga-os; é certo que você os alcançará e conseguirá libertar os
prisioneiros".
9 Davi e os seiscentos homens que estavam com ele foram ao
ribeiro de Besor, onde ficaram alguns, 10 pois duzentos deles
estavam exaustos demais para atravessar o ribeiro. Todavia,
Davi e quatrocentos homens continuaram a perseguição.
11 Encontraram um egípcio no campo e o trouxeram a Davi.
Deram-lhe água e comida: 12 um pedaço de bolo de figos pren-
sados e dois bolos de uvas passas. Ele comeu e recobrou as
forças, pois tinha ficado três dias e três noites sem comer e
sem beber.
13 Davi lhe perguntou: "A quem você pertence e de onde vem?"
Ele respondeu: "Sou um jovem egípcio, servo de um amale-
quita. Meu senhor me abandonou quando fiquei doente há três
dias. 14 Nós atacamos o Neguebe dos queretitas, o território

[a] 28.13 Ou *deuses*; ou ainda *um espírito*. Hebraico: *Vejo elohim subindo do chão*.

que pertence a Judá e o Neguebe de Calebe. E incendiamos a
cidade de Ziclague".
15 Davi lhe perguntou: "Você pode levar-me até esse bando de
invasores?" Ele respondeu: "Jura, diante de Deus, que não
me matarás nem me entregarás nas mãos de meu senhor, e
te levarei até eles".
16 Quando ele levou Davi até lá, os amalequitas estavam espa-
lhados pela região, comendo, bebendo e festejando os muitos
bens que haviam tomado da terra dos filisteus e de Judá. 17 Davi
os atacou no dia seguinte, desde o amanhecer até a tarde, e
nenhum deles escapou, com exceção de quatrocentos jovens
que montaram em camelos e fugiram. 18 Davi recuperou tudo
o que os amalequitas tinham levado, incluindo suas duas mu-
lheres. 19 Nada faltou: nem jovens, nem velhos, nem filhos, nem
filhas, nem bens, nem qualquer outra coisa que fora levada.
Davi recuperou tudo. 20 E tomou também todos os rebanhos
dos amalequitas, e seus soldados os conduziram à frente dos
outros animais, dizendo: "Estes são os despojos de Davi".
21 Então Davi foi até os duzentos homens que estavam exaustos
demais para segui-lo e tinham ficado no ribeiro de Besor. Eles
saíram para receber Davi e os que estavam com ele. Ao se
aproximar com seus soldados, Davi os saudou. 22 Mas todos os
elementos maus e vadios que tinham ido com Davi disseram:
"Uma vez que não saíram conosco, não repartiremos com eles
os bens que recuperamos. No entanto, cada um poderá pegar
sua mulher e seus filhos e partir".
23 Davi respondeu: "Não, meus irmãos! Não façam isso com o
que o SENHOR nos deu. Ele nos protegeu e entregou em nossas
mãos os bandidos que vieram contra nós. 24 Quem concordará
com o que vocês estão dizendo? A parte de quem ficou com a
bagagem será a mesma de quem foi à batalha. Todos rece-
berão partes iguais". 25 Davi fez disso um decreto e uma orde-
nança para Israel, desde aquele dia até hoje.
26 Quando Davi chegou a Ziclague, enviou parte dos bens às
autoridades de Judá, que eram seus amigos, dizendo: "Eis um
presente para vocês, tirado dos bens dos inimigos do SENHOR".
27 Ele enviou esse presente às autoridades de Betel, de Ramote
do Neguebe, de Jatir, 28 de Aroer, de Sifmote, de Estemoa,
29 de Racal, das cidades dos jerameelitas e dos queneus, 30 de
Hormá, de Corasã, de Atace, 31 de Hebrom e de todos os lugares
onde Davi e seus soldados tinham passado.

O Suicídio de Saul

31 E aconteceu que, em combate com os filisteus, os israe-
litas foram postos em fuga e muitos caíram mortos no monte
Gilboa. 2 Os filisteus perseguiram Saul e seus filhos e mataram
Jônatas, Abinadabe e Malquisua, filhos de Saul. 3 O combate
foi ficando cada vez mais violento em torno de Saul, até que os
flecheiros o alcançaram e o feriram gravemente.
4 Então Saul ordenou ao seu escudeiro: "Tire sua espada e ma-
te-me com ela, senão sofrerei a vergonha de cair nas mãos
desses incircuncisos". Mas seu escudeiro estava apavorado
e não quis fazê-lo. Saul, então, pegou sua própria espada e
jogou-se sobre ela. 5 Quando o escudeiro viu que Saul estava
morto, jogou-se também sobre sua espada e morreu com ele.
6 Assim foi que Saul, seus três filhos, seu escudeiro e todos os
seus soldados morreram naquele dia.
7 Quando os israelitas que habitavam do outro lado do vale e
a leste do Jordão viram que o exército tinha fugido e que Saul
e seus filhos estavam mortos, fugiram, abandonando suas ci-
dades. Depois os filisteus foram ocupá-las.
8 No dia seguinte, quando os filisteus foram saquear os mortos,
encontraram Saul e seus três filhos caídos no monte Gilboa.
9 Cortaram a cabeça de Saul, pegaram suas armas e enviaram
mensageiros por toda a terra dos filisteus para proclamar a
notícia nos templos de seus ídolos e no meio do seu povo. 10 Ex-
puseram as armas de Saul no templo de Astarote e penduraram
seu corpo no muro de Bete-Seã.
11 Quando os habitantes de Jabes-Gileade ficaram sabendo
o que os filisteus tinham feito com Saul, 12 os mais corajosos
dentre eles foram durante a noite a Bete-Seã. Baixaram os
corpos de Saul e de seus filhos do muro de Bete-Seã e os le-
varam para Jabes, onde os queimaram. 13 Depois enterraram
seus ossos debaixo de uma tamargueira em Jabes e jejuaram
durante sete dias.

2 SAMUEL

Davi Recebe a Notícia da Morte de Saul

1 Depois da morte de Saul, Davi retornou de sua vitória sobre
os amalequitas. Fazia dois dias que ele estava em Ziclague
2 quando, no terceiro dia, chegou um homem que vinha do
acampamento de Saul, com as roupas rasgadas e terra na ca-
beça. Ao aproximar-se de Davi, prostrou-se com o rosto em
terra, em sinal de respeito.
3 Davi então lhe perguntou: "De onde você vem?" Ele res-
pondeu: "Fugi do acampamento israelita".
4 Disse Davi: "Conte-me o que aconteceu". E o homem contou:
"O nosso exército fugiu da batalha, e muitos morreram. Saul e
Jônatas também estão mortos".
5 Então Davi perguntou ao jovem que lhe trouxera as notícias:
"Como você sabe que Saul e Jônatas estão mortos?"

6 O jovem respondeu: "Cheguei por acaso ao monte Gilboa, e lá
estava Saul, apoiado em sua lança. Os carros de guerra e os ofi-
ciais da cavalaria estavam a ponto de alcançá-lo. 7 Quando ele
se virou e me viu, chamou-me gritando, e eu disse: Aqui estou.
8 "Ele me perguntou: 'Quem é você?' "Sou amalequita, respondi.
9 "Então ele me ordenou: 'Venha aqui e mate-me! Estou na
angústia da morte!'.
10 "Por isso aproximei-me dele e o matei, pois sabia que ele não
sobreviveria ao ferimento. Peguei a coroa e o bracelete dele e
trouxe-os a ti, meu senhor".
11 Então Davi rasgou suas vestes; e os homens que estavam com
ele fizeram o mesmo. 12 E se lamentaram, chorando e jejuando
até o fim da tarde, por Saul e por seu filho Jônatas, pelo exér-
cito do SENHOR e pelo povo de Israel, porque muitos haviam
sido mortos à espada.
13 E Davi perguntou ao jovem que lhe trouxera as notícias: "De
onde você é?" E ele respondeu: "Sou filho de um estrangeiro,
sou amalequita".
14 Davi lhe perguntou: "Como você não temeu levantar a mão
para matar o ungido do SENHOR?"
15 Então Davi chamou um dos seus soldados e lhe disse: "Venha
aqui e mate-o!" O servo o feriu, e o homem morreu. 16 Davi
tinha dito ao jovem: "Você é responsável por sua própria morte.
Sua boca testemunhou contra você, quando disse: 'Matei o
ungido do SENHOR' ".

Davi Lamenta-se por Saul e Jônatas

17 Davi cantou este lamento sobre Saul e seu filho Jônatas, 18 e
ordenou que se ensinasse aos homens de Judá; é o Lamento
do Arco, que foi registrado no Livro de Jasar:
19 "O seu esplendor, ó Israel, está morto sobre os seus montes.
Como caíram os guerreiros!
20 "Não conte isso em Gate, não o proclame nas ruas de As-
calom, para que não se alegrem as filhas dos filisteus nem
exultem as filhas dos incircuncisos. 21 "Ó colinas de Gilboa,
nunca mais haja orvalho nem chuva sobre vocês, nem campos
que produzam trigo para as ofertas. Porque ali foi profanado
o escudo dos guerreiros, o escudo de Saul, que nunca mais
será polido com óleo. 22 Do sangue dos mortos, da carne[a] dos
guerreiros, o arco de Jônatas nunca recuou, a espada de Saul
sempre cumpriu a sua tarefa.
23 "Saul e Jônatas, mui amados, nem na vida nem na morte
foram separados. Eram mais ágeis que as águias, mais fortes
que os leões.
24 "Chorem por Saul, ó filhas de Israel! Chorem aquele que as
vestia de rubros ornamentos e que suas roupas enfeitava com
adornos de ouro.
25 "Como caíram os guerreiros no meio da batalha! Jônatas
está morto sobre os montes de Israel. 26 Como estou triste por
você, Jônatas, meu irmão! Como eu lhe queria bem! Sua ami-
zade era, para mim, mais preciosa que o amor das mulheres!
27 "Caíram os guerreiros! As armas de guerra foram des-
truídas!"

[a] 1.22 Hebraico: *gordura*.

2 Davi é Ungido Rei de Judá

Passado algum tempo, Davi perguntou ao SENHOR: "Devo ir
para uma das cidades de Judá?" O SENHOR respondeu que sim,
e Davi perguntou para qual delas. "Para Hebrom", respondeu
o SENHOR.
2 Então Davi foi para Hebrom com suas duas mulheres, Ainoã,
de Jezreel, e Abigail, viúva de Nabal, o carmelita. 3 Davi
também levou os homens que o acompanhavam, cada um
com sua família, e estabeleceram-se em Hebrom e nos po-
voados vizinhos. 4 Então os homens de Judá foram a Hebrom
e ali ungiram Davi rei da tribo de Judá. Informado de que os
habitantes de Jabes-Gileade tinham sepultado Saul, 5 Davi
enviou-lhes mensageiros que lhes disseram: "O SENHOR os
abençoe pelo seu ato de lealdade, dando sepultura a Saul,
seu rei. 6 Seja o SENHOR leal e fiel para com vocês. Também
eu firmarei minha amizade com vocês, por terem feito essa
boa ação. 7 Mas, agora, sejam fortes e corajosos, pois Saul,
seu senhor, está morto, e já fui ungido rei pela tribo de Judá".

Is-Bosete Proclamado Rei de Israel

8 Enquanto isso, Abner, filho de Ner, comandante do exército
de Saul, levou Is-Bosete, filho de Saul, a Maanaim, 9 onde o
proclamou rei sobre Gileade, Assuri[b], Jezreel, Efraim, Benjamim
e sobre todo o Israel.
10 Is-Bosete, filho de Saul, tinha quarenta anos de idade quando
começou a reinar em Israel, e reinou dois anos. Entretanto, a
tribo de Judá seguia Davi, 11 que a governou em Hebrom por
sete anos e seis meses.

A Guerra entre Judá e Israel

12 Abner, filho de Ner, e os soldados de Is-Bosete, filho de Saul,
partiram de Maanaim e marcharam para Gibeom. 13 Joabe, filho
de Zeruia, e os soldados de Davi foram ao encontro deles no
açude de Gibeom. Um grupo posicionou-se num lado do açude;
o outro grupo, no lado oposto.
14 Então Abner disse a Joabe: "Vamos fazer alguns soldados
lutarem diante de nós". Joabe respondeu: "De acordo".
15 Então doze soldados aliados de Benjamim e Is-Bosete, filho
de Saul, atravessaram o açude para enfrentar doze soldados
aliados de Davi. 16 Cada soldado pegou o adversário pela ca-
beça e fincou-lhe o punhal no lado, e juntos caíram mortos.
Por isso aquele lugar, situado em Gibeom, foi chamado Hel-
cate-Hazurim[c].
17 Houve uma violenta batalha naquele dia, e Abner e os sol-
dados de Israel foram derrotados pelos soldados de Davi.
18 Estavam lá Joabe, Abisai e Asael, os três filhos de Zeruia. E
Asael, que corria como uma gazela em terreno plano, 19 perse-
guiu Abner, sem se desviar nem para a direita nem para a es-
querda. 20 Abner olhou para trás e perguntou: "É você, Asael?"
"Sou eu", respondeu ele.
21 Disse-lhe então Abner: "É melhor você se desviar para a di-

[b] 2.9 Ou *Aser*

[c] 2.16 Helcate-Hazurim significa campo de punhais ou campo de hostilidades.

reita ou para a esquerda, capturar um dos soldados e ficar
com as armas dele". Mas Asael não quis parar de persegui-lo.
22 Então Abner advertiu Asael mais uma vez: "Pare de me per-
seguir! Não quero matá-lo. Como eu poderia olhar seu irmão
Joabe nos olhos de novo?"
23 Como, porém, Asael não desistiu de persegui-lo, Abner
cravou no estômago dele a ponta da lança, que saiu pelas
costas. E ele caiu, morrendo ali mesmo. E paravam todos os
que chegavam ao lugar onde Asael estava caído.
24 Então Joabe e Abisai perseguiram Abner. Ao pôr do sol, che-
garam à colina de Amá, defronte de Gia, no caminho para o
deserto de Gibeom. 25 Os soldados de Benjamim, seguindo
Abner, reuniram-se formando um só grupo e ocuparam o alto
de uma colina.
26 Então Abner gritou para Joabe: "O derramamento de sangue
vai continuar? Não vê que isso vai trazer amargura? Quando
é que você vai mandar o seu exército parar de perseguir os
seus irmãos?"
27 Respondeu Joabe: "Juro pelo nome de Deus que, se você
não tivesse falado, o meu exército perseguiria os seus irmãos
até de manhã".
28 Então Joabe tocou a trombeta, e o exército parou de perse-
guir Israel e de lutar.
29 Abner e seus soldados marcharam pela Arabá durante toda
a noite. Atravessaram o Jordão, marcharam durante a manhã[a]
inteira e chegaram a Maanaim.
30 Quando Joabe voltou da perseguição a Abner, reuniu todo
o exército. E viram que faltavam dezenove soldados, além de
Asael. 31 Mas os soldados de Davi tinham matado trezentos e
sessenta benjamitas que estavam com Abner. 32 Levaram Asael
e o sepultaram no túmulo de seu pai, em Belém. Depois disso,
Joabe e seus soldados marcharam durante toda a noite e che-
garam a Hebrom ao amanhecer.

3 A guerra entre as famílias de Saul e de Davi durou muito
tempo. Davi tornava-se cada vez mais forte, enquanto a
família de Saul se enfraquecia.

Os Filhos de Davi em Hebrom

2 Estes foram os filhos de Davi nascidos em Hebrom: O seu filho
mais velho era Amnom, filho de Ainoã, de Jezreel; 3 o segundo,
Quileabe, de Abigail, viúva de Nabal, de Carmelo; o terceiro,
Absalão, de Maaca, filha de Talmai, rei de Gesur; 4 o quarto,
Adonias, de Hagite; o quinto, Sefatias, de Abital; 5 e o sexto,
Itreão, de sua mulher Eglá. Esses foram os filhos de Davi que
lhe nasceram em Hebrom.

O Apoio de Abner a Davi

6 Enquanto transcorria a guerra entre as famílias de Saul e de
Davi, Abner foi ficando poderoso na família de Saul. 7 Saul tivera
uma concubina chamada Rispa, filha de Aiá. Certa vez Is-Bosete
perguntou a Abner: "Por que você se deitou com a concubina
de meu pai?"
8 Abner ficou furioso com a pergunta de Is-Bosete e exclamou:
"Por acaso eu sou um cão a serviço de Judá? Até agora tenho
sido leal à família de Saul, seu pai, e aos parentes e amigos
dele, e não deixei que você caísse nas mãos de Davi; agora
você me acusa de um delito envolvendo essa mulher! 9 Que
Deus me castigue com todo o rigor, se eu não fizer por Davi
o que o SENHOR lhe prometeu sob juramento: 10 tirar o reino
da família de Saul e estabelecer o trono de Davi sobre Israel
e Judá, de Dã a Berseba". 11 Is-Bosete não respondeu nada a
Abner, pois tinha medo dele.
12 Então Abner enviou mensageiros a Davi com esta proposta:
"A quem pertence esta terra? Faze um acordo comigo e eu te
ajudarei a conseguir o apoio de todo o Israel".
13 "Está bem", disse Davi. "Farei um acordo com você, mas com
uma condição: não compareça à minha presença, quando vier
me ver, sem trazer-me Mical, filha de Saul." 14 E Davi enviou
mensageiros a Is-Bosete, filho de Saul, exigindo: "Entregue-me
minha mulher Mical, com quem me casei pelo preço de cem
prepúcios de filisteus".
15 Diante disso, Is-Bosete mandou que a tirassem do seu marido
Paltiel, filho de Laís. 16 Mas Paltiel foi atrás dela, e a seguiu
chorando até Baurim. Então Abner ordenou-lhe que voltasse
para casa, e ele voltou.
17 Nesse meio-tempo, Abner enviou esta mensagem às autori-
dades de Israel: "Já faz algum tempo que vocês querem Davi
como rei. 18 Agora é o momento de agir! Porque o SENHOR pro-
meteu a Davi: 'Por meio de Davi, meu servo, livrarei Israel do
poder dos filisteus e de todos os seus inimigos' ".
19 Abner também falou pessoalmente com os benjamitas. De-
pois foi a Hebrom dizer a Davi tudo o que Israel e a tribo de
Benjamim haviam aprovado. 20 Quando Abner, acompanhado
de vinte homens, apresentou-se a Davi em Hebrom, este ofe-
receu um banquete para ele e para os homens que o acom-
panhavam. 21 Disse então Abner a Davi: "Deixa que eu me vá
e reúna todo o Israel, meu senhor, para que façam um acordo
contigo, ó rei, e reines sobre tudo o que desejares". Davi o
deixou ir, e ele se foi em paz.

Joabe Mata Abner

22 Naquele momento os soldados de Davi e Joabe voltavam de
um ataque, trazendo muitos bens. Abner, porém, já não estava
com Davi em Hebrom, porque Davi o tinha deixado partir em
paz. 23 Quando Joabe chegou com todo o seu exército, conta-
ram-lhe que Abner, filho de Ner, se apresentara ao rei, que o
tinha deixado ir em paz.
24 Então Joabe foi falar com o rei e lhe disse: "Que foi que
fizeste? Abner veio à tua presença e o deixaste ir? 25 Conheces
Abner, filho de Ner; ele veio para enganar-te, observar os teus
movimentos e descobrir tudo o que estás fazendo".
26 Saindo da presença de Davi, Joabe enviou mensageiros atrás
de Abner, e eles o trouxeram de volta, desde a cisterna de Sirá.
Mas Davi não ficou sabendo disso. 27 Quando Abner retornou a
Hebrom, Joabe o chamou à parte, na porta da cidade, sob o
pretexto de falar-lhe em particular, e ali mesmo o feriu no es-

[a] 2.29 Ou *por toda a região de Bitrom*; ou ainda *pelo vale*

tômago. E Abner morreu por ter derramado o sangue de Asael,
irmão de Joabe.
28 Mais tarde, quando Davi soube o que tinha acontecido, disse:
"Eu e o meu reino, perante o SENHOR, somos para sempre ino-
centes do sangue de Abner, filho de Ner. 29 Caia a responsabili-
dade pela morte dele sobre a cabeça de Joabe e de toda a sua
família! Jamais falte entre os seus descendentes quem sofra
fluxo ou lepra[a], quem use muletas, quem morra à espada, ou
quem passe fome".
30 Assim, Joabe e seu irmão Abisai mataram Abner, porque ele
havia matado Asael, irmão deles, na batalha de Gibeom.
31 Então Davi disse a Joabe e a todo o exército que o acompa-
nhava: "Rasguem suas vestes, vistam roupas de luto e vão cho-
rando à frente de Abner". E o rei Davi seguiu atrás da maca que
levava o corpo. 32 Enterraram-no em Hebrom, e o rei chorou em
alta voz junto ao túmulo de Abner, como também todo o povo.
33 Então o rei cantou este lamento por Abner: "Por que morreu
Abner como morrem os insensatos? 34 Suas mãos não estavam
algemadas nem seus pés acorrentados. Você caiu como quem
cai perante homens perversos". E todo o povo chorou ainda
mais por ele.
35 Depois, quando o povo insistiu com Davi que comesse alguma
coisa enquanto ainda era dia, Davi fez este juramento: "Deus
me castigue com todo o rigor, caso eu prove pão ou qualquer
outra coisa antes do pôr do sol!"
36 Todo o povo ouviu isso e o aprovou; de fato, tudo o que o
rei fazia o povo aprovava. 37 Assim, naquele dia, todo o povo e
todo o Israel reconheceram que o rei não tivera participação
no assassinato de Abner, filho de Ner.
38 Então o rei disse aos seus conselheiros: "Não percebem que
caiu hoje em Israel um líder, um grande homem? 39 Embora rei
ungido, ainda sou fraco, e esses filhos de Zeruia são mais fortes
do que eu. Que o SENHOR retribua ao malfeitor de acordo com
as suas más obras!"

4 O Assassinato de Is-Bosete

Ao saber que Abner havia morrido em Hebrom, Is-Bosete,
filho de Saul, perdeu a coragem, e todo o Israel ficou alarmado.
2 Ora, o filho de Saul tinha a seu serviço dois líderes de grupos
de ataque. Um deles chamava-se Baaná; o outro, Recabe;
ambos filhos de Rimom, de Beerote, da tribo de Benjamim;
a cidade de Beerote era considerada parte de Benjamim. 3 O
povo de Beerote fugiu para Gitaim e até hoje vive ali como
estrangeiro.
4 (Jônatas, filho de Saul, tinha um filho aleijado dos pés. Ele
tinha cinco anos de idade quando chegou a notícia de Jezreel
de que Saul e Jônatas haviam morrido. Sua ama o apanhou e
fugiu, mas, na pressa, ela o deixou cair, e ele ficou manco. Seu
nome era Mefibosete.)
5 Aconteceu então que Recabe e Baaná, filhos de Rimom, de
Beerote, foram à casa de Is-Bosete na hora mais quente do
dia, na hora do seu descanso do meio-dia. 6 Os dois entraram
na casa como se fossem buscar trigo, traspassaram-lhe o es-
tômago e depois fugiram.
7 Eles haviam entrado na casa enquanto Is-Bosete estava dei-
tado em seu quarto. Depois de o traspassar e matar, cortaram-
-lhe a cabeça. E, levando-a, viajaram toda a noite pela rota da
Arabá. 8 Levaram a cabeça de Is-Bosete a Davi, em Hebrom, e
lhe disseram: "Aqui está a cabeça de Is-Bosete, filho de Saul,
teu inimigo, que tentou tirar-te a vida. Hoje o SENHOR vingou o
nosso rei e senhor, de Saul e de sua descendência".
9 Davi respondeu a Recabe e a Baaná, seu irmão, filhos de
Rimom, de Beerote: "Juro pelo nome do SENHOR, que me tem
livrado de todas as aflições: 10 quando um homem me disse que
Saul estava morto, pensando que me trazia boa notícia, eu o
agarrei e o matei em Ziclague, como recompensa pela notícia
que trouxe! 11 Muito mais agora, que homens ímpios mataram
um inocente em sua própria casa e em sua própria cama! Vou
castigá-los e eliminá-los da face da terra porque vocês fizeram
correr o sangue dele!"
12 Então Davi deu ordem a seus soldados, e eles os mataram.
Depois cortaram as mãos e os pés deles e penduraram os
corpos junto ao açude de Hebrom. Mas sepultaram a cabeça
de Is-Bosete no túmulo de Abner, em Hebrom.

5 Davi Torna-se Rei de Israel

Representantes de todas as tribos de Israel foram dizer a
Davi, em Hebrom: "Somos sangue do teu sangue[b]. 2 No pas-
sado, mesmo quando Saul era rei, eras tu quem liderava Israel
em suas batalhas. E o SENHOR te disse: 'Você pastoreará Israel,
o meu povo, e será o seu governante' ".
3 Então todas as autoridades de Israel foram ao encontro do
rei Davi em Hebrom; o rei fez um acordo com eles em Hebrom
perante o SENHOR, e eles ungiram Davi rei de Israel.
4 Davi tinha trinta anos de idade quando começou a reinar e
reinou durante quarenta anos. 5 Em Hebrom, reinou sobre Judá
sete anos e meio e, em Jerusalém, reinou sobre todo o Israel
e Judá trinta e três anos.

A Conquista de Jerusalém

6 O rei e seus soldados marcharam para Jerusalém para atacar
os jebuseus que viviam lá. E os jebuseus disseram a Davi:
"Você não entrará aqui! Até os cegos e os aleijados podem
se defender de você". Eles achavam que Davi não conseguiria
entrar, 7 mas Davi conquistou a fortaleza de Sião, que veio a
ser a Cidade de Davi.
8 Naquele dia disse Davi: "Quem quiser vencer os jebuseus terá
que utilizar a passagem de água para chegar àqueles cegos e
aleijados, inimigos de Davi[c]". É por isso que dizem: "Os 'cegos
e aleijados' não entrarão no palácio[d]".
9 Davi passou a morar na fortaleza e chamou-a Cidade de Davi.
Construiu defesas na parte interna da cidade desde o Milo[e]. 10 E

a 3.29 O termo hebraico não se refere somente à lepra, mas também a diversas doenças da pele.

b 5.1 Hebraico: *teu osso e tua carne.*
c 5.8 Ou *odiados por Davi*
d 5.8 Ou *templo*
e 5.9 Ou *desde o aterro*

ele se tornou cada vez mais poderoso, pois o SENHOR, o Deus
dos Exércitos, estava com ele.
11 Pouco depois Hirão, rei de Tiro, enviou a Davi uma delegação,
que trouxe toras de cedro e também carpinteiros e pedreiros
que construíram um palácio para Davi. 12 Então Davi teve cer-
teza de que o SENHOR o confirmara como rei de Israel e que
seu reino estava prosperando por amor de Israel, o seu povo.
13 Depois de mudar-se de Hebrom para Jerusalém, Davi tomou
mais concubinas e esposas e gerou mais filhos e filhas. 14 Estes
são os nomes dos que lhe nasceram ali: Samua, Sobabe, Natã,
Salomão, 15 Ibar, Elisua, Nefegue, Jafia, 16 Elisama, Eliada e
Elifelete.

Davi Derrota os Filisteus

17 Ao saberem que Davi tinha sido ungido rei de Israel, os fi-
listeus foram com todo o exército prendê-lo, mas Davi soube
disso e foi para a fortaleza. 18 Tendo os filisteus se espalhado
pelo vale de Refaim, 19 Davi perguntou ao SENHOR: "Devo atacar
os filisteus? Tu os entregarás nas minhas mãos?" O SENHOR lhe
respondeu: "Vá, eu os entregarei nas suas mãos".
20 Então Davi foi a Baal-Perazim e lá os derrotou. E disse:
"Assim como as águas de uma enchente causam destruição,
pelas minhas mãos o SENHOR destruiu os meus inimigos diante
de mim". Então aquele lugar passou a ser chamado Baal-Pe-
razim[a]. 21 Como os filisteus haviam abandonado os seus ídolos
ali, Davi e seus soldados os apanharam.
22 Mais uma vez os filisteus marcharam e se espalharam pelo
vale de Refaim; 23 então Davi consultou o SENHOR de novo, que
lhe respondeu: "Não ataque pela frente, mas dê a volta por
trás deles e ataque-os em frente das amoreiras. 24 Assim que
você ouvir um som de passos por cima das amoreiras, saia
rapidamente, pois será esse o sinal de que o SENHOR saiu à sua
frente para ferir o exército filisteu". 25 Davi fez como o SENHOR
lhe tinha ordenado e derrotou os filisteus por todo o caminho,
desde Gibeom[b] até Gezer.

6 A Arca é Levada para Jerusalém

De novo Davi reuniu os melhores guerreiros de Israel, trinta
mil ao todo. 2 Ele e todos os que o acompanhavam partiram
para Baalá, em Judá[c], para buscar a arca de Deus, arca sobre
a qual é invocado o Nome, o nome do SENHOR dos Exércitos,
que tem o seu trono entre os querubins acima dela. 3 Puseram
a arca de Deus num carroção novo e a levaram da casa de Abi-
nadabe, na colina. Uzá e Aiô, filhos de Abinadabe, conduziam
o carroção 4 com a arca de Deus[d]; Aiô andava na frente dela.
5 Davi e todos os israelitas iam cantando e dançando perante o
SENHOR, ao som de todo tipo de instrumentos de pinho: harpas,
liras, tamborins, chocalhos e címbalos.
6 Quando chegaram à eira de Nacom, Uzá esticou o braço e
segurou a arca de Deus, porque os bois haviam tropeçado.
7 A ira do SENHOR acendeu-se contra Uzá por seu ato de irreve-
rência. Por isso Deus o feriu, e ele morreu ali mesmo, ao lado
da arca de Deus.
8 Davi ficou contrariado porque o SENHOR, em sua ira, havia
fulminado Uzá. Até hoje aquele lugar é chamado Perez-Uzá[e].
9 Naquele dia Davi teve medo do SENHOR e se perguntou: "Como
vou conseguir levar a arca do SENHOR?" 10 Por isso ele desistiu
de levar a arca do SENHOR para a Cidade de Davi. Em vez disso,
levou-a para a casa de Obede-Edom, de Gate. 11 A arca do SE-
NHOR ficou na casa dele por três meses, e o SENHOR o abençoou
e a toda a sua família.
12 E disseram ao rei Davi: "O SENHOR tem abençoado a família
de Obede-Edom e tudo o que ele possui, por causa da arca de
Deus". Então Davi, com grande festa, foi à casa de Obede-
-Edom e ordenou que levassem a arca de Deus para a Cidade
de Davi. 13 Quando os que carregavam a arca do SENHOR davam
seis passos, ele sacrificava um boi e um novilho gordo. 14 Davi,
vestindo o colete sacerdotal de linho, foi dançando com todas
as suas forças perante o SENHOR, 15 enquanto ele e todos os
israelitas levavam a arca do SENHOR ao som de gritos de alegria
e de trombetas.
16 Aconteceu que, entrando a arca do SENHOR na Cidade de Davi,
Mical, filha de Saul, observava de uma janela. E, ao ver o rei
Davi dançando e celebrando perante o SENHOR, ela o desprezou
em seu coração.
17 Eles trouxeram a arca do SENHOR e a colocaram na tenda
que Davi lhe havia preparado; e Davi ofereceu holocaustos[f] e
sacrifícios de comunhão[g] perante o SENHOR. 18 Após oferecer
os holocaustos e os sacrifícios de comunhão, ele abençoou o
povo em nome do SENHOR dos Exércitos 19 e deu um pão, um
bolo de tâmaras[h] e um bolo de uvas passas a cada homem e
a cada mulher israelita. Depois todo o povo partiu, cada um
para a sua casa.
20 Voltando Davi para casa para abençoar sua família, Mical,
filha de Saul, saiu ao seu encontro e lhe disse: "Como o rei
Israel se destacou hoje, tirando o manto na frente das escravas
de seus servos, como um homem vulgar!"
21 Mas Davi disse a Mical: "Foi perante o SENHOR que eu dancei,
perante aquele que me escolheu em lugar de seu pai ou de
qualquer outro da família dele, quando me designou soberano
sobre o povo do SENHOR, sobre Israel; perante o SENHOR ce-
lebrarei 22 e me rebaixarei ainda mais, e me humilharei aos
meus próprios olhos. Mas serei honrado por essas escravas
que você mencionou".
23 E até o dia de sua morte, Mical, filha de Saul, jamais teve
filhos.

7 A Promessa de Deus a Davi

O rei Davi já morava em seu palácio, e o SENHOR lhe dera
descanso de todos os seus inimigos ao redor. 2 Certo dia ele

[a] 5.20 Baal-Perazim significa o senhor que destrói.
[b] 5.25 Conforme a Septuaginta. O Texto Massorético diz Geba. Veja 1Cr 14.16.
[c] 6.2 Isto é, Quiriate-Jearim.
[d] 6.3,4 Conforme os manuscritos do mar Morto e alguns manuscritos da Septuaginta. O Texto Massorético diz carroção 4e o trouxeram com a arca de Deus desde a casa de Abinadabe, na colina.
[e] 6.8 Perez-Uzá significa destruição de Uzá.
[f] 6.17 Isto é, sacrifícios totalmente queimados.
[g] 6.17 Ou *de paz*
[h] 6.19 Ou *um pedaço de carne*; ou ainda *um pouco de vinho*

disse ao profeta Natã: "Aqui estou eu, morando num palácio de cedro, enquanto a arca de Deus permanece numa simples tenda".

3 Natã respondeu ao rei: "Faze o que tiveres em mente, pois o SENHOR está contigo".

4 E naquela mesma noite o SENHOR falou a Natã:

5 "Vá dizer a meu servo Davi que assim diz o SENHOR: Você construirá uma casa para eu morar? 6 Não tenho morado em nenhuma casa desde o dia em que tirei os israelitas do Egito. Tenho ido de uma tenda para outra, de um tabernáculo para outro. 7 Por onde tenho acompanhado os israelitas, alguma vez perguntei a algum líder deles, a quem ordenei que pastoreasse Israel, o meu povo: Por que você não me construiu um templo de cedro?

8 "Agora, pois, diga ao meu servo Davi: Assim diz o SENHOR dos Exércitos: 'Eu o tirei das pastagens, onde você cuidava dos rebanhos, para ser o soberano de Israel, o meu povo. 9 Sempre estive com você por onde você andou e eliminei todos os seus inimigos. Agora eu o farei tão famoso quanto os homens mais importantes da terra. 10 E providenciarei um lugar para Israel, o meu povo, e os plantarei lá, para que tenham o seu próprio lar e não mais sejam incomodados. Povos ímpios não mais os oprimirão, como fizeram no início 11 e têm feito desde a época em que nomeei juízes sobre Israel, o meu povo. Também subjugarei todos os seus inimigos. Saiba também que eu, o SENHOR, estabelecerei para ele uma dinastia. 12 Quando a sua vida chegar ao fim e você descansar com os seus antepassados, escolherei um dos seus filhos para sucedê-lo, um fruto do seu próprio corpo, e eu estabelecerei o reino dele. 13 Será ele quem construirá um templo em honra ao meu nome, e eu firmarei o trono dele para sempre. 14 Eu serei seu pai, e ele será meu filho. Quando ele cometer algum erro, eu o punirei com o castigo dos homens, com açoites aplicados por homens. 15 Mas nunca retirarei dele o meu amor, como retirei de Saul, a quem tirei do seu caminho. 16 Quanto a você, sua dinastia e seu reino permanecerão para sempre diante de mim[a]; o seu trono será estabelecido para sempre' ".

17 E Natã transmitiu a Davi tudo o que o SENHOR lhe tinha falado e revelado.

A Oração de Davi

18 Então o rei Davi entrou no tabernáculo, assentou-se diante do SENHOR e orou: "Quem sou eu, ó Soberano SENHOR, e o que é a minha família, para que me trouxesses a este ponto? 19 E, como se isso não bastasse para ti, ó Soberano SENHOR, também falaste sobre o futuro da família deste teu servo. É assim que procedes com os homens, ó Soberano SENHOR?

20 "Que mais Davi poderá dizer-te? Tu conheces o teu servo, ó Soberano SENHOR. 21 Por amor de tua palavra e de acordo com tua vontade, realizaste este feito grandioso e o revelaste ao teu servo.

22 "Quão grande és tu, ó Soberano SENHOR! Não há ninguém como tu nem há outro Deus além de ti, conforme tudo o que sabemos. 23 E quem é como Israel, o teu povo, a única nação da terra que tu, ó Deus, resgataste para dela fazeres um povo para ti mesmo e assim tornaste o teu nome famoso, realizaste grandes e impressionantes maravilhas ao expulsar nações e seus deuses de diante desta mesma nação que libertaste do Egito[b]? 24 Tu mesmo fizeste de Israel o teu povo particular para sempre, e tu, ó SENHOR, te tornaste o seu Deus.

25 "Agora, SENHOR Deus, confirma para sempre a promessa que fizeste a respeito de teu servo e de sua descendência. Faze conforme prometeste, 26 para que o teu nome seja engrandecido para sempre e os homens digam: 'O SENHOR dos Exércitos é o Deus de Israel!' E a descendência de teu servo Davi se manterá firme diante de ti.

27 "Ó SENHOR dos Exércitos, Deus de Israel, tu mesmo o revelaste a teu servo, quando disseste: 'Estabelecerei uma dinastia para você'. Por isso o teu servo achou coragem para orar a ti. 28 Ó Soberano SENHOR, tu és Deus! Tuas palavras são verdadeiras, e tu fizeste essa boa promessa a teu servo. 29 Agora, por tua bondade, abençoa a família de teu servo, para que ela continue para sempre na tua presença. Tu, ó Soberano SENHOR, o prometeste! E, abençoada por ti, bendita será para sempre a família de teu servo".

As Vitórias Militares de Davi

8 Depois disso Davi derrotou os filisteus, subjugou-os, e tirou do controle deles Metegue-Amá.

2 Davi derrotou também os moabitas. Ele os fez deitar-se no chão e mandou que os medissem com uma corda; os moabitas que ficavam dentro das duas primeiras medidas da corda eram mortos, mas os que ficavam dentro da terceira eram poupados. Assim, os moabitas ficaram sujeitos a Davi, pagando-lhe impostos.

3 Além disso, Davi derrotou Hadadezer, filho de Reobe, rei de Zobá, quando Hadadezer tentava recuperar o controle na região do rio Eufrates. 4 Davi se apossou de mil dos seus carros de guerra, sete mil[c] cavaleiros[d] e vinte mil soldados de infantaria. Ainda levou cem cavalos de carros de guerra e aleijou todos os outros.

5 Quando os arameus de Damasco vieram ajudar Hadadezer, rei de Zobá, Davi matou vinte e dois mil deles. 6 Em seguida estabeleceu guarnições militares no reino dos arameus de Damasco, sujeitando-os a lhe pagarem impostos. E o SENHOR dava vitórias a Davi em todos os lugares aonde ia.

7 Davi também levou para Jerusalém os escudos de ouro usados pelos oficiais de Hadadezer. 8 De Tebá[e] e Berotai, cidades que pertenciam a Hadadezer, o rei Davi levou grande quantidade de bronze.

9 Quando Toú, rei de Hamate, soube que Davi tinha derrotado

[a] **7.16** Conforme alguns manuscritos do Texto Massorético e a Septuaginta. A maioria dos manuscritos do Texto Massorético diz *de você*.

[b] **7.23** O Texto Massorético diz *maravilhas para tua terra e perante teu povo, o qual resgataste do Egito, das nações e de seus deuses*. Veja 1Cr 17.21.

[c] **8.4** Conforme a Septuaginta. O Texto Massorético diz *capturou mil e setecentos*. Veja 1Cr 18.4.

[d] **8.4** Ou *condutores de carros*

[e] **8.8** Muitos manuscritos dizem *Betá*. Veja 1Cr 18.8.

todo o exército de Hadadezer, 10 enviou seu filho Jorão[a] ao rei
Davi para saudá-lo e parabenizá-lo por sua vitória na batalha
contra Hadadezer, que tinha estado em guerra contra Toú. E,
com Jorão, mandou todo tipo de utensílios de prata, de ouro e
de bronze. 11 O rei Davi consagrou esses utensílios ao SENHOR,
como fizera com a prata e com o ouro tomados de todas as
nações que havia subjugado: 12 Edom[b] e Moabe, os amonitas e
os filisteus, e Amaleque. Também consagrou os bens tomados
de Hadadezer, filho de Reobe, rei de Zobá.
13 Davi ficou ainda mais famoso ao retornar da batalha em que
matou dezoito mil edomitas[c] no vale do Sal.
14 Ele estabeleceu guarnições militares por todo o território de
Edom, sujeitando todos os edomitas. O SENHOR dava vitórias a
Davi em todos os lugares aonde ia.

Os Oficiais de Davi

15 Davi reinou sobre todo o Israel, administrando o direito e a
justiça a todo o seu povo. 16 Joabe, filho de Zeruia, era coman-
dante do exército; Josafá, filho de Ailude, era o arquivista real;
17 Zadoque, filho de Aitube, e Aimeleque, filho de Abiatar, eram
sacerdotes; Seraías era secretário; 18 Benaia, filho de Joiada,
comandava os queretitas e os peletitas; e os filhos de Davi
eram sacerdotes.

9 Davi e Mefibosete

Certa ocasião Davi perguntou: "Resta ainda alguém da fa-
mília de Saul a quem eu possa mostrar lealdade, por causa de
minha amizade com Jônatas?"
2 Então chamaram Ziba, um dos servos de Saul, para apresen-
tar-se a Davi, e o rei lhe perguntou: "Você é Ziba?" "Sou teu
servo", respondeu ele.
3 Perguntou-lhe Davi: "Resta ainda alguém da família de Saul a
quem eu possa mostrar a lealdade de Deus?" Respondeu Ziba:
"Ainda há um filho de Jônatas, aleijado dos pés".
4 "Onde está ele?", perguntou o rei. Ziba respondeu: "Na casa
de Maquir, filho de Amiel, em Lo-Debar".
5 Então o rei Davi mandou trazê-lo de Lo-Debar.
6 Quando Mefibosete, filho de Jônatas e neto de Saul, compa-
receu diante de Davi, prostrou-se com o rosto em terra. "Mefi-
bosete?", perguntou Davi. Ele respondeu: "Sim, sou teu servo".
7 "Não tenha medo", disse-lhe Davi, "pois é certo que eu o tra-
tarei com bondade por causa de minha amizade com Jônatas,
seu pai. Vou devolver-lhe todas as terras que pertenciam a seu
avô, Saul, e você comerá sempre à minha mesa."
8 Mefibosete prostrou-se e disse: "Quem é o teu servo, para
que te preocupes com um cão morto como eu?"
9 Então o rei convocou Ziba e disse-lhe: "Devolvi ao neto de
Saul, seu senhor, tudo o que pertencia a ele e à família dele.
10 Você, seus filhos e seus servos cultivarão a terra para ele.
Você trará a colheita para que haja provisões na casa do neto
de seu senhor. Mas Mefibosete comerá sempre à minha mesa".
Ziba tinha quinze filhos e vinte servos.
11 Então Ziba disse ao rei: "O teu servo fará tudo o que o rei,
meu senhor, ordenou". Assim, Mefibosete passou a comer à
mesa de Davi[d] como se fosse um dos seus filhos.
12 Mefibosete tinha um filho ainda jovem chamado Mica. E todos
os que moravam na casa de Ziba tornaram-se servos de Mefibo-
sete. 13 Então Mefibosete, que era aleijado dos pés, foi morar
em Jerusalém, pois passou a comer sempre à mesa do rei.

10 A Guerra contra os Amonitas

Algum tempo depois o rei dos amonitas morreu, e seu
filho Hanum foi o seu sucessor. 2 Davi pensou: "Serei bondoso
com Hanum, filho de Naás, como seu pai foi bondoso comigo".
Então Davi enviou uma delegação para transmitir a Hanum seu
pesar pela morte do pai dele. Mas, quando os mensageiros
de Davi chegaram à terra dos amonitas, 3 os líderes amonitas
disseram a Hanum, seu senhor: "Achas que Davi está honrando
teu pai ao enviar mensageiros para expressar condolências?
Não é nada disso! Davi os enviou como espiões para exami-
narem a cidade, a fim de destruí-la". 4 Então Hanum prendeu
os mensageiros de Davi, rapou metade da barba de cada um,
cortou metade de suas roupas até as nádegas e os mandou
embora.
5 Quando Davi soube disso, enviou mensageiros ao encontro
deles, pois haviam sido profundamente humilhados, e lhes
mandou dizer: "Fiquem em Jericó até que a barba cresça e
então voltem para casa".
6 Vendo que tinham atraído sobre si o ódio de[e] Davi, os amo-
nitas contrataram vinte mil soldados de infantaria dos arameus
de Bete-Reobe e de Zobá, mil homens do rei de Maaca e doze
mil dos homens de Tobe.
7 Ao saber disso, Davi ordenou a Joabe que marchasse com
todo o exército. 8 Os amonitas saíram e se puseram em posição
de combate à entrada da cidade, e os arameus de Zobá e de
Reobe e os homens de Tobe e de Maaca posicionaram-se em
campo aberto.
9 Vendo Joabe que estava cercado pelas linhas de combate, es-
colheu alguns dos melhores soldados de Israel e os posicionou
contra os arameus. 10 Pôs o restante dos homens sob o co-
mando de seu irmão Abisai e os posicionou contra os amonitas.
11 E Joabe disse a Abisai: "Se os arameus forem fortes demais
para mim, venha me ajudar; mas, se os amonitas forem fortes
demais para você, eu irei ajudá-lo. 12 Seja forte e lutemos com
bravura pelo nosso povo e pelas cidades do nosso Deus. E que
o SENHOR faça o que for de sua vontade".
13 Então Joabe e seus soldados avançaram contra os arameus,
que fugiram dele. 14 Quando os amonitas viram que os ara-
meus estavam fugindo de Joabe, também fugiram de seu irmão
Abisai e entraram na cidade. Assim, Joabe parou a batalha
contra os amonitas e voltou para Jerusalém.
15 Vendo-se derrotados por Israel, os arameus tornaram a agru-

---

a 8.10 Variante de Adorão.
b 8.12 Muitos manuscritos dizem Arã. Veja 1Cr 18.11.
c 8.13 Muitos manuscritos dizem arameus. Veja 1Cr 18.12.

d 9.11 Conforme a Septuaginta. O Texto Massorético diz à minha mesa.
e 10.6 Hebraico: *se transformado em mau cheiro para.*

par-se. 16 Hadadezer mandou trazer os arameus que viviam do
outro lado do Eufrates[a]. Estes chegaram a Helã, tendo à frente
Soboque, comandante do exército de Hadadezer.
17 Informado disso, Davi reuniu todo o Israel, atravessou o
Jordão e chegou a Helã. Os arameus estavam em posição de
combate para enfrentá-lo, 18 mas acabaram fugindo de diante
de Israel. E Davi matou setecentos condutores de carros de
guerra e quarenta mil soldados de infantaria[b] dos arameus. So-
boque, o comandante do exército, também foi ferido e morreu
ali mesmo. 19 Quando todos os reis vassalos de Hadadezer viram
que tinham sido derrotados por Israel, fizeram a paz com os
israelitas e sujeitaram-se a eles. E os arameus ficaram com
medo de voltar a ajudar os amonitas.

11 Davi Comete Adultério

Na primavera, época em que os reis saíam para a guerra,
Davi enviou para a batalha Joabe com seus oficiais e todo o
exército de Israel; e eles derrotaram os amonitas e cercaram
Rabá. Mas Davi permaneceu em Jerusalém.
2 Uma tarde Davi levantou-se da cama e foi passear pelo terraço
do palácio. Do terraço viu uma mulher muito bonita, tomando
banho, 3 e mandou alguém procurar saber quem era. Disseram-
-lhe: "É Bate-Seba, filha de Eliã e mulher de Urias, o hitita".
4 Davi mandou que a trouxessem e se deitou com ela, que havia
acabado de se purificar da impureza da sua menstruação. De-
pois, voltou para casa. 5 A mulher engravidou e mandou um
recado a Davi, dizendo que estava grávida.
6 Em face disso, Davi mandou esta mensagem a Joabe: "En-
vie-me Urias, o hitita". E Joabe o enviou. 7 Quando Urias
chegou, Davi perguntou-lhe como estavam Joabe e os soldados
e como estava indo a guerra; 8 e lhe disse: "Vá descansar um
pouco em sua casa". Urias saiu do palácio e logo lhe foi man-
dado um presente da parte do rei. 9 Mas Urias dormiu na en-
trada do palácio, onde dormiam os guardas de seu senhor, e
não foi para casa.
10 Quando informaram a Davi que Urias não tinha ido para casa,
ele lhe perguntou: "Depois da viagem que você fez, por que
não foi para casa?"
11 Urias respondeu: "A arca e os homens de Israel e de Judá
repousam em tendas; o meu senhor Joabe e os seus soldados
estão acampados ao ar livre. Como poderia eu ir para casa para
comer, beber e deitar-me com minha mulher? Juro por teu
nome e por tua vida que não farei uma coisa dessas!"
12 Então Davi lhe disse: "Fique aqui mais um dia; amanhã eu
o mandarei de volta". Urias ficou em Jerusalém, mas no dia
seguinte 13 Davi o convidou para comer e beber e o embriagou.
À tarde, porém, Urias saiu para dormir em sua esteira, onde os
guardas de seu senhor dormiam, e não foi para casa.
14 De manhã, Davi enviou uma carta a Joabe por meio de Urias.
15 Nela escreveu: "Ponha Urias na linha de frente e deixe-o onde
o combate estiver mais violento, para que seja ferido e morra".
16 Como Joabe tinha cercado a cidade, colocou Urias no lugar
onde sabia que os inimigos eram mais fortes. 17 Quando os ho-
mens da cidade saíram e lutaram contra Joabe, alguns dos
oficiais da guarda de Davi morreram, e morreu também Urias,
o hitita.
18 Joabe enviou a Davi um relatório completo da batalha,
19 dando a seguinte instrução ao mensageiro: "Ao acabar de
apresentar ao rei este relatório, 20 pode ser que o rei fique
muito indignado e lhe pergunte: 'Por que vocês se aproxi-
maram tanto da cidade para combater? Não sabiam que eles
atirariam flechas da muralha? 21 Em Tebes, quem matou Abi-
meleque, filho de Jerubesete[c]? Não foi uma mulher que da
muralha atirou-lhe uma pedra de moinho, e ele morreu? Por
que vocês se aproximaram tanto da muralha?' Se ele perguntar
isso, diga-lhe: E morreu também o teu servo Urias, o hitita".
22 O mensageiro partiu e, ao chegar, contou a Davi tudo o que
Joabe lhe havia mandado falar, 23 dizendo: "Eles nos sobrepu-
jaram e saíram contra nós em campo aberto, mas nós os fi-
zemos retroceder para a porta da cidade. 24 Então os flecheiros
atiraram do alto da muralha contra os teus servos e mataram
alguns deles. E morreu também o teu servo Urias, o hitita".
25 Davi mandou o mensageiro dizer a Joabe: "Não fique preo-
cupado com isso, pois a espada não escolhe a quem devorar.
Reforce o ataque à cidade até destruí-la". E ainda insistiu com
o mensageiro que encorajasse Joabe.
26 Quando a mulher de Urias soube que o seu marido havia
morrido, chorou por ele. 27 Passado o luto, Davi mandou que a
trouxessem para o palácio; ela se tornou sua mulher e teve um
filho dele. Mas o que Davi fez desagradou ao SENHOR.

12 Natã Repreende Davi

E o SENHOR enviou a Davi o profeta Natã. Ao chegar, ele
disse a Davi: "Dois homens viviam numa cidade, um era rico e
o outro pobre. 2 O rico possuía muitas ovelhas e bois, 3 mas o
pobre nada tinha, senão uma cordeirinha que havia comprado.
Ele a criou, e ela cresceu com ele e com seus filhos. Ela comia
junto dele, bebia do seu copo e até dormia em seus braços. Era
como uma filha para ele.
4 "Certo dia, um viajante chegou à casa do rico, e este não quis
pegar uma de suas próprias ovelhas ou de seus bois para pre-
parar-lhe uma refeição. Em vez disso, preparou para o visitante
a cordeira que pertencia ao pobre".
5 Então Davi encheu-se de ira contra o homem e disse a Natã:
"Juro pelo nome do SENHOR que o homem que fez isso merece
a morte! 6 Deverá pagar quatro vezes o preço da cordeira, por-
quanto agiu sem misericórdia".
7 "Você é esse homem!", disse Natã a Davi. E continuou: "Assim
diz o SENHOR, o Deus de Israel: 'Eu o ungi rei de Israel e o livrei
das mãos de Saul. 8 Dei a você a casa e as mulheres do seu
senhor. Dei a você a nação de Israel e Judá. E, se tudo isso
não fosse suficiente, eu teria dado mais ainda. 9 Por que você
desprezou a palavra do SENHOR, fazendo o que ele reprova?
Você matou Urias, o hitita, com a espada dos amonitas e ficou

[a] 10.16 Hebraico: *do Rio.*
[b] 10.18 Conforme alguns manuscritos da Septuaginta. O Texto Massorético diz *cavaleiros*. Veja 1Cr 19.18.
[c] 11.21 Também conhecido como Jerubaal (isto é, Gideão).

com a mulher dele. 10 Por isso, a espada nunca se afastará de
sua família, pois você me desprezou e tomou a mulher de Urias,
o hitita, para ser sua mulher'.
11 "Assim diz o SENHOR: 'De sua própria família trarei desgraça
sobre você. Tomarei as suas mulheres diante dos seus próprios
olhos e as darei a outro; e ele se deitará com elas em plena luz
do dia. 12 Você fez isso às escondidas, mas eu o farei diante de
todo o Israel, em plena luz do dia' ".
13 Então Davi disse a Natã: "Pequei contra o SENHOR!" E Natã
respondeu: "O SENHOR perdoou o seu pecado. Você não mor-
rerá. 14 Entretanto, uma vez que você insultou o SENHOR[a], o
menino morrerá".
15 Depois que Natã foi para casa, o SENHOR fez adoecer o filho
que a mulher de Urias dera a Davi. 16 E Davi implorou a Deus
em favor da criança. Ele jejuou e, entrando em casa, passou a
noite deitado no chão. 17 Os oficiais do palácio tentaram fazê-lo
levantar-se do chão, mas ele não quis e recusou comer.
18 Sete dias depois a criança morreu. Os conselheiros de Davi
ficaram com medo de dizer-lhe que a criança estava morta e
comentaram: "Enquanto a criança ainda estava viva, falamos
com ele, e ele não quis escutar-nos. Como vamos dizer-lhe
que a criança morreu? Ele poderá cometer alguma loucura!"
19 Davi, percebendo que seus conselheiros cochichavam entre
si, compreendeu que a criança estava morta e perguntou: "A
criança morreu?" "Sim, morreu", responderam eles.
20 Então Davi levantou-se do chão, lavou-se, perfumou-se e
trocou de roupa. Depois entrou no santuário do SENHOR e o
adorou. E, voltando ao palácio, pediu que lhe preparassem
uma refeição e comeu.
21 Seus conselheiros lhe perguntaram: "Por que ages assim?
Enquanto a criança estava viva, jejuaste e choraste; mas, agora
que a criança está morta, te levantas e comes!"
22 Ele respondeu: "Enquanto a criança ainda estava viva, jejuei
e chorei. Eu pensava: Quem sabe? Talvez o SENHOR tenha mi-
sericórdia de mim e deixe a criança viver. 23 Mas agora que ela
morreu, por que deveria jejuar? Poderia eu trazê-la de volta à
vida? Eu irei até ela, mas ela não voltará para mim".
24 Depois Davi consolou sua mulher Bate-Seba e deitou-se com
ela, e ela teve um menino, a quem Davi deu o nome de Sa-
lomão. O SENHOR o amou 25 e enviou o profeta Natã com uma
mensagem a Davi. E Natã deu ao menino o nome de Jedidias[b].
26 Enquanto isso, Joabe atacou Rabá dos amonitas e conquistou
a fortaleza real. 27 Feito isso, mandou mensageiros a Davi, di-
zendo: "Lutei contra Rabá e apoderei-me dos seus reservató-
rios de água. 28 Agora, convoca o restante do exército, cerca
a cidade e conquista-a. Se não, eu terei a fama de havê-la
conquistado".
29 Então Davi convocou todo o exército, foi a Rabá, atacou a
cidade e a conquistou. 30 A seguir tirou a coroa da cabeça de
Moloque[c], uma coroa de ouro de trinta e cinco quilos[d]; orna-
mentada com pedras preciosas. E ela foi colocada na cabeça
de Davi. Ele trouxe uma grande quantidade de bens da cidade
31 e trouxe também os seus habitantes, designando-lhes traba-
lhos com serras, picaretas e machados, além da fabricação de
tijolos. Davi fez assim com todas as cidades amonitas. Depois
voltou com todo o seu exército para Jerusalém.

Tamar é Violentada por Amnom

13 Depois de algum tempo, Amnom, filho de Davi, apaixo-
nou-se por Tamar; ela era muito bonita e era irmã de Absalão,
outro filho de Davi.
2 Amnom ficou angustiado a ponto de adoecer por causa de sua
meia-irmã Tamar, pois ela era virgem, e parecia-lhe impossível
aproximar-se dela.
3 Amnom tinha um amigo muito astuto chamado Jonadabe,
filho de Simeia, irmão de Davi. 4 Ele perguntou a Amnom: "Filho
do rei, por que todo dia você está abatido? Quer me contar
o que se passa?" Amnom lhe disse: "Estou apaixonado por
Tamar, irmã de meu irmão Absalão".
5 "Vá para a cama e finja estar doente", disse Jonadabe.
"Quando seu pai vier visitá-lo, diga-lhe: Permite que minha
irmã Tamar venha dar-me de comer. Gostaria que ela pre-
parasse a comida aqui mesmo e me servisse. Assim poderei
vê-la."
6 Amnom aceitou a ideia e deitou-se, fingindo-se doente.
Quando o rei foi visitá-lo, Amnom lhe disse: "Eu gostaria que
minha irmã Tamar viesse e preparasse dois bolos aqui mesmo
e me servisse".
7 Davi mandou dizer a Tamar no palácio: "Vá à casa de seu
irmão Amnom e prepare algo para ele comer". 8 Tamar foi à
casa de seu irmão, que estava deitado. Ela amassou a farinha,
preparou os bolos na presença dele e os assou. 9 Depois pegou
a assadeira e lhe serviu os bolos, mas ele não quis comer.
Então Amnom deu ordem para que todos saíssem e, depois que
todos saíram, 10 disse a Tamar: "Traga os bolos e sirva-me aqui
no meu quarto". Tamar levou os bolos que havia preparado
ao quarto de seu irmão. 11 Mas, quando ela se aproximou para
servi-lo, ele a agarrou e disse: "Deite-se comigo, minha irmã".
12 Mas ela lhe disse: "Não, meu irmão! Não me faça essa vio-
lência. Não se faz uma coisa dessas em Israel! Não cometa essa
loucura. 13 O que seria de mim? Como eu poderia livrar-me da
minha desonra? E o que seria de você? Você cairia em desgraça
em Israel. Fale com o rei; ele deixará que eu me case com
você". 14 Mas Amnom não quis ouvi-la e, sendo mais forte que
ela, violentou-a.
15 Logo depois Amnom sentiu uma forte aversão por ela, mais
forte que a paixão que sentira. E lhe disse: "Levante-se e saia!"
16 Mas ela lhe disse: "Não, meu irmão, mandar-me embora
seria pior do que o mal que você já me fez". Ele, porém, não
quis ouvi-la 17 e, chamando seu servo, disse-lhe: "Ponha esta
mulher para fora daqui e tranque a porta". 18 Então o servo a
pôs para fora e trancou a porta. Ela estava vestindo uma túnica
longa[e], pois esse era o tipo de roupa que as filhas virgens do

---

[a] 12.14 Conforme um manuscrito da Septuaginta. O Texto Massorético diz os inimigos do Senhor.
[b] 12.25 Jedidias significa amado pelo Senhor.
[c] 12.30 Conforme a Septuaginta. O Texto Massorético diz do rei deles.
[d] 12.30 Hebraico: *1 talento*.

[e] 13.18 Ou *de diversas cores*; também no versículo 19.

rei usavam desde a puberdade. 19 Tamar pôs cinza na cabeça,
rasgou a túnica longa que estava usando e se pôs a caminho,
com as mãos sobre a cabeça e chorando em alta voz.
20 Absalão, seu irmão, lhe perguntou: "Seu irmão, Amnom, fez
algum mal a você? Acalme-se, minha irmã; ele é seu irmão! Não
se deixe dominar pela angústia". E Tamar, muito triste, ficou na
casa de seu irmão Absalão.
21 Ao saber de tudo isso, o rei Davi ficou indignado. 22 E Absalão
não falou nada com Amnom, nem bem, nem mal, embora o
odiasse por ter violentado sua irmã Tamar.

Absalão Mata Amnom

23 Dois anos depois, quando os tosquiadores de ovelhas de Ab-
salão estavam em Baal-Hazor, perto da fronteira de Efraim,
Absalão convidou todos os filhos do rei para se reunirem com
ele. 24 Absalão foi ao rei e lhe disse: "Eu, teu servo, estou tos-
quiando as ovelhas e gostaria que o rei e os seus conselheiros
estivessem comigo".
25 Respondeu o rei: "Não, meu filho. Não iremos todos, pois
isso seria um peso para você". Embora Absalão insistisse, ele
se recusou a ir, mas o abençoou.
26 Então Absalão lhe disse: "Se não queres ir, permite, por
favor, que o meu irmão Amnom vá conosco". O rei perguntou:
"Por que ele iria com você?" 27 Mas Absalão insistiu tanto que o
rei acabou deixando que Amnom e os seus outros filhos fossem
com ele.
28 Absalão ordenou aos seus homens: "Ouçam! Quando Amnom
estiver embriagado de vinho e eu disser: 'Matem Amnom!',
vocês o matarão. Não tenham medo; eu assumo a responsabili-
dade. Sejam fortes e corajosos!" 29 Assim os homens de Absalão
mataram Amnom, obedecendo às suas ordens. Então todos os
filhos do rei montaram em suas mulas e fugiram.
30 Estando eles ainda a caminho, chegou a seguinte notícia ao
rei: "Absalão matou todos os teus filhos; nenhum deles es-
capou". 31 O rei levantou-se, rasgou as suas vestes, prostrou-se
com o rosto em terra, e todos os conselheiros que estavam com
ele também rasgaram as vestes.
32 Mas Jonadabe, filho de Simeia, irmão de Davi, disse: "Não
pense o meu senhor que mataram todos os seus filhos. So-
mente Amnom foi morto. Essa era a intenção de Absalão desde
o dia em que Amnom violentou Tamar, irmã dele. 33 O rei, meu
senhor, não deve acreditar que todos os seus filhos estão
mortos. Apenas Amnom morreu".
34 Enquanto isso, Absalão fugiu. Nesse meio-tempo a sentinela
viu muita gente que vinha pela estrada de Horonaim, descendo
pela encosta da colina, e disse ao rei: "Vejo homens vindo pela
estrada de Horonaim, na encosta da colina"[a].
35 E Jonadabe disse ao rei: "São os filhos do rei! Aconteceu
como o teu servo disse".
36 Acabando de falar, os filhos do rei chegaram, chorando em
alta voz. Também o rei e todos os seus conselheiros choraram
muito.
37 Absalão fugiu para o território de Talmai, filho de Amiúde,
rei de Gesur. E o rei Davi pranteava por seu filho todos os dias.
38 Depois que Absalão fugiu para Gesur e lá permaneceu três
anos, 39 a ira do rei contra Absalão cessou[b], pois ele se sentia
consolado da morte de Amnom.

Absalão Volta para Jerusalém

14 Joabe, filho de Zeruia, percebendo que o rei estava com
saudade de Absalão, 2 mandou buscar uma mulher astuta em
Tecoa, e lhe disse: "Finja que está de luto: vista-se de preto
e não se perfume. Aja como uma mulher que há algum tempo
está de luto. 3 Vá dizer ao rei estas palavras"; e a instruiu sobre
o que ela deveria dizer.
4 Quando a mulher apresentou-se[c] ao rei, prostrou-se com o
rosto em terra, em sinal de respeito, e lhe disse: "Ajuda-me,
ó rei!"
5 "Qual é o seu problema?", perguntou-lhe o rei, e ela res-
pondeu: "Sou viúva, meu marido morreu, 6 deixando-me com
dois filhos. Eles brigaram no campo e, não havendo ninguém
para separá-los, um acabou matando o outro. 7 Agora, todo o
clã levantou-se contra a tua serva, exigindo: 'Entregue o assas-
sino, para que o matemos pela vida do irmão, e nos livremos
também do herdeiro'. Eles querem apagar a última centelha
que me restou, deixando meu marido sem nome nem descen-
dência na face da terra".
8 O rei disse à mulher: "Vá para casa. Eu mandarei que cuidem
do seu caso".
9 Mas a mulher de Tecoa lhe disse: "Ó rei, meu senhor, é sobre
mim e sobre a família de meu pai que pesará a iniquidade; não
pesa culpa sobre o rei e sobre o seu trono".
10 O rei respondeu: "Se alguém ameaçá-la, traga-o a mim, e ele
não mais a incomodará".
11 Ela acrescentou: "Peço então ao rei que, em nome do SE-
NHOR, o seu Deus, não permita que o vingador da vítima cause
maior destruição, matando meu outro filho". E disse ele: "Eu
juro pelo nome do SENHOR: Nem um só fio de cabelo da cabeça
de seu filho cairá".
12 Disse-lhe ainda a mulher: "Permite que a tua serva fale mais
uma coisa ao rei, meu senhor". "Fale", respondeu ele.
13 Disse então a mulher: "Por que terá o rei agido contra o povo
de Deus? O rei está se condenando com o que acaba de dizer,
pois não permitiu a volta do que foi banido. 14 Que teremos
que morrer um dia, é tão certo como não se pode recolher
a água que se espalhou pela terra. Mas Deus não tira a vida;
ao contrário, cria meios para que o banido não permaneça
afastado dele.
15 "E eu vim falar sobre isso ao rei, meu senhor, porque o povo
me ameaçou. Tua serva pensou que, se falasse com o rei,
talvez ele atendesse ao seu pedido 16 e concordasse em livrar
a sua serva das mãos do homem que está tentando eliminar

a 13.34 Conforme a Septuaginta. O Texto Massorético não traz esta frase.

b 13.39 Ou *o rei teve saudade de Absalão*. Conforme os manuscritos do mar Morto e alguns manuscritos da Septuaginta.

c 14.4 Conforme muitos manuscritos do Texto Massorético, a Septuaginta, a Vulgata e a Versão Siríaca. A maioria dos manuscritos do Texto Massorético diz falou.

tanto a mim como a meu filho da herança que Deus nos deu.
17 "E agora a tua serva diz: Traga-me descanso a decisão do
rei, o meu senhor; pois o rei, meu senhor, é como um anjo de
Deus, capaz de discernir entre o bem e o mal. Que o SENHOR, o
teu Deus, esteja contigo!"
18 Então o rei disse à mulher: "Não me esconda nada do que vou
perguntar". "Fale o rei, meu senhor", disse a mulher.
19 O rei perguntou: "Não é Joabe que está por trás de tudo
isso?" A mulher respondeu: "Juro por tua vida, ó rei, ninguém
é capaz de desviar-se para a direita ou para a esquerda do que
tu dizes. Sim, foi o teu servo Joabe que me mandou aqui para
dizer tudo isso. 20 O teu servo Joabe agiu assim para mudar
essa situação. Mas o meu senhor é sábio como um anjo de
Deus, e nada lhe escapa de tudo o que acontece no país".
21 Depois o rei disse a Joabe: "Muito bem, atenderei a esse
pedido. Vá e traga de volta o jovem Absalão".
22 Joabe prostrou-se com o rosto em terra, abençoou o rei e
disse: "Hoje o teu servo ficou sabendo que o vês com bons
olhos, pois o rei atendeu ao pedido de teu servo".
23 Então Joabe foi a Gesur e trouxe Absalão de volta para Je-
rusalém. 24 Mas o rei disse: "Ele irá para a casa dele; não virá
à minha presença". Assim, Absalão foi para a sua casa e não
compareceu mais à presença do rei.
25 Em todo o Israel não havia homem tão elogiado por sua be-
leza como Absalão. Da cabeça aos pés não havia nele nenhum
defeito. 26 Sempre que o cabelo lhe ficava pesado demais, ele
o cortava e o pesava: eram dois quilos e quatrocentos gramas[a],
segundo o padrão do rei.
27 Ele teve três filhos e uma filha, chamada Tamar, que se
tornou uma linda mulher.
28 Absalão morou dois anos em Jerusalém sem ser recebido
pelo rei. 29 Então mandou chamar Joabe para enviá-lo ao rei,
mas Joabe não quis ir. Mandou chamá-lo pela segunda vez,
mas ele, novamente, não quis ir. 30 Então Absalão disse a seus
servos: "Vejam, a propriedade de Joabe é vizinha da minha, e
ele tem uma plantação de cevada. Tratem de incendiá-la". E
os servos de Absalão puseram fogo na plantação.
31 Então Joabe foi à casa de Absalão e lhe perguntou: "Por que
os seus servos puseram fogo na minha propriedade?"
32 Absalão respondeu: "Mandei chamá-lo para enviá-lo ao rei
com a seguinte mensagem: Por que voltei de Gesur? Melhor
seria que eu lá permanecesse! Quero ser recebido pelo rei; e,
se eu for culpado de alguma coisa, que ele mande me matar".
33 Então Joabe foi contar tudo ao rei, que mandou chamar Ab-
salão. Ele entrou e prostrou-se com o rosto em terra, perante
o rei. E o rei saudou-o com um beijo.

15

A Conspiração de Absalão

Algum tempo depois, Absalão adquiriu uma carruagem,
cavalos e uma escolta de cinquenta homens. 2 Ele se levantava
cedo e ficava junto ao caminho que levava à porta da cidade.
Sempre que alguém trazia uma causa para ser decidida pelo
rei, Absalão o chamava e perguntava de que cidade vinha.
A pessoa respondia que era de uma das tribos de Israel, 3 e
Absalão dizia: "A sua causa é válida e legítima, mas não há
nenhum representante do rei para ouvi-lo". 4 E Absalão acres-
centava: "Quem me dera ser designado juiz desta terra! Todos
os que tivessem uma causa ou uma questão legal viriam a mim,
e eu lhes faria justiça".
5 E sempre que alguém se aproximava dele para prostrar-se em
sinal de respeito, Absalão estendia a mão, abraçava-o e beija-
va-o. 6 Absalão agia assim com todos os israelitas que vinham
pedir que o rei lhes fizesse justiça. Assim ele foi conquistando
a lealdade dos homens de Israel.
7 Ao final de quatro[b] anos, Absalão disse ao rei: "Deixa-me ir a
Hebrom para cumprir um voto que fiz ao SENHOR. 8 Quando o teu
servo estava em Gesur, na Síria, fez este voto: Se o SENHOR me
permitir voltar a Jerusalém, prestarei culto a ele em Hebrom[c]".
9 "Vá em paz!", disse o rei. E ele foi para Hebrom.
10 Absalão enviou secretamente mensageiros a todas as tribos
de Israel, dizendo: "Assim que vocês ouvirem o som das trom-
betas, digam: Absalão é rei em Hebrom". 11 Absalão levou du-
zentos homens de Jerusalém. Eles tinham sido convidados e
nada sabiam nem suspeitavam do que estava acontecendo.
12 Depois de oferecer sacrifícios, Absalão mandou chamar Ai-
tofel, da cidade de Gilo, conselheiro de Davi. A conspiração
ganhou força, e cresceu o número dos que seguiam Absalão.

A Fuga de Davi

13 Então um mensageiro chegou e disse a Davi: "Os israelitas
estão com Absalão!"
14 Em vista disso, Davi disse aos conselheiros que estavam com
ele em Jerusalém: "Vamos fugir; caso contrário não escapa-
remos de Absalão. Se não partirmos imediatamente ele nos
alcançará, causará a nossa ruína e matará o povo à espada".
15 Os conselheiros do rei lhe responderam: "Teus servos estão
dispostos a fazer tudo o que o rei, nosso senhor, decidir".
16 O rei partiu, seguido por todos os de sua família; deixou,
porém, dez concubinas para tomarem conta do palácio.
17 Assim, o rei partiu com todo o povo. Pararam na última casa
da cidade, 18 e todos os seus soldados marcharam, passando
por ele: todos os queretitas e peletitas, e os seiscentos giteus
que o acompanhavam desde Gate.
19 O rei disse então a Itai, de Gate: "Por que você está indo co-
nosco? Volte e fique com o novo rei, pois você é estrangeiro, um
exilado de sua terra. 20 Faz pouco tempo que você chegou. Como
eu poderia fazê-lo acompanhar-me? Volte e leve consigo os seus
irmãos. Que o SENHOR o trate com bondade e fidelidade!"
21 Itai, contudo, respondeu ao rei: "Juro pelo nome do SENHOR
e por tua vida que, onde quer que o rei, meu senhor, esteja, ali
estará o teu servo, para viver ou para morrer!"
22 Então Davi disse a Itai: "Está bem, pode ir adiante". E Itai, o
giteu, marchou, com todos os seus soldados e com as famílias
que estavam com ele.

[a] **14.26** Hebraico: *200 siclos*. Um siclo equivalia a 12 gramas.

[b] **15.7** Conforme alguns manuscritos da Septuaginta, a Versão Siríaca e Josefo. O Texto Massorético diz *quarenta*.

[c] **15.8** Conforme alguns manuscritos da Septuaginta. O Texto Massorético não traz *em Hebrom*.

23 Todo o povo do lugar chorava em alta voz enquanto o exército
passava. O rei atravessou o vale do Cedrom e todo o povo foi
com ele em direção ao deserto.
24 Zadoque também estava lá e com ele todos os levitas que
carregavam a arca da aliança de Deus; Abiatar também estava
lá. Puseram no chão a arca de Deus até que todo o povo saísse
da cidade.
25 Então o rei disse a Zadoque: "Leve a arca de Deus de volta
para a cidade. Se o SENHOR mostrar benevolência a mim, ele
me trará de volta e me deixará ver a arca e o lugar onde ela
deve permanecer. 26 Mas, se ele disser que já não sou do seu
agrado, aqui estou! Faça ele comigo a sua vontade".
27 Disse ainda o rei ao sacerdote Zadoque: "Fique alerta! Volte
em paz para a cidade, você, Aimaás, seu filho, e Jônatas, filho
de Abiatar. 28 Pelos desfiladeiros do deserto ficarei esperando
notícias de vocês". 29 Então Zadoque e Abiatar levaram a arca
de Deus de volta para Jerusalém e lá permaneceram.
30 Davi, porém, continuou subindo o monte das Oliveiras, cami-
nhando e chorando, com a cabeça coberta e os pés descalços.
E todos os que iam com ele também tinham a cabeça coberta
e subiam chorando. 31 Quando informaram a Davi que Aitofel
era um dos conspiradores que apoiavam Absalão, Davi orou:
"Ó SENHOR, transforma em loucura os conselhos de Aitofel".
32 Quando Davi chegou ao alto do monte, ao lugar onde o povo
costumava adorar a Deus, veio ao seu encontro o arquita Husai,
com a roupa rasgada e com terra sobre a cabeça. 33 E Davi lhe
disse: "Não adianta você vir comigo. 34 Mas, se voltar à cidade,
poderá dizer a Absalão: Estarei a teu serviço, ó rei. No passado
estive a serviço de teu pai, mas agora estarei a teu serviço.
Assim você me ajudará, frustrando o conselho de Aitofel. 35 Os
sacerdotes Zadoque e Abiatar estarão lá com você. Informe-os
do que você souber no palácio. 36 Também estão lá os dois
filhos deles: Aimaás e Jônatas. Por meio deles me informe de
tudo o que você ouvir".
37 Husai, amigo de Davi, chegou a Jerusalém quando Absalão
estava entrando na cidade.

16 **Davi e Ziba**
Mal Davi tinha passado pelo alto do monte, lá estava à sua
espera Ziba, criado de Mefibosete. Ele trazia dois jumentos car-
regando duzentos pães, cem bolos de uvas passas, cem frutas
da estação e uma vasilha de couro cheia de vinho.
2 O rei perguntou a Ziba: "Por que você trouxe essas coisas?"
Ziba respondeu: "Os jumentos servirão de montaria para a fa-
mília do rei, os pães e as frutas são para os homens comerem,
e o vinho servirá para reanimar os que ficarem exaustos no
deserto".
3 "Onde está Mefibosete, neto de seu senhor?", perguntou o
rei. Respondeu-lhe Ziba: "Ele ficou em Jerusalém, pois acredita
que os israelitas lhe restituirão o reino de seu avô".
4 Então o rei disse a Ziba: "Tudo o que pertencia a Mefibosete
agora é seu". "Humildemente me prostro", disse Ziba. "Que o
rei, meu senhor, agrade-se de mim".

Simei Amaldiçoa Davi

5 Chegando o rei Davi a Baurim, um homem do clã da família
de Saul chamado Simei, filho de Gera, saiu da cidade profe-
rindo maldições contra ele. 6 Ele atirava pedras em Davi e em
todos os conselheiros do rei, embora todo o exército e a guarda
de elite estivessem à direita e à esquerda de Davi. 7 Enquanto
amaldiçoava, Simei dizia: "Saia daqui, saia daqui! Assassino!
Bandido! 8 O SENHOR retribuiu a você todo o sangue derramado
na família de Saul, em cujo lugar você reinou. O SENHOR en-
tregou o reino nas mãos de seu filho Absalão. Você está arrui-
nado porque é um assassino!"
9 Então Abisai, filho de Zeruia, disse ao rei: "Por que esse cão
morto amaldiçoa o rei, meu senhor? Permite que eu lhe corte
a cabeça".
10 Mas o rei disse: "Que é que vocês têm com isso, filhos de
Zeruia? Ele me amaldiçoa porque o SENHOR lhe disse que amal-
diçoasse Davi. Portanto, quem poderá questioná-lo?"
11 Disse então Davi a Abisai e a todos os seus conselheiros: "Até
meu filho, sangue do meu sangue[a], procura matar-me. Quanto
mais este benjamita! Deixem-no em paz! Que amaldiçoe, pois
foi o SENHOR que mandou fazer isso. 12 Talvez o SENHOR consi-
dere a minha aflição e me retribua com o bem a maldição que
hoje recebo".
13 Assim, Davi e os seus soldados prosseguiram pela estrada,
enquanto Simei ia pela encosta do monte, no lado oposto,
amaldiçoando e jogando pedras e terra. 14 O rei e todo o povo
que estava com ele chegaram exaustos a seu destino. E lá des-
cansaram.

O Conselho de Husai e de Aitofel

15 Enquanto isso, Absalão e todos os homens de Israel entraram
em Jerusalém, e Aitofel estava com eles. 16 Então Husai, o ar-
quita, amigo de Davi, aproximou-se de Absalão e exclamou:
"Viva o rei! Viva o rei!"
17 Mas Absalão disse a Husai: "É essa a lealdade que você tem
para com o seu amigo? Por que você não foi com ele?"
18 Respondeu Husai: "Não! Sou do escolhido do SENHOR, deste
povo e de todos os israelitas, e com ele permanecerei. 19 Além
disso, a quem devo servir? Não deveria eu servir ao filho? Assim
como servi a teu pai, também te servirei".
20 Então Absalão disse a Aitofel: "Dê-nos o seu conselho. Que
devemos fazer?"
21 Aitofel respondeu: "Aconselho que tenhas relações com as
concubinas de teu pai, que ele deixou para tomar conta do
palácio. Então todo o Israel ficará sabendo que te tornaste
repugnante para teu pai e todos os que estão contigo se en-
cherão de coragem". 22 E assim armaram uma tenda no terraço
do palácio para Absalão, e ele teve relações com as concubinas
de seu pai à vista de todo o Israel.
23 Naquela época, tanto Davi como Absalão consideravam os
conselhos de Aitofel como se fossem a palavra do próprio Deus.

---

[a] 16.11 Hebraico: *que saiu das minhas entranhas.*

17 Aitofel disse a Absalão: “Permite-me escolher doze mil
homens e partirei esta noite em perseguição a Davi. 2 Eu
o atacarei enquanto ele está exausto e fraco; vou causar-lhe
pânico, e seu exército fugirá. Depois matarei somente o rei
3 e trarei todo o exército de volta a ti. É somente um homem
que procuras matar. Assim, todo o exército ficará em paz”.
4 Esse plano pareceu bom a Absalão e a todas as autoridades
de Israel.
5 Entretanto, Absalão disse: “Chamem também Husai, o ar-
quita, para que ouçamos a opinião dele”. 6 Quando Husai
entrou, Absalão lhe disse: “Aitofel deu-nos o conselho dele.
Devemos fazer o que ele diz, ou você tem outra opinião?”
7 Husai respondeu: “O conselho que Aitofel deu desta vez não
é bom. 8 Sabes que o teu pai e os homens que estão com ele
são guerreiros e estão furiosos como uma ursa selvagem da
qual roubaram os filhotes. Além disso, teu pai é um soldado
experiente e não passará a noite com o exército. 9 Ele, agora,
já deve estar escondido numa caverna ou nalgum outro lugar.
Se alguns dos teus soldados forem mortos no primeiro ataque,[a]
quem souber disso dirá: ‘Houve matança no meio do exército
de Absalão’. 10 Então, até o mais bravo soldado, corajoso como
leão, ficará morrendo de medo, pois todo o Israel sabe que teu
pai é um guerreiro valente e que seus soldados são corajosos.
11 “Por isso, dou o seguinte conselho: que se reúnam a ti todos
os homens de Israel, desde Dã até Berseba, tantos como
a areia da praia, e que tu mesmo os conduzas na batalha.
12 Então o atacaremos onde quer que ele se encontre e cai-
remos sobre ele como o orvalho cai sobre a terra. Ele e todos
os seus homens não escaparão. 13 Se ele se refugiar em alguma
cidade, todo o Israel levará cordas para lá, e arrastaremos
aquela cidade para o vale, até que não reste ali nem sequer
uma pequena pedra”.
14 Absalão e todos os homens de Israel consideraram o conselho
de Husai, o arquita, melhor do que o de Aitofel; pois o SENHOR
tinha decidido frustrar o eficiente conselho de Aitofel, a fim de
trazer ruína sobre Absalão.
15 Husai contou aos sacerdotes Zadoque e Abiatar o conselho
que Aitofel dera a Absalão e às autoridades de Israel, e o que
ele mesmo lhes tinha aconselhado em seguida. 16 Então pediu
que enviassem imediatamente esta mensagem a Davi: “Não
passe a noite nos pontos de travessia do Jordão, no deserto,
mas atravesse logo o rio, senão o rei e todo o seu exército
serão exterminados”.
17 Jônatas e Aimaás estavam em En-Rogel, e uma serva os in-
formava regularmente, pois não podiam arriscar-se a serem
vistos na cidade. Eles, por sua vez, iam relatar ao rei Davi o
que tinham ouvido. 18 Mas um jovem os viu e avisou Absalão.
Então eles partiram rapidamente e foram para a casa de um
habitante de Baurim, que tinha um poço no quintal. Eles des-
ceram ao poço, 19 e a dona da casa colocou a tampa no poço.
Para disfarçar, espalhou grãos de cereal por cima.
20 Os soldados de Absalão chegaram à casa da mulher e lhe
perguntaram: “Onde estão Aimaás e Jônatas?” A mulher res-
pondeu: “Eles atravessaram as águas”[b]. Os homens os procu-
raram sem sucesso, e voltaram a Jerusalém.
21 Tendo eles ido embora, os dois saíram do poço e foram in-
formar o rei Davi. Falaram-lhe do conselho que Aitofel dera
contra ele e lhe disseram que atravessasse imediatamente o
Jordão. 22 Então Davi e todo o seu exército saíram e, quando o
sol nasceu, todos tinham atravessado o Jordão.
23 Vendo Aitofel que o seu conselho não havia sido aceito, selou
seu jumento e foi para casa, para a sua cidade natal; pôs seus
negócios em ordem e depois se enforcou. Ele foi sepultado no
túmulo de seu pai.
24 Davi já tinha chegado a Maanaim quando Absalão atravessou
o Jordão com todos os homens de Israel. 25 Absalão havia no-
meado Amasa comandante do exército em lugar de Joabe.
Amasa era filho de Jéter[c], um israelita[d] que havia possuído Abi-
gail, filha de Naás e irmã de Zeruia, mãe de Joabe. 26 Absalão
e os israelitas acamparam em Gileade.
27 Quando Davi chegou a Maanaim, Sobi, filho de Naás, de
Rabá dos amonitas, Maquir, filho de Amiel, de Lo-Debar, e o
gileadita Barzilai, de Rogelim, 28 trouxeram a Davi e ao seu
exército camas, bacias e utensílios de cerâmica e também
trigo, cevada, farinha, grãos torrados, feijão e lentilha[e], 29 mel
e coalhada, ovelhas e queijo de leite de vaca; pois sabiam que
o exército estava cansado, com fome e com sede no deserto.

A Morte de Absalão

18 Davi passou em revista o exército e nomeou comandantes
de batalhões de mil e de cem. 2 Depois dividiu o exército em
três companhias: uma sob o comando de Joabe, outra sob o
comando de Abisai, irmão de Joabe, filho de Zeruia, e outra sob
o comando de Itai, o giteu. Disse então o rei ao exército: “Eu
também marcharei com vocês”.
3 Mas os homens disseram: “Não faças isso! Se tivermos que
fugir, eles não se preocuparão conosco e, mesmo que metade
de nós morra em batalha, eles não se importarão. Tu, porém,
vales por dez mil de nós.[f] Melhor será que fiques na cidade e
dali nos dês apoio”.
4 O rei respondeu: “Farei o que acharem melhor”. E o rei ficou
junto à porta, enquanto os soldados marchavam, saindo em
unidades de cem e de mil. 5 O rei ordenou a Joabe, a Abisai e
a Itai: “Por amor a mim, tratem bem o jovem Absalão!” E todo
o exército ouviu quando o rei deu essa ordem sobre Absalão a
cada um dos comandantes.
6 O exército saiu a campo para enfrentar Israel, e a batalha
aconteceu na floresta de Efraim, 7 onde o exército de Israel
foi derrotado pelos soldados de Davi. Houve grande matança
naquele dia, elevando-se o número de mortos a vinte mil. 8 A

---

a 17.9 Ou *Quando alguns dos homens caírem no primeiro ataque,*

b 17.20 Ou *“Passaram pelo curral de ovelhas e foram na direção da água”*.

c 17.25 Hebraico: *Itra*, variante de *Jéter*.

d 17.25 Conforme o Texto Massorético e alguns manuscritos da Septuaginta. Outros manuscritos da Septuaginta dizem ismaelita. Veja 1Cr 2.17.

e 17.28 Conforme a maioria dos manuscritos da Septuaginta e a Versão Siríaca. O Texto Massorético diz lentilha e grãos torrados.

f 18.3 Conforme dois manuscritos do Texto Massorético, alguns manuscritos da Septuaginta e a Vulgata. A maioria dos manuscritos do Texto Massorético diz importarão, pois agora existem dez mil como nós.

batalha espalhou-se por toda a região e, naquele dia, a floresta
matou mais que a espada.
9 Durante a batalha, Absalão, montado em sua mula, encon-
trou-se com os soldados de Davi. Passando a mula debaixo dos
galhos de uma grande árvore, Absalão ficou preso nos galhos
pela cabeça. Ficou pendurado entre o céu e a terra, e a mula
prosseguiu.
10 Um homem o viu e informou a Joabe: "Acabei de ver Absalão
pendurado numa grande árvore".
11 "Você o viu?", perguntou Joabe ao homem. "E por que não
o matou ali mesmo? Eu teria dado a você dez peças de prata e
um cinturão de guerreiro!"
12 Mas o homem respondeu: "Mesmo que fossem pesadas e
colocadas em minhas mãos mil peças de prata, eu não levan-
taria a mão contra o filho do rei. Ouvimos o rei ordenar a ti, a
Abisai e a Itai: 'Protejam, por amor a mim, o jovem Absalão'[a].
13 Por outro lado, se eu tivesse atentado traiçoeiramente contra
a vida dele, o rei ficaria sabendo, pois não se pode esconder
nada dele, e tu mesmo ficarias contra mim".
14 E Joabe disse: "Não vou perder mais tempo com você". Então
pegou três dardos e com eles traspassou o coração de Absalão,
quando ele ainda estava vivo na árvore. 15 E dez dos escudeiros
de Joabe cercaram Absalão e acabaram de matá-lo.
16 A seguir Joabe tocou a trombeta para que o exército parasse
de perseguir Israel e assim deteve o exército. 17 Retiraram o
corpo de Absalão, jogaram-no num grande fosso na floresta e
fizeram um grande monte de pedras sobre ele. Enquanto isso,
todos os israelitas fugiam para casa.
18 Quando em vida, Absalão tinha levantado um monumento
para si mesmo no vale do Rei, dizendo: "Não tenho nenhum
filho para preservar a minha memória". Por isso deu à coluna
o seu próprio nome. Chama-se ainda hoje Monumento de Ab-
salão.

A Tristeza de Davi

19 Então Aimaás, filho de Zadoque, disse: "Deixa-me correr e
levar ao rei a notícia de que o SENHOR lhe fez justiça, livrando-o
de seus inimigos".
20 "Não é você quem deve levar a notícia hoje", disse-lhe
Joabe. "Deixe isso para outra ocasião. Hoje não, porque o
filho do rei morreu."
21 Então Joabe ordenou a um etíope[b]: "Vá dizer ao rei o que
você viu". O etíope inclinou-se diante de Joabe e saiu correndo
para levar a notícia.
22 Todavia Aimaás, filho de Zadoque, disse de novo a Joabe:
"Não importa o que aconteça, deixa-me ir com o etíope".
Joabe, porém, respondeu: "Por que está querendo tanto ir,
meu filho? Você não receberá nenhuma recompensa pela no-
tícia".
23 Mas ele insistiu: "Não importa o que aconteça, quero ir".
Disse então Joabe: "Pois vá!" E Aimaás correu pelo caminho
da planície[c] e passou à frente do etíope.
24 Davi estava sentado entre a porta interna e a externa da
cidade. E, quando a sentinela subiu ao terraço que havia sobre
a porta junto à muralha, viu um homem que vinha correndo
sozinho. 25 A sentinela gritou, avisando o rei. O rei disse: "Se
ele está sozinho, deve trazer boa notícia". E o homem apro-
ximou-se.
26 Então a sentinela viu outro homem que vinha correndo e
gritou ao porteiro: "Vem outro homem correndo sozinho!"
"Esse também deve estar trazendo boa notícia!", exclamou
o rei.
27 A sentinela disse: "Está me parecendo, pelo jeito de correr,
que o da frente é Aimaás, filho de Zadoque". "É um bom
homem", disse o rei. "Ele traz boas notícias."
28 Então Aimaás aproximou-se do rei e o saudou. Prostrou-se
com o rosto em terra, diante do rei e disse: "Bendito seja o
SENHOR, o teu Deus! Ele entregou os homens que se rebelaram
contra o rei, meu senhor".
29 O rei perguntou: "O jovem Absalão está bem?" Aimaás res-
pondeu: "Vi que houve grande confusão quando Joabe, o servo
do rei, ia enviar teu servo, mas não sei o que aconteceu".
30 O rei disse: "Fique ali ao lado esperando". E Aimaás ficou
esperando.
31 Então o etíope chegou e disse: "Ó rei, meu senhor, ouve a
boa notícia! Hoje o SENHOR te livrou de todos os que se levan-
taram contra ti".
32 O rei perguntou ao etíope: "O jovem Absalão está bem?"
O etíope respondeu: "Que os inimigos do rei, meu senhor,
e todos os que se levantam para te fazer mal acabem como
aquele jovem!"
33 Então o rei, abalado, subiu ao quarto que ficava por cima
da porta e chorou. Foi subindo e clamando: "Ah, meu filho Ab-
salão! Meu filho, meu filho Absalão! Quem me dera ter morrido
em seu lugar! Ah, Absalão, meu filho, meu filho!"

19 O Luto de Davi

Informaram a Joabe que o rei estava chorando e se la-
mentando por Absalão. 2 Para todo o exército a vitória daquele
dia se transformou em luto, porque as tropas ouviram dizer:
"O rei está de luto por seu filho". 3 Naquele dia o exército ficou
em silêncio na cidade, como fazem os que fogem humilhados
da batalha. 4 O rei, com o rosto coberto, gritava: "Ah, meu filho
Absalão! Ah, Absalão, meu filho, meu filho!"

Joabe Repreende Davi

5 Então Joabe entrou no palácio e foi falar com o rei: "Hoje hu-
milhaste todos os teus soldados, os quais salvaram a tua vida,
bem como a de teus filhos e filhas, e de tuas mulheres e concu-
binas. 6 Amas os que te odeiam e odeias os que te amam. Hoje
deixaste claro que os comandantes e os seus soldados nada
significam para ti. Vejo que ficarias satisfeito se, hoje, Absalão
estivesse vivo e todos nós estivéssemos mortos. 7 Agora, vai e

[a] 18.12 Conforme alguns manuscritos do Texto Massorético, a Septuaginta, a Vulgata e a Versão Siríaca. A maioria dos manuscritos do Texto Massorético diz 'Protejam o jovem Absalão, não importa quem vocês sejam'.

[b] 18.21 Hebraico: *cuxita; também em 18.21-23, 31 e 32.*

[c] 18.23 Isto é, a planície do Jordão.

encoraja teus soldados! Juro pelo SENHOR que, se não fores,
nem um só deles permanecerá contigo esta noite, o que para
ti seria pior do que todas as desgraças que já te aconteceram
desde a tua juventude".
8 Então o rei levantou-se e sentou-se junto à porta da cidade.
Quando o exército soube que o rei estava sentado junto à
porta, todos os soldados juntaram-se a ele.

Davi Retorna para Jerusalém

Enquanto isso os israelitas fugiam para casa. 9 Em todas as
tribos de Israel o povo discutia, dizendo: "Davi nos livrou das
mãos de nossos inimigos; foi ele que nos libertou dos filisteus.
Mas agora fugiu do país por causa de Absalão; 10 e Absalão, a
quem tínhamos ungido rei, morreu em combate. E por que não
falam em trazer o rei de volta?"
11 Quando chegou aos ouvidos do rei o que todo o Israel estava
comentando, Davi mandou a seguinte mensagem aos sacer-
dotes Zadoque e Abiatar: "Perguntem às autoridades de Judá:
Por que vocês seriam os últimos a conduzir o rei de volta ao seu
palácio? 12 Vocês são meus irmãos, sangue do meu sangue[a]! Por
que seriam os últimos a ajudar no meu retorno?" 13 E digam a
Amasa: "Você é sangue do meu sangue! Que Deus me castigue
com todo o rigor se, de agora em diante, você não for o coman-
dante do meu exército em lugar de Joabe".
14 As palavras de Davi conquistaram a lealdade unânime
de todos os homens de Judá. E eles mandaram dizer ao rei
que voltasse com todos os seus servos. 15 Então o rei voltou
e chegou ao Jordão. E os homens de Judá foram a Gilgal, ao
encontro do rei, para ajudá-lo a atravessar o Jordão. 16 Simei,
filho de Gera, benjamita de Baurim, foi depressa com os ho-
mens de Judá para encontrar-se com o rei Davi. 17 Com ele
estavam outros mil benjamitas e também Ziba, supervisor da
casa de Saul, com seus quinze filhos e vinte servos. Eles en-
traram no Jordão antes do rei 18 e atravessaram o rio a fim de
ajudar a família real na travessia e fazer o que o rei desejasse.
Simei, filho de Gera, atravessou o Jordão, prostrou-se perante
o rei 19 e lhe disse: "Que o meu senhor não leve em conta o meu
crime. E que não te lembres do mal que o teu servo cometeu no
dia em que o rei, meu senhor, saiu de Jerusalém. Que o rei não
pense mais nisso! 20 Eu, teu servo, reconheço que pequei. Por
isso, de toda a tribo de José, fui o primeiro a vir ao encontro
do rei, meu senhor".
21 Então Abisai, filho de Zeruia, disse: "Simei amaldiçoou o un-
gido do SENHOR; ele deve ser morto!"
22 Davi respondeu: "Que é que vocês têm com isso, filhos de
Zeruia? Acaso se tornaram agora meus adversários? Deve al-
guém ser morto hoje em Israel? Ou não tenho hoje a garantia
de que voltei a reinar sobre Israel?" 23 E o rei prometeu a Simei,
sob juramento: "Você não será morto".
24 Mefibosete, neto de Saul, também foi ao encontro do rei.
Ele não havia lavado os pés nem aparado a barba nem lavado
as roupas, desde o dia em que o rei partira até o dia em que
voltou em segurança. 25 Quando chegou de Jerusalém e encon-
trou-se com o rei, este lhe perguntou: "Por que você não foi
comigo, Mefibosete?"
26 Ele respondeu: "Ó rei, meu senhor! Eu, teu servo, sendo
aleijado, mandei selar o meu jumento para montá-lo e acom-
panhar o rei. Mas o meu servo me enganou. 27 Ele falou mal de
mim ao rei, meu senhor. Tu és como um anjo de Deus! Faze
o que achares melhor. 28 Todos os descendentes do meu avô
nada mereciam do meu senhor e rei, senão a morte. Entre-
tanto, deste a teu servo um lugar entre os que comem à tua
mesa. Que direito tenho eu, pois, de te pedir qualquer outro
favor?"
29 Disse-lhe então o rei: "Você já disse o suficiente. Minha de-
cisão é que você e Ziba dividam a propriedade".
30 Mas Mefibosete disse ao rei: "Deixa que ele fique com tudo,
agora que o rei, meu senhor, chegou em segurança ao seu lar".
31 Barzilai, de Gileade, também saiu de Rogelim, acompa-
nhando o rei até o Jordão, para despedir-se dele. 32 Barzilai
era bastante idoso; tinha oitenta anos. Foi ele que sustentou
o rei durante a sua permanência em Maanaim, pois era muito
rico. 33 O rei disse a Barzilai: "Venha comigo para Jerusalém, e
eu cuidarei de você".
34 Barzilai, porém, respondeu: "Quantos anos de vida ainda me
restam, para que eu vá com o rei e viva com ele em Jerusalém?
35 Já fiz oitenta anos. Como eu poderia distinguir entre o que é
bom e o que é mau? Teu servo mal pode sentir o gosto daquilo
que come e bebe. Nem consigo apreciar a voz de homens e mu-
lheres cantando! Eu seria mais um peso para o rei, meu senhor.
36 Teu servo acompanhará o rei um pouco mais, atravessando
o Jordão, mas não há motivo para uma recompensa dessas.
37 Permite que o teu servo volte! E que eu possa morrer na
minha própria cidade, perto do túmulo de meu pai e de minha
mãe. Mas aqui está o meu servo Quimã. Que ele vá com o meu
senhor e rei. Faze por ele o que achares melhor!"
38 O rei disse: "Quimã virá comigo! Farei por ele o que você
achar melhor. E tudo o mais que desejar de mim, eu o farei
por você".
39 Então todo o exército atravessou o Jordão, e também o rei o
atravessou. O rei beijou Barzilai e o abençoou. E Barzilai voltou
para casa.
40 O rei seguiu para Gilgal; e com ele foi Quimã. Todo o exército
de Judá e a metade do exército de Israel acompanharam o rei.
41 Logo os homens de Israel chegaram ao rei para reclamar:
"Por que os nossos irmãos, os de Judá, sequestraram o rei e o
levaram para o outro lado do Jordão, como também a família
dele e todos os seus homens?"
42 Todos os homens de Judá responderam aos israelitas: "Fi-
zemos isso porque o rei é nosso parente mais chegado. Por que
vocês estão irritados? Acaso comemos das provisões do rei ou
tomamos dele alguma coisa?"
43 Então os israelitas disseram aos homens de Judá: "Somos
dez com o rei; e muito maior é o nosso direito sobre Davi do
que o de vocês. Por que nos desprezam? Nós fomos os pri-
meiros a propor o retorno do nosso rei!" Mas os homens de
Judá falaram ainda mais asperamente do que os israelitas.

[a] 19.12 Hebraico: *meu osso e minha carne*; também no versículo 13.

20 A Rebelião de Seba contra Davi

Também estava lá um desordeiro chamado Seba, filho de
Bicri, de Benjamim. Ele tocou a trombeta e gritou: "Não temos
parte alguma com Davi, nenhuma herança com o filho de Jessé!
Para casa todos, ó Israel!"
2 Então todos os de Israel abandonaram Davi para seguir Seba,
filho de Bicri. Mas os de Judá permaneceram com seu rei e o
acompanharam desde o Jordão até Jerusalém.
3 Quando Davi voltou ao palácio, em Jerusalém, mandou con-
finar numa casa, sob guarda, as dez concubinas que tinha dei-
xado tomando conta do palácio. Ele as sustentou, mas nunca
mais as possuiu. Ficaram confinadas, vivendo como viúvas até
a morte.
4 E o rei disse a Amasa: "Convoque os homens de Judá e, dentro
de três dias, apresente-se aqui com eles". 5 Mas Amasa levou
mais tempo para convocar Judá do que o prazo estabelecido
pelo rei.
6 Disse então Davi a Abisai: "Agora Seba, filho de Bicri, será pior
para nós do que Absalão. Chame os meus soldados e persiga-o,
antes que ele encontre alguma cidade fortificada e, depois, nos
arranque os olhos". 7 Assim, os soldados de Joabe, os quere-
titas, os peletitas e todos os guerreiros saíram de Jerusalém
para perseguir Seba, filho de Bicri.
8 Quando estavam junto à grande rocha de Gibeom, Amasa en-
controu-se com eles. Joabe vestia seu traje militar e tinha um
cinto com um punhal na bainha. Ao aproximar-se de Amasa,
deixou cair a adaga.
9 "Como vai, meu irmão?", disse Joabe, pegando Amasa pela
barba com a mão direita, para beijá-lo. 10 E Amasa, não per-
cebendo o punhal na mão esquerda de Joabe, foi por ele gol-
peado no estômago. Suas entranhas se derramaram no chão,
e ele morreu, sem necessidade de um segundo golpe. Então
Joabe e Abisai, seu irmão, perseguiram Seba, filho de Bicri.
11 Um dos soldados de Joabe ficou ao lado do corpo de Amasa
e disse: "Quem estiver do lado de Joabe e de Davi, que siga
Joabe!" 12 Amasa jazia numa poça de sangue no meio da es-
trada. Quando o homem viu que todos os que se aproximavam
do corpo de Amasa paravam, arrastou-o para fora da estrada e
o cobriu com uma coberta. 13 Depois que o corpo de Amasa foi
retirado da estrada, todos os homens seguiram com Joabe em
perseguição a Seba, filho de Bicri.
14 Seba atravessou todas as tribos de Israel e chegou até Abel-
-Bete-Maaca,[a] e todos os bicritas[b] se reuniram para segui-lo.
15 O exército de Joabe veio, cercou Seba em Abel-Bete-Maaca e
construiu contra a cidade uma rampa que chegou até a muralha
externa. Quando o exército de Joabe estava para derrubar a
muralha, 16 uma mulher sábia gritou da cidade: "Ouçam!
Ouçam! Digam a Joabe que venha aqui para que eu fale com
ele". 17 Quando ele se aproximou, a mulher perguntou: "Tu és
Joabe?" Ele respondeu: "Sim". Ela disse: "Ouve o que a tua
serva tem para dizer-te". "Estou ouvindo", disse ele.
18 E ela prosseguiu: "Antigamente se dizia: 'Peça conselho na
cidade de Abel', e isso resolvia a questão. 19 Nós somos pací-
ficos e fiéis em Israel. Tu procuras destruir uma cidade que é
mãe em Israel. Por que queres arruinar a herança do SENHOR?"
20 Respondeu Joabe: "Longe de mim uma coisa dessas! Longe
de mim arruinar e destruir esta cidade! 21 Não é esse o pro-
blema. Mas um homem chamado Seba, filho de Bicri, dos
montes de Efraim, rebelou-se contra o rei Davi. Entreguem-me
esse homem, e iremos embora". A mulher disse a Joabe: "A
cabeça dele te será jogada do alto da muralha".
22 Então a mulher foi falar com todo o povo, dando o seu sábio
conselho, e eles cortaram a cabeça de Seba, filho de Bicri, e a
jogaram para Joabe. Ele tocou a trombeta, e seus homens se
dispersaram, abandonaram o cerco da cidade e cada um voltou
para sua casa. E Joabe voltou ao rei, em Jerusalém.
23 Joabe comandava todo o exército de Israel; Benaia, filho de
Joiada, comandava os queretitas e os peletitas; 24 Adonirão[c]
era chefe do trabalho forçado; Josafá, filho de Ailude, era ar-
quivista real; 25 Seva era secretário; Zadoque e Abiatar eram
sacerdotes; 26 e Ira, de Jair, era sacerdote de Davi.

21 Os Gibeonitas São Vingados

Durante o reinado de Davi houve uma fome que durou três
anos. Davi consultou o SENHOR, que lhe disse: "A fome veio por
causa de Saul e de sua família sanguinária, por terem matado
os gibeonitas".
2 O rei então mandou chamar os gibeonitas e falou com eles.
(Os gibeonitas não eram de origem israelita, mas remanes-
centes dos amorreus. Os israelitas tinham feito com eles um
acordo sob juramento; mas Saul, em seu zelo por Israel e Judá,
havia tentado exterminá-los.) 3 Davi perguntou aos gibeonitas:
"Que posso fazer por vocês? Como posso reparar o que foi
feito, para que abençoem a herança do SENHOR?"
4 Os gibeonitas responderam: "Não exigimos de Saul ou de
sua família prata ou ouro nem queremos matar ninguém
em Israel". Davi perguntou: "O que querem que eu faça por
vocês?", 5 e eles responderam: "Quanto ao homem que quase
nos exterminou e que pretendia destruir-nos, para que não
tivéssemos lugar em Israel, 6 que sete descendentes dele sejam
executados perante o SENHOR, em Gibeá de Saul, no monte do
SENHOR". "Eu os entregarei a vocês", disse o rei.
7 O rei poupou Mefibosete, filho de Jônatas e neto de Saul,
por causa do juramento feito perante o SENHOR entre Davi e
Jônatas, filho de Saul. 8 Mas o rei mandou buscar Armoni e
Mefibosete, os dois filhos que Rispa, filha de Aiá, tinha dado a
Saul. Com eles também os cinco filhos que Merabe[d], filha de
Saul, tinha dado a Adriel, filho de Barzilai, de Meolá. 9 Ele os en-
tregou aos gibeonitas, que os executaram no monte, perante o
SENHOR. Os sete foram mortos ao mesmo tempo, nos primeiros
dias da colheita de cevada.

[a] **20.14** Ou *Abel, inclusive Bete-Maaca*; também no versículo 15.

[b] **20.14** Conforme a Septuaginta e a Vulgata. O Texto Massorético diz beritas.

[c] **20.24** Conforme alguns manuscritos da Septuaginta. O Texto Massorético diz Adorão. Veja 1Rs 4.6 e 5.14.

[d] **21.8** Conforme dois manuscritos do Texto Massorético, alguns manuscritos da Septuaginta e a Versão Siríaca. A maioria dos manuscritos do Texto Massorético e da Septuaginta diz Mical. Veja 1Sm 18.19.

10 Então Rispa, filha de Aiá, pegou um pano de saco e o es-
tendeu para si sobre uma rocha. Desde o início da colheita
até cair chuva do céu sobre os corpos, ela não deixou que as
aves de rapina os tocassem de dia nem os animais selvagens à
noite. 11 Quando Davi foi informado do que Rispa, filha de Aiá,
concubina de Saul, havia feito, 12 mandou recolher os ossos de
Saul e de Jônatas, tomando-os dos cidadãos de Jabes-Gileade.
(Eles haviam roubado os ossos da praça de Bete-Seã, onde os
filisteus os tinham pendurado, no dia em que mataram Saul
no monte Gilboa.) 13 Davi trouxe de lá os ossos de Saul e de
seu filho Jônatas, recolhidos dentre os ossos dos que haviam
sido executados.
14 Enterraram os ossos de Saul e de Jônatas no túmulo de Quis,
pai de Saul, em Zela, na terra de Benjamim, e fizeram tudo
o que o rei tinha ordenado. Depois disso Deus respondeu às
orações em favor da terra de Israel.

Guerras contra os Filisteus

15 Houve, ainda, outra batalha entre os filisteus e Israel; Davi
e seus soldados foram lutar contra os filisteus. Davi se cansou
muito, 16 e Isbi-Benobe, descendente de Rafa, prometeu matar
Davi. (A ponta de bronze da lança de Isbi-Benobe pesava três
quilos e seiscentos gramas[a], e, além disso, ele estava armado
com uma espada nova.) 17 Mas Abisai, filho de Zeruia, foi em
socorro de Davi e matou o filisteu. Então os soldados de Davi
lhe juraram, dizendo: "Nunca mais sairás conosco à guerra,
para que não apagues a lâmpada de Israel".
18 Houve depois outra batalha contra os filisteus, em Gobe.
Naquela ocasião Sibecai, de Husate, matou Safe, um dos des-
cendentes de Rafa.
19 Noutra batalha contra os filisteus em Gobe, Elanã, filho de
Jaaré-Oregim,[b] de Belém, matou Golias,[c] de Gate, que possuía
uma lança cuja haste parecia uma lançadeira de tecelão.
20 Noutra batalha, em Gate, havia um homem de grande esta-
tura e que tinha seis dedos em cada mão e seis dedos em cada
pé, vinte e quatro dedos ao todo. Ele também era descendente
de Rafa 21 e desafiou Israel, mas Jônatas, filho de Simeia, irmão
de Davi, o matou.
22 Esses quatro eram descendentes de Rafa, em Gate, e foram
mortos por Davi e seus soldados.

22 Cântico de Louvor de Davi

Davi cantou ao SENHOR este cântico, quando ele o livrou
das mãos de todos os seus inimigos e das mãos de Saul, 2 di-
zendo: "O SENHOR é a minha rocha, a minha fortaleza e o meu
libertador; 3 o meu Deus é a minha rocha, em que me refugio;
o meu escudo e o meu poderoso[d] salvador. Ele é a minha torre
alta, o meu abrigo seguro. Tu, Senhor, és o meu salvador, e me
salvas dos violentos. 4 Clamo ao SENHOR, que é digno de louvor,
e sou salvo dos meus inimigos.
5 "As ondas da morte me cercaram; as torrentes da destruição
me aterrorizaram. 6 As cordas da sepultura[e] me envolveram; as
armadilhas da morte me confrontaram. 7 Na minha angústia,
clamei ao SENHOR; clamei ao meu Deus. Do seu templo ele
ouviu a minha voz; o meu grito de socorro chegou aos seus
ouvidos.
8 "A terra abalou-se e tremeu, os alicerces dos céus[f] estreme-
ceram; tremeram porque ele estava irado. 9 Das suas narinas
saiu fumaça; da sua boca saiu fogo consumidor; dele saíram
brasas vivas e flamejantes. 10 Ele abriu os céus e desceu; nu-
vens escuras estavam debaixo dos seus pés. 11 Montou sobre
um querubim e voou; elevou-se[g] sobre as asas do vento. 12 Pôs
as trevas ao seu redor; das densas[h] nuvens de chuva fez o seu
abrigo. 13 Do brilho da sua presença flamejavam carvões em
brasa. 14 Dos céus o SENHOR trovejou; ressoou a voz do Altís-
simo. 15 Ele atirou flechas e dispersou os inimigos, arremessou
raios e os fez bater em retirada. 16 Os vales apareceram, e os
fundamentos da terra foram expostos, diante da repreensão
do SENHOR, com o forte sopro de suas narinas.
17 "Das alturas estendeu a mão e me segurou; tirou-me de
águas profundas. 18 Livrou-me do meu inimigo poderoso, dos
meus adversários, que eram fortes demais para mim. 19 Eles
me atacaram no dia da minha calamidade, mas o SENHOR foi o
meu amparo. 20 Deu-me ampla liberdade; livrou-me, pois me
quer bem.
21 "O SENHOR me tratou conforme a minha retidão; conforme a
pureza das minhas mãos me recompensou. 22 Pois guardei os
caminhos do SENHOR; não cometi a perversidade de afastar-me
do meu Deus. 23 Todos os seus mandamentos estão diante de
mim; não me afastei dos seus decretos. 24 Tenho sido irrepreen-
sível para com ele e guardei-me de pecar. 25 O SENHOR recom-
pensou-me segundo a minha retidão, conforme a pureza das
minhas mãos perante ele.
26 "Ao fiel te revelas fiel, ao irrepreensível te revelas irrepreen-
sível, 27 ao puro te revelas puro, mas ao perverso te revelas
astuto. 28 Salvas os humildes, mas os teus olhos estão sobre os
orgulhosos para os humilhar[i]. 29 Tu és a minha lâmpada, ó SE-
NHOR! O SENHOR ilumina-me as trevas. 30 Contigo posso avançar
contra uma tropa[j], com o meu Deus posso transpor muralhas.
31 "Este é o Deus cujo caminho é perfeito; a palavra do SENHOR
é comprovadamente genuína. Ele é escudo para todos os que
nele se refugiam. 32 Pois quem é Deus além do SENHOR? E quem
é Rocha senão o nosso Deus? 33 É Deus quem me reveste de
força[k] e torna perfeito o meu caminho. 34 Ele me faz correr veloz
como a gazela e me firma os passos nos lugares altos. 35 É ele
que treina as minhas mãos para a batalha, e assim os meus

---

[a] **21.16** Hebraico: *300 siclos*. Um siclo equivalia a 12 gramas.
[b] **21.19** Ou *filho do tecelão Jair*,
[c] **21.19** Conforme o Texto Massorético e a Septuaginta. 1Cr 20.5 diz filho de Jair, matou Lami, o irmão de Golias.
[d] **22.3** Hebraico: *chifre*, que aqui simboliza a força.
[e] **22.6** Hebraico: *Sheol*. Essa palavra também pode ser traduzida por profundezas, pó ou morte.
[f] **22.8** A Vulgata e a Versão Siríaca dizem montes. Veja Sl 18.7.
[g] **22.11** Conforme muitos manuscritos do Texto Massorético. A maioria dos manuscritos do Texto Massorético diz apareceu. Veja Sl 18.10.
[h] **22.12** Conforme a Septuaginta e a Vulgata. O Texto Massorético diz escuras. Veja Sl 18.11.
[i] **22.28** Um manuscrito da Septuaginta e o texto paralelo do Sl 18.27 dizem mas humilhas os de olhos altivos.
[j] **22.30** Ou *posso vencer uma barricada*
[k] **22.33** Conforme alguns manuscritos do mar Morto, alguns manuscritos da Septuaginta, a Vulgata e a Versão Siríaca. O Texto Massorético diz Deus, que é minha fortaleza. Veja Sl 18.32.

braços vergam o arco de bronze. 36 Tu me dás o teu escudo de
livramento; a tua ajuda me fez forte. 37 Alargas sob mim o meu
caminho, para que os meus tornozelos não se torçam.
38 "Persegui os meus inimigos e os derrotei; não voltei en-
quanto não foram destruídos. 39 Esmaguei-os completamente,
e não puderam levantar-se; caíram debaixo dos meus pés. 40 Tu
me revestiste de força para a batalha; fizeste cair aos meus pés
os meus adversários. 41 Fizeste que os meus inimigos fugissem
de mim; destruí os que me odiavam. 42 Gritaram por socorro,
mas não havia quem os salvasse; gritaram ao SENHOR, mas
ele não respondeu. 43 Eu os reduzi a pó, como o pó da terra;
esmaguei-os e os amassei como a lama das ruas.
44 "Tu me livraste dos ataques do meu povo; preservaste-me
como líder de nações. Um povo que eu não conhecia me é
sujeito. 45 Estrangeiros me bajulam; assim que me ouvem, me
obedecem. 46 Todos eles perdem a coragem; saem tremendo
das suas fortalezas[a].
47 "O SENHOR vive! Bendita seja a minha Rocha! Exaltado seja
Deus, a Rocha que me salva! 48 Este é o Deus que em meu
favor executa vingança, que sujeita nações ao meu poder,
49 que me livrou dos meus inimigos. Tu me exaltaste acima dos
meus agressores; de homens violentos me libertaste. 50 Por
isso te louvarei entre as nações, ó SENHOR; cantarei louvores
ao teu nome. 51 Ele concede grandes vitórias ao seu rei; é bon-
doso com o seu ungido, com Davi e seus descendentes para
sempre".

As Últimas Palavras de Davi

23 Estas são as últimas palavras de Davi: "Palavras de Davi,
filho de Jessé; palavras do homem que foi exaltado, do ungido
pelo Deus de Jacó, do cantor dos cânticos de Israel[b]:
2 "O Espírito do SENHOR falou por meu intermédio; sua palavra
esteve em minha língua. 3 O Deus de Israel falou, a Rocha de
Israel me disse: 'Quem governa o povo com justiça, quem o go-
verna com o temor de Deus, 4 é como a luz da manhã ao nascer
do sol, numa manhã sem nuvens. É como a claridade depois
da chuva, que faz crescer as plantas da terra'.
5 "A minha dinastia está de bem com Deus. Ele fez uma aliança
eterna comigo, firmada e garantida em todos os aspectos.
Certamente me fará prosperar em tudo e me concederá tudo
quanto eu desejo. 6 Mas os perversos serão lançados fora como
espinhos, que não se ajuntam com as mãos; 7 quem quer to-
cá-los usa uma ferramenta ou o cabo de madeira da lança. Os
espinhos serão totalmente queimados onde estiverem".

Os Principais Guerreiros de Davi

8 Estes são os nomes dos principais guerreiros de Davi:
Jabesão[c], um tacmonita[d], chefe dos três guerreiros principais;
numa ocasião, com uma lança, enfrentou[e] oitocentos homens
numa mesma batalha e os matou.
9 Depois dele, Eleazar, filho do aoíta Dodô. Ele era um dos
três principais guerreiros e esteve com Davi quando os filis-
teus se reuniram em Pas-Damim para a batalha. Os israelitas
recuaram, 10 mas ele manteve a sua posição e feriu os filisteus
até a sua mão ficar dormente e grudar na espada. O SENHOR
concedeu uma grande vitória a Israel naquele dia, e o exército
voltou para onde Eleazar estava, mas somente para saquear
os mortos.
11 Depois dele, Samá, filho de Agé, de Harar. Os filisteus reuni-
ram-se em Leí, onde havia uma plantação de lentilha. O exér-
cito de Israel fugiu dos filisteus, 12 mas Samá tomou posição
no meio da plantação, defendeu-a e derrotou os filisteus. O
SENHOR concedeu-lhe uma grande vitória.
13 Durante a colheita, três chefes do batalhão dos Trinta foram
encontrar Davi na caverna de Adulão, enquanto um grupo de
filisteus acampava no vale de Refaim. 14 Estando Davi nessa
fortaleza e o destacamento filisteu em Belém, 15 Davi expressou
este forte desejo: "Quem me dera me trouxessem água da cis-
terna da porta de Belém!" 16 Então aqueles três atravessaram o
acampamento filisteu, tiraram água da cisterna e a trouxeram
a Davi. Mas ele se recusou a beber; em vez disso, derramou-a
como oferta ao SENHOR e disse: 17 "O SENHOR me livre de beber
desta água! Seria como beber o sangue dos que arriscaram a
vida para trazê-la!" E Davi não bebeu daquela água. Foram
esses os feitos dos três principais guerreiros.
18 Abisai, irmão de Joabe e filho de Zeruia, era o chefe do bata-
lhão dos Trinta[f]. Certa ocasião, com sua lança matou trezentos
homens, tornando-se tão famoso quanto os três. 19 Foi mais
honrado que o batalhão dos Trinta e tornou-se o chefe deles.
Mas nunca igualou-se aos três principais guerreiros.
20 Benaia, filho de Joiada, era um corajoso soldado de Cab-
zeel, que realizou grandes feitos. Matou dois dos melhores
guerreiros de Moabe e, num dia de neve, desceu num buraco
e matou um leão. 21 Também matou um egípcio de grande es-
tatura. O egípcio tinha na mão uma lança, e Benaia o enfrentou
com um cajado. Arrancou a lança da mão do egípcio e com ela
o matou. 22 Esses foram os grandes feitos de Benaia, filho de
Joiada, que também teve fama como os três principais guer-
reiros de Davi. 23 Foi mais honrado do que qualquer dos Trinta,
mas nunca igualou-se aos três. E Davi lhe deu o comando da
sua guarda pessoal.
24 Entre os Trinta estavam: Asael, irmão de Joabe; Elanã, filho
de Dodô, de Belém; 25 Samá e Elica, de Harode; 26 Helez, de
Pelete; Ira, filho de Iques, de Tecoa; 27 Abiezer, de Anatote;
Mebunai[g], de Husate; 28 Zalmom, de Aoí; Maarai, de Neto-
fate; 29 Helede[h], filho de Baaná, de Netofate; Itai, filho de

---

[a] 22.46 Conforme alguns manuscritos da Septuaginta e a Vulgata. O Texto Massorético diz desde suas fortalezas eles se armam. Veja Sl 18.45.

[b] 23.1 Ou *o amado cantor de Israel*

[c] 23.8 Alguns manuscritos da Septuaginta sugerem Is-Bosete, isto é, Esbaal ou Josebe-Bassebete. Veja 1Cr 11.11.

[d] 23.8 Provavelmente variante de hacmonita. Veja 1Cr 11.11.

[e] 23.8 Conforme alguns manuscritos da Septuaginta. O Texto Massorético e outros manuscritos da Septuaginta dizem três; foi o esnita Adino que matou oitocentos homens. Veja 1Cr 11.11.

[f] 23.18 Conforme a maioria dos manuscritos do Texto Massorético. Dois manuscritos do Texto Massorético e a Versão Siríaca dizem chefe dos três. Veja 1Cr 11.20.

[g] 23.27 Alguns manuscritos da Septuaginta dizem Sibecai. Veja 1Cr 11.29.

[h] 23.29 Muitos manuscritos dizem Helebe. Veja 1Cr 11.30.

Ribai, de Gibeá de Benjamim; 30 Benaia, de Piratom; Hidai[a],
dos riachos de Gaás; 31 Abi-Albom, de Arbate; Azmavete, de
Baurim; 32 Eliaba, de Saalbom; os filhos de Jasém; Jônatas,
33 filho de[b] Samá, de Harar; Aião, filho de Sarar[c], de Harar;
34 Elifelete, filho de Aasbai, de Maaca; Eliã, filho de Aitofel, de
Gilo; 35 Hezrai, de Carmelo; Paarai, de Arabe; 36 Igal, filho de
Natã, de Zobá; o filho de Hagri[d]; 37 Zeleque, de Amom; Naarai,
de Beerote, escudeiro de Joabe, filho de Zeruia; 38 Ira e Garebe,
de Jatir, 39 e o hitita Urias. Foram ao todo trinta e sete.

O Recenseamento e a sua Punição

24 Mais uma vez irou-se o SENHOR contra Israel e incitou Davi
contra o povo, levando-o a fazer um censo de Israel e de Judá.
2 Então o rei disse a Joabe e aos outros comandantes do exército[e]:
"Vão por todas as tribos de Israel, de Dã a Berseba, e
contem o povo, para que eu saiba quantos são".
3 Joabe, porém, respondeu ao rei: "Que o SENHOR, o teu Deus,
multiplique o povo por cem, e que os olhos do rei, meu senhor,
o vejam! Mas, por que o rei, meu senhor, deseja fazer isso?"
4 Mas a palavra do rei prevaleceu sobre a de Joabe e sobre a
dos comandantes do exército; então eles saíram da presença
do rei para contar o povo de Israel.
5 E, atravessando o Jordão, começaram em Aroer, ao sul da
cidade, no vale; depois foram para Gade e de lá para Jazar,
6 Gileade e Cades dos hititas[f], chegaram a Dã-Jaã e às proximidades
de Sidom. 7 Dali seguiram na direção da fortaleza de Tiro
e de todas as cidades dos heveus e dos cananeus. Por último,
foram até Berseba, no Neguebe de Judá.
8 Percorreram todo o país e voltaram a Jerusalém ao fim de
nove meses e vinte dias.
9 Então Joabe apresentou ao rei o relatório do recenseamento
do povo: havia em Israel oitocentos mil homens habilitados
para o serviço militar e, em Judá, quinhentos mil.
10 Depois de contar o povo, Davi sentiu remorso e disse ao SENHOR:
"Pequei gravemente com o que fiz! Agora, SENHOR, eu
imploro que perdoes o pecado do teu servo, porque cometi
uma grande loucura!"
11 Levantando-se Davi pela manhã, o SENHOR já tinha falado a
Gade, o vidente dele: 12 "Vá dizer a Davi: Assim diz o SENHOR:
'Estou dando a você três opções de punição; escolha uma
delas, e eu a executarei contra você' ".
13 Então Gade foi a Davi e lhe perguntou: "O que você prefere:
três[g] anos de fome em sua terra; três meses fugindo de seus
adversários, que o perseguirão; ou três dias de praga em sua
terra? Pense bem e diga-me o que deverei responder àquele
que me enviou".
14 Davi respondeu: "É grande a minha angústia! Prefiro cair nas
mãos do SENHOR, pois grande é a sua misericórdia, a cair nas
mãos dos homens".
15 Então o SENHOR enviou uma praga sobre Israel, desde aquela
manhã até a hora que tinha determinado. E morreram setenta
mil homens do povo, de Dã a Berseba. 16 Quando o anjo estendeu
a mão para destruir Jerusalém, o SENHOR arrependeu-se
de trazer essa catástrofe e disse ao anjo destruidor: "Pare! Já
basta!" Naquele momento o anjo do SENHOR estava perto da
eira de Araúna, o jebuseu.
17 Ao ver o anjo que estava matando o povo, disse Davi ao
SENHOR: "Fui eu que pequei e cometi iniquidade. Estes não
passam de ovelhas. O que eles fizeram? Que o teu castigo caia
sobre mim e sobre a minha família!"

Davi Constrói um Altar

18 Naquele mesmo dia Gade foi dizer a Davi: "Vá e edifique um
altar ao SENHOR na eira de Araúna, o jebuseu". 19 Davi foi para
lá, em obediência à ordem que Gade tinha dado em nome do
SENHOR. 20 Quando Araúna viu o rei e seus soldados vindo ao
encontro dele, saiu e prostrou-se perante o rei com o rosto
em terra, 21 e disse: "Por que o meu senhor e rei veio ao teu
servo?" Respondeu Davi: "Para comprar sua eira e edificar nela
um altar ao SENHOR, para que cesse a praga no meio do povo".
22 Araúna disse a Davi: "O meu senhor e rei pode ficar com o
que desejar e oferecê-lo em sacrifício. Aqui estão os bois para
o holocausto[h], e o debulhador e o jugo dos bois para a lenha.
23 Ó rei, eu dou tudo isso a ti". E acrescentou: "Que o SENHOR,
o teu Deus, aceite a tua oferta".
24 Mas o rei respondeu a Araúna: "Não! Faço questão de pagar
o preço justo. Não oferecerei ao SENHOR, o meu Deus, holocaustos
que não me custem nada"; e comprou a eira e os bois
por cinquenta peças[i] de prata. 25 Davi edificou ali um altar ao
SENHOR e ofereceu holocaustos e sacrifícios de comunhão[j].
Então o SENHOR aceitou as súplicas em favor da terra e terminou
a praga que destruía Israel.

[a] 23.30 Alguns manuscritos da Septuaginta dizem Hurai. Veja 1Cr 11.32.
[b] 23.33 Conforme alguns manuscritos da Septuaginta. O Texto Massorético não diz filho de. Veja 1Cr 11.34.
[c] 23.33 Alguns manuscritos dizem Sacar. Veja 1Cr 11.35.
[d] 23.36 Vários manuscritos dizem Hagadi. Veja 1Cr 11.38.
[e] 24.2 Conforme a Septuaginta. O Texto Massorético diz Joabe, o comandante do exército. Veja o versículo 4 e 1Cr 21.2.
[f] 24.6 Hebraico: *Tatim-Hodsi*.
[g] 24.13 Conforme a Septuaginta. O Texto Massorético diz sete. Veja 1Cr 21.12.
[h] 24.22 Isto é, sacrifício totalmente queimado; também nos versículos 24 e 25.
[i] 24.24 Hebraico: *50 siclos*. Um siclo equivalia a 12 gramas.
[j] 24.25 Ou *de paz*

1 REIS

1 Adonias Declara-se Rei

Quando o rei Davi envelheceu, estando já de idade bem
avançada, cobriam-no de cobertores, mas ele não se aquecia.
2 Por isso os seus servos lhe propuseram: "Vamos procurar uma
jovem virgem que sirva o rei e cuide dele. Ela se deitará ao seu
lado, a fim de aquecê-lo".
3 Então procuraram em todo o território de Israel uma jovem
que fosse bonita e encontraram Abisague, uma sunamita, e
a levaram ao rei. 4 A jovem, muito bonita, cuidava do rei e o
servia, mas o rei não teve relações com ela.
5 Ora, Adonias, cuja mãe se chamava Hagite, tomou a dianteira
e disse: "Eu serei o rei". Providenciou uma carruagem e ca-
valos[a], além de cinquenta homens para correrem à sua frente.
6 Seu pai nunca o havia contrariado; nunca lhe perguntava: "Por
que você age assim?" Adonias também tinha boa aparência e
havia nascido depois de Absalão.
7 Adonias fez acordo com Joabe, filho de Zeruia, e com o sacer-
dote Abiatar, e eles o seguiram e o apoiaram. 8 Mas o sacerdote
Zadoque, Benaia, filho de Joiada, o profeta Natã, Simei, Reí e a
guarda especial de Davi não deram apoio a Adonias.
9 Então Adonias sacrificou ovelhas, bois e novilhos gordos junto
à pedra de Zoelete, próximo a En-Rogel. Convidou todos os
seus irmãos, filhos do rei, e todos os homens de Judá que
eram conselheiros do rei, 10 mas não convidou o profeta Natã
nem Benaia, nem a guarda especial, nem o seu irmão Salomão.
11 Natã perguntou então a Bate-Seba, mãe de Salomão: "Você
ainda não sabe que Adonias, o filho de Hagite, tornou-se rei,
sem que o nosso senhor Davi ficasse sabendo? 12 Agora, vou
dar a você um conselho para salvar a sua vida e também a vida
do seu filho Salomão. 13 Vá perguntar ao rei Davi: Ó rei, meu
senhor, não juraste a esta tua serva, prometendo: 'Pode estar
certa de que o seu filho Salomão me sucederá como rei e se
assentará no meu trono'? Por que foi, então, que Adonias se
tornou rei? 14 Enquanto você ainda estiver conversando com o
rei, eu entrarei e confirmarei as suas palavras".
15 Então Bate-Seba foi até o quarto do rei, já idoso, onde a
sunamita Abisague cuidava dele. 16 Bate-Seba ajoelhou-se e
prostrou-se com o rosto em terra, diante do rei. "O que você
quer?", o rei perguntou.
17 Ela respondeu: "Meu senhor, tu mesmo juraste a esta tua
serva, pelo SENHOR, o teu Deus: 'Seu filho Salomão me su-
cederá como rei e se assentará no meu trono'. 18 Mas agora
Adonias se tornou rei, sem que o rei, meu senhor, o soubesse.
19 Ele sacrificou muitos bois, novilhos gordos e ovelhas e con-
vidou todos os filhos do rei, o sacerdote Abiatar e Joabe, o co-
mandante do exército, mas não convidou o teu servo Salomão.
20 Agora, ó rei, meu senhor, os olhos de todo o Israel estão
sobre ti para saber de tua parte quem sucederá ao rei, meu
senhor, no trono. 21 De outro modo, tão logo o rei, meu senhor,
descanse com os seus antepassados, eu e o meu filho Salomão
seremos tratados como traidores".
22 Ela ainda conversava com o rei, quando o profeta Natã
chegou. 23 Assim que informaram ao rei que o profeta Natã
havia chegado, ele entrou e prostrou-se com o rosto em terra,
diante do rei.
24 E Natã lhe perguntou: "Ó rei, meu senhor, por acaso decla-
raste que Adonias te sucederia como rei e que ele se assentaria
no teu trono? 25 Hoje ele foi matar muitos bois, novilhos gordos
e ovelhas. Convidou todos os filhos do rei, os comandantes
do exército e o sacerdote Abiatar. Agora eles estão comendo
e bebendo com ele e celebrando: 'Viva o rei Adonias!' 26 Mas
ele não convidou a mim, que sou teu servo, nem ao sacerdote
Zadoque, nem a Benaia, filho de Joiada, nem a teu servo Sa-
lomão. 27 Seria isto algo que o rei, meu senhor, fez sem deixar
que os seus conselheiros soubessem quem sucederia ao rei,
meu senhor, no trono?"

O Início do Reinado de Salomão

28 Então o rei Davi ordenou: "Chamem Bate-Seba". Ela entrou
e ficou em pé diante dele.
29 O rei fez um juramento: "Juro pelo nome do SENHOR, o qual
me livrou de todas as adversidades, 30 que, sem dúvida, hoje
mesmo vou executar o que jurei pelo SENHOR, o Deus de Israel.
O meu filho Salomão me sucederá como rei e se assentará no
meu trono em meu lugar".
31 Então Bate-Seba prostrou-se com o rosto em terra, e, ajoe-
lhando-se diante do rei, disse: "Que o rei Davi, meu senhor,
viva para sempre!"
32 O rei Davi ordenou: "Chamem o sacerdote Zadoque, o pro-
feta Natã e Benaia, filho de Joiada". Quando eles chegaram à
presença do rei, 33 ele os instruiu: "Levem os conselheiros do
seu senhor com vocês, ponham o meu filho Salomão sobre a
minha mula e levem-no a Giom. 34 Ali o sacerdote Zadoque e
o profeta Natã o ungirão rei sobre Israel. Nesse momento to-
quem a trombeta e gritem: Viva o rei Salomão! 35 Depois acom-
panhem-no, e ele virá assentar-se no meu trono e reinará em
meu lugar. Eu o designei para governar Israel e Judá".
36 Benaia, filho de Joiada, respondeu ao rei: "Assim se fará!
Que o SENHOR, o Deus do rei, meu senhor, o confirme. 37 Assim
como o SENHOR esteve com o rei, meu senhor, também esteja
ele com Salomão para que ele tenha um reinado ainda mais
glorioso[b] que o reinado de meu senhor, o rei Davi!"
38 Então o sacerdote Zadoque, o profeta Natã, Benaia, filho de
Joiada, os queretitas e os peletitas fizeram Salomão montar

[a] 1.5 Ou *condutores de carros*

[b] 1.37 Hebraico: *torne o seu trono ainda maior*; também no versículo 47.

a mula do rei Davi e o escoltaram até Giom. 39 O sacerdote
Zadoque pegou na Tenda o chifre com óleo e ungiu Salomão.
A seguir tocaram a trombeta e todo o povo gritou: "Viva o rei
Salomão!" 40 E todo o povo o acompanhou, tocando flautas e
celebrando, de tal forma que o chão tremia com o barulho.
41 Adonias e todos os seus convidados souberam disso quando
estavam terminando o banquete. Ao ouvir o toque da trombeta,
Joabe perguntou: "O que significa essa gritaria, esse alvoroço
na cidade?"
42 Falava ele ainda, quando chegou Jônatas, filho do sacerdote
Abiatar. E Adonias lhe disse: "Entre, pois um homem digno
como você deve estar trazendo boas notícias!"
43 "De modo algum", respondeu Jônatas a Adonias. "Davi, o
nosso rei e senhor, constituiu rei a Salomão. 44 O rei enviou
com ele o sacerdote Zadoque, o profeta Natã, Benaia, filho de
Joiada, os queretitas e os peletitas, e eles o fizeram montar a
mula do rei. 45 Depois o sacerdote Zadoque e o profeta Natã o
ungiram rei em Giom. De lá eles saíram celebrando, e a cidade
está alvoroçada. É esse o barulho que vocês ouvem. 46 Além
disso, Salomão já se assentou no trono real. 47 Até mesmo os
oficiais do rei foram cumprimentar Davi, o nosso rei e senhor,
dizendo: 'Que o teu Deus torne o nome de Salomão mais fa-
moso que o teu, e o seu reinado mais glorioso do que o teu!' E
o rei curvou-se reverentemente em sua cama, 48 e disse: 'Ben-
dito seja o SENHOR, o Deus de Israel, que permitiu que os meus
olhos vissem hoje um sucessor em meu trono' ".
49 Diante disso, todos os convidados de Adonias entraram em
pânico e se dispersaram. 50 Mas Adonias, com medo de Sa-
lomão, foi agarrar-se às pontas do altar. 51 Então informaram
a Salomão: "Adonias está com medo do rei Salomão e está
agarrado às pontas do altar. Ele diz: 'Que o rei Salomão jure
que não matará este seu servo pela espada' ".
52 Salomão respondeu: "Se ele se mostrar confiável, não cairá
nem um só fio de cabelo da sua cabeça, mas, se nele se desco-
brir alguma maldade, ele morrerá". 53 Então o rei enviou alguns
soldados, e eles o fizeram descer do altar. E Adonias veio e se
curvou solenemente perante o rei Salomão, que lhe disse: "Vá
para casa".

2 As Instruções de Davi a Salomão

Quando se aproximava o dia de sua morte, Davi deu instru-
ções ao seu filho Salomão:
2 "Estou para seguir o caminho de toda a terra. Por isso, seja
forte e seja homem. 3 Obedeça ao que o SENHOR, o seu Deus,
exige: ande nos seus caminhos e obedeça aos seus decretos,
aos seus mandamentos, às suas ordenanças e aos seus teste-
munhos, conforme se acham escritos na Lei de Moisés; assim
você prosperará em tudo o que fizer e por onde quer que for, 4 e
o SENHOR manterá a promessa que me fez: 'Se os seus descen-
dentes cuidarem de sua conduta e se me seguirem fielmente
de todo o coração e de toda a alma, você jamais ficará sem
descendente no trono de Israel'.
5 "Você sabe muito bem o que Joabe, filho de Zeruia, me fez;
o que fez com os dois comandantes dos exércitos de Israel,
Abner, filho de Ner, e Amasa, filho de Jéter. Ele os matou,
derramando sangue em tempos de paz; agiu como se estivesse
em guerra, e com aquele sangue manchou o seu cinto e as suas
sandálias. 6 Proceda com a sabedoria que você tem e não o
deixe envelhecer e descer em paz à sepultura[a].
7 "Mas seja bondoso com os filhos de Barzilai, de Gileade; ad-
mita-os entre os que comem à mesa com você, pois eles me
apoiaram quando fugi do seu irmão Absalão.
8 "Saiba que também está com você Simei, filho de Gera, o
benjamita de Baurim. Ele lançou terríveis maldições contra mim
no dia em que fui a Maanaim. Mas depois desceu ao meu en-
contro no Jordão e lhe prometi, jurando pelo SENHOR, que não
o mataria à espada. 9 Mas, agora, não o considere inocente.
Você é um homem sábio e saberá o que fazer com ele. Apesar
de ele já ser idoso, faça-o descer ensanguentado à sepultura".
10 Então Davi descansou com os seus antepassados e foi sepul-
tado na Cidade de Davi. 11 Ele reinou quarenta anos em Israel:
sete anos em Hebrom e trinta e três em Jerusalém. 12 Salomão
assentou-se no trono de Davi, seu pai, e o seu reinado foi fir-
memente estabelecido.

O Reinado de Salomão

13 Adonias, o filho de Hagite, foi até Bate-Seba, mãe de Sa-
lomão, que lhe perguntou: "Você vem em paz?" Ele respondeu:
"Sim". 14 E acrescentou: "Tenho algo a dizer". Ela disse: "Fale!"
15 "Você sabe", disse ele, "que o reino era meu. Todo o Israel
me via como o seu rei. Mas as circunstâncias mudaram, e o
reino foi para o meu irmão; pois o SENHOR o concedeu a ele.
16 Agora, quero fazer um pedido a você e espero que não me
seja negado." Ela disse: "Fale!"
17 Então ele prosseguiu: "Peça, por favor, ao rei Salomão que
me dê a sunamita Abisague por mulher, pois ele não deixará
de atender você".
18 "Está bem", respondeu Bate-Seba, "falarei com o rei em
seu favor."
19 Quando Bate-Seba foi falar ao rei em favor de Adonias, Sa-
lomão levantou-se para recebê-la e inclinou-se diante dela.
Depois assentou-se no seu trono, mandou que trouxessem um
trono para a sua mãe, e ela se assentou à sua direita.
20 "Tenho um pequeno pedido para fazer a você", disse ela.
"Não deixe de me atender." O rei respondeu: "Faça o pedido,
minha mãe; não deixarei de atendê-lo".
21 Então ela disse: "Dê a sunamita Abisague por mulher a seu
irmão Adonias".
22 O rei Salomão perguntou à sua mãe: "Por que você pede
somente a sunamita Abisague para Adonias? Peça logo o
reino para ele, para o sacerdote Abiatar e para Joabe, filho de
Zeruia; afinal ele é o meu irmão mais velho!"
23 Então o rei Salomão jurou pelo SENHOR: "Que Deus me cas-
tigue com todo o rigor, se isso que Adonias falou não lhe custar
a sua própria vida! 24 E agora eu juro pelo nome do SENHOR,
que me estabeleceu no trono de meu pai, Davi, e, conforme

[a] 2.6 Hebraico: *Sheol*. Essa palavra também pode ser traduzida por profundezas, pó ou morte; também no versículo 9.

prometeu, fundou uma dinastia para mim, que hoje mesmo
Adonias será morto!" 25 E o rei Salomão deu ordem a Benaia,
filho de Joiada, que ferisse a matasse Adonias.
26 Ao sacerdote Abiatar o rei ordenou: "Vá para Anatote, para as
suas terras! Você merece morrer, mas hoje eu não o matarei,
pois você carregou a arca do Soberano, o SENHOR, diante de
Davi, meu pai, e partilhou de todas as aflições dele". 27 Então
Salomão expulsou Abiatar do sacerdócio do SENHOR, cumprindo
a palavra que o SENHOR tinha dito em Siló a respeito da família
de Eli.
28 Quando a notícia chegou a Joabe, que havia conspirado com
Adonias, ainda que não com Absalão, ele fugiu para a Tenda
do SENHOR e agarrou-se às pontas do altar. 29 Foi dito ao rei
Salomão que Joabe havia se refugiado na Tenda do SENHOR e
estava ao lado do altar. Então Salomão ordenou a Benaia, filho
de Joiada: "Vá matá-lo!"
30 Então Benaia entrou na Tenda do SENHOR e disse a Joabe:
"O rei ordena que saia". "Não", respondeu ele, "Vou morrer
aqui." Benaia relatou ao rei a resposta de Joabe.
31 Então o rei ordenou a Benaia: "Faça o que ele diz. Mate-o
e sepulte-o, e assim você retirará de mim e da minha família
a culpa do sangue inocente que Joabe derramou. 32 O SENHOR
fará recair sobre a cabeça dele o sangue que derramou: ele
atacou dois homens mais justos e melhores do que ele, sem
o conhecimento de meu pai, Davi, e os matou à espada. Os
dois homens eram Abner, filho de Ner, comandante do exército
de Israel, e Amasa, filho de Jéter, comandante do exército de
Judá. 33 Que o sangue deles recaia sobre a cabeça de Joabe e
sobre a dos seus descendentes para sempre. Mas que a paz do
SENHOR esteja para sempre sobre Davi, sobre os seus descen-
dentes, sobre a sua dinastia e sobre o seu trono".
34 Então Benaia, filho de Joiada, atacou Joabe e o matou, e
ele foi sepultado em sua casa no campo[a]. 35 No lugar dele o rei
nomeou Benaia, filho de Joiada, para o comando do exército,
e o sacerdote Zadoque no lugar de Abiatar.
36 Depois o rei mandou chamar Simei e lhe ordenou: "Construa
para você uma casa em Jerusalém. Você morará nela e não
poderá ir para nenhum outro lugar. 37 Esteja certo de que no dia
em que sair e atravessar o vale de Cedrom, você será morto; e
você será responsável por sua própria morte".
38 Simei respondeu ao rei: "A ordem do rei é boa! O teu servo
te obedecerá". E Simei permaneceu em Jerusalém por muito
tempo.
39 Mas três anos depois, dois escravos de Simei fugiram para
a casa de Aquis, filho de Maaca, rei de Gate. Alguém contou a
Simei: "Seus escravos estão em Gate". 40 Então Simei selou um
jumento e foi até Aquis, em Gate, procurar os seus escravos. E
de lá Simei trouxe os escravos de volta.
41 Quando Salomão soube que Simei tinha ido a Gate e voltado
a Jerusalém, 42 mandou chamá-lo e lhe perguntou: "Eu não o
fiz jurar pelo SENHOR e o adverti: No dia em que for para qual-
quer outro lugar, esteja certo de que você morrerá? E você me
respondeu: 'Esta ordem é boa! Obedecerei'. 43 Por que não
manteve o juramento ao SENHOR e não obedeceu à ordem que
dei a você?"
44 E acrescentou: "No seu coração você sabe quanto você pre-
judicou o meu pai, Davi. Agora o SENHOR faz recair sua mal-
dade sobre a sua cabeça. 45 Mas o rei Salomão será abençoado,
e o trono de Davi será estabelecido perante o SENHOR para
sempre".
46 Então o rei deu ordem a Benaia, filho de Joiada, que atacasse
Simei e o matasse. Assim o reino ficou bem estabelecido nas
mãos de Salomão.

Salomão Pede Sabedoria

3 Salomão aliou-se ao faraó, rei do Egito, casando-se com a
filha dele. Ele a trouxe à Cidade de Davi até terminar a cons-
trução do seu palácio e do templo do SENHOR, e do muro em
torno de Jerusalém. 2 O povo, porém, sacrificava nos lugares
sagrados, pois ainda não tinha sido construído um templo em
honra ao nome do SENHOR. 3 Salomão amava o SENHOR, o que
demonstrava andando de acordo com os decretos do seu pai,
Davi; mas oferecia sacrifícios e queimava incenso nos lugares
sagrados.
4 O rei Salomão foi a Gibeom para oferecer sacrifícios, pois ali
ficava o principal lugar sagrado, e ofereceu naquele altar mil
holocaustos[b]. 5 Em Gibeom o SENHOR apareceu a Salomão num
sonho, à noite, e lhe disse: "Peça-me o que quiser, e eu darei
a você".
6 Salomão respondeu: "Tu foste muito bondoso para com o teu
servo, o meu pai, Davi, pois ele foi fiel a ti, e foi justo e reto
de coração. Tu mantiveste grande bondade para com ele e lhe
deste um filho que hoje se assenta no seu trono.
7 "Agora, SENHOR, meu Deus, fizeste o teu servo reinar em lugar
de meu pai, Davi. Mas eu não passo de um jovem e não sei o
que fazer. 8 Teu servo está aqui no meio do povo que esco-
lheste, um povo tão grande que nem se pode contar. 9 Dá, pois,
ao teu servo um coração cheio de discernimento para governar
o teu povo e capaz de distinguir entre o bem e o mal. Pois quem
pode governar este teu grande povo?"
10 O pedido que Salomão fez agradou ao Senhor. 11 Por isso Deus
lhe disse: "Já que você pediu isso e não uma vida longa nem
riqueza, nem pediu a morte dos seus inimigos, mas discerni-
mento para ministrar a justiça, 12 farei o que você pediu. Eu
darei a você um coração sábio e capaz de discernir, de modo
que nunca houve nem haverá ninguém como você. 13 Também
darei o que você não pediu: riquezas e fama, de forma que não
haverá rei igual a você durante toda a sua vida. 14 E, se você
andar nos meus caminhos e obedecer aos meus decretos e
aos meus mandamentos, como o seu pai, Davi, eu prolongarei
a sua vida". 15 Então Salomão acordou e percebeu que tinha
sido um sonho. A seguir voltou a Jerusalém, pôs-se perante a
arca da aliança do Senhor, sacrificou holocaustos e apresentou
ofertas de comunhão[c]. Depois ofereceu um banquete a toda
a sua corte.

a 2.34 *Ou sepultado em seu túmulo no deserto*

b 3.4 Isto é, sacrifícios totalmente queimados; também no versículo 15.

c 3.15 Ou *de paz*

Um Sábio Veredicto

16 Certo dia duas prostitutas compareceram diante do rei. 17 Uma delas disse: "Ah meu senhor! Esta mulher mora comigo na mesma casa. Eu dei à luz um filho e ela estava comigo na casa. 18 Três dias depois de nascer o meu filho, esta mulher também deu à luz um filho. Estávamos sozinhas; não havia mais ninguém na casa.

19 "Certa noite esta mulher se deitou sobre o seu filho, e ele morreu. 20 Então ela se levantou no meio da noite e pegou o meu filho enquanto eu, tua serva, dormia, e o pôs ao seu lado. E pôs o filho dela, morto, ao meu lado. 21 Ao levantar-me de madrugada para amamentar o meu filho, ele estava morto. Mas, quando olhei bem para ele de manhã, vi que não era o filho que eu dera à luz".

22 A outra mulher disse: "Não! O que está vivo é meu filho; o morto é seu". Mas a primeira insistia: "Não! O morto é seu; o vivo é meu". Assim elas discutiram diante do rei.

23 O rei disse: "Esta afirma: 'Meu filho está vivo, e o seu filho está morto', enquanto aquela diz: 'Não! Seu filho está morto, e o meu está vivo' ".

24 Então o rei ordenou: "Tragam-me uma espada". Trouxeram-lhe. 25 Ele ordenou: "Cortem a criança viva ao meio e deem metade a uma e metade à outra".

26 A mãe do filho que estava vivo, movida pela compaixão materna, clamou: "Por favor, meu senhor, dê a criança viva a ela! Não a mate!" A outra, porém, disse: "Não será nem minha nem sua. Cortem-na ao meio!"

27 Então o rei deu o seu veredicto: "Não matem a criança! Deem-na à primeira mulher. Ela é a mãe".

28 Quando todo o Israel ouviu o veredicto do rei, passou a respeitá-lo profundamente, pois viu que a sabedoria de Deus estava nele para fazer justiça.

4 Os Assessores de Salomão

E assim o rei Salomão tornou-se rei sobre todo o Israel. 2 Estes foram os seus principais assessores: Azarias, filho de Zadoque: o sacerdote; 3 Eliorefe e Aías, filhos de Sisa: secretários; Josafá, filho de Ailude: arquivista real; 4 Benaia, filho de Joiada: comandante do exército; Zadoque e Abiatar: sacerdotes; 5 Azarias, filho de Natã: responsável pelos governadores distritais; Zabude, filho de Natã: sacerdote e conselheiro pessoal do rei; 6 Aisar: responsável pelo palácio; Adonirão, filho de Abda: chefe do trabalho forçado.

7 Salomão tinha também doze governadores distritais em todo o Israel, que forneciam provisões para o rei e para o palácio real. Cada um deles tinha que fornecer suprimentos durante um mês do ano. 8 Estes são os seus nomes: Ben-Hur, nos montes de Efraim; 9 Ben-Dequer, em Macaz, Saalbim, Bete-Semes e Elom-Bete-Hanã; 10 Ben-Hesede, em Arubote, Socó e em toda a terra de Héfer; 11 Ben-Abinadabe, em Nafote-Dor[a]. Tafate, filha de Salomão, era sua mulher; 12 Baaná, filho de Ailude, em Taanaque e em Megido, e em toda a Bete-Seã, próxima de Zaretã, abaixo de Jezreel, desde Bete-Seã até Abel-Meolá, indo além dos limites de Jocmeão; 13 Ben-Geder, em Ramote-Gileade e nos povoados de Jair, filho de Manassés, em Gileade, bem como no distrito de Argobe, em Basã, e em suas sessenta grandes cidades muradas com trancas de bronze em suas portas; 14 Ainadabe, filho de Ido, em Maanaim; 15 Aimaás, em Naftali. Ele se casou com Basemate, filha de Salomão; 16 Baaná, filho de Husai, em Aser e em Bealote; 17 Josafá, filho de Parua, em Issacar; 18 Simei, filho de Elá, em Benjamim; 19 Geber, filho de Uri, em Gileade, a terra de Seom, rei dos amorreus, e de Ogue, rei de Basã. Ele era o único governador desse distrito.

As Provisões Diárias de Salomão

20 O povo de Judá e de Israel era tão numeroso como a areia da praia; eles comiam, bebiam e eram felizes. 21 E Salomão governava todos os reinos, desde o Eufrates[b] até a terra dos filisteus, chegando até a fronteira do Egito. Esses reinos traziam tributos e foram submissos a Salomão durante toda a sua vida.

22 As provisões diárias de Salomão eram trinta tonéis[c] da melhor farinha e sessenta tonéis de farinha comum, 23 dez cabeças de gado engordado em cocheiras, vinte de gado engordado no pasto e cem ovelhas e bodes, bem como cervos, gazelas, corças e aves escolhidas. 24 Ele governava todos os reinos a oeste do Eufrates, desde Tifsa até Gaza, e tinha paz em todas as fronteiras. 25 Durante a vida de Salomão, Judá e Israel viveram em segurança, cada homem debaixo da sua videira e da sua figueira, desde Dã até Berseba.

26 Salomão possuía quatro[d] mil cocheiras para cavalos de carros de guerra, e doze mil cavalos[e].

27 Todo mês um dos governadores distritais fornecia provisões ao rei Salomão e a todos os que vinham participar de sua mesa. Cuidavam para que não faltasse nada. 28 Também traziam ao devido lugar suas quotas de cevada e de palha para os cavalos de carros de guerra e para os outros cavalos.

A Sabedoria de Salomão

29 Deus deu a Salomão sabedoria, discernimento extraordinário e uma abrangência de conhecimento tão imensurável quanto a areia do mar. 30 A sabedoria de Salomão era maior do que a de todos os homens do oriente e do que toda a sabedoria do Egito. 31 Ele era mais sábio do que qualquer outro homem, mais do que o ezraíta Etã; mais sábio do que Hemã, Calcol e Darda, filhos de Maol. Sua fama espalhou-se por todas as nações em redor. 32 Ele compôs três mil provérbios, e os seus cânticos chegaram a mil e cinco. 33 Descreveu as plantas, desde o cedro do Líbano até o hissopo que brota nos muros. Também discorreu sobre os quadrúpedes, as aves, os animais que se movem rente ao chão e os peixes. 34 Homens de todas as nações vinham ouvir a sabedoria de Salomão. Eram enviados por todos os reis que tinham ouvido falar de sua sabedoria.

---

a 4.11 Ou *no planalto de Dor*

b 4.21 Hebraico: o Rio; também no versículo 24.

c 4.22 Hebraico: *30 coros*. O coro era uma medida de capacidade. As estimativas variam entre 200 e 400 litros.

d 4.26 Conforme alguns manuscritos da Septuaginta. O Texto Massorético diz 40. Veja 2Cr 9.25

e 4.26 Ou *condutores de carros*

Os Preparativos para a Construção do Templo

5 Quando Hirão, rei de Tiro, soube que Salomão tinha sido
ungido rei, mandou seus conselheiros a Salomão, pois sempre
tinha sido amigo leal de Davi. 2 Salomão enviou esta mensagem
a Hirão:
3 "Tu bem sabes que foi por causa das guerras travadas de
todos os lados contra meu pai, Davi, que ele não pôde construir
um templo em honra ao nome do SENHOR, o seu Deus, até que
o SENHOR pusesse os seus inimigos debaixo dos seus pés. 4 Mas
agora o SENHOR, o meu Deus, concedeu-me paz em todas as
fronteiras, e não tenho que enfrentar nem inimigos nem cala-
midades. 5 Pretendo, por isso, construir um templo em honra
ao nome do SENHOR, o meu Deus, conforme o SENHOR disse a
meu pai, Davi: 'O seu filho, a quem colocarei no trono em seu
lugar, construirá o templo em honra ao meu nome'.
6 "Agora te peço que ordenes que cortem para mim cedros do
Líbano. Os meus servos trabalharão com os teus, e eu pagarei a
teus servos o salário que determinares. Sabes que não há entre
nós ninguém tão hábil em cortar árvores quanto os sidônios".
7 Hirão ficou muito alegre quando ouviu a mensagem de Sa-
lomão e exclamou: "Bendito seja o SENHOR, pois deu a Davi um
filho sábio para governar essa grande nação".
8 E Hirão respondeu a Salomão: "Recebi a mensagem que me
enviaste e atenderei ao teu pedido, enviando-te madeira de
cedro e de pinho. 9 Meus servos levarão a madeira do Líbano
até o mar, e eu a farei flutuar em jangadas até o lugar que me
indicares. Ali eu a deixarei e tu poderás levá-la. E, em troca,
fornecerás alimento para a minha corte".
10 Assim Hirão se tornou fornecedor de toda a madeira de cedro
e de pinho que Salomão desejava, 11 e Salomão deu a Hirão
vinte mil tonéis[a] de trigo para suprir de mantimento a sua corte,
além de vinte mil tonéis[b] de azeite de oliva puro. Era o que
Salomão dava anualmente a Hirão. 12 O SENHOR deu sabedoria
a Salomão, como lhe havia prometido. Houve paz entre Hirão
e Salomão, e os dois fizeram um tratado.
13 O rei Salomão arregimentou trinta mil trabalhadores de todo
o Israel. 14 Ele os mandou para o Líbano em grupos de dez mil
por mês, e eles se revezavam: passavam um mês no Líbano e
dois em casa. Adonirão chefiava o trabalho. 15 Salomão tinha
setenta mil carregadores e oitenta mil cortadores de pedra
nas colinas, 16 e três mil e trezentos[c] capatazes que supervi-
sionavam o trabalho e comandavam os operários. 17 Por ordem
do rei retiravam da pedreira grandes blocos de pedra de ótima
qualidade para servirem de alicerce de pedras lavradas para o
templo. 18 Os construtores de Salomão e de Hirão e os homens
de Gebal[d] cortavam e preparavam a madeira e as pedras para
a construção do templo.

A Construção do Templo

6 Quatrocentos e oitenta[e] anos depois que os israelitas saíram
do Egito, no quarto ano do reinado de Salomão em Israel, no
mês de zive[f], o segundo mês, ele começou a construir o templo
do SENHOR.
2 O templo que o rei Salomão construiu para o SENHOR media
vinte e sete metros de comprimento, nove metros de largura
e treze metros e meio de altura[g]. 3 O pórtico da entrada do
santuário tinha a largura do templo, que era de nove metros,
e avançava quatro metros e meio à frente do templo. 4 Ele fez
para o templo janelas com grades estreitas. 5 Junto às paredes
do átrio principal e do santuário interior, construiu uma es-
trutura em torno do edifício, na qual havia salas laterais. 6 O
andar inferior tinha dois metros e vinte e cinco centímetros
de largura, o andar intermediário tinha dois metros e setenta
centímetros e o terceiro andar tinha três metros e quinze cen-
tímetros. Ele fez saliências de apoio nas paredes externas do
templo, de modo que não houve necessidade de perfurar as
paredes.
7 Na construção do templo só foram usados blocos lavrados
nas pedreiras, e não se ouviu no templo nenhum barulho de
martelo, nem de talhadeira, nem de qualquer outra ferramenta
de ferro durante a sua construção.
8 A entrada para o andar inferior[h] ficava no lado sul do templo;
uma escada conduzia até o andar intermediário e dali ao ter-
ceiro. 9 Assim ele construiu o templo e o terminou, fazendo-lhe
um forro com vigas e tábuas de cedro. 10 E fez as salas laterais
ao longo de todo o templo. Cada uma tinha dois metros e vinte
e cinco centímetros de altura, e elas estavam ligadas ao templo
por vigas de cedro.
11 E a palavra do SENHOR veio a Salomão dizendo: 12 "Quanto
a este templo que você está construindo, se você seguir os
meus decretos, executar os meus juízos e obedecer a todos os
meus mandamentos, cumprirei por meio de você a promessa
que fiz ao seu pai, Davi, 13 viverei no meio dos israelitas e não
abandonarei Israel, o meu povo".
14 Assim Salomão concluiu a construção do templo. 15 Forrou as
paredes do templo por dentro com tábuas de cedro, cobrin-
do-as desde o chão até o teto, e fez o soalho do templo com
tábuas de pinho. 16 Separou nove metros na parte de trás do
templo, fazendo uma divisão com tábuas de cedro, do chão
ao teto, para formar dentro do templo o santuário interno,
o Lugar Santíssimo. 17 O átrio principal em frente dessa sala
media dezoito metros de comprimento. 18 O interior do templo
era de cedro, com figuras entalhadas de frutos e flores abertas.
Tudo era de cedro; não se via pedra alguma.
19 Preparou também o santuário interno no templo para ali co-
locar a arca da aliança do SENHOR. 20 O santuário interno tinha
nove metros de comprimento, nove de largura e nove de altura.
Ele revestiu o interior de ouro puro e também revestiu de ouro

[a] **5.11** Hebraico: *20.000 coros*. O coro era uma medida de capacidade. As estimativas variam entre 200 e 400 litros.

[b] **5.11** Conforme a Septuaginta. O Texto Massorético diz 20 coros. Veja 2Cr 2.10.

[c] **5.16** Alguns manuscritos da Septuaginta dizem 3.600. Veja 2Cr 2.2,18.

[d] **5.18** Isto é, Biblos.

[e] **6.1** A Septuaginta diz 440.

[f] **6.1** Aproximadamente abril/maio; também no versículo 37.

[g] **6.2** Hebraico: *60 côvados de comprimento, 20 de largura e 30 de altura*. O côvado era uma medida linear de cerca de 45 centímetros.

[h] **6.8** Conforme a Septuaginta. O Texto Massorético diz intermediário.

o altar de cedro. 21 Salomão cobriu o interior do templo de ouro
puro e estendeu correntes de ouro em frente do santuário in-
terno, que também foi revestido de ouro. 22 Assim, revestiu de
ouro todo o interior do templo e também o altar que pertencia
ao santuário interno.
23 No santuário interno ele esculpiu dois querubins de madeira
de oliveira, cada um com quatro metros e meio de altura. 24 As
asas abertas dos querubins mediam dois metros e vinte e cinco
centímetros: quatro metros e meio da ponta de uma asa à
ponta da outra. 25 Os dois querubins tinham a mesma medida e
a mesma forma. 26 A altura de cada querubim era de quatro me-
tros e meio. 27 Ele colocou os querubins, com as asas abertas,
no santuário interno do templo. A asa de um querubim encos-
tava numa parede, e a do outro encostava na outra. As suas
outras asas encostavam uma na outra no meio do santuário.
28 Ele revestiu os querubins de ouro.
29 Nas paredes ao redor do templo, tanto na parte interna como
na externa, ele esculpiu querubins, tamareiras e flores abertas.
30 Também revestiu de ouro os pisos, tanto na parte interna
como na externa do templo.
31 Para a entrada do santuário interno fez portas de oliveira com
batentes de cinco lados. 32 E nas duas portas de madeira de oli-
veira esculpiu querubins, tamareiras e flores abertas e revestiu
os querubins e as tamareiras de ouro batido. 33 Também fez
pilares de quatro lados, de madeira de oliveira para a entrada
do templo. 34 Fez também duas portas de pinho, cada uma com
duas folhas que se articulavam por meio de dobradiças. 35 En-
talhou figuras de querubins, de tamareiras e de flores abertas
nas portas e as revestiu de ouro batido.
36 E construiu o pátio interno com três camadas de pedra la-
vrada e uma de vigas de cedro.
37 O alicerce do templo do SENHOR foi lançado no mês de zive,
do quarto ano. 38 No mês de bul[a], o oitavo mês, do décimo
primeiro ano, o templo foi terminado em todos os seus de-
talhes, de acordo com as suas especificações. Salomão levou
sete anos para construí-lo.

A Construção do Palácio de Salomão

7 Salomão levou treze anos para terminar a construção do seu
palácio. 2 Ele construiu o Palácio da Floresta do Líbano com
quarenta e cinco metros de comprimento, vinte e dois metros
e meio de largura e treze metros e meio de altura[b], susten-
tado por quatro fileiras de colunas de cedro sobre as quais
apoiavam-se vigas de cedro aparelhadas. 3 O forro, de cedro,
ficava sobre as quarenta e cinco vigas, quinze por fileira, que
se apoiavam nas colunas. 4 Havia janelas dispostas de três em
três, uma em frente da outra. 5 Todas as portas tinham estru-
tura retangular; ficavam na parte da frente, dispostas de três
em três, uma em frente da outra.
6 Fez um pórtico de colunas de vinte e dois metros e meio de
comprimento e treze metros e meio de largura. Em frente havia
outro pórtico com colunas e uma cobertura que se estendia
além das colunas.
7 Construiu a Sala do Trono, isto é, a Sala da Justiça, onde iria
julgar, e revestiu-a de cedro desde o chão até o teto[c]. 8 E o
palácio para sua moradia, no outro pátio, tinha um formato
semelhante. Salomão fez também um palácio como esse para
a filha do faraó, com quem tinha se casado.
9 Todas essas construções, desde o lado externo até o grande
pátio e do alicerce até o beiral, foram feitas de pedra de qua-
lidade superior, cortadas sob medida e desbastadas com uma
serra nos lados interno e externo. 10 Os alicerces foram lan-
çados com pedras grandes de qualidade superior, algumas
medindo quatro metros e meio e outras três metros e sessenta
centímetros. 11 Na parte de cima havia pedras de qualidade
superior, cortadas sob medida, e vigas de cedro. 12 O grande
pátio era cercado por um muro de três camadas de pedras
lavradas e uma camada de vigas de cedro aparelhadas, da
mesma maneira que o pátio interior do templo do SENHOR, com
o seu pórtico.

Os Utensílios do Templo

13 O rei Salomão enviara mensageiros a Tiro e trouxera Hurão[d],
14 filho de uma viúva da tribo de Naftali e de um cidadão de Tiro,
artífice em bronze. Hurão era extremamente hábil e experiente
e sabia fazer todo tipo de trabalho em bronze. Apresentou-se
ao rei Salomão e fez depois todo o trabalho que lhe foi de-
signado.
15 Ele fundiu duas colunas de bronze, cada uma com oito me-
tros e dez centímetros de altura e cinco metros e quarenta
centímetros de circunferência, medidas pelo fio apropriado.
16 Também fez dois capitéis de bronze fundido para colocar no
alto das colunas; cada capitel tinha dois metros e vinte e cinco
centímetros de altura. 17 Conjuntos de correntes entrelaçadas
ornamentavam os capitéis no alto das colunas, sete em cada
capitel. 18 Fez também romãs em duas fileiras[e] que circundavam
cada conjunto de correntes para cobrir os capitéis no alto das
colunas[f]. Fez o mesmo com cada capitel. 19 Os capitéis no alto
das colunas do pórtico tinham o formato de lírios, com um
metro e oitenta centímetros de altura. 20 Nos capitéis das duas
colunas, acima da parte que tinha formato de taça, perto do
conjunto de correntes, havia duzentas romãs enfileiradas ao
redor. 21 Ele levantou as colunas na frente do pórtico do templo.
Deu o nome de Jaquim[g] à coluna ao sul e de Boaz[h] à coluna ao
norte. 22 Os capitéis no alto tinham a forma de lírios. E assim
completou-se o trabalho das colunas.
23 Fez o tanque de metal fundido, redondo, medindo quatro
metros e meio de diâmetro e dois metros e vinte e cinco cen-
tímetros de altura. Era preciso um fio de treze metros e meio
para medir a sua circunferência. 24 Abaixo da borda e ao seu

---

a **6.38** Aproximadamente outubro/novembro.

b **7.2** Hebraico: *100 côvados de comprimento, 50 de largura e 30 de altura*. O côvado era uma medida linear de cerca de 45 centímetros.

c **7.7** Conforme a Vulgata e a Versão Siríaca. O Texto Massorético diz de cedro desde o chão.

d **7.13** Hebraico: *Hirão*, variante de *Hurão*; também nos versículos 40 e 45.

e **7.18** Muitos manuscritos dizem Fez as colunas, e havia duas fileiras.

f **7.18** Muitos manuscritos dizem das romãs.

g **7.21** Jaquim provavelmente significa ele firma.

h **7.21** Boaz provavelmente significa nele há força.

redor havia duas fileiras de frutos, de cinco em cinco centíme-
tros, fundidas numa só peça com o tanque.
25 O tanque ficava sobre doze touros, três voltados para o norte,
três para o oeste, três para o sul e três para o leste. Ficava em
cima deles, e as pernas traseiras dos touros eram voltadas para
o centro. 26 A espessura do tanque era de quatro dedos, e sua
borda era como a borda de um cálice, como uma flor de lírio.
Sua capacidade era de quarenta mil litros[a].
27 Também fez dez carrinhos de bronze; cada um tinha um
metro e oitenta centímetros de comprimento e de largura, e
um metro e trinta e cinco centímetros de altura. 28 Os carrinhos
eram feitos assim: tinham placas laterais presas a armações.
29 Nas placas, entre as armações, havia figuras de leões, bois
e querubins; sobre as armações, acima e abaixo dos leões e
bois, havia grinaldas de metal batido. 30 Em cada carrinho havia
quatro rodas de bronze com eixos de bronze, cada um com
uma bacia apoiada em quatro pés e fundida ao lado de cada
grinalda. 31 No lado de dentro do carrinho havia uma abertura
circular com quarenta e cinco centímetros de profundidade.
Essa abertura era redonda e, com sua base, media setenta cen-
tímetros. Havia esculturas em torno da abertura. As placas dos
carrinhos eram quadradas, e não redondas. 32 As quatro rodas
ficavam sob as placas, e os eixos das rodas ficavam presos ao
estrado. O diâmetro de cada roda era de setenta centímetros.
33 As rodas eram feitas como rodas de carros; os eixos, os aros,
os raios e os cubos eram todos de metal fundido.
34 Havia quatro cabos que se projetavam do carrinho, um em
cada canto. 35 No alto do carrinho havia uma lâmina circular
de vinte e dois centímetros de altura. Os apoios e as placas
estavam fixados no alto do carrinho. 36 Ele esculpiu figuras de
querubins, leões e tamareiras na superfície dos apoios e nas
placas, em cada espaço disponível, com grinaldas ao redor.
37 Foi assim que fez os dez carrinhos. Foram todos fundidos
nos mesmos moldes e eram idênticos no tamanho e na forma.
38 Depois ele fez dez pias de bronze, cada uma com capaci-
dade de oitocentos litros, medindo um metro e oitenta centí-
metros de diâmetro; uma pia para cada um dos dez carrinhos.
39 Ele pôs cinco carrinhos no lado sul do templo e cinco no lado
norte. Pôs o tanque no lado sul, no canto sudeste do templo.
40 Também fez os jarros, as pás e as bacias para aspersão.
Assim, Hurão completou todo o trabalho de que fora encar-
regado pelo rei Salomão, no templo do SENHOR: 41 as duas co-
lunas; os dois capitéis em forma de taça no alto das colunas;
os dois conjuntos de correntes que decoravam os dois capitéis;
42 as quatrocentas romãs para os dois conjuntos de correntes;
duas fileiras de romãs para cada conjunto; 43 os dez carrinhos
com as suas dez pias; 44 o tanque e os doze touros debaixo
dele; 45 e os jarros, as pás e as bacias de aspersão. Todos esses
utensílios que Hurão fez a pedido do rei Salomão para o templo
do SENHOR eram de bronze polido. 46 Foi na planície do Jordão,
entre Sucote e Zaretã, que o rei os mandou fundir, em moldes
de barro. 47 Salomão não mandou pesar esses utensílios; eram
tantos que o peso do bronze não foi determinado.
48 Além desses, Salomão mandou fazer também estes outros
utensílios para o templo do SENHOR: O altar de ouro; a mesa
de ouro sobre a qual ficavam os pães da Presença; 49 os can-
delabros de ouro puro, cinco à direita e cinco à esquerda, em
frente do santuário interno; as flores, as lâmpadas e as tenazes
de ouro; 50 as bacias, os cortadores de pavio, as bacias para
aspersão, as tigelas e os incensários; e as dobradiças de ouro
para as portas da sala interna, isto é, o Lugar Santíssimo, e
também para as portas do átrio principal.
51 Terminada toda a obra que Salomão realizou para o templo
do SENHOR, ele trouxe tudo o que seu pai havia consagrado e
colocou-o com os tesouros do templo do SENHOR: a prata, o
ouro e os utensílios.

O Transporte da Arca para o Templo

8 Então o rei Salomão reuniu em Jerusalém as autoridades
de Israel, todos os líderes das tribos e os chefes das famílias
israelitas, para levarem de Sião, a Cidade de Davi, a arca da
aliança do SENHOR. 2 E todos os homens de Israel uniram-se ao
rei Salomão por ocasião da festa, no mês de etanim[b], que é o
sétimo mês. 3 Quando todas as autoridades de Israel chegaram,
os sacerdotes pegaram 4 a arca do SENHOR e a levaram, com
a Tenda do Encontro e com todos os seus utensílios sagrados.
Foram os sacerdotes e os levitas que levaram tudo. 5 O rei Sa-
lomão e toda a comunidade de Israel, que se havia reunido a
ele diante da arca, sacrificaram tantas ovelhas e bois que nem
era possível contar.
6 Os sacerdotes levaram a arca da aliança do SENHOR para o
seu lugar no santuário interno do templo, isto é, no Lugar
Santíssimo, e a colocaram debaixo das asas dos querubins.
7 Os querubins tinham suas asas estendidas sobre o lugar da
arca e cobriam a arca e as varas utilizadas para o transporte.
8 Essas varas eram tão compridas que as suas pontas, que se
estendiam para fora da arca, podiam ser vistas da frente do
santuário interno, mas não de fora dele; e elas estão lá até
hoje. 9 Na arca havia só as duas tábuas de pedra que Moisés
tinha colocado quando estava em Horebe, onde o SENHOR fez
uma aliança com os israelitas depois que saíram do Egito.
10 Quando os sacerdotes se retiraram do Lugar Santo, uma
nuvem encheu o templo do SENHOR, 11 de forma que os sacer-
dotes não podiam desempenhar o seu serviço, pois a glória do
SENHOR encheu o seu templo.
12 E Salomão exclamou: "O SENHOR disse que habitaria numa
nuvem escura! 13 Na realidade construí para ti um templo mag-
nífico, um lugar para nele habitares para sempre!"
14 Depois o rei virou-se e abençoou toda a assembleia de Is-
rael, que estava ali em pé. 15 E disse: "Bendito seja o SENHOR, o
Deus de Israel, que com sua mão cumpriu o que com sua pró-
pria boca havia prometido a meu pai, Davi, quando lhe disse:
16 'Desde o dia em que tirei Israel, o meu povo, do Egito, não
escolhi nenhuma cidade das tribos de Israel para nela construir

[a] **7.26** Hebraico: 2.*000 batos*. O bato era uma medida de capacidade para líquidos. As estimativas variam entre 20 e 40 litros. A Septuaginta não traz esta frase.

[b] **8.2** Aproximadamente setembro/outubro.

um templo em honra ao meu nome. Mas escolhi Davi para go-
vernar Israel, o meu povo'.
17 "Meu pai, Davi, tinha no coração o propósito de construir um
templo em honra ao nome do SENHOR, o Deus de Israel. 18 Mas
o SENHOR lhe disse: 'Você fez bem em ter no coração o plano de
construir um templo em honra ao meu nome; 19 no entanto, não
será você que o construirá, mas o seu filho, que procederá de
você; ele construirá o templo em honra ao meu nome'.
20 "E o SENHOR cumpriu a sua promessa: Sou o sucessor de meu
pai, Davi, e agora ocupo o trono de Israel, como o SENHOR tinha
prometido, e construí o templo em honra ao nome do SENHOR,
o Deus de Israel. 21 Providenciei nele um lugar para a arca, na
qual estão as tábuas da aliança do SENHOR, aliança que fez com
os nossos antepassados quando os tirou do Egito".

A Oração de Dedicação

22 Depois Salomão colocou-se diante do altar do SENHOR, diante
de toda a assembleia de Israel, levantou as mãos para o céu
23 e orou: "SENHOR, Deus de Israel, não há Deus como tu em
cima nos céus nem embaixo na terra! Tu que guardas a tua
aliança de amor com os teus servos que, de todo o coração,
andam segundo a tua vontade. 24 Cumpriste a tua promessa a
teu servo Davi, meu pai; com tua boca prometeste e com tua
mão a cumpriste, conforme hoje se vê.
25 "Agora, SENHOR, Deus de Israel, cumpre a outra promessa
que fizeste a teu servo Davi, meu pai, quando disseste: 'Você
nunca deixará de ter, diante de mim, um descendente que se
assente no trono de Israel, se tão somente os seus descen-
dentes tiverem o cuidado de, em tudo, andarem segundo a
minha vontade, como você tem feito'. 26 Agora, ó Deus de Is-
rael, que se confirme a palavra que falaste a teu servo Davi,
meu pai.
27 "Mas será possível que Deus habite na terra? Os céus, mesmo
os mais altos céus, não podem conter-te. Muito menos este
templo que construí! 28 Ainda assim, atende à oração do teu
servo e ao seu pedido de misericórdia, ó SENHOR, meu Deus.
Ouve o clamor e a oração que o teu servo faz hoje na tua pre-
sença. 29 Estejam os teus olhos voltados dia e noite para este
templo, lugar do qual disseste que nele porias o teu nome,
para que ouças a oração que o teu servo fizer voltado para este
lugar. 30 Ouve as súplicas do teu servo e de Israel, o teu povo,
quando orarem voltados para este lugar. Ouve dos céus, lugar
da tua habitação, e, quando ouvires, dá-lhes o teu perdão.
31 "Quando um homem pecar contra seu próximo, tiver que
fazer um juramento e vier jurar diante do teu altar neste
templo, 32 ouve dos céus e age. Julga os teus servos; condena
o culpado, fazendo recair sobre a sua própria cabeça a con-
sequência da sua conduta, e declara sem culpa o inocente,
dando-lhe o que a sua inocência merece.
33 "Quando Israel, o teu povo, for derrotado por um inimigo
por ter pecado contra ti, voltar-se para ti e invocar o teu nome,
orando e suplicando a ti neste templo, 34 ouve dos céus e
perdoa o pecado de Israel, o teu povo, e traze-o de volta à
terra que deste aos seus antepassados.
35 "Quando se fechar o céu e não houver chuva por haver o teu
povo pecado contra ti e, se o teu povo, voltado para este lugar,
invocar o teu nome e afastar-se do seu pecado por o haveres
castigado, 36 ouve dos céus e perdoa o pecado dos teus servos,
de Israel, teu povo. Ensina-lhes o caminho certo e envia chuva
sobre a tua terra, que deste por herança ao teu povo.
37 "Quando houver fome ou praga no país, ferrugem e mofo,
gafanhotos peregrinos e gafanhotos devastadores, ou quando
inimigos sitiarem suas cidades, quando, em meio a qualquer
praga ou epidemia, 38 uma oração ou súplica por misericórdia
for feita por um israelita ou por todo o Israel, teu povo, cada
um sentindo as suas próprias aflições e dores, estendendo as
mãos na direção deste templo, 39 ouve dos céus, o lugar da
tua habitação. Perdoa e age; trata cada um de acordo com o
que merece, visto que conheces o seu coração. Sim, só tu co-
nheces o coração do homem. 40 Assim eles te temerão durante
todo o tempo em que viverem na terra que deste aos nossos
antepassados.
41 "Quanto ao estrangeiro, que não pertence a Israel, o teu
povo, e que veio de uma terra distante por causa do teu nome
— 42 pois ouvirão acerca do teu grande nome, da tua mão po-
derosa e do teu braço forte —, quando ele vier e orar voltado
para este templo, 43 ouve dos céus, lugar da tua habitação, e
atende ao pedido do estrangeiro, a fim de que todos os povos
da terra conheçam o teu nome e te temam, como faz Israel,
o teu povo, e saibam que este templo que construí traz o teu
nome.
44 "Quando o teu povo for à guerra contra os seus inimigos, por
onde quer que tu o enviares, e orar ao SENHOR voltado para a
cidade que escolheste e para o templo que construí em honra
ao teu nome, 45 ouve dos céus a sua oração e a sua súplica e
defende a sua causa.
46 "Quando pecarem contra ti, pois não há ninguém que não
peque, e ficares irado com eles e os entregares ao inimigo que
os leve prisioneiros para a sua terra, distante ou próxima; 47 se
eles caírem em si, na terra para a qual tiverem sido depor-
tados, e se arrependerem e lá orarem: 'Pecamos, praticamos
o mal e fomos rebeldes'; 48 e se lá eles se voltarem para ti de
todo o seu coração e de toda a sua alma, na terra dos inimigos
que os tiverem levado como prisioneiros, e orarem voltados
para a terra que deste aos seus antepassados, para a cidade
que escolheste e para o templo que construí em honra ao teu
nome, 49 então, desde os céus, o lugar da tua habitação, ouve
a sua oração e a sua súplica e defende a sua causa. 50 Perdoa o
teu povo, que pecou contra ti; perdoa todas as transgressões
que cometeram contra ti e faze com que os seus conquista-
dores tenham misericórdia deles; 51 pois são o teu povo e a tua
herança, que tiraste do Egito, da fornalha de fundição.
52 "Que os teus olhos estejam abertos para a súplica do teu
servo e para a súplica de Israel, o teu povo, e que os ouças
sempre que clamarem a ti. 53 Pois tu os escolheste dentre todos
os povos da terra para serem a tua herança, como declaraste
por meio do teu servo Moisés, quando tu, ó Soberano SENHOR,
tiraste os nossos antepassados do Egito".

54 Quando Salomão terminou a oração e a súplica ao SENHOR,
levantou-se diante do altar do SENHOR, onde tinha se ajoelhado
e estendido as mãos para o céu. 55 Pôs-se em pé e abençoou
em alta voz toda a assembleia de Israel, dizendo:
56 "Bendito seja o SENHOR, que deu descanso a Israel, o seu
povo, como havia prometido. Não ficou sem cumprimento
nem uma de todas as boas promessas que ele fez por meio
do seu servo Moisés. 57 Que o SENHOR, o nosso Deus, esteja
conosco, assim como esteve com os nossos antepassados. Que
ele jamais nos deixe nem nos abandone! 58 E faça com que de
coração nos voltemos para ele, a fim de andarmos em todos
os seus caminhos e obedecermos aos seus mandamentos, de-
cretos e ordenanças, que deu aos nossos antepassados. 59 E
que as palavras da minha súplica ao SENHOR tenham acesso
ao SENHOR, o nosso Deus, dia e noite, para que ele defenda a
causa do seu servo e a causa de Israel, o seu povo, de acordo
com o que precisarem. 60 Assim, todos os povos da terra sa-
berão que o SENHOR é Deus e que não há nenhum outro. 61 Mas
vocês, tenham coração íntegro para com o SENHOR, o nosso
Deus, para viverem por seus decretos e obedecerem aos seus
mandamentos, como acontece hoje".

A Dedicação do Templo

62 Então o rei Salomão e todo o Israel ofereceram sacrifícios ao
SENHOR; 63 ele ofereceu em sacrifício de comunhão[a] ao SENHOR
vinte e dois mil bois e cento e vinte mil ovelhas. Assim o rei e
todos os israelitas fizeram a dedicação do templo do SENHOR.
64 Naquele mesmo dia o rei consagrou a parte central do pátio,
que ficava na frente do templo do SENHOR, e ali ofereceu holo-
caustos[b], ofertas de cereal e a gordura das ofertas de comu-
nhão, pois o altar de bronze diante do SENHOR era pequeno
demais para comportar os holocaustos, as ofertas de cereal e
a gordura das ofertas de comunhão.
65 E foi assim que Salomão, com todo o Israel, celebrou a festa
naquela data; era uma grande multidão, gente vinda desde
Lebo-Hamate até o ribeiro do Egito. Celebraram-na diante
do SENHOR, o nosso Deus, durante sete dias[c]. 66 No oitavo dia
Salomão mandou o povo para casa. Eles abençoaram o rei
e foram embora, jubilosos e de coração alegre por todas as
coisas boas que o SENHOR havia feito por seu servo Davi e por
Israel, o seu povo.

O SENHOR Aparece a Salomão

9 Quando Salomão acabou de construir o templo do SENHOR,
o palácio real e tudo mais que desejara construir, 2 o SENHOR
lhe apareceu pela segunda vez, como lhe havia aparecido em
Gibeom. 3 O SENHOR lhe disse: "Ouvi a oração e a súplica que
você fez diante de mim; consagrei este templo que você cons-
truiu, para que nele habite o meu nome para sempre. Os meus
olhos e o meu coração estarão sempre nele.
4 "E, se você andar segundo a minha vontade, com integridade
de coração e com retidão, como fez o seu pai, Davi; se fizer
tudo o que ordeno a você, obedecendo aos meus decretos e
às minhas ordenanças, 5 firmarei para sempre sobre Israel o
seu trono, conforme prometi a Davi, seu pai, quando lhe disse:
Nunca faltará descendente para governar Israel.
6 "Mas, se você ou seus filhos se afastarem de mim e não
obedecerem aos mandamentos e aos decretos que lhes dei,
e prestarem culto a outros deuses e adorá-los, 7 desarraigarei
Israel da terra que lhes dei e lançarei para longe da minha
presença este templo que consagrei ao meu nome. Israel se
tornará então objeto de zombaria entre todos os povos. 8 E,
embora este templo seja agora imponente, todos os que pas-
sarem por ele ficarão espantados e perguntarão: 'Por que o
SENHOR fez uma coisa dessas a esta terra e a este templo?' 9 E
a resposta será: 'Porque abandonaram o SENHOR, o seu Deus,
que tirou os seus antepassados do Egito, e se apegaram a ou-
tros deuses, adorando-os e prestando-lhes culto; por isso o
SENHOR trouxe sobre eles toda esta desgraça' ".

Outros Feitos de Salomão

10 Depois de vinte anos, durante os quais construiu estes dois
edifícios, o templo do SENHOR e o palácio real, 11 o rei Salomão
deu vinte cidades da Galileia a Hirão, rei de Tiro, pois Hirão lhe
havia fornecido toda a madeira de cedro e de pinho e o ouro
de que ele precisou. 12 Mas, quando este veio de Tiro para ver
as cidades que Salomão lhe dera, não gostou. 13 "Que cidades
são essas que tu me deste, meu irmão?", ele perguntou. E as
chamou terra de Cabul[d], nome que elas têm até hoje. 14 Hirão
tinha enviado ao rei quatro mil e duzentos quilos[e] de ouro!
15 O rei Salomão impôs trabalhos forçados para que se cons-
truísse o templo do SENHOR, seu próprio palácio, o Milo[f], o muro
de Jerusalém, bem como Hazor, Megido e Gezer. 16 O faraó, rei
do Egito, havia atacado e conquistado Gezer. Incendiou a ci-
dade e matou os seus habitantes, que eram cananeus, e a deu
como presente de casamento à sua filha, mulher de Salomão.
17 E Salomão reconstruiu Gezer. Ele construiu Bete-Horom
Baixa, 18 Baalate, e Tadmor[g], no deserto dessa região, 19 bem
como todas as cidades-armazéns e as cidades onde ficavam
os seus carros de guerra e os seus cavalos[h]. Construiu tudo o
que desejou em Jerusalém, no Líbano e em todo o território
que governou.
20 Salomão recrutou para o trabalho forçado todos os não is-
raelitas, descendentes dos amorreus, dos hititas, dos ferezeus,
dos heveus e dos jebuseus, 21 que não tinham sido mortos pelos
israelitas, e esses povos continuam nesse trabalho até hoje.
22 Mas Salomão não obrigou nenhum israelita a trabalhos for-
çados; eles eram seus homens de guerra, seus capitães, os
comandantes dos seus carros de guerra e os condutores de
carros. 23 Também eram israelitas os principais oficiais encar-

[a] 8.63 Ou *de paz*
[b] 8.64 Isto é, sacrifícios totalmente queimados.
[c] 8.65 Conforme a Septuaginta. O Texto Massorético acrescenta e mais 7 dias, 14 no total.
[d] 9.13 Cabul assemelha-se à palavra hebraica que significa inútil.
[e] 9.14 Hebraico: *120 talentos*. Um talento equivalia a 35 quilos.
[f] 9.15 Ou *aterro*; também no versículo 24.
[g] 9.18 Ou *Tamar*
[h] 9.19 Ou *condutores de carros*

regados das construções de Salomão: quinhentos e cinquenta
oficiais que supervisionavam os trabalhadores.
24 Somente depois que a filha do faraó mudou-se da Cidade de
Davi para o palácio que Salomão havia construído para ela, foi
que ele construiu o Milo.
25 Três vezes por ano Salomão oferecia holocaustos[a] e sacrifícios
de comunhão[b] no altar que havia construído para o SENHOR e ao
mesmo tempo queimava incenso diante do SENHOR. E Salomão
concluiu o templo.
26 O rei Salomão também construiu navios em Eziom-Geber,
que fica perto de Elate, na terra de Edom, às margens do mar
Vermelho. 27 E Hirão enviou em navios os seus marinheiros, ho-
mens experimentados que conheciam o mar, para trabalharem
com os marinheiros de Salomão. 28 Navegaram até Ofir e de
lá trouxeram catorze mil e setecentos quilos de ouro para o
rei Salomão.

A Rainha de Sabá Visita Salomão

10 A rainha de Sabá soube da fama que Salomão tinha al-
cançado, graças ao nome do SENHOR, e foi a Jerusalém para
pô-lo à prova com perguntas difíceis. 2 Quando chegou, acom-
panhada de uma enorme caravana, com camelos carregados
de especiarias, grande quantidade de ouro e pedras preciosas,
fez a Salomão todas as perguntas que tinha em mente. 3 Sa-
lomão respondeu a todas; nenhuma lhe foi tão difícil que não
pudesse responder. 4 Vendo toda a sabedoria de Salomão, bem
como o palácio que ele havia construído, 5 o que era servido
em sua mesa, o alojamento de seus oficiais, os criados e os
copeiros — todos uniformizados — e os holocaustos[c] que ele
fazia no[d] templo do SENHOR, a visitante ficou impressionada.
6 Então ela disse ao rei: "Tudo o que ouvi em meu país acerca
de tuas realizações e de tua sabedoria é verdade. 7 Mas eu não
acreditava no que diziam, até ver com os meus próprios olhos.
Na realidade, não me contaram nem a metade; tu ultrapassas
em muito o que ouvi, tanto em sabedoria como em riqueza.
8 Como devem ser felizes os homens da tua corte, que conti-
nuamente estão diante de ti e ouvem a tua sabedoria! 9 Bendito
seja o SENHOR, o teu Deus, que se agradou de ti e te colocou
no trono de Israel. Por causa do amor eterno do SENHOR para
com Israel, ele te fez rei, para manter a justiça e a retidão".
10 E ela deu ao rei quatro mil e duzentos quilos[e] de ouro e
grande quantidade de especiarias e pedras preciosas. Nunca
mais foram trazidas tantas especiarias quanto as que a rainha
de Sabá deu ao rei Salomão.
11 (Os navios de Hirão, que carregavam ouro de Ofir, também
trouxeram de lá grande quantidade de madeira de junípero e
pedras preciosas. 12 O rei utilizou a madeira para fazer a esca-
daria do templo do SENHOR e a do palácio real, além de harpas
e liras para os músicos. Nunca mais foi importada nem se viu
tanta madeira de junípero.)
13 O rei Salomão deu à rainha de Sabá tudo o que ela desejou
e pediu, além do que já lhe tinha dado por sua generosidade
real. Então ela e os seus servos voltaram para o seu país.

O Esplendor do Reino de Salomão

14 O peso do ouro que Salomão recebia anualmente era de vinte
e três mil e trezentos quilos, 15 fora os impostos pagos por mer-
cadores e comerciantes, por todos os reis da Arábia e pelos
governadores do país.
16 O rei Salomão fez duzentos escudos grandes de ouro batido,
utilizando três quilos e seiscentos gramas[f] de ouro em cada um.
17 Também fez trezentos escudos pequenos de ouro batido, com
um quilo e oitocentos gramas de ouro em cada um. O rei os
colocou no Palácio da Floresta do Líbano.
18 O rei mandou fazer ainda um grande trono de marfim reves-
tido de ouro puro. 19 O trono tinha seis degraus, e o seu encosto
tinha a parte alta arredondada. Nos dois lados do assento havia
braços, com um leão junto a cada braço. 20 Havia doze leões
nos seis degraus, um em cada ponta de cada degrau. Nada
igual havia sido feito em nenhum outro reino. 21 Todas as taças
do rei Salomão eram de ouro, bem como todos os utensílios do
Palácio da Floresta do Líbano. Não havia nada de prata, pois a
prata quase não tinha valor nos dias de Salomão. 22 O rei tinha
no mar uma frota de navios mercantes[g] com os navios de Hirão.
Cada três anos a frota voltava, trazendo ouro, prata, marfim,
macacos e pavões.
23 O rei Salomão era o mais rico e o mais sábio de todos os reis
da terra. 24 Gente de todo o mundo pedia audiência a Salomão
para ouvir a sabedoria que Deus lhe tinha dado. 25 Ano após
ano, todos os visitantes traziam algum presente: utensílios de
prata e de ouro, mantos, armas e especiarias, cavalos e mulas.
26 Salomão juntou carros e cavalos; possuía mil e quatrocentos
carros e doze mil cavalos[h], dos quais mantinha uma parte nas
guarnições de algumas cidades e a outra perto dele, em Jeru-
salém. 27 O rei tornou a prata tão comum em Jerusalém quanto
as pedras, e o cedro tão numeroso quanto as figueiras bravas
da Sefelá[i]. 28 Os cavalos de Salomão eram importados do Egito[j]
e da Cilícia[k], onde os fornecedores do rei os compravam. 29 Im-
portavam do Egito um carro por sete quilos e duzentos gramas[l]
de prata, e um cavalo por um quilo e oitocentos gramas, e
os exportavam para todos os reis dos hititas e dos arameus.

As Mulheres de Salomão

11 O rei Salomão amou muitas mulheres estrangeiras, além
da filha do faraó. Eram mulheres moabitas, amonitas, edo-
mitas, sidônias e hititas. 2 Elas eram das nações a respeito das
quais o SENHOR tinha dito aos israelitas: "Vocês não poderão
tomar mulheres dentre essas nações, porque elas os farão

a 9.25 Isto é, sacrifícios totalmente queimados; também em 10.5.
b 9.25 Ou *de paz*
c 10.5 Isto é, sacrifícios totalmente queimados.
d 10.5 Ou *e o caminho pelo qual subia até o*
e 10.10 Hebraico: *120 talentos*. Um talento equivalia a 35 quilos.
f 10.16 Hebraico: *6 minas*. Uma mina equivalia a 600 gramas.
g 10.22 Hebraico: *de Társis*.
h 10.26 Ou *condutores de carros*
i 10.27 Pequena faixa de terra, de relevo variável, entre a planície costeira e as montanhas.
j 10.28 Ou *Muzur*, região da Cilícia; também no versículo 29.
k 10.28 Hebraico: *Cuve*.
l 10.29 Hebraico: *600 siclos*. Um siclo equivalia a 12 gramas.

desviar-se para seguir os seus deuses". No entanto, Salomão
apegou-se amorosamente a elas. 3 Casou com setecentas prin-
cesas e trezentas concubinas, e as suas mulheres o levaram
a desviar-se. 4 À medida que Salomão foi envelhecendo, suas
mulheres o induziram a voltar-se para outros deuses, e o seu
coração já não era totalmente dedicado ao SENHOR, o seu Deus,
como fora o coração do seu pai, Davi. 5 Ele seguiu Astarote, a
deusa dos sidônios, e Moloque, o repugnante deus dos amo-
nitas. 6 Dessa forma Salomão fez o que o SENHOR reprova; não
seguiu completamente o SENHOR, como o seu pai, Davi.
7 No monte que fica a leste de Jerusalém, Salomão construiu
um altar para Camos, o repugnante deus de Moabe, e para Mo-
loque, o repugnante deus dos amonitas. 8 Também fez altares
para os deuses de todas as suas outras mulheres estrangeiras,
que queimavam incenso e ofereciam sacrifícios a eles.
9 O SENHOR irou-se contra Salomão por ter se desviado do SE-
NHOR, o Deus de Israel, que lhe havia aparecido duas vezes.
10 Embora ele tivesse proibido Salomão de seguir outros
deuses, Salomão não lhe obedeceu. 11 Então o SENHOR lhe disse:
"Já que essa é a sua atitude e você não obedeceu à minha
aliança e aos meus decretos, os quais ordenei a você, certa-
mente tirarei de você o reino e o darei a um dos seus servos.
12 No entanto, por amor a Davi, seu pai, não farei isso enquanto
você viver. Eu o tirarei da mão do seu filho. 13 Mas não tirarei
dele o reino inteiro; eu lhe darei uma tribo por amor de Davi,
meu servo, e por amor de Jerusalém, a cidade que escolhi".

Os Adversários de Salomão

14 Então o SENHOR levantou contra Salomão um adversário, o
edomita Hadade, da linhagem real de Edom. 15 Anteriormente,
quando Davi estava lutando contra Edom, Joabe, o comandante
do exército, que tinha ido para lá enterrar os mortos, exter-
minara todos os homens de Edom. 16 Joabe e todo o exército
israelita permaneceram lá seis meses, até matarem todos os
edomitas. 17 Mas Hadade, sendo ainda menino, fugiu para o
Egito com alguns dos oficiais edomitas que tinham servido a
seu pai. 18 Partiram de Midiã e foram a Parã. Lá reuniram alguns
homens e foram ao Egito, até o faraó, rei do Egito, que deu
uma casa e terras a Hadade e lhe forneceu alimento.
19 O faraó acolheu bem a Hadade, a ponto de dar-lhe em casa-
mento uma irmã de sua própria mulher, a rainha Tafnes. 20 A
irmã de Tafnes deu-lhe um filho, chamado Genubate, que fora
criado por Tafnes no palácio real. Ali Genubate viveu com os
próprios filhos do faraó.
21 Enquanto estava no Egito, Hadade soube que Davi tinha des-
cansado com seus antepassados e que Joabe, o comandante
do exército, também estava morto. Então Hadade disse ao
faraó: "Deixa-me voltar para a minha terra".
22 "O que falta aqui para que você queira voltar para a sua
terra?", perguntou o faraó. "Nada me falta", respondeu Ha-
dade, "mas deixa-me ir!"
23 E Deus fez um outro adversário levantar-se contra Salomão:
Rezom, filho de Eliada, que tinha fugido do seu senhor, Hada-
dezer, rei de Zobá. 24 Quando Davi destruiu o exército de Zobá,
Rezom reuniu alguns homens e tornou-se líder de um bando
de rebeldes. Eles foram para Damasco, onde se instalaram e
assumiram o controle. 25 Rezom foi adversário de Israel en-
quanto Salomão viveu e trouxe-lhe muitos problemas, além
dos causados por Hadade. Assim Rezom governou a Síria e foi
hostil a Israel.

A Rebelião de Jeroboão contra Salomão

26 Também Jeroboão, filho de Nebate, rebelou-se contra o rei.
Ele era um dos oficiais de Salomão, um efraimita de Zeredá, e
a sua mãe era uma viúva chamada Zerua.
27 Foi assim que ele se revoltou contra o rei: Salomão tinha
construído o Milo[a] e havia tapado a abertura no muro da Ci-
dade de Davi, seu pai. 28 Ora, Jeroboão era homem capaz, e,
quando Salomão viu como ele fazia bem o seu trabalho, encar-
regou-o de todos os que faziam trabalho forçado, pertencentes
às tribos de José.
29 Naquela ocasião, Jeroboão saiu de Jerusalém, e Aías, o pro-
feta de Siló, que estava usando uma capa nova, encontrou-se
com ele no caminho. Os dois estavam sozinhos no campo, 30 e
Aías segurou firmemente a capa que estava usando, rasgou-a
em doze pedaços 31 e disse a Jeroboão: "Apanhe dez pedaços
para você, pois assim diz o SENHOR, o Deus de Israel: 'Saiba que
vou tirar o reino das mãos de Salomão e dar a você dez tribos.
32 Mas, por amor ao meu servo Davi e à cidade de Jerusalém,
a qual escolhi dentre todas as tribos de Israel, ele terá uma
tribo. 33 Farei isso porque eles me abandonaram[b] e adoraram
Astarote, a deusa dos sidônios, Camos, deus dos moabitas, e
Moloque, deus dos amonitas, e não andaram nos meus ca-
minhos, nem fizeram o que eu aprovo, nem obedeceram aos
meus decretos e às minhas ordenanças, como fez Davi, pai
de Salomão.
34 " 'Mas não tirarei o reino todo das mãos de Salomão; eu o fiz
governante todos os dias de sua vida por amor ao meu servo
Davi, a quem escolhi e que obedeceu aos meus mandamentos
e aos meus decretos. 35 Tirarei o reino das mãos do seu filho
e darei dez tribos a você. 36 Darei uma tribo ao seu filho a fim
de que o meu servo Davi sempre tenha diante de mim um des-
cendente no trono[c] em Jerusalém, a cidade onde eu quis pôr
o meu nome. 37 Quanto a você, eu o farei reinar sobre tudo o
que o seu coração desejar; você será rei de Israel. 38 Se você
fizer tudo o que eu ordenar e andar nos meus caminhos e fizer
o que eu aprovo, obedecendo aos meus decretos e aos meus
mandamentos, como fez o meu servo Davi, estarei com você.
Edificarei para você uma dinastia tão permanente quanto a que
edifiquei para Davi e darei Israel a você. 39 Humilharei os des-
cendentes de Davi por causa disso, mas não para sempre' ".
40 Salomão tentou matar Jeroboão, mas ele fugiu para o Egito,
para o rei Sisaque, e lá permaneceu até a morte de Salomão.

---

[a] 11.27 Ou *aterro*
[b] 11.33 A Septuaginta, a Vulgata e a Versão Siríaca dizem porque ele me abandonou.
[c] 11.36 Hebraico: *haja uma lâmpada para Davi.*

A Morte de Salomão

41 Os demais acontecimentos do reinado de Salomão, tudo o
que fez e a sabedoria que teve, estão todos escritos nos regis-
tros históricos de Salomão. 42 Salomão reinou quarenta anos
em Jerusalém sobre todo o Israel. 43 Então descansou com os
seus antepassados e foi sepultado na Cidade de Davi, seu pai.
E o seu filho Roboão foi o seu sucessor.

12 A Revolta de Israel contra Roboão

Roboão foi a Siquém, onde todos os israelitas tinham
se reunido para proclamá-lo rei. 2 Assim que Jeroboão, filho
de Nebate, que estava no Egito para onde tinha fugido do rei
Salomão, soube disso, voltou de lá. 3 Depois disso mandaram
chamá-lo. Então ele e toda a assembleia de Israel foram ao
encontro de Roboão e disseram: 4 "Teu pai colocou sobre nós
um jugo pesado, mas agora diminui o trabalho árduo e este
jugo pesado, e nós te serviremos".
5 Roboão respondeu: "Voltem a mim daqui a três dias". Então
o povo foi embora.
6 O rei Roboão perguntou às autoridades que haviam servido
ao seu pai, Salomão, durante a vida dele: "Como vocês me
aconselham a responder a este povo?"
7 Eles responderam: "Se hoje fores um servo deste povo e ser-
vi-lo, dando-lhe uma resposta favorável, eles sempre serão
teus servos".
8 Roboão, contudo, rejeitou o conselho que as autoridades
de Israel lhe tinham dado e consultou os jovens que haviam
crescido com ele e o estavam servindo. 9 Perguntou-lhes: "Que
conselho vocês me dão? Como devemos responder a este povo,
que me diz: 'Diminui o jugo que teu pai colocou sobre nós'?"
10 Os jovens que haviam crescido com ele responderam: "A
este povo que te disse: 'Teu pai colocou sobre nós um jugo
pesado; torna-o mais leve', dize: Meu dedo mínimo é mais
grosso do que a cintura do meu pai. 11 Pois bem, meu pai lhes
impôs um jugo pesado; eu o tornarei ainda mais pesado. Meu
pai os castigou com simples chicotes; eu os castigarei com
chicotes pontiagudos[a]".
12 Três dias depois, Jeroboão e todo o povo voltaram a Roboão,
segundo a orientação dada pelo rei: "Voltem a mim daqui a três
dias". 13 E o rei lhes respondeu asperamente. Rejeitando o con-
selho das autoridades de Israel, 14 seguiu o conselho dos jovens
e disse: "Meu pai tornou pesado o seu jugo; eu o tornarei ainda
mais pesado. Meu pai os castigou com simples chicotes; eu os
castigarei com chicotes pontiagudos". 15 E o rei não ouviu o
povo, pois esta mudança nos acontecimentos vinha da parte
do SENHOR, para que se cumprisse a palavra que o SENHOR havia
falado a Jeroboão, filho de Nebate, por meio do silonita Aías.
16 Quando todo o Israel viu que o rei se recusava a ouvi-los,
respondeu ao rei: "Que temos em comum com Davi? Que temos
em comum com o filho de Jessé? Para as suas tendas, ó Israel!
Cuide da sua própria casa, ó Davi!" E assim os israelitas foram
para as suas casas. 17 Quanto, porém, aos israelitas que mo-
ravam nas cidades de Judá, Roboão continuou como rei deles.
18 O rei Roboão enviou Adonirão[b], chefe do trabalho forçado,
mas todo o Israel o apedrejou até a morte. O rei, contudo,
conseguiu subir em sua carruagem e fugir para Jerusalém.
19 Dessa forma Israel se rebelou contra a dinastia de Davi, e
assim permanece até hoje.
20 Quando todos os israelitas souberam que Jeroboão tinha
voltado, mandaram chamá-lo para a reunião da comunidade
e o fizeram rei sobre todo o Israel. Somente a tribo de Judá
permaneceu leal à dinastia de Davi.
21 Quando Roboão, filho de Salomão, chegou a Jerusalém,
convocou cento e oitenta mil homens de combate, das tribos
de Judá e de Benjamim, para guerrearem contra Israel e re-
cuperarem o reino.
22 Entretanto, veio esta palavra de Deus a Semaías, homem
de Deus: 23 "Diga a Roboão, filho de Salomão, rei de Judá,
às tribos de Judá e Benjamim, e ao restante do povo: 24 Assim
diz o SENHOR: Não saiam à guerra contra os seus irmãos israe-
litas. Voltem para casa, todos vocês, pois fui eu que fiz isso". E
eles obedeceram à palavra do SENHOR e voltaram para as suas
casas, conforme o SENHOR tinha ordenado.

Bezerros de Ouro em Betel e em Dã

25 Jeroboão fortificou Siquém, nos montes de Efraim, onde
passou a morar. Depois saiu e fortificou Peniel.
26 Jeroboão pensou: "O reino agora provavelmente voltará para
a dinastia de Davi. 27 Se este povo subir a Jerusalém para ofe-
recer sacrifícios no templo do SENHOR, novamente dedicarão
sua lealdade ao senhor deles, Roboão, rei de Judá. Eles vão
me matar e vão voltar para o rei Roboão".
28 Depois de aconselhar-se, o rei fez dois bezerros de ouro
e disse ao povo: "Vocês já subiram muito a Jerusalém. Aqui
estão os seus deuses, ó Israel, que tiraram a vocês do Egito".
29 Mandou pôr um bezerro em Betel e outro em Dã. 30 E isso
veio a ser um pecado, pois o povo ia até Dã para adorar aquele
bezerro.
31 Jeroboão construiu altares idólatras e designou sacerdotes
dentre o povo, apesar de não serem levitas. 32 Instituiu uma
festa no décimo quinto dia do oitavo mês, semelhante à festa
realizada em Judá, e ofereceu sacrifícios no altar. Ele fez
isso em Betel, onde sacrificou aos bezerros que havia feito.
Também estabeleceu lá sacerdotes nos seus altares idólatras.
33 No décimo quinto dia do oitavo mês, data que ele mesmo
escolheu, ofereceu sacrifícios no altar que havia construído
em Betel. Assim ele instituiu a festa para os israelitas e foi ao
altar para queimar incenso.

13 O Homem de Deus que Veio de Judá

Por ordem do SENHOR um homem de Deus foi de Judá
a Betel, quando Jeroboão estava em pé junto ao altar para
queimar incenso. 2 Ele clamou contra o altar, segundo a ordem
do SENHOR: "Ó altar, ó altar! Assim diz o SENHOR: 'Um filho
nascerá na família de Davi e se chamará Josias. Sobre você

[a] 12.11 Ou com *escorpiões*; também no versículo 14.

[b] 12.18 Conforme alguns manuscritos da Septuaginta e a Versão Siríaca. O Texto Massorético diz Adorão. Veja 1Rs 4.6 e 5.14.

ele sacrificará os sacerdotes dos altares idólatras que agora
queimam incenso aqui, e ossos humanos serão queimados
sobre você' ". 3 Naquele mesmo dia o homem de Deus deu um
sinal: "Este é o sinal que o SENHOR declarou: O altar se fenderá,
e as cinzas que estão sobre ele se derramarão".
4 Quando o rei Jeroboão ouviu o que o homem de Deus pro-
clamava contra o altar de Betel, apontou para ele e ordenou:
"Prendam-no!" Mas o braço que ele tinha estendido ficou para-
lisado, e não voltava ao normal. 5 Além disso, o altar se fendeu,
e as suas cinzas se derramaram, conforme o sinal dado pelo
homem de Deus por ordem do SENHOR.
6 Então o rei disse ao homem de Deus: "Interceda ao SENHOR, o
seu Deus, e ore por mim para que meu braço se recupere". O
homem de Deus intercedeu ao SENHOR, e o braço do rei recu-
perou-se e voltou ao normal.
7 O rei disse ao homem de Deus: "Venha à minha casa e coma
algo, e eu o recompensarei".
8 Mas o homem de Deus respondeu ao rei: "Mesmo que me
desse a metade dos seus bens, eu não iria com você nem co-
meria ou beberia nada neste lugar. 9 Pois recebi estas ordens
pela palavra do SENHOR: 'Não coma pão nem beba água, nem
volte pelo mesmo caminho por onde foi' ". 10 Por isso, quando
ele voltou, não foi pelo caminho por onde tinha vindo a Betel.
11 Ora, havia um certo profeta, já idoso, que morava em Betel.
Seus filhos lhe contaram tudo o que o homem de Deus havia
feito naquele dia e também o que ele dissera ao rei. 12 O pai
lhes perguntou: "Por qual caminho ele foi?" E os seus filhos lhe
mostraram por onde tinha ido o homem de Deus que viera de
Judá. 13 Então disse aos filhos: "Selem o jumento para mim". E,
depois de selarem o jumento, ele montou 14 e cavalgou à pro-
cura do homem de Deus, até que o encontrou sentado embaixo
da Grande Árvore. E lhe perguntou: "Você é o homem de Deus
que veio de Judá?" "Sou", respondeu.
15 Então o profeta lhe disse: "Venha à minha casa comer al-
guma coisa".
16 O homem de Deus disse: "Não posso ir com você nem posso
comer pão ou beber água neste lugar. 17 A palavra do SENHOR
deu-me esta ordem: 'Não coma pão nem beba água lá, nem
volte pelo mesmo caminho por onde você foi' ".
18 O profeta idoso respondeu: "Eu também sou profeta como
você. E um anjo me disse por ordem do SENHOR: 'Faça-o voltar
com você para a sua casa para que coma pão e beba água' ".
Mas ele estava mentindo. 19 E o homem de Deus voltou com ele
e foi comer e beber em sua casa.
20 Enquanto ainda estavam sentados à mesa, a palavra do
SENHOR veio ao profeta idoso que o havia feito voltar 21 e ele
bradou ao homem de Deus que tinha vindo de Judá: "Assim diz
o SENHOR: 'Você desafiou a palavra do SENHOR e não obedeceu
à ordem que o SENHOR, o seu Deus, deu a você. 22 Você voltou
e comeu pão e bebeu água no lugar onde ele falou que não
comesse nem bebesse. Por isso o seu corpo não será sepultado
no túmulo dos seus antepassados' ".
23 Quando o homem de Deus acabou de comer e beber, o pro-
feta idoso selou seu jumento para ele. 24 No caminho, um leão
o atacou e o matou, e o seu corpo ficou estendido no chão, ao
lado do leão e do jumento. 25 Algumas pessoas que passaram
viram o cadáver estendido ali, com o leão ao lado, e foram dar
a notícia na cidade onde o profeta idoso vivia. 26 Quando este
soube disso, exclamou: "É o homem de Deus que desafiou a
palavra do SENHOR! O SENHOR o entregou ao leão, que o feriu
e o matou, conforme a palavra do SENHOR o tinha advertido".
27 O profeta disse aos seus filhos: "Selem o jumento para mim",
e eles o fizeram. 28 Ele foi e encontrou o cadáver caído no ca-
minho, com o jumento e o leão ao seu lado. O leão não tinha
comido o corpo nem ferido o jumento. 29 O profeta apanhou o
corpo do homem de Deus, colocou-o sobre o jumento e o levou
de volta para Betel[a], a fim de chorar por ele e sepultá-lo. 30 Ele
o pôs no seu próprio túmulo, e se lamentaram por ele, cada
um exclamando: "Ah, meu irmão!"
31 Depois de sepultá-lo, disse aos seus filhos: "Quando eu
morrer, enterrem-me no túmulo onde está sepultado o homem
de Deus; ponham os meus ossos ao lado dos ossos dele. 32 Pois
a mensagem que declarou por ordem do SENHOR contra o altar
de Betel e contra todos os altares idólatras das cidades de
Samaria certamente se cumprirá".
33 Mesmo depois disso Jeroboão não mudou o seu mau proce-
dimento, mas continuou a nomear dentre o povo sacerdotes
para os altares idólatras. Ele consagrava para esses altares
todo aquele que quisesse tornar-se sacerdote. 34 Esse foi o pe-
cado da família de Jeroboão, que levou à sua queda e à sua
eliminação da face da terra.

14 A Profecia de Aías contra Jeroboão

Naquela época, Abias, filho de Jeroboão, ficou doente,
2 e este disse à sua mulher: "Use um disfarce, para não ser
reconhecida como a mulher de Jeroboão, e vá a Siló, onde vive
o profeta Aías, aquele que me disse que eu seria rei sobre este
povo. 3 Leve para ele dez pães, alguns bolos e uma garrafa de
mel. Ele dirá a você o que vai acontecer com o menino". 4 A
mulher de Jeroboão atendeu a seu pedido e foi à casa de Aías,
em Siló. Ora, Aías já não conseguia enxergar; tinha ficado cego
por causa da idade. 5 Mas o SENHOR lhe tinha dito: "A mulher de
Jeroboão está vindo para perguntar a você acerca do filho dela,
pois ele está doente, e você deve responder-lhe assim e assim.
Quando ela chegar, vai fingir que é outra pessoa".
6 Quando Aías ouviu o som dos passos junto da porta, disse:
"Entre, mulher de Jeroboão. Por que esse fingimento? Fui en-
carregado de dar más notícias a você. 7 Vá dizer a Jeroboão
que é isto o que o SENHOR, o Deus de Israel, diz: 'Tirei-o dentre
o povo e o tornei líder sobre Israel, o meu povo. 8 Tirei o reino
da família de Davi e o dei a você, mas você não tem sido como
o meu servo Davi, que obedecia aos meus mandamentos e me
seguia de todo o coração, fazendo apenas o que eu aprovo.
9 Você tem feito mais mal do que todos os que viveram antes de
você, pois fez para você outros deuses, ídolos de metal; você
provocou a minha ira e voltou as costas para mim.

[a] 13.29 Hebraico: *para a cidade*.

10" 'Por isso, trarei desgraça à família de Jeroboão. Matarei
de Jeroboão até o último indivíduo do sexo masculino[a] em Is-
rael, seja escravo seja livre. Queimarei a família de Jeroboão
até o fim como quem queima esterco. 11 Dos que pertencem
a Jeroboão, os cães comerão os que morrerem na cidade, e
as aves do céu se alimentarão dos que morrerem no campo.
O SENHOR falou!'
12 "Quanto a você, volte para casa. Quando você puser os pés
na cidade, o menino morrerá. 13 Todo o Israel chorará por ele
e o sepultará. Ele é o único da família de Jeroboão que será
sepultado, pois é o único da família de Jeroboão em quem o
SENHOR, o Deus de Israel, encontrou alguma coisa boa.
14 "O SENHOR levantará para si um rei sobre Israel que eliminará
a família de Jeroboão. O dia virá! Quando? Agora mesmo. 15 E o
SENHOR ferirá Israel, de maneira que ficará como junco balan-
çando na água. Ele desarraigará Israel desta boa terra que deu
aos seus antepassados e os espalhará para além do Eufrates[b],
pois provocaram a ira do SENHOR com os postes sagrados que
fizeram. 16 E ele abandonará Israel por causa dos pecados que
Jeroboão cometeu e tem feito Israel cometer".
17 Então a mulher de Jeroboão levantou-se e voltou para Tirza.
Assim que entrou em casa, o menino morreu. 18 Eles o sepul-
taram, e todo o Israel chorou por ele, conforme o SENHOR pre-
dissera por meio do seu servo, o profeta Aías.
19 Os demais acontecimentos do reinado de Jeroboão, suas
guerras e como governou, estão escritos nos registros histó-
ricos dos reis de Israel. 20 Ele reinou durante vinte e dois anos,
e então descansou com os seus antepassados. E o seu filho
Nadabe foi o seu sucessor.

O Reinado de Roboão, Rei de Judá

21 Roboão, filho de Salomão, foi rei de Judá. Tinha quarenta e
um anos de idade quando começou a reinar e reinou dezes-
sete anos em Jerusalém, cidade que o SENHOR havia escolhido
dentre todas as tribos de Israel para nela pôr o seu nome. Sua
mãe, uma amonita, chamava-se Naamá.
22 Judá fez o que o SENHOR reprova. Pelos pecados que come-
teram, eles despertaram a sua ira zelosa mais do que os seus
antepassados o tinham feito. 23 Também construíram para si
altares idólatras, colunas sagradas e postes sagrados sobre
todos os montes e debaixo de todas as árvores frondosas.
24 Havia no país até prostitutos cultuais; o povo se envolvia em
todas as práticas detestáveis das nações que o SENHOR havia
expulsado de diante dos israelitas.
25 No quinto ano do reinado de Roboão, Sisaque, rei do Egito,
atacou Jerusalém. 26 Levou embora todos os tesouros do
templo do SENHOR e do palácio real, inclusive os escudos de
ouro que Salomão havia feito. 27 Por isso o rei Roboão mandou
fazer escudos de bronze para substituí-los e os entregou aos
chefes da guarda da entrada do palácio real. 28 Sempre que o
rei ia ao templo do SENHOR, os guardas empunhavam os es-
cudos e, em seguida, os devolviam à sala da guarda.
29 Os demais acontecimentos do reinado de Roboão, e tudo o
que fez, estão escritos nos registros históricos dos reis de Judá.
30 Houve guerra constante entre Roboão e Jeroboão. 31 Roboão
descansou com os seus antepassados e foi sepultado com
eles na Cidade de Davi. Sua mãe, uma amonita, chamava-se
Naamá. E o seu filho Abias foi o seu sucessor.

O Reinado de Abias, Rei de Judá

15 No décimo oitavo ano do reinado de Jeroboão, filho de
Nebate, Abias tornou-se rei de Judá 2 e reinou três anos em
Jerusalém. O nome de sua mãe era Maaca, filha de Absalão.
3 Ele cometeu todos os pecados que o seu pai tinha cometido;
seu coração não era inteiramente consagrado ao SENHOR, o
seu Deus, quanto fora o coração de Davi, seu predecessor.
4 No entanto, por amor de Davi, o SENHOR, o seu Deus, conce-
deu-lhe uma lâmpada em Jerusalém, dando-lhe um filho como
sucessor e fortalecendo Jerusalém. 5 Pois Davi fizera o que o
SENHOR aprova e não deixara de obedecer a nenhum dos man-
damentos do SENHOR durante todos os dias da sua vida, exceto
no caso de Urias, o hitita.
6 E houve guerra entre Roboão e Jeroboão durante toda a vida
de Abias[c]. 7 Os demais acontecimentos do reinado de Abias e
todas as suas realizações estão escritos nos registros históricos
dos reis de Judá. Também houve guerra entre Abias e Jero-
boão. 8 E Abias descansou com os seus antepassados e foi se-
pultado na Cidade de Davi. E o seu filho Asa foi o seu sucessor.

O Reinado de Asa, Rei de Judá

9 No vigésimo ano do reinado de Jeroboão, rei de Israel, Asa
tornou-se rei de Judá 10 e reinou quarenta e um anos em Jeru-
salém. O nome da sua avó era Maaca, filha de Absalão.
11 Asa fez o que o SENHOR aprova, tal como Davi, seu prede-
cessor. 12 Expulsou do país os prostitutos cultuais e se desfez
de todos os ídolos que seu pai havia feito. 13 Chegou até a
depor sua avó Maaca da posição de rainha-mãe, pois ela havia
feito um poste sagrado repugnante. Asa derrubou o poste e
o queimou no vale do Cedrom. 14 Embora os altares idólatras
não tenham sido eliminados, o coração de Asa foi totalmente
dedicado ao SENHOR durante toda a sua vida. 15 Ele trouxe para
o templo do SENHOR a prata, o ouro e os utensílios que ele e
seu pai haviam consagrado.
16 Houve guerra entre Asa e Baasa, rei de Israel, durante todo o
reinado deles. 17 Baasa, rei de Israel, invadiu Judá e fortificou
Ramá, para que ninguém pudesse entrar nem sair do território
de Asa, rei de Judá.
18 Então Asa ajuntou a prata e o ouro que haviam sobrado no
tesouro do templo do SENHOR e do seu próprio palácio. Confiou
tudo isso a alguns dos seus oficiais e os enviou a Ben-Hadade,
filho de Tabriom e neto de Heziom, rei da Síria, que governava
em Damasco, 19 com uma mensagem que dizia: "Façamos um
tratado, como fizeram meu pai e o teu. Estou te enviando como
presente prata e ouro. Agora, rompe o tratado que tens com
Baasa, rei de Israel, para que ele saia do meu país".

[a] 14.10 Hebraico: *dos que urinam na parede.*
[b] 14.15 Hebraico: do Rio.
[c] 15.6 Alguns manuscritos dizem Abião, variante de Abias.

20 Ben-Hadade aceitou a proposta do rei Asa e ordenou aos co-
mandantes das suas forças que atacassem as cidades de Israel.
Ele conquistou Ijom, Dã, Abel-Bete-Maaca e todo o Quinerete,
além de Naftali. 21 Quando Baasa soube disso, abandonou a
construção dos muros de Ramá e foi para Tirza. 22 Então o rei
Asa reuniu todos os homens de Judá — ninguém foi isentado
— e eles retiraram de Ramá as pedras e a madeira que Baasa
estivera usando. Com esse material Asa fortificou Geba, em
Benjamim, e também Mispá.
23 Os demais acontecimentos do reinado de Asa, todas as suas
realizações, todos os seus atos e todas as cidades que cons-
truiu, tudo isso está escrito nos registros históricos dos reis de
Judá. Na velhice Asa sofreu uma doença nos pés 24 e, quando
descansou com os seus antepassados, foi sepultado com eles
na Cidade de Davi, seu predecessor. E seu filho Josafá foi o
seu sucessor.

O Reinado de Nadabe, Rei de Israel

25 Nadabe, filho de Jeroboão, tornou-se rei de Israel no se-
gundo ano do reinado de Asa, rei de Judá, e reinou dois anos
sobre Israel. 26 Fez o que o SENHOR reprova, andando nos ca-
minhos do seu pai e no pecado que ele tinha levado Israel a
cometer.
27 Baasa, filho de Aías, da tribo de Issacar, conspirou contra
ele, e o matou na cidade filisteia de Gibetom, enquanto Na-
dabe e todo o exército de Israel a sitiavam. 28 Baasa matou
Nadabe no terceiro ano do reinado de Asa, rei de Judá, e foi
o seu sucessor.
29 Assim que começou a reinar, matou toda a família de Jero-
boão. Dos pertencentes a Jeroboão não deixou ninguém vivo;
destruiu todos, de acordo com a palavra do SENHOR anunciada
por seu servo, o silonita Aías. 30 Isso aconteceu por causa dos
pecados que Jeroboão havia cometido e havia feito Israel co-
meter, e porque ele tinha provocado a ira do SENHOR, o Deus
de Israel.
31 Os demais acontecimentos do reinado de Nadabe e tudo o
que fez estão escritos nos registros históricos dos reis de Israel.
32 Houve guerra entre Asa e Baasa, rei de Israel, durante todo
o reinado deles.

O Reinado de Baasa, Rei de Israel

33 No terceiro ano do reinado de Asa, rei de Judá, Baasa, filho
de Aías, tornou-se rei de todo o Israel, em Tirza, e reinou vinte
e quatro anos. 34 Fez o que o SENHOR reprova, andando nos
caminhos de Jeroboão e nos pecados que ele tinha levado
Israel a cometer.

16 Então a palavra do SENHOR contra Baasa veio a Jeú, filho
de Hanani: 2 "Eu o levantei do pó e o tornei líder de Israel,
o meu povo, mas você andou nos caminhos de Jeroboão e
fez o meu povo pecar e provocar a minha ira por causa dos
pecados deles. 3 Por isso estou na iminência de destruir Baasa
e a sua família, fazendo a ela o que fiz à de Jeroboão, filho de
Nebate. 4 Cães comerão os da família de Baasa que morrerem
na cidade, e as aves do céu se alimentarão dos que morrerem
no campo".
5 Os demais acontecimentos do reinado de Baasa, seus atos e
suas realizações estão escritos nos registros históricos dos reis
de Israel. 6 Baasa descansou com os seus antepassados e foi
sepultado em Tirza. E seu filho Elá foi o seu sucessor.
7 A palavra do SENHOR veio por meio do profeta Jeú, filho de
Hanani, a Baasa e sua família, por terem feito o que o SENHOR
reprova, provocando a sua ira, tornando-se como a família de
Jeroboão — e também porque Baasa destruiu a família de
Jeroboão.

O Reinado de Elá, Rei de Israel

8 No vigésimo sexto ano do reinado de Asa, rei de Judá, Elá,
filho de Baasa, tornou-se rei de Israel e reinou dois anos em
Tirza.
9 Zinri, um dos seus oficiais, que comandava metade dos seus
carros de guerra, conspirou contra ele. Elá estava em Tirza
naquela ocasião, embriagando-se na casa de Arsa, o encar-
regado do palácio de Tirza. 10 Zinri entrou, feriu-o e matou-o,
no vigésimo sétimo ano do reinado de Asa, rei de Judá. E foi
o seu sucessor.
11 Assim que começou a reinar, logo que se assentou no trono,
eliminou toda a família de Baasa. Não poupou uma só pessoa
do sexo masculino[a], fosse parente fosse amigo. 12 Assim Zinri
destruiu toda a família de Baasa, de acordo com a palavra do
SENHOR que o profeta Jeú dissera contra Baasa, 13 por causa
de todos os pecados que este e seu filho Elá haviam cometido
e levado Israel a cometer, pois, com os seus ídolos inúteis,
provocaram a ira do SENHOR, o Deus de Israel.
14 Os demais acontecimentos do reinado de Elá e tudo o que
fez estão escritos nos registros históricos dos reis de Israel.

O Reinado de Zinri, Rei de Israel

15 No vigésimo sétimo ano do reinado de Asa, rei de Judá, Zinri
reinou sete dias em Tirza. O exército estava acampado perto da
cidade filisteia de Gibetom. 16 Quando os acampados souberam
que Zinri havia conspirado contra o rei e o tinha assassinado,
no mesmo dia, ali no acampamento, proclamaram Onri, o co-
mandante do exército, rei sobre Israel. 17 Então Onri e todo
o seu exército saíram de Gibetom e sitiaram Tirza. 18 Quando
Zinri viu que a cidade tinha sido tomada, entrou na cidadela
do palácio real e incendiou o palácio em torno de si, e morreu.
19 Tudo por causa dos pecados que ele havia cometido, fazendo
o que o SENHOR reprova e andando nos caminhos de Jeroboão
e no pecado que ele tinha cometido e levado Israel a cometer.
20 Os demais acontecimentos do reinado de Zinri e a rebelião
que liderou estão escritos nos registros históricos dos reis de
Israel.

O Reinado de Onri, Rei de Israel

21 Então o povo de Israel dividiu-se em duas facções: metade
apoiava Tibni, filho de Ginate, para fazê-lo rei, e a outra me-

[a] 16.11 Hebraico: *dos que urinam na parede.*

tade apoiava Onri. 22 Mas os seguidores de Onri revelaram-se
mais fortes do que os de Tibni, filho de Ginate. E aconteceu que
Tibni morreu e Onri tornou-se rei.
23 No trigésimo primeiro ano do reinado de Asa, rei de Judá, Onri
tornou-se rei de Israel e reinou doze anos, seis deles em Tirza.
24 Por setenta quilos[a] de prata ele comprou de Sêmer a colina de
Samaria, onde construiu uma cidade, a qual chamou Samaria,
por causa de Sêmer, o nome do antigo proprietário da colina.
25 Onri, porém, fez o que o SENHOR reprova e pecou mais do que
todos os que reinaram antes dele. 26 Andou nos caminhos de
Jeroboão, filho de Nebate, e no pecado que ele tinha levado
Israel a cometer, e assim, com os seus ídolos inúteis, provocou
a ira do SENHOR, o Deus de Israel.
27 Os demais acontecimentos do reinado de Onri, seus atos e
suas realizações, tudo está escrito nos registros históricos dos
reis de Israel. 28 Onri descansou com os seus antepassados e
foi sepultado em Samaria. E seu filho Acabe foi o seu sucessor.

O Reinado de Acabe, Rei de Israel

29 No trigésimo oitavo ano do reinado de Asa, rei de Judá,
Acabe, filho de Onri, tornou-se rei de Israel e reinou vinte e dois
anos sobre Israel, em Samaria. 30 Acabe, filho de Onri, fez o que
o SENHOR reprova, mais do que qualquer outro antes dele. 31 Ele
não apenas achou que não tinha importância cometer os pe-
cados de Jeroboão, filho de Nebate, mas também se casou com
Jezabel, filha de Etbaal, rei dos sidônios, e passou a prestar
culto a Baal e a adorá-lo. 32 No templo de Baal, que ele mesmo
tinha construído em Samaria, Acabe ergueu um altar para Baal.
33 Fez também um poste sagrado. Ele provocou a ira do SENHOR,
o Deus de Israel, mais do que todos os reis de Israel antes dele.
34 Durante o seu reinado, Hiel, de Betel, reconstruiu Jericó.
Lançou os alicerces à custa da vida do seu filho mais velho,
Abirão, e instalou as suas portas à custa da vida do seu filho
mais novo, Segube, de acordo com a palavra que o SENHOR
tinha falado por meio de Josué, filho de Num.

17 Elias Alimentado por Corvos

Ora, Elias, de Tisbe[b], em Gileade, disse a Acabe: "Juro
pelo nome do SENHOR, o Deus de Israel, a quem sirvo, que não
cairá orvalho nem chuva nos anos seguintes, exceto mediante
a minha palavra".
2 Depois disso a palavra do SENHOR veio a Elias: 3 "Saia daqui, vá
para o leste e esconda-se perto do riacho de Querite, a leste do
Jordão. 4 Você beberá do riacho, e dei ordens aos corvos para
o alimentarem lá".
5 E ele fez o que o SENHOR lhe tinha dito. Foi para o riacho de
Querite, a leste do Jordão, e ficou lá. 6 Os corvos lhe traziam
pão e carne de manhã e de tarde, e ele bebia água do riacho.

A Viúva de Sarepta

7 Algum tempo depois, o riacho secou-se por falta de chuva.
8 Então a palavra do SENHOR veio a Elias: 9 "Vá imediatamente
para a cidade de Sarepta de Sidom e fique por lá. Ordenei a
uma viúva daquele lugar que lhe forneça comida". 10 E ele foi.
Quando chegou à porta da cidade, encontrou uma viúva que
estava colhendo gravetos. Ele a chamou e perguntou: "Pode
me trazer um pouco d'água numa jarra para eu beber?" 11 En-
quanto ela ia buscar água, ele gritou: "Por favor, traga também
um pedaço de pão".
12 Mas ela respondeu: "Juro pelo nome do SENHOR, o teu Deus,
que não tenho nenhum pedaço de pão; só um punhado de
farinha num jarro e um pouco de azeite numa botija. Estou co-
lhendo uns dois gravetos para levar para casa e preparar uma
refeição para mim e para o meu filho, para que a comamos e
depois morramos."
13 Elias, porém, lhe disse: "Não tenha medo. Vá para casa e
faça o que eu disse. Mas primeiro faça um pequeno bolo com
o que você tem e traga para mim, e depois faça algo para você
e para o seu filho. 14 Pois assim diz o SENHOR, o Deus de Israel:
'A farinha na vasilha não se acabará e o azeite na botija não se
secará até o dia em que o SENHOR fizer chover sobre a terra' ".
15 Ela foi e fez conforme Elias lhe dissera. E aconteceu que a
comida durou muito tempo, para Elias e para a mulher e sua
família. 16 Pois a farinha na vasilha não se acabou e o azeite na
botija não se secou, conforme a palavra do SENHOR proferida
por Elias.
17 Algum tempo depois o filho da mulher, dona da casa, ficou
doente, foi piorando e finalmente parou de respirar. 18 E a mu-
lher reclamou a Elias: "Que foi que eu te fiz, ó homem de Deus?
Vieste para lembrar-me do meu pecado e matar o meu filho?"
19 "Dê-me o seu filho", respondeu Elias. Ele o apanhou dos
braços dela, levou-o para o quarto de cima, onde estava hospe-
dado, e o pôs na cama. 20 Então clamou ao SENHOR: "Ó SENHOR,
meu Deus, trouxeste também desgraça sobre esta viúva, com
quem estou hospedado, fazendo morrer o seu filho?" 21 Então
ele se deitou sobre o menino três vezes e clamou ao SENHOR: "Ó
SENHOR, meu Deus, faze voltar a vida a este menino!"
22 O SENHOR ouviu o clamor de Elias, e a vida voltou ao menino,
e ele viveu. 23 Então Elias levou o menino para baixo, entre-
gou-o à mãe e disse: "Veja, seu filho está vivo!"
24 Então a mulher disse a Elias: "Agora sei que tu és um homem
de Deus e que a palavra do SENHOR, vinda da tua boca, é a
verdade".

18 Elias e Obadias

Depois de um longo tempo, no terceiro ano da seca, a
palavra do SENHOR veio a Elias: "Vá apresentar-se a Acabe, pois
enviarei chuva sobre a terra". 2 E Elias foi. Como a fome era
grande em Samaria, 3 Acabe convocou Obadias, o responsável
por seu palácio, homem que temia muito o SENHOR. 4 Jezabel
estava exterminando os profetas do SENHOR. Por isso Obadias
reuniu cem profetas e os escondeu em duas cavernas, cin-
quenta em cada uma, e lhes forneceu comida e água. 5 Certa
vez Acabe disse a Obadias: "Vamos a todas as fontes e vales
do país. Talvez consigamos achar um pouco de capim para
manter vivos os cavalos e as mulas e assim não será preciso

[a] 16.24 Hebraico: *2 talentos*. Um talento equivalia a 35 quilos.
[b] 17.1 Ou *o tesbita Elias, dos colonizadores*

matar nenhum animal". 6 Para isso dividiram o território que
iam percorrer; Acabe foi numa direção e Obadias noutra.
7 Quando Obadias estava a caminho, Elias o encontrou. Oba-
dias o reconheceu, inclinou-se até o chão e perguntou: "És tu
mesmo, meu senhor Elias?"
8 "Sou", respondeu Elias. "Vá dizer ao seu senhor: 'Elias está
aqui'."
9 "O que eu fiz de errado", perguntou Obadias, "para que en-
tregues o teu servo a Acabe para ser morto? 10 Juro pelo nome
do SENHOR, o teu Deus, que não há uma só nação ou reino
aonde o rei, meu senhor, não enviou alguém para procurar
por ti. E, sempre que uma nação ou reino afirmava que tu não
estavas lá, ele os fazia jurar que não conseguiram encontrar-te.
11 Mas agora me dizes para ir dizer ao meu senhor: 'Elias está
aqui'. 12 Não sei para onde o Espírito do SENHOR poderá levar-te
quando eu te deixar. Se eu for dizer isso a Acabe e ele não
te encontrar, ele me matará. E eu, que sou teu servo, tenho
adorado o SENHOR desde a minha juventude. 13 Por acaso não
ouviste, meu senhor, o que eu fiz enquanto Jezabel estava
matando os profetas do SENHOR? Escondi cem dos profetas do
SENHOR em duas cavernas, cinquenta em cada uma, e os abas-
teci de comida e água. 14 E agora me dizes que vá dizer ao meu
senhor: 'Elias está aqui'. Ele vai me matar!"
15 E disse Elias: "Juro pelo nome do SENHOR dos Exércitos, a
quem eu sirvo, que hoje eu me apresentarei a Acabe".

Elias no Monte Carmelo

16 Então Obadias dirigiu-se a Acabe, passou-lhe a informação,
e Acabe foi ao encontro de Elias. 17 Quando viu Elias, disse-lhe:
"É você mesmo, perturbador de Israel?"
18 "Não tenho perturbado Israel", Elias respondeu. "Mas você e
a família do seu pai têm. Vocês abandonaram os mandamentos
do SENHOR e seguiram os baalins. 19 Agora convoque todo o
povo de Israel para encontrar-se comigo no monte Carmelo. E
traga os quatrocentos e cinquenta profetas de Baal e os qua-
trocentos profetas de Aserá, que comem à mesa de Jezabel."
20 Acabe convocou então todo o Israel e reuniu os profetas no
monte Carmelo. 21 Elias dirigiu-se ao povo e disse: "Até quando
vocês vão oscilar para um lado e para o outro? Se o SENHOR
é Deus, sigam-no; mas, se Baal é Deus, sigam-no". O povo,
porém, nada respondeu.
22 Disse então Elias: "Eu sou o único que restou dos profetas
do SENHOR, mas Baal tem quatrocentos e cinquenta profetas.
23 Tragam dois novilhos. Escolham eles um, cortem-no em
pedaços e o ponham sobre a lenha, mas não acendam fogo.
Eu prepararei o outro novilho e o colocarei sobre a lenha, e
também não acenderei fogo nela. 24 Então vocês invocarão o
nome do seu deus, e eu invocarei o nome do SENHOR. O deus
que responder por meio do fogo, esse é Deus". Então todo o
povo disse: "O que você disse é bom".
25 Elias disse aos profetas de Baal: "Escolham um dos novilhos
e preparem-no primeiro, visto que vocês são tantos. Clamem
pelo nome do seu deus, mas não acendam o fogo". 26 Então
pegaram o novilho que lhes foi dado e o prepararam. E cla-
maram pelo nome de Baal desde a manhã até o meio-dia. "Ó
Baal, responde-nos!", gritavam. E dançavam em volta do altar
que haviam feito. Mas não houve nenhuma resposta; ninguém
respondeu.
27 Ao meio-dia Elias começou a zombar deles. "Gritem mais
alto!", dizia, "já que ele é um deus. Quem sabe está medi-
tando, ou ocupado, ou viajando. Talvez esteja dormindo e
precise ser despertado." 28 Então passaram a gritar ainda
mais alto e a ferir-se com espadas e lanças, de acordo com
o costume deles, até sangrarem. 29 Passou o meio-dia, e eles
continuaram profetizando em transe até a hora do sacrifício da
tarde. Mas não houve resposta alguma; ninguém respondeu,
ninguém deu atenção.
30 Então Elias disse a todo o povo: "Aproximem-se de mim".
O povo aproximou-se, e Elias reparou o altar do SENHOR, que
estava em ruínas. 31 Depois apanhou doze pedras, uma para
cada tribo dos descendentes de Jacó, a quem a palavra do SE-
NHOR tinha sido dirigida, dizendo-lhe: "Seu nome será Israel".
32 Com as pedras construiu um altar em honra ao nome do SE-
NHOR e cavou ao redor do altar uma valeta na qual poderiam
ser semeadas duas medidas[a] de sementes. 33 Depois arrumou
a lenha, cortou o novilho em pedaços e o pôs sobre a lenha.
Então lhes disse: "Encham de água quatro jarras grandes e
derramem-na sobre o holocausto[b] e sobre a lenha".
34 "Façam-no novamente", disse, e eles o fizeram de novo.
"Façam-no pela terceira vez", ordenou, e eles o fizeram pela
terceira vez. 35 A água escorria do altar, chegando a encher
a valeta.
36 À hora do sacrifício, o profeta Elias colocou-se à frente do
altar e orou: "Ó SENHOR, Deus de Abraão, de Isaque e de Is-
rael, que hoje fique conhecido que tu és Deus em Israel e que
sou o teu servo e que fiz todas estas coisas por ordem tua.
37 Responde-me, ó SENHOR, responde-me, para que este povo
saiba que tu, ó SENHOR, és Deus e que fazes o coração deles
voltar para ti".
38 Então o fogo do SENHOR caiu e queimou completamente o
holocausto, a lenha, as pedras e o chão, e também secou to-
talmente a água na valeta.
39 Quando o povo viu isso, todos caíram prostrados e gritaram:
"O SENHOR é Deus! O SENHOR é Deus!"
40 Então Elias ordenou-lhes: "Prendam os profetas de Baal. Não
deixem nenhum escapar!" Eles os prenderam, e Elias os fez
descer ao riacho de Quisom e lá os matou.
41 E Elias disse a Acabe: "Vá comer e beber, pois já ouço o ba-
rulho de chuva pesada". 42 Então Acabe foi comer e beber, mas
Elias subiu até o alto do Carmelo, dobrou-se até o chão e pôs
o rosto entre os joelhos.
43 "Vá e olhe na direção do mar", disse ao seu servo. E ele foi
e olhou. "Não há nada lá", disse ele. Sete vezes Elias mandou:
"Volte para ver".
44 Na sétima vez o servo disse: "Uma nuvem tão pequena

---

a **18.32** Hebraico: *2 seás*. O seá era uma medida de capacidade para secos. As estimativas variam entre 7 e 14 litros.

b **18.33** Isto é, sacrifício totalmente queimado.

quanto a mão de um homem está se levantando do mar”.
Então Elias disse: “Vá dizer a Acabe: Prepare o seu carro e
desça, antes que a chuva o impeça”.
45 Enquanto isso, nuvens escuras apareceram no céu, começou
a ventar e a chover forte, e Acabe partiu de carro para Jezreel.
46 O poder do SENHOR veio sobre Elias, e ele, prendendo a capa
com o cinto, correu à frente de Acabe por todo o caminho até
Jezreel.

A Fuga de Elias para Horebe

19 Ora, Acabe contou a Jezabel tudo o que Elias tinha feito e
como havia matado todos aqueles profetas à espada. 2 Por isso
Jezabel mandou um mensageiro a Elias para dizer-lhe: “Que
os deuses me castiguem com todo o rigor, se amanhã nesta
hora eu não fizer com a sua vida o que você fez com a deles”.
3 Elias teve medo e fugiu para salvar a vida. Em Berseba de
Judá ele deixou o seu servo 4 e entrou no deserto, caminhando
um dia. Chegou a um pé de giesta, sentou-se debaixo dele
e orou, pedindo a morte: “Já tive o bastante, SENHOR. Tira a
minha vida; não sou melhor do que os meus antepassados”.
5 Depois se deitou debaixo da árvore e dormiu. De repente um
anjo tocou nele e disse: “Levante-se e coma”. 6 Elias olhou ao
redor e ali, junto à sua cabeça, havia um pão assado sobre
brasas quentes e um jarro de água. Ele comeu, bebeu e dei-
tou-se de novo.
7 O anjo do SENHOR voltou, tocou nele e disse: “Levante-se e
coma, pois a sua viagem será muito longa”. 8 Então ele se le-
vantou, comeu e bebeu. Fortalecido com aquela comida, viajou
quarenta dias e quarenta noites, até chegar a Horebe, o monte
de Deus. 9 Ali entrou numa caverna e passou a noite.

O SENHOR Aparece a Elias

E a palavra do SENHOR veio a ele: “O que você está fazendo
aqui, Elias?”
10 Ele respondeu: “Tenho sido muito zeloso pelo SENHOR, o
Deus dos Exércitos. Os israelitas rejeitaram a tua aliança, que-
braram os teus altares, e mataram os teus profetas à espada.
Sou o único que sobrou, e agora também estão procurando
matar-me”.
11 O SENHOR lhe disse: “Saia e fique no monte, na presença do
SENHOR, pois o SENHOR vai passar”. Então veio um vento fortís-
simo que separou os montes e esmigalhou as rochas diante do
SENHOR, mas o SENHOR não estava no vento. Depois do vento
houve um terremoto, mas o SENHOR não estava no terremoto.
12 Depois do terremoto houve um fogo, mas o SENHOR não es-
tava nele. E depois do fogo houve o murmúrio de uma brisa
suave. 13 Quando Elias ouviu, puxou a capa para cobrir o rosto,
saiu e ficou à entrada da caverna. E uma voz lhe perguntou: “O
que você está fazendo aqui, Elias?”
14 Ele respondeu: “Tenho sido muito zeloso pelo SENHOR, o
Deus dos Exércitos. Os israelitas rejeitaram a tua aliança, que-
braram os teus altares e mataram os teus profetas à espada.
Sou o único que sobrou, e agora também estão procurando
matar-me”.
15 O SENHOR lhe disse: “Volte pelo caminho por onde veio e vá
para o deserto de Damasco. Chegando lá, unja Hazael como rei
da Síria. 16 Unja também Jeú, filho de Ninsi, como rei de Israel,
e unja Eliseu, filho de Safate, de Abel-Meolá, para suceder a
você como profeta. 17 Jeú matará todo aquele que escapar da
espada de Hazael, e Eliseu matará todo aquele que escapar
da espada de Jeú. 18 No entanto, fiz sobrar sete mil em Israel,
todos aqueles cujos joelhos não se inclinaram diante de Baal e
todos aqueles cujas bocas não o beijaram”.

O Chamado de Eliseu

19 Então Elias saiu de lá e encontrou Eliseu, filho de Safate.
Ele estava arando com doze parelhas de bois e conduzindo a
décima segunda parelha. Elias o alcançou e lançou sua capa
sobre ele. 20 Eliseu deixou os bois e correu atrás de Elias. “Dei-
xa-me dar um beijo de despedida em meu pai e minha mãe”,
disse, “e então irei contigo.” “Vá e volte”, respondeu Elias;
“lembre-se do que fiz a você.”
21 E Eliseu voltou, apanhou a sua parelha de bois e os matou.
Queimou o equipamento de arar para cozinhar a carne e a deu
ao povo, e eles comeram. Depois partiu com Elias, tornando-se
o seu auxiliar.

Ben-Hadade Ataca Samaria

20 O rei Ben-Hadade, da Síria, convocou todo o seu exército
e, acompanhado de trinta e dois reis com seus cavalos e carros
de guerra, cercou e atacou Samaria. 2 Ele enviou mensageiros
à cidade, a Acabe, o rei de Israel, que lhe disseram: “Isto é o
que diz Ben-Hadade: 3 ‘A sua prata e o seu ouro são meus, e o
melhor de suas mulheres e filhos também’ ”.
4 O rei respondeu: “Que seja conforme tu dizes, ó rei, meu se-
nhor. Eu e tudo o que tenho somos teus”.
5 Os mensageiros voltaram ao rei e disseram: “Assim diz Ben-
-Hadade: ‘Mandei tomar sua prata e seu ouro, suas mulheres
e seus filhos. 6 Mas amanhã, a esta hora, enviarei meus oficiais
para vasculharem o seu palácio e as casas dos seus oficiais.
Eles me trarão tudo o que você considera de valor’ ”.
7 O rei de Israel convocou todas as autoridades de Israel e lhes
disse: “Vejam como esse homem está querendo a nossa des-
graça! Quando mandou tomar as minhas mulheres e os meus
filhos, a minha prata e o meu ouro, eu não lhe neguei!”
8 As autoridades e todo o povo responderam: “Não lhe dês
atenção nem concordes com as suas exigências”.
9 E ele respondeu aos mensageiros de Ben-Hadade: “Digam ao
rei, meu senhor: ‘Teu servo fará tudo o que exigiste na primeira
vez, mas não posso atender a esta exigência’ ”. E eles levaram
a resposta a Ben-Hadade.
10 Então Ben-Hadade mandou esta outra mensagem a Acabe:
“Que os deuses me castiguem com todo o rigor, caso fique em
Samaria pó suficiente para dar um punhado a cada um dos
meus homens”.
11 O rei de Israel respondeu: “Digam-lhe: ‘Quem está vestindo
a sua armadura não deve se gabar como aquele que a está
tirando’ ”.

[12]Ben-Hadade recebeu essa mensagem quando ele e os reis
estavam bebendo em suas tendas[a], e ordenou aos seus homens: "Preparem-se para atacar a cidade". E eles lhe obedeceram.

A Derrota de Ben-Hadade

[13]Nessa ocasião, um profeta foi até Acabe, rei de Israel, e anunciou: "Assim diz o SENHOR: 'Vê este exército enorme? Hoje eu o entregarei nas suas mãos, e então você saberá que eu sou o SENHOR' ".
[14]"Mas quem fará isso?", perguntou Acabe. O profeta respondeu: "Assim diz o SENHOR: 'Os jovens soldados dos líderes das províncias o farão' ". "E quem começará a batalha?", perguntou. O profeta respondeu: "Você".
[15]Então Acabe convocou os jovens soldados dos líderes das províncias, duzentos e trinta e dois homens. Em seguida reuniu
o restante dos israelitas, sete mil ao todo. [16]Eles partiram ao
meio-dia, enquanto Ben-Hadade e os trinta e dois reis aliados
a ele estavam se embriagando nas suas tendas. [17]Os jovens
soldados dos líderes das províncias saíram primeiro. Nisso, uma patrulha de Ben-Hadade informou: "Saíram alguns homens de Samaria".
[18]Ele disse: "Quer tenham saído para a paz quer para a guerra, tragam-nos vivos".
[19]Os jovens soldados dos líderes das províncias marcharam
para fora da cidade, com o exército na retaguarda, [20]e cada
um matou o seu adversário. Diante disso, os arameus fugiram, perseguidos pelos israelitas. Mas Ben-Hadade, rei da Síria, es-
capou a cavalo com alguns de seus cavaleiros. [21]O rei de Israel
avançou e matou os cavalos e destruiu os carros de guerra e infligiu pesadas baixas aos arameus.
[22]Depois disso, o profeta foi ao rei de Israel e disse: "Fortaleça a sua posição e veja o que deve ser feito, pois na próxima primavera o rei da Síria o atacará de novo".
[23]Enquanto isso, os conselheiros do rei da Síria lhe diziam: "Os deuses deles são deuses das montanhas. É por isso que eles foram fortes demais para nós. Mas, se os combatermos nas planícies, com certeza seremos mais fortes do que eles.
[24]Deves tirar todos os reis dos seus comandos e substituí-los
por outros comandantes. [25]Também deves organizar um exér-
cito como o que perdeste, cavalo por cavalo e carro por carro, para que possamos combater Israel nas planícies. Então é certo que os venceremos". Ele concordou com eles e fez como foi aconselhado.
[26]Na primavera seguinte Ben-Hadade convocou os arameus
e marchou até Afeque para lutar contra Israel. [27]Os israelitas
foram convocados e, tendo recebido provisões, saíram para enfrentar os arameus. Os israelitas acamparam no lado oposto como dois pequenos rebanhos de cabras, enquanto os arameus cobriam todo o campo.
[28]O homem de Deus foi ao rei de Israel e lhe disse: "Assim diz o SENHOR: 'Como os arameus pensam que o SENHOR é um deus das montanhas e não um deus dos vales, eu entregarei esse exército enorme nas suas mãos, e vocês saberão que eu sou o SENHOR' ".
[29]Durante sete dias estiveram acampados em frente um do outro, e no sétimo dia entraram em combate. Num só dia os israelitas mataram cem mil soldados de infantaria arameus.
[30]O restante deles escapou para a cidade de Afeque, onde o muro caiu sobre vinte e sete mil deles. Ben-Hadade também fugiu para a cidade e se escondeu, ora numa casa ora noutra.
[31]Seus oficiais lhe disseram: "Soubemos que os reis do povo de Israel são misericordiosos. Nós vamos até o rei de Israel vestidos com panos de saco e com cordas no pescoço. Talvez ele poupe a tua vida".
[32]Vestindo panos de saco e tendo cordas envolvendo o pescoço, foram ao rei de Israel e disseram: "Teu servo Ben-Hadade diz: 'Rogo-te que me deixes viver' ". O rei respondeu: "Ele ainda está vivo? Ele é meu irmão!"
[33]Os homens interpretaram isso como um bom sinal e de imediato aproveitaram o que ele tinha dito. "Isso mesmo, teu irmão Ben-Hadade!", disseram. "Tragam-no aqui", disse o rei. Quando Ben-Hadade chegou, Acabe o fez subir no seu carro.
[34]"Devolverei as cidades que o meu pai tomou do teu pai", ofereceu Ben-Hadade. "Tu poderás estabelecer os teus próprios mercados em Damasco, como fez meu pai em Samaria." Acabe disse: "Mediante um tratado, libertarei você". Então fizeram um tratado, e Acabe o deixou ir.

Um Profeta Condena Acabe

[35]Por ordem do SENHOR um dos discípulos dos profetas disse ao seu companheiro: "Fira-me", mas o homem se recusou a fazê-lo.
[36]Então o profeta disse: "Como você não obedeceu ao SENHOR, assim que você sair daqui um leão o ferirá". E, logo que o homem partiu, um leão o atacou e o feriu.
[37]O profeta encontrou outro homem e lhe disse: "Fira-me, por
favor". Este o atingiu e o feriu. [38]Então o profeta saiu e ficou
ao lado da estrada, à espera do rei. Ele se disfarçou, cobrindo
os olhos com sua testeira. [39]Quando o rei ia passando, o profeta gritou para ele: "Em pleno combate teu servo entrou, e alguém veio a mim com um prisioneiro e me disse: 'Vigie este homem. Se ele escapar, será a sua vida pela dele, ou você
deverá pagar trinta e cinco quilos[b] de prata'. [40]Enquanto o
teu servo estava ocupado com outras coisas, o homem desapareceu". "Essa é a sua sentença", disse o rei de Israel. "Você mesmo a pronunciou."
[41]Então o profeta rapidamente removeu a testeira dos olhos,
e o rei o reconheceu como um dos profetas. [42]Ele disse ao rei:
"Assim diz o SENHOR: 'Você libertou um homem que eu havia decidido que devia morrer. Por isso, é a sua vida pela vida dele,
o seu povo pelo povo dele' ". [43]Aborrecido e irritado, o rei de
Israel voltou para o seu palácio em Samaria.

A Vinha de Nabote

21 Algum tempo depois houve um incidente envolvendo uma vinha que pertencia a Nabote, de Jezreel. A vinha ficava em

[a] 20.12 Ou em Sucote

[b] 20.39 Hebraico: 1 talento.

Jezreel, ao lado do palácio de Acabe, rei de Samaria. 2 Acabe
tinha dito a Nabote: "Dê-me a sua vinha para eu usar como
horta, já que fica ao lado do meu palácio. Em troca eu darei a
você uma vinha melhor ou, se preferir, eu pagarei, seja qual
for o seu valor".
3 Nabote, contudo, respondeu: "O SENHOR me livre de dar a ti a
herança dos meus pais!"
4 Então Acabe foi para casa aborrecido e indignado porque
Nabote, de Jezreel, lhe dissera: "Não te darei a herança dos
meus pais". Deitou-se na cama, virou o rosto para a parede e
recusou-se a comer.
5 Jezabel, sua mulher, entrou e lhe perguntou: "Por que você
está tão aborrecido? Por que não come?"
6 Ele respondeu-lhe: "Porque eu disse a Nabote, de Jezreel: 'Ven-
da-me a sua vinha; ou, se preferir, eu darei a você outra vinha
no lugar dessa.' Mas ele disse: 'Não te darei minha vinha' ".
7 Disse-lhe Jezabel, sua mulher: "É assim que você age como
rei de Israel? Levante-se e coma! Anime-se. Conseguirei para
você a vinha de Nabote, de Jezreel".
8 Então ela escreveu cartas em nome de Acabe, pôs nelas o selo
do rei e as enviou às autoridades e aos nobres da cidade de
Nabote. 9 Naquelas cartas ela escreveu: "Decretem um dia de
jejum e ponham Nabote sentado num lugar de destaque entre o
povo. 10 E mandem dois homens vadios sentar-se em frente dele
e façam com que testemunhem que ele amaldiçoou tanto a Deus
quanto ao rei. Levem-no para fora e apedrejem-no até a morte".
11 As autoridades e os nobres da cidade de Nabote fizeram con-
forme Jezabel os orientara nas cartas que lhes tinha escrito.
12 Decretaram jejum e fizeram Nabote sentar-se num local des-
tacado no meio do povo. 13 Então dois homens vadios vieram
e se sentaram em frente dele e o acusaram diante do povo,
dizendo: "Nabote amaldiçoou tanto a Deus quanto ao rei".
Por isso o levaram para fora da cidade e o apedrejaram até
a morte. 14 Então mandaram informar a Jezabel: "Nabote foi
apedrejado e está morto".
15 Assim que Jezabel soube que Nabote tinha sido apedrejado
até a morte, disse a Acabe: "Levante-se e tome posse da vinha
que Nabote, de Jezreel, recusou-se a vender-lhe. Ele não está
mais vivo; está morto!" 16 Quando Acabe ouviu que Nabote es-
tava morto, levantou-se e foi tomar posse da vinha.
17 Então a palavra do SENHOR veio ao tesbita Elias: 18 "Vá encon-
trar-se com Acabe, o rei de Israel, que reina em Samaria. Agora
ele está na vinha de Nabote para tomar posse dela. 19 Diga-lhe
que assim diz o SENHOR: 'Você assassinou um homem e ainda
se apossou de sua propriedade?' E acrescente: Assim diz o
SENHOR: 'No local onde os cães lamberam o sangue de Nabote,
lamberão também o seu sangue; isso mesmo, o seu sangue!' "
20 Acabe disse a Elias: "Então você me encontrou, meu ini-
migo!" "Eu o encontrei", ele respondeu, "porque você se
vendeu para fazer o que o SENHOR reprova. 21 E ele diz: 'Vou
trazer desgraça sobre você. Devorarei os seus descendentes e
eliminarei da sua família todos os do sexo masculino[a] em Israel,
sejam escravos sejam livres. 22 Farei à sua família o que fiz à
de Jeroboão, filho de Nebate, e à de Baasa, filho de Aías, pois
você provocou a minha ira e fez Israel pecar'.
23 "E acerca de Jezabel o SENHOR diz: 'Os cães devorarão Je-
zabel junto ao muro de[b] Jezreel'.
24 "Os cães comerão os que pertencem a Acabe e que morrerem
na cidade, e as aves do céu se alimentarão dos que morrerem
no campo".
25 (Nunca existiu ninguém como Acabe que, pressionado por sua
mulher, Jezabel, vendeu-se para fazer o que o SENHOR reprova.
26 Ele se comportou da maneira mais detestável possível, indo
atrás de ídolos, como faziam os amorreus, que o SENHOR tinha
expulsado de diante de Israel.)
27 Quando Acabe ouviu essas palavras, rasgou as suas vestes,
vestiu-se de pano de saco e jejuou. Passou a dormir sobre
panos de saco e agia com mansidão.
28 Então a palavra do SENHOR veio ao tesbita Elias: 29 "Você
notou como Acabe se humilhou diante de mim? Visto que se
humilhou, não trarei essa desgraça durante o seu reinado, mas
durante o reinado de seu filho".

22 A Profecia contra Acabe

Durante três anos não houve guerra entre a Síria e Israel.
2 Mas, no terceiro ano, Josafá, rei de Judá, foi visitar o rei de Is-
rael. 3 Este havia perguntado aos seus oficiais: "Por acaso vocês
não sabem que Ramote-Gileade nos pertence e ainda assim
não estamos fazendo nada para retomá-la do rei da Síria?"
4 Então perguntou a Josafá: "Irás comigo lutar contra Ramote-
-Gileade?" Josafá respondeu ao rei de Israel: "Sou como tu, e
meu povo é como o teu povo, e os meus cavalos são como se
fossem teus". 5 Mas acrescentou: "Peço-te que busques pri-
meiro o conselho do SENHOR".
6 Então o rei de Israel reuniu quatrocentos profetas e lhes per-
guntou: "Devo ir à guerra contra Ramote-Gileade, ou não?" Eles
responderam: "Sim, pois o Senhor a entregará nas mãos do rei".
7 Josafá, porém, perguntou: "Não existe aqui mais nenhum
profeta do SENHOR a quem possamos consultar?"
8 O rei de Israel respondeu a Josafá: "Ainda há um homem
por meio de quem podemos consultar o SENHOR, mas eu o
odeio, porque nunca profetiza coisas boas a meu respeito,
mas sempre coisas ruins. É Micaías, filho de Inlá". "O rei não
deveria dizer isso", Josafá respondeu.
9 Então o rei de Israel chamou um dos seus oficiais e disse:
"Traga Micaías, filho de Inlá, imediatamente".
10 Usando vestes reais, o rei de Israel e Josafá, rei de Judá,
estavam sentados em seus tronos, na eira, junto à porta de
Samaria, e todos os profetas estavam profetizando em transe
diante deles. 11 E Zedequias, filho de Quenaaná, tinha feito chi-
fres de ferro e declarou: "Assim diz o SENHOR: 'Com estes chi-
fres tu ferirás os arameus até que sejam destruídos' ".
12 Todos os outros profetas estavam profetizando a mesma
coisa, dizendo: "Ataca Ramote-Gileade, e serás vitorioso, pois
o SENHOR a entregará nas mãos do rei".

---

[a] 21.21 Hebraico: *os que urinam na parede.*

[b] 21.23 Conforme a maioria dos manuscritos do Texto Massorético. Alguns manuscritos do Texto Massorético, a Vulgata e a Versão Siríaca dizem *no campo de*. Veja 2Rs 9.26.

13 O mensageiro que tinha ido chamar Micaías lhe disse: "Veja,
todos os outros profetas estão predizendo que o rei terá su-
cesso. Sua palavra também deve ser favorável".
14 Micaías, porém, disse: "Juro pelo nome do SENHOR que direi
o que o SENHOR me mandar".
15 Quando ele chegou, o rei lhe perguntou: "Micaías, devemos ir à
guerra contra Ramote-Gileade, ou não?" Ele respondeu: "Ataca,
e serás vitorioso, pois o SENHOR a entregará nas mãos do rei".
16 O rei lhe disse: "Quantas vezes devo fazer você jurar que irá
me dizer somente a verdade em nome do SENHOR?"
17 Então Micaías respondeu: "Vi todo o Israel espalhado pelas
colinas, como ovelhas sem pastor, e ouvi o SENHOR dizer: 'Estes
não têm dono. Cada um volte para casa em paz' ".
18 O rei de Israel disse a Josafá: "Não disse que ele nunca pro-
fetiza nada de bom a meu respeito, mas apenas coisas ruins?"
19 Micaías prosseguiu: "Ouça a palavra do SENHOR: Vi o SENHOR
assentado em seu trono, com todo o exército dos céus ao seu
redor, à sua direita e à sua esquerda. 20 E o SENHOR disse:
'Quem enganará Acabe para que ataque Ramote-Gileade e
morra lá?' "E um sugeria uma coisa, outro sugeria outra, 21 até
que, finalmente, um espírito apresentou-se diante do SENHOR
e disse: 'Eu o enganarei'.
22 " 'De que maneira?', perguntou o SENHOR. "Ele respondeu:
'Irei e serei um espírito mentiroso na boca de todos os pro-
fetas do rei'. "Disse o SENHOR: 'Você conseguirá enganá-lo; vá
e engane-o'.
23 "E o SENHOR pôs um espírito mentiroso na boca destes seus
profetas. O SENHOR decretou a sua desgraça".
24 Então Zedequias, filho de Quenaaná, aproximou-se, deu um
tapa no rosto de Micaías e perguntou: "Por qual caminho foi
o espírito da parte do[a] SENHOR, quando saiu de mim para falar
a você?"
25 Micaías respondeu: "Você descobrirá no dia em que estiver
se escondendo de quarto em quarto".
26 O rei então ordenou: "Enviem Micaías de volta a Amom, o
governador da cidade, e a Joás, filho do rei, 27 e digam: Assim
diz o rei: 'Ponham este homem na prisão a pão e água, até que
eu volte em segurança' ".
28 Micaías declarou: "Se você de fato voltar em segurança, o
SENHOR não falou por meu intermédio". E acrescentou: "Ouçam
o que estou dizendo, todos vocês!"

A Morte de Acabe

29 Então o rei de Israel e Josafá, rei de Judá, foram atacar Ra-
mote-Gileade. 30 E o rei de Israel disse a Josafá: "Entrarei dis-
farçado em combate, mas tu, usa as tuas vestes reais". O rei de
Israel disfarçou-se, e ambos foram para o combate.
31 O rei da Síria havia ordenado aos seus trinta e dois chefes de
carros de guerra: "Não lutem contra ninguém, seja soldado
seja oficial, senão contra o rei de Israel". 32 Quando os chefes
dos carros viram Josafá, pensaram: "É o rei de Israel", e o
cercaram para atacá-lo, mas Josafá gritou, 33 e, quando os
comandantes dos carros viram que não era o rei de Israel, dei-
xaram de persegui-lo.
34 De repente, um soldado disparou seu arco ao acaso e atingiu
o rei de Israel entre os encaixes da sua armadura. Então o
rei disse ao condutor do seu carro: "Tire-me do combate. Fui
ferido!" 35 A batalha foi violenta durante todo o dia e, assim,
o rei teve que enfrentar os arameus em pé no seu carro. O
sangue de seu ferimento ficou escorrendo até o piso do carro
de guerra, e, ao cair da tarde, ele morreu. 36 Quando o sol
estava se pondo, propagou-se um grito por todo o exército:
"Cada homem para a sua cidade; cada um para a sua terra!"
37 Assim o rei morreu e foi levado para Samaria, e ali o sepul-
taram. 38 Lavaram o seu carro de guerra num açude em Sa-
maria onde as prostitutas se banhavam,[b] e os cães lamberam
o seu sangue, conforme a palavra do SENHOR havia declarado.
39 Os demais acontecimentos do reinado de Acabe, e tudo o que
fez, o palácio que construiu com revestimento de marfim, e as
cidades que fortificou, tudo está escrito nos registros históricos
dos reis de Israel. 40 Acabe descansou com os seus antepas-
sados, e seu filho Acazias foi o seu sucessor.

O Reinado de Josafá, Rei de Judá

41 Josafá, filho de Asa, tornou-se rei de Judá no quarto ano do
reinado de Acabe, rei de Israel. 42 Josafá tinha trinta e cinco
anos de idade quando se tornou rei e reinou vinte e cinco
anos em Jerusalém. O nome da sua mãe era Azuba, filha de
Sili. 43 Em tudo andou nos caminhos de seu pai, Asa, e não
se desviou deles; fez o que o SENHOR aprova. Contudo, não
acabou com os altares idólatras, nos quais o povo continuou
a oferecer sacrifícios e a queimar incenso. 44 Josafá teve paz
com o rei de Israel.
45 Os demais acontecimentos do reinado de Josafá, suas
realizações e suas façanhas militares, tudo está escrito nos
registros históricos dos reis de Judá. 46 Ele livrou o país dos
prostitutos cultuais que restaram depois do reinado de seu
pai, Asa. 47 Ora, na época não havia rei em Edom, mas sim um
governador nomeado.
48 Josafá construiu uma frota de navios mercantes[c] para buscar
ouro em Ofir, mas nunca o trouxeram, pois eles naufragaram
em Eziom-Geber. 49 Naquela ocasião, Acazias, filho de Acabe,
disse a Josafá: "Os meus marinheiros poderão navegar com os
teus", mas Josafá recusou.
50 Josafá descansou com os seus antepassados e foi sepultado
junto deles na Cidade de Davi, seu predecessor. E seu filho
Jeorão foi o seu sucessor.

O Reinado de Acazias, Rei de Israel

51 Acazias, filho de Acabe, tornou-se rei de Israel em Samaria no
décimo sétimo ano do reinado de Josafá, rei de Judá, e reinou
dois anos sobre Israel. 52 Fez o que o SENHOR reprova, pois
andou nos caminhos de seu pai e de sua mãe e nos caminhos
de Jeroboão, filho de Nebate, que fez Israel pecar. 53 Prestou
culto a Baal e o adorou, provocando assim a ira do SENHOR, o
Deus de Israel, como o seu pai tinha feito.

[a] 22.24 Ou *o Espírito do*

[b] 22.38 Ou *Samaria e limparam as armas.*

[c] 22.48 Hebraico: *navios de Társis.*

2 REIS

1 O Julgamento do SENHOR contra Acazias

Depois da morte de Acabe, Moabe rebelou-se contra Israel.
2 Certo dia, Acazias caiu da sacada do seu quarto no palácio
de Samaria e ficou muito ferido. Então enviou mensageiros
para consultar Baal-Zebube, deus de Ecrom, para saber se ele
se recuperaria.
3 Mas o anjo do SENHOR disse ao tesbita Elias: "Vá encontrar-se
com os mensageiros do rei de Samaria e pergunte a eles: Acaso
não há Deus em Israel? Por que vocês vão consultar Baal-Ze-
bube, deus de Ecrom? 4 Por isso, assim diz o SENHOR: 'Você
não se levantará mais dessa cama e certamente morrerá!' "
E Elias foi embora.
5 Quando os mensageiros voltaram ao rei, ele lhes perguntou:
"Por que vocês voltaram?"
6 Eles responderam: "Um homem veio ao nosso encontro e nos
disse: 'Voltem ao rei que os enviou e digam-lhe: Assim diz o
SENHOR: "Acaso não há Deus em Israel? Por que você mandou
consultar Baal-Zebube, deus de Ecrom? Por isso você não se
levantará mais dessa cama e certamente morrerá!" ' "
7 O rei lhes perguntou: "Como era o homem que os encontrou
e disse isso?"
8 Eles responderam: "Ele vestia roupas de pelos[a] e usava um
cinto de couro". O rei concluiu: "Era o tesbita Elias".
9 Em seguida mandou um oficial com cinquenta soldados pro-
curar Elias. O oficial o encontrou sentado no alto de uma colina,
e lhe disse: "Homem de Deus, o rei ordena que tu desças".
10 Elias respondeu ao oficial: "Se sou homem de Deus, que
desça fogo do céu e consuma você e seus cinquenta soldados!"
E desceu fogo do céu e consumiu o oficial e seus soldados.
11 Depois disso o rei enviou outro oficial com mais cinquenta
soldados. E ele disse a Elias: "Homem de Deus, o rei ordena
que tu desças imediatamente".
12 Respondeu Elias: "Se sou homem de Deus, que desça fogo do
céu e consuma você e seus cinquenta soldados!" De novo, fogo
de Deus desceu do céu e consumiu o oficial e seus soldados.
13 Então o rei enviou um terceiro oficial com outros cinquenta
soldados. O oficial subiu o monte, caiu de joelhos diante de
Elias e implorou: "Homem de Deus, tem consideração por
minha vida e pela vida destes cinquenta soldados, teus servos!
14 Sei que desceu fogo do céu e consumiu os dois primeiros ofi-
ciais com todos os seus soldados. Mas agora tem consideração
por minha vida!"
15 O anjo do SENHOR disse a Elias: "Acompanhe-o; não tenha
medo dele". Então Elias se levantou, desceu com ele e foi falar
com o rei.
16 Ao chegar, disse ao rei: "Assim diz o SENHOR: 'Acaso não há
Deus em Israel? Por que você mandou consultar Baal-Zebube,
deus de Ecrom? Por isso você não se levantará mais dessa
cama e certamente morrerá!' " 17 E Acazias morreu, conforme
a palavra do SENHOR anunciada por Elias. Como não tinha filhos,
Jorão foi o seu sucessor no segundo ano do reinado de Jeorão,
rei de Judá, filho de Josafá. 18 Os demais acontecimentos do
reinado de Acazias e suas realizações estão escritos nos regis-
tros históricos dos reis de Israel.

2 Elias é Levado aos Céus

Quando o SENHOR levou Elias aos céus num redemoinho,
aconteceu o seguinte: Elias e Eliseu saíram de Gilgal, 2 e no
caminho disse-lhe Elias: "Fique aqui, pois o SENHOR me enviou
a Betel". Eliseu, porém, disse: "Juro pelo nome do SENHOR e
por tua vida que não te deixarei ir só". Então foram a Betel.
3 Em Betel os discípulos dos profetas foram falar com Eliseu e
perguntaram: "Você sabe que hoje o SENHOR vai levar para os
céus o seu mestre, separando-o de você?" Respondeu Eliseu:
"Sim, eu sei, mas não falem nisso".
4 Então Elias lhe disse: "Fique aqui, Eliseu, pois o SENHOR me
enviou a Jericó". Ele respondeu: "Juro pelo nome do SENHOR
e por tua vida que não te deixarei ir só". Desceram então a
Jericó.
5 Em Jericó os discípulos dos profetas foram falar com Eliseu
e lhe perguntaram: "Você sabe que hoje o SENHOR vai levar
para os céus o seu mestre, separando-o de você?" Respondeu
Eliseu: "Sim, eu sei, mas não falem nisso".
6 Em seguida Elias lhe disse: "Fique aqui, pois o SENHOR me en-
viou ao rio Jordão". Ele respondeu: "Juro pelo nome do SENHOR
e por tua vida que não te deixarei ir só!" Então partiram juntos.
7 Cinquenta discípulos dos profetas os acompanharam e ficaram
olhando a distância, quando Elias e Eliseu pararam à margem
do Jordão. 8 Então Elias tirou o manto, enrolou-o e com ele
bateu nas águas. As águas se dividiram, e os dois atravessaram
em chão seco.
9 Depois de atravessar, Elias disse a Eliseu: "O que posso fazer
em seu favor antes que eu seja levado para longe de você?"
Respondeu Eliseu: "Faze de mim o principal herdeiro[b] de teu
espírito profético".
10 Disse Elias: "Seu pedido é difícil; mas, se você me vir quando
eu for separado de você, terá o que pediu; do contrário, não
será atendido".
11 De repente, enquanto caminhavam e conversavam, apareceu
um carro de fogo puxado por cavalos de fogo que os separou, e
Elias foi levado aos céus num redemoinho. 12 Quando viu isso,
Eliseu gritou: "Meu pai! Meu pai! Tu eras como os carros de
guerra e os cavaleiros de Israel!" E, quando já não podia mais
vê-lo, Eliseu pegou as próprias vestes e as rasgou ao meio.

[a] 1.8 Ou *Era um homem cabeludo*

[b] 2.9 Hebraico: *Dá-me porção dupla do teu espírito.*

13 Depois pegou o manto de Elias, que tinha caído, e voltou
para a margem do Jordão. 14 Então bateu nas águas do rio com
o manto e perguntou: "Onde está agora o SENHOR, o Deus de
Elias?" Tendo batido nas águas, elas se dividiram e ele atra-
vessou.
15 Quando os discípulos dos profetas, vindos de Jericó, viram
isso, disseram: "O espírito profético de Elias repousa sobre
Eliseu". Então foram ao seu encontro, prostraram-se diante
dele e disseram: 16 "Olha, nós, teus servos, temos cinquenta
homens fortes. Deixa-os sair à procura do teu mestre. Talvez o
Espírito do SENHOR o tenha levado e deixado em algum monte
ou em algum vale". Respondeu Eliseu: "Não mandem nin-
guém".
17 Mas eles insistiram até que, constrangido, consentiu: "Podem
mandar os homens". E mandaram cinquenta homens, que pro-
curaram Elias por três dias, mas não o encontraram. 18 Quando
voltaram a Eliseu, que tinha ficado em Jericó, ele lhes falou:
"Não disse a vocês que não fossem?"

A Purificação da Água

19 Alguns homens da cidade foram dizer a Eliseu: "Como podes
ver, esta cidade está bem localizada, mas a água não é boa e
a terra é improdutiva".
20 E disse ele: "Ponham sal numa tigela nova e tragam-na para
mim". Quando a levaram, 21 ele foi à nascente, jogou o sal ali e
disse: "Assim diz o SENHOR: 'Purifiquei esta água. Não causará
mais mortes nem deixará a terra improdutiva' ". 22 E até hoje a
água permanece pura, conforme a palavra de Eliseu.

O Castigo dos Zombadores

23 De Jericó Eliseu foi para Betel. No caminho, alguns meninos
que vinham da cidade começaram a caçoar dele, gritando:
"Suma daqui, careca!" 24 Voltando-se, olhou para eles e os
amaldiçoou em nome do SENHOR. Então, duas ursas saíram do
bosque e despedaçaram quarenta e dois meninos. 25 De Betel
prosseguiu até o monte Carmelo e dali voltou a Samaria.

A Rebelião de Moabe

3 Jorão, filho de Acabe, tornou-se rei de Israel em Samaria
no décimo oitavo ano de Josafá, rei de Judá, e reinou doze
anos. 2 Fez o que o SENHOR reprova, mas não como seu pai e
sua mãe, pois derrubou a coluna sagrada de Baal, que seu pai
havia feito. 3 No entanto, persistiu nos pecados que Jeroboão,
filho de Nebate, levara Israel a cometer e deles não se afastou.
4 Ora, Messa, rei de Moabe, tinha muitos rebanhos e pagava
como tributo ao rei de Israel cem mil cordeiros e a lã de cem
mil carneiros. 5 Mas, depois que Acabe morreu, o rei de Moabe
rebelou-se contra o rei de Israel. 6 Então, naquela ocasião, o
rei Jorão partiu de Samaria e mobilizou todo o Israel. 7 Também
enviou esta mensagem a Josafá, rei de Judá: "O rei de Moabe
rebelou-se contra mim. Irás acompanhar-me na luta contra
Moabe?" Ele respondeu: "Sim, eu irei. Serei teu aliado, os
meus soldados e os teus, os meus cavalos e os teus serão um
só exército".
8 E perguntou: "Por qual caminho atacaremos?" Respondeu
Jorão: "Pelo deserto de Edom".
9 Então o rei de Israel partiu com os reis de Judá e de Edom.
Depois de uma marcha de sete dias, já havia acabado a água
para os homens e para os animais.
10 Exclamou, então, o rei de Israel: "E agora? Será que o SE-
NHOR ajuntou a nós, os três reis, para nos entregar nas mãos
de Moabe?"
11 Mas Josafá perguntou: "Será que não há aqui profeta do SE-
NHOR, para que possamos consultar o SENHOR por meio dele?"
Um conselheiro do rei de Israel respondeu: "Eliseu, filho de
Safate, está aqui. Ele era auxiliar[a] de Elias".
12 Josafá prosseguiu: "A palavra do SENHOR está com ele". Então
o rei de Israel, Josafá e o rei de Edom foram falar com ele.
13 Eliseu disse ao rei de Israel: "Nada tenho que ver com você.
Vá consultar os profetas de seu pai e de sua mãe". Mas o rei
de Israel insistiu: "Não, pois foi o SENHOR que nos ajuntou, três
reis, para entregar-nos nas mãos de Moabe".
14 Então Eliseu disse: "Juro pelo nome do SENHOR dos Exércitos,
a quem sirvo, que, se não fosse por respeito a Josafá, rei de
Judá, eu não olharia para você nem mesmo lhe daria atenção.
15 Mas agora tragam-me um harpista". Enquanto o harpista
estava tocando, o poder do SENHOR veio sobre Eliseu, 16 e ele
disse: "Assim diz o SENHOR: Cavem muitas cisternas neste vale.
17 Pois assim diz o SENHOR: Vocês não verão vento nem chuva;
contudo, este vale ficará cheio de água, e vocês, seus reba-
nhos e seus outros animais beberão. 18 Mas para o SENHOR isso
ainda é pouco; ele também entregará Moabe nas suas mãos.
19 Vocês destruirão todas as suas cidades fortificadas e todas
as suas cidades importantes. Derrubarão toda árvore frutífera,
taparão todas as fontes e encherão de pedras todas as terras
de cultivo".
20 No dia seguinte, na hora do sacrifício da manhã, a água veio
descendo da direção de Edom e alagou a região.
21 Quando os moabitas ficaram sabendo que os reis tinham
vindo para atacá-los, todos os que eram capazes de empu-
nhar armas, do mais jovem ao mais velho, foram convocados
e posicionaram-se na fronteira. 22 Ao se levantarem na manhã
seguinte, o sol refletia na água. Para os moabitas que estavam
defronte dela, a água era vermelha como sangue. 23 Então
gritaram: "É sangue! Os reis lutaram entre si e se mataram.
Agora, ao saque, Moabe!"
24 Quando, porém, os moabitas chegaram ao acampamento
de Israel, os israelitas os atacaram e os puseram em fuga.
Entraram no território de Moabe e o arrasaram. 25 Destruíram
as cidades e, quando passavam por um campo cultivável, cada
homem atirava uma pedra até que ficasse coberto. Taparam
todas as fontes e derrubaram toda árvore frutífera. Só Quir-Ha-
resete ficou com as pedras no lugar, mas homens armados de
atiradeiras a cercaram e também a atacaram.
26 Quando o rei de Moabe viu que estava perdendo a batalha,
reuniu setecentos homens armados de espadas para forçar
a passagem, para alcançar o rei de Edom, mas fracassou.

[a] 3.11 Hebraico: *Ele costumava derramar água nas mãos.*

27 Então pegou seu próprio filho, o filho mais velho, que devia
sucedê-lo como rei, e o sacrificou sobre o muro da cidade. Isso
trouxe grande ira contra Israel, de modo que eles se retiraram
e voltaram para a sua própria terra.

4

O Milagre do Azeite

Certo dia, a mulher de um dos discípulos dos profetas foi
falar a Eliseu: "Teu servo, meu marido, morreu, e tu sabes
que ele temia o SENHOR. Mas agora veio um credor que está
querendo levar meus dois filhos como escravos".
2 Eliseu perguntou-lhe: "Como posso ajudá-la? Diga-me, o que
você tem em casa?" E ela respondeu: "Tua serva não tem nada
além de uma vasilha de azeite".
3 Então disse Eliseu: "Vá pedir emprestadas vasilhas a todos os
vizinhos. Mas peça muitas. 4 Depois entre em casa com seus
filhos e feche a porta. Derrame daquele azeite em cada vasilha
e vá separando as que você for enchendo".
5 Depois disso ela foi embora, fechou-se em casa com seus
filhos e começou a encher as vasilhas que eles lhe traziam.
6 Quando todas as vasilhas estavam cheias, ela disse a um dos
filhos: "Traga-me mais uma". Mas ele respondeu: "Já aca-
baram". Então o azeite parou de correr.
7 Ela foi e contou tudo ao homem de Deus, que lhe disse: "Vá,
venda o azeite e pague suas dívidas. E você e seus filhos ainda
poderão viver do que sobrar".

A Ressurreição do Filho da Sunamita

8 Certo dia, Eliseu foi a Suném, onde uma mulher rica insistiu
que ele fosse tomar uma refeição em sua casa. Depois disso,
sempre que passava por ali, ele parava para uma refeição.
9 Em vista disso, ela disse ao marido: "Sei que esse homem
que sempre vem aqui é um santo homem de Deus. 10 Vamos
construir lá em cima um quartinho de tijolos e colocar nele
uma cama, uma mesa, uma cadeira e uma lamparina para ele.
Assim, sempre que nos visitar ele poderá ocupá-lo".
11 Um dia, quando Eliseu chegou, subiu ao seu quarto e dei-
tou-se. 12 Ele mandou o seu servo Geazi chamar a sunamita. Ele
a chamou e, quando ela veio, 13 Eliseu mandou Geazi dizer-lhe:
"Você teve todo este trabalho por nossa causa. O que podemos
fazer por você? Quer que eu interceda por você ao rei ou ao
comandante do exército?" Ela respondeu: "Estou bem entre a
minha própria gente".
14 Mais tarde Eliseu perguntou a Geazi: "O que se pode fazer
por ela?" Ele respondeu: "Bem, ela não tem filhos, e seu ma-
rido é idoso".
15 Então Eliseu mandou chamá-la de novo. Geazi a chamou, ela
veio até a porta, 16 e ele disse: "Por volta desta época, no ano
que vem, você estará com um filho nos braços". Ela contestou:
"Não, meu senhor. Não iludas a tua serva, ó homem de Deus!"
17 Mas, como Eliseu lhe dissera, a mulher engravidou e, no ano
seguinte, por volta daquela mesma época, deu à luz um filho.
18 O menino cresceu e, certo dia, foi encontrar-se com seu
pai, que estava com os ceifeiros. 19 De repente ele começou a
chamar o pai, gritando: "Ai, minha cabeça! Ai, minha cabeça!"
O pai disse a um servo: "Leve-o para a mãe dele". 20 O servo
o pegou e o levou à mãe. O menino ficou no colo dela até o
meio-dia e morreu. 21 Ela subiu ao quarto do homem de Deus,
deitou o menino na cama, saiu e fechou a porta.
22 Ela chamou o marido e disse: "Preciso de um servo e de uma
jumenta para ir falar com o homem de Deus. Vou e volto logo".
23 Ele perguntou: "Mas por que hoje? Não é lua nova nem sá-
bado!" Ela respondeu: "Não se preocupe".
24 Ela mandou selar a jumenta e disse ao servo: "Vamos rápido;
só pare quando eu mandar". 25 Assim ela partiu para encon-
trar-se com o homem de Deus no monte Carmelo. Quando ele
a viu à distância, disse a seu servo Geazi: "Olhe! É a sunamita!
26 Corra ao seu encontro e pergunte a ela: 'Está tudo bem com
você? Tudo bem com seu marido? E com seu filho?' " Ela res-
pondeu a Geazi: "Está tudo bem".
27 Ao encontrar o homem de Deus no monte, ela se abraçou
aos seus pés. Geazi veio para afastá-la, mas o homem de Deus
lhe disse: "Deixe-a em paz! Ela está muito angustiada, mas o
SENHOR nada me revelou e escondeu de mim a razão de sua
angústia".
28 E disse a mulher: "Acaso eu te pedi um filho, meu senhor?
Não te disse para não me dar falsas esperanças?"
29 Então Eliseu disse a Geazi: "Ponha a capa por dentro do
cinto, pegue o meu cajado e corra. Se você encontrar alguém,
não o cumprimente e, se alguém o cumprimentar, não res-
ponda. Quando lá chegar, ponha o meu cajado sobre o rosto
do menino".
30 Mas a mãe do menino disse: "Juro pelo nome do SENHOR e
por tua vida que, se ficares, não irei". Então ele foi com ela.
31 Geazi chegou primeiro e pôs o cajado sobre o rosto do me-
nino, mas ele não falou nem reagiu. Então Geazi voltou para
encontrar-se com Eliseu e lhe disse: "O menino não voltou a
si".
32 Quando Eliseu chegou à casa, lá estava o menino, morto,
estendido na cama. 33 Ele entrou, fechou a porta e orou ao
SENHOR. 34 Depois deitou-se sobre o menino, boca a boca, olhos
com olhos, mãos com mãos. Enquanto se debruçava sobre ele,
o corpo do menino ia se aquecendo. 35 Eliseu levantou-se e
começou a andar pelo quarto; depois subiu na cama e debru-
çou-se mais uma vez sobre ele. O menino espirrou sete vezes
e abriu os olhos.
36 Eliseu chamou Geazi e o mandou chamar a sunamita. E ele
obedeceu. Quando ela chegou, Eliseu disse: "Pegue seu filho".
37 Ela entrou, prostrou-se a seus pés, curvando-se até o chão.
Então pegou o filho e saiu.

A Morte na Panela

38 Depois Eliseu voltou a Gilgal. Nesse tempo a fome assolava
a região. Quando os discípulos dos profetas estavam reunidos
com ele, ordenou ao seu servo: "Ponha o caldeirão no fogo e
faça um ensopado para estes homens".
39 Um deles foi ao campo apanhar legumes e encontrou uma
trepadeira. Apanhou alguns de seus frutos e encheu deles o
seu manto. Quando voltou, cortou-os em pedaços e colocou-os

no caldeirão do ensopado, embora ninguém soubesse o que
era. 40 O ensopado foi servido aos homens, mas, logo que o
provaram, gritaram: "Homem de Deus, há morte na panela!"
E não puderam mais tomá-lo.
41 Então Eliseu pediu um pouco de farinha, colocou no caldeirão e
disse: "Sirvam a todos". E já não havia mais perigo no caldeirão.

O Milagre dos Pães

42 Veio um homem de Baal-Salisa, trazendo ao homem de Deus
vinte pães de cevada, feitos dos primeiros grãos da colheita, e
também algumas espigas verdes. Então Eliseu ordenou ao seu
servo: "Sirva a todos".
43 O auxiliar de Eliseu perguntou: "Como poderei servir isso a
cem homens?" Eliseu, porém, respondeu: "Sirva a todos, pois
assim diz o SENHOR: 'Eles comerão, e ainda sobrará' ". 44 Então
ele serviu a todos e, conforme a palavra do SENHOR, eles co-
meram e ainda sobrou.

A Cura da Lepra de Naamã

5 Naamã, comandante do exército do rei da Síria, era muito
respeitado e honrado pelo seu senhor, pois por meio dele o
SENHOR dera vitória à Síria. Mas esse grande guerreiro ficou
leproso[a].
2 Ora, tropas da Síria haviam atacado Israel e levado cativa uma
menina, que passou a servir a mulher de Naamã. 3 Um dia ela
disse à sua senhora: "Se o meu senhor procurasse o profeta
que está em Samaria, ele o curaria da lepra".
4 Naamã foi contar ao seu senhor o que a menina israelita dis-
sera. 5 O rei da Síria respondeu: "Vá. Eu darei uma carta que
você entregará ao rei de Israel". Então Naamã partiu, levando
consigo trezentos e cinquenta quilos[b] de prata, setenta e dois
quilos[c] de ouro e dez mudas de roupas finas. 6 A carta que levou
ao rei de Israel dizia: "Com esta carta estou te enviando meu
oficial Naamã, para que o cures da lepra".
7 Assim que o rei de Israel leu a carta, rasgou as vestes e disse:
"Por acaso sou Deus, capaz de conceder vida ou morte? Por
que este homem me envia alguém para que eu o cure da lepra?
Vejam como ele procura um motivo para se desentender co-
migo!"
8 Quando Eliseu, o homem de Deus, soube que o rei de Israel
havia rasgado suas vestes, mandou-lhe esta mensagem: "Por
que rasgaste tuas vestes? Envia o homem a mim, e ele saberá
que há profeta em Israel". 9 Então Naamã foi com seus cavalos
e carros e parou à porta da casa de Eliseu. 10 Eliseu enviou
um mensageiro para lhe dizer: "Vá e lave-se sete vezes no rio
Jordão; sua pele[d] será restaurada e você ficará purificado".
11 Mas Naamã ficou indignado e saiu, dizendo: "Eu estava certo
de que ele sairia para receber-me, invocaria em pé o nome
do SENHOR, o seu Deus, moveria a mão sobre o lugar afetado
e me curaria da lepra. 12 Não são os rios Abana e Farfar, em
Damasco, melhores do que todas as águas de Israel? Será que
não poderia lavar-me neles e ser purificado?" E foi embora
dali furioso.
13 Mas os seus servos lhe disseram: "Meu pai, se o profeta ti-
vesse pedido alguma coisa difícil, o senhor não faria? Quanto
mais quando ele apenas diz que se lave, e será purificado!"
14 Assim ele desceu ao Jordão, mergulhou sete vezes conforme
a ordem do homem de Deus e foi purificado; sua pele tornou-se
como a de uma criança.
15 Então Naamã e toda a sua comitiva voltaram à casa do
homem de Deus. Ao chegar diante do profeta, Naamã lhe disse:
"Agora sei que não há Deus em nenhum outro lugar, senão em
Israel. Por favor, aceita um presente do teu servo".
16 O profeta respondeu: "Juro pelo nome do SENHOR, a quem
sirvo, que nada aceitarei". Embora Naamã insistisse, ele re-
cusou.
17 E disse Naamã: "Já que não aceitas o presente, ao menos per-
mite que eu leve duas mulas carregadas de terra, pois teu servo
nunca mais fará holocaustos[e] e sacrifícios a nenhum outro deus
senão ao SENHOR. 18 Mas que o SENHOR me perdoe por uma única
coisa: quando meu senhor vai adorar no templo de Rimom, eu
também tenho que me ajoelhar ali, pois ele se apoia em meu
braço. Que o SENHOR perdoe o teu servo por isso".
19 Disse Eliseu: "Vá em paz".

O Castigo de Geazi

Quando Naamã já estava a certa distância, 20 Geazi, servo de
Eliseu, o homem de Deus, pensou: "Meu senhor foi bom de-
mais para Naamã, aquele arameu, não aceitando o que ele lhe
ofereceu. Juro pelo nome do SENHOR que correrei atrás dele
para ver se ganho alguma coisa".
21 Então Geazi correu para alcançar Naamã, que, vendo-o
se aproximar, desceu da carruagem para encontrá-lo e per-
guntou: "Está tudo bem?"
22 Geazi respondeu: "Sim, tudo bem. Mas o meu senhor en-
viou-me para dizer que dois jovens, discípulos dos profetas,
acabaram de chegar, vindos dos montes de Efraim. Por favor,
dê-lhes trinta e cinco quilos de prata e duas mudas de roupas
finas".
23 "Claro", respondeu Naamã, "leve setenta quilos". Ele insistiu
com Geazi para que os aceitasse e colocou os setenta quilos
de prata em duas sacolas, com as duas mudas de roupas, en-
tregando tudo a dois de seus servos, os quais foram à frente
de Geazi, levando as sacolas. 24 Quando Geazi chegou à co-
lina onde morava, pegou as sacolas das mãos dos servos e as
guardou em casa. Mandou os homens de volta, e eles partiram.
25 Depois entrou e apresentou-se ao seu senhor, Eliseu. E este
perguntou: "Onde você esteve, Geazi?" Geazi respondeu: "Teu
servo não foi a lugar algum".
26 Mas Eliseu lhe disse: "Você acha que eu não estava com você
em espírito quando o homem desceu da carruagem para en-
contrar-se com você? Este não era o momento de aceitar prata
nem roupas, nem de cobiçar olivais, vinhas, ovelhas, bois,

[a] 5.1 O termo hebraico não se refere somente à lepra, mas também a diversas doenças da pele; também nos versículos 3, 6, 7, 11 e 27.
[b] 5.5 Hebraico: *10 talentos*. Um talento equivalia a 35 quilos.
[c] 5.5 Hebraico: *6.000 siclos*. Um siclo equivalia a 12 gramas.
[d] 5.10 Hebraico: *carne*.
[e] 5.17 Isto é, sacrifícios totalmente queimados.

servos e servas. 27 Por isso a lepra de Naamã atingirá você e os
seus descendentes para sempre". Então Geazi saiu da presença
de Eliseu já leproso, parecendo neve.

6 Eliseu Faz Flutuar um Machado

Os discípulos dos profetas disseram a Eliseu: "Como vês,
o lugar onde nos reunimos contigo é pequeno demais para
nós. 2 Vamos ao rio Jordão onde cada um de nós poderá cortar
um tronco para construirmos ali um lugar de reuniões". Eliseu
disse: "Podem ir".
3 Então um deles perguntou: "Não gostarias de ir com os teus
servos?" "Sim", ele respondeu. 4 E foi com eles. Foram ao
Jordão e começaram a derrubar árvores. 5 Quando um deles
estava cortando um tronco, o ferro do machado caiu na água.
E ele gritou: "Ah, meu senhor, era emprestado!"
6 O homem de Deus perguntou: "Onde caiu?" Quando o homem
lhe mostrou o lugar, Eliseu cortou um galho e o jogou ali, fa-
zendo o ferro flutuar, 7 e disse: "Pegue-o". O homem esticou
o braço e o pegou.

O Exército Arameu É Ferido de Cegueira

8 Ora, o rei da Síria estava em guerra contra Israel. Depois de
reunir-se com os seus conselheiros, disse: "Montarei o meu
acampamento em tal lugar".
9 Mas o homem de Deus mandava uma mensagem ao rei de
Israel: "Evite passar por tal lugar, pois os arameus estão des-
cendo para lá". 10 Assim, o rei de Israel investigava o lugar in-
dicado pelo homem de Deus. Repetidas vezes Eliseu alertou o
rei, que tomava as devidas precauções.
11 Isso enfureceu o rei da Síria, que, convocando seus conse-
lheiros, perguntou-lhes: "Vocês não me apontarão qual dos
nossos está do lado do rei de Israel?"
12 Respondeu um dos conselheiros: "Nenhum de nós, majes-
tade. É Eliseu, o profeta que está em Israel, que revela ao rei
de Israel até as palavras que tu falas em teu quarto".
13 Ordenou o rei: "Descubram onde ele está, para que eu mande
capturá-lo". Quando lhe informaram que o profeta estava em
Dotã, 14 ele enviou para lá uma grande tropa com cavalos e
carros de guerra. Eles chegaram de noite e cercaram a cidade.
15 O servo do homem de Deus levantou-se bem cedo pela
manhã e, quando saía, viu que uma tropa com cavalos e carros
de guerra havia cercado a cidade. Então ele exclamou: "Ah,
meu senhor! O que faremos?"
16 O profeta respondeu: "Não tenha medo. Aqueles que estão
conosco são mais numerosos do que eles".
17 E Eliseu orou: "SENHOR, abre os olhos dele para que veja".
Então o SENHOR abriu os olhos do rapaz, que olhou e viu as
colinas cheias de cavalos e carros de fogo ao redor de Eliseu.
18 Quando os arameus desceram na direção de Eliseu, ele orou
ao SENHOR: "Fere estes homens de cegueira". Então ele os feriu
de cegueira, conforme Eliseu havia pedido.
19 Eliseu lhes disse: "Este não é o caminho nem esta é a cidade
que procuram. Sigam-me, e eu os levarei ao homem que vocês
estão procurando". E os guiou até a cidade de Samaria.
20 Assim que entraram na cidade, Eliseu disse: "SENHOR, abre
os olhos destes homens para que possam ver". Então o SE-
NHOR abriu-lhes os olhos, e eles viram que estavam dentro de
Samaria.
21 Quando o rei de Israel os viu, perguntou a Eliseu: "Devo ma-
tá-los, meu pai? Devo matá-los?"
22 Ele respondeu: "Não! O rei costuma matar prisioneiros que
captura com a espada e o arco? Ordena que lhes sirvam comida
e bebida e deixe que voltem ao seu senhor". 23 Então o rei pre-
parou-lhes um grande banquete e, terminando eles de comer e
beber, mandou-os de volta para o seu senhor. Assim, as tropas
da Síria pararam de invadir o território de Israel.

Fome durante o Cerco de Samaria

24 Algum tempo depois, Ben-Hadade, rei da Síria, mobilizou
todo o seu exército e cercou Samaria. 25 O cerco durou tanto
e causou tamanha fome que uma cabeça de jumento chegou
a valer oitenta peças[a] de prata, e uma caneca[b] de esterco de
pomba, cinco peças de prata.
26 Um dia, quando o rei de Israel inspecionava os muros da
cidade, uma mulher gritou para ele: "Socorro, majestade!"
27 O rei respondeu: "Se o SENHOR não a socorrer, como poderei
ajudá-la? Acaso há trigo na eira ou vinho no tanque de prensar
uvas?" 28 Contudo ele perguntou: "Qual é o problema?" Ela
respondeu: "Esta mulher me disse: 'Vamos comer o seu filho
hoje, e amanhã comeremos o meu'. 29 Então cozinhamos o meu
filho e o comemos. No dia seguinte eu disse a ela que era a vez
de comermos o seu filho, mas ela o havia escondido".
30 Quando o rei ouviu as palavras da mulher, rasgou as próprias
vestes. Como estava sobre os muros, o povo viu que ele estava
usando pano de saco por baixo, junto ao corpo. 31 E ele disse:
"Deus me castigue com todo o rigor, se a cabeça de Eliseu,
filho de Safate, continuar hoje sobre seus ombros!"
32 Ora, Eliseu estava sentado em sua casa, reunido com as au-
toridades de Israel. O rei havia mandado um mensageiro à sua
frente, mas, antes que ele chegasse, Eliseu disse às autori-
dades: "Aquele assassino mandou alguém para cortar-me a
cabeça? Quando o mensageiro chegar, fechem a porta e man-
tenham-na trancada. Vocês não estão ouvindo os passos do seu
senhor que vem atrás dele?"
33 Enquanto ainda lhes falava, o mensageiro chegou. Na mesma
hora o rei disse: "Esta desgraça vem do SENHOR. Por que devo
ainda ter esperança no SENHOR?"

7 Eliseu respondeu: "Ouçam a palavra do SENHOR! Assim diz o
SENHOR: 'Amanhã, por volta desta hora, na porta de Samaria,
tanto uma medida[c] de farinha como duas medidas de cevada
serão vendidas por uma peça[d] de prata' ".
2 O oficial, em cujo braço o rei estava se apoiando, disse ao

---

[a] 6.25 Hebraico: *80 siclos*. Um siclo equivalia a 12 gramas.

[b] 6.25 Hebraico: *1/4 de cabo*. O cabo era uma medida de capacidade para líquidos. As estimativas variam entre 1 e 2 litros.

[c] 7.1 Hebraico: *1 seá*. O seá era uma medida de capacidade para secos. As estimativas variam entre 7 e 14 litros.

[d] 7.1 Hebraico: *1 siclo*. Um siclo equivalia a 12 gramas.

homem de Deus: "Ainda que o SENHOR abrisse as comportas
do céu, será que isso poderia acontecer?" Mas Eliseu advertiu:
"Você o verá com os próprios olhos, mas não comerá coisa
alguma!"

O Cerco

3Havia quatro leprosos[a] junto à porta da cidade. Eles disseram
uns aos outros: "Por que ficar aqui esperando a morte? 4Se
resolvermos entrar na cidade, morreremos de fome, mas, se
ficarmos aqui, também morreremos. Vamos, pois, ao acampa-
mento dos arameus para nos render. Se eles nos pouparem,
viveremos; se nos matarem, morreremos".
5Ao anoitecer, eles foram ao acampamento dos arameus.
Quando chegaram às imediações do acampamento, viram que
não havia ninguém ali, 6pois o Senhor tinha feito os arameus
ouvirem o ruído de um grande exército com cavalos e carros
de guerra, de modo que disseram uns aos outros: "Ouçam, o
rei de Israel contratou os reis dos hititas e dos egípcios para
nos atacarem!" 7Então, para salvar sua vida, fugiram ao anoi-
tecer, abandonando tendas, cavalos e jumentos, deixando o
acampamento como estava.
8Tendo chegado às imediações do acampamento, os leprosos
entraram numa das tendas. Comeram e beberam, pegaram
prata, ouro e roupas e saíram para esconder tudo. Depois vol-
taram e entraram noutra tenda, pegaram o que quiseram e
esconderam isso também.
9Então disseram uns aos outros: "Não estamos agindo certo.
Este é um dia de boas notícias, e não podemos ficar calados.
Se esperarmos até o amanhecer, seremos castigados. Vamos
imediatamente contar tudo no palácio do rei".
10Então foram, chamaram as sentinelas da porta da cidade
e lhes contaram: "Entramos no acampamento arameu e não
vimos nem ouvimos ninguém. Havia apenas cavalos e jumentos
amarrados, e tendas abandonadas". 11As sentinelas da porta
proclamaram a notícia, e ela foi anunciada dentro do palácio.
12O rei se levantou de noite e disse aos seus conselheiros: "Eu
explicarei a vocês o que os arameus planejaram. Como sabem
que estamos passando fome, deixaram o acampamento e se
esconderam no campo, pensando: 'Com certeza eles sairão, e
então os pegaremos vivos e entraremos na cidade' ".
13Um de seus conselheiros respondeu: "Manda que alguns
homens apanhem cinco dos cavalos que restam na cidade. O
destino desses homens será o mesmo de todos os israelitas
que ficarem, sim, como toda esta multidão condenada. Por isso
vamos enviá-los para descobrir o que aconteceu".
14Assim que prepararam dois carros de guerra com seus ca-
valos, o rei os enviou atrás do exército arameu, ordenando
aos condutores: "Vão e descubram o que aconteceu". 15Eles
seguiram as pegadas do exército até o Jordão e encontraram
todo o caminho cheio de roupas e armas que os arameus ha-
viam deixado para trás enquanto fugiam. Os mensageiros vol-
taram e relataram tudo ao rei. 16Então o povo saiu e saqueou
o acampamento dos arameus. Assim, tanto uma medida de
farinha como duas medidas de cevada passaram a ser vendidas
por uma peça de prata, conforme o SENHOR tinha dito.
17Ora, o rei havia posto o oficial em cujo braço tinha se apoiado
como encarregado da porta da cidade, mas, quando o povo
saiu, atropelou-o junto à porta, e ele morreu, conforme o
homem de Deus havia predito quando o rei foi à sua casa.
18Aconteceu conforme o homem de Deus dissera ao rei:
"Amanhã, por volta desta hora, na porta de Samaria, tanto
uma medida de farinha como duas medidas de cevada serão
vendidas por uma peça de prata".
19O oficial tinha contestado o homem de Deus perguntando:
"Ainda que o SENHOR abrisse as comportas do céu, será que
isso poderia acontecer?" O homem de Deus havia respondido:
"Você verá com os próprios olhos, mas não comerá coisa al-
guma!" 20E foi exatamente isso que lhe aconteceu, pois o povo
o pisoteou junto à porta da cidade, e ele morreu.

8 A Sunamita Recebe de Volta sua Propriedade

Eliseu tinha prevenido a mãe do menino que ele havia
ressuscitado: "Saia do país com sua família e vá morar onde
puder, pois o SENHOR determinou para esta terra uma fome,
que durará sete anos". 2A mulher seguiu o conselho do homem
de Deus, partiu com sua família e passou sete anos na terra
dos filisteus.
3Ao final dos sete anos ela voltou a Israel e fez um apelo ao
rei para readquirir sua casa e sua propriedade. 4O rei estava
conversando com Geazi, servo do homem de Deus, e disse:
"Conte-me todos os prodígios que Eliseu tem feito". 5Enquanto
Geazi contava ao rei como Eliseu havia ressuscitado o menino,
a própria mãe chegou para apresentar sua petição ao rei a
fim de readquirir sua casa e sua propriedade. Geazi exclamou:
"Esta é a mulher, ó rei, meu senhor, e este é o filho dela, a
quem Eliseu ressuscitou". 6O rei pediu que ela contasse o ocor-
rido, e ela confirmou os fatos. Então ele designou um oficial
para cuidar do caso dela e lhe ordenou: "Devolva tudo o que
lhe pertencia, inclusive toda a renda das colheitas, desde que
ela saiu do país até hoje".

A Morte de Ben-Hadade

7Certa ocasião, Eliseu foi a Damasco. Ben-Hadade, rei da Síria,
estava doente. Quando disseram ao rei: "O homem de Deus
está na cidade", 8ele ordenou a Hazael: "Vá encontrar-se
com o homem de Deus e leve-lhe um presente. Consulte o
SENHOR por meio dele; pergunte-lhe se vou me recuperar desta
doença".
9Hazael foi encontrar-se com Eliseu, levando consigo de tudo o
que havia de melhor em Damasco, um presente carregado por
quarenta camelos. Ao chegar diante dele, Hazael disse: "Teu
filho Ben-Hadade, rei da Síria, enviou-me para perguntar se ele
vai recuperar-se da sua doença".
10Eliseu respondeu: "Vá e diga-lhe: 'Com certeza te recupe-
rarás', no entanto[b] o SENHOR me revelou que de fato ele vai

[a] 7.3 O termo hebraico não se refere somente à lepra, mas também a diversas doenças da pele; também no versículo 8.

[b] 8.10 Ou '*Com certeza não te recuperarás*', pois

morrer". 11 Eliseu ficou olhando fixamente para Hazael até dei-
xá-lo constrangido. Então o homem de Deus começou a chorar.
12 E perguntou Hazael: "Por que meu senhor está chorando?"
Ele respondeu: "Porque sei das coisas terríveis que você fará
aos israelitas. Você incendiará suas fortalezas, matará seus
jovens à espada, esmagará as crianças e rasgará o ventre das
suas mulheres grávidas".
13 Hazael disse: "Como poderia teu servo, que não passa de
um cão, realizar algo assim?" Respondeu Eliseu: "O SENHOR
me mostrou que você se tornará rei da Síria".
14 Então Hazael saiu dali e voltou para seu senhor. Quando
Ben-Hadade perguntou: "O que Eliseu disse a você?", Hazael
respondeu: "Ele me falou que certamente te recuperarás".
15 Mas, no dia seguinte, ele apanhou um cobertor, enchar-
cou-o e com ele sufocou o rei, até matá-lo. E assim Hazael
foi o seu sucessor.

O Reinado de Jeorão, Rei de Judá

16 No quinto ano de Jorão, filho de Acabe, rei de Israel, sendo
ainda Josafá rei de Judá, Jeorão, seu filho, começou a reinar
em Judá. 17 Ele tinha trinta e dois anos de idade quando co-
meçou a reinar e reinou oito anos em Jerusalém. 18 Andou nos
caminhos dos reis de Israel, como a família de Acabe havia
feito, pois se casou com uma filha de Acabe. E fez o que o
SENHOR reprova. 19 Entretanto, por amor ao seu servo Davi, o
SENHOR não quis destruir Judá. Ele havia prometido manter
para sempre um descendente de Davi no trono[a].
20 Nos dias de Jeorão, os edomitas rebelaram-se contra o do-
mínio de Judá, proclamando seu próprio rei. 21 Por isso Jeorão
foi a Zair com todos os seus carros de guerra. Lá os edomitas
cercaram Jeorão e os chefes dos seus carros de guerra, mas
ele os atacou de noite e rompeu o cerco inimigo, e seu exército
conseguiu fugir para casa. 22 E até hoje Edom continua indepen-
dente de Judá. Nessa mesma época, a cidade de Libna também
tornou-se independente.
23 Os demais acontecimentos do reinado de Jeorão e todas
as suas realizações estão escritos nos registros históricos dos
reis de Judá. 24 Jeorão descansou com seus antepassados e
foi sepultado com eles na Cidade de Davi. E seu filho Acazias
foi o seu sucessor.

O Reinado de Acazias, Rei de Judá

25 No décimo segundo ano do reinado de Jorão, filho de Acabe,
rei de Israel, Acazias, filho de Jeorão, rei de Judá, começou a
reinar. 26 Ele tinha vinte e dois anos de idade quando começou
a reinar e reinou um ano em Jerusalém. O nome de sua mãe
era Atalia, neta de Onri, rei de Israel. 27 Ele andou nos cami-
nhos da família de Acabe e fez o que o SENHOR reprova, como
a família de Acabe havia feito, pois casou-se com uma mulher
da família de Acabe.
28 Acazias aliou-se a Jorão, filho de Acabe, e saiu à guerra
contra Hazael, rei da Síria, em Ramote-Gileade. Jorão foi ferido
29 e voltou a Jezreel para recuperar-se dos ferimentos sofridos
em Ramote[b], na batalha contra Hazael, rei da Síria. Acazias,
rei de Judá, foi a Jezreel visitar Jorão, que se recuperava de
seus ferimentos.

Jeú é Consagrado Rei de Israel

9 Enquanto isso o profeta Eliseu chamou um dos discípulos
dos profetas e lhe disse: "Ponha a capa por dentro do cinto,
pegue este frasco de óleo e vá a Ramote-Gileade. 2 Quando lá
chegar, procure Jeú, filho de Josafá e neto de Ninsi. Dirija-se
a ele e leve-o para uma sala, longe dos seus companheiros.
3 Depois pegue o frasco, derrame o óleo sobre a cabeça dele
e declare: 'Assim diz o SENHOR: Eu o estou ungindo rei sobre
Israel'. Em seguida abra a porta e fuja sem demora!"
4 Então o jovem profeta foi a Ramote-Gileade. 5 Ao chegar, en-
controu os comandantes do exército reunidos e disse: "Trago
uma mensagem para ti, comandante". "Para qual de nós?",
perguntou Jeú. Ele respondeu: "Para ti, comandante".
6 Jeú levantou-se e entrou na casa. Então o jovem profeta der-
ramou o óleo na cabeça de Jeú e declarou-lhe: "Assim diz o
SENHOR, o Deus de Israel: 'Eu o estou ungindo rei de Israel, o
povo do SENHOR. 7 Você dará fim à família de Acabe, seu senhor,
e assim eu vingarei o sangue de meus servos, os profetas, e o
sangue de todos os servos do SENHOR, derramado por Jezabel.
8 Toda a família de Acabe perecerá. Eliminarei todos os de sexo
masculino[c] de sua família em Israel, seja escravo seja livre.
9 Tratarei a família de Acabe como tratei a de Jeroboão, filho de
Nebate, e a de Baasa, filho de Aías. 10 E Jezabel será devorada
por cães num terreno em Jezreel, e ninguém a sepultará' ".
Então ele abriu a porta e saiu correndo.
11 Quando Jeú voltou para junto dos outros oficiais do rei, um
deles lhe perguntou: "Está tudo bem? O que esse louco queria
com você?" Jeú respondeu: "Vocês conhecem essa gente e
sabem as coisas que eles dizem".
12 Mas insistiram: "Não nos engane! Conte-nos o que ele disse".
Então Jeú contou: "Ele me disse o seguinte: 'Assim diz o SE-
NHOR: Eu o estou ungindo rei sobre Israel' ".
13 Imediatamente eles pegaram os seus mantos e os esten-
deram sobre os degraus diante dele. Em seguida tocaram a
trombeta e gritaram: "Jeú é rei!"

A Morte de Jorão e de Acazias

14 Então Jeú, filho de Josafá e neto de Ninsi, começou uma
conspiração contra o rei Jorão, na época em que este de-
fendeu, com todo o Israel, Ramote-Gileade contra Hazael, rei
da Síria. 15 O rei Jorão tinha voltado a Jezreel para recuperar-se
dos ferimentos sofridos na batalha contra Hazael, rei da Síria.
Jeú propôs: "Se vocês me apoiam, não deixem ninguém sair
escondido da cidade para nos denunciar em Jezreel". 16 Então
ele subiu em seu carro e foi para Jezreel, porque Jorão estava
lá se recuperando; e Acazias, rei de Judá, tinha ido visitá-lo.
17 Quando a sentinela que estava na torre de vigia de Jezreel
percebeu a tropa de Jeú se aproximando, gritou: "Estou vendo

[a] 8.19 Hebraico: *uma lâmpada para ele e seus descendentes.*

[b] 8.29 Hebraico: *Ramá*, variante de *Ramote*.

[c] 9.8 Hebraico: *os que urinam na parede.*

uma tropa!" Jorão ordenou: "Envie um cavaleiro ao encontro
deles para perguntar se eles vêm em paz".
18 O cavaleiro foi ao encontro de Jeú e disse: "O rei pergunta:
'Vocês vêm em paz?' " Jeú respondeu: "Não me venha falar em
paz. Saia da minha frente". A sentinela relatou: "O mensageiro
chegou a eles, mas não está voltando".
19 Então o rei enviou um segundo cavaleiro. Quando chegou
a eles disse: "O rei pergunta: 'Vocês vêm em paz?' " Jeú res-
pondeu: "Não me venha falar em paz. Saia da minha frente".
20 A sentinela relatou: "Ele chegou a eles, mas também não está
voltando". E acrescentou: "O jeito de o chefe da tropa guiar o
carro é como o de Jeú, neto de Ninsi; dirige como louco".
21 Jorão ordenou que preparassem seu carro de guerra. Assim
que ficou pronto, Jorão, rei de Israel, e Acazias, rei de Judá,
saíram, cada um em seu carro, ao encontro de Jeú. Eles o
encontraram na propriedade que havia pertencido a Nabote,
de Jezreel. 22 Quando Jorão viu Jeú, perguntou: "Você vem
em paz, Jeú?" Jeú respondeu: "Como pode haver paz, en-
quanto continuam toda a idolatria e as feitiçarias de sua mãe,
Jezabel?"
23 Jorão deu meia-volta e fugiu, gritando para Acazias:
"Traição, Acazias!"
24 Então Jeú disparou seu arco com toda a força e atingiu Jorão
nas costas. A flecha atravessou-lhe o coração e ele caiu morto.
25 Jeú disse a Bidcar, seu oficial: "Pegue o cadáver e jogue-o
nesta propriedade que pertencia a Nabote, de Jezreel. Lem-
bre-se da advertência que o SENHOR proferiu contra Acabe, pai
dele, quando juntos acompanhávamos sua comitiva. Ele disse:
26 'Ontem, vi o sangue de Nabote e o sangue dos seus filhos,
declara o SENHOR, e com certeza farei você pagar por isso nesta
mesma propriedade, declara o SENHOR'. Agora, então, pegue
o cadáver e jogue-o nesta propriedade, conforme a palavra
do SENHOR".
27 Vendo isso, Acazias, rei de Judá, fugiu na direção de Bete-
-Hagã. Mas Jeú o perseguiu, gritando: "Matem-no também!"
Eles o atingiram em seu carro de guerra na subida para Gur,
perto de Ibleã, mas ele conseguiu refugiar-se em Megido, onde
morreu. 28 Seus oficiais o levaram a Jerusalém e o sepultaram
com seus antepassados em seu túmulo, na Cidade de Davi.
29 Acazias havia se tornado rei de Judá no décimo primeiro ano
de Jorão, filho de Acabe.

A Morte de Jezabel

30 Em seguida Jeú entrou em Jezreel. Ao saber disso, Jezabel
pintou os olhos, arrumou o cabelo e ficou olhando de uma ja-
nela do palácio. 31 Quando Jeú passou pelo portão, ela gritou:
"Como vai, Zinri, assassino do seu senhor?"
32 Ele ergueu os olhos para a janela e gritou: "Quem de vocês
está do meu lado?" Dois ou três oficiais olharam para ele.
33 Então Jeú ordenou: "Joguem essa mulher para baixo!" Eles
a jogaram e o sangue dela espirrou na parede e nos cavalos,
e Jeú a atropelou.
34 Jeú entrou, comeu, bebeu e ordenou: "Peguem aquela
maldita e sepultem-na; afinal era filha de rei". 35 Mas, quando
foram sepultá-la, só encontraram o crânio, os pés e as mãos.
36 Então voltaram e contaram isso a Jeú, que disse: "Cum-
priu-se a palavra do SENHOR anunciada por meio do seu servo
Elias, o tesbita: Num terreno em Jezreel cães devorarão a carne
de Jezabel, 37 os seus restos mortais serão espalhados num
terreno em Jezreel, como esterco no campo, de modo que
ninguém será capaz de dizer: 'Esta é Jezabel' ".

10 A Morte da Família de Acabe

Ora, viviam em Samaria setenta descendentes de Acabe.
Jeú escreveu uma carta e a enviou a Samaria, aos líderes da
cidade[a], às autoridades e aos tutores dos descendentes de
Acabe. A carta dizia: 2 "Assim que receberem esta carta, vocês,
que cuidam dos filhos do rei e que têm carros de guerra e
cavalos, uma cidade fortificada e armas, 3 escolham o melhor
e o mais capaz dos filhos do rei e coloquem-no no trono de seu
pai. E lutem pela dinastia de seu senhor".
4 Eles, porém, estavam aterrorizados e disseram: "Se dois reis
não puderam enfrentá-lo, como poderemos nós?"
5 Por isso o administrador do palácio, o governador da cidade,
as autoridades e os tutores enviaram esta mensagem a Jeú:
"Somos teus servos e faremos tudo o que exigires de nós. Não
proclamaremos nenhum rei. Faze o que achares melhor".
6 Então Jeú escreveu-lhes uma segunda carta que dizia: "Se
vocês estão do meu lado e estão dispostos a obedecer-me,
tragam-me as cabeças dos descendentes de seu senhor a Je-
zreel, amanhã a esta hora". Os setenta descendentes de Acabe
estavam sendo criados pelas autoridades da cidade. 7 Logo que
receberam a carta, decapitaram todos os setenta, colocaram
as cabeças em cestos e as enviaram a Jeú, em Jezreel. 8 Ao ser
informado de que tinham trazido as cabeças, Jeú ordenou:
"Façam com elas dois montes junto à porta da cidade, para
que fiquem expostas lá até amanhã".
9 Na manhã seguinte Jeú saiu e declarou a todo o povo: "Vocês
são inocentes! Fui eu que conspirei contra meu senhor e o
matei, mas quem matou todos estes? 10 Saibam, então, que não
deixará de se cumprir uma só palavra que o SENHOR falou contra
a família de Acabe. O SENHOR fez o que prometeu por meio de
seu servo Elias". 11 Então Jeú matou todos os que restavam da
família de Acabe em Jezreel, bem como todos os seus aliados
influentes, os seus amigos pessoais e os seus sacerdotes, não
lhe deixando sobrevivente algum.
12 Depois Jeú partiu para Samaria. Em Bete-Equede dos Pas-
tores 13 encontrou alguns parentes de Acazias, rei de Judá, e
perguntou: "Quem são vocês?" Eles responderam: "Somos
parentes de Acazias e estamos indo visitar as famílias do rei
e da rainha-mãe".
14 Então Jeú ordenou aos seus soldados: "Peguem-nos vivos!"
Então os pegaram e os mataram junto ao poço de Bete-Equede.
Eram quarenta e dois homens, e nenhum deles foi deixado vivo.
15 Saindo dali, Jeú encontrou Jonadabe, filho de Recabe, que
tinha ido falar com ele. Depois de saudá-lo Jeú perguntou:
"Você está de acordo com o que estou fazendo?" Jonadabe

a 10.1 Conforme alguns manuscritos da Septuaginta e a Vulgata. O Texto Massorético diz de Jezreel.

respondeu: "Estou". E disse Jeú: "Então, dê-me a mão". Jo-
nadabe estendeu-lhe a mão, e Jeú o ajudou a subir no carro,
16 e lhe disse: "Venha comigo e veja o meu zelo pelo SENHOR".
E o levou em seu carro.
17 Quando Jeú chegou a Samaria, matou todos os que restavam
da família de Acabe na cidade; ele os exterminou, conforme a
palavra que o SENHOR tinha dito a Elias.

A Morte dos Ministros de Baal

18 Jeú reuniu todo o povo e declarou: "Acabe não cultuou o deus
Baal o bastante; eu, Jeú, o cultuarei muito mais. 19 Por isso
convoquem todos os profetas de Baal, todos os seus ministros
e todos os seus sacerdotes. Ninguém deverá faltar, pois ofe-
recerei um grande sacrifício a Baal. Quem não vier morrerá".
Mas Jeú estava agindo traiçoeiramente, a fim de exterminar
os ministros de Baal.
20 Então Jeú ordenou: "Convoquem uma assembleia em honra
a Baal". Foi feita a proclamação, 21 e ele enviou mensageiros
por todo o Israel. Todos os ministros de Baal vieram; nem um
deles faltou. Eles se reuniram no templo de Baal, que ficou
completamente lotado. 22 E Jeú disse ao encarregado das
vestes cultuais: "Traga os mantos para todos os ministros de
Baal". E ele os trouxe.
23 Depois Jeú entrou no templo com Jonadabe, filho de Recabe,
e disse aos ministros de Baal: "Olhem em volta e certifiquem-se
de que nenhum servo do SENHOR está aqui com vocês, mas
somente ministros de Baal". 24 E eles se aproximaram para
oferecer sacrifícios e holocaustos[a]. Jeú havia posto oitenta
homens do lado de fora, fazendo-lhes esta advertência: "Se
um de vocês deixar escapar um só dos homens que estou en-
tregando a vocês, será a sua vida pela dele".
25 Logo que Jeú terminou de oferecer o holocausto, ordenou
aos guardas e oficiais: "Entrem e matem todos! Não deixem
ninguém escapar!" E eles os mataram ao fio da espada, jo-
garam os corpos para fora e depois entraram no santuário
interno do templo de Baal. 26 Levaram a coluna sagrada para
fora do templo de Baal e a queimaram. 27 Assim destruíram a
coluna sagrada de Baal e demoliram o seu templo, e até hoje
o local tem sido usado como latrina.
28 Assim Jeú eliminou a adoração a Baal em Israel. 29 No en-
tanto, não se afastou dos pecados de Jeroboão, filho de
Nebate, pois levou Israel a cometer o pecado de adorar os
bezerros de ouro em Betel e em Dã.
30 E o SENHOR disse a Jeú: "Como você executou corretamente
o que eu aprovo, fazendo com a família de Acabe tudo o que
eu queria, seus descendentes ocuparão o trono de Israel até a
quarta geração". 31 Entretanto, Jeú não se preocupou em obe-
decer de todo o coração à lei do SENHOR, Deus de Israel, nem
se afastou dos pecados que Jeroboão levara Israel a cometer.
32 Naqueles dias, o SENHOR começou a reduzir o tamanho de Is-
rael. O rei Hazael conquistou todo o território israelita 33 a leste
do Jordão, incluindo toda a terra de Gileade. Conquistou desde
Aroer, junto à garganta do Arnom, até Basã, passando por Gi-
leade, terras das tribos de Gade, de Rúben e de Manassés.
34 Os demais acontecimentos do reinado de Jeú, todos os seus
atos e todas as suas realizações, estão escritos nos registros
históricos dos reis de Israel. 35 Jeú descansou com os seus an-
tepassados e foi sepultado em Samaria. Seu filho Jeoacaz foi
seu sucessor. 36 Reinou Jeú vinte e oito anos sobre Israel em
Samaria.

Joás Escapa de Atalia

11 Quando Atalia, mãe de Acazias, soube que seu filho estava
morto, mandou matar toda a família real. 2 Mas Jeoseba, filha
do rei Jeorão e irmã de Acazias, pegou Joás, um dos filhos do
rei que iam ser assassinados, e o colocou num quarto, com a
sua ama, para escondê-lo de Atalia; assim ele não foi morto.
3 Seis anos ele ficou escondido com ela no templo do SENHOR,
enquanto Atalia governava o país.
4 No sétimo ano, o sacerdote Joiada mandou chamar à sua
presença no templo do SENHOR os líderes dos batalhões de cem
dos cários[b] e dos guardas. E fez um acordo com eles no templo
do SENHOR, com juramento. Depois lhes mostrou o filho do rei
5 e lhes ordenou: "Vocês vão fazer o seguinte: Quando entrarem
de serviço no sábado, uma companhia ficará de guarda no pa-
lácio real; 6 outra, na porta de Sur; a terceira, na porta que fica
atrás das outras companhias. Elas montarão guarda no templo
por turnos. 7 As outras duas companhias, que normalmente não
estão de serviço[c] no sábado, ficarão de guarda no templo, para
proteger o rei. 8 Posicionem-se ao redor do rei, de armas na
mão. Matem todo o que se aproximar de suas fileiras[d]. Acom-
panhem o rei aonde quer que ele for".
9 Os líderes dos batalhões de cem fizeram como o sacerdote
Joiada havia ordenado. Cada um levou seus soldados, tanto
os que estavam entrando em serviço no sábado como os que
estavam saindo, ao sacerdote Joiada. 10 Então ele deu aos lí-
deres dos batalhões de cem as lanças e os escudos que haviam
pertencido ao rei Davi e que estavam no templo do SENHOR.
11 Os guardas, todos armados, posicionaram-se em volta do rei,
junto do altar e em torno do templo, desde o lado sul até o lado
norte do templo.
12 Depois Joiada trouxe para fora Joás, o filho do rei, colocou
nele a coroa e lhe entregou uma cópia da aliança. Então o
proclamaram rei, ungindo-o, e o povo aplaudia e gritava: "Viva
o rei!"
13 Quando Atalia ouviu o barulho dos guardas e do povo, foi ao
templo do SENHOR, onde estava o povo, 14 e onde ela viu o rei,
em pé junto à coluna, conforme o costume. Os oficiais e os
tocadores de corneta estavam ao lado do rei, e todo o povo se
alegrava ao som das cornetas. Então Atalia rasgou suas vestes
e gritou: "Traição! Traição!"
15 O sacerdote Joiada ordenou aos líderes dos batalhões de
cem que estavam no comando das tropas: "Levem-na para fora

[a] 10.24 Isto é, sacrifícios totalmente queimados; também no versículo 25.

[b] 11.4 Isto é, mercenários que vinham da Ásia Menor; também no versículo 19.

[c] 11.7 Ou *As duas companhias que saírem de serviço*

[d] 11.8 Ou *do local*; também no versículo 15.

por entre as fileiras e matem à espada quem a seguir". Pois o
sacerdote dissera: "Ela não será morta no templo do SENHOR".
16 Então eles a prenderam e a levaram ao lugar onde os cavalos
entram no terreno do palácio e lá a mataram.
17 E Joiada fez uma aliança entre o SENHOR, o rei e o povo, para
que fossem o povo do SENHOR; também fez um acordo entre
o rei e o povo. 18 Depois todo o povo foi ao templo de Baal e
o derrubou. Despedaçaram os altares e os ídolos e mataram
Matã, sacerdote de Baal, em frente dos altares. A seguir o sa-
cerdote Joiada colocou guardas no templo do SENHOR. 19 Levou
consigo os líderes dos batalhões de cem cários, os guardas e
todo o povo e, juntos, conduziram o rei do templo ao palácio,
passando pela porta da guarda. O rei então ocupou seu lugar
no trono real, 20 e todo o povo se alegrou. E a cidade acal-
mou-se depois que Atalia foi morta à espada no palácio.
21 Joás tinha sete anos de idade quando começou a reinar.

A Reparação do Templo

12 No sétimo ano do reinado de Jeú, Joás começou a reinar
e reinou quarenta anos em Jerusalém. O nome de sua mãe era
Zíbia; ela era de Berseba. 2 Joás fez o que o SENHOR aprova
durante todos os anos em que o sacerdote Joiada o orientou.
3 Contudo, os altares idólatras não foram derrubados; o povo
continuava a oferecer sacrifícios e a queimar incenso neles.
4 Joás ordenou aos sacerdotes: "Reúnam toda a prata trazida
como dádiva sagrada ao templo do SENHOR: a prata recolhida
no recenseamento, a prata recebida de votos pessoais e a que
foi trazida voluntariamente ao templo. 5 Cada sacerdote re-
colha a prata de um dos tesoureiros para que seja usada na
reforma do templo".
6 Contudo, no vigésimo terceiro ano do reinado de Joás, os
sacerdotes ainda não tinham feito as reformas. 7 Por isso o rei
Joás chamou o sacerdote Joiada e os outros sacerdotes e lhes
perguntou: "Por que vocês não estão fazendo as reformas no
templo? Não recolham mais prata com seus tesoureiros, mas
deixem-na para as reformas". 8 Os sacerdotes concordaram em
não mais receberem nenhuma prata do povo e em não serem
mais os encarregados dessas reformas.
9 Então o sacerdote Joiada pegou uma caixa, fez um furo na
tampa e colocou-a ao lado do altar, à direita de quem entra
no templo do SENHOR. Os sacerdotes que guardavam a entrada
colocavam na caixa toda a prata trazida ao templo do SENHOR.
10 Sempre que havia uma grande quantidade de prata na caixa,
o secretário real e o sumo sacerdote vinham, pesavam a
prata trazida ao templo do SENHOR e a colocavam em sacolas.
11 Depois de pesada, entregavam a prata aos supervisores do
trabalho no templo. Assim pagavam aqueles que trabalhavam
no templo do SENHOR: os carpinteiros e os construtores, 12 os
pedreiros e os cortadores de pedras. Também compravam ma-
deira e pedras lavradas para os consertos a serem feitos no
templo do SENHOR e cobriam todas as outras despesas.
13 A prata trazida ao templo não era utilizada na confecção de
bacias de prata, cortadores de pavio, bacias para aspersão,
cornetas ou quaisquer outros utensílios de ouro ou prata para o
templo do SENHOR; 14 era usada como pagamento dos trabalha-
dores, e eles a empregavam para o reparo do templo. 15 Não se
exigia prestação de contas dos que pagavam os trabalhadores,
pois agiam com honestidade. 16 Mas a prata das ofertas pela
culpa e das ofertas pelo pecado não era levada ao templo do
SENHOR, pois pertencia aos sacerdotes.
17 Nessa época, Hazael, rei da Síria, atacou Gate e a conquistou.
Depois decidiu atacar Jerusalém. 18 Então Joás, rei de Judá,
apanhou todos os objetos consagrados por seus antepassados
Josafá, Jeorão e Acazias, reis de Judá, e os que ele mesmo
havia consagrado, e todo o ouro encontrado no depósito do
templo do SENHOR e do palácio real, e enviou tudo a Hazael, rei
da Síria, que, assim, desistiu de atacar Jerusalém.
19 Os demais acontecimentos do reinado de Joás e as suas rea-
lizações estão todos escritos no livro dos registros históricos
dos reis de Judá. 20 Dois de seus oficiais conspiraram contra
ele e o assassinaram em Bete-Milo, no caminho que desce
para Sila. 21 Os oficiais que o assassinaram foram Jozabade,
filho de Simeate, e Jeozabade, filho de Somer. Ele morreu e
foi sepultado junto aos seus antepassados na Cidade de Davi.
E seu filho Amazias foi o seu sucessor.

O Reinado de Jeoacaz, Rei de Israel

13 No vigésimo terceiro ano do reinado de Joás, filho de Aca-
zias, rei de Judá, Jeoacaz, filho de Jeú, tornou-se rei de Israel
em Samaria e reinou dezessete anos. 2 Ele fez o que o SENHOR
reprova, seguindo os pecados que Jeroboão, filho de Nebate,
levara Israel a cometer; e não se afastou deles. 3 Por isso a ira
do SENHOR se acendeu contra Israel, e por longo tempo ele
os manteve sob o poder de Hazael, rei da Síria, e de seu filho
Ben-Hadade.
4 Então Jeoacaz buscou o favor do SENHOR, e este o atendeu,
pois viu quanto o rei da Síria oprimia Israel. 5 O SENHOR provi-
denciou um libertador para Israel, que escapou do poder da
Síria. Assim os israelitas moraram em suas casas como an-
teriormente. 6 Mas continuaram a praticar os pecados que a
dinastia de Jeroboão havia levado Israel a cometer, perma-
necendo neles. Até mesmo o poste sagrado permanecia em
pé em Samaria.
7 De todo o exército de Jeoacaz só restaram cinquenta cava-
leiros, dez carros de guerra e dez mil soldados de infantaria, pois
o rei da Síria havia destruído a maior parte, reduzindo-a a pó.
8 Os demais acontecimentos do reinado de Jeoacaz, os seus
atos e tudo o que realizou, estão escritos nos registros his-
tóricos dos reis de Israel. 9 Jeoacaz descansou com os seus
antepassados e foi sepultado em Samaria. Seu filho Jeoás foi
o seu sucessor.

O Reinado de Jeoás, Rei de Israel

10 No trigésimo sétimo ano do reinado de Joás, rei de Judá,
Jeoás, filho de Jeoacaz, tornou-se rei de Israel em Samaria
e reinou dezesseis anos. 11 Ele fez o que o SENHOR reprova e
não se desviou de nenhum dos pecados que Jeroboão, filho
de Nebate, levara Israel a cometer; antes permaneceu neles.

12 Os demais acontecimentos do reinado de Jeoás, os seus atos
e as suas realizações, inclusive sua guerra contra Amazias, rei
de Judá, estão escritos no livro dos registros históricos dos
reis de Israel. 13 Jeoás descansou com os seus antepassados e
Jeroboão o sucedeu no trono. Jeoás foi sepultado com os reis
de Israel em Samaria.
14 Ora, Eliseu estava sofrendo da doença da qual morreria.
Então Jeoás, rei de Israel, foi visitá-lo e, curvado sobre ele,
chorou gritando: "Meu pai! Meu pai! Tu és como os carros e os
cavaleiros de Israel!"
15 E Eliseu lhe disse: "Traga um arco e algumas flechas", e ele
assim fez. 16 "Pegue o arco em suas mãos", disse ao rei de Is-
rael. Quando pegou, Eliseu pôs suas mãos sobre as mãos do rei
17 e lhe disse: "Abra a janela que dá para o leste e atire". O rei
o fez, e Eliseu declarou: "Esta é a flecha da vitória do SENHOR,
a flecha da vitória sobre a Síria! Você destruirá totalmente os
arameus, em Afeque".
18 Em seguida Eliseu mandou o rei pegar as flechas e golpear
o chão. Ele golpeou o chão três vezes e parou. 19 O homem de
Deus ficou irado com ele e disse: "Você deveria ter golpeado
o chão cinco ou seis vezes; assim iria derrotar a Síria e a des-
truiria completamente. Mas agora você a vencerá somente
três vezes".
20 Então Eliseu morreu e foi sepultado. Ora, tropas moabitas
costumavam entrar no país a cada primavera. 21 Certa vez,
enquanto alguns israelitas sepultavam um homem, viram de
repente uma dessas tropas; então jogaram o corpo do homem
no túmulo de Eliseu e fugiram. Assim que o cadáver encostou
nos ossos de Eliseu, o homem voltou à vida e se levantou.
22 Hazael, rei da Síria, oprimiu os israelitas durante todo o rei-
nado de Jeoacaz. 23 Mas o SENHOR foi bondoso para com eles,
teve compaixão e mostrou preocupação por eles, por causa
da sua aliança com Abraão, Isaque e Jacó. Até hoje ele não se
dispôs a destruí-los ou a eliminá-los de sua presença.
24 E Hazael, rei da Síria, morreu, e seu filho Ben-Hadade foi
o seu sucessor. 25 Então Jeoás, filho de Jeoacaz, conquistou
de Ben-Hadade, filho de Hazael, as cidades que em combate
Hazael havia tomado de seu pai, Jeoacaz. Três vezes Jeoás o
venceu e, assim, reconquistou aquelas cidades israelitas.

O Reinado de Amazias, Rei de Judá

14 No segundo ano do reinado de Jeoás, filho de Jeoacaz,
rei de Israel, Amazias, filho de Joás, rei de Judá, começou a
reinar. 2 Ele tinha vinte e cinco anos de idade quando começou
a reinar e reinou vinte e nove anos em Jerusalém. O nome de
sua mãe era Jeoadã; ela era de Jerusalém. 3 Ele fez o que
o SENHOR aprova, mas não como Davi, seu predecessor. Em
tudo seguiu o exemplo do seu pai, Joás. 4 Mas os altares não
foram derrubados; o povo continuava a oferecer sacrifícios e a
queimar incenso neles.
5 Quando Amazias sentiu que tinha o reino sob pleno controle,
mandou executar os oficiais que haviam assassinado o rei, seu
pai. 6 Contudo, não matou os filhos dos assassinos, de acordo
com o que está escrito no Livro da Lei de Moisés, onde o
SENHOR ordenou: "Os pais não morrerão no lugar dos filhos
nem os filhos no lugar dos pais; cada um morrerá pelo seu
próprio pecado"[a].
7 Foi ele que derrotou dez mil edomitas no vale do Sal e con-
quistou a cidade de Selá em combate, dando-lhe o nome de
Jocteel, nome que tem até hoje.
8 Então Amazias enviou mensageiros a Jeoás, filho de Jeoacaz
e neto de Jeú, rei de Israel, com este desafio: "Venha me en-
frentar".
9 Jeoás, porém, respondeu a Amazias: "O espinheiro do Líbano
enviou uma mensagem ao cedro do Líbano: 'Dê sua filha em
casamento a meu filho'. Mas um animal selvagem do Líbano
veio e pisoteou o espinheiro. 10 De fato, você derrotou Edom
e agora está arrogante. Comemore a sua vitória, mas fique
em casa! Por que provocar uma desgraça que levará você e
também Judá à ruína?"
11 Amazias não quis ouvi-lo, e Jeoás, rei de Israel, o atacou. Ele
e Amazias, rei de Judá, enfrentaram-se em Bete-Semes, em
Judá. 12 Judá foi derrotado por Israel, e seus soldados fugiram
para as suas casas. 13 Jeoás capturou Amazias, filho de Joás e
neto de Acazias, em Bete-Semes. Então Jeoás foi a Jerusalém
e derrubou cento e oitenta metros[b] do muro da cidade, desde
a porta de Efraim até a porta da Esquina. 14 Ele se apoderou de
todo o ouro, de toda a prata e de todos os utensílios encon-
trados no templo do SENHOR e nos depósitos do palácio real.
Também fez reféns e, então, voltou para Samaria.
15 Os demais acontecimentos do reinado de Jeoás, os seus
atos e todas as suas realizações, inclusive sua guerra contra
Amazias, rei de Judá, estão escritos nos registros históricos
dos reis de Israel. 16 Jeoás descansou com seus antepassados
e foi sepultado com os reis de Israel em Samaria. E seu filho
Jeroboão foi o seu sucessor.
17 Amazias, filho de Joás, rei de Judá, viveu ainda mais quinze
anos depois da morte de Jeoás, filho de Jeoacaz, rei de Israel.
18 Os demais acontecimentos do reinado de Amazias estão es-
critos nos registros históricos dos reis de Judá.
19 Vítima de uma conspiração em Jerusalém, ele fugiu para La-
quis, mas o perseguiram até lá e o mataram. 20 Seu corpo foi
trazido de volta a cavalo e sepultado em Jerusalém, junto aos
seus antepassados, na Cidade de Davi.
21 Então todo o povo de Judá proclamou rei a Azarias[c], de dezes-
seis anos de idade, no lugar de seu pai, Amazias. 22 Foi ele que
reconquistou e reconstruiu a cidade de Elate para Judá, depois
que Amazias descansou com os seus antepassados.

O Reinado de Jeroboão, Rei de Israel

23 No décimo quinto ano do reinado de Amazias, filho de Joás,
rei de Judá, Jeroboão, filho de Jeoás, rei de Israel, tornou-se
rei em Samaria e reinou quarenta e um anos. 24 Ele fez o que o
SENHOR reprova e não se desviou de nenhum dos pecados que
Jeroboão, filho de Nebate, levara Israel a cometer. 25 Foi ele

[a] 14.6 Dt 24.16
[b] 14.13 Hebraico: *400 côvados*. O côvado era uma medida linear de cerca de 45 centímetros.
[c] 14.21 Também chamado Uzias.

que restabeleceu as fronteiras de Israel desde Lebo-Hamate
até o mar da Arabá[a], conforme a palavra do SENHOR, Deus de
Israel, anunciada pelo seu servo Jonas, filho de Amitai, profeta
de Gate-Héfer.
26 O SENHOR viu a amargura com que todos em Israel, tanto
escravos quanto livres, estavam sofrendo; não havia ninguém
para socorrê-los. 27 Visto que o SENHOR não dissera que apa-
garia o nome de Israel de debaixo do céu, ele os libertou pela
mão de Jeroboão, filho de Jeoás.
28 Os demais acontecimentos do reinado de Jeroboão, os seus
atos e as suas realizações militares, inclusive a maneira pela
qual recuperou para Israel Damasco e Hamate, que haviam per-
tencido a Iaudi[b], estão escritos nos registros históricos dos reis
de Israel. 29 Jeroboão descansou com os seus antepassados, os
reis de Israel. Seu filho Zacarias foi o seu sucessor.

15

O Reinado de Azarias, Rei de Judá

No vigésimo sétimo ano do reinado de Jeroboão, rei de
Israel, Azarias, filho de Amazias, rei de Judá, começou a reinar.
2 Tinha dezesseis anos de idade quando se tornou rei e reinou
cinquenta e dois anos em Jerusalém. Sua mãe era de Jeru-
salém e chamava-se Jecolias. 3 Ele fez o que o SENHOR aprova,
tal como o seu pai, Amazias. 4 Contudo, os altares idólatras não
foram derrubados; o povo continuava a oferecer sacrifícios e a
queimar incenso neles.
5 O SENHOR feriu o rei com lepra[c], até o dia de sua morte. Du-
rante todo esse tempo ele morou numa casa separada[d]. Jotão,
filho do rei, tomava conta do palácio e governava o povo.
6 Os demais acontecimentos do reinado de Azarias e todas as
suas realizações estão escritos nos registros históricos dos reis
de Judá. 7 Azarias descansou com os seus antepassados e foi
sepultado junto a eles na Cidade de Davi. Seu filho Jotão foi
o seu sucessor.

O Reinado de Zacarias, Rei de Israel

8 No trigésimo oitavo ano do reinado de Azarias, rei de Judá, Za-
carias, filho de Jeroboão, tornou-se rei de Israel em Samaria e
reinou seis meses. 9 Ele fez o que o SENHOR reprova, como seus
antepassados haviam feito. Não se desviou dos pecados que
Jeroboão, filho de Nebate, levara Israel a cometer.
10 Salum, filho de Jabes, conspirou contra Zacarias. Ele o atacou
na frente do povo[e], assassinou-o e foi o seu sucessor. 11 Os
demais acontecimentos do reinado de Zacarias estão escritos
nos registros históricos dos reis de Israel. 12 Assim se cumpriu a
palavra do SENHOR anunciada a Jeú: "Seus descendentes ocu-
parão o trono de Israel até a quarta geração".

O Reinado de Salum, Rei de Israel

13 Salum, filho de Jabes, começou a reinar no trigésimo oitavo
ano do reinado de Uzias, rei de Judá, e reinou um mês em
Samaria. 14 Então Menaém, filho de Gadi, foi de Tirza a Samaria
e atacou Salum, filho de Jabes, assassinou-o e foi o seu su-
cessor. 15 Os demais acontecimentos do reinado de Salum e a
conspiração que liderou estão escritos nos registros históricos
dos reis de Israel.
16 Naquela ocasião Menaém, partindo de Tirza, atacou Tifsa e
todos que estavam na cidade e seus arredores, porque eles se
recusaram a abrir as portas da cidade. Saqueou Tifsa e rasgou
ao meio todas as mulheres grávidas.

O Reinado de Menaém, Rei de Israel

17 No trigésimo nono ano do reinado de Azarias, rei de Judá,
Menaém, filho de Gadi, tornou-se rei de Israel e reinou dez
anos em Samaria. 18 Ele fez o que o SENHOR reprova. Durante
todo o seu reinado não se desviou dos pecados que Jeroboão,
filho de Nebate, levara Israel a cometer.
19 Então Pul[f], rei da Assíria, invadiu o país, e Menaém lhe deu
trinta e cinco toneladas[g] de prata para obter seu apoio e man-
ter-se no trono. 20 Menaém cobrou essa quantia de Israel.
Todos os homens de posses tiveram de contribuir com seis-
centos gramas[h] de prata no pagamento ao rei da Assíria. Então
ele interrompeu a invasão e foi embora.
21 Os demais acontecimentos do reinado de Menaém e todas as
suas realizações estão escritos nos registros históricos dos reis
de Israel. 22 Menaém descansou com os seus antepassados, e
seu filho Pecaías foi o seu sucessor.

O Reinado de Pecaías, Rei de Israel

23 No quinquagésimo ano do reinado de Azarias, rei de Judá,
Pecaías, filho de Menaém, tornou-se rei de Israel em Samaria
e reinou dois anos. 24 Pecaías fez o que o SENHOR reprova. Não
se desviou dos pecados que Jeroboão, filho de Nebate, levara
Israel a cometer. 25 Um dos seus principais oficiais, Peca, filho
de Remalias, conspirou contra ele. Levando consigo cinquenta
homens de Gileade, assassinou Pecaías e também Argobe e
Arié, na cidadela do palácio real em Samaria. Assim Peca matou
Pecaías e foi o seu sucessor.
26 Os demais acontecimentos do reinado de Pecaías e todas
as suas realizações estão escritos nos registros históricos dos
reis de Israel.

O Reinado de Peca, Rei de Israel

27 No quinquagésimo segundo ano do reinado de Azarias, rei
de Judá, Peca, filho de Remalias, tornou-se rei de Israel em
Samaria e reinou vinte anos. 28 Ele fez o que o SENHOR reprova.
Não se desviou dos pecados que Jeroboão, filho de Nebate,
levara Israel a cometer.
29 Durante o seu reinado, Tiglate-Pileser, rei da Assíria, invadiu
e conquistou Ijom, Abel-Bete-Maaca, Janoa, Quedes e Hazor.
Tomou Gileade e a Galileia, inclusive toda a terra de Naftali, e
deportou o povo para a Assíria. 30 Então Oseias, filho de Elá,
conspirou contra Peca, filho de Remalias. Ele o atacou e o

a **14.25** Isto é, o mar Morto.
b **14.28** Ou *Judá*
c **15.5** O termo hebraico não se refere somente à lepra, mas também a diversas doenças da pele.
d **15.5** Ou *casa onde estava desobrigado de suas responsabilidades*
e **15.10** Alguns manuscritos da Septuaginta dizem atacou em Ibleã.
f **15.19** Também chamado Tiglate-Pileser.
g **15.19** Hebraico: *1.000 talentos*. Um talento equivalia a 35 quilos.
h **15.20** Hebraico: *50 siclos*. Um siclo equivalia a 12 gramas.

assassinou, tornando-se o seu sucessor no vigésimo ano do
reinado de Jotão, filho de Uzias.
31 Os demais acontecimentos do reinado de Peca e todas as
suas realizações estão escritos nos registros históricos dos
reis de Israel.

O Reinado de Jotão, Rei de Judá

32 No segundo ano do reinado de Peca, filho de Remalias, rei
de Israel, Jotão, filho de Uzias, rei de Judá, começou a reinar.
33 Ele tinha vinte e cinco anos de idade quando começou a
reinar e reinou dezesseis anos em Jerusalém. O nome da sua
mãe era Jerusa, filha de Zadoque. 34 Ele fez o que o SENHOR
aprova, tal como seu pai, Uzias. 35 Contudo, os altares idólatras
não foram derrubados; o povo continuou a oferecer sacrifícios
e a queimar incenso neles. Jotão reconstruiu a porta superior
do templo do SENHOR.
36 Os demais acontecimentos do reinado de Jotão e as suas rea-
lizações estão escritos nos registros históricos dos reis de Judá.
37 (Naqueles dias o SENHOR começou a enviar Rezim, rei da Síria,
e Peca, filho de Remalias, contra Judá.) 38 Jotão descansou com
os seus antepassados e foi sepultado junto a eles na Cidade de
Davi, seu predecessor. Seu filho Acaz foi o seu sucessor.

16 O Reinado de Acaz, Rei de Judá

No décimo sétimo ano do reinado de Peca, filho de Rema-
lias, Acaz, filho de Jotão, rei de Judá, começou a reinar. 2 Acaz
tinha vinte anos de idade quando começou a reinar e reinou
dezesseis anos em Jerusalém. Ao contrário de Davi, seu prede-
cessor, não fez o que o SENHOR, o seu Deus, aprova. 3 Andou nos
caminhos dos reis de Israel e chegou até a queimar o seu filho
em sacrifício, imitando os costumes detestáveis das nações que
o SENHOR havia expulsado de diante dos israelitas. 4 Também
ofereceu sacrifícios e queimou incenso nos altares idólatras, no
alto das colinas e debaixo de toda árvore frondosa.
5 Então Rezim, rei da Síria, e Peca, filho de Remalias, rei de
Israel, saíram para lutar contra Acaz e sitiaram Jerusalém, mas
não conseguiram vencê-lo. 6 Naquela ocasião, Rezim recuperou
Elate para a Síria, expulsando os homens de Judá. Os edomitas
então se mudaram para Elate, onde vivem até hoje.
7 Acaz enviou mensageiros para dizer a Tiglate-Pileser, rei da
Assíria: "Sou teu servo e teu vassalo. Vem salvar-me das mãos
do rei da Síria e do rei de Israel, que estão me atacando". 8 Acaz
ajuntou a prata e o ouro encontrados no templo do SENHOR e
nos depósitos do palácio real e enviou-os como presente ao
rei da Assíria. 9 Este atendeu ao pedido, atacou Damasco e a
conquistou. Deportou seus habitantes para Quir e matou Rezim.
10 Então o rei Acaz foi a Damasco encontrar-se com Tiglate-
-Pileser, rei da Assíria. Ele viu o altar que havia em Damasco
e mandou ao sacerdote Urias um modelo do altar, com in-
formações detalhadas para a sua construção. 11 O sacerdote
Urias construiu um altar conforme as instruções que o rei Acaz
tinha enviado de Damasco e o terminou antes do retorno do
rei Acaz. 12 Quando o rei voltou de Damasco e viu o altar, apro-
ximou-se dele e apresentou ofertas[a] sobre ele. 13 Ofereceu seu
holocausto[b] e sua oferta de cereal, derramou sua oferta de
bebidas[c] e aspergiu sobre o altar o sangue dos seus sacrifícios
de comunhão[d]. 14 Ele tirou da frente do templo, da parte entre o
altar e o templo do SENHOR, o altar de bronze que ficava diante
do SENHOR e o colocou no lado norte do altar.
15 Então o rei Acaz deu estas ordens ao sacerdote Urias: "No
altar grande, ofereça o holocausto da manhã e a oferta de
cereal da tarde, o holocausto do rei e sua oferta de cereal, e
o holocausto, a oferta de cereal e a oferta derramada de todo
o povo. Espalhe sobre o altar todo o sangue dos holocaustos
e dos sacrifícios. Mas utilizarei o altar de bronze para buscar
orientação". 16 E o sacerdote Urias fez como o rei Acaz tinha
ordenado.
17 O rei tirou os painéis laterais e retirou as pias dos estrados
móveis. Tirou o tanque de cima dos touros de bronze que o
sustentavam e o colocou sobre uma base de pedra. 18 Por causa
do rei da Assíria, tirou a cobertura que se usava no sábado[e],
que fora construída no templo, e suprimiu a entrada real do
lado de fora do templo do SENHOR.
19 Os demais acontecimentos do reinado de Acaz e suas reali-
zações estão escritos nos registros históricos dos reis de Judá.
20 Acaz descansou com os seus antepassados e foi sepultado
junto a eles na Cidade de Davi. Seu filho Ezequias foi o seu
sucessor.

17 O Reinado de Oseias, o Último Rei de Israel

1 No décimo segundo ano do reinado de Acaz, rei de Judá,
Oseias, filho de Elá, tornou-se rei de Israel em Samaria e reinou
nove anos. 2 Ele fez o que o SENHOR reprova, mas não como os
reis de Israel que o precederam.
3 Salmaneser, rei da Assíria, foi atacar Oseias, que fora seu
vassalo e lhe pagara tributo. 4 Mas o rei da Assíria descobriu que
Oseias era um traidor, pois havia mandado emissários a Sô, rei
do Egito, e já não pagava mais o tributo, como costumava fazer
anualmente. Por isso, Salmaneser mandou lançá-lo na prisão.
5 O rei da Assíria invadiu todo o país, marchou contra Samaria
e a sitiou por três anos. 6 No nono ano do reinado de Oseias,
o rei assírio conquistou Samaria e deportou os israelitas para
a Assíria. Ele os colocou em Hala, em Gozã do rio Habor e nas
cidades dos medos.

Israel é Castigado com o Exílio

7 Tudo isso aconteceu porque os israelitas haviam pecado
contra o SENHOR, o seu Deus, que os tirara do Egito, de sob
o poder do faraó, rei do Egito. Eles prestaram culto a outros
deuses 8 e seguiram os costumes das nações que o SENHOR
havia expulsado de diante deles, bem como os costumes que
os reis de Israel haviam introduzido. 9 Os israelitas praticaram
o mal secretamente contra o SENHOR, o seu Deus. Em todas as

a 16.12 Ou *e subiu*
b 16.13 Isto é, sacrifício totalmente queimado.
c 16.13 Veja Nm 28.7.
d 16.13 Ou *de paz*
e 16.18 Ou *a plataforma de seu trono*

suas cidades, desde as torres das sentinelas até as cidades
fortificadas, eles construíram altares idólatras. 10 Ergueram
colunas sagradas e postes sagrados em todo monte alto e
debaixo de toda árvore frondosa. 11 Em todos os altares idóla-
tras queimavam incenso, como faziam as nações que o SENHOR
havia expulsado de diante deles. Fizeram males que provo-
caram o SENHOR à ira. 12 Prestaram culto a ídolos, embora o
SENHOR houvesse dito: "Não façam isso". 13 O SENHOR advertiu
Israel e Judá por meio de todos os seus profetas e videntes:
"Desviem-se de seus maus caminhos. Obedeçam às minhas
ordenanças e aos meus decretos, de acordo com toda a Lei que
ordenei aos seus antepassados que obedecessem e que lhes
entreguei por meio de meus servos, os profetas".
14 Mas eles não quiseram ouvir e foram obstinados como seus
antepassados, que não confiaram no SENHOR, o seu Deus.
15 Rejeitaram os seus decretos, a aliança que ele tinha feito
com os seus antepassados e as suas advertências. Seguiram
ídolos inúteis, tornando-se eles mesmos inúteis. Imitaram as
nações ao seu redor, embora o SENHOR lhes tivesse ordenado:
"Não as imitem".
16 Abandonaram todos os mandamentos do SENHOR, o seu Deus,
e fizeram para si dois ídolos de metal na forma de bezerros e
um poste sagrado de Aserá. Inclinaram-se diante de todos os
exércitos celestiais e prestaram culto a Baal. 17 Queimaram seus
filhos e filhas em sacrifício. Praticaram adivinhação e feitiçaria
e venderam-se para fazer o que o SENHOR reprova, provocan-
do-o à ira.
18 Então o SENHOR indignou-se muito contra Israel e os expulsou
da sua presença. Só a tribo de Judá escapou, 19 mas nem ela
obedeceu aos mandamentos do SENHOR, o seu Deus. Seguiram
os costumes que Israel havia introduzido. 20 Por isso o SENHOR
rejeitou todo o povo de Israel; ele o afligiu e o entregou nas
mãos de saqueadores, até expulsá-lo da sua presença.
21 Quando o SENHOR separou Israel da dinastia de Davi, os is-
raelitas escolheram como rei Jeroboão, filho de Nebate, que
induziu Israel a deixar de seguir o SENHOR e o levou a cometer
grande pecado. 22 Os israelitas permaneceram em todos os pe-
cados de Jeroboão e não se desviaram deles, 23 até que o SE-
NHOR os afastou de sua presença, conforme os havia advertido
por meio de todos os seus servos, os profetas. Assim, o povo
de Israel foi tirado de sua terra e levado para o exílio na Assíria,
onde ainda hoje permanecem.

O Repovoamento de Samaria

24 O rei da Assíria trouxe gente da Babilônia, de Cuta, de Ava,
de Hamate e de Sefarvaim e os estabeleceu nas cidades de
Samaria para substituir os israelitas. Eles ocuparam Samaria e
habitaram em suas cidades. 25 Quando começaram a viver ali,
não adoravam o SENHOR; por isso ele enviou leões para o meio
deles, que mataram alguns dentre o povo. 26 Então informaram
o rei da Assíria: "Os povos que deportaste e fizeste morar nas
cidades de Samaria não sabem o que o Deus daquela terra
exige. Ele enviou leões para matá-los, pois desconhecem as
suas exigências".
27 Então o rei da Assíria deu esta ordem: "Façam um dos sa-
cerdotes de Samaria que vocês levaram prisioneiros retornar e
viver ali para ensinar as exigências do deus da terra". 28 Então
um dos sacerdotes exilados de Samaria veio morar em Betel e
lhes ensinou a adorar o SENHOR.
29 No entanto, cada grupo fez seus próprios deuses nas diversas
cidades em que moravam e os puseram nos altares idólatras
que o povo de Samaria havia feito. 30 Os da Babilônia fizeram
Sucote-Benote, os de Cuta fizeram Nergal e os de Hamate fi-
zeram Asima; 31 os aveus fizeram Nibaz e Tartaque; os sefarvitas
queimavam seus filhos em sacrifício a Adrameleque e Aname-
leque, deuses de Sefarvaim. 32 Eles adoravam o SENHOR, mas
também nomeavam qualquer pessoa para lhes servir como
sacerdote nos altares idólatras. 33 Adoravam o SENHOR, mas
também prestavam culto aos seus próprios deuses, conforme
os costumes das nações de onde haviam sido trazidos.
34 Até hoje eles continuam em suas antigas práticas. Não
adoram o SENHOR nem se comprometem com os decretos,
com as ordenanças, com as leis e com os mandamentos que o
SENHOR deu aos descendentes de Jacó, a quem deu o nome de
Israel. 35 Quando o SENHOR fez uma aliança com os israelitas,
ele lhes ordenou: "Não adorem outros deuses, não se inclinem
diante deles, não lhes prestem culto nem lhes ofereçam sacri-
fício. 36 Mas o SENHOR, que os tirou do Egito com grande poder e
com braço forte, é quem vocês adorarão. Diante dele vocês se
inclinarão e lhe oferecerão sacrifícios. 37 Vocês sempre tomarão
o cuidado de obedecer aos decretos, às ordenanças, às leis e
aos mandamentos que lhes prescreveu. Não adorem outros
deuses. 38 Não esqueçam a aliança que fiz com vocês e não
adorem outros deuses. 39 Antes, adorem o SENHOR, o seu Deus;
ele os livrará das mãos de todos os seus inimigos".
40 Contudo, eles não lhe deram atenção, mas continuaram em
suas antigas práticas. 41 Mesmo quando esses povos adoravam
o SENHOR, também prestavam culto aos seus ídolos. Até hoje
seus filhos e seus netos continuam a fazer o que os seus an-
tepassados faziam.

18 O Reinado de Ezequias, Rei de Judá

No terceiro ano do reinado de Oseias, filho de Elá, rei de
Israel, Ezequias, filho de Acaz, rei de Judá, começou a reinar.
2 Ele tinha vinte e cinco anos de idade quando começou a reinar
e reinou vinte e nove anos em Jerusalém. O nome de sua mãe
era Abia[a], filha de Zacarias. 3 Ele fez o que o SENHOR aprova, tal
como tinha feito Davi, seu predecessor. 4 Removeu os altares
idólatras, quebrou as colunas sagradas e derrubou os postes
sagrados. Despedaçou a serpente de bronze que Moisés havia
feito, pois até aquela época os israelitas lhe queimavam in-
censo. Era chamada[b] Neustã.
5 Ezequias confiava no SENHOR, o Deus de Israel. Nunca houve
ninguém como ele entre todos os reis de Judá, nem antes nem
depois dele. 6 Ele se apegou ao SENHOR e não deixou de se-
gui-lo; obedeceu aos mandamentos que o SENHOR tinha dado

a 18.2 Hebraico: *Abi*, variante de *Abia*.
b 18.4 Ou *Ele lhe deu o nome de*

a Moisés. 7 E o SENHOR estava com ele; era bem-sucedido em
tudo o que fazia. Rebelou-se contra o rei da Assíria e deixou de
submeter-se a ele. 8 Desde as torres das sentinelas até a cidade
fortificada, ele derrotou os filisteus, até Gaza e o seu território.
9 No quarto ano do reinado do rei Ezequias, o sétimo ano do
reinado de Oseias, filho de Elá, rei de Israel, Salmaneser, rei
da Assíria, marchou contra Samaria e a cercou. 10 Ao fim de três
anos, os assírios a tomaram. Assim a cidade foi conquistada no
sexto ano do reinado de Ezequias, o nono ano do reinado de
Oseias, rei de Israel. 11 O rei assírio deportou os israelitas para
a Assíria e os estabeleceu em Hala, em Gozã do rio Habor e
nas cidades dos medos. 12 Isso aconteceu porque os israelitas
não obedeceram ao SENHOR, o seu Deus, mas violaram a sua
aliança: tudo o que Moisés, o servo do SENHOR, tinha ordenado.
Não o ouviram nem lhe obedeceram.
13 No décimo quarto ano do reinado do rei Ezequias, Senaque-
ribe, rei da Assíria, atacou todas as cidades fortificadas de
Judá e as conquistou. 14 Então Ezequias, rei de Judá, enviou
esta mensagem ao rei da Assíria, em Laquis: "Cometi um erro.
Para de atacar-me, e eu pagarei tudo o que exigires". O rei
da Assíria cobrou de Ezequias, rei de Judá, dez toneladas e
meia[a] de prata e um mil e cinquenta quilos de ouro. 15 Assim,
Ezequias lhes deu toda a prata que se encontrou no templo e
na tesouraria do palácio real.
16 Nessa ocasião Ezequias, rei de Judá, retirou o ouro com que
havia coberto as portas e os batentes do templo do SENHOR e
o deu ao rei da Assíria.

A Ameaça de Senaqueribe a Jerusalém

17 De Laquis o rei da Assíria enviou ao rei Ezequias, em Jeru-
salém, seu general, seu oficial principal e seu comandante de
campo com um grande exército. Eles subiram a Jerusalém e
pararam no aqueduto do açude superior, na estrada que leva
ao campo do Lavandeiro. 18 Eles chamaram pelo rei; e o admi-
nistrador do palácio, Eliaquim, filho de Hilquias, o secretário
Sebna e o arquivista real Joá, filho de Asafe, foram ao seu
encontro.
19 O comandante de campo lhes disse: "Digam isto a Ezequias:
"Assim diz o grande rei, o rei da Assíria: 'Em que você baseia
sua confiança? 20 Você pensa que meras palavras já são estra-
tégia e poderio militar. Em quem você está confiando para se
rebelar contra mim? 21 Você está confiando no Egito, aquele ca-
niço quebrado que espeta e perfura a mão do homem que nele
se apoia! Assim o faraó, rei do Egito, retribui a quem confia
nele. 22 Mas, se vocês me disserem: "Estamos confiando no
SENHOR, o nosso Deus"; não é ele aquele cujos santuários e
altares Ezequias removeu, dizendo a Judá e Jerusalém: "Vocês
devem adorar diante deste altar em Jerusalém"?'
23 "Aceite, pois, agora, o desafio do meu senhor, o rei da As-
síria: 'Eu lhe darei dois mil cavalos, se você tiver cavaleiros para
eles!' 24 Como você pode derrotar o mais insignificante guer-
reiro do meu senhor? Você confia no Egito para lhe dar carros
de guerra e cavaleiros? 25 Além disso, será que vim atacar e
destruir este local sem uma palavra da parte do SENHOR? O
próprio SENHOR me disse que marchasse contra este país e o
destruísse".
26 Então Eliaquim, filho de Hilquias, Sebna e Joá disseram
ao comandante de campo: "Por favor, fala com teus servos
em aramaico, porque entendemos essa língua. Não fales em
hebraico, pois assim o povo que está sobre os muros o en-
tenderá".
27 O comandante, porém, respondeu: "Será que meu senhor
enviou-me para dizer essas coisas somente para o seu senhor
e para você, e não para os que estão sentados no muro, que,
como vocês, terão que comer as próprias fezes e beber a pró-
pria urina?"
28 Então o comandante levantou-se e gritou em hebraico:
"Ouçam a palavra do grande rei, o rei da Assíria! 29 Assim diz o
rei: 'Não deixem que Ezequias os engane. Ele não poderá livrá-
-los de minha mão. 30 Não deixem Ezequias convencê-los a con-
fiar no SENHOR, quando diz: "Com certeza o SENHOR nos livrará;
esta cidade não será entregue nas mãos do rei da Assíria" '.
31 "Não deem ouvidos a Ezequias. Assim diz o rei da Assíria:
'Façam paz comigo e rendam-se. Então cada um de vocês co-
merá de sua própria videira e de sua própria figueira e beberá
água de sua própria cisterna, 32 até que eu venha e os leve para
uma terra igual à de vocês, terra de cereais, de vinho, terra de
pão e de vinhas, terra de oliveiras e de mel. Escolham a vida
e não a morte! Não deem ouvidos a Ezequias, pois ele os está
iludindo, quando diz: "O SENHOR nos livrará" '.
33 "Será que o deus de alguma nação conseguiu livrar sua terra
das mãos do rei da Assíria? 34 Onde estão os deuses de Hamate
e de Arpade? Onde estão os deuses de Sefarvaim, de Hena e de
Iva? Acaso livraram Samaria das minhas mãos? 35 Qual dentre
todos os deuses dessas nações conseguiu livrar sua terra do
meu poder? Como então o SENHOR poderá livrar Jerusalém das
minhas mãos?"
36 Mas o povo permaneceu calado e nada disse em resposta,
pois o rei tinha ordenado: "Não lhe respondam".
37 Então o administrador do palácio, Eliaquim, filho de Hilquias,
o secretário Sebna e o arquivista real Joá, filho de Asafe, re-
tornaram com as vestes rasgadas a Ezequias e lhe relataram o
que o comandante de campo tinha dito.

19 A Predição da Libertação de Jerusalém

Ao ouvir o relato, o rei Ezequias rasgou as suas vestes,
pôs roupas de luto e entrou no templo do SENHOR. 2 Ele enviou
o administrador do palácio, Eliaquim, o secretário Sebna e os
sacerdotes principais, todos vestidos com pano de saco, ao
profeta Isaías, filho de Amoz. 3 Eles lhe disseram: "Assim diz
Ezequias: 'Hoje é dia de angústia, de repreensão e de humi-
lhação; estamos como a mulher que está para dar à luz filhos,
mas não tem forças para fazê-los nascer. 4 Talvez o SENHOR, o
teu Deus, ouça todas as palavras do comandante de campo,
a quem o senhor dele, o rei da Assíria, enviou para zombar do
Deus vivo. E que o SENHOR, o teu Deus, o repreenda pelas pa

[a] 18.14 Hebraico: *300 talentos*. Um talento equivalia a 35 quilos.

lavras que ouviu. Portanto, suplica a Deus pelo remanescente que ainda sobrevive' ".

5 Quando os oficiais do rei Ezequias chegaram a Isaías, 6 este lhes disse: "Digam a seu senhor que assim diz o SENHOR: 'Não tenha medo das palavras que você ouviu, das blasfêmias que os servos do rei da Assíria lançaram contra mim. 7 Ouça! Eu o farei tomar a decisão de[a] retornar ao seu próprio país, quando ele ouvir certa notícia. E lá o farei morrer à espada' ".

8 Quando o comandante de campo soube que o rei da Assíria havia partido de Laquis, retirou-se e encontrou o rei lutando contra Libna.

9 Ora, Senaqueribe fora informado de que Tiraca, rei etíope[b] do Egito, estava vindo lutar contra ele, de modo que mandou novamente mensageiros a Ezequias com este recado: 10 "Digam a Ezequias, rei de Judá: 'Não deixe que o Deus no qual você confia o engane, quando diz: "Jerusalém não cairá nas mãos do rei da Assíria". 11 Com certeza você ouviu o que os reis da Assíria têm feito a todas as nações, como as destruíram por completo. E você haveria de livrar-se? 12 Acaso os deuses das nações que foram destruídas por meus antepassados as livraram: os deuses de Gozã, Harã, Rezefe e do povo de Éden, que estava em Telassar? 13 Onde estão o rei de Hamate, o rei de Arpade, o rei da cidade de Sefarvaim, de Hena e de Iva?' "

A Oração de Ezequias

14 Ezequias recebeu a carta das mãos dos mensageiros e a leu. Então subiu ao templo do SENHOR e estendeu-a perante o SENHOR. 15 E Ezequias orou ao SENHOR: "SENHOR, Deus de Israel, que reinas em teu trono, entre os querubins, só tu és Deus sobre todos os reinos da terra. Tu criaste os céus e a terra. 16 Dá ouvidos, SENHOR, e vê; ouve as palavras que Senaqueribe enviou para insultar o Deus vivo.

17 "É verdade, SENHOR, que os reis assírios fizeram de todas essas nações e seus territórios um deserto. 18 Atiraram os deuses delas no fogo e os destruíram, pois não eram deuses; eram apenas madeira e pedra moldadas por mãos humanas. 19 Agora, SENHOR nosso Deus, salva-nos das mãos dele, para que todos os reinos da terra saibam que só tu, SENHOR, és Deus".

A Profecia de Isaías sobre a Queda de Senaqueribe

20 Então Isaías, filho de Amoz, enviou uma mensagem a Ezequias: "Assim diz o SENHOR, o Deus de Israel: 'Ouvi a sua oração acerca de Senaqueribe, o rei da Assíria'. 21 Esta é a palavra que o SENHOR falou contra ele: " 'A virgem, a filha de Sião, o despreza e zomba de você. A filha de Jerusalém meneia a cabeça enquanto você foge. 22 De quem você zombou e contra quem blasfemou? Contra quem você levantou a voz e contra quem ergueu o seu olhar arrogante? Contra o Santo de Israel! 23 Sim, você insultou o Senhor por meio dos seus mensageiros. E declarou: "Com carros sem conta subi, aos pontos mais elevados e às inacessíveis alturas do Líbano. Derrubei os seus mais altos cedros, os seus melhores pinheiros. Entrei em suas regiões mais remotas, e nas suas mais densas florestas. 24 Em terras estrangeiras cavei poços e bebi água. Com as solas de meus pés sequei todos os rios do Egito".

25 " 'Você não percebe que há muito tempo eu já havia determinado tudo isso. Desde a antiguidade planejei o que agora faço acontecer, que você deixaria cidades fortificadas em ruínas. 26 Seus habitantes, sem forças, desanimam-se envergonhados. São como pastagens, como brotos tenros e verdes, como ervas no telhado, queimadas antes de crescer. 27 Eu, porém, sei onde você está, sei quando você sai e quando retorna; e como você se enfurece contra mim. 28 Sim, contra mim você se enfureceu e o seu atrevimento chegou aos meus ouvidos. Por isso porei o meu anzol em seu nariz e o meu freio em sua boca, e o farei voltar pelo caminho por onde veio.

29 " 'A você, Ezequias, darei este sinal: Neste ano vocês comerão do que crescer por si, e no próximo o que daquilo brotar. Mas no terceiro ano semeiem e colham, plantem vinhas e comam o seu fruto. 30 Mais uma vez, um remanescente da tribo de Judá sobreviverá, lançará raízes na terra e se encherão de frutos os seus ramos. 31 De Jerusalém sairão sobreviventes, e um remanescente do monte Sião. O zelo do SENHOR dos Exércitos o executará'.

32 "Portanto, assim diz o SENHOR acerca do rei da Assíria: 'Ele não invadirá esta cidade nem disparará contra ela uma só flecha. Não a enfrentará com escudo nem construirá rampas de cerco contra ela. 33 Pelo caminho por onde veio voltará; não invadirá esta cidade', declara o SENHOR. 34 'Eu a defenderei e a salvarei, por amor de mim mesmo e do meu servo Davi' ".

35 Naquela noite o anjo do SENHOR saiu e matou cento e oitenta e cinco mil homens no acampamento assírio. Quando o povo se levantou na manhã seguinte, o lugar estava repleto de cadáveres! 36 Então Senaqueribe, rei da Assíria, desmontou o acampamento e foi embora. Voltou para Nínive e lá ficou.

37 Certo dia, enquanto ele estava adorando no templo de seu deus Nisroque, seus filhos Adrameleque e Sarezer mataram-no à espada e fugiram para a terra de Ararate. Seu filho Esar-Hadom foi o seu sucessor.

A Doença de Ezequias

20 Naquele tempo Ezequias ficou doente e quase morreu. O profeta Isaías, filho de Amoz, foi visitá-lo e lhe disse: "Assim diz o SENHOR: 'Ponha em ordem a sua casa, pois você vai morrer; não se recuperará' ".

2 Ezequias virou o rosto para a parede e orou ao SENHOR: 3 "Lembra-te, SENHOR, como tenho te servido com fidelidade e com devoção sincera. Tenho feito o que tu aprovas". E Ezequias chorou amargamente.

4 Antes de Isaías deixar o pátio intermediário, a palavra do SENHOR veio a ele: 5 "Volte e diga a Ezequias, líder do meu povo: Assim diz o SENHOR, Deus de Davi, seu predecessor: 'Ouvi sua oração e vi suas lágrimas; eu o curarei. Daqui a três dias você subirá ao templo do SENHOR. 6 Acrescentarei quinze anos à sua vida. E livrarei você e esta cidade das mãos do rei da Assíria.

---

[a] 19.7 Ou *Colocarei nele um espírito que o fará*

[b] 19.9 Hebraico: *cuxita*.

Defenderei esta cidade por causa de mim mesmo e do meu
servo Davi'. ".
7 Então disse Isaías: "Preparem um emplastro de figos". Eles o
fizeram e o aplicaram na úlcera; e ele se recuperou.
8 Ezequias havia perguntado a Isaías: "Qual será o sinal de que
o SENHOR me curará e de que de hoje a três dias subirei ao
templo do SENHOR?"
9 Isaías respondeu: "O sinal de que o SENHOR vai cumprir o que
prometeu é este: você prefere que a sombra avance ou recue
dez degraus na escadaria?"
10 Disse Ezequias: "Como é fácil a sombra avançar dez degraus,
prefiro que ela recue dez degraus".
11 Então o profeta Isaías clamou ao SENHOR, e este fez a sombra
recuar os dez degraus que havia descido na escadaria de Acaz.

Mensageiros da Babilônia

12 Naquela época, o rei da Babilônia, Merodaque-Baladã, filho
de Baladã, enviou cartas e um presente para Ezequias, pois
soubera da sua doença. 13 Ezequias recebeu em audiência os
mensageiros e mostrou-lhes tudo o que havia em seus arma-
zéns: a prata, o ouro, as especiarias e o azeite finíssimo, o
seu arsenal e tudo o que havia em seus tesouros. Não houve
nada em seu palácio ou em seu reino que Ezequias não lhes
mostrasse.
14 Então o profeta Isaías foi ao rei Ezequias e lhe perguntou:
"O que esses homens disseram? De onde vieram?" Ezequias
respondeu: "De uma terra distante. Vieram da Babilônia".
15 O profeta perguntou: "O que eles viram em seu palácio?"
Disse Ezequias: "Viram tudo em meu palácio. Não há nada em
meus tesouros que eu não lhes tenha mostrado".
16 Então Isaías disse a Ezequias: "Ouça a palavra do SENHOR:
17 'Um dia, tudo o que se encontra em seu palácio, bem como
tudo o que os seus antepassados acumularam até hoje, será
levado para a Babilônia. Nada restará', diz o SENHOR. 18 'Alguns
dos seus próprios descendentes serão levados, e eles se tor-
narão eunucos no palácio do rei da Babilônia' ".
19 Respondeu Ezequias ao profeta: "Boa é a palavra do SENHOR
que anunciaste", pois ele entendeu que durante sua vida ha-
veria paz e segurança.
20 Os demais acontecimentos do reinado de Ezequias, todas as
suas realizações, inclusive a construção do açude e do túnel
que canalizou água para a cidade, estão escritos no livro dos
registros históricos dos reis de Judá. 21 Ezequias descansou com
os seus antepassados, e seu filho Manassés foi o seu sucessor.

O Reinado de Manassés, Rei de Judá

21 1 Manassés tinha doze anos de idade quando começou a
reinar e reinou cinquenta e cinco anos em Jerusalém. O nome
de sua mãe era Hefzibá. 2 Ele fez o que o SENHOR reprova, imi-
tando as práticas detestáveis das nações que o SENHOR havia
expulsado de diante dos israelitas. 3 Reconstruiu os altares idó-
latras que seu pai, Ezequias, havia demolido e também ergueu
altares para Baal e fez um poste sagrado para Aserá, como
fizera Acabe, rei de Israel. Inclinou-se diante de todos os exér-
citos celestes e lhes prestou culto. 4 Construiu altares no templo
do SENHOR, do qual este havia dito: "Em Jerusalém porei o meu
nome". 5 Nos dois pátios do templo do SENHOR ele construiu
altares para todos os exércitos celestes. 6 Chegou a queimar o
próprio filho em sacrifício, praticou feitiçaria e adivinhação e
recorreu a médiuns e a quem consultava os espíritos. Fez o que
o SENHOR reprova, provocando-o à ira.
7 Ele tomou o poste sagrado que havia feito e o pôs no templo,
do qual o SENHOR tinha dito a Davi e a seu filho Salomão: "Neste
templo e em Jerusalém, que escolhi dentre todas as tribos de
Israel, porei o meu nome para sempre. 8 Não farei os pés dos
israelitas andarem errantes novamente, longe da terra que dei
aos seus antepassados, se tão somente tiverem o cuidado de
fazer tudo o que lhes ordenei e de obedecer a toda a Lei que
meu servo Moisés lhes deu". 9 Mas o povo não quis ouvir. Ma-
nassés os desviou, a ponto de fazerem pior do que as nações
que o SENHOR havia destruído diante dos israelitas.
10 E o SENHOR disse por meio dos seus servos, os profetas:
11 "Manassés, rei de Judá, cometeu esses atos repugnantes.
Agiu pior do que os amorreus que o antecederam e também
levou Judá a pecar com os ídolos que fizera. 12 Portanto, assim
diz o SENHOR, o Deus de Israel: Causarei uma tal desgraça em
Jerusalém e em Judá que os ouvidos de quem ouvir a respeito
ficarão zumbindo. 13 Estenderei sobre Jerusalém o fio de medir
utilizado contra Samaria e o fio de prumo usado contra a fa-
mília de Acabe. Limparei Jerusalém como se limpa um prato,
lavando-o e virando-o de cabeça para baixo. 14 Abandonarei o
remanescente da minha herança e o entregarei nas mãos de
seus inimigos. Serão despojados e saqueados por todos os seus
adversários, 15 pois fizeram o que eu reprovo e me provocaram
à ira, desde o dia em que os seus antepassados saíram do
Egito até hoje".
16 Manassés também derramou tanto sangue inocente que en-
cheu Jerusalém de um extremo a outro; além disso levou Judá
a cometer pecado e fazer o que o SENHOR reprova.
17 Os demais acontecimentos do reinado de Manassés e todas
as suas realizações, inclusive o pecado que cometeu, estão
escritos no livro dos registros históricos dos reis de Judá. 18 Ma-
nassés descansou com os seus antepassados e foi sepultado
no jardim do seu palácio, o jardim de Uzá. E seu filho Amom
foi o seu sucessor.

O Reinado de Amom, Rei de Judá

19 Amom tinha vinte e dois anos de idade quando começou a
reinar e reinou dois anos em Jerusalém. O nome de sua mãe
era Mesulemete, filha de Haruz; ela era de Jotbá. 20 Ele fez o
que o SENHOR reprova, como fizera Manassés, seu pai. 21 Imitou
o seu pai em tudo; prestou culto aos ídolos aos quais seu pai
havia cultuado e inclinou-se diante deles. 22 Abandonou o SE-
NHOR, o Deus dos seus antepassados, e não andou no caminho
do SENHOR.
23 Os oficiais de Amom conspiraram contra ele e o assassinaram
em seu palácio. 24 Mas o povo matou todos os que haviam cons-

pirado contra o rei Amom, e a seu filho Josias proclamou rei
em seu lugar.
25 Os demais acontecimentos do reinado de Amom e as suas
realizações estão escritos no livro dos registros históricos dos
reis de Judá. 26 Ele foi sepultado em seu túmulo no jardim de
Uzá. Seu filho Josias foi o seu sucessor.

O Livro da Lei é Encontrado

22 Josias tinha oito anos de idade quando começou a reinar
e reinou trinta e um anos em Jerusalém. O nome de sua mãe
era Jedida, filha de Adaías; ela era de Bozcate. 2 Ele fez o que o
SENHOR aprova e andou nos caminhos de Davi, seu predecessor,
sem desviar-se nem para a direita nem para a esquerda.
3 No décimo oitavo ano do seu reinado, o rei Josias enviou o
secretário Safã, filho de Azalias e neto de Mesulão, ao templo
do SENHOR, dizendo: 4 "Vá ao sumo sacerdote Hilquias e man-
de-o ajuntar a prata que foi trazida ao templo do SENHOR, que
os guardas das portas recolheram do povo. 5 Eles deverão
entregar a prata aos homens nomeados para supervisionar a
reforma do templo, para poderem pagar os trabalhadores que
fazem os reparos no templo do SENHOR: 6 os carpinteiros, os
construtores e os pedreiros. Além disso comprarão madeira
e pedras lavradas para os reparos no templo. 7 Mas eles não
precisarão prestar contas da prata que lhes foi confiada, pois
estão agindo com honestidade".
8 Então o sumo sacerdote Hilquias disse ao secretário Safã:
"Encontrei o Livro da Lei no templo do SENHOR". Ele o entregou
a Safã, que o leu. 9 O secretário Safã voltou ao rei e lhe in-
formou: "Teus servos entregaram a prata que havia no templo
do SENHOR e a confiaram aos trabalhadores e aos supervisores
no templo". 10 E o secretário Safã acrescentou: "O sacerdote
Hilquias entregou-me um livro". E Safã o leu para o rei.
11 Assim que o rei ouviu as palavras do Livro da Lei, rasgou suas
vestes 12 e deu estas ordens ao sacerdote Hilquias, a Aicam,
filho de Safã, a Acbor, filho de Micaías, ao secretário Safã e
ao auxiliar real Asaías: 13 "Vão consultar o SENHOR por mim,
pelo povo e por todo o Judá acerca do que está escrito neste
livro que foi encontrado. A ira do SENHOR contra nós deve ser
grande, pois os nossos antepassados não obedeceram às pa-
lavras deste livro nem agiram de acordo com tudo o que nele
está escrito a nosso respeito".
14 O sacerdote Hilquias, Aicam, Acbor, Safã e Asaías foram falar
com a profetisa Hulda, mulher de Salum, filho de Ticvá e neto
de Harás, responsável pelo guarda-roupa do templo. Ela mo-
rava no bairro novo de Jerusalém.
15 Ela lhes disse: "Assim diz o SENHOR, o Deus de Israel: 'Digam
ao homem que os enviou a mim 16 que assim diz o SENHOR:
Trarei desgraça sobre este lugar e sobre os seus habitantes;
tudo o que está escrito no livro que o rei de Judá leu. 17 Porque
me abandonaram e queimaram incenso a outros deuses, pro-
vocando a minha ira por meio de todos os ídolos que as mãos
deles têm feito[a], a chama da minha ira arderá contra este lugar
e não será apagada'. 18 Digam ao rei de Judá, que os enviou
para consultar o SENHOR: Assim diz o SENHOR, o Deus de Israel,
acerca das palavras que você ouviu: 19 'Já que o seu coração
se abriu e você se humilhou diante do SENHOR ao ouvir o que
falei contra este lugar e contra os seus habitantes, que seriam
arrasados e amaldiçoados, e porque você rasgou as vestes
e chorou na minha presença, eu o ouvi', declara o SENHOR.
20 'Portanto, eu o reunirei aos seus antepassados, e você será
sepultado em paz. Seus olhos não verão toda a desgraça que
vou trazer sobre este lugar' ". Então eles levaram a resposta
ao rei.

Josias Renova a Aliança

23 Depois disso, o rei convocou todas as autoridades de
Judá e de Jerusalém. 2 Em seguida o rei subiu ao templo do
SENHOR acompanhado por todos os homens de Judá, todo o
povo de Jerusalém, os sacerdotes e os profetas; todo o povo,
dos mais simples aos mais importantes[b]. Para todos o rei leu
em alta voz todas as palavras do Livro da Aliança que havia sido
encontrado no templo do SENHOR. 3 O rei colocou-se junto à co-
luna real e, na presença do SENHOR, fez uma aliança, compro-
metendo-se a seguir o SENHOR e a obedecer de todo o coração
e de toda a alma aos seus mandamentos, aos seus preceitos e
aos seus decretos, confirmando assim as palavras da aliança
escritas naquele livro. Então todo o povo se comprometeu com
a aliança.
4 O rei deu ordens ao sumo sacerdote Hilquias, aos sacerdotes
auxiliares e aos guardas das portas que retirassem do templo
do SENHOR todos os utensílios feitos para Baal e Aserá e para
todos os exércitos celestes. Ele os queimou fora de Jerusalém,
nos campos do vale de Cedrom e levou as cinzas para Betel. 5 E
eliminou os sacerdotes pagãos nomeados pelos reis de Judá
para queimarem incenso nos altares idólatras das cidades de
Judá e dos arredores de Jerusalém, aqueles que queimavam
incenso a Baal, ao Sol e à Lua, às constelações e a todos os
exércitos celestes. 6 Também mandou levar o poste sagrado do
templo do SENHOR para o vale de Cedrom, fora de Jerusalém,
para ser queimado e reduzido a cinzas, que foram espalhadas
sobre os túmulos de um cemitério público. 7 Também derrubou
as acomodações dos prostitutos cultuais, que ficavam no
templo do SENHOR, onde as mulheres teciam para Aserá.
8 Josias trouxe todos os sacerdotes das cidades de Judá e,
desde Geba até Berseba, profanou os altares onde os sacer-
dotes haviam queimado incenso. Derrubou os altares idólatras
junto às portas, inclusive o altar da entrada da porta de Josué,
o governador da cidade, que fica à esquerda da porta da ci-
dade. 9 Embora os sacerdotes dos altares não servissem no
altar do SENHOR em Jerusalém, comiam pães sem fermento
junto com os sacerdotes, seus colegas.
10 Também profanou Tofete, que ficava no vale de Ben-Hinom,
de modo que ninguém mais pudesse usá-lo para sacrificar

a 22.17 *Ou por meio de tudo o que eles têm feito*

b 23.2 *Ou dos mais jovens aos mais velhos*

seu filho ou sua filha a Moloque.[a] 11 Acabou com os cavalos,
que os reis de Judá tinham consagrado ao Sol, e que ficavam
na entrada do templo do SENHOR, perto da sala de um oficial
chamado Natã-Meleque. Também queimou as carruagens con-
sagradas ao Sol.
12 Derrubou os altares que os seus antecessores haviam er-
guido no terraço, em cima do quarto superior de Acaz, e os
altares que Manassés havia construído nos dois pátios do
templo do SENHOR. Retirou-os dali, despedaçou-os e atirou
o entulho no vale de Cedrom. 13 O rei também profanou os
altares que ficavam a leste de Jerusalém, ao sul do monte da
Destruição[b], os quais Salomão, rei de Israel, havia construído
para Astarote, a detestável deusa dos sidônios, para Camos,
o detestável deus de Moabe, e para Moloque, o detestável
deus do povo de Amom. 14 Josias despedaçou as colunas sa-
gradas, derrubou os postes sagrados e cobriu os locais com
ossos humanos.
15 Até o altar de Betel, o altar idólatra edificado por Jeroboão,
filho de Nebate, que levou Israel a pecar; até aquele altar e
o seu santuário ele os demoliu. Queimou o santuário e o re-
duziu a pó, queimando também o poste sagrado. 16 Quando
Josias olhou em volta e viu os túmulos que havia na encosta
da colina, mandou retirar os ossos dos túmulos e queimá-los
no altar a fim de contaminá-lo, conforme a palavra do SENHOR
proclamada pelo homem de Deus que predisse essas coisas.
17 O rei perguntou: "Que monumento é este que estou vendo?"
Os homens da cidade disseram: "É o túmulo do homem de
Deus que veio de Judá e proclamou estas coisas que tu fizeste
ao altar de Betel".
18 Então ele disse: "Deixem-no em paz. Ninguém toque nos seus
ossos". Assim pouparam seus ossos bem como os do profeta
que tinha vindo de Samaria.
19 Como havia feito em Betel, Josias tirou e profanou todos os
santuários idólatras que os reis de Israel haviam construído nas
cidades de Samaria e que provocaram a ira do SENHOR. 20 Jo-
sias também mandou sacrificar todos os sacerdotes daqueles
altares idólatras e queimou ossos humanos sobre os altares.
Depois voltou a Jerusalém.
21 Então o rei deu a seguinte ordem a todo o povo: "Celebrem
a Páscoa ao SENHOR, o seu Deus, conforme está escrito neste
Livro da Aliança". 22 Nem nos dias dos juízes que lideraram Is-
rael, nem durante todos os dias dos reis de Israel e dos reis de
Judá, foi celebrada uma Páscoa como esta. 23 Mas, no décimo
oitavo ano do reinado de Josias, esta Páscoa foi celebrada ao
SENHOR em Jerusalém.
24 Além disso, Josias eliminou os médiuns, os que consultavam
espíritos, os ídolos da família, os outros ídolos e todas as ou-
tras coisas repugnantes que havia em Judá e em Jerusalém.
Ele fez isso para cumprir as exigências da Lei escritas no livro
que o sacerdote Hilquias havia descoberto no templo do SE-
NHOR. 25 Nem antes nem depois de Josias houve um rei como
ele, que se voltasse para o SENHOR de todo o coração, de toda
a alma e de todas as suas forças, de acordo com toda a Lei
de Moisés.
26 Entretanto, o SENHOR manteve o furor de sua grande ira, que
se acendeu contra Judá por causa de tudo o que Manassés
fizera para provocar a sua ira. 27 Por isso o SENHOR disse:
"Também retirarei Judá da minha presença, tal como retirei
Israel, e rejeitarei Jerusalém, a cidade que escolhi, e este
templo, do qual eu disse: 'Ali porei o meu nome' ".
28 Os demais acontecimentos do reinado de Josias e todas as
suas realizações estão escritos no livro dos registros históricos
dos reis de Judá.
29 Durante o seu reinado, o faraó Neco, rei do Egito, avançou
até o rio Eufrates ao encontro do rei da Assíria. O rei Josias
marchou para combatê-lo, mas o faraó Neco o enfrentou e o
matou em Megido. 30 Os oficiais de Josias levaram o seu corpo
de Megido para Jerusalém e o sepultaram em seu próprio
túmulo. O povo tomou Jeoacaz, filho de Josias, ungiu-o e o
proclamou rei no lugar de seu pai.

O Reinado de Jeoacaz, Rei de Judá

31 Jeoacaz tinha vinte e três anos de idade quando começou a
reinar e reinou três meses em Jerusalém. O nome de sua mãe
era Hamutal, filha de Jeremias; ela era de Libna. 32 Ele fez o
que o SENHOR reprova, tal como os seus antepassados. 33 O
faraó Neco o prendeu em Ribla, na terra de Hamate,[c] de modo
que não mais reinou em Jerusalém. O faraó também impôs a
Judá um tributo de três toneladas e meia[d] de prata e trinta
e cinco quilos de ouro. 34 Colocou Eliaquim, filho de Josias,
como rei no lugar do seu pai, Josias, e mudou o nome de Elia-
quim para Jeoaquim. Mas levou Jeoacaz consigo para o Egito,
onde ele morreu. 35 Jeoaquim pagou ao faraó Neco a prata e
o ouro. Mas, para cumprir as exigências do faraó, Jeoaquim
impôs tributos ao povo, cobrando a prata e o ouro de cada um
conforme suas posses.

O Reinado de Jeoaquim, Rei de Judá

36 Jeoaquim tinha vinte e cinco anos de idade quando começou
a reinar e reinou onze anos em Jerusalém. O nome de sua mãe
era Zebida, filha de Pedaías; ela era de Ruma. 37 Ele fez o que o
SENHOR reprova, tal como os seus antepassados.

24 Durante o reinado de Jeoaquim, Nabucodonosor, rei
da Babilônia, invadiu o país, e Jeoaquim tornou-se seu
vassalo por três anos. Então ele voltou atrás e rebelou-se
contra Nabucodonosor. 2 O SENHOR enviou contra ele tropas
babilônicas[e], aramaicas, moabitas e amonitas para destruir
Judá, de acordo com a palavra do SENHOR proclamada por
seus servos, os profetas. 3 Isso aconteceu a Judá conforme a
ordem do SENHOR, a fim de removê-los da sua presença, por
causa de todos os pecados que Manassés cometeu, 4 inclusive

[a] 23.10 Ou Moloque, fazendo-os passar pelo fogo
[b] 23.13 Isto é, o monte das Oliveiras.
[c] 23.33 A Septuaginta diz Neco, em Ribla de Hamate, o levou. Veja 2Cr 36.3.
[d] 23.33 Hebraico: *100 talentos*. Um talento equivalia a 35 quilos.
[e] 24.2 Ou *caldaicas*

o derramamento de sangue inocente. Pois ele havia enchido
Jerusalém de sangue inocente, e o SENHOR não o quis perdoar.
5 Os demais acontecimentos do reinado de Jeoaquim e todas as
suas realizações estão escritos no livro dos registros históricos
dos reis de Judá. 6 Jeoaquim descansou com os seus antepas-
sados. Seu filho Joaquim foi o seu sucessor.
7 O rei do Egito não mais se atreveu a sair com seu exército de
suas próprias fronteiras, pois o rei da Babilônia havia ocupado
todo o território entre o ribeiro do Egito e o rio Eufrates, que
antes pertencera ao Egito.

O Reinado de Joaquim, Rei de Judá

8 Joaquim tinha dezoito anos de idade quando começou a
reinar e reinou três meses em Jerusalém. O nome da sua mãe
era Neusta, filha de Elnatã; ela era de Jerusalém. 9 Ele fez o que
o SENHOR reprova, tal como seu pai.
10 Naquela ocasião os oficiais de Nabucodonosor, rei da Ba-
bilônia, avançaram até Jerusalém e a cercaram. 11 Enquanto
os seus oficiais a cercavam, o próprio Nabucodonosor veio à
cidade. 12 Então Joaquim, rei de Judá, sua mãe, seus conse-
lheiros, seus nobres e seus oficiais se entregaram; todos se
renderam a ele. No oitavo ano do reinado do rei da Babilônia,
Nabucodonosor levou Joaquim como prisioneiro. 13 Conforme
o SENHOR tinha declarado, ele retirou todos os tesouros do
templo do SENHOR e do palácio real, quebrando todos os
utensílios de ouro que Salomão, rei de Israel, fizera para
o templo do SENHOR. 14 Levou para o exílio toda Jerusalém:
todos os líderes e os homens de combate, todos os artesãos
e artífices. Era um total de dez mil pessoas; só ficaram os
mais pobres.
15 Nabucodonosor levou prisioneiro Joaquim para a Babilônia.
Também levou de Jerusalém para a Babilônia a mãe do rei,
suas mulheres, seus oficiais e os líderes do país. 16 O rei da
Babilônia também deportou para a Babilônia toda a força de
sete mil homens de combate, homens fortes e preparados para
a guerra, e mil artífices e artesãos. 17 Fez Matanias, tio de Joa-
quim, reinar em seu lugar, e mudou seu nome para Zedequias.

O Reinado de Zedequias, Rei de Judá

18 Zedequias tinha vinte e um anos de idade quando começou a
reinar e reinou onze anos em Jerusalém. O nome de sua mãe
era Hamutal, filha de Jeremias; ela era de Libna. 19 Ele fez o
que o SENHOR reprova, tal como fizera Jeoaquim. 20 Por causa
da ira do SENHOR tudo isso aconteceu a Jerusalém e a Judá; por
fim ele os lançou para longe da sua presença.

A Queda de Jerusalém

Ora, Zedequias rebelou-se contra o rei da Babilônia.

25 Então, no nono ano do reinado de Zedequias, no dé-
cimo dia do décimo mês, Nabucodonosor, rei da Babi-
lônia, marchou contra Jerusalém com todo o seu exército. Ele
acampou em frente da cidade e construiu rampas de ataque
ao redor dela. 2 A cidade foi mantida sob cerco até o décimo
primeiro ano do reinado de Zedequias. 3 No nono dia do quarto
mês, a fome na cidade havia se tornado tão rigorosa que não
havia nada para o povo comer. 4 Então o muro da cidade foi
rompido, e todos os soldados fugiram de noite pela porta entre
os dois muros próximos ao jardim do rei, embora os babilônios[a]
estivessem em torno da cidade. Fugiram na direção da Arabá[b],
5 mas o exército babilônio perseguiu o rei e o alcançou nas pla-
nícies de Jericó. Todos os seus soldados o abandonaram, 6 e ele
foi capturado. Foi levado ao rei da Babilônia, em Ribla, onde
pronunciaram a sentença contra ele. 7 Executaram os filhos de
Zedequias na sua frente, furaram os seus olhos, prenderam-no
com algemas de bronze e o levaram para a Babilônia.
8 No sétimo dia do quinto mês do décimo nono ano do reinado
de Nabucodonosor, rei da Babilônia, Nebuzaradã, comandante
da guarda imperial, conselheiro do rei da Babilônia, foi a Je-
rusalém. 9 Incendiou o templo do SENHOR, o palácio real, todas
as casas de Jerusalém e todos os edifícios importantes. 10 Todo
o exército babilônio que acompanhava Nebuzaradã derrubou
os muros de Jerusalém. 11 E ele levou para o exílio o povo que
sobrou na cidade, os que passaram para o lado do rei da Babi-
lônia e o restante da população. 12 Mas o comandante deixou
para trás alguns dos mais pobres do país, para trabalharem nas
vinhas e nos campos.
13 Os babilônios destruíram as colunas de bronze, os suportes
e o tanque de bronze que estavam no templo do SENHOR e
levaram o bronze para a Babilônia. 14 Também levaram as pa-
nelas, as pás, os cortadores de pavio, as vasilhas e todos os
utensílios de bronze utilizados no serviço do templo. 15 O co-
mandante da guarda imperial levou os incensários e as bacias
de aspersão, tudo o que era feito de ouro puro ou de prata.
16 As duas colunas, o tanque e os suportes, que Salomão fizera
para o templo do SENHOR, eram mais do que podia ser pesado.
17 Cada coluna tinha oito metros e dez centímetros[c] de altura.
O capitel de bronze no alto de cada coluna tinha um metro e
trinta e cinco centímetros de altura e era decorado com uma
fileira de romãs de bronze ao redor.
18 O comandante da guarda levou como prisioneiros o sumo
sacerdote Seraías, Sofonias, o segundo sacerdote, e os três
guardas da porta. 19 Dos que ainda estavam na cidade, ele
levou o oficial responsável pelos homens de combate e cinco
conselheiros reais. Também levou o secretário, principal líder
responsável pelo alistamento militar no país, e sessenta homens
do povo. 20 O comandante Nebuzaradã levou todos ao rei da Babi-
lônia, em Ribla. 21 Lá, em Ribla, na terra de Hamate, o rei mandou
executá-los. Assim Judá foi para o exílio, para longe da sua terra.
22 Nabucodonosor, rei da Babilônia, nomeou Gedalias, filho de
Aicam e neto de Safã, como governador do povo que havia
sido deixado em Judá. 23 Quando Ismael, filho de Netanias,
Joanã, filho de Careá, Seraías, filho do netofatita Tanumete, e
Jazanias, filho de um maacatita, todos os líderes do exército,
souberam que o rei da Babilônia havia nomeado Gedalias como

a 25.4 Ou *caldeus*; também nos versículos 5, 10, 13 e 24-26.
b 25.4 Ou *direção do vale do Jordão*
c 25.17 Hebraico: *18 côvados*. O côvado era uma medida linear de cerca de 45 centímetros.

governador, eles e os seus soldados foram falar com Gedalias em Mispá. 24 Gedalias fez um juramento a esses líderes e a seus soldados, dizendo: "Não tenham medo dos oficiais babilônios. Estabeleçam-se nesta terra e sirvam o rei da Babilônia, e tudo lhes irá bem".

25 Mas, no sétimo mês, Ismael, filho de Netanias e neto de Elisama, que tinha sangue real, foi com dez homens e assassinou Gedalias e os judeus e os babilônios que estavam com ele em Mispá. 26 Então todo o povo, desde as crianças até os velhos, inclusive os líderes do exército, fugiram para o Egito, com medo dos babilônios.

Joaquim é Libertado da Prisão

27 No trigésimo sétimo ano do exílio de Joaquim, rei de Judá, no ano em que Evil-Merodaque[a] se tornou rei da Babilônia, ele tirou Joaquim da prisão, no vigésimo sétimo dia do décimo segundo mês. 28 Ele o tratou com bondade e deu-lhe o lugar mais honrado entre os outros reis que estavam com ele na Babilônia. 29 Assim, Joaquim deixou suas vestes de prisão e pelo resto de sua vida comeu à mesa do rei. 30 E diariamente, enquanto viveu, Joaquim recebeu uma pensão do rei.

[a] 25.27 Também chamado Amel-Marduque.

1 CRÔNICAS

A Descendência de Adão

1 Adão, Sete, Enos, 2 Cainã, Maalaleel, Jarede, 3 Enoque, Matusalém, Lameque, Noé.

4 Estes foram os filhos de Noé[a]: Sem, Cam e Jafé.

Os Descendentes dos Filhos de Noé

5 Estes foram os filhos[b] de Jafé: Gômer, Magogue, Madai, Javã, Tubal, Meseque e Tirás. 6 Estes foram os filhos de Gômer: Asquenaz, Rifate[c] e Togarma. 7 Estes foram os filhos de Javã: Elisá, Társis, Quitim e Rodanim[d].

8 Estes foram os filhos de Cam: Cuxe, Mizraim[e], Fute e Canaã.

9 Estes foram os filhos de Cuxe: Sebá, Havilá, Sabtá, Raamá e Sabtecá. Estes foram os filhos de Raamá: Sabá e Dedã.

10 Cuxe gerou[f] Ninrode, o primeiro homem poderoso na terra.

11 Mizraim gerou os luditas, os anamitas, os leabitas, os naftuítas, 12 os patrusitas, os casluítas, dos quais se originaram os filisteus, e os caftoritas. 13 Canaã gerou Sidom, seu filho mais velho[g], e Hete[h], 14 como também os jebuseus, os amorreus, os girgaseus, 15 os heveus, os arqueus, os sineus, 16 os arvadeus, os zemareus e os hamateus.

17 Estes foram os filhos de Sem: Elão, Assur, Arfaxade, Lude e Arã. Estes foram os filhos de Arã:[i] Uz, Hul, Géter e Meseque.

18 Arfaxade gerou Salá, e este gerou Héber. 19 A Héber nasceram dois filhos: um deles se chamou Pelegue[j], porque em sua época a terra foi dividida; seu irmão chamou-se Joctã. 20 Joctã gerou Almodá, Salefe, Hazarmavé, Jerá, 21 Adorão, Uzal, Dicla, 22 Obal[k], Abimael, Sabá, 23 Ofir, Havilá e Jobabe. Todos esses foram filhos de Joctã.

A Descendência de Sem

24 Sem, Arfaxade[l], Salá, 25 Héber, Pelegue, Reú, 26 Serugue, Naor, Terá 27 e Abrão, que é Abraão.

Os Descendentes de Abraão

28 Estes foram os filhos de Abraão: Isaque e Ismael. 29 Foram estes os seus descendentes: Nebaiote, o filho mais velho de Ismael, Quedar, Adbeel, Mibsão, 30 Misma, Dumá, Massá, Hadade, Temá, 31 Jetur, Nafis e Quedemá. Esses foram os filhos de Ismael. 32 Estes foram os filhos de Abraão com sua concubina Quetura: Zinrã, Jocsã, Medã, Midiã, Isbaque e Suá. Foram estes os filhos de Jocsã: Sabá e Dedã. 33 Foram estes os filhos de Midiã: Efá, Éfer, Enoque, Abida e Elda. Todos esses foram descendentes de Quetura. 34 Abraão gerou Isaque. Estes foram os filhos de Isaque: Esaú e Israel.

Os Descendentes de Esaú

35 Estes foram os filhos de Esaú: Elifaz, Reuel, Jeús, Jalão e Corá. 36 Estes foram os filhos de Elifaz: Temã, Omar, Zefô[m], Gaetã e Quenaz; e Amaleque, de Timna, sua concubina[n]. 37 Estes foram os filhos de Reuel: Naate, Zerá, Samá e Mizá.

Os Descendentes de Seir

38 Estes foram os filhos de Seir: Lotã, Sobal, Zibeão, Aná, Disom, Ézer e Disã. 39 Estes foram os filhos de Lotã: Hori e Homã. Lotã tinha uma irmã chamada Timna.

[a] 1.4 Conforme a Septuaginta. O Texto Massorético não traz os filhos de Noé.
[b] 1.5 Filhos pode significar descendentes ou sucessores ou nações; também nos versículos 6.9, 17 e 23.
[c] 1.6 Muitos manuscritos dizem Difate.
[d] 1.7 Muitos manuscritos dizem Dodanim.
[e] 1.8 Isto é, Egito; também no versículo 11.
[f] 1.10 Gerar pode ter o sentido de ser ancestral ou ser predecessor; também nos versículos 11, 13, 18 e 20.
[g] 1.13 Ou *os sidônios, os primeiros*
[h] 1.13 Ou *e os hititas*
[i] 1.17 Muitos manuscritos não trazem essa linha. Veja Gn 10.23.
[j] 1.19 Pelegue significa divisão.
[k] 1.22 Muitos manuscritos dizem Ebal.
[l] 1.24 Conforme o Texto Massorético. Alguns manuscritos da Septuaginta dizem Arfaxade, Cainã. Veja Gn 11.12,13.
[m] 1.36 Muitos manuscritos dizem Zefi. Veja Gn 36.11.
[n] 1.36 Muitos manuscritos dizem Gaetã, Quenaz, Timna e Amaleque. Veja Gn 36.12.

40 Estes foram os filhos de Sobal: Alvã[a], Manaate, Ebal, Sefô e Onã. Estes foram os filhos de Zibeão: Aiá e Aná. 41 Este foi o filho de Aná: Disom. Estes foram os filhos de Disom: Hendã[b], Esbã, Itrã e Querã. 42 Estes foram os filhos de Ézer: Bilã, Zaavã e Acã[c]. Estes foram os filhos de Disã[d]: Uz e Arã.

Os Reis e os Chefes de Edom

43 Estes foram os reis que reinaram no território de Edom antes que os israelitas tivessem um rei: Belá, filho de Beor. Sua cidade chamava-se Dinabá.

44 Belá morreu; e Jobabe, filho de Zerá, de Bozra, foi o seu sucessor. 45 Jobabe morreu; e Husã, da terra dos temanitas, foi o seu sucessor. 46 Husã morreu; e Hadade, filho de Bedade, que tinha derrotado os midianitas na terra de Moabe, foi o seu sucessor. Sua cidade chamava-se Avite. 47 Hadade morreu; e Samlá de Masreca foi o seu sucessor. 48 Samlá morreu; e Saul, de Reobote, próxima ao Eufrates[e], foi o seu sucessor. 49 Saul morreu; e Baal-Hanã, filho de Acbor, foi o seu sucessor. 50 Baal-Hanã morreu, e Hadade foi o seu sucessor. Sua cidade chamava-se Paú[f], e o nome de sua mulher era Meetabel, filha de Matrede e neta de Mezaabe.

51 Após a morte de Hadade, Edom foi governada pelos seguintes chefes: Timna, Alva, Jetete, 52 Oolibama, Elá, Pinom, 53 Quenaz, Temã, Mibzar, 54 Magdiel e Irã. Foram esses os chefes de Edom.

2 Os Filhos de Israel

Estes foram os filhos de Israel: Rúben, Simeão, Levi, Judá, Issacar, Zebulom, 2 Dã, José, Benjamim, Naftali, Gade e Aser.

Os Descendentes de Judá

3 Estes foram os filhos de Judá: Er, Onã e Selá. Ele teve esses três filhos com uma mulher cananeia, a filha de Suá. Mas o SENHOR reprovou a conduta perversa de Er, filho mais velho de Judá, e por isso o matou. 4 Tamar, nora de Judá, deu-lhe os filhos Perez e Zerá. A Judá nasceram ao todo cinco filhos.

5 Estes foram os filhos de Perez: Hezrom e Hamul. 6 Estes foram os filhos de Zerá: Zinri, Etã, Hemã, Calcol e Darda[g]. Foram cinco ao todo. 7 O filho de Carmi foi Acar[h]. Ele causou desgraça a Israel ao violar a proibição de se apossar das coisas consagradas. 8 Este foi o filho de Etã: Azarias. 9 Os filhos que nasceram a Hezrom foram Jerameel, Rão e Calebe[i].

10 Rão gerou Aminadabe, e Aminadabe gerou Naassom, o líder da tribo de Judá. 11 Naassom gerou Salmom[j], Salmom gerou Boaz, 12 Boaz gerou Obede, e Obede gerou Jessé. 13 Jessé gerou Eliabe, o seu filho mais velho; o segundo foi Abinadabe; o terceiro, Simeia; 14 o quarto, Natanael; o quinto, Radai; 15 o sexto, Ozém; e o sétimo, Davi. 16 As irmãs deles foram Zeruia e Abigail. Os três filhos de Zeruia foram Abisai, Joabe e Asael. 17 Abigail deu à luz Amasa, filho do ismaelita Jéter.

18 Calebe, filho de Hezrom, teve, com sua mulher Azuba, uma filha chamada Jeriote. Estes foram os filhos de Azuba: Jeser, Sobabe e Ardom. 19 Quando Azuba morreu, Calebe tomou por mulher Efrate, com quem teve Hur. 20 Hur gerou Uri, e Uri gerou Bezalel. 21 Depois disso, Hezrom, aos sessenta anos, tomou por mulher a filha de Maquir, pai[k] de Gileade, e ela deu-lhe um filho chamado Segube. 22 Segube gerou Jair, que governou vinte e três cidades em Gileade. 23 Gesur e Arã conquistaram Havote-Jair[l], bem como Quenate e os povoados ao redor; ao todo sessenta cidades. Todos esses foram descendentes de Maquir, pai de Gileade.

24 Depois que Hezrom morreu em Calebe-Efrata, Abia, mulher de Hezrom, deu-lhe Asur, fundador[m] de Tecoa. 25 Estes foram os filhos de Jerameel, o filho mais velho de Hezrom: Rão, o mais velho, Buna, Orém, Ozém e Aías[n]. 26 Jerameel teve outra mulher, chamada Atara, que foi a mãe de Onã. 27 Estes foram os filhos de Rão, o filho mais velho de Jerameel: Maaz, Jamim e Equer. 28 Estes foram os filhos de Onã: Samai e Jada. Estes foram os filhos de Samai: Nadabe e Abisur. 29 O nome da mulher de Abisur era Abiail. Ela deu-lhe dois filhos: Abã e Molide. 30 Estes foram os filhos de Nadabe: Selede e Apaim. Selede morreu sem filhos. 31 O filho de Apaim foi Isi, pai de Sesã, pai de Alai. 32 Estes foram os filhos de Jada, irmão de Samai: Jéter e Jônatas. Jéter morreu sem filhos. 33 Estes foram os filhos de Jônatas: Pelete e Zaza. Foram esses os descendentes de Jerameel. 34 Sesã não teve filhos, apenas filhas. Tinha ele um escravo egípcio chamado Jará, 35 a quem deu uma de suas filhas por mulher. E ela deu-lhe um filho chamado Atai. 36 Atai gerou Natã, Natã gerou Zabade, 37 Zabade gerou Eflal, Eflal gerou Obede, 38 Obede gerou Jeú, Jeú gerou Azarias, 39 Azarias gerou Helez, Helez gerou Eleasa, 40 Eleasa gerou Sismai, Sismai gerou Salum, 41 Salum gerou Jecamias, e Jecamias gerou Elisama.

42 Estes foram os filhos de Calebe, irmão de Jerameel: Messa, o mais velho, que foi o pai de Zife, e seu filho Maressa, pai de Hebrom. 43 Estes foram os filhos de Hebrom: Corá, Tapua, Requém e Sema. 44 Sema gerou Raão, pai de Jorqueão. Requém gerou Samai. 45 O filho de Samai foi Maom, e Maom foi o pai de Bete-Zur. 46 A concubina de Calebe, Efá, teve três filhos: Harã, Mosa e Gazez. Harã gerou Gazez. 47 Estes foram os filhos de Jadai: Regém, Jotão, Gesã, Pelete, Efá e Saafe. 48 A concubina de Calebe, Maaca, teve dois filhos: Seber e Tiraná. 49 Ela também teve Saafe, pai de Madmana, e Seva, pai de Macbena e de Gibeá. A filha de Calebe chamava-se Acsa. 50 Calebe teve também estes outros descendentes. Os filhos de Hur, o filho mais velho de Efrate: Sobal, fundador de Quiriate-Jearim, 51 Salma, fundador de Belém, e Harefe, fundador

[a] 1.40 Muitos manuscritos dizem Aliã. Veja Gn 36.23.
[b] 1.41 Muitos manuscritos dizem Hanrão. Veja Gn 36.26.
[c] 1.42 Muitos manuscritos dizem Jaacã. Veja Gn 36.27.
[d] 1.42 Hebraico: *Disom*, variante de *Disã*.
[e] 1.48 Hebraico: *ao Rio*.
[f] 1.50 Muitos manuscritos dizem Paí. Veja Gn 36.39.
[g] 2.6 Muitos manuscritos dizem Dara. Veja 1Rs 4.31.
[h] 2.7 Acar, também conhecido por Acã, significa desgraça. Veja Js 7.1.
[i] 2.9 Hebraico: *Quelubai*, variante de *Calebe*.
[j] 2.11 Conforme a Septuaginta. O Texto Massorético diz Salma. Veja Rt 4.21.
[k] 2.21 Pai pode significar líder civil ou líder militar; também no restante do capítulo. Veja 2.24, 4.4, 4.5 e 8.29.
[l] 2.23 Ou *os povoados de Jair*
[m] 2.24 Hebraico: *pai*; também nos versículos 50-52. Veja 2.21, 4.4, 4.5 e 8.29.
[n] 2.25 Ou *por meio de Aías*

de Bete-Gader. 52 Os descendentes de Sobal, fundador de Qui-
riate-Jearim: O povo de Haroé, metade dos manaatitas, 53 e
os clãs de Quiriate-Jearim: os itritas, os fateus, os sumateus e
os misraeus. Desses descenderam os zoratitas e os estaoleus.
54 Os descendentes de Salma: O povo de Belém e de Atarote-
-Bete-Joabe, os netofatitas, metade dos manaatitas, os zoreus,
55 e os clãs dos escribas[a] que viviam em Jabez: os tiratitas, os
simeatitas e os sucatitas. Esses foram os queneus, descen-
dentes de Hamate, antepassado da família de Recabe[b].

Os Filhos de Davi

3 Estes foram os filhos de Davi nascidos em Hebrom: O seu
filho mais velho era Amnom, filho de Ainoã de Jezreel; o se-
gundo, Daniel, de Abigail, de Carmelo; 2 o terceiro, Absalão,
de Maaca, filha de Talmai, rei de Gesur; o quarto, Adonias,
de Hagite; 3 o quinto, Sefatias, de Abital; e o sexto, Itreão, de
sua mulher Eglá.
4 São esses os seis filhos de Davi que nasceram em Hebrom,
onde ele reinou sete anos e seis meses. E, em Jerusalém,
5 onde Davi reinou trinta e três anos, nasceram-lhe os seguintes
filhos: Simeia, Sobabe, Natã e Salomão, os quatro filhos que
ele teve com Bate-Seba[c], filha de Amiel. 6 Davi teve ainda mais
nove filhos: Ibar, Elisua[d], Elpalete, 7 Nogá, Nefegue, Jafia, 8 Eli-
sama, Eliada e Elifelete. 9 Todos esses foram filhos de Davi,
além dos que teve com suas concubinas, e a filha Tamar, irmã
deles.

Os Reis de Judá

10 O filho de Salomão foi Roboão; o filho de Roboão foi Abias; o
filho de Abias, Asa; o filho de Asa, Josafá; 11 o filho de Josafá,
Jeorão; o filho de Jeorão, Acazias; o filho de Acazias, Joás; 12 o
filho de Joás, Amazias; o filho de Amazias, Azarias; o filho de
Azarias, Jotão; 13 o filho de Jotão, Acaz; o filho de Acaz, Eze-
quias; o filho de Ezequias, Manassés; 14 o filho de Manassés,
Amom; o filho de Amom, Josias. 15 Os filhos de Josias foram:
Joanã, o primeiro; Jeoaquim, o segundo; Zedequias, o ter-
ceiro; e Salum, o quarto. 16 Os sucessores de Jeoaquim foram:
Joaquim[e] e Zedequias.

A Linhagem Real após o Exílio

17 Estes foram os filhos de Joaquim, que foi levado para o cati-
veiro: Sealtiel, 18 Malquirão, Pedaías, Senazar, Jecamias, Ho-
sama e Nedabias. 19 Estes foram os filhos de Pedaías: Zorobabel
e Simei. Estes foram os filhos de Zorobabel: Mesulão, Hananias
e Selomite, irmã deles. 20 Zorobabel teve ainda mais cinco fi-
lhos: Hasubá, Oel, Berequias, Hasadias e Jusabe-Hesede.
21 Estes foram os descendentes de Hananias: Pelatias e Je-
saías, e os filhos de Refaías, de Arnã, de Obadias e de Secanias.
22 Estes foram os descendentes de Secanias: Semaías e seus
filhos Hatus, Igal, Bariá, Nearias e Safate; seis descendentes ao
todo. 23 Estes foram os três filhos de Nearias: Elioenai, Ezequias
e Azricão. 24 Estes foram os sete filhos de Elioenai: Hodavias,
Eliasibe, Pelaías, Acube, Joanã, Delaías e Anani.

Os Outros Descendentes de Judá

4 Estes também foram os descendentes de Judá: Perez, He-
zrom, Carmi, Hur e Sobal. 2 Reaías, filho de Sobal, gerou Jaate,
e Jaate gerou Aumai e Laade. Estes foram os clãs dos zoratitas.
3 Estes foram os filhos[f] de Etã: Jezreel, Isma e Idbás. A irmã
deles chamava-se Hazelelponi. 4 E ainda Penuel, pai[g] de Gedor,
e Ézer, pai de Husá. Esses foram os descendentes de Hur, o
filho mais velho de Efrate e pai de Belém. 5 Asur, fundador[h]
de Tecoa, teve duas mulheres: Helá e Naará. 6 Naará lhe deu
Auzã, Héfer, Temeni e Haastari. Esses foram os filhos de Naará.
7 Estes foram os filhos de Helá: Zerete, Zoar, Etnã 8 e Coz, que
gerou Anube e Zobeba e os clãs de Aarel, filho de Harum.
9 Jabez foi o homem mais respeitado de sua família. Sua mãe
lhe deu o nome de Jabez, dizendo: "Com muitas dores o dei
à luz". 10 Jabez orou ao Deus de Israel: "Ah, abençoa-me e
aumenta as minhas terras! Que a tua mão esteja comigo, guar-
dando-me de males e livrando-me de dores". E Deus atendeu
ao seu pedido.
11 Quelube, irmão de Suá, gerou Meir, pai de Estom. 12 Estom
gerou Bete-Rafa, Paseia e Teína, fundador de Ir-Naás. Esses
habitaram em Reca.
13 Estes foram os filhos de Quenaz: Otoniel e Seraías. Estes
foram os filhos de Otoniel: Hatate e Meonotai[i]. 14 Meonotai
gerou Ofra. Seraías gerou Joabe, fundador de Ge-Harasim[j],
que recebeu esse nome porque os seus habitantes eram ar-
tesãos. 15 Estes foram os filhos de Calebe, filho de Jefoné: Iru,
Elá e Naã. O filho de Elá foi Quenaz. 16 Estes foram os filhos de
Jealelel: Zife, Zifa, Tiria e Asareel. 17 Estes foram os filhos de
Ezra: Jéter, Merede, Éfer e Jalom. Merede casou-se com Bitia,
filha do faraó, e teve os seguintes filhos: Miriã, Samai e Isbá,
fundador de Estemoa. 18 Sua mulher judia deu à luz Jerede, fun-
dador de Gedor, Héber, fundador de Socó, e Jecutiel, fundador
de Zanoa. 19 Estes foram os filhos da mulher de Hodias, irmã
de Naã: o pai de Queila, o garmita, e Estemoa, o maacatita.
20 Estes foram os filhos de Simão: Amnom, Rina, Bene-Hanã e
Tilom. Estes foram os filhos de Isi: Zoete e Ben-Zoete. 21 Estes
foram os filhos de Selá, filho de Judá: Er, pai de Leca; Lada, pai
de Maressa. Selá também foi antepassado dos clãs daqueles
que trabalhavam com linho em Bete-Asbeia, 22 de Joquim, dos
homens de Cozeba, de Joás e de Sarafe, que governavam em
Moabe e em Jasubi-Leém. (Estes registros são de épocas an-
tigas.) 23 Eles eram oleiros e habitavam em Netaim e em Ge-
derá, perto do rei, para quem trabalhavam.

---

a 2.55 Ou *dos soferitas*

b 2.55 Ou *Bete-Recabe*

c 3.5 Muitos manuscritos dizem Bate-Sua. Veja 2Sm 11.3.

d 3.6 Muitos manuscritos dizem Elisama. Veja 2Sm 5.15 e 1Cr 14.5.

e 3.16 Hebraico: *Jeconias*, também conhecido como Joaquim; também no versículo 17.

f 4.3 Conforme alguns manuscritos da Septuaginta. O Texto Massorético diz pai.

g 4.4 Pai pode significar líder civil ou líder militar; também no restante do capítulo. Veja 2.21, 2.24, 4.5 e 8.29

h 4.5 Hebraico: *pai*; também nos versículos 12, 14, 17 e 18. Veja 2.21, 2.24, 4.4 e 8.29.

i 4.13 Conforme alguns manuscritos da Septuaginta e a Vulgata. O Texto Massorético não traz e Meonotai.

j 4.14 Ge-Harasim significa vale dos Artesãos.

Os Descendentes de Simeão

24 Estes foram os filhos de Simeão: Nemuel, Jamim, Jaribe,
Zerá e Saul. 25 O filho de Saul era Salum, pai de Mibsão, que foi
o pai de Misma. 26 Estes foram os descendentes de Misma: seu
filho Hamuel, pai de Zacur, que foi o pai de Simei.
27 Simei teve dezesseis filhos e seis filhas, mas seus irmãos
não tiveram muitos filhos; por isso todos os seus clãs não se
igualam em número à tribo de Judá. 28 Eles viviam em Berseba,
Moladá, Hazar-Sual, 29 Bila, Azém, Tolade, 30 Betuel, Hormá,
Ziclague, 31 Bete-Marcabote, Hazar-Susim, Bete-Biri e Saaraim.
Essas foram as suas cidades até o reinado de Davi. 32 Tinham
também as cinco cidades de Etã, Aim, Rimom, Toquém e Asã,
33 com todos os povoados ao redor delas até Baalate[a]. Nessas
cidades viviam e mantinham um registro genealógico.
34 Mesobabe, Janleque, Josa – filho de Amazias –, 35 Joel,
Jeú – filho de Josibias, neto de Seraías e bisneto de Asiel –;
36 também Elioenai, Jaacobá, Jesoaías, Asaías, Adiel, Jesimiel,
Benaia 37 e Ziza – filho de Sifi, neto de Alom, bisneto de Je-
daías, trineto de Sinri e tetraneto de Semaías.
38 Essa é a lista dos líderes dos seus clãs. Suas famílias cres-
ceram muito 39 e, por isso, foram para os arredores de Gedor,
a leste do vale, em busca de pastagens para os seus rebanhos.
40 Encontraram muitas pastagens boas, numa região vasta,
pacífica e tranquila, onde alguns camitas tinham vivido ante-
riormente.
41 Durante o reinado de Ezequias, rei de Judá, esses homens
aqui alistados chegaram e atacaram os camitas e os meunitas
da região e os destruíram totalmente, como até hoje se pode
ver. Depois ocuparam o lugar daqueles povos, pois havia pasta-
gens para os seus rebanhos. 42 E quinhentos desses simeonitas,
liderados por Pelatias, Nearias, Refaías e Uziel, filhos de Isi,
invadiram as colinas de Seir. 43 Eles mataram o restante dos
amalequitas que tinha escapado, e ali vivem até hoje.

5 Os Descendentes de Rúben

Estes são os filhos de Rúben, o filho mais velho de Israel.
(De fato ele era o mais velho, mas, por ter desonrado o leito
de seu pai, seus direitos de filho mais velho foram dados aos
filhos de José, filho de Israel, de modo que não foi alistado nos
registros genealógicos como o primeiro filho. 2 Embora Judá
tenha sido o mais poderoso de seus irmãos e dele tenha vindo
um líder, os direitos de filho mais velho foram dados a José.)
3 Os filhos de Rúben, filho mais velho de Israel, foram: Enoque,
Palu, Hezrom e Carmi.
4 Estes foram os descendentes de Joel: Seu filho Semaías, pai
de Gogue, que foi o pai de Simei, 5 pai de Mica, que foi o pai de
Reaías, pai de Baal, 6 que foi o pai de Beera, a quem Tiglate-
-Pileser, rei da Assíria, levou para o exílio. Beera era um líder
da tribo de Rúben.
7 Estes foram os parentes dele, de acordo com seus clãs, alis-
tados conforme seus registros genealógicos: Jeiel, o chefe,
Zacarias 8 e Belá, filho de Azaz, neto de Sema e bisneto de Joel.
Eles foram viver na região que vai desde Aroer até o monte
Nebo e Baal-Meom. 9 A leste ocuparam a terra que vai até o
deserto que se estende na direção do rio Eufrates, pois seus
rebanhos tinham aumentado muito em Gileade.
10 Durante o reinado de Saul eles entraram em guerra contra
os hagarenos e os derrotaram, passando a ocupar o acampa-
mento deles por toda a região a leste de Gileade.

Os Descendentes de Gade

11 Ao lado da tribo de Rúben ficou a tribo de Gade, desde a
região de Basã até Salcá.
12 Joel foi o primeiro chefe de clãs em Basã; Safã, o segundo;
os outros foram Janai e Safate.
13 Estes foram os parentes deles, por famílias: Micael, Mesulão,
Seba, Jorai, Jacã, Zia e Héber. Eram sete ao todo.
14 Eles eram descendentes de Abiail, filho de Huri, neto de
Jaroa, bisneto de Gileade e trineto de Micael, que foi filho de
Jesisai, neto de Jado e bisneto de Buz. 15 Aí, filho de Abdiel e
neto de Guni, foi o chefe dessas famílias.
16 A tribo de Gade habitou em Gileade, em Basã e seus po-
voados, e em toda a extensão das terras de pastagem de
Sarom.
17 Todos esses entraram nos registros genealógicos durante os
reinados de Jotão, rei de Judá, e de Jeroboão, rei de Israel.
18 As tribos de Rúben e Gade e a metade da tribo de Manassés
tinham juntas quarenta e quatro mil e setecentos e sessenta
homens de combate, capazes de empunhar escudo e espada,
de usar o arco e treinados para a guerra. 19 Eles entraram em
guerra contra os hagarenos e seus aliados Jetur, Nafis e No-
dabe. 20 Durante a batalha clamaram a Deus, que os ajudou,
entregando os hagarenos e todos os seus aliados nas suas
mãos. Deus os atendeu, porque confiaram nele. 21 Tomaram
dos hagarenos o rebanho de cinquenta mil camelos, duzentas
e cinquenta mil ovelhas e dois mil jumentos. Também fizeram
cem mil prisioneiros. 22 E muitos foram os inimigos mortos,
pois a batalha era de Deus. Eles ocuparam aquela terra até
a época do exílio.

Os Descendentes da Metade da Tribo de Manassés

23 A metade da tribo de Manassés era numerosa e se estabe-
leceu na região que vai de Basã a Baal-Hermom, isto é, até
Senir, o monte Hermom.
24 Estes eram os chefes das famílias dessa tribo: Éfer, Isi, Eliel,
Azriel, Jeremias, Hodavias e Jadiel. Eram soldados valentes,
homens famosos e chefes das famílias. 25 Mas foram infiéis
para com o Deus dos seus antepassados e se prostituíram,
seguindo os deuses dos povos que Deus tinha destruído diante
deles. 26 Por isso o Deus de Israel incitou Pul, que é Tiglate-Pi-
leser, rei da Assíria, a levar as tribos de Rúben e de Gade e a
metade da tribo de Manassés para Hala, Habor, Hara e para o
rio Gozã, onde estão até hoje.

6 Os Descendentes de Levi

Estes foram os filhos de Levi: Gérson, Coate e Merari.
2 Estes foram os filhos de Coate: Anrão, Isar, Hebrom e Uziel.

a 4.33 Conforme alguns manuscritos da Septuaginta. O Texto Massorético diz Baal. Veja Js 19.8.

3 Estes foram os filhos de Anrão: Arão, Moisés e Miriã. Estes
foram os filhos de Arão: Nadabe, Abiú, Eleazar e Itamar.
4 Eleazar gerou Fineias, Fineias gerou Abisua, 5 Abisua gerou
Buqui, Buqui gerou Uzi, 6 Uzi gerou Zeraías, Zeraías gerou Me-
raiote, 7 Meraiote gerou Amarias, Amarias gerou Aitube, 8 Ai-
tube gerou Zadoque, Zadoque gerou Aimaás, 9 Aimaás gerou
Azarias, Azarias gerou Joanã, 10 Joanã gerou Azarias – que foi
sacerdote no templo construído por Salomão em Jerusalém –,
11 Azarias gerou Amarias, Amarias gerou Aitube, 12 Aitube gerou
Zadoque, Zadoque gerou Salum, 13 Salum gerou Hilquias, Hil-
quias gerou Azarias, 14 Azarias gerou Seraías, e Seraías gerou
Jeozadaque.
15 Jeozadaque foi levado prisioneiro quando o SENHOR enviou
Judá e Jerusalém para o exílio por meio de Nabucodonosor.
16 Estes foram os filhos de Levi: Gérson, Coate e Merari. 17 Estes
são os nomes dos filhos de Gérson: Libni e Simei. 18 Estes foram
os filhos de Coate: Anrão, Isar, Hebrom e Uziel. 19 Estes foram
os filhos de Merari: Mali e Musi. Estes são os clãs dos levitas
alistados de acordo com os seus antepassados: 20 De Gérson:
Seu filho Libni, que foi o pai de Jaate, pai de Zima, 21 que foi o
pai de Joá, pai de Ido, pai de Zerá, que foi o pai de Jeaterai.
22 De Coate: Seu filho Aminadabe, pai de Corá, que foi o pai de
Assir, 23 pai de Elcana, pai de Ebiasafe, que foi o pai de Assir,
24 pai de Taate, pai de Uriel, pai de Uzias, que foi o pai de Saul.
25 De Elcana: Amasai, Aimote 26 e Elcana, pai de Zofai,[a] pai de
Naate, 27 que foi o pai de Eliabe, pai de Jeroão, pai de Elcana,
que foi o pai de Samuel.[b] 28 De Samuel: Joel[c], o mais velho, e
Abias, o segundo. 29 De Merari: Mali, pai de Libni, pai de Simei,
que foi o pai de Uzá, 30 pai de Simeia, pai de Hagias, que foi
o pai de Asaías.

Os Músicos do Templo

31 Estes são os homens a quem Davi encarregou de dirigir os
cânticos no templo do SENHOR depois que a arca foi levada
para lá. 32 Eles ministraram o louvor diante do tabernáculo, da
Tenda do Encontro, até quando Salomão construiu o templo do
SENHOR em Jerusalém. Eles exerciam suas funções de acordo
com as normas estabelecidas.
33 Estes são os que ministravam, junto com seus filhos: Entre os
coatitas: O músico Hemã, filho de Joel, filho de Samuel, 34 filho
de Elcana, filho de Jeroão, filho de Eliel, filho de Toá, 35 filho de
Zufe, filho de Elcana, filho de Maate, filho de Amasai, 36 filho de
Elcana, filho de Joel, filho de Azarias, filho de Sofonias, 37 filho
de Taate, filho de Assir, filho de Ebiasafe, filho de Corá, 38 filho
de Isar, filho de Coate, filho de Levi, filho de Israel.
39 À direita de Hemã ficava seu parente Asafe, filho de Bere-
quias, filho de Simeia, 40 filho de Micael, filho de Baaseias[d],
filho de Malquias, 41 filho de Etni, filho de Zerá, filho de Adaías,
42 filho de Etã, filho de Zima, filho de Simei, 43 filho de Jaate,
filho de Gérson, filho de Levi.
44 Entre os meraritas: À esquerda de Hemã, parente dos mera-
ritas, ficava Etã, filho de Quisi, filho de Abdi, filho de Maluque,
45 filho de Hasabias, filho de Amazias, filho de Hilquias, 46 filho
de Anzi, filho de Bani, filho de Sêmer, 47 filho de Mali, filho de
Musi, filho de Merari, filho de Levi.
48 Seus parentes, os outros levitas, foram encarregados de
cuidar de todo o serviço do tabernáculo, o templo de Deus.
49 Mas eram Arão e seus descendentes que cuidavam dos sa-
crifícios no altar do holocausto[e], das ofertas no altar de incenso
e de todo o serviço do Lugar Santíssimo, como também dos sa-
crifícios de propiciação por Israel, conforme tudo o que Moisés,
servo de Deus, tinha ordenado.
50 Estes foram os descendentes de Arão: o seu filho Eleazar, pai
de Fineias, que foi o pai de Abisua, 51 pai de Buqui, pai de Uzi,
que foi o pai de Zeraías, 52 pai de Meraiote, pai de Amarias, que
foi o pai de Aitube, 53 pai de Zadoque, pai de Aimaás.

As Cidades dos Levitas

54 Estas foram as cidades e as regiões dadas aos levitas para
nelas habitarem. Entre os descendentes de Arão, o clã coatita
foi sorteado primeiro; 55 foi-lhe dada Hebrom, em Judá, com
suas pastagens ao redor. 56 Mas os campos e os povoados em
torno da cidade foram dados a Calebe, filho de Jefoné.
57 Assim os descendentes de Arão receberam Hebrom, cidade
de refúgio, e Libna, Jatir, Estemoa, 58 Hilém, Debir, 59 Asã, Jutá[f]
e Bete-Semes, com suas respectivas pastagens. 60 E da tribo
de Benjamim receberam Gibeão[g], Geba, Alemete e Anatote,
com suas respectivas pastagens. Ao todo treze cidades foram
distribuídas entre os seus clãs.
61 Para os demais descendentes de Coate foram sorteadas dez
cidades pertencentes aos clãs da metade da tribo de Manassés.
62 Para os descendentes de Gérson, clã por clã, foram sorteadas
treze cidades das tribos de Issacar, de Aser e de Naftali, e da
metade da tribo de Manassés que fica em Basã.
63 Para os descendentes de Merari, clã por clã, foram sorteadas
doze cidades das tribos de Rúben, de Gade e de Zebulom.
64 Assim os israelitas deram aos levitas essas cidades com
suas respectivas pastagens. 65 As cidades anteriormente men-
cionadas dos territórios de Judá, de Simeão e de Benjamim
também lhes foram dadas por sorteio.
66 Alguns dos clãs coatitas receberam as seguintes cidades no
território da tribo de Efraim: 67 Siquém, cidade de refúgio nos
montes de Efraim, e Gezer, 68 Jocmeão, Bete-Horom, 69 Aijalom
e Gate-Rimom, com suas respectivas pastagens.
70 E da metade da tribo de Manassés o restante dos clãs coa-
titas recebeu Aner e Bileã, com suas respectivas pastagens.
71 Os gersonitas receberam as seguintes cidades: Do clã da me-
tade da tribo de Manassés, Golã, em Basã, e também Asterote,
com suas respectivas pastagens; 72 da tribo de Issacar, Quedes,
Daberate, 73 Ramote e Aném, com suas respectivas pastagens;

a 6.26 Muitos manuscritos dizem e Elcana. De Elcana. Seu filho Zofai.
b 6.27 Conforme alguns manuscritos da Septuaginta. O Texto Massorético não traz essa linha. Veja 1Sm 1.19,20 e 1Cr 6.33,34.
c 6.28 Muitos manuscritos não trazem Joel. Veja 1Sm 8.2 e 1Cr 6.33.
d 6.40 Alguns manuscritos dizem Masteias.
e 6.49 Isto é, sacrifício totalmente queimado.
f 6.59 Conforme a Versão Siríaca. O Texto Massorético não traz Jutá. Veja Js 21.16.
g 6.60 O Texto Massorético não traz Gibeão. Veja Js 21.17.

74 da tribo de Aser, Masal, Abdom, 75 Hucoque e Reobe, com
suas respectivas pastagens; 76 e da tribo de Naftali, Quedes, na
Galileia, Hamom e Quiriataim, com suas respectivas pastagens.
77 E estas foram as cidades que os outros meraritas receberam:
Da tribo de Zebulom, Rimono e Tabor, com suas respectivas
pastagens; 78 da tribo de Rúben, do outro lado do Jordão, a
leste de Jericó, Bezer, no deserto, Jaza, 79 Quedemote e Me-
faate, com suas respectivas pastagens; 80 e da tribo de Gade,
Ramote, em Gileade, Maanaim, 81 Hesbom e Jazar, com suas
respectivas pastagens.

Os Descendentes de Issacar

7 Estes foram os quatro filhos de Issacar: Tolá, Puá, Jasube
e Sinrom. 2 Estes foram os filhos de Tolá: Uzi, Refaías, Jeriel,
Jamai, Ibsão e Samuel, chefes dos seus clãs. No reinado de
Davi, os descendentes de Tolá alistados em suas genealogias
como homens de combate eram 22.600. 3 O filho de Uzi foi
Israías. Estes foram os filhos de Israías: Micael, Obadias, Joel
e Issias. Todos os cinco eram chefes 4 que tinham muitas mu-
lheres e muitos filhos. Por isso, conforme a genealogia de sua
família, eles contavam com 36.000 homens prontos para o
combate. 5 Incluindo seus parentes, os homens de combate
de todos os clãs de Issacar, conforme alistados em sua genea-
logia, eram ao todo 87.000.

Os Descendentes de Benjamim

6 Estes foram os três filhos de Benjamim: Belá, Bequer e Je-
diael. 7 Estes foram os filhos de Belá: Esbom, Uzi, Uziel, Jere-
mote e Iri, cinco chefes de famílias. Seu registro genealógico
alistava 22.034 homens de combate. 8 Estes foram os filhos
de Bequer: Zemira, Joás, Eliézer, Elioenai, Onri, Jeremote,
Abias, Anatote e Alemete. Todos esses eram filhos de Bequer.
9 O registro genealógico deles alistava os chefes de famílias e
20.200 homens de combate. 10 O filho de Jediael foi Bilã. Estes
foram os filhos de Bilã: Jeús, Benjamim, Eúde, Quenaaná, Zetã,
Társis e Aisaar. 11 Todos esses descendentes de Jediael eram
chefes de famílias que contavam com 17.200 homens de com-
bate prontos para a guerra. 12 Supim e Hupim eram filhos de Ir;
e Husim era filho de Aer.

Os Descendentes de Naftali

13 Estes foram os filhos de Naftali: Jaziel, Guni, Jezer e Silém[a],
netos de Bila.

Os Descendentes de Manassés

14 Estes foram os descendentes de Manassés: Asriel, filho de sua
concubina arameia, que também deu à luz Maquir, pai de Gi-
leade. 15 Maquir casou-se com Maaca, irmã de Hupim e Supim.
Outro descendente de Manassés chamava-se Zelofeade, o qual
só teve filhas. 16 Maaca, mulher de Maquir, deu à luz um filho,
a quem deu o nome de Perez. O nome de seu irmão era Seres,
cujos filhos chamavam-se Ulão e Requém. 17 O filho de Ulão
foi Bedã. Esses foram os descendentes de Gileade, filho de
Maquir e neto de Manassés. 18 Sua irmã Hamolequete deu à luz
Isode, Abiezer e Maalá. 19 Estes foram os filhos de Semida: Aiã,
Siquém, Liqui e Anião.

Os Descendentes de Efraim

20 Estes foram os descendentes de Efraim: Sutela, que foi o
pai de Berede, pai de Taate, pai de Eleada, que foi o pai de
Taate, 21 pai de Zabade, pai de Sutela. Ézer e Eleade, filhos de
Efraim, foram mortos por homens da cidade de Gate quando
tentavam roubar os rebanhos deles. 22 Efraim chorou muitos
dias por eles, e seus parentes vieram consolá-lo. 23 Depois ele
se deitou de novo com sua mulher, ela engravidou e deu à
luz um filho. Ele o chamou Berias, pois tinha acontecido uma
desgraça em sua família. 24 Sua filha chamava-se Seerá. Foi
ela que fundou Bete-Horom Alta e Bete-Horom Baixa e também
Uzém-Seerá. 25 O filho de Berias foi Refa, pai de Resefe[b], que
foi o pai de Telá, pai de Taã, 26 pai de Ladã, pai de Amiúde,
que foi o pai de Elisama, 27 pai de Num, que foi o pai de Josué.
28 Suas terras e cidades incluíam Betel e os povoados ao redor,
Naarã a leste, Gezer e seus povoados a oeste, e Siquém e Aiá
com os seus povoados. 29 A tribo de Manassés controlava as
cidades de Bete-Seã, Taanaque, Megido e Dor, com seus res-
pectivos povoados. Os descendentes de José, filho de Israel,
viviam nessas cidades.

Os Descendentes de Aser

30 Estes foram os filhos de Aser: Imna, Isvá, Isvi e Berias. A
irmã deles chamava-se Sera. 31 Estes foram os filhos de Berias:
Héber e Malquiel, que foi o pai de Birzavite. 32 Héber gerou
Jaflete, Somer e Hotão e a irmã deles, Suá. 33 Estes foram os
filhos de Jaflete: Pasaque, Bimal e Asvate. Esses foram os filhos
de Jaflete. 34 Estes foram os filhos de Somer: Aí, Roga, Jeubá e
Arã. 35 Estes foram os filhos de Helém[c], irmão de Somer: Zofa,
Imna, Seles e Amal. 36 Estes foram os filhos de Zofa: Suá, Har-
nefer, Sual, Beri, Inra, 37 Bezer, Hode, Samá, Silsa, Itrã e Beera.
38 Estes foram os filhos de Jéter: Jefoné, Pispa e Ara. 39 Estes
foram os filhos de Ula: Ara, Haniel e Rizia.
40 Todos esses foram descendentes de Aser. Eram chefes de
famílias, homens escolhidos, soldados valentes e líderes de
destaque. O número dos alistados para combate no exército
deles foi 26.000.

Os Descendentes de Benjamim

8 Benjamim gerou Belá, seu filho mais velho; Asbel, seu
segundo filho, Aará, o terceiro; 2 Noá, o quarto; e Rafa, o
quinto. 3 Estes foram os filhos de Belá: Adar, Gera, pai de Eúde,
4 Abisua, Naamã, Aoá, 5 Gera, Sefufá e Hurão. 6 Estes foram os
descendentes de Eúde, chefes das famílias dos habitantes de
Geba, que foram deportados para Manaate: 7 Naamã, Aías e
Gera. Esse Gera, pai de Uzá e de Aiúde, foi quem os deportou.
8 Depois de ter se divorciado de suas mulheres Husim e Baara,
Saaraim teve filhos na terra de Moabe. 9 Com sua mulher

[a] 7.13 Muitos manuscritos dizem Salum. Veja Gn 46.24 e Nm 26.49.

[b] 7.25 Conforme alguns manuscritos da Septuaginta. O Texto Massorético não traz pai de.

[c] 7.35 Chamado Hotão no versículo 32.

Hodes ele gerou Jobabe, Zíbia, Messa, Malcã, 10 Jeús, Saquias
e Mirma. Esses foram seus filhos, chefes de famílias. 11 Com
Husim ele gerou Abitube e Elpaal. 12 Estes foram os filhos de
Elpaal: Héber, Misã, Semede, que fundou Ono e Lode com seus
povoados. 13 Berias e Sema foram os chefes das famílias dos ha-
bitantes de Aijalom e foram eles que expulsaram os habitantes
de Gate. 14 Aiô, Sasaque, Jeremote, 15 Zebadias, Arade, Éder,
16 Micael, Ispa e Joá foram descendentes de Berias. 17 Zebadias,
Mesulão, Hizqui, Héber, 18 Ismerai, Izlias e Jobabe foram des-
cendentes de Elpaal. 19 Jaquim, Zicri, Zabdi, 20 Elienai, Ziletai,
Eliel, 21 Adaías, Beraías e Sinrate foram descendentes de Simei.
22 Ispã, Héber, Eliel, 23 Abdom, Zicri, Hanã, 24 Hananias, Elão,
Antotias, 25 Ifdeias e Penuel foram descendentes de Sasaque.
26 Sanserai, Searias, Atalias, 27 Jaaresias, Elias e Zicri foram
descendentes de Jeroão.
28 Todos esses foram chefes de famílias, líderes, conforme alis-
tados em suas genealogias, e moravam em Jerusalém.
29 Jeiel[a], pai[b] de Gibeom, morou na cidade de Gibeom. O nome
de sua mulher era Maaca; 30 o de seu filho mais velho, Abdom; e
o de seus outros filhos, Zur, Quis, Baal, Ner[c], Nadabe, 31 Gedor,
Aiô, Zequer 32 e Miclote, que gerou Simeia. Eles também mo-
ravam perto de seus parentes, em Jerusalém. 33 Ner gerou
Quis, que gerou Saul. Saul gerou Jônatas, Malquisua, Abina-
dabe e Esbaal[d]. 34 O filho de Jônatas foi Meribe-Baal[e], que
gerou Mica. 35 Estes foram os filhos de Mica: Pitom, Meleque,
Tareia e Acaz. 36 Acaz gerou Jeoada, Jeoada gerou Alemete,
Azmavete e Zinri, e Zinri gerou Mosa. 37 Mosa gerou Bineá, pai
de Rafa, que foi o pai de Eleasa, pai de Azel. 38 Azel teve seis
filhos chamados Azricão, Bocru, Ismael, Searias, Obadias e
Hanã. Todos esses foram filhos de Azel. 39 Estes foram os filhos
de Eseque, seu irmão: Ulão, o mais velho; Jeús, o segundo;
e Elifelete, o terceiro. 40 Os filhos de Ulão eram soldados va-
lentes e bons flecheiros. Tiveram muitos filhos e netos, eram
cento e cinquenta ao todo. Todos esses foram descendentes
de Benjamim.

9 Todos os israelitas foram alistados nas genealogias dos re-
gistros históricos dos reis de Israel.

O Povo de Jerusalém

Por sua infidelidade o povo de Judá foi levado prisioneiro para
a Babilônia. 2 Os primeiros a voltarem às suas propriedades
e às suas cidades foram algumas pessoas do povo e alguns
sacerdotes, levitas e servidores do templo.
3 Os de Judá, de Benjamim e de Efraim e Manassés que se
instalaram em Jerusalém foram: 4 Utai, filho de Amiúde, neto
de Onri, bisneto de Inri e trineto de Bani, um descendente de
Perez, filho de Judá. 5 Dos descendentes de Selá: O primogênito
Asaías com seus filhos. 6 Dos descendentes de Zerá: Jeuel. Os
de Judá eram 690.
7 Dos benjamitas: Salu, filho de Mesulão, neto de Hodavias e
bisneto de Hassenua; 8 Ibneias, filho de Jeroão; Elá, filho de
Uzi, filho de Micri; e Mesulão, filho de Sefatias, filho de Reuel,
filho de Ibnias.
9 Da tribo de Benjamim, relacionados em sua genealogia, eram
956. Todos esses homens eram chefes de suas famílias.
10 Dos sacerdotes: Jedaías, Jeoiaribe, Jaquim;
11 Azarias, filho de Hilquias, neto de Mesulão, bisneto de Za-
doque, trineto de Meraiote e tetraneto de Aitube, o líder en-
carregado do templo de Deus;
12 Adaías, filho de Jeroão, neto de Pasur e bisneto de Malquias;
e Masai, filho de Adiel, neto de Jazera, bisneto de Mesulão,
trineto de Mesilemite e tetraneto de Imer.
13 O número de sacerdotes que eram chefes de famílias era
1.760. Eram homens capazes, e sua responsabilidade era mi-
nistrar no templo de Deus.
14 Dos levitas: Semaías, filho de Hassube, neto de Azricão e bis-
neto de Hasabias, um merarita; 15 Baquebacar, Heres, Galal
e Matanias, filho de Mica, neto de Zicri e bisneto de Asafe;
16 Obadias, filho de Semaías, neto de Galal e bisneto de Je-
dutum; e Berequias, filho de Asa e neto de Elcana, que vivia
nos povoados dos netofatitas.
17 Os guardas das portas eram: Salum, o chefe, Acube, Talmom,
Aimã e os irmãos deles, sendo até hoje 18 os guardas da porta
do Rei, a leste. Salum era o chefe. Esses eram os guardas das
portas, que pertenciam ao acampamento dos levitas. 19 Salum,
filho de Coré, neto de Ebiasafe e bisneto de Corá e seus pa-
rentes, os coreítas, guardas das portas, responsáveis por
guardar as entradas da Tenda[f], como os seus antepassados
tinham sido responsáveis por guardar a entrada da habitação
do SENHOR. 20 Naquela época, Fineias, filho de Eleazar, estivera
encarregado dos guardas das portas, e o SENHOR estava com
ele. 21 Zacarias, filho de Meselemias, era o guarda das portas
da entrada da Tenda do Encontro.
22 A soma total dos escolhidos para serem guardas das portas,
registrados nas genealogias dos seus povoados, era de 212.
Eles haviam sido designados para esses postos de confiança
por Davi e pelo vidente Samuel. 23 Eles e os seus descendentes
foram encarregados de vigiar as portas do templo do SENHOR,
o templo chamado Tenda. 24 Os guardas vigiavam as portas
nos quatro lados: norte, sul, leste e oeste. 25 Seus parentes,
residentes em seus povoados, tinham que vir de tempos em
tempos e trabalhar com eles por períodos de sete dias. 26 Mas
os quatro principais guardas das portas, que eram levitas, re-
ceberam a responsabilidade de tomar conta das salas e da
tesouraria do templo de Deus. 27 Eles passavam a noite perto
do templo de Deus, pois tinham o dever de vigiá-lo e de abrir
as portas todas as manhãs.
28 Alguns levitas estavam encarregados dos utensílios utilizados
no culto no templo; eles os contavam quando eram retirados
e quando eram devolvidos. 29 Outros eram responsáveis pelos
móveis e por todos os demais utensílios do santuário, bem como
pela farinha, pelo vinho, pelo óleo, pelo incenso e pelas especia-

[a] 8.29 Conforme alguns manuscritos da Septuaginta. O Texto Massorético não traz Jeiel. Veja 1Cr 9.35.
[b] 8.29 Ou *líder*; ou ainda *fundador*. Veja 2.21, 2.24, 4.4 e 4.5.
[c] 8.30 Conforme alguns manuscritos da Septuaginta. O Texto Massorético não traz Ner. Veja 1Cr 9.36.
[d] 8.33 Também conhecido como Is-Bosete; também em 9.39.
[e] 8.34 Também conhecido como Mefibosete; também em 9.40.
[f] 9.19 Isto é, do templo; também nos versículos 21 e 23.

rias. 30 E ainda outros cuidavam da manipulação das especiarias.
31 Um levita chamado Matitias, filho mais velho do coreíta Salum,
tinha a responsabilidade de assar os pães para as ofertas. 32 E
entre os coatitas, seus irmãos, alguns estavam encarregados de
preparar os pães que eram postos sobre a mesa todo sábado.
33 Os cantores, chefes de famílias levitas, permaneciam nas
salas do templo e estavam isentos de outros deveres, pois dia
e noite se dedicavam à sua própria tarefa.
34 Todos esses eram chefes de famílias levitas, alistados como
líderes em suas genealogias, e moravam em Jerusalém.

A Genealogia de Saul

35 Jeiel, pai[a] de Gibeom, morava em Gibeom. O nome de sua
mulher era Maaca; 36 e o de seu filho mais velho, Abdom. De-
pois nasceram Zur, Quis, Baal, Ner, Nadabe, 37 Gedor, Aiô,
Zacarias e Miclote. 38 Miclote gerou Simeia. Eles também mo-
ravam perto de seus parentes em Jerusalém. 39 Ner gerou Quis,
Quis gerou Saul, Saul gerou Jônatas, Malquisua, Abinadabe e
Esbaal. 40 Este foi o filho de Jônatas: Meribe-Baal, que gerou
Mica. 41 Estes foram os filhos de Mica: Pitom, Meleque, Tareia
e Acaz[b]. 42 Acaz gerou Jadá; Jadá[c] gerou Alemete, Azmavete e
Zinri; e Zinri gerou Mosa. 43 Mosa gerou Bineá, cujo filho foi
Refaías; o filho deste foi Eleasa, pai de Azel. 44 Azel teve seis
filhos, e os nomes deles foram: Azricão, Bocru, Ismael, Searias,
Obadias e Hanã. Esses foram os filhos de Azel.

10 O Suicídio de Saul

E aconteceu, em combate com os filisteus, os israe-
litas foram postos em fuga, e muitos caíram mortos no monte
Gilboa. 2 Os filisteus perseguiram Saul e seus filhos e mataram
Jônatas, Abinadabe e Malquisua, filhos de Saul. 3 O combate
foi ficando cada vez mais violento em torno de Saul, até que os
flecheiros o alcançaram e feriram gravemente.
4 Então Saul ordenou ao seu escudeiro: "Tire sua espada e ma-
te-me, senão sofrerei a vergonha de cair nas mãos desses incir-
cuncisos". Mas o seu escudeiro estava apavorado e não quis fa-
zê-lo. Saul, então, apanhou a própria espada e jogou-se sobre
ela. 5 Quando o escudeiro viu que Saul estava morto, jogou-se
também sobre sua espada e morreu. 6 Dessa maneira Saul e
seus três filhos morreram e, assim, toda a descendência real.
7 Quando os israelitas que habitavam no vale viram que o exército
tinha fugido e que Saul e seus filhos estavam mortos, fugiram,
abandonando suas cidades. Depois os filisteus foram ocupá-las.
8 No dia seguinte, quando os filisteus foram saquear os mortos,
encontraram Saul e seus filhos caídos no monte Gilboa. 9 Cor-
taram a cabeça de Saul, pegaram suas armas e enviaram men-
sageiros por toda a terra dos filisteus proclamando a notícia
entre os seus ídolos e o seu povo. 10 Expuseram suas armas
num dos templos dos seus deuses e penduraram sua cabeça
no templo de Dagom.
11 Quando os habitantes de Jabes-Gileade ficaram sabendo o
que os filisteus haviam feito com Saul, 12 os mais corajosos
dentre eles foram e apanharam os corpos de Saul e de seus
filhos e os levaram a Jabes. Lá sepultaram seus ossos sob a
Grande Árvore e jejuaram por sete dias.
13 Saul morreu dessa forma porque foi infiel ao SENHOR, não
foi obediente à palavra do SENHOR e chegou a consultar uma
médium em busca de orientação, 14 em vez de consultar o SE-
NHOR. Por isso o SENHOR o entregou à morte e deu o reino a
Davi, filho de Jessé.

11 O Reinado de Davi, Rei de Israel

Todo o Israel reuniu-se com Davi em Hebrom e disse:
"Somos sangue do teu sangue[d]. 2 No passado, mesmo quando
Saul era rei, eras tu quem liderava Israel em suas batalhas. E
o SENHOR, o teu Deus, te disse: 'Você pastoreará Israel, o meu
povo, e será o seu governante' ".
3 Então todas as autoridades de Israel foram ao encontro do rei
Davi em Hebrom, onde este fez um acordo com elas perante
o SENHOR, e ali ungiram Davi rei de Israel, conforme o SENHOR
havia anunciado por meio de Samuel.

A Conquista de Jerusalém

4 Davi e todos os israelitas marcharam para Jerusalém, que é
Jebus. Os jebuseus, habitantes da cidade, 5 disseram a Davi:
"Você não entrará aqui". No entanto, Davi conquistou a forta-
leza de Sião, a Cidade de Davi.
6 Naquele dia Davi disse: "O primeiro que atacar os jebuseus se
tornará o comandante do exército". Joabe, filho de Zeruia, foi
o primeiro e por isso recebeu o comando do exército.
7 Davi passou a morar na fortaleza e por isso ela foi chamada
Cidade de Davi. 8 Ele reconstruiu a cidade ao redor da forta-
leza, desde o Milo[e] até os muros ao redor, e Joabe restaurou
o restante da cidade. 9 E Davi ia se tornando cada vez mais
poderoso, pois o SENHOR dos Exércitos estava com ele.

Os Principais Guerreiros de Davi

10 Estes foram os chefes dos principais guerreiros de Davi que,
junto com todo o Israel, deram um grande apoio para estender
o seu reinado a todo o país, conforme o SENHOR havia prome-
tido. 11 Esta é a lista deles: Jasobeão[f], um hacmonita, chefe dos
oficiais[g]; foi ele que, empunhando sua lança, matou trezentos
homens numa mesma batalha.
12 Depois, Eleazar, filho de Dodô, de Aoí, um dos três principais
guerreiros. 13 Ele estava com Davi na plantação de cevada de
Pas-Damim, onde os filisteus se reuniram para a guerra. As
tropas israelitas fugiram dos filisteus, 14 mas eles mantiveram
sua posição no meio da plantação. Eles a defenderam e feriram
os filisteus, e o SENHOR lhes deu uma grande vitória.
15 Quando um grupo de filisteus estava acampado no vale de
Refaim, três chefes do batalhão dos Trinta foram encontrar

[a] **9.35** Pai pode significar líder civil ou líder militar.
[b] **9.41** Conforme a Vulgata e a Versão Siríaca. O Texto Massorético não traz e Acaz. Veja 1Cr 8.35.
[c] **9.42** Muitos manuscritos dizem Jaerá. Veja 1Cr 8.36.
[d] **11.1** Hebraico: *teu osso e tua carne.*
[e] **11.8** Ou *desde o aterro*
[f] **11.11** Possivelmente variante de Jasobe-Baal.
[g] **11.11** Ou *Trinta*. Veja 2Sm 23.8.

Davi na rocha que há perto da caverna de Adulão. 16 Estando
Davi nessa fortaleza e o destacamento filisteu em Belém, 17 Davi
expressou seu desejo: "Quem me dera me trouxessem água
da cisterna que fica junto à porta de Belém!". 18 Então aqueles
três infiltraram-se no acampamento filisteu, tiraram água daquela cisterna e trouxeram-na a Davi. Mas ele se recusou a bebê-la; em vez disso, derramou-a como uma oferta ao SENHOR.
19 "Longe de mim fazer isso, ó meu Deus!", disse Davi. "Esta
água representa o sangue desses homens que arriscaram a
própria vida!" Eles arriscaram a vida para trazê-la. E não quis
bebê-la. Foram essas as proezas dos três principais guerreiros.
20 Abisai, o irmão de Joabe, era o chefe do batalhão dos Trinta[a].
Com uma lança enfrentou trezentos homens e matou-os, tornando-se famoso como os três. 21 Foi honrado duas vezes mais
do que o batalhão dos Trinta e tornou-se chefe deles, mas
nunca igualou-se aos três principais guerreiros.
22 Benaia, filho de Joiada, era um corajoso soldado de Cabzeel
e realizou grandes feitos. Matou dois dos melhores guerreiros
de Moabe e, num dia de neve, desceu ao fundo de uma cova e
matou um leão. 23 Também matou um egípcio de dois metros e
vinte e cinco centímetros[b] de altura. Embora o egípcio tivesse
na mão uma lança parecida com uma lançadeira de tecelão,
Benaia o enfrentou com um cajado. Arrancou a lança da mão
do egípcio e com ela o matou. 24 Esses foram os grandes feitos
de Benaia, filho de Joiada, que também foi famoso como os
três principais guerreiros de Davi. 25 Foi mais honrado do que
qualquer dos Trinta, mas nunca se igualou aos três. E Davi lhe
deu o comando da sua guarda pessoal.
26 Os outros guerreiros foram: Asael, irmão de Joabe; Elanã,
filho de Dodô, de Belém; 27 Samote, de Haror; Helez, de Pelom;
28 Ira, filho de Iques, de Tecoa; Abiezer, de Anatote; 29 Sibecai,
de Husate; Ilai, de Aoí; 30 Maarai, de Netofate; Helede, filho
de Baaná, de Netofate; 31 Itai, filho de Ribai, de Gibeá de Benjamim; Benaia, de Piratom; 32 Hurai, dos riachos de Gaás; Abiel,
de Arbate; 33 Azmavete, de Baurim; Eliaba, de Saalbom; 34 os
filhos de Hasém, de Gizom; Jônatas, filho de Sage, de Harar;
35 Aião, filho de Sacar, de Harar; Elifal, filho de Ur; 36 Héfer, de
Mequerate; Aías, de Pelom; 37 Hezro, de Carmelo; Naarai, filho
de Ezbai; 38 Joel, irmão de Natã; Mibar, filho de Hagri; 39 o amonita Zeleque; Naarai, de Beerote, escudeiro de Joabe, filho de
Zeruia; 40 Ira e Garebe, de Jatir; 41 Urias, o hitita; Zabade, filho
de Alai; 42 Adina, filho de Siza, de Rúben, chefe dos rubenitas
e do batalhão dos Trinta; 43 Hanã, filho de Maaca; Josafá, de
Mitene; 44 Uzia, de Asterote; Sama e Jeiel, filhos de Hotão, de
Aroer; 45 Jediael, filho de Sinri; seu irmão, Joá, de Tiz; 46 Eliel,
de Maave; Jeribai e Josavias, filhos de Elnaão; Itma, um moabita, 47 e Eliel, Obede e Jaasiel, de Mezoba.

12 Os Aliados de Davi

Estes são os que se juntaram a Davi em Ziclague, onde
se escondia de Saul, filho de Quis. Eles estavam entre os combatentes que o ajudaram na guerra; 2 tanto com a mão direita
como com a esquerda utilizavam arco e flecha, e a funda para
atirar pedras; pertenciam à tribo de Benjamim e eram parentes
de Saul:
3 Aiezer, o chefe deles, e Joás, filhos de Semaá, de Gibeá;
Jeziel e Pelete, filhos de Azmavete; Beraca, Jeú, de Anatote,
4 e Ismaías, de Gibeom, um grande guerreiro do batalhão dos
Trinta e chefe deles; Jeremias, Jaaziel, Joanã, Jozabade, de
Gederate; 5 Eluzai, Jeremote, Bealias, Semarias e Sefatias, de
Harufe; 6 os coreítas Elcana, Issias, Azareel, Joezer e Jasobeão;
7 e Joela e Zebadias, filhos de Jeroão, de Gedor.
8 Da tribo de Gade alguns aliaram-se a Davi em sua fortaleza no
deserto. Eram guerreiros corajosos, prontos para o combate, e
sabiam lutar com escudo e com lança. Tinham a bravura de um
leão e eram ágeis como gazelas nos montes.
9 Ézer era o primeiro; Obadias, o segundo; Eliabe, o terceiro;
10 Mismana, o quarto; Jeremias, o quinto; 11 Atai, o sexto; Eliel,
o sétimo; 12 Joanã, o oitavo; Elzabade, o nono; 13 Jeremias, o
décimo; e Macbanai era o décimo primeiro.
14 Todos esses de Gade eram chefes de exército; o menor valia
por[c] cem, e o maior enfrentava mil. 15 Foram eles que atravessaram o Jordão no primeiro mês do ano, quando o rio transborda em todas as suas margens, e puseram em fuga todos os
que moravam nos vales, a leste e a oeste.
16 Alguns outros benjamitas e certos homens de Judá também
vieram a Davi em sua fortaleza. 17 Davi saiu ao encontro deles e
lhes disse: "Se vocês vieram em paz, para me ajudarem, estou
pronto a recebê-los. Mas, se querem trair-me e entregar-me
aos meus inimigos, sendo que as minhas mãos não cometeram
violência, que o Deus de nossos antepassados veja isso e julgue
vocês".
18 Então o Espírito veio sobre Amasai, chefe do batalhão dos
Trinta, e ele disse: "Somos teus, ó Davi! Estamos contigo, ó
filho de Jessé! Paz, paz seja contigo, e com os teus aliados,
pois o teu Deus te ajudará". Davi os recebeu e os nomeou
chefes dos seus grupos de ataque.
19 Alguns soldados de Manassés desertaram para Davi quando
ele foi com os filisteus guerrear contra Saul. Eles não ajudaram
os filisteus, porque os seus chefes os aconselharam e os mandaram embora, dizendo: "Pagaremos com a vida, caso Davi
deserte e passe para Saul, seu senhor". 20 Estes foram os homens de Manassés que desertaram para Davi quando ele foi
a Ziclague: Adna, Jozabade, Jediael, Micael, Jozabade, Eliú e
Ziletai, chefes de batalhões de mil em Manassés. 21 Eles ajudaram Davi contra grupos de ataque, pois todos eles eram
guerreiros valentes e eram líderes no exército dele. 22 Diariamente chegavam soldados para ajudar Davi, até que o seu
exército tornou-se tão grande como o exército de Deus[d].

O Crescimento do Exército de Davi

23 Este é o número dos soldados armados para a guerra que
vieram a Davi em Hebrom para lhe entregar o reino de Saul,

[a] 11.20 Conforme a Versão Siríaca e muitas versões. O Texto Massorético diz chefe dos três. Também no versículo 21.

[b] 11.23 Hebraico: *5 côvados*. O côvado era uma medida linear de cerca de 45 centímetros.

[c] 12.14 Ou *comandava*

[d] 12.22 Ou *um exército grande e poderoso*

conforme o SENHOR tinha dito: 24 da tribo de Judá, 6.800 armados para a guerra, com escudo e lança; 25 da tribo de Simeão, 7.100 guerreiros prontos para o combate; 26 da tribo de Levi, 4.600, 27 inclusive Joiada, líder da família de Arão, com 3.700 homens, 28 e Zadoque, um jovem e valente guerreiro, com 22 oficiais de sua família; 29 da tribo de Benjamim, parentes de Saul, 3.000, a maioria dos quais era até então fiel à família de Saul; 30 da tribo de Efraim, 20.800 soldados valentes, famosos em seus próprios clãs; 31 da metade da tribo de Manassés, 18.000, indicados por nome para fazerem Davi rei; 32 da tribo de Issacar, 200 chefes que sabiam como Israel deveria agir em qualquer circunstância. Comandavam todos os seus parentes; 33 da tribo de Zebulom, 50.000 soldados experientes, preparados para guerrear com qualquer tipo de arma, totalmente decididos a ajudar Davi; 34 da tribo de Naftali, 1.000 líderes com 37.000 homens armados de escudos e lanças; 35 da tribo de Dã, 28.600 preparados para o combate; 36 da tribo de Aser, 40.000 soldados experientes, preparados para o combate; 37 e do leste do Jordão, das tribos de Rúben e de Gade, e da metade da tribo de Manassés, 120.000 completamente armados.

38 Todos esses eram homens de combate e se apresentaram voluntariamente para servir nas fileiras. Vieram a Hebrom totalmente decididos a fazer de Davi rei sobre todo o Israel. E todos os outros israelitas tinham esse mesmo propósito. 39 Ficaram com Davi três dias, comendo e bebendo, pois as suas famílias haviam fornecido provisões para eles. 40 Os habitantes das tribos vizinhas e também de lugares distantes como Issacar, Zebulom e Naftali, trouxeram-lhes muitas provisões em jumentos, camelos, mulas e bois. Havia grande fartura de suprimentos: farinha, bolos de figo, bolos de uvas passas, vinho, azeite, bois e ovelhas, pois havia grande alegria em Israel.

13 O Retorno da Arca

Depois de consultar todos os seus oficiais, os comandantes de mil e de cem, 2 Davi disse a toda a assembleia de Israel: "Se vocês estão de acordo e se esta é a vontade do SENHOR, o nosso Deus, enviemos uma mensagem a nossos irmãos em todo o território de Israel e também aos sacerdotes e aos levitas que estão com eles em suas cidades, para virem unir-se a nós. 3 Vamos trazer de volta a arca de nosso Deus, pois não nos importamos com ela[a] durante o reinado de Saul". 4 Toda a assembleia concordou, pois isso pareceu bom a todo o povo.

5 Então Davi reuniu todos os israelitas, desde o rio Sior, no Egito, até Lebo-Hamate, para trazerem de Quiriate-Jearim a arca de Deus. 6 Davi e todos os israelitas foram a Baalá, que é Quiriate-Jearim, em Judá, para buscar a arca de Deus, o SENHOR, que tem o seu trono entre os querubins; a arca sobre a qual o seu nome é invocado.

7 Da casa de Abinadabe levaram a arca de Deus num carroção novo, conduzido por Uzá e Aiô. 8 Davi e todos os israelitas iam dançando e cantando com todo o vigor diante de Deus, ao som de harpas, liras, tamborins, címbalos e cornetas.

9 Quando chegaram à eira de Quidom, Uzá esticou o braço e segurou a arca, porque os bois haviam tropeçado. 10 A ira do SENHOR acendeu-se contra Uzá, e ele o feriu por ter tocado na arca. Uzá morreu ali mesmo, diante de Deus.

11 Davi ficou contrariado porque o SENHOR, em sua ira, havia fulminado Uzá. Até hoje aquele lugar é chamado Perez-Uzá[b].

12 Naquele dia Davi teve medo de Deus e se perguntou: "Como vou conseguir levar a arca de Deus?" 13 Por isso desistiu de trazer a arca para a Cidade de Davi. Em vez disso, levou-a para a casa de Obede-Edom, de Gate. 14 A arca de Deus ficou na casa dele por três meses, e o SENHOR abençoou sua família e tudo o que possuía.

14 O Palácio e a Família de Davi

Hirão, rei de Tiro, enviou a Davi uma delegação, que lhe trouxe toras de cedro, e também pedreiros e carpinteiros para lhe construírem um palácio. 2 Então Davi teve certeza de que o SENHOR o confirmara como rei de Israel e de que estava fazendo prosperar o seu reino por amor de Israel, seu povo.

3 Em Jerusalém Davi tomou para si mais mulheres e gerou mais filhos e filhas. 4 Estes são os nomes dos que lhe nasceram ali: Samua, Sobabe, Natã, Salomão, 5 Ibar, Elisua, Elpalete, 6 Nogá, Nefegue, Jafia, 7 Elisama, Beeliada[c] e Elifelete.

Davi Derrota os Filisteus

8 Quando os filisteus ficaram sabendo que Davi tinha sido ungido rei de todo o Israel, foram com todo o exército prendê-lo, mas Davi soube disso e saiu para enfrentá-los. 9 Tendo os filisteus invadido o vale de Refaim, 10 Davi perguntou a Deus: "Devo atacar os filisteus? Tu os entregarás nas minhas mãos?" O SENHOR lhe respondeu: "Vá, eu os entregarei nas suas mãos".

11 Então Davi e seus soldados foram a Baal-Perazim, e Davi os derrotou e disse: "Assim como as águas de uma enchente causam destruição, pelas minhas mãos Deus destruiu os meus inimigos". E aquele lugar passou a ser chamado Baal-Perazim[d].

12 Como os filisteus haviam abandonado os seus ídolos ali, Davi ordenou que fossem queimados.

13 Os filisteus voltaram a atacar o vale; 14 de novo Davi consultou Deus, que lhe respondeu: "Não ataque pela frente, mas dê a volta por trás deles e ataque-os em frente das amoreiras. 15 Assim que você ouvir um som de passos por cima das amoreiras, saia para o combate, pois este é o sinal de que Deus saiu à sua frente para ferir o exército filisteu". 16 E Davi fez como Deus lhe tinha ordenado, e eles derrotaram o exército filisteu por todo o caminho, desde Gibeom até Gezer.

17 Assim a fama de Davi espalhou-se por todas as terras, e o SENHOR fez com que todas as nações o temessem.

15 A Arca é Levada para Jerusalém

Depois que Davi tinha construído casas[e] para si na Cidade de Davi, ele preparou um lugar para a arca de Deus e armou

[a] 13.3 Ou *a consultamos*; ou ainda *o consultamos*

[b] 13.11 Perez-Uzá significa *destruição de Uzá*.

[c] 14.7 Variante de Eliada.

[d] 14.11 Baal-Perazim significa *o senhor que destrói*.

[e] 15.1 Ou *um palácio*

uma tenda para ela. [2]Então Davi disse: “Somente os levitas
poderão carregar a arca de Deus, pois para isso o SENHOR os
escolheu e para ficarem sempre a seu serviço”.
[3]Davi reuniu todo o Israel em Jerusalém para trazer a arca
do SENHOR para o lugar que ele lhe havia preparado. [4]Reuniu
também os descendentes de Arão e os levitas:
[5]dos descendentes de Coate, Uriel, liderando 120; [6]dos des-
cendentes de Merari, Asaías, liderando 220; [7]dos descendentes
de Gérson, Joel, liderando 130; [8]dos descendentes de Elisafã,
Semaías, liderando 200; [9]dos descendentes de Hebrom, Eliel,
liderando 80; [10]dos descendentes de Uziel, Aminadabe, lide-
rando 112.
[11]Em seguida, Davi convocou os sacerdotes Zadoque e Abiatar,
os levitas Uriel, Asaías, Joel, Semaías, Eliel e Aminadabe, e
[12]lhes disse: “Vocês são os chefes das famílias levitas; vocês
e seus companheiros levitas deverão consagrar-se e trazer a
arca do SENHOR, o Deus de Israel, para o local que preparei
para ela. [13]Pelo fato de vocês não terem carregado a arca na
primeira vez, a ira do SENHOR, o nosso Deus, causou destruição
entre nós. Nós não o tínhamos consultado sobre como pro-
ceder”. [14]Então os sacerdotes e os levitas se consagraram para
transportar a arca do SENHOR, o Deus de Israel. [15]E os levitas
carregaram a arca de Deus apoiando as varas da arca sobre
os ombros, conforme Moisés tinha ordenado, de acordo com
a palavra do SENHOR.
[16]Davi também ordenou aos líderes dos levitas que encarre-
gassem os músicos que havia entre eles de cantar músicas ale-
gres, acompanhados por instrumentos musicais: liras, harpas
e címbalos sonoros.
[17]Assim, os levitas escolheram Hemã, filho de Joel, e Asafe, um
parente dele; dentre os meraritas, seus parentes, escolheram
Etã, filho de Cuxaías; [18]e com eles seus parentes que estavam
no segundo escalão: Zacarias[a], Jaaziel, Semiramote, Jeiel, Uni,
Eliabe, Benaia, Maaseias, Matitias, Elifeleu, Micneias, Obede-
-Edom e Jeiel[b], os porteiros.
[19]Os músicos Hemã, Asafe e Etã deviam tocar os címbalos de
bronze; [20]Zacarias, Aziel, Semiramote, Jeiel, Uni, Eliabe, Maa-
seias e Benaia deviam tocar as liras, acompanhando o soprano;
[21]e Matitias, Elifeleu, Micneias, Obede-Edom, Jeiel e Azazias
deviam tocar as harpas em oitava, marcando o ritmo. [22]Quena-
nias, o chefe dos levitas, ficou encarregado dos cânticos; essa
era sua responsabilidade, pois ele tinha competência para isso.
[23]Berequias e Elcana seriam porteiros e deveriam proteger a
arca. [24]Os sacerdotes Sebanias, Josafá, Natanael, Amasai, Za-
carias, Benaia e Eliézer deviam tocar as cornetas diante da arca
de Deus. Obede-Edom e Jeías também deviam ser porteiros e
vigiar a arca.
[25]Assim, com grande festa, Davi, as autoridades de Israel e os
líderes dos batalhões de mil foram buscar a arca da aliança
do SENHOR que estava na casa de Obede-Edom. [26]Como Deus
havia poupado os levitas que carregavam a arca da aliança
do SENHOR, sete novilhos e sete carneiros foram sacrificados.
[27]Davi vestia um manto de linho fino, como também todos os
levitas que carregavam a arca, os músicos e Quenanias, chefe
dos músicos. Davi vestia também o colete sacerdotal de linho.
[28]E todo o Israel acompanhou a arca da aliança do SENHOR
alegremente, ao som de trombetas, cornetas e címbalos, ao
toque de liras e de harpas.
[29]Quando a arca da aliança do SENHOR estava entrando na Ci-
dade de Davi, Mical, filha de Saul, observava de uma janela. E,
aconteceu que ao ver o rei Davi dançando e celebrando, ela o
desprezou em seu coração.

16 Eles trouxeram a arca de Deus e a colocaram na tenda que
Davi lhe havia preparado, e ofereceram holocaustos[c] e
sacrifícios de comunhão[d] diante de Deus. [2]Após oferecer os ho-
locaustos e os sacrifícios de comunhão, Davi abençoou o povo
em nome do SENHOR [3]e deu um pão, um bolo de tâmaras[e] e um
bolo de uvas passas a cada homem e a cada mulher israelita.
[4]Davi nomeou alguns dos levitas para ministrarem diante da
arca do SENHOR, fazendo petições, dando graças e louvando o
SENHOR, o Deus de Israel. [5]Desses, Asafe era o chefe, Zacarias
vinha em seguida, e depois Jeiel, Semiramote, Jeiel, Matitias,
Eliabe, Benaia, Obede-Edom e Jeiel. Eles deviam tocar lira e
harpa enquanto Asafe tocava os címbalos. [6]Os sacerdotes Be-
naia e Jaaziel deviam tocar diariamente as trombetas diante
da arca da aliança de Deus.

O Salmo de Gratidão de Davi

[7]Foi naquele dia que, pela primeira vez, Davi encarregou Asafe
e seus parentes de louvarem o SENHOR com salmos de gratidão:
[8]“Deem graças ao SENHOR, clamem pelo seu nome, divulguem
entre as nações o que ele tem feito. [9]Cantem para ele, lou-
vem-no; contem todos os seus atos maravilhosos. [10]Gloriem-se
no seu santo nome; alegre-se o coração dos que buscam o
SENHOR. [11]Olhem para o SENHOR e para a sua força; busquem
sempre a sua face. [12]Lembrem-se das maravilhas que ele fez,
dos seus prodígios e das ordenanças que pronunciou, [13]ó des-
cendentes de Israel, seu servo, ó filhos de Jacó, seus esco-
lhidos.
[14]“Ele é o SENHOR, o nosso Deus; seu domínio alcança toda
a terra. [15]Para sempre se lembra[f] da sua aliança, da palavra
que ordenou para mil gerações, [16]da aliança que fez com
Abraão, do juramento que fez a Isaque, [17]que confirmou para
Jacó como um decreto e para Israel como uma aliança eterna,
dizendo: [18]‘A vocês darei a terra de Canaã, a herança que pos-
suirão’.
[19]“Quando eles ainda eram poucos, muito poucos, sendo
estrangeiros nela [20]e vagueando de nação em nação, de um
reino a outro, [21]ele não permitiu que ninguém os oprimisse; por
causa deles repreendeu reis, ordenando: [22]‘Não maltratem os
meus ungidos; não façam mal aos meus profetas’.

---

[a] 15.18 Muitos manuscritos dizem Zacarias filho e ou Zacarias, Bene e. Veja o versículo 20 e 1Cr 16.5.

[b] 15.18 A Septuaginta diz Jeiel e Azarias. Veja o versículo 21.

[c] 16.1 Isto é, sacrifícios totalmente queimados; também no versículo 40.

[d] 16.1 Ou *de paz*

[e] 16.3 Ou *um pedaço de carne*; ou ainda *um pouco de vinho*

[f] 16.15 Conforme alguns manuscritos da Septuaginta. O Texto Massorético diz lembrem-se. Veja Sl 105.8.

23 “Cantem ao SENHOR, todas as terras! Proclamem a sua sal-
vação dia após dia! 24 Anunciem a sua glória entre as nações,
seus feitos maravilhosos entre todos os povos! 25 Pois o SENHOR
é grande e muitíssimo digno de louvor, ele deve ser mais te-
mido que todos os deuses. 26 Pois todos os deuses das nações
não passam de ídolos, mas o SENHOR fez os céus. 27 O esplendor
e a majestade estão diante dele; força e alegria, na sua ha-
bitação. 28 Deem ao SENHOR, ó famílias das nações, deem ao
SENHOR glória e força! 29 Deem ao SENHOR a glória devida ao
seu nome. Tragam ofertas e venham à sua presença. Adorem o
SENHOR no esplendor da sua santidade, 30 tremam diante dele,
todas as nações! Firmou o mundo, e este não se abalará! 31 Que
os céus se alegrem e a terra exulte, e diga-se entre as nações:
‘O SENHOR reina!’ 32 Ressoe o mar e tudo o que nele existe;
exultem os campos e tudo o que neles há! 33 Então as árvores
da floresta cantarão de alegria, cantarão diante do SENHOR,
pois ele vem julgar a terra.
34 “Rendam graças ao SENHOR, pois ele é bom; o seu amor dura
para sempre. 35 Clamem: ‘Salva-nos, ó Deus, nosso Salvador!
Reúne-nos e livra-nos das nações, para que demos graças
ao teu santo nome e façamos do teu louvor a nossa glória’.
36 Bendito seja o SENHOR, o Deus de Israel, de eternidade a
eternidade”. Então todo o povo exclamou: “Amém!” e “Lou-
vado seja o SENHOR!”
37 Davi deixou Asafe e seus parentes diante da arca da aliança
do SENHOR para ali ministrarem regularmente, de acordo com
as prescrições para cada dia. 38 Também deixou Obede-Edom e
seus sessenta e oito parentes para ministrarem com eles. Obe-
de-Edom, filho de Jedutum, e também Hosa foram porteiros.
39 Davi deixou o sacerdote Zadoque e seus parentes sacerdotes
diante do tabernáculo do SENHOR em Gibeom 40 para, regular-
mente, de manhã e à tarde, apresentarem holocaustos no altar
de holocaustos, de acordo com tudo o que está escrito na Lei
do SENHOR, que ele deu a Israel. 41 Com eles estavam Hemã e
Jedutum e os outros designados para darem graças ao SENHOR,
exclamando: “O seu amor dura para sempre”. 42 Hemã e Je-
dutum eram responsáveis pelas trombetas, pelos címbalos e
pelos outros instrumentos musicais para o culto. Os filhos de
Jedutum foram nomeados como porteiros.
43 Então todo o povo partiu, cada um para a sua casa, e Davi
voltou para casa para abençoar sua família.

17 A Promessa de Deus a Davi

O rei Davi já morava em seu palácio quando, certo dia,
disse ao profeta Natã: “Aqui estou eu, morando num palácio
de cedro, enquanto a arca da aliança do SENHOR permanece
numa simples tenda”.
2 Natã respondeu a Davi: “Faze o que tiveres em mente, pois
Deus está contigo”.
3 E naquela mesma noite Deus falou a Natã:
4 “Vá dizer ao meu servo Davi que assim diz o SENHOR: Não é
você que vai construir uma casa para eu morar. 5 Não tenho
morado em nenhuma casa, desde o dia em que tirei Israel do
Egito, mas fui de uma tenda para outra, e de um tabernáculo
para outro. 6 Por onde tenho acompanhado todo o Israel, al-
guma vez perguntei a algum líder deles, que mandei pastorear
o meu povo: Por que você não me construiu um templo de
cedro?
7 “Agora pois, diga ao meu servo Davi: Assim diz o SENHOR dos
Exércitos: Eu o tirei das pastagens, onde você cuidava dos reba-
nhos, para ser o soberano sobre Israel, o meu povo. 8 Sempre
estive com você por onde você andou, e eliminei todos os seus
inimigos. Agora eu o farei tão famoso quanto os homens mais
importantes da terra. 9 E providenciarei um lugar para Israel,
o meu povo, e os plantarei lá, para que tenham o seu próprio
lar e não mais sejam incomodados. Povos ímpios não mais
os oprimirão, como fizeram no início 10 e têm feito desde a
época em que nomeei juízes sobre Israel, o meu povo. Também
subjugarei todos os seus inimigos. Saiba também que eu, o
SENHOR, estabelecerei para você uma dinastia. 11 Quando a sua
vida chegar ao fim e você se juntar aos seus antepassados, es-
colherei um dos seus filhos para sucedê-lo, e eu estabelecerei
o reino dele. 12 É ele que vai construir um templo para mim, e
eu firmarei o trono dele para sempre. 13 Eu serei seu pai, e ele
será meu filho. Nunca retirarei dele o meu amor, como retirei
de Saul. 14 Eu o farei líder do meu povo e do meu reino para
sempre; seu reinado será estabelecido para sempre”.
15 E Natã transmitiu a Davi tudo o que o SENHOR lhe tinha falado
e revelado.

A Oração de Davi

16 Então o rei Davi entrou no tabernáculo, assentou-se diante
do SENHOR, e orou: “Quem sou eu, ó SENHOR Deus, e o que é a
minha família, para que me trouxesses a este ponto? 17 E, como
se isso não bastasse para ti, ó Deus, tu falaste sobre o futuro
da família deste teu servo. Tens me tratado como um homem
de grande importância, ó SENHOR Deus.
18 “O que mais Davi poderá dizer-te por honrares o teu servo?
Tu conheces o teu servo, 19 ó SENHOR. Por amor do teu servo e
de acordo com tua vontade, realizaste este feito grandioso e
tornaste conhecidas todas essas grandes promessas.
20 “Não há ninguém como tu, ó SENHOR, nem há outro Deus
além de ti, conforme tudo o que sabemos. 21 E quem é como
Israel, o teu povo, a única nação da terra que tu, ó Deus, res-
gataste para ti mesmo, e assim tornaste o teu nome famoso,
realizando grandes e impressionantes maravilhas ao expulsar
nações de diante do povo que libertaste do Egito? 22 Tu fizeste
de Israel o teu povo especial para sempre, e tu, ó SENHOR, te
tornaste o seu Deus.
23 “Agora, SENHOR, que a promessa que fizeste a respeito de teu
servo e de sua descendência se confirme para sempre. Faze
conforme prometeste, 24 para que tudo se confirme, para que o
teu nome seja engrandecido para sempre e os homens digam:
‘O SENHOR dos Exércitos, o Deus de Israel, é Deus para Israel!’ E
a descendência de teu servo Davi se manterá firme diante de ti.
25 “Tu, meu Deus, revelaste a teu servo que formarás uma di-
nastia para ele. Por isso teu servo achou coragem para orar
a ti. 26 Ó SENHOR, tu és Deus! Tu fizeste essa boa promessa a

teu servo. 27 Agora, por tua bondade, abençoa a família de teu
servo, para que ela continue para sempre na tua presença; pois
o que tu, SENHOR, abençoas, abençoado está para sempre".

18 As Vitórias Militares de Davi

Depois disso Davi derrotou os filisteus e os subjugou, e
tirou do controle deles a cidade de Gate e seus povoados.
2 Davi derrotou também os moabitas, que ficaram sujeitos a
ele, pagando-lhe impostos.
3 Além disso, Davi derrotou Hadadezer, rei de Zobá, nas proxi-
midades de Hamate, quando Hadadezer tentava obter o con-
trole na região do rio Eufrates. 4 Davi se apossou de mil dos
seus carros de guerra, sete mil cavaleiros[a] e vinte mil soldados
de infantaria. Ainda levou cem cavalos de carros de guerra e
aleijou todos os outros.
5 Quando os arameus de Damasco vieram ajudar Hadadezer,
rei de Zobá, Davi matou vinte e dois mil deles. 6 Em seguida,
estabeleceu guarnições militares no reino dos arameus de Da-
masco, sujeitando-os a lhe pagarem impostos. E o SENHOR dava
vitórias a Davi em todos os lugares aonde ia.
7 Davi também trouxe para Jerusalém os escudos de ouro
usados pelos oficiais de Hadadezer. 8 De Tebá[b] e Cum, cidades
que pertenciam a Hadadezer, o rei Davi trouxe grande quan-
tidade de bronze, que Salomão usou para fazer o tanque de
bronze, as colunas e vários utensílios.
9 Quando Toú, rei de Hamate, soube que Davi tinha derrotado
todo o exército de Hadadezer, rei de Zobá, 10 enviou seu filho
Adorão ao rei Davi para saudá-lo e parabenizá-lo por sua vi-
tória na batalha contra Hadadezer, que tinha estado em guerra
contra Toú. Com Adorão, mandou todo tipo de utensílios de
ouro, de prata e de bronze. 11 O rei Davi consagrou esses uten-
sílios ao SENHOR, como fizera com a prata e o ouro tomados de
todas estas nações: Edom e Moabe, os amonitas e os filisteus
e Amaleque.
12 Abisai, filho de Zeruia, derrotou dezoito mil edomitas no vale
do Sal. 13 Depois colocou guarnições militares em Edom, sujei-
tando todos os edomitas a Davi. O SENHOR dava vitórias a Davi
em todos os lugares aonde ia.

Os Oficiais de Davi

14 Davi reinou sobre todo o Israel, administrando o direito e a
justiça a todo o seu povo. 15 Joabe, filho de Zeruia, era coman-
dante do exército; Josafá, filho de Ailude, era o arquivista real;
16 Zadoque, filho de Aitube, e Aimeleque[c], filho de Abiatar, eram
sacerdotes; Sausa era secretário; 17 Benaia, filho de Joiada,
comandava os queretitas e os peletitas; e os filhos do rei Davi
eram seus principais oficiais.

19 A Guerra contra os Amonitas

Algum tempo depois, Naás, rei dos amonitas, morreu, e
seu filho foi o seu sucessor. 2 Davi pensou: "Serei bondoso com
Hanum, filho de Naás, porque seu pai foi bondoso comigo".
Então Davi enviou uma delegação para transmitir a Hanum seu
pesar pela morte do pai. Mas, quando os mensageiros de Davi
chegaram à terra dos amonitas para expressar condolências
a Hanum, 3 os líderes amonitas lhe disseram: "Achas que Davi
está honrando teu pai ao enviar mensageiros para expressar
condolências? Não é nada disso! Davi os enviou como espiões
para examinar o país e destruí-lo". 4 Então Hanum prendeu os
mensageiros de Davi, rapou-lhes a barba, cortou metade de
suas roupas até as nádegas, e mandou-os embora.
5 Quando Davi soube disso, enviou mensageiros ao encontro
deles, pois haviam sido profundamente humilhados, e mandou
dizer-lhes: "Fiquem em Jericó até que a barba cresça e, então,
voltem para casa".
6 Vendo Hanum e os amonitas que tinham atraído sobre si o
ódio de[d] Davi, alugaram da Mesopotâmia[e], de Arã Maaca e
de Zobá, carros de guerra e condutores de carros, por trinta e
cinco toneladas[f] de prata. 7 Alugaram trinta e dois mil carros e
seus condutores, contrataram o rei de Maaca com suas tropas,
o qual veio e acampou perto de Medeba, e os amonitas foram
convocados de suas cidades e partiram para a batalha.
8 Ao saber disso, Davi ordenou a Joabe que marchasse com
todo o exército. 9 Os amonitas saíram e se puseram em posição
de combate na entrada da cidade, e os reis que tinham vindo
posicionaram-se em campo aberto.
10 Vendo Joabe que estava cercado pelas linhas de combate,
escolheu alguns dos melhores soldados de Israel e posicio-
nou-os contra os arameus. 11 Pôs o restante dos homens sob o
comando de seu irmão Abisai e posicionou-os contra os amo-
nitas. 12 E Joabe disse a Abisai: "Se os arameus forem fortes
demais para mim, venha me ajudar; mas, se os amonitas forem
fortes demais para você, eu irei ajudá-lo. 13 Seja forte e lutemos
com bravura pelo nosso povo e pelas cidades do nosso Deus. E
que o SENHOR faça o que for de sua vontade".
14 Então Joabe e seus soldados avançaram contra os arameus,
que fugiram dele. 15 Quando os amonitas viram que os ara-
meus estavam fugindo de Joabe, também fugiram de seu
irmão Abisai e entraram na cidade. Assim, Joabe voltou para
Jerusalém.
16 Ao perceberem os arameus que haviam sido derrotados por
Israel, enviaram mensageiros para trazer arameus que viviam
do outro lado do Eufrates[g], e Sofaque, o comandante do exér-
cito de Hadadezer, veio à frente deles.
17 Informado disso, Davi reuniu todo o Israel e atravessou o
Jordão; avançou contra eles e formou linhas de combate de-
fronte deles. Mas, começado o combate, 18 eles fugiram de
diante de Israel, e Davi matou sete mil dos seus condutores
de carros de guerra e quarenta mil dos seus soldados de in-
fantaria. Também matou Sofaque, o comandante do exército
deles.

[a] 18.4 *Ou condutores de carros*

[b] 18.8 Hebraico: *Tibate*, variante de *Tebá*. Veja 2Sm 8.8.

[c] 18.16 Muitos manuscritos dizem Abimeleque. Veja 2Sm 8.17.

[d] 19.6 Hebraico: *se transformado em mau cheiro para.*

[e] 19.6 Hebraico: *Arã Naaraim.*

[f] 19.6 Hebraico: *1000 talentos*. Um talento equivalia a 35 quilos.

[g] 19.16 Hebraico: *do Rio.*

19 Quando os vassalos de Hadadezer viram que tinham sido der-
rotados por Israel, fizeram a paz com Davi e se sujeitaram a ele.
E os arameus não quiseram mais ajudar os amonitas.

A Conquista de Rabá

20 Na primavera seguinte, na época em que os reis saem à
guerra, Joabe conduziu o seu exército até a terra dos amonitas
e a arrasou. Enquanto Davi ainda estava em Jerusalém, Joabe
cercou Rabá, a capital, atacou-a e deixou-a em ruínas. 2 Davi
tirou a coroa da cabeça de Moloque[a], uma coroa de ouro de
trinta e cinco quilos[b], ornamentada com pedras preciosas. E ela
foi colocada na cabeça de Davi. Ele trouxe uma grande quanti-
dade de bens da cidade 3 e trouxe também os seus habitantes,
designando-lhes trabalhos com serras, picaretas de ferro e ma-
chados. Davi fez assim com todas as cidades amonitas. Depois
voltou com todo seu exército para Jerusalém.

Guerras contra os Filisteus

4 Houve depois disso uma guerra contra os filisteus, em Gezer.
Naquela época, Sibecai, de Husate, matou Sipai, um dos des-
cendentes dos refains, e os filisteus foram subjugados.
5 Noutra batalha contra os filisteus, Elanã, filho de Jair, matou
Lami, irmão de Golias, de Gate, que possuía uma lança cuja
haste parecia uma lançadeira de tecelão.
6 Noutra batalha, em Gate, havia um homem de grande estatura
e que tinha seis dedos em cada mão e seis dedos em cada pé;
vinte e quatro dedos ao todo. Ele também era descendente de
Rafa 7 e desafiou Israel, mas Jônatas, filho de Simeia, irmão
de Davi, o matou.
8 Esses eram descendentes de Rafa, em Gate, e foram mortos
por Davi e seus soldados.

O Recenseamento e a sua Punição

21 Satanás levantou-se contra Israel e levou Davi a fazer
um recenseamento do povo. 2 Davi disse a Joabe e aos outros
comandantes do exército: "Vão e contem os israelitas desde
Berseba até Dã e tragam-me um relatório para que eu saiba
quantos são".
3 Joabe, porém, respondeu: "Que o SENHOR multiplique o povo
dele por cem. Ó rei, meu senhor, não são, porventura, todos
eles súditos do meu senhor? Por que o meu senhor deseja fazer
isso? Por que deveria trazer culpa sobre Israel?"
4 Mas a palavra do rei prevaleceu, de modo que Joabe partiu,
percorreu todo o Israel e então voltou a Jerusalém. 5 Joabe
apresentou a Davi o relatório com o número dos homens de
combate: Em todo o Israel havia um milhão e cem mil homens
habilitados para o serviço militar, sendo quatrocentos e setenta
mil de Judá.
6 Mas Joabe não incluiu as tribos de Levi e de Benjamim na con-
tagem, pois a ordem do rei lhe parecera absurda. 7 Essa ordem
foi reprovada por Deus, e por isso ele puniu Israel.
8 Então Davi disse a Deus: "Pequei gravemente com o que fiz.
Agora eu te imploro que perdoes o pecado do teu servo, porque
cometi uma grande loucura!"
9 O SENHOR disse a Gade, o vidente de Davi: 10 "Vá dizer a Davi:
Assim diz o SENHOR: Estou dando a você três opções. Escolha
uma delas, e eu a executarei contra você".
11 Gade foi a Davi e lhe disse: "Assim diz o SENHOR: 'Escolha
entre 12 três anos de fome; três meses fugindo de seus adver-
sários, perseguido pela espada deles; ou três dias da espada
do SENHOR, isto é, três dias de praga, com o anjo do SENHOR
assolando todas as regiões de Israel'. Decida agora como devo
responder àquele que me enviou".
13 Davi respondeu: "É grande a minha angústia! Prefiro cair nas
mãos do SENHOR, pois é grande a sua misericórdia, a cair nas
mãos dos homens".
14 O SENHOR enviou, assim, uma praga sobre Israel, e setenta
mil homens de Israel morreram. 15 E Deus enviou um anjo para
destruir Jerusalém. Mas, quando o anjo ia fazê-lo, o SENHOR
olhou e arrependeu-se de trazer a catástrofe e disse ao anjo
destruidor: "Pare! Já basta!" Naquele momento o anjo do SE-
NHOR estava perto da eira de Araúna[c], o jebuseu.
16 Davi olhou para cima e viu o anjo do SENHOR entre o céu e
a terra, com uma espada na mão, erguida sobre Jerusalém.
Então Davi e as autoridades de Israel, vestidos de luto, pros-
traram-se com o rosto em terra.
17 Davi disse a Deus: "Não fui eu que ordenei contar o povo?
Fui eu que pequei e fiz o mal. Estes não passam de ovelhas. O
que eles fizeram? Ó SENHOR meu Deus, que o teu castigo caia
sobre mim e sobre a minha família, mas não sobre o teu povo!"
18 Depois disso, o anjo do SENHOR mandou Gade dizer a Davi que
construísse um altar ao SENHOR na eira de Araúna, o jebuseu.
19 Davi foi para lá, em obediência à palavra que Gade havia
falado em nome do SENHOR.
20 Araúna estava debulhando o trigo; virando-se, viu o anjo, e
ele e seus quatro filhos que estavam com ele se esconderam.
21 Nisso chegou Davi e, quando Araúna o viu, saiu da eira e
prostrou-se diante de Davi com o rosto em terra.
22 E Davi lhe pediu: "Ceda-me o terreno da sua eira para eu
construir um altar em honra ao SENHOR, para que cesse a praga
sobre o povo. Venda-me o terreno pelo preço justo".
23 Mas Araúna disse a Davi: "Considera-o teu! Que o meu rei
e senhor faça dele o que desejar. Eu darei os bois para os
holocaustos[d], o debulhador para servir de lenha e o trigo para
a oferta de cereal. Tudo isso eu dou a ti".
24 O rei Davi, porém, respondeu a Araúna: "Não! Faço questão
de pagar o preço justo. Não darei ao SENHOR aquilo que per-
tence a você, nem oferecerei um holocausto que não me custe
nada".
25 Então Davi pagou a Araúna sete quilos e duzentos gramas[e]
de ouro pelo terreno. 26 E Davi edificou ali um altar ao SENHOR e
ofereceu holocaustos e sacrifícios de comunhão[f]. Davi invocou

[a] **20.2** Conforme a Septuaginta. O Texto Massorético diz do rei deles
[b] **20.2** Hebraico: *1 talento*.
[c] **21.15** Hebraico: *Ornã*, variante de *Araúna*; também nos versículos 18-28.
[d] **21.23** Isto é, sacrifícios totalmente queimados; também nos versículos 24, 26 e 29.
[e] **21.25** Hebraico: *600 siclos*. Um siclo equivalia a 12 gramas.
[f] **21.26** Ou *de paz*

o SENHOR, e o SENHOR lhe respondeu com fogo que veio do céu
sobre o altar de holocaustos.
27 O SENHOR ordenou ao anjo que pusesse a espada na bainha.
28 Nessa ocasião viu Davi que o SENHOR lhe havia respondido
na eira de Araúna, o jebuseu, e passou a oferecer sacrifícios
ali. 29 Naquela época, o tabernáculo do SENHOR que Moisés fi-
zera no deserto e o altar de holocaustos estavam em Gibeom[a].
30 Mas Davi não podia consultar a Deus lá, pois tinha medo da
espada do anjo do SENHOR.

22 Então disse Davi: "Este é o lugar para o templo de Deus, o
SENHOR, e do altar de holocaustos[b] para Israel".

Preparativos para o Templo

2 Davi deu ordens para que se reunissem os estrangeiros que
viviam em Israel, e dentre eles designou cortadores de pedra
para prepararem pedras lavradas para a construção do templo
de Deus. 3 Ele providenciou grande quantidade de ferro para
a fabricação de pregos e dobradiças para as portas, e mais
bronze do que se podia pesar. 4 Também providenciou mais
toras de cedro do que se podia contar, pois os sidônios e os
tírios haviam trazido muito cedro para Davi.
5 Davi pensava: "Meu filho Salomão é jovem e inexperiente, e o
templo que será construído para o SENHOR deve ser extraordi-
nariamente magnífico, famoso e cheio de esplendor à vista de
todas as nações. Por isso deixarei tudo preparado para a cons-
trução". Assim, Davi deixou tudo preparado antes de morrer.
6 Davi mandou chamar seu filho Salomão e ordenou que ele
construísse um templo para o SENHOR, o Deus de Israel, 7 di-
zendo: "Meu filho, eu tinha no coração o propósito de construir
um templo em honra ao nome do SENHOR, o meu Deus. 8 Mas
veio a mim esta palavra do SENHOR: 'Você matou muita gente
e empreendeu muitas guerras. Por isso não construirá um
templo em honra ao meu nome, pois derramou muito sangue
na terra, diante de mim. 9 Mas você terá um filho que será um
homem de paz, e eu farei com que ele tenha paz com todos
os inimigos ao redor dele. Seu nome será Salomão, e eu darei
paz e tranquilidade a Israel durante o reinado dele. 10 É ele que
vai construir um templo em honra ao meu nome. Eu serei seu
pai e ele será meu filho. E eu firmarei para sempre o trono do
reinado dele sobre Israel'.
11 "Agora, meu filho, que o SENHOR seja com você, para que você
consiga construir o templo do SENHOR, o seu Deus, conforme
ele disse que você faria. 12 Que o SENHOR dê a você prudência
e entendimento para que você obedeça à lei do SENHOR, o seu
Deus, quando ele o puser como líder de Israel. 13 E você prospe-
rará se for cuidadoso em obedecer aos decretos e às leis que o
SENHOR deu a Israel por meio de Moisés. Seja forte e corajoso!
Não tenha medo nem se desanime!
14 "Com muito esforço providenciei para o templo do SENHOR
três mil e quinhentas toneladas[c] de ouro, trinta e cinco mil
toneladas de prata, e mais bronze e ferro do que se pode cal-
cular, além de madeira e pedra. E você ainda poderá aumentar
a quantidade desse material. 15 Você tem muitos trabalhadores:
cortadores de pedras, pedreiros e carpinteiros, bem como es-
pecialistas em todo tipo de trabalho 16 em ouro, prata, bronze
e ferro. Agora comece o trabalho, e que o SENHOR esteja com
você".
17 Então Davi ordenou a todos os líderes de Israel que aju-
dassem seu filho Salomão. 18 Disse ele: "Certamente o SENHOR,
o seu Deus, está com vocês, e concedeu a vocês paz. Pois ele
entregou os habitantes dessa terra em minhas mãos, e ela
foi submetida ao SENHOR e ao seu povo. 19 Agora consagrem
o coração e a alma para buscarem o SENHOR, o seu Deus. Co-
mecem a construir o santuário de Deus, o SENHOR, para que
vocês possam trazer a arca da aliança do SENHOR e os utensílios
sagrados que pertencem a Deus para dentro do templo que
será construído em honra ao nome do SENHOR".

23
Os Levitas

Já envelhecido, de idade avançada, Davi fez do seu filho
Salomão rei sobre Israel.
2 Ele reuniu todos os líderes de Israel, bem como os sacer-
dotes e os levitas. 3 Os levitas de trinta anos para cima foram
contados, e o número total deles chegou a trinta e oito mil.
4 Davi escolheu vinte e quatro mil deles para supervisionarem
o trabalho do templo do SENHOR e seis mil para serem oficiais
e juízes, 5 quatro mil para serem guardas das portas e quatro
mil para louvarem o SENHOR com os instrumentos musicais que
Davi tinha preparado com esse propósito.
6 Davi repartiu os levitas em grupos que descendiam de Gérson,
Coate e Merari, filhos de Levi.

Os Descendentes de Gérson

7 Dos filhos de Gérson: Ladã e Simei. 8 Estes foram os filhos de
Ladã: Jeiel, o primeiro, Zetã e Joel, três ao todo. 9 Estes foram
os filhos de Simei: Selomote, Haziel e Harã, três ao todo. Esses
foram os chefes das famílias de Ladã. 10 E os filhos de Simei
foram: Jaate, Ziza[d], Jeús e Berias. Esses foram os filhos de
Simei, quatro ao todo. 11 Jaate foi o primeiro e Ziza, o segundo,
mas Jeús e Berias não tiveram muitos descendentes, por isso
foram contados como uma única família.

Os Descendentes de Coate

12 Dos filhos de Coate: Anrão, Isar, Hebrom e Uziel, quatro ao
todo. 13 Estes foram os filhos de Anrão: Arão e Moisés. Arão foi
separado, ele e seus descendentes, para sempre, para con-
sagrar as coisas santíssimas, oferecer sacrifícios ao SENHOR,
ministrar diante dele e pronunciar bênçãos em seu nome. 14 Os
filhos de Moisés, homem de Deus, foram contados como parte
da tribo de Levi. 15 Estes foram os filhos de Moisés: Gérson
e Eliézer. 16 Sebuel foi o chefe dos descendentes de Gérson.
17 Reabias foi o chefe dos descendentes de Eliézer. Eliézer não
teve nenhum outro filho, mas Reabias teve muitos filhos. 18 Se-

a 21.29 Hebraico: *no alto de Gibeom.*
b 22.1 Isto é, sacrifícios totalmente queimados.
c 22.14 Hebraico: *100.000 talentos*. Um talento equivalia a 35 quilos.
d 23.10 Muitos manuscritos dizem Zina.

Iomite foi o chefe dos filhos de Isar. 19 Estes foram os filhos de
Hebrom: Jerias foi o primeiro; Amarias, o segundo; Jaaziel, o
terceiro; e Jecameão foi o quarto. 20 Estes foram os filhos de
Uziel: Mica, o primeiro; e Issias, o segundo.

Os Descendentes de Merari

21 Dos filhos de Merari: Mali e Musi. Estes foram os filhos de
Mali: Eleazar e Quis. 22 Eleazar morreu sem ter filhos, teve
apenas filhas. Os primos delas, os filhos de Quis, casaram-se
com elas. 23 Estes foram os filhos de Musi: Mali, Éder e Jere-
mote, três ao todo.
24 Esses foram os descendentes de Levi pelas suas famílias:
os chefes de famílias conforme registrados por seus nomes e
contados individualmente, ou seja, os de vinte anos para cima,
que serviam no templo do SENHOR. 25 Pois Davi dissera: "Uma
vez que o SENHOR, o Deus de Israel, concedeu descanso ao seu
povo e veio habitar para sempre em Jerusalém, 26 os levitas não
mais precisam carregar o tabernáculo nem os utensílios usados
em seu serviço". 27 De acordo com as instruções finais de Davi,
foram contados os levitas de vinte anos para cima.
28 O dever dos levitas era ajudar os descendentes de Arão no
serviço do templo do SENHOR. Encarregavam-se dos pátios, das
salas laterais, da purificação de todas as coisas sagradas e
das outras tarefas da casa de Deus. 29 Estavam encarregados
do pão consagrado, da farinha para as ofertas de cereal, dos
bolos sem fermento, de assar o pão e misturar a massa e de
todos os pesos e medidas. 30 Além disso, deviam se apresentar
todas as manhãs e todas as tardes para dar graças e louvar ao
SENHOR, e fazer o mesmo 31 sempre que holocaustos[a] fossem
apresentados ao SENHOR nos sábados, nas festas da lua nova e
nas festas fixas. Deviam servir regularmente diante do SENHOR,
conforme o número prescrito para eles.
32 Dessa maneira os levitas ficaram responsáveis pela Tenda do
Encontro, pelo Lugar Santo e pela assistência aos seus irmãos,
os descendentes de Arão, e pelo serviço do templo do SENHOR.

24

O Serviço dos Sacerdotes

Os filhos de Arão foram assim agrupados: Os filhos de
Arão foram Nadabe, Abiú, Eleazar e Itamar. 2 Mas Nadabe e
Abiú morreram antes de seu pai e não tiveram filhos; apenas
Eleazar e Itamar serviram como sacerdotes. 3 Com a ajuda de
Zadoque, descendente de Eleazar, e de Aimeleque, descen-
dente de Itamar, Davi os dividiu em grupos para que cum-
prissem as suas responsabilidades. 4 Havia um número maior
de chefes de família entre os descendentes de Eleazar do que
entre os de Itamar, e por isso eles foram assim divididos: de-
zesseis chefes de famílias entre os descendentes de Eleazar e
oito entre os descendentes de Itamar. 5 Eles foram divididos
de maneira imparcial mediante sorteio, pois havia líderes do
santuário e líderes de Deus tanto entre os descendentes de
Eleazar como entre os de Itamar.
6 O escriba Semaías, filho do levita Natanael, registrou os
nomes deles na presença do rei, dos líderes, dos sacerdotes
Zadoque e Aimeleque, filho de Abiatar, e dos chefes de famílias
dos sacerdotes e dos levitas; as famílias de Eleazar e de Itamar
foram sorteadas alternadamente.
7 A primeira sorte caiu para Jeoiaribe, a segunda para Jedaías,
8 a terceira para Harim, a quarta para Seorim, 9 a quinta para
Malquias, a sexta para Miamim, 10 a sétima para Hacoz, a oi-
tava para Abias, 11 a nona para Jesua, a décima para Secanias,
12 a décima primeira para Eliasibe, a décima segunda para Ja-
quim, 13 a décima terceira para Hupá, a décima quarta para
Jesebeabe, 14 a décima quinta para Bilga, a décima sexta para
Imer, 15 a décima sétima para Hezir, a décima oitava para Ha-
pises, 16 a décima nona para Petaías, a vigésima para Jeezquel,
17 a vigésima primeira para Jaquim, a vigésima segunda para
Gamul, 18 a vigésima terceira para Delaías, e a vigésima quarta
para Maazias.
19 Conforme essa ordem eles deveriam ministrar quando en-
trassem no templo do SENHOR, de acordo com as prescrições
deixadas por Arão, antepassado deles, conforme o SENHOR, o
Deus de Israel, havia lhe ordenado.

O Restante dos Levitas

20 Estes foram os chefes dos outros levitas: dos descendentes
de Anrão: Subael; dos descendentes de Subael: Jedias.
21 Quanto a Reabias, Issias foi o chefe dos seus filhos. 22 Dos
descendentes de Isar: Selomote; dos filhos de Selomote: Jaate.
23 Dos descendentes de Hebrom: Jerias, o primeiro[b]; Amarias,
o segundo; Jaaziel, o terceiro; e Jecameão, o quarto. 24 Dos
descendentes de Uziel: Mica; dos filhos de Mica: Samir. 25 Dos
descendentes de Issias, irmão de Mica, Zacarias. 26 Dos filhos
de Merari: Mali e Musi. Dos filhos de Jaazias: Beno. 27 Os des-
cendentes de Merari, por Jaazias: Beno, Soão, Zacur e Ibri.
28 De Mali: Eleazar, que não teve filhos. 29 De Quis: Jerameel.
30 E foram estes os filhos de Musi: Mali, Éder e Jeremote.
Esses foram os levitas, de acordo com as suas famílias. 31 Eles
também tiraram sortes na presença do rei Davi, de Zadoque,
de Aimeleque e dos chefes de famílias dos sacerdotes e dos
levitas, assim como fizeram seus irmãos, os descendentes de
Arão. As famílias dos irmãos mais velhos foram tratadas da
mesma maneira que as dos mais novos.

25

Os Músicos

Davi, junto com os comandantes do exército, separou
alguns dos filhos de Asafe, de Hemã e de Jedutum para o mi-
nistério de profetizar ao som de harpas, liras e címbalos. Esta
é a lista dos escolhidos para essa função:
2 Dos filhos de Asafe: Zacur, José, Netanias e Asarela. Os filhos
de Asafe estavam sob a sua supervisão, e ele, por sua vez, pro-
fetizava sob a supervisão do rei. 3 Dos filhos de Jedutum: Ge-
dalias, Zeri, Jesaías, Simei[c], Hasabias e Matitias, seis ao todo,
sob a supervisão de seu pai, Jedutum, que profetizava ao som
da harpa para dar graças e louvar ao SENHOR. 4 Dos filhos de
Hemã: Buquias, Matanias, Uziel, Sebuel, Jeremote, Hananias,

[a] **23.31** Isto é, sacrifícios totalmente queimados.

[b] **24.23** Muitos manuscritos dizem Os filhos de Jerias. Veja 1Cr 23.19.

[c] **25.3** Muitos manuscritos não trazem Simei.

Hanani, Eliata, Gidalti, Romanti-Ézer, Josbecasa, Maloti, Hotir
e Maaziote. 5 Todos esses eram filhos de Hemã, o vidente do
rei. Esses lhe nasceram conforme as promessas de que Deus
haveria de torná-lo poderoso[a]. E Deus deu a Hemã catorze fi-
lhos e três filhas.
6 Todos esses homens estavam sob a supervisão de seus pais
quando ministravam a música do templo do SENHOR, com
címbalos, liras e harpas, na casa de Deus. Asafe, Jedutum e
Hemã estavam sob a supervisão do rei. 7 Eles e seus parentes,
todos capazes e preparados para o ministério do louvor do
SENHOR, totalizavam 288. 8 Então tiraram sortes entre jovens e
velhos, mestres e discípulos para designar-lhes suas respon-
sabilidades.
9 A primeira sorte caiu para José, filho de Asafe, com seus filhos
e parentes[b]; eram ao todo doze[c]; a segunda, para Gedalias,
com seus filhos e parentes; eram ao todo doze; 10 a terceira,
para Zacur, com seus filhos e parentes; eram ao todo doze; 11 a
quarta, para Izri[d], com seus filhos e parentes; eram ao todo
doze; 12 a quinta, para Netanias, com seus filhos e parentes;
eram ao todo doze; 13 a sexta, para Buquias, com seus filhos e
parentes; eram ao todo doze; 14 a sétima, para Jesarela[e], com
seus filhos e parentes; eram ao todo doze; 15 a oitava, para
Jesaías, com seus filhos e parentes; eram ao todo doze; 16 a
nona, para Matanias, com seus filhos e parentes; eram ao todo
doze; 17 a décima, para Simei, com seus filhos e parentes; eram
ao todo doze; 18 a décima primeira, para Azareel[f], com seus
filhos e parentes; eram ao todo doze; 19 a décima segunda,
para Hasabias, com seus filhos e parentes; eram ao todo doze;
20 a décima terceira, para Subael, com seus filhos e parentes;
eram ao todo doze; 21 a décima quarta, para Matitias, com seus
filhos e parentes; eram ao todo doze; 22 a décima quinta, para
Jeremote, com seus filhos e parentes; eram ao todo doze; 23 a
décima sexta, para Hananias, com seus filhos e parentes; eram
ao todo doze; 24 a décima sétima, para Josbecasa, com seus
filhos e parentes; eram ao todo doze; 25 a décima oitava, para
Hanani, com seus filhos e parentes; eram ao todo doze; 26 a
décima nona, para Maloti, com seus filhos e parentes; eram
ao todo doze; 27 a vigésima, para Eliata, com seus filhos e pa-
rentes; eram ao todo doze; 28 a vigésima primeira, para Hotir,
com seus filhos e parentes; eram ao todo doze; 29 a vigésima
segunda, para Gidalti, com seus filhos e parentes; eram ao
todo doze; 30 a vigésima terceira, para Maaziote, com seus fi-
lhos e parentes; eram ao todo doze; 31 a vigésima quarta, para
Romanti-Ézer, com seus filhos e parentes; eram ao todo doze.

Os Porteiros

26 Esta é a relação dos grupos dos porteiros: Dos coreítas,
Meselemias, filho de Coré, da família de Asafe. 2 Foram estes
os filhos de Meselemias: Zacarias, o primeiro; Jediael, o se-
gundo; Zebadias, o terceiro; Jatniel, o quarto; 3 Elão, o quinto;
Joanã, o sexto; e Elioenai, o sétimo. 4 Foram estes os filhos
de Obede-Edom: Semaías, o primeiro; Jeozabade, o segundo;
Joá, o terceiro; Sacar, o quarto; Natanael, o quinto; 5 Amiel, o
sexto; Issacar, o sétimo; e Peuletai, o oitavo. Pois Deus havia
abençoado Obede-Edom.
6 Seu filho Semaías também teve filhos, que foram líderes na
família do seu pai, pois eram homens capazes. 7 Foram estes
os filhos de Semaías: Otni, Rafael, Obede e Elzabade. Os pa-
rentes dele, Eliú e Semaquias, também foram homens capazes.
8 Todos esses foram descendentes de Obede-Edom; eles e os
seus filhos e parentes eram capazes e aptos para a obra. Eram
ao todo 62 descendentes de Obede-Edom. 9 Meselemias teve
18 filhos e parentes chegados, todos eles homens capazes.
10 Foram estes os filhos de Hosa, o merarita: Sinri, que foi no-
meado chefe por seu pai, mesmo não sendo o mais velho;
11 Hilquias, o segundo; Tebalias, o terceiro; e Zacarias, o quarto.
Os filhos e parentes de Hosa foram 13 ao todo.
12 Essas foram as divisões dos porteiros, feitas pelos chefes
deles; eles cumpriam tarefas no serviço do templo do SENHOR,
assim como seus parentes. 13 Lançaram sortes entre as famílias,
incluindo jovens e velhos, para que cuidassem de cada porta.
14 A porta leste coube a Selemias[g]. Então lançaram sortes para
seu filho Zacarias, sábio conselheiro, e a porta norte foi sor-
teada para ele. 15 A sorte da porta sul saiu para Obede-Edom,
e a do depósito, para seus filhos. 16 A sorte da porta oeste e da
porta Salequete, na rua de cima, saiu para Supim e Hosa. Os
guardas ficavam um ao lado do outro. 17 Havia seis levitas por
dia no leste, quatro no norte, quatro no sul e dois de cada vez
no depósito. 18 Quanto ao pátio a oeste, havia quatro na rua e
dois no próprio pátio. 19 Foram essas as divisões dos porteiros,
descendentes de Coré e Merari.

Os Tesoureiros e Outros Oficiais

20 Outros dos seus irmãos levitas estavam encarregados[h] dos
depósitos dos tesouros do templo de Deus e do depósito das
dádivas sagradas.
21 Os gersonitas, descendentes de Ladã, que eram chefes de
famílias pertencentes a Ladã, foram Jeieli 22 e seus filhos Zetã
e Joel, seu irmão. Estavam encarregados da tesouraria do
templo do SENHOR.
23 Dos filhos de Anrão, de Isar, de Hebrom e de Uziel: 24 Sebuel,
um descendente de Gérson, filho de Moisés, era o oficial encar-
regado dos depósitos dos tesouros. 25 Seus parentes por parte
de Eliézer foram seu filho Reabias, que foi o pai de Jesaías, o
avô de Jorão, o bisavô de Zicri, o trisavô de Selomote. 26 Selo-
mote e seus parentes estavam encarregados de todos os te-
souros consagrados pelo rei Davi, pelos chefes de famílias, que
eram os comandantes de mil e de cem, e pelos outros líderes
do exército. 27 Eles consagravam parte dos despojos tomados
em combate para a manutenção do templo do SENHOR. 28 E
todas as dádivas consagradas pelo vidente Samuel, por Saul,

a 25.5 Hebraico: *exaltar o chifre.*
b 25.9 O Texto Massorético não traz seus filhos e parentes.
c 25.9 O Texto Massorético não traz doze.
d 25.11 Variante de *Zeri.*
e 25.14 Variante de *Asarela.*
f 25.18 Variante de *Uziel.*
g 26.14 Variante de *Meselemias.*
h 26.20 Conforme a Septuaginta. O Texto Massorético diz Quanto aos levitas, Aías estava encarregado

filho de Quis, por Abner, filho de Ner, por Joabe, filho de Zeruia,
e todas as demais dádivas sagradas estavam sob os cuidados
de Selomote e seus parentes. 29 Dos filhos de Isar, Quenanias
e seus filhos ficaram responsáveis pelos negócios públicos de
Israel, atuando como oficiais e juízes. 30 Dos filhos de Hebrom,
Hasabias e seus parentes ficaram responsáveis por todo o tra-
balho do SENHOR e pelo serviço do rei em Israel, a oeste do
Jordão; ao todo eram mil e setecentos homens capazes. 31 De
acordo com os registros genealógicos das famílias hebronitas,
Jerias foi o chefe delas. No ano quarenta do reinado de Davi
fez-se uma busca nos registros, e entre os descendentes de
Hebrom encontraram-se homens capazes em Jazar de Gileade.
32 Jerias tinha dois mil e setecentos parentes, homens capazes
e chefes de famílias, que o rei Davi encarregou de todas as
questões pertinentes a Deus e aos negócios do rei nas tribos de
Rúben e de Gade, e na metade da tribo de Manassés.

27 As Divisões do Exército

Esta é a lista dos israelitas, chefes de famílias, coman-
dantes de mil e comandantes de cem, oficiais que serviam o rei
na supervisão das divisões do exército que estavam de serviço
mês a mês, durante o ano. Cada divisão era constituída por
24.000 homens.
2 Encarregado da primeira divisão de 24.000 homens, para o
primeiro mês, estava Jasobeão, filho de Zabdiel. 3 Ele era des-
cendente de Perez e chefe de todos os oficiais do exército para
o primeiro mês. 4 Encarregado da divisão para o segundo mês
estava Dodai, descendente de Aoí; Miclote era o líder da sua
divisão, que contava 24.000 homens. 5 O terceiro comandante
do exército, para o terceiro mês, foi Benaia, filho do sacerdote
Joiada. Ele era chefe da sua divisão de 24.000 homens. 6 Esse
Benaia foi guerreiro, chefe do batalhão dos Trinta. Seu filho
Amizabade estava encarregado da sua divisão. 7 O quarto, para
o quarto mês, foi Asael, irmão de Joabe; seu filho Zebadias foi o
seu sucessor. Havia 24.000 homens em sua divisão. 8 O quinto,
para o quinto mês, foi o comandante Samute, o izraíta. Havia
24.000 homens em sua divisão. 9 O sexto, para o sexto mês,
foi Ira, filho de Iques, de Tecoa. Havia 24.000 homens em sua
divisão. 10 O sétimo, para o sétimo mês, foi Helez, de Pelom,
descendente de Efraim. Havia 24.000 homens em sua divisão.
11 O oitavo, para o oitavo mês, foi Sibecai, de Husate, da família
de Zerá. Havia 24.000 homens em sua divisão. 12 O nono, para o
nono mês, foi Abiezer, de Anatote, da tribo de Benjamim. Havia
24.000 homens em sua divisão. 13 O décimo, para o décimo
mês, foi Maarai, de Netofate, da família de Zerá. Havia 24.000
homens em sua divisão. 14 O décimo primeiro, para o décimo
primeiro mês, foi Benaia, de Piratom, descendente de Efraim.
Havia 24.000 homens em sua divisão. 15 O décimo segundo,
para o décimo segundo mês, foi Heldai, de Netofate, da família
de Otoniel. Havia 24.000 homens em sua divisão.

Os Líderes das Tribos

16 Estes foram os líderes das tribos de Israel: de Rúben: Eliézer,
filho de Zicri; de Simeão: Sefatias, filho de Maaca; 17 de Levi:
Hasabias, filho de Quemuel; de Arão: Zadoque; 18 de Judá: Eliú,
irmão de Davi; de Issacar: Onri, filho de Micael; 19 de Zebulom:
Ismaías, filho de Obadias; de Naftali: Jeremote, filho de Azriel;
20 dos descendentes de Efraim: Oseias, filho de Azazias; da me-
tade da tribo de Manassés: Joel, filho de Pedaías; 21 da outra
metade da tribo de Manassés, em Gileade: Ido, filho de Zaca-
rias; de Benjamim: Jaasiel, filho de Abner; 22 de Dã: Azareel,
filho de Jeroão. Foram esses os líderes das tribos de Israel.
23 Davi não contou os homens com menos de vinte anos, pois o
SENHOR havia prometido tornar Israel tão numeroso quanto as
estrelas do céu. 24 Joabe, filho de Zeruia, começou a contar os
homens, mas não pôde terminar. A ira divina caiu sobre Israel
por causa desse recenseamento, e o resultado não entrou nos
registros históricos do rei Davi.

Os Superintendentes do Rei

25 Azmavete, filho de Adiel, estava encarregado dos tesouros do
palácio. Jônatas, filho de Uzias, estava encarregado dos depó-
sitos do rei nos distritos distantes, nas cidades, nos povoados e
nas torres de sentinela.
26 Ezri, filho de Quelube, estava encarregado dos trabalhadores
rurais, que cultivavam a terra.
27 Simei, de Ramá, estava encarregado das vinhas. Zabdi, de
Sifá, estava encarregado do vinho que era armazenado em
tonéis.
28 Baal-Hanã, de Gederá, estava encarregado das oliveiras e
das figueiras bravas, na Sefelá[a]. Joás estava encarregado do
fornecimento de azeite.
29 Sitrai, de Sarom, estava encarregado dos rebanhos que pas-
tavam em Sarom. Safate, filho de Adlai, estava encarregado
dos rebanhos nos vales.
30 O ismaelita Obil estava encarregado dos camelos. Jedias, de
Meronote, estava encarregado dos jumentos.
31 O hagareno Jaziz estava encarregado das ovelhas. Todos
esses eram encarregados de cuidar dos bens do rei Davi.
32 Jônatas, tio de Davi, era conselheiro, homem sábio e
também escriba. Jeiel, filho de Hacmoni, cuidava dos filhos
do rei.
33 Aitofel era conselheiro do rei. Husai, o arquita, era amigo
do rei. 34 Aitofel foi sucedido por Joiada, filho de Benaia, e por
Abiatar. Joabe era o comandante do exército real.

28 O Plano de Davi para o Templo

Davi reuniu em Jerusalém todos os líderes de Israel: os
líderes das tribos, os líderes das divisões a serviço do rei, os
comandantes de mil e de cem, e os líderes encarregados de
todos os bens e rebanhos que pertenciam ao rei e aos seus
filhos, junto com os oficiais do palácio, os principais guerreiros
e todos os soldados valentes.
2 O rei Davi se pôs em pé e disse: "Escutem-me, meus irmãos
e meu povo. Eu tinha no coração o propósito de construir um
templo para nele colocar a arca da aliança do SENHOR, o es-
trado dos pés de nosso Deus; fiz planos para construí-lo, 3 mas

[a] 27.28 Pequena faixa de terra de relevo variável entre a planície costeira e as montanhas.

Deus me disse: 'Você não construirá um templo em honra ao
meu nome, pois você é um guerreiro e matou muita gente'.
4 "No entanto, o SENHOR, o Deus de Israel, escolheu-me entre
toda a minha família para ser rei em Israel, para sempre. Ele
escolheu Judá como líder, e da tribo de Judá escolheu minha
família, e entre os filhos de meu pai ele quis fazer-me rei de
todo o Israel. 5 E, entre todos os muitos filhos que me deu, ele
escolheu Salomão para sentar-se no trono de Israel, o reino do
SENHOR. 6 Ele me disse: 'Seu filho Salomão é quem construirá o
meu templo e os meus pátios, pois eu o escolhi para ser meu
filho, e eu serei o pai dele. 7 Firmarei para sempre o reino dele
se ele continuar a obedecer os meus mandamentos e as minhas
ordenanças, como faz agora'.
8 "Por isso, agora declaro a vocês perante todo o Israel e a
assembleia do SENHOR e diante dos ouvidos de nosso Deus:
Tenham o cuidado de obedecer a todos os mandamentos
do SENHOR, o seu Deus, para que mantenham a posse dessa
boa terra e a deem por herança aos seus descendentes para
sempre.
9 "E você, meu filho Salomão, reconheça o Deus de seu pai,
e sirva-o de todo o coração e espontaneamente, pois o SE-
NHOR sonda todos os corações e conhece a motivação dos
pensamentos. Se você o buscar, o encontrará, mas, se você o
abandonar, ele o rejeitará para sempre. 10 Veja que o SENHOR o
escolheu para construir um templo que sirva de santuário. Seja
forte e mãos ao trabalho!"
11 Então Davi deu a seu filho Salomão a planta do pórtico do
templo, dos seus edifícios, dos seus depósitos, dos andares
superiores e suas salas e do lugar do propiciatório. 12 Entregou-
-lhe também as plantas de tudo o que o Espírito havia posto
em seu coração[a] acerca dos pátios do templo do SENHOR e de
todas as salas ao redor, acerca dos depósitos dos tesouros do
templo de Deus e dos depósitos das dádivas sagradas. 13 Deu-
-lhe instruções sobre as divisões dos sacerdotes e dos levitas
e sobre a execução de todas as tarefas no templo do SENHOR
e os utensílios que seriam utilizados. 14 Determinou o peso do
ouro para todos os utensílios de ouro e o peso da prata para
todos os utensílios de prata, que seriam utilizados nas dife-
rentes tarefas: 15 o peso de ouro para cada candelabro e suas
lâmpadas; e o peso de prata para cada candelabro de prata e
suas lâmpadas, de acordo com a finalidade de cada um; 16 o
peso de ouro para cada mesa de pães consagrados; o peso
de prata para as mesas de prata; 17 o peso de ouro puro para
os garfos, para as bacias de aspersão e para os jarros; o peso
de ouro para cada tigela de ouro; o peso de prata para cada
tigela de prata; 18 e o peso de ouro refinado para o altar de
incenso. Também lhe deu o desenho do carro dos querubins
de ouro que, com suas asas estendidas, abrigam a arca da
aliança do SENHOR.
19 Disse Davi a Salomão: "Tudo isso a mão do SENHOR me deu
por escrito, e ele me deu entendimento para executar todos
esses projetos"
20 E acrescentou: "Seja forte e corajoso! Mãos ao trabalho! Não
tenha medo nem desanime, pois Deus, o SENHOR, o meu Deus,
está com você. Ele não o deixará nem o abandonará até que se
termine toda a construção do templo do SENHOR. 21 As divisões
dos sacerdotes e dos levitas estão definidas para todas as ta-
refas que se farão no templo de Deus, e você receberá ajuda
de homens peritos em todo tipo de serviço. Os líderes e todo o
povo obedecerão a todas as suas ordens".

29 Dádivas para a Construção do Templo

Então o rei Davi disse a toda a assembleia: "Deus es-
colheu meu filho Salomão, e mais ninguém. Mas ele é jovem
e inexperiente e a tarefa é grande, pois o palácio não será
feito para homens, mas para o SENHOR, o nosso Deus. 2 Forneci
grande quantidade de recursos para o trabalho do templo do
meu Deus: ouro, prata, bronze, ferro e madeira, bem como
ônix para os engastes e ainda turquesas, pedras de várias cores
e todo tipo de pedras preciosas e mármore. 3 Além disso, pelo
amor ao templo do meu Deus, agora entrego, das minhas pró-
prias riquezas, ouro e prata para o templo do meu Deus, além
de tudo o que já tenho dado para este santo templo. 4 Ofereço,
pois, cento e cinco toneladas[b] de ouro puro de Ofir e duzentos
e quarenta e cinco toneladas de prata refinada, para o revesti-
mento das paredes do templo, 5 para o trabalho em ouro e em
prata e para todo o trabalho dos artesãos. Agora, quem hoje
está disposto a ofertar dádivas ao SENHOR?"
6 Então os chefes das famílias, os líderes das tribos de Israel,
os comandantes de mil e de cem e os oficiais encarregados do
trabalho do rei ofertaram espontaneamente. 7 Para a obra do
templo de Deus eles deram cento e setenta e cinco toneladas
de ouro e dez mil moedas[c] de ouro, trezentas e cinquenta to-
neladas de prata, seiscentas e trinta toneladas de bronze e
três mil e quinhentas toneladas de ferro. 8 Quem tinha pedras
preciosas deu-as para o depósito dos tesouros do templo do
SENHOR, cujo responsável era Jeiel, o gersonita. 9 O povo ale-
grou-se diante da atitude de seus líderes, pois fizeram essas
ofertas voluntariamente e de coração íntegro ao SENHOR. E o
rei Davi também encheu-se de alegria.

A Oração de Davi

10 Davi louvou o SENHOR na presença de toda a assembleia, di-
zendo: "Bendito sejas, ó SENHOR, Deus de Israel, nosso pai, de
eternidade a eternidade. 11 Teus, ó SENHOR, são a grandeza, o
poder, a glória, a majestade e o esplendor, pois tudo o que há
nos céus e na terra é teu. Teu, ó SENHOR, é o reino; tu estás
acima de tudo. 12 A riqueza e a honra vêm de ti; tu dominas
sobre todas as coisas. Nas tuas mãos estão a força e o poder
para exaltar e dar força a todos. 13 Agora, nosso Deus, damos-te
graças, e louvamos o teu glorioso nome.
14 "Mas quem sou eu, e quem é o meu povo para que pudés-
semos contribuir tão generosamente como fizemos? Tudo
vem de ti, e nós apenas te demos o que vem das tuas mãos.
15 Diante de ti somos estrangeiros e forasteiros, como os nossos

a 28.12 Ou *tudo o que tinha em mente*

b 29.4 Hebraico: *3.000 talentos*. Um talento equivalia a 35 quilos.

c 29.7 Hebraico: *dáricos*.

antepassados. Os nossos dias na terra são como uma sombra,
sem esperança. 16 Ó SENHOR, nosso Deus, toda essa riqueza que
ofertamos para construir um templo em honra ao teu santo
nome vem das tuas mãos, e toda ela pertence a ti. 17 Sei, ó meu
Deus, que sondas o coração e que te agradas com a integri-
dade. Tudo o que dei foi espontaneamente e com integridade
de coração. E agora vi com alegria com quanta disposição o
teu povo, que aqui está, tem contribuído. 18 Ó SENHOR, Deus de
nossos antepassados Abraão, Isaque e Israel, conserva para
sempre este desejo no coração de teu povo e mantém o co-
ração deles leal a ti. 19 E dá ao meu filho Salomão um coração
íntegro para obedecer aos teus mandamentos, aos teus pre-
ceitos e aos teus decretos, a fim de construir este templo para
o qual fiz os preparativos necessários".
20 Então Davi disse a toda a assembleia: "Louvem o SENHOR, o
seu Deus". E todos eles louvaram o SENHOR, o Deus dos seus
antepassados, inclinando-se e prostrando-se diante do SENHOR
e diante do rei.

Salomão é Ungido Rei

21 No dia seguinte fizeram sacrifícios ao SENHOR e apresenta-
ram-lhe holocaustos[a]: mil novilhos, mil carneiros e mil cor-
deiros, acompanhados de ofertas derramadas, e muitos outros
sacrifícios, em favor de todo o Israel. 22 Naquele dia comeram
e beberam com grande alegria na presença do SENHOR. Assim,
pela segunda vez, proclamaram Salomão, filho de Davi, rei,
ungindo-o diante do SENHOR como soberano, e Zadoque como
sacerdote. 23 De maneira que Salomão assentou-se como rei
no trono do SENHOR, em lugar de Davi, seu pai. Ele prosperou,
e todo o Israel lhe obedecia. 24 Todos os líderes e principais
guerreiros, bem como todos os filhos do rei Davi, prometeram
submissão ao rei Salomão.
25 O SENHOR exaltou muitíssimo Salomão em todo o Israel e con-
cedeu-lhe tal esplendor em seu reinado como nenhum rei de
Israel jamais tivera.

A Morte de Davi

26 Davi, filho de Jessé, reinou sobre todo o Israel. 27 Reinou qua-
renta anos em Israel: sete anos em Hebrom e trinta e três em
Jerusalém. 28 Morreu em boa velhice, tendo desfrutado vida
longa, riqueza e honra. Seu filho Salomão foi o seu sucessor.
29 Os feitos do rei Davi, desde o início até o fim do seu reinado,
estão escritos nos registros históricos do vidente Samuel, do
profeta Natã e do vidente Gade, 30 incluindo os detalhes do seu
reinado e do seu poder e os acontecimentos relacionados com
ele, com Israel e com os reinos das outras terras.

a 29.21 Isto é, sacrifícios totalmente queimados.

2 CRÔNICAS

Salomão Pede Sabedoria

1 Salomão, filho de Davi, estabeleceu-se com firmeza em seu
reino, pois o SENHOR, o seu Deus, estava com ele e o tornou
muito poderoso.
2 Salomão falou a todo o Israel: os líderes de mil e de cem, os
juízes, todos os líderes de Israel e os chefes de famílias. 3 De-
pois o rei foi com toda a assembleia ao lugar sagrado, no alto
de Gibeom, pois ali estava a Tenda do Encontro que Moisés,
servo do SENHOR, havia feito no deserto. 4 Davi tinha transpor-
tado a arca de Deus de Quiriate-Jearim para a tenda que ele
tinha armado para ela em Jerusalém. 5 O altar de bronze que
Bezalel, filho de Uri e neto de Hur, fizera estava em Gibeom,
em frente do tabernáculo do SENHOR; ali Salomão e a assem-
bleia consultaram o SENHOR. 6 Salomão ofereceu ao SENHOR mil
holocaustos[a] sobre o altar de bronze, na Tenda do Encontro.
7 Naquela noite Deus apareceu a Salomão e lhe disse: "Peça-me
o que quiser, e eu darei a você".
8 Salomão respondeu: "Tu foste muito bondoso para com meu
pai Davi e me fizeste rei em seu lugar. 9 Agora, SENHOR Deus,
que se confirme a tua promessa a meu pai Davi, pois me fi-
zeste rei sobre um povo tão numeroso quanto o pó da terra.
10 Dá-me sabedoria e conhecimento, para que eu possa liderar
esta nação, pois quem pode governar este teu grande povo?"
11 Deus disse a Salomão: "Já que este é o desejo de seu co-
ração e você não pediu riquezas, nem bens, nem honra, nem
a morte dos seus inimigos, nem vida longa, mas sabedoria e
conhecimento para governar o meu povo, sobre o qual o fiz rei,
12 você receberá o que pediu, mas também lhe darei riquezas,
bens e honra, como nenhum rei antes de você teve e nenhum
depois de você terá".
13 Então Salomão voltou de Gibeom, de diante da Tenda do En-
contro, para Jerusalém, e reinou sobre Israel.
14 Salomão juntou carros e cavalos; chegou a ter mil e quatro-
centos carros e doze mil cavalos[b], dos quais mantinha uma
parte nas guarnições de algumas cidades e a outra perto dele,
em Jerusalém. 15 O rei tornou tão comuns a prata e o ouro em
Jerusalém quanto as pedras, e o cedro tão numeroso quanto
as figueiras bravas da Sefelá[c]. 16 Os cavalos de Salomão eram

a 1.6 Isto é, sacrifícios totalmente queimados; também em todo o livro de 2Crônicas.

b 1.14 Ou *condutores de carros*

c 1.15 Pequena faixa de terra de relevo variável entre a planície costeira e as montanhas; também em 9.27, 26.10 e 28.18.

importados do Egito[a] e da Cilícia[b], onde os fornecedores do
rei os compravam. 17 Importavam do Egito um carro por sete
quilos e duzentos gramas[c] de prata, e um cavalo por um quilo
e oitocentos gramas, e os exportavam para todos os reis dos
hititas e dos arameus.

2 Os Preparativos para a Construção do Templo

1 Salomão deu ordens para a construção de um templo em
honra ao nome do SENHOR e de um palácio para si mesmo. 2 Ele
designou setenta mil homens como carregadores, oitenta mil
como cortadores de pedras nas colinas e três mil e seiscentos
como capatazes.
3 Depois Salomão enviou esta mensagem a Hirão[d], rei de Tiro:
"Envia-me cedros como fizeste para meu pai Davi, quando ele
construiu seu palácio. 4 Agora estou para construir um templo
em honra ao nome do SENHOR, o meu Deus, e dedicá-lo a ele,
para queimar incenso aromático diante dele, apresentar re-
gularmente o pão consagrado e fazer holocaustos todas as
manhãs e todas as tardes, nos sábados, nas luas novas e nas
festas fixas do SENHOR, o nosso Deus. Esse é um decreto per-
pétuo para Israel.
5 "O templo que vou construir será grande, pois o nosso Deus
é maior do que todos os outros deuses. 6 Mas quem é capaz
de construir um templo para ele, visto que os céus não podem
contê-lo, nem mesmo os mais altos céus? Quem sou eu, então,
para lhe construir um templo, a não ser como um lugar para
queimar sacrifícios perante ele?
7 "Por isso, manda-me um homem competente no trabalho com
ouro, com prata, com bronze, com ferro e com tecido roxo,
vermelho e azul, e experiente em esculturas, para trabalhar
em Judá e em Jerusalém com os meus hábeis artesãos, pre-
parados por meu pai Davi.
8 "Também envia-me do Líbano madeira de cedro, de pinho e
de junípero, pois eu sei que os teus servos são hábeis em cortar
a madeira de lá. Os meus servos trabalharão com os teus 9 para
me fornecerem madeira em grande quantidade, pois é preciso
que o templo que vou edificar seja grande e imponente. 10 E
eu darei como sustento a teus servos, os lenhadores, vinte mil
tonéis[e] de trigo, vinte mil tonéis de cevada, dois mil barris[f] de
vinho e dois mil barris de azeite".
11 Hirão, rei de Tiro, respondeu por carta a Salomão: "O SENHOR
ama o seu povo, e por isso te fez rei sobre ele".
12 E acrescentou: "Bendito seja o SENHOR, o Deus de Israel, que
fez os céus e a terra, pois deu ao rei Davi um filho sábio, que
tem inteligência e discernimento, e que vai construir um templo
para o SENHOR e um palácio para si.
13 "Estou te enviando Hurão-Abi, homem de grande habilidade.
14 Sua mãe era de Dã e seu pai, de Tiro. Ele foi treinado para
trabalhar com ouro e prata, bronze e ferro, pedra e madeira,
e em tecido roxo, azul e vermelho, em linho fino e em todo
tipo de entalhe. Ele pode executar qualquer projeto que lhe
for dado. Trabalhará com os teus artesãos e com os de meu
senhor Davi, teu pai.
15 "Agora, envia, meu senhor, a teus servos o trigo, a cevada, o
azeite e o vinho que o meu senhor prometeu, 16 e cortaremos
toda a madeira do Líbano necessária, e a faremos flutuar em
jangadas pelo mar, descendo até Jope. De lá poderás levá-la
a Jerusalém".
17 Salomão fez um recenseamento de todos os estrangeiros que
viviam em Israel, como o que fizera seu pai Davi; e descobriu-se
que eram cento e cinquenta e três mil e seiscentos. 18 Ele de-
signou setenta mil deles para serem carregadores e oitenta mil
para serem cortadores de pedras nas colinas, com três mil e
seiscentos capatazes para manter o povo trabalhando.

3 A Construção do Templo

Então Salomão começou a construir o templo do SENHOR em
Jerusalém, no monte Moriá, onde o SENHOR havia aparecido a
seu pai Davi, na eira de Araúna[g], o jebuseu, local que havia sido
providenciado por Davi. 2 Começou a construção no segundo
dia do segundo mês do quarto ano de seu reinado.
3 Os alicerces que Salomão lançou para o templo de Deus ti-
nham vinte e sete metros de comprimento e nove metros de
largura[h], pela medida[i] antiga. 4 O pórtico da entrada do templo
tinha nove metros de largura e nove metros[j] de altura. Ele re-
vestiu de ouro puro o seu interior. 5 Recobriu de pinho o átrio
principal, revestiu-o de ouro puro e decorou-o com desenhos
de tamareiras e correntes. 6 Ornamentou o templo com pedras
preciosas. O ouro utilizado era de Parvaim. 7 Também revestiu
de ouro as vigas do forro, os batentes, as paredes e as portas
do templo, e esculpiu querubins nas paredes.
8 Fez o Lugar Santíssimo, com nove metros de comprimento e
nove metros de largura, igual à largura do templo. Revestiu o
seu interior de vinte e uma toneladas[k] de ouro puro. 9 Os pregos
de ouro pesavam seiscentos gramas[l]. Também revestiu de ouro
as salas superiores.
10 No Lugar Santíssimo esculpiu e revestiu de ouro dois queru-
bins, 11 os quais, de asas abertas, mediam juntos nove metros.
Cada asa, de dois metros e vinte e cinco centímetros, tocava,
de um lado, na parede do templo 12 e, do outro lado, na asa
do outro querubim. 13 Assim os querubins, com asas que se
estendiam por nove metros, estavam em pé, de frente para
o átrio principal[m].

---

a **1.16** Ou *Muzur*, região da Cilícia; também no versículo 17.
b **1.16** Hebraico: *Cuve*.
c **1.17** Hebraico: *600 siclos*. Um siclo equivalia a 12 gramas.
d **2.3** Hebraico: *Hurão*, variante de *Hirão*; também no versículo 11 e em 8.2, 10 e 9.21
e **2.10** Hebraico: *20.000 coros*. O coro era uma medida de capacidade. As estimativas variam entre 200 e 400 litros.
f **2.10** Hebraico: *20.000 batos*. O bato era uma medida de capacidade para líquidos. As estimativas variam entre 20 e 40 litros.
g **3.1** Hebraico: *Ornã*, variante de *Araúna*.
h **3.3** Hebraico: *60 côvados de comprimento e 20 côvados de largura*. O côvado era uma medida linear de cerca de 45 centímetros.
i **3.3** Hebraico: *pelo côvado*.
j **3.4** Conforme alguns manuscritos da Septuaginta e da Versão Siríaca. O Texto Massorético diz e 120 côvados.
k **3.8** Hebraico: *600 talentos*. Um talento equivalia a 35 quilos.
l **3.9** Hebraico: *50 siclos*. Um siclo equivalia a 12 gramas.
m **3.13** Ou *pé, voltados para dentro*

14 Ele fez o véu de tecido azul, roxo, vermelho e linho fino, com
querubins desenhados nele.
15 Fez na frente do templo duas colunas, que, juntas, tinham
dezesseis metros, cada uma tendo em cima um capitel com
dois metros e vinte e cinco centímetros. 16 Fez correntes en-
trelaçadas[a] e colocou-as no alto das colunas. Fez também
cem romãs, colocando-as nas correntes. 17 Depois levantou as
colunas na frente do templo, uma ao sul, outra ao norte; à
que ficava ao sul deu o nome de Jaquim[b] e à que ficava ao
norte, Boaz[c].

Os Utensílios do Templo

4 Salomão também mandou fazer um altar de bronze de nove
metros de comprimento, nove metros de largura e quatro
metros e meio de altura[d]. 2 Fez o tanque de metal fundido,
redondo, medindo quatro metros e meio de diâmetro e dois
metros e vinte e cinco centímetros de altura. Era preciso um
fio de treze metros e meio para medir a sua circunferência.
3 Abaixo da borda e ao seu redor havia figuras de touro, de
cinco em cinco centímetros. Os touros foram fundidos em duas
fileiras e numa só peça com o tanque.
4 O tanque ficava sobre doze touros, três voltados para o norte,
três para o oeste, três para o sul e três para o leste. Ficava em
cima deles, e as pernas traseiras dos touros eram voltadas para
o centro. 5 A espessura do tanque era de quatro dedos, e sua
borda era como a borda de um cálice, como uma flor de lírio.
Sua capacidade era de sessenta mil litros[e].
6 Fez dez pias, colocando cinco no lado sul e cinco no lado
norte. Nelas era lavado tudo o que era usado nos holocaustos,
enquanto que o tanque servia para os sacerdotes se lavarem.
7 Fez dez candelabros de ouro, de acordo com as especifica-
ções, e os colocou no templo, cinco no lado sul e cinco no
lado norte.
8 Fez dez mesas e as colocou no templo, cinco no lado sul e
cinco no lado norte. Também fez cem bacias de ouro para as-
persão.
9 Fez ainda o pátio dos sacerdotes e o pátio principal com suas
portas e revestiu de bronze as suas portas. 10 Pôs o tanque no
lado sul, no canto sudeste do templo.
11 Também fez os jarros, as pás e as bacias para aspersão. Hu-
rão-Abi terminou assim o trabalho de que fora encarregado
pelo rei Salomão no templo de Deus:
12 As duas colunas; os dois capitéis em forma de taça no alto
das colunas; os dois conjuntos de correntes que decoravam os
dois capitéis; 13 as quatrocentas romãs para os dois conjuntos
de correntes, sendo duas fileiras de romãs para cada conjunto;
14 os dez carrinhos com as suas dez pias; 15 o tanque e os doze
touros debaixo dele; 16 os jarros, as pás, os garfos de carne e
todos os utensílios afins. Todos esses utensílios que Hurão-Abi
fez para o templo do SENHOR, a pedido do rei Salomão, eram
de bronze polido. 17 Foi na planície do Jordão, entre Sucote
e Zeredá, que o rei os mandou fundir, em moldes de barro.
18 Salomão os fez em tão grande quantidade que não se pôde
determinar o peso do bronze utilizado.
19 Além desses, Salomão mandou fazer também todos estes ou-
tros utensílios para o templo de Deus: O altar de ouro; as mesas
sobre as quais ficavam os pães da Presença; 20 os candelabros
de ouro puro com suas lâmpadas, para alumiarem diante do
santuário interno, conforme determinado; 21 as flores, as lâm-
padas e as tenazes de ouro maciço; 22 os cortadores de pavio,
as bacias para aspersão, as tigelas, os incensários de ouro puro
e as portas de ouro do templo: tanto as portas da sala interna,
o Lugar Santíssimo, quanto as portas do átrio principal.

5 Terminada toda a obra que Salomão havia realizado para o
templo do SENHOR, ele trouxe as coisas que seu pai, Davi,
tinha consagrado e as colocou junto com os tesouros do templo
de Deus: a prata, o ouro e todos os utensílios.

O Transporte da Arca para o Templo

2 Então Salomão reuniu em Jerusalém as autoridades de Israel
e todos os líderes das tribos e os chefes das famílias israelitas,
para levarem de Sião, a Cidade de Davi, a arca da aliança do
SENHOR. 3 E todos os homens de Israel uniram-se ao rei por
ocasião da festa, no sétimo mês.
4 Quando todas as autoridades de Israel chegaram, os levitas
pegaram a arca 5 e a levaram com a Tenda do Encontro e com
todos os seus utensílios sagrados. Foram os sacerdotes levitas
que levaram tudo. 6 O rei Salomão e toda a comunidade de
Israel que se havia reunido a ele diante da arca sacrificaram
tantas ovelhas e bois que nem era possível contar.
7 Os sacerdotes levaram a arca da aliança do SENHOR para o seu
lugar no santuário interno do templo, no Lugar Santíssimo, e
a colocaram debaixo das asas dos querubins. 8 Os querubins
tinham suas asas estendidas sobre o lugar da arca e cobriam
a arca e as varas utilizadas para o transporte. 9 Essas varas
eram tão compridas que as suas pontas se estendiam para
fora da arca e podiam ser vistas da parte da frente do san-
tuário interno, mas não de fora dele; e elas estão lá até hoje.
10 Na arca havia só as duas tábuas que Moisés tinha colocado
quando estava em Horebe, onde o SENHOR fez uma aliança com
os israelitas depois que saíram do Egito.
11 Os sacerdotes saíram do Lugar Santo. Todos eles haviam se
consagrado, não importando a divisão a que pertenciam. 12 E
todos os levitas que eram músicos — Asafe, Hemã, Jedutum e
os filhos e parentes deles — ficaram a leste do altar, vestidos
de linho fino, tocando címbalos, harpas e liras, e os acom-
panhavam cento e vinte sacerdotes tocando cornetas. 13 Os
que tocavam cornetas e os cantores, em uníssono, louvaram
e agradeceram ao SENHOR. Ao som de cornetas, címbalos e
outros instrumentos, levantaram suas vozes em louvor ao SE-
NHOR e cantaram: "Ele é bom; o seu amor dura para sempre".

---

[a] 3.16 Ou *correntes no santuário interior*

[b] 3.17 Jaquim provavelmente significa *ele firma*.

[c] 3.17 Boaz provavelmente significa *nele há força*.

[d] 4.1 Hebraico: *20 côvados de comprimento e largura, e 10 côvados de altura*. O côvado era uma medida linear de cerca de 45 centímetros.

[e] 4.5 Hebraico: *3.000 batos*. O bato era uma medida de capacidade para líquidos. As estimativas variam entre 20 e 40 litros.

Então uma nuvem encheu o templo do SENHOR, [14]de forma que
os sacerdotes não podiam desempenhar o seu serviço, pois a
glória do SENHOR encheu o templo de Deus.

6 E Salomão exclamou: "O SENHOR disse que habitaria numa
nuvem escura! [2]Na realidade construí para ti um templo
magnífico, um lugar para nele habitares para sempre!"
[3]Depois o rei virou-se e abençoou toda a assembleia de Israel,
que estava ali em pé. [4]E disse: "Bendito seja o SENHOR, o Deus
de Israel, que por suas mãos cumpriu o que prometeu com sua
própria boca a meu pai, Davi, quando lhe disse: [5]'Desde o dia
em que tirei meu povo do Egito, não escolhi nenhuma cidade
das tribos de Israel para nela construir um templo em honra ao
meu nome, nem escolhi ninguém para ser o líder de Israel, o
meu povo. [6]Mas, agora, escolhi Jerusalém para o meu nome ali
estar e escolhi Davi para governar Israel, o meu povo'.
[7]"Meu pai, Davi, tinha no coração o propósito de construir um
templo em honra ao nome do SENHOR, o Deus de Israel. [8]Mas o
SENHOR lhe disse: 'Você fez bem em ter no coração o plano de
construir um templo em honra ao meu nome; [9]no entanto, não
será você que o construirá, mas o seu filho, que procederá de
você; ele construirá o templo em honra ao meu nome'.
[10]"E o SENHOR cumpriu a sua promessa. Sou o sucessor de meu
pai, Davi, e agora ocupo o trono de Israel, como o SENHOR tinha
prometido, e construí o templo em honra ao nome do SENHOR, o
Deus de Israel. [11]Coloquei nele a arca, na qual estão as tábuas
da aliança do SENHOR, aliança que ele fez com os israelitas".

A Oração de Dedicação

[12]Depois Salomão colocou-se diante do altar do SENHOR, e de
toda a assembleia de Israel, e levantou as mãos para orar.
[13]Ele havia mandado fazer uma plataforma de bronze com
dois metros e vinte e cinco centímetros[a] de comprimento e de
largura, e um metro e trinta e cinco centímetros de altura no
centro do pátio externo. O rei ficou em pé na plataforma e
depois ajoelhou-se diante de toda a assembleia de Israel, le-
vantou as mãos para o céu, [14]e orou: "SENHOR, Deus de Israel,
não há Deus como tu nos céus e na terra! Tu que guardas a tua
aliança de amor com os teus servos que, de todo o coração,
andam segundo a tua vontade. [15]Cumpriste a tua promessa a
teu servo Davi, meu pai; com tua boca a fizeste e com tua mão
a cumpriste, conforme hoje se vê.
[16]"Agora, SENHOR, Deus de Israel, cumpre a outra promessa
que fizeste a teu servo Davi, meu pai, quando disseste: 'Você
nunca deixará de ter, diante de mim, um descendente que se
assente no trono de Israel, se tão somente os seus descen-
dentes tiverem o cuidado de, em tudo, andar segundo a minha
lei, como você tem feito'. [17]Agora, ó SENHOR, Deus de Israel,
que se confirme a palavra que falaste a teu servo Davi.
[18]"Mas será possível que Deus habite na terra com os homens?
Os céus, mesmo os mais altos céus, não podem conter-te.
Muito menos este templo que construí! [19]Ainda assim, atende
à oração do teu servo e ao seu pedido de misericórdia, ó SE-
NHOR, meu Deus. Ouve o clamor e a oração que teu servo faz
hoje na tua presença. [20]Estejam os teus olhos voltados dia e
noite para este templo, lugar do qual disseste que nele porias
o teu nome, para que ouças a oração que o teu servo fizer
voltado para este lugar. [21]Ouve as súplicas do teu servo e de
Israel, o teu povo, quando orarem voltados para este lugar.
Ouve desde os céus, lugar da tua habitação, e, quando ouvires,
dá-lhes o teu perdão.
[22]"Quando um homem pecar contra seu próximo e tiver que
fazer um juramento e vier jurar diante do teu altar neste
templo, [23]ouve dos céus e age. Julga os teus servos; retribui ao
culpado, fazendo recair sobre a sua própria cabeça o resultado
da sua conduta, e declara sem culpa o inocente, dando-lhe o
que a sua inocência merece.
[24]"Quando Israel, o teu povo, for derrotado por um inimigo
por ter pecado contra ti e voltar-se para ti e invocar o teu
nome, orando e suplicando a ti neste templo, [25]ouve dos céus
e perdoa o pecado de Israel, o teu povo, e traze-o de volta à
terra que deste a ele e aos seus antepassados.
[26]"Quando se fechar o céu e não houver chuva por haver o teu
povo pecado contra ti e o teu povo, voltado para este lugar,
invocar o teu nome e afastar-se do seu pecado por o haveres
castigado, [27]ouve dos céus e perdoa o pecado dos teus servos,
de Israel, o teu povo. Ensina-lhes o caminho certo e envia chuva
sobre a tua terra, que deste por herança ao teu povo.
[28]"Quando houver fome ou praga no país, ferrugem e mofo,
gafanhotos peregrinos e gafanhotos devastadores, ou quando
inimigos sitiarem suas cidades, quando, em meio a qualquer
praga ou epidemia, [29]uma oração ou uma súplica por miseri-
córdia for feita por um israelita ou por todo o Israel, teu povo,
cada um sentindo as suas próprias aflições e dores, estendendo
as mãos na direção deste templo, [30]ouve dos céus, o lugar da
tua habitação. Perdoa e trata cada um de acordo com o que
merece, visto que conheces o seu coração. Sim, só tu conheces
o coração do homem. [31]Assim eles te temerão e andarão se-
gundo a tua vontade durante todo o tempo em que viverem na
terra que deste aos nossos antepassados.
[32]"Quanto ao estrangeiro, que não pertence a Israel, o teu
povo, e que veio de uma terra distante por causa do teu grande
nome, da tua mão poderosa e do teu braço forte; quando ele
vier e orar voltado para este templo, [33]ouve dos céus, lugar da
tua habitação, e atende o pedido do estrangeiro, a fim de que
todos os povos da terra conheçam o teu nome e te temam,
como faz Israel, o teu povo, e saibam que este templo que
construí traz o teu nome.
[34]"Quando o teu povo for à guerra contra os seus inimigos,
por onde quer que tu o enviares, e orar a ti, voltado para a
cidade que escolheste e para o templo que construí em honra
ao teu nome, [35]ouve dos céus a sua oração e a sua súplica e
defende a sua causa.
[36]"Quando pecarem contra ti, pois não há ninguém que não
peque, e ficares irado com eles e os entregares ao inimigo, e
este os levar prisioneiros para uma terra distante ou próxima;
[37]se eles caírem em si, na terra para a qual foram deportados,

[a] 6.13 Hebraico: *5 côvados*. O côvado era uma medida linear de cerca de 45 centímetros.

e se arrependerem e lá orarem: 'Pecamos, praticamos o mal
e fomos rebeldes'; 38 e se lá eles se voltarem para ti de todo o
coração e de toda a sua alma, na terra de seu cativeiro para
onde foram levados, e orarem voltados para a terra que deste
aos seus antepassados, para a cidade que escolheste e para o
templo que construí em honra ao teu nome, 39 então, dos céus,
lugar da tua habitação, ouve a sua oração e a sua súplica, e
defende a sua causa. Perdoa o teu povo, que pecou contra ti.
40 "Assim, meu Deus, que os teus olhos estejam abertos e os
teus ouvidos atentos às orações feitas neste lugar.
41 "Agora, levanta-te, ó SENHOR, ó Deus, e vem para o teu lugar
de descanso, tu e a arca do teu poder. Estejam os teus sa-
cerdotes vestidos de salvação, ó SENHOR, ó Deus; que os teus
santos se regozijem em tua bondade. 42 Ó SENHOR, ó Deus, não
rejeites o teu ungido. Lembra-te da fidelidade prometida a teu
servo Davi".

A Dedicação do Templo

7 Assim que Salomão acabou de orar, desceu fogo do céu e
consumiu o holocausto e os sacrifícios, e a glória do SENHOR
encheu o templo. 2 Os sacerdotes não conseguiam entrar
no templo do SENHOR, porque a glória do SENHOR o enchia.
3 Quando todos os israelitas viram o fogo descendo e a glória
do SENHOR sobre o templo, ajoelharam-se no pavimento com o
rosto em terra, adoraram e deram graças ao SENHOR, dizendo:
"Ele é bom; o seu amor dura para sempre".
4 Então o rei e todo o Israel ofereceram sacrifícios ao SENHOR.
5 O rei Salomão ofereceu em sacrifício vinte e dois mil bois e
cento e vinte mil ovelhas. Assim o rei e todo o povo fizeram a
dedicação do templo de Deus. 6 Os sacerdotes tomaram seus
lugares, bem como os levitas, com os instrumentos musicais
do SENHOR feitos pelo rei Davi para louvar o SENHOR, cantando:
"O seu amor dura para sempre". No outro lado, de frente para
os levitas, os sacerdotes tocavam suas cornetas. Todo o povo
estava em pé.
7 Salomão consagrou a parte central do pátio, que ficava na
frente do templo do SENHOR, e ali ofereceu holocaustos e a
gordura das ofertas de comunhão[a], pois o altar de bronze que
Salomão tinha construído não comportava os holocaustos, as
ofertas de cereal e as porções de gordura.
8 Durante sete dias, Salomão, com todo o Israel, celebrou a
festa; era uma grande multidão, gente vinda desde Lebo-Ha-
mate até o ribeiro do Egito. 9 No oitavo dia realizaram uma
assembleia solene. Levaram sete dias para a dedicação do
altar, e a festa se prolongou por mais sete dias. 10 No vigésimo
terceiro dia do sétimo mês, o rei mandou o povo para as suas
casas. E todos se foram, jubilosos e de coração alegre pelas
coisas boas que o SENHOR havia feito por Davi e Salomão e por
Israel, o seu povo.

O SENHOR Aparece a Salomão

11 Quando Salomão acabou de construir o templo do SENHOR e
o palácio real, executando bem tudo o que pretendia realizar
no templo do SENHOR e em seu próprio palácio, 12 o SENHOR lhe
apareceu de noite e disse: "Ouvi sua oração e escolhi este lugar
para mim, como um templo para sacrifícios.
13 "Se eu fechar o céu para que não chova ou mandar que os
gafanhotos devorem o país ou sobre o meu povo enviar uma
praga, 14 se o meu povo, que se chama pelo meu nome, se hu-
milhar e orar, buscar a minha face e se afastar dos seus maus
caminhos, dos céus o ouvirei, perdoarei o seu pecado e curarei
a sua terra. 15 De hoje em diante os meus olhos estarão abertos
e os meus ouvidos atentos às orações feitas neste lugar. 16 Es-
colhi e consagrei este templo para que o meu nome esteja nele
para sempre. Meus olhos e meu coração nele sempre estarão.
17 "E, se você andar segundo a minha vontade, como fez seu
pai Davi, e fizer tudo o que eu ordeno a você, obedecendo
aos meus decretos e às minhas leis, 18 firmarei o seu trono,
conforme a aliança que fiz com Davi, seu pai, quando eu lhe
disse: Você nunca deixará de ter um descendente para go-
vernar Israel.
19 "Mas, se vocês se afastarem de mim e abandonarem os de-
cretos e os mandamentos que dei a vocês e prestarem culto
a outros deuses e adorá-los, 20 desarraigarei Israel da minha
terra, que dei a vocês, e lançarei para longe da minha presença
este templo que consagrei ao meu nome. Farei que ele se torne
objeto de zombaria entre todos os povos. 21 E todos os que
passarem por este templo, agora imponente, ficarão espan-
tados e perguntarão: 'Por que o SENHOR fez uma coisa dessas
a esta terra e a este templo?' 22 E a resposta será: 'Porque
abandonaram o SENHOR, o Deus dos seus antepassados, que
os tirou do Egito, e se apegaram a outros deuses, adorando-os
e prestando-lhes culto; por isso ele trouxe sobre eles toda esta
desgraça' ".

Outros Feitos de Salomão

8 Depois de vinte anos, durante os quais Salomão construiu o
templo do SENHOR e o seu próprio palácio, 2 ele reconstruiu as
cidades que Hirão lhe tinha dado, e nelas estabeleceu israe-
litas. 3 Depois atacou Hamate-Zobá e a conquistou. 4 Também
reconstruiu Tadmor, no deserto, e todas as cidades-armazéns
que havia construído em Hamate. 5 Reconstruiu Bete-Horom
Alta e Bete-Horom Baixa, cidades fortificadas com muros,
portas e trancas, 6 e também Baalate e todas as cidades-ar-
mazéns que possuía e todas as cidades onde ficavam os seus
carros e os seus cavalos[b]. Construiu tudo o que desejou em
Jerusalém, no Líbano e em todo o território que governou.
7 Todos os que não eram israelitas, descendentes dos hititas,
dos amorreus, dos ferezeus, dos heveus e dos jebuseus, 8 que
não tinham sido mortos pelos israelitas, Salomão recrutou para
o trabalho forçado, e nisso continuam até hoje. 9 Mas Salomão
não obrigou nenhum israelita a trabalhos forçados; eles eram
seus homens de guerra, chefes de seus capitães, comandantes
dos seus carros e condutores de carros. 10 Também eram israe-
litas os principais oficiais do rei Salomão, duzentos e cinquenta
oficiais que supervisionavam os trabalhadores.

[a] 7.7 Ou *de paz*

[b] 8.6 Ou *condutores de carros*

11 Salomão levou a filha do faraó da Cidade de Davi para o pa-
lácio que ele havia construído para ela, pois dissera: "Minha
mulher não deve morar no palácio de Davi, rei de Israel, pois os
lugares onde entrou a arca do SENHOR são sagrados".
12 Sobre o altar do SENHOR, que havia construído diante do pór-
tico, Salomão passou a sacrificar holocaustos ao SENHOR, 13 con-
forme as determinações de Moisés acerca das ofertas diárias
e dos sábados, das luas novas e das três festas anuais: a festa
dos pães sem fermento, a festa das semanas[a] e a festa das
cabanas[b]. 14 De acordo com a ordem de seu pai Davi, designou
os grupos dos sacerdotes para as suas tarefas e os levitas para
conduzirem o louvor e ajudarem os sacerdotes, conforme as
determinações diárias. Também designou, por divisões, os por-
teiros das várias portas, conforme o que Davi, homem de Deus,
tinha ordenado. 15 Todas as ordens dadas pelo rei aos sacer-
dotes e aos levitas, inclusive as ordens relativas aos tesouros,
foram seguidas à risca.
16 Todo o trabalho de Salomão foi executado, desde o dia em
que foram lançados os alicerces do templo do SENHOR até seu
término. Assim foi concluído o templo do SENHOR.
17 Depois Salomão foi a Eziom-Geber e a Elate, no litoral de
Edom. 18 E Hirão enviou-lhe navios comandados por seus
próprios marinheiros, homens que conheciam o mar. Eles
navegaram com os marinheiros de Salomão até Ofir e de lá
trouxeram quinze mil e setecentos e cinquenta quilos[c] de ouro
para o rei Salomão.

9 A Rainha de Sabá Visita Salomão

A rainha de Sabá soube da fama de Salomão e foi a Je-
rusalém para pô-lo à prova com perguntas difíceis. Quando
chegou, acompanhada de uma enorme caravana, com ca-
melos carregados de especiarias, grande quantidade de
ouro e pedras preciosas, foi até Salomão e lhe fez todas as
perguntas que tinha em mente. 2 Salomão respondeu a todas;
nenhuma lhe foi tão difícil que não pudesse responder. 3 Vendo
a sabedoria de Salomão, bem como o palácio que ele havia
construído, 4 o que era servido em sua mesa, o lugar de seus
oficiais, os criados e os copeiros, todos uniformizados, e os
holocaustos que ele fazia no[d] templo do SENHOR, ela ficou im-
pressionada.
5 Disse ela então ao rei: "Tudo o que ouvi em meu país acerca
de tuas realizações e de tua sabedoria era verdade. 6 Mas
eu não acreditava no que diziam até ver com os meus pró-
prios olhos. Na realidade, não me contaram nem a metade
da grandeza de tua sabedoria; tu ultrapassas em muito o que
ouvi. 7 Como devem ser felizes os homens da tua corte, que
continuamente estão diante de ti e ouvem a tua sabedoria!
8 Bendito seja o SENHOR, o teu Deus, que se agradou de ti e
te colocou no trono dele para reinar pelo SENHOR, pelo teu
Deus. Por causa do amor de teu Deus para com Israel e do seu
desejo de preservá-lo para sempre, ele te fez rei, para manter
a justiça e a retidão".
9 E ela deu ao rei quatro mil e duzentos quilos[e] de ouro e grande
quantidade de especiarias e de pedras preciosas. Nunca se
viram tantas e tais especiarias como as que a rainha de Sabá
deu ao rei Salomão.
10 (Os marinheiros de Hirão e de Salomão trouxeram ouro de
Ofir, e também madeira de junípero e pedras preciosas. 11 O rei
utilizou a madeira para fazer a escadaria do templo do SENHOR
e a do palácio real, além de harpas e liras para os músicos.
Nunca se tinha visto algo semelhante em Judá.)
12 O rei Salomão deu à rainha de Sabá tudo o que ela desejou e
pediu; muito mais do que ela lhe tinha trazido. Então ela e seus
servos voltaram para o seu país.

O Esplendor do Reino de Salomão

13 O peso do ouro que Salomão recebia anualmente era de vinte
e três mil e trezentos quilos, 14 fora o que os mercadores e
os comerciantes traziam. Também todos os reis da Arábia e
os governadores do país traziam ouro e prata para Salomão.
15 O rei Salomão fez duzentos escudos grandes de ouro batido,
utilizando três quilos e seiscentos gramas de ouro em cada
um. 16 Também fez trezentos escudos pequenos de ouro batido,
com um quilo e oitocentos gramas de ouro em cada um, e os
colocou no Palácio da Floresta do Líbano.
17 O rei mandou fazer ainda um grande trono de marfim reves-
tido de ouro puro. 18 O trono tinha seis degraus, e um estrado
de ouro fixo nele. Nos dois lados do assento havia braços, com
um leão junto a cada braço. 19 Doze leões ficavam nos seis de-
graus, um de cada lado. Nada igual havia sido feito em nenhum
outro reino. 20 Todas as taças do rei Salomão eram de ouro,
bem como todos os utensílios do Palácio da Floresta do Líbano.
Não havia nada de prata, pois a prata quase não tinha valor nos
dias de Salomão. 21 O rei tinha uma frota de navios mercantes[f]
tripulados por marinheiros do rei Hirão. Cada três anos a frota
voltava, trazendo ouro, prata, marfim, macacos e pavões.
22 O rei Salomão era o mais rico e o mais sábio de todos os reis
da terra. 23 Estes pediam audiência a Salomão para ouvirem a
sabedoria que Deus lhe tinha dado. 24 Ano após ano, todos os
que vinham traziam algum presente: utensílios de prata e de
ouro, mantos, armas e especiarias, cavalos e mulas.
25 Salomão possuía quatro mil estábulos para cavalos e carros
e doze mil cavalos[g], dos quais mantinha uma parte nas guarni-
ções de algumas cidades e a outra perto dele, em Jerusalém.
26 Ele dominava sobre todos os reis desde o Eufrates[h] até a
terra dos filisteus, junto à fronteira do Egito. 27 O rei tornou a
prata tão comum em Jerusalém quanto as pedras, e o cedro
tão numeroso quanto as figueiras bravas da Sefelá. 28 Os ca-
valos de Salomão eram importados do Egito[i] e de todos os
outros países.

[a] 8.13 Isto é, do Pentecoste.
[b] 8.13 Ou *dos tabernáculos*; hebraico: *sucote*.
[c] 8.18 Hebraico: *450 talentos*. Um talento equivalia a 35 quilos.
[d] 9.4 Ou *e o caminho pelo qual subia até o*
[e] 9.9 Hebraico: *120 talentos*. Um talento equivalia a 35 quilos.
[f] 9.21 Hebraico: *navios que iam para Társis*. Veja 20.36.
[g] 9.25 Ou *condutores de carros*
[h] 9.26 Hebraico: *o Rio*.
[i] 9.28 Ou *Muzur*, região da Cilícia.

A Morte de Salomão

29 Os demais acontecimentos do reinado de Salomão, desde o
início até o fim, estão escritos nos relatos do profeta Natã, nas
profecias do silonita Aías e nas visões do vidente Ido acerca de
Jeroboão, filho de Nebate. 30 Salomão reinou quarenta anos
em Jerusalém, sobre todo o Israel. 31 Então descansou com os
seus antepassados e foi sepultado na Cidade de Davi, seu pai.
E o seu filho Roboão foi o seu sucessor.

10 A Revolta de Israel contra Roboão

Roboão foi a Siquém, onde todos os israelitas tinham se
reunido para proclamá-lo rei. 2 Jeroboão, filho de Nebate, tinha
fugido do rei Salomão e estava no Egito. Assim que soube da
reunião em Siquém, voltou do Egito. 3 E mandaram chamá-lo.
Então ele e todo o Israel foram ao encontro de Roboão e disseram: 4 "Teu pai colocou sobre nós um jugo pesado, mas
agora diminui o trabalho árduo e este jugo pesado, e nós te
serviremos".
5 Roboão respondeu: "Voltem a mim daqui a três dias". E o
povo foi embora.
6 O rei Roboão perguntou às autoridades que haviam servido ao
seu pai Salomão durante a vida dele: "Como vocês me aconselham a responder a este povo?"
7 Eles responderam: "Se hoje fores bom para esse povo, se o
agradares e lhe deres resposta favorável, eles sempre serão
teus servos".
8 Roboão, contudo, rejeitou o conselho que as autoridades de
Israel lhe deram e consultou os jovens que haviam crescido com
ele e o estavam servindo. 9 Perguntou-lhes: "Qual é o conselho
de vocês? Como devemos responder a este povo que me diz:
'Diminui o jugo que teu pai colocou sobre nós'?"
10 Os jovens que haviam crescido com ele responderam: "A este
povo que te disse: 'Teu pai colocou sobre nós um jugo pesado;
torna-o mais leve' — dize: 'Meu dedo mínimo é mais grosso do
que a cintura do meu pai. 11 Pois bem, meu pai impôs a vocês
um jugo pesado; eu o tornarei ainda mais pesado. Meu pai os
castigou com simples chicotes; eu os castigarei com chicotes
pontiagudos' ".
12 Três dias depois, Jeroboão e todo o povo voltaram a Roboão,
segundo a orientação dada pelo rei: "Voltem a mim daqui a três
dias". 13 Mas o rei lhes respondeu asperamente. Rejeitando o
conselho das autoridades de Israel, 14 seguiu o conselho dos
jovens e disse: "Meu pai tornou pesado o jugo para vocês; eu
o tornarei ainda mais pesado. Meu pai os castigou com simples
chicotes; eu os castigarei com chicotes pontiagudos". 15 E o rei
não atendeu o povo, pois esta mudança nos acontecimentos
vinha da parte de Deus, para que se cumprisse a palavra que
o SENHOR havia falado a Jeroboão, filho de Nebate, por meio
do silonita Aías.
16 Quando todo o Israel viu que o rei se recusava a ouvi-lo, respondeu ao rei: "Que temos em comum com Davi? Que temos
em comum com o filho de Jessé? Para as suas tendas, ó Israel!
Cuide da sua própria casa, ó Davi!" E assim os israelitas foram
para as suas casas. 17 Quanto, porém, aos israelitas que moravam nas cidades de Judá, Roboão continuou como rei deles.
18 O rei Roboão enviou Adonirão[a], chefe do trabalho forçado,
mas todo o Israel o apedrejou até a morte. O rei, contudo,
conseguiu subir em sua carruagem e fugir para Jerusalém.
19 Desta forma Israel se rebelou contra a dinastia de Davi, e
assim permanece até hoje.

11 Quando Roboão chegou a Jerusalém, convocou cento e
oitenta mil homens de combate, das tribos de Judá e de
Benjamim, para guerrearem contra Israel e recuperarem o
reino para Roboão.
2 Entretanto, veio esta palavra do SENHOR a Semaías, homem
de Deus: 3 "Diga a Roboão, filho de Salomão, rei de Judá, e a
todos os israelitas de Judá e de Benjamim: 4 Assim diz o SENHOR:
Não saiam à guerra contra os seus irmãos. Voltem para casa,
todos vocês, pois fui eu que fiz isso". E eles obedeceram à
palavra do SENHOR e desistiram de marchar contra Jeroboão.

A Fortificação das Cidades de Judá

5 Roboão morou em Jerusalém e reconstruiu algumas cidades
para a defesa de Judá. Foram elas: 6 Belém, Etã, Tecoa, 7 Bete-Zur, Socó, Adulão, 8 Gate, Maressa, Zife, 9 Adoraim, Laquis,
Azeca, 10 Zorá, Aijalom e Hebrom. Essas cidades foram fortificadas em Judá e em Benjamim. 11 Ele fortaleceu as suas defesas e nelas colocou comandantes, com suprimentos de alimentos, azeite e vinho. 12 Armazenou escudos grandes e lanças
em todas as cidades, tornando-as muito fortes. Assim, Judá e
Benjamim continuaram sob o seu domínio.
13 Os sacerdotes e os levitas de todos os distritos de Israel o
apoiaram. 14 Os levitas chegaram até a abandonar as suas pastagens e os seus bens e foram para Judá e para Jerusalém,
porque Jeroboão e seus filhos os haviam rejeitado como sacerdotes do SENHOR, 15 nomeando seus próprios sacerdotes para
os altares idólatras e para os ídolos que haviam feito em forma
de bodes e de bezerros. 16 De todas as tribos de Israel aqueles
que estavam realmente dispostos a buscar o SENHOR, o Deus
de Israel, seguiram os levitas até Jerusalém para oferecerem
sacrifícios ao SENHOR, ao Deus dos seus antepassados. 17 Eles
fortaleceram o reino de Judá e durante três anos apoiaram
Roboão, filho de Salomão, andando nos caminhos de Davi e de
Salomão durante esse tempo.

A Família de Roboão

18 Roboão casou-se com Maalate, filha de Jeremote e neta de
Davi. A mãe de Maalate era Abiail, filha de Eliabe e neta de
Jessé. 19 Ela deu-lhe três filhos: Jeús, Semarias e Zaão. 20 Depois ele casou-se com Maaca, filha de Absalão, a qual lhe deu
os filhos Abias, Atai, Ziza e Selomite. 21 Roboão amava Maaca,
filha de Absalão, mais do que a qualquer outra de suas esposas
e concubinas. Ao todo ele teve dezoito esposas e sessenta concubinas, vinte e oito filhos e sessenta filhas.

[a] **10.18** Conforme alguns manuscritos da Septuaginta. O Texto Massorético diz Adorão. Veja 1Rs 4.6 e 5.14.

22 Roboão nomeou Abias, filho de Maaca, chefe entre os seus
irmãos, com o intuito de fazê-lo rei. 23 Ele agiu com sabedoria,
dispersando seus filhos pelos distritos de Judá e de Benjamim
e pelas cidades fortificadas. Garantiu-lhes fartas provisões e
lhes conseguiu muitas mulheres.

12 Sisaque Ataca Jerusalém

12 Depois que Roboão se fortaleceu e se firmou como rei,
ele e todo o Israel[a] abandonaram a lei do SENHOR. 2 Por terem
sido infiéis ao SENHOR, Sisaque, rei do Egito, atacou Jerusalém
no quinto ano do reinado de Roboão. 3 Com mil e duzentos
carros de guerra, sessenta mil cavaleiros e um exército incon-
tável de líbios, suquitas e etíopes[b], que vieram do Egito com
ele, 4 conquistou as cidades fortificadas de Judá e chegou até
Jerusalém.
5 Então o profeta Semaías apresentou-se a Roboão e aos lí-
deres de Judá que se haviam reunido em Jerusalém, fugindo
de Sisaque, e lhes disse: "Assim diz o SENHOR: 'Vocês me aban-
donaram; por isso eu agora os abandono, entregando-os a
Sisaque' ".
6 Os líderes de Israel e o rei se humilharam e disseram: "O
SENHOR é justo".
7 Quando o SENHOR viu que eles se humilharam, veio a Semaías
esta palavra do SENHOR: "Visto que eles se humilharam, não os
destruirei, mas em breve lhes darei livramento. Minha ira não
será derramada sobre Jerusalém por meio de Sisaque. 8 Eles,
contudo, ficarão sujeitos a ele, para que aprendam a diferença
entre servir a mim e servir aos reis de outras terras".
9 Quando Sisaque, rei do Egito, atacou Jerusalém, levou todos
os tesouros do templo do SENHOR e do palácio real, inclusive
os escudos de ouro que Salomão havia feito. 10 Por isso o rei
Roboão mandou fazer escudos de bronze para substituí-los
e os entregou aos chefes da guarda da entrada do palácio
real. 11 Sempre que o rei ia ao templo do SENHOR, os guardas
empunhavam os escudos e, em seguida, os devolviam à sala
da guarda.
12 Como Roboão se humilhou, a ira do SENHOR afastou-se dele,
e ele não foi totalmente destruído. Na verdade, em Judá ainda
havia algo de bom.
13 O rei Roboão firmou-se no poder em Jerusalém e continuou
a reinar. Tinha quarenta e um anos de idade quando começou
a reinar e reinou dezessete anos em Jerusalém, cidade que o
SENHOR havia escolhido entre todas as tribos de Israel para nela
pôr o seu nome. Sua mãe, uma amonita, chamava-se Naamá.
14 Ele agiu mal porque não dispôs o seu coração para buscar
o SENHOR.
15 Os demais acontecimentos do reinado de Roboão, do início
ao fim, estão escritos nos relatos do profeta Semaías e do vi-
dente Ido, que tratam de genealogias. Houve guerra constante
entre Roboão e Jeroboão. 16 Roboão descansou com os seus
antepassados e foi sepultado na Cidade de Davi; seu filho Abias
foi o seu sucessor.

a 12.1 Isto é, Judá, como ocorre frequentemente em 2 Crônicas.
b 12.3 Hebraico: *cuxitas*.

13 O Reinado de Abias, Rei de Judá

13 No décimo oitavo ano do reinado de Jeroboão, Abias
tornou-se rei de Judá, 2 e reinou três anos em Jerusalém. O
nome de sua mãe era Maaca[c], filha[d] de Uriel, de Gibeá. E houve
guerra entre Abias e Jeroboão. 3 Abias entrou em combate le-
vando uma força de quatrocentos mil excelentes guerreiros,
e Jeroboão foi enfrentá-lo com oitocentos mil, igualmente
excelentes.
4 Abias subiu o monte Zemaraim, nos montes de Efraim, e
gritou: "Jeroboão e todo o Israel, ouçam-me! 5 Vocês não
sabem que o SENHOR, o Deus de Israel, deu para sempre o
reino de Israel a Davi e a seus descendentes mediante uma
aliança irrevogável[e]? 6 Mesmo assim, Jeroboão, filho de Ne-
bate, servo de Salomão, filho de Davi, rebelou-se contra o seu
senhor. 7 Alguns homens vadios e imprestáveis juntaram-se a
ele e se opuseram a Roboão, filho de Salomão, quando ainda
era jovem, indeciso e incapaz de oferecer-lhes resistência.
8 "E agora vocês pretendem resistir ao reino do SENHOR, que
está nas mãos dos descendentes de Davi! Vocês são de fato
uma multidão imensa e têm os bezerros de ouro que Jeroboão
fez para serem os seus deuses. 9 Mas, não foram vocês que
expulsaram os sacerdotes do SENHOR, os descendentes de Arão,
e os levitas, e escolheram os seus próprios sacerdotes, como
fazem os outros povos? Qualquer pessoa que se consagre com
um novilho e sete carneiros pode tornar-se sacerdote daqueles
que não são deuses.
10 "Quanto a nós, o SENHOR é o nosso Deus, e não o abando-
namos. Os nossos sacerdotes, que servem ao SENHOR auxiliados
pelos levitas, são descendentes de Arão. 11 Todas as manhãs e
todas as tardes eles apresentam holocaustos e incenso aro-
mático ao SENHOR, arrumam os pães sobre a mesa cerimo-
nialmente pura e todas as tardes acendem as lâmpadas do
candelabro de ouro. Pois nós observamos as exigências do SE-
NHOR, o nosso Deus, enquanto vocês o abandonaram. 12 E vejam
bem! Deus está conosco; ele é o nosso chefe. Os sacerdotes
dele, com suas cornetas, farão soar o grito de guerra contra
vocês. Israelitas, não lutem contra o SENHOR, o Deus dos seus
antepassados, pois vocês não terão êxito!"
13 Enquanto isso, Jeroboão tinha mandado tropas para a reta-
guarda do exército de Judá, de forma que ele estava em frente
de Judá e a emboscada estava atrás. 14 Quando o exército de
Judá se virou e viu que estava sendo atacado pela frente e
pela retaguarda, clamou ao SENHOR. Os sacerdotes tocaram
suas cornetas 15 e os homens de Judá deram o grito de guerra.
Ao som do grito de guerra, Deus derrotou Jeroboão e todo o
Israel diante de Abias e de Judá. 16 Os israelitas fugiram dos
soldados de Judá, e Deus os entregou nas mãos deles. 17 Abias
e os seus soldados lhes infligiram grande derrota; quinhentos
mil excelentes guerreiros de Israel foram mortos. 18 Os israe-
litas foram subjugados naquela ocasião, e os homens de Judá

c 13.2 Conforme a maioria dos manuscritos da Septuaginta e a Versão Siríaca. O Texto Massorético diz Micaías. Veja 2Cr 11.20 e 1Rs 15.2.
d 13.2 Ou *neta*
e 13.5 Hebraico: *aliança de sal*.

tiveram força para vencer, pois confiaram no SENHOR, o Deus
dos seus antepassados.
19 Abias perseguiu Jeroboão e tomou-lhe as cidades de Betel,
Jesana e Efrom, com os seus povoados. 20 Durante o reinado de
Abias, Jeroboão não recuperou o seu poder; até que o SENHOR
o feriu, e ele morreu.
21 Abias, ao contrário, fortaleceu-se. Ele se casou com catorze
mulheres e teve vinte e dois filhos e dezesseis filhas.
22 Os demais acontecimentos do reinado de Abias, o que ele
fez e o que disse, estão escritos nos relatos do profeta Ido.

14 O Reinado de Asa, Rei de Judá

Abias descansou com os seus antepassados e foi sepul-
tado na Cidade de Davi. Seu filho Asa foi o seu sucessor, e em
seu reinado o país esteve em paz durante dez anos.
2 Asa fez o que o SENHOR, o seu Deus, aprova. 3 Retirou os al-
tares dos deuses estrangeiros e os altares idólatras que havia
nos montes, despedaçou as colunas sagradas e derrubou os
postes sagrados. 4 Ordenou ao povo de Judá que buscasse o
SENHOR, o Deus dos seus antepassados, e que obedecesse às
leis e aos mandamentos dele. 5 Retirou os altares idólatras e
os altares de incenso[a] de todas as cidades de Judá, e o reino
esteve em paz durante o seu governo. 6 Também construiu ci-
dades fortificadas em Judá, aproveitando esse período de paz.
Ninguém entrou em guerra contra ele durante aqueles anos,
pois o SENHOR lhe deu descanso.
7 Disse ele ao povo de Judá: "Vamos construir estas cidades
com muros ao redor, fortificadas com torres, portas e trancas.
A terra ainda é nossa, porque temos buscado o SENHOR, o nosso
Deus; nós o buscamos, e ele nos tem concedido paz em nossas
fronteiras". Eles então as construíram e prosperaram.
8 Asa tinha um exército de trezentos mil homens de Judá, equi-
pados com escudos grandes e lanças, e duzentos e oitenta mil
de Benjamim, armados com escudos pequenos e arcos. Todos
eram valentes homens de combate.
9 O etíope[b] Zerá marchou contra eles com um exército de um
milhão de soldados e trezentos carros de guerra e chegou a
Maressa.
10 Asa saiu para enfrentá-lo, e eles se puseram em posição de
combate no vale de Zefatá, perto de Maressa.
11 Então Asa clamou ao SENHOR, o seu Deus: "SENHOR, não há
ninguém como tu para ajudar os fracos contra os poderosos.
Ajuda-nos, ó SENHOR, ó nosso Deus, pois em ti pomos a nossa
confiança, e em teu nome viemos contra este imenso exército.
Ó SENHOR, tu és o nosso Deus; não deixes o homem prevalecer
contra ti".
12 O SENHOR derrotou os etíopes diante de Asa e de Judá. Os
etíopes fugiram, 13 e Asa e seu exército os perseguiram até
Gerar. Caíram tantos deles que o exército não conseguiu recu-
perar-se; foram destruídos perante o SENHOR e suas forças. E os
homens de Judá saquearam muitos bens. 14 Destruíram todas
as cidades ao redor de Gerar, pois o terror do SENHOR havia
caído sobre elas. Saquearam todas essas cidades, pois havia
nelas muitos despojos. 15 Também atacaram os acampamentos
onde havia gado e se apoderaram de muitas ovelhas, cabras e
camelos. E, em seguida, voltaram para Jerusalém.

15 A Reforma Realizada por Asa

O Espírito de Deus veio sobre Azarias, filho de Odede. 2 Ele
saiu para encontrar-se com Asa e lhe disse: "Escutem-me, Asa e
todo o povo de Judá e de Benjamim. O SENHOR está com vocês
quando vocês estão com ele. Se o buscarem, ele deixará que o
encontrem, mas, se o abandonarem, ele os abandonará. 3 Du-
rante muito tempo Israel esteve sem o verdadeiro Deus, sem
sacerdote para ensiná-lo e sem a Lei. 4 Mas em sua angústia
eles se voltaram para o SENHOR, o Deus de Israel; buscaram-no,
e ele deixou que o encontrassem. 5 Naqueles dias não era se-
guro viajar, pois muitos distúrbios afligiam todos os habitantes
do território. 6 Nações e cidades se destruíam umas às outras,
pois Deus as estava afligindo com toda espécie de desgraças.
7 Mas, sejam fortes e não desanimem, pois o trabalho de vocês
será recompensado".
8 Assim que ouviu as palavras e a profecia do profeta Azarias,
filho de[c] Odede, o rei Asa encheu-se de coragem. Retirou os
ídolos repugnantes de toda a terra de Judá e de Benjamim e
das cidades que havia conquistado nos montes de Efraim, e
restaurou o altar do SENHOR que estava em frente do pórtico
do templo do SENHOR.
9 Depois reuniu todo o povo de Judá e de Benjamim e convocou
também os que pertenciam a Efraim, a Manassés e a Simeão
que viviam entre eles, pois muitos de Israel tinham passado
para o lado do rei Asa, ao verem que o SENHOR, o seu Deus,
estava com ele.
10 Eles se reuniram em Jerusalém no terceiro mês do décimo
quinto ano do reinado de Asa. 11 Naquela ocasião sacrificaram
ao SENHOR setecentos bois e sete mil ovelhas e cabras, do
saque que haviam feito. 12 Fizeram um acordo de todo o co-
ração e de toda a alma de buscar o SENHOR, o Deus dos seus
antepassados. 13 Todo aquele que não buscasse o SENHOR, o
Deus de Israel, deveria ser morto, gente simples ou impor-
tante,[d] homem ou mulher. 14 Fizeram esse juramento ao SENHOR
em alta voz, bradando ao som de cornetas e trombetas. 15 Todo
o povo de Judá alegrou-se com o juramento, pois o havia feito
de todo o coração. Eles buscaram a Deus com a melhor dispo-
sição; ele deixou que o encontrassem e lhes concedeu paz em
suas fronteiras.
16 O rei Asa chegou até a depor sua avó Maaca da posição de
rainha-mãe, pois ela havia feito um poste sagrado repugnante.
Asa derrubou o poste, despedaçou-o e queimou-o no vale do
Cedrom. 17 Embora os altares idólatras não tivessem sido elimi-
nados de Israel, o coração de Asa foi totalmente dedicado ao
SENHOR durante toda a sua vida. 18 Ele trouxe para o templo de
Deus a prata, o ouro e os utensílios que ele e seu pai haviam
consagrado.

a 14.5 Provavelmente colunas dedicadas ao deus sol.
b 14.9 Hebraico: *cuxita*; também no versículo 12.
c 15.8 Conforme a Vulgata e a Versão Siríaca. O Texto Massorético não traz *Azarias, filho de*.
d 15.13 Ou *jovens ou idosos*.

19 E não houve mais nenhuma guerra até o trigésimo quinto
ano do seu reinado.

16 Os Últimos Anos de Asa

No trigésimo sexto ano do reinado de Asa, Baasa, rei de
Israel, invadiu Judá e fortificou Ramá, para que ninguém pu-
desse entrar no território de Asa, rei de Judá, nem sair de lá.
2 Então Asa ajuntou a prata e o ouro do tesouro do templo do
SENHOR e do seu próprio palácio e os enviou a Ben-Hadade, rei
da Síria, que governava em Damasco, com uma mensagem que
dizia: 3 "Façamos um tratado, como fizeram meu pai e o teu.
Estou te enviando prata e ouro. Agora, rompe o tratado que
tens com Baasa, rei de Israel, para que ele saia do meu país".
4 Ben-Hadade aceitou a proposta do rei Asa e ordenou aos co-
mandantes das suas forças que atacassem as cidades de Israel.
Eles conquistaram Ijom, Dã, Abel-Maim[a] e todas as cidades-ar-
mazéns de Naftali. 5 Quando Baasa soube disso, abandonou a
construção dos muros de Ramá. 6 Então o rei Asa reuniu todos
os homens de Judá, e eles retiraram de Ramá as pedras e a
madeira que Baasa estivera usando. Com esse material Asa
fortificou Geba e Mispá.
7 Naquela época, o vidente Hanani foi dizer a Asa, rei de Judá:
"Por você ter pedido ajuda ao rei da Síria e não ao SENHOR,
ao seu Deus, o exército do rei da Síria escapou de suas mãos.
8 Por acaso os etíopes[b] e os líbios não eram um exército pode-
roso, com uma grande multidão de carros e cavalos[c]? Contudo,
quando você pediu ajuda ao SENHOR, ele os entregou em suas
mãos. 9 Pois os olhos do SENHOR estão atentos sobre toda a
terra para fortalecer aqueles que lhe dedicam totalmente o
coração. Nisso você cometeu uma loucura. De agora em diante
terá que enfrentar guerras".
10 Asa irritou-se contra o vidente por causa disso; ficou tão
indignado que mandou prendê-lo. Nessa época Asa oprimiu
brutalmente alguns do povo.
11 Os demais acontecimentos do reinado de Asa, do início ao
fim, estão escritos nos registros históricos dos reis de Judá e de
Israel. 12 No trigésimo nono ano de seu reinado, Asa foi atacado
por uma doença nos pés. Embora a sua doença fosse grave,
não buscou ajuda do SENHOR, mas só dos médicos. 13 Então, no
quadragésimo primeiro ano do seu reinado, Asa morreu e des-
cansou com os seus antepassados. 14 Sepultaram-no no túmulo
que ele havia mandado cavar para si na Cidade de Davi. Deita-
ram-no num leito coberto de especiarias e de vários perfumes
de fina mistura e fizeram uma imensa fogueira em sua honra.

17 O Reinado de Josafá, Rei de Judá

Josafá, filho de Asa, foi o seu sucessor e fortaleceu-se
contra Israel. 2 Posicionou tropas em todas as cidades forti-
ficadas de Judá e pôs guarnições em Judá e nas cidades de
Efraim que seu pai, Asa, tinha conquistado.
3 O SENHOR esteve com Josafá porque, em seus primeiros anos,
ele andou nos caminhos que seu predecessor Davi tinha se-
guido. Não consultou os baalins, 4 mas buscou o Deus de seu
pai e obedeceu aos seus mandamentos, e não imitou as prá-
ticas de Israel. 5 O SENHOR firmou o reino de Josafá, e todo o
Judá lhe trazia presentes, de maneira que teve grande riqueza
e honra. 6 Ele seguiu corajosamente os caminhos do SENHOR;
além disso, retirou de Judá os altares idólatras e os postes
sagrados.
7 No terceiro ano de seu reinado, ele enviou seus oficiais Be-
ne-Hail, Obadias, Zacarias, Natanael e Micaías para ensinarem
nas cidades de Judá. 8 Com eles foram os levitas Semaías, Ne-
tanias, Zebadias, Asael, Semiramote, Jônatas, Adonias, Tobias,
Tobe-Adonias e os sacerdotes Elisama e Jeorão. 9 Eles percor-
reram todas as cidades do reino de Judá, levando consigo o
Livro da Lei do SENHOR e ensinando o povo.
10 O temor do SENHOR caiu sobre todos os reinos ao redor de
Judá, de forma que não entraram em guerra contra Josafá.
11 Alguns filisteus levaram presentes a Josafá, além da prata
que lhe deram como tributo, e os árabes levaram-lhe rebanhos:
sete mil e setecentos carneiros e sete mil e setecentos bodes.
12 Josafá tornou-se cada vez mais poderoso; construiu forta-
lezas e cidades-armazéns em Judá, 13 onde guardava enorme
quantidade de suprimentos. Também mantinha em Jerusalém
homens de combate experientes. 14 A lista desses homens,
por famílias, era a seguinte: De Judá, líderes de batalhões de
1.000: o líder Adna, com 300.000 homens de combate; 15 em
seguida, o líder Joanã, com 280.000; 16 depois, Amasias, filho
de Zicri, que se apresentou voluntariamente para o serviço do
SENHOR, com 200.000. 17 De Benjamim: Eliada, um guerreiro
valente, com 200.000 homens armados com arcos e escudos;
18 Jeozabade, com 180.000 homens armados para a batalha.
19 Esses eram os homens que serviam ao rei, além dos que
estavam posicionados nas cidades fortificadas em todo o Judá.

18 A Profecia contra Acabe

Josafá tinha grande riqueza e honra e aliou-se a Acabe
por laços de casamento. 2 Alguns anos depois, ele foi visitar
Acabe em Samaria. Acabe abateu muitas ovelhas e bois, para
receber Josafá e sua comitiva, e insistiu que atacasse Ramote-
-Gileade. 3 Acabe, rei de Israel, perguntou a Josafá, rei de Judá:
"Irás comigo lutar contra Ramote-Gileade?" Josafá respondeu:
"Sou como tu, e meu povo é como o teu povo; estaremos con-
tigo na guerra". 4 Mas acrescentou: "Peço-te que busques pri-
meiro o conselho do SENHOR".
5 Então o rei de Israel reuniu quatrocentos profetas e lhes per-
guntou: "Devemos ir à guerra contra Ramote-Gileade, ou não?"
Eles responderam: "Sim, pois Deus a entregará nas mãos do rei".
6 Josafá, porém, perguntou: "Não existe aqui mais nenhum
profeta do SENHOR, a quem possamos consultar?"
7 O rei de Israel respondeu a Josafá: "Ainda há um homem
por meio de quem podemos consultar o SENHOR, porém eu
o odeio, porque nunca profetiza coisas boas a meu respeito,
mas sempre coisas ruins. É Micaías, filho de Inlá". "O rei não
deveria dizer isso", Josafá respondeu.

---

[a] 16.4 Também conhecida como Abel-Bete-Maaca.
[b] 16.8 Hebraico: *cuxitas*.
[c] 16.8 Ou *condutores de carro*

8 Então o rei de Israel chamou um dos seus oficiais e disse:
"Traga imediatamente Micaías, filho de Inlá".
9 Usando vestes reais, o rei de Israel e Josafá, rei de Judá,
estavam sentados em seus tronos, na eira, junto à porta de
Samaria, e todos os profetas estavam profetizando em transe
diante deles. 10 E Zedequias, filho de Quenaaná, tinha feito
chifres de ferro e declarou: "Assim diz o SENHOR: 'Com estes
chifres tu ferirás os arameus até que sejam destruídos' ".
11 Todos os outros profetas estavam profetizando a mesma
coisa, dizendo: "Ataca Ramote-Gileade, e serás vitorioso, pois
o SENHOR a entregará nas mãos do rei".
12 O mensageiro que tinha ido chamar Micaías lhe disse: "Vê,
todos os outros profetas estão predizendo que o rei terá su-
cesso. Tua palavra também deve ser favorável".
13 Micaías, porém, disse: "Juro pelo nome do SENHOR que direi
o que o meu Deus mandar".
14 Quando ele chegou, o rei lhe perguntou: "Micaías, devemos
ir à guerra contra Ramote-Gileade, ou não?" Ele respondeu:
"Ataquem, e serão vitoriosos, pois eles serão entregues em
suas mãos".
15 O rei lhe disse: "Quantas vezes devo fazer-te jurar que me irás
dizer somente a verdade em nome do SENHOR?"
16 Então Micaías respondeu: "Vi todo o Israel espalhado pelas
colinas, como ovelhas sem pastor, e ouvi o SENHOR dizer: 'Estes
não têm dono. Cada um volte para casa em paz' ".
17 O rei de Israel disse a Josafá: "Não disse a você que ele
nunca profetiza nada de bom a meu respeito, mas apenas
coisas ruins?"
18 Micaías prosseguiu: "Ouçam a palavra do SENHOR: Vi o SENHOR
assentado em seu trono, com todo o exército dos céus à sua
direita e à sua esquerda. 19 E o SENHOR disse: 'Quem enganará
Acabe, rei de Israel, para que ataque Ramote-Gileade e morra
lá?' "E um sugeria uma coisa, outro sugeria outra, até que,
20 finalmente, um espírito colocou-se diante do SENHOR e disse:
'Eu o enganarei'. " 'De que maneira?', perguntou o SENHOR.
21 "Ele respondeu: 'Irei e serei um espírito mentiroso na boca
de todos os profetas do rei'. "Disse o SENHOR: 'Você conseguirá
enganá-lo; vá e engane-o'.
22 "E o SENHOR pôs um espírito mentiroso na boca destes seus
profetas. O SENHOR decretou a sua desgraça".
23 Então Zedequias, filho de Quenaaná, aproximou-se, deu um
tapa no rosto de Micaías e perguntou: "Por qual caminho foi
o espírito da parte do[a] SENHOR, quando saiu de mim para falar
a você?"
24 Micaías respondeu: "Você descobrirá no dia em que estiver
se escondendo de quarto em quarto".
25 O rei de Israel então ordenou: "Enviem Micaías de volta
a Amom, o governador da cidade, e a Joás, filho do rei, 26 e
digam que assim diz o rei: Ponham este homem na prisão a
pão e água, até que eu volte em segurança".
27 Micaías declarou: "Se você de fato voltar em segurança, o
SENHOR não falou por meu intermédio". E acrescentou: "Ouçam
o que estou dizendo, todos vocês!"

A Morte de Acabe

28 Então o rei de Israel e Josafá, rei de Judá, foram atacar Ra-
mote-Gileade. 29 E o rei de Israel disse a Josafá: "Entrarei dis-
farçado em combate, mas tu, usa as tuas vestes reais". O rei de
Israel disfarçou-se, e ambos foram para o combate.
30 O rei da Síria havia ordenado a seus chefes dos carros de
guerra: "Não lutem contra ninguém, seja soldado seja oficial,
senão contra o rei de Israel". 31 Quando os chefes dos carros
viram Josafá, pensaram: "É o rei de Israel", e o cercaram para
atacá-lo, mas Josafá clamou, e o SENHOR o ajudou. Deus os
afastou dele, 32 pois, quando os comandantes dos carros viram
que não era o rei de Israel, deixaram de persegui-lo.
33 De repente, um soldado disparou seu arco ao acaso e atingiu
o rei de Israel entre os encaixes da sua armadura. Então o rei
disse ao condutor do seu carro: "Tire-me do combate. Fui fe-
rido!" 34 A batalha foi violenta durante todo o dia, e assim, o rei
de Israel teve que enfrentar os arameus em pé no seu carro,
até a tarde. E, ao pôr do sol, ele morreu.

19 Quando Josafá, rei de Judá, voltou em segurança ao seu
palácio em Jerusalém, 2 o vidente Jeú, filho de Hanani,
saiu ao seu encontro e lhe disse: "Será que você devia ajudar
os ímpios e amar aqueles que odeiam o SENHOR? Por causa
disso, a ira do SENHOR está sobre você. 3 Contudo, existe em
você algo de bom, pois você livrou a terra dos postes sagrados
e buscou a Deus de todo o seu coração".

A Nomeação de Juízes

4 Josafá morava em Jerusalém; e percorreu de novo a nação,
desde Berseba até os montes de Efraim, fazendo-o voltar para
o SENHOR, o Deus dos seus antepassados. 5 Ele nomeou juízes
em cada uma das cidades fortificadas de Judá, 6 dizendo-lhes:
"Considerem atentamente aquilo que fazem, pois vocês não
estão julgando para o homem, mas para o SENHOR, que estará
com vocês sempre que derem um veredicto. 7 Agora, que o
temor do SENHOR esteja sobre vocês. Julguem com cuidado,
pois o SENHOR, o nosso Deus, não tolera nem injustiça nem
parcialidade nem suborno".
8 Também em Jerusalém nomeou Josafá alguns dos levitas,
dos sacerdotes e dos chefes de famílias israelitas para jul-
garem questões da lei do SENHOR e resolverem pendências
dos habitantes. 9 Deu-lhes as seguintes ordens: "Vocês devem
servir com fidelidade e com coração íntegro, no temor do
SENHOR. 10 Em cada causa que chegar a vocês da parte dos
seus irmãos israelitas das outras cidades, seja de derrama-
mento de sangue, sejam questões referentes à lei, aos man-
damentos, aos decretos ou às ordenanças, vocês deverão ad-
verti-los de que não pequem contra o SENHOR; caso contrário,
a ira dele virá sobre vocês e sobre eles. Façam assim, e vocês
não pecarão.
11 "Amarias, o sumo sacerdote, estará com vocês para decidir
qualquer questão relacionada com o SENHOR; Zebadias, filho de
Ismael, líder da tribo de Judá, estará com vocês para decidir
qualquer questão civil; e os levitas atuarão como oficiais diante

a 18.23 Ou *Espírito do*

de vocês. Cumpram seus deveres com coragem, e esteja o
SENHOR com aqueles que agirem corretamente".

20 Josafá Derrota Moabe e Amom

Depois disso, os moabitas e os amonitas, com alguns dos
meunitas[a], entraram em guerra contra Josafá.
2 Então informaram a Josafá: "Um exército enorme vem contra
ti de Edom, do outro lado do mar Morto[b]. Já está em Hazazom-
-Tamar, isto é, En-Gedi". 3 Alarmado, Josafá decidiu consultar
o SENHOR e proclamou um jejum em todo o reino de Judá. 4 Re-
uniu-se, pois, o povo vindo de todas as cidades de Judá para
buscar a ajuda do SENHOR.
5 Josafá levantou-se na assembleia de Judá e de Jerusalém, no
templo do SENHOR, na frente do pátio novo, 6 e orou: "SENHOR,
Deus dos nossos antepassados, não és tu o Deus que está nos
céus? Tu dominas sobre todos os reinos do mundo. Força e
poder estão em tuas mãos, e ninguém pode opor-se a ti. 7 Não
és tu o nosso Deus, que expulsaste os habitantes desta terra
perante Israel, o teu povo, e a deste para sempre aos des-
cendentes do teu amigo Abraão? 8 Eles a têm habitado e nela
construíram um santuário em honra ao teu nome, dizendo: 9 'Se
alguma desgraça nos atingir, seja o castigo da espada, seja
a peste, seja a fome, nós nos colocaremos em tua presença
diante deste templo, pois ele leva o teu nome, e clamaremos a
ti em nossa angústia, e tu nos ouvirás e nos salvarás'.
10 "Mas agora, aí estão amonitas, moabitas e habitantes dos
montes de Seir, cujos territórios não permitiste que Israel in-
vadisse quando vinha do Egito; por isso os israelitas se des-
viaram deles e não os destruíram. 11 Vê agora como estão nos
retribuindo, ao virem expulsar-nos da terra que nos deste por
herança. 12 Ó nosso Deus, não irás tu julgá-los? Pois não temos
força para enfrentar esse exército imenso que vem nos atacar.
Não sabemos o que fazer, mas os nossos olhos se voltam para
ti".
13 Todos os homens de Judá, com suas mulheres e seus filhos,
até os de colo, estavam ali em pé, diante do SENHOR.
14 Então o Espírito do SENHOR veio sobre Jaaziel, filho de Zaca-
rias, neto de Benaia, bisneto de Jeiel e trineto de Matanias,
levita e descendente de Asafe, no meio da assembleia.
15 Ele disse: "Escutem, todos os que vivem em Judá e em
Jerusalém e o rei Josafá! Assim diz o SENHOR a vocês; 'Não
tenham medo nem fiquem desanimados por causa desse
exército enorme. Pois a batalha não é de vocês, mas de Deus.
16 Amanhã, desçam contra eles. Eis que virão pela subida de Ziz,
e vocês os encontrarão no fim do vale, em frente do deserto
de Jeruel. 17 Vocês não precisarão lutar nessa batalha. Tomem
suas posições, permaneçam firmes e vejam o livramento que
o SENHOR dará, ó Judá, ó Jerusalém. Não tenham medo nem
desanimem. Saiam para enfrentá-los amanhã, e o SENHOR es-
tará com vocês' ".
18 Josafá prostrou-se com o rosto em terra, e todo o povo
de Judá e de Jerusalém prostrou-se em adoração perante o
SENHOR. 19 Então os levitas descendentes dos coatitas e dos
coreítas levantaram-se e louvaram o SENHOR, o Deus de Israel,
em alta voz.
20 De madrugada partiram para o deserto de Tecoa. Quando
estavam saindo, Josafá lhes disse: "Escutem-me, Judá e povo
de Jerusalém! Tenham fé no SENHOR, o seu Deus, e vocês serão
sustentados; tenham fé nos profetas do SENHOR, e terão a vi-
tória". 21 Depois de consultar o povo, Josafá nomeou alguns
homens para cantarem ao SENHOR e o louvarem pelo esplendor
de sua santidade, indo à frente do exército, cantando: "Deem
graças ao SENHOR, pois o seu amor dura para sempre".
22 Quando começaram a cantar e a entoar louvores, o SENHOR
preparou emboscadas contra os homens de Amom, de Moabe
e dos montes de Seir, que estavam invadindo Judá, e eles
foram derrotados. 23 Os amonitas e os moabitas atacaram os
dos montes de Seir para destruí-los e aniquilá-los. Depois de
massacrarem os homens de Seir, destruíram-se uns aos outros.
24 Quando os homens de Judá foram para o lugar de onde se
avista o deserto e olharam para o imenso exército, viram so-
mente cadáveres no chão; ninguém havia escapado. 25 Então
Josafá e os seus soldados foram saquear os cadáveres e en-
contraram entre eles grande quantidade de equipamentos e
de roupas[c] e também objetos de valor; passaram três dias
saqueando, mas havia mais do que eram capazes de levar.
26 No quarto dia eles se reuniram no vale de Beraca, onde lou-
varam o SENHOR. Por isso até hoje esse lugar é chamado vale
de Beraca[d].
27 Depois, sob a liderança de Josafá, todos os homens de Judá
e de Jerusalém voltaram alegres para Jerusalém, pois o SE-
NHOR os enchera de alegria, dando-lhes vitória sobre os seus
inimigos. 28 Entraram em Jerusalém e foram ao templo do SE-
NHOR, ao som de liras, harpas e cornetas.
29 O temor de Deus veio sobre todas as nações, quando sou-
beram como o SENHOR havia lutado contra os inimigos de Israel.
30 E o reino de Josafá manteve-se em paz, pois o seu Deus lhe
concedeu paz em todas as suas fronteiras.

O Final do Reinado de Josafá

31 Assim Josafá reinou sobre Judá. Ele tinha trinta e cinco anos
de idade quando se tornou rei e reinou vinte e cinco anos em
Jerusalém. O nome da sua mãe era Azuba, filha de Sili. 32 Ele
andou nos caminhos de Asa, seu pai, e não se desviou deles;
fez o que o SENHOR aprova. 33 Contudo, não acabou com os
altares idólatras, e o povo ainda não havia firmado o coração
no Deus dos seus antepassados.
34 Os demais acontecimentos do reinado de Josafá, do início ao
fim, estão escritos nos relatos de Jeú, filho de Hanani, e foram
incluídos nos registros históricos dos reis de Israel.

a 20.1 Conforme alguns manuscritos da Septuaginta. O Texto Massorético diz amonitas.

b 20.2 Conforme um manuscrito do Texto Massorético. A maioria dos manuscritos do Texto Massorético, a Septuaginta e a Vulgata dizem da Síria.

c 20.25 Conforme alguns manuscritos do Texto Massorético e a Vulgata. A maioria dos manuscritos do Texto Massorético diz cadáveres.

d 20.26 Beraca significa louvor ou bênção.

35 Posteriormente, Josafá, rei de Judá, fez um tratado com
Acazias, rei de Israel, que tinha vida ímpia. 36 Era um tratado
para a construção de navios mercantes[a]. Depois de serem cons-
truídos os navios em Eziom-Geber, 37 Eliézer, filho de Dodava
de Maressa, profetizou contra Josafá, dizendo: "Por haver feito
um tratado com Acazias, o SENHOR destruirá o que você fez".
Assim, os navios naufragaram e não se pôde cumprir o tratado
comercial.

21 Josafá descansou com os seus antepassados e foi sepul-
tado junto deles na Cidade de Davi, e seu filho Jeorão foi
o seu sucessor. 2 Os irmãos de Jeorão, filhos de Josafá, foram
Azarias, Jeiel, Zacarias, Azarias, Micael e Sefatias. Todos eles
foram filhos de Josafá, rei de Israel[b]. 3 Ele lhes deu muitos pre-
sentes de prata, de ouro e objetos de valor, bem como cidades
fortificadas em Judá, mas o reino, deu a Jeorão, porque este
era seu filho mais velho.

O Reinado de Jeorão, Rei de Judá

4 Logo Jeorão se fortaleceu no reino de seu pai e matou à es-
pada todos os seus irmãos e alguns líderes de Israel. 5 Ele tinha
trinta e dois anos de idade quando começou a reinar e reinou
oito anos em Jerusalém. 6 Andou nos caminhos dos reis de Is-
rael, como a família de Acabe havia feito, pois se casou com
uma filha de Acabe. E fez o que o SENHOR reprova. 7 Entretanto,
por causa da aliança que havia feito com Davi, o SENHOR não
quis destruir a dinastia dele. Ele havia prometido manter para
sempre um descendente de Davi no trono[c].
8 Nos dias de Jeorão, os edomitas rebelaram-se contra o do-
mínio de Judá, proclamando seu próprio rei. 9 Por isso Jeorão
foi combatê-los com seus líderes e com todos os seus carros
de guerra. Os edomitas cercaram Jeorão e os chefes dos seus
carros de guerra, mas ele os atacou de noite e rompeu o cerco
inimigo. 10 E até hoje Edom continua independente de Judá.
Nessa mesma época, a cidade de Libna também tornou-se in-
dependente, pois Jeorão havia abandonado o SENHOR, o Deus
dos seus antepassados. 11 Ele até construiu altares idólatras nas
colinas de Judá, levando o povo de Jerusalém a prostituir-se
e Judá a desviar-se.
12 Então Jeorão recebeu uma carta do profeta Elias, que dizia:
"Assim diz o SENHOR, o Deus de Davi, seu antepassado: 'Você
não tem andado nos caminhos de seu pai Josafá nem de Asa,
rei de Judá, 13 mas sim nos caminhos dos reis de Israel, levando
Judá e o povo de Jerusalém a se prostituírem na idolatria como
a família de Acabe. E ainda assassinou seus próprios irmãos,
membros da família de seu pai, homens que eram melhores do
que você. 14 Por isso o SENHOR vai ferir terrivelmente seu povo,
seus filhos, suas mulheres e tudo o que é seu. 15 Você ficará
muito doente; terá uma enfermidade no ventre, que irá piorar
até que saiam os seus intestinos' ".
16 O SENHOR despertou contra Jeorão a hostilidade dos filisteus
e dos árabes que viviam perto dos etíopes[d]. 17 Eles atacaram
o reino de Judá, invadiram-no e levaram todos os bens que
encontraram no palácio do rei, e também suas mulheres e seus
filhos. Só ficou Acazias[e], o filho mais novo.
18 Depois de tudo isso, o SENHOR afligiu Jeorão com uma doença
incurável nos intestinos. 19 Algum tempo depois, ao fim do se-
gundo ano, tanto se agravou a doença que os seus intestinos
saíram, e ele morreu sofrendo dores horríveis. Seu povo não
fez nenhuma fogueira em sua homenagem, como havia feito
para os seus antepassados.
20 Jeorão tinha trinta e dois anos de idade quando começou
a reinar e reinou oito anos em Jerusalém. Morreu sem que
ninguém o lamentasse e foi sepultado na Cidade de Davi, mas
não nos túmulos dos reis.

O Reinado de Acazias, Rei de Judá

22 O povo de Jerusalém proclamou Acazias, filho mais novo
de Jeorão, rei em seu lugar, uma vez que as tropas que tinham
vindo com os árabes mataram todos os outros filhos dele. Assim
começou a reinar Acazias, filho de Jeorão, rei de Judá.
2 Acazias tinha vinte e dois[f] anos de idade quando começou a
reinar e reinou um ano em Jerusalém. O nome de sua mãe era
Atalia, neta de Onri.
3 Ele também andou nos caminhos da família de Acabe, pois
sua mãe lhe dava maus conselhos. 4 Ele fez o que o SENHOR
reprova, como os membros da família de Acabe haviam feito,
pois, depois da morte de seu pai, eles se tornaram seus conse-
lheiros, para sua ruína. 5 Ele também seguiu o conselho deles
quando se aliou a Jorão, filho de Acabe, rei de Israel, e saiu à
guerra contra Hazael, rei da Síria, em Ramote-Gileade. Jorão
foi ferido 6 e voltou a Jezreel para recuperar-se dos ferimentos
sofridos em Ramote[g], na batalha contra Hazael, rei da Síria.
Depois Acazias, rei de Judá, foi a Jezreel visitar Jorão, que se
recuperava de seus ferimentos.
7 Por meio dessa visita, Deus provocou a queda de Acazias.
Quando ele chegou, saiu com Jorão ao encontro de Jeú, filho
de Ninsi, a quem o SENHOR havia ungido para destruir a família
de Acabe. 8 Quando Jeú estava executando juízo sobre a família
de Acabe, encontrou os líderes de Judá e os filhos dos parentes
de Acazias, que o serviam, e os matou. 9 Saiu então em busca
de Acazias, e seus soldados o capturaram em Samaria, onde
estava escondido. Levado a Jeú, Acazias foi morto. Mas não
lhe negaram sepultura, pois disseram: "Ele era neto de Josafá,
que buscou o SENHOR de todo o coração". Assim, a família de
Acazias não tinha mais ninguém que pudesse ser rei.

Joás Escapa de Atalia

10 Quando Atalia, mãe de Acazias, soube que seu filho estava
morto, mandou matar toda a família real de Judá. 11 Mas Jeo-

[a] **20.36** Hebraico: *de navios que pudessem ir a Társis*. Veja 9.21.
[b] **21.2** Isto é, Judá, como acontece frequentemente em 2 Crônicas.
[c] **21.7** Hebraico: *uma lâmpada para ele e seus descendentes*.
[d] **21.16** Hebraico: *cuxitas*.
[e] **21.17** Hebraico: *Jeoacaz*, variante de *Acazias*.
[f] **22.2** Conforme alguns manuscritos da Septuaginta e a Versão Siríaca. O Texto Massorético diz 42. Veja 2Rs 8.26.
[g] **22.6** Hebraico: *Ramá*, variante de *Ramote*.

seba[a], filha do rei Jeorão, pegou Joás, um dos filhos do rei
Acazias que iam ser assassinados, e o colocou num quarto,
junto com a sua ama. Assim Jeoseba, filha do rei Jeorão, mu-
lher do sacerdote Joiada e irmã de Acazias, escondeu Joás de
Atalia, de forma que ela não pôde matá-lo. 12 Seis anos ele
ficou escondido com elas no templo de Deus, enquanto Atalia
governava o país.

23 No sétimo ano Joiada encorajou-se e fez um acordo com
os líderes dos batalhões de cem[b]: Azarias, filho de Je-
roão; Ismael, filho de Joanã; Azarias, filho de Obede; Maaseias,
filho de Adaías; e Elisafate, filho de Zicri. 2 Eles percorreram
todo o Judá e reuniram de todas as cidades os levitas e os
chefes das famílias israelitas. Quando chegaram a Jerusalém,
3 toda a assembleia fez um acordo com o rei no templo de
Deus. Joiada lhes disse: "Reinará o filho do rei, conforme o
SENHOR prometeu acerca dos descendentes de Davi. 4 Vocês vão
fazer o seguinte: Um terço de vocês, sacerdotes e levitas que
entrarão de serviço no sábado, deverá ficar vigiando nas portas
do templo, 5 um terço no palácio real e um terço na porta do
Alicerce; e todo o povo estará nos pátios do templo do SENHOR.
6 Ninguém deverá entrar no templo do SENHOR, exceto os sacer-
dotes e os levitas de serviço; estes podem entrar porque foram
consagrados, mas o povo deverá observar o que o SENHOR lhes
determinou. 7 Os levitas deverão posicionar-se em torno do rei,
todos de armas na mão. Matem todo aquele que entrar no
templo. Acompanhem o rei aonde quer que ele for".
8 Os levitas e todos os homens de Judá fizeram como o sacer-
dote Joiada havia ordenado. Cada um levou seus soldados,
tanto os que estavam entrando de serviço no sábado como os
que estavam saindo, pois o sacerdote Joiada não havia dis-
pensado nenhuma das divisões. 9 Então ele deu aos líderes dos
batalhões de cem as lanças e os escudos grandes e pequenos
que haviam pertencido ao rei Davi e que estavam no templo
de Deus. 10 Posicionou todos os homens, cada um de arma na
mão, em volta do rei, perto do altar e no templo, desde o lado
sul até o lado norte do templo.
11 Joiada e seus filhos trouxeram o filho do rei e o coroaram;
entregaram-lhe uma cópia da aliança e o proclamaram rei,
ungindo-o e gritando: "Viva o rei!"
12 Quando Atalia ouviu o barulho do povo correndo e aclamando
o rei, foi ao templo do SENHOR, onde estava o povo. 13 Lá ela
viu o rei à entrada, em pé, junto à coluna. Os oficiais e os
tocadores de cornetas estavam ao lado do rei, e todo o povo
se alegrava ao som das cornetas; os músicos, com seus instru-
mentos musicais, dirigiam os louvores. Então Atalia rasgou suas
vestes e gritou: "Traição! Traição!"
14 O sacerdote Joiada ordenou aos líderes dos batalhões de cem
que estavam no comando das tropas: "Levem-na para fora por
entre as fileiras[c] e matem à espada todo aquele que a seguir".
Pois o sacerdote dissera: "Não a matem no templo do SENHOR".
15 Então eles a prenderam e a levaram à porta dos Cavalos, no
terreno do palácio, e lá a mataram.
16 E Joiada fez um acordo pelo qual ele, o povo e o rei[d] seriam
o povo do SENHOR. 17 Então todo o povo foi ao templo de Baal
e o derrubou. Despedaçaram os altares e os ídolos e mataram
Matã, sacerdote de Baal, em frente aos altares.
18 Joiada confiou a supervisão do templo do SENHOR aos sacer-
dotes levitas, aos quais Davi tinha atribuído tarefas no templo,
para apresentarem os holocaustos ao SENHOR, conforme está
escrito na Lei de Moisés, com júbilo e cânticos, segundo as ins-
truções de Davi. 19 Também pôs guardas nas portas do templo
do SENHOR para que não entrasse ninguém que de alguma
forma estivesse impuro.
20 Levou consigo os líderes dos batalhões de cem, os nobres, os
governantes do povo e todo o povo e, juntos, conduziram o rei
do templo do SENHOR ao palácio, passando pela porta superior,
e instalaram o rei no trono; 21 e todo o povo se alegrou. A cidade
acalmou-se depois que Atalia foi morta à espada.

24 As Reformas de Joás no Templo

Joás tinha sete anos de idade quando se tornou rei e
reinou quarenta anos em Jerusalém. O nome de sua mãe era
Zíbia; ela era de Berseba. 2 Joás fez o que o SENHOR aprova
enquanto viveu o sacerdote Joiada. 3 Este escolheu para Joás
duas mulheres, e ele teve filhos e filhas.
4 Algum tempo depois, Joás decidiu fazer reparos no templo
do SENHOR. 5 Ele reuniu os sacerdotes e os levitas e lhes disse:
"Vão às cidades de Judá e recolham o imposto devido anual-
mente por todo o Israel, para fazer reparos no templo de seu
Deus. Vão agora mesmo!" Os levitas, porém, não agiram ime-
diatamente.
6 Por isso o rei convocou Joiada, o sumo sacerdote, e lhe per-
guntou: "Por que você não exigiu que os levitas trouxessem
de Judá e de Jerusalém o imposto determinado por Moisés,
servo do SENHOR, e pela assembleia de Israel, para a tenda da
arca da aliança[e]?"
7 De fato, Atalia, aquela mulher ímpia, e os seus filhos tinham
arrombado o templo de Deus e tinham até usado os seus ob-
jetos sagrados para cultuar os baalins.
8 Então, por ordem do rei, fizeram uma caixa e a colocaram do
lado de fora, à entrada do templo do SENHOR. 9 Fez-se a seguir
uma proclamação em Judá e em Jerusalém para que trou-
xessem ao SENHOR o imposto que Moisés, servo de Deus, havia
exigido de Israel no deserto. 10 Todos os líderes e todo o povo
trouxeram com alegria as suas contribuições, colocando-as na
caixa até enchê-la. 11 Sempre que os levitas levavam a caixa até
os supervisores do rei e estes viam que havia muita prata, o
secretário real e o oficial do sumo sacerdote esvaziavam-na e
a levavam de volta. Fazendo isso regularmente, ajuntaram uma
grande quantidade de prata. 12 O rei e Joiada entregavam essa
prata aos homens que executavam os trabalhos necessários no
templo do SENHOR. Eles contratavam pedreiros, carpinteiros e

[a] 22.11 Hebraico: *Jeosabeate*; variante de *Jeoseba*. Veja 2Rs 11.2
[b] 23.1 Hebraico: *chefes de cem*.
[c] 23.14 Ou *fora do recinto*
[d] 23.16 Ou uma *aliança entre* [o Senhor] *e o povo e o rei de que eles* (veja 2Rs 11.17)
[e] 24.6 Hebraico: *Tenda do Testemunho*.

também operários que trabalhavam em ferro e em bronze para
restaurarem o templo do SENHOR.
13 Os homens encarregados do trabalho eram diligentes, o que
garantiu o progresso da obra de reforma. Eles reconstruíram
o templo de Deus de acordo com o modelo original e o refor-
çaram. 14 Quando terminaram, trouxeram o restante da prata
ao rei e a Joiada, e com ela foram feitos utensílios para o
templo do SENHOR; utensílios para o serviço e para os holo-
caustos, além de tigelas e outros objetos de ouro e de prata.
Enquanto Joiada viveu, holocaustos foram apresentados con-
tinuamente no templo do SENHOR.
15 Joiada morreu com idade avançada, com cento e trinta anos.
16 Foi sepultado com os reis na Cidade de Davi, em atenção
ao bem que havia feito em Israel em favor de Deus e do seu
templo.

A Impiedade de Joás

17 Depois da morte de Joiada, os líderes de Judá foram falar
com o rei e lhe prestaram reverência, e ele aceitou o que dis-
seram. 18 Então abandonaram o templo do SENHOR, o Deus dos
seus antepassados, e prestaram culto aos postes sagrados e
aos ídolos. Por culpa deles, a ira de Deus veio sobre Judá e
Jerusalém. 19 Embora o SENHOR tivesse enviado profetas ao
povo para trazê-lo de volta para ele, e os profetas tivessem
testemunhado contra o povo que não quis ouvi-los.
20 Então o Espírito de Deus apoderou-se de Zacarias, filho do
sacerdote Joiada. Ele se colocou diante do povo e disse: "Isto
é o que Deus diz: 'Por que vocês desobedecem aos manda-
mentos do SENHOR? Vocês não prosperarão. Já que abando-
naram o SENHOR, ele os abandonará' ".
21 Mas alguns conspiraram contra ele e, por ordem do rei, ape-
drejaram-no até a morte no pátio do templo do SENHOR. 22 O
rei Joás não levou em conta que Joiada, pai de Zacarias, tinha
sido bondoso com ele, e matou o seu filho. Este, ao morrer,
exclamou: "Veja isto o SENHOR e faça justiça!"
23 Na virada do ano[a], o exército arameu marchou contra Joás;
invadiu Judá e Jerusalém, matou todos os líderes do povo e
enviou para Damasco, ao seu rei, tudo o que saqueou. 24 Em-
bora o exército arameu fosse pequeno, o SENHOR entregou nas
mãos dele um exército muito maior, por Judá ter abandonado
o SENHOR, o Deus dos seus antepassados. Assim o juízo foi exe-
cutado sobre Joás. 25 Quando os arameus foram embora, dei-
xaram Joás seriamente ferido. Seus oficiais conspiraram contra
ele, porque ele tinha assassinado o filho do sacerdote Joiada, e
o mataram em sua cama. Assim ele morreu e foi sepultado na
Cidade de Davi, mas não nos túmulos dos reis.
26 Os que conspiraram contra ele foram Zabade, filho da amo-
nita Simeate, e Jeozabade, filho da moabita Sinrite. 27 Quanto
a seus filhos, às muitas profecias a seu respeito e ao relato da
restauração do templo de Deus, tudo está escrito nas anota-
ções dos livros dos reis. E seu filho Amazias foi o seu sucessor.

[a] 24.23 Provavelmente na primavera.

25 **O Reinado de Amazias, Rei de Judá**
Amazias tinha vinte e cinco anos de idade quando co-
meçou a reinar e reinou vinte e nove anos em Jerusalém. O
nome de sua mãe era Jeoadã; ela era de Jerusalém. 2 Ele fez
o que o SENHOR aprova, mas não de todo o coração. 3 Quando
sentiu que tinha o reino sob pleno controle, mandou executar
os oficiais que haviam assassinado o rei, seu pai. 4 Contudo,
não matou os filhos dos assassinos, de acordo com o que está
escrito na Lei, no Livro de Moisés, onde o SENHOR ordenou: "Os
pais não morrerão no lugar dos filhos, nem os filhos no lugar
dos pais; cada um morrerá pelo seu próprio pecado"[b].
5 Amazias reuniu os homens de Judá e, de acordo com as suas
respectivas famílias, nomeou chefes de mil e de cem em todo
o Judá e Benjamim. Então convocou todos os homens com
mais de vinte anos e constatou que havia trezentos mil homens
prontos para o serviço militar, capazes de empunhar a lança
e o escudo. 6 Também contratou em Israel cem mil homens de
combate pelo valor de três toneladas e meia[c] de prata.
7 Entretanto, um homem de Deus foi até ele e lhe disse: "Ó rei,
essas tropas de Israel não devem marchar com você, pois o
SENHOR não está com Israel; não está com ninguém do povo
de Efraim. 8 Mesmo que vá e combata corajosamente, Deus o
derrotará diante do inimigo, pois tem poder para dar a vitória
e a derrota".
9 Amazias perguntou ao homem de Deus: "Mas, e as três tone-
ladas e meia de prata que paguei a estas tropas israelitas?"
Ele respondeu: "O SENHOR pode dar-lhe muito mais que isso".
10 Então Amazias mandou de volta os soldados de Efraim. Eles
ficaram furiosos com Judá e foram embora indignados.
11 Amazias encheu-se de coragem e conduziu o seu exército até
o vale do Sal, onde matou dez mil homens de Seir. 12 Também
capturou outros dez mil, que levou para o alto de um penhasco
e atirou de lá, e todos eles se espatifaram.
13 Enquanto isso, as tropas que Amazias havia mandado de
volta, não lhes permitindo participar da guerra, atacaram ci-
dades de Judá, desde Samaria até Bete-Horom. Mataram três
mil pessoas e levaram grande quantidade de despojos.
14 Amazias voltou da matança dos edomitas trazendo os
deuses do povo de Seir, os quais estabeleceu como seus pró-
prios deuses, inclinou-se diante deles e lhes queimou incenso.
15 Então a ira do SENHOR acendeu-se contra Amazias, e ele lhe
enviou um profeta, que disse ao rei: "Por que você consulta
os deuses desse povo, deuses que nem o seu povo puderam
salvar?"
16 Enquanto ele ainda falava, o rei o interrompeu: "Por acaso
nós o nomeamos conselheiro do rei? Pare! Por que você quer
ser morto?" O profeta parou, mas disse: "Sei que Deus decidiu
destruí-lo, porque você fez tudo isso e não deu atenção ao
meu conselho".
17 Depois de consultar os seus conselheiros, Amazias, rei de
Judá, enviou mensageiros a Jeoás, filho de Jeoacaz e neto
de Jeú, rei de Israel, com este desafio: "Vem me enfrentar".

[b] 25.4 Dt 24.16.
[c] 25.6 Hebraico: *100 talentos*; também no versículo 9. Um talento equivalia a 35 quilos.

18 Contudo, Jeoás, respondeu a Amazias: "O espinheiro do
Líbano enviou uma mensagem ao cedro do Líbano: 'Dê sua
filha em casamento a meu filho'. Mas um animal selvagem do
Líbano veio e pisoteou o espinheiro. 19 Tu dizes a ti mesmo que
derrotaste Edom e agora estás arrogante e orgulhoso. Mas
fica em casa! Por que provocar uma desgraça que te levará, e
Judá contigo, à ruína?"
20 Amazias, porém, não quis ouvi-lo, pois Deus mesmo queria
entregar Amazias e seu povo a Jeoás, pois pediram conselhos
aos deuses de Edom. 21 Então Jeoás, rei de Israel, o atacou.
Ele e Amazias, rei de Judá, enfrentaram-se em Bete-Semes,
em Judá. 22 Judá foi derrotado por Israel, e seus soldados fu-
giram para as suas casas. 23 Jeoás capturou Amazias, filho de
Joás e neto de Acazias[a], em Bete-Semes. Então Jeoás levou-o
para Jerusalém e derrubou cento e oitenta metros[b] do muro da
cidade, desde a porta de Efraim até a porta da Esquina. 24 Ele
se apoderou de todo o ouro, de toda a prata e de todos os
utensílios encontrados no templo de Deus, que haviam estado
sob a guarda de Obede-Edom, e ainda dos tesouros do palácio
real. Também fez reféns e, então, voltou para Samaria.
25 Amazias, filho de Joás, rei de Judá, viveu ainda mais quinze
anos depois da morte de Jeoás, filho de Jeoacaz, rei de Israel.
26 Os demais acontecimentos do reinado de Amazias, do início
ao fim, estão escritos nos registros históricos dos reis de Judá
e de Israel. 27 A partir do momento em que Amazias deixou
de seguir o SENHOR, conspiraram contra ele em Jerusalém, e
ele fugiu para Laquis, mas o perseguiram até lá e o mataram.
28 Seu corpo foi trazido de volta a cavalo e sepultado junto aos
seus antepassados na Cidade de Judá.

26 O Reinado de Uzias, Rei de Judá

Então todo o povo de Judá proclamou Uzias rei, aos de-
zesseis anos de idade, no lugar de seu pai, Amazias. 2 Foi ele
que reconquistou e reconstruiu a cidade de Elate para Judá,
depois que Amazias descansou com os seus antepassados.
3 Uzias tinha dezesseis anos de idade quando se tornou rei
e reinou cinquenta e dois anos em Jerusalém. Sua mãe era
de Jerusalém e chamava-se Jecolias. 4 Ele fez o que o SENHOR
aprova, tal como o seu pai Amazias; 5 e buscou a Deus durante
a vida de Zacarias, que o instruiu no temor[c] de Deus. Enquanto
buscou ao SENHOR, Deus o fez prosperar.
6 Ele saiu à guerra contra os filisteus e derrubou os muros de
Gate, de Jabne e de Asdode. Depois reconstruiu cidades pró-
ximo a Asdode e em outros lugares do território filisteu. 7 Deus
o ajudou contra os filisteus, contra os árabes que viviam em
Gur-Baal e contra os meunitas. 8 Os amonitas pagavam tributo
a Uzias, e sua fama estendeu-se até a fronteira do Egito, pois
havia se tornado muito poderoso.
9 Uzias construiu torres fortificadas em Jerusalém, junto à porta
da Esquina, à porta do Vale e no canto do muro. 10 Também
construiu torres no deserto e cavou muitas cisternas, pois ele
possuía muitos rebanhos na Sefelá e na planície. Ele mantinha
trabalhadores em seus campos e em suas vinhas, nas colinas e
nas terras férteis, pois gostava da agricultura.
11 Uzias possuía um exército bem preparado, organizado em
divisões de acordo com o número dos soldados convocados
pelo secretário Jeiel e pelo oficial Maaseias, sob o comando de
Hananias, um dos oficiais do rei. 12 O total de chefes de família
no comando dos homens de combate era de dois mil e seis-
centos. 13 Sob o comando deles havia um exército de trezentos
e sete mil e quinhentos homens treinados para a guerra, uma
força poderosíssima que apoiava o rei contra os seus inimigos.
14 Uzias providenciou escudos, lanças, capacetes, couraças,
arcos e atiradeiras de pedras para todo o exército. 15 Em Jeru-
salém construiu máquinas projetadas por peritos para serem
usadas nas torres e nas defesas das esquinas, máquinas que
atiravam flechas e grandes pedras. Ele foi extraordinariamente
ajudado e, assim, tornou-se muito poderoso e a sua fama es-
palhou-se para longe.
16 Entretanto, depois que Uzias se tornou poderoso, o seu or-
gulho provocou a sua queda. Ele foi infiel ao SENHOR, o seu
Deus, e entrou no templo do SENHOR para queimar incenso no
altar de incenso. 17 O sumo sacerdote Azarias e outros oitenta
corajosos sacerdotes do SENHOR, foram atrás dele. 18 Eles o en-
frentaram e disseram: "Não é certo que você, Uzias, queime
incenso ao SENHOR. Isso é tarefa dos sacerdotes, os descen-
dentes de Arão consagrados para queimar incenso. Saia do
santuário, pois você foi infiel e não será honrado por Deus,
o SENHOR".
19 Uzias, que estava com um incensário na mão, pronto para
queimar o incenso, irritou-se e indignou-se contra os sacer-
dotes; e na mesma hora, na presença deles, diante do altar
de incenso no templo do SENHOR, surgiu lepra[d] em sua testa.
20 Quando o sumo sacerdote Azarias e todos os outros sacer-
dotes viram a lepra, expulsaram-no imediatamente do templo.
Na verdade, ele mesmo ficou ansioso para sair, pois o SENHOR
o havia ferido.
21 O rei Uzias sofreu de lepra até o dia em que morreu. Durante
todo esse tempo morou numa casa separada[e], leproso e ex-
cluído do templo do SENHOR. Seu filho Jotão tomava conta do
palácio e governava o povo.
22 Os demais acontecimentos do reinado de Uzias, do início
ao fim, foram registrados pelo profeta Isaías, filho de Amoz.
23 Uzias descansou com os seus antepassados e foi sepultado
perto deles, num cemitério que pertencia aos reis, pois o povo
dizia: "Ele tinha lepra". Seu filho Jotão foi o seu sucessor.

27 O Reinado de Jotão, Rei de Judá

Jotão tinha vinte e cinco anos de idade quando começou
a reinar e reinou dezesseis anos em Jerusalém. O nome da
sua mãe era Jerusa, filha de Zadoque. 2 Ele fez o que o SENHOR

---

[a] 25.23 Hebraico: *Jeoacaz*, variante de *Acazias*.

[b] 25.23 Hebraico: *400 côvados*. O côvado era uma medida linear de cerca de 45 centímetros.

[c] 26.5 Conforme muitos manuscritos do Texto Massorético, a Septuaginta e a Versão Siríaca; outros manuscritos do Texto Massorético dizem na visão.

[d] 26.19 O termo hebraico não se refere somente à lepra, mas também a diversas doenças da pele; também nos versículos 20, 21 e 23.

[e] 26.21 Ou *casa onde estava desobrigado de suas responsabilidades*

aprova, tal como seu pai, mas, ao contrário deste, não entrou
no templo do SENHOR. O povo, contudo, prosseguiu em suas prá-
ticas corruptas. 3 Jotão reconstruiu a porta superior do templo
do SENHOR e fez amplos trabalhos no muro, na colina de Ofel.
4 Construiu cidades nos montes de Judá, bem como fortes e
torres nas matas.
5 Jotão guerreou contra o rei dos amonitas e o derrotou. Então os
amonitas pagaram-lhe três toneladas e meia[a] de prata, dez mil
barris[b] de trigo e dez mil de cevada, durante três anos seguidos.
6 Jotão tornou-se cada vez mais poderoso, pois andava firme-
mente segundo a vontade do SENHOR, o seu Deus.
7 Os demais acontecimentos do reinado de Jotão, inclusive
todas as suas guerras e as suas outras realizações, estão
escritos nos registros históricos dos reis de Israel e de Judá.
8 Tinha vinte e cinco anos de idade quando começou a reinar,
e reinou dezesseis anos em Jerusalém. 9 Jotão descansou com
os seus antepassados e foi sepultado na Cidade de Davi. Seu
filho Acaz foi o seu sucessor.

O Reinado de Acaz, Rei de Judá

28 Acaz tinha vinte anos de idade quando começou a reinar
e reinou dezesseis anos em Jerusalém. Ao contrário de Davi,
seu predecessor, não fez o que o SENHOR aprova. 2 Ele andou
nos caminhos dos reis de Israel e fez ídolos de metal a fim de
adorar os baalins. 3 Queimou sacrifícios no vale de Ben-Hinom e
chegou até a queimar seus filhos em sacrifício, imitando os cos-
tumes detestáveis das nações que o SENHOR havia expulsado de
diante dos israelitas. 4 Também ofereceu sacrifícios e queimou
incenso nos altares idólatras, no alto das colinas e debaixo de
toda árvore frondosa.
5 Por isso o SENHOR, o seu Deus, entregou-o nas mãos do rei da
Síria. Os arameus o derrotaram, fizeram muitos prisioneiros no
meio do seu povo e os levaram para Damasco. Israel também
lhe infligiu grande derrota. 6 Num único dia, Peca, filho de Re-
malias, matou cento e vinte mil soldados corajosos de Judá;
pois Judá havia abandonado o SENHOR, o Deus dos seus ante-
passados. 7 Zicri, guerreiro efraimita, matou Maaseias, filho do
rei, Azricão, oficial encarregado do palácio, e Elcana, o braço
direito do rei. 8 Os israelitas levaram para Samaria duzentos
mil prisioneiros entre os seus parentes, incluindo mulheres,
meninos e meninas. Também levaram muitos despojos.
9 Mas um profeta do SENHOR, chamado Odede, estava em Sa-
maria e saiu ao encontro do exército. Ele lhes disse: "Estando
irado contra Judá, o SENHOR, o Deus dos seus antepassados,
entregou-os nas mãos de vocês. Mas a fúria com que vocês
os mataram chegou aos céus. 10 E agora ainda pretendem es-
cravizar homens e mulheres de Judá e de Jerusalém! Vocês
também não são culpados de pecados contra o SENHOR, o seu
Deus? 11 Agora, ouçam-me! Mandem de volta seus irmãos que
vocês fizeram prisioneiros, pois o fogo da ira do SENHOR está
sobre vocês".
12 Então Azarias, filho de Joanã, Berequias, filho de Mesilemote,
Jeizquias, filho de Salum, e Amasa, filho de Hadlai, que eram
alguns dos chefes de Efraim, questionaram os que estavam
chegando da guerra, dizendo: 13 "Não tragam os prisioneiros
para cá. Caso contrário seremos culpados diante do SENHOR.
Vocês querem aumentar ainda mais o nosso pecado e a nossa
culpa? A nossa culpa já é grande, e o fogo da sua ira está
sobre Israel".
14 Então os soldados libertaram os prisioneiros e colocaram
os despojos na presença dos líderes e de toda a assembleia.
15 Aqueles homens citados nominalmente apanharam os pri-
sioneiros e com as roupas e as sandálias dos despojos ves-
tiram todos os que estavam nus. Deram-lhes comida, bebida
e bálsamo medicinal. Puseram sobre jumentos todos aqueles
que estavam fracos. Assim os levaram de volta a seus patrícios
residentes em Jericó, a cidade das Palmeiras, e voltaram para
Samaria.
16 Nessa época, o rei Acaz enviou mensageiros ao rei[c] da Assíria
para pedir-lhe ajuda. 17 Os edomitas tinham voltado a atacar
Judá fazendo prisioneiros, 18 e os filisteus atacaram cidades
na Sefelá e no sul de Judá. Conquistaram e ocuparam Bete-
-Semes, Aijalom e Gederote, bem como Socó, Timna e Ginzo,
com os seus povoados. 19 O SENHOR humilhou Judá por causa
de Acaz, rei de Israel[d], por sua conduta desregrada em Judá,
muito infiel ao SENHOR. 20 Quando chegou, Tiglate-Pileser, rei
da Assíria, causou-lhe problemas em vez de ajudá-lo. 21 Acaz
apanhou algumas coisas do templo do SENHOR, do palácio
real e dos líderes e ofereceu-as ao rei da Assíria, mas isso não
adiantou.
22 Mesmo nessa época em que passou por tantas dificuldades,
o rei Acaz tornou-se ainda mais infiel ao SENHOR. 23 Ele ofereceu
sacrifícios aos deuses de Damasco que o haviam derrotado,
pois pensava: "Já que os deuses da Síria os têm ajudado, ofe-
recerei sacrifícios a eles para que me ajudem também". Mas
eles foram a causa da sua ruína e da ruína de todo o Israel.
24 Acaz juntou os utensílios do templo de Deus e os retirou de
lá[e]. Trancou as portas do templo do SENHOR e ergueu altares
em todas as esquinas de Jerusalém. 25 Em todas as cidades
de Judá construiu altares idólatras para queimar sacrifícios a
outros deuses e provocou a ira do SENHOR, o Deus dos seus
antepassados.
26 Os demais acontecimentos de seu reinado e todos os seus
atos, do início ao fim, estão escritos nos registros históricos dos
reis de Judá e de Israel. 27 Acaz descansou com os seus ante-
passados e foi sepultado na cidade de Jerusalém, mas não nos
túmulos dos reis de Israel. Seu filho Ezequias foi o seu sucessor.

Ezequias e a Purificação do Templo

29 Ezequias tinha vinte e cinco anos de idade quando co-
meçou a reinar e reinou vinte e nove anos em Jerusalém. O

[a] **27.5** Hebraico: *100 talentos*. Um talento equivalia a 35 quilos.

[b] **27.5** Hebraico: *10.000 coros*. O coro era uma medida de capacidade. As estimativas variam entre 200 e 400 litros.

[c] **28.16** Conforme um manuscrito do Texto Massorético, a Septuaginta e a Vulgata. A maioria dos manuscritos do Texto Massorético diz aos reis. Veja 2Rs 16.7.

[d] **28.19** Isto é, Judá, como ocorre frequentemente em 2 Crônicas.

[e] **28.24** Ou *e os despedaçou*

nome de sua mãe era Abia, filha de Zacarias. 2 Ele fez o que
o SENHOR aprova, tal como tinha feito Davi, seu predecessor.
3 No primeiro mês do primeiro ano de seu reinado, ele reabriu
as portas do templo do SENHOR e as consertou. 4 Convocou os
sacerdotes e os levitas, reuniu-os na praça que fica no lado
leste 5 e disse: "Escutem-me, levitas! Consagrem-se agora e
consagrem o templo do SENHOR, o Deus dos seus antepassados.
Retirem tudo o que é impuro do santuário. 6 Nossos pais foram
infiéis; fizeram o que o SENHOR, o nosso Deus, reprova e o aban-
donaram. Desviaram o rosto do local da habitação do SENHOR e
deram-lhe as costas. 7 Também fecharam as portas do pórtico e
apagaram as lâmpadas. Não queimaram incenso nem apresen-
taram holocausto no santuário para o Deus de Israel. 8 Por isso
a ira do SENHOR caiu sobre Judá e sobre Jerusalém; e ele fez
deles objeto de espanto, horror e zombaria, conforme vocês
podem ver com os seus próprios olhos. 9 Por isso os nossos
pais caíram à espada e os nossos filhos, as nossas filhas e as
nossas mulheres foram levados como prisioneiros. 10 Pretendo,
pois, agora fazer uma aliança com o SENHOR, o Deus de Israel,
para que o fogo da sua ira se afaste de nós. 11 Meus filhos,
não sejam negligentes agora, pois o SENHOR os escolheu para
estarem diante dele e o servirem, para ministrarem perante ele
e queimarem incenso".
12 Então estes levitas puseram-se a trabalhar: entre os des-
cendentes de Coate: Maate, filho de Amasai, e Joel, filho de
Azarias; entre os descendentes de Merari: Quis, filho de Abdi,
e Azarias, filho de Jealelel; entre os descendentes de Gérson:
Joá, filho de Zima, e Éden, filho de Joá; 13 entre os descen-
dentes de Elisafã: Sinri e Jeuel; entre os descendentes de
Asafe: Zacarias e Matanias; 14 entre os descendentes de Hemã:
Jeuel e Simei; entre os descendentes de Jedutum: Semaías
e Uziel.
15 Tendo reunido e consagrado os seus parentes, os levitas
foram purificar o templo do SENHOR, conforme o rei havia or-
denado, em obediência à palavra do SENHOR. 16 Os sacerdotes
entraram no santuário do SENHOR para purificá-lo e trouxeram
para o pátio do templo do SENHOR todas as coisas impuras que
lá havia, e os levitas as levaram para o vale de Cedrom. 17 Co-
meçaram a consagração no primeiro dia do primeiro mês e
no oitavo dia chegaram ao pórtico do SENHOR. Durante mais
oito dias consagraram o templo do SENHOR propriamente dito,
terminando tudo no décimo sexto dia.
18 Depois foram falar com o rei Ezequias e lhe relataram: "Puri-
ficamos todo o templo do SENHOR, o altar dos holocaustos e a
mesa do pão consagrado, ambos com todos os seus utensílios.
19 Preparamos e consagramos todos os utensílios que o rei Acaz,
em sua infidelidade, retirou durante o seu reinado. Eles estão
em frente ao altar do SENHOR".
20 Cedo, na manhã seguinte, o rei Ezequias reuniu os líderes
da cidade e, juntos, subiram ao templo do SENHOR, 21 levando
sete novilhos, sete carneiros, sete cordeiros e sete bodes
como oferta pelo pecado, em favor da realeza, do santuário
e de Judá. O rei ordenou que os sacerdotes, descendentes
de Arão, sacrificassem os animais no altar do SENHOR. 22 Então
os sacerdotes abateram os novilhos e aspergiram o sangue
sobre o altar; em seguida, fizeram o mesmo com os carneiros
e com os cordeiros. 23 Depois, os bodes para a oferta pelo pe-
cado foram levados para diante do rei e da assembleia, que
impuseram as mãos sobre eles. 24 Os sacerdotes abateram os
bodes e apresentaram o sangue sobre o altar como oferta pelo
pecado, para fazer propiciação por todo o Israel, pois era em
favor de todo o Israel que o rei havia ordenado o holocausto e
a oferta pelo pecado.
25 O rei posicionou os levitas no templo do SENHOR, com cím-
balos, liras e harpas, segundo a prescrição de Davi, de Gade,
vidente do rei, e do profeta Natã; isso foi ordenado pelo SE-
NHOR, por meio de seus profetas. 26 Assim os levitas ficaram em
pé, preparados com os instrumentos de Davi, e os sacerdotes
com as cornetas.
27 Então Ezequias ordenou que sacrificassem o holocausto
sobre o altar. Iniciado o sacrifício, começou também o canto
em louvor ao SENHOR, ao som das cornetas e dos instrumentos
de Davi, rei de Israel. 28 Toda a assembleia prostrou-se em
adoração, enquanto os músicos cantavam e os corneteiros
tocavam, até que terminou o holocausto.
29 Então o rei e todos os presentes ajoelharam-se e adoraram.
30 O rei Ezequias e seus oficiais ordenaram aos levitas que lou-
vassem o SENHOR com as palavras de Davi e do vidente Asafe.
Eles o louvaram com alegria, depois inclinaram suas cabeças
e o adoraram.
31 Disse então Ezequias: "Agora que vocês se dedicaram ao
SENHOR, tragam sacrifícios e ofertas de gratidão ao templo
do SENHOR". Assim, a comunidade levou sacrifícios e ofertas
de gratidão, e alguns, espontaneamente, levaram também
holocaustos.
32 Esses holocaustos que a assembleia ofertou ao SENHOR foram
setenta bois, cem carneiros e duzentos cordeiros. 33 Os animais
consagrados como sacrifícios chegaram a seiscentos bois e três
mil ovelhas e bodes. 34 Como os sacerdotes eram muito poucos
para tirar a pele de todos os holocaustos, os seus parentes, os
levitas, os ajudaram até o fim da tarefa e até que outros sa-
cerdotes se consagrassem, pois os levitas demoraram menos
que os sacerdotes para consagrar-se. 35 Houve holocaustos em
grande quantidade, oferecidos com a gordura das ofertas de
comunhão[a] e com as ofertas derramadas que acompanhavam
esses holocaustos. Assim foi restabelecido o culto no templo
do SENHOR. 36 Ezequias e todo o povo regozijavam-se com o
que Deus havia feito por seu povo, e tudo em tão pouco tempo.

30 A Celebração da Páscoa

Ezequias enviou uma mensagem a todo o Israel e Judá e
também escreveu cartas a Efraim e a Manassés, convidando-os
para virem ao templo do SENHOR em Jerusalém e celebrarem
a Páscoa do SENHOR, o Deus de Israel. 2 O rei, seus oficiais e
toda a comunidade de Jerusalém decidiram celebrar a Páscoa
no segundo mês. 3 Não tinha sido possível celebrá-la na data
prescrita, pois não havia número suficiente de sacerdotes

[a] **29.35** Ou *de paz*; também em 30.22, 31.2 e 33.16.

consagrados, e o povo não estava reunido em Jerusalém. 4A
ideia pareceu boa tanto ao rei quanto a toda a assembleia.
5Então decidiram fazer uma proclamação em todo o Israel,
desde Berseba até Dã, convocando o povo a Jerusalém para
celebrar a Páscoa do SENHOR, o Deus de Israel, pois muitos não
a celebravam segundo o que estava escrito.
6Por ordem do rei, mensageiros percorreram Israel e Judá
com cartas assinadas pelo rei e pelos seus oficiais, com a se-
guinte mensagem: "Israelitas, voltem para o SENHOR, o Deus
de Abraão, de Isaque e de Israel, para que ele se volte para
vocês que restaram e escaparam das mãos dos reis da Assíria.
7Não sejam como seus pais e seus irmãos, que foram infiéis ao
SENHOR, o Deus dos seus antepassados, de maneira que ele os
deixou em ruínas, conforme vocês veem. 8Portanto, não sejam
obstinados como os seus antepassados; submetam-se ao SE-
NHOR. Venham ao santuário que ele consagrou para sempre.
Sirvam ao SENHOR, o seu Deus, para que o fogo da sua ira se
desvie de vocês. 9Se vocês voltarem para o SENHOR, os que
capturaram os seus irmãos e os seus filhos terão misericórdia
deles, e eles voltarão a esta terra, pois o SENHOR, o seu Deus,
é bondoso e compassivo. Ele não os rejeitará se vocês se vol-
tarem para ele".
10Os mensageiros foram de cidade em cidade, em Efraim e em
Manassés, e até em Zebulom, mas o povo zombou deles e os
expôs ao ridículo. 11No entanto, alguns homens de Aser, de Ma-
nassés e de Zebulom humilharam-se e foram para Jerusalém.
12Já em Judá a mão de Deus esteve sobre o povo dando-lhes
unidade de pensamento para executarem o que o rei e os seus
oficiais haviam ordenado, conforme a palavra do SENHOR.
13Uma imensa multidão reuniu-se em Jerusalém no segundo
mês, para celebrar a festa dos pães sem fermento. 14Eles re-
tiraram os altares que havia em Jerusalém e se desfizeram de
todos os altares de incenso[a], atirando-os no vale de Cedrom.
15Abateram o cordeiro da Páscoa no décimo quarto dia do se-
gundo mês. Os sacerdotes e os levitas, envergonhados, consa-
graram-se e trouxeram holocaustos ao templo do SENHOR. 16E
assumiram seus postos, conforme prescrito na Lei de Moisés,
homem de Deus. Os sacerdotes aspergiram o sangue que os
levitas lhes entregaram. 17Visto que muitos na multidão não
se haviam consagrado, os levitas tiveram que matar cordeiros
da Páscoa para todos os que não estavam cerimonialmente
puros e que, por isso, não podiam consagrar os seus cordeiros
ao SENHOR. 18Embora muitos dos que vieram de Efraim, de
Manassés, de Issacar e de Zebulom não se tivessem purifi-
cado, assim mesmo comeram a Páscoa, contrariando o que
estava escrito. Mas Ezequias orou por eles, dizendo: "Queira
o SENHOR, que é bondoso, perdoar todo 19aquele que inclina
o seu coração para buscar a Deus, o SENHOR, o Deus dos seus
antepassados, mesmo que não esteja puro de acordo com as
regras do santuário". 20E o SENHOR ouviu a oração de Ezequias
e não castigou o povo.
21Os israelitas presentes em Jerusalém celebraram com muita
alegria a festa dos pães sem fermento durante sete dias. Dia-
riamente os levitas e os sacerdotes cantavam louvores ao SE-
NHOR, ao som dos instrumentos ressonantes do SENHOR.
22Ezequias dirigiu palavras animadoras a todos os levitas que
mostraram boa disposição para com o serviço do SENHOR. Du-
rante os sete dias eles comeram suas porções das ofertas,
apresentaram sacrifícios de comunhão e louvaram o SENHOR, o
Deus dos seus antepassados.
23E toda a assembleia decidiu prolongar a festa por mais sete
dias, e celebraram-na com alegria. 24Ezequias, rei de Judá,
forneceu mil novilhos e sete mil ovelhas e bodes para a as-
sembleia; e os líderes, mil novilhos e dez mil ovelhas e bodes.
Muitos sacerdotes se consagraram, 25e toda a assembleia de
Judá se regozijava com os sacerdotes, com os levitas e com
todos os que se haviam reunido, vindos de Israel, inclusive os
estrangeiros que viviam em Israel e em Judá. 26Houve grande
alegria em Jerusalém, pois desde os dias de Salomão, filho de
Davi, rei de Israel, não havia acontecido algo assim na cidade.
27Os sacerdotes e os levitas levantaram-se para abençoar o
povo, e Deus os ouviu; a oração deles chegou aos céus, sua
santa habitação.

31Quando a festa acabou, os israelitas saíram pelas cidades
de Judá e despedaçaram as pedras sagradas e derru-
baram os postes sagrados. Eles destruíram os altares idólatras
em todo o Judá e Benjamim, e em Efraim e Manassés. Depois
de destruírem tudo, voltaram para as suas cidades, cada um
para a sua propriedade.

O Serviço do Templo é Reorganizado

2Ezequias designou os sacerdotes e os levitas por turnos, cada
um de acordo com os seus deveres, para apresentarem holo-
caustos e sacrifícios de comunhão, ministrarem, darem graças
e cantarem louvores junto às portas da habitação do SENHOR.
3O rei contribuía com seus bens pessoais para os holocaustos
da manhã e da tarde e para os holocaustos dos sábados, das
luas novas e das festas fixas, conforme o que está escrito na
Lei do SENHOR. 4Ele ordenou ao povo de Jerusalém que desse
aos sacerdotes e aos levitas a porção que lhes era devida a fim
de que pudessem dedicar-se à Lei do SENHOR. 5Assim que se
divulgou essa ordem, os israelitas deram com generosidade
o melhor do trigo, do vinho, do óleo, do mel e de tudo o que
os campos produziam. Trouxeram o dízimo de tudo. Era uma
grande quantidade. 6Os habitantes de Israel e de Judá que vi-
viam nas cidades de Judá também trouxeram o dízimo de todos
os seus rebanhos e das coisas sagradas dedicadas ao SENHOR, o
seu Deus, ajuntando-os em muitas pilhas. 7Começaram a fazer
isso no terceiro mês e terminaram no sétimo. 8Quando Eze-
quias e os seus oficiais chegaram e viram as pilhas de ofertas,
louvaram o SENHOR e abençoaram Israel, o seu povo.
9Ezequias perguntou aos sacerdotes e aos levitas sobre essas
ofertas; 10o sumo sacerdote Azarias, da família de Zadoque,
respondeu: "Desde que o povo começou a trazer suas con-
tribuições ao templo do SENHOR, temos tido o suficiente para
comer e ainda tem sobrado muito, pois o SENHOR tem aben-

[a] 30.14 Provavelmente colunas dedicadas ao deus sol.

çoado o seu povo, e esta é a grande quantidade que sobra".
11 Ezequias ordenou que preparassem despensas no templo
do SENHOR, e assim foi feito. 12 Então recolheram fielmente as
contribuições, os dízimos e os presentes dedicados. O levita
Conanias foi encarregado desses deveres, e seu irmão Simei
era o seu auxiliar. 13 Jeiel, Azazias, Naate, Asael, Jeremote,
Jozabade, Eliel, Ismaquias, Maate e Benaia eram supervisores,
subordinados a Conanias e ao seu irmão Simei, por nomeação
do rei Ezequias e de Azarias, o oficial encarregado do templo
de Deus.
14 Coré, filho do levita Imna, guarda da porta leste, foi encarre-
gado das ofertas voluntárias feitas a Deus, distribuindo as con-
tribuições dedicadas ao SENHOR e as ofertas santíssimas. 15 Sob
o comando dele estavam Éden, Miniamim, Jesua, Semaías,
Amarias e Secanias, que, nas cidades dos sacerdotes, com toda
a fidelidade distribuíam ofertas aos seus colegas sacerdotes de
acordo com seus turnos, tanto aos idosos quanto aos jovens.
16 Eles as distribuíam aos homens e aos meninos de três anos
para cima, cujos nomes estavam nos registros genealógicos,
e também a todos os que entravam no templo do SENHOR para
realizar suas várias tarefas diárias, de acordo com suas res-
ponsabilidades e seus turnos. 17 Os registros genealógicos dos
sacerdotes eram feitos segundo suas famílias; o dos levitas
com mais de vinte anos, de acordo com suas responsabilidades
e seus turnos. 18 O registro incluía todos os filhos pequenos,
as mulheres e os filhos e as filhas de todo o grupo, pois os
sacerdotes e os levitas haviam sido fiéis em se consagrarem.
19 Entre os sacerdotes, descendentes de Arão, que viviam nas
terras de pastagem ao redor de suas cidades, foram nomeados
alguns deles, de cidade em cidade, para distribuírem as ofertas
a todos os sacerdotes e a todos os que estavam registrados nas
genealogias dos levitas.
20 Foi isso que Ezequias fez em todo o reino de Judá. Ele fez
o que era bom e certo, e em tudo foi fiel diante do SENHOR,
do seu Deus. 21 Em tudo o que ele empreendeu no serviço do
templo de Deus e na obediência à lei e aos mandamentos,
ele buscou o seu Deus e trabalhou de todo o coração; e por
isso prosperou.

32 A Ameaça de Senaqueribe contra Judá

Depois de tudo o que Ezequias fez com tanta fidelidade,
Senaqueribe, rei da Assíria, invadiu Judá e sitiou as cidades
fortificadas para conquistá-las. 2 Quando Ezequias viu que Se-
naqueribe pretendia guerrear contra Jerusalém, 3 consultou os
seus oficiais e os comandantes do exército sobre a ideia de
mandar fechar a passagem de água das fontes do lado de fora
da cidade; e eles concordaram. 4 Assim, ajuntaram-se muitos
homens, e fecharam todas as fontes e o riacho que atravessava
a região. Eles diziam: "Por que deixar que os reis[a] da Assíria
venham e encontrem toda essa água?" 5 Depois, com grande
empenho reparou todos os trechos quebrados do muro e cons-
truiu torres sobre ele. Construiu outro muro do lado de fora do
primeiro e reforçou o Milo[b] da Cidade de Davi; e mandou fazer
também muitas lanças e muitos escudos.
6 Nomeou sobre o povo oficiais militares e os reuniu na praça,
junto à porta da cidade, animando-os com estas palavras:
7 "Sejam fortes e corajosos. Não tenham medo nem desa-
nimem por causa do rei da Assíria e do seu enorme exército,
pois conosco está um poder maior do que o que está com ele.
8 Com ele está somente o poder humano[c], mas conosco está o
SENHOR, o nosso Deus, para nos ajudar e para travar as nossas
batalhas". E o povo ganhou confiança com o que disse Eze-
quias, rei de Judá.
9 Mais tarde, quando Senaqueribe, rei da Assíria, e todas as
suas forças estavam sitiando Laquis, mandou oficiais a Jeru-
salém com a seguinte mensagem a Ezequias e a todo o povo de
Judá que morava lá: 10 "Assim diz Senaqueribe, rei da Assíria:
Em que vocês baseiam a sua confiança, para permanecerem
cercados em Jerusalém? 11 Quando Ezequias diz: 'O SENHOR, o
nosso Deus, nos salvará das mãos do rei da Assíria', ele os está
enganando, para deixá-los morrer de fome e de sede. 12 Mas
não foi o próprio Ezequias que retirou os altares desse deus,
dizendo a Judá e a Jerusalém: 'Vocês devem adorar diante de
um só altar e sobre ele queimar incenso'?
13 "Vocês não sabem o que eu e os meus antepassados fizemos
a todos os povos das outras terras? Acaso alguma vez os
deuses daquelas nações conseguiram livrar das minhas mãos
a terra deles? 14 De todos os deuses das nações que os meus
antepassados destruíram, qual deles conseguiu salvar o seu
povo de mim? Como então o deus de vocês poderá livrá-los das
minhas mãos? 15 Portanto, não deixem Ezequias enganá-los
ou iludi-los dessa maneira. Não acreditem nele, pois nenhum
deus de qualquer nação ou reino jamais conseguiu livrar o seu
povo das minhas mãos ou das mãos de meus antepassados.
Muito menos o deus de vocês conseguirá livrá-los das minhas
mãos!"
16 Os oficiais de Senaqueribe desafiaram ainda mais Deus, o
SENHOR, e seu servo Ezequias. 17 Senaqueribe também escreveu
cartas insultando o SENHOR, o Deus de Israel, e o desafiando:
"Assim como os deuses dos povos das outras terras não li-
vraram o povo deles das minhas mãos, também o deus de Eze-
quias não livrará o seu povo das minhas mãos". 18 Então os
oficiais gritaram na língua dos judeus ao povo de Jerusalém
que estava sobre o muro, para assustá-lo e amedrontá-lo, com
o intuito de conquistarem a cidade. 19 Referiram-se ao Deus de
Jerusalém como falavam dos deuses dos outros povos da terra,
que não passam de obra das mãos dos homens.
20 Por tudo isso o rei Ezequias e o profeta Isaías, filho de Amoz,
clamaram em oração aos céus. 21 E o SENHOR enviou um anjo,
que matou todos os homens de combate e todos os líderes e
oficiais no acampamento do rei assírio, de forma que este se
retirou envergonhado para a sua terra. E certo dia, ao aden-
trar o templo do seu deus, alguns dos seus filhos o mataram
à espada.

[a] 32.4 A Septuaginta e a Versão Siríaca dizem *o rei*.

[b] 32.5 Ou *o aterro*

[c] 32.8 Hebraico: *o braço de carne*.

22 Assim o SENHOR salvou Ezequias e o povo de Jerusalém das
mãos de Senaqueribe, rei da Assíria, e das mãos de todos os
outros e cuidou deles[a] em todas as fronteiras. 23 Muitos trou-
xeram a Jerusalém ofertas para o SENHOR e presentes valiosos
para Ezequias, rei de Judá. Daquela ocasião em diante ele foi
muito respeitado por todas as nações.

O Orgulho e a Morte de Ezequias

24 Naquele tempo, Ezequias ficou doente e quase morreu. Ele
orou ao SENHOR, que lhe respondeu dando-lhe um sinal mila-
groso. 25 Mas Ezequias tornou-se orgulhoso e não correspondeu
à bondade com que foi tratado; por isso a ira do SENHOR veio
sobre ele, sobre Judá e sobre Jerusalém. 26 Então Ezequias
humilhou-se, reconhecendo o seu orgulho, como também o
povo de Jerusalém; por isso a ira do SENHOR não veio sobre
eles durante o reinado de Ezequias.
27 Possuía Ezequias muitíssimas riquezas e glória; construiu
depósitos para guardar prata, ouro, pedras preciosas, espe-
ciarias, escudos e todo tipo de objetos de valor. 28 Também
construiu armazéns para estocar trigo, vinho e azeite; fez ainda
estábulos para os seus diversos rebanhos e para as ovelhas.
29 Construiu cidades e adquiriu muitos rebanhos, pois Deus lhe
dera muitas riquezas.
30 Foi Ezequias que bloqueou o manancial superior da fonte de
Giom e canalizou a água para a parte oeste da Cidade de Davi.
Ele foi bem-sucedido em tudo o que se propôs a fazer. 31 Mas,
quando os governantes da Babilônia enviaram uma delegação
para perguntar-lhe acerca do sinal milagroso que havia ocor-
rido no país, Deus o deixou, para prová-lo e para saber tudo o
que havia em seu coração.
32 Os demais acontecimentos do reinado de Ezequias e os seus
atos piedosos estão escritos na visão do profeta Isaías, filho
de Amoz, no livro dos reis de Judá e de Israel. 33 Ezequias des-
cansou com os seus antepassados e foi sepultado na colina
onde estão os túmulos dos descendentes de Davi. Todo o Judá
e o povo de Jerusalém prestaram-lhe homenagens por ocasião
da sua morte. E seu filho Manassés foi o seu sucessor.

33 O Reinado de Manassés, Rei de Judá

Manassés tinha doze anos de idade quando começou
a reinar e reinou cinquenta e cinco anos em Jerusalém. 2 Ele
fez o que o SENHOR reprova, imitando as práticas detestáveis
das nações que o SENHOR havia expulsado de diante dos israe-
litas. 3 Reconstruiu os altares idólatras que seu pai Ezequias
havia demolido, ergueu altares para os baalins e fez postes
sagrados. Inclinou-se diante de todos os exércitos celestes e
lhes prestou culto. 4 Construiu altares no templo do SENHOR,
do qual o SENHOR tinha dito: "Meu nome permanecerá para
sempre em Jerusalém". 5 Nos dois pátios do templo do SENHOR
ele construiu altares para todos os exércitos celestes. 6 Chegou
a queimar seus filhos em sacrifício no vale de Ben-Hinom; pra-
ticou feitiçaria, adivinhação e magia, e recorreu a médiuns e
aos que consultavam os espíritos. Fez o que o SENHOR reprova,
provocando-o à ira.
7 Ele tomou a imagem esculpida que havia feito e a colocou no
templo, do qual Deus tinha dito a Davi e a seu filho Salomão:
"Neste templo e em Jerusalém, que escolhi entre todas as
tribos de Israel, porei meu nome para sempre. 8 Não farei os
pés dos israelitas deixarem novamente a terra que dei aos seus
antepassados se tão somente tiverem o cuidado de fazer tudo
o que lhes ordenei em todas as leis, decretos e ordenanças
dados por meio de Moisés". 9 Manassés, porém, desencami-
nhou Judá e o povo de Jerusalém, ao ponto de fazerem pior
do que as nações que o SENHOR havia destruído diante dos
israelitas.
10 O SENHOR falou a Manassés e a seu povo, mas não lhe
deram atenção. 11 Por isso o SENHOR enviou contra eles os co-
mandantes do exército do rei da Assíria, os quais prenderam
Manassés, colocaram-lhe um gancho no nariz e algemas de
bronze e o levaram para a Babilônia. 12 Em sua angústia, ele
buscou o favor do SENHOR, o seu Deus, e humilhou-se muito
diante do Deus dos seus antepassados. 13 Quando ele orou, o
SENHOR o ouviu e atendeu o seu pedido e o trouxe de volta a
Jerusalém e a seu reino. E assim Manassés reconheceu que o
SENHOR é Deus.
14 Depois disso ele reconstruiu e aumentou a altura do muro
externo da Cidade de Davi, a oeste da fonte de Giom, no vale,
até a entrada da porta do Peixe, em torno da colina de Ofel.
Também pôs comandantes militares em todas as cidades for-
tificadas de Judá.
15 Manassés tirou do templo do SENHOR os deuses estrangeiros
e a imagem que havia colocado lá, bem como todos os altares
idólatras que havia construído na colina do templo e em Jeru-
salém e jogou-os fora da cidade. 16 Depois restaurou o altar do
SENHOR e sobre ele ofereceu sacrifícios de comunhão e ofertas
de gratidão, ordenando a Judá que servisse o SENHOR, o Deus
de Israel. 17 O povo, contudo, continuou a sacrificar nos altares
idólatras, mas somente ao SENHOR, o seu Deus.
18 Os demais acontecimentos do reinado de Manassés, inclu-
sive sua oração a seu Deus e as palavras que os videntes lhe
falaram em nome do SENHOR, o Deus de Israel, estão escritos
nos registros históricos dos reis de Israel[b]. 19 Sua oração e a
resposta de Deus, bem como todos os seus pecados e a sua
infidelidade, além dos locais onde construiu altares idólatras
e ergueu postes sagrados e ídolos, antes de humilhar-se, tudo
está escrito nos registros históricos dos videntes[c]. 20 Manassés
descansou com os seus antepassados e foi sepultado em sua
propriedade. E seu filho Amom foi o seu sucessor.

O Reinado de Amom, Rei de Judá

21 Amom tinha vinte e dois anos de idade quando começou a
reinar e reinou dois anos em Jerusalém. 22 Ele fez o que o SE-
NHOR reprova; à semelhança de seu pai, Amom prestou culto e
ofereceu sacrifícios a todos os ídolos que Manassés havia feito.
23 Mas, ao contrário de seu pai Manassés, não se humilhou
diante do SENHOR, antes, aumentou a sua culpa.

---

[a] 32.22 A Septuaginta e a Vulgata dizem deu-lhes descanso.

[b] 33.18 Isto é, Judá, como ocorre frequentemente em 2 Crônicas.

[c] 33.19 Conforme um manuscrito do Texto Massorético e a Septuaginta. A maioria dos manuscritos do Texto Massorético diz registros históricos de Hozai.

24 Os oficiais de Amom conspiraram contra ele e o assassinaram
em seu palácio. 25 Mas o povo matou todos os que haviam cons-
pirado contra o rei Amom, e proclamou seu filho Josias rei em
seu lugar.

34 As Reformas de Josias

Josias tinha oito anos de idade quando começou a reinar
e reinou trinta e um anos em Jerusalém. 2 Ele fez o que o SE-
NHOR aprova e andou nos caminhos de Davi, seu predecessor,
sem desviar-se nem para a direita nem para a esquerda.
3 No oitavo ano do seu reinado, sendo ainda bem jovem, ele
começou a buscar o Deus de Davi, seu predecessor. No décimo
segundo ano, começou a purificar Judá e Jerusalém dos al-
tares idólatras, dos postes sagrados, das imagens esculpidas
e dos ídolos de metal. 4 Sob as suas ordens foram derrubados
os altares dos baalins; além disso, ele despedaçou os altares
de incenso[a] que ficavam acima deles. Também despedaçou e
reduziu a pó os postes sagrados, as imagens esculpidas e os
ídolos de metal, e os espalhou sobre os túmulos daqueles que
lhes haviam oferecido sacrifícios. 5 Depois queimou os ossos
dos sacerdotes sobre esses altares, purificando assim Judá e
Jerusalém. 6 Nas cidades das tribos de Manassés, de Efraim
e de Simeão, e até mesmo de Naftali, e nas ruínas ao redor
delas, 7 derrubou os altares e os postes sagrados, esmagou os
ídolos, reduzindo-os a pó, e despedaçou todos os altares de
incenso espalhados por Israel. Então voltou para Jerusalém.
8 No décimo oitavo ano do seu reinado, a fim de purificar o
país e o templo, ele enviou Safã, filho de Azalias, e Maaseias,
governador da cidade, junto com Joá, filho do arquivista real
Joacaz, para restaurarem o templo do SENHOR, o seu Deus.
9 Eles foram entregar ao sumo sacerdote Hilquias a prata que
havia sido trazida ao templo de Deus e que os porteiros levitas
haviam recolhido das ofertas do povo de Manassés e de Efraim,
e de todo o remanescente de Israel, e também de todo o povo
de Judá e de Benjamim e dos habitantes de Jerusalém. 10 Con-
fiaram a prata aos homens nomeados para supervisionarem
a reforma no templo do SENHOR, os quais pagavam os traba-
lhadores que faziam os reparos no templo. 11 Também deram
dessa prata aos carpinteiros e aos construtores para com-
prarem pedras lavradas e madeira para as juntas e as vigas dos
edifícios que os reis de Judá haviam deixado ficar em ruínas.
12 Esses homens fizeram o trabalho com fidelidade. Eram di-
rigidos por Jaate e Obadias, levitas descendentes de Merari,
e por Zacarias e Mesulão, descendentes de Coate. Todos os
levitas que sabiam tocar instrumentos musicais 13 estavam en-
carregados dos operários e supervisionavam todos os traba-
lhadores em todas as funções. Outros levitas eram secretários,
oficiais e porteiros.

O Livro da Lei é Encontrado

14 Enquanto recolhiam a prata que tinha sido trazida para o
templo do SENHOR, o sacerdote Hilquias encontrou o Livro da
Lei do SENHOR que havia sido dada por meio de Moisés. 15 Hil-
quias disse ao secretário Safã: "Encontrei o Livro da Lei no
templo do SENHOR". E o entregou a Safã.
16 Então Safã levou o Livro ao rei e lhe informou: "Teus servos
estão fazendo tudo o que lhes foi ordenado. 17 Fundiram a prata
que estava no templo do SENHOR e a confiaram aos supervisores
e aos trabalhadores". 18 E acrescentou: "O sacerdote Hilquias
entregou-me um livro". E Safã leu trechos do Livro para o rei.
19 Assim que o rei ouviu as palavras da Lei, rasgou suas vestes
20 e deu estas ordens a Hilquias, a Aicam, filho de Safã, a
Abdom, filho de Mica[b], ao secretário Safã e ao auxiliar real
Asaías: 21 "Vão consultar o SENHOR por mim e pelo remanes-
cente de Israel e de Judá acerca do que está escrito neste
livro que foi encontrado. A ira do SENHOR contra nós deve ser
grande, pois os nossos antepassados não obedeceram à pa-
lavra do SENHOR e não agiram de acordo com tudo o que está
escrito neste livro".
22 Hilquias e aqueles que o rei tinha enviado com ele[c] foram
falar com a profetisa Hulda, mulher de Salum, filho de Tocate[d]
e neto de Harás, e responsável pelo guarda-roupa do templo.
Ela morava no bairro novo de Jerusalém.
23 Hulda lhes disse: "Assim diz o SENHOR, o Deus de Israel:
'Digam ao homem que os enviou a mim: 24 Assim diz o SENHOR:
Eu vou trazer uma desgraça sobre este lugar e sobre os seus
habitantes; todas as maldições escritas no livro que foi lido na
presença do rei de Judá. 25 Porque me abandonaram e quei-
maram incenso a outros deuses, provocando a minha ira por
meio de todos os ídolos que as mãos deles têm feito[e], minha
ira arderá contra este lugar e não será apagada'. 26 Digam ao
rei de Judá, que os enviou para consultar o SENHOR: Assim diz o
SENHOR, o Deus de Israel, acerca das palavras que você ouviu:
27 'Já que o seu coração se abriu e você se humilhou diante de
Deus quando ouviu o que ele falou contra este lugar e contra
os seus habitantes e você se humilhou diante de mim, rasgou
as suas vestes e chorou na minha presença, eu o ouvi', declara
o SENHOR. 28 'Portanto, eu o reunirei aos seus antepassados, e
você será sepultado em paz. Seus olhos não verão a desgraça
que trarei sobre este lugar e sobre os seus habitantes' ". Então
eles levaram a resposta a Josias.
29 Em face disso, o rei convocou todas as autoridades de Judá
e de Jerusalém. 30 Depois subiu ao templo do SENHOR acom-
panhado por todos os homens de Judá, todo o povo de Je-
rusalém, os sacerdotes e os levitas: todo o povo, dos mais
simples aos mais importantes[f]. Para todos o rei leu em alta
voz todas as palavras do Livro da Aliança, que havia sido en-
contrado no templo do SENHOR. 31 Ele tomou o seu lugar e, na
presença do SENHOR, fez uma aliança, comprometendo-se a
seguir o SENHOR e obedecer de todo o coração e de toda a alma
aos seus mandamentos, aos seus testemunhos e aos seus de-
cretos, cumprindo as palavras da aliança escritas naquele livro.

---

a 34.4 Provavelmente colunas dedicadas ao deus sol; também no versículo 7.

b 34.20 Também chamado Acbor, filho de Micaías.

c 34.22 Conforme um manuscrito do Texto Massorético, a Vulgata e a Versão Siríaca. A maioria dos manuscritos do Texto Massorético não traz tinha enviado com ele.

d 34.22 Também chamado Ticvá.

e 34.25 Ou *por meio de tudo o que eles têm feito*

f 34.30 Ou *dos mais jovens aos mais velhos*

32 Depois fez com que todos em Jerusalém e em Benjamim se
comprometessem com a aliança; os habitantes de Jerusalém
passaram a cumprir a aliança de Deus, o Deus dos seus an-
tepassados.
33 Josias retirou todos os ídolos detestáveis de todo o terri-
tório dos israelitas e obrigou todos os que estavam em Israel a
servirem ao SENHOR, o seu Deus. E enquanto ele viveu, o povo
não deixou de seguir o SENHOR, o Deus dos seus antepassados.

35 Josias Celebra a Páscoa

35 Josias celebrou a Páscoa do SENHOR em Jerusalém, e o
cordeiro da Páscoa foi abatido no décimo quarto dia do pri-
meiro mês. 2 Ele nomeou os sacerdotes para as suas responsa-
bilidades e os encorajou a se dedicarem ao serviço no templo
do SENHOR. 3 Ele disse aos levitas que instruíam todo o Israel e
haviam sido consagrados ao SENHOR: "Ponham a arca sagrada
no templo construído por Salomão, filho de Davi, rei de Israel.
Vocês não precisam mais levá-la de um lado para outro sobre
os ombros. Agora sirvam ao SENHOR, o seu Deus, e a Israel, o
povo dele. 4 Preparem-se por famílias, em suas divisões, de
acordo com a orientação escrita por Davi, rei de Israel, e por
seu filho Salomão.
5 "Fiquem no Lugar Santo com um grupo de levitas para cada
subdivisão das famílias do povo. 6 Abatam os cordeiros da
Páscoa, consagrem-se e preparem os cordeiros para os seus
irmãos israelitas, fazendo o que o SENHOR ordenou por meio
de Moisés".
7 Josias deu a todo o povo que ali estava um total de trinta mil
ovelhas e cabritos para as ofertas da Páscoa, além de três mil
bois; tudo foi tirado dos bens pessoais do rei.
8 Seus oficiais também contribuíram voluntariamente para o
povo, para os sacerdotes e para os levitas. Hilquias, Zacarias
e Jeiel, os administradores do templo de Deus, deram aos
sacerdotes duas mil e seiscentas ovelhas e cabritos e tre-
zentos bois. 9 Também Conanias, com seus irmãos Semaías
e Natanael, e os líderes dos levitas – Hasabias, Jeiel e Joza-
bade – ofereceram aos levitas cinco mil ovelhas e cabritos e
quinhentos bois.
10 O serviço foi organizado e os sacerdotes assumiram os seus
lugares com os levitas em seus turnos, conforme o rei orde-
nara. 11 Os cordeiros da Páscoa foram abatidos, e os sacerdotes
aspergiram o sangue que lhes fora entregue, enquanto os le-
vitas tiravam a pele dos animais. 12 Eles separaram também os
holocaustos para dá-los aos grupos das famílias do povo, para
que elas os oferecessem ao SENHOR, conforme está escrito no
Livro de Moisés; e fizeram o mesmo com os bois. 13 Assaram
os animais da Páscoa sobre o fogo, conforme prescrito, cozi-
nharam as ofertas sagradas em potes, caldeirões e panelas, e
serviram rapidamente todo o povo. 14 Depois disso, os levitas
prepararam a parte deles e a dos sacerdotes, pois estes, des-
cendentes de Arão, ficaram sacrificando os holocaustos e as
porções de gordura até o anoitecer. Foi por isso que os levitas
prepararam a parte deles e a dos sacerdotes, descendentes
de Arão.
15 Os músicos, descendentes de Asafe, estavam nos locais
prescritos por Davi e por Asafe, Hemã e Jedutum, vidente do
rei. Os porteiros que guardavam cada porta não precisaram
deixar os seus postos, pois os seus colegas levitas prepararam
as ofertas para eles.
16 Assim, naquele dia, todo o serviço do SENHOR foi executado
para a celebração da Páscoa e para a apresentação de holo-
caustos no altar do SENHOR, conforme o rei Josias havia or-
denado. 17 Os israelitas que estavam presentes celebraram a
Páscoa naquele dia e durante sete dias celebraram a festa dos
pães sem fermento. 18 A Páscoa não havia sido celebrada dessa
maneira em Israel desde os dias do profeta Samuel; e nenhum
dos reis de Israel havia celebrado uma Páscoa como esta, como
o fez Josias, com os sacerdotes, os levitas e todo o Judá e
Israel que estavam ali com o povo de Jerusalém. 19 Esta Páscoa
foi celebrada no décimo oitavo ano do reinado de Josias.

A Morte de Josias

20 Depois de tudo o que Josias fez, e depois de colocar em
ordem o templo, Neco, rei do Egito, saiu para lutar em Car-
quemis, junto ao Eufrates, e Josias marchou para combatê-lo.
21 Neco, porém, enviou-lhe mensageiros, dizendo: "Não inter-
firas nisso, ó rei de Judá. Desta vez não estou atacando a ti,
mas a outro reino com o qual estou em guerra. Deus me disse
que me apressasse; por isso para de te opores a Deus, que está
comigo; caso contrário ele te destruirá".
22 Josias, contudo, não quis voltar atrás, e disfarçou-se para en-
frentá-lo em combate. Ele não quis ouvir o que Neco lhe dissera
por ordem de Deus e foi combatê-lo na planície de Megido.
23 Na batalha, flecheiros atingiram o rei Josias, pelo que disse
aos seus oficiais: "Tirem-me daqui. Estou gravemente ferido".
24 Eles o tiraram do seu carro, colocaram-no em outro e o le-
varam para Jerusalém, onde morreu. Ele foi sepultado nos tú-
mulos dos seus antepassados, e todos os moradores de Judá
e de Jerusalém choraram por ele.
25 Jeremias compôs um cântico de lamento em homenagem a
Josias, e até hoje todos os cantores e cantoras homenageiam
Josias com cânticos de lamento. Estes se tornaram uma tra-
dição em Israel e estão escritos na coletânea de lamentações.
26 Os demais acontecimentos do reinado de Josias e os seus
atos piedosos, de acordo com o que está escrito na Lei do
SENHOR, 27 todos os acontecimentos, do início ao fim, estão
escritos nos registros históricos dos reis de Israel e de Judá.

36 E o povo tomou Jeoacaz, filho de Josias, e proclamou-o
rei em Jerusalém, no lugar de seu pai.

O Reinado de Jeoacaz, Rei de Judá

2 Jeoacaz tinha vinte e três anos de idade quando começou
a reinar e reinou três meses em Jerusalém. 3 O rei do Egito
destronou-o em Jerusalém e impôs a Judá um tributo de três
toneladas e meia[a] de prata e trinta e cinco quilos de ouro. 4 O
rei do Egito proclamou Eliaquim, irmão de Jeoacaz, rei sobre

[a] 36.3 Hebraico: *100 talentos*. Um talento equivalia a 35 quilos.

Judá e sobre Jerusalém e mudou-lhe o nome para Jeoaquim.
Mas Neco levou Jeoacaz, irmão de Eliaquim, para o Egito.

O Reinado de Jeoaquim, Rei de Judá

5 Jeoaquim tinha vinte e cinco anos de idade quando começou
a reinar e reinou onze anos em Jerusalém. Ele fez o que o SE-
NHOR, o seu Deus, reprova. 6 Nabucodonosor, rei da Babilônia,
atacou-o e prendeu-o com algemas de bronze para levá-lo para
a Babilônia. 7 Levou também para a Babilônia objetos do templo
do SENHOR e os colocou no seu templo[a].
8 Os demais acontecimentos do reinado de Jeoaquim, as coisas
detestáveis que fez e tudo o que foi achado contra ele, estão
escritos nos registros históricos dos reis de Israel e de Judá.
Seu filho Joaquim foi o seu sucessor.

O Reinado de Joaquim, Rei de Judá

9 Joaquim tinha dezoito[b] anos de idade quando começou a
reinar e reinou três meses e dez dias em Jerusalém. Ele fez
o que o SENHOR reprova. 10 Na primavera o rei Nabucodonosor
mandou levá-lo para a Babilônia, junto com objetos de valor
retirados do templo do SENHOR, e proclamou Zedequias, tio[c] de
Joaquim, rei sobre Judá e sobre Jerusalém.

O Reinado de Zedequias, Rei de Judá

11 Zedequias tinha vinte e um anos de idade quando começou
a reinar, e reinou onze anos em Jerusalém. 12 Ele fez o que
o SENHOR, o seu Deus, reprova e não se humilhou diante do
profeta Jeremias, que lhe falava como porta-voz do SENHOR.
13 Também se revoltou contra o rei Nabucodonosor, que o havia
obrigado a fazer um juramento em nome de Deus. Tornou-se
muito obstinado e não quis se voltar para o SENHOR, o Deus de
Israel. 14 Além disso, todos os líderes dos sacerdotes e o povo
se tornaram cada vez mais infiéis, seguindo todas as práticas
detestáveis das outras nações e contaminando o templo do
SENHOR, consagrado por ele em Jerusalém.

A Queda de Jerusalém

15 O SENHOR, o Deus dos seus antepassados, advertiu-os várias
vezes por meio de seus mensageiros, pois ele tinha compaixão
de seu povo e do lugar de sua habitação. 16 Mas eles zombaram
dos mensageiros de Deus, desprezaram as palavras dele e ex-
puseram ao ridículo os seus profetas, até que a ira do SENHOR
se levantou contra o seu povo e já não houve remédio. 17 O SE-
NHOR enviou contra eles o rei dos babilônios[d] que, no santuário,
matou os seus jovens à espada. Não poupou nem rapazes, nem
moças, nem adultos, nem velhos. Deus entregou todos eles nas
mãos de Nabucodonosor; 18 este levou para a Babilônia todos
os utensílios do templo de Deus, tanto os pequenos como os
grandes, com os tesouros do templo do SENHOR, os do rei e os
de seus oficiais. 19 Os babilônios incendiaram o templo de Deus
e derrubaram o muro de Jerusalém; queimaram todos os palá-
cios e destruíram todos os utensílios de valor que havia neles.
20 Nabucodonosor levou para o exílio, na Babilônia, os re-
manescentes que escaparam da espada, para serem seus
escravos e dos seus descendentes, até a época do domínio
persa. 21 A terra desfrutou os seus descansos sabáticos; des-
cansou durante todo o tempo de sua desolação, até que os
setenta anos se completaram, em cumprimento da palavra do
SENHOR anunciada por Jeremias.
22 No primeiro ano do reinado de Ciro, rei da Pérsia, para que
se cumprisse a palavra do SENHOR anunciada por Jeremias,
o SENHOR tocou no coração de Ciro, rei da Pérsia, para que
fizesse uma proclamação em todo o território de seu domínio
e a pusesse por escrito, nestes termos:
23 "Assim declaro eu, Ciro, rei da Pérsia: 'O SENHOR, o Deus dos
céus, deu-me todos os reinos da terra e designou-me para
construir um templo para ele em Jerusalém, na terra de Judá.
Quem dentre vocês pertencer ao seu povo vá para Jerusalém,
e que o SENHOR, o seu Deus, esteja com ele' ".

[a] 36.7 Ou *palácio*

[b] 36.9 Conforme um manuscrito do Texto Massorético, alguns manuscritos da Septuaginta e a Versão Siríaca. A maioria dos manuscritos do Texto Massorético diz oito. Veja 2Rs 24.8.

[c] 36.10 Ou *parente*

[d] 36.17 Ou *caldeus*

ESDRAS

O Decreto de Ciro

1 No primeiro ano do reinado de Ciro, rei da Pérsia, a fim de
que se cumprisse a palavra do SENHOR falada por Jeremias, o
SENHOR despertou o coração de Ciro, rei da Pérsia, para redigir
uma proclamação e divulgá-la em todo o seu reino, nestes
termos:
2 "Assim diz Ciro, rei da Pérsia: "O SENHOR, o Deus dos céus,
deu-me todos os reinos da terra e designou-me para construir
um templo para ele em Jerusalém de Judá. 3 Qualquer do seu
povo que esteja entre vocês, que o seu Deus esteja com ele, e
que vá a Jerusalém de Judá reconstruir o templo do SENHOR, o
Deus de Israel, o Deus que em Jerusalém tem a sua morada.
4 E que todo sobrevivente, seja qual for o lugar em que esteja
vivendo, receba dos que ali vivem prata, ouro, bens, animais
e ofertas voluntárias para o templo de Deus em Jerusalém".
5 Então os líderes das famílias de Judá e de Benjamim, como

também os sacerdotes e os levitas, todos aqueles cujo coração
Deus despertou, dispuseram-se a ir para Jerusalém e a cons-
truir o templo do SENHOR. 6 Todos os seus vizinhos os ajudaram,
trazendo-lhes utensílios de prata e de ouro, bens, animais e
presentes valiosos, além de todas as ofertas voluntárias que
fizeram. 7 Além disso, o rei Ciro mandou tirar os utensílios
pertencentes ao templo do SENHOR, os quais Nabucodonosor
tinha levado de Jerusalém e colocado no templo do seu deus[a].
8 Ciro, rei da Pérsia, ordenou que fossem tirados pelo tesou-
reiro Mitredate, que os enumerou e os entregou a Sesbazar,
governador de Judá.
9 O total foi o seguinte: 30 tigelas de ouro, 1.000 tigelas de
prata, 29 panelas de prata, 10 30 bacias de ouro, 410 bacias de
prata de qualidade inferior e 1.000 outros objetos.
11 Ao todo foram, na verdade, cinco mil e quatrocentos uten-
sílios de ouro e de prata. Sesbazar trouxe tudo isso consigo
quando os exilados vieram da Babilônia para Jerusalém.

A Lista dos Exilados que Voltaram

2 Esta é a lista dos homens da província que Nabucodonosor,
rei da Babilônia, tinha levado prisioneiros para a Babilônia. Eles
voltaram para Jerusalém e Judá, cada um para a sua própria
cidade. 2 Vieram na companhia de Zorobabel, Jesua, Neemias,
Seraías, Reelaías, Mardoqueu, Bilsã, Mispar, Bigvai, Reum e
Baaná. Esta é a lista dos israelitas: 3 os descendentes de Parós,
2.172; 4 de Sefatias, 372; 5 de Ara, 775; 6 de Paate-Moabe, por
meio da linhagem de Jesua e Joabe, 2.812; 7 de Elão, 1.254;
8 de Zatu, 945; 9 de Zacai, 760; 10 de Bani, 642; 11 de Bebai, 623;
12 de Azgade, 1.222; 13 de Adonicão, 666; 14 de Bigvai, 2.056;
15 de Adim, 454; 16 de Ater, por meio de Ezequias, 98; 17 de Besai,
323; 18 de Jora, 112; 19 de Hasum, 223; 20 de Gibar, 95; 21 os da
cidade de Belém, 123; 22 de Netofate, 56; 23 de Anatote, 128;
24 de Azmavete, 42; 25 de Quiriate-Jearim[b], Quefira e Beerote,
743; 26 de Ramá e Geba, 621; 27 de Micmás, 122; 28 de Betel e Ai,
223; 29 de Nebo, 52; 30 de Magbis, 156; 31 do outro Elão, 1.254;
32 de Harim, 320; 33 de Lode, Hadide e Ono, 725; 34 de Jericó,
345; 35 de Senaá, 3.630.
36 Os sacerdotes: os descendentes de Jedaías, por meio da fa-
mília de Jesua, 973; 37 de Imer, 1.052; 38 de Pasur, 1.247; 39 de
Harim, 1.017.
40 Os levitas: os descendentes de Jesua e de Cadmiel, por meio
da linhagem de Hodavias, 74.
41 Os cantores: os descendentes de Asafe 128.
42 Os porteiros do templo: os descendentes de Salum, Ater,
Talmom, Acube, Hatita e Sobai 139.
43 Os servidores do templo: os descendentes de Zia, Hasufa, Ta-
baote, 44 Queros, Sia, Padom, 45 Lebana, Hagaba, Acube, 46 Ha-
gabe, Sanlai, Hanã, 47 Gidel, Gaar, Reaías, 48 Rezim, Necoda,
Gazão, 49 Uzá, Paseia, Besai, 50 Asná, Meunim, Nefusim, 51 Ba-
quebuque, Hacufa, Harur, 52 Baslute, Meída, Harsa, 53 Barcos,
Sísera, Tamá, 54 Nesias e Hatifa.
55 Os descendentes dos servos de Salomão: os descendentes
de Sotai, Soferete, Peruda, 56 Jaala, Darcom, Gidel, 57 Sefatias,
Hatil, Poquerete-Hazebaim e Ami.
58 O total dos servidores do templo e dos descendentes dos
servos de Salomão 392.
59 Os que chegaram das cidades de Tel-Melá, Tel-Harsa, Que-
rube, Adã e Imer, mas não puderam comprovar que suas fa-
mílias descendiam de Israel, foram os seguintes: 60 os descen-
dentes de Delaías, Tobias e Necoda 652.
61 E entre os sacerdotes: os descendentes de Habaías, Hacoz
e Barzilai, homem que se casou com uma filha de Barzilai, de
Gileade, e que era chamado pelo nome do sogro.
62 Eles examinaram seus registros de família, mas não conse-
guiram achá-los e foram considerados impuros para o sacer-
dócio. 63 Por isso o governador os proibiu de comer alimentos
sagrados enquanto não houvesse um sacerdote capaz de con-
sultar Deus por meio do Urim e do Tumim[c].
64 A totalidade dos que voltaram do exílio atingiu o número de
42.360 homens, 65 além dos seus 7.337 servos e servas; havia
entre eles 200 cantores e cantoras. 66 Possuíam 736 cavalos,
245 mulas, 67 435 camelos e 6.720 jumentos.
68 Quando chegaram ao templo do SENHOR em Jerusalém, al-
guns dos chefes das famílias deram ofertas voluntárias para
a reconstrução do templo de Deus no seu antigo local. 69 De
acordo com as suas possibilidades, deram à tesouraria para
essa obra quinhentos quilos[d] de ouro, três toneladas[e] de prata
e cem vestes sacerdotais.
70 Os sacerdotes, os levitas, os cantores, os porteiros e os ser-
vidores do templo, bem como os demais israelitas, estabele-
ceram-se em suas cidades de origem.

A Reconstrução do Altar

3 Quando chegou o sétimo mês e os israelitas já estavam em
suas cidades, o povo se reuniu como um só homem em Je-
rusalém. 2 Então Jesua, filho de Jozadaque, e seus colegas,
os sacerdotes, e Zorobabel, filho de Sealtiel, e seus compa-
nheiros começaram a construir o altar do Deus de Israel para
nele sacrificarem holocaustos[f], conforme o que está escrito na
Lei de Moisés, homem de Deus. 3 Apesar do receio que tinham
dos povos ao redor, construíram o altar sobre a sua base e
nele sacrificaram holocaustos ao SENHOR, tanto os sacrifícios
da manhã como os da tarde. 4 Depois, de acordo com o que
está escrito, celebraram a festa das cabanas[g] com o número
determinado de holocaustos prescritos para cada dia. 5 A seguir
apresentaram os holocaustos regulares, os sacrifícios da lua
nova e os sacrifícios requeridos para todas as festas sagradas
determinadas pelo SENHOR, bem como os que foram trazidos
como ofertas voluntárias ao SENHOR. 6 A partir do primeiro dia
do sétimo mês começaram a oferecer holocaustos ao SENHOR,
embora ainda não tivessem sido lançados os alicerces do
templo do SENHOR.

[a] **1.7** Ou *seus deuses*
[b] **2.25** Conforme a Septuaginta. O Texto Massorético diz Quiriate-Arim. Veja Ne 7.29.

[c] **2.63** Objetos utilizados para se conhecer a vontade de Deus.
[d] **2.69** Hebraico: *61.000 dracmas*.
[e] **2.69** Hebraico: *5.000 minas*. Uma mina equivalia a 600 gramas.
[f] **3.2** Isto é, sacrifícios totalmente queimados; também nos versículos 3-6.
[g] **3.4** Ou *dos tabernáculos*; hebraico: *sucote*.

A Reconstrução do Templo

7 Então eles deram dinheiro aos pedreiros e aos carpinteiros,
e deram comida, bebida e azeite ao povo de Sidom e de Tiro,
para que, pelo mar, trouxessem do Líbano para Jope toras de
cedro. Isso tinha sido autorizado por Ciro, rei da Pérsia.
8 No segundo mês do segundo ano depois de chegarem ao
templo de Deus em Jerusalém, Zorobabel, filho de Sealtiel,
Jesua, filho de Jozadaque, e o restante dos seus irmãos — os
sacerdotes, os levitas e todos os que tinham voltado do cativeiro
para Jerusalém — começaram o trabalho, designando levitas
de vinte anos para cima para supervisionarem a construção do
templo do SENHOR. 9 Jesua, seus filhos e seus irmãos, e Cadmiel
e seus filhos, descendentes de Hodavias[a], e os filhos de Hena-
dade e seus filhos e seus irmãos, todos eles levitas, uniram-se
para supervisionar os que trabalhavam no templo de Deus.
10 Quando os construtores lançaram os alicerces do templo do
SENHOR, os sacerdotes, com suas vestes e suas trombetas, e os
levitas, filhos de Asafe, com címbalos, tomaram seus lugares
para louvar o SENHOR, conforme prescrito por Davi, rei de Israel.
11 Com louvor e ações de graças, cantaram responsivamente
ao SENHOR: "Ele é bom; seu amor a Israel dura para sempre".
E todo o povo louvou o SENHOR em alta voz, pois haviam sido
lançados os alicerces do templo do SENHOR. 12 Mas muitos dos
sacerdotes, dos levitas e dos chefes das famílias mais velhos,
que tinham visto o antigo templo, choraram em alta voz quando
viram o lançamento dos alicerces desse templo; muitos,
porém, gritavam de alegria. 13 Não era possível distinguir entre
o som dos gritos de alegria e o som do choro, pois o povo fazia
enorme barulho. E o som foi ouvido a grande distância.

4 A Oposição à Obra

1 Quando os inimigos de Judá e de Benjamim souberam que
os exilados estavam reconstruindo o templo do SENHOR, o Deus
de Israel, 2 foram falar com Zorobabel e com os chefes das fa-
mílias: "Vamos ajudá-los nessa obra porque, como vocês, nós
buscamos o Deus de vocês e temos sacrificado a ele desde a
época de Esar-Hadom, rei da Assíria, que nos trouxe para cá".
3 Contudo, Zorobabel, Jesua e os demais chefes das famílias
de Israel responderam: "Não compete a vocês a reconstrução
do templo de nosso Deus. Somente nós o construiremos para
o SENHOR, o Deus de Israel, conforme Ciro, o rei da Pérsia,
nos ordenou".
4 Então a gente da região começou a desanimar o povo de Judá
e a atemorizá-lo, para que não continuasse a construção[b]. 5 Pa-
garam alguns funcionários para que se opusessem ao povo e
frustrassem o seu plano. E fizeram isso durante todo o reinado
de Ciro até o reinado de Dario, reis da Pérsia.

A Oposição nos Reinados de Xerxes e Artaxerxes

6 No início do reinado de Xerxes[c], apresentaram uma acusação
contra o povo de Judá e de Jerusalém.
7 E nos dias de Artaxerxes, rei da Pérsia, Bislão, Mitredate, Ta-
beel e o restante dos seus companheiros escreveram uma carta
a Artaxerxes. A carta foi escrita em aramaico, com caracteres
aramaicos[d].[e]
8 O comandante Reum e o secretário Sinsai escreveram uma
carta contra Jerusalém ao rei Artaxerxes:
9 O comandante Reum e o secretário Sinsai, e o restante de
seus companheiros — os juízes e os oficiais de Trípoli, da
Pérsia, de Ereque e[f] da Babilônia, os elamitas de Susã, 10 e
das outras nações que o grande e renomado Assurbanípal[g] de-
portou e assentou na cidade de Samaria e noutros lugares a
oeste do Eufrates — escreveram, nos seguintes termos:
11 (Esta é uma cópia da carta que lhe enviaram.)
"Ao rei Artaxerxes,
"De seus servos que vivem a oeste do Eufrates:
12 "Informamos o rei que os judeus que chegaram a nós da tua
parte vieram a Jerusalém e estão reconstruindo aquela cidade
rebelde e má. Estão fazendo reparos nos muros e consertando
os alicerces.
13 "Além disso, é preciso que o rei saiba que, se essa cidade
for reconstruída e os seus muros reparados, não mais se pa-
garão impostos, tributos ou taxas, e as rendas do rei sofrerão
prejuízo. 14 Agora, visto que estamos a serviço do palácio e não
nos é conveniente ver a desonra do rei, nós enviamos esta
mensagem ao rei, 15 a fim de que se faça uma pesquisa nos ar-
quivos de seus antecessores. Nesses arquivos o rei descobrirá
e saberá que essa cidade é uma cidade rebelde, problemática
para reis e províncias, um lugar de revoltas desde épocas an-
tigas, motivo pelo qual foi destruída. 16 Informamos ao rei que,
se essa cidade for reconstruída e seus muros reparados, nada
sobrará a oeste do Eufrates".
17 O rei enviou-lhes a seguinte resposta: "Ao comandante Reum,
ao secretário Sinsai e aos seus demais companheiros que vivem
em Samaria e em outras partes, a oeste do Eufrates: "Sauda-
ções de paz!
18 "A carta que vocês nos enviaram foi traduzida e lida na
minha presença. 19 Sob minhas ordens fez-se uma pesquisa
e descobriu-se que essa cidade tem uma longa história de
rebeldia contra os reis e que tem sido um lugar de rebeliões
e revoltas. 20 Jerusalém teve reis poderosos que governaram
toda a região a oeste do Eufrates, aos quais se pagavam im-
postos, tributos e taxas. 21 Ordene agora a esses homens que
parem a obra, para que essa cidade não seja reconstruída
enquanto eu não mandar. 22 Tenham cuidado, não sejam
negligentes neste assunto, para que os interesses reais não
sofram prejuízo".
23 Lida a cópia da carta do rei Artaxerxes para Reum, para o
secretário Sinsai e para os seus companheiros, eles foram de-
pressa a Jerusalém e forçaram os judeus a parar a obra.

[a] **3.9** Hebraico: *Judá*, possível variante de *Hodavias*.
[b] **4.4** Ou *a perturbá-lo enquanto construía*
[c] **4.6** Hebraico: *Assuero*, variante do nome persa *Xerxes*.
[d] **4.7** Ou *em aramaico, com sua respectiva tradução*
[e] **4.7** O texto de Esdras 4.8-6.18 está em aramaico.
[f] **4.9** Ou *oficiais, magistrados e governadores sobre Ereque e*; ou ainda *oficiais de Dim, Afarsaque, Tarpel e Afarsa*
[g] **4.10** Aramaico: *Osnapar*, variante de *Assurbanípal*.

24 Assim a obra do templo de Deus em Jerusalém foi interrom-
pida e ficou parada até o segundo ano do reinado de Dario,
rei da Pérsia.

A Carta de Tatenai a Dario

5 Ora, o profeta Ageu e o profeta Zacarias, descendente de
Ido, profetizaram aos judeus de Judá e de Jerusalém, em nome
do Deus de Israel, que estava sobre eles. 2 Então Zorobabel,
filho de Sealtiel, e Jesua, filho de Jozadaque, começaram a
reconstruir o templo de Deus em Jerusalém. E os profetas de
Deus estavam com eles e os ajudavam.
3 Tatenai, governador do território a oeste do Eufrates, Setar-
-Bozenai e seus companheiros foram logo perguntar a eles:
"Quem os autorizou a reconstruir este templo e estes muros?
4 E como se chamam os homens que estão construindo este
edifício?[a]" 5 Mas os olhos do seu Deus estavam sobre os líderes
dos judeus, e eles não foram impedidos de trabalhar até que
um relatório fosse enviado a Dario e dele se recebesse uma
ordem oficial a respeito do assunto.
6 Esta é uma cópia da carta que Tatenai, governador do terri-
tório situado a oeste do Eufrates, Setar-Bozenai e seus compa-
nheiros, os oficiais do oeste do Eufrates, enviaram ao rei Dario.
7 O relatório que lhe enviaram dizia o seguinte:
"Ao rei Dario:
"Paz e prosperidade!
8 "Informamos ao rei que fomos à província de Judá, ao templo
do grande Deus. O povo o está reconstruindo com grandes pe-
dras e já estão fixando as vigas de madeira nas paredes. A obra
está sendo executada com diligência e apresentando rápido
progresso.
9 "Então perguntamos aos líderes: Quem os autorizou a recons-
truir este templo e estes muros? 10 Também perguntamos os
nomes dos líderes deles, para que os registrássemos para a
tua informação.
11 "Esta é a resposta que nos deram:
" 'Somos servos do Deus dos céus e da terra e estamos re-
construindo o templo edificado há muitos anos, templo que
foi construído e terminado por um grande rei de Israel. 12 Mas,
visto que os nossos antepassados irritaram o Deus dos céus,
ele os entregou nas mãos do babilônio[b] Nabucodonosor, rei da
Babilônia, que destruiu este templo e deportou o povo para
a Babilônia.
13 " 'Contudo, no seu primeiro ano como rei da Babilônia, o rei
Ciro emitiu um decreto ordenando a reconstrução desta casa
de Deus. 14 Ele até mesmo tirou do templo[c] da Babilônia os
utensílios de ouro e de prata da casa de Deus, os quais Nabu-
codonosor havia tirado do templo de Jerusalém e levado para
o templo da Babilônia.
" 'O rei Ciro os confiou a um homem chamado Sesbazar, que
ele tinha nomeado governador, 15 e lhe disse: "Leve estes uten-
sílios, coloque-os no templo de Jerusalém e reconstrua a casa
de Deus em seu antigo local". 16 Então Sesbazar veio e lançou
os alicerces do templo de Deus em Jerusalém. Desde aquele
dia o templo tem estado em construção, mas ainda não foi
concluído'.
17 "Agora, se for do agrado do rei, que se faça uma pesquisa nos
arquivos reais da Babilônia para verificar se o rei Ciro de fato
emitiu um decreto ordenando a reconstrução da casa de Deus
em Jerusalém. Aguardamos do rei a decisão sobre o assunto".

O Decreto de Dario

6 O rei Dario mandou então fazer uma pesquisa nos arquivos
da Babilônia, que estavam nos locais em que se guardavam
os tesouros. 2 Encontrou-se um rolo na cidadela de Ecbatana,
na província da Média, e nele estava escrito o seguinte, que
Dario comunicou:
3 "No primeiro ano do seu reinado, o rei Ciro promulgou um de-
creto acerca do templo de Deus em Jerusalém, nestes termos:
" 'Que o templo seja reconstruído como local destinado à apre-
sentação de sacrifícios e que se lancem os seus alicerces. Ele
terá vinte e sete metros[d] de altura e vinte e sete metros de
largura, 4 com três carreiras de pedras grandes e uma carreira
de madeira. O custo será pago pela tesouraria do rei. 5 E os
utensílios de ouro e de prata da casa de Deus, que Nabucodo-
nosor tirou do templo de Jerusalém e trouxe para a Babilônia,
serão devolvidos aos seus lugares no templo de Jerusalém;
devem ser colocados na casa de Deus'.
6 "Agora, então, Tatenai, governador do território situado a
oeste do Eufrates, e Setar-Bozenai, e vocês, oficiais dessa pro-
víncia e amigos deles, mantenham-se afastados de lá. 7 Não
interfiram na obra que se faz nesse templo de Deus. Deixem o
governador e os líderes dos judeus reconstruírem esse templo
de Deus em seu antigo local.
8 "Além disso, promulgo o seguinte decreto a respeito do que
vocês farão por esses líderes dos judeus na construção desse
templo de Deus:
"As despesas desses homens serão integralmente pagas pela
tesouraria do rei, do tributo recebido do território a oeste do
Eufrates, para que a obra não pare. 9 E o que for necessário:
novilhos, carneiros, cordeiros para os holocaustos[e] oferecidos
ao Deus dos céus, e trigo, sal, vinho e azeite, conforme for
solicitado pelos sacerdotes em Jerusalém, tudo deverá ser
entregue diariamente a eles, sem falta, 10 para que ofereçam
sacrifícios agradáveis ao Deus dos céus e orem pelo bem-estar
do rei e dos seus filhos.
11 "Além disso, determino que, se alguém alterar este decreto,
atravessem-lhe o corpo com uma viga tirada de sua casa e dei-
xem-no empalado. E seja a sua casa transformada num monte
de entulho. 12 E que Deus, que fez o seu nome ali habitar, der-
rube qualquer rei ou povo que estender a mão para mudar este
decreto ou para destruir esse templo de Jerusalém.
"Eu, Dario, o decretei. Que seja plenamente executado".

[a] 5.4 Conforme a Septuaginta. O Texto Massorético diz Demos a eles os nomes dos homens que estavam construindo este edifício.
[b] 5.12 Ou *caldeu*
[c] 5.14 Ou *palácio*; também no mesmo versículo.
[d] 6.3 Aramaico: *60 côvados*. O côvado era uma medida linear de cerca de 45 centímetros.
[e] 6.9 Isto é, sacrifícios totalmente queimados.

A Dedicação do Templo

13 Tendo recebido o decreto do rei Dario, Tatenai, governador
do território situado a oeste do Eufrates, Setar-Bozenai e os
companheiros deles o cumpriram plenamente. 14 Dessa ma-
neira, os líderes dos judeus continuaram a construir e a pros-
perar, encorajados pela pregação dos profetas Ageu e Zacarias,
descendente de Ido. Eles terminaram a reconstrução do templo
conforme a ordem do Deus de Israel e os decretos de Ciro, de
Dario e de Artaxerxes, reis da Pérsia. 15 O templo foi concluído
no terceiro dia do mês de adar[a], no sexto ano do reinado do
rei Dario.
16 Então o povo de Israel, os sacerdotes, os levitas e o restante
dos exilados, celebraram com alegria a dedicação do templo
de Deus. 17 Para a dedicação do templo de Deus ofereceram
cem touros, duzentos carneiros, quatrocentos cordeiros e,
como oferta pelo pecado de todo o Israel, doze bodes, de
acordo com o número das tribos de Israel. 18 E organizaram os
sacerdotes em suas divisões e os levitas em seus grupos para
o serviço de Deus em Jerusalém, conforme o que está escrito
no Livro de Moisés.

A Celebração da Páscoa

19 No décimo quarto dia do primeiro mês, os exilados ce-
lebraram a Páscoa. 20 Os sacerdotes e os levitas tinham se
purificado; estavam todos cerimonialmente puros. Os levitas
sacrificaram o cordeiro da Páscoa por todos os exilados, por
seus colegas sacerdotes e por eles mesmos. 21 Assim, os is-
raelitas que tinham voltado do exílio comeram do cordeiro,
participando com eles todos os que se haviam separado das
práticas impuras dos seus vizinhos gentios para buscarem o
SENHOR, o Deus de Israel. 22 Durante sete dias eles celebraram
com alegria a festa dos pães sem fermento, pois o SENHOR os
enchera de alegria ao mudar o coração do rei da Assíria, levan-
do-o a dar-lhes força para realizarem a obra de reconstrução
do templo de Deus, o Deus de Israel.

Esdras Vai para Jerusalém

7 Depois dessas coisas, durante o reinado de Artaxerxes, rei
da Pérsia, vivia um homem chamado Esdras. Era filho de Se-
raías, filho de Azarias, filho de Hilquias, 2 filho de Salum, filho
de Zadoque, filho de Aitube, 3 filho de Amarias, filho de Azarias,
filho de Meraiote, 4 filho de Zeraías, filho de Uzi, filho de Buqui,
5 filho de Abisua, filho de Fineias, filho de Eleazar, filho do sumo
sacerdote Arão. 6 Este Esdras veio da Babilônia. Era um escriba
que conhecia muito a Lei de Moisés dada pelo SENHOR, o Deus
de Israel. O rei lhe concedera tudo o que ele tinha pedido, pois
a mão do SENHOR, o seu Deus, estava sobre ele. 7 Alguns dos
israelitas, inclusive sacerdotes, levitas, cantores, porteiros e
servidores do templo, também foram para Jerusalém no sétimo
ano do reinado de Artaxerxes.
8 Esdras chegou a Jerusalém no quinto mês do sétimo ano
desse reinado. 9 No primeiro dia do primeiro mês ele saiu da
Babilônia e chegou a Jerusalém no primeiro dia do quinto mês,
porque a boa mão de seu Deus estava sobre ele. 10 Pois Es-
dras tinha decidido dedicar-se a estudar a Lei do SENHOR e a
praticá-la, e a ensinar os seus decretos e mandamentos aos
israelitas.

A Carta do Rei Artaxerxes a Esdras

11 Esta é uma cópia da carta que o rei Artaxerxes entregou ao
sacerdote e escriba Esdras, conhecedor dos mandamentos e
decretos do SENHOR para Israel:
12[b] "Artaxerxes, rei dos reis,
"Ao sacerdote Esdras, escriba da Lei do Deus dos céus:
"Paz e prosperidade!
13 "Estou decretando que qualquer israelita em meu reino, in-
clusive entre os sacerdotes e levitas, que desejar ir a Jerusalém
com você, poderá fazê-lo. 14 Você está sendo enviado pelo rei
e por seus sete conselheiros para fazer uma investigação em
Judá e em Jerusalém com respeito à Lei do seu Deus, que
está nas suas mãos. 15 Além disso, você levará a prata e o ouro
que o rei e seus conselheiros voluntariamente ofereceram ao
Deus de Israel, cuja habitação está em Jerusalém, 16 além de
toda a prata e todo o ouro que você receber da província da
Babilônia, como também as ofertas voluntárias do povo e dos
sacerdotes para o templo do Deus deles em Jerusalém. 17 Com
esse dinheiro compre novilhos, carneiros, cordeiros e o que
for necessário para as suas ofertas de cereal e de bebida, e
sacrifique-os no altar do templo do seu Deus em Jerusalém.
18 "Você e seus irmãos poderão fazer o que acharem melhor
com o restante da prata e do ouro, de acordo com a vontade
do seu Deus. 19 Entregue ao Deus de Jerusalém todos os uten-
sílios que foram confiados a você para o culto no templo de seu
Deus. 20 E todas as demais despesas necessárias com relação
ao templo de seu Deus serão pagas pelo tesouro real.
21 "Agora eu, o rei Artaxerxes, ordeno a todos os tesoureiros
do território situado a oeste do Eufrates que forneçam tudo o
que lhes solicitar o sacerdote Esdras, escriba da Lei do Deus
dos céus, 22 até três toneladas e meia[c] de prata, cem tonéis[d]
de trigo, dez barris[e] de vinho, dez barris de azeite de oliva e sal
à vontade. 23 Tudo o que o Deus dos céus tenha prescrito, que
se faça com presteza para o templo do Deus dos céus, para
que a sua ira não venha contra o império do rei e dos seus des-
cendentes. 24 Saibam também que vocês não têm autoridade
para exigir impostos, tributos ou taxas de nenhum sacerdote,
levita, cantor, porteiro, servidor do templo e de nenhum dos
que trabalham nesse templo de Deus.
25 "E você, Esdras, com a sabedoria que o seu Deus deu a você,
nomeie magistrados e juízes para ministrarem a justiça a todo
o povo do território situado a oeste do Eufrates, a todos os que
conhecem as leis do seu Deus. E aos que não as conhecem você
deverá ensiná-las. 26 Aquele que não obedecer à lei do Deus de

a 6.15 Aproximadamente fevereiro/março.

b 7.12 O texto original de Esdras 7.12-26 está em aramaico.
c 7.22 Aramaico: *100 talentos*. Um talento equivalia a 35 quilos.
d 7.22 Aramaico: *100 coros*. O coro era uma medida de capacidade. As estimativas variam entre 200 e 400 litros.
e 7.22 Aramaico: *100 batos*. O bato era uma medida de capacidade para líquidos. As estimativas variam entre 20 e 40 litros.

vocês e à lei do rei seja punido com a morte, ou com o exílio,
ou com o confisco de bens, ou com a prisão".
27 Bendito seja o SENHOR, o Deus de nossos antepassados, que
pôs no coração do rei o propósito de honrar desta maneira o
templo do SENHOR em Jerusalém, 28 e que, por sua bondade,
favoreceu-me perante o rei, seus conselheiros e todos os seus
altos oficiais. Como a mão do SENHOR, o meu Deus, esteve
sobre mim, tomei coragem e reuni alguns líderes de Israel
para me acompanharem.

8 A Lista dos Líderes das Famílias que Voltaram

Estes são os chefes das famílias e dos que com eles foram
registrados, os quais saíram comigo da Babilônia durante o
reinado do rei Artaxerxes:
2 dos descendentes de Fineias, Gérson; dos descendentes de
Itamar, Daniel; dos descendentes de Davi, Hatus; 3 dos des-
cendentes de Secanias, dos descendentes de Parós, Zacarias,
sendo registrados com ele 150 homens; 4 dos descendentes
de Paate-Moabe, Elioenai, filho de Zeraías, e com ele 200 ho-
mens; 5 dos descendentes de Zatu[a], Secanias, filho de Jaaziel,
e com ele 300 homens; 6 dos descendentes de Adim, Ebede,
filho de Jônatas, e com ele 50 homens; 7 dos descendentes de
Elão, Jesaías, filho de Atalias, e com ele 70 homens; 8 dos des-
cendentes de Sefatias, Zebadias, filho de Micael, e com ele 80
homens; 9 dos descendentes de Joabe, Obadias, filho de Jeiel,
e com ele 218 homens; 10 dos descendentes de Bani[b], Selomite,
filho de Josifias, e com ele 160 homens; 11 dos descendentes
de Bebai, Zacarias, filho de Bebai, e com ele 28 homens; 12 dos
descendentes de Azgade, Joanã, filho de Hacatã, e com ele 110
homens; 13 dos descendentes de Adonicão, os últimos que che-
garam, Elifelete, Jeiel e Semaías, e com eles 60 homens; 14 dos
descendentes de Bigvai, Utai e Zabude, e com eles 70 homens.

O Retorno a Jerusalém

15 Eu os reuni junto ao canal que corre para Aava e acampamos
ali por três dias. Quando passei em revista o povo e os sa-
cerdotes, não encontrei nenhum levita. 16 Por isso convoquei
Eliézer, Ariel, Semaías, Elnatã, Jaribe, Elnatã, Natã, Zacarias
e Mesulão, que eram líderes, e Joiaribe e Natã, que eram ho-
mens sábios, 17 e os enviei a Ido, o líder de Casifia. Eu lhes falei
o que deveriam dizer a Ido e a seus parentes, os servidores
do templo, em Casifia, para que nos trouxessem servidores
para o templo de nosso Deus. 18 Como a bondosa mão de Deus
estava sobre nós, eles nos trouxeram Serebias, homem capaz,
dentre os descendentes de Mali, filho de Levi, neto de Israel,
e os filhos e irmãos de Serebias, dezoito homens; 19 e também
Hasabias, acompanhado de Jesaías, dentre os descendentes
de Merari, e seus irmãos e filhos, vinte homens. 20 Trouxeram
ainda duzentos e vinte dos servidores do templo, um grupo que
Davi e os seus oficiais tinham formado para ajudar os levitas.
Todos eles tinham seus nomes registrados.
21 Ali, junto ao canal de Aava, proclamei jejum para que nos
humilhássemos diante do nosso Deus e lhe pedíssemos uma
viagem segura para nós e nossos filhos, com todos os nossos
bens. 22 Tive vergonha de pedir soldados e cavaleiros ao rei
para nos protegerem dos inimigos na estrada, pois lhe tí-
nhamos dito: "A mão bondosa de nosso Deus está sobre todos
os que o buscam, mas o seu poder e a sua ira são contra todos
os que o abandonam". 23 Por isso jejuamos e suplicamos essa
bênção ao nosso Deus, e ele nos atendeu.
24 Depois separei doze dos principais sacerdotes, a saber,
Serebias, Hasabias e dez dos seus irmãos, 25 e pesei diante
deles a oferta de prata e de ouro e os utensílios que o rei, seus
conselheiros, seus oficiais e todo o Israel ali presente tinham
doado para a casa de nosso Deus. 26 Pesei e entreguei-lhes
vinte e dois mil e setecentos e cinquenta quilos[c] de prata, três
toneladas e meia de utensílios de prata, três toneladas e meia
de ouro, 27 vinte tigelas de ouro pesando oito quilos e meio[d],
e dois utensílios finos de bronze polido, tão valiosos como se
fossem de ouro.
28 E eu lhes disse: Tanto vocês como estes utensílios estão con-
sagrados ao SENHOR. A prata e o ouro são uma oferta volun-
tária ao SENHOR, o Deus dos seus antepassados. 29 Peço que os
guardem bem até que os pesem nas salas do templo do SENHOR
em Jerusalém diante dos sacerdotes principais, dos levitas e
dos chefes das famílias de Israel. 30 Então os sacerdotes e os
levitas receberam a prata, o ouro e os utensílios sagrados,
depois de pesados, para levá-los a Jerusalém, ao templo do
nosso Deus.
31 No décimo segundo dia do primeiro mês nós partimos do
canal de Aava e fomos para Jerusalém. A mão do nosso Deus
esteve sobre nós, e ele nos protegeu do ataque de inimigos e
assaltantes pelo caminho. 32 Assim chegamos a Jerusalém, e
ficamos descansando três dias.
33 No quarto dia, no templo do nosso Deus, pesamos a prata,
o ouro e os utensílios sagrados, e os demos a Meremote, filho
do sacerdote Urias. Estavam com ele Eleazar, filho de Fineias,
e os levitas Jozabade, filho de Jesua, e Noadias, filho de Binui.
34 Tudo foi contado e pesado, e o peso total foi registrado na-
quela mesma hora.
35 Então os exilados que tinham voltado do cativeiro sacrifi-
caram holocaustos[e] ao Deus de Israel: doze touros em favor de
todo o Israel, noventa e seis carneiros, setenta e sete cordeiros
e, como oferta pelo pecado, doze bodes — tudo oferecido
como holocausto ao SENHOR. 36 Eles também entregaram as
ordens do rei aos sátrapas e aos governadores do território
a oeste do Eufrates, e ajudaram o povo na obra do templo
de Deus.

9 A Oração de Esdras

Depois que foram feitas essas coisas, os líderes vieram di-
zer-me: "O povo de Israel, inclusive os sacerdotes e os levitas,
não se mantiveram separados dos povos vizinhos e de suas prá-

[a] 8.5 Muitos manuscritos não trazem Zatu.
[b] 8.10 Muitos manuscritos não trazem Bani.
[c] 8.26 Hebraico: *650 talentos*. Um talento equivalia a 35 quilos.
[d] 8.27 Hebraico: *1.000 dáricos*.
[e] 8.35 Isto é, sacrifícios totalmente queimados.

ticas repugnantes, como as dos cananeus, dos hititas, dos fere-
zeus, dos jebuseus, dos amonitas, dos moabitas, dos egípcios
e dos amorreus. 2Eles e seus filhos se casaram com mulheres
daqueles povos e com eles misturaram a descendência santa.
E os líderes e os oficiais estão à frente nessa atitude infiel!"
3Quando ouvi isso, rasguei a minha túnica e o meu manto,
arranquei os cabelos da cabeça e da barba e me sentei estar-
recido! 4Então todos os que tremiam diante das palavras do
Deus de Israel reuniram-se ao meu redor por causa da infide-
lidade dos exilados. E eu fiquei sentado ali, estarrecido, até o
sacrifício da tarde.
5Então, na hora do sacrifício da tarde, eu saí do meu aba-
timento, com a túnica e o manto rasgados, e caí de joelhos
com as mãos estendidas para o SENHOR, o meu Deus, 6e orei:
Meu Deus, estou por demais envergonhado e humilhado para
levantar o rosto diante de ti, meu Deus, porque os nossos pe-
cados cobrem a nossa cabeça e a nossa culpa sobe até os céus.
7Desde os dias dos nossos antepassados até agora, a nossa
culpa tem sido grande. Por causa dos nossos pecados, nós,
os nossos reis e os nossos sacerdotes temos sido entregues à
espada e ao cativeiro, ao despojo e à humilhação nas mãos de
reis estrangeiros, como acontece hoje.
8Mas agora, por um breve momento, o SENHOR, o nosso Deus,
foi misericordioso, deixando-nos um remanescente e dando-
-nos um lugar seguro em seu santuário, e dessa maneira o
nosso Deus ilumina os nossos olhos e nos dá um pequeno alívio
em nossa escravidão. 9Somos escravos, mas o nosso Deus não
nos abandonou na escravidão. Ele tem sido bondoso para co-
nosco diante dos reis da Pérsia: ele nos deu vida nova para
reconstruir o templo do nosso Deus e levantar suas ruínas, e
nos deu um muro de proteção em Judá e em Jerusalém.
10E agora, ó nosso Deus, o que podemos dizer depois disso?
Pois nós abandonamos os mandamentos que 11nos deste por
meio dos teus servos, os profetas, quando disseste: "A terra
que vocês estão conquistando está contaminada pelas práticas
repugnantes dos seus povos. Com essas práticas eles encheram
de impureza toda essa terra. 12Por isso, não deem as suas
filhas em casamento aos filhos deles, nem aceitem as filhas
deles para os filhos de vocês. Nunca procurem o bem-estar e
a prosperidade desses povos, para que vocês sejam fortes e
desfrutem os bons produtos da terra, e a deixem para os seus
filhos como herança eterna".
13Depois de tudo o que nos aconteceu por causa de nossas más
obras e por causa de nossa grande culpa, apesar de nos teres
punido menos do que os nossos pecados mereciam, ó Deus,
e ainda nos teres dado um remanescente como este, 14como
podemos voltar a quebrar os teus mandamentos e a realizar
casamentos mistos com esses povos de práticas repugnantes?
Como não ficarias irado conosco, não nos destruirias, e não
nos deixarias sem remanescente ou sobrevivente algum? 15Ó
SENHOR, Deus de Israel, tu és justo! E até hoje nos deixaste
sobreviver como um remanescente. Aqui estamos diante de
ti com a nossa culpa, embora saibamos que por causa dela
nenhum de nós pode permanecer na tua presença.

10 A Confissão de Pecado do Povo

Enquanto Esdras estava orando e confessando, chorando
prostrado diante do templo de Deus, uma grande multidão
de israelitas, homens, mulheres e crianças, reuniram-se em
volta dele. Eles também choravam amargamente. 2Então Se-
canias, filho de Jeiel, um dos descendentes de Elão, disse a
Esdras: "Fomos infiéis ao nosso Deus quando nos casamos
com mulheres estrangeiras procedentes dos povos vizinhos.
Mas, apesar disso, ainda há esperança para Israel. 3Façamos
agora um acordo diante do nosso Deus e mandemos de volta
todas essas mulheres e seus filhos, segundo o conselho do
meu senhor e daqueles que tremem diante dos mandamentos
de nosso Deus. Que isso seja feito em conformidade com a
Lei. 4Levante-se! Esta questão está em suas mãos, mas nós o
apoiaremos. Tenha coragem e mãos à obra!"
5Esdras levantou-se e fez os sacerdotes principais, os levitas
e todo o Israel jurarem que fariam o que fora sugerido. E eles
juraram. 6Então Esdras retirou-se de diante do templo de Deus
e foi para o quarto de Joanã, filho de Eliasibe. Enquanto esteve
ali, não comeu nem bebeu nada, lamentando a infidelidade
dos exilados.
7Fez-se então uma proclamação em todo o Judá e em Jeru-
salém convocando todos os exilados a se reunirem em Jeru-
salém. 8Os líderes e as demais autoridades tinham decidido
que aquele que não viesse no prazo de três dias perderia todos
os seus bens e seria excluído da comunidade dos exilados.
9No prazo de três dias, todos os homens de Judá e de Benjamim
tinham se reunido em Jerusalém e, no vigésimo dia do nono
mês, todo o povo estava sentado na praça que ficava diante do
templo de Deus. Todos estavam profundamente abatidos por
causa da reunião e também porque chovia muito. 10Então o sa-
cerdote Esdras levantou-se e lhes disse: "Vocês têm sido infiéis!
Vocês se casaram com mulheres estrangeiras, aumentando a
culpa de Israel. 11Agora confessem seu pecado ao SENHOR, o
Deus dos seus antepassados, e façam a vontade dele. Sepa-
rem-se dos povos vizinhos e das suas mulheres estrangeiras".
12A comunidade toda respondeu em alta voz: "Você está certo!
Devemos fazer o que você diz. 13Mas há muita gente aqui, e
esta é a estação das chuvas; por isso não podemos ficar do
lado de fora. Além disso, essa questão não pode ser resolvida
em um dia ou dois, pois foram muitos os que assim pecaram.
14Que os nossos líderes decidam por toda a assembleia. De-
pois, que cada homem de nossas cidades que se casou com
mulher estrangeira venha numa data marcada, acompanhado
dos líderes e juízes de cada cidade, para que se afaste de nós o
furor da ira de nosso Deus por causa desse pecado". 15Somente
Jônatas, filho de Asael, e Jaseías, filho de Ticvá, apoiados por
Mesulão e o levita Sabetai, discordaram.
16E assim os exilados fizeram conforme proposto. O sacerdote
Esdras escolheu chefes de família, um de cada grupo de fa-
mílias, todos eles chamados por nome. E no primeiro dia do
décimo mês eles se assentaram para investigar cada caso. 17No
primeiro dia do primeiro mês terminaram de investigar todos os
casos de casamento com mulheres estrangeiras.

Os Culpados de Casamento Misto

18 Entre os descendentes dos sacerdotes, estes foram os que
se casaram com mulheres estrangeiras: Entre os descendentes
de Jesua, filho de Jozadaque, e de seus irmãos: Maaseias,
Eliézer, Jaribe e Gedalias. 19 Eles apertaram as mãos em sinal
de garantia de que iam despedir suas mulheres, e cada um
apresentou um carneiro do rebanho como oferta por sua culpa.
20 Entre os descendentes de Imer: Hanani e Zebadias.
21 Entre os descendentes de Harim: Maaseias, Elias, Semaías,
Jeiel e Uzias.
22 Entre os descendentes de Pasur: Elioenai, Maaseias, Ismael,
Natanael, Jozabade e Eleasa.
23 Entre os levitas: Jozabade, Simei, Quelaías, também cha-
mado Quelita, Petaías, Judá e Eliézer. 24 Entre os cantores:
Eliasibe. Entre os porteiros: Salum, Telém e Uri.
25 E entre os outros israelitas: Entre os descendentes de Parós:
Ramias, Jezias, Malquias, Miamim, Eleazar, Malquias e Be-
naia. 26 Entre os descendentes de Elão: Matanias, Zacarias,
Jeiel, Abdi, Jeremote e Elias. 27 Entre os descendentes de
Zatu: Elioenai, Eliasibe, Matanias, Jeremote, Zabade e Aziza.
28 Entre os descendentes de Bebai: Joanã, Hananias, Zabai e
Atlai. 29 Entre os descendentes de Bani: Mesulão, Maluque,
Adaías, Jasube, Seal e Jeremote. 30 Entre os descendentes
de Paate-Moabe: Adna, Quelal, Benaia, Maaseias, Matanias,
Bezalel, Binui e Manassés. 31 Entre os descendentes de Harim:
Eliézer, Issias, Malquias, Semaías, Simeão, 32 Benjamim,
Maluque e Semarias. 33 Entre os descendentes de Hasum:
Matenai, Matatá, Zabade, Elifelete, Jeremai, Manassés e
Simei. 34 Entre os descendentes de Bani: Maadai, Anrão,
Uel, 35 Benaia, Bedias, Queluí, 36 Vanias, Meremote, Eliasibe,
37 Matanias, Matenai e Jaasai. 38 Entre os descendentes de
Binui:[a] Simei, 39 Selemias, Natã, Adaías, 40 Macnadbai, Sasai,
Sarai, 41 Azareel, Selemias, Semarias, 42 Salum, Amarias e José.
43 Entre os descendentes de Nebo: Jeiel, Matitias, Zabade,
Zebina, Jadai, Joel e Benaia.
44 Todos esses tinham se casado com mulheres estrangeiras, e
alguns deles tiveram filhos dessas mulheres.[b]

---

[a] **10.37,38** Muitos manuscritos dizem Jaasai, 38Bani, Binui.

[b] **10.44** Ou *e eles as despediram com seus filhos.* .

NEEMIAS

A História de Neemias

1 Palavras de Neemias, filho de Hacalias: No mês de quisleu[a],
no vigésimo ano[b], enquanto eu estava na cidade de Susã, 2 Ha-
nani, um dos meus irmãos, veio de Judá com alguns outros
homens, e eu lhes perguntei acerca dos judeus que restaram,
os sobreviventes do cativeiro,[c] e também sobre Jerusalém.
3 E eles me responderam: "Aqueles que sobreviveram ao cati-
veiro e estão lá na província passam por grande sofrimento e
humilhação. O muro de Jerusalém foi derrubado, e suas portas
foram destruídas pelo fogo".
4 Quando ouvi essas coisas, sentei-me e chorei. Passei dias la-
mentando-me, jejuando e orando ao Deus dos céus. 5 Então
eu disse: SENHOR, Deus dos céus, Deus grande e temível, fiel
à aliança e misericordioso com os que te amam e obedecem
aos teus mandamentos, 6 que os teus ouvidos estejam atentos
e os teus olhos estejam abertos para a oração que o teu servo
está fazendo diante de ti, dia e noite, em favor de teus servos,
o povo de Israel. Confesso os pecados que nós, os israelitas,
temos cometido contra ti. Sim, eu e o meu povo temos pecado.
7 Agimos de forma corrupta e vergonhosa contra ti. Não temos
obedecido aos mandamentos, aos decretos e às leis que deste
ao teu servo Moisés.
8 Lembra-te agora do que disseste a Moisés, teu servo: "Se
vocês forem infiéis, eu os espalharei entre as nações, 9 mas,
se voltarem para mim, obedecerem aos meus mandamentos e
os puserem em prática, mesmo que vocês estejam espalhados
pelos lugares mais distantes debaixo do céu, de lá eu os re-
unirei e os trarei para o lugar que escolhi para estabelecer o
meu nome".
10 Estes são os teus servos, o teu povo. Tu os resgataste com
o teu grande poder e com o teu braço forte. 11 Senhor, que
os teus ouvidos estejam atentos à oração deste teu servo e à
oração dos teus servos que têm prazer em temer o teu nome.
Faze com que hoje este teu servo seja bem-sucedido, conce-
dendo-lhe a benevolência deste homem. Nessa época, eu era
o copeiro do rei.

Neemias em Jerusalém

2 No mês de nisã[d] do vigésimo ano do rei Artaxerxes, na hora
de servir-lhe o vinho, levei-o ao rei. Nunca antes eu tinha es-
tado triste na presença dele; 2 por isso o rei me perguntou: "Por
que o seu rosto parece tão triste se você não está doente? Essa
tristeza só pode ser do coração!" Com muito medo, 3 eu disse
ao rei: Que o rei viva para sempre! Como não estaria triste o
meu rosto se a cidade em que estão sepultados os meus pais
está em ruínas e as suas portas foram destruídas pelo fogo?

---

[a] **1.1** Aproximadamente novembro/dezembro.

[b] **1.1** Isto é, do reinado de Artaxerxes I, conforme 2.1.

[c] **1.2** Ou *os que não foram levados*; ou ainda *os que haviam voltado do cativeiro*.

[d] **2.1** O mesmo que abibe; aproximadamente março/abril.

[4]O rei me disse: "O que você gostaria de pedir?" Então orei ao
Deus dos céus [5]e respondi ao rei: Se for do agrado do rei e se
o seu servo puder contar com a sua benevolência, que ele me
deixe ir à cidade onde meus pais estão enterrados, em Judá,
para que eu possa reconstruí-la.
[6]Então o rei, estando presente a rainha, sentada ao seu lado,
perguntou-me: "Quanto tempo levará a viagem? Quando você
voltará?" Marquei um prazo com o rei, e ele concordou que
eu fosse.
[7]A seguir, acrescentei: Se for do agrado do rei, eu poderia
levar cartas do rei aos governadores do Trans-Eufrates para
que me deixem passar até chegar a Judá. [8]E também uma
carta para Asafe, guarda da floresta do rei, para que ele me
forneça madeira para as portas da cidadela que fica junto ao
templo, para os muros da cidade e para a residência que irei
ocupar. Visto que a bondosa mão de Deus estava sobre mim, o
rei atendeu os meus pedidos. [9]Com isso fui aos governadores
do Trans-Eufrates e lhes entreguei as cartas do rei. Acompa-
nhou-me uma escolta de oficiais do exército e de cavaleiros
que o rei enviou comigo.
[10]Sambalate, o horonita, e Tobias, o oficial amonita, ficaram
muito irritados quando viram que havia gente interessada no
bem dos israelitas.

A Inspeção dos Muros de Jerusalém

[11]Cheguei a Jerusalém e, depois de três dias de permanência
ali, [12]saí de noite com alguns dos meus amigos. Eu não havia
contado a ninguém o que o meu Deus havia posto em meu co-
ração que eu fizesse por Jerusalém. Não levava nenhum outro
animal além daquele em que eu estava montado.
[13]De noite saí pela porta do Vale na direção da fonte do Dragão
e da porta do Esterco, examinando o muro de Jerusalém, que
havia sido derrubado e suas portas, que haviam sido destruídas
pelo fogo. [14]Fui até a porta da Fonte e do tanque do Rei, mas
ali não havia espaço para o meu animal passar; [15]por isso subi
o vale, ainda de noite, examinando o muro. Finalmente voltei
e tornei a entrar pela porta do Vale. [16]Os oficiais não sabiam
aonde eu tinha ido ou o que eu estava fazendo, pois até então
eu não tinha dito nada aos judeus, aos sacerdotes, aos nobres,
aos oficiais e aos outros que iriam realizar a obra.
[17]Então eu lhes disse: Vejam a situação terrível em que es-
tamos: Jerusalém está em ruínas, e suas portas foram des-
truídas pelo fogo. Venham, vamos reconstruir os muros de
Jerusalém, para que não fiquemos mais nesta situação humi-
lhante. [18]Também lhes contei como Deus tinha sido bondoso
comigo e o que o rei me tinha dito. Eles responderam: "Sim,
vamos começar a reconstrução". E se encheram de coragem
para a realização desse bom projeto.
[19]Quando, porém, Sambalate, o horonita, Tobias, o oficial amo-
nita, e Gesém, o árabe, souberam disso, zombaram de nós,
desprezaram-nos e perguntaram: "O que vocês estão fazendo?
Estão se rebelando contra o rei?"
[20]Eu lhes respondi: O Deus dos céus fará que sejamos bem-su-
cedidos. Nós, os seus servos, começaremos a reconstrução,
mas, no que lhes diz respeito, vocês não têm parte nem direito
legal sobre Jerusalém, e em sua história não há nada de me-
morável que favoreça vocês!

3 A Distribuição do Trabalho

O sumo sacerdote Eliasibe e os seus colegas sacerdotes co-
meçaram o seu trabalho e reconstruíram a porta das Ovelhas.
Eles a consagraram e colocaram as portas no lugar. Depois
construíram o muro até a torre dos Cem, que consagraram, e
até a torre de Hananeel. [2]Os homens de Jericó construíram o
trecho seguinte, e Zacur, filho de Inri, construiu logo adiante.
[3]A porta do Peixe foi reconstruída pelos filhos de Hassenaá.
Eles puseram os batentes e colocaram as portas, os ferrolhos e
as trancas no lugar. [4]Meremote, filho de Urias, neto de Hacoz,
fez os reparos do trecho seguinte. Ao seu lado Mesulão, filho
de Berequias, neto de Mesezabel, fez os reparos, e ao seu lado
Zadoque, filho de Baaná, também fez os reparos. [5]O trecho
seguinte foi reparado pelos homens de Tecoa, mas os nobres
dessa cidade não quiseram se juntar ao serviço, rejeitando a
orientação de seus supervisores[a].
[6]A porta Jesana[b] foi consertada por Joiada, filho de Paseia,
e por Mesulão, filho de Besodias. Eles puseram os batentes
e colocaram as portas, os ferrolhos e as trancas no lugar. [7]No
trecho seguinte os reparos foram feitos por Melatias de Gi-
beom e Jadom de Meronote, homens de Gibeom e de Mispá,
localidades que estavam sob a autoridade do governador da
província do Trans-Eufrates. [8]Uziel, filho de Haraías, um dos
ourives, fez os reparos do trecho seguinte; e Hananias, um dos
perfumistas, fez os reparos ao seu lado. Eles reconstruíram[c]
Jerusalém até o muro Largo. [9]Refaías, filho de Hur, governador
da metade do distrito de Jerusalém, fez os reparos do trecho
seguinte. [10]Ao seu lado, Jedaías, filho de Harumafe, fez os re-
paros em frente da sua casa, e Hatus, filho de Hasabneias, fez
os reparos ao seu lado. [11]Malquias, filho de Harim, e Hassube,
filho de Paate-Moabe, repararam outro trecho e a torre dos
Fornos. [12]Salum, filho de Haloês, governador da outra metade
do distrito de Jerusalém, fez os reparos do trecho seguinte com
a ajuda de suas filhas.
[13]A porta do Vale foi reparada por Hanum e pelos moradores de
Zanoa. Eles a reconstruíram e colocaram as portas, os ferrolhos
e as trancas no lugar. Também repararam quatrocentos e cin-
quenta metros[d] do muro, até a porta do Esterco.
[14]A porta do Esterco foi reparada por Malquias, filho de Recabe,
governador do distrito de Bete-Haquerém. Ele a reconstruiu e
colocou as portas, os ferrolhos e as trancas no lugar.
[15]A porta da Fonte foi reparada por Salum, filho de Col-Hozé,
governador do distrito de Mispá. Ele a reconstruiu, cobriu-a e
colocou as portas, os ferrolhos e as trancas no lugar. Também
fez os reparos do muro do tanque de Siloé[e], junto ao jardim
do Rei, até os degraus que descem da Cidade de Davi. [16]Além

---

a 3.5 Ou *de seu Senhor*, ou ainda *de seu governador*
b 3.6 Ou *porta Velha*
c 3.8 Ou *Eles deixaram de lado parte de*
d 3.13 Hebraico: *1.000 côvados*. O côvado era uma medida linear de cerca de 45 centímetros.
e 3.15 Hebraico: *Selá*, variante de *Siloé*.

dele, Neemias, filho de Azbuque, governador de meio distrito
de Bete-Zur, fez os reparos até em frente dos túmulos[a] de Davi,
até o açude artificial e a casa dos soldados.
17 Depois dele os reparos foram feitos pelos levitas que estavam
sob a responsabilidade de Reum, filho de Bani. Junto a ele
Hasabias, governador da metade do distrito de Queila, fez os
reparos em seu distrito. 18 Depois dele os reparos foram feitos
pelos seus compatriotas que estavam sob a responsabilidade
de Binui[b], filho de Henadade, governador da metade do distrito
de Queila. 19 Ao seu lado Ézer, filho de Jesua, governador de
Mispá, reconstruiu outro trecho, começando de um ponto que
fica em frente da subida para a casa das armas, indo até a es-
quina do muro. 20 Depois dele Baruque, filho de Zabai, reparou
com zelo outro trecho, desde a esquina do muro até a entrada
da casa do sumo sacerdote Eliasibe. 21 Em seguida, Meremote,
filho de Urias, neto de Hacoz, reparou outro trecho, desde a
entrada da casa de Eliasibe até o fim dela.
22 Os demais reparos foram feitos pelos sacerdotes das redon-
dezas. 23 Depois, Benjamim e Hassube fizeram os reparos em
frente da sua casa, e ao lado deles Azarias, filho de Maaseias,
filho de Ananias, fez os reparos ao lado de sua casa. 24 Depois
dele, Binui, filho de Henadade, reparou outro trecho, desde
a casa de Azarias até a esquina do muro, 25 e Palal, filho de
Uzai, trabalhou em frente da esquina do muro e da torre que
sai do palácio superior, perto do pátio da guarda. Junto a ele,
Pedaías, filho de Parós, 26 e os servos do templo que viviam na
colina de Ofel fizeram os reparos até em frente da porta das
Águas, na direção do leste e da torre que ali sobressaía. 27 De-
pois dele os homens de Tecoa repararam outro trecho, desde
a grande torre até o muro de Ofel.
28 Acima da porta dos Cavalos, os sacerdotes fizeram os re-
paros, cada um em frente da sua própria casa. 29 Depois deles
Zadoque, filho de Imer, fez os reparos em frente da sua casa.
Ao seu lado Semaías, filho de Secanias, o guarda da porta
Oriental, fez os reparos. 30 Depois, Hananias, filho de Sele-
mias, e Hanum, filho de Zalafe, fez os reparos do outro trecho.
Ao seu lado, Mesulão, filho de Berequias, fez os reparos em
frente da sua moradia. 31 Depois dele, Malquias, um ourives,
fez os reparos do muro até a casa dos servos do templo e dos
comerciantes, em frente da porta da Inspeção, até o posto de
vigia da esquina; 32 e entre a sala acima da esquina e a porta
das Ovelhas os ourives e os comerciantes fizeram os reparos.

4 Oposição à Reconstrução

Quando Sambalate soube que estávamos reconstruindo o
muro, ficou furioso. Ridicularizou os judeus 2 e, na presença de
seus compatriotas e dos poderosos de Samaria, disse: "O que
aqueles frágeis judeus estão fazendo? Será que vão restaurar
o seu muro? Irão oferecer sacrifícios? Irão terminar a obra num
só dia? Será que vão conseguir ressuscitar pedras de cons-
trução daqueles montes de entulho e de pedras queimadas?"
3 Tobias, o amonita, que estava ao seu lado, completou: "Pois
que construam! Basta que uma raposa suba lá, para que esse
muro de pedras desabe!"
4 Ouve-nos, ó Deus, pois estamos sendo desprezados. Faze cair
sobre eles a zombaria. E sejam eles levados prisioneiros como
despojo para outra terra. 5 Não perdoes os seus pecados nem
apagues as suas maldades, pois provocaram a tua ira diante
dos construtores.
6 Nesse meio tempo fomos reconstruindo o muro, até que em
toda a sua extensão chegamos à metade da sua altura, pois o
povo estava totalmente dedicado ao trabalho.
7 Quando, porém, Sambalate, Tobias, os árabes, os amonitas e
os homens de Asdode souberam que os reparos nos muros de
Jerusalém tinham avançado e que as brechas estavam sendo
fechadas, ficaram furiosos. 8 Todos juntos planejaram atacar
Jerusalém e causar confusão. 9 Mas nós oramos ao nosso Deus
e colocamos guardas de dia e de noite para proteger-nos deles.
10 Enquanto isso, o povo de Judá começou a dizer: "Os trabalha-
dores já não têm mais forças e ainda há muito entulho. Por nós
mesmos não conseguiremos reconstruir o muro".
11 E os nossos inimigos diziam: "Antes que descubram qualquer
coisa ou nos vejam, estaremos bem ali no meio deles; vamos
matá-los e acabar com o trabalho deles".
12 Os judeus que moravam perto deles dez vezes nos preve-
niram: "Para onde quer que vocês se virarem, saibam que se-
remos atacados de todos os lados".
13 Por isso posicionei alguns do povo atrás dos pontos mais
baixos do muro, nos lugares abertos, divididos por famílias,
armados de espadas, lanças e arcos. 14 Fiz uma rápida inspeção
e imediatamente disse aos nobres, aos oficiais e ao restante do
povo: Não tenham medo deles. Lembrem-se de que o Senhor é
grande e temível e lutem por seus irmãos, por seus filhos e por
suas filhas, por suas mulheres e por suas casas.
15 Quando os nossos inimigos descobriram que sabíamos de
tudo e que Deus tinha frustrado a sua trama, todos nós vol-
tamos para o muro, cada um para o seu trabalho.
16 Daquele dia em diante, enquanto a metade dos meus homens
fazia o trabalho, a outra metade permanecia armada de lanças,
escudos, arcos e couraças. Os oficiais davam apoio a todo o
povo de Judá 17 que estava construindo o muro. Aqueles que
transportavam material faziam o trabalho com uma das mãos
e com a outra seguravam uma arma, 18 e cada um dos cons-
trutores trazia na cintura uma espada enquanto trabalhava; e
comigo ficava um homem pronto para tocar a trombeta.
19 Então eu disse aos nobres, aos oficiais e ao restante do povo:
A obra é grande e extensa, e estamos separados, distantes
uns dos outros, ao longo do muro. 20 Do lugar de onde ouvirem
o som da trombeta, juntem-se a nós ali. Nosso Deus lutará
por nós!
21 Dessa maneira prosseguimos o trabalho com metade dos
homens empunhando espadas desde o raiar da alvorada até
o cair da tarde. 22 Naquela ocasião, eu também disse ao povo:
Cada um de vocês e o seu ajudante devem ficar à noite em
Jerusalém, para que possam servir de guarda à noite e traba-
lhar durante o dia. 23 Eu, os meus irmãos, os meus homens de

a 3.16 A Septuaginta, alguns manuscritos da Vulgata e a Versão Siríaca dizem do túmulo.
b 3.18 Muitos manuscritos dizem Bavai; também no versículo 24.

confiança e os guardas que estavam comigo nem tirávamos a
roupa, e cada um permanecia de arma na mão.

A Solução das Injustiças Sociais

5 Ora, o povo, homens e mulheres, começou a reclamar muito
de seus irmãos judeus. 2 Alguns diziam: "Nós, nossos filhos e
nossas filhas somos numerosos; precisamos de trigo para
comer e continuar vivos".
3 Outros diziam: "Tivemos que penhorar nossas terras, nossas
vinhas e nossas casas para conseguir trigo para matar a fome".
4 E havia ainda outros que diziam: "Tivemos que tomar di-
nheiro emprestado para pagar o imposto cobrado sobre as
nossas terras e as nossas vinhas. 5 Apesar de sermos do mesmo
sangue[a] dos nossos compatriotas, e de nossos filhos serem tão
bons quanto os deles, ainda assim temos que sujeitar os nossos
filhos e as nossas filhas à escravidão. E, de fato, algumas de
nossas filhas já foram entregues como escravas e não podemos
fazer nada, pois as nossas terras e as nossas vinhas pertencem
a outros".
6 Quando ouvi a reclamação e essas acusações, fiquei furioso.
7 Fiz uma avaliação de tudo e então repreendi os nobres e os
oficiais, dizendo-lhes: "Vocês estão cobrando juros dos seus
compatriotas!" Por isso convoquei uma grande reunião contra
eles 8 e disse: Na medida do possível nós compramos de volta
nossos irmãos judeus que haviam sido vendidos aos outros
povos. Agora vocês estão até vendendo os seus irmãos! Assim
eles terão que ser vendidos a nós de novo! Eles ficaram em
silêncio, pois não tinham resposta.
9 Por isso prossegui: O que vocês estão fazendo não está certo.
Vocês devem andar no temor do nosso Deus para evitar a
zombaria dos outros povos, os nossos inimigos. 10 Eu, os meus
irmãos e os meus homens de confiança também estamos em-
prestando dinheiro e trigo ao povo. Mas vamos acabar com a
cobrança de juros! 11 Devolvam-lhes imediatamente suas terras,
suas vinhas, suas oliveiras e suas casas, e também os juros que
cobraram deles, a centésima parte do dinheiro, do trigo, do
vinho e do azeite.
12 E eles responderam: "Nós devolveremos tudo o que você
citou, e não exigiremos mais nada deles. Vamos fazer o que
você está pedindo". Então convoquei os sacerdotes e os fiz
declarar sob juramento que cumpririam a promessa feita.
13 Também sacudi a dobra do meu manto e disse: Deus assim
sacuda de sua casa e de seus bens todo aquele que não man-
tiver a sua promessa. Tal homem seja sacudido e esvaziado!
Toda a assembleia disse: "Amém!", e louvou o SENHOR. E o povo
cumpriu o que prometeu.

O Exemplo de Neemias

14 Além disso, desde o vigésimo ano do rei Artaxerxes, quando
fui nomeado governador deles na terra de Judá, até o trigé-
simo segundo ano do seu reinado, durante doze anos, nem
eu nem meus irmãos comemos a comida destinada ao gover-
nador. 15 Mas os governantes anteriores, aqueles que me pre-
cederam, puseram um peso sobre o povo e tomavam dele qua-
trocentos e oitenta gramas[b] de prata, além de comida e vinho.
Até os seus auxiliares oprimiam o povo. Mas, por temer a Deus,
não agi dessa maneira. 16 Ao contrário, eu mesmo me dediquei
ao trabalho neste muro. Todos os meus homens de confiança
foram reunidos ali para o trabalho; e não compramos[c] nenhum
pedaço de terra.
17 Além do mais, cento e cinquenta homens, entre judeus do
povo e seus oficiais, comiam à minha mesa, como também
pessoas das nações vizinhas que vinham visitar-nos. 18 Todos
os dias eram preparados, à minha custa, um boi, seis das me-
lhores ovelhas e aves, e a cada dez dias eu recebia uma grande
remessa de vinhos de todo tipo. Apesar de tudo isso, jamais
exigi a comida destinada ao governador, pois eram demasiadas
as exigências que pesavam sobre o povo.
19 Lembra-te de mim, ó meu Deus, levando em conta tudo o
que fiz por este povo.

A Tentativa de Intimidação

6 Quando Sambalate, Tobias, Gesém, o árabe, e o restante de
nossos inimigos souberam que eu havia reconstruído o muro
e que não havia ficado nenhuma brecha, embora até então eu
ainda não tivesse colocado as portas nos seus lugares, 2 Sam-
balate e Gesém mandaram-me a seguinte mensagem: "Venha,
vamos nos encontrar num dos povoados[d] da planície de Ono".
Eles, contudo, estavam tramando fazer-me mal; 3 por isso en-
viei-lhes mensageiros com esta resposta: "Estou executando
um grande projeto e não posso descer. Por que parar a obra
para ir encontrar-me com vocês?" 4 Eles me mandaram quatro
vezes a mesma mensagem, e todas as vezes lhes dei a mesma
resposta.
5 Então, na quinta vez, Sambalate mandou-me um dos seus
homens de confiança com a mesma mensagem; ele tinha na
mão uma carta aberta 6 em que estava escrito: "Dizem entre as
nações, e Gesém diz que é verdade, que você e os judeus estão
tramando uma revolta e que, por isso, estão reconstruindo o
muro. Além disso, conforme dizem, você está na iminência de
se tornar o rei deles, 7 e até nomeou profetas para fazerem em
Jerusalém a seguinte proclamação a seu respeito: 'Há um rei
em Judá!' Ora, essa informação será levada ao rei; por isso,
vamos conversar".
8 Eu lhe mandei esta resposta: Nada disso que você diz está
acontecendo; é pura invenção sua.
9 Estavam todos tentando intimidar-nos, pensando: "Eles serão
enfraquecidos e não concluirão a obra". Eu, porém, orei pe-
dindo: Fortalece agora as minhas mãos!
10 Um dia fui à casa de Semaías, filho de Delaías, neto de Mee-
tabel, que estava trancado portas adentro. Ele disse: "Vamos
encontrar-nos na casa de Deus, no templo, a portas fechadas,
pois estão querendo matá-lo; eles virão esta noite".

[a] 5.5 Hebraico: *carne*.

[b] 5.15 Hebraico: *40 siclos*. Um siclo equivalia a 12 gramas.

[c] 5.16 Conforme a maioria dos manuscritos do Texto Massorético. Alguns manuscritos do Texto Massorético, a Septuaginta, a Vulgata e a Versão Siríaca dizem ou não comprei.

[d] 6.2 Ou *em Quefirim*

11 Todavia, eu lhe respondi: Acha que um homem como eu de-
veria fugir? Alguém como eu deveria entrar no templo para
salvar a vida? Não, eu não irei! 12 Percebi que Deus não o tinha
enviado e que ele tinha profetizado contra mim porque Tobias
e Sambalate o tinham contratado. 13 Ele tinha sido pago para
me intimidar, a fim de que eu cometesse um pecado agindo
daquela maneira, e então eles poderiam difamar-me e desa-
creditar-me.
14 Lembra-te do que fizeram Tobias e Sambalate, meu Deus,
lembra-te também da profetisa Noadia e do restante dos pro-
fetas que estão tentando me intimidar.

O Término da Reconstrução

15 O muro ficou pronto no vigésimo quinto dia de elul[a], em cin-
quenta e dois dias. 16 Quando todos os nossos inimigos sou-
beram disso, todas as nações vizinhas ficaram atemorizadas
e com o orgulho ferido, pois perceberam que essa obra havia
sido executada com a ajuda de nosso Deus.
17 E também, naqueles dias, os nobres de Judá estavam en-
viando muitas cartas a Tobias, que lhes enviava suas respostas.
18 Porque muitos de Judá estavam comprometidos com ele por
juramento, visto que era genro de Secanias, filho de Ara, e seu
filho Joanã havia se casado com a filha de Mesulão, neto de
Berequias. 19 Até ousavam elogiá-lo na minha presença e iam
contar-lhe o que eu dizia. E Tobias continuou a enviar-me cartas
para me intimidar.

7 Depois que o muro foi reconstruído e que eu coloquei as
portas no lugar, foram nomeados os porteiros, os cantores e
os levitas. 2 Para governar Jerusalém encarreguei o meu irmão
Hanani e, com ele, Hananias[b], comandante da fortaleza, pois
Hananias era íntegro e temia a Deus mais do que a maioria dos
homens. 3 Eu lhes disse: As portas de Jerusalém não deverão
ser abertas enquanto o sol não estiver alto. E antes de dei-
xarem o serviço, os porteiros deverão fechar e travar as portas.
Também designei moradores de Jerusalém para sentinelas,
alguns em postos no muro, outros em frente das suas casas.

A Lista dos Exilados que Retornaram

4 Ora, a cidade era grande e espaçosa, mas havia poucos mo-
radores, e as casas ainda não tinham sido reconstruídas. 5 Por
isso o meu Deus pôs no meu coração reunir os nobres, os ofi-
ciais e todo o povo para registrá-los por famílias. Encontrei o
registro genealógico dos que foram os primeiros a voltar. Assim
estava registrado ali:
6 "Estes são os homens da província que voltaram do exílio,
os quais Nabucodonosor, rei da Babilônia, havia levado pri-
sioneiros. Eles voltaram para Jerusalém e para Judá, cada
um para a sua própria cidade, 7 em companhia de Zorobabel,
Jesua, Neemias, Azarias, Raamias, Naamani, Mardoqueu, Bilsã,
Misperete, Bigvai, Neum e Baaná. E esta é a lista e o número
dos que retornaram, pelos chefes de família e respectivas ci-
dades: 8 "os descendentes de Parós, 2.172; 9 de Sefatias, 372;
10 de Ara, 652; 11 de Paate-Moabe, por meio da linhagem de
Jesua e Joabe, 2.818; 12 de Elão, 1.254; 13 de Zatu, 845; 14 de
Zacai, 760; 15 de Binui, 648; 16 de Bebai, 628; 17 de Azgade,
2.322; 18 de Adonicão, 667; 19 de Bigvai, 2.067; 20 de Adim, 655;
21 de Ater, por meio de Ezequias, 98; 22 de Hasum, 328; 23 de
Besai, 324; 24 de Harife, 112; 25 de Gibeom, 95;
26 "das cidades de Belém e de Netofate, 188; 27 de Anatote,
128; 28 de Bete-Azmavete, 42; 29 de Quiriate-Jearim[c], Cefira e
Beerote, 743; 30 de Ramá e Geba, 621; 31 de Micmás, 122; 32 de
Betel e Ai, 123; 33 do outro Nebo, 52; 34 do outro Elão, 1.254;
35 de Harim, 320; 36 de Jericó, 345; 37 de Lode, Hadide e Ono,
721; 38 de Senaá, 3.930.
39 "Os sacerdotes: os descendentes de Jedaías, por meio da
família de Jesua, 973; 40 de Imer, 1.052; 41 de Pasur, 1.247; 42 de
Harim, 1.017.
43 "Os levitas: os descendentes de Jesua, por meio de Cadmiel,
pela linhagem de Hodeva, 74.
44 "Os cantores: os descendentes de Asafe 148.
45 "Os porteiros do templo: os descendentes de Salum, Ater,
Talmom, Acube, Hatita e Sobai 138.
46 "Os servidores do templo: os descendentes de Zia, Hasufa,
Tabaote, 47 Queros, Sia, Padom, 48 Lebana, Hagaba, Salmai,
49 Hanã, Gidel, Gaar, 50 Reaías, Rezim, Necoda, 51 Gazão, Uzá,
Paseia, 52 Besai, Meunim, Nefusim, 53 Baquebuque, Hacufa,
Harur, 54 Baslite, Meída, Harsa, 55 Barcos, Sísera, Tamá, 56 Ne-
sias e Hatifa.
57 "Os descendentes dos servos de Salomão: os descendentes
de Sotai, Soferete, Perida, 58 Jaala, Darcom, Gidel, 59 Sefatias,
Hatil, Poquerete-Hazebaim e Amom.
60 "Os servos do templo e os descendentes dos servos de Sa-
lomão 392.
61 "Os que chegaram das cidades de Tel-Melá, Tel-Harsa, Que-
rube, Adom e Imer, mas não puderam provar que suas famílias
eram descendentes de Israel:
62 "os descendentes de Delaías, Tobias e Necoda 642.
63 "E entre os sacerdotes: os descendentes de Habaías, Hacoz
e Barzilai, homem que se casou com uma filha de Barzilai, de
Gileade, e que era chamado por aquele nome".
64 Esses procuraram seus registros de família, mas não conse-
guiram achá-los e, dessa forma, foram considerados impuros
para o sacerdócio. 65 Por isso o governador determinou que
eles não comessem das ofertas santíssimas enquanto não hou-
vesse um sacerdote para consultar o Urim e o Tumim[d].
66 O total de todos os registrados foi 42.360 homens, 67 além
dos seus 7.337 servos e servas; havia entre eles 245 cantores e
cantoras. 68 Possuíam 736 cavalos, 245 mulas,[e] 69 435 camelos
e 6.720 jumentos.
70 Alguns dos chefes das famílias contribuíram para o trabalho.
O governador deu à tesouraria oito quilos[f] de ouro, 50 bacias

a 6.15 Aproximadamente agosto/setembro.
b 7.2 Ou *Hanani*, isto é, *Hananias*.
c 7.29 Veja Ed 2.25.
d 7.65 Objetos utilizados para se conhecer a vontade de Deus.
e 7.68 Conforme alguns manuscritos do Texto Massorético. A maioria dos manuscritos do Texto Massorético não traz este versículo. Veja Ed 2.66.
f 7.70 Hebraico: *1.000 dracmas*.

e 530 vestes para os sacerdotes. 71 Alguns dos chefes das fa-
mílias deram à tesouraria cento e sessenta quilos de ouro e
mil e trezentos e vinte quilos[a] de prata, para a realização do
trabalho. 72 O total dado pelo restante do povo foi de cento e
sessenta quilos de ouro, mil e duzentos quilos de prata e 67
vestes para os sacerdotes.
73 Os sacerdotes, os levitas, os porteiros, os cantores e os servi-
dores do templo, e também alguns do povo e os demais israe-
litas, estabeleceram-se em suas próprias cidades.

8 A Leitura Pública da Lei

Quando chegou o sétimo mês e os israelitas tinham se ins-
talado em suas cidades, todo o povo juntou-se como se fosse
um só homem na praça, em frente da porta das Águas. Pediram
ao escriba Esdras que trouxesse o Livro da Lei de Moisés, que
o SENHOR dera a Israel.
2 Assim, no primeiro dia do sétimo mês, o sacerdote Esdras
trouxe a Lei diante da assembleia, que era constituída de ho-
mens e mulheres e de todos os que podiam entender. 3 Ele a
leu em alta voz desde o raiar da manhã até o meio-dia, de
frente para a praça, em frente da porta das Águas, na presença
dos homens, mulheres e de outros que podiam entender. E
todo o povo ouvia com atenção a leitura do Livro da Lei.
4 O escriba Esdras estava numa plataforma elevada, de ma-
deira, construída para a ocasião. Ao seu lado, à direita, es-
tavam Matitias, Sema, Anaías, Urias, Hilquias e Maaseias; e à
esquerda estavam Pedaías, Misael, Malquias, Hasum, Hasba-
dana, Zacarias e Mesulão.
5 Esdras abriu o Livro diante de todo o povo, e este podia vê-lo,
pois ele estava num lugar mais alto. E, quando abriu o Livro,
o povo todo se levantou. 6 Esdras louvou o SENHOR, o grande
Deus, e todo o povo ergueu as mãos e respondeu: "Amém!
Amém!" Então eles adoraram o SENHOR, prostrados com o rosto
em terra.
7 Os levitas Jesua, Bani, Serebias, Jamim, Acube, Sabetai, Ho-
dias, Maaseias, Quelita, Azarias, Jozabade, Hanã e Pelaías,
instruíram o povo na Lei, e todos permaneciam ali. 8 Leram o
Livro da Lei de Deus, interpretando-o e explicando-o, a fim de
que o povo entendesse o que estava sendo lido.
9 Então Neemias, o governador, Esdras, o sacerdote e escriba,
e os levitas que estavam instruindo o povo disseram a todos:
"Este dia é consagrado ao SENHOR, o nosso Deus. Nada de tris-
teza e de choro!" Pois todo o povo estava chorando enquanto
ouvia as palavras da Lei.
10 E Neemias acrescentou: "Podem sair, e comam e bebam do
melhor que tiverem, e repartam com os que nada têm prepa-
rado. Este dia é consagrado ao nosso Senhor. Não se entris-
teçam, porque a alegria do SENHOR os fortalecerá".
11 Os levitas tranquilizaram todo o povo, dizendo: "Acalmem-se,
porque este é um dia santo. Não fiquem tristes!"
12 Então todo o povo saiu para comer, beber, repartir com
os que nada tinham preparado e para celebrar com grande
alegria, pois agora compreendiam as palavras que lhes foram
explicadas.
13 No segundo dia do mês, os chefes de todas as famílias, os
sacerdotes e os levitas reuniram-se com o escriba Esdras para
estudarem as palavras da Lei. 14 Descobriram na Lei que o SE-
NHOR tinha ordenado, por meio de Moisés, que os israelitas de-
veriam morar em tendas durante a festa do sétimo mês. 15 Por
isso anunciaram em todas as suas cidades e em Jerusalém:
"Saiam às montanhas e tragam ramos de oliveiras cultivadas,
de oliveiras silvestres, de murtas, de tamareiras e de árvores
frondosas, para fazerem tendas, conforme está escrito[b]".
16 Então o povo saiu e trouxe os ramos, e eles mesmos cons-
truíram tendas nos seus terraços, nos seus pátios, nos pátios
do templo de Deus e na praça junto à porta das Águas e na que
fica junto à porta de Efraim. 17 Todos os que tinham voltado do
exílio construíram tendas e moraram nelas. Desde os dias de
Josué, filho de Num, até aquele dia, os israelitas não tinham
celebrado a festa dessa maneira. E grande foi a alegria deles.
18 Dia após dia, desde o primeiro até o último dia da festa,
Esdras leu o Livro da Lei de Deus. Eles celebraram a festa du-
rante sete dias, e no oitavo dia, conforme o ritual, houve uma
reunião solene.

9 A Confissão do Pecado

No vigésimo quarto dia do mês, os israelitas se reuniram, je-
juaram, vestiram pano de saco e puseram terra sobre a cabeça.
2 Os que eram de ascendência israelita tinham se separado de
todos os estrangeiros. Levantaram-se nos seus lugares, con-
fessaram os seus pecados e a maldade dos seus antepassados.
3 Ficaram onde estavam e leram o Livro da Lei do SENHOR, do
seu Deus, durante três horas, e passaram outras três horas
confessando os seus pecados e adorando o SENHOR, o seu Deus.
4 Em pé, na plataforma, estavam os levitas Jesua, Bani, Cad-
miel, Sebanias, Buni, Serebias, Bani e Quenani, que em alta voz
clamavam ao SENHOR, o seu Deus. 5 E os levitas Jesua, Cadmiel,
Bani, Hasabneias, Serebias, Hodias, Sebanias e Petaías con-
clamavam o povo, dizendo: "Levantem-se e louvem o SENHOR,
o seu Deus, que vive para todo o sempre. Bendito seja o teu
nome glorioso! A tua grandeza está acima de toda expressão
de louvor. 6 Só tu és o SENHOR. Fizeste os céus, e os mais altos
céus, e tudo o que neles há, a terra e tudo o que nela existe, os
mares e tudo o que neles existe. Tu deste vida a todos os seres,
e os exércitos dos céus te adoram.
7 "Tu és o SENHOR, o Deus que escolheu Abrão, trouxe-o de Ur
dos caldeus e deu-lhe o nome de Abraão. 8 Viste que o coração
dele era fiel, e fizeste com ele uma aliança, prometendo dar
aos seus descendentes a terra dos cananeus, dos hititas, dos
amorreus, dos ferezeus, dos jebuseus e dos girgaseus. E cum-
priste a tua promessa porque tu és justo.
9 "Viste o sofrimento dos nossos antepassados no Egito, e ou-
viste o clamor deles no mar Vermelho. 10 Fizeste sinais e ma-
ravilhas contra o faraó e todos os seus oficiais e contra todo
o povo da sua terra, pois sabias com quanta arrogância os

[a] 7.71 Hebraico: *2.200 minas*. Uma mina equivalia a 600 gramas.

[b] 8.15 Veja Lv 23.37-40.

egípcios os tratavam. Alcançaste renome, que permanece até
hoje. 11 Dividiste o mar diante deles, para que o atravessassem
a seco, mas lançaste os seus perseguidores nas profundezas,
como uma pedra em águas agitadas. 12 Tu os conduziste de
dia com uma nuvem e de noite com uma coluna de fogo, para
iluminar o caminho que tinham que percorrer.
13 "Tu desceste ao monte Sinai; dos céus lhes falaste. Deste-
-lhes ordenanças justas, leis verdadeiras, decretos e manda-
mentos excelentes. 14 Fizeste que conhecessem o teu sábado
santo e lhes deste ordens, decretos e leis por meio de Moisés,
teu servo. 15 Na fome deste-lhes pão do céu, e na sede tiraste
para eles água da rocha; mandaste-os entrar e tomar posse da
terra que, sob juramento, tinhas prometido dar-lhes.
16 "Mas os nossos antepassados tornaram-se arrogantes e obs-
tinados, e não obedeceram aos teus mandamentos. 17 Eles se
recusaram a ouvir-te e esqueceram-se dos milagres que rea-
lizaste entre eles. Tornaram-se obstinados e, na sua rebeldia,
escolheram um líder a fim de voltarem à sua escravidão. Mas
tu és um Deus perdoador, um Deus bondoso e misericordioso,
muito paciente e cheio de amor. Por isso não os abandonaste,
18 mesmo quando fundiram para si um ídolo na forma de be-
zerro e disseram: 'Este é o seu deus, que os tirou do Egito', ou
quando proferiram blasfêmias terríveis.
19 "Foi por tua grande compaixão que não os abandonaste no
deserto. De dia a nuvem não deixava de guiá-los em seu ca-
minho, nem de noite a coluna de fogo deixava de brilhar sobre
o caminho que deviam percorrer. 20 Deste o teu bom Espírito
para instruí-los. Não retiveste o teu maná que os alimentava,
e deste-lhes água para matar a sede. 21 Durante quarenta anos
tu os sustentaste no deserto; nada lhes faltou, as roupas deles
não se gastaram nem os seus pés ficaram inchados.
22 "Deste-lhes reinos e nações, cuja terra repartiste entre eles.
Eles conquistaram a terra de Seom, rei de Hesbom, e a terra
de Ogue, rei de Basã. 23 Tornaste os seus filhos tão numerosos
como as estrelas do céu, e os trouxeste para entrar e possuir
a terra que prometeste aos seus antepassados. 24 Seus filhos
entraram e tomaram posse da terra. Tu subjugaste diante deles
os cananeus, que viviam na terra, e os entregaste nas suas
mãos, com os seus reis e com os povos daquela terra, para
que os tratassem como bem quisessem. 25 Conquistaram ci-
dades fortificadas e terra fértil; apossaram-se de casas cheias
de bens, poços já escavados, vinhas, olivais e muitas árvores
frutíferas. Comeram até fartar-se e foram bem alimentados;
eles desfrutaram de tua grande bondade.
26 "Mas foram desobedientes e se rebelaram contra ti; deram
as costas para a tua Lei. Mataram os teus profetas, que os ti-
nham advertido que se voltassem para ti; e fizeram-te ofensas
detestáveis. 27 Por isso tu os entregaste nas mãos de seus
inimigos, que os oprimiram. Mas, quando foram oprimidos,
clamaram a ti. Dos céus tu os ouviste, e na tua grande com-
paixão deste-lhes libertadores, que os livraram das mãos de
seus inimigos.
28 "Mas, tão logo voltavam a ter paz, de novo faziam o que
tu reprovas. Então tu os abandonavas às mãos de seus ini-
migos, para que dominassem sobre eles. E, quando novamente
clamavam a ti, dos céus tu os ouvias e na tua compaixão os
livravas vez após vez.
29 "Tu os advertiste que voltassem à tua Lei, mas eles se tor-
naram arrogantes e desobedeceram aos teus mandamentos.
Pecaram contra as tuas ordenanças, pelas quais o homem vive
se lhes obedece. Com teimosia, deram-te as costas, torna-
ram-se obstinados e recusaram ouvir-te. 30 E durante muitos
anos foste paciente com eles. Por teu Espírito, por meio dos
profetas, os advertiste. Contudo, não te deram atenção,
de modo que os entregaste nas mãos dos povos vizinhos.
31 Graças, porém, à tua grande misericórdia, não os destruíste
nem os abandonaste, pois és Deus bondoso e misericordioso.
32 "Agora, portanto, nosso Deus, ó Deus grande, poderoso e
temível, fiel à tua aliança e misericordioso, não fiques indife-
rente a toda a aflição que veio sobre nós, sobre os nossos reis
e sobre os nossos líderes, sobre os nossos sacerdotes e sobre
os nossos profetas, sobre os nossos antepassados e sobre todo
o teu povo, desde os dias dos reis da Assíria até hoje. 33 Em tudo
o que nos aconteceu foste justo; agiste com lealdade mesmo
quando fomos infiéis. 34 Nossos reis, nossos líderes, nossos sa-
cerdotes e nossos antepassados não seguiram a tua Lei; não
deram atenção aos teus mandamentos nem às advertências
que lhes fizeste. 35 Mesmo quando estavam no reino deles,
desfrutando da tua grande bondade, na terra espaçosa e fértil
que lhes deste, eles não te serviram nem abandonaram os seus
maus caminhos.
36 "Vê, porém, que hoje somos escravos, escravos na terra que
deste aos nossos antepassados para que usufruíssem dos seus
frutos e das outras boas coisas que ela produz. 37 Por causa de
nossos pecados, a sua grande produção pertence aos reis que
puseste sobre nós. Eles dominam sobre nós e sobre os nossos
rebanhos como bem lhes parece. É grande a nossa angústia!

O Acordo do Povo

38 "Em vista disso tudo, estamos fazendo um acordo, por es-
crito, e assinado por nossos líderes, nossos levitas e nossos
sacerdotes".

10 Esta é a relação dos que o assinaram: Neemias, o go-
vernador, filho de Hacalias, e Zedequias, 2 Seraías, Aza-
rias, Jeremias, 3 Pasur, Amarias, Malquias, 4 Hatus, Sebanias,
Maluque, 5 Harim, Meremote, Obadias, 6 Daniel, Ginetom, Ba-
ruque, 7 Mesulão, Abias, Miamim, 8 Maazias, Bilgai e Semaías.
Esses eram os sacerdotes.
9 Dos levitas: Jesua, filho de Azanias, Binui, dos filhos de He-
nadade, Cadmiel 10 e seus colegas: Sebanias, Hodias, Quelita,
Pelaías, Hanã, 11 Mica, Reobe, Hasabias, 12 Zacur, Serebias, Se-
banias, 13 Hodias, Bani e Beninu.
14 Dos líderes do povo: Parós, Paate-Moabe, Elão, Zatu, Bani,
15 Buni, Azgade, Bebai, 16 Adonias, Bigvai, Adim, 17 Ater, Eze-
quias, Azur, 18 Hodias, Hasum, Besai, 19 Harife, Anatote, Nebai,
20 Magpias, Mesulão, Hezir, 21 Mesezabel, Zadoque, Jadua,
22 Pelatias, Hanã, Anaías, 23 Oseias, Hananias, Hassube, 24 Ha-

Ioês, Pílea, Sobeque, 25 Reum, Hasabna, Maaseias, 26 Aías,
Hanã, Anã, 27 Maluque, Harim e Baaná.
28 "O restante do povo — sacerdotes, levitas, porteiros, can-
tores, servidores do templo e todos os que se separaram dos
povos vizinhos por amor à Lei de Deus, com suas mulheres
e com todos os seus filhos e filhas capazes de entender—
29 agora se une a seus irmãos, os nobres, e se obrigam sob
maldição e sob juramento a seguir a Lei de Deus dada por
meio do servo de Deus, Moisés, e a obedecer fielmente a todos
os mandamentos, ordenanças e decretos do SENHOR, o nosso
Senhor.
30 "Prometemos não dar nossas filhas em casamento aos
povos vizinhos nem aceitar que as filhas deles se casem com
os nossos filhos.
31 "Quando os povos vizinhos trouxerem mercadorias ou cereal
para venderem no sábado ou em dia de festa, não compra-
remos deles nesses dias. Cada sete anos abriremos mão de
trabalhar a terra e cancelaremos todas as dívidas.
32 "Assumimos a responsabilidade de, conforme o manda-
mento, dar anualmente quatro gramas[a] para o serviço do
templo de nosso Deus: 33 para os pães consagrados, para as
ofertas regulares de cereal e para os holocaustos[b], para as
ofertas dos sábados, das festas de lua nova e das festas fixas,
para as ofertas sagradas, para as ofertas pelo pecado para
fazer propiciação por Israel e para as necessidades do templo
de nosso Deus.
34 "Também lançamos sortes entre as famílias dos sacerdotes,
dos levitas e do povo, para escalar anualmente a família que
deverá trazer lenha ao templo de nosso Deus, no tempo deter-
minado, para queimar sobre o altar do SENHOR, o nosso Deus,
conforme está escrito na Lei.
35 "Também assumimos a responsabilidade de trazer anual-
mente ao templo do SENHOR os primeiros frutos de nossas co-
lheitas e de toda árvore frutífera.
36 "Conforme também está escrito na Lei, traremos o primeiro
de nossos filhos e a primeira cria de nossos rebanhos, tanto de
ovelhas como de bois, para o templo de nosso Deus, para os
sacerdotes que ali estiverem ministrando.
37 "Além do mais, traremos para os depósitos do templo de
nosso Deus, para os sacerdotes, a nossa primeira massa de ce-
real moído e as nossas primeiras ofertas de cereal, do fruto de
todas as nossas árvores e de nosso vinho e azeite. E traremos
o dízimo das nossas colheitas para os levitas, pois são eles que
recolhem os dízimos em todas as cidades onde trabalhamos.
38 Um sacerdote descendente de Arão acompanhará os levitas
quando receberem os dízimos, e os levitas terão que trazer um
décimo dos dízimos ao templo de nosso Deus, aos depósitos
do templo. 39 O povo de Israel, inclusive os levitas, deverão
trazer ofertas de cereal, de vinho novo e de azeite aos depó-
sitos onde se guardam os utensílios para o santuário. É onde os
sacerdotes ministram e onde os porteiros e os cantores ficam.
Não negligenciaremos o templo de nosso Deus."

[a] 10.32 Hebraico: *1/3 de siclo*. Um siclo equivalia a 12 gramas, geralmente de prata.
[b] 10.33 Isto é, sacrifícios totalmente queimados.

11 O Repovoamento de Jerusalém

Os líderes do povo passaram a morar em Jerusalém, e o
restante do povo fez um sorteio para que, de cada dez pessoas,
uma viesse morar em Jerusalém, a santa cidade; as outras
nove deveriam ficar em suas próprias cidades. 2 O povo aben-
çoou todos os homens que se apresentaram voluntariamente
para morar em Jerusalém.
3 Alguns israelitas, sacerdotes, levitas, servos do templo e des-
cendentes dos servos de Salomão viviam nas cidades de Judá,
cada um em sua propriedade. Estes são os líderes da província
que passaram a morar em Jerusalém 4 (além deles veio gente
tanto de Judá quanto de Benjamim viver em Jerusalém): Entre
os descendentes de Judá: Ataías, filho de Uzias, neto de Zaca-
rias, bisneto de Amarias; Amarias era filho de Sefatias e neto
de Maalaleel, descendente de Perez. 5 Maaseias, filho de Ba-
ruque, neto de Col-Hozé, bisneto de Hazaías; Hazaías era filho
de Adaías, neto de Joiaribe e bisneto de Zacarias, descendente
de Selá. 6 Os descendentes de Perez que viviam em Jerusalém
totalizavam 468 homens de destaque.
7 Entre os descendentes de Benjamim: Salu, filho de Mesulão,
neto de Joede, bisneto de Pedaías; Pedaías era filho de Co-
laías, neto de Maaseias, bisneto de Itiel, tetraneto de Jesaías;
8 os seguidores de Salu, Gabai e Salai totalizavam 928 homens.
9 Joel, filho de Zicri, era o oficial superior entre eles, e Judá,
filho de Hassenua, era responsável pelo segundo distrito da
cidade.
10 Entre os sacerdotes: Jedaías, filho de Joiaribe; Jaquim; 11 Se-
raías, filho de Hilquias, neto de Mesulão, bisneto de Zadoque
— Zadoque era filho de Meraiote, neto de Aitube, supervisor
da casa de Deus — 12 e seus colegas, que faziam o trabalho
do templo, totalizavam 822 homens. Adaías, filho de Jeroão,
neto de Pelaías, bisneto de Anzi — Anzi era filho de Zacarias,
neto de Pasur, bisneto de Malquias — 13 e seus colegas, que
eram chefes de famílias, totalizavam 242 homens. Amassai,
filho de Azareel, neto de Azai, bisneto de Mesilemote, tetraneto
de Imer, 14 e os seus colegas, que eram homens de destaque,
totalizavam 128. O oficial superior deles era Zabdiel, filho de
Gedolim.
15 Entre os levitas: Semaías, filho de Hassube, neto de Azricão,
bisneto de Hasabias, tetraneto de Buni; 16 Sabetai e Jozabade,
dois dos líderes dos levitas, encarregados do trabalho externo
do templo de Deus; 17 Matanias, filho de Mica, neto de Zabdi,
bisneto de Asafe, o dirigente que conduzia as ações de graças
e as orações; Baquebuquias, o segundo entre os seus colegas e
Abda, filho de Samua, neto de Galal, bisneto de Jedutum. 18 Os
levitas totalizavam 284 na cidade santa.
19 Os porteiros: Acube, Talmom e os homens dos seus clãs, que
guardavam as portas, eram 172.
20 Os demais israelitas, incluindo os sacerdotes e os levitas,
estavam em todas as cidades de Judá, cada um na propriedade
de sua herança.
21 Os que prestavam serviço no templo moravam na colina de
Ofel, e Zia e Gispa estavam encarregados deles.

22 O oficial superior dos levitas em Jerusalém era Uzi, filho de Bani, neto de Hasabias, bisneto de Matanias, tetraneto de Mica. Uzi era um dos descendentes de Asafe, que eram responsáveis pela música do templo de Deus. 23 Eles estavam sujeitos às prescrições do rei, que regulamentavam suas atividades diárias.

24 Petaías, filho de Mesezabel, descendente de Zerá, filho de Judá, representava o rei nas questões de ordem civil.

25 Alguns do povo de Judá foram morar em Quiriate-Arba e seus povoados, em Dibom e seus povoados, em Jecabzeel e seus povoados, 26 em Jesua, em Moladá, em Bete-Pelete, 27 em Hazar-Sual, em Berseba e seus povoados, 28 em Ziclague, em Meconá e seus povoados, 29 em En-Rimom, em Zorá, em Jarmute, 30 em Zanoa, em Adulão e seus povoados, em Laquis e seus arredores, e em Azeca e seus povoados. Eles se estabeleceram desde Berseba até o vale de Hinom.

31 Os descendentes dos benjamitas foram viver em Geba, Micmás, Aia, Betel e seus povoados, 32 em Anatote, Nobe e Ananias, 33 Hazor, Ramá e Gitaim, 34 Hadide, Zeboim e Nebalate, 35 Lode e Ono, e no vale dos Artesãos.

36 Alguns grupos dos levitas de Judá se estabeleceram em Benjamim.

12 A Lista dos Sacerdotes e dos Levitas

Estes foram os sacerdotes e os levitas que voltaram com Zorobabel, filho de Sealtiel, e com Jesua: Seraías, Jeremias, Esdras, 2 Amarias, Maluque, Hatus, 3 Secanias[a], Reum, Meremote[b], 4 Ido, Ginetom[c], Abias, 5 Miamim[d], Maadias, Bilga, 6 Semaías, Joiaribe, Jedaías, 7 Salu, Amoque, Hilquias e Jedaías. Esses foram os chefes dos sacerdotes e seus colegas nos dias de Jesua. 8 Os levitas foram Jesua, Binui, Cadmiel, Serebias, Judá, e também Matanias, o qual, com seus colegas, estava encarregado dos cânticos de ações de graças. 9 Baquebuquias e Uni, seus colegas, ficavam em frente deles para responder-lhes.

10 Jesua foi o pai de Joiaquim, Joiaquim foi o pai de Eliasibe, Eliasibe foi o pai de Joiada, 11 Joiada foi o pai de Jônatas, Jônatas foi o pai de Jadua.

12 Nos dias de Joiaquim estes foram os líderes das famílias dos sacerdotes: da família de Seraías, Meraías; da família de Jeremias, Hananias; 13 da família de Esdras, Mesulão; da família de Amarias, Joanã; 14 da família de Maluqui, Jônatas; da família de Secanias, José; 15 da família de Harim, Adna; da família de Meremote, Helcai; 16 da família de Ido, Zacarias; da família de Ginetom, Mesulão; 17 da família de Abias, Zicri; da família de Miniamim e de Maadias, Piltai; 18 da família de Bilga, Samua; da família de Semaías, Jônatas; 19 da família de Joiaribe, Matenai; da família de Jedaías, Uzi; 20 da família de Salai, Calai; da família de Amoque, Héber; 21 da família de Hilquias, Hasabias; da família de Jedaías, Natanael.

[a] 12.3 Muitos manuscritos dizem Sebanias; também no versículo 14.
[b] 12.3 Muitos manuscritos dizem Meraiote; também no versículo 15.
[c] 12.4 Muitos manuscritos dizem Ginetoi; também no versículo 16.
[d] 12.5 Variante de *Miniamim*; também no versículo 17.

22 Nos dias de Eliasibe, os chefes das famílias dos levitas e dos sacerdotes, Joiada, Joanã e Jadua, foram registrados durante o reinado de Dario, o persa. 23 Os chefes das famílias dos descendentes de Levi até a época de Joanã, filho de Eliasibe, foram registrados no livro das crônicas. 24 Os líderes dos levitas foram Hasabias, Serebias, Jesua, filho de Cadmiel, e seus colegas, que ficavam em frente deles quando entoavam louvores e ações de graças; um grupo respondia ao outro, conforme prescrito por Davi, homem de Deus.

25 Matanias, Baquebuquias, Obadias, Mesulão, Talmom e Acube eram porteiros; vigiavam os depósitos localizados junto às portas. 26 Eles serviram nos dias de Joiaquim, filho de Jesua, neto de Jozadaque, e nos dias do governador Neemias e de Esdras, sacerdote e escriba.

A Dedicação dos Muros de Jerusalém

27 Por ocasião da dedicação dos muros de Jerusalém, os levitas foram procurados e trazidos de onde moravam para Jerusalém para celebrarem a dedicação alegremente, com cânticos e ações de graças, ao som de címbalos, harpas e liras. 28 Os cantores foram trazidos dos arredores de Jerusalém, dos povoados dos netofatitas, 29 de Bete-Gilgal, e das regiões de Geba e de Azmavete, pois esses cantores haviam construído povoados para si ao redor de Jerusalém. 30 Os sacerdotes e os levitas se purificaram cerimonialmente e depois purificaram também o povo, as portas e os muros.

31 Ordenei aos líderes de Judá que subissem ao alto do muro. Também designei dois grandes coros para darem graças. Um deles avançou em cima do muro, para a direita, até a porta do Esterco. 32 Hosaías e metade dos líderes de Judá os seguiram, 33 Azarias, Esdras, Mesulão, 34 Judá, Benjamim, Semaías, Jeremias, 35 e alguns sacerdotes com trombetas, além de Zacarias, filho de Jônatas, neto de Semaías, bisneto de Matanias, que era filho de Micaías, neto de Zacur, bisneto de Asafe, 36 e seus colegas, Semaías, Azareel, Milalai, Gilalai, Maai, Natanael, Judá e Hanani, que tocavam os instrumentos musicais prescritos por Davi, homem de Deus. Esdras, o escriba, ia à frente deles. 37 À porta da Fonte eles subiram diretamente os degraus da Cidade de Davi, na subida para o muro, e passaram sobre a casa de Davi até a porta das Águas, a leste.

38 O segundo coro avançou no sentido oposto. Eu os acompanhei, quando iam sobre o muro, levando comigo a metade do povo; passamos pela torre dos Fornos até a porta Larga, 39 sobre a porta de Efraim, a porta Jesana[e], a porta do Peixe, a torre de Hananeel e a torre dos Cem, indo até a porta das Ovelhas. Junto à porta da Guarda paramos.

40 Os dois coros encarregados das ações de graças assumiram os seus lugares no templo de Deus, o que também fiz, acompanhado da metade dos oficiais 41 e dos sacerdotes Eliaquim, Maaseias, Miniamim, Micaías, Elioenai, Zacarias e Hananias, com suas trombetas, 42 além de Maaseias, Semaías, Eleazar, Uzi, Joanã, Malquias, Elão e Ézer. Os coros cantaram sob a direção de Jezraías. 43 E, naquele dia, contentes como estavam,

[e] 12.39 Ou *porta Velha*

ofereceram grandes sacrifícios, pois Deus os enchera de grande
alegria. As mulheres e as crianças também se alegraram, e os
sons da alegria de Jerusalém podiam ser ouvidos de longe.
44 Naquela ocasião, foram designados alguns encarregados
dos depósitos onde se recebiam as contribuições gerais, os
primeiros frutos e os dízimos. Das lavouras que havia em torno
das cidades eles deveriam trazer para os depósitos as porções
exigidas pela Lei para os sacerdotes e para os levitas. E, de
fato, o povo de Judá estava satisfeito com os sacerdotes e os
levitas que ministravam no templo. 45 Eles celebravam o culto
ao seu Deus e o ritual de purificação, dos quais também partici-
pavam os cantores e os porteiros, de acordo com as ordens de
Davi e do seu filho Salomão. 46 Pois muito tempo antes, nos dias
de Davi e de Asafe, havia dirigentes dos cantores e pessoas que
dirigiam os cânticos de louvor e de graças a Deus. 47 Assim, nos
dias de Zorobabel e de Neemias, todo o Israel contribuía com
ofertas diárias para os cantores e para os porteiros. Também
separavam a parte pertencente aos outros levitas, e os levitas
separavam a porção dos descendentes de Arão.

As Últimas Reformas Realizadas por Neemias

13 Naquele dia, o Livro de Moisés foi lido em alta voz diante
do povo, e nele achou-se escrito que nenhum amonita ou
moabita jamais poderia ser admitido no povo de Deus, 2 pois
eles, em vez de darem água e comida aos israelitas, tinham
contratado Balaão para invocar maldição sobre eles. O nosso
Deus, porém, transformou a maldição em bênção. 3 Quando
o povo ouviu essa Lei, excluiu de Israel todos os que eram de
ascendência estrangeira.
4 Antes disso, o sacerdote Eliasibe tinha sido encarregado dos
depósitos do templo de nosso Deus. Ele era parente próximo
de Tobias 5 e lhe havia cedido uma grande sala, anteriormente
utilizada para guardar as ofertas de cereal, o incenso, os uten-
sílios do templo e também os dízimos do trigo, do vinho novo e
do azeite prescritos para os levitas, para os cantores e para os
porteiros, além das ofertas para os sacerdotes.
6 Mas, enquanto tudo isso estava acontecendo, eu não estava
em Jerusalém, pois no trigésimo segundo ano do reinado de
Artaxerxes, rei da Babilônia, voltei ao rei. Algum tempo depois
pedi sua permissão 7 e voltei para Jerusalém. Aqui soube do
mal que Eliasibe fizera ao ceder uma sala a Tobias nos pátios
do templo de Deus. 8 Fiquei muito aborrecido e joguei todos
os móveis de Tobias fora da sala. 9 Mandei purificar as salas e
coloquei de volta nelas os utensílios do templo de Deus, com
as ofertas de cereal e o incenso.
10 Também fiquei sabendo que os levitas não tinham recebido a
parte que lhes era devida e que todos os levitas e cantores res-
ponsáveis pelo culto haviam voltado para suas próprias terras.
11 Por isso repreendi os oficiais e lhes perguntei: "Por que essa
negligência com o templo de Deus?" Então convoquei os levitas
e os cantores e os coloquei em seus postos.
12 E todo o povo de Judá trouxe os dízimos do trigo, do vinho
novo e do azeite aos depósitos. 13 Coloquei o sacerdote Sele-
mias, o escriba Zadoque e um levita chamado Pedaías como
encarregados dos depósitos e fiz de Hanã, filho de Zacur, neto
de Matanias, assistente deles, porque esses homens eram de
confiança. Eles ficaram responsáveis pela distribuição de su-
primentos aos seus colegas.
14 Lembra-te de mim por isso, meu Deus, e não te esqueças
do que fiz com tanta fidelidade pelo templo de meu Deus e
pelo seu culto.
15 Naqueles dias, vi que em Judá alguns trabalhavam nos tan-
ques de prensar uvas no sábado e ajuntavam trigo e o carre-
gavam em jumentos, transportando-o com vinho, uvas, figos
e todo tipo de carga. Tudo isso era trazido para Jerusalém em
pleno sábado. Então os adverti que não vendessem alimento
nesse dia. 16 Havia alguns da cidade de Tiro que moravam em
Jerusalém e que, no sábado, traziam e vendiam peixes e toda
espécie de mercadoria em Jerusalém, para o povo de Judá.
17 Diante disso, repreendi os nobres de Judá e lhes disse: Como
é que vocês podem fazer tão grande mal, profanando o dia
de sábado? 18 Por acaso os seus antepassados não fizeram o
mesmo, levando o nosso Deus a trazer toda essa desgraça
sobre nós e sobre esta cidade? Pois agora, profanando o sá-
bado, vocês provocam maior ira contra Israel!
19 Quando as sombras da tarde cobriram as portas de Jerusalém
na véspera do sábado, ordenei que estas fossem fechadas e
só fossem abertas depois que o sábado tivesse terminado. Co-
loquei alguns de meus homens de confiança junto às portas,
para que nenhum carregamento pudesse ser introduzido no
dia de sábado. 20 Uma ou duas vezes os comerciantes e ven-
dedores de todo tipo de mercadoria passaram a noite do lado
de fora de Jerusalém. 21 Mas eu os adverti, dizendo: Por que
vocês passam a noite junto ao muro? Se fizerem isso de novo,
mandarei prendê-los. Depois disso não vieram mais no sábado.
22 Então ordenei aos levitas que se purificassem e fossem vigiar
as portas a fim de que o dia de sábado fosse respeitado como
sagrado. Lembra-te de mim também por isso, ó meu Deus, e
tem misericórdia de mim conforme o teu grande amor.
23 Além disso, naqueles dias, vi alguns judeus que haviam se
casado com mulheres de Asdode, de Amom e de Moabe. 24 A
metade dos seus filhos falavam a língua de Asdode ou a língua
de um dos outros povos e não sabiam falar a língua de Judá.
25 Eu os repreendi e invoquei maldições sobre eles. Bati em
alguns deles e arranquei os seus cabelos. Fiz com que jurassem
em nome de Deus e lhes disse: Não consintam mais em dar
suas filhas em casamento aos filhos deles, nem haja casamento
das filhas deles com seus filhos ou com vocês. 26 Não foi por
causa de casamentos como esses que Salomão, rei de Israel,
pecou? Entre as muitas nações não havia rei algum como ele.
Ele era amado por seu Deus, e Deus o fez rei sobre todo o Is-
rael, mas até mesmo ele foi induzido ao pecado por mulheres
estrangeiras. 27 Como podemos tolerar o que ouvimos? Como
podem vocês cometer essa terrível maldade e serem infiéis ao
nosso Deus, casando-se com mulheres estrangeiras?
28 Um dos filhos de Joiada, filho do sumo sacerdote Eliasibe,
era genro de Sambalate, o horonita. Eu o expulsei para longe
de mim.

29 Não te esqueças deles, ó meu Deus, pois profanaram o ofício
sacerdotal e a aliança do sacerdócio e dos levitas.
30 Dessa forma purifiquei os sacerdotes e os levitas de tudo o
que era estrangeiro e lhes designei responsabilidades, cada
um em seu próprio cargo. 31 Também estabeleci regras para as
provisões de lenha, determinando as datas certas para serem
trazidas, e para os primeiros frutos. Em tua bondade, lembra-te
de mim, ó meu Deus.

ESTER

1 A Rainha Vasti Afronta o Rei

Foi no tempo de Xerxes[a], que reinou sobre cento e vinte e
sete províncias, desde a Índia até a Etiópia[b]. 2 Naquela época
o rei Xerxes reinava em seu trono na cidadela de Susã 3 e, no
terceiro ano do seu reinado, deu um banquete a todos os seus
nobres e oficiais. Estavam presentes os líderes militares da
Pérsia e da Média, os príncipes e os nobres das províncias.
4 Durante cento e oitenta dias ele mostrou a enorme riqueza de
seu reino e o esplendor e a glória de sua majestade. 5 Termi-
nados esses dias, o rei deu um banquete no jardim interno do
palácio, de sete dias, para todo o povo que estava na cidadela
de Susã, do mais rico ao mais pobre. 6 O jardim possuía forra-
ções em branco e azul, presas com cordas de linho branco e
tecido roxo, ligadas por anéis de prata a colunas de mármore.
Tinha assentos de ouro e de prata num piso de mosaicos de
pórfiro, mármore, madrepérola e outras pedras preciosas.
7 Pela generosidade do rei, o vinho real era servido em grande
quantidade, em diferentes taças de ouro. 8 Por ordem real,
cada convidado tinha permissão de beber o quanto desejasse,
pois o rei tinha dado instruções a todos os mordomos do pa-
lácio que os servissem à vontade.
9 Enquanto isso, a rainha Vasti também oferecia um banquete
às mulheres, no palácio do rei Xerxes.
10 No sétimo dia, quando o rei Xerxes já estava alegre por causa
do vinho, ordenou aos sete oficiais que o serviam — Meumã,
Bizta, Harbona, Bigtá, Abagta, Zetar e Carcas — 11 que trou-
xessem à sua presença a rainha Vasti, usando a coroa real. Ele
queria mostrar aos seus súditos e aos nobres a beleza dela,
pois era de fato muito bonita. 12 Quando, porém, os oficiais
transmitiram a ordem do rei à rainha Vasti, esta se recusou a
ir, e o rei ficou furioso e indignado.
13 Como era costume o rei consultar especialistas em questões
de direito e justiça, ele mandou chamar os sábios que enten-
diam das leis 14 e que eram muito amigos do rei: Carsena, Setar,
Adamata, Társis, Meres, Marsena e Memucã; eles eram os sete
nobres da Pérsia e da Média que tinham acesso direto ao rei e
eram os mais importantes do reino.
15 O rei lhes perguntou: "De acordo com a lei, o que se deve
fazer à rainha Vasti? Ela não obedeceu à ordem do rei Xerxes
transmitida pelos oficiais".
16 Então Memucã respondeu na presença do rei e dos nobres:
"A rainha Vasti não ofendeu somente o rei, mas também todos
os nobres e os povos de todas as províncias do rei Xerxes, 17 pois
a conduta da rainha se tornará conhecida por todas as mu-
lheres, e assim também elas desprezarão seus maridos e dirão:
'O rei Xerxes ordenou que a rainha Vasti fosse à sua presença,
mas ela não foi'. 18 Hoje mesmo as mulheres persas e medas
da nobreza que ficarem sabendo do comportamento da rainha
agirão da mesma maneira com todos os nobres do rei. Isso
provocará desrespeito e discórdia sem fim.
19 "Por isso, se for do agrado do rei, que ele emita um decreto
real e que seja incluído na lei irrevogável da Pérsia e da Média,
determinando que Vasti nunca mais compareça na presença
do rei Xerxes. Também dê o rei a sua posição de rainha a outra
que seja melhor do que ela. 20 Assim, quando o decreto real for
proclamado em todo o seu imenso domínio, todas as mulheres
respeitarão seus maridos, do mais rico ao mais pobre".
21 O rei e seus nobres aceitaram de bom grado o conselho, de
modo que o rei pôs em prática a proposta de Memucã. 22 Para
isso, enviou cartas a todas as partes do reino, a cada província
e a cada povo, em sua própria escrita e em sua própria língua,
proclamando que todo homem deveria mandar em sua própria
casa.

2 A Coroação da Rainha Ester

Algum tempo depois, quando cessou a indignação do rei
Xerxes, ele se lembrou de Vasti, do que ela havia feito e do que
ele tinha decretado contra ela. 2 Então os conselheiros do rei
sugeriram que se procurassem belas virgens para o rei 3 e que
se nomeassem comissários em cada província do império para
trazerem todas essas lindas moças ao harém da cidadela de
Susã. Elas estariam sob os cuidados de Hegai, oficial respon-
sável pelo harém, e deveriam receber tratamento de beleza.
4 A moça que mais agradasse o rei seria rainha em lugar de
Vasti. Esse conselho agradou o rei, e ele o pôs em execução.
5 Nesse tempo vivia na cidadela de Susã um judeu chamado
Mardoqueu, da tribo de Benjamim, filho de Jair, neto de Simei
e bisneto de Quis. 6 Ele fora levado de Jerusalém para o exílio
por Nabucodonosor, rei da Babilônia, entre os que foram le-

[a] 1.1 Hebraico: *Assuero*, variante do nome persa *Xerxes*.
[b] 1.1 Hebraico: *Cuxe*.

vados prisioneiros com Joaquim[a], rei de Judá. 7 Mardoqueu
tinha uma prima chamada Hadassa, que havia sido criada por
ele, por não ter pai nem mãe. Essa moça, também conhecida
como Ester, era atraente e muito bonita, e Mardoqueu a havia
tomado como filha quando o pai e a mãe dela morreram.
8 Quando a ordem e o decreto do rei foram proclamados,
muitas moças foram trazidas à cidadela de Susã e colocadas
sob os cuidados de Hegai. Ester também foi trazida ao palácio
do rei e confiada a Hegai, encarregado do harém. 9 A moça o
agradou e ele a favoreceu. Ele logo lhe providenciou trata-
mento de beleza e comida especial. Designou-lhe sete moças
escolhidas do palácio do rei e transferiu-a, junto com suas jo-
vens, para o melhor lugar do harém.
10 Ester não tinha revelado a que povo pertencia nem a origem
da sua família, pois Mardoqueu a havia proibido de fazê-lo.
11 Diariamente ele caminhava de um lado para outro perto do
pátio do harém para saber como Ester estava e o que lhe estava
acontecendo.
12 Antes de qualquer daquelas moças apresentar-se ao rei
Xerxes, devia completar doze meses de tratamento de beleza
prescritos para as mulheres: seis meses com óleo de mirra
e seis meses com perfumes e cosméticos. 13 Quando ia apre-
sentar-se ao rei, a moça recebia tudo o que quisesse levar
consigo do harém para o palácio do rei. 14 À tarde ela ia para lá
e de manhã voltava para outra parte do harém, que ficava sob
os cuidados de Saasgaz, oficial responsável pelas concubinas.
Ela não voltava ao rei, a menos que dela ele se agradasse e a
mandasse chamar pelo nome.
15 Quando chegou a vez de Ester, filha de Abiail, tio de Mardo-
queu, que a tinha adotado como filha, ela não pediu nada além
daquilo que Hegai, oficial responsável pelo harém, sugeriu.
Ester causava boa impressão a todos os que a viam. 16 Ela foi
levada ao rei Xerxes, à residência real, no décimo mês, o mês
de tebete[b], no sétimo ano do seu reinado.
17 O rei gostou mais de Ester do que de qualquer outra mulher;
ela foi favorecida por ele e ganhou sua aprovação mais do que
qualquer das outras virgens. Então ele colocou nela uma coroa
real e tornou-a rainha em lugar de Vasti. 18 O rei deu um grande
banquete, o banquete de Ester, para todos os seus nobres e
oficiais. Proclamou feriado em todas as províncias e distribuiu
presentes por sua generosidade real.

Mardoqueu Descobre uma Conspiração

19 Quando as virgens foram reunidas pela segunda vez, Mar-
doqueu estava sentado junto à porta do palácio real. 20 Ester
havia mantido segredo sobre seu povo e sobre a origem de
sua família, conforme a ordem de Mardoqueu, pois continuava
a seguir as instruções dele, como fazia quando ainda estava
sob sua tutela.
21 Um dia, quando Mardoqueu estava sentado junto à porta do
palácio real, Bigtã e Teres, dois dos oficiais do rei que guar-
davam a entrada, estavam indignados e conspiravam para as-
sassinar o rei Xerxes. 22 Mardoqueu, porém, descobriu o plano e
o contou à rainha Ester, que, por sua vez, passou a informação
ao rei, em nome de Mardoqueu. 23 Depois de investigada a in-
formação e descobrindo-se que era verdadeira, os dois oficiais
foram enforcados[c]. Tudo isso foi escrito nos registros históricos,
na presença do rei.

O Plano de Hamã para Exterminar os Judeus

3 Depois desses acontecimentos, o rei Xerxes honrou Hamã,
filho de Hamedata, descendente de Agague, promovendo-o
e dando-lhe uma posição mais elevada do que a de todos os
demais nobres. 2 Todos os oficiais do palácio real curvavam-se
e prostravam-se diante de Hamã, conforme as ordens do rei.
Mardoqueu, porém, não se curvava nem se prostrava diante
dele.
3 Então os oficiais do palácio real perguntaram a Mardoqueu:
"Por que você desobedece à ordem do rei?" 4 Dia após dia eles
lhe falavam, mas ele não lhes dava atenção e dizia que era
judeu. Então contaram tudo a Hamã para ver se o comporta-
mento de Mardoqueu seria tolerado.
5 Quando Hamã viu que Mardoqueu não se curvava nem se pros-
trava, ficou muito irado. 6 Contudo, sabendo quem era o povo
de Mardoqueu, achou que não bastava matá-lo. Em vez disso,
Hamã procurou uma forma de exterminar todos os judeus, o
povo de Mardoqueu, em todo o império de Xerxes.
7 No primeiro mês do décimo segundo ano do reinado do rei
Xerxes, no mês de nisã[d], lançaram o pur, isto é, a sorte, na
presença de Hamã a fim de escolher um dia e um mês para
executar o plano. E foi sorteado o décimo segundo mês, o mês
de adar[e].
8 Então Hamã disse ao rei Xerxes: "Existe certo povo disperso
e espalhado entre os povos de todas as províncias do teu im-
pério, cujos costumes são diferentes dos de todos os outros
povos e que não obedecem às leis do rei; não convém ao rei
tolerá-los. 9 Se for do agrado do rei, que se decrete a des-
truição deles, e eu colocarei trezentas e cinquenta toneladas[f]
de prata na tesouraria real à disposição para que se execute
esse trabalho".
10 Em vista disso, o rei tirou seu anel-selo do dedo, deu-o a
Hamã, o inimigo dos judeus, filho de Hamedata, descendente
de Agague, e lhe disse: 11 "Fique com a prata e faça com o povo
o que você achar melhor".
12 Assim, no décimo terceiro dia do primeiro mês, os secretá-
rios do rei foram convocados. Hamã ordenou que escrevessem
cartas na língua e na escrita de cada povo aos sátrapas do rei,
aos governadores das várias províncias e aos chefes de cada
povo. Tudo foi escrito em nome do rei Xerxes e selado com o
seu anel. 13 As cartas foram enviadas por mensageiros a todas
as províncias do império com a ordem de exterminar e aniquilar
completamente todos os judeus, jovens e idosos, mulheres e

a 2.6 Hebraico: *Jeconías*, variante de *Joaquim*.
b 2.16 Aproximadamente dezembro/janeiro
c 2.23 Ou *pendurados em postes*; ou ainda *empalados*
d 3.7 O mesmo que abibe; aproximadamente março/abril.
e 3.7 Aproximadamente fevereiro/março; também no versículo 13.
f 3.9 Hebraico: *10.000 talentos*. Um talento equivalia a 35 quilos.

crianças, num único dia, o décimo terceiro dia do décimo se-
gundo mês, o mês de adar, e de saquear os seus bens. 14Uma
cópia do decreto deveria ser publicada como lei em cada pro-
víncia e levada ao conhecimento do povo de cada nação, a fim
de que estivessem prontos para aquele dia.
15Por ordem do rei, os mensageiros saíram às pressas, e o de-
creto foi publicado na cidadela de Susã. O rei e Hamã assenta-
ram-se para beber, mas a cidade de Susã estava em confusão.

4 O Pedido de Mardoqueu a Ester

1Quando Mardoqueu soube de tudo o que tinha acontecido,
rasgou as vestes, vestiu-se de pano de saco, cobriu-se de cinza,
e saiu pela cidade, chorando amargamente em alta voz. 2Foi
até a porta do palácio real, mas não entrou, porque ninguém
vestido de pano de saco tinha permissão de entrar. 3Em cada
província onde chegou o decreto com a ordem do rei, houve
grande pranto entre os judeus, com jejum, choro e lamento.
Muitos se deitavam em pano de saco e em cinza.
4Quando as criadas de Ester e os oficiais responsáveis pelo
harém lhe contaram o que se passava com Mardoqueu, ela
ficou muito aflita e mandou-lhe roupas para que as vestisse
e tirasse o pano de saco; mas ele não quis aceitá-las. 5Então
Ester convocou Hatá, um dos oficiais do rei, nomeado para
ajudá-la, e deu-lhe ordens para descobrir o que estava pertur-
bando Mardoqueu e por que ele estava agindo assim.
6Hatá foi falar com Mardoqueu na praça da cidade, em frente
da porta do palácio real. 7Mardoqueu contou-lhe tudo o que lhe
tinha acontecido e quanta prata Hamã tinha prometido depo-
sitar na tesouraria real para a destruição dos judeus. 8Deu-lhe
também uma cópia do decreto que falava do extermínio e que
tinha sido anunciado em Susã, para que ele o mostrasse a Ester
e insistisse com ela para que fosse à presença do rei implorar
misericórdia e interceder em favor do seu povo.
9Hatá retornou e relatou a Ester tudo o que Mardoqueu lhe
tinha dito. 10Então ela o instruiu que dissesse o seguinte a
Mardoqueu: 11"Todos os oficiais do rei e o povo das províncias
do império sabem que existe somente uma lei para qualquer
homem ou mulher que se aproxime do rei no pátio interno sem
por ele ser chamado: será morto, a não ser que o rei estenda
o cetro de ouro para a pessoa e lhe poupe a vida. E eu não sou
chamada à presença do rei há mais de trinta dias".
12Quando Mardoqueu recebeu a resposta de Ester, 13mandou
dizer-lhe: "Não pense que pelo fato de estar no palácio do rei,
você será a única entre os judeus que escapará, 14pois, se você
ficar calada nesta hora, socorro e livramento surgirão de outra
parte para os judeus, mas você e a família do seu pai morrerão.
Quem sabe se não foi para um momento como este que você
chegou à posição de rainha?"
15Então Ester mandou esta resposta a Mardoqueu: 16"Vá reunir
todos os judeus que estão em Susã, e jejuem em meu favor.
Não comam nem bebam durante três dias e três noites. Eu e
minhas criadas jejuaremos como vocês. Depois disso irei ao rei,
ainda que seja contra a lei. Se eu tiver que morrer, morrerei".
17Mardoqueu retirou-se e cumpriu todas as instruções de Ester.

5 O Pedido de Ester ao Rei

1Três dias depois, Ester vestiu seus trajes de rainha e colo-
cou-se no pátio interno do palácio, em frente do salão do rei.
O rei estava no trono, de frente para a entrada. 2Quando viu a
rainha Ester ali no pátio, teve misericórdia dela e estendeu-lhe
o cetro de ouro que tinha na mão. Ester aproximou-se e tocou
a ponta do cetro.
3E o rei lhe perguntou: "Que há, rainha Ester? Qual é o seu
pedido? Mesmo que seja a metade do reino, será dado a você".
4Respondeu Ester: "Se for do agrado do rei, venha com Hamã
a um banquete que lhe preparei".
5Disse o rei: "Tragam Hamã imediatamente, para que ele
atenda ao pedido de Ester".
Então o rei e Hamã foram ao banquete que Ester havia pre-
parado. 6Enquanto bebiam vinho, o rei tornou a perguntar a
Ester: "Qual é o seu pedido? Você será atendida. Qual o seu
desejo? Mesmo que seja a metade do reino, será concedido
a você".
7E Ester respondeu: "Este é o meu pedido e o meu desejo:
8Se o rei tem consideração por mim e se lhe agrada atender e
conceder o meu pedido, que o rei e Hamã venham amanhã ao
banquete que lhes prepararei. Então responderei à pergunta
do rei".

A Ira de Hamã contra Mardoqueu

9Naquele dia, Hamã saiu alegre e contente. Mas ficou furioso
quando viu que Mardoqueu, que estava junto à porta do palácio
real, não se levantou nem mostrou respeito em sua presença.
10Hamã, porém, controlou-se e foi para casa. Reunindo seus
amigos e Zeres, sua mulher, 11Hamã vangloriou-se de sua
grande riqueza, de seus muitos filhos e de como o rei o havia
honrado e promovido acima de todos os outros nobres e ofi-
ciais. 12E acrescentou Hamã: "Além disso, sou o único que a
rainha Ester convidou para acompanhar o rei ao banquete que
ela lhe ofereceu. Ela me convidou para comparecer amanhã,
com o rei. 13Mas tudo isso não me dará satisfação enquanto
eu vir aquele judeu Mardoqueu sentado junto à porta do pa-
lácio real".
14Então Zeres, sua mulher, e todos os seus amigos lhe suge-
riram: "Mande fazer uma forca, de mais de vinte metros[a] de
altura, e logo pela manhã peça ao rei que Mardoqueu seja
enforcado nela. Assim você poderá acompanhar o rei ao jantar
e alegrar-se". A sugestão agradou Hamã, e ele mandou fazer
a forca.

6 Hamã é Obrigado a Honrar Mardoqueu

1Naquela noite, o rei não conseguiu dormir; por isso or-
denou que trouxessem o livro das crônicas do seu reinado e
que o lessem para ele. 2E foi lido o registro de que Mardoqueu
tinha denunciado Bigtã e Teres, dois dos oficiais do rei que
guardavam a entrada do Palácio e que haviam conspirado para
assassinar o rei Xerxes.
3"Que honra e reconhecimento Mardoqueu recebeu por

[a] 5.14 Hebraico: *50 côvados*. O côvado era uma medida linear de cerca de 45 centímetros.

isso?", perguntou o rei. Seus oficiais responderam: "Nada lhe
foi feito".
4 O rei perguntou: "Quem está no pátio?" Ora, Hamã havia
acabado de entrar no pátio externo do palácio para pedir ao
rei o enforcamento de Mardoqueu na forca que ele lhe havia
preparado.
5 Os oficiais do rei responderam: "É Hamã que está no pátio".
"Façam-no entrar", ordenou o rei.
6 Entrando Hamã, o rei lhe perguntou: "O que se deve fazer ao
homem que o rei tem o prazer de honrar?"
E Hamã pensou consigo: "A quem o rei teria prazer de honrar,
senão a mim?" 7 Por isso respondeu ao rei: "Ao homem que
o rei tem prazer de honrar, 8 ordena que tragam um manto
do próprio rei e um cavalo que o rei montou, e que ele leve
o brasão[a] do rei na cabeça. 9 Em seguida, sejam o manto e o
cavalo confiados a alguns dos príncipes mais nobres do rei, e
ponham eles o manto sobre o homem que o rei deseja honrar e
o conduzam sobre o cavalo pelas ruas da cidade, proclamando
diante dele: 'Isto é o que se faz ao homem que o rei tem o
prazer de honrar!' "
10 O rei ordenou então a Hamã: "Vá depressa apanhar o manto
e o cavalo e faça ao judeu Mardoqueu o que você sugeriu. Ele
está sentado junto à porta do palácio real. Não omita nada do
que você recomendou".
11 Então Hamã apanhou o cavalo, vestiu Mardoqueu com o
manto e o conduziu sobre o cavalo pelas ruas da cidade, pro-
clamando à frente dele: "Isto é o que se faz ao homem que o
rei tem o prazer de honrar!"
12 Depois disso, Mardoqueu voltou para a porta do palácio real.
Hamã, porém, correu para casa com o rosto coberto, muito
aborrecido 13 e contou a Zeres, sua mulher, e a todos os seus
amigos tudo o que lhe havia acontecido.
Tanto os seus conselheiros como Zeres, sua mulher, lhe dis-
seram: "Visto que Mardoqueu, diante de quem começou a sua
queda, é de origem judaica, você não terá condições de en-
frentá-lo. Sem dúvida, você ficará arruinado!" 14 E, enquanto
ainda conversavam, chegaram os oficiais do rei e, às pressas,
levaram Hamã para o banquete que Ester havia preparado.

7 O Enforcamento de Hamã

O rei e Hamã foram ao banquete com a rainha Ester, 2 e,
enquanto estavam bebendo vinho no segundo dia, o rei per-
guntou de novo: "Rainha Ester, qual é o seu pedido? Você será
atendida. Qual o seu desejo? Mesmo que seja a metade do
reino, isso será concedido a você".
3 Então a rainha Ester respondeu: "Se posso contar com o favor
do rei e se isto lhe agrada, poupe a minha vida e a vida do meu
povo; este é o meu pedido e o meu desejo. 4 Pois eu e meu
povo fomos vendidos para destruição, morte e aniquilação. Se
apenas tivéssemos sido vendidos como escravos e escravas,
eu teria ficado em silêncio, porque nenhuma aflição como essa
justificaria perturbar o rei".[b]
5 O rei Xerxes perguntou à rainha Ester: "Quem se atreveu a
uma coisa dessas? Onde está ele?"
6 Respondeu Ester: "O adversário e inimigo é Hamã, esse per-
verso".
Diante disso, Hamã ficou apavorado na presença do rei e da
rainha. 7 Furioso, o rei levantou-se, deixou o vinho, saiu dali e
foi para o jardim do palácio. E percebendo Hamã que o rei já
tinha decidido condená-lo, ficou ali para implorar por sua vida
à rainha Ester.
8 E voltando o rei do jardim do palácio ao salão do banquete,
viu Hamã caído sobre o assento onde Ester estava reclinada. E
então exclamou: "Chegaria ele ao cúmulo de violentar a rainha
na minha presença e em minha própria casa?" Mal o rei ter-
minou de dizer isso, alguns oficiais cobriram o rosto de Hamã.
9 E um deles, chamado Harbona, que estava a serviço do rei,
disse: "Há uma forca de mais de vinte metros[c] de altura junto à
casa de Hamã, que ele fez para Mardoqueu, aquele que inter-
cedeu pela vida do rei". Então o rei ordenou: "Enforquem-no
nela!" 10 Assim Hamã morreu na forca que tinha preparado para
Mardoqueu; e a ira do rei se acalmou.

8 O Decreto do Rei em Favor dos Judeus

Naquele mesmo dia, o rei Xerxes deu à rainha Ester todos os
bens de Hamã, o inimigo dos judeus. E Mardoqueu foi trazido
à presença do rei, pois Ester lhe dissera que ele era seu pa-
rente. 2 O rei tirou seu anel-selo, que havia tomado de Hamã,
e o deu a Mardoqueu; e Ester o nomeou administrador dos
bens de Hamã.
3 Mas Ester tornou a implorar ao rei, chorando aos seus pés,
que revogasse o plano maligno de Hamã, o agagita, contra os
judeus. 4 Então o rei estendeu o cetro de ouro para Ester, e ela
se levantou diante dele e disse:
5 "Se for do agrado do rei, se posso contar com o seu favor e
se ele considerar justo, que se escreva uma ordem revogando
as cartas que Hamã, filho do agagita Hamedata, escreveu para
que os judeus fossem exterminados em todas as províncias
do império. 6 Pois, como suportarei ver a desgraça que cairá
sobre o meu povo? Como suportarei a destruição da minha
própria família?"
7 O rei Xerxes respondeu à rainha Ester e ao judeu Mardoqueu:
"Mandei enforcar Hamã e dei os seus bens a Ester porque ele
atentou contra os judeus. 8 Escrevam agora outro decreto em
nome do rei, em favor dos judeus, como melhor lhes parecer,
e selem-no com o anel-selo do rei, pois nenhum documento
escrito em nome do rei e selado com o seu anel pode ser re-
vogado".
9 Isso aconteceu no vigésimo terceiro dia do terceiro mês, o
mês de sivã[d]. Os secretários do rei foram imediatamente convo-
cados e escreveram todas as ordens de Mardoqueu aos judeus,
aos sátrapas, aos governadores e aos nobres das cento e vinte

[a] 6.8 Ou *e que o homem traga a coroa*
[b] 7.4 Ou *em silêncio, apesar de que o bem que oferece o nosso inimigo não se compara com a perda que o rei sofreria".*
[c] 7.9 Hebraico: *50 côvados*. O côvado era uma medida linear de cerca de 45 centímetros.
[d] 8.9 Aproximadamente maio/junho.

e sete províncias que se estendiam da Índia até a Etiópia[a].
Essas ordens foram redigidas na língua e na escrita de cada
província e de cada povo e também na língua e na escrita
dos judeus. 10 Mardoqueu escreveu em nome do rei Xerxes,
selou as cartas com o anel-selo do rei e as enviou por meio de
mensageiros montados em cavalos velozes, das estrebarias
do próprio rei.
11 O decreto do rei concedia aos judeus de cada cidade o di-
reito de se reunirem e de se protegerem, de destruir, matar
e aniquilar qualquer força armada de qualquer povo ou pro-
víncia que os ameaçasse, a eles, suas mulheres e seus filhos[b],
e o direito de saquear os bens dos seus inimigos. 12 O decreto
entrou em vigor nas províncias do rei Xerxes no décimo ter-
ceiro dia do décimo segundo mês, o mês de adar[c]. 13 Uma
cópia do decreto foi publicada como lei em cada província
e levada ao conhecimento do povo de cada nação, a fim de
que naquele dia os judeus estivessem prontos para vingar-se
dos seus inimigos.
14 Os mensageiros, montando cavalos das estrebarias do rei,
saíram a galope, por causa da ordem do rei. O decreto também
foi publicado na cidadela de Susã.
15 Mardoqueu saiu da presença do rei usando vestes reais em
azul e branco, uma grande coroa de ouro e um manto púrpura
de linho fino. E a cidadela de Susã exultava de alegria. 16 Para
os judeus foi uma ocasião de felicidade, alegria, júbilo e honra.
17 Em cada província e em cada cidade, onde quer que chegasse
o decreto do rei, havia alegria e júbilo entre os judeus, com
banquetes e festas. Muitos que pertenciam a outros povos do
reino tornaram-se judeus, porque o temor dos judeus tinha se
apoderado deles.

A Vitória dos Judeus

9 No décimo terceiro dia do décimo segundo mês, o mês
de adar[d], entraria em vigor o decreto do rei. Naquele dia,
os inimigos dos judeus esperavam vencê-los, mas aconteceu
o contrário: os judeus dominaram aqueles que os odiavam,
2 reunindo-se em suas cidades, em todas as províncias do rei
Xerxes, para atacar os que buscavam a sua destruição. Nin-
guém conseguia resistir-lhes, porque todos os povos estavam
com medo deles. 3 E todos os nobres das províncias, os sá-
trapas, os governadores e os administradores do rei apoiaram
os judeus, porque o medo que tinham de Mardoqueu havia se
apoderado deles. 4 Mardoqueu era influente no palácio; sua
fama espalhou-se pelas províncias, e ele se tornava cada vez
mais poderoso.
5 Os judeus feriram todos os seus inimigos à espada, matan-
do-os e destruindo-os, e fizeram o que quiseram com eles. 6 Na
cidadela de Susã os judeus mataram e destruíram quinhentos
homens. 7 Também mataram Parsandata, Dalfom, Aspata, 8 Po-
rata, Adalia, Aridata, 9 Farmasta, Arisai, Aridai e Vaisata, 10 os
dez filhos de Hamã, filho de Hamedata, o inimigo dos judeus.
Mas não se apossaram dos seus bens.
11 Naquele mesmo dia, o total de mortos na cidadela de Susã foi
relatado ao rei, 12 que disse à rainha Ester: "Os judeus mataram
e destruíram quinhentos homens e os dez filhos de Hamã na
cidadela de Susã. Que terão feito nas outras províncias do im-
pério? Agora, diga qual é o seu pedido, e você será atendida.
Tem ainda algum desejo? Este será concedido a você".
13 Respondeu Ester: "Se for do agrado do rei, que os judeus
de Susã tenham autorização para executar também amanhã
o decreto de hoje, para que os corpos dos dez filhos de Hamã
sejam pendurados na forca".
14 Então o rei deu ordens para que assim fosse feito. O decreto
foi publicado em Susã, e os corpos dos dez filhos de Hamã
foram pendurados na forca. 15 Os judeus de Susã ajuntaram-se
no décimo quarto dia do mês de adar e mataram trezentos
homens em Susã, mas não se apossaram dos seus bens.
16 Enquanto isso, o restante dos judeus que viviam nas provín-
cias do império também se ajuntaram para se protegerem e
se livrarem dos seus inimigos. Eles mataram setenta e cinco
mil deles, mas não se apossaram dos seus bens. 17 Isso acon-
teceu no décimo terceiro dia do mês de adar, e no décimo
quarto dia descansaram e fizeram dessa data um dia de festa
e de alegria.

A Comemoração do Purim

18 Os judeus de Susã, porém, tinham se reunido no décimo ter-
ceiro e no décimo quarto dias e no décimo quinto descansaram
e dele fizeram um dia de festa e de alegria.
19 Por isso os judeus que vivem em vilas e povoados come-
moram o décimo quarto dia do mês de adar como um dia de
festa e de alegria, um dia de troca de presentes.
20 Mardoqueu registrou esses acontecimentos e enviou cartas a
todos os judeus de todas as províncias do rei Xerxes, próximas e
distantes, 21 determinando que anualmente se comemorassem
o décimo quarto e o décimo quinto dias do mês de adar, 22 pois
nesses dias os judeus livraram-se dos seus inimigos; nesse mês
a sua tristeza tornou-se em alegria; e o seu pranto, num dia
de festa. Escreveu-lhes dizendo que comemorassem aquelas
datas como dias de festa e de alegria, de troca de presentes e
de ofertas aos pobres.
23 E assim os judeus adotaram como costume aquela come-
moração, conforme o que Mardoqueu lhes tinha ordenado por
escrito. 24 Pois Hamã, filho do agagita Hamedata, inimigo de
todos os judeus, tinha tramado contra eles para destruí-los e
tinha lançado o pur, isto é, a sorte para a ruína e destruição
deles. 25 Mas, quando isso chegou ao conhecimento do rei[e], ele
deu ordens escritas para que o plano maligno de Hamã contra
os judeus se voltasse contra a sua própria cabeça, e para que
ele e seus filhos fossem enforcados. 26 Por isso aqueles dias
foram chamados Purim, da palavra pur. Considerando tudo o
que estava escrito nessa carta, o que tinham visto e o que tinha
acontecido, 27 os judeus decidiram estabelecer o costume de

[a] 8.9 Hebraico: *Cuxe*.
[b] 8.11 Ou *inclusive mulheres e crianças*
[c] 8.12 Aproximadamente fevereiro/março.
[d] 9.1 Aproximadamente fevereiro/março; também nos versículos 15, 17, 19 e 21.
[e] 9.25 Ou *quando Ester foi à presença do rei*

que eles e os seus descendentes e todos os que se tornassem
judeus não deixariam de comemorar anualmente esses dois
dias, na forma prescrita e na data certa. 28 Esses dias seriam
lembrados e comemorados em cada família de cada geração,
em cada província e em cada cidade, e jamais deveriam deixar
de ser comemorados pelos judeus. E os seus descendentes
jamais deveriam esquecer-se de tais dias.
29 Então a rainha Ester, filha de Abiail, e o judeu Mardoqueu
escreveram com toda a autoridade uma segunda carta para
confirmar a primeira, acerca do Purim. 30 Mardoqueu enviou
cartas a todos os judeus das cento e vinte e sete províncias do
império de Xerxes, desejando-lhes paz e segurança, 31 e con-
firmando que os dias de Purim deveriam ser comemorados nas
datas determinadas, conforme o judeu Mardoqueu e a rainha
Ester tinham decretado e estabelecido para si mesmos, para
todos os judeus e para os seus descendentes, e acrescentou
observações sobre tempos de jejum e de lamentação. 32 O de-
creto de Ester confirmou as regras do Purim, e isso foi escrito
nos registros.

A Grandeza de Mardoqueu

10 O rei Xerxes impôs tributos a todo o império, até sobre
as distantes regiões costeiras. 2 Todos os seus atos de força
e de poder, e o relato completo da grandeza de Mardoqueu,
a quem o rei dera autoridade, estão registrados no livro das
crônicas dos reis da Média e da Pérsia. 3 O judeu Mardoqueu
foi o segundo na hierarquia, depois do rei Xerxes. Era homem
importante entre os judeus e foi muito amado por eles, pois
trabalhou para o bem do seu povo e promoveu o bem-estar
de todos.

JÓ

Introdução

1 Na terra de Uz vivia um homem chamado Jó. Era homem
íntegro e justo; temia a Deus e evitava fazer o mal. 2 Tinha ele
sete filhos e três filhas 3 e possuía sete mil ovelhas, três mil ca-
melos, quinhentas juntas de boi e quinhentos jumentos e tinha
muita gente a seu serviço. Era o homem mais rico do oriente.
4 Seus filhos costumavam dar banquetes em casa, um de cada
vez, e convidavam suas três irmãs para comerem e beberem
com eles. 5 Terminado um período de banquetes, Jó mandava
chamá-los e fazia com que se purificassem. De madrugada
ele oferecia um holocausto[a] em favor de cada um deles, pois
pensava: "Talvez os meus filhos tenham, lá no íntimo, pecado
e amaldiçoado a Deus". Essa era a prática constante de Jó.

A Primeira Provação de Jó

6 Certo dia os anjos[b] vieram apresentar-se ao SENHOR, e Sa-
tanás[c] também veio com eles. 7 O SENHOR disse a Satanás: "De
onde você veio?"
Satanás respondeu ao SENHOR: "De perambular pela terra e
andar por ela".
8 Disse então o SENHOR a Satanás: "Reparou em meu servo Jó?
Não há ninguém na terra como ele, irrepreensível, íntegro,
homem que teme a Deus e evita o mal".
9 "Será que Jó não tem razões para temer a Deus?", respondeu
Satanás. 10 "Acaso não puseste uma cerca em volta dele, da
família dele e de tudo o que ele possui? Tu mesmo tens aben-
çoado tudo o que ele faz, de modo que os seus rebanhos estão
espalhados por toda a terra. 11 Mas estende a tua mão e fere
tudo o que ele tem, e com certeza ele te amaldiçoará na tua
face."
12 O SENHOR disse a Satanás: "Pois bem, tudo o que ele possui
está nas suas mãos; apenas não toque nele". Então Satanás
saiu da presença do SENHOR.
13 Certo dia, quando os filhos e as filhas de Jó estavam num
banquete, comendo e bebendo vinho na casa do irmão mais
velho, 14 um mensageiro veio dizer a Jó: "Os bois estavam
arando e os jumentos estavam pastando por perto, 15 quando os
sabeus os atacaram e os levaram embora. Mataram à espada
os empregados, e eu fui o único que escapou para lhe contar!"
16 Enquanto ele ainda estava falando, chegou outro mensageiro
e disse: "Fogo de Deus caiu do céu e queimou totalmente as
ovelhas e os empregados, e eu fui o único que escapou para
contar a você!"
17 Enquanto ele ainda estava falando, chegou outro mensageiro
e disse: "Vieram caldeus em três bandos, atacaram os camelos
e os levaram embora. Mataram à espada os empregados, e eu
fui o único que escapou para contar a você!"
18 Enquanto ele ainda estava falando, chegou ainda outro men-
sageiro e disse: "Seus filhos e suas filhas estavam num ban-
quete, comendo e bebendo vinho na casa do irmão mais velho,
19 quando, de repente, um vento muito forte veio do deserto e
atingiu os quatro cantos da casa, que desabou. Eles morreram,
e eu fui o único que escapou para contar a você!"
20 Ao ouvir isso, Jó levantou-se, rasgou o manto e rapou a ca-
beça. Então prostrou-se com o rosto em terra, em adoração,
21 e disse: "Saí nu do ventre da minha mãe, e nu partirei[d]. O

[a] 1.5 Isto é, sacrifício totalmente queimado.
[b] 1.6 Hebraico: *os filhos de Deus*.
[c] 1.6 Satanás significa acusador.
[d] 1.21 Ou *nu voltarei para lá*

SENHOR o deu, o SENHOR o levou; louvado seja o nome do SE-
NHOR".
22 Em tudo isso Jó não pecou e não culpou a Deus de coisa
alguma.

A Segunda Provação de Jó

2 Num outro dia os anjos[a] vieram apresentar-se ao SENHOR, e
Satanás também veio com eles para apresentar-se. 2 O SENHOR
perguntou a Satanás, "De onde você veio?"
Satanás respondeu ao SENHOR: "De perambular pela terra e
andar por ela".
3 Disse então o SENHOR a Satanás: "Reparou em meu servo Jó?
Não há ninguém na terra como ele, irrepreensível, íntegro,
homem que teme a Deus e evita o mal. Ele se mantém íntegro,
apesar de você me haver instigado contra ele para arruiná-lo
sem motivo".
4 "Pele por pele!", respondeu Satanás. "Um homem dará tudo
o que tem por sua vida. 5 Estende a tua mão e fere a sua carne
e os seus ossos, e com certeza ele te amaldiçoará na tua face."
6 O SENHOR disse a Satanás: "Pois bem, ele está nas suas mãos;
apenas poupe a vida dele".
7 Saiu, pois, Satanás da presença do SENHOR e afligiu Jó com
feridas terríveis, da sola dos pés ao alto da cabeça. 8 Então
Jó apanhou um caco de louça e com ele se raspava, sentado
entre as cinzas.
9 Então sua mulher lhe disse: "Você ainda mantém a sua inte-
gridade? Amaldiçoe a Deus, e morra!"
10 Ele respondeu: "Você fala como uma insensata. Aceitaremos
o bem dado por Deus, e não o mal?"
Em tudo isso Jó não pecou com seus lábios.

Os Amigos de Jó

11 Quando três amigos de Jó, Elifaz, de Temã, Bildade, de Suá,
e Zofar, de Naamate, souberam de todos os males que o ha-
viam atingido, saíram, cada um da sua região. Combinaram
encontrar-se para, juntos, irem mostrar solidariedade a Jó e
consolá-lo. 12 Quando o viram a distância, mal puderam reco-
nhecê-lo e começaram a chorar em alta voz. Cada um deles
rasgou seu manto e colocou terra sobre a cabeça. 13 Depois os
três se assentaram no chão com ele, durante sete dias e sete
noites. Ninguém lhe disse uma palavra, pois viam como era
grande o seu sofrimento.

O Discurso de Jó

3 Depois disso Jó abriu a boca e amaldiçoou o dia do seu
nascimento, 2 dizendo:
3 "Pereça o dia do meu nascimento e a noite em que se disse:
'Nasceu um menino!' 4 Transforme-se aquele dia em trevas, e
Deus, lá do alto, não se importe com ele; não resplandeça a
luz sobre ele. 5 Chamem-no de volta as trevas e a mais densa
escuridão[b]; coloque-se uma nuvem sobre ele e o negrume ater-
rorize a sua luz. 6 Apoderem-se daquela noite densas trevas!
Não seja ela incluída entre os dias do ano, nem faça parte
de nenhum dos meses. 7 Seja aquela noite estéril, e nela não
se ouçam brados de alegria. 8 Amaldiçoem aquele dia os que
amaldiçoam os dias[c] e são capazes de atiçar o Leviatã[d]. 9 Fi-
quem escuras as suas estrelas matutinas, espere ele em vão
pela luz do sol e não veja os primeiros raios da alvorada, 10 pois
não fechou as portas do ventre materno para evitar que eu
contemplasse males.
11 "Por que não morri ao nascer e não pereci quando saí do
ventre? 12 Por que houve joelhos para me receberem e seios
para me amamentarem? 13 Agora eu bem poderia estar dei-
tado em paz e achar repouso 14 junto aos reis e conselheiros
da terra, que construíram para si lugares que agora jazem
em ruínas, 15 com governantes que possuíam ouro, que en-
chiam suas casas de prata. 16 Por que não me sepultaram
como criança abortada, como um bebê que nunca viu a luz
do dia? 17 Ali os ímpios já não se agitam, e ali os cansados per-
manecem em repouso; 18 os prisioneiros também desfrutam
sossego, já não ouvem mais os gritos do feitor de escravos.
19 Os simples e os poderosos ali estão, e o escravo está livre
do seu senhor.
20 "Por que se dá luz aos infelizes, e vida aos de alma amargu-
rada, 21 aos que anseiam pela morte e esta não vem, e a pro-
curam mais do que a um tesouro oculto, 22 aos que se enchem
de alegria e exultam quando vão para a sepultura? 23 Por que
se dá vida àquele cujo caminho é oculto e a quem Deus fechou
as saídas? 24 Pois me vêm suspiros em vez de comida; meus
gemidos transbordam como água. 25 O que eu temia veio sobre
mim; o que eu receava me aconteceu. 26 Não tenho paz, nem
tranquilidade, nem descanso; somente inquietação".

Elifaz

4 Então respondeu Elifaz, de Temã:
2 "Se alguém se aventurar a dizer a você uma palavra, isso
tirará a sua paciência? Mas quem pode refrear as palavras?
3 Pense bem! Você ensinou a tantos; fortaleceu mãos fracas.
4 Suas palavras davam firmeza aos que tropeçavam; você forta-
leceu joelhos vacilantes. 5 Mas agora que se vê em dificuldade,
você desanima; quando você é atingido, fica prostrado. 6 Sua
vida piedosa não inspira confiança a você? E o seu procedi-
mento irrepreensível não dá a você esperança?
7 "Reflita agora: Qual foi o inocente que chegou a perecer?
Onde os íntegros sofreram destruição? 8 Pelo que tenho ob-
servado, quem cultiva o mal e semeia maldade, isso também
colherá. 9 Pelo sopro de Deus são destruídos; pelo vento de sua
ira eles perecem. 10 Os leões podem rugir e rosnar, mas até os
dentes dos leões fortes se quebram. 11 O leão morre por falta
de presa, e os filhotes da leoa se dispersam.
12 "Disseram-me uma palavra em segredo, da qual os meus
ouvidos captaram um murmúrio. 13 Em meio a sonhos pertur-
badores da noite, quando cai sono profundo sobre os homens,
14 temor e tremor se apoderaram de mim e fizeram estremecer

---

[a] 2.1 Hebraico: *os filhos de Deus.*
[b] 3.5 Ou *e a sombra da morte*
[c] 3.8 Ou *o mar*
[d] 3.8 Ou *monstro marinho*

todos os meus ossos. 15 Um espírito[a] roçou o meu rosto, e os
pelos do meu corpo se arrepiaram. 16 Ele parou, mas não pude
identificá-lo. Um vulto se pôs diante dos meus olhos, e ouvi
uma voz suave, que dizia: 17 'Poderá algum mortal ser mais
justo que Deus? Poderá algum homem ser mais puro que o seu
Criador? 18 Se Deus não confia em seus servos, se vê erro em
seus anjos e os acusa, 19 quanto mais nos que moram em casas
de barro, cujos alicerces estão no pó! São mais facilmente es-
magados que uma traça! 20 Entre o alvorecer e o crepúsculo são
despedaçados; perecem para sempre, sem ao menos serem
notados. 21 Não é certo que as cordas de suas tendas são ar-
rancadas, e eles morrem sem sabedoria?'[b]

5 "Clame, se quiser, mas quem o ouvirá? Para qual dos seres
celestes[c] você se voltará? 2 O ressentimento mata o insen-
sato, e a inveja destrói o tolo. 3 Eu mesmo já vi um insensato
lançar raízes, mas de repente a sua casa foi amaldiçoada.
4 Seus filhos longe estão de desfrutar segurança, maltratados
nos tribunais, não há quem os defenda. 5 Os famintos devoram
a sua colheita, tirando-a até do meio dos espinhos, e os se-
dentos sugam a sua riqueza. 6 Pois o sofrimento não brota
do pó, e as dificuldades não nascem do chão. 7 No entanto,
o homem nasce para as dificuldades tão certamente como as
fagulhas voam para cima.
8 "Mas, se fosse comigo, eu apelaria para Deus; apresentaria
a ele a minha causa. 9 Ele realiza maravilhas insondáveis, mila-
gres que não se pode contar. 10 Derrama chuva sobre a terra e
envia água sobre os campos. 11 Os humildes, ele exalta e traz os
que pranteiam a um lugar de segurança. 12 Ele frustra os planos
dos astutos, para que fracassem as mãos deles. 13 Apanha os
sábios na astúcia deles, e as maquinações dos astutos são ma-
logradas por sua precipitação. 14 As trevas vêm sobre eles em
pleno dia; ao meio-dia eles tateiam como se fosse noite. 15 Ele
salva o oprimido da espada que trazem na boca; salva-o das
garras dos poderosos. 16 Por isso os pobres têm esperança, e a
injustiça cala a própria boca.
17 "Como é feliz o homem a quem Deus corrige; portanto, não
despreze a disciplina do Todo-poderoso[d]. 18 Pois ele fere, mas
trata do ferido; ele machuca, mas suas mãos também curam.
19 De seis desgraças ele o livrará; em sete delas você nada so-
frerá. 20 Na fome ele o livrará da morte e na guerra o livrará
do golpe da espada. 21 Você será protegido do açoite da língua
e não precisará ter medo quando a destruição chegar. 22 Você
rirá da destruição e da fome e não precisará temer as feras da
terra. 23 Pois fará aliança com as pedras do campo, e os animais
selvagens estarão em paz com você. 24 Você saberá que a sua
tenda é segura; contará os bens da sua morada e de nada
achará falta. 25 Você saberá que os seus filhos serão muitos, e
que os seus descendentes serão como a relva da terra. 26 Você
irá para a sepultura em pleno vigor, como um feixe recolhido
no devido tempo.
27 "Verificamos isso e vimos que é verdade. Portanto, ouça e
aplique isso à sua vida".

6 Jó
Então Jó respondeu:
2 "Se tão somente pudessem pesar a minha aflição 3 Veriam
que o seu peso é maior que o da areia dos mares. Por isso as
minhas palavras são tão impetuosas. 4 As flechas do Todo-po-
deroso estão cravadas em mim, e o meu espírito suga delas o
veneno; os terrores de Deus me assediam. 5 Zurra o jumento
selvagem se tiver capim? Muge o boi se tiver forragem? 6 Co-
me-se sem sal uma comida insípida? E a clara do ovo, tem
algum sabor? 7 Recuso-me a tocar nisso; esse tipo de comida
causa-me repugnância.
8 "Se tão somente fosse atendido o meu pedido, se Deus me
concedesse o meu desejo, 9 se Deus se dispusesse a esma-
gar-me, a soltar a mão protetora e eliminar-me! 10 Pois eu
ainda teria o consolo, minha alegria em meio à dor implacável,
de não ter negado as palavras do Santo.
11 "Que esperança posso ter, se já não tenho forças? Como
posso ter paciência, se não tenho futuro? 12 Acaso tenho a força
da pedra? Acaso a minha carne é de bronze? 13 Haverá poder
que me ajude agora que os meus recursos se foram?
14 "Um homem desesperado deve receber a compaixão de seus
amigos, muito embora ele tenha abandonado o temor do Todo-
-poderoso. 15 Mas os meus irmãos enganaram-me como riachos
temporários, como os riachos que transbordam 16 quando o
degelo os torna turvos e a neve que se derrete os faz encher,
17 mas que param de fluir no tempo da seca e no calor desapa-
recem dos seus leitos. 18 As caravanas se desviam de suas rotas;
sobem para lugares desertos e perecem. 19 Procuram água as
caravanas de Temá, olham esperançosos os mercadores de
Sabá. 20 Ficam tristes, porque estavam confiantes; lá chegaram
tão somente para sofrer decepção. 21 Pois agora vocês de nada
me valeram; contemplam minha temível situação e se enchem
de medo. 22 Alguma vez pedi a vocês que me dessem alguma
coisa? Ou que da sua riqueza pagassem resgate por mim? 23 Ou
que me livrassem das mãos do inimigo? Ou que me libertassem
das garras de quem me oprime?
24 "Ensinem-me, e eu me calarei; mostrem-me onde errei.
25 Como doem as palavras verdadeiras! Mas o que provam os
argumentos de vocês? 26 Vocês pretendem corrigir o que digo
e tratar como vento as palavras de um homem desesperado?
27 Vocês seriam capazes de pôr em sorteio o órfão e de vender
um amigo por uma bagatela!
28 "Mas agora, tenham a bondade de olhar para mim. Será que
eu mentiria na frente de vocês? 29 Reconsiderem a questão, não
sejam injustos; tornem a analisá-la, pois a minha integridade
está em jogo[e]. 30 Há alguma iniquidade em meus lábios? Será
que a minha boca não consegue discernir a maldade?

[a] 4.15 Ou *vento*

[b] 4.21 Alguns sugerem que o discurso de Elifaz termina no versículo 17.

[c] 5.1 Hebraico: *santos*.

[d] 5.17 Hebraico: *Shaddai*; também em todo o livro de Jó.

[e] 6.29 Ou *minha retidão ainda está firme*

7 “Não é pesado o labor do homem na terra? Seus dias não
são como os de um assalariado? 2Como o escravo que an-
seia pelas sombras do entardecer, ou como o assalariado que
espera ansioso pelo pagamento, 3assim me deram meses de
ilusão e noites de desgraça me foram destinadas. 4Quando me
deito, fico pensando: Quanto vai demorar para eu me levantar?
A noite se arrasta, e eu fico me virando na cama até o ama-
nhecer. 5Meu corpo está coberto de vermes e cascas de ferida,
minha pele está rachada e vertendo pus.
6“Meus dias correm mais depressa que a lançadeira do te-
celão, e chegam ao fim sem nenhuma esperança. 7Lembra-te,
ó Deus, de que a minha vida não passa de um sopro; meus
olhos jamais tornarão a ver a felicidade. 8Os que agora me
veem, nunca mais me verão; puseste o teu olhar em mim, e já
não existo. 9Assim como a nuvem se esvai e desaparece, assim
quem desce à sepultura[a] não volta. 10Nunca mais voltará ao seu
lar; a sua habitação não mais o conhecerá.
11“Por isso não me calo; na aflição do meu espírito desabafarei,
na amargura da minha alma farei as minhas queixas. 12Sou eu
o mar, ou o monstro das profundezas, para que me ponhas
sob guarda? 13Quando penso que a minha cama me consolará
e que o meu leito aliviará a minha queixa, 14mesmo aí me as-
sustas com sonhos e me aterrorizas com visões. 15É melhor ser
estrangulado e morrer do que sofrer assim[b]; 16sinto desprezo
pela minha vida! Não vou viver para sempre; deixa-me, pois os
meus dias não têm sentido.
17“Que é o homem, para que lhe dês importância e atenção,
18para que o examines a cada manhã e o proves a cada ins-
tante? 19Nunca desviarás de mim o teu olhar? Nunca me dei-
xarás a sós, nem por um instante? 20Se pequei, que mal te
causei, ó tu que vigias os homens? Por que me tornaste teu
alvo? Acaso tornei-me um fardo para ti?[c] 21Por que não perdoas
as minhas ofensas e não apagas os meus pecados? Pois logo
me deitarei no pó; tu me procurarás, mas eu já não existirei”.

8 Bildade

Então Bildade, de Suá, respondeu:
2“Até quando você vai falar desse modo? Suas palavras são um
grande vendaval! 3Acaso Deus torce a justiça? Será que o To-
do-poderoso torce o que é direito? 4Quando os seus filhos pe-
caram contra ele, ele os castigou pelo mal que fizeram. 5Mas,
se você procurar Deus e implorar junto ao Todo-poderoso, 6se
você for íntegro e puro, ele se levantará agora mesmo em seu
favor e o restabelecerá no lugar que por justiça cabe a você.
7O seu começo parecerá modesto, mas o seu futuro será de
grande prosperidade.
8“Pergunte às gerações anteriores e veja o que os seus pais
aprenderam, 9pois nós nascemos ontem e não sabemos nada.
Nossos dias na terra não passam de uma sombra. 10Acaso
eles não o instruirão, não lhe falarão? Não proferirão pala-
vras vindas do entendimento? 11Poderá o papiro crescer senão
no pântano? Sem água cresce o junco? 12Mal cresce e, antes
de ser colhido, seca-se, mais depressa que qualquer grama.
13Esse é o destino de todo o que se esquece de Deus; assim
perece a esperança dos ímpios. 14Aquilo em que ele confia é
frágil, aquilo em que se apoia é uma teia de aranha. 15Encos-
ta-se em sua teia, mas ela cede; agarra-se a ela, mas ela não
aguenta. 16Ele é como uma planta bem regada ao brilho do
sol, espalhando seus brotos pelo jardim; 17entrelaça as raízes
em torno de um monte de pedras e procura um lugar entre as
rochas. 18Mas, quando é arrancada do seu lugar, este a rejeita
e diz: ‘Nunca a vi’. 19Esse é o fim da sua vida, e do solo brotam
outras plantas. 20“Pois o certo é que Deus não rejeita o íntegro
e não fortalece as mãos dos que fazem o mal. 21Mas, quanto
a você, ele encherá de riso a sua boca e de brados de alegria
os seus lábios. 22Seus inimigos se vestirão de vergonha, e as
tendas dos ímpios não mais existirão”.

9 Jó

Então Jó respondeu:
2“Bem sei que isso é verdade. Mas como pode o mortal ser
justo diante de Deus? 3Ainda que quisesse discutir com ele, não
conseguiria argumentar nem uma vez em mil. 4Sua sabedoria
é profunda, seu poder é imenso. Quem tentou resistir-lhe e
saiu ileso? 5Ele transporta montanhas sem que elas o saibam
e em sua ira as põe de cabeça para baixo. 6Sacode a terra e a
tira do lugar, e faz suas colunas tremerem. 7Fala com o sol, e
ele não brilha; ele veda e esconde a luz das estrelas. 8Só ele
estende os céus e anda sobre as ondas do mar. 9Ele é o Criador
da Ursa e do Órion, das Plêiades e das constelações do sul.
10Realiza maravilhas que não se pode perscrutar, milagres in-
contáveis. 11Quando passa por mim, não posso vê-lo; se passa
junto de mim, não o percebo. 12Se ele apanha algo, quem pode
pará-lo? Quem pode dizer-lhe: ‘O que fazes?’ 13Deus não re-
freia a sua ira; até o séquito de Raabe[d] encolheu-se diante dos
seus pés. 14“Como então poderei eu discutir com ele? Como
achar palavras para com ele argumentar? 15Embora inocente,
eu seria incapaz de responder-lhe; poderia apenas implorar
misericórdia ao meu Juiz. 16Mesmo que eu o chamasse e ele
me respondesse, não creio que me daria ouvidos. 17Ele me
esmagaria com uma tempestade e sem motivo multiplicaria
minhas feridas. 18Não me permitiria recuperar o fôlego, mas
me engolfaria em agruras. 19Recorrer à força? Ele é mais po-
deroso! Ao tribunal? Quem o[e] intimará? 20Mesmo sendo eu
inocente, minha boca me condenaria; se eu fosse íntegro, ela
me declararia culpado.
21“Conquanto eu seja íntegro, já não me importo comigo;
desprezo a minha própria vida. 22É tudo a mesma coisa; por
isso digo: Ele destrói tanto o íntegro como o ímpio. 23Quando
um flagelo causa morte repentina, ele zomba do desespero
dos inocentes. 24Quando um país cai nas mãos dos ímpios,
ele venda os olhos de seus juízes. Se não é ele, quem é então?

[a] 7.9 Hebraico: *Sheol*. Essa palavra também pode ser traduzida por morte, pó ou profundezas.
[b] 7.15 Hebraico: ter os *meus ossos*.
[c] 7.20 Conforme alguns manuscritos do Texto Massorético, uma antiga tradição de escribas hebreus e a Septuaginta. A maioria dos manuscritos do Texto Massorético diz para mim mesmo?
[d] 9.13 Ou *até o mar*; ou ainda *até o séquito do Egito*
[e] 9.19 Conforme a Septuaginta. O Texto Massorético diz me.

25 "Meus dias correm mais velozes que um atleta; eles voam sem um vislumbre de alegria. 26 Passam como barcos de papiro, como águias que mergulham sobre as presas. 27 Se eu disser: Vou esquecer a minha queixa, vou mudar o meu semblante e sorrir, 28 ainda assim me apavoro com todos os meus sofrimentos, pois sei que não me considerarás inocente. 29 Uma vez que já fui considerado culpado, por que deveria eu lutar em vão? 30 Mesmo que eu me lavasse com sabão[a] e limpasse as minhas mãos com soda de lavadeira, 31 tu me atirarias num poço de lodo, para que até as minhas roupas me detestassem.

32 "Ele não é homem como eu, para que eu lhe responda e nos enfrentemos em juízo. 33 Se tão somente houvesse alguém para servir de árbitro entre nós, para impor as mãos sobre nós dois, 34 alguém que afastasse de mim a vara de Deus, para que o seu terror não mais me assustasse! 35 Então eu falaria sem medo; mas não é esse o caso.

10 "Minha vida só me dá desgosto; por isso darei vazão à minha queixa e de alma amargurada me expressarei. 2 Direi a Deus: Não me condenes; revela-me que acusações tens contra mim. 3 Tens prazer em oprimir-me, em rejeitar a obra de tuas mãos, enquanto sorris para o plano dos ímpios? 4 Acaso tens olhos de carne? Enxergas como os mortais? 5 Teus dias são como os de qualquer mortal? Os anos de tua vida são como os do homem? 6 Pois investigas a minha iniquidade e vasculhas o meu pecado, 7 embora saibas que não sou culpado e que ninguém pode livrar-me das tuas mãos.

8 "Foram as tuas mãos que me formaram e me fizeram. Irás agora voltar-te e destruir-me? 9 Lembra-te de que me moldaste como o barro; e agora me farás voltar ao pó? 10 Acaso não me despejaste como leite e não me coalhaste como queijo? 11 Não me vestiste de pele e carne e não me juntaste com ossos e tendões? 12 Deste-me vida e foste bondoso para comigo e na tua providência cuidaste do meu espírito.

13 "Mas algo escondeste em teu coração, e agora sei o que pensavas. 14 Se eu pecasse, estarias me observando e não deixarias sem punição a minha ofensa. 15 Se eu fosse culpado, ai de mim! Mesmo sendo inocente, não posso erguer a cabeça, pois estou dominado pela vergonha e mergulhado na[b] minha aflição. 16 Se mantenho a cabeça erguida, ficas à minha espreita como um leão e, de novo, manifestas contra mim o teu poder tremendo. 17 Trazes novas testemunhas contra mim e contra mim aumentas a tua ira; teus exércitos atacam-me em batalhões sucessivos.

18 "Então, por que me fizeste sair do ventre? Eu preferia ter morrido antes que alguém pudesse ver-me. 19 Se tão somente eu jamais tivesse existido, ou fosse levado direto do ventre para a sepultura! 20 Já estariam no fim os meus poucos dias? Afasta-te de mim, para que eu tenha um instante de alegria, 21 antes que eu vá para o lugar do qual não há retorno, para a terra de sombras e densas trevas[c], 22 para a terra tenebrosa como a noite, terra de trevas e de caos, onde até mesmo a luz é escuridão".

11 Zofar

Então Zofar, de Naamate, respondeu:

2 "Ficarão sem resposta todas essas palavras? Irá confirmar-se o que esse tagarela diz? 3 Sua conversa tola calará os homens? Ninguém o repreenderá por sua zombaria? 4 Você diz a Deus: 'A doutrina que eu aceito é perfeita, e sou puro aos teus olhos'. 5 Ah, se Deus falasse com você, se contra você abrisse os lábios 6 e revelasse os segredos da sabedoria! Pois a verdadeira sabedoria é complexa. Fique sabendo que Deus esqueceu alguns dos seus pecados.

7 "Você consegue perscrutar os mistérios de Deus? Pode sondar os limites do Todo-poderoso? 8 São mais altos que os céus! O que você poderá fazer? São mais profundos que as profundezas[d]! O que você poderá saber? 9 Seu comprimento é maior que a terra e a sua largura é maior que o mar.

10 "Se ele ordena uma prisão e convoca o tribunal, quem poderá opor-se? 11 Pois ele não identifica os enganadores e não reconhece a iniquidade logo que a vê? 12 Mas o tolo só será sábio quando a cria do jumento selvagem nascer homem[e]. 13 "Contudo, se você lhe consagrar o coração e estender as mãos para ele; 14 se afastar das suas mãos o pecado e não permitir que a maldade habite em sua tenda, 15 então você levantará o rosto sem envergonhar-se; será firme e destemido. 16 Você esquecerá as suas desgraças, lembrando-as apenas como águas passadas. 17 A vida será mais refulgente que o meio-dia, e as trevas serão como a manhã em seu fulgor. 18 Você estará confiante, graças à esperança que haverá; olhará ao redor e repousará em segurança. 19 Você se deitará, e não terá medo de ninguém, e muitos procurarão o seu favor. 20 Mas os olhos dos ímpios fenecerão e em vão procurarão refúgio; o suspiro da morte será a esperança que terão".

12 Jó

Então Jó respondeu:

2 "Sem dúvida vocês são o povo, e a sabedoria morrerá com vocês! 3 Mas eu tenho a mesma capacidade de pensar que vocês têm; não sou inferior a vocês. Quem não sabe dessas coisas?

4 "Tornei-me objeto de riso para os meus amigos, logo eu, que clamava a Deus e ele me respondia, eu, íntegro e irrepreensível, um mero objeto de riso! 5 Quem está bem despreza a desgraça, o destino daqueles cujos pés escorregam. 6 As tendas dos saqueadores não sofrem perturbação, e aqueles que provocam a Deus estão seguros, aqueles que transportam o seu deus em suas mãos.[f]

7 "Pergunte, porém, aos animais, e eles o ensinarão, ou às aves do céu, e elas contarão a você; 8 fale com a terra, e ela o instruirá, deixe que os peixes do mar o informem. 9 Quem de

---

a 9.30 Ou *neve*

b 10.15 Ou *e consciente da*

c 10.21 Ou *e trevas da morte*; também no versículo 22

d 11.8 Hebraico: *Sheol*. Essa palavra também pode ser traduzida por sepultura, pó ou morte.

e 11.12 Ou *nascer domesticado*

f 12.6 Ou *seguros naquilo que a mão de Deus lhes traz.*

todos eles ignora que a mão do SENHOR fez isso? 10Em sua mão
está a vida de cada criatura e o fôlego de toda a humanidade.
11O ouvido não experimenta as palavras como a língua experi-
menta a comida? 12A sabedoria se acha entre os idosos? A vida
longa traz entendimento?
13"Deus é que tem sabedoria e poder; a ele pertencem o
conselho e o entendimento. 14O que ele derruba não se pode
reconstruir; quem ele aprisiona ninguém pode libertar. 15Se
ele retém as águas, predomina a seca; se as solta, devastam
a terra. 16A ele pertencem a força e a sabedoria; tanto o en-
ganado quanto o enganador a ele pertencem. 17Ele despoja
e demite os conselheiros e faz os juízes de tolos. 18Tira as al-
gemas postas pelos reis, e amarra uma faixa[a] em torno da
cintura deles. 19Despoja e demite os sacerdotes e arruína os
homens de sólida posição. 20Cala os lábios dos conselheiros
de confiança, e tira o discernimento dos anciãos. 21Derrama
desprezo sobre os nobres, e desarma os poderosos. 22Revela
coisas profundas das trevas e traz à luz densas sombras. 23Dá
grandeza às nações e as destrói; faz crescer as nações e as
dispersa. 24Priva da razão os líderes da terra e os envia a pe-
rambular num deserto sem caminhos. 25Andam tateando nas
trevas, sem nenhuma luz; ele os faz cambalear como bêbados.

13 "Meus olhos viram tudo isso, meus ouvidos o ouviram e
entenderam. 2O que vocês sabem, eu também sei; não
sou inferior a vocês. 3Mas desejo falar ao Todo-poderoso e
defender a minha causa diante de Deus. 4Vocês, porém, me
difamam com mentiras; todos vocês são médicos que de nada
valem! 5Se tão somente ficassem calados, mostrariam sabe-
doria. 6Escutem agora o meu argumento; prestem atenção à
réplica de meus lábios. 7Vocês vão falar com maldade em nome
de Deus? Vão falar enganosamente a favor dele? 8Vão revelar
parcialidade por ele? Vão defender a causa a favor de Deus?
9Tudo iria bem se ele os examinasse? Vocês conseguiriam en-
ganá-lo como podem enganar os homens? 10Com certeza ele
os repreenderia se, no íntimo, vocês fossem parciais. 11O es-
plendor dele não os aterrorizaria? O pavor dele não cairia sobre
vocês? 12As máximas que vocês citam são provérbios de cinza;
suas defesas não passam de barro.
13"Aquietem-se e deixem-me falar, e aconteça comigo o que
acontecer. 14Por que me ponho em perigo e tomo a minha vida
em minhas mãos? 15Embora ele me mate, ainda assim espe-
rarei nele; certo é que defenderei[b] os meus caminhos diante
dele. 16Aliás, será essa a minha libertação, pois nenhum ímpio
ousaria apresentar-se a ele! 17Escutem atentamente as minhas
palavras; que os seus ouvidos acolham o que eu digo. 18Agora
que preparei a minha defesa, sei que serei justificado. 19Haverá
quem me acuse? Se houver, ficarei calado e morrerei.
20"Concede-me só estas duas coisas, ó Deus, e não me es-
conderei de ti: 21Afasta de mim a tua mão e não mais me as-
sustes com os teus terrores. 22Chama-me, e eu responderei,
ou deixa-me falar, e tu responderás. 23Quantos erros e pecados
cometi? Mostra-me a minha falta e o meu pecado. 24Por que
escondes o teu rosto e me consideras teu inimigo? 25Atormen-
tarás uma folha levada pelo vento? Perseguirás a palha? 26Pois
fazes constar contra mim coisas amargas e me fazes herdar
os pecados da minha juventude. 27Acorrentas os meus pés e
vigias todos os meus caminhos, pondo limites aos meus passos.
28"Assim o homem se consome como coisa podre, como a
roupa que a traça vai roendo.

14 "O homem nascido de mulher vive pouco tempo e passa
por muitas dificuldades. 2Brota como a flor e murcha.
Vai-se como a sombra passageira; não dura muito. 3Fixas o
olhar num homem desses? E o[c] trarás à tua presença para
julgamento? 4Quem pode extrair algo puro da impureza? Nin-
guém! 5Os dias do homem estão determinados; tu decretaste
o número de seus meses e estabeleceste limites que ele não
pode ultrapassar. 6Por isso desvia dele o teu olhar e deixa-o
até que ele cumpra o seu tempo como o trabalhador contra-
tado.
7"Para a árvore pelo menos há esperança: se é cortada, torna
a brotar, e os seus renovos vingam. 8Suas raízes poderão en-
velhecer no solo e seu tronco morrer no chão; 9ainda assim,
com o cheiro de água ela brotará e dará ramos como se fosse
muda plantada. 10Mas o homem morre e morto permanece;
dá o último suspiro e deixa de existir. 11Assim como a água do
mar evapora e o leito do rio perde as águas e seca, 12assim o
homem se deita e não se levanta; até quando os céus já não
existirem, os homens não acordarão e não serão despertados
do seu sono.
13"Se tão somente me escondesses na sepultura[d] e me ocul-
tasses até passar a tua ira! Se tão somente me impusesses um
prazo e depois te lembrasses de mim! 14Quando um homem
morre, acaso tornará a viver? Durante todos os dias do meu
árduo labor esperarei pela minha dispensa[e]. 15Chamarás, e
eu te responderei; terás anelo pela criatura que as tuas mãos
fizeram. 16Por certo contarás então os meus passos, mas não
tomarás conhecimento do meu pecado. 17Minhas faltas serão
encerradas num saco; tu esconderás a minha iniquidade.
18"Mas, assim como a montanha sofre erosão e se desmorona,
e a rocha muda de lugar; 19e assim como a água desgasta as
pedras e as torrentes arrastam terra, assim destróis a espe-
rança do homem. 20Tu o subjugas de uma vez por todas, e
ele se vai; alteras a sua fisionomia e o mandas embora. 21Se
honram os seus filhos, ele não fica sabendo; se os humilham,
ele não o vê. 22Só sente a dor do seu próprio corpo; só pranteia
por si mesmo".

15 **Elifaz**
Então Elifaz, de Temã, respondeu:
2"Responderia o sábio com ideias vãs, ou encheria o estô-
mago com o vento? 3Argumentaria com palavras inúteis, com

[a] **12.18** Ou *algemas de reis e amarra um cinto*
[b] **13.15** Ou *Certamente ele me matará; não tenho esperança; ainda assim defenderei*
[c] **14.3** Conforme a Septuaginta, a Vulgata e a Versão Siríaca. O Texto Massorético diz *me*.
[d] **14.13** Hebraico: *Sheol*. Essa palavra também pode ser traduzida por *profundezas*, *pó* ou *morte*.
[e] **14.14** Ou *libertação*

discursos sem valor? 4 Mas você sufoca a piedade e diminui a
devoção a Deus. 5 O seu pecado motiva a sua boca; você adota
a linguagem dos astutos. 6 É a sua própria boca que o condena,
e não a minha; os seus próprios lábios depõem contra você.
7 "Será que você foi o primeiro a nascer? Acaso foi gerado antes
das colinas? 8 Você costuma ouvir o conselho secreto de Deus?
Só a você pertence a sabedoria? 9 O que você sabe, que nós não
sabemos? Que compreensão tem você, que nós não temos?
10 Temos do nosso lado homens de cabelos brancos, muito mais
velhos que o seu pai. 11 Não bastam para você as consolações
divinas e as nossas palavras amáveis? 12 Por que você se deixa
levar pelo coração, e por que esse brilho nos seus olhos? 13 Pois
contra Deus é que você dirige a sua ira e despeja da sua boca
essas palavras!
14 "Como o homem pode ser puro? Como pode ser justo quem
nasce de mulher? 15 Pois, se nem nos seus santos Deus confia,
e se nem os céus são puros aos seus olhos, 16 quanto menos
o homem, que é impuro e corrupto, e que bebe iniquidade
como água.
17 "Escute-me, e eu explicarei para você; vou dizer a você o que
vi, 18 o que os sábios declaram sem esconder o que receberam
dos seus pais, 19 a quem foi dada a terra, e a mais ninguém;
nenhum estrangeiro passou entre eles: 20 O ímpio sofre tor-
mentos a vida toda, como também o homem cruel, nos poucos
anos que lhe são reservados. 21 Só ouve ruídos aterrorizantes;
quando se sente em paz, ladrões o atacam. 22 Não tem es-
perança de escapar das trevas; sente-se destinado ao fio da
espada. 23 Fica perambulando; é comida para os abutres;[a] sabe
muito bem que logo virão sobre ele as trevas. 24 A aflição e a
angústia o apavoram e o dominam como um rei pronto para
atacar, 25 porque agitou os punhos contra Deus e desafiou o To-
do-poderoso, 26 afrontando-o com arrogância, com um escudo
grosso e resistente.
27 "Apesar de ter o rosto coberto de gordura e a cintura estu-
fada de carne, 28 habitará em cidades prestes a arruinar-se, em
casas inabitáveis, caindo aos pedaços. 29 Nunca mais será rico;
sua riqueza não durará, e os seus bens não se propagarão pela
terra. 30 Não poderá escapar das trevas; o fogo chamuscará os
seus renovos, e o sopro da boca de Deus o arrebatará. 31 Que
ele não se iluda em confiar no que não tem valor, pois nada
receberá como compensação. 32 Terá completa paga antes do
tempo, e os seus ramos não florescerão. 33 Será como a vinha
despojada de suas uvas verdes, como a oliveira que perdeu a
sua floração, 34 pois o companheirismo dos ímpios nada lhe
trará, e o fogo devorará as tendas dos que gostam de subornar.
35 Eles concebem maldade e dão à luz a iniquidade; seu ventre
gera engano".

16 Jó

Então Jó respondeu:
2 "Já ouvi muitas palavras como essas. Pobres consoladores
são vocês todos! 3 Esses discursos inúteis nunca terminarão? E
você, o que o leva a continuar discutindo? 4 Bem que eu poderia
falar como vocês, se estivessem em meu lugar; eu poderia con-
dená-los com belos discursos e menear a cabeça contra vocês.
5 Mas a minha boca procuraria encorajá-los; a consolação dos
meus lábios daria alívio para vocês.
6 "Contudo, se falo, a minha dor não se alivia; se me calo,
ela não desaparece. 7 Sem dúvida, ó Deus, tu me esgotaste
as forças; deste fim a toda a minha família. 8 Tu me deixaste
deprimido, o que é uma testemunha disso; a minha magreza
se levanta e depõe contra mim. 9 Deus, em sua ira, ataca-me
e faz-me em pedaços e range os dentes contra mim; meus
inimigos fitam-me com olhar ferino. 10 Os homens abrem sua
boca contra mim, esmurram meu rosto com zombaria e se
unem contra mim. 11 Deus fez-me cair nas mãos dos ímpios
e atirou-me nas garras dos maus. 12 Eu estava tranquilo, mas
ele me arrebentou; agarrou-me pelo pescoço e esmagou-me.
Fez de mim o seu alvo; 13 seus flecheiros me cercam. Ele tras-
passou sem dó os meus rins e derramou na terra a minha bílis.
14 Lança-se sobre mim uma e outra vez; ataca-me como um
guerreiro.
15 "Costurei veste de lamento sobre a minha pele e enterrei a
minha testa no pó. 16 Meu rosto está rubro de tanto eu chorar,
e sombras densas circundam os meus olhos, 17 apesar de não
haver violência em minhas mãos e de ser pura a minha oração.
18 "Ó terra, não cubra o meu sangue! Não haja lugar de repouso
para o meu clamor! 19 Saibam que agora mesmo a minha tes-
temunha está nos céus; nas alturas está o meu advogado. 20 O
meu intercessor é meu amigo,[b] quando diante de Deus correm
lágrimas dos meus olhos; 21 ele defende a causa do homem
perante Deus, como quem defende a causa de um amigo.
22 "Pois mais alguns anos apenas, e farei a viagem sem retorno.

17

"Meu espírito está quebrantado, os meus dias se en-
curtam, a sepultura me espera. 2 A verdade é que zomba-
dores me rodeiam, e tenho que ficar olhando a sua hostilidade.
3 "Dá-me, ó Deus, a garantia que exiges. Quem, senão tu, me
dará segurança? 4 Fechaste as mentes deles para o entendi-
mento e com isso não os deixarás triunfar. 5 Se alguém de-
nunciar os seus amigos por recompensa, os olhos dos filhos
dele fraquejarão,
6 "mas de mim Deus fez um provérbio para todos, um homem
em cujo rosto os outros cospem. 7 Meus olhos se turvaram de
tristeza; o meu corpo não passa de uma sombra. 8 Os ínte-
gros ficam atônitos em face disso, e os inocentes se levantam
contra os ímpios. 9 Mas os justos se manterão firmes em seus
caminhos, e os homens de mãos puras se tornarão cada vez
mais fortes.
10 "Venham, porém, vocês todos, e façam nova tentativa! Não
acharei nenhum sábio entre vocês. 11 Foram-se os meus dias,
os meus planos fracassaram, como também os desejos do meu
coração. 12 Andam querendo tornar a noite em dia; ante a apro-
ximação das trevas dizem: 'Vem chegando a luz'. 13 Ora, se o
único lar pelo qual espero é a sepultura[c], se estendo a minha

[a] 15.23 Ou *Fica perambulando em busca de pão;*

[b] 16.20 Ou *Meus amigos zombam de mim,*

[c] 17.13 Hebraico: *Sheol*. Essa palavra também pode ser traduzida por profundezas, pó ou morte;

cama nas trevas, 14 se digo à corrupção mortal: Você é o meu
pai, e se aos vermes digo: Vocês são minha mãe e minha irmã,
15 onde está então minha esperança? Quem poderá ver alguma
esperança para mim? 16 Descerá ela às portas do Sheol? Des-
ceremos juntos ao pó?"

18 Bildade

Então Bildade, de Suá, respondeu:
2 "Quando você vai parar de falar? Proceda com sensatez, e de-
pois poderemos conversar. 3 Por que somos considerados como
animais e somos ignorantes aos seus olhos? 4 Ah, você, que se
dilacera de ira! Deve-se abandonar a terra por sua causa? Ou
devem as rochas mudar de lugar?
5 "A lâmpada do ímpio se apaga, e a chama do seu fogo se
extingue. 6 Na sua tenda a luz se escurece; a lâmpada de sua
vida se apaga. 7 O vigor dos seus passos se enfraquece, e os
seus próprios planos o lançam por terra. 8 Por seus próprios pés
você se prende na rede, e se perde na sua malha. 9 A armadilha
o pega pelo calcanhar; o laço o prende firme. 10 O nó corredio
está escondido na terra para pegá-lo, há uma armadilha em
seu caminho. 11 Terrores de todos os lados o assustam e o per-
seguem em todos os seus passos. 12 A calamidade tem fome de
alcançá-lo; a desgraça está à espera de sua queda 13 e consome
partes da sua pele; o primogênito da morte devora os membros
do seu corpo. 14 Ele é arrancado da segurança de sua tenda,
e o levam à força ao rei dos terrores. 15 O fogo mora na tenda
dele;[a] espalham enxofre ardente sobre a sua habitação. 16 Suas
raízes secam-se embaixo, e seus ramos murcham em cima.
17 Sua lembrança desaparece da terra, e nome não tem, em
parte alguma. 18 É lançado da luz para as trevas; é banido do
mundo. 19 Não tem filhos nem descendentes entre o seu povo,
nem lhe restou sobrevivente algum nos lugares onde antes
vivia. 20 Os homens do ocidente assustam-se com a sua ruína,
e os do oriente enchem-se de pavor. 21 É assim a habitação do
perverso; essa é a situação de quem não conhece a Deus".

19 Jó

Então Jó respondeu:
2 "Até quando vocês continuarão a atormentar-me e a esma-
gar-me com palavras? 3 Vocês já me repreenderam dez vezes;
não se envergonham de agredir-me! 4 Se é verdade que me
desviei, meu erro só interessa a mim. 5 Se de fato vocês se
exaltam acima de mim e usam contra mim a minha humilhação,
6 saibam que foi Deus que me tratou mal e me envolveu em
sua rede.
7 "Se grito: É injustiça! Não obtenho resposta; clamo por so-
corro, todavia não há justiça. 8 Ele bloqueou o meu caminho, e
não consigo passar; cobriu de trevas as minhas veredas. 9 Des-
piu-me da minha honra e tirou a coroa de minha cabeça. 10 Ele
me arrasa por todos os lados enquanto eu não me vou; desar-
raiga a minha esperança como se arranca uma planta. 11 Sua
ira acendeu-se contra mim; ele me vê como inimigo. 12 Suas
tropas avançam poderosamente; cercam-me e acampam ao
redor da minha tenda.
13 "Ele afastou de mim os meus irmãos; até os meus conhecidos
estão longe de mim. 14 Os meus parentes me abandonaram e os
meus amigos esqueceram-se de mim. 15 Os meus hóspedes e
as minhas servas consideram-me estrangeiro; veem-me como
um estranho. 16 Chamo o meu servo, mas ele não me responde,
ainda que eu lhe implore pessoalmente. 17 Minha mulher acha
repugnante o meu hálito; meus próprios irmãos têm nojo de
mim. 18 Até os meninos zombam de mim e dão risada quando
apareço. 19 Todos os meus amigos chegados me detestam;
aqueles a quem amo voltaram-se contra mim. 20 Não passo de
pele e ossos; escapei só com a pele dos meus dentes[b].
21 "Misericórdia, meus amigos! Misericórdia! Pois a mão de
Deus me feriu. 22 Por que vocês me perseguem como Deus o
faz? Nunca irão saciar-se da minha carne?
23 "Quem dera as minhas palavras fossem registradas! Quem
dera fossem escritas num livro, 24 fossem talhadas a ferro no
chumbo[c], ou gravadas para sempre na rocha! 25 Eu sei que o
meu Redentor vive e que no fim se levantará sobre a terra[d]. 26 E,
depois que o meu corpo estiver destruído[e] e sem[f] carne, verei
a Deus. 27 Eu o verei com os meus próprios olhos; eu mesmo, e
não outro! Como anseia no meu peito o coração!
28 "Se vocês disserem: 'Vejamos como vamos persegui-lo, pois
a raiz do problema está nele[g]', 29 melhor será que temam a
espada, porquanto por meio dela a ira trará castigo para vocês,
e então vocês saberão que há julgamento[h]".

20 Zofar

Então Zofar, de Naamate, respondeu:
2 "Agitam-se os meus pensamentos e levam-me a responder
porque estou profundamente perturbado. 3 Ouvi uma re-
preensão que me desonra, e o meu entendimento faz-me
contestar.
4 "Certamente você sabe que sempre foi assim, desde a anti-
guidade; desde que o homem[i] foi posto na terra, 5 o riso dos
maus é passageiro, e a alegria dos ímpios dura apenas um
instante. 6 Mesmo que o seu orgulho chegue aos céus e a sua
cabeça toque as nuvens, 7 ele perecerá para sempre, como o
seu próprio excremento; os que o tinham visto perguntarão:
'Onde ele foi parar?' 8 Ele voa e vai-se como um sonho, para
nunca mais ser encontrado, banido como uma visão noturna.
9 O olho que o viu não o verá mais, nem o seu lugar o tornará
a ver. 10 Seus filhos terão que indenizar os pobres; ele próprio,
com suas mãos, terá que refazer sua riqueza. 11 O vigor juvenil
que enche os seus ossos jazerá com ele no pó.
12 "Mesmo que o mal seja doce em sua boca e ele o esconda

também no versículo 16.

a 18.15 Ou *Nada do que ele possuía permanece*;

b 19.20 Ou *apenas com minha gengiva*

c 19.24 Ou *talhadas com ferramenta de ferro e chumbo*

d 19.25 Ou *sobre o meu túmulo*

e 19.26 Ou *E, depois de eu despertar, embora este corpo tenha sido destruído*

f 19.26 Ou *fora da*

g 19.28 Conforme muitos manuscritos do Texto Massorético, a Septuaginta e a Vulgata. A maioria dos manuscritos do Texto Massorético diz em mim.

h 19.29 Ou *vocês poderão vir a conhecer o Todo-poderoso*

i 20.4 Ou *Adão*

sob a língua, 13 mesmo que o retenha na boca para saboreá-lo,
14 ainda assim a sua comida azedará no estômago; e será como
veneno de cobra em seu interior. 15 Ele vomitará as riquezas
que engoliu; Deus fará seu estômago lançá-las fora. 16 Sugará
veneno de cobra; as presas de uma víbora o matarão. 17 Não
terá gosto na contemplação dos regatos e dos rios que vertem
mel e nata. 18 Terá que devolver aquilo pelo que lutou, sem
aproveitá-lo, e não desfrutará dos lucros do seu comércio.
19 Sim, pois ele tem oprimido os pobres e os tem deixado de-
samparados; apoderou-se de casas que não construiu.
20 "Certo é que a sua cobiça não lhe trará descanso, e o seu te-
souro não o salvará. 21 Nada lhe restou para devorar; sua pros-
peridade não durará muito. 22 Em meio à sua fartura, a aflição
o dominará; a força total da desgraça o atingirá. 23 Quando
ele estiver de estômago cheio, Deus dará vazão às tremendas
chamas de sua ira e sobre ele despejará o seu furor. 24 Se es-
capar da arma de ferro, o bronze da sua flecha o atravessará.
25 Ele a arrancará das suas costas, a ponta reluzente saindo
do seu fígado. Grande pavor virá sobre ele; 26 densas trevas
estarão à espera dos seus tesouros. Um fogo não assoprado
o consumirá e devorará o que sobrar em sua tenda. 27 Os céus
revelarão a sua culpa; a terra se levantará contra ele. 28 Uma
inundação arrastará a sua casa, águas avassaladoras[a], no dia
da ira de Deus. 29 Esse é o destino que Deus dá aos ímpios, é a
herança designada por Deus para eles".

21 Jó

1 Então Jó respondeu:
2 "Escutem com atenção as minhas palavras; seja esse o con-
solo que vocês haverão de dar-me. 3 Suportem-me enquanto eu
estiver falando; depois que eu falar poderão zombar de mim.
4 "Acaso é dos homens que me queixo? Por que não deveria eu
estar impaciente? 5 Olhem para mim e ficarão atônitos; tapem a
boca com a mão. 6 Quando penso nisso, fico aterrorizado; todo
o meu corpo se põe a tremer. 7 Por que vivem os ímpios? Por
que chegam à velhice e aumentam seu poder? 8 Eles veem os
seus filhos estabelecidos ao seu redor e os seus descendentes
diante dos seus olhos. 9 Seus lares estão seguros e livres do
medo; a vara de Deus não os vem ferir. 10 Seus touros nunca
deixam de procriar; suas vacas dão crias e não abortam. 11 Eles
soltam os seus filhos como um rebanho; seus pequeninos
põem-se a dançar. 12 Cantam, acompanhando a música do
tamborim e da harpa; alegram-se ao som da flauta. 13 Os ím-
pios passam a vida na prosperidade e descem à sepultura[b] em
paz[c]. 14 Contudo, dizem eles a Deus: 'Deixa-nos! Não queremos
conhecer os teus caminhos. 15 Quem é o Todo-poderoso, para
que o sirvamos? Que vantagem temos em orar a Deus?' 16 Mas
não depende deles a prosperidade que desfrutam; por isso fico
longe do conselho dos ímpios.
17 "Pois, quantas vezes a lâmpada dos ímpios se apaga?
Quantas vezes a desgraça cai sobre eles, o destino que em
sua ira Deus lhes dá? 18 Quantas vezes o vento os leva como
palha, e o furacão os arrebata como cisco? 19 Dizem que Deus
reserva o castigo de um homem para os seus filhos. Que o
próprio pai o receba, para que aprenda a lição! 20 Que os seus
próprios olhos vejam a sua ruína; que ele mesmo beba da ira
do Todo-poderoso![d] 21 Pois, que lhe importará a família que
deixará atrás de si quando chegarem ao fim os meses que lhe
foram destinados?
22 "Haverá alguém que o ensine a conhecer a Deus, uma vez
que ele julga até os de mais alta posição? 23 Um homem morre
em pleno vigor, quando se sentia bem e seguro, 24 tendo o
corpo bem nutrido e os ossos cheios de tutano. 25 Já outro
morre tendo a alma amargurada, sem nada ter desfrutado.
26 Um e outro jazem no pó, ambos cobertos de vermes.
27 "Sei muito bem o que vocês estão pensando, as suas cons-
pirações contra mim. 28 'Onde está agora a casa do grande
homem?', vocês perguntam. 'Onde a tenda dos ímpios?'
29 Vocês nunca fizeram perguntas aos que viajam? Não deram
atenção ao que eles contam? 30 Pois eles dizem que o mau é
poupado da calamidade e que do dia da ira recebe livramento.
31 Quem o acusa, lançando em rosto a sua conduta? Quem lhe
retribui o mal que fez? 32 Pois o levam para o túmulo e vigiam
a sua sepultura. 33 Para ele é macio o terreno do vale; todos o
seguem, e uma multidão incontável o precede.[e]
34 "Por isso, como podem vocês consolar-me com esses ab-
surdos? O que sobra das suas respostas é pura falsidade!"

22 Elifaz

1 Então, Elifaz, de Temã, respondeu:
2 "Pode alguém ser útil a Deus? Mesmo um sábio, pode ser-lhe
de algum proveito? 3 Que prazer você daria ao Todo-poderoso
se você fosse justo? Que é que ele ganharia se os seus cami-
nhos fossem irrepreensíveis?
4 "É por sua piedade que ele o repreende e faz acusações a
você? 5 Não é grande a sua maldade? Não são infindos os seus
pecados? 6 Sem motivo você exigia penhores dos seus irmãos;
você despojava das roupas os que quase nenhuma tinham.
7 Você não deu água ao sedento e reteve a comida do faminto,
8 sendo você poderoso, dono de terras e delas vivendo, e hon-
rado diante de todos. 9 Você mandou embora de mãos vazias
as viúvas e quebrou a força dos órfãos. 10 Por isso está cercado
de armadilhas e o perigo repentino o apavora. 11 Também por
isso você se vê envolto em escuridão que o cega, e o cobrem
as águas, em tremenda inundação.
12 "Não está Deus nas alturas dos céus? E em que altura estão
as estrelas mais distantes! 13 Contudo, você diz: 'O que sabe
Deus? Poderá julgar através de tão grande escuridão? 14 Nuvens
espessas o cobrem, e ele não pode ver-nos quando percorre
a abóbada dos céus'. 15 Você vai continuar no velho caminho
que os perversos palmilharam? 16 Estes foram levados antes da
hora; seus alicerces foram arrastados por uma enchente. 17 Eles
disseram a Deus: 'Deixa-nos! O que o Todo-poderoso poderá

---

[a] **20.28** Ou *Os bens de sua casa serão levados, arrastados pelas águas,*
[b] **21.13** Hebraico: *Sheol*. Essa palavra também pode ser traduzida por profundezas, pó ou morte.
[c] **21.13** Ou *de repente*
[d] **21.17-20** Os versículos 17 e 18 podem ser lidos como exclamações e os 19 e 20 como afirmações.
[e] **21.33** Ou *assim como uma multidão incontável o precedeu.*

fazer conosco?’ 18 Contudo, foi ele que encheu de bens as casas
deles; por isso fico longe do conselho dos ímpios.
19 “Os justos veem a ruína deles e se regozijam; os inocentes
zombam deles, dizendo: 20 ‘Certo é que os nossos inimigos
foram destruídos, e o fogo devorou a sua riqueza’.
21 “Sujeite-se a Deus, fique em paz com ele, e a prosperidade
virá a você. 22 Aceite a instrução que vem da sua boca e ponha
no coração as suas palavras. 23 Se você voltar para o Todo-po-
deroso, voltará ao seu lugar. Se afastar da sua tenda a injus-
tiça, 24 lançar ao pó as suas pepitas, o seu ouro puro de Ofir
às rochas dos vales, 25 o Todo-poderoso será o seu ouro, será
para você prata seleta. 26 É certo que você achará prazer no
Todo-poderoso e erguerá o rosto para Deus. 27 A ele orará, e ele
o ouvirá, e você cumprirá os seus votos. 28 O que você decidir se
fará, e a luz brilhará em seus caminhos. 29 Quando os homens
forem humilhados e você disser: ‘Levanta-os!’, ele salvará o
abatido. 30 Livrará até o que não é inocente, que será liberto
graças à pureza que há em você, nas suas mãos”.

23 Jó

Então Jó respondeu:
2 “Até agora me queixo com amargura; a mão dele[a] é pesada, a
despeito de meu gemido. 3 Se tão somente eu soubesse onde
encontrá-lo e como ir à sua habitação! 4 Eu lhe apresentaria a
minha causa e encheria a minha boca de argumentos. 5 Estu-
daria o que ele me respondesse e analisaria o que me dissesse.
6 Será que ele se oporia a mim com grande poder? Não, ele não
me faria acusações. 7 O homem íntegro poderia apresentar-lhe
sua causa; eu seria liberto para sempre de quem me julga.
8 “Mas, se vou para o oriente, lá ele não está; se vou para o
ocidente, não o encontro. 9 Quando ele está em ação no norte,
não o enxergo; quando vai para o sul, nem sombra dele eu
vejo! 10 Mas ele conhece o caminho por onde ando; se me puser
à prova, aparecerei como o ouro. 11 Meus pés seguiram de perto
as suas pegadas; mantive-me no seu caminho sem desviar-me.
12 Não me afastei dos mandamentos dos seus lábios; dei mais
valor às palavras de sua boca do que ao meu pão de cada dia.
13 “Mas ele é ele! Quem poderá fazer-lhe oposição? Ele faz o
que quer. 14 Executa o seu decreto contra mim e tem muitos
outros planos semelhantes. 15 Por isso fico apavorado diante
dele; pensar nisso me enche de medo. 16 Deus fez desmaiar o
meu coração; o Todo-poderoso causou-me pavor. 17 Contudo,
não fui silenciado pelas trevas, pelas densas trevas que cobrem
o meu rosto.

24

“Por que o Todo-poderoso não marca as datas de julga-
mento? Por que aqueles que o conhecem não chegam a
vê-las? 2 Há os que mudam os marcos dos limites e apascentam
rebanhos que eles roubaram. 3 Levam o jumento que pertence
ao órfão e tomam o boi da viúva como penhor. 4 Forçam os
necessitados a sair do caminho e os pobres da terra a escon-
der-se. 5 Como jumentos selvagens no deserto, os pobres vão
em busca de comida; da terra deserta a obtêm para os seus fi-
lhos. 6 Juntam forragem nos campos e respigam nas vinhas dos
ímpios. 7 Pela falta de roupas, passam a noite nus; não têm com
que cobrir-se no frio. 8 Encharcados pelas chuvas das monta-
nhas, abraçam-se às rochas por falta de abrigo. 9 A criança órfã
é arrancada do seio de sua mãe; o recém-nascido do pobre é
tomado para pagar uma dívida. 10 Por falta de roupas, andam
nus; carregam os feixes, mas continuam famintos. 11 Espremem
azeitonas dentro dos seus muros[b]; pisam uvas nos lagares, mas
assim mesmo sofrem sede. 12 Sobem da cidade os gemidos
dos que estão para morrer, e as almas dos feridos clamam por
socorro. Mas Deus não vê mal nisso.
13 “Há os que se revoltam contra a luz, não conhecem os cami-
nhos dela e não permanecem em suas veredas. 14 De manhã o
assassino se levanta e mata os pobres e os necessitados; de
noite age como ladrão. 15 Os olhos do adúltero ficam à espera
do crepúsculo; ‘Nenhum olho me verá’, pensa ele; e mantém
oculto o rosto. 16 No escuro os homens invadem casas, mas de
dia se enclausuram; não querem saber da luz. 17 Para eles a
manhã é tremenda escuridão;[c] eles são amigos dos pavores
das trevas.
18 “São, porém, como espuma sobre as águas; sua parte da
terra foi amaldiçoada, e por isso ninguém vai às vinhas. 19 Assim
como o calor e a seca depressa consomem a neve derretida,
assim a sepultura[d] consome os que pecaram. 20 Sua mãe os
esquece, os vermes se banqueteiam neles. Ninguém se lembra
dos maus; quebram-se como árvores. 21 Devoram a estéril e
sem filhos e não mostram bondade para com a viúva. 22 Mas
Deus, por seu poder, os arranca; embora firmemente estabe-
lecidos, a vida deles não tem segurança. 23 Ele poderá deixá-
-los descansar, sentindo-se seguros, mas atento os vigia nos
caminhos que seguem. 24 Por um breve instante são exaltados
e depois se vão, colhidos como todos os demais, ceifados como
espigas de cereal.
25 “Se não é assim, quem poderá provar que minto e reduzir a
nada as minhas palavras?”

25 Bildade

Então Bildade, de Suá, respondeu:
2 “O domínio e o temor pertencem a Deus; ele impõe ordem
nas alturas, que a ele pertencem. 3 Seria possível contar os
seus exércitos? E a sua luz, sobre quem não se levanta? 4 Como
pode então o homem ser justo diante de Deus? Como pode ser
puro quem nasce de mulher? 5 Se nem a lua é brilhante e nem
as estrelas são puras aos olhos dele, 6 muito menos o será o
homem, que não passa de larva, o filho do homem, que não
passa de verme!”

26 Jó

Então Jó respondeu:
2 “Grande foi a ajuda que você deu ao desvalido! Que socorro
você prestou ao braço frágil! 3 Belo conselho você ofereceu

---

[a] **23.2** Conforme a Septuaginta e a Versão Siríaca. O Texto Massorético diz *a mão sobre mim*.

[b] **24.11** Ou *entre as pedras de moinho*

[c] **24.17** Ou *A manhã deles é como a sombra da morte;*

[d] **24.19** Hebraico: *Sheol*. Essa palavra também pode ser traduzida por *profundezas*, *pó* ou *morte*.

a quem não é sábio, e que grande sabedoria você revelou!
4 Quem o ajudou a proferir essas palavras, e por meio de que
espírito você falou?
5 "Os mortos estão em grande angústia sob as águas, e com
eles sofrem os que nelas vivem. 6 Nu está o Sheol[a] diante de
Deus, e nada encobre a Destruição[b]. 7 Ele estende os céus do
norte sobre o espaço vazio; suspende a terra sobre o nada.
8 Envolve as águas em suas nuvens, e estas não se rompem
sob o peso delas. 9 Ele cobre a face da lua cheia estendendo
sobre ela as suas nuvens. 10 Traça o horizonte sobre a super-
fície das águas para servir de limite entre a luz e as trevas.
11 As colunas dos céus estremecem e ficam perplexas diante da
sua repreensão. 12 Com seu poder agitou violentamente o mar;
com sua sabedoria despedaçou o Monstro dos Mares[c]. 13 Com
seu sopro os céus ficaram límpidos; sua mão feriu a serpente
arisca. 14 E isso tudo é apenas a borda de suas obras! Um suave
sussurro é o que ouvimos dele. Mas quem poderá compreender
o trovão do seu poder?"

27 E Jó prosseguiu em seu discurso:
2 "Pelo Deus vivo, que me negou justiça, pelo Todo-po-
deroso, que deu amargura à minha alma, 3 enquanto eu tiver
vida em mim, o sopro de Deus em minhas narinas, 4 meus lábios
não falarão maldade, e minha língua não proferirá nada que
seja falso. 5 Nunca darei razão a vocês! Minha integridade não
negarei jamais, até a morte. 6 Manterei minha retidão e nunca
a deixarei; enquanto eu viver, a minha consciência não me
repreenderá.
7 "Sejam os meus inimigos como os ímpios, e os meus adver-
sários como os injustos! 8 Pois, qual é a esperança do ímpio,
quando é eliminado, quando Deus lhe tira a vida? 9 Ouvirá Deus
o seu clamor quando vier sobre ele a aflição? 10 Terá ele prazer
no Todo-poderoso? Chamará a Deus a cada instante?
11 "Eu os instruirei sobre o poder de Deus; não esconderei de
vocês os caminhos do Todo-poderoso. 12 Pois a verdade é que
todos vocês já viram isso. Então por que essa conversa sem
sentido?
13 "Este é o destino que Deus determinou para o ímpio, a he-
rança que o mau recebe do Todo-poderoso. 14 Por mais filhos
que o ímpio tenha, o destino deles é a espada; sua prole ja-
mais terá comida suficiente. 15 A epidemia sepultará aqueles
que lhe sobreviverem, e as suas viúvas não chorarão por eles.
16 Ainda que ele acumule prata como pó e amontoe roupas
como barro, 17 o que ele armazenar ficará para os justos, e os
inocentes dividirão sua prata. 18 A casa que ele constrói é como
casulo de traça, como cabana feita pela sentinela. 19 Rico ele
se deita, mas nunca mais o será! Quando abre os olhos, tudo
se foi. 20 Pavores vêm sobre ele como uma enchente; de noite
a tempestade o leva de roldão. 21 O vento oriental o leva, e ele
desaparece; arranca-o do seu lugar. 22 Atira-se contra ele sem
piedade, enquanto ele foge às pressas do seu poder. 23 Bate
palmas contra ele e com assobios o expele do seu lugar.

28 "Existem minas de prata e locais onde se refina ouro. 2 O
ferro é extraído da terra, e do minério se funde o cobre.
3 O homem dá fim à escuridão e vasculha os recônditos mais
remotos em busca de minério, nas mais escuras trevas. 4 Longe
das moradias ele cava um poço, em local esquecido pelos pés
dos homens; longe de todos, ele se pendura e balança. 5 A
terra, da qual vem o alimento, é revolvida embaixo como que
pelo fogo; 6 das suas rochas saem safiras, e seu pó contém
pepitas de ouro. 7 Nenhuma ave de rapina conhece aquele ca-
minho oculto, e os olhos de nenhum falcão o viram. 8 Os ani-
mais altivos não põem os pés nele, e nenhum leão ronda por
ali. 9 As mãos dos homens atacam a dura rocha e transtornam
as raízes das montanhas. 10 Fazem túneis através da rocha, e os
seus olhos enxergam todos os tesouros dali. 11 Eles vasculham[d]
as nascentes dos rios e trazem à luz coisas ocultas.
12 "Onde, porém, se poderá achar a sabedoria? Onde habita o
entendimento? 13 O homem não percebe o valor da sabedoria;
ela não se encontra na terra dos viventes. 14 O abismo diz: 'Em
mim não está'; o mar diz: 'Não está comigo'. 15 Não pode ser
comprada, mesmo com o ouro mais puro, nem se pode pesar
o seu preço em prata. 16 Não pode ser comprada nem com o
ouro puro de Ofir, nem com o precioso ônix, nem com safiras.
17 O ouro e o cristal não se comparam com ela, e é impossível
tê-la em troca de joias de ouro. 18 O coral e o jaspe nem me-
recem menção; o preço da sabedoria ultrapassa o dos rubis.
19 O topázio da Etiópia[e] não se compara com ela; não se compra
a sabedoria nem com ouro puro!
20 "De onde vem, então, a sabedoria? Onde habita o enten-
dimento? 21 Escondida está dos olhos de toda criatura viva,
até das aves dos céus. 22 A Destruição[f] e a Morte dizem: 'Aos
nossos ouvidos só chegou um leve rumor dela'. 23 Deus conhece
o caminho; só ele sabe onde ela habita, 24 pois ele enxerga os
confins da terra e vê tudo o que há debaixo dos céus. 25 Quando
ele determinou a força do vento e estabeleceu a medida exata
para as águas, 26 quando fez um decreto para a chuva e o ca-
minho para a tempestade trovejante, 27 ele olhou para a sabe-
doria e a avaliou; confirmou-a e a pôs à prova. 28 Disse então
ao homem: 'No temor do Senhor está a sabedoria, e evitar o
mal é ter entendimento' ".

29 Jó prosseguiu sua fala:
2 "Como tenho saudade dos meses que se passaram, dos
dias em que Deus cuidava de mim, 3 quando a sua lâmpada
brilhava sobre a minha cabeça e por sua luz eu caminhava em
meio às trevas! 4 Como tenho saudade dos dias do meu vigor,
quando a amizade de Deus abençoava a minha casa, 5 quando
o Todo-poderoso ainda estava comigo e meus filhos estavam

[a] 26.6 Essa palavra pode ser traduzida por sepultura, profundezas, pó ou morte.
[b] 26.6 Hebraico: *Abadom*.
[c] 26.12 Hebraico: Raabe. Veja Sl 89.10 e Is 51.9.
[d] 28.11 Conforme a Septuaginta e a Vulgata. O Texto Massorético diz *Eles fecham*.
[e] 28.19 Hebraico: *Cuxe*.
[f] 28.22 Hebraico: *Abadom*.

ao meu redor, 6quando as minhas veredas se embebiam em
nata e a rocha me despejava torrentes de azeite.
7"Quando eu ia à porta da cidade e tomava assento na praça
pública; 8quando, ao me verem, os jovens saíam do caminho,
e os idosos ficavam em pé; 9os líderes se abstinham de falar e
com a mão cobriam a boca. 10As vozes dos nobres silenciavam,
e suas línguas colavam-se ao céu da boca. 11Todos os que me
ouviam falavam bem de mim, e quem me via me elogiava,
12pois eu socorria o pobre que clamava por ajuda e o órfão que
não tinha quem o ajudasse. 13O que estava à beira da morte
me abençoava, e eu fazia regozijar-se o coração da viúva. 14A
retidão era a minha roupa; a justiça era o meu manto e o meu
turbante. 15Eu era os olhos do cego e os pés do aleijado. 16Eu
era o pai dos necessitados e me interessava pela defesa de
desconhecidos. 17Eu quebrava as presas dos ímpios e dos seus
dentes arrancava as suas vítimas.
18"Eu pensava: Morrerei em casa, e os meus dias serão nu-
merosos como os grãos de areia. 19Minhas raízes chegarão
até as águas, e o orvalho passará a noite nos meus ramos.
20Minha glória se renovará em mim, e novo será o meu arco
em minha mão.
21"Os homens me escutavam em ansiosa expectativa, aguar-
dando em silêncio o meu conselho. 22Depois que eu falava,
eles nada diziam; minhas palavras caíam suavemente em seus
ouvidos. 23Esperavam por mim como quem espera por uma
chuvarada e bebiam minhas palavras como quem bebe a chuva
da primavera. 24Quando eu lhes sorria, mal acreditavam; a luz
do meu rosto lhes era preciosa. 25Era eu que escolhia o ca-
minho para eles e me assentava como seu líder; instalava-me
como um rei no meio das suas tropas; eu era como um conso-
lador dos que choram.

30"Mas agora eles zombam de mim, homens mais jovens
que eu, homens cujos pais eu teria rejeitado, não lhes
permitindo sequer estar com os cães de guarda do rebanho.
2De que me serviria a força de suas mãos, já que desapareceu
o seu vigor? 3Desfigurados de tanta necessidade e fome, pe-
rambulavam pela[a] terra ressequida, em sombrios e devastados
desertos. 4Nos campos de mato rasteiro colhiam ervas, e a raiz
da giesta era a sua comida[b]. 5Da companhia dos amigos foram
expulsos aos gritos, como se fossem ladrões. 6Foram forçados
a morar nos leitos secos dos rios, entre as rochas e nos buracos
da terra. 7Rugiam entre os arbustos e se encolhiam sob a vege-
tação. 8Prole desprezível e sem nome, foram expulsos da terra.
9"E agora os filhos deles zombam de mim com suas canções;
tornei-me um provérbio entre eles. 10Eles me detestam e se
mantêm a distância; não hesitam em cuspir em meu rosto.
11Agora que Deus afrouxou a corda do meu arco e me afligiu,
eles ficam sem freios na minha presença. 12À direita os embru-
tecidos me atacam; preparam armadilhas para os meus pés e
constroem rampas de cerco contra mim. 13Destroem o meu
caminho; conseguem destruir-me sem a ajuda de ninguém.
14Avançam como através de uma grande brecha; arrojam-se
entre as ruínas. 15Pavores apoderam-se de mim; a minha dig-
nidade é levada como pelo vento, a minha segurança se desfaz
como nuvem.
16"E agora esvai-se a minha vida; estou preso a dias de so-
frimento. 17A noite penetra os meus ossos; minhas dores me
corroem sem cessar. 18Em seu grande poder, Deus é como a
minha roupa[c]; ele me envolve como a gola da minha veste.
19Lança-me na lama, e sou reduzido a pó e cinza.
20"Clamo a ti, ó Deus, mas não me respondes; fico em pé, mas
apenas olhas para mim. 21Contra mim te voltas com dureza e
me atacas com a força de tua mão. 22Tu me apanhas e me levas
contra o vento e me jogas de um lado a outro na tempestade.
23Sei que me farás descer até a morte, ao lugar destinado a
todos os viventes.
24"A verdade é que ninguém dá a mão ao homem arruinado,
quando este, em sua aflição, grita por socorro. 25Não é certo
que chorei por causa dos que passavam dificuldade? E que a
minha alma se entristeceu por causa dos pobres? 26Mesmo
assim, quando eu esperava o bem, veio o mal; quando eu pro-
curava luz, vieram trevas. 27Nunca para a agitação dentro de
mim; dias de sofrimento me confrontam. 28Perambulo escu-
recido, mas não pelo sol; levanto-me na assembleia e clamo
por ajuda. 29Tornei-me irmão dos chacais, companheiro das
corujas. 30Minha pele escurece e cai; meu corpo queima de
febre. 31Minha harpa está afinada para cantos fúnebres, e
minha flauta para o som de pranto.

31"Fiz acordo com os meus olhos de não olhar com cobiça
para as moças. 2Pois qual é a porção que o homem re-
cebe de Deus lá de cima? Qual a sua herança do Todo-pode-
roso, que habita nas alturas? 3Não é ruína para os ímpios, des-
graça para os que fazem o mal? 4Não vê ele os meus caminhos
e não considera cada um de meus passos?
5"Se me conduzi com falsidade, ou se meus pés se apressaram
a enganar, 6— Deus me pese em balança justa, e saberá que
não tenho culpa — 7se meus passos desviaram-se do caminho,
se o meu coração foi conduzido por meus olhos, ou se minhas
mãos foram contaminadas, 8que outros comam o que semeei
e que as minhas plantações sejam arrancadas pelas raízes.
9"Se o meu coração foi seduzido por mulher, ou se fiquei à
espreita junto à porta do meu próximo, 10que a minha esposa
moa cereal de outro homem, e que outros durmam com ela.
11Pois fazê-lo seria vergonhoso, crime merecedor de julga-
mento. 12Isso é um fogo que consome até a Destruição[d]; teria
extirpado a minha colheita.
13"Se neguei justiça aos meus servos e servas, quando recla-
maram contra mim, 14que farei quando Deus me confrontar?
Que responderei quando chamado a prestar contas? 15Aquele
que me fez no ventre materno não os fez também? Não foi ele
que nos formou, a mim e a eles, no interior de nossas mães?
16"Se não atendi os desejos do pobre, ou se fatiguei os olhos

[a] 30.3 Ou *rolam a*
[b] 30.4 Ou *o seu combustível*
[c] 30.18 A Septuaginta diz Deus agarra minha roupa.
[d] 31.12 Hebraico: *Abadom*.

da viúva, 17 se comi meu pão sozinho, sem compartilhá-lo com
o órfão, 18 sendo que desde a minha juventude o criei como
se fosse seu pai, e desde o nascimento guiei a viúva; 19 se
vi alguém morrendo por falta de roupa, ou um necessitado
sem cobertor, 20 e o seu coração não me abençoou porque o
aqueci com a lã de minhas ovelhas, 21 se levantei a mão contra
o órfão, ciente da minha influência no tribunal, 22 que o meu
braço descaia do ombro e se quebre nas juntas. 23 Pois eu tinha
medo que Deus me destruísse, e, temendo o seu esplendor,
não podia fazer tais coisas.
24 "Se pus no ouro a minha confiança e disse ao ouro puro: Você
é a minha garantia, 25 se me regozijei por ter grande riqueza,
pela fortuna que as minhas mãos obtiveram, 26 se contemplei
o sol em seu fulgor e a lua a mover-se esplêndida, 27 e em
segredo o meu coração foi seduzido e a minha mão lhes ofe-
receu beijos de veneração, 28 esses também seriam pecados
merecedores de condenação, pois eu teria sido infiel a Deus,
que está nas alturas.
29 "Se a desgraça do meu inimigo me alegrou, ou se os pro-
blemas que teve me deram prazer; 30 eu, que nunca deixei
minha boca pecar, lançando maldição sobre ele; 31 se os que
moram em minha casa nunca tivessem dito: 'Quem não re-
cebeu de Jó um pedaço de carne?', 32 sendo que nenhum es-
trangeiro teve que passar a noite na rua, pois a minha porta
sempre esteve aberta para o viajante; 33 se escondi o meu pe-
cado, como outros fazem[a], acobertando no coração a minha
culpa, 34 com tanto medo da multidão e do desprezo dos fami-
liares que me calei e não saí de casa...
35 ("Ah, se alguém me ouvisse! Agora assino a minha defesa.
Que o Todo-poderoso me responda; que o meu acusador faça
a denúncia por escrito. 36 Eu bem que a levaria nos ombros
e a usaria como coroa. 37 Eu lhe falaria sobre todos os meus
passos; como um príncipe eu me aproximaria dele.)
38 "Se a minha terra se queixar de mim e todos os seus sulcos
chorarem, 39 se consumi os seus produtos sem nada pagar, ou
se causei desânimo aos seus ocupantes, 40 que me venham es-
pinhos em lugar de trigo e ervas daninhas em lugar de cevada".
Aqui terminam as palavras de Jó.

32 Eliú

Então esses três homens pararam de responder a Jó,
pois este se julgava justo. 2 Mas Eliú, filho de Baraquel, de Buz,
da família de Rão, indignou-se muito contra Jó, porque este se
justificava diante de Deus. 3 Também se indignou contra os três
amigos, pois não encontraram meios de refutar Jó, e mesmo
assim o tinham condenado.[b] 4 Eliú tinha ficado esperando para
falar a Jó porque eles eram mais velhos que ele. 5 Mas, quando
viu que os três não tinham mais nada a dizer, indignou-se.
6 Então Eliú, filho de Baraquel, de Buz, falou:
"Eu sou jovem, vocês têm idade. Por isso tive receio e não
ousei dizer a vocês o que sei. 7 Os que têm idade é que devem
falar, pensava eu, os anos avançados é que devem ensinar
sabedoria. 8 Mas é o espírito[c] dentro do homem que lhe dá
entendimento; o sopro do Todo-poderoso. 9 Não são só os mais
velhos[d], os sábios, não são só os de idade que entendem o
que é certo.
10 "Por isso digo: Escutem-me; também vou dizer o que sei.
11 Enquanto vocês estavam falando, esperei; fiquei ouvindo os
seus arrazoados; enquanto vocês estavam procurando pala-
vras, 12 escutei suas palavras com toda atenção. Mas nenhum
de vocês demonstrou que Jó está errado. Nenhum de vocês
respondeu aos seus argumentos. 13 Não digam: 'Encontramos
a sabedoria; que Deus o refute, não o homem'. 14 Só que não
foi contra mim que Jó dirigiu as suas palavras, e não vou res-
ponder a ele com os argumentos de vocês.
15 "Vejam, eles estão consternados e não têm mais o que dizer;
as palavras lhes fugiram. 16 Devo aguardar, agora que estão
calados e sem resposta? 17 Também vou dar a minha opinião,
também vou dizer o que sei, 18 pois não me faltam palavras, e
dentro de mim o espírito me impulsiona. 19 Por dentro estou
como vinho arrolhado, como odres novos prestes a romper.
20 Tenho que falar; isso me aliviará. Tenho que abrir os lábios
e responder. 21 Não serei parcial com ninguém e a ninguém
bajularei, 22 porque não sou bom em bajular; se fosse, o meu
Criador em breve me levaria.

33

"Mas agora, Jó, escute as minhas palavras; preste
atenção a tudo o que vou dizer. 2 Estou prestes a abrir
a boca; minhas palavras estão na ponta da língua. 3 Minhas
palavras procedem de um coração íntegro; meus lábios falam
com sinceridade o que eu sei. 4 O Espírito de Deus me fez; o
sopro do Todo-poderoso me dá vida. 5 Responda-me, então,
se puder; prepare-se para enfrentar-me. 6 Sou igual a você
diante de Deus; eu também fui feito do barro. 7 Por isso não
devo inspirar nenhum temor, e a minha mão não há de ser
pesada sobre você.
8 "Mas você disse ao meu alcance; eu ouvi bem as palavras:
9 'Estou limpo e sem pecado; estou puro e sem culpa. 10 Con-
tudo, Deus procurou em mim motivos para inimizade; ele me
considera seu inimigo. 11 Ele acorrenta os meus pés; vigia de
perto todos os meus caminhos'. 12 "Mas eu digo que você não
está certo, porquanto Deus é maior do que o homem. 13 Por
que você se queixa a ele de que não responde às palavras dos
homens?[e] 14 Pois a verdade é que Deus fala, ora de um modo,
ora de outro, mesmo que o homem não o perceba. 15 Em sonho
ou em visão durante a noite, quando o sono profundo cai sobre
os homens e eles dormem em suas camas, 16 ele pode falar
aos ouvidos deles e aterrorizá-los com advertências, 17 para
prevenir o homem das suas más ações e livrá-lo do orgulho,
18 para preservar da cova a sua alma, e a sua vida da espada.[f]
19 Ou o homem pode ser castigado no leito de dor, com os seus
ossos em constante agonia, 20 sendo levado a achar a comida

---

a 31.33 Ou *como fez Adão*

b 32.3 Uma antiga tradução de escribas hebreus diz Jó, e assim haviam condenado a Deus.

c 32.8 Ou *Espírito*; também no versículo 18.

d 32.9 Ou *muitos*; ou ainda *grandes*

e 33.13 Ou *por quaisquer de suas ações?*

f 33.18 Ou *e de atravessar o Rio.*

repulsiva e a detestar na alma sua refeição preferida. 21 Já
não se vê sua carne, e seus ossos, que não se viam, agora
aparecem. 22 Sua alma aproxima-se da cova, e sua vida, dos
mensageiros da morte.
23 "Havendo, porém, um anjo ao seu lado, como mediador
entre mil, que diga ao homem o que é certo a seu respeito,
24 para ser-lhe favorável e dizer: 'Poupa-o de descer à cova;
encontrei resgate para ele', 25 então sua carne se renova vol-
tando a ser como de criança; ele se rejuvenesce. 26 Ele ora a
Deus e recebe o seu favor; vê o rosto de Deus e dá gritos de
alegria, e Deus lhe restitui a condição de justo. 27 Depois ele
vem aos homens e diz: 'Pequei e torci o que era certo, mas ele
não me deu o que eu merecia. 28 Ele resgatou a minha alma,
impedindo-a de descer à cova, e viverei para desfrutar a luz'.
29 "Deus faz dessas coisas ao homem, duas ou três vezes,
30 para recuperar sua alma da cova, a fim de que refulja sobre
ele a luz da vida.
31 "Preste atenção, Jó, e escute-me; fique em silêncio, e fa-
larei. 32 Se você tem algo para dizer, responda-me; fale logo,
pois quero que você seja absolvido. 33 Se não tem nada para
dizer, ouça-me, fique em silêncio, e eu ensinarei a sabedoria
a você".

34 Eliú continuou:
2 "Ouçam as minhas palavras, vocês que são sábios; es-
cutem-me, vocês que têm conhecimento. 3 Pois o ouvido prova
as palavras como a língua prova o alimento. 4 Tratemos de dis-
cernir juntos o que é certo e de aprender o que é bom.
5 "Jó afirma: 'Sou inocente, mas Deus me nega justiça. 6 Apesar
de eu estar certo, sou considerado mentiroso; apesar de estar
sem culpa, sua flecha me causa ferida incurável'. 7 Que homem
existe como Jó, que bebe zombaria como água? 8 Ele é compa-
nheiro dos que fazem o mal e anda com os ímpios. 9 Pois diz:
'Não dá lucro agradar a Deus'.
10 "Por isso escutem-me, vocês que têm conhecimento. Longe
de Deus esteja o fazer o mal, e do Todo-poderoso o praticar a
iniquidade. 11 Ele retribui ao homem conforme o que este fez, e
lhe dá o que a sua conduta merece. 12 Não se pode nem pensar
que Deus faça o mal, que o Todo-poderoso perverta a justiça.
13 Quem o nomeou para governar a terra? Quem o encarregou
de cuidar do mundo inteiro? 14 Se fosse intenção dele, e de
fato retirasse o seu espírito[a] e o seu sopro, 15 a humanidade
pereceria toda de uma vez, e o homem voltaria ao pó.
16 "Portanto, se você tem entendimento, ouça-me, escute o que
tenho a dizer. 17 Acaso quem odeia a justiça poderá governar?
Você ousará condenar aquele que é justo e poderoso? 18 Não é
ele que diz aos reis: 'Vocês nada valem', e aos nobres: 'Vocês
são ímpios'? 19 Não é verdade que ele não mostra parcialidade
a favor dos príncipes e não favorece o rico em detrimento do
pobre, uma vez que todos são obra de suas mãos? 20 Morrem
num momento, em plena noite; cambaleiam e passam. Os po-
derosos são retirados sem a intervenção de mãos humanas.
21 "Pois Deus vê o caminho dos homens; ele enxerga cada um
dos seus passos. 22 Não há sombra densa o bastante, onde os
que fazem o mal possam esconder-se. 23 Deus não precisa de
maior tempo para examinar os homens e levá-los à sua pre-
sença para julgamento. 24 Sem depender de investigações, ele
destrói os poderosos e coloca outros em seu lugar. 25 Visto que
ele repara nos atos que eles praticam, derruba-os, e eles são
esmagados. 26 Pela impiedade deles, ele os castiga onde todos
podem vê-los. 27 Isso porque deixaram de segui-lo e não deram
atenção aos caminhos por ele traçados. 28 Fizeram chegar a ele
o grito do pobre, e ele ouviu o clamor do necessitado. 29 Mas,
se ele permanecer calado, quem poderá condená-lo? Se es-
conder o rosto, quem poderá vê-lo? No entanto, ele domina
igualmente sobre homens e nações, 30 para evitar que o ímpio
governe e prepare armadilhas para o povo.
31 "Suponhamos que um homem diga a Deus: 'Sou culpado,
mas não vou mais pecar. 32 Mostra-me o que não estou vendo;
se agi mal, não tornarei a fazê-lo'. 33 Quanto a você, deveria
Deus recompensá-lo quando você nega a sua culpa? É você
que deve decidir, não eu; conte-me, pois, o que você sabe.
34 "Os homens de bom senso, os sábios que me ouvem, me
declaram: 35 'Jó não sabe o que diz; não há discernimento em
suas palavras'. 36 Ah, se Jó sofresse a mais dura prova, por sua
resposta de ímpio! 37 Ao seu pecado ele acrescenta a revolta;
com desprezo bate palmas entre nós e multiplica suas palavras
contra Deus".

35 Eliú prosseguiu:
2 "Você acha que isso é justo? Pois você diz: 'Serei absol-
vido por Deus'.[b] 3 Contudo, você lhe pergunta: 'Que vantagem
tenho eu[c], e o que ganho, se não pecar?'
4 "Desejo responder a você e aos seus amigos que estão com
você. 5 Olhe para os céus e veja; mire as nuvens, tão elevadas.
6 Se você pecar, em que isso o afetará? Se os seus pecados
forem muitos, que é que isso lhe fará? 7 Se você for justo, o que
lhe dará? Ou o que ele receberá de sua mão? 8 A sua impiedade
só afeta aos homens, seus semelhantes, e a sua justiça, aos
filhos dos homens.
9 "Os homens se lamentam sob fardos de opressão; imploram
que os libertem do braço dos poderosos. 10 Mas não há quem
pergunte: 'Onde está Deus, o meu Criador, que de noite faz
surgirem cânticos, 11 que nos ensina mais que aos animais da
terra e nos faz mais sábios que as[d] aves dos céus?' 12 Quando
clamam, ele não responde, por causa da arrogância dos ím-
pios. 13 Aliás, Deus não escuta a vã súplica que fazem; o Todo-
-poderoso não lhes dá atenção. 14 Pois muito menos escutará
quando você disser que não o vê, que a sua causa está diante
dele e que você tem que esperar por ele. 15 Mais que isso, que
a sua ira jamais castiga e que ele não dá a mínima atenção à
iniquidade.[e] 16 Assim é que Jó abre a sua boca para dizer pala-
vras vãs; em sua ignorância ele multiplica palavras".

a 34.14 Ou *Espírito*

b 35.2 Ou *"Minha justiça é maior que a de Deus"*.

c 35.3 Ou *você tem*

d 35.11 Ou *ensina pelos animais da terra e nos faz sábios através das*

e 35.15 Conforme as versões de Símaco, Teodócio e a Vulgata.

36 Disse mais Eliú:
2 "Peço-lhe que seja um pouco mais paciente comigo, e mostrarei a você que se pode dizer mais verdades em defesa de Deus. 3 Vem de longe o meu conhecimento; atribuirei justiça ao meu Criador. 4 Não tenha dúvida, as minhas palavras não são falsas; quem está com você é a perfeição no conhecimento.
5 "Deus é poderoso, mas não despreza os homens; é poderoso e firme em seu propósito. 6 Não poupa a vida dos ímpios, mas garante os direitos dos aflitos. 7 Não tira os seus olhos do justo; ele o coloca nos tronos com os reis e o exalta para sempre. 8 Mas, se os homens forem acorrentados, presos firmemente com as cordas da aflição, 9 ele lhes dirá o que fizeram, que pecaram com arrogância. 10 Ele os fará ouvir a correção e lhes ordenará que se arrependam do mal que praticaram. 11 Se lhe obedecerem e o servirem, serão prósperos até o fim dos seus dias e terão contentamento nos anos que lhes restam. 12 Mas, se não obedecerem, perecerão à espada[a] e morrerão na ignorância.
13 "Os que têm coração ímpio guardam ressentimento; mesmo quando ele os agrilhoa eles não clamam por socorro. 14 Morrem em plena juventude entre os prostitutos dos santuários. 15 Mas aos que sofrem ele os livra em meio ao sofrimento; em sua aflição ele lhes fala.
16 "Ele o está atraindo para longe das mandíbulas da aflição, para um lugar amplo e livre, para o conforto da mesa farta e seleta que você terá. 17 Mas, agora, farto sobre você é o julgamento que cabe aos ímpios; o julgamento e a justiça o pegaram. 18 Cuidado! Que ninguém o seduza com riquezas; não se deixe desviar por suborno, por maior que este seja. 19 Acaso a sua riqueza, ou mesmo todos os seus grandes esforços, dariam a você apoio e alívio da aflição? 20 Não anseie pela noite, quando o povo é tirado dos seus lares. 21 Cuidado! Não se volte para a iniquidade, que você parece preferir à aflição.
22 "Deus é exaltado em seu poder. Quem é mestre como ele? 23 Quem lhe prescreveu os seus caminhos ou lhe disse: 'Agiste mal'? 24 Lembre-se de exaltar as suas obras, às quais os homens dedicam cânticos de louvor. 25 Toda a humanidade as vê; de lugares distantes os homens as contemplam. 26 Como Deus é grande! Ultrapassa o nosso entendimento! Não há como calcular os anos da sua existência. 27 "Ele atrai as gotas de água, que se dissolvem e descem como chuva para os regatos[b]; 28 as nuvens as despejam em aguaceiros sobre a humanidade. 29 Quem pode entender como ele estende as suas nuvens, como ele troveja desde o seu pavilhão? 30 Observe como ele espalha os seus relâmpagos ao redor, iluminando até as profundezas do mar. 31 É assim que ele governa[c] as nações e lhes fornece grande fartura. 32 Ele enche as mãos de relâmpagos e lhes determina o alvo que deverão atingir. 33 Seu trovão anuncia a tempestade que está a caminho; até o gado a pressente.[d]

37 "Diante disso o meu coração bate aceleradamente e salta do seu lugar. 2 Ouça! Escute o estrondo da sua voz, o trovejar da sua boca. 3 Ele solta os seus relâmpagos por baixo de toda a extensão do céu e os manda para os confins da terra. 4 Depois vem o som do seu grande estrondo: ele troveja com sua majestosa voz. Quando a sua voz ressoa, nada o faz recuar. 5 A voz de Deus troveja maravilhosamente; ele faz coisas grandiosas, acima do nosso entendimento. 6 Ele diz à neve: 'Caia sobre a terra', e à chuva: 'Seja um forte aguaceiro'. 7 Ele paralisa o trabalho de cada homem, a fim de que todos os que ele criou conheçam a sua obra.[e] 8 Os animais vão para os seus esconderijos e ficam nas suas tocas. 9 A tempestade sai da sua câmara, e dos ventos vem o frio. 10 O sopro de Deus produz gelo, e as vastas águas se congelam. 11 Também carrega de umidade as nuvens, e entre elas espalha os seus relâmpagos. 12 Ele as faz girar, circulando sobre a superfície de toda a terra, para fazerem tudo o que ele lhes ordenar. 13 Ele traz as nuvens, ora para castigar os homens, ora para regar a sua terra[f] e lhes mostrar o seu amor.
14 "Escute isto, Jó; pare e reflita nas maravilhas de Deus. 15 Acaso você sabe como Deus comanda as nuvens e faz brilhar os seus relâmpagos? 16 Você sabe como ficam suspensas as nuvens, essas maravilhas daquele que tem perfeito conhecimento? 17 Você, que em sua roupa desfalece de calor quando a terra fica amortecida sob o vento sul, 18 pode ajudá-lo a estender os céus, duros como espelho de bronze?
19 "Diga-nos o que devemos dizer a ele; não podemos elaborar a nossa defesa por causa das nossas trevas. 20 Deve-se dizer-lhe o que lhe quero falar? Quem pediria para ser devorado? 21 Ninguém pode olhar para o fulgor do sol nos céus depois que o vento os clareia. 22 Do norte vem luz dourada; Deus vem em temível majestade. 23 Fora de nosso alcance está o Todo-poderoso, exaltado em poder; mas, em sua justiça e retidão, não oprime ninguém. 24 Por isso os homens o temem; não dá ele atenção a todos os sábios de coração?[g]"

O Senhor Fala

38 Então o SENHOR respondeu a Jó do meio da tempestade e disse:
2 "Quem é esse que obscurece o meu conselho com palavras sem conhecimento? 3 Prepare-se como simples homem; vou fazer perguntas a você, e você me responderá.
4 "Onde você estava quando lancei os alicerces da terra? Responda-me, se é que você sabe tanto. 5 Quem marcou os limites das suas dimensões? Talvez você saiba! E quem estendeu sobre ela a linha de medir? 6 E os seus fundamentos, sobre o que foram postos? E quem colocou sua pedra de esquina, 7 enquanto as estrelas matutinas juntas cantavam e todos os anjos[h] se regozijavam?

[a] 36.12 Ou *atravessarão o Rio*
[b] 36.27 Ou *destilam como chuva a partir da névoa*
[c] 36.31 Ou *nutre*
[d] 36.33 Ou *anuncia a sua vinda, a vinda do que é zeloso contra o mal.*
[e] 37.7 Ou *pelo seu poder ele enche de temor todos os homens.*
[f] 37.13 Ou *para favorecê-los*
[g] 37.24 Ou *pois ele não tem consideração por ninguém que se ache sábio.*
[h] 38.7 Hebraico: *os filhos de Deus.*

8 "Quem represou o mar pondo-lhe portas, quando ele ir-
rompeu do ventre materno, 9 quando o vesti de nuvens e em
densas trevas o envolvi, 10 quando fixei os seus limites e lhe
coloquei portas e barreiras, 11 quando eu lhe disse: Até aqui
você pode vir, além deste ponto não; aqui faço parar suas
ondas orgulhosas?
12 "Você já deu ordens à manhã ou mostrou à alvorada o seu
lugar, 13 para que ela apanhasse a terra pelas pontas e sacu-
disse dela os ímpios? 14 A terra toma forma como o barro sob
o sinete; e tudo nela se vê como uma veste. 15 Aos ímpios é
negada a sua luz, e quebra-se o seu braço levantado.
16 "Você já foi até as nascentes do mar, ou já passeou pelas
obscuras profundezas do abismo? 17 As portas da morte foram
mostradas a você? Você viu as portas das densas trevas?[a]
18 Você faz ideia de quão imensas são as áreas da terra? Fa-
le-me, se é que você sabe.
19 "Como se vai ao lugar onde mora a luz? E onde está a resi-
dência das trevas? 20 Poderá você conduzi-las ao lugar que lhes
pertence? Conhece o caminho da habitação delas? 21 Talvez
você conheça, pois você já tinha nascido! Você já viveu tantos
anos!
22 "Acaso você entrou nos reservatórios de neve, já viu os de-
pósitos de saraiva 23 que eu guardo para os períodos de tribu-
lação, para os dias de guerra e de combate? 24 Qual o caminho
por onde se repartem os relâmpagos? Onde é que os ventos
orientais são distribuídos sobre a terra? 25 Quem é que abre um
canal para a chuva torrencial, e um caminho para a tempestade
trovejante, 26 para fazer chover na terra em que não vive ne-
nhum homem, no deserto onde não há ninguém, 27 para matar
a sede do deserto árido e nele fazer brotar vegetação? 28 Acaso
a chuva tem pai? Quem é o pai das gotas de orvalho? 29 De que
ventre materno vem o gelo? E quem dá à luz a geada que cai
dos céus, 30 quando as águas se tornam duras como pedra e a
superfície do abismo se congela?
31 "Você pode amarrar as lindas[b] Plêiades? Pode afrouxar as
cordas do Órion? 32 Pode fazer surgir no tempo certo as conste-
lações[c] ou fazer sair a Ursa[d] com seus filhotes? 33 Você conhece
as leis dos céus? Você pode determinar o domínio de Deus[e]
sobre a terra?
34 "Você é capaz de levantar a voz até as nuvens e cobrir-se
com uma inundação? 35 É você que envia os relâmpagos, e eles
respondem: 'Aqui estamos'? 36 Quem foi que deu sabedoria ao
coração e entendimento à mente? 37 Quem é que tem sabedoria
para avaliar as nuvens? Quem é capaz de despejar os cântaros
de água dos céus, 38 quando o pó se endurece e os torrões de
terra aderem uns aos outros? 39 "É você que caça a presa para
a leoa e satisfaz a fome dos leões 40 quando se agacham em
suas tocas ou ficam à espreita no matagal? 41 Quem dá alimento
aos corvos quando os seus filhotes clamam a Deus e vagueiam
por falta de comida?

---

a 38.17 Ou *da sombra da morte?*
b 38.31 Ou *as cintilantes*; ou ainda *as cadeias das*
c 38.32 Ou *a estrela da manhã*
d 38.32 Ou o *Leão*
e 38.33 Ou *deles*

39 "Você sabe quando as cabras monteses dão à luz? Você
está atento quando a corça tem o seu filhote? 2 Acaso
você conta os meses até elas darem à luz? Sabe em que época
elas têm as suas crias? 3 Elas se agacham, dão à luz os seus fi-
lhotes, e suas dores se vão. 4 Seus filhotes crescem nos campos
e ficam fortes; partem, e não voltam mais.
5 "Quem pôs em liberdade o jumento selvagem? Quem soltou
suas cordas? 6 Eu lhe dei o deserto como lar, o leito seco de
lagos salgados como sua morada. 7 Ele se ri da agitação da
cidade; não ouve os gritos do tropeiro. 8 Vagueia pelas colinas
em busca de pasto e vai em busca daquilo que é verde.
9 "Será que o boi selvagem consentirá em servir você? E em
passar a noite ao lado dos cochos do seu curral? 10 Poderá
você prendê-lo com arreio na vala? Irá atrás de você arando os
vales? 11 Você vai confiar nele, por causa da sua grande força?
Vai deixar a cargo dele o trabalho pesado que você tem que
fazer? 12 Poderá você estar certo de que ele recolherá o seu
trigo e o ajuntará na sua eira?
13 "A avestruz bate as asas alegremente. Que se dirá então das
asas e da plumagem da cegonha? 14 Ela abandona os ovos no
chão e deixa que a areia os aqueça, 15 esquecida de que um pé
poderá esmagá-los, que algum animal selvagem poderá piso-
teá-los. 16 Ela trata mal os seus filhotes, como se não fossem
dela, e não se importa se o seu trabalho é inútil. 17 Isso porque
Deus não lhe deu sabedoria nem parcela alguma de bom senso.
18 Contudo, quando estende as penas para correr, ela ri do ca-
valo e daquele que o cavalga.
19 "É você que dá força ao cavalo ou veste o seu pescoço com
sua crina tremulante? 20 Você o faz saltar como gafanhoto, es-
palhando terror com o seu orgulhoso resfolegar? 21 Ele escarva
com fúria, mostra com prazer a sua força e sai para enfrentar
as armas. 22 Ele ri do medo e nada teme; não recua diante
da espada. 23 A aljava balança ao seu lado, com a lança e o
dardo flamejantes. 24 Num furor frenético ele devora o chão;
não consegue esperar pelo toque da trombeta. 25 Ao ouvi-lo,
ele relincha: 'Eia!' De longe sente cheiro de combate, o brado
de comando e o grito de guerra.
26 "É graças à inteligência que você tem que o falcão alça voo
e estende as asas rumo ao sul? 27 É por sua ordem que a águia
se eleva e no alto constrói o seu ninho? 28 Um penhasco é sua
morada, e ali passa a noite; uma escarpa rochosa é a sua
fortaleza. 29 De lá sai ela em busca de alimento; de longe os
seus olhos o veem. 30 Seus filhotes bebem sangue, e, onde há
mortos, ali ela está".

40 Disse ainda o SENHOR a Jó:
2 "Aquele que contende com o Todo-poderoso poderá
repreendê-lo? Que responda a Deus aquele que o acusa!"
3 Então Jó respondeu ao SENHOR:
4 "Sou indigno; como posso responder-te? Ponho a mão sobre
a minha boca. 5 Falei uma vez, mas não tenho resposta; sim,
duas vezes, mas não direi mais nada".
6 Depois, o SENHOR falou a Jó do meio da tempestade:

7 "Prepare-se como simples homem que é; eu farei perguntas,
e você me responderá.
8 "Você vai pôr em dúvida a minha justiça? Vai condenar-me
para justificar-se? 9 Seu braço é como o de Deus, e sua voz pode
trovejar como a dele? 10 Adorne-se, então, de esplendor e glória
e vista-se de majestade e honra. 11 Derrame a fúria da sua ira,
olhe para todo orgulhoso e lance-o por terra, 12 olhe para todo
orgulhoso e humilhe-o, esmague os ímpios onde estiverem.
13 Enterre-os todos juntos no pó; encubra os rostos deles no
túmulo. 14 Então admitirei que a sua mão direita pode salvá-lo.
15 "Veja o Beemote[a] que criei quando criei você e que come
capim como o boi. 16 Que força ele tem em seus lombos! Que
poder nos músculos do seu ventre! 17 Sua cauda[b] balança como
o cedro; os nervos de suas coxas são firmemente entrelaçados.
18 Seus ossos são canos de bronze, seus membros são varas de
ferro. 19 Ele ocupa o primeiro lugar entre as obras de Deus. No
entanto, o seu Criador pode chegar a ele com sua espada.
20 Os montes lhe oferecem tudo o que produzem, e todos os
animais selvagens brincam por perto. 21 Sob os lotos se deita,
oculto entre os juncos do brejo. 22 Os lotos o escondem à sua
sombra; os salgueiros junto ao regato o cercam. 23 Quando o rio
se enfurece, ele não se abala; mesmo que o Jordão encrespe
as ondas contra a sua boca, ele se mantém calmo. 24 Poderá
alguém capturá-lo pelos olhos[c], ou prendê-lo em armadilha e
enganchá-lo pelo nariz?

41 "Você consegue pescar com anzol o Leviatã[d] ou prender
sua língua com uma corda? 2 Consegue fazer passar
um cordão pelo seu nariz ou atravessar seu queixo com um
gancho? 3 Você imagina que ele vai implorar misericórdia e
dizer palavras amáveis? 4 Acha que ele vai fazer acordo com
você, para que o tenha como escravo pelo resto da vida?
5 Acaso você consegue fazer dele um bichinho de estimação,
como se fosse um passarinho, ou pôr-lhe uma coleira para
dá-lo às suas filhas? 6 Poderão os negociantes vendê-lo? Ou
reparti-lo entre os comerciantes? 7 Você consegue encher de
arpões o seu couro e de lanças de pesca a sua cabeça? 8 Se
puser a mão nele, a luta ficará em sua memória, e nunca mais
você tornará a fazê-lo. 9 Esperar vencê-lo é ilusão; apenas vê-lo
já é assustador. 10 Ninguém é suficientemente corajoso para
despertá-lo. Quem então será capaz de resistir a mim? 11 Quem
primeiro me deu alguma coisa, que eu lhe deva pagar? Tudo o
que há debaixo dos céus me pertence.
12 "Não deixarei de falar de seus membros, de sua força e
de seu porte gracioso. 13 Quem consegue arrancar sua capa
externa? Quem se aproximaria dele com uma rédea? 14 Quem
ousa abrir as portas de sua boca, cercada com seus dentes te-
míveis? 15 Suas costas possuem[e] fileiras de escudos firmemente
unidos; 16 cada um está tão junto do outro que nem o ar passa
entre eles; 17 estão tão interligados que é impossível separá-los.
18 Seu forte sopro atira lampejos de luz; seus olhos são como os
raios da alvorada. 19 Tições saem da sua boca; fagulhas de fogo
estalam. 20 Das suas narinas sai fumaça como de panela fer-
vente sobre fogueira de juncos. 21 Seu sopro acende o carvão,
e da sua boca saltam chamas. 22 Tanta força reside em seu pes-
coço que o terror vai adiante dele. 23 As dobras da sua carne são
fortemente unidas; são tão firmes que não se movem. 24 Seu
peito é duro como pedra, rijo como a pedra inferior do moinho.
25 Quando ele se ergue, os poderosos se apavoram; fogem com
medo dos seus golpes. 26 A espada que o atinge nada lhe faz,
nem a lança nem a flecha nem o dardo. 27 Ferro ele trata como
palha, e bronze como madeira podre. 28 As flechas não o afu-
gentam, as pedras das fundas são como cisco para ele. 29 O
bastão lhe parece fiapo de palha; o brandir da grande lança o
faz rir. 30 Seu ventre é como caco denteado e deixa rastro na
lama como o trilho de debulhar. 31 Ele faz as profundezas se
agitarem como caldeirão fervente e revolve o mar como pote
de unguento. 32 Deixa atrás de si um rastro cintilante, como
se fossem os cabelos brancos do abismo. 33 Nada na terra se
equipara a ele: criatura destemida! 34 Com desdém olha todos
os altivos; reina soberano sobre todos os orgulhosos".

42 Jó
Então Jó respondeu ao SENHOR:
2 "Sei que podes fazer todas as coisas; nenhum dos teus planos
pode ser frustrado. 3 Tu perguntaste: 'Quem é esse que obscu-
rece o meu conselho sem conhecimento?' Certo é que falei de
coisas que eu não entendia, coisas tão maravilhosas que eu
não poderia saber.
4 "Tu disseste: 'Agora escute, e eu falarei; vou fazer perguntas,
e você me responderá'. 5 Meus ouvidos já tinham ouvido a teu
respeito, mas agora os meus olhos te viram. 6 Por isso menos-
prezo a mim mesmo e me arrependo no pó e na cinza".

Epílogo

7 Depois que o SENHOR disse essas palavras a Jó, disse também
a Elifaz, de Temã: "Estou indignado com você e com os seus
dois amigos, pois vocês não falaram o que é certo a meu res-
peito, como fez meu servo Jó. 8 Vão agora até meu servo Jó,
levem sete novilhos e sete carneiros, e com eles apresentem
holocaustos[f] em favor de vocês mesmos. Meu servo Jó orará
por vocês; eu aceitarei a oração dele e não farei a vocês o que
merecem pela loucura que cometeram. Vocês não falaram o
que é certo a meu respeito, como fez meu servo Jó". 9 Então
Elifaz, de Temã, Bildade, de Suá, e Zofar, de Naamate, fizeram
o que o SENHOR lhes ordenara; e o SENHOR aceitou a oração
de Jó.
10 Depois que Jó orou por seus amigos, o SENHOR o tornou no-
vamente próspero e lhe deu em dobro tudo o que tinha antes.
11 Todos os seus irmãos e irmãs e todos os que o haviam conhe-
cido anteriormente vieram comer com ele em sua casa. Eles
o consolaram e o confortaram por todas as tribulações que o

a 40.15 Grande animal de identificação desconhecida. Tradicionalmente hipopótamo.
b 40.17 Ou *tronco*; ou ainda *tromba*
c 40.24 Ou capturá-lo por meio de um açude
d 41.1 Ou *monstro marinho*
e 41.15 Ou *Seu orgulho são suas* costas

f 42.8 Isto é, sacrifícios totalmente queimados.

SENHOR tinha trazido sobre ele, e cada um lhe deu uma peça
de prata[a] e um anel de ouro.
12 O SENHOR abençoou o final da vida de Jó mais do que o início.
Ele teve catorze mil ovelhas, seis mil camelos, mil juntas de
boi e mil jumentos. 13 Também teve ainda sete filhos e três fi-
lhas. 14 À primeira filha deu o nome de Jemima, à segunda o de
Quézia e à terceira o de Quéren-Hapuque. 15 Em parte alguma
daquela terra havia mulheres tão bonitas como as filhas de Jó,
e seu pai lhes deu herança junto com os seus irmãos.
16 Depois disso Jó viveu cento e quarenta anos; viu seus filhos e
os descendentes deles até a quarta geração. 17 E então morreu,
em idade muito avançada.

[a] 42.11 Hebraico: *1 quesita*. Uma quesita era uma unidade monetária de peso e valor desconhecidos.

SALMOS

PRIMEIRO LIVRO

Salmo 1

1 Como é feliz aquele que não segue o conselho dos ímpios,
não imita a conduta dos pecadores, nem se assenta na roda
dos zombadores!
2 Ao contrário, sua satisfação está na lei do SENHOR, e nessa lei
medita dia e noite.
3 É como árvore plantada à beira de águas correntes: Dá fruto
no tempo certo e suas folhas não murcham. Tudo o que ele
faz prospera!
4 Não é o caso dos ímpios! São como palha que o vento leva.
5 Por isso os ímpios não resistirão no julgamento nem os peca-
dores na comunidade dos justos.
6 Pois o SENHOR aprova o[a] caminho dos justos, mas o caminho
dos ímpios leva à destruição!

Salmo 2

1 Por que se amotinam[b] as nações e os povos tramam em vão?
2 Os reis da terra tomam posição e os governantes conspiram
unidos contra o SENHOR e contra o seu ungido, e dizem:
3 "Façamos em pedaços as suas correntes, lancemos de nós
as suas algemas!"
4 Do seu trono nos céus o Senhor põe-se a rir e caçoa deles.
5 Em sua ira os repreende e em seu furor os aterroriza, dizendo:
6 "Eu mesmo estabeleci o meu rei em Sião, no meu santo monte".
7 Proclamarei o decreto do SENHOR: Ele me disse: "Tu és meu
filho; eu hoje te gerei.
8 Pede-me, e te darei as nações como herança e os confins da
terra como tua propriedade.
9 Tu as quebrarás com vara de ferro[c] e as despedaçarás como
a um vaso de barro".
10 Por isso, ó reis, sejam prudentes; aceitem a advertência,
autoridades da terra.
11 Adorem o SENHOR com temor; exultem com tremor.
12 Beijem o filho,[d] para que ele não se ire e vocês não sejam
destruídos de repente, pois num instante acende-se a sua ira.
Como são felizes todos os que nele se refugiam!

Salmo 3
Salmo de Davi, quando fugiu de seu filho Absalão.

1 SENHOR, muitos são os meus adversários! Muitos se rebelam
contra mim!
2 São muitos os que dizem a meu respeito: "Deus nunca o sal-
vará!"

Pausa[e]

3 Mas tu, SENHOR, és o escudo que me protege; és a minha
glória e me fazes andar de cabeça erguida.
4 Ao SENHOR clamo em alta voz, e do seu santo monte ele me
responde.

Pausa

5 Eu me deito e durmo, e torno a acordar, porque é o SENHOR
que me sustém.
6 Não me assustam os milhares que me cercam.
7 Levanta-te, SENHOR! Salva-me, Deus meu! Quebra o queixo
de todos os meus inimigos; arrebenta os dentes dos ímpios.
8 Do SENHOR vem o livramento. A tua bênção está sobre o teu
povo.

Pausa

Salmo 4
Para o mestre de música. Com instrumentos de cordas. Salmo davídico.

1 Responde-me quando clamo, ó Deus que me fazes justiça!
Dá-me alívio da minha angústia; tem misericórdia de mim e
ouve a minha oração.

[a] 1.6 Ou *cuida do*; ou ainda *conhece o*
[b] 2.1 A Septuaginta diz *se enfurecem*.
[c] 2.9 Ou *as governarás com cetro de ferro*
[d] 2.12 Os versículos 11 e 12 permitem traduções alternativas.
[e] 3.2 Hebraico: *Selá*; também em todo o livro de Salmos.

²Até quando vocês, ó poderosos[a], ultrajarão a minha honra?[b]
Até quando estarão amando ilusões e buscando mentiras[c]?

Pausa

³Saibam que o SENHOR escolheu o piedoso; o SENHOR ouvirá
quando eu o invocar.
⁴Quando vocês ficarem irados, não pequem; ao deitar-se, re-
flitam nisso e aquietem-se.

Pausa

⁵Ofereçam sacrifícios como Deus exige e confiem no SENHOR.
⁶Muitos perguntam: "Quem nos fará desfrutar o bem?" Faze, ó
SENHOR, resplandecer sobre nós a luz do teu rosto![d]
⁷Encheste o meu coração de alegria, alegria maior do que a
daqueles que têm fartura de trigo e de vinho.
⁸Em paz me deito e logo adormeço, pois só tu, SENHOR, me
fazes viver em segurança.

Salmo 5
Para o mestre de música.
Para flautas.
Salmo davídico.

¹Escuta, SENHOR, as minhas palavras, considera o meu gemer.
²Atenta para o meu grito de socorro, meu Rei e meu Deus, pois
é a ti que imploro.
³De manhã ouves, SENHOR, o meu clamor; de manhã te apre-
sento a minha oração[e] e aguardo com esperança.
⁴Tu não és um Deus que tenha prazer na injustiça; contigo o
mal não pode habitar.
⁵Os arrogantes não são aceitos na tua presença; odeias todos
os que praticam o mal.
⁶Destróis os mentirosos; os assassinos e os traiçoeiros o SE-
NHOR detesta.
⁷Eu, porém, pelo teu grande amor, entrarei em tua casa; com
temor me inclinarei para o teu santo templo.
⁸Conduze-me, SENHOR, na tua justiça, por causa dos meus ini-
migos; aplaina o teu caminho diante de mim.
⁹Em seus lábios não há palavra confiável; a mente deles só
trama destruição. A garganta é um túmulo aberto; com a língua
enganam sutilmente.
¹⁰Condena-os, ó Deus! Caiam eles por suas próprias maqui-
nações. Expulsa-os por causa dos seus muitos crimes, pois se
rebelaram contra ti.
¹¹Alegrem-se, porém, todos os que se refugiam em ti; cantem
sempre de alegria! Estende sobre eles a tua proteção. Em ti
exultem os que amam o teu nome.
¹²Pois tu, SENHOR, abençoas o justo; o teu favor o protege como
um escudo.

Salmo 6
Para o mestre de música.
Com instrumentos de cordas.
Em oitava. Salmo davídico.

¹SENHOR, não me castigues na tua ira nem me disciplines no
teu furor.
²Misericórdia, SENHOR, pois vou desfalecendo! Cura-me, SE-
NHOR, pois os meus ossos tremem:
³todo o meu ser estremece. Até quando, SENHOR, até quando?
⁴Volta-te, SENHOR, e livra-me; salva-me por causa do teu amor
leal.
⁵Quem morreu não se lembra de ti. Entre os mortos[f], quem
te louvará?
⁶Estou exausto de tanto gemer. De tanto chorar inundo de
noite a minha cama; de lágrimas encharco o meu leito.
⁷Os meus olhos se consomem de tristeza; fraquejam por causa
de todos os meus adversários.
⁸Afastem-se de mim todos vocês que praticam o mal, porque o
SENHOR ouviu o meu choro.
⁹O SENHOR ouviu a minha súplica; o SENHOR aceitou a minha
oração.
¹⁰Serão humilhados e aterrorizados todos os meus inimigos;
frustrados, recuarão de repente.

Salmo 7
Confissão de Davi, que ele cantou ao SENHOR acerca de Cuxe, o benjamita.

¹SENHOR, meu Deus, em ti me refugio; salva-me e livra-me de
todos os que me perseguem, ²para que, como leões, não me
dilacerem nem me despedacem, sem que ninguém me livre.
³SENHOR, meu Deus, se assim procedi, se nas minhas mãos
há injustiça, ⁴se fiz algum mal a um amigo ou se poupei[g] sem
motivo o meu adversário, ⁵persiga-me o meu inimigo até me
alcançar, no chão me pisoteie e aniquile a minha vida, lan-
çando a minha honra no pó.

Pausa

⁶Levanta-te, SENHOR, na tua ira; ergue-te contra o furor dos
meus adversários. Desperta-te, meu Deus! Ordena a justiça!
⁷Reúnam-se os povos ao teu redor. Das alturas reina sobre
eles.
⁸O SENHOR é quem julga os povos. Julga-me, SENHOR, conforme
a minha justiça, conforme a minha integridade.
⁹Deus justo, que sondas a mente e o coração dos homens, dá
fim à maldade dos ímpios e ao justo dá segurança.
¹⁰O meu escudo está nas mãos de Deus, que salva o reto de
coração.
¹¹Deus é um juiz justo, um Deus que manifesta cada dia o seu
furor.
¹²Se o homem não se arrepende, Deus afia a sua espada, arma
o seu arco e o aponta, ¹³prepara as suas armas mortais e faz de
suas setas flechas flamejantes.

[a] 4.2 Ou *mortais*
[b] 4.2 Ou *desonrarão aquele em quem me glorio?*
[c] 4.2 Ou *deuses falsos?*
[d] 4.6 Isto é, *mostra-nos, Senhor, a tua bondade!*
[e] 5.3 Ou *o meu sacrifício*
[f] 6.5 Hebraico: *Sheol*. Essa palavra também pode ser traduzida por sepultura, profundezas, pó ou morte.
[g] 7.4 Ou *explorei*

14 Quem gera a maldade concebe sofrimento e dá à luz a de-
silusão.
15 Quem cava um buraco e o aprofunda cairá nessa armadilha
que fez.
16 Sua maldade se voltará contra ele; sua violência cairá sobre
a sua própria cabeça.
17 Darei graças ao SENHOR por sua justiça; ao nome do SENHOR
Altíssimo cantarei louvores.

Salmo 8
Para o mestre de música.
De acordo com a melodia *Os Lagares*.
Salmo davídico.

1 SENHOR, Senhor nosso, como é majestoso o teu nome em toda
a terra! Tu, cuja glória é cantada nos céus.[a]
2 Dos lábios das crianças e dos recém-nascidos firmaste o teu
nome como fortaleza[b], por causa dos teus adversários, para
silenciar o inimigo que busca vingança.
3 Quando contemplo os teus céus, obra dos teus dedos, a lua e
as estrelas que ali firmaste, 4 pergunto: Que é o homem, para
que com ele te importes? E o filho do homem, para que com
ele te preocupes?
5 Tu o fizeste um pouco menor do que os seres celestiais[c] e o
coroaste de glória e de honra.
6 Tu o fizeste dominar as obras das tuas mãos; sob os seus pés
tudo puseste: 7 todos os rebanhos e manadas, e até os animais
selvagens, 8 as aves do céu, os peixes do mar e tudo o que
percorre as veredas dos mares.
9 SENHOR, Senhor nosso, como é majestoso o teu nome em toda
a terra!

Salmo 9[d]
Para o mestre de música.
De acordo com *muth-laben*[e].
Salmo davídico.

1 SENHOR, quero dar-te graças de todo o coração e falar de
todas as tuas maravilhas.
2 Em ti quero alegrar-me e exultar, e cantar louvores ao teu
nome, ó Altíssimo.
3 Quando os meus inimigos contigo se defrontam, tropeçam
e são destruídos.
4 Pois defendeste o meu direito e a minha causa; em teu trono
te assentaste, julgando com justiça.
5 Repreendeste as nações e destruíste os ímpios; para todo o
sempre apagaste o nome deles.
6 O inimigo foi totalmente arrasado, para sempre; desarrai-
gaste as suas cidades; já não há quem delas se lembre.
7 O SENHOR reina para sempre; estabeleceu o seu trono para
julgar.
8 Ele mesmo julga o mundo com justiça; governa os povos com
retidão.
9 O SENHOR é refúgio para os oprimidos, uma torre segura na
hora da adversidade.
10 Os que conhecem o teu nome confiam em ti, pois tu, SENHOR,
jamais abandonas os que te buscam.
11 Cantem louvores ao SENHOR, que reina em Sião; proclamem
entre as nações os seus feitos.
12 Aquele que pede contas do sangue derramado não esquece;
ele não ignora o clamor dos oprimidos.
13 Misericórdia, SENHOR! Vê o sofrimento que me causam os que
me odeiam. Salva-me das portas da morte, 14 para que, junto
às portas da cidade[f] de Sião, eu cante louvores a ti e ali exulte
em tua salvação.
15 Caíram as nações na cova que abriram; os seus pés ficaram
presos no laço que esconderam.
16 O SENHOR é conhecido pela justiça que executa; os ímpios
caem em suas próprias armadilhas.
Interlúdio[g]. *Pausa*
17 Voltem os ímpios ao pó[h], todas as nações que se esquecem
de Deus!
18 Mas os pobres nunca serão esquecidos, nem se frustrará a
esperança dos necessitados.
19 Levanta-te, SENHOR! Não permitas que o mortal triunfe! Jul-
gadas sejam as nações na tua presença.
20 Infunde-lhes terror, SENHOR; saibam as nações que não
passam de seres humanos.
Pausa

Salmo 10

1 SENHOR, por que estás tão longe? Por que te escondes em
tempos de angústia?
2 Em sua arrogância o ímpio persegue o pobre, que é apanhado
em suas tramas.
3 Ele se gaba de sua própria cobiça e, em sua ganância, amal-
diçoa[i] e insulta o SENHOR.
4 Em sua presunção o ímpio não o busca; não há lugar para
Deus em nenhum dos seus planos.
5 Os seus caminhos prosperam sempre; tão acima da sua com-
preensão estão as tuas leis que ele faz pouco caso de todos
os seus adversários, 6 pensando consigo mesmo: "Nada me
abalará! Desgraça alguma me atingirá, nem a mim nem aos
meus descendentes".
7 Sua boca está cheia de maldições, mentiras e ameaças; vio-
lência e maldade estão em sua língua.
8 Fica à espreita perto dos povoados; em emboscadas mata os
inocentes, procurando às escondidas as suas vítimas.
9 Fica à espreita como o leão escondido; fica à espreita para
apanhar o necessitado; apanha o necessitado e o arrasta para
a sua rede.

a **8.1** Ou *Puseste a tua glória nos céus*; ou ainda *Eu te cultuarei acima dos céus*.
b **8.2** Ou *suscitaste louvor*
c **8.5** Ou *do que Deus*
d Os salmos 9 e 10 talvez tenham sido originalmente um único poema, organizado em ordem alfabética, no hebraico. Na Septuaginta constituem um único salmo.
e Expressão de sentido desconhecido. Tradicionalmente: *De acordo com a melodia A Morte para o Filho*.
f **9.14** Hebraico: *filha*.
g **9.16** Hebraico: *Higaion*.
h **9.17** Hebraico: *Sheol*. Essa palavra também pode ser traduzida por sepultura, profundezas ou morte.
i **10.3** Hebraico: *abençoa*. Aqui empregado como eufemismo.

10 Agachado, fica de tocaia; as suas vítimas caem em seu poder.
11 Pensa consigo mesmo: "Deus se esqueceu; escondeu o rosto
e nunca verá isto".
12 Levanta-te, SENHOR! Ergue a tua mão, ó Deus! Não te es-
queças dos necessitados.
13 Por que o ímpio insulta a Deus, dizendo no seu íntimo: "De
nada me pedirás contas!"?
14 Mas tu enxergas o sofrimento e a dor; observa-os para to-
má-los em tuas mãos. A vítima deles entrega-se a ti; tu és o
protetor do órfão.
15 Quebra o braço do ímpio e do perverso, pede contas de sua
impiedade até que dela nada mais se ache[a].
16 O SENHOR é rei para todo o sempre; da sua terra desapare-
ceram os outros povos.
17 Tu, SENHOR, ouves a súplica dos necessitados; tu os reanimas
e atendes ao seu clamor.
18 Defendes o órfão e o oprimido, a fim de que o homem, que
é pó, já não cause terror.

Salmo 11

Para o mestre de música.
Davídico.

1 No SENHOR me refugio. Como então vocês podem dizer-me:
"Fuja como um pássaro para os montes"?
2 Vejam! Os ímpios preparam os seus arcos; colocam as flechas
contra as cordas para das sombras as atirarem nos retos de
coração.
3 Quando os fundamentos estão sendo destruídos, que pode
fazer o justo?
4 O SENHOR está no seu santo templo; o SENHOR tem o seu trono
nos céus. Seus olhos observam; seus olhos examinam os filhos
dos homens.
5 O SENHOR prova o justo, mas o ímpio e a quem[b] ama a injus-
tiça, a sua alma odeia.
6 Sobre os ímpios ele fará chover brasas ardentes e enxofre
incandescente; vento ressecante é o que terão.
7 Pois o SENHOR é justo e ama a justiça; os retos verão a sua
face.

Salmo 12

Para o mestre de música.
Em oitava. Salmo davídico.

1 Salva-nos, SENHOR! Já não há quem seja fiel; já não se confia
em ninguém entre os homens.
2 Cada um mente ao seu próximo; seus lábios bajuladores falam
com segundas intenções.
3 Que o SENHOR corte todos os lábios bajuladores e a língua
arrogante
4 dos que dizem: "Venceremos graças à nossa língua; somos
donos dos nossos lábios![c] Quem é senhor sobre nós?"
5 "Por causa da opressão do necessitado e do gemido do pobre,
agora me levantarei", diz o SENHOR. "Eu lhes darei a segurança
que tanto anseiam."[d]
6 As palavras do SENHOR são puras, são como prata purificada
num forno, sete vezes refinada.
7 SENHOR, tu nos guardarás seguros, e dessa gente nos prote-
gerás para sempre.
8 Os ímpios andam altivos por toda parte, quando a corrupção
é exaltada entre os homens.

Salmo 13

Para o mestre de música.
Salmo davídico.

1 Até quando, SENHOR? Para sempre te esquecerás de mim? Até
quando esconderás de mim o teu rosto?
2 Até quando terei inquietações e tristeza no coração dia após
dia? Até quando o meu inimigo triunfará sobre mim?
3 Olha para mim e responde, SENHOR, meu Deus. Ilumina os
meus olhos, ou do contrário dormirei o sono da morte; 4 os
meus inimigos dirão: "Eu o venci", e os meus adversários fes-
tejarão o meu fracasso.
5 Eu, porém, confio em teu amor; o meu coração exulta em
tua salvação.
6 Quero cantar ao SENHOR pelo bem que me tem feito.

Salmo 14

Para o mestre de música.
Davídico.

1 Diz o tolo em seu coração: "Deus não existe". Corrompe-
ram-se e cometeram atos detestáveis; não há ninguém que
faça o bem.
2 O SENHOR olha dos céus para os filhos dos homens, para ver
se há alguém que tenha entendimento, alguém que busque
a Deus.
3 Todos se desviaram, igualmente se corromperam; não há nin-
guém que faça o bem, não há nem um sequer.
4 Será que nenhum dos malfeitores aprende? Eles devoram o
meu povo como quem come pão e não clamam pelo SENHOR!
5 Olhem! Estão tomados de pavor! Pois Deus está presente no
meio dos justos.
6 Vocês, malfeitores, frustram os planos dos pobres, mas o re-
fúgio deles é o SENHOR.
7 Ah, se de Sião viesse a salvação para Israel! Quando o SENHOR
restaurar o seu[e] povo, Jacó exultará! Israel se regozijará!

Salmo 15

Salmo davídico.

1 SENHOR, quem habitará no teu santuário? Quem poderá morar
no teu santo monte?
2 Aquele que é íntegro em sua conduta e pratica o que é justo;
que de coração fala a verdade

---

a 10.15 Ou *do contrário, não será descoberta*
b 11.5 Ou *O Senhor examina o justo e o ímpio, mas a quem*; ou ainda *O Senhor, o Justo, examina o ímpio, mas a quem*
c 12.4 Ou *nossos lábios são lâminas cortantes!*
d 12.5 Ou "*Eu os protegerei dos que anseiam destruí-los.*"
e 14.7 Ou *trazer de volta os cativos do seu*

3 e não usa a língua para difamar; que nenhum mal faz ao seu
semelhante e não lança calúnia contra o seu próximo; 4 que
rejeita quem merece desprezo, mas honra os que temem o
SENHOR; que mantém a sua palavra, mesmo quando sai pre-
judicado; 5 que não empresta o seu dinheiro visando a algum
lucro nem aceita suborno contra o inocente.
Quem assim procede nunca será abalado!

Salmo 16
Poema epigráfico davídico.

1 Protege-me, ó Deus, pois em ti me refugio.
2 Ao SENHOR declaro: "Tu és o meu Senhor; não tenho bem ne-
nhum além de ti".
3 Quanto aos fiéis que há na terra, eles é que são os notáveis
em quem está todo o meu prazer.
4 Grande será o sofrimento dos que correm atrás de outros deu-
ses.[a] Não participarei dos seus sacrifícios de sangue, e os meus
lábios nem mencionarão os seus nomes.
5 SENHOR, tu és a minha porção e o meu cálice; és tu que ga-
rantes o meu futuro.
6 As divisas caíram para mim em lugares agradáveis: Tenho uma
bela herança!
7 Bendirei o SENHOR, que me aconselha; na escura noite o meu
coração me ensina!
8 Sempre tenho o SENHOR diante de mim. Com ele à minha di-
reita, não serei abalado.
9 Por isso o meu coração se alegra e no íntimo exulto; mesmo
o meu corpo repousará tranquilo, 10 porque tu não me aban-
donarás no sepulcro[b], nem permitirás que o teu santo sofra
decomposição.
11 Tu me farás[c] conhecer a vereda da vida, a alegria plena da tua
presença, eterno prazer à tua direita.

Salmo 17
Oração davídica.

1 Ouve, SENHOR, a minha justa queixa; atenta para o meu
clamor. Dá ouvidos à minha oração, que não vem de lábios
falsos.
2 Venha de ti a sentença em meu favor; vejam os teus olhos
onde está a justiça!
3 Provas o meu coração e de noite me examinas; tu me sondas e
nada encontras; decidi que a minha boca não pecará
4 como fazem os homens. Pela palavra dos teus lábios eu evitei
os caminhos do violento.
5 Meus passos seguem firmes nas tuas veredas; os meus pés
não escorregaram.
6 Eu clamo a ti, ó Deus, pois tu me respondes; inclina para mim
os teus ouvidos e ouve a minha oração.
7 Mostra a maravilha do teu amor, tu, que com a tua mão di-
reita salvas os que em ti buscam proteção contra aqueles que
os ameaçam.
8 Protege-me como à menina dos teus olhos; esconde-me à
sombra das tuas asas, 9 dos ímpios que me atacam com vio-
lência, dos inimigos mortais que me cercam.
10 Eles fecham o coração insensível e com a boca falam com
arrogância.
11 Eles me seguem os passos e já me cercam; seus olhos estão
atentos, prontos para derrubar-me.
12 São como um leão ávido pela presa, como um leão forte
agachado na emboscada.
13 Levanta-te, SENHOR! Confronta-os! Derruba-os! Com a tua
espada livra-me dos ímpios.
14 Com a tua mão, SENHOR, livra-me de homens assim, de ho-
mens deste mundo, cuja recompensa está nesta vida. Enche-
-lhes o ventre de tudo o que lhes reservaste; sejam os seus
filhos saciados, e o que sobrar fique para os seus pequeninos.[d]
15 Quanto a mim, feita a justiça, verei a tua face; quando des-
pertar, ficarei satisfeito ao ver a tua semelhança.

Salmo 18
Para o mestre de música.
De Davi, servo do SENHOR.
Ele cantou as palavras deste cântico ao SENHOR quando este o livrou das mãos de todos os seus inimigos e das mãos de Saul. Ele disse:

1 Eu te amo, ó SENHOR, minha força.
2 O SENHOR é a minha rocha, a minha fortaleza e o meu liber-
tador; o meu Deus é o meu rochedo, em quem me refugio. Ele
é o meu escudo e o poder[e] que me salva, a minha torre alta.
3 Clamo ao SENHOR, que é digno de louvor, e estou salvo dos
meus inimigos.
4 As cordas da morte me enredaram; as torrentes da destruição
me surpreenderam.
5 As cordas do Sheol[f] me envolveram; os laços da morte me
alcançaram.
6 Na minha aflição clamei ao SENHOR; gritei por socorro ao meu
Deus. Do seu templo ele ouviu a minha voz; meu grito chegou
à sua presença, aos seus ouvidos.
7 A terra tremeu e agitou-se, e os fundamentos dos montes se
abalaram; estremeceram porque ele se irou.
8 Das suas narinas subiu fumaça; da sua boca saíram brasas
vivas e fogo consumidor.
9 Ele abriu os céus e desceu; nuvens escuras estavam sob os
seus pés.
10 Montou um querubim e voou, deslizando sobre as asas do
vento.
11 Fez das trevas o seu esconderijo; das escuras nuvens, cheias
de água, o abrigo que o envolvia.
12 Com o fulgor da sua presença as nuvens se desfizeram em
granizo e raios, 13 quando dos céus trovejou o SENHOR, e res-
soou a voz do Altíssimo.

[a] **16.3,4** Ou *Quanto aos sacerdotes pagãos que estão na terra e aos nobres em quem todos têm prazer, eu disse: Aumentarão suas tristezas, pois correm atrás de outros deuses.*
[b] **16.10** Hebraico: *Sheol*. Essa palavra também pode ser traduzida por profundezas, pó ou morte.
[c] **16.11** Ou *fizeste*
[d] **17.14** Ou *Tu sacias a fome daqueles a quem queres bem; os seus filhos têm fartura e armazenam bens para os seus pequeninos.*
[e] **18.2** Hebraico: *chifre*.
[f] **18.5** Essa palavra pode ser traduzida por sepultura, profundezas, pó ou morte.

14 Atirou suas flechas e dispersou meus inimigos, com seus raios
os derrotou.
15 O fundo do mar apareceu, e os fundamentos da terra foram
expostos pela tua repreensão, ó SENHOR, com o forte sopro
das tuas narinas.
16 Das alturas estendeu a mão e me segurou; tirou-me das
águas profundas.
17 Livrou-me do meu inimigo poderoso, dos meus adversários,
fortes demais para mim.
18 Eles me atacaram no dia da minha desgraça, mas o SENHOR
foi o meu amparo.
19 Ele me deu total libertação;[a] livrou-me porque me quer bem.
20 O SENHOR me tratou conforme a minha justiça; conforme a
pureza das minhas mãos recompensou-me.
21 Pois segui os caminhos do SENHOR; não agi como ímpio, afas-
tando-me do meu Deus.
22 Todas as suas ordenanças estão diante de mim; não me des-
viei dos seus decretos.
23 Tenho sido irrepreensível para com ele e guardei-me de
praticar o mal.
24 O SENHOR me recompensou conforme a minha justiça, con-
forme a pureza das minhas mãos diante dos seus olhos.
25 Ao fiel te revelas fiel, ao irrepreensível te revelas irrepreen-
sível, 26 ao puro te revelas puro, mas com o perverso reages
à altura.
27 Salvas os que são humildes, mas humilhas os de olhos altivos.
28 Tu, SENHOR, manténs acesa a minha lâmpada; o meu Deus
transforma em luz as minhas trevas.
29 Com o teu auxílio posso atacar uma tropa; com o meu Deus
posso transpor muralhas.
30 Este é o Deus cujo caminho é perfeito; a palavra do SENHOR
é comprovadamente genuína. Ele é um escudo para todos os
que nele se refugiam.
31 Pois quem é Deus além do SENHOR? E quem é rocha senão
o nosso Deus?
32 Ele é o Deus que me reveste de força e torna perfeito o meu
caminho.
33 Torna os meus pés ágeis como os da corça, sustenta-me
firme nas alturas.
34 Ele treina as minhas mãos para a batalha e os meus braços
para vergar um arco de bronze.
35 Tu me dás o teu escudo de vitória; tua mão direita me
sustém; desces ao meu encontro para exaltar-me.
36 Deixaste livre o meu caminho, para que não se torçam os
meus tornozelos.
37 Persegui os meus inimigos e os alcancei; e não voltei en-
quanto não foram destruídos.
38 Massacrei-os, e não puderam levantar-se; jazem debaixo
dos meus pés.
39 Deste-me força para o combate; subjugaste os que se rebe-
laram contra mim.
40 Puseste os meus inimigos em fuga e exterminei os que me
odiavam.
41 Gritaram por socorro, mas não houve quem os salvasse; cla-
maram ao SENHOR, mas ele não respondeu.
42 Eu os reduzi a pó, pó que o vento leva. Pisei-os como à lama
das ruas.
43 Tu me livraste de um povo em revolta; fizeste-me o cabeça de
nações; um povo que não conheci sujeita-se a mim.
44 Assim que me ouvem, me obedecem; são estrangeiros que
se submetem a mim.
45 Todos eles perderam a coragem; tremendo, saem das suas
fortalezas.
46 O SENHOR vive! Bendita seja a minha Rocha! Exaltado seja
Deus, o meu Salvador!
47 Este é o Deus que em meu favor executa vingança, que a
mim sujeita nações.
48 Tu me livraste dos meus inimigos; sim, fizeste-me triunfar
sobre os meus agressores, e de homens violentos me liber-
taste.
49 Por isso eu te louvarei entre as nações, ó SENHOR; cantarei
louvores ao teu nome.
50 Ele dá grandes vitórias ao seu rei; é bondoso com o seu un-
gido, com Davi e os seus descendentes para sempre.

Salmo 19
Para o mestre de música. Salmo davídico.

1 Os céus declaram a glória de Deus; o firmamento proclama a
obra das suas mãos.
2 Um dia fala disso a outro dia; uma noite o revela a outra noite.
3 Sem discurso nem palavras, não se ouve a sua voz.
4 Mas a sua voz[b] ressoa por toda a terra e as suas palavras até
os confins do mundo.
Nos céus ele armou uma tenda para o sol, 5 que é como um
noivo que sai de seu aposento e se lança em sua carreira com
a alegria de um herói.
6 Sai de uma extremidade dos céus e faz o seu trajeto até a
outra; nada escapa ao seu calor.
7 A lei do SENHOR é perfeita e revigora a alma. Os testemunhos
do SENHOR são dignos de confiança e tornam sábios os inex-
perientes.
8 Os preceitos do SENHOR são justos e dão alegria ao coração. Os
mandamentos do SENHOR são límpidos e trazem luz aos olhos.
9 O temor do SENHOR é puro e dura para sempre. As ordenanças
do SENHOR são verdadeiras, são todas elas justas.
10 São mais desejáveis do que o ouro, do que muito ouro puro;
são mais doces do que o mel, do que as gotas do favo.
11 Por elas o teu servo é advertido; há grande recompensa em
obedecer-lhes.
12 Quem pode discernir os próprios erros? Absolve-me dos que
desconheço!
13 Também guarda o teu servo dos pecados intencionais; que
eles não me dominem! Então serei íntegro, inocente de grande
transgressão.

[a] 18.19 Hebraico: *Ele me levou para um local espaçoso.*

[b] 19.4 Conforme a Septuaginta e a Versão Siríaca. O Texto Massorético diz *corda*.

14Que as palavras da minha boca e a meditação do meu co-
ração sejam agradáveis a ti, SENHOR, minha Rocha e meu Res-
gatador!

Salmo 20
Para o mestre de música.
Salmo davídico.

1Que o SENHOR te responda no tempo da angústia; o nome do
Deus de Jacó te proteja!
2Do santuário te envie auxílio e de Sião te dê apoio.
3Lembre-se de todas as tuas ofertas e aceite os teus holo-
caustos[a].
Pausa
4Conceda-te o desejo do teu coração e leve a efeito todos os
teus planos.
5Saudaremos a tua vitória com gritos de alegria e ergueremos
as nossas bandeiras em nome do nosso Deus. Que o SENHOR
atenda a todos os teus pedidos!
6Agora sei que o SENHOR dará vitória ao seu ungido; dos seus
santos céus lhe responde com o poder salvador da sua mão
direita.
7Alguns confiam em carros e outros em cavalos, mas nós con-
fiamos no nome do SENHOR, o nosso Deus.
8Eles vacilam e caem, mas nós nos erguemos e estamos firmes.
9SENHOR, concede vitória ao rei! Responde-nos[b] quando cla-
mamos!

Salmo 21
Para o mestre de música.
Salmo davídico.

1O rei se alegra na tua força, ó SENHOR! Como é grande a sua
exultação pelas vitórias que lhe dás!
2Tu lhe concedeste o desejo do seu coração e não lhe rejeitaste
o pedido dos seus lábios.
Pausa
3Tu o recebeste dando-lhe ricas bênçãos, e em sua cabeça
puseste uma coroa de ouro puro.
4Ele te pediu vida, e tu lhe deste! Vida longa e duradoura.
5Pelas vitórias que lhe deste, grande é a sua glória; de es-
plendor e majestade o cobriste.
6Fizeste dele uma grande bênção para sempre e lhe deste a
alegria da tua presença.
7O rei confia no SENHOR: por causa da fidelidade do Altíssimo
ele não será abalado.
8Tua mão alcançará todos os teus inimigos; tua mão direita
atingirá todos os que te odeiam.
9No dia em que te manifestares farás deles uma fornalha ar-
dente. Na sua ira o SENHOR os devorará, um fogo os consumirá.
10Acabarás com a geração deles na terra, com a sua descen-
dência entre os homens.
11Embora tramem o mal contra ti e façam planos perversos,
nada conseguirão; 12pois tu os porás em fugaquando apontares
para eles o teu arco.
13Sê exaltado, SENHOR, na tua força! Cantaremos e louvaremos
o teu poder.

Salmo 22
Para o mestre de música.
De acordo com a melodia *A Corça da Manhã*.
Salmo davídico.

1Meu Deus! Meu Deus! Por que me abandonaste? Por que estás
tão longe de salvar-me, tão longe dos meus gritos de angústia?
2Meu Deus! Eu clamo de dia, mas não respondes; de noite, e
não recebo alívio!
3Tu, porém, és o Santo, és rei, és o louvor de Israel.
4Em ti os nossos antepassados puseram a sua confiança; con-
fiaram, e os livraste.
5Clamaram a ti, e foram libertos; em ti confiaram, e não se
decepcionaram.
6Mas eu sou verme, e não homem, motivo de zombaria e ob-
jeto de desprezo do povo.
7Caçoam de mim todos os que me veem; balançando a cabeça,
lançam insultos contra mim, dizendo:
8"Recorra ao SENHOR! Que o SENHOR o liberte! Que ele o livre,
já que lhe quer bem!"
9Contudo, tu mesmo me tiraste do ventre; deste-me segurança
junto ao seio de minha mãe.
10Desde que nasci fui entregue a ti; desde o ventre materno
és o meu Deus.
11Não fiques distante de mim, pois a angústia está perto e não
há ninguém que me socorra.
12Muitos touros me cercam, sim, rodeiam-me os poderosos
de Basã.
13Como leão voraz rugindo, escancaram a boca contra mim.
14Como água me derramei, e todos os meus ossos estão des-
conjuntados. Meu coração se tornou como cera; derreteu-se
no meu íntimo.
15Meu vigor secou-se como um caco de barro, e a minha língua
gruda no céu da boca; deixaste-me no pó, à beira da morte.
16Cães me rodearam! Um bando de homens maus me cercou!
Perfuraram minhas mãos e meus pés.
17Posso contar todos os meus ossos, mas eles me encaram
com desprezo.
18Dividiram as minhas roupas entre si, e lançaram sortes pelas
minhas vestes.
19Tu, porém, SENHOR, não fiques distante! Ó minha força, vem
logo em meu socorro!
20Livra-me da espada, livra a minha vida do ataque dos cães.
21Salva-me da boca dos leões, e dos chifres dos bois selvagens.
E tu me respondeste.
22Proclamarei o teu nome a meus irmãos; na assembleia te
louvarei.
23Louvem-no, vocês que temem o SENHOR! Glorifiquem-no,
todos vocês, descendentes de Jacó! Tremam diante dele, todos
vocês, descendentes de Israel!

---
[a] 20.3 Isto é, sacrifícios totalmente queimados.
[b] 20.9 Ou *Vitória! Ó Rei, responde-nos*

[24]Pois não menosprezou nem repudiou o sofrimento do aflito;
não escondeu dele o rosto, mas ouviu o seu grito de socorro.
[25]De ti vem o tema do meu louvor na grande assembleia; na
presença dos que te[a] temem cumprirei os meus votos.
[26]Os pobres comerão até ficarem satisfeitos; aqueles que
buscam o SENHOR o louvarão! Que vocês tenham vida longa!
[27]Todos os confins da terra se lembrarão e se voltarão para o
SENHOR, e todas as famílias das nações se prostrarão diante
dele, [28]pois do SENHOR é o reino; ele governa as nações.
[29]Todos os ricos da terra se banquetearão e o adorarão; ha-
verão de ajoelhar-se diante dele todos os que descem ao pó,
cuja vida se esvai.
[30]A posteridade o servirá; gerações futuras ouvirão falar do
Senhor, [31]e a um povo que ainda não nasceu proclamarão seus
feitos de justiça, pois ele agiu poderosamente.

Salmo 23
Salmo davídico.

[1]O SENHOR é o meu pastor; de nada terei falta.
[2]Em verdes pastagens me faz repousar e me conduz a águas
tranquilas; [3]restaura-me o vigor. Guia-me nas veredas da jus-
tiça por amor do seu nome.
[4]Mesmo quando eu andar por um vale de trevas e morte, não
temerei perigo algum, pois tu estás comigo; a tua vara e o teu
cajado me protegem.
[5]Preparas um banquete para mim à vista dos meus inimigos.
Tu me honras, ungindo a minha cabeça com óleo e fazendo
transbordar o meu cálice.
[6]Sei que a bondade e a fidelidade me acompanharão todos
os dias da minha vida, e voltarei à[b] casa do SENHOR enquanto
eu viver.

Salmo 24
Salmo davídico.

[1]Do SENHOR é a terra e tudo o que nela existe, o mundo e os que
nele vivem; [2]pois foi ele quem a estabeleceu sobre os mares e
a firmou sobre as águas.
[3]Quem poderá subir o monte do SENHOR? Quem poderá entrar
no seu Santo Lugar?
[4]Aquele que tem as mãos limpas e o coração puro, que não
recorre aos ídolos nem jura por deuses falsos[c].
[5]Ele receberá bênçãos do SENHOR, e Deus, o seu Salvador, lhe
fará justiça.
[6]São assim aqueles que o buscam, que buscam a tua face, ó
Deus de Jacó[d].

Pausa

[7]Abram-se, ó portais; abram-se,[e] ó portas antigas, para que o
Rei da glória entre.
[8]Quem é o Rei da glória? O SENHOR forte e valente, o SENHOR
valente nas guerras.
[9]Abram-se, ó portais; abram-se, ó portas antigas, para que o
Rei da glória entre.
[10]Quem é esse Rei da glória? O SENHOR dos Exércitos; ele é o
Rei da glória!

Pausa

Salmo 25[f]
Davídico.

[1]A ti, SENHOR, elevo a minha alma.
[2]Em ti confio, ó meu Deus. Não deixes que eu seja humilhado
nem que os meus inimigos triunfem sobre mim!
[3]Nenhum dos que esperam em ti ficará decepcionado; decep-
cionados ficarão aqueles que, sem motivo, agem traiçoeira-
mente.
[4]Mostra-me, SENHOR, os teus caminhos, ensina-me as tuas ve-
redas; [5]guia-me com a tua verdade e ensina-me, pois tu és Deus,
meu Salvador, e a minha esperança está em ti o tempo todo.
[6]Lembra-te, SENHOR, da tua compaixão e da tua misericórdia,
que tens mostrado desde a antiguidade.
[7]Não te lembres dos pecados e transgressões da minha juven-
tude; conforme a tua misericórdia, lembra-te de mim, pois tu,
SENHOR, és bom.
[8]Bom e justo é o SENHOR; por isso mostra o caminho aos pe-
cadores.
[9]Conduz os humildes na justiça e lhes ensina o seu caminho.
[10]Todos os caminhos do SENHOR são amor e fidelidade para com
os que cumprem os preceitos da sua aliança.
[11]Por amor do teu nome, SENHOR, perdoa o meu pecado, que
é tão grande!
[12]Quem é o homem que teme o SENHOR? Ele o instruirá no ca-
minho que deve seguir.
[13]Viverá em prosperidade, e os seus descendentes herdarão
a terra.
[14]O SENHOR confia os seus segredos aos que o temem, e os leva
a conhecer a sua aliança.
[15]Os meus olhos estão sempre voltados para o SENHOR, pois só
ele tira os meus pés da armadilha.
[16]Volta-te para mim e tem misericórdia de mim, pois estou
só e aflito.
[17]As angústias do meu coração se multiplicaram; liberta-me
da minha aflição.
[18]Olha para a minha tribulação e o meu sofrimento, e perdoa
todos os meus pecados.
[19]Vê como aumentaram os meus inimigos e com que fúria me
odeiam!
[20]Guarda a minha vida e livra-me! Não me deixes decepcio-
nado, pois eu me refugio em ti.
[21]Que a integridade e a retidão me protejam, porque a minha
esperança está em ti.
[22]Ó Deus, liberta Israel de todas as suas aflições!

---

[a] **22.25** Hebraico: *o*.
[b] **23.6** A Septuaginta e outras versões antigas dizem *habitarei na*.
[c] **24.4** Ou *não se volta para a mentira nem jura falsamente*
[d] **24.6** Conforme dois manuscritos do Texto Massorético, a Versão Siríaca e a Septuaginta. A maioria dos manuscritos do Texto Massorético diz *a tua face, Jacó*.
[e] **24.7** Hebraico: *Levantem a cabeça, ó portais; estejam erguidas*; também no versículo 9.

[f] O salmo 25 é um poema organizado em ordem alfabética, no hebraico.

Salmo 26
Davídico.

1 Faze-me justiça, SENHOR, pois tenho vivido com integridade.
Tenho confiado no SENHOR, sem vacilar.
2 Sonda-me, SENHOR, e prova-me, examina o meu coração e a
minha mente; 3 pois o teu amor está sempre diante de mim, e
continuamente sigo a tua verdade.
4 Não me associo com homens falsos nem ando com hipócritas;
5 detesto o ajuntamento dos malfeitores e não me assento com
os ímpios.
6 Lavo as mãos na inocência, e do teu altar, SENHOR, me apro-
ximo 7 cantando hinos de gratidão e falando de todas as tuas
maravilhas.
8 Eu amo, SENHOR, o lugar da tua habitação, onde a tua glória
habita.
9 Não me dês o destino dos pecadores nem o fim dos assas-
sinos; 10 suas mãos executam planos perversos, praticam su-
borno abertamente.
11 Mas eu vivo com integridade; livra-me e tem misericórdia
de mim.
12 Os meus pés estão firmes na retidão; na grande assembleia
bendirei o SENHOR.

Salmo 27
Davídico.

1 O SENHOR é a minha luz e a minha salvação; de quem terei
temor? O SENHOR é o meu forte refúgio; de quem terei medo?
2 Quando homens maus avançarem contra mim para des-
truir-me[a], eles, meus inimigos e meus adversários, é que tro-
peçarão e cairão.
3 Ainda que um exército se acampe contra mim, meu coração
não temerá; ainda que se declare guerra contra mim, mesmo
assim estarei confiante.
4 Uma coisa pedi ao SENHOR e a procuro: que eu possa viver na
casa do SENHOR todos os dias da minha vida, para contemplar
a bondade do SENHOR e buscar sua orientação no seu templo.
5 Pois no dia da adversidade ele me guardará protegido em
sua habitação; no seu tabernáculo me esconderá e me porá
em segurança sobre um rochedo.
6 Então triunfarei sobre os inimigos que me cercam. Em seu
tabernáculo oferecerei sacrifícios com aclamações; cantarei
e louvarei ao SENHOR.
7 Ouve a minha voz quando clamo, ó SENHOR; tem misericórdia
de mim e responde-me.
8 A teu respeito diz o meu coração: Busque a minha face![b] A tua
face, SENHOR, buscarei.
9 Não escondas de mim a tua face, não rejeites com ira o teu
servo; tu tens sido o meu ajudador. Não me desampares nem
me abandones, ó Deus, meu salvador!
10 Ainda que me abandonem pai e mãe, o SENHOR me acolherá.
11 Ensina-me o teu caminho, SENHOR; conduze-me por uma ve-
reda segura por causa dos meus inimigos.
12 Não me entregues ao capricho dos meus adversários, pois
testemunhas falsas se levantam contra mim, respirando vio-
lência.
13 Apesar disso, esta certeza eu tenho: viverei até ver a bondade
do SENHOR na terra.
14 Espere no SENHOR. Seja forte! Coragem! Espere no SENHOR.

Salmo 28
Davídico.

1 A ti eu clamo, SENHOR, minha Rocha; não fiques indiferente
para comigo. Se permaneceres calado, serei como os que
descem à cova.
2 Ouve as minhas súplicas quando clamo a ti por socorro,
quando ergo as mãos para o teu Lugar Santíssimo.
3 Não me dês o castigo reservado para os ímpios e para os mal-
feitores, que falam como amigos com o próximo, mas abrigam
maldade no coração.
4 Retribui-lhes conforme os seus atos, conforme as suas más
obras; retribui-lhes o que as suas mãos têm feito e dá-lhes
o que merecem.
5 Visto que não consideram os feitos do SENHOR nem as obras
de suas mãos, ele os arrasará e jamais os deixará reerguer-se.
6 Bendito seja o SENHOR, pois ouviu as minhas súplicas.
7 O SENHOR é a minha força e o meu escudo; nele o meu coração
confia, e dele recebo ajuda. Meu coração exulta de alegria, e
com o meu cântico lhe darei graças.
8 O SENHOR é a força do seu povo, a fortaleza que salva o seu
ungido.
9 Salva o teu povo e abençoa a tua herança! Cuida deles como
o seu pastor e conduze-os para sempre.

Salmo 29
Salmo davídico.

1 Atribuam ao SENHOR, ó seres celestiais[c], atribuam ao SENHOR
glória e força.
2 Atribuam ao SENHOR a glória que o seu nome merece; adorem
o SENHOR no esplendor do seu santuário[d].
3 A voz do SENHOR ressoa sobre as águas; o Deus da glória tro-
veja, o SENHOR troveja sobre as muitas águas.
4 A voz do SENHOR é poderosa; a voz do SENHOR é majestosa.
5 A voz do SENHOR quebra os cedros; o SENHOR despedaça os
cedros do Líbano.
6 Ele faz o Líbano saltar como bezerro, o Siriom[e] como novilho
selvagem.
7 A voz do SENHOR corta os céus com raios flamejantes.
8 A voz do SENHOR faz tremer o deserto; o SENHOR faz tremer o
deserto de Cades.
9 A voz do SENHOR retorce os carvalhos[f] e despe as florestas. E
no seu templo todos clamam: "Glória!"

---

[a] **27.2** Hebraico: *devorar a minha carne.*
[b] **27.8** Ou *A você, ó meu coração, ele diz: "Busque a minha face!"*
[c] **29.1** Ou *filhos de Deus*; ou ainda *poderosos*
[d] **29.2** Ou *da sua santidade*
[e] **29.6** Isto é, o monte Hermom.
[f] **29.9** Ou *faz a corça dar cria*

10 O SENHOR assentou-se soberano sobre o Dilúvio; o SENHOR reina soberano para sempre.

11 O SENHOR dá força ao seu povo; o SENHOR dá a seu povo a bênção da paz.

Salmo 30

Salmo. Cântico para a dedicação do templo[a]. Davídico.

1 Eu te exaltarei, SENHOR, pois tu me reergueste e não deixaste que os meus inimigos se divertissem à minha custa.

2 SENHOR meu Deus, a ti clamei por socorro, e tu me curaste.

3 SENHOR, tiraste-me da sepultura[b]; prestes a descer à cova, devolveste-me à vida.

4 Cantem louvores ao SENHOR, vocês, os seus fiéis; louvem o seu santo nome.

5 Pois a sua ira só dura um instante, mas o seu favor dura a vida toda; o choro pode persistir uma noite, mas de manhã irrompe a alegria.

6 Quando me senti seguro, disse: Jamais serei abalado!

7 SENHOR, com o teu favor, deste-me firmeza e estabilidade;[c] mas, quando escondeste a tua face, fiquei aterrorizado.

8 A ti, SENHOR, clamei, ao Senhor pedi misericórdia:

9 Se eu morrer[d], se eu descer à cova, que vantagem haverá? Acaso o pó te louvará? Proclamará a tua fidelidade?

10 Ouve, SENHOR, e tem misericórdia de mim; SENHOR, sê tu o meu auxílio.

11 Mudaste o meu pranto em dança, a minha veste de lamento
em veste de alegria, 12 para que o meu coração cante louvores
a ti e não se cale. SENHOR, meu Deus, eu te darei graças para
sempre.

Salmo 31

Para o mestre de música. Salmo davídico.

1 Em ti, SENHOR, me refugio; nunca permitas que eu seja humilhado; livra-me pela tua justiça.

2 Inclina os teus ouvidos para mim, vem livrar-me depressa! Sê minha rocha de refúgio, uma fortaleza poderosa para me salvar.

3 Sim, tu és a minha rocha e a minha fortaleza; por amor do teu nome, conduze-me e guia-me.

4 Tira-me da armadilha que me prepararam, pois tu és o meu refúgio.

5 Nas tuas mãos entrego o meu espírito; resgata-me, SENHOR, Deus da verdade.

6 Odeio aqueles que se apegam a ídolos inúteis; eu, porém, confio no SENHOR.

7 Exultarei com grande alegria por teu amor, pois viste a minha aflição e conheceste a angústia da minha alma.

8 Não me entregaste nas mãos dos meus inimigos; deste-me segurança e liberdade.[e]

9 Misericórdia, SENHOR! Estou em desespero! A tristeza me consome a vista, o vigor e o apetite[f].

10 Minha vida é consumida pela angústia, e os meus anos pelo gemido; minha aflição[g] esgota as minhas forças, e os meus ossos se enfraquecem.

11 Por causa de todos os meus adversários, sou motivo de ultraje para os meus vizinhos e de medo para os meus amigos; os que me veem na rua fogem de mim.

12 Sou esquecido por eles como se estivesse morto; tornei-me como um pote quebrado.

13 Ouço muitos cochicharem a meu respeito; o pavor me domina, pois conspiram contra mim, tramando tirar-me a vida.

14 Mas eu confio em ti, SENHOR, e digo: Tu és o meu Deus.

15 O meu futuro está nas tuas mãos; livra-me dos meus inimigos e daqueles que me perseguem.

16 Faze o teu rosto resplandecer sobre[h] o teu servo; salva-me por teu amor leal.

17 Não permitas que eu seja humilhado, SENHOR, pois tenho clamado a ti; mas que os ímpios sejam humilhados, e calados fiquem no Sheol[i].

18 Sejam emudecidos os seus lábios mentirosos, pois com arrogância e desprezo humilham os justos.

19 Como é grande a tua bondade, que reservaste para aqueles que te temem, e que, à vista dos homens, concedes àqueles que se refugiam em ti!

20 No abrigo da tua presença os escondes das intrigas dos homens; na tua habitação os proteges das línguas acusadoras.

21 Bendito seja o SENHOR, pois mostrou o seu maravilhoso amor para comigo quando eu estava numa cidade cercada.

22 Alarmado, eu disse: Fui excluído da tua presença! Contudo, ouviste as minhas súplicas quando clamei a ti por socorro.

23 Amem o SENHOR, todos vocês, os seus santos! O SENHOR preserva os fiéis, mas aos arrogantes dá o que merecem.

24 Sejam fortes e corajosos, todos vocês que esperam no SENHOR!

Salmo 32

Davídico. Poema.

1 Como é feliz aquele que tem suas transgressões perdoadas e seus pecados apagados!

2 Como é feliz aquele a quem o SENHOR não atribui culpa e em quem não há hipocrisia!

3 Enquanto eu mantinha escondidos os meus pecados, o meu corpo definhava de tanto gemer.

4 Pois dia e noite a tua mão pesava sobre mim; minhas forças foram-se esgotando como em tempo de seca.

Pausa

---

a Título: Ou *do palácio*. Hebraico: *casa*.

b 30.3 Hebraico: *Sheol*. Essa palavra também pode ser traduzida por profundezas, pó ou morte.

c 30.7 Hebraico: *firmaste a minha montanha*.

d 30.9 Hebraico: *No meu sangue*.

e 31.8 Hebraico: *puseste os meus pés num lugar espaçoso*.

f 31.9 Ou *os olhos, a garganta e o ventre*

g 31.10 Ou *culpa*

h 31.16 Isto é, mostra a tua bondade para com.

i 31.17 Essa palavra pode ser traduzida por *sepultura, profundezas, pó ou morte*.

5 Então reconheci diante de ti o meu pecado e não encobri as minhas culpas. Eu disse: "Confessarei as minhas transgressões", ao SENHOR, e tu perdoaste a culpa do meu pecado.

Pausa

6 Portanto, que todos os que são fiéis orem a ti enquanto podes ser encontrado; quando as muitas águas se levantarem, elas não os atingirão.

7 Tu és o meu abrigo; tu me preservarás das angústias e me cercarás de canções de livramento.

Pausa

8 Eu o instruirei e o ensinarei no caminho que você deve seguir; eu o aconselharei e cuidarei de você.

9 Não sejam como o cavalo ou o burro, que não têm entendimento mas precisam ser controlados com freios e rédeas; caso contrário não obedecem.

10 Muitas são as dores dos ímpios, mas a bondade do SENHOR protege quem nele confia.

11 Alegrem-se no SENHOR e exultem, vocês que são justos! Cantem de alegria, todos vocês que são retos de coração!

Salmo 33

1 Cantem de alegria ao SENHOR, vocês que são justos; aos que são retos fica bem louvá-lo.

2 Louvem o SENHOR com harpa; ofereçam-lhe música com lira de dez cordas.

3 Cantem-lhe uma nova canção; toquem com habilidade ao aclamá-lo.

4 Pois a palavra do SENHOR é verdadeira; ele é fiel em tudo o que faz.

5 Ele ama a justiça e a retidão; a terra está cheia da bondade do SENHOR.

6 Mediante a palavra do SENHOR foram feitos os céus, e os corpos celestes, pelo sopro de sua boca.

7 Ele ajunta as águas do mar num só lugar; das profundezas faz reservatórios.

8 Toda a terra tema o SENHOR; tremam diante dele todos os habitantes do mundo.

9 Pois ele falou, e tudo se fez; ele ordenou, e tudo surgiu.

10 O SENHOR desfaz os planos das nações e frustra os propósitos dos povos.

11 Mas os planos do SENHOR permanecem para sempre, os propósitos do seu coração, por todas as gerações.

12 Como é feliz a nação que tem o SENHOR como Deus, o povo que ele escolheu para lhe pertencer!

13 Dos céus olha o SENHOR e vê toda a humanidade;
14 do seu trono ele observa todos os habitantes da terra;
15 ele, que forma o coração de todos, que conhece tudo o que fazem.

16 Nenhum rei se salva pelo tamanho do seu exército; nenhum guerreiro escapa por sua grande força.

17 O cavalo é vã esperança de vitória; apesar da sua grande força, é incapaz de salvar.

18 Mas o SENHOR protege aqueles que o temem, aqueles que firmam a esperança no seu amor,
19 para livrá-los da morte e garantir-lhes vida, mesmo em tempos de fome.

20 Nossa esperança está no SENHOR; ele é o nosso auxílio e a nossa proteção.

21 Nele se alegra o nosso coração, pois confiamos no seu santo nome.

22 Esteja sobre nós o teu amor, SENHOR, como está em ti a nossa esperança.

Salmo 34[a]

De Davi, quando ele se fingiu de louco diante de Abimeleque — que o expulsou — e depois partiu.

1 Bendirei o SENHOR o tempo todo! Os meus lábios sempre o louvarão.

2 Minha alma se gloriará no SENHOR; ouçam os oprimidos e se alegrem.

3 Proclamem a grandeza do SENHOR comigo; juntos exaltemos o seu nome.

4 Busquei o SENHOR, e ele me respondeu; livrou-me de todos os meus temores.

5 Os que olham para ele estão radiantes de alegria; seu rosto jamais mostrará decepção.

6 Este pobre homem clamou, e o SENHOR o ouviu; e o libertou de todas as suas tribulações.

7 O anjo do SENHOR é sentinela ao redor daqueles que o temem, e os livra.

8 Provem e vejam como o SENHOR é bom. Como é feliz o homem que nele se refugia!

9 Temam o SENHOR, vocês que são os seus santos, pois nada falta aos que o temem.

10 Os leões[b] podem passar necessidade e fome, mas os que buscam o SENHOR de nada têm falta.

11 Venham, meus filhos, ouçam-me; eu ensinarei a vocês o temor do SENHOR.

12 Quem de vocês quer amar a vida e deseja ver dias felizes?

13 Guarde a sua língua do mal e os seus lábios da falsidade.

14 Afaste-se do mal e faça o bem; busque a paz com perseverança.

15 Os olhos do SENHOR voltam-se para os justos e os seus ouvidos estão atentos ao seu grito de socorro;
16 o rosto do SENHOR volta-se contra os que praticam o mal, para apagar da terra a memória deles.

17 Os justos clamam, o SENHOR os ouve e os livra de todas as suas tribulações.

18 O SENHOR está perto dos que têm o coração quebrantado e salva os de espírito abatido.

19 O justo passa por muitas adversidades, mas o SENHOR o livra de todas;
20 protege todos os seus ossos; nenhum deles será quebrado.

21 A desgraça matará os ímpios;[c] os que odeiam o justo serão condenados.

---

[a] O salmo 34 é um poema organizado em ordem alfabética, no hebraico.
[b] **34.10** A Septuaginta e a Versão Siríaca dizem *ricos*.
[c] **34.21** Ou *Os ímpios serão mortos nas suas próprias maldades;*

22 O SENHOR redime a vida dos seus servos; ninguém que nele se refugia será condenado.

Salmo 35
Davídico.

1 Defende-me, SENHOR, dos que me acusam; luta contra os que lutam comigo.
2 Toma os escudos, o grande e o pequeno; levanta-te e vem socorrer-me.
3 Empunha a lança e o machado de guerra[a] contra os meus perseguidores. Dize à minha alma: "Eu sou a sua salvação".
4 Sejam humilhados e desprezados os que procuram matar-me; retrocedam envergonhados aqueles que tramam a minha ruína.
5 Que eles sejam como a palha ao vento, quando o anjo do SE-
NHOR os expulsar; 6 seja a vereda deles sombria e escorregadia,
quando o anjo do SENHOR os perseguir.
7 Já que, sem motivo, prepararam contra mim uma armadilha
oculta e, sem motivo, abriram uma cova para mim, 8 que a ruína
lhes sobrevenha de surpresa: sejam presos pela armadilha que prepararam, caiam na cova que abriram, para a sua própria ruína.
9 Então a minha alma exultará no SENHOR e se regozijará na sua salvação.
10 Todo o meu ser exclamará: "Quem se compara a ti, SENHOR? Tu livras os necessitados daqueles que são mais poderosos do que eles, livras os necessitados e os pobres daqueles que os exploram."
11 Testemunhas maldosas enfrentam-me e questionam-me sobre coisas de que nada sei.
12 Elas me retribuem o bem com o mal e procuram tirar-me a vida[b].
13 Contudo, quando estavam doentes, usei vestes de lamento, humilhei-me com jejum e recolhi-me em oração[c].
14 Saí vagueando e pranteando, como por um amigo ou por um irmão. Eu me prostrei enlutado, como quem lamenta por sua mãe.
15 Mas, quando tropecei, eles se reuniram alegres; sem que eu o soubesse, ajuntaram-se para me atacar. Eles me agrediram sem cessar.
16 Como ímpios caçoando do meu refúgio, rosnaram contra mim.
17 Senhor, até quando ficarás olhando? Livra-me dos ataques deles, livra a minha vida preciosa desses leões.
18 Eu te darei graças na grande assembleia; no meio da grande multidão te louvarei.
19 Não deixes que os meus inimigos traiçoeiros se divirtam à minha custa; não permitas que aqueles que sem razão me odeiam troquem olhares de desprezo.
20 Não falam pacificamente, mas planejam acusações falsas contra os que vivem tranquilamente na terra.
21 Com a boca escancarada, riem de mim e me acusam: "Nós vimos! Sabemos de tudo!"
22 Tu viste isso, SENHOR! Não fiques calado. Não te afastes de
mim, Senhor, 23 Acorda! Desperta! Faze-me justiça! Defende a
minha causa, meu Deus e Senhor.
24 SENHOR, meu Deus, tu és justo; faze-me justiça para que eles não se alegrem à minha custa.
25 Não deixes que pensem: "Ah! Era isso que queríamos!" nem que digam: "Acabamos com ele!"
26 Sejam humilhados e frustrados todos os que se divertem à custa do meu sofrimento; cubram-se de vergonha e desonra todos os que se acham superiores a mim.
27 Cantem de alegria e regozijo todos os que desejam ver provada a minha inocência e sempre repitam: "O SENHOR seja engrandecido! Ele tem prazer no bem-estar do seu servo".
28 Minha língua proclamará a tua justiça e o teu louvor o dia inteiro.

Salmo 36
Para o mestre de música.
De Davi, servo do SENHOR.

1 Há no meu íntimo um oráculo a respeito da maldade do ímpio: Aos seus olhos é inútil temer a Deus.
2 Ele se acha tão importante, que não percebe nem rejeita o seu pecado.
3 As palavras da sua boca são maldosas e traiçoeiras; abandonou o bom senso e não quer fazer o bem.
4 Até na sua cama planeja maldade; nada há de bom no caminho a que se entregou, e ele nunca rejeita o mal.
5 O teu amor, SENHOR, chega até os céus; a tua fidelidade até as nuvens.
6 A tua justiça é firme como as altas montanhas; as tuas decisões, insondáveis como o grande mar. Tu, SENHOR, preservas tanto os homens quanto os animais.
7 Como é precioso o teu amor, ó Deus! Os homens encontram refúgio à sombra das tuas asas.
8 Eles se banqueteiam na fartura da tua casa; tu lhes dás de beber do teu rio de delícias.
9 Pois em ti está a fonte da vida; graças à tua luz, vemos a luz.
10 Estende o teu amor aos que te conhecem; a tua justiça, aos que são retos de coração.
11 Não permitas que o arrogante me pisoteie nem que a mão do ímpio me faça recuar.
12 Lá estão os malfeitores caídos, lançados ao chão, incapazes de levantar-se!

Salmo 37[d]
Davídico.

1 Não se aborreça por causa dos homens maus e não tenha
inveja dos perversos; 2 pois como o capim logo secarão, como
a relva verde logo murcharão.
3 Confie no SENHOR e faça o bem; assim você habitará na terra e desfrutará segurança.

---

a 35.3 Ou *e bloqueia o caminho*
b 35.12 Ou *e estou abandonado*
c 35.13 Ou *orei por eles sem cessar*, ou ainda *Ah! Se eu pudesse cancelar minhas orações*
d O salmo 37 é um poema organizado em ordem alfabética, no hebraico.

4 Deleite-se no SENHOR, e ele atenderá aos desejos do seu co-
ração.
5 Entregue o seu caminho ao SENHOR; confie nele, e ele agirá:
6 ele deixará claro como a alvorada que você é justo, e como o
sol do meio-dia que você é inocente.
7 Descanse no SENHOR e aguarde por ele com paciência; não
se aborreça com o sucesso dos outros nem com aqueles que
maquinam o mal.
8 Evite a ira e rejeite a fúria; não se irrite: isso só leva ao mal.
9 Pois os maus serão eliminados, mas os que esperam no SE-
NHOR receberão a terra por herança.
10 Um pouco de tempo, e os ímpios não mais existirão; por mais
que você os procure, não serão encontrados.
11 Mas os humildes receberão a terra por herança e desfrutarão
pleno bem-estar.
12 Os ímpios tramam contra os justos e rosnam contra eles; 13 o
Senhor, porém, ri dos ímpios, pois sabe que o dia deles está
chegando.
14 Os ímpios desembainham a espada e preparam o arco para
abater o necessitado e o pobre, para matar os que andam
na retidão.
15 Mas as suas espadas irão atravessar-lhes o coração, e os seus
arcos serão quebrados.
16 Melhor é o pouco do justo do que a riqueza de muitos ímpios;
17 pois o braço forte dos ímpios será quebrado, mas o SENHOR
sustém os justos.
18 O SENHOR cuida da vida dos íntegros, e a herança deles per-
manecerá para sempre.
19 Em tempos de adversidade não ficarão decepcionados; em
dias de fome desfrutarão fartura.
20 Mas os ímpios perecerão; os inimigos do SENHOR murcharão
como a beleza dos campos; desvanecerão como fumaça.
21 Os ímpios tomam emprestado e não devolvem, mas os justos
dão com generosidade; 22 aqueles que o SENHOR abençoa re-
ceberão a terra por herança, mas os que ele amaldiçoa serão
eliminados.
23 O SENHOR firma os passos de um homem, quando a conduta
deste o agrada; 24 ainda que tropece, não cairá, pois o SENHOR
o toma pela mão.
25 Já fui jovem e agora sou velho, mas nunca vi o justo desam-
parado nem seus filhos mendigando o pão.
26 Ele é sempre generoso e empresta com boa vontade; seus
filhos serão abençoados.
27 Desvie-se do mal e faça o bem; e você terá sempre onde
morar.
28 Pois o SENHOR ama quem pratica a justiça, e não abandonará
os seus fiéis. Para sempre serão protegidos, mas a descen-
dência dos ímpios será eliminada; 29 os justos herdarão a terra
e nela habitarão para sempre.
30 A boca do justo profere sabedoria, e a sua língua fala con-
forme a justiça.
31 Ele traz no coração a lei do seu Deus; nunca pisará em falso.
32 O ímpio fica à espreita do justo, querendo matá-lo; 33 mas o
SENHOR não o deixará cair em suas mãos nem permitirá que o
condenem quando julgado.
34 Espere no SENHOR e siga a sua vontade. Ele o exaltará, dando-
-lhe a terra por herança; quando os ímpios forem eliminados,
você o verá.
35 Vi um homem ímpio e cruel florescendo como frondosa ár-
vore nativa, 36 mas logo desapareceu e não mais existia; em-
bora eu o procurasse, não pôde ser encontrado.
37 Considere o íntegro, observe o justo; há futuro[a] para o
homem de paz.
38 Mas todos os rebeldes serão destruídos; futuro para os ím-
pios nunca haverá.
39 Do SENHOR vem a salvação dos justos; ele é a sua fortaleza
na hora da adversidade.
40 O SENHOR os ajuda e os livra; ele os livra dos ímpios e os salva,
porque nele se refugiam.

Salmo 38

Salmo davídico.

Uma petição.

1 SENHOR, não me repreendas no teu furor nem me disciplines
na tua ira.
2 Pois as tuas flechas me atravessaram, e a tua mão me atingiu.
3 Por causa de tua ira, todo o meu corpo está doente; não há
saúde nos meus ossos por causa do meu pecado.
4 As minhas culpas me afogam; são como um fardo pesado e
insuportável.
5 Minhas feridas cheiram mal e supuram por causa da minha
insensatez.
6 Estou encurvado e muitíssimo abatido; o dia todo saio va-
gueando e pranteando.
7 Estou ardendo em febre; todo o meu corpo está doente.
8 Sinto-me muito fraco e totalmente esmagado; meu coração
geme de angústia.
9 Senhor, diante de ti estão todos os meus anseios; o meu sus-
piro não te é oculto.
10 Meu coração palpita, as forças me faltam; até a luz dos meus
olhos se foi.
11 Meus amigos e companheiros me evitam por causa da doença
que me aflige; ficam longe de mim os meus vizinhos.
12 Os que desejam matar-me preparam armadilhas, os que me
querem prejudicar anunciam a minha ruína; passam o dia pla-
nejando traição.
13 Como um surdo, não ouço, como um mudo, não abro a boca.
14 Fiz-me como quem não ouve, e em cuja boca não há resposta.
15 SENHOR, em ti espero; tu me responderás, ó Senhor meu
Deus!
16 Pois eu disse: "Não permitas que eles se divirtam à minha
custa nem triunfem sobre mim quando eu tropeçar".
17 Estou a ponto de cair, e a minha dor está sempre comigo.
18 Confesso a minha culpa; em angústia estou por causa do
meu pecado.
19 Meus inimigos, porém, são muitos e poderosos; é grande o
número dos que me odeiam sem motivo.

[a] 37.37 Ou *haverá posteridade*; também no versículo 38.

20 Os que me retribuem o bem com o mal caluniam-me porque é o bem que procuro.

21 SENHOR, não me abandones! Não fiques longe de mim, ó meu Deus!

22 Apressa-te a ajudar-me, Senhor, meu Salvador!

Salmo 39

Para o mestre de música. Ao estilo de Jedutum. Salmo davídico.

1 Eu disse: Vigiarei a minha conduta e não pecarei em palavras; porei mordaça em minha boca enquanto os ímpios estiverem na minha presença.

2 Enquanto me calei resignado, e me contive inutilmente, minha angústia aumentou.

3 Meu coração ardia-me no peito e, enquanto eu meditava, o fogo aumentava; então comecei a dizer:

4 Mostra-me, SENHOR, o fim da minha vida e o número dos meus dias, para que eu saiba quão frágil sou.

5 Deste aos meus dias o comprimento de um palmo; a duração da minha vida é nada diante de ti. De fato, o homem não passa de um sopro.

Pausa

6 Sim, cada um vai e volta como a sombra. Em vão se agita, amontoando riqueza sem saber quem ficará com ela.

7 Mas agora, Senhor, que hei de esperar? Minha esperança está em ti.

8 Livra-me de todas as minhas transgressões; não faças de mim um objeto de zombaria dos tolos.

9 Estou calado! Não posso abrir a boca, pois tu mesmo fizeste isso.

10 Afasta de mim o teu açoite; fui vencido pelo golpe da tua mão.

11 Tu repreendes e disciplinas o homem por causa do seu pecado; como traça destróis o que ele mais valoriza; de fato, o homem não passa de um sopro.

Pausa

12 Ouve a minha oração, SENHOR; escuta o meu grito de socorro; não sejas indiferente ao meu lamento. Pois sou para ti um estrangeiro, como foram todos os meus antepassados.

13 Desvia de mim os teus olhos, para que eu volte a ter alegria, antes que eu me vá e deixe de existir.

Salmo 40

Para o mestre de música. Davídico. Um salmo.

1 Depositei toda a minha esperança no SENHOR; ele se inclinou para mim e ouviu o meu grito de socorro.

2 Ele me tirou de um poço de destruição, de um atoleiro de lama; pôs os meus pés sobre uma rocha e firmou-me num local seguro.

3 Pôs um novo cântico na minha boca, um hino de louvor ao nosso Deus. Muitos verão isso e temerão, e confiarão no SENHOR.

4 Como é feliz o homem que põe no SENHOR a sua confiança, e não vai atrás dos orgulhosos[a], dos que se afastam para seguir deuses falsos[b]!

5 SENHOR meu Deus! Quantas maravilhas tens feito! Não se pode relatar os planos que preparaste para nós! Eu queria proclamá-los e anunciá-los, mas são por demais numerosos!

6 Sacrifício e oferta não pediste, mas abriste os meus ouvidos[c]; holocaustos[d] e ofertas pelo pecado não exigiste.

7 Então eu disse: "Aqui estou!" No livro está escrito a meu respeito.

8 Tenho grande alegria em fazer a tua vontade, ó meu Deus; a tua lei está no fundo do meu coração.

9 Eu proclamo as novas de justiça na grande assembleia; como sabes, SENHOR, não fecho os meus lábios.

10 Não oculto no coração a tua justiça; falo da tua fidelidade e da tua salvação. Não escondo da grande assembleia a tua fidelidade e a tua verdade.

11 Não me negues a tua misericórdia, SENHOR; que o teu amor e a tua verdade sempre me protejam.

12 Pois incontáveis problemas me cercam, as minhas culpas me alcançaram e já não consigo ver. Mais numerosos são que os cabelos da minha cabeça, e o meu coração perdeu o ânimo.

13 Agrada-te, SENHOR, em libertar-me; apressa-te, SENHOR, a ajudar-me.

14 Sejam humilhados e frustrados todos os que procuram tirar-me a vida; retrocedam desprezados os que desejam a minha ruína.

15 Fiquem chocados com a sua própria desgraça os que zombam de mim.

16 Mas regozijem-se e alegrem-se em ti todos os que te buscam; digam sempre aqueles que amam a tua salvação: "Grande é o SENHOR!"

17 Quanto a mim, sou pobre e necessitado, mas o Senhor preocupa-se comigo. Tu és o meu socorro e o meu libertador; meu Deus, não te demores!

Salmo 41

Para o mestre de música. Salmo davídico.

1 Como é feliz aquele que se interessa pelo pobre! O SENHOR o livra em tempos de adversidade.

2 O SENHOR o protegerá e preservará a sua vida; ele o fará feliz na terra e não o entregará ao desejo dos seus inimigos.

3 O SENHOR o susterá em seu leito de enfermidade, e da doença o restaurará.

4 Eu disse: "Misericórdia, SENHOR! Cura-me, pois pequei contra ti".

5 Os meus inimigos dizem maldosamente a meu respeito: "Quando ele vai morrer? Quando vai desaparecer o seu nome?"

6 Sempre que alguém vem visitar-me, fala com falsidade, enche o coração de calúnias e depois as espalha por onde vai.

---

[a] 40.4 Ou *idólatras*

[b] 40.4 Ou *para a falsidade*

[c] 40.6 Ou *furaste as minhas orelhas*. A Septuaginta diz *mas tens preparado um corpo para mim*.

[d] 40.6 Isto é, sacrifícios totalmente queimados.

7 Todos os que me odeiam juntam-se e cochicham contra mim,
imaginando que o pior me acontecerá:
8 "Uma praga terrível o derrubou; está de cama e jamais se
levantará".
9 Até o meu melhor amigo, em quem eu confiava e que parti-
lhava do meu pão, voltou-se[a] contra mim.
10 Mas, tu, SENHOR, tem misericórdia de mim; levanta-me, para
que eu lhes retribua.
11 Sei que me queres bem, pois o meu inimigo não triunfa sobre
mim.
12 Por causa da minha integridade me sustêns e me pões na tua
presença para sempre.
13 Louvado seja o SENHOR, o Deus de Israel, de eternidade a
eternidade! Amém e amém!

SEGUNDO LIVRO

Salmo 42[b]

Para o mestre de música.
Um poema dos coraítas.

1 Como a corça anseia por águas correntes, a minha alma an-
seia por ti, ó Deus.
2 A minha alma tem sede de Deus, do Deus vivo. Quando po-
derei entrar para apresentar-me a Deus?
3 Minhas lágrimas têm sido o meu alimento de dia e de noite,
pois me perguntam o tempo todo: "Onde está o seu Deus?"
4 Quando me lembro dessas coisas, choro angustiado. Pois eu
costumava ir com a multidão, conduzindo a procissão à casa
de Deus, com cantos de alegria e de ação de graças em meio
à multidão que festejava.
5 Por que você está assim tão triste, ó minha alma? Por que está
assim tão perturbada dentro de mim? Ponha a sua esperança
em Deus! Pois ainda o louvarei; ele é o meu Salvador e 6 o meu
Deus[c]. A minha alma está profundamente triste; por isso de ti
me lembro desde a terra do Jordão, das alturas do Hermom,
desde o monte Mizar.
7 Abismo chama abismo ao rugir das tuas cachoeiras; todas as
tuas ondas e vagalhões se abateram sobre mim.
8 Conceda-me o SENHOR o seu fiel amor de dia; de noite esteja
comigo a sua canção. É a minha oração ao Deus que me dá
vida.
9 Direi a Deus, minha Rocha: "Por que te esqueceste de mim?
Por que devo sair vagueando e pranteando, oprimido pelo ini-
migo?"
10 Até os meus ossos sofrem agonia mortal quando os meus
adversários zombam de mim, perguntando-me o tempo todo:
"Onde está o seu Deus?"
11 Por que você está assim tão triste, ó minha alma? Por que
está assim tão perturbada dentro de mim? Ponha a sua espe-
rança em Deus! Pois ainda o louvarei; ele é o meu Salvador e
o meu Deus.

Salmo 43

1 Faze-me justiça, ó Deus, e defende a minha causa contra um
povo infiel; livra-me dos homens traidores e perversos.
2 Pois tu, ó Deus, és a minha fortaleza. Por que me rejeitaste?
Por que devo sair vagueando e pranteando, oprimido pelo ini-
migo?
3 Envia a tua luz e a tua verdade; elas me guiarão e me levarão
ao teu santo monte, ao lugar onde habitas.
4 Então irei ao altar de Deus, a Deus, a fonte da minha plena
alegria. Com a harpa te louvarei, ó Deus, meu Deus!
5 Por que você está assim tão triste, ó minha alma? Por que
está assim tão perturbada dentro de mim? Ponha a sua espe-
rança em Deus! Pois ainda o louvarei; ele é o meu Salvador e
o meu Deus.

Salmo 44

Para o mestre de música.
Dos coraítas. Um poema.

1 Com os nossos próprios ouvidos ouvimos, ó Deus; os nossos
antepassados nos contaram os feitos que realizaste no tempo
deles, nos dias da antiguidade.
2 Com a tua própria mão expulsaste as nações para estabelecer
os nossos antepassados; arruinaste povos e fizeste prosperar
os nossos antepassados.
3 Não foi pela espada que conquistaram a terra nem pela força
do seu braço que alcançaram a vitória; foi pela tua mão direita,
pelo teu braço e pela luz do teu rosto[d], por causa do teu amor
para com eles.
4 És tu, meu Rei e meu Deus![e] És tu que decretas vitórias para
Jacó!
5 Contigo pomos em fuga os nossos adversários; pelo teu nome
pisoteamos os que nos atacam.
6 Não confio em meu arco, minha espada não me concede a
vitória; 7 mas tu nos concedes a vitória sobre os nossos adver-
sários e humilhas os que nos odeiam.
8 Em Deus nos gloriamos o tempo todo, e louvaremos o teu
nome para sempre.

Pausa

9 Mas agora nos rejeitaste e nos humilhaste; já não sais com
os nossos exércitos.
10 Diante dos nossos adversários fizeste-nos bater em retirada,
e os que nos odeiam nos saquearam.
11 Tu nos entregaste para sermos devorados como ovelhas e nos
dispersaste entre as nações.
12 Vendeste o teu povo por uma ninharia, nada lucrando com
a sua venda.
13 Tu nos fizeste motivo de vergonha dos nossos vizinhos, objeto
de zombaria e menosprezo dos que nos rodeiam.

---

a **41.9** Hebraico: *levantou o calcanhar*.

b Os salmos 42 e 43 constituem um único poema em muitos manuscritos do Texto Massorético.

c **42.5,6** Conforme alguns manuscritos do Texto Massorético, a Septuaginta e a Versão Siríaca. A maioria dos manuscritos do Texto Massorético diz *louvarei por teu auxílio salvador. 6Ó meu Deus*.

d **44.3** Isto é, pela tua bondade.

e **44.4** Conforme a Septuaginta e a Versão Siríaca. O Texto Massorético diz *meu Rei, ó Deus!*

14 Fizeste de nós um provérbio entre as nações; os povos meneiam a cabeça quando nos veem.

15 Sofro humilhação o tempo todo, e o meu rosto está coberto de vergonha

16 por causa da zombaria dos que me censuram e me provocam, por causa do inimigo, que busca vingança.

17 Tudo isso aconteceu conosco, sem que nos tivéssemos esquecido de ti nem tivéssemos traído a tua aliança.

18 Nosso coração não voltou atrás nem os nossos pés se desviaram da tua vereda.

19 Todavia, tu nos esmagaste e fizeste de nós um covil de chacais, e de densas trevas nos cobriste.

20 Se tivéssemos esquecido o nome do nosso Deus e tivéssemos
estendido as nossas mãos a um deus estrangeiro,
21 Deus não
o teria descoberto? Pois ele conhece os segredos do coração!

22 Contudo, por amor de ti enfrentamos a morte todos os dias; somos considerados como ovelhas destinadas ao matadouro.

23 Desperta, Senhor! Por que dormes? Levanta-te! Não nos rejeites para sempre.

24 Por que escondes o teu rosto e esqueces o nosso sofrimento e a nossa aflição?

25 Fomos humilhados até o pó; nossos corpos se apegam ao chão.

26 Levanta-te! Socorre-nos! Resgata-nos por causa da tua fidelidade.

Salmo 45

Para o mestre de música. De acordo com a melodia *Os Lírios*. Dos coraítas. Poema. Cântico de casamento.

1 Com o coração vibrando de boas palavras recito os meus versos em honra ao rei; seja a minha língua como a pena de um hábil escritor.

2 És dos homens o mais notável; derramou-se graça em teus lábios, visto que Deus te abençoou para sempre.

3 Prende a espada à cintura, ó poderoso! Cobre-te de esplendor e majestade.

4 Na tua majestade cavalga vitoriosamente pela verdade, pela misericórdia e pela justiça; que a tua mão direita realize feitos gloriosos.

5 Tuas flechas afiadas atingem o coração dos inimigos do rei; debaixo dos teus pés caem nações.

6 O teu trono, ó Deus, subsiste para todo o sempre; cetro de justiça é o cetro do teu reino.

7 Amas a justiça e odeias a iniquidade; por isso Deus, o teu Deus, escolheu-te dentre os teus companheiros ungindo-te com óleo de alegria.

8 Todas as tuas vestes exalam aroma de mirra, aloés e cássia; nos palácios adornados de marfim ressoam os instrumentos de corda que te alegram.

9 Filhas de reis estão entre as mulheres da tua corte; à tua direita está a noiva real enfeitada de ouro puro de Ofir.

10 Ouça, ó filha, considere e incline os seus ouvidos: Esqueça o seu povo e a casa paterna.

11 O rei foi cativado pela sua beleza; honre-o, pois ele é o seu senhor.

12 A cidade[a] de Tiro trará[b] seus presentes; seus moradores mais ricos buscarão o seu favor.

13 Cheia de esplendor está a princesa em seus aposentos, com vestes enfeitadas de ouro.

14 Em roupas bordadas é conduzida ao rei, acompanhada de um cortejo de virgens; são levadas à tua presença.

15 Com alegria e exultação são conduzidas ao palácio do rei.

16 Os teus filhos ocuparão o trono dos teus pais; por toda a terra os farás príncipes.

17 Perpetuarei a tua lembrança por todas as gerações; por isso as nações te louvarão para todo o sempre.

Salmo 46

Para o mestre de música. Dos coraítas. Para vozes agudas. Um cântico.

1 Deus é o nosso refúgio e a nossa fortaleza, auxílio sempre presente na adversidade.

2 Por isso não temeremos, ainda que a terra trema e os montes
afundem no coração do mar,
3 ainda que estrondem as suas
águas turbulentas e os montes sejam sacudidos pela sua fúria.

Pausa

4 Há um rio cujos canais alegram a cidade de Deus, o Santo Lugar onde habita o Altíssimo.

5 Deus nela está! Não será abalada! Deus vem em seu auxílio desde o romper da manhã.

6 Nações se agitam, reinos se abalam; ele ergue a voz, e a terra se derrete.

7 O SENHOR dos Exércitos está conosco; o Deus de Jacó é a nossa torre segura.

Pausa

8 Venham! Vejam as obras do SENHOR, seus feitos estarrecedores na terra.

9 Ele dá fim às guerras até os confins da terra; quebra o arco e despedaça a lança; destrói os escudos[c] com fogo.

10 "Parem de lutar! Saibam que eu sou Deus! Serei exaltado entre as nações, serei exaltado na terra."

11 O SENHOR dos Exércitos está conosco; o Deus de Jacó é a nossa torre segura.

Pausa

Salmo 47

Para o mestre de música. Salmo dos coraítas.

1 Batam palmas, vocês, todos os povos; aclamem a Deus com cantos de alegria.

2 Pois o SENHOR Altíssimo é temível, é o grande Rei sobre toda a terra!

---

a 45.12 Hebraico: *filha*.

b 45.12 Ou *Um manto feito em Tiro está entre*

c 46.9 Ou *carros*

3Ele subjugou as nações ao nosso poder; os povos, colocou
debaixo de nossos pés
4e escolheu para nós a nossa herança, o orgulho de Jacó, a
quem amou.

Pausa

5Deus subiu em meio a gritos de alegria; o SENHOR, em meio
ao som de trombetas.
6Ofereçam música a Deus, cantem louvores! Ofereçam música
ao nosso Rei, cantem louvores!
7Pois Deus é o rei de toda a terra; cantem louvores com har-
monia e arte.
8Deus reina sobre as nações; Deus está assentado em seu
santo trono.
9Os soberanos das nações se juntam ao povo do Deus de
Abraão, pois os governantes[a] da terra pertencem a Deus; ele é
soberanamente exaltado.

Salmo 48

Um cântico.

Salmo dos coraítas.

1Grande é o SENHOR, e digno de todo louvor na cidade do nosso
Deus.
2Seu santo monte, belo e majestoso, é a alegria de toda a
terra. Como as alturas do Zafom[b] é o monte Sião, a cidade
do grande Rei.
3Nas suas cidadelas Deus se revela como sua proteção.
4Vejam! Os reis somaram forças, e juntos avançaram contra
ela.
5Quando a viram, ficaram atônitos, fugiram aterrorizados.
6Ali mesmo o pavor os dominou; contorceram-se como a mu-
lher no parto.
7Foste como o vento oriental quando destruiu os navios de
Társis.
8Como já temos ouvido, agora também temos visto na cidade
do SENHOR dos Exércitos, na cidade de nosso Deus: Deus a pre-
serva firme para sempre.

Pausa

9No teu templo, ó Deus, meditamos em teu amor leal.
10Como o teu nome, ó Deus, o teu louvor alcança os confins da
terra; a tua mão direita está cheia de justiça.
11O monte Sião se alegra, as cidades[c] de Judá exultam por
causa das tuas decisões justas.
12Percorram Sião, contornando-a, contem as suas torres, 13ob-
servem bem as suas muralhas, examinem as suas cidadelas,
para que vocês falem à próxima geração
14que este Deus é o nosso Deus para todo o sempre; ele será
o nosso guia até o fim[d].

Salmo 49

Para o mestre de música.

Salmo dos coraítas.

1Ouçam isto vocês, todos os povos; escutem, todos os que
vivem neste mundo, 2gente do povo, homens importantes,
ricos e pobres igualmente:
3A minha boca falará com sabedoria; a meditação do meu co-
ração trará entendimento.
4Inclinarei os meus ouvidos a um provérbio; com a harpa ex-
porei o meu enigma:
5Por que deverei temer, quando vierem dias maus, quando
inimigos traiçoeiros me cercarem, 6aqueles que confiam em
seus bens e se gabam de suas muitas riquezas?
7Homem algum pode redimir seu irmão ou pagar a Deus o
preço de sua vida, 8pois o resgate de uma vida não tem preço.
Não há pagamento que o livre 9para que viva para sempre e
não sofra decomposição.
10Pois todos podem ver que os sábios morrem, como perecem
o tolo e o insensato e para outros deixam os seus bens.
11Seus túmulos serão sua morada para sempre,[e] sua habitação
de geração em geração, ainda que tenham[f] dado seu nome
a terras.
12O homem, mesmo que muito importante, não vive para
sempre[g]; é como os animais, que perecem.
13Este é o destino dos que confiam em si mesmos, e dos seus
seguidores, que aprovam o que eles dizem.

Pausa

14Como ovelhas, estão destinados à sepultura[h], e a morte lhes
servirá de pastor. Pela manhã os justos triunfarão sobre eles!
A aparência deles se desfará na sepultura, longe das suas glo-
riosas mansões.
15Mas Deus redimirá a minha vida da sepultura e me levará
para si.

Pausa

16Não se aborreça quando alguém se enriquece e aumenta o
luxo de sua casa; 17pois nada levará consigo quando morrer;
não descerá com ele o seu esplendor.
18Embora em vida ele se parabenize: “Todos o elogiam, pois
você está prosperando”, 19ele se juntará aos seus antepas-
sados, que nunca mais verão a luz.
20O homem, mesmo que muito importante, não tem entendi-
mento; é como os animais, que perecem.

Salmo 50

Salmo da família de Asafe.

1Fala o SENHOR, o Deus supremo; convoca toda a terra, do nas-
cente ao poente.
2Desde Sião, perfeita em beleza, Deus resplandece.

---

a 47.9 Hebraico: *escudos*.
b 48.2 Zafom refere-se ou a um monte sagrado ou à direção norte.
c 48.11 Hebraico: *filhas*.
d 48.14 Ou *até à morte*

e 49.11 Conforme a Septuaginta e a Versão Siríaca. O Texto Massorético diz *Em seus pensamentos suas casas serão perpétuas*.
f 49.11 Ou *pois eles têm*
g 49.12 Conforme o Texto Massorético. A Septuaginta e a Versão Siríaca dizem *não tem entendimento*. Veja o versículo 20.
h 49.14 Hebraico: *Sheol*. Essa palavra também pode ser traduzida por profundezas, pó ou morte; também no final deste versículo e no versículo 15.

3 Nosso Deus vem! Certamente não ficará calado! À sua frente vai
um fogo devorador, e, ao seu redor, uma violenta tempestade.
4 Ele convoca os altos céus e a terra, para o julgamento do
seu povo:
5 "Ajuntem os que me são fiéis, que, mediante sacrifício, fi-
zeram aliança comigo".
6 E os céus proclamam a sua justiça, pois o próprio Deus é o juiz.
Pausa
7 "Ouça, meu povo, pois eu falarei; vou testemunhar contra
você, Israel, eu, que sou Deus, o seu Deus.
8 Não o acuso pelos seus sacrifícios, nem pelos holocaustos[a],
que você sempre me oferece.
9 Não tenho necessidade de nenhum novilho dos seus estábulos
nem dos bodes dos seus currais, 10 pois todos os animais da
floresta são meus, como são as cabeças de gado aos milhares
nas colinas.
11 Conheço todas as aves dos montes e cuido das criaturas do
campo.
12 Se eu tivesse fome, precisaria dizer a você? Pois o mundo é
meu, e tudo o que nele existe.
13 Acaso como carne de touros ou bebo sangue de bodes?
14 Ofereça a Deus em sacrifício a sua gratidão, cumpra os seus
votos para com o Altíssimo, 15 e clame a mim no dia da angústia;
eu o livrarei, e você me honrará."
16 Mas ao ímpio Deus diz:
"Que direito você tem de recitar as minhas leis ou de ficar
repetindo a minha aliança?
17 Pois você odeia a minha disciplina e dá as costas às minhas
palavras!
18 Você vê um ladrão e já se torna seu cúmplice, e com adúlteros
se mistura.
19 Sua boca está cheia de maldade e a sua língua formula a
fraude.
20 Deliberadamente você fala contra o seu irmão e calunia o
filho de sua própria mãe.
21 Ficaria eu calado diante de tudo o que você tem feito? Você
pensa que eu sou como você? Mas agora eu o acusarei direta-
mente, sem omitir coisa alguma.
22 "Considerem isto, vocês que se esquecem de Deus; caso con-
trário os despedaçarei, sem que ninguém os livre.
23 Quem me oferece sua gratidão como sacrifício honra-me,
e eu mostrarei a salvação de Deus ao que anda nos meus ca-
minhos".

Salmo 51
Para o mestre de música.
Salmo de Davi.
Escrito quando o profeta Natã
veio falar com Davi, depois que este
cometeu adultério com Bate-Seba.

1 Tem misericórdia de mim, ó Deus, por teu amor; por tua
grande compaixão apaga as minhas transgressões.
2 Lava-me de toda a minha culpa e purifica-me do meu pecado.
3 Pois eu mesmo reconheço as minhas transgressões, e o meu
pecado sempre me persegue.
4 Contra ti, só contra ti, pequei e fiz o que tu reprovas, de modo
que justa é a tua sentença e tens razão em condenar-me.
5 Sei que sou pecador desde que nasci; sim, desde que me
concebeu minha mãe.
6 Sei que desejas a verdade no íntimo; e no coração me ensinas
a sabedoria.
7 Purifica-me com hissopo, e ficarei puro; lava-me, e mais
branco do que a neve serei.
8 Faze-me ouvir de novo júbilo e alegria, e os ossos que esma-
gaste exultarão.
9 Esconde o rosto dos meus pecados e apaga todas as minhas
iniquidades.
10 Cria em mim um coração puro, ó Deus, e renova dentro de
mim um espírito estável.
11 Não me expulses da tua presença nem tires de mim o teu
Santo Espírito.
12 Devolve-me a alegria da tua salvação e sustenta-me com um
espírito pronto a obedecer.
13 Então ensinarei os teus caminhos aos transgressores, para
que os pecadores se voltem para ti.
14 Livra-me da culpa dos crimes de sangue, ó Deus, Deus da
minha salvação! E a minha língua aclamará a tua justiça.
15 Ó Senhor, dá palavras aos meus lábios, e a minha boca anun-
ciará o teu louvor.
16 Não te deleitas em sacrifícios nem te agradas em holo-
caustos, senão eu os traria.
17 Os sacrifícios que agradam a Deus são um espírito quebrantado;
um coração quebrantado e contrito, ó Deus, não desprezarás.
18 Por tua boa vontade faze Sião prosperar; ergue os muros
de Jerusalém.
19 Então te agradarás dos sacrifícios sinceros, das ofertas quei-
madas e dos holocaustos; e novilhos serão oferecidos sobre
o teu altar.

Salmo 52
Para o mestre de música.
Poema de Davi, quando o edomita Doegue
foi a Saul e lhe contou:
"Davi foi à casa de Aimeleque".

1 Por que você se vangloria do mal e de ultrajar a Deus conti-
nuamente?[b], ó homem poderoso!
2 Sua língua trama destruição; é como navalha afiada, cheia
de engano.
3 Você prefere o mal ao bem; a falsidade, à verdade.
Pausa
4 Você ama toda palavra maldosa, ó língua mentirosa!
5 Saiba que Deus o arruinará para sempre: ele o agarrará e o
arrancará da sua tenda; ele o desarraigará da terra dos vivos.
Pausa

[a] 50.8 Isto é, sacrifícios totalmente queimados; também em 51.16.

[b] 52.1 *Ou se a fidelidade de Deus dura para sempre?*

[6]Os justos verão isso e temerão; rirão dele, dizendo:
[7]"Veja só o homem que rejeitou a Deus como refúgio; confiou
em sua grande riqueza e buscou refúgio em sua maldade!"
[8]Mas eu sou como uma oliveira que floresce na casa de Deus;
confio no amor de Deus para todo o sempre.
[9]Para sempre te louvarei pelo que fizeste; na presença dos teus
fiéis proclamarei o teu nome, porque tu és bom.

Salmo 53

Para o mestre de música.
De acordo com *mahalath*[a].
Poema davídico.

[1]Diz o tolo em seu coração: "Deus não existe!" Corrompe-
ram-se e cometeram injustiças detestáveis; não há ninguém
que faça o bem.
[2]Deus olha lá dos céus para os filhos dos homens, para ver
se há alguém que tenha entendimento, alguém que busque
a Deus.
[3]Todos se desviaram, igualmente se corromperam; não há nin-
guém que faça o bem; nem um sequer.
[4]Será que os malfeitores não aprendem? Eles devoram o meu
povo como quem come pão e não clamam a Deus!
[5]Olhem! Estão tomados de pavor, quando não existe motivo
algum para temer! Pois foi Deus quem espalhou os ossos dos
que atacaram você; você os humilhou porque Deus os rejeitou.
[6]Ah, se de Sião viesse a salvação para Israel! Quando Deus
restaurar[b] o seu povo, Jacó exultará! Israel se regozijará!

Salmo 54

Para o mestre de música.
Com instrumentos de cordas.
Poema de Davi, quando os zifeus
foram a Saul e disseram:
"Acaso Davi não está se escondendo entre nós?"

[1]Salva-me, ó Deus, pelo teu nome; defende-me pelo teu poder.
[2]Ouve a minha oração, ó Deus; escuta as minhas palavras.
[3]Estrangeiros[c] me atacam; homens cruéis querem matar-me,
homens que não se importam com Deus.

Pausa

[4]Certamente Deus é o meu auxílio; é o Senhor que me sustém.
[5]Recaia o mal sobre os meus inimigos! Extermina-os por tua
fidelidade!
[6]Eu te oferecerei um sacrifício voluntário; louvarei o teu nome,
ó SENHOR, porque tu és bom.
[7]Pois ele me livrou de todas as minhas angústias, e os meus
olhos contemplaram a derrota dos meus inimigos.

Salmo 55

Para o mestre de música.
Com instrumentos de cordas.
Poema davídico.

[1]Escuta a minha oração, ó Deus, não ignores a minha súplica;
[2]ouve-me e responde-me! Os meus pensamentos me per-
turbam, e estou atordoado
[3]diante do barulho do inimigo, diante da gritaria[d] dos ímpios;
pois eles aumentam o meu sofrimento e, irados, mostram seu
rancor.
[4]O meu coração está acelerado; os pavores da morte me as-
saltam.
[5]Temor e tremor me dominam; o medo tomou conta de mim.
[6]Então eu disse: Quem dera eu tivesse asas como a pomba;
voaria até encontrar repouso!
[7]Sim, eu fugiria para bem longe, e no deserto eu teria o meu
abrigo.

Pausa

[8]Eu me apressaria em achar refúgio longe do vendaval e da
tempestade.
[9]Destrói os ímpios, Senhor, confunde a língua deles, pois vejo
violência e brigas na cidade.
[10]Dia e noite eles rondam por seus muros; nela permeiam o
crime e a maldade.
[11]A destruição impera na cidade; a opressão e a fraude jamais
deixam suas ruas.
[12]Se um inimigo me insultasse, eu poderia suportar; se um
adversário se levantasse contra mim, eu poderia defender-me;
[13]mas logo você, meu colega, meu companheiro, meu amigo
chegado, [14]você, com quem eu partilhava agradável comunhão
enquanto íamos com a multidão festiva para a casa de Deus!
[15]Que a morte apanhe os meus inimigos de surpresa! Desçam
eles vivos para a sepultura[e], pois entre eles o mal acha guarida.
[16]Eu, porém, clamo a Deus, e o SENHOR me salvará.
[17]À tarde, pela manhã e ao meio-dia choro angustiado, e ele
ouve a minha voz.
[18]Ele me guarda ileso na batalha, sendo muitos os que estão
contra mim.
[19]Deus, que reina desde a eternidade, me ouvirá e os castigará.

Pausa

Pois jamais mudam sua conduta e não têm temor de Deus.
[20]Aquele homem se voltou contra os seus aliados, violando
o seu acordo.
[21]Macia como manteiga é a sua fala, mas a guerra está no seu
coração; suas palavras são mais suaves que o óleo, mas são
afiadas como punhais.
[22]Entregue suas preocupações ao SENHOR, e ele o susterá; ja-
mais permitirá que o justo venha a cair.
[23]Mas tu, ó Deus, farás descer à cova da destruição aqueles
assassinos e traidores, os quais não viverão a metade dos seus
dias. Quanto a mim, porém, confio em ti.

---

a Título: Possivelmente uma melodia solene.
b **53.6** Ou *trouxer de volta os cativos do seu*
c **54.3** Alguns manuscritos do Texto Massorético dizem *Arrogantes*.
d **55.3** Ou *opressão*
e **55.15** Hebraico: *Sheol*. Essa palavra também pode ser traduzida por profundezas, pó ou morte.

Salmo 56

Para o mestre de música.
De acordo com a melodia
Uma Pomba em Carvalhos Distantes.
Poema epigráfico davídico.
Quando os filisteus prenderam Davi em Gate.

1 Tem misericórdia de mim, ó Deus, pois os homens me pres-
sionam; o tempo todo me atacam e me oprimem.
2 Os meus inimigos pressionam-me sem parar; muitos ata-
cam-me arrogantemente.
3 Mas eu, quando estiver com medo, confiarei em ti.
4 Em Deus, cuja palavra eu louvo, em Deus eu confio e não
temerei. Que poderá fazer-me o simples mortal?
5 O tempo todo eles distorcem as minhas palavras; estão
sempre tramando prejudicar-me.
6 Conspiram, ficam à espreita, vigiam os meus passos, na es-
perança de tirar-me a vida.
7 Deixarás escapar essa gente tão perversa?[a] Na tua ira, ó Deus,
derruba as nações.
8 Registra, tu mesmo, o meu lamento; recolhe as minhas lá-
grimas em teu odre; acaso não estão anotadas em teu livro?
9 Os meus inimigos retrocederão, quando eu clamar por so-
corro. Com isso saberei que Deus está a meu favor.
10 Confio em Deus, cuja palavra louvo, no SENHOR, cuja palavra
louvo, 11 em Deus eu confio e não temerei. Que poderá fazer-me
o homem?
12 Cumprirei os votos que te fiz, ó Deus; a ti apresentarei minhas
ofertas de gratidão.
13 Pois me livraste da morte e aos meus pés de tropeçar, para
que eu ande diante de Deus na luz que ilumina os vivos.

Salmo 57

Para o mestre de música.
De acordo com a melodia *Não Destruas.*
Poema epigráfico davídico.
Quando Davi fugiu de Saul para a caverna.

1 Misericórdia, ó Deus; misericórdia, pois em ti a minha alma
se refugia. Eu me refugiarei à sombra das tuas asas, até que
passe o perigo.
2 Clamo ao Deus Altíssimo, a Deus, que para comigo cumpre
o seu propósito.
3 Dos céus ele me envia a salvação, põe em fuga os que me
perseguem de perto;

Pausa

Deus envia o seu amor e a sua fidelidade.
4 Estou em meio a leões, ávidos para devorar; seus dentes são
lanças e flechas, sua língua é espada afiada.
5 Sê exaltado, ó Deus, acima dos céus! Sobre toda a terra esteja
a tua glória!
6 Preparam armadilhas para os meus pés; fiquei muito abatido.
Abriram uma cova no meu caminho, mas foram eles que nela
caíram.

Pausa

7 Meu coração está firme, ó Deus, meu coração está firme; can-
tarei ao som de instrumentos!
8 Acorde, minha alma! Acordem, harpa e lira! Vou despertar
a alvorada!
9 Eu te louvarei, ó Senhor, entre as nações; cantarei teus lou-
vores entre os povos.
10 Pois o teu amor é tão grande que alcança os céus; a tua
fidelidade vai até as nuvens.
11 Sê exaltado, ó Deus, acima dos céus! Sobre toda a terra es-
teja a tua glória!

Salmo 58

Para o mestre de música.
De acordo com a melodia *Não Destruas.*
Davídico. Poema epigráfico.

1 Será que vocês, poderosos[b], falam de fato com justiça? Será
que vocês, homens, julgam retamente?
2 Não! No coração vocês tramam a injustiça, e na terra as suas
mãos espalham a violência.
3 Os ímpios erram o caminho desde o ventre; desviam-se os
mentirosos desde que nascem.
4 Seu veneno é como veneno de serpente; tapam os ouvidos,
como a cobra que se faz de surda 5 para não ouvir a música
dos encantadores, que fazem encantamentos com tanta ha-
bilidade.
6 Quebra os dentes deles, ó Deus; arranca, SENHOR, as presas
desses leões!
7 Desapareçam como a água que escorre! Quando empunharem
o arco, caiam sem força as suas flechas![c]
8 Sejam como a lesma que se derrete pelo caminho; como feto
abortado, não vejam eles o sol!
9 Os ímpios serão varridos antes que as suas panelas sintam o
calor da lenha[d], esteja ela verde ou seca.
10 Os justos se alegrarão quando forem vingados, quando ba-
nharem seus pés no sangue dos ímpios.
11 Então os homens comentarão: "De fato os justos têm a sua
recompensa; com certeza há um Deus que faz justiça na terra".

Salmo 59

Para o mestre de música.
De acordo com a melodia *Não Destruas.*
Poema epigráfico davídico,
quando Saul enviou homens
para vigiar a casa de Davi a fim de matá-lo.

1 Livra-me dos meus inimigos, ó Deus; põe-me fora do alcance
dos meus agressores.
2 Livra-me dos que praticam o mal e salva-me dos assassinos.
3 Vê como ficam à minha espreita! Homens cruéis conspiram
contra mim, sem que eu tenha cometido qualquer delito ou
pecado, ó SENHOR.

---

[a] **56.7** Ou *Rejeita-os por causa de sua maldade;*

[b] **58.1** Ou *deuses*

[c] **58.7** Ou *murchem como a erva que é pisada!*

[d] **58.9** Hebraico: *dos espinhos.*

[4]Mesmo eu não tendo culpa de nada, eles se preparam às
pressas para atacar-me. Levanta-te para ajudar-me; olha para
a situação em que me encontro!
[5]Ó SENHOR, Deus dos Exércitos, ó Deus de Israel! Desperta para
castigar todas as nações; não tenhas misericórdia dos traidores
perversos.

Pausa

[6]Eles voltam ao cair da tarde, rosnando como cães e rondando
a cidade.
[7]Vê que ameaças saem de sua boca; seus lábios são como
espadas e dizem: "Quem nos ouvirá?"
[8]Mas tu, SENHOR, vais rir deles; caçoarás de todas aquelas
nações.
[9]Ó tu, minha força, por ti vou aguardar; tu, ó Deus, és o meu
alto refúgio.
[10]O meu Deus fiel virá ao meu encontro e permitirá que eu
triunfe sobre os meus inimigos.
[11]Mas não os mates, ó Senhor, nosso escudo, se não, o meu
povo o esquecerá. Em teu poder faze-os vaguear, e abate-os.
[12]Pelos pecados de sua boca, pelas palavras de seus lábios,
sejam apanhados em seu orgulho. Pelas maldições e mentiras
que pronunciam, [13]consome-os em tua ira, consome-os até
que não mais existam. Então se saberá até os confins da terra
que Deus governa Jacó.

Pausa

[14]Eles voltam ao cair da tarde, rosnando como cães e rondando
a cidade.
[15]À procura de comida perambulam e, se não ficam satisfeitos,
uivam.
[16]Mas eu cantarei louvores à tua força; de manhã louvarei a
tua fidelidade, pois tu és o meu alto refúgio, abrigo seguro
nos tempos difíceis.
[17]Ó minha força, canto louvores a ti; tu és, ó Deus, o meu alto
refúgio, o Deus que me ama.

Salmo 60

**Para o mestre de música.
De acordo com a melodia *O Lírio da Aliança*.
Didático. Poema epigráfico davídico.
Quando Davi combateu Arã Naaraim[a]
e Arã Zobá[b], e quando Joabe voltou e feriu
doze mil edomitas no vale do Sal.**

[1]Tu nos rejeitaste e dispersaste, ó Deus; tu derramaste a tua
ira; restaura-nos agora!
[2]Sacudiste a terra e abriste-lhe fendas; repara suas brechas,
pois ameaça desmoronar-se.
[3]Fizeste passar o teu povo por tempos difíceis; deste-nos um
vinho estonteante.
[4]Mas aos que te temem deste um sinal para que fugissem das
flechas.

Pausa

[5]Salva-nos com a tua mão direita e responde-nos, para que
sejam libertos aqueles a quem amas.
[6]Do seu santuário[c] Deus falou: "No meu triunfo dividirei Siquém
e repartirei o vale de Sucote.
[7]Gileade é minha, Manassés também; Efraim é o meu capa-
cete, Judá é o meu cetro.
[8]Moabe é a pia em que me lavo, em Edom atiro a minha san-
dália; sobre a Filístia dou meu brado de vitória!"
[9]Quem me levará à cidade fortificada? Quem me guiará a
Edom?
[10]Não foste tu, ó Deus, que nos rejeitaste e deixaste de sair
com os nossos exércitos?
[11]Dá-nos ajuda contra os adversários, pois inútil é o socorro
do homem.
[12]Com Deus conquistaremos a vitória, e ele pisoteará os nossos
adversários.

Salmo 61

**Para o mestre de música.
Com instrumentos de cordas. Davídico.**

[1]Ouve o meu clamor, ó Deus; atenta para a minha oração.
[2]Desde os confins da terra eu clamo a ti com o coração abatido;
põe-me a salvo na rocha mais alta do que eu.
[3]Pois tu tens sido o meu refúgio, uma torre forte contra o inimigo.
[4]Para sempre anseio habitar na tua tenda e refugiar-me no
abrigo das tuas asas.

Pausa

[5]Pois ouviste os meus votos, ó Deus; deste-me a herança que
concedes aos que temem o teu nome.
[6]Prolonga os dias do rei, por muitas gerações os seus anos
de vida.
[7]Para sempre esteja ele em seu trono, diante de Deus; envia o
teu amor e a tua fidelidade para protegê-lo.
[8]Então sempre cantarei louvores ao teu nome, cumprindo os
meus votos cada dia.

Salmo 62

**Para o mestre de música.
Ao estilo de Jedutum. Salmo davídico.**

[1]A minha alma descansa somente em Deus; dele vem a minha
salvação.
[2]Somente ele é a rocha que me salva; ele é a minha torre
segura! Jamais serei abalado!
[3]Até quando todos vocês atacarão um homem que está como
um muro inclinado, como uma cerca prestes a cair?
[4]Todo o propósito deles é derrubá-lo de sua posição elevada;
eles se deliciam com mentiras. Com a boca abençoam, mas no
íntimo amaldiçoam.

Pausa

[5]Descanse somente em Deus, ó minha alma; dele vem a minha
esperança.
[6]Somente ele é a rocha que me salva; ele é a minha torre alta!
Não serei abalado!
[7]A minha salvação e a minha honra de Deus dependem; ele é a
minha rocha firme, o meu refúgio.

---

a Título: Isto é, os arameus do nordeste da Mesopotâmia.
b Título: Isto é, os arameus da Síria central.
c **60.6** Ou *Na sua santidade*

8 Confie nele em todos os momentos, ó povo; derrame diante
dele o coração, pois ele é o nosso refúgio.
Pausa
9 Os homens de origem humilde não passam de um sopro, os
de origem importante não passam de mentira; pesados na ba-
lança, juntos não chegam ao peso de um sopro.
10 Não confiem na extorsão nem ponham a esperança em bens
roubados; se as suas riquezas aumentam, não ponham nelas
o coração.
11 Uma vez Deus falou, duas vezes eu ouvi, que o poder per-
tence a Deus.
12 Contigo também, Senhor, está a fidelidade. É certo que retri-
buirás a cada um conforme o seu procedimento.

Salmo 63
Salmo de Davi, quando ele estava no deserto de Judá.

1 Ó Deus, tu és o meu Deus, eu te busco intensamente; a minha
alma tem sede de ti! Todo o meu ser anseia por ti, numa terra
seca, exausta e sem água.
2 Quero contemplar-te no santuário e avistar o teu poder e a
tua glória.
3 O teu amor é melhor do que a vida! Por isso os meus lábios
te exaltarão.
4 Enquanto eu viver te bendirei, e em teu nome levantarei as
minhas mãos.
5 A minha alma ficará satisfeita como quando tem rico ban-
quete; com lábios jubilosos a minha boca te louvará.
6 Quando me deito, lembro-me de ti; penso em ti durante as
vigílias da noite.
7 Porque és a minha ajuda, canto de alegria à sombra das tuas
asas.
8 A minha alma apega-se a ti; a tua mão direita me sustém.
9 Aqueles, porém, que querem matar-me serão destruídos;
descerão às profundezas da terra.
10 Serão entregues à espada e devorados por chacais.
11 Mas o rei se alegrará em Deus; todos os que juram pelo nome
de Deus o louvarão, mas a boca dos mentirosos será tapada.

Salmo 64
Para o mestre de música. Salmo davídico.

1 Ouve-me, ó Deus, quando faço a minha queixa; protege a
minha vida do inimigo ameaçador.
2 Defende-me da conspiração dos ímpios e da ruidosa multidão
de malfeitores.
3 Eles afiam a língua como espada e apontam, como flechas,
palavras envenenadas.
4 De onde estão emboscados atiram no homem íntegro; atiram
de surpresa, sem nenhum temor.
5 Animam-se uns aos outros com planos malignos, combinam
como ocultar as suas armadilhas, e dizem: "Quem as[a] verá?"
6 Tramam a injustiça e dizem: "Fizemos[b] um plano perfeito!" A
mente e o coração de cada um deles o escondem![c]
7 Mas Deus atirará neles suas flechas; repentinamente serão
atingidos.
8 Pelas próprias palavras farão cair uns aos outros; menearão a
cabeça e zombarão deles todos os que os virem.
9 Todos os homens temerão e proclamarão as obras de Deus,
refletindo no que ele fez.
10 Alegrem-se os justos no SENHOR e nele busquem refúgio; con-
gratulem-se todos os retos de coração!

Salmo 65
Para o mestre de música. Salmo davídico. Um cântico.

1 O louvor te aguarda[d] em Sião, ó Deus; os votos que te fizemos
serão cumpridos.
2 Ó tu que ouves a oração, a ti virão todos os homens.
3 Quando os nossos pecados pesavam sobre nós, tu mesmo
fizeste propiciação por nossas transgressões.
4 Como são felizes aqueles que escolhes e trazes a ti para que
vivam nos teus átrios! Transbordamos de bênçãos da tua casa,
do teu santo templo!
5 Tu nos respondes com temíveis feitos de justiça, ó Deus, nosso
Salvador, esperança de todos os confins da terra e dos mais
distantes mares.
6 Tu que firmaste os montes pela tua força, pelo teu grande
poder.
7 Tu que acalmas o bramido dos mares, o bramido de suas
ondas, e o tumulto das nações.
8 Tremem os habitantes das terras distantes diante das tuas
maravilhas; do nascente ao poente despertas canções de ale-
gria.
9 Cuidas da terra e a regas; fartamente a enriqueces. Os riachos
de Deus transbordam para que nunca falte o trigo, pois assim
ordenaste.[e]
10 Encharcas os seus sulcos e aplainas os seus torrões; tu a
amoleces com chuvas e abençoas as suas colheitas.
11 Coroas o ano com a tua bondade, e por onde passas emana
fartura; 12 fartura vertem as pastagens do deserto, e as colinas
se vestem de alegria.
13 Os campos se revestem de rebanhos, e os vales se cobrem de
trigo; eles exultam e cantam de alegria!

Salmo 66
Para o mestre de música. Um cântico. Um salmo.

1 Aclamem a Deus, povos de toda terra!
2 Cantem louvores ao seu glorioso nome; louvem-no gloriosa-
mente!
3 Digam a Deus: "Quão temíveis são os teus feitos! Tão grande é
o teu poder que os teus inimigos rastejam diante de ti!

a 64.5 Ou *nos*

b 64.6 Ou *Eles ocultam*

c 64.6 Ou *Ninguém nos descobrirá!*

d 65.1 Ou *O louvor é apropriado a ti*

e 65.9 Ou *pois é assim que preparas a terra.*

4 Toda a terra te adora e canta louvores a ti, canta louvores
ao teu nome".
Pausa
5 Venham e vejam o que Deus tem feito; como são impressio-
nantes as suas obras em favor dos homens!
6 Ele transformou o mar em terra seca, e o povo atravessou as
águas[a] a pé; e ali nos alegramos nele.[b]
7 Ele governa para sempre com o seu poder, seus olhos vigiam
as nações; que os rebeldes não se levantem contra ele!
Pausa
8 Bendigam o nosso Deus, ó povos, façam ressoar o som do seu
louvor; 9 foi ele quem preservou a nossa vida impedindo que os
nossos pés escorregassem.
10 Pois tu, ó Deus, nos submeteste à prova e nos refinaste como
a prata.
11 Fizeste-nos cair numa armadilha e sobre nossas costas pu-
seste fardos.
12 Deixaste que os inimigos cavalgassem sobre a nossa cabeça;
passamos pelo fogo e pela água, mas a um lugar de fartura[c]
nos trouxeste.
13 Para o teu templo virei com holocaustos[d] e cumprirei os meus
votos para contigo, 14 votos que os meus lábios fizeram e a
minha boca falou quando eu estava em dificuldade.
15 Oferecerei a ti animais gordos em holocausto; sacrificarei
carneiros, cuja fumaça subirá a ti, e também novilhos e ca-
britos.
Pausa
16 Venham e ouçam, todos vocês que temem a Deus; vou con-
tar-lhes o que ele fez por mim.
17 A ele clamei com os lábios; com a língua o exaltei.
18 Se eu acalentasse o pecado no coração, o Senhor não me
ouviria; 19 mas Deus me ouviu, deu atenção à oração que lhe
dirigi.
20 Louvado seja Deus, que não rejeitou a minha oração nem
afastou de mim o seu amor!

Salmo 67

Para o mestre de música. Com instrumentos de cordas. Um salmo. Um cântico.

1 Que Deus tenha misericórdia de nós e nos abençoe, e faça
resplandecer o seu rosto sobre nós[e],
Pausa
2 para que sejam conhecidos na terra os teus caminhos, ó Deus,
a tua salvação entre todas as nações.
3 Louvem-te os povos, ó Deus; louvem-te todos os povos.
4 Exultem e cantem de alegria as nações, pois governas os
povos com justiça e guias as nações na terra.
Pausa
5 Louvem-te os povos, ó Deus; louvem-te todos os povos.
6 Que a terra dê a sua colheita, e Deus, o nosso Deus, nos
abençoe!
7 Que Deus nos abençoe, e o temam todos os confins da terra.

Salmo 68

Para o mestre de música. Davídico. Um salmo. Um cântico.

1 Que Deus se levante! Sejam espalhados os seus inimigos,
fujam dele os seus adversários.
2 Que tu os dissipes assim como o vento leva a fumaça; como a
cera se derrete na presença do fogo, assim pereçam os ímpios
na presença de Deus.
3 Alegrem-se, porém, os justos! Exultem diante de Deus! Rego-
zijem-se com grande alegria!
4 Cantem a Deus, louvem o seu nome, exaltem aquele que ca-
valga sobre as nuvens;[f] seu nome é SENHOR! Exultem diante
dele!
5 Pai para os órfãos e defensor das viúvas é Deus em sua santa
habitação.
6 Deus dá um lar aos solitários, liberta os presos para a prospe-
ridade, mas os rebeldes vivem em terra árida.
7 Quando saíste à frente do teu povo, ó Deus, quando marchaste
pelo ermo,
Pausa
8 a terra tremeu, o céu derramou chuva diante de Deus, o Deus
do Sinai; diante de Deus, o Deus de Israel.
9 Deste chuvas generosas, ó Deus; refrescaste a tua herança
exausta.
10 O teu povo nela se instalou, e da tua bondade, ó Deus, su-
priste os pobres.
11 O Senhor anunciou a palavra, e muitos mensageiros a pro-
clamavam:
12 "Reis e exércitos fogem em debandada; a dona de casa re-
parte os despojos.[g]
13 Mesmo quando vocês dormem entre as fogueiras do acam-
pamento[h], as asas da minha pomba estão recobertas de prata;
as suas penas, de ouro reluzente".
14 Quando o Todo-poderoso espalhou os reis, foi como neve
no monte Zalmom.
15 Os montes de Basã são majestosos; escarpados são os
montes de Basã.
16 Por que, ó montes escarpados, estão com inveja do monte
que Deus escolheu para sua habitação, onde o próprio SENHOR
habitará para sempre?
17 Os carros de Deus são incontáveis, são milhares de milhares;
neles o Senhor veio do Sinai para o seu Lugar Santo.
18 Quando subiste em triunfo às alturas, ó SENHOR Deus, levaste
cativos muitos prisioneiros; recebeste homens como dádivas,
até mesmo rebeldes, para estabeleceres morada.[i]

---

[a] **66.6** Ou *o rio*
[b] **66.6** Ou *venham, alegremo-nos nele.*
[c] **66.12** Algumas versões antigas dizem *de repouso.*
[d] **66.13** Isto é, sacrifícios totalmente queimados; também no versículo 15.
[e] **67.1** Isto é, mostre-nos a sua bondade.
[f] **68.4** Ou *preparem o caminho para aquele que cavalga pelos desertos;*
[g] **68.12** Ou *as belas mulheres do palácio são repartidas como despojo.*
[h] **68.13** Ou *os alforjes*
[i] **68.18** Ou *dádivas dentre os homens, até dos que se rebelaram contra a tua habitação.*

19 Bendito seja o Senhor, Deus, nosso Salvador, que cada dia
suporta as nossas cargas.
Pausa
20 O nosso Deus é um Deus que salva; ele é o Soberano, ele é o
SENHOR que nos livra da morte.
21 Certamente Deus esmagará a cabeça dos seus inimigos, o
crânio cabeludo dos que persistem em seus pecados.
22 “Eu os trarei de Basã”, diz o Senhor, “eu os trarei das
profundezas do mar, 23 para que você encharque os pés no
sangue dos inimigos, sangue do qual a língua dos cães terá
a sua porção.”
24 Já se vê a tua marcha triunfal, ó Deus, a marcha do meu Deus
e Rei adentrando o santuário.
25 À frente estão os cantores, depois os músicos; com eles vão
as jovens tocando tamborins.
26 Bendigam a Deus na grande congregação! Bendigam o SE-
NHOR, descendentes[a] de Israel!
27 Ali está a pequena tribo de Benjamim, a conduzi-los, os prín-
cipes de Judá acompanhados de suas tropas, e os príncipes de
Zebulom e Naftali.
28 A favor de vocês, manifeste Deus o seu poder![b] Mostra, ó
Deus, o poder que já tens operado para conosco.
29 Por causa do teu templo em Jerusalém, reis te trarão pre-
sentes.
30 Repreende a fera entre os juncos, a manada de touros entre
os bezerros das nações. Humilhados, tragam barras de prata.
Espalha as nações que têm prazer na guerra.
31 Ricos tecidos[c] venham do Egito; a Etiópia corra para Deus
de mãos cheias.
32 Cantem a Deus, reinos da terra, louvem o Senhor,
Pausa
33 aquele que cavalga os céus, os antigos céus. Escutem! Ele
troveja com voz poderosa.
34 Proclamem o poder de Deus! Sua majestade está sobre Is-
rael, seu poder está nas altas nuvens.
35 Tu és temível no teu santuário, ó Deus; é o Deus de Israel que
dá poder e força ao seu povo. Bendito seja Deus!

Salmo 69

Para o mestre de música.
De acordo com a melodia *Lírios*.
Davídico.

1 Salva-me, ó Deus!, pois as águas subiram até o meu pescoço.
2 Nas profundezas lamacentas eu me afundo; não tenho onde
firmar os pés. Entrei em águas profundas; as correntezas me
arrastam.
3 Cansei-me de pedir socorro; minha garganta se abrasa. Meus
olhos fraquejam de tanto esperar pelo meu Deus.
4 Os que sem razão me odeiam são mais do que os fios de ca-
belo da minha cabeça; muitos são os que me prejudicam sem
motivo; muitos, os que procuram destruir-me. Sou forçado a
devolver o que não roubei.
5 Tu bem sabes como fui insensato, ó Deus; a minha culpa não
te é encoberta.
6 Não se decepcionem por minha causa aqueles que esperam
em ti, ó Senhor, SENHOR dos Exércitos! Não se frustrem por
minha causa os que te buscam, ó Deus de Israel!
7 Pois por amor a ti suporto zombaria, e a vergonha cobre-me
o rosto.
8 Sou um estrangeiro para os meus irmãos, um estranho até
para os filhos da minha mãe; 9 pois o zelo pela tua casa me con-
some, e os insultos daqueles que te insultam caem sobre mim.
10 Até quando choro e jejuo, tenho que suportar zombaria;
11 quando ponho vestes de lamento, sou objeto de chacota.
12 Os que se ajuntam na praça falam de mim, e sou a canção
dos bêbados.
13 Mas eu, SENHOR, no tempo oportuno, elevo a ti minha oração;
responde-me, por teu grande amor, ó Deus, com a tua salvação
infalível!
14 Tira-me do atoleiro, não me deixes afundar; liberta-me dos
que me odeiam e das águas profundas.
15 Não permitas que as correntezas me arrastem nem que as
profundezas me engulam, nem que a cova feche sobre mim
a sua boca!
16 Responde-me, SENHOR, pela bondade do teu amor; por tua
grande misericórdia, volta-te para mim.
17 Não escondas do teu servo a tua face; responde-me de-
pressa, pois estou em perigo.
18 Aproxima-te e resgata-me; livra-me por causa dos meus
inimigos.
19 Tu bem sabes como sofro zombaria, humilhação e vergonha;
conheces todos os meus adversários.
20 A zombaria partiu-me o coração; estou em desespero! Supli-
quei por socorro, nada recebi; por consoladores, e a ninguém
encontrei.
21 Puseram fel na minha comida e para matar-me a sede de-
ram-me vinagre.
22 Que a mesa deles se lhes transforme em laço; torne-se re-
tribuição e[d] armadilha.
23 Que se lhe escureçam os olhos para que não consigam ver;
faze-lhes tremer o corpo sem parar.
24 Despeja sobre eles a tua ira; que o teu furor ardente os al-
cance.
25 Fique deserto o lugar deles; não haja ninguém que habite
nas suas tendas.
26 Pois perseguem aqueles que tu feres e comentam a dor da-
queles a quem castigas.
27 Acrescenta-lhes pecado sobre pecado; não os deixes alcançar
a tua justiça.
28 Sejam eles tirados do livro da vida e não sejam incluídos no
rol dos justos.

---

a **68.26** Hebraico: *fonte*.
b **68.28** Conforme alguns manuscritos do Texto Massorético. Muitos manuscritos do Texto Massorético e algumas versões antigas dizem *Manifesta, ó Deus, o teu poder!*
c **68.31** Ou *embaixadores*
d **69.22** Ou *Que até as suas ofertas de comunhão se tornem em armadilha;* ou ainda *Que até os seus aliados se tornem uma armadilha*

29 Grande é a minha aflição e a minha dor! Proteja-me, ó Deus,
a tua salvação!
30 Louvarei o nome de Deus com cânticos e proclamarei sua
grandeza com ações de graças; 31 isso agradará o SENHOR mais
do que bois, mais do que touros com seus chifres e cascos.
32 Os necessitados o verão e se alegrarão; a vocês que buscam
a Deus, vida ao seu coração!
33 O SENHOR ouve o pobre e não despreza o seu povo aprisio-
nado.
34 Louvem-no os céus e a terra, os mares e tudo o que neles
se move, 35 pois Deus salvará Sião e reconstruirá as cidades
de Judá. Então o povo ali viverá e tomará posse da terra; 36 a
descendência dos seus servos a herdará, e nela habitarão os
que amam o seu nome.

Salmo 70

Para o mestre de música. Davídico.
Uma petição.

1 Livra-me, ó Deus! Apressa-te, SENHOR, a ajudar-me!
2 Sejam humilhados e frustrados os que procuram tirar-me a
vida; retrocedam desprezados os que desejam a minha ruína.
3 Retrocedam em desgraça os que zombam de mim.
4 Mas regozijem-se e alegrem-se em ti todos os que te buscam;
digam sempre os que amam a tua salvação: "Como Deus é
grande!"
5 Quanto a mim, sou pobre e necessitado; apressa-te, ó Deus.
Tu és o meu socorro e o meu libertador; SENHOR, não te de-
mores!

Salmo 71

1 Em ti, SENHOR, busquei refúgio; nunca permitas que eu seja
humilhado.
2 Resgata-me e livra-me por tua justiça; inclina o teu ouvido
para mim e salva-me.
3 Peço-te que sejas a minha rocha de refúgio, para onde eu
sempre possa ir; dá ordem para que me libertem, pois és a
minha rocha e a minha fortaleza.
4 Livra-me, ó meu Deus, das mãos dos ímpios, das garras dos
perversos e cruéis.
5 Pois tu és a minha esperança, ó Soberano SENHOR, em ti está
a minha confiança desde a juventude.
6 Desde o ventre materno dependo de ti; tu me sustentaste[a]
desde as entranhas de minha mãe. Eu sempre te louvarei!
7 Tornei-me um exemplo para muitos, porque tu és o meu re-
fúgio seguro.
8 Do teu louvor transborda a minha boca, que o tempo todo
proclama o teu esplendor.
9 Não me rejeites na minha velhice; não me abandones quando
se vão as minhas forças.
10 Pois os meus inimigos me caluniam; os que estão à espreita
juntam-se e planejam matar-me.
11 "Deus o abandonou", dizem eles; "persigam-no e pren-
dam-no, pois ninguém o livrará."
12 Não fiques longe de mim, ó Deus; ó meu Deus, apressa-te
em ajudar-me.
13 Pereçam humilhados os meus acusadores; sejam cobertos de
zombaria e vergonha os que querem prejudicar-me.
14 Mas eu sempre terei esperança e te louvarei cada vez mais.
15 A minha boca falará sem cessar da tua justiça e dos teus
incontáveis atos de salvação.
16 Falarei dos teus feitos poderosos, ó Soberano SENHOR; pro-
clamarei a tua justiça, unicamente a tua justiça.
17 Desde a minha juventude, ó Deus, tens me ensinado, e até
hoje eu anuncio as tuas maravilhas.
18 Agora que estou velho, de cabelos brancos, não me aban-
dones, ó Deus, para que eu possa falar da tua força aos nossos
filhos, e do teu poder às futuras gerações.
19 Tua justiça chega até as alturas, ó Deus, tu, que tens feito
coisas grandiosas. Quem se compara a ti, ó Deus?
20 Tu, que me fizeste passar muitas e duras tribulações, res-
taurarás a minha vida, e das profundezas da terra de novo
me farás subir.
21 Tu me farás mais honrado e mais uma vez me consolarás.
22 E eu te louvarei com a lira por tua fidelidade, ó meu Deus;
cantarei louvores a ti com a harpa, ó Santo de Israel.
23 Os meus lábios gritarão de alegria quando eu cantar louvores
a ti, pois tu me redimiste.
24 Também a minha língua sempre falará dos teus atos de jus-
tiça, pois os que queriam prejudicar-me foram humilhados e
ficaram frustrados.

Salmo 72

De Salomão.

1 Reveste da tua justiça o rei, ó Deus, e da tua retidão o filho
do rei, 2 para que ele julgue com retidão e com justiça os teus
que sofrem opressão.
3 Que os montes tragam prosperidade ao povo e as colinas o
fruto da justiça.
4 Defenda ele os oprimidos no meio do povo e liberte os filhos
dos pobres; esmague ele o opressor!
5 Que ele perdure[b] como o sol e como a lua por todas as ge-
rações.
6 Seja ele como chuva sobre uma lavoura ceifada, como agua-
ceiros que regam a terra.
7 Floresçam os justos nos dias do rei, e haja grande prosperi-
dade enquanto durar a lua.
8 Governe ele de mar a mar e desde o rio Eufrates até os confins
da terra[c].
9 Inclinem-se diante dele as tribos do deserto[d], e os seus ini-
migos lambam o pó.
10 Que os reis de Társis e das regiões litorâneas lhe tragam
tributo; os reis de Sabá e de Sebá lhe ofereçam presentes.

a 71.6 Ou *separaste*

b 72.5 Conforme a Septuaginta. O Texto Massorético diz *Que tu sejas temido.*
c 72.8 Ou *do país*
d 72.9 Ou *criaturas do deserto;* ou ainda *adversários*

11 Inclinem-se diante dele todos os reis, e sirvam-no todas as nações.

12 Pois ele liberta os pobres que pedem socorro, os oprimidos que não têm quem os ajude.

13 Ele se compadece dos fracos e dos pobres e os salva da morte.

14 Ele os resgata da opressão e da violência, pois aos seus olhos a vida[a] deles é preciosa.

15 Tenha o rei vida longa! Receba ele o ouro de Sabá. Que se ore por ele continuamente, e todo o dia se invoquem bênçãos sobre ele.

16 Haja fartura de trigo por toda a terra, ondulando no alto dos montes. Floresçam os seus frutos como os do Líbano e cresçam as cidades como as plantas no campo.

17 Permaneça para sempre o seu nome e dure a sua fama enquanto o sol brilhar. Sejam abençoadas todas as nações por meio dele, e que elas o chamem bendito.

18 Bendito seja o SENHOR Deus, o Deus de Israel, o único que realiza feitos maravilhosos.

19 Bendito seja o seu glorioso nome para sempre; encha-se toda a terra da sua glória. Amém e amém.

20 Encerram-se aqui as orações de Davi, filho de Jessé.

TERCEIRO LIVRO

Salmo 73
Salmo da família de Asafe.

1 Certamente Deus é bom para Israel, para os puros de coração.

2 Quanto a mim, os meus pés quase tropeçaram; por pouco não escorreguei.

3 Pois tive inveja dos arrogantes quando vi a prosperidade desses ímpios.

4 Eles não passam por sofrimento[b] e têm o corpo saudável e forte.

5 Estão livres dos fardos de todos; não são atingidos por doenças como os outros homens.

6 Por isso o orgulho lhes serve de colar, e eles se vestem de violência.

7 Do seu íntimo[c] brota a maldade[d], da sua mente transbordam maquinações.

8 Eles zombam e falam com más intenções; em sua arrogância ameaçam com opressão.

9 Com a boca arrogam a si os céus, e com a língua se apossam da terra.

10 Por isso o seu povo se volta para eles e bebe suas palavras até saciar-se.

11 Eles dizem: "Como saberá Deus? Terá conhecimento o Altíssimo?"

12 Assim são os ímpios; sempre despreocupados, aumentam suas riquezas.

13 Certamente me foi inútil manter puro o coração e lavar as
mãos na inocência, 14 pois o dia inteiro sou afligido, e todas as
manhãs sou castigado.

15 Se eu tivesse dito: "Falarei como eles", teria traído os teus filhos.

16 Quando tentei entender tudo isso, achei muito difícil para
mim, 17 até que entrei no santuário de Deus, e então com-
preendi o destino dos ímpios.

18 Certamente os pões em terreno escorregadio e os fazes cair na ruína.

19 Como são destruídos de repente, completamente tomados de pavor!

20 São como um sonho que se vai quando acordamos; quando te levantares, Senhor, tu os farás desaparecer.

21 Quando o meu coração estava amargurado e no íntimo eu
sentia inveja, 22 agi como insensato e ignorante; minha atitude
para contigo era a de um animal irracional.

23 Contudo, sempre estou contigo; tomas a minha mão direita e me susténs.

24 Tu me diriges com o teu conselho, e depois me receberás com honras.

25 A quem tenho nos céus senão a ti? E, na terra, nada mais desejo além de estar junto a ti.

26 O meu corpo e o meu coração poderão fraquejar, mas Deus é a força do meu coração e a minha herança para sempre.

27 Os que te abandonam sem dúvida perecerão; tu destróis todos os infiéis.

28 Mas, para mim, bom é estar perto de Deus; fiz do Soberano SENHOR o meu refúgio; proclamarei todos os teus feitos.

Salmo 74
Poema da família de Asafe.

1 Por que nos rejeitaste definitivamente, ó Deus? Por que se acende a tua ira contra as ovelhas da tua pastagem?

2 Lembra-te do povo que adquiriste em tempos passados, da tribo da tua herança, que resgataste, do monte Sião, onde habitaste.

3 Volta os teus passos para aquelas ruínas irreparáveis, para toda a destruição que o inimigo causou em teu santuário.

4 Teus adversários gritaram triunfantes bem no local onde te encontravas conosco, e hastearam suas bandeiras em sinal de vitória.

5 Pareciam homens armados com machados invadindo um bosque cerrado.

6 Com seus machados e machadinhas esmigalharam todos os revestimentos de madeira esculpida.

7 Atearam fogo ao teu santuário; profanaram o lugar da habitação do teu nome.

8 Disseram no coração: "Vamos acabar com eles!" Queimaram todos os santuários do país.

9 Já não vemos sinais milagrosos; não há mais profetas, e nenhum de nós sabe até quando isso continuará.

10 Até quando o adversário irá zombar, ó Deus? Será que o inimigo blasfemará o teu nome para sempre?

---

a 72.14 Hebraico: *sangue*.

b 73.4 Ou *sofrimento até morrer*; ou ainda *sofrimento; até morrer o corpo deles é*

c 73.7 Hebraico: *gordura*.

d 73.7 Conforme a Versão Siríaca. O Texto Massorético diz *Seus olhos saltam-lhes da gordura*.

11Por que reténs a tua mão, a tua mão direita? Não fiques de
braços cruzados! Destrói-os!
12Mas tu, ó Deus, és o meu rei desde a antiguidade; trazes
salvação sobre a terra.
13Tu dividiste o mar pelo teu poder; quebraste as cabeças das
serpentes das águas.
14Esmagaste as cabeças do Leviatã[a] e o deste por comida às
criaturas do deserto.
15Tu abriste fontes e regatos; secaste rios perenes.
16O dia é teu, e tua também é a noite; estabeleceste o sol
e a lua.
17Determinaste todas as fronteiras da terra; fizeste o verão
e o inverno.
18Lembra-te de como o inimigo tem zombado de ti, ó SENHOR,
como os insensatos têm blasfemado o teu nome.
19Não entregues a vida da tua pomba aos animais selvagens;
não te esqueças para sempre da vida do teu povo indefeso.
20Dá atenção à tua aliança, porque de antros de violência se
enchem os lugares sombrios do país.
21Não deixes que o oprimido se retire humilhado! Faze que o
pobre e o necessitado louvem o teu nome.
22Levanta-te, ó Deus, e defende a tua causa; lembra-te de
como os insensatos zombam de ti sem cessar.
23Não ignores a gritaria dos teus adversários, o crescente tu-
multo dos teus inimigos.

Salmo 75

Para o mestre de música.
De acordo com a melodia *Não Destruas*.
Salmo da família de Asafe. Um cântico.

1Damos-te graças, ó Deus, damos-te graças, pois perto está o
teu nome; todos falam dos teus feitos maravilhosos.
2Tu dizes: "Eu determino o tempo em que julgarei com justiça.
3Quando treme a terra com todos os seus habitantes, sou eu
que mantenho firmes as suas colunas.

Pausa

4"Aos arrogantes digo: Parem de vangloriar-se! E aos ímpios:
Não se rebelem![b]
5Não se rebelem contra os céus; não falem com insolência".
6Não é do oriente nem do ocidente nem do deserto que vem
a exaltação.
7É Deus quem julga: Humilha a um, a outro exalta.
8Na mão do SENHOR está um cálice cheio de vinho espumante e
misturado; ele o derrama, e todos os ímpios da terra o bebem
até a última gota.
9Quanto a mim, para sempre anunciarei essas coisas; cantarei
louvores ao Deus de Jacó.
10Destruirei o poder[c] de todos os ímpios, mas o poder dos
justos aumentará.

[a] **74.14** Ou *monstro marinho*
[b] **75.4** Hebraico: *Não levantem o chifre*; também no versículo 5.
[c] **75.10** Hebraico: *chifre*. Duas vezes neste versículo.

Salmo 76

Para o mestre de música.
Com instrumentos de cordas.
Salmo da família de Asafe. Um cântico.

1Em Judá Deus é conhecido; o seu nome é grande em Israel.
2Sua tenda está em Salém; o lugar da sua habitação está em
Sião.
3Ali quebrou ele as flechas reluzentes, os escudos e as es-
padas, as armas de guerra.

Pausa

4Resplendes de luz! És mais majestoso que os montes cheios
de despojos.
5Os homens valorosos jazem saqueados, dormem o sono final;
nenhum dos guerreiros foi capaz de erguer as mãos.
6Diante da tua repreensão, ó Deus de Jacó, o cavalo e o carro
estacaram.
7Somente tu és temível. Quem poderá permanecer diante de ti
quando estiveres irado?
8Dos céus pronunciaste juízo, e a terra tremeu e emudeceu,
9quando tu, ó Deus, te levantaste para julgar, para salvar todos
os oprimidos da terra.

Pausa

10Até a tua ira contra os homens redundará em teu louvor, e os
sobreviventes da tua ira se refrearão.[d]
11Façam votos ao SENHOR, ao seu Deus, e não deixem de cum-
pri-los; que todas as nações vizinhas tragam presentes a quem
todos devem temer.
12Ele tira o ânimo dos governantes e é temido pelos reis da
terra.

Salmo 77

Para o mestre de música.
Ao estilo de Jedutum.
Salmo da família de Asafe.

1Clamo a Deus por socorro; clamo a Deus que me escute.
2Quando estou angustiado, busco o Senhor; de noite estendo
as mãos sem cessar; a minha alma está inconsolável!
3Lembro-me de ti, ó Deus, e suspiro; começo a meditar, e o
meu espírito desfalece.

Pausa

4Não me permites fechar os olhos; tão inquieto estou que não
consigo falar.
5Fico a pensar nos dias que se foram, nos anos há muito pas-
sados; 6de noite recordo minhas canções. O meu coração me-
dita, e o meu espírito pergunta:
7Irá o Senhor rejeitar-nos para sempre? Jamais tornará a mos-
trar-nos o seu favor?
8Desapareceu para sempre o seu amor? Acabou-se a sua pro-
messa?
9Esqueceu-se Deus de ser misericordioso? Em sua ira refreou
sua compaixão?

Pausa

[d] **76.10** Ou *Até a ira dos homens redundará em teu louvor, e com o restante da ira tu te armas.*

10 Então pensei: “A razão da minha dor é que a mão direita do
Altíssimo não age mais”.[a]
11 Recordarei os feitos do SENHOR; recordarei os teus antigos
milagres.
12 Meditarei em todas as tuas obras e considerarei todos os
teus feitos.
13 Teus caminhos, ó Deus, são santos. Que deus é tão grande
como o nosso Deus?
14 Tu és o Deus que realiza milagres; mostras o teu poder entre
os povos.
15 Com o teu braço forte resgataste o teu povo, os descendentes
de Jacó e de José.

Pausa

16 As águas te viram, ó Deus, as águas te viram e se contor-
ceram; até os abismos estremeceram.
17 As nuvens despejaram chuvas, ressoou nos céus o trovão; as
tuas flechas reluziam em todas as direções.
18 No redemoinho, estrondou o teu trovão, os teus relâmpagos
iluminaram o mundo; a terra tremeu e sacudiu-se.
19 A tua vereda passou pelo mar, o teu caminho pelas águas
poderosas, e ninguém viu as tuas pegadas.
20 Guiaste o teu povo como a um rebanho pela mão de Moisés
e de Arão.

Salmo 78

Poema da família de Asafe.

1 Povo meu, escute o meu ensino; incline os ouvidos para o que
eu tenho a dizer.
2 Em parábolas abrirei a minha boca, proferirei enigmas do
passado; 3 o que ouvimos e aprendemos, o que nossos pais
nos contaram.
4 Não os esconderemos dos nossos filhos; contaremos à pró-
xima geração os louváveis feitos do SENHOR, o seu poder e as
maravilhas que fez.
5 Ele decretou estatutos para Jacó, e em Israel estabeleceu a
lei, e ordenou aos nossos antepassados que a ensinassem aos
seus filhos, 6 de modo que a geração seguinte a conhecesse,
e também os filhos que ainda nasceriam, e eles, por sua vez,
contassem aos seus próprios filhos.
7 Então eles porão a confiança em Deus; não esquecerão os
seus feitos e obedecerão aos seus mandamentos.
8 Eles não serão como os seus antepassados, obstinados e
rebeldes, povo de coração desleal para com Deus, gente de
espírito infiel.
9 Os homens de Efraim, flecheiros armados, viraram as costas
no dia da batalha; 10 não guardaram a aliança de Deus e se
recusaram a viver de acordo com a sua lei.
11 Esqueceram o que ele tinha feito, as maravilhas que lhes
havia mostrado.
12 Ele fez milagres diante dos seus antepassados, na terra do
Egito, na região de Zoã.
13 Dividiu o mar para que pudessem passar; fez a água er-
guer-se como um muro.
14 Ele os guiou com a nuvem de dia e com a luz do fogo de noite.
15 Fendeu as rochas no deserto e deu-lhes tanta água como
a que flui das profundezas; 16 da pedra fez sair regatos e fluir
água como um rio.
17 Mas contra ele continuaram a pecar, revoltando-se no de-
serto contra o Altíssimo.
18 Deliberadamente puseram Deus à prova, exigindo o que de-
sejavam comer.
19 Duvidaram de Deus, dizendo: “Poderá Deus preparar uma
mesa no deserto?
20 Sabemos que, quando ele feriu a rocha, a água brotou e
jorrou em torrentes. Mas conseguirá também dar-nos de
comer? Poderá suprir de carne o seu povo?”
21 O SENHOR os ouviu e enfureceu-se; com fogo atacou Jacó, e
sua ira levantou-se contra Israel, 22 pois eles não creram em
Deus nem confiaram no seu poder salvador.
23 Contudo, ele deu ordens às nuvens e abriu as portas dos
céus; 24 fez chover maná para que o povo comesse, deu-lhe
o pão[b] dos céus.
25 Os homens comeram o pão dos anjos; enviou-lhes comida
à vontade.
26 Enviou dos céus o vento oriental e pelo seu poder fez avançar
o vento sul.
27 Fez chover carne sobre eles como pó, bandos de aves como
a areia da praia.
28 Levou-as a cair dentro do acampamento, ao redor das suas
tendas.
29 Comeram à vontade, e assim ele satisfez o desejo deles.
30 Mas, antes de saciarem o apetite, quando ainda tinham a
comida na boca, 31 acendeu-se contra eles a ira de Deus; e ele
feriu de morte os mais fortes dentre eles, matando os jovens
de Israel.
32 A despeito disso tudo, continuaram pecando; não creram nos
seus prodígios.
33 Por isso ele encerrou os dias deles como um sopro e os anos
deles em repentino pavor.
34 Sempre que Deus os castigava com a morte, eles o bus-
cavam; com fervor se voltavam de novo para ele.
35 Lembravam-se de que Deus era a sua Rocha, de que o Deus
Altíssimo era o seu Redentor.
36 Com a boca o adulavam, com a língua o enganavam; 37 o
coração deles não era sincero; não foram fiéis à sua aliança.
38 Contudo, ele foi misericordioso; perdoou-lhes as maldades
e não os destruiu. Vez após vez conteve a sua ira, sem desper-
tá-la totalmente.
39 Lembrou-se de que eram meros mortais, brisa passageira
que não retorna.
40 Quantas vezes mostraram-se rebeldes contra ele no deserto
e o entristeceram na terra solitária!
41 Repetidas vezes puseram Deus à prova; irritaram o Santo de
Israel.

[a] 77.10 Ou *Apelarei para o que há muito fez a mão direita do Altíssimo.*

[b] 78.24 Hebraico: *trigo.*

42 Não se lembravam da sua mão poderosa, do dia em que os
redimiu do opressor, 43 do dia em que mostrou os seus prodí-
gios no Egito, as suas maravilhas na região de Zoã, 44 quando
transformou os rios e os riachos dos egípcios em sangue, e eles
não mais conseguiam beber das suas águas, 45 e enviou en-
xames de moscas que os devoraram, e rãs que os devastaram;
46 quando entregou as suas plantações às larvas, a produção da
terra aos gafanhotos, 47 e destruiu as suas vinhas com a saraiva
e as suas figueiras bravas com a geada; 48 quando entregou o
gado deles ao granizo, os seus rebanhos aos raios; 49 quando
os atingiu com a sua ira ardente, com furor, indignação e hos-
tilidade, com muitos anjos destruidores.
50 Abriu caminho para a sua ira; não os poupou da morte, mas
os entregou à peste.
51 Matou todos os primogênitos do Egito, as primícias do vigor
varonil das tendas de Cam.
52 Mas tirou o seu povo como ovelhas e o conduziu como a um
rebanho pelo deserto.
53 Ele os guiou em segurança, e não tiveram medo; e os seus
inimigos afundaram-se no mar.
54 Assim os trouxe à fronteira da sua terra santa, aos montes
que a sua mão direita conquistou.
55 Expulsou nações que lá estavam, distribuiu-lhes as terras por
herança e deu suas tendas às tribos de Israel para que nelas
habitassem.
56 Mas eles puseram Deus à prova e foram rebeldes contra o
Altíssimo; não obedeceram aos seus testemunhos.
57 Foram desleais e infiéis, como os seus antepassados, confiá-
veis como um arco defeituoso.
58 Eles o irritaram com os altares idólatras; com os seus ídolos
lhe provocaram ciúmes.
59 Sabendo-o Deus, enfureceu-se e rejeitou totalmente Israel;
60 abandonou o tabernáculo de Siló, a tenda onde habitava
entre os homens.
61 Entregou o símbolo do seu poder ao cativeiro e o seu es-
plendor nas mãos do adversário.
62 Deixou que o seu povo fosse morto à espada, pois enfure-
ceu-se com a sua herança.
63 O fogo consumiu os seus jovens, e as suas moças não tiveram
canções de núpcias; 64 os sacerdotes foram mortos à espada!
As viúvas já nem podiam chorar!
65 Então o Senhor despertou como que de um sono, como um
guerreiro despertado do domínio do vinho.
66 Fez retroceder a golpes os seus adversários e os entregou a
permanente humilhação.
67 Também rejeitou as tendas de José e não escolheu a tribo
de Efraim; 68 ao contrário, escolheu a tribo de Judá e o monte
Sião, o qual amou.
69 Construiu o seu santuário como as alturas; como a terra o
firmou para sempre.
70 Escolheu o seu servo Davi e o tirou do aprisco das ovelhas,
71 do pastoreio de ovelhas, para ser o pastor de Jacó, seu povo,
de Israel, sua herança.
72 E de coração íntegro Davi os pastoreou; com mãos expe-
rientes os conduziu.

Salmo 79

Salmo da família de Asafe.

1 Ó Deus, as nações invadiram a tua herança, profanaram o teu
santo templo, reduziram Jerusalém a ruínas.
2 Deram os cadáveres dos teus servos às aves do céu por ali-
mento; a carne dos teus fiéis, aos animais selvagens.
3 Derramaram o sangue deles como água ao redor de Jeru-
salém, e não há ninguém para sepultá-los.
4 Somos objeto de zombaria para os nossos vizinhos, de riso e
menosprezo para os que vivem ao nosso redor.
5 Até quando, SENHOR? Ficarás irado para sempre? Arderá o teu
ciúme como o fogo?
6 Derrama a tua ira sobre as nações que não te reconhecem,
sobre os reinos que não invocam o teu nome, 7 pois devoraram
Jacó, deixando em ruínas a sua terra.
8 Não cobres de nós as maldades dos nossos antepassados;
venha depressa ao nosso encontro a tua misericórdia, pois es-
tamos totalmente desanimados!
9 Ajuda-nos, ó Deus, nosso Salvador, para a glória do teu nome;
livra-nos e perdoa os nossos pecados, por amor do teu nome.
10 Por que as nações haverão de dizer: "Onde está o Deus
deles?" Diante dos nossos olhos, mostra às nações a tua vin-
gança pelo sangue dos teus servos.
11 Cheguem à tua presença os gemidos dos prisioneiros. Pela
força do teu braço preserva os condenados à morte.
12 Retribui sete vezes mais aos nossos vizinhos as afrontas com
que te insultaram, Senhor!
13 Então nós, o teu povo, as ovelhas das tuas pastagens, para
sempre te louvaremos; de geração em geração cantaremos
os teus louvores.

Salmo 80

Para o mestre de música.
De acordo com a melodia *Os Lírios da Aliança*.
Salmo da família de Asafe.

1 Escuta-nos, Pastor de Israel, tu, que conduzes José como um
rebanho; tu, que tens o teu trono sobre os querubins, mani-
festa o teu es- plendor
2 diante de Efraim, Benjamim e Manassés. Desperta o teu poder
e vem salvar-nos!
3 Restaura-nos, ó Deus! Faze resplandecer sobre nós o teu
rosto,[a] para que sejamos salvos.
4 Ó SENHOR, Deus dos Exércitos, até quando arderá a tua ira
contra as orações do teu povo?
5 Tu o alimentaste com pão de lágrimas e o fizeste beber copos
de lágrimas.
6 Fizeste de nós um motivo de disputas entre as nações vizi-
nhas, e os nossos inimigos caçoam de nós.
7 Restaura-nos, ó Deus dos Exércitos; faze resplandecer sobre
nós o teu rosto, para que sejamos salvos.
8 Do Egito trouxeste uma videira; expulsaste as nações e a
plantaste.

[a] **80.3** Isto é, mostra-nos a tua bondade; também nos versículos 7 e 19.

9 Limpaste o terreno, ela lançou raízes e encheu a terra.
10 Os montes foram cobertos pela sua sombra e os mais altos
cedros pelos seus ramos.
11 Seus ramos se estenderam até o Mar[a] e os seus brotos até
o Rio[b].
12 Por que derrubaste as suas cercas, permitindo que todos os
que passam apanhem as suas uvas?
13 Javalis da floresta a devastam e as criaturas do campo dela
se alimentam.
14 Volta-te para nós, ó Deus dos Exércitos! Dos altos céus olha
e vê! Toma conta desta videira, 15 da raiz que a tua mão direita
plantou, do filho[c] que para ti fizeste crescer!
16 Tua videira foi derrubada; como lixo foi consumida pelo fogo.
Pela tua repreensão perece o teu povo![d]
17 Repouse a tua mão sobre aquele que puseste à tua mão di-
reita, o filho do homem que para ti fizeste crescer.
18 Então não nos desviaremos de ti; vivifica-nos, e invocaremos
o teu nome.
19 Restaura-nos, ó SENHOR, Deus dos Exércitos; faze resplan-
decer sobre nós o teu rosto, para que sejamos salvos.

Salmo 81

Para o mestre de música.
De acordo com a melodia *Os Lagares*.
Da família de Asafe.

1 Cantem de alegria a Deus, nossa força; aclamem o Deus de
Jacó!
2 Comecem o louvor, façam ressoar o tamborim, toquem a lira
e a harpa melodiosa.
3 Toquem a trombeta na lua nova e no dia de lua cheia, dia da
nossa festa; 4 porque este é um decreto para Israel, uma orde-
nança do Deus de Jacó, 5 que ele estabeleceu como estatuto
para José, quando atacou o Egito. Ali ouvimos uma língua[e] que
não conhecíamos.
6 Ele diz: "Tirei o peso dos seus ombros; suas mãos ficaram
livres dos cestos de cargas.
7 Na sua aflição vocês clamaram e eu os livrei, do esconderijo
dos trovões lhes respondi; eu os pus à prova nas águas de
Meribá[f].

Pausa

8 "Ouça, meu povo, as minhas advertências; se tão somente
você me escutasse, ó Israel!
9 Não tenha deus estrangeiro no seu meio; não se incline pe-
rante nenhum deus estranho.
10 Eu sou o SENHOR, o seu Deus, que o tirei da terra do Egito.
Abra a sua boca, e eu o alimentarei.
11 "Mas o meu povo não quis ouvir-me; Israel não quis obe-
decer-me.
12 Por isso os entreguei ao seu coração obstinado, para se-
guirem os seus próprios planos.
13 "Se o meu povo apenas me ouvisse, se Israel seguisse os
meus caminhos, 14 com rapidez eu subjugaria os seus inimigos
e voltaria a minha mão contra os seus adversários!
15 Os que odeiam o SENHOR se renderiam diante dele e recebe-
riam um castigo perpétuo.
16 Mas eu sustentaria Israel com o melhor trigo, e com o mel da
rocha eu o satisfaria".

Salmo 82

Para o mestre de música.
Salmo da família de Asafe.

1 É Deus quem preside a assembleia divina; no meio dos deuses,
ele é o juiz.[g]
2 "Até quando vocês vão absolver os culpados e favorecer os
ímpios?

Pausa

3 "Garantam justiça para os fracos e para os órfãos; mante-
nham os direitos dos necessitados e dos oprimidos.
4 Livrem os fracos e os pobres; libertem-nos das mãos dos
ímpios.
5 "Eles nada sabem, nada entendem. Vagueiam pelas trevas;
todos os fundamentos da terra estão abalados.
6 "Eu disse: 'Vocês são deuses, todos vocês são filhos do Al-
tíssimo'.
7 Mas vocês morrerão como simples homens; cairão como qual-
quer outro governante."
8 Levanta-te, ó Deus, julga a terra, pois todas as nações te
pertencem.

Salmo 83

Uma canção.
Salmo da família de Asafe.

1 Ó Deus, não te emudeças; não fiques em silêncio nem te de-
tenhas, ó Deus.
2 Vê como se agitam os teus inimigos, como os teus adversários
te desafiam de cabeça erguida.
3 Com astúcia conspiram contra o teu povo; tramam contra
aqueles que são o teu tesouro.
4 Eles dizem: "Venham, vamos destruí-los como nação, para
que o nome de Israel não seja mais lembrado!"
5 Com um só propósito tramam juntos; é contra ti que fazem
acordo
6 as tendas de Edom e os ismaelitas, Moabe e os hagarenos,
7 Gebal[h], Amom e Amaleque, a Filístia, com os habitantes de
Tiro.
8 Até a Assíria aliou-se a eles, e trouxe força aos descendentes
de Ló.

Pausa

9 Trata-os como trataste Midiã, como trataste Sísera e Jabim
no rio Quisom, 10 os quais morreram em En-Dor e se tornaram
esterco para a terra.

---

a 80.11 Isto é, o Mediterrâneo.
b 80.11 Isto é, o Eufrates.
c 80.15 Ou *ramo*
d 80.16 Ou *Pela tua repreensão faze perecer os que a derrubaram e a queimaram como lixo!*
e 81.5 Ou *voz*
f 81.7 Meribá significa rebelião.
g 82.1 Ou *É Deus quem preside na suprema assembleia; no meio dos poderosos, ele é o juiz*; ou ainda *no meio dos juízes, ele é o juiz.*
h 83.7 Isto é, Biblos.

11Faze com os seus nobres o que fizeste com Orebe e Zeebe, e
com todos os seus príncipes o que fizeste com Zeba e Zalmuna,
12que disseram: "Vamos apossar-nos das pastagens de Deus".
13Faze-os como folhas secas levadas no redemoinho, ó meu
Deus, como palha ao vento.
14Assim como o fogo consome a floresta e as chamas incen-
deiam os montes, 15persegue-os com o teu vendaval e aterro-
riza-os com a tua tempestade.
16Cobre-lhes de vergonha o rosto até que busquem o teu nome,
SENHOR.
17 Sejam eles humilhados e aterrorizados para sempre; pe-
reçam em completa desgraça.
18Saibam eles que tu, cujo nome é SENHOR, somente tu, és o
Altíssimo sobre toda a terra.

Salmo 84
Para o mestre de música.
De acordo com a melodia *Os Lagares*.
Salmo dos coraítas.

1Como é agradável o lugar da tua habitação, SENHOR dos Exér-
citos!
2A minha alma anela, e até desfalece, pelos átrios do SENHOR;
o meu coração e o meu corpo cantam de alegria ao Deus vivo.
3Até o pardal achou um lar e a andorinha um ninho para si, para
abrigar os seus filhotes, um lugar perto do teu altar, ó SENHOR
dos Exércitos, meu Rei e meu Deus.
4Como são felizes os que habitam em tua casa; louvam-te sem
cessar!
Pausa
5Como são felizes os que em ti encontram força e os que são
peregrinos de coração!
6Ao passarem pelo vale de Baca[a], fazem dele um lugar de
fontes; as chuvas de outono também o enchem de cisternas[b].
7Prosseguem o caminho de força em força, até que cada um se
apresente a Deus em Sião.
8Ouve a minha oração, ó SENHOR Deus dos Exércitos; escu-
ta-me, ó Deus de Jacó.
Pausa
9Olha, ó Deus, que és nosso escudo[c]; trata com bondade o
teu ungido.
10Melhor é um dia nos teus átrios do que mil noutro lugar;
prefiro ficar à porta da casa do meu Deus a habitar nas tendas
dos ímpios.
11O SENHOR Deus é sol e escudo; o SENHOR concede favor e
honra; não recusa nenhum bem aos que vivem com integri-
dade.
12Ó SENHOR dos Exércitos, como é feliz aquele que em ti confia!

[a] 84.6 Ou *de lágrimas;* ou ainda *seco*
[b] 84.6 Ou *bênçãos*
[c] 84.9 Ou *soberano*

Salmo 85
Para o mestre de música.
Salmo dos coraítas.

1Foste favorável à tua terra, ó SENHOR; trouxeste restauração[d]
a Jacó.
2Perdoaste a culpa do teu povo e cobriste todos os seus pe-
cados.
Pausa
3Retiraste todo o teu furor e te afastaste da tua ira tremenda.
4Restaura-nos mais uma vez, ó Deus, nosso Salvador, e desfaze
o teu furor para conosco.
5Ficarás indignado conosco para sempre? Prolongarás a tua ira
por todas as gerações?
6Acaso não nos renovarás a vida, a fim de que o teu povo se
alegre em ti?
7Mostra-nos o teu amor, ó SENHOR, e concede-nos a tua sal-
vação!
8Eu ouvirei o que Deus, o SENHOR, disse; ele promete paz ao
seu povo, aos seus fiéis! Não voltem eles à insensatez!
9Perto está a salvação que ele trará aos que o temem, e a sua
glória habitará em nossa terra.
10O amor e a fidelidade se encontrarão; a justiça e a paz se
beijarão.
11A fidelidade brotará da terra, e a justiça descerá dos céus.
12O SENHOR nos trará bênçãos, e a nossa terra dará a sua co-
lheita.
13A justiça irá adiante dele e preparará o caminho para os seus
passos.

Salmo 86
Oração davídica.

1Inclina os teus ouvidos, ó SENHOR, e responde-me, pois sou
pobre e necessitado.
2Guarda a minha vida, pois sou fiel a ti. Tu és o meu Deus; salva
o teu servo que em ti confia!
3Misericórdia, Senhor, pois clamo a ti sem cessar.
4Alegra o coração do teu servo, pois a ti, Senhor, elevo a minha
alma.
5Tu és bondoso e perdoador, Senhor, rico em graça para com
todos os que te invocam.
6Escuta a minha oração, SENHOR; atenta para a minha súplica!
7No dia da minha angústia clamarei a ti, pois tu me respon-
derás.
8Nenhum dos deuses é comparável a ti, Senhor, nenhum deles
pode fazer o que tu fazes.
9Todas as nações que tu formaste virão e te adorarão, Senhor,
e glorificarão o teu nome.
10Pois tu és grande e realizas feitos maravilhosos; só tu és
Deus!
11Ensina-me o teu caminho, SENHOR, para que eu ande na tua
verdade; dá-me um coração inteiramente fiel, para que eu
tema o teu nome.

[d] 85.1 Ou *os cativos de volta*

12 De todo o meu coração te louvarei, Senhor, meu Deus; glori-
ficarei o teu nome para sempre.
13 Pois grande é o teu amor para comigo; tu me livraste das
profundezas do Sheol[a].
14 Os arrogantes estão me atacando, ó Deus; um bando de ho-
mens cruéis, gente que não faz caso de ti procura tirar-me
a vida.
15 Mas tu, Senhor, és Deus compassivo e misericordioso, muito
paciente, rico em amor e em fidelidade.
16 Volta-te para mim! Tem misericórdia de mim! Concede a tua
força a teu servo e salva o filho da tua serva[b].
17 Dá-me um sinal da tua bondade, para que os meus inimigos
vejam e sejam humilhados, pois tu, SENHOR, me ajudaste e me
consolaste.

Salmo 87
Dos coraítas.
Um salmo. Um cântico.

1 O SENHOR edificou sua cidade sobre o monte santo; 2 ele ama
as portas de Sião mais do que qualquer outro lugar[c] de Jacó.
3 Coisas gloriosas são ditas de ti, ó cidade de Deus!
Pausa
4 "Entre os que me reconhecem incluirei Raabe[d] e Babilônia,
além da Filístia, de Tiro, e também da Etiópia[e], como se ti-
vessem nascido em Sião[f]."
5 De fato, acerca de Sião se dirá:
"Todos estes nasceram em Sião, e o próprio Altíssimo a es-
tabelecerá".
6 O SENHOR escreverá no registro dos povos: "Este nasceu ali".
Pausa
7 Com danças e cânticos, dirão: "Em Sião estão as nossas ori-
gens[g]!"

Salmo 88
Um cântico.
Salmo dos coraítas. Para o mestre de música.
Conforme *mahalath leannoth*[h].
Poema do ezraíta Hemã.

1 Ó SENHOR, Deus que me salva, a ti clamo dia e noite.
2 Que a minha oração chegue diante de ti; inclina os teus ou-
vidos ao meu clamor.
3 Tenho sofrido tanto que a minha vida está à beira da sepul-
tura[i]!
4 Sou contado entre os que descem à cova; sou como um
homem que já não tem forças.
5 Fui colocado junto aos mortos, sou como os cadáveres que
jazem no túmulo, dos quais já não te lembras, pois foram ti-
rados de tua mão.
6 Puseste-me na cova mais profunda, na escuridão das pro-
fundezas.
7 Tua ira pesa sobre mim; com todas as tuas ondas me afligiste.
Pausa
8 Afastaste de mim os meus melhores amigos e me tornaste
repugnante para eles. Estou como um preso que não pode
fugir; 9 minhas vistas já estão fracas de tristeza. A ti, SENHOR,
clamo cada dia; a ti ergo as minhas mãos.
10 Acaso mostras as tuas maravilhas aos mortos? Acaso os
mortos se levantam e te louvam?
Pausa
11 Será que o teu amor é anunciado no túmulo e a tua fidelidade
no Abismo da Morte[j]?
12 Acaso são conhecidas as tuas maravilhas na região das trevas
e os teus feitos de justiça na terra do esquecimento?
13 Mas eu, SENHOR, a ti clamo por socorro; já de manhã a minha
oração chega à tua presença.
14 Por que, SENHOR, me rejeitas e escondes de mim o teu rosto?
15 Desde moço tenho sofrido e ando perto da morte; os teus
terrores levaram-me ao desespero.
16 Sobre mim se abateu a tua ira; os pavores que me causas
me destruíram.
17 Cercam-me o dia todo como uma inundação; envolvem-me
por completo.
18 Tiraste de mim os meus amigos e os meus companheiros; as
trevas são a minha única companhia.

Salmo 89
Poema do ezraíta Etã.

1 Cantarei para sempre o amor do SENHOR; com minha boca
anunciarei a tua fidelidade por todas as gerações.
2 Sei que firme está o teu amor para sempre, e que firmaste nos
céus a tua fidelidade.
3 Tu disseste: "Fiz aliança com o meu escolhido, jurei ao meu
servo Davi:
4 'Estabelecerei a tua linhagem para sempre e firmarei o teu
trono por todas as gerações' ".
Pausa
5 Os céus louvam as tuas maravilhas, SENHOR, e a tua fidelidade
na assembleia dos santos.
6 Pois quem nos céus poderá comparar-se ao SENHOR? Quem
entre os seres celestiais[k] assemelha-se ao SENHOR?
7 Na assembleia dos santos Deus é temível, mais do que todos
os que o rodeiam.
8 Ó SENHOR, Deus dos Exércitos, quem é semelhante a ti? És
poderoso, SENHOR, envolto em tua fidelidade.
9 Tu dominas o revolto mar; quando se agigantam as suas
ondas, tu as acalmas.

---

[a] **86.13** Essa palavra pode ser traduzida por sepultura, profundezas, pó ou morte.
[b] **86.16** Ou *salva o teu filho fiel*
[c] **87.2** Ou *santuário*
[d] **87.4** Isto é, o Egito.
[e] **87.4** Hebraico: *Cuxe*.
[f] **87.4** Hebraico: *este nasceu ali*.
[g] **87.7** Ou *está a nossa fonte de felicidade*
[h] Título: Possivelmente a melodia O Sofrimento do Aflito.
[i] **88.3** Hebraico: *Sheol*. Essa palavra também pode ser traduzida por profundezas, pó ou morte.
[j] **88.11** Hebraico: *Abadom*.
[k] **89.6** Ou *deuses*; ou ainda *poderosos*

10 Esmagaste e mataste o Monstro dos Mares[a]; com teu braço
forte dispersaste os teus inimigos.
11 Os céus são teus, e tua também é a terra; fundaste o mundo
e tudo o que nele existe.
12 Tu criaste o Norte e o Sul; o Tabor e o Hermom cantam de
alegria pelo teu nome.
13 O teu braço é poderoso; a tua mão é forte, exaltada é tua
mão direita.
14 A retidão e a justiça são os alicerces do teu trono; o amor e a
fidelidade vão à tua frente.
15 Como é feliz o povo que aprendeu a aclamar-te, SENHOR, e
que anda na luz da tua presença!
16 Sem cessar exultam no teu nome, e alegram-se na tua re-
tidão, 17 pois tu és a nossa glória e a nossa força[b], e pelo teu
favor exaltas a nossa força[c].
18 Sim, SENHOR, tu és o nosso escudo[d], ó Santo de Israel, tu és
o nosso rei.
19 Numa visão falaste um dia, e aos teus fiéis disseste: "Cobri
de forças um guerreiro, exaltei um homem escolhido dentre
o povo.
20 Encontrei o meu servo Davi; ungi-o com o meu óleo sagrado.
21 A minha mão o susterá, e o meu braço o fará forte.
22 Nenhum inimigo o sujeitará a tributos; nenhum injusto o
oprimirá.
23 Esmagarei diante dele os seus adversários e destruirei os
seus inimigos.
24 A minha fidelidade e o meu amor o acompanharão, e pelo
meu nome aumentará o seu poder.
25 A sua mão dominará até o mar; sua mão direita, até os rios.
26 Ele me dirá: 'Tu és o meu Pai, o meu Deus, a Rocha que
me salva'.
27 Também o nomearei meu primogênito, o mais exaltado dos
reis da terra.
28 Manterei o meu amor por ele para sempre, e a minha aliança
com ele jamais se quebrará.
29 Firmarei a sua linhagem para sempre, e o seu trono durará
enquanto existirem céus.
30 "Se os seus filhos abandonarem a minha lei e não seguirem
as minhas ordenanças, 31 se violarem os meus decretos e dei-
xarem de obedecer aos meus mandamentos, 32 com a vara cas-
tigarei o seu pecado, e a sua iniquidade com açoites; 33 mas
não afastarei dele o meu amor; jamais desistirei da minha
fidelidade.
34 Não violarei a minha aliança nem modificarei as promessas
dos meus lábios.
35 De uma vez para sempre jurei pela minha santidade e não
mentirei a Davi, 36 que a sua linhagem permanecerá para
sempre, e o seu trono durará como o sol; 37 será estabelecido
para sempre como a lua, a fiel testemunha no céu."

Pausa

38 Mas tu o rejeitaste, recusaste-o e te enfureceste com o teu
ungido.
39 Revogaste a aliança com o teu servo e desonraste a sua
coroa, lançando-a ao chão.
40 Derrubaste todos os seus muros e reduziste a ruínas as suas
fortalezas.
41 Todos os que passam o saqueiam; tornou-se objeto de zom-
baria para os seus vizinhos.
42 Tu exaltaste a mão direita dos seus adversários e encheste
de alegria todos os seus inimigos.
43 Tiraste o fio da sua espada e não o apoiaste na batalha.
44 Deste fim ao seu esplendor e atiraste ao chão o seu trono.
45 Encurtaste os dias da sua juventude; com um manto de ver-
gonha o cobriste.

Pausa

46 Até quando, SENHOR? Para sempre te esconderás? Até quando
a tua ira queimará como fogo?
47 Lembra-te de como é passageira a minha vida. Terás criado
em vão todos os homens?
48 Que homem pode viver e não ver a morte, ou livrar-se do
poder da sepultura[e]?

Pausa

49 Ó Senhor, onde está o teu antigo amor, que com fidelidade
juraste a Davi?
50 Lembra-te, Senhor, das afrontas que o teu servo tem[f] sofrido,
das zombarias que no íntimo tenho que suportar de todos os
povos, 51 das zombarias dos teus inimigos, SENHOR, com que
afrontam a cada passo o teu ungido.
52 Bendito seja o SENHOR para sempre! Amém e amém.

QUARTO LIVRO

Salmo 90

Oração de Moisés, homem de Deus.

1 Senhor, tu és o nosso refúgio, sempre, de geração em ge-
ração.
2 Antes de nascerem os montes e de criares a terra e o mundo,
de eternidade a eternidade tu és Deus.
3 Fazes os homens voltarem ao pó, dizendo: "Retornem ao pó,
seres humanos!"
4 De fato, mil anos para ti são como o dia de ontem que passou,
como as horas da noite.
5 Como uma correnteza, tu arrastas os homens; são breves
como o sono; são como a relva que brota ao amanhecer; 6 ger-
mina e brota pela manhã, mas, à tarde, murcha e seca.
7 Somos consumidos pela tua ira e aterrorizados pelo teu furor.
8 Conheces as nossas iniquidades; não escapam os nossos pe-
cados secretos à luz da tua presença.
9 Todos os nossos dias passam debaixo do teu furor; vão-se
como um murmúrio.
10 Os anos de nossa vida chegam a setenta, ou a oitenta para os

[a] **89.10** Hebraico: *Raabe*.
[b] **89.17** Hebraico: *a glória do seu poder*.
[c] **89.17** Hebraico: *chifre*; também no versículo 24.
[d] **89.18** Ou *soberano*
[e] **89.48** Hebraico: *Sheol*. Essa palavra também pode ser traduzida por profundezas, pó ou morte.
[f] **89.50** Ou *teus servos têm*

que têm mais vigor; entretanto, são anos difíceis e cheios de
sofrimento, pois a vida passa depressa, e nós voamos!
11 Quem conhece o poder da tua ira? Pois o teu furor é tão
grande como o temor que te é devido.
12 Ensina-nos a contar os nossos dias para que o nosso coração
alcance sabedoria.
13 Volta-te, SENHOR! Até quando será assim? Tem compaixão
dos teus servos!
14 Satisfaze-nos pela manhã com o teu amor leal, e todos os
nossos dias cantaremos felizes.
15 Dá-nos alegria pelo tempo que nos afligiste, pelos anos em
que tanto sofremos.
16 Sejam manifestos os teus feitos aos teus servos, e aos filhos
deles o teu esplendor!
17 Esteja sobre nós a bondade do nosso Deus Soberano. Con-
solida, para nós, a obra de nossas mãos; consolida a obra de
nossas mãos!

Salmo 91

1 Aquele que habita no abrigo do Altíssimo e descansa à sombra
do Todo-poderoso
2 pode dizer ao[a] SENHOR: "Tu és o meu refúgio e a minha forta-
leza, o meu Deus, em quem confio".
3 Ele o livrará do laço do caçador e do veneno mortal[b].
4 Ele o cobrirá com as suas penas, e sob as suas asas você en-
contrará refúgio; a fidelidade dele será o seu escudo protetor.
5 Você não temerá o pavor da noite nem a flecha que voa de
dia, 6 nem a peste que se move sorrateira nas trevas, nem a
praga que devasta ao meio-dia.
7 Mil poderão cair ao seu lado; dez mil, à sua direita, mas nada
o atingirá.
8 Você simplesmente olhará, e verá o castigo dos ímpios.
9 Se você fizer do Altíssimo o seu abrigo, do SENHOR o seu re-
fúgio, 10 nenhum mal o atingirá, desgraça alguma chegará à
sua tenda.
11 Porque a seus anjos ele dará ordens a seu respeito, para que
o protejam em todos os seus caminhos; 12 com as mãos eles
o segurarão, para que você não tropece em alguma pedra.
13 Você pisará o leão e a cobra; pisoteará o leão forte e a ser-
pente.
14 "Porque ele me ama, eu o resgatarei; eu o protegerei, pois
conhece o meu nome.
15 Ele clamará a mim, e eu lhe darei resposta, e na adversidade
estarei com ele; vou livrá-lo e cobri-lo de honra.
16 Vida longa eu lhe darei, e lhe mostrarei a minha salvação."

Salmo 92
Salmo. Um cântico.
Para o dia de sábado.

1 Como é bom render graças ao SENHOR e cantar louvores ao
teu nome, ó Altíssimo; 2 anunciar de manhã o teu amor leal e
de noite a tua fidelidade, 3 ao som da lira de dez cordas e da
cítara, e da melodia da harpa.
4 Tu me alegras, SENHOR, com os teus feitos; as obras das tuas
mãos levam-me a cantar de alegria.
5 Como são grandes as tuas obras, SENHOR, como são profundos
os teus propósitos!
6 O insensato não entende, o tolo não vê
7 que, embora os ímpios brotem como a erva e floresçam todos
os malfeitores, eles serão destruídos para sempre.
8 Pois tu, SENHOR, és exaltado para sempre.
9 Mas os teus inimigos, SENHOR, os teus inimigos perecerão;
serão dispersos todos os malfeitores!
10 Tu aumentaste a minha força[c] como a do boi selvagem; der-
ramaste sobre mim óleo novo.[d]
11 Os meus olhos contemplaram a derrota dos meus inimigos;
os meus ouvidos escutaram a debandada dos meus maldosos
agressores.
12 Os justos florescerão como a palmeira, crescerão como o
cedro do Líbano; 13 plantados na casa do SENHOR, florescerão
nos átrios do nosso Deus.
14 Mesmo na velhice darão fruto, permanecerão viçosos e ver-
dejantes, 15 para proclamar que o SENHOR é justo. Ele é a minha
Rocha; nele não há injustiça.

Salmo 93

1 O SENHOR reina! Vestiu-se de majestade; de majestade ves-
tiu-se o SENHOR e armou-se de poder! O mundo está firme e
não se abalará.
2 O teu trono está firme desde a antiguidade; tu existes desde
a eternidade.
3 As águas se levantaram, SENHOR, as águas levantaram a voz;
as águas levantaram seu bramido.
4 Mais poderoso do que o estrondo das águas impetuosas, mais
poderoso do que as ondas do mar é o SENHOR nas alturas.
5 Os teus mandamentos permanecem firmes e fiéis; a santi-
dade, SENHOR, é o ornamento perpétuo da tua casa.

Salmo 94

1 Ó SENHOR, Deus vingador; Deus vingador! Intervém![e]
2 Levanta-te, Juiz da terra; retribui aos orgulhosos o que me-
recem.
3 Até quando os ímpios, SENHOR, até quando os ímpios exul-
tarão?
4 Eles despejam palavras arrogantes; todos esses malfeitores
enchem-se de vanglória.
5 Massacram o teu povo, SENHOR, e oprimem a tua herança;
6 matam as viúvas e os estrangeiros, assassinam os órfãos
7 e ainda dizem: "O SENHOR não nos vê; o Deus de Jacó nada
percebe".
8 Insensatos, procurem entender! E vocês, tolos, quando se
tornarão sábios?

---

[a] **91.2** Conforme a Septuaginta. O Texto Massorético diz *Direi do*.
[b] **91.3** Ou *da praga mortal*; ou ainda *da ameaça de destruição*.
[c] **92.10** Hebraico: *chifre*.
[d] **92.10** Ou *exaltaste a minha velhice com óleo novo*.
[e] **94.1** Hebraico: *Resplandece!*

9 Será que quem fez o ouvido não ouve? Será que quem formou
o olho não vê?
10 Aquele que disciplina as nações os deixará sem castigo? Não
tem sabedoria aquele que dá ao homem o conhecimento?
11 O SENHOR conhece os pensamentos do homem, e sabe como
são fúteis.
12 Como é feliz o homem a quem disciplinas, Senhor, aquele a
quem ensinas a tua lei; 13 tranquilo, enfrentará os dias maus,
enquanto, para os ímpios, uma cova se abrirá.
14 O SENHOR não desamparará o seu povo; jamais abandonará
a sua herança.
15 Voltará a haver justiça nos julgamentos, e todos os retos de
coração a seguirão.
16 Quem se levantará a meu favor contra os ímpios? Quem ficará
a meu lado contra os malfeitores?
17 Não fosse a ajuda do SENHOR, eu já estaria habitando no si-
lêncio.
18 Quando eu disse: Os meus pés escorregaram, o teu amor leal,
SENHOR, me amparou!
19 Quando a ansiedade já me dominava no íntimo, o teu consolo
trouxe alívio à minha alma.
20 Poderá um trono corrupto estar em aliança contigo?, um
trono que faz injustiças em nome da lei?
21 Eles planejam contra a vida dos justos e condenam os ino-
centes à morte.
22 Mas o SENHOR é a minha torre segura; o meu Deus é a rocha
em que encontro refúgio.
23 Deus fará cair sobre eles os seus crimes, e os destruirá por
causa dos seus pecados; o SENHOR, o nosso Deus, os destruirá!

Salmo 95

1 Venham! Cantemos ao SENHOR com alegria! Aclamemos a
Rocha da nossa salvação.
2 Vamos à presença dele com ações de graças; vamos acla-
má-lo com cânticos de louvor.
3 Pois o SENHOR é o grande Deus, o grande Rei acima de todos
os deuses.
4 Nas suas mãos estão as profundezas da terra, os cumes dos
montes lhe pertencem.
5 Dele também é o mar, pois ele o fez; as suas mãos formaram
a terra seca.
6 Venham! Adoremos prostrados e ajoelhemos diante do SE-
NHOR, o nosso Criador; 7 pois ele é o nosso Deus, e nós somos
o povo do seu pastoreio, o rebanho que ele conduz. Hoje, se
vocês ouvirem a sua voz, 8 não endureçam o coração, como
em Meribá[a], como aquele dia em Massá[b], no deserto, 9 onde
os seus antepassados me tentaram, pondo-me à prova, apesar
de terem visto o que eu fiz.
10 Durante quarenta anos fiquei irado contra aquela geração
e disse: "Eles são um povo de coração ingrato; não reconhe-
ceram os meus caminhos".
11 Por isso jurei na minha ira: "Jamais entrarão no meu descanso".

[a] 95.8 Meribá significa rebelião.
[b] 95.8 Massá significa provação.

Salmo 96

1 Cantem ao SENHOR um novo cântico; cantem ao SENHOR, todos
os habitantes da terra!
2 Cantem ao SENHOR, bendigam o seu nome; cada dia pro-
clamem a sua salvação!
3 Anunciem a sua glória entre as nações, seus feitos maravi-
lhosos entre todos os povos!
4 Porque o SENHOR é grande e digno de todo louvor, mais te-
mível do que todos os deuses!
5 Todos os deuses das nações não passam de ídolos, mas o
SENHOR fez os céus.
6 Majestade e esplendor estão diante dele; poder e dignidade,
no seu santuário.
7 Deem ao SENHOR, ó famílias das nações, deem ao SENHOR
glória e força.
8 Deem ao SENHOR a glória devida ao seu nome e entrem nos
seus átrios trazendo ofertas.
9 Adorem o SENHOR no esplendor da sua santidade; tremam
diante dele todos os habitantes da terra.
10 Digam entre as nações: "O SENHOR reina!" Por isso firme está
o mundo e não se abalará, e ele julgará os povos com justiça.
11 Regozijem-se os céus e exulte a terra! Ressoe o mar e tudo
o que nele existe!
12 Regozijem-se os campos e tudo o que neles há! Cantem de
alegria todas as árvores da floresta, 13 cantem diante do SE-
NHOR, porque ele vem, vem julgar a terra; julgará o mundo com
justiça e os povos com a sua fidelidade!

Salmo 97

1 O SENHOR reina! Exulte a terra e alegrem-se as regiões cos-
teiras distantes.
2 Nuvens escuras e espessas o cercam; retidão e justiça são a
base do seu trono.
3 Fogo vai adiante dele e devora os adversários ao redor.
4 Seus relâmpagos iluminam o mundo; a terra os vê e estre-
mece.
5 Os montes se derretem como cera diante do SENHOR, diante
do Soberano de toda a terra.
6 Os céus proclamam a sua justiça, e todos os povos contem-
plam a sua glória.
7 Ficam decepcionados todos os que adoram imagens e se van-
gloriam de ídolos. Prostram-se diante dele todos os deuses!
8 Sião ouve e se alegra, e as cidades[c] de Judá exultam, por
causa das tuas sentenças, SENHOR.
9 Pois tu, SENHOR, és o Altíssimo sobre toda a terra! És exaltado
muito acima de todos os deuses!
10 Odeiem o mal, vocês que amam o SENHOR, pois ele protege a
vida dos seus fiéis e os livra das mãos dos ímpios.
11 A luz nasce[d] sobre o justo e a alegria sobre os retos de co-
ração.
12 Alegrem-se no SENHOR, justos, e louvem o seu santo nome.

[c] 97.8 Hebraico: *filhas*.
[d] 97.11 Conforme a Septuaginta e algumas versões antigas. O Texto Massorético diz *A luz é semeada*.

Salmo 98
Salmo.

1 Cantem ao SENHOR um novo cântico, pois ele fez coisas ma-
ravilhosas; a sua mão direita e o seu braço santo lhe deram
a vitória!
2 O SENHOR anunciou a sua vitória e revelou a sua justiça às
nações.
3 Ele se lembrou do seu amor leal e da sua fidelidade para
com a casa de Israel; todos os confins da terra viram a vitória
do nosso Deus.
4 Aclamem o SENHOR todos os habitantes da terra! Louvem-no
com cânticos de alegria e ao som de música!
5 Ofereçam música ao SENHOR com a harpa, com a harpa e ao
som de canções, 6 com cornetas e ao som da trombeta; exultem
diante do SENHOR, o Rei!
7 Ressoe o mar e tudo o que nele existe, o mundo e os seus
habitantes!
8 Batam palmas os rios, e juntos cantem de alegria os montes;
9 cantem diante do SENHOR, porque ele vem, vem julgar a terra;
julgará o mundo com justiça e os povos com retidão.

Salmo 99

1 O SENHOR reina! As nações tremem! O seu trono está sobre os
querubins! Abala-se a terra!
2 Grande é o SENHOR em Sião; ele é exaltado acima de todas
as nações!
3 Seja louvado o teu grande e temível nome, que é santo.
4 Rei poderoso, amigo da justiça![a] Estabeleceste a equidade e
fizeste em Jacó o que é direito e justo.
5 Exaltem o SENHOR, o nosso Deus, prostrem-se diante do es-
trado dos seus pés. Ele é santo!
6 Moisés e Arão estavam entre os seus sacerdotes, Samuel,
entre os que invocavam o seu nome; eles clamavam pelo SE-
NHOR, e ele lhes respondia.
7 Falava-lhes da coluna de nuvem, e eles obedeciam aos seus
mandamentos e aos decretos que ele lhes dava.
8 Tu lhes respondeste, SENHOR, nosso Deus; para eles, tu eras
um Deus perdoador, embora os tenhas castigado por suas re-
beliões.
9 Exaltem o SENHOR, o nosso Deus; prostrem-se, voltados para
o seu santo monte, porque o SENHOR, o nosso Deus, é santo.

Salmo 100
Salmo. Para ação de graças.

1 Aclamem o SENHOR todos os habitantes da terra!
2 Prestem culto ao SENHOR com alegria; entrem na sua presença
com cânticos alegres.
3 Reconheçam que o Senhor é o nosso Deus. Ele nos fez e
somos dele[b]: somos o seu povo, e rebanho do seu pastoreio.
4 Entrem por suas portas com ações de graças e em seus átrios
com louvor; deem-lhe graças e bendigam o seu nome.
5 Pois o SENHOR é bom e o seu amor leal é eterno; a sua fideli-
dade permanece por todas as gerações.

Salmo 101
Salmo davídico.

1 Cantarei a lealdade e a justiça. A ti, SENHOR, cantarei louvores!
2 Seguirei o caminho da integridade; quando virás ao meu en-
contro? Em minha casa viverei de coração íntegro.
3 Repudiarei todo mal. Odeio a conduta dos infiéis; jamais me
dominará!
4 Longe estou dos perversos de coração; não quero envol-
ver-me com o mal.
5 Farei calar ao que difama o próximo às ocultas. Não vou to-
lerar o homem de olhos arrogantes e de coração orgulhoso.
6 Meus olhos aprovam os fiéis da terra, e eles habitarão co-
migo. Somente quem tem vida íntegra me servirá.
7 Quem pratica a fraude não habitará no meu santuário; o men-
tiroso não permanecerá na minha presença.
8 Cada manhã fiz calar todos os ímpios desta terra; eliminei
todos os malfeitores da cidade do SENHOR.

Salmo 102
Oração de um aflito que, quase desfalecido, derrama o seu lamento diante do SENHOR.

1 Ouve a minha oração, SENHOR! Chegue a ti o meu grito de
socorro!
2 Não escondas de mim o teu rosto quando estou atribulado.
Inclina para mim os teus ouvidos; quando eu clamar, respon-
de-me depressa!
3 Esvaem-se os meus dias como fumaça; meus ossos queimam
como brasas vivas.
4 Como a relva ressequida está o meu coração; esqueço até
de comer!
5 De tanto gemer estou reduzido a pele e osso.
6 Sou como a coruja do deserto[c], como uma coruja entre as
ruínas.
7 Não consigo dormir; pareço um pássaro solitário no telhado.
8 Os meus inimigos zombam de mim o tempo todo; os que me
insultam usam o meu nome para lançar maldições.
9 Cinzas são a minha comida, e com lágrimas misturo o que
bebo, 10 por causa da tua indignação e da tua ira, pois me re-
jeitaste e me expulsaste para longe de ti.
11 Meus dias são como sombras crescentes; sou como a relva
que vai murchando.
12 Tu, porém, SENHOR, no trono reinarás para sempre; o teu
nome será lembrado de geração em geração.
13 Tu te levantarás e terás misericórdia de Sião, pois é hora de
lhe mostrares compaixão; o tempo certo é chegado.
14 Pois as suas pedras são amadas pelos teus servos, as suas
ruínas os enchem de compaixão.
15 Então as nações temerão o nome do SENHOR e todos os reis
da terra a sua glória.

[a] 99.4 Ou *O rei é poderoso e ama a justiça.*
[b] 100.3 Ou *e não nós mesmos*
[c] 102.6 Ou *pelicano*

[16]Porque o SENHOR reconstruirá Sião e se manifestará na glória
que ele tem.
[17]Responderá à oração dos desamparados; as suas súplicas
não desprezará.
[18]Escreva-se isto para as futuras gerações, e um povo que
ainda será criado louvará o SENHOR, proclamando:
[19]"Do seu santuário nas alturas o SENHOR olhou; dos céus ob-
servou a terra, [20]para ouvir os gemidos dos prisioneiros e li-
bertar os condenados à morte".
[21]Assim o nome do SENHOR será anunciado em Sião e o seu
louvor em Jerusalém, [22]quando os povos e os reinos se reu-
nirem para adorar o SENHOR.
[23]No meio da minha vida ele me abateu com sua força; abre-
viou os meus dias.
[24]Então pedi: "Ó meu Deus, não me leves no meio dos meus
dias. Os teus dias duram por todas as gerações!"
[25]No princípio firmaste os fundamentos da terra, e os céus são
obras das tuas mãos.
[26]Eles perecerão, mas tu permanecerás; envelhecerão como
vestimentas. Como roupas tu os trocarás e serão jogados fora.
[27]Mas tu permaneces o mesmo, e os teus dias jamais terão fim.
[28]Os filhos dos teus servos terão uma habitação; os seus des-
cendentes serão estabelecidos na tua presença.

Salmo 103
Davídico.

[1]Bendiga o SENHOR a minha alma! Bendiga o SENHOR todo o
meu ser!
[2]Bendiga o SENHOR a minha alma! Não esqueça nenhuma de
suas bênçãos!
[3]É ele que perdoa todos os seus pecados e cura todas as suas
doenças, [4]que resgata a sua vida da sepultura e o coroa de
bondade e compaixão, [5]que enche de bens a sua existência, de
modo que a sua juventude se renova como a águia.
[6]O SENHOR faz justiça e defende a causa dos oprimidos.
[7]Ele manifestou os seus caminhos a Moisés; os seus feitos,
aos israelitas.
[8]O SENHOR é compassivo e misericordioso, mui paciente e cheio
de amor.
[9]Não acusa sem cessar nem fica ressentido para sempre; [10]não
nos trata conforme os nossos pecados nem nos retribui con-
forme as nossas iniquidades.
[11]Pois como os céus se elevam acima da terra, assim é grande
o seu amor para com os que o temem; [12]e como o Oriente
está longe do Ocidente, assim ele afasta para longe de nós as
nossas transgressões.
[13]Como um pai tem compaixão de seus filhos, assim o SENHOR
tem compaixão dos que o temem; [14]pois ele sabe do que
somos formados; lembra-se de que somos pó.
[15]A vida do homem é semelhante à relva; ele floresce como a
flor do campo, [16]que se vai quando sopra o vento; tampouco
se sabe mais o lugar que ocupava.
[17]Mas o amor leal do SENHOR, o seu amor eterno, está com
os que o temem e a sua justiça com os filhos dos seus filhos,
[18]com os que guardam a sua aliança e se lembram de obedecer
aos seus preceitos.
[19]O SENHOR estabeleceu o seu trono nos céus, e como rei do-
mina sobre tudo o que existe.
[20]Bendigam o SENHOR, vocês, seus anjos poderosos, que obe-
decem à sua palavra.
[21]Bendigam o SENHOR todos os seus exércitos, vocês, seus
servos, que cumprem a sua vontade.
[22]Bendigam o SENHOR todas as suas obras em todos os lugares
do seu domínio. Bendiga o SENHOR a minha alma!

Salmo 104

[1]Bendiga o SENHOR a minha alma! Ó SENHOR, meu Deus, tu és
tão grandioso! Estás vestido de majestade e esplendor!
[2]Envolto em luz como numa veste, ele estende os céus como
uma tenda, [3]e põe sobre as águas dos céus as vigas dos seus
aposentos. Faz das nuvens a sua carruagem e cavalga nas asas
do vento.
[4]Faz dos ventos seus mensageiros[a] e dos clarões reluzentes
seus servos.
[5]Firmaste a terra sobre os seus fundamentos para que jamais
se abale; [6]com as torrentes do abismo a cobriste, como se
fossem uma veste; as águas subiram acima dos montes.
[7]Diante das tuas ameaças as águas fugiram, puseram-se em
fuga ao som do teu trovão; [8]subiram pelos montes e escor-
reram pelos vales, para os lugares que tu lhes designaste.
[9]Estabeleceste um limite que não podem ultrapassar; jamais
tornarão a cobrir a terra.
[10]Fazes jorrar as nascentes nos vales e correrem as águas entre
os montes; [11]delas bebem todos os animais selvagens, e os
jumentos selvagens saciam a sua sede.
[12]As aves do céu fazem ninho junto às águas e entre os galhos
põem-se a cantar.
[13]Dos teus aposentos celestes regas os montes; sacia-se a terra
com o fruto das tuas obras!
[14]É o SENHOR que faz crescer o pasto para o gado, e as plantas
que o homem cultiva, para da terra tirar o alimento:
[15]o vinho, que alegra o coração do homem; o azeite, que lhe
faz brilhar o rosto, e o pão, que sustenta o seu vigor.
[16]As árvores do SENHOR são bem regadas, os cedros do Líbano
que ele plantou; [17]nelas os pássaros fazem ninho, e nos pi-
nheiros a cegonha tem o seu lar.
[18]Os montes elevados pertencem aos bodes selvagens, e os
penhascos são um refúgio para os coelhos.
[19]Ele fez a lua para marcar estações; o sol sabe quando deve
se pôr.
[20]Trazes trevas, e cai a noite, quando os animais da floresta
vagueiam.
[21]Os leões rugem à procura da presa, buscando de Deus o ali-
mento, [22]mas ao nascer do sol eles se vão e voltam a deitar-se
em suas tocas.

---

[a] 104.4 *Ou anjos*

23 Então o homem sai para o seu trabalho, para o seu labor
até o entardecer.
24 Quantas são as tuas obras, SENHOR! Fizeste todas elas com
sabedoria! A terra está cheia de seres que criaste.
25 Eis o mar, imenso e vasto. Nele vivem inúmeras criaturas,
seres vivos, pequenos e grandes.
26 Nele passam os navios, e também o Leviatã[a], que formaste
para com ele[b] brincar.
27 Todos eles dirigem seu olhar a ti, esperando que lhes dês
o alimento no tempo certo; 28 tu lhes dás, e eles o recolhem;
abres a tua mão, e saciam-se de coisas boas.
29 Quando escondes o rosto, entram em pânico; quando lhes
retiras o fôlego, morrem e voltam ao pó.
30 Quando sopras o teu fôlego, eles são criados, e renovas a
face da terra.
31 Perdure para sempre a glória do SENHOR! Alegre-se o SENHOR
em seus feitos!
32 Ele olha para a terra, e ela treme; toca os montes, e eles
fumegam.
33 Cantarei ao SENHOR toda a minha vida; louvarei ao meu Deus
enquanto eu viver.
34 Seja-lhe agradável a minha meditação, pois no SENHOR tenho
alegria.
35 Sejam os pecadores eliminados da terra e deixem de existir
os ímpios. Bendiga o SENHOR a minha alma!
Aleluia![c]

Salmo 105

1 Deem graças ao SENHOR, proclamem o seu nome; divulguem
os seus feitos entre as nações.
2 Cantem para ele e louvem-no; relatem todas as suas mara-
vilhas.
3 Gloriem-se no seu santo nome; alegre-se o coração dos que
buscam o SENHOR.
4 Recorram ao SENHOR e ao seu poder; busquem sempre a sua
presença.
5 Lembrem-se das maravilhas que ele fez, dos seus prodígios
e das sentenças de juízo que pronunciou, 6 ó descendentes de
Abraão, seu servo, ó filhos de Jacó, seus escolhidos.
7 Ele é o SENHOR, o nosso Deus; seus decretos são para toda
a terra.
8 Ele se lembra para sempre da sua aliança, por mil gerações,
da palavra que ordenou, 9 da aliança que fez com Abraão, do
juramento que fez a Isaque.
10 Ele o confirmou como decreto a Jacó, a Israel como aliança
eterna, quando disse:
11 "Darei a você a terra de Canaã, a herança que lhe pertence".
12 Quando ainda eram poucos, um punhado de peregrinos na
terra, 13 e vagueavam de nação em nação, de um reino a outro,
14 ele não permitiu que ninguém os oprimisse, mas a favor deles
repreendeu reis, dizendo:
15 "Não toquem nos meus ungidos; não maltratem os meus
profetas".
16 Ele mandou vir fome sobre a terra e destruiu todo o seu sus-
tento; 17 mas enviou um homem adiante deles, José, que foi
vendido como escravo.
18 Machucaram-lhe os pés com correntes e com ferros prende-
ram-lhe o pescoço, 19 até cumprir-se a sua predição e a palavra
do SENHOR confirmar o que dissera.
20 O rei mandou soltá-lo, o governante dos povos o libertou.
21 Ele o constituiu senhor de seu palácio e administrador de
todos os seus bens, 22 para instruir os seus oficiais como dese-
jasse e ensinar a sabedoria às autoridades do rei.
23 Então Israel foi para o Egito, Jacó viveu como estrangeiro
na terra de Cam.
24 Deus fez proliferar o seu povo, tornou-o mais poderoso do
que os seus adversários
25 e mudou o coração deles para que odiassem o seu povo, para
que tramassem contra os seus servos.
26 Então enviou seu servo Moisés, e Arão, a quem tinha esco-
lhido, 27 por meio dos quais realizou os seus sinais milagrosos
e as suas maravilhas na terra de Cam.
28 Ele enviou trevas, e houve trevas, e eles não se rebelaram[d]
contra as suas palavras.
29 Ele transformou as águas deles em sangue, causando a
morte dos seus peixes.
30 A terra deles ficou infestada de rãs, até mesmo os aposentos
reais.
31 Ele ordenou, e enxames de moscas e piolhos[e] invadiram o
território deles.
32 Deu-lhes granizo, em vez de chuva, e raios flamejantes por
toda a sua terra; 33 arrasou as suas videiras e figueiras e des-
truiu as árvores do seu território.
34 Ordenou, e vieram enxames de gafanhotos, gafanhotos inu-
meráveis, 35 e devoraram toda a vegetação daquela terra, e
consumiram tudo o que a lavoura produziu.
36 Depois matou todos os primogênitos da terra deles, todas as
primícias da sua virilidade.
37 Ele tirou de lá Israel, que saiu cheio de prata e ouro. Não
havia em suas tribos quem fraquejasse.
38 Os egípcios alegraram-se quando eles saíram, pois estavam
com verdadeiro pavor dos israelitas.
39 Ele estendeu uma nuvem para lhes dar sombra, e fogo para
iluminar a noite.
40 Pediram, e ele enviou codornizes e saciou-os com pão do
céu.
41 Ele fendeu a rocha, e jorrou água, que escorreu como um
rio pelo deserto.
42 Pois ele se lembrou da santa promessa que fizera ao seu
servo Abraão.
43 Fez o seu povo sair cheio de júbilo e os seus escolhidos com
cânticos alegres.

a 104.26 Ou *monstro marinho*
b 104.26 Ou *para nele*
c 104.35 Ou *Louvem o Senhor*; também em todo o livro de Salmos.
d 105.28 A Septuaginta e a Versão Siríaca dizem *mas eles se rebelaram*.
e 105.31 Ou *mosquitos*

44Deu-lhes as terras das nações, e eles tomaram posse do fruto
do trabalho de outros povos, 45para que obedecessem aos seus
decretos e guardassem as suas leis. Aleluia!

Salmo 106

1Aleluia! Deem graças ao SENHOR porque ele é bom; o seu amor
dura para sempre.
2Quem poderá descrever os feitos poderosos do SENHOR, ou
declarar todo o louvor que lhe é devido?
3Como são felizes os que perseveram na retidão, que sempre
praticam a justiça!
4Lembra-te de mim, SENHOR, quando tratares com bondade
o teu povo; vem em meu auxílio quando o salvares, 5para
que eu possa testemunhar[a] o bem-estar dos teus escolhidos,
alegrar-me com a alegria do teu povo e louvar-te com a tua
herança.
6Pecamos como os nossos antepassados; fizemos o mal e
fomos rebeldes.
7No Egito, os nossos antepassados não deram atenção às tuas
maravilhas; não se lembraram das muitas manifestações do
teu amor leal e rebelaram-se junto ao mar, o mar Vermelho.
8Contudo, ele os salvou por causa do seu nome, para mani-
festar o seu poder.
9Repreendeu o mar Vermelho, e este secou; ele os conduziu
pelas profundezas como por um deserto.
10Salvou-os das mãos daqueles que os odiavam; das mãos dos
inimigos os resgatou.
11As águas cobriram os seus adversários; nenhum deles so-
breviveu.
12Então creram nas suas promessas e a ele cantaram louvores.
13Mas logo se esqueceram do que ele tinha feito e não espe-
raram para saber o seu plano.
14Dominados pela gula no deserto, puseram Deus à prova nas
regiões áridas.
15Deu-lhes o que pediram, mas mandou sobre eles uma doença
terrível.
16No acampamento tiveram inveja de Moisés e de Arão, da-
quele que fora consagrado ao SENHOR.
17A terra abriu-se, engoliu Datã e sepultou o grupo de Abirão;
18fogo surgiu entre os seus seguidores; as chamas consumiram
os ímpios.
19Em Horebe fizeram um bezerro, adoraram um ídolo de metal.
20Trocaram a Glória deles pela imagem de um boi que come
capim.
21Esqueceram-se de Deus, seu Salvador, que fizera coisas gran-
diosas no Egito, 22maravilhas na terra de Cam e feitos temíveis
junto ao mar Vermelho.
23Por isso, ele ameaçou destruí-los; mas Moisés, seu esco-
lhido, intercedeu[b] diante dele, para evitar que a sua ira os
destruísse.
24Também rejeitaram a terra desejável; não creram na pro-
messa dele.
25Queixaram-se em suas tendas e não obedeceram ao SENHOR.
26Assim, de mão levantada, ele jurou que os abateria no de-
serto
27e dispersaria os seus descendentes entre as nações e os es-
palharia por outras terras.
28Sujeitaram-se ao jugo de Baal-Peor e comeram sacrifícios
oferecidos a ídolos mortos; 29provocaram a ira do SENHOR com
os seus atos, e uma praga irrompeu no meio deles.
30Mas Fineias se interpôs para executar o juízo, e a praga foi
interrompida.
31Isso lhe foi creditado como um ato de justiça que para sempre
será lembrado, por todas as gerações.
32Provocaram a ira de Deus junto às águas de Meribá; e, por
causa deles, Moisés foi castigado; 33rebelaram-se contra o Es-
pírito de Deus, e Moisés[c] falou sem refletir.
34Eles não destruíram os povos, como o SENHOR tinha orde-
nado, 35em vez disso, misturaram-se com as nações e imitaram
as suas práticas.
36Prestaram culto aos seus ídolos, que se tornaram uma ar-
madilha para eles.
37Sacrificaram seus filhos e suas filhas aos demônios.
38Derramaram sangue inocente, o sangue de seus filhos e fi-
lhas sacrificados aos ídolos de Canaã; e a terra foi profanada
pelo sangue deles.
39Tornaram-se impuros pelos seus atos; prostituíram-se por
suas ações.
40Por isso acendeu-se a ira do SENHOR contra o seu povo e ele
sentiu aversão por sua herança.
41Entregou-os nas mãos das nações, e os seus adversários do-
minaram sobre eles.
42Os seus inimigos os oprimiram e os subjugaram com o seu
poder.
43Ele os libertou muitas vezes, embora eles persistissem em
seus planos de rebelião e afundassem em sua maldade.
44Mas Deus atentou para o sofrimento deles quando ouviu o
seu clamor.
45Lembrou-se da sua aliança com eles, e arrependeu-se, por
causa do seu imenso amor leal.
46Fez com que os seus captores tivessem misericórdia deles.
47Salva-nos, SENHOR, nosso Deus! Ajunta-nos dentre as nações,
para que demos graças ao teu santo nome e façamos do teu
louvor a nossa glória.
48Bendito seja o SENHOR, o Deus de Israel, por toda a eterni-
dade. Que todo o povo diga: "Amém!" Aleluia!

QUINTO LIVRO

Salmo 107

1Deem graças ao SENHOR porque ele é bom; o seu amor dura
para sempre.
2Assim o digam os que o SENHOR resgatou, os que livrou das
mãos do adversário

[a] 106.5 Ou *desfrutar*
[b] 106.23 Hebraico: *colocou-se na brecha.*
[c] 106.33 Ou *tanto irritaram-lhe o espírito que Moisés*

3 e reuniu de outras terras, do oriente e do ocidente, do norte
e do sul[a].
4 Perambularam pelo deserto e por terras áridas sem encontrar
cidade habitada.
5 Estavam famintos e sedentos; sua vida ia se esvaindo.
6 Na sua aflição, clamaram ao SENHOR, e ele os livrou da tribu-
lação em que se encontravam
7 e os conduziu por caminho seguro a uma cidade habitada.
8 Que eles deem graças ao SENHOR por seu amor leal e por suas
maravilhas em favor dos homens, 9 porque ele sacia o sedento
e satisfaz plenamente o faminto.
10 Assentaram-se nas trevas e na sombra mortal, aflitos, acor-
rentados, 11 pois se rebelaram contra as palavras de Deus e
desprezaram os desígnios do Altíssimo.
12 Por isso ele os sujeitou a trabalhos pesados; eles tropeçaram,
e não houve quem os ajudasse.
13 Na sua aflição, clamaram ao SENHOR, e ele os salvou da tribu-
lação em que se encontravam.
14 Ele os tirou das trevas e da sombra mortal e quebrou as cor-
rentes que os prendiam.
15 Que eles deem graças ao SENHOR, por seu amor leal e por
suas maravilhas em favor dos homens, 16 porque despedaçou
as portas de bronze e rompeu as trancas de ferro.
17 Tornaram-se tolos por causa dos seus caminhos rebeldes, e
sofreram por causa das suas maldades.
18 Sentiram repugnância por toda comida e chegaram perto das
portas da morte.
19 Na sua aflição, clamaram ao SENHOR, e ele os salvou da tribu-
lação em que se encontravam.
20 Ele enviou a sua palavra e os curou, e os livrou da morte.
21 Que eles deem graças ao SENHOR, por seu amor leal e por
suas maravilhas em favor dos homens.
22 Que eles ofereçam sacrifícios de ação de graças e anunciem
as suas obras com cânticos de alegria.
23 Fizeram-se ao mar em navios, para negócios na imensidão
das águas, 24 e viram as obras do SENHOR, as suas maravilhas
nas profundezas.
25 Deus falou e provocou um vendaval que levantava as ondas.
26 Subiam aos céus e desciam aos abismos; diante de tal pe-
rigo, perderam a coragem.
27 Cambaleavam, tontos como bêbados, e toda a sua habili-
dade foi inútil.
28 Na sua aflição, clamaram ao SENHOR, e ele os tirou da tribu-
lação em que se encontravam.
29 Reduziu a tempestade a uma brisa e serenou as ondas.
30 As ondas sossegaram, eles se alegraram, e Deus os guiou
ao porto almejado.
31 Que eles deem graças ao SENHOR por seu amor leal e por suas
maravilhas em favor dos homens.
32 Que o exaltem na assembleia do povo e o louvem na reunião
dos líderes.
33 Ele transforma os rios em deserto e as fontes em terra seca,
34 faz da terra fértil um solo estéril, por causa da maldade dos
seus moradores.
35 Transforma o deserto em açudes e a terra ressecada em
fontes.
36 Ali ele assenta os famintos, para fundarem uma cidade ha-
bitável, 37 semearem lavouras, plantarem vinhas e colherem
uma grande safra.
38 Ele os abençoa, e eles se multiplicam; e não deixa que os
seus rebanhos diminuam.
39 Quando, porém, reduzidos, são humilhados com opressão,
desgraça e tristeza.
40 Deus derrama desprezo sobre os nobres e os faz vagar num
deserto sem caminhos.
41 Mas tira os pobres da miséria e aumenta as suas famílias
como rebanhos.
42 Os justos veem tudo isso e se alegram, mas todos os per-
versos se calam.
43 Reflitam nisso os sábios e considerem a bondade do SENHOR.

Salmo 108
Uma canção.
Salmo davídico.

1 Meu coração está firme, ó Deus! Cantarei e louvarei, ó Glória
minha!
2 Acordem, harpa e lira! Despertarei a alvorada.
3 Eu te darei graças, ó SENHOR, entre os povos; cantarei louvores
entre as nações, 4 porque o teu amor leal se eleva muito acima
dos céus; a tua fidelidade alcança as nuvens!
5 Sê exaltado, ó Deus, acima dos céus; estenda-se a tua glória
sobre toda a terra!
6 Salva-nos com a tua mão direita e responde-nos, para que
sejam libertos aqueles a quem amas.
7 Do seu santuário[b] Deus falou: "No meu triunfo dividirei Siquém
e repartirei o vale de Sucote.
8 Gileade me pertence e Manassés também; Efraim é o meu
capacete, Judá é o meu cetro.
9 Moabe é a pia em que me lavo, em Edom atiro a minha san-
dália, sobre a Filístia dou meu brado de vitória!"
10 Quem me levará à cidade fortificada? Quem me guiará a Edom?
11 Não foste tu, ó Deus, que nos rejeitaste e deixaste de sair com
os nossos exércitos?
12 Dá-nos ajuda contra os adversários, pois inútil é o socorro
do homem.
13 Com Deus conquistaremos a vitória, e ele pisará os nossos
adversários.

Salmo 109
Para o mestre de música.
Salmo davídico.

1 Ó Deus, a quem louvo, não fiques indiferente, 2 pois homens
ímpios e falsos dizem calúnias contra mim, e falam mentiras
a meu respeito.
3 Eles me cercaram com palavras carregadas de ódio; ataca-
ram-me sem motivo.

---

a **107.3** Hebraico: *mar.*

b **108.7** Ou *No sua santidade*

4 Em troca da minha amizade eles me acusam, mas eu permaneço em oração.
5 Retribuem-me o bem com o mal, e a minha amizade com ódio.
6 Designe-se[a] um ímpio[b] para ser seu oponente; à sua direita esteja um acusador[c].
7 Seja declarado culpado no julgamento, e que até a sua oração seja considerada pecado.
8 Seja a sua vida curta, e outro ocupe o seu lugar.
9 Fiquem órfãos os seus filhos e viúva a sua esposa.
10 Vivam os seus filhos vagando como mendigos, e saiam rebuscando o pão longe de[d] suas casas em ruínas.
11 Que um credor se aposse de todos os seus bens, e estranhos saqueiem o fruto do seu trabalho.
12 Que ninguém o trate com bondade nem tenha misericórdia dos seus filhos órfãos.
13 Sejam exterminados os seus descendentes e desapareçam os seus nomes na geração seguinte.
14 Que o SENHOR se lembre da iniquidade dos seus antepassados, e não se apague o pecado de sua mãe.
15 Estejam os seus pecados sempre perante o SENHOR, e na terra ninguém jamais se lembre da sua família.
16 Pois ele jamais pensou em praticar um ato de bondade, mas perseguiu até à morte o pobre, o necessitado e o de coração partido.
17 Ele gostava de amaldiçoar: venha sobre ele a maldição! Não tinha prazer em abençoar: afaste-se dele a bênção!
18 Ele vestia a maldição como uma roupa: entre ela em seu corpo como água e em seus ossos como óleo.
19 Envolva-o como um manto e aperte-o sempre como um cinto.
20 Assim retribua o SENHOR aos meus acusadores, aos que me caluniam.
21 Mas tu, Soberano SENHOR, intervém em meu favor, por causa do teu nome. Livra-me, pois é sublime o teu amor leal!
22 Sou pobre e necessitado e, no íntimo, o meu coração está abatido.
23 Vou definhando como a sombra vespertina; para longe sou lançado, como um gafanhoto.
24 De tanto jejuar os meus joelhos fraquejam e o meu corpo definha de magreza.
25 Sou objeto de zombaria para os meus acusadores; logo que me veem, meneiam a cabeça.
26 Socorro, SENHOR, meu Deus! Salva-me pelo teu amor leal!
27 Que eles reconheçam que foi a tua mão, que foste tu, SENHOR, que o fizeste.
28 Eles podem amaldiçoar, tu, porém, me abençoas. Quando atacarem, serão humilhados, mas o teu servo se alegrará.
29 Sejam os meus acusadores vestidos de desonra; que a vergonha os cubra como um manto.
30 Em alta voz, darei muitas graças ao SENHOR; no meio da assembleia eu o louvarei, 31 pois ele se põe ao lado do pobre para salvá-lo daqueles que o condenam.

Salmo 110
Salmo davídico.

1 O SENHOR disse ao meu Senhor: "Senta-te à minha direita até que eu faça dos teus inimigos um estrado para os teus pés".
2 O SENHOR estenderá o cetro de teu poder desde Sião, e dominarás sobre os teus inimigos!
3 Quando convocares as tuas tropas, o teu povo se apresentará voluntariamente.[e] Trajando vestes santas,[f] desde o romper da alvorada os teus jovens virão como o orvalho.[g]
4 O SENHOR jurou e não se arrependerá: "Tu és sacerdote para sempre, segundo a ordem de Melquisedeque".
5 O Senhor está à tua direita; ele esmagará reis no dia da sua ira.
6 Julgará as nações, amontoando os mortos e esmagando governantes[h] em toda a extensão da terra.
7 No caminho beberá de um ribeiro, e então erguerá a cabeça.

Salmo 111[i]

1 Aleluia! Darei graças ao SENHOR de todo o coração na reunião da congregação dos justos.
2 Grandes são as obras do SENHOR; nelas meditam todos os que as apreciam.
3 Os seus feitos manifestam majestade e esplendor, e a sua justiça dura para sempre.
4 Ele fez proclamar as suas maravilhas; o SENHOR é misericordioso e compassivo.
5 Deu alimento aos que o temiam, pois sempre se lembra de sua aliança.
6 Mostrou ao seu povo os seus feitos poderosos, dando-lhe as terras das nações.
7 As obras das suas mãos são fiéis e justas; todos os seus preceitos merecem confiança.
8 Estão firmes para sempre, estabelecidos com fidelidade e retidão.
9 Ele trouxe redenção ao seu povo e firmou a sua aliança para sempre. Santo e temível é o seu nome!
10 O temor do SENHOR é o princípio da sabedoria; todos os que cumprem os seus preceitos revelam bom senso. Ele será louvado para sempre!

Salmo 112[j]

1 Aleluia! Como é feliz o homem que teme o SENHOR e tem grande prazer em seus mandamentos!

a 109.6 Ou *Eles dizem: "Designa*
b 109.6 Ou *o maligno*
c 109.6 Ou *Satanás*
d 109.10 A Septuaginta diz *e sejam expulsos de.*

e 110.3 A Septuaginta diz *contigo está o principado.*
f 110.3 Vários manuscritos do Texto Massorético e outras versões antigas dizem *Dos santos montes.*
g 110.3 A Septuaginta, a Versão Siríaca e vários manuscritos do Texto Massorético dizem *antes da aurora eu o gerei.*
h 110.6 Ou *cabeças*
i O salmo 111 é um poema organizado em ordem alfabética, no hebraico.
j O salmo 112 é um poema organizado em ordem alfabética, no hebraico.

2 Seus descendentes serão poderosos na terra, serão uma ge-
ração abençoada, de homens íntegros.
3 Grande riqueza há em sua casa, e a sua justiça dura para
sempre.
4 A luz raia nas trevas para o íntegro, para quem é misericor-
dioso[a], compassivo e justo.
5 Feliz é o homem que empresta com generosidade e que com
honestidade conduz os seus negócios.
6 O justo jamais será abalado; para sempre se lembrarão dele.
7 Não temerá más notícias; seu coração está firme, confiante
no SENHOR.
8 O seu coração está seguro e nada temerá. No final, verá a
derrota dos seus adversários.
9 Reparte generosamente com os pobres; a sua justiça dura
para sempre; seu poder[b] será exaltado em honra.
10 O ímpio o vê e fica irado, range os dentes e definha. O desejo
dos ímpios se frustrará.

Salmo 113

1 Aleluia! Louvem, ó servos do SENHOR, louvem o nome do SE-
NHOR!
2 Seja bendito o nome do SENHOR, desde agora e para sempre!
3 Do nascente ao poente, seja louvado o nome do SENHOR!
4 O SENHOR está exaltado acima de todas as nações; e acima dos
céus está a sua glória.
5 Quem é como o SENHOR, o nosso Deus, que reina em seu trono
nas alturas, 6 mas se inclina para contemplar o que acontece
nos céus e na terra?
7 Ele levanta do pó o necessitado e ergue do lixo o pobre, 8 para
fazê-los sentar-se com príncipes, com os príncipes do seu povo.
9 Dá um lar à estéril, e dela faz uma feliz mãe de filhos. Aleluia!

Salmo 114

1 Quando Israel saiu do Egito e a casa de Jacó saiu do meio de
um povo de língua estrangeira, 2 Judá tornou-se o santuário de
Deus; Israel, o seu domínio.
3 O mar olhou e fugiu, o Jordão retrocedeu; 4 os montes sal-
taram como carneiros; as colinas, como cordeiros.
5 Por que fugir, ó mar? E você, Jordão, por que retroceder?
6 Por que vocês saltaram como carneiros, ó montes? E vocês,
colinas, porque saltaram como cordeiros?
7 Estremeça na presença do Soberano, ó terra, na presença
do Deus de Jacó!
8 Ele fez da rocha um açude, do rochedo uma fonte.

Salmo 115

1 Não a nós, SENHOR, nenhuma glória para nós, mas sim ao teu
nome, por teu amor e por tua fidelidade!
2 Por que perguntam as nações: "Onde está o Deus deles?"
3 O nosso Deus está nos céus, e pode fazer tudo o que lhe
agrada.
4 Os ídolos deles, de prata e ouro, são feitos por mãos hu-
manas.
5 Têm boca, mas não podem falar; olhos, mas não podem ver;
6 têm ouvidos, mas não podem ouvir; nariz, mas não podem
sentir cheiro; 7 têm mãos, mas nada podem apalpar; pés, mas
não podem andar; e não emitem som algum com a garganta.
8 Tornem-se como eles aqueles que os fazem e todos os que
neles confiam.
9 Confie no SENHOR, ó Israel! Ele é o seu socorro e o seu escudo.
10 Confiem no SENHOR, sacerdotes! Ele é o seu socorro e o seu
escudo.
11 Vocês que temem o SENHOR, confiem no SENHOR! Ele é o seu
socorro e o seu escudo.
12 O SENHOR lembra-se de nós e nos abençoará; abençoará os is-
raelitas, abençoará os sacerdotes, 13 abençoará os que temem
o SENHOR, do menor ao maior.
14 Que o SENHOR os multiplique, vocês e os seus filhos.
15 Sejam vocês abençoados pelo SENHOR, que fez os céus e a
terra.
16 Os mais altos céus pertencem ao SENHOR, mas a terra, ele a
confiou ao homem.
17 Os mortos não louvam o SENHOR, tampouco nenhum dos que
descem ao silêncio.
18 Mas nós bendiremos o SENHOR, desde agora e para sempre!
Aleluia!

Salmo 116

1 Eu amo o SENHOR, porque ele me ouviu quando lhe fiz a minha
súplica.
2 Ele inclinou os seus ouvidos para mim; eu o invocarei toda
a minha vida.
3 As cordas da morte me envolveram, as angústias do Sheol[c]
vieram sobre mim; aflição e tristeza me dominaram.
4 Então clamei pelo nome do SENHOR: Livra-me, SENHOR!
5 O SENHOR é misericordioso e justo; o nosso Deus é compassivo.
6 O SENHOR protege os simples; quando eu já estava sem forças,
ele me salvou.
7 Retorne ao seu descanso, ó minha alma, porque o SENHOR tem
sido bom para você!
8 Pois tu me livraste da morte, livraste os meus olhos das lá-
grimas e os meus pés de tropeçar, 9 para que eu pudesse andar
diante do SENHOR na terra dos viventes.
10 Eu cri, ainda que tenha dito:[d] Estou muito aflito.
11 Em pânico eu disse: Ninguém merece confiança.
12 Como posso retribuir ao SENHOR toda a sua bondade para
comigo?
13 Ergueri o cálice da salvação e invocarei o nome do SENHOR.
14 Cumprirei para com o SENHOR os meus votos, na presença
de todo o seu povo.
15 O SENHOR vê com pesar a morte de seus fiéis.[e]

---

a **112.4** Ou *pois o Senhor é misericordioso*
b **112.9** Hebraico: *chifre*.

c **116.3** Essa palavra pode ser traduzida por sepultura, profundezas, pó ou morte.
d **116.10** Ou *Eu cri, por isso falei:*
e **116.15** Ou *Para o Senhor é preciosa a morte dos seus fiéis.*

16 SENHOR, sou teu servo, Sim, sou teu servo, filho da tua serva;
livraste-me das minhas correntes.
17 Oferecerei a ti um sacrifício de gratidão e invocarei o nome
do SENHOR.
18 Cumprirei para com o SENHOR os meus votos, na presença
de todo o seu povo, 19 nos pátios da casa do SENHOR, no seu
interior, ó Jerusalém! Aleluia!

Salmo 117

1 Louvem o SENHOR, todas as nações; exaltem-no, todos os
povos!
2 Porque imenso é o seu amor leal por nós, e a fidelidade do
SENHOR dura para sempre. Aleluia!

Salmo 118

1 Deem graças ao SENHOR porque ele é bom; o seu amor dura
para sempre.
2 Que Israel diga: "O seu amor dura para sempre!"
3 Os sacerdotes digam: "O seu amor dura para sempre!"
4 Os que temem o SENHOR digam: "O seu amor dura para
sempre!"
5 Na minha angústia clamei ao SENHOR; e o SENHOR me res-
pondeu, dando-me ampla liberdade[a].
6 O SENHOR está comigo, não temerei. O que me podem fazer
os homens?
7 O SENHOR está comigo; ele é o meu ajudador. Verei a derrota
dos meus inimigos.
8 É melhor buscar refúgio no SENHOR do que confiar nos ho-
mens.
9 É melhor buscar refúgio no SENHOR do que confiar em prín-
cipes.
10 Todas as nações me cercaram, mas em nome do SENHOR eu
as derrotei.
11 Cercaram-me por todos os lados, mas em nome do SENHOR
eu as derrotei.
12 Cercaram-me como um enxame de abelhas, mas logo se ex-
tinguiram como espinheiros em chamas. Em nome do SENHOR
eu as derrotei!
13 Empurraram-me para forçar a minha queda, mas o SENHOR
me ajudou.
14 O SENHOR é a minha força e o meu cântico; ele é a minha
salvação.
15 Alegres brados de vitória ressoam nas tendas dos justos: "A
mão direita do SENHOR age com poder!
16 A mão direita do SENHOR é exaltada! A mão direita do SENHOR
age com poder!"
17 Não morrerei; mas vivo ficarei para anunciar os feitos do
SENHOR.
18 O SENHOR me castigou com severidade, mas não me entregou
à morte.
19 Abram as portas da justiça para mim, pois quero entrar para
dar graças ao SENHOR.
20 Esta é a porta do SENHOR, pela qual entram os justos.
21 Dou-te graças, porque me respondeste e foste a minha sal-
vação.
22 A pedra que os construtores rejeitaram tornou-se a pedra
angular.
23 Isso vem do SENHOR, e é algo maravilhoso para nós.
24 Este é o dia em que o SENHOR agiu; alegremo-nos e exul-
temos neste dia.
25 Salva-nos, SENHOR! Nós imploramos. Faze-nos prosperar,
SENHOR! Nós suplicamos.
26 Bendito é o que vem em nome do SENHOR. Da casa do SENHOR
nós os abençoamos.
27 O SENHOR é Deus, e ele fez resplandecer sobre nós a sua luz.[b]
Juntem-se ao cortejo festivo, levando ramos até as pontas[c]
do altar.
28 Tu és o meu Deus; graças te darei! Ó meu Deus, eu te exal-
tarei!
29 Deem graças ao SENHOR, porque ele é bom; o seu amor dura
para sempre.

Salmo 119[d]

Álef

1 Como são felizes os que andam em caminhos irrepreensíveis,
que vivem conforme a lei do SENHOR!
2 Como são felizes os que obedecem aos seus estatutos e de
todo o coração o buscam!
3 Não praticam o mal e andam nos caminhos do SENHOR.
4 Tu mesmo ordenaste os teus preceitos para que sejam fiel-
mente obedecidos.
5 Quem dera fossem firmados os meus caminhos na obediência
aos teus decretos.
6 Então não ficaria decepcionado ao considerar todos os teus
mandamentos.
7 Eu te louvarei de coração sincero quando aprender as tuas
justas ordenanças.
8 Obedecerei aos teus decretos; nunca me abandones.

Bêt

9 Como pode o jovem manter pura a sua conduta? Vivendo de
acordo com a tua palavra.
10 Eu te busco de todo o coração; não permitas que eu me
desvie dos teus mandamentos.
11 Guardei no coração a tua palavra para não pecar contra ti.
12 Bendito sejas, SENHOR! Ensina-me os teus decretos.
13 Com os lábios repito todas as leis que promulgaste.
14 Regozijo-me em seguir os teus testemunhos como o que se
regozija com grandes riquezas.
15 Meditarei nos teus preceitos e darei atenção às tuas veredas.
16 Tenho prazer nos teus decretos; não me esqueço da tua
palavra.

---

a **118.5** Hebraico: *pondo-me num lugar espaçoso.*

b **118.27** Ou *mostrou sua bondade para conosco.*

c **118.27** Ou *Amarrem o sacrifício da festa com cordas e levem-no até as pontas*

d O salmo 119 é um poema organizado em ordem alfabética, no hebraico.

Guímel

17 Trata com bondade o teu servo para que eu viva e obedeça
à tua palavra.
18 Abre os meus olhos para que eu veja as maravilhas da tua lei.
19 Sou peregrino na terra; não escondas de mim os teus man-
damentos.
20 A minha alma consome-se de perene desejo das tuas or-
denanças.
21 Tu repreendes os arrogantes; malditos os que se desviam dos
teus mandamentos!
22 Tira de mim a afronta e o desprezo, pois obedeço aos teus
estatutos.
23 Mesmo que os poderosos se reúnam para conspirar contra
mim, ainda assim o teu servo meditará nos teus decretos.
24 Sim, os teus testemunhos são o meu prazer; eles são os meus
conselheiros.

Dálet

25 Agora estou prostrado no pó; preserva a minha vida conforme
a tua promessa.
26 A ti relatei os meus caminhos e tu me respondeste; ensi-
na-me os teus decretos.
27 Faze-me discernir o propósito dos teus preceitos; então me-
ditarei nas tuas maravilhas.
28 A minha alma se consome de tristeza; fortalece-me conforme
a tua promessa.
29 Desvia-me dos caminhos enganosos; por tua graça, ensi-
na-me a tua lei.
30 Escolhi o caminho da fidelidade; decidi seguir as tuas or-
denanças.
31 Apego-me aos teus testemunhos, ó Senhor; não permitas que
eu fique decepcionado.
32 Corro pelo caminho que os teus mandamentos apontam, pois
me deste maior entendimento.

He

33 Ensina-me, SENHOR, o caminho dos teus decretos, e a eles
obedecerei até o fim.
34 Dá-me entendimento, para que eu guarde a tua lei e a ela
obedeça de todo o coração.
35 Dirige-me pelo caminho dos teus mandamentos, pois nele
encontro satisfação.
36 Inclina o meu coração para os teus estatutos, e não para
a ganância.
37 Desvia os meus olhos das coisas inúteis; faze-me viver nos
caminhos que traçaste.[a]
38 Cumpre a tua promessa para com o teu servo, para que sejas
temido.
39 Livra-me da afronta que me apavora, pois as tuas ordenanças
são boas.
40 Como anseio pelos teus preceitos! Preserva a minha vida por
tua justiça!

Vav

41 Que o teu amor alcance-me, SENHOR, e a tua salvação,
segundo a tua promessa; 42 então responderei aos que me
afrontam, pois confio na tua palavra.
43 Jamais tires da minha boca a palavra da verdade, pois nas
tuas ordenanças depositei a minha esperança.
44 Obedecerei constantemente à tua lei, para todo o sempre.
45 Andarei em verdadeira liberdade, pois tenho buscado os teus
preceitos.
46 Falarei dos teus testemunhos diante de reis, sem ficar en-
vergonhado.
47 Tenho prazer nos teus mandamentos; eu os amo.
48 A ti[b] levanto minhas mãos e medito nos teus decretos.

Zain

49 Lembra-te da tua palavra ao teu servo, pela qual me deste
esperança.
50 Este é o meu consolo no meu sofrimento: A tua promessa
dá-me vida.
51 Os arrogantes zombam de mim o tempo todo, mas eu não
me desvio da tua lei.
52 Lembro-me, SENHOR, das tuas ordenanças do passado e nelas
acho consolo.
53 Fui tomado de ira tremenda por causa dos ímpios que re-
jeitaram a tua lei.
54 Os teus decretos são o tema da minha canção em minha
peregrinação.
55 De noite lembro-me do teu nome, SENHOR! Vou obedecer à
tua lei.
56 Esta tem sido a minha prática: Obedecer aos teus preceitos.

Hêt

57 Tu és a minha herança, SENHOR; prometi obedecer às tuas
palavras.
58 De todo o coração suplico a tua graça; tem misericórdia de
mim, conforme a tua promessa.
59 Refleti em meus caminhos e voltei os meus passos para os
teus testemunhos.
60 Eu me apressarei e não hesitarei em obedecer aos teus man-
damentos.
61 Embora as cordas dos ímpios queiram prender-me, eu não
me esqueço da tua lei.
62 À meia-noite me levanto para dar-te graças pelas tuas justas
ordenanças.
63 Sou amigo de todos os que te temem e obedecem aos teus
preceitos.
64 A terra está cheia do teu amor, SENHOR; ensina-me os teus
decretos.

Tét

65 Trata com bondade o teu servo, SENHOR, conforme a tua
promessa.
66 Ensina-me o bom senso e o conhecimento, pois confio em
teus mandamentos.

---

[a] **119.37** Dois manuscritos do Texto Massorético e os manuscritos do mar Morto dizem *preserva a minha vida pela tua palavra*.

[b] **119.48** Ou *Aos teus mandamentos*

67 Antes de ser castigado, eu andava desviado, mas agora obe-
deço à tua palavra.
68 Tu és bom, e o que fazes é bom; ensina-me os teus decretos.
69 Os arrogantes mancharam o meu nome com mentiras, mas
eu obedeço aos teus preceitos de todo o coração.
70 O coração deles é insensível; eu, porém, tenho prazer na
tua lei.
71 Foi bom para mim ter sido castigado, para que aprendesse
os teus decretos.
72 Para mim vale mais a lei que decretaste do que milhares de
peças de prata e ouro.

Iode

73 As tuas mãos me fizeram e me formaram; dá-me entendi-
mento para aprender os teus mandamentos.
74 Quando os que têm temor de ti me virem, se alegrarão, pois
na tua palavra depositei a minha esperança.
75 Sei, SENHOR, que as tuas ordenanças são justas, e que por tua
fidelidade me castigaste.
76 Seja o teu amor o meu consolo, conforme a tua promessa
ao teu servo.
77 Alcance-me a tua misericórdia para que eu tenha vida, porque
a tua lei é o meu prazer.
78 Sejam humilhados os arrogantes, pois me prejudicaram sem
motivo; mas eu meditarei nos teus preceitos.
79 Venham apoiar-me aqueles que te temem, aqueles que en-
tendem os teus estatutos.
80 Seja o meu coração íntegro para com os teus decretos, para
que eu não seja humilhado.

Caf

81 Estou quase desfalecido, aguardando a tua salvação, mas na
tua palavra depositei a minha esperança.
82 Os meus olhos fraquejam de tanto esperar pela tua pro-
messa, e pergunto: "Quando me consolarás?"
83 Embora eu seja como uma vasilha inútil[a], não me esqueço
dos teus decretos.
84 Até quando o teu servo deverá esperar para que castigues os
meus perseguidores?
85 Cavaram uma armadilha contra mim os arrogantes, os que
não seguem a tua lei.
86 Todos os teus mandamentos merecem confiança; ajuda-me,
pois sou perseguido com mentiras.
87 Quase acabaram com a minha vida na terra, mas não aban-
donei os teus preceitos.
88 Preserva a minha vida pelo teu amor, e obedecerei aos es-
tatutos que decretaste.

Lâmed

89 A tua palavra, SENHOR, para sempre está firmada nos céus.
90 A tua fidelidade é constante por todas as gerações; estabe-
leceste a terra, que firme subsiste.
91 Conforme as tuas ordens, tudo permanece até hoje[b], pois
tudo está a teu serviço.
92 Se a tua lei não fosse o meu prazer, o sofrimento já me teria
destruído.
93 Jamais me esquecerei dos teus preceitos, pois é por meio
deles que preservas a minha vida.
94 Salva-me, pois a ti pertenço e busco os teus preceitos!
95 Os ímpios estão à espera para destruir-me, mas eu considero
os teus testemunhos.
96 Tenho constatado que toda perfeição tem limite; mas não há
limite para o teu mandamento.

Mem

97 Como eu amo a tua lei! Medito nela o dia inteiro.
98 Os teus mandamentos me tornam mais sábio que os meus
inimigos, porquanto estão sempre comigo.
99 Tenho mais discernimento que todos os meus mestres, pois
medito nos teus testemunhos.
100 Tenho mais entendimento que os anciãos, pois obedeço aos
teus preceitos.
101 Afasto os pés de todo caminho mau para obedecer à tua
palavra.
102 Não me afasto das tuas ordenanças, pois tu mesmo me
ensinas.
103 Como são doces para o meu paladar as tuas palavras! Mais
que o mel para a minha boca!
104 Ganho entendimento por meio dos teus preceitos; por isso
odeio todo caminho de falsidade.

Nun

105 A tua palavra é lâmpada que ilumina os meus passos e luz
que clareia o meu caminho.
106 Prometi sob juramento e o cumprirei: vou obedecer às tuas
justas ordenanças.
107 Passei por muito sofrimento; preserva, SENHOR, a minha vida,
conforme a tua promessa.
108 Aceita, SENHOR, a oferta de louvor dos meus lábios, e ensi-
na-me as tuas ordenanças.
109 A minha vida está sempre em perigo[c], mas não me esqueço
da tua lei.
110 Os ímpios prepararam uma armadilha contra mim, mas não
me desviei dos teus preceitos.
111 Os teus testemunhos são a minha herança permanente; são
a alegria do meu coração.
112 Dispus o meu coração para cumprir os teus decretos até o
fim. Sâmeq
113 Odeio os que são inconstantes, mas amo a tua lei.
114 Tu és o meu abrigo e o meu escudo; e na tua palavra depo-
sitei a minha esperança.
115 Afastem-se de mim os que praticam o mal! Quero obedecer
aos mandamentos do meu Deus!

---

[a] **119.83** Hebraico: *um odre na fumaça.*

[b] **119.91** Ou *as tuas leis permanecem até hoje*

[c] **119.109** Hebraico: *em minhas mãos.*

116 Sustenta-me, segundo a tua promessa, e eu viverei; não permitas que se frustrem as minhas esperanças.

117 Ampara-me, e estarei seguro; sempre estarei atento aos teus decretos.

118 Tu rejeitas todos os que se desviam dos teus decretos, pois os seus planos enganosos são inúteis.

119 Tu destróis[a] como refugo todos os ímpios da terra; por isso amo os teus testemunhos.

120 O meu corpo estremece diante de ti; as tuas ordenanças enchem-me de temor.

Áin

121 Tenho vivido com justiça e retidão; não me abandones nas mãos dos meus opressores.

122 Garante o bem-estar do teu servo; não permitas que os arrogantes me oprimam.

123 Os meus olhos fraquejam, aguardando a tua salvação e o cumprimento da tua justiça.

124 Trata o teu servo conforme o teu amor leal e ensina-me os teus decretos.

125 Sou teu servo; dá-me discernimento para compreender os teus testemunhos.

126 Já é tempo de agires, SENHOR, pois a tua lei está sendo desrespeitada.

127 Eu amo os teus mandamentos mais do que o ouro, mais do que o ouro puro.

128 Por isso considero justos os teus preceitos e odeio todo caminho de falsidade.

Pê

129 Os teus testemunhos são maravilhosos; por isso lhes obedeço.

130 A explicação das tuas palavras ilumina e dá discernimento aos inexperientes.

131 Abro a boca e suspiro, ansiando por teus mandamentos.

132 Volta-te para mim e tem misericórdia de mim, como sempre fazes aos que amam o teu nome.

133 Dirige os meus passos, conforme a tua palavra; não permitas que nenhum pecado me domine.

134 Resgata-me da opressão dos homens, para que eu obedeça aos teus preceitos.

135 Faze o teu rosto resplandecer sobre[b] o teu servo e ensina-me os teus decretos.

136 Rios de lágrimas correm dos meus olhos, porque a tua lei não é obedecida.

Tsade

137 Justo és, SENHOR, e retas são as tuas ordenanças.

138 Ordenaste os teus testemunhos com justiça; dignos são de inteira confiança!

139 O meu zelo me consome, pois os meus adversários se esquecem das tuas palavras.

140 A tua promessa[c] foi plenamente comprovada, e, por isso, o teu servo a ama.

141 Sou pequeno e desprezado, mas não esqueço os teus preceitos.

142 A tua justiça é eterna, e a tua lei é a verdade.

143 Tribulação e angústia me atingiram, mas os teus mandamentos são o meu prazer.

144 Os teus testemunhos são eternamente justos, dá-me discernimento para que eu tenha vida.

Cof

145 Eu clamo de todo o coração; responde-me, SENHOR, e obedecerei aos teus testemunhos!

146 Clamo a ti; salva-me, e obedecerei aos teus estatutos!

147 Antes do amanhecer me levanto e suplico o teu socorro; na tua palavra depositei a minha esperança.

148 Fico acordado nas vigílias da noite, para meditar nas tuas promessas.

149 Ouve a minha voz pelo teu amor leal; faze-me viver, SENHOR, conforme as tuas ordenanças.

150 Os meus perseguidores aproximam-se com más intenções,[d] mas estão distantes da tua lei.

151 Tu, porém, SENHOR, estás perto, e todos os teus mandamentos são verdadeiros.

152 Há muito aprendi dos teus testemunhos que tu os estabeleceste para sempre.

Rêsh

153 Olha para o meu sofrimento e livra-me, pois não me esqueço da tua lei.

154 Defende a minha causa e resgata-me; preserva a minha vida conforme a tua promessa.

155 A salvação está longe dos ímpios, pois eles não buscam os teus decretos.

156 Grande é a tua compaixão, SENHOR; preserva a minha vida conforme as tuas leis.

157 Muitos são os meus adversários e os meus perseguidores, mas eu não me desvio dos teus estatutos.

158 Com grande desgosto vejo os infiéis, que não obedecem à tua palavra.

159 Vê como amo os teus preceitos! Dá-me vida, SENHOR, conforme o teu amor leal.

160 A verdade é a essência da tua palavra, e todas as tuas justas ordenanças são eternas.

Shin e Sin

161 Os poderosos perseguem-me sem motivo, mas é diante da tua palavra que o meu coração treme.

---

[a] **119.119** Alguns manuscritos do Texto Massorético, a Septuaginta e outras versões gregas dizem *consideras*.

[b] **119.135** Isto é, mostra a tua bondade para com.

[c] **119.140** Ou *palavra*

[d] **119.150** Conforme alguns manuscritos do Texto Massorético, a Septuaginta e algumas versões gregas. O Texto Massorético diz *Os que tramam o mal estão por perto*.

162 Eu me regozijo na tua promessa como alguém que encontra
grandes despojos.
163 Odeio e detesto a falsidade, mas amo a tua lei.
164 Sete vezes por dia eu te louvo por causa das tuas justas
ordenanças.
165 Os que amam a tua lei desfrutam paz, e nada há que os
faça tropeçar.
166 Aguardo a tua salvação, SENHOR, e pratico os teus manda-
mentos.
167 Obedeço aos teus testemunhos; amo-os infinitamente!
168 Obedeço a todos os teus preceitos e testemunhos, pois co-
nheces todos os meus caminhos.

Tau

169 Chegue à tua presença o meu clamor, SENHOR! Dá-me enten-
dimento conforme a tua palavra.
170 Chegue a ti a minha súplica. Livra-me, conforme a tua pro-
messa.
171 Meus lábios transbordarão de louvor, pois me ensinas os
teus decretos.
172 A minha língua cantará a tua palavra, pois todos os teus
mandamentos são justos.
173 Com tua mão vem ajudar-me, pois escolhi os teus preceitos.
174 Anseio pela tua salvação, SENHOR, e a tua lei é o meu prazer.
175 Permite-me viver para que eu te louve; e que as tuas orde-
nanças me sustentem.
176 Andei vagando como ovelha perdida; vem em busca do teu
servo, pois não me esqueci dos teus mandamentos.

Salmo 120

Cântico de Peregrinação[a].

1 Eu clamo pelo SENHOR na minha angústia, e ele me responde.
2 SENHOR, livra-me dos lábios mentirosos e da língua traiçoeira!
3 O que ele dará a você? Como lhe retribuirá, ó língua enga-
nadora?
4 Ele a castigará com flechas afiadas de guerreiro, com brasas
incandescentes de sândalo.
5 Ai de mim, que vivo como estrangeiro em Meseque, que ha-
bito entre as tendas de Quedar!
6 Tenho vivido tempo demais entre os que odeiam a paz.
7 Sou um homem de paz; mas, ainda que eu fale de paz, eles
só falam de guerra.

Salmo 121

Cântico de Peregrinação.

1 Levanto os meus olhos para os montes e pergunto: De onde
me vem o socorro?
2 O meu socorro vem do SENHOR, que fez os céus e a terra.
3 Ele não permitirá que você tropece; o seu protetor se man-
terá alerta,
4 sim, o protetor de Israel não dormirá; ele está
sempre alerta!
5 O SENHOR é o seu protetor; como sombra que o protege, ele
está à sua direita.
6 De dia o sol não o ferirá; nem a lua, de noite.
7 O SENHOR o protegerá de todo o mal, protegerá a sua vida.
8 O SENHOR protegerá a sua saída e a sua chegada, desde agora
e para sempre.

Salmo 122

Cântico de Peregrinação.
Davídico.

1 Alegrei-me com os que me disseram: "Vamos à casa do SENHOR!"
2 Nossos pés já se encontram dentro de suas portas, ó Jeru-
salém!
3 Jerusalém está construída como cidade firmemente estabe-
lecida.
4 Para lá sobem as tribos do SENHOR, para dar graças ao SENHOR,
conforme o mandamento dado a Israel.
5 Lá estão os tribunais de justiça, os tribunais da casa real de
Davi.
6 Orem pela paz de Jerusalém: "Vivam em segurança aqueles
que te amam!
7 Haja paz dentro dos teus muros e segurança nas tuas cida-
delas!"
8 Em favor de meus irmãos e amigos, direi: Paz seja com você!
9 Em favor da casa do SENHOR, nosso Deus, buscarei o seu bem.

Salmo 123

Cântico de Peregrinação.

1 A ti levanto os meus olhos, a ti, que ocupas o teu trono nos
céus.
2 Assim como os olhos dos servos estão atentos à mão de seu
senhor e como os olhos das servas estão atentos à mão de sua
senhora, também os nossos olhos estão atentos ao SENHOR,
ao nosso Deus, esperando que ele tenha misericórdia de nós.
3 Misericórdia, SENHOR! Tem misericórdia de nós! Já estamos
cansados de tanto desprezo.
4 Estamos cansados de tanta zombaria dos orgulhosos e do
desprezo dos arrogantes.

Salmo 124

Cântico de Peregrinação.
Davídico.

1 Se o SENHOR não estivesse do nosso lado; que Israel o repita:
2 Se o SENHOR não estivesse do nosso lado quando os inimigos
nos atacaram,
3 eles já nos teriam engolido vivos, quando se
enfureceram contra nós;
4 as águas nos teriam arrastado e as
torrentes nos teriam afogado;
5 sim, as águas violentas nos
teriam afogado!
6 Bendito seja o SENHOR, que não nos entregou para sermos
dilacerados pelos dentes deles.
7 Como um pássaro escapamos da armadilha do caçador; a
armadilha foi quebrada, e nós escapamos.
8 O nosso socorro está no nome do SENHOR, que fez os céus
e a terra.

---

a 120 Ou *dos Degraus*; também nos salmos 121 a 134.

Salmo 125
Cântico de Peregrinação.

1Os que confiam no SENHOR são como o monte Sião, que não se
pode abalar, mas permanece para sempre.
2Como os montes cercam Jerusalém, assim o SENHOR protege
o seu povo, desde agora e para sempre.
3O cetro dos ímpios não prevalecerá sobre a terra dada aos
justos; se assim fosse, até os justos praticariam a injustiça.
4SENHOR, trata com bondade os que fazem o bem, os que têm
coração íntegro.
5Mas, aos que se desviam por caminhos tortuosos, o SENHOR
infligirá o castigo dado aos malfeitores. Haja paz em Israel!

Salmo 126
Cântico de Peregrinação.

1Quando o SENHOR trouxe os cativos de volta a Sião[a], foi como
um sonho.
2Então a nossa boca encheu-se de riso e a nossa língua de
cantos de alegria. Até nas outras nações se dizia: "O SENHOR
fez coisas grandiosas por este povo".
3Sim, coisas grandiosas fez o SENHOR por nós, por isso estamos
alegres.
4SENHOR, restaura-nos[b], assim como enches o leito dos ribeiros
no deserto[c].
5Aqueles que semeiam com lágrimas, com cantos de alegria
colherão.
6Aquele que sai chorando enquanto lança a semente, voltará
com cantos de alegria, trazendo os seus feixes.

Salmo 127
Cântico de Peregrinação.
De Salomão.

1Se não for o SENHOR o construtor da casa, será inútil trabalhar
na construção. Se não é o SENHOR que vigia a cidade, será inútil
a sentinela montar guarda.
2Será inútil levantar cedo e dormir tarde, trabalhando ardua-
mente por alimento. O SENHOR concede o sono àqueles a quem
ele ama.[d]
3Os filhos são herança do SENHOR, uma recompensa que ele dá.
4Como flechas nas mãos do guerreiro são os filhos nascidos
na juventude.
5Como é feliz o homem que tem a sua aljava cheia deles! Não
será humilhado quando enfrentar seus inimigos no tribunal.

Salmo 128
Cântico de Peregrinação.

1Como é feliz quem teme o SENHOR, quem anda em seus ca-
minhos!
2Você comerá do fruto do seu trabalho e será feliz e próspero.
3Sua mulher será como videira frutífera em sua casa; seus
filhos serão como brotos de oliveira ao redor da sua mesa.
4Assim será abençoado o homem que teme o SENHOR!
5Que o SENHOR o abençoe desde Sião, para que você veja a
prosperidade de Jerusalém todos os dias da sua vida
6e veja os filhos dos seus filhos. Haja paz em Israel!

Salmo 129
Cântico de Peregrinação.

1Muitas vezes me oprimiram desde a minha juventude; que
Israel o repita:
2Muitas vezes me oprimiram desde a minha juventude, mas
jamais conseguiram vencer-me.
3Passaram o arado em minhas costas e fizeram longos sulcos.
4O SENHOR é justo! Ele libertou-me das algemas dos ímpios.
5Retrocedam envergonhados todos os que odeiam Sião.
6Sejam como o capim do terraço, que seca antes de crescer,
7que não enche as mãos do ceifeiro nem os braços daquele
que faz os fardos.
8E que ninguém que passa diga: "Seja sobre vocês a bênção do
SENHOR; nós os abençoamos em nome do SENHOR!"

Salmo 130
Cântico de Peregrinação.

1Das profundezas clamo a ti, SENHOR; 2ouve, Senhor, a minha
voz! Estejam atentos os teus ouvidos às minhas súplicas!
3Se tu, Soberano SENHOR, registrasses os pecados, quem es-
caparia?
4Mas contigo está o perdão para que sejas temido.
5Espero no SENHOR com todo o meu ser e na sua palavra ponho
a minha esperança.
6Espero pelo Senhor mais do que as sentinelas pela manhã;
sim, mais do que as sentinelas esperam pela manhã!
7Ponha a sua esperança no SENHOR, ó Israel, pois no SENHOR há
amor leal e plena redenção.
8Ele próprio redimirá Israel de todas as suas culpas.

Salmo 131
Cântico de Peregrinação.
Davídico.

1SENHOR, o meu coração não é orgulhoso e os meus olhos não
são arrogantes. Não me envolvo com coisas grandiosas nem
maravilhosas demais para mim.
2De fato, acalmei e tranquilizei a minha alma. Sou como uma
criança recém-amamentada[e] por sua mãe; a minha alma é
como essa criança.
3Ponha a sua esperança no SENHOR, ó Israel, desde agora e
para sempre!

Salmo 132
Cântico de Peregrinação.

1SENHOR, lembra-te de Davi e das dificuldades que enfrentou.
2Ele jurou ao SENHOR e fez um voto ao Poderoso de Jacó:
3"Não entrarei na minha tenda nem me deitarei no meu leito;

[a] 126.1 Ou *trouxe restauração a Sião*
[b] 126.4 Ou *traze nossos cativos de volta*
[c] 126.4 Ou *Neguebe*
[d] 127.2 Ou *concede sustento aos seus amados enquanto dormem*
[e] 131.2 Ou *desmamada*

[4]não permitirei que os meus olhos peguem no sono nem que
as minhas pálpebras descansem, [5]enquanto não encontrar um
lugar para o SENHOR, uma habitação para o Poderoso de Jacó".
[6]Soubemos que a arca estava em Efrata[a], mas nós a encon-
tramos nos campos de Jaar[b]:
[7]"Vamos para a habitação do SENHOR! Vamos adorá-lo diante
do estrado de seus pés!
[8]Levanta-te, SENHOR, e vem para o teu lugar de descanso, tu e
a arca onde está o teu poder.
[9]Vistam-se de retidão os teus sacerdotes; cantem de alegria
os teus fiéis".
[10]Por amor ao teu servo Davi, não rejeites o teu ungido.
[11]O SENHOR fez um juramento a Davi, um juramento firme que
ele não revogará: "Colocarei um dos seus descendentes no
seu trono.
[12]Se os seus filhos forem fiéis à minha aliança e aos testemu-
nhos que eu lhes ensino, também os filhos deles o sucederão
no trono para sempre".
[13]O SENHOR escolheu Sião, com o desejo de fazê-la sua ha-
bitação:
[14]"Este será o meu lugar de descanso para sempre; aqui fir-
marei o meu trono, pois esse é o meu desejo.
[15]Abençoarei este lugar com fartura; os seus pobres suprirei
de pão.
[16]Vestirei de salvação os seus sacerdotes e os seus fiéis a cele-
brarão com grande alegria.
[17]"Ali farei renascer o poder[c] de Davi e farei brilhar a luz[d] do
meu ungido.
[18]Vestirei de vergonha os seus inimigos, mas nele brilhará a
sua coroa".

Salmo 133
Cântico de Peregrinação.
Davídico.

[1]Como é bom e agradável quando os irmãos convivem em
união!
[2]É como óleo precioso derramado sobre a cabeça, que desce
pela barba, a barba de Arão, até a gola das suas vestes.
[3]É como o orvalho do Hermom quando desce sobre os montes
de Sião. Ali o SENHOR concede a bênção da vida para sempre.

Salmo 134
Cântico de Peregrinação.

[1]Venham! Bendigam o SENHOR todos vocês, servos do SENHOR,
vocês, que servem de noite na casa do SENHOR.
[2]Levantem as mãos na direção do santuário e bendigam o
SENHOR!
[3]De Sião os abençoe o SENHOR, que fez os céus e a terra!

[a] 132.6 Ou *a respeito da arca em Efrata*
[b] 132.6 Isto é, Quiriate-Jearim.
[c] 132.17 Hebraico: *chifre*.
[d] 132.17 Isto é, perpetuarei a dinastia.

Salmo 135

[1]Aleluia! Louvem o nome do SENHOR; louvem-no, servos do SE-
NHOR, [2]vocês, que servem na casa do SENHOR, nos pátios da
casa de nosso Deus.
[3]Louvem o SENHOR, pois o SENHOR é bom; cantem louvores ao
seu nome, pois é nome amável.
[4]Porque o SENHOR escolheu Jacó; a Israel, como seu tesouro
pessoal.
[5]Na verdade, sei que o SENHOR é grande, que o nosso Soberano
é maior do que todos os deuses.
[6]O SENHOR faz tudo o que lhe agrada, nos céus e na terra, nos
mares e em todas as suas profundezas.
[7]Ele traz as nuvens desde os confins da terra; envia os relâm-
pagos que acompanham a chuva e faz que o vento saia dos
seus depósitos.
[8]Foi ele que matou os primogênitos do Egito, tanto dos homens
como dos animais.
[9]Ele realizou em pleno Egito sinais e maravilhas, contra o faraó
e todos os seus conselheiros.
[10]Foi ele que feriu muitas nações e matou reis poderosos:
[11]Seom, rei dos amorreus, Ogue, rei de Basã, e todos os reinos
de Canaã; [12]e deu a terra deles como herança, como herança
a Israel, o seu povo.
[13]O teu nome, SENHOR, permanece para sempre, a tua fama,
SENHOR, por todas as gerações!
[14]O SENHOR defenderá o seu povo e terá compaixão dos seus
servos.
[15]Os ídolos das nações não passam de prata e ouro, feitos por
mãos humanas.
[16]Têm boca, mas não podem falar; olhos, mas não podem ver;
[17]têm ouvidos, mas não podem escutar nem há respiração em
sua boca.
[18]Tornem-se[e] como eles aqueles que os fazem e todos os que
neles confiam.
[19]Bendigam o SENHOR, ó israelitas! Bendigam o SENHOR, ó sa-
cerdotes!
[20]Bendigam o SENHOR, ó levitas! Bendigam o SENHOR os que
temem o SENHOR!
[21]Bendito seja o SENHOR desde Sião, aquele que habita em Je-
rusalém. Aleluia!

Salmo 136

[1]Deem graças ao SENHOR, porque ele é bom. O seu amor dura
para sempre!
[2]Deem graças ao Deus dos deuses. O seu amor dura para
sempre!
[3]Deem graças ao Senhor dos senhores. O seu amor dura para
sempre!
[4]Ao único que faz grandes maravilhas, O seu amor dura para
sempre!
[5]Que com habilidade fez os céus, O seu amor dura para
sempre!

[e] 135.18 Ou *São*

6 Que estendeu a terra sobre as águas; O seu amor dura para sempre!
7 Àquele que fez os grandes luminares: O seu amor dura para sempre!
8 O sol para governar o dia, O seu amor dura para sempre!
9 A lua e as estrelas para governarem a noite. O seu amor dura para sempre!
10 Àquele que matou os primogênitos do Egito O seu amor dura para sempre!
11 E tirou Israel do meio deles O seu amor dura para sempre!
12 Com mão poderosa e braço forte. O seu amor dura para sempre!
13 Àquele que dividiu o mar Vermelho O seu amor dura para sempre!
14 E fez Israel atravessá-lo, O seu amor dura para sempre!
15 Mas lançou o faraó e o seu exército no mar Vermelho. O seu amor dura para sempre!
16 Àquele que conduziu seu povo pelo deserto, O seu amor dura para sempre!
17 Feriu grandes reis O seu amor dura para sempre!
18 E matou reis poderosos: O seu amor dura para sempre!
19 Seom, rei dos amorreus, O seu amor dura para sempre!
20 E Ogue, rei de Basã, O seu amor dura para sempre!
21 E deu a terra deles como herança, O seu amor dura para sempre!
22 Como herança ao seu servo Israel. O seu amor dura para sempre!
23 Àquele que se lembrou de nós quando fomos humilhados O seu amor dura para sempre!
24 E nos livrou dos nossos adversários; O seu amor dura para sempre!
25 Àquele que dá alimento a todos os seres vivos. O seu amor dura para sempre!
26 Deem graças ao Deus dos céus. O seu amor dura para sempre!

Salmo 137

1 Junto aos rios da Babilônia nós nos sentamos e choramos com saudade de Sião.
2 Ali, nos salgueiros, penduramos as nossas harpas;
3 ali os nossos captores pediam-nos canções, os nossos opressores exigiam canções alegres, dizendo: "Cantem para nós uma das canções de Sião!"
4 Como poderíamos cantar as canções do SENHOR numa terra estrangeira?
5 Que a minha mão direita definhe, ó Jerusalém, se eu me esquecer de ti!
6 Que me grude a língua ao céu da boca, se eu não me lembrar de ti e não considerar Jerusalém a minha maior alegria!
7 Lembra-te, SENHOR, dos edomitas e do que fizeram quando Jerusalém foi destruída, pois gritavam: "Arrasem-na! Arrasem-na até aos alicerces!"
8 Ó cidade[a] de Babilônia, destinada à destruição, feliz aquele que lhe retribuir o mal que você nos fez!
9 Feliz aquele que pegar os seus filhos e os despedaçar contra a rocha!

Salmo 138
Davídico.

1 Eu te louvarei, SENHOR, de todo o coração; diante dos deuses cantarei louvores a ti.
2 Voltado para o teu santo templo eu me prostrarei e renderei graças ao teu nome, por causa do teu amor e da tua fidelidade; pois exaltaste acima de todas as coisas o teu nome e a tua palavra.
3 Quando clamei, tu me respondeste; deste-me força e coragem.
4 Todos os reis da terra te renderão graças, SENHOR, pois saberão das tuas promessas.
5 Celebrarão os feitos do SENHOR, pois grande é a glória do SENHOR!
6 Embora esteja nas alturas, o SENHOR olha para os humildes, e de longe reconhece os arrogantes.
7 Ainda que eu passe por angústias, tu me preservas a vida da ira dos meus inimigos; estendes a tua mão direita e me livras.
8 O SENHOR cumprirá o seu propósito para comigo! Teu amor, SENHOR, permanece para sempre; não abandones as obras das tuas mãos!

Salmo 139
Para o mestre de música.
Davídico. Um salmo.

1 SENHOR, tu me sondas e me conheces.
2 Sabes quando me sento e quando me levanto; de longe percebes os meus pensamentos.
3 Sabes muito bem quando trabalho e quando descanso; todos os meus caminhos são bem conhecidos por ti.
4 Antes mesmo que a palavra me chegue à língua, tu já a conheces inteiramente, SENHOR.
5 Tu me cercas, por trás e pela frente, e pões a tua mão sobre mim.
6 Tal conhecimento é maravilhoso demais e está além do meu alcance; é tão elevado que não o posso atingir.
7 Para onde poderia eu escapar do teu Espírito? Para onde poderia fugir da tua presença?
8 Se eu subir aos céus, lá estás; se eu fizer a minha cama na sepultura[b], também lá estás.
9 Se eu subir com as asas da alvorada e morar na extremidade
do mar,
10 mesmo ali a tua mão direita me guiará e me susterá.
11 Mesmo que eu diga que as trevas me encobrirão, e que a luz se tornará noite ao meu redor,
12 verei que nem as trevas são escuras para ti. A noite brilhará como o dia, pois para ti as trevas são luz.

---

[a] 137.8 Hebraico: *filha*.
[b] 139.8 Hebraico: *Sheol*. Essa palavra também pode ser traduzida por profundezas, pó ou morte.

13 Tu criaste o íntimo do meu ser e me teceste no ventre de
minha mãe.
14 Eu te louvo porque me fizeste de modo especial e admirável[a].
Tuas obras são maravilhosas! Digo isso com convicção.
15 Meus ossos não estavam escondidos de ti quando em secreto
fui formado e entretecido como nas profundezas da terra.
16 Os teus olhos viram o meu embrião; todos os dias determi-
nados para mim foram escritos no teu livro antes de qualquer
deles existir.
17 Como são preciosos para mim os teus pensamentos, ó Deus!
Como é grande a soma deles!
18 Se eu os contasse, seriam mais do que os grãos de areia. Se
terminasse de contá-los[b], eu ainda estaria contigo.
19 Quem dera matasses os ímpios, ó Deus! Afastem-se de mim
os assassinos!
20 Porque falam de ti com maldade; em vão rebelam-se contra
ti.
21 Acaso não odeio os que te odeiam, SENHOR? E não detesto os
que se revoltam contra ti?
22 Tenho por eles ódio implacável! Considero-os inimigos meus!
23 Sonda-me, ó Deus, e conhece o meu coração; prova-me e
conhece as minhas inquietações.
24 Vê se em minha conduta algo te ofende e dirige-me pelo
caminho eterno.

Salmo 140

Para o mestre de música.

Salmo davídico.

1 Livra-me, SENHOR, dos maus; protege-me dos violentos, 2 que
no coração tramam planos perversos e estão sempre provo-
cando guerra.
3 Afiam a língua como a da serpente; veneno de víbora está
em seus lábios.

Pausa

4 Protege-me, SENHOR, das mãos dos ímpios; protege-me dos
violentos, que pretendem fazer-me tropeçar.
5 Homens arrogantes prepararam armadilhas contra mim, per-
versos estenderam as suas redes; no meu caminho armaram
ciladas contra mim.

Pausa

6 Eu declaro ao SENHOR: Tu és o meu Deus. Ouve, SENHOR, a
minha súplica!
7 Ó Soberano SENHOR, meu salvador poderoso, tu me proteges
a cabeça no dia da batalha; 8 não atendas aos desejos dos
ímpios, SENHOR! Não permitas que os planos deles tenham su-
cesso, para que não se orgulhem.

Pausa

9 Recaia sobre a cabeça dos que me cercam a maldade que os
seus lábios proferiram.
10 Caiam brasas sobre eles, e sejam lançados ao fogo, em covas
das quais jamais possam sair.
11 Que os difamadores não se estabeleçam na terra, que a des-
graça persiga os violentos até a morte.
12 Sei que o SENHOR defenderá a causa do necessitado e fará
justiça aos pobres.
13 Com certeza os justos darão graças ao teu nome, e os ho-
mens íntegros viverão na tua presença.

Salmo 141

Salmo davídico.

1 Clamo a ti, SENHOR; vem depressa! Escuta a minha voz quando
clamo a ti.
2 Seja a minha oração como incenso diante de ti e o levantar
das minhas mãos como a oferta da tarde.
3 Coloca, SENHOR, uma guarda à minha boca; vigia a porta de
meus lábios.
4 Não permitas que o meu coração se volte para o mal nem que
eu me envolva em práticas perversas com os malfeitores. Que
eu nunca participe dos seus banquetes!
5 Fira-me o justo com amor leal e me repreenda, mas não per-
fume a minha cabeça o óleo do ímpio,[c] pois a minha oração é
contra as práticas dos malfeitores.
6 Quando eles caírem nas mãos da Rocha, o juiz deles, ouvirão
as minhas palavras com apreço.[d]
7 Como a terra é arada e fendida, assim foram espalhados os
seus ossos à entrada da sepultura[e].
8 Mas os meus olhos estão fixos em ti, ó Soberano SENHOR; em
ti me refugio; não me entregues à morte.
9 Guarda-me das armadilhas que prepararam contra mim, das
ciladas dos que praticam o mal.
10 Caiam os ímpios em sua própria rede, enquanto eu escapo
ileso.

Salmo 142

Poema de Davi, quando ele estava na caverna.

Uma oração.

1 Em alta voz clamo ao SENHOR; elevo a minha voz ao SENHOR,
suplicando misericórdia.
2 Derramo diante dele o meu lamento; a ele apresento a minha
angústia.
3 Quando o meu espírito desanima, és tu quem conhece o ca-
minho que devo seguir. Na vereda por onde ando esconderam
uma armadilha contra mim.
4 Olha para a minha direita e vê; ninguém se preocupa comigo.
Não tenho abrigo seguro; ninguém se importa com a minha
vida.
5 Clamo a ti, SENHOR, e digo: Tu és o meu refúgio; és tudo o que
tenho na terra dos viventes.
6 Dá atenção ao meu clamor, pois estou muito abatido; livra-me
dos que me perseguem, pois são mais fortes do que eu.

---

[a] **139.14** A Septuaginta, a Versão Siríaca e os manuscritos do mar Morto dizem *porque tu és tremendo e maravilhoso.*

[b] **139.18** Ou *Quando acordasse*

[c] **141.5** Ou *Fira-me o justo e me repreenda o piedoso; será como óleo fino que minha cabeça não recusará,*

[d] **141.6** Ou *Quando os seus governantes forem lançados dos penhascos, todos saberão que minhas palavras eram verdadeiras.*

[e] **141.7** Hebraico: *Sheol.* Essa palavra também pode ser traduzida por profundezas, pó ou morte.

7 Liberta-me da prisão, e renderei graças ao teu nome. Então
os justos se reunirão à minha volta por causa da tua bondade
para comigo.

Salmo 143
Salmo davídico.

1 Ouve, SENHOR, a minha oração, dá ouvidos à minha súplica;
responde-me por tua fidelidade e por tua justiça.
2 Mas não leves o teu servo a julgamento, pois ninguém é justo
diante de ti.
3 O inimigo persegue-me e esmaga-me ao chão; ele me faz
morar nas trevas, como os que há muito morreram.
4 O meu espírito desanima; o meu coração está em pânico.
5 Eu me recordo dos tempos antigos; medito em todas as tuas
obras e considero o que as tuas mãos têm feito.
6 Estendo as minhas mãos para ti; como a terra árida, tenho
sede de ti.
Pausa
7 Apressa-te em responder-me, SENHOR! O meu espírito se
abate. Não escondas de mim o teu rosto, ou serei como os
que descem à cova.
8 Faze-me ouvir do teu amor leal pela manhã, pois em ti confio.
Mostra-me o caminho que devo seguir, pois a ti elevo a minha
alma.
9 Livra-me dos meus inimigos, SENHOR, pois em ti eu me abrigo.
10 Ensina-me a fazer a tua vontade, pois tu és o meu Deus; que o
teu bondoso Espírito me conduza por terreno plano.
11 Preserva-me a vida, SENHOR, por causa do teu nome; por tua
justiça, tira-me desta angústia.
12 E no teu amor leal, aniquila os meus inimigos; destrói todos
os meus adversários, pois sou teu servo.

Salmo 144
Davídico.

1 Bendito seja o SENHOR, a minha Rocha, que treina as minhas
mãos para a guerra e os meus dedos para a batalha.
2 Ele é o meu aliado fiel, a minha fortaleza, a minha torre de
proteção e o meu libertador; é o meu escudo, aquele em quem
me refugio. Ele subjuga a mim os povos[a].
3 SENHOR, que é o homem para que te importes com ele, ou o
filho do homem para que por ele te interesses?
4 O homem é como um sopro; seus dias são como sombra pas-
sageira.
5 Estende, SENHOR, os teus céus e desce; toca os montes para
que fumeguem.
6 Envia relâmpagos e dispersa os inimigos; atira as tuas flechas
e faze-os debandar.
7 Das alturas, estende a tua mão e liberta-me; salva-me da
imensidão das águas, das mãos desses estrangeiros, 8 que têm
lábios mentirosos e que, com a mão direita erguida, juram
falsamente.
9 Cantarei uma nova canção a ti, ó Deus; tocarei para ti a lira
de dez cordas, 10 para aquele que dá vitória aos reis, que livra
o seu servo Davi da espada mortal.
11 Dá-me libertação; salva-me das mãos dos estrangeiros, que
têm lábios mentirosos e que, com a mão direita erguida, juram
falsamente.
12 Então, na juventude, os nossos filhos serão como plantas
viçosas; as nossas filhas, como colunas esculpidas para ornar
um palácio.
13 Os nossos celeiros estarão cheios das mais variadas provi-
sões. Os nossos rebanhos se multiplicarão aos milhares, às
dezenas de milhares em nossos campos; 14 o nosso gado dará
suas crias; não haverá praga alguma nem aborto.[b] Não haverá
gritos de aflição em nossas ruas.
15 Como é feliz o povo assim abençoado! Como é feliz o povo
cujo Deus é o SENHOR!

Salmo 145[c]
Um cântico de louvor. Davídico.

1 Eu te exaltarei, meu Deus e meu rei; bendirei o teu nome para
todo o sempre!
2 Todos os dias te bendirei e louvarei o teu nome para todo
o sempre!
3 Grande é o SENHOR e digno de ser louvado; sua grandeza não
tem limites.
4 Uma geração contará à outra a grandiosidade dos teus feitos;
eles anunciarão os teus atos poderosos.
5 Proclamarão o glorioso esplendor da tua majestade, e medi-
tarei nas maravilhas que fazes.[d]
6 Anunciarão o poder dos teus feitos temíveis, e eu falarei das
tuas grandes obras.
7 Comemorarão a tua imensa bondade e celebrarão a tua jus-
tiça.
8 O SENHOR é misericordioso e compassivo, paciente e trans-
bordante de amor.
9 O SENHOR é bom para todos; a sua compaixão alcança todas
as suas criaturas.
10 Rendam-te graças todas as tuas criaturas, SENHOR, e os teus
fiéis te bendigam.
11 Eles anunciarão a glória do teu reino e falarão do teu poder,
12 para que todos saibam dos teus feitos poderosos e do glo-
rioso esplendor do teu reino.
13 O teu reino é reino eterno, e o teu domínio permanece de ge-
ração em geração. O SENHOR é fiel em todas as suas promessas
e é bondoso em tudo o que faz.[e]
14 O SENHOR ampara todos os que caem e levanta todos os que
estão prostrados.
15 Os olhos de todos estão voltados para ti, e tu lhes dás o ali-
mento no devido tempo.

---

[a] **144.2** Conforme muitos manuscritos do Texto Massorético, os manuscritos do mar Morto, a Versão Siríaca e algumas outras versões antigas. A maioria dos manuscritos do Texto Massorético diz *o meu povo*.

[b] **144.14** Ou *os nossos distritos não terão sobrecarga; não haverá invasão nem exílio.*

[c] O salmo 145 é um poema organizado em ordem alfabética, no hebraico.

[d] **145.5** Conforme os manuscritos do mar Morto e a Versão Siríaca. O Texto Massorético diz *Meditarei no glorioso esplendor da tua majestade e nas tuas obras maravilhosas*.

[e] **145.13** Conforme um manuscrito do Texto Massorético, os manuscritos do mar Morto e a Versão Siríaca. A maioria dos manuscritos do Texto Massorético não traz as duas últimas linhas desse versículo.

16 Abres a tua mão e satisfazes os desejos de todos os seres
vivos.
17 O SENHOR é justo em todos os seus caminhos e bondoso em
tudo o que faz.
18 O SENHOR está perto de todos os que o invocam, de todos os
que o invocam com sinceridade.
19 Ele realiza os desejos daqueles que o temem; ouve-os gritar
por socorro e os salva.
20 O SENHOR cuida de todos os que o amam, mas a todos os
ímpios destruirá.
21 Com meus lábios louvarei o SENHOR. Que todo ser vivo ben-
diga o seu santo nome para todo o sempre!

Salmo 146

1 Aleluia! Louve, ó minha alma, o SENHOR.
2 Louvarei o SENHOR por toda a minha vida; cantarei louvores ao
meu Deus enquanto eu viver.
3 Não confiem em príncipes, em meros mortais, incapazes de
salvar.
4 Quando o espírito deles se vai, eles voltam ao pó; naquele
mesmo dia acabam-se os seus planos.
5 Como é feliz aquele cujo auxílio é o Deus de Jacó, cuja espe-
rança está no SENHOR, no seu Deus, 6 que fez os céus e a terra,
o mar e tudo o que neles há, e que mantém a sua fidelidade
para sempre!
7 Ele defende a causa dos oprimidos e dá alimento aos fa-
mintos. O SENHOR liberta os presos, 8 o SENHOR dá vista aos
cegos, o SENHOR levanta os abatidos, o SENHOR ama os justos.
9 O SENHOR protege o estrangeiro e sustém o órfão e a viúva,
mas frustra o propósito dos ímpios.
10 O SENHOR reina para sempre! O teu Deus, ó Sião, reina de
geração em geração. Aleluia!

Salmo 147

1 Aleluia! Como é bom cantar louvores ao nosso Deus!
Como é agradável e próprio louvá-lo!
2 O SENHOR edifica Jerusalém; ele reúne os exilados de Israel.
3 Só ele cura os de coração quebrantado e cuida das suas fe-
ridas.
4 Ele determina o número de estrelas e chama cada uma pelo
nome.
5 Grande é o nosso Soberano e tremendo é o seu poder; é im-
possível medir o seu entendimento.
6 O SENHOR sustém o oprimido, mas lança por terra o ímpio.
7 Cantem ao SENHOR com ações de graças; ao som da harpa
façam música para o nosso Deus.
8 Ele cobre o céu de nuvens, concede chuvas à terra e faz
crescer a relva nas colinas.
9 Ele dá alimento aos animais, e aos filhotes dos corvos quando
gritam de fome.
10 Não é a força do cavalo que lhe dá satisfação, nem é a agili-
dade do homem que lhe agrada; 11 o SENHOR se agrada dos que
o temem, dos que depositam sua esperança no seu amor leal.
12 Exalte o SENHOR, ó Jerusalém! Louve o seu Deus, ó Sião,
13 pois ele reforçou as trancas de suas portas e abençoou o seu
povo, que lá habita.
14 É ele que mantém as suas fronteiras em segurança e que a
supre do melhor do trigo.
15 Ele envia sua ordem à terra, e sua palavra corre veloz.
16 Faz cair a neve como lã, e espalha a geada como cinza.
17 Faz cair o gelo como se fosse pedra. Quem pode suportar
o seu frio?
18 Ele envia a sua palavra, e o gelo derrete; envia o seu sopro,
e as águas tornam a correr.
19 Ele revela a sua palavra a Jacó, os seus decretos e orde-
nanças a Israel.
20 Ele não fez isso a nenhuma outra nação; todas as outras
desconhecem as suas ordenanças. Aleluia!

Salmo 148

1 Aleluia! Louvem o SENHOR desde os céus, louvem-no nas al-
turas!
2 Louvem-no todos os seus anjos, louvem-no todos os seus
exércitos celestiais.
3 Louvem-no sol e lua, louvem-no todas as estrelas cintilantes.
4 Louvem-no os mais altos céus e as águas acima do firma-
mento.
5 Louvem todos eles o nome do SENHOR, pois ordenou, e eles
foram criados.
6 Ele os estabeleceu em seus lugares para todo o sempre; deu-
-lhes um decreto que jamais mudará.
7 Louvem o SENHOR, vocês que estão na terra, serpentes mari-
nhas e todas as profundezas, 8 relâmpagos e granizo, neve e
neblina, vendavais que cumprem o que ele determina, 9 todas
as montanhas e colinas, árvores frutíferas e todos os cedros,
10 todos os animais selvagens e os rebanhos domésticos, todos
os demais seres vivos e as aves, 11 reis da terra e todas as na-
ções, todos os governantes e juízes da terra, 12 moços e moças,
velhos e crianças.
13 Louvem todos o nome do SENHOR, pois somente o seu nome
é exaltado; a sua majestade está acima da terra e dos céus.
14 Ele concedeu poder[a] ao seu povo e recebeu louvor de todos
os seus fiéis, dos israelitas, povo a quem ele tanto ama. Aleluia!

Salmo 149

1 Aleluia! Cantem ao SENHOR uma nova canção, louvem-no na
assembleia dos fiéis.
2 Alegre-se Israel no seu Criador, exulte o povo de Sião no seu Rei!
3 Louvem eles o seu nome com danças; ofereçam-lhe música
com tamborim e harpa.
4 O SENHOR agrada-se do seu povo; ele coroa de vitória os opri-
midos.
5 Regozijem-se os seus fiéis nessa glória e em seu leito cantem
alegremente!
6 Altos louvores estejam em seus lábios e uma espada de dois
gumes em suas mãos, 7 para impor vingança às nações e trazer

[a] 148.14 Hebraico: *levantou um chifre*.

castigo aos povos; 8 para prender os seus reis com grilhões e
seus nobres com algemas de ferro; 9 para executar a sentença
escrita contra eles. Esta é a glória de todos os seus fiéis. Aleluia!

Salmo 150

1 Aleluia! Louvem a Deus no seu santuário, louvem-no em seu
magnífico firmamento.
2 Louvem-no pelos seus feitos poderosos, louvem-no segundo
a imensidão de sua grandeza!
3 Louvem-no ao som de trombeta, louvem-no com a lira e a
harpa, 4 louvem-no com tamborins e danças, louvem-no com
instrumentos de cordas e com flautas, 5 louvem-no com cím-
balos sonoros, louvem-no com címbalos ressonantes.
6 Tudo o que tem vida louve o SENHOR! Aleluia!

PROVÉRBIOS

Propósito

1 Estes são os provérbios de Salomão, filho de Davi, rei de
Israel.
2 Eles ajudarão a experimentar a sabedoria e a disciplina; a
compreender as palavras que dão entendimento; 3 a viver com
disciplina e sensatez, fazendo o que é justo, direito e correto;
4 ajudarão a dar prudência aos inexperientes e conhecimento e
bom senso aos jovens. 5 Se o sábio lhes der ouvidos, aumentará
seu conhecimento, e quem tem discernimento obterá orien-
tação 6 para compreender provérbios e parábolas, ditados e
enigmas dos sábios.
7 O temor do SENHOR é o princípio[a] do conhecimento, mas os
insensatos desprezam a sabedoria e a disciplina.

Advertências da Sabedoria

8 Ouça, meu filho, a instrução de seu pai e não despreze o en-
sino de sua mãe. 9 Eles serão um enfeite para a sua cabeça, um
adorno para o seu pescoço.
10 Meu filho, se os maus tentarem seduzi-lo, não ceda! 11 Se
disserem: "Venha conosco, fiquemos de tocaia para matar al-
guém, vamos divertir-nos armando emboscada contra quem de
nada suspeita! 12 Vamos engoli-los vivos, como a sepultura[b] en
gole os mortos; vamos destruí-los inteiros, como são destruídos
os que descem à cova; 13 acharemos todo tipo de objetos va-
liosos e encheremos as nossas casas com o que roubarmos;
14 junte-se ao nosso bando; dividiremos em partes iguais tudo
o que conseguirmos!" 15 Meu filho, não vá pela vereda dessa
gente! Afaste os pés do caminho que eles seguem, 16 pois os
pés deles correm para fazer o mal, estão sempre prontos para
derramar sangue. 17 Assim como é inútil estender a rede se as
aves o observam, 18 também esses homens não percebem que
fazem tocaia contra a própria vida; armam emboscadas contra
eles mesmos! 19 Tal é o caminho de todos os gananciosos; quem
assim procede a si mesmo se destrói.

Convite à Sabedoria

20 A sabedoria clama em alta voz nas ruas, ergue a voz nas
praças públicas, 21 nas esquinas das ruas barulhentas[c] ela
clama, nas portas da cidade faz o seu discurso:
22 "Até quando vocês, inexperientes, irão contentar-se com
a sua inexperiência? Vocês, zombadores, até quando terão
prazer na zombaria? E vocês, tolos, até quando desprezarão o
conhecimento? 23 Se acatarem a minha repreensão, eu darei
a vocês um espírito de sabedoria e revelarei a vocês os meus
pensamentos. 24 Vocês, porém, rejeitaram o meu convite;
ninguém se importou quando estendi minha mão! 25 Visto
que desprezaram totalmente o meu conselho e não quiseram
aceitar a minha repreensão, 26 eu, de minha parte, vou rir-me
da sua desgraça; zombarei quando o que temem se abater
sobre vocês, 27 quando aquilo que temem abater-se sobre
vocês como uma tempestade, quando a desgraça os atingir
como um vendaval, quando a angústia e a dor os dominarem.
28 "Então vocês me chamarão, mas não responderei; procu-
rarão por mim, mas não me encontrarão. 29 Visto que des-
prezaram o conhecimento e recusaram o temor do SENHOR,
30 não quiseram aceitar o meu conselho e fizeram pouco caso
da minha advertência, 31 comerão do fruto da sua conduta e se
fartarão de suas próprias maquinações. 32 Pois a inconstância
dos inexperientes os matará, e a falsa segurança dos tolos os
destruirá; 33 mas quem me ouvir viverá em segurança e estará
tranquilo, sem temer nenhum mal".

O Valor da Sabedoria

2 Meu filho, se você aceitar as minhas palavras e guardar no
coração os meus mandamentos; 2 se der ouvidos à sabedoria e
inclinar o coração para o discernimento; 3 se clamar por enten-
dimento e por discernimento gritar bem alto; 4 se procurar a sa-
bedoria como se procura a prata e buscá-la como quem busca
um tesouro escondido, 5 então você entenderá o que é temer
o SENHOR e achará o conhecimento de Deus. 6 Pois o SENHOR é
quem dá sabedoria; de sua boca procedem o conhecimento e

[a] 1.7 Ou *a chave*; também em 9.10.
[b] 1.12 Hebraico: *Sheol*. Essa palavra também pode ser traduzida por profundezas, pó ou morte; também em 5.5; 7.27 e 9.18.
[c] 1.21 A Septuaginta diz *no alto dos muros*.

o discernimento. 7 Ele reserva a sensatez para o justo; como um escudo protege quem anda com integridade, 8 pois guarda a vereda do justo e protege o caminho de seus fiéis.

9 Então você entenderá o que é justo, direito e certo e aprenderá os caminhos do bem. 10 Pois a sabedoria entrará em seu coração, e o conhecimento será agradável à sua alma. 11 O bom senso o guardará, e o discernimento o protegerá.

12 A sabedoria o livrará do caminho dos maus, dos homens de palavras perversas – 13 que abandonam as veredas retas para andarem por caminhos de trevas –, 14 têm prazer em fazer o mal, exultam com a maldade dos perversos, 15 andam por veredas tortuosas e no caminho se extraviam.

16 Ela também o livrará da mulher imoral, da pervertida[a] que seduz com suas palavras, 17 que abandona aquele que desde a juventude foi seu companheiro e ignora a aliança que fez diante de Deus[b]. 18 A mulher imoral se dirige para a morte, que é a sua casa, e os seus caminhos levam às sombras[c]. 19 Os que a procuram jamais voltarão, nem tornarão a encontrar as veredas da vida.

20 A sabedoria o fará andar nos caminhos dos homens de bem e manter-se nas veredas dos justos. 21 Pois os justos habitarão na terra, e os íntegros nela permanecerão; 22 mas os ímpios serão eliminados da terra, e dela os infiéis serão arrancados.

3 Conselhos da Sabedoria

Meu filho, não se esqueça da minha lei, mas guarde no coração os meus mandamentos, 2 pois eles prolongarão a sua vida por muitos anos e darão a você prosperidade e paz.

3 Que o amor e a fidelidade jamais o abandonem; prenda-os ao redor do seu pescoço, escreva-os na tábua do seu coração. 4 Então você terá o favor de Deus e dos homens e boa reputação.

5 Confie no SENHOR de todo o seu coração e não se apoie em seu próprio entendimento; 6 reconheça o SENHOR em todos os seus caminhos, e ele endireitará[d] as suas veredas.

7 Não seja sábio aos seus próprios olhos; tema o SENHOR e evite o mal. 8 Isso dará a você saúde ao corpo e vigor aos ossos.

9 Honre o SENHOR com todos os seus recursos e com os primeiros frutos de todas as suas plantações; 10 os seus celeiros ficarão plenamente cheios, e os seus barris transbordarão de vinho.

11 Meu filho, não despreze a disciplina do SENHOR nem se magoe com a sua repreensão, 12 pois o SENHOR disciplina a quem ama, assim como o pai faz ao filho de quem deseja o bem.

13 Como é feliz o homem que acha a sabedoria, o homem que obtém entendimento, 14 pois a sabedoria é mais proveitosa do que a prata e rende mais do que o ouro. 15 É mais preciosa do que rubis; nada do que você possa desejar se compara a ela. 16 Na mão direita, a sabedoria garante a você vida longa; na mão esquerda, riquezas e honra. 17 Os caminhos da sabedoria são caminhos agradáveis, e todas as suas veredas são paz. 18 A sabedoria é árvore que dá vida a quem a abraça; quem a ela se apega será abençoado.

19 Por sua sabedoria o SENHOR lançou os alicerces da terra, por seu entendimento fixou no lugar os céus, 20 por seu conhecimento as fontes profundas se rompem e as nuvens gotejam o orvalho. 21 Meu filho, guarde consigo a sensatez e o equilíbrio, nunca os perca de vista; 22 trarão vida a você e serão um enfeite para o seu pescoço. 23 Então você seguirá o seu caminho em segurança e não tropeçará; 24 quando se deitar, não terá medo, e o seu sono será tranquilo. 25 Não terá medo da calamidade repentina nem da ruína que atinge os ímpios[e], 26 pois o SENHOR será a sua segurança e o impedirá de cair em armadilha.

27 Quanto for possível, não deixe de fazer o bem a quem dele precisa. 28 Não diga ao seu próximo: "Volte amanhã, e eu darei algo a você", se pode ajudá-lo hoje.

29 Não planeje o mal contra o seu próximo que confiantemente mora perto de você. 30 Não acuse alguém sem motivo se ele não fez nenhum mal a você.

31 Não tenha inveja de quem é violento nem adote nenhum dos seus procedimentos, 32 pois o SENHOR detesta o perverso, mas o justo é seu grande amigo.

33 A maldição do SENHOR está sobre a casa dos ímpios, mas ele abençoa o lar dos justos. 34 Ele zomba dos zombadores, mas concede graça aos humildes. 35 A honra é herança dos sábios, mas o SENHOR expõe os tolos ao ridículo.

4 A Sabedoria é Suprema

Ouçam, meus filhos, a instrução de um pai; estejam atentos e obterão discernimento. 2 O ensino que ofereço a vocês é bom; por isso não abandonem a minha instrução. 3 Quando eu era menino, ainda pequeno, em companhia de meu pai, um filho muito especial para minha mãe, 4 ele me ensinava e me dizia: "Apegue-se às minhas palavras de todo o coração; obedeça aos meus mandamentos, e você terá vida. 5 Procure obter sabedoria e entendimento; não se esqueça das minhas palavras nem delas se afaste. 6 Não abandone a sabedoria, e ela o protegerá; ame-a, e ela cuidará de você. 7 O conselho da sabedoria é:[f] Procure obter sabedoria; use tudo o que você possui para adquirir entendimento. 8 Dedique alta estima à sabedoria, e ela o exaltará; abrace-a, e ela o honrará. 9 Ela porá um belo diadema sobre a sua cabeça e dará de presente a você uma coroa de esplendor". 10 Ouça, meu filho, e aceite o que digo, e você terá vida longa. 11 Eu o conduzi pelo caminho da sabedoria e o encaminhei por veredas retas. 12 Assim, quando você por elas seguir, não encontrará obstáculos; quando correr, não tropeçará. 13 Apegue-se à instrução, não a abandone; guarde-a bem, pois dela depende a sua vida. 14 Não siga pela vereda dos ímpios nem ande no caminho dos maus. 15 Evite-o, não passe por ele; afaste-se e não se detenha. 16 Porque eles não

a 2.16 Hebraico: *estrangeira*.
b 2.17 Ou *aliança de seu Deus*
c 2.18 Hebraico: *refaim*. Isto é, os espíritos dos mortos.
d 3.6 Ou *orientará*
e 3.25 Ou *provocada pelos ímpios*
f 4.7 Ou *A sabedoria é suprema;*

conseguem dormir enquanto não fazem o mal; perdem o sono
se não causarem a ruína de alguém. 17 Pois eles se alimentam
de maldade, e se embriagam de violência.
18 A vereda do justo é como a luz da alvorada, que brilha cada
vez mais até a plena claridade do dia. 19 Mas o caminho dos
ímpios é como densas trevas; nem sequer sabem em que tro-
peçam.
20 Meu filho, escute o que digo a você; preste atenção às mi-
nhas palavras. 21 Nunca as perca de vista; guarde-as no fundo
do coração, 22 pois são vida para quem as encontra e saúde
para todo o seu ser. 23 Acima de tudo, guarde o seu coração[a],
pois dele depende toda a sua vida. 24 Afaste da sua boca as
palavras perversas; fique longe dos seus lábios a maldade.
25 Olhe sempre para a frente, mantenha o olhar fixo no que
está adiante de você. 26 Veja bem por onde anda, e os seus
passos serão seguros. 27 Não se desvie nem para a direita nem
para a esquerda; afaste os seus pés da maldade.

Advertência contra o Adultério

5 Meu filho, dê atenção à minha sabedoria, incline os ouvidos
para perceber o meu discernimento. 2 Assim você manterá o
bom senso, e os seus lábios guardarão o conhecimento. 3 Pois
os lábios da mulher imoral destilam mel, sua voz é mais suave
que o azeite; 4 mas no final é amarga como fel, afiada como
uma espada de dois gumes. 5 Os seus pés descem para a morte;
os seus passos conduzem diretamente para a sepultura. 6 Ela
nem percebe que anda por caminhos tortuosos e não enxerga
a vereda da vida.
7 Agora, então, meu filho, ouça-me; não se desvie das minhas
palavras. 8 Fique longe dessa mulher; não se aproxime da porta
de sua casa, 9 para que você não entregue aos outros o seu
vigor nem a sua vida a algum homem cruel, 10 para que estra-
nhos não se fartem do seu trabalho e outros não se enriqueçam
à custa do seu esforço. 11 No final da vida você gemerá, com sua
carne e seu corpo desgastados. 12 Você dirá: "Como odiei a dis-
ciplina! Como o meu coração rejeitou a repreensão! 13 Não ouvi
os meus mestres nem escutei os que me ensinavam. 14 Cheguei
à beira da ruína completa, à vista de toda a comunidade".
15 Beba das águas da sua cisterna, das águas que brotam do
seu próprio poço. 16 Por que deixar que as suas fontes trans-
bordem pelas ruas, e os seus ribeiros pelas praças? 17 Que elas
sejam exclusivamente suas, nunca repartidas com estranhos.
18 Seja bendita a sua fonte! Alegre-se com a esposa da sua
juventude. 19 Gazela amorosa, corça graciosa; que os seios de
sua esposa sempre o fartem de prazer, e sempre o embria-
guem os carinhos dela. 20 Por que, meu filho, ser desenca-
minhado pela mulher imoral? Por que abraçar o seio de uma
leviana[b]?
21 O SENHOR vê os caminhos do homem e examina todos os
seus passos. 22 As maldades do ímpio o prendem; ele se torna
prisioneiro das cordas do seu pecado. 23 Certamente morrerá
por falta de disciplina; andará cambaleando por causa da sua
insensatez.

Advertências contra a Insensatez

6 Meu filho, se você serviu de fiador do seu próximo, se, com
um aperto de mãos, empenhou-se por um estranho 2 e caiu na
armadilha das palavras que você mesmo disse, está prisioneiro
do que falou. 3 Então, meu filho, uma vez que você caiu nas
mãos do seu próximo, vá e humilhe-se; insista, incomode o seu
próximo! 4 Não se entregue ao sono, não procure descansar.
5 Livre-se como a gazela se livra do caçador, como a ave do laço
que a pode prender.
6 Observe a formiga, preguiçoso, reflita nos caminhos dela e
seja sábio! 7 Ela não tem nem chefe, nem supervisor, nem go-
vernante, 8 e ainda assim armazena as suas provisões no verão
e na época da colheita ajunta o seu alimento.
9 Até quando você vai ficar deitado,
preguiçoso? Quando se levantará de seu sono? 10 Tirando uma
soneca, cochilando um pouco, cruzando um pouco os braços
para descansar, 11 a sua pobreza o surpreenderá como um
assaltante, e a sua necessidade sobrevirá como um homem
armado sobre você. 12 O perverso não tem caráter. Anda de um
lado para o outro dizendo coisas maldosas; 13 pisca o olho, ar-
rasta os pés e faz sinais com os dedos; 14 tem no coração o pro-
pósito de enganar; planeja sempre o mal e semeia discórdia.
15 Por isso a desgraça se abaterá repentinamente sobre ele; de
um golpe será destruído irremediavelmente.
16 Há seis coisas que o SENHOR odeia, sete coisas que ele de-
testa: 17 olhos altivos, língua mentirosa, mãos que derramam
sangue inocente, 18 coração que traça planos perversos, pés
que se apressam para fazer o mal, 19 a testemunha falsa que
espalha mentiras e aquele que provoca discórdia entre irmãos.

Advertências contra o Adultério

20 Meu filho, obedeça aos mandamentos de seu pai e não
abandone o ensino de sua mãe. 21 Amarre-os sempre junto ao
coração; ate-os ao redor do pescoço. 22 Quando você andar,
eles o guiarão; quando dormir, o estarão protegendo; quando
acordar, falarão com você. 23 Pois o mandamento é lâmpada,
a instrução é luz, e as advertências da disciplina são o caminho
que conduz à vida; 24 eles o protegerão da mulher imoral, e dos
falsos elogios da mulher leviana[c]. 25 Não cobice em seu coração
a sua beleza nem se deixe seduzir por seus olhares, 26 pois o
preço de uma prostituta é um pedaço de pão, mas a adúltera
sai à caça de vidas preciosas. 27 Pode alguém colocar fogo no
peito sem queimar a roupa? 28 Pode alguém andar sobre brasas
sem queimar os pés? 29 Assim acontece com quem se deita com
mulher alheia; ninguém que a toque ficará sem castigo.
30 O ladrão não é desprezado se, faminto, rouba para matar a
fome.[d] 31 Contudo, se for pego, deverá pagar sete vezes o que
roubou, embora isso lhe custe tudo o que tem em casa. 32 Mas

[a] **4.23** Ou *os seus pensamentos*
[b] **5.20** Ou *de uma mulher casada*
[c] **6.24** Ou *adúltera*; também em 7.5.
[d] **6.30** Ou *a fome?*

o homem que comete adultério não tem juízo; todo aquele que assim procede a si mesmo se destrói. 33 Sofrerá ferimentos e vergonha, e a sua humilhação jamais se apagará, 34 pois o ciúme desperta a fúria do marido, que não terá misericórdia quando se vingar. 35 Não aceitará nenhuma compensação; os melhores presentes não o acalmarão.

7 Advertência contra a Mulher Adúltera

Meu filho, obedeça às minhas palavras e no íntimo guarde os meus mandamentos. 2 Obedeça aos meus mandamentos, e você terá vida; guarde os meus ensinos como a menina dos seus olhos. 3 Amarre-os aos dedos; escreva-os na tábua do seu coração. 4 Diga à sabedoria: "Você é minha irmã", e chame ao entendimento seu parente; 5 eles o manterão afastado da mulher imoral, da mulher leviana com suas palavras sedutoras.

6 Da janela de minha casa olhei através da grade 7 e vi entre os inexperientes, no meio dos jovens, um rapaz sem juízo. 8 Ele vinha pela rua, próximo à esquina de certa mulher, andando em direção à casa dela. 9 Era crepúsculo, o entardecer do dia, chegavam as sombras da noite, crescia a escuridão.

10 A mulher veio então ao seu encontro, vestida como prostituta, cheia de astúcia no coração. 11 (Ela é espalhafatosa e provocadora, seus pés nunca param em casa; 12 uma hora na rua, outra nas praças, em cada esquina fica à espreita.) 13 Ela agarrou o rapaz, beijou-o e lhe disse descaradamente:

14 "Tenho em casa a carne dos sacrifícios de comunhão[a], que hoje fiz para cumprir os meus votos. 15 Por isso saí para encontrá-lo; vim à sua procura e encontrei! 16 Estendi sobre o meu leito cobertas de linho fino do Egito. 17 Perfumei a minha cama com mirra, aloés e canela. 18 Venha, vamos embriagar-nos de carícias até o amanhecer; gozemos as delícias do amor! 19 Pois o meu marido não está em casa; partiu para uma longa viagem. 20 Levou uma bolsa cheia de prata e não voltará antes da lua cheia". 21 Com a sedução das palavras o persuadiu e o atraiu com o dulçor dos lábios. 22 Imediatamente ele a seguiu como o boi levado ao matadouro, ou como o cervo que vai cair no laço[b] 23 até que uma flecha lhe atravesse o fígado, ou como o pássaro que salta para dentro do alçapão, sem saber que isso lhe custará a vida.

24 Então, meu filho, ouça-me; dê atenção às minhas palavras. 25 Não deixe que o seu coração se volte para os caminhos dela, nem se perca em tais veredas. 26 Muitas foram as suas vítimas; os que matou são uma grande multidão. 27 A casa dela é um caminho que desce para a sepultura, para as moradas da morte.

8 O Chamado da Sabedoria

A sabedoria está clamando, o discernimento ergue a sua voz; 2 nos lugares altos, junto ao caminho, nos cruzamentos ela se coloca; 3 ao lado das portas, à entrada da cidade, portas adentro, ela clama em alta voz: 4 "A vocês, homens, eu clamo; a todos levanto a minha voz. 5 Vocês, inexperientes, adquiram a prudência; e vocês, tolos, tenham bom senso. 6 Ouçam, pois tenho coisas importantes para dizer; os meus lábios falarão do que é certo. 7 Minha boca fala a verdade, pois a maldade causa repulsa aos meus lábios. 8 Todas as minhas palavras são justas; nenhuma delas é distorcida ou perversa. 9 Para os que têm discernimento, são todas claras, e retas para os que têm conhecimento. 10 Prefiram a minha instrução à prata, e o conhecimento ao ouro puro, 11 pois a sabedoria é mais preciosa do que rubis; nada do que vocês possam desejar compara-se a ela.

12 "Eu, a sabedoria, moro com a prudência, e tenho o conhecimento que vem do bom senso. 13 Temer o SENHOR é odiar o mal; odeio o orgulho e a arrogância, o mau comportamento e o falar perverso. 14 Meu é o conselho sensato; a mim pertencem o entendimento e o poder. 15 Por meu intermédio os reis governam, e as autoridades exercem a justiça; 16 também por meu intermédio governam os nobres, todos os juízes da terra. 17 Amo os que me amam, e quem me procura me encontra. 18 Comigo estão riquezas e honra, prosperidade e justiça duradouras. 19 Meu fruto é melhor do que o ouro, do que o ouro puro; o que ofereço é superior à prata escolhida. 20 Ando pelo caminho da retidão, pelas veredas da justiça, 21 concedendo riqueza aos que me amam e enchendo os seus tesouros.

22 "O SENHOR me criou[c] como o princípio de seu caminho[d], antes das suas obras mais antigas; 23 fui formada desde a eternidade, desde o princípio, antes de existir a terra. 24 Nasci quando ainda não havia abismos, quando não existiam fontes de águas; 25 antes de serem estabelecidos os montes e de existirem colinas eu nasci. 26 Ele ainda não havia feito a terra, nem os campos, nem o pó com o qual formou o mundo. 27 Quando ele estabeleceu os céus, lá estava eu; quando traçou o horizonte sobre a superfície do abismo, 28 quando colocou as nuvens em cima e estabeleceu as fontes do abismo, 29 quando determinou as fronteiras do mar para que as águas não violassem a sua ordem, quando marcou os limites dos alicerces da terra, 30 eu estava ao seu lado e era o seu arquiteto; dia a dia eu era o seu prazer e me alegrava continuamente com a sua presença. 31 Eu me alegrava com o mundo que ele criou, e a humanidade me dava alegria.

32 "Ouçam-me agora, meus filhos: Como são felizes os que guardam os meus caminhos! 33 Ouçam a minha instrução e serão sábios. Não a desprezem. 34 Como é feliz o homem que me ouve, vigiando diariamente à minha porta, esperando junto às portas da minha casa. 35 Pois todo aquele que me encontra, encontra a vida e recebe o favor do SENHOR. 36 Mas aquele que de mim se afasta, a si mesmo se agride; todos os que me odeiam amam a morte".

9 Os Convites da Sabedoria e da Insensatez

A sabedoria construiu sua casa; ergueu suas sete colunas. 2 Matou animais para a refeição, preparou seu vinho e arrumou sua mesa. 3 Enviou suas servas para fazerem convites desde

[a] 7.14 Ou *de paz*
[b] 7.22 Hebraico: *como o acorrentado que vai para o castigo de um tolo.*
[c] 8.22 Ou *me possuía*
[d] 8.22 Ou *domínio*

o ponto mais alto da cidade, clamando: 4 “Venham todos os
inexperientes!” Aos que não têm bom senso ela diz: 5 “Venham
comer a minha comida e beber o vinho que preparei. 6 Deixem
a insensatez, e vocês terão vida; andem pelo caminho do en-
tendimento.
7 “Quem corrige o zombador traz sobre si o insulto; quem re-
preende o ímpio mancha o próprio nome. 8 Não repreenda o
zombador, caso contrário ele o odiará; repreenda o sábio, e
ele o amará. 9 Instrua o homem sábio, e ele será ainda mais
sábio; ensine o homem justo, e ele aumentará o seu saber.
10 “O temor do SENHOR é o princípio[a] da sabedoria, e o conhe-
cimento do Santo é entendimento. 11 Pois por meu intermédio
os seus dias serão multiplicados, e o tempo da sua vida se
prolongará. 12 Se você for sábio, o benefício será seu; se for
zombador, sofrerá as consequências”.
13 A insensatez é pura exibição, sedução e ignorância. 14 Sentada
à porta de sua casa, no ponto mais alto da cidade, 15 clama
aos que passam por ali seguindo o seu caminho: 16 “Venham
todos os inexperientes!” Aos que não têm bom senso ela diz:
17 “A água roubada é doce, e o pão que se come escondido é
saboroso!” 18 Mas eles nem imaginam que ali estão os espíritos
dos mortos[b], que os seus convidados estão nas profundezas
da sepultura.

Provérbios de Salomão

10 Provérbios de Salomão: O filho sábio dá alegria ao pai; o filho tolo dá tristeza à mãe.

2 Os tesouros de origem desonesta não servem para nada, mas a retidão livra da morte.

3 O SENHOR não deixa o justo passar fome, mas frustra a ambição dos ímpios.

4 As mãos preguiçosas empobrecem o homem, porém as mãos diligentes lhe trazem riqueza.

5 Aquele que faz a colheita no verão é filho sensato, mas aquele que dorme durante a ceifa é filho que causa vergonha.

6 As bênçãos coroam a cabeça dos justos, mas a boca dos ímpios abriga a violência.

7 A memória deixada pelos justos será uma bênção, mas o nome dos ímpios apodrecerá.

8 Os sábios de coração aceitam mandamentos, mas a boca do insensato o leva à ruína.

9 Quem anda com integridade anda com segurança, mas quem segue veredas tortuosas será descoberto.

10 Aquele que pisca maliciosamente causa tristeza, e a boca do insensato o leva à ruína.

11 A boca do justo é fonte de vida, mas a boca dos ímpios abriga a violência.

12 O ódio provoca dissensão, mas o amor cobre todos os pecados.

13 A sabedoria está nos lábios dos que têm discernimento, mas a vara é para as costas daquele que não tem juízo.

14 Os sábios acumulam conhecimento, mas a boca do insensato é um convite à ruína.

15 A riqueza dos ricos é a sua cidade fortificada, mas a pobreza é a ruína dos pobres.

16 O salário do justo lhe traz vida, mas a renda do ímpio lhe traz castigo.

17 Quem acolhe a disciplina mostra o caminho da vida, mas quem ignora a repreensão desencaminha outros.

18 Quem esconde o ódio tem lábios mentirosos, e quem espalha calúnia é tolo.

19 Quando são muitas as palavras, o pecado está presente, mas quem controla a língua é sensato.

20 A língua dos justos é prata escolhida, mas o coração dos ímpios quase não tem valor.

21 As palavras dos justos dão sustento a muitos, mas os insensatos morrem por falta de juízo.

22 A bênção do SENHOR traz riqueza e não inclui dor alguma.

23 O tolo encontra prazer na má conduta, mas o homem cheio de entendimento deleita-se na sabedoria.

24 O que o ímpio teme lhe acontecerá; o que os justos desejam lhes será concedido.

25 Passada a tempestade, o ímpio já não existe, mas o justo permanece firme para sempre.

26 Como o vinagre para os dentes e a fumaça para os olhos, assim é o preguiçoso para aqueles que o enviam.

27 O temor do SENHOR prolonga a vida, mas a vida do ímpio é abreviada.

28 O que o justo almeja redunda em alegria, mas as esperanças dos ímpios dão em nada.

29 O caminho do SENHOR é o refúgio dos íntegros, mas é a ruína dos que praticam o mal.

30 Os justos jamais serão desarraigados, mas os ímpios pouco duram na terra.

31 A boca do justo produz sabedoria, mas a língua perversa será
extirpada. 32 Os lábios do justo sabem o que é próprio, mas a
boca dos ímpios só conhece a perversidade.

11 O SENHOR repudia balanças desonestas, mas os pesos exatos lhe dão prazer.

2 Quando vem o orgulho, chega a desgraça, mas a sabedoria está com os humildes.

3 A integridade dos justos os guia, mas a falsidade dos infiéis os destrói.

4 De nada vale a riqueza no dia da ira divina, mas a retidão livra
da morte. 5 A retidão dos irrepreensíveis lhes abre um caminho
reto, mas os ímpios são abatidos por sua própria impiedade.

6 A justiça dos justos os livra, mas o desejo dos infiéis os aprisiona.

7 Quando morre o ímpio, sua esperança perece; tudo o que ele esperava do seu poder dá em nada.

8 O justo é salvo das tribulações, e estas são transferidas para o ímpio.

9 Com a boca o ímpio pretende destruir o próximo, mas pelo seu conhecimento o justo se livra.

a 9.10 Ou *a chave*
b 9.18 Ou *as sombras*

10 Quando os justos prosperam, a cidade exulta; quando os ím-
pios perecem, há cantos de alegria.
11 Pela bênção dos justos a cidade é exaltada, mas pela boca dos
ímpios é destruída. 12 O homem que não tem juízo ridiculariza
o seu próximo, mas o que tem entendimento refreia a língua.
13 Quem muito fala trai a confidência, mas quem merece con-
fiança guarda o segredo.
14 Sem diretrizes a nação cai; o que a salva é ter muitos con-
selheiros.
15 Quem serve de fiador certamente sofrerá, mas quem se nega
a fazê-lo está seguro.
16 A mulher bondosa conquista o respeito, mas os homens
cruéis[a] só conquistam riquezas.
17 Quem faz o bem aos outros, a si mesmo o faz; o homem cruel
causa o seu próprio mal.
18 O ímpio recebe salários enganosos, mas quem semeia a re-
tidão colhe segura recompensa.
19 Quem permanece na justiça viverá, mas quem sai em busca
do mal corre para a morte.
20 O SENHOR detesta os perversos de coração, mas os de con-
duta irrepreensível dão-lhe prazer.
21 Esteja certo de que os ímpios não ficarão sem castigo, mas
os justos serão poupados.
22 Como anel de ouro em focinho de porco, assim é a mulher
bonita, mas indiscreta.
23 O desejo dos justos resulta em bem; a esperança dos ímpios,
em ira.
24 Há quem dê generosamente, e vê aumentar suas riquezas;
outros retêm o que deveriam dar, e caem na pobreza.
25 O generoso prosperará; quem dá alívio aos outros, alívio
receberá.
26 O povo amaldiçoa aquele que esconde o trigo, mas a bênção
coroa aquele que logo se dispõe a vendê-lo.
27 Quem procura o bem será respeitado; já o mal vai de en-
contro a quem o busca.
28 Quem confia em suas riquezas certamente cairá, mas os
justos florescerão como a folhagem verdejante.
29 Quem causa problemas à sua família herdará somente vento;
o insensato será servo do sábio.
30 O fruto da retidão é árvore de vida, e aquele que conquista
almas[b] é sábio.
31 Se os justos recebem na terra a punição que merecem,
quanto mais o ímpio e o pecador!

12 Todo o que ama a disciplina ama o conhecimento, mas
aquele que odeia a repreensão é tolo.
2 O homem bom obtém o favor do SENHOR, mas o que planeja
maldades o SENHOR condena. 3 Ninguém consegue se firmar
mediante a impiedade, e não se pode desarraigar o justo.
4 A mulher exemplar é a coroa do seu marido, mas a de compor-
tamento vergonhoso é como câncer em seus ossos.
5 Os planos dos justos são retos, mas o conselho dos ímpios
é enganoso.
6 As palavras dos ímpios são emboscadas mortais, mas quando
os justos falam há livramento.
7 Os ímpios são derrubados e desaparecem, mas a casa dos
justos permanece firme.
8 O homem é louvado segundo a sua sabedoria, mas o que tem
o coração perverso é desprezado.
9 Melhor é não ser ninguém e, ainda assim, ter quem o sirva,
do que fingir ser alguém e não ter comida.
10 O justo cuida bem dos seus rebanhos, mas até os atos mais
bondosos dos ímpios são cruéis.
11 Quem trabalha a sua terra terá fartura de alimento, mas
quem vai atrás de fantasias não tem juízo.
12 Os ímpios cobiçam o despojo tomado pelos maus, mas a raiz
do justo floresce.
13 O mau se enreda em seu falar pecaminoso, mas o justo não
cai nessas dificuldades. 14 Do fruto de sua boca o homem se
beneficia, e o trabalho de suas mãos será recompensado.
15 O caminho do insensato parece-lhe justo, mas o sábio ouve
os conselhos.
16 O insensato revela de imediato o seu aborrecimento, mas o
homem prudente ignora o insulto.
17 A testemunha fiel dá testemunho honesto, mas a testemunha
falsa conta mentiras.
18 Há palavras que ferem como espada, mas a língua dos sábios
traz a cura.
19 Os lábios que dizem a verdade permanecem para sempre,
mas a língua mentirosa dura apenas um instante.
20 O engano está no coração dos que maquinam o mal, mas a
alegria está no meio dos que promovem a paz.
21 Nenhum mal atingirá o justo, mas os ímpios estão cobertos
de problemas.
22 O SENHOR odeia os lábios mentirosos, mas se deleita com os
que falam a verdade.
23 O homem prudente
não alardeia o seu conhecimento, mas o coração dos tolos
derrama insensatez.
24 As mãos diligentes governarão, mas os preguiçosos acabarão
escravos.
25 O coração ansioso deprime o homem, mas uma palavra bon-
dosa o anima.
26 O homem honesto é cauteloso em suas amizades[c], mas o
caminho dos ímpios os leva a perder-se.
27 O preguiçoso não aproveita a sua caça, mas o diligente dá
valor a seus bens.
28 No caminho da justiça está a vida; essa é a vereda que nos
preserva da morte.

13 O filho sábio acolhe a instrução do pai, mas o zombador
não ouve a repreensão.

a 11.16 *Ou valentes*
b 11.30 *Ou pessoas*
c 12.26 *Ou é um guia para o seu próximo*

2 Do fruto de sua boca o homem desfruta coisas boas, mas o
que os infiéis desejam é violência.
3 Quem guarda a sua boca guarda a sua vida, mas quem fala
demais acaba se arruinando.
4 O preguiçoso deseja e nada consegue, mas os desejos do
diligente são amplamente satisfeitos.
5 Os justos odeiam o que é falso, mas os ímpios trazem ver-
gonha e desgraça.
6 A retidão protege o homem íntegro, mas a impiedade derruba
o pecador. 7 Alguns fingem que são ricos e nada têm; outros
fingem que são pobres e têm grande riqueza.
8 As riquezas de um homem servem de resgate para a sua vida,
mas o pobre nunca recebe ameaças.
9 A luz dos justos resplandece esplendidamente, mas a lâmpada
dos ímpios apaga-se.
10 O orgulho só gera discussões, mas a sabedoria está com os
que tomam conselho.
11 O dinheiro ganho com desonestidade diminuirá, mas quem o
ajunta aos poucos terá cada vez mais.
12 A esperança que se retarda deixa o coração doente, mas o
anseio satisfeito é árvore de vida.
13 Quem zomba da instrução pagará por ela, mas aquele que
respeita o mandamento será recompensado.
14 O ensino dos sábios é fonte de vida e afasta o homem das
armadilhas da morte.
15 O bom entendimento conquista favor, mas o caminho do infiel
é áspero[a].
16 Todo homem prudente age com base no conhecimento, mas
o tolo expõe a sua insensatez.
17 O mensageiro ímpio cai em dificuldade, mas o enviado digno
de confiança traz a cura. 18 Quem despreza a disciplina cai na
pobreza e na vergonha, mas quem acolhe a repreensão recebe
tratamento honroso.
19 O anseio satisfeito agrada a alma, mas o tolo detesta afas-
tar-se do mal.
20 Aquele que anda com os sábios será cada vez mais sábio,
mas o companheiro dos tolos acabará mal.
21 O infortúnio persegue o pecador, mas a prosperidade é a
recompensa do justo.
22 O homem bom deixa herança para os filhos de seus filhos,
mas a riqueza do pecador é armazenada para os justos.
23 A lavoura do pobre produz alimento com fartura, mas por
falta de justiça ele o perde.
24 Quem se nega a castigar seu filho não o ama; quem o ama
não hesita em discipliná-lo.
25 O justo come até satisfazer o apetite, mas os ímpios perma-
necem famintos.

14 A mulher sábia edifica a sua casa, mas com as próprias
mãos a insensata derruba a sua.
2 Quem anda direito teme o SENHOR, mas quem segue caminhos
enganosos o despreza.
3 A conversa do insensato traz a vara para as suas costas, mas
os lábios dos sábios os protegem. 4 Onde não há bois o celeiro
fica vazio, mas da força do boi vem a grande colheita.
5 A testemunha sincera não engana, mas a falsa transborda
em mentiras.
6 O zombador busca sabedoria e nada encontra, mas o conheci-
mento vem facilmente ao que tem discernimento.
7 Mantenha-se longe do tolo, pois você não achará conheci-
mento no que ele falar.
8 A sabedoria do homem prudente é discernir o seu caminho,
mas a insensatez dos tolos é enganosa.
9 Os insensatos zombam da ideia de reparar o pecado come-
tido, mas a boa vontade está entre os justos.
10 Cada coração conhece a sua própria amargura, e não há
quem possa partilhar sua alegria.
11 A casa dos ímpios será destruída, mas a tenda dos justos
florescerá.
12 Há caminho que parece certo ao homem, mas no final conduz
à morte.
13 Mesmo no riso o coração pode sofrer, e a alegria pode ter-
minar em tristeza.
14 Os infiéis receberão a retribuição de sua conduta, mas o
homem bom será recompensado.
15 O inexperiente acredita em qualquer coisa, mas o homem
prudente vê bem onde pisa. 16 O sábio é cauteloso[b] e evita o
mal, mas o tolo é impetuoso e irresponsável.
17 Quem é irritadiço faz tolices, e o homem cheio de astúcias
é odiado.
18 Os inexperientes herdam a insensatez, mas o conhecimento
é a coroa dos prudentes.
19 Os maus se inclinarão diante dos homens de bem; e os ím-
pios, às portas da justiça.
20 Os pobres são evitados até por seus vizinhos, mas os amigos
dos ricos são muitos.
21 Quem despreza o próximo comete pecado, mas como é feliz
quem trata com bondade os necessitados!
22 Não é certo que se perdem os que só pensam no mal? Mas os
que planejam o bem encontram[c] amor e fidelidade.
23 Todo trabalho árduo traz proveito, mas o só falar leva à po-
breza.
24 A riqueza dos sábios é a sua coroa, mas a insensatez dos
tolos produz apenas insensatez.
25 A testemunha que fala a verdade salva vidas, mas a teste-
munha falsa é enganosa.
26 Aquele que teme o SENHOR possui uma fortaleza segura, re-
fúgio para os seus filhos.
27 O temor do SENHOR é fonte de vida, e afasta das armadilhas
da morte.
28 Uma grande população é a glória do rei, mas, sem súditos, o
príncipe está arruinado.

[a] 13.15 Ou *não permanece*

[b] 14.16 Ou *teme o Senhor*

[c] 14.22 Ou *demonstram*

29 O homem paciente dá prova de grande entendimento, mas o precipitado revela insensatez.

30 O coração em paz dá vida ao corpo, mas a inveja apodrece os ossos.

31 Oprimir o pobre é ultrajar o seu Criador, mas tratar com bondade o necessitado é honrar a Deus.

32 Quando chega a calamidade, os ímpios são derrubados; os justos, porém, até em face da morte encontram refúgio.

33 A sabedoria repousa no coração dos que têm discernimento, e mesmo entre os tolos ela se deixa conhecer[a].

34 A justiça engrandece a nação, mas o pecado é uma vergonha para qualquer povo.

35 O servo sábio agrada o rei, mas o que procede vergonhosamente incorre em sua ira.

15 A resposta calma desvia a fúria, mas a palavra ríspida desperta a ira.

2 A língua dos sábios torna atraente o conhecimento, mas a boca dos tolos derrama insensatez.

3 Os olhos do SENHOR estão em toda parte, observando atentamente os maus e os bons.

4 O falar amável é árvore de vida, mas o falar enganoso esmaga o espírito.

5 O insensato faz pouco caso da disciplina de seu pai, mas quem acolhe a repreensão revela prudência.

6 A casa do justo contém grande tesouro, mas os rendimentos dos ímpios lhes trazem inquietação.

7 As palavras dos sábios espalham conhecimento; mas o coração dos tolos não é assim.

8 O SENHOR detesta o sacrifício dos ímpios, mas a oração do justo o agrada.

9 O SENHOR detesta o caminho dos ímpios, mas ama quem busca a justiça.

10 Há uma severa lição para quem abandona o seu caminho; quem despreza a repreensão morrerá.

11 A Sepultura e a Destruição[b] estão abertas diante do SENHOR; quanto mais os corações dos homens!

12 O zombador não gosta de quem o corrige, nem procura a ajuda do sábio.

13 A alegria do coração transparece no rosto, mas o coração angustiado oprime o espírito.

14 O coração que sabe discernir busca o conhecimento, mas a boca dos tolos alimenta-se de insensatez.

15 Todos os dias do oprimido são infelizes, mas o coração bem disposto está sempre em festa.

16 É melhor ter pouco com o temor do SENHOR do que grande riqueza com inquietação.

17 É melhor ter verduras na refeição onde há amor do que um boi gordo acompanhado de ódio.

18 O homem irritável provoca dissensão, mas quem é paciente acalma a discussão.

19 O caminho do preguiçoso é cheio de espinhos, mas o caminho do justo é uma estrada plana.

20 O filho sábio dá alegria a seu pai, mas o tolo despreza a sua mãe.

21 A insensatez alegra quem não tem bom senso, mas o homem de entendimento procede com retidão.

22 Os planos fracassam por falta de conselho, mas são bem-
-sucedidos quando há muitos conselheiros. 23 Dar resposta
apropriada[c] é motivo de alegria; e como é bom um conselho
na hora certa!

24 O caminho da vida conduz para cima quem é sensato, para que ele não desça à sepultura.

25 O SENHOR derruba a casa do orgulhoso, mas mantém intactos os limites da propriedade da viúva.

26 O SENHOR detesta os pensamentos dos maus, mas se agrada de palavras ditas sem maldade.

27 O avarento põe sua família em apuros, mas quem repudia o suborno viverá.

28 O justo pensa bem antes de responder, mas a boca dos ímpios jorra o mal.

29 O SENHOR está longe dos ímpios, mas ouve a oração dos justos.

30 Um olhar animador dá alegria ao coração, e as boas notícias revigoram os ossos.

31 Quem ouve a repreensão construtiva terá lugar permanente entre os sábios.

32 Quem recusa a disciplina faz pouco caso de si mesmo, mas quem ouve a repreensão obtém entendimento.

33 O temor do SENHOR ensina a sabedoria,[d] e a humildade antecede a honra.

16 Ao homem pertencem os planos do coração, mas do SENHOR vem a resposta da língua.

2 Todos os caminhos do homem lhe parecem puros, mas o SENHOR avalia o espírito.

3 Consagre ao SENHOR tudo o que você faz, e os seus planos serão bem-sucedidos.

4 O SENHOR faz tudo com um propósito; até os ímpios para o dia do castigo.

5 O SENHOR detesta os orgulhosos de coração. Sem dúvida serão punidos.

6 Com amor e fidelidade
se faz expiação pelo pecado; com o temor do SENHOR o homem evita o mal.

7 Quando os caminhos de um homem são agradáveis ao SENHOR, ele faz que até os seus inimigos vivam em paz com ele.

8 É melhor ter pouco com retidão do que muito com injustiça.

9 Em seu coração o homem planeja o seu caminho, mas o SENHOR determina os seus passos.

10 Os lábios do rei falam com grande autoridade; sua boca não deve trair a justiça.

---

a 14.33 A Septuaginta e a Versão Siríaca dizem *mas no coração dos tolos ela não é conhecida*.

b 15.11 Hebraico: *Sheol* e *Abadom*. Sheol também pode ser traduzido por profundezas, pó ou morte; também no versículo 24.

c 15.23 Ou *Expressar a própria opinião*

d 15.33 Ou *A sabedoria ensina o temor do Senhor*,

11 Balanças e pesos honestos vêm do SENHOR; todos os pesos da bolsa são feitos por ele.

12 Os reis detestam a prática da maldade, porquanto o trono se firma pela justiça.

13 O rei se agrada dos lábios honestos e dá valor ao homem que fala a verdade.

14 A ira do rei é um mensageiro da morte, mas o homem sábio a acalmará.

15 Alegria no rosto do rei é sinal de vida; seu favor é como nuvem de chuva na primavera.

16 É melhor obter sabedoria do que ouro! É melhor obter entendimento do que prata!

17 A vereda do justo evita o mal; quem guarda o seu caminho preserva a sua vida.

18 O orgulho vem antes da destruição; o espírito altivo, antes da queda.

19 Melhor é ter espírito humilde entre os oprimidos do que
partilhar despojos com os orgulhosos. 20 Quem examina cada
questão com cuidado prospera,[a] e feliz é aquele que confia
no SENHOR.

21 O sábio de coração é considerado prudente; quem fala com
equilíbrio promove a instrução[b]. 22 O entendimento é fonte de
vida para aqueles que o têm, mas a insensatez traz castigo
aos insensatos.

23 O coração do sábio ensina a sua boca, e os seus lábios promovem a instrução.

24 As palavras agradáveis são como um favo de mel, são doces para a alma e trazem cura para os ossos.

25 Há caminho que parece reto ao homem, mas no final conduz à morte.

26 O apetite do trabalhador o obriga a trabalhar; a sua fome o impulsiona.

27 O homem sem caráter maquina o mal; suas palavras são um fogo devorador.

28 O homem perverso provoca dissensão, e o que espalha boatos afasta bons amigos.

29 O violento recruta o seu próximo e o leva por um caminho ruim.

30 Quem pisca os olhos planeja o mal; quem franze os lábios já o vai praticar.

31 O cabelo grisalho é uma coroa de esplendor, e obtém-se mediante uma vida justa.

32 Melhor é o homem paciente do que o guerreiro, mais vale
controlar o seu espírito do que conquistar uma cidade. 33 A
sorte é lançada no colo, mas a decisão vem do SENHOR.

17 Melhor é um pedaço de pão seco com paz e tranquilidade do que uma casa onde há banquetes[c] e muitas brigas.

2 O servo sábio dominará sobre o filho de conduta vergonhosa e participará da herança como um dos irmãos.

3 O crisol é para a prata e o forno é para o ouro, mas o SENHOR prova o coração.

4 O ímpio dá atenção aos lábios maus; o mentiroso dá ouvidos à língua destruidora.

5 Quem zomba dos pobres mostra desprezo pelo Criador deles; quem se alegra com a desgraça não ficará sem castigo.

6 Os filhos dos filhos são uma coroa para os idosos, e os pais são o orgulho dos seus filhos.

7 Os lábios arrogantes[d] não ficam bem ao insensato; muito menos os lábios mentirosos ao governante!

8 O suborno é um recurso fascinante para aquele que o oferece; aonde quer que vá, ele tem sucesso.

9 Aquele que cobre uma ofensa promove amor, mas quem a
lança em rosto separa bons amigos. 10 A repreensão faz marca
mais profunda no homem de entendimento do que cem açoites
no tolo.

11 O homem mau só pende para a rebeldia; por isso um oficial impiedoso será enviado contra ele.

12 Melhor é encontrar uma ursa da qual roubaram os filhotes do que um tolo em sua insensatez.

13 Quem retribui o bem com o mal jamais deixará de ter mal no seu lar.

14 Começar uma discussão é como abrir brecha num dique; por isso resolva a questão antes que surja a contenda.

15 Absolver o ímpio e condenar o justo são coisas que o SENHOR odeia.

16 De que serve o dinheiro na mão do tolo, já que ele não quer obter sabedoria?

17 O amigo ama em todos os momentos; é um irmão na adversidade.

18 O homem sem juízo com um aperto de mãos se compromete e se torna fiador do seu próximo.

19 Quem ama a discussão ama o pecado; quem constrói portas altas[e] está procurando a sua ruína.

20 O homem de coração perverso não prospera, e o de língua enganosa cai na desgraça.

21 O filho tolo só dá tristeza, e nenhuma alegria tem o pai do insensato.

22 O coração bem disposto é remédio eficiente, mas o espírito oprimido resseca os ossos.

23 O ímpio aceita às escondidas o suborno para desviar o curso da justiça.

24 O homem de discernimento mantém a sabedoria em vista, mas os olhos do tolo vagueiam até os confins da terra.

25 O filho tolo é a tristeza do seu pai e a amargura daquela que o deu à luz.

26 Não é bom castigar o inocente, nem açoitar quem merece ser honrado.

---

a **16.20** Ou *Quem acolhe a palavra prospera*; ou ainda *Quem considera atentamente o que fala prospera*,

b **16.21** Ou *consegue convencer*; também no versículo 23.

c **17.1** Hebraico: *sacrifícios*.

d **17.7** Ou *eloquentes*

e **17.19** Ou *quem se orgulha*

27 Quem tem conhecimento é comedido no falar, e quem tem
entendimento é de espírito sereno.
28 Até o insensato passará por sábio se ficar quieto e, se con-
tiver a língua, parecerá que tem discernimento.

18 Quem se isola busca interesses egoístas e se rebela contra
a sensatez.
2 O tolo não tem prazer no entendimento, mas sim em expor
os seus pensamentos.
3 Com a impiedade vem o desprezo, e com a desonra vem a
vergonha. 4 As palavras do homem são águas profundas, mas a
fonte da sabedoria é um ribeiro que transborda.
5 Não é bom favorecer os ímpios para privar da justiça o justo.
6 As palavras do tolo provocam briga, e a sua conversa atrai
açoites.
7 A conversa do tolo é a sua desgraça, e seus lábios são uma
armadilha para a sua alma.
8 As palavras do caluniador são como petiscos deliciosos;
descem até o íntimo do homem.
9 Quem relaxa em seu trabalho é irmão do que o destrói.
10 O nome do SENHOR é uma torre forte; os justos correm para
ela e estão seguros.
11 A riqueza dos ricos é a sua cidade fortificada, eles a imaginam
como um muro que é impossível escalar.
12 Antes da sua queda o coração do homem se envaidece, mas
a humildade antecede a honra.
13 Quem responde antes de ouvir comete insensatez e passa
vergonha.
14 O espírito do homem o sustenta na doença; mas, o espírito
deprimido, quem o levantará?
15 O coração do que tem discernimento adquire conhecimento;
os ouvidos dos sábios saem à sua procura.
16 O presente abre o caminho para aquele que o entrega e o
conduz à presença dos grandes.
17 O primeiro a apresentar a sua causa parece ter razão, até que
outro venha à frente e o questione.
18 Lançar sortes resolve contendas e decide questões entre
poderosos.
19 Um irmão ofendido é mais inacessível do que uma cidade
fortificada, e as discussões são como as portas trancadas de
uma cidadela.
20 Do fruto da boca enche-se o estômago do homem; o produto
dos lábios o satisfaz.
21 A língua tem poder sobre a vida e sobre a morte; os que
gostam de usá-la comerão do seu fruto.
22 Quem encontra uma esposa encontra algo excelente; re-
cebeu uma bênção do SENHOR.
23 O pobre implora misericórdia, mas o rico responde com as-
pereza.
24 Quem tem muitos amigos pode chegar à ruína, mas existe
amigo mais apegado que um irmão.

19 Melhor é o pobre que vive com integridade do que o tolo
que fala perversamente.
2 Não é bom ter zelo sem conhecimento, nem ser precipitado e
perder o caminho. 3 É a insensatez do homem que arruína a sua
vida, mas o seu coração se ira contra o SENHOR.
4 A riqueza traz muitos amigos, mas até o amigo do pobre o
abandona.
5 A testemunha falsa não ficará sem castigo, e aquele que des-
peja mentiras não sairá livre.
6 Muitos adulam o governante, e todos são amigos de quem
dá presentes.
7 O pobre é desprezado por todos os seus parentes, quanto
mais por seus amigos! Embora os procure, para pedir-lhes
ajuda, não os encontra em lugar nenhum.
8 Quem obtém sabedoria ama-se a si mesmo; quem acalenta o
entendimento prospera.
9 A testemunha falsa não ficará sem castigo, e aquele que des-
peja mentiras perecerá.
10 Não fica bem o tolo viver no luxo; quanto pior é o servo do-
minar príncipes!
11 A sabedoria do homem lhe dá paciência; sua glória é ignorar
as ofensas.
12 A ira do rei é como o rugido do leão, mas a sua bondade é
como o orvalho sobre a relva.
13 O filho tolo é a ruína de seu pai, e a esposa briguenta é como
uma goteira constante. 14 Casas e riquezas herdam-se dos pais,
mas a esposa prudente vem do SENHOR.
15 A preguiça leva ao sono profundo, e o preguiçoso passa fome.
16 Quem obedece aos mandamentos preserva a sua vida, mas
quem despreza os seus caminhos morrerá.
17 Quem trata bem os pobres empresta ao SENHOR, e ele o re-
compensará.
18 Discipline seu filho, pois nisso há esperança; não queira a
morte dele.
19 O homem de gênio difícil precisa do castigo; se você o
poupar, terá que poupá-lo de novo. 20 Ouça conselhos e aceite
instruções, e acabará sendo sábio.
21 Muitos são os planos no coração do homem, mas o que pre-
valece é o propósito do SENHOR.
22 O que se deseja ver num homem é amor perene;[a] melhor é
ser pobre do que mentiroso.
23 O temor do SENHOR conduz à vida: quem o teme pode des-
cansar em paz, livre de problemas.
24 O preguiçoso põe a mão no prato, e não se dá ao trabalho de
levá-la à boca! 25 Açoite o zombador, e os inexperientes apren-
derão a prudência; repreenda o homem de discernimento, e
ele obterá conhecimento.
26 O filho que rouba o pai e expulsa a mãe é causador de ver-
gonha e desonra.
27 Se você parar de ouvir a instrução, meu filho, irá afastar-se
das palavras que dão conhecimento.

---

[a] **19.22** Ou *A ambição de um homem é sua vergonha;*

28 A testemunha corrupta zomba da justiça, e a boca dos ímpios tem fome de iniquidade.

29 Os castigos estão preparados para os zombadores, e os açoites para as costas dos tolos.

20 O vinho é zombador e a bebida fermentada provoca brigas; não é sábio deixar-se dominar por eles.

2 O medo que o rei provoca é como o do rugido de um leão; quem o irrita põe em risco a própria vida.

3 É uma honra dar fim a contendas, mas todos os insensatos envolvem-se nelas.

4 O preguiçoso não ara a terra na estação própria[a]; mas na época da colheita procura, e não acha nada.

5 Os propósitos do coração do homem são águas profundas, mas quem tem discernimento os traz à tona.

6 Muitos se dizem amigos leais; mas um homem fiel, quem poderá achar?

7 O homem justo leva uma vida íntegra; como são felizes os seus filhos!

8 Quando o rei se assenta no trono para julgar, com o olhar esmiúça todo o mal.

9 Quem poderá dizer: "Purifiquei o coração; estou livre do meu pecado"?

10 Pesos adulterados e medidas falsificadas são coisas que o SENHOR detesta.

11 Até a criança mostra o que é por suas ações; o seu procedimento revelará se ela é pura e justa.

12 Os ouvidos que ouvem e os olhos que veem foram feitos pelo SENHOR.

13 Não ame o sono, senão você acabará ficando pobre; fique desperto, e terá alimento de sobra.

14 "Não vale isso! Não vale isso!", diz o comprador, mas, quando se vai, gaba-se do bom negócio.

15 Mesmo onde há ouro e rubis em grande quantidade, os lábios que transmitem conhecimento são uma rara preciosidade.

16 Tome-se a veste de quem serve de fiador ao estranho; sirva ela de penhor de quem dá garantia a uma mulher leviana[b].

17 Saborosa é a comida que se obtém com mentiras, mas depois dá areia na boca.

18 Os conselhos são importantes para quem quiser fazer planos, e quem sai à guerra precisa de orientação.

19 Quem vive contando casos não guarda segredo; por isso, evite quem fala demais.

20 Se alguém amaldiçoar seu pai ou sua mãe, a luz de sua vida se extinguirá na mais profunda escuridão.

21 A herança que se obtém com ganância no princípio[c] no final não será abençoada.

22 Não diga: "Eu o farei pagar pelo mal que me fez!" Espere pelo SENHOR, e ele dará a vitória a você.

23 O SENHOR detesta pesos adulterados, e balanças falsificadas não o agradam.

24 Os passos do homem são dirigidos pelo SENHOR. Como poderia alguém discernir o seu próprio caminho?

25 É uma armadilha consagrar algo precipitadamente, e só pensar nas consequências depois que se fez o voto.

26 O rei sábio abana os ímpios e passa sobre eles a roda de debulhar.

27 O espírito do homem é a lâmpada do SENHOR, e vasculha cada parte do seu ser.

28 A bondade e a fidelidade preservam o rei; por sua bondade ele dá firmeza ao seu trono.

29 A beleza dos jovens está na sua força; a glória dos idosos, nos seus cabelos brancos.

30 Os golpes e os ferimentos eliminam o mal; os açoites limpam as profundezas do ser.

21 O coração do rei é como um rio controlado pelo SENHOR; ele o dirige para onde quer.

2 Todos os caminhos do homem lhe parecem justos, mas o SENHOR pesa o coração.

3 Fazer o que é justo e certo é mais aceitável ao SENHOR do que oferecer sacrifícios.

4 A vida de pecado dos ímpios se vê no olhar orgulhoso e no coração arrogante.

5 Os planos bem elaborados levam à fartura; mas o apressado sempre acaba na miséria.

6 A fortuna obtida com língua mentirosa é ilusão fugidia e armadilha mortal.

7 A violência dos ímpios os arrastará, pois se recusam a agir corretamente.

8 O caminho do culpado é tortuoso, mas a conduta do inocente é reta.

9 Melhor é viver num canto sob o telhado do que repartir a casa com uma mulher briguenta.

10 O desejo do perverso é fazer o mal; ele não tem dó do próximo.

11 Quando o zombador é castigado, o inexperiente obtém sabedoria; quando o sábio recebe instrução, obtém conhecimento.

12 O justo observa a casa dos ímpios e os faz cair na desgraça.

13 Quem fecha os ouvidos ao clamor dos pobres também clamará e não terá resposta.

14 O presente que se faz em segredo acalma a ira, e o suborno oferecido às ocultas apazigua a maior fúria.

15 Quando se faz justiça, o justo se alegra, mas os malfeitores se apavoram.

16 Quem se afasta do caminho da sensatez repousará na companhia dos mortos.

17 Quem se entrega aos prazeres passará necessidade; quem se apega ao vinho e ao azeite jamais será rico.

18 O ímpio serve de resgate para o justo, e o infiel, para o
homem íntegro.
19 Melhor é viver no deserto do que com uma
mulher briguenta e amargurada[d].

a 20.4 Hebraico: *por causa do frio*

b 20.16 Ou *a um desconhecido*

c 20.21 Ou *A herança que se obtém às pressas no início,*

d 21.19 Ou *do que ser importunado por uma mulher briguenta*

20 Na casa do sábio há comida e azeite armazenados, mas o
tolo devora tudo o que pode.
21 Quem segue a justiça e a lealdade encontra vida, justiça e
honra.
22 O sábio conquista a cidade dos valentes e derruba a fortaleza
em que eles confiam.
23 Quem é cuidadoso no que fala evita muito sofrimento.
24 O vaidoso e arrogante chama-se zombador; ele age com
extremo orgulho.
25 O preguiçoso morre de tanto desejar e de nunca pôr as mãos
no trabalho.
26 O dia inteiro ele deseja mais e mais, enquanto o justo reparte
sem cessar.
27 O sacrifício dos ímpios já por si é detestável; tanto mais
quando oferecido com más intenções.
28 A testemunha falsa perecerá, mas o testemunho do homem
bem informado permanecerá.[a]
29 O ímpio mostra no rosto
a sua arrogância, mas o justo mantém em ordem o seu ca-
minho.
30 Não há sabedoria alguma, nem discernimento algum, nem
plano algum que possa opor-se ao SENHOR.
31 Prepara-se o cavalo para o dia da batalha, mas o SENHOR é
que dá a vitória.

22 A boa reputação vale mais que grandes riquezas; des-
frutar de boa estima vale mais que prata e ouro.
2 O rico e o pobre têm isto em comum: o SENHOR é o Criador
de ambos.
3 O prudente percebe o perigo e busca refúgio; o inexperiente
segue adiante e sofre as consequências.
4 A recompensa da humildade e do temor do SENHOR são a ri-
queza, a honra e a vida.
5 No caminho do perverso há espinhos e armadilhas; quem quer
proteger a própria vida mantém-se longe dele.
6 Instrua a criança segundo os objetivos que você tem para ela,
e mesmo com o passar dos anos[b] não se desviará deles.
7 O rico domina sobre o pobre; quem toma emprestado é es-
cravo de quem empresta.
8 Quem semeia a injustiça colhe a maldade; o castigo da sua
arrogância será completo.
9 Quem é generoso será abençoado, pois reparte o seu pão
com o pobre.
10 Quando se manda embora o zombador, a briga acaba;
cessam as contendas e os insultos.
11 Quem ama a sinceridade de coração e se expressa com ele-
gância será amigo do rei.
12 Os olhos do SENHOR protegem o conhecimento, mas ele
frustra as palavras dos infiéis.
13 O preguiçoso diz: "Há um leão lá fora!" "Serei morto na rua!"
14 A conversa da mulher imoral é uma cova profunda; nela cairá
quem estiver sob a ira do SENHOR.
15 A insensatez está ligada ao coração da criança, mas a vara da
disciplina a livrará dela.
16 Tanto quem oprime o pobre para enriquecer-se como quem
faz cortesia ao rico com certeza passarão necessidade.[c]

Ditados dos Sábios

17 Preste atenção e ouça os ditados dos sábios, e aplique o
coração ao meu ensino. 18 Será uma satisfação guardá-los
no íntimo e tê-los todos na ponta da língua. 19 Para que você
confie no SENHOR, a você hoje ensinarei. 20 Já não lhe escrevi
conselhos e instruções[d], 21 ensinando-lhe palavras dignas de
confiança, para que você responda com a verdade a quem o
enviou?
22 Não explore os pobres por serem pobres, nem oprima os ne-
cessitados no tribunal, 23 pois o SENHOR será o advogado deles
e despojará da vida os que os despojarem.
24 Não se associe com quem vive de mau humor, nem ande
em companhia de quem facilmente se ira; 25 do contrário você
acabará imitando essa conduta e cairá em armadilha mortal.
26 Não seja como aqueles que, com um aperto de mãos, em-
penham-se com outros e se tornam fiadores de dívidas; 27 se
você não tem como pagá-las, por que correr o risco de perder
até a cama em que dorme?
28 Não mude de lugar os antigos marcos que limitam as proprie-
dades e que foram colocados por seus antepassados.
29 Você já observou um homem habilidoso em seu trabalho?
Será promovido ao serviço real; não trabalhará para gente
obscura.

23 Quando você se assentar para uma refeição com alguma
autoridade, observe com atenção quem está diante de
você 2 e encoste a faca à sua própria garganta se estiver com
grande apetite. 3 Não deseje as iguarias que lhe oferece, pois
podem ser enganosas.
4 Não esgote suas forças tentando ficar rico; tenha bom senso!
5 As riquezas desaparecem assim que você as contempla; elas
criam asas e voam como águias pelo céu.
6 Não aceite a refeição de um hospedeiro invejoso[e], nem deseje
as iguarias que lhe oferece; 7 pois ele só pensa nos gastos.
Ele lhe diz: "Coma e beba!", mas não fala com sinceridade.
8 Você vomitará o pouco que comeu, e desperdiçará a sua cor-
dialidade.
9 Não vale a pena conversar com o tolo, pois ele despreza a
sabedoria do que você fala.
10 Não mude de lugar os antigos marcos de propriedade, nem
invada as terras dos órfãos, 11 pois aquele que defende os di-
reitos[f] deles é forte. Ele lutará contra você para defendê-los.

[a] 21.28 Hebraico: *o homem que sabe ouvir falará para sempre.*
[b] 22.6 Ou *no caminho que deve seguir, e mesmo quando envelhecer*
[c] 22.16 Ou *Quem oprime o pobre faz com que ele ganhe mais; quem faz cortesia ao rico só promove a própria necessidade.*
[d] 22.20 Ou *escrevi trinta ditados*; ou ainda *escrevi ditados excelentes*
[e] 23.6 Hebraico: *de olhos maus.*
[f] 23.11 Hebraico: *o resgatador.*

12 Dedique à disciplina o seu coração e os seus ouvidos às pala-
vras que dão conhecimento.
13 Não evite disciplinar a criança; se você a castigar com a vara,
ela não morrerá. 14 Castigue-a, você mesmo, com a vara, e
assim a livrará da sepultura[a]. 15 Meu filho, se o seu coração for
sábio, o meu coração se alegrará. 16 Sentirei grande alegria
quando os seus lábios falarem com retidão.
17 Não inveje os pecadores em seu coração; melhor será que
tema sempre o SENHOR. 18 Se agir assim, certamente haverá
bom futuro para você, e a sua esperança não falhará.
19 Ouça, meu filho, e seja sábio; guie o seu coração pelo bom
caminho. 20 Não ande com os que se encharcam de vinho, nem
com os que se empanturram de carne. 21 Pois os bêbados e os
glutões se empobrecerão, e a sonolência os vestirá de trapos.
22 Ouça o seu pai, que o gerou; não despreze sua mãe quando
ela envelhecer. 23 Compre a verdade e não abra mão dela, nem
tampouco da sabedoria, da disciplina e do discernimento. 24 O
pai do justo exultará de júbilo; quem tem filho sábio nele se
alegra. 25 Bom será que se alegrem seu pai e sua mãe e que
exulte a mulher que o deu à luz!
26 Meu filho, dê-me o seu coração; mantenha os seus olhos em
meus caminhos, 27 pois a prostituta é uma cova profunda, e a
mulher pervertida[b] é um poço estreito. 28 Como o assaltante,
ela fica de tocaia e multiplica entre os homens os infiéis.
29 De quem são os ais? De quem as tristezas? E as brigas, de
quem são? E os ferimentos desnecessários? De quem são os
olhos vermelhos[c]? 30 Dos que se demoram bebendo vinho, dos
que andam à procura de bebida misturada. 31 Não se deixe
atrair pelo vinho quando está vermelho, quando cintila no copo
e escorre suavemente! 32 No fim, ele morde como serpente e
envenena como víbora. 33 Seus olhos verão coisas estranhas,
e sua mente imaginará coisas distorcidas. 34 Você será como
quem dorme no meio do mar, como quem se deita no alto das
cordas do mastro. 35 E dirá: "Espancaram-me, mas eu nada
senti! Bateram em mim, mas nem percebi! Quando acordarei
para que possa beber mais uma vez?"

24 Não tenha inveja dos ímpios, nem deseje a companhia
deles; 2 pois destruição é o que planejam no coração, e
só falam de violência.
3 Com sabedoria se constrói a casa, e com discernimento se
consolida. 4 Pelo conhecimento os seus cômodos se enchem
do que é precioso e agradável.
5 O homem sábio é poderoso, e quem tem conhecimento au-
menta a sua força; 6 quem sai à guerra precisa de orientação,
e com muitos conselheiros se obtém a vitória. 7 A sabedoria é
elevada demais para o insensato; ele não sabe o que dizer
nas assembleias.
8 Quem maquina o mal será conhecido como criador de intrigas.
9 A intriga do insensato é pecado, e o zombador é detestado
pelos homens.
10 Se você vacila no dia da dificuldade, como será limitada a
sua força!
11 Liberte os que estão sendo levados para a morte; socorra os
que caminham trêmulos para a matança! 12 Mesmo que você
diga: "Não sabíamos o que estava acontecendo!" Não o per-
ceberia aquele que pesa os corações? Não o saberia aquele
que preserva a sua vida? Não retribuirá ele a cada um segundo
o seu procedimento?
13 Coma mel, meu filho. É bom. O favo é doce ao paladar.
14 Saiba que a sabedoria também será boa para a sua alma; se
você a encontrar, certamente haverá futuro para você, e a sua
esperança não vai decepcioná-lo.
15 Não fique de tocaia, como faz o ímpio, contra a casa do justo,
e não destrua o seu local de repouso, 16 pois ainda que o justo
caia sete vezes, tornará a erguer-se, mas os ímpios são arras-
tados pela calamidade.
17 Não se alegre quando o seu inimigo cair, nem exulte o seu
coração quando ele tropeçar, 18 para que o SENHOR não veja isso
e se desagrade e desvie dele a sua ira.
19 Não se aborreça por causa dos maus, nem tenha inveja dos
ímpios, 20 pois não há futuro para o mau, e a lâmpada dos
ímpios se apagará.
21 Tema o SENHOR e o rei, meu filho, e não se associe aos dissi-
dentes, 22 pois terão repentina destruição, e quem pode ima-
ginar a ruína que o SENHOR e o rei podem causar?

Outros Ditados de Sabedoria

23 Aqui vão outros ditados dos sábios:
Agir com parcialidade nos julgamentos não é nada bom.
24 Quem disser ao ímpio: "Você é justo", será amaldiçoado
pelos povos e sofrerá a indignação das nações. 25 Mas os que
condenam o culpado terão vida agradável; receberão grandes
bênçãos.
26 A resposta sincera é como beijo[d] nos lábios.[e]
27 Termine primeiro o seu trabalho a céu aberto; deixe pronta a
sua lavoura. Depois constitua família[f].
28 Não testemunhe sem motivo contra o seu próximo nem use
os seus lábios para enganá-lo. 29 Não diga: "Farei com ele o
que fez comigo; ele pagará pelo que fez". 30 Passei pelo campo
do preguiçoso, pela vinha do homem sem juízo; 31 havia espi-
nheiros por toda parte, o chão estava coberto de ervas dani-
nhas e o muro de pedra estava em ruínas. 32 Observei aquilo e
fiquei pensando; olhei e aprendi esta lição: 33 "Vou dormir um
pouco", você diz. "Vou cochilar um momento; vou cruzar os
braços e descansar mais um pouco", 34 mas a pobreza lhe so-
brevirá como um assaltante, e a sua miséria como um homem
armado.

[a] 23.14 Hebraico: *Sheol*. Essa palavra também pode ser traduzida por profundezas, pó ou morte.
[b] 23.27 Ou *adúltera*
[c] 23.29 Ou *embaçados*
[d] 24.26 Ou *é prova de amizade*
[e] 24.26 Ou *Quem dá um veredicto correto sela os lábios.*
[f] 24.27 Hebraico: *construa sua casa.*

25 **Outros Provérbios de Salomão**
Estes são outros provérbios de Salomão, compilados
pelos servos de Ezequias, rei de Judá:
2 A glória de Deus é ocultar certas coisas; tentar descobri-las
é a glória dos reis.
3 Assim como o céu é elevado e a terra é profunda, também o
coração dos reis é insondável.
4 Quando se retira a escória da prata, nesta se tem material
para o[a] ourives; 5 quando os ímpios são retirados da presença
do rei, a justiça firma o seu trono.
6 Não se engrandeça na presença do rei e não reivindique lugar
entre os homens importantes; 7 é melhor que o rei lhe diga:
"Suba para cá!", do que ter que humilhá-lo diante de uma
autoridade. O que você viu com os olhos 8 não leve precipita-
damente ao tribunal, pois o que você fará se o seu próximo o
desacreditar?
9 Procure resolver sua causa diretamente com o seu próximo e
não revele o segredo de outra pessoa, 10 caso contrário, quem
o ouvir poderá recriminá-lo, e você jamais perderá sua má re-
putação.
11 A palavra proferida no tempo certo é como frutas de ouro
incrustadas numa escultura[b] de prata. 12 Como brinco de ouro
e enfeite de ouro fino é a repreensão dada com sabedoria a
quem se dispõe a ouvir.
13 Como o frescor da neve na época da colheita é o mensageiro
de confiança para aqueles que o enviam; ele revigora o ânimo
de seus senhores.
14 Como nuvens e ventos sem chuva é aquele que se gaba de
presentes que não deu.
15 Com muita paciência pode-se convencer a autoridade, e a
língua branda quebra até ossos[c]. 16 Se você encontrar mel,
coma apenas o suficiente, para que não fique enjoado e vo-
mite. 17 Não faça visitas frequentes à casa do seu vizinho para
que ele não se canse de você e passe a odiá-lo.
18 Como um pedaço de pau, uma espada ou uma flecha aguda
é o que dá falso testemunho contra o seu próximo. 19 Como
dente estragado ou pé deslocado é a confiança no[d] hipócrita
na hora da dificuldade.
20 Como tirar a própria roupa num dia de frio, ou derramar
vinagre numa ferida é cantar com o coração entristecido.
21 Se o seu inimigo tiver fome, dê-lhe de comer; se tiver sede,
dê-lhe de beber. 22 Fazendo isso, você amontoará brasas vivas
sobre a cabeça dele, e o SENHOR recompensará você.
23 Como o vento norte traz chuva, assim a língua fingida traz
o olhar irado.
24 Melhor é viver num canto sob o telhado do que repartir a casa
com uma mulher briguenta.
25 Como água fresca para a garganta sedenta é a boa notícia
que chega de uma terra distante.
26 Como fonte contaminada ou nascente poluída, assim é o
justo que fraqueja diante do ímpio.
27 Comer mel demais não é bom, nem é honroso buscar a pró-
pria honra.
28 Como a cidade com seus muros derrubados, assim é quem
não sabe dominar-se.

26 Como neve no verão ou chuva na colheita, assim a honra
é imprópria para o tolo.
2 Como o pardal que voa em fuga, e a andorinha que esvoaça
veloz, assim a maldição sem motivo justo não pega.
3 O chicote é para o cavalo; o freio, para o jumento; e a vara,
para as costas do tolo!
4 Não responda ao insensato com igual insensatez, do contrário
você se igualará a ele.
5 Responda ao insensato como a sua insensatez merece, do
contrário ele pensará que é mesmo um sábio.
6 Como cortar o próprio pé ou beber veneno[e], assim é enviar
mensagem pelas mãos do tolo.
7 Como pendem inúteis as pernas do coxo, assim é o provérbio
na boca do tolo.
8 Como amarrar uma pedra na atiradeira, assim é prestar honra
ao insensato.
9 Como ramo de espinhos nas mãos do bêbado, assim é o pro-
vérbio na boca do insensato.
10 Como o arqueiro que atira ao acaso, assim é quem contrata
o tolo ou o primeiro que passa.
11 Como o cão volta ao seu vômito, assim o insensato repete
a sua insensatez.
12 Você conhece alguém que se julga sábio? Há mais esperança
para o insensato do que para ele. 13 O preguiçoso diz: "Lá está
um leão no caminho, um leão feroz rugindo nas ruas!"
14 Como a porta gira em suas dobradiças, assim o preguiçoso
se revira em sua cama.
15 O preguiçoso coloca a mão no prato, mas acha difícil demais
levá-la de volta à boca.
16 O preguiçoso considera-se mais sábio do que sete homens
que respondem com bom senso.
17 Como alguém que pega pelas orelhas um cão qualquer, assim
é quem se mete em discussão alheia.
18 Como o louco que atira brasas e flechas mortais, 19 assim
é o homem que engana o seu próximo e diz: "Eu estava só
brincando!"
20 Sem lenha a fogueira se apaga; sem o caluniador morre a
contenda.
21 O que o carvão é para as brasas e a lenha para a fogueira, o
amigo de brigas é para atiçar discórdias.
22 As palavras do caluniador são como petiscos deliciosos;
descem saborosos até o íntimo.
23 Como uma camada de esmalte[f] sobre um vaso de barro, os
lábios amistosos podem ocultar um coração mau.

[a] **25.4** Ou *aí surge um vaso da parte do*
[b] **25.11** Ou *moldura*
[c] **25.15** Ou *vence a resistência*
[d] **25.19** Ou *do*

[e] **26.6** Hebraico: *violência*.
[f] **26.23** Ou *de escória de prata*

24 Quem odeia disfarça as suas intenções com os lábios, mas
no coração abriga a falsidade. 25 Embora a sua conversa seja
mansa, não acredite nele, pois o seu coração está cheio de
maldade. 26 Ele pode fingir e esconder o seu ódio, mas a sua
maldade será exposta em público.

27 Quem faz uma cova, nela cairá; se alguém rola uma pedra,
esta rolará de volta sobre ele.

28 A língua mentirosa odeia aqueles a quem fere,
e a boca lisonjeira provoca a ruína.

27 Não se gabe do dia de amanhã, pois você não sabe o
que este ou aquele dia poderá trazer. 2 Que outros façam
elogios a você, não a sua própria boca; outras pessoas, não os
seus próprios lábios.

3 A pedra é pesada e a areia é um fardo, mas a irritação cau-
sada pelo insensato é mais pesada do que as duas juntas.

4 O rancor é cruel e a fúria é destruidora, mas quem consegue
suportar a inveja?

5 Melhor é a repreensão feita abertamente do que o amor
oculto.

6 Quem fere por amor mostra lealdade, mas o inimigo multi-
plica beijos.

7 Quem está satisfeito despreza o mel, mas para quem tem
fome até o amargo é doce. 8 Como a ave que vagueia longe do
ninho, assim é o homem que vagueia longe do lar.

9 Perfume e incenso trazem alegria ao coração; do conselho
sincero do homem nasce uma bela amizade.

10 Não abandone o seu amigo nem o amigo de seu pai; quando
for atingido pela adversidade não vá para a casa de seu irmão;
melhor é o vizinho próximo do que o irmão distante.

11 Seja sábio, meu filho, e traga alegria ao meu coração; po-
derei então responder a quem me desprezar.

12 O prudente percebe o perigo e busca refúgio; o inexperiente
segue adiante e sofre as consequências.

13 Tome-se a veste de quem serve de fiador ao estranho; sirva
ela de penhor de quem dá garantia a uma mulher leviana[a].

14 A bênção dada aos gritos cedo de manhã, como maldição é
recebida. 15 A esposa briguenta é como o gotejar constante num
dia chuvoso; 16 detê-la é como deter o vento, como apanhar
óleo com a mão.

17 Assim como o ferro afia o ferro, o homem afia o seu com-
panheiro.

18 Quem cuida de uma figueira comerá de seu fruto, e quem
trata bem o seu senhor receberá tratamento de honra. 19 Assim
como a água reflete o rosto, o coração reflete quem somos nós.

20 O Sheol e a Destruição[b] são insaciáveis, como insaciáveis são
os olhos do homem.

21 O crisol é para a prata e o forno é para o ouro, mas o que
prova o homem são os elogios que recebe.

22 Ainda que você moa o insensato, como trigo no pilão, a in-
sensatez não se afastará dele.

23 Esforce-se para saber bem como suas ovelhas estão, dê
cuidadosa atenção aos seus rebanhos, 24 pois as riquezas não
duram para sempre, e nada garante que a coroa passe de uma
geração a outra. 25 Quando o feno for retirado, surgirem novos
brotos e o capim das colinas for colhido, 26 os cordeiros forne-
cerão a você roupa, e os bodes renderão a você o preço de um
campo. 27 Haverá fartura de leite de cabra para alimentar você
e sua família, e para sustentar as suas servas.

28 O ímpio foge, embora ninguém o persiga, mas os justos
são corajosos como o leão.

2 Os pecados de uma nação fazem mudar sempre os seus
governantes, mas a ordem se mantém com um líder sábio e
sensato.

3 O pobre que se torna poderoso e oprime os pobres é como a
tempestade súbita que destrói toda a plantação.

4 Os que abandonam a lei elogiam os ímpios, mas os que obe-
decem à lei lutam contra eles.

5 Os homens maus não entendem a justiça, mas os que buscam
o SENHOR a entendem plenamente.

6 Melhor é o pobre íntegro em sua conduta do que o rico per-
verso em seus caminhos.

7 Quem obedece à lei é filho sábio, mas o companheiro dos
glutões envergonha o pai.

8 Quem aumenta sua riqueza com juros exorbitantes ajunta para
algum outro, que será bondoso com os pobres.

9 Se alguém se recusa a ouvir a lei, até suas orações serão
detestáveis.

10 Quem leva o homem direito pelo mau caminho cairá ele
mesmo na armadilha que preparou, mas o que não se deixa
corromper terá boa recompensa.

11 O rico pode até se julgar sábio, mas o pobre que tem discer-
nimento o conhece a fundo.

12 Quando os justos triunfam, há prosperidade geral[c]; mas,
quando os ímpios sobem ao poder, os homens tratam de es-
conder-se. 13 Quem esconde os seus pecados não prospera,
mas quem os confessa e os abandona encontra misericórdia.

14 Como é feliz o homem constante no temor do SENHOR! Mas
quem endurece o coração cairá na desgraça.

15 Como um leão que ruge ou um urso feroz é o ímpio que go-
verna um povo necessitado.

16 O governante sem discernimento aumenta as opressões, mas
os que odeiam o ganho desonesto prolongarão o seu governo.

17 O assassino atormentado pela culpa será fugitivo até a morte;
que ninguém o proteja!

18 Quem procede com integridade viverá seguro, mas quem
procede com perversidade de repente cairá.

19 Quem lavra sua terra terá comida com fartura, mas quem
persegue fantasias se fartará de miséria.

20 O fiel será ricamente abençoado, mas quem tenta enrique-
cer-se depressa não ficará sem castigo.

a **27.13** Ou *a um desconhecido*

b **27.20** Hebraico: *Sheol* o *Abadom*. Sheol pode ser traduzido por sepultura, profundezas, pó ou morte.

c **28.12** Ou *grande alegria*

21 Agir com parcialidade não é bom; Pois até por um pedaço de
pão o homem se dispõe a fazer o mal.
22 O invejoso é ávido por riquezas e não percebe que a pobreza
o aguarda.
23 Quem repreende o próximo obterá por fim mais favor do que
aquele que só sabe bajular.
24 Quem rouba seu pai ou sua mãe e diz: "Não é errado", é
amigo de quem destrói.
25 O ganancioso provoca brigas, mas quem confia no SENHOR
prosperará.
26 Quem confia em si mesmo é insensato, mas quem anda se-
gundo a sabedoria não corre perigo.
27 Quem dá aos pobres não passará necessidade, mas quem
fecha os olhos para não vê-los sofrerá muitas maldições.
28 Quando os ímpios sobem ao poder, o povo se esconde; mas,
quando eles sucumbem, os justos florescem.

29 Quem insiste no erro depois de muita repreensão, será
destruído, sem aviso e irremediavelmente. 2 Quando
os justos florescem, o povo se alegra; quando os ímpios go-
vernam, o povo geme.
3 O homem que ama a sabedoria dá alegria a seu pai, mas
quem anda com prostitutas dá fim à sua fortuna.
4 O rei que exerce a justiça dá estabilidade ao país, mas o que
gosta de subornos o leva à ruína.
5 Quem adula seu próximo está armando uma rede para os pés
dele. 6 O pecado do homem mau o apanha na sua própria ar-
madilha,[a] mas o justo pode cantar e alegrar-se.
7 Os justos levam em conta os direitos dos pobres, mas os ím-
pios nem se importam com isso.
8 Os zombadores agitam a cidade, mas os sábios a apaziguam.
9 Se o sábio for ao tribunal contra o insensato, não haverá paz,
pois o insensato se enfurecerá e zombará.
10 Os violentos odeiam os honestos e procuram matar o homem
íntegro.
11 O tolo dá vazão à sua ira, mas o sábio domina-se.
12 Para o governante que dá ouvidos a mentiras, todos os seus
oficiais são ímpios.
13 O pobre e o opressor têm algo em comum: o SENHOR dá vista
a ambos.
14 Se o rei julga os pobres com justiça, seu trono estará sempre
seguro.
15 A vara da correção dá sabedoria, mas a criança entregue a si
mesma envergonha a sua mãe.
16 Quando os ímpios prosperam, prospera o pecado, mas os
justos verão a queda deles.
17 Discipline seu filho, e este lhe dará paz; trará grande prazer
à sua alma.
18 Onde não há revelação divina, o povo se desvia; mas como é
feliz quem obedece à lei!
19 Meras palavras não bastam para corrigir o escravo; mesmo
que entenda, não reagirá bem.

[a] 29.6 Ou *No pecado do homem mau há uma armadilha,*

20 Você já viu alguém que se precipita no falar? Há mais espe-
rança para o insensato do que para ele.
21 Se alguém mima seu escravo desde jovem, no fim terá tris-
tezas.
22 O homem irado provoca brigas, e o de gênio violento comete
muitos pecados.
23 O orgulho do homem o humilha, mas o de espírito humilde
obtém honra.
24 O cúmplice do ladrão odeia a si mesmo; posto sob juramento,
não ousa testemunhar.
25 Quem teme o homem cai em armadilhas, mas quem confia
no SENHOR está seguro.
26 Muitos desejam os favores[b] do governante, mas é do SENHOR
que procede a justiça.
27 Os justos detestam os desonestos, já os ímpios detestam os
íntegros.

Ditados de Agur

30 Ditados de Agur, filho de Jaque; oráculo:[c]
Este homem declarou a Itiel; a Itiel e a Ucal:[d]
2 "Sou o mais tolo dos homens; não tenho o entendimento
de um ser humano. 3 Não aprendi sabedoria, nem tenho co-
nhecimento do Santo. 4 Quem subiu aos céus e desceu? Quem
ajuntou nas mãos os ventos? Quem embrulhou as águas em sua
capa? Quem fixou todos os limites da terra? Qual é o seu nome
e o nome do seu filho? Conte-me, se você sabe!
5 "Cada palavra de Deus é comprovadamente pura; ele é um
escudo para quem nele se refugia. 6 Nada acrescente às pa-
lavras dele, do contrário, ele o repreenderá e mostrará que
você é mentiroso.
7 "Duas coisas peço que me dês antes que eu morra: 8 Mantém
longe de mim a falsidade e a mentira; não me dês nem pobreza
nem riqueza; dá-me apenas o alimento necessário. 9 Se não,
tendo demais, eu te negaria e te deixaria, e diria: 'Quem é o
SENHOR?' Se eu ficasse pobre, poderia vir a roubar, desonrando
assim o nome do meu Deus. 10 "Não fale mal do servo ao seu
senhor; do contrário, o servo o amaldiçoará, e você levará a
culpa.
11 "Existem os que amaldiçoam seu pai e não abençoam sua
mãe; 12 os que são puros aos seus próprios olhos e que ainda
não foram purificados da sua impureza; 13 os que têm olhos
altivos e olhar desdenhoso; 14 pessoas cujos dentes são espadas
e cujas mandíbulas estão armadas de facas para devorarem os
necessitados desta terra e os pobres da humanidade.
15 "Duas filhas tem a sanguessuga. 'Dê! Dê!', gritam elas.
"Há três coisas que nunca estão satisfeitas, quatro que nunca
dizem: 'É o bastante!': 16 o Sheol[e], o ventre estéril, a terra, cuja
sede nunca se aplaca, e o fogo, que nunca diz: 'É o bastante!'

[b] 29.26 Hebraico: *a face.*
[c] 30.1 Ou *Jaque de Massá:*
[d] 30.1 Ou *"Estou exausto, ó Deus; estou exausto, ó Deus, quase desfalecendo.*
[e] 30.16 Essa palavra pode ser traduzida por sepultura, profundezas, pó ou morte.

17“Os olhos de quem zomba do pai, e, zombando, nega obe-
diência à mãe, serão arrancados pelos corvos do vale, e serão
devorados pelos filhotes do abutre.
18“Há três coisas misteriosas demais para mim, quatro que não
consigo entender: 19o caminho do abutre no céu, o caminho da
serpente sobre a rocha, o caminho do navio em alto-mar, e o
caminho do homem com uma moça.
20“Este é o caminho da adúltera: ela come e limpa a boca, e
diz: ‘Não fiz nada de errado’. 21“Três coisas fazem tremer a
terra, e quatro ela não pode suportar: 22o escravo que se torna
rei, o insensato farto de comida, 23a mulher desprezada que
por fim se casa, e a escrava que toma o lugar de sua senhora.
24“Quatro seres da terra são pequenos, e, no entanto, muito
sábios: 25as formigas, criaturas de pouca força, contudo, ar-
mazenam sua comida no verão; 26os coelhos, criaturas sem
nenhum poder, contudo, habitam nos penhascos; 27os gafa-
nhotos, que não têm rei, contudo, avançam juntos em fileiras;
28a lagartixa, que se pode apanhar com as mãos, contudo,
encontra-se nos palácios dos reis.
29“Há três seres de andar elegante, quatro que se movem com
passo garboso: 30o leão, que é poderoso entre os animais e
não foge de ninguém; 31o galo de andar altivo; o bode; e o rei
à frente do seu exército.
32“Se você agiu como tolo e exaltou-se a si mesmo, ou se pla-
nejou o mal, tape a boca com a mão! 33Pois assim como bater
o leite produz manteiga, e assim como torcer o nariz produz
sangue, também suscitar a raiva produz contenda”.

31 Ditados do Rei Lemuel

1Ditados do rei Lemuel; uma exortação que sua mãe lhe
fez:[a] 2“Ó meu filho, filho do meu ventre, filho de meus votos,[b]
3não gaste sua força com mulheres, seu vigor com aquelas
que destroem reis.
4“Não convém aos reis, ó Lemuel; não convém aos reis beber
vinho, não convém aos governantes desejar bebida fermen-
tada, 5para não suceder que bebam e se esqueçam do que
a lei determina e deixem de fazer justiça aos oprimidos. 6Dê
bebida fermentada aos que estão prestes a morrer, vinho aos
que estão angustiados; 7para que bebam e se esqueçam da sua
pobreza, e não mais se lembrem da sua infelicidade.
8“Erga a voz em favor dos que não podem defender-se, seja o
defensor de todos os desamparados. 9Erga a voz e julgue com
justiça; defenda os direitos dos pobres e dos necessitados”.

Epílogo: A Mulher Exemplar

10[c]Uma esposa exemplar; feliz quem a encontrar! É muito mais
valiosa que os rubis. 11Seu marido tem plena confiança nela e
nunca lhe falta coisa alguma. 12Ela só lhe faz o bem, e nunca o
mal, todos os dias da sua vida. 13Escolhe a lã e o linho e com
prazer trabalha com as mãos. 14Como os navios mercantes, ela
traz de longe as suas provisões. 15Antes de clarear o dia ela se le-
vanta, prepara comida para todos os de casa e dá tarefas às suas
servas. 16Ela avalia um campo e o compra; com o que ganha
planta uma vinha. 17Entrega-se com vontade ao seu trabalho;
seus braços são fortes e vigorosos. 18Administra bem o seu co-
mércio lucrativo, e a sua lâmpada fica acesa durante a noite.
19Nas mãos segura o fuso e com os dedos pega a roca. 20Acolhe
os necessitados e estende as mãos aos pobres. 21Não teme por
seus familiares quando chega a neve, pois todos eles vestem
agasalhos[d]. 22Faz cobertas para a sua cama; veste-se de linho
fino e de púrpura. 23Seu marido é respeitado na porta da cidade,
onde toma assento entre as autoridades da sua terra. 24Ela faz
vestes de linho e as vende, e fornece cintos aos comerciantes.
25Reveste-se de força e dignidade; sorri diante do futuro. 26Fala
com sabedoria e ensina com amor. 27Cuida dos negócios de sua
casa e não dá lugar à preguiça. 28Seus filhos se levantam e a
elogiam; seu marido também a elogia, dizendo: 29“Muitas mu-
lheres são exemplares, mas você a todas supera”. 30A beleza é
enganosa, e a formosura é passageira; mas a mulher que teme o
SENHOR será elogiada. 31Que ela receba a recompensa merecida,
e as suas obras sejam elogiadas à porta da cidade.

[a] 31.1 Ou *Ditados de Lemuel, rei de Massá, os quais sua mãe lhe ensinou;*
[b] 31.2 Ou *resposta às minhas orações,*
[c] 31.10 Os versículos 10-31 são um poema organizado em ordem alfabética, no hebraico.
[d] 31.21 Ou *roupas vermelhas*

ECLESIASTES

1 Nada Tem Sentido

1As palavras do mestre, filho de Davi, rei em Jerusalém:
2“Que grande inutilidade!”, diz o mestre. “Que grande inutili-
dade! Nada faz sentido!”
3O que o homem ganha com todo o seu trabalho em que tanto
se esforça debaixo do sol? 4Gerações vêm e gerações vão, mas
a terra permanece para sempre. 5O sol se levanta e o sol se
põe e depressa volta ao lugar de onde se levanta. 6O vento
sopra para o sul e vira para o norte; dá voltas e voltas, seguindo
sempre o seu curso. 7Todos os rios vão para o mar, contudo, o
mar nunca se enche; ainda que sempre corram para lá, para lá
voltam a correr. 8Todas as coisas trazem canseira. O homem não

é capaz de descrevê-las; os olhos nunca se saciam de ver, nem
os ouvidos de ouvir. 9 O que foi tornará a ser, o que foi feito se
fará novamente; não há nada novo debaixo do sol. 10 Haverá algo
de que se possa dizer: "Veja! Isto é novo!"? Não! Já existiu há
muito tempo, bem antes da nossa época. 11 Ninguém se lembra
dos que viveram na antiguidade, e aqueles que ainda virão tam-
pouco serão lembrados pelos que vierem depois deles.[a]

A Sabedoria Não Tem Sentido

12 Eu, o mestre, fui rei de Israel em Jerusalém. 13 Dediquei-me a
investigar e a usar a sabedoria para explorar tudo o que é feito
debaixo do céu. Que fardo pesado Deus pôs sobre os homens!
14 Tenho visto tudo o que é feito debaixo do sol; tudo é inútil, é
correr atrás do vento!
15 O que é torto não pode ser endireitado; o que está faltando
não pode ser contado.
16 Fiquei pensando: Eu me tornei famoso e ultrapassei em sa-
bedoria todos os que governaram Jerusalém antes de mim; de
fato adquiri muita sabedoria e conhecimento.
17 Por isso me esforcei para compreender a sabedoria, bem
como a loucura e a insensatez, mas aprendi que isso também
é correr atrás do vento.
18 Pois quanto maior a sabedoria, maior o sofrimento; e quanto
maior o conhecimento, maior o desgosto.

Os Prazeres Não Têm Sentido

2 Eu disse a mim mesmo: Venha. Experimente a alegria.
Descubra as coisas boas da vida! Mas isso também se revelou
inútil. 2 Concluí que o rir é loucura, e a alegria de nada vale.
3 Decidi entregar-me ao vinho e à extravagância, mantendo,
porém, a mente orientada pela sabedoria. Eu queria saber
o que vale a pena, debaixo do céu, nos poucos dias da vida
humana.
4 Lancei-me a grandes projetos: construí casas e plantei vinhas
para mim. 5 Fiz jardins e pomares e neles plantei todo tipo de
árvore frutífera. 6 Construí também reservatórios para irrigar
os meus bosques verdejantes. 7 Comprei escravos e escravas
e tive escravos que nasceram em minha casa. Além disso, tive
também mais bois e ovelhas do que todos os que viveram antes
de mim em Jerusalém. 8 Ajuntei para mim prata e ouro, te-
souros de reis e de províncias. Servi-me de cantores e cantoras,
e também de um harém, as delícias dos homens. 9 Tornei-me
mais famoso e poderoso do que todos os que viveram em Jeru-
salém antes de mim, conservando comigo a minha sabedoria.
10 Não me neguei nada que os meus olhos desejaram; não me
recusei a dar prazer algum ao meu coração. Na verdade, eu me
alegrei em todo o meu trabalho; essa foi a recompensa de todo
o meu esforço. 11 Contudo, quando avaliei tudo o que as minhas
mãos haviam feito e o trabalho que eu tanto me esforçara para
realizar, percebi que tudo foi inútil, foi correr atrás do vento;
não há nenhum proveito no que se faz debaixo do sol.

A Sabedoria e a Insensatez

12 Então passei a refletir na sabedoria, na loucura e na insen-
satez. O que pode fazer o sucessor do rei, a não ser repetir
o que já foi feito? 13 Percebi que a sabedoria é melhor que
a insensatez, assim como a luz é melhor do que as trevas.
14 O homem sábio tem olhos que enxergam[b], mas o tolo anda
nas trevas; todavia, percebi que ambos têm o mesmo destino.
15 Aí fiquei pensando:
O que acontece ao tolo também me acontecerá. Que proveito
eu tive em ser sábio? Então eu disse a mim mesmo: Isso não faz
o menor sentido! 16 Nem o sábio, nem o tolo serão lembrados
para sempre; nos dias futuros ambos serão esquecidos. Como
pode o sábio morrer como o tolo morre?

O Trabalho Árduo é Inútil

17 Por isso desprezei a vida, pois o trabalho que se faz debaixo
do sol pareceu-me muito pesado. Tudo era inútil, era correr
atrás do vento. 18 Desprezei todas as coisas pelas quais eu
tanto me esforçara debaixo do sol, pois terei que deixá-las
para aquele que me suceder. 19 E quem pode dizer se ele será
sábio ou tolo? Todavia, terá domínio sobre tudo o que realizei
com o meu trabalho e com a minha sabedoria debaixo do sol.
Isso também não faz sentido. 20 Cheguei ao ponto de me de-
sesperar por todo o trabalho no qual tanto me esforcei debaixo
do sol. 21 Pois um homem pode realizar o seu trabalho com sa-
bedoria, conhecimento e habilidade, mas terá que deixar tudo
o que possui como herança para alguém que não se esforçou
por aquilo. Isso também é um absurdo e uma grande injustiça.
22 Que proveito tem um homem de todo o esforço e de toda a
ansiedade com que trabalha debaixo do sol? 23 Durante toda a
sua vida, seu trabalho é pura dor e tristeza; mesmo à noite a
sua mente não descansa. Isso também é absurdo.
24 Para o homem não existe nada melhor do que comer, beber
e encontrar prazer em seu trabalho. E vi que isso também vem
da mão de Deus. 25 E quem aproveitou melhor as comidas e os
prazeres do que eu?[c] 26 Ao homem que o agrada, Deus dá sa-
bedoria, conhecimento e felicidade. Quanto ao pecador, Deus
o encarrega de ajuntar e armazenar riquezas para entregá-las
a quem o agrada. Isso também é inútil, é correr atrás do vento.

Há Tempo para Tudo

3 Para tudo há uma ocasião certa; há um tempo certo para
cada propósito debaixo do céu:
2 Tempo de nascer e tempo de morrer, tempo de plantar e
tempo de arrancar o que se plantou, 3 tempo de matar e tempo
de curar, tempo de derrubar e tempo de construir, 4 tempo de
chorar e tempo de rir, tempo de prantear e tempo de dançar,
5 tempo de espalhar pedras e tempo de ajuntá-las, tempo de
abraçar e tempo de se conter, 6 tempo de procurar e tempo de
desistir, tempo de guardar e tempo de jogar fora, 7 tempo de
rasgar e tempo de costurar, tempo de calar e tempo de falar,

[a] **1.11** Ou *Não há lembrança do que aconteceu, e mesmo o que ainda acontecerá não será lembrado pelos que vierem depois disso.*

[b] **2.14** Hebraico: *na cabeça.*

[c] **2.25** Várias versões antigas dizem *Pois sem ele, quem poderia comer ou encontrar satisfação?*

8 tempo de amar e tempo de odiar, tempo de lutar e tempo
de viver em paz.
9 O que ganha o trabalhador com todo o seu esforço? 10 Tenho
visto o fardo que Deus impôs aos homens. 11 Ele fez tudo apro-
priado ao seu tempo. Também pôs no coração do homem o
anseio pela eternidade; mesmo assim ele não consegue com-
preender inteiramente o que Deus fez. 12 Descobri que não há
nada melhor para o homem do que ser feliz e praticar o bem
enquanto vive. 13 Descobri também que poder comer, beber e
ser recompensado pelo seu trabalho é um presente de Deus.
14 Sei que tudo o que Deus faz permanecerá para sempre; a
isso nada se pode acrescentar, e disso nada se pode tirar. Deus
assim faz para que os homens o temam.
15 Aquilo que é, já foi, e o que será, já foi anteriormente; Deus
investigará[a] o passado.
16 Descobri também que debaixo do sol:
No lugar da justiça havia impiedade; no lugar da retidão, ainda
mais impiedade.
17 Fiquei pensando:
O justo e o ímpio, Deus julgará ambos, pois há um tempo para
todo propósito, um tempo para tudo o que acontece.
18 Também pensei: Deus prova os homens para que vejam que
são como os animais. 19 O destino do homem é o mesmo do
animal; o mesmo destino os aguarda. Assim como morre um,
também morre o outro. Todos têm o mesmo fôlego de vida[b];
o homem não tem vantagem alguma sobre o animal. Nada faz
sentido! 20 Todos vão para o mesmo lugar; vieram todos do pó,
e ao pó todos retornarão. 21 Quem pode dizer se o fôlego do
homem sobe às alturas e se o fôlego do animal desce[c] para
a terra?
22 Por isso concluí que não há nada melhor para o homem do
que desfrutar do seu trabalho, porque esta é a sua recom-
pensa. Pois, quem poderá fazê-lo ver o que acontecerá depois
de morto?

4 As Injustiças e os Absurdos da Vida

De novo olhei e vi toda a opressão que ocorre debaixo do
sol: Vi as lágrimas dos oprimidos, mas não há quem os console;
o poder está do lado dos seus opressores, e não há quem os
console. 2 Por isso considerei os mortos mais felizes do que os
vivos, pois estes ainda têm que viver! 3 No entanto, melhor do
que ambos é aquele que ainda não nasceu, que não viu o mal
que se faz debaixo do sol.
4 Descobri que todo trabalho e toda realização surgem da
competição que existe entre as pessoas. Mas isso também é
absurdo, é correr atrás do vento.
5 O tolo cruza os braços e destrói a própria vida. 6 Melhor é ter
um punhado com tranquilidade do que dois punhados à custa
de muito esforço e de correr atrás do vento.
7 Descobri ainda outra situação absurda debaixo do sol:
8 Havia um homem totalmente solitário; não tinha filho nem
irmão. Trabalhava sem parar! Contudo, os seus olhos não se
satisfaziam com a sua riqueza. Ele sequer perguntava: "Para
quem estou trabalhando tanto, e por que razão deixo de me
divertir?" Isso também é absurdo; é um trabalho por demais
ingrato!
9 É melhor ter companhia do que estar sozinho, porque maior
é a recompensa do trabalho de duas pessoas. 10 Se um cair,
o amigo pode ajudá-lo a levantar-se. Mas pobre do homem
que cai e não tem quem o ajude a levantar-se! 11 E, se dois
dormirem juntos, vão manter-se aquecidos. Como, porém,
manter-se aquecido sozinho? 12 Um homem sozinho pode ser
vencido, mas dois conseguem defender-se. Um cordão de três
dobras não se rompe com facilidade.

A Futilidade do Poder

13 Melhor é um jovem pobre e sábio, do que um rei idoso e
tolo, que já não aceita repreensão. 14 O jovem pode ter saído
da prisão e chegado ao trono, ou pode ter nascido pobre no
país daquele rei. 15 Percebi que, ainda assim, o povo que vivia
debaixo do sol seguia o jovem, o sucessor do rei. 16 O número
dos que aderiram a ele era incontável. A geração seguinte,
porém, não ficou satisfeita com o sucessor. Isso também não
faz sentido, é correr atrás do vento.

5 O Temor Devido a Deus

Quando você for ao santuário de Deus, seja reverente[d].
Quem se aproxima para ouvir é melhor do que os tolos que
oferecem sacrifício sem saber que estão agindo mal.
2 Não seja precipitado de lábios, nem apressado de coração
para fazer promessas diante de Deus. Deus está nos céus, e
você está na terra, por isso, fale pouco. 3 Das muitas ocupações
brotam sonhos; do muito falar nasce a prosa vã do tolo.
4 Quando você fizer um voto, cumpra-o sem demora, pois os
tolos desagradam a Deus; cumpra o seu voto. 5 É melhor não
fazer voto do que fazer e não cumprir. 6 Não permita que a sua
boca o faça pecar. E não diga ao mensageiro de Deus[e]: "O meu
voto foi um engano". Por que irritar a Deus com o que você diz
e deixá-lo destruir o que você realizou? 7 Em meio a tantos
sonhos absurdos e conversas inúteis, tenha temor de Deus.

As Riquezas Não Dão Sentido à Vida

8 Se você vir o pobre oprimido numa província e vir que lhe são
negados o direito e a justiça, não fique surpreso; pois todo
oficial está subordinado a alguém que ocupa posição superior,
e sobre os dois há outros em posição ainda mais alta. 9 Mesmo
assim, é vantagem a nação ter um rei que a governe e que se
interesse pela agricultura.[f]

---

a **3.15** Ou *Deus chama de volta*
b **3.19** Ou *espírito*
c **3.21** Ou *Quem conhece o espírito do homem, que sobe, ou o espírito do animal, que desce*

d **5.1** Hebraico: *guarde o seu pé*
e **5.6** Hebraico: *do templo.*
f **5.9** Ou *De toda forma, a terra terá vantagem se tiver um rei que zela pelos campos cultivados.*

¹⁰ Quem ama o dinheiro jamais terá o suficiente; quem ama as
riquezas jamais ficará satisfeito com os seus rendimentos. Isso
também não faz sentido.
¹¹ Quando aumentam os bens, também aumentam os que os
consomem. E que benefício trazem os bens a quem os possui,
senão dar um pouco de alegria aos seus olhos?
¹² O sono do trabalhador é ameno, quer coma pouco quer coma
muito, mas a fartura de um homem rico não lhe dá tranquili-
dade para dormir.
¹³ Há um mal terrível que vi debaixo do sol:
Riquezas acumuladas para infelicidade do seu possuidor. ¹⁴ Se
as riquezas dele se perdem num mau negócio, nada ficará para
o filho que lhe nascer. ¹⁵ O homem sai nu do ventre de sua mãe,
e como vem, assim vai. De todo o trabalho em que se esforçou
nada levará consigo.
¹⁶ Há também outro mal terrível: Como o homem vem, assim ele
vai, e o que obtém de todo o seu esforço em busca do vento?
¹⁷ Passa[a] toda a sua vida nas trevas, com grande frustração,
doença e amargura.
¹⁸ Assim, descobri que, para o homem, o melhor e o que mais
vale a pena é comer, beber e desfrutar o resultado de todo
o esforço que se faz debaixo do sol durante os poucos dias
de vida que Deus lhe dá, pois essa é a sua recompensa. ¹⁹ E,
quando Deus concede riquezas e bens a alguém e o capacita a
desfrutá-los, a aceitar a sua sorte e a ser feliz em seu trabalho,
isso é um presente de Deus. ²⁰ Raramente essa pessoa fica
pensando na brevidade de sua vida, porque Deus o mantém
ocupado com a alegria do coração.

6 Vi ainda outro mal debaixo do sol, que pesa bastante sobre
a humanidade: ² Deus dá riquezas, bens e honra ao homem,
de modo que não lhe falta nada que os seus olhos desejam;
mas Deus não lhe permite desfrutar tais coisas, e outro as des-
fruta em seu lugar. Isso não faz sentido; é um mal terrível.
³ Um homem pode ter cem filhos e viver muitos anos. No en-
tanto, se não desfrutar as coisas boas da vida, digo que uma
criança que nasce morta e nem ao menos recebe um enterro
digno tem melhor sorte que ele. ⁴ Ela nasce em vão e parte
em trevas, e nas trevas o seu nome fica escondido. ⁵ Embora
jamais tenha visto o sol ou conhecido qualquer coisa, ela tem
mais descanso do que tal homem. ⁶ Pois, de que lhe valeria
viver dois mil anos, sem desfrutar a sua prosperidade? Afinal,
não vão todos para o mesmo lugar?
⁷ Todo o esforço do homem é feito para a sua boca; contudo, o
seu apetite jamais se satisfaz. ⁸ Que vantagem tem o sábio em
relação ao tolo? Que vantagem tem o pobre em saber como se
portar diante dos outros? ⁹ Melhor é contentar-se com o que os
olhos veem do que sonhar com o que se deseja. Isso também
não faz sentido; é correr atrás do vento.
¹⁰ Tudo o que existe já recebeu nome, e já se sabe o que o
homem é; não se pode lutar contra alguém mais forte.
¹¹ Quanto mais palavras, mais tolices[b], e sem nenhum proveito.
¹² Na verdade, quem sabe o que é bom para o homem, nos
poucos dias de sua vida vazia, em que ele passa como uma
sombra? Quem poderá contar-lhe o que acontecerá debaixo
do sol depois que ele partir?

A Sabedoria

7 O bom nome é melhor do que um perfume finíssimo, e o dia
da morte é melhor do que o dia do nascimento. ² É melhor ir
a uma casa onde há luto do que a uma casa em festa, pois a
morte é o destino de todos; os vivos devem levar isso a sério!
³ A tristeza é melhor do que o riso, porque o rosto triste me-
lhora o coração. ⁴ O coração do sábio está na casa onde há luto,
mas o do tolo, na casa da alegria. ⁵ É melhor ouvir a repreensão
de um sábio do que a canção dos tolos. ⁶ Tal como o estalo
de espinhos debaixo da panela, assim é o riso dos tolos. Isso
também não faz sentido.
⁷ A opressão transforma o sábio em tolo, e o suborno corrompe
o coração.
⁸ O fim das coisas é melhor que o seu início, e o paciente é me-
lhor que o orgulhoso. ⁹ Não permita que a ira domine depressa
o seu espírito, pois a ira se aloja no íntimo dos tolos.
¹⁰ Não diga: "Por que os dias do passado foram melhores que
os de hoje?" Pois não é sábio fazer esse tipo de pergunta.
¹¹ A sabedoria, como uma herança, é coisa boa, e beneficia
aqueles que veem o sol. ¹² A sabedoria oferece proteção, como
o faz o dinheiro, mas a vantagem do conhecimento é esta: a
sabedoria preserva a vida de quem a possui.
¹³ Considere o que Deus fez: Quem pode endireitar o que ele fez
torto? ¹⁴ Quando os dias forem bons, aproveite-os bem; mas,
quando forem ruins, considere: Deus fez tanto um quanto o
outro, para evitar que o homem descubra alguma coisa sobre
o seu futuro.
¹⁵ Nesta vida sem sentido eu já vi de tudo:
Um justo que morreu[c] apesar da sua justiça, e um ímpio que
teve vida longa apesar da sua impiedade. ¹⁶ Não seja excessi-
vamente justo nem demasiadamente sábio; por que destruir
a você mesmo? ¹⁷ Não seja demasiadamente ímpio e não seja
tolo; por que morrer antes do tempo? ¹⁸ É bom reter uma coisa
e não abrir mão da outra, pois quem teme a Deus evitará
ambos os extremos[d].
¹⁹ A sabedoria torna o sábio mais poderoso que uma cidade
guardada por dez valentes. ²⁰ Todavia, não há um só justo na
terra, ninguém que pratique o bem e nunca peque.
²¹ Não dê atenção a todas as palavras que o povo diz, caso
contrário, poderá ouvir o seu próprio servo falando mal de
você; ²² pois em seu coração você sabe que muitas vezes você
também falou mal de outros.
²³ Tudo isso eu examinei mediante a sabedoria e disse: Estou
decidido a ser sábio; mas isso estava fora do meu alcance. ²⁴ A

a 5.17 Hebraico: *Come.*

b 6.11 Ou *menos sentido*; ou ainda *mais frustração*

c 7.15 Ou *morreu jovem*; ou ainda *morreu por causa da*

d 7.18 Ou *seguirá ambas*

realidade está bem distante e é muito profunda; quem pode descobri-la? 25 Por isso dediquei-me a aprender, a investigar, a buscar a sabedoria e a razão de ser das coisas, para compreender a insensatez da impiedade e a loucura da insensatez.

26 Descobri que muito mais amarga que a morte é a mulher que serve de laço, cujo coração é uma armadilha e cujas mãos são correntes. O homem que agrada a Deus escapará dela, mas o pecador ela apanhará.

27 "Veja", diz o mestre, "foi isto que descobri: Ao comparar uma coisa com outra para descobrir a sua razão de ser, 28 sim, durante essa minha busca que ainda não terminou[a], entre mil homens descobri apenas um que julgo digno, mas entre as mulheres não achei uma sequer. 29 Assim, cheguei a esta conclusão: Deus fez os homens justos, mas eles foram em busca de muitas intrigas."

8 A Obediência Devida ao Rei

Quem é como o sábio? Quem sabe interpretar as coisas? A sabedoria de um homem alcança o favor do rei[b] e muda o seu semblante carregado.

2 Este é o meu conselho: obedeça às ordens do rei porque você fez um juramento diante de Deus. 3 Não se apresse em deixar a presença do rei, nem se levante em favor de uma causa errada, visto que o rei faz o que bem entende. 4 Pois a palavra do rei é soberana, e ninguém lhe pode perguntar: "O que estás fazendo?"

5 Quem obedece às suas ordens não sofrerá mal algum, pois o coração sábio saberá a hora e a maneira certa de agir. 6 Porquanto há uma hora certa e também uma maneira certa de agir para cada situação. O sofrimento de um homem, no entanto, pesa muito sobre ele, 7 visto que ninguém conhece o futuro. Quem lhe poderá dizer o que vai acontecer? 8 Ninguém tem o poder de dominar o próprio espírito[c]; tampouco tem poder sobre o dia da sua morte e de escapar dos efeitos da guerra[d]; nem mesmo a maldade livra aqueles que a praticam.

9 Tudo isso vi quando me pus a refletir em tudo o que se faz debaixo do sol. Há ocasiões em que um homem domina sobre outros para a sua própria infelicidade[e]. 10 Nessas ocasiões, vi ímpios serem sepultados e gente indo e vindo do lugar onde eles foram enterrados. Todavia, os que haviam praticado o bem foram esquecidos na cidade.[f] Isso também não faz sentido.

11 Quando os crimes não são castigados logo, o coração do homem se enche de planos para fazer o mal. 12 O ímpio pode cometer uma centena de crimes e, apesar disso, ter vida longa, mas sei muito bem que as coisas serão melhores para os que temem a Deus, para os que mostram respeito diante dele. 13 Para os ímpios, no entanto, nada irá bem, porque não temem a Deus, e os seus dias, como sombras, serão poucos.

14 Há mais uma coisa sem sentido na terra: justos que recebem o que os ímpios merecem, e ímpios que recebem o que os justos merecem. Isto também, penso eu, não faz sentido. 15 Por isso recomendo que se desfrute a vida, porque debaixo do sol não há nada melhor para o homem do que comer, beber e alegrar-se. Sejam esses os seus companheiros no seu duro trabalho durante todos os dias da vida que Deus lhe der debaixo do sol!

16 Quando voltei a mente para conhecer a sabedoria e observar as atividades do homem sobre a terra, daquele cujos olhos não veem sono[g] nem de dia nem de noite, 17 percebi tudo o que Deus tem feito. Ninguém é capaz de entender o que se faz debaixo do sol. Por mais que se esforce para descobrir o sentido das coisas, o homem não o encontrará. O sábio pode até afirmar que entende, mas, na realidade, não o consegue encontrar.

9 O Destino de Todos

Refleti nisso tudo e cheguei à conclusão de que os justos e os sábios, e aquilo que eles fazem, estão nas mãos de Deus. O que os espera, seja amor ou ódio, ninguém sabe. 2 Todos partilham um destino comum: o justo e o ímpio, o bom e o mau[h], o puro e o impuro, o que oferece sacrifícios e o que não os oferece. O que acontece com o homem bom, acontece com o pecador; o que acontece com quem faz juramentos, acontece com quem teme fazê-los.

3 Este é o mal que há em tudo o que acontece debaixo do sol: o destino de todos é o mesmo. O coração dos homens, além do mais, está cheio de maldade e de loucura durante toda a vida; e por fim eles se juntarão aos mortos. 4 Quem está entre os vivos tem esperança;[i] até um cachorro vivo é melhor do que um leão morto!

5 Pois os vivos sabem que morrerão, mas os mortos nada sabem; para eles não haverá mais recompensa, e já não se tem lembrança deles. 6 Para eles o amor, o ódio e a inveja há muito desapareceram; nunca mais terão parte em nada do que acontece debaixo do sol.

7 Portanto, vá, coma com prazer a sua comida e beba o seu vinho de coração alegre, pois Deus já se agradou do que você faz. 8 Esteja sempre vestido com roupas de festa[j], e unja sempre a sua cabeça com óleo. 9 Desfrute a vida com a mulher a quem você ama, todos os dias desta vida sem sentido que Deus dá a você debaixo do sol; todos os seus dias sem sentido! Pois essa é a sua recompensa na vida pelo seu árduo trabalho debaixo do sol. 10 O que as suas mãos tiverem que fazer, que o façam com toda a sua força, pois na sepultura[k], para onde você

a 7.28 Ou *há algo que ainda não encontrei*
b 8.1 Hebraico: *ilumina o seu rosto.*
c 8.8 Ou *o vento*
d 8.8 Ou *desse combate*
e 8.9 Ou *para a infelicidade deles*
f 8.10 Conforme alguns manuscritos do Texto Massorético e a Septuaginta. A maioria dos manuscritos do Texto Massorético diz sepultados, aqueles que haviam frequentado o lugar santo e recebido elogios na cidade onde haviam feito o mal.
g 8.16 Ou *daquele que não descansa*
h 9.2 Conforme a Septuaginta, a Vulgata e a Versão Siríaca. O Texto Massorético não traz o mau.
i 9.4 Ou *O que se deve escolher então? Para todos os que vivem existe esperança;*
j 9.8 Hebraico: *de branco.*
k 9.10 Hebraico: *Sheol*. Essa palavra também pode ser traduzida por profundezas, pó ou morte.

vai, não há atividade nem planejamento, não há conhecimento
nem sabedoria.
11 Percebi ainda outra coisa debaixo do sol: Os velozes nem
sempre vencem a corrida; os fortes nem sempre triunfam na
guerra; os sábios nem sempre têm comida; os prudentes nem
sempre são ricos; os instruídos nem sempre têm prestígio; pois
o tempo e o acaso afetam a todos.
12 Além do mais, ninguém sabe quando virá a sua hora: Assim
como os peixes são apanhados numa rede fatal e os pássaros
são pegos numa armadilha, também os homens são enredados
pelos tempos de desgraça que caem inesperadamente sobre
eles.

O Valor da Sabedoria

13 Também vi debaixo do sol este exemplo de sabedoria que
muito me impressionou: 14 Havia uma pequena cidade, de
poucos habitantes. Um rei poderoso veio contra ela, cercou-a
com muitos dispositivos de guerra. 15 Ora, naquela cidade vivia
um homem pobre mas sábio, e com sua sabedoria ele salvou a
cidade. No entanto, ninguém se lembrou mais daquele pobre.
16 Por isso pensei: Embora a sabedoria seja melhor do que a
força, a sabedoria do pobre é desprezada, e logo suas palavras
são esquecidas.
17 As palavras dos sábios devem ser ouvidas com mais atenção
do que os gritos de quem domina sobre tolos. 18 A sabedoria é
melhor do que as armas de guerra, mas um só pecador destrói
muita coisa boa.

10 Assim como a mosca morta produz mau cheiro e estraga
o perfume, também um pouco de insensatez pesa mais
que a sabedoria e a honra. 2 O coração do sábio se inclina para
o bem, mas o coração do tolo, para o mal[a]. 3 Mesmo quando
anda pelo caminho, o tolo age sem o mínimo bom senso e
mostra a todos que não passa de tolo. 4 Se a ira de uma auto-
ridade se levantar contra você, não abandone o seu posto; a
tranquilidade evita grandes erros.
5 Há outro mal que vi debaixo do sol, um erro cometido pelos
que governam: 6 tolos são postos em cargos elevados, en-
quanto ricos ocupam cargos inferiores. 7 Tenho visto servos
andando a cavalo, e príncipes andando a pé, como servos.
8 Quem cava um poço cairá nele; quem derruba um muro será
picado por uma cobra. 9 Quem arranca pedras com elas se fe-
rirá; quem racha lenha se arrisca.
10 Se o machado está cego e sua lâmina não foi afiada, é pre-
ciso golpear com mais força; agir com sabedoria assegura o
sucesso.
11 Se a cobra morder antes de ser encantada, para que servirá
o encantador?
12 As palavras do sábio lhe trazem benefícios, mas os lábios do
insensato o destroem. 13 No início as suas palavras são mera
tolice, mas no final são loucura perversa. 14 Embora o tolo fale
sem parar, ninguém sabe o que está para vir; quem poderá
dizer a outrem o que lhe acontecerá depois?
15 O trabalho do tolo o deixa tão exausto que ele nem consegue
achar o caminho de casa[b].
16 Pobre da terra cujo rei é jovem demais e cujos líderes fazem
banquetes logo de manhã. 17 Feliz é a terra cujo rei é de origem
nobre, e cujos líderes comem no devido tempo para recuperar
as forças, e não para embriagar-se.
18 Por causa da preguiça, o telhado se enverga; por causa das
mãos indolentes, a casa tem goteiras.
19 O banquete é feito para divertir, e o vinho torna a vida alegre,
mas isso tudo se paga com dinheiro.
20 Nem em pensamento insulte o rei! Nem mesmo em seu quarto
amaldiçoe o rico! Porque uma ave do céu poderá levar as suas
palavras, e seres alados poderão divulgar o que você disser.

11 **Sábios Conselhos**
Atire o seu pão sobre as águas[c], e depois de muitos dias
você tornará a encontrá-lo. 2 Reparta o que você tem com sete,
até mesmo com oito, pois você não sabe que desgraça poderá
cair sobre a terra.
3 Quando as nuvens estão cheias de água, derramam chuva
sobre a terra. Quer uma árvore caia para o sul quer para o
norte, onde cair ficará. 4 Quem fica observando o vento não
plantará, e quem fica olhando para as nuvens não colherá.
5 Assim como você não conhece o caminho do vento, nem como
o corpo é formado[d] no ventre de uma mulher, também não pode
compreender as obras de Deus, o Criador de todas as coisas.
6 Plante de manhã a sua semente, e mesmo ao entardecer não
deixe as suas mãos ficarem à toa, pois você não sabe o que
acontecerá, se esta ou aquela produzirá, ou se as duas serão
igualmente boas.

Conselho para os Jovens

7 A luz é agradável, é bom ver o sol. 8 Por mais que um homem
viva, deve desfrutar sua vida toda. Lembre-se, porém, dos dias
de trevas, pois serão muitos. Tudo o que está para vir não faz
sentido.
9 Alegre-se, jovem, na sua mocidade! Seja feliz o seu coração
nos dias da sua juventude! Siga por onde seu coração mandar,
até onde a sua vista alcançar; mas saiba que por todas essas
coisas Deus o trará a julgamento. 10 Afaste do coração a ansie-
dade e acabe com o sofrimento do seu corpo, pois a juventude
e o vigor são passageiros.

12 Lembre-se do seu Criador nos dias da sua juventude,
antes que venham os dias difíceis e se aproximem os
anos em que você dirá: "Não tenho satisfação neles"; 2 antes
que se escureçam o sol e a luz, a lua e as estrelas, e as nuvens
voltem depois da chuva; 3 quando os guardas da casa tremerem

[a] **10.2** Hebraico: *para a direita ... para a esquerda.*

[b] **10.15** Hebraico: *da cidade.*

[c] **11.1** Ou *Dê com generosidade o seu pão*

[d] **11.5** Ou *não sabe como a vida (ou o espírito) entra no corpo que está se formando*

e os homens fortes caminharem encurvados; quando pararem
os moedores por serem poucos, e aqueles que olham pelas ja-
nelas enxergarem embaçado; 4 quando as portas da rua forem
fechadas e diminuir o som da moagem; quando o barulho das
aves o fizer despertar, mas o som de todas as canções parecer
fraco para você; 5 quando você tiver medo de altura, e dos pe-
rigos das ruas; quando florir a amendoeira, o gafanhoto for um
peso e o desejo já não se despertar. Então o homem se vai para
o seu lar eterno, e os pranteadores já vagueiam pelas ruas.
6 Sim, lembre-se dele, antes que se rompa o cordão de prata,
ou se quebre a taça de ouro; antes que o cântaro se despedace
junto à fonte, a roda se quebre junto ao poço, 7 o pó volte à
terra, de onde veio, e o espírito volte a Deus, que o deu.
8 "Tudo sem sentido! Sem sentido!", diz o mestre. "Nada faz
sentido! Nada faz sentido!"

Conclusão

9 Além de ser sábio, o mestre também ensinou conhecimento
ao povo. Ele escutou, examinou e colecionou muitos provér-
bios. 10 Procurou também encontrar as palavras certas, e o que
ele escreveu era reto e verdadeiro.
11 As palavras dos sábios são como aguilhões, a coleção dos
seus ditos como pregos bem fixados, provenientes do único
Pastor. 12 Cuidado, meu filho; nada acrescente a eles.
Não há limite para a produção de livros, e estudar demais deixa
exausto o corpo.
13 Agora que já se ouviu tudo, aqui está a conclusão: Tema a Deus
e obedeça aos seus mandamentos, porque isso é o essencial
para o homem[a]. 14 Pois Deus trará a julgamento tudo o que foi
feito, inclusive tudo o que está escondido, seja bom, seja mau.

[a] 12.13 Ou *o dever de todo homem*

CÂNTICO DOS CÂNTICOS

1 Cântico dos Cânticos de Salomão.

A Amada[a]

2 Ah, se ele me beijasse, se a sua boca me cobrisse de beijos...
Sim, as suas carícias são mais agradáveis que o vinho. 3 A fra-
grância dos seus perfumes é suave; o seu nome é como per-
fume derramado. Não é à toa que as jovens o amam! 4 Leve-me
com você! Vamos depressa!
Leve-me o rei para os seus aposentos!

Amigas (Mulheres de Jerusalém)

Estamos alegres e felizes por sua causa; celebraremos o seu
amor mais do que o vinho.

A Amada

Com toda a razão você é amado!
5 Estou escura, mas sou bela, ó mulheres de Jerusalém; escura
como as tendas de Quedar, bela como as cortinas de Salomão.
6 Não fiquem me olhando assim porque estou escura; foi o sol
que me queimou a pele. Os filhos de minha mãe zangaram-se
comigo e fizeram-me tomar conta das vinhas; da minha própria
vinha, porém, não pude cuidar.
7 Conte-me, você, a quem amo, onde faz pastar o seu rebanho
e onde faz as suas ovelhas descansarem ao meio-dia? Se eu
não o souber, serei como uma mulher coberta com véu junto
aos rebanhos dos seus amigos.

[a] 1.2 Com base no gênero dos pronomes hebraicos empregados, indicam-se por meio dos títulos o Amado e a Amada, quando o interlocutor é o homem ou a mulher. As palavras dos outros interlocutores estão assinaladas com o título Amigas. Em alguns casos as divisões e seus títulos são discutíveis.

O Amado

8 Se você, a mais linda das mulheres, se você não o sabe, siga
a trilha das ovelhas e faça as suas cabritas pastarem junto às
tendas dos pastores. 9 Comparo você, minha querida, a uma
égua das carruagens do faraó. 10 Como são belas as suas faces
entre os brincos, e o seu pescoço com os colares de joias!

Amigas (Mulheres de Jerusalém)

11 Faremos para você brincos de ouro com incrustações de
prata.

A Amada

12 Enquanto o rei estava em seus aposentos, o meu nardo es-
palhou sua fragrância. 13 O meu amado é para mim como uma
pequenina bolsa de mirra que passa a noite entre os meus
seios. 14 O meu amado é para mim um ramalhete de flores de
hena[b] das vinhas de En-Gedi.

O Amado

15 Como você é linda, minha querida! Ah, como é linda! Seus
olhos são pombas.

A Amada

16 Como você é belo, meu amado! Ah, como é encantador! Ver-
dejante é o nosso leito. 17 De cedro são as vigas da nossa casa,
e de cipreste os caibros do nosso telhado.

[b] 1.14 Isto é, planta aromática.

2 **A Amada**
Sou uma flor[a] de Sarom, um lírio dos vales.

O Amado

2Como um lírio entre os espinhos é a minha amada entre as
jovens.

A Amada

3Como uma macieira entre as árvores da floresta é o meu
amado entre os jovens. Tenho prazer em sentar-me à sua
sombra; o seu fruto é doce ao meu paladar. 4Ele me levou ao
salão de banquetes, e o seu estandarte sobre mim é o amor.[b]
5Por favor, sustentem-me com passas, revigorem-me com
maçãs[c], pois estou doente de amor. 6O seu braço esquerdo es-
teja debaixo da minha cabeça, e o seu braço direito me abrace.
7Mulheres de Jerusalém, eu as faço jurar pelas gazelas e pelas
corças do campo: não despertem nem provoquem o amor en-
quanto ele não o quiser.
8Escutem! É o meu amado! Vejam! Aí vem ele, saltando pelos
montes, pulando sobre as colinas. 9O meu amado é como uma
gazela, como um cervo novo. Vejam! Lá está ele atrás do nosso
muro, observando pelas janelas, espiando pelas grades. 10O
meu amado falou e me disse:

O Amado

Levante-se, minha querida, minha bela, e venha comigo.
11Veja! O inverno passou; acabaram-se as chuvas e já se foram.
12Aparecem flores na terra, e chegou o tempo de cantar[d]; já
se ouve em nossa terra o arrulhar dos pombos. 13A figueira
produz os primeiros frutos; as vinhas florescem e espalham
sua fragrância. Levante-se, venha, minha querida; minha bela,
venha comigo. 14Minha pomba que está nas fendas da rocha,
nos esconderijos, nas encostas dos montes, mostre-me seu
rosto, deixe-me ouvir sua voz; pois a sua voz é suave e o seu
rosto é lindo.

A Amada

15Apanhem para nós as raposas, as raposinhas que estragam
as vinhas, pois as nossas vinhas estão floridas. 16O meu amado
é meu, e eu sou dele; ele pastoreia entre os lírios. 17Volte,
amado meu, antes que rompa o dia e fujam as sombras; seja
como a gazela ou como o cervo novo nas colinas escarpadas[e].

3 A noite toda procurei em meu leito aquele a quem o meu co-
ração ama, mas não o encontrei. 2Vou levantar-me agora e
percorrer a cidade, irei por suas ruas e praças; buscarei aquele
a quem o meu coração ama. Eu o procurei, mas não o encon-
trei. 3As sentinelas me encontraram quando faziam as suas
rondas na cidade. "Vocês viram aquele a quem o meu coração
ama?", perguntei. 4Mal havia passado por elas, quando en-
contrei aquele a quem o meu coração ama. Eu o segurei e não
o deixei ir, até que o trouxe para a casa de minha mãe, para
o quarto daquela que me concebeu. 5Mulheres de Jerusalém,
eu as faço jurar pelas gazelas e pelas corças do campo: Não
despertem nem incomodem o amor enquanto ele não o quiser.

Coro

6O que vem subindo do deserto, como uma coluna de fumaça,
perfumado com mirra e incenso com extrato de todas as es-
peciarias dos mercadores? 7Vejam! É a liteira de Salomão,
escoltada por sessenta guerreiros, os mais nobres de Israel;
8todos eles trazem espada, todos são experientes na guerra,
cada um com a sua espada, preparado para enfrentar os pa-
vores da noite. 9O rei Salomão fez para si uma liteira; ele a fez
com madeira do Líbano. 10Suas traves, ele fez de prata; seu
teto, de ouro. Seu banco foi estofado em púrpura; seu interior
foi cuidadosamente preparado pelas mulheres de Jerusalém.
11Mulheres de Sião, saiam! Venham ver o rei Salomão! Ele está
usando a coroa, a coroa que sua mãe lhe colocou no dia do seu
casamento, no dia em que o seu coração se alegrou.

4 **O Amado**
Como você é linda, minha querida! Ah, como é linda! Seus
olhos, por trás do véu, são pombas. Seu cabelo é como um
rebanho de cabras que vêm descendo do monte Gileade. 2Seus
dentes são como um rebanho de ovelhas recém-tosquiadas que
vão subindo do lavadouro. Cada uma tem o seu par; não há
nenhuma sem crias. 3Seus lábios são como um fio vermelho;
sua boca é belíssima. Suas faces, por trás do véu, são como as
metades de uma romã. 4Seu pescoço é como a torre de Davi,
construída como arsenal. Nela estão pendurados mil escudos,
todos eles escudos de heroicos guerreiros. 5Seus dois seios são
como filhotes de cervo, como filhotes gêmeos de uma gazela
que repousam entre os lírios. 6Enquanto não raia o dia e as
sombras não fogem, irei à montanha da mirra e à colina do
incenso. 7Você é toda linda, minha querida; em você não há
defeito algum.
8Venha do Líbano comigo, minha noiva, venha do Líbano co-
migo. Desça do alto do Amana, do topo do Senir, do alto do
Hermom, das covas dos leões e das tocas dos leopardos nas
montanhas. 9Você fez disparar o meu coração, minha irmã,
minha noiva; fez disparar o meu coração com um simples olhar,
com uma simples joia dos seus colares. 10Quão deliciosas são
as suas carícias, minha irmã, minha noiva! Suas carícias são
mais agradáveis que o vinho, e a fragrância do seu perfume
supera o de qualquer especiaria! 11Os seus lábios gotejam a do-
çura dos favos de mel, minha noiva; leite e mel estão debaixo
da sua língua. A fragrância das suas vestes é como a fragrância
do Líbano. 12Você é um jardim fechado, minha irmã, minha
noiva; você é uma nascente fechada, uma fonte selada. 13De

[a] 2.1 Tradicionalmente rosa. Talvez um narciso ou uma tulipa.
[b] 2.4 Ou *seus olhares para mim eram de amor.*
[c] 2.5 Ou *damascos*
[d] 2.12 Ou *de podar*
[e] 2.17 Ou *colinas de Beter*; ou ainda *montes da separação*

você brota um pomar de romãs com frutos seletos, com flores
de hena e nardo, 14nardo e açafrão, cálamo e canela, com
todas as madeiras aromáticas, mirra e aloés e as mais finas
especiarias. 15Você é[a] uma fonte de jardim, um poço de águas
vivas, que descem do Líbano.

A Amada

16Acorde, vento norte! Venha, vento sul! Soprem em meu
jardim, para que a sua fragrância se espalhe ao seu redor.
Que o meu amado entre em seu jardim e saboreie os seus
deliciosos frutos.

5

O Amado

Entrei em meu jardim, minha irmã, minha noiva; ajuntei a
minha mirra com as minhas especiarias. Comi o meu favo e o
meu mel; bebi o meu vinho e o meu leite.

Poeta

Comam, amigos, bebam quanto puderem, ó amados!

A Amada

2Eu estava quase dormindo, mas o meu coração estava acor-
dado. Escutem! O meu amado está batendo.

O Amado

Abra-me a porta, minha irmã, minha querida, minha pomba,
minha mulher ideal, pois a minha cabeça está encharcada de
orvalho; o meu cabelo, da umidade da noite.

A Amada

3Já tirei a túnica; terei que vestir-me de novo? Já lavei os
pés; terei que sujá-los de novo? 4O meu amado pôs a mão por
uma abertura da tranca; meu coração começou a palpitar por
causa dele. 5Levantei-me para abrir-lhe a porta; minhas mãos
destilavam mirra, meus dedos vertiam mirra, na maçaneta da
tranca. 6Eu abri, mas o meu amado se fora; o meu amado já
havia partido. Quase desmaiei de tristeza! Procurei-o, mas não
o encontrei. Eu o chamei, mas ele não respondeu. 7As senti-
nelas me encontraram enquanto faziam a ronda na cidade.
Bateram-me, feriram-me; e tomaram o meu manto, as senti-
nelas dos muros! 8Ó mulheres de Jerusalém, eu as faço jurar:
se encontrarem o meu amado, que dirão a ele? Digam-lhe que
estou doente de amor.

Amigas (As Mulheres de Jerusalém)

9Que diferença há entre o seu amado e outro qualquer, ó você,
das mulheres a mais linda? Que diferença há entre o seu amado
e outro qualquer, para você nos obrigar a tal promessa?

A Amada

10O meu amado tem a pele bronzeada; ele se destaca entre
dez mil. 11Sua cabeça é como ouro, o ouro mais puro; seus
cabelos ondulam ao vento como ramos de palmeira; são ne-
gros como o corvo. 12Seus olhos são como pombas junto aos
regatos de água, lavados em leite, incrustados como joias.
13Suas faces são como um jardim de especiarias que exalam
perfume. Seus lábios são como lírios que destilam mirra.
14Seus braços são cilindros de ouro com berilo neles engas-
tado. Seu tronco é como marfim polido adornado de safiras.
15Suas pernas são colunas de mármore[b] firmadas em bases
de ouro puro. Sua aparência é como o Líbano; ele é elegante
como os cedros. 16Sua boca é a própria doçura; ele é mui
desejável. Esse é o meu amado, esse é o meu querido, ó mu-
lheres de Jerusalém.

6

Amigas (Mulheres de Jerusalém)

Para onde foi o seu amado, ó mais linda das mulheres? Di-
ga-nos para onde foi o seu amado e o procuraremos com você!

A Amada

2O meu amado desceu ao seu jardim, aos canteiros de especia-
rias, para descansar e colher lírios. 3Eu sou do meu amado, e o
meu amado é meu; ele descansa entre os lírios.

O Amado

4Minha querida, você é linda como Tirza, bela como Jerusalém,
admirável como um exército e suas bandeiras.
5Desvie de mim os seus olhos, pois eles me perturbam. Seu
cabelo é como um rebanho de cabras que descem de Gileade.
6Seus dentes são como um rebanho de ovelhas que sobem
do lavadouro. Cada uma tem o seu par, não há nenhuma sem
crias. 7Suas faces, por trás do véu, são como as metades de
uma romã. 8Pode haver sessenta rainhas, e oitenta concubinas,
e um número sem-fim de virgens, 9mas ela é única, a minha
pomba, minha mulher ideal! Ela é a filha favorita de sua mãe,
a predileta daquela que a deu à luz. Quando outras jovens a
veem, dizem que ela é muito feliz; as rainhas e as concubinas
a elogiam.

Amigas (Mulheres de Jerusalém)

10Quem é essa que aparece como o alvorecer, bela como a
Lua, brilhante como o Sol, admirável como um exército e suas
bandeiras?

A Amada

11Desci ao bosque das nogueiras para ver os renovos no vale,
para ver se as videiras tinham brotado e se as romãs estavam
em flor. 12Antes que eu o percebesse, você me colocou entre
as carruagens, com um príncipe ao meu lado.[c]

Amigas (Mulheres de Jerusalém)

13Volte, volte, Sulamita; volte, volte, para que a contemplemos.

---

[a] 4.15 Ou *Eu sou* (na voz da Amada)

[b] 5.15 Ou *alabastro*

[c] 6.12 Ou *Sem que eu percebesse, minha imaginação me colocou entre os carros do meu nobre povo.*

O Amado

Por que vocês querem contemplar a Sulamita, como na dança de Maanaim[a]?

7 Como são lindos os seus pés calçados com sandálias, ó filha do príncipe! As curvas das suas coxas são como joias, obra das mãos de um artífice. 2Seu umbigo é uma taça redonda onde nunca falta o vinho de boa mistura. Sua cintura é um monte de trigo cercado de lírios. 3Seus seios são como dois filhotes de corça, gêmeos de uma gazela. 4Seu pescoço é como uma torre de marfim. Seus olhos são como os açudes de Hesbom, junto à porta de Bate-Rabim. Seu nariz é como a torre do Líbano voltada para Damasco. 5Sua cabeça eleva-se como o monte Carmelo. Seus cabelos soltos têm reflexos de púrpura; o rei caiu prisioneiro das suas ondas. 6Como você é linda! Como você me agrada! Oh, o amor e suas delícias! 7Seu porte é como o da palmeira; os seus seios, como cachos de frutos. 8Eu disse: Subirei a palmeira e me apossarei dos seus frutos. Sejam os seus seios como os cachos da videira, o aroma da sua respiração como maçãs[b] 9e a sua boca como o melhor vinho...

A Amada

... vinho que flui suavemente para o meu amado, escorrendo suavemente sobre os lábios de quem já vai adormecendo. 10Eu pertenço ao meu amado, e ele me deseja. 11Venha, meu amado, vamos fugir para o campo, passemos a noite nos povoados. 12Vamos cedo para as vinhas para ver se as videiras brotaram, se as suas flores se abriram e se as romãs estão em flor; ali eu darei a você o meu amor. 13As mandrágoras[c] exalam o seu perfume, e à nossa porta há todo tipo de frutos finos, secos e frescos, que reservei para você, meu amado.

8 Ah, quem dera você fosse meu irmão, amamentado nos seios de minha mãe! Então, se eu o encontrasse fora de casa, eu o beijaria, e ninguém me desprezaria. 2Eu o conduziria e o traria à casa de minha mãe, e você me ensinaria. Eu daria a você vinho aromatizado para beber, o néctar das minhas romãs. 3O seu braço esquerdo esteja debaixo da minha cabeça, e o seu braço direito me abrace. 4Mulheres de Jerusalém, eu as faço jurar: Não despertem nem incomodem o amor enquanto ele não o quiser.

[a] 6.13 Ou *dos dois coros*; ou ainda *dos dois acampamentos*

[b] 7.8 Ou *damascos*

[c] 7.13 Isto é, plantas tidas por afrodisíacas e capazes de favorecer a fertilidade feminina.

Amigas (Mulheres de Jerusalém)

5Quem vem subindo do deserto, apoiada em seu amado?

A Amada

Debaixo da macieira eu o despertei; ali esteve a sua mãe em trabalho de parto, ali sofreu as dores aquela que o deu à luz. 6Ponha-me como um selo sobre o seu coração; como um selo sobre o seu braço; pois o amor é tão forte quanto a morte e o ciúme[d] é tão inflexível quanto a sepultura[e]. Suas brasas são fogo ardente, são labaredas do Senhor[f]. 7Nem muitas águas conseguem apagar o amor; os rios não conseguem levá-lo na correnteza. Se alguém oferecesse todas as riquezas da sua casa para adquirir o amor, seria totalmente desprezado.

Irmãos

8Temos uma irmãzinha; seus seios ainda não estão crescidos. Que faremos com nossa irmã no dia em que for pedida em casamento? 9Se ela for um muro, construiremos sobre ela uma torre de prata. Se ela for uma porta, nós a reforçaremos com tábuas de cedro.

A Amada

10Eu sou um muro, e meus seios são as suas torres. Assim me tornei aos olhos dele como alguém que inspira paz. 11Salomão possuía uma vinha em Baal-Hamom; ele entregou a sua vinha a arrendatários. Cada um devia trazer pelos frutos da vinha doze quilos[g] de prata. 12Quanto à minha própria vinha, essa está em meu poder; os doze quilos de prata são para você, ó Salomão, e dois quilos e meio são para os que tomaram conta dos seus frutos.

O Amado

13Você, que habita nos jardins, os amigos desejam ouvi-la; deixe-me ouvir a sua voz!

A Amada

14Venha depressa, meu amado, e seja como uma gazela, ou como um cervo novo saltando sobre os montes cobertos de especiarias.

[d] 8.6 Ou *paixão*

[e] 8.6 Hebraico: *Sheol*. Essa palavra também pode ser traduzida por profundezas, pó ou morte.

[f] 8.6 Ou *labaredas enormes*

[g] 8.11 Hebraico: *1.000 siclos*; também no versículo 12. Um siclo equivalia a 12 gramas.

ISAÍAS

1 Visão que Isaías, filho de Amoz, teve a respeito de Judá
e Jerusalém durante os reinados de Uzias, Jotão, Acaz e
Ezequias, reis de Judá.

Uma Nação Rebelde

2Ouçam, ó céus! Escute, ó terra! Pois o SENHOR falou: "Criei
filhos e os fiz crescer, mas eles se revoltaram contra mim. 3O
boi reconhece o seu dono, e o jumento conhece a manjedoura
do seu proprietário, mas Israel nada sabe, o meu povo nada
compreende".

4Ah, nação pecadora, povo carregado de iniquidade! Raça de
malfeitores, filhos dados à corrupção! Abandonaram o SENHOR,
desprezaram o Santo de Israel e o rejeitaram.

5Por que haveriam de continuar a ser castigados? Por que in-
sistem na revolta? A cabeça toda está ferida, todo o coração
está sofrendo. 6Da sola do pé ao alto da cabeça não há nada
são; somente machucados, vergões e ferimentos abertos, que
não foram limpos nem enfaixados nem tratados com azeite.

7A terra de vocês está devastada, suas cidades foram des-
truídas a fogo; os seus campos estão sendo tomados por es-
trangeiros diante de vocês e devastados como a ruína que eles
costumam causar. 8Só restou a cidade[a] de Sião como tenda
numa vinha, como abrigo numa plantação de melões, como
uma cidade sitiada. 9Se o SENHOR dos Exércitos não tivesse
poupado alguns de nós, já estaríamos como Sodoma e seme-
lhantes a Gomorra.

10Governantes de Sodoma, ouçam a palavra do SENHOR! Vocês,
povo de Gomorra, escutem a instrução de nosso Deus! 11"Para
que me oferecem tantos sacrifícios?", pergunta o SENHOR.
"Para mim, chega de holocaustos[b] de carneiros e da gordura
de novilhos gordos. Não tenho nenhum prazer no sangue de
novilhos, de cordeiros e de bodes! 12Quando vocês vêm à minha
presença, quem pediu que pusessem os pés em meus átrios?
13Parem de trazer ofertas inúteis! O incenso de vocês é repug-
nante para mim. Luas novas, sábados e reuniões! Não consigo
suportar suas assembleias cheias de iniquidade. 14Suas festas
da lua nova e suas festas fixas, eu as odeio. Tornaram-se um
fardo para mim; não as suporto mais! 15Quando vocês esten-
derem as mãos em oração, esconderei de vocês os meus olhos;
mesmo que multipliquem as suas orações, não as escutarei! As
suas mãos estão cheias de sangue! 16Lavem-se! Limpem-se!
Removam suas más obras para longe da minha vista! Parem
de fazer o mal, 17aprendam a fazer o bem! Busquem a justiça,
acabem com a opressão.[c] Lutem pelos direitos do órfão, de-
fendam a causa da viúva.
18"Venham, vamos refletir juntos", diz o SENHOR. "Embora os
seus pecados sejam vermelhos como escarlate, eles se tor-
narão brancos como a neve; embora sejam rubros como púr-
pura, como a lã se tornarão. 19Se vocês estiverem dispostos a
obedecer, comerão os melhores frutos desta terra; 20mas, se
resistirem e se rebelarem, serão devorados pela espada." Pois
o SENHOR é quem fala!

21Vejam como a cidade fiel se tornou prostituta! Antes cheia de
justiça e habitada pela retidão, agora está cheia de assassinos!
22Sua prata tornou-se escória, seu licor ficou aguado. 23Seus
líderes são rebeldes, amigos de ladrões; todos eles amam o
suborno e andam atrás de presentes. Eles não defendem os
direitos do órfão, e não tomam conhecimento da causa da
viúva. 24Por isso o Soberano, o SENHOR dos Exércitos, o Po-
deroso de Israel, anuncia: "Ah! Derramarei minha ira sobre os
meus adversários e me vingarei dos meus inimigos. 25Voltarei
minha mão contra você; tirarei toda a sua escória e removerei
todas as suas impurezas. 26Restaurarei os seus juízes como no
passado; os seus conselheiros, como no princípio. Depois disso
você será chamada cidade de retidão, cidade fiel".

27Sião será redimida com justiça, com retidão os que se arre-
penderem. 28Mas os rebeldes e os pecadores serão destruídos,
e os que abandonam o SENHOR perecerão.

29"Vocês se envergonharão dos carvalhos sagrados que tanto
apreciam; ficarão decepcionados com os jardins sagrados que
escolheram. 30Vocês serão como um terebinto cujas folhas
estão caindo, como um jardim sem água. 31O poderoso se
tornará como estopa, e sua obra como fagulha; ambos serão
queimados juntos sem que ninguém apague o fogo".

A Glória do Monte do SENHOR

2 Foi isto que Isaías, filho de Amoz, viu a respeito de Judá e
de Jerusalém: 2Nos últimos dias o monte do templo do SENHOR
será estabelecido como o principal; será elevado acima das
colinas, e todas as nações correrão para ele.

3Virão muitos povos e dirão: "Venham, subamos ao monte do
SENHOR, ao templo do Deus de Jacó, para que ele nos ensine
os seus caminhos, e assim andemos em suas veredas". Pois
a lei sairá de Sião, de Jerusalém virá a palavra do SENHOR.
4Ele julgará entre as nações e resolverá contendas de muitos
povos. Eles farão de suas espadas arados, e de suas lanças,
foices. Uma nação não mais pegará em armas para atacar
outra nação, elas jamais tornarão a preparar-se para a guerra.
5Venha, ó descendência de Jacó, andemos na luz do SENHOR!

O Dia do SENHOR

6Certamente abandonaste o teu povo, os descendentes de
Jacó, porque eles se encheram de superstições dos povos

---

[a] 1.8 Hebraico. *filha*.
[b] 1.11 Isto é, sacrifícios totalmente queimados.
[c] 1.17 Ou *repreendam o opressor*.

do leste, praticam adivinhações como os filisteus e fazem acordos com pagãos. 7Sua terra está cheia de prata e ouro; seus tesouros são incontáveis. Sua terra está cheia de cavalos; seus carros não têm fim. 8Sua terra está cheia de ídolos. Eles se inclinam diante da obra das suas mãos, diante do que os seus dedos fizeram. 9Por isso a humanidade será abatida e o homem será humilhado; não os perdoes[a]! 10Entre no meio das rochas, esconda-se no pó por causa do terror que vem do SENHOR e do esplendor da sua majestade! 11Os olhos do arrogante serão humilhados e o orgulho dos homens será abatido; somente o SENHOR será exaltado naquele dia.

12O SENHOR dos Exércitos tem um dia reservado para todos os orgulhosos e altivos, para tudo o que é exaltado, para que eles sejam humilhados; 13para todos os cedros do Líbano, altos e altivos, e todos os carvalhos de Basã; 14para todos os montes elevados e todas as colinas altas; 15para toda torre imponente e todo muro fortificado; 16para todo navio mercante[b] e todo barco de luxo. 17A arrogância dos homens será abatida, e o seu orgulho será humilhado. Somente o SENHOR será exaltado naquele dia, 18e os ídolos desaparecerão por completo.

19Os homens fugirão para as cavernas das rochas e para os buracos da terra por causa do terror que vem do SENHOR e do esplendor da sua majestade quando ele se levantar para sacudir a terra. 20Naquele dia, os homens atirarão aos ratos e aos morcegos os ídolos de prata e os ídolos de ouro que fizeram para adorar. 21Fugirão para as cavernas das rochas e para as brechas dos penhascos, por causa do terror que vem do SENHOR e do esplendor da sua majestade quando ele se levantar para sacudir a terra.

22Parem de confiar no homem, cuja vida não passa de um sopro em suas narinas. Que valor ele tem?

Julgamento de Judá e de Jerusalém

3 Vejam! O Soberano, o SENHOR dos Exércitos, logo irá retirar de Jerusalém e de Judá todo o seu sustento, tanto o suprimento de comida como o suprimento de água, 2e também o herói e o guerreiro, o juiz e o profeta, o adivinho e a autoridade, 3o capitão e o nobre, o conselheiro, o conhecedor de magia e o perito em maldições. 4Porei jovens no governo; irresponsáveis dominarão. 5O povo oprimirá a si mesmo: homem contra homem, cada um contra o seu próximo. O jovem se levantará contra o idoso, o desprezível contra o nobre.

6Um homem agarrará seu irmão, um da família de seu pai, e lhe dirá: "Você pelo menos tem um manto; seja o nosso governante; assuma o poder sobre este monte de ruínas!" 7Mas naquele dia ele exclamará: "Não tenho remédios, não há comida nem roupa em minha casa; não me nomeiem governante do povo".

8Jerusalém está em ruínas, e o povo de Judá está caído; suas palavras e suas ações são contra o SENHOR, desafiando a sua presença gloriosa. 9O jeito como olham testifica contra eles; eles mostram seu pecado como Sodoma, sem nada esconder. Ai deles! Pois trouxeram desgraça sobre si mesmos. 10Digam aos justos que tudo lhes irá bem, pois comerão do fruto de suas ações. 11Mas, ai dos ímpios! Tudo lhes irá mal! Terão a retribuição pelo que fizeram as suas mãos.

12Meu povo é oprimido por uma criança; mulheres dominam sobre ele. Meu povo, os seus guias o enganam e o desviam do caminho.

13O SENHOR toma o seu lugar no tribunal; levanta-se para julgar os povos[c]. 14O SENHOR entra em juízo contra as autoridades e contra os líderes do seu povo. "Vocês arruinaram a vinha, e o que foi roubado dos necessitados está nas suas casas. 15Que pretendem vocês ao esmagarem o meu povo e ao moerem o rosto dos necessitados?" Quem pergunta é o Senhor, o SENHOR dos Exércitos.

16O SENHOR diz: "Por causa da arrogância das mulheres de Sião, que caminham de cabeça erguida, flertando com os olhos, desfilando com passos curtos, com enfeites tinindo em seus calcanhares, 17o SENHOR rapará a cabeça das mulheres de Sião; o SENHOR porá a descoberto as suas vergonhas".

18Naquele dia, o Senhor arrancará os enfeites delas: as pulseiras, as testeiras e os colares; 19os pendentes, os braceletes e os véus, 20os enfeites de cabeça, as correntinhas de tornozelo, os cintos, os talismãs e os amuletos; 21os anéis e os enfeites para o nariz; 22as roupas caras, as capas, as mantilhas e as bolsas; 23os espelhos, as roupas de linho, as tiaras e os xales.

24Em vez de perfume haverá mau cheiro; em vez de cintos, corda; em vez de belos penteados, calvície; em vez de roupas finas, vestes de lamento; em vez de beleza, cicatrizes. 25Seus homens cairão ao fio da espada; seus guerreiros morrerão no combate. 26As portas de Sião se lamentarão e prantearão por causa disso; e, sem nada, a cidade se assentará no chão.

4 Naquele dia, sete mulheres agarrarão um homem e lhe dirão: "Nós mesmas providenciaremos nossa comida e nossas roupas; apenas case-se conosco[d] e livre-nos da vergonha de sermos solteiras!"

O Renovo do SENHOR

2Naquele dia, o Renovo do SENHOR será belo e glorioso, e o fruto da terra será o orgulho e a glória dos sobreviventes de Israel. 3Os que forem deixados em Sião e ficarem em Jerusalém serão chamados santos: todos os inscritos para viverem em Jerusalém. 4Quando o Senhor tiver lavado a impureza das mulheres de Sião e tiver limpado por meio de um espírito de julgamento e de um espírito[e] de fogo o sangue derramado em Jerusalém, 5o SENHOR criará sobre todo o monte Sião e sobre aqueles que se reunirem ali uma nuvem de dia e um clarão de

[a] 2.9 Ou *exaltes*
[b] 2.16 Ou *de Társis*

[c] 3.13 A Septuaginta e a Versão Siríaca dizem *o seu povo*.
[d] 4.1 Hebraico: *queremos ser chamadas pelo seu nome*.
[e] 4.4 Ou *do Espírito de julgamento e do Espírito*

fogo de noite. A glória tudo cobrirá 6e será um abrigo e sombra para o calor do dia, refúgio e esconderijo contra a tempestade e a chuva.

5 A Canção da Vinha

Cantarei para o meu amigo o seu cântico a respeito de sua vinha: Meu amigo tinha uma vinha na encosta de uma fértil colina. 2Ele cavou a terra, tirou as pedras e plantou as melhores videiras. Construiu uma torre de sentinela e também fez um tanque de prensar uvas. Ele esperava que desse uvas boas, mas só deu uvas azedas.

3"Agora, habitantes de Jerusalém e homens de Judá, julguem entre mim e a minha vinha. 4Que mais se poderia fazer por ela que eu não tenha feito? Então, por que só produziu uvas azedas quando eu esperava uvas boas? 5Pois eu digo a vocês o que vou fazer com a minha vinha: Derrubarei a sua cerca para que ela seja transformada em pasto; derrubarei o seu muro para que seja pisoteada. 6Farei dela um terreno baldio; não será podada nem capinada; espinheiros e ervas daninhas crescerão nela. Também ordenarei às nuvens que não derramem chuva sobre ela."

7Pois bem, a vinha do SENHOR dos Exércitos é a nação de Israel, e os homens de Judá são a plantação que ele amava. Ele esperava justiça, mas houve derramamento de sangue; esperava retidão, mas ouviu gritos de aflição.

Ais e Julgamentos

8Ai de vocês que adquirem casas e mais casas, propriedades e mais propriedades até não haver mais lugar para ninguém e vocês se tornarem os senhores absolutos da terra! 9O SENHOR dos Exércitos me disse: "Sem dúvida muitas casas ficarão abandonadas, as casas belas e grandes ficarão sem moradores. 10Uma vinha de dez alqueires[a] só produzirá um pote[b] de vinho, um barril[c] de semente só dará uma arroba[d] de trigo".

11Ai dos que se levantam cedo para embebedar-se, e se esquentam com o vinho até a noite! 12Harpas, liras, tamborins, flautas e vinho há em suas festas, mas não se importam com os atos do SENHOR, nem atentam para a obra que as suas mãos realizam. 13Portanto, o meu povo vai para o exílio por falta de conhecimento. A elite morrerá de fome; e as multidões, de sede. 14Por isso o Sheol[e] aumenta o seu apetite e escancara a sua boca. Para dentro dele descerão o esplendor da cidade e a sua riqueza, o seu barulho e os que se divertem. 15Por isso o homem será abatido, a humanidade se curvará, e os arrogantes terão que baixar os olhos. 16Mas o SENHOR dos Exércitos será exaltado em sua justiça; o Deus santo se mostrará santo em sua retidão. 17Então ovelhas pastarão ali como em sua própria pastagem; cordeiros[f] comerão nas ruínas dos ricos.

18Ai dos que se prendem à iniquidade com cordas de engano e ao pecado com cordas de carroça, 19e dizem: "Que Deus apresse a realização da sua obra para que a vejamos; que se cumpra o plano do Santo de Israel para que o conheçamos".

20Ai dos que chamam ao mal bem e ao bem, mal, que fazem das trevas luz e da luz, trevas, do amargo, doce e do doce, amargo! 21Ai dos que são sábios aos seus próprios olhos e inteligentes em sua própria opinião!

22Ai dos que são campeões em beber vinho e mestres em misturar bebidas, 23dos que por suborno absolvem o culpado, mas negam justiça ao inocente! 24Por isso, assim como a palha é consumida pelo fogo e o restolho é devorado pelas chamas, assim também as suas raízes apodrecerão e as suas flores, como pó, serão levadas pelo vento; pois rejeitaram a lei do SENHOR dos Exércitos, desprezaram a palavra do Santo de Israel.

25Por tudo isso a ira do SENHOR acendeu-se contra o seu povo, e ele levantou sua mão para os ferir. Os montes tremeram, e os seus cadáveres estão como lixo nas ruas. Apesar disso tudo, a ira dele não se desviou; sua mão continua erguida.

26Ele levanta uma bandeira convocando uma nação distante e assobia para um povo dos confins da terra. Aí vêm eles rapidamente! 27Nenhum dos seus soldados se cansa nem tropeça, nenhum deles cochila nem dorme, nenhum afrouxa o cinto, nenhum desamarra a correia das sandálias. 28As flechas deles estão afiadas, preparados estão todos os seus arcos; os cascos dos seus cavalos são duros como pedra, as rodas de seus carros são como um furacão. 29O rugido deles é como o do leão; rugem como leões ferozes; rosnam enquanto se apoderam da presa e a arrastam sem que ninguém possa livrá-la.

30Naquele dia, rugirão sobre Judá como o rugir do mar. E, se alguém olhar para a terra de Israel, verá trevas e aflição; até a luz do dia será obscurecida pelas nuvens.

6 O Chamado de Isaías

No ano em que o rei Uzias morreu, eu vi o Senhor assentado num trono alto e exaltado, e a aba de sua veste enchia o templo. 2Acima dele estavam serafins; cada um deles tinha seis asas: com duas cobriam o rosto, com duas cobriam os pés e com duas voavam. 3E proclamavam uns aos outros: "Santo, santo, santo é o SENHOR dos Exércitos, a terra inteira está cheia da sua glória".

4Ao som das suas vozes os batentes das portas tremeram, e o templo ficou cheio de fumaça.

5Então gritei: Ai de mim! Estou perdido! Pois sou um homem de lábios impuros e vivo no meio de um povo de lábios impuros; os meus olhos viram o Rei, o SENHOR dos Exércitos!

6Logo um dos serafins voou até mim trazendo uma brasa viva, que havia tirado do altar com uma tenaz. 7Com ela tocou a minha boca e disse: "Veja, isto tocou os seus lábios; por isso, a sua culpa será removida, e o seu pecado será perdoado".

[a] 5.10 Isto é, a terra arada num dia por dez parelhas de boi.

[b] 5.10 Hebraico: *bato*. O bato era uma medida de capacidade. As estimativas variam entre 20 e 40 litros.

[c] 5.10 Hebraico: *hômer*. O hômer era uma medida de capacidade para secos. As estimativas variam entre 200 e 400 litros.

[d] 5.10 Hebraico: *efa*. O efa era uma medida de capacidade para secos. As estimativas variam entre 20 e 40 litros.

[e] 5.14 Essa palavra pode ser traduzida por sepultura, profundezas, pó ou morte.

[f] 5.17 Conforme a Septuaginta. O Texto Massorético diz *estrangeiros*.

8Então ouvi a voz do Senhor, conclamando: "Quem enviarei?
Quem irá por nós?" E eu respondi: Eis-me aqui. Envia-me!
9Ele disse: "Vá e diga a este povo: "Estejam sempre ouvindo,
mas nunca entendam; estejam sempre vendo, e jamais per-
cebam. 10Torne insensível o coração deste povo; torne surdos
os seus ouvidos e feche os seus olhos.[a] Que eles não vejam
com os olhos, não ouçam com os ouvidos e não entendam
com o coração, para que não se convertam e sejam curados".
11Então eu perguntei: Até quando, Senhor? E ele respondeu:
"Até que as cidades estejam em ruínas e sem habitantes, até
que as casas fiquem abandonadas e os campos estejam total-
mente devastados, 12até que o SENHOR tenha enviado todos
para longe e a terra esteja totalmente desolada. 13E ainda que
um décimo fique no país, esses também serão destruídos. Mas,
assim como o terebinto e o carvalho deixam o tronco quando
são derrubados, assim a santa semente será o seu tronco".

7 O Sinal de Emanuel

Quando Acaz – filho de Jotão e neto de Uzias – era rei de
Judá, o rei Rezim – da Síria – e Peca – filho de Remalias, rei
de Israel – atacaram Jerusalém, mas não puderam vencê-la.
2Informaram ao rei: "A Síria montou acampamento em[b]
Efraim". Com isso o coração de Acaz e do seu povo agitou-se,
como as árvores da floresta agitam-se com o vento.
3Então o SENHOR disse a Isaías: "Saia e leve seu filho Sear-Ja-
sube[c]. Vá encontrar-se com Acaz no final do aqueduto do açude
Superior, na estrada que vai para o campo do Lavandeiro. 4Diga
a ele: Tenha cuidado, acalme-se e não tenha medo. Que o
seu coração não desanime por causa do furor destes restos de
lenha fumegantes: Rezim, a Síria e o filho de Remalias.
5"Porque a Síria, Efraim e o filho de Remalias têm tramado a
sua ruína, dizendo: 6'Vamos invadir o reino de Judá; vamos
rasgá-lo e dividi-lo entre nós, e fazer o filho de Tabeel reinar
sobre ele' ". 7Assim diz o Soberano, o SENHOR: "Não será assim,
isso não acontecerá, 8pois a cabeça da Síria é Damasco, e a
cabeça de Damasco é Rezim. Em sessenta e cinco anos Efraim
ficará muito arruinado para ser um povo. 9A cabeça de Efraim
é Samaria, e a cabeça de Samaria é o filho de Remalias. Se
vocês não ficarem firmes na fé, com certeza não resistirão!"
10Disse ainda o SENHOR a Acaz: 11"Peça ao SENHOR, ao seu Deus,
um sinal milagroso, seja das maiores profundezas, seja das
alturas mais elevadas".
12Mas Acaz disse: "Não pedirei; não porei o SENHOR à prova".
13Disse então Isaías: "Ouçam agora, descendentes de Davi!
Não basta abusarem da paciência dos homens? Também vão
abusar da paciência do meu Deus? 14Por isso o Senhor mesmo
dará a vocês um sinal: a virgem ficará grávida, dará à luz um
filho e o chamará[d] Emanuel[e]. 15Ele comerá coalhada e mel até
a idade em que saiba rejeitar o erro e escolher o que é certo.
16Mas, antes que o menino saiba rejeitar o erro e escolher o
que é certo, a terra dos dois reis que você teme ficará deserta.
17O SENHOR trará o rei da Assíria sobre você e sobre o seu povo
e sobre a descendência de seu pai. Serão dias como nunca
houve, desde que Efraim se separou de Judá".
18Naquele dia, o SENHOR assobiará para chamar as moscas dos
distantes rios do Egito e as abelhas da Assíria. 19Todas virão
e pousarão nos vales íngremes e nas fendas das rochas, em
todos os espinheiros e em todas as cisternas. 20Naquele dia,
o Senhor utilizará uma navalha alugada de além do Eufrates[f],
o rei da Assíria, para rapar a sua cabeça e os pelos de suas
pernas e da sua barba. 21Naquele dia, o homem que tiver uma
vaca e duas cabras 22terá coalhada para comer, graças à far-
tura de leite que elas darão. Todos os que ficarem na terra
comerão coalhada e mel. 23Naquele dia, todo lugar onde havia
mil videiras no valor de doze quilos[g] de prata será deixado para
as roseiras bravas e para os espinheiros. 24Os homens entrarão
ali com arcos e flechas, pois todo o país estará coberto de
roseiras bravas e de espinheiros. 25E às colinas antes lavradas
com enxada você não irá mais, porque terá medo das roseiras
bravas e dos espinheiros; nesses lugares os bois ficarão à solta
e as ovelhas correrão livremente.

8 Assíria, Instrumento do SENHOR

O SENHOR me disse: "Tome uma placa de bom tamanho
e nela escreva de forma legível: Maher-Shalal-Hash-Baz[h]. 2E
chame o sacerdote Urias e Zacarias, filho de Jeberequias, como
testemunhas de confiança".
3Então deitei-me com a profetisa[i], e ela engravidou e deu à luz
um filho. E o SENHOR me disse: "Dê-lhe o nome de Maher-Sha-
lal-Hash-Baz. 4Pois, antes que o menino saiba dizer 'papai' ou
'mamãe', a riqueza de Damasco e os bens de Samaria serão
levados pelo rei da Assíria".
5O SENHOR tornou a falar-me: 6"Já que este povo rejeitou as
águas de Siloé, que fluem mansamente, e alegrou-se com
Rezim e com o filho de Remalias, 7o Senhor está trazendo
contra eles as poderosas e devastadoras águas do Eufrates[j], o
rei da Assíria com todo o seu poderio. Elas transbordarão em
todos os seus canais, encobrirão todas as suas margens 8e
inundarão Judá, cobrindo-o até o pescoço. Seus braços abertos
se espalharão por toda a tua terra, ó Emanuel[k]!"
9Continuem a fazer o mal, ó nações, e vocês serão destruídas!
Escutem, terras distantes: Ainda que vocês se preparem para o

[a] **6.9,10** A Septuaginta diz *Ainda que estejam sempre ouvindo, vocês nunca entenderão; ainda que estejam sempre vendo, vocês jamais perceberão. 10O coração desse povo se tornou insensível; de má vontade ouviram com os seus ouvidos, e fecharam os seus olhos.*

[b] **7.2** Ou *A Síria fez um acordo com*

[c] **7.3** *Sear-Jasube* significa *um remanescente voltará.*

[d] **7.14** Alguns manuscritos do mar Morto dizem *e ele o chamará*; outros dizem *e eles o chamarão.*

[e] **7.14** *Emanuel* significa *Deus conosco.*

[f] **7.20** Hebraico: *do Rio.*

[g] **7.23** Hebraico: *1.000 siclos*. Um siclo equivalia a 12 gramas.

[h] **8.1** *Maher-Shalal-Hash-Baz* significa *rapidamente até os despojos, agilmente até a pilhagem;* também no versículo 3.

[i] **8.3** Isto é: mulher do profeta

[j] **8.7** Hebraico: *do Rio.*

[k] **8.8** *Emanuel* significa *Deus conosco.*

combate, serão destruídas! Sim, mesmo que se preparem para
o combate, vocês serão destruídas! 10Mesmo que vocês criem
estratégias, elas serão frustradas; mesmo que façam planos,
não terão sucesso, pois Deus está conosco!

Temam a Deus

11O SENHOR falou comigo com veemência[a], advertindo-me a
não seguir o caminho desse povo. Ele disse: 12"Não chamem
conspiração a tudo o que esse povo chama conspiração;[b]
não temam aquilo que eles temem, nem se apavorem. 13O
SENHOR dos Exércitos é que vocês devem considerar santo, a
ele é que vocês devem temer, dele é que vocês devem ter
pavor. 14Para os dois reinos de Israel ele será um santuário,
mas também uma pedra de tropeço, uma rocha que faz cair. E
para os habitantes de Jerusalém ele será uma armadilha e um
laço. 15Muitos deles tropeçarão, cairão e serão despedaçados,
presos no laço e capturados".
16Guarde o mandamento com cuidado e sele a lei entre os meus
discípulos. 17Esperarei pelo SENHOR, que está escondendo o seu
rosto da descendência de Jacó. Nele porei a minha esperança.
18Aqui estou eu com os filhos que o SENHOR me deu. Em Israel
somos sinais e símbolos da parte do SENHOR dos Exércitos, que
habita no monte Sião.
19Quando disserem a vocês: "Procurem um médium ou al-
guém que consulte os espíritos e murmure encantamentos,
pois todos recorrem a seus deuses e aos mortos em favor dos
vivos", 20respondam: "À lei e aos mandamentos!" Se eles
não falarem conforme esta palavra, vocês jamais verão a luz!
21Aflitos e famintos vaguearão pela terra; quando estiverem
famintos, ficarão irados e, olhando para cima, amaldiçoarão
o seu rei e o seu Deus. 22Depois olharão para a terra e só
verão aflição, trevas e temível escuridão, e serão atirados em
densas trevas.

9 O Nascimento do Príncipe da Paz

Contudo, não haverá mais escuridão para os que estavam
aflitos. No passado ele humilhou a terra de Zebulom e de Naf-
tali, mas no futuro honrará a Galileia dos gentios, o caminho
do mar, junto ao Jordão.
2O povo que caminhava em trevas viu uma grande luz; sobre
os que viviam na terra da sombra da morte[c] raiou uma luz.
3Fizeste crescer a nação e aumentaste a sua alegria; eles se
alegram diante de ti como os que se regozijam na colheita,
como os que exultam quando dividem os bens tomados na
batalha. 4Pois tu destruíste o jugo que os oprimia, a canga
que estava sobre os seus ombros e a vara de castigo do seu
opressor, como no dia da derrota de Midiã. 5Pois toda bota de
guerreiro usada em combate e toda veste revolvida em sangue
serão queimadas, como lenha no fogo. 6Porque um menino nos
nasceu, um filho nos foi dado, e o governo está sobre os seus
ombros. E ele será chamado Maravilhoso Conselheiro[d], Deus
Poderoso, Pai Eterno, Príncipe da Paz. 7Ele estenderá o seu
domínio, e haverá paz sem fim sobre o trono de Davi e sobre o
seu reino, estabelecido e mantido com justiça e retidão desde
agora e para sempre. O zelo do SENHOR dos Exércitos fará isso.

A Ira do SENHOR contra Israel

8O Senhor enviou uma mensagem contra Jacó, e ela atingiu
Israel. 9Todo o povo ficará sabendo, tanto Efraim como os ha-
bitantes de Samaria, que dizem com orgulho e arrogância de
coração: 10"Os tijolos caíram, mas nós reconstruiremos com
pedras lavradas; as figueiras bravas foram derrubadas, mas
nós as substituiremos por cedros". 11Mas o SENHOR fortaleceu
os adversários de Rezim para atacá-los e incitou contra eles
os seus inimigos. 12Os arameus do leste e os filisteus do oeste
devoraram Israel, escancarando a boca. Apesar disso tudo, a
ira divina não se desviou; sua mão continua erguida.
13Mas o povo não voltou para aquele que o feriu, nem buscou o
SENHOR dos Exércitos. 14Por essa razão o SENHOR corta de Israel
tanto a cabeça como a cauda, tanto a palma como o junco,
num único dia; 15as autoridades e os homens de destaque
são a cabeça, os profetas que ensinam mentiras são a cauda.
16Aqueles que guiam este povo o desorientam, e aqueles que
são guiados deixam-se induzir ao erro. 17Por isso o Senhor não
terá nos jovens motivo de alegria, nem terá piedade dos órfãos
e das viúvas, pois todos são hipócritas e perversos, e todos
falam loucuras. Apesar disso tudo, a ira dele não se desviou;
sua mão continua erguida.
18Porque a impiedade queima como fogo; consome roseiras
bravas e espinheiros, põe em chamas os matagais da floresta,
fazendo nuvens de fumaça. 19Pela ira do SENHOR dos Exércitos
a terra será ressecada, e o povo será como lenha no fogo;
ninguém poupará seu irmão. 20À direita devorarão, mas ainda
estarão com fome; à esquerda comerão, mas não ficarão
satisfeitos. Cada um comerá a carne do seu próprio irmão[e].
21Manassés contra Efraim, Efraim contra Manassés, e juntos
eles se voltarão contra Judá. Apesar disso tudo, a ira divina
não se desviou; sua mão continua erguida.

10 Ai daqueles que fazem leis injustas, que escrevem de-
cretos opressores, 2para privar os pobres dos seus di-
reitos e da justiça os oprimidos do meu povo, fazendo das
viúvas sua presa e roubando dos órfãos! 3Que farão vocês
no dia do castigo, quando a destruição vier de um lugar dis-
tante? Atrás de quem vocês correrão em busca de ajuda? Onde
deixarão todas as suas riquezas? 4Nada poderão fazer, a não
ser encolher-se entre os prisioneiros ou cair entre os mortos.
Apesar disso tudo, a ira divina não se desviou; sua mão con-
tinua erguida.

[a] **8.11** Hebraico: *com forte mão.*
[b] **8.12** Ou *"Não peça um tratado todas as vezes que esse povo pedir um tratado;*
[c] **9.2** Ou *terra das trevas*
[d] **9.6** Ou *chamado Maravilhoso, Conselheiro*
[e] **9.20** Ou *braço*

O Juízo de Deus sobre a Assíria

5“Ai dos assírios, a vara do meu furor, em cujas mãos está o bastão da minha ira! 6Eu os envio contra uma nação ímpia, contra um povo que me enfurece, para saqueá-lo e arrancar-lhe os bens, e para pisoteá-lo como a lama das ruas. 7Mas não é o que eles pretendem, não é o que têm planejado; antes, o seu propósito é destruir e dar fim a muitas nações. 8‘Os nossos comandantes não são todos reis?’, eles perguntam. 9Acaso não aconteceu a Calno o mesmo que a Carquemis? Hamate não é como Arpade e Samaria como Damasco? 10Assim como esses reinos idólatras foram conquistados por minha mão, reinos cujas imagens eram mais numerosas que as de Jerusalém e de Samaria, 11eu tratarei Jerusalém e suas imagens como tratei Samaria e seus ídolos.”

12Quando o Senhor terminar toda a sua obra contra o monte Sião e contra Jerusalém, ele dirá: “Castigarei o rei da Assíria pelo orgulho obstinado de seu coração e pelo seu olhar arrogante. 13Pois ele diz: “ ‘Com a força da minha mão eu o fiz, e com a minha sabedoria, porque tenho entendimento. Removi as fronteiras das nações, saqueei os seus tesouros; como um poderoso subjuguei seus habitantes[a]. 14Como se estica o braço para alcançar um ninho, assim estiquei o braço para apanhar a riqueza das nações; como os que ajuntam ovos abandonados, assim ajuntei toda a terra; não houve ninguém que batesse as asas ou que desse um pio’ ”.

15Será que o machado se exalta acima daquele que o maneja, ou a serra se vangloria contra aquele que a usa? Seria como se uma vara manejasse quem a ergue, ou o bastão levantasse quem não é madeira! 16Por isso o Soberano, o SENHOR dos Exércitos, enviará uma enfermidade devastadora sobre os seus fortes guerreiros; no lugar da sua glória se acenderá um fogo como chama abrasadora. 17A Luz de Israel se tornará um fogo; o seu Santo, uma chama. Num único dia ela queimará e consumirá os seus espinheiros e as suas roseiras bravas. 18A glória das suas florestas e dos seus campos férteis se extinguirá totalmente como definha um enfermo. 19E as árvores que sobrarem nas suas florestas serão tão poucas que até uma criança poderá contá-las.

O Remanescente de Israel

20Naquele dia, o remanescente de Israel, os sobreviventes da descendência de Jacó, já não confiarão naquele que os feriu; antes confiarão no SENHOR, no Santo de Israel, com toda a fidelidade. 21Um remanescente voltará[b], sim, o remanescente de Jacó voltará para o Deus Poderoso. 22Embora o seu povo, ó Israel, seja como a areia do mar, apenas um remanescente voltará. A destruição já foi decretada e virá transbordante de justiça. 23O Soberano, o SENHOR dos Exércitos, executará a destruição decretada contra todo o país. 24Por isso o Soberano, o SENHOR dos Exércitos, diz: “Povo meu que vive em Sião, não tenha medo dos assírios quando eles o espancam com uma vara e erguem contra você um bastão como fez o Egito. 25Muito em breve o meu furor passará, e a minha ira se voltará para a destruição deles”.

26O SENHOR dos Exércitos os flagelará com um chicote, como fez quando feriu Midiã na rocha de Orebe; ele erguerá o seu cajado contra o mar como fez no Egito. 27Naquele dia, o fardo deles será tirado dos seus ombros, e o jugo deles do seu pescoço; o jugo se quebrará porque vocês estarão muito gordos![c]

28Eles entram em Aiate; passam por Migrom; guardam suprimentos em Micmás. 29Atravessam o vale e dizem: “Passaremos a noite acampados em Geba”. Ramá treme; Gibeá de Saul foge. 30Clamem, ó habitantes de Galim! Escute, ó Laís! Pobre Anatote! 31Madmena está em fuga; o povo de Gebim esconde-se. 32Hoje eles vão parar em Nobe; sacudirão o punho para o monte da cidade[d] de Sião, para a colina de Jerusalém.

33Vejam! O Soberano, o SENHOR dos Exércitos, cortará os galhos com grande força. As árvores altivas serão derrubadas, as altas serão lançadas por terra. 34Com um machado ele ceifará a floresta; o Líbano cairá diante do Poderoso.

11 O Ramo de Jessé

Um ramo surgirá do tronco de Jessé, e das suas raízes brotará um renovo. 2O Espírito do SENHOR repousará sobre ele, o Espírito que dá sabedoria e entendimento, o Espírito que traz conselho e poder, o Espírito que dá conhecimento e temor do SENHOR. 3E ele se inspirará no temor do SENHOR.

Não julgará pela aparência, nem decidirá com base no que ouviu; 4mas com retidão julgará os necessitados, com justiça tomará decisões em favor dos pobres. Com suas palavras, como se fossem um cajado, ferirá a terra; com o sopro de sua boca matará os ímpios. 5A retidão será a faixa de seu peito, e a fidelidade o seu cinturão.

6O lobo viverá com o cordeiro, o leopardo se deitará com o bode, o bezerro, o leão e o novilho gordo pastarão juntos;[e] e uma criança os guiará. 7A vaca se alimentará com o urso, seus filhotes se deitarão juntos, e o leão comerá palha como o boi. 8A criancinha brincará perto do esconderijo da cobra, a criança colocará a mão no ninho da víbora. 9Ninguém fará nenhum mal, nem destruirá coisa alguma em todo o meu santo monte, pois a terra se encherá do conhecimento do SENHOR como as águas cobrem o mar.

10Naquele dia, as nações buscarão a Raiz de Jessé, que será como uma bandeira para os povos, e o seu lugar de descanso será glorioso. 11Naquele dia, o Senhor estenderá o braço pela segunda vez para reivindicar o remanescente do seu povo que for deixado na Assíria, no Egito, em Patros[f], na Etiópia[g], em Elão, em Sinear[h], em Hamate e nas ilhas do mar.

---

[a] 10.13 Ou *poderosos*

[b] 10.21 Hebraico: *Sear-Jasube*; também no versículo 22.

[c] 10.27 A Septuaginta diz *será quebrado dos seus ombros*.

[d] 10.32 Hebraico: *filha*.

[e] 11.6 A Septuaginta diz *o bezerro e o leão comerão juntos*.

[f] 11.11 Ou *alto Egito*

[g] 11.11 Hebraico: *Cuxe*.

[h] 11.11 Ou *Babilônia*

12 Ele erguerá uma bandeira para as nações a fim de reunir os exilados de Israel; ajuntará o povo disperso de Judá desde os quatro cantos da terra. 13 O ciúme de Efraim desaparecerá, e a hostilidade de Judá será eliminada; Efraim não terá ciúme de Judá, nem Judá será hostil a Efraim. 14 Eles se infiltrarão pelas encostas da Filístia, a oeste; juntos saquearão o povo do leste. Porão as mãos sobre Edom e Moabe, e os amonitas lhes estarão sujeitos. 15 O SENHOR fará secar o golfo do mar do Egito; com um forte vento varrerá com a mão o Eufrates[a] e o dividirá em sete riachos, para que se possa atravessá-lo de sandálias. 16 Haverá uma estrada para o remanescente do seu povo que for deixado na Assíria, como houve para Israel quando saiu do Egito.

12 Ação de Graças

Naquele dia, você dirá: "Eu te louvarei, SENHOR! Pois estavas irado contra mim, mas a tua ira desviou-se, e tu me consolaste. 2 Deus é a minha salvação; terei confiança e não temerei. O Senhor, sim, o Senhor é a minha força e o meu cântico; ele é a minha salvação!" 3 Com alegria vocês tirarão água das fontes da salvação. 4 Naquele dia, vocês dirão: "Louvem o SENHOR, invoquem o seu nome; anunciem entre as nações os seus feitos, e façam-nas saber que o seu nome é exaltado. 5 Cantem louvores ao SENHOR, pois ele tem feito coisas gloriosas, sejam elas conhecidas em todo o mundo. 6 Gritem bem alto e cantem de alegria, habitantes de Sião, pois grande é o Santo de Israel no meio de vocês".

13 Profecia contra a Babilônia

Advertência contra a Babilônia, que Isaías, filho de Amoz, recebeu em visão: 2 Levantem uma bandeira no topo de uma colina desnuda, gritem a eles; chamem-lhes com um aceno, para que entrem pelas portas dos nobres. 3 Eu mesmo ordenei aos meus santos; para executarem a minha ira já convoquei os meus guerreiros, os que se regozijam com o meu triunfo.

4 Escutem! Há um barulho nos montes como o de uma grande multidão! Escutem! É uma gritaria entre os reinos, como nações formando uma imensa multidão! O SENHOR dos Exércitos está reunindo um exército para a guerra. 5 Eles vêm de terras distantes, lá dos confins dos céus; o SENHOR e as armas da sua ira, para destruírem todo o país.

6 Chorem, pois o dia do SENHOR está perto; virá como destruição da parte do Todo-poderoso. 7 Por isso, todas as mãos ficarão trêmulas, o coração de todos os homens se derreterá. 8 Ficarão apavorados, dores e aflições os dominarão; eles se contorcerão como a mulher em trabalho de parto. Olharão chocados uns para os outros, com os rostos em fogo.

9 Vejam! O dia do SENHOR está perto, dia cruel, de ira e grande furor, para devastar a terra e destruir os seus pecadores. 10 As estrelas do céu e as suas constelações não mostrarão a sua luz. O sol nascente escurecerá, e a lua não fará brilhar a sua luz.

11 Castigarei o mundo por causa da sua maldade, os ímpios pela sua iniquidade. Darei fim à arrogância dos altivos e humilharei o orgulho dos cruéis. 12 Tornarei o homem mais escasso do que o ouro puro, mais raro do que o ouro de Ofir. 13 Por isso farei o céu tremer, e a terra se moverá do seu lugar diante da ira do SENHOR dos Exércitos no dia do furor da sua ira.

14 Como a gazela perseguida, como a ovelha que ninguém recolhe, cada um voltará para o seu povo, cada um fugirá para a sua terra. 15 Todo o que for capturado será traspassado; todos os que forem apanhados cairão à espada. 16 Seus bebês serão despedaçados diante dos seus olhos; suas casas serão saqueadas e suas mulheres, violentadas.

17 Vejam! Eu despertarei contra eles os medos, que não se interessam pela prata nem se deleitam com o ouro. 18 Seus arcos ferirão os jovens, e eles não terão misericórdia dos bebês, nem olharão com compaixão para as crianças. 19 Babilônia, a joia dos reinos, o esplendor do orgulho dos babilônios[b], será destruída por Deus, à semelhança de Sodoma e Gomorra. 20 Nunca mais será repovoada nem habitada, de geração em geração; o árabe não armará ali a sua tenda e o pastor não fará descansar ali o seu rebanho. 21 Mas as criaturas do deserto lá estarão, e as suas casas se encherão de chacais; nela habitarão corujas e saltarão bodes selvagens. 22 As hienas uivarão em suas fortalezas, e os chacais em seus luxuosos palácios. O tempo dela está terminando, e os seus dias não serão prolongados.

14

O SENHOR terá compaixão de Jacó; tornará a escolher Israel e os estabelecerá em sua própria terra. Os estrangeiros se juntarão a eles e farão parte da descendência de Jacó. 2 Povos os apanharão e os levarão ao seu próprio lugar. E a descendência de Israel possuirá os povos como servos e servas na terra do SENHOR. Farão prisioneiros os seus captores e dominarão sobre os seus opressores.

3 No dia em que o SENHOR der descanso do sofrimento, da perturbação e da cruel escravidão que sobre você foi imposta, 4 você zombará assim do rei da Babilônia: Como chegou ao fim o opressor! Sua arrogância[c] acabou-se! 5 O SENHOR quebrou a vara dos ímpios, o cetro dos governantes 6 que irados feriram os povos com golpes incessantes e enfurecidos subjugaram as nações com perseguição implacável. 7 Toda a terra descansa tranquila, todos irrompem em gritos de alegria. 8 Até os pinheiros e os cedros do Líbano alegram-se por sua causa e dizem: "Agora que você foi derrubado, nenhum lenhador vem derrubar-nos!"
9 Nas profundezas o Sheol[d] está todo agitado para recebê-lo quando chegar. Por sua causa ele desperta os espíritos dos mortos, todos os governantes da terra. Ele os faz levantar-se dos seus tronos, todos os reis dos povos. 10 Todos responderão e dirão a você: "Você também perdeu as forças como nós, e tornou-se como um de nós". 11 Sua soberba foi lançada na

a 11.15 Hebraico: *o Rio.*

b 13.19 Ou *caldeus*

c 14.4 Conforme os manuscritos do mar Morto, a Septuaginta e a Versão Siríaca.

d 14.9 Essa palavra pode ser traduzida por sepultura, profundezas, pó ou morte; também no versículo 15

sepultura, junto com o som das suas liras; sua cama é de
larvas, sua coberta, de vermes.
12Como você caiu dos céus, ó estrela da manhã, filho da alvo-
rada! Como foi atirado à terra, você, que derrubava as nações!
13Você, que dizia no seu coração: "Subirei aos céus; erguerei
o meu trono acima das estrelas de Deus; eu me assentarei
no monte da assembleia, no ponto mais elevado do monte
santo[a]. 14Subirei mais alto que as mais altas nuvens; serei como
o Altíssimo". 15Mas às profundezas do Sheol você será levado,
irá ao fundo do abismo! 16Os que olham para você admiram-se
da sua situação, e a seu respeito ponderam: "É esse o homem
que fazia tremer a terra, abalava os reinos, 17fez do mundo um
deserto, conquistou cidades e não deixou que os seus prisio-
neiros voltassem para casa?"
18Todos os reis das nações jazem honrosamente, cada um em
seu próprio túmulo. 19Mas você é atirado fora do seu túmulo,
como um galho rejeitado; como as roupas dos mortos que
foram feridos à espada; como os que descem às pedras da
cova; como um cadáver pisoteado, 20você não se unirá a eles
num sepultamento, pois destruiu a sua própria terra e matou
o seu próprio povo.
Nunca se mencione a descendência dos malfeitores! 21Pre-
parem um local para matar os filhos dele por causa da iniqui-
dade dos seus antepassados; para que eles não se levantem
para herdar a terra e cobri-la de cidades.
22"Eu me levantarei contra eles", diz o SENHOR dos Exércitos.
"Eliminarei da Babilônia o seu nome e os seus sobreviventes,
sua prole e os seus descendentes", diz o SENHOR. 23"Farei dela
um lugar para corujas e uma terra pantanosa; vou varrê-la com
a vassoura da destruição", diz o SENHOR dos Exércitos.

Profecia contra a Assíria

24O SENHOR dos Exércitos jurou: "Certamente, como planejei,
assim acontecerá, e, como pensei, assim será. 25Esmagarei a
Assíria na minha terra; nos meus montes a pisotearei. O seu
jugo será tirado do meu povo, e o seu fardo, dos ombros dele".
26Esse é o plano estabelecido para toda a terra; essa é a mão
estendida sobre todas as nações. 27Pois esse é o propósito
do SENHOR dos Exércitos; quem pode impedi-lo? Sua mão está
estendida; quem pode fazê-la recuar?

Profecia contra os Filisteus

28Esta advertência veio no ano em que o rei Acaz morreu:
29Vocês, filisteus, todos vocês, não se alegrem porque a vara
que os feria está quebrada! Da raiz da cobra brotará uma ví-
bora, e o seu fruto será uma serpente veloz. 30O mais pobre
dos pobres achará pastagem, e os necessitados descansarão
em segurança. Mas eu matarei de fome a raiz de vocês, e ela
matará os seus sobreviventes.
31Lamente, ó porta! Clame, ó cidade! Derretam-se todos vocês,
filisteus! Do norte vem um exército, e ninguém desertou de
suas fileiras. 32Que resposta se dará aos emissários daquela
nação? Esta: "O SENHOR estabeleceu Sião, e nela encontrarão
refúgio os aflitos do seu povo".

15 Profecia contra Moabe

Advertência contra Moabe: Sim, na noite em que foi
destruída, Ar, em Moabe, ficou arruinada! E, na noite em que
foi destruída, Quir, em Moabe, ficou arruinada! 2Sobe-se ao
templo em Dibom, a seus altares idólatras, para chorar; por
causa de Nebo e de Medeba Moabe pranteia. Todas as cabeças
estão rapadas e toda barba foi cortada. 3Nas ruas andam ves-
tidos de roupas de lamento; nos terraços e nas praças públicas
todos pranteiam e se prostram chorando. 4Hesbom e Eleale
clamam; até Jaaz as suas vozes são ouvidas. Por isso os ho-
mens armados de Moabe gritam, e o coração deles treme.
5O meu coração clama por causa de Moabe! Os seus fugitivos
vão até Zoar, até Eglate-Selisia. Sobem pelo caminho de Luíte
caminhando e chorando. Pela estrada de Horonaim levantam
clamor em face da destruição, 6porque as águas de Ninrim
secaram-se, a pastagem secou-se e a vegetação morreu; todo
o verde desapareceu! 7Por isso, a riqueza que adquiriram e
armazenaram eles levam para além do riacho dos Salgueiros.
8Com efeito, seu clamor espalha-se por todo o território de
Moabe; sua lamentação até Eglaim, até Beer-Elim. 9Ainda que
as águas de Dimom[b] estejam cheias de sangue, trarei mais mal
sobre Dimom: um leão sobre os fugitivos de Moabe e sobre
aqueles que permanecem na terra.

16 Enviem cordeiros como tributo ao governante da terra,
desde Selá, atravessando o deserto, até o monte Sião.
2Como aves perdidas, lançadas fora do ninho, assim são os
habitantes de Moabe nos lugares de passagem do Arnom.
3"Dá conselhos e propõe uma decisão. Torna a tua sombra
como a noite em pleno meio-dia e esconde os fugitivos; não
deixes ninguém saber onde estão os refugiados. 4Que os fu-
gitivos moabitas habitem contigo; sê para eles abrigo contra
o destruidor."
O opressor há de ter fim, a destruição se acabará e o agressor
desaparecerá da terra. 5Então, em amor será firmado um
trono; em fidelidade um homem se assentará nele na tenda
de Davi: um Juiz que busca a justiça e se apressa em defender
o que é justo.
6Ouvimos acerca da soberba de Moabe: da sua arrogância
exagerada, de todo o seu orgulho e do seu ódio; mas tudo isso
não vale nada. 7Por isso choram os moabitas, todos choram
por Moabe. Cada um se lamenta e se entristece pelos bolos
de passas de Quir-Haresete. 8As lavouras de Hesbom estão
murchas, como também as videiras de Sibma. Os governantes
das nações pisotearam as melhores videiras, que antes che-
gavam até Jazar e estendiam-se para o deserto. Seus brotos
espalhavam-se e chegavam ao mar. 9Por isso eu choro, como
Jazar chora, por causa das videiras de Sibma. Hesbom, Eleale,
com minhas lágrimas eu as encharco! Pois não se ouvem mais

[a] 14.13 Ou *alto do norte*. Hebraico: *zafon*.

[b] 15.9 Alguns manuscritos dizem *Dibom*.

os gritos de alegria por seus frutos e por suas colheitas. 10Fo-
ram-se a alegria e a exultação dos pomares; ninguém canta
nem grita nas vinhas; ninguém pisa as uvas nos lagares, pois
fiz cessar os gritos de alegria. 11Por isso as minhas entranhas
gemem como harpa por Moabe; o íntimo do meu ser estremece
por Quir-Heres. 12Quando Moabe se apresentar cansado nos
lugares altos e for ao seu santuário, nada conseguirá.
13Essa palavra o SENHOR já havia falado acerca de Moabe. 14Mas
agora o SENHOR diz: "Dentro de três anos, e nem um dia mais,[a]
o esplendor de Moabe e toda a sua grande população serão
desprezados, e os seus sobreviventes serão poucos e fracos".

Mensagem contra Damasco

17 Advertência contra Damasco: Damasco deixará de ser ci-
dade; vai se tornar um monte de ruínas. 2Suas cidades serão
abandonadas; serão entregues aos rebanhos que ali se dei-
tarão, e ninguém os espantará. 3Efraim deixará de ser uma
fortaleza, e Damasco uma realeza; o remanescente de Arã será
como a glória dos israelitas, anuncia o SENHOR dos Exércitos.
4Naquele dia, a glória de Jacó se definhará, e a gordura do
seu corpo se consumirá. 5Será como quando um ceifeiro junta
o trigo e colhe as espigas com o braço, como quando se apa-
nham os feixes de trigo no vale de Refaim. 6Contudo, restarão
algumas espigas, como, quando se sacode uma oliveira, ficam
duas ou três azeitonas nos galhos mais altos e umas quatro ou
cinco nos ramos mais produtivos, anuncia o SENHOR, o Deus
de Israel.
7Naquele dia, os homens olharão para aquele que os fez e
voltarão os olhos para o Santo de Israel. 8Não olharão para os
altares, obra de suas mãos, e não darão a mínima atenção aos
postes sagrados e aos altares de incenso que os seus dedos
fizeram.
9Naquele dia, as suas cidades fortes, que tinham sido abando-
nadas por causa dos israelitas, serão como lugares entregues
aos bosques e ao mato. E tudo será desolação.
10Porque vocês se esqueceram de Deus, do seu Salvador, e não
se lembraram da Rocha, da fortaleza de vocês. Por isso, em-
bora vocês cultivem as melhores plantas, videiras importadas,
11as façam crescer no dia em que as semearem e as façam
florescer de manhã, não haverá colheita no dia da tristeza e
do mal irremediável.
12Ah! O bramido das numerosas nações; bramam como o mar!
Ah, o rugido dos povos; rugem como águas impetuosas! 13Em-
bora os povos rujam como ondas encapeladas, quando ele os
repreender, fugirão para longe, carregados pelo vento como
palha nas colinas, como galhos arrancados pela ventania. 14Ao
cair da tarde, pavor repentino! Antes do amanhecer, já se
foram! Esse é o destino dos que nos saqueiam, essa é a parte
que caberá aos que roubam.

Profecia contra a Etiópia

18 Ai da terra do zumbido de insetos[b] ao longo dos rios da
Etiópia[c], 2que manda emissários pelo mar em barcos de papiro
sobre as águas. Vão, ágeis mensageiros, a um povo alto e de
pele macia, a um povo temido pelos que estão perto e pelos
que estão longe, nação agressiva e de fala estranha, cuja terra
é dividida por rios.
3Todos vocês, habitantes do mundo, vocês que vivem na terra,
quando a bandeira for erguida sobre os montes, vocês a verão,
e, quando soar a trombeta, vocês a ouvirão. 4Assim diz o SE-
NHOR: "Do lugar onde moro ficarei olhando, quieto como o
ardor do sol reluzente, como a nuvem de orvalho no calor do
tempo da colheita". 5Pois, antes da colheita, quando a floração
der lugar ao fruto e as uvas amadurecerem, ele cortará os
brotos com a podadeira e tirará os ramos longos. 6Serão todos
entregues aos abutres das montanhas e aos animais selvagens;
as aves se alimentarão deles todo o verão, e os animais selva-
gens, todo o inverno.
7Naquela ocasião, dádivas serão trazidas ao SENHOR dos Exér-
citos da parte de um povo alto e de pele macia, da parte de um
povo temido pelos que estão perto e pelos que estão longe,
nação agressiva e de fala estranha, cuja terra é dividida por
rios. As dádivas serão trazidas ao monte Sião, ao local do nome
do SENHOR dos Exércitos.

Profecia contra o Egito

19 Advertência contra o Egito: Vejam! O SENHOR cavalga numa
nuvem veloz que vai para o Egito. Os ídolos do Egito tremem
diante dele, e os corações dos egípcios se derretem no íntimo.
2"Incitarei egípcio contra egípcio; cada um lutará contra seu
irmão, vizinho lutará contra vizinho, cidade contra cidade, reino
contra reino. 3Os egípcios ficarão desanimados, e farei que
os seus planos resultem em nada. Depois eles consultarão os
ídolos e os necromantes, os médiuns e os adivinhos, 4então
eu entregarei os egípcios nas mãos de um senhor cruel, e um
rei feroz dominará sobre eles", anuncia o Soberano, o SENHOR
dos Exércitos.
5As águas do rio vão secar-se; o leito do rio ficará completa-
mente seco. 6Os canais terão mau cheiro; os riachos do Egito
vão diminuir até secar-se; os juncos e as canas murcharão.
7Haverá lugares secos ao longo do Nilo e na própria foz do rio.
Tudo o que for semeado ao longo do Nilo se ressecará, será
levado pelo vento e desaparecerá. 8Os pescadores gemerão
e se lamentarão, como também todos os que lançam anzóis
no Nilo; os que lançam redes na água desanimarão. 9Os que
trabalham com linho e os tecelões de algodão se desespe-
rarão. 10Os nobres ficarão deprimidos, e todos os assalariados
ficarão abatidos.
11Os líderes de Zoã não passam de insensatos; os sábios con-
selheiros do faraó dão conselhos tolos. Como, então, vocês

[a] **16.14** Hebraico: *como os anos de um contrato de trabalho.*

[b] **18.1** Ou *gafanhotos*

[c] **18.1** Hebraico: *de Cuxe.*

podem dizer ao faraó: "Sou sábio, sou discípulo dos reis da
antiguidade"?
12Onde estão agora os seus sábios? Que mostrem a vocês, se
é que eles têm conhecimento do que o SENHOR dos Exércitos
tem planejado contra o Egito. 13Tornaram-se tolos os líderes de
Zoã, e os de Mênfis são enganados; os chefes dos seus clãs in-
duziram o Egito ao erro. 14O SENHOR derramou dentro deles um
espírito que os deixou desorientados; eles levam o Egito a cam-
balear em tudo quanto faz, como cambaleia o bêbado em volta
do seu vômito. 15Não há nada que o Egito possa fazer, nada
que a cabeça ou a cauda, a palma ou o junco possam fazer.
16Naquele dia, os egípcios serão como mulheres. Tremerão de
medo diante do agitar da mão do SENHOR dos Exércitos, que
se levantará contra eles. 17Judá trará pavor aos egípcios; todo
aquele que mencionar o nome de Judá ficará apavorado, por
causa do plano do SENHOR dos Exércitos contra eles.
18Naquele dia, cinco cidades do Egito falarão a língua de Canaã
e jurarão lealdade ao SENHOR dos Exércitos. Uma delas será
chamada Cidade do Sol[a].
19Naquele dia, haverá um altar dedicado ao SENHOR no centro
do Egito e, em sua fronteira, um monumento ao SENHOR.
20Serão um sinal e um testemunho para o SENHOR dos Exér-
citos na terra do Egito. Quando eles clamarem ao SENHOR por
causa dos seus opressores, ele lhes enviará um salvador e de-
fensor que os libertará. 21Assim o SENHOR se dará a conhecer
aos egípcios; e, naquele dia, eles saberão quem é o SENHOR.
A ele prestarão culto com sacrifícios e ofertas de cereal; farão
votos ao SENHOR e os cumprirão. 22O SENHOR ferirá os egípcios;
ele os ferirá e os curará. Eles se voltarão para o SENHOR, e ele
responderá às suas súplicas e os curará.
23Naquele dia, haverá uma estrada do Egito para a Assíria. Os
assírios irão para o Egito, e os egípcios para a Assíria, e os egíp-
cios e os assírios cultuarão juntos. 24Naquele dia, Israel será um
mediador entre o Egito e a Assíria, uma bênção na terra. 25O
SENHOR dos Exércitos os abençoará, dizendo: "Bendito sejam
o Egito, meu povo, a Assíria, obra de minhas mãos, e Israel,
minha herança".

20 Profecia contra o Egito e a Etiópia

20 No ano em que o general enviado por Sargom, rei da
Assíria, atacou Asdode e a conquistou, 2nessa mesma ocasião
o SENHOR falou por meio de Isaías, filho de Amoz, e disse: "Tire
o pano de saco do corpo e as sandálias dos pés". Ele obedeceu
e passou a andar nu e descalço.
3Disse então o SENHOR: "Assim como o meu servo Isaías andou
nu e descalço durante três anos, como sinal e advertência
contra o Egito e contra a Etiópia[b], 4assim também o rei da
Assíria, para vergonha do Egito, levará nus e descalços os pri-
sioneiros egípcios e os exilados etíopes, jovens e velhos, com
as nádegas descobertas. 5Os que confiavam na Etiópia e se
vangloriavam no Egito terão medo e ficarão decepcionados.
6Naquele dia, o povo que vive deste lado do mar dirá: 'Vejam
o que aconteceu com aqueles em quem confiávamos, a quem
recorremos para nos ajudar e nos livrar do rei da Assíria! E
agora? Como escaparemos?' "

21 Profecia contra a Babilônia

21 Advertência contra o deserto junto ao mar: Como um ven-
daval em redemoinhos que varre todo o Neguebe, um invasor
vem do deserto, de uma terra pavorosa. 2Eu tive uma visão
terrível: O traidor fora traído, o saqueador, saqueado. Elão, vá
à luta! Média, feche o cerco! Porque ponho fim a todo gemido
que ela provocou.
3Diante disso fiquei tomado de angústia, tive dores como as
de uma mulher em trabalho de parto; estou tão transtornado
que não posso ouvir, tão atônito que não posso ver. 4O meu
coração se estremece, o temor toma conta de mim; o anoitecer
que eu tanto aguardava transformou-se em terror para mim.
5Eles põem as mesas, estendem a toalha, comem, bebem!
Levantem-se, líderes, preparem os escudos!
6Assim me diz o Senhor: "Vá, coloque um vigia de prontidão
para que anuncie tudo o que se aproximar. 7Quando ele vir
carros com parelhas de cavalos, homens montados em ju-
mentos ou em camelos, fique alerta, bem alerta".
8Então o vigia[c] gritou: "Dia após dia, meu senhor, eu fico na
torre das sentinelas; todas as noites permaneço em meu posto.
9Veja! Ali vem um homem num carro com uma parelha de ca-
valos, e ele diz: 'Caiu! A Babilônia caiu! Todas as imagens dos
seus deuses estão despedaçadas no chão!' ".
10Ah, meu povo malhado na eira! Eu conto a vocês o que ouvi
da parte do SENHOR dos Exércitos, da parte do Deus de Israel.

Profecia contra Edom

11Advertência contra Dumá[d]: Gente de Seir me pergunta:
"Guarda, quanto ainda falta para acabar a noite? Guarda,
quanto falta para acabar a noite?" 12O guarda responde: "Logo
chega o dia, mas a noite também vem. Se vocês quiserem per-
guntar de novo, voltem e perguntem".

Profecia contra a Arábia

13Advertência contra a Arábia: Vocês, caravanas de dedanitas,
que acampam nos bosques da Arábia, 14tragam água para os
sedentos; vocês, que vivem em Temá, tragam comida para os
fugitivos. 15Eles fogem da espada, da espada desembainhada,
do arco preparado e da crueldade da batalha.
16Assim me diz o Senhor: "Dentro de um ano, e nem um dia
mais,[e] toda a pompa de Quedar chegará ao fim. 17Poucos serão
os sobreviventes dos flecheiros, dos guerreiros de Quedar". O
SENHOR, o Deus de Israel, falou.

[a] **19.18** Isto é, Heliópolis. Conforme alguns manuscritos do Texto Massorético, os manuscritos do mar Morto e a Vulgata. Muitos manuscritos do Texto Massorético dizem *Cidade da Destruição*.
[b] **20.3** Hebraico: *Cuxe*; também no versículo 5.
[c] **21.8** Conforme os manuscritos do mar Morto e a Versão Siríaca. O Texto Massorético diz *um leão*.
[d] **21.11** *Dumá* significa *silêncio*, um trocadilho com a palavra *Edom*.
[e] **21.16** Hebraico: *como os anos de um contrato de trabalho*.

22 **Profecia contra Jerusalém**
Advertência contra o vale da Visão: O que está pertur-
bando vocês agora, o que os levou a se refugiarem nos ter-
raços, 2cidade cheia de agitação, cidade de tumulto e alvo-
roço? Na verdade, seus mortos não foram mortos à espada,
nem morreram em combate. 3Todos os seus líderes fugiram
juntos; foram capturados sem resistência. Todos vocês foram
encontrados e presos, embora tendo fugido para bem longe.
4Por isso eu disse: Afastem-se de mim; deixem-me chorar
amargamente. Não tentem consolar-me pela destruição do
meu povo.
5Pois o Soberano, o SENHOR dos Exércitos, enviou um dia de tu-
multo, pisoteamento e pavor ao vale da Visão; dia de derrubar
muros e de gritar por socorro pelos montes. 6Elão apanhou a
aljava e avança com seus carros e cavalos; Quir ostenta o es-
cudo. 7Os vales mais férteis de Judá ficaram cheios de carros, e
cavaleiros tomaram posição junto às portas das cidades; 8Judá
ficou sem defesas.
Naquele dia, vocês olharam para as armas do palácio da
Floresta 9e viram que a Cidade de Davi tinha muitas brechas
em seus muros. Vocês armazenaram água no açude inferior,
10contaram as casas de Jerusalém e derrubaram algumas para
fortalecer os muros. 11Vocês construíram um reservatório entre
os dois muros para a água do açude velho, mas não olharam
para aquele que fez essas coisas, nem deram atenção àquele
que há muito as planejou.
12Naquele dia, o Soberano, o SENHOR dos Exércitos, os chamou
para que chorassem e pranteassem, arrancassem os seus ca-
belos e usassem vestes de lamento. 13Mas, ao contrário, houve
júbilo e alegria, abate de gado e matança de ovelhas, muita
carne e muito vinho! E vocês diziam: "Comamos e bebamos,
porque amanhã morreremos".
14O SENHOR dos Exércitos revelou-me isto: "Até o dia de sua
morte não haverá propiciação em favor desse pecado", diz o
Soberano, o SENHOR dos Exércitos.

Profecia contra Sebna

15Assim diz o Soberano, o SENHOR dos Exércitos: "Vá dizer a esse
Sebna, administrador do palácio: 16Que faz você aqui, e quem
deu a você permissão para abrir aqui um túmulo, você que o
está lavrando no alto do monte e talhando na rocha o seu lugar
de descanso? 17"Veja que o SENHOR vai agarrar você e atirá-lo
para bem longe, ó homem poderoso! 18Ele o embrulhará como
uma bola e o atirará num vasto campo. Lá você morrerá e lá
os seus poderosos carros se tornarão a vergonha da casa do
seu senhor! 19Eu o demitirei das suas funções, e do seu cargo
você será deposto.
20"Naquele dia, convocarei o meu servo Eliaquim, filho de Hil-
quias. 21Eu o vestirei com o manto que pertencia a você, com o
seu cinto o revestirei de força e a ele entregarei a autoridade
que você exercia. Ele será um pai para os habitantes de Jeru-
salém e para os moradores de Judá. 22Porei sobre os ombros
dele a chave do reino de Davi; o que ele abrir ninguém conse-
guirá fechar, e o que ele fechar ninguém conseguirá abrir. 23Eu
o fincarei como uma estaca em terreno firme; ele será para o
reino de seu pai um trono de glória[a]. 24Toda a glória de sua fa-
mília dependerá dele: sua prole e seus descendentes — todos
os seus utensílios menores, das bacias aos jarros.
25"Naquele dia", anuncia o SENHOR dos Exércitos, "a estaca
fincada em terreno firme cederá; será arrebentada e desabará,
e o peso sobre ela cairá". Pois o SENHOR o declarou.

23 **Profecia contra Tiro**
Advertência contra Tiro: Pranteiem, navios de Társis! Pois
Tiro foi destruída e ficou sem nenhuma casa e sem porto. De
Chipre[b] veio a você essa mensagem.
2Fiquem calados, habitantes das regiões litorâneas, e vocês,
mercadores de Sidom, enriquecidos pelos que atravessam o
mar 3e as grandes águas. O trigo de Sior e a colheita do Nilo
eram a sua renda, e vocês se tornaram o suprimento das na-
ções.
4Envergonhe-se, Sidom, pois o mar, a fortaleza do mar, falou:
"Não estive em trabalho de parto nem dei à luz; não criei filhos
nem eduquei filhas". 5Quando a notícia chegar ao Egito, ficarão
angustiados com as novidades de Tiro.
6Cruzem o mar para Társis; pranteiem, vocês, habitantes das
regiões litorâneas. 7É esta a cidade jubilosa que existe desde
tempos muito antigos, cujos pés a levaram a conquistar terras
distantes? 8Quem planejou isso contra Tiro, contra aquela que
dava coroas, cujos comerciantes são príncipes, cujos nego-
ciantes são famosos em toda a terra? 9O SENHOR dos Exércitos
o planejou para abater todo orgulho e vaidade e humilhar todos
os que têm fama na terra.
10Cultive[c] a sua terra como se cultivam as margens do Nilo, ó
povo[d] de Társis, pois você não tem mais porto. 11O SENHOR es-
tendeu a mão sobre o mar e fez tremer seus reinos. Acerca da
Fenícia[e] ordenou que as suas fortalezas sejam destruídas, 12e
disse: "Você não se alegrará mais, ó cidade de Sidom, virgem
derrotada!
"Levante-se, atravesse o mar até Chipre; nem lá você terá des-
canso". 13Olhem para a terra dos babilônios[f]; esse é o povo que
não existe mais! Os assírios a deixaram para as criaturas do
deserto; ergueram torres de vigia, despojaram suas cidadelas
e fizeram dela uma ruína.
14Pranteiem, vocês, navios de Társis; destruída está a sua for-
taleza!
15Naquele tempo, Tiro será esquecida por setenta anos, o
tempo da vida de um rei. Mas, no fim dos setenta anos, acon-
tecerá com Tiro o que diz a canção da prostituta:
16"Pegue a harpa, vá pela cidade, ó prostituta esquecida; toque
a harpa, cante muitas canções, para se lembrarem de você".

a 22.23 Ou *assento de honra*
b 23.1 Hebraico: *Quitim*; também no versículo 12.
c 23.10 O Texto Massorético diz *Atravesse*.
d 23.10 Hebraico: *filha*.
e 23.11 Hebraico: *de Canaã*.
f 23.13 Ou *caldeus*

17No fim dos setenta anos o SENHOR se lembrará de Tiro. Esta
voltará ao seu ofício de prostituta e servirá a todos os reinos
que há na face da terra. 18Mas o seu lucro e a sua renda serão
separados para o SENHOR; não serão guardados nem depo-
sitados. Seus lucros irão para os que vivem na presença do
SENHOR, para que tenham bastante comida e roupas finas.

24 A Devastação do SENHOR na Terra

Vejam! O SENHOR vai arrasar a terra e devastá-la; ar-
ruinará sua superfície e espalhará seus habitantes. 2Será o
mesmo para o sacerdote e o povo, para o senhor e o servo,
para a senhora e a serva, para o vendedor e o comprador, para
quem toma emprestado e quem empresta, para o devedor e
o credor. 3A terra será completamente arrasada e totalmente
saqueada. Quem falou esta palavra foi o SENHOR.

4A terra seca-se e murcha, o mundo definha e murcha, de-
finham os nobres da terra. 5A terra está contaminada pelos
seus habitantes, porque desobedeceram às leis, violaram os
decretos e quebraram a aliança eterna. 6Por isso a maldição
consome a terra, e seu povo é culpado. Por isso os habitantes
da terra são consumidos pelo fogo ao ponto de sobrarem pou-
quíssimos. 7O vinho novo vai-se, e a videira murcha; todos os
que se divertiam gemem. 8O som festivo dos tamborins foi si-
lenciado, o barulho dos que se alegram parou, a harpa cheia
de júbilo está muda. 9Já não bebem vinho entoando canções; a
bebida fermentada é amarga para os que a bebem. 10A cidade
vã está em ruínas; a entrada de cada casa está fechada. 11Nas
ruas clamam por vinho; toda a alegria chegou ao fim, toda
celebração foi eliminada da terra. 12A cidade foi deixada em
ruínas, sua porta feita em pedaços. 13Assim será na terra, entre
as nações, como quando se usa a vara na oliveira ou se buscam
os restos das uvas após a colheita. 14Erguem as vozes, cantam
de alegria; desde o ocidente aclamam a majestade do SENHOR.
15Deem glória, pois, ao SENHOR no oriente, e nas ilhas do mar
exaltem o nome do SENHOR, o Deus de Israel. 16Desde os confins
da terra ouvimos cantar: "Glória seja dada ao Justo!" Mas eu
disse: "Que desgraça! Que desgraça! Ai de mim! Os traidores
traem! Os traidores agem traiçoeiramente!" 17Pavor, cova e
laço os aguardam, ó habitantes da terra! 18Quem fugir ao grito
de terror cairá na cova; quem sair da cova será pego no laço.
Abertas estão as comportas dos céus; tremem os alicerces da
terra. 19A terra foi despedaçada, está destruída, totalmente
abalada! 20A terra cambaleia como um bêbado, balança como
uma cabana ao vento; tão pesada sobre ela é a culpa de sua
rebelião que ela cai para nunca mais se levantar!

21Naquele dia, o SENHOR castigará os poderes em cima nos céus
e os reis embaixo na terra. 22Eles serão arrebanhados como
prisioneiros numa masmorra, trancados numa prisão e casti-
gados[a] depois de muitos dias. 23A lua ficará humilhada, e o sol,
envergonhado; pois o SENHOR dos Exércitos reinará no monte
Sião e em Jerusalém, glorioso na presença dos seus líderes!

25 Louvem o SENHOR

SENHOR, tu és o meu Deus; eu te exaltarei e louvarei o
teu nome, pois com grande perfeição tens feito maravilhas,
coisas há muito planejadas. 2Fizeste da cidade um monte
de entulho, da cidade fortificada uma ruína, da cidadela dos
estrangeiros uma cidade inexistente que jamais será recons-
truída. 3Por isso um povo forte te honrará; a cidade das nações
cruéis te temerá. 4Tens sido refúgio para os pobres, refúgio
para o necessitado em sua aflição, abrigo contra a tempestade
e sombra contra o calor quando o sopro dos cruéis é como
tempestade contra um muro 5e como o calor do deserto. Tu
silencias o bramido dos estrangeiros; assim como diminui o
calor com a sombra de uma nuvem, assim a canção dos temí-
veis é emudecida.

6Neste monte o SENHOR dos Exércitos preparará um farto ban-
quete para todos os povos, um banquete de vinho envelhecido,
com carnes suculentas e o melhor vinho. 7Neste monte ele des-
truirá o véu que envolve todos os povos, a cortina que cobre
todas as nações; 8destruirá a morte para sempre. O Soberano,
o SENHOR, enxugará as lágrimas de todo rosto e retirará de
toda a terra a zombaria do seu povo. Foi o SENHOR quem o
disse! 9Naquele dia, dirão: "Este é o nosso Deus; nós confiamos
nele, e ele nos salvou. Este é o SENHOR, nós confiamos nele;
exultemos e alegremo-nos, pois ele nos salvou".

10Pois a mão do SENHOR repousará sobre este monte; mas
Moabe será pisoteado em seu próprio lugar, como a palha é
pisoteada na esterqueira. 11Ali Moabe estenderá as mãos como
faz o nadador para nadar, mas o SENHOR abaterá o seu orgulho,
apesar da habilidade das suas mãos. 12Abaterá as torres altas
dos seus altos muros e os derrubará; ele os lançará ao pó da
terra.

26 Cântico de Louvor

Naquele dia, este cântico será entoado em Judá: Temos
uma cidade forte; Deus estabelece a salvação como muros e
trincheiras. 2Abram as portas para que entre a nação justa, a
nação que se mantém fiel. 3Tu, SENHOR, guardarás em perfeita
paz aquele cujo propósito está firme, porque em ti confia.
4Confiem para sempre no SENHOR, pois o SENHOR, somente o
SENHOR, é a Rocha eterna. 5Ele humilha os que habitam nas
alturas, rebaixa e arrasa a cidade altiva e a lança ao pó. 6Pés
as pisoteiam, os pés dos necessitados, os passos dos pobres.
7A vereda do justo é plana; tu, que és reto, tornas suave o ca-
minho do justo. 8Andando pelo caminho das tuas ordenanças[b]
esperamos em ti, SENHOR. O teu nome e a tua lembrança são o
desejo do nosso coração. 9A minha alma suspira por ti durante
a noite; e logo cedo o meu espírito por ti anseia, pois, quando
se veem na terra as tuas ordenanças, os habitantes do mundo
aprendem justiça. 10Ainda que se tenha compaixão do ímpio,
ele não aprenderá a justiça; na terra da retidão ele age per-
versamente e não vê a majestade do SENHOR. 11Erguida está a
tua mão, SENHOR, mas eles não a veem! Que vejam o teu zelo

[a] **24.22** Ou *soltos*

[b] **26.8** Ou *dos teus juízos*

para com o teu povo e se envergonhem; que o fogo reservado para os teus adversários os consuma.

12SENHOR, tu estabeleces a paz para nós; tudo o que alcançamos, fizeste-o para nós. 13Ó SENHOR, ó nosso Deus, outros senhores além de ti nos têm dominado, mas só ao teu nome honramos. 14Agora eles estão mortos, não viverão; são sombras, não ressuscitarão. Tu os castigaste e os levaste à ruína; apagaste por completo a lembrança deles! 15Fizeste crescer a nação, SENHOR; sim, fizeste crescer a nação. De glória te revestiste; alargaste todas as fronteiras da nossa terra.

16SENHOR, no meio da aflição te buscaram; quando os disciplinaste sussurraram uma oração. 17Como a mulher grávida prestes a dar à luz se contorce e grita de dor, assim estamos nós na tua presença, ó Senhor. 18Nós engravidamos e nos contorcemos de dor, mas demos à luz o vento. Não trouxemos salvação à terra; não demos à luz os habitantes do mundo.

19Mas os teus mortos viverão; seus corpos ressuscitarão. Vocês, que voltaram ao pó, acordem e cantem de alegria. O teu orvalho é orvalho de luz; a terra dará à luz os seus mortos.

20Vá, meu povo, entre em seus quartos e tranque as portas; esconda-se por um momento até que tenha passado a ira dele.

21Vejam! O SENHOR está saindo da sua habitação para castigar os moradores da terra por suas iniquidades. A terra mostrará o sangue derramado sobre ela; não mais encobrirá os seus mortos.

27 Naquele dia, o SENHOR, com sua espada severa, longa e forte, castigará o Leviatã[a], serpente veloz, o Leviatã, serpente tortuosa; matará no mar a serpente aquática.

O Livramento de Israel

2Naquele dia se dirá: "Cantem sobre a vinha frutífera! 3Eu, o SENHOR, sou o seu vigia, rego-a constantemente e a protejo dia e noite para impedir que lhe façam dano. 4Não estou irado. Se espinheiros e roseiras bravas me enfrentarem, eu marcharei contra eles e os destruirei a fogo. 5A menos que venham buscar refúgio em mim; que façam as pazes comigo. Sim, que façam as pazes comigo".

6Nos dias vindouros Jacó lançará raízes, Israel terá botões e flores e encherá o mundo de frutos. 7Acaso o SENHOR o feriu como àqueles que o feriram? Acaso ele foi morto como foram mortos os que o feriram? 8Pelo desterro e pelo exílio o julga, com seu sopro violento ele o expulsa, como num dia de rajadas do vento oriental. 9Assim será perdoada a maldade de Jacó, e será este o fruto da remoção do seu pecado: quando ele fizer com que as pedras do altar sejam esmigalhadas e fiquem como pó de giz, os postes sagrados e os altares de incenso não permanecerão em pé. 10A cidade fortificada está abandonada, desabitada e esquecida como o deserto; ali os bezerros pastam e se deitam e desfolham os seus ramos. 11Quando os seus ramos estão secos e se quebram, as mulheres fazem fogo com eles, pois esse é um povo sem entendimento. Por isso aquele que o fez não tem compaixão dele, aquele que o formou não lhe mostra misericórdia.

12Naquele dia, o SENHOR debulhará as suas espigas desde as margens do Eufrates[b] até o ribeiro do Egito, e vocês, israelitas, serão ajuntados um a um. 13E, naquele dia, soará uma grande trombeta. Os que estavam perecendo na Assíria e os que estavam exilados no Egito virão e adorarão o SENHOR no monte santo, em Jerusalém.

28 Ai de Efraim!

Ai daquela coroa situada nos altos de um vale fértil, orgulho dos bêbados de Efraim! Ai de sua magnífica beleza, que agora é como uma flor murcha. Ai dos que são dominados pelo vinho! 2Vejam! O Senhor envia alguém que é poderoso e forte. Como chuva de granizo e vento destruidor, como violento aguaceiro e tromba d'água inundante, ele a lançará com força ao chão. 3A coroa orgulhosa dos bêbados de Efraim será pisoteada. 4Sua magnífica beleza, localizada na cabeça de um vale fértil, é agora uma flor que murcha.

Ela será como figo maduro antes da colheita; quem o vê, logo o apanha e o come.

5Naquele dia, o SENHOR dos Exércitos será uma coroa gloriosa, um belo diadema para o remanescente do seu povo. 6Ele será um espírito de justiça para aquele que se assenta para julgar e força para os que fazem recuar o ataque na porta.

7E estes também cambaleiam pelo efeito do vinho, e não param em pé por causa da bebida fermentada. Os sacerdotes e os profetas cambaleiam por causa da bebida fermentada e estão desorientados devido ao vinho; eles não conseguem parar em pé por causa da bebida fermentada, confundem-se quando têm visões, tropeçam quando devem dar um veredicto. 8Todas as mesas estão cobertas de vômito e não há um só lugar limpo. 9"Quem é que está tentando ensinar?", eles perguntam. "A quem está explicando a sua mensagem? A crianças desmamadas e a bebês recém-tirados do seio materno? 10Pois o que se diz é: 'Ordem sobre ordem, ordem sobre ordem, regra e mais regra;[c] um pouco aqui, um pouco ali."

11Pois bem, com lábios trôpegos e língua estranha Deus falará a este povo, 12ao qual dissera: "Este é o lugar de descanso. Deixem descansar o exausto. Este é o lugar de repouso!" Mas eles não quiseram ouvir. 13Por isso o SENHOR lhes dirá: "Ordem sobre ordem, ordem sobre ordem, regra e mais regra, regra e mais regra; um pouco aqui, um pouco ali", para que saiam, caiam de costas, firam-se, fiquem presos no laço e sejam capturados.

14Portanto, ouçam a palavra do SENHOR, zombadores, vocês, que dominam este povo em Jerusalém. 15Vocês se vangloriam, dizendo: "Fizemos um pacto com a morte, com a sepultura[d] fizemos um acordo. Quando vier a calamidade destruidora, não

[a] 27.1 Ou *monstro marinho*

[b] 27.12 Hebraico: *do Rio.*

[c] 28.10 Hebraico: *sav lasav sav lasav / kav lakav kav lakav* (possivelmente sons sem sentido; talvez uma imitação zombadora das palavras do profeta); também no versículo 13.

[d] 28.15 Hebraico: *Sheol*. Essa palavra também pode ser traduzida por profundezas, pó ou morte; também no versículo 18.

nos atingirá, pois da mentira fizemos o nosso refúgio e na falsidade[a] temos o nosso esconderijo". 16Por isso diz o Soberano, o SENHOR: "Eis que ponho em Sião uma pedra, uma pedra já experimentada, uma preciosa pedra angular para alicerce seguro; aquele que confia, jamais será abalado. 17Farei do juízo a linha de medir e da justiça o fio de prumo; o granizo varrerá o seu falso refúgio, e as águas inundarão o seu abrigo. 18Seu pacto com a morte será anulado; seu acordo com a sepultura não subsistirá. Quando vier a calamidade destruidora, vocês serão arrastados por ela. 19Todas as vezes que vier, ela os arrastará; passará manhã após manhã, de dia e de noite". A compreensão desta mensagem trará pavor total. 20A cama é curta demais para alguém se deitar, e o cobertor é estreito demais para ele se cobrir. 21O SENHOR se levantará como fez no monte Perazim, mostrará sua ira como no vale de Gibeom, para realizar sua obra, obra muito estranha, e cumprir sua tarefa, tarefa misteriosa. 22Agora, parem com a zombaria; senão, as suas correntes ficarão mais pesadas; o Senhor, o SENHOR dos Exércitos, falou-me da destruição decretada contra o território inteiro. 23Ouçam, escutem a minha voz; prestem atenção, ouçam o que eu digo. 24Quando o agricultor ara a terra para o plantio, só faz isso o tempo todo? Só fica abrindo sulcos e gradeando o solo? 25Depois de nivelado o solo, ele não semeia o endro e não espalha as sementes do cominho? Não planta o trigo no lugar certo, a cevada no terreno próprio e o trigo duro nas bordas? 26O seu Deus o instrui e lhe ensina o caminho. 27Não se debulha o endro com trilhadeira, e sobre o cominho não se faz passar roda de carro; tira-se o endro com vara, e o cominho com um pedaço de pau. 28É preciso moer o cereal para fazer pão; por isso ninguém o fica trilhando para sempre. Fazem passar as rodas da trilhadeira sobre o trigo, mas os seus cavalos não o trituram. 29Isso tudo vem da parte do SENHOR dos Exércitos, maravilhoso em conselhos e magnífico em sabedoria.

29 Ai da Cidade de Davi!

Ai de Ariel! Ariel, a cidade onde acampou Davi. Acrescentem um ano a outro e deixem seguir o seu ciclo de festas. 2Mas eu sitiarei Ariel, que vai chorar e lamentar-se, e para mim será como uma fornalha de altar[b]. 3Acamparei ao seu redor; eu a cercarei de torres e instalarei contra você minhas obras de cerco. 4Lançada ao chão, de lá você falará; do pó virão em murmúrio as suas palavras. Fantasmagórica, subirá sua voz da terra; um sussurro vindo do pó será sua voz. 5Mas os seus muitos inimigos se tornarão como o pó fino; as hordas cruéis, como palha levada pelo vento. Repentinamente, num instante, 6o SENHOR dos Exércitos virá com trovões e terremoto e estrondoso ruído, com tempestade e furacão e chamas de um fogo devorador. 7Então as hordas de todas as nações que lutam contra Ariel, que investem contra ele e contra a sua fortaleza e a sitiam, serão como acontece num sonho, numa visão noturna, 8como quando um homem faminto sonha que está comendo, mas acorda e sua fome continua; como quando um homem sedento sonha que está bebendo, mas acorda enfraquecido, sem ter saciado a sede. Assim será com as hordas de todas as nações que lutam contra o monte Sião.

9Pasmem e fiquem atônitos! Ceguem-se a si mesmos e continuem cegos! Estão bêbados, porém, não de vinho, cambaleiam, mas não pela bebida fermentada. 10O SENHOR trouxe sobre vocês um sono profundo: fechou os olhos de vocês, que são os profetas; cobriu a cabeça de vocês, que são os videntes. 11Para vocês toda esta visão não passa de palavras seladas num livro[c]. E, se vocês derem o livro a alguém que saiba ler e lhe disserem: "Leia, por favor", ele responderá: "Não posso; está lacrado". 12Ou, se vocês derem o livro a alguém que não saiba ler e lhe disserem: "Leia, por favor", ele responderá: "Não sei ler".

13O Senhor diz: "Esse povo se aproxima de mim com a boca e me honra com os lábios, mas o seu coração está longe de mim. A adoração que me prestam é feita só de regras ensinadas por homens.[d] 14Por isso uma vez mais deixarei atônito esse povo com maravilha e mais maravilha; a sabedoria dos sábios perecerá, a inteligência dos inteligentes se desvanecerá". 15Ai daqueles que descem às profundezas para esconder seus planos do SENHOR, que agem nas trevas e pensam: "Quem é que nos vê? Quem ficará sabendo?" 16Vocês viram as coisas pelo avesso! Como se fosse possível imaginar que o oleiro é igual ao barro! Acaso o objeto formado pode dizer àquele que o formou: "Ele não me fez"? E o vaso poderá dizer do oleiro: "Ele nada sabe"?

17Acaso o Líbano não será logo transformado em campo fértil, e não se pensará que o campo fértil é uma floresta? 18Naquele dia, os surdos ouvirão as palavras do livro, e, não mais em trevas e escuridão, os olhos dos cegos tornarão a ver. 19Mais uma vez os humildes se alegrarão no SENHOR, e os necessitados exultarão no Santo de Israel. 20Será o fim do cruel, o zombador desaparecerá e todos os de olhos inclinados para o mal serão eliminados, 21os quais com uma palavra tornam réu o inocente, no tribunal trapaceiam contra o defensor e com testemunho falso impedem que se faça justiça ao inocente. 22Por isso, o SENHOR, que redimiu Abraão, diz à descendência de Jacó: "Jacó não será mais humilhado; e o seu rosto não tornará a empalidecer. 23Quando ele vir em seu meio, os seus filhos, a obra de minhas mãos, proclamará o meu santo nome; reconhecerá a santidade do Santo de Jacó, 24e, no temor do Deus de Israel, permanecerá. Os desorientados de espírito obterão entendimento; e os queixosos aceitarão instrução".

30 Ai da Nação Obstinada!

"Ai dos filhos obstinados", declara o SENHOR, "que executam planos que não são meus, fazem acordo sem minha

[a] 28.15 Ou *e nos deuses falsos*

[b] 29.2 A palavra que designa *fornalha de altar* assemelha-se à palavra *Ariel* no hebraico.

[c] 29.11 Hebraico: *rolo;* também nos versículos 12 e 18.

[d] 29.13 A Septuaginta diz *Em vão me adoram; seus ensinamentos não passam de regras ensinadas por homens.*

aprovação, para ajuntar pecado sobre pecado, 2que descem ao Egito sem me consultar, para buscar proteção no poder do faraó, e refúgio na sombra do Egito. 3Mas a proteção do faraó lhes trará vergonha, e a sombra do Egito lhes causará humilhação. 4Embora seus líderes tenham ido a Zoã e seus enviados tenham chegado a Hanes, 5todos se envergonharão por causa de um povo que lhes é inútil, que não traz ajuda nem vantagem, mas apenas vergonha e zombaria."

6Advertência contra os animais do Neguebe: Atravessando uma terra hostil e severa, de leões e leoas, de víboras e serpentes velozes, os enviados transportam suas riquezas no lombo de jumentos; seus tesouros, nas corcovas de camelos, para aquela nação inútil, 7o Egito, cujo socorro é totalmente inútil. Por isso eu o chamo Monstro[a] inofensivo.

8Agora vá, escreva isso numa tábua para eles, registre-o num livro, para que nos dias vindouros seja um testemunho eterno. 9Esse povo é rebelde; são filhos mentirosos, filhos que não querem saber da instrução do SENHOR. 10Eles dizem aos videntes: "Não tenham mais visões!" e aos profetas: "Não nos revelem o que é certo! Falem-nos coisas agradáveis, profetizem ilusões. 11Deixem esse caminho, abandonem essa vereda e parem de confrontar-nos com o Santo de Israel!" 12Por isso diz o Santo de Israel: "Como vocês rejeitaram esta mensagem, apelaram para a opressão e confiaram nos perversos, 13este pecado será para vocês como um muro alto, rachado e torto, que de repente desaba, inesperadamente. 14Ele o fará em pedaços como um vaso de barro, tão esmigalhado que entre os seus pedaços não se achará um caco que sirva para pegar brasas de uma lareira ou para tirar água da cisterna".

15Diz o Soberano, o SENHOR, o Santo de Israel: "No arrependimento e no descanso está a salvação de vocês, na quietude e na confiança está o seu vigor, mas vocês não quiseram. 16Vocês disseram: 'Não, nós vamos fugir a cavalo'. E fugirão! Vocês disseram: 'Cavalgaremos cavalos velozes'. Velozes serão os seus perseguidores! 17Mil fugirão diante da ameaça de um; diante da ameaça de cinco todos vocês fugirão, até que vocês sejam deixados como um mastro no alto de um monte, como uma bandeira numa colina".

18Contudo, o SENHOR espera o momento de ser bondoso com vocês; ele ainda se levantará para mostrar-lhes compaixão. Pois o SENHOR é Deus de justiça. Como são felizes todos os que nele esperam!

19Ó povo de Sião, que mora em Jerusalém, você não vai chorar mais. Como ele será bondoso quando você clamar por socorro! Assim que ele ouvir, responderá a você. 20Embora o Senhor dê o pão da adversidade e a água da aflição a você, o seu mestre não se esconderá mais; com seus próprios olhos você o verá. 21Quer você se volte para a direita quer para a esquerda, uma voz nas suas costas dirá a você: "Este é o caminho; siga-o". 22Então você tratará como impuras as suas imagens revestidas de prata e os seus ídolos recobertos de ouro; você os jogará fora como um trapo imundo e lhes dirá: "Fora!"

23Ele também mandará a você chuva para a semente que você semear, e a terra dará alimento rico e farto. Naquele dia, o seu gado pastará em grandes prados. 24Os bois e os jumentos que lavram o solo comerão forragem e sal espalhados com forcado e pá. 25No dia do grande massacre, quando caírem as torres, regatos de água fluirão sobre todo monte elevado e sobre toda colina altaneira. 26A luz da lua brilhará como o sol, e a luz do sol será sete vezes mais brilhante, como a luz de sete dias completos, quando o SENHOR cuidar das contusões do seu povo e curar as feridas que lhe causou.

27Vejam! De longe vem o Nome do SENHOR, com sua ira em chamas e densas nuvens de fumaça; seus lábios estão cheios de ira, e sua língua é fogo consumidor. 28Seu sopro é como uma torrente impetuosa que sobe até o pescoço. Ele faz sacudir as nações na peneira da destruição; ele coloca na boca dos povos um freio que os desencaminha. 29E vocês cantarão como em noite de festa sagrada; seus corações se regozijarão como quando se vai, ao som da flauta, ao monte do SENHOR, à Rocha de Israel. 30O SENHOR fará que os homens ouçam sua voz majestosa e os levará a ver seu braço descendo com ira impetuosa e fogo consumidor, com aguaceiro, tempestades de raios e saraiva. 31A voz do SENHOR despedaçará a Assíria; com seu cetro a ferirá. 32Cada pancada que com a vara o SENHOR desferir para a castigar será dada ao som de tamborins e harpas, enquanto a estiver combatendo com os golpes do seu braço. 33Tofete está pronta já faz tempo; foi preparada para o rei. Sua fogueira é funda e larga, com muita lenha e muito fogo; o sopro do SENHOR, como uma torrente de enxofre ardente, a incendeia.

31 Ai dos que Confiam no Egito!

Ai dos que descem ao Egito em busca de ajuda, que contam com cavalos. Eles confiam na multidão dos seus carros e na grande força dos seus cavaleiros, mas não olham para o Santo de Israel, nem buscam a ajuda que vem do SENHOR! 2Contudo, ele é também sábio e pode trazer a desgraça; ele não volta atrás em suas palavras. Ele se levantará contra a casa dos perversos, contra quem ajuda os maus. 3Mas os egípcios são homens, não Deus; seus cavalos são carne, não espírito. Quando o SENHOR estender a mão, aquele que ajuda tropeçará, aquele que é ajudado cairá; ambos perecerão juntos. 4Assim me diz o SENHOR: "Assim como quando o leão, o leão grande, ruge ao lado da presa e contra ele se junta um bando de pastores, e ele não se intimida com os gritos deles e não se perturba com o seu clamor, assim o SENHOR dos Exércitos descerá para combater nas alturas do monte Sião. 5Como as aves dão proteção aos filhotes com suas asas, o SENHOR dos Exércitos protegerá Jerusalém; ele a protegerá e a livrará; ele a poupará[b] e a salvará".

6Voltem para aquele contra quem vocês se revoltaram tão tremendamente, ó israelitas! 7Pois naquele dia cada um de

[a] 30.7 Hebraico: *Raabe*.

[b] 31.5 Hebraico: *passará sobre ela*. Veja Êx 12.13.

vocês rejeitará os ídolos de prata e de ouro que suas mãos
pecaminosas fizeram.
8"A Assíria cairá por uma espada que não é de homem; uma
espada, não de mortais, a devorará. Todos fugirão da espada
e os seus jovens serão sujeitos a trabalhos forçados. 9Sua forta-
leza cairá por causa do pavor; ao verem a bandeira da batalha,
seus líderes entrarão em pânico", anuncia o SENHOR, cujo fogo
está em Sião, cuja fornalha está em Jerusalém.

32 O Reino de Justiça

Vejam! Um rei reinará com retidão, e príncipes gover-
narão com justiça. 2Cada homem será como um esconderijo
contra o vento e um abrigo contra a tempestade, como cor-
rentes de água numa terra seca e como a sombra de uma
grande rocha no deserto.
3Então os olhos dos que veem não mais estarão fechados, e
os ouvidos dos que ouvem escutarão. 4A mente do precipitado
saberá julgar, e a língua gaguejante falará com facilidade e
clareza. 5O tolo já não será chamado nobre e o homem sem
caráter não será tido em alta estima. 6Pois o insensato fala com
insensatez e só pensa no mal: ele pratica a maldade e espalha
mentiras sobre o SENHOR; deixa o faminto sem nada e priva
de água o sedento. 7As artimanhas do homem sem caráter
são perversas; ele inventa planos maldosos para destruir com
mentiras o pobre, mesmo quando a súplica deste é justa. 8Mas
o homem nobre faz planos nobres, e graças aos seus feitos
nobres permanece firme.

As Mulheres de Jerusalém

9Vocês, mulheres tão sossegadas, levantem-se e escutem-me!
Vocês, filhas que se sentem seguras, ouçam o que vou dizer a
vocês! 10Daqui a pouco mais de um ano, vocês, que se sentem
seguras, ficarão apavoradas; a colheita de uvas falhará, e a
colheita de frutas não virá. 11Tremam, vocês, mulheres tran-
quilas! Estremeçam, vocês, que se sentem seguras! Arranquem
suas vestes e vistam roupas de lamento. 12Batam no peito e
chorem pelos campos agradáveis, pelas videiras frutíferas 13e
pela terra do meu povo, terra infestada de espinhos e roseiras
bravas; sim, pranteiem por todas as casas cheias de júbilo e
por esta cidade exultante. 14A fortaleza será abandonada, a
cidade barulhenta ficará deserta, a cidadela e a torre das sen-
tinelas se tornarão covis, uma delícia para os jumentos, uma
pastagem para os rebanhos, 15até que sobre nós o Espírito seja
derramado do alto, e o deserto se transforme em campo fértil,
e o campo fértil pareça uma floresta. 16A justiça habitará no
deserto, e a retidão viverá no campo fértil. 17O fruto da justiça
será paz; o resultado da justiça será tranquilidade e confiança
para sempre. 18O meu povo viverá em locais pacíficos, em
casas seguras, em tranquilos lugares de descanso, 19mesmo
que a saraiva arrase a floresta e a cidade seja nivelada ao
pó. 20Como vocês serão felizes semeando perto das águas e
deixando soltos os bois e os jumentos!

33 Aflição e Auxílio

Ai de você, destruidor, que ainda não foi destruído! Ai
de você, traidor, que não foi traído! Quando você acabar de
destruir, será destruído; quando acabar de trair, será traído.
2SENHOR, tem misericórdia de nós; pois em ti esperamos! Sê tu
a nossa força cada manhã, nossa salvação na hora do perigo.
3Diante do trovão da tua voz, os povos fogem; quando te le-
vantas, dispersam-se as nações. 4Como gafanhotos novos os
homens saquearão vocês, ó nações; tomarão posse do despojo
como gafanhotos em nuvem.
5O SENHOR é exaltado, pois habita no alto; ele encherá Sião de
retidão e justiça. 6Ele será o firme fundamento nos tempos a
que você pertence, uma grande riqueza de salvação, sabedoria
e conhecimento; o temor do SENHOR é a chave desse tesouro[a].
7Vejam! Os seus heróis gritam nas ruas; os embaixadores da
paz choram amargamente. 8As estradas estão abandonadas,
ninguém viaja por elas. Rompeu-se o acordo, suas testemu-
nhas[b] são desprezadas, não se respeita ninguém. 9A terra
pranteia[c] e fraqueja, o Líbano murcha, envergonhado; Sarom
é como a Arabá, e Basã e o Carmelo perdem sua folhagem.
10"Agora me levantarei", diz o SENHOR. "Agora eu me erguerei;
agora serei exaltado. 11Vocês concebem palha e dão à luz res-
tolho; seu sopro é um fogo que o consome. 12Os povos serão
queimados como se faz com a cal; como espinheiros cortados,
serão postos no fogo.
13"Vocês, que estão longe, atentem para o que eu fiz! Vocês,
que estão perto, reconheçam o meu poder!" 14Em Sião os pe-
cadores estão aterrorizados; o tremor se apodera dos ímpios:
"Quem de nós pode conviver com o fogo consumidor? Quem
de nós pode conviver com a chama eterna?" 15Aquele que anda
corretamente e fala o que é reto, que recusa o lucro injusto,
cuja mão não aceita suborno, que tapa os ouvidos para as
tramas de assassinatos e fecha os olhos para não contemplar
o mal, 16é esse o homem que habitará nas alturas; seu refúgio
será a fortaleza das rochas; terá suprimento de pão e água
não lhe faltará.
17Seus olhos verão o rei em seu esplendor e vislumbrarão o
território em toda a sua extensão. 18Em seus pensamentos você
lembrará terrores passados: "Onde está o oficial maior? Onde
está o que recebia tributos? Onde o encarregado das torres?"
19Você não tornará a ver aquele povo arrogante, aquele povo
de fala obscura, com sua língua estranha, incompreensível.
20Olhe para Sião, a cidade das nossas festas; seus olhos verão
Jerusalém, morada pacífica, tenda que não será removida;
suas estacas jamais serão arrancadas, nem se romperá ne-
nhuma de suas cordas. 21Ali o SENHOR será o Poderoso para nós.
Será como uma região de rios e canais largos, mas nenhum
navio a remo os percorrerá, e nenhuma nau poderosa velejará
neles. 22Pois o SENHOR é o nosso juiz, o SENHOR é o nosso legis-
lador, o SENHOR é o nosso rei; é ele que nos vai salvar. 23Suas

[a] 33.6 Ou *é um tesouro da parte dele*
[b] 33.8 Conforme os manuscritos do mar Morto. O Texto Massorético diz *as cidades*.
[c] 33.9 Ou *seca*

cordas se afrouxam: o mastro não está firme, as velas não
estão estendidas. Então será dividida grande quantidade de
despojos, e até o aleijado levará sua presa. 24Nenhum morador
de Sião dirá: "Estou doente!" E os pecados dos que ali habitam
serão perdoados.

34 Julgamento contra as Nações

Aproximem-se, nações, e escutem; prestem atenção, ó
povos! Que o ouçam a terra e tudo o que nela há, o mundo
e tudo o que dele procede! 2O SENHOR está indignado contra
todas as nações; sua ira está contra todos os seus exércitos.
Ele os destruirá totalmente, ele os entregará à matança. 3Seus
mortos serão lançados fora e os seus cadáveres exalarão mau
cheiro; os montes se encharcarão do sangue deles. 4As estrelas
dos céus serão todas dissolvidas, e os céus se enrolarão como
um pergaminho; todo o exército celeste cairá como folhas
secas da videira e da figueira.

5Quando minha espada embriagar-se nos céus, saibam que ela
descerá para julgar Edom, povo que condenei à destruição. 6A
espada do SENHOR está banhada em sangue, está coberta de
gordura, sangue de cordeiros e de bodes, gordura dos rins de
carneiros. Pois o SENHOR exige sacrifício em Bozra e grande ma-
tança em Edom. 7Com eles cairão os bois selvagens, e os novi-
lhos com os touros. A terra deles ficará ensopada de sangue, e
o pó se encharcará de gordura.

8Pois o SENHOR terá seu dia de vingança, um ano de retribuição,
para defender a causa de Sião. 9Os riachos de Edom se trans-
formarão em piche, em enxofre, o seu pó; sua terra se tornará
betume ardente! 10Não se apagará de dia nem de noite; sua fu-
maça subirá para sempre. De geração em geração ficará aban-
donada; ninguém voltará a passar por ela. 11A coruja-do-deserto
e a coruja estridente a possuirão; o corujão e o corvo farão nela
os seus ninhos. Deus estenderá sobre Edom o caos como linha
de medir e a desolação como fio de prumo. 12Seus nobres nada
terão ali que possa chamar-se reino, e todos os seus líderes
desaparecerão. 13Espinhos tomarão de assalto as suas cida-
delas; urtigas e sarças cobrirão as suas fortalezas. Será um
antro de chacais e moradia de corujas. 14Criaturas do deserto se
encontrarão com hienas, e bodes selvagens balirão uns para os
outros; ali também descansarão as criaturas noturnas e acharão
para si locais de descanso. 15Nela a coruja fará ninho, chocará
seus ovos e cuidará dos seus filhotes à sombra de suas asas;
os falcões também se ajuntarão ali, cada um com o seu par.

16Procurem no livro do SENHOR e leiam: Nenhum desses ani-
mais estará faltando; nenhum estará sem o seu par. Pois foi a
sua boca que deu a ordem, e o seu Espírito os ajuntará. 17Ele
designa as porções de cada um; sua mão as distribui por me-
dida. Eles se apossarão delas para sempre e ali habitarão de
geração em geração.

35 A Alegria dos Redimidos

O deserto e a terra ressequida se regozijarão; o ermo
exultará e florescerá como a tulipa; 2irromperá em flores, mos-
trará grande regozijo e cantará de alegria. A glória do Líbano
lhe será dada, como também o resplendor do Carmelo e de
Sarom; verão a glória do SENHOR, o resplendor do nosso Deus.

3Fortaleçam as mãos cansadas, firmem os joelhos vacilantes;
4digam aos desanimados de coração: "Sejam fortes, não
temam! Seu Deus virá, virá com vingança; com divina retri-
buição virá para salvá-los".

5Então os olhos dos cegos se abrirão e os ouvidos dos surdos
se destaparão. 6Então os coxos saltarão como o cervo, e a
língua do mudo cantará de alegria. Águas irromperão no ermo
e riachos no deserto. 7A areia abrasadora se tornará um lago; a
terra seca, fontes borbulhantes. Nos antros onde outrora havia
chacais, crescerão a relva, o junco e o papiro.

8E ali haverá uma grande estrada, um caminho que será cha-
mado Caminho de Santidade. Os impuros não passarão por
ele; servirá apenas aos que são do Caminho; os insensatos
não o tomarão.[a] 9Ali não haverá leão algum, e nenhum animal
feroz passará por ele; nenhum deles se verá por ali. Só os redi-
midos andarão por ele, 10e os que o SENHOR resgatou voltarão.
Entrarão em Sião com cantos de alegria; duradoura alegria
coroará sua cabeça. Júbilo e alegria se apoderarão deles, e a
tristeza e o suspiro fugirão.

36 A Ameaça de Senaqueribe

No décimo quarto ano do reinado de Ezequias, Sena-
queribe, rei da Assíria, atacou todas as cidades fortificadas
de Judá e se apossou delas. 2Então, de Laquis, o rei da Assíria
enviou seu comandante com um grande exército a Jerusalém,
ao rei Ezequias. Quando o comandante parou no aqueduto do
açude superior, na estrada que leva ao campo do Lavandeiro,
3o administrador do palácio, Eliaquim, filho de Hilquias, o se-
cretário Sebna e o arquivista real Joá, filho de Asafe, foram ao
encontro dele.

4E o comandante de campo falou: "Digam a Ezequias: "Assim
diz o grande rei, o rei da Assíria: 'Em que você está baseando
essa sua confiança? 5Você diz que tem estratégia e força mi-
litar, mas não passam de palavras vãs. Em quem você confia,
para rebelar-se contra mim? 6Pois veja! Agora você está con-
fiando no Egito, aquela cana esmagada, que fura a mão de
quem nela se apoia! Assim é o faraó, o rei do Egito, para todos
os que dele dependem. 7E, se você me disser: "No SENHOR, o
nosso Deus, confiamos"; não são dele os altos e os altares
que Ezequias removeu, dizendo a Judá e a Jerusalém: "Vocês
devem adorar aqui, diante deste altar"?'

8"Faça, agora, um acordo com o meu senhor, o rei da Assíria:
Eu darei a você dois mil cavalos — se você puder pôr cavaleiros
neles! 9Como então você poderá repelir um só dos menores ofi-
ciais do meu senhor, confiando que o Egito dará a você carros e
cavaleiros? 10Além disso, você pensa que vim atacar e destruir
esta nação sem o SENHOR? O próprio SENHOR me mandou mar-
char contra esta nação e destruí-la".

[a] 35.8 Ou *os simples não se desviarão dele.*

11Então Eliaquim, Sebna e Joá disseram ao comandante: "Por
favor, fala com os teus servos em aramaico, pois entendemos
essa língua. Não fales em hebraico, pois assim o povo que está
sobre os muros entenderá".
12O comandante, porém, respondeu: "Pensam que o meu se-
nhor mandou-me dizer estas coisas só a vocês e ao seu se-
nhor, e não aos homens que estão sentados no muro? Pois,
como vocês, eles terão que comer as próprias fezes e beber
a própria urina!"
13E o comandante se pôs em pé e falou alto, em hebraico:
"Ouçam as palavras do grande rei, do rei da Assíria! 14Não
deixem que Ezequias os engane. Ele não poderá livrá-los! 15Não
deixem Ezequias convencê-los a confiar no SENHOR, quando
diz: 'Certamente o SENHOR nos livrará; esta cidade não será
entregue nas mãos do rei da Assíria'.
16"Não deem atenção a Ezequias. Assim diz o rei da Assíria: 'Ve-
nham fazer as pazes comigo. Então cada um de vocês comerá
de sua própria videira e de sua própria figueira, e beberá água
de sua própria cisterna, 17até que eu os leve a uma terra como
a de vocês: terra de cereal e de vinho, terra de pão e de vinhas.
18" 'Não deixem que Ezequias os engane quando diz que o
SENHOR os livrará. Alguma vez o deus de qualquer nação livrou
sua terra das mãos do rei da Assíria? 19Onde estão os deuses
de Hamate e de Arpade? Onde estão os deuses de Sefarvaim?
Eles livraram Samaria das minhas mãos? 20Quem entre todos
os deuses dessas nações conseguiu livrar a sua terra? Como
então o SENHOR poderá livrar Jerusalém das minhas mãos?' "
21Mas o povo ficou em silêncio e nada respondeu, porque o rei
dera esta ordem: "Não lhe respondam".
22Então o administrador do palácio, Eliaquim, filho de Hilquias,
o secretário Sebna e o arquivista Joá, filho de Asafe, com as
vestes rasgadas, foram contar a Ezequias o que dissera o co-
mandante.

37 Predito o Livramento de Jerusalém

1Quando o rei Ezequias soube disso, rasgou suas vestes,
vestiu pano de saco e entrou no templo do SENHOR. 2Depois
enviou o administrador do palácio, Eliaquim, o secretário Sebna
e os chefes dos sacerdotes, todos vestidos de pano de saco, ao
profeta Isaías, filho de Amoz, 3com esta mensagem: "Assim diz
Ezequias: Hoje é dia de angústia, de repreensão e de vergonha,
como quando uma criança está a ponto de nascer e não há
forças para dá-la à luz. 4Talvez o SENHOR, o seu Deus, ouça as
palavras do comandante de campo, a quem o seu senhor, o rei
da Assíria, enviou para zombar do Deus vivo. E que o SENHOR, o
seu Deus, o repreenda pelas palavras que ouviu. Portanto, ore
pelo remanescente que ainda sobrevive".
5Quando os oficiais do rei Ezequias vieram a Isaías, 6este lhes
respondeu: "Digam a seu senhor: Assim diz o SENHOR: 'Não
tenha medo das palavras que você ouviu, das blasfêmias que
os servos do rei da Assíria falaram contra mim. 7Porei nele um
espírito para que, quando ouvir uma certa notícia, volte à sua
própria terra, e ali farei com que seja morto à espada' ".
8Quando o comandante de campo soube que o rei da Assíria
havia partido de Laquis, retirou-se e encontrou o rei lutando
contra Libna.
9Ora, Senaqueribe foi informado de que Tiraca, o rei da
Etiópia[a], saíra para lutar contra ele. Quando soube disso, en-
viou mensageiros a Ezequias com esta mensagem: 10"Digam
a Ezequias, rei de Judá: Não deixe que o Deus no qual você
confia o engane quando diz: 'Jerusalém não será entregue nas
mãos do rei da Assíria'. 11Com certeza você ouviu o que os reis
da Assíria têm feito a todas as nações e como as destruíram
por completo. E você acha que se livrará? 12Acaso os deuses
das nações que foram destruídas pelos meus antepassados os
livraram: os deuses de Gozã, de Harã, de Rezefe e dos descen-
dentes de Éden, que estavam em Telassar? 13Onde estão o rei
de Hamate, o rei de Arpade, o rei da cidade de Sefarvaim, de
Hena e de Iva?"

A Oração de Ezequias

14Ezequias recebeu a carta das mãos dos mensageiros e a leu.
Então subiu ao templo do SENHOR, abriu-a diante do SENHOR
15e orou: 16"SENHOR dos Exércitos, Deus de Israel, cujo trono
está entre os querubins, só tu és Deus sobre todos os reinos da
terra. Tu fizeste os céus e a terra. 17Dá ouvidos, SENHOR, e ouve;
abre os teus olhos, SENHOR, e vê; escuta todas as palavras que
Senaqueribe enviou para insultar o Deus vivo.
18"É verdade, SENHOR, que os reis assírios fizeram de todas
essas nações e de seus territórios um deserto. 19Atiraram os
deuses delas no fogo e os destruíram, pois em vez de deuses,
não passam de madeira e pedra, moldados por mãos humanas.
20Agora, SENHOR nosso Deus, salva-nos das mãos dele, para
que todos os reinos da terra saibam que só tu, SENHOR, és
Deus[b]".

A Queda de Senaqueribe

21Então Isaías, filho de Amoz, enviou esta mensagem a Eze-
quias: "Assim diz o SENHOR, Deus de Israel: 'Ouvi a sua oração
acerca de Senaqueribe, rei da Assíria. 22Esta é a palavra que o
SENHOR falou contra ele: " 'A Virgem Cidade[c] de Sião despreza
e zomba de você. A cidade de Jerusalém meneia a cabeça en-
quanto você foge. 23De quem você zombou e contra quem blas-
femou? Contra quem você ergueu a voz e contra quem levantou
seu olhar arrogante? Contra o Santo de Israel! 24Sim, você
insultou o Senhor por meio dos seus mensageiros, dizendo:
"Com carros sem conta subi aos mais elevados e inacessíveis
cumes do Líbano. Derrubei os seus cedros mais altos, os seus
melhores pinheiros. Entrei em suas regiões mais remotas, na
melhor parte de suas florestas. 25Em terras estrangeiras[d] cavei
poços e bebi água. Com as solas dos meus pés sequei todos
os riachos do Egito".

---

a **37.9** Hebraico: *de Cuxe.*
b **37.20** Conforme os manuscritos do mar Morto. O Texto Massorético diz *és o Senhor*. Veja 2Rs 19.19.
c **37.22** Hebraico: *Filha*.
d **37.25** Conforme os manuscritos do mar Morto. O Texto Massorético não traz *Em terras estrangeiras*. Veja 2Rs 19.24.

26" 'Você não soube que há muito eu já o havia ordenado,
que desde os dias da antiguidade eu o havia planejado? Agora
eu o executo e faço você transformar cidades fortificadas em
montões de pedra. 27Os seus habitantes, já sem forças, desa-
nimam-se envergonhados. São como pastagens, como brotos
tenros e verdes, como capim no terraço, queimado[a] antes de
crescer.
28" 'Eu, porém, sei onde você está, quando sai e quando re-
torna e quando você se enfurece contra mim. 29Sim, contra
mim você se enfurece, o seu atrevimento chegou aos meus
ouvidos; por isso, porei o meu anzol em seu nariz e o meu
freio em sua boca, e o farei voltar pelo caminho por onde veio.
30" 'A você, Ezequias, darei este sinal: " 'Neste ano vocês
comerão do que crescer por si e, no próximo, o que daquilo
brotar. Mas no terceiro ano semeiem e colham, plantem vinhas
e comam o seu fruto. 31Mais uma vez um remanescente da
tribo de Judá lançará raízes na terra e se encherão de frutos
os seus ramos. 32De Jerusalém sairão sobreviventes, e um re-
manescente do monte Sião. O zelo do SENHOR dos Exércitos
realizará isso'.
33"Por isso, assim diz o SENHOR acerca do rei da Assíria: " 'Ele
não entrará nesta cidade e não atirará aqui uma flecha sequer.
Não virá diante dela com escudo nem construirá rampas de
cerco contra ela. 34Pelo caminho por onde veio voltará; não
entrará nesta cidade', declara o SENHOR. 35" 'Eu defenderei
esta cidade e a salvarei, por amor de mim e por amor de Davi,
meu servo!' "
36Então o anjo do SENHOR saiu e matou cento e oitenta e cinco
mil homens no acampamento assírio. Quando o povo se le-
vantou na manhã seguinte, só havia cadáveres! 37Assim, Se-
naqueribe, rei da Assíria, fugiu do acampamento, voltou para
Nínive e lá ficou.
38Certo dia, quando estava adorando no templo de seu deus
Nisroque, seus filhos Adrameleque e Sarezer o feriram à espada
e fugiram para a terra de Ararate. E seu filho Esar-Hadom foi
o seu sucessor.

38 A Doença de Ezequias

Naqueles dias, Ezequias ficou doente, à beira da morte.
O profeta Isaías, filho de Amoz, foi visitá-lo e lhe disse: "Assim
diz o SENHOR: 'Ponha a casa em ordem, porque você vai morrer;
você não se recuperará' ".
2Ezequias virou o rosto para a parede e orou ao SENHOR: 3"Lem-
bra-te, SENHOR, de como tenho te servido com fidelidade e com
devoção sincera, e tenho feito o que tu aprovas". E Ezequias
chorou amargamente.
4Então a palavra do SENHOR veio a Isaías: 5"Vá dizer a Ezequias:
Assim diz o SENHOR, o Deus de seu antepassado Davi: Ouvi sua
oração e vi suas lágrimas; acrescentarei quinze anos à sua vida.
6E eu livrarei você e esta cidade das mãos do rei da Assíria. Eu
defenderei esta cidade.
7"Este é o sinal de que o SENHOR fará o que prometeu: 8Farei a
sombra do sol retroceder os dez degraus que ela já cobriu na
escadaria de Acaz". E a luz do sol retrocedeu os dez degraus
que tinha avançado.
9Depois de recuperar-se dessa doença, Ezequias, rei de Judá,
escreveu o seguinte:
10"Eu disse: No vigor da minha vida tenho que passar pelas
portas da sepultura[b] e ser roubado do restante dos meus anos?
11Eu disse: Não tornarei a ver o SENHOR, o SENHOR, na terra dos
viventes; não olharei mais para a humanidade, nem estarei
mais com os que agora habitam neste mundo[c]. 12A minha casa
foi derrubada e tirada de mim, como se fosse uma tenda de
pastor. A minha vida foi enovelada, como faz o tecelão, e ele
me cortou como um pedaço de tecido; dia e noite foi aca-
bando comigo. 13Esperei pacientemente até o alvorecer, mas
como um leão ele quebrou todos os meus ossos; dia e noite
foi acabando comigo. 14Gritei como um andorinhão, como um
tordo; gemi como uma pomba chorosa. Olhando para os céus,
enfraqueceram-se os meus olhos. Estou aflito, ó Senhor! Vem
em meu auxílio!
15"Mas, que posso dizer? Ele falou comigo, e ele mesmo fez
isso. Andarei humildemente toda a minha vida, por causa dessa
aflição da minha alma. 16Senhor, por tais coisas os homens
vivem, e por elas também vive o meu espírito. Tu me restau-
raste a saúde e deixaste-me viver. 17Foi para o meu benefício
que tanto sofri. Em teu amor me guardaste da cova da des-
truição; lançaste para trás de ti todos os meus pecados, 18pois
a sepultura não pode louvar-te, a morte não pode cantar o teu
louvor. Aqueles que descem à cova não podem esperar pela tua
fidelidade. 19Os vivos, somente os vivos, te louvam, como hoje
estou fazendo; os pais contam a tua fidelidade a seus filhos.
20"O SENHOR me salvou. Cantaremos com instrumentos de
corda todos os dias de nossa vida no templo do SENHOR".
21Isaías dissera: "Apliquem um emplastro de figos no furúnculo,
e ele se recuperará".
22Ezequias tinha perguntado: "Qual será o sinal de que subirei
ao templo do SENHOR?"

39 Enviados da Babilônia

Naquela época, Merodaque-Baladã, filho de Baladã, rei
da Babilônia, enviou a Ezequias cartas e um presente, porque
soubera de sua doença e de sua recuperação. 2Ezequias re-
cebeu com alegria os enviados e mostrou-lhes o que havia em
seus depósitos: a prata, o ouro, as especiarias, o óleo fino,
todo o seu arsenal e tudo o que se encontrava em seus te-
souros. Não houve nada em seu palácio ou em todo o seu reino
que Ezequias não lhes mostrasse.

[a] **37.27** Conforme alguns manuscritos do Texto Massorético, os manuscritos do mar Morto e alguns manuscritos da Septuaginta. A maioria dos manuscritos do Texto Massorético diz *terraços e campos terraplanados em degraus*. Veja 2Rs 19.26.

[b] **38.10** Hebraico: *Sheol*. Essa palavra pode ser traduzida por profundezas, pó ou morte; também no versículo 18.

[c] **38.11** Conforme alguns manuscritos do Texto Massorético. A maioria dos manuscritos do Texto Massorético diz *habitam no lugar onde tudo acaba*.

3Então o profeta Isaías foi ao rei Ezequias e perguntou: "O que
aqueles homens disseram, e de onde vieram?"
"De uma terra distante", Ezequias respondeu. "Eles vieram da
Babilônia para visitar-me."
4O profeta perguntou: "O que eles viram em seu palácio?" Eze-
quias respondeu: "Viram tudo o que há em meu palácio. Não
há nada em meus tesouros que não lhes tenha mostrado".
5Então Isaías disse a Ezequias: "Ouça a palavra do SENHOR dos
Exércitos: 6'Um dia, tudo o que há em seu palácio, bem como
tudo o que os seus antepassados acumularam até hoje, será
levado para a Babilônia. Nada ficará', diz o SENHOR. 7'E alguns
de seus próprios descendentes serão levados e se tornarão
eunucos no palácio do rei da Babilônia' ".
8"É boa a palavra do SENHOR que você falou", Ezequias res-
pondeu. Pois pensou: "Haverá paz e segurança enquanto eu
viver".

40 Consolo para o Povo de Deus

Consolem, consolem o meu povo,[a] diz o Deus de vocês.
2Encorajem Jerusalém e anunciem que ela já cumpriu o tra-
balho que lhe foi imposto, pagou por sua iniquidade e recebeu
da mão do SENHOR em dobro por todos os seus pecados.
3Uma voz clama: "No deserto preparem[b] o caminho para o
SENHOR; façam no deserto um caminho reto para o nosso Deus.[c]
4Todos os vales serão levantados, todos os montes e colinas
serão aplanados; os terrenos acidentados se tornarão planos;
as escarpas serão niveladas. 5A glória do SENHOR será revelada,
e, juntos, todos a verão. Pois é o SENHOR quem fala".
6Uma voz ordena: "Clame". E eu pergunto: O que clamarei?
"Que toda a humanidade é como a relva, e toda a sua glória[d]
como a flor da relva. 7A relva murcha e cai a sua flor, quando o
vento do SENHOR sopra sobre elas; o povo não passa de relva.
8A relva murcha, e as flores caem, mas a palavra de nosso Deus
permanece para sempre".
9Você, que traz boas-novas a Sião, suba num alto monte. Você,
que traz boas-novas a Jerusalém,[e] erga a sua voz com fortes
gritos, erga-a, não tenha medo; diga às cidades de Judá: "Aqui
está o seu Deus!" 10O Soberano, o SENHOR, vem com poder!
Com seu braço forte ele governa. A sua recompensa com ele
está, e seu galardão o acompanha. 11Como pastor ele cuida de
seu rebanho, com o braço ajunta os cordeiros e os carrega no
colo; conduz com cuidado as ovelhas que amamentam suas
crias.
12Quem mediu as águas na concha da mão, ou com o palmo
definiu os limites dos céus? Quem jamais calculou o peso da
terra, ou pesou os montes na balança e as colinas nos seus
pratos? 13Quem definiu limites para o Espírito[f] do SENHOR, ou
o instruiu como seu conselheiro? 14A quem o SENHOR consultou
que pudesse esclarecê-lo, e que lhe ensinasse a julgar com
justiça? Quem lhe ensinou o conhecimento ou lhe apontou o
caminho da sabedoria?
15Na verdade as nações são como a gota que sobra do balde;
para ele são como o pó que resta na balança; para ele as ilhas
não passam de um grão de areia. 16Nem as florestas do Líbano
seriam suficientes para o fogo do altar, nem os animais de lá
bastariam para o holocausto[g]. 17Diante dele todas as nações
são como nada; para ele são sem valor e menos que nada.
18Com quem vocês compararão Deus? Como poderão repre-
sentá-lo? 19Com uma imagem que o artesão funde, e que o
ourives cobre de ouro e para a qual modela correntes de prata?
20Ou com o ídolo do pobre, que pode apenas escolher um bom
pedaço de madeira e procurar um marceneiro para fazer uma
imagem que não caia?
21Será que vocês não sabem? Nunca ouviram falar? Não con-
taram a vocês desde a antiguidade? Vocês não compreenderam
como a terra foi fundada? 22Ele se assenta no seu trono, acima
da cúpula da terra, cujos habitantes são pequenos como ga-
fanhotos. Ele estende os céus como um forro e os arma como
uma tenda para neles habitar. 23Ele aniquila os príncipes e
reduz a nada os juízes deste mundo. 24Mal eles são plantados
ou semeados, mal lançam raízes na terra, Deus sopra sobre
eles, e eles murcham; um redemoinho os leva como palha.
25"Com quem vocês vão me comparar? Quem se assemelha
a mim?", pergunta o Santo. 26Ergam os olhos e olhem para
as alturas. Quem criou tudo isso? Aquele que põe em marcha
cada estrela do seu exército celestial, e a todas chama pelo
nome. Tão grande é o seu poder e tão imensa a sua força, que
nenhuma delas deixa de comparecer!
27Por que você reclama, ó Jacó, e por que se queixa, ó Israel:
"O SENHOR não se interessa pela minha situação; o meu Deus
não considera a minha causa"? 28Será que você não sabe?
Nunca ouviu falar? O SENHOR é o Deus eterno, o Criador de toda
a terra. Ele não se cansa nem fica exausto; sua sabedoria é
insondável. 29Ele fortalece o cansado e dá grande vigor ao que
está sem forças. 30Até os jovens se cansam e ficam exaustos, e
os moços tropeçam e caem; 31mas aqueles que esperam no SE-
NHOR renovam as suas forças. Voam alto como águias; correm
e não ficam exaustos, andam e não se cansam.

41 O Ajudador de Israel

"Calem-se diante de mim, ó ilhas! Que as nações renovem
as suas forças! Que elas se apresentem para se defender;
vamos encontrar-nos para decidir a questão.
2"Quem despertou o que vem do oriente e o chamou em re-
tidão ao seu serviço,[h] entregando-lhe nações e subjugando reis
diante dele? Com a espada ele os reduz a pó, com o arco os dis-
persa como palha. 3Ele os persegue e avança com segurança

---

a 40.1 Ou *Ó meu povo, consolem, consolem Jerusalém,*
b 40.3 Ou *clama no deserto: "Preparem*
c 40.3 A Septuaginta diz *façam retas as veredas de nosso Deus.*
d 40.6 Ou *fidelidade*
e 40.9 Ou *Ó Sião, que traz boas-novas, suba num alto monte. Ó Jerusalém, que traz boas-novas,*
f 40.13 Ou *conheceu a mente do Espírito*
g 40.16 Isto é, sacrifício totalmente queimado.
h 41.2 Ou *com quem a vitória se encontra a cada passo,*

por um caminho que seus pés jamais percorreram. 4Quem fez
tudo isso? Quem chama as gerações à existência desde o prin-
cípio? Eu, o SENHOR, que sou o primeiro, e que sou eu mesmo
com os últimos."
5As ilhas viram isso e temem; os confins da terra tremem. Eles
se aproximam e vêm à frente; 6cada um ajuda o outro e diz a
seu irmão: "Seja forte!" 7O artesão encoraja o ourives, e aquele
que alisa com o martelo incentiva o que bate na bigorna. Ele
diz acerca da soldagem: "Está boa". E fixa o ídolo com prego
para que não tombe.
8"Você, porém, ó Israel, meu servo, Jacó, a quem escolhi,
vocês, descendentes de Abraão, meu amigo, 9eu os tirei dos
confins da terra, de seus recantos mais distantes eu os chamei.
Eu disse: Você é meu servo; eu o escolhi e não o rejeitei. 10Por
isso não tema, pois estou com você; não tenha medo, pois sou
o seu Deus. Eu o fortalecerei e o ajudarei; eu o segurarei com
a minha mão direita vitoriosa.
11"Todos os que o odeiam certamente serão humilhados e cons-
trangidos; aqueles que se opõem a você serão como nada e
perecerão. 12Ainda que você procure os seus inimigos, você
não os encontrará. Os que guerreiam contra você serão redu-
zidos a nada. 13Pois eu sou o SENHOR, o seu Deus, que o segura
pela mão direita e diz a você: Não tema; eu o ajudarei. 14Não
tenha medo, ó verme Jacó, ó pequeno Israel, pois eu mesmo o
ajudarei", declara o SENHOR, seu Redentor, o Santo de Israel.
15"Veja, eu o tornarei um debulhador novo e cortante, com
muitos dentes. Você debulhará os montes e os esmagará e
reduzirá as colinas a palha. 16Você irá peneirá-los, o vento os
levará, e uma ventania os espalhará. Mas você se regozijará
no SENHOR e no Santo de Israel se gloriará.
17"O pobre e o necessitado buscam água e não a encontram!
Suas línguas estão ressequidas de sede. Mas eu, o SENHOR, lhes
responderei; eu, o Deus de Israel, não os abandonarei. 18Abrirei
rios nas colinas estéreis e fontes nos vales. Transformarei o de-
serto num lago e o chão ressequido em mananciais. 19Porei no
deserto o cedro, a acácia, a murta e a oliveira. Colocarei juntos
no ermo o cipreste, o abeto e o pinheiro, 20para que o povo
veja e saiba, e todos vejam e saibam, que a mão do SENHOR fez
isso, que o Santo de Israel o criou.
21"Exponham a sua causa", diz o SENHOR. "Apresentem as suas
provas", diz o rei de Jacó. 22"Tragam os seus ídolos para nos
dizerem o que vai acontecer. Que eles nos contem como eram
as coisas anteriores, para que as consideremos e saibamos o
seu resultado final; ou que nos declarem as coisas vindouras,
23revelem-nos o futuro, para que saibamos que eles são
deuses. Façam alguma coisa, boa ou má, para que nos ren-
damos, cheios de temor. 24Mas vejam só! Eles não são nada,
e as suas obras são totalmente nulas; detestável é aquele que
os escolhe!
25"Despertei um homem, e do norte ele vem; desde o nas-
cente proclamará o meu nome. Pisa em governantes como
em argamassa, como o oleiro amassa o barro. 26Quem falou
disso desde o princípio, para que o soubéssemos, ou anteci-
padamente, para que pudéssemos dizer: 'Ele estava certo'?
Ninguém o revelou, ninguém o fez ouvir, ninguém ouviu palavra
alguma de vocês. 27Desde o princípio eu disse a Sião: Veja,
estas coisas acontecendo! A Jerusalém eu darei um mensa-
geiro de boas-novas. 28Olho, e não há ninguém entre eles,
nenhum conselheiro que dê resposta quando pergunto. 29Veja,
são todos falsos! Seus feitos são nulos; suas imagens fundidas
não passam de um sopro e de uma nulidade!

42 O Servo do SENHOR
"Eis o meu servo, a quem sustento, o meu escolhido,
em quem tenho prazer. Porei nele o meu Espírito, e ele trará
justiça às nações. 2Não gritará nem clamará, nem erguerá a
voz nas ruas. 3Não quebrará o caniço rachado, e não apagará
o pavio fumegante. Com fidelidade fará justiça; 4não mostrará
fraqueza nem se deixará ferir até que estabeleça a justiça na
terra. Em sua lei as ilhas porão sua esperança." 5É o que diz
Deus, o SENHOR, aquele que criou o céu e o estendeu, que
espalhou a terra e tudo o que dela procede, que dá fôlego
aos seus moradores e vida aos que andam nela: 6"Eu, o SE-
NHOR, o chamei para justiça; segurarei firme a sua mão. Eu o
guardarei e farei de você um mediador para o povo e uma luz
para os gentios, 7para abrir os olhos dos cegos, para libertar
da prisão os cativos e para livrar do calabouço os que habitam
na escuridão.
8"Eu sou o SENHOR; este é o meu nome! Não darei a outro a
minha glória nem a imagens o meu louvor. 9Vejam! As profecias
antigas aconteceram, e novas eu anuncio; antes de surgirem,
eu as declaro a vocês".
10Cantem ao SENHOR um novo cântico, seu louvor desde os con-
fins da terra, vocês, que navegam no mar, e tudo o que nele
existe, vocês, ilhas, e todos os seus habitantes. 11Que o deserto
e as suas cidades ergam a sua voz; regozijem-se os povoados
habitados por Quedar. Cante de alegria o povo de Selá, gritem
pelos altos dos montes. 12Deem glória ao SENHOR e nas ilhas
proclamem seu louvor. 13O SENHOR sairá como homem pode-
roso, como guerreiro despertará o seu zelo; com forte brado e
seu grito de guerra, triunfará sobre os seus inimigos.
14"Fiquei muito tempo em silêncio e me contive, calado. Mas
agora, como mulher em trabalho de parto, eu grito, gemo e
respiro ofegante. 15Arrasarei os montes e as colinas e secarei
toda sua vegetação; tornarei rios em terra seca e secarei os
açudes. 16Conduzirei os cegos por caminhos que eles não co-
nheceram, por veredas desconhecidas eu os guiarei; transfor-
marei as trevas em luz diante deles e tornarei retos os lugares
acidentados. Essas são as coisas que farei; não os abando-
narei. 17Mas retrocederão em vergonha total aqueles que con-
fiam em imagens esculpidas, que dizem aos ídolos fundidos:
'Vocês são nossos deuses'.

A Cegueira de Israel

18"Ouçam, surdos; olhem, cegos, e vejam! 19Quem é cego
senão o meu servo, e surdo senão o mensageiro que enviei?

Quem é cego como aquele que é consagrado a mim, cego
como o servo do SENHOR? 20Você viu muitas coisas, mas não
deu nenhuma atenção; seus ouvidos estão abertos, mas você
não ouve nada." 21Foi do agrado do SENHOR, por amor de sua
retidão, tornar grande e gloriosa a sua lei. 22Mas este é um
povo saqueado e roubado; foi apanhado em cavernas e es-
condido em prisões. Tornou-se presa, sem ninguém para res-
gatá-lo; tornou-se despojo, sem que ninguém o reclamasse,
dizendo: "Devolvam".
23Qual de vocês escutará isso ou prestará muita atenção no
tempo vindouro? 24Quem entregou Jacó para tornar-se despojo
e Israel aos saqueadores? Não foi o SENHOR, contra quem temos
pecado? Pois eles não quiseram seguir os seus caminhos; não
obedeceram à sua lei. 25De modo que ele lançou sobre eles o
seu furor, a violência da guerra. Ele os envolveu em chamas,
contudo nada aprenderam; isso os consumiu e, ainda assim,
não o levaram a sério.

O Único Salvador de Israel

43 Mas agora assim diz o SENHOR, aquele que o criou, ó
Jacó, aquele que o formou, ó Israel: "Não tema, pois eu o res-
gatei; eu o chamei pelo nome; você é meu. 2Quando você atra-
vessar as águas, eu estarei com você; quando você atravessar
os rios, eles não o encobrirão. Quando você andar através do
fogo, não se queimará; as chamas não o deixarão em brasas.
3Pois eu sou o SENHOR, o seu Deus, o Santo de Israel, o seu
Salvador; dou o Egito como resgate para livrá-lo, a Etiópia[a] e
Sebá em troca de você. 4Visto que você é precioso e honrado à
minha vista, e porque eu o amo, darei homens em seu lugar, e
nações em troca de sua vida. 5Não tenha medo, pois eu estou
com você, do oriente trarei seus filhos e do ocidente ajuntarei
você. 6Direi ao norte: 'Entregue-os!' e ao sul: 'Não os retenha'.
De longe tragam os meus filhos, e dos confins da terra as mi-
nhas filhas; 7todo o que é chamado pelo meu nome, a quem
criei para a minha glória, a quem formei e fiz".
8Traga o povo que tem olhos, mas é cego, que tem ouvidos,
mas é surdo. 9Todas as nações se reúnem, e os povos se
ajuntam. Qual deles predisse isso e anunciou as coisas pas-
sadas? Que eles façam entrar suas testemunhas, para pro-
varem que estavam certos, para que outros ouçam e digam:
"É verdade". 10"Vocês são minhas testemunhas", declara o
SENHOR, "e meu servo, a quem escolhi, para que vocês saibam
e creiam em mim e entendam que eu sou Deus[b]. Antes de mim
nenhum deus se formou, nem haverá algum depois de mim.
11Eu, eu mesmo, sou o SENHOR, e além de mim não há salvador
algum. 12Eu revelei, salvei e anunciei; eu, e não um deus es-
trangeiro entre vocês. Vocês são testemunhas de que eu sou
Deus", declara o SENHOR. 13"Desde os dias mais antigos eu o
sou. Não há quem possa livrar alguém de minha mão. Agindo
eu, quem o pode desfazer?"

A Misericórdia de Deus e a Infidelidade de Israel

14Assim diz o SENHOR, o seu Redentor, o Santo de Israel: "Por
amor de vocês mandarei inimigos contra a Babilônia e farei
todos os babilônios[c] descerem como fugitivos nos navios de
que se orgulhavam. 15Eu sou o SENHOR, o Santo de vocês, o
Criador de Israel e o seu Rei".
16Assim diz o SENHOR, aquele que fez um caminho pelo mar,
uma vereda pelas águas violentas, 17que fez saírem juntos os
carros e os cavalos, o exército e seus reforços, e eles jazem ali,
para nunca mais se levantarem, exterminados, apagados como
um pavio: 18"Esqueçam o que se foi; não vivam no passado.
19Vejam, estou fazendo uma coisa nova! Ela já está surgindo!
Vocês não a reconhecem? Até no deserto vou abrir um caminho
e riachos no ermo. 20Os animais do campo me honrarão, os
chacais e as corujas, porque fornecerei água no deserto e ria-
chos no ermo, para dar de beber a meu povo, meu escolhido,
21ao povo que formei para mim mesmo a fim de que procla-
masse o meu louvor.
22"Contudo, você não me invocou, ó Jacó, embora você tenha
ficado exausto por minha causa, ó Israel. 23Não foi para mim
que você trouxe ovelhas para holocaustos[d], nem foi a mim que
você honrou com seus sacrifícios. Não o sobrecarreguei com
ofertas de cereal, nem o deixei exausto com exigências de in-
censo. 24Você não me comprou nenhuma cana aromática, nem
me saciou com a gordura de seus sacrifícios. Mas você me
sobrecarregou com seus pecados e me deixou exausto com
suas ofensas.
25"Sou eu, eu mesmo, aquele que apaga suas transgressões,
por amor de mim, e que não se lembra mais de seus pecados.
26Relembre o passado para mim; vamos discutir a sua causa.
Apresente o argumento para provar sua inocência. 27Seu pri-
meiro pai pecou; seus porta-vozes se rebelaram contra mim.
28Por isso envergonharei os líderes do templo, e entregarei
Jacó à destruição e Israel à zombaria.

Israel, o Escolhido do Senhor

44 "Mas escute agora, Jacó, meu servo, Israel, a quem es-
colhi. 2Assim diz o SENHOR, aquele que o fez, que o formou no
ventre, e que o ajudará: Não tenha medo, ó Jacó, meu servo,
Jesurum, a quem escolhi. 3Pois derramarei água na terra se-
denta, e torrentes na terra seca; derramarei meu Espírito sobre
sua prole e minha bênção sobre seus descendentes. 4Eles bro-
tarão como relva nova, como salgueiros junto a regatos. 5Um
dirá: 'Pertenço ao SENHOR'; outro chamará a si mesmo pelo
nome de Jacó; ainda outro escreverá em sua mão: 'Do Senhor',
e tomará para si o nome Israel.

A Insensatez da Idolatria

6"Assim diz o SENHOR, o rei de Israel, o seu redentor, o SENHOR
dos Exércitos: Eu sou o primeiro e eu sou o último; além de mim

[a] 43.3 Hebraico: *Cuxe*.
[b] 43.10 Ou *ele*
[c] 43.14 Ou *caldeus*; também em 47.1, 5; 48.14 e 20.
[d] 43.23 Isto é, sacrifícios totalmente queimados.

não há Deus. 7Quem então é como eu? Que ele o anuncie, que
ele declare e exponha diante de mim o que aconteceu desde
que estabeleci meu antigo povo e o que ainda está para vir; que
todos eles predigam as coisas futuras e o que irá acontecer.
8Não tremam, nem tenham medo. Não anunciei isto e não o
predisse muito tempo atrás? Vocês são minhas testemunhas.
Há outro Deus além de mim? Não, não existe nenhuma outra
Rocha; não conheço nenhuma".
9Todos os que fazem imagens nada são, e as coisas que es-
timam são sem valor. As suas testemunhas nada veem e nada
sabem, para que sejam envergonhados. 10Quem é que modela
um deus e funde uma imagem, que de nada lhe serve? 11Todos
os seus companheiros serão envergonhados; pois os artesãos
não passam de homens. Que todos eles se ajuntem e declarem
sua posição; eles serão lançados ao pavor e à vergonha.
12O ferreiro apanha uma ferramenta e trabalha com ela nas
brasas; modela um ídolo com martelos, forja-o com a força do
braço. Ele sente fome e perde a força; passa sede e desfalece.
13O carpinteiro mede a madeira com uma linha e faz um esboço
com um traçador; ele o modela toscamente com formões e o
marca com compassos. Ele o faz na forma de homem, de um
homem em toda a sua beleza, para que habite num santuário.
14Ele derruba cedros, talvez apanhe um cipreste, ou ainda um
carvalho. Ele o deixou crescer entre as árvores da floresta, ou
plantou um pinheiro, e a chuva o fez crescer. 15É combustível
usado para queimar; um pouco disso ele apanha e se aquece,
acende um fogo e assa um pão. Mas também modela um deus
e o adora; faz uma imagem e se curva diante dela. 16Metade
da madeira ele queima no fogo; sobre ela ele prepara sua re-
feição, assa a carne e come sua porção. Ele também se aquece
e diz: "Ah! Estou aquecido; estou vendo o fogo". 17Do restante
ele faz um deus, seu ídolo; inclina-se diante dele e o adora. Ora
a ele e diz: "Salva-me; tu és o meu deus". 18Eles nada sabem,
nada entendem; seus olhos estão tapados, não conseguem
ver, e suas mentes estão fechadas, não conseguem entender.
19Para pensar ninguém para, ninguém tem o conhecimento ou
o entendimento para dizer: "Metade dela usei como combus-
tível; até mesmo assei pão sobre suas brasas, assei carne e
comi. Faria eu algo repugnante com o que sobrou? Iria eu ajoe-
lhar-me diante de um pedaço de madeira?" 20Ele se alimenta
de cinzas, um coração iludido o desvia; ele é incapaz de salvar
a si mesmo ou de dizer: "Esta coisa na minha mão direita não
é uma mentira?"
21"Lembre-se disso, ó Jacó, pois você é meu servo, ó Israel. Eu
o fiz, você é meu servo; ó Israel, eu não o esquecerei. 22Como
se fossem uma nuvem, varri para longe suas ofensas; como se
fossem a neblina da manhã, os seus pecados. Volte para mim,
pois eu o resgatei."
23Cantem de alegria, ó céus, pois o SENHOR fez isto; gritem
bem alto, ó profundezas da terra. Irrompam em canção, vocês,
montes, vocês, florestas e todas as suas árvores, pois o SENHOR
resgatou Jacó; ele mostra sua glória em Israel.

Jerusalém Será Habitada

24"Assim diz o SENHOR, o seu redentor, que o formou no ventre:
"Eu sou o SENHOR, que fiz todas as coisas, que sozinho estendi
os céus, que espalhei a terra por mim mesmo,
25"que atrapalha os sinais dos falsos profetas e faz de tolos
os adivinhadores, que derruba o conhecimento dos sábios e
o transforma em loucura, 26que executa as palavras de seus
servos e cumpre as predições de seus mensageiros,
"que diz acerca de Jerusalém: Ela será habitada, e das cidades
de Judá: Elas serão construídas, e de suas ruínas: Eu as res-
taurarei, 27que diz às profundezas aquáticas: Sequem-se, e
eu secarei seus regatos, 28que diz acerca de Ciro: Ele é meu
pastor, e realizará tudo o que me agrada; ele dirá acerca de
Jerusalém: 'Seja reconstruída', e do templo: 'Sejam lançados
os seus alicerces'.

45 "Assim diz o SENHOR ao seu ungido: a Ciro, cuja mão
direita eu seguro com firmeza para subjugar as nações
diante dele e arrancar a armadura de seus reis, para abrir
portas diante dele, de modo que as portas não estejam tran-
cadas: 2Eu irei adiante de você e aplainarei montes; derrubarei
portas de bronze e romperei trancas de ferro. 3Darei a você os
tesouros das trevas, riquezas armazenadas em locais secretos,
para que você saiba que eu sou o SENHOR, o Deus de Israel, que
o convoca pelo nome. 4Por amor de meu servo Jacó, de meu
escolhido Israel, eu o convoco pelo nome e concedo a você
um título de honra, embora você não me reconheça. 5Eu sou
o SENHOR, e não há nenhum outro; além de mim não há Deus.
Eu o fortalecerei, ainda que você não tenha me admitido, 6de
forma que do nascente ao poente saibam todos que não há
ninguém além de mim. Eu sou o SENHOR, e não há nenhum
outro. 7Eu formo a luz e crio as trevas, promovo a paz e causo
a desgraça; eu, o SENHOR, faço todas essas coisas. 8"Vocês,
céus elevados, façam chover justiça; derramem-na as nuvens.
Abra-se a terra, brote a salvação, cresça a retidão com ela; eu,
o SENHOR, a criei.
9"Ai daquele que contende com seu Criador, daquele que não
passa de um caco entre os cacos no chão. Acaso o barro pode
dizer ao oleiro: 'O que você está fazendo?' Será que a obra
que você faz pode dizer: 'Você não tem mãos?' 10Ai daquele
que diz a seu pai: 'O que você gerou?', ou à sua mãe: 'O que
você deu à luz?'
11"Assim diz o SENHOR, o Santo de Israel, o seu Criador: A res-
peito de coisas vindouras, você me pergunta sobre meus filhos,
ou me dá ordens sobre o trabalho de minhas mãos? 12Fui eu
que fiz a terra e nela criei a humanidade. Minhas próprias mãos
estenderam os céus; eu dispus o seu exército de estrelas. 13Eu
levantarei este homem em minha retidão: farei direitos todos
os seus caminhos. Ele reconstruirá minha cidade e libertará os
exilados, sem exigir pagamento nem qualquer recompensa, diz
o SENHOR dos Exércitos.
14"Assim diz o SENHOR: Os produtos do Egito e as mercadorias

da Etiópia[a], e aqueles altos sabeus, passarão para o seu lado e pertencerão a você, ó Jerusalém; eles a seguirão, acorrentados, passarão para o seu lado. Eles se inclinarão diante de você e implorarão a você, dizendo: 'Certamente Deus está com você, e não há outro; não há nenhum outro Deus' ".

15Verdadeiramente tu és um Deus que se esconde, ó Deus e Salvador de Israel. 16Todos os que fazem ídolos serão envergonhados e constrangidos; juntos cairão em constrangimento. 17Mas Israel será salvo pelo SENHOR com uma salvação eterna; vocês jamais serão envergonhados ou constrangidos, por toda a eternidade.

18Pois assim diz o SENHOR, que criou os céus, ele é Deus; que moldou a terra e a fez, ele a estabeleceu; não a criou para estar vazia, mas a formou para ser habitada; ele diz: "Eu sou o SENHOR, e não há nenhum outro. 19Não falei secretamente, de algum lugar numa terra de trevas; eu não disse aos descendentes de Jacó: Procurem-me à toa. Eu, o SENHOR, falo a verdade; eu anuncio o que é certo.

20"Ajuntem-se e venham; reúnam-se, vocês, fugitivos das nações. São ignorantes aqueles que levam de um lado para outro imagens de madeira, que oram a deuses que não podem salvar. 21Declarem o que deve ser, apresentem provas. Que eles juntamente se aconselhem. Quem há muito predisse isto, quem o declarou desde o passado distante? Não fui eu, o SENHOR? E não há outro Deus além de mim, um Deus justo e salvador; não há outro além de mim.

22"Voltem-se para mim e sejam salvos, todos vocês, confins da terra; pois eu sou Deus, e não há nenhum outro. 23Por mim mesmo eu jurei, a minha boca pronunciou com toda a integridade uma palavra que não será revogada: Diante de mim todo joelho se dobrará; junto a mim toda língua jurará. 24Dirão a meu respeito: 'Somente no SENHOR estão a justiça e a força' ". Todos os que o odeiam virão a ele e serão envergonhados. 25Mas no SENHOR todos os descendentes de Israel serão considerados justos e exultarão.

46 Os Deuses da Babilônia

Bel se inclina, Nebo se abaixa; os seus ídolos são levados por animais de carga[b]. As imagens que são levadas por aí são pesadas, um fardo para os exaustos. 2Juntos eles se abaixam e se inclinam; incapazes de salvar o fardo, eles mesmos vão para o cativeiro.

3"Escute-me, ó casa de Jacó, todos vocês que restam da nação de Israel, vocês, a quem tenho sustentado desde que foram concebidos, e que tenho carregado desde o seu nascimento. 4Mesmo na sua velhice, quando tiverem cabelos brancos, sou eu aquele, aquele que os susterá. Eu os fiz e eu os levarei; eu os sustentarei e eu os salvarei.

5"Com quem vocês vão comparar-me ou a quem me considerarão igual? A quem vocês me assemelharão para que sejamos comparados? 6Alguns derramam ouro de suas bolsas e pesam prata na balança; contratam um ourives para transformar isso num deus, inclinam-se e o adoram. 7Erguem-no ao ombro e o carregam; põem-no em pé em seu lugar, e ali ele fica. Daquele local não consegue se mexer. Embora alguém o invoque, ele não responde; é incapaz de salvá-lo de seus problemas.

8"Lembrem-se disso, gravem-no na mente, acolham no íntimo, ó rebeldes. 9Lembrem-se das coisas passadas, das coisas muito antigas! Eu sou Deus, e não há nenhum outro; eu sou Deus, e não há nenhum como eu. 10Desde o início faço conhecido o fim, desde tempos remotos, o que ainda virá. Digo: Meu propósito permanecerá em pé, e farei tudo o que me agrada. 11Do oriente convoco uma ave de rapina; de uma terra bem distante, um homem para cumprir o meu propósito. O que eu disse, isso eu farei acontecer; o que planejei, isso farei. 12Escutem-me, vocês de coração obstinado, vocês que estão longe da retidão. 13Estou trazendo para perto a minha retidão, ela não está distante; e a minha salvação não será adiada. Concederei salvação a Sião, meu esplendor a Israel.

47 A Queda de Babilônia

"Desça, sente-se no pó, Virgem Cidade[c] de Babilônia; sente-se no chão sem um trono, Filha dos babilônios. Você não será mais chamada mimosa e delicada. 2Apanhe pedras de moinho e faça farinha; retire o seu véu. Levante a saia, desnude as suas pernas e atravesse os riachos. 3Sua nudez será exposta e sua vergonha será revelada. Eu me vingarei; não pouparei ninguém." 4Nosso redentor, o SENHOR dos Exércitos é o seu nome, é o Santo de Israel.

5"Sente-se em silêncio, entre nas trevas, cidade dos babilônios; você não será mais chamada rainha dos reinos. 6Fiquei irado contra o meu povo e profanei minha herança; eu os entreguei nas suas mãos, e você não mostrou misericórdia para com eles. Mesmo sobre os idosos você pôs um jugo muito pesado. 7Você disse: 'Continuarei sempre sendo a rainha eterna!' Mas você não ponderou estas coisas, nem refletiu no que poderia acontecer.

8"Agora, então, escute, criatura provocadora, que age despreocupada e preguiçosamente em sua segurança e diz a si mesma: 'Somente eu, e mais ninguém. Jamais ficarei viúva nem sofrerei a perda de filhos'. 9Estas duas coisas acontecerão a você num mesmo instante, num único dia, perda de filhos e viuvez; virão sobre você com todo o seu peso, a despeito de suas muitas feitiçarias e de todas as suas poderosas palavras de encantamento. 10Você confiou em sua impiedade e disse: 'Ninguém me vê'. Sua sabedoria e seu conhecimento a enganam quando você diz a si mesma: 'Somente eu, e mais ninguém além de mim'. 11A desgraça a alcançará e você não saberá como esconjurá-la. Cairá sobre você um mal do qual você não poderá proteger-se com um resgate; uma catástrofe que você não pode prever cairá repentinamente sobre você.

12"Continue, então, com suas palavras mágicas de encantamento e com suas muitas feitiçarias, nas quais você tem se afa-

a 45.14 Hebraico: *de Cuxe.*

b 46.1 Ou *ídolos não passam de animais de carga e gado*

c 47.1 Hebraico: *Filha*; também no versículo 5.

digado desde a infância. Talvez você consiga, talvez provoque pavor. 13Todos os conselhos que você recebeu só a deixaram extenuada! Deixe seus astrólogos se apresentarem, aqueles fitadores de estrelas que fazem predições de mês a mês, que eles a salvem daquilo que está vindo sobre você; 14sem dúvida eles são como restolho; o fogo os consumirá. Eles não podem nem mesmo salvar-se do poder das chamas. Aqui não existem brasas para aquecer ninguém; não há fogueira para a gente sentar-se ao lado. 15Isso é tudo o que eles podem fazer por você, esses com quem você se afadigou e com quem teve negócios escusos desde a infância. Cada um deles prossegue em seu erro; não há ninguém que possa salvá-la.

Israel Obstinado

48 "Escute isto, ó comunidade de Jacó, vocês que são chamados pelo nome de Israel e vêm da linhagem de Judá, vocês que fazem juramentos pelo nome do SENHOR e invocam o Deus de Israel, mas não em verdade ou retidão; 2vocês que chamam a si mesmos cidadãos da cidade santa e dizem confiar no Deus de Israel; o SENHOR dos Exércitos é o seu nome: 3Eu predisse há muito as coisas passadas, minha boca as anunciou, e eu as fiz conhecidas; então repentinamente agi, e elas aconteceram. 4Pois eu sabia quão obstinado você era; os tendões de seu pescoço eram ferro, a sua testa era bronze. 5Por isso há muito contei a você essas coisas; antes que acontecessem eu as anunciei a você para que você não pudesse dizer: 'Meus ídolos as fizeram; minha imagem de madeira e meu deus de metal as determinaram'. 6Você tem ouvido essas coisas; olhe para todas elas. Você não irá admiti-las?

"De agora em diante eu contarei a você coisas novas, coisas ocultas, que você desconhece. 7Elas foram criadas agora, e não há muito tempo; você nunca as conheceu antes. Por isso você não pode dizer: 'Sim, eu as conhecia'. 8Você não tinha conhecimento nem entendimento; desde a antiguidade o seu ouvido tem se fechado. Sei quão traiçoeiro você é; desde o nascimento você foi chamado rebelde. 9Por amor do meu próprio nome eu adio a minha ira; por amor de meu louvor eu a contive, para que você não fosse eliminado. 10Veja, eu refinei você, embora não como prata; eu o provei na fornalha da aflição. 11Por amor de mim mesmo, por amor de mim mesmo, eu faço isso. Como posso permitir que eu mesmo seja difamado? Não darei minha glória a nenhum outro.

A Libertação de Israel

12"Escute-me, ó Jacó, Israel, a quem chamei: Eu sou sempre o mesmo; eu sou o primeiro e eu sou o último. 13Minha própria mão lançou os alicerces da terra, e a minha mão direita estendeu os céus; quando eu os convoco, todos juntos se põem em pé.

14"Reúnam-se, todos vocês, e escutem: Qual dos ídolos predisse essas coisas? O amado do SENHOR cumprirá seu propósito contra a Babilônia; seu braço será contra os babilônios. 15Eu, eu mesmo, falei; sim, eu o chamei. Eu o trarei, e ele será bem-sucedido em sua missão.

16"Aproximem-se de mim e escutem isto: "Desde o primeiro anúncio não falei secretamente; na hora em que acontecer, estarei ali." E agora o Soberano, o SENHOR, me enviou, com seu Espírito.

17Assim diz o SENHOR, o seu redentor, o Santo de Israel: "Eu sou o SENHOR, o seu Deus, que ensina o que é melhor para você, que o dirige no caminho em que você deve ir. 18Se tão somente você tivesse prestado atenção às minhas ordens, sua paz seria como um rio, sua retidão, como as ondas do mar. 19Seus descendentes seriam como a areia, seus filhos, como seus inúmeros grãos; o nome deles jamais seria eliminado nem destruído de diante de mim".

20Deixem a Babilônia, fujam do meio dos babilônios! Anunciem isso com gritos de alegria e proclamem-no. Enviem-no aos confins da terra; digam: O SENHOR resgatou seu servo Jacó. 21Não tiveram sede quando ele os conduziu através dos desertos; ele fez água fluir da rocha para eles; fendeu a rocha, e a água jorrou.

22"Não há paz alguma para os ímpios", diz o SENHOR.

O Servo do SENHOR

49 Escutem-me, vocês, ilhas; ouçam, vocês, nações distantes: Antes de eu nascer o SENHOR me chamou; desde o meu nascimento ele fez menção de meu nome. 2Ele fez de minha boca uma espada afiada, na sombra de sua mão ele me escondeu; ele me tornou uma flecha polida e escondeu-me na sua aljava. 3Ele me disse: "Você é meu servo, Israel, em quem mostrarei o meu esplendor". 4Mas eu disse: Tenho me afadigado sem qualquer propósito; tenho gastado minha força em vão e para nada. Contudo, o que me é devido está na mão do SENHOR, e a minha recompensa está com o meu Deus.

5E agora o SENHOR diz, aquele que me formou no ventre para ser o seu servo, para trazer de volta Jacó e reunir Israel a ele mesmo, pois sou honrado aos olhos do SENHOR, e o meu Deus tem sido a minha força; 6ele diz: "Para você é coisa pequena demais ser meu servo para restaurar as tribos de Jacó e trazer de volta aqueles de Israel que eu guardei. Também farei de você uma luz para os gentios, para que você leve a minha salvação até os confins da terra".

7Assim diz o SENHOR, o Redentor, o Santo de Israel, àquele que foi desprezado e detestado pela nação, ao servo de governantes: "Reis o verão e se levantarão, líderes o verão e se encurvarão, por causa do SENHOR, que é fiel, o Santo de Israel, que o escolheu".

A Restauração de Israel

8Assim diz o SENHOR: "No tempo favorável eu responderei a você e no dia da salvação eu o ajudarei; eu o guardarei e farei que você seja uma aliança para o povo, para restaurar a terra e distribuir suas propriedades abandonadas, 9para dizer aos cativos: 'Saiam', e àqueles que estão nas trevas: 'Apareçam!'

"Eles se apascentarão junto aos caminhos e acharão pastagem
em toda colina estéril. 10Não terão fome nem sede; o calor do
deserto e o sol não os atingirão. Aquele que tem compaixão
deles os guiará e os conduzirá às fontes de água. 11Transfor-
marei todos os meus montes em estradas, e os meus cami-
nhos serão erguidos. 12Veja, eles virão de bem longe; alguns
do norte, alguns do oeste, alguns de Assuã[a]".
13Gritem de alegria, ó céus, regozije-se, ó terra; irrompam em
canção, ó montes! Pois o SENHOR consola o seu povo e terá
compaixão de seus afligidos. 14Sião, porém, disse: "O SENHOR
me abandonou, o Senhor me desamparou".
15"Haverá mãe que possa esquecer seu bebê que ainda mama
e não ter compaixão do filho que gerou? Embora ela possa es-
quecê-lo, eu não me esquecerei de você! 16Veja, eu gravei você
nas palmas das minhas mãos; seus muros estão sempre diante
de mim. 17Seus filhos apressam-se em voltar, e aqueles que
a despojaram afastam-se de você. 18Erga os olhos e olhe ao
redor; todos os seus filhos se ajuntam e vêm até você. Juro pela
minha vida que você se vestirá deles todos como ornamento;
você se vestirá deles como uma noiva", declara o SENHOR.
19"Apesar de você ter sido arruinada e abandonada e apesar
de sua terra ter sido arrasada, agora você será pequena de-
mais para o seu povo, e aqueles que a devoraram estarão bem
distantes. 20Os filhos nascidos durante seu luto ainda dirão ao
alcance dos seus ouvidos: 'Este lugar é pequeno demais para
nós; dê-nos mais espaço para nele vivermos'. 21Então você
dirá em seu coração: 'Quem me gerou estes filhos? Eu estava
enlutada e estéril; estava exilada e rejeitada. Quem os criou?
Fui deixada totalmente só, mas estes... de onde vieram?' "
22Assim diz o Soberano, o SENHOR: "Veja, eu acenarei para os
gentios, erguerei minha bandeira para os povos; eles trarão
nos braços os seus filhos e carregarão nos ombros as suas
filhas. 23Reis serão os seus padrastos, e suas rainhas serão as
suas amas de leite. Eles se inclinarão diante de você, com o
rosto em terra; lamberão o pó dos seus pés. Então você saberá
que eu sou o SENHOR; aqueles que esperam em mim não ficarão
decepcionados".
24Será que se pode tirar o despojo dos guerreiros, ou será que
os prisioneiros podem ser resgatados do poder dos violentos[b]?
25Assim, porém, diz o SENHOR:
26"Sim, prisioneiros serão tirados de guerreiros, e despojo será
retomado dos violentos; brigarei com os que brigam com você,
e seus filhos, eu os salvarei. Farei seus opressores comerem
sua própria carne; ficarão bêbados com seu próprio sangue,
como com vinho. Então todo mundo saberá que eu, o SENHOR,
sou o seu Salvador, seu Redentor, o Poderoso de Jacó".

50 O Pecado de Israel e a Obediência do Servo

Assim diz o SENHOR: "Onde está a certidão de divórcio de
sua mãe com a qual eu a mandei embora? A qual de meus cre-
dores eu vendi vocês? Por causa de seus pecados vocês foram
vendidos; por causa das transgressões de vocês sua mãe foi
mandada embora. 2Quando eu vim, por que não encontrei nin-
guém? Quando eu chamei, por que ninguém respondeu? Será
que meu braço era curto demais para resgatá-los? Será que
me falta a força para redimi-los? Com uma simples repreensão
eu seco o mar, transformo rios em deserto; seus peixes apo-
drecem por falta de água e morrem de sede. 3Visto de trevas
os céus e faço da veste de lamento a sua coberta".
4O Soberano, o SENHOR, deu-me uma língua instruída, para co-
nhecer a palavra que sustém o exausto. Ele me acorda manhã
após manhã, desperta meu ouvido para escutar como alguém
que está sendo ensinado. 5O Soberano, o SENHOR, abriu os
meus ouvidos, e eu não tenho sido rebelde; eu não me afastei.
6Ofereci minhas costas àqueles que me batiam, meu rosto
àqueles que arrancavam minha barba; não escondi a face da
zombaria e dos cuspes. 7Porque o SENHOR, o Soberano, me
ajuda, não serei constrangido. Por isso eu me opus firme como
uma dura rocha e sei que não ficarei decepcionado. 8Aquele
que defende o meu nome está perto. Quem poderá trazer acu-
sações contra mim? Encaremo-nos um ao outro! Quem é meu
acusador? Que ele me enfrente! 9É o Soberano, o SENHOR, que
me ajuda. Quem irá me condenar? Todos eles se desgastam
como uma roupa; as traças os consumirão.
10Quem entre vocês teme o SENHOR e obedece à palavra de
seu servo? Que aquele que anda no escuro, que não tem luz
alguma, confie no nome do SENHOR e se apoie em seu Deus.
11Mas agora, todos vocês que acendem fogo e fornecem a si
mesmos tochas acesas vão, andem na luz de seus fogos e das
tochas que vocês acenderam. Vejam o que receberão da minha
mão: vocês se deitarão atormentados.

51 A Salvação Eterna para Sião

"Escutem-me, vocês que buscam a retidão e procuram
o SENHOR: Olhem para a rocha da qual foram cortados e para
a pedreira de onde foram cavados; 2olhem para Abraão, seu
pai, e para Sara, que os deu à luz. Quando eu o chamei, ele era
apenas um, e eu o abençoei e o tornei muitos." 3Com certeza
o SENHOR consolará Sião e olhará com compaixão para todas
as ruínas dela; ele tornará seus desertos como o Éden, seus
ermos, como o jardim do SENHOR. Alegria e contentamento
serão achados nela, ações de graças e som de canções.
4"Escute-me, povo meu; ouça-me, nação minha: A lei sairá
de mim; minha justiça se tornará uma luz para as nações.
5Minha retidão logo virá, minha salvação está a caminho, e
meu braço trará justiça às nações. As ilhas esperarão em mim
e aguardarão esperançosamente pelo meu braço. 6Ergam os
olhos para os céus, olhem para baixo, para a terra; os céus
desaparecerão como fumaça, a terra se gastará como uma
roupa, e seus habitantes morrerão como moscas. Mas a minha
salvação durará para sempre, a minha retidão jamais falhará.
7"Ouçam-me, vocês que sabem o que é direito, vocês, povo
que tem a minha lei no coração: Não temam a censura de ho-

[a] 49.12 Conforme os manuscritos do mar Morto. O Texto Massorético diz *Sinim*.
[b] 49.24 Conforme os manuscritos do mar Morto, a Vulgata e a Versão Siríaca. O Texto Massorético diz *justos*.

mens nem fiquem aterrorizados com seus insultos. 8Pois a traça
os comerá como a uma roupa; o verme os devorará como à lã.
Mas a minha retidão durará para sempre, a minha salvação de
geração em geração." 9Desperta! Desperta! Veste de força, o
teu braço, ó SENHOR; acorda, como em dias passados, como
em gerações de outrora. Não foste tu que despedaçaste o
Monstro dos Mares[a], que traspassaste aquela serpente aquá-
tica? 10Não foste tu que secaste o mar, as águas do grande
abismo, que fizeste uma estrada nas profundezas do mar para
que os redimidos pudessem atravessar? 11Os resgatados do
SENHOR voltarão. Entrarão em Sião com cântico; alegria eterna
coroará sua cabeça.
Júbilo e alegria se apossarão deles, tristeza e suspiro deles
fugirão.
12"Eu, eu mesmo, sou quem a consola. Quem é você para que
tema homens mortais, os filhos de homens, que não passam de
relva, 13e para que esqueça o SENHOR, aquele que fez você, que
estendeu os céus e lançou os alicerces da terra, para que você
viva diariamente, constantemente apavorada por causa da ira
do opressor, que está inclinado a destruir? Pois onde está a ira
do opressor? 14Os prisioneiros encolhidos logo serão postos em
liberdade; não morrerão em sua masmorra, nem terão falta de
pão. 15Pois eu sou o SENHOR, o seu Deus, que agito o mar para
que suas ondas rujam; SENHOR dos Exércitos é o meu nome.
16Pus minhas palavras em sua boca e o cobri com a sombra
da minha mão, eu, que pus os céus no lugar, que lancei os
alicerces da terra e que digo a Sião: Você é o meu povo."

O Cálice da Ira do SENHOR

17Desperte, desperte! Levante-se, ó Jerusalém, você que bebeu
da mão do SENHOR o cálice da ira dele, você que engoliu, até
a última gota, da taça que faz os homens cambalearem. 18De
todos os filhos que ela teve não houve nenhum para guiá-la; de
todos os filhos que criou não houve nenhum para tomá-la pela
mão. 19Quem poderá consolá-la dessas duas desgraças que a
atingiram? Ruína e destruição, fome e espada, quem poderá[b]
consolá-la? 20Seus filhos desmaiaram; eles jazem no início de
cada rua, como antílope pego numa rede. Estão cheios da ira
do SENHOR e da repreensão do seu Deus.
21Portanto, ouça isto, você, aflita, embriagada, mas não com
vinho. 22Assim diz o seu Soberano, o SENHOR, o seu Deus, que
defende o seu povo: "Veja que eu tirei da sua mão o cálice
que faz cambalear; dele, do cálice da minha ira, você nunca
mais beberá. 23Eu o porei nas mãos dos seus atormentadores,
que disseram a você: 'Caia prostrada para que andemos sobre
você'. E você fez as suas costas como chão, como uma rua para
nela a gente andar".

52 Desperte! Desperte, ó Sião! Vista-se de força. Vista suas
roupas de esplendor, ó Jerusalém, cidade santa. Os in-
circuncisos e os impuros não tornarão a entrar por suas portas.
2Sacuda para longe a sua poeira; levante-se, sente-se entro-
nizada, ó Jerusalém. Livre-se das correntes em seu pescoço, ó
cativa cidade[c] de Sião. 3Pois assim diz o SENHOR: "Vocês foram
vendidos por nada, e sem dinheiro vocês serão resgatados".
4Pois assim diz o Soberano, o SENHOR: "No início o meu povo
desceu para morar no Egito; ultimamente a Assíria o tem opri-
mido.
5"E agora o que tenho aqui?", pergunta o SENHOR.
"Pois o meu povo foi levado por nada, e aqueles que o do-
minam zombam[d]", diz o SENHOR. "E constantemente, o dia
inteiro, meu nome é blasfemado. 6Por isso o meu povo conhe-
cerá o meu nome; naquele dia eles saberão que sou eu que o
previ. Sim, sou eu".
7Como são belos nos montes os pés daqueles que anunciam
boas-novas, que proclamam a paz, que trazem boas no-
tícias, que proclamam salvação, que dizem a Sião: "O seu
Deus reina!" 8Escutem! Suas sentinelas erguem a voz; juntas
gritam de alegria. Quando o SENHOR voltar a Sião, elas o verão
com os seus próprios olhos. 9Juntas cantem de alegria, vocês,
ruínas de Jerusalém, pois o SENHOR consolou o seu povo; ele
resgatou Jerusalém. 10O SENHOR desnudará seu santo braço
à vista de todas as nações, e todos os confins da terra verão
a salvação de nosso Deus. 11Afastem-se, afastem-se, saiam
daqui! Não toquem em coisas impuras! Saiam dela e sejam
puros, vocês, que transportam os utensílios do SENHOR. 12Mas
vocês não partirão apressadamente, nem sairão em fuga; pois
o SENHOR irá à frente de vocês; o Deus de Israel será a sua
retaguarda.

O Sofrimento e a Glória do Servo do SENHOR

13Vejam, o meu servo agirá com sabedoria[e]; será engrandecido,
elevado e muitíssimo exaltado. 14Assim como houve muitos que
ficaram pasmados diante dele[f]; sua aparência estava tão des-
figurada, que ele se tornou irreconhecível como homem; não
parecia um ser humano; 15de igual modo ele aspergirá muitas
nações,[g] e reis calarão a boca por causa dele. Pois aquilo que
não lhes foi dito verão, e o que não ouviram compreenderão.

53 Quem creu em nossa mensagem? E a quem foi revelado
o braço do SENHOR? 2Ele cresceu diante dele como um
broto tenro e como uma raiz saída de uma terra seca. Ele não
tinha qualquer beleza ou majestade que nos atraísse, nada
havia em sua aparência para que o desejássemos. 3Foi des-
prezado e rejeitado pelos homens, um homem de dores e ex-
perimentado no sofrimento. Como alguém de quem os homens
escondem o rosto, foi desprezado, e nós não o tínhamos em
estima.

---

[a] 51.9 Hebraico: *Raabe*.
[b] 51.19 Conforme os manuscritos do mar Morto, a Septuaginta, a Vulgata e a Versão Siríaca. O Texto Massorético diz *como poderei*.
[c] 52.2 Hebraico: *filha*.
[d] 52.5 Conforme os manuscritos do mar Morto e a Vulgata. O Texto Massorético diz *uivam*.
[e] 52.13 Ou *servo prosperará*
[f] 52.14 Hebraico: *diante de você*.
[g] 52.15 A Septuaginta diz *muitas nações ficarão pasmadas diante dele*.

4 Certamente ele tomou sobre si as nossas enfermidades e
sobre si levou as nossas doenças; contudo nós o consideramos
castigado por Deus, por Deus atingido e afligido. 5 Mas ele foi
traspassado por causa das nossas transgressões, foi esmagado
por causa de nossas iniquidades; o castigo que nos trouxe paz
estava sobre ele, e pelas suas feridas fomos curados. 6 Todos
nós, como ovelhas, nos desviamos, cada um de nós se voltou
para o seu próprio caminho; e o SENHOR fez cair sobre ele a ini-
quidade de todos nós. 7 Ele foi oprimido e afligido; e, contudo,
não abriu a sua boca; como um cordeiro, foi levado para o
matadouro; e, como uma ovelha que diante de seus tosquia-
dores fica calada, ele não abriu a sua boca. 8 Com julgamento
opressivo ele foi levado. E quem pode falar dos seus descen-
dentes? Pois ele foi eliminado da terra dos viventes; por causa
da transgressão do meu povo ele foi golpeado.[a] 9 Foi-lhe dado
um túmulo com os ímpios e com os ricos em sua morte, em-
bora não tivesse cometido nenhuma violência nem houvesse
nenhuma mentira em sua boca.

10 Contudo, foi da vontade do SENHOR esmagá-lo e fazê-lo so-
frer, e, embora o SENHOR tenha feito[b] da vida dele uma oferta
pela culpa, ele verá sua prole e prolongará seus dias, e a
vontade do SENHOR prosperará em sua mão. 11 Depois do so-
frimento de sua alma, ele verá a luz[c] e ficará satisfeito;[d] pelo
seu conhecimento meu servo justo justificará a muitos e levará
a iniquidade deles. 12 Por isso eu lhe darei uma porção entre
os grandes[e], e ele dividirá os despojos com os fortes[f], por-
quanto ele derramou sua vida até a morte e foi contado entre
os transgressores. Pois ele levou o pecado de muitos e pelos
transgressores intercedeu.

54 A Futura Glória de Sião

"Cante, ó estéril, você que nunca teve um filho; irrompa
em canto, grite de alegria, você que nunca esteve em trabalho
de parto; porque mais são os filhos da mulher abandonada do
que os daquela que tem marido", diz o SENHOR. 2 "Alargue o
lugar de sua tenda, estenda bem as cortinas de sua tenda, não
o impeça; estique suas cordas, firme suas estacas. 3 Pois você
se estenderá para a direita e para a esquerda; seus descen-
dentes desapossarão nações e se instalarão em suas cidades
abandonadas.

4 "Não tenha medo; você não sofrerá vergonha. Não tema o
constrangimento; você não será humilhada. Você esquecerá
a vergonha de sua juventude e não se lembrará mais da hu-
milhação de sua viuvez. 5 Pois o seu Criador é o seu marido,
o SENHOR dos Exércitos é o seu nome, o Santo de Israel é seu
Redentor; ele é chamado o Deus de toda a terra. 6 O SENHOR
chamará você de volta como se você fosse uma mulher aban-
donada e aflita de espírito, uma mulher que se casou nova
apenas para ser rejeitada", diz o seu Deus. 7 "Por um breve
instante eu a abandonei, mas com profunda compaixão eu a
trarei de volta. 8 Num impulso de indignação escondi de você
por um instante o meu rosto, mas com bondade eterna terei
compaixão de você", diz o SENHOR, o seu Redentor.

9 "Para mim isso é como os dias de Noé, quando jurei que as
águas de Noé nunca mais tornariam a cobrir a terra. De modo
que agora jurei não ficar irado contra você, nem tornar a re-
preendê-la. 10 Embora os montes sejam sacudidos e as colinas
sejam removidas, ainda assim a minha fidelidade para com
você não será abalada, nem será removida a minha aliança de
paz", diz o SENHOR, que tem compaixão de você.

11 "Ó cidade aflita, açoitada por tempestades e não consolada,
eu a edificarei com turquesas, edificarei seus alicerces com sa-
firas. 12 Farei de rubis os seus escudos, de carbúnculos as suas
portas, e de pedras preciosas todos os seus muros. 13 Todos
os seus filhos serão ensinados pelo SENHOR, e grande será a
paz de suas crianças. 14 Em retidão você será estabelecida: A
tirania estará distante; você não terá nada a temer. O pavor
estará removido para longe; ele não se aproximará de você.
15 Se alguém a atacar, não será por obra minha; todo aquele
que a atacar se renderá a você.

16 "Veja, fui eu quem criou o ferreiro, que sopra as brasas até
darem chama e forja uma arma própria para o seu fim. E fui eu
quem criou o destruidor para gerar o caos; 17 nenhuma arma
forjada contra você prevalecerá, e você refutará toda língua
que a acusar. Esta é a herança dos servos do SENHOR, e esta é
a defesa que faço do nome deles", declara o SENHOR.

55 Convite aos Sedentos

"Venham, todos vocês que estão com sede, venham às
águas; e vocês que não possuem dinheiro algum, venham,
comprem e comam! Venham, comprem vinho e leite sem di-
nheiro e sem custo. 2 Por que gastar dinheiro naquilo que não é
pão, e o seu trabalho árduo naquilo que não satisfaz? Escutem,
escutem-me, e comam o que é bom, e a alma de vocês se de-
liciará com a mais fina refeição. 3 Deem-me ouvidos e venham
a mim; ouçam-me, para que sua alma viva. Farei uma aliança
eterna com vocês, minha fidelidade prometida a Davi. 4 Vejam,
eu o fiz uma testemunha aos povos, um líder e governante dos
povos. 5 Com certeza você convocará nações que você não co-
nhece, e nações que não o conhecem se apressarão até você,
por causa do SENHOR, o seu Deus, o Santo de Israel, pois ele
concedeu a você esplendor."

6 Busquem o SENHOR enquanto é possível achá-lo; clamem por
ele enquanto está perto. 7 Que o ímpio abandone o seu ca-
minho; e o homem mau, os seus pensamentos. Volte-se ele
para o SENHOR, que terá misericórdia dele; volte-se para o
nosso Deus, pois ele dá de bom grado o seu perdão.

8 "Pois os meus pensamentos não são os pensamentos de

---

[a] **53.8** Ou *Contudo, quem da sua geração considerou que ele foi eliminado da terra dos viventes por causa da transgressão do meu povo, para quem era devido o castigo?*
[b] **53.10** Hebraico: *embora você tenha feito.*
[c] **53.11** Conforme os manuscritos do mar Morto. O Texto Massorético não traz *a luz.*
[d] **53.11** Ou *Ele verá o resultado do sofrimento da sua alma e ficará satisfeito;*
[e] **53.12** Ou *entre muitos*
[f] **53.12** Ou *numerosos*

vocês, nem os seus caminhos são os meus caminhos", declara
o SENHOR. 9"Assim como os céus são mais altos do que a terra,
também os meus caminhos são mais altos do que os seus cami-
nhos; e os meus pensamentos, mais altos do que os seus pen-
samentos. 10Assim como a chuva e a neve descem dos céus e
não voltam para eles sem regarem a terra e fazerem-na brotar
e florescer, para ela produzir semente para o semeador e pão
para o que come, 11assim também ocorre com a palavra que
sai da minha boca: ela não voltará para mim vazia, mas fará o
que desejo e atingirá o propósito para o qual a enviei. 12Vocês
sairão em júbilo e serão conduzidos em paz; os montes e co-
linas irromperão em canto diante de vocês, e todas as árvores
do campo baterão palmas. 13No lugar do espinheiro crescerá
o pinheiro, e em vez de roseiras bravas crescerá a murta. Isso
resultará em renome para o SENHOR, para sinal eterno, que
não será destruído."

Salvação para os Gentios

56 Assim diz o SENHOR: "Mantenham a justiça e pratiquem
o que é direito, pois a minha salvação está perto, e logo
será revelada a minha retidão. 2Feliz aquele que age assim,
o homem que nisso permanece firme, observando o sábado
para não profaná-lo, e vigiando sua mão para não cometer
nenhum mal".
3Que nenhum estrangeiro que se disponha a unir-se ao SE-
NHOR venha a dizer: "É certo que o SENHOR me excluirá do seu
povo". E que nenhum eunuco se queixe: "Não passo de uma
árvore seca".
4Pois assim diz o SENHOR: "Aos eunucos que guardarem os meus
sábados, que escolherem o que me agrada e se apegarem
à minha aliança, 5a eles darei, dentro de meu templo e dos
seus muros, um memorial e um nome melhor do que filhos e
filhas, um nome eterno, que não será eliminado. 6E os estran-
geiros que se unirem ao SENHOR para servi-lo, para amarem o
nome do SENHOR e prestar-lhe culto, todos os que guardarem
o sábado deixando de profaná-lo, e que se apegarem à minha
aliança, 7esses eu trarei ao meu santo monte e lhes darei ale-
gria em minha casa de oração. Seus holocaustos[a] e demais
sacrifícios serão aceitos em meu altar; pois a minha casa será
chamada casa de oração para todos os povos". 8Palavra do
Soberano, do SENHOR, daquele que reúne os exilados de Israel:
"Reunirei ainda outros àqueles que já foram reunidos".

A Acusação de Deus contra os Ímpios

9Venham todos vocês, animais do campo; todos vocês, ani-
mais da floresta, venham comer! 10As sentinelas de Israel estão
cegas e não têm conhecimento; todas elas são como cães
mudos, incapazes de latir. Deitam-se e sonham; só querem
dormir. 11São cães devoradores, insaciáveis. São pastores
sem entendimento; todos seguem seu próprio caminho, cada
um procura vantagem própria. 12"Venham", cada um grita,
"tragam-me vinho! Bebamos nossa dose de bebida fermen-
tada, que amanhã será como hoje, e até muito melhor!"

57 O justo perece, e ninguém pondera isso em seu coração;
homens piedosos são tirados, e ninguém entende que
os justos são tirados para serem poupados do mal. 2Aqueles
que andam retamente entrarão na paz; acharão descanso na
morte.
3"Mas vocês, aproximem-se, vocês, filhos de adivinhas, vocês,
prole de adúlteros e de prostitutas! 4De quem vocês estão zom-
bando? De quem fazem pouco caso? E para quem mostram a
língua? Não são vocês uma ninhada de rebeldes, uma prole
de mentirosos? 5Vocês ardem de desejo entre os carvalhos e
debaixo de toda árvore frondosa; vocês sacrificam seus filhos
nos vales e debaixo de penhascos salientes. 6Os ídolos entre as
pedras lisas dos vales são a sua porção; são a sua parte. Isso
mesmo! Para eles você derramou ofertas de bebidas e apre-
sentou ofertas de cereal. Poderei eu contentar-me com isso?
7Você fez o leito numa colina alta e soberba; ali você subiu para
oferecer sacrifícios. 8Atrás de suas portas e dos seus batentes
você pôs os seus símbolos pagãos. Ao me abandonar, você des-
cobriu seu leito, subiu nele e o deixou escancarado; fez acordo
com aqueles cujas camas você ama e dos quais contemplou a
nudez. 9Você foi até Moloque[b] com azeite de oliva e multiplicou
os seus perfumes. Você enviou seus embaixadores[c] a lugares
distantes; você desceu ao fundo do poço[d]! 10Você se cansou
com todos os seus caminhos, mas não quis dizer: 'Não há es-
perança!' Você recuperou as forças, e por isso não esmoreceu.
11"De quem você teve tanto medo e tremor ao ponto de agir
com falsidade para comigo, não se lembrar de mim e não pon-
derar isso em seu coração? Não será por que há muito estou
calado que você não me teme? 12Sua retidão e sua justiça ex-
porei, e elas não a beneficiarão. 13Quando você clamar por
ajuda, que a sua coleção de ídolos a salve! O vento levará todos
eles, um simples sopro os arrebatará. Mas o homem que faz
de mim o seu refúgio receberá a terra por herança e possuirá
o meu santo monte."

Consolação para os Contritos

14E se dirá: "Aterrem, aterrem, preparem o caminho! Tirem
os obstáculos do caminho do meu povo". 15Pois assim diz o
Alto e Sublime, que vive para sempre, e cujo nome é santo:
"Habito num lugar alto e santo, mas habito também com o
contrito e humilde de espírito, para dar novo ânimo ao espírito
do humilde e novo alento ao coração do contrito. 16Não farei
litígio para sempre, nem permanecerei irado, porque, senão,
o espírito do homem esmoreceria diante de mim, bem como
o sopro do homem que eu criei! 17Por causa da sua cobiça
perversa fiquei indignado e o feri; fiquei irado e escondi o meu

[a] 56.7 Isto é, sacrifícios totalmente queimados.

[b] 57.9 Ou *até o rei*

[c] 57.9 Ou *ídolos*

[d] 57.9 Hebraico: *Sheol*. Essa palavra também pode ser traduzida por sepultura, profundezas, pó ou morte.

rosto. Mas ele continuou extraviado, seguindo os caminhos
que escolheu. 18Eu vi os seus caminhos, mas vou curá-lo; eu o
guiarei e tornarei a dar-lhe consolo, 19criando louvor nos lábios
dos pranteadores de Israel. Paz, paz, aos de longe e aos de
perto", diz o SENHOR. "Quanto a ele, eu o curarei". 20Mas os
ímpios são como o mar agitado, incapaz de sossegar e cujas
águas expelem lama e lodo. 21"Para os ímpios não há paz",
diz o meu Deus.

58 O Verdadeiro Jejum

"Grite alto, não se contenha! Levante a voz como trom-
beta. Anuncie ao meu povo a rebelião dele e à comunidade de
Jacó, os seus pecados. 2Pois dia a dia me procuram; parecem
desejosos de conhecer os meus caminhos, como se fossem
uma nação que faz o que é direito e que não abandonou os
mandamentos do seu Deus. Pedem-me decisões justas e pa-
recem desejosos de que Deus se aproxime deles. 3'Por que je-
juamos', dizem, 'e não o viste? Por que nos humilhamos, e não
reparaste?' Contudo, no dia do seu jejum vocês fazem o que
é do agrado de vocês e exploram os seus empregados. 4Seu
jejum termina em discussão e rixa e em brigas de socos brutais.
Vocês não podem jejuar como fazem hoje e esperar que a sua
voz seja ouvida no alto. 5Será esse o jejum que escolhi, que
apenas um dia o homem se humilhe, incline a cabeça como o
junco e se deite sobre pano de saco e cinzas? É isso que vocês
chamam jejum, um dia aceitável ao SENHOR?

6"O jejum que desejo não é este: soltar as correntes da in-
justiça, desatar as cordas do jugo, pôr em liberdade os opri-
midos e romper todo jugo? 7Não é partilhar sua comida com o
faminto, abrigar o pobre desamparado, vestir o nu que você
encontrou, e não recusar ajuda ao próximo? 8Aí sim, a sua luz
irromperá como a alvorada, e prontamente surgirá a sua cura;
a sua retidão irá adiante de você, e a glória do SENHOR estará
na sua retaguarda. 9Aí sim, você clamará ao SENHOR, e ele res-
ponderá; você gritará por socorro, e ele dirá: Aqui estou.

"Se você eliminar do seu meio o jugo opressor, o dedo acu-
sador e a falsidade do falar; 10se com renúncia própria você be-
neficiar os famintos e satisfizer o anseio dos aflitos, então a sua
luz despontará nas trevas, e a sua noite será como o meio-dia.
11O SENHOR o guiará constantemente; satisfará os seus desejos
numa terra ressequida pelo sol e fortalecerá os seus ossos.
Você será como um jardim bem regado, como uma fonte cujas
águas nunca faltam. 12Seu povo reconstruirá as velhas ruínas e
restaurará os alicerces antigos; você será chamado reparador
de muros, restaurador de ruas e moradias.

13"Se você vigiar seus pés para não profanar o sábado e para
não fazer o que bem quiser em meu santo dia; se você chamar
delícia o sábado e honroso o santo dia do SENHOR, e se hon-
rá-lo, deixando de seguir seu próprio caminho, de fazer o que
bem quiser e de falar futilidades, 14então você terá no SENHOR
a sua alegria, e eu farei com que você cavalgue nos altos da
terra e se banqueteie com a herança de Jacó, seu pai." É o
SENHOR quem fala.

59 Pecado, Confissão e Redenção

Vejam! O braço do SENHOR não está tão encolhido que
não possa salvar, e o seu ouvido tão surdo que não possa ouvir.
2Mas as suas maldades separaram vocês do seu Deus; os seus
pecados esconderam de vocês o rosto dele, e por isso ele não
os ouvirá. 3Pois as suas mãos estão manchadas de sangue, e
os seus dedos, de culpa. Os seus lábios falam mentiras, e a sua
língua murmura palavras ímpias. 4Ninguém pleiteia sua causa
com justiça, ninguém faz defesa com integridade. Apoiam-se
em argumentos vazios e falam mentiras; concebem maldade
e geram iniquidade. 5Chocam ovos de cobra e tecem teias de
aranha. Quem comer seus ovos morre, e de um ovo esmagado
sai uma víbora. 6Suas teias não servem de roupa; eles não
conseguem cobrir-se com o que fazem. Suas obras são más, e
atos de violência estão em suas mãos. 7Seus pés correm para
o mal, ágeis em derramar sangue inocente. Seus pensamentos
são maus; ruína e destruição marcam os seus caminhos. 8Não
conhecem o caminho da paz; não há justiça em suas veredas.
Eles as transformaram em caminhos tortuosos; quem andar por
eles não conhecerá a paz.

9Por isso a justiça está longe de nós, e a retidão não nos al-
cança. Procuramos, mas tudo são trevas; buscamos claridade,
mas andamos em sombras densas. 10Como o cego caminhamos
apalpando o muro, tateamos como quem não tem olhos. Ao
meio-dia tropeçamos como se fosse noite; entre os fortes
somos como os mortos. 11Todos nós urramos como ursos; ge-
memos como pombas. Procuramos justiça, e nada! Buscamos
livramento, mas está longe!

12Sim, pois são muitas as nossas transgressões diante de ti, e
os nossos pecados testemunham contra nós. As nossas trans-
gressões estão sempre conosco, e reconhecemos as nossas
iniquidades: 13rebelar-nos contra o SENHOR e traí-lo, deixar de
seguir o nosso Deus, fomentar a opressão e a revolta, proferir
as mentiras que os nossos corações conceberam. 14Assim a
justiça retrocede, e a retidão fica a distância, pois a verdade
caiu na praça e a honestidade não consegue entrar. 15Não se
acha a verdade em parte alguma, e quem evita o mal é vítima
de saque.

Olhou o SENHOR e indignou-se com a falta de justiça. 16Ele viu
que não havia ninguém, admirou-se porque ninguém inter-
cedeu; então o seu braço lhe trouxe livramento e a sua justiça
deu-lhe apoio. 17Usou a justiça como couraça, pôs na cabeça
o capacete da salvação; vestiu-se de vingança e envolveu-se
no zelo como numa capa. 18Conforme o que fizeram lhes re-
tribuirá: aos seus inimigos, ira; aos seus adversários, o que
merecem; às ilhas, a devida retribuição. 19Desde o poente os
homens temerão o nome do SENHOR, e desde o nascente, a
sua glória. Pois ele virá como uma inundação impelida pelo
sopro do SENHOR.

20"O Redentor virá a Sião, aos que em Jacó se arrependerem
dos seus pecados", declara o SENHOR.

21"Quanto a mim, esta é a minha aliança com eles", diz o SENHOR.
"O meu Espírito que está em você e as minhas palavras que

pus em sua boca não se afastarão dela, nem da boca dos seus
filhos e dos descendentes deles, desde agora e para sempre",
diz o SENHOR.

60 A Glória de Sião

"Levante-se, refulja! Porque chegou a sua luz, e a glória
do SENHOR raia sobre você. 2Olhe! A escuridão cobre a terra,
densas trevas envolvem os povos, mas sobre você raia o SE-
NHOR, e sobre você se vê a sua glória. 3As nações virão à sua
luz e os reis ao fulgor do seu alvorecer.
4"Olhe ao redor e veja: todos se reúnem e vêm a você; de longe
vêm os seus filhos, e as suas filhas vêm carregadas nos braços.
5Então você o verá e ficará radiante; o seu coração pulsará
forte e se encherá de alegria, porque a riqueza dos mares será
trazida a você, e a você virão as riquezas das nações. 6Manadas
de camelos cobrirão a sua terra, camelos novos de Midiã e de
Efá. Virão todos os de Sabá carregando ouro e incenso e pro-
clamando o louvor do SENHOR. 7Todos os rebanhos de Quedar se
reunirão junto de você, e os carneiros de Nebaiote a servirão;
serão aceitos como ofertas em meu altar, e adornarei o meu
glorioso templo.
8"Quem são estes que voam como nuvens, que voam como
pombas para os seus ninhos? 9Pois as ilhas esperam em mim;
à frente vêm os navios de Társis[a], trazendo de longe os seus
filhos, com prata e ouro, em honra ao SENHOR, o seu Deus, o
Santo de Israel, porque ele se revestiu de esplendor.
10"Estrangeiros reconstruirão os seus muros, e seus reis a ser-
virão. Com ira eu a feri, mas com amor mostrarei a você com-
paixão. 11As suas portas permanecerão abertas; jamais serão
fechadas, dia e noite, para que tragam a você as riquezas das
nações, com seus reis e sua comitiva. 12Pois a nação e o reino
que não a servirem perecerão; serão totalmente exterminados.
13"A glória do Líbano virá a você; juntos virão o pinheiro, o
abeto e o cipreste, para adornarem o lugar do meu santuário;
e eu glorificarei o local em que pisam os meus pés. 14Os filhos
dos seus opressores virão e se inclinarão diante de você; todos
os que a desprezam se curvarão aos seus pés e a chamarão
Cidade do SENHOR, Sião do Santo de Israel.
15"Em vez de abandonada e odiada, sem que ninguém quisesse
percorrê-la, farei de você um orgulho, uma alegria para todas
as gerações. 16Você beberá o leite das nações e será amamen-
tada por mulheres nobres. Então você saberá que eu, o SENHOR,
sou o seu Salvador, o seu Redentor, o Poderoso de Jacó. 17Em
vez de bronze eu trarei a você ouro, e em vez de ferro, prata.
Em vez de madeira eu trarei a você bronze, e em vez de pedras,
ferro. Farei da paz o seu dominador, da justiça, o seu gover-
nador. 18Não se ouvirá mais falar de violência em sua terra,
nem de ruína e destruição dentro de suas fronteiras. Os seus
muros você chamará salvação, e as suas portas, louvor. 19O sol
não será mais a sua luz de dia, e você não terá mais o brilho
do luar, pois o SENHOR será a sua luz para sempre; o seu Deus
será a sua glória. 20O seu sol nunca se porá, e a sua lua nunca
desaparecerá, porque o SENHOR será a sua luz para sempre,
e os seus dias de tristeza terão fim. 21Então todo o seu povo
será justo, e possuirá a terra para sempre. Ele é o renovo que
plantei, obra das minhas mãos, para manifestação da minha
glória. 22O mais pequenino se tornará mil, o menor será uma
nação poderosa. Eu sou o SENHOR; na hora certa farei que isso
aconteça depressa."

61 O Ano da Bondade do SENHOR

O Espírito do Soberano, o SENHOR, está sobre mim, porque
o SENHOR ungiu-me para levar boas notícias aos pobres. En-
viou-me para cuidar dos que estão com o coração quebran-
tado, anunciar liberdade aos cativos e libertação das trevas aos
prisioneiros[b], 2para proclamar o ano da bondade do SENHOR e
o dia da vingança do nosso Deus; para consolar todos os que
andam tristes 3e dar a todos os que choram em Sião uma bela
coroa em vez de cinzas, o óleo da alegria em vez de pranto e
um manto de louvor em vez de espírito deprimido. Eles serão
chamados carvalhos de justiça, plantio do SENHOR, para mani-
festação da sua glória.
4Eles reconstruirão as velhas ruínas e restaurarão os antigos
escombros; renovarão as cidades arruinadas que têm sido de-
vastadas de geração em geração. 5Gente de fora vai pasto-
rear os rebanhos de vocês; estrangeiros trabalharão em seus
campos e vinhas. 6Mas vocês serão chamados sacerdotes do
SENHOR, ministros do nosso Deus. Vocês se alimentarão das
riquezas das nações, e do que era o orgulho delas vocês se
orgulharão. 7Em lugar da vergonha que sofreu, o meu povo
receberá porção dupla e, em vez de humilhação, ele se regozi-
jará em sua herança; pois herdará porção dupla em sua terra,
e terá alegria eterna.
8"Porque eu, o SENHOR, amo a justiça e odeio o roubo e toda
maldade. Em minha fidelidade os recompensarei e com eles
farei aliança eterna. 9Seus descendentes serão conhecidos
entre as nações, e a sua prole entre os povos. Todos os que
os virem reconhecerão que eles são um povo abençoado pelo
SENHOR." 10É grande o meu prazer no SENHOR! Regozija-se a
minha alma em meu Deus! Pois ele me vestiu com as vestes da
salvação e sobre mim pôs o manto da justiça, qual noivo que
adorna a cabeça como um sacerdote, qual noiva que se enfeita
com joias. 11Porque, assim como a terra faz brotar a planta e o
jardim faz germinar a semente, assim o Soberano, o SENHOR,
fará nascer a justiça e o louvor diante de todas as nações.

62 O Novo Nome de Sião

Por amor de Sião eu não sossegarei, por amor de Jeru-
salém não descansarei enquanto a sua justiça não resplandecer
como a alvorada, e a sua salvação, como as chamas de uma
tocha. 2As nações verão a sua justiça, e todos os reis, a sua
glória; você será chamada por um novo nome que a boca do SE-
NHOR lhe dará. 3Será uma esplêndida coroa na mão do SENHOR,
um diadema real na mão do seu Deus. 4Não mais a chamarão

[a] 60.9 Ou *navios mercantes*

[b] 61.1 A Septuaginta diz *aos cegos*.

abandonada, nem desamparada à sua terra. Você, porém, será
chamada Hefzibá[a], e a sua terra, Beulá[b], pois o SENHOR terá
prazer em você, e a sua terra estará casada. 5Assim como um
jovem se casa com sua noiva, os seus filhos se casarão[c] com
você; assim como o noivo se regozija por sua noiva, assim o
seu Deus se regozija por você.
6Coloquei sentinelas em seus muros, ó Jerusalém; jamais
descansarão, dia e noite. Vocês que clamam pelo SENHOR não
se entreguem ao repouso 7e não lhe concedam descanso até
que ele estabeleça Jerusalém e faça dela o louvor da terra. 8O
SENHOR jurou por sua mão direita e por seu braço poderoso:
"Nunca mais darei o seu trigo como alimento para os seus
inimigos, e nunca mais estrangeiros beberão o vinho novo pelo
qual se afadigaram; 9mas aqueles que colherem o trigo, dele
comerão e louvarão o SENHOR, e aqueles que juntarem as uvas
delas beberão nos pátios do meu santuário".
10Passem, passem pelas portas! Preparem o caminho para o
povo. Construam, construam a estrada! Removam as pedras.
Ergam uma bandeira para as nações.
11O SENHOR proclamou aos confins da terra: "Digam à cidade[d]
de Sião: Veja! O seu Salvador vem! Veja! Ele traz a sua recom-
pensa e o seu galardão o acompanha". 12Eles serão chamados
povo santo, redimidos do SENHOR; e você será chamada procu-
rada, cidade não abandonada.

O Dia da Vingança e da Redenção

63 Quem é aquele que vem de Edom, que vem de Bozra,
com as roupas tingidas de vermelho? Quem é aquele que,
num manto de esplendor, avança a passos largos na grandeza
da sua força? "Sou eu, que falo com retidão, poderoso para
salvar."
2Por que tuas roupas estão vermelhas, como as de quem pisa
uvas no lagar?
3"Sozinho pisei uvas no lagar; das nações ninguém esteve
comigo. Eu as pisoteei na minha ira e as pisei na minha indig-
nação; o sangue delas respingou na minha roupa, e eu manchei
toda a minha veste. 4Pois o dia da vingança estava no meu
coração, e chegou o ano da minha redenção. 5Olhei, e não
havia ninguém para ajudar-me; mostrei assombro, e não havia
ninguém para apoiar-me. Por isso o meu braço me ajudou, e
a minha ira deu-me apoio. 6Na minha ira pisoteei as nações;
na minha indignação eu as embebedei e derramei na terra o
sangue delas."

Oração e Louvor

7Falarei da bondade do SENHOR, dos seus gloriosos feitos, por
tudo o que o SENHOR fez por nós, sim, de quanto bem ele fez
à nação de Israel, conforme a sua compaixão e a grandeza
da sua bondade. 8"Sem dúvida eles são o meu povo", disse
ele; "são filhos que não me vão trair"; e assim ele se tornou
o Salvador deles. 9Em toda a aflição do seu povo ele também
se afligiu, e o anjo da sua presença os salvou. Em seu amor e
em sua misericórdia ele os resgatou; foi ele que sempre os
levantou e os conduziu nos dias passados. 10Apesar disso, eles
se revoltaram e entristeceram o seu Espírito Santo. Por isso
ele se tornou inimigo deles e lutou pessoalmente contra eles.
11Então o seu povo recordou[e] o passado, o tempo de Moisés e
a sua geração: Onde está aquele que os fez passar através do
mar, com o pastor do seu rebanho? Onde está aquele que entre
eles pôs o seu Espírito Santo, 12que com o seu glorioso braço
esteve à mão direita de Moisés, que dividiu as águas diante
deles para alcançar renome eterno, 13e os conduziu através
das profundezas? Como o cavalo em campo aberto, eles não
tropeçaram; 14como o gado que desce à planície, foi-lhes dado
descanso pelo Espírito do SENHOR. Foi assim que guiaste o teu
povo para fazer para ti um nome glorioso. 15Olha dos altos
céus, da tua habitação elevada, santa e gloriosa. Onde estão
o teu zelo e o teu poder? Retiveste a tua bondade e a tua
compaixão; elas já nos faltam! 16Entretanto, tu és o nosso Pai.
Abraão não nos conhece e Israel nos ignora; tu, SENHOR, és o
nosso Pai e, desde a antiguidade, te chamas nosso Redentor.
17SENHOR, por que nos fazes andar longe dos teus caminhos e
endureces o nosso coração para não termos temor de ti? Volta,
por amor dos teus servos, por amor das tribos que são a tua he-
rança! 18Por pouco tempo o teu povo possuiu o teu santo lugar;
depois os nossos inimigos pisotearam o teu santuário. 19Somos
teus desde a antiguidade, mas aqueles tu não governaste; eles
não foram chamados pelo teu nome.[f]

64 Ah, se rompesses os céus e descesses! Os montes tre-
meriam diante de ti! 2Como quando o fogo acende os
gravetos e faz a água ferver, desce, para que os teus inimigos
conheçam o teu nome e as nações tremam diante de ti! 3Pois,
quando fizeste coisas tremendas, coisas que não esperá-
vamos, desceste, e os montes tremeram diante de ti. 4Desde
os tempos antigos ninguém ouviu, nenhum ouvido percebeu,
e olho nenhum viu outro Deus, além de ti, que trabalha para
aqueles que nele esperam. 5Vens ajudar aqueles que praticam
a justiça com alegria, que se lembram de ti e dos teus cami-
nhos. Mas, prosseguindo nós em nossos pecados, tu te iraste.
Como, então, seremos salvos? 6Somos como o impuro — todos
nós! Todos os nossos atos de justiça são como trapo imundo.
Murchamos como folhas, e como o vento as nossas iniquidades
nos levam para longe. 7Não há ninguém que clame pelo teu
nome, que se anime a apegar-se a ti, pois escondeste de nós
o teu rosto e nos deixaste perecer por causa das nossas iniqui-
dades. 8Contudo, SENHOR, tu és o nosso Pai. Nós somos o barro;
tu és o oleiro. Todos nós somos obra das tuas mãos. 9Não te

[a] **62.4** *Hefzibá* significa *o meu prazer está nela.*
[b] **62.4** *Beulá* significa *casada.*
[c] **62.5** Ou *assim aquele que a edificou se casará*
[d] **62.11** Hebraico: *filha*.
[e] **63.11** Ou *Que ele, porém, recorde o*
[f] **63.19** Ou *Somos como aqueles que jamais governaste, como os que jamais foram chamados pelo teu nome.*

ires demais, ó SENHOR! Não te lembres constantemente das
nossas maldades. Olha para nós! Somos o teu povo! 10As tuas
cidades sagradas transformaram-se em deserto. Até Sião virou
um deserto, e Jerusalém, uma desolação! 11O nosso templo
santo e glorioso, onde os nossos antepassados te louvavam,
foi destruído pelo fogo, e tudo o que nos era precioso está em
ruínas. 12E depois disso tudo, SENHOR, ainda irás te conter?
Ficarás calado e nos castigarás além da conta?

Julgamento e Salvação

65 "Fiz-me acessível aos que não perguntavam por mim; fui
achado pelos que não me procuravam. A uma nação que não
clamava pelo meu nome eu disse: Eis-me aqui, eis-me aqui. 2O
tempo todo estendi as mãos a um povo obstinado, que anda
por um caminho que não é bom, seguindo as suas inclinações;
3esse povo que sem cessar me provoca abertamente, oferecendo sacrifícios em jardins e queimando incenso em altares
de tijolos; 4povo que vive nos túmulos e à noite se oculta nas
covas, que come carne de porco, e em suas panelas tem sopa
de carne impura; 5esse povo diz: 'Afasta-te! Não te aproximes
de mim, pois eu sou santo!' Essa gente é fumaça no meu nariz!
É fogo que queima o tempo todo!
6"Vejam, porém! Escrito está diante de mim: Não ficarei calado, mas lhes darei plena e total retribuição, 7tanto por seus
pecados como pelos pecados dos seus antepassados", diz o
SENHOR. "Uma vez que eles queimaram incenso nos montes e
me desafiaram nas colinas, eu os farei pagar pelos seus feitos
anteriores."
8Assim diz o SENHOR: "Quando ainda se acha suco num cacho
de uvas, os homens dizem: 'Não o destruam, pois ainda há
algo bom'; assim farei em favor dos meus servos; não os destruirei totalmente. 9Farei surgir descendentes de Jacó e de
Judá quem receba por herança as minhas montanhas. Os meus
escolhidos as herdarão, e ali viverão os meus servos. 10Para
o meu povo que me buscou, Sarom será um pasto para os
rebanhos, e o vale de Acor, um lugar de descanso para o gado.
11"Mas vocês, que abandonam o SENHOR e esquecem o meu
santo monte, que põem a mesa para a deusa Sorte e enchem
taças de vinho para o deus Destino, 12eu os destinarei à espada, e todos vocês se dobrarão para a degola. Pois eu os
chamei, e vocês nem responderam; falei, e não me deram
ouvidos. Vocês fizeram o mal diante de mim e escolheram o
que me desagrada".
13Portanto, assim diz o Soberano, o SENHOR: "Os meus servos
comerão, e vocês passarão fome; os meus servos beberão, e
vocês passarão sede; os meus servos se regozijarão, e vocês
passarão vergonha; 14os meus servos cantarão com alegria no
coração, e vocês se lamentarão com angústia no coração e
uivarão pelo quebrantamento de espírito. 15Vocês deixarão seu
nome como uma maldição para os meus escolhidos; o Soberano, o SENHOR, matará vocês, mas aos seus servos dará outro
nome. 16Quem pedir bênção para si na terra, que o faça pelo
Deus da verdade; quem fizer juramento na terra, que o faça
pelo Deus da verdade. Porquanto as aflições passadas serão
esquecidas e estarão ocultas aos meus olhos.

Novos Céus e Nova Terra

17"Pois vejam! Criarei novos céus e nova terra, e as coisas
passadas não serão lembradas. Jamais virão à mente! 18Alegrem-se, porém, e regozijem-se para sempre no que vou
criar, porque vou criar Jerusalém para regozijo e seu povo
para alegria. 19Por Jerusalém me regozijarei e em meu povo
terei prazer; nunca mais se ouvirão nela voz de pranto e choro
de tristeza.
20"Nunca mais haverá nela uma criança que viva poucos dias,
e um idoso que não complete os seus anos de idade; quem
morrer aos cem anos ainda será jovem, e quem não chegar[a]
aos cem será maldito. 21Construirão casas e nelas habitarão;
plantarão vinhas e comerão do seu fruto. 22Já não construirão
casas para outros ocuparem, nem plantarão para outros comerem. Pois o meu povo terá vida longa como as árvores; os
meus escolhidos esbanjarão o fruto do seu trabalho. 23Não labutarão inutilmente, nem gerarão filhos para a infelicidade;
pois serão um povo abençoado pelo SENHOR, eles e os seus
descendentes. 24Antes de clamarem, eu responderei; ainda não
estarão falando, e eu os ouvirei. 25O lobo e o cordeiro comerão
juntos, e o leão comerá feno, como o boi, mas o pó será a comida da serpente. Ninguém fará nem mal nem destruição em
todo o meu santo monte", diz o SENHOR.

Julgamento e Esperança

66 Assim diz o SENHOR: "O céu é o meu trono; e a terra, o estrado dos meus pés. Que espécie de casa vocês me edificarão?
É este o meu lugar de descanso? 2Não foram as minhas mãos
que fizeram todas essas coisas, e por isso vieram a existir?",
pergunta o SENHOR.
"A este eu estimo: ao humilde e contrito de espírito, que treme
diante da minha palavra. 3Mas aquele que sacrifica um boi é
como quem mata um homem; aquele que sacrifica um cordeiro, é como quem quebra o pescoço de um cachorro; aquele
que faz oferta de cereal é como quem apresenta sangue de
porco, e aquele que queima incenso memorial, é como quem
adora um ídolo. Eles escolheram os seus caminhos, e suas
almas têm prazer em suas práticas detestáveis. 4Por isso
também escolherei um duro tratamento para eles e trarei sobre
eles o que eles temem. Pois eu chamei, e ninguém respondeu;
falei, e ninguém deu ouvidos. Fizeram o mal diante de mim e
escolheram o que me desagrada".
5Ouçam a palavra do SENHOR, vocês que tremem diante da sua
palavra: "Seus irmãos que os odeiam e os excluem por causa
do meu nome, disseram: 'Que o SENHOR seja glorioso, para
que vejamos a alegria de vocês!' Mas eles é que passarão vergonha. 6Ouçam o estrondo que vem da cidade, o som que vem
do templo! É o SENHOR que está dando a devida retribuição
aos seus inimigos.

[a] 65.20 *Ou o pecador que chegar*

7 “Antes de entrar em trabalho de parto, ela dá à luz; antes
de lhe sobrevirem as dores, ela ganha um menino. 8 Quem já
ouviu uma coisa dessas? Quem já viu tais coisas? Pode uma
nação nascer num só dia, ou, pode-se dar à luz um povo num
instante? Pois Sião ainda estava em trabalho de parto, e deu à
luz seus filhos. 9 Acaso faço chegar a hora do parto e não faço
nascer?”, diz o SENHOR. “Acaso fecho o ventre, sendo que eu
faço dar à luz?”, pergunta o seu Deus.
10 “Regozijem-se com Jerusalém e alegrem-se por ela, todos
vocês que a amam; regozijem-se muito com ela, todos vocês
que por ela pranteiam. 11 Pois vocês irão mamar e saciar-se em
seus seios reconfortantes, e beberão à vontade e se deleitarão
em sua fartura.”
12 Pois assim diz o SENHOR: “Estenderei para ela a paz como um
rio e a riqueza das nações, como uma corrente avassaladora;
vocês serão amamentados nos braços dela e acalentados em
seus joelhos. 13 Assim como uma mãe consola seu filho, também
eu os consolarei; em Jerusalém vocês serão consolados”.
14 Quando vocês virem isso, o seu coração se regozijará, e vocês
florescerão como a relva; a mão do SENHOR estará com os seus
servos, mas a sua ira será contra os seus adversários. 15 Vejam!
O SENHOR vem num fogo, e os seus carros são como um turbi-
lhão! Transformará em fúria a sua ira e em labaredas de fogo,
a sua repreensão. 16 Pois com fogo e com a espada o SENHOR
executará julgamento sobre todos os homens, e muitos serão
os mortos pela mão do SENHOR.
17 “Os que se consagram para entrar nos jardins indo atrás do
sacerdote[a] que está no meio, comem[b] carne de porco, ratos
e outras coisas repugnantes, todos eles perecerão”, declara
o SENHOR.
18 “E, por causa dos seus atos e das suas conspirações, virei
ajuntar todas as nações e línguas, e elas virão e verão a minha
glória.
19 “Estabelecerei um sinal entre elas, e enviarei alguns dos so-
breviventes às nações: a Társis, aos líbios[c] e aos lídios, famosos
flecheiros, a Tubal, à Grécia, e às ilhas distantes, que não ou-
viram falar de mim e não viram a minha glória. Eles procla-
marão a minha glória entre as nações. 20 Também dentre todas
as nações trarão os irmãos de vocês ao meu santo monte, em
Jerusalém, como oferta ao SENHOR. Virão a cavalo, em carros
e carroças, e montados em mulas e camelos”, diz o SENHOR.
“Farão como fazem os israelitas quando apresentam as suas
ofertas de cereal, trazendo-as em vasos cerimonialmente
puros; 21 também escolherei alguns deles para serem sacer-
dotes e levitas”, diz o SENHOR.
22 “Assim como os novos céus e a nova terra que vou criar serão
duradouros diante de mim”, declara o SENHOR, “assim serão
duradouros os descendentes de vocês e o seu nome. 23 De uma
lua nova a outra e de um sábado a outro, toda a humanidade
virá e se inclinará diante de mim”, diz o SENHOR. 24 “Sairão e
verão os cadáveres dos que se rebelaram contra mim; o verme
destes não morrerá, e o seu fogo não se apagará, e causarão
repugnância a toda a humanidade.”

[a] 66.17 Ou *da deusa*

[b] 66.17 Ou *jardins atrás de um de seus templos, e aqueles que comem*

[c] 66.19 Conforme alguns manuscritos da Septuaginta. O Texto Massorético diz *a Pul*.

JEREMIAS

1 As palavras de Jeremias, filho de Hilquias, um dos sacerdotes
de Anatote, no território de Benjamim. 2 A palavra do SENHOR
veio a ele no décimo terceiro ano do reinado de Josias, filho
de Amom, rei de Judá, 3 e durante o reinado de Jeoaquim, filho
de Josias, rei de Judá, até o quinto mês do décimo primeiro
ano de Zedequias, filho de Josias, rei de Judá, quando os ha-
bitantes de Jerusalém foram levados para o exílio.

O Chamado de Jeremias

4 A palavra do SENHOR veio a mim, dizendo:
5 “Antes de formá-lo no ventre eu o escolhi[a]; antes de você
nascer, eu o separei e o designei profeta às nações”.
6 Mas eu disse: Ah, Soberano SENHOR! Eu não sei falar, pois
ainda sou muito jovem.
7 O SENHOR, porém, me disse: “Não diga que é muito jovem. A
todos a quem eu o enviar, você irá e dirá tudo o que eu ordenar
a você. 8 Não tenha medo deles, pois eu estou com você para
protegê-lo”, diz o SENHOR.
9 O SENHOR estendeu a mão, tocou a minha boca e disse-me:
“Agora ponho em sua boca as minhas palavras. 10 Veja! Eu hoje
dou a você autoridade sobre nações e reinos, para arrancar,
despedaçar, arruinar e destruir; para edificar e plantar”.
11 E a palavra do SENHOR veio a mim: “O que você vê, Jeremias?”
Vejo o ramo de uma amendoeira, respondi.
12 O SENHOR me disse: “Você viu bem, pois estou vigiando[b] para
que a minha palavra se cumpra”.
13 A palavra do SENHOR veio a mim pela segunda vez, dizendo:
“O que você vê?”

[a] 1.5 Ou *conheci*

[b] 1.12 A palavra *vigiando* assemelha-se à palavra *amendoeira* no hebraico.

E eu respondi: Vejo uma panela fervendo; ela está inclinada
do norte para cá.
14 O SENHOR me disse: "Do norte se derramará a desgraça sobre
todos os habitantes desta terra. 15 Estou convocando todos os
povos dos reinos do norte", diz o SENHOR.
"Cada um virá e colocará o seu trono diante das portas de Je-
rusalém, virão contra todas as muralhas que a cercam e contra
todas as cidades de Judá. 16 Pronunciarei a minha sentença
contra o meu povo por todas as suas maldades; porque me
abandonaram, queimaram incenso a outros deuses e adoraram
deuses que as suas mãos fizeram.
17 "E você, prepare-se! Vá dizer-lhes tudo o que eu ordenar. Não
fique aterrorizado por causa deles, senão eu o aterrorizarei
diante deles. 18 E hoje eu faço de você uma cidade fortificada,
uma coluna de ferro e um muro de bronze, contra toda a terra:
contra os reis de Judá, seus oficiais, seus sacerdotes e o povo
da terra. 19 Eles lutarão contra você, mas não o vencerão, pois
eu estou com você e o protegerei", diz o SENHOR.

2 A Infidelidade de Israel

2 A palavra do SENHOR veio a mim: 2 "Vá proclamar aos ou-
vidos de Jerusalém: "Eu me lembro de sua fidelidade quando
você era jovem: como noiva, você me amava e me seguia pelo
deserto, por uma terra não semeada. 3 Israel, meu povo, era
santo para o SENHOR, os primeiros frutos de sua colheita; todos
os que o devoravam eram considerados culpados, e a desgraça
os alcançava", declara o SENHOR.
4 Ouça a palavra do SENHOR, ó comunidade de Jacó, todos os
clãs da comunidade de Israel.
5 Assim diz o SENHOR: "Que falta os seus antepassados encon-
traram em mim, para que me deixassem e se afastassem de
mim? Eles seguiram ídolos sem valor, tornando-se eles próprios
sem valor. 6 Eles não perguntaram: 'Onde está o SENHOR, que
nos trouxe do Egito e nos conduziu pelo deserto, por uma terra
árida e cheia de covas, terra de seca e de trevas[a], terra pela
qual ninguém passa e onde ninguém vive?' 7 Eu trouxe vocês
a uma terra fértil, para que comessem dos seus frutos e dos
seus bons produtos. Entretanto, vocês contaminaram a minha
terra; tornaram a minha herança repugnante. 8 Os sacerdotes
não perguntavam pelo SENHOR; os intérpretes da lei não me co-
nheciam, e os líderes do povo se rebelaram contra mim. Os pro-
fetas profetizavam em nome de Baal, seguindo deuses inúteis.
9 "Por isso, eu ainda faço denúncias contra vocês", diz o SE-
NHOR, "e farei denúncias contra os seus descendentes. 10 Atra-
vessem o mar até o litoral de Chipre[b] e vejam; mandem ob-
servadores a Quedar[c] e reparem de perto; e vejam se alguma
vez aconteceu algo assim: 11 alguma nação já trocou os seus
deuses? E eles nem sequer são deuses! Mas o meu povo trocou
a sua[d] Glória por deuses inúteis. 12 Espantem-se diante disso,
ó céus! Fiquem horrorizados e abismados", diz o SENHOR. 13 "O
meu povo cometeu dois crimes: eles me abandonaram, a mim,
a fonte de água viva; e cavaram as suas próprias cisternas,
cisternas rachadas que não retêm água. 14 Acaso Israel, meu
povo, é escravo, escravo de nascimento? Por que foi então que
se tornou presa 15 de leões que rugem e urram contra ele? Arra-
saram a sua terra, queimaram as suas cidades e as deixaram
desabitadas. 16 Até mesmo os homens de Mênfis e de Tafnes
raparam[e] a sua cabeça.
17 Não foi você mesmo o responsável pelo que aconteceu a
você, ao abandonar o SENHOR, o seu Deus?[f] 18 Agora, por que
você vai ao Egito beber água do Nilo[g]? E por que vai à Assíria
beber água do Eufrates? 19 O seu crime a castigará e a sua rebe-
lião a repreenderá. Compreenda e veja como é mau e amargo
abandonar o SENHOR, o seu Deus, e não ter temor de mim", diz
o Soberano, o SENHOR dos Exércitos.
20 "Há muito tempo eu quebrei o seu jugo e despedacei as
correias que a prendiam. Mas você disse: 'Eu não servirei!'
Ao contrário, em todo monte elevado e debaixo de toda ár-
vore verdejante, você se deitava como uma prostituta. 21 Eu a
plantei como uma videira seleta, de semente absolutamente
pura. Como, então, contra mim você se tornou uma videira
degenerada e selvagem? 22 Mesmo que você se lave com soda
e com muito sabão, a mancha da sua iniquidade permanecerá
diante de mim", diz o Soberano SENHOR. 23 "Como você pode
dizer que não se contaminou e que não correu atrás dos baa-
lins? Reveja o seu procedimento no vale e considere o que você
tem feito. Você é como uma camela jovem e arisca que corre
para todos os lados; 24 como uma jumenta selvagem habituada
ao deserto, farejando o vento em seu desejo. Quem é capaz
de controlá-la quando está no cio? Os machos que a procuram
não precisam se cansar, porque logo encontrarão a que está
no mês do cio. 25 Não deixe que os seus pés se esfolem nem
que a sua garganta fique seca. Mas você disse: 'Não adianta!
Eu amo os deuses estrangeiros e continuarei a ir atrás deles'.
26 "Assim como o ladrão fica envergonhado quando é apanhado
em flagrante, também a comunidade de Israel ficará envergo-
nhada: seus reis e oficiais, seus sacerdotes e profetas. 27 Pois
dizem à madeira: 'Você é meu pai' e à pedra: 'Você me deu à
luz'. Voltaram para mim as costas e não o rosto, mas na hora
da adversidade dizem: 'Venha salvar-nos!' 28 E onde estão os
deuses que você fabricou para si? Que eles venham, se pu-
derem salvá-la na hora da adversidade! Porque os seus deuses
são tão numerosos como as suas cidades, ó Judá!
29 "Por que vocês fazem denúncias contra mim? Todos vocês
se rebelaram contra mim", declara o SENHOR. 30 "De nada
adiantou castigar o seu povo, eles não aceitaram a correção.
A sua espada tem destruído os seus profetas como um leão
devorador.

[a] 2.6 Ou *e da sombra da morte*
[b] 2.10 Hebraico: *as ilhas de Quitim.*
[c] 2.10 Terra natal de tribos beduínas do deserto siro-árabe.
[d] 2.11 Uma antiga tradição de escribas hebreus diz *minha.*
[e] 2.16 Ou *racharam*
[f] 2.17 Conforme a Septuaginta. O Texto Massorético acrescenta *quando ele a conduziu pelo caminho?*
[g] 2.18 Hebraico: *Sior*, um braço do Nilo.

31 “Vocês, desta geração, considerem a palavra do SENHOR:
“Tenho sido um deserto para Israel? Uma terra de grandes
trevas? Por que o meu povo diz: ‘Nós assumimos o controle!
Não mais viremos a ti’? 32 Será que uma jovem se esquece das
suas joias, ou uma noiva, de seus enfeites nupciais? Contudo,
o meu povo esqueceu-se de mim por dias sem fim. 33 Com
quanta habilidade você busca o amor! Mesmo as mulheres da
pior espécie aprenderam com o seu procedimento. 34 Nas suas
roupas encontrou-se o sangue de pobres inocentes, que não
foram flagrados arrombando casas. Contudo, apesar de tudo
isso, 35 você diz: ‘Sou inocente; ele não está irado comigo’.
Mas eu passarei sentença contra você porque você disse que
não pecou. 36 Por que você não leva a sério a sua mudança de
rumo? Você ficará decepcionada com o Egito, como ficou com
a Assíria. 37 Você também deixará aquele lugar com as mãos na
cabeça, pois o SENHOR rejeitou aqueles em quem você confia;
você não receberá a ajuda deles.

3 “Se um homem se divorciar de sua mulher e depois da se-
paração ela casar-se com outro homem, poderá o primeiro
marido voltar para ela? Não seria a terra totalmente conta-
minada? Mas você tem se prostituído com muitos amantes e,
agora, quer voltar para mim?”, pergunta o SENHOR. 2 “Olhe para
o campo e veja: Há algum lugar onde você não foi desonrada?
À beira do caminho você se assentou à espera de amantes,
assentou-se como um nômade[a] no deserto. Você contaminou
a terra com sua prostituição e impiedade. 3 Por isso as chuvas
foram retidas, e não veio chuva na primavera. Mas você, apre-
sentando-se declaradamente como prostituta, se recusa a
corar de vergonha. 4 Você não acabou de me chamar: ‘Meu
pai, amigo da minha juventude? 5 Ficarás irado para sempre?
Teu ressentimento permanecerá até o fim?’ É assim que você
fala, mas faz todo o mal que pode”.

A Infidelidade de Israel

6 Durante o reinado do rei Josias, o SENHOR me disse: “Você viu
o que fez Israel, a infiel? Subiu todo monte elevado e foi para
debaixo de toda árvore verdejante para prostituir-se. 7 Depois
de ter feito tudo isso, pensei que ela voltaria para mim, mas
não voltou. E a sua irmã traidora, Judá, viu essas coisas. 8 Viu[b]
também que dei à infiel Israel uma certidão de divórcio e a
mandei embora, por causa de todos os seus adultérios. Entre-
tanto, a sua irmã Judá, a traidora, também se prostituiu, sem
temor algum. 9 E, por ter feito pouco caso da imoralidade, Judá
contaminou a terra, cometendo adultério com ídolos de pedra
e madeira. 10 Apesar de tudo isso, sua irmã Judá, a traidora,
não voltou para mim de todo o coração, mas sim com fingi-
mento”, declara o SENHOR.
11 O SENHOR me disse: “Israel, a infiel, é melhor do que Judá,
a traidora. 12 Vá e proclame esta mensagem para os lados do
norte: “Volte, ó infiel Israel”, declara o SENHOR, “Não mais fran-
zirei a testa cheio de ira contra você, pois eu sou fiel”, declara
o SENHOR, “Não ficarei irado para sempre. 13 Mas reconheça o
seu pecado: você se rebelou contra o SENHOR, o seu Deus, e
ofereceu os seus favores a deuses estranhos, debaixo de toda
árvore verdejante, e não me obedeceu”, declara o SENHOR.
14 “Voltem, filhos rebeldes! Pois eu sou o Senhor[c] de vocês”,
declara o SENHOR. “Tomarei vocês, um de cada cidade e dois
de cada clã, e os trarei de volta a Sião. 15 Então eu darei a vocês
governantes conforme a minha vontade, que os dirigirão com
sabedoria e com entendimento. 16 Quando vocês aumentarem e
se multiplicarem na sua terra naqueles dias”, declara o SENHOR,
“não dirão mais: ‘A arca da aliança do Senhor’. Não pensarão
mais nisso nem se lembrarão dela; não sentirão sua falta nem
se fará outra arca. 17 Naquela época, chamarão Jerusalém ‘O
Trono do SENHOR’, e todas as nações se reunirão para honrar
o nome do SENHOR em Jerusalém. Não mais viverão segundo a
obstinação de seus corações para fazer o mal. 18 Naqueles dias,
a comunidade de Judá caminhará com a comunidade de Israel,
e juntas voltarão do norte para a terra que dei como herança
aos seus antepassados.
19 “Eu mesmo disse: Com que alegria eu a trataria como se
tratam filhos e daria uma terra aprazível a você, a mais bela
herança entre as nações! Pensei que você me chamaria de ‘Pai’
e que não deixaria de seguir-me. 20 Mas, como a mulher que
trai o marido, assim você tem sido infiel comigo, ó comunidade
de Israel”, declara o SENHOR.
21 Ouve-se um choro no campo, o pranto de súplica dos israe-
litas, porque perverteram os seus caminhos e esqueceram o
SENHOR, o seu Deus.
22 “Voltem, filhos rebeldes! Eu os curarei da sua rebeldia”.
“Sim!”, o povo responde. “Nós viremos a ti, pois tu és o SE-
NHOR, o nosso Deus. 23 De fato, a agitação idólatra nas colinas
e o murmúrio nos montes é um engano. No SENHOR, no nosso
Deus, está a salvação de Israel. 24 Desde a nossa juventude,
Baal, o deus da vergonha, tem consumido o fruto do trabalho
dos nossos antepassados: as ovelhas, os bois, os seus filhos e
as suas filhas. 25 Seja a vergonha a nossa cama e a desonra,
o nosso cobertor. Pecamos contra o SENHOR, o nosso Deus,
tanto nós como os nossos antepassados, desde a nossa ju-
ventude até o dia de hoje; e não temos obedecido ao SENHOR,
ao nosso Deus.”

4 “Se você voltar, ó Israel, volte para mim”, diz o SENHOR.
“Se você afastar para longe de minha vista os seus ídolos
detestáveis e não se desviar, 2 se você jurar pelo nome do SE-
NHOR com fidelidade, justiça e retidão, então as nações serão
por ele abençoadas e nele se gloriarão.”
3 Assim diz o SENHOR ao povo de Judá e de Jerusalém: “Lavrem
seus campos não arados e não semeiem entre espinhos. 4 Pu-
rifiquem-se para o SENHOR, sejam fiéis à aliança[d], homens de

[a] 3.2 Ou *árabe*
[b] 3.8 Conforme um manuscrito do Texto Massorético, a Septuaginta e a Versão Siríaca. O Texto Massorético diz *Eu vi*.
[c] 3.14 Ou *marido*
[d] 4.4 Hebraico: *circuncidem os seus corações*.

Judá e habitantes de Jerusalém! Se não fizerem isso, a minha
ira se acenderá e queimará como fogo, por causa do mal que
vocês fizeram; queimará e ninguém conseguirá apagá-la.

A Invasão que Vem do Norte

5 "Anunciem em Judá! Proclamem em Jerusalém: Toquem a
trombeta por toda esta terra! Gritem bem alto e digam: Reú-
nam-se! Fujamos para as cidades fortificadas! 6 Ergam o sinal
indicando Sião. Fujam sem demora em busca de abrigo! Porque
do norte eu estou trazendo desgraça, uma grande destruição".
7 Um leão saiu da sua toca, um destruidor de nações se pôs a
caminho. Ele saiu de onde vive para arrasar a sua terra. Suas
cidades ficarão em ruínas e sem habitantes. 8 Por isso, ponham
vestes de lamento, chorem e gritem, pois o fogo da ira do
SENHOR não se desviou de nós.
9 "Naquele dia", diz o SENHOR, "o rei e os seus oficiais perderão
a coragem, os sacerdotes ficarão horrorizados e os profetas,
perplexos."
10 Então eu disse: Ah, Soberano SENHOR, como enganaste com-
pletamente este povo e a Jerusalém dizendo: "Vocês terão
paz" quando a espada está em nossa garganta.
11 Naquela época, será dito a este povo e a Jerusalém: "Um
vento escaldante, que vem das dunas do deserto, sopra na
direção da minha filha, do meu povo, mas não para peneirar
nem para limpar. 12 É um vento forte demais, que vem da
minha parte[a]. Agora eu pronunciarei as minhas sentenças
contra eles".
13 Vejam! Ele avança como as nuvens; os seus carros de guerra
são como um furacão e os seus cavalos são mais velozes do que
as águias. Ai de nós! Estamos perdidos! 14 Ó Jerusalém, lave o
mal do seu coração para que você seja salva. Até quando você
vai acolher projetos malignos no íntimo? 15 Ouve-se uma voz
proclamando desde Dã, desde os montes de Efraim se anuncia
calamidade. 16 "Relatem isto a esta nação[b] e proclamem contra
Jerusalém: Um exército inimigo[c] está vindo de uma terra dis-
tante, dando seu grito de guerra contra as cidades de Judá.
17 Eles a cercam como homens que guardam um campo, pois
ela se rebelou contra mim", declara o SENHOR. 18 "A sua própria
conduta e as suas ações trouxeram isso sobre você. Como é
amargo esse seu castigo! Ele atinge até o seu coração!"
19 Ah, minha angústia, minha angústia! Eu me contorço de dor.
Ó paredes do meu coração! O meu coração dispara dentro de
mim; não posso ficar calado. Ouvi o som da trombeta, ouvi o
grito de guerra. 20 Um desastre depois do outro; toda a minha
terra foi devastada. Num instante as minhas tendas foram des-
truídas; e os meus abrigos, num momento. 21 Até quando verei
o sinal levantado e ouvirei o som da trombeta?
22 "O meu povo é tolo, eles não me conhecem".
"São crianças insensatas que nada compreendem. São hábeis
para praticar o mal, mas não sabem fazer o bem."
23 Olhei para a terra, e ela era sem forma[d] e vazia; para os céus,
e a sua luz tinha desaparecido. 24 Olhei para os montes e eles
tremiam; todas as colinas oscilavam. 25 Olhei, e não havia mais
gente; todas as aves do céu tinham fugido em revoada. 26 Olhei,
e a terra fértil era um deserto; todas as suas cidades estavam
em ruínas por causa do SENHOR, por causa do fogo da sua ira.
27 Assim diz o SENHOR: "Toda esta terra ficará devastada, em-
bora eu não vá destruí-la completamente. 28 Por causa disso, a
terra ficará de luto e o céu, em cima, se escurecerá; porque eu
falei e não me arrependi, decidi e não voltarei atrás".
29 Quando se ouvem os cavaleiros e os flecheiros, todos os habi-
tantes da cidade fogem. Alguns vão para o meio dos arbustos;
outros escalam as rochas. Todas as cidades são abandonadas
e ficam sem habitantes.
30 O que você está fazendo, ó cidade devastada? Por que se
veste de vermelho e se enfeita com joias de ouro? Por que você
pinta os olhos? Você se embeleza em vão, pois os seus amantes
a desprezam e querem tirar sua vida.
31 Ouvi um grito, como de mulher em trabalho de parto, como
a agonia de uma mulher ao dar à luz o primeiro filho. É o grito
da cidade[e] de Sião, que está ofegante e estende as mãos, di-
zendo: "Ai de mim! Estou desfalecendo. Minha vida está nas
mãos de assassinos!"

Ninguém é Justo

5 "Percorram as ruas de Jerusalém, olhem e observem. Pro-
curem em suas praças para ver se podem encontrar alguém
que aja com honestidade e que busque a verdade. Então eu
perdoarei a cidade. 2 Embora digam: 'Juro pelo nome do SE-
NHOR', ainda assim estão jurando falsamente."
3 SENHOR, não é fidelidade que os teus olhos procuram? Tu os
feriste, mas eles nada sentiram; tu os deixaste esgotados, mas
eles recusaram a correção. Endureceram o rosto mais que a
rocha, e recusaram arrepender-se. 4 Pensei: Eles são apenas
pobres e ignorantes, não conhecem o caminho do SENHOR, as
exigências do seu Deus. 5 Irei aos nobres e falarei com eles,
pois, sem dúvida, eles conhecem o caminho do SENHOR, as
exigências do seu Deus. Mas todos eles também quebraram
o jugo e romperam as amarras. 6 Por isso, um leão da floresta
os atacará, um lobo da estepe os arrasará, um leopardo ficará
à espreita nos arredores das suas cidades, para despedaçar
qualquer pessoa que delas sair. Porque a rebeldia deles é
grande e muitos são os seus desvios.
7 "Por que deveria eu o perdoar?" "Seus filhos me abando-
naram e juraram por aqueles que não são deuses. Embora eu
tenha suprido as suas necessidades, eles cometeram adultério
e frequentaram as casas de prostituição. 8 Eles são garanhões
bem-alimentados e excitados, cada um relinchando para a mu-
lher do próximo. 9 Não devo eu castigá-los por isso?", pergunta
o SENHOR. "Não devo eu vingar-me de uma nação como esta?
10 "Vão por entre as suas vinhas e destruam-nas, mas não

[a] 4.12 Ou *vem ao meu comando*
[b] 4.16 Ou *Tragam essas coisas à lembrança das nações*; ou ainda *Anunciem isso às nações*
[c] 4.16 Ou *Um exército sitiador*
[d] 4.23 Ou *estava assolada*
[e] 4.31 Hebraico: *filha*.

acabem totalmente com elas. Cortem os seus ramos, pois eles
não pertencem ao SENHOR. 11 Porque a comunidade de Israel
e a comunidade de Judá têm me traído", declara o SENHOR.
12 Mentiram acerca do SENHOR, dizendo: "Ele não vai fazer
nada! Nenhum mal nos acontecerá; jamais veremos espada ou
fome. 13 Os profetas não passam de vento, e a palavra não está
neles; por isso aconteça com eles o que dizem".
14 Portanto, assim diz o SENHOR dos Exércitos: "Porque falaram
essas palavras, farei com que as minhas palavras em sua boca
sejam fogo, e este povo seja a lenha que o fogo consome.
15 Ó comunidade de Israel", declara o SENHOR, "estou trazendo
de longe uma nação para atacá-la: uma nação muito antiga e
invencível, uma nação cuja língua você não conhece e cuja fala
você não entende. 16 Sua aljava é como um túmulo aberto; toda
ela é composta de guerreiros. 17 Devorarão as suas colheitas e
os seus alimentos; devorarão os seus filhos e as suas filhas;
devorarão as suas ovelhas e os seus bois; devorarão as suas
videiras e as suas figueiras. Destruirão ao fio da espada as
cidades fortificadas nas quais vocês confiam.
18 "Contudo, mesmo naqueles dias não os destruirei comple-
tamente", declara o SENHOR. 19 "E, quando perguntarem: 'Por
que o SENHOR, o nosso Deus, fez isso conosco?', você lhes dirá:
Assim como vocês me abandonaram e serviram deuses estran-
geiros em sua própria terra, também agora vocês servirão es-
trangeiros numa terra que não é de vocês.
20 "Anunciem isto à comunidade de Jacó e proclamem-no em
Judá: 21 Ouçam isto, vocês, povo tolo e insensato, que têm
olhos, mas não veem, têm ouvidos, mas não ouvem: 22 Acaso
vocês não me temem?", pergunta o SENHOR. "Não tremem
diante da minha presença? Porque fui eu que fiz da areia um
limite para o mar, um decreto eterno que ele não pode ultra-
passar. As ondas podem quebrar, mas não podem prevalecer,
podem bramir, mas não podem ultrapassá-lo. 23 Mas este povo
tem coração obstinado e rebelde; eles se afastaram e foram
embora. 24 Não dizem no seu íntimo: 'Temamos o SENHOR, o
nosso Deus: aquele que dá as chuvas do outono e da primavera
no tempo certo, e nos assegura as semanas certas da colheita'.
25 Porém os pecados de vocês têm afastado essas coisas; as
faltas de vocês os têm privado desses bens.
26 "Há ímpios no meio do meu povo: homens que ficam à es-
preita como num esconderijo de caçadores de pássaros; pre-
param armadilhas para capturar gente. 27 Suas casas estão
cheias de engano, como gaiolas cheias de pássaros. E assim
eles se tornaram poderosos e ricos, 28 estão gordos e bem-a-
limentados. Não há limites para as suas obras más. Não se
empenham pela causa do órfão, nem defendem os direitos do
pobre. 29 Não devo eu castigá-los?", pergunta o SENHOR. "Não
devo eu vingar-me de uma nação como essa?
30 "Uma coisa espantosa e horrível acontece nesta terra: 31 Os
profetas profetizam mentiras, os sacerdotes governam por sua
própria autoridade, e o meu povo gosta dessas coisas. Mas o
que vocês farão quando tudo isso chegar ao fim?

Jerusalém Sitiada

6 "Fuja para um lugar seguro, povo de Benjamim! Fuja de
Jerusalém! Toquem a trombeta em Tecoa! Ponham sinal em
Bete-Haquerém! Porque já se vê a desgraça que vem do norte,
uma terrível destruição! 2 Destruirei a cidade[a] de Sião; você é
como uma bela pastagem,[b] 3 para onde os pastores vêm com
os seus rebanhos; armam as suas tendas ao redor dela e apas-
centam, cada um no seu lugar.
4 "Preparem-se para enfrentá-la na batalha! Vamos, ataquemos
ao meio-dia! Ai de nós! O dia declina e as sombras da tarde
já se estendem. 5 Vamos, ataquemos de noite! Destruamos as
suas fortalezas!"
6 Assim diz o SENHOR dos Exércitos: "Derrubem as árvores e
construam rampas de cerco contra Jerusalém. Ó cidade da
falsidade![c] Ela está cheia de opressão. 7 Assim como um poço
produz água, também ela produz sua maldade. Violência! Des-
truição! É o que se ouve dentro dela; doenças e feridas estão
sempre diante de mim. 8 Ouça a minha advertência, ó Jeru-
salém! Do contrário eu me afastarei inteiramente de você e
farei de você uma desolação, uma terra desabitada".
9 Assim diz o SENHOR dos Exércitos: "Rebusque-se o remanes-
cente de Israel tão completamente como se faz com uma vi-
deira, como faz quem colhe uvas: e você, repasse os ramos
cacho por cacho".
10 A quem posso eu falar ou advertir? Quem me escutará? Os ou-
vidos deles são obstinados[d], e eles não podem ouvir. A palavra
do SENHOR é para eles desprezível, não encontram nela motivo
de prazer. 11 Mas a ira do SENHOR dentro de mim transborda,
já não posso retê-la.
"Derrama-a sobre as crianças na rua e sobre os jovens reunidos
em grupos; pois eles também serão pegos com os maridos
e as mulheres, os velhos e os de idade bem avançada. 12 As
casas deles serão entregues a outros, com os seus campos e as
suas mulheres, quando eu estender a minha mão contra os que
vivem nesta terra", declara o SENHOR. 13 "Desde o menor até
o maior, todos são gananciosos; profetas e sacerdotes igual-
mente, todos praticam o engano. 14 Eles tratam da ferida do
meu povo como se não fosse grave. 'Paz, paz', dizem, quando
não há paz alguma. 15 Ficarão eles envergonhados da sua con-
duta detestável? Não, eles não sentem vergonha alguma, nem
mesmo sabem corar. Portanto, cairão entre os que caem; serão
humilhados quando eu os castigar", declara o SENHOR.
16 Assim diz o SENHOR: "Ponham-se nas encruzilhadas e olhem;
perguntem pelos caminhos antigos, perguntem pelo bom ca-
minho. Sigam-no e acharão descanso. Mas vocês disseram:
'Não seguiremos!' 17 Coloquei sentinelas entre vocês e disse:
Prestem atenção ao som da trombeta! Mas vocês disseram:
'Não daremos atenção'. 18 Vejam, ó nações; observe, ó assem-

[a] 6.2 Hebraico: *filha*; também no versículo 23.
[b] 6.2 Ou *Sião, tão bela e formosa,*
[c] 6.6 Tradicionalmente traduzida por *Esta é a cidade que deve ser castigada.*
[d] 6.10 Hebraico: *incircuncisos*.

bleia, o que acontecerá a eles. 19 Ouça, ó terra: Trarei desgraça
sobre este povo, o fruto das suas maquinações, porque não
deram atenção às minhas palavras e rejeitaram a minha lei.
20 De que me serve o incenso trazido de Sabá, ou o cálamo
aromático de uma terra distante? Os seus holocaustos[a] não são
aceitáveis nem me agradam as suas ofertas".
21 Assim diz o SENHOR: "Estou colocando obstáculos diante
deste povo. Pais e filhos tropeçarão neles; vizinhos e amigos
perecerão".
22 Assim diz o SENHOR: "Veja! Um exército vem do norte; uma
grande nação está sendo mobilizada desde os confins da terra.
23 Eles empunham o arco e a lança; são cruéis e não têm mi-
sericórdia, e o barulho que fazem é como o bramido do mar.
Vêm montando os seus cavalos em formação de batalha, para
atacá-la, ó cidade de Sião".
24 Ouvimos os relatos sobre eles, e as nossas mãos amole-
ceram. A angústia tomou conta de nós, dores como as da mu-
lher que está dando à luz. 25 Não saiam aos campos nem andem
pelas estradas, pois o inimigo traz a espada, e há terror por
todos os lados. 26 Ó minha filha, meu povo, ponha vestes de
lamento e revolva-se em cinza. Lamente-se com choro amar-
gurado, como quem chora por um filho único, pois subitamente
o destruidor virá sobre nós.
27 "Eu o designei para examinador de metais, provador do meu
povo, para que você examine e ponha à prova a conduta deles.
28 Todos eles são rebeldes obstinados e propagadores de ca-
lúnias. Estão endurecidos como o bronze e o ferro. Todos eles
são corruptos. 29 O fole sopra com força para separar o chumbo
com o fogo, mas o refino prossegue em vão; os ímpios não
são expurgados. 30 São chamados prata rejeitada, porque o
SENHOR os rejeitou."

A Inutilidade da Falsa Religião

7 Esta é a palavra que veio a Jeremias da parte do SENHOR:
2 "Fique junto à porta do templo do SENHOR e proclame esta
mensagem: "Ouçam a palavra do SENHOR, todos vocês de Judá
que atravessam estas portas para adorar o SENHOR. 3 Assim diz o
SENHOR dos Exércitos, o Deus de Israel: Corrijam a sua conduta
e as suas ações, eu os farei habitar neste lugar. 4 Não confiem
nas palavras enganosas dos que dizem: 'Este é o templo do
SENHOR, o templo do SENHOR, o templo do SENHOR!' 5 Mas, se
vocês realmente corrigirem a sua conduta e as suas ações,
e se, de fato, tratarem uns aos outros com justiça, 6 se não
oprimirem o estrangeiro, o órfão e a viúva e não derramarem
sangue inocente neste lugar, e, se vocês não seguirem outros
deuses para a sua própria ruína, 7 então eu os farei habitar
neste lugar, na terra que dei aos seus antepassados desde a
antiguidade e para sempre. 8 Mas vejam! Vocês confiam em
palavras enganosas e inúteis.
9 "Vocês pensam que podem roubar e matar, cometer adultério
e jurar falsamente[b], queimar incenso a Baal e seguir outros
deuses que vocês não conheceram, 10 e depois vir e perma-
necer perante mim neste templo, que leva o meu nome, e
dizer: 'Estamos seguros!', seguros para continuar com todas
essas práticas repugnantes? 11 Este templo, que leva o meu
nome, tornou-se para vocês um covil de ladrões? Cuidado! Eu
mesmo estou vendo isso", declara o SENHOR.
12 "Portanto, vão agora a Siló, o meu lugar de adoração, onde
primeiro fiz uma habitação em honra ao meu nome, e vejam o
que eu lhe fiz por causa da impiedade de Israel, o meu povo.
13 Mas agora, visto que vocês fizeram todas essas coisas", diz
o SENHOR, "apesar de eu ter falado a vocês repetidas vezes, e
vocês não me terem dado atenção, e de eu tê-los chamado, e
vocês não me terem respondido, 14 eu farei a este templo que
leva o meu nome, no qual vocês confiam, o lugar de adoração
que dei a vocês e aos seus antepassados, o mesmo que fiz a
Siló. 15 Expulsarei vocês da minha presença, como fiz com todos
os seus compatriotas, o povo de Efraim.
16 "E você, Jeremias, não ore por este povo nem faça súplicas
ou pedidos em favor dele, nem interceda por ele junto a mim,
pois eu não o ouvirei. 17 Não vê o que estão fazendo nas cidades
de Judá e nas ruas de Jerusalém? 18 Os filhos ajuntam a lenha,
os pais acendem o fogo, e as mulheres preparam a massa e
fazem bolos para a Rainha dos Céus. Além disso, derramam
ofertas a outros deuses para provocarem a minha ira. 19 Mas
será que é a mim que eles estão provocando?", pergunta o
SENHOR. "Não é a si mesmos, para a sua própria vergonha?"
20 Portanto, assim diz o Soberano, o SENHOR: "A minha ardente
ira será derramada sobre este lugar, sobre os homens, os ani-
mais, e as árvores do campo, como também sobre o produto do
solo; ela arderá como fogo e não poderá ser extinta".
21 Assim diz o SENHOR dos Exércitos, o Deus de Israel: "Juntem
os seus holocaustos aos outros sacrifícios e comam a carne
vocês mesmos! 22 Quando tirei do Egito os seus antepassados,
nada lhes falei nem lhes ordenei quanto a holocaustos e sacri-
fícios. 23 Dei-lhes, entretanto, esta ordem: Obedeçam-me, e eu
serei o seu Deus e vocês serão o meu povo. Vocês andarão em
todo o caminho que eu ordenar, para que tudo vá bem a vocês.
24 Mas eles não me ouviram nem me deram atenção. Antes, se-
guiram o raciocínio rebelde dos seus corações maus. Andaram
para trás e não para a frente. 25 Desde a época em que os seus
antepassados saíram do Egito até o dia de hoje, eu enviei os
meus servos a vocês, os profetas, dia após dia. 26 Mas eles não
me ouviram nem me deram atenção. Antes, tornaram-se obs-
tinados e foram piores do que os seus antepassados.
27 "Quando você lhes disser tudo isso, eles não o escutarão;
quando você os chamar, não responderão. 28 Portanto, diga
a eles: Esta é uma nação que não obedeceu ao SENHOR, ao
seu Deus, nem aceitou a correção. A verdade foi destruída e
desapareceu dos seus lábios. 29 Cortem os seus cabelos con-
sagrados e joguem-nos fora. Lamentem-se sobre os montes
estéreis, pois o SENHOR rejeitou e abandonou esta geração que
provocou a sua ira.

[a] 6.20 Isto é, sacrifícios totalmente queimados; também em 7.21 e 22.
[b] 7.9 Ou *jurar por deuses falsos*

O Vale da Matança

30 "Os de Judá fizeram o que eu reprovo", declara o SENHOR.
"Profanaram o templo que leva o meu nome, colocando nele
as imagens dos seus ídolos. 31 Construíram o alto de Tofete
no vale de Ben-Hinom, para queimarem em sacrifício os seus
filhos e as suas filhas, coisa que nunca ordenei e que jamais
me veio à mente. 32 Por isso, certamente vêm os dias", declara
o SENHOR, "em que não mais chamarão este lugar Tofete ou
vale de Ben-Hinom, mas vale da Matança, pois ali enterrarão
cadáveres até que não haja mais lugar. 33 Então os cadáveres
deste povo servirão de comida para as aves e para os animais,
e não haverá quem os afugente. 34 Darei fim às vozes de júbilo
e de alegria, às vozes do noivo e da noiva nas cidades de Judá
e nas ruas de Jerusalém, pois esta terra se tornará um deserto.

8 "Naquele tempo", declara o SENHOR, "os ossos dos reis e
dos líderes de Judá, os ossos dos sacerdotes e dos profetas
e os ossos do povo de Jerusalém serão retirados dos seus tú-
mulos. 2 Serão expostos ao sol e à lua e a todos os astros do
céu, que eles amaram, aos quais prestaram culto e os quais
seguiram, consultaram e adoraram. Não serão ajuntados nem
enterrados, antes se tornarão esterco sobre o solo. 3 Todos
os sobreviventes dessa nação má preferirão a morte à vida,
em todos os lugares para onde eu os expulsar", diz o SENHOR
dos Exércitos.

O Pecado do Povo e o seu Castigo

4 "Diga a eles: Assim diz o SENHOR: "Quando os homens caem,
não se levantam mais? Quando alguém se desvia do caminho,
não retorna a ele? 5 Por que será, então, que este povo se
desviou? Por que Jerusalém persiste em desviar-se? Eles
apegam-se ao engano e recusam-se a voltar. 6 Eu ouvi com
atenção, mas eles não dizem o que é certo. Ninguém se arre-
pende de sua maldade e diz: 'O que foi que eu fiz?' Cada um se
desvia e segue seu próprio curso, como um cavalo que se lança
com ímpeto na batalha. 7 Até a cegonha no céu conhece as
estações que lhe estão determinadas, e a pomba, a andorinha
e o tordo observam a época de sua migração. Mas o meu povo
não conhece as exigências do SENHOR.
8 "Como vocês podem dizer: 'Somos sábios, pois temos a lei
do SENHOR', quando na verdade a pena mentirosa dos escribas
a transformou em mentira? 9 Os sábios serão envergonhados;
ficarão amedrontados e serão pegos na armadilha. Visto que
rejeitaram a palavra do SENHOR, que sabedoria é essa que eles
têm? 10 Por isso, entregarei as suas mulheres a outros homens,
e darei os seus campos a outros proprietários. Desde o menor
até o maior, todos são gananciosos; tanto os sacerdotes como
os profetas, todos praticam a falsidade. 11 Eles tratam da ferida
do meu povo como se ela não fosse grave. 'Paz, paz', dizem,
quando não há paz alguma. 12 Ficaram eles envergonhados de
sua conduta detestável? Não, eles não sentem vergonha, nem
mesmo sabem corar. Portanto, cairão entre os que caem; serão
humilhados quando eu os castigar", declara o SENHOR.
13 "Eu quis recolher a colheita deles", declara o SENHOR. "Mas
não há uvas na videira nem figos na figueira; as folhas estão
secas. O que lhes dei será tomado deles."
14 Por que estamos sentados aqui? Reúnam-se! Fujamos para
as cidades fortificadas e pereçamos ali! Pois o SENHOR, o nosso
Deus, condenou-nos a perecer e nos deu água envenenada
para beber, porque temos pecado contra ele. 15 Esperávamos
a paz, mas não veio bem algum; esperávamos um tempo de
cura, mas há somente terror. 16 O resfolegar dos seus cavalos
pode-se ouvir desde Dã; ao relinchar dos seus garanhões a
terra toda treme. Vieram para devorar esta terra e tudo o que
nela existe, a cidade e todos os que nela habitam. 17 "Vejam,
estou enviando contra vocês serpentes venenosas, que nin-
guém consegue encantar; elas morderão vocês, e não haverá
remédio", diz o SENHOR.
18 A tristeza tomou conta de mim; o meu coração desfalece.
19 Ouça o grito de socorro da minha filha, do meu povo, grito
que se estende por toda esta terra: "O SENHOR não está em
Sião? Não se acha mais ali o seu rei?"
"Por que eles me provocaram à ira com os seus ídolos, com os
seus inúteis deuses estrangeiros?"
20 Passou a época da colheita, acabou o verão, e não estamos
salvos.
21 Estou arrasado com a devastação sofrida pelo meu povo.
Choro muito, e o pavor se apodera de mim. 22 Não há bálsamo
em Gileade? Não há médico? Por que será, então, que não há
sinal de cura para a ferida do meu povo?

9 Ah, se a minha cabeça fosse uma fonte de água e os meus
olhos um manancial de lágrimas! Eu choraria noite e dia
pelos mortos do meu povo. 2 Ah, se houvesse um alojamento
para mim no deserto, para que eu pudesse deixar o meu povo
e afastar-me dele. São todos adúlteros, um bando de traidores!
3 "A língua deles é como um arco pronto para atirar. É a fal-
sidade, não a verdade, que prevalece nesta terra.[a] Eles vão
de um crime a outro; eles não me reconhecem", declara o
SENHOR. 4 "Cuidado com os seus amigos, não confie em seus
parentes. Porque cada parente é um enganador[b], e cada amigo
um caluniador. 5 Amigo engana amigo, ninguém fala a verdade.
Eles treinaram a língua para mentir; e, sendo perversos, eles
se cansam demais para se converterem.[c] 6 De opressão em
opressão, de engano em engano, eles se recusam a reconhe-
cer-me", declara o SENHOR.
7 Portanto, assim diz o SENHOR dos Exércitos: "Vejam, sou eu
que vou refiná-los e prová-los. Que mais posso eu fazer pelo
meu povo? 8 A língua deles é uma flecha mortal; eles falam
traiçoeiramente. Cada um mostra-se cordial com o seu pró-
ximo, mas no íntimo lhe prepara uma armadilha. 9 Deixarei eu
de castigá-los?", pergunta o SENHOR. "Não me vingarei de uma
nação como essa?"

---

[a] 9:3 Ou *um arco que atira a mentira; não é pela verdade que prevalecem na terra.*
[b] 9.4 Ou *um Jacó enganador*
[c] 9.5 Ou *eles se cansam de tanto pecar.*

10 Chorarei, prantearei e me lamentarei pelos montes por causa
das pastagens da estepe; pois estão abandonadas e ninguém
mais as percorre. Não se ouve o mugir do gado; tanto as aves
como os animais fugiram.
11 "Farei de Jerusalém um amontoado de ruínas, uma habi-
tação de chacais. Devastarei as cidades de Judá até não restar
nenhum morador."
12 Quem é bastante sábio para compreender isso? Quem foi
instruído pelo SENHOR, que possa explicá-lo? Por que a terra
está arruinada e devastada como um deserto pelo qual nin-
guém passa?
13 O SENHOR disse: "Foi porque abandonaram a minha lei, que
estabeleci diante deles; não me obedeceram nem seguiram a
minha lei. 14 Em vez disso, seguiram a dureza de seus próprios
corações, indo atrás dos baalins, como os seus antepassados
lhes ensinaram". 15 Por isso, assim diz o SENHOR dos Exércitos, o
Deus de Israel: "Vejam! Farei este povo comer comida amarga
e beber água envenenada. 16 Eu os espalharei entre as nações
que nem eles nem os seus antepassados conheceram; e en-
viarei contra eles a espada até exterminá-los".
17 Assim diz o SENHOR dos Exércitos: "Considerem: Chamem as
pranteadoras profissionais; mandem chamar as mais hábeis
entre elas. 18 Venham elas depressa e lamentem por nós, até
que os nossos olhos transbordem de lágrimas e águas corram
de nossas pálpebras. 19 O som de lamento se ouve desde Sião:
'Como estamos arruinados! Como é grande a nossa humi-
lhação! Deixamos a nossa terra porque as nossas casas estão
em ruínas' ". 20 Ó mulheres, ouçam agora a palavra do SENHOR;
abram os ouvidos às palavras de sua boca. Ensinem suas filhas
a lamentar-se; ensinem umas as outras a prantear. 21 A morte
subiu e penetrou pelas nossas janelas e invadiu as nossas forta-
lezas, eliminando das ruas as crianças e das praças os rapazes.
22 "Diga: Assim declara o SENHOR: "Cadáveres ficarão estirados
como esterco em campo aberto, como o trigo deixado para trás
pelo ceifeiro, sem que ninguém o ajunte."
23 Assim diz o SENHOR: "Não se glorie o sábio em sua sabedoria
nem o forte em sua força nem o rico em sua riqueza, 24 mas
quem se gloriar, glorie-se nisto: em compreender-me e co-
nhecer-me, pois eu sou o SENHOR e ajo com lealdade, com
justiça e com retidão sobre a terra, pois é dessas coisas que
me agrado", declara o SENHOR.
25 "Vêm chegando os dias", declara o SENHOR, "em que casti-
garei todos os que são circuncidados apenas no corpo, 26 como
também o Egito, Judá, Edom, Amom, Moabe e todos os que
rapam a cabeça[a] e vivem no deserto; porque todas essas na-
ções são incircuncisas, e a comunidade de Israel tem o coração
obstinado[b]."

10 Deus e os Ídolos

Ouçam o que o SENHOR diz a vocês, ó comunidade de
Israel! 2 Assim diz o SENHOR: "Não aprendam as práticas das
nações nem se assustem com os sinais no céu, embora as na-
ções se assustem com eles. 3 Os costumes religiosos das na-
ções são inúteis: corta-se uma árvore da floresta, um artesão
a modela com seu formão; 4 enfeitam-na com prata e ouro,
prendendo tudo com martelo e pregos para que não balance.
5 Como um espantalho numa plantação de pepinos, os ídolos
são incapazes de falar e têm que ser transportados porque não
conseguem andar. Não tenham medo deles, pois não podem
fazer nem mal nem bem".
6 Não há absolutamente ninguém comparável a ti, ó SENHOR;
tu és grande, e grande é o poder do teu nome. 7 Quem não te
temerá, ó rei das nações? Esse temor te é devido. Entre todos
os sábios das nações e entre todos os seus reinos não há abso-
lutamente ninguém comparável a ti. 8 São todos insensatos e
tolos; querem ser ensinados por ídolos inúteis. Os deuses deles
não passam de madeira. 9 Prata batida é trazida de Társis, e
ouro, de Ufaz. A obra do artesão e do ourives é vestida de
azul e de púrpura; tudo não passa de obra de hábeis artesãos.
10 Mas o SENHOR é o Deus verdadeiro; ele é o Deus vivo; o rei
eterno. Quando ele se ira, a terra treme; as nações não podem
suportar o seu furor.
11 "Digam-lhes isto: Estes deuses, que não fizeram nem os céus
nem a terra, desaparecerão da terra e de debaixo dos céus".[c]
12 Mas foi Deus quem fez a terra com o seu poder, firmou o
mundo com a sua sabedoria e estendeu os céus com o seu
entendimento. 13 Ao som do seu trovão, as águas no céu rugem,
e formam-se nuvens desde os confins da terra. Ele faz os re-
lâmpagos para a chuva e dos seus depósitos faz sair o vento.
14 Esses homens todos são estúpidos e ignorantes; cada ourives
é envergonhado pela imagem que esculpiu. Suas imagens es-
culpidas são uma fraude, elas não têm fôlego de vida. 15 São
inúteis, são objetos de zombaria. Quando vier o julgamento
delas, perecerão. 16 Aquele que é a porção de Jacó nem se
compara a essas imagens, pois ele é quem forma todas as
coisas, e Israel é a tribo de sua propriedade, SENHOR dos Exér-
citos é o seu nome.

A Destruição Vindoura

17 Ajunte os seus pertences para deixar a terra, você que vive
sitiada. 18 Porque assim diz o SENHOR: "Desta vez lançarei fora
os que vivem nesta terra. Trarei aflição sobre eles, e serão
capturados".
19 Ai de mim! Estou ferido! O meu ferimento é incurável! Apesar
disso eu dizia: Esta é a minha enfermidade e tenho que supor-
tá-la. 20 A minha tenda foi destruída; todas as cordas da minha
tenda estão arrebentadas. Os meus filhos me deixaram e já
não existem; não restou ninguém para armar a minha tenda
e montar o meu abrigo. 21 Os líderes do povo são insensatos e
não consultam o SENHOR; por isso não prosperam e todo o seu
rebanho está disperso. 22 Escutem! Estão chegando notícias:
uma grande agitação vem do norte! As cidades de Judá serão
arrasadas e transformadas em morada de chacais.

[a] 9.26 Ou *e todos os que prendem o cabelo junto à testa*
[b] 9.26 Hebraico: *é incircuncisa de coração.*

[c] 10.11 Este versículo está em aramaico no texto original.

A Oração de Jeremias

23 Eu sei, SENHOR, que não está nas mãos do homem o seu
futuro; não compete ao homem dirigir os seus passos. 24 Cor-
rige-me, SENHOR, mas somente com justiça, não com ira, para
que não me reduzas a nada. 25 Derrama a tua ira sobre as na-
ções que não te conhecem, sobre os povos que não invocam o
teu nome; pois eles devoraram Jacó, devoraram-no completa-
mente e destruíram a sua terra.

11 A Aliança é Quebrada

Esta é a palavra que veio a Jeremias da parte do SENHOR:
2 "Ouça os termos desta aliança; e repita-os ao povo de Judá
e aos habitantes de Jerusalém. 3 Diga-lhes que assim diz o SE-
NHOR, o Deus de Israel: Maldito é aquele que não obedecer aos
termos desta aliança, 4 os quais ordenei aos antepassados de
vocês, quando eu os tirei do Egito, da fornalha de fundir ferro.
Eu disse: Obedeçam-me e façam tudo o que ordeno, e vocês
serão o meu povo, e eu serei o seu Deus. 5 Então cumprirei a
promessa que fiz sob juramento aos antepassados de vocês,
de dar-lhes uma terra onde há leite e mel com fartura, a terra
que vocês hoje possuem".
Então respondi: Amém, SENHOR.
6 O SENHOR me disse: "Proclame todas estas palavras nas ci-
dades de Judá e nas ruas de Jerusalém: Ouçam os termos
desta aliança e cumpram-nos. 7 Desde a época em que tirei
os seus antepassados do Egito até hoje, repetidas vezes os ad-
verti, dizendo: Obedeçam-me. 8 Mas eles não me ouviram nem
me deram atenção; ao contrário, seguiram os seus corações
duros e maus. Por isso eu trouxe sobre eles todas as maldições
desta aliança, que eu tinha ordenado que cumprissem, mas
que eles não cumpriram".
9 Então o SENHOR me disse: "Há uma conspiração entre o povo
de Judá e os habitantes de Jerusalém. 10 Eles retornaram aos
pecados de seus antepassados, que recusaram dar ouvidos às
minhas palavras e seguiram outros deuses para prestar-lhes
culto. Tanto a comunidade de Israel como a de Judá quebraram
a aliança que eu fiz com os antepassados deles". 11 Por isso,
assim diz o SENHOR: "Trarei sobre eles uma desgraça da qual
não poderão escapar. Ainda que venham a clamar a mim, eu
não os ouvirei. 12 Então as cidades de Judá e os habitantes de
Jerusalém clamarão aos deuses aos quais queimam incenso,
mas eles não poderão salvá-los quando a desgraça os atingir.
13 Você tem tantos deuses quantas são as suas cidades, ó Judá;
e os altares que você construiu para queimar incenso àquela
coisa vergonhosa chamada Baal são tantos quantas são as ruas
de Jerusalém.
14 "E você, Jeremias, não ore em favor deste povo nem ofe-
reça súplica ou petição alguma por eles, porque eu não ouvirei
quando clamarem a mim na hora da desgraça.
15 "O que a minha amada faz no meu templo com intenção en-
ganosa? Será que os votos e a carne consagrada evitarão o
castigo? Poderá você, então, exultar?"
16 O SENHOR a chamou de oliveira verdejante, ornada de belos e
bons frutos. Mas, com o estrondo de um grande tumulto, ele a
incendiará, e os seus ramos serão quebrados.
17 O SENHOR dos Exércitos, que a plantou, anunciou-lhe des-
graça, porque a comunidade de Israel e a comunidade de Judá
fizeram o que é reprovável e provocaram a minha ira, quei-
mando incenso a Baal.

A Conspiração contra Jeremias

18 Fiquei sabendo porque o SENHOR me revelou; tu me mostraste
o que eles estavam fazendo. 19 Eu era como um cordeiro manso
levado ao matadouro; não tinha percebido que tramavam
contra mim, dizendo: "Destruamos a árvore e a sua seiva[a],
vamos cortá-lo da terra dos viventes para que o seu nome não
seja mais lembrado". 20 Ó SENHOR dos Exércitos, justo juiz que
provas o coração e a mente, espero ver a tua vingança sobre
eles, pois a ti expus a minha causa.
21 Em vista disso, assim diz o SENHOR a respeito dos homens
de Anatote que querem tirar a minha vida, e que dizem: "Não
profetize em nome do SENHOR, senão nós o mataremos";
22 assim diz o SENHOR dos Exércitos: "Eu os castigarei. Seus
jovens morrerão à espada; seus filhos e suas filhas, de fome.
23 Nem mesmo um remanescente lhes restará, porque trarei a
desgraça sobre os homens de Anatote no ano do seu castigo".

12 A Queixa de Jeremias

Tu és justo, SENHOR, quando apresento uma causa diante
de ti. Contudo, eu gostaria de discutir contigo sobre a tua jus-
tiça. Por que o caminho dos ímpios prospera? Por que todos
os traidores vivem sem problemas? 2 Tu os plantaste, e eles
criaram raízes; crescem e dão fruto. Tu estás sempre perto
dos seus lábios, mas longe dos seus corações. 3 Tu, porém,
me conheces, SENHOR; tu me vês e provas a minha atitude para
contigo. Arranca os ímpios como a ovelhas destinadas ao ma-
tadouro! Reserva-os para o dia da matança! 4 Até quando a
terra ficará de luto[b] e a relva de todo o campo estará seca?
Perecem os animais e as aves por causa da maldade dos que
habitam nesta terra, pois eles disseram: "Ele não verá o fim
que nos espera".

A Resposta de Deus

5 "Se você correu com homens e eles o cansaram, como poderá
competir com cavalos? Se você tropeça[c] em terreno seguro,[d] o
que fará nos matagais junto ao Jordão?[e] 6 Até mesmo os seus
irmãos e a sua própria família traíram você e o perseguem aos
gritos. Não confie neles, mesmo quando dizem coisas boas.
7 "Abandonei a minha família, deixei a minha propriedade e
entreguei aquela a quem amo nas mãos dos seus inimigos.
8 O povo de minha propriedade tornou-se para mim como um
leão na floresta. Ele ruge contra mim, por isso eu o detesto.

---

a 11.19 Hebraico: *com seu pão.*
b 12.4 Ou *a terra pranteará*
c 12.5 Ou *você se sente seguro*
d 12.5 Ou *Se você põe a confiança numa terra segura,*
e 12.5 Ou *fará quando o Jordão inundar?*

9 O povo de minha propriedade tornou-se para mim como uma
toca de hiena, sobre a qual pairam as aves de rapina. Reúnam
todos os animais selvagens; tragam-nos para o banquete. 10 A
minha vinha foi destruída por muitos pastores, que pisotearam
a minha propriedade. Eles tornaram a minha preciosa pro-
priedade num deserto devastado. 11 Fizeram dela uma terra
devastada; e devastada ela pranteia diante de mim. A terra
toda foi devastada, mas não há quem se importe com isso.
12 Destruidores vieram sobre todas as planícies do deserto,
pois a espada do SENHOR devora esta terra de uma extremi-
dade à outra; ninguém está seguro. 13 Semearam trigo, mas
colheram espinhos; cansaram-se de trabalhar para nada pro-
duzir. Estão desapontados com a colheita por causa do fogo
da ira do SENHOR."
14 Assim diz o SENHOR a respeito de todos os meus vizinhos, as
nações ímpias que se apoderam da herança que dei a Israel,
o meu povo: "Eu os arrancarei da sua terra, e arrancarei Judá
do meio deles. 15 Mas, depois de arrancá-los, terei compaixão
de novo e os farei voltar, cada um à sua propriedade e à sua
terra. 16 E, se aprenderem a comportar-se como o meu povo, e
jurarem pelo nome do SENHOR, dizendo: 'Juro pelo nome do SE-
NHOR' — como antes ensinaram o meu povo a jurar por Baal —,
então eles serão estabelecidos no meio do meu povo. 17 Mas, se
não me ouvirem, eu arrancarei completamente aquela nação e
a destruirei", declara o SENHOR.

13 O Cinto de Linho

Assim me disse o SENHOR: "Vá comprar um cinto de linho
e ponha-o em volta da cintura, mas não o deixe encostar na
água". 2 Comprei um cinto e o pus em volta da cintura, como o
SENHOR me havia instruído.
3 O SENHOR me dirigiu a palavra pela segunda vez, dizendo:
4 "Pegue o cinto que você comprou e está usando, vá agora a
Perate[a] e esconda-o ali numa fenda da rocha". 5 Assim, fui e o
escondi em Perate, conforme o SENHOR me havia ordenado.
6 Depois de muitos dias, o SENHOR me disse: "Vá agora a Pe-
rate e pegue o cinto que ordenei a você que escondesse ali".
7 Então fui a Perate, desenterrei o cinto e o tirei do lugar em
que o havia escondido. O cinto estava podre e se tornara com-
pletamente inútil.
8 E o SENHOR dirigiu-me a palavra, dizendo: 9 "Assim diz o SE-
NHOR: Do mesmo modo também arruinarei o orgulho de Judá e
o orgulho desmedido de Jerusalém. 10 Este povo ímpio, que se
recusa a ouvir as minhas palavras, que age segundo a dureza
de seus corações, seguindo outros deuses para prestar-lhes
culto e adorá-los, que este povo seja como aquele cinto: com-
pletamente inútil! 11 Assim como um cinto se apega à cintura de
um homem, da mesma forma fiz com que toda a comunidade
de Israel e toda a comunidade de Judá se apegasse a mim,
para que fosse o meu povo para o meu renome, louvor e honra.
Mas eles não me ouviram", declara o SENHOR.

As Vasilhas de Couro

12 "Diga-lhes também: Assim diz o SENHOR, o Deus de Israel:
Deve-se encher de vinho toda vasilha de couro. E, se eles dis-
serem a você: 'Será que não sabemos que se deve encher de
vinho toda vasilha de couro?' 13 Então você lhes dirá: Assim diz
o SENHOR: Farei com que fiquem totalmente embriagados todos
os habitantes desta terra, bem como os reis que se assentam
no trono de Davi, os sacerdotes, os profetas e todos os ha-
bitantes de Jerusalém. 14 Eu os despedaçarei, colocando uns
contra os outros, tanto os pais como os filhos", diz o SENHOR.
"Nem a piedade nem a misericórdia nem a compaixão me im-
pedirão de destruí-los."

Ameaça de Cativeiro

15 Escutem e deem atenção, não sejam arrogantes, pois o
SENHOR falou. 16 Deem glória ao SENHOR, ao seu Deus, antes
que ele traga trevas, antes que os pés de vocês tropecem nas
colinas ao escurecer. Vocês esperam a luz, mas ele fará dela
uma escuridão profunda; sim, ele a transformará em densas
trevas. 17 Mas, se vocês não ouvirem, eu chorarei em segredo
por causa do orgulho de vocês. Chorarei amargamente, e de
lágrimas os meus olhos transbordarão, porque o rebanho do
SENHOR foi levado para o cativeiro.
18 Diga-se ao rei e à rainha-mãe: "Desçam do trono, pois as
suas coroas gloriosas caíram de sua cabeça". 19 As cidades do
Neguebe estão bloqueadas e não há quem nelas consiga en-
trar. Todo o Judá foi levado para o exílio, todos foram exilados.
20 Erga os olhos, Jerusalém, e veja aqueles que vêm do norte.
Onde está o rebanho que foi confiado a você, as ovelhas das
quais se orgulhava? 21 O que você dirá quando sobre você domi-
narem aqueles que você sempre teve como aliados? Você não
irá sentir dores como as de uma mulher em trabalho de parto?
22 E, se você se perguntar: "Por que aconteceu isso comigo?",
saiba que foi por causa dos seus muitos pecados que as suas
vestes foram levantadas e você foi violentada[b]. 23 Será que o
etíope[c] pode mudar a sua pele? Ou o leopardo as suas pintas?
Assim também vocês são incapazes de fazer o bem, vocês, que
estão acostumados a praticar o mal.
24 "Espalharei vocês como a palha levada pelo vento do de-
serto. 25 Esta é a sua parte, a porção que determinei para
você", declara o SENHOR, "porque você se esqueceu de mim
e confiou em deuses falsos. 26 Eu mesmo levantarei as suas
vestes até o seu rosto para que as suas vergonhas sejam ex-
postas. 27 Tenho visto os seus atos repugnantes, os seus adul-
térios, os seus relinchos, a sua prostituição desavergonhada
sobre as colinas e nos campos. Ai de você, Jerusalém! Até
quando você continuará impura?"

14 Seca, Fome, Espada

Esta é a palavra que o SENHOR dirigiu a Jeremias acerca da
seca: 2 "Judá pranteia, as suas cidades estão definhando e os

[a] 13.4 Possivelmente *ao Eufrates*; também nos versículos 5-7.

[b] 13.22 Hebraico: *os seus calcanhares sofreram violência.*

[c] 13.23 Hebraico: *cuxita.*

seus habitantes se lamentam, prostrados no chão! O grito de
Jerusalém sobe. 3 Os nobres mandam os seus servos à procura
de água; eles vão às cisternas mas nada encontram. Voltam
com os potes vazios e, decepcionados e desesperados, cobrem
a cabeça. 4 A terra nada produziu, porque não houve chuva; e
os lavradores, decepcionados, cobrem a cabeça. 5 Até mesmo
a corça no campo abandona a cria recém-nascida, porque não
há capim. 6 Os jumentos selvagens permanecem nos altos, fa-
rejando o vento como os chacais, mas a sua visão falha, por
falta de pastagem".

7 Embora os nossos pecados nos acusem, age por amor do teu
nome, ó SENHOR! Nossas infidelidades são muitas; temos pe-
cado contra ti. 8 Ó Esperança de Israel, tu que o salvas na hora
da adversidade, por que te comportas como um estrangeiro na
terra, ou como um viajante que fica somente uma noite? 9 Por
que ages como um homem que foi pego de surpresa, como
um guerreiro que não pode salvar? Tu estás em nosso meio, ó
SENHOR, e nós pertencemos a ti[a]; não nos abandones!

10 Assim diz o SENHOR acerca deste povo: "Eles gostam muito
de vaguear; não controlam os pés. Por isso o SENHOR não os
aceita; agora ele se lembrará da iniquidade deles e os casti-
gará por causa dos seus pecados".

11 Então o SENHOR me disse: "Não ore pelo bem-estar deste
povo. 12 Ainda que jejuem, não escutarei o clamor deles;
ainda que ofereçam holocaustos[b] e ofertas de cereal, não os
aceitarei. Mas eu os destruirei pela guerra, pela fome e pela
peste".

13 Mas eu disse: Ah, Soberano SENHOR, os profetas estão di-
zendo a eles: "Vocês não verão a guerra nem a fome; eu lhes
darei prosperidade duradoura neste lugar".

14 Então o SENHOR me disse: "É mentira o que os profetas estão
profetizando em meu nome. Eu não os enviei nem lhes dei
ordem nenhuma, nem falei com eles. Eles estão profetizando
para vocês falsas visões, adivinhações inúteis e ilusões de suas
próprias mentes". 15 Por isso, assim diz o SENHOR: "Quanto aos
profetas que estão profetizando em meu nome, embora eu não
os tenha enviado, e que dizem: 'Nem guerra nem fome alcan-
çarão esta terra', aqueles mesmos profetas perecerão pela
guerra e pela fome! 16 E aqueles a quem estão profetizando
serão jogados nas ruas de Jerusalém, por causa da fome e
da guerra. E não haverá ninguém para sepultá-los, nem para
sepultar as suas mulheres, os seus filhos e as suas filhas. Des-
pejarei sobre eles o castigo que merecem.

17 "Diga-lhes isto: "Que os meus olhos derramem lágrimas,
noite e dia sem cessar; pois a minha filha virgem, o meu povo,
sofreu um ferimento terrível, um golpe fatal. 18 Se vou para o
campo, vejo os que morreram à espada; se entro na cidade,
vejo a devastação da fome. Tanto o profeta como o sacerdote
percorrem a terra sem nada compreender[c]".

19 Rejeitaste Judá completamente? Desprezaste Sião? Por que
nos feriste a ponto de não podermos ser curados? Esperávamos
a paz, mas não veio bem algum; esperávamos um tempo de
cura, mas há somente terror. 20 SENHOR, reconhecemos a nossa
impiedade e a iniquidade dos nossos pais; temos de fato pe-
cado contra ti. 21 Por amor do teu nome não nos desprezes;
não desonres o teu trono glorioso. Lembra-te da tua aliança
conosco e não a quebres. 22 Entre os ídolos inúteis das nações,
existe algum que possa trazer chuva? Podem os céus, por si
mesmos, produzir chuvas copiosas? Somente tu o podes, SE-
NHOR, nosso Deus! Portanto, a nossa esperança está em ti, pois
tu fazes todas essas coisas.

15 Então o SENHOR me disse: "Ainda que Moisés e Samuel
estivessem diante de mim, intercedendo por este povo,
eu não lhes mostraria favor. Expulse-os da minha presença!
Que saiam! 2 E, se perguntarem a você: 'Para onde iremos?',
diga-lhes: Assim diz o SENHOR: "Os destinados à morte, para a
morte; os destinados à espada, para a espada; os destinados à
fome, para a fome; os destinados ao cativeiro, para o cativeiro.
3 "Enviarei quatro tipos de destruidores contra eles", declara
o SENHOR: "a espada para matar, os cães para dilacerar, as
aves do céu e os animais selvagens para devorar e destruir.
4 Eu farei deles uma causa de terror para todas as nações da
terra, por tudo o que Manassés, filho de Ezequias, rei de Judá,
fez em Jerusalém.

5 "Quem terá compaixão de você, ó Jerusalém? Quem se la-
mentará por você? Quem vai parar e perguntar como você está?
6 Você me rejeitou", diz o SENHOR. "Você vive se desviando.
Por isso, porei as mãos em você e a destruirei; cansei-me de
mostrar compaixão. 7 Eu os espalhei ao vento como palha nas
cidades desta terra. Deixei-os sem filhos; destruí o meu povo,
pois não se converteram de seus caminhos. 8 Fiz com que as
suas viúvas se tornassem mais numerosas do que a areia do
mar. Ao meio-dia, trouxe um destruidor contra as mães dos jo-
vens guerreiros; fiz cair sobre elas repentina angústia e pavor.
9 A mãe de sete filhos desmaiou e está ofegante. Para ela o sol
se pôs enquanto ainda era dia; ela foi envergonhada e humi-
lhada. Entregarei os sobreviventes à espada diante dos seus
inimigos", declara o SENHOR

10 Ai de mim, minha mãe, por me haver dado à luz! Pois sou
um homem em luta e em contenda com a terra toda! Nunca
emprestei nem tomei emprestado, e assim mesmo todos me
amaldiçoam.

11 O SENHOR disse: "Eu certamente o fortaleci para o bem e in-
tervim por você, na época da desgraça e da adversidade, por
causa do inimigo.[d]

12 "Será alguém capaz de quebrar o ferro, o ferro que vem do
norte, ou o bronze? 13 Diga a esse povo: Darei de graça a sua
riqueza e os seus tesouros como despojo, por causa de todos
os seus pecados em toda a sua terra. 14 Eu os tornarei escravos

[a] **14.9** Hebraico: *e teu nome foi invocado sobre nós.*
[b] **14.12** Isto é, sacrifícios totalmente queimados; também em 17.26 e 19.5.
[c] **14.18** Ou *foram para uma terra que não conhecem*
[d] **15.11** A Septuaginta diz *Certamente, Senhor, eu te servi fielmente e te busquei na época da desgraça e da adversidade, para o bem de meu inimigo.*

de seus inimigos, numa terra[a] que vocês não conhecem, pois a
minha ira acenderá um fogo que arderá contra vocês".
15 Tu me conheces, SENHOR; lembra-te de mim, vem em meu
auxílio e vinga-me dos meus perseguidores. Que, pela tua pa-
ciência para com eles, eu não seja eliminado. Sabes que sofro
afronta por tua causa. 16 Quando as tuas palavras foram encon-
tradas, eu as comi; elas são a minha alegria e o meu júbilo, pois
pertenço a ti[b], SENHOR Deus dos Exércitos. 17 Jamais me sentei
na companhia dos que se divertem, nunca festejei com eles.
Sentei-me sozinho, porque a tua mão estava sobre mim e me
encheste de indignação. 18 Por que é permanente a minha dor,
e a minha ferida é grave e incurável? Por que te tornaste para
mim como um riacho seco, cujos mananciais falham?
19 Assim respondeu o SENHOR: "Se você se arrepender, eu o
restaurarei para que possa me servir; se você disser palavras
de valor, e não indignas, será o meu porta-voz. Deixe este povo
voltar-se para você, mas não se volte para eles. 20 Eu farei de
você uma muralha de bronze fortificada diante deste povo;
lutarão contra você, mas não o vencerão, pois estou com você
para resgatá-lo e salvá-lo", declara o SENHOR. 21 "Eu o livrarei
das mãos dos ímpios e o resgatarei das garras dos violentos".

A Vida Solitária de Jeremias

16 Então o SENHOR me dirigiu a palavra, dizendo: 2 "Não se
case nem tenha filhos ou filhas neste lugar"; 3 porque assim
diz o SENHOR a respeito dos filhos e filhas nascidos nesta terra
e a respeito das mulheres que forem suas mães e dos homens
que forem seus pais: 4 "Eles morrerão de doenças graves; nin-
guém pranteará por eles; não serão sepultados, mas servirão
de esterco para o solo. Perecerão pela espada e pela fome, e
os seus cadáveres serão o alimento das aves e dos animais".
5 Porque assim diz o SENHOR: "Não entre numa casa onde há
luto; não vá prantear nem apresentar condolências, porque re-
tirei a minha paz, o meu amor leal e a minha compaixão deste
povo", declara o SENHOR. 6 "Tanto grandes como pequenos
morrerão nesta terra; não serão sepultados nem se pranteará
por eles; não se farão incisões nem se rapará a cabeça por
causa deles. 7 Ninguém oferecerá comida para fortalecer os
que pranteiam pelos mortos; ninguém dará de beber do cálice
da consolação nem mesmo pelo pai ou pela mãe.
8 "Não entre numa casa em que há um banquete, para se as-
sentar com eles a fim de comer e beber". 9 Porque assim diz
o SENHOR dos Exércitos, o Deus de Israel: "Farei cessar neste
lugar, diante dos olhos de vocês e durante a vida de vocês, a
voz de júbilo e a voz de alegria, a voz do noivo e a voz da noiva.
10 "Quando você falar todas essas coisas a este povo e eles
perguntarem a você: 'Por que o SENHOR determinou uma des-
graça tão terrível contra nós? Que delito ou pecado cometemos
contra o SENHOR, contra o nosso Deus?', 11 diga-lhes: Foi porque
os seus antepassados me abandonaram", diz o SENHOR, "e se-
guiram outros deuses, aos quais prestaram culto e adoraram.
Eles me abandonaram e não obedeceram à minha lei. 12 Mas
vocês têm feito coisas piores do que os seus antepassados:
cada um segue a rebeldia do seu coração mau, em vez de
obedecer-me. 13 Por isso eu os lançarei fora desta terra, para
uma terra que vocês e os seus antepassados desconhecem;
lá vocês servirão a outros deuses dia e noite, pois não terei
misericórdia de vocês.
14 "Contudo, vêm dias", declara o SENHOR, "quando já não mais
se dirá: 'Juro pelo nome do SENHOR, que trouxe os israelitas do
Egito'. 15 Antes dirão: 'Juro pelo nome do SENHOR, que trouxe os
israelitas do norte e de todos os países para onde ele os havia
expulsado'. Eu os conduzirei de volta para a sua terra, terra que
dei aos seus antepassados.
16 "Mas agora mandarei chamar muitos pescadores", declara
o SENHOR, "e eles os pescarão. Depois disso mandarei chamar
muitos caçadores, e eles os caçarão em cada monte e colina
e nas fendas das rochas. 17 Os meus olhos veem todos os seus
caminhos; eles não estão escondidos de mim, nem a sua iniqui-
dade está oculta aos meus olhos. 18 Eu lhes retribuirei em dobro
pela sua impiedade e pelo seu pecado, porque contaminaram
a minha terra com as carcaças de seus ídolos detestáveis e
encheram a minha herança com as suas abominações".
19 SENHOR, minha força e minha fortaleza, meu abrigo seguro
na hora da adversidade, a ti virão as nações desde os con-
fins da terra e dirão: "Nossos antepassados possuíam deuses
falsos, ídolos inúteis, que não lhes fizeram bem algum. 20 Pode
o homem mortal fazer os seus próprios deuses? Sim, mas estes
não seriam deuses!"
21 "Portanto eu lhes ensinarei; desta vez eu lhes ensinarei sobre
o meu poder e sobre a minha força. Então saberão que o meu
nome é SENHOR.

17 "O pecado de Judá está escrito com estilete de ferro, gra-
vado com ponta de diamante nas tábuas dos seus cora-
ções e nas pontas dos seus altares. 2 Os seus filhos se lembram
dos seus altares e dos postes sagrados, ao lado das árvores
verdejantes, sobre os montes altos 3 e sobre as montanhas do
campo. As riquezas de vocês e todos os seus tesouros, eu os
darei como despojo, como preço por todos os seus pecados nos
altares idólatras, em toda a sua terra. 4 Você mesmo perdeu a
posse da herança que eu tinha dado a você. Eu o farei escravo
de seus inimigos numa terra que você não conhece, pois acen-
deu-se a minha ira, que arderá para sempre."
5 Assim diz o SENHOR: "Maldito é o homem que confia nos ho-
mens, que faz da humanidade mortal a sua força, mas cujo
coração se afasta do SENHOR. 6 Ele será como um arbusto no
deserto; não verá quando vier algum bem. Habitará nos lugares
áridos do deserto, numa terra salgada onde não vive ninguém.
7 "Mas bendito é o homem cuja confiança está no SENHOR, cuja
confiança nele está. 8 Ele será como uma árvore plantada junto
às águas e que estende as suas raízes para o ribeiro. Ela não

[a] 15.14 Conforme alguns manuscritos do Texto Massorético, a Septuaginta e a Versão Siríaca. A maioria dos manuscritos do Texto Massorético diz *Eu farei com que os seus inimigos o levem a uma terra.* Veja Jr 17.4.

[b] 15.16 Hebraico: *pois teu nome foi invocado sobre mim.*

temerá quando chegar o calor, porque as suas folhas estão
sempre verdes; não ficará ansiosa no ano da seca nem deixará
de dar fruto".
9 O coração é mais enganoso que qualquer outra coisa e sua
doença é incurável. Quem é capaz de compreendê-lo? 10 "Eu
sou o SENHOR que sonda o coração e examina a mente, para re-
compensar a cada um de acordo com a sua conduta, de acordo
com as suas obras."
11 O homem que obtém riquezas por meios injustos é como a
perdiz que choca ovos que não pôs. Quando a metade da sua
vida tiver passado, elas o abandonarão, e, no final, ele se re-
velará um tolo.
12 Um trono glorioso, exaltado desde o início, é o lugar de nosso
santuário. 13 Ó SENHOR, Esperança de Israel, todos os que te
abandonarem sofrerão vergonha; aqueles que se desviarem
de ti terão os seus nomes escritos no pó, pois abandonaram o
SENHOR, a fonte de água viva.
14 Cura-me, SENHOR, e serei curado; salva-me, e serei salvo,
pois tu és aquele a quem eu louvo. 15 Há os que vivem me di-
zendo: "Onde está a palavra do SENHOR? Que ela se cumpra!"
16 Mas não insisti eu contigo para que afastasses a desgraça?
Tu sabes que não desejei o dia do desespero. Sabes o que saiu
de meus lábios, pois está diante de ti. 17 Não sejas motivo de
pavor para mim; tu és o meu refúgio no dia da desgraça. 18 Que
os meus perseguidores sejam humilhados, mas não eu; que
eles sejam aterrorizados, mas não eu. Traze sobre eles o dia
da desgraça; destrói-os com destruição dobrada.

A Guarda do Sábado

19 Assim me disse o SENHOR: "Vá colocar-se à porta do Povo,
por onde entram e saem os reis de Judá; faça o mesmo junto
a todas as portas de Jerusalém. 20 Diga-lhes: Ouçam a palavra
do SENHOR, reis de Judá, todo o Judá e todos os habitantes
de Jerusalém, vocês que passam por estas portas". 21 Assim
diz o SENHOR: "Por amor à vida de vocês, tenham o cuidado
de não levar cargas nem de fazê-las passar pelas portas de
Jerusalém no dia de sábado. 22 Não levem carga alguma para
fora de casa nem façam nenhum trabalho no sábado, mas
guardem o dia de sábado como dia consagrado, como ordenei
aos seus antepassados. 23 Contudo, eles não me ouviram nem
me deram atenção; foram obstinados e não quiseram ouvir
nem aceitar a disciplina. 24 Mas, se vocês tiverem o cuidado
de obedecer-me", diz o SENHOR, "e não fizerem passar carga
alguma pelas portas desta cidade no sábado, mas guardarem o
dia de sábado como dia consagrado, deixando de realizar nele
todo e qualquer trabalho, 25 então os reis que se assentarem
no trono de Davi entrarão pelas portas desta cidade em compa-
nhia de seus conselheiros. Eles e os seus conselheiros virão em
carruagens e cavalos, acompanhados dos homens de Judá e
dos habitantes de Jerusalém; e esta cidade será habitada para
sempre. 26 Virá gente das cidades de Judá e dos povoados ao
redor de Jerusalém, do território de Benjamim e da Sefelá[a],
das montanhas e do Neguebe, trazendo holocaustos e sacri-
fícios, ofertas de cereal, incenso e ofertas de ação de graças
ao templo do SENHOR. 27 Mas, se vocês não me obedecerem e
deixarem de guardar o sábado como dia consagrado, fazendo
passar cargas pelas portas de Jerusalém no dia de sábado,
porei fogo nas suas portas, que consumirá os seus palácios".

18 Na Casa do Oleiro

Esta é a palavra que veio a Jeremias da parte do SENHOR:
2 "Vá à casa do oleiro, e ali você ouvirá a minha mensagem".
3 Então fui à casa do oleiro, e o vi trabalhando com a roda.
4 Mas o vaso de barro que ele estava formando estragou-se em
suas mãos; e ele o refez, moldando outro vaso de acordo com
a sua vontade.
5 Então o SENHOR dirigiu-me a palavra: 6 "Ó comunidade de Is-
rael, será que eu não posso agir com vocês como fez o oleiro?",
pergunta o SENHOR. "Como barro nas mãos do oleiro, assim
são vocês nas minhas mãos, ó comunidade de Israel. 7 Se em
algum momento eu decretar que uma nação ou um reino seja
arrancado, despedaçado e arruinado, 8 e se essa nação que
eu adverti converter-se da sua perversidade, então eu me
arrependerei e não trarei sobre ela a desgraça que eu tinha
planejado. 9 E, se noutra ocasião eu decretar que uma nação
ou um reino seja edificado e plantado, 10 e se ele fizer o que eu
reprovo e não me obedecer, então me arrependerei do bem
que eu pretendia fazer em favor dele.
11 "Agora, portanto, diga ao povo de Judá e aos habitantes de
Jerusalém: Assim diz o SENHOR: Estou preparando uma des-
graça e fazendo um plano contra vocês. Por isso, converta-se
cada um de seu mau procedimento e corrija a sua conduta e as
suas ações. 12 Mas eles responderão: 'Não adianta. Continua-
remos com os nossos próprios planos; cada um de nós seguirá
a rebeldia do seu coração mau'. "
13 Portanto, assim diz o SENHOR: "Perguntem entre as nações
se alguém já ouviu uma coisa dessas; coisa tremendamente
horrível fez a virgem, Israel! 14 Poderá desaparecer a neve
do Líbano de suas encostas rochosas? Poderão parar de fluir
suas águas frias, vindas de lugares distantes? 15 Contudo, o
meu povo esqueceu-se de mim: queimam incenso a ídolos
inúteis, que os fazem tropeçar em seus caminhos e nas an-
tigas veredas, para que andem em desvios, em estradas não
aterradas. 16 A terra deles ficará deserta e será tema de per-
manente zombaria. Todos os que por ela passarem ficarão
chocados e balançarão a cabeça. 17 Como o vento leste, eu os
dispersarei diante dos inimigos; eu lhes mostrarei as costas e
não o rosto, no dia da sua derrota".
18 Então disseram: "Venham! Façamos planos contra Jeremias,
pois não cessará o ensino da lei pelo sacerdote nem o conselho
do sábio nem a mensagem do profeta. Venham! Façamos acu-
sações contra ele e não ouçamos nada do que ele disser".
19 Atende-me, ó SENHOR; ouve o que os meus acusadores estão
dizendo! 20 Acaso se paga o bem com o mal? Mas eles cavaram
uma cova para mim. Lembra-te de que eu compareci diante de

[a] 17.26 Pequena faixa de terra de relevo variável entre a planície costeira e as montanhas.

ti para interceder em favor deles, para que desviasses deles a
tua ira. 21 Por isso entrega os filhos deles à fome e ao poder
da espada. Que as suas mulheres fiquem viúvas e sem filhos;
que os seus homens sejam mortos, e os seus rapazes sejam
mortos à espada na batalha. 22 Seja ouvido o grito que vem
de suas casas, quando repentinamente trouxeres invasores
contra eles; pois cavaram uma cova para me capturarem e
esconderam armadilhas para os meus pés. 23 Mas tu conheces,
ó SENHOR, todas as suas conspirações para me matarem. Não
perdoes os seus crimes nem apagues de diante da tua vista os
seus pecados. Sejam eles derrubados diante de ti; age contra
eles na hora da tua ira!

19 Assim diz o SENHOR: "Vá comprar um vaso de barro de um
oleiro. Leve com você alguns líderes do povo e alguns
sacerdotes 2 e vá em direção ao vale de Ben-Hinom, perto da
entrada da porta dos Cacos. Proclame ali as palavras que eu
disser a você. 3 Diga: Ouçam a palavra do SENHOR, reis de Judá
e habitantes de Jerusalém". Assim diz o SENHOR dos Exércitos,
Deus de Israel: "Sobre este lugar trarei desgraça tal que fará
retinir os ouvidos daqueles que ouvirem isso. 4 Porque eles me
abandonaram e profanaram este lugar, oferecendo sacrifícios
a deuses estranhos, que nem eles nem seus antepassados
nem os reis de Judá conheceram; e encheram este lugar com
o sangue de inocentes. 5 Construíram nos montes os altares
dedicados a Baal, para queimarem os seus filhos como ho-
locaustos oferecidos a Baal, coisa que não ordenei, da qual
nunca falei nem jamais me veio à mente. 6 Por isso, certamente
vêm os dias", declara o SENHOR, "em que não mais chamarão
este lugar Tofete ou vale de Ben-Hinom, mas vale da Matança.
7 "Esvaziarei[a] neste lugar os planos de Judá e de Jerusalém:
eu os farei morrer à espada perante os seus inimigos, pelas
mãos daqueles que os perseguem; e darei os seus cadáveres
como comida para as aves e os animais. 8 Farei com que esta
cidade fique deserta e seja tema de zombaria. Todos os que por
ela passarem ficarão chocados e zombarão de todos os seus
ferimentos. 9 Eu farei com que comam a carne dos seus filhos e
das suas filhas; e cada um comerá a carne do seu próximo, por
causa do sofrimento que os inimigos que procuram tirar-lhes a
vida lhes infligirão durante o cerco.
10 "Depois quebre o vaso de barro diante dos homens que o
acompanharam, 11 e diga-lhes: Assim diz o SENHOR dos Exér-
citos: Assim como se quebra um vaso de oleiro, que não pode
ser mais restaurado, quebrarei este povo e esta cidade, e os
mortos em Tofete serão sepultados até que não haja mais
lugar. 12 Assim farei a este lugar e aos seus habitantes",
declara o SENHOR, "tornarei esta cidade como Tofete. 13 As
casas de Jerusalém e os palácios reais de Judá serão profa-
nados, como este lugar de Tofete: todas as casas em cujos
terraços queimaram incenso a todos os corpos celestes e der-
ramaram ofertas de bebidas aos seus deuses estrangeiros".
14 Jeremias voltou então de Tofete para onde o SENHOR o man-
dara profetizar e, entrando no pátio do templo do SENHOR, disse
a todo o povo: 15 "Assim diz o SENHOR dos Exércitos, o Deus de
Israel: 'Ouçam! Trarei sobre esta cidade, e sobre todos os po-
voados ao redor, todas as desgraças contra eles anunciadas,
porque se obstinaram e não quiseram obedecer às minhas
palavras' ".

Jeremias e Pasur

20 Quando o sacerdote Pasur, filho de Imer, o mais alto
oficial do templo do SENHOR, ouviu Jeremias profetizando essas
coisas, 2 mandou espancar o profeta e prendê-lo no tronco que
havia junto à porta Superior de Benjamim, no templo do SE-
NHOR. 3 Na manhã seguinte, quando Pasur mandou soltá-lo do
tronco, Jeremias lhe disse: "O SENHOR já não o chama Pasur, e
sim Magor-Missabibe[b]. 4 Pois assim diz o SENHOR: 'Farei de você
um terror para você mesmo e para todos os seus amigos: você
verá com os próprios olhos quando eles forem mortos à espada
dos seus inimigos. Entregarei todo o povo de Judá nas mãos
do rei da Babilônia, que os levará para a Babilônia e os matará
à espada. 5 Eu entregarei nas mãos dos seus inimigos toda a
riqueza desta cidade: toda a sua produção, todos os seus bens
de valor e todos os tesouros dos reis de Judá. Levarão tudo
como despojo para a Babilônia. 6 E você, Pasur, e todos os que
vivem em sua casa irão para o exílio, para a Babilônia. Lá vocês
morrerão e serão sepultados, você e todos os seus amigos a
quem você tem profetizado mentiras' ".

A Queixa de Jeremias

7 SENHOR, tu me enganaste, e eu fui enganado;[c] foste mais
forte do que eu e prevaleceste. Sou ridicularizado o dia inteiro;
todos zombam de mim. 8 Sempre que falo é para gritar que
há violência e destruição. Por isso a palavra do SENHOR trou-
xe-me insulto e censura o tempo todo. 9 Mas, se eu digo: "Não
o mencionarei nem mais falarei em seu nome", é como se um
fogo ardesse em meu coração, um fogo dentro de mim. Estou
exausto tentando contê-lo; já não posso mais! 10 Ouço muitos
comentando: "Terror por todos os lados! Denunciem-no! Vamos
denunciá-lo!" Todos os meus amigos estão esperando que eu
tropece, e dizem: "Talvez ele se deixe enganar; então nós o
venceremos e nos vingaremos dele".
11 Mas o SENHOR está comigo, como um forte guerreiro! Por-
tanto, aqueles que me perseguem tropeçarão e não preva-
lecerão. O seu fracasso lhes trará completa vergonha; a sua
desonra jamais será esquecida. 12 Ó SENHOR dos Exércitos, tu
que examinas o justo e vês o coração e a mente, deixa-me
ver a tua vingança sobre eles, pois a ti expus a minha causa.
13 Cantem ao SENHOR! Louvem o SENHOR! Porque ele salva o
pobre das mãos dos ímpios. 14 Maldito seja o dia em que eu
nasci! Jamais seja abençoado o dia em que minha mãe me deu
à luz! 15 Maldito seja o homem que levou a notícia a meu pai e o
deixou muito alegre quando disse: "Você é pai de um menino!"

---

a 19.7 A palavra *esvaziarei* assemelha-se à palavra *vaso* no hebraico.

b 20.3 *Magor-Missabibe* significa *terror por todos os lados*.

c 20.7 Ou *persuadiste, e eu fui persuadido;*

16 Seja aquele homem como as cidades que o SENHOR destruiu sem piedade. Que ele ouça gritos de socorro pela manhã e gritos de guerra ao meio-dia; 17 mas Deus não me matou no ventre materno nem fez da minha mãe o meu túmulo, e tampouco a deixou permanentemente grávida. 18 Por que saí do ventre materno? Só para ver dificuldades e tristezas, e terminar os meus dias na maior decepção?

21 Deus Rejeita o Pedido de Zedequias

Esta é a palavra que veio a Jeremias da parte do SENHOR, quando o rei Zedequias enviou-lhe Pasur, filho de Malquias, e o sacerdote Sofonias, filho de Maaseias. Eles disseram: 2 "Consulte agora o SENHOR por nós porque Nabucodonosor, rei da Babilônia, está nos atacando. Talvez o SENHOR faça por nós uma de suas maravilhas e, assim, ele se retire de nós".

3 Jeremias, porém, respondeu-lhes: "Digam a Zedequias: 4 Assim diz o SENHOR, o Deus de Israel: 'Estou a ponto de voltar contra vocês as armas de guerra que estão em suas mãos, as quais vocês estão usando para combater o rei da Babilônia e os babilônios[a], que cercam vocês do lado de fora do muro. E eu os reunirei dentro desta cidade. 5 Eu mesmo lutarei contra vocês com mão poderosa e braço forte, com ira, furor e grande indignação. 6 Matarei os habitantes desta cidade, tanto homens como animais; eles morrerão de uma peste terrível. 7 Depois disso', declara o SENHOR, 'entregarei Zedequias, rei de Judá, seus conselheiros e o povo desta cidade que sobreviver à peste, à espada e à fome nas mãos de Nabucodonosor, rei da Babilônia, nas mãos dos inimigos deles e daqueles que querem tirar-lhes a vida. Ele os matará à espada sem piedade nem misericórdia; não terá deles nenhuma compaixão'.

8 "Digam a este povo: Assim diz o SENHOR: 'Ponho diante de vocês o caminho da vida e o caminho da morte. 9 Todo aquele que ficar nesta cidade morrerá pela espada, pela fome ou pela peste. Mas todo o que sair e render-se aos babilônios, que cercam vocês, viverá; esse escapará com vida. 10 Decidi fazer o mal e não o bem a esta cidade', diz o SENHOR. 'Ela será entregue nas mãos do rei da Babilônia, e ele a incendiará'.

11 "Digam à casa real de Judá: Ouçam a palavra do SENHOR. 12 Ó dinastia de Davi, assim diz o SENHOR: " 'Administrem justiça cada manhã: livrem o explorado das mãos do opressor; senão a minha ira se acenderá e queimará como fogo inextinguível, por causa do mal que vocês têm feito. 13 Eu estou contra você, Jerusalém! Você que está entronizada acima deste vale, na rocha do planalto', declara o SENHOR; 'vocês que dizem: "Quem nos atacará? Quem poderá invadir nossas moradas?" 14 Eu os castigarei de acordo com as suas obras', diz o SENHOR. 'Porei fogo em sua floresta, que consumirá tudo ao redor' ".

22 Juízo sobre os Reis Maus

Assim diz o SENHOR: "Desça ao palácio do rei de Judá e proclame ali esta mensagem: 2 Ouve a palavra do SENHOR, ó rei de Judá, tu que te assentas no trono de Davi; tu, teus conselheiros e teu povo, que passa por estas portas". 3 Assim diz o SENHOR: "Administrem a justiça e o direito: livrem o explorado das mãos do opressor. Não oprimam nem maltratem o estrangeiro, o órfão ou a viúva; nem derramem sangue inocente neste lugar. 4 Porque, se vocês tiverem o cuidado de cumprir essas ordens, então os reis que se assentarem no trono de Davi entrarão pelas portas deste palácio em carruagens e cavalos, em companhia de seus conselheiros e de seu povo. 5 Mas, se vocês desobedecerem a essas ordens", declara o SENHOR, "juro por mim mesmo que este palácio ficará deserto".

6 Porque assim diz o SENHOR a respeito do palácio real de Judá: "Apesar de você ser para mim como Gileade e como o topo do Líbano, certamente farei de você um deserto, uma cidade desabitada. 7 Prepararei destruidores contra você, cada um com as suas armas; eles cortarão o melhor dos seus cedros e o lançarão ao fogo.

8 "De numerosas nações muitos passarão por esta cidade e perguntarão uns aos outros: 'Por que o SENHOR fez uma coisa dessas a esta grande cidade?' 9 E lhes responderão: 'Foi porque abandonaram a aliança do SENHOR, do seu Deus, e adoraram outros deuses e prestaram-lhes culto' ".

10 Não chorem pelo rei morto nem lamentem sua perda. Chorem amargamente, porém, por aquele que está indo para o exílio, porque jamais voltará nem verá sua terra natal.

11 Porque assim diz o SENHOR acerca de Salum, rei de Judá, sucessor de seu pai Josias, que partiu deste lugar: "Ele jamais voltará. 12 Morrerá no lugar para onde o levaram prisioneiro; não verá novamente esta terra.

13 "Ai daquele que constrói o seu palácio por meios corruptos, seus aposentos, pela injustiça, fazendo os seus compatriotas trabalharem por nada, sem pagar-lhes o devido salário. 14 Ele diz: 'Construirei para mim um grande palácio, com aposentos espaçosos'. Faz amplas janelas, reveste o palácio de cedro e pinta-o de vermelho.

15 "Você acha que acumular cedro faz de você um rei? O seu pai não teve comida e bebida? Ele fez o que era justo e certo, e tudo ia bem com ele. 16 Ele defendeu a causa do pobre e do necessitado, e, assim, tudo corria bem. Não é isso que significa conhecer-me?", declara o SENHOR. 17 "Mas você não vê nem pensa noutra coisa além de lucro desonesto, derramar sangue inocente, opressão e extorsão".

18 Portanto, assim diz o SENHOR a respeito de Jeoaquim, filho de Josias, rei de Judá: "Não se lamentarão por ele, clamando: 'Ah, meu irmão!' ou 'Ah, minha irmã!' Nem se lamentarão, clamando: 'Ah, meu senhor!' ou 'Ah, sua majestade!' 19 Ele terá o enterro de um jumento: arrastado e lançado fora das portas de Jerusalém!

20 "Jerusalém, suba ao Líbano e clame, seja ouvida a sua voz em Basã, clame desde Abarim, pois todos os seus aliados foram esmagados. 21 Eu a adverti quando você se sentia segura, mas você não quis ouvir-me. Esse foi sempre o seu procedimento, pois desde a sua juventude você não me obedece. 22 O vento conduzirá para longe todos os governantes que conduzem

[a] 21.4 Ou *caldeus*; também em todo o livro de Jeremias.

você, e os seus aliados irão para o exílio. Então você será en-
vergonhada e humilhada por causa de todas as suas maldades.
23 Você, que está entronizada no Líbano[a], que está aninhada em
prédios de cedro, como você gemerá quando vierem as dores
de parto, dores como as de uma mulher que está para dar à luz!
24 “Juro pelo meu nome”, diz o SENHOR, “que ainda que você,
Joaquim[b], filho de Jeoaquim, rei de Judá, fosse um anel de
selar em minha mão direita, eu o arrancaria. 25 Eu o entregarei
nas mãos daqueles que querem tirar a sua vida; daqueles que
você teme, nas mãos de Nabucodonosor, rei da Babilônia, e
dos babilônios. 26 Expulsarei você e sua mãe, a mulher que o
deu à luz, para um outro país, onde vocês não nasceram e no
qual ambos morrerão. 27 Jamais retornarão à terra para a qual
anseiam voltar”.
28 É Joaquim um vaso desprezível e quebrado, um utensílio
que ninguém quer? Por que ele e os seus descendentes serão
expulsos e lançados num país que não conhecem? 29 Ó terra,
terra, terra, ouça a palavra do SENHOR! 30 Assim diz o SENHOR:
“Registrem esse homem como homem sem filhos. Ele não
prosperará em toda a sua vida; nenhum dos seus descendentes
prosperará nem se assentará no trono de Davi nem governará
em Judá.

O Renovo Justo

23 “Ai dos pastores que destroem e dispersam as ovelhas
do meu pasto!”, diz o SENHOR. 2 Portanto, assim diz o SENHOR,
Deus de Israel, aos pastores que tomam conta do meu povo:
“Foram vocês que dispersaram e expulsaram o meu rebanho e
não cuidaram dele. Mas eu vou castigar vocês pelos seus maus
procedimentos”, declara o SENHOR. 3 “Eu mesmo reunirei os
remanescentes do meu rebanho de todas as terras para onde
os expulsei e os trarei de volta à sua pastagem, a fim de que
cresçam e se multipliquem. 4 Estabelecerei sobre eles pastores
que cuidarão deles. E eles não mais terão medo ou pavor, e
nenhum deles faltará”, declara o SENHOR.
5 “Dias virão”, declara o SENHOR, “em que levantarei para Davi[c]
um Renovo justo, um rei que reinará com sabedoria e fará o
que é justo e certo na terra. 6 Em seus dias Judá será salva,
Israel viverá em segurança, e este é o nome pelo qual será
chamado: O SENHOR é a Nossa Justiça.
7 “Portanto, vêm dias”, diz o SENHOR, “em que não mais se
dirá: ‘Juro pelo nome do SENHOR, que trouxe os israelitas do
Egito’, 8 mas se dirá: ‘Juro pelo nome do SENHOR, que trouxe os
descendentes de Israel da terra do norte e de todas as nações
para onde os expulsou’. E eles viverão na sua própria terra”.

Profetas Mentirosos

9 Acerca dos profetas: Meu coração está partido dentro de mim;
todos os meus ossos tremem. Sou como um bêbado, como um
homem dominado pelo vinho, por causa do SENHOR e de suas
santas palavras. 10 A terra está cheia de adúlteros e, por causa
disso,[d] a terra chora[e] e as pastagens do deserto estão secas.
Seu modo de vida é perverso e o seu poder é ilegítimo.
11 “Tanto o profeta como o sacerdote são profanos; até no meu
templo encontro as suas iniquidades”, declara o SENHOR. 12 “Por
isso, o caminho deles será como lugares escorregadios nas
trevas, para as quais serão banidos, e nelas cairão. Trarei a
desgraça sobre eles, no ano do seu castigo”, declara o SENHOR.
13 “Entre os profetas de Samaria vi algo repugnante: eles pro-
fetizaram por Baal e desviaram Israel, o meu povo. 14 E entre os
profetas de Jerusalém vi algo horrível: eles cometem adultério
e vivem uma mentira. Encorajam os que praticam o mal, para
que nenhum deles se converta de sua impiedade. Para mim são
todos como Sodoma; o povo de Jerusalém é como Gomorra.”
15 Por isso assim diz o SENHOR dos Exércitos acerca dos profetas:
“Eu os farei comer comida amarga e beber água envenenada,
porque dos profetas de Jerusalém a impiedade se espalhou
por toda esta terra”.
16 Assim diz o SENHOR dos Exércitos: “Não ouçam o que os pro-
fetas estão profetizando para vocês; eles os enchem de falsas
esperanças. Falam de visões inventadas por eles mesmos e
que não vêm da boca do SENHOR. 17 Vivem dizendo àqueles que
desprezam a palavra do SENHOR: ‘Vocês terão paz’. E a todos
os que seguem a obstinação dos seus corações dizem: ‘Vocês
não sofrerão desgraça alguma’. 18 Mas qual deles esteve no
conselho do SENHOR para ver ou ouvir a sua palavra? Quem deu
atenção e obedeceu à minha palavra? 19 Vejam, a tempestade
do SENHOR! A sua fúria está à solta! Um vendaval vem sobre a
cabeça dos ímpios. 20 A ira do SENHOR não se afastará até que
ele tenha completado os seus propósitos. Em dias vindouros
vocês o compreenderão claramente. 21 Não enviei esses pro-
fetas, mas eles foram correndo levar sua mensagem; não falei
com eles, mas eles profetizaram. 22 Mas, se eles tivessem com-
parecido ao meu conselho, anunciariam as minhas palavras ao
meu povo e teriam feito com que se convertessem do seu mau
procedimento e das suas obras más.
23 “Sou eu apenas um Deus de perto”, pergunta o SENHOR, “e
não também um Deus de longe? 24 Poderá alguém esconder-se
sem que eu o veja?”, pergunta o SENHOR. “Não sou eu aquele
que enche os céus e a terra?”, pergunta o SENHOR.
25 “Ouvi o que dizem os profetas, que profetizam mentiras em
meu nome, dizendo: ‘Tive um sonho! Tive um sonho!’ 26 Até
quando os profetas continuarão a profetizar mentiras e as ilu-
sões de suas próprias mentes? 27 Eles imaginam que os sonhos
que contam uns aos outros farão o povo esquecer o meu nome,
assim como os seus antepassados esqueceram o meu nome
por causa de Baal. 28 O profeta que tem um sonho, conte o
sonho, e o que tem a minha palavra, fale a minha palavra com
fidelidade. Pois o que tem a palha a ver com o trigo?”, pergunta

[a] **22.23** Isto é, no palácio de Jerusalém (veja 1Rs 7.2).
[b] **22.24** Hebraico: *Conias*, variante de *Joaquim*; também no versículo 28.
[c] **23.5** Ou *levantarei da linhagem de Davi*
[d] **23.10** Ou *por causa da maldição*
[e] **23.10** Ou *a terra está ressequida*

o SENHOR. 29 "Não é a minha palavra como o fogo", pergunta o
SENHOR, "e como um martelo que despedaça a rocha?
30 "Portanto", declara o SENHOR, "estou contra os profetas que
roubam uns dos outros as minhas palavras. 31 Sim", declara o
SENHOR, "estou contra os profetas que com as suas próprias lín-
guas declaram oráculos. 32 Sim, estou contra os que profetizam
sonhos falsos", declara o SENHOR. "Eles os relatam e com as
suas mentiras irresponsáveis desviam o meu povo. Eu não os
enviei nem os autorizei; e eles não trazem benefício algum a
este povo", declara o SENHOR.

Os Falsos Profetas

33 "Quando este povo ou um profeta ou um sacerdote perguntar
a você: 'Qual é a mensagem pesada da qual o SENHOR o encar-
regou?', diga-lhes: Vocês são o peso! E eu os abandonarei",
declara o SENHOR. 34 "Se um profeta ou um sacerdote ou al-
guém do povo afirmar: 'Esta é a mensagem da qual o SENHOR
me encarregou', eu castigarei esse homem e a sua família.
35 Assim dirá cada um de vocês ao seu amigo ou parente: 'O
que o SENHOR respondeu? O que o SENHOR falou?' 36 Nunca mais
mencionem a expressão 'Esta é a mensagem da qual o SENHOR
me encarregou', senão essa palavra se tornará uma 'carga'
para aquele que a proferir; porque vocês distorcem as pala-
vras do Deus vivo, do SENHOR dos Exércitos, do nosso Deus. 37 É
assim que vocês dirão ao profeta: 'Qual é a resposta do SENHOR
para você?' ou 'O que o SENHOR falou?' 38 Mas, se vocês dis-
serem: 'Esta é a mensagem da qual o SENHOR me encarregou'
", assim diz o SENHOR: "Vocês dizem: 'Esta é a mensagem da
qual o SENHOR me encarregou', quando eu os adverti de que
não dissessem isso. 39 Por isso eu me esquecerei de vocês e
os lançarei fora da minha presença, juntamente com a cidade
que dei a vocês e aos seus antepassados. 40 Trarei sobre vocês
humilhação perpétua, vergonha permanente, que jamais será
esquecida".

24 Dois Cestos de Figos

E o SENHOR mostrou-me dois cestos de figos postos diante
do templo do SENHOR. Isso aconteceu depois que Nabucodo-
nosor levou de Jerusalém, para o exílio na Babilônia, Joaquim[a],
filho de Jeoaquim, rei de Judá, os líderes de Judá e os artesãos
e artífices. 2 Um cesto continha figos muito bons, como os que
amadurecem no princípio da colheita; os figos do outro cesto
eram ruins e intragáveis.
3 Então o SENHOR me perguntou: "O que você vê, Jeremias?"
Eu respondi: Figos. Os bons são muito bons, mas os ruins são
intragáveis.
4 Então o SENHOR me dirigiu a palavra, dizendo: 5 "Assim diz o
SENHOR, o Deus de Israel: Considero como esses figos bons os
exilados de Judá, os quais expulsei deste lugar para a terra dos
babilônios, a fim de fazer-lhes bem. 6 Olharei favoravelmente
para eles, e os trarei de volta a esta terra. Eu os edificarei e
não os derrubarei; eu os plantarei e não os arrancarei. 7 Eu lhes
darei um coração capaz de conhecer-me e de saber que eu sou
o SENHOR. Serão o meu povo, e eu serei o seu Deus, pois eles se
voltarão para mim de todo o coração.
8 "Mas como se faz com os figos ruins e intragáveis", diz o
SENHOR, "assim lidarei com Zedequias, rei de Judá, com os
seus líderes e com os sobreviventes de Jerusalém, tanto os que
permanecem nesta terra como os que vivem no Egito. 9 Eu os
tornarei objeto de terror e de desgraça para todos os reinos da
terra. Para onde quer que eu os expulsar, serão uma afronta e
servirão de exemplo, ridículo e maldição. 10 Enviarei contra eles
a guerra, a fome e a peste até que sejam eliminados da terra
que dei a eles e aos seus antepassados".

25 Setenta Anos de Cativeiro

A palavra veio a Jeremias a respeito de todo o povo de
Judá no quarto ano de Jeoaquim, filho de Josias, rei de Judá,
que foi o primeiro ano de Nabucodonosor, rei da Babilônia. 2 O
que o profeta Jeremias anunciou a todo o povo de Judá e aos
habitantes de Jerusalém foi isto: 3 "Durante vinte e três anos a
palavra do SENHOR tem vindo a mim, desde o décimo terceiro
ano de Josias, filho de Amom, rei de Judá, até o dia de hoje.
E eu a tenho anunciado a vocês, dia após dia, mas vocês não
me deram ouvidos.
4 "Embora o SENHOR tenha enviado a vocês os seus servos, os
profetas, dia após dia, vocês não os ouviram nem lhes deram
atenção 5 quando disseram: 'Converta-se cada um do seu ca-
minho mau e de suas más obras, e vocês permanecerão na
terra que o SENHOR deu a vocês e aos seus antepassados para
sempre. 6 Não sigam outros deuses para prestar-lhes culto e
adorá-los; não provoquem a minha ira com ídolos feitos por
vocês. E eu não trarei desgraça sobre vocês'.
7 " 'Mas vocês não me deram ouvidos e me provocaram à ira
com os ídolos que fizeram, trazendo desgraça sobre vocês
mesmos', declara o SENHOR.
8 "Portanto, assim diz o SENHOR dos Exércitos: 'Visto que vocês
não ouviram as minhas palavras, 9 convocarei todos os povos do
norte e o meu servo Nabucodonosor, rei da Babilônia', declara
o SENHOR, 'e os trarei para atacar esta terra, os seus habitantes
e todas as nações ao redor. Eu os destruirei completamente e
os farei um objeto de pavor e de zombaria, e uma ruína per-
manente. 10 Darei fim às vozes de júbilo e de alegria, às vozes
do noivo e da noiva, ao som do moinho e à luz das candeias.
11 Toda esta terra se tornará uma ruína desolada, e essas na-
ções estarão sujeitas ao rei da Babilônia durante setenta anos.
12 " 'Quando se completarem os setenta anos, castigarei o rei
da Babilônia e a sua nação, a terra dos babilônios, por causa
de suas iniquidades', declara o SENHOR, 'e a deixarei arrasada
para sempre. 13 Cumprirei naquela terra tudo o que falei contra
ela, tudo o que está escrito neste livro e que Jeremias profe-
tizou contra todas as nações. 14 Porque os próprios babilônios
serão escravizados por muitas nações e grandes reis; eu lhes
retribuirei conforme as suas ações e as suas obras' ".

[a] 24.1 Hebraico: *Jeconias*, variante de *Joaquim*.

O Cálice da Ira de Deus

15 Assim me disse o SENHOR, o Deus de Israel: "Pegue de minha
mão este cálice com o vinho da minha ira e faça com que
bebam dele todas as nações a quem eu o envio. 16 Quando o
beberem, ficarão cambaleando, enlouquecidas por causa da
espada que enviarei contra elas".
17 Então peguei o cálice da mão do SENHOR, e fiz com que dele
bebessem todas as nações às quais o SENHOR me enviou: 18 Je-
rusalém e as cidades de Judá, seus reis e seus líderes, para
fazer deles uma desolação e um objeto de pavor, zombaria e
maldição, como hoje acontece; 19 o faraó, o rei do Egito, seus
conselheiros e seus líderes, todo o seu povo 20 e todos os es-
trangeiros que lá residem; todos os reis de Uz; todos os reis
dos filisteus: de Ascalom, Gaza, Ecrom e o povo que restou em
Asdode; 21 Edom, Moabe e os amonitas, 22 os reis de Tiro e de
Sidom; os reis das ilhas e das terras de além-mar; 23 Dedã,
Temá, Buz e todos os que rapam a cabeça; 24 e os reis da Arábia
e todos os reis dos estrangeiros que vivem no deserto; 25 todos
os reis de Zinri, de Elão e da Média; 26 e todos os reis do norte,
próximos ou distantes, um após outro; e todos os reinos da
face da terra. Depois de todos eles, o rei de Sesaque[a] também
beberá do cálice.
27 "A seguir diga-lhes: Assim diz o SENHOR dos Exércitos, o Deus
de Israel: Bebam, embriaguem-se, vomitem, caiam e não mais
se levantem, por causa da espada que envio no meio de vocês.
28 Mas, se eles se recusarem a beber, diga-lhes: Assim diz o
SENHOR dos Exércitos: Vocês vão bebê-lo! 29 Começo a trazer
desgraça sobre a cidade que leva o meu nome; e vocês sairiam
impunes? De maneira alguma ficarão sem castigo! Estou tra-
zendo a espada contra todos os habitantes da terra", declara
o SENHOR dos Exércitos.
30 "E você, profetize todas estas palavras contra eles, dizendo:
"O SENHOR ruge do alto; troveja de sua santa morada; ruge
poderosamente contra a sua propriedade. Ele grita como os
que pisam as uvas; grita contra todos os habitantes da terra.
31 Um tumulto ressoa até os confins da terra, pois o SENHOR faz
acusações contra as nações e julga toda a humanidade: ele
entregará os ímpios à espada", declara o SENHOR.
32 Assim diz o SENHOR: "Vejam! A desgraça está se espalhando
de nação em nação; uma terrível tempestade se levanta desde
os confins da terra".
33 Naquele dia, os mortos pelo SENHOR estarão em todo lugar,
de um lado ao outro da terra. Ninguém pranteará por eles, e
não serão recolhidos e sepultados, mas servirão de esterco
sobre o solo.
34 Lamentem-se e gritem, pastores! Rolem no pó, chefes do
rebanho! Porque chegou para vocês o dia da matança e da
sua dispersão; vocês cairão e serão esmigalhados como vasos
finos.[b] 35 Não haverá refúgio para os pastores nem escapatória
para os chefes do rebanho. 36 Ouvem-se os gritos dos pastores
e o lamento dos chefes do rebanho, pois o SENHOR está des-
truindo as pastagens deles. 37 Os pastos tranquilos estão de-
vastados por causa do fogo da ira do SENHOR. 38 Como um leão,
ele saiu de sua toca; a terra deles ficou devastada, por causa
da espada[c] do opressor e do fogo de sua ira.

26 Jeremias é Ameaçado de Morte

26 No início do reinado de Jeoaquim, filho de Josias, rei
de Judá, veio esta palavra da parte do SENHOR: 2 "Assim diz
o SENHOR: Coloque-se no pátio do templo do SENHOR e fale a
todo o povo das cidades de Judá que vem adorar no templo
do SENHOR. Diga-lhes tudo o que eu ordenar a você; não omita
uma só palavra. 3 Talvez eles escutem e cada um se converta de
sua má conduta. Então eu me arrependerei e não trarei sobre
eles a desgraça que estou planejando por causa do mal que
eles têm praticado. 4 Diga-lhes: Assim diz o SENHOR: Se vocês
não me escutarem nem seguirem a minha lei, que dei a vocês,
5 e se não ouvirem as palavras dos meus servos, os profetas,
os quais tenho enviado a vocês vez após vez, embora vocês
não os tenham ouvido, 6 então farei deste templo o que fiz do
santuário de Siló, e desta cidade, um objeto de maldição entre
todas as nações da terra".
7 Os sacerdotes, os profetas e todo o povo ouviram Jeremias
falar essas palavras no templo do SENHOR. 8 E assim que Jere-
mias acabou de dizer ao povo tudo o que o SENHOR lhe tinha or-
denado, os sacerdotes, os profetas e todo o povo o prenderam
e disseram: "Você certamente morrerá! 9 Por que você profetiza
em nome do SENHOR e afirma que este templo será como Siló
e que esta cidade ficará arrasada e abandonada?" E todo o
povo se ajuntou em volta de Jeremias no templo do SENHOR.
10 Quando os líderes de Judá souberam disso, foram do palácio
real até o templo do SENHOR e se assentaram para julgar, à en-
trada da porta Nova do templo do SENHOR. 11 E os sacerdotes e
os profetas disseram aos líderes e a todo o povo: "Este homem
deve ser condenado à morte porque profetizou contra esta ci-
dade. Vocês o ouviram com os seus próprios ouvidos!"
12 Disse então Jeremias a todos os líderes e a todo o povo: "O
SENHOR enviou-me para profetizar contra este templo e contra
esta cidade tudo o que vocês ouviram. 13 Agora, corrijam a sua
conduta e as suas ações e obedeçam ao SENHOR, ao seu Deus.
Então o SENHOR se arrependerá da desgraça que pronunciou
contra vocês. 14 Quanto a mim, estou nas mãos de vocês; façam
comigo o que acharem bom e certo. 15 Entretanto, estejam
certos de que, se me matarem, vocês, esta cidade e os seus
habitantes serão responsáveis por derramar sangue inocente,
pois, na verdade, o SENHOR enviou-me a vocês para anunciar
essas palavras".
16 Então os líderes e todo o povo disseram aos sacerdotes e aos
profetas: "Este homem não deve ser condenado à morte! Ele
nos falou em nome do SENHOR, do nosso Deus".
17 Alguns dos líderes da terra se levantaram e disseram a toda a
assembleia do povo: 18 "Miqueias de Moresete profetizou nos

[a] **25.26** *Sesaque* é um criptograma para *Babilônia*.
[b] **25.34** A Septuaginta traz *cairão como carneiros selecionados*.
[c] **25.38** Conforme alguns manuscritos do Texto Massorético e a Septuaginta. A maioria dos manuscritos do Texto Massorético diz *ira*. Veja Jr 46.16 e 50.16.

dias de Ezequias, rei de Judá, dizendo a todo o povo de Judá:
'Assim diz o SENHOR dos Exércitos:
" 'Sião será arada como um campo. Jerusalém se tornará um
monte de entulho, a colina do templo, um monte coberto de
mato'[a].
19 "Acaso Ezequias, rei de Judá, ou alguém do povo de Judá
o matou? Ezequias não temeu o SENHOR e não buscou o seu
favor? E o SENHOR não se arrependeu da desgraça que pro-
nunciara contra eles? Estamos a ponto de trazer uma terrível
desgraça sobre nós!"
20 Outro homem que profetizou em nome do SENHOR foi Urias,
filho de Semaías, de Quiriate-Jearim. Ele profetizou contra esta
cidade e contra esta terra as mesmas coisas anunciadas por
Jeremias. 21 Quando o rei Jeoaquim, todos os seus homens de
guerra e os seus oficiais ouviram isso, o rei procurou matá-lo.
Sabendo disso, Urias teve medo e fugiu para o Egito. 22 Mas o
rei Jeoaquim mandou ao Egito Elnatã, filho de Acbor, e com
ele alguns homens, 23 os quais trouxeram Urias do Egito e o le-
varam ao rei Jeoaquim, que o mandou matar à espada. Depois,
jogaram o corpo dele numa vala comum.
24 Mas Aicam, filho de Safã, protegeu Jeremias, impedindo que
ele fosse entregue ao povo para ser executado.

27 A Profecia Favorável a Nabucodonosor

No início do reinado de Zedequias[b], filho de Josias, rei de
Judá, veio esta palavra a Jeremias da parte do SENHOR: 2 Assim
me ordenou o SENHOR: "Faça para você um jugo com cordas
e madeira e ponha-o sobre o pescoço. 3 Depois mande uma
mensagem aos reis de Edom, de Moabe, de Amom, de Tiro e
de Sidom, por meio dos embaixadores que vieram a Jerusalém
para ver Zedequias, rei de Judá. 4 Esta é a mensagem que de-
verão transmitir aos seus senhores: Assim diz o SENHOR dos
Exércitos, o Deus de Israel: 5 Eu fiz a terra, os seres humanos
e os animais que nela estão, com o meu grande poder e com
meu braço estendido, e eu a dou a quem eu quiser. 6 Agora,
sou eu mesmo que entrego todas essas nações nas mãos do
meu servo Nabucodonosor, rei da Babilônia; sujeitei a ele até
mesmo os animais selvagens. 7 Todas as nações estarão su-
jeitas a ele, a seu filho e a seu neto; até que chegue a hora
em que a terra dele seja subjugada por muitas nações e por
reis poderosos.
8 "Se, porém, alguma nação ou reino não se sujeitar a Nabu-
codonosor, rei da Babilônia, nem colocar o pescoço sob o seu
jugo, eu castigarei aquela nação com a guerra, a fome e a
peste", declara o SENHOR, "e por meio dele eu a destruirei
completamente. 9 Não ouçam os seus profetas, os seus adivi-
nhos, os seus intérpretes de sonhos, os seus médiuns e os seus
feiticeiros, os quais dizem a vocês que não se sujeitem ao rei da
Babilônia. 10 Porque suas profecias são mentiras e os levarão
para longe de sua terra. Eu banirei vocês, e vocês perecerão.
11 Mas, se alguma nação colocar o pescoço sob o jugo do rei
da Babilônia e a ele se sujeitar, então deixarei aquela nação
permanecer na sua própria terra para cultivá-la e nela viver",
declara o SENHOR.
12 Entreguei a mesma mensagem a Zedequias, rei de Judá, di-
zendo-lhe: Coloquem o pescoço sob o jugo do rei da Babilônia,
sujeitem-se a ele e ao seu povo, e vocês viverão. 13 Por que
razão você e o seu povo morreriam pela guerra, pela fome e
pela peste, com as quais o SENHOR ameaça a nação que não se
sujeitar ao rei da Babilônia? 14 Não deem atenção às palavras
dos profetas que dizem que vocês não devem sujeitar-se ao
rei da Babilônia; estão profetizando mentiras. 15 "Eu não os
enviei!", declara o SENHOR. "Eles profetizam mentiras em meu
nome. Por isso, eu banirei vocês, e vocês perecerão juntamente
com os profetas que estão profetizando a vocês."
16 Então eu disse aos sacerdotes e a todo este povo: Assim diz o
SENHOR: "Não ouçam os seus profetas que dizem que em breve
os utensílios do templo do SENHOR serão trazidos de volta da
Babilônia. Eles estão profetizando mentiras". 17 Não os ouçam.
Sujeitem-se ao rei da Babilônia, e vocês viverão. Por que de-
veria esta cidade ficar em ruínas? 18 Se eles são profetas e têm
a palavra do SENHOR, que implorem ao SENHOR dos Exércitos,
pedindo que os utensílios que restam no templo do SENHOR, no
palácio do rei de Judá e em Jerusalém não sejam levados para
a Babilônia. 19 Porque assim diz o SENHOR dos Exércitos acerca
das colunas, do tanque, dos suportes e dos outros utensílios
que foram deixados nesta cidade, 20 os quais Nabucodonosor,
rei da Babilônia, não levou consigo de Jerusalém para a Babi-
lônia, quando exilou Joaquim[c], filho de Jeoaquim, rei de Judá,
com os nobres de Judá e de Jerusalém. 21 Sim, assim diz o
SENHOR dos Exércitos, Deus de Israel, acerca dos utensílios que
restaram no templo do SENHOR, no palácio do rei de Judá e em
Jerusalém: 22 "Serão levados para a Babilônia e ali ficarão até
o dia em que eu os quiser buscar", declara o SENHOR. "Então
os trarei de volta e os restabelecerei neste lugar".

28 O Falso Profeta Hananias

No quinto mês daquele mesmo ano, o quarto ano, no
início do reinado de Zedequias, rei de Judá, Hananias, filho
de Azur, profeta natural de Gibeom, disse-me no templo do
SENHOR, na presença dos sacerdotes e de todo o povo: 2 "Assim
diz o SENHOR dos Exércitos, Deus de Israel: 'Quebrarei o jugo
do rei da Babilônia. 3 Em dois anos trarei de volta a este lugar
todos os utensílios do templo do SENHOR que Nabucodonosor,
rei da Babilônia, tirou daqui e levou para a Babilônia. 4 Também
trarei de volta para este lugar Joaquim, filho de Jeoaquim,
rei de Judá, e todos os exilados de Judá que foram para a
Babilônia', diz o SENHOR, 'pois quebrarei o jugo do rei da Ba-
bilônia' ".
5 Mas o profeta Jeremias respondeu ao profeta Hananias
diante dos sacerdotes e de todo o povo que estava no templo
do SENHOR: 6 "Amém! Que assim faça o SENHOR! Que o SENHOR

[a] **26.18** Mq 3.12
[b] **27.1** Conforme alguns manuscritos do Texto Massorético e a Versão Siríaca. A maioria dos manuscritos do Texto Massorético diz *Jeoaquim*. Veja Jr 27.3-12 e 28.1.
[c] **27.20** Hebraico: *Jeconias*, variante de *Joaquim*; também em 28.4 e 29.2

cumpra as palavras que você profetizou, trazendo os utensílios do templo do SENHOR e todos os exilados da Babilônia para este lugar. 7 Entretanto, ouça o que tenho a dizer a você e a todo o povo: 8 Os profetas que precederam a você e a mim, desde os tempos antigos, profetizaram guerra, desgraça e peste contra muitas nações e grandes reinos. 9 Mas o profeta que profetiza prosperidade será reconhecido como verdadeiro enviado do SENHOR se aquilo que profetizou se realizar".

10 Então o profeta Hananias tirou o jugo do pescoço de Jeremias e o quebrou 11 e disse diante de todo o povo: "Assim diz o SENHOR: 'É deste modo que quebrarei o jugo de Nabucodonosor, rei da Babilônia, e o tirarei do pescoço de todas as nações no prazo de dois anos' ". Diante disso, o profeta Jeremias retirou-se.

12 Depois que o profeta Hananias quebrou o jugo do pescoço do profeta Jeremias, o SENHOR dirigiu a palavra a Jeremias: 13 "Vá dizer a Hananias: Assim diz o SENHOR: Você quebrou um jugo de madeira, mas em seu lugar você fará um jugo de ferro[a]. 14 Assim diz o SENHOR dos Exércitos, o Deus de Israel: Porei um jugo sobre o pescoço de todas essas nações, para fazê-las sujeitas a Nabucodonosor, rei da Babilônia, e elas se sujeitarão a ele. Até mesmo os animais selvagens estarão sujeitos a ele".

15 Disse, pois, o profeta Jeremias ao profeta Hananias: "Escute, Hananias! O SENHOR não o enviou, mas assim mesmo você persuadiu esta nação a confiar em mentiras. 16 Por isso, assim diz o SENHOR: 'Vou tirá-lo da face da terra. Este ano você morrerá, porque pregou rebelião contra o SENHOR' ".

17 E o profeta Hananias morreu no sétimo mês daquele mesmo ano.

29 A Carta aos Exilados

Este é o conteúdo da carta que o profeta Jeremias enviou de Jerusalém aos líderes, que ainda restavam entre os exilados, aos sacerdotes, aos profetas e a todo o povo que Nabucodonosor deportara de Jerusalém para a Babilônia. 2 Isso aconteceu depois que o rei Joaquim e a rainha-mãe, os oficiais do palácio real, os líderes de Judá e Jerusalém, os artesãos e os artífices foram deportados de Jerusalém para a Babilônia. 3 Ele enviou a carta por intermédio de Eleasa, filho de Safã, e Gemarias, filho de Hilquias, os quais Zedequias, rei de Judá, mandou a Nabucodonosor, rei da Babilônia. A carta dizia o seguinte: 4 "Assim diz o SENHOR dos Exércitos, o Deus de Israel, a todos os exilados, que deportei de Jerusalém para a Babilônia: 5 'Construam casas e habitem nelas; plantem jardins e comam de seus frutos. 6 Casem-se e tenham filhos e filhas; escolham mulheres para casar-se com seus filhos e deem as suas filhas em casamento, para que também tenham filhos e filhas. Multipliquem-se e não diminuam. 7 Busquem a prosperidade da cidade para a qual eu os deportei e orem ao SENHOR em favor dela, porque a prosperidade de vocês depende da prosperidade dela'. 8 Porque assim diz o SENHOR dos Exércitos, o Deus de Israel: 'Não deixem que os profetas e adivinhos que há no meio de vocês os enganem. Não deem atenção aos sonhos que vocês os encorajam a terem. 9 Eles estão profetizando mentiras em meu nome. Eu não os enviei', declara o SENHOR.

10 "Assim diz o SENHOR: 'Quando se completarem os setenta anos da Babilônia, eu cumprirei a minha promessa em favor de vocês, de trazê-los de volta para este lugar. 11 Porque sou eu que conheço os planos que tenho para vocês', diz o SENHOR, 'planos de fazê-los prosperar e não de causar dano, planos de dar a vocês esperança e um futuro. 12 Então vocês clamarão a mim, virão orar a mim, e eu os ouvirei. 13 Vocês me procurarão e me acharão quando me procurarem de todo o coração. 14 Eu me deixarei ser encontrado por vocês', declara o SENHOR, 'e os trarei de volta do cativeiro.[b] Eu os reunirei de todas as nações e de todos os lugares para onde eu os dispersei e os trarei de volta para o lugar de onde os deportei', diz o SENHOR.

15 "Vocês podem dizer: 'O SENHOR levantou profetas para nós na Babilônia', 16 mas assim diz o SENHOR sobre o rei que se assenta no trono de Davi e sobre todo o povo que permanece nesta cidade, seus compatriotas que não foram com vocês para o exílio; 17 assim diz o SENHOR dos Exércitos: 'Enviarei a guerra, a fome e a peste contra eles; lidarei com eles como se lida com figos ruins, que são intragáveis. 18 Eu os perseguirei com a guerra, a fome e a peste; farei deles objeto de terror para todos os reinos da terra, maldição e exemplo, zombaria e afronta entre todas as nações para onde eu os dispersei. 19 Porque eles não deram atenção às minhas palavras', declara o SENHOR, 'palavras que lhes enviei pelos meus servos, os profetas. E vocês também não deram atenção!', diz o SENHOR.

20 "Ouçam, agora, a palavra do SENHOR, todos vocês exilados, que deportei de Jerusalém para a Babilônia! 21 Assim diz o SENHOR dos Exércitos, o Deus de Israel, a respeito de Acabe, filho de Colaías, e a respeito de Zedequias, filho de Maaseias, que estão profetizando mentiras a vocês em meu nome: 'Eu os entregarei nas mãos de Nabucodonosor, rei da Babilônia, e ele os matará diante de vocês. 22 Em razão disso, os exilados de Judá que estão na Babilônia usarão esta maldição: "Que o SENHOR o trate como tratou Zedequias e Acabe, os quais o rei da Babilônia queimou vivos" 23 Porque cometeram loucura em Israel: adulteraram com as mulheres de seus amigos e em meu nome falaram mentiras, que eu não ordenei que falassem. Mas eu estou sabendo; sou testemunha disso', declara o SENHOR.

Mensagem a Semaías

24 "Diga a Semaías, de Neelam: 25 Diz o SENHOR dos Exércitos, o Deus de Israel, que você enviou cartas em seu próprio nome a todo o povo de Jerusalém, a Sofonias, filho do sacerdote Maaseias, e a todos os sacerdotes. Você disse a Sofonias: 26 'O SENHOR o designou sacerdote em lugar de Joiada como encarregado do templo do SENHOR; você deveria prender no tronco, com correntes de ferro, qualquer doido que agisse como profeta. 27 E por que você não repreendeu Jeremias de Anatote, que se apresenta como profeta entre vocês? 28 Ele até mandou

[a] 28.13 A Septuaginta diz *eu farei um jugo de ferro.*

[b] 29.14 Ou *e restaurarei a sorte de vocês.*

esta mensagem para nós que estamos na Babilônia, dizendo
que o exílio será longo, que construam casas e habitem nelas,
plantem jardins e comam de seus frutos' ".
29 O sacerdote Sofonias leu a carta para o profeta Jeremias.
30 Então o SENHOR dirigiu a palavra a Jeremias: 31 "Envie esta
mensagem a todos os exilados: Assim diz o SENHOR sobre Se-
maías, de Neelam: Embora eu não o tenha enviado, Semaías
profetizou a vocês e fez com que vocês cressem numa mentira,
32 por isso, assim diz o SENHOR: Castigarei Semaías, de Neelam,
e os seus descendentes. Não lhe restará ninguém entre este
povo, e ele não verá as coisas boas que farei em favor de meu
povo", declara o SENHOR, "porque ele pregou rebelião contra
o SENHOR".

A Restauração de Israel

30 Esta é a palavra que veio a Jeremias da parte do SENHOR:
2 "Assim diz o SENHOR, o Deus de Israel: Escreva num livro todas
as palavras que eu falei a você. 3 Certamente vêm os dias", diz
o SENHOR, "em que mudarei a sorte do meu povo, Israel e Judá,
e os farei retornar à terra que dei aos seus antepassados, e
eles a possuirão", declara o SENHOR.
4 Estas são as palavras que o SENHOR falou acerca de Israel e de
Judá: 5 "Assim diz o SENHOR:
"Ouvem-se gritos de pânico, de pavor e não de paz. 6 Pergunte
e veja: Pode um homem dar à luz? Por que vejo, então, todos
os homens com as mãos no estômago, como uma mulher em
trabalho de parto? Por que estão pálidos todos os rostos?
7 Como será terrível aquele dia! Sem comparação! Será tempo
de angústia para Jacó; mas ele será salvo.
8 "Naquele dia", declara o SENHOR dos Exércitos, "quebrarei
o jugo que está sobre o pescoço deles e arrebentarei as suas
correntes; não mais serão escravizados pelos estrangeiros.
9 Servirão ao SENHOR, ao seu Deus, e a Davi, seu rei, que darei
a eles.
10 "Por isso, não tema, Jacó, meu servo! Não fique assustado, ó
Israel!", declara o SENHOR. "Eu o salvarei de um lugar distante,
e os seus descendentes, da terra do seu exílio. Jacó voltará e
ficará em paz e em segurança; ninguém o inquietará. 11 Porque
eu estou com você e o salvarei", diz o SENHOR. "Destruirei com-
pletamente todas as nações entre as quais eu o dispersei; mas
a você não destruirei completamente. Eu o disciplinarei, como
você merece. Não o deixarei impune".
12 Assim diz o SENHOR: "Seu ferimento é grave, sua ferida, in-
curável. 13 Não há quem defenda a sua causa; não há remédio
para a sua ferida, que não cicatriza. 14 Todos os seus amantes
esqueceram-se de você; eles não se importam com você. Eu
a golpeei como faz um inimigo; dei a você um castigo cruel,
porque é grande a sua iniquidade e numerosos são os seus
pecados. 15 Por que você grita por causa do seu ferimento, por
sua ferida incurável? Fiz essas coisas a você porque é grande a
sua iniquidade e numerosos são os seus pecados.
16 "Mas todos os que a devoram serão devorados; todos os seus
adversários irão para o exílio. Aqueles que a saqueiam serão
saqueados; eu despojarei todos os que a despojam. 17 Farei
cicatrizar o seu ferimento e curarei as suas feridas", declara
o SENHOR, "porque a você, Sião, chamam de rejeitada, aquela
por quem ninguém se importa".
18 Assim diz o SENHOR: "Mudarei a sorte das tendas de Jacó e
terei compaixão das suas moradas. A cidade será reconstruída
sobre as suas ruínas e o palácio no seu devido lugar. 19 Deles
virão ações de graça e o som de regozijo. Eu os farei aumentar
e eles não diminuirão; eu os honrarei e eles não serão des-
prezados. 20 Seus filhos serão como nos dias do passado, e a
sua comunidade será firmada diante de mim; castigarei todos
aqueles que os oprimem. 21 Seu líder será um entre eles; seu
governante virá do meio deles. Eu o trarei para perto e ele se
aproximará de mim; pois quem se arriscaria a aproximar-se
de mim?", pergunta o SENHOR. 22 "Por isso vocês serão o meu
povo, e eu serei o seu Deus".
23 Vejam, a tempestade do SENHOR! Sua fúria está à solta! Um
vendaval vem sobre a cabeça dos ímpios. 24 A ira do SENHOR não
se afastará até que ele tenha completado os seus propósitos.
Em dias vindouros vocês compreenderão isso.

31 "Naquele tempo", diz o SENHOR, "serei o Deus de todas as
famílias de Israel, e eles serão o meu povo."
2 Assim diz o SENHOR: "O povo que escapou da morte achou
favor no deserto".
Quando Israel buscava descanso, 3 o SENHOR lhe apareceu no
passado,[a] dizendo: "Eu a amei com amor eterno; com amor
leal a atraí. 4 Eu a edificarei mais uma vez, ó virgem, Israel!
Você será reconstruída! Mais uma vez você se enfeitará com
guizos e sairá dançando com os que se alegram. 5 De novo
você plantará videiras nas colinas de Samaria; videiras antes
profanadas pelos lavradores que as tinham plantado.[b] 6 Porque
vai chegando o dia em que os sentinelas gritarão nas colinas
de Efraim: 'Venham e subamos a Sião, à presença do SENHOR,
do nosso Deus' ".
7 Assim diz o SENHOR: "Cantem de alegria por causa de Jacó;
gritem, exaltando a principal das nações! Proclamem e deem
louvores, dizendo: 'O SENHOR salvou o seu povo,[c] o remanes-
cente de Israel'. 8 Vejam, eu os trarei da terra do norte e os
reunirei dos confins da terra. Entre eles estarão o cego e o alei-
jado, mulheres grávidas e em trabalho de parto; uma grande
multidão voltará. 9 Voltarão com choro,[d] mas eu os conduzirei
em meio a consolações. Eu os conduzirei às correntes de água
por um caminho plano, onde não tropeçarão, porque sou pai
para Israel e Efraim é o meu filho mais velho.
10 "Ouçam a palavra do SENHOR, ó nações, e proclamem nas
ilhas distantes: 'Aquele que dispersou Israel o reunirá e, como
pastor, vigiará o seu rebanho'. 11 O SENHOR resgatou Jacó e o
libertou das mãos do que é mais forte do que ele. 12 Eles virão

---

a 31.3 Ou *o* SENHOR *apareceu a nós vindo de longe,*
b 31.5 Ou *videiras que os lavradores plantarão e cujo fruto colherão.*
c 31.7 Conforme a Septuaginta. O Texto Massorético diz *Ó Senhor, salva o teu povo.*
d 31.9 Conforme a Septuaginta. O Texto Massorético diz *Suplicarão enquanto eu os conduzir.*

e cantarão de alegria nos altos de Sião; ficarão radiantes de
alegria pelos muitos bens dados pelo SENHOR: o cereal, o vinho
novo, o azeite puro, as crias das ovelhas e das vacas. Serão
como um jardim bem regado, e não mais se entristecerão.
13 Então as moças dançarão de alegria, como também os jo-
vens e os velhos. Transformarei o lamento deles em júbilo; eu
lhes darei consolo e alegria em vez de tristeza. 14 Satisfarei os
sacerdotes com fartura; e o meu povo será saciado pela minha
bondade", declara o SENHOR.
15 Assim diz o SENHOR: "Ouve-se uma voz em Ramá, lamentação
e amargo choro; é Raquel, que chora por seus filhos e recusa
ser consolada, porque os seus filhos já não existem".
16 Assim diz o SENHOR: "Contenha o seu choro e as suas lá-
grimas, pois o seu sofrimento será recompensado", declara
o SENHOR. "Eles voltarão da terra do inimigo. 17 Por isso há es-
perança para o seu futuro", declara o SENHOR. "Seus filhos
voltarão para a sua pátria.
18 "Ouvi claramente Efraim lamentando-se: 'Tu me disciplinaste
como a um bezerro indomado, e fui disciplinado. Traze-me de
volta, e voltarei, porque tu és o SENHOR, o meu Deus. 19 De fato,
depois de desviar-me, eu me arrependi; depois que entendi,
bati no meu peito. Estou envergonhado e humilhado porque
trago sobre mim a desgraça da minha juventude'. 20 Não é
Efraim o meu filho querido? O filho em quem tenho prazer?
Cada vez que eu falo sobre Efraim, mais intensamente me
lembro dele. Por isso, com ansiedade o tenho em meu co-
ração; tenho por ele grande compaixão", declara o SENHOR.
21 "Coloque marcos e ponha sinais nas estradas, preste atenção
no caminho que você trilhou. Volte, ó virgem, Israel! Volte para
as suas cidades. 22 Até quando você vagará, ó filha rebelde? O
SENHOR criou algo novo nesta terra: uma mulher abraça[a] um
guerreiro".
23 Assim diz o SENHOR dos Exércitos, o Deus de Israel: "Quando
eu os trouxer de volta do cativeiro[b], o povo de Judá e de suas
cidades dirá novamente: 'O SENHOR a abençoe, ó morada justa,
ó monte sagrado'. 24 O povo viverá em Judá e em todas as
suas cidades, tanto os lavradores como os que conduzem os
rebanhos. 25 Restaurarei o exausto e saciarei o enfraquecido".
26 Então acordei e olhei em redor. Meu sono tinha sido agra-
dável.
27 "Virão dias", diz o SENHOR, "em que semearei na comunidade
de Israel e na comunidade de Judá homens e animais. 28 Assim
como os vigiei para arrancar e despedaçar, para derrubar, des-
truir e trazer a desgraça, também os vigiarei para edificar e
plantar", declara o SENHOR. 29 "Naqueles dias não se dirá mais:
" 'Os pais comeram uvas verdes, e os dentes dos filhos se em-
botaram'.
30 "Ao contrário, cada um morrerá por causa do seu próprio
pecado. Os dentes de todo aquele que comer uvas verdes se
embotarão.

31 "Estão chegando os dias", declara o SENHOR, "quando farei
uma nova aliança com a comunidade de Israel e com a comu-
nidade de Judá. 32 Não será como a aliança que fiz com os
seus antepassados quando os tomei pela mão para tirá-los do
Egito; porque quebraram a minha aliança, apesar de eu ser o
Senhor[c] deles[d]", diz o SENHOR. 33 "Esta é a aliança que farei
com a comunidade de Israel depois daqueles dias", declara o
SENHOR: "Porei a minha lei no íntimo deles e a escreverei nos
seus corações. Serei o Deus deles, e eles serão o meu povo.
34 Ninguém mais ensinará ao seu próximo nem ao seu irmão,
dizendo: 'Conheça ao SENHOR', porque todos eles me conhe-
cerão, desde o menor até o maior", diz o SENHOR. "Porque eu
lhes perdoarei a maldade e não me lembrarei mais dos seus
pecados."
35 Assim diz o SENHOR, aquele que designou o sol para brilhar
de dia, que decretou que a lua e as estrelas brilhem de noite,
que agita o mar para que as suas ondas rujam; o seu nome é
o SENHOR dos Exércitos: 36 "Somente se esses decretos desa-
parecerem de diante de mim", declara o SENHOR, "deixarão
os descendentes de Israel de ser uma nação diante de mim
para sempre".
37 Assim diz o SENHOR: "Se os céus em cima puderem ser me-
didos, e os alicerces da terra embaixo puderem ser sondados,
então eu rejeitarei os descendentes de Israel, por tudo o que
eles têm feito", diz o SENHOR.
38 "Estão chegando os dias", declara o SENHOR, "em que esta
cidade será reconstruída para o SENHOR, desde a torre de Hana-
neel até a porta da Esquina. 39 A corda de medir será estendida
diretamente até a colina de Garebe, indo na direção de Goa.
40 Todo o vale, onde cadáveres e cinzas são jogados, e todos os
terraços que dão para o vale do Cedrom a leste, até a esquina
da porta dos Cavalos, serão consagrados ao SENHOR. A cidade
nunca mais será arrasada ou destruída."

32 Jeremias Compra um Campo

Esta é a palavra que o SENHOR dirigiu a Jeremias no
décimo ano do reinado de Zedequias, rei de Judá, que foi o
décimo oitavo ano de Nabucodonosor. 2 Naquela época, o exér-
cito do rei da Babilônia sitiava Jerusalém e o profeta Jeremias
estava preso no pátio da guarda, no palácio real de Judá.
3 Zedequias, rei de Judá, havia aprisionado Jeremias acusan-
do-o de fazer a seguinte profecia: O SENHOR entregará a cidade
nas mãos do rei da Babilônia, e este a conquistará; 4 Zedequias,
rei de Judá, não escapará das mãos dos babilônios, mas cer-
tamente será entregue nas mãos do rei da Babilônia, falará
com ele face a face e o verá com os seus próprios olhos; 5 e ele
levará Zedequias para a Babilônia, onde este ficará até que o
SENHOR cuide da situação dele; e, ainda, se eles lutarem contra
os babilônios, não serão bem-sucedidos.
6 E Jeremias disse: "O SENHOR dirigiu-me a palavra nos se-
guintes termos: 7 'Hanameel, filho de seu tio Salum, virá ao

[a] 31.22 Ou *sairá em busca de*; ou ainda *protegerá*
[b] 31.23 Ou *eu restaurar a sorte deles*
[c] 31.32 Ou *marido*
[d] 31.32 A Septuaginta e a Versão Siríaca dizem *e eu me afastei deles.*

seu encontro e dirá: “Compre a propriedade que tenho em
Anatote, porque, sendo o parente mais próximo, você tem o
direito e o dever de comprá-la” ’.
8 “Conforme o SENHOR tinha dito, meu primo Hanameel veio ao
meu encontro no pátio da guarda e disse: ‘Compre a proprie-
dade que tenho em Anatote, no território de Benjamim, porque
é seu o direito de posse e de resgate. Compre-a!’
“Então, compreendi que essa era a palavra do SENHOR. 9 Assim,
comprei do meu primo Hanameel a propriedade que ele pos-
suía em Anatote. Pesei a prata e lhe paguei dezessete peças de
prata. 10 Assinei e selei a escritura, e pesei a prata na balança,
diante de testemunhas por mim chamadas. 11 Peguei a escri-
tura, a cópia selada com os termos e condições da compra,
bem como a cópia não selada, 12 e entreguei essa escritura
de compra a Baruque, filho de Nerias, filho de Maaseias, na
presença de meu primo Hanameel, das testemunhas que ti-
nham assinado a escritura e de todos os judeus que estavam
sentados no pátio da guarda.
13 “Na presença deles dei as seguintes instruções a Baruque:
14 Assim diz o SENHOR dos Exércitos, Deus de Israel: ‘Tome estes
documentos, tanto a cópia selada como a não selada da escri-
tura de compra e coloque-os num jarro de barro para que se
conservem por muitos anos’. 15 Porque assim diz o SENHOR dos
Exércitos, Deus de Israel: ‘Casas, campos e vinhas tornarão a
ser comprados nesta terra’.
16 “Depois que entreguei a escritura de compra a Baruque, filho
de Nerias, orei ao SENHOR:
17 “Ah! Soberano SENHOR, tu fizeste os céus e a terra pelo teu
grande poder e por teu braço estendido. Nada é difícil demais
para ti. 18 Mostras bondade até mil gerações, mas lanças os
pecados dos pais sobre os seus filhos. Ó grande e poderoso
Deus, cujo nome é o SENHOR dos Exércitos, 19 grandes são os
teus propósitos e poderosos os teus feitos. Os teus olhos estão
atentos aos atos dos homens; tu retribuis a cada um de acordo
com a sua conduta, de acordo com os efeitos das suas obras.
20 Realizaste sinais e maravilhas no Egito e continuas a fazê-los
até hoje, tanto em Israel como entre toda a humanidade, e al-
cançaste o renome que hoje tens. 21 Tiraste o teu povo do Egito
com sinais e maravilhas, com mão poderosa e braço estendido,
causando grande pavor. 22 Deste a eles esta terra, que sob jura-
mento prometeste aos seus antepassados; uma terra onde há
leite e mel com fartura. 23 Eles vieram e tomaram posse dela,
mas não te obedeceram nem seguiram a tua lei. Não fizeram
nada daquilo que lhes ordenaste. Por isso trouxeste toda esta
desgraça sobre eles.
24 “As rampas de cerco são erguidas pelos inimigos para to-
marem a cidade, e pela guerra, pela fome e pela peste, ela
será entregue nas mãos dos babilônios que a atacam. Cum-
priu-se aquilo que disseste, como vês. 25 Ainda assim, ó So-
berano SENHOR, tu me mandaste comprar a propriedade e
convocar testemunhas do negócio, embora a cidade esteja
entregue nas mãos dos babilônios!
26 “A palavra do SENHOR veio a mim, dizendo: 27 ‘Eu sou o SE-
NHOR, o Deus de toda a humanidade. Há alguma coisa difícil
demais para mim?’ 28 Portanto, assim diz o SENHOR: ‘Estou
entregando esta cidade nas mãos dos babilônios e de Nabuco-
donosor, rei da Babilônia, que a conquistará. 29 Os babilônios,
que estão atacando esta cidade, entrarão e a incendiarão. Eles
a queimarão com as casas nas quais o povo provocou a minha
ira queimando incenso a Baal nos seus terraços e derramando
ofertas de bebida em honra a outros deuses.
30 “ ‘Desde a sua juventude o povo de Israel e de Judá nada
tem feito senão aquilo que eu considero mau; de fato, o povo
de Israel nada tem feito além de provocar-me à ira’, declara
o SENHOR. 31 ‘Desde o dia em que foi construída até hoje, esta
cidade tem despertado o meu furor de tal forma que tenho
que tirá-la da minha frente. 32 O povo de Israel e de Judá
tem provocado a minha ira por causa de todo o mal que tem
feito, tanto o povo como os seus reis e os seus líderes, os
seus sacerdotes e os seus profetas, os homens de Judá e os
habitantes de Jerusalém. 33 Voltaram as costas para mim e
não o rosto; embora eu os tenha ensinado vez após vez, não
quiseram ouvir-me nem aceitaram a correção. 34 Profanaram
o templo que leva o meu nome, colocando nele as imagens
de seus ídolos. 35 Construíram altares idólatras para Baal no
vale de Ben-Hinom, para sacrificarem a Moloque os seus fi-
lhos e as suas filhas,[a] coisa que nunca ordenei, prática repug-
nante que jamais imaginei; e, assim, levaram Judá a pecar’.
36 “Portanto, assim diz o SENHOR a esta cidade, sobre a qual
vocês estão dizendo que será entregue nas mãos do rei da
Babilônia por meio da guerra, da fome e da peste: 37 ‘Certa-
mente eu os reunirei de todas as terras para onde os dispersei
na minha ardente ira e no meu grande furor; eu os trarei de
volta a este lugar e permitirei que vivam em segurança. 38 Eles
serão o meu povo, e eu serei o seu Deus. 39 Darei a eles um só
pensamento e uma só conduta, para que me temam durante
toda a sua vida, para o seu próprio bem e o de seus filhos
e descendentes. 40 Farei com eles uma aliança permanente:
Jamais deixarei de fazer o bem a eles, e farei com que me
temam de coração, para que jamais se desviem de mim. 41 Terei
alegria em fazer-lhes o bem, e os plantarei firmemente nesta
terra de todo o meu coração e de toda a minha alma. Sim, é
o que farei’.
42 “Assim diz o SENHOR: ‘Assim como eu trouxe toda esta grande
desgraça sobre este povo, também lhes darei a prosperidade
que lhes prometo. 43 De novo serão compradas propriedades
nesta terra, da qual vocês dizem: “É uma terra arrasada, sem
homens nem animais, pois foi entregue nas mãos dos babilô-
nios”. 44 Propriedades serão compradas por prata e escrituras
serão assinadas e seladas diante de testemunhas no terri-
tório de Benjamim, nos povoados ao redor de Jerusalém, nas
cidades de Judá e nas cidades dos montes, da Sefelá[b] e do Ne-

[a] 32.35 Ou *para fazerem seus filhos e suas filhas passarem pelo fogo.*

[b] 32.44 Pequena faixa de terra de relevo variável entre a planície costeira e as montanhas; também em 33.13.

guebe, porque eu restaurarei a sorte deles', declara o SENHOR".

33 Promessa de Restauração

33 Jeremias ainda estava preso no pátio da guarda quando
o SENHOR lhe dirigiu a palavra pela segunda vez: 2 "Assim diz
o SENHOR que fez a terra, o SENHOR que a formou e a firmou;
seu nome é SENHOR: 3 Clame a mim e eu responderei e direi a
você coisas grandiosas e insondáveis que você não conhece".
4 Porque assim diz o SENHOR, o Deus de Israel, a respeito das
casas desta cidade e dos palácios reais de Judá, que foram
derrubados para servirem de defesa contra as rampas de cerco
e a espada, 5 na luta contra os babilônios: "Elas ficarão cheias
de cadáveres dos homens que matarei no meu furor. Ocultarei
desta cidade o meu rosto por causa de toda a sua maldade.
6 "Todavia, trarei restauração e cura para ela; curarei o meu
povo e lhe darei muita prosperidade e segurança. 7 Mudarei a
sorte de Judá e de Israel[a] e os reconstruirei como antigamente.
8 Eu os purificarei de todo o pecado que cometeram contra
mim e perdoarei todos os seus pecados de rebelião contra
mim. 9 Então Jerusalém será para mim uma fonte de alegria,
de louvor e de glória, diante de todas as nações da terra que
ouvirem acerca de todos os benefícios que faço por ela. Elas
temerão e tremerão diante da paz e da prosperidade que eu
lhe concedo".
10 Assim diz o SENHOR: "Vocês dizem que este lugar está devas-
tado e ficará sem homens nem animais. Contudo, nas cidades
de Judá e nas ruas de Jerusalém, que estão devastadas, de-
sabitadas, sem homens nem animais, mais uma vez se ouvirão
11 as vozes de júbilo e de alegria, do noivo e da noiva, e as vozes
daqueles que trazem ofertas de ação de graças para o templo
do SENHOR, dizendo: 'Deem graças ao SENHOR dos Exércitos,
pois ele é bom; o seu amor leal dura para sempre'.
"Porque eu mudarei a sorte desta terra como antigamente",
declara o SENHOR.
12 Assim diz o SENHOR dos Exércitos: "Neste lugar desolado,
sem homens nem animais, haverá novamente pastagens onde
os pastores farão descansar os seus rebanhos, em todas as
suas cidades. 13 Tanto nas cidades dos montes, da Sefelá, do
Neguebe e do território de Benjamim, como nos povoados
ao redor de Jerusalém e nas cidades de Judá, novamente
passarão ovelhas sob as mãos daquele que as conta", diz o
SENHOR.
14 "Dias virão", declara o SENHOR, "em que cumprirei a pro-
messa que fiz à comunidade de Israel e à comunidade de Judá.
15 "Naqueles dias e naquela época farei brotar um Renovo justo
da linhagem de Davi; ele fará o que é justo e certo na terra.
16 Naqueles dias, Judá será salva e Jerusalém viverá em segu-
rança, e este é o nome pelo qual ela será chamada[b]: O SENHOR
é a Nossa Justiça".
17 Porque assim diz o SENHOR: "Davi jamais deixará de ter um
descendente que se assente no trono de Israel, 18 nem os sacer-
dotes, que são levitas, deixarão de ter descendente que esteja
diante de mim para oferecer, continuamente, holocaustos[c],
queimar ofertas de cereal e apresentar sacrifícios".
19 O SENHOR dirigiu a palavra a Jeremias: 20 "Assim diz o SE-
NHOR: Se vocês puderem romper a minha aliança com o dia e
a minha aliança com a noite, de modo que nem o dia nem a
noite aconteçam no tempo que está determinado para vocês,
21 então poderá ser quebrada a minha aliança com o meu servo
Davi, e neste caso ele não mais terá um descendente que reine
no seu trono; e também será quebrada a minha aliança com
os levitas que são sacerdotes e que me servem. 22 Farei os
descendentes do meu servo Davi e os levitas, que me servem,
tão numerosos como as estrelas do céu e incontáveis como a
areia das praias do mar".
23 O SENHOR dirigiu a palavra a Jeremias: 24 "Você reparou que
essas pessoas estão dizendo que o SENHOR rejeitou os dois
reinos[d] que tinha escolhido? Por isso desprezam o meu povo
e não mais o consideram como nação". 25 Assim diz o SENHOR:
"Se a minha aliança com o dia e com a noite não mais vigo-
rasse, se eu não tivesse estabelecido as leis fixas do céu e da
terra, 26 então eu rejeitaria os descendentes de Jacó e do meu
servo Davi e não escolheria um dos seus descendentes para
que governasse os descendentes de Abraão, de Isaque e de
Jacó. Mas eu restaurarei a sorte deles[e] e lhes manifestarei a
minha compaixão".

34 Advertência a Zedequias

34 Quando Nabucodonosor, rei da Babilônia, todo o seu
exército e todos os reinos e povos do império que ele gover-
nava lutavam contra Jerusalém, e contra todas as cidades ao
redor, o SENHOR dirigiu esta palavra a Jeremias: 2 "Assim diz
o SENHOR, o Deus de Israel: Vá ao rei Zedequias de Judá e
lhe diga: Assim diz o SENHOR: Estou entregando esta cidade
nas mãos do rei da Babilônia, e ele a incendiará. 3 Você não
escapará, mas será capturado e entregue nas mãos dele. Com
os seus próprios olhos você verá o rei da Babilônia, e ele falará
com você face a face. E você irá para a Babilônia.
4 "Ouça, porém, a promessa do SENHOR, ó Zedequias, rei de
Judá. Assim diz o SENHOR a seu respeito: Você não morrerá à
espada, 5 mas morrerá em paz. E assim como o povo queimou
incenso em honra aos seus antepassados, os reis que o prece-
deram, também queimarão incenso em sua honra e se lamen-
tarão, clamando: 'Ah, meu senhor!' Sim, eu mesmo faço essa
promessa", declara o SENHOR.
6 O profeta Jeremias disse todas essas palavras ao rei Zede-
quias de Judá, em Jerusalém, 7 enquanto o exército do rei da
Babilônia lutava contra Jerusalém e contra as outras cidades
de Judá que ainda resistiam, Laquis e Azeca, pois só restaram

a 33.7 Ou *Trarei Judá e Israel de volta do cativeiro*
b 33.16 Ou *ele será chamado*
c 33.10 Isto é, sacrifícios totalmente queimados.
d 33.24 Ou *as duas famílias*
e 33.26 Ou *os trarei de volta do cativeiro*

essas cidades fortificadas em Judá.

Liberdade para os Escravos

8 O Senhor dirigiu a palavra a Jeremias depois do acordo que
o rei Zedequias fez com todo o povo de Jerusalém, procla-
mando a libertação dos escravos. 9 Todos teriam que libertar
seus escravos e escravas hebreus; ninguém poderia escravizar
um compatriota judeu. 10 Assim, todos os líderes e o povo que
firmaram esse acordo de libertação dos escravos, concordaram
em deixá-los livres e não mais escravizá-los; o povo obedeceu
e libertou os escravos. 11 Mas, depois disso, mudou de ideia e
tomou de volta os homens e as mulheres que havia libertado e
tornou a escravizá-los.
12 Então o Senhor dirigiu a palavra a Jeremias, dizendo:
13 "Assim diz o Senhor, o Deus de Israel: Fiz uma aliança com
os seus antepassados quando os tirei do Egito, da terra da
escravidão. Eu disse: 14 Ao fim de sete anos, cada um de vocês
libertará todo compatriota hebreu que se vendeu a vocês. De-
pois que ele o tiver servido por seis anos, você o libertará.[a]
Mas os seus antepassados não me obedeceram nem me deram
atenção. 15 Recentemente vocês se arrependeram e fizeram o
que eu aprovo: cada um de vocês proclamou liberdade para os
seus compatriotas. Vocês até fizeram um acordo diante de mim
no templo que leva o meu nome. 16 Mas, agora, vocês voltaram
atrás e profanaram o meu nome, pois cada um de vocês tomou
de volta os homens e as mulheres que tinham libertado. Vocês
voltaram a escravizá-los".
17 Portanto, assim diz o Senhor: "Vocês não me obedeceram;
não proclamaram libertação cada um para o seu compatriota
e para o seu próximo. Por isso, eu agora proclamo libertação
para vocês", diz o Senhor, "pela espada, pela peste e pela
fome. Farei com que vocês sejam um objeto de terror para
todos os reinos da terra. 18 Entregarei os homens que violaram
a minha aliança e não cumpriram os termos da aliança que
fizeram na minha presença quando cortaram o bezerro em dois
e andaram entre as partes do animal; 19 isto é, os líderes de
Judá e de Jerusalém, os oficiais do palácio real, os sacerdotes
e todo o povo da terra que andou entre as partes do bezerro,
20 sim, eu os entregarei nas mãos dos inimigos que desejam
tirar-lhes a vida. Seus cadáveres servirão de comida para as
aves e para os animais.
21 "Eu entregarei Zedequias, rei de Judá, e os seus líderes nas
mãos dos inimigos que desejam tirar-lhes a vida, e do exército
do rei da Babilônia, que retirou o cerco de vocês. 22 Darei a
ordem", declara o Senhor, "e os trarei de volta a esta cidade.
Eles lutarão contra ela e vão conquistá-la e incendiá-la. Farei
com que as cidades de Judá fiquem devastadas e desabi-
tadas".

Os Recabitas

35 Durante o reinado de Jeoaquim, filho de Josias, rei de
Judá, o Senhor dirigiu esta palavra a Jeremias: 2 "Vá à comu-
nidade dos recabitas, convide-os a virem a uma das salas do
templo do Senhor e ofereça-lhes vinho para beber".
3 Então busquei Jazanias, filho de Jeremias, filho de Habazi-
nias, seus irmãos e todos os seus filhos e toda a comunidade
dos recabitas. 4 Eu os levei ao templo do Senhor, à sala dos
filhos de Hanã, filho de Jigdalias, homem de Deus. A sala ficava
ao lado da sala dos líderes e debaixo da sala de Maaseias,
filho de Salum, o porteiro. 5 Então coloquei vasilhas cheias de
vinho e alguns copos diante dos membros da comunidade dos
recabitas e lhes pedi que bebessem.
6 Eles, porém, disseram: "Não bebemos vinho porque o nosso
antepassado Jonadabe, filho de Recabe, nos deu esta ordem:
'Nem vocês nem os seus descendentes beberão vinho. 7 Vocês
não construirão casas nem semearão; não plantarão vinhas
nem as possuirão; mas vocês sempre habitarão em tendas.
Assim vocês viverão por muito tempo na terra na qual são nô-
mades'. 8 Temos obedecido a tudo o que nos ordenou nosso
antepassado Jonadabe, filho de Recabe. Nós, nossas mulheres,
nossos filhos e nossas filhas jamais bebemos vinho em toda a
nossa vida, 9 não construímos casas para nossa moradia nem
possuímos vinhas, campos ou plantações. 10 Temos vivido em
tendas e obedecido fielmente a tudo o que nosso antepassado
Jonadabe nos ordenou. 11 Mas, quando Nabucodonosor, rei da
Babilônia, invadiu esta terra, dissemos: Venham, vamos para
Jerusalém para escapar dos exércitos dos babilônios e dos sí-
rios. Assim, permanecemos em Jerusalém".
12 O Senhor dirigiu a palavra a Jeremias, dizendo: 13 "Assim diz
o Senhor dos Exércitos, Deus de Israel: Vá dizer aos homens de
Judá e aos habitantes de Jerusalém: Será que vocês não vão
aprender a lição e obedecer às minhas palavras?", pergunta o
Senhor. 14 "Jonadabe, filho de Recabe, ordenou a seus filhos
que não bebessem vinho, e essa ordem tem sido obedecida até
hoje. Eles não bebem vinho porque obedecem à ordem do seu
antepassado. Mas eu tenho falado a vocês repetidas vezes, e,
contudo, vocês não me obedecem. 15 Enviei a vocês, repetidas
vezes, todos os meus servos, os profetas, para dizer que cada
um de vocês deveria converter-se da sua má conduta, corrigir
as suas ações e deixar de seguir outros deuses para prestar-
-lhes culto. Assim, vocês habitariam na terra que dei a vocês e a
seus antepassados. Mas vocês não me deram atenção nem me
obedeceram. 16 Os descendentes de Jonadabe, filho de Recabe,
cumprem a ordem que o seu antepassado lhes deu, mas este
povo não me obedece".
17 Portanto, assim diz o Senhor dos Exércitos, Deus de Israel:
"Trarei sobre Judá e sobre todos os habitantes de Jerusalém
toda a desgraça da qual os adverti; porque falei a eles, mas
não me ouviram, chamei-os, mas não me responderam".
18 Jeremias disse à comunidade dos recabitas: "Assim diz o
Senhor dos Exércitos, Deus de Israel: 'Vocês têm obedecido
àquilo que o seu antepassado Jonadabe ordenou; têm cum-
prido todas as suas instruções e têm feito tudo o que ele or-
denou'. 19 Por isso, assim diz o Senhor dos Exércitos, Deus de
Israel: 'Jamais faltará a Jonadabe, filho de Recabe, um des-

[a] 34.14 Dt 15.12

cendente que me sirva' ".

36 Jeoaquim Queima o Rolo de Jeremias

36 1No quarto ano do reinado de Jeoaquim, filho de Josias,
rei de Judá, o SENHOR dirigiu esta palavra a Jeremias: 2"Pegue
um rolo e escreva nele todas as palavras que falei a você a
respeito de Israel, de Judá e de todas as outras nações, desde
que comecei a falar a você, durante o reinado de Josias, até
hoje. 3Talvez, quando o povo de Judá souber de cada uma das
desgraças que planejo trazer sobre eles, cada um se converta
de sua má conduta e eu perdoe a iniquidade e o pecado deles".
4Então Jeremias chamou Baruque, filho de Nerias, para que
escrevesse no rolo, conforme Jeremias ditava, todas as pala-
vras que o SENHOR lhe havia falado. 5Depois Jeremias disse a
Baruque: "Estou preso; não posso ir ao templo do SENHOR. 6Por
isso, vá ao templo do SENHOR no dia do jejum e leia ao povo
as palavras do SENHOR que eu ditei, as quais você escreveu.
Você também as lerá a todo o povo de Judá que vem de suas
cidades. 7Talvez a súplica deles chegue diante do SENHOR, e
cada um se converta de sua má conduta, pois é grande o furor
anunciado pelo SENHOR contra este povo".
8E Baruque, filho de Nerias, fez exatamente tudo aquilo que o
profeta Jeremias lhe mandou fazer e leu as palavras do SENHOR.
9No nono mês do quinto ano do reinado de Jeoaquim, filho de
Josias, rei de Judá, foi proclamado um jejum perante o SENHOR
para todo o povo de Jerusalém e para todo o povo que vinha
das cidades de Judá para Jerusalém. 10Baruque leu a todo o
povo as palavras de Jeremias escritas no rolo. Ele as leu no
templo do SENHOR, da sala de Gemarias, filho do secretário
Safã. A sala ficava no pátio superior, na porta Nova do templo.
11Quando Micaías, filho de Gemarias, filho de Safã, ouviu todas
as palavras do SENHOR, 12desceu à sala do secretário, no pa-
lácio real, onde todos os líderes estavam sentados: o secre-
tário Elisama, Delaías, filho de Semaías, Elnatã, filho de Acbor,
Gemarias, filho de Safã, Zedequias, filho de Hananias, e todos
os outros líderes. 13Micaías relatou-lhes tudo o que tinha ou-
vido quando Baruque leu ao povo o que estava escrito. 14Então
todos os líderes mandaram por intermédio de Jeudi, filho de
Netanias, neto de Selemias, bisneto de Cuchi, a seguinte men-
sagem a Baruque: "Pegue o rolo que você leu ao povo e venha
aqui". Baruque, filho de Nerias, pegou o rolo e foi até eles.
15Disseram-lhe: "Sente-se e leia-o para nós".
Então Baruque o leu para eles. 16Quando ouviram todas
aquelas palavras, entreolharam-se com medo e disseram a Ba-
ruque: "É absolutamente necessário que relatemos ao rei todas
essas palavras". 17Perguntaram a Baruque: "Diga-nos, como
você escreveu tudo isso? Foi Jeremias quem o ditou a você?"
18"Sim", Baruque respondeu, "ele ditou todas essas palavras,
e eu as escrevi com tinta no rolo."
19Os líderes disseram a Baruque: "Vá esconder-se com Jere-
mias; e que ninguém saiba onde vocês estão".
20Então deixaram o rolo na sala de Elisama, o secretário, foram
ao pátio do palácio real e relataram tudo ao rei. 21O rei mandou
Jeudi pegar o rolo, e Jeudi o trouxe da sala de Elisama, o se-
cretário, e o leu ao rei e a todos os líderes que estavam a seu
serviço. 22Isso aconteceu no nono mês. O rei estava sentado
em seus aposentos de inverno, perto de um braseiro aceso.
23Assim que Jeudi terminava de ler três ou quatro colunas, o rei
as cortava com uma faca de escrivão e as atirava no braseiro,
até que o rolo inteiro foi queimado no braseiro. 24O rei e todos
os seus conselheiros que ouviram todas aquelas palavras não
ficaram alarmados nem rasgaram as suas roupas, lamentan-
do-se. 25Embora Elnatã, Delaías e Gemarias tivessem insistido
com o rei que não queimasse o rolo, ele não quis ouvi-los.
26Em vez disso, o rei ordenou a Jerameel, filho do rei, Seraías,
filho de Azriel, e Selemias, filho de Abdeel, que prendessem o
escriba Baruque e o profeta Jeremias. Mas o SENHOR os tinha
escondido.
27Depois que o rei queimou o rolo que continha as palavras
ditadas por Jeremias e redigidas por Baruque, o SENHOR dirigiu
esta palavra a Jeremias: 28"Pegue outro rolo e escreva nele
todas as palavras que estavam no primeiro, que Jeoaquim, rei
de Judá, queimou. 29Também diga a Jeoaquim, rei de Judá:
Assim diz o SENHOR: Você queimou aquele rolo e perguntou:
'Por que você escreveu nele que o rei da Babilônia virá e des-
truirá esta terra e dela eliminará tanto homens como animais?'
" 30Pois assim diz o SENHOR acerca de Jeoaquim, rei de Judá:
"Ele não terá nenhum descendente para sentar-se no trono de
Davi; seu corpo será lançado fora e exposto ao calor de dia e
à geada de noite. 31Eu castigarei a ele, aos seus filhos e aos
seus conselheiros por causa dos seus pecados. Trarei sobre
eles, sobre os habitantes de Jerusalém e sobre os homens de
Judá toda a desgraça que pronunciei contra eles, porquanto
não me deram atenção".
32Então Jeremias pegou outro rolo e o deu ao escriba Baruque,
filho de Nerias, para que escrevesse nele, conforme Jeremias
ditava, todas as palavras do livro que Jeoaquim, rei de Judá,
tinha queimado, além de muitas outras palavras semelhantes
que foram acrescentadas.

37 Jeremias na Prisão

37 Zedequias, filho de Josias, rei de Judá, foi designado
rei por Nabucodonosor, rei da Babilônia. Ele reinou em lugar
de Joaquim[a], filho de Jeoaquim. 2Nem ele, nem seus conse-
lheiros, nem o povo da terra deram atenção às palavras que o
SENHOR tinha falado por meio do profeta Jeremias.
3O rei Zedequias, porém, mandou Jucal, filho de Selemias,
e o sacerdote Sofonias, filho de Maaseias, ao profeta Jere-
mias com esta mensagem: "Ore ao SENHOR, ao nosso Deus,
em nosso favor".
4Naquela época, Jeremias estava livre para circular entre o
povo, pois ainda não tinha sido preso. 5Enquanto isso, o exér-
cito do faraó tinha saído do Egito. E, quando os babilônios que
cercavam Jerusalém ouviram isso, retiraram o cerco.
6O SENHOR dirigiu esta palavra ao profeta Jeremias: 7"Assim

[a] 37.1 Hebraico: *Conias*, variante de *Joaquim*.

diz o Senhor, o Deus de Israel: Digam ao rei de Judá, que os
mandou para consultar-me: O exército do faraó, que saiu do
Egito para vir ajudá-los, retornará à sua própria terra, ao Egito.
8 Os babilônios voltarão e atacarão esta cidade; eles a conquis-
tarão e a destruirão a fogo".
9 Assim diz o Senhor: "Não se enganem, dizendo: 'Os babilônios
certamente vão embora'. Porque eles não vão. 10 Ainda que
vocês derrotassem todo o exército babilônio que está atacando
vocês, e só lhe restassem homens feridos em suas tendas, eles
se levantariam e incendiariam esta cidade".
11 Depois que o exército babilônio se retirou de Jerusalém por
causa do exército do faraó, 12 Jeremias saiu da cidade para ir
ao território de Benjamim a fim de tomar posse da propriedade
que tinha entre o povo daquele lugar. 13 Mas, quando chegou à
porta de Benjamim, o capitão da guarda, cujo nome era Jerias,
filho de Selemias, filho de Hananias, o prendeu e disse: "Você
está desertando para o lado dos babilônios!"
14 "Isso não é verdade!", disse Jeremias. "Não estou passando
para o lado dos babilônios." Mas Jerias não quis ouvi-lo; e,
prendendo Jeremias, o levou aos líderes. 15 Eles ficaram fu-
riosos com Jeremias, espancaram-no e o prenderam na casa
do secretário Jônatas, que tinham transformado numa prisão.
16 Jeremias foi posto numa cela subterrânea da prisão, onde
ficou por muito tempo. 17 Então o rei mandou buscá-lo, e Je-
remias foi trazido ao palácio. E, secretamente, o rei lhe per-
guntou: "Há alguma palavra da parte do Senhor?"
"Há", respondeu Jeremias, "você será entregue nas mãos do
rei da Babilônia."
18 Então Jeremias disse ao rei Zedequias: "Que crime cometi
contra você ou contra os seus conselheiros ou contra este povo
para que você me mandasse para a prisão? 19 Onde estão os
seus profetas que profetizaram para você: 'O rei da Babilônia
não atacará nem a vocês nem a esta terra'? 20 Mas, agora, ó
rei, meu senhor, escute-me, por favor. Permita-me apresen-
tar-lhe a minha súplica: Não me mande de volta à casa de
Jônatas, o secretário, para que eu não morra ali".
21 Então o rei Zedequias deu ordens para que Jeremias fosse
colocado no pátio da guarda e que diariamente recebesse pão
da rua dos padeiros, enquanto houvesse pão na cidade. Assim,
Jeremias permaneceu no pátio da guarda.

Jeremias Confinado numa Cisterna

38 E ocorreu que Sefatias, filho de Matã, Gedalias, filho de
Pasur, Jucal, filho de Selemias, e Pasur, filho de Malquias, ou-
viram o que Jeremias estava dizendo a todo o povo: 2 "Assim
diz o Senhor: 'Aquele que permanecer nesta cidade morrerá
pela espada, pela fome e pela peste; mas aquele que se render
aos babilônios viverá. Escapará com vida e sobreviverá'. 3 E,
assim diz o Senhor: 'Esta cidade certamente será entregue ao
exército do rei da Babilônia, que a conquistará' ".
4 Então os líderes disseram ao rei: "Este homem deve morrer.
Ele está desencorajando os soldados que restaram nesta ci-
dade, bem como todo o povo, com as coisas que ele está di-
zendo. Este homem não busca o bem deste povo, mas a sua
ruína".
5 O rei Zedequias respondeu: "Ele está em suas mãos; o rei não
pode opor-se a vocês".
6 Assim, pegaram Jeremias e o jogaram na cisterna de Mal-
quias, filho do rei, a qual ficava no pátio da guarda. Baixaram
Jeremias por meio de cordas para dentro da cisterna. Não
havia água na cisterna, mas somente lama; e Jeremias afundou
na lama.
7 Mas Ebede-Meleque, o etíope, oficial[a] do palácio real, ouviu
que eles tinham jogado Jeremias na cisterna. Ora, o rei estava
sentado junto à porta de Benjamim, 8 e Ebede-Meleque saiu do
palácio e foi dizer-lhe: 9 "Ó rei, meu senhor, esses homens co-
meteram um mal em tudo o que fizeram ao profeta Jeremias.
Eles o jogaram numa cisterna para que morra de fome, pois já
não há mais pão na cidade".
10 Então o rei ordenou a Ebede-Meleque, o etíope: "Leve com
você três homens sob as suas ordens e retire o profeta Jere-
mias da cisterna antes que ele morra".
11 Então Ebede-Meleque levou consigo os homens que estavam
sob as suas ordens e foi à sala que fica debaixo da tesouraria
do palácio. Pegou alguns trapos e roupas velhas e desceu
cordas até Jeremias na cisterna. 12 Ebede-Meleque, o etíope,
disse a Jeremias: "Põe esses trapos e roupas velhas debaixo
dos braços para servirem de almofada para as cordas". E Je-
remias assim fez. 13 Assim, com as cordas o puxaram para cima
e o tiraram da cisterna. E Jeremias permaneceu no pátio da
guarda.

Jeremias é Interrogado Novamente

14 Então o rei Zedequias mandou trazer o profeta Jeremias e o
encontrou na terceira entrada do templo do Senhor. "Quero
pedir-te uma palavra", disse o rei. "Não me escondas nada."
15 Jeremias disse a Zedequias: "Se eu der uma resposta, você
não me matará? Mesmo que eu o aconselhasse, você não me
escutaria".
16 O rei Zedequias, porém, fez este juramento secreto a Jere-
mias: "Juro pelo nome do Senhor, de quem recebemos a vida,
que eu não o matarei nem o entregarei nas mãos daqueles que
desejam tirar sua vida".
17 Então Jeremias disse a Zedequias: "Assim diz o Senhor dos
Exércitos, Deus de Israel: 'Se você se render imediatamente
aos oficiais do rei da Babilônia, sua vida será poupada e esta ci-
dade não será incendiada; você e a sua família viverão. 18 Mas,
se você não se render imediatamente aos oficiais do rei da
Babilônia, esta cidade será entregue nas mãos dos babilônios,
e eles a incendiarão; nem mesmo você escapará das mãos
deles' ".
19 O rei Zedequias disse a Jeremias: "Tenho medo dos judeus
que estão apoiando os babilônios, pois os babilônios poderão
entregar-me nas mãos deles, e eles me maltratarão".

a **38.7** Ou *eunuco*

20 "Eles não o entregarão", Jeremias respondeu. "Obedeça ao
SENHOR fazendo o que eu digo, para que tudo corra bem a você
e a sua vida seja poupada. 21 Mas, se você não quiser render-se,
foi isto que o SENHOR me revelou: 22 Todas as mulheres deixadas
no palácio real de Judá serão levadas aos oficiais do rei da Ba-
bilônia. E elas dirão a você: 'Aqueles teus amigos de confiança
te enganaram e prevaleceram sobre ti. Teus pés estão atolados
na lama; teus amigos te abandonaram'.
23 "Todas as suas mulheres e os seus filhos serão levados aos
babilônios. Você mesmo não escapará das mãos deles, mas
será capturado pelo rei da Babilônia; e esta cidade será[a] in-
cendiada."
24 Então Zedequias disse a Jeremias: "Se alguém souber dessa
conversa, tu morrerás. 25 Se os líderes ouvirem que eu con-
versei contigo e vierem dizer-te: 'Conta-nos o que disseste ao
rei e o que o rei te disse; não escondas nada de nós, se não
nós te mataremos', 26 dize: Fui suplicar ao rei que não me man-
dasse de volta à casa de Jônatas, para ali morrer".
27 Quando os líderes vieram interrogar Jeremias, ele lhes disse
tudo o que o rei tinha ordenado que dissesse. E eles não lhe
perguntaram mais nada, pois ninguém tinha ouvido a conversa
com o rei.
28 E Jeremias permaneceu no pátio da guarda até o dia em que
Jerusalém foi conquistada.

39 A Queda de Jerusalém

Foi assim que Jerusalém foi tomada: no nono ano do
reinado de Zedequias, rei de Judá, no décimo mês, Nabu-
codonosor, rei da Babilônia, marchou contra Jerusalém com
todo seu exército e a sitiou. 2 E, no nono dia do quarto mês
do décimo primeiro ano do reinado de Zedequias, o muro da
cidade foi rompido. 3 Então todos os oficiais do rei da Babilônia
vieram e se assentaram junto à porta do Meio: Nergal-Sarezer
de Sangar, Nebo-Sarsequim, um dos chefes dos oficiais, Ner-
gal Sarezer, um alto oficial, e todos os outros oficiais do rei da
Babilônia. 4 Quando Zedequias, rei de Judá, e todos os soldados
os viram, fugiram e saíram da cidade, à noite, na direção do
jardim real, pela porta entre os dois muros; e foram para a
Arabá[b].
5 Mas o exército babilônio os perseguiu e alcançou Zedequias
na planície de Jericó. Eles o capturaram e o levaram a Nabu-
codonosor, rei da Babilônia, em Ribla, na terra de Hamate,
que o sentenciou. 6 Em Ribla, o rei da Babilônia mandou exe-
cutar os filhos de Zedequias diante dos seus olhos e também
matou todos os nobres de Judá. 7 Mandou furar os olhos de
Zedequias e prendê-lo com correntes de bronze para levá-lo
para a Babilônia.
8 Os babilônios incendiaram o palácio real e as casas do povo
e derrubaram os muros de Jerusalém. 9 Nebuzaradã, o coman-
dante da guarda imperial, deportou para a Babilônia o povo
que restou na cidade, junto com aqueles que tinham se rendido
a ele, e o restante dos artesãos[c]. 10 Somente alguns dos mais
pobres do povo, que nada tinham, Nebuzaradã deixou para trás
em Judá. E, naquela ocasião, ele lhes deu vinhas e campos.
11 Mas Nabucodonosor, rei da Babilônia, deu ordens a respeito
de Jeremias a Nebuzaradã: 12 "Vá buscá-lo e cuide bem dele;
não o maltrate, mas faça o que ele pedir". 13 Então Nebuza-
radã, o comandante da guarda imperial, Nebusazbã, um dos
chefes dos oficiais, Nergal-Sarezer, um alto oficial, e todos os
outros oficiais do rei da Babilônia 14 mandaram tirar Jeremias
do pátio da guarda e o entregaram a Gedalias, filho de Aicam,
filho de Safã, para que o levasse à residência do governador.
Assim, Jeremias permaneceu no meio do seu povo.
15 Enquanto Jeremias esteve preso no pátio da guarda, o SE-
NHOR lhe dirigiu a palavra: 16 "Vá dizer a Ebede-Meleque, o
etíope: Assim diz o SENHOR dos Exércitos, Deus de Israel: Estou
prestes a cumprir as minhas advertências contra esta cidade,
com desgraça e não com prosperidade. Naquele dia, elas se
cumprirão diante dos seus olhos. 17 Mas eu o resgatarei naquele
dia", declara o SENHOR; "você não será entregue nas mãos da-
queles a quem teme. 18 Eu certamente o resgatarei; você não
morrerá à espada, mas escapará com vida, porque você confia
em mim", declara o SENHOR.

40 A Libertação de Jeremias

O SENHOR dirigiu a palavra a Jeremias depois que o
comandante da guarda imperial, Nebuzaradã, o libertou em
Ramá. Ele tinha encontrado Jeremias acorrentado no meio de
todos os cativos de Jerusalém e de Judá que estavam sendo
levados para o exílio na Babilônia. 2 Quando o comandante da
guarda encontrou Jeremias, disse-lhe: "Foi o SENHOR, o seu
Deus, que determinou esta desgraça para este lugar. 3 Agora o
SENHOR a cumpriu e fez o que tinha prometido. Tudo isso acon-
teceu porque vocês pecaram contra o SENHOR e não lhe obede-
ceram. 4 Mas hoje eu o liberto das correntes que prendem as
suas mãos. Se você quiser, venha comigo para a Babilônia e eu
cuidarei de você; se, porém, não quiser, pode ficar. Veja! Toda
esta terra está diante de você; vá para onde achar melhor".
5 Contudo, antes de Jeremias se virar para partir[d], Nebuzaradã
acrescentou: "Volte a Gedalias, filho de Aicam, neto de Safã, a
quem o rei da Babilônia nomeou governador sobre as cidades
de Judá, e viva com ele entre o povo, ou vá para qualquer outro
lugar que desejar".
Então o comandante lhe deu provisões e um presente, e o
deixou partir. 6 Jeremias foi a Gedalias, filho de Aicam, em
Mispá, e permaneceu com ele entre o povo que foi deixado
na terra de Judá.

O Assassinato de Gedalias

7 Havia comandantes do exército que ainda estavam em campo
aberto com os seus soldados. Eles ouviram que o rei da Ba-

[a] 38.23 Ou *e fará esta cidade ser*
[b] 39.4 Ou *para o vale do Jordão*
[c] 39.9 Ou *restante do povo*
[d] 40.5 Ou *Jeremias responder*

bilônia tinha nomeado Gedalias, filho de Aicam, governador
de Judá e o havia encarregado dos homens, das mulheres,
das crianças e dos mais pobres da terra que não tinham sido
deportados para a Babilônia. 8 Então foram até Gedalias, em
Mispá: Ismael, filho de Netanias, Joanã e Jônatas, filhos de
Careá, Seraías, filho de Tanumete, os filhos de Efai, de Neto-
fate, e Jazanias, filho do maacatita, juntamente com os seus
soldados. 9 Gedalias, filho de Aicam, neto de Safã, fez um jura-
mento a eles e aos seus soldados: "Não temam sujeitar-se aos
babilônios. Estabeleçam-se na terra, sujeitem-se ao rei da Ba-
bilônia, e tudo irá bem para vocês. 10 Eu mesmo permanecerei
em Mispá para representá-los diante dos babilônios que vierem
a nós. Mas, vocês, façam a colheita das uvas para o vinho, das
frutas e das olivas para o azeite, ponham o produto em jarros
e vivam nas cidades que vocês ocuparam".
11 Todos os judeus que estavam em Moabe, em Amom, em Edom
e em todas as outras terras ouviram que o rei da Babilônia
tinha deixado um remanescente em Judá e que havia nomeado
Gedalias, filho de Aicam, neto de Safã, governador sobre eles.
12 Então voltaram de todos os lugares para onde tinham sido
espalhados; vieram para a terra de Judá e foram até Gedalias
em Mispá. E fizeram uma grande colheita de frutas de verão e
de uvas para o vinho.
13 Joanã, filho de Careá, e todos os comandantes do exército
que ainda estavam em campo aberto, foram até Gedalias em
Mispá 14 e lhe disseram: "Você não sabe que Baalis, rei dos
amonitas, enviou Ismael, filho de Netanias, para matá-lo?" Mas
Gedalias, filho de Aicam, não acreditou neles.
15 Então Joanã, filho de Careá, disse em particular a Gedalias,
em Mispá: "Irei agora e matarei Ismael, filho de Netanias, e
ninguém ficará sabendo disso. Por que deveria ele fazer que
os judeus que se uniram a você sejam espalhados e o rema-
nescente de Judá seja destruído?"
16 Mas Gedalias, filho de Aicam, disse a Joanã, filho de Careá:
"Não faça uma coisa dessas. O que você está dizendo sobre
Ismael não é verdade".

41 No sétimo mês, Ismael, filho de Netanias, filho de Elisama,
que era de sangue real e tinha sido um dos oficiais do rei,
foi até Gedalias, filho de Aicam, em Mispá, levando consigo dez
homens. Enquanto comiam juntos, 2 Ismael e os dez homens
que estavam com ele se levantaram e feriram à espada Geda-
lias, filho de Aicam, neto de Safã, matando aquele que o rei da
Babilônia tinha nomeado governador de Judá. 3 Ismael também
matou todos os judeus que estavam com Gedalias em Mispá,
bem como os soldados babilônios que ali estavam.
4 No dia seguinte ao assassinato de Gedalias, antes que alguém
o soubesse, 5 oitenta homens que haviam rapado a barba, ras-
gado suas roupas e feito cortes no corpo, vieram de Siquém,
de Siló e de Samaria, trazendo ofertas de cereal e incenso para
oferecer no templo do SENHOR. 6 Ismael, filho de Netanias, saiu
de Mispá para encontrá-los, chorando enquanto caminhava.
Quando os encontrou, disse: "Venham até onde se encontra
Gedalias, filho de Aicam". 7 Quando entraram na cidade, Is-
mael, filho de Netanias, e os homens que estavam com ele
os mataram e os atiraram numa cisterna. 8 Mas dez deles dis-
seram a Ismael: "Não nos mate! Temos trigo e cevada, azeite
e mel, escondidos num campo". Então ele os deixou em paz
e não os matou com os demais. 9 A cisterna na qual ele jogou
os corpos dos homens que havia matado, juntamente com o
de Gedalias, tinha sido cavada pelo rei Asa para defender-se
de Baasa, rei de Israel. Ismael, filho de Netanias, encheu-a
com os mortos.
10 Ismael tomou como prisioneiros todo o restante do povo que
estava em Mispá, inclusive as filhas do rei, sobre os quais Ne-
buzaradã, o comandante da guarda imperial, havia nomeado
Gedalias, filho de Aicam, governador. Ismael, filho de Netanias,
levou-os como prisioneiros e partiu para o território de Amom.
11 Quando Joanã, filho de Careá, e todos os comandantes do
exército que com ele estavam souberam do crime que Ismael,
filho de Netanias, tinha cometido, 12 convocaram todos os seus
soldados para lutar contra ele. Eles o alcançaram perto do
grande açude de Gibeom. 13 Quando todo o povo, que Ismael
tinha levado como prisioneiro, viu Joanã, filho de Careá, e os
comandantes do exército que estavam com ele, alegrou-se.
14 Todo o povo que Ismael tinha levado como prisioneiro de
Mispá se voltou e passou para o lado de Joanã, filho de Careá.
15 Mas Ismael, filho de Netanias, e oito de seus homens esca-
param de Joanã e fugiram para o território de Amom.

A Fuga para o Egito

16 Então, Joanã, filho de Careá, e todos os comandantes do
exército que com ele estavam levaram todos os que tinham
restado em Mispá, os quais ele tinha resgatado de Ismael,
filho de Netanias, depois que este havia assassinado Gedalias,
filho de Aicam: os soldados, as mulheres, as crianças e os ofi-
ciais do palácio real, que ele tinha trazido de Gibeom. 17 E eles
prosseguiram, parando em Gerute-Quimã, perto de Belém, a
caminho do Egito. 18 Queriam escapar dos babilônios. Estavam
com medo porque Ismael, filho de Netanias, tinha matado
Gedalias, filho de Aicam, a quem o rei da Babilônia nomeara
governador de Judá.

42 Então todos os líderes do exército, inclusive Joanã, filho
de Careá, e Jezanias[a], filho de Hosaías, e todo o povo,
desde o menor até o maior, aproximaram-se 2 do profeta Jere-
mias e lhe disseram: "Por favor, ouça a nossa petição e ore ao
SENHOR, ao seu Deus, por nós e em favor de todo este remanes-
cente; pois, como você vê, embora fôssemos muitos, agora só
restam poucos de nós. 3 Ore rogando ao SENHOR, ao seu Deus,
que nos diga para onde devemos ir e o que devemos fazer".
4 "Eu os atenderei", respondeu o profeta Jeremias. "Orarei ao
SENHOR, ao seu Deus, conforme vocês pediram. E tudo o que o
SENHOR responder eu direi; nada esconderei de vocês."
5 Então disseram a Jeremias: "Que o SENHOR seja uma teste-

[a] 42.1 A Septuaginta diz *Azarias*. Veja 43.2.

munha verdadeira e fiel contra nós, caso não façamos tudo o
que o SENHOR, o seu Deus, nos ordenar por você. 6 Quer seja
favorável ou não, obedeceremos ao SENHOR, o nosso Deus, a
quem o enviamos, para que tudo vá bem conosco, pois obede-
ceremos ao SENHOR, o nosso Deus".
7 Dez dias depois o SENHOR dirigiu a palavra a Jeremias, 8 e ele
convocou Joanã, filho de Careá, e todos os comandantes do
exército que estavam com ele e todo o povo, desde o menor
até o maior. 9 Disse-lhes então: "Assim diz o SENHOR, o Deus de
Israel, a quem vocês me enviaram para apresentar a petição de
vocês: 10 'Se vocês permanecerem nesta terra, eu os edificarei
e não os destruirei; eu os plantarei e não os arrancarei, pois
muito me pesa a desgraça que eu trouxe sobre vocês. 11 Não
tenham medo do rei da Babilônia, a quem vocês agora temem.
Não tenham medo dele', declara o SENHOR, 'pois estou com
vocês e os salvarei e os livrarei das mãos dele. 12 Eu terei com-
paixão de vocês, e ele também, e permitirá a vocês retornar
à terra de vocês'.
13 "Contudo, se vocês disserem 'Não permaneceremos nesta
terra', e assim desobedecerem ao SENHOR, ao seu Deus, 14 e se
disserem: 'Não, nós iremos para o Egito, onde não veremos a
guerra nem ouviremos o som da trombeta, nem passaremos
fome', 15 ouçam a palavra do SENHOR, ó remanescente de Judá.
Assim diz o SENHOR dos Exércitos, Deus de Israel: 'Se vocês
estão decididos a ir para o Egito e lá forem residir, 16 a guerra
que vocês temem os alcançará, a fome que receiam os seguirá
até o Egito, e lá vocês morrerão. 17 Todos os que estão deci-
didos a partir e residir no Egito morrerão pela guerra, pela
fome e pela peste; nem um só deles sobreviverá ou escapará
da desgraça que trarei sobre eles'. 18 Assim diz o SENHOR dos
Exércitos, Deus de Israel: 'Como o meu furor foi derramado
sobre os habitantes de Jerusalém, também a minha ira será
derramada sobre vocês, quando forem para o Egito. Vocês
serão objeto de maldição e de pavor, de desprezo e de afronta.
Vocês jamais tornarão a ver este lugar'.
19 "Ó remanescente de Judá, o SENHOR disse a vocês: 'Não vão
para o Egito'. Estejam certos disto: Eu hoje os advirto 20 que
vocês cometeram um erro fatal[a] quando me enviaram ao SE-
NHOR, ao seu Deus, pedindo: 'Ore ao SENHOR, ao nosso Deus,
em nosso favor. Diga-nos tudo o que ele falar a você, e nós o
faremos'. 21 Eu disse a vocês, hoje mesmo, o que o SENHOR, o
seu Deus, me mandou dizer a vocês, mas vocês não lhe estão
obedecendo. 22 Agora, porém, estejam certos de que vocês
morrerão pela guerra, pela fome e pela peste, no lugar em
que vocês desejam residir".

43 Quando Jeremias acabou de dizer ao povo tudo o que o
SENHOR, o seu Deus, lhe mandara dizer, 2 Azarias, filho
de Hosaías, e Joanã, filho de Careá, e todos os homens arro-
gantes disseram a Jeremias: "Você está mentindo! O SENHOR
não o mandou dizer que não fôssemos residir no Egito. 3 Mas é
Baruque, filho de Nerias, que o está instigando contra nós para
que sejamos entregues nas mãos dos babilônios, a fim de que
nos matem ou nos levem para o exílio na Babilônia".
4 Assim Joanã, filho de Careá, todos os comandantes do exér-
cito e todo o povo desobedeceram à ordem do SENHOR de que
permanecessem na terra de Judá. 5 E Joanã, filho de Careá, e
todos os comandantes do exército levaram todo o remanes-
cente de Judá que tinha voltado de todas as nações para onde
haviam sido espalhados a fim de viver na terra de Judá: 6 todos
os homens, mulheres e crianças, as filhas do rei, todos os que
Nebuzaradã, o comandante da guarda imperial, deixara com
Gedalias, filho de Aicam, neto de Safã; além do profeta Jere-
mias e de Baruque, filho de Nerias. 7 Eles foram para o Egito,
desobedecendo ao SENHOR, indo até Tafnes.
8 Em Tafnes, o SENHOR dirigiu a palavra a Jeremias, dizendo:
9 "Pegue algumas pedras grandes e, à vista dos homens de
Judá, enterre-as no barro do pavimento à entrada do palácio
do faraó, em Tafnes. 10 Então diga-lhes: Assim diz o SENHOR dos
Exércitos, Deus de Israel: Mandarei chamar meu servo Nabu-
codonosor, rei da Babilônia, e ele colocará o seu trono sobre
essas pedras que enterrei, e estenderá a sua tenda[b] real sobre
elas. 11 Ele virá e atacará o Egito, trará a morte aos destinados
à morte, o cativeiro aos destinados ao cativeiro, e a espada
aos destinados a morrer à espada. 12 Ele incendiará[c] os templos
dos deuses do Egito; queimará seus templos e levará embora
cativos os seus deuses. Como um pastor tira os piolhos do seu
manto[d], assim ele tirará os piolhos do Egito, e sairá em paz.
13 Ele despedaçará as colunas no templo do sol[e], no Egito, e
incendiará os templos dos deuses do Egito".

44 A Desgraça Causada pela Idolatria

Esta é a palavra do SENHOR, que foi dirigida a Jeremias,
para todos os judeus que estavam no Egito e viviam em Migdol,
Tafnes, Mênfis, e na região de Patros: 2 "Assim diz o SENHOR
dos Exércitos, Deus de Israel: Vocês viram toda a desgraça que
eu trouxe sobre Jerusalém e sobre todas as cidades de Judá.
Hoje elas estão em ruínas e desabitadas 3 por causa do mal que
fizeram. Seus moradores provocaram a minha ira queimando
incenso e prestando culto a outros deuses, que nem eles nem
vocês nem seus antepassados jamais conheceram. 4 Dia após
dia eu enviei a vocês meus servos, os profetas, que disseram:
'Não façam essa abominação detestável!' 5 Mas eles não me
ouviram nem me deram atenção; não se converteram de sua
impiedade nem cessaram de queimar incenso a outros deuses.
6 Por isso, o meu furor foi derramado e queimou as cidades de
Judá e as ruas de Jerusalém, tornando-as na ruína desolada
que são hoje".
7 Assim diz o SENHOR, o Deus dos Exércitos, o Deus de Israel:
"Por que trazer uma desgraça tão grande sobre vocês mesmos,
eliminando de Judá homens e mulheres, crianças e recém-

a 42.20 Ou *no coração*

b 43.10 Ou *tapete*
c 43.12 Ou *Eu incendiarei*
d 43.12 Ou *enrola o seu manto*
e 43.13 Ou *em Heliópolis*

-nascidos, sem deixar remanescente algum? 8 Por que vocês
provocam a minha ira com o que fazem, queimando incenso
a outros deuses no Egito, onde vocês vieram residir? Vocês se
destruirão e se tornarão objeto de desprezo e afronta entre
todas as nações da terra. 9 Acaso vocês se esqueceram da im-
piedade cometida por seus antepassados, pelos reis de Judá
e as mulheres deles, e da impiedade cometida por vocês e
suas mulheres na terra de Judá e nas ruas de Jerusalém? 10 Até
hoje não se humilharam nem mostraram reverência e não têm
seguido a minha lei e os decretos que coloquei diante de vocês
e dos seus antepassados".
11 Portanto, assim diz o SENHOR dos Exércitos, Deus de Israel:
"Estou decidido a trazer desgraça sobre vocês e a destruir todo
o Judá. 12 Tomarei o remanescente de Judá, que decidiu partir
e residir no Egito, e todos morrerão no Egito. Cairão pela es-
pada ou pela fome; desde o menor até o maior, morrerão pela
espada ou pela fome. Eles se tornarão objeto de maldição e
de pavor, de desprezo e de afronta. 13 Castigarei aqueles que
vivem no Egito com a guerra, a fome e a peste, como castiguei
Jerusalém. 14 Ninguém do remanescente de Judá que foi morar
no Egito escapará ou sobreviverá para voltar à terra de Judá,
para a qual anseiam voltar e nela anseiam viver; nenhum vol-
tará, exceto uns poucos fugitivos".
15 Então, todos os homens que sabiam que as suas mulheres
queimavam incenso a outros deuses, e todas as mulheres que
estavam presentes, em grande número, e todo o povo que
morava no Egito, e na região de Patros, disseram a Jeremias:
16 "Nós não daremos atenção à mensagem que você nos apre-
senta em nome do SENHOR! 17 É certo que faremos tudo o que
dissemos que faríamos — queimaremos incenso à Rainha dos
Céus e derramaremos ofertas de bebidas para ela, tal como
fazíamos, nós e nossos antepassados, nossos reis e nossos
líderes, nas cidades de Judá e nas ruas de Jerusalém. Naquela
época, tínhamos fartura de comida, éramos prósperos e nada
sofríamos. 18 Mas, desde que paramos de queimar incenso à
Rainha dos Céus e de derramar ofertas de bebidas a ela, nada
temos tido e temos perecido pela espada e pela fome".
19 E as mulheres acrescentaram: "Quando queimávamos in-
censo à Rainha dos Céus e derramávamos ofertas de bebidas
para ela, será que era sem o consentimento de nossos maridos
que fazíamos bolos na forma da imagem dela e derramávamos
as ofertas de bebidas?"
20 Então Jeremias disse a todo o povo, tanto aos homens como
às mulheres que estavam respondendo a ele: 21 "E o SENHOR?
Não se lembra ele do incenso queimado nas cidades de Judá
e nas ruas de Jerusalém por vocês e por seus antepassados,
seus reis e seus líderes e pelo povo da terra? Será que ele
não pensa nisso? 22 Quando o SENHOR não pôde mais suportar
as impiedades e as práticas repugnantes de vocês, a terra de
vocês ficou devastada e desolada, tornou-se objeto de mal-
dição e ficou desabitada, como se vê no dia de hoje. 23 Foi
porque vocês queimaram incenso e pecaram contra o SENHOR
e não obedeceram à sua palavra nem seguiram a sua lei, os
seus decretos e os seus testemunhos, que esta desgraça caiu
sobre vocês, como se vê no dia de hoje".
24 Disse então Jeremias a todo o povo, inclusive às mulheres:
"Ouçam a palavra do SENHOR, todos vocês, judeus que estão
no Egito. 25 Assim diz o SENHOR dos Exércitos, Deus de Israel:
'Vocês e suas mulheres cumpriram o que prometeram quando
disseram: "Certamente cumpriremos os votos que fizemos de
queimar incenso e derramar ofertas de bebidas à Rainha dos
Céus" '.
"Prossigam! Façam o que prometeram! Cumpram os seus
votos! 26 Mas ouçam a palavra do SENHOR, todos vocês, judeus
que vivem no Egito: 'Eu juro pelo meu grande nome', diz o
SENHOR, 'que em todo o Egito ninguém de Judá voltará a in-
vocar o meu nome ou a jurar pela vida do Soberano, o SENHOR.
27 Vigiarei sobre eles para trazer-lhes a desgraça e não o bem;
os judeus do Egito perecerão pela espada e pela fome até que
sejam todos destruídos. 28 Serão poucos os que escaparão da
espada e voltarão do Egito para a terra de Judá. Então, todo o
remanescente de Judá que veio residir no Egito saberá qual é
a palavra que se realiza, a minha ou a deles.
29 " 'Este será o sinal para vocês de que os castigarei neste
lugar', declara o SENHOR, 'e então vocês ficarão sabendo que
as minhas ameaças de trazer-lhes desgraça certamente se rea-
lizarão'. 30 Assim diz o SENHOR: 'Entregarei o faraó Hofra, rei
do Egito, nas mãos dos seus inimigos que desejam tirar-lhe a
vida, assim como entreguei Zedequias, rei de Judá, nas mãos
de Nabucodonosor, rei da Babilônia, o inimigo que desejava
tirar a vida dele' ".

45 **Mensagem a Baruque**
No quarto ano do reinado de Jeoaquim, filho de Josias,
rei de Judá, depois que Baruque, filho de Nerias, escreveu num
rolo as palavras ditadas por Jeremias, este lhe disse: 2 "Assim
diz o SENHOR, o Deus de Israel, a você, Baruque: 3 'Você disse:
"Ai de mim! O SENHOR acrescentou tristeza ao meu sofrimento.
Estou exausto de tanto gemer, e não encontro descanso" '.
4 "Mas o SENHOR manda-me dizer-lhe: 'Assim diz o SENHOR:
Destruirei o que edifiquei e arrancarei o que plantei em toda
esta terra. 5 E então? Você deveria buscar coisas especiais para
você? Não as busque, pois trarei desgraça sobre toda a huma-
nidade', diz o SENHOR, 'mas eu o deixarei escapar com vida
onde quer que você vá' ".

46 **Mensagem acerca do Egito**
Esta é a mensagem do SENHOR que veio ao profeta Jere-
mias acerca das nações:
2 Acerca do Egito: Esta é a mensagem contra o exército do rei
do Egito, o faraó Neco, que foi derrotado em Carquemis, junto
ao rio Eufrates, por Nabucodonosor, rei da Babilônia, no quarto
ano do reinado de Jeoaquim, filho de Josias, rei de Judá:
3 "Preparem seus escudos, os grandes e os pequenos, e mar-
chem para a batalha! 4 Selem os cavalos e montem! Tomem
posição e coloquem o capacete! Passem óleo na ponta de suas

lanças e vistam a armadura! 5 Mas o que vejo? Eles estão apa-
vorados, estão se retirando, seus guerreiros estão derrotados.
Fogem às pressas, sem olhar para trás; há terror por todos os
lados", declara o SENHOR. 6 "O ágil não consegue fugir, nem o
forte escapar. No norte, junto ao rio Eufrates, eles tropeçam
e caem.
7 "Quem é aquele que se levanta como o Nilo, como rios de
águas agitadas? 8 O Egito se levanta como o Nilo, como rios de
águas agitadas. Ele diz: 'Eu me levantarei e cobrirei a terra;
destruirei as cidades e os seus habitantes'. 9 Ao ataque, ca-
valos! Avancem, carros de guerra! Marchem em frente, guer-
reiros! Homens da Etiópia e da Líbia[a], que levam escudos;
homens da Lídia, que empunham o arco! 10 Mas aquele dia
pertence ao Soberano, ao SENHOR dos Exércitos. Será um dia
de vingança, para vingar-se dos seus adversários. A espada de-
vorará até saciar-se, até satisfazer sua sede de sangue. Porque
o Soberano, o SENHOR dos Exércitos, fará um banquete na terra
do norte, junto ao rio Eufrates.
11 "Suba a Gileade em busca de bálsamo, ó virgem, filha do
Egito! Você multiplica remédios em vão; não há cura para
você. 12 As nações ouviram da sua humilhação; os seus gritos
encheram a terra, quando um guerreiro tropeçou noutro guer-
reiro e ambos caíram".
13 Esta é a mensagem que o SENHOR falou ao profeta Jeremias
acerca da vinda de Nabucodonosor, rei da Babilônia, para
atacar o Egito:
14 "Anunciem isto no Egito e proclamem-no em Migdol; procla-
mem-no também em Mênfis e em Tafnes: Assumam posição!
Preparem-se! Porque a espada devora aqueles que estão ao
seu redor. 15 Por que o deus Ápis fugiu?[b] O seu touro não re-
sistiu, porque o SENHOR o derrubou. 16 Tropeçam e caem, caem
uns sobre os outros. Eles dizem: 'Levantem-se. Vamos voltar
para nosso próprio povo e para nossa terra natal, para longe
da espada do opressor. 17 O faraó, rei do Egito, é barulho e nada
mais! Ele perdeu a sua oportunidade'.
18 "Juro pela minha vida", declara o Rei, cujo nome é SENHOR
dos Exércitos, "ele virá como o Tabor entre os montes, como
o Carmelo junto ao mar. 19 Arrumem a bagagem para o exílio,
vocês que vivem no Egito, pois Mênfis será arrasada, ficará
desolada e desabitada.
20 "O Egito é uma linda novilha, mas do norte a ataca uma
mutuca. 21 Os mercenários em suas fileiras são como bezerros
gordos. Eles também darão meia volta e juntos fugirão; não
defenderão suas posições, pois o dia da derrota deles está che-
gando, a hora de serem castigados. 22 O Egito silvará como uma
serpente em fuga à medida que o inimigo avança com grande
força. Virão sobre ele com machados, como os homens que
derrubam árvores. 23 Eles derrubarão sua floresta", declara o
SENHOR, "por mais densa que seja. São mais que os gafanhotos;
são incontáveis! 24 A cidade[c] do Egito será envergonhada, será
entregue nas mãos do povo do norte".
25 O SENHOR dos Exércitos, o Deus de Israel, diz: "Castigarei
Amom, deus de Tebas[d], o faraó, o Egito, seus deuses e seus
reis, e também os que confiam no faraó. 26 Eu os entregarei
nas mãos daqueles que desejam tirar-lhes a vida; nas mãos de
Nabucodonosor, rei da Babilônia, e de seus oficiais. Mais tarde,
porém, o Egito será habitado como em épocas passadas", de-
clara o SENHOR.
27 "Quanto a você, não tema, meu servo Jacó! Não fique as-
sustado, ó Israel! Eu o salvarei de um lugar distante; e os seus
descendentes, da terra do seu exílio. Jacó voltará e ficará em
paz e em segurança; ninguém o inquietará. 28 Não tema, meu
servo Jacó! Eu estou com você", declara o SENHOR. "Destruirei
completamente todas as nações entre as quais eu o dispersei;
mas a você não destruirei completamente. Eu o disciplinarei
como você merece; não serei severo demais".

47 Mensagem acerca dos Filisteus

Esta é a palavra do SENHOR que veio ao profeta Jeremias
acerca dos filisteus, antes do ataque do faraó a Gaza:
2 Assim diz o SENHOR: "Vejam como as águas estão subindo do
norte; elas se tornam uma torrente transbordante. Inundarão
esta terra e tudo o que nela existe; as cidades e os seus ha-
bitantes. O povo clamará, gritarão todos os habitantes desta
terra, 3 ao estrondo dos cascos dos seus cavalos galopando,
ao barulho dos seus carros de guerra, e ao estampido de suas
rodas. Os pais não se voltarão para ajudar seus filhos, porque
suas mãos estarão fracas. 4 Pois chegou o dia de destruir todos
os filisteus e de eliminar todos os sobreviventes que poderiam
ajudar Tiro e Sidom. O SENHOR destruirá os filisteus, o rema-
nescente da ilha de Caftor[e]. 5 Os habitantes de Gaza raparam a
cabeça; Ascalom está calada. Ó remanescente da planície, até
quando você fará incisões no próprio corpo?
6 " 'Ah, espada do SENHOR, quando você descansará? Volte à
sua bainha, acalme-se e repouse.' 7 Mas como poderá ela des-
cansar quando o SENHOR lhe deu ordens, quando determinou
que ataque Ascalom e o litoral?"

48 Mensagem acerca de Moabe

Acerca de Moabe: Assim diz o SENHOR dos Exércitos, Deus
de Israel:
"Ai de Nebo, pois ficou em ruínas. Quiriataim foi derrotada e
capturada; a fortaleza[f] foi derrotada e destroçada. 2 Moabe
não é mais louvada; em Hesbom tramam a sua ruína: 'Ve-
nham! Vamos dar fim àquela nação'. Você também ficará ca-
lada, ó Madmém; a espada a perseguirá. 3 Ouçam os gritos
de Horonaim: 'Devastação! Grande destruição! 4 Moabe está
destruída!' É o grito que se ouve até em Zoar[g]. 5 Eles sobem
pelo caminho para Luíte, chorando amargamente enquanto

[a] 46.9 Hebraico: *de Cuxe e de Fute.*
[b] 46.15 Ou *Por que os seus guerreiros estão estirados no chão?*
[c] 46.24 Hebraico: *filha.*
[d] 46.25 Hebraico: *No.*
[e] 47.4 Isto é, Creta.
[f] 48.1 Ou *Misgabe*
[g] 48.4 Ou *Os seus pequenos clamam*

seguem; na estrada que desce a Horonaim ouvem-se gritos angustiados por causa da destruição. 6 Fujam! Corram para salvar suas vidas; tornem-se como um arbusto[a] no deserto. 7 Uma vez que vocês confiam em seus feitos e em suas riquezas, vocês também serão capturados, e Camos irá para o exílio, junto com seus sacerdotes e líderes. 8 O destruidor virá contra todas as cidades, e nenhuma escapará. O vale se tornará ruínas, e o planalto será destruído, como o SENHOR falou. 9 Ponham sal sobre Moabe, pois ela será deixada em ruínas;[b] suas cidades ficarão devastadas, sem nenhum habitante.

10 "Maldito o que faz com negligência o trabalho do SENHOR! Maldito aquele que impede a sua espada de derramar sangue!

11 "Moabe tem estado tranquila desde a sua juventude, como o vinho deixado com os seus resíduos; não foi mudada de vasilha em vasilha. Nunca foi para o exílio; por isso, o seu sabor permanece o mesmo e o seu cheiro não mudou. 12 Portanto, certamente vêm os dias", declara o SENHOR, "quando enviarei decantadores que a decantarão; esvaziarão as suas jarras e as despedaçarão. 13 Então Moabe se decepcionará com Camos, assim como Israel se decepcionou com Betel, em quem confiava.

14 "Como vocês podem dizer: 'Somos guerreiros, somos homens de guerra'? 15 Moabe foi destruída e suas cidades serão invadidas; o melhor dos seus jovens desceu para a matança", declara o Rei, cujo nome é SENHOR dos Exércitos. 16 "A derrota de Moabe está próxima; a sua desgraça vem rapidamente. 17 Lamentem por ela todos os seus vizinhos, todos os que conhecem a sua fama. Digam: Como está quebrado o cajado poderoso, o cetro glorioso!

18 "Desçam de sua glória e sentem-se sobre o chão ressequido, ó moradores da cidade[c] de Dibom, pois o destruidor de Moabe veio para atacá-los e destruir as suas fortalezas. 19 Fiquem junto à estrada e vigiem, vocês que vivem em Aroer. Perguntem ao homem que foge e à mulher que escapa, perguntem a eles: O que aconteceu? 20 Moabe ficou envergonhada, pois está destroçada. Gritem e clamem! Anunciem junto ao Arnom que Moabe foi destruída. 21 O julgamento chegou ao planalto: a Holom, Jaza e Mefaate, 22 a Dibom, Nebo e Bete-Diblataim, 23 a Quiriataim, Bete-Gamul e Bete-Meom, 24 a Queriote e Bozra, a todas as cidades de Moabe, distantes e próximas. 25 O poder[d] de Moabe foi eliminado; seu braço está quebrado", declara o SENHOR.

26 "Embriaguem-na, pois ela desafiou o SENHOR. Moabe se revolverá no seu vômito e será objeto de ridículo. 27 Não foi Israel objeto de ridículo para você? Foi ele encontrado em companhia de ladrões para que você sacuda a cabeça sempre que fala dele? 28 Abandonem as cidades! Habitem entre as rochas, vocês que moram em Moabe! Sejam como uma pomba que faz o seu ninho nas bordas de um precipício.

29 "Temos ouvido do orgulho de Moabe: da sua extrema arrogância, do seu orgulho e soberba, e do seu espírito de superioridade. 30 Conheço bem a sua arrogância", declara o SENHOR. "A sua tagarelice sem fundamento e as suas ações que nada alcançam. 31 Por isso, eu me lamentarei por Moabe, gritarei por causa de toda a terra de Moabe, prantearei pelos habitantes de Quir-Heres. 32 Chorarei por vocês mais do que choro por Jazar, ó videiras de Sibma. Os seus ramos se estendiam até o mar e chegavam até Jazar. O destruidor caiu sobre as suas frutas e sobre as suas uvas. 33 A alegria e a satisfação se foram das terras férteis de Moabe. Interrompi a produção de vinho nos lagares. Ninguém mais pisa as uvas com gritos de alegria; embora haja gritos, não são de alegria.

34 "O grito de Hesbom é ouvido em Eleale e Jaaz, desde Zoar até Horonaim e Eglate-Selisia, pois até as águas do Ninrim secaram. 35 Em Moabe darei fim àqueles que fazem ofertas nos altares idólatras e queimam incenso a seus deuses", declara o SENHOR. 36 "Por isso o meu coração lamenta-se por Moabe, como uma flauta; lamenta-se como uma flauta pelos habitantes de Quir-Heres. A riqueza que acumularam se foi. 37 Toda cabeça foi rapada e toda barba foi cortada; toda mão sofreu incisões e toda cintura foi coberta com veste de lamento. 38 Em todos os terraços de Moabe e nas praças não há nada senão pranto, pois despedacei Moabe como a um jarro que ninguém deseja", declara o SENHOR.

39 "Como ela foi destruída! Como lamentam! Como Moabe dá as costas, envergonhada! Moabe tornou-se objeto de ridículo e de pavor para todos os seus vizinhos".

40 Assim diz o SENHOR: "Vejam! Uma águia planando estende as asas sobre Moabe. 41 Queriote será capturada,[e] e as fortalezas serão tomadas. Naquele dia, a coragem dos guerreiros de Moabe será como a de uma mulher em trabalho de parto. 42 Moabe será destruída como nação, pois ela desafiou o SENHOR. 43 Terror, cova e laço esperam por você, ó povo de Moabe", declara o SENHOR. 44 "Quem fugir do terror cairá numa cova, e quem sair da cova será apanhado num laço. Trarei sobre Moabe a hora do seu castigo", declara o SENHOR.

45 "Na sombra de Hesbom os fugitivos se encontram desamparados, pois um fogo saiu de Hesbom, uma labareda, do meio de Seom; e queima as testas dos homens de Moabe e os crânios dos homens turbulentos. 46 Ai de você, ó Moabe! O povo de Camos está destruído; seus filhos são levados para o exílio, e suas filhas para o cativeiro.

47 "Contudo, restaurarei a sorte de Moabe em dias vindouros", declara o SENHOR.

Aqui termina a sentença sobre Moabe.

49 Mensagem acerca de Amom

Acerca dos amonitas:

Assim diz o SENHOR: "Por acaso Israel não tem filhos? Será que não tem herdeiros? Por que será então que Moloque[f] se

a 48.6 Ou *como Aroer*

b 48.9 Ou *Deem asas a Moabe, pois ela voará para longe;*

c 48.18 Hebraico: *filha.*

d 48.25 Hebraico: *chifre.*

e 48.41 Ou *As cidades serão capturadas,*

f 49.1 Conforme a Septuaginta. O Texto Massorético diz *o rei deles*; também no versículo 3.

apossou de Gade? Por que seu povo vive nas cidades de Gade?
2 Portanto, certamente vêm os dias", declara o SENHOR, "em
que farei soar o grito de guerra contra Rabá dos amonitas; ela
virá a ser uma pilha de ruínas, e os seus povoados ao redor
serão incendiados. Então Israel expulsará aqueles que o ex-
pulsaram", diz o SENHOR. 3 "Lamente-se, ó Hesbom, pois Ai
está destruída! Gritem, ó moradores de Rabá! Ponham veste
de lamento e chorem! Corram para onde der, pois Moloque
irá para o exílio com os seus sacerdotes e os seus oficiais.
4 Por que você se orgulha de seus vales? Por que se orgulha
de seus vales tão frutíferos? Ó filha infiel! Você confia em suas
riquezas e diz: 'Quem me atacará?' 5 Farei com que você tenha
pavor de tudo o que está a sua volta", diz o Senhor, o SENHOR
dos Exércitos. "Vocês serão dispersos, cada um numa direção,
e ninguém conseguirá reunir os fugitivos. 6 "Contudo, depois
disso, restaurarei a sorte dos amonitas", declara o SENHOR.

Mensagem acerca de Edom

7 Acerca de Edom:
Assim diz o SENHOR dos Exércitos: "Será que já não há mais
sabedoria em Temã? Será que o conselho desapareceu dos pru-
dentes? A sabedoria deles deteriorou-se? 8 Voltem-se e fujam,
escondam-se em cavernas profundas, vocês que moram em
Dedã, pois trarei a ruína sobre Esaú na hora em que eu o cas-
tigar. 9 Se os que colhem uvas viessem até você, não deixariam
eles apenas umas poucas uvas? Se os ladrões viessem durante
a noite, não roubariam apenas o quanto desejassem? 10 Mas
eu despi Esaú e descobri os seus esconderijos, para que ele
não mais se esconda. Os seus filhos, parentes e vizinhos foram
destruídos. Ninguém restou[a] para dizer: 11 'Deixe os seus ór-
fãos; eu protegerei a vida deles. As suas viúvas também podem
confiar em mim' ".
12 Assim diz o SENHOR: "Se aqueles para quem o cálice não es-
tava reservado tiveram que bebê-lo, por que você deveria ficar
impune? Você não ficará sem castigo, mas irá bebê-lo. 13 Eu
juro por mim mesmo", declara o SENHOR, "que Bozra ficará
em ruínas e desolada; ela se tornará objeto de afronta e de
maldição, e todas as suas cidades serão ruínas para sempre".
14 Ouvi uma mensagem da parte do SENHOR; um mensageiro foi
mandado às nações para dizer: "Reúnam-se para atacar Edom!
Preparem-se para a batalha!"
15 "Agora eu faço de você uma nação pequena entre as de-
mais, desprezada pelos homens. 16 O pavor que você inspira e
o orgulho de seu coração o enganaram, a você, que vive nas
fendas das rochas, que ocupa os altos das colinas. Ainda que
você, como a águia, faça o seu ninho nas alturas, de lá eu o
derrubarei", declara o SENHOR.
17 "Edom se tornará objeto de terror; todos os que por ali pas-
sarem ficarão chocados e zombarão por causa de todas as suas
feridas. 18 Como foi com a destruição de Sodoma e Gomorra e
das cidades vizinhas", diz o SENHOR, "ninguém mais habitará
ali, nenhum homem residirá nela.
19 "Como um leão que sobe da mata do Jordão em direção
aos pastos verdejantes, subitamente eu caçarei Edom pondo-o
fora de sua terra. Quem é o escolhido que designarei para
isso? Quem é como eu que possa me desafiar? E que pastor
pode me resistir[b]?" 20 Por isso, ouçam o que o SENHOR planejou
contra Edom, o que preparou contra os habitantes de Temã: Os
menores do rebanho serão arrastados, e as pastagens ficarão
devastadas por causa deles. 21 Ao som de sua queda a terra
tremerá; o grito deles ressoará até o mar Vermelho. 22 Vejam!
Uma águia, subindo e planando, estende as asas sobre Bozra.
Naquele dia, a coragem dos guerreiros de Edom será como a
de uma mulher que está dando à luz.

Mensagem acerca de Damasco

23 Acerca de Damasco: "Hamate e Arpade estão atônitas, pois
ouviram más notícias. Estão desencorajadas, perturbadas
como o mar agitado. 24 Damasco tornou-se frágil, ela se virou
para fugir, e o pânico tomou conta dela; angústia e dor dela
se apoderaram, dor como a de uma mulher em trabalho de
parto. 25 Como está abandonada a cidade famosa, a cidade
da alegria! 26 Por isso, os seus jovens cairão nas ruas e todos
os seus guerreiros se calarão naquele dia", declara o SENHOR
dos Exércitos. 27 "Porei fogo nas muralhas de Damasco, que
consumirá as fortalezas de Ben-Hadade".

Mensagem acerca de Quedar e de Hazor

28 Acerca de Quedar e os reinos de Hazor, que Nabucodonosor,
rei da Babilônia, derrotou:
Assim diz o SENHOR: "Preparem-se, ataquem Quedar e des-
truam o povo do oriente. 29 Tomem suas tendas e seus reba-
nhos, suas cortinas com todos os seus utensílios e camelos.
Gritem contra eles: 'Há terror por todos os lados!'
30 "Fujam rapidamente! Escondam-se em cavernas profundas,
vocês habitantes de Hazor", diz o SENHOR. "Nabucodonosor, rei
da Babilônia, fez planos e projetos contra vocês.
31 "Preparem-se e ataquem uma nação que vive tranquila e
confiante", declara o SENHOR, "uma nação que não tem portas
nem trancas, e que vive sozinha. 32 Seus camelos se tornarão
despojo e suas grandes manadas, espólio. Espalharei ao vento
aqueles que rapam a cabeça[c], e de todos os lados trarei a sua
ruína", declara o SENHOR. 33 "Hazor se tornará uma habitação
de chacais, uma ruína para sempre. Ninguém mais habitará ali,
nenhum homem residirá nela."

Mensagem acerca de Elão

34 Esta é a palavra do SENHOR que veio ao profeta Jeremias
acerca de Elão, no início do reinado de Zedequias, rei de Judá:
35 Assim diz o SENHOR dos Exércitos: "Vejam, quebrarei o arco de
Elão, a base de seu poder. 36 Farei com que os quatro ventos,
que vêm dos quatro cantos do céu, soprem contra Elão. E eu
os dispersarei aos quatro ventos, e não haverá nenhuma nação

[a] 49.10 Ou *E ele já não existe*

[b] 49.19 Ou *Escolherei os melhores carneiros*

[c] 49.32 Ou *que prendem o cabelo junto à testa*

para onde não sejam levados os exilados de Elão. 37 Farei com
que Elão trema diante dos seus inimigos, diante daqueles que
desejam tirar-lhe a vida. Trarei a desgraça sobre eles, a minha
ira ardente", declara o SENHOR. "Farei com que a espada os
persiga até que eu os tenha eliminado. 38 Porei meu trono em
Elão e destruirei seu rei e seus líderes", declara o SENHOR.
39 "Contudo, restaurarei a sorte de Elão em dias vindouros",
declara o SENHOR.

Mensagem acerca da Babilônia

50 Esta é a palavra que o SENHOR falou pelo profeta Jere-
mias acerca da Babilônia e da terra dos babilônios:
2 "Anunciem e proclamem entre as nações, ergam um sinal
e proclamem; não escondam nada. Digam: 'A Babilônia foi
conquistada; Bel foi humilhado, Marduque está apavorado.
As imagens da Babilônia estão humilhadas e seus ídolos apa-
vorados'. 3 Uma nação vinda do norte a atacará, arrasará a
sua terra e não deixará nela nenhum habitante; tanto homens
como animais fugirão.
4 "Naqueles dias e naquela época", declara o SENHOR, "o povo
de Israel e o povo de Judá virão juntos, chorando e buscando
o SENHOR, o seu Deus. 5 Perguntarão pelo caminho para Sião e
voltarão o rosto na direção dela. Virão e se apegarão ao SENHOR
numa aliança permanente que não será esquecida.
6 "Meu povo tem sido ovelhas perdidas; seus pastores as de-
sencaminharam e as fizeram perambular pelos montes. Elas
vaguearam por montanhas e colinas e se esqueceram de seu
próprio curral. 7 Todos que as encontram as devoram. Os seus
adversários disseram: 'Não somos culpados, pois elas pecaram
contra o SENHOR, sua verdadeira pastagem, o SENHOR, a espe-
rança de seus antepassados'.
8 "Fujam da Babilônia; saiam da terra dos babilônios e sejam
como os bodes que lideram o rebanho. 9 Vejam! Eu mobilizarei
e trarei contra a Babilônia uma coalizão de grandes nações do
norte. Elas tomarão posição de combate contra ela e a con-
quistarão. Suas flechas serão como guerreiros bem treinados,
que não voltam de mãos vazias. 10 Assim a Babilônia[a] será sa-
queada; todos os que a saquearem se fartarão", declara o
SENHOR.
11 "Ainda que você esteja alegre e exultante, você que saqueia a
minha herança; ainda que você seja brincalhão como uma no-
vilha solta no pasto, e relinche como os garanhões, 12 sua mãe
se envergonhará profundamente; aquela que a deu à luz ficará
constrangida. Ela se tornará a menor das nações, um deserto,
uma terra seca e árida. 13 Por causa da ira do SENHOR ela não
será habitada, mas estará completamente desolada. Todos os
que passarem pela Babilônia ficarão chocados e zombarão por
causa de todas as suas feridas.
14 "Tomem posição de combate em volta da Babilônia, todos
vocês que empunham o arco. Atirem nela! Não poupem fle-
chas, pois ela pecou contra o SENHOR. 15 Soem contra ela um
grito de guerra de todos os lados! Ela se rende, suas torres
caem e suas muralhas são derrubadas. Esta é a vingança do
SENHOR; vinguem-se dela! Façam a ela o que ela fez aos ou-
tros! 16 Eliminem da Babilônia o semeador e o ceifeiro, com a
sua foice na colheita. Por causa da espada do opressor, que
cada um volte para o seu próprio povo, e cada um fuja para a
sua própria terra.
17 "Israel é um rebanho disperso, afugentado por leões. O pri-
meiro a devorá-lo foi o rei da Assíria; e o último a esmagar os
seus ossos foi Nabucodonosor, rei da Babilônia".
18 Portanto, assim diz o SENHOR dos Exércitos, o Deus de Israel:
"Castigarei o rei da Babilônia e a sua terra assim como casti-
guei o rei da Assíria. 19 Mas trarei Israel de volta a sua própria
pastagem e ele pastará no Carmelo e em Basã; e saciará o seu
apetite nos montes de Efraim e em Gileade. 20 Naqueles dias,
naquela época", declara o SENHOR, "procurarão pela iniqui-
dade de Israel, mas nada será achado, pelos pecados de Judá,
mas nenhum será encontrado, pois perdoarei o remanescente
que eu poupar.
21 "Ataquem a terra de Merataim e aqueles que moram em Pe-
code. Persigam-nos, matem-nos e destruam-nos totalmente",
declara o SENHOR. "Façam tudo o que ordenei a vocês. 22 Há
ruído de batalha na terra; grande destruição! 23 Quão quebrado
e destroçado está o martelo de toda a terra! Quão arrasada
está a Babilônia entre as nações! 24 Preparei uma armadilha
para você, ó Babilônia, e você foi apanhada de surpresa; você
foi achada e capturada porque se opôs ao SENHOR. 25 O SENHOR
abriu o seu arsenal e trouxe para fora as armas da sua ira, pois
o Soberano, o SENHOR dos Exércitos, tem trabalho para fazer
na terra dos babilônios. 26 Venham contra ela dos confins da
terra. Arrombem os seus celeiros; empilhem-na como feixes
de cereal. Destruam-na totalmente e não lhe deixem nenhum
remanescente. 27 Matem todos os seus jovens guerreiros! Que
eles desçam para o matadouro! Ai deles! Pois chegou o seu
dia, a hora de serem castigados. 28 Escutem os fugitivos e re-
fugiados vindos da Babilônia, declarando em Sião como o SE-
NHOR, o nosso Deus, se vingou, como se vingou de seu templo.
29 "Convoquem flecheiros contra a Babilônia, todos aqueles
que empunham o arco. Acampem-se todos ao redor dela; não
deixem ninguém escapar. Retribuam a ela conforme os seus
feitos; façam com ela tudo o que ela fez. Porque ela desafiou
o SENHOR, o Santo de Israel. 30 Por isso, os seus jovens cairão
nas ruas e todos os seus guerreiros se calarão naquele dia",
declara o SENHOR. 31 "Veja, estou contra você, ó arrogante",
declara o Soberano, o SENHOR dos Exércitos, "pois chegou o
seu dia, a sua hora de ser castigada. 32 A arrogância tropeçará
e cairá, e ninguém a ajudará a se levantar. Incendiarei as suas
cidades, e o fogo consumirá tudo ao seu redor".
33 Assim diz o SENHOR dos Exércitos: "O povo de Israel está
sendo oprimido e também o povo de Judá. Todos os seus cap-
tores os prendem à força, recusando deixá-los ir. 34 Contudo, o
Redentor deles é forte; SENHOR dos Exércitos é o seu nome. Ele
mesmo defenderá a causa deles e trará descanso à terra, mas
inquietação aos que vivem na Babilônia.

[a] 50.10 Ou *Caldeia*

35 "Uma espada contra os babilônios!", declara o SENHOR;
"contra os que vivem na Babilônia e contra seus líderes e seus
sábios! 36 Uma espada contra os seus falsos profetas! Eles se
tornarão tolos. Uma espada contra os seus guerreiros! Eles
ficarão apavorados. 37 Uma espada contra os seus cavalos,
contra os seus carros de guerra e contra todos os estrangeiros
em suas fileiras! Eles serão como mulheres. Uma espada contra
os seus tesouros! Eles serão saqueados. 38 Uma espada contra
as suas águas! Elas secarão. Porque é uma terra de imagens
esculpidas, e eles enlouquecem por causa de seus ídolos horríveis.

39 "Por isso, criaturas do deserto e hienas nela morarão, e
as corujas nela habitarão. Ela jamais voltará a ser povoada
nem haverá quem nela viva no futuro. 40 Como Deus destruiu
Sodoma e Gomorra e as cidades vizinhas", diz o SENHOR, "ninguém mais habitará ali, nenhum homem residirá nela.

41 "Vejam! Vem vindo um povo do norte; uma grande nação
e muitos reis se mobilizam desde os confins da terra. 42 Eles
empunham o arco e a lança; são cruéis e não têm misericórdia,
e o seu barulho é como o bramido do mar. Vêm montados em
seus cavalos, em formação de batalha, para atacá-la, ó cidade[a]
de Babilônia. 43 Quando o rei da Babilônia ouviu relatos sobre
eles, as suas mãos amoleceram. A angústia tomou conta dele,
dores como as de uma mulher que está dando à luz. 44 Como
um leão que sobe da mata do Jordão em direção aos pastos
verdejantes, subitamente eu caçarei a Babilônia pondo-a fora
de sua terra. Quem é o escolhido que designarei para isso?
Quem é como eu que possa me desafiar? E que pastor pode me
resistir?" 45 Por isso ouçam o que o SENHOR planejou contra a
Babilônia, o que ele preparou contra a terra dos babilônios: os
menores do rebanho serão arrastados, e as pastagens ficarão
devastadas por causa deles. 46 Ao som da tomada da Babilônia
a terra tremerá; o grito deles ressoará entre as nações.

51 Assim diz o SENHOR: "Vejam! Levantarei um vento destruidor contra a Babilônia, contra o povo de Lebe-Camai[b].
2 Enviarei estrangeiros para a Babilônia a fim de peneirá-la
como trigo e devastar a sua terra. No dia de sua desgraça virão
contra ela de todos os lados. 3 Que o arqueiro não arme o seu
arco nem vista a sua armadura. Não poupem os seus jovens
guerreiros, destruam completamente o seu exército. 4 Eles
cairão mortos na Babilônia[c], mortalmente feridos em suas ruas.
5 Israel e Judá não foram abandonadas como viúvas pelo seu
Deus, o SENHOR dos Exércitos, embora a terra dos babilônios
esteja cheia de culpa diante do Santo de Israel.
6 "Fujam da Babilônia! Cada um por si! Não sejam destruídos
por causa da iniquidade dela. É hora da vingança do SENHOR;
ele lhe pagará o que ela merece. 7 A Babilônia era um cálice
de ouro nas mãos do SENHOR; ela embriagou a terra toda. As
nações beberam o seu vinho; por isso enlouqueceram. 8 A Babilônia caiu de repente e ficou arruinada. Lamentem-se por
ela! Consigam bálsamo para a sua ferida; talvez ela possa ser
curada.
9 " 'Gostaríamos de ter curado Babilônia, mas ela não pode
ser curada; deixem-na e vamos, cada um para a sua própria
terra, pois o julgamento dela chega ao céu, eleva-se tão alto
quanto as nuvens.
10 " 'O SENHOR defendeu o nosso nome; venham, contemos em
Sião o que o SENHOR, o nosso Deus, tem feito'.
11 "Afiem as flechas, peguem os escudos! O SENHOR incitou o
espírito dos reis dos medos, porque seu propósito é destruir
a Babilônia. O SENHOR se vingará, se vingará de seu templo.
12 Ergam o sinal para atacar as muralhas da Babilônia! Reforcem a guarda! Posicionem as sentinelas! Preparem uma
emboscada! O SENHOR executará o seu plano, o que ameaçou
fazer contra os habitantes da Babilônia. 13 Você que vive junto
a muitas águas e está rico de tesouros, chegou o seu fim, a
hora de você ser eliminado. 14 O SENHOR dos Exércitos jurou
por si mesmo: Com certeza a encherei de homens, como um
enxame de gafanhotos, e eles gritarão triunfantes sobre você.
15 "Mas foi Deus quem fez a terra com o seu poder; firmou o
mundo com a sua sabedoria e estendeu os céus com o seu entendimento. 16 Ao som do seu trovão, as águas no céu rugem;
ele faz com que as nuvens se levantem desde os confins da
terra. Ele faz relâmpagos para a chuva e faz sair o vento de
seus depósitos.
17 "São todos eles estúpidos e ignorantes; cada ourives é envergonhado pela imagem que esculpiu. Suas imagens esculpidas
são uma fraude, elas não têm fôlego de vida. 18 Elas são inúteis, são objeto de zombaria. Quando vier o julgamento delas,
perecerão. 19 Aquele que é a Porção de Jacó não é como esses,
pois ele é quem forma todas as coisas, e Israel é a tribo de sua
propriedade; SENHOR dos Exércitos é o seu nome.
20 "Você é o meu martelo, a minha arma de guerra. Com você
eu despedaço nações, com você eu destruo reinos, 21 com você
despedaço cavalo e cavaleiro, com você despedaço carro de
guerra e cocheiro, 22 com você despedaço homem e mulher,
com você despedaço velho e jovem, com você despedaço rapaz
e moça, 23 com você despedaço pastor e rebanho, com você
despedaço lavrador e bois, com você despedaço governadores
e oficiais.
24 "Retribuirei à Babilônia e a todos os que vivem na Babilônia
toda a maldade que fizeram em Sião diante dos olhos de
vocês", declara o SENHOR.
25 "Estou contra você, ó montanha destruidora, você que destrói a terra inteira", declara o SENHOR. "Estenderei minha mão
contra você, eu a farei rolar dos penhascos, e farei de você uma
montanha calcinada. 26 Nenhuma pedra sua será cortada para
servir de pedra angular, nem para um alicerce, pois você estará
arruinada para sempre", declara o SENHOR.
27 "Ergam um estandarte na terra! Toquem a trombeta entre
as nações! Preparem as nações para o combate contra ela;
convoquem contra ela estes reinos: Ararate, Mini e Asquenaz.

[a] **50.42** Hebraico: *filha*.
[b] **51.1** *Lebe-Camai* é um criptograma para *Caldeia*, isto é, a Babilônia.
[c] **51.4** Ou *Caldeia*; também nos versículos 24 e 35.

Nomeiem um comandante contra ela; lancem os cavalos ao
ataque como um enxame de gafanhotos. 28 Preparem as
nações para o combate contra ela: os reis dos medos, seus
governadores e todos os seus oficiais e todos os países que
governam. 29 A terra treme e se contorce de dor, pois perma-
necem em pé os planos do SENHOR contra a Babilônia: desolar
a terra da Babilônia para que fique desabitada. 30 Os guerreiros
da Babilônia pararam de lutar; permanecem em suas forta-
lezas. A força deles acabou; tornaram-se como mulheres. As
habitações dela estão incendiadas; as trancas de suas portas
estão quebradas. 31 Um emissário vai após outro, e um men-
sageiro sai após outro mensageiro para anunciar ao rei da Ba-
bilônia que sua cidade inteira foi capturada, 32 os vaus do rio
foram tomados, a vegetação dos pântanos foi incendiada, e os
soldados ficaram aterrorizados."

33 Assim diz o SENHOR dos Exércitos, Deus de Israel: "A cidade[a]
de Babilônia é como uma eira; a época da colheita logo che-
gará para ela".

34 "Nabucodonosor, rei da Babilônia, devorou-nos, lançou-nos
em confusão, fez de nós um jarro vazio. Tal como uma serpente
ele nos engoliu, encheu seu estômago com nossas finas co-
midas e então nos vomitou. 35 Que a violência cometida contra
nossa carne[b] esteja sobre a Babilônia", dizem os habitantes de
Sião. "Que o nosso sangue esteja sobre aqueles que moram na
Babilônia", diz Jerusalém.

36 Por isso, assim diz o SENHOR: "Vejam, defenderei a causa
de vocês e os vingarei; secarei o seu mar e esgotarei as suas
fontes. 37 A Babilônia se tornará um amontoado de ruínas, uma
habitação de chacais, objeto de pavor e de zombaria, um lugar
onde ninguém vive. 38 O seu povo todo ruge como leõezinhos,
rosnam como filhotes de leão. 39 Mas, enquanto estiverem
excitados, prepararei um banquete para eles e os deixarei
bêbados, para que fiquem bem alegres e, então, durmam e
jamais acordem", declara o SENHOR. 40 "Eu os levarei como
cordeiros para o matadouro, como carneiros e bodes.

41 "Como Sesaque[c] será capturada! Como o orgulho de toda a
terra será tomado! Que horror a Babilônia será entre as nações!
42 O mar se levantará sobre a Babilônia; suas ondas agitadas
a cobrirão. 43 Suas cidades serão arrasadas, uma terra seca
e deserta, uma terra onde ninguém mora, pela qual nenhum
homem passa. 44 Castigarei Bel na Babilônia e o farei vomitar o
que engoliu. As nações não mais acorrerão a ele. E a muralha
da Babilônia cairá.

45 "Saia dela, meu povo! Cada um salve a sua própria vida, da
ardente ira do SENHOR. 46 Não desanimem nem tenham medo
quando ouvirem rumores na terra; um rumor chega este ano,
outro no próximo, rumor de violência na terra e de gover-
nante contra governante. 47 Portanto, certamente vêm os dias
quando castigarei as imagens esculpidas da Babilônia; toda a
sua terra será envergonhada, e todos os seus mortos jazerão
caídos dentro dela. 48 Então o céu e a terra e tudo o que existe
neles gritarão de alegria por causa da Babilônia, pois do norte
destruidores a atacarão", declara o SENHOR.

49 "A Babilônia cairá por causa dos mortos de Israel, assim
como os mortos de toda a terra caíram por causa da Babilônia.
50 Vocês que escaparam da espada, saiam! Não permaneçam!
Lembrem-se do SENHOR numa terra distante, e pensem em
Jerusalém.

51 "Vocês dirão: 'Estamos envergonhados, pois fomos insul-
tados e a vergonha cobre o nosso rosto, porque estrangeiros
penetraram nos lugares santos do templo do SENHOR'.

52 "Portanto, certamente vêm os dias", declara o SENHOR,
"quando castigarei as suas imagens esculpidas, e por toda a
sua terra os feridos gemerão. 53 Mesmo que a Babilônia chegue
ao céu e fortifique no alto a sua fortaleza, enviarei destruidores
contra ela", declara o SENHOR.

54 "Vem da Babilônia o som de um grito; o som de grande des-
truição vem da terra dos babilônios. 55 O SENHOR destruirá a
Babilônia; ele silenciará o seu grande ruído. Ondas de inimigos
avançarão como grandes águas; o rugir de suas vozes ressoará.
56 Um destruidor virá contra a Babilônia; seus guerreiros serão
capturados, e seus arcos serão quebrados. Pois o SENHOR é
um Deus de retribuição; ele retribuirá plenamente. 57 Embebe-
darei os seus líderes e os seus sábios; os seus governadores,
os seus oficiais e os seus guerreiros. Eles dormirão para sempre
e jamais acordarão", declara o Rei, cujo nome é SENHOR dos
Exércitos.

58 Assim diz o SENHOR dos Exércitos: "A larga muralha da Babi-
lônia será desmantelada e suas altas portas serão incendiadas.
Os povos se exaurem por nada, o trabalho das nações não
passa de combustível para as chamas".

59 Esta é a mensagem que Jeremias deu ao responsável pelo
acampamento, Seraías, filho de Nerias, filho de Maaseias,
quando ele foi à Babilônia com o rei Zedequias de Judá, no
quarto ano do seu reinado. 60 Jeremias escreveu num rolo
todas as desgraças que sobreviriam à Babilônia, tudo que fora
registrado acerca da Babilônia. 61 Ele disse a Seraías: "Quando
você chegar à Babilônia, tenha o cuidado de ler todas estas
palavras em alta voz. 62 Então diga: Ó SENHOR, disseste que des-
truirás este lugar, para que nem homem nem animal viva nele,
pois ficará em ruínas para sempre. 63 Quando você terminar
de ler este rolo, amarre nele uma pedra e atire-o no Eufrates.
64 Então diga: Assim Babilônia afundará para não mais se er-
guer, por causa da desgraça que trarei sobre ela. E seu povo
cairá". Aqui terminam as palavras de Jeremias.

A Queda de Jerusalém

52 Zedequias tinha vinte e um anos quando se tornou rei
e reinou onze anos em Jerusalém. O nome de sua mãe era
Hamutal, filha de Jeremias, de Libna. 2 Ele fez o que o SENHOR
reprova, assim como fez Jeoaquim. 3 A ira do SENHOR havia sido
provocada em Jerusalém e em Judá de tal forma que ele teve
que tirá-los da sua presença. Zedequias se rebelou contra o

---

[a] 51.33 Hebraico: *filha*.
[b] 51.35 Ou *feita a nós e a nossos filhos*
[c] 51.41 *Sesaque* é um criptograma para *Babilônia*.

rei da Babilônia.
4 Então, no nono ano do reinado de Zedequias, no décimo mês,
Nabucodonosor, rei da Babilônia, marchou contra Jerusalém
com todo o seu exército. Acamparam fora da cidade e cons-
truíram torres de assalto ao redor dela. 5 A cidade ficou sob
cerco até o décimo primeiro ano do rei Zedequias.
6 Ao chegar o nono dia do quarto mês a fome era tão severa
que não havia comida para o povo. 7 Então o muro da cidade
foi rompido. O rei e todos os soldados fugiram e saíram da
cidade, à noite, na direção do jardim real, pela porta entre
os dois muros, embora os babilônios estivessem cercando a
cidade. Foram à Arabá[a], 8 mas os babilônios perseguiram o
rei Zedequias e o alcançaram na planície de Jericó. Todos os
seus soldados se separaram dele e se dispersaram, 9 e ele foi
capturado. Ele foi levado ao rei da Babilônia em Ribla, na terra
de Hamate, que o sentenciou. 10 Em Ribla, o rei da Babilônia
mandou executar os filhos de Zedequias diante de seus olhos e
também matou todos os nobres de Judá. 11 Então mandou furar
os olhos de Zedequias e prendê-lo com correntes de bronze e
o levou para a Babilônia, onde o manteve na prisão até o dia
de sua morte.
12 No décimo dia do quinto mês, no décimo nono ano de Na-
bucodonosor, rei da Babilônia, Nebuzaradã, comandante da
guarda imperial, que servia o rei da Babilônia, veio a Jeru-
salém. 13 Ele incendiou o templo do SENHOR, o palácio real e
todas as casas de Jerusalém. Todos os edifícios importantes
foram incendiados por ele. 14 O exército babilônio, sob o co-
mandante da guarda imperial, derrubou todos os muros em
torno de Jerusalém. 15 Nebuzaradã deportou para a Babilônia
alguns dos mais pobres e o povo que restou na cidade, junta-
mente com o restante dos artesãos[b] e aqueles que tinham se
rendido ao rei da Babilônia. 16 Mas Nebuzaradã deixou para
trás o restante dos mais pobres da terra para trabalhar nas
vinhas e nos campos.
17 Os babilônios despedaçaram as colunas de bronze, os es-
trados móveis e o mar de bronze que ficavam no templo do
SENHOR e levaram todo o bronze para a Babilônia. 18 Também
levaram embora as panelas, pás, tesouras de pavio, bacias de
aspersão, tigelas e todos os utensílios de bronze usados no ser-
viço do templo. 19 O comandante da guarda imperial levou em-
bora as pias, os incensários, as bacias de aspersão, as panelas,
os candeeiros, as tigelas e as bacias usadas para as ofertas
derramadas, tudo que era feito de ouro puro ou de prata.
20 O bronze tirado das duas colunas, o mar e os doze touros de
bronze debaixo dele, e os estrados móveis, que o rei Salomão
fizera para o templo do SENHOR, eram mais do que se podia
pesar. 21 Cada uma das colunas tinha oito metros e dez cen-
tímetros de altura e cinco metros e quarenta centímetros de
circunferência[c]; cada uma tinha quatro dedos de espessura e
era oca. 22 O capitel de bronze no alto de uma coluna tinha dois
metros e vinte e cinco centímetros de altura e era ornamentado
com uma peça entrelaçada e romãs de bronze em volta, tudo
de bronze. A outra coluna, com suas romãs, era igual. 23 Havia
noventa e seis romãs nos lados; o número total de romãs acima
da peça entrelaçada ao redor era de cem.
24 O comandante da guarda tomou como prisioneiros o sumo
sacerdote Seraías, o sacerdote adjunto Sofonias e os três
guardas das portas. 25 Dos que ainda estavam na cidade,
tomou o oficial encarregado dos homens de combate e sete
conselheiros reais. Também tomou o secretário, que era o
oficial maior encarregado do alistamento do povo da terra, e
sessenta de seus homens que foram encontrados na cidade.
26 O comandante Nebuzaradã tomou todos eles e os levou ao
rei da Babilônia em Ribla. 27 Ali, em Ribla, na terra de Hamate,
o rei fez com que fossem executados.
Assim Judá foi para o cativeiro, longe de sua terra. 28 Este é
o número dos que Nebuzaradã levou para o exílio: No sétimo
ano, 3.023 judeus; 29 no décimo oitavo ano de Nabucodonosor,
832 de Jerusalém; 30 em seu vigésimo terceiro ano, 745 judeus
levados ao exílio pelo comandante da guarda imperial, Nebu-
zaradã. Foram ao todo 4.600 judeus.

Joaquim é Libertado

31 No trigésimo sétimo ano do exílio do rei Joaquim de Judá,
no ano em que Evil-Merodaque[d] tornou-se rei de Babilônia, ele
libertou Joaquim, rei de Judá, da prisão no vigésimo quinto
dia do décimo segundo mês. 32 Ele falou bondosamente com
ele e deu-lhe um assento de honra mais elevado do que os dos
outros reis que estavam com ele na Babilônia. 33 Desse modo
Joaquim tirou as roupas da prisão e pelo resto da vida comeu
à mesa do rei. 34 O rei da Babilônia deu a Joaquim uma pensão
diária até o dia de sua morte.

[a] 52.7 Ou *para o vale do Jordão*
[b] 52.15 Ou *restante das massas*
[c] 52.21 Hebraico: *18 côvados de altura e 12 côvados de circunferência.* O côvado era uma medida linear de cerca de 45 centímetros.
[d] 52.31 Também chamado *Amel-Marduque*.

LAMENTAÇÕES

1 [a] Como está deserta a cidade, antes tão cheia de gente! Como se parece com uma viúva, a que antes era grandiosa entre as nações! A que era a princesa das províncias agora tornou-se uma escrava.

2 Chora amargamente à noite, as lágrimas rolam por seu rosto. De todos os seus amantes nenhum a consola. Todos os seus amigos a traíram; tornaram-se seus inimigos.

3 Em aflição e sob trabalhos forçados, Judá foi levado ao exílio. Vive entre as nações sem encontrar repouso. Todos os que a perseguiram a capturaram em meio ao seu desespero.

4 Os caminhos para Sião pranteiam, porque ninguém comparece às suas festas fixas. Todas as suas portas estão desertas, seus sacerdotes gemem, suas moças se entristecem, e ela se encontra em angústia profunda.

5 Seus adversários são os seus chefes; seus inimigos estão tranquilos. O SENHOR lhe trouxe tristeza por causa dos seus muitos pecados. Seus filhos foram levados ao exílio, prisioneiros dos adversários.

6 Todo o esplendor fugiu da cidade[b] de Sião. Seus líderes são como corças que não encontram pastagem; sem forças fugiram diante do perseguidor.

7 Nos dias da sua aflição e do seu desnorteio, Jerusalém se lembra de todos os tesouros que lhe pertenciam nos tempos passados. Quando o seu povo caiu nas mãos do inimigo, ninguém veio ajudá-la. Seus inimigos olharam para ela e zombaram da sua queda.

8 Jerusalém cometeu graves pecados; por isso tornou-se impura. Todos os que a honravam agora a desprezam, porque viram a sua nudez; ela mesma geme e se desvia deles.

9 Sua impureza prende-se às suas saias; ela não esperava que chegaria o seu fim. Sua queda foi surpreendente; ninguém veio consolá-la. "Olha, SENHOR, para a minha aflição, pois o inimigo triunfou."

10 O adversário saqueia todos os seus tesouros; ela viu nações pagãs entrarem em seu santuário, sendo que tu as tinhas proibido de participar das tuas assembleias.

11 Todo o seu povo se lamenta enquanto vai em busca de pão; e, para sobreviverem, trocam tesouros por comida. "Olha, SENHOR, e considera, pois tenho sido desprezada.

12 Vocês não se comovem, todos vocês que passam por aqui? Olhem ao redor e vejam se há sofrimento maior do que o que me foi imposto, e que o SENHOR trouxe sobre mim no dia em que se acendeu a sua ira.

13 Do alto ele fez cair fogo sobre os meus ossos. Armou uma rede para os meus pés e me derrubou de costas. Deixou-me desolada, e desfalecida o dia todo.

14 Os meus pecados foram amarrados num jugo; suas mãos os ataram todos juntos e os colocaram em meu pescoço; o Senhor abateu a minha força. Ele me entregou àqueles que não consigo vencer.

15 O Senhor dispersou todos os guerreiros que me apoiavam; convocou um exército contra mim para destruir os meus jovens. O Senhor pisou no seu lagar a virgem, a cidade de Judá.

16 É por isso que eu choro; as lágrimas inundam os meus olhos. Ninguém está por perto para consolar-me, não há ninguém que restaure o meu espírito. Meus filhos estão desamparados porque o inimigo prevaleceu."

17 Suplicante, Sião estende as mãos, mas não há quem a console. O SENHOR decretou que os vizinhos de Jacó se tornem seus adversários; Jerusalém tornou-se coisa imunda entre eles.

18 "O SENHOR é justo, mas eu me rebelei contra a sua ordem. Ouçam, todos os povos; olhem para o meu sofrimento. Meus jovens e minhas moças foram para o exílio.

19 Chamei os meus aliados, mas eles me traíram. Meus sacerdotes e meus líderes pereceram na cidade, enquanto procuravam comida para poderem sobreviver.

20 Veja, SENHOR, como estou angustiada! Estou atormentada no íntimo e no meu coração me perturbo, pois tenho sido muito rebelde. Lá fora, a espada a todos consome; dentro, impera a morte.

21 Os meus lamentos têm sido ouvidos, mas não há ninguém que me console. Todos os meus inimigos sabem da minha agonia; eles se alegram com o que fizeste. Quem dera trouxesses o dia que anunciaste para que eles ficassem como eu!

22 Que toda a maldade deles seja conhecida diante de ti; faze com eles o que fizeste comigo por causa de todos os meus pecados. Os meus gemidos são muitos e o meu coração desfalece."

2 O Senhor cobriu a cidade de Sião com a nuvem da sua ira! Lançou por terra o esplendor de Israel, que se elevava para os céus; não se lembrou do estrado dos seus pés no dia da sua ira.

2 Sem piedade o Senhor devorou todas as habitações de Jacó; em sua ira destruiu as fortalezas da filha de Judá. Derrubou ao chão e desonrou o seu reino e os seus líderes.

3 Em sua flamejante ira, cortou todo o poder[c] de Israel. Retirou a sua mão direita diante da aproximação do inimigo. Queimou Jacó como um fogo ardente que consome tudo ao redor.

4 Como um inimigo, preparou o seu arco; como um adversário, a sua mão direita está pronta. Ele massacrou tudo o que era

[a] 1.1 Cada capítulo de Lamentações é um poema organizado em ordem alfabética, no hebraico.
[b] 1.6 Hebraico: *filha*; também em todo o livro de Lamentações.
[c] 2.3 Hebraico: *chifre*; também no versículo 17.

agradável contemplar; derramou sua ira como fogo sobre a
tenda da cidade de Sião.
5 O Senhor é como um inimigo; ele tem devorado Israel. Tem
devorado todos os seus palácios e destruído as suas fortalezas.
Tem feito multiplicar os prantos e as lamentações da filha de
Judá.
6 Ele destroçou a sua morada como se fosse um simples jardim;
destruiu o seu local de reuniões. O SENHOR fez esquecidas em
Sião suas festas fixas e seus sábados; em seu grande furor
rejeitou o rei e o sacerdote.
7 O Senhor rejeitou o seu altar e abandonou o seu santuário. En-
tregou aos inimigos os muros dos seus palácios, e eles deram
gritos na casa do SENHOR, como fazíamos nos dias de festa.
8 O SENHOR está decidido a derrubar os muros da cidade de
Sião. Esticou a trena e não poupou a sua mão destruidora. Fez
com que os muros e as paredes se lamentassem; juntos eles
desmoronaram.
9 Suas portas caíram por terra; suas trancas ele quebrou e des-
truiu. O seu rei e os seus líderes foram exilados para diferentes
nações, e a lei já não existe; seus profetas já não recebem
visões do SENHOR.
10 Os líderes da cidade de Sião sentam-se no chão em silêncio;
despejam pó sobre a cabeça e usam vestes de lamento. As
moças de Jerusalém inclinam a cabeça até o chão.
11 Meus olhos estão cansados de chorar, minha alma está ator-
mentada, meu coração se derrama, porque o meu povo está
destruído, porque crianças e bebês desmaiam pelas ruas da
cidade.
12 Eles clamam às suas mães: "Onde estão o pão e o vinho?" Ao
mesmo tempo em que desmaiam pelas ruas da cidade, como
os feridos, e suas vidas se desvanecem nos braços de suas
mães.
13 Que posso dizer a seu favor? Com que posso compará-la, ó
cidade de Jerusalém? Com que posso assemelhá-la, a fim de
trazer-lhe consolo, ó virgem, ó cidade de Sião? Sua ferida é tão
profunda quanto o oceano; quem pode curá-la?
14 As visões dos seus profetas eram falsas e inúteis; eles não
expuseram o seu pecado para evitar o seu cativeiro. As mensa-
gens que eles lhe deram eram falsas e enganosas.
15 Todos os que cruzam o seu caminho batem palmas; eles
zombam e meneiam a cabeça diante da cidade de Jerusalém:
"É esta a cidade que era chamada a perfeição da beleza, a
alegria de toda a terra?"
16 Todos os seus inimigos escancaram a boca contra você; eles
zombam, rangem os dentes e dizem: "Nós a devoramos. Este
é o dia que esperávamos; e eis que vivemos até vê-lo chegar!"
17 O SENHOR fez o que planejou; cumpriu a sua palavra, que há
muito havia decretado. Derrubou tudo sem piedade, permitiu
que o inimigo zombasse de você, exaltou o poder dos seus
adversários.
18 O coração do povo clama ao Senhor. Ó muro da cidade de
Sião, corram como um rio as suas lágrimas dia e noite; não
se permita nenhum descanso nem dê repouso à menina dos
seus olhos.
19 Levante-se, grite no meio da noite, quando começam as vigí-
lias noturnas; derrame o seu coração como água na presença
do Senhor. Levante para ele as mãos em favor da vida de seus
filhos, que desmaiam de fome nas esquinas de todas as ruas.
20 "Olha, SENHOR, e considera: A quem trataste dessa maneira?
Deverão as mulheres comer seus próprios filhos, que elas
criaram com tanto amor? Deverão os profetas e os sacerdotes
ser assassinados no santuário do Senhor?
21 Jovens e velhos espalham-se em meio ao pó das ruas; meus
jovens e minhas virgens caíram mortos à espada. Tu os sacrifi-
caste no dia da tua ira; tu os mataste sem piedade.
22 Como se faz convocação para um dia de festa, convocaste
contra mim terrores por todos os lados. No dia da ira do SE-
NHOR, ninguém escapou nem sobreviveu; aqueles dos quais eu
cuidava e que eu fiz crescer, o meu inimigo destruiu."

3 Eu sou o homem que viu a aflição trazida pela vara da sua
ira.
2 Ele me impeliu e me fez andar na escuridão, e não na luz;
3 sim, ele voltou sua mão contra mim vez após vez, o tempo
todo.
4 Fez que a minha pele e a minha carne envelhecessem e que-
brou os meus ossos.
5 Ele me sitiou e me cercou de amargura e de pesar.
6 Fez-me habitar na escuridão como os que há muito morreram.
7 Cercou-me de muros, e não posso escapar; atou-me a pe-
sadas correntes.
8 Mesmo quando chamo ou grito por socorro, ele rejeita a
minha oração.
9 Ele impediu o meu caminho com blocos de pedra; e fez tor-
tuosas as minhas sendas.
10 Como um urso à espreita, como um leão escondido,
11 arrancou-me do caminho e despedaçou-me, deixando-me
abandonado.
12 Preparou o seu arco e me fez alvo de suas flechas.
13 Atingiu o meu coração com flechas de sua aljava.
14 Tornei-me objeto de riso de todo o meu povo; nas suas can-
ções eles zombam de mim o tempo todo.
15 Fez-me comer ervas amargas e fartou-me de fel.
16 Quebrou os meus dentes com pedras; e pisoteou-me no pó.
17 Tirou-me a paz; esqueci-me o que é prosperidade.
18 Por isso, digo: "Meu esplendor já se foi, bem como tudo o
que eu esperava do SENHOR".
19 Lembro-me da minha aflição e do meu delírio, da minha
amargura e do meu pesar.
20 Lembro-me bem disso tudo, e a minha alma desfalece dentro
de mim.
21 Todavia, lembro-me também do que pode me dar esperança:
22 Graças ao grande amor do SENHOR é que não somos consu-
midos, pois as suas misericórdias são inesgotáveis.
23 Renovam-se cada manhã; grande é a sua fidelidade!

24 Digo a mim mesmo: A minha porção é o SENHOR; portanto,
nele porei a minha esperança.
25 O SENHOR é bom para com aqueles cuja esperança está nele,
para com aqueles que o buscam;
26 é bom esperar tranquilo pela salvação do SENHOR.
27 É bom que o homem suporte o jugo enquanto é jovem.
28 Leve-o sozinho e em silêncio, porque o SENHOR o pôs sobre
ele.
29 Ponha o seu rosto no pó; talvez ainda haja esperança.
30 Ofereça o rosto a quem o quer ferir, e engula a desonra.
31 Porque o Senhor não o desprezará para sempre.
32 Embora ele traga tristeza, mostrará compaixão, tão grande
é o seu amor infalível.
33 Porque não é do seu agrado trazer aflição e tristeza aos fi-
lhos dos homens, 34 esmagar com os pés todos os prisioneiros
da terra, 35 negar a alguém os seus direitos, enfrentando o
Altíssimo, 36 impedir a alguém o acesso à justiça; não veria o
Senhor tais coisas?
37 Quem poderá falar e fazer acontecer, se o Senhor não o tiver
decretado?
38 Não é da boca do Altíssimo que vêm tanto as desgraças como
as bênçãos?
39 Como pode um homem reclamar quando é punido por seus
pecados?
40 Examinemos e coloquemos à prova os nossos caminhos e
depois voltemos ao SENHOR.
41 Levantemos o coração e as mãos para Deus, que está nos
céus, e digamos:
42 "Pecamos e nos rebelamos, e tu não nos perdoaste.
43 Tu te cobriste de ira e nos perseguiste, massacraste-nos sem
piedade.
44 Tu te escondeste atrás de uma nuvem para que nenhuma
oração chegasse a ti.
45 Tu nos tornaste escória e refugo entre as nações.
46 Todos os nossos inimigos escancaram a boca contra nós.
47 Sofremos terror e ciladas, ruína e destruição".
48 Rios de lágrimas correm dos meus olhos porque o meu povo
foi destruído.
49 Meus olhos choram sem parar, sem nenhum descanso, 50 até
que o SENHOR contemple dos céus e veja.
51 O que eu enxergo enche-me a alma de tristeza, de pena de
todas as mulheres da minha cidade.
52 Aqueles que, sem motivo, eram meus inimigos caçaram-me
como a um passarinho.
53 Procuraram fazer minha vida acabar na cova e me jogaram
pedras; 54 as águas me encobriram a cabeça, e cheguei a
pensar que o fim de tudo tinha chegado.
55 Clamei pelo teu nome, SENHOR, das profundezas da cova.
56 Tu ouviste o meu clamor: "Não feches os teus ouvidos aos
meus gritos de socorro".
57 Tu te aproximaste quando a ti clamei, e disseste: "Não tenha
medo".
58 Senhor, tu assumiste a minha causa; e redimiste a minha
vida.
59 Tu tens visto, SENHOR, o mal que me tem sido feito. Toma a
teu cargo a minha causa!
60 Tu viste como é terrível a vingança deles, todas as suas ci-
ladas contra mim.
61 SENHOR, tu ouviste os seus insultos, todas as suas ciladas
contra mim, 62 aquilo que os meus inimigos sussurram e mur-
muram o tempo todo contra mim.
63 Olha para eles! Sentados ou em pé, zombam de mim com
as suas canções.
64 Dá-lhes o que merecem, SENHOR,
conforme o que as suas mãos têm feito.
65 Coloca um véu sobre os seus corações e esteja a tua mal-
dição sobre eles.
66 Persegue-os com fúria e elimina-os de debaixo dos teus céus,
ó SENHOR.

4 Como o ouro perdeu o brilho! Como o ouro fino ficou emba-
çado! As pedras sagradas estão espalhadas pelas esquinas
de todas as ruas.
2 Como os preciosos filhos de Sião, que antes valiam seu peso
em ouro, hoje são considerados como vasos de barro, obra das
mãos de um oleiro!
3 Até os chacais oferecem o peito para amamentar os seus
filhotes, mas o meu povo não tem mais coração; é como as
avestruzes do deserto.
4 De tanta sede, a língua dos bebês gruda no céu da boca; as
crianças imploram pelo pão, mas ninguém as atende.
5 Aqueles que costumavam comer comidas finas passam neces-
sidade nas ruas. Aqueles que se adornavam de púrpura hoje
estão prostrados sobre montes de cinza.
6 A punição do meu povo é maior que a de Sodoma, que foi
destruída num instante sem que ninguém a socorresse.
7 Seus príncipes eram mais brilhantes que a neve, mais brancos
do que o leite; e tinham a pele mais rosada que rubis; e sua
aparência lembrava safiras.
8 Mas agora estão mais negros do que o carvão; não são reco-
nhecidos nas ruas. Sua pele enrugou-se sobre os seus ossos;
agora parecem madeira seca.
9 Os que foram mortos à espada estão melhor do que os que
morreram de fome, os quais, tendo sido torturados pela fome,
definham pela falta de produção das lavouras.
10 Com as próprias mãos, mulheres bondosas cozinharam seus
próprios filhos, que se tornaram sua comida quando o meu
povo foi destruído.
11 O SENHOR deu vazão total à sua ira; derramou a sua grande
fúria. Ele acendeu em Sião um fogo que consumiu os seus ali-
cerces.
12 Os reis da terra e os povos de todo o mundo não acreditavam
que os inimigos e os adversários pudessem entrar pelas portas
de Jerusalém.

[13]Dentro da cidade foi derramado o sangue dos justos, por causa do pecado dos seus profetas e das maldades dos seus sacerdotes.
[14]Hoje eles tateiam pelas ruas como cegos, e tão sujos de sangue estão que ninguém ousa tocar em suas vestes.
[15]"Vocês estão imundos!", o povo grita para eles. "Afastem-se! Não nos toquem!" Quando eles fogem e andam errantes, os povos das outras nações dizem: "Aqui eles não podem habitar".
[16]O próprio SENHOR os espalhou; ele já não cuida deles. Ninguém honra os sacerdotes nem respeita os líderes.
[17]Nossos olhos estão cansados de buscar ajuda em vão; de nossas torres ficávamos à espera de uma nação que não podia salvar-nos.
[18]Cada passo nosso era vigiado; nem podíamos caminhar por nossas ruas. Nosso fim estava próximo, nossos dias estavam contados; o nosso fim já havia chegado.
[19]Nossos perseguidores eram mais velozes que as águias nos céus; perseguiam-nos por sobre as montanhas, ficavam de tocaia contra nós no deserto.
[20]O ungido do SENHOR, o próprio fôlego da nossa vida, foi capturado em suas armadilhas. E nós que pensávamos que sob a sua sombra viveríamos entre as nações!
[21]Alegre-se e exulte, ó terra de Edom, você que vive na terra de Uz. Mas a você também será servido o cálice: você será embriagada e as suas roupas serão arrancadas.
[22]Ó cidade de Sião, o seu castigo terminará; o SENHOR não prolongará o seu exílio. Mas você, ó terra de Edom, ele punirá o seu pecado e porá à mostra a sua perversidade.

5 Lembra-te, SENHOR, do que tem acontecido conosco; olha e vê a nossa desgraça.
[2]Nossa herança foi entregue aos estranhos, nossas casas, aos estrangeiros.
[3]Somos órfãos de pai, nossas mães são como viúvas.
[4]Temos que comprar a água que bebemos; nossa lenha, só conseguimos pagando.
[5]Aqueles que nos perseguem estão bem próximos; estamos exaustos e não temos como descansar.
[6]Submetemo-nos ao Egito e à Assíria para conseguir pão.
[7]Nossos pais pecaram e já não existem, e nós recebemos o castigo pelos seus pecados.
[8]Escravos dominam sobre nós, e não há quem possa livrar-nos das suas mãos.
[9]Conseguimos pão arriscando a vida, enfrentando a espada do deserto.
[10]Nossa pele está quente como um forno, febril de tanta fome.
[11]As mulheres têm sido violentadas em Sião, e as virgens, nas cidades de Judá.
[12]Os líderes foram pendurados por suas mãos; aos idosos não se mostra nenhum respeito.
[13]Os jovens trabalham nos moinhos; os meninos cambaleiam sob o fardo de lenha.
[14]Os líderes já não se reúnem junto às portas da cidade; os jovens cessaram a sua música.
[15]Dos nossos corações fugiu a alegria; nossas danças se transformaram em lamentos.
[16]A coroa caiu da nossa cabeça. Ai de nós, porque temos pecado!
[17]E por esse motivo o nosso coração desfalece, e os nossos olhos perdem o brilho.
[18]Tudo porque o monte Sião está deserto, e os chacais perambulam por ele.
[19]Tu, SENHOR, reinas para sempre; teu trono permanece de geração em geração.
[20]Por que motivo então te esquecerias de nós? Por que haverias de desamparar-nos por tanto tempo?
[21]Restaura-nos para ti, SENHOR, para que voltemos; renova os nossos dias como os de antigamente,
[22]a não ser que já nos tenhas rejeitado completamente e a tua ira contra nós não tenha limite!

EZEQUIEL

1 **Os Seres Viventes e a Glória do Senhor**
Era o quinto dia do quarto mês do trigésimo ano[a], e eu estava
entre os exilados, junto ao rio Quebar. Abriram-se os céus, e
eu tive visões de Deus.
[2]Foi no quinto ano do exílio do rei Joaquim, no quinto dia do
quarto mês. [3]A palavra do SENHOR veio ao sacerdote Ezequiel,
filho de Buzi,[b] junto ao rio Quebar, na terra dos caldeus. Ali a
mão do SENHOR esteve sobre ele.
[4]Olhei e vi uma tempestade que vinha do norte: uma nuvem
imensa, com relâmpagos e faíscas, cercada por uma luz brilhante.
O centro do fogo parecia metal reluzente, [5]e no meio do fogo
havia quatro vultos que pareciam seres viventes. Na aparência
tinham forma de homem, [6]mas cada um deles tinha quatro rostos
e quatro asas. [7]Suas pernas eram retas; seus pés eram como os
de um bezerro e reluziam como bronze polido. [8]Debaixo de suas
asas, nos quatro lados, eles tinham mãos humanas. Os quatro
tinham rostos e asas, [9]e as suas asas encostavam umas nas ou-
tras. Quando se moviam, andavam para a frente e não se viravam.

[a] 1.1 Ou *do meu trigésimo ano*
[b] 1.3 Ou *veio a Ezequiel, filho do sacerdote Buzi,*

10 Quanto à aparência dos seus rostos, os quatro tinham rosto
de homem, rosto de leão no lado direito, rosto de boi no lado
esquerdo e rosto de águia. 11 Assim eram os seus rostos. Suas
asas estavam estendidas para cima; cada um deles tinha duas
asas que se encostavam na de outro ser vivente, de um lado
e do outro, e duas asas que cobriam os seus corpos. 12 Cada
um deles ia sempre para a frente. Para onde quer que fosse
o Espírito, eles iam e não se viravam quando se moviam. 13 Os
seres viventes pareciam carvão aceso; eram como tochas. O
fogo ia de um lado a outro entre os seres viventes, e do fogo
saíam relâmpagos e faíscas. 14 Os seres viventes iam e vinham
como relâmpagos.

15 Enquanto eu olhava para eles, vi uma roda ao lado de cada
um deles, diante dos seus quatro rostos. 16 Esta era a aparência
das rodas e a sua estrutura: reluziam como o berilo; as quatro
tinham aparência semelhante. Cada roda parecia estar en-
trosada na outra. 17 Quando se moviam, seguiam nas quatro
direções dos quatro rostos e não se viravam[a] enquanto iam.
18 Seus aros eram altos e impressionantes e estavam cheios
de olhos ao redor.

19 Quando os seres viventes se moviam, as rodas ao seu lado
se moviam; quando se elevavam do chão, as rodas também
se elevavam. 20 Para onde quer que o Espírito fosse, os seres
viventes iam, e as rodas os seguiam, porque o mesmo Espí-
rito estava nelas. 21 Quando os seres viventes se moviam,
elas também se moviam; quando eles ficavam imóveis, elas
também ficavam; e, quando os seres viventes se elevavam
do chão, as rodas também se elevavam com eles, porque o
mesmo Espírito deles estava nelas.

22 Acima das cabeças dos seres viventes estava o que parecia
uma abóbada, reluzente como gelo, e impressionante. 23 De-
baixo dela cada ser vivente estendia duas asas ao que lhe es-
tava mais próximo e com as outras duas asas cobria o corpo.
24 Ouvi o ruído de suas asas quando voavam. Parecia o ruído
de muitas águas, parecia a voz do Todo-poderoso. Era um
ruído estrondoso, como o de um exército. Quando paravam,
fechavam as asas.

25 Então veio uma voz de cima da abóbada sobre as suas ca-
beças, enquanto eles ficavam de asas fechadas. 26 Acima da
abóbada sobre as suas cabeças havia o que parecia um trono
de safira e, bem no alto — sobre o trono — havia uma fi-
gura que parecia um homem. 27 Vi que a parte de cima do que
parecia ser a cintura dele parecia metal brilhante, como se
estivesse cheia de fogo, e a parte de baixo parecia fogo; e
uma luz brilhante o cercava. 28 Tal como a aparência do arco-
-íris nas nuvens de um dia chuvoso, assim era o resplendor ao
seu redor. Essa era a aparência da figura da glória do SENHOR.
Quando a vi, prostrei-me com o rosto em terra e ouvi a voz de
alguém falando.

2 O Chamado de Ezequiel

Ele me disse: "Filho do homem, fique em pé, pois eu vou
falar com você". 2 Enquanto ele falava, o Espírito entrou em
mim e me pôs em pé, e ouvi aquele que me falava.

3 Ele disse: "Filho do homem, vou enviá-lo aos israelitas, nação
rebelde que se revoltou contra mim; até hoje eles e os seus an-
tepassados têm se revoltado contra mim. 4 O povo a quem vou
enviá-lo é obstinado e rebelde. Diga-lhe: 'Assim diz o Soberano,
o SENHOR'. 5 E, quer aquela nação rebelde ouça quer deixe de
ouvir, saberá que um profeta esteve no meio dela. 6 E você,
filho do homem, não tenha medo dessa gente nem das suas
palavras. Não tenha medo, ainda que o cerquem espinheiros e
você viva entre escorpiões. Não tenha medo do que disserem
nem fique apavorado ao vê-los, embora sejam uma nação
rebelde. 7 Você lhes falará as minhas palavras, quer ouçam
quer deixem de ouvir, pois são rebeldes. 8 Mas você, filho do
homem, ouça o que digo. Não seja rebelde como aquela nação;
abra a boca e coma o que vou dar a você".

9 Então olhei e vi a mão de alguém estendida para mim. Nela
estava o rolo de um livro, 10 que ele desenrolou diante de mim.
Em ambos os lados do rolo estavam escritas palavras de la-
mento, pranto e ais.

3 E ele me disse: "Filho do homem, coma este rolo; depois
vá falar à nação de Israel". 2 Eu abri a boca, e ele me deu o
rolo para eu comer.

3 E acrescentou: "Filho do homem, coma este rolo que estou
dando a você e encha o seu estômago com ele". Então eu o
comi, e em minha boca era doce como mel.

4 Depois ele me disse: "Filho do homem, vá agora à nação de
Israel e diga-lhe as minhas palavras. 5 Você não está sendo
enviado a um povo de fala obscura e de língua difícil, mas à
nação de Israel; 6 não irá a muitos povos de fala obscura e de
língua difícil, cujas palavras você não conseguiria entender.
Certamente, se eu o enviasse, eles o ouviriam. 7 Mas a nação
de Israel não vai querer ouvi-lo porque não quer me ouvir, pois
toda a nação de Israel está endurecida e obstinada. 8 Porém
eu tornarei você tão inflexível e endurecido quanto eles. 9 Tor-
narei a sua testa como a mais dura das pedras, mais dura que
a pederneira. Não tenha medo deles nem fique apavorado ao
vê-los, embora sejam uma nação rebelde".

10 E continuou: "Filho do homem, ouça atentamente e guarde
no coração todas as palavras que eu disser a você. 11 Vá agora
aos seus compatriotas que estão no exílio e fale com eles.
Diga-lhes, quer ouçam quer deixem de ouvir: 'Assim diz o So-
berano, o SENHOR' ".

12 Depois o Espírito elevou-me, e ouvi esta estrondosa acla-
mação: "Que a glória do SENHOR seja louvada em sua habi-
tação!" 13 E ouvi o som das asas dos seres viventes roçando
umas nas outras e, atrás deles, o som das rodas — um forte
estrondo! 14 Então o Espírito elevou-me e tirou-me de lá, com
o meu espírito cheio de amargura e de ira e com a forte mão
do SENHOR sobre mim. 15 Fui aos exilados que moravam em
Tel-Abibe, perto do rio Quebar. Sete dias fiquei lá entre eles
— atônito!

---

[a] 1.17 *Ou não viravam para o lado*

Advertência a Israel

16 Ao fim dos sete dias a palavra do SENHOR veio a mim: 17 "Filho do homem", disse ele, "eu o fiz sentinela para a nação de Israel; por isso ouça a palavra que digo e leve a eles a minha advertência. 18 Quando eu disser a um ímpio que ele vai morrer e você não o advertir nem lhe falar para dissuadi-lo dos seus maus caminhos e salvar a vida dele, aquele ímpio morrerá por[a] sua iniquidade; para mim, porém, você será responsável pela morte dele. 19 Se, porém, você advertir o ímpio e ele não se desviar de sua impiedade ou dos seus maus caminhos, ele morrerá por sua iniquidade, mas você estará livre dessa culpa.

20 "Da mesma forma, quando um justo se desviar de sua justiça e fizer o mal, e eu puser uma pedra de tropeço diante dele, ele morrerá. Uma vez que você não o advertiu, ele morrerá pelo pecado que cometeu. As práticas justas dele não serão lembradas; para mim, porém, você será responsável pela morte dele. 21 Se, porém, você advertir o justo e ele não pecar, certamente ele viverá porque aceitou a advertência, e você estará livre dessa culpa".

22 A mão do SENHOR esteve ali sobre mim, e ele me disse: "Levante-se e vá para a planície, e lá falarei com você". 23 Então me levantei e fui para a planície. E lá estava a glória do SENHOR, glória como a que eu tinha visto junto ao rio Quebar. Prostrei-me com o rosto em terra, 24 mas o Espírito entrou em mim e me pôs em pé. Ele me disse: "Vá para casa e tranque-se. 25 Pois você, filho do homem, será amarrado com cordas; você ficará preso e não conseguirá sair para o meio do povo. 26 Farei sua língua apegar-se ao céu da boca para que você fique calado e não possa repreendê-los, embora sejam uma nação rebelde. 27 Mas, quando eu falar com você, abrirei sua boca e você lhes dirá: 'Assim diz o Soberano, o SENHOR'. Quem quiser ouvir ouça, e quem não quiser não ouça; pois são uma nação rebelde.

4 Cerco Simbólico de Jerusalém

"Agora, filho do homem, apanhe um tijolo, coloque-o à sua frente e nele desenhe a cidade de Jerusalém. 2 Em seguida, cerque-a e erga obras de cerco contra ela; construa uma rampa, monte acampamentos e ponha aríetes ao redor dela. 3 Depois apanhe uma panela de ferro, coloque-a como muro de ferro entre você e a cidade e ponha-se de frente para ela. Ela estará cercada, e você a sitiará. Isto será um sinal para a nação de Israel.

4 "Deite-se então sobre o seu lado esquerdo e sobre você[b] ponha a iniquidade da nação de Israel. Você terá que carregar a iniquidade dela durante o número de dias em que estiver deitado sobre o lado esquerdo. 5 Determinei que o número de dias seja equivalente ao número de anos da iniquidade dela, ou seja, durante trezentos e noventa dias você carregará a iniquidade da nação de Israel.

6 "Terminado esse prazo, deite-se sobre o seu lado direito e carregue a iniquidade da nação de Judá, 7 durante quarenta dias, tempo que eu determinei para você, um dia para cada ano. Olhe para o cerco de Jerusalém e, com braço desnudo, profetize contra ela. 8 Vou amarrá-lo com cordas para que você não possa virar-se enquanto não cumprir os dias da sua aflição.

9 "Pegue trigo e cevada, feijão e lentilha, painço e espelta[c]; ponha-os numa vasilha e com eles faça pão para você. Você deverá comê-lo durante os trezentos e noventa dias em que estiver deitado sobre o seu lado. 10 Pese duzentos e quarenta gramas[d] do pão por dia e coma-o em horas determinadas. 11 Também meça meio litro[e] de água e beba-a em horas determinadas. 12 Coma o pão como você comeria um bolo de cevada; asse-o à vista do povo, usando fezes humanas como combustível". 13 O SENHOR disse: "Desse modo os israelitas comerão sua comida imunda entre as nações para onde eu os expulsar".

14 Então eu disse: "Ah! Soberano SENHOR! Eu jamais me contaminei. Desde a minha infância até agora, jamais comi qualquer coisa achada morta ou que tivesse sido despedaçada por animais selvagens. Jamais entrou em minha boca qualquer carne impura".

15 "Está bem", disse ele, "deixarei que você asse o seu pão em cima de esterco de vaca, e não em cima de fezes humanas."

16 E acrescentou: "Filho do homem, cortarei o suprimento de comida em Jerusalém. O povo comerá com ansiedade comida racionada e beberá com desespero água racionada, 17 pois haverá falta de comida e de água. Ficarão chocados com a aparência uns dos outros e definharão por causa de[f] sua iniquidade.

5 "Agora, filho do homem, apanhe uma espada afiada e use-a como navalha de barbeiro para rapar a cabeça e a barba. Depois tome uma balança de pesos e reparta o cabelo. 2 Quando os dias do cerco da cidade chegarem ao fim, queime no fogo um terço do cabelo dentro da cidade. Pegue um terço e corte-o com a espada ao redor de toda a cidade. E espalhe um terço ao vento. Porque eu os perseguirei com espada desembainhada. 3 Mas apanhe umas poucas mechas de cabelo e esconda-as nas dobras de sua roupa. 4 E, destas ainda, pegue algumas e atire-as ao fogo, para que se queimem. Dali um fogo se espalhará por toda a nação de Israel.

5 "Assim diz o Soberano, o SENHOR: 'Esta é Jerusalém, que pus no meio dos povos, com nações ao seu redor. 6 Contudo, em sua maldade, ela se revoltou contra as minhas leis e contra os meus decretos mais do que os povos e as nações ao seu redor. Ela rejeitou as minhas leis e não agiu segundo os meus decretos'.

7 "Portanto assim diz o Soberano, o SENHOR: Você tem sido mais rebelde do que as nações ao seu redor e não agiu segundo os

---

a 3.18 Ou *morrerá em*; também nos versículos 19 e 20.

b 4.4 Ou *sobre o seu lado*

c 4.9 *Painço* é uma gramínea (capim) cujas espigas servem de alimento; *espelta* é uma espécie de trigo de qualidade inferior.

d 4.10 Hebraico: *20 siclos*. Um siclo equivalia a 12 gramas.

e 4.11 Hebraico: *1/6 de um him*. O him era uma medida de capacidade para líquidos. As estimativas variam entre 3 e 6 litros.

f 4.17 Ou *definharão em*

meus decretos nem obedeceu às minhas leis. Você nem mesmo alcançou os padrões das nações ao seu redor.

8 “Por isso diz o Soberano, o SENHOR: Eu estou contra você, Jerusalém, e lhe infligirei castigo à vista das nações. 9 Por causa de todos os seus ídolos detestáveis, farei com você o que nunca fiz nem jamais voltarei a fazer. 10 Por isso, entre vocês sucederá que os pais comerão os seus próprios filhos, e os filhos comerão os seus pais. Castigarei você e dispersarei aos ventos os seus sobreviventes. 11 Por isso, juro pela minha vida, palavra do Soberano, o SENHOR, que, por ter contaminado meu santuário com suas imagens detestáveis e com suas práticas repugnantes, eu retirarei a minha bênção. Não olharei com piedade para você e não a pouparei. 12 Um terço de seu povo morrerá de peste ou perecerá de fome dentro de seus muros; um terço cairá à espada fora da cidade; e um terço dispersarei aos ventos e perseguirei com a espada em punho.

13 “Então a minha ira cessará, diminuirá a minha indignação contra eles, e serei vingado. E, quando tiver esgotado a minha ira sobre eles, saberão que eu, o SENHOR, falei segundo o meu zelo.

14 “Farei de você uma ruína e a tornarei desprezível entre as nações ao seu redor, à vista de todos quantos passarem por você. 15 Você será objeto de desprezo e de escárnio, e servirá de advertência e de causa de pavor às nações ao redor, quando eu castigar você com ira, indignação e violência. Eu, o SENHOR, falei. 16 Quando eu atirar em você minhas flechas mortais e destruidoras, minhas flechas de fome, atirarei para destruí-la. Aumentarei a sua fome e cortarei o seu sustento. 17 Enviarei contra você a fome e animais selvagens, que acabarão com os seus filhos. A peste e o derramamento de sangue a alcançarão, e trarei a espada contra você. Eu, o SENHOR, falei”.

6 Profecia contra os Montes de Israel

Esta palavra do SENHOR veio a mim: 2 “Filho do homem, vire o rosto contra os montes de Israel; profetize contra eles 3 e diga: Ó montes de Israel, ouçam a palavra do Soberano, o SENHOR. Assim diz o Soberano, o SENHOR, aos montes e às colinas, às ravinas e aos vales: Estou prestes a trazer a espada contra vocês; vou destruir os seus altares idólatras. 4 Seus altares serão arrasados, seus altares de incenso[a] serão esmigalhados, e abaterei o seu povo na frente dos seus ídolos. 5 Porei os cadáveres dos israelitas em frente dos seus ídolos e espalharei os seus ossos ao redor dos seus altares. 6 Onde quer que você viva, as cidades serão devastadas e os altares idólatras serão arrasados e devastados, seus ídolos serão esmigalhados e transformados em ruínas, seus altares de incenso serão derrubados e tudo o que vocês realizaram será apagado. 7 Seu povo cairá morto no meio de vocês, e vocês saberão que eu sou o SENHOR.

8 “Mas pouparei alguns; alguns de vocês escaparão da espada quando forem espalhados entre as terras e nações. 9 Ali, nas nações para onde vocês tiverem sido levados cativos, aqueles que escaparem se lembrarão de mim; lembrarão como fui entristecido por seus corações adúlteros, que se desviaram de mim, e, por seus olhos, que cobiçaram os seus ídolos. Terão nojo de vocês mesmos por causa do mal que fizeram e por causa de todas as suas práticas repugnantes. 10 E saberão que eu sou o SENHOR, que não ameacei em vão trazer esta desgraça sobre eles.

11 “Assim diz o Soberano, o SENHOR: Esfregue as mãos, bata os pés e grite “Ai!”, por causa de todas as práticas ímpias e repugnantes da nação de Israel, pois eles morrerão pela espada, pela fome e pela peste. 12 Quem está longe morrerá pela peste, quem está perto cairá pela espada, e quem sobreviver e for poupado morrerá de fome. Assim enviarei a minha ira sobre eles. 13 E saberão que eu sou o SENHOR, quando o seu povo estiver estirado, morto entre os seus ídolos, ao redor dos seus altares, em todo monte alto e em todo topo de montanha, debaixo de toda árvore frondosa e de todo carvalho viçoso — em todos os lugares nos quais eles ofereciam incenso aromático a todos os seus ídolos. 14 Estenderei o meu braço contra eles e tornarei a terra uma imensidão desolada, desde o deserto até Dibla[b] — onde quer que estiverem vivendo. Então saberão que eu sou o SENHOR”.

7 A Chegada do Fim

Veio a mim esta palavra do SENHOR: 2 “Filho do homem, assim diz o Soberano, o SENHOR, à nação de Israel: Chegou o fim! O fim chegou aos quatro cantos da terra de Israel. 3 O fim está agora sobre você, e sobre você eu vou desencadear a minha ira. Eu a julgarei de acordo com a sua conduta e a retribuirei por todas as suas práticas repugnantes. 4 Não olharei com piedade para você nem a pouparei; com certeza eu a retribuirei por sua conduta e suas práticas em seu meio. Então você saberá que eu sou o SENHOR”.

5 Assim diz o Soberano, o SENHOR: “Eis a desgraça! Uma desgraça jamais imaginada vem aí. 6 Chegou o fim! Chegou o fim! Ele se insurgiu contra você. O fim chegou! 7 A condenação chegou sobre você que habita no país. Chegou a hora, o dia está próximo; há pânico, e não alegria, sobre os montes. 8 Estou prestes a derramar a minha ira sobre você e esgotar a minha indignação contra você; eu a julgarei de acordo com a sua conduta e a retribuirei por todas as suas práticas repugnantes. 9 Não olharei com piedade para você nem a pouparei; eu a retribuirei de acordo com todas as práticas repugnantes que há no seu meio. Então você saberá que é o SENHOR que desfere o golpe.

10 “Eis o dia! Já chegou! A condenação irrompeu, a vara brotou, a arrogância floresceu! 11 A violência tomou a forma de uma[c] vara para castigar a maldade; ninguém do povo será deixado, ninguém daquela multidão, como também nenhuma riqueza, nada que tenha algum valor. 12 Chegou a hora, o dia chegou.

[a] 6.4 Provavelmente colunas dedicadas ao deus Sol.

[b] 6.14 Conforme a maioria dos manuscritos do Texto Massorético. Alguns manuscritos do Texto Massorético dizem *Ribla*.

[c] 7.11 Ou *O violento se tornou uma*

Que o comprador não se regozije nem o vendedor se entristeça,
pois a ira está sobre toda a multidão. 13 Nenhum vendedor vi-
verá o suficiente para recuperar a terra que vendeu, mesmo
que viva muito tempo, pois a visão acerca de toda a multidão
não voltará atrás. Por causa de sua iniquidade, nenhuma vida
humana será preservada. 14 Embora toquem a trombeta e
deixem tudo pronto, ninguém irá a combate, pois a minha ira
está sobre toda a multidão".

15 "Fora está a espada, dentro estão a peste e a fome; quem
estiver no campo morrerá pela espada, e quem estiver na ci-
dade será devorado pela fome e pela peste. 16 Todos os que
se livrarem e escaparem estarão nos montes, gemendo como
pombas nos vales, cada um por causa de sua própria iniqui-
dade. 17 Toda mão ficará pendendo, frouxa, e todo joelho ficará
como água, de tão fraco. 18 Eles se cobrirão de vestes de luto e
se vestirão de pavor. Terão o rosto coberto de vergonha, e sua
cabeça será rapada. 19 Atirarão sua prata nas ruas, e seu ouro
será tratado como coisa impura. Sua prata e seu ouro serão
incapazes de livrá-los no dia da ira do SENHOR e não poderão
saciar sua fome e encher os seus estômagos; servirão apenas
para fazê-los tropeçar na iniquidade. 20 Eles tinham orgulho de
suas lindas joias e as usavam para fazer os seus ídolos repug-
nantes e as suas imagens detestáveis. Por isso tornarei essas
coisas em algo impuro para eles. 21 Entregarei tudo isso como
despojo nas mãos de estrangeiros e como saque nas mãos dos
ímpios da terra, e eles o contaminarão. 22 Desviarei deles o
meu rosto, e eles profanarão o lugar que tanto amo; este será
invadido por ladrões que o profanarão.

23 "Preparem correntes, porque a terra está cheia de sangue
derramado e a cidade está cheia de violência. 24 Trarei os
piores elementos das nações para se apossarem das casas
deles; darei fim ao orgulho dos poderosos, e os santuários
deles serão profanados. 25 Quando chegar o pavor, eles bus-
carão paz, mas não a encontrarão. 26 Virá uma desgraça após
a outra, e um alarme após o outro. Tentarão conseguir uma
visão da parte do profeta, e o ensino da Lei pelo sacerdote
se perderá, como também o conselho das autoridades. 27 O
rei pranteará, o príncipe se vestirá de desespero, e as mãos
do povo da terra tremerão. Lidarei com eles de acordo com a
sua conduta e por seus próprios padrões eu os julgarei. Então
saberão que eu sou o SENHOR".

8

Idolatria no Templo

No quinto dia do sexto mês do sexto ano do exílio, eu e
as autoridades de Judá estávamos sentados em minha casa
quando a mão do Soberano, o SENHOR, veio sobre mim. 2 Olhei
e vi uma figura como a de um homem. Do que parecia ser a
sua cintura para baixo, ele era como fogo,[a] e dali para cima
sua aparência era tão brilhante como metal reluzente. 3 Ele
estendeu o que parecia um braço e pegou-me pelo cabelo. O
Espírito levantou-me entre a terra e o céu e, em visões de Deus,
ele me levou a Jerusalém, à entrada da porta norte do pátio
interno, onde estava colocado o ídolo que provoca o ciúme de
Deus. 4 E ali, diante de mim, estava a glória do Deus de Israel,
como na visão que eu havia tido na planície.

5 Então ele me disse: "Filho do homem, olhe para o norte".
Olhei para o lado norte, e vi, junto à porta do altar, o ídolo que
provoca o ciúme de Deus.

6 E ele me disse: "Filho do homem, você vê o que estão fa-
zendo? As práticas repugnantes da nação de Israel, coisas que
me levarão para longe do meu santuário? Mas você verá prá-
ticas ainda piores que estas".

7 Em seguida me levou para a entrada do pátio. Olhei e vi um
buraco no muro. 8 Ele me disse: "Filho do homem, agora es-
cave o muro". Escavei o muro e vi ali a abertura de uma porta.
9 Ele me disse: "Entre e veja as coisas repugnantes e más que
estão fazendo". 10 Eu entrei e olhei. Lá, desenhadas por todas
as paredes, vi todo tipo de criaturas rastejantes e animais im-
puros e todos os ídolos da nação de Israel. 11 Na frente deles
estavam setenta autoridades da nação de Israel, e Jazanias,
filho de Safã, estava no meio deles. Do incensário que cada
um tinha em suas mãos, elevava-se uma nuvem aromática.

12 Ele me disse: "Filho do homem, você viu o que as autoridades
da nação de Israel estão fazendo nas trevas, cada uma no san-
tuário de sua própria imagem esculpida? Elas dizem: 'O SENHOR
não nos vê; o SENHOR abandonou o país' ". 13 E de novo disse:
"Você os verá cometer práticas ainda mais repugnantes".

14 Então ele me levou para a entrada da porta norte da casa
do SENHOR. Lá eu vi mulheres sentadas, chorando por Tamuz[b].
15 Ele me disse: "Você vê isso, filho do homem? Você verá prá-
ticas ainda mais repugnantes do que esta".

16 Ele então me levou para dentro do pátio interno da casa do
SENHOR, e ali, à entrada do templo, entre o pórtico e o altar,
havia uns vinte e cinco homens. Com as costas para o templo
do SENHOR e o rosto voltado para o oriente, eles se prostravam
na direção do Sol.

17 Ele me disse: "Você viu isso, filho do homem? Será que essas
práticas repugnantes são corriqueiras para a nação de Judá?
Deverão também encher a terra de violência e continuamente
me provocar à ira? Veja! Eles estão pondo o ramo perto do
nariz! 18 Por isso com ira eu os tratarei; não olharei com pie-
dade para eles nem os pouparei. Mesmo que gritem aos meus
ouvidos, não os ouvirei".

9

A Morte dos Idólatras

Então o ouvi clamar em alta voz: "Tragam aqui os guardas
da cidade, cada um com uma arma na mão". 2 E vi seis homens
que vinham da porta superior, que está voltada para o norte,
cada um com uma arma mortal na mão. Com eles estava um
homem vestido de linho que tinha um estojo de escrevente à
cintura. Eles entraram e se puseram ao lado do altar de bronze.
3 E a glória do Deus de Israel levantou-se de cima do querubim,
onde havia estado, e se moveu para a entrada do templo. E o

[a] 8.2 Ou *vi um ser que parecia feito de fogo,*

[b] 8.14 Essa lamentação pelo deus Tamuz ocorreu no segundo dia do quarto mês, Tamuz (aproximadamente junho/julho), que recebeu seu nome devido a esse acontecimento.

SENHOR chamou o homem vestido de linho e que tinha o estojo
de escrevente à cintura 4 e lhe disse: "Percorra a cidade de
Jerusalém e ponha um sinal na testa daqueles que suspiram
e gemem por causa de todas as práticas repugnantes que são
feitas nela".
5 Enquanto eu escutava, ele disse aos outros: "Sigam-no por
toda a cidade e matem, sem piedade ou compaixão, 6 velhos,
rapazes e moças, mulheres e crianças. Mas não toquem em
ninguém que tenha o sinal. Comecem pelo meu santuário".
Então eles começaram com as autoridades que estavam na
frente do templo.
7 E ele lhes disse: "Contaminem o templo e encham de mortos
os pátios. Podem ir!" Eles saíram e começaram a matança na
cidade toda. 8 Enquanto isso eu fiquei sozinho. Então pros-
trei-me com o rosto em terra, clamando: "Ah! Soberano SE-
NHOR! Vais destruir todo o remanescente de Israel, lançando a
tua ira sobre Jerusalém?"
9 Ele me respondeu: "A iniquidade da nação de Israel e de Judá
é enorme; a terra está cheia de sangue derramado e a cidade
está cheia de injustiça. Eles dizem: 'O SENHOR abandonou o
país; o SENHOR não nos vê'. 10 Então eu, de minha parte, não
olharei para eles com piedade nem os pouparei, mas farei cair
sobre a sua cabeça o que eles têm feito".
11 Então o homem de linho com o estojo de escrevente à cintura
voltou trazendo um relatório e disse: "Fiz o que me ordenaste".

10 A Glória de Deus Afasta-se do Templo

Olhei e vi algo semelhante a um trono de safira sobre a
abóbada que estava por cima das cabeças dos querubins. 2 O
SENHOR disse ao homem vestido de linho: "Vá entre as rodas,
por baixo dos querubins. Encha as mãos com brasas ardentes
apanhadas de entre os querubins e espalhe-as sobre a cidade".
E, enquanto eu observava, ele foi.
3 Ora, os querubins estavam no lado sul do templo quando o
homem entrou, e uma nuvem encheu o pátio interno. 4 Então
a glória do SENHOR levantou-se de cima dos querubins e mo-
veu-se para a entrada do templo. A nuvem encheu o templo, e
o pátio foi tomado pelo resplendor da glória do SENHOR. 5 O som
das asas dos querubins podia ser ouvido até no pátio externo,
como a voz do Deus todo-poderoso, quando ele fala.
6 Quando o SENHOR ordenou ao homem vestido de linho:
"Apanhe fogo do meio das rodas, do meio dos querubins", o
homem foi e ficou ao lado de uma roda. 7 No meio do fogo que
estava entre os querubins um deles estendeu a mão, apanhou
algumas brasas e as colocou nas mãos do homem vestido de
linho, que as recebeu e saiu. 8 (Debaixo das asas dos querubins
podia-se ver o que se parecia com mãos humanas.)
9 Olhei e vi ao lado dos querubins quatro rodas, uma ao lado
de cada um dos querubins; as rodas reluziam como berilo.
10 Quanto à sua aparência, eram iguais, e cada uma parecia
estar entrosada na outra. 11 Enquanto se moviam, elas iam em
qualquer uma das quatro direções que tomavam os querubins;
as rodas não se viravam[a] enquanto os querubins se moviam.
Eles seguiam qualquer direção à sua frente, sem se virar.
12 Seus corpos, inclusive as costas, as mãos e as asas, estavam
completamente cheios de olhos, como as suas quatro rodas.
13 Quanto às rodas, ouvi que as chamavam "giratórias". 14 Cada
um dos querubins tinha quatro rostos: Um rosto era o de um
querubim; o segundo, de um homem; o terceiro, de um leão;
o quarto, de uma águia.
15 Então os querubins se elevaram. Eram os mesmos seres vi-
ventes que eu tinha visto junto ao rio Quebar. 16 Quando os que-
rubins se moviam, as rodas ao lado deles se moviam; quando
os querubins estendiam as asas para erguer-se do chão, as
rodas também iam com eles. 17 Quando os querubins se manti-
nham imóveis, elas também ficavam; e, quando os querubins
se levantavam, elas se levantavam com eles, porque o espírito
dos seres viventes estava nelas.
18 E a glória do SENHOR afastou-se da entrada do templo e parou
sobre os querubins. 19 Enquanto eu observava, os querubins
estenderam as asas e se ergueram do chão, e as rodas foram
com eles. Eles pararam à entrada da porta oriental do templo
do SENHOR, e a glória do Deus de Israel estava sobre eles.
20 Esses seres viventes eram os mesmos que eu tinha visto de-
baixo do Deus de Israel, junto ao rio Quebar, e percebi que eles
eram querubins. 21 Cada um tinha quatro rostos e quatro asas,
e debaixo de suas asas havia o que parecia mãos humanas.
22 Seus rostos tinham a mesma aparência daqueles que eu tinha
visto junto ao rio Quebar. Todos iam sempre para a frente.

11 O Julgamento dos Líderes de Israel

Então o Espírito me ergueu e me levou para a porta do
templo do SENHOR que dá para o oriente. Ali, à entrada da
porta, havia vinte e cinco homens, e vi entre eles Jazanias,
filho de Azur, e Pelatias, filho de Benaia, líderes do povo. 2 O
SENHOR me disse: "Filho do homem, estes são os homens que
estão tramando o mal e dando maus conselhos nesta cidade.
3 Eles dizem: 'Não está chegando o tempo de construir casas?[b]
Esta cidade é uma panela, e nós somos a carne dentro dela'.
4 Portanto, profetize contra eles; profetize, filho do homem".
5 Então o Espírito do SENHOR veio sobre mim e mandou-me
dizer: "Assim diz o SENHOR: É isso que vocês estão dizendo,
ó nação de Israel, mas eu sei em que vocês estão pensando.
6 Vocês mataram muita gente nesta cidade e encheram as suas
ruas de cadáveres.
7 "Portanto, assim diz o Soberano, o SENHOR: Os corpos que
vocês jogaram nas ruas são a carne, e esta cidade é a panela,
mas eu os expulsarei dela. 8 Vocês têm medo da espada, e a
espada é o que trarei contra vocês. Palavra do Soberano, o
SENHOR. 9 Eu os expulsarei da cidade e os entregarei nas mãos
de estrangeiros e os castigarei. 10 Vocês cairão à espada, e
eu os julgarei nas fronteiras de Israel. Então vocês saberão
que eu sou o SENHOR. 11 Esta cidade não será uma panela para

[a] 10.11 Ou *não viravam para o lado*
[b] 11.3 Ou *Esta não é a hora de construir casas?*

vocês, nem vocês serão carne dentro dela; eu os julgarei nas
fronteiras de Israel. 12 E vocês saberão que eu sou o SENHOR,
pois vocês não agiram segundo os meus decretos nem obede-
ceram às minhas leis, mas se conformaram aos padrões das
nações ao seu redor".
13 Ora, enquanto eu estava profetizando, Pelatias, filho de Be-
naia, morreu. Então prostrei-me com o rosto em terra, e clamei
em alta voz: "Ah! Soberano SENHOR! Destruirás totalmente o
remanescente de Israel?"
14 Esta palavra do SENHOR veio a mim: 15 "Filho do homem, seus
irmãos, sim, seus irmãos, que são seus parentes consanguí-
neos[a], e toda a nação de Israel são aqueles de quem o povo de
Jerusalém tem dito: 'Eles estão[b] longe do SENHOR. É a nós que
esta terra foi dada, para ser nossa propriedade'.

A Promessa da Volta de Israel

16 "Portanto diga: Assim diz o Soberano, o SENHOR: Embora eu
os tenha mandado para terras muito distantes entre os povos
e os tenha espalhado entre as nações, por breve período tenho
sido um santuário para eles nas terras para onde foram.
17 "Portanto, diga: Assim diz o Soberano, o SENHOR: Eu os ajun-
tarei dentre as nações e os trarei de volta das terras para onde
vocês foram espalhados e devolverei a vocês a terra de Israel.
18 "Eles voltarão para ela e retirarão todas as suas imagens
repugnantes e os seus ídolos detestáveis. 19 Darei a eles um
coração não dividido e porei um novo espírito dentro deles;
retirarei deles o coração de pedra e lhes darei um coração de
carne. 20 Então agirão segundo os meus decretos e serão cui-
dadosos em obedecer às minhas leis. Eles serão o meu povo,
e eu serei o seu Deus. 21 Mas, quanto àqueles cujo coração
está afeiçoado às suas imagens repugnantes e aos seus ídolos
detestáveis, farei cair sobre a sua cabeça aquilo que eles têm
feito. Palavra do Soberano, o SENHOR".
22 Então os querubins, com as rodas ao lado, estenderam as
asas, e a glória do Deus de Israel estava sobre eles. 23 A glória
do SENHOR se levantou da cidade e parou sobre o monte que
fica a leste dela. 24 Então o Espírito de Deus ergueu-me e em
visão levou-me aos que estavam exilados na Babilônia.
Findou-se então a visão que eu havia tido, 25 e contei aos exi-
lados tudo o que o SENHOR tinha me mostrado.

O Exílio Simbolizado

12 Veio a mim esta palavra do SENHOR: 2 "Filho do homem,
você vive no meio de uma nação rebelde. Eles têm olhos para
ver, mas não veem, e ouvidos para ouvir, mas não ouvem, pois
são uma nação rebelde.
3 "Portanto, filho do homem, arrume sua bagagem para o exílio
e, durante o dia, à vista de todos, parta e vá para outro lugar.
Talvez eles compreendam, embora sejam uma nação rebelde.
4 Durante o dia, sem fugir aos olhares do povo, leve para fora
os seus pertences arrumados para o exílio. À tarde, saia como
aqueles que vão para o exílio. E que os outros o vejam fazer
isso. 5 Enquanto eles o observam, faça um buraco no muro e
passe a sua bagagem através dele. 6 Ponha-a nos ombros, en-
quanto o povo estiver observando, e carregue-a ao entardecer.
Cubra o rosto para que você não possa ver nada do país, pois
eu fiz de você um sinal para a nação de Israel".
7 Então eu fiz o que me foi ordenado. Durante o dia levei para
fora as minhas coisas, arrumadas para o exílio. Depois, à tarde,
fiz com as mãos um buraco no muro. Ao entardecer saí com a
minha bagagem carregando-a nos ombros à vista de todos.
8 De manhã recebi esta palavra do SENHOR: 9 "Filho do homem,
acaso aquela nação rebelde de Israel não perguntou: 'O que
você está fazendo?'
10 "Diga-lhes: Assim diz o Soberano, o SENHOR: Esta advertência
diz respeito ao príncipe de Jerusalém e a toda a nação de Israel
que está ali. 11 Diga-lhes: Eu sou um sinal para vocês. Como eu
fiz, assim será feito a eles. Irão para o exílio como prisioneiros.
12 "O príncipe deles porá a sua bagagem nos ombros ao entar-
decer e sairá por um buraco que será escavado no muro para
ele passar. Ele cobrirá o rosto para que não possa ver nada do
país. 13 Estenderei a minha rede para ele, e ele será apanhado
em meu laço; eu o trarei para a Babilônia, terra dos caldeus,
mas ele não a verá, e ali morrerá. 14 Espalharei aos ventos todos
os que estão ao seu redor, os seus oficiais e todas as suas
tropas, e os perseguirei com a espada em punho.
15 "Eles saberão que eu sou o SENHOR, quando eu os dispersar
entre as nações e os espalhar pelas terras. 16 Mas pouparei uns
poucos deles da espada, da fome e da peste para que, nas na-
ções aonde forem, contem todas as suas práticas repugnantes.
Então saberão que eu sou o SENHOR".
17 Esta palavra do SENHOR veio a mim: 18 "Filho do homem, trema
enquanto come a sua comida, e fique arrepiado de medo en-
quanto bebe a sua água. 19 Diga ao povo do país: Assim diz o
SENHOR, o Soberano, acerca daqueles que vivem em Jerusalém
e em Israel: Eles comerão sua comida com ansiedade e be-
berão sua água desesperados, pois tudo o que existe em sua
terra dela será arrancado por causa da violência de todos os
que ali vivem. 20 As cidades habitadas serão arrasadas e a terra
ficará abandonada. Então vocês saberão que eu sou o SENHOR".
21 O SENHOR me falou: 22 "Filho do homem, que provérbio é este
que vocês têm em Israel: 'Os dias passam e todas as visões
dão em nada'? 23 Diga-lhes, pois: Assim diz o Soberano, o SE-
NHOR: Darei fim a esse provérbio, e não será mais citado em
Israel. Diga-lhes: Estão chegando os dias em que toda visão se
cumprirá. 24 Pois não haverá mais visões falsas ou adivinhações
bajuladoras em meio ao povo de Israel. 25 Mas eu, o SENHOR,
falarei o que eu quiser, e isso se cumprirá sem demora. Pois
em seus dias, ó nação rebelde, cumprirei tudo o que eu disser.
Palavra do Soberano, o SENHOR".
26 Veio a mim esta palavra do SENHOR: 27 "Filho do homem, a
nação de Israel está dizendo: 'A visão que ele vê é para daqui a
muitos anos, e ele profetiza sobre o futuro distante'.

---

a **11.15** *Ou que estão no exílio com você*
b **11.15** *Ou aqueles a quem o povo de Jerusalém disse: Permaneçam*

28 "Pois diga a eles: Assim diz o Soberano, o SENHOR: Nenhuma
de minhas palavras sofrerá mais demora; tudo o que eu disser
se cumprirá. Palavra do Soberano, o SENHOR".

A Condenação dos Falsos Profetas

13 A palavra do SENHOR veio a mim. Disse ele: 2 "Filho do
homem, profetize contra os profetas de Israel que estão pro-
fetizando agora. Diga àqueles que estão profetizando pela sua
própria imaginação: Ouçam a palavra do SENHOR! 3 Assim diz o
Soberano, o SENHOR: Ai dos profetas tolos[a] que seguem o seu
próprio espírito e não viram nada! 4 Seus profetas, ó Israel, são
como chacais no meio de ruínas. 5 Vocês não foram consertar as
brechas do muro para a nação de Israel, para que ela pudesse
resistir firme no combate do dia do SENHOR. 6 Suas visões são
falsas; suas adivinhações, mentira. Dizem 'Palavra do SENHOR',
quando o SENHOR não os enviou; contudo, esperam que as suas
palavras se cumpram. 7 Acaso vocês não tiveram visões falsas e
não pronunciaram adivinhações mentirosas quando disseram
'Palavra do SENHOR', mesmo eu não tendo falado?
8 "Portanto assim diz o Soberano, o SENHOR: Por causa de suas
palavras falsas e de suas visões mentirosas, estou contra vocês.
Palavra do Soberano, o SENHOR. 9 Minha mão será contra os
profetas que têm visões falsas e proferem adivinhações men-
tirosas. Eles não pertencerão ao conselho do meu povo, não
estarão inscritos nos registros da nação de Israel e não en-
trarão na terra de Israel. Então vocês saberão que eu sou o
Soberano, o SENHOR.
10 "Porque fazem o meu povo desviar-se dizendo-lhe 'Paz'
quando não há paz e, quando constroem um muro frágil, pas-
sam-lhe cal, 11 diga àqueles que lhe passam cal: Esse muro vai
cair! Virá chuva torrencial, e derramarei chuva de pedra, e ra-
jarão ventos violentos. 12 Quando o muro desabar, o povo lhes
perguntará: 'Onde está a caiação que vocês fizeram?'
13 "Por isso, assim diz o Soberano, o SENHOR: Na minha ira
permitirei o estouro de um vento violento, e na minha indig-
nação chuva de pedra e um aguaceiro torrencial cairão com
ímpeto destruidor. 14 Despedaçarei o muro que vocês caiaram
e o arrasarei para que se desnudem os seus alicerces. Quando
ele[b] cair, vocês serão destruídos com ele; e saberão que eu
sou o SENHOR. 15 Assim esgotarei minha ira contra o muro e
contra aqueles que o caiaram. Direi a vocês: O muro se foi, e
também aqueles que o caiaram, 16 os profetas de Israel que
profetizaram sobre Jerusalém e tiveram visões de paz para ela
quando não havia paz. Palavra do Soberano, o SENHOR.
17 "Agora, filho do homem, vire o rosto contra as filhas do seu
povo que profetizam pela sua própria imaginação. Profetize
contra elas 18 e diga: Assim diz o SENHOR, o Soberano: Ai das
mulheres que costuram berloques de feitiço em seus pulsos e
fazem véus de vários comprimentos para a cabeça a fim de en-
laçarem o povo. Pensam que vão enlaçar a vida do meu povo e
preservar a de vocês? 19 Vocês me profanaram no meio de meu
povo em troca de uns punhados de cevada e de migalhas de
pão. Ao mentirem ao meu povo, que ouve mentiras, vocês ma-
taram aqueles que não deviam ter morrido e pouparam aqueles
que não deviam viver.
20 "Por isso, assim diz o Soberano, o SENHOR: Estou contra os
seus berloques de feitiço com os quais vocês prendem o povo
como se fossem passarinhos, e os arrancarei dos seus braços;
porei em liberdade o povo que vocês prendem como passari-
nhos. 21 Rasgarei os seus véus e libertarei o meu povo das mãos
de vocês, e ele não será mais presa do seu poder. Então vocês
saberão que eu sou o SENHOR. 22 Vocês, mentindo, desencora-
jaram o justo contra a minha vontade e encorajaram os ímpios
a não se desviarem dos seus maus caminhos para salvarem a
sua vida. 23 Por isso, vocês não terão mais visões falsas e nunca
mais vão praticar adivinhação. Livrarei o meu povo das mãos de
vocês. E então vocês saberão que eu sou o SENHOR".

A Condenação dos Idólatras

14 Algumas das autoridades de Israel vieram e se sentaram
diante de mim. 2 Então o SENHOR me falou: 3 "Filho do homem,
estes homens ergueram ídolos em seus corações e puseram
tropeços ímpios diante de si. Devo deixar que me consultem?
4 Ora, diga-lhes: Assim diz o Soberano, o SENHOR: Quando qual-
quer israelita erguer ídolos em seu coração e puser um tropeço
ímpio diante do seu rosto e depois for consultar um profeta,
eu, o SENHOR, eu mesmo, responderei a ele conforme a sua
idolatria. 5 Isto farei para reconquistar o coração da nação de
Israel, que me abandonou em troca de seus ídolos.
6 "Por isso diga à nação de Israel: Assim diz o Soberano, o SE-
NHOR: Arrependa-se! Desvie-se dos seus ídolos e renuncie a
todas as práticas detestáveis!
7 "Quando qualquer israelita ou qualquer estrangeiro residente
em Israel separar-se de mim, erguer ídolos em seu coração e
puser um tropeço ímpio diante de si e depois for a um profeta
para me consultar, eu, o SENHOR, eu mesmo, responderei a ele.
8 Voltarei o meu rosto contra aquele homem e farei dele um
exemplo e um objeto de zombaria. Eu o eliminarei do meio do
meu povo. E vocês saberão que eu sou o SENHOR.
9 "E, se o profeta for enganado e levado a proferir uma pro-
fecia, eu, o SENHOR, terei enganado aquele profeta e esten-
derei o meu braço contra ele e o destruirei, tirando-o do meio
de Israel, o meu povo. 10 O profeta será tão culpado quanto
aquele que o consultar; ambos serão castigados. 11 Isso para
que a nação de Israel não se desvie mais de mim nem mais se
contamine com todos os seus pecados. Serão o meu povo, e eu
serei o seu Deus. Palavra do Soberano, o SENHOR".

Julgamento Inevitável

12 Esta palavra do SENHOR veio a mim: 13 "Filho do homem, se
uma nação pecar contra mim por infidelidade, estenderei
contra ela o meu braço para cortar o seu sustento, enviar fome
sobre ela e exterminar seus homens e seus animais. 14 Mesmo

---

[a] 13.3 Ou *ímpios*
[b] 13.14 Ou *Quando a cidade*

que estes três homens — Noé, Daniel[a] e Jó — estivessem nela, por sua retidão eles só poderiam livrar a si mesmos. Palavra do Soberano, o SENHOR.

15 "Ou, se eu enviar animais selvagens para aquela nação e eles a deixarem sem filhos e ela for abandonada de tal forma que ninguém passe por ela com medo dos animais, 16 juro pela minha vida, palavra do Soberano, o SENHOR, mesmo que aqueles três homens estivessem nela, eles não poderiam livrar os seus próprios filhos ou filhas. Só a si mesmos livrariam, e a nação seria arrasada.

17 "Ou, se eu trouxer a espada contra aquela nação e disser: Que a espada passe por toda esta terra, e eu exterminar dela os homens e os animais, 18 juro pela minha vida, palavra do Soberano, o SENHOR, mesmo que aqueles três homens estivessem nela, eles não poderiam livrar seus próprios filhos ou filhas. Somente eles se livrariam.

19 "Ou, se eu enviar uma peste contra aquela terra e despejar sobre ela a minha ira derramando sangue, exterminando seus homens e seus animais, 20 juro pela minha vida, palavra do Soberano, o SENHOR, mesmo que Noé, Daniel e Jó estivessem nela, eles não poderiam livrar seus filhos e suas filhas. Por sua justiça só poderiam livrar a si mesmos.

21 "Pois assim diz o Soberano, o SENHOR: Quanto pior será quando eu enviar contra Jerusalém os meus quatro terríveis juízos: a espada, a fome, os animais selvagens e a peste, para com eles exterminar os seus homens e os seus animais! 22 Contudo, haverá alguns sobreviventes; filhos e filhas que serão retirados dela. Eles virão a vocês e, quando vocês virem a conduta e as ações deles, vocês se sentirão consolados com relação à desgraça que eu trouxe sobre Jerusalém. 23 Vocês se sentirão consolados quando virem a conduta e as ações deles, pois saberão que não agi sem motivo em tudo quanto fiz ali. Palavra do Soberano, o SENHOR".

Jerusalém, A Videira Inútil

15 A palavra do SENHOR veio a mim. Disse ele: 2 "Filho do homem, em que a madeira da videira é melhor do que o galho de qualquer árvore da floresta? 3 Alguma vez a madeira dela é usada para fazer algo útil? Alguém faz suportes com ela para neles pendurar coisas? 4 E, depois de lançada no fogo como combustível e o fogo queimar as duas extremidades e carbonizar o meio, servirá para alguma coisa? 5 Se não foi útil para coisa alguma enquanto estava inteira, muito menos o será quando o fogo a queimar e ela estiver carbonizada.

6 "Por isso diz o Soberano, o SENHOR: Assim como destinei a madeira da videira dentre as árvores da floresta para servir de lenha para o fogo, também tratarei os habitantes de Jerusalém. 7 Voltarei contra eles o meu rosto. Do fogo saíram, mas o fogo os consumirá. E, quando eu voltar o meu rosto contra eles, vocês saberão que eu sou o SENHOR. 8 Arrasarei a terra porque eles foram infiéis. Palavra do Soberano, o SENHOR".

[a] 14.14 Ou *Danel*; também no versículo 20.

A Alegoria da Jerusalém Infiel

16 Veio a mim esta palavra do SENHOR: 2 "Filho do homem, confronte Jerusalém com suas práticas detestáveis 3 e diga: Assim diz o Soberano, o SENHOR, a Jerusalém: Sua origem e seu nascimento foram na terra dos cananeus; seu pai era um amorreu e sua mãe uma hitita. 4 Seu nascimento foi assim: no dia em que você nasceu, o seu cordão umbilical não foi cortado, você não foi lavada com água para que ficasse limpa, não foi esfregada com sal nem enrolada em panos. 5 Ninguém olhou para você com piedade nem teve suficiente compaixão para fazer qualquer uma dessas coisas por você. Ao contrário, você foi jogada fora, em campo aberto, pois, no dia em que nasceu, foi desprezada.

6 "Então, passando por perto, vi você se esperneando em seu sangue e, enquanto você jazia ali em seu sangue, eu disse: Viva![b] 7 E eu a fiz crescer como uma planta no campo. Você cresceu e se desenvolveu e se tornou a mais linda das joias[c]. Seus seios se formaram e seu cabelo cresceu, mas você ainda estava totalmente nua.

8 "Mais tarde, quando passei de novo por perto, olhei para você e vi que já tinha idade suficiente para amar; então estendi a minha capa sobre você e cobri a sua nudez. Fiz um juramento e estabeleci uma aliança com você, palavra do Soberano, o SENHOR, e você se tornou minha.

9 "Eu a banhei[d] com água e, ao lavá-la, limpei o seu sangue e a perfumei. 10 Coloquei em você um vestido bordado e sandálias de couro[e]. Eu a vesti de linho fino e a cobri com roupas caras. 11 Adornei-a com joias; pus braceletes em seus braços e uma gargantilha em torno de seu pescoço; 12 dei a você um pendente, pus brincos em suas orelhas e uma linda coroa em sua cabeça. 13 Assim você foi adornada com ouro e prata; suas roupas eram de linho fino, tecido caro e pano bordado. Sua comida era a melhor farinha, mel e azeite de oliva. Você se tornou muito linda e uma rainha. 14 Sua fama espalhou-se entre as nações por sua beleza, porque o esplendor que eu dera a você tornou perfeita a sua formosura. Palavra do Soberano, o SENHOR.

15 "Mas você confiou em sua beleza e usou sua fama para se tornar uma prostituta. Você concedeu os seus favores a todos os que passaram por perto, e a sua beleza se tornou deles.[f] 16 Você usou algumas de suas roupas para adornar altares idólatras, onde levou adiante a sua prostituição. Coisas assim jamais deveriam acontecer! 17 Você apanhou as joias finas que eu tinha dado a você, joias feitas com meu ouro e minha prata, e fez para você mesma ídolos em forma de homem e se prostituiu com eles. 18 Você também os vestiu com suas roupas bordadas e lhes ofereceu o meu óleo e o meu incenso. 19 E até

[b] 16.6 Conforme alguns manuscritos do Texto Massorético, a Septuaginta e a Versão Siríaca. A maioria dos manuscritos do Texto Massorético diz *Viva! E, enquanto você jazia ali em seu sangue, eu disse: Viva!*

[c] 16.7 Ou *se tornou amadurecida*

[d] 16.9 Ou *Eu a tinha banhado*

[e] 16.10 Possivelmente peles de animais marinhos.

[f] 16.15 Conforme a maioria dos manuscritos do Texto Massorético. Um manuscrito do Texto Massorético diz *perto. Uma coisa dessas não devia acontecer.*

a minha comida: a melhor farinha, o azeite de oliva e o mel;
você lhes ofereceu tudo como incenso aromático. Foi isso que
aconteceu, diz o Soberano, o SENHOR.
20 "E você ainda pegou seus filhos e filhas, que havia gerado
para mim, e os sacrificou como comida para os ídolos. A sua
prostituição não foi suficiente? 21 Você abateu os meus filhos
e os sacrificou[a] para os ídolos! 22 Em todas as suas práticas
detestáveis, como em sua prostituição, você não se lembrou
dos dias de sua infância, quando estava totalmente nua, es-
perneando em seu sangue.
23 "Ai! Ai de você! Palavra do Soberano, o SENHOR. Somando-se
a todas as suas outras maldades, 24 em cada praça pública,
você construiu para você mesma altares e santuários elevados.
25 No começo de cada rua você construiu seus santuários ele-
vados e deturpou sua beleza, oferecendo seu corpo com
promiscuidade cada vez maior a qualquer um que passasse.
26 Você se prostituiu com os egípcios, os seus vizinhos cobi-
çosos, e provocou a minha ira com sua promiscuidade cada
vez maior. 27 Por isso estendi o meu braço contra você e reduzi
o seu território; eu a entreguei à vontade das suas inimigas, as
filhas dos filisteus, que ficaram chocadas com a sua conduta
lasciva. 28 Você se prostituiu também com os assírios, porque
era insaciável, e, mesmo depois disso, ainda não ficou satis-
feita. 29 Então você aumentou a sua promiscuidade também
com a Babilônia, uma terra de comerciantes, mas nem com
isso ficou satisfeita.
30 "Como você tem pouca força de vontade, palavra do Sobe-
rano, o SENHOR, quando você faz todas essas coisas, agindo
como uma prostituta descarada! 31 Quando construía os seus
altares idólatras em cada esquina e fazia seus santuários ele-
vados em cada praça pública, você só não foi como prostituta
porque desprezou o pagamento.
32 "Você, mulher adúltera! Prefere estranhos ao seu próprio
marido! 33 Toda prostituta recebe pagamento, mas você dá
presentes a todos os seus amantes, subornando-os para que
venham de todos os lugares receber de você os seus favores ilí-
citos. 34 Em sua prostituição dá-se o contrário do que acontece
com outras mulheres; ninguém corre atrás de você em busca
dos seus favores. Você é o oposto, pois você faz o pagamento
e nada recebe.
35 "Por isso, prostituta, ouça a palavra do SENHOR! 36 Assim
diz o Soberano, o SENHOR: Por você ter desperdiçado a sua
riqueza[b] e ter exposto a sua nudez em promiscuidade com os
seus amantes, por causa de todos os seus ídolos detestáveis
e do sangue dos seus filhos dado a eles, 37 por esse motivo
vou ajuntar todos os seus amantes, com quem você encon-
trou tanto prazer, tanto os que você amou como aqueles que
você odiou. Eu os ajuntarei contra você de todos os lados e a
deixarei nua na frente deles, e eles verão toda a sua nudez.
38 Eu a condenarei ao castigo determinado para mulheres que
cometem adultério e que derramam sangue; trarei sobre você
a vingança de sangue da minha ira e da indignação que o meu
ciúme provoca. 39 Depois eu a entregarei nas mãos de seus
amantes, e eles despedaçarão os seus outeiros e destruirão
os seus santuários elevados. Eles arrancarão as suas roupas
e apanharão as suas joias finas e a deixarão nua. 40 Trarão
uma multidão contra você, que a apedrejará e com suas es-
padas a despedaçará. 41 Eles destruirão a fogo as suas casas
e infligirão a você castigo à vista de muitas mulheres. Porei
fim à sua prostituição, e você não pagará mais nada aos seus
amantes. 42 Então a minha ira contra você diminuirá e a minha
indignação cheia de ciúme se desviará de você; ficarei tranquilo
e já não estarei irado.
43 "Por você não se ter lembrado dos dias de sua infância, mas
ter provocado a minha ira com todas essas coisas, certamente
farei cair sobre a sua cabeça o que você fez. Palavra do Sobe-
rano, o SENHOR. Acaso você não acrescentou lascívia a todas as
suas outras práticas repugnantes?
44 "Todos os que gostam de citar provérbios citarão este pro-
vérbio sobre você: 'Tal mãe, tal filha'. 45 Você é uma verdadeira
filha de sua mãe, que detestou o seu marido e os seus filhos; e
você é uma verdadeira irmã de suas irmãs, as quais detestaram
os seus maridos e os seus filhos. A mãe de vocês era hitita e
o pai de vocês amorreu. 46 Sua irmã mais velha era Samaria,
que vivia ao norte de você com suas filhas; e sua irmã mais
nova, que vivia ao sul com suas filhas, era Sodoma. 47 Você
não apenas andou nos caminhos delas e imitou suas práticas
repugnantes, mas também, em todos os seus caminhos, logo
se tornou mais depravada do que elas. 48 Juro pela minha vida,
palavra do Soberano, o SENHOR, sua irmã Sodoma e as filhas
dela jamais fizeram o que você e as suas filhas têm feito.
49 "Ora, este foi o pecado de sua irmã Sodoma: ela e suas filhas
eram arrogantes, tinham fartura de comida e viviam despreo-
cupadas; não ajudavam os pobres e os necessitados. 50 Eram
altivas e cometeram práticas repugnantes diante de mim. Por
isso eu me desfiz delas, conforme você viu. 51 Samaria não co-
meteu metade dos pecados que você cometeu. Você tem co-
metido mais práticas repugnantes do que elas e tem feito suas
irmãs parecerem mais justas, dadas todas as suas práticas re-
pugnantes. 52 Aguente a sua vergonha, pois você proporcionou
alguma justificativa às suas irmãs. Visto que os seus pecados
são mais detestáveis que os delas, elas parecem mais justas
que você. Envergonhe-se, pois, e suporte a sua humilhação,
porquanto você fez as suas irmãs parecerem justas.
53 "Contudo, eu restaurarei a sorte de Sodoma e das suas fi-
lhas, e de Samaria e das suas filhas, e a sua sorte com elas,
54 para que você carregue a sua vergonha e seja humilhada por
tudo o que você fez, o que serviu de consolo para elas. 55 E suas
irmãs, Sodoma com suas filhas e Samaria com suas filhas, vol-
tarão para o que elas eram antes; e você e suas filhas voltarão
ao que eram antes. 56 Você nem mencionaria o nome de sua
irmã Sodoma na época do orgulho que você sentia, 57 antes da
sua impiedade ser trazida a público. Mas agora você é alvo da

[a] 16.21 *Ou e os fez passar pelo fogo*
[b] 16.36 *Ou cobiça*

zombaria das filhas de Edom[a] e de todos os vizinhos dela, e das filhas dos filisteus, de todos os que vivem ao seu redor e que a desprezam. 58 Você sofrerá as consequências da sua lascívia e das suas práticas repugnantes. Palavra do SENHOR.

59 "Assim diz o Soberano, o SENHOR: Eu a tratarei como merece, porque você desprezou o meu juramento ao romper a aliança. 60 Contudo, eu me lembrarei da aliança que fiz com você nos dias da sua infância e com você estabelecerei uma aliança eterna. 61 Então você se lembrará dos seus caminhos e se envergonhará quando receber suas irmãs, a mais velha e a mais nova. Eu as darei a você como filhas, não porém com base em minha aliança com você. 62 Por isso estabelecerei a minha aliança com você, e você saberá que eu sou o SENHOR. 63 Então, quando eu fizer propiciação em seu favor por tudo o que você tem feito, você se lembrará e se envergonhará e jamais voltará a abrir a boca por causa da sua humilhação. Palavra do Soberano, o SENHOR".

17 Duas Águias e Uma Videira

Veio a mim esta palavra do SENHOR: 2 "Filho do homem, apresente uma alegoria e conte uma parábola à nação de Israel. 3 Diga a eles: Assim diz o Soberano, o SENHOR: Uma grande águia — com asas poderosas, penas longas e vasta plumagem de cores variadas — veio ao Líbano. Apoderando-se do alto de um cedro, 4 arrancou o seu broto mais alto e o levou para uma terra de comerciantes, onde o plantou numa cidade de mercadores.

5 "Depois apanhou um pouco de sementes da sua terra e as pôs em solo fértil. Ela as plantou como um salgueiro junto a muita água, 6 e elas brotaram e formaram uma videira baixa e copada. Seus ramos se voltaram para a águia, mas as suas raízes permaneceram debaixo da videira. A videira desenvolveu-se e cobriu-se de ramos, brotos e folhas.

7 "Mas havia outra águia grande, com asas poderosas e rica plumagem. A videira lançou suas raízes na direção dessa águia, desde o lugar onde estava plantada, e estendeu seus ramos para ela em busca de água. 8 Ora, ela havia sido plantada em terreno bom, junto a muita água, onde produziria ramos, daria fruto e se tornaria uma videira viçosa.

9 "Diga a eles: Assim diz o Soberano, o SENHOR: Ela vingará? Não será desarraigada e seus frutos não serão arrancados para que ela seque? Tudo o que brotar dela secará. Não serão necessários nem braços fortes nem muitas pessoas para arrancá-la pelas raízes. 10 Ainda que seja transplantada, será que vingará? Não secará totalmente quando o vento oriental a atingir, murchando e desaparecendo do lugar onde crescia?"

11 Veio depois a mim esta palavra do SENHOR: 12 "Diga a essa nação rebelde: Você não sabe o que essas coisas significam? Diga a eles: O rei da Babilônia foi a Jerusalém, tirou de lá o seu rei e os seus nobres e os levou consigo de volta à Babilônia. 13 Depois fez um tratado com um membro da família real e o pôs sob juramento. Levou também os líderes da terra, 14 para humilhar o reino e torná-lo incapaz de reerguer-se, garantindo apenas a sua sobrevivência pelo cumprimento do seu tratado. 15 Mas o rei se revoltou contra ele e enviou mensagem ao Egito pedindo cavalos e um grande exército. Será que ele se sairá bem? Escapará aquele que age dessa maneira? Romperá ele o tratado e ainda assim escapará?

16 "Juro pela minha vida, palavra do Soberano, o SENHOR, que ele morrerá na Babilônia, na terra do rei que o pôs no trono, cujo juramento ele desprezou e cujo tratado rompeu. 17 O faraó, com seu poderoso exército e seus batalhões, não será de nenhuma ajuda para ele na guerra, quando rampas forem construídas e obras de cerco forem erguidas para destruir muitas vidas. 18 Como ele desprezou o juramento quando rompeu o tratado feito com aperto de mão e fez todas essas coisas, de modo algum escapará.

19 "Por isso assim diz o Soberano, o SENHOR: Juro pela minha vida que farei cair sobre a cabeça dele o meu juramento, que ele desprezou, e a minha aliança, que ele rompeu. 20 Estenderei sobre ele a minha rede, e ele será pego em meu laço. Eu o levarei para a Babilônia e ali executarei juízo sobre ele porque me foi infiel. 21 Todas as suas tropas em fuga cairão à espada, e os sobreviventes serão espalhados aos ventos. Então vocês saberão que eu, o SENHOR, falei.

22 "Assim diz o Soberano, o SENHOR: Eu mesmo apanharei um broto bem do alto de um cedro e o plantarei; arrancarei um renovo tenro de seus ramos mais altos e o plantarei num monte alto e imponente. 23 Nos montes altos de Israel eu o plantarei; ele produzirá galhos e dará fruto e se tornará um cedro viçoso. Pássaros de todo tipo se aninharão nele; encontrarão abrigo à sombra de seus galhos. 24 Todas as árvores do campo saberão que eu, o SENHOR, faço cair a árvore alta e faço crescer bem alto a árvore baixa. Eu resseco a árvore verde e faço florescer a árvore seca. "Eu, o SENHOR, falei, e o farei".

18 Aquele que Pecar Morrerá

Esta palavra do SENHOR veio a mim: 2 "O que vocês querem dizer quando citam este provérbio sobre Israel:

" 'Os pais comem uvas verdes, e os dentes dos filhos se embotam'?

3 "Juro pela minha vida, palavra do Soberano, o SENHOR, que vocês não citarão mais esse provérbio em Israel. 4 Pois todos me pertencem. Tanto o pai como o filho me pertencem. Aquele que pecar é que morrerá.

5 "Suponhamos que haja um justo que faz o que é certo e direito. 6 Ele não come nos santuários que há nos montes nem olha para os ídolos da nação de Israel. Ele não contamina a mulher do próximo nem se deita com uma mulher durante os dias de sua menstruação. 7 Ele não oprime ninguém, antes, devolve o que tomou como garantia num empréstimo. Não comete roubos, antes dá a sua comida aos famintos e fornece roupas para os despidos. 8 Ele não empresta visando a algum lucro nem cobra juros. Ele retém a sua mão para não cometer erro e

[a] 16.57 Conforme muitos manuscritos do Texto Massorético e a Versão Siríaca. A maioria dos manuscritos do Texto Massorético, a Septuaginta e a Vulgata dizem *Arã*.

julga com justiça entre dois homens. 9 Ele age segundo os meus
decretos e obedece fielmente às minhas leis. Esse homem é
justo; com certeza ele viverá. Palavra do Soberano, o SENHOR.
10 "Suponhamos que ele tenha um filho violento, que derrama
sangue ou faz qualquer uma destas outras coisas[a], 11 embora o
pai não tenha feito nenhuma delas:
"Ele come nos santuários que há nos montes. Contamina a mu-
lher do próximo. 12 Oprime os pobres e os necessitados. Comete
roubos. Não devolve o que tomou como garantia. Volta-se para
os ídolos e comete práticas detestáveis. 13 Empresta visando a
algum lucro e cobra juros.
Deverá viver um homem desses? Não! Por todas essas práticas
detestáveis, com certeza será morto, e ele será responsável
por sua própria morte.
14 "Mas suponhamos que esse filho tenha ele mesmo um filho
que vê todos os pecados que seu pai comete e, embora os
veja, não os comete.
15 "Ele não come nos santuários que há nos montes nem olha
para os ídolos da nação de Israel. Não contamina a mulher do
próximo. 16 Não oprime ninguém nem exige garantia para um
empréstimo. Não comete roubos, mas dá a sua comida aos fa-
mintos e fornece roupas aos despidos. 17 Ele retém a mão para
não pecar[b] e não empresta visando a algum lucro nem cobra
juros. Obedece às minhas leis e age segundo os meus decretos.
"Ele não morrerá por causa da iniquidade do seu pai; certa-
mente viverá. 18 Mas seu pai morrerá por causa de sua própria
iniquidade, pois praticou extorsão, roubou seu compatriota e
fez o que era errado no meio de seu povo.
19 "Contudo, vocês perguntam: 'Por que o filho não partilha da
culpa de seu pai?' Uma vez que o filho fez o que é justo e direito
e teve o cuidado de obedecer a todos os meus decretos, com
certeza ele viverá. 20 Aquele que pecar é que morrerá. O filho
não levará a culpa do pai nem o pai levará a culpa do filho. A
justiça do justo lhe será creditada, e a impiedade do ímpio lhe
será cobrada.
21 "Mas, se um ímpio se desviar de todos os pecados que
cometeu e obedecer a todos os meus decretos e fizer o que
é justo e direito, com certeza viverá; não morrerá. 22 Não se
terá lembrança de nenhuma das ofensas que cometeu. Devido
às coisas justas que tiver feito, ele viverá. 23 Teria eu algum
prazer na morte do ímpio? Palavra do Soberano, o SENHOR.
Ao contrário, acaso não me agrada vê-lo desviar-se dos seus
caminhos e viver?
24 "Se, porém, um justo se desviar de sua justiça e cometer
pecado e as mesmas práticas detestáveis dos ímpios, deverá
ele viver? Nenhum de seus atos justos será lembrado! Por causa
da infidelidade de que é culpado e por causa dos pecados que
cometeu, ele morrerá.
25 "Contudo, vocês dizem: 'O caminho do Senhor não é justo'.
Ouça, ó nação de Israel: O meu caminho é injusto? Não são os
seus caminhos que são injustos? 26 Se um justo desviar-se de
sua justiça e cometer pecado, ele morrerá por causa disso; por
causa do pecado que cometeu morrerá. 27 Mas, se um ímpio
se desviar de sua maldade e fizer o que é justo e direito, ele
salvará sua vida. 28 Por considerar todas as ofensas que co-
meteu e se desviar delas, ele com certeza viverá; não morrerá.
29 Contudo, a nação de Israel diz: 'O caminho do Senhor não é
justo'. São injustos os meus caminhos, ó nação de Israel? Não
são os seus caminhos que são injustos?
30 "Portanto, ó nação de Israel, eu os julgarei, a cada um de
acordo com os seus caminhos. Palavra do Soberano, o SENHOR.
Arrependam-se! Desviem-se de todos os seus males, para que
o pecado não cause a queda de vocês. 31 Livrem-se de todos
os males que vocês cometeram e busquem um coração novo e
um espírito novo. Por que deveriam morrer, ó nação de Israel?
32 Pois não me agrada a morte de ninguém. Palavra do Sobe-
rano, o SENHOR. Arrependam-se e vivam!

19 Lamento pelos Príncipes de Israel

"Levante um lamento pelos príncipes de Israel 2 e diga:
"Que leoa foi sua mãe entre os leões! Ela se deitava entre
os leõezinhos e criava os seus filhotes. 3 Um dos seus filhotes
tornou-se um leão forte. Ele aprendeu a despedaçar a presa e
devorou homens. 4 As nações ouviram a seu respeito, e ele foi
pego na cova delas. Elas o levaram com ganchos para o Egito.
5 "Quando ela viu que a sua esperança não se cumpria, quando
viu que se fora a sua expectativa, escolheu outro de seus fi-
lhotes e fez dele um leão forte. 6 Ele vagueou entre os leões,
pois agora era um leão forte. Ele aprendeu a despedaçar a
presa e devorou homens. 7 Arrebentou[c] suas fortalezas e de-
vastou suas cidades. A terra e todos que nela estavam ficaram
aterrorizados com o seu rugido. 8 Então as nações vizinhas o
atacaram.
Estenderam sua rede para apanhá-lo, e ele foi pego na arma-
dilha que fizeram. 9 Com ganchos elas o puxaram para dentro
de uma jaula e o levaram ao rei da Babilônia. Elas o colocaram
na prisão, de modo que não se ouviu mais o seu rugido nos
montes de Israel.
10 "Sua mãe era como uma vide em sua vinha[d] plantada junto à
água; era frutífera e cheia de ramos, graças às muitas águas.
11 Seus ramos eram fortes, próprios para o cetro de um go-
vernante. Ela cresceu e subiu muito, sobressaindo à folhagem
espessa; chamava a atenção por sua altura e por seus muitos
ramos. 12 Mas foi desarraigada com fúria e atirada ao chão. O
vento oriental a fez murchar, seus frutos foram arrancados,
seus fortes galhos secaram e o fogo os consumiu. 13 Agora está
plantada no deserto, numa terra seca e sedenta. 14 O fogo es-
palhou-se de um dos seus ramos principais e consumiu toda a
ramagem. Nela não resta nenhum ramo forte que seja próprio

a 18.10 *Ou coisas a um irmão*
b 18.17 Conforme a Septuaginta. O Texto Massorético diz *Ele mantém sua mão longe dos pobres*. Veja o versículo 8.
c 19.7 Conforme o Targum. O Texto Massorético diz *Conheceu*.
d 19.10 Conforme dois manuscritos do Texto Massorético. A maioria dos manuscritos do Texto Massorético diz *em seu sangue*.

para o cetro de um governante. Esse é um lamento e como
lamento deverá ser empregado".

20 Israel Rebelde

No décimo dia do quinto mês do sétimo ano do exílio,
alguns dos líderes de Israel vieram consultar o SENHOR, e se
sentaram diante de mim.
2 Então me veio esta palavra do SENHOR: 3 "Filho do homem, fale
com os líderes de Israel e diga-lhes: Assim diz o Soberano, o
SENHOR: Vocês vieram consultar-me? Juro pela minha vida que
não deixarei que vocês me consultem. Palavra do Soberano,
o SENHOR.
4 "Você os julgará? Você os julgará, filho do homem? Então
confronte-os com as práticas repugnantes dos seus antepas-
sados 5 e diga-lhes: Assim diz o Soberano, o SENHOR: No dia em
que escolhi Israel, jurei com mão erguida aos descendentes da
família de Jacó e me revelei a eles no Egito. Com mão erguida
eu lhes disse: Eu sou o SENHOR, o seu Deus. 6 Naquele dia jurei
a eles que os tiraria do Egito e os levaria para uma terra que
eu havia procurado para eles, terra onde há leite e mel com
fartura, a mais linda de todas as terras. 7 E eu lhes disse: Des-
façam-se, todos vocês, das imagens repugnantes em que vocês
puseram os seus olhos e não se contaminem com os ídolos do
Egito. Eu sou o SENHOR, o seu Deus.
8 "Mas eles se rebelaram contra mim e não quiseram ouvir-me;
não se desfizeram das imagens repugnantes em que haviam
posto os seus olhos nem abandonaram os ídolos do Egito. Por
isso eu disse que derramaria a minha ira sobre eles e que lan-
çaria a minha indignação contra eles no Egito. 9 Mas, por amor
do meu nome, eu agi, evitando que o meu nome fosse profa-
nado aos olhos das nações entre as quais eles estavam e à
vista de quem eu tinha me revelado aos israelitas para tirá-los
do Egito. 10 Por isso eu os tirei do Egito e os trouxe para o de-
serto. 11 Eu lhes dei os meus decretos e lhes tornei conhecidas
as minhas leis, pois aquele que lhes obedecer por elas viverá.
12 Também lhes dei os meus sábados como um sinal entre nós,
para que soubessem que eu, o SENHOR, fiz deles um povo santo.
13 "Contudo, os israelitas se rebelaram contra mim no deserto.
Não agiram segundo os meus decretos, mas profanaram os
meus sábados e rejeitaram as minhas leis, mesmo sabendo
que aquele que a elas obedecer por elas viverá. Por isso eu
disse que derramaria a minha ira sobre eles e os destruiria no
deserto. 14 Mas, por amor do meu nome, eu agi, evitando que
o meu nome fosse profanado aos olhos das nações à vista das
quais eu os havia tirado do Egito. 15 Com mão erguida, também
jurei a eles que não os levaria para a terra que eu lhes dei, terra
onde há leite e mel com fartura, a mais linda de todas as terras,
16 porque eles rejeitaram as minhas leis, não agiram segundo
os meus decretos e profanaram os meus sábados. Pois os seus
corações estavam voltados para os seus ídolos. 17 Olhei, porém,
para eles com piedade e não os destruí, não os exterminei
no deserto. 18 Eu disse aos filhos deles no deserto: Não sigam
as normas dos seus pais nem obedeçam às leis deles nem se
contaminem com os seus ídolos. 19 Eu sou o SENHOR, o seu Deus;
ajam conforme os meus decretos e tenham o cuidado de obe-
decer às minhas leis. 20 Santifiquem os meus sábados, para que
eles sejam um sinal entre nós. Então vocês saberão que eu sou
o SENHOR, o seu Deus.
21 "Mas os filhos se rebelaram contra mim — não agiram de
acordo com os meus decretos, não tiveram o cuidado de obe-
decer às minhas leis, mesmo sabendo que aquele que a elas
obedecer por elas viverá, e profanaram os meus sábados. Por
isso eu disse que derramaria a minha ira sobre eles e lançaria
o meu furor contra eles no deserto. 22 Mas contive o meu braço
e, por amor do meu nome, agi, evitando que o meu nome fosse
profanado aos olhos das nações à vista das quais eu os havia
tirado do Egito. 23 Com mão erguida, também jurei a eles no
deserto que os espalharia entre as nações e os dispersaria por
outras terras, 24 porque não obedeceram às minhas leis, mas
rejeitaram os meus decretos e profanaram os meus sábados,
e os seus olhos cobiçaram os ídolos de seus pais. 25 Também
os abandonei a decretos que não eram bons e a leis pelas
quais não conseguiam viver; 26 deixei que se contaminassem
por meio de suas ofertas, isto é, pelo sacrifício de cada filho
mais velho, para que eu os enchesse de pavor e para que eles
soubessem que eu sou o SENHOR.
27 "Portanto, filho do homem, fale à nação de Israel e diga-
-lhes: Assim diz o Soberano, o SENHOR: Nisto os seus antepas-
sados também blasfemaram contra mim ao me abandonarem:
28 quando eu os trouxe para a terra que havia jurado dar-lhes,
bastava que vissem um monte alto ou uma árvore frondosa, ali
ofereciam os seus sacrifícios, faziam ofertas que provocaram a
minha ira, apresentavam seu incenso aromático e derramavam
suas ofertas de bebidas. 29 Perguntei-lhes então: Que altar é
este no monte para onde vocês vão?" Esse altar é chamado
Bama[a] até o dia de hoje.

Julgamento e Restauração

30 "Portanto, diga à nação de Israel: Assim diz o Soberano, o
SENHOR: Vocês não estão se contaminando como os seus an-
tepassados se contaminaram? E não estão cobiçando as suas
imagens repugnantes? 31 Quando vocês apresentam as suas
ofertas, o sacrifício de seus filhos no fogo, continuam a con-
taminar-se com todos os seus ídolos até o dia de hoje. E eu
deverei deixar que me consultem, ó nação de Israel? Juro pela
minha vida, palavra do Soberano, o SENHOR, que não permitirei
que vocês me consultem.
32 "Vocês dizem: 'Queremos ser como as nações, como os
povos do mundo, que servem à madeira e à pedra'. Mas o
que vocês têm em mente jamais acontecerá. 33 Juro pela
minha vida, palavra do Soberano, o SENHOR, que dominarei
sobre vocês com mão poderosa e braço forte e com ira que
já transbordou. 34 Trarei vocês dentre as nações e os ajuntarei
dentre as terras para onde vocês foram espalhados, com mão
poderosa e braço forte e com ira que já transbordou. 35 Trarei

a 20.29 *Bama* significa *altar no monte* ou *altar idólatra*.

vocês para o deserto das nações e ali, face a face, os julgarei.
36 Assim como julguei os seus antepassados no deserto do
Egito, também os julgarei. Palavra do Soberano, o SENHOR.
37 Contarei vocês enquanto estiverem passando debaixo da
minha vara e os trarei para o vínculo da aliança. 38 Eu os se-
pararei daqueles que se revoltam e se rebelam contra mim.
Embora eu os tire da terra onde habitam, eles não entrarão
na terra de Israel. Então vocês saberão que eu sou o SENHOR.
39 "Quanto a vocês, ó nação de Israel, assim diz o Soberano, o
SENHOR: Vão prestar culto a seus ídolos, cada um de vocês! Mas
depois disso certamente me ouvirão e não profanarão mais o
meu santo nome com as suas ofertas e com os seus ídolos.
40 Pois no meu santo monte, no alto monte de Israel, palavra
do Soberano, o SENHOR, na sua terra, toda a nação de Israel
me prestará culto, e ali eu os aceitarei. Ali exigirei as suas
ofertas e as suas melhores dádivas[a], com todas as suas dádivas
sagradas. 41 Eu as aceitarei como incenso aromático, quando
eu os tirar dentre as nações e os ajuntar dentre as terras pelas
quais vocês foram espalhados, e me mostrarei santo no meio
de vocês à vista das nações. 42 Vocês saberão que eu sou o SE-
NHOR, quando eu os trouxer para a terra de Israel, a terra que,
de mão erguida, jurei dar aos seus antepassados. 43 Ali vocês
se lembrarão da conduta que tiveram e de todas as ações pelas
quais vocês se contaminaram e terão nojo de vocês mesmos
por causa de todo mal que fizeram. 44 E saberão que eu sou o
SENHOR, quando eu tratar com vocês por amor do meu nome
e não de acordo com os seus caminhos maus e suas práticas
perversas, ó nação de Israel. Palavra do Soberano, o SENHOR".

Profecia contra o Sul

45 Veio a mim esta palavra do SENHOR: 46 "Filho do homem, vire
o rosto para o sul; pregue contra o sul e profetize contra a
floresta da terra do Neguebe. 47 Diga à floresta do Neguebe:
Ouça a palavra do SENHOR. Assim diz o Soberano, o SENHOR:
Estou a ponto de incendiá-la, consumindo assim todas as suas
árvores, tanto as verdes quanto as secas. A chama abrasadora
não será apagada, e todos os rostos, do Neguebe até o norte,
serão ressecados por ela. 48 Todos verão que eu, o SENHOR, a
acendi; não será apagada".
49 Então eu disse: Ah, Soberano SENHOR! Estão dizendo a meu
respeito: "Acaso ele não está apenas contando parábolas?"

21 Babilônia, a Espada do Juízo Divino

Esta palavra do SENHOR veio a mim: 2 "Filho do homem,
vire o rosto contra Jerusalém e pregue contra o santuário. Pro-
fetize contra Israel, 3 dizendo-lhe: Assim diz o SENHOR: Estou
contra você. Empunharei a minha espada para eliminar tanto
o justo quanto o ímpio. 4 Uma vez que eu vou eliminar o justo
e o ímpio, empunharei a minha espada contra todos, desde o
Neguebe até o norte. 5 Então todos saberão que eu, o SENHOR,
tirei a espada da bainha e não tornarei a guardá-la.
6 "Portanto, comece a gemer, filho do homem! Comece a
gemer diante deles com o coração partido e com amarga tris-
teza. 7 E, quando perguntarem: 'Por que você está gemendo?',
você dirá: Por causa das notícias que estão vindo. Todo co-
ração se derreterá, e toda mão penderá frouxa; todo espírito
desmaiará, e todo joelho se tornará como água, de tão fraco.
E vem chegando! Sem nenhuma dúvida vai acontecer. Palavra
do Soberano, o SENHOR".
8 Esta palavra do SENHOR veio a mim: 9 "Filho do homem, pro-
fetize e diga: Assim diz o Senhor: "Uma espada, uma espada,
afiada e polida; 10 afiada para a mortandade, polida para luzir
como relâmpago!
"Acaso vamos regozijar-nos com o cetro do meu filho Judá? A
espada despreza toda e qualquer vareta como essa.
11 "A espada foi destinada a ser polida, a ser pega com as mãos;
está afiada e polida, preparada para que a maneje a mão do
matador. 12 Clame e grite, filho do homem, pois ela está contra
o meu povo; está contra todos os príncipes de Israel. Eles e
o meu povo são atirados contra a espada. Lamente-se, pois;
bata no peito.
13 "É certo que a prova virá. E que acontecerá, se o cetro de
Judá, que a espada despreza, não continuar a existir? Palavra
do Soberano, o SENHOR.
14 "Por isso profetize, então, filho do homem, e bata as mãos
uma na outra. Que a espada golpeie não duas, mas três vezes.
É uma espada para matança, para grande matança, avançando
sobre eles de todos os lados. 15 Assim, para que os corações se
derretam e muitos sejam os caídos, coloquei a espada para a
matança junto a todas as suas portas. Ah! Ela foi feita para luzir
como relâmpago; é empunhada firmemente para a matança.
16 Ó espada, golpeie para todos os lados, para onde quer que
se vire a sua lâmina. 17 Eu também baterei minhas mãos uma na
outra, e a minha ira diminuirá. Eu, o SENHOR, falei".
18 A palavra do SENHOR veio a mim: 19 "Filho do homem, trace
as duas estradas que a espada do rei da Babilônia deve seguir,
as duas partindo da mesma terra. Em cada uma delas coloque
um marco indicando o rumo de uma cidade. 20 Trace uma es-
trada que leve a espada contra Rabá dos amonitas, e a outra
contra Judá e contra a Jerusalém fortificada. 21 Pois o rei da
Babilônia parará no local de onde partem as duas estradas para
sortear a escolha. Ele lançará a sorte com flechas, consultará
os ídolos da família, examinará o fígado. 22 Pela sua mão di-
reita será sorteada Jerusalém, onde deverá preparar aríetes,
dar ordens para a matança, soar o grito de guerra, montar
aríetes contra as portas, construir uma rampa e levantar obras
de cerco. 23 Isso parecerá um falso presságio aos judeus, que
tinham feito uma aliança com juramento, mas o rei invasor os
fará recordar sua culpa e os levará prisioneiros.
24 "Portanto, assim diz o Soberano, o SENHOR: Visto que vocês
trouxeram à lembrança a sua iniquidade mediante rebelião os-
tensiva, revelando seus pecados em tudo o que fazem; por isso
vão ser levados prisioneiros.
25 "Ó ímpio e profano príncipe de Israel, o seu dia chegou, esta
é a hora do seu castigo, 26 e assim diz o Soberano, o SENHOR:

[a] 20.40 *Ou e as dádivas dos primeiros frutos*

Tire o turbante e a coroa. Não será como antes — os humildes serão exaltados, e os exaltados serão humilhados. 27 Uma desgraça! Uma desgraça! Eu farei dela uma desgraça! Não será restaurada, enquanto não vier aquele a quem ela pertence por direito; a ele eu a darei.

28 "E você, filho do homem, profetize e diga: Assim diz o Soberano, o SENHOR, acerca dos amonitas e dos seus insultos:

"Uma espada, uma espada, empunhada para matança, polida para consumir e para luzir como relâmpago! 29 A despeito das visões falsas e das adivinhações mentirosas sobre vocês, ela será posta no pescoço dos ímpios que devem ser mortos e cujo dia chegou, cujo momento de castigo é agora. 30 Volte a espada à sua bainha. No lugar onde vocês foram criados, na terra dos seus antepassados, eu os julgarei. 31 Derramarei a minha ira sobre vocês, soprarei a minha ira impetuosa contra vocês; eu os entregarei nas mãos de homens brutais, acostumados à destruição. 32 Vocês serão combustível para o fogo, seu sangue será derramado em sua terra e vocês não serão mais lembrados; porque eu, o SENHOR, falei".

22 Os Pecados de Jerusalém

Veio a mim esta palavra do SENHOR: 2 "Filho do homem, você a julgará? Você julgará essa cidade sanguinária? Então confronte-a com todas as suas práticas repugnantes 3 e diga: Assim diz o Soberano, o SENHOR: Ó cidade, que traz condenação sobre si mesma por derramar sangue em seu meio e por se contaminar fazendo ídolos! 4 Você se tornou culpada por causa do sangue que derramou e por ter se contaminado com os ídolos que fez. Você apressou o seu dia; chegou o fim dos seus anos. Por isso farei de você objeto de zombaria para as nações e de escárnio em todas as terras. 5 Tanto as nações vizinhas como as distantes zombarão de você, ó cidade infame e inquieta!

6 "Veja como cada um dos príncipes de Israel que aí está usa o seu poder para derramar sangue. 7 Em seu meio eles têm desprezado pai e mãe, oprimido o estrangeiro e maltratado o órfão e a viúva. 8 Você desprezou as minhas dádivas sagradas e profanou os meus sábados. 9 Em seu meio há caluniadores, prontos para derramar sangue; em seu meio há os que comem nos santuários dos montes e praticam atos lascivos; 10 em seu meio há aqueles que desonram a cama dos seus pais e aqueles que têm relações com as mulheres nos dias de sua menstruação. 11 Um homem comete adultério com a mulher do seu próximo, outro contamina vergonhosamente a sua nora, e outro desonra a sua irmã, filha de seu próprio pai. 12 Em seu meio há homens que aceitam suborno para derramar sangue; você empresta a juros, visando a lucro, e obtém ganhos injustos, extorquindo o próximo. E você se esqueceu de mim. Palavra do Soberano, o SENHOR.

13 "Mas você me verá bater as minhas mãos uma na outra contra os ganhos injustos que você obteve e contra o sangue que você derramou. 14 Será que a sua coragem suportará ou as suas mãos serão fortes para o que eu vou fazer no dia em que eu der a você o devido tratamento? Eu, o SENHOR, falei e o farei. 15 Dispersarei você entre as nações e a espalharei pelas terras; e darei fim à sua impureza. 16 Quando você tiver sido desonrada[a] aos olhos das nações, você saberá que eu sou o SENHOR".

17 E depois veio a mim esta palavra do SENHOR: 18 "Filho do homem, a nação de Israel tornou-se escória para mim; cobre, estanho, ferro e chumbo deixados na fornalha. Não passa de escória de prata. 19 Por isso, assim diz o Soberano, o SENHOR: Visto que vocês todos se tornaram escória, eu os ajuntarei em Jerusalém. 20 Assim como os homens ajuntam prata, cobre, ferro, chumbo e estanho numa fornalha a fim de fundi-los soprando fortemente o fogo; na minha ira e na minha indignação também ajuntarei vocês dentro da cidade e os fundirei. 21 Eu os ajuntarei e soprarei sobre vocês o fogo da minha ira, e vocês se derreterão. 22 Assim como a prata se derrete numa fornalha, também vocês se derreterão dentro dela e saberão que eu, o SENHOR, derramei a minha ira sobre vocês".

23 De novo a palavra do SENHOR veio a mim. Disse ele: 24 "Filho do homem, diga a esta terra: Você é uma terra que não tem tido chuva nem aguaceiros[b] no dia da ira. 25 Há nela uma conspiração de seus príncipes[c] como um leão que ruge ao despedaçar sua presa; devoram pessoas, apanham tesouros e objetos preciosos e fazem muitas viúvas. 26 Seus sacerdotes cometem violência contra a minha lei e profanam minhas ofertas sagradas; não fazem distinção entre o sagrado e o comum; ensinam que não existe nenhuma diferença entre o puro e o impuro; e fecham os olhos quanto à guarda dos meus sábados, de maneira que sou desonrado no meio deles. 27 Seus oficiais são como lobos que despedaçam suas presas; derramam sangue e matam gente para obter ganhos injustos. 28 Seus profetas disfarçam esses feitos enganando o povo com visões falsas e adivinhações mentirosas. Dizem: 'Assim diz o Soberano, o SENHOR', quando o SENHOR não falou. 29 O povo da terra pratica extorsão e comete roubos; oprime os pobres e os necessitados e maltrata os estrangeiros, negando-lhes justiça.

30 "Procurei entre eles um homem que erguesse o muro e se pusesse na brecha diante de mim e em favor desta terra, para que eu não a destruísse, mas não encontrei nenhum. 31 Por isso derramarei a minha ira sobre eles e os consumirei com o meu grande furor; sofrerão as consequências de tudo o que fizeram. Palavra do Soberano, o SENHOR".

23 As Duas Irmãs Adúlteras

Esta palavra do SENHOR veio a mim: 2 "Filho do homem, existiam duas mulheres, filhas da mesma mãe. 3 Elas se tornaram prostitutas no Egito, envolvendo-se na prostituição desde a juventude. Naquela terra os seus peitos foram acariciados e os seus seios virgens foram afagados. 4 A mais velha chamava-se Oolá; sua irmã, Oolibá. Elas eram minhas e deram à luz filhos e filhas. Oolá é Samaria, e Oolibá é Jerusalém.

---

[a] **22.16** Ou *Quando eu designado sua herança*

[b] **22.24** Conforme a Septuaginta. O Texto Massorético diz *não se purificou nem recebeu chuva*.

[c] **22.25** Conforme a Septuaginta. O Texto Massorético diz *profetas*.

5 “Oolá envolveu-se em prostituição enquanto ainda era minha;
ela se encheu de cobiça por seus amantes, os assírios, guer-
reiros 6 vestidos de vermelho, governadores e comandantes,
todos eles cavaleiros jovens e elegantes. 7 Ela se entregou
como prostituta a toda a elite dos assírios e se contaminou
com todos os ídolos de cada homem por ela cobiçado. 8 Ela
não abandonou a prostituição iniciada no Egito, quando em
sua juventude homens dormiram com ela, afagaram seus seios
virgens e a envolveram em suas práticas dissolutas.
9 “Por isso eu a entreguei nas mãos de seus amantes, os assí-
rios, os quais ela desejou ardentemente. 10 Eles lhe arrancaram
as roupas, deixando-a nua, levaram embora seus filhos e suas
filhas e a mataram à espada. Ela teve má fama entre as mu-
lheres. E lhe foi dado castigo.
11 “Sua irmã Oolibá viu isso. No entanto, em sua cobiça e pros-
tituição, ela foi mais depravada que a irmã. 12 Também desejou
ardentemente os assírios, governadores e comandantes, guer-
reiros em uniforme completo, todos eles jovens e belos cava-
leiros. 13 Vi que ela também se contaminou; ambas seguiram
o mesmo caminho.
14 “Mas Oolibá levou sua prostituição ainda mais longe. Viu
homens desenhados numa parede, figuras de caldeus em
vermelho, 15 usando cinturões e esvoaçantes turbantes na ca-
beça; todos se pareciam com os oficiais responsáveis pelos
carros da Babilônia, nativos da Caldeia. 16 Assim que ela os viu,
desejou-os ardentemente e lhes mandou mensageiros até a
Caldeia. 17 Então os babilônios vieram procurá-la, até a cama
do amor, e em sua cobiça a contaminaram. Depois de haver
sido contaminada por eles, ela se afastou deles desgostosa.
18 Então prosseguiu abertamente em sua prostituição e expôs
a sua nudez, e eu me afastei dela desgostoso, assim como eu
tinha me afastado de sua irmã. 19 Contudo, ela ia se tornando
cada vez mais promíscua à medida que se recordava dos dias
de sua juventude, quando era prostituta no Egito. 20 Desejou ar-
dentemente os seus amantes, cujos membros eram como os de
jumentos e cuja ejaculação era como a de cavalos. 21 Assim, Oo-
libá ansiou pela lascívia de sua juventude, quando no Egito seus
peitos eram afagados e seus seios virgens eram acariciados.[a]
22 “Portanto, assim diz o Soberano, o SENHOR: Incitarei os seus
amantes contra você, aqueles de quem você se afastou des-
gostosa, e os trarei para atacá-la de todos os lados: 23 os ba-
bilônios e todos os caldeus, os homens de Pecode, de Soa e
de Coa, e com eles todos os assírios, belos rapazes, todos eles
governadores e comandantes, oficiais que chefiam os carros e
homens de posto elevado, todos eles cavaleiros. 24 Eles virão
contra você com armas, carros e carroças e com uma multidão
de povos; por todos os lados tomarão posição contra você com
escudos grandes e pequenos e com capacetes. Eu a entregarei
a eles para castigo, e eles a castigarão conforme o costume
deles. 25 Dirigirei contra você a ira do meu ciúme e, enfure-
cidos, eles saberão como tratá-la. Cortarão fora o seu nariz e
as suas orelhas, e as pessoas que forem deixadas cairão à es-
pada. Levarão embora seus filhos e suas filhas, e os que forem
deixados serão consumidos pelo fogo. 26 Também arrancarão
as suas roupas e tomarão suas lindas joias. 27 Assim darei um
basta à lascívia e à prostituição que você começou no Egito.
Você deixará de olhar com desejo para essas coisas e não se
lembrará mais do Egito.
28 “Pois assim diz o Soberano, o SENHOR: Estou a ponto de
entregá-la nas mãos daqueles que você odeia, daqueles de
quem você se afastou desgostosa. 29 Eles a tratarão com ódio
e levarão embora tudo aquilo pelo que você trabalhou. Eles a
deixarão despida e nua, e a vergonha de sua prostituição será
exposta. Isso lhe sobrevirá por sua lascívia e promiscuidade,
30 porque você desejou ardentemente as nações e se conta-
minou com os ídolos delas. 31 Você seguiu pelo caminho de sua
irmã; por essa razão porei o copo dela nas suas mãos.
32 “Assim diz o Soberano, o SENHOR:
“Você beberá do copo de sua irmã, copo grande e fundo; ele
causará riso e zombaria, de tão grande que é. 33 Você será
dominada pela embriaguez e pela tristeza, com esse copo de
desgraça e desolação, o copo de sua irmã Samaria. 34 Você o
beberá, engolindo até a última gota; depois o despedaçará e
mutilará os próprios seios.
“Eu o disse. Palavra do Soberano, o SENHOR.
35 “Agora, assim diz o Soberano, o SENHOR: Visto que você se
esqueceu de mim e me deu as costas, você vai sofrer as conse-
quências de sua lascívia e de sua prostituição”.
36 O SENHOR me disse: “Filho do homem, você julgará Oolá e
Oolibá? Então confronte-as com suas práticas repugnantes,
37 pois elas cometeram adultério e há sangue em suas mãos.
Cometeram adultério com seus ídolos; até os seus filhos, que
elas geraram para mim, sacrificaram aos ídolos. 38 Também
me fizeram isto: ao mesmo tempo contaminaram o meu san-
tuário e profanaram os meus sábados. 39 No mesmo dia em que
sacrificavam seus filhos a seus ídolos, elas entravam em meu
santuário e o profanavam. Foi o que fizeram em minha casa.
40 “Elas até enviaram mensageiros atrás de homens, vindos
de bem longe, e, quando eles chegaram, você se banhou para
recebê-los, pintou os olhos e pôs suas joias. 41 Você se sentou
num belo sofá, tendo à frente uma mesa, na qual você havia
colocado o incenso e o óleo que me pertenciam.
42 “Em torno dela havia o ruído de uma multidão despreocu-
pada; sabeus[b] foram trazidos do deserto com homens do povo,
e eles puseram braceletes nos braços da mulher e da sua irmã
e belíssimas coroas na cabeça delas. 43 Então eu disse a res-
peito daquela que fora destruída pelo adultério: Que agora a
usem como prostituta, pois é o que ela é. 44 E eles dormiram
com ela. Dormiram com aquelas mulheres lascivas, Oolá e Oo-
libá, como quem dorme com uma prostituta. 45 Mas homens
justos as condenarão ao castigo que merecem as mulheres que
cometem adultério e derramam sangue, porque são adúlteras
e há sangue em suas mãos.

[a] 23.21 Conforme a Versão Siríaca. O Texto Massorético diz *afagados por causa de seus seios jovens.*

[b] 23.42 Ou *bêbados*

46"Assim diz o Soberano, o SENHOR: Que uma multidão as
ataque e que elas sejam entregues ao pavor e ao saque. 47A
multidão as apedrejará e as retalhará à espada; matarão seus
filhos e suas filhas, destruirão suas casas e as queimarão.
48"Dessa maneira darei fim à lascívia na terra, para que todas
as mulheres fiquem advertidas e não imitem vocês. 49Vocês
sofrerão o castigo de sua cobiça e as consequências de seus
pecados de idolatria. E vocês saberão que eu sou o Soberano,
o SENHOR".

24 A Panela

24 No décimo dia do décimo mês do nono ano, a palavra do
SENHOR veio a mim. Disse ele: 2"Filho do homem, registre esta
data, a data de hoje, porque o rei da Babilônia sitiou Jerusalém
exatamente neste dia. 3Conte a esta nação rebelde uma pará-
bola e diga-lhes: Assim diz o Soberano, o SENHOR:
"Ponha a panela para esquentar; ponha-a para esquentar com
água. 4Ponha dentro dela pedaços de carne, os melhores pe-
daços da coxa e da espádua. Encha-a com o melhor desses
ossos; 5apanhe o melhor do rebanho. Empilhe lenha debaixo
dela para cozinhar os ossos; faça-a ferver a água e cozinhe
tudo o que está na panela.
6"Porque assim diz o Soberano, o SENHOR:
"Ai da cidade sanguinária, da panela que agora tem uma
crosta, cujo resíduo não desaparecerá! Esvazie-a, tirando pe-
daço por pedaço, sem sorteá-los.
7"Pois o sangue que ela derramou está no meio dela; ela o
derramou na rocha nua; não o derramou no chão, onde o pó
o cobriria. 8Para atiçar a minha ira e me vingar, pus o sangue
dela sobre a rocha nua, para que ele não fosse coberto.
9"Portanto, assim diz o Soberano, o SENHOR:
"Ai da cidade sanguinária! Eu também farei uma pilha de lenha,
uma pilha bem alta. 10Por isso amontoem a lenha e acendam
o fogo. Cozinhem bem a carne, misturando os temperos; e
reduzam os ossos a cinzas. 11Ponham depois a panela vazia
sobre as brasas para que esquente até que o seu bronze fique
incandescente, as suas impurezas se derretam e o seu resíduo
seja queimado e desapareça. 12Mas ela frustrou todos os es-
forços; nem o fogo pôde eliminar seu resíduo espesso!
13"Ora, a sua impureza é a lascívia. Como eu desejei purifi-
cá-la, mas você não quis ser purificada, você não voltará a
estar limpa, enquanto não se abrandar a minha ira contra você.
14"Eu, o SENHOR, falei. Chegou a hora de eu agir. Não me con-
terei; não terei piedade nem voltarei atrás. Você será julgada
de acordo com o seu comportamento e com as suas ações.
Palavra do Soberano, o SENHOR".

A Morte da Mulher de Ezequiel

15Veio a mim esta palavra do SENHOR: 16"Filho do homem,
com um único golpe estou para tirar de você o prazer dos
seus olhos. Contudo, não lamente nem chore nem derrame
nenhuma lágrima. 17Não permita que ninguém ouça o seu
gemer; não pranteie pelos mortos. Mantenha apertado o seu
turbante e as sandálias nos pés; não cubra o rosto nem coma
a comida costumeira dos pranteadores".
18Assim, falei de manhã ao povo, e à tarde minha mulher
morreu. No dia seguinte fiz o que me havia sido ordenado.
19Então o povo me perguntou: "Você não vai nos dizer que
relação essas coisas têm conosco?"
20E eu lhes respondi: Esta palavra do SENHOR veio a mim:
21"Diga à nação de Israel: Assim diz o Soberano, o SENHOR:
Estou a ponto de profanar o meu santuário, a fortaleza de que
vocês se orgulham, o prazer dos seus olhos, o objeto da sua
afeição. Os filhos e as filhas que vocês deixaram lá cairão à
espada. 22E vocês farão o que eu fiz. Vocês não cobrirão o rosto
nem comerão a comida costumeira dos pranteadores. 23Vocês
manterão os turbantes na cabeça e as sandálias nos pés. Não
prantearão nem chorarão, mas irão consumir-se por causa de
suas iniquidades e gemerão uns pelos outros. 24Ezequiel será
um sinal para vocês; vocês farão o que ele fez. Quando isso
acontecer, vocês saberão que eu sou o Soberano, o SENHOR.
25"E você, filho do homem, no dia em que eu tirar deles a sua
fortaleza, sua alegria e sua glória, o prazer dos seus olhos,
e também os seus filhos e as suas filhas, o maior desejo da
vida deles, 26naquele dia um fugitivo virá dar a notícia a você.
27Naquela hora sua boca será aberta; você falará com ele e
não ficará calado. E assim você será um sinal para eles, e eles
saberão que eu sou o SENHOR".

25 Profecia contra Amom

25 Esta palavra do SENHOR veio a mim: 2"Filho do homem,
vire o rosto contra os amonitas e profetize contra eles. 3Di-
ga-lhes: Ouçam a palavra do Soberano, o SENHOR. Assim diz
o Soberano, o SENHOR: Visto que vocês exclamaram: 'Ah! Ah!'
quando o meu santuário foi profanado, quando a terra de Is-
rael foi arrasada e quando a nação de Judá foi para o exílio,
4vou entregá-los como propriedade do povo do oriente. Eles
instalarão seus acampamentos e armarão suas tendas no meio
de vocês; comerão suas frutas e beberão seu leite. 5Farei de
Rabá um cercado para camelos e de Amom um local de des-
canso para ovelhas. Então vocês saberão que eu sou o SENHOR.
6Porque assim diz o Soberano, o SENHOR: Visto que vocês ba-
teram palmas e pularam de alegria com o coração cheio de
maldade contra Israel, 7por essa razão estenderei o meu braço
contra vocês e os darei às nações como despojo. Eliminarei
vocês do meio das nações e os exterminarei do meio dos povos.
Eu os destruirei, e vocês saberão que eu sou o SENHOR.

Profecia contra Moabe

8"Assim diz o Soberano, o SENHOR: Uma vez que Moabe e Seir
disseram: 'Vejam, a nação de Judá tornou-se como todas as
outras nações', 9por essa razão abrirei o flanco de Moabe,
começando por suas cidades fronteiriças, Bete-Jesimote,
Baal-Meom e Quiriataim, que são a glória dessa terra. 10Darei
Moabe e os amonitas como propriedade ao povo do oriente.

Os amonitas não serão lembrados entre as nações, 11 e a Moabe
trarei castigo. Então eles saberão que eu sou o SENHOR.

Profecia contra Edom

12 "Assim diz o Soberano, o SENHOR: Visto que Edom vingou-se
da nação de Judá e com isso trouxe grande culpa sobre si,
13 assim diz o Soberano, o SENHOR: Estenderei o braço contra
Edom e matarei os seus homens e os seus animais. Eu o arra-
sarei, e desde Temã até Dedã eles cairão à espada. 14 Eu me
vingarei de Edom pelas mãos de Israel, o meu povo, e este
lidará com Edom de acordo com a minha ira e a minha indig-
nação; Edom conhecerá a minha vingança. Palavra do Sobe-
rano, o SENHOR.

Profecia contra a Filístia

15 "Assim diz o Soberano, o SENHOR: Uma vez que a Filístia
agiu por vingança e com maldade no coração e, com antiga
hostilidade, buscou destruir Judá, 16 assim diz o Soberano, o
SENHOR: Estou a ponto de estender meu braço contra os filis-
teus. Eliminarei os queretitas e destruirei os que restarem no
litoral. 17 Executarei neles grande vingança e os castigarei na
minha ira. Então, quando eu me vingar deles, saberão que eu
sou o SENHOR".

26 Profecia contra Tiro

No décimo primeiro ano, no primeiro dia do mês, veio
a mim esta palavra do SENHOR: 2 "Filho do homem, visto que
Tiro falou de Jerusalém: 'Ah! Ah! O portal das nações está que-
brado, e as suas portas se me abriram; agora que ela jaz em
ruínas, eu prosperarei', 3 por essa razão assim diz o Soberano,
o SENHOR: Estou contra você, ó Tiro, e trarei muitas nações
contra você; virão como o mar quando eleva as suas ondas.
4 Elas destruirão os muros de Tiro e derrubarão suas torres; eu
espalharei o seu entulho e farei dela uma rocha nua. 5 Fora,
no mar, ela se tornará um local propício para estender redes
de pesca, pois eu falei. Palavra do Soberano, o SENHOR. Ela
se tornará despojo para as nações, 6 e em seus territórios no
continente será feita grande destruição pela espada. E saberão
que eu sou o SENHOR.
7 "Pois assim diz o Soberano, o SENHOR: Contra você, Tiro, vou
trazer do norte o rei da Babilônia, Nabucodonosor, rei de reis,
com cavalos e carros, com cavaleiros e um grande exército.
8 Ele desfechará com a espada um violento ataque contra os
seus territórios no continente. Construirá obras de cerco e
uma rampa de acesso aos seus muros. E armará uma barreira
de escudos contra você. 9 Ele dirigirá as investidas dos seus
aríetes contra os seus muros e com armas de ferro demolirá
as suas torres. 10 Seus cavalos serão tantos que cobrirão você
de poeira. Seus muros tremerão com o barulho dos cavalos
de guerra, das carroças e dos carros, quando ele entrar por
suas portas com a facilidade com que se entra numa cidade
cujos muros foram derrubados. 11 Os cascos de seus cavalos
pisarão todas as suas ruas; ele matará o seu povo à espada, e
as suas resistentes colunas ruirão. 12 Despojarão sua riqueza e
saquearão seus suprimentos; derrubarão seus muros, demo-
lirão suas lindas casas e lançarão ao mar as suas pedras, o seu
madeiramento e todo o entulho. 13 Porei fim a seus cânticos
barulhentos, e não se ouvirá mais a música de suas harpas.
14 Farei de você uma rocha nua, e você se tornará um local pro-
pício para estender redes de pesca. Você jamais será recons-
truída, pois eu, o SENHOR, falei. Palavra do Soberano, o SENHOR.
15 "Assim diz o Soberano, o SENHOR, a Tiro: Acaso as regiões
litorâneas não tremerão ao som de sua queda, quando o ferido
gemer e a matança acontecer em seu meio? 16 Então todos os
príncipes do litoral descerão do trono e porão de lado seus
mantos e tirarão suas roupas bordadas. Vestidos de pavor, vão
assentar-se no chão, tremendo sem parar, apavorados por sua
causa. 17 Depois entoarão um lamento acerca de você e dirão:
" 'Como você está destruída, ó cidade de renome, povoada
por homens do mar! Você era um poder nos mares, você e os
seus cidadãos; você impunha pavor a todos os que ali vivem.
18 Agora as regiões litorâneas tremem no dia de sua queda; as
ilhas do mar estão apavoradas diante de sua ruína'.
19 "Assim diz o Soberano, o SENHOR: Quando eu fizer de você
uma cidade abandonada, lembrando cidades inabitáveis, e
quando eu a cobrir com as vastas águas do abismo, 20 então
farei você descer com os que descem à cova, para fazer com-
panhia aos antigos. Eu a farei habitar embaixo da terra, como
em ruínas antigas, com aqueles que descem à cova, e você
não voltará e não retomará o seu lugar[a] na terra dos viventes.
21 Levarei você a um fim terrível e você já não existirá. Será pro-
curada, e jamais será achada. Palavra do Soberano, o SENHOR".

27 Um Lamento por Tiro

Esta palavra do SENHOR veio a mim: 2 "Filho do homem,
faça um lamento a respeito de Tiro. 3 Diga a Tiro, que está junto
à entrada para o mar, e que negocia com povos de muitos
litorais: Assim diz o Soberano, o SENHOR:
"Você diz, ó Tiro: 'Minha beleza é perfeita'. 4 Seu domínio
abrangia o coração dos mares; seus construtores levaram a
sua beleza à perfeição. 5 Eles fizeram todo o seu madeiramento
com pinheiros de Senir[b]; apanharam um cedro do Líbano para
fazer a você um mastro. 6 Dos carvalhos de Basã fizeram os
seus remos; de cipreste procedente das costas de Chipre fi-
zeram seu convés, revestido de mármore. 7 Suas velas foram
feitas de belo linho bordado, procedente do Egito, servindo
de bandeira; seus toldos, em azul e púrpura, provinham das
costas de Elisá. 8 Habitantes de Sidom e Arvade eram os seus
remadores; os seus homens hábeis, ó Tiro, estavam a bordo
como marinheiros. 9 Artesãos experientes de Gebal[c] estavam a
bordo como construtores de barcos para calafetarem as suas
juntas. Todos os navios do mar e seus marinheiros vinham para
negociar com você as suas mercadorias.

---

[a] **26.20** Conforme a Septuaginta. O Texto Massorético diz *voltará, e eu darei glória*.
[b] **27.5** Isto é, do Hermom.
[c] **27.9** Isto é, Biblos.

10 "Os persas, os lídios e os homens de Fute serviam como sol-
dados em seu exército. Eles penduravam os seus escudos e
capacetes nos seus muros, trazendo-lhe esplendor. 11 Homens
de Arvade e de Heleque guarneciam os seus muros em todos os
lados; homens de Gamade estavam em suas torres. Eles pen-
duravam os escudos deles em seus muros ao redor; levaram a
sua beleza à perfeição.
12 "Társis fez negócios com você, tendo em vista os seus muitos
bens; eles deram prata, ferro, estanho e chumbo em troca de
suas mercadorias.
13 "Javã, Tubal e Meseque negociaram com você; trocaram es-
cravos e utensílios de bronze pelos seus bens.
14 "Homens de Bete-Togarma trocaram cavalos de carga, ca-
valos de guerra e mulas pelas suas mercadorias.
15 "Os homens de Rodes[a] negociaram com você, e muitas re-
giões costeiras se tornaram seus clientes; pagaram suas com-
pras a você com presas de marfim e com ébano.
16 "Arã[b] negociou com você, atraído por seus muitos produtos;
em troca de suas mercadorias deu a você turquesa, tecido púr-
pura, trabalhos bordados, linho fino, coral e rubis.
17 "Judá e Israel negociaram com você; pelos seus bens tro-
caram trigo de Minite, confeitos, mel, azeite e bálsamo.
18 "Em razão dos muitos produtos de que você dispõe e da
grande riqueza de seus bens, Damasco negociou com você,
pagando com vinho de Helbom e lã de Zaar.
19 "Também Dã e Javã, de Uzal, compraram suas mercadorias,
trocando-as por ferro, cássia e cálamo.
20 "Dedã negociou com você mantos de sela.
21 "A Arábia e todos os príncipes de Quedar eram seus clientes;
fizeram negócios com você, fornecendo cordeiros, carneiros
e bodes.
22 "Os mercadores de Sabá e de Raamá fizeram comércio com
você; pelas mercadorias que você vende eles trocaram o que
há de melhor em toda espécie de especiarias, pedras preciosas
e ouro.
23 "Harã, Cane e Éden e os mercadores de Sabá, Assur e Quil-
made fizeram comércio com você. 24 No seu mercado eles
negociaram com você lindas roupas, tecido azul, trabalhos
bordados e tapetes multicoloridos com cordéis retorcidos e
de nós firmes.
25 "Os navios de Társis transportam os seus bens. Quanta
carga pesada você tem no coração do mar. 26 Seus remadores
a levam para alto-mar. Mas o vento oriental a despedaçará
no coração do mar. 27 Sua riqueza, suas mercadorias e seus
bens, seus marujos, seus homens do mar e seus construtores
de barcos, seus mercadores e todos os seus soldados, todos
quantos estão a bordo sucumbirão no coração do mar no dia
do seu naufrágio. 28 As praias tremerão quando os seus marujos
clamarem. 29 Todos os que manejam os remos abandonarão
os seus navios; os marujos e todos os marinheiros ficarão
na praia. 30 Erguerão a voz e gritarão com amargura por sua
causa; espalharão poeira sobre a cabeça e rolarão na cinza.
31 Raparão a cabeça por sua causa e porão vestes de lamento.
Chorarão por você com angústia na alma e com pranto amar-
gurado. 32 Quando estiverem gritando e pranteando por você,
erguerão este lamento a seu respeito: 'Quem chegou a ser
silenciada como Tiro, cercada pelo mar?' 33 Quando as suas
mercadorias saíam para o mar, você satisfazia muitas nações;
com sua grande riqueza e com seus bens você enriqueceu os
reis da terra. 34 Agora, destruída pelo mar, você jaz nas pro-
fundezas das águas; seus bens e todos os que a acompanham
afundaram com você. 35 Todos os que moram nas regiões litorâ-
neas estão chocados com o que aconteceu com você; seus reis
arrepiam-se horrorizados e os seus rostos estão desfigurados
de medo. 36 Os mercadores entre as nações gritam de medo
ao vê-la; chegou o seu terrível fim, e você não mais existirá".

Profecia contra o Rei de Tiro

28 Veio a mim esta palavra do SENHOR: 2 "Filho do homem,
diga ao governante de Tiro: Assim diz o Soberano, o SENHOR:
"No orgulho do seu coração você diz: 'Sou um deus; sento-me
no trono de um deus no coração dos mares'. Mas você é um
homem, e não um deus, embora se considere tão sábio quanto
Deus. 3 Você é mais sábio que Daniel[c]? Não haverá segredo
que seja oculto a você? 4 Mediante a sua sabedoria e o seu
entendimento, você granjeou riquezas e acumulou ouro e prata
em seus tesouros. 5 Por sua grande habilidade comercial você
aumentou as suas riquezas e, por causa das suas riquezas, o
seu coração ficou cada vez mais orgulhoso.
6 "Por isso, assim diz o Soberano, o SENHOR:
"Porque você pensa que é sábio, tão sábio quanto Deus,
7 trarei estrangeiros contra você, das mais impiedosas nações;
eles empunharão suas espadas contra a sua beleza e a sua
sabedoria e traspassarão o seu esplendor fulgurante. 8 Eles o
farão descer à cova, e você terá morte violenta no coração
dos mares. 9 Dirá você então: 'Eu sou um deus' na presença
daqueles que o matarem? Você será tão somente um homem, e
não um deus, nas mãos daqueles que o abaterem. 10 Você terá
a morte dos incircuncisos nas mãos de estrangeiros. Eu falei.
Palavra do Soberano, o SENHOR".
11 Esta palavra do SENHOR veio a mim: 12 "Filho do homem, erga
um lamento a respeito do rei de Tiro e diga-lhe: Assim diz o
Soberano, o SENHOR:
"Você era o modelo da perfeição, cheio de sabedoria e de per-
feita beleza. 13 Você estava no Éden, no jardim de Deus; todas
as pedras preciosas o enfeitavam: sárdio, topázio e diamante;
berilo, ônix e jaspe; safira, carbúnculo e esmeralda.[d] Seus en-
gastes e guarnições eram feitos de ouro; tudo foi preparado
no dia em que você foi criado. 14 Você foi ungido como um que-
rubim guardião, pois para isso eu o designei. Você estava no
monte santo de Deus e caminhava entre as pedras fulgurantes.
15 Você era inculpável em seus caminhos desde o dia em que foi

[a] 27.15 Conforme a Septuaginta. O Texto Massorético diz *Dedã*.
[b] 27.16 Alguns manuscritos do Texto Massorético e a Versão Siríaca dizem *Edom*.
[c] 28.3 Ou *Danel*.
[d] 28.13 A identificação precisa de algumas dessas pedras preciosas não é conhecida.

criado até que se achou maldade em você. 16 Por meio do seu
amplo comércio, você encheu-se de violência e pecou. Por isso
eu o lancei, humilhado, para longe do monte de Deus, e o ex-
pulsei, ó querubim guardião, do meio das pedras fulgurantes.
17 Seu coração tornou-se orgulhoso por causa da sua beleza, e
você corrompeu a sua sabedoria por causa do seu esplendor.
Por isso eu o atirei à terra; fiz de você um espetáculo para os
reis. 18 Por meio dos seus muitos pecados e do seu comércio
desonesto você profanou os seus santuários. Por isso fiz sair
de você um fogo, que o consumiu, e reduzi você a cinzas no
chão, à vista de todos os que estavam observando. 19 Todas as
nações que o conheciam espantaram-se ao vê-lo; chegou o seu
terrível fim, você não mais existirá".

Profecia contra Sidom

20 Veio a mim esta palavra do SENHOR: 21 "Filho do homem, vire
o rosto contra Sidom; profetize contra ela 22 e diga: Assim diz
o Soberano, o SENHOR:
"Estou contra você, Sidom, e manifestarei a minha glória
dentro de você. Todos saberão que eu sou o SENHOR, quando
eu castigá-la e mostrar-me santo em seu meio. 23 Enviarei uma
peste sobre você e farei sangue correr em suas ruas. Os mortos
cairão, derrubados pela espada que virá de todos os lados
contra você. E todos saberão que eu sou o SENHOR.
24 "Israel não terá mais vizinhos maldosos agindo como roseiras
bravas dolorosas e espinhos pontudos. Pois eles saberão que
eu sou o Soberano, o SENHOR.
25 "Assim diz o Soberano, o SENHOR: Quando eu reunir Israel
dentre as nações nas quais foi espalhado, eu me mostrarei
santo entre eles à vista das nações. Então eles viverão em sua
própria terra, a qual dei ao meu servo Jacó. 26 Eles viverão ali
em segurança, construirão casas e plantarão vinhas; viverão
em segurança quando eu castigar todos os seus vizinhos que
lhes fizeram mal. Então eles saberão que eu sou o SENHOR, o
seu Deus".

29 Profecia contra o Egito

No décimo segundo dia do décimo mês do décimo ano do
exílio, esta palavra do SENHOR veio a mim: 2 "Filho do homem,
vire o rosto contra o faraó, rei do Egito, e profetize contra ele e
contra todo o Egito. 3 Diga-lhe: Assim diz o Soberano, o SENHOR:
"Estou contra você, faraó, rei do Egito, contra você, grande
monstro deitado em meio a seus riachos. Você diz: 'O Nilo é
meu; eu o fiz para mim mesmo'. 4 Mas porei anzóis em seu
queixo e farei os peixes dos seus regatos se apegarem às suas
escamas, ó Egito. Puxarei você para fora dos seus riachos, com
todos os peixes grudados em suas escamas. 5 Deixarei você no
deserto, você e todos os peixes dos seus regatos. Você cairá
em campo aberto e não será recolhido nem sepultado. Darei
você como comida aos animais selvagens e às aves do céu.
6 "Então todos os que vivem no Egito saberão que eu sou o
SENHOR.
"Você tem sido um bordão de junco para a nação de Israel.
7 Quando eles o pegaram com as mãos, você rachou e rasgou
os ombros deles; quando eles se apoiaram em você, você se
quebrou, e as costas deles sofreram torção.[a]
8 "Portanto, assim diz o Soberano, o SENHOR: Trarei uma espada
contra você e matarei os seus homens e os seus animais. 9 O
Egito se tornará um deserto arrasado. Então eles saberão que
eu sou o SENHOR.
"Visto que você disse: 'O Nilo é meu; eu o fiz', 10 estou contra
você e contra os seus regatos e tornarei o Egito uma desgraça
e um deserto arrasado desde Migdol até Sevene, chegando
até a fronteira da Etiópia[b]. 11 Nenhum pé de homem ou pata de
animal o atravessará; ninguém morará ali por quarenta anos.
12 Farei a terra do Egito arrasada em meio a terras devastadas,
e suas cidades estarão arrasadas durante quarenta anos entre
cidades em ruínas. Espalharei os egípcios entre as nações e os
dispersarei entre os povos.
13 "Contudo, assim diz o Soberano, o SENHOR: Ao fim dos qua-
renta anos ajuntarei os egípcios dentre as nações nas quais
foram espalhados. 14 Eu os trarei de volta do cativeiro e os farei
voltar ao alto Egito[c], à terra dos seus antepassados. Ali serão
um reino humilde. 15 Será o mais humilde dos reinos, e nunca
mais se exaltará sobre as outras nações. Eu o farei tão fraco
que nunca mais dominará sobre as nações. 16 O Egito não ins-
pirará mais confiança a Israel, mas será uma lembrança de
sua iniquidade por procurá-lo em busca de ajuda. Então eles
saberão que eu sou o Soberano, o SENHOR".
17 No primeiro dia do primeiro mês do vigésimo sétimo ano do
exílio, esta palavra do SENHOR veio a mim: 18 "Filho do homem,
o rei Nabucodonosor, da Babilônia, conduziu o seu exército
numa dura campanha contra Tiro; toda cabeça foi esfregada
até não ficar cabelo algum e todo ombro ficou esfolado. Con-
tudo, ele e o seu exército não obtiveram nenhuma recompensa
com a campanha que ele conduziu contra Tiro. 19 Por isso,
assim diz o Soberano, o SENHOR: Vou dar o Egito ao rei Nabu-
codonosor, da Babilônia, e ele levará embora a riqueza dessa
nação. Ele saqueará e despojará a terra como pagamento para
o seu exército. 20 Eu lhe dei o Egito como recompensa por seus
esforços, por aquilo que ele e o seu exército fizeram para mim.
Palavra do Soberano, o SENHOR.
21 "Naquele dia farei crescer o poder[d] da nação de Israel, e
abrirei a minha boca no meio deles. Então eles saberão que
eu sou o SENHOR".

30 Um Lamento pelo Egito

Esta palavra do SENHOR veio a mim: 2 "Filho do homem,
profetize e diga: Assim diz o Soberano, o SENHOR:
"Clamem e digam: Ai! Aquele dia! 3 Pois o dia está próximo, o
dia do SENHOR está próximo; será dia de nuvens, uma época
de condenação para as nações. 4 A espada virá contra o Egito,

[a] 29.7 Conforme a Versão Siríaca. O Texto Massorético diz *e fez que as costas deles paralisassem*.
[b] 29.10 Hebraico: *Cuxe*.
[c] 29.14 Hebraico: *o Patros*.
[d] 29.21 Hebraico: *chifre*.

e angústia virá sobre a Etiópia[a]. Quando os mortos caírem no
Egito, sua riqueza lhe será tirada e os seus alicerces serão
despedaçados.
5 "A Etiópia e Fute, Lude e toda a Arábia, a Líbia[b] e o povo da
terra da aliança cairão à espada com o Egito.
6 "Assim diz o SENHOR:
"Os aliados do Egito cairão, e a sua orgulhosa força fracassará.
Desde Migdol até Sevene eles cairão à espada. Palavra do So-
berano, o SENHOR. 7 Serão arrasados no meio de terras devas-
tadas, e as suas cidades jazerão no meio de cidades em ruínas.
8 E eles saberão que eu sou o SENHOR, quando eu incendiar o
Egito e todos os que o apoiam forem esmagados.
9 "Naquele dia enviarei mensageiros em navios para assustar o
povo da Etiópia, que se sente seguro. A angústia se apoderará
deles no dia da condenação do Egito, pois é certo que isso
acontecerá.
10 "Assim diz o Soberano, o SENHOR:
"Darei fim à população do Egito pelas mãos do rei Nabucodo-
nosor, da Babilônia. 11 Ele e o seu exército, a nação mais im-
piedosa, serão levados para destruir a terra. Eles empunharão
a espada contra o Egito e a terra se encherá de mortos. 12 Eu
secarei os regatos do Nilo e venderei a terra a homens maus;
pela mão de estrangeiros deixarei arrasada a terra e tudo o
que nela há.
"Eu, o SENHOR, falei.
13 "Assim diz o Soberano, o SENHOR:
"Destruirei os ídolos e darei fim às imagens que há em Mênfis.
Não haverá mais príncipe no Egito, e espalharei medo por toda
a terra. 14 Arrasarei o alto Egito[c], incendiarei Zoã e infligirei
castigo a Tebas[d]. 15 Derramarei a minha ira sobre Pelúsio[e], a
fortaleza do Egito, e acabarei com a população de Tebas. 16 In-
cendiarei o Egito; Pelúsio se contorcerá de agonia. Tebas será
levada pela tempestade; Mênfis estará em constante aflição.
17 Os jovens de Heliópolis[f] e de Bubastis[g] cairão à espada, e a
população das cidades irá para o cativeiro. 18 As trevas impe-
rarão em pleno dia em Tafnes quando eu quebrar o cetro do
Egito; ali sua força orgulhosa chegará ao fim. Ficará coberta
de nuvens, e os moradores dos seus povoados irão para o ca-
tiveiro. 19 Assim eu darei castigo ao Egito, e todos ali saberão
que eu sou o SENHOR".
20 No sétimo dia do primeiro mês do décimo primeiro ano, a
palavra do SENHOR veio a mim: 21 "Filho do homem, quebrei
o braço do faraó, rei do Egito. Não foi enfaixado para sarar,
nem lhe foi posta uma tala para fortalecê-lo o bastante para
poder manejar a espada. 22 Portanto, assim diz o Soberano, o
SENHOR: Estou contra o faraó, rei do Egito. Quebrarei os seus
dois braços, o bom e o que já foi quebrado, e farei a espada
cair da sua mão. 23 Dispersarei os egípcios entre as nações
e os espalharei entre os povos. 24 Fortalecerei os braços do
rei da Babilônia e porei a minha espada nas mãos dele, mas
quebrarei os braços do faraó, e este gemerá diante dele como
um homem mortalmente ferido. 25 Fortalecerei os braços do rei
da Babilônia, mas os braços do faraó penderão sem firmeza.
Quando eu puser minha espada na mão do rei da Babilônia
e ele a brandir contra o Egito, eles saberão que eu sou o SE-
NHOR. 26 Eu dispersarei os egípcios no meio das nações e os
espalharei entre os povos. Então eles saberão que eu sou o
SENHOR".

Um Cedro no Líbano

31 No primeiro dia do terceiro mês do décimo primeiro ano,
a palavra do SENHOR veio a mim: 2 "Filho do homem, diga ao
faraó, rei do Egito, e ao seu povo:
"Quem é comparável a você em majestade? 3 Considere a As-
síria, outrora um cedro no Líbano, com belos galhos que faziam
sombra à floresta; era alto; seu topo ficava acima da espessa
folhagem. 4 As águas o nutriam, correntes profundas o faziam
crescer em grande altura; seus riachos fluíam de onde ele es-
tava para todas as árvores do campo. 5 Erguia-se mais alto que
todas as árvores do campo; brotaram muitos ramos e seus
galhos cresceram, espalhando-se, graças à fartura de água.
6 Todas as aves do céu se aninhavam em seus ramos, todos
os animais do campo davam à luz debaixo dos seus galhos;
todas as grandes nações viviam à sua sombra. 7 Era de uma
beleza majestosa, com seus ramos que tanto se espalhavam,
pois as suas raízes desciam até as muitas águas. 8 Os cedros
do jardim de Deus não eram rivais para ele, nem os pinheiros
conseguiam igualar-se aos seus ramos, nem os plátanos po-
diam comparar-se com os seus galhos; nenhuma árvore do
jardim de Deus podia equiparar-se à sua beleza. 9 Eu o fiz belo
com rica ramagem, a inveja de todas as árvores do Éden, do
jardim de Deus.
10 "Portanto, assim diz o Soberano, o SENHOR: Como ele se er-
gueu e se tornou tão alto, alçando seu topo acima da folhagem
espessa, e como ficou orgulhoso da sua altura, 11 eu o entreguei
ao governante das nações para que este o tratasse de acordo
com a sua maldade. Eu o rejeitei, 12 e a mais impiedosa das
nações estrangeiras o derrubou e o deixou. Seus ramos caíram
sobre os montes e em todos os vales; seus galhos jazeram
quebrados em todas as ravinas da terra. Todas as nações da
terra saíram de sua sombra e o abandonaram. 13 Todas as aves
do céu se instalaram na árvore caída, e todos os animais do
campo se abrigaram em seus galhos. 14 Por isso nenhuma outra
árvore junto às águas chegará a erguer-se orgulhosamente tão
alto, alçando o seu topo acima da folhagem espessa. Nenhuma
outra árvore igualmente bem regada chegará a essa altura;
estão todas destinadas à morte, e irão para debaixo da terra,
entre os homens mortais, com os que descem à cova.

[a] 30.4 Hebraico: *Cuxe*; também nos versículos 5 e 9.
[b] 30.5 Hebraico: *Cube*.
[c] 30.14 Hebraico: *Arrasarei Patros*.
[d] 30.14 Hebraico: *No*; também nos versículos 15 e 16.
[e] 30.15 Hebraico: *Sim*; também no versículo 16.
[f] 30.17 Hebraico: *Áven*.
[g] 30.17 Hebraico: *Pi-Besete*.

15 "Assim diz o Soberano, o SENHOR: No dia em que ele foi bai-
xado à sepultura[a], fiz o abismo encher-se de pranto por ele;
estanquei os seus riachos, e a sua fartura de água foi retida.
Por causa dele vesti o Líbano de trevas, e todas as árvores do
campo secaram-se completamente. 16 Fiz as nações tremerem
ao som da sua queda, quando o fiz descer à sepultura com os
que descem à cova. Então todas as árvores do Éden, as mais
belas e melhores do Líbano, todas as árvores bem regadas,
consolavam-se embaixo da terra. 17 Todos os que viviam à
sombra dele, seus aliados entre as nações, também haviam
descido com ele à sepultura, juntando-se aos que foram mortos
à espada.
18 "Qual das árvores do Éden pode comparar-se com você em
esplendor e majestade? No entanto, você também será derru-
bado e irá para baixo da terra com as árvores do Éden; você ja-
zerá entre os incircuncisos, com os que foram mortos à espada.
"Eis aí o faraó e todo o seu grande povo. Palavra do Soberano,
o SENHOR".

Um Lamento pelo Faraó

32 No primeiro dia do décimo segundo mês do décimo se-
gundo ano, esta palavra do SENHOR veio a mim: 2 "Filho do
homem, entoe um lamento a respeito do faraó, rei do Egito,
e diga-lhe:
"Você é como um leão entre as nações, como um monstro
nos mares, contorcendo-se em seus riachos, agitando e enla-
meando as suas águas com os pés.
3 "Assim diz o Soberano, o SENHOR:
"Com uma imensa multidão de povos lançarei sobre você a
minha rede, e com ela eles o puxarão para cima. 4 Atirarei você
na terra e o lançarei no campo. Deixarei que todas as aves do
céu se abriguem em você e os animais de toda a terra o devo-
rarão até fartar-se. 5 Estenderei a sua carne sobre os montes e
encherei os vales com os seus restos. 6 Encharcarei a terra com
o seu sangue por todo o caminho, até os montes, e os vales
ficarão cheios da sua carne. 7 Quando eu o extinguir, cobrirei
o céu e escurecerei as suas estrelas; cobrirei o sol com uma
nuvem, e a lua não dará a sua luz. 8 Todas as estrelas que bri-
lham nos céus, escurecerei sobre você e trarei escuridão sobre
a sua terra. Palavra do Soberano, o SENHOR. 9 Perturbarei os
corações de muitos povos quando eu provocar a sua destruição
entre as nações, em terras[b] que você não conheceu. 10 Farei
que muitos povos espantem-se ao vê-lo, e que os seus reis
fiquem arrepiados de horror por sua causa, quando eu brandir
a minha espada diante deles. No dia da sua queda todos eles
tremerão de medo sem parar, por suas vidas.
11 "Porque assim diz o Soberano, o SENHOR:
"A espada do rei da Babilônia virá contra você. 12 Farei multi-
dões do seu povo caírem à espada de poderosos, da mais im-
piedosa das nações. Eles destruirão o orgulho do Egito, e toda
a sua população será vencida. 13 Destruirei todo o seu rebanho,
junto às muitas águas, as quais não serão mais agitadas pelo
pé do homem nem serão enlameadas pelos cascos do gado.
14 Então deixarei que as suas águas se assentem e farei os seus
riachos fluírem como azeite. Palavra do Soberano, o SENHOR.
15 Quando eu arrasar o Egito e arrancar da terra tudo o que nela
existe, quando eu abater todos os que ali habitam, então eles
saberão que eu sou o SENHOR.
16 "Esse é o lamento que entoarão por causa dele. As filhas
das nações o entoarão; por causa do Egito e de todas as suas
multidões de povo, elas o entoarão. Palavra do Soberano, o
SENHOR".
17 No décimo quinto dia do mês do décimo segundo ano, esta
palavra do SENHOR veio a mim: 18 "Filho do homem, lamente-se
pelas multidões do Egito e faça descer para debaixo da terra
tanto elas como as filhas das nações poderosas, com aqueles
que descem à cova. 19 Diga ao povo: Acaso você merece mais
favores que as outras nações? Desça e deite-se com os incir-
cuncisos. 20 Eles cairão entre os que foram mortos à espada. A
espada está preparada; sejam eles arrastados com toda a mul-
tidão do seu povo. 21 De dentro da sepultura[c] os poderosos lí-
deres dirão ao Egito e aos seus aliados: 'Eles desceram e jazem
com os incircuncisos, com os que foram mortos à espada'.
22 "A Assíria está ali com todo o seu exército; está cercada pelos
túmulos de todos os seus mortos, de todos os que caíram à es-
pada. 23 Seus túmulos estão nas profundezas, e o seu exército
jaz ao redor de seu túmulo. Todos os que haviam espalhado
pavor na terra dos viventes estão mortos, caídos à espada.
24 "Elão está ali, com toda a sua população ao redor de seu
túmulo. Todos eles estão mortos, caídos à espada. Todos os
que haviam espalhado pavor na terra dos viventes desceram
incircuncisos para debaixo da terra. Carregam sua vergonha
com os que descem à cova. 25 Uma cama está preparada para
ele entre os mortos, com todas as suas hordas em torno de
seu túmulo. Todos estes incircuncisos foram mortos à espada.
O seu terror havia se espalhado na terra dos viventes e por isso
eles carregam sua desonra com aqueles que descem à cova;
jazem entre os mortos.
26 "Meseque e Tubal estão ali, com toda a sua população ao
redor de seus túmulos. Todos eles são incircuncisos e foram
mortos à espada porque espalharam o seu terror na terra dos
viventes. 27 Acaso não jazem com os outros guerreiros incircun-
cisos que caíram, que desceram à sepultura com suas armas de
guerra, cujas espadas foram postas debaixo da cabeça deles? O
castigo de suas iniquidades está sobre os seus ossos, embora
o pavor causado por esses guerreiros tenha percorrido a terra
dos viventes.
28 "Você também, ó faraó, será abatido e jazerá entre os incir-
cuncisos, com os que foram mortos à espada.
29 "Edom está ali, seus reis e todos os seus príncipes; a des-
peito de seu poder, jazem com os que foram mortos à espada.

[a] 31.15 Hebraico: *Sheol*. Essa palavra também pode ser traduzida por *profundezas*, *pó* ou *morte*; também nos versículos 16 e 17.

[b] 32.9 A Septuaginta diz *quando eu o levar ao cativeiro entre as nações, para a terra*.

[c] 32.21 Hebraico: *Sheol*. Essa palavra também pode ser traduzida por *profundezas*, *pó* ou *morte*; também no versículo 27.

Jazem com os incircuncisos, com aqueles que descem à cova.
30 "Todos os príncipes do norte e todos os sidônios estão ali;
eles desceram com os mortos, cobertos de vergonha, apesar
do pavor provocado pelo poder que tinham. Eles jazem incir-
cuncisos com os que foram mortos à espada e carregam sua
desonra com aqueles que descem à cova.
31 "O faraó, ele e todo o seu exército, os verá e será consolado
da perda de todo o seu povo, que foi morto à espada. Palavra
do Soberano, o SENHOR. 32 Embora eu o tenha feito espalhar
pavor na terra dos viventes, o faraó e todo o seu povo jazerão
entre os incircuncisos, com os que foram mortos à espada.
Palavra do Soberano, o SENHOR".

33 Ezequiel, a Sentinela

Esta palavra do SENHOR veio a mim: 2 "Filho do homem,
fale com os seus compatriotas e diga-lhes: Quando eu trouxer
a espada contra uma terra e o povo dessa terra escolher um
homem para ser sentinela, 3 e ele vir a espada vindo contra
a terra e tocar a trombeta para advertir o povo, 4 então, se
alguém ouvir a trombeta mas não der atenção à advertência
e a espada vier e tirar a sua vida, este será responsável por
sua própria morte. 5 Uma vez que ele ouviu o som da trombeta
mas não deu atenção à advertência, será responsável por sua
morte. Se ele desse atenção à advertência, se livraria. 6 Mas, se
a sentinela vir chegar a espada e não tocar a trombeta para ad-
vertir o povo e a espada vier e tirar a vida de um deles, aquele
homem morrerá por causa de sua iniquidade, mas considerarei
a sentinela responsável pela morte daquele homem.
7 "Filho do homem, eu fiz de você uma sentinela para a nação
de Israel; por isso, ouça a minha palavra e advirta-os em meu
nome. 8 Quando eu disser ao ímpio que é certo que ele morrerá
e você não falar para dissuadi-lo de seus caminhos, aquele
ímpio morrerá por[a] sua iniquidade, mas eu considerarei você
responsável pela morte dele. 9 Entretanto, se você de fato ad-
vertir o ímpio para que se desvie dos seus caminhos e ele não
se desviar, ele morrerá por sua iniquidade, e você estará livre
da sua responsabilidade.
10 "Filho do homem, diga à nação de Israel: É isto que vocês
estão dizendo: 'Nossas ofensas e pecados são um peso sobre
nós, e estamos desfalecendo por causa deles[b]. Como então
poderemos viver?' 11 Diga-lhes: Juro pela minha vida, palavra
do Soberano, o SENHOR, que não tenho prazer na morte dos
ímpios, antes tenho prazer em que eles se desviem dos seus
caminhos e vivam. Voltem! Voltem-se dos seus maus caminhos!
Por que o seu povo haveria de morrer, ó nação de Israel?
12 "Por isso, filho do homem, diga aos seus compatriotas: A
retidão do justo não o livrará se ele se voltar para a desobe-
diência, e a maldade do ímpio não o fará cair se ele se desviar
dela. E, se pecar, o justo não viverá por causa de sua justiça.
13 Se eu garantir ao justo que ele irá viver, mas ele, confiando
em sua justiça, fizer o mal, de suas ações justas nada será
lembrado; ele morrerá por causa do mal que fez. 14 E, se você
disser ao ímpio: Certamente você morrerá, mas ele se desviar
do seu pecado e fizer o que é justo e certo; 15 se ele devolver
o que apanhou como penhor de um empréstimo, se devolver
o que roubou, se agir segundo os decretos que dão vida e não
fizer mal algum, é certo que viverá; não morrerá. 16 Nenhum dos
pecados que cometeu será lembrado contra ele. Ele fez o que
é justo e certo; certamente viverá.
17 "Contudo, os seus compatriotas dizem: 'O caminho do Senhor
não é justo'. Mas é o caminho deles que não é justo. 18 Se um
justo se afastar de sua justiça e fizer o mal, morrerá. 19 E, se um
ímpio se desviar de sua maldade e fizer o que é justo e certo,
viverá por assim proceder. 20 No entanto, ó nação de Israel,
você diz: 'O caminho do Senhor não é justo'. Mas eu julgarei
cada um de acordo com os seus próprios caminhos".

A Razão da Queda de Jerusalém

21 No quinto dia do décimo mês do décimo segundo ano do
nosso exílio, um homem que havia escapado de Jerusalém veio
a mim e disse: "A cidade caiu!" 22 Ora, na tarde do dia anterior,
a mão do SENHOR estivera sobre mim, e ele abriu a minha boca
antes de chegar aquele homem. Assim foi aberta a minha boca,
e eu não me calei mais.
23 Então me veio esta palavra do SENHOR: 24 "Filho do homem, o
povo que vive naquelas ruínas em Israel está dizendo: 'Abraão
era apenas um único homem e, contudo, possuiu a terra. Mas
nós somos muitos; com certeza receberemos a terra como pro-
priedade'. 25 Então diga a eles: Assim diz o Soberano, o SENHOR:
Uma vez que vocês comem carne com sangue, voltam-se para
os seus ídolos e derramam sangue, como deveriam possuir a
terra? 26 Vocês confiam na espada, fazem coisas repugnantes,
e cada um de vocês contamina a mulher do seu próximo. De-
veriam possuir a terra?
27 "Diga isto a eles: Assim diz o Soberano, o SENHOR: Juro pela
minha vida: Os que restam nas ruínas cairão à espada, os que
estão no campo entregarei aos animais selvagens para ser de-
vorados, e os que se abrigam em fortalezas e em cavernas
morrerão de peste. 28 Tornarei a terra um deserto abandonado.
Darei fim ao poder de que se orgulha, e tão arrasados estarão
os montes de Israel que ninguém desejará passar por lá. 29 Eles
saberão que eu sou o SENHOR, quando eu tiver tornado a terra
um deserto abandonado por causa de todas as práticas repug-
nantes que eles cometeram.
30 "Quanto a você, filho do homem, seus compatriotas estão
conversando sobre você junto aos muros e às portas das casas,
dizendo uns aos outros: 'Venham ouvir a mensagem que veio
da parte do SENHOR'. 31 O meu povo vem a você, como costuma
fazer, e se assenta para ouvir as suas palavras, mas não as
põe em prática. Com a boca eles expressam devoção, mas o
coração deles está ávido de ganhos injustos. 32 De fato, para
eles você não é nada mais que um cantor que entoa cânticos
de amor com uma bela voz e que sabe tocar um instrumento,
pois eles ouvem as suas palavras, mas não as põem em prática.

[a] 33.8 Ou *em*; também no versículo 9.
[b] 33.10 Ou *desfalecendo neles*

33 "Quando tudo isso acontecer — e certamente acontecerá —,
eles saberão que um profeta esteve no meio deles".

34 Os Pastores e as Ovelhas

Veio a mim esta palavra do SENHOR: 2 "Filho do homem,
profetize contra os pastores de Israel; profetize e diga-lhes:
Assim diz o Soberano, o SENHOR: Ai dos pastores de Israel que
só cuidam de si mesmos! Acaso os pastores não deveriam
cuidar do rebanho? 3 Vocês comem a coalhada, vestem-se
de lã e abatem os melhores animais, mas não tomam conta
do rebanho. 4 Vocês não fortaleceram a fraca nem curaram
a doente nem enfaixaram a ferida. Vocês não trouxeram de
volta as desviadas nem procuraram as perdidas. Vocês têm
dominado sobre elas com dureza e brutalidade. 5 Por isso elas
estão dispersas, porque não há pastor algum e, quando foram
dispersas, elas se tornaram comida de todos os animais sel-
vagens. 6 As minhas ovelhas vaguearam por todos os montes e
por todas as altas colinas. Foram dispersas por toda a terra, e
ninguém se preocupou com elas nem as procurou.
7 "Por isso, pastores, ouçam a palavra do SENHOR: 8 Juro pela
minha vida, palavra do Soberano, o SENHOR: Visto que o meu
rebanho ficou sem pastor, foi saqueado e se tornou comida de
todos os animais selvagens, e uma vez que os meus pastores
não se preocuparam com o meu rebanho, mas cuidaram de si
mesmos em vez de cuidarem do rebanho, 9 ouçam a palavra do
SENHOR, ó pastores: 10 Assim diz o Soberano, o SENHOR: Estou
contra os pastores e os considerarei responsáveis pelo meu
rebanho. Eu lhes tirarei a função de apascentá-lo para que
os pastores não mais se alimentem a si mesmos. Livrarei o
meu rebanho da boca deles, e as ovelhas não lhes servirão
mais de comida.
11 "Porque assim diz o Soberano, o SENHOR: Eu mesmo buscarei
as minhas ovelhas e delas cuidarei. 12 Assim como o pastor
busca as ovelhas dispersas quando está cuidando do rebanho,
também tomarei conta de minhas ovelhas. Eu as resgatarei de
todos os lugares para onde foram dispersas num dia de nuvens
e de trevas. 13 Eu as farei sair das outras nações e as reunirei,
trazendo-as dos outros povos para a sua própria terra. E as
apascentarei nos montes de Israel, nos vales e em todos os
povoados do país. 14 Tomarei conta delas numa boa pastagem,
e os altos dos montes de Israel serão a terra onde pastarão;
ali se alimentarão, num rico pasto nos montes de Israel. 15 Eu
mesmo tomarei conta das minhas ovelhas e as farei deitar-se
e repousar. Palavra do Soberano, o SENHOR. 16 Procurarei as
perdidas e trarei de volta as desviadas. Enfaixarei a que es-
tiver ferida e fortalecerei a fraca, mas a rebelde e forte eu
destruirei. Apascentarei o rebanho com justiça.
17 "Quanto a você, meu rebanho, assim diz o Soberano, o SE-
NHOR: Julgarei entre uma ovelha e outra, e entre carneiros e
bodes. 18 Não basta que comam em boa pastagem? Deverão
vocês também pisotear o restante da pastagem? Não basta
que bebam água límpida? Deverão vocês também enlamear
o restante com os pés? 19 Deverá o meu rebanho alimentar-se
daquilo que vocês pisotearam e beber daquilo que vocês en-
lamearam com os pés?
20 "Por isso, assim diz o Soberano, o SENHOR, a eles: Vejam, eu
mesmo julgarei entre a ovelha gorda e a magra. 21 Pois vocês
forçaram passagem com o corpo e com o ombro, empurrando
todas as ovelhas fracas com os chifres até expulsá-las; 22 eu
salvarei o meu rebanho, e elas não mais serão saqueadas. Jul-
garei entre uma ovelha e outra. 23 Porei sobre elas um pastor, o
meu servo Davi, e ele cuidará delas; cuidará delas e será o seu
pastor. 24 Eu, o SENHOR, serei o seu Deus, e o meu servo Davi
será o líder no meio delas. Eu, o SENHOR, falei.
25 "Farei uma aliança de paz com elas e deixarei a terra livre
de animais selvagens para que as minhas ovelhas possam viver
com segurança no deserto e dormir nas florestas. 26 Eu as aben-
çoarei e abençoarei os lugares em torno da minha colina.[a] Na
estação própria farei descer chuva; haverá chuvas de bênçãos.
27 As árvores do campo produzirão o seu fruto, a terra produzirá
a sua safra e as ovelhas estarão seguras na terra. Elas saberão
que eu sou o SENHOR, quando eu quebrar as cangas de seu
jugo e as livrar das mãos daqueles que as escravizaram. 28 Não
serão mais saqueadas pelas nações, nem os animais selvagens
as devorarão. Viverão em segurança, e ninguém lhes causará
medo. 29 Eu lhes darei uma terra famosa por suas colheitas, e
elas não serão mais vítimas de fome na terra nem carregarão
a zombaria das nações. 30 Então elas saberão que eu, o SENHOR,
o seu Deus, estou com elas, e que elas, a nação de Israel, são
o meu povo. Palavra do Soberano, o SENHOR. 31 Vocês, minhas
ovelhas, ovelhas da minha pastagem, são o meu povo, e eu sou
o seu Deus. Palavra do Soberano, o SENHOR".

35 Profecia contra Edom

Esta palavra do SENHOR veio a mim: 2 "Filho do homem,
vire o rosto contra o monte Seir; profetize contra ele 3 e diga:
Assim diz o Soberano, o SENHOR: Estou contra você, monte Seir,
e estenderei o meu braço contra você e farei de você um de-
serto arrasado. 4 Transformarei as suas cidades em ruínas, e
você ficará arrasado. Então você saberá que eu sou o SENHOR.
5 "Visto que você manteve uma velha hostilidade e entregou
os israelitas à espada na hora da desgraça, na hora em que o
castigo deles chegou, 6 por isso, juro pela minha vida, palavra
do Soberano, o SENHOR, que entregarei você ao espírito san-
guinário, e este o perseguirá. Uma vez que você não detestou
o espírito sanguinário, este o perseguirá. 7 Farei do monte Seir
um deserto arrasado e dele eliminarei todos os que por ali vêm
e vão. 8 Encherei seus montes de mortos; os mortos à espada
cairão em suas colinas, em seus vales e em todas as suas ra-
vinas. 9 Arrasarei você para sempre; suas cidades ficarão ina-
bitáveis. Então você saberá que eu sou o SENHOR.
10 "Uma vez que você disse: 'Estas duas nações e povos serão
nossos e nos apossaremos deles', estando eu, o SENHOR, ali,
11 juro pela minha vida, palavra do Soberano, o SENHOR, que
tratarei você de acordo com a ira e o ciúme que você mos-

---

[a] 34.26 Ou *Eu farei que elas e os lugares em torno da minha colina sejam uma bênção.*

trou em seu ódio para com eles e me farei conhecido entre
eles quando eu julgar você. 12 Então você saberá que eu, o
SENHOR, ouvi todas as coisas desprezíveis que você disse contra
os montes de Israel. Você disse: 'Eles foram arrasados e nos
foram entregues para que os devoremos'. 13 Você encheu-se
de orgulho contra mim e falou contra mim sem se conter, e
eu o ouvi. 14 Pois assim diz o Soberano, o SENHOR: Enquanto a
terra toda se regozija, eu o arrasarei. 15 Como você se regozijou
quando a herança da nação de Israel foi arrasada, é assim que
eu o tratarei. Você ficará arrasado, ó monte Seir, você e todo o
Edom. Então saberão que eu sou o SENHOR.

36 Profecia para os Montes de Israel

"Filho do homem, profetize para os montes de Israel e
diga: Ó montes de Israel, ouçam a palavra do SENHOR. 2 Assim
diz o Soberano, o SENHOR: O inimigo disse a respeito de vocês:
'Ah! Ah! As antigas elevações se tornaram nossas'. 3 Por isso
profetize e diga: Assim diz o Soberano, o SENHOR: Eles devas-
taram e perseguiram vocês por todos os lados, de maneira que
vocês se tornaram propriedade das demais nações e objeto de
conversa maliciosa e de calúnia de todos. 4 Por isso, ó montes
de Israel, ouçam a palavra do Soberano, o SENHOR: Assim diz
o Soberano, o SENHOR, aos montes, às colinas, às ravinas, aos
vales, às ruínas arrasadas e às cidades abandonadas que foram
saqueadas e ridicularizadas pelas demais nações ao seu redor
— 5 assim diz o Soberano, o SENHOR: Em meu zelo ardente falei
contra o restante das nações e contra todo o Edom, pois, com
prazer e com maldade no coração, eles fizeram de minha terra
sua propriedade, para saquear suas pastagens. 6 Por isso, pro-
fetize acerca da terra de Israel e diga aos montes, às colinas,
às ravinas e aos vales: Assim diz o Soberano, o SENHOR: Falo
com ciúme em minha ira porque vocês sofreram a zombaria das
nações. 7 Por isso, assim diz o Soberano, o SENHOR: Juro de mão
erguida que as nações ao redor também sofrerão zombaria.
8 "Mas vocês, ó montes de Israel, produzirão galhos e frutos
para Israel, o meu povo, pois ele virá logo para casa. 9 Estou
preocupado com vocês e olharei para vocês favoravelmente;
vocês serão arados e semeados, 10 e os multiplicarei, sim,
toda a nação de Israel. As cidades serão habitadas e as ruínas
reconstruídas. 11 Multiplicarei os homens e os animais, e eles
serão prolíferos e se tornarão numerosos. Tornarei a povoá-
-los como no passado, e farei vocês prosperarem mais do que
antes. Então vocês saberão que eu sou o SENHOR. 12 Farei Israel,
o meu povo, andar sobre vocês. Vocês lhe pertencerão, serão a
herança de Israel; vocês nunca mais os privarão dos seus filhos.
13 "Assim diz o Soberano, o SENHOR: Como de fato dizem a você:
'Você devora homens e priva a sua nação de filhos', 14 você não
mais devorará nem tornará sua nação sem filhos. Palavra do
Soberano, o SENHOR. 15 Eu não permitirei mais que você ouça o
sarcasmo das nações, e você não sofrerá mais a zombaria dos
povos nem fará mais a sua nação cair. Palavra do Soberano,
o SENHOR".

16 De novo a palavra do SENHOR veio a mim, dizendo: 17 "Filho do
homem, quando os israelitas moravam em sua própria terra,
eles a contaminaram com sua conduta e com suas ações. Sua
conduta era à minha vista como a impureza menstrual de uma
mulher. 18 Por essa razão derramei sobre eles a minha ira,
porque eles derramaram sangue na terra e porque se conta-
minaram com seus ídolos. 19 Eu os dispersei entre as nações, e
eles foram espalhados entre os povos; eu os julguei de acordo
com a conduta e as ações deles. 20 E, por onde andaram entre
as nações, eles profanaram o meu santo nome, pois se dizia
a respeito deles: 'Esse é o povo do SENHOR, mas assim mesmo
teve que sair da terra que o SENHOR lhe deu'. 21 Tive conside-
ração pelo meu santo nome, o qual a nação de Israel profanou
entre as nações para onde tinha ido.
22 "Por isso, diga à nação de Israel: Assim diz o Soberano,
o SENHOR: Não é por sua causa, ó nação de Israel, que farei
essas coisas, mas por causa do meu santo nome, que vocês
profanaram entre as nações para onde foram. 23 Mostrarei a
santidade do meu santo nome, que foi profanado entre as na-
ções, o nome que vocês profanaram no meio delas. Então as
nações saberão que eu sou o SENHOR, palavra do Soberano, o
SENHOR, quando eu me mostrar santo por meio de vocês diante
dos olhos delas.
24 "Pois eu os tirarei dentre as nações, os ajuntarei do meio
de todas as terras e os trarei de volta para a sua própria terra.
25 Aspergirei água pura sobre vocês e ficarão puros; eu os pu-
rificarei de todas as suas impurezas e de todos os seus ídolos.
26 Darei a vocês um coração novo e porei um espírito novo em
vocês; tirarei de vocês o coração de pedra e, em troca, darei
um coração de carne. 27 Porei o meu Espírito em vocês e os
levarei a agir segundo os meus decretos e a obedecer fiel-
mente às minhas leis. 28 Vocês habitarão na terra que dei aos
seus antepassados; vocês serão o meu povo, e eu serei o seu
Deus. 29 Eu os livrarei de toda a sua impureza. Convocarei o
cereal e o farei multiplicar-se, e não trarei fome sobre vocês.
30 Aumentarei a produção das árvores e as safras dos campos,
de modo que vocês não sofrerão mais vergonha entre as na-
ções por causa da fome. 31 Então vocês se lembrarão dos seus
caminhos maus e das suas ações ímpias e terão nojo de vocês
mesmos por causa das suas iniquidades e das suas práticas
repugnantes. 32 Quero que saibam que não estou fazendo isso
por causa de vocês. Palavra do Soberano, o SENHOR. Envergo-
nhem-se e humilhem-se por causa de sua conduta, ó nação
de Israel!
33 "Assim diz o Soberano, o SENHOR: No dia em que eu os puri-
ficar de todos os seus pecados, restabelecerei as suas cidades
e as ruínas serão reconstruídas. 34 A terra arrasada será cul-
tivada; não permanecerá arrasada à vista de todos que pas-
sarem por ela. 35 Estes dirão: 'Esta terra que estava arrasada
tornou-se como o jardim do Éden; as cidades que jaziam em
ruínas, arrasadas e destruídas, agora estão fortificadas e ha-
bitadas'. 36 Então as nações que estiverem ao redor de vocês
e que subsistirem saberão que eu, o SENHOR, reconstruí o que

estava destruído e replantei o que estava arrasado. Eu, o SE-
NHOR, falei, e o farei.
37 "Assim diz o Soberano, o SENHOR: Uma vez mais cederei à
súplica da nação de Israel e farei isto por ela: tornarei o seu
povo tão numeroso como as ovelhas, 38 e como os grandes
rebanhos destinados às ofertas das festas fixas de Jerusalém.
Desse modo as cidades em ruínas ficarão cheias de rebanhos
de gente. Então eles saberão que eu sou o SENHOR".

37 O Vale dos Ossos Secos

A mão do SENHOR estava sobre mim, e por seu Espírito ele
me levou a um vale cheio de ossos. 2 Ele me levou de um lado
para outro, e pude ver que era enorme o número de ossos no
vale e que os ossos estavam muito secos. 3 Ele me perguntou:
"Filho do homem, estes ossos poderão tornar a viver?"
Eu respondi: "Ó Soberano SENHOR, só tu o sabes".
4 Então ele me disse: "Profetize a estes ossos e diga-lhes: Ossos
secos, ouçam a palavra do SENHOR! 5 Assim diz o Soberano, o SE-
NHOR, a estes ossos: Farei um espírito entrar em vocês, e vocês
terão vida. 6 Porei tendões em vocês e farei aparecer carne
sobre vocês e os cobrirei com pele; porei um espírito em vocês,
e vocês terão vida. Então vocês saberão que eu sou o SENHOR".
7 E eu profetizei conforme a ordem recebida. Enquanto profe-
tizava, houve um barulho, um som de chocalho, e os ossos se
juntaram, osso com osso. 8 Olhei, e os ossos foram cobertos de
tendões e de carne, e depois de pele; mas não havia espírito
neles.
9 A seguir ele me disse: "Profetize ao espírito; profetize, filho
do homem, e diga-lhe: Assim diz o Soberano, o SENHOR: Venha
desde os quatro ventos, ó espírito, e sopre dentro desses
mortos, para que vivam". 10 Profetizei conforme a ordem re-
cebida, e o espírito entrou neles; eles receberam vida e se
puseram em pé. Era um exército enorme!
11 Então ele me disse: "Filho do homem, estes ossos são toda a
nação de Israel. Eles dizem: 'Nossos ossos se secaram e nossa
esperança desvaneceu-se; fomos exterminados'. 12 Por isso
profetize e diga-lhes: Assim diz o Soberano, o SENHOR: Ó meu
povo, vou abrir os seus túmulos e fazê-los sair; trarei vocês de
volta à terra de Israel. 13 E, quando eu abrir os seus túmulos e
os fizer sair, vocês, meu povo, saberão que eu sou o SENHOR.
14 Porei o meu Espírito em vocês e vocês viverão, e eu os esta-
belecerei em sua própria terra. Então vocês saberão que eu, o
SENHOR, falei e fiz. Palavra do SENHOR".

Uma Só Nação e Um Só Rei

15 Esta palavra do SENHOR veio a mim: 16 "Filho do homem, es-
creva num pedaço de madeira: Pertencente a Judá e aos is-
raelitas, seus companheiros. Depois escreva noutro pedaço de
madeira: Vara de Efraim, pertencente a José e a toda a nação
de Israel, seus companheiros. 17 Junte-os numa única vara para
que se tornem uma só em sua mão.
18 "Quando os seus compatriotas perguntarem: 'Você não vai
nos dizer o que significa isso?' 19 Diga-lhes: Assim diz o Sobe-
rano, o SENHOR: Vou apanhar a vara que está na mão de Efraim,
pertencente a José e às demais tribos israelitas, suas compa-
nheiras, e vou juntá-las à vara de Judá. Assim farei delas um
único pedaço de madeira, e elas se tornarão uma só na minha
mão. 20 Segure diante dos olhos deles os pedaços de madeira
em que você escreveu 21 e diga-lhes: Assim diz o Soberano, o
SENHOR: Tirarei os israelitas das nações para onde foram. Vou
ajuntá-los de todos os lugares ao redor e trazê-los de volta
à sua própria terra. 22 Eu os farei uma única nação na terra,
nos montes de Israel. Haverá um único rei sobre todos eles,
e nunca mais serão duas nações nem estarão divididos em
dois reinos. 23 Não se contaminarão mais com seus ídolos e
imagens detestáveis nem com nenhuma de suas transgressões,
pois eu os salvarei de todas as suas apostasias pecaminosas[a]
e os purificarei. Eles serão o meu povo, e eu serei o seu Deus.
24 "O meu servo Davi será rei sobre eles, e todos eles terão um
só pastor. Seguirão as minhas leis e terão o cuidado de obe-
decer aos meus decretos. 25 Viverão na terra que dei ao meu
servo Jacó, a terra onde os seus antepassados viveram. Eles e
os seus filhos e os filhos de seus filhos viverão ali para sempre,
e o meu servo Davi será o seu líder para sempre. 26 Farei uma
aliança de paz com eles; será uma aliança eterna. Eu os fir-
marei e os multiplicarei, e porei o meu santuário no meio deles
para sempre. 27 Minha morada estará com eles; eu serei o seu
Deus, e eles serão o meu povo. 28 Então, quando o meu san-
tuário estiver entre eles para sempre, as nações saberão que
eu, o SENHOR, santifico Israel".

38 Profecia contra Gogue

Veio a mim esta palavra do SENHOR: 2 "Filho do homem,
vire o rosto contra Gogue, da terra de Magogue, o príncipe
maior de[b] Meseque e de Tubal; profetize contra ele 3 e diga:
Assim diz o Soberano, o SENHOR: Estou contra você, ó Gogue,
príncipe maior de Meseque e de Tubal. 4 Farei você girar, porei
anzóis em seu queixo e o farei sair com todo o seu exército:
seus cavalos, seus cavaleiros totalmente armados e uma
grande multidão com escudos grandes e pequenos, todos eles
brandindo suas espadas. 5 A Pérsia, a Etiópia e a Líbia[c] estarão
com eles, todos com escudos e capacetes; 6 Gômer com todas
as suas tropas, e Bete-Togarma, do extremo norte, com todas
as suas tropas; muitas nações com você.
7 "Apronte-se; esteja preparado, você e todas as multidões
reunidas ao seu redor, e assuma o comando delas. 8 Depois
de muitos dias você será chamado às armas. Daqui a alguns
anos você invadirá uma terra que se recuperou da guerra, cujo
povo foi reunido dentre muitas nações nos montes de Israel,
os quais por muito tempo estiveram arrasados. Trazido das
nações, agora vive em segurança. 9 Você, todas as suas tropas
e as muitas nações subirão, avançando como uma tempestade;
você será como uma nuvem cobrindo a terra.

---

[a] **37.23** Ou *de todas as moradias em que pecaram*

[b] **38.2** Ou *príncipe de Rôs e de*; também no versículo 3 e em 39.1.

[c] **38.5** Hebraico: *Cuxe e Fute*.

10 "Assim diz o Soberano, o SENHOR: Naquele dia virão pensa-
mentos à sua cabeça e você maquinará um plano maligno.
11 Você dirá: 'Invadirei uma terra de povoados; atacarei um povo
pacífico e que de nada suspeita, onde todos moram em cidades
sem muros, sem portas e sem trancas. 12 Despojarei, saquearei
e voltarei a minha mão contra as ruínas reerguidas e contra
o povo reunido dentre as nações, rico em gado e em bens,
que vive na parte central do território[a]'. 13 Sabá e Dedã e os
mercadores de Társis e todos os seus povoados[b] dirão a você:
'Você veio para tomar despojos? Você reuniu essa multidão
para saquear, levar embora prata e ouro, tomar o gado e os
bens e apoderar-se de muitos despojos?'
14 "Por isso, filho do homem, profetize e diga a Gogue: Assim diz
o Soberano, o SENHOR: Naquele dia, quando Israel, o meu povo,
estiver vivendo em segurança, será que você não vai reparar
nisso? 15 Você virá do seu lugar, do extremo norte, você, acom-
panhado de muitas nações, todas elas montadas em cavalos,
uma grande multidão, um exército numeroso. 16 Você avançará
contra Israel, o meu povo, como uma nuvem que cobre a terra.
Nos dias vindouros, ó Gogue, trarei você contra a minha terra,
para que as nações me conheçam quando eu me mostrar santo
por meio de você diante dos olhos delas.
17 "Assim diz o Soberano, o SENHOR: Acaso você não é aquele
de quem falei em dias passados por meio dos meus servos, os
profetas de Israel? Naquela época eles profetizaram durante
anos que eu traria você contra Israel. 18 É isto que acontecerá
naquele dia: Quando Gogue atacar Israel, será despertado o
meu furor. Palavra do Soberano, o SENHOR. 19 Em meu zelo e
em meu grande furor declaro que naquela época haverá um
grande terremoto em Israel. 20 Os peixes do mar, as aves do
céu, os animais do campo, toda criatura que rasteja pelo chão
e todas as pessoas da face da terra tremerão diante da minha
presença. Os montes serão postos abaixo, os penhascos se
desmoronarão e todos os muros cairão. 21 Convocarei a espada
contra Gogue em todos os meus montes. Palavra do Soberano,
o SENHOR. A espada de cada um será contra o seu irmão. 22 Exe-
cutarei juízo sobre ele com peste e derramamento de sangue;
desabarei torrentes de chuva, saraiva e enxofre ardente sobre
ele e sobre as suas tropas e sobre as muitas nações que es-
tarão com ele. 23 E assim mostrarei a minha grandeza e a minha
santidade, e me farei conhecido de muitas nações. Então eles
saberão que eu sou o SENHOR.

39 "Filho do homem, profetize contra Gogue e diga: Assim
diz o Soberano, o SENHOR: Eu estou contra você, ó Gogue,
príncipe maior de Meseque e de Tubal. 2 Farei você girar e o
arrastarei. Eu o trarei do extremo norte e o enviarei contra os
montes de Israel. 3 Então derrubarei o arco da sua mão es-
querda e farei suas flechas caírem da sua mão direita. 4 Nos
montes de Israel você cairá, você e todas as suas tropas e as
nações que estiverem com você. Eu darei você como comida
a todo tipo de ave que come carniça e aos animais do campo.
5 Você cairá em campo aberto, pois eu falei. Palavra do So-
berano, o SENHOR. 6 Mandarei fogo sobre Magogue e sobre
aqueles que vivem em segurança nas regiões costeiras, e eles
saberão que eu sou o SENHOR.
7 "Farei conhecido o meu santo nome no meio de Israel, o meu
povo. Não mais deixarei que o meu nome seja profanado, e as
nações saberão que eu, o SENHOR, sou o Santo de Israel. 8 E aí
vem! É certo que acontecerá. Palavra do Soberano, o SENHOR.
Este é o dia de que eu falei.
9 "Então aqueles que morarem nas cidades de Israel sairão e
usarão armas como combustível e as queimarão: os escudos,
pequenos e grandes, os arcos e flechas, os bastões de guerra
e as lanças. Durante sete anos eles as utilizarão como combus-
tível. 10 Não precisarão ajuntar lenha nos campos nem cortá-la
nas florestas, porque eles usarão as armas como combustível.
E eles despojarão aqueles que os despojaram e saquearão
aqueles que os saquearam. Palavra do Soberano, o SENHOR.
11 "Naquele dia darei a Gogue um túmulo em Israel, no vale
dos que viajam para o oriente na direção[c] do Mar[d]. Ele blo-
queará o caminho dos viajantes porque Gogue e todos os seus
batalhões serão sepultados ali. Por isso será chamado vale de
Hamom-Gogue[e].
12 "Durante sete meses a nação de Israel os sepultará a fim de
purificar a terra. 13 Todo o povo da terra os sepultará, e o dia
em que eu for glorificado será para eles um dia memorável.
Palavra do Soberano, o SENHOR.
14 "Depois dos sete meses serão contratados homens para
percorrer a terra e sepultar os que ainda restarem. E assim a
terra será purificada. 15 Quando estiverem percorrendo a terra
e um deles vir um osso humano, fincará um marco ao lado do
osso até que os coveiros o sepultem no vale de Hamom-Gogue.
16 (Também haverá ali uma cidade à qual se dará o nome de
Hamoná[f].) E assim eles purificarão a terra.
17 "Filho do homem, assim diz o Soberano, o SENHOR: Chame
todo tipo de ave e todos os animais do campo: Venham de
todos os lugares ao redor e reúnam-se para o sacrifício que
estou preparando para vocês, o grande sacrifício nos montes
de Israel. Ali vocês comerão carne e beberão sangue. 18 Co-
merão a carne dos poderosos e beberão o sangue dos príncipes
da terra como se eles fossem carneiros, cordeiros, bodes e
novilhos, todos eles animais gordos de Basã. 19 No sacrifício que
estou preparando vocês comerão gordura até empanturrar-se
e beberão sangue até embriagar-se. 20 À minha mesa vocês
comerão sua porção de cavalos e cavaleiros, de homens pode-
rosos e soldados de todo tipo. Palavra do Soberano, o SENHOR.
21 "Exibirei a minha glória entre as nações, e todas as nações
verão o castigo que eu trouxer e a mão que eu colocar sobre

a 38.12 Hebraico: *no umbigo da terra*.
b 38.13 Ou *seus leões fortes*

c 39.11 Ou *viajam a leste*
d 39.11 Isto é, o mar Morto.
e 39.11 *Hamom-Gogue* significa *hordas de Gogue*.
f 39.16 *Hamoná* significa *hordas*.

eles. 22 Daquele dia em diante a nação de Israel saberá que eu
sou o SENHOR, o seu Deus. 23 E as nações saberão que os israe-
litas foram para o exílio por sua iniquidade, porque me foram
infiéis. Por isso escondi deles o meu rosto e os entreguei nas
mãos de seus inimigos, e eles caíram à espada. 24 Tratei com
eles de acordo com a sua impureza e com as suas transgres-
sões, e escondi deles o meu rosto.
25 "Por isso, assim diz o Soberano, o SENHOR: Agora trarei Jacó
de volta do cativeiro[a] e terei compaixão de toda a nação de
Israel, e serei zeloso pelo meu santo nome. 26 Eles se esque-
cerão da vergonha por que passaram e de toda a infidelidade
que mostraram para comigo enquanto viviam em segurança em
sua terra, sem que ninguém lhes causasse medo. 27 Quando eu
os tiver trazido de volta das nações e os tiver ajuntado dentre
as terras de seus inimigos, eu me revelarei santo por meio
deles à vista de muitas nações. 28 Então eles saberão que eu
sou o SENHOR, o seu Deus, pois, embora os tenha enviado para
o exílio entre as nações, eu os reunirei em sua própria terra,
sem deixar um único deles para trás. 29 Não mais esconderei
deles o rosto, pois derramarei o meu Espírito sobre a nação de
Israel. Palavra do Soberano, o SENHOR".

O Novo Templo

40 No início do vigésimo quinto ano do exílio, no início do
ano, no décimo dia do mês, no décimo quarto ano depois da
queda da cidade, naquele exato dia a mão do SENHOR esteve
sobre mim e ele me levou para lá. 2 Em visões de Deus ele me
levou a Israel e me pôs num monte muito alto, sobre o qual,
no lado sul, havia alguns prédios que tinham a aparência de
uma cidade. 3 Ele me levou para lá, e eu vi um homem que
parecia de bronze; ele estava em pé junto à entrada, tendo
em sua mão uma corda de linho e uma vara de medir. 4 E ele
me disse: "Filho do homem, fixe bem os olhos e procure ouvir
bem, e preste atenção a tudo o que vou mostrar a você, pois
para isso você foi trazido aqui. Conte à nação de Israel tudo o
que você vai ver".

A Porta Oriental

5 Vi um muro que cercava completamente a área do templo.
O comprimento da vara de medir na mão do homem era de
seis medidas longas, cada uma com meio metro[b]. Ele mediu
o muro, que tinha três metros[c] de espessura e três de altura.
6 Depois ele foi até a porta que dá para o oriente. Subiu os seus
degraus e mediu a soleira da porta, que tinha três metros de
extensão[d]. 7 As salas dos guardas tinham três metros de compri-
mento e três metros de largura, e as paredes entre elas tinham
dois metros e meio de espessura. A soleira da porta junto ao
pórtico, defronte do templo, tinha três metros de extensão.
8 Depois ele mediu o pórtico, 9 que tinha[e] quatro metros de
extensão e seus batentes tinham um metro de espessura. O
pórtico estava voltado para o templo.
10 Da porta oriental para dentro havia três salas de cada lado;
as três tinham as mesmas medidas, e as faces das paredes
salientes de cada lado tinham as mesmas medidas. 11 A seguir
ele mediu a largura da porta, à entrada; era de cinco metros,
e seu comprimento era de seis metros e meio. 12 Defronte de
cada sala havia um muro de meio metro de altura, e os nichos
eram quadrados, com três metros em cada lado. 13 Depois ele
mediu a entrada a partir do alto da parede do fundo de uma
sala até o alto da sala oposta; a distância era de doze metros e
meio, da abertura de um parapeito até a abertura do parapeito
oposto. 14 E mediu ao longo das faces das paredes salientes por
toda a parte interna da entrada; eram trinta metros. A medida
era até o pórtico[f] que dá para o pátio. 15 A distância desde a
entrada da porta até a extremidade do seu pórtico era de vinte
e cinco metros. 16 As salas e as paredes salientes dentro da en-
trada eram guarnecidas de estreitas aberturas com parapeito
ao redor, como o pórtico; as aberturas que os circundavam
davam para a parte interna. As faces das paredes salientes
eram decoradas com tamareiras.

O Pátio Externo

17 Depois ele me levou ao pátio externo. Ali eu vi alguns quartos
e um piso que havia sido construído ao redor de todo o pátio;
nele havia trinta quartos ao longo de todo o piso. 18 Este era
adjacente às laterais das entradas e sua largura era igual ao
comprimento; esse era o piso inferior. 19 A seguir ele mediu a
distância da parte interna da entrada inferior até a parte ex-
terna do pátio interno, o que deu cinquenta metros, tanto no
lado leste como no lado norte.

A Porta Norte

20 Mediu depois o comprimento e a largura da porta que dá
para o norte e para o pátio externo. 21 Seus compartimentos,
três de cada lado, suas paredes salientes e seu pórtico tinham
as mesmas medidas dos compartimentos da primeira entrada.
Tinham vinte e cinco metros de comprimento e doze metros e
meio de largura. 22 Suas aberturas, seu pórtico e sua decoração
com tamareiras tinham as mesmas medidas dos da porta que
dava para o oriente. Sete degraus subiam até ela, e o seu pór-
tico ficava no lado oposto a eles. 23 Havia uma porta que abria
o pátio interno e que dava para a porta norte, como também
uma que dava para a porta leste. Ele mediu de uma porta à que
lhe ficava oposta; eram cinquenta metros.

A Porta Sul

24 Depois ele me levou para o lado sul, e eu vi uma porta que
dava para o sul. Ele mediu seus batentes e seu pórtico, e eles

---

a 39.25 Ou *Agora restaurarei a sorte de Jacó*

b 40.5 Hebraico: *1 côvado longo*. O côvado longo era uma medida linear de cerca de meio metro.

c 40.5 Hebraico: *1 vara*.

d 40.6 Conforme a Septuaginta. O Texto Massorético diz *fundo, a primeira soleira, uma vara de fundo*.

e 40.8,9 Conforme muitos manuscritos do Texto Massorético, a Septuaginta, a Vulgata e a Versão Siríaca. A maioria dos manuscritos do Texto Massorético diz *a entrada defronte do templo; ela media uma vara de fundo. 9Então ele mediu o pórtico da entrada, 9que tinha*

f 40.14 Conforme a Septuaginta. O Texto Massorético diz *a parede saliente*.

tinham as mesmas medidas das outras portas. 25 A entrada e o pórtico tinham aberturas estreitas ao seu redor, como as aberturas das outras. Tinham vinte e cinco metros de comprimento e doze metros e meio de largura. 26 Sete degraus subiam até ela, e o seu pórtico ficava no lado oposto a eles; havia uma decoração de tamareiras nas faces das paredes salientes em cada lado. 27 O pátio interno também tinha uma porta que dava para o sul, e ele mediu desde essa porta até a porta externa no lado sul; eram cinquenta metros.

Portas para o Pátio Interno

28 A seguir ele me levou ao pátio interno pela porta sul e mediu a porta sul; suas medidas eram iguais às outras. 29 Suas salas, suas paredes salientes e seu pórtico tinham as mesmas medidas dos outros. A entrada e seu pórtico tinham aberturas ao seu redor. Tinham vinte e cinco metros de comprimento e doze metros e meio de largura. 30 (Os pórticos das entradas ao redor do pátio interno tinham doze metros e meio de largura e dois metros e meio de extensão.) 31 Seu pórtico dava para o pátio externo; tamareiras decoravam seus batentes, e oito degraus subiam até a porta.

32 Depois ele me levou ao pátio interno no lado leste e mediu a entrada; suas medidas eram iguais às outras. 33 Suas salas, suas paredes salientes e seu pórtico tinham as mesmas medidas dos outros. A entrada e seu pórtico tinham aberturas ao seu redor. Tinham vinte e cinco metros de comprimento e doze metros e meio de largura. 34 Seu pórtico dava para o pátio externo; tamareiras decoravam os batentes em cada lado, e oito degraus subiam até ela.

35 Depois ele me levou à porta norte e a mediu; suas medidas eram iguais às outras, 36 como também as medidas de suas salas, suas paredes salientes e seu pórtico, e tinha aberturas ao seu redor. Tinha vinte e cinco metros de comprimento e doze metros e meio de largura. 37 Seu pórtico dava[a] para o pátio externo; tamareiras decoravam os batentes em ambos os lados, e oito degraus subiam até ela.

Os Quartos da Preparação dos Sacrifícios

38 Um quarto com sua entrada ficava junto do pórtico de cada uma das entradas internas, onde os holocaustos[b] eram lavados. 39 No pórtico da entrada havia duas mesas de cada lado, em que os holocaustos, as ofertas pelo pecado e as ofertas pela culpa eram abatidos. 40 Junto à parede externa do pórtico da entrada, perto dos degraus da porta norte, ficavam duas mesas, e do outro lado dos degraus havia duas mesas. 41 Havia, pois, quatro mesas num lado da entrada e quatro no outro, onde os sacrifícios eram abatidos. Eram oito mesas ao todo. 42 Também havia quatro mesas de pedra lavrada para os holocaustos, cada uma com setenta e cinco centímetros de comprimento e de largura, e cinquenta centímetros de altura. Nelas colocavam-se os utensílios para o abate dos holocaustos e dos outros sacrifícios. 43 E ganchos de duas pontas, cada um com quatro dedos de comprimento, estavam presos à parede, em toda a sua extensão. As mesas destinavam-se à carne das ofertas.

Quartos para os Sacerdotes

44 Dentro do pátio interno havia dois quartos antes da porta interna; um ficava ao lado[c] da porta norte que dava para o sul, e outro ao lado da porta sul[d] que dava para o norte. 45 Ele me disse: "O quarto que dá para o sul é para os sacerdotes encarregados do templo, 46 e o quarto que dá para o norte é para os sacerdotes encarregados do altar. São eles os filhos de Zadoque, os únicos levitas que podem aproximar-se do SENHOR para ministrar diante dele".

47 Depois ele mediu o pátio: era quadrado, medindo cinquenta metros de comprimento e cinquenta de largura. E o altar ficava em frente do templo.

O Templo

48 A seguir levou-me ao pórtico do templo e mediu os seus batentes; eles tinham dois metros e meio de largura em ambos os lados. A largura da entrada era de sete metros, e suas paredes salientes tinham[e] um metro e meio de largura em cada lado. 49 O pórtico tinha dez metros de largura e seis metros da frente aos fundos. Havia um lance de escadas que dava acesso a ele[f], e três colunas em cada lado dos batentes.

41 Depois o homem me levou ao santuário externo e mediu os batentes; a largura dos batentes era de três metros[g] em cada lado.[h] 2 A entrada tinha cinco metros de largura, e as paredes salientes em cada lado tinham dois metros e meio de largura. Ele mediu também o santuário externo; e ele tinha vinte metros de comprimento e dez de largura.

3 Depois entrou no santuário interno e mediu os batentes da entrada; cada um tinha um metro de largura. A entrada tinha três metros de largura, e as paredes salientes em cada lado dela tinham três metros e meio de largura. 4 E ele mediu o comprimento do santuário interno; tinha dez metros, e sua largura era de dez metros até o fim do santuário externo. Ele me disse: "Este é o Lugar Santíssimo".

5 Depois mediu a parede do templo; tinha três metros de espessura, e cada quarto lateral em torno do templo tinha dois metros de largura. 6 Os quartos laterais, sobrepostos uns aos outros, ficavam em três andares, havendo trinta em cada andar. Havia saliências em torno de toda a parede do templo para servirem de pontos de apoio para os quartos laterais,

---

a 40.37 Conforme a Septuaginta. O Texto Massorético diz *Seus batentes davam*. Veja os versículos 31 e 34.

b 40.38 Isto é, sacrifícios totalmente queimados; também nos versículos 39 e 42.

c 40.44 Conforme a Septuaginta. O Texto Massorético diz *havia quartos para cantores, os quais ficavam ao lado.*

d 40.44 Conforme a Septuaginta. O Texto Massorético diz *leste*.

e 40.48 Conforme a Septuaginta. O Texto Massorético diz *e sua entrada tinha*.

f 40.49 A Septuaginta diz *10 degraus que subiam até ele.*

g 41.1 Hebraico: *6 côvados*. O côvado longo era uma medida linear de cerca de meio metro.

h 41.1 Conforme um manuscrito do Texto Massorético e a Septuaginta. A maioria dos manuscritos do Texto Massorético diz *lado, a largura da tenda*.

para que não fossem incrustados na parede do templo. 7As pa-
redes laterais em torno de todo o templo eram mais largas em
cada andar superior. A estrutura em torno do templo foi cons-
truída em plataformas ascendentes, de modo que os quartos
ficavam mais largos à medida que se subia. Uma escada subia
do andar inferior até o andar superior, servindo também o
andar do meio.
8Vi que ao redor de todo o templo fora construída uma base,
formando o alicerce dos quartos laterais. Era do comprimento
da vara de medir, ou seja, três metros. 9A parede externa dos
quartos laterais era de dois metros e meio de espessura. A
área aberta entre os quartos laterais do templo 10e os quartos
dos sacerdotes era de dez metros de largura ao redor de todo
o templo. 11Havia entradas para os quartos laterais a partir
da área aberta, uma ao norte e outra ao sul; e a base vizinha
à área aberta era de dois metros e meio ao redor de todo o
templo.
12O prédio em frente do pátio do templo no lado oeste media
trinta e cinco metros de largura. A parede do prédio tinha dois
metros e meio de espessura em toda a sua volta, e o seu com-
primento era de quarenta e cinco metros.
13Depois ele mediu o templo; tinha cinquenta metros de com-
primento, e o pátio do templo e o prédio com suas paredes
também tinham cinquenta metros de comprimento. 14A largura
do pátio do templo no lado oeste, inclusive a frente do templo,
era de cinquenta metros.
15A seguir ele mediu o comprimento do prédio que ficava em
frente do pátio, na parte de trás do templo, inclusive suas ga-
lerias em cada lado; era de cinquenta metros.
O santuário externo, o santuário interno e o pórtico que dava
para o pátio, 16bem como as soleiras, as janelas estreitas e as
galerias em volta dos três, tudo o que estava do lado de fora,
inclusive a soleira, fora revestido de madeira. Igualmente es-
tavam revestidos o piso, a parede até a altura das janelas, e
as janelas. 17No espaço acima do lado externo da entrada do
santuário interno e nas paredes, a intervalos regulares, em
volta de todo o santuário interno e externo, 18havia querubins e
tamareiras em relevo. As tamareiras alternavam com os queru-
bins. Cada querubim tinha dois rostos: 19o rosto de um homem
virado para a tamareira de um dos lados e o rosto de um leão
virado para a tamareira do outro lado. Estavam em relevo ao
redor de todo o templo. 20Desde o chão até a área acima da
entrada havia querubins e tamareiras em relevo na parede do
santuário externo.
21O santuário externo tinha batentes retangulares, e o que fi-
cava em frente do Santo dos Santos era semelhante. 22Havia
um altar de madeira com um metro e meio de altura e um
metro em cada lado; seus cantos, sua base[a] e seus lados eram
de madeira. O homem me disse: "Esta é a mesa que fica diante
do SENHOR". 23Tanto o santuário externo quanto o Santo dos
Santos tinham portas duplas. 24Cada porta tinha duas folhas
articuladas. 25E nas portas do santuário externo havia queru-
bins e tamareiras esculpidos em relevo, como os que havia nas
paredes, e havia também uma saliência de madeira na frente
do pórtico. 26Nas paredes laterais do pórtico havia janelas es-
treitas com tamareiras em relevo em cada lado. Os quartos
laterais do templo também tinham saliências.

42 Os Quartos dos Sacerdotes

Depois disso o homem conduziu-me para o lado norte,
para o pátio externo, e levou-me aos quartos opostos ao pátio
do templo e ao muro externo do lado norte. 2O prédio cuja
porta dava para o norte tinha cinquenta metros[b] de compri-
mento e vinte e cinco metros de largura. 3Tanto na seção que
ficava a dez metros de distância do pátio interno quanto na
seção oposta ao piso do pátio externo, havia uma galeria frente
à outra nos três andares. 4Em frente dos quartos havia uma
passagem interna com cinco metros de largura e cinquenta
metros[c] de comprimento. Suas portas ficavam no lado norte.
5Ora, os quartos superiores eram mais estreitos, pois as gale-
rias tomavam mais espaço deles do que dos quartos do andar
inferior e médio. 6Os quartos do terceiro andar não tinham
colunas, ao passo que os pátios tinham. Por isso a área deles
era menor do que a dos quartos do andar inferior e do meio.
7Havia uma parede externa paralela aos quartos e ao pátio
externo; sua extensão era de vinte e cinco metros, em frente
dos quartos. 8A fileira de quartos junto ao pátio interno tinha
vinte e cinco metros de comprimento, e a que ficava mais pró-
xima do santuário tinha cinquenta metros de comprimento.
9Os quartos de baixo tinham entrada pelo lado leste, quando
se vem do pátio externo.
10No lado sul, ao longo da parede do pátio externo, adjacentes
ao pátio do templo e no lado oposto do muro externo, havia
quartos 11com uma passagem em frente deles. Eram como
os quartos do lado norte; tinham o mesmo comprimento e
a mesma largura, com saídas e dimensões semelhantes. As
portas do lado norte 12eram semelhantes às portas dos quartos
do lado sul. Havia uma entrada no início do corredor paralelo
ao muro correspondente que se estendia para leste; e havia
uma entrada para os quartos.
13Depois o homem me disse: "Os quartos do norte e do sul que
dão para o pátio do templo são os quartos em que os sacer-
dotes que se aproximam do SENHOR comerão e guardarão as
ofertas santíssimas, isto é, as ofertas de cereal, as ofertas pelo
pecado e as ofertas pela culpa, pois o local é santo. 14Assim
que os sacerdotes entrarem nos recintos sagrados, só poderão
ir para o pátio externo após tirarem as vestes com as quais mi-
nistram, pois elas são santas. Porão outras vestes antes de se
aproximarem dos lugares reservados para o povo".
15Quando ele acabou de medir o que havia dentro da área do
templo, levou-me para fora pela porta leste e mediu a área em
redor. 16Mediu o lado leste com a vara de medir; tinha duzentos

[a] 41.22 Conforme a Septuaginta. O Texto Massorético diz *cantos, seu comprimento*.

[b] 42.2 Hebraico: *100 côvados*. O côvado longo era uma medida linear de cerca de meio metro.

[c] 42.4 Conforme a Septuaginta e a Versão Siríaca. O Texto Massorético diz *1 côvado*.

e cinquenta metros[a]. [17]Mediu o lado norte; tinha duzentos e cinquenta metros, segundo a vara de medir. [18]Mediu o lado sul; tinha duzentos e cinquenta metros, segundo a vara de medir. [19]Depois ele foi para o lado oeste e o mediu; tinha duzentos e cinquenta metros, segundo a vara de medir. [20]Assim ele mediu a área nos quatro lados. Em torno dela havia um muro de duzentos e cinquenta metros de comprimento e duzentos e cinquenta metros de largura, para separar o santo do comum.

43 A Glória Retorna ao Templo

Então o homem levou-me até a porta que dava para o leste, [2]e vi a glória do Deus de Israel, que vinha do lado leste. Sua voz era como o rugido de águas avançando, e a terra refulgia com a sua glória. [3]A visão que tive era como a que eu tivera quando ele veio[b] destruir a cidade e como as que eu tivera junto ao rio Quebar; e me prostrei com o rosto em terra. [4]A glória do SENHOR entrou no templo pela porta que dava para o lado leste. [5]Então o Espírito pôs-me em pé e levou-me para dentro do pátio interno, e a glória do SENHOR encheu o templo. [6]Enquanto o homem estava ao meu lado, ouvi alguém falando comigo de dentro do templo. [7]Ele disse: "Filho do homem, este é o lugar do meu trono e o lugar para a sola dos meus pés. Aqui viverei para sempre entre os israelitas. A nação de Israel jamais contaminará o meu santo nome, nem os israelitas, nem seus reis, mediante a sua prostituição e os ídolos sem vida[c] de seus reis, em seus santuários nos montes. [8]Quando eles puseram sua soleira perto de minha soleira e seus batentes junto de meus batentes, com apenas uma parede fazendo separação entre mim e eles, contaminaram o meu santo nome com suas práticas repugnantes. Por isso eu os destruí na minha ira. [9]Agora, que afastem de mim a sua prostituição e os ídolos sem vida de seus reis, e eu viverei entre eles para sempre.

[10]"Filho do homem, descreva o templo para a nação de Israel, para que se envergonhem dos seus pecados. Que eles analisem o modelo [11]e, se ficarem envergonhados por tudo o que fizeram, informe-os acerca da planta do templo — sua disposição, suas saídas e suas entradas — toda a sua planta e todas as suas estipulações[d] e leis. Ponha essas coisas por escrito diante deles para que sejam fiéis à planta e sigam as suas estipulações.

[12]"Esta é a lei do templo: toda a área ao redor, no topo do monte, será santíssima. Essa é a lei do templo.

O Altar

[13]"Estas são as medidas do altar pela medida longa, isto é, a de meio metro[e]: sua calha tem meio metro de profundidade e meio metro de largura, com uma aba de um palmo em torno da beirada. E esta é a altura do altar: [14]desde a calha no chão até a saliência inferior, ele tem um metro de altura e um metro de largura, e desde a saliência menor até a saliência maior, tem dois metros de altura e meio metro de largura. [15]A fornalha do altar tem dois metros de altura, e quatro pontas se projetam dela para cima. [16]Ela é quadrada, com seis metros de comprimento e seis metros de largura. [17]A saliência superior também é quadrada, com sete metros de comprimento e sete metros de largura, com uma aba de vinte e cinco centímetros e uma calha de meio metro em toda a sua extensão ao redor. Os degraus do altar estão voltados para o oriente".

[18]Então ele me disse: "Filho do homem, assim diz o Soberano, o SENHOR: Estes serão os regulamentos que deverão ser seguidos no cerimonial do sacrifício dos holocaustos[f] e da aspersão do sangue no altar, quando ele for construído: [19]Você deverá dar um novilho como oferta aos sacerdotes levitas, da família de Zadoque, que se aproximam para ministrar diante de mim. Palavra do Soberano, o SENHOR. [20]Você colocará um pouco do sangue nas quatro pontas do altar, nos quatro cantos da saliência superior e ao redor de toda a aba, e assim purificará o altar e fará propiciação por ele. [21]Você queimará o novilho para a oferta pelo pecado no lugar determinado da área do templo, fora do santuário.

[22]"No segundo dia você oferecerá um bode sem defeito como oferta pelo pecado, e o altar será purificado como foi purificado com o novilho. [23]Quando terminar de purificá-lo, ofereça um novilho e um carneiro tirados do rebanho, ambos sem defeito. [24]Você os oferecerá perante o SENHOR, e os sacerdotes deverão pôr sal sobre eles e sacrificá-los como holocausto ao SENHOR.

[25]"Durante sete dias você fornecerá diariamente um bode como oferta pelo pecado; fornecerá também um novilho e um carneiro tirados do rebanho, ambos sem defeito. [26]Durante sete dias os sacerdotes farão propiciação pelo altar e o purificarão; assim eles o consagrarão. [27]No final desses dias, a partir do oitavo dia, os sacerdotes apresentarão os holocaustos e os sacrifícios de comunhão[g] de vocês sobre o altar. Então eu os aceitarei. Palavra do Soberano, o SENHOR".

44 O Príncipe, os Levitas, os Sacerdotes

Depois o homem me trouxe de volta para a porta externa do santuário, que dava para o lado leste, e ela estava trancada. [2]O SENHOR me disse: "Esta porta deve permanecer trancada. Não deverá ser aberta; ninguém poderá entrar por ela. Deve permanecer trancada porque o SENHOR, o Deus de Israel, entrou por ela. [3]O príncipe é o único que poderá entrar e sentar-se ali para comer na presença do SENHOR. Ele entrará pelo pórtico da entrada e sairá pelo mesmo caminho".

[4]Então o homem levou-me até a frente do templo, passando

---

a 42.16 Com base na Septuaginta. O Texto Massorético diz *500 varas* (1.500 metros); também nos versículos 17-20.

b 43.3 Conforme alguns manuscritos do Texto Massorético e a Vulgata. A maioria dos manuscritos do Texto Massorético diz *eu vim*.

c 43.7 Ou *mediante o seu adultério espiritual*; também no versículo 9.

d 43.11 Conforme alguns manuscritos do Texto Massorético e a Septuaginta. A maioria dos manuscritos do Texto Massorético diz *estipulações e toda a sua planta*.

e 43.13 Hebraico: *1 côvado e 1 punho*. Equivalente a um côvado longo, medida linear de cerca de meio metro.

f 43.18 Isto é, sacrifícios totalmente queimados; também nos versículos 24 e 27.

g 43.27 Ou *de paz*

pela porta norte. Olhei e vi a glória do Senhor enchendo o
templo do Senhor, e prostrei-me com o rosto em terra.
5 O Senhor me disse: "Filho do homem, preste atenção, olhe
e ouça atentamente tudo o que eu disser acerca de todos os
regulamentos relacionados com o templo do Senhor. Preste
atenção à entrada do templo e a todas as saídas do santuário.
6 Diga à rebelde nação de Israel: Assim diz o Soberano, o Se-
nhor: Já bastam suas práticas repugnantes, ó nação de Israel!
7 Além de todas as suas outras práticas repugnantes, vocês
trouxeram estrangeiros incircuncisos no coração e na carne
para dentro do meu santuário, profanando o meu templo
enquanto me ofereciam comida, gordura e sangue, e assim
vocês romperam a minha aliança. 8 Em vez de cumprirem seu
dever quanto às minhas coisas sagradas, vocês encarregaram
outros do meu santuário. 9 Assim diz o Soberano, o Senhor:
Nenhum estrangeiro incircunciso no coração e na carne entrará
no meu santuário, tampouco os estrangeiros que vivem entre
os israelitas.
10 "Os levitas, que tanto se distanciaram de mim quando Israel
se desviou e que vaguearam para longe de mim, indo atrás de
seus ídolos, sofrerão as consequências de sua iniquidade. 11 Po-
derão servir no meu santuário como encarregados das portas
do templo e também farão o serviço nele; poderão matar os
animais dos holocaustos[a] e outros sacrifícios em lugar do povo
e apresentar-se diante do povo e servi-lo. 12 Mas, porque os
serviram na presença de seus ídolos e fizeram a nação de Is-
rael cair em pecado, jurei de mão erguida que eles sofrerão
as consequências de sua iniquidade. Palavra do Soberano, o
Senhor. 13 Não se aproximarão para me servir como sacerdotes
nem se aproximarão de nenhuma de minhas coisas sagradas
e das minhas ofertas santíssimas; carregarão a vergonha de
suas práticas repugnantes. 14 Contudo, eu os encarregarei dos
deveres do templo e de todo o trabalho que nele deve ser feito.
15 "Mas os sacerdotes levitas, descendentes de Zadoque, que
fielmente executaram os deveres do meu santuário quando os
israelitas se desviaram de mim, se aproximarão para minis-
trar diante de mim; eles estarão diante de mim para oferecer
sacrifícios de gordura e de sangue. Palavra do Soberano, o
Senhor. 16 Só eles entrarão em meu santuário e se aproximarão
da minha mesa para ministrar diante de mim e realizar o meu
serviço.
17 "Quando entrarem pelas portas do pátio interno, estejam
vestindo roupas de linho; não usem nenhuma veste de lã en-
quanto estiverem ministrando junto às portas do pátio interno
ou dentro do templo. 18 Usarão turbantes de linho na cabeça
e calções de linho na cintura. Não vestirão nada que os faça
transpirar. 19 Quando saírem para o pátio externo onde fica o
povo, tirarão as roupas com que tiverem ministrado e as dei-
xarão nos quartos sagrados, e vestirão outras roupas, para que
não consagrem o povo quando estiverem usando as roupas
sacerdotais.
20 "Não raparão a cabeça nem deixarão o cabelo comprido,
mas o manterão aparado. 21 Nenhum sacerdote beberá vinho
quando entrar no pátio interno. 22 Eles não se casarão com
viúva ou divorciada; só poderão casar-se com mulher virgem,
de ascendência israelita, ou com viúva de sacerdote. 23 Eles
ensinarão ao meu povo a diferença entre o santo e o comum
e lhe mostrarão como fazer distinção entre o puro e o impuro.
24 "Em qualquer disputa, os sacerdotes servirão como juízes e
a decisão será tomada de acordo com as minhas sentenças.
Eles obedecerão às minhas leis e aos meus decretos com res-
peito a todas as minhas festas fixas e manterão santos os meus
sábados.
25 "O sacerdote não se contaminará por aproximar-se do ca-
dáver de alguém; no entanto, ele poderá contaminar-se se o
morto for seu pai, sua mãe, seu filho, sua filha, seu irmão ou
sua irmã, desde que esta não tenha marido. 26 Depois de se
purificar, esperará sete dias. 27 No dia em que entrar no pátio
interno do santuário para ministrar ali, o sacerdote oferecerá
em favor de si mesmo uma oferta pelo pecado. Palavra do
Soberano, o Senhor.
28 "Eu serei a única herança dada aos sacerdotes. Vocês não
lhes darão propriedade alguma em Israel; eu serei a sua he-
rança. 29 Eles comerão as ofertas de cereal, as ofertas pelo
pecado e as ofertas pela culpa; e tudo o que em Israel for
consagrado ao Senhor será deles. 30 O melhor de todos os pri-
meiros frutos e de todas as contribuições que vocês fizerem
pertencerá aos sacerdotes. Vocês darão a eles a primeira
porção de sua refeição de cereal moído, para que haja bên-
çãos sobre as suas casas. 31 Os sacerdotes não comerão a carne
de aves ou de animais encontrados mortos ou despedaçados
por animais selvagens.

A Divisão da Terra

45 "Quando vocês distribuírem a terra como herança, apre-
sentem ao Senhor como distrito sagrado uma porção da terra,
com doze quilômetros e meio[b] de comprimento e dez quilôme-
tros[c] de largura; toda essa área será santa. 2 Desse terreno,
uma área quadrada de duzentos e cinquenta metros de lado
servirá para o santuário, com vinte e cinco metros ao redor
para terreno aberto. 3 No distrito sagrado, separe um pedaço
de doze quilômetros e meio de comprimento e cinco quilôme-
tros de largura. Nele estará o santuário, o Lugar Santíssimo.
4 Essa será a porção sagrada da terra para os sacerdotes, os
quais ministrarão no santuário e se aproximarão para ministrar
diante do Senhor. Esse será um lugar para as suas casas, bem
como um lugar santo para o santuário. 5 Uma área de doze
quilômetros e meio de comprimento e cinco quilômetros de
largura pertencerá aos levitas, os quais servirão no templo;
essa será a propriedade deles para ali viverem[d].

[a] 44.11 Isto é, sacrifícios totalmente queimados.

[b] 45.1 Hebraico: *25.000 côvados*. O côvado longo era uma medida linear de cerca de meio metro.

[c] 45.1 Conforme a Septuaginta. O Texto Massorético diz *10.000 côvados*.

[d] 45.5 Conforme a Septuaginta. O Texto Massorético diz *templo; eles terão como propriedade 20 quartos*.

6 “Como propriedade da cidade, vocês darão uma área de dois
quilômetros e meio de largura e doze quilômetros e meio de
comprimento, adjacente à porção sagrada; ela pertencerá a
toda a nação de Israel.
7 “O príncipe possuirá a terra que fica dos dois lados da área
formada pelo distrito sagrado e pela propriedade da cidade.
Ela se estenderá, no lado oeste, em direção a oeste e, no lado
leste, em direção a leste, indo desde a fronteira ocidental até
a fronteira oriental que é paralela a uma das porções tribais.
8 Essa terra será sua propriedade em Israel. E os meus príncipes
não oprimirão mais o meu povo, mas permitirão que a nação de
Israel possua a terra de acordo com as suas tribos.
9 “Assim diz o Soberano, o SENHOR: Vocês já foram longe de-
mais, ó príncipes de Israel! Abandonem a violência e a opressão
e façam o que é justo e direito. Parem de apossar-se do que é
do meu povo. Palavra do Soberano, o SENHOR. 10 Usem balanças
honestas, arroba[a] honesta e pote[b] honesto. 11 A arroba e o pote
devem ser iguais, o pote terá um décimo de um barril[c]; o barril
deve ser a medida padrão para os dois. 12 O peso padrão[d] deve
ser de doze gramas. Vinte pesos, mais vinte e cinco pesos, mais
quinze pesos equivalem a setecentos e vinte gramas[e].

Ofertas e Dias Sagrados

13 “Esta é a oferta sagrada que vocês apresentarão: um sexto
de uma arroba de cada barril de trigo e um sexto de uma ar-
roba de cada barril de cevada. 14 A porção prescrita de azeite,
medida pelo pote, é de um décimo de pote de cada tonel, que
consiste em dez potes ou um barril, pois dez potes equivalem
a um barril. 15 Também se deve tomar uma ovelha de cada re-
banho de duzentas ovelhas das pastagens bem regadas de Is-
rael. Tudo será usado para as ofertas de cereal, os holocaustos[f]
e as ofertas de comunhão[g], para fazer propiciação pelo povo.
Palavra do Soberano, o SENHOR. 16 Todo o povo da terra parti-
cipará nessa oferta sagrada para o uso do príncipe de Israel.
17 Será dever do príncipe fornecer os holocaustos, as ofertas
de cereal e as ofertas derramadas, nas festas, nas luas novas
e nos sábados, em todas as festas fixas da nação de Israel.
Ele fornecerá as ofertas pelo pecado, as ofertas de cereal, os
holocaustos e as ofertas de comunhão para fazer propiciação
em favor da nação de Israel.
18 “Assim diz o Soberano, o SENHOR: No primeiro dia do pri-
meiro mês você apanhará um novilho sem defeito e purificará
o santuário. 19 O sacerdote apanhará um pouco do sangue da
oferta pelo pecado e o colocará nos batentes do templo, nos
quatro cantos da saliência superior do altar e nos batentes
do pátio interno. 20 Você fará o mesmo no sétimo dia do mês,
em favor de qualquer pessoa que pecar sem intenção ou por
ignorância; assim vocês deverão fazer propiciação em favor
do templo.
21 “No décimo quarto dia do primeiro mês vocês observarão
a Páscoa, festa de sete dias, na qual vocês comerão pão sem
fermento. 22 Naquele dia o príncipe fornecerá um novilho em
favor de si mesmo e de todo o povo da terra como oferta pelo
pecado. 23 Diariamente, durante os sete dias da festa, ele for-
necerá sete novilhos e sete carneiros sem defeito como holo-
caustos ao SENHOR, e um bode como oferta pelo pecado. 24 Ele
fornecerá como oferta de cereal uma arroba para cada novilho
e uma arroba para cada carneiro, com um galão[h] de azeite
para cada arroba.
25 “Durante os sete dias da festa, que começa no décimo quinto
dia do sétimo mês, ele trará as mesmas dádivas para as ofertas
pelo pecado, os holocaustos, e as ofertas de cereal e azeite.

46 “Assim diz o Soberano, o SENHOR: A porta do pátio interno
que dá para o leste ficará trancada nos seis dias úteis,
mas no sábado e no dia da lua nova será aberta. 2 O príncipe,
vindo do pátio externo, entrará pelo pórtico da entrada e ficará
junto ao batente. Enquanto isso, os sacerdotes sacrificarão
os holocaustos[i] e as ofertas de comunhão[j] dele. Ele adorará
o SENHOR na soleira da entrada e depois sairá, mas a porta
não será fechada até a tarde. 3 Nos sábados e nas luas novas
o povo da terra adorará o SENHOR junto à entrada que leva à
porta. 4 O holocausto que o príncipe trouxer ao SENHOR no dia
de sábado deverá ser de seis cordeiros e um carneiro, todos
sem defeito. 5 A oferta de cereal dada com o carneiro será de
uma arroba[k], e a oferta de cereal com os cordeiros será de
quanto ele quiser dar, mais um galão de azeite para cada ar-
roba de cereal. 6 No dia da lua nova ele oferecerá um novilho,
seis cordeiros e um carneiro, todos sem defeito. 7 Como oferta
de cereal ele fornecerá uma arroba com o novilho, uma arroba
com o carneiro e com os cordeiros, quanto ele quiser dar, mais
um galão de azeite para cada arroba de cereal. 8 Quando o
príncipe entrar, ele o fará pelo pórtico da entrada e sairá pelo
mesmo caminho.
9 “Quando o povo da terra vier perante o SENHOR nas festas
fixas, todo aquele que entrar pela porta norte para adorá-lo
sairá pela porta sul, e todo aquele que entrar pela porta sul
sairá pela porta norte. Ninguém voltará pela porta pela qual
entrou, mas todos sairão pela porta oposta. 10 O príncipe deverá
estar no meio deles, entrando quando eles entrarem e saindo
quando eles saírem.

---

a 45.10 Hebraico: *efa*. O efa era uma unidade de medida de capacidade para secos. As estimativas variam entre 20 e 40 litros.

b 45.10 Hebraico: *bato*. O bato era uma medida de capacidade: As estimativas variam entre 20 e 40 litros.

c 45.11 Hebraico: *hômer*. O hômer era uma medida de capacidade para secos. As estimativas variam entre 200 e 400 litros; também nos versículos 13 e 14.

d 45.12 Hebraico: *siclo*.

e 45.12 Hebraico: *1 mina*. Isto é, 60 siclos. A mina comum pesava 50 siclos ou 600 gramas.

f 45.15 Isto é, sacrifícios totalmente queimados; também nos versículos 17, 23 e 25.

g 45.15 Ou *de paz*; também no versículo 17.

h 45.24 Hebraico: *1 him*. O him era uma medida de capacidade para líquidos. As estimativas variam entre 3 e 6 litros; também em 46.5.

i 46.2 Isto é, sacrifícios totalmente queimados; também nos versículos 4, 12, 13 e 15.

j 46.2 Ou *de paz*; também no versículo 12.

k 46.5 Hebraico: *1 efa*. O efa era uma medida de capacidade para secos. As estimativas variam entre 20 e 40 litros.

11 "Nas festas, inclusive as fixas, a oferta de cereal será de uma
arroba com um novilho, uma arroba com um carneiro, e com
os cordeiros, quanto ele quiser dar, mais um galão de azeite
para cada arroba. 12 Quando o príncipe fornecer uma oferta vo-
luntária ao SENHOR, seja holocausto seja oferta de comunhão,
a porta que dá para o leste será aberta para ele. Ele oferecerá
seu holocausto ou suas ofertas de comunhão como o faz no
dia de sábado. Então ele sairá e, depois de ter saído, a porta
será trancada.
13 "Diariamente vocês fornecerão um cordeiro de um ano sem
defeito como holocausto ao SENHOR; manhã após manhã vocês
o trarão. 14 Com ele vocês também trarão, manhã após manhã,
uma oferta de cereal, de um sexto de arroba e um terço de
galão de azeite para umedecer a farinha. A apresentação
dessa oferta de cereal será feita em obediência a um decreto
perpétuo. 15 Assim o cordeiro, a oferta de cereal e o azeite
serão trazidos manhã após manhã para o holocausto que será
apresentado regularmente.
16 "Assim diz o Soberano, o SENHOR: Se da sua herança o prín-
cipe fizer um presente a um de seus filhos, este pertencerá
também aos seus descendentes; será propriedade deles por
herança. 17 Se, porém, da sua herança ele fizer um presente a
um dos seus escravos, o escravo poderá mantê-lo consigo até
o ano da liberdade; então o presente voltará para o príncipe.
Sua herança pertence unicamente a seus filhos; deles será.
18 O príncipe não tomará coisa alguma da herança do povo,
expulsando os herdeiros de sua propriedade. Dará a seus
filhos a herança daquilo que é sua própria propriedade, para
que ninguém do meu povo seja separado de sua proprie-
dade".
19 Depois o homem me levou, pela entrada existente ao lado
da porta, até os quartos sagrados que davam para o norte,
os quais pertenciam aos sacerdotes, e mostrou-me um local
no lado oeste. 20 Ele me disse: "Este é o lugar onde os sacer-
dotes cozinharão a oferta pela culpa e a oferta pelo pecado e
assarão a oferta de cereal, para levá-las ao pátio externo e
consagrar o povo".
21 Ele então me levou para o pátio externo e me fez passar
por seus quatro cantos, e em cada canto vi um pátio. 22 Eram
pátios fechados, com vinte metros de comprimento e quinze
metros de largura; os pátios dos quatro cantos tinham a mesma
medida. 23 Em volta de cada um dos quatro pátios, pelo lado de
dentro, havia uma saliência de pedra, com lugares para fogo
construídos em toda a sua volta debaixo da saliência. 24 Ele me
disse: "Estas são as cozinhas onde aqueles que ministram no
templo cozinharão os sacrifícios do povo".

47 As Águas que Saíam do Templo

O homem levou-me de volta à entrada do templo, e vi
água saindo de debaixo da soleira do templo e indo para o
leste, pois o templo estava voltado para o oriente. A água
descia de debaixo do lado sul do templo, ao sul do altar. 2 Ele
então me levou para fora, pela porta norte, e conduziu-me
pelo lado de fora até a porta externa que dá para o leste, e a
água fluía do lado sul.
3 O homem foi para o lado leste com uma linha de medir na
mão e, enquanto ia, mediu quinhentos metros[a] e levou-me
pela água, que batia no tornozelo. 4 Ele mediu mais qui-
nhentos metros e levou-me pela água, que chegava ao
joelho. Mediu mais quinhentos e levou-me pela água, que
batia na cintura. 5 Mediu mais quinhentos, mas agora era um
rio que eu não conseguia atravessar, porque a água havia
aumentado e era tão profunda que só se podia atravessar
a nado; era um rio que não se podia atravessar andando.
6 Ele me perguntou: "Filho do homem, você vê isto?" Le-
vou-me então de volta à margem do rio. 7 Quando ali che-
guei, vi muitas árvores em cada lado do rio. 8 Ele me disse:
"Esta água flui na direção da região situada a leste e desce
até a Arabá[b], onde entra no Mar[c]. Quando deságua no Mar,
a água ali é saneada. 9 Por onde passar o rio haverá todo
tipo de animais e de peixes. Porque essa água flui para lá
e saneia a água salgada; de modo que onde o rio fluir tudo
viverá. 10 Pescadores estarão ao longo do litoral; desde En-
-Gedi até En-Eglaim haverá locais próprios para estender as
redes. Os peixes serão de muitos tipos, como os peixes do
mar Grande[d]. 11 Mas os charcos e os pântanos não ficarão
saneados; serão deixados para o sal. 12 Árvores frutíferas de
toda espécie crescerão em ambas as margens do rio. Suas
folhas não murcharão e os seus frutos não cairão. Todo mês
produzirão, porque a água vinda do santuário chega a elas.
Seus frutos servirão de comida; suas folhas, de remédio".

As Fronteiras da Terra

13 Assim diz o Soberano, o SENHOR: "Estas são as fronteiras
pelas quais vocês devem dividir a terra como herança entre as
doze tribos de Israel, com duas porções para José. 14 Vocês a
dividirão igualmente entre elas. Visto que eu jurei de mão er-
guida que a daria aos seus antepassados, esta terra se tornará
herança de vocês.
15 "Esta é a fronteira da terra:
"No lado norte ela irá desde o mar Grande, indo pela estrada
de Hetlom, passando por Lebo-Hamate até Zedade, 16 Berota[e]
e Sibraim, que fica na fronteira entre Damasco e Hamate, e
indo até Hazer-Haticom, que fica na extremidade de Haurã.
17 A fronteira se estenderá desde o Mar até Hazar-Enã, ao longo
da fronteira norte de Damasco, com a fronteira de Hamate ao
norte. Essa será a fronteira norte.
18 "No lado leste a fronteira irá entre Haurã e Damasco, ao
longo do Jordão entre Gileade e a terra de Israel, até o mar
oriental, prosseguindo até Tamar.[f] Essa será a fronteira leste.

---

[a] **47.3** Hebraico: *1.000 côvados*; também nos versículos 4 e 5.
[b] **47.8** Ou *até o vale do Jordão*
[c] **47.8** Isto é, o mar Morto; também no versículo 17.
[d] **47.10** Isto é, o mar Mediterrâneo; também nos versículos 15, 19, 20 e em 48.28.
[e] **47.15,16** Com base na Septuaginta e em Ezequiel 48.1. O Texto Massorético diz *estrada de Hetlom que entra em Zedade, 16Hamate, Berota.*
[f] **47.18** Conforme a Septuaginta e a Versão Siríaca. O Texto Massorético diz *Israel. Vocês medirão*

19 “No lado sul ela irá desde Tamar até as águas de Meribá-
-Cades, prosseguindo então ao longo do ribeiro do Egito até o
mar Grande. Essa será a fronteira sul.
20 “No lado oeste, o mar Grande será a fronteira até defronte
de Lebo-Hamate. Essa será a fronteira oeste.
21 “Distribuam essa terra entre vocês de acordo com as tribos
de Israel. 22 Vocês a distribuirão como herança para vocês
mesmos e para os estrangeiros residentes no meio de vocês
e que tenham filhos. Vocês os considerarão como israelitas
de nascimento; com vocês, a eles deverá ser designada uma
herança entre as tribos de Israel. 23 Qualquer que seja a tribo
na qual o estrangeiro se instale, ali vocês lhe darão a herança
que lhe cabe”. Palavra do Soberano, o SENHOR.

A Divisão da Terra

48 “Estas são as tribos, relacionadas nominalmente: na
fronteira norte, Dã terá uma porção; ela seguirá a estrada de
Hetlom até Lebo-Hamate; Hazar-Enã e a fronteira norte, vizinha
a Damasco, próxima de Hamate farão parte dos seus limites,
desde o lado leste até o lado oeste.
2 “Aser terá uma porção; esta margeará o território de Dã do
leste ao oeste.
3 “Naftali terá uma porção; esta margeará o território de Aser
do leste ao oeste.
4 “Manassés terá uma porção; esta margeará o território de
Naftali do leste ao oeste.
5 “Efraim terá uma porção; esta margeará o território de Ma-
nassés do leste ao oeste.
6 “Rúben terá uma porção; esta margeará o território de Efraim
do leste ao oeste.
7 “Judá terá uma porção; esta margeará o território de Rúben
do leste ao oeste.
8 “Margeando o território de Judá do leste ao oeste, estará
a porção que vocês apresentarão como dádiva sagrada. Terá
doze quilômetros e meio[a] de largura, e o seu comprimento, do
leste ao oeste, equivalerá a uma das porções tribais; o san-
tuário estará no centro dela.
9 “A porção sagrada que vocês devem oferecer ao SENHOR terá
doze quilômetros e meio de comprimento e cinco quilômetros
de largura. 10 Esta será a porção sagrada para os sacerdotes.
Terá doze quilômetros e meio de comprimento no lado norte,
cinco quilômetros de largura no lado ocidental, cinco quilôme-
tros de largura no lado oriental e doze quilômetros e meio de
comprimento no lado sul. No centro dela estará o santuário do
SENHOR. 11 Pertencerá aos sacerdotes consagrados, os zado-
quitas, que foram fiéis em me servir e não se desviaram como
fizeram os levitas quando os israelitas se desviaram. 12 Será um
presente especial para eles da porção sagrada da terra, uma
porção santíssima, margeando o território dos levitas.
13 “Ao longo do território dos sacerdotes, os levitas terão uma
área de doze quilômetros e meio de comprimento e cinco
quilômetros de largura. Seu comprimento total medirá doze
quilômetros e meio, e sua largura cinco quilômetros. 14 Eles
não a venderão nem trocarão parte alguma dela. Essa área é
a melhor de todo o território, e não poderá passar para outras
mãos, porque é santa para o SENHOR.
15 “A área restante, dois quilômetros e meio de largura e doze
quilômetros e meio de comprimento, será para o uso comum
da cidade, para casas e para pastagens. A cidade será o centro
dela 16 e terá estas medidas: o lado norte, dois mil e duzentos
e cinquenta metros, o lado sul, dois mil e duzentos e cinquenta
metros, o lado leste, dois mil e duzentos e cinquenta metros e o
lado oeste, dois mil e duzentos e cinquenta metros. 17 A cidade
terá uma área livre de cento e vinte e cinco metros ao norte,
cento e vinte e cinco metros ao sul, cento e vinte e cinco metros
a leste e cento e vinte e cinco metros a oeste, que servirá para
pasto. 18 O restante da área, ao longo da porção sagrada, será
de cinco quilômetros no lado leste e cinco quilômetros no lado
oeste. Suas colheitas fornecerão comida para os trabalhadores
da cidade. 19 Estes poderão vir de todas as tribos de Israel. 20 A
porção toda, incluindo a cidade, será um quadrado, com doze
quilômetros e meio de cada lado. É uma dádiva sagrada, que
como tal vocês reservarão.
21 “As terras que restarem em ambos os lados da área formada
pela porção sagrada e pela cidade pertencerão ao príncipe.
Elas se estenderão para o leste a partir dos doze quilômetros
e meio da porção sagrada até a fronteira leste, e para o oeste
a partir dos doze quilômetros e meio até a fronteira oeste.
Essas duas áreas, paralelas ao comprimento das porções das
tribos, pertencerão ao príncipe, e a porção sagrada, inclusive o
santuário do templo, estará no centro delas. 22 Assim a proprie-
dade dos levitas e a propriedade da cidade estarão no centro
da área que pertence ao príncipe. A área pertencente ao prín-
cipe estará entre a fronteira de Judá e a fronteira de Benjamim.
23 “Quanto ao restante das tribos: Benjamim terá uma porção;
esta se estenderá do lado leste ao lado oeste.
24 “Simeão terá uma porção; esta margeará o território de Ben-
jamim do leste ao oeste.
25 “Issacar terá uma porção; esta margeará o território de Si-
meão do leste ao oeste.
26 “Zebulom terá uma porção; esta margeará o território de
Issacar do leste ao oeste.
27 “Gade terá uma porção; esta margeará o território de Ze-
bulom do leste ao oeste.
28 “A fronteira sul de Gade vai desde Tamar, no sul, até as águas
de Meribá-Cades, e depois ao longo do ribeiro do Egito até o
mar Grande.
29 “Esta é a terra que vocês distribuirão às tribos de Israel como
herança, e serão essas as suas porções. Palavra do Soberano,
o SENHOR.

até o mar oriental.

[a] 48.8 Hebraico: *25.000 côvados*. O côvado longo era uma medida linear de cerca de meio metro.

As Portas da Cidade

30 "Estas serão as saídas da cidade: Começando pelo lado
norte, que tem dois mil e duzentos e cinquenta metros de
comprimento, 31 as portas da cidade receberão os nomes das
tribos de Israel. As três portas do lado norte serão a porta de
Rúben, a porta de Judá e a porta de Levi.
32 "No lado leste, que tem dois mil e duzentos e cinquenta
metros de comprimento, haverá três portas: a de José, a de
Benjamim e a de Dã.
33 "No lado sul, que tem dois mil e duzentos e cinquenta metros
de comprimento, haverá três portas: a de Simeão, a de Issacar
e a de Zebulom.
34 "No lado oeste, que tem dois mil e duzentos e cinquenta
metros de comprimento, haverá três portas: a porta de Gade,
a de Aser e a de Naftali.
35 "A distância total ao redor será de nove quilômetros. E, da-
quele momento em diante, o nome da cidade será: O SENHOR
ESTÁ AQUI".

DANIEL

1 Daniel na Babilônia

1 No terceiro ano do reinado de Jeoaquim, rei de Judá, Na-
bucodonosor, rei da Babilônia, veio a Jerusalém e a sitiou. 2 E
o Senhor entregou Jeoaquim, rei de Judá, nas suas mãos, e
também alguns dos utensílios do templo de Deus. Ele levou os
utensílios para o templo do seu deus na terra de Sinear[a] e os
colocou na casa do tesouro do seu deus.
3 Depois o rei ordenou a Aspenaz, o chefe dos oficiais da sua
corte, que trouxesse alguns dos israelitas da família real e da
nobreza: 4 jovens sem defeito físico, de boa aparência, cultos,
inteligentes, que dominassem os vários campos do conheci-
mento e fossem capacitados para servir no palácio do rei. Ele
deveria ensinar-lhes a língua e a literatura dos babilônios[b].
5 De sua própria mesa, o rei designou-lhes uma porção diária
de comida e de vinho. Eles receberiam um treinamento durante
três anos e depois disso passariam a servir o rei.
6 Entre esses estavam alguns que vieram de Judá: Daniel, Ha-
nanias, Misael e Azarias. 7 O chefe dos oficiais deu-lhes novos
nomes: a Daniel deu o nome de Beltessazar; a Hananias, Sa-
draque; a Misael, Mesaque; e a Azarias, Abede-Nego.
8 Daniel, contudo, decidiu não se tornar impuro com a comida
e com o vinho do rei, e pediu ao chefe dos oficiais permissão
para se abster deles. 9 E Deus fez com que o homem fosse
bondoso para com Daniel e tivesse simpatia por ele. 10 Apesar
disso, ele disse a Daniel: "Tenho medo do rei, o meu senhor,
que determinou a comida e a bebida de vocês. E se ele os achar
menos saudáveis que os outros jovens da mesma idade? O rei
poderia pedir a minha cabeça por causa de vocês".
11 Daniel disse então ao homem que o chefe dos oficiais tinha
encarregado de cuidar dele e de Hananias, Misael e Azarias:
12 "Peço que faça uma experiência com os seus servos durante
dez dias: Não nos dê nada além de vegetais para comer e água
para beber. 13 Depois compare a nossa aparência com a dos
jovens que comem a comida do rei, e trate os seus servos de
acordo com o que você concluir". 14 Ele concordou e fez a ex-
periência com eles durante dez dias.
15 Passados os dez dias, eles pareciam mais saudáveis e mais
fortes do que todos os jovens que comiam a comida da mesa
do rei. 16 Assim o encarregado tirou a comida especial e o
vinho que haviam sido designados e em lugar disso lhes dava
vegetais.
17 A esses quatro jovens Deus deu sabedoria e inteligência para
conhecerem todos os aspectos da cultura e da ciência. E Da-
niel, além disso, sabia interpretar todo tipo de visões e sonhos.
18 Ao final do tempo estabelecido pelo rei para que os jovens
fossem trazidos à sua presença, o chefe dos oficiais os apre-
sentou a Nabucodonosor. 19 O rei conversou com eles, e não
encontrou ninguém comparável a Daniel, Hananias, Misael e
Azarias; de modo que eles passaram a servir o rei. 20 O rei lhes
fez perguntas sobre todos os assuntos que exigiam sabedoria
e conhecimento e descobriu que eram dez vezes mais sábios
do que todos os magos e encantadores de todo o seu reino.
21 Daniel permaneceu ali até o primeiro ano do rei Ciro.

2 O Sonho de Nabucodonosor

1 No segundo ano de seu reinado, Nabucodonosor teve so-
nhos; sua mente ficou tão perturbada que ele não conseguia
dormir. 2 Por isso o rei convocou os magos, os encantadores,
os feiticeiros e os astrólogos[c] para que lhe dissessem o que
ele havia sonhado. Quando eles vieram e se apresentaram ao
rei, 3 este lhes disse: "Tive um sonho que me perturba e quero
saber o que significa[d]".
4 Então os astrólogos responderam em aramaico ao rei:[e] "Ó
rei, vive para sempre! Conta o sonho aos teus servos, e nós o
interpretaremos".
5 O rei respondeu aos astrólogos: "Esta é a minha decisão: se
vocês não me disserem qual foi o meu sonho e não o interpre-

[a] **1.2** Isto é, na região da Babilônia.
[b] **1.4** Hebraico: *caldeus*.
[c] **2.2** Ou *caldeus*; também em todo o livro de Daniel.
[d] **2.3** Ou *o que sonhei*
[e] **2.4** Daqui até o final do capítulo 7 o texto original está em aramaico.

tarem, farei que vocês sejam cortados em pedaços e que as
suas casas se tornem montes de entulho. 6 Mas, se me reve-
larem o sonho e o interpretarem, eu darei a vocês presentes,
recompensas e grandes honrarias. Portanto, revelem-me o
sonho e a sua interpretação".
7 Mas eles tornaram a dizer: "Conte o rei o sonho a seus servos,
e nós o interpretaremos".
8 Então o rei respondeu: "Já descobri que vocês estão tentando
ganhar tempo, pois sabem da minha decisão. 9 Se não me con-
tarem o sonho, todos vocês receberão a mesma sentença; pois
vocês combinaram enganar-me com mentiras, esperando que
a situação mudasse. Contem-me o sonho, e saberei que vocês
são capazes de interpretá-lo para mim".
10 Os astrólogos responderam ao rei: "Não há homem na terra
que possa fazer o que o rei está pedindo! Nenhum rei, por
maior e mais poderoso que tenha sido, chegou a pedir uma
coisa dessas a nenhum mago, encantador ou astrólogo. 11 O que
o rei está pedindo é difícil demais; ninguém pode revelar isso
ao rei, senão os deuses, e eles não vivem entre os mortais[a]".
12 Isso deixou o rei tão irritado e furioso que ele ordenou a
execução de todos os sábios da Babilônia. 13 E assim foi emi-
tido o decreto para que fossem mortos os sábios; os encarre-
gados saíram à procura de Daniel e dos seus amigos, para que
também fossem mortos.
14 Arioque, o comandante da guarda do rei, já se preparava para
matar os sábios da Babilônia, quando Daniel dirigiu-se a ele
com sabedoria e bom senso. 15 Ele perguntou ao oficial do rei:
"Por que o rei emitiu um decreto tão severo?" Arioque explicou
o motivo a Daniel. 16 Diante disso, Daniel foi pedir ao rei que lhe
desse um prazo, e ele daria a interpretação.
17 Daniel voltou para casa, contou o problema aos seus amigos
Hananias, Misael e Azarias, 18 e lhes pediu que rogassem ao
Deus dos céus que tivesse misericórdia acerca desse mistério,
para que ele e seus amigos não fossem executados com os
outros sábios da Babilônia. 19 Então o mistério foi revelado a
Daniel de noite, numa visão. Daniel louvou o Deus dos céus
20 e disse:
"Louvado seja o nome de Deus para todo o sempre; a sabe-
doria e o poder a ele pertencem. 21 Ele muda as épocas e as
estações; destrona reis e os estabelece. Dá sabedoria aos sá-
bios e conhecimento aos que sabem discernir. 22 Revela coisas
profundas e ocultas; conhece o que jaz nas trevas, e a luz ha-
bita com ele. 23 Eu te agradeço e te louvo, ó Deus dos meus
antepassados; tu me deste sabedoria e poder, e me revelaste
o que te pedimos; revelaste-nos o sonho do rei".

Daniel Interpreta o Sonho

24 Então Daniel foi falar com Arioque, a quem o rei tinha desig-
nado para executar os sábios da Babilônia, e lhe disse: "Não
execute os sábios. Leve-me ao rei, e eu interpretarei para ele
o sonho que teve".
25 Imediatamente Arioque levou Daniel ao rei e disse: "Encon-
trei um homem entre os exilados de Judá que pode dizer ao rei
o significado do sonho".
26 O rei perguntou a Daniel, também chamado Beltessazar:
"Você é capaz de contar-me o que vi no meu sonho e inter-
pretá-lo?"
27 Daniel respondeu: "Nenhum sábio, encantador, mago ou
adivinho é capaz de revelar ao rei o mistério sobre o qual ele
perguntou, 28 mas existe um Deus nos céus que revela os mis-
térios. Ele mostrou ao rei Nabucodonosor o que acontecerá nos
últimos dias. O sonho e as visões que passaram por tua mente
quando estavas deitado foram os seguintes:
29 "Quando estavas deitado, ó rei, tua mente se voltou para as
coisas futuras, e aquele que revela os mistérios te mostrou o
que vai acontecer. 30 Quanto a mim, esse mistério não me foi
revelado porque eu tenha mais sabedoria do que os outros ho-
mens, mas para que tu, ó rei, saibas a interpretação e entendas
o que passou pela tua mente.
31 "Tu olhaste, ó rei, e diante de ti estava uma grande estátua:
uma estátua enorme, impressionante, de aparência terrível.
32 A cabeça da estátua era feita de ouro puro; o peito e o braço
eram de prata; o ventre e os quadris eram de bronze; 33 as
pernas eram de ferro; e os pés eram em parte de ferro e em
parte de barro. 34 Enquanto estavas observando, uma pedra
soltou-se, sem auxílio de mãos, atingiu a estátua nos pés de
ferro e de barro e os esmigalhou. 35 Então o ferro, o barro, o
bronze, a prata e o ouro foram despedaçados, viraram pó,
como o pó da debulha do trigo na eira durante o verão. O vento
os levou sem deixar vestígio. Mas a pedra que atingiu a estátua
tornou-se uma montanha e encheu a terra toda.
36 "Foi esse o sonho, e nós o interpretaremos para o rei. 37 Tu,
ó rei, és rei de reis. O Deus dos céus concedeu-te domínio,
poder, força e glória; 38 nas tuas mãos ele pôs a humanidade,
os animais selvagens e as aves do céu. Onde quer que vivam,
ele fez de ti o governante deles todos. Tu és a cabeça de ouro.
39 "Depois de ti surgirá um outro reino, inferior ao teu. Em se-
guida surgirá um terceiro reino, reino de bronze, que governará
toda a terra. 40 Finalmente, haverá um quarto reino, forte como
o ferro, pois o ferro quebra e destrói tudo; e assim como o
ferro despedaça tudo, também ele destruirá e quebrará todos
os outros. 41 Como viste, os pés e os dedos eram em parte de
barro e em parte de ferro. Isso quer dizer que esse será um
reino dividido, mas ainda assim terá um pouco da força do
ferro, embora tenhas visto ferro misturado com barro. 42 Assim
como os dedos eram em parte de ferro e em parte de barro,
também esse reino será em parte forte e em parte frágil. 43 E,
como viste, o ferro estava misturado com o barro. Isso significa
que se farão alianças políticas por meio de casamentos, mas a
união decorrente dessas alianças não se firmará, assim como
o ferro não se mistura com o barro.
44 "Na época desses reis, o Deus dos céus estabelecerá um
reino que jamais será destruído e que nunca será dominado por
nenhum outro povo. Destruirá todos os reinos daqueles reis e
os exterminará, mas esse reino durará para sempre. 45 Esse é o
significado da visão da pedra que se soltou de uma montanha,

[a] 2.11 Aramaico: *com a carne*.

sem auxílio de mãos, pedra que esmigalhou o ferro, o bronze,
o barro, a prata e o ouro.
"O Deus poderoso mostrou ao rei o que acontecerá no futuro.
O sonho é verdadeiro, e a interpretação é fiel".
46Então o rei Nabucodonosor caiu prostrado diante de Daniel,
prestou-lhe honra e ordenou que lhe fosse apresentada uma
oferta de cereal e incenso. 47O rei disse a Daniel: "Não há dú-
vida de que o seu Deus é o Deus dos deuses, o Senhor dos reis
e aquele que revela os mistérios, pois você conseguiu revelar
esse mistério".
48Assim o rei pôs Daniel num alto cargo e o cobriu de presentes.
Ele o designou governante de toda a província da Babilônia e
o encarregou de todos os sábios da província. 49Além disso, a
pedido de Daniel, o rei nomeou Sadraque, Mesaque e Abede-
-Nego administradores da província da Babilônia, enquanto o
próprio Daniel permanecia na corte do rei.

3 A Imagem de Ouro de Nabucodonosor

1O rei Nabucodonosor fez uma imagem de ouro de vinte e
sete metros de altura e dois metros e setenta centímetros
de largura[a], e a ergueu na planície de Dura, na província da
Babilônia. 2Depois convocou os sátrapas, os prefeitos, os
governadores, os conselheiros, os tesoureiros, os juízes, os
magistrados e todas as autoridades provinciais, para assis-
tirem à dedicação da imagem que mandara erguer. 3Assim
todos eles — sátrapas, prefeitos, governadores, conselheiros,
tesoureiros, juízes, magistrados e todas as autoridades pro-
vinciais — se reuniram para a dedicação da imagem que o rei
Nabucodonosor mandara erguer, e ficaram em pé diante dela.
4Então o arauto proclamou em alta voz: "Esta é a ordem que é
dada a vocês, ó homens de todas as nações, povos e línguas:
5Quando ouvirem o som da trombeta, do pífaro, da cítara, da
harpa, do saltério, da flauta dupla[b] e de toda espécie de mú-
sica, prostrem-se em terra e adorem a imagem de ouro que
o rei Nabucodonosor ergueu. 6Quem não se prostrar em terra
e não adorá-la será imediatamente atirado numa fornalha em
chamas".
7Por isso, logo que ouviram o som da trombeta, do pífaro, da
cítara, da harpa, do saltério e de toda espécie de música, os
homens de todas as nações, povos e línguas prostraram-se em
terra e adoraram a imagem de ouro que o rei Nabucodonosor
mandara erguer.
8Nesse momento alguns astrólogos se aproximaram e denun-
ciaram os judeus, 9dizendo ao rei Nabucodonosor: "Ó rei, vive
para sempre! 10Tu emitiste um decreto, ó rei, ordenando que
todo aquele que ouvisse o som da trombeta, do pífaro, da cí-
tara, da harpa, do saltério, da flauta dupla e de toda espécie de
música se prostrasse em terra e adorasse a imagem de ouro,
11e que todo aquele que não se prostrasse em terra e não a
adorasse seria atirado numa fornalha em chamas. 12Mas há
alguns judeus que nomeaste para administrar a província da
Babilônia, Sadraque, Mesaque e Abede-Nego, que não te dão
ouvidos, ó rei. Não prestam culto aos teus deuses nem adoram
a imagem de ouro que mandaste erguer".
13Furioso, Nabucodonosor mandou chamar Sadraque, Mesaque
e Abede-Nego. E assim que eles foram conduzidos à presença
do rei, 14Nabucodonosor lhes disse: "É verdade, Sadraque, Me-
saque e Abede-Nego, que vocês não prestam culto aos meus
deuses nem adoram a imagem de ouro que mandei erguer?
15Pois agora, quando vocês ouvirem o som da trombeta, do
pífaro, da cítara, da harpa, do saltério, da flauta dupla e de
toda espécie de música, se vocês se dispuserem a prostrar-se
em terra e a adorar a imagem que eu fiz, será melhor para
vocês. Mas, se não a adorarem, serão imediatamente atirados
numa fornalha em chamas. E que deus poderá livrá-los das
minhas mãos?"
16Sadraque, Mesaque e Abede-Nego responderam ao rei: "Ó
Nabucodonosor, não precisamos defender-nos diante de ti.
17Se formos atirados na fornalha em chamas, o Deus a quem
prestamos culto pode livrar-nos, e ele nos livrará das tuas
mãos, ó rei. 18Mas, se ele não nos livrar, saiba, ó rei, que não
prestaremos culto aos teus deuses nem adoraremos a imagem
de ouro que mandaste erguer".
19Nabucodonosor ficou tão furioso com Sadraque, Mesaque
e Abede-Nego, que o seu semblante mudou. Deu ordens para
que a fornalha fosse aquecida sete vezes mais que de cos-
tume 20e ordenou que alguns dos soldados mais fortes do seu
exército amarrassem Sadraque, Mesaque e Abede-Nego e os
atirassem na fornalha em chamas. 21E os três homens, vestidos
com seus mantos, calções, turbantes e outras roupas, foram
amarrados e atirados na fornalha extraordinariamente quente.
22A ordem do rei era urgente e a fornalha estava tão quente
que as chamas mataram os soldados que levaram Sadraque,
Mesaque e Abede-Nego, 23e estes caíram amarrados dentro
da fornalha em chamas.
24Mas logo depois o rei Nabucodonosor, alarmado, levantou-se
e perguntou aos seus conselheiros: "Não foram três os homens
amarrados que nós atiramos no fogo?"
Eles responderam: "Sim, ó rei".
25E o rei exclamou: "Olhem! Estou vendo quatro homens, de-
samarrados e ilesos, andando pelo fogo, e o quarto se parece
com um filho dos deuses".
26Então Nabucodonosor aproximou-se da entrada da fornalha
em chamas e gritou: "Sadraque, Mesaque e Abede-Nego,
servos do Deus Altíssimo, saiam! Venham aqui!"
E Sadraque, Mesaque e Abede-Nego saíram do fogo. 27Os sá-
trapas, os prefeitos, os governadores e os conselheiros do rei
se ajuntaram em torno deles e comprovaram que o fogo não
tinha ferido o corpo deles. Nem um só fio de cabelo tinha sido
chamuscado, os seus mantos não estavam queimados, e não
havia cheiro de fogo neles.
28Disse então Nabucodonosor: "Louvado seja o Deus de Sa-
draque, Mesaque e Abede-Nego, que enviou o seu anjo e livrou
os seus servos! Eles confiaram nele, desafiaram a ordem do

a 3.1 Aramaico: *60 côvados de altura e 6 côvados de largura*. O côvado era uma medida linear de cerca de 45 centímetros.

b 3.5 Ou *todos os instrumentos tocando juntos*; também nos versículos 10 e 15.

rei, preferindo abrir mão de sua vida a prestar culto e adorar
a outro deus que não fosse o seu próprio Deus. 29 Por isso eu
decreto que todo homem de qualquer povo, nação e língua que
disser alguma coisa contra[a] o Deus de Sadraque, Mesaque e
Abede-Nego seja despedaçado e sua casa seja transformada
em montes de entulho, pois nenhum outro deus é capaz de
livrar alguém dessa maneira".
30 Então o rei promoveu Sadraque, Mesaque e Abede-Nego na
província da Babilônia.

Outro Sonho de Nabucodonosor

4 O rei Nabucodonosor, aos homens de todos os povos, na-
ções e línguas, que vivem no mundo inteiro: Paz e prospe-
ridade!
2 Tenho a satisfação de falar a vocês a respeito dos sinais e das
maravilhas que o Deus Altíssimo realizou em meu favor.
3 Como são grandes os seus sinais! Como são poderosas as suas
maravilhas! O seu reino é um reino eterno; o seu domínio dura
de geração em geração.
4 Eu, Nabucodonosor, estava satisfeito e próspero em casa, no
meu palácio. 5 Tive um sonho que me deixou alarmado. Es-
tando eu deitado em minha cama, os pensamentos e visões
que passaram pela minha mente deixaram-me aterrorizado.
6 Por isso decretei que todos os sábios da Babilônia fossem
trazidos à minha presença para interpretarem o sonho para
mim. 7 Quando os magos, os encantadores, os astrólogos e os
adivinhos vieram, contei-lhes o sonho, mas eles não puderam
interpretá-lo. 8 Por fim veio Daniel à minha presença e eu lhe
contei o sonho. Ele é chamado Beltessazar, em homenagem ao
nome do meu deus; e o espírito dos santos deuses está nele.
9 Eu disse: Beltessazar, chefe dos magos, sei que o espírito dos
santos deuses está em você, e que nenhum mistério é difícil
demais para você. Vou contar o meu sonho; interprete-o para
mim. 10 Estas são as visões que tive quando estava deitado em
minha cama: olhei, e diante de mim estava uma árvore muito
alta no meio da terra. 11 A árvore cresceu tanto que a sua copa
encostou no céu; era visível até os confins da terra. 12 Tinha
belas folhas, muitos frutos, e nela havia alimento para todos.
Debaixo dela os animais do campo achavam abrigo, e as aves
do céu viviam em seus galhos; todas as criaturas se alimen-
tavam daquela árvore.
13 Nas visões que tive deitado em minha cama, olhei e vi diante
de mim uma sentinela, um anjo[b] que descia do céu; 14 ele gritou
em alta voz: "Derrubem a árvore e cortem os seus galhos; ar-
ranquem as suas folhas e espalhem os seus frutos. Fujam os
animais de debaixo dela e as aves dos seus galhos. 15 Mas
deixem o toco e as suas raízes, presos com ferro e bronze;
fique ele no chão, em meio à relva do campo.
"Ele será molhado com o orvalho do céu e com os animais
comerá a grama da terra. 16 A mente humana lhe será tirada,
e ele será como um animal, até que se passem sete tempos[c].
17 "A decisão é anunciada por sentinelas, os anjos declaram o
veredicto, para que todos os que vivem saibam que o Altíssimo
domina sobre os reinos dos homens e os dá a quem quer, e põe
no poder o mais simples dos homens".
18 Esse é o sonho que eu, o rei Nabucodonosor, tive. Agora,
Beltessazar, diga-me o significado do sonho, pois nenhum dos
sábios do meu reino consegue interpretá-lo para mim, exceto
você, pois o espírito dos santos deuses está em você.

Daniel Interpreta o Sonho

19 Então Daniel, também chamado Beltessazar, ficou estar-
recido por algum tempo, e os seus pensamentos o deixaram
aterrorizado. Então o rei disse: "Beltessazar, não deixe que o
sonho ou a sua interpretação o assuste".
Beltessazar respondeu: "Meu senhor, quem dera o sonho só
se aplicasse aos teus inimigos e o seu significado somente aos
teus adversários! 20 A árvore que viste, que cresceu e ficou
enorme, cuja copa encostava no céu, visível em toda a terra,
21 com belas folhas e muitos frutos, na qual havia alimento para
todos, abrigo para os animais do campo, e morada para as
aves do céu nos seus galhos — 22 essa árvore, ó rei, és tu! Tu
te tornaste grande e poderoso, pois a tua grandeza cresceu
até alcançar o céu, e o teu domínio se estende até os confins
da terra.
23 "E tu, ó rei, viste também uma sentinela, o anjo que descia
do céu e dizia: 'Derrubem a árvore e destruam-na, mas deixem
o toco e as suas raízes, presos com ferro e bronze; fique ele
no chão, em meio à relva do campo. Ele será molhado com o
orvalho do céu e viverá com os animais selvagens, até que se
passem sete tempos'.
24 "Esta é a interpretação, ó rei, e este é o decreto que o Al-
tíssimo emitiu contra o rei, meu senhor: 25 Tu serás expulso
do meio dos homens e viverás com os animais selvagens; co-
merás capim como os bois e te molharás com o orvalho do
céu. Passarão sete tempos até que admitas que o Altíssimo
domina sobre os reinos dos homens e os dá a quem quer. 26 A
ordem para deixar o toco da árvore com as raízes significa
que o teu reino te será devolvido quando reconheceres que
os Céus dominam. 27 Portanto, ó rei, aceita o meu conselho:
Renuncia a teus pecados e à tua maldade, pratica a justiça
e tem compaixão dos necessitados. Talvez, então, continues
a viver em paz".

O Cumprimento do Sonho

28 Tudo isso aconteceu com o rei Nabucodonosor. 29 Doze meses
depois, quando o rei estava andando no terraço do palácio real
da Babilônia, 30 disse: "Acaso não é esta a grande Babilônia que
eu construí como capital do meu reino[d], com o meu enorme
poder e para a glória da minha majestade?"
31 As palavras ainda estavam nos seus lábios quando veio do céu
uma voz que disse: "É isto que está decretado quanto a você,
rei Nabucodonosor: Sua autoridade real foi tirada. 32 Você será
expulso do meio dos homens, viverá com os animais selvagens

---

a 3.29 Ou *blasfemar*

b 4.13 Aramaico: *santo*; também nos versículos 17 e 23.

c 4.16 Ou *anos*; também nos versículos 23, 25 e 32.

d 4.30 Ou *para ser minha residência real*

e comerá capim como os bois. Passarão sete tempos até que
admita que o Altíssimo domina sobre os reinos dos homens e
os dá a quem quer".
33 A sentença sobre Nabucodonosor cumpriu-se imediatamente.
Ele foi expulso do meio dos homens e passou a comer capim
como os bois. Seu corpo molhou-se com o orvalho do céu,
até que os seus cabelos e pelos cresceram como as penas da
águia, e as suas unhas como as garras das aves.
34 "Ao fim daquele período, eu, Nabucodonosor, levantei os
olhos ao céu, e percebi que o meu entendimento tinha vol-
tado. Então louvei o Altíssimo; honrei e glorifiquei aquele que
vive para sempre.
"O seu domínio é um domínio eterno; o seu reino dura de ge-
ração em geração. 35 Todos os povos da terra são como nada
diante dele. Ele age como lhe agrada com os exércitos[a] dos
céus e com os habitantes da terra. Ninguém é capaz de resistir
à sua mão ou dizer-lhe: 'O que fizeste?'
36 "Naquele momento voltou-me o entendimento, e eu recu-
perei a honra, a majestade e a glória do meu reino. Meus
conselheiros e os nobres me procuraram, meu trono me foi
restaurado, e minha grandeza veio a ser ainda maior. 37 Agora
eu, Nabucodonosor, louvo, exalto e glorifico o Rei dos céus,
porque tudo o que ele faz é certo, e todos os seus caminhos
são justos. E ele tem poder para humilhar aqueles que vivem
com arrogância".

5 O Banquete de Belsazar: A Escrita na Parede

Certa vez o rei Belsazar deu um grande banquete para mil
dos seus nobres, e com eles bebeu muito vinho. 2 Enquanto Bel-
sazar bebia vinho, deu ordens para trazerem as taças de ouro e
de prata que o seu predecessor, Nabucodonosor, tinha tomado
do templo de Jerusalém, para que o rei e os seus nobres, as
suas mulheres e as suas concubinas bebessem nessas taças.
3 Então trouxeram as taças de ouro que tinham sido tomadas do
templo de Deus em Jerusalém, e o rei e os seus nobres, as suas
mulheres e as suas concubinas beberam nas taças. 4 Enquanto
bebiam o vinho, louvavam os deuses de ouro, de prata, de
bronze, de ferro, de madeira e de pedra.
5 Mas, de repente apareceram dedos de mão humana que
começaram a escrever no reboco da parede, na parte mais
iluminada do palácio real. O rei observou a mão enquanto ela
escrevia. 6 Seu rosto ficou pálido, e ele ficou tão assustado que
os seus joelhos batiam um no outro e as suas pernas vacilaram.
7 Aos gritos, o rei mandou chamar os encantadores, os as-
trólogos e os adivinhos e disse a esses sábios da Babilônia:
"Aquele que ler essa inscrição e interpretá-la, revelando-me
o seu significado, vestirá um manto vermelho, terá uma cor-
rente de ouro no pescoço e será o terceiro em importância no
governo do reino".
8 Todos os sábios do rei vieram, mas não conseguiram ler a
inscrição nem dizer ao rei o seu significado. 9 Diante disso o
rei Belsazar ficou ainda mais aterrorizado e o seu rosto, mais
pálido. Seus nobres estavam alarmados.
10 Tendo a rainha[b] ouvido os gritos do rei e dos seus nobres,
entrou na sala do banquete e disse: "Ó rei, vive para sempre!
Não fiques assustado nem tão pálido! 11 Existe um homem em
teu reino que possui o espírito dos santos deuses. Na época
do teu predecessor verificou-se que ele era um iluminado e
tinha inteligência e sabedoria como a dos deuses. O rei Na-
bucodonosor, teu predecessor — sim, o teu predecessor — o
nomeou chefe dos magos, dos encantadores, dos astrólogos e
dos adivinhos. 12 Verificou-se que esse homem, Daniel, a quem
o rei dera o nome de Beltessazar, tinha inteligência extraordi-
nária e também a capacidade de interpretar sonhos e resolver
enigmas e mistérios. Manda chamar Daniel, e ele te dará o
significado da escrita".
13 Assim Daniel foi levado à presença do rei, que lhe disse:
"Você é Daniel, um dos exilados que meu pai, o rei, trouxe
de Judá? 14 Soube que o espírito dos deuses está em você e
que você é um iluminado com inteligência e sabedoria fora
do comum. 15 Trouxeram os sábios e os encantadores à minha
presença para lerem essa inscrição e me dizerem o seu signi-
ficado, porém eles não o conseguiram. 16 Mas eu soube que
você é capaz de dar interpretações e de resolver mistérios. Se
você puder ler essa inscrição e dizer-me o que significa, você
será vestido com um manto vermelho e terá uma corrente de
ouro no pescoço, e será o terceiro em importância no governo
do reino".
17 Então Daniel respondeu ao rei: "Podes guardar os teus
presentes para ti mesmo e dar as tuas recompensas a algum
outro. No entanto, lerei a inscrição para o rei e te direi o seu
significado.
18 "Ó rei, foi a Nabucodonosor, teu predecessor, que o Deus
Altíssimo deu soberania, grandeza, glória e majestade. 19 De-
vido à alta posição que Deus lhe concedeu, homens de todas
as nações, povos e línguas tremiam diante dele e o temiam.
A quem o rei queria matar, matava; a quem queria poupar,
poupava; a quem queria promover, promovia; e a quem queria
humilhar, humilhava. 20 No entanto, quando o seu coração se
tornou arrogante e endurecido por causa do orgulho, ele foi
deposto de seu trono real e despojado da sua glória. 21 Foi
expulso do meio dos homens e sua mente ficou como a de um
animal; passou a viver com os jumentos selvagens e a comer
capim como os bois; e o seu corpo se molhava com o orvalho
do céu, até reconhecer que o Deus Altíssimo domina sobre os
reinos dos homens e põe no poder quem ele quer.
22 "Mas tu, Belsazar, seu sucessor, não te humilhaste, embora
soubesses de tudo isso. 23 Ao contrário, te exaltaste acima
do[c] Senhor dos céus. Mandaste trazer as taças do templo do
Senhor para que nelas bebessem tu, os teus nobres, as tuas
mulheres e as tuas concubinas. Louvaste os deuses de prata,
de ouro, de bronze, de ferro, de madeira e de pedra, que não
podem ver nem ouvir nem entender. Mas não glorificaste o
Deus que sustenta em suas mãos a tua vida e todos os teus

a 4.35 Ou *anjos*

b 5.10 Ou *rainha-mãe*

c 5.23 Ou *te levantaste contra o*

caminhos. 24 Por isso ele enviou a mão que escreveu as palavras da inscrição.

25 "Esta é a inscrição que foi feita: MENE, MENE, TEQUEL, PARSIM[a].

26 "E este é o significado dessas palavras: Mene[b]: Deus contou os dias do teu reinado e determinou o seu fim.

27 Tequel[c]: Foste pesado na balança e achado em falta.

28 Peres[d]: Teu reino foi dividido e entregue aos medos e persas".

29 Então, por ordem de Belsazar, vestiram Daniel com um manto vermelho, puseram-lhe uma corrente de ouro no pescoço, e o proclamaram o terceiro em importância no governo do reino.

30 Naquela mesma noite Belsazar, rei dos babilônios[e], foi morto, 31 e Dario, o medo, apoderou-se do reino, com a idade de sessenta e dois anos.

6 Daniel na Cova dos Leões

6 Dario achou por bem nomear cento e vinte sátrapas para governar todo o reino, 2 e designou três supervisores sobre eles, um dos quais era Daniel. Os sátrapas tinham que prestar contas a eles para que o rei não sofresse nenhuma perda. 3 Ora, Daniel se destacou tanto entre os supervisores e os sátrapas por suas grandes qualidades, que o rei planejava tê-lo à frente do governo de todo o império. 4 Diante disso, os supervisores e os sátrapas procuraram motivos para acusar Daniel em sua administração governamental, mas nada conseguiram. Não puderam achar nele falta alguma, pois ele era fiel; não era desonesto nem negligente. 5 Finalmente esses homens disseram: "Jamais encontraremos algum motivo para acusar esse Daniel, a menos que seja algo relacionado com a lei do Deus dele".

6 E assim os supervisores e os sátrapas, de comum acordo, foram falar com o rei: "Ó rei Dario, vive para sempre! 7 Todos os supervisores reais, os prefeitos, os sátrapas, os conselheiros e os governadores concordaram em que o rei deve emitir um decreto ordenando que todo aquele que orar a qualquer deus ou a qualquer homem nos próximos trinta dias, exceto a ti, ó rei, seja atirado na cova dos leões. 8 Agora, ó rei, emite o decreto e assina-o para que não seja alterado, conforme a lei dos medos e dos persas, que não pode ser revogada". 9 E o rei Dario assinou o decreto.

10 Quando Daniel soube que o decreto tinha sido publicado, foi para casa, para o seu quarto, no andar de cima, cujas janelas davam para Jerusalém e ali fez o que costumava fazer: três vezes por dia ele se ajoelhava e orava, agradecendo ao seu Deus. 11 Então aqueles homens foram investigar e encontraram Daniel orando, pedindo ajuda a Deus. 12 E foram logo falar com o rei acerca do decreto real: "Tu não publicaste um decreto ordenando que nestes trinta dias todo aquele que fizer algum pedido a qualquer deus ou a qualquer homem, exceto a ti, ó rei, será lançado na cova dos leões?"

O rei respondeu: "O decreto está em vigor, conforme a lei dos medos e dos persas, que não pode ser revogada".

13 Então disseram ao rei: "Daniel, um dos exilados de Judá, não te dá ouvidos, ó rei, nem ao decreto que assinaste. Ele continua orando três vezes por dia". 14 Quando o rei ouviu isso, ficou muito contrariado e decidiu salvar Daniel. Até o pôr do sol, fez o possível para livrá-lo.

15 Mas os homens lhe disseram: "Lembra-te, ó rei, de que, segundo a lei dos medos e dos persas, nenhum decreto ou edito do rei pode ser modificado".

16 Então o rei deu ordens, e eles trouxeram Daniel e o jogaram na cova dos leões. O rei, porém, disse a Daniel: "Que o seu Deus, a quem você serve continuamente, o livre!"

17 Taparam a cova com uma pedra, e o rei a selou com o seu anel-selo e com os anéis dos seus nobres, para que a decisão sobre Daniel não se modificasse. 18 Tendo voltado ao palácio, o rei passou a noite sem comer e não aceitou nenhum divertimento em sua presença. Além disso, não conseguiu dormir.

19 Logo ao alvorecer, o rei se levantou e correu para a cova dos leões. 20 Quando ia se aproximando da cova, chamou Daniel com voz que revelava aflição: "Daniel, servo do Deus vivo, será que o seu Deus, a quem você serve continuamente, pôde livrá-lo dos leões?"

21 Daniel respondeu: "Ó rei, vive para sempre! 22 O meu Deus enviou o seu anjo, que fechou a boca dos leões. Eles não me fizeram mal algum, pois fui considerado inocente à vista de Deus. Também contra ti não cometi mal algum, ó rei".

23 O rei muito se alegrou e ordenou que tirassem Daniel da cova. Quando o tiraram da cova, viram que não havia nele nenhum ferimento, pois ele tinha confiado no seu Deus.

24 E, por ordem do rei, os homens que tinham acusado Daniel foram atirados na cova dos leões, junto com as suas mulheres e os seus filhos. E, antes de chegarem ao fundo, os leões os atacaram e despedaçaram todos os seus ossos.

25 Então o rei Dario escreveu aos homens de todas as nações, povos e línguas de toda a terra:

"Paz e prosperidade!

26 "Estou editando um decreto para que em todos os domínios do império os homens temam e reverenciem o Deus de Daniel.

"Pois ele é o Deus vivo e permanece para sempre; o seu reino não será destruído; o seu domínio jamais acabará. 27 Ele livra e salva; faz sinais e maravilhas nos céus e na terra. Ele livrou Daniel do poder dos leões".

28 Assim Daniel prosperou durante os reinados de Dario e de Ciro[f], o Persa.

7 O Sonho de Daniel: Os Quatro Animais

7 No primeiro ano de Belsazar, rei da Babilônia, Daniel teve um sonho, e certas visões passaram por sua mente, estando ele deitado em sua cama. Ele escreveu o seguinte resumo do seu sonho.

2 "Em minha visão à noite, eu vi os quatro ventos do céu agitando o grande mar. 3 Quatro grandes animais, diferentes uns dos outros, subiram do mar

---

a 5.25 Aramaico: *UPARSIM*; isto é, *E PARSIM*.
b 5.26 *Mene* pode significar *contado* ou *mina* (uma unidade monetária).
c 5.27 *Tequel* pode significar *pesado* ou *siclo*.
d 5.28 *Peres* (o singular de *Parsim*) pode significar *dividido* ou *Pérsia* ou *meia mina* ou *meio siclo*.
e 5.30 Aramaico: *caldeus*.

f 6.28 Ou *Dario, isto é, o reinado de Ciro,*

4 "O primeiro parecia um leão e tinha asas de águia. Eu o ob-
servei e, em certo momento, as suas asas foram arrancadas,
e ele foi erguido do chão, firmou-se sobre dois pés como um
homem e recebeu coração de homem.
5 "A seguir, vi um segundo animal, que tinha a aparência de um
urso. Ele foi erguido por um dos seus lados, e na boca, entre
os dentes, tinha três costelas. Foi-lhe dito: 'Levante-se e coma
quanta carne puder!'
6 "Depois disso, vi um outro animal, que se parecia com um
leopardo. Nas costas tinha quatro asas, como as de uma ave.
Esse animal tinha quatro cabeças e recebeu autoridade para
governar.
7 "Em minha visão à noite, vi ainda um quarto animal, aterrori-
zante, assustador e muito poderoso. Tinha grandes dentes de
ferro, com os quais despedaçava e devorava suas vítimas e pi-
soteava tudo o que sobrava. Era diferente de todos os animais
anteriores e tinha dez chifres.
8 "Enquanto eu considerava os chifres, vi outro chifre, pequeno,
que surgiu entre eles; e três dos primeiros chifres foram arran-
cados para dar lugar a ele. Esse chifre possuía olhos como os
olhos de um homem e uma boca que falava com arrogância.
9 "Enquanto eu olhava,
"tronos foram colocados, e um ancião se assentou. Sua veste
era branca como a neve; o cabelo era branco como a lã. Seu
trono era envolto em fogo, e as rodas do trono estavam em
chamas. 10 De diante dele, saía um rio de fogo. Milhares de
milhares o serviam; milhões e milhões estavam diante dele. O
tribunal iniciou o julgamento, e os livros foram abertos.
11 "Continuei a observar por causa das palavras arrogantes que
o chifre falava. Fiquei olhando até que o animal foi morto, e o
seu corpo foi destruído e atirado no fogo. 12 Dos outros animais
foi retirada a autoridade, mas eles tiveram permissão para
viver por um período de tempo.
13 "Em minha visão à noite, vi alguém semelhante a um filho
de homem, vindo com as nuvens dos céus. Ele se aproximou
do ancião e foi conduzido à sua presença. 14 Ele recebeu auto-
ridade, glória e o reino; todos os povos, nações e homens de
todas as línguas o adoraram. Seu domínio é um domínio eterno
que não acabará, e seu reino jamais será destruído.

A Interpretação do Sonho

15 "Eu, Daniel, fiquei agitado em meu espírito, e as visões que
passaram pela minha mente me aterrorizaram. 16 Então me
aproximei de um dos que ali estavam e lhe perguntei o signifi-
cado de tudo o que eu tinha visto.
"Ele me respondeu, dando-me esta interpretação: 17 'Os quatro
grandes animais são quatro reinos que se levantarão na terra.
18 Mas os santos do Altíssimo receberão o reino e o possuirão
para sempre; sim, para todo o sempre'.
19 "Então eu quis saber o significado do quarto animal, dife-
rente de todos os outros e o mais aterrorizante, com seus
dentes de ferro e garras de bronze, o animal que despeda-
çava e devorava suas vítimas, e pisoteava tudo o que sobrava.
20 Também quis saber sobre os dez chifres da sua cabeça e
sobre o outro chifre que surgiu para ocupar o lugar dos três
chifres que caíram, o chifre que tinha olhos e uma boca que
falava com arrogância. 21 Enquanto eu observava, esse chifre
guerreava contra os santos e os derrotava, 22 até que o ancião
veio e pronunciou a sentença a favor dos santos do Altíssimo;
chegou a hora de eles tomarem posse do reino.
23 "Ele me deu a seguinte explicação: 'O quarto animal é um
quarto reino que aparecerá na terra. Será diferente de todos
os outros reinos e devorará a terra inteira, despedaçando-a e
pisoteando-a. 24 Os dez chifres são dez reis que sairão desse
reino. Depois deles um outro rei se levantará, e será diferente
dos primeiros reis. 25 Ele falará contra o Altíssimo, oprimirá os
seus santos e tentará mudar os tempos[a] e as leis. Os santos
serão entregues nas mãos dele por um tempo, tempos[b] e meio
tempo.
26 " 'Mas o tribunal o julgará, e o seu poder lhe será tirado
e totalmente destruído, para sempre. 27 Então a soberania, o
poder e a grandeza dos reinos que há debaixo de todo o céu
serão entregues nas mãos dos santos, o povo do Altíssimo.
O reino dele será um reino eterno, e todos os governantes o
adorarão e lhe obedecerão'.
28 "Esse é o fim da visão. Eu, Daniel, fiquei aterrorizado por
causa dos meus pensamentos e meu rosto empalideceu, mas
guardei essas coisas comigo".

8 A Visão de Daniel: O Carneiro e o Bode

No terceiro ano do reinado do rei Belsazar, eu, Daniel, tive
outra visão, a segunda. 2 Na minha visão eu me vi na cidadela
de Susã, na província de Elão; na visão eu estava junto do canal
de Ulai. 3 Olhei para cima e, diante de mim, junto ao canal, es-
tava um carneiro; seus dois chifres eram compridos, um mais
que o outro, mas o mais comprido cresceu depois do outro.
4 Observei o carneiro enquanto ele avançava para o oeste, para
o norte e para o sul. Nenhum animal conseguia resistir-lhe, e
ninguém podia livrar-se do seu poder. Ele fazia o que bem
desejava e foi ficando cada vez maior.
5 Enquanto eu considerava isso, de repente um bode, com um
chifre enorme entre os olhos, veio do oeste, percorrendo toda
a extensão da terra sem encostar no chão. 6 Ele veio na di-
reção do carneiro de dois chifres que eu tinha visto ao lado do
canal, e avançou contra ele com grande fúria. 7 Eu o vi atacar
furiosamente o carneiro, atingi-lo e quebrar os seus dois chi-
fres. O carneiro não teve forças para resistir a ele; o bode o
derrubou no chão e o pisoteou, e ninguém foi capaz de livrar o
carneiro do seu poder. 8 O bode tornou-se muito grande, mas
no auge da sua força o seu grande chifre foi quebrado, e em
seu lugar cresceram quatro chifres enormes, na direção dos
quatro ventos da terra.
9 De um deles saiu um pequeno chifre, que logo cresceu
em poder na direção do sul, do leste e da Terra Magnífica.
10 Cresceu até alcançar o exército dos céus, e atirou na terra

a 7.25 Ou *o calendário*; ou ainda *as festas religiosas*
b 7.25 Ou *dois tempos*

parte do exército das estrelas e as pisoteou. 11Tanto cresceu
que chegou a desafiar o príncipe do exército; suprimiu o sa-
crifício diário oferecido ao príncipe, e o local do santuário foi
destruído. 12Por causa da rebelião, o exército dos santos e o
sacrifício diário foram dados ao chifre. Ele tinha êxito em tudo
o que fazia, e a verdade foi lançada por terra.
13Então ouvi dois anjos[a] conversando, e um deles perguntou ao
outro: "Quanto tempo durarão os acontecimentos anunciados
por esta visão? Até quando será suprimido o sacrifício diário e
a rebelião devastadora prevalecerá? Até quando o santuário
e o exército ficarão entregues ao poder do chifre e serão pi-
soteados?"
14Ele me disse: "Isso tudo levará duas mil e trezentas tardes e
manhãs; então o santuário será reconsagrado[b]".

A Interpretação da Visão

15Enquanto eu, Daniel, observava a visão e tentava entendê-la,
diante de mim apareceu um ser que parecia homem. 16E ouvi
a voz de um homem que vinha do Ulai: "Gabriel, dê a esse
homem o significado da visão".
17Quando ele se aproximou de mim, fiquei aterrorizado e caí
prostrado. Ele me disse: "Filho do homem, saiba que a visão
refere-se aos tempos do fim".
18Enquanto ele falava comigo, eu, com o rosto em terra, perdi
os sentidos. Então ele tocou em mim e me pôs em pé.
19E disse: "Vou contar a você o que acontecerá depois, no
tempo da ira, pois a visão se refere ao tempo do fim. 20O car-
neiro de dois chifres que você viu representa os reis da Média
e da Pérsia. 21O bode peludo é o rei da Grécia, e o grande chifre
entre os seus olhos é o primeiro rei. 22Os quatro chifres que
tomaram o lugar do chifre que foi quebrado são quatro reis.
Seus reinos surgirão da nação daquele rei, mas não terão o
mesmo poder.
23"No final do reinado deles, quando a rebelião dos ímpios
tiver chegado ao máximo, surgirá um rei de duro semblante,
mestre em astúcias. 24Ele se tornará muito forte, mas não pelo
seu próprio poder. Provocará devastações terríveis e será bem-
-sucedido em tudo o que fizer. Destruirá os homens poderosos
e o povo santo. 25Com o intuito de prosperar, ele enganará a
muitos e se considerará superior aos outros. Destruirá muitos
que nele confiam[c] e se insurgirá contra o Príncipe dos prín-
cipes. Apesar disso, ele será destruído, mas não pelo poder
dos homens.
26"A visão das tardes e das manhãs que você recebeu é verda-
deira; sele[d] porém a visão, pois refere-se ao futuro distante".
27Eu, Daniel, fiquei exausto e doente por vários dias. Depois
levantei-me e voltei a cuidar dos negócios do rei. Fiquei as-
sustado com a visão; estava além da compreensão humana.

[a] 8.13 Hebraico: *santos*.
[b] 8.14 Ou *purificado*
[c] 8.25 Ou *que vivem em paz*
[d] 8.26 Ou *guarde em segredo*

9 A Oração de Daniel

Dario, filho de Xerxes[e], da linhagem dos medos, foi consti-
tuído governante do reino babilônio[f]. 2No primeiro ano do seu
reinado, eu, Daniel, compreendi pelas Escrituras, conforme a
palavra do SENHOR dada ao profeta Jeremias, que a desolação
de Jerusalém iria durar setenta anos. 3Por isso me voltei para
o Senhor Deus com orações e súplicas, em jejum, em pano de
saco e coberto de cinza.
4Orei ao SENHOR, o meu Deus, e confessei:
Ó Senhor, Deus grande e temível, que manténs a tua aliança
de amor com todos aqueles que te amam e obedecem aos
teus mandamentos, 5nós temos cometido pecado e somos
culpados. Temos sido ímpios e rebeldes, e nos afastamos dos
teus mandamentos e das tuas leis. 6Não demos ouvido aos
teus servos, os profetas, que falaram em teu nome aos nossos
reis, aos nossos líderes e aos nossos antepassados, e a todo
o teu povo.
7Senhor, tu és justo, e hoje estamos envergonhados. Sim, nós,
o povo de Judá, de Jerusalém e de todo o Israel, tanto os que
estão perto como os que estão distantes, em todas as terras
pelas quais nos espalhaste por causa de nossa infidelidade
para contigo. 8Ó SENHOR, nós e nossos reis, nossos líderes e
nossos antepassados estamos envergonhados por termos
pecado contra ti. 9O Senhor nosso Deus é misericordioso e
perdoador, apesar de termos sido rebeldes; 10não te demos
ouvidos, SENHOR nosso Deus, nem obedecemos às leis que nos
deste por meio dos teus servos, os profetas. 11Todo o Israel
transgrediu a tua lei e se desviou, recusando-se a te ouvir.
Por isso as maldições e as pragas escritas na Lei de Moisés,
servo de Deus, têm sido derramadas sobre nós, porque pe-
camos contra ti. 12Cumpriste a palavra proferida contra nós e
contra os nossos governantes, trazendo-nos grande desgraça.
Debaixo de todo o céu jamais se fez algo como o que foi feito a
Jerusalém. 13Conforme está escrito na Lei de Moisés, toda essa
desgraça nos atingiu, e ainda assim não temos buscado o favor
do SENHOR, o nosso Deus, afastando-nos de nossas maldades e
obedecendo à tua verdade. 14O SENHOR não hesitou em trazer
desgraça sobre nós, pois o SENHOR, o nosso Deus, é justo em
tudo o que faz; ainda assim nós não lhe temos dado atenção.
15Ó Senhor nosso Deus, que tiraste o teu povo do Egito com
mão poderosa e que fizeste para ti um nome que permanece
até hoje, nós temos cometido pecado e somos culpados.
16Agora, Senhor, conforme todos os teus feitos justos, afasta
de Jerusalém, da tua cidade, do teu santo monte, a tua ira e a
tua indignação. Os nossos pecados e as iniquidades de nossos
antepassados fizeram de Jerusalém e do teu povo objeto de
zombaria para todos os que nos rodeiam.
17Ouve, nosso Deus, as orações e as súplicas do teu servo. Por
amor de ti, Senhor, olha com bondade para[g] o teu santuário
abandonado. 18Inclina os teus ouvidos, ó Deus, e ouve; abre os
teus olhos e vê a desolação da cidade que leva o teu nome. Não

[e] 9.1 Hebraico: *Assuero*, variante do nome persa *Xerxes*.
[f] 9.1 Hebraico: *caldeu*.
[g] 9.17 Hebraico: *faze resplandecer o teu rosto sobre*.

te fazemos pedidos por sermos justos, mas por causa da tua
grande misericórdia. 19 Senhor, ouve! Senhor, perdoa! Senhor,
vê e age! Por amor de ti, meu Deus, não te demores, pois a tua
cidade e o teu povo levam o teu nome.

As Setenta Semanas

20 Enquanto eu estava falando e orando, confessando o meu
pecado e o pecado de Israel, meu povo, e trazendo o meu
pedido ao SENHOR, o meu Deus, em favor do seu santo monte —
21 enquanto eu ainda estava em oração, Gabriel, o homem que
eu tinha visto na visão anterior, veio voando rapidamente para
onde eu estava, à hora do sacrifício da tarde. 22 Ele me instruiu
e me disse: "Daniel, agora vim para dar a você percepção e
entendimento. 23 Assim que você começou a orar, houve uma
resposta, que eu trouxe a você porque você é muito amado.
Por isso, preste atenção à mensagem para entender a visão:
24 "Setenta semanas estão decretadas para o seu povo e sua
santa cidade a fim de acabar com[a] a transgressão, dar fim ao
pecado, expiar as culpas, trazer justiça eterna, cumprir a visão
e a profecia, e ungir o santíssimo[b].
25 "Saiba e entenda que, a partir da promulgação do decreto
que manda restaurar e reconstruir Jerusalém até que o Un-
gido, o príncipe, venha, haverá sete semanas, e sessenta e
duas semanas. Ela será reconstruída com ruas e muros[c], mas
em tempos difíceis. 26 Depois das sessenta e duas semanas, o
Ungido será morto, e já não haverá lugar para ele. A cidade e
o Lugar Santo serão destruídos pelo povo do governante que
virá. O fim virá como uma inundação: guerras continuarão até
o fim, e desolações foram decretadas. 27 Com muitos ele fará
uma aliança que durará uma semana. No meio da semana ele
dará fim ao sacrifício e à oferta. E numa ala do templo será
colocado o sacrilégio terrível, até que chegue sobre ele[d] o fim
que lhe está decretado".

A Visão do Homem Vestido de Linho

10 No terceiro ano de Ciro, rei da Pérsia, Daniel, chamado
Beltessazar, recebeu uma revelação. A mensagem era verda-
deira e falava de uma grande guerra[e]. Na visão que teve, ele
entendeu a mensagem.
2 Naquela ocasião eu, Daniel, passei três semanas chorando.
3 Não comi nada saboroso; carne e vinho nem provei; e não
usei nenhuma essência aromática, até se passarem as três
semanas.
4 No vigésimo quarto dia do primeiro mês, estava eu em pé
junto à margem de um grande rio, o Tigre. 5 Olhei para cima,
e diante de mim estava um homem vestido de linho, com um
cinto de ouro puríssimo na cintura. 6 Seu corpo era como be-
rilo, o rosto como relâmpago, os olhos como tochas acesas, os
braços e pernas como o reflexo do bronze polido, e a sua voz
era como o som de uma multidão.
7 Somente eu, Daniel, tive a visão; os que me acompanhavam
nada viram, mas foram tomados de tanto pavor que fugiram
e se esconderam. 8 Assim fiquei sozinho, olhando para aquela
grande visão; fiquei sem forças, muito pálido, e quase desfa-
leci. 9 Então eu o ouvi falando e, ao ouvi-lo, caí prostrado com
o rosto em terra, e perdi os sentidos.
10 Em seguida, a mão de alguém tocou em mim e me pôs sobre
as minhas mãos e os meus joelhos vacilantes. 11 E ele disse:
"Daniel, você é muito amado. Preste bem atenção ao que vou
falar; levante-se, pois eu fui enviado a você". Quando ele me
disse isso, pus-me em pé, tremendo.
12 E ele prosseguiu: "Não tenha medo, Daniel. Desde o primeiro
dia em que você decidiu buscar entendimento e humilhar-se
diante do seu Deus, suas palavras foram ouvidas, e eu vim
em resposta a elas. 13 Mas o príncipe do reino da Pérsia me
resistiu durante vinte e um dias. Então Miguel, um dos prín-
cipes supremos, veio em minha ajuda, pois eu fui impedido de
continuar ali com os reis da Pérsia. 14 Agora vim explicar a você
o que acontecerá ao seu povo no futuro, pois a visão se refere
a uma época futura".
15 Quando ele me disse isso, prostrei-me com o rosto em terra,
sem conseguir falar. 16 Então um ser que parecia homem[f] tocou
nos meus lábios, e eu abri a minha boca e comecei a falar.
Eu disse àquele que estava em pé diante de mim: Estou an-
gustiado por causa da visão, meu senhor, e quase desfaleço.
17 Como posso eu, teu servo, conversar contigo, meu senhor?
Minhas forças se foram, e mal posso respirar.
18 O ser que parecia homem tocou em mim outra vez e me
deu forças. 19 Ele disse: "Não tenha medo, você, que é muito
amado. Que a paz seja com você! Seja forte! Seja forte!"
Ditas essas palavras, senti-me fortalecido e disse: Fala, meu
senhor, visto que me deste forças.
20 Então ele me disse: "Você sabe por que vim? Tenho que
voltar para lutar contra o príncipe da Pérsia e, logo que eu for,
chegará o príncipe da Grécia; 21 mas antes revelarei a você o
que está escrito no Livro da Verdade. E nessa luta ninguém me
ajuda contra eles, senão Miguel, o príncipe de vocês;

11 e, no primeiro ano de Dario, rei dos medos, ajudei-o e
dei-lhe apoio.

Os Reis do Sul e os Reis do Norte

2 "Agora, pois, vou anunciar a você a verdade: Outros três reis
aparecerão na Pérsia, e depois virá um quarto rei, que será
bem mais rico do que os anteriores. Depois de conquistar
o poder com sua riqueza, instigará todos contra o reino da
Grécia. 3 Então surgirá um rei guerreiro, que governará com
grande poder e fará o que quiser. 4 Logo depois de estabele-
cido[g], o seu império se desfará e será repartido entre os quatro
ventos do céu. Não passará para os seus descendentes, e o

---

a 9.24 Ou *para restringir*
b 9.24 Ou *o Lugar Santíssimo*
c 9.25 Ou *trincheiras*
d 9.27 Ou *sobre isso*
e 10.1 Ou *falava de tempos difíceis*

f 10.16 Conforme a maioria dos manuscritos do Texto Massorético. Os manuscritos do mar Morto e a Septuaginta dizem *algo que se parecia com a mão de um homem*
g 11.4 Ou *No auge do seu poder,*

império não será poderoso como antes, pois será desarraigado
e entregue a outros.
5 "O rei do sul se tornará forte, mas um dos seus príncipes se
tornará ainda mais forte que ele e governará o seu próprio
reino com grande poder. 6 Depois de alguns anos, eles se tor-
narão aliados. A filha do rei do sul fará um tratado com o rei
do norte, mas ela não manterá o seu poder, tampouco ele
conservará o dele[a]. Naqueles dias ela será entregue à morte,
com sua escolta real e com seu pai[b] e com aquele que a apoiou.
7 "Alguém da linhagem dela se levantará para tomar-lhe o
lugar. Ele atacará as forças do rei do norte e invadirá a sua
fortaleza; lutará contra elas e será vitorioso. 8 Também tomará
os deuses deles, as suas imagens de metal e os seus utensílios
valiosos de prata e de ouro, e os levará para o Egito. Por alguns
anos ele deixará o rei do norte em paz. 9 Então o rei do norte in-
vadirá as terras do rei do sul, mas terá que se retirar para a sua
própria terra. 10 Seus filhos se prepararão para a guerra e reu-
nirão um grande exército, que avançará como uma inundação
irresistível e levará os combates até a fortaleza do rei do sul.
11 "Em face disso, o rei do sul marchará furioso para combater
o rei do norte, que o enfrentará com um enorme exército, mas,
apesar disso, será derrotado. 12 Quando o exército for vencido,
o rei do sul se encherá de orgulho e matará milhares, mas o seu
triunfo será breve. 13 Pois o rei do norte reunirá outro exército,
maior que o primeiro; depois de alguns anos voltará a atacá-lo
com um exército enorme e bem equipado.
14 "Naquela época muitos se rebelarão contra o rei do sul. E os
homens violentos do povo a que você pertence se revoltarão
para cumprir esta visão, mas não terão sucesso. 15 Então o rei
do norte virá, construirá rampas de cerco e conquistará uma
cidade fortificada. As forças do sul serão incapazes de resistir;
mesmo as suas melhores tropas não terão forças para resistir.
16 O invasor fará o que bem entender; ninguém conseguirá de-
tê-lo. Ele se instalará na Terra Magnífica e terá poder para
destruí-la. 17 Virá com o poder de todo o seu reino e fará uma
aliança com o rei do sul. Ele lhe dará uma filha em casamento
a fim de derrubar o reino, mas o seu plano[c] não terá sucesso
e em nada o ajudará. 18 Então ele voltará a atenção para as
regiões costeiras e se apossará de muitas delas, mas um co-
mandante reagirá com arrogância à arrogância dele e lhe dará
fim. 19 Depois disso ele se dirigirá para as fortalezas de sua
própria terra, mas tropeçará e cairá, para nunca mais aparecer.
20 "Seu sucessor enviará um cobrador de impostos para manter
o esplendor real. Contudo, em poucos anos ele será destruído,
sem necessidade de ira nem de combate.
21 "Ele será sucedido por um ser desprezível, a quem não tinha
sido dada a honra da realeza. Este invadirá o reino quando o
povo se sentir seguro e se apoderará do reino por meio de
intrigas. 22 Então um exército avassalador será arrasado diante
dele; tanto o exército como um príncipe da aliança serão des-
truídos. 23 Depois de feito o acordo, ele agirá traiçoeiramente
e com apenas um pequeno grupo chegará ao poder. 24 Quando
as províncias mais ricas se sentirem seguras, ele as invadirá
e realizará o que nem seus pais nem seus antepassados con-
seguiram: distribuirá despojos, saques e riquezas entre seus
seguidores. Ele tramará a tomada de fortalezas, mas só por
algum tempo.
25 "Com um grande exército juntará suas forças e sua coragem
contra o rei do sul. O rei do sul guerreará mobilizando um exér-
cito grande e poderoso, mas não conseguirá resistir por causa
dos golpes tramados contra ele. 26 Mesmo os que estiverem
sendo alimentados pelo rei tentarão destruí-lo; seu exército
será arrasado, e muitos cairão em combate. 27 Os dois reis, com
seu coração inclinado para o mal, sentarão à mesma mesa e
mentirão um para o outro, mas sem resultado, pois o fim só
virá no tempo determinado. 28 O rei do norte voltará para a sua
terra com grande riqueza, mas o seu coração estará voltado
contra a santa aliança. Ele empreenderá ação contra ela e de-
pois voltará para a sua terra.
29 "No tempo determinado ele invadirá de novo o sul, mas
desta vez o resultado será diferente do anterior. 30 Navios das
regiões da costa ocidental[d] se oporão a ele, e ele perderá o
ânimo. Então despejará sua fúria contra a santa aliança e,
voltando, tratará com bondade aqueles que abandonarem a
santa aliança.
31 "Suas forças armadas se levantarão para profanar a fortaleza
e o templo, acabarão com o sacrifício diário e colocarão no
templo o sacrilégio terrível. 32 Com lisonjas corromperá aqueles
que tiverem violado a aliança, mas o povo que conhece o seu
Deus resistirá com firmeza.
33 "Aqueles que são sábios instruirão a muitos, mas por certo
período cairão à espada e serão queimados, capturados e sa-
queados. 34 Quando caírem, receberão uma pequena ajuda,
e muitos que não são sinceros se juntarão a eles. 35 Alguns
dos sábios tropeçarão para que sejam refinados, purificados
e alvejados até a época do fim, pois isso só acontecerá no
tempo determinado.

O Rei Arrogante

36 "O rei fará o que bem entender. Ele se exaltará e se engran-
decerá acima de todos os deuses e dirá coisas jamais ouvidas
contra o Deus dos deuses. Ele terá sucesso até que o tempo
da ira se complete, pois o que foi decidido irá acontecer. 37 Ele
não terá consideração pelos deuses dos seus antepassados
nem pelo deus preferido das mulheres, nem por deus algum,
mas se exaltará acima deles todos. 38 Em seu lugar adorará um
deus das fortalezas; um deus desconhecido de seus antepas-
sados ele honrará com ouro e prata, com pedras preciosas e
presentes caros. 39 Atacará as fortalezas mais poderosas com
a ajuda de um deus estrangeiro e dará grande honra àqueles
que o reconhecerem. Ele os fará governantes sobre muitos e
distribuirá a terra, mas a um preço elevado[e].

a 11.6 Ou *se casará com o rei do norte para garantir um tratado, mas ele não manterá o seu poder e sua descendência não subsistirá*

b 11.6 Ou *filho*; com base na Vulgata e na Versão Siríaca.

c 11.17 Ou *mas ela*

d 11.30 Hebraico: *navios de Quitim*.

e 11.39 Ou *terra como recompensa*

40 "No tempo do fim o rei do sul se envolverá em combate, e o
rei do norte o atacará com carros e cavaleiros e uma grande
frota de navios. Ele invadirá muitos países e avançará por eles
como uma inundação. 41 Também invadirá a Terra Magnífica.
Muitos países cairão, mas Edom, Moabe e os líderes de Amom
ficarão livres da sua mão. 42 Ele estenderá o seu poder sobre
muitos países; o Egito não escapará, 43 pois esse rei terá o
controle dos tesouros de ouro e de prata e de todas as ri-
quezas do Egito; os líbios e os núbios a ele se submeterão.
44 Mas informações provenientes do leste e do norte o dei-
xarão alarmado, e irado partirá para destruir e aniquilar muito
povo. 45 Armará suas tendas reais entre os mares, no[a] belo e
santo monte. No entanto, ele chegará ao seu fim, e ninguém
o socorrerá.

Os Tempos do Fim

12 "Naquela ocasião Miguel, o grande príncipe que protege
o seu povo, se levantará. Haverá um tempo de angústia como
nunca houve desde o início das nações até então. Mas naquela
ocasião o seu povo, todo aquele cujo nome está escrito no
livro, será liberto. 2 Multidões que dormem no pó da terra acor-
darão: uns para a vida eterna, outros para a vergonha, para
o desprezo eterno. 3 Aqueles que são sábios[b] reluzirão como o
fulgor do céu, e aqueles que conduzem muitos à justiça serão
como as estrelas, para todo o sempre. 4 Mas você, Daniel, feche
com um selo as palavras do livro até o tempo do fim. Muitos
irão por todo lado em busca de maior conhecimento".
5 Então eu, Daniel, olhei, e diante de mim estavam dois outros
anjos, um na margem de cá do rio e outro na margem de lá.
6 Um deles disse ao homem vestido de linho, que estava acima
das águas do rio: "Quanto tempo decorrerá antes que se cum-
pram essas coisas extraordinárias?"
7 O homem vestido de linho, que estava acima das águas do rio,
ergueu para o céu a mão direita e a mão esquerda, e eu o ouvi
jurar por aquele que vive para sempre, dizendo: "Haverá um
tempo, tempos[c] e meio tempo. Quando o poder do povo santo
for finalmente quebrado, todas essas coisas se cumprirão".
8 Eu ouvi, mas não compreendi. Por isso perguntei: "Meu se-
nhor, qual será o resultado disso tudo?"
9 Ele respondeu: "Siga o seu caminho, Daniel, pois as palavras
estão seladas e lacradas até o tempo do fim. 10 Muitos serão
purificados, alvejados e refinados, mas os ímpios continuarão
ímpios. Nenhum dos ímpios levará isto em consideração, mas
os sábios sim.
11 "Depois de abolido o sacrifício diário e colocado o sacrilégio
terrível, haverá mil e duzentos e noventa dias. 12 Feliz aquele que
esperar e alcançar o fim dos mil trezentos e trinta e cinco dias.
13 "Quanto a você, siga o seu caminho até o fim. Você descan-
sará e, então, no final dos dias, você se levantará para receber
a herança que lhe cabe".

[a] 11.45 Ou *entre o mar e o*
[b] 12.3 Ou *que dão sabedoria*
[c] 12.7 Ou *dois tempos*

OSEIAS

1 Palavra do SENHOR que veio a Oseias, filho de Beeri, durante
os reinados de Uzias, Jotão, Acaz e Ezequias, reis de Judá, e
de Jeroboão, filho de Jeoás, rei de Israel.

A Mulher e os Filhos de Oseias

2 Quando o SENHOR começou a falar por meio de Oseias, disse-
-lhe: "Vá, tome uma mulher adúltera e filhos da infidelidade,
porque a nação é culpada do mais vergonhoso adultério por
afastar-se do SENHOR". 3 Por isso ele se casou com Gômer, filha
de Diblaim; ela engravidou e lhe deu um filho.
4 Então o SENHOR disse a Oseias: "Dê-lhe o nome de Jezreel,
porque logo castigarei a dinastia de Jeú por causa do massacre
ocorrido em Jezreel, e darei fim ao reino de Israel. 5 Naquele
dia, quebrarei o arco de Israel no vale de Jezreel".
6 Gômer engravidou novamente e deu à luz uma filha. Então o
SENHOR disse a Oseias: "Dê-lhe o nome de Lo-Ruama[a], pois não
mais mostrarei amor para com a nação de Israel, não ao ponto de
perdoá-la. 7 Contudo, tratarei com amor a nação de Judá; e eu lhe
concederei vitória, não pelo arco, pela espada ou por combate,
nem por cavalos e cavaleiros, mas pelo SENHOR, o seu Deus".
8 Depois de desmamar Lo-Ruama, Gômer teve outro filho.
9 Então o SENHOR disse: "Dê-lhe o nome de Lo-Ami[b], pois vocês
não são meu povo, e eu não sou seu Deus.
10 "Contudo os israelitas ainda serão como a areia da praia, que
não se pode medir nem contar. No lugar onde se dizia a eles:
'Vocês não são meu povo', eles serão chamados 'filhos do Deus
vivo'. 11 O povo de Judá e o povo de Israel serão reunidos, e eles
designarão para si um só líder e se levantarão da terra, pois
será grande o dia de Jezreel.

2 "Chamem a seus irmãos 'meu povo', e a suas irmãs 'minhas
amadas'.

[a] 1.6 *Lo-Ruama* significa *não amada.*
[b] 1.9 *Lo-Ami* significa *não meu povo.*

Castigo e Restauração de Israel

2 "Repreendam sua mãe, repreendam-na, pois ela não é minha mulher, e eu não sou seu marido. Que ela retire do rosto o sinal de adúltera e do meio dos seios a infidelidade. 3 Do contrário, eu a deixarei nua como no dia em que nasceu; farei dela um deserto, uma terra ressequida, e a matarei de sede. 4 Não tratarei com amor os seus filhos, porque são filhos de adultério. 5 A mãe deles foi infiel, engravidou deles e está coberta de vergonha. Pois ela disse: 'Irei atrás dos meus amantes, que me dão comida, água, lã, linho, azeite e bebida'. 6 Por isso bloquearei o seu caminho com espinheiros; eu a cercarei de tal modo que ela não poderá encontrar o seu caminho. 7 Ela correrá atrás dos seus amantes, mas não os alcançará; procurará por eles, mas não os encontrará. Então ela dirá: 'Voltarei a estar com o meu marido como no início, pois eu estava bem melhor do que agora'. 8 Ela não reconheceu que fui eu quem lhe deu o trigo, o vinho e o azeite, quem a cobriu de ouro e de prata, que depois usaram para Baal.

9 "Por isso levarei o meu trigo quando ele amadurecer, e o meu vinho quando ficar pronto. Arrancarei dela minha lã e meu linho, que serviam para cobrir a sua nudez. 10 Pois agora vou expor a sua lascívia diante dos olhos dos seus amantes; ninguém a livrará das minhas mãos. 11 Acabarei com a sua alegria: suas festas anuais, suas luas novas, seus dias de sábado e todas as suas festas fixas. 12 Arruinarei suas videiras e suas figueiras, que, segundo ela, foram pagamento recebido de seus amantes; farei delas um matagal, e os animais selvagens as devorarão. 13 Eu a castigarei pelos dias em que queimou incenso aos baalins; ela se enfeitou com anéis e joias e foi atrás dos seus amantes, mas de mim, ela se esqueceu", declara o SENHOR.

14 "Portanto, agora vou atraí-la; vou levá-la para o deserto e falar-lhe com carinho. 15 Ali devolverei a ela as suas vinhas e farei do vale de Acor[a] uma porta de esperança. Ali ela me responderá como nos dias de sua infância, como no dia em que saiu do Egito. 16 "Naquele dia", declara o SENHOR, "você me chamará 'meu marido'; não me chamará mais 'meu senhor[b]'. 17 Tirarei dos seus lábios os nomes dos baalins; seus nomes não serão mais invocados. 18 Naquele dia, em favor deles farei um acordo com os animais do campo, com as aves do céu e com os animais que rastejam pelo chão. Arco, espada e guerra, eu os abolirei da terra, para que todos possam viver em paz. 19 Eu me casarei com você para sempre; eu me casarei com você com justiça e retidão, com amor e compaixão. 20 Eu me casarei com você com fidelidade, e você reconhecerá o SENHOR.

21 "Naquele dia, eu responderei", declara o SENHOR. "Responderei aos céus, e eles responderão à terra; 22 e a terra responderá ao cereal, ao vinho e ao azeite, e eles responderão a Jezreel[c]. 23 Eu a plantarei para mim mesmo na terra; tratarei com amor aquela que chamei Não amada[d]. Direi àquele chamado Não meu povo[e]: Você é meu povo; e ele dirá: 'Tu és o meu Deus'."

3 A Reconciliação de Oseias com sua Mulher

O SENHOR me disse: "Vá, trate novamente com amor sua mulher, apesar de ela ser amada por outro e ser adúltera. Ame-a como o SENHOR ama os israelitas, apesar de eles se voltarem para outros deuses e de amarem os bolos sagrados de uvas passas".

2 Por isso eu a comprei por cento e oitenta gramas[f] de prata e um barril e meio[g] de cevada. 3 E eu lhe disse: Você viverá comigo[h] por muitos dias; não será mais prostituta nem pertencerá a nenhum outro homem, e eu viverei com[i] você.

4 Pois os israelitas viverão muitos dias sem rei e sem líder, sem sacrifício e sem colunas sagradas, sem colete sacerdotal e sem ídolos de família. 5 Depois disso os israelitas voltarão e buscarão o SENHOR, o seu Deus, e Davi, seu rei. Virão tremendo atrás do SENHOR e das suas bênçãos, nos últimos dias.

4 A Acusação contra Israel

Israelitas, ouçam a palavra do Senhor, porque o SENHOR tem uma acusação contra vocês que vivem nesta terra: "A fidelidade e o amor desapareceram desta terra, como também o conhecimento de Deus. 2 Só se veem maldição, mentira e assassinatos, roubo e mais roubo, adultério e mais adultério; ultrapassam todos os limites! E o derramamento de sangue é constante. 3 Por isso a terra pranteia[j], e todos os seus habitantes desfalecem; os animais do campo, as aves do céu e os peixes do mar estão morrendo.

4 "Mas que ninguém discuta, que ninguém faça acusação, pois sou eu quem acusa os sacerdotes. 5 Vocês tropeçam dia e noite, e os profetas tropeçam com vocês. Por isso destruirei sua mãe. 6 Meu povo foi destruído por falta de conhecimento.

"Uma vez que vocês rejeitaram o conhecimento, eu também os rejeito como meus sacerdotes; uma vez que vocês ignoraram a lei do seu Deus, eu também ignorarei seus filhos. 7 Quanto mais aumentaram os sacerdotes, mais eles pecaram contra mim; trocaram a Glória deles[k] por algo vergonhoso. 8 Eles se alimentam dos pecados do meu povo e têm prazer em sua iniquidade. 9 Portanto, castigarei tanto o povo quanto os sacerdotes por causa dos seus caminhos, e lhes retribuirei seus atos.

10 "Eles comerão, mas não terão o suficiente; eles se prostituirão, mas não aumentarão a prole, porque abandonaram o SENHOR para se entregarem 11 à prostituição, ao vinho velho e ao novo, prejudicando o discernimento do meu povo. 12 Eles pedem conselhos a um ídolo de madeira, e de um pedaço de pau recebem resposta. Um espírito de prostituição os leva a

---

[a] **2.15** *Acor* significa *problemas.*
[b] **2.16** Hebraico: *Baal*.
[c] **2.22** *Jezreel* significa *Deus planta*.
[d] **2.23** Hebraico: *Lo-Ruama.*
[e] **2.23** Hebraico: *Lo-Ami.*
[f] **3.2** Hebraico: *15 siclos*. Um siclo equivalia a 12 gramas.
[g] **3.2** Hebraico: *1 hômer e meio*. O hômer era uma medida de capacidade para secos. As estimativas variam entre 200 e 400 litros.
[h] **3.3** Ou *esperará por mim*
[i] **3.3** Ou *eu esperarei por*
[j] **4.3** Ou *está seca*
[k] **4.7** Conforme a Versão Siríaca e uma antiga tradição dos escribas hebreus. O Texto Massorético diz *trocarei a minha glória*.

desviar-se; eles são infiéis ao seu Deus. 13 Sacrificam no alto
dos montes e queimam incenso nas colinas, debaixo de um car-
valho, de um estoraque[a] ou de um terebinto[b], onde a sombra
é agradável. Por isso as suas filhas se prostituem e as suas
noras adulteram.
14 "Não castigarei suas filhas por se prostituírem, nem suas
noras por adulterarem, porque os próprios homens se asso-
ciam a meretrizes e participam dos sacrifícios oferecidos pelas
prostitutas cultuais — um povo sem entendimento precipita-se
à ruína!
15 "Embora você adultere, ó Israel, que Judá não se torne cul-
pada!
"Deixem de ir a Gilgal; não subam a Bete-Áven[c]. E não digam:
'Juro pelo nome do SENHOR!' 16 Os israelitas são rebeldes como
bezerra indomável. Como pode o SENHOR apascentá-los como
cordeiros na campina? 17 Efraim aliou-se a ídolos; deixem-no
só! 18 Mesmo quando acaba a bebida, eles continuam em sua
prostituição; seus governantes amam profundamente os cami-
nhos vergonhosos. 19 Um redemoinho os varrerá para longe, e
os seus altares lhes trarão vergonha.

Julgamento contra Israel

5 "Ouçam isto, sacerdotes! Atenção, israelitas! Escute, ó fa-
mília real! Esta sentença é contra vocês: Vocês têm sido uma
armadilha em Mispá, uma rede estendida sobre o monte Tabor.
2 Os rebeldes estão envolvidos em matança. Eu disciplinarei
todos eles. 3 Conheço Efraim; Israel não pode se esconder de
mim. Efraim, agora você se lançou à prostituição; Israel se
corrompeu.
4 "Suas ações não lhes permitem voltar para o seu Deus. Um
espírito de prostituição está no coração deles; não reconhecem
o SENHOR. 5 A arrogância de Israel testifica contra eles; Israel e
Efraim tropeçam em seu pecado; Judá também tropeça com
eles. 6 Quando eles forem buscar o SENHOR com todos os seus
rebanhos e com todo o seu gado, não o encontrarão; ele se
afastou deles. 7 Traíram o SENHOR; geraram filhos ilegítimos.
Agora suas festas de lua nova os devorarão, tanto a eles como
as suas plantações.
8 "Toquem a trombeta em Gibeá e a corneta em Ramá. Deem
o grito de guerra em Bete-Áven; esteja na vanguarda, ó Ben-
jamim. 9 Efraim será arrasado no dia do castigo. Entre as tribos
de Israel, eu proclamo o que acontecerá. 10 Os líderes de Judá
são como os que mudam os marcos dos limites. Derramarei
sobre eles a minha ira como uma inundação. 11 Efraim está opri-
mido, esmagado pelo juízo, porque decidiu ir atrás de ídolos.
12 Sou como uma traça para Efraim, como podridão para o povo
de Judá.
13 "Quando Efraim viu a sua enfermidade e Judá os seus tu-
mores, Efraim se voltou para a Assíria e mandou buscar a ajuda
do grande rei. Mas ele não tem condições de curar vocês, nem
pode sarar os seus tumores. 14 Pois serei como um leão para
Efraim e como um leão grande para Judá. Eu os despedaçarei
e irei embora; eu os levarei sem que ninguém possa livrá-los.
15 Então voltarei ao meu lugar até que eles admitam sua culpa.
Eles buscarão a minha face; em sua necessidade eles me bus-
carão ansiosamente".

Israel Obstinado

6 "Venham, voltemos para o SENHOR. Ele nos despedaçou,
mas nos trará cura; ele nos feriu, mas sarará nossas feridas.
2 Depois de dois dias ele nos dará vida novamente; ao terceiro
dia, ele nos restaurará, para que vivamos em sua presença.
3 Conheçamos o SENHOR; esforcemo-nos por conhecê-lo. Tão
certo como nasce o sol, ele aparecerá; virá para nós como as
chuvas de inverno, como as chuvas de primavera que regam
a terra."
4 "Que posso fazer com você, Efraim? Que posso fazer com
você, Judá? Seu amor é como a neblina da manhã, como o pri-
meiro orvalho que logo evapora. 5 Por isso eu os despedacei por
meio dos meus profetas, eu os matei com as palavras da minha
boca; os meus juízos reluziram como relâmpagos sobre vocês.
6 Pois desejo misericórdia e não sacrifícios; conhecimento de
Deus em vez de holocaustos[d]. 7 Na cidade de Adão[e], eles que-
braram a aliança e me foram infiéis. 8 Gileade é uma cidade
de ímpios, maculada de sangue. 9 Assim como os assaltantes
ficam de emboscada à espera de um homem, assim fazem
também os bandos de sacerdotes; eles assassinam na estrada
de Siquém e cometem outros crimes vergonhosos. 10 Vi uma
coisa terrível na terra de Israel. Ali Efraim se prostitui, e Israel
está contaminado.
11 "Também para você, Judá, foi determinada uma colheita para
quando eu trouxer de volta o meu povo.

7 "Quando eu tento curar Israel, o mal de Efraim fica exposto e
os crimes de Samaria são revelados. Pois praticam o engano,
ladrões entram nas casas, bandidos roubam nas ruas; 2 mas
eles não percebem que eu me lembro de todas as suas más
obras. Seus pecados os envolvem; eu os vejo constantemente.
3 "Eles alegram o rei com as suas impiedades, os líderes, com
as suas mentiras. 4 São todos adúlteros, queimando como um
forno cujo fogo o padeiro não precisa atiçar, desde quando
sova a massa até quando a faz crescer. 5 No dia da festa de
nosso rei os líderes são inflamados pelo vinho, e o rei dá as
mãos aos zombadores. 6 Quando se aproximam com suas in-
trigas, seus corações ardem como um forno. A fúria deles arde
lentamente a noite toda; pela manhã queima como chama
abrasadora. 7 Todos eles se esquentam como um forno e de-
voram os seus governantes. Todos os seus reis caem, e nin-
guém clama a mim.
8 "Efraim mistura-se com as nações; Efraim é um bolo que não
foi virado. 9 Estrangeiros sugam sua força, mas ele não o per-
cebe. Seu cabelo vai ficando grisalho,[f] mas ele nem repara

[a] 4.13 Ou *benjoim*, um arbusto ornamental, de origem asiática, da família das estiracáceas.
[b] 4.13 Árvore que, com incisão, produz goma aromática.
[c] 4.15 *Bete-Áven* significa *casa da impiedade* (um nome para *Betel*, que significa *casa de Deus*).
[d] 6.6 Isto é, sacrifícios totalmente queimados.
[e] 6.7 Ou *Como em Adão*; ou ainda *Como homens*
[f] 7.9 Hebraico: *A cinza espalha-se pelo seu cabelo.*

nisso. 10 A arrogância de Israel testifica contra ele, mas, apesar
de tudo isso, ele não se volta para o SENHOR, para o seu Deus,
e não o busca.
11 “Efraim é como uma pomba facilmente enganada e sem en-
tendimento; ora apela para o Egito, ora volta-se para a Assíria.
12 Quando se forem, atirarei sobre eles a minha rede; eu os farei
descer como as aves dos céus. Quando os ouvir em sua reu-
nião, eu os apanharei. 13 Ai deles, porque se afastaram de mim!
Destruição venha sobre eles, porque se rebelaram contra mim!
Eu desejo redimi-los, mas eles falam mentiras a meu respeito.
14 Eles não clamam a mim do fundo do coração quando gemem
orando em suas camas. Ajuntam-se[a] por causa do trigo e do
vinho, mas se afastam de mim. 15 Eu os ensinei e os fortaleci,
mas eles tramam o mal contra mim. 16 Eles não se voltam para
o Altíssimo; são como um arco defeituoso. Seus líderes serão
mortos à espada por causa de suas palavras insolentes. E por
isso serão ridicularizados no Egito.

8

O Castigo de Israel

“Coloquem a trombeta em seus lábios! Ele vem ameaçador
como uma águia sobre o templo do SENHOR, porquanto que-
braram a minha aliança e se rebelaram contra a minha Lei.
2 Israel clama a mim: ‘Ó nosso Deus, nós te reconhecemos!’
3 Mas Israel rejeitou o que é bom; um inimigo o perseguirá.
4 Eles instituíram reis sem o meu consentimento; escolheram lí-
deres sem a minha aprovação. Com prata e ouro fizeram ídolos
para si, para a sua própria destruição. 5 Lance fora o seu ídolo
em forma de bezerro, ó Samaria! A minha ira se acende contra
eles. Até quando serão incapazes de pureza? 6 Este bezerro
procede de Israel! Um escultor o fez. Ele não é Deus. Será
partido em pedaços o bezerro de Samaria.
7 “Eles semeiam vento e colhem tempestade. Talo sem espiga;
que não produz farinha. Ainda que produzisse trigo, estran-
geiros o devorariam. 8 Israel é devorado; agora está entre as
nações como algo sem valor; 9 foi para a Assíria. O jumento
selvagem mantém-se livre, mas Efraim vendeu-se para os
seus amantes. 10 Embora tenham se vendido às nações, agora
os ajuntarei, e logo começarão a definhar sob a opressão do
poderoso rei.
11 “Embora Efraim tenha construído muitos altares para ofertas
pelo pecado, eles se tornaram altares para o pecado. 12 Eu
lhes escrevi todos os ensinos da minha Lei, mas eles os consi-
deraram algo estranho. 13 Eles oferecem sacrifícios e comem
a carne, mas o SENHOR não se agrada deles. Doravante, ele
se lembrará da impiedade deles e castigará os seus pecados:
eles voltarão para o Egito. 14 Israel esqueceu o seu Criador e
construiu palácios; Judá fortificou muitas cidades. Mas sobre
as suas cidades enviarei fogo que consumirá suas fortalezas.”

9

O Castigo de Israel

Não se regozije, ó Israel; não se alegre como as outras
nações. Pois você se prostituiu, abandonando o seu Deus;
você ama o salário da prostituição em cada eira de trigo. 2 Os
produtos da eira e do lagar não alimentarão o povo; o vinho
novo lhes faltará. 3 Eles não permanecerão na terra do SENHOR;
Efraim voltará para o Egito, e na Assíria comerá comida impura.
4 Eles não derramarão ofertas de vinho para o SENHOR, nem
os seus sacrifícios lhe agradarão. Tais sacrifícios serão para
eles como o pão dos pranteadores, que torna impuro quem
o come. Essa comida será para eles mesmos; não entrará no
templo do SENHOR.
5 O que farão vocês no dia de suas festas fixas, nos dias de
festa do SENHOR? 6 Vejam! Fogem da destruição, mas o Egito
os ajuntará, e Mênfis os sepultará. Os seus tesouros de prata
as urtigas vão herdar; os cardos cobrirão totalmente as suas
tendas. 7 Os dias de castigo vêm, os dias de punição estão che-
gando. Que Israel o saiba. Por serem tantos os pecados, e tão
grande a hostilidade de vocês, o profeta é considerado um tolo,
e o homem inspirado, um louco violento. 8 O profeta, junto ao
meu Deus, é a sentinela que vigia Efraim;[b] contudo, laços o
aguardam em todas as suas veredas, e a hostilidade, no templo
do seu Deus. 9 Eles mergulharam na corrupção, como nos dias
de Gibeá. Deus se lembrará de sua iniquidade e os castigará
por seus pecados.
10 “Quando encontrei Israel, foi como encontrar uvas no de-
serto; quando vi os antepassados de vocês, foi como ver os
primeiros frutos de uma figueira. Mas, quando eles vieram a
Baal-Peor, consagraram-se àquele ídolo vergonhoso e se tor-
naram tão repugnantes quanto aquilo que amaram. 11 A glória
de Efraim lhe fugirá como pássaro: nenhum nascimento, ne-
nhuma gravidez, nenhuma concepção. 12 Mesmo que criem
filhos, porei de luto cada um deles. Ai deles quando eu me
afastar! 13 Vi Efraim, plantado num lugar agradável, como Tiro.
Mas Efraim entregará seus filhos ao matador.” 14 Ó SENHOR, que
darás a eles? Dá-lhes ventres que abortem e seios ressecados.
15 “Toda a sua impiedade começou em Gilgal; de fato, ali os
odiei. Por causa dos seus pecados eu os expulsarei da minha
terra. Não os amarei mais; todos os seus líderes são rebeldes.
16 Efraim está ferido, sua raiz está seca, eles não produzem
frutos. Mesmo que criem filhos, eu matarei sua prole querida.”
17 Meu Deus os rejeitará porque não lhe deram ouvidos; serão
peregrinos entre as nações.

10

Israel era como videira viçosa; cobria-se de frutos. Quanto
mais produzia, mais altares construía; Quanto mais sua
terra prosperava, mais enfeitava suas colunas sagradas. 2 O
coração deles é enganoso, e agora devem carregar sua culpa.
O SENHOR demolirá os seus altares e destruirá suas colunas
sagradas. 3 Então eles dirão: “Não temos nenhum rei porque
não reverenciamos o SENHOR. Mas, mesmo que tivéssemos um
rei, o que ele poderia fazer por nós?” 4 Eles fazem muitas pro-
messas, fazem juramentos e acordos falsos; por isso brotam as
demandas como ervas venenosas num campo arado. 5 O povo
que mora em Samaria teme pelo ídolo em forma de bezerro de

[a] 7.14 Conforme a maioria dos manuscritos do Texto Massorético. Alguns manuscritos do Texto Massorético e a Septuaginta dizem *Eles se cortam*.

[b] 9.8 Ou *O profeta é a sentinela que vigia Efraim, o povo do meu Deus;*

Bete-Áven[a]. Seu povo pranteará por ele, como também os seus
sacerdotes idólatras, que se regozijavam por seu esplendor;
porque foi tirado deles e levado para o exílio. 6 Sim, até ele será
levado para a Assíria como tributo para o grande rei. Efraim so-
frerá humilhação; e Israel será envergonhado por causa do seu
ídolo de madeira. 7 Samaria e seu rei serão arrastados como
um graveto nas águas. 8 Os altares da impiedade[b], que foram
os pecados de Israel, serão destruídos. Espinhos e ervas da-
ninhas crescerão e cobrirão os seus altares. Então eles dirão
aos montes: "Cubram-nos!", e às colinas: "Caiam sobre nós!"
9 "Desde os dias de Gibeá, você pecou, ó Israel, e permaneceu
assim. Acaso a guerra não os alcançou em Gibeá por causa
dos malfeitores? 10 Quando eu quiser, eu os castigarei; nações
serão reunidas contra eles para prendê-los por causa do seu
duplo pecado. 11 Efraim era bezerra treinada, gostava muito
de trilhar; por isso colocarei o jugo sobre o seu belo pescoço.
Conduzirei Efraim, Judá terá que arar, e Jacó fará sulcos no
solo. 12 Semeiem a retidão para si, colham o fruto da lealdade
e façam sulcos no seu solo não arado; pois é hora de buscar o
SENHOR, até que ele venha e faça chover justiça sobre vocês.
13 Mas vocês plantaram a impiedade, colheram o mal e co-
meram o fruto do engano. Visto que vocês têm confiado na sua
própria força e nos seus muitos guerreiros, 14 o fragor da ba-
talha se levantará contra vocês, de maneira que todas as suas
fortalezas serão devastadas, como Salmã devastou Bete-Arbel
no dia da batalha, quando mães foram pisadas e estraçalhadas
junto com seus filhos. 15 Assim acontecerá com você, ó Betel,
porque a sua impiedade é grande. Quando amanhecer aquele
dia, o rei de Israel será completamente destruído.

O Amor de Deus por Israel

11 "Quando Israel era menino, eu o amei, e do Egito chamei
o meu filho. 2 Mas, quanto mais eu o chamava[c], mais eles se
afastavam de mim[d]. Eles ofereceram sacrifícios aos baalins
e queimaram incenso para os ídolos esculpidos. 3 Mas fui eu
quem ensinou Efraim a andar, tomando-o nos braços; mas eles
não perceberam que fui eu quem os curou. 4 Eu os conduzi com
laços de bondade humana e de amor; tirei do seu pescoço o
jugo e me inclinei para alimentá-los.
5 "Acaso não voltarão ao Egito e a Assíria não os dominará
porque eles se recusam a arrepender-se? 6 A espada reluzirá
em suas cidades, destruirá as trancas de suas portas e dará
fim aos seus planos. 7 O meu povo está decidido a desviar-se
de mim. Embora sejam conclamados a servir ao Altíssimo, de
modo algum o exaltam.
8 "Como posso desistir de você, Efraim? Como posso entregá-lo
nas mãos de outros, Israel? Como posso tratá-lo como tratei
Admá? Como posso fazer com você o que fiz com Zeboim? O
meu coração está enternecido, despertou-se toda a minha
compaixão. 9 Não executarei a minha ira impetuosa, não tor-
narei a destruir Efraim. Pois sou Deus e não homem, o Santo
no meio de vocês. Não virei com ira. 10 Eles seguirão o SENHOR;
ele rugirá como leão. Quando ele rugir, os seus filhos virão tre-
mendo desde o ocidente. 11 Virão voando do Egito como aves,
da Assíria como pombas. Eu os estabelecerei em seus lares";
palavra do SENHOR.

O Pecado de Israel

12 Efraim me cercou de mentiras, a casa de Israel, de enganos,
e Judá é rebelde contra Deus, a saber, contra o Santo fiel.

12 Efraim alimenta-se de vento; corre atrás do vento oriental
o dia inteiro e multiplica mentiras e violência. Faz tratados
com a Assíria e manda azeite para o Egito. 2 O SENHOR tem uma
acusação contra Judá, e vai castigar Jacó[e] de acordo com os
seus caminhos; de acordo com suas ações lhe retribuirá. 3 No
ventre da mãe segurou o calcanhar de seu irmão; como homem
lutou com Deus. 4 Ele lutou com o anjo e saiu vencedor; chorou
e implorou o seu favor. Em Betel teve encontro com Deus, que
ali conversou com ele. 5 Sim, o próprio SENHOR, o Deus dos
Exércitos! SENHOR é o nome pelo qual ficou famoso. 6 Portanto,
volte para o seu Deus, e pratique a lealdade e a justiça; confie
sempre no seu Deus.
7 Como os descendentes de Canaã, comerciantes que usam
balança desonesta e gostam muito de extorquir, 8 Efraim or-
gulha-se e exclama: "Como fiquei rico e abastado! Em todos
os trabalhos que realizei não encontrarão em mim nenhum
crime ou pecado".
9 "Mas eu sou o SENHOR, o seu Deus, desde a terra do Egito;
farei vocês voltarem a morar em tendas, como no dia de suas
festas fixas. 10 Eu mesmo falava aos profetas, dava-lhes muitas
visões e por meio deles falava em parábolas."
11 Como Gileade é ímpia! Seu povo não vale nada! Eles sacri-
ficam bois em Gilgal, mas os seus altares são como montes
de pedras num campo arado. 12 Jacó fugiu para a terra de Arã;
Israel trabalhou para obter uma mulher; por ela cuidou de ove-
lhas. 13 O SENHOR usou um profeta para tirar Israel do Egito e
por meio de um profeta cuidou dele. 14 Efraim amargamente o
provocou à ira; seu Senhor fará cair sobre ele a culpa do sangue
que derramou e lhe devolverá o seu desprezo.

A Ira do SENHOR contra Israel

13 Quando Efraim falava, os homens tremiam; ele era exal-
tado em Israel. Mas tornou-se culpado da adoração a Baal e
começou a morrer. 2 Agora eles pecam cada vez mais; com sua
prata fazem ídolos de metal para si, imagens modeladas com
muita inteligência, todas elas obras de artesãos. Dizem desse
povo: "Eles oferecem sacrifício humano e beijam[f] os ídolos
feitos em forma de bezerro". 3 Por isso serão como a neblina
da manhã, como o orvalho que bem cedo evapora, como palha
que num redemoinho vai-se de uma eira, como a fumaça que
sai pela chaminé.

---

[a] 10.5 *Bete-Áven* significa *casa da impiedade* (referência a *Betel*, que significa *casa de Deus*).
[b] 10.8 Hebraico: *Áven*, uma referência a *Bete-Áven* (referência depreciativa a *Betel*).
[c] 11.2 Conforme alguns manuscritos da Septuaginta. O Texto Massorético diz *eles chamavam*.
[d] 11.2 Conforme a Septuaginta. O Texto Massorético diz *afastavam deles*.
[e] 12.2 *Jacó* significa *ele segura o calcanhar* (figuradamente, ele engana).
[f] 13.2 Ou *"Homens que sacrificam beijam*

4 “Mas eu sou o Senhor, o seu Deus, desde a terra do Egito.
Vocês não reconhecerão nenhum outro Deus além de mim, ne-
nhum outro Salvador. 5 Eu cuidei de vocês no deserto, naquela
terra de calor ardente. 6 Quando eu os alimentava, ficavam satis-
feitos; quando ficavam satisfeitos, eles se orgulhavam, e então
me esqueciam. 7 Por isso virei sobre eles como leão, como leo-
pardo, ficarei à espreita junto ao caminho. 8 Como uma ursa de
quem roubaram os filhotes, eu os atacarei e os rasgarei. Como
leão eu os devorarei; um animal selvagem os despedaçará.
9 “Você foi destruído, ó Israel, porque está contra mim, contra
o seu ajudador. 10 E agora? Onde está o seu rei que havia de
salvá-lo em todas as suas cidades? E os oficiais que você pediu,
dizendo: ‘Dá-me um rei e líderes’? 11 Dei a você um rei na minha
ira, e o tirei na minha indignação. 12 A culpa de Efraim foi ano-
tada; seus pecados são mantidos em registro. 13 Chegam-lhe
dores como as da mulher em trabalho de parto, mas é uma
criança insensata; quando chega a hora, não sai do ventre que
a abrigou.
14 “Eu os redimirei do poder da sepultura[a]; eu os resgatarei
da morte. Onde estão, ó morte, as suas pragas? Onde está, ó
sepultura, a sua destruição?
“Não terei compaixão alguma, 15 embora Efraim floresça entre
os seus irmãos. Um vento oriental virá da parte do Senhor, so-
prando desde o deserto; sua fonte falhará, e seu poço secará.
Todos os seus tesouros serão saqueados dos seus depósitos.
16 O povo de Samaria carregará sua culpa, porque se rebelou
contra o seu Deus. Eles serão mortos à espada; seus peque-
ninos serão pisados e despedaçados, suas mulheres grávidas
terão rasgados os seus ventres.”

14 As Bênçãos do Arrependimento

Volte, ó Israel, para o Senhor, o seu Deus. Seus pecados
causaram sua queda! 2 Preparem o que vão dizer e voltem
para o Senhor. Peçam-lhe: “Perdoa todos os nossos pecados
e, por misericórdia, recebe-nos, para que te ofereçamos o
fruto dos nossos lábios.[b] 3 A Assíria não nos pode salvar; não
montaremos cavalos de guerra. Nunca mais diremos: ‘Nossos
deuses àquilo que as nossas próprias mãos fizeram’, porque
tu amas o órfão”.
4 “Eu curarei a infidelidade deles e os amarei de todo o meu
coração, pois a minha ira desviou-se deles. 5 Serei como or-
valho para Israel; ele florescerá como o lírio. Como o cedro do
Líbano aprofundará suas raízes; 6 seus brotos crescerão. Seu
esplendor será como o da oliveira, sua fragrância como a do
cedro do Líbano. 7 Os que habitavam à sua sombra voltarão.
Reviverão como o trigo. Florescerão como a videira, e a fama
de Israel será como a do vinho do Líbano. 8 O que Efraim ainda
tem com ídolos? Sou eu que lhe respondo e dele cuidarei.
Sou como um pinheiro verde; o fruto que você produz de mim
procede.”
9 Quem é sábio? Aquele que considerar essas coisas. Quem tem
discernimento? Aquele que as compreender. Os caminhos do
Senhor são justos; os justos andam neles, mas os rebeldes
neles tropeçam.

[a] 13.14 Hebraico: *Sheol*. Essa palavra também pode ser traduzida por profundezas, pó ou morte.

[b] 14.2 Ou *ofereçamos nossos lábios como sacrifícios de novilhos.*

JOEL

1 A palavra do Senhor que veio a Joel, filho de Petuel.

A Praga dos Gafanhotos

2 “Ouçam isto, anciãos[a]; escutem, todos os habitantes do país.
Já aconteceu algo assim nos seus dias? Ou nos dias dos seus
antepassados?
3 Contem aos seus filhos o que aconteceu, e eles aos seus
netos, e os seus netos, à geração seguinte.
4 O que o gafanhoto cortador deixou, o gafanhoto peregrino
comeu; o que o gafanhoto peregrino deixou, o gafanhoto
devastador comeu; o que o gafanhoto devastador deixou, o
gafanhoto devorador comeu.
5 “Acordem, bêbados, e chorem! Lamentem-se todos vocês,
bebedores de vinho; gritem por causa do vinho novo, pois ele
foi tirado dos seus lábios.
6 Uma nação, poderosa e inumerável, invadiu a minha terra,
seus dentes são dentes de leão, suas presas são de leoa.
7 Arrasou as minhas videiras e arruinou as minhas figueiras. Arran-
cou-lhes a casca e derrubou-as, deixando brancos os seus galhos.
8 “Pranteiem como uma virgem em vestes de luto que se la-
menta pelo noivo[b] da sua mocidade.
9 As ofertas de cereal e as ofertas derramadas foram eliminadas
do templo do Senhor. Os sacerdotes, que ministram diante do
Senhor, estão de luto.
10 Os campos estão arruinados, a terra está seca[c]; o trigo está
destruído, o vinho novo acabou, o azeite está em falta.
11 Desesperem-se, agricultores, chorem, produtores de vinho;
fiquem aflitos pelo trigo e pela cevada, porque a colheita foi
destruída.

[a] 1.2 Ou *autoridades do povo*

[b] 1.8 Ou *uma jovem em vestes de luto que se lamenta pelo marido*

[c] 1.10 Ou *a terra chora*

12 A vinha está seca, e a figueira murchou; a romãzeira, a pal-
meira, a macieira e todas as árvores do campo secaram. Se-
cou-se, mais ainda, a alegria dos homens".

Chamado ao Arrependimento

13 Ponham vestes de luto, ó sacerdotes, e pranteiem; chorem
alto, vocês que ministram perante o altar. Venham, passem
a noite vestidos de luto, vocês que ministram perante o meu
Deus; pois as ofertas de cereal e as ofertas derramadas foram
suprimidas do templo do seu Deus.
14 Decretem um jejum santo; convoquem uma assembleia sa-
grada. Reúnam as autoridades e todos os habitantes do país no
templo do SENHOR, o seu Deus, e clamem ao SENHOR.
15 Ah! Aquele dia! Sim, o dia do SENHOR está próximo; como des-
truição poderosa da parte do Todo-poderoso, ele virá.
16 Não é verdade que a comida foi eliminada diante dos nossos
próprios olhos, e que a alegria e a satisfação foram suprimidas
do templo do nosso Deus?
17 As sementes estão murchas debaixo dos torrões de terra. Os
celeiros estão em ruínas, os depósitos de cereal foram derru-
bados, pois a colheita se perdeu.
18 Como muge o gado! As manadas andam agitadas porque não
têm pasto; até os rebanhos de ovelhas estão sendo castigados.
19 A ti, SENHOR, eu clamo, pois o fogo devorou as pastagens e as
chamas consumiram todas as árvores do campo.
20 Até os animais do campo clamam a ti, pois os canais de água
se secaram e o fogo devorou as pastagens.

2 O Dia do SENHOR se Aproxima

Toquem a trombeta em Sião; deem o alarme no meu santo
monte. Tremam todos os habitantes do país, pois o dia do SE-
NHOR está chegando. Está próximo!
2 É dia de trevas e de escuridão, dia de nuvens e negridão.
Assim como a luz da aurora se estende pelos montes, um
grande e poderoso exército se aproxima, como nunca antes
se viu nem jamais se verá nas gerações futuras.
3 Diante deles o fogo devora, atrás deles arde uma chama.
Diante deles a terra é como o jardim do Éden, atrás deles, um
deserto arrasado; nada lhes escapa.
4 Eles têm a aparência de cavalos; como cavalaria, atacam
galopando.
5 Com um barulho semelhante ao de carros saltam sobre os
cumes dos montes como um fogo crepitante que consome o
restolho, como um exército poderoso em posição de com-
bate.
6 Diante deles povos se contorcem angustiados; todos os rostos
ficam pálidos de medo.
7 Eles atacam como guerreiros; escalam muralhas como sol-
dados. Todos marcham em linha, sem desviar-se do curso.
8 Não empurram uns aos outros; cada um marcha sempre em
frente. Avançam por entre os dardos[a] sem desfazer a formação.
9 Lançam-se sobre a cidade; correm ao longo da muralha.
Sobem nas casas; como ladrões entram pelas janelas.
10 Diante deles a terra treme, os céus estremecem, o sol e a
lua escurecem e as estrelas param de brilhar. 11 O SENHOR le-
vanta a sua voz à frente do seu exército. Como é grande o seu
exército! Como são poderosos os que obedecem à sua ordem!
Como é grande o dia do SENHOR! Como será terrível! Quem
poderá suportá-lo?

Chamado ao Arrependimento

12 "Agora, porém", declara o SENHOR, "voltem-se para mim de
todo o coração, com jejum, lamento e pranto."
13 Rasguem o coração e não as vestes. Voltem-se para o SE-
NHOR, o seu Deus, pois ele é misericordioso e compassivo,
muito paciente e cheio de amor; arrepende-se e não envia
a desgraça.
14 Talvez ele volte atrás, arrependa-se, e ao passar deixe uma
bênção. Assim vocês poderão fazer ofertas de cereal e ofertas
derramadas para o SENHOR, o seu Deus.
15 Toquem a trombeta em Sião, decretem jejum santo, convo-
quem uma assembleia sagrada.
16 Reúnam o povo, consagrem a assembleia; ajuntem os an-
ciãos, reúnam as crianças, mesmo as que mamam no peito. Até
os recém-casados devem deixar os seus aposentos.
17 Que os sacerdotes, que ministram perante o SENHOR, chorem
entre o pórtico do templo e o altar, orando: "Poupa o teu povo,
SENHOR. Não faças da tua herança objeto de zombaria e de cha-
cota entre as nações. Por que se haveria de dizer pelos povos:
'Onde está o Deus deles?' "

A Resposta do SENHOR

18 Então o SENHOR mostrou zelo por sua terra e teve piedade
do seu povo.
19 O SENHOR respondeu[b] ao seu povo: "Estou enviando para
vocês trigo, vinho novo e azeite, o bastante para satisfazê-los
plenamente; nunca mais farei de vocês objeto de zombaria
para as nações.
20 "Levarei o invasor que vem do norte para longe de vocês,
empurrando-o para uma terra seca e estéril, a vanguarda para
o mar oriental[c] e a retaguarda para o mar ocidental[d]. E a sua
podridão subirá; o seu mau cheiro se espalhará". Ele tem feito
coisas grandiosas!
21 Não tenha medo, ó terra; regozije-se e alegre-se. O SENHOR
tem feito coisas grandiosas!
22 Não tenham medo, animais do campo, pois as pastagens
estão ficando verdes. As árvores estão dando os seus frutos; a
figueira e a videira estão carregadas.
23 Ó povo de Sião, alegre-se e regozije-se no SENHOR, o seu
Deus, pois ele dá a vocês as chuvas de outono, conforme a sua

[a] 2.8 Ou *pela passagem de água*

[b] 2.18,19 Ou *o SENHOR mostrará zelo ... e terá piedade ... 19O SENHOR responderá*
[c] 2.20 Isto é, o mar Morto.
[d] 2.20 Isto é, o Mediterrâneo.

justiça[a]. Ele envia a vocês muitas chuvas, as de outono e as de
primavera, como antes fazia.
24 As eiras ficarão cheias de trigo; os tonéis transbordarão de
vinho novo e de azeite.
25 “Vou compensá-los pelos anos de colheitas que os gafa-
nhotos destruíram: o gafanhoto peregrino, o gafanhoto de-
vastador, o gafanhoto devorador e o gafanhoto cortador, o
meu grande exército que enviei contra vocês.
26 Vocês comerão até ficarem satisfeitos, e louvarão o nome
do SENHOR, o seu Deus, que fez maravilhas em favor de vocês;
nunca mais o meu povo será humilhado.
27 Então vocês saberão que eu estou no meio de Israel. Eu sou
o SENHOR, o seu Deus, e não há nenhum outro; nunca mais o
meu povo será humilhado.

O Dia do SENHOR

28 “E, depois disso, derramarei do meu Espírito sobre todos os
povos. Os seus filhos e as suas filhas profetizarão, os velhos
terão sonhos, os jovens terão visões.
29 Até sobre os servos e as servas derramarei do meu Espírito
naqueles dias.
30 Mostrarei maravilhas no céu e na terra: sangue, fogo e nu-
vens de fumaça.
31 O sol se tornará em trevas, e a lua em sangue, antes que
venha o grande e temível dia do SENHOR.
32 E todo aquele que invocar o nome do SENHOR será salvo, pois,
conforme prometeu o SENHOR, no monte Sião e em Jerusalém
haverá livramento para os sobreviventes, para aqueles a quem
o SENHOR chamar.

O Julgamento das Nações

3 “Sim, naqueles dias e naquele tempo, quando eu restaurar
a sorte de Judá e de Jerusalém,
2 reunirei todos os povos e os farei descer ao vale de Josafá[b]. Ali
os julgarei por causa da minha herança — Israel, o meu povo
—, pois o espalharam entre as nações e repartiram entre si
a minha terra.
3 Lançaram sortes sobre o meu povo e deram meninos em
troca de prostitutas; venderam meninas por vinho, para se
embriagarem.
4 “O que vocês têm contra mim, Tiro, Sidom, e todas as regiões
da Filístia? Vocês estão me retribuindo algo que eu fiz a vocês?
Se estão querendo vingar-se de mim, ágil e veloz me vingarei
do que vocês têm feito.
5 Pois roubaram a minha prata e o meu ouro e levaram para os
seus templos os meus tesouros mais valiosos.
6 Vocês venderam o povo de Judá e o de Jerusalém aos gregos,
mandando-os para longe da sua terra natal.
7 “Vou tirá-los dos lugares para onde os venderam e sobre
vocês farei recair o que fizeram:
8 venderei os filhos e as filhas de vocês ao povo de Judá, e
eles os venderão à distante nação dos sabeus”. Assim disse
o SENHOR.
9 Proclamem isto entre as nações: Preparem-se para a guerra!
Despertem os guerreiros! Todos os homens de guerra aproxi-
mem-se e ataquem.
10 Forjem os seus arados, fazendo deles espadas; e de suas
foices façam lanças. Diga o fraco: “Sou um guerreiro!”
11 Venham depressa, vocês, nações vizinhas, e reúnam-se ali.
Faze descer os teus guerreiros, ó SENHOR!
12 “Despertem, nações; avancem para o vale de Josafá, pois ali
me assentarei para julgar todas as nações vizinhas.
13 Lancem a foice, pois a colheita está madura. Venham, pisem
com força as uvas, pois o lagar está cheio e os tonéis trans-
bordam, tão grande é a maldade dessas nações!”
14 Multidões, multidões no vale da Decisão! Pois o dia do SENHOR
está próximo, no vale da Decisão.
15 O sol e a lua escurecerão, e as estrelas já não brilharão.
16 O SENHOR rugirá de Sião, e de Jerusalém levantará a sua voz;
a terra e o céu tremerão. Mas o SENHOR será um refúgio para o
seu povo, uma fortaleza para Israel.

Bênçãos para o Povo de Deus

17 “Então vocês saberão que eu sou o SENHOR, o seu Deus, que
habito em Sião, o meu santo monte. Jerusalém será santa; e
estrangeiros jamais a conquistarão.
18 “Naquele dia, os montes gotejarão vinho novo; das colinas
manará leite; todos os ribeiros de Judá terão água corrente.
Uma fonte fluirá do templo do SENHOR e regará o vale das Acá-
cias.
19 Mas o Egito ficará desolado, Edom será um deserto arrasado,
por causa da violência feita ao povo de Judá, em cuja terra
derramaram sangue inocente.
20 Judá será habitada para sempre e Jerusalém por todas as
gerações. 21 Sua culpa de sangue, ainda não perdoada, eu a
perdoarei.” O SENHOR habita em Sião!

---

[a] **2.23** Ou *no tempo certo*

[b] **3.2** Josafá significa o SENHOR julga; também no versículo 12.

AMÓS

1 Palavras que Amós, criador de ovelhas em Tecoa, recebeu em
visões, a respeito de Israel, dois anos antes do terremoto.
Nesse tempo, Uzias era rei de Judá e Jeroboão, filho de Jeoás,
era rei de Israel.
2 Ele disse: “O SENHOR ruge de Sião e troveja de Jerusalém;
secam-se[a] as pastagens dos pastores, e murcha o topo do
Carmelo”.

Julgamento dos Povos Vizinhos de Israel

3 Assim diz o SENHOR: “Por três transgressões de Damasco e
ainda mais por quatro, não anularei o castigo. Porque trilhou
Gileade com trilhos de ferro pontudos, 4 porei fogo na casa de
Hazael, e as chamas consumirão as fortalezas de Ben-Hadade.
5 Derrubarei a porta de Damasco; destruirei o rei que está no
vale[b] de Áven[c] e aquele que segura o cetro em Bete-Éden[d]. O
povo da Síria irá para o exílio em Quir”, diz o SENHOR.
6 Assim diz o SENHOR: “Por três transgressões de Gaza, e ainda
mais por quatro, não anularei o castigo. Porque levou cativas
comunidades inteiras e as vendeu a Edom, 7 porei fogo nos
muros de Gaza, e as chamas consumirão as suas fortalezas.
8 Destruirei o rei[e] de Asdode e aquele que segura o cetro em
Ascalom. Erguerei a minha mão contra Ecrom, até que morra o
último dos filisteus”, diz o SENHOR, o Soberano.
9 Assim diz o SENHOR: “Por três transgressões de Tiro, e ainda
mais por quatro, não anularei o castigo. Porque vendeu co-
munidades inteiras de cativos a Edom, desprezando irmãos,
10 porei fogo nos muros de Tiro, e as chamas consumirão as
suas fortalezas”.
11 Assim diz o SENHOR: “Por três transgressões de Edom, e
ainda mais por quatro, não anularei o castigo. Porque com
a espada perseguiu seu irmão e reprimiu toda a compaixão,[f]
mutilando-o furiosamente e perpetuando para sempre a sua
ira, 12 porei fogo em Temã, e as chamas consumirão as forta-
lezas de Bozra”.
13 Assim diz o SENHOR: “Por três transgressões de Amom, e ainda
mais por quatro, não anularei o castigo. Porque rasgou ao meio
as grávidas de Gileade a fim de ampliar as suas fronteiras,
14 porei fogo nos muros de Rabá, e as chamas consumirão as
suas fortalezas em meio a gritos de guerra no dia do combate,
em meio a ventos violentos num dia de tempestade. 15 O seu rei
irá para o exílio, ele e toda a sua corte”, diz o SENHOR.

2 Assim diz o SENHOR: “Por três transgressões de Moabe, e
ainda mais por quatro, não anularei o castigo. Porque ele
queimou até reduzir a cinzas[g] os ossos do rei de Edom, 2 porei
fogo em Moabe, e as chamas consumirão as fortalezas de Que-
riote[h]. Moabe perecerá em grande tumulto, em meio a gritos
de guerra e ao toque da trombeta. 3 Destruirei o seu gover-
nante[i] e com ele matarei todas as autoridades”, diz o SENHOR.
4 Assim diz o SENHOR: “Por três transgressões de Judá, e ainda
mais por quatro, não anularei o castigo. Porque rejeitou a lei
do SENHOR e não obedeceu aos seus decretos, porque se deixou
enganar por deuses falsos, deuses que[j] os seus antepassados
seguiram, 5 porei fogo em Judá, e as chamas consumirão as
fortalezas de Jerusalém”.

O Julgamento de Israel

6 Assim diz o SENHOR: “Por três transgressões de Israel, e ainda
mais por quatro, não anularei o castigo. Vendem por prata o
justo, e por um par de sandálias o pobre. 7 Pisam a cabeça
dos necessitados como pisam o pó da terra, e negam justiça
ao oprimido. Pai e filho possuem a mesma mulher e assim
profanam o meu santo nome. 8 Inclinam-se diante de qualquer
altar com roupas tomadas como penhor. No templo do seu
deus bebem vinho recebido como multa.
9 “Fui eu que destruí os amorreus diante deles, embora fossem
altos como o cedro e fortes como o carvalho. Eu destruí os seus
frutos em cima e as suas raízes embaixo.
10 “Eu mesmo tirei vocês do Egito, e os conduzi por quarenta
anos no deserto para dar a vocês a terra dos amorreus.
11 Também escolhi alguns de seus filhos para serem profetas
e alguns de seus jovens para serem nazireus. Não é verdade,
povo de Israel?”, declara o SENHOR. 12 “Mas vocês fizeram os
nazireus beber vinho e ordenaram aos profetas que não pro-
fetizassem.
13 “Agora, então, eu os amassarei como uma carroça amassa
a terra quando carregada de trigo. 14 O ágil não escapará, o
forte não reunirá as suas forças, e o guerreiro não salvará a
sua vida. 15 O arqueiro não manterá a sua posição, o que corre
não se livrará, e o cavaleiro não salvará a própria vida. 16 Até
mesmo os guerreiros mais corajosos fugirão nus naquele dia”,
declara o SENHOR.

3 Testemunhas Convocadas para Acusar Israel

Ouçam esta palavra que o SENHOR falou contra vocês, ó is-
raelitas; contra toda esta família que tirei do Egito:
2 “Escolhi apenas vocês de todas as famílias da terra; por isso
eu os castigarei por todas as suas maldades”.

---

[a] 1.2 Ou *pranteiam*
[b] 1.5 Ou *os habitantes do vale*
[c] 1.5 *Áven* significa *iniquidade*.
[d] 1.5 *Bete-Éden* significa *casa do prazer*.
[e] 1.8 Ou *os habitantes*
[f] 1.11 Ou *e destruiu os seus aliados*,
[g] 2.1 Hebraico: *cal*.
[h] 2.2 Ou *de suas cidades*
[i] 2.3 Hebraico: *juiz*.
[j] 2.4 Ou *por mentiras, mentiras que*

3 Duas pessoas andarão juntas se não estiverem de acordo[a]?
4 O leão ruge na floresta se não apanhou presa alguma? O leão
novo ruge em sua toca se nada caçou?
5 Cai o pássaro numa armadilha que não foi armada? Será que
a armadilha se desarma se nada foi apanhado?
6 Quando a trombeta toca na cidade, o povo não treme? Ocorre
alguma desgraça na cidade sem que o SENHOR a tenha man-
dado?
7 Certamente o SENHOR, o Soberano, não faz coisa alguma sem
revelar o seu plano aos seus servos, os profetas.
8 O leão rugiu, quem não temerá? O SENHOR, o Soberano, falou,
quem não profetizará?
9 Proclamem nos palácios de Asdode[b] e do Egito: "Reúnam-se
nos montes de Samaria para verem o grande tumulto que há
ali, e a opressão no meio do seu povo".
10 "Eles não sabem agir com retidão", declara o SENHOR,
"eles, que acumulam em seus palácios o que roubaram e sa-
quearam".
11 Portanto, assim diz o SENHOR, o Soberano:
"Um inimigo cercará o país. Ele derrubará as suas fortalezas e
saqueará os seus palácios".
12 Assim diz o SENHOR: "Assim como o pastor livra a ovelha, ar-
rancando da boca do leão só dois ossos da perna ou um pedaço
da orelha, assim serão arrancados os israelitas de Samaria,
com a ponta de uma cama e um pedaço de sofá[c].
13 "Ouçam isto e testemunhem contra a descendência de Jacó",
declara o SENHOR, o Soberano, o Deus dos Exércitos.
14 "No dia em que eu castigar Israel por causa dos seus pe-
cados, destruirei os altares de Betel; as pontas do altar serão
cortadas e cairão no chão. 15 Derrubarei a casa de inverno junto
com a casa de verão; as casas enfeitadas de marfim serão
destruídas, e as mansões desaparecerão", declara o SENHOR.

4 Israel Manteve-se Rebelde

Ouçam esta palavra, vocês, vacas de Basã que estão no
monte de Samaria, vocês que oprimem os pobres e esmagam
os necessitados e dizem aos senhores deles: "Tragam bebidas
e vamos beber!"
2 O SENHOR, o Soberano, jurou pela sua santidade: "Certamente
chegará o tempo em que vocês serão levados com ganchos, e
os últimos de vocês com anzóis. 3 Cada um de vocês sairá pelas
brechas do muro, e serão atirados na direção do Harmom[d]",
declara o SENHOR. 4 "Vão a Betel e ponham-se a pecar; vão a
Gilgal e pequem ainda mais. Ofereçam os seus sacrifícios cada
manhã, os seus dízimos no terceiro dia[e]. 5 Queimem pão fer-
mentado como oferta de gratidão e proclamem em toda parte
suas ofertas voluntárias; anunciem-nas, israelitas, pois é isso
que vocês gostam de fazer", declara o SENHOR, o Soberano.
6 "Fui eu mesmo que dei a vocês estômagos vazios[f] em cada
cidade e falta de alimentos em todo lugar, e mesmo assim
vocês não se voltaram para mim", declara o SENHOR.
7 "Também fui eu que retive a chuva quando ainda faltavam três
meses para a colheita. Mandei chuva a uma cidade, mas não
a outra. Uma plantação teve chuva; outra não teve e secou.
8 Gente de duas ou três cidades ia cambaleando de uma cidade
a outra em busca de água, sem matar a sede, e mesmo assim
vocês não se voltaram para mim", declara o SENHOR.
9 "Muitas vezes castiguei os seus jardins e as suas vinhas, cas-
tiguei-os com pragas e ferrugem. Gafanhotos devoraram as
suas figueiras e as suas oliveiras, e mesmo assim vocês não se
voltaram para mim", declara o SENHOR.
10 "Enviei pragas contra vocês como fiz com o Egito. Matei os
seus jovens à espada, deixei que capturassem os seus cavalos.
Enchi os seus narizes com o mau cheiro dos mortos em seus
acampamentos, e mesmo assim vocês não se voltaram para
mim", declara o SENHOR.
11 "Destruí algumas de suas cidades, como destruí[g] Sodoma e
Gomorra. Ficaram como um tição tirado do fogo, e mesmo
assim vocês não se voltaram para mim", declara o SENHOR.
12 "Por isso, ainda o castigarei, ó Israel, e, porque eu farei isto
com você, prepare-se para encontrar-se com o seu Deus, ó
Israel."
13 Aquele que forma os montes, cria o vento e revela os seus
pensamentos ao homem, aquele que transforma a alvorada
em trevas, e pisa as montanhas da terra; SENHOR, Deus dos
Exércitos, é o seu nome.

5 Lamento pelo Castigo do Povo

Ouça esta palavra, ó nação de Israel, este lamento acerca
de vocês:
2 "Caída para nunca mais se levantar, está a virgem Israel.
Abandonada em sua própria terra, não há quem a levante".
3 Assim diz o Soberano, o SENHOR: "A cidade que mandar mil
para o exército ficará com cem; e a que mandar cem ficará
com dez".
4 Assim diz o SENHOR à nação de Israel: "Busquem-me e terão
vida; 5 não busquem Betel, não vão a Gilgal, não façam pere-
grinação a Berseba. Pois Gilgal[h] certamente irá para o exílio, e
Betel[i] será reduzida a nada". 6 Busquem o SENHOR e terão vida,
do contrário, ele irromperá como um fogo entre os descen-
dentes de José, e devastará a cidade de Betel, e não haverá
ninguém ali para apagá-lo.
7 Vocês estão transformando o direito em amargura e atirando
a justiça ao chão, 8 (aquele que fez as Plêiades e o Órion; que
faz da escuridão, alvorada; e do dia, noite escura; que chama
as águas do mar e as espalha sobre a face da terra; SENHOR é
o seu nome. 9 Ele traz repentina destruição sobre a fortaleza,
e a destruição vem sobre a cidade fortificada), 10 vocês odeiam

---

[a] 3.3 Ou *tiverem combinado*
[b] 3.9 A Septuaginta diz *da Assíria*.
[c] 3.12 Ou *uma capa de sofá*; ou ainda *uma almofada de Damasco*
[d] 4.3 Ou *atirados, ó montanha de opressão*
[e] 4.4 Ou *a cada três anos*

[f] 4.6 Hebraico: *dentes limpos*.
[g] 4.11 Hebraico: *como Deus destruiu*.
[h] 5.5 *Gilgal* no hebraico assemelha-se à expressão aqui traduzida por *irá para o exílio*.
[i] 5.5 Hebraico: *Áven*; referência a *Bete-Áven* (casa da iniquidade), nome depreciativo de *Betel*, que significa *casa de Deus*.

aquele que defende a justiça no tribunal[a] e detestam aquele
que fala a verdade.
11 Vocês oprimem o pobre e o forçam a entregar o trigo. Por
isso, embora vocês tenham construído mansões de pedra,
nelas não morarão; embora tenham plantado vinhas verde-
jantes, não beberão do seu vinho. 12 Pois eu sei quantas são
as suas transgressões e quão grandes são os seus pecados.
Vocês oprimem o justo, recebem suborno e impedem que se
faça justiça ao pobre nos tribunais. 13 Por isso o prudente se
cala em tais situações, pois é tempo de desgraças.
14 Busquem o bem, não o mal, para que tenham vida. Então
o SENHOR, o Deus dos Exércitos, estará com vocês, conforme
vocês afirmam. 15 Odeiem o mal, amem o bem; estabeleçam
a justiça nos tribunais. Talvez o SENHOR, o Deus dos Exércitos,
tenha misericórdia do remanescente de José.
16 Portanto, assim diz o SENHOR, o Deus dos Exércitos, o So-
berano: "Haverá lamentação em todas as praças e gritos de
angústia em todas as ruas. Os lavradores serão convocados
para chorar e os pranteadores para se lamentar. 17 Haverá la-
mentos em todas as vinhas, pois passarei no meio de vocês",
diz o SENHOR.

O Dia do SENHOR

18 Ai de vocês que anseiam pelo dia do SENHOR! O que pensam
vocês do dia do SENHOR? Será dia de trevas, não de luz. 19 Será
como se um homem fugisse de um leão e encontrasse um urso;
como alguém que entrasse em sua casa e, encostando a mão
na parede, fosse picado por uma serpente. 20 O dia do SENHOR
será de trevas e não de luz. Uma escuridão total, sem um raio
de claridade.
21 "Eu odeio e desprezo as suas festas religiosas; não suporto
as suas assembleias solenes. 22 Mesmo que vocês me tragam
holocaustos[b] e ofertas de cereal, isso não me agradará. Mesmo
que me tragam as melhores ofertas de comunhão[c], não darei a
menor atenção a elas. 23 Afastem de mim o som das suas can-
ções e a música das suas liras. 24 Em vez disso, corra a retidão
como um rio, a justiça como um ribeiro perene!"
25 "Foi a mim que vocês trouxeram sacrifícios e ofertas durante
os quarenta anos no deserto, ó nação de Israel? 26 Não! Vocês
carregaram o seu rei Sicute, e Quium, imagens dos deuses
astrais, que fizeram para vocês mesmos.[d] 27 Por isso eu os man-
darei para o exílio, para além de Damasco", diz o SENHOR; Deus
dos Exércitos é o seu nome.

6 A Destruição de Israel

Ai de vocês que vivem tranquilos em Sião e que se sentem
seguros no monte de Samaria; vocês, homens notáveis da
primeira entre as nações, aos quais o povo de Israel recorre!
2 Vão a Calné e olhem para ela; depois prossigam até a grande
Hamate e, em seguida, desçam até Gate, na Filístia. São elas
melhores do que os seus dois reinos? O território delas é maior
do que o de vocês?
3 Vocês acham que estão afastando o dia mau, mas na verdade
estão atraindo o reinado do terror.
4 Vocês se deitam em camas de marfim e se espreguiçam em
seus sofás. Comem os melhores cordeiros e os novilhos mais
gordos.
5 Dedilham suas liras como Davi e improvisam em instrumentos
musicais.
6 Vocês bebem vinho em grandes taças e se ungem com os
mais finos óleos, mas não se entristecem com a ruína de José.
7 Por isso vocês estarão entre os primeiros a ir para o exílio;
cessarão os banquetes dos que vivem no ócio.

Condenação do Orgulho de Israel

8 O SENHOR, o Soberano, jurou por si mesmo! Assim declara o
SENHOR, o Deus dos Exércitos: "Eu detesto o orgulho de Jacó
e odeio os seus palácios; entregarei a cidade e tudo o que
nela existe".
9 Se dez homens forem deixados numa casa, também eles mor-
rerão. 10 E, se um parente que tiver que queimar os corpos vier
para tirá-los da casa e perguntar a alguém que ainda estiver
escondido ali: "Há mais alguém com você?", e a resposta for:
"Não", ele dirá: "Calado! Não devemos sequer mencionar o
nome do SENHOR".
11 Pois o SENHOR deu a ordem, e ele despedaçará a casa grande
e fará em pedacinhos a casa pequena.
12 Acaso correm os cavalos sobre os rochedos? Poderá al-
guém ará-los com bois? Mas vocês transformaram o direito
em veneno, e o fruto da justiça em amargura; 13 vocês que se
regozijam pela conquista de Lo-Debar[e] e dizem: "Acaso não
conquistamos Carnaim[f] com a nossa própria força?"
14 Palavra do SENHOR, o Deus dos Exércitos: "Farei vir uma nação
contra você, ó nação de Israel, e ela a oprimirá desde Lebo-Ha-
mate até o vale da Arabá".

7 As Três Visões de Amós

Foi isto que o SENHOR, o Soberano, me mostrou: ele estava
preparando enxames de gafanhotos depois da colheita do
rei, justo quando brotava a segunda safra. 2 Depois que eles
devoraram todas as plantas dos campos, eu clamei: "SENHOR
Soberano, perdoa! Como Jacó poderá sobreviver? Ele é tão
pequeno!"
3 Então o SENHOR arrependeu-se e declarou: "Isso não acon-
tecerá".
4 O Soberano, o SENHOR, mostrou-me também que, para o julga-
mento, estava chamando o fogo, o qual secou o grande abismo
e devorou a terra. 5 Então eu clamei: "Soberano SENHOR, eu te
imploro que pares! Como Jacó poderá sobreviver? Ele é tão
pequeno!"

[a] **5.10** Hebraico: *na porta.*
[b] **5.22** Isto é, sacrifícios totalmente queimados.
[c] **5.22** Ou *de paz*
[d] **5.26** Ou *ergueram seu rei Sicute e seus ídolos Quium, seus deuses astrais.* A Septuaginta diz *levantaram o santuário de Moloque e a estrela do seu deus Renfã, ídolos que fizeram para adorar!*
[e] **6.13** *Lo-Debar* significa *nada.*
[f] **6.13** *Carnaim* significa *chifres*. Chifre simboliza força.

6 Então o SENHOR arrependeu-se e declarou: "Isso também não
acontecerá".
7 Ele me mostrou ainda isto: o Senhor, com um prumo na mão,
estava junto a um muro construído no rigor do prumo. 8 E o
SENHOR me perguntou: "O que você está vendo, Amós?"
"Um prumo", respondi. Então disse o Senhor: "Veja! Estou
pondo um prumo no meio de Israel, o meu povo; não vou pou-
pá-lo mais.
9 "Os altares idólatras de Isaque serão destruídos, e os santuá-
rios de Israel ficarão em ruínas; com a espada me levantarei
contra a dinastia de Jeroboão".

O Confronto entre Amós e Amazias

10 Então o sacerdote de Betel, Amazias, enviou esta mensagem
a Jeroboão, rei de Israel: "Amós está tramando uma conspi-
ração contra ti no centro de Israel. A nação não suportará as
suas palavras. 11 Amós está dizendo o seguinte:
'Jeroboão morrerá à espada, e certamente Israel irá para o
exílio, para longe da sua terra natal' ".
12 Depois Amazias disse a Amós: "Vá embora, vidente! Vá profe-
tizar em Judá; vá ganhar lá o seu pão. 13 Não profetize mais em
Betel, porque este é o santuário do rei e o templo do reino".
14 Amós respondeu a Amazias: "Eu não sou profeta nem per-
tenço a nenhum grupo de profetas[a], apenas cuido do gado e
faço colheita de figos silvestres. 15 Mas o SENHOR me tirou do
serviço junto ao rebanho e me disse: 'Vá, profetize a Israel, o
meu povo'. 16 Agora ouça, então, a palavra do SENHOR. Você diz:
" 'Não profetize contra Israel, e pare de pregar contra a des-
cendência de Isaque'.
17 "Mas o SENHOR lhe diz:
" 'Sua mulher se tornará uma prostituta na cidade, e os seus
filhos e as suas filhas morrerão à espada. Suas terras serão
loteadas, e você mesmo morrerá numa terra pagã[b]. E Israel
certamente irá para o exílio, para longe da sua terra natal' ".

8 A Visão de um Cesto de Frutas Maduras

O SENHOR, o Soberano, me mostrou um cesto de frutas ma-
duras. 2 "O que você está vendo, Amós?", ele perguntou. Um
cesto de frutas maduras, respondi. Então o SENHOR me disse:
"Chegou o fim de Israel, o meu povo; não mais o pouparei".
3 "Naquele dia", declara o SENHOR, o Soberano, "as canções no
templo se tornarão lamentos.[c] Muitos, muitos serão os corpos,
atirados por todos os lados! Silêncio!"
4 Ouçam, vocês que pisam os pobres e arruínam os necessi-
tados da terra, 5 dizendo: "Quando acabará a lua nova para que
vendamos o cereal? E, quando terminará o sábado, para que
comercializemos o trigo, diminuindo a medida, aumentando o
preço[d], enganando com balanças desonestas e 6 comprando
o pobre com prata e o necessitado por um par de sandálias,
vendendo até palha com o trigo?"
7 O SENHOR jurou contra o orgulho de Jacó: "Jamais esquecerei
coisa alguma do que eles fizeram.
8 "Acaso não tremerá a terra por causa disso, e não chorarão
todos os que nela vivem? Toda esta terra se levantará como o
Nilo; será agitada e depois afundará como o ribeiro do Egito.
9 "Naquele dia", declara o SENHOR, o Soberano:
"Farei o sol se pôr ao meio-dia e em plena luz do dia escure-
cerei a terra. 10 Transformarei as suas festas em velório e todos
os seus cânticos em lamentação. Farei que todos vocês vistam
roupas de luto e rapem a cabeça. Farei daquele dia um dia de
luto por um filho único, e o fim dele, como um dia de amargura.
11 "Estão chegando os dias", declara o SENHOR, o Soberano,
"em que enviarei fome a toda esta terra; não fome de co-
mida nem sede de água, mas fome e sede de ouvir as palavras
do SENHOR. 12 Os homens vaguearão de um mar a outro, do
Norte ao Oriente, buscando a palavra do SENHOR, mas não a
encontrarão.
13 "Naquele dia, as jovens belas e os rapazes fortes desmaiarão
de sede. 14 Aqueles que juram pela vergonha[e] de Samaria, e
os que dizem: 'Juro pelo nome do seu deus, ó Dã' ou 'Juro
pelo nome do deus[f] de Berseba', cairão, para nunca mais se
levantar!"

9 Israel Será Destruído

Vi o Senhor junto ao altar, e ele disse: "Bata no topo das
colunas para que tremam os umbrais. Faça que elas caiam
sobre todos os presentes; e os que sobrarem matarei à espada.
Ninguém fugirá, ninguém escapará. 2 Ainda que escavem até
às profundezas[g], dali a minha mão irá tirá-los. Se subirem até
os céus, de lá os farei descer. 3 Mesmo que se escondam no
topo do Carmelo, lá os caçarei e os prenderei. Ainda que se
escondam de mim no fundo do mar, ali ordenarei à serpente
que os morda. 4 Mesmo que sejam levados ao exílio por seus
inimigos, ali ordenarei que a espada os mate. Vou vigiá-los
para lhes fazer o mal e não o bem".
5 Quanto ao Senhor, o SENHOR dos Exércitos, ele toca na terra, e
ela se derrete, e todos os que nela vivem pranteiam; ele ergue
toda a terra como o Nilo, e depois a afunda como o ribeiro do
Egito. 6 Ele constrói suas câmaras altas[h], e firma a abóbada
sobre a terra; ele reúne as águas do mar e as espalha sobre a
superfície da terra. SENHOR é o seu nome.
7 "Vocês, israelitas, não são para mim melhores do que os
etíopes[i]", declara o SENHOR. "Eu tirei Israel do Egito, os filis-
teus de Caftor[j] e os arameus de Quir.
8 "Sem dúvida, os olhos do SENHOR, o Soberano, se voltam para
este reino pecaminoso. Eu o varrerei da superfície da terra,
mas não destruirei totalmente a descendência de Jacó", de-

[a] 7.14 Hebraico: *nem filho de profeta.*
[b] 7.17 Hebraico: *impura.*
[c] 8.3 Ou *"os cantores do templo se lamentarão.*
[d] 8.5 Hebraico: *diminuindo o efa, aumentando o siclo.*
[e] 8.14 Ou *por Asima;* ou ainda *pelo ídolo*
[f] 8.14 Ou *poder*
[g] 9.2 Hebraico: *Sheol.* Essa palavra também pode ser traduzida por sepultura, pó ou morte.
[h] 9.6 Ou *a sua escadaria até os céus*
[i] 9.7 Hebraico: *cuxitas.*
[j] 9.7 Isto é, Creta.

clara o SENHOR. 9 "Pois darei a ordem e sacudirei a nação de
Israel entre todas as nações, tal como o trigo é abanado numa
peneira, e nem um grão cai na terra. 10 Todos os pecadores
que há no meio do meu povo morrerão à espada, todos os
que dizem: 'A desgraça não nos atingirá nem nos encontrará'.

A Restauração de Israel

11 "Naquele dia, levantarei a tenda caída de Davi. Consertarei o
que estiver quebrado, e restaurarei as suas ruínas. Eu a reer-
guerei, para que seja como era no passado, 12 para que o meu
povo conquiste o remanescente de Edom e todas as nações que
me pertencem", declara o SENHOR,[a] que realizará essas coisas.
13 "Dias virão", declara o SENHOR, "em que a ceifa continuará
até o tempo de arar, e o pisar das uvas até o tempo de semear.
Vinho novo gotejará dos montes e fluirá de todas as colinas.
14 Trarei de volta Israel, o meu povo exilado,[b] eles reconstruirão
as cidades em ruínas e nelas viverão. Plantarão vinhas e be-
berão do seu vinho; cultivarão pomares e comerão do seu fruto.
15 Plantarei Israel em sua própria terra, para nunca mais ser
desarraigado da terra que lhe dei", diz o SENHOR, o seu Deus.

---

a 9.12 A Septuaginta diz *para que o remanescente e todas as nações que levam o meu nome busquem o* SENHOR.

b 9.14 Ou *Restaurarei a sorte de Israel, o meu povo,*

OBADIAS

O Julgamento de Edom

1 Visão de Obadias. Assim diz o Soberano, o SENHOR, a respeito
de Edom:
Nós ouvimos uma mensagem do SENHOR. Um mensageiro foi en-
viado às nações para dizer: "Levantem-se! Vamos atacar Edom!"
2 "Veja! Eu tornarei você pequeno entre as nações. Será com-
pletamente desprezado!
3 A arrogância do seu coração o tem enganado, você que vive
nas cavidades das rochas[a] e constrói sua morada no alto dos
montes; que diz a você mesmo: 'Quem pode me derrubar?'
4 Ainda que você suba tão alto como a águia e faça o seu ninho
entre as estrelas, dali eu o derrubarei", declara o SENHOR.
5 "Se ladrões o atacassem, saqueadores no meio da noite —
como você está destruído! — não roubariam apenas quanto
achassem suficiente? Se os que colhem uvas chegassem a
você, não deixariam para trás pelo menos alguns cachos?
6 Entretanto, como Esaú foi saqueado! Como foram pilhados os
seus tesouros ocultos!
7 Empurram você para as fronteiras todos os seus aliados;
enganam você e o sobrepujarão os seus melhores amigos;
aqueles que comem com você para você armam ciladas". E
Esaú não percebe nada!
8 "Naquele dia", declara o SENHOR, "destruirei os sábios de
Edom, e os mestres dos montes de Esaú.
9 Então os seus guerreiros, ó Temã, ficarão apavorados e serão
eliminados todos os homens dos montes de Esaú.
10 Por causa da violenta matança que você fez contra o seu irmão
Jacó, você será coberto de vergonha e eliminado para sempre.
11 No dia em que você ficou por perto, quando estrangeiros rou-
baram os bens dele, e estranhos entraram por suas portas e lan-
çaram sortes sobre Jerusalém, você fez exatamente como eles.
12 Você não devia ter olhado com satisfação o dia da desgraça
de seu irmão; nem ter se alegrado com a destruição do povo de
Judá; não devia ter falado com arrogância no dia da sua aflição.
13 Não devia ter entrado pelas portas do meu povo no dia da
sua calamidade; nem devia ter ficado alegre com o sofrimento
dele no dia da sua ruína; nem ter roubado a riqueza dele no
dia da sua desgraça.
14 Não devia ter esperado nas encruzilhadas, para matar os que
conseguiram escapar; nem ter entregado os sobreviventes no
dia da sua aflição.
15 "Pois o dia do SENHOR está próximo para todas as nações.
Como você fez, assim será feito a você. A maldade que você
praticou recairá sobre você.
16 Assim como vocês beberam do meu castigo no meu santo
monte, também todas as nações[b] beberão sem parar. Beberão
até o fim e serão como se nunca tivessem existido.
17 Mas no monte Sião estarão os que escaparam; ele será santo
e a descendência de Jacó possuirá a sua herança.
18 A descendência de Jacó será um fogo, e a de José uma
chama; a descendência de Esaú será a palha. Eles a incen-
diarão e a consumirão. Não haverá sobreviventes da descen-
dência de Esaú", declara o SENHOR.
19 Os do Neguebe se apossarão dos montes de Esaú, e os da Sefelá[c]
ocuparão a terra dos filisteus. Eles tomarão posse dos campos de
Efraim e de Samaria, e Benjamim se apossará de Gileade.
20 Os israelitas exilados se apossarão do território dos cananeus
até Sarepta; os exilados de Jerusalém que estão em Sefarade
ocuparão as cidades do Neguebe.
21 Os vencedores subirão ao[d] monte Sião para governar a mon-
tanha de Esaú. E o reino será do SENHOR.

---

a 3 Ou *de Selá*

b 16 Muitos manuscritos do Texto Massorético dizem todas as nações ao redor.

c 19 Pequena faixa de terra de relevo variável entre a planície costeira e as montanhas.

d 21 Ou *do*

JONAS

1 Chamado e Fuga de Jonas

1 A palavra do SENHOR veio a Jonas, filho de Amitai, com esta
ordem: 2 "Vá depressa à grande cidade de Nínive e pregue
contra ela, porque a sua maldade subiu até a minha presença".
3 Mas Jonas fugiu da presença do SENHOR, dirigindo-se para
Társis. Desceu à cidade de Jope, onde encontrou um navio
que se destinava àquele porto. Depois de pagar a passagem,
embarcou para Társis, para fugir do SENHOR.
4 O SENHOR, porém, fez soprar um forte vento sobre o mar, e
caiu uma tempestade tão violenta que o barco ameaçava arre-
bentar-se. 5 Todos os marinheiros ficaram com medo e cada um
clamava ao seu próprio deus. E atiraram as cargas ao mar para
tornar o navio mais leve[a]. Enquanto isso, Jonas, que tinha des-
cido ao porão e se deitara, dormia profundamente. 6 O capitão
dirigiu-se a ele e disse: "Como você pode ficar aí dormindo?
Levante-se e clame ao seu deus! Talvez ele tenha piedade de
nós e não morramos".
7 Então os marinheiros combinaram entre si: "Vamos lançar
sortes para descobrir quem é o responsável por esta desgraça
que se abateu sobre nós". Lançaram sortes, e a sorte caiu
sobre Jonas.
8 Por isso lhe perguntaram: "Diga-nos, quem é o responsável
por esta calamidade? Qual é a sua profissão? De onde você
vem? Qual é a sua terra? A que povo você pertence?"
9 Ele respondeu: "Eu sou hebreu, adorador do SENHOR, o Deus
dos céus, que fez o mar e a terra".
10 Então os homens ficaram apavorados e perguntaram: "O que
foi que você fez?", pois sabiam que Jonas estava fugindo do
SENHOR, porque ele já lhes tinha dito.
11 Visto que o mar estava cada vez mais agitado, eles lhe per-
guntaram: "O que devemos fazer com você, para que o mar
se acalme?"
12 Respondeu ele: "Peguem-me e joguem-me ao mar, e ele se
acalmará. Pois eu sei que é por minha causa que esta violenta
tempestade caiu sobre vocês".
13 Ao invés disso, os homens se esforçaram ao máximo para
remar de volta à terra. Mas não conseguiram, porque o mar
tinha ficado ainda mais violento. 14 Eles clamaram ao SENHOR:
"SENHOR, nós suplicamos, não nos deixes morrer por tirarmos
a vida deste homem. Não caia sobre nós a culpa de matar um
inocente, porque tu, ó SENHOR, fizeste o que desejavas". 15 Em
seguida, pegaram Jonas e o lançaram ao mar enfurecido, e
este se aquietou. 16 Tomados de grande temor ao SENHOR, os
homens lhe ofereceram um sacrifício e se comprometeram por
meio de votos.
17 O SENHOR fez com que um grande peixe engolisse Jonas, e ele
ficou dentro do peixe três dias e três noites.

2 A Oração de Jonas

1 Dentro do peixe, Jonas orou ao SENHOR, o seu Deus.
2 E disse: "Em meu desespero clamei ao SENHOR, e ele me res-
pondeu. Do ventre da morte[b] gritei por socorro, e ouviste o
meu clamor.
3 Jogaste-me nas profundezas, no coração dos mares; cor-
rentezas formavam um turbilhão ao meu redor; todas as tuas
ondas e vagas passaram sobre mim.
4 Eu disse: Fui expulso da tua presença; contudo, olharei de
novo para o teu santo templo.[c]
5 As águas agitadas me envolveram,[d] o abismo me cercou, as
algas marinhas se enrolaram em minha cabeça.
6 Afundei até chegar aos fundamentos dos montes; à terra
embaixo, cujas trancas me aprisionaram para sempre. Mas tu
trouxeste a minha vida de volta da sepultura, ó SENHOR meu
Deus!
7 "Quando a minha vida já se apagava, eu me lembrei de ti,
SENHOR, e a minha oração subiu a ti, ao teu santo templo.
8 "Aqueles que acreditam em ídolos inúteis desprezam a mi-
sericórdia.
9 Mas eu, com um cântico de gratidão, oferecerei sacrifício a
ti. O que eu prometi cumprirei totalmente. A salvação vem do
SENHOR".
10 E o SENHOR deu ordens ao peixe, e ele vomitou Jonas em
terra firme.

3 O Arrependimento de Nínive

1 A palavra do SENHOR veio a Jonas pela segunda vez com esta
ordem: 2 "Vá à grande cidade de Nínive e pregue contra ela a
mensagem que eu lhe darei".
3 Jonas obedeceu à palavra do SENHOR e foi para Nínive. Era
uma cidade muito grande[e], sendo necessários três dias para
percorrê-la. 4 Jonas entrou na cidade e a percorreu durante
um dia, proclamando: "Daqui a quarenta dias Nínive será des-
truída". 5 Os ninivitas creram em Deus. Proclamaram um jejum,
e todos eles, do maior ao menor, vestiram-se de pano de saco.
6 Quando as notícias chegaram ao rei de Nínive, ele se levantou
do trono, tirou o manto real, vestiu-se de pano de saco e sen-
tou-se sobre cinza. 7 Então fez uma proclamação em Nínive:
"Por decreto do rei e de seus nobres:

---

a 1.5 Ou *para apaziguar o mar*

b 2.2 Hebraico: *Sheol*. Essa palavra também pode ser traduzida por *sepultura, profundezas* ou *pó*.

c 2.4 Ou *como poderei ver novamente o teu santo templo?*

d 2.5 Ou *As águas estavam em minha garganta,*

e 3.3 Ou *cidade importante para Deus*

Não é permitido a nenhum homem ou animal, bois ou ovelhas,
provar coisa alguma; não comam nem bebam! 8 Cubram-se de
pano de saco, homens e animais. E todos clamem a Deus com
todas as suas forças. Deixem os maus caminhos e a violência.
9 Talvez Deus se arrependa e abandone a sua ira, e não sejamos
destruídos".
10 Tendo em vista o que eles fizeram e como abandonaram os
seus maus caminhos, Deus se arrependeu e não os destruiu
como tinha ameaçado.

A Ira de Jonas

4 Jonas, porém, ficou profundamente descontente com isso
e enfureceu-se. 2 Ele orou ao SENHOR: "SENHOR, não foi isso
que eu disse quando ainda estava em casa? Foi por isso que
me apressei em fugir para Társis. Eu sabia que tu és Deus mi-
sericordioso e compassivo, muito paciente, cheio de amor e
que prometes castigar, mas depois te arrependes. 3 Agora, SE-
NHOR, tira a minha vida, eu imploro, porque para mim é melhor
morrer do que viver".
4 O SENHOR lhe respondeu: "Você tem alguma razão para essa
fúria?"
5 Jonas saiu e sentou-se num lugar a leste da cidade. Ali, cons-
truiu para si um abrigo, sentou-se à sua sombra e esperou para
ver o que aconteceria com a cidade. 6 Então o SENHOR Deus fez
crescer uma planta sobre Jonas, para dar sombra à sua cabeça
e livrá-lo do calor, o que deu grande alegria a Jonas. 7 Mas na
madrugada do dia seguinte, Deus mandou uma lagarta atacar
a planta e ela secou-se. 8 Ao nascer do sol, Deus trouxe um
vento oriental muito quente, e o sol bateu na cabeça de Jonas
ao ponto de ele quase desmaiar. Com isso ele desejou morrer
e disse: "Para mim seria melhor morrer do que viver".
9 Mas Deus disse a Jonas: "Você tem alguma razão para estar
tão furioso por causa da planta?"
Respondeu ele: "Sim, tenho! E estou furioso ao ponto de querer
morrer".
10 Mas o SENHOR lhe disse: "Você tem pena dessa planta, em-
bora não a tenha podado nem a tenha feito crescer. Ela nasceu
numa noite e numa noite morreu. 11 Contudo, Nínive tem mais
de cento e vinte mil pessoas que não sabem nem distinguir
a mão direita da esquerda[a], além de muitos rebanhos. Não
deveria eu ter pena dessa grande cidade?"

a 4.11 Ou *o certo do errado*

MIQUEIAS

1 A palavra do SENHOR que veio a Miqueias de Moresete du-
rante os reinados de Jotão, Acaz e Ezequias, reis de Judá;
visão que ele teve acerca de Samaria e de Jerusalém:
2 Ouçam, todos os povos; prestem atenção, ó terra e todos os
que nela habitam; que o SENHOR, o Soberano, do seu santo
templo testemunhe contra vocês.

O Julgamento de Samaria e de Jerusalém

3 Vejam! O SENHOR já está saindo da sua habitação; ele desce e
pisa os lugares altos da terra.
4 Debaixo dele os montes se derretem como cera diante do
fogo, e os vales racham ao meio, como que rasgados pelas
águas que descem velozes encosta abaixo.
5 Tudo por causa da transgressão de Jacó, dos pecados da
nação de Israel. Qual é a transgressão de Jacó? Acaso não é Sa-
maria? Qual é o altar idólatra de Judá? Acaso não é Jerusalém?
6 "Por isso farei de Samaria um monte de entulho em campo
aberto, um lugar para plantação de vinhas; atirarei as suas
pedras no vale e porei a descoberto os seus alicerces.
7 Todas as suas imagens esculpidas serão despedaçadas e
todos os seus ganhos imorais serão consumidos pelo fogo;
destruirei todas as suas imagens. Visto que o que ela ajuntou
foi como ganho da prostituição, como salário de prostituição
tornará a ser usado."

O Lamento do Profeta

8 Por causa disso chorarei e lamentarei; andarei descalço e nu.
Uivarei como um chacal e gemerei como um filhote de coruja.
9 Pois a ferida de Samaria é incurável e chegou a Judá. O fla-
gelo alcançou até mesmo a porta do meu povo, até a própria
Jerusalém!
10 Não contem isso em Gate e não chorem. Habitantes de Bete-
-Ofra[a], revolvam-se no pó.
11 Saiam nus e cobertos de vergonha, vocês que moram em
Safir[b]. Os habitantes de Zaanã[c] não sairão de sua cidade. Bete-
-Ezel está em prantos; foi-lhe tirada a proteção.
12 Os que vivem em Marote[d] se contorcem de dor aguardando
alívio, porque a desgraça veio da parte do SENHOR até as portas
de Jerusalém.
13 Habitantes de Laquis[e], atrelem aos carros as parelhas de

a 1.10 *Bete-Ofra* significa *casa de poeira*.
b 1.11 *Safir* significa *agradável*.
c 1.11 *Zaanã* assemelha-se à palavra que se traduz por *sairão*.
d 1.12 *Marote* assemelha-se à palavra *Mara*, que significa *amarga*.
e 1.13 *Laquis* assemelha-se à palavra *lareques*, que se traduz por *junta* ou *parelha*.

cavalos. Vocês foram o início do pecado da cidade[a] de Sião,
pois as transgressões de Israel foram aprendidas com vocês.
14 Por isso vocês darão presentes de despedida a Moresete-
-Gate. A cidade de Aczibe[b] se revelará enganosa aos reis de
Israel.
15 Trarei um conquistador contra vocês que vivem em Maressa[c].
A glória de Israel irá a Adulão.
16 Rapem a cabeça em pranto por causa dos filhos nos quais
vocês tanto se alegram; fiquem calvos como a águia, pois eles
serão tirados de vocês e levados para o exílio.

2 O Castigo dos Opressores

Ai daqueles que planejam maldade, dos que tramam o mal
em suas camas! Quando alvorece, eles o executam, porque
isso eles podem fazer.
2 Cobiçam terrenos e se apoderam deles; cobiçam casas e as
tomam. Fazem violência ao homem e à sua família; a ele e aos
seus herdeiros.
3 Portanto, assim diz o SENHOR: "Estou planejando contra essa
gente uma desgraça, da qual vocês não poderão livrar-se.
Vocês não vão mais andar com arrogância, pois será tempo
de desgraça.
4 Naquele dia, vocês serão ridicularizados; zombarão de vocês
com esta triste canção: 'Estamos totalmente arruinados; divi-
dida foi a propriedade do meu povo. Ele tirou-a de mim! En-
tregou a invasores as nossas terras' ".
5 Portanto, vocês não estarão na assembleia do SENHOR para a
divisão da terra por sorteio.

Advertência contra os Falsos Profetas

6 "Não preguem", dizem os seus profetas. "Não preguem
acerca dessas coisas; a desgraça não nos alcançará." O des-
cendência de Jacó, 7 é isto que está sendo falado: "O Espírito
do SENHOR perdeu a paciência? É assim que ele age?"
"As minhas palavras fazem bem àquele cujos caminhos são
retos. 8 Mas ultimamente como inimigos, vocês atacam o meu
povo. Além da túnica, arrancam a capa daqueles que passam
confiantes, como quem volta da guerra.
9 Vocês tiram as mulheres do meu povo de seus lares agradá-
veis. De seus filhos vocês removem a minha dignidade para
sempre.
10 Levantem-se, vão embora! Pois este não é o lugar de des-
canso, porque ele está contaminado e arruinado, sem que haja
remédio.
11 Se um mentiroso e enganador vier e disser: 'Eu pregarei para
vocês fartura de vinho e de bebida fermentada', ele será o
profeta deste povo!

Promessa de Livramento

12 "Vou de fato ajuntar todos vocês, ó Jacó; sim, vou reunir
o remanescente de Israel. Eu os ajuntarei como ovelhas num
aprisco, como um rebanho numa pastagem; haverá ruído de
grande multidão.
13 Aquele que abre o caminho irá adiante deles; passarão pela
porta e sairão. O rei deles, o SENHOR, os guiará."

3 Repreensão aos Líderes e aos Profetas

Então eu disse: Ouçam, vocês que são chefes de Jacó,
governantes da nação de Israel. Vocês deveriam conhecer a
justiça!
2 Mas odeiam o bem e amam o mal; arrancam a pele do meu
povo e a carne dos seus ossos.
3 Aqueles que comem a carne do meu povo, arrancam a sua
pele, despedaçam os seus ossos e os cortam como se fossem
carne para a panela
4 um dia clamarão ao SENHOR, mas ele não lhes responderá.
Naquele tempo, ele esconderá deles o rosto por causa do mal
que eles têm feito.
5 Assim diz o SENHOR: "Aos profetas que fazem o meu povo des-
viar-se, e que, quando lhes dão o que mastigar, proclamam
paz, mas proclamam guerra santa contra quem não lhes enche
a boca:
6 Por tudo isso a noite virá sobre vocês, noite sem visões; ha-
verá trevas, sem adivinhações. O sol se porá e o dia se escure-
cerá para os profetas.
7 Os videntes envergonhados e os adivinhos constrangidos,
todos cobrirão o rosto porque não haverá resposta da parte
de Deus".
8 Mas, quanto a mim, graças ao poder do Espírito do SENHOR,
estou cheio de força e de justiça, para declarar a Jacó a sua
transgressão, e a Israel o seu pecado.
9 Ouçam isto, vocês que são chefes da descendência de Jacó,
governantes da nação de Israel, que detestam a justiça e per-
vertem tudo o que é justo;
10 que constroem Sião com derramamento de sangue e Jeru-
salém com impiedade.
11 Seus líderes julgam sob suborno, seus sacerdotes ensinam
visando lucro, e seus profetas adivinham em troca de prata. E
ainda se apoiam no SENHOR, dizendo: "O SENHOR está no meio
de nós. Nenhuma desgraça nos acontecerá".
12 Por isso, por causa de vocês, Sião será arada como um
campo, Jerusalém se tornará um monte de entulho, e a colina
do templo, um matagal.

4 A Montanha do SENHOR

Nos últimos dias, acontecerá que o monte do templo do
SENHOR será estabelecido como o principal entre os montes
e se elevará acima das colinas. E os povos a ele acorrerão.
2 Muitas nações virão, dizendo: "Venham, subamos ao monte
do SENHOR, ao templo do Deus de Jacó. Ele nos ensinará os
seus caminhos, para que andemos nas suas veredas". Pois a
lei virá de Sião, a palavra do SENHOR, de Jerusalém.
3 Ele julgará entre muitos povos e resolverá contendas entre
nações poderosas e distantes. Das suas espadas farão arados,

[a] 1.13 Hebraico: *filha*.
[b] 1.14 *Aczibe* significa *engano*.
[c] 1.15 *Maressa* assemelha-se à palavra que se traduz por *conquistador*.

e das suas lanças, foices. Nenhuma nação erguerá a espada
contra outra, e não aprenderão mais a guerra.
4 Todo homem poderá sentar-se debaixo da sua videira e de-
baixo da sua figueira, e ninguém o incomodará, pois assim
falou o SENHOR dos Exércitos.
5 Pois todas as nações andam, cada uma em nome dos seus
deuses, mas nós andaremos em nome do SENHOR, o nosso
Deus, para todo o sempre.

O Plano do SENHOR

6 "Naquele dia", declara o SENHOR, "ajuntarei os que tropeçam
e reunirei os dispersos, aqueles a quem afligi.
7 Farei dos que tropeçam um remanescente e dos dispersos,
uma nação forte. O SENHOR reinará sobre eles no monte Sião
daquele dia em diante e para sempre.
8 Quanto a você, ó torre do rebanho, ó fortaleza[a] da cidade[b] de
Sião, o antigo domínio será restaurado a você; a realeza voltará
para a cidade de Jerusalém."
9 Agora, por que gritar tão alto? Você não tem rei? Seu conse-
lheiro morreu, para que a dor seja tão forte para você como a
de uma mulher em trabalho de parto?
10 Contorça-se em agonia, ó povo da cidade de Sião, como a
mulher em trabalho de parto, porque agora terá que deixar
os seus muros para habitar em campo aberto. Você irá para a
Babilônia, e lá será libertada. Lá o SENHOR a resgatará da mão
dos seus inimigos.
11 Mas agora muitas nações estão reunidas contra você. Elas
dizem: "Que Sião seja profanada, e que isso aconteça diante
dos nossos olhos!"
12 Mas elas não conhecem os pensamentos do SENHOR; não
compreendem o plano daquele que as ajunta como feixes
para a eira.
13 "Levante-se e debulhe, ó cidade de Sião, pois eu darei a você
chifres de ferro e cascos de bronze para despedaçar muitas
nações."
Você consagrará ao SENHOR, ao Soberano de toda a terra, os
ganhos ilícitos e a riqueza delas.

5 Reúna suas tropas, ó cidade das tropas,[c] pois há um cerco
contra nós. O líder de Israel será ferido na face, com uma
vara.

O Governante que Virá de Belém

2 "Mas tu, Belém-Efrata, embora pequena entre os clãs[d] de Judá,
de ti virá para mim aquele que será o governante sobre Israel.
Suas origens[e] estão no passado distante, em tempos antigos.[f]"
3 Por isso os israelitas serão abandonados até que aquela que
está em trabalho de parto dê à luz. Então o restante dos irmãos
do governante voltará para unir-se aos israelitas.
4 Ele se estabelecerá e os pastoreará na força do SENHOR, na
majestade do nome do SENHOR, o seu Deus. E eles viverão em
segurança, pois a grandeza dele alcançará os confins da terra.
5 Ele será a sua paz.

Livramento e Destruição

Quando os assírios invadirem a nossa terra e marcharem sobre
as nossas fortalezas, levantaremos contra eles sete pastores,
até oito líderes escolhidos.
6 Eles pastorearão[g] a Assíria com a espada, e a terra de Ninrode
com a espada empunhada[h]. Eles nos livrarão quando os assí-
rios invadirem a nossa terra, e entrarem por nossas fronteiras.
7 O remanescente de Jacó estará no meio de muitos povos
como orvalho da parte do SENHOR, como aguaceiro sobre a
relva; não porá sua esperança no homem nem dependerá dos
seres humanos.
8 O remanescente de Jacó estará entre as nações, no meio
de muitos povos, como um leão entre os animais da floresta,
como um leão forte entre os rebanhos de ovelhas, leão que,
quando ataca, destroça e mutila a presa, sem que ninguém a
possa livrar.
9 Sua mão se levantará contra os seus adversários, e todos os
seus inimigos serão destruídos.
10 "Naquele dia", declara o SENHOR, "matarei os seus cavalos e
destruirei os seus carros de guerra.
11 Destruirei também as cidades da sua terra e arrasarei todas
as suas fortalezas.
12 Acabarei com a sua feitiçaria, e vocês não farão mais adi-
vinhações.
13 Destruirei as suas imagens esculpidas e as suas colunas sa-
gradas; vocês não se curvarão mais diante da obra de suas
mãos.
14 Desarraigarei do meio de vocês os seus postes sagrados e
derrubarei os seus ídolos[i].
15 Com ira e indignação me vingarei das nações que não me
obedeceram."

A Acusação do SENHOR contra Israel

6 Ouçam o que diz o SENHOR: "Fique em pé, defenda a sua
causa; que as colinas ouçam o que você tem para dizer.
2 Ouçam, ó montes, a acusação do SENHOR; escutem, alicerces
eternos da terra. Pois o SENHOR tem uma acusação contra o seu
povo; ele está entrando em juízo contra Israel.
3 "Meu povo, o que fiz contra você? Fui muito exigente? Res-
ponda-me.
4 Eu o tirei do Egito, e o redimi da terra da escravidão; enviei
Moisés, Arão e Miriã para conduzi-lo.
5 Meu povo, lembre-se do que Balaque, rei de Moabe, pediu
e do que Balaão, filho de Beor, respondeu. Recorde a viagem

[a] **4.8** Ou *colina*
[b] **4.8** Hebraico: *filha*; também nos versículos 10 e 13.
[c] **5.1** Ou *Fortifique seus muros, ó cidade murada*,
[d] **5.2** Ou *governantes*
[e] **5.2** Hebraico: *saídas*.
[f] **5.2** Ou *desde os dias da eternidade*.
[g] **5.6** Ou *esmagarão*; ou ainda *governarão*
[h] **5.6** Ou *Ninrode em suas portas*
[i] **5.14** Ou *as suas cidades*

que você fez desde Sitim até Gilgal, e reconheça que os atos
do SENHOR são justos."
6 Com que eu poderia comparecer diante do SENHOR e cur-
var-me perante o Deus exaltado? Deveria oferecer holocaustos[a]
de bezerros de um ano?
7 Ficaria o SENHOR satisfeito com milhares de carneiros, com dez
mil ribeiros de azeite? Devo oferecer o meu filho mais velho por
causa da minha transgressão, o fruto do meu corpo por causa
do pecado que eu cometi?
8 Ele mostrou a você, ó homem, o que é bom e o que o SENHOR
exige: pratique a justiça, ame a fidelidade e ande humilde-
mente com o seu Deus.

A Culpa e o Castigo de Israel

9 A voz do SENHOR está clamando à cidade; é sensato temer o
seu nome! "Ouçam, tribo de Judá e assembleia da cidade![b]
10 Não há,[c] na casa do ímpio, o tesouro da impiedade e a me-
dida falsificada, que é maldita?
11 Poderia alguém ser puro com balanças desonestas e pesos
falsos?
12 Os ricos que vivem entre vocês são violentos; o seu povo é
mentiroso e as suas línguas falam enganosamente.
13 Por isso, eu mesmo os farei sofrer, e os arruinarei por causa
dos seus pecados.
14 Vocês comerão, mas não ficarão satisfeitos; continuarão de
estômago vazio. Vocês ajuntarão, mas nada preservarão, por-
quanto o que guardarem, à espada entregarei.
15 Vocês plantarão, mas não colherão; espremerão azeitonas,
mas não se ungirão com o azeite; espremerão uvas, mas não
beberão o vinho.
16 Vocês têm obedecido aos decretos de Onri e a todas as prá-
ticas da família de Acabe, e têm seguido as tradições deles.
Por isso os entregarei à ruína, e o seu povo ao desprezo; vocês
sofrerão a zombaria das nações[d]."

7 A Desgraça de Israel

Que desgraça a minha! Sou como quem colhe frutos de verão
na respiga da vinha; não há nenhum cacho de uvas para provar,
nenhum figo novo que eu tanto desejo.
2 Os piedosos desapareceram do país; não há um justo sequer.
Todos estão à espreita para derramar sangue; cada um caça
seu irmão com uma armadilha.
3 Com as mãos prontas para fazer o mal o governante exige
presentes, o juiz aceita suborno, os poderosos impõem o que
querem; todos tramam em conjunto.
4 O melhor deles é como espinheiro, e o mais correto é pior que
uma cerca de espinhos. Chegou o dia anunciado pelas suas
sentinelas, o dia do castigo de Deus. Agora reinará a confusão
entre eles.
5 Não confie nos vizinhos; nem acredite nos amigos. Até com
aquela que o abraça tenha cada um cuidado com o que diz.
6 Pois o filho despreza o pai, a filha se rebela contra a mãe,
a nora, contra a sogra; os inimigos do homem são os seus
próprios familiares.
7 Mas, quanto a mim, ficarei atento ao SENHOR, esperando em
Deus, o meu Salvador, pois o meu Deus me ouvirá.

Israel se Levantará

8 Não se alegre a minha inimiga com a minha desgraça. Embora
eu tenha caído, eu me levantarei. Embora eu esteja morando
nas trevas, o SENHOR será a minha luz.
9 Por eu ter pecado contra o SENHOR, suportarei a sua ira até
que ele apresente a minha defesa e estabeleça o meu direito.
Ele me fará sair para a luz; contemplarei a sua justiça.
10 Então a minha inimiga o verá e ficará coberta de vergonha,
ela, que me disse: "Onde está o SENHOR, o seu Deus?" Meus
olhos verão a sua queda; ela será pisada como o barro das
ruas.
11 O dia da reconstrução dos seus muros chegará, o dia em que
se ampliarão as suas fronteiras virá.
12 Naquele dia, virá a você gente desde a Assíria até o Egito,
e desde o Egito até o Eufrates, de mar a mar e de montanha
a montanha.
13 Mas a terra será desolada por causa dos seus habitantes, em
consequência de suas ações.

Súplica por Misericórdia

14 Pastoreia o teu povo com o teu cajado, o rebanho da tua
herança que vive à parte numa floresta, em férteis pastagens[e].
Deixa-o pastar em Basã e em Gileade, como antigamente.
15 "Como nos dias em que você saiu do Egito, ali mostrarei as
minhas maravilhas."
16 As nações verão isso e se envergonharão, despojadas de todo
o seu poder. Porão a mão sobre a boca e taparão os ouvidos.
17 Lamberão o pó como a serpente, como animais que se ar-
rastam no chão. Sairão tremendo das suas fortalezas; com
temor se voltarão para o SENHOR, o nosso Deus, e terão medo
de ti.
18 Quem é comparável a ti, ó Deus, que perdoas o pecado e
esqueces a transgressão do remanescente da sua herança?
Tu, que não permaneces irado para sempre, mas tens prazer
em mostrar amor.
19 De novo terás compaixão de nós; pisarás as nossas maldades
e atirarás todos os nossos pecados nas profundezas do mar.
20 Mostrarás fidelidade a Jacó, e bondade a Abraão, conforme
prometeste sob juramento aos nossos antepassados, na an-
tiguidade.

a 6.6 Isto é, sacrifícios totalmente queimados.
b 6.9 Ou *e suas assembleias!*
c 6.10 Ou *Não há, ainda,*
d 6.16 Conforme a Septuaginta. O Texto Massorético diz *zombaria devida ao meu povo.*
e 7.14 Ou *no meio do Carmelo*

NAUM

1 Advertência contra Nínive. Livro da visão de Naum, de Elcós.

A Ira do Senhor contra Nínive

2 O Senhor é Deus zeloso e vingador! O Senhor é vingador! Seu
furor é terrível! O Senhor executa vingança contra os seus adversários e manifesta o seu furor contra os seus inimigos.
3 O Senhor é muito paciente, mas o seu poder é imenso; o
Senhor não deixará impune o culpado. O seu caminho está
no vendaval e na tempestade, e as nuvens são a poeira de
seus pés.
4 Ele repreende o mar e o faz secar, faz que todos os rios se
sequem. Basã e o Carmelo se desvanecem e as flores do Líbano
murcham.
5 Quando ele se aproxima, os montes tremem e as colinas se
derretem. A terra se agita na sua presença, o mundo e todos
os que nele vivem.
6 Quem pode resistir à sua indignação? Quem pode suportar o
despertar de sua ira? O seu furor se derrama como fogo, e as
rochas se despedaçam diante dele.
7 O Senhor é bom, um refúgio em tempos de angústia. Ele
protege os que nele confiam, 8 mas com uma enchente devastadora dará fim a Nínive; expulsará os seus inimigos para
a escuridão.
9 O Senhor acabará com tudo o que vocês planejarem contra
ele[a]; a tribulação não precisará vir uma segunda vez.
10 Embora estejam entrelaçados como espinhos e encharcados
de bebida como bêbados, serão consumidos como a palha
mais seca.
11 Foi de você, ó Nínive, que saiu aquele que trama perversidades, que planeja o mal contra o Senhor.
12 Assim diz o Senhor: "Apesar de serem fortes e numerosos,
serão ceifados e destruídos; mas você, Judá, embora eu a
tenha afligido, não a afligirei mais.
13 Agora vou quebrar o jugo do seu pescoço e arrancar as suas
algemas".
14 O Senhor decreta o seguinte a seu respeito, ó rei de Nínive:
"Você não terá descendentes que perpetuem o seu nome. Destruirei as imagens esculpidas e os ídolos de metal do templo
dos seus deuses. Prepararei o seu túmulo, porque você é desprezível".
15 Vejam sobre os montes os pés do que anuncia boas notícias
e proclama a paz! Celebre as suas festas, ó Judá, e cumpra os
seus votos. Nunca mais o perverso a invadirá; ele será completamente destruído.

2 **A Queda de Nínive**

O destruidor avança contra você, Nínive! Guarde a fortaleza! Vigie a estrada! Prepare a resistência! Reúna todas as
suas forças!
2 O Senhor restaurará o esplendor de Jacó; restaurará o esplendor de Israel, embora os saqueadores tenham devastado
e destruído as suas videiras.
3 Os escudos e os uniformes dos soldados inimigos são vermelhos. Os seus carros de guerra reluzem quando se alinham para
a batalha; agitam-se as lanças de pinho.[b]
4 Os carros de guerra percorrem loucamente as ruas e se
cruzam velozmente pelos quarteirões. Parecem tochas de
fogo e se arremessam como relâmpagos.
5 As suas tropas de elite são convocadas, mas elas vêm tropeçando; correm para a muralha da cidade para formar a linha
de proteção.
6 As comportas dos canais são abertas, e o palácio desaba.
7 Está decretado: A cidade irá para o exílio; será deportada. As
jovens tomadas como escravas batem no peito; seu gemer é
como o arrulhar das pombas.
8 Nínive é como um açude antigo cujas águas estão vazando.
"Parem, parem", eles gritam, mas ninguém sequer olha para
trás.
9 Saqueiem a prata! Saqueiem o ouro! Sua riqueza não tem fim;
está repleta de objetos de valor!
10 Ah! Devastação! Destruição! Desolação! Os corações se derretem, os joelhos vacilam, todos os corpos tremem e o rosto
de todos empalidece!
11 Onde está agora a toca dos leões? O lugar em que alimentavam seus filhotes, para onde iam o leão, a leoa e os leõezinhos, sem nada temer?
12 Onde está o leão que caçava o bastante para os seus filhotes,
estrangulava animais para as suas leoas e enchia as suas covas
de presas e as suas tocas de vítimas?
13 "Estou contra você", declara o Senhor dos Exércitos; "queimarei no fogo os seus carros de guerra, e a espada matará os
seus leões. Eliminarei da terra a sua caça, e a voz dos seus
mensageiros jamais será ouvida."

3 **Lamentação por Nínive**

Ai da cidade sanguinária, repleta de fraudes e cheia de
roubos, sempre fazendo as suas vítimas!
2 Ah, o estalo dos chicotes, o barulho das rodas, o galope dos
cavalos e o sacudir dos carros de guerra!
3 Cavaleiros atacando, espadas reluzentes e lanças cintilantes!

---

a 1.9 Ou *O que vocês planejam contra o Senhor?*

b 2.3 A Septuaginta e a Versão Siríaca dizem *os cavaleiros correm de um lado para outro.*

Muitos mortos, montanhas de cadáveres, corpos sem conta,
gente tropeçando por cima deles!
4Tudo por causa do desejo desenfreado de uma prostituta se-
dutora, mestra de feitiçarias que escravizou nações com a sua
prostituição e povos com a sua feitiçaria.
5"Eu estou contra você", declara o SENHOR dos Exércitos; "vou
levantar o seu vestido até a altura do seu rosto. Mostrarei às
nações a sua nudez e aos reinos, as suas vergonhas.
6Eu jogarei imundície sobre você, e a tratarei com desprezo;
farei de você um exemplo.
7Todos os que a virem fugirão, dizendo: 'Nínive está arrasada!
Quem a lamentará?' Onde encontrarei quem a console?"
8Acaso você é melhor do que Tebas[a], situada junto ao Nilo, ro-
deada de águas? O rio era a sua defesa; as águas, o seu muro.
9A Etiópia[b] e o Egito eram a sua força ilimitada; Fute e a Líbia
estavam entre os seus aliados.
10Apesar disso, ela foi deportada, levada para o exílio. Em
todas as esquinas as suas crianças foram massacradas. Lan-
çaram sortes para decidir o destino dos seus nobres; todos os
poderosos foram acorrentados.
11Você também ficará embriagada; irá esconder-se, tentando
proteger-se do inimigo.
12Todas as suas fortalezas são como figueiras carregadas de figos
maduros; basta sacudi-las, e os figos caem em bocas vorazes.

[a] 3.8 Hebraico: *No Amon.*
[b] 3.9 Hebraico: *Cuxe.*

13Olhe bem para as suas tropas: não passam de mulheres! As
suas portas estão escancaradas para os seus inimigos; o fogo
devorou as suas trancas.
14Reserve água para o tempo do cerco! Reforce as suas for-
talezas! Entre no barro, pise a argamassa, prepare a forma
para os tijolos!
15Mesmo assim o fogo consumirá você; a espada a eliminará,
e, como gafanhotos devastadores, a devorará! Multiplique-se
como gafanhotos devastadores, multiplique-se como gafa-
nhotos peregrinos!
16Você multiplicou os seus comerciantes, tornando-os mais
numerosos que as estrelas do céu; mas como gafanhotos de-
vastadores, eles devoram o país e depois voam para longe.
17Os seus guardas são como gafanhotos peregrinos; os seus
oficiais, como enxames de gafanhotos que se ajuntam sobre
os muros em dias frios; mas, quando o sol aparece, eles voam,
ninguém sabe para onde.
18Ó rei da Assíria, os seus pastores[c] dormem; os seus nobres
adormecem. O seu povo está espalhado pelos montes e não
há ninguém para reuni-lo.
19Não há cura para a sua chaga; a sua ferida é mortal. Quem
ouve notícias a seu respeito bate palmas pela sua queda, pois,
quem não sofreu por sua crueldade sem limites?

[c] 3.18 Ou *governantes*

HABACUQUE

1 Advertência revelada ao profeta Habacuque.

A Primeira Queixa de Habacuque

2Até quando, SENHOR, clamarei por socorro, sem que tu ouças?
Até quando gritarei a ti: "Violência!" sem que tragas salvação?
3Por que me fazes ver a injustiça, e contemplar a maldade? A
destruição e a violência estão diante de mim; há luta e conflito
por todo lado.
4Por isso a lei se enfraquece, e a justiça nunca prevalece. Os
ímpios prejudicam os justos, e assim a justiça é pervertida.

A Resposta do SENHOR

5"Olhem as nações e contemplem-nas, fiquem atônitos e
pasmem; pois nos seus dias farei algo em que não creriam se
a vocês fosse contado.
6Estou trazendo os babilônios[a], nação cruel e impetuosa, que
marcha por toda a extensão da terra para apoderar-se de mo-
radias que não lhe pertencem.
7É uma nação apavorante e temível, que cria a sua própria
justiça e promove a sua própria honra.
8Seus cavalos são mais velozes que os leopardos, mais ferozes[b]
que os lobos no crepúsculo. Sua cavalaria vem de longe. Seus
cavalos vêm a galope; vêm voando como ave de rapina que
mergulha para devorar;
9todos vêm prontos para a violência. Suas hordas avançam
como o vento do deserto, e fazem tantos prisioneiros como
a areia da praia.
10Menosprezam os reis e zombam dos governantes. Riem de
todas as cidades fortificadas, pois constroem rampas de terra
e por elas as conquistam.
11Depois passam como o vento e prosseguem; homens carre-
gados de culpa que têm por deus a sua própria força."

[a] 1.6 Hebraico: *caldeus.*
[b] 1.8 Ou *ligeiros*

A Segunda Queixa de Habacuque

12 Senhor, tu não és desde a eternidade? Meu Deus, meu Santo, tu não morrerás[a]. SENHOR, tu designaste essa nação para executar juízo; ó Rocha, determinaste que ela aplicasse castigo.

13 Teus olhos são tão puros que não suportam ver o mal; não podes tolerar a maldade. Então, por que toleras os perversos? Por que ficas calado enquanto os ímpios devoram os que são mais justos que eles?

14 Tornaste os homens como peixes do mar, como animais[b], que não são governados por ninguém.

15 O inimigo puxa todos com anzóis; apanha-os em sua rede e nela os arrasta; então alegra-se e exulta.

16 E por essa razão ele oferece sacrifício à sua rede e queima incenso em sua honra; pois, graças à sua rede, vive em grande conforto e desfruta iguarias.

17 Mas continuará ele esvaziando a sua rede, destruindo sem misericórdia as nações?

2 Ficarei no meu posto de sentinela e tomarei posição sobre a muralha; aguardarei para ver o que o Senhor me dirá e que resposta terei à minha queixa.

A Resposta do SENHOR

2 Então o SENHOR me respondeu: "Escreva claramente a visão em tábuas, para que se leia facilmente[c].

3 Pois a visão aguarda um tempo designado; ela fala do fim e não falhará[d]. Ainda que demore, espere-a; porque ela[e] certamente virá e não se atrasará.

4 "Escreva: O ímpio está envaidecido; seus desejos não são bons; mas o justo viverá por sua fidelidade[f].

5 De fato, a riqueza é ilusória[g], e o ímpio é arrogante e não descansa; ele é voraz como a sepultura[h] e como a morte. Nunca se satisfaz; apanha para si todas as nações e ajunta para si todos os povos.

6 "Todos estes povos um dia rirão dele com canções de zombaria e dirão:

" 'Ai daquele que amontoa bens roubados e enriquece mediante extorsão! Até quando isto continuará assim?'

7 Não se levantarão de repente os seus credores? Não se despertarão os que o fazem tremer? Agora você se tornará vítima deles.

8 Porque você saqueou muitas nações, todos os povos que restaram o saquearão. Pois você derramou muito sangue e cometeu violência contra terras, cidades e seus habitantes.

9 "Ai daquele que obtém lucros injustos para a sua casa, para pôr seu ninho no alto e escapar das garras do mal!

10 Você tramou a ruína de muitos povos, envergonhando a sua própria casa e pecando contra a sua própria vida.

11 Pois as pedras clamarão da parede, e as vigas responderão do madeiramento contra você.

12 "Ai daquele que edifica uma cidade com sangue e a estabelece com crime!

13 Acaso não vem do SENHOR dos Exércitos que o trabalho dos povos seja só para satisfazer o fogo, e que as nações se afadiguem em vão?

14 Mas a terra se encherá do conhecimento da glória do SENHOR, como as águas enchem o mar.

15 "Ai daquele que dá bebida ao seu próximo, misturando-a com o seu furor[i], até que ele fique bêbado, para lhe contemplar a nudez.

16 Beba bastante vergonha, em vez de glória! Sim! Beba, você também, e exponha-se[j]! A taça da mão direita do SENHOR é dada a você; muita vergonha[k] cobrirá a sua glória.

17 A violência que você cometeu contra o Líbano o alcançará, e você ficará apavorado com a matança, que você fez, de animais. Pois você derramou muito sangue e cometeu violência contra terras, cidades e seus habitantes.

18 "De que vale uma imagem feita por um escultor? Ou um ídolo de metal que ensina mentiras? Pois aquele que o faz confia em sua própria criação, fazendo ídolos incapazes de falar.

19 Ai daquele que diz à madeira: 'Desperte!' Ou à pedra sem vida: 'Acorde!' Poderá o ídolo dar orientação? Está coberto de ouro e prata, mas não respira.

20 O SENHOR, porém, está em seu santo templo; diante dele fique em silêncio toda a terra".

3 A Oração de Habacuque

Oração do profeta Habacuque. Uma confissão.

2 SENHOR, ouvi falar da tua fama; tremo diante dos teus atos, SENHOR. Realiza de novo, em nossa época, as mesmas obras, faze-as conhecidas em nosso tempo; em tua ira, lembra-te da misericórdia.

3 Deus veio de Temã, o Santo veio do monte Parã.

Pausa[l]

Sua glória cobriu os céus, e seu louvor encheu a terra.

4 Seu esplendor era como a luz do sol; raios lampejavam de sua mão, onde se escondia o seu poder.

5 Pragas iam adiante dele; doenças terríveis seguiam os seus passos.

6 Ele parou, e a terra tremeu; olhou, e fez estremecer as nações. Montes antigos se desmancharam; colinas antiquíssimas se desfizeram. Os caminhos dele são eternos.

7 Vi a aflição das tendas de Cuchã; tremiam as cortinas das tendas de Midiã.

8 Era com os rios que estavas irado, Senhor? Era contra os ria-

---

a 1.12 O Texto Massorético diz *nós não morreremos*.
b 1.14 Ou *peixes, criaturas do mar*
c 2.2 Ou *para que todo que a ler, corra*
d 2.3 Ou *e se cumprirá*
e 2.3 Ou *Embora ele demore, espere por ele; porque ele*
f 2.4 Várias versões dizem *sua fé*, com possível base na Septuaginta.
g 2.5 Conforme um dos manuscritos do mar Morto. O Texto Massorético diz *o vinho é traiçoeiro*.
h 2.5 Hebraico: *Sheol*. Essa palavra também pode ser traduzida por *profundezas*, *pó* ou *morte*.
i 2.15 Ou *veneno*
j 2.16 Os manuscritos do mar Morto, a Vulgata e a Versão Siríaca dizem *e cambaleie*.
k 2.16 Ou *muito vômito*
l 3.3 Hebraico: *Selá*; também nos versículos 9 e 13.

chos o teu furor? Foi contra o mar que a tua fúria transbordou
quando cavalgaste com os teus cavalos e com os teus carros
vitoriosos?
9 Preparaste o teu arco; pediste muitas flechas.
Pausa
Fendeste a terra com rios; 10 os montes te viram e se contorceram. Torrentes de água desceram com violência; o abismo
estrondou, erguendo as suas ondas.
11 O sol e a lua pararam em suas moradas, diante do reflexo
de tuas flechas voadoras, diante do lampejo de tua lança reluzente.
12 Com ira andaste a passos largos por toda a terra e com indignação pisoteaste as nações.
13 Saíste para salvar o teu povo, para libertar o teu ungido.
Esmagaste o líder da nação ímpia, tu o desnudaste da cabeça
aos pés.
Pausa
14 Com as suas próprias flechas lhe atravessaste a cabeça,
quando os seus guerreiros saíram como um furacão para nos
espalhar com maldoso prazer, como se estivessem prestes a
devorar o necessitado em seu esconderijo.
15 Pisaste o mar com teus cavalos, agitando as grandes águas.
16 Ouvi isso, e o meu íntimo estremeceu, meus lábios tremeram;
os meus ossos desfaleceram; minhas pernas vacilavam. Tranquilo, esperarei o dia da desgraça, que virá sobre o povo que
nos ataca.
17 Mesmo não florescendo a figueira e não havendo uvas nas
videiras, mesmo falhando a safra de azeitonas e não havendo
produção de alimento nas lavouras, nem ovelhas no curral,
nem bois nos estábulos, 18 ainda assim eu exultarei no SENHOR
e me alegrarei no Deus da minha salvação.
19 O SENHOR, o Soberano, é a minha força; ele faz os meus
pés como os do cervo; faz-me andar em lugares altos. Para
o mestre de música. Para os meus instrumentos de cordas.

SOFONIAS

1 Palavra do SENHOR que veio a Sofonias, filho de Cuchi, neto
de Gedalias, bisneto de Amarias e trineto de Ezequias, durante o reinado de Josias, filho de Amom, rei de Judá:

A Destruição Vindoura

2 "Destruirei[a] todas as coisas na face da terra"; palavra do
SENHOR.
3 "Destruirei tanto os homens quanto os animais; destruirei as
aves do céu e os peixes do mar e os que causam tropeço junto
com os ímpios[b]. Farei isso quando eu ceifar o homem da face
da terra", declara o SENHOR.

O Castigo de Judá

4 "Estenderei a mão contra Judá e contra todos os habitantes
de Jerusalém. Eliminarei deste lugar o remanescente de Baal,
os nomes dos ministros idólatras e dos sacerdotes, 5 aqueles
que no alto dos terraços adoram o exército de estrelas e
aqueles que se prostram jurando pelo SENHOR e também por
Moloque; 6 aqueles que se desviam e deixam de seguir o SENHOR, não o buscam nem o consultam.
7 Calem-se diante do Soberano, o SENHOR, pois o dia do SENHOR
está próximo. O SENHOR preparou um sacrifício; consagrou seus
convidados.
8 No dia do sacrifício do SENHOR castigarei os líderes e os filhos
do rei e todos os que estão vestidos com roupas estrangeiras.
9 Naquele dia, castigarei todos os que evitam pisar a soleira dos
ídolos[c] e que enchem o templo de seus deuses[d] com violência
e engano.
10 "Naquele dia", declara o SENHOR, "haverá gritos perto da
porta dos Peixes, lamentos no novo distrito e estrondos nas
colinas.
11 Lamentem-se, vocês que moram na cidade baixa[e]; todos os
seus comerciantes serão completamente destruídos, todos os
que negociam com prata serão arruinados.
12 Nessa época vasculharei Jerusalém com lamparinas e castigarei os complacentes, que são como vinho envelhecido deixado com os seus resíduos, que pensam: 'O SENHOR nada fará,
nem bem nem mal'.
13 A riqueza deles será saqueada, suas casas serão demolidas.
Embora construam novas casas, nelas não morarão; plantarão
vinhas, mas o vinho não beberão.

O Grande Dia do SENHOR

14 "O grande dia do SENHOR está próximo; está próximo e logo
vem. Ouçam! O dia do SENHOR será amargo; até os guerreiros
gritarão.
15 Aquele dia será um dia de ira, dia de aflição e angústia, dia
de sofrimento e ruína, dia de trevas e escuridão, dia de nuvens
e negridão, 16 dia de toques de trombeta e gritos de guerra

[a] 1.2 Ou *Tornarei a destruir*
[b] 1.3 Ou *os ímpios terão apenas montões de destroços*
[c] 1.9 Ver 1Sm 5.5.
[d] 1.9 Ou *de seu senhor*
[e] 1.11 Ou *moram no lugar onde se faz argamassa*

contra as cidades fortificadas e contra as torres elevadas.
[17]Trarei aflição aos homens; andarão como se fossem cegos, porque pecaram contra o SENHOR. O sangue deles será derramado como poeira, e suas entranhas como lixo.
[18]Nem a sua prata nem o seu ouro poderão livrá-los no dia da ira do SENHOR. No fogo do seu zelo o mundo inteiro será consumido, pois ele dará fim repentino a todos os que vivem na terra."

2 Reúna-se e ajunte-se, nação sem pudor, [2]antes que chegue o tempo determinado e aquele dia passe como a palha, antes que venha sobre vocês a ira impetuosa do SENHOR, antes que o dia da ira do SENHOR os alcance.
[3]Busquem o SENHOR, todos vocês, os humildes da terra, vocês que fazem o que ele ordena. Busquem a justiça, busquem a humildade; talvez vocês tenham abrigo no dia da ira do SENHOR.

O Castigo da Filístia

[4]Gaza será abandonada, e Ascalom ficará arruinada. Ao meio-dia Asdode será banida, e Ecrom será desarraigada.
[5]Ai de vocês que vivem junto ao mar, nação dos queretitas; a palavra do SENHOR está contra você, ó Canaã, terra dos filisteus.
"Eu a destruirei, e não sobrará ninguém."
[6]Essa terra junto ao mar, onde habitam os queretitas, será morada de pastores e curral de ovelhas.
[7]Pertencerá ao remanescente da tribo de Judá. Ali encontrarão pastagem; e, ao entardecer, eles se deitarão nas casas de Ascalom. O SENHOR, o seu Deus, cuidará deles, e lhes restaurará a sorte[a].

O Castigo de Moabe e de Amom

[8]"Ouvi os insultos de Moabe e as zombarias dos amonitas, que insultaram o meu povo e fizeram ameaças contra o seu território.
[9]Por isso, juro pela minha vida", declara o SENHOR dos Exércitos, o Deus de Israel, "Moabe se tornará como Sodoma e os amonitas como Gomorra: um lugar tomado por ervas daninhas e poços de sal, uma desolação perpétua. O remanescente do meu povo os saqueará; os sobreviventes da minha nação herdarão a terra deles."
[10]É isso que eles receberão como recompensa pelo seu orgulho, por insultarem e ridicularizarem o povo do SENHOR dos Exércitos.
[11]O SENHOR será terrível contra eles quando destruir todos os deuses da terra. As nações de todo o mundo o adorarão, cada uma em sua própria terra.

O Castigo da Etiópia

[12]"Vocês também, ó etíopes,[b] serão mortos pela minha espada."

[a] 2.7 Ou *trará de volta seus cativos*
[b] 2.12 Hebraico: *cuxitas*

O Castigo da Assíria

[13]Ele estenderá a mão contra o norte e destruirá a Assíria, deixando Nínive totalmente em ruínas, tão seca como o deserto.
[14]No meio dela se deitarão rebanhos e todo tipo de animais selvagens. Até a coruja-do-deserto e o mocho se empoleirarão no topo de suas colunas. Seus gritos ecoarão pelas janelas. Haverá entulho nas entradas, e as vigas de cedro ficarão expostas.
[15]Essa é a cidade que exultava, vivendo despreocupada, e dizia para si mesma: "Eu, e mais ninguém!" Que ruínas sobraram! Uma toca de animais selvagens! Todos os que passam por ela zombam e sacodem os punhos.

3 O Futuro de Jerusalém

Ai da cidade rebelde, impura e opressora!
[2]Não ouve ninguém, e não aceita correção. Não confia no SENHOR, não se aproxima do seu Deus.
[3]No meio dela os seus líderes são leões que rugem. Seus juízes são lobos vespertinos que nada deixam para a manhã seguinte.
[4]Seus profetas são irresponsáveis, são homens traiçoeiros. Seus sacerdotes profanam o santuário e fazem violência à lei.
[5]No meio dela está o SENHOR, que é justo e jamais comete injustiça. A cada manhã ele ministra a sua justiça, e a cada novo dia ele não falha, mas o injusto não se envergonha da sua injustiça.
[6]"Eliminei nações; suas fortificações estão devastadas. Deixei desertas as suas ruas. Suas cidades estão destruídas; ninguém foi deixado; ninguém!
[7]Eu disse à cidade: Com certeza você me temerá e aceitará correção! Pois, então, a sua habitação não seria eliminada, nem cairiam sobre ela todos os meus castigos. Mas eles ainda estavam ávidos por fazer todo tipo de maldade.
[8]Por isso, esperem por mim", declara o SENHOR, "no dia em que eu me levantar para testemunhar. Decidi ajuntar as nações, reunir os reinos e derramar a minha ira sobre eles, toda a minha impetuosa indignação. O mundo inteiro será consumido pelo fogo da minha zelosa ira.
[9]"Então purificarei os lábios dos povos, para que todos eles invoquem o nome do SENHOR e o sirvam de comum acordo.
[10]Desde além dos rios da Etiópia os meus adoradores, o meu povo disperso, me trarão ofertas.
[11]Naquele dia, vocês não serão envergonhados pelos seus atos de rebelião, porque retirarei desta cidade os que se regozijam em seu orgulho. Nunca mais vocês serão altivos no meu santo monte.
[12]Mas deixarei no meio da cidade os mansos e humildes, que se refugiarão no nome do SENHOR.
[13]O remanescente de Israel não cometerá injustiças; eles não mentirão, nem se achará engano em suas bocas. Eles se alimentarão e descansarão, sem que ninguém os amedronte."
[14]Cante, ó cidade[c] de Sião; exulte, ó Israel! Alegre-se, regozije-se de todo o coração, ó cidade de Jerusalém!

[c] 3.14 Hebraico: *filha*.

15 O SENHOR anulou a sentença contra você, ele fez retroceder
os seus inimigos. O SENHOR, o Rei de Israel, está em seu meio;
nunca mais você temerá perigo algum.
16 Naquele dia, dirão a Jerusalém: "Não tema, ó Sião; não deixe
suas mãos enfraquecerem.
17 O SENHOR, o seu Deus, está em seu meio, poderoso para
salvar. Ele se regozijará em você; com o seu amor a renovará[a],
ele se regozijará em você com brados de alegria".
18 "Eu ajuntarei os que choram pelas festas fixas, os que se
afastaram de vocês, para que isso não mais pese como ver-
gonha para vocês.
19 Nessa época, agirei contra todos os que oprimiram vocês;
salvarei os aleijados e ajuntarei os dispersos. Darei a eles
louvor e honra em todas as terras onde foram envergonhados.
20 Naquele tempo, eu ajuntarei vocês; naquele tempo, os trarei
para casa. Eu darei a vocês honra e louvor entre todos os povos
da terra, quando eu restaurar a sua sorte[b] diante dos seus
próprios olhos", diz o SENHOR.

[a] 3.17 *Ou a tranquilizará*

[b] 3.20 Ou *eu os trouxer de volta*

AGEU

1 A Ordem para a Reconstrução do Templo

No primeiro dia do sexto mês do segundo ano do reinado de
Dario, a palavra do SENHOR veio por meio do profeta Ageu ao
governador de Judá, Zorobabel, filho de Sealtiel, e ao sumo
sacerdote Josué, filho de Jeozadaque, dizendo:
2 "Assim diz o SENHOR dos Exércitos: Este povo afirma: 'Ainda
não chegou o tempo de reconstruir a casa do SENHOR' ".
3 Por isso, a palavra do SENHOR veio novamente por meio do
profeta Ageu: 4 "Acaso é tempo de vocês morarem em casas de
fino acabamento, enquanto a minha casa continua destruída?"
5 Agora, assim diz o SENHOR dos Exércitos: "Vejam aonde os
seus caminhos os levaram. 6 Vocês têm plantado muito, e co-
lhido pouco. Vocês comem, mas não se fartam. Bebem, mas
não se satisfazem. Vestem-se, mas não se aquecem. Aquele
que recebe salário, recebe-o para colocá-lo numa bolsa fu-
rada".
7 Assim diz o SENHOR dos Exércitos: "Vejam aonde os seus ca-
minhos os levaram! 8 Subam o monte para trazer madeira.
Construam o templo[a], para que eu me alegre e nele seja glori-
ficado", diz o SENHOR. 9 "Vocês esperavam muito, mas, eis que
veio pouco. E o que vocês trouxeram para casa eu dissipei com
um sopro. E por que o fiz?", pergunta o SENHOR dos Exércitos.
"Por causa do meu templo, que ainda está destruído enquanto
cada um de vocês se ocupa com a sua própria casa. 10 Por isso,
por causa de vocês, o céu reteve o orvalho e a terra deixou de
dar o seu fruto. 11 Nos campos e nos montes provoquei uma
seca que atingiu o trigo, o vinho, o azeite e tudo mais que a
terra produz, e também os homens e o gado. O trabalho das
mãos de vocês foi prejudicado".
12 Zorobabel, filho de Sealtiel, o sumo sacerdote Josué, filho de
Jeozadaque, e todo o restante do povo obedeceram à voz do
SENHOR, o seu Deus, por causa das palavras do profeta Ageu, a
quem o SENHOR, o seu Deus, enviara. E o povo temeu o SENHOR.
13 Então Ageu, o mensageiro do SENHOR, trouxe esta mensagem
do SENHOR para o povo: "Eu estou com vocês", declara o
SENHOR. 14 Assim o SENHOR encorajou o governador de Judá,
Zorobabel, filho de Sealtiel, o sumo sacerdote Josué, filho de
Jeozadaque, e todo o restante do povo, e eles começaram a
trabalhar no templo do SENHOR dos Exércitos, o seu Deus, 15 no
vigésimo quarto dia do sexto mês do segundo ano do reinado
de Dario.

2 O Esplendor do Novo Templo

No vigésimo primeiro dia do sétimo mês, veio a palavra do
SENHOR por meio do profeta Ageu: 2 "Pergunte o seguinte ao
governador de Judá, Zorobabel, filho de Sealtiel, ao sumo sa-
cerdote Josué, filho de Jeozadaque, e ao restante do povo:
3 Quem de vocês viu este templo em seu primeiro esplendor?
Comparado a ele, não é como nada o que vocês veem agora?
4 "Coragem, Zorobabel", declara o SENHOR. "Coragem, sumo
sacerdote Josué, filho de Jeozadaque. Coragem! Ao trabalho,
ó povo da terra!", declara o SENHOR. "Porque eu estou com
vocês", declara o SENHOR dos Exércitos. 5 "Esta é a aliança que
fiz com vocês quando vocês saíram do Egito: Meu espírito está
entre vocês. Não tenham medo".
6 Assim diz o SENHOR dos Exércitos: "Dentro de pouco tempo
farei tremer o céu, a terra, o mar e o continente. 7 Farei tremer
todas as nações, as quais trarão para cá os seus tesouros,[b] e
encherei este templo de glória", diz o SENHOR dos Exércitos.
8 "Tanto a prata quanto o ouro me pertencem", declara o SE-
NHOR dos Exércitos. 9 "A glória deste novo templo será maior
do que a do antigo", diz o SENHOR dos Exércitos. "E neste lugar
estabelecerei a paz", declara o SENHOR dos Exércitos.

[a] 1.8 Hebraico: *a casa*; também nos versículos 9 e 14, e em 2.3, 7, 9 e 15.

[b] 2.7 A Vulgata e algumas outras traduções dizem *e o desejado de todas as nações virá*.

Promessa de Bênçãos

10 No vigésimo quarto dia do nono mês, no segundo ano do
reinado de Dario, a palavra do SENHOR veio ao profeta Ageu:
11 Assim diz o SENHOR dos Exércitos: "Faça aos sacerdotes a
seguinte pergunta sobre a Lei: 12 Se alguém levar carne con-
sagrada na borda de suas vestes e com elas tocar num pão,
ou em algo cozido, ou em vinho, ou em azeite ou em qualquer
comida, isso ficará consagrado?" Os sacerdotes responderam:
"Não".
13 Em seguida, perguntou Ageu: "Se alguém ficar impuro por
tocar num cadáver e depois tocar em alguma dessas coisas,
ela ficará impura?"
"Sim", responderam os sacerdotes, "ficará impura."
14 Ageu transmitiu esta resposta do SENHOR: "É o que acontece
com este povo e com esta nação. Tudo o que fazem e tudo o
que me oferecem é impuro.
15 "Agora prestem atenção; de hoje em diante[a] reconsiderem.
Em que condições vocês viviam antes que se colocasse pedra
sobre pedra no templo do SENHOR? 16 Quando alguém chegava
a um monte de trigo procurando vinte medidas, havia apenas
dez. Quando alguém ia ao depósito de vinho para tirar cin-
quenta medidas, só encontrava vinte. 17 Eu destruí todo o tra-
balho das mãos de vocês, com mofo, ferrugem e granizo, mas
vocês não se voltaram para mim", declara o SENHOR. 18 "A partir
de hoje, vigésimo quarto dia do nono mês, atentem para o dia
em que os fundamentos do templo do SENHOR foram lançados.
Reconsiderem: 19 ainda há alguma semente no celeiro? Até hoje
a videira, a figueira, a romeira e a oliveira não têm dado fruto.
Mas, de hoje em diante, abençoarei vocês."

As Promessas para Zorobabel

20 A palavra do SENHOR veio a Ageu pela segunda vez, no vigé-
simo quarto dia do nono mês: 21 "Diga a Zorobabel, governador
de Judá, que eu farei tremer o céu e a terra. 22 Derrubarei
tronos e destruirei o poder dos reinos estrangeiros. Virarei os
carros e os seus condutores; os cavalos e os seus cavaleiros
cairão, cada um pela espada do seu companheiro.
23 "Naquele dia", declara o SENHOR dos Exércitos, "eu o to-
marei, meu servo Zorobabel, filho de Sealtiel", declara o
SENHOR, "e farei de você um anel de selar, porque o tenho
escolhido", declara o SENHOR dos Exércitos.

[a] 2.15 Ou *desde os dias passados*

ZACARIAS

1 Chamado ao Arrependimento

No oitavo mês do segundo ano do reinado de Dario, a pa-
lavra do SENHOR veio ao profeta Zacarias, filho de Berequias
e neto de Ido:
2 "O SENHOR muito se irou contra os seus antepassados. 3 Por
isso, diga ao povo: Assim diz o SENHOR dos Exércitos: Voltem
para mim, e eu me voltarei para vocês", diz o SENHOR dos
Exércitos. 4 "Não sejam como os seus antepassados aos quais
os antigos profetas proclamaram: 'Assim diz o SENHOR dos
Exércitos: Deixem os seus caminhos e as suas más obras'.
Mas eles não me ouviram nem me deram atenção", declara o
SENHOR. 5 "Onde estão agora os seus antepassados? E os pro-
fetas, acaso vivem eles para sempre? 6 Mas as minhas palavras
e os meus decretos, que ordenei aos meus servos, os profetas,
alcançaram os seus antepassados e os levaram a converter-se
e a dizer: 'O SENHOR dos Exércitos fez conosco o que os nossos
caminhos e práticas mereciam, conforme prometeu' ".

A Visão dos Cavalos

7 No vigésimo quarto dia do décimo primeiro mês, o mês de
sebate[a], no segundo ano do reinado de Dario, a palavra do
SENHOR veio ao profeta Zacarias, filho de Berequias e neto de
Ido. 8 Durante a noite tive uma visão; apareceu na minha frente
um homem montado num cavalo vermelho. Ele estava parado
entre as murtas num desfiladeiro. Atrás dele havia cavalos ver-
melhos, marrons e brancos.
9 Então perguntei: Quem são estes, meu senhor? O anjo que
estava falando comigo respondeu: "Eu mostrarei a você quem
são".
10 O homem que estava entre as murtas explicou: "São aqueles
que o SENHOR enviou por toda a terra".
11 E eles relataram ao anjo do SENHOR que estava entre as
murtas: "Percorremos toda a terra e a encontramos em paz
e tranquila".
12 Então o anjo do SENHOR respondeu: "SENHOR dos Exércitos,
até quando deixarás de ter misericórdia de Jerusalém e das ci-
dades de Judá, com as quais estás indignado há setenta anos?"
13 Então o SENHOR respondeu palavras boas e confortadoras ao
anjo que falava comigo.
14 E o anjo me disse: "Proclame: Assim diz o SENHOR dos Exér-
citos: 'Eu tenho sido muito zeloso com Jerusalém e Sião, 15 mas
estou muito irado contra as nações que se sentem seguras.
Porque eu estava apenas um pouco irado com meu povo, mas
elas aumentaram a dor que ele sofria!'

[a] 1.7 Aproximadamente janeiro/fevereiro.

16 “Por isso, assim diz o SENHOR: ‘Estou me voltando para Jeru-
salém com misericórdia, e ali o meu templo será reconstruído.
A corda de medir será esticada sobre Jerusalém’, declara o
SENHOR dos Exércitos.
17 “Diga mais: Assim diz o SENHOR dos Exércitos: ‘As minhas ci-
dades transbordarão de prosperidade novamente, e o SENHOR
tornará a consolar Sião e a escolher Jerusalém’ ”.

Quatro Chifres e Quatro Artesãos

18 Depois eu olhei para o alto e vi quatro chifres. 19 Então
perguntei ao anjo que falava comigo: O que é isso? Ele me
respondeu: “São os chifres que dispersaram Judá, Israel e
Jerusalém”.
20 Depois o SENHOR mostrou-me quatro artesãos. 21 Eu per-
guntei: O que eles vêm fazer? Ele respondeu: “Ali estão os
chifres que dispersaram Judá ao ponto de ninguém conseguir
sequer levantar a cabeça, mas os artesãos vieram aterrorizar
e quebrar esses chifres das nações que se levantaram contra o
povo de Judá para dispersá-lo”.

2 O Homem com a Corda de Medir

1 Olhei, em seguida, e vi um homem segurando uma corda de
medir. 2 Eu lhe perguntei: Aonde você vai?
Ele me respondeu: “Vou medir Jerusalém para saber o seu
comprimento e a sua largura”.
3 Então o anjo que falava comigo retirou-se, e outro anjo foi ao
seu encontro 4 e lhe disse: “Corra e diga àquele jovem: Jeru-
salém será habitada como uma cidade sem muros por causa
dos seus muitos habitantes e rebanhos. 5 E eu mesmo serei
para ela um muro de fogo ao seu redor, declara o SENHOR, e
dentro dela serei a sua glória”.
6 “Atenção! Atenção! Fujam da terra do norte”, declara o SE-
NHOR, “porque eu os espalhei aos quatro ventos da terra”, diz
o SENHOR.
7 “Atenção, ó Sião! Escapem, vocês que vivem na cidade[a] da
Babilônia! 8 Porque assim diz o SENHOR dos Exércitos: ‘Ele me
enviou para buscar a sua glória entre as nações que saquearam
vocês, porque todo o que tocar em vocês, toca na menina dos
olhos dele’. 9 Certamente levantarei a minha mão contra as na-
ções de forma que serão um espólio para os seus servos. Então
vocês saberão que foi o SENHOR dos Exércitos que me enviou.
10 “Cante e alegre-se, ó cidade de Sião! Porque venho fazer de
você a minha habitação”, declara o SENHOR. 11 “Muitas nações
se unirão ao SENHOR naquele dia e se tornarão meu povo. Então
você será a minha habitação e reconhecerá que o SENHOR dos
Exércitos me enviou a você. 12 O SENHOR herdará Judá como sua
propriedade na terra santa e escolherá de novo Jerusalém.
13 Aquietem-se todos perante o SENHOR, porque ele se levantou
de sua santa habitação”.

3 Vestes Limpas para o Sumo Sacerdote

1 Depois disso ele me mostrou o sumo sacerdote Josué diante
do anjo do SENHOR, e Satanás, à sua direita, para acusá-lo.
2 O anjo do SENHOR disse a Satanás: “O SENHOR o repreenda,
Satanás! O SENHOR que escolheu Jerusalém o repreenda! Este
homem não parece um tição tirado do fogo?”
3 Ora, Josué, vestido de roupas impuras, estava em pé diante
do anjo. 4 O anjo disse aos que estavam diante dele: “Tirem as
roupas impuras dele”.
Depois disse a Josué: “Veja, eu tirei de você o seu pecado e
coloquei vestes nobres sobre você”.
5 Disse também: “Coloquem um turbante limpo em sua ca-
beça”. Colocaram o turbante nele e o vestiram, enquanto o
anjo do SENHOR observava.
6 O anjo do SENHOR exortou Josué, dizendo: 7 “Assim diz o
SENHOR dos Exércitos: ‘Se você andar nos meus caminhos e
obedecer aos meus preceitos, você governará a minha casa e
também estará encarregado das minhas cortes, e eu darei a
você um lugar entre estes que estão aqui.
8 “ ‘Ouçam bem, sumo sacerdote Josué e seus companheiros
sentados diante de você, homens que simbolizam coisas que
virão: Trarei o meu servo, o Renovo. 9 Vejam a pedra que co-
loquei na frente de Josué! Ela tem sete pares de olhos[b], e eu
gravarei nela uma inscrição’, declara o SENHOR dos Exércitos,
‘e removerei o pecado desta terra num único dia.
10 “ ‘Naquele dia’, declara o SENHOR dos Exércitos, ‘cada um de
vocês convidará seu próximo para assentar-se debaixo da sua
videira e debaixo da sua figueira’ ”.

4 O Candelabro de Ouro e as Duas Oliveiras

1 Depois o anjo que falava comigo tornou a despertar-me,
como se desperta alguém do sono, 2 e me perguntou: “O que
você está vendo?” Respondi: Vejo um candelabro de ouro ma-
ciço, com um recipiente para azeite na parte superior e sete
lâmpadas e sete canos para as lâmpadas. 3 Há também duas
oliveiras junto ao recipiente, uma à direita e outra à esquerda.
4 Perguntei ao anjo que falava comigo: O que significa isso,
meu senhor?
5 Ele disse: “Você não sabe?” Não, meu senhor, respondi.

Oráculo sobre Zorobabel e o Templo

6 “Esta é a palavra do SENHOR para Zorobabel: ‘Não por força nem
por violência, mas pelo meu Espírito’, diz o SENHOR dos Exércitos.
7 “Quem você pensa que é, ó montanha majestosa? Diante de
Zorobabel você se tornará uma planície. Ele colocará a pedra
principal aos gritos de ‘Deus abençoe! Deus abençoe!’ ”
8 Então o SENHOR me falou: 9 “As mãos de Zorobabel colocaram
os fundamentos deste templo; suas mãos também o terminarão.
Assim saberão que o SENHOR dos Exércitos me enviou a vocês.
10 “Pois aqueles que desprezaram o dia das pequenas coisas
terão grande alegria ao verem a pedra principal nas mãos de
Zorobabel”.

Explicação da Visão do Candelabro

Então ele me disse: “Estas sete lâmpadas são os olhos do SE-
NHOR, que sondam toda a terra”.

---

[a] 2.7 Hebraico: *filha*; também no versículo 10.

[b] 3.9 Ou *7 faces*

[11]A seguir perguntei ao anjo: O que significam estas duas oli-
veiras à direita e à esquerda do candelabro?
[12]E perguntei também: O que significam estes dois ramos de
oliveira ao lado dos dois tubos de ouro que derramam azeite
dourado?
[13]Ele disse: "Você não sabe?" Não, meu senhor, respondi.
[14]Então ele me disse: "São os dois homens que foram ungidos
para servir[a] ao Soberano de toda a terra!"

5 A Visão do Pergaminho que Voava

5 Levantei novamente os olhos, e vi diante de mim um per-
gaminho que voava.
[2]O anjo me perguntou: "O que você está vendo?" Respondi:
Vejo um pergaminho voando, com nove metros de compri-
mento por quatro e meio de largura[b].
[3]Então ele me disse: "Nele está escrita a maldição que está
sendo derramada sobre toda a terra, porque tanto o ladrão
como o que jura falsamente serão expulsos, conforme essa
maldição. [4]Assim declara o SENHOR dos Exércitos: 'Eu lancei
essa maldição para que ela entre na casa do ladrão e na casa
do que jura falsamente pelo meu nome. Ela ficará em sua casa
e destruirá tanto as vigas como os tijolos!' "

A Mulher Dentro de Um Cesto

[5]Em seguida, o anjo que falava comigo se adiantou e me disse:
"Olhe e veja o que vem surgindo".
[6]Perguntei o que era aquilo, e ele me respondeu: "É uma va-
silha[c]". E disse mais: "Aí está o pecado[d] de todo o povo desta
terra".
[7]Então a tampa de chumbo foi retirada, e dentro da vasilha es-
tava sentada uma mulher! [8]Ele disse: "Esta é a Perversidade",
e a empurrou para dentro da vasilha e a fechou de novo com
a tampa de chumbo.
[9]De novo ergui os olhos e vi chegarem à minha frente duas
mulheres com asas como de cegonha; o vento impeliu suas
asas, e elas ergueram a vasilha entre o céu e a terra.
[10]Perguntei ao anjo: Para onde estão levando a vasilha?
[11]Ele respondeu: "Para a Babilônia[e], onde vão construir um
santuário para ela. Quando ficar pronto, a vasilha será colocada
lá, em seu pedestal".

6 Quatro Carruagens

6 Olhei novamente e vi diante de mim quatro carruagens
que vinham saindo do meio de duas montanhas de bronze.
[2]À primeira estavam atrelados cavalos vermelhos; à segunda,
cavalos pretos; [3]à terceira, cavalos brancos; e à quarta, ca-
valos malhados. Todos eram vigorosos. [4]Perguntei ao anjo
que falava comigo: Que representam estes cavalos atrelados,
meu senhor?
[5]O anjo me respondeu: "Estes são os quatro espíritos[f] dos céus,
que acabam de sair da presença do Soberano de toda a terra.
[6]A carruagem puxada pelos cavalos pretos vai em direção à
terra do norte, a que tem cavalos brancos vai em direção ao
ocidente[g], e a que tem cavalos malhados vai para a terra do
sul".
[7]Os vigorosos cavalos avançavam, impacientes por percorrer
a terra. E o anjo lhes disse: "Percorram toda a terra!" E eles
foram.
[8]Então ele me chamou e disse: "Veja, os que foram para a
terra do norte deram repouso ao meu Espírito[h] naquela terra".

A Coroa de Josué

[9]E o SENHOR me ordenou: [10]"Tome prata e ouro dos exilados
Heldai, Tobias e Jedaías, que chegaram da Babilônia. No
mesmo dia, vá à casa de Josias, filho de Sofonias. [11]Pegue
a prata e o ouro, faça uma coroa, e coloque-a na cabeça do
sumo sacerdote Josué, filho de Jeozadaque. [12]Diga-lhe que
assim diz o SENHOR dos Exércitos: Aqui está o homem cujo nome
é Renovo, e ele sairá do seu lugar e construirá o templo do
SENHOR. [13]Ele construirá o templo do SENHOR, será revestido de
majestade e se assentará em seu trono para governar. Ele será
sacerdote no trono. E haverá harmonia entre os dois. [14]A coroa
será para Heldai[i], Tobias, Jedaías e Hem[j], filho de Sofonias,
como um memorial no templo do SENHOR. [15]Gente de longe virá
ajudar a construir o templo do SENHOR. Então vocês saberão
que o SENHOR dos Exércitos me enviou a vocês. Isso só aconte-
cerá se obedecerem fielmente à voz do SENHOR, o seu Deus".

7 Justiça e Misericórdia ao invés de Jejuns

7 No quarto ano do reinado do rei Dario, a palavra do SENHOR
veio a Zacarias, no quarto dia do nono mês, o mês de quisleu[k].
[2]Foi quando o povo de Betel enviou Sarezer e Regém-Meleque
com seus homens, para suplicarem ao SENHOR, [3]perguntando
aos sacerdotes do templo do SENHOR dos Exércitos e aos pro-
fetas: "Devemos lamentar e jejuar no quinto mês, como já es-
tamos fazendo há tantos anos?"
[4]Então o SENHOR dos Exércitos me falou: [5]"Pergunte a todo o
povo e aos sacerdotes: Quando vocês jejuaram no quinto e no
sétimo meses durante os últimos setenta anos, foi de fato para
mim que jejuaram? [6]E, quando comiam e bebiam, não era para
vocês mesmos que o faziam? [7]Não são essas as palavras do
SENHOR proclamadas pelos antigos profetas quando Jerusalém
e as cidades ao seu redor estavam em paz e prosperavam, e o
Neguebe e a Sefelá[l] eram habitados?"
[8]E a palavra do SENHOR veio novamente a Zacarias: [9]"Assim diz
o SENHOR dos Exércitos: Administrem a verdadeira justiça, mos-

[a] **4.14** Ou *os dois que trazem óleo e servem*
[b] **5.2** Hebraico: *20 côvados de comprimento e 10 côvados de largura*. O côvado era uma medida linear de cerca de 45 centímetros.
[c] **5.6** Hebraico: *1 efa*.
[d] **5.6** Ou *aparência*
[e] **5.11** Hebraico: *Sinear*.
[f] **6.5** Ou *ventos*
[g] **6.6** Hebraico: *vai atrás deles*.
[h] **6.8** Ou *espírito*
[i] **6.14** Conforme a Versão Siríaca. O Texto Massorético diz *Helém*.
[j] **6.14** Ou *o bondoso*
[k] **7.1** Aproximadamente novembro/dezembro.
[l] **7.7** Pequena faixa de terra de relevo variável entre a planície costeira e as montanhas.

trem misericórdia e compaixão uns para com os outros. 10 Não
oprimam a viúva e o órfão, nem o estrangeiro e o necessitado.
Nem tramem maldades uns contra os outros".
11 Mas eles se recusaram a dar atenção; teimosamente viraram
as costas e taparam os ouvidos. 12 Endureceram o coração e
não ouviram a Lei e as palavras que o SENHOR dos Exércitos
tinha falado, pelo seu Espírito, por meio dos antigos profetas.
Por isso o SENHOR dos Exércitos irou-se muito.
13 "Quando eu os chamei, não me deram ouvidos; por isso,
quando eles me chamarem, também não os ouvirei", diz o SE-
NHOR dos Exércitos. 14 "Eu os espalhei com um vendaval entre as
nações que eles nem conhecem. A terra que deixaram para trás
ficou tão destruída que ninguém podia atravessá-la. Foi assim
que transformaram a terra aprazível em ruínas."

A Bênção do SENHOR para Jerusalém

8 Mais uma vez veio a mim a palavra do SENHOR dos Exércitos.
2 Assim diz o SENHOR dos Exércitos: "Tenho muito ciúme de Sião;
estou me consumindo de ciúmes por ela".
3 Assim diz o SENHOR: "Estou voltando para Sião e habitarei em
Jerusalém. Então Jerusalém será chamada Cidade da Verdade,
e o monte do SENHOR dos Exércitos será chamado monte Sa-
grado".
4 Assim diz o SENHOR dos Exércitos: "Homens e mulheres de
idade avançada voltarão a sentar-se nas praças de Jerusalém,
cada um com sua bengala, por causa da idade. 5 As ruas da
cidade ficarão cheias de meninos e meninas brincando.
6 "Mesmo que isso pareça impossível para o remanescente
deste povo naquela época, será impossível para mim?", de-
clara o SENHOR dos Exércitos.
7 Assim diz o SENHOR dos Exércitos: "Salvarei meu povo dos
países do oriente e do ocidente. 8 Eu os trarei de volta para
que habitem em Jerusalém; serão meu povo e eu serei o Deus
deles, com fidelidade e justiça".
9 Assim diz o SENHOR dos Exércitos: "Vocês que estão ouvindo
hoje estas palavras já proferidas pelos profetas quando foram
lançados os alicerces do templo do SENHOR dos Exércitos, forta-
leçam as mãos para que o templo seja construído. 10 Pois antes
daquele tempo não havia salários para os homens nem para
os animais. Ninguém podia tratar dos seus negócios com se-
gurança por causa de seus adversários, porque eu tinha posto
cada um contra o seu próximo. 11 Mas agora não mais tratarei
com o remanescente deste povo como fiz no passado", declara
o SENHOR dos Exércitos.
12 "Haverá uma rica semeadura, a videira dará o seu fruto, a
terra produzirá suas colheitas e o céu derramará o orvalho. E
darei todas essas coisas como uma herança ao remanescente
deste povo. 13 Assim como vocês foram uma maldição para as
nações, ó Judá e Israel, também os salvarei e vocês serão uma
bênção. Não tenham medo, antes, sejam fortes."
14 Assim diz o SENHOR dos Exércitos: "Assim como eu havia
decidido castigar vocês sem compaixão quando os seus an-
tepassados me enfureceram", diz o SENHOR dos Exércitos,
15 "também agora decidi fazer de novo o bem a Jerusalém e
a Judá. Não tenham medo! 16 Eis o que devem fazer: Falem
somente a verdade uns com os outros e julguem retamente
em seus tribunais; 17 não planejem no íntimo o mal contra o seu
próximo e não queiram jurar com falsidade. Porque eu odeio
todas essas coisas", declara o SENHOR.
18 Mais uma vez veio a mim a palavra do SENHOR dos Exércitos.
19 Assim diz o SENHOR dos Exércitos:
"Os jejuns do quarto mês, bem como os do quinto, do sétimo e
do décimo mês serão ocasiões alegres e cheias de júbilo, festas
felizes para o povo de Judá. Por isso amem a verdade e a paz".
20 Assim diz o SENHOR dos Exércitos: "Povos e habitantes de
muitas cidades ainda virão, 21 e os habitantes de uma cidade
irão a outra e dirão: 'Vamos logo suplicar o favor do SENHOR e
buscar o SENHOR dos Exércitos. Eu mesmo já estou indo'. 22 E
muitos povos e nações poderosas virão buscar o SENHOR dos
Exércitos em Jerusalém e suplicar o seu favor".
23 Assim diz o SENHOR dos Exércitos: "Naqueles dias, dez ho-
mens de todas as línguas e nações agarrarão firmemente a
barra das vestes de um judeu e dirão: 'Nós vamos com você
porque ouvimos dizer que Deus está com o seu povo".

Julgamento dos Inimigos de Israel

9 A advertência do SENHOR é contra a terra de Hadraque e
cairá sobre Damasco, porque os olhos do Senhor estão sobre
toda a humanidade e sobre todas as tribos de Israel
2 e também sobre Hamate que faz fronteira com Damasco e
sobre Tiro e Sidom, embora sejam muito sábias.
3 Tiro construiu para si uma fortaleza; acumulou prata como pó,
e ouro como lama das ruas.
4 Mas o Senhor se apossará dela e lançará no mar suas ri-
quezas, e ela será consumida pelo fogo.
5 Ao ver isso Ascalom ficará com medo; Gaza também se con-
torcerá de agonia, assim como Ecrom, porque a sua esperança
fracassou. Gaza perderá o seu rei, e Ascalom ficará deserta.
6 Um povo bastardo ocupará Asdode, e assim eu acabarei com
o orgulho dos filisteus.
7 Tirarei o sangue de suas bocas e a comida proibida entre os
seus dentes. Aquele que restar pertencerá ao nosso Deus e se
tornará chefe em Judá, e Ecrom será como os jebuseus.
8 Defenderei a minha casa contra os invasores. Nunca mais um
opressor passará por cima do meu povo, porque agora eu vejo
isso com os meus próprios olhos.

A Vinda do Rei de Sião

9 Alegre-se muito, cidade[a] de Sião! Exulte, Jerusalém! Eis que o
seu rei[b] vem a você, justo e vitorioso, humilde e montado num
jumento, um jumentinho, cria de jumenta.
10 Ele destruirá os carros de guerra de Efraim e os cavalos de
Jerusalém, e os arcos de batalha serão quebrados. Ele pro-

[a] 9.9 Hebraico: *filha*.
[b] 9.9 Ou *Rei*

clamará paz às nações e dominará de um mar a outro e do
Eufrates[a] até os confins da terra[b].
11 Quanto a você, por causa do sangue da minha aliança com
você, libertarei os seus prisioneiros de um poço sem água.
12 Voltem à sua fortaleza, ó prisioneiros da esperança; pois hoje
mesmo anuncio que restaurarei tudo em dobro para vocês.
13 Quando eu curvar Judá como se curva um arco e usar Efraim
como flecha, levantarei os filhos de Sião contra os filhos da
Grécia e farei Sião semelhante à espada de um guerreiro.

O Aparecimento do SENHOR

14 Então o SENHOR aparecerá sobre eles; sua flecha brilhará
como o relâmpago. O Soberano, o SENHOR, tocará a trombeta
e marchará em meio às tempestades do sul; 15 o SENHOR dos
Exércitos os protegerá. Eles pisotearão e destruirão as pedras
das atiradeiras. Eles beberão o sangue do inimigo como se
fosse vinho; estarão cheios como a bacia usada para aspergir[c]
água nos cantos do altar.
16 Naquele dia, o SENHOR, o seu Deus, os salvará como rebanho
do seu povo e como joias de uma coroa brilharão em sua terra.
17 Ah! Como serão belos! Como serão formosos! O trigo dará
vigor aos rapazes, e o vinho novo às moças.

10 O Cuidado do SENHOR por Judá

Peça ao SENHOR chuva de primavera, pois é o SENHOR
quem faz o trovão, quem envia a chuva aos homens e lhes dá
as plantas do campo.
2 Porque os ídolos falam mentiras, os adivinhadores têm falsas
visões e contam sonhos enganadores; o consolo que trazem
é vão. Por isso o povo vagueia como ovelhas aflitas pela falta
de um pastor.
3 "Contra os pastores acende-se a minha ira, e contra os líderes
eu agirei." Porque o SENHOR dos Exércitos cuidará de seu re-
banho, o povo de Judá, ele fará dele o seu vigoroso cavalo de
guerra.
4 Dele virão a pedra fundamental e a estaca da tenda, o arco da
batalha e os governantes.
5 Juntos serão[d] como guerreiros que pisam a lama das ruas na
batalha. Lutarão e derrubarão os cavaleiros porque o SENHOR
estará com eles.
6 "Assim, eu fortalecerei a tribo de Judá e salvarei a casa de
José. Eu os restaurarei porque tenho compaixão deles. Eles
serão como se eu nunca os tivesse rejeitado, porque eu sou o
SENHOR, o Deus deles e lhes responderei.
7 Efraim será como um homem poderoso; seu coração se ale-
grará como se fosse com vinho, seus filhos o verão e se ale-
grarão; seus corações exultarão no SENHOR.
8 Assobiarei para eles e os ajuntarei, pois eu já os resgatei.
Serão numerosos como antes.
9 Embora eu os espalhe por entre os povos de terras distantes,
eles se lembrarão de mim. Criarão seus filhos e voltarão.
10 Eu os farei retornar do Egito e os ajuntarei de volta da Assíria.
Eu os levarei para as terras de Gileade e do Líbano, e mesmo
assim não haverá espaço suficiente para eles.
11 Vencerei o mar da aflição, ferirei o mar revoltoso, e as pro-
fundezas do Nilo se secarão. O orgulho da Assíria será abatido
e o poder do Egito será derrubado.
12 Eu os fortalecerei no SENHOR, e em meu nome marcharão",
diz o SENHOR.

11 Abra as suas portas, ó Líbano, para que o fogo devore os
seus cedros.
2 Agonize, ó pinheiro, porque o cedro caiu e as majestosas ár-
vores foram devastadas. Agonizem, carvalhos de Basã, pois a
floresta densa está sendo derrubada.
3 Ouçam o gemido dos pastores; os seus formosos pastos foram
devastados. Ouçam o rugido dos leões; pois a rica floresta do
Jordão foi destruída.

Dois Pastores

4 Assim diz o SENHOR, o meu Deus: "Pastoreie o rebanho des-
tinado à matança, 5 porque os seus compradores o matam e
ninguém os castiga. Aqueles que o vendem dizem: 'Bendito
seja o SENHOR, estou rico!' Nem os próprios pastores poupam
o rebanho. 6 Por isso, não pouparei mais os habitantes desta
terra", diz o SENHOR. "Entregarei cada um ao seu próximo e ao
seu rei. Eles acabarão com a terra e eu não livrarei ninguém
das suas mãos".
7 Eu me tornei pastor do rebanho destinado à matança, os opri-
midos do rebanho. Então peguei duas varas e chamei a uma
Favor e a outra União, e com elas pastoreei o rebanho. 8 Em
um só mês eu me livrei dos três pastores. Porque eu me cansei
deles e o rebanho me detestava. 9 Então eu disse: Não serei
o pastor de vocês. Morram as que estão morrendo, pereçam
as que estão perecendo. E as que sobrarem comam a carne
umas das outras.
10 Então peguei a vara chamada Favor e a quebrei, cancelando
a aliança que tinha feito com todas as nações. 11 Foi cancelada
naquele dia, e assim os aflitos do rebanho que estavam me
olhando entenderam que essa palavra era do SENHOR.
12 Eu lhes disse: Se acharem melhor assim, paguem-me; se
não, não me paguem. Então eles me pagaram trinta moedas
de prata.
13 E o SENHOR me disse: "Lance isto ao oleiro", o ótimo preço
pelo qual me avaliaram! Por isso tomei as trinta moedas de
prata e as atirei no templo do SENHOR, para o oleiro.
14 Depois disso, quebrei minha segunda vara, chamada União,
rompendo a relação de irmãos entre Judá e Israel.
15 Então o SENHOR me disse: "Pegue novamente os utensílios
de um pastor insensato. 16 Porque levantarei nesta terra um
pastor que não se preocupará com as ovelhas perdidas, nem
procurará a que está solta, nem curará as machucadas, nem

---

[a] 9.10 Hebraico: *do Rio.*
[b] 9.10 Ou *da nação*
[c] 9.15 Ou *aspergir, como*
[d] 10.4,5 Ou *governará, todos eles juntos. 5Eles serão*

alimentará as sadias, mas comerá a carne das ovelhas mais
gordas, arrancando as suas patas.
17 "Ai do pastor imprestável, que abandona o rebanho! Que a
espada fira o seu braço e fure o seu olho direito! Que o seu
braço seque completamente, e fique totalmente cego o seu
olho direito!"

12 A Destruição dos Inimigos de Jerusalém

Esta é a palavra do SENHOR para Israel; palavra do SENHOR
que estende o céu, assenta o alicerce da terra e forma o espí-
rito do homem dentro dele:
2 "Farei de Jerusalém uma taça que embriague todos os povos
ao seu redor, todos os que estarão no cerco contra Judá e Jeru-
salém. 3 Naquele dia, quando todas as nações da terra estiverem
reunidas para atacá-la, farei de Jerusalém uma pedra pesada
para todas as nações. Todos os que tentarem levantá-la se ma-
chucarão muito. 4 Naquele dia, porei em pânico todos os cavalos
e deixarei loucos os seus cavaleiros", diz o SENHOR. "Protegerei
o povo de Judá, mas cegarei todos os cavalos das nações.
5 Então os líderes de Judá pensarão: 'Os habitantes de Jeru-
salém são fortes porque o SENHOR dos Exércitos é o seu Deus!'
6 "Naquele dia, farei que os líderes de Judá sejam semelhantes
a um braseiro no meio de um monte de lenha, como uma tocha
incandescente entre gravetos. Eles consumirão à direita e à es-
querda todos os povos ao redor, mas Jerusalém permanecerá
intacta em seu lugar.
7 "O SENHOR salvará primeiro as tendas de Judá, para que a
honra da família de Davi e dos habitantes de Jerusalém não
seja superior à de Judá. 8 Naquele dia, o SENHOR protegerá
os que vivem em Jerusalém e assim o mais fraco deles será
como Davi, e a família de Davi será como Deus, como o anjo do
SENHOR que vai adiante deles.

Arrependimento dos Habitantes de Jerusalém

9 "Naquele dia, procurarei destruir todas as nações que ata-
carem Jerusalém. 10 E derramarei sobre a família de Davi e
sobre os habitantes de Jerusalém um espírito[a] de ação de
graças e de súplicas. Olharão para mim, aquele a quem tras-
passaram, e chorarão por ele como quem chora a perda de
um filho único e se lamentarão amargamente por ele como
quem lamenta a perda do filho mais velho. 11 Naquele dia,
muitos chorarão em Jerusalém, como os que choraram em
Hadade-Rimom no vale de Megido. 12 Todo o país chorará,
separadamente cada família com suas mulheres chorará: a
família de Davi com suas mulheres, a família de Natã com suas
mulheres, 13 a família de Levi com suas mulheres, a família de
Simei com suas mulheres, 14 e todas as demais famílias com
suas mulheres.

13 A Eliminação dos Profetas

"Naquele dia, uma fonte jorrará para os descendentes de
Davi e para os habitantes de Jerusalém, para purificá-los do
pecado e da impureza.
2 "Naquele dia, eliminarei da terra de Israel os nomes dos
ídolos, e nunca mais serão lembrados", diz o SENHOR dos Exér-
citos. "Removerei da terra tanto os profetas como o espírito
imundo. 3 E, se alguém ainda profetizar, seu próprio pai e sua
mãe lhe dirão: 'Você deve morrer porque disse mentiras em
nome do SENHOR'. Quando ele profetizar, os seus próprios pais
o esfaquearão.
4 "Naquele dia, todo profeta se envergonhará de sua visão
profética. Não usará o manto de profeta, feito de pele, para
enganar. 5 Ele dirá: 'Eu não sou profeta. Sou um homem do
campo; a terra tem sido o meu sustento desde a minha moci-
dade[b]'. 6 Se alguém lhe perguntar: 'Que feridas são estas no seu
corpo?[c]', ele responderá: 'Fui ferido na casa de meus amigos'.

O Pastor Ferido e as Ovelhas Dispersas

7 "Levante-se, ó espada, contra o meu pastor, contra o meu com-
panheiro!", declara o SENHOR dos Exércitos. "Fira o pastor, e as
ovelhas se dispersarão, e voltarei minha mão para os pequeninos.
8 Na terra toda, dois terços serão ceifados e morrerão; todavia
a terça parte permanecerá", diz o SENHOR.
9 "Colocarei essa terça parte no fogo e a refinarei como prata
e a purificarei como ouro. Ela invocará o meu nome, e eu lhe
responderei. É o meu povo, direi; e ela dirá: 'O SENHOR é o
meu Deus'."

14 A Vinda do Reino do SENHOR

Vejam, o dia do SENHOR virá, quando no meio de vocês os
seus bens serão divididos.
2 Reunirei todos os povos para lutarem contra Jerusalém; a
cidade será conquistada, as casas saqueadas e as mulheres
violentadas. Metade da população será levada para o exílio,
mas o restante do povo não será tirado da cidade.
3 Depois o SENHOR sairá para a guerra contra aquelas nações,
como ele faz em dia de batalha. 4 Naquele dia, os seus pés
estarão sobre o monte das Oliveiras, a leste de Jerusalém, e
o monte se dividirá ao meio, de leste a oeste, por um grande
vale; metade do monte será removido para o norte, e a outra
metade para o sul. 5 Vocês fugirão pelo meu vale entre os
montes, pois ele se estenderá até Azel. Fugirão como fugiram
do terremoto[d] nos dias de Uzias, rei de Judá. Então o SENHOR,
o meu Deus, virá com todos os seus santos.
6 Naquele dia, não haverá calor nem frio. 7 Será um dia único,
um dia que o SENHOR conhece, no qual não haverá separação
entre dia e noite, porque, mesmo depois de anoitecer, haverá
claridade.
8 Naquele dia, águas correntes fluirão de Jerusalém, metade
delas para o mar do leste[e] e metade para o mar do oeste[f]. Isso
acontecerá tanto no verão como no inverno.

---

[a] **12.10** Ou *o Espírito*

[b] **13.5** Ou *um homem vendeu-me em minha mocidade*

[c] **13.6** Ou *em suas mãos?*

[d] **14.5** Ou *Meu vale dos montes será fechado e se estenderá até Azel. Ele será fechado desse modo por causa do terremoto*

[e] **14.8** Isto é, o mar Morto.

[f] **14.8** Isto é, o Mediterrâneo.

9 O Senhor será rei de toda a terra. Naquele dia, haverá um só
Senhor e o seu nome será o único nome.
10 A terra toda, desde Geba até Rimom, ao sul de Jerusalém,
será semelhante à Arabá. Mas Jerusalém será restabelecida
e permanecerá em seu lugar, desde a porta de Benjamim até
o lugar da primeira porta, até a porta da Esquina, e desde a
torre de Hananeel até os tanques de prensar uvas do rei. 11 Será
habitada; nunca mais será destruída. Jerusalém estará segura.
12 Esta é a praga com a qual o Senhor castigará todas as nações
que lutarem contra Jerusalém: sua carne apodrecerá enquanto
estiverem ainda em pé, seus olhos apodrecerão em suas ór-
bitas e sua língua apodrecerá em sua boca. 13 Naquele dia,
grande confusão causada pelo Senhor dominará essas nações.
Cada um atacará o que estiver ao seu lado. 14 Também Judá lu-
tará em Jerusalém. A riqueza de todas as nações vizinhas será
recolhida, grandes quantidades de ouro, prata e roupas. 15 A
mesma praga cairá sobre cavalos e mulas, camelos e burros,
sobre todos os animais daquelas nações.
16 Então, os sobreviventes de todas as nações que atacaram
Jerusalém subirão ano após ano para adorar o rei, o Senhor
dos Exércitos, para celebrar a festa das cabanas[a]. 17 Se algum
dentre os povos da terra não subir a Jerusalém para adorar o
Rei, o Senhor dos Exércitos, não virá para ele a chuva. 18 Se os
egípcios não subirem para participar, o Senhor mandará sobre
eles a praga com a qual afligirá as nações que se recusarem
a subir para celebrar a festa das cabanas. 19 Sim, essa será a
punição do Egito e de todas as nações que não subirem para
celebrar a festa das cabanas.
20 Naquele dia, estará inscrito nas sinetas penduradas nos ca-
valos: "Separado para o Senhor". Os caldeirões do templo do
Senhor serão tão sagrados quanto as bacias diante do altar.
21 Cada panela de Jerusalém e de Judá será separada para o
Senhor dos Exércitos, e todos os que vierem sacrificar pegarão
panelas e cozinharão nelas. E, a partir daquele dia, nunca mais
haverá comerciantes[b] no templo do Senhor dos Exércitos.

[a] 14.16 Ou *dos tabernáculos*; hebraico: *sucote*; também nos versículos 18 e 19.
[b] 14.21 Hebraico: *cananeus*.

MALAQUIAS

1 Uma advertência: a palavra do Senhor contra Israel, por meio
de Malaquias[a].

O Amor de Deus por Israel

2 "Eu sempre os amei", diz o Senhor.
"Mas vocês perguntam: 'De que maneira nos amaste?'
"Não era Esaú irmão de Jacó?", declara o Senhor. "Todavia eu
amei Jacó, 3 mas rejeitei Esaú. Transformei suas montanhas
em terra devastada e as terras de sua herança em morada de
chacais do deserto."
4 Embora Edom afirme: "Fomos esmagados, mas reconstrui-
remos as ruínas", assim diz o Senhor dos Exércitos:
"Podem construir, mas eu demolirei. Eles serão chamados
Terra Perversa, povo contra quem o Senhor está irado para
sempre. 5 Vocês verão isso com os seus próprios olhos e ex-
clamarão: 'Grande é o Senhor, até mesmo além das fronteiras
de Israel![b]'

A Rejeição dos Sacrifícios Impuros

6 "O filho honra seu pai, e o servo, o seu senhor. Se eu sou pai,
onde está a honra que me é devida? Se eu sou senhor, onde
está o temor que me devem?", pergunta o Senhor dos Exércitos
a vocês, sacerdotes. "São vocês que desprezam o meu nome!
"Mas vocês perguntam: 'De que maneira temos desprezado
o teu nome?'
7 "Trazendo comida impura ao meu altar!
"E mesmo assim ainda perguntam: 'De que maneira te de-
sonramos?'
"Ao dizerem que a mesa do Senhor é desprezível.
8 "Na hora de trazerem animais cegos para sacrificar, vocês
não veem mal algum. Na hora de trazerem animais aleijados e
doentes como oferta, também não veem mal algum. Tentem
oferecê-los de presente ao governador! Será que ele se agra-
dará de vocês? Será que os atenderá?", pergunta o Senhor
dos Exércitos.
9 "E agora, sacerdotes, tentem apaziguar Deus para que tenha
compaixão de nós! Será que com esse tipo de oferta ele os
atenderá?", pergunta o Senhor dos Exércitos.
10 "Ah, se um de vocês fechasse as portas do templo! Assim
ao menos não acenderiam o fogo do meu altar inutilmente.
Não tenho prazer em vocês", diz o Senhor dos Exércitos, "e
não aceitarei as suas ofertas. 11 Pois, do oriente ao ocidente,
grande é o meu nome entre as nações. Em toda parte incenso
é queimado e ofertas puras são trazidas ao meu nome, porque
grande é o meu nome[c] entre as nações", diz o Senhor dos
Exércitos.

[a] 1.1 *Malaquias* significa *meu mensageiro*.
[b] 1.5 Ou *Grande é o Senhor sobre o território de Israel!*
[c] 1.11 Ou *grande será ... incenso será queimado e ofertas puras serão trazidas ... meu nome será grande ...*

12 "Mas vocês o profanam ao dizerem que a mesa do Senhor
é imunda e que a sua comida é desprezível. 13 E ainda dizem:
'Que canseira!' e riem dela com desprezo", diz o SENHOR dos
Exércitos.
"Quando vocês trazem animais roubados, aleijados e doentes
e os oferecem em sacrifício, deveria eu aceitá-los de suas
mãos?", pergunta o SENHOR.
14 "Maldito seja o enganador que, tendo no rebanho um macho
sem defeito, promete oferecê-lo e depois sacrifica para mim
um animal defeituoso", diz o SENHOR dos Exércitos; "pois eu
sou um grande rei, e o meu nome é[a] temido entre as nações."

A Repreensão aos Sacerdotes

2 "E agora esta advertência é para vocês, ó sacerdotes. 2 Se
vocês não derem ouvidos e não se dispuserem a honrar o meu
nome", diz o SENHOR dos Exércitos, "lançarei maldição sobre
vocês e até amaldiçoarei as suas bênçãos. Aliás, já as amaldi-
çoei, porque vocês não me honram de coração.
3 "Por causa de vocês eu destruirei[b] a sua descendência[c]; es-
fregarei na cara de vocês os excrementos dos animais ofere-
cidos em sacrifício em suas festas e lançarei vocês fora, com
os excrementos. 4 Então vocês saberão que fui eu que fiz a
vocês esta advertência para que a minha aliança com Levi fosse
mantida", diz o SENHOR dos Exércitos.
5 "A minha aliança com ele foi uma aliança de vida e de paz,
que na verdade lhe dei para que me temesse. Ele me temeu e
tremeu diante do meu nome. 6 A verdadeira lei estava em sua
boca e nenhuma falsidade achou-se em seus lábios. Ele andou
comigo em paz e retidão e desviou muitos do pecado.
7 "Porque os lábios do sacerdote devem guardar o conheci-
mento, e da sua boca todos esperam a instrução na Lei, porque
ele é o mensageiro do SENHOR dos Exércitos. 8 Mas vocês se
desviaram do caminho e pelo seu ensino causaram a queda de
muita gente; vocês quebraram a aliança de Levi", diz o SENHOR
dos Exércitos.
9 "Por isso eu fiz que fossem desprezados e humilhados diante
de todo o povo, porque vocês não seguem os meus caminhos,
mas são parciais quando ensinam[d] a Lei."

A Infidelidade de Judá

10 Não temos todos o mesmo Pai[e]? Não fomos todos criados
pelo mesmo Deus? Por que será, então, que quebramos a
aliança dos nossos antepassados sendo infiéis uns com os
outros?
11 Judá tem sido infiel. Uma coisa repugnante foi cometida em
Israel e em Jerusalém; Judá desonrou o santuário que o SENHOR
ama; homens casaram-se com mulheres que adoram deuses
estrangeiros.
12 Que o SENHOR lance fora das tendas de Jacó o homem que faz
isso, seja ele quem for,[f] mesmo que esteja trazendo ofertas ao
SENHOR dos Exércitos.
13 Há outra coisa que vocês fazem: Enchem de lágrimas o altar
do SENHOR; choram e gemem porque ele já não dá atenção às
suas ofertas nem as aceita com prazer. 14 E vocês ainda per-
guntam: "Por quê?" É porque o SENHOR é testemunha entre
você e a mulher da sua mocidade, pois você não cumpriu a sua
promessa de fidelidade, embora ela fosse a sua companheira,
a mulher do seu acordo matrimonial.
15 Não foi o SENHOR que os fez um só? Em corpo e em espírito
eles lhe pertencem. E por que um só? Porque ele desejava
uma descendência consagrada.[g] Portanto, tenham cuidado:
Ninguém seja infiel à mulher da sua mocidade.
16 "Eu odeio o divórcio", diz o SENHOR, o Deus de Israel, "e
também odeio homem que se cobre de violência[h] como se
cobre de roupas", diz o SENHOR dos Exércitos. Por isso, tenham
bom senso; não sejam infiéis.

O Dia do Julgamento

17 Vocês têm cansado o SENHOR com as suas palavras.
"Como o temos cansado?", vocês ainda perguntam. Quando
dizem: "Todos os que fazem o mal são bons aos olhos do SE-
NHOR, e ele se agrada deles" e também quando perguntam:
"Onde está o Deus da justiça?"

3 "Vejam, eu enviarei o meu mensageiro, que preparará o
caminho diante de mim. E então, de repente, o Senhor que
vocês buscam virá para o seu templo; o mensageiro da aliança,
aquele que vocês desejam, virá", diz o SENHOR dos Exércitos.
2 Mas quem suportará o dia da sua vinda? Quem ficará em pé
quando ele aparecer? Porque ele será como o fogo do ourives
e como o sabão do lavandeiro. 3 Ele se assentará como um re-
finador e purificador de prata; purificará os levitas e os refinará
como ouro e prata. Assim trarão ao SENHOR ofertas com justiça.
4 Então as ofertas de Judá e de Jerusalém serão agradáveis ao
SENHOR, como nos dias passados, como nos tempos antigos.
5 "Eu virei a vocês trazendo juízo. Sem demora testemunharei
contra os feiticeiros, contra os adúlteros, contra os que juram
falsamente e contra aqueles que exploram os trabalhadores
em seus salários, que oprimem os órfãos e as viúvas e privam
os estrangeiros dos seus direitos e não têm respeito por mim",
diz o SENHOR dos Exércitos.

Roubando a Deus

6 "De fato, eu, o SENHOR, não mudo. Por isso vocês, descen-
dentes de Jacó, não foram destruídos. 7 Desde o tempo dos
seus antepassados vocês se desviaram dos meus decretos
e não lhes obedeceram. Voltem para mim e eu voltarei para
vocês", diz o SENHOR dos Exércitos.
"Mas vocês perguntam: 'Como voltaremos?'

[a] 1.14 Ou *deve ser*
[b] 2.3 Hebraico: *repreenderei.*
[c] 2.3 Ou *o seu trigo*
[d] 2.9 Ou *aplicam*
[e] 2.10 Ou *pai*
[f] 2.12 Ou *Que o Senhor corte das tendas de Jacó qualquer pessoa que dê testemunho em favor do homem que faz isso,*
[g] 2.15 Ou *Mas aquele que é nosso pai não fez isso, não enquanto a vida esteve nele. E o que ele buscava? Uma descendência de Deus.*
[h] 2.16 Ou *cobre sua mulher de violência*

8 "Pode um homem roubar de Deus? Contudo vocês estão me
roubando. E ainda perguntam: 'Como é que te roubamos?'
Nos dízimos e nas ofertas. 9 Vocês estão debaixo de grande
maldição porque estão me roubando; a nação toda está me
roubando. 10 Tragam o dízimo todo ao depósito do templo, para
que haja alimento em minha casa. Ponham-me à prova", diz
o SENHOR dos Exércitos, "e vejam se não vou abrir as com-
portas dos céus e derramar sobre vocês tantas bênçãos que
nem terão onde guardá-las. 11 Impedirei que pragas devorem
suas colheitas, e as videiras nos campos não perderão o seu
fruto", diz o SENHOR dos Exércitos. 12 "Então todas as nações os
chamarão felizes, porque a terra de vocês será maravilhosa",
diz o SENHOR dos Exércitos.
13 "Vocês têm dito palavras duras contra mim", diz o SENHOR.
"Ainda assim perguntam: 'O que temos falado contra ti?'
14 "Vocês dizem: 'É inútil servir a Deus. O que ganhamos quando
obedecemos aos seus preceitos e ficamos nos lamentando
diante do SENHOR dos Exércitos? 15 Por isso, agora consideramos
felizes os arrogantes, pois tanto prosperam os que praticam o
mal como escapam ilesos os que desafiam Deus!' "
16 Depois, aqueles que temiam o SENHOR conversaram uns com
os outros, e o SENHOR os ouviu com atenção. Foi escrito um
livro como memorial na sua presença acerca dos que temiam
o SENHOR e honravam o seu nome.
17 "No dia em que eu agir", diz o SENHOR dos Exércitos, "eles
serão o meu tesouro pessoal[a]. Eu terei compaixão deles como
um pai tem compaixão do filho que lhe obedece. 18 Então vocês
verão novamente a diferença entre o justo e o ímpio, entre os
que servem a Deus e os que não o servem.

O Dia do SENHOR

4 "Pois certamente vem o dia, ardente como uma fornalha.
Todos os arrogantes e todos os malfeitores serão como palha,
e aquele dia, que está chegando, ateará fogo neles", diz o
SENHOR dos Exércitos. "Não sobrará raiz ou galho algum. 2 Mas,
para vocês que reverenciam o meu nome, o sol da justiça se
levantará trazendo cura em suas asas. E vocês sairão e saltarão
como bezerros soltos do curral. 3 Depois esmagarão os ímpios,
que serão como pó sob as solas dos seus pés, no dia em que
eu agir", diz o SENHOR dos Exércitos.
4 "Lembrem-se da Lei do meu servo Moisés, dos decretos e das
ordenanças que lhe dei em Horebe para todo o povo de Israel.
5 "Vejam, eu enviarei a vocês o profeta Elias antes do grande e
temível dia do SENHOR. 6 Ele fará com que os corações dos pais
se voltem para seus filhos, e os corações dos filhos para seus
pais; do contrário, eu virei e castigarei a terra com maldição."

[a] 3.17 Ou *"No dia em que eu fizer deles o meu tesouro pessoal", diz o Senhor dos Exércitos.*

Novo Testamento

MATEUS

1 A Genealogia de Jesus
(Lc 3.23-38)

1 Registro da genealogia de Jesus Cristo, filho de Davi, filho
de Abraão:
2 Abraão gerou Isaque; Isaque gerou Jacó; Jacó gerou Judá
e seus irmãos;
3 Judá gerou Perez e Zerá, cuja mãe foi Tamar; Perez gerou
Esrom; Esrom gerou Arão;
4 Arão gerou Aminadabe; Aminadabe gerou Naassom; Naassom
gerou Salmom;
5 Salmom gerou Boaz, cuja mãe foi Raabe; Boaz gerou Obede,
cuja mãe foi Rute; Obede gerou Jessé; 6 e Jessé gerou o rei
Davi.
Davi gerou Salomão, cuja mãe tinha sido mulher de Urias;
7 Salomão gerou Roboão; Roboão gerou Abias; Abias gerou Asa;
8 Asa gerou Josafá; Josafá gerou Jorão; Jorão gerou Uzias;
9 Uzias gerou Jotão; Jotão gerou Acaz; Acaz gerou Ezequias;
10 Ezequias gerou Manassés; Manassés gerou Amom; Amom
gerou Josias;
11 e Josias gerou Jeconias[a] e seus irmãos no tempo do exílio
na Babilônia.
12 Depois do exílio na Babilônia: Jeconias gerou Salatiel; Salatiel
gerou Zorobabel;
13 Zorobabel gerou Abiúde; Abiúde gerou Eliaquim; Eliaquim
gerou Azor;
14 Azor gerou Sadoque; Sadoque gerou Aquim; Aquim gerou
Eliúde;
15 Eliúde gerou Eleazar; Eleazar gerou Matã; Matã gerou Jacó;
16 e Jacó gerou José, marido de Maria, da qual nasceu Jesus,
que é chamado Cristo.
17 Assim, ao todo houve catorze gerações de Abraão a Davi,
catorze de Davi até o exílio na Babilônia, e catorze do exílio
até o Cristo[b].

O Nascimento de Jesus Cristo
(Lc 2.1-7)

18 Foi assim o nascimento de Jesus Cristo: Maria, sua mãe,
estava prometida em casamento a José, mas, antes que se
unissem, achou-se grávida pelo Espírito Santo. 19 Por ser José,
seu marido, um homem justo, e não querendo expô-la à de-
sonra pública, pretendia anular o casamento secretamente.
20 Mas, depois de ter pensado nisso, apareceu-lhe um anjo
do Senhor em sonho e disse: "José, filho de Davi, não tema
receber Maria como sua esposa, pois o que nela foi gerado
procede do Espírito Santo. 21 Ela dará à luz um filho, e você
deverá dar-lhe o nome de Jesus[c], porque ele salvará o seu
povo dos seus pecados".
22 Tudo isso aconteceu para que se cumprisse o que o Senhor
dissera pelo profeta: 23 "A virgem ficará grávida e dará à luz um
filho, e o chamarão Emanuel"[d], que significa "Deus conosco".
24 Ao acordar, José fez o que o anjo do Senhor lhe tinha or-
denado e recebeu Maria como sua esposa. 25 Mas não teve
relações com ela enquanto ela não deu à luz um filho. E ele lhe
pôs o nome de Jesus.

2 A Visita dos Magos

Depois que Jesus nasceu em Belém da Judeia, nos dias do
rei Herodes, magos vindos do oriente chegaram a Jerusalém
2 e perguntaram: "Onde está o recém-nascido rei dos judeus?
Vimos a sua estrela no oriente[e] e viemos adorá-lo".
3 Quando o rei Herodes ouviu isso, ficou perturbado, e com ele
toda Jerusalém. 4 Tendo reunido todos os chefes dos sacer-
dotes do povo e os mestres da lei, perguntou-lhes onde deveria
nascer o Cristo. 5 E eles responderam: "Em Belém da Judeia;
pois assim escreveu o profeta:
6 " 'Mas tu, Belém, da terra de Judá, de forma alguma és a
menor em meio às principais cidades de Judá; pois de ti virá
o líder que, como pastor, conduzirá Israel, o meu povo'[f] ".
7 Então Herodes chamou os magos secretamente e informou-se
com eles a respeito do tempo exato em que a estrela tinha
aparecido. 8 Enviou-os a Belém e disse: "Vão informar-se com
exatidão sobre o menino. Logo que o encontrarem, avisem-me,
para que eu também vá adorá-lo".
9 Depois de ouvirem o rei, eles seguiram o seu caminho, e a
estrela que tinham visto no oriente foi adiante deles, até que fi-
nalmente parou sobre o lugar onde estava o menino. 10 Quando
tornaram a ver a estrela, encheram-se de júbilo. 11 Ao entrarem
na casa, viram o menino com Maria, sua mãe, e, prostrando-se,
o adoraram. Então abriram os seus tesouros e lhe deram pre-
sentes: ouro, incenso e mirra. 12 E, tendo sido advertidos em
sonho para não voltarem a Herodes, retornaram a sua terra
por outro caminho.

A Fuga para o Egito

13 Depois que partiram, um anjo do Senhor apareceu a José em
sonho e lhe disse: "Levante-se, tome o menino e sua mãe, e
fuja para o Egito. Fique lá até que eu diga a você, pois Herodes
vai procurar o menino para matá-lo".
14 Então ele se levantou, tomou o menino e sua mãe durante

---

a 1.11 Isto é, Joaquim; também no versículo 12.
b 1.17 Ou *Messias*. Tanto *Cristo* (grego) como *Messias* (hebraico) significam *Ungido*; também em todo o livro de Mateus.
c 1.21 *Jesus* é a forma grega de *Josué*, que significa *o Senhor salva*.
d 1.23 Is 7.14
e 2.2 Ou *estrela quando se levantava*; também no versículo 9.
f 2.6 Mq 5.2

a noite e partiu para o Egito, 15 onde ficou até a morte de He-
rodes. E assim se cumpriu o que o Senhor tinha dito pelo pro-
feta: "Do Egito chamei o meu filho"[a].
16 Quando Herodes percebeu que havia sido enganado pelos
magos, ficou furioso e ordenou que matassem todos os me-
ninos de dois anos para baixo, em Belém e nas proximidades,
de acordo com a informação que havia obtido dos magos.
17 Então se cumpriu o que fora dito pelo profeta Jeremias:
18 "Ouviu-se uma voz em Ramá, choro e grande lamentação;
é Raquel que chora por seus filhos e recusa ser consolada,
porque já não existem"[b].

A Volta para Israel

19 Depois que Herodes morreu, um anjo do Senhor apareceu em
sonho a José, no Egito, 20 e disse: "Levante-se, tome o menino
e sua mãe e vá para a terra de Israel, pois estão mortos os que
procuravam tirar a vida do menino".
21 Ele se levantou, tomou o menino e sua mãe e foi para a
terra de Israel. 22 Mas, ao ouvir que Arquelau estava reinando
na Judeia em lugar de seu pai Herodes, teve medo de ir para
lá. Tendo sido avisado em sonho, retirou-se para a região da
Galileia 23 e foi viver numa cidade chamada Nazaré. Assim
cumpriu-se o que fora dito pelos profetas: "Ele será chamado
Nazareno"[c].

3 João Batista Prepara o Caminho
(Mc 1.2-8; Lc 3.1-18)

1 Naqueles dias, surgiu João Batista, pregando no deserto da
Judeia. 2 Ele dizia: "Arrependam-se, pois o Reino dos céus está
próximo". 3 Este é aquele que foi anunciado pelo profeta Isaías:
"Voz do que clama no deserto: 'Preparem[d] o caminho para o
Senhor, façam veredas retas para ele' "[e].
4 As roupas de João eram feitas de pelos de camelo, e ele usava
um cinto de couro na cintura. O seu alimento era gafanhotos
e mel silvestre. 5 A ele vinha gente de Jerusalém, de toda a
Judeia e de toda a região ao redor do Jordão. 6 Confessando os
seus pecados, eram batizados por ele no rio Jordão.
7 Quando viu que muitos fariseus e saduceus vinham para onde
ele estava batizando, disse-lhes: "Raça de víboras! Quem
deu a vocês a ideia de fugir da ira que se aproxima? 8 Deem
fruto que mostre o arrependimento! 9 Não pensem que vocês
podem dizer a si mesmos: 'Abraão é nosso pai'. Pois eu digo
que destas pedras Deus pode fazer surgir filhos a Abraão. 10 O
machado já está posto à raiz das árvores, e toda árvore que não
der bom fruto será cortada e lançada ao fogo.
11 "Eu os batizo com[f] água para arrependimento. Mas depois
de mim vem alguém mais poderoso do que eu, tanto que não
sou digno nem de levar as suas sandálias. Ele os batizará com o
Espírito Santo e com fogo. 12 Ele traz a pá em sua mão e limpará
sua eira, juntando seu trigo no celeiro, mas queimará a palha
com fogo que nunca se apaga".

O Batismo de Jesus
(Mc 1.9-11; Lc 3.21,22)

13 Então Jesus veio da Galileia ao Jordão para ser batizado por
João. 14 João, porém, tentou impedi-lo, dizendo: "Eu preciso
ser batizado por ti, e tu vens a mim?"
15 Respondeu Jesus: "Deixe assim por enquanto; convém que
assim façamos, para cumprir toda a justiça". E João concordou.
16 Assim que Jesus foi batizado, saiu da água. Naquele mo-
mento, o céu se abriu, e ele viu o Espírito de Deus descendo
como pomba e pousando sobre ele. 17 Então uma voz dos céus
disse: "Este é o meu Filho amado, de quem me agrado".

4 A Tentação de Jesus
(Mc 1.12,13; Lc 4.1-13)

1 Então Jesus foi levado pelo Espírito ao deserto, para ser ten-
tado pelo Diabo. 2 Depois de jejuar quarenta dias e quarenta
noites, teve fome. 3 O tentador aproximou-se dele e disse: "Se
és o Filho de Deus, manda que estas pedras se transformem
em pães".
4 Jesus respondeu: "Está escrito: 'Nem só de pão viverá o
homem, mas de toda palavra que procede da boca de Deus'[g]".
5 Então o Diabo o levou à cidade santa, colocou-o na parte mais
alta do templo e lhe disse: 6 "Se és o Filho de Deus, joga-te
daqui para baixo. Pois está escrito:
" 'Ele dará ordens a seus anjos a seu respeito, e com as mãos
eles o segurarão, para que você não tropece em alguma pe-
dra'[h]".
7 Jesus lhe respondeu: "Também está escrito: 'Não ponha à
prova o Senhor, o seu Deus'[i]".
8 Depois, o Diabo o levou a um monte muito alto e mostrou-lhe
todos os reinos do mundo e o seu esplendor. 9 E disse-lhe:
"Tudo isto te darei se te prostrares e me adorares".
10 Jesus lhe disse: "Retire-se, Satanás! Pois está escrito: 'Adore
o Senhor, o seu Deus, e só a ele preste culto'[j]".
11 Então o Diabo o deixou, e anjos vieram e o serviram.

Jesus Começa a Pregar
(Mc 1.14,15; Lc 4.14,15)

12 Quando Jesus ouviu que João tinha sido preso, voltou para
a Galileia. 13 Saindo de Nazaré, foi viver em Cafarnaum, que
ficava junto ao mar, na região de Zebulom e Naftali, 14 para
cumprir o que fora dito pelo profeta Isaías:
15 "Terra de Zebulom e terra de Naftali, caminho do mar, além
do Jordão, Galileia dos gentios[k]; 16 o povo que vivia nas trevas

---

a 2.15 Os 11.1
b 2.18 Jr 31.15
c 2.23 Provável referência a textos como Is 11.1, no hebraico.
d 3.3 Ou *que clama: 'No deserto preparem*
e 3.3 Is 40.3
f 3.11 Ou *em*

g 4.4 Dt 8.3
h 4.6 Sl 91.11,12
i 4.7 Dt 6.16
j 4.10 Dt 6.13
k 4.15 Isto é, os que não são judeus.

viu uma grande luz; sobre os que viviam na terra da sombra da
morte raiou uma luz"[a].
17 Daí em diante Jesus começou a pregar: "Arrependam-se, pois
o Reino dos céus está próximo".

Jesus Chama os Primeiros Discípulos
(Mc 1.16-20; Lc 5.1-11; Jo 1.35-42)

18 Andando à beira do mar da Galileia, Jesus viu dois irmãos:
Simão, chamado Pedro, e seu irmão André. Eles estavam lan-
çando redes ao mar, pois eram pescadores.
19 E disse Jesus:
"Sigam-me, e eu os farei pescadores de homens".
20 No
mesmo instante eles deixaram as suas redes e o seguiram.
21 Indo adiante, viu outros dois irmãos: Tiago, filho de Zebedeu,
e João, seu irmão. Eles estavam num barco com seu pai, Ze-
bedeu, preparando as suas redes. Jesus os chamou,
22 e eles,
deixando imediatamente seu pai e o barco, o seguiram.

Jesus Ensina o Povo e Cura os Doentes

23 Jesus foi por toda a Galileia, ensinando nas sinagogas
deles, pregando as boas-novas do Reino e curando todas as
enfermidades e doenças entre o povo.
24 Notícias sobre ele se
espalharam por toda a Síria, e o povo lhe trouxe todos os que
sofriam de vários males e tormentos: endemoninhados, loucos[b]
e paralíticos; e ele os curou.
25 Grandes multidões o seguiam,
vindas da Galileia, Decápolis, Jerusalém, Judeia e da região do
outro lado do Jordão.

5 As Bem-aventuranças
(Lc 6.20-23)

1 Vendo as multidões, Jesus subiu ao monte e se assentou. Seus
discípulos aproximaram-se dele,
2 e ele começou a ensiná-los,
dizendo:
3 "Bem-aventurados[c] os pobres em espírito, pois deles é o
Reino dos céus.
4 Bem-aventurados os que choram, pois serão consolados.
5 Bem-aventurados os humildes, pois eles receberão a terra
por herança.
6 Bem-aventurados os que têm fome e sede de justiça, pois
serão satisfeitos.
7 Bem-aventurados os misericordiosos, pois obterão miseri-
córdia.
8 Bem-aventurados os puros de coração, pois verão a Deus.
9 Bem-aventurados os pacificadores, pois serão chamados
filhos de Deus.
10 Bem-aventurados os perseguidos por causa da justiça, pois
deles é o Reino dos céus.
11 "Bem-aventurados serão vocês quando, por minha causa, os
insultarem, os perseguirem e levantarem todo tipo de calúnia
contra vocês.
12 Alegrem-se e regozijem-se, porque grande é a
sua recompensa nos céus, pois da mesma forma perseguiram
os profetas que viveram antes de vocês.

O Sal da Terra e a Luz do Mundo

13 "Vocês são o sal da terra. Mas, se o sal perder o seu sabor,
como restaurá-lo? Não servirá para nada, exceto para ser jo-
gado fora e pisado pelos homens.
14 "Vocês são a luz do mundo. Não se pode esconder uma
cidade construída sobre um monte.
15 E, também, ninguém
acende uma candeia e a coloca debaixo de uma vasilha. Ao
contrário, coloca-a no lugar apropriado, e assim ilumina a
todos os que estão na casa.
16 Assim brilhe a luz de vocês diante
dos homens, para que vejam as suas boas obras e glorifiquem
ao Pai de vocês, que está nos céus.

Jesus Cumpre a Lei

17 "Não pensem que vim abolir a Lei ou os Profetas; não vim
abolir, mas cumprir.
18 Digo a verdade: Enquanto existirem céus
e terra, de forma alguma desaparecerá da Lei a menor letra ou
o menor traço, até que tudo se cumpra.
19 Todo aquele que de-
sobedecer a um desses mandamentos, ainda que dos menores,
e ensinar os outros a fazerem o mesmo, será chamado menor
no Reino dos céus; mas todo aquele que praticar e ensinar
estes mandamentos será chamado grande no Reino dos céus.
20 Pois eu digo que, se a justiça de vocês não for muito superior
à dos fariseus e mestres da lei, de modo nenhum entrarão no
Reino dos céus.

O Homicídio

21 "Vocês ouviram o que foi dito aos seus antepassados: 'Não
matarás'[d], e 'quem matar estará sujeito a julgamento'.
22 Mas
eu digo a vocês que qualquer que se irar contra seu irmão[e] es-
tará sujeito a julgamento. Também, qualquer que disser a seu
irmão: 'Racá'[f], será levado ao tribunal. E qualquer que disser:
'Louco!', corre o risco de ir para o fogo do inferno.
23 "Portanto, se você estiver apresentando sua oferta diante do
altar e ali se lembrar de que seu irmão tem algo contra você,
24 deixe sua oferta ali, diante do altar, e vá primeiro reconci-
liar-se com seu irmão; depois volte e apresente sua oferta.
25 "Entre em acordo depressa com seu adversário que pretende
levá-lo ao tribunal. Faça isso enquanto ainda estiver com ele
a caminho, pois, caso contrário, ele poderá entregá-lo ao juiz,
e o juiz ao guarda, e você poderá ser jogado na prisão.
26 Eu
garanto que você não sairá de lá enquanto não pagar o último
centavo[g].

O Adultério

27 "Vocês ouviram o que foi dito: 'Não adulterarás'[h].
28 Mas
eu digo: Qualquer que olhar para uma mulher e desejá-la, já

[a] 4.15,16 Is 9.1,2
[b] 4.24 Grego: *lunáticos*.
[c] 5.3 Isto é, como são felizes; também nos versículos 4 a 11.
[d] 5.21 Êx 20.13; Dt 5.17
[e] 5.22 Alguns manuscritos acrescentam *sem motivo*.
[f] 5.22 Termo aramaico de desprezo, equivalente a *tolo*.
[g] 5.26 Grego: *quadrante*.
[h] 5.27 Êx 20.14; Dt 5.18

cometeu adultério com ela no seu coração. 29 Se o seu olho direito o fizer pecar, arranque-o e lance-o fora. É melhor perder uma parte do seu corpo do que ser todo ele lançado no inferno. 30 E, se a sua mão direita o fizer pecar, corte-a e lance-a fora. É melhor perder uma parte do seu corpo do que ir todo ele para o inferno.

O Divórcio

31 "Foi dito: 'Aquele que se divorciar de sua mulher deverá dar-lhe certidão de divórcio'[a]. 32 Mas eu digo que todo aquele que se divorciar de sua mulher, exceto por imoralidade sexual[b], faz que ela se torne adúltera, e quem se casar com a mulher divorciada estará cometendo adultério.

Os Juramentos

33 "Vocês também ouviram o que foi dito aos seus antepassados: 'Não jure falsamente[c], mas cumpra os juramentos que você fez diante do Senhor'. 34 Mas eu digo: Não jurem de forma alguma: nem pelos céus, porque é o trono de Deus; 35 nem pela terra, porque é o estrado de seus pés; nem por Jerusalém, porque é a cidade do grande Rei. 36 E não jure pela sua cabeça, pois você não pode tornar branco ou preto nem um fio de cabelo. 37 Seja o seu 'sim', 'sim', e o seu 'não', 'não'; o que passar disso vem do Maligno.

A Vingança
(Lc 6.29,30)

38 "Vocês ouviram o que foi dito: 'Olho por olho e dente por dente'[d]. 39 Mas eu digo: Não resistam ao perverso. Se alguém o ferir na face direita, ofereça-lhe também a outra. 40 E, se alguém quiser processá-lo e tirar de você a túnica, deixe que leve também a capa. 41 Se alguém o forçar a caminhar com ele uma milha[e], vá com ele duas. 42 Dê a quem pede, e não volte as costas àquele que deseja pedir algo emprestado.

O Amor aos Inimigos
(Lc 6.27,28,32-36)

43 "Vocês ouviram o que foi dito: 'Ame o seu próximo[f] e odeie o seu inimigo'. 44 Mas eu digo: Amem os seus inimigos[g] e orem por aqueles que os perseguem, 45 para que vocês venham a ser filhos de seu Pai que está nos céus. Porque ele faz raiar o seu sol sobre maus e bons e derrama chuva sobre justos e injustos. 46 Se vocês amarem aqueles que os amam, que recompensa vocês receberão? Até os publicanos[h] fazem isso! 47 E, se saudarem apenas os seus irmãos, o que estarão fazendo de mais? Até os pagãos fazem isso! 48 Portanto, sejam perfeitos como perfeito é o Pai celestial de vocês.

A Ajuda aos Necessitados

6 "Tenham o cuidado de não praticar suas 'obras de justiça' diante dos outros para serem vistos por eles. Se fizerem isso, vocês não terão nenhuma recompensa do Pai celestial.

2 "Portanto, quando você der esmola, não anuncie isso com trombetas, como fazem os hipócritas nas sinagogas e nas ruas, a fim de serem honrados pelos outros. Eu garanto que eles já receberam sua plena recompensa. 3 Mas, quando você der esmola, que a sua mão esquerda não saiba o que está fazendo a direita, 4 de forma que você preste a sua ajuda em segredo. E seu Pai, que vê o que é feito em segredo, o recompensará.

A Oração
(Lc 11.1-4)

5 "E, quando vocês orarem, não sejam como os hipócritas. Eles gostam de ficar orando em pé nas sinagogas e nas esquinas, a fim de serem vistos pelos outros. Eu asseguro que eles já receberam sua plena recompensa. 6 Mas, quando você orar, vá para seu quarto, feche a porta e ore a seu Pai, que está em secreto. Então seu Pai, que vê em secreto, o recompensará. 7 E, quando orarem, não fiquem sempre repetindo a mesma coisa, como fazem os pagãos. Eles pensam que por muito falarem serão ouvidos. 8 Não sejam iguais a eles, porque o seu Pai sabe do que vocês precisam, antes mesmo de o pedirem. 9 Vocês, orem assim: "Pai nosso, que estás nos céus! Santificado seja o teu nome.

10 Venha o teu Reino; seja feita a tua vontade, assim na terra como no céu.

11 Dá-nos hoje o nosso pão de cada dia.

12 Perdoa as nossas dívidas, assim como perdoamos aos nossos devedores.

13 E não nos deixes cair em[i] tentação, mas livra-nos do mal[j], porque teu é o Reino, o poder e a glória para sempre. Amém[k].

14 Pois, se perdoarem as ofensas uns dos outros, o Pai celestial também perdoará vocês. 15 Mas, se não perdoarem uns aos outros, o Pai celestial não perdoará as ofensas de vocês.

O Jejum

16 "Quando jejuarem, não mostrem uma aparência triste como os hipócritas, pois eles mudam a aparência do rosto a fim de que os outros vejam que eles estão jejuando. Eu digo verdadeiramente que eles já receberam sua plena recompensa. 17 Ao jejuar, arrume o cabelo[l] e lave o rosto, 18 para que não pareça aos outros que você está jejuando, mas apenas a seu Pai, que vê em secreto. E seu Pai, que vê em secreto, o recompensará.

---

[a] **5.31** Dt 24.1
[b] **5.32** Grego: *porneia*; termo genérico que se refere a práticas sexuais ilícitas.
[c] **5.33** Lv 19.12; Nm 30.2
[d] **5.38** Êx 21.24; Lv 24.20; Dt 19.21
[e] **5.41** A milha romana tinha cerca de 1.500 metros.
[f] **5.43** Lv 19.18
[g] **5.44** Alguns manuscritos acrescentam *abençoem os que os amaldiçoam, façam o bem aos que os odeiam*
[h] **5.46** Os publicanos eram coletores de impostos, malvistos pelo povo; também em 9.10, 11; 10.3; 11.19; 18.17; 21.31 e 32.
[i] **6.13** Grego: *E não nos induzas à.*
[j] **6.13** Ou *do Maligno*
[k] **6.13** Alguns manuscritos não trazem *porque teu é o Reino, o poder e a glória para sempre. Amém.*
[l] **6.17** Grego: *unja a cabeça*.

Os Tesouros no Céu

19 "Não acumulem para vocês tesouros na terra, onde a traça
e a ferrugem destroem e onde os ladrões arrombam e furtam.
20 Mas acumulem para vocês tesouros nos céus, onde a traça
e a ferrugem não destroem e onde os ladrões não arrombam
nem furtam. 21 Pois onde estiver o seu tesouro, aí também es-
tará o seu coração.
22 "Os olhos são a candeia do corpo. Se os seus olhos forem
bons, todo o seu corpo será cheio de luz. 23 Mas, se os seus
olhos forem maus, todo o seu corpo será cheio de trevas.
Portanto, se a luz que está dentro de você são trevas, que
tremendas trevas são!
24 "Ninguém pode servir a dois senhores; pois odiará um e
amará o outro, ou se dedicará a um e desprezará o outro.
Vocês não podem servir a Deus e ao Dinheiro[a].

As Preocupações da Vida
(Lc 12.22-31)

25 "Portanto eu digo: Não se preocupem com sua própria vida,
quanto ao que comer ou beber; nem com seu próprio corpo,
quanto ao que vestir. Não é a vida mais importante que a co-
mida, e o corpo mais importante que a roupa? 26 Observem as
aves do céu: não semeiam nem colhem nem armazenam em
celeiros; contudo, o Pai celestial as alimenta. Não têm vocês
muito mais valor do que elas? 27 Quem de vocês, por mais que
se preocupe, pode acrescentar uma hora que seja à sua vida?[b]
28 "Por que vocês se preocupam com roupas? Vejam como
crescem os lírios do campo. Eles não trabalham nem tecem.
29 Contudo, eu digo que nem Salomão, em todo o seu es-
plendor, vestiu-se como um deles. 30 Se Deus veste assim a
erva do campo, que hoje existe e amanhã é lançada ao fogo,
não vestirá muito mais a vocês, homens de pequena fé? 31 Por-
tanto, não se preocupem, dizendo: 'Que vamos comer?' ou
'Que vamos beber?' ou 'Que vamos vestir?' 32 Pois os pagãos
é que correm atrás dessas coisas; mas o Pai celestial sabe
que vocês precisam delas. 33 Busquem, pois, em primeiro lugar
o Reino de Deus e a sua justiça, e todas essas coisas serão
acrescentadas a vocês. 34 Portanto, não se preocupem com o
amanhã, pois o amanhã trará as suas próprias preocupações.
Basta a cada dia o seu próprio mal.

7

O Julgamento ao Próximo
(Lc 6.37-42)

1 "Não julguem, para que vocês não sejam julgados. 2 Pois da
mesma forma que julgarem, vocês serão julgados; e a medida
que usarem, também será usada para medir vocês.
3 "Por que você repara no cisco que está no olho do seu irmão e
não se dá conta da viga que está em seu próprio olho? 4 Como
você pode dizer ao seu irmão: 'Deixe-me tirar o cisco do seu
olho', quando há uma viga no seu? 5 Hipócrita, tire primeiro
a viga do seu olho, e então você verá claramente para tirar o
cisco do olho do seu irmão.
6 "Não deem o que é sagrado aos cães, nem atirem suas pé-
rolas aos porcos; caso contrário, estes as pisarão e, aqueles,
voltando-se contra vocês, os despedaçarão.

A Persistência na Oração
(Lc 11.9-13)

7 "Peçam, e será dado; busquem, e encontrarão; batam, e a
porta será aberta. 8 Pois todo o que pede recebe; o que busca
encontra; e àquele que bate, a porta será aberta.
9 "Qual de vocês, se seu filho pedir pão, lhe dará uma pedra?
10 Ou, se pedir peixe, lhe dará uma cobra? 11 Se vocês, apesar
de serem maus, sabem dar boas coisas aos seus filhos, quanto
mais o Pai de vocês, que está nos céus, dará coisas boas aos
que lhe pedirem! 12 Assim, em tudo, façam aos outros o que
vocês querem que eles façam a vocês; pois esta é a Lei e os
Profetas.

A Porta Estreita e a Porta Larga

13 "Entrem pela porta estreita, pois larga é a porta e amplo o
caminho que leva à perdição, e são muitos os que entram por
ela. 14 Como é estreita a porta, e apertado o caminho que leva
à vida! São poucos os que a encontram.

A Árvore e seu Fruto
(Lc 6.43-45)

15 "Cuidado com os falsos profetas. Eles vêm a vocês vestidos
de peles de ovelhas, mas por dentro são lobos devoradores.
16 Vocês os reconhecerão por seus frutos. Pode alguém colher
uvas de um espinheiro ou figos de ervas daninhas? 17 Seme-
lhantemente, toda árvore boa dá frutos bons, mas a árvore
ruim dá frutos ruins. 18 A árvore boa não pode dar frutos ruins,
nem a árvore ruim pode dar frutos bons. 19 Toda árvore que não
produz bons frutos é cortada e lançada ao fogo. 20 Assim, pelos
seus frutos vocês os reconhecerão!
21 "Nem todo aquele que me diz: 'Senhor, Senhor', entrará no
Reino dos céus, mas apenas aquele que faz a vontade de meu
Pai que está nos céus. 22 Muitos me dirão naquele dia: 'Se-
nhor, Senhor, não profetizamos em teu nome? Em teu nome
não expulsamos demônios e não realizamos muitos milagres?'
23 Então eu lhes direi claramente: Nunca os conheci. Afastem-se
de mim vocês que praticam o mal!

O Prudente e o Insensato
(Lc 6.46-49)

24 "Portanto, quem ouve estas minhas palavras e as pratica
é como um homem prudente que construiu a sua casa sobre
a rocha. 25 Caiu a chuva, transbordaram os rios, sopraram os
ventos e deram contra aquela casa, e ela não caiu, porque
tinha seus alicerces na rocha. 26 Mas quem ouve estas minhas
palavras e não as pratica é como um insensato que construiu a

[a] 6.24 Grego: *Mamom*.
[b] 6.27 Ou *um único côvado à sua altura?* O côvado era uma medida linear de cerca de 45 centímetros.

sua casa sobre a areia. 27 Caiu a chuva, transbordaram os rios,
sopraram os ventos e deram contra aquela casa, e ela caiu. E
foi grande a sua queda".
28 Quando Jesus acabou de dizer essas coisas, as multidões
estavam maravilhadas com o seu ensino, 29 porque ele as en-
sinava como quem tem autoridade, e não como os mestres
da lei.

8 A Cura de um Leproso
(Mc 1.40-45; Lc 5.12-16)

1 Quando ele desceu do monte, grandes multidões o seguiram.
2 Um leproso[a], aproximando-se, adorou-o de joelhos e disse:
"Senhor, se quiseres, podes purificar-me!"
3 Jesus estendeu a mão, tocou nele e disse: "Quero. Seja purifi-
cado!" Imediatamente ele foi purificado da lepra. 4 Em seguida
Jesus lhe disse: "Olhe, não conte isso a ninguém. Mas vá mos-
trar-se ao sacerdote e apresente a oferta que Moisés ordenou,
para que sirva de testemunho".

Um Centurião Demonstra Fé
(Lc 7.1-10)

5 Entrando Jesus em Cafarnaum, dirigiu-se a ele um centurião,
pedindo-lhe ajuda. 6 E disse: "Senhor, meu servo está em casa,
paralítico, em terrível sofrimento".
7 Jesus lhe disse: "Eu irei curá-lo".
8 Respondeu o centurião: "Senhor, não mereço receber-te
debaixo do meu teto. Mas dize apenas uma palavra, e o meu
servo será curado. 9 Pois eu também sou homem sujeito à au-
toridade e com soldados sob o meu comando. Digo a um: Vá,
e ele vai; e a outro: Venha, e ele vem. Digo a meu servo: Faça
isto, e ele faz".
10 Ao ouvir isso, Jesus admirou-se e disse aos que o seguiam:
"Digo a vocês a verdade: Não encontrei em Israel ninguém
com tamanha fé. 11 Eu digo que muitos virão do oriente e do
ocidente e se sentarão à mesa com Abraão, Isaque e Jacó no
Reino dos céus. 12 Mas os súditos do Reino serão lançados para
fora, nas trevas, onde haverá choro e ranger de dentes".
13 Então Jesus disse ao centurião: "Vá! Como você creu, assim
acontecerá!" Na mesma hora o seu servo foi curado.

O Poder de Jesus sobre os Demônios e as Doenças
(Mc 1.29-34; Lc 4.38-41)

14 Entrando Jesus na casa de Pedro, viu a sogra deste de cama,
com febre. 15 Tomando-a pela mão, a febre a deixou, e ela se
levantou e começou a servi-lo.
16 Ao anoitecer foram trazidos a ele muitos endemoninhados,
e ele expulsou os espíritos com uma palavra e curou todos os
doentes. 17 E assim se cumpriu o que fora dito pelo profeta
Isaías: "Ele tomou sobre si as nossas enfermidades e sobre si
levou as nossas doenças"[b].

Quão Difícil é Seguir Jesus!
(Lc 9.57-62)

18 Quando Jesus viu a multidão ao seu redor, deu ordens para
que atravessassem para o outro lado do mar. 19 Então, um
mestre da lei aproximou-se e disse: "Mestre, eu te seguirei
por onde quer que fores".
20 Jesus respondeu: "As raposas têm suas tocas e as aves do
céu têm seus ninhos, mas o Filho do homem não tem onde
repousar a cabeça".
21 Outro discípulo lhe disse: "Senhor, deixa-me ir primeiro se-
pultar meu pai".
22 Mas Jesus lhe disse: "Siga-me, e deixe que os mortos se-
pultem os seus próprios mortos".

Jesus Acalma a Tempestade
(Mc 4.35-41; Lc 8.22-25)

23 Entrando ele no barco, seus discípulos o seguiram. 24 De re-
pente, uma violenta tempestade abateu-se sobre o mar, de
forma que as ondas inundavam o barco. Jesus, porém, dormia.
25 Os discípulos foram acordá-lo, clamando: "Senhor, salva-
-nos! Vamos morrer!"
26 Ele perguntou: "Por que vocês estão com tanto medo, ho-
mens de pequena fé?" Então ele se levantou e repreendeu
os ventos e o mar, e fez-se completa bonança. 27 Os homens
ficaram perplexos e perguntaram: "Quem é este que até os
ventos e o mar lhe obedecem?"

A Cura de Dois Endemoninhados
(Mc 5.1-20; Lc 8.26-39)

28 Quando ele chegou ao outro lado, à região dos gadarenos[c],
foram ao seu encontro dois endemoninhados, que vinham dos
sepulcros. Eles eram tão violentos que ninguém podia passar
por aquele caminho. 29 Então eles gritaram: "Que queres co-
nosco, Filho de Deus? Vieste aqui para nos atormentar antes
do devido tempo?"
30 A certa distância deles estava pastando uma grande manada
de porcos. 31 Os demônios imploravam a Jesus: "Se nos ex-
pulsas, manda-nos entrar naquela manada de porcos".
32 Ele lhes disse: "Vão!" Eles saíram e entraram nos porcos, e
toda a manada atirou-se precipício abaixo, em direção ao mar,
e morreu afogada. 33 Os que cuidavam dos porcos fugiram,
foram à cidade e contaram tudo, inclusive o que acontecera
aos endemoninhados. 34 Toda a cidade saiu ao encontro de
Jesus, e, quando o viram, suplicaram-lhe que saísse do ter-
ritório deles.

9 Jesus Cura um Paralítico
(Mc 2.1-12; Lc 5.17-26)

1 Entrando Jesus num barco, atravessou o mar e foi para a sua
cidade. 2 Alguns homens trouxeram-lhe um paralítico, deitado
em sua maca. Vendo a fé que eles tinham, Jesus disse ao

[a] **8.2** O termo grego não se refere somente à lepra, mas também a diversas doenças da pele.
[b] **8.17** Is 53.4
[c] **8.28** Alguns manuscritos trazem *gergesenos*; outros dizem *gerasenos*.

paralítico: "Tenha bom ânimo, filho; os seus pecados estão
perdoados".
3 Diante disso, alguns mestres da lei disseram a si mesmos:
"Este homem está blasfemando!"
4 Conhecendo Jesus seus pensamentos, disse-lhes: "Por que
vocês pensam maldosamente em seu coração? 5 Que é mais
fácil dizer: 'Os seus pecados estão perdoados', ou: 'Levante-se
e ande'? 6 Mas para que vocês saibam que o Filho do homem
tem na terra autoridade para perdoar pecados" — disse ao
paralítico: "Levante-se, pegue a sua maca e vá para casa".
7 Ele se levantou e foi. 8 Vendo isso, a multidão ficou cheia de
temor e glorificou a Deus, que dera tal autoridade aos homens.

O Chamado de Mateus
(Mc 2.13-17; Lc 5.27-32)

9 Saindo, Jesus viu um homem chamado Mateus, sentado na
coletoria, e disse-lhe: "Siga-me". Mateus levantou-se e o se-
guiu.
10 Estando Jesus em casa[a], foram comer com ele e seus discí-
pulos muitos publicanos e pecadores. 11 Vendo isso, os fariseus
perguntaram aos discípulos dele: "Por que o mestre de vocês
come com publicanos e pecadores?"
12 Ouvindo isso, Jesus disse: "Não são os que têm saúde que
precisam de médico, mas sim os doentes. 13 Vão aprender o
que significa isto: 'Desejo misericórdia, não sacrifícios'[b]. Pois
eu não vim chamar justos, mas pecadores".

Jesus é Interrogado acerca do Jejum
(Mc 2.18-22; Lc 5.33-39)

14 Então os discípulos de João vieram perguntar-lhe: "Por que
nós e os fariseus jejuamos, mas os teus discípulos não?"
15 Jesus respondeu: "Como podem os convidados do noivo ficar
de luto enquanto o noivo está com eles? Virão dias quando o
noivo lhes será tirado; então jejuarão.
16 "Ninguém põe remendo de pano novo em roupa velha, pois
o remendo forçará a roupa, tornando pior o rasgo. 17 Nem se
põe vinho novo em vasilha de couro velha; se o fizer, a va-
silha rebentará, o vinho se derramará e a vasilha se estragará.
Ao contrário, põe-se vinho novo em vasilha de couro nova; e
ambos se conservam".

O Poder de Jesus sobre a Doença e a Morte
(Mc 5.21-43; Lc 8.40-56)

18 Falava ele ainda quando um dos dirigentes da sinagoga
chegou, ajoelhou-se diante dele e disse: "Minha filha acaba
de morrer. Vem e impõe a tua mão sobre ela, e ela viverá".
19 Jesus levantou-se e foi com ele, e também os seus discípulos.
20 Nisso uma mulher que havia doze anos vinha sofrendo de
hemorragia, chegou por trás dele e tocou na borda do seu
manto, 21 pois dizia a si mesma: "Se eu tão somente tocar em
seu manto, ficarei curada".
22 Voltando-se, Jesus a viu e disse: "Ânimo, filha, a sua fé a
curou![c]" E desde aquele instante a mulher ficou curada.
23 Quando ele chegou à casa do dirigente da sinagoga e viu os
flautistas e a multidão agitada, 24 disse: "Saiam! A menina não
está morta, mas dorme". Todos começaram a rir dele. 25 De-
pois que a multidão se afastou, ele entrou e tomou a menina
pela mão, e ela se levantou. 26 A notícia deste acontecimento
espalhou-se por toda aquela região.

A Cura de Dois Cegos e de Um Mudo

27 Saindo Jesus dali, dois cegos o seguiram, clamando: "Filho
de Davi, tem misericórdia de nós!"
28 Entrando ele em casa, os cegos se aproximaram, e ele lhes
perguntou: "Vocês creem que eu sou capaz de fazer isso?" Eles
responderam: "Sim, Senhor!"
29 E ele, tocando nos olhos deles, disse: "Que seja feito se-
gundo a fé que vocês têm!" 30 E a visão deles foi restaurada.
Então Jesus os advertiu severamente: "Cuidem para que nin-
guém saiba disso". 31 Eles, porém, saíram e espalharam a no-
tícia por toda aquela região.
32 Enquanto eles se retiravam, foi levado a Jesus um homem
endemoninhado que não podia falar. 33 Quando o demônio foi
expulso, o mudo começou a falar. A multidão ficou admirada e
disse: "Nunca se viu nada parecido em Israel!"
34 Mas os fariseus diziam: "É pelo príncipe dos demônios que
ele expulsa demônios".

Poucos São os Trabalhadores

35 Jesus ia passando por todas as cidades e povoados, en-
sinando nas sinagogas, pregando as boas-novas do Reino e
curando todas as enfermidades e doenças. 36 Ao ver as mul-
tidões, teve compaixão delas, porque estavam aflitas e de-
samparadas, como ovelhas sem pastor. 37 Então disse aos
seus discípulos: "A colheita é grande, mas os trabalhadores
são poucos. 38 Peçam, pois, ao Senhor da colheita que envie
trabalhadores para a sua colheita".

10 Jesus Envia os Doze
(Mc 5.7-13; Lc 9.1-6)

1 Chamando seus doze discípulos, deu-lhes autoridade para
expulsar espíritos imundos[d] e curar todas as doenças e en-
fermidades.
2 Estes são os nomes dos doze apóstolos: primeiro, Simão,
chamado Pedro, e André, seu irmão; Tiago, filho de Zebedeu,
e João, seu irmão; 3 Filipe e Bartolomeu; Tomé e Mateus, o
publicano; Tiago, filho de Alfeu, e Tadeu; 4 Simão, o zelote, e
Judas Iscariotes, que o traiu.
5 Jesus enviou os doze com as seguintes instruções: "Não se
dirijam aos gentios[e], nem entrem em cidade alguma dos sama-
ritanos. 6 Antes, dirijam-se às ovelhas perdidas de Israel. 7 Por

a 9.10 Ou *na casa de Mateus*; veja Lc 5.29.
b 9.13 Os 6.6
c 9.22 Ou *a salvou!*
d 10.1 Ou *malignos*
e 10.5 Isto é, os que não são judeus; também no versículo 18.

onde forem, preguem esta mensagem: O Reino dos céus está
próximo. 8 Curem os enfermos, ressuscitem os mortos, purifi-
quem os leprosos[a], expulsem os demônios. Vocês receberam
de graça; deem também de graça. 9 Não levem nem ouro, nem
prata, nem cobre em seus cintos; 10 não levem nenhum saco de
viagem, nem túnica extra, nem sandálias, nem bordão; pois o
trabalhador é digno do seu sustento.

11 "Na cidade ou povoado em que entrarem, procurem alguém
digno de recebê-los, e fiquem em sua casa até partirem. 12 Ao
entrarem na casa, saúdem-na. 13 Se a casa for digna, que a
paz de vocês repouse sobre ela; se não for, que a paz retorne
para vocês. 14 Se alguém não os receber nem ouvir suas pala-
vras, sacudam a poeira dos pés quando saírem daquela casa
ou cidade. 15 Eu digo a verdade: No dia do juízo haverá menor
rigor para Sodoma e Gomorra do que para aquela cidade.
16 Eu os estou enviando como ovelhas no meio de lobos. Por-
tanto, sejam astutos como as serpentes e sem malícia como
as pombas.

17 "Tenham cuidado, pois os homens os entregarão aos tribu-
nais e os açoitarão nas sinagogas deles. 18 Por minha causa
vocês serão levados à presença de governadores e reis como
testemunhas a eles e aos gentios. 19 Mas, quando os pren-
derem, não se preocupem quanto ao que dizer, ou como di-
zê-lo. Naquela hora, será dado o que dizer, 20 pois não serão
vocês que estarão falando, mas o Espírito do Pai de vocês fa-
lará por intermédio de vocês.

21 "O irmão entregará à morte o seu irmão, e o pai, o seu filho;
filhos se rebelarão contra seus pais e os matarão. 22 Todos
odiarão vocês por minha causa, mas aquele que perseverar
até o fim será salvo. 23 Quando forem perseguidos num lugar,
fujam para outro. Eu garanto que vocês não terão percorrido
todas as cidades de Israel antes que venha o Filho do homem.

24 "O discípulo não está acima do seu mestre, nem o servo
acima do seu senhor. 25 Basta ao discípulo ser como o seu
mestre, e ao servo, como o seu senhor. Se o dono da casa foi
chamado Belzebu, quanto mais os membros da sua família!

26 "Portanto, não tenham medo deles. Não há nada escondido
que não venha a ser revelado, nem oculto que não venha a se
tornar conhecido. 27 O que eu digo a vocês na escuridão, falem
à luz do dia; o que é sussurrado em seus ouvidos, proclamem
dos telhados. 28 Não tenham medo dos que matam o corpo,
mas não podem matar a alma. Antes, tenham medo daquele
que pode destruir tanto a alma como o corpo no inferno. 29 Não
se vendem dois pardais por uma moedinha[b]? Contudo, nenhum
deles cai no chão sem o consentimento do Pai de vocês. 30 Até
os cabelos da cabeça de vocês estão todos contados. 31 Por-
tanto, não tenham medo; vocês valem mais do que muitos
pardais!

32 "Quem, pois, me confessar diante dos homens, eu também o
confessarei diante do meu Pai que está nos céus. 33 Mas aquele
que me negar diante dos homens, eu também o negarei diante
do meu Pai que está nos céus.

34 "Não pensem que vim trazer paz à terra; não vim trazer paz,
mas espada. 35 Pois eu vim para fazer que 'o homem fique
contra seu pai, a filha contra sua mãe, a nora contra sua sogra;
36 os inimigos do homem serão os da sua própria família'[c].

37 "Quem ama seu pai ou sua mãe mais do que a mim não é
digno de mim; quem ama seu filho ou sua filha mais do que a
mim não é digno de mim; 38 e quem não toma a sua cruz e não
me segue, não é digno de mim. 39 Quem acha a sua vida a per-
derá, e quem perde a sua vida por minha causa a encontrará.

40 "Quem recebe vocês, recebe a mim; e quem me recebe,
recebe aquele que me enviou. 41 Quem recebe um profeta,
porque ele é profeta, receberá a recompensa de profeta, e
quem recebe um justo, porque ele é justo, receberá a recom-
pensa de justo. 42 E, se alguém der mesmo que seja apenas um
copo de água fria a um destes pequeninos, porque ele é meu
discípulo, eu asseguro que não perderá a sua recompensa".

11 Jesus e João Batista
(Lc 7.18-35)

1 Quando acabou de instruir seus doze discípulos, Jesus saiu
para ensinar e pregar nas cidades da Galileia[d].

2 João, ao ouvir na prisão o que Cristo estava fazendo, enviou
seus discípulos para lhe perguntarem: 3 "És tu aquele que ha-
veria de vir ou devemos esperar algum outro?"

4 Jesus respondeu: "Voltem e anunciem a João o que vocês
estão ouvindo e vendo: 5 os cegos veem, os aleijados andam,
os leprosos[e] são purificados, os surdos ouvem, os mortos são
ressuscitados, e as boas-novas são pregadas aos pobres; 6 e
feliz é aquele que não se escandaliza por minha causa".

7 Enquanto saíam os discípulos de João, Jesus começou a falar
à multidão a respeito de João: "O que vocês foram ver no de-
serto? Um caniço agitado pelo vento? 8 Ou, o que foram ver?
Um homem vestido de roupas finas? Ora, os que usam roupas
finas estão nos palácios reais. 9 Afinal, o que foram ver? Um
profeta? Sim, eu digo a vocês, e mais que profeta. 10 Este é
aquele a respeito de quem está escrito: " 'Enviarei o meu men-
sageiro à tua frente; ele preparará o teu caminho diante de ti'[f].
11 Digo a verdade a vocês: Do meio dos nascidos de mulher não
surgiu ninguém maior do que João Batista; todavia, o menor
no Reino dos céus é maior do que ele. 12 Desde os dias de João
Batista até agora, o Reino dos céus é tomado à força, e os que
usam de força se apoderam dele. 13 Pois todos os Profetas e a
Lei profetizaram até João. 14 E se vocês quiserem aceitar, este
é o Elias que havia de vir. 15 Aquele que tem ouvidos, ouça!

16 "A que posso comparar esta geração? São como crianças que
ficam sentadas nas praças e gritam umas às outras:

[a] **10.8** O termo grego não se refere somente à lepra, mas também a diversas doenças da pele.
[b] **10.29** Grego: *um asse*.
[c] **10.35,36** Mq 7.6
[d] **11.1** Grego: *cidades deles*.
[e] **11.5** O termo grego não se refere somente à lepra, mas também a diversas doenças da pele.
[f] **11.10** Ml 3.1

17 " 'Nós tocamos flauta, mas vocês não dançaram; cantamos
um lamento, mas vocês não se entristeceram'.
18 Pois veio João, que jejua e não bebe vinho[a], e dizem: 'Ele
tem demônio'. 19 Veio o Filho do homem comendo e bebendo,
e dizem: 'Aí está um comilão e beberrão, amigo de publicanos
e pecadores'. Mas a sabedoria é comprovada pelas obras que
a acompanham".

Ai das Cidades que Não se Arrependem
(Lc 10.13-15)

20 Então Jesus começou a denunciar as cidades em que havia
sido realizada a maioria dos seus milagres, porque não se arre-
penderam. 21 "Ai de você, Corazim! Ai de você, Betsaida! Porque
se os milagres que foram realizados entre vocês tivessem sido
realizados em Tiro e Sidom, há muito tempo elas se teriam
arrependido, vestindo roupas de saco e cobrindo-se de cinzas.
22 Mas eu afirmo que no dia do juízo haverá menor rigor para
Tiro e Sidom do que para vocês. 23 E você, Cafarnaum, será
elevada até ao céu? Não, você descerá até o Hades[b]! Se os
milagres que em você foram realizados tivessem sido reali-
zados em Sodoma, ela teria permanecido até hoje. 24 Mas eu
afirmo que no dia do juízo haverá menor rigor para Sodoma
do que para você".

Repouso para os Cansados
(Lc 10.21,22)

25 Naquela ocasião, Jesus disse: "Eu te louvo, Pai, Senhor dos
céus e da terra, porque escondeste estas coisas dos sábios e
cultos, e as revelaste aos pequeninos. 26 Sim, Pai, pois assim
foi do teu agrado.
27 "Todas as coisas me foram entregues por meu Pai. Ninguém
conhece o Filho a não ser o Pai, e ninguém conhece o Pai a não
ser o Filho e aqueles a quem o Filho o quiser revelar.
28 "Venham a mim, todos os que estão cansados e sobrecar-
regados, e eu darei descanso a vocês. 29 Tomem sobre vocês
o meu jugo e aprendam de mim, pois sou manso e humilde de
coração, e vocês encontrarão descanso para as suas almas.
30 Pois o meu jugo é suave e o meu fardo é leve".

12

O Senhor do Sábado
(Mc 2.23-3.6; Lc 6.1-11)

1 Naquela ocasião, Jesus passou pelas lavouras de cereal no
sábado. Seus discípulos estavam com fome e começaram a
colher espigas para comê-las. 2 Os fariseus, vendo aquilo, lhe
disseram: "Olha, os teus discípulos estão fazendo o que não é
permitido no sábado".
3 Ele respondeu: "Vocês não leram o que fez Davi quando ele
e seus companheiros estavam com fome? 4 Ele entrou na casa
de Deus e, junto com os seus companheiros, comeu os pães
da Presença, o que não lhes era permitido fazer, mas apenas
aos sacerdotes. 5 Ou vocês não leram na Lei que, no sábado, os
sacerdotes no templo profanam esse dia e, contudo, ficam sem
culpa? 6 Eu digo a vocês que aqui está o que é maior do que o
templo. 7 Se vocês soubessem o que significam estas palavras:
'Desejo misericórdia, não sacrifícios'[c], não teriam condenado
inocentes. 8 Pois o Filho do homem é Senhor do sábado".
9 Saindo daquele lugar, dirigiu-se à sinagoga deles, 10 e estava
ali um homem com uma das mãos atrofiada. Procurando um
motivo para acusar Jesus, eles lhe perguntaram: "É permitido
curar no sábado?"
11 Ele lhes respondeu: "Qual de vocês, se tiver uma ovelha e
ela cair num buraco no sábado, não irá pegá-la e tirá-la de lá?
12 Quanto mais vale um homem do que uma ovelha! Portanto,
é permitido fazer o bem no sábado".
13 Então ele disse ao homem: "Estenda a mão". Ele a estendeu,
e ela foi restaurada, e ficou boa como a outra. 14 Então os fa-
riseus saíram e começaram a conspirar sobre como poderiam
matar Jesus.

O Servo Escolhido de Deus

15 Sabendo disso, Jesus retirou-se daquele lugar. Muitos o se-
guiram, e ele curou todos os doentes que havia entre eles,
16 advertindo-os que não dissessem quem ele era. 17 Isso
aconteceu para se cumprir o que fora dito por meio do pro-
feta Isaías:
18 "Eis o meu servo, a quem escolhi, o meu amado, em quem
tenho prazer. Porei sobre ele o meu Espírito, e ele anunciará
justiça às nações. 19 Não discutirá nem gritará; ninguém ouvirá
sua voz nas ruas. 20 Não quebrará o caniço rachado, não apa-
gará o pavio fumegante, até que leve à vitória a justiça. 21 Em
seu nome as nações porão sua esperança"[d].

A Acusação contra Jesus
(Mc 3.20-30; Lc 11.14-23)

22 Depois disso, levaram-lhe um endemoninhado que era cego
e mudo, e Jesus o curou, de modo que ele pôde falar e ver.
23 Todo o povo ficou atônito e disse: "Não será este o Filho
de Davi?"
24 Mas, quando os fariseus ouviram isso, disseram: "É somente
por Belzebu, o príncipe dos demônios, que ele expulsa demô-
nios".
25 Jesus, conhecendo os seus pensamentos, disse-lhes: "Todo
reino dividido contra si mesmo será arruinado, e toda cidade
ou casa dividida contra si mesma não subsistirá. 26 Se Satanás
expulsa Satanás, está dividido contra si mesmo. Como, então,
subsistirá seu reino? 27 E, se eu expulso demônios por Bel-
zebu, por quem os expulsam os filhos[e] de vocês? Por isso, eles
mesmos serão juízes sobre vocês. 28 Mas, se é pelo Espírito
de Deus que eu expulso demônios, então chegou a vocês o
Reino de Deus.

a 11.18 Grego: *não comendo, nem bebendo.*
b 11.23 Essa palavra pode ser traduzida por inferno, sepulcro, morte ou profundezas.
c 12.7 Os 6.6
d 12.18-21 Is 42.1-4
e 12.27 Ou *discípulos*

29 "Ou, como alguém pode entrar na casa do homem forte e
levar dali seus bens, sem antes amarrá-lo? Só então poderá
roubar a casa dele.
30 "Aquele que não está comigo está contra mim; e aquele
que comigo não ajunta espalha. 31 Por esse motivo eu digo a
vocês: Todo pecado e blasfêmia serão perdoados aos homens,
mas a blasfêmia contra o Espírito não será perdoada. 32 Todo
aquele que disser uma palavra contra o Filho do homem será
perdoado, mas quem falar contra o Espírito Santo não será
perdoado, nem nesta era nem na que há de vir.
33 "Considerem: Uma árvore boa dá fruto bom, e uma árvore
ruim dá fruto ruim, pois uma árvore é conhecida por seu fruto.
34 Raça de víboras, como podem vocês, que são maus, dizer
coisas boas? Pois a boca fala do que está cheio o coração. 35 O
homem bom do seu bom tesouro tira coisas boas, e o homem
mau do seu mau tesouro tira coisas más. 36 Mas eu digo que, no
dia do juízo, os homens haverão de dar conta de toda palavra
inútil que tiverem falado. 37 Pois por suas palavras vocês serão
absolvidos, e por suas palavras serão condenados".

O Sinal de Jonas
(Lc 11.29-32)

38 Então alguns dos fariseus e mestres da lei lhe disseram:
"Mestre, queremos ver um sinal milagroso feito por ti".
39 Ele respondeu: "Uma geração perversa e adúltera pede um
sinal milagroso! Mas nenhum sinal será dado, exceto o sinal
do profeta Jonas. 40 Pois assim como Jonas esteve três dias
e três noites no ventre de um grande peixe, assim o Filho do
homem ficará três dias e três noites no coração da terra. 41 Os
homens de Nínive se levantarão no juízo com esta geração e
a condenarão; pois eles se arrependeram com a pregação
de Jonas, e agora está aqui o que é maior do que Jonas.
42 A rainha do Sul se levantará no juízo com esta geração e
a condenará, pois ela veio dos confins da terra para ouvir a
sabedoria de Salomão, e agora está aqui o que é maior do
que Salomão.
43 "Quando um espírito imundo[a] sai de um homem, passa por
lugares áridos procurando descanso. Como não o encontra,
44 diz: 'Voltarei para a casa de onde saí'. Chegando, encontra
a casa desocupada, varrida e em ordem. 45 Então vai e traz
consigo outros sete espíritos piores do que ele, e, entrando,
passam a viver ali. E o estado final daquele homem torna-se
pior do que o primeiro. Assim acontecerá a esta geração perversa".

A Mãe e os Irmãos de Jesus
(Mc 3.31-35; Lc 8.19-21)

46 Falava ainda Jesus à multidão quando sua mãe e seus irmãos
chegaram do lado de fora, querendo falar com ele. 47 Alguém
lhe disse: "Tua mãe e teus irmãos estão lá fora e querem falar
contigo"[b].
48 "Quem é minha mãe, e quem são meus irmãos?", perguntou
ele. 49 E, estendendo a mão para os discípulos, disse: "Aqui
estão minha mãe e meus irmãos! 50 Pois quem faz a vontade
de meu Pai que está nos céus, este é meu irmão, minha irmã
e minha mãe".

13 A Parábola do Semeador
(Mc 4.1-20; Lc 8.1-15)

1 Naquele mesmo dia, Jesus saiu de casa e assentou-se à beira-
-mar. 2 Reuniu-se ao seu redor uma multidão tão grande que,
por isso, ele entrou num barco e assentou-se. Ao povo reunido
na praia 3 Jesus falou muitas coisas por parábolas, dizendo: "O
semeador saiu a semear. 4 Enquanto lançava a semente, parte
dela caiu à beira do caminho, e as aves vieram e a comeram.
5 Parte dela caiu em terreno pedregoso, onde não havia muita
terra, e logo brotou, porque a terra não era profunda. 6 Mas,
quando saiu o sol, as plantas se queimaram e secaram, porque
não tinham raiz. 7 Outra parte caiu no meio dos espinhos, que
cresceram e sufocaram as plantas. 8 Outra ainda caiu em boa
terra, deu boa colheita, a cem, sessenta e trinta por um.
9 Aquele que tem ouvidos para ouvir, ouça!"
10 Os discípulos aproximaram-se dele e perguntaram: "Por que
falas ao povo por parábolas?"
11 Ele respondeu: "A vocês foi dado o conhecimento dos mis-
térios do Reino dos céus, mas a eles não. 12 A quem tem será
dado, e este terá em grande quantidade. De quem não tem,
até o que tem lhe será tirado. 13 Por essa razão eu lhes falo
por parábolas: 'Porque vendo, eles não veem e, ouvindo, não
ouvem nem entendem'[c].
14 Neles se cumpre a profecia de Isaías: 'Ainda que estejam
sempre ouvindo, vocês nunca entenderão; ainda que estejam
sempre vendo, jamais perceberão. 15 Pois o coração deste povo
se tornou insensível; de má vontade ouviram com os seus ou-
vidos, e fecharam os seus olhos. Se assim não fosse, poderiam
ver com os olhos, ouvir com os ouvidos, entender com o co-
ração e converter-se, e eu os curaria'[d].
16 Mas felizes são os olhos de vocês, porque veem; e os ouvidos
de vocês, porque ouvem. 17 Pois eu digo a verdade: Muitos pro-
fetas e justos desejaram ver o que vocês estão vendo, mas não
viram, e ouvir o que vocês estão ouvindo, mas não ouviram.
18 "Portanto, ouçam o que significa a parábola do semeador:
19 Quando alguém ouve a mensagem do Reino e não a en-
tende, o Maligno vem e arranca o que foi semeado em seu co-
ração. Esse é o caso da semente que caiu à beira do caminho.
20 Quanto à semente que caiu em terreno pedregoso, esse é o
caso daquele que ouve a palavra e logo a recebe com alegria.
21 Todavia, visto que não tem raiz em si mesmo, permanece
pouco tempo. Quando surge alguma tribulação ou perseguição
por causa da palavra, logo a abandona. 22 Quanto à semente
que caiu no meio dos espinhos, esse é o caso daquele que

---

[a] **12.43** Ou *maligno*
[b] **12.47** Alguns manuscritos não trazem o versículo 47.
[c] **13.13** Alguns manuscritos trazem *Para que vendo, eles não vejam e, ouvindo, não ouçam nem entendam.*
[d] **13.14,15** Is 6.9,10

ouve a palavra, mas a preocupação desta vida e o engano das
riquezas a sufocam, tornando-a infrutífera. 23 E quanto à se-
mente que caiu em boa terra, esse é o caso daquele que ouve
a palavra e a entende, e dá uma colheita de cem, sessenta e
trinta por um".

A Parábola do Joio

24 Jesus lhes contou outra parábola, dizendo: "O Reino dos céus
é como um homem que semeou boa semente em seu campo.
25 Mas enquanto todos dormiam, veio o seu inimigo e semeou
o joio[a] no meio do trigo e se foi. 26 Quando o trigo brotou e
formou espigas, o joio também apareceu.
27 "Os servos do dono do campo dirigiram-se a ele e disseram:
'O senhor não semeou boa semente em seu campo? Então, de
onde veio o joio?'
28 " 'Um inimigo fez isso', respondeu ele. "Os servos lhe per-
guntaram: 'O senhor quer que o tiremos?'
29 "Ele respondeu: 'Não, porque, ao tirar o joio, vocês pode-
riam arrancar com ele o trigo. 30 Deixem que cresçam juntos até
a colheita. Então direi aos encarregados da colheita: Juntem
primeiro o joio e amarrem-no em feixes para ser queimado;
depois juntem o trigo e guardem-no no meu celeiro' ".

As Parábolas do Grão de Mostarda e do Fermento
(Mc 4.30-34; Lc 13.18-21)

31 E contou-lhes outra parábola: "O Reino dos céus é como
um grão de mostarda que um homem plantou em seu campo.
32 Embora seja a menor entre todas as sementes, quando
cresce, torna-se uma das maiores plantas e atinge a altura
de uma árvore, de modo que as aves do céu vêm fazer os seus
ninhos em seus ramos".
33 E contou-lhes ainda outra parábola: "O Reino dos céus é como
o fermento que uma mulher tomou e misturou com uma grande
quantidade[b] de farinha, e toda a massa ficou fermentada".
34 Jesus falou todas estas coisas à multidão por parábolas.
Nada lhes dizia sem usar alguma parábola, 35 cumprindo-se,
assim, o que fora dito pelo profeta: "Abrirei minha boca em
parábolas, proclamarei coisas ocultas desde a criação do
mundo"[c].

A Explicação da Parábola do Joio

36 Então ele deixou a multidão e foi para casa. Seus discípulos
aproximaram-se dele e pediram: "Explica-nos a parábola do
joio no campo".
37 Ele respondeu: "Aquele que semeou a boa semente é o Filho
do homem. 38 O campo é o mundo, e a boa semente são os
filhos do Reino. O joio são os filhos do Maligno, 39 e o inimigo
que o semeia é o Diabo. A colheita é o fim desta era, e os en-
carregados da colheita são anjos.

[a] 13.25 Grego: *cizânia*, erva daninha parecida com o trigo; também no restante do capítulo

[b] 13.33 Grego: *3 satos*. O sato era uma medida de capacidade para secos. As estimativas variam entre 7 e 13 litros.

[c] 13.35 Sl 78.2

40 "Assim como o joio é colhido e queimado no fogo, assim
também acontecerá no fim desta era. 41 O Filho do homem
enviará os seus anjos, e eles tirarão do seu Reino tudo o que
faz cair no pecado e todos os que praticam o mal. 42 Eles os
lançarão na fornalha ardente, onde haverá choro e ranger de
dentes. 43 Então os justos brilharão como o sol no Reino de seu
Pai. Aquele que tem ouvidos, ouça.

As Parábolas do Tesouro Escondido e da Pérola de Grande Valor

44 "O Reino dos céus é como um tesouro escondido num campo.
Certo homem, tendo-o encontrado, escondeu-o de novo e,
então, cheio de alegria, foi, vendeu tudo o que tinha e com-
prou aquele campo.
45 "O Reino dos céus também é como um negociante que pro-
cura pérolas preciosas. 46 Encontrando uma pérola de grande
valor, foi, vendeu tudo o que tinha e a comprou.

A Parábola da Rede

47 "O Reino dos céus é ainda como uma rede que é lançada ao
mar e apanha toda sorte de peixes. 48 Quando está cheia, os
pescadores a puxam para a praia. Então assentam-se e juntam
os peixes bons em cestos, mas jogam fora os ruins. 49 Assim
acontecerá no fim desta era. Os anjos virão, separarão os per-
versos dos justos 50 e lançarão aqueles na fornalha ardente,
onde haverá choro e ranger de dentes".
51 Então perguntou Jesus: "Vocês entenderam todas essas
coisas?" "Sim", responderam eles.
52 Ele lhes disse: "Por isso, todo mestre da lei instruído quanto
ao Reino dos céus é como o dono de uma casa que tira do seu
tesouro coisas novas e coisas velhas".

Um Profeta sem Honra
(Mc 6.1-6)

53 Quando acabou de contar essas parábolas, Jesus saiu dali.
54 Chegando à sua cidade, começou a ensinar o povo na si-
nagoga. Todos ficaram admirados e perguntavam: "De onde
lhe vêm esta sabedoria e estes poderes milagrosos? 55 Não é
este o filho do carpinteiro? O nome de sua mãe não é Maria, e
não são seus irmãos Tiago, José, Simão e Judas? 56 Não estão
conosco todas as suas irmãs? De onde, pois, ele obteve todas
essas coisas?" 57 E ficavam escandalizados por causa dele. Mas
Jesus lhes disse: "Só em sua própria terra e em sua própria
casa é que um profeta não tem honra".
58 E não realizou muitos milagres ali, por causa da increduli-
dade deles.

14 João Batista é Decapitado
(Mc 6.14-29)

1 Por aquele tempo Herodes, o tetrarca[d], ouviu os relatos a
respeito de Jesus 2 e disse aos que o serviam: "Este é João

[d] 14.1 Um tetrarca era o governador da quarta parte de uma região.

Batista; ele ressuscitou dos mortos! Por isso estão operando
nele poderes milagrosos".
3 Pois Herodes havia prendido e amarrado João, colocando-o
na prisão por causa de Herodias, mulher de Filipe, seu irmão,
4 porquanto João lhe dizia: "Não te é permitido viver com ela".
5 Herodes queria matá-lo, mas tinha medo do povo, porque
este o considerava profeta.
6 No aniversário de Herodes, a filha de Herodias dançou diante
de todos e agradou tanto a Herodes 7 que ele prometeu sob
juramento dar-lhe o que ela pedisse. 8 Influenciada por sua
mãe, ela disse: "Dá-me aqui, num prato, a cabeça de João
Batista". 9 O rei ficou aflito, mas, por causa do juramento e
dos convidados, ordenou que lhe fosse dado o que ela pedia
10 e mandou decapitar João na prisão. 11 Sua cabeça foi levada
num prato e entregue à jovem, que a levou à sua mãe. 12 Os
discípulos de João vieram, levaram o seu corpo e o sepultaram.
Depois foram contar isso a Jesus.

A Primeira Multiplicação dos Pães
(Mc 6.30-44; Lc 9.10-17; Jo 6.1-15)

13 Ouvindo o que havia ocorrido, Jesus retirou-se de barco, em
particular, para um lugar deserto. As multidões, ao ouvirem
falar disso, saíram das cidades e o seguiram a pé. 14 Quando
Jesus saiu do barco e viu tão grande multidão, teve compaixão
deles e curou os seus doentes.
15 Ao cair da tarde, os discípulos aproximaram-se dele e dis-
seram: "Este é um lugar deserto, e já está ficando tarde.
Manda embora a multidão para que possam ir aos povoados
comprar comida".
16 Respondeu Jesus: "Eles não precisam ir. Deem-lhes vocês
algo para comer".
17 Eles lhe disseram: "Tudo o que temos aqui são cinco pães
e dois peixes".
18 "Tragam-nos aqui para mim", disse ele. 19 E ordenou que
a multidão se assentasse na grama. Tomando os cinco pães
e os dois peixes e, olhando para o céu, deu graças e partiu
os pães. Em seguida, deu-os aos discípulos, e estes à mul-
tidão. 20 Todos comeram e ficaram satisfeitos, e os discípulos
recolheram doze cestos cheios de pedaços que sobraram. 21 Os
que comeram foram cerca de cinco mil homens, sem contar
mulheres e crianças.

Jesus Anda sobre as Águas
(Mc 6.45-56; Jo 6.16-24)

22 Logo em seguida, Jesus insistiu com os discípulos para que
entrassem no barco e fossem adiante dele para o outro lado,
enquanto ele despedia a multidão. 23 Tendo despedido a mul-
tidão, subiu sozinho a um monte para orar. Ao anoitecer, ele
estava ali sozinho, 24 mas o barco já estava a considerável dis-
tância[a] da terra, fustigado pelas ondas, porque o vento soprava
contra ele.
25 Alta madrugada[b], Jesus dirigiu-se a eles, andando sobre o
mar. 26 Quando o viram andando sobre o mar, ficaram aterro-
rizados e disseram: "É um fantasma!" E gritaram de medo.
27 Mas Jesus imediatamente lhes disse: "Coragem! Sou eu. Não
tenham medo!"
28 "Senhor", disse Pedro, "se és tu, manda-me ir ao teu en-
contro por sobre as águas".
29 "Venha", respondeu ele.
Então Pedro saiu do barco, andou sobre as águas e foi na di-
reção de Jesus. 30 Mas, quando reparou no vento, ficou com
medo e, começando a afundar, gritou: "Senhor, salva-me!"
31 Imediatamente Jesus estendeu a mão e o segurou. E disse:
"Homem de pequena fé, por que você duvidou?"
32 Quando entraram no barco, o vento cessou. 33 Então os que
estavam no barco o adoraram, dizendo: "Verdadeiramente tu
és o Filho de Deus".
34 Depois de atravessarem o mar, chegaram a Genesaré.
35 Quando os homens daquele lugar reconheceram Jesus, es-
palharam a notícia em toda aquela região e lhe trouxeram os
seus doentes. 36 Suplicavam-lhe que apenas pudessem tocar
na borda do seu manto; e todos os que nele tocaram foram
curados.

15 Jesus e a Tradição Judaica
(Mc 7.1-23)

1 Então alguns fariseus e mestres da lei, vindos de Jerusalém,
foram a Jesus e perguntaram: 2 "Por que os seus discípulos
transgridem a tradição dos líderes religiosos? Pois não lavam
as mãos antes de comer!"
3 Respondeu Jesus: "E por que vocês transgridem o manda-
mento de Deus por causa da tradição de vocês? 4 Pois Deus
disse: 'Honra teu pai e tua mãe'[c] e 'Quem amaldiçoar seu pai
ou sua mãe terá que ser executado'[d]. 5 Mas vocês afirmam
que, se alguém disser ao pai ou à mãe: 'Qualquer ajuda que eu
poderia dar já dediquei a Deus como oferta', 6 não está mais
obrigado a sustentar[e] seu pai. Assim, por causa da sua tradição,
vocês anulam a palavra de Deus. 7 Hipócritas! Bem profetizou
Isaías acerca de vocês, dizendo:
8 " 'Este povo me honra com os lábios, mas o seu coração está
longe de mim.
9 Em vão me adoram; seus ensinamentos não passam de regras
ensinadas por homens'[f]".
10 Jesus chamou para junto de si a multidão e disse: "Ouçam e
entendam. 11 O que entra pela boca não torna o homem impuro;
mas o que sai de sua boca, isto o torna impuro".
12 Então os discípulos se aproximaram dele e perguntaram:
"Sabes que os fariseus ficaram ofendidos quando ouviram
isso?"

---

a 14.24 Grego: *a muitos estádios.*

b 14.25 Grego: *quarta vigília da noite* (entre 3 e 6 horas da manhã).

c 15.4 Êx 20.12; Dt 5.16

d 15.4 Êx 21.17; Lv 20.9

e 15.6 Ou *a honrar.*

f 15.8,9 Is 29.13

13 Ele respondeu: "Toda planta que meu Pai celestial não
plantou será arrancada pelas raízes. 14 Deixem-nos; eles são
guias cegos[a]. Se um cego conduzir outro cego, ambos cairão
num buraco".
15 Então Pedro pediu-lhe: "Explica-nos a parábola".
16 "Será que vocês ainda não conseguem entender?", per-
guntou Jesus. 17 "Não percebem que o que entra pela boca
vai para o estômago e mais tarde é expelido? 18 Mas as coisas
que saem da boca vêm do coração, e são essas que tornam
o homem impuro. 19 Pois do coração saem os maus pensa-
mentos, os homicídios, os adultérios, as imoralidades sexuais,
os roubos, os falsos testemunhos e as calúnias. 20 Essas coisas
tornam o homem impuro; mas o comer sem lavar as mãos não
o torna impuro."

Uma Mulher Cananeia Demonstra Fé
(Mc 7.24-30)

21 Saindo daquele lugar, Jesus retirou-se para a região de Tiro e
de Sidom. 22 Uma mulher cananeia, natural dali, veio a ele, gri-
tando: "Senhor, Filho de Davi, tem misericórdia de mim! Minha
filha está endemoninhada e está sofrendo muito".
23 Mas Jesus não lhe respondeu palavra. Então seus discípulos
se aproximaram dele e pediram: "Manda-a embora, pois vem
gritando atrás de nós".
24 Ele respondeu: "Eu fui enviado apenas às ovelhas perdidas
de Israel".
25 A mulher veio, adorou-o de joelhos e disse: "Senhor, aju-
da-me!"
26 Ele respondeu: "Não é certo tirar o pão dos filhos e lançá-lo
aos cachorrinhos".
27 Disse ela, porém: "Sim, Senhor, mas até os cachorrinhos
comem das migalhas que caem da mesa dos seus donos".
28 Jesus respondeu: "Mulher, grande é a sua fé! Seja con-
forme você deseja". E, naquele mesmo instante, a sua filha
foi curada.

A Segunda Multiplicação dos Pães
(Mc 8.1-10)

29 Jesus saiu dali e foi para a beira do mar da Galileia. Depois
subiu a um monte e se assentou. 30 Uma grande multidão diri-
giu-se a ele, levando-lhe os aleijados, os cegos, os mancos, os
mudos e muitos outros, e os colocaram aos seus pés; e ele os
curou. 31 O povo ficou admirado quando viu os mudos falando,
os mancos curados, os aleijados andando e os cegos vendo. E
louvaram o Deus de Israel.
32 Jesus chamou os seus discípulos e disse: "Tenho compaixão
desta multidão; já faz três dias que eles estão comigo e nada
têm para comer. Não quero mandá-los embora com fome,
porque podem desfalecer no caminho".
33 Os seus discípulos responderam: "Onde poderíamos encon-
trar, neste lugar deserto, pão suficiente para alimentar tanta
gente?"
34 "Quantos pães vocês têm?", perguntou Jesus. "Sete", res-
ponderam eles, "e alguns peixinhos."
35 Ele ordenou à multidão que se assentasse no chão. 36 Depois
de tomar os sete pães e os peixes e dar graças, partiu-os e os
entregou aos discípulos, e os discípulos à multidão. 37 Todos
comeram até se fartar. E ajuntaram sete cestos cheios de
pedaços que sobraram. 38 Os que comeram foram quatro mil
homens, sem contar mulheres e crianças. 39 E, havendo des-
pedido a multidão, Jesus entrou no barco e foi para a região
de Magadã.

16 Os Fariseus e os Saduceus Pedem um Sinal
(Mc 8.11-13)

1 Os fariseus e os saduceus aproximaram-se de Jesus e o pu-
seram à prova, pedindo-lhe que lhes mostrasse um sinal do
céu.
2 Ele respondeu: "Quando a tarde vem, vocês dizem: 'Vai fazer
bom tempo, porque o céu está vermelho', 3 e de manhã: 'Hoje
haverá tempestade, porque o céu está vermelho e nublado'.
Vocês sabem interpretar o aspecto do céu, mas não sabem
interpretar os sinais dos tempos![b] 4 Uma geração perversa e
adúltera pede um sinal milagroso, mas nenhum sinal será dado
a você, a não ser o sinal de Jonas". Então Jesus os deixou e
retirou-se.

O Fermento dos Fariseus e dos Saduceus
(Mc 8.14-21)

5 Indo os discípulos para o outro lado do mar, esqueceram-se
de levar pão. 6 Disse-lhes Jesus: "Estejam atentos e tenham
cuidado com o fermento dos fariseus e dos saduceus".
7 E eles discutiam entre si, dizendo: "É porque não trouxemos
pão".
8 Percebendo a discussão, Jesus lhes perguntou: "Homens de
pequena fé, por que vocês estão discutindo entre si sobre não
terem pão? 9 Ainda não compreendem? Não se lembram dos
cinco pães para os cinco mil e de quantos cestos vocês reco-
lheram? 10 Nem dos sete pães para os quatro mil e de quantos
cestos recolheram? 11 Como é que vocês não entendem que não
era de pão que eu estava lhes falando? Tomem cuidado com o
fermento dos fariseus e dos saduceus". 12 Então entenderam
que não estava lhes dizendo que tomassem cuidado com o fer-
mento de pão, mas com o ensino dos fariseus e dos saduceus.

A Confissão de Pedro
(Mc 8.27-30; Lc 9.18-21)

13 Chegando Jesus à região de Cesareia de Filipe, perguntou
aos seus discípulos: "Quem os outros dizem que o Filho do
homem é?"
14 Eles responderam: "Alguns dizem que é João Batista; outros,
Elias; e, ainda outros, Jeremias ou um dos profetas".
15 "E vocês?", perguntou ele. "Quem vocês dizem que eu sou?"

---

a 15.14 Alguns manuscritos dizem *são cegos, guias de cegos*.

b 16.2,3 Alguns manuscritos antigos não trazem os versículos 2 e 3.

16 Simão Pedro respondeu: "Tu és o Cristo, o Filho do Deus
vivo".
17 Respondeu Jesus: "Feliz é você, Simão, filho de Jonas!
Porque isto não foi revelado a você por carne ou sangue, mas
por meu Pai que está nos céus. 18 E eu digo que você é Pedro,
e sobre esta pedra edificarei a minha igreja, e as portas do
Hades[a] não poderão vencê-la[b]. 19 Eu darei a você as chaves do
Reino dos céus; o que você ligar na terra terá sido ligado nos
céus, e o que você desligar na terra terá sido desligado[c] nos
céus". 20 Então advertiu a seus discípulos que não contassem
a ninguém que ele era o Cristo.

Jesus Prediz sua Morte e Ressurreição
(Mc 8.31-9.1; Lc 9.22-27)

21 Desde aquele momento Jesus começou a explicar aos seus
discípulos que era necessário que ele fosse para Jerusalém e
sofresse muitas coisas nas mãos dos líderes religiosos, dos
chefes dos sacerdotes e dos mestres da lei, e fosse morto e
ressuscitasse no terceiro dia.
22 Então Pedro, chamando-o à parte, começou a repreendê-lo,
dizendo: "Nunca, Senhor! Isso nunca te acontecerá!"
23 Jesus virou-se e disse a Pedro: "Para trás de mim, Satanás!
Você é uma pedra de tropeço para mim, e não pensa nas coisas
de Deus, mas nas dos homens".
24 Então Jesus disse aos seus discípulos: "Se alguém quiser
acompanhar-me, negue-se a si mesmo, tome a sua cruz e si-
ga-me. 25 Pois quem quiser salvar a sua vida[d], a perderá, mas
quem perder a sua vida por minha causa, a encontrará. 26 Pois,
que adiantará ao homem ganhar o mundo inteiro e perder a
sua alma? Ou, o que o homem poderá dar em troca de sua
alma? 27 Pois o Filho do homem virá na glória de seu Pai, com
os seus anjos, e então recompensará a cada um de acordo com
o que tenha feito. 28 Garanto a vocês que alguns dos que aqui
se acham não experimentarão a morte antes de verem o Filho
do homem vindo em seu Reino".

17 A Transfiguração
(Mc 9.2-13; Lc 9.28-36)

1 Seis dias depois, Jesus tomou consigo Pedro, Tiago e João,
irmão de Tiago, e os levou, em particular, a um alto monte.
2 Ali ele foi transfigurado diante deles. Sua face brilhou como o
sol, e suas roupas se tornaram brancas como a luz. 3 Naquele
mesmo momento, apareceram diante deles Moisés e Elias,
conversando com Jesus.
4 Então Pedro disse a Jesus: "Senhor, é bom estarmos aqui.
Se quiseres, farei três tendas: uma para ti, uma para Moisés
e outra para Elias".
5 Enquanto ele ainda estava falando, uma nuvem resplande-
cente os envolveu, e dela saiu uma voz, que dizia: "Este é o
meu Filho amado de quem me agrado. Ouçam-no!"
6 Ouvindo isso, os discípulos prostraram-se com o rosto em
terra e ficaram aterrorizados. 7 Mas Jesus se aproximou, tocou
neles e disse: "Levantem-se! Não tenham medo!" 8 E erguendo
eles os olhos, não viram mais ninguém a não ser Jesus.
9 Enquanto desciam do monte, Jesus lhes ordenou: "Não
contem a ninguém o que vocês viram, até que o Filho do
homem tenha sido ressuscitado dos mortos".
10 Os discípulos lhe perguntaram: "Então, por que os mestres
da lei dizem que é necessário que Elias venha primeiro?"
11 Jesus respondeu: "De fato, Elias vem e restaurará todas as
coisas. 12 Mas eu digo a vocês: Elias já veio, e eles não o re-
conheceram, mas fizeram com ele tudo o que quiseram. Da
mesma forma o Filho do homem será maltratado por eles".
13 Então os discípulos entenderam que era de João Batista que
ele tinha falado.

A Cura de um Menino Endemoninhado
(Mc 9.14-32; Lc 9.37-45)

14 Quando chegaram onde estava a multidão, um homem apro-
ximou-se de Jesus, ajoelhou-se diante dele e disse: 15 "Senhor,
tem misericórdia do meu filho. Ele tem ataques[e] e está so-
frendo muito. Muitas vezes cai no fogo ou na água. 16 Eu o
trouxe aos teus discípulos, mas eles não puderam curá-lo".
17 Respondeu Jesus: "Ó geração incrédula e perversa, até
quando estarei com vocês? Até quando terei que suportá-
-los? Tragam-me o menino". 18 Jesus repreendeu o demônio;
este saiu do menino que, daquele momento em diante, ficou
curado.
19 Então os discípulos aproximaram-se de Jesus em particular e
perguntaram: "Por que não conseguimos expulsá-lo?"
20 Ele respondeu: "Porque a fé que vocês têm é pequena. Eu
asseguro que, se vocês tiverem fé do tamanho de um grão de
mostarda, poderão dizer a este monte: 'Vá daqui para lá', e ele
irá. Nada será impossível para vocês. 21 Mas esta espécie só sai
pela oração e pelo jejum".[f]
22 Reunindo-se eles na Galileia, Jesus lhes disse: "O Filho do
homem será entregue nas mãos dos homens. 23 Eles o ma-
tarão, e no terceiro dia ele ressuscitará". E os discípulos fi-
caram cheios de tristeza.

O Imposto do Templo

24 Quando Jesus e seus discípulos chegaram a Cafarnaum,
os coletores do imposto de duas dracmas[g] vieram a Pedro
e perguntaram: "O mestre de vocês não paga o imposto do
templo[h]?"
25 "Sim, paga", respondeu ele.
Quando Pedro entrou na casa, Jesus foi o primeiro a falar,
perguntando-lhe: "O que você acha, Simão? De quem os reis

a **16.18** Essa palavra pode ser traduzida por inferno, sepulcro, morte ou profundezas.
b **16.18** Ou *não se mostrarão mais fortes do que ela*
c **16.19** Ou *será ligado ... será desligado*
d **16.25** Ou *alma*
e **17.15** Grego: *Ele é lunático.*
f **17.21** Vários manuscritos não trazem o versículo 21.
g **17.24** A dracma era uma moeda de prata equivalente à diária de um trabalhador braçal; também no versículo 27.
h **17.24** Grego: *paga as duas dracmas.*

da terra cobram tributos e impostos: de seus próprios filhos
ou dos outros?"
26 "Dos outros", respondeu Pedro.
Disse-lhe Jesus: "Então os filhos estão isentos. 27 Mas para não
escandalizá-los, vá ao mar e jogue o anzol. Tire o primeiro
peixe que você pegar, abra-lhe a boca, e você encontrará uma
moeda de quatro dracmas[a]. Pegue-a e entregue-a a eles, para
pagar o meu imposto e o seu".

18 O Maior no Reino dos Céus
(Mc 9.33-37,42-46; Lc 9.46-48)

1 Naquele momento, os discípulos chegaram a Jesus e pergun-
taram: "Quem é o maior no Reino dos céus?"
2 Chamando uma criança, colocou-a no meio deles, 3 e disse:
"Eu asseguro que, a não ser que vocês se convertam e se
tornem como crianças, jamais entrarão no Reino dos céus.
4 Portanto, quem se faz humilde como esta criança, este é o
maior no Reino dos céus.
5 "Quem recebe uma destas crianças em meu nome, está me re-
cebendo. 6 Mas, se alguém fizer cair no pecado um destes peque-
ninos que creem em mim, melhor lhe seria amarrar uma pedra de
moinho no pescoço e se afogar nas profundezas do mar.
7 "Ai do mundo, por causa das coisas que fazem cair no pecado!
É inevitável que tais coisas aconteçam, mas ai daquele por
meio de quem elas acontecem! 8 Se a sua mão ou o seu pé o
fizerem tropeçar, corte-os e jogue-os fora. É melhor entrar na
vida mutilado ou aleijado do que, tendo as duas mãos ou os
dois pés, ser lançado no fogo eterno. 9 E, se o seu olho o fizer
tropeçar, arranque-o e jogue-o fora. É melhor entrar na vida
com um só olho do que, tendo os dois olhos, ser lançado no
fogo do inferno.

A Parábola da Ovelha Perdida
(Lc 15.3-7)

10 "Cuidado para não desprezarem um só destes pequeninos!
Pois eu digo que os anjos deles nos céus estão sempre vendo a
face de meu Pai celeste. 11 O Filho do homem veio para salvar
o que se havia perdido.[b]
12 "O que acham vocês? Se alguém possui cem ovelhas, e uma
delas se perde, não deixará as noventa e nove nos montes,
indo procurar a que se perdeu? 13 E, se conseguir encontrá-la,
garanto que ele ficará mais contente com aquela ovelha do
que com as noventa e nove que não se perderam. 14 Da mesma
forma, o Pai de vocês, que está nos céus, não quer que nenhum
destes pequeninos se perca.

Como Tratar a Ofensa de um Irmão

15 "Se o seu irmão pecar contra você[c], vá e, a sós com ele, mos-
tre-lhe o erro. Se ele o ouvir, você ganhou seu irmão. 16 Mas, se
ele não o ouvir, leve consigo mais um ou dois outros, de modo
que 'qualquer acusação seja confirmada pelo depoimento de
duas ou três testemunhas'[d]. 17 Se ele se recusar a ouvi-los,
conte à igreja; e, se ele se recusar a ouvir também a igreja,
trate-o como pagão ou publicano.
18 "Digo a verdade: Tudo o que vocês ligarem na terra terá sido
ligado no céu, e tudo o que vocês desligarem na terra terá sido
desligado[e] no céu.
19 "Também digo que, se dois de vocês concordarem na terra
em qualquer assunto sobre o qual pedirem, isso será feito a
vocês por meu Pai que está nos céus. 20 Pois onde se reunirem
dois ou três em meu nome, ali eu estou no meio deles".

A Parábola do Servo Impiedoso

21 Então Pedro aproximou-se de Jesus e perguntou: "Senhor,
quantas vezes deverei perdoar a meu irmão quando ele pecar
contra mim? Até sete vezes?"
22 Jesus respondeu: "Eu digo a você: Não até sete, mas até
setenta vezes sete[f].
23 "Por isso, o Reino dos céus é como um rei que desejava
acertar contas com seus servos. 24 Quando começou o acerto,
foi trazido à sua presença um que lhe devia uma enorme quan-
tidade de prata[g]. 25 Como não tinha condições de pagar, o se-
nhor ordenou que ele, sua mulher, seus filhos e tudo o que ele
possuía fossem vendidos para pagar a dívida.
26 "O servo prostrou-se diante dele e lhe implorou: 'Tem pa-
ciência comigo, e eu te pagarei tudo'. 27 O senhor daquele
servo teve compaixão dele, cancelou a dívida e o deixou ir.
28 "Mas, quando aquele servo saiu, encontrou um de seus con-
servos, que lhe devia cem denários[h]. Agarrou-o e começou a
sufocá-lo, dizendo: 'Pague-me o que me deve!'
29 "Então o seu conservo caiu de joelhos e implorou-lhe: 'Tenha
paciência comigo, e eu pagarei a você'.
30 "Mas ele não quis. Antes, saiu e mandou lançá-lo na prisão,
até que pagasse a dívida. 31 Quando os outros servos, compa-
nheiros dele, viram o que havia acontecido, ficaram muito tristes
e foram contar ao seu senhor tudo o que havia acontecido.
32 "Então o senhor chamou o servo e disse: 'Servo mau, can-
celei toda a sua dívida porque você me implorou. 33 Você não
devia ter tido misericórdia do seu conservo como eu tive de
você?' 34 Irado, seu senhor entregou-o aos torturadores, até
que pagasse tudo o que devia.
35 "Assim também fará meu Pai celestial a vocês se cada um de
vocês não perdoar de coração a seu irmão".

19 A Questão do Divórcio
(Mc 10.1-12)

1 Quando acabou de dizer essas coisas, Jesus saiu da Galileia e
foi para a região da Judeia, no outro lado do Jordão. 2 Grandes
multidões o seguiam, e ele as curou ali.

---

[a] **17.27** Grego: *Estáter*.
[b] **18.11** Vários manuscritos não trazem o versículo 11.
[c] **18.15** Alguns manuscritos não trazem *contra você*.
[d] **18.16** Dt 19.15
[e] **18.18** Ou *será ligado ... será desligado*
[f] **18.22** Ou *77*
[g] **18.24** Grego: *10.000 talentos*. O talento equivalia a 35 quilos.
[h] **18.28** O denário era uma moeda de prata equivalente à diária de um trabalhador braçal.

3 Alguns fariseus aproximaram-se dele para pô-lo à prova. E
perguntaram-lhe: “É permitido ao homem divorciar-se de sua
mulher por qualquer motivo?”
4 Ele respondeu: “Vocês não leram que, no princípio, o Criador
‘os fez homem e mulher’[a] 5 e disse: ‘Por essa razão, o homem
deixará pai e mãe e se unirá à sua mulher, e os dois se tornarão
uma só carne’[b]? 6 Assim, eles já não são dois, mas sim uma só
carne. Portanto, o que Deus uniu, ninguém separe”.
7 Perguntaram eles: “Então, por que Moisés mandou dar uma
certidão de divórcio à mulher e mandá-la embora?”
8 Jesus respondeu: “Moisés permitiu que vocês se divorciassem
de suas mulheres por causa da dureza de coração de vocês.
Mas não foi assim desde o princípio. 9 Eu digo que todo aquele
que se divorciar de sua mulher, exceto por imoralidade sexual[c],
e se casar com outra mulher, estará cometendo adultério”.
10 Os discípulos lhe disseram: “Se esta é a situação entre o
homem e sua mulher, é melhor não casar”.
11 Jesus respondeu: “Nem todos têm condições de aceitar esta
palavra; somente aqueles a quem isso é dado. 12 Alguns são
eunucos porque nasceram assim; outros foram feitos assim
pelos homens; outros ainda se fizeram eunucos[d] por causa do
Reino dos céus. Quem puder aceitar isso, aceite”.

Jesus e as Crianças
(Mc 10.13-16; Lc 18.15-17)

13 Depois trouxeram crianças a Jesus, para que lhes impusesse
as mãos e orasse por elas. Mas os discípulos os repreendiam.
14 Então disse Jesus: “Deixem vir a mim as crianças e não as
impeçam; pois o Reino dos céus pertence aos que são seme-
lhantes a elas”. 15 Depois de lhes impor as mãos, partiu dali.

O Jovem Rico
(Mc 10.17-31; Lc 18.18-30)

16 Eis que alguém se aproximou de Jesus e lhe perguntou:
“Mestre, que farei de bom para ter a vida eterna?”
17 Respondeu-lhe Jesus: “Por que você me pergunta sobre o
que é bom? Há somente um que é bom. Se você quer entrar na
vida, obedeça aos mandamentos”.
18 “Quais?”, perguntou ele. Jesus respondeu: “ ‘Não matarás,
não adulterarás, não furtarás, não darás falso testemunho,
19 honra teu pai e tua mãe’[e] e ‘Amarás o teu próximo como
a ti mesmo’[f]”.
20 Disse-lhe o jovem: “A tudo isso tenho obedecido. O que me
falta ainda?”
21 Jesus respondeu: “Se você quer ser perfeito, vá, venda os
seus bens e dê o dinheiro aos pobres, e você terá um tesouro
nos céus. Depois, venha e siga-me”.
22 Ouvindo isso, o jovem afastou-se triste, porque tinha muitas
riquezas.
23 Então Jesus disse aos discípulos: “Digo a verdade: Dificil-
mente um rico entrará no Reino dos céus. 24 E digo ainda: É
mais fácil passar um camelo pelo fundo de uma agulha do que
um rico entrar no Reino de Deus”.
25 Ao ouvirem isso, os discípulos ficaram perplexos e pergun-
taram: “Neste caso, quem pode ser salvo?”
26 Jesus olhou para eles e respondeu: “Para o homem é impos-
sível, mas para Deus todas as coisas são possíveis”.
27 Então Pedro lhe respondeu: “Nós deixamos tudo para se-
guir-te! Que será de nós?”
28 Jesus lhes disse: “Digo a vocês a verdade: Por ocasião da re-
generação de todas as coisas, quando o Filho do homem se as-
sentar em seu trono glorioso, vocês que me seguiram também
se assentarão em doze tronos, para julgar as doze tribos de
Israel. 29 E todos os que tiverem deixado casas, irmãos, irmãs,
pai, mãe[g], filhos ou campos, por minha causa, receberão cem
vezes mais e herdarão a vida eterna. 30 Contudo, muitos pri-
meiros serão últimos, e muitos últimos serão primeiros.

20 A Parábola dos Trabalhadores na Vinha

1 “Pois o Reino dos céus é como um proprietário que saiu
de manhã cedo para contratar trabalhadores para a sua vinha.
2 Ele combinou pagar-lhes um denário[h] pelo dia e mandou-os
para a sua vinha.
3 “Por volta das nove horas da manhã[i], ele saiu e viu outros que
estavam desocupados na praça, 4 e lhes disse: ‘Vão também
trabalhar na vinha, e eu pagarei a vocês o que for justo’. 5 E
eles foram.
“Saindo outra vez, por volta do meio-dia e das três horas da
tarde[j], fez a mesma coisa. 6 Saindo por volta das cinco horas
da tarde[k], encontrou ainda outros que estavam desocupados
e lhes perguntou: ‘Por que vocês estiveram aqui desocupados
o dia todo?’ 7 ‘Porque ninguém nos contratou’, responderam
eles. “Ele lhes disse: ‘Vão vocês também trabalhar na vinha’.
8 “Ao cair da tarde, o dono da vinha disse a seu administrador:
‘Chame os trabalhadores e pague-lhes o salário, começando
com os últimos contratados e terminando nos primeiros’.
9 “Vieram os trabalhadores contratados por volta das cinco
horas da tarde, e cada um recebeu um denário. 10 Quando
vieram os que tinham sido contratados primeiro, esperavam
receber mais. Mas cada um deles também recebeu um denário.
11 Quando o receberam, começaram a se queixar do proprie-
tário da vinha, 12 dizendo-lhe: ‘Estes homens contratados por
último trabalharam apenas uma hora, e o senhor os igualou
a nós, que suportamos o peso do trabalho e o calor do dia’.

a 19.4 Gn 1.27
b 19.5 Gn 2.24
c 19.9 Grego: *porneia*; termo genérico que se refere a práticas sexuais ilícitas.
d 19.12 Ou *renunciaram ao casamento*
e 19.19 Êx 20.12-16; Dt 5.16-20
f 19.19 Lv 19.18
g 19.29 Alguns manuscritos acrescentam *ou mulher*.
h 20.2 O denário era uma moeda de prata equivalente à diária de um trabalhador braçal; também nos versículos 9, 10 e 13.
i 20.3 Grego: *da hora terceira*.
j 20.5 Grego: *da hora sexta e da hora nona*.
k 20.6 Grego: *da décima primeira hora*; também no versículo 9.

13 “Mas ele respondeu a um deles: ‘Amigo, não estou sendo
injusto com você. Você não concordou em trabalhar por um
denário? 14 Receba o que é seu e vá. Eu quero dar ao que foi
contratado por último o mesmo que dei a você. 15 Não tenho o
direito de fazer o que quero com o meu dinheiro? Ou você está
com inveja porque sou generoso?’
16 “Assim, os últimos serão primeiros, e os primeiros serão
últimos”[a].

Jesus Prediz Novamente sua Morte e Ressurreição
(Mc 10.32-34; Lc 18.31-34)

17 Enquanto estava subindo para Jerusalém, Jesus chamou
em particular os doze discípulos e lhes disse: 18 “Estamos su-
bindo para Jerusalém, e o Filho do homem será entregue aos
chefes dos sacerdotes e aos mestres da lei. Eles o condenarão
à morte 19 e o entregarão aos gentios[b] para que zombem dele,
o açoitem e o crucifiquem. No terceiro dia ele ressuscitará!”

O Pedido de uma Mãe
(Mc 10.35-45)

20 Então, aproximou-se de Jesus a mãe dos filhos de Zebedeu
com seus filhos e, prostrando-se, fez-lhe um pedido.
21 “O que você quer?”, perguntou ele. Ela respondeu: “Declara
que no teu Reino estes meus dois filhos se assentarão um à tua
direita e o outro à tua esquerda”.
22 Disse-lhes Jesus: “Vocês não sabem o que estão pedindo.
Podem vocês beber o cálice que eu vou beber?” “Podemos”,
responderam eles.
23 Jesus lhes disse: “Certamente vocês beberão do meu cálice;
mas o assentar-se à minha direita ou à minha esquerda não
cabe a mim conceder. Esses lugares pertencem àqueles para
quem foram preparados por meu Pai”.
24 Quando os outros dez ouviram isso, ficaram indignados com
os dois irmãos. 25 Jesus os chamou e disse: “Vocês sabem que
os governantes das nações as dominam, e as pessoas impor-
tantes exercem poder sobre elas. 26 Não será assim entre
vocês. Ao contrário, quem quiser tornar-se importante entre
vocês deverá ser servo, 27 e quem quiser ser o primeiro deverá
ser escravo; 28 como o Filho do homem, que não veio para
ser servido, mas para servir e dar a sua vida em resgate por
muitos”.

Dois Cegos Recuperam a Visão
(Mc 10.46-52; Lc 18.35-43)

29 Ao saírem de Jericó, uma grande multidão seguiu Jesus.
30 Dois cegos estavam sentados à beira do caminho e, quando
ouviram falar que Jesus estava passando, puseram-se a gritar:
“Senhor, Filho de Davi, tem misericórdia de nós!”
31 A multidão os repreendeu para que ficassem quietos, mas
eles gritavam ainda mais: “Senhor, Filho de Davi, tem mise-
ricórdia de nós!”
32 Jesus, parando, chamou-os e perguntou-lhes: “O que vocês
querem que eu faça?”
33 Responderam eles: “Senhor, queremos que se abram os
nossos olhos”.
34 Jesus teve compaixão deles e tocou nos olhos deles. Imedia-
tamente eles recuperaram a visão e o seguiram.

21 A Entrada Triunfal
(Mc 11.1-11; Lc 19.28-40; Jo 12.12-19)

1 Quando se aproximaram de Jerusalém e chegaram a Betfagé,
ao monte das Oliveiras, Jesus enviou dois discípulos, 2 dizen-
do-lhes: “Vão ao povoado que está adiante de vocês; logo
encontrarão uma jumenta amarrada, com um jumentinho ao
lado. Desamarrem-nos e tragam-nos para mim. 3 Se alguém
perguntar algo, digam-lhe que o Senhor precisa deles e logo
os enviará de volta”.
4 Isso aconteceu para que se cumprisse o que fora dito pelo
profeta:
5 “Digam à cidade[c] de Sião: ‘Eis que o seu rei vem a você,
humilde e montado num jumento, num jumentinho, cria de
jumenta’[d]”.
6 Os discípulos foram e fizeram o que Jesus tinha ordenado.
7 Trouxeram a jumenta e o jumentinho, colocaram sobre eles
os seus mantos, e sobre estes Jesus montou. 8 Uma grande
multidão estendeu seus mantos pelo caminho, outros cortavam
ramos de árvores e os espalhavam pelo caminho. 9 A multidão
que ia adiante dele e os que o seguiam gritavam: “Hosana[e]
ao Filho de Davi!”
“Bendito é o que vem em nome do Senhor!”[f] “Hosana nas al-
turas!”
10 Quando Jesus entrou em Jerusalém, toda a cidade ficou agi-
tada e perguntava: “Quem é este?”
11 A multidão respondia: “Este é Jesus, o profeta de Nazaré
da Galileia”.

Jesus Purifica o Templo
(Mc 11.15-19; Lc 19.45-48)

12 Jesus entrou no templo e expulsou todos os que ali estavam
comprando e vendendo. Derrubou as mesas dos cambistas e
as cadeiras dos que vendiam pombas, 13 e lhes disse: “Está
escrito: ‘A minha casa será chamada casa de oração’[g]; mas
vocês estão fazendo dela um ‘covil de ladrões’[h]”.
14 Os cegos e os mancos aproximaram-se dele no templo, e
ele os curou. 15 Mas, quando os chefes dos sacerdotes e os
mestres da lei viram as coisas maravilhosas que Jesus fazia
e as crianças gritando no templo: “Hosana ao Filho de Davi”,
ficaram indignados, 16 e lhe perguntaram: “Não estás ouvindo

---

[a] **20.16** Alguns manuscritos acrescentam *Porque muitos são chamados, mas poucos escolhidos.*
[b] **20.19** Isto é, os que não são judeus.

[c] **21.5** Grego: *filha.*
[d] **21.5** Zc 9.9
[e] **21.9** Expressão hebraica que significa *"Salve!"*, e que se tornou uma exclamação de louvor; também no versículo 15.
[f] **21.9** Sl 118.26
[g] **21.13** Is 56.7
[h] **21.13** Jr 7.11

o que estas crianças estão dizendo?" Respondeu Jesus: "Sim,
vocês nunca leram: 'Dos lábios das crianças e dos recém-nas-
cidos suscitaste louvor'[a]"?
17 E, deixando-os, saiu da cidade para Betânia, onde passou
a noite.

A Figueira Seca
(Mc 11.20-25)

18 De manhã cedo, quando voltava para a cidade, Jesus teve
fome. 19 Vendo uma figueira à beira do caminho, aproximou-se
dela, mas nada encontrou, a não ser folhas. Então lhe disse:
"Nunca mais dê frutos!" Imediatamente a árvore secou.
20 Ao verem isso, os discípulos ficaram espantados e pergun-
taram: "Como a figueira secou tão depressa?"
21 Jesus respondeu: "Eu asseguro que, se vocês tiverem fé e
não duvidarem, poderão fazer não somente o que foi feito à fi-
gueira, mas também dizer a este monte: 'Levante-se e atire-se
no mar', e assim será feito. 22 E tudo o que pedirem em oração,
se crerem, vocês receberão".

A Autoridade de Jesus é Questionada
(Mc 11.27-33; Lc 20.1-8)

23 Jesus entrou no templo e, enquanto ensinava, aproxima-
ram-se dele os chefes dos sacerdotes e os líderes religiosos do
povo e perguntaram: "Com que autoridade estás fazendo estas
coisas? E quem te deu tal autoridade?"
24 Respondeu Jesus: "Eu também farei uma pergunta. Se vocês
me responderem, eu direi com que autoridade estou fazendo
estas coisas. 25 De onde era o batismo de João? Do céu ou
dos homens?"
Eles discutiam entre si, dizendo: "Se dissermos: Do céu, ele
perguntará: 'Então por que vocês não creram nele?' 26 Mas,
se dissermos: Dos homens — temos medo do povo, pois todos
consideram João um profeta".
27 Eles responderam a Jesus: "Não sabemos".
E ele lhes disse: "Tampouco direi com que autoridade estou
fazendo estas coisas.

A Parábola dos Dois Filhos

28 "O que acham? Havia um homem que tinha dois filhos. Che-
gando ao primeiro, disse: 'Filho, vá trabalhar hoje na vinha'.
29 "E este respondeu: 'Não quero!' Mas depois mudou de ideia
e foi.
30 "O pai chegou ao outro filho e disse a mesma coisa. Ele
respondeu: 'Sim, senhor!' Mas não foi.
31 "Qual dos dois fez a vontade do pai?" "O primeiro", res-
ponderam eles.
Jesus lhes disse: "Digo a verdade: Os publicanos e as pros-
titutas estão entrando antes de vocês no Reino de Deus.
32 Porque João veio para mostrar o caminho da justiça, e vocês
não creram nele, mas os publicanos e as prostitutas creram.
E, mesmo depois de verem isso, vocês não se arrependeram
nem creram nele.

A Parábola dos Lavradores
(Mc 12.1-12; Lc 20.9-19)

33 "Ouçam outra parábola: Havia um proprietário de terras que
plantou uma vinha. Colocou uma cerca ao redor dela, cavou
um tanque para prensar as uvas e construiu uma torre. Depois
arrendou a vinha a alguns lavradores e foi fazer uma viagem.
34 Aproximando-se a época da colheita, enviou seus servos aos
lavradores, para receber os frutos que lhe pertenciam.
35 "Os lavradores agarraram seus servos; a um espancaram, a
outro mataram e apedrejaram o terceiro. 36 Então enviou-lhes
outros servos em maior número, e os lavradores os trataram
da mesma forma. 37 Por último, enviou-lhes seu filho, dizendo:
'A meu filho respeitarão'.
38 "Mas, quando os lavradores viram o filho, disseram uns aos
outros: 'Este é o herdeiro. Venham, vamos matá-lo e tomar a
sua herança'. 39 Assim eles o agarraram, lançaram-no para fora
da vinha e o mataram.
40 "Portanto, quando vier o dono da vinha, o que fará àqueles
lavradores?"
41 Responderam eles: "Matará de modo horrível esses per-
versos e arrendará a vinha a outros lavradores, que lhe deem
a sua parte no tempo da colheita".
42 Jesus lhes disse: "Vocês nunca leram isto nas Escrituras? 'A
pedra que os construtores rejeitaram tornou-se a pedra an-
gular; isso vem do Senhor, e é algo maravilhoso para nós'[b].
43 "Portanto, eu digo que o Reino de Deus será tirado de vocês
e será dado a um povo que dê os frutos do Reino. 44 Aquele que
cair sobre esta pedra será despedaçado, e aquele sobre quem
ela cair será reduzido a pó".[c]
45 Quando os chefes dos sacerdotes e os fariseus ouviram as
parábolas de Jesus, compreenderam que ele falava a respeito
deles. 46 E procuravam um meio de prendê-lo; mas tinham
medo das multidões, pois elas o consideravam profeta.

22 A Parábola do Banquete de Casamento
(Lc 14.15-24)

1 Jesus lhes falou novamente por parábolas, dizendo: 2 "O
Reino dos céus é como um rei que preparou um banquete de
casamento para seu filho. 3 Enviou seus servos aos que tinham
sido convidados para o banquete, dizendo-lhes que viessem;
mas eles não quiseram vir.
4 "De novo enviou outros servos e disse: 'Digam aos que foram
convidados que preparei meu banquete: meus bois e meus no-
vilhos gordos foram abatidos, e tudo está preparado. Venham
para o banquete de casamento!'
5 "Mas eles não lhes deram atenção e saíram, um para o seu
campo, outro para os seus negócios. 6 Os restantes, agarrando
os servos, maltrataram-nos e os mataram. 7 O rei ficou irado e,

[a] 21.16 Sl 8.2

[b] 21.42 Sl 118.22,23.

[c] 21.44 Muitos manuscritos não trazem o versículo 44.

enviando o seu exército, destruiu aqueles assassinos e queimou
a cidade deles.
8 "Então disse a seus servos: 'O banquete de casamento está
pronto, mas os meus convidados não eram dignos. 9 Vão às
esquinas e convidem para o banquete todos os que vocês en-
contrarem'. 10 Então os servos saíram para as ruas e reuniram
todas as pessoas que puderam encontrar, gente boa e gente
má, e a sala do banquete de casamento ficou cheia de con-
vidados.
11 "Mas, quando o rei entrou para ver os convidados, notou
ali um homem que não estava usando veste nupcial. 12 E lhe
perguntou: 'Amigo, como você entrou aqui sem veste nupcial?'
O homem emudeceu.
13 "Então o rei disse aos que serviam: 'Amarrem-lhe as mãos
e os pés, e lancem-no para fora, nas trevas; ali haverá choro
e ranger de dentes'.
14 "Pois muitos são chamados, mas poucos são escolhidos".

O Pagamento de Imposto a César
(Mc 12.13-17; Lc 20.20-26)

15 Então os fariseus saíram e começaram a planejar um meio
de enredá-lo em suas próprias palavras. 16 Enviaram-lhe seus
discípulos junto com os herodianos, que lhe disseram: "Mestre,
sabemos que és íntegro e que ensinas o caminho de Deus con-
forme a verdade. Tu não te deixas influenciar por ninguém,
porque não te prendes à aparência dos homens. 17 Dize-nos,
pois: Qual é a tua opinião? É certo pagar imposto a César ou
não?"
18 Mas Jesus, percebendo a má intenção deles, perguntou:
"Hipócritas! Por que vocês estão me pondo à prova? 19 Mos-
trem-me a moeda usada para pagar o imposto". Eles lhe mos-
traram um denário[a], 20 e ele lhes perguntou: "De quem é esta
imagem e esta inscrição?"
21 "De César", responderam eles. E ele lhes disse: "Então,
deem[b] a César o que é de César e a Deus o que é de Deus".
22 Ao ouvirem isso, eles ficaram admirados; e, deixando-o,
retiraram-se.

A Realidade da Ressurreição
(Mc 12.18-27; Lc 20.27-40)

23 Naquele mesmo dia, os saduceus, que dizem que não há
ressurreição, aproximaram-se dele com a seguinte questão:
24 "Mestre, Moisés disse que, se um homem morrer sem deixar
filhos, seu irmão deverá casar-se com a viúva e dar-lhe descen-
dência. 25 Entre nós havia sete irmãos. O primeiro casou-se e
morreu. Como não teve filhos, deixou a mulher para seu irmão.
26 A mesma coisa aconteceu com o segundo, com o terceiro,
até o sétimo. 27 Finalmente, depois de todos, morreu a mulher.
28 Pois bem, na ressurreição, de qual dos sete ela será esposa,
visto que todos foram casados com ela?"
29 Jesus respondeu: "Vocês estão enganados porque não co-
nhecem as Escrituras nem o poder de Deus! 30 Na ressurreição,
as pessoas não se casam nem são dadas em casamento; mas
são como os anjos no céu. 31 E quanto à ressurreição dos
mortos, vocês não leram o que Deus disse: 32 'Eu sou o Deus
de Abraão, o Deus de Isaque e o Deus de Jacó'[c]? Ele não é Deus
de mortos, mas de vivos!"
33 Ouvindo isso, a multidão ficou admirada com o seu ensino.

O Maior Mandamento
(Mc 12.28-34)

34 Ao ouvirem dizer que Jesus havia deixado os saduceus sem
resposta, os fariseus se reuniram. 35 Um deles, perito na lei,
o pôs à prova com esta pergunta: 36 "Mestre, qual é o maior
mandamento da Lei?"
37 Respondeu Jesus: " 'Ame o Senhor, o seu Deus de todo o seu
coração, de toda a sua alma e de todo o seu entendimento'[d].
38 Este é o primeiro e maior mandamento. 39 E o segundo é
semelhante a ele: 'Ame o seu próximo como a si mesmo'[e].
40 Destes dois mandamentos dependem toda a Lei e os Pro-
fetas".

O Cristo é Senhor de Davi
(Mc 12.35-37; Lc 20.41-44)

41 Estando os fariseus reunidos, Jesus lhes perguntou: 42 "O
que vocês pensam a respeito do Cristo? De quem ele é filho?"
"É filho de Davi", responderam eles.
43 Ele lhes disse: "Então, como é que Davi, falando pelo Espí-
rito, o chama 'Senhor'? Pois ele afirma:
44 " 'O Senhor disse ao meu Senhor: Senta-te à minha direita,
até que eu ponha os teus inimigos debaixo de teus pés '[f].
45 Se, pois, Davi o chama 'Senhor', como pode ser ele seu
filho?" 46 Ninguém conseguia responder-lhe uma palavra; e
daquele dia em diante, ninguém jamais se atreveu a lhe fazer
perguntas.

23 Jesus Condena a Hipocrisia dos Fariseus e dos Mestres da Lei

1 Então, Jesus disse à multidão e aos seus discípulos: 2 "Os
mestres da lei e os fariseus se assentam na cadeira de Moisés.
3 Obedeçam-lhes e façam tudo o que eles dizem a vocês. Mas
não façam o que eles fazem, pois não praticam o que pregam.
4 Eles atam fardos pesados e os colocam sobre os ombros dos
homens, mas eles mesmos não estão dispostos a levantar um
só dedo para movê-los.
5 "Tudo o que fazem é para serem vistos pelos homens. Eles
fazem seus filactérios[g] bem largos e as franjas de suas vestes
bem longas; 6 gostam do lugar de honra nos banquetes e dos

[a] **22.19** O denário era uma moeda de prata equivalente à diária de um trabalhador braçal.
[b] **22.21** Ou *devolvam*

[c] **22.32** Êx 3.6
[d] **22.37** Dt 6.5
[e] **22.39** Lv 19.18
[f] **22.44** Sl 110.1
[g] **23.5** Isto é, tefilins, pequenas caixas que continham textos bíblicos, presas na testa e nos braços.

assentos mais importantes nas sinagogas, 7 de serem saudados
nas praças e de serem chamados mestres[a].
8 "Mas vocês não devem ser chamados mestres; um só é o
Mestre de vocês, e todos vocês são irmãos. 9 A ninguém na
terra chamem 'pai', porque vocês só têm um Pai, aquele
que está nos céus. 10 Tampouco vocês devem ser chamados
'chefes', porquanto vocês têm um só Chefe, o Cristo. 11 O
maior entre vocês deverá ser servo. 12 Pois todo aquele que
a si mesmo se exaltar será humilhado, e todo aquele que a si
mesmo se humilhar será exaltado.
13 "Ai de vocês, mestres da lei e fariseus, hipócritas! Vocês fe-
cham o Reino dos céus diante dos homens! Vocês mesmos não
entram, nem deixam entrar aqueles que gostariam de fazê-lo.
14 "Ai de vocês, mestres da lei e fariseus, hipócritas! Vocês
devoram as casas das viúvas e, para disfarçar, fazem longas
orações. Por isso serão castigados mais severamente.[b]
15 "Ai de vocês, mestres da lei e fariseus, hipócritas, porque
percorrem terra e mar para fazer um convertido e, quando
conseguem, vocês o tornam duas vezes mais filho do inferno
do que vocês.
16 "Ai de vocês, guias cegos!, pois dizem: 'Se alguém jurar pelo
santuário, isto nada significa; mas, se alguém jurar pelo ouro
do santuário, está obrigado por seu juramento'. 17 Cegos in-
sensatos! Que é mais importante: o ouro ou o santuário que
santifica o ouro? 18 Vocês também dizem: 'Se alguém jurar pelo
altar, isto nada significa; mas, se alguém jurar pela oferta que
está sobre ele, está obrigado por seu juramento'. 19 Cegos! Que
é mais importante: a oferta, ou o altar que santifica a oferta?
20 Portanto, aquele que jurar pelo altar jura por ele e por tudo
o que está sobre ele. 21 E o que jurar pelo santuário jura por
ele e por aquele que nele habita. 22 E aquele que jurar pelos
céus jura pelo trono de Deus e por aquele que nele se assenta.
23 "Ai de vocês, mestres da lei e fariseus, hipócritas! Vocês
dão o dízimo da hortelã, do endro e do cominho, mas têm
negligenciado os preceitos mais importantes da lei: a justiça, a
misericórdia e a fidelidade. Vocês devem praticar estas coisas,
sem omitir aquelas. 24 Guias cegos! Vocês coam um mosquito
e engolem um camelo.
25 "Ai de vocês, mestres da lei e fariseus, hipócritas! Vocês
limpam o exterior do copo e do prato, mas por dentro eles
estão cheios de ganância e cobiça. 26 Fariseu cego! Limpe
primeiro o interior do copo e do prato, para que o exterior
também fique limpo.
27 "Ai de vocês, mestres da lei e fariseus, hipócritas! Vocês são
como sepulcros caiados: bonitos por fora, mas por dentro estão
cheios de ossos e de todo tipo de imundície. 28 Assim são vocês:
por fora parecem justos ao povo, mas por dentro estão cheios
de hipocrisia e maldade.
29 "Ai de vocês, mestres da lei e fariseus, hipócritas! Vocês edi-
ficam os túmulos dos profetas e adornam os monumentos dos
justos. 30 E dizem: 'Se tivéssemos vivido no tempo dos nossos
antepassados, não teríamos tomado parte com eles no der-
ramamento do sangue dos profetas'. 31 Assim, testemunham
contra vocês mesmos que são descendentes dos que assas-
sinaram os profetas. 32 Acabem, pois, de encher a medida do
pecado dos seus antepassados!
33 "Serpentes! Raça de víboras! Como vocês escaparão da
condenação ao inferno? 34 Por isso, eu estou enviando pro-
fetas, sábios e mestres. A uns vocês matarão e crucificarão; a
outros açoitarão nas sinagogas de vocês e perseguirão de ci-
dade em cidade. 35 E, assim, sobre vocês recairá todo o sangue
justo derramado na terra, desde o sangue do justo Abel, até o
sangue de Zacarias, filho de Baraquias, a quem vocês assassi-
naram entre o santuário e o altar. 36 Eu asseguro que tudo isso
sobrevirá a esta geração.
37 "Jerusalém, Jerusalém, você, que mata os profetas e ape-
dreja os que são enviados a você! Quantas vezes eu quis re-
unir os seus filhos, como a galinha reúne os seus pintinhos
debaixo das suas asas, mas vocês não quiseram. 38 Eis que a
casa de vocês ficará deserta. 39 Pois eu digo que vocês não me
verão mais, até que digam: 'Bendito é o que vem em nome
do Senhor'[c]".

24 O Sinal do Fim dos Tempos
(Mc 13.1-31; Lc 21.5-37)

1 Jesus saiu do templo e, enquanto caminhava, seus discípulos
aproximaram-se dele para lhe mostrar as construções do
templo. 2 "Vocês estão vendo tudo isto?", perguntou ele. "Eu
garanto que não ficará aqui pedra sobre pedra; serão todas
derrubadas".
3 Tendo Jesus se assentado no monte das Oliveiras, os discí-
pulos dirigiram-se a ele em particular e disseram: "Dize-nos,
quando acontecerão essas coisas? E qual será o sinal da tua
vinda e do fim dos tempos?"
4 Jesus respondeu: "Cuidado, que ninguém os engane. 5 Pois
muitos virão em meu nome, dizendo: 'Eu sou o Cristo!' e enga-
narão a muitos. 6 Vocês ouvirão falar de guerras e rumores de
guerras, mas não tenham medo. É necessário que tais coisas
aconteçam, mas ainda não é o fim. 7 Nação se levantará contra
nação, e reino contra reino. Haverá fomes e terremotos em
vários lugares. 8 Tudo isso será o início das dores.
9 "Então eles os entregarão para serem perseguidos e conde-
nados à morte, e vocês serão odiados por todas as nações por
minha causa. 10 Naquele tempo, muitos ficarão escandalizados,
trairão e odiarão uns aos outros, 11 e numerosos falsos profetas
surgirão e enganarão a muitos. 12 Devido ao aumento da mal-
dade, o amor de muitos esfriará, 13 mas aquele que perseverar
até o fim será salvo. 14 E este evangelho do Reino será pregado
em todo o mundo como testemunho a todas as nações, e então
virá o fim.
15 "Assim, quando vocês virem 'o sacrilégio terrível'[d], do qual
falou o profeta Daniel, no Lugar Santo — quem lê, entenda —

a 23.7 Isto é, rabis.
b 23.14 Vários manuscritos não trazem o versículo 14.
c 23.39 Sl 118.26
d 24.15 Dn 9.27; 11.31; 12.11

16 então, os que estiverem na Judeia fujam para os montes.
17 Quem estiver no telhado de sua casa não desça para tirar
dela coisa alguma. 18 Quem estiver no campo não volte para
pegar seu manto. 19 Como serão terríveis aqueles dias para
as grávidas e para as que estiverem amamentando! 20 Orem
para que a fuga de vocês não aconteça no inverno nem no
sábado. 21 Porque haverá então grande tribulação, como nunca
houve desde o princípio do mundo até agora, nem jamais ha-
verá. 22 Se aqueles dias não fossem abreviados, ninguém so-
breviveria[a]; mas, por causa dos eleitos, aqueles dias serão
abreviados. 23 Se, então, alguém disser: 'Vejam, aqui está o
Cristo!' ou: 'Ali está ele!', não acreditem. 24 Pois aparecerão
falsos cristos e falsos profetas que realizarão grandes sinais e
maravilhas para, se possível, enganar até os eleitos. 25 Vejam
que eu os avisei antecipadamente.
26 "Assim, se alguém disser: 'Ele está lá, no deserto!', não
saiam; ou: 'Ali está ele, dentro da casa!', não acreditem.
27 Porque assim como o relâmpago sai do Oriente e se mostra
no Ocidente, assim será a vinda do Filho do homem. 28 Onde
houver um cadáver, aí se ajuntarão os abutres.
29 "Imediatamente após a tribulação daqueles dias 'o sol es-
curecerá, e a lua não dará a sua luz; as estrelas cairão do céu,
e os poderes celestes serão abalados'[b].
30 "Então aparecerá no céu o sinal do Filho do homem, e todas
as nações da terra se lamentarão e verão o Filho do homem
vindo nas nuvens do céu com poder e grande glória. 31 E ele
enviará os seus anjos com grande som de trombeta, e estes
reunirão os seus eleitos dos quatro ventos, de uma a outra
extremidade dos céus.
32 "Aprendam a lição da figueira: quando seus ramos se re-
novam e suas folhas começam a brotar, vocês sabem que o
verão está próximo. 33 Assim também, quando virem todas
estas coisas, saibam que ele está próximo, às portas. 34 Eu
asseguro a vocês que não passará esta geração até que todas
estas coisas aconteçam. 35 Os céus e a terra passarão, mas as
minhas palavras jamais passarão.

O Dia e a Hora São Desconhecidos
(Mc 13.32-37)

36 "Quanto ao dia e à hora ninguém sabe, nem os anjos dos
céus, nem o Filho[c], senão somente o Pai. 37 Como foi nos dias
de Noé, assim também será na vinda do Filho do homem.
38 Pois nos dias anteriores ao Dilúvio, o povo vivia comendo e
bebendo, casando-se e dando-se em casamento, até o dia em
que Noé entrou na arca; 39 e eles nada perceberam, até que
veio o Dilúvio e os levou a todos. Assim acontecerá na vinda do
Filho do homem. 40 Dois homens estarão no campo: um será
levado e o outro deixado. 41 Duas mulheres estarão trabalhando
num moinho: uma será levada e a outra deixada.
42 "Portanto, vigiem, porque vocês não sabem em que dia virá
o seu Senhor. 43 Mas entendam isto: se o dono da casa sou-
besse a que hora da noite o ladrão viria, ele ficaria de guarda
e não deixaria que a sua casa fosse arrombada. 44 Assim, vocês
também precisam estar preparados, porque o Filho do homem
virá numa hora em que vocês menos esperam.
45 "Quem é, pois, o servo fiel e sensato, a quem seu senhor en-
carrega dos demais servos de sua casa para lhes dar alimento
no tempo devido? 46 Feliz o servo que seu senhor encontrar
fazendo assim quando voltar. 47 Garanto que ele o encarregará
de todos os seus bens. 48 Mas suponham que esse servo seja
mau e diga a si mesmo: 'Meu senhor está demorando', 49 e
então comece a bater em seus conservos e a comer e a beber
com os beberrões. 50 O senhor daquele servo virá num dia em
que ele não o espera e numa hora que não sabe. 51 Ele o punirá
severamente[d] e lhe dará lugar com os hipócritas, onde haverá
choro e ranger de dentes.

25 A Parábola das Dez Virgens

"O Reino dos céus será, pois, semelhante a dez virgens
que pegaram suas candeias e saíram para encontrar-se com o
noivo. 2 Cinco delas eram insensatas, e cinco eram prudentes.
3 As insensatas pegaram suas candeias, mas não levaram óleo.
4 As prudentes, porém, levaram óleo em vasilhas, junto com
suas candeias. 5 O noivo demorou a chegar, e todas ficaram
com sono e adormeceram.
6 "À meia-noite, ouviu-se um grito: 'O noivo se aproxima! Saiam
para encontrá-lo!'
7 "Então todas as virgens acordaram e prepararam suas can-
deias. 8 As insensatas disseram às prudentes: 'Deem-nos um
pouco do seu óleo, pois as nossas candeias estão se apa-
gando'.
9 "Elas responderam: 'Não, pois pode ser que não haja o su-
ficiente para nós e para vocês. Vão comprar óleo para vocês'.
10 "E saindo elas para comprar o óleo, chegou o noivo. As vir-
gens que estavam preparadas entraram com ele para o ban-
quete nupcial. E a porta foi fechada.
11 "Mais tarde vieram também as outras e disseram: 'Senhor!
Senhor! Abra a porta para nós!'
12 "Mas ele respondeu: 'A verdade é que não as conheço!'
13 "Portanto, vigiem, porque vocês não sabem o dia nem a
hora!

A Parábola dos Talentos

14 "E também será como um homem que, ao sair de viagem,
chamou seus servos e confiou-lhes os seus bens. 15 A um deu
cinco talentos[e], a outro dois, e a outro um; a cada um de
acordo com a sua capacidade. Em seguida partiu de viagem.
16 O que havia recebido cinco talentos saiu imediatamente,
aplicou-os, e ganhou mais cinco. 17 Também o que tinha dois
talentos ganhou mais dois. 18 Mas o que tinha recebido um ta-

[a] 24.22 Ou *seria salvo*
[b] 24.29 Is 13.10; 34.4
[c] 24.36 Alguns manuscritos não trazem *nem o Filho*.
[d] 24.51 Grego: *cortará ao meio*.
[e] 25.15 Um talento equivalia a 35 quilos; também no restante do capítulo.

lento saiu, cavou um buraco no chão e escondeu o dinheiro
do seu senhor.
19 "Depois de muito tempo o senhor daqueles servos voltou e
acertou contas com eles. 20 O que tinha recebido cinco talentos
trouxe os outros cinco e disse: 'O senhor me confiou cinco ta-
lentos; veja, eu ganhei mais cinco'.
21 "O senhor respondeu: 'Muito bem, servo bom e fiel! Você foi
fiel no pouco, eu o porei sobre o muito. Venha e participe da
alegria do seu senhor!'
22 "Veio também o que tinha recebido dois talentos e disse: 'O
senhor me confiou dois talentos; veja, eu ganhei mais dois'.
23 "O senhor respondeu: 'Muito bem, servo bom e fiel! Você foi
fiel no pouco, eu o porei sobre o muito. Venha e participe da
alegria do seu senhor!'
24 "Por fim, veio o que tinha recebido um talento e disse: 'Eu
sabia que o senhor é um homem severo, que colhe onde não
plantou e junta onde não semeou. 25 Por isso, tive medo, saí e
escondi o seu talento no chão. Veja, aqui está o que pertence
ao senhor'.
26 "O senhor respondeu: 'Servo mau e negligente! Você sabia
que eu colho onde não plantei e junto onde não semeei?
27 Então você devia ter confiado o meu dinheiro aos banqueiros,
para que, quando eu voltasse, o recebesse de volta com juros.
28 " 'Tirem o talento dele e entreguem-no ao que tem dez.
29 Pois a quem tem, mais será dado, e terá em grande quan-
tidade. Mas a quem não tem, até o que tem lhe será tirado.
30 E lancem fora o servo inútil, nas trevas, onde haverá choro
e ranger de dentes'.

O Julgamento das Nações

31 "Quando o Filho do homem vier em sua glória, com todos
os anjos, ele se assentará em seu trono na glória celestial.
32 Todas as nações serão reunidas diante dele, e ele sepa-
rará umas das outras como o pastor separa as ovelhas dos
bodes. 33 E colocará as ovelhas à sua direita e os bodes à sua
esquerda.
34 "Então o Rei dirá aos que estiverem à sua direita: 'Venham,
benditos de meu Pai! Recebam como herança o Reino que foi
preparado para vocês desde a criação do mundo. 35 Pois eu
tive fome, e vocês me deram de comer; tive sede, e vocês
me deram de beber; fui estrangeiro, e vocês me acolheram;
36 necessitei de roupas, e vocês me vestiram; estive enfermo,
e vocês cuidaram de mim; estive preso, e vocês me visitaram'.
37 "Então os justos lhe responderão: 'Senhor, quando te vimos
com fome e te demos de comer, ou com sede e te demos de
beber? 38 Quando te vimos como estrangeiro e te acolhemos,
ou necessitado de roupas e te vestimos? 39 Quando te vimos
enfermo ou preso e fomos te visitar?'
40 "O Rei responderá: 'Digo a verdade: O que vocês fizeram a
algum dos meus menores irmãos, a mim o fizeram'.
41 "Então ele dirá aos que estiverem à sua esquerda: 'Mal-
ditos, apartem-se de mim para o fogo eterno, preparado para
o Diabo e os seus anjos. 42 Pois eu tive fome, e vocês não me
deram de comer; tive sede, e nada me deram para beber; 43 fui
estrangeiro, e vocês não me acolheram; necessitei de roupas,
e vocês não me vestiram; estive enfermo e preso, e vocês não
me visitaram'.
44 "Eles também responderão: 'Senhor, quando te vimos com
fome ou com sede ou estrangeiro ou necessitado de roupas ou
enfermo ou preso, e não te ajudamos?'
45 "Ele responderá: 'Digo a verdade: O que vocês deixaram de
fazer a alguns destes mais pequeninos, também a mim dei-
xaram de fazê-lo'.
46 "E estes irão para o castigo eterno, mas os justos para a
vida eterna".

A Conspiração contra Jesus

26 Quando acabou de dizer essas coisas, Jesus disse aos
seus discípulos: 2 "Como vocês sabem, estamos a dois dias
da Páscoa, e o Filho do homem será entregue para ser cru-
cificado".
3 Naquela ocasião, os chefes dos sacerdotes e os líderes reli-
giosos do povo se reuniram no palácio do sumo sacerdote, cujo
nome era Caifás, 4 e juntos planejaram prender Jesus à traição
e matá-lo. 5 Mas diziam: "Não durante a festa, para que não
haja tumulto entre o povo".

Jesus é Ungido em Betânia
(Mc 14.3-9; Jo 12.1-8)

6 Estando Jesus em Betânia, na casa de Simão, o leproso,
7 aproximou-se dele uma mulher com um frasco de alabastro
contendo um perfume muito caro. Ela o derramou sobre a ca-
beça de Jesus quando ele se encontrava reclinado à mesa.
8 Os discípulos, ao verem isso, ficaram indignados e pergun-
taram: "Por que este desperdício? 9 Este perfume poderia ser
vendido por alto preço, e o dinheiro dado aos pobres".
10 Percebendo isso, Jesus lhes disse: "Por que vocês estão per-
turbando essa mulher? Ela praticou uma boa ação para comigo.
11 Pois os pobres vocês sempre terão consigo, mas a mim vocês
nem sempre terão. 12 Quando derramou este perfume sobre
o meu corpo, ela o fez a fim de me preparar para o sepulta-
mento. 13 Eu asseguro que em qualquer lugar do mundo inteiro
onde este evangelho for anunciado, também o que ela fez será
contado, em sua memória".

A Conspiração

14 Então, um dos Doze, chamado Judas Iscariotes, dirigiu-se aos
chefes dos sacerdotes 15 e lhes perguntou: "O que me darão se
eu o entregar a vocês?" E fixaram-lhe o preço: trinta moedas
de prata. 16 Desse momento em diante Judas passou a procurar
uma oportunidade para entregá-lo.

A Ceia do Senhor
(Mc 14.12-26; Lc 22.7-23; Jo 13.18-30)

17 No primeiro dia da Festa dos Pães sem Fermento, os discí-
pulos dirigiram-se a Jesus e lhe perguntaram: "Onde queres
que preparemos a refeição da Páscoa?"

18 Ele respondeu dizendo que entrassem na cidade, procu-
rassem um certo homem e lhe dissessem: "O Mestre diz: O
meu tempo está próximo. Vou celebrar a Páscoa com meus
discípulos em sua casa". 19 Os discípulos fizeram como Jesus
os havia instruído e prepararam a Páscoa.
20 Ao anoitecer, Jesus estava reclinado à mesa com os Doze.
21 E, enquanto estavam comendo, ele disse: "Digo que certa-
mente um de vocês me trairá".
22 Eles ficaram muito tristes e começaram a dizer-lhe, um após
outro: "Com certeza não sou eu, Senhor!"
23 Afirmou Jesus: "Aquele que comeu comigo do mesmo prato
há de me trair. 24 O Filho do homem vai, como está escrito a seu
respeito. Mas ai daquele que trai o Filho do homem! Melhor lhe
seria não haver nascido".
25 Então, Judas, que haveria de traí-lo, disse: "Com certeza não
sou eu, Mestre[a]!" Jesus afirmou: "Sim, é você"[b].
26 Enquanto comiam, Jesus tomou o pão, deu graças, partiu-o
e o deu aos seus discípulos, dizendo: "Tomem e comam; isto
é o meu corpo".
27 Em seguida tomou o cálice, deu graças e o ofereceu aos
discípulos, dizendo: "Bebam dele todos vocês. 28 Isto é o meu
sangue da aliança[c], que é derramado em favor de muitos, para
perdão de pecados. 29 Eu digo que, de agora em diante, não
beberei deste fruto da videira até aquele dia em que beberei o
vinho novo com vocês no Reino de meu Pai".
30 Depois de terem cantado um hino, saíram para o monte das
Oliveiras.

Jesus Prediz que Pedro o Negará
(Mc 14.27-31; Lc 22.31-34; Jo 13.36-38)

31 Então Jesus lhes disse: "Ainda esta noite todos vocês me
abandonarão. Pois está escrito: 'Ferirei o pastor, e as ovelhas
do rebanho serão dispersas'[d].
32 Mas, depois de ressuscitar, irei adiante de vocês para a Ga-
lileia".
33 Pedro respondeu: "Ainda que todos te abandonem, eu nunca
te abandonarei!"
34 Respondeu Jesus: "Asseguro que ainda esta noite, antes que
o galo cante, três vezes você me negará".
35 Mas Pedro declarou: "Mesmo que seja preciso que eu morra
contigo, nunca te negarei". E todos os outros discípulos dis-
seram o mesmo.

Jesus no Getsêmani
(Mc 14.32-42; Lc 22.39-46)

36 Então Jesus foi com seus discípulos para um lugar chamado
Getsêmani e lhes disse: "Sentem-se aqui enquanto vou ali
orar". 37 Levando consigo Pedro e os dois filhos de Zebedeu,
começou a entristecer-se e a angustiar-se. 38 Disse-lhes então:
"A minha alma está profundamente triste, numa tristeza
mortal. Fiquem aqui e vigiem comigo".
39 Indo um pouco mais adiante, prostrou-se com o rosto em
terra e orou: "Meu Pai, se for possível, afasta de mim este
cálice; contudo, não seja como eu quero, mas sim como tu
queres".
40 Depois, voltou aos seus discípulos e os encontrou dormindo.
"Vocês não puderam vigiar comigo nem por uma hora?", per-
guntou ele a Pedro. 41 "Vigiem e orem para que não caiam em
tentação. O espírito está pronto, mas a carne é fraca."
42 E retirou-se outra vez para orar: "Meu Pai, se não for possível
afastar de mim este cálice sem que eu o beba, faça-se a tua
vontade".
43 Quando voltou, de novo os encontrou dormindo, porque seus
olhos estavam pesados. 44 Então os deixou novamente e orou
pela terceira vez, dizendo as mesmas palavras.
45 Depois voltou aos discípulos e lhes disse: "Vocês ainda
dormem e descansam? Chegou a hora! Eis que o Filho do
homem está sendo entregue nas mãos de pecadores. 46 Le-
vantem-se e vamos! Aí vem aquele que me trai!"

Jesus é Preso
(Mc 14.43-50; Lc 22.47-53; Jo 18.1-11)

47 Enquanto ele ainda falava, chegou Judas, um dos Doze. Com
ele estava uma grande multidão armada de espadas e varas,
enviada pelos chefes dos sacerdotes e líderes religiosos do
povo. 48 O traidor havia combinado um sinal com eles, dizen-
do-lhes: "Aquele a quem eu saudar com um beijo, é ele; pren-
dam-no". 49 Dirigindo-se imediatamente a Jesus, Judas disse:
"Salve, Mestre!", e o beijou.
50 Jesus perguntou: "Amigo, o que o traz?"[e]
Então os homens se aproximaram, agarraram Jesus e o pren-
deram. 51 Um dos que estavam com Jesus, estendendo a mão,
puxou a espada e feriu o servo do sumo sacerdote, decepan-
do-lhe a orelha.
52 Disse-lhe Jesus: "Guarde a espada! Pois todos os que em-
punham a espada, pela espada morrerão. 53 Você acha que eu
não posso pedir a meu Pai, e ele não colocaria imediatamente
à minha disposição mais de doze legiões de anjos? 54 Como
então se cumpririam as Escrituras que dizem que as coisas
deveriam acontecer desta forma?"
55 Naquela hora, Jesus disse à multidão: "Estou eu chefiando
alguma rebelião, para que vocês venham prender-me com es-
padas e varas? Todos os dias eu estive ensinando no templo,
e vocês não me prenderam! 56 Mas tudo isso aconteceu para
que se cumprissem as Escrituras dos profetas". Então todos os
discípulos o abandonaram e fugiram.

Jesus diante do Sinédrio

57 Os que prenderam Jesus o levaram a Caifás, o sumo sacer-
dote, em cuja casa se haviam reunido os mestres da lei e os
líderes religiosos. 58 E Pedro o seguiu de longe até o pátio do

a 26.25 Isto é, Rabi; também no versículo 49.
b 26.25 Ou *"Você mesmo o disse!"*
c 26.28 Outros manuscritos trazem *da nova aliança*.
d 26.31 Zc 13.7
e 26.50 Ou *"Amigo, para que você veio?"*

sumo sacerdote, entrou e sentou-se com os guardas, para ver
o que aconteceria.
59 Os chefes dos sacerdotes e todo o Sinédrio[a] estavam procu-
rando um depoimento falso contra Jesus, para que pudessem
condená-lo à morte. 60 Mas nada encontraram, embora se
apresentassem muitas falsas testemunhas.
Finalmente se apresentaram duas 61 que declararam: "Este
homem disse: 'Sou capaz de destruir o santuário de Deus e
reconstruí-lo em três dias' ".
62 Então o sumo sacerdote levantou-se e disse a Jesus: "Você
não vai responder à acusação que estes fazem?" 63 Mas Jesus
permaneceu em silêncio.
O sumo sacerdote lhe disse: "Exijo que você jure pelo Deus vivo:
se você é o Cristo, o Filho de Deus, diga-nos".
64 "Tu mesmo o disseste"[b], respondeu Jesus. "Mas eu digo a
todos vós: Chegará o dia em que vereis o Filho do homem as-
sentado à direita do Poderoso e vindo sobre as nuvens do céu."
65 Foi quando o sumo sacerdote rasgou as próprias vestes e
disse: "Blasfemou! Por que precisamos de mais testemunhas?
Vocês acabaram de ouvir a blasfêmia. 66 O que acham?" "É réu
de morte!", responderam eles.
67 Então alguns lhe cuspiram no rosto e lhe deram murros. Ou-
tros lhe davam tapas 68 e diziam: "Profetize-nos, Cristo. Quem
foi que bateu em você?"

Pedro Nega Jesus
(Mc 14.66-72; Lc 22.54-62; Jo 18.15-18,25-27)

69 Pedro estava sentado no pátio, e uma criada, aproximan-
do-se dele, disse: "Você também estava com Jesus, o galileu".
70 Mas ele o negou diante de todos, dizendo: "Não sei do que
você está falando".
71 Depois, saiu em direção à porta, onde outra criada o viu e
disse aos que estavam ali: "Este homem estava com Jesus, o
Nazareno".
72 E ele, jurando, o negou outra vez: "Não conheço esse
homem!"
73 Pouco tempo depois, os que estavam por ali chegaram a
Pedro e disseram: "Certamente você é um deles! O seu modo
de falar o denuncia".
74 Aí ele começou a lançar maldições e a jurar: "Não conheço
esse homem!"
Imediatamente um galo cantou. 75 Então Pedro se lembrou da
palavra que Jesus tinha dito: "Antes que o galo cante, você
me negará três vezes". E, saindo dali, chorou amargamente.

27

O Suicídio de Judas

De manhã cedo, todos os chefes dos sacerdotes e líderes
religiosos do povo tomaram a decisão de condenar Jesus à
morte. 2 E, amarrando-o, levaram-no e o entregaram a Pilatos,
o governador.
3 Quando Judas, que o havia traído, viu que Jesus fora conde-
nado, foi tomado de remorso e devolveu aos chefes dos sa-
cerdotes e aos líderes religiosos as trinta moedas de prata. 4 E
disse: "Pequei, pois traí sangue inocente". E eles retrucaram:
"Que nos importa? A responsabilidade é sua".
5 Então Judas jogou o dinheiro dentro do templo e, saindo,
foi e enforcou-se.
6 Os chefes dos sacerdotes ajuntaram as moedas e disseram: "É
contra a lei colocar este dinheiro no tesouro, visto que é preço
de sangue". 7 Então decidiram usar aquele dinheiro para com-
prar o campo do Oleiro, para cemitério de estrangeiros. 8 Por
isso ele se chama campo de Sangue até o dia de hoje. 9 Então
se cumpriu o que fora dito pelo profeta Jeremias: "Tomaram
as trinta moedas de prata, preço em que foi avaliado pelo povo
de Israel, 10 e as usaram para comprar o campo do Oleiro, como
o Senhor me havia ordenado"[c].

Jesus diante de Pilatos

11 Jesus foi posto diante do governador, e este lhe perguntou:
"Você é o rei dos judeus?" Respondeu-lhe Jesus: "Tu o dizes"[d].
12 Acusado pelos chefes dos sacerdotes e pelos líderes reli-
giosos, ele nada respondeu. 13 Então Pilatos lhe perguntou:
"Você não ouve a acusação que eles estão fazendo contra
você?" 14 Mas Jesus não lhe respondeu nenhuma palavra, de
modo que o governador ficou muito impressionado.
15 Por ocasião da festa era costume do governador soltar um
prisioneiro escolhido pela multidão. 16 Eles tinham, naquela
ocasião, um prisioneiro muito conhecido, chamado Barrabás.
17 Pilatos perguntou à multidão que ali se havia reunido: "Qual
destes vocês querem que solte: Barrabás ou Jesus, chamado
Cristo?" 18 Porque sabia que o haviam entregado por inveja.
19 Estando Pilatos sentado no tribunal, sua mulher lhe enviou
esta mensagem: "Não se envolva com este inocente, porque
hoje, em sonho, sofri muito por causa dele".
20 Mas os chefes dos sacerdotes e os líderes religiosos conven-
ceram a multidão a que pedisse Barrabás e mandasse executar
Jesus.
21 Então perguntou o governador: "Qual dos dois vocês querem
que eu solte?" Responderam eles: "Barrabás!"
22 Perguntou Pilatos: "Que farei então com Jesus, chamado
Cristo?" Todos responderam: "Crucifica-o!"
23 "Por quê? Que crime ele cometeu?", perguntou Pilatos.
Mas eles gritavam ainda mais: "Crucifica-o!"
24 Quando Pilatos percebeu que não estava obtendo nenhum
resultado, mas, ao contrário, estava se iniciando um tumulto,
mandou trazer água, lavou as mãos diante da multidão e disse:
"Estou inocente do sangue deste homem; a responsabilidade
é de vocês".
25 Todo o povo respondeu: "Que o sangue dele caia sobre nós
e sobre nossos filhos!"
26 Então Pilatos soltou-lhes Barrabás, mandou açoitar Jesus e
o entregou para ser crucificado.

a 26.59 Conselho dos principais líderes do povo judeu.
b 26.64 Ou *"É como disseste"*
c 27.10 Veja Zc 11.12,13; Jr 19.1-13; 32.6-9.
d 27.11 Ou *"Sim, é como dizes"*

Os Soldados Zombam de Jesus
(Mc 15.16-20)

27 Então, os soldados do governador levaram Jesus ao Pretório[a]
e reuniram toda a tropa ao seu redor. 28 Tiraram-lhe as vestes
e puseram nele um manto vermelho; 29 fizeram uma coroa de
espinhos e a colocaram em sua cabeça. Puseram uma vara
em sua mão direita e, ajoelhando-se diante dele, zombavam:
"Salve, rei dos judeus!" 30 Cuspiram nele e, tirando-lhe a vara,
batiam-lhe com ela na cabeça. 31 Depois de terem zombado
dele, tiraram-lhe o manto e vestiram-lhe suas próprias roupas.
Então o levaram para crucificá-lo.

A Crucificação
(Mc 15.21-32; Lc 23.26-43; Jo 19.16-27)

32 Ao saírem, encontraram um homem de Cirene, chamado
Simão, e o forçaram a carregar a cruz. 33 Chegaram a um lugar
chamado Gólgota, que quer dizer lugar da Caveira, 34 e lhe
deram para beber vinho misturado com fel; mas ele, depois
de prová-lo, recusou-se a beber. 35 Depois de o crucificarem,
dividiram as roupas dele, tirando sortes[b]. 36 E, sentando-se, vi-
giavam-no ali. 37 Por cima de sua cabeça, colocaram por escrito
a acusação feita contra ele: ESTE É JESUS, O REI DOS JUDEUS.
38 Dois ladrões foram crucificados com ele, um à sua direita e
outro à sua esquerda. 39 Os que passavam lançavam-lhe in-
sultos, balançando a cabeça 40 e dizendo: "Você que destrói
o templo e o reedifica em três dias, salve-se! Desça da cruz
se é Filho de Deus!"
41 Da mesma forma, os chefes dos sacerdotes, os mestres da
lei e os líderes religiosos zombavam dele, 42 dizendo: "Salvou
os outros, mas não é capaz de salvar a si mesmo! E é o rei de
Israel! Desça agora da cruz, e creremos nele. 43 Ele confiou em
Deus. Que Deus o salve agora se dele tem compaixão, pois
disse: 'Sou o Filho de Deus!' " 44 Igualmente o insultavam os
ladrões que haviam sido crucificados com ele.

A Morte de Jesus
(Mc 15.33-41; Lc 23.44-49; Jo 19.28-30)

45 E houve trevas sobre toda a terra, do meio-dia às três horas
da tarde[c]. 46 Por volta das três horas da tarde, Jesus bradou
em alta voz: *"Eloí, Eloí,*[d] *lamá sabactâni?"*, que significa "Meu
Deus! Meu Deus! Por que me abandonaste?"[e]
47 Quando alguns dos que estavam ali ouviram isso, disseram:
"Ele está chamando Elias".
48 Imediatamente, um deles correu em busca de uma esponja,
embebeu-a em vinagre, colocou-a na ponta de uma vara e
deu-a a Jesus para beber. 49 Mas os outros disseram: "Dei-
xem-no. Vejamos se Elias vem salvá-lo".
50 Depois de ter bradado novamente em alta voz, Jesus en-
tregou o espírito.
51 Naquele momento, o véu do santuário rasgou-se em duas
partes, de alto a baixo. A terra tremeu, e as rochas se partiram.
52 Os sepulcros se abriram, e os corpos de muitos santos que
tinham morrido foram ressuscitados.
53 E, saindo dos sepulcros, depois da ressurreição de Jesus,
entraram na cidade santa e apareceram a muitos.
54 Quando o centurião e os que com ele vigiavam Jesus viram o
terremoto e tudo o que havia acontecido, ficaram aterrorizados
e exclamaram: "Verdadeiramente este era o Filho[f] de Deus!"
55 Muitas mulheres estavam ali, observando de longe. Elas ha-
viam seguido Jesus desde a Galileia, para o servir. 56 Entre elas
estavam Maria Madalena; Maria, mãe de Tiago e de José; e a
mãe dos filhos de Zebedeu.

O Sepultamento de Jesus
(Mc 15.42-47; Lc 23.50-56; Jo 19.38-42)

57 Ao cair da tarde chegou um homem rico, de Arimateia, cha-
mado José, que se tornara discípulo de Jesus. 58 Dirigindo-se
a Pilatos, pediu o corpo de Jesus, e Pilatos ordenou que lhe
fosse entregue. 59 José tomou o corpo, envolveu-o num lençol
limpo de linho 60 e o colocou num sepulcro novo, que ele havia
mandado cavar na rocha. E, fazendo rolar uma grande pedra
sobre a entrada do sepulcro, retirou-se. 61 Maria Madalena e
a outra Maria estavam assentadas ali, em frente do sepulcro.

A Guarda do Sepulcro

62 No dia seguinte, isto é, no sábado,[g] os chefes dos sacerdotes
e os fariseus dirigiram-se a Pilatos 63 e disseram: "Senhor,
lembramos que, enquanto ainda estava vivo, aquele impostor
disse: 'Depois de três dias ressuscitarei'. 64 Ordena, pois, que
o sepulcro dele seja guardado até o terceiro dia, para que não
venham seus discípulos e, roubando o corpo, digam ao povo
que ele ressuscitou dentre os mortos. Este último engano será
pior do que o primeiro".
65 "Levem um destacamento"[h], respondeu Pilatos. "Podem ir,
e mantenham o sepulcro em segurança como acharem me-
lhor". 66 Eles foram e armaram um esquema de segurança no
sepulcro; e além de deixarem um destacamento montando
guarda, lacraram a pedra.

28 A Ressurreição
(Mc 16.1-8; Lc 24.1-12; Jo 20.1-9)

1 Depois do sábado, tendo começado o primeiro dia da semana,
Maria Madalena e a outra Maria foram ver o sepulcro.
2 E eis que sobreveio um grande terremoto, pois um anjo do
Senhor desceu dos céus e, chegando ao sepulcro, rolou a pedra
da entrada e assentou-se sobre ela. 3 Sua aparência era como
um relâmpago, e suas vestes eram brancas como a neve. 4 Os
guardas tremeram de medo e ficaram como mortos.

---

a 27.27 Residência oficial do governador romano.
b 27.35 Alguns manuscritos dizem *sortes, para que se cumprisse a palavra falada pelo profeta: "Dividiram as minhas roupas entre si, e tiraram sortes pelas minhas vestes"* (Sl 22.18).
c 27.45 Grego: *da hora sexta até a hora nona.*
d 27.46 Alguns manuscritos dizem *"Eli, Eli,*
e 27.46 Sl 22.1

f 27.54 Ou *era filho*
g 27.62 Ou *No dia seguinte ao da Preparação,*
h 27.65 Ou *"Vocês têm um destacamento!"*

5 O anjo disse às mulheres: "Não tenham medo! Sei que vocês
estão procurando Jesus, que foi crucificado. 6 Ele não está
aqui; ressuscitou, como tinha dito. Venham ver o lugar onde
ele jazia. 7 Vão depressa e digam aos discípulos dele: Ele res-
suscitou dentre os mortos e está indo adiante de vocês para a
Galileia. Lá vocês o verão. Notem que eu já os avisei".

8 As mulheres saíram depressa do sepulcro, amedrontadas
e cheias de alegria, e foram correndo anunciá-lo aos dis-
cípulos de Jesus. 9 De repente, Jesus as encontrou e disse:
"Salve!" Elas se aproximaram dele, abraçaram-lhe os pés e
o adoraram. 10 Então Jesus lhes disse: "Não tenham medo.
Vão dizer a meus irmãos que se dirijam para a Galileia; lá
eles me verão".

O Relato dos Guardas

11 Enquanto as mulheres estavam a caminho, alguns dos
guardas dirigiram-se à cidade e contaram aos chefes dos sa-
cerdotes tudo o que havia acontecido. 12 Quando os chefes dos
sacerdotes se reuniram com os líderes religiosos, elaboraram
um plano. Deram aos soldados grande soma de dinheiro, 13 di-
zendo-lhes: "Vocês devem declarar o seguinte: Os discípulos
dele vieram durante a noite e furtaram o corpo, enquanto está-
vamos dormindo. 14 Se isso chegar aos ouvidos do governador,
nós lhe daremos explicações e livraremos vocês de qualquer
problema". 15 Assim, os soldados receberam o dinheiro e fi-
zeram como tinham sido instruídos. E esta versão se divulgou
entre os judeus até o dia de hoje.

A Grande Comissão

16 Os onze discípulos foram para a Galileia, para o monte que
Jesus lhes indicara. 17 Quando o viram, o adoraram; mas alguns
duvidaram. 18 Então, Jesus aproximou-se deles e disse: "Foi-me
dada toda a autoridade nos céus e na terra. 19 Portanto, vão e
façam discípulos de todas as nações, batizando-os em[a] nome
do Pai e do Filho e do Espírito Santo, 20 ensinando-os a obe-
decer a tudo o que eu ordenei a vocês. E eu estarei sempre com
vocês, até o fim dos tempos".

[a] **28.19** Veja At 8.16; 19.5; Rm 6.3; 1 Co 1.13; 10.2 e Gl 3.27.

MARCOS

1 João Batista Prepara o Caminho
(Mt 3.1-12; Lc 3.1-18)

1 Princípio do evangelho de Jesus Cristo, o Filho de Deus[a].
2 Conforme está escrito no profeta Isaías: "Enviarei à tua frente
o meu mensageiro; ele preparará o teu caminho"[b] 3 "voz do
que clama no deserto: 'Preparem[c] o caminho para o Senhor,
façam veredas retas para ele' "[d].
4 Assim surgiu João, batizando no deserto e pregando um ba-
tismo de arrependimento para o perdão dos pecados. 5 A ele
vinha toda a região da Judeia e todo o povo de Jerusalém.
Confessando os seus pecados, eram batizados por ele no rio
Jordão. 6 João vestia roupas feitas de pelos de camelo, usava
um cinto de couro e comia gafanhotos e mel silvestre. 7 E esta
era a sua mensagem: "Depois de mim vem alguém mais pode-
roso do que eu, tanto que não sou digno nem de curvar-me e
desamarrar as correias das suas sandálias. 8 Eu os batizo com[e]
água, mas ele os batizará com o Espírito Santo".

O Batismo e a Tentação de Jesus
(Mt 3.13-4.11; Lc 3.21,22; 4.1-13)

9 Naquela ocasião, Jesus veio de Nazaré da Galileia e foi bati-
zado por João no Jordão. 10 Assim que saiu da água, Jesus viu
o céu se abrindo e o Espírito descendo como pomba sobre ele.
11 Então veio dos céus uma voz: "Tu és o meu Filho amado; de
ti me agrado".
12 Logo após, o Espírito o impeliu para o deserto. 13 Ali esteve
quarenta dias, sendo tentado por Satanás. Estava com os ani-
mais selvagens, e os anjos o serviam.

Jesus Chama os Primeiros Discípulos
(Mt 4.12-22; Lc 4.14,15; 5.1-11; Jo 1.35-42)

14 Depois que João foi preso, Jesus foi para a Galileia, procla-
mando as boas-novas de Deus. 15 "O tempo é chegado", dizia
ele. "O Reino de Deus está próximo. Arrependam-se e creiam
nas boas-novas!"
16 Andando à beira do mar da Galileia, Jesus viu Simão e seu
irmão André lançando redes ao mar, pois eram pescadores.
17 E disse Jesus: "Sigam-me, e eu os farei pescadores de ho-
mens". 18 No mesmo instante eles deixaram as suas redes e
o seguiram.
19 Indo um pouco mais adiante, viu num barco Tiago, filho de
Zebedeu, e João, seu irmão, preparando as suas redes. 20 Logo
os chamou, e eles o seguiram, deixando seu pai, Zebedeu, com
os empregados no barco.

[a] **1.1** Alguns manuscritos não trazem *o Filho de Deus.*
[b] **1.2** Ml 3.1
[c] **1.3** Ou *que clama: 'No deserto preparem*
[d] **1.2,3** Is 40.3
[e] **1.8** Ou *em*

Jesus Expulsa um Espírito Imundo
(Lc 4.31-37)

21 Eles foram para Cafarnaum e, logo que chegou o sábado,
Jesus entrou na sinagoga e começou a ensinar. 22 Todos fi-
cavam maravilhados com o seu ensino, porque lhes ensinava
como alguém que tem autoridade e não como os mestres da
lei. 23 Justo naquele momento, na sinagoga, um homem pos-
sesso de um espírito imundo gritou: 24 "O que queres conosco,
Jesus de Nazaré? Vieste para nos destruir? Sei quem tu és: o
Santo de Deus!"
25 "Cale-se e saia dele!", repreendeu-o Jesus. 26 O espírito
imundo sacudiu o homem violentamente e saiu dele gritando.
27 Todos ficaram tão admirados que perguntavam uns aos ou-
tros: "O que é isto? Um novo ensino — e com autoridade! Até
aos espíritos imundos ele dá ordens, e eles lhe obedecem!"
28 As notícias a seu respeito se espalharam rapidamente por
toda a região da Galileia.

O Poder de Jesus sobre os Demônios e as Doenças
(Mt 8.14-17; Lc 4.38-41)

29 Logo que saíram da sinagoga, foram com Tiago e João à
casa de Simão e André. 30 A sogra de Simão estava de cama,
com febre, e falaram a respeito dela a Jesus. 31 Então ele se
aproximou dela, tomou-a pela mão e ajudou-a a levantar-se. A
febre a deixou, e ela começou a servi-los.
32 Ao anoitecer, depois do pôr do sol, o povo levou a Jesus
todos os doentes e os endemoninhados. 33 Toda a cidade se
reuniu à porta da casa, 34 e Jesus curou muitos que sofriam
de várias doenças. Também expulsou muitos demônios; não
permitia, porém, que estes falassem, porque sabiam quem
ele era.

Jesus Ora num Lugar Deserto
(Lc 4.42-44)

35 De madrugada, quando ainda estava escuro, Jesus levan-
tou-se, saiu de casa e foi para um lugar deserto, onde ficou
orando. 36 Simão e seus companheiros foram procurá-lo 37 e, ao
encontrá-lo, disseram: "Todos estão te procurando!"
38 Jesus respondeu: "Vamos para outro lugar, para os povoados
vizinhos, para que também lá eu pregue. Foi para isso que
eu vim". 39 Então ele percorreu toda a Galileia, pregando nas
sinagogas e expulsando os demônios.

A Cura de um Leproso
(Mt 8.1-4; Lc 5.12-16)

40 Um leproso[a] aproximou-se dele e suplicou-lhe de joelhos: "Se
quiseres, podes purificar-me!"
41 Cheio de compaixão, Jesus estendeu a mão, tocou nele e
disse: "Quero. Seja purificado!" 42 Imediatamente a lepra o
deixou, e ele foi purificado.
43 Em seguida Jesus o despediu, com uma severa advertência:
44 "Olhe, não conte isso a ninguém. Mas vá mostrar-se ao sa-
cerdote e ofereça pela sua purificação os sacrifícios que Moisés
ordenou, para que sirva de testemunho". 45 Ele, porém, saiu
e começou a tornar público o fato, espalhando a notícia. Por
isso Jesus não podia mais entrar publicamente em nenhuma
cidade, mas ficava fora, em lugares solitários. Todavia, assim
mesmo vinha a ele gente de todas as partes.

2 Jesus Cura um Paralítico
(Mt 9.1-8; Lc 5.17-26)

1 Poucos dias depois, tendo Jesus entrado novamente em Ca-
farnaum, o povo ouviu falar que ele estava em casa. 2 Então
muita gente se reuniu ali, de forma que não havia lugar nem
junto à porta; e ele lhes pregava a palavra. 3 Vieram alguns
homens, trazendo-lhe um paralítico, carregado por quatro
deles. 4 Não podendo levá-lo até Jesus, por causa da mul-
tidão, removeram parte da cobertura do lugar onde Jesus
estava e, pela abertura no teto, baixaram a maca em que
estava deitado o paralítico. 5 Vendo a fé que eles tinham,
Jesus disse ao paralítico: "Filho, os seus pecados estão per-
doados".
6 Estavam sentados ali alguns mestres da lei, raciocinando
em seu íntimo: 7 "Por que esse homem fala assim? Está blas-
femando! Quem pode perdoar pecados, a não ser somente
Deus?"
8 Jesus percebeu logo em seu espírito que era isso que eles es-
tavam pensando e lhes disse: "Por que vocês estão remoendo
essas coisas em seu coração? 9 Que é mais fácil dizer ao para-
lítico: Os seus pecados estão perdoados, ou: Levante-se, pegue
a sua maca e ande? 10 Mas, para que vocês saibam que o Filho
do homem tem na terra autoridade para perdoar pecados" —
disse ao paralítico — 11 "eu digo a você: Levante-se, pegue a
sua maca e vá para casa". 12 Ele se levantou, pegou a maca e
saiu à vista de todos, que, atônitos, glorificaram a Deus, di-
zendo: "Nunca vimos nada igual!"

O Chamado de Levi
(Mt 9.9-13; Lc 5.27-32)

13 Jesus saiu outra vez para beira-mar. Uma grande multidão
aproximou-se, e ele começou a ensiná-los. 14 Passando por ali,
viu Levi, filho de Alfeu, sentado na coletoria, e disse-lhe: "Si-
ga-me". Levi levantou-se e o seguiu.
15 Durante uma refeição na casa de Levi, muitos publicanos[b] e
pecadores estavam comendo com Jesus e seus discípulos, pois
havia muitos que o seguiam. 16 Quando os mestres da lei que
eram fariseus o viram comendo com pecadores e publicanos,
perguntaram aos discípulos de Jesus: "Por que ele come com
publicanos e pecadores?"
17 Ouvindo isso, Jesus lhes disse: "Não são os que têm saúde
que precisam de médico, mas sim os doentes. Eu não vim para
chamar justos, mas pecadores".

[a] 1.40 O termo grego não se refere somente à lepra, mas também a diversas doenças da pele.

[b] 2.15 Os publicanos eram coletores de impostos, malvistos pelo povo; também no versículo 16.

Jesus é Interrogado acerca do Jejum
(Mt 9.14-17; Lc 5.33-39)

18 Os discípulos de João e os fariseus estavam jejuando. Al-
gumas pessoas vieram a Jesus e lhe perguntaram: "Por que os
discípulos de João e os dos fariseus jejuam, mas os teus não?"
19 Jesus respondeu: "Como podem os convidados do noivo je-
juar enquanto este está com eles? Não podem, enquanto o têm
consigo. 20 Mas virão dias quando o noivo lhes será tirado; e
nesse tempo jejuarão.
21 "Ninguém põe remendo de pano novo em roupa velha, pois
o remendo forçará a roupa, tornando pior o rasgo. 22 E nin-
guém põe vinho novo em vasilha de couro velha; se o fizer,
o vinho rebentará a vasilha, e tanto o vinho quanto a vasilha
se estragarão. Ao contrário, põe-se vinho novo em vasilha de
couro nova".

O Senhor do Sábado
(Mt 12.1-14; Lc 6.1-11)

23 Certo sábado Jesus estava passando pelas lavouras de
cereal. Enquanto caminhavam, seus discípulos começaram a
colher espigas. 24 Os fariseus lhe perguntaram: "Olha, por que
eles estão fazendo o que não é permitido no sábado?"
25 Ele respondeu: "Vocês nunca leram o que fez Davi quando ele
e seus companheiros estavam necessitados e com fome? 26 Nos
dias do sumo sacerdote Abiatar, Davi entrou na casa de Deus
e comeu os pães da Presença, que apenas aos sacerdotes era
permitido comer, e os deu também aos seus companheiros".
27 E então lhes disse: "O sábado foi feito por causa do homem,
e não o homem por causa do sábado. 28 Assim, pois, o Filho do
homem é Senhor até mesmo do sábado".

3 Noutra ocasião ele entrou na sinagoga, e estava ali um
homem com uma das mãos atrofiada. 2 Alguns deles es-
tavam procurando um motivo para acusar Jesus; por isso o
observavam atentamente, para ver se ele iria curá-lo no sá-
bado. 3 Jesus disse ao homem da mão atrofiada: "Levante-se
e venha para o meio".
4 Depois Jesus lhes perguntou: "O que é permitido fazer no
sábado: o bem ou o mal, salvar a vida ou matar?" Mas eles
permaneceram em silêncio.
5 Irado, olhou para os que estavam à sua volta e, profunda-
mente entristecido por causa do coração endurecido deles,
disse ao homem: "Estenda a mão". Ele a estendeu, e ela foi
restaurada. 6 Então os fariseus saíram e começaram a cons-
pirar com os herodianos contra Jesus, sobre como poderiam
matá-lo.

Jesus é Procurado por uma Multidão

7 Jesus retirou-se com os seus discípulos para o mar, e uma
grande multidão vinda da Galileia o seguia. 8 Quando ouviram
a respeito de tudo o que ele estava fazendo, muitas pessoas
procedentes da Judeia, de Jerusalém, da Idumeia, das regiões
do outro lado do Jordão e dos arredores de Tiro e de Sidom
foram atrás dele. 9 Por causa da multidão, ele disse aos dis-
cípulos que lhe preparassem um pequeno barco, para evitar
que o comprimissem. 10 Pois ele havia curado a muitos, de
modo que os que sofriam de doenças ficavam se empurrando
para conseguir tocar nele. 11 Sempre que os espíritos imundos
o viam, prostravam-se diante dele e gritavam: "Tu és o Filho
de Deus". 12 Mas ele lhes dava ordens severas para que não
dissessem quem ele era.

A Escolha dos Doze Apóstolos
(Lc 6.12-16)

13 Jesus subiu a um monte e chamou a si aqueles que ele quis,
os quais vieram para junto dele. 14 Escolheu doze, designan-
do-os apóstolos[a], para que estivessem com ele, os enviasse
a pregar 15 e tivessem autoridade para expulsar demônios.
16 Estes são os doze que ele escolheu: Simão, a quem deu o
nome de Pedro; 17 Tiago, filho de Zebedeu, e João, seu irmão,
aos quais deu o nome de Boanerges, que significa "filhos do
trovão"; 18 André; Filipe; Bartolomeu; Mateus; Tomé; Tiago,
filho de Alfeu; Tadeu; Simão, o zelote; 19 e Judas Iscariotes,
que o traiu.

A Acusação contra Jesus
(Mt 12.22-32; Lc 11.14-23)

20 Então Jesus entrou numa casa, e novamente reuniu-se ali
uma multidão, de modo que ele e os seus discípulos não con-
seguiam nem comer. 21 Quando seus familiares ouviram falar
disso, saíram para trazê-lo à força, pois diziam: "Ele está fora
de si".
22 E os mestres da lei que haviam descido de Jerusalém diziam:
"Ele está com Belzebu! Pelo príncipe dos demônios é que ele
expulsa demônios".
23 Então Jesus os chamou e lhes falou por parábolas: "Como
pode Satanás expulsar Satanás? 24 Se um reino estiver dividido
contra si mesmo, não poderá subsistir. 25 Se uma casa estiver
dividida contra si mesma, também não poderá subsistir. 26 E,
se Satanás se opuser a si mesmo e estiver dividido, não poderá
subsistir; chegou o seu fim. 27 De fato, ninguém pode entrar na
casa do homem forte e levar dali os seus bens, sem que antes
o amarre. Só então poderá roubar a casa dele. 28 Eu asseguro
que todos os pecados e blasfêmias dos homens lhes serão per-
doados, 29 mas quem blasfemar contra o Espírito Santo nunca
terá perdão: é culpado de pecado eterno".
30 Jesus falou isso porque eles estavam dizendo: "Ele está com
um espírito imundo".

A Mãe e os Irmãos de Jesus
(Mt 12.46-50; Lc 8.19-21)

31 Então chegaram a mãe e os irmãos de Jesus. Ficando do lado
de fora, mandaram alguém chamá-lo. 32 Havia muita gente as-
sentada ao seu redor; e lhe disseram: "Tua mãe e teus irmãos
estão lá fora e te procuram".

---

[a] **3.14** Alguns manuscritos não trazem *designando-os apóstolos*.

33 "Quem é minha mãe, e quem são meus irmãos?", perguntou
ele.
34 Então olhou para os que estavam assentados ao seu redor
e disse: "Aqui estão minha mãe e meus irmãos! 35 Quem faz a
vontade de Deus, este é meu irmão, minha irmã e minha mãe".

4 A Parábola do Semeador
(Mt 13.1-23; Lc 8.1-15)

1 Novamente Jesus começou a ensinar à beira-mar. Reuniu-se
ao seu redor uma multidão tão grande que ele teve que en-
trar num barco e assentar-se nele. O barco estava no mar,
enquanto todo o povo ficava na beira da praia. 2 Ele lhes en-
sinava muitas coisas por parábolas, dizendo em seu ensino:
3 "Ouçam! O semeador saiu a semear. 4 Enquanto lançava a
semente, parte dela caiu à beira do caminho, e as aves vieram
e a comeram. 5 Parte dela caiu em terreno pedregoso, onde
não havia muita terra; e logo brotou, porque a terra não era
profunda. 6 Mas, quando saiu o sol, as plantas se queimaram
e secaram, porque não tinham raiz. 7 Outra parte caiu entre
espinhos, que cresceram e sufocaram as plantas, de forma
que ela não deu fruto. 8 Outra ainda caiu em boa terra, ger-
minou, cresceu e deu boa colheita, a trinta, sessenta e até
cem por um".
9 E acrescentou: "Aquele que tem ouvidos para ouvir, ouça!"
10 Quando ele ficou sozinho, os Doze e os outros que estavam
ao seu redor lhe fizeram perguntas acerca das parábolas.
11 Ele lhes disse: "A vocês foi dado o mistério do Reino de Deus,
mas aos que estão fora tudo é dito por parábolas, 12 a fim de
que, 'ainda que vejam, não percebam; ainda que ouçam, não
entendam; de outro modo, poderiam converter-se e ser per-
doados!'[a]"
13 Então Jesus lhes perguntou: "Vocês não entendem esta
parábola? Como, então, compreenderão todas as outras? 14 O
semeador semeia a palavra. 15 Algumas pessoas são como a
semente à beira do caminho, onde a palavra é semeada. Logo
que a ouvem, Satanás vem e retira a palavra nelas semeada.
16 Outras, como a semente lançada em terreno pedregoso,
ouvem a palavra e logo a recebem com alegria. 17 Todavia,
visto que não têm raiz em si mesmas, permanecem por pouco
tempo. Quando surge alguma tribulação ou perseguição por
causa da palavra, logo a abandonam. 18 Outras ainda, como
a semente lançada entre espinhos, ouvem a palavra; 19 mas,
quando chegam as preocupações desta vida, o engano das
riquezas e os anseios por outras coisas sufocam a palavra,
tornando-a infrutífera. 20 Outras pessoas são como a semente
lançada em boa terra: ouvem a palavra, aceitam-na e dão uma
colheita de trinta, sessenta e até cem por um".

A Candeia
(Lc 8.16-18)

21 Ele lhes disse: "Quem traz uma candeia para ser colocada
debaixo de uma vasilha ou de uma cama? Acaso não a coloca
num lugar apropriado? 22 Porque não há nada oculto, senão
para ser revelado, e nada escondido, senão para ser trazido à
luz. 23 Se alguém tem ouvidos para ouvir, ouça!
24 "Considerem atentamente o que vocês estão ouvindo", con-
tinuou ele. "Com a medida com que medirem, vocês serão
medidos; e ainda mais acrescentarão para vocês. 25 A quem
tiver, mais lhe será dado; de quem não tiver, até o que tem
lhe será tirado".

A Parábola da Semente

26 Ele prosseguiu dizendo: "O Reino de Deus é semelhante a um
homem que lança a semente sobre a terra. 27 Noite e dia, es-
tando ele dormindo ou acordado, a semente germina e cresce,
embora ele não saiba como. 28 A terra por si própria produz o
grão: primeiro o talo, depois a espiga e, então, o grão cheio
na espiga. 29 Logo que o grão fica maduro, o homem lhe passa
a foice, porque chegou a colheita".

A Parábola do Grão de Mostarda
(Mt 13.31-35; Lc 13.18-21)

30 Novamente ele disse: "Com que compararemos o Reino de
Deus? Que parábola usaremos para descrevê-lo? 31 É como um
grão de mostarda, que é a menor semente que se planta na
terra. 32 No entanto, uma vez plantado, cresce e se torna uma
das maiores plantas, com ramos tão grandes que as aves do
céu podem abrigar-se à sua sombra".
33 Com muitas parábolas semelhantes Jesus lhes anunciava a
palavra, tanto quanto podiam receber. 34 Não lhes dizia nada
sem usar alguma parábola. Quando, porém, estava a sós com
os seus discípulos, explicava-lhes tudo.

Jesus Acalma a Tempestade
(Mt 8.23-27; Lc 8.22-25)

35 Naquele dia, ao anoitecer, disse ele aos seus discípulos:
"Vamos para o outro lado". 36 Deixando a multidão, eles o le-
varam no barco, assim como estava. Outros barcos também o
acompanhavam. 37 Levantou-se um forte vendaval, e as ondas
se lançavam sobre o barco, de forma que este ia se enchendo
de água. 38 Jesus estava na popa, dormindo com a cabeça
sobre um travesseiro. Os discípulos o acordaram e clamaram:
"Mestre, não te importas que morramos?"
39 Ele se levantou, repreendeu o vento e disse ao mar: "Aquie-
te-se! Acalme-se!" O vento se aquietou, e fez-se completa
bonança.
40 Então perguntou aos seus discípulos: "Por que vocês estão
com tanto medo? Ainda não têm fé?"
41 Eles estavam apavorados e perguntavam uns aos outros:
"Quem é este que até o vento e o mar lhe obedecem?"

5 A Cura de um Endemoninhado
(Mt 8.28-34; Lc 8.26-39)

1 Eles atravessaram o mar e foram para a região dos gera-
senos[b]. 2 Quando Jesus desembarcou, um homem com um

[a] 4.12 Is 6.9,10

[b] 5.1 Alguns manuscritos trazem *gadarenos*; outros dizem *gergesenos*.

espírito imundo veio dos sepulcros ao seu encontro. 3 Esse
homem vivia nos sepulcros, e ninguém conseguia prendê-lo,
nem mesmo com correntes; 4 pois muitas vezes lhe haviam
sido acorrentados pés e mãos, mas ele arrebentara as cor-
rentes e quebrara os ferros de seus pés. Ninguém era sufi-
cientemente forte para dominá-lo. 5 Noite e dia ele andava
gritando e cortando-se com pedras entre os sepulcros e nas
colinas.
6 Quando ele viu Jesus de longe, correu e prostrou-se diante
dele 7 e gritou em alta voz: "Que queres comigo, Jesus, Filho
do Deus Altíssimo? Rogo-te por Deus que não me atormentes!"
8 Pois Jesus lhe tinha dito: "Saia deste homem, espírito
imundo!"
9 Então Jesus lhe perguntou: "Qual é o seu nome?" "Meu nome
é Legião", respondeu ele, "porque somos muitos." 10 E im-
plorava a Jesus, com insistência, que não os mandasse sair
daquela região.
11 Uma grande manada de porcos estava pastando numa co-
lina próxima. 12 Os demônios imploraram a Jesus: "Manda-nos
para os porcos, para que entremos neles". 13 Ele lhes deu per-
missão, e os espíritos imundos saíram e entraram nos porcos. A
manada de cerca de dois mil porcos atirou-se precipício abaixo,
em direção ao mar, e nele se afogou.
14 Os que cuidavam dos porcos fugiram e contaram esses fatos
na cidade e nos campos, e o povo foi ver o que havia aconte-
cido. 15 Quando se aproximaram de Jesus, viram ali o homem
que fora possesso da legião de demônios, assentado, vestido e
em perfeito juízo; e ficaram com medo. 16 Os que estavam pre-
sentes contaram ao povo o que acontecera ao endemoninhado
e falaram também sobre os porcos. 17 Então o povo começou a
suplicar a Jesus que saísse do território deles.
18 Quando Jesus estava entrando no barco, o homem que esti-
vera endemoninhado suplicava-lhe que o deixasse ir com ele.
19 Jesus não o permitiu, mas disse: "Vá para casa, para a sua
família e anuncie-lhes quanto o Senhor fez por você e como
teve misericórdia de você". 20 Então, aquele homem se foi e
começou a anunciar em Decápolis o quanto Jesus tinha feito
por ele. Todos ficavam admirados.

O Poder de Jesus sobre a Doença e a Morte
(Mt 9.18-26; Lc 8.40-56)

21 Tendo Jesus voltado de barco para a outra margem, uma
grande multidão se reuniu ao seu redor, enquanto ele estava
à beira do mar. 22 Então chegou ali um dos dirigentes da sina-
goga, chamado Jairo. Vendo Jesus, prostrou-se aos seus pés
23 e lhe implorou insistentemente: "Minha filhinha está mor-
rendo! Vem, por favor, e impõe as mãos sobre ela, para que
seja curada e que viva". 24 Jesus foi com ele.
Uma grande multidão o seguia e o comprimia. 25 E estava ali
certa mulher que havia doze anos vinha sofrendo de hemor-
ragia. 26 Ela padecera muito sob o cuidado de vários médicos
e gastara tudo o que tinha, mas, em vez de melhorar, piorava.
27 Quando ouviu falar de Jesus, chegou por trás dele, no meio
da multidão, e tocou em seu manto, 28 porque pensava: "Se eu
tão somente tocar em seu manto, ficarei curada". 29 Imediata-
mente cessou sua hemorragia e ela sentiu em seu corpo que
estava livre do seu sofrimento.
30 No mesmo instante, Jesus percebeu que dele havia saído
poder, virou-se para a multidão e perguntou: "Quem tocou
em meu manto?"
31 Responderam os seus discípulos: "Vês a multidão aglome-
rada ao teu redor e ainda perguntas: 'Quem tocou em mim?' "
32 Mas Jesus continuou olhando ao seu redor para ver quem
tinha feito aquilo. 33 Então a mulher, sabendo o que lhe tinha
acontecido, aproximou-se, prostrou-se aos seus pés e, tre-
mendo de medo, contou-lhe toda a verdade. 34 Então ele lhe
disse: "Filha, a sua fé a curou![a] Vá em paz e fique livre do seu
sofrimento".
35 Enquanto Jesus ainda estava falando, chegaram algumas
pessoas da casa de Jairo, o dirigente da sinagoga. "Sua
filha morreu", disseram eles. "Não precisa mais incomodar
o mestre!"
36 Não fazendo caso do que eles disseram, Jesus disse ao di-
rigente da sinagoga: "Não tenha medo; tão somente creia".
37 E não deixou ninguém segui-lo, senão Pedro, Tiago e João,
irmão de Tiago. 38 Quando chegaram à casa do dirigente da
sinagoga, Jesus viu um alvoroço, com gente chorando e se
lamentando em alta voz. 39 Então entrou e lhes disse: "Por que
todo este alvoroço e lamento? A criança não está morta, mas
dorme". 40 Mas todos começaram a rir de Jesus. Ele, porém,
ordenou que eles saíssem, tomou consigo o pai e a mãe da
criança e os discípulos que estavam com ele e entrou onde se
encontrava a criança. 41 Tomou-a pela mão e lhe disse: "*Talita
cumi!*", que significa "menina, eu ordeno a você, levante-se!".
42 Imediatamente a menina, que tinha doze anos de idade, le-
vantou-se e começou a andar. Isso os deixou atônitos. 43 Ele
deu ordens expressas para que não dissessem nada a ninguém
e mandou que dessem a ela alguma coisa para comer.

6

Um Profeta sem Honra
(Mt 13.53-58)

1 Jesus saiu dali e foi para a sua cidade, acompanhado dos
seus discípulos. 2 Quando chegou o sábado, começou a ensinar
na sinagoga, e muitos dos que o ouviam ficavam admirados.
"De onde lhe vêm estas coisas?", perguntavam eles. "Que sa-
bedoria é esta que lhe foi dada? E estes milagres que ele faz?
3 Não é este o carpinteiro, filho de Maria e irmão de Tiago,
José, Judas e Simão? Não estão aqui conosco as suas irmãs?"
E ficavam escandalizados por causa dele.
4 Jesus lhes disse: "Só em sua própria terra, entre seus pa-
rentes e em sua própria casa, é que um profeta não tem
honra". 5 E não pôde fazer ali nenhum milagre, exceto impor
as mãos sobre alguns doentes e curá-los. 6 E ficou admirado
com a incredulidade deles.

---

[a] 5.34 Ou *a salvou!*

Jesus Envia os Doze
(Mt 10.1,5-14; Lc 9.1-6)

Então Jesus passou a percorrer os povoados, ensinando. 7 Cha-
mando os Doze para junto de si, enviou-os de dois em dois e
deu-lhes autoridade sobre os espíritos imundos.
8 Estas foram as suas instruções: "Não levem nada pelo ca-
minho, a não ser um bordão. Não levem pão, nem saco de
viagem, nem dinheiro em seus cintos; 9 calcem sandálias, mas
não levem túnica extra; 10 sempre que entrarem numa casa,
fiquem ali até partirem; 11 e, se algum povoado não os receber
nem os ouvir, sacudam a poeira dos seus pés quando saírem
de lá, como testemunho contra eles".
12 Eles saíram e pregaram ao povo que se arrependesse. 13 Ex-
pulsavam muitos demônios e ungiam muitos doentes com óleo
e os curavam.

João Batista é Decapitado
(Mt 14.1-12)

14 O rei Herodes ouviu falar dessas coisas, pois o nome de Jesus
havia se tornado bem conhecido. Algumas pessoas estavam
dizendo[a]: "João Batista ressuscitou dos mortos! Por isso estão
operando nele poderes milagrosos".
15 Outros diziam: "Ele é Elias". E ainda outros afirmavam: "Ele
é um profeta, como um dos antigos profetas".
16 Mas, quando Herodes ouviu essas coisas, disse: "João, o
homem a quem decapitei, ressuscitou dos mortos!"
17 Pois o próprio Herodes tinha dado ordens para que pren-
dessem João, o amarrassem e o colocassem na prisão, por
causa de Herodias, mulher de Filipe, seu irmão, com a qual se
casara. 18 Porquanto João dizia a Herodes: "Não te é permitido
viver com a mulher do teu irmão". 19 Assim, Herodias o odiava
e queria matá-lo. Mas não podia fazê-lo, 20 porque Herodes
temia João e o protegia, sabendo que ele era um homem justo
e santo; e, quando o ouvia, ficava perplexo[b]. Mesmo assim
gostava de ouvi-lo.
21 Finalmente Herodias teve uma ocasião oportuna. No seu ani-
versário, Herodes ofereceu um banquete aos seus líderes mais
importantes, aos comandantes militares e às principais per-
sonalidades da Galileia. 22 Quando a filha de Herodias entrou
e dançou, agradou a Herodes e aos convidados. O rei disse à
jovem: "Peça-me qualquer coisa que você quiser, e eu darei".
23 E prometeu-lhe sob juramento: "Seja o que for que me pedir,
eu darei, até a metade do meu reino".
24 Ela saiu e disse à sua mãe: "Que pedirei?" "A cabeça de João
Batista", respondeu ela.
25 Imediatamente a jovem apressou-se em apresentar-se ao rei
com o pedido: "Desejo que me dês agora mesmo a cabeça de
João Batista num prato".
26 O rei ficou aflito, mas, por causa do seu juramento e dos
convidados, não quis negar o pedido à jovem. 27 Enviou, pois,
imediatamente um carrasco com ordens para trazer a cabeça
de João. O homem foi, decapitou João na prisão 28 e trouxe
sua cabeça num prato. Ele a entregou à jovem, e esta a deu à
sua mãe. 29 Tendo ouvido isso, os discípulos de João vieram,
levaram o seu corpo e o colocaram num túmulo.

A Primeira Multiplicação dos Pães
(Mt 14.13-21; Lc 9.10-17; Jo 6.1-15)

30 Os apóstolos reuniram-se a Jesus e lhe relataram tudo o
que tinham feito e ensinado. 31 Havia muita gente indo e vindo,
ao ponto de eles não terem tempo para comer. Jesus lhes
disse: "Venham comigo para um lugar deserto e descansem
um pouco".
32 Então eles se afastaram num barco para um lugar deserto.
33 Mas muitos dos que os viram retirar-se, tendo-os reconhe-
cido, correram a pé de todas as cidades e chegaram lá antes
deles. 34 Quando Jesus saiu do barco e viu uma grande mul-
tidão, teve compaixão deles, porque eram como ovelhas sem
pastor. Então começou a ensinar-lhes muitas coisas.
35 Já era tarde e, por isso, os seus discípulos aproximaram-se
dele e disseram: "Este é um lugar deserto, e já é tarde.
36 Manda embora o povo para que possa ir aos campos e po-
voados vizinhos comprar algo para comer".
37 Ele, porém, respondeu: "Deem-lhes vocês algo para comer".
Eles lhe disseram: "Isto exigiria duzentos denários[c]! Devemos
gastar tanto dinheiro em pão e dar-lhes de comer?"
38 Perguntou ele: "Quantos pães vocês têm? Verifiquem".
Quando ficaram sabendo, disseram: "Cinco pães e dois
peixes".
39 Então Jesus ordenou que fizessem todo o povo assentar-se
em grupos na grama verde. 40 Assim, eles se assentaram em
grupos de cem e de cinquenta. 41 Tomando os cinco pães e
os dois peixes e, olhando para o céu, deu graças e partiu os
pães. Em seguida, entregou-os aos seus discípulos para que os
servissem ao povo. E também dividiu os dois peixes entre todos
eles. 42 Todos comeram e ficaram satisfeitos, 43 e os discípulos
recolheram doze cestos cheios de pedaços de pão e de peixe.
44 Os que comeram foram cinco mil homens.

Jesus Anda sobre as Águas
(Mt 14.22-36; Jo 6.16-24)

45 Logo em seguida, Jesus insistiu com os discípulos para que
entrassem no barco e fossem adiante dele para Betsaida, en-
quanto ele despedia a multidão. 46 Tendo-a despedido, subiu
a um monte para orar.
47 Ao anoitecer, o barco estava no meio do mar, e Jesus se
achava sozinho em terra. 48 Ele viu os discípulos remando com
dificuldade, porque o vento soprava contra eles. Alta madru-
gada[d], Jesus dirigiu-se a eles, andando sobre o mar; e estava já
a ponto de passar por eles. 49 Quando o viram andando sobre o
mar, pensaram que fosse um fantasma. Então gritaram, 50 pois
todos o tinham visto e ficaram aterrorizados. Mas Jesus ime-

a 6.14 Muitos manuscritos dizem *E ele dizia*.
b 6.20 Alguns manuscritos antigos dizem *fazia muitas coisas*.
c 6.37 O denário era uma moeda de prata equivalente à diária de um trabalhador braçal.
d 6.48 Grego: *Por volta da quarta vigília da noite* (entre 3 e 6 horas da manhã).

diatamente lhes disse: "Coragem! Sou eu! Não tenham medo!"
51 Então subiu no barco para junto deles, e o vento se acalmou;
e eles ficaram atônitos, 52 pois não tinham entendido o milagre
dos pães. O coração deles estava endurecido.
53 Depois de atravessarem o mar, chegaram a Genesaré e ali
amarraram o barco. 54 Logo que desembarcaram, o povo re-
conheceu Jesus. 55 Eles percorriam toda aquela região e le-
vavam os doentes em macas para onde ouviam que ele estava.
56 E aonde quer que ele fosse, povoados, cidades ou campos,
levavam os doentes para as praças. Suplicavam-lhe que pu-
dessem pelo menos tocar na borda do seu manto; e todos os
que nele tocavam eram curados.

7 Jesus e a Tradição Judaica
(Mt 15.1-20)

1 Os fariseus e alguns dos mestres da lei, vindos de Jerusalém,
reuniram-se a Jesus e 2 viram alguns dos seus discípulos co-
merem com as mãos impuras, isto é, por lavar. 3 (Os fariseus
e todos os judeus não comem sem lavar as mãos cerimonial-
mente, apegando-se, assim, à tradição dos líderes religiosos.
4 Quando chegam da rua, não comem sem antes se lavarem. E
observam muitas outras tradições, tais como o lavar de copos,
jarros e vasilhas de metal[a].)
5 Então os fariseus e os mestres da lei perguntaram a Jesus:
"Por que os seus discípulos não vivem de acordo com a tradição
dos líderes religiosos, em vez de comerem o alimento com as
mãos impuras?"
6 Ele respondeu: "Bem profetizou Isaías acerca de vocês, hipó-
critas; como está escrito: 'Este povo me honra com os lábios,
mas o seu coração está longe de mim. 7 Em vão me adoram;
seus ensinamentos não passam de regras ensinadas por ho-
mens'[b].
8 Vocês negligenciam os mandamentos de Deus e se apegam
às tradições dos homens".
9 E disse-lhes: "Vocês estão sempre encontrando uma boa ma-
neira de pôr de lado os mandamentos de Deus, a fim de obe-
decerem[c] às suas tradições! 10 Pois Moisés disse: 'Honra teu pai
e tua mãe'[d] e 'Quem amaldiçoar seu pai ou sua mãe terá que
ser executado'[e]. 11 Mas vocês afirmam que, se alguém disser
a seu pai ou a sua mãe: 'Qualquer ajuda que vocês poderiam
receber de mim é Corbã', isto é, uma oferta dedicada a Deus,
12 vocês o desobrigam de qualquer dever para com seu pai ou
sua mãe. 13 Assim vocês anulam a palavra de Deus, por meio
da tradição que vocês mesmos transmitiram. E fazem muitas
coisas como essa".
14 Jesus chamou novamente a multidão para junto de si e disse:
"Ouçam-me todos e entendam isto: 15 Não há nada fora do
homem que, nele entrando, possa torná-lo impuro. Ao con-
trário, o que sai do homem é que o torna impuro. 16 Se alguém
tem ouvidos para ouvir, ouça![f]"
17 Depois de deixar a multidão e entrar em casa, os discí-
pulos lhe pediram explicação da parábola. 18 "Será que vocês
também não conseguem entender?", perguntou-lhes Jesus.
"Não percebem que nada que entre no homem pode torná-lo
impuro? 19 Porque não entra em seu coração, mas em seu es-
tômago, sendo depois eliminado." Ao dizer isso, Jesus declarou
puros todos os alimentos.
20 E continuou: "O que sai do homem é que o torna impuro.
21 Pois do interior do coração dos homens vêm os maus pensa-
mentos, as imoralidades sexuais, os roubos, os homicídios, os
adultérios, 22 as cobiças, as maldades, o engano, a devassidão,
a inveja, a calúnia, a arrogância e a insensatez. 23 Todos esses
males vêm de dentro e tornam o homem impuro".

Uma Mulher Siro-fenícia Demonstra Fé
(Mt 15.21-28)

24 Jesus saiu daquele lugar e foi para os arredores de Tiro e de
Sidom[g]. Entrou numa casa e não queria que ninguém o sou-
besse; contudo, não conseguiu manter em segredo a sua pre-
sença. 25 De fato, logo que ouviu falar dele, certa mulher, cuja
filha estava com um espírito imundo, veio e lançou-se aos seus
pés. 26 A mulher era grega, siro-fenícia de origem, e rogava a
Jesus que expulsasse de sua filha o demônio.
27 Ele lhe disse: "Deixe que primeiro os filhos comam até se
fartar; pois não é correto tirar o pão dos filhos e lançá-lo aos
cachorrinhos".
28 Ela respondeu: "Sim, Senhor, mas até os cachorrinhos, de-
baixo da mesa, comem das migalhas das crianças".
29 Então ele lhe disse: "Por causa desta resposta, você pode ir;
o demônio já saiu da sua filha".
30 Ela foi para casa e encontrou sua filha deitada na cama, e o
demônio já a deixara.

A Cura de um Surdo e Gago

31 A seguir Jesus saiu dos arredores de Tiro e atravessou Sidom,
até o mar da Galileia e a região de Decápolis. 32 Ali algumas
pessoas lhe trouxeram um homem que era surdo e mal podia
falar, suplicando que lhe impusesse as mãos.
33 Depois de levá-lo à parte, longe da multidão, Jesus co-
locou os dedos nos ouvidos dele. Em seguida, cuspiu e tocou
na língua do homem. 34 Então voltou os olhos para o céu e,
com um profundo suspiro, disse-lhe: *"Efatá!"*, que significa
"abra-se!" 35 Com isso, os ouvidos do homem se abriram, sua
língua ficou livre e ele começou a falar corretamente.
36 Jesus ordenou-lhes que não o contassem a ninguém. Con-
tudo, quanto mais ele os proibia, mais eles falavam. 37 O povo
ficava simplesmente maravilhado e dizia: "Ele faz tudo muito
bem. Faz até o surdo ouvir e o mudo falar".

---

a **7.4** Alguns manuscritos antigos dizem *vasos, vasilhas de metal e almofadas da sala de jantar* (onde se reclinavam para comer).
b **7.6,7** Is 29.13
c **7.9** Alguns manuscritos trazem *estabelecerem*.
d **7.10** Êx 20.12; Dt 5.16
e **7.10** Êx 21.17; Lv 20.9

f **7.16** Alguns manuscritos não trazem o versículo 16.
g **7.24** Vários manuscritos não trazem *e de Sidom*.

8

A Segunda Multiplicação dos Pães
(Mt 15.29-39)

1 Naqueles dias, outra vez reuniu-se uma grande multidão. Visto
que não tinham nada para comer, Jesus chamou os seus discí-
pulos e disse-lhes: 2 "Tenho compaixão desta multidão; já faz
três dias que eles estão comigo e nada têm para comer. 3 Se
eu os mandar para casa com fome, vão desfalecer no caminho,
porque alguns deles vieram de longe".
4 Os seus discípulos responderam: "Onde, neste lugar deserto,
poderia alguém conseguir pão suficiente para alimentá-los?"
5 "Quantos pães vocês têm?", perguntou Jesus.
"Sete", responderam eles.
6 Ele ordenou à multidão que se assentasse no chão. Depois
de tomar os sete pães e dar graças, partiu-os e os entregou
aos seus discípulos, para que os servissem à multidão; e eles
o fizeram. 7 Tinham também alguns peixes pequenos; ele deu
graças igualmente por eles e disse aos discípulos que os distri-
buíssem. 8 O povo comeu até se fartar. E ajuntaram sete cestos
cheios de pedaços que sobraram. 9 Cerca de quatro mil homens
estavam presentes. E, tendo-os despedido, 10 entrou no barco
com seus discípulos e foi para a região de Dalmanuta.

Os Fariseus Pedem um Sinal
(Mt 16.1-4)

11 Os fariseus vieram e começaram a interrogar Jesus. Para
pô-lo à prova, pediram-lhe um sinal do céu. 12 Ele suspirou pro-
fundamente e disse: "Por que esta geração pede um sinal mila-
groso? Eu afirmo que nenhum sinal será dado a vocês". 13 Então
se afastou deles, voltou para o barco e foi para o outro lado.

O Fermento dos Fariseus e de Herodes
(Mt 16.5-12)

14 Os discípulos haviam se esquecido de levar pão, a não ser
um pão que tinham consigo no barco. 15 Advertiu-os Jesus: "Es-
tejam atentos e tenham cuidado com o fermento dos fariseus e
com o fermento de Herodes".
16 E eles discutiam entre si, dizendo: "É porque não temos pão".
17 Percebendo a discussão, Jesus lhes perguntou: "Por que
vocês estão discutindo sobre não terem pão? Ainda não com-
preendem nem percebem? O coração de vocês está endure-
cido? 18 Vocês têm olhos, mas não veem? Têm ouvidos, mas
não ouvem? Não se lembram? 19 Quando eu parti os cinco pães
para os cinco mil, quantos cestos cheios de pedaços vocês re-
colheram?" "Doze", responderam eles.
20 "E, quando eu parti os sete pães para os quatro mil, quantos
cestos cheios de pedaços vocês recolheram?" "Sete", respon-
deram eles.
21 Ele lhes disse: "Vocês ainda não entendem?"

A Cura de um Cego em Betsaida

22 Eles foram para Betsaida, e algumas pessoas trouxeram um
cego a Jesus, suplicando-lhe que tocasse nele. 23 Ele tomou
o cego pela mão e o levou para fora do povoado. Depois de
cuspir nos olhos do homem e impor-lhe as mãos, Jesus per-
guntou: "Você está vendo alguma coisa?"
24 Ele levantou os olhos e disse: "Vejo pessoas; elas parecem
árvores andando".
25 Mais uma vez, Jesus colocou as mãos sobre os olhos do
homem. Então seus olhos foram abertos, e sua vista lhe foi
restaurada, e ele via tudo claramente. 26 Jesus mandou-o para
casa, dizendo: "Não entre no povoado[a]!"

A Confissão de Pedro
(Mt 16.13-20; Lc 9.18-21)

27 Jesus e os seus discípulos dirigiram-se para os povoados nas
proximidades de Cesareia de Filipe. No caminho, ele lhes per-
guntou: "Quem o povo diz que eu sou?"
28 Eles responderam: "Alguns dizem que és João Batista; ou-
tros, Elias; e, ainda outros, um dos profetas".
29 "E vocês?", perguntou ele. "Quem vocês dizem que eu sou?"
Pedro respondeu: "Tu és o Cristo[b]".
30 Jesus os advertiu que não falassem a ninguém a seu respeito.

Jesus Prediz sua Morte e Ressurreição
(Mt 16.21-28; Lc 9.22-27)

31 Então ele começou a ensinar-lhes que era necessário que o
Filho do homem sofresse muitas coisas e fosse rejeitado pelos
líderes religiosos, pelos chefes dos sacerdotes e pelos mestres
da lei, fosse morto e três dias depois ressuscitasse. 32 Ele falou
claramente a esse respeito. Então Pedro, chamando-o à parte,
começou a repreendê-lo.
33 Jesus, porém, voltou-se, olhou para os seus discípulos e re-
preendeu Pedro, dizendo: "Para trás de mim, Satanás! Você
não pensa nas coisas de Deus, mas nas dos homens".
34 Então ele chamou a multidão e os discípulos e disse: "Se
alguém quiser acompanhar-me, negue-se a si mesmo, tome
a sua cruz e siga-me. 35 Pois quem quiser salvar a sua vida[c] a
perderá; mas quem perder a sua vida por minha causa e pelo
evangelho a salvará. 36 Pois, que adianta ao homem ganhar
o mundo inteiro e perder a sua alma? 37 Ou, o que o homem
poderia dar em troca de sua alma? 38 Se alguém se envergo-
nhar de mim e das minhas palavras nesta geração adúltera e
pecadora, o Filho do homem se envergonhará dele quando vier
na glória de seu Pai com os santos anjos".

9 E lhes disse: "Garanto que alguns dos que aqui estão de
modo nenhum experimentarão a morte, antes de verem o
Reino de Deus vindo com poder".

A Transfiguração
(Mt 17.1-13; Lc 9.28-36)

2 Seis dias depois, Jesus tomou consigo Pedro, Tiago e João e
os levou a um alto monte, onde ficaram a sós. Ali ele foi transfi-

---

[a] **8.26** Vários manuscritos acrescentam *nem conte nada a ninguém no povoado.*
[b] **8.29** Ou *Messias*. Tanto *Cristo* (grego) como *Messias* (hebraico) significam *Ungido*; também em todo o livro de Marcos.
[c] **8.35** Ou *alma*

gurado diante deles. 3 Suas roupas se tornaram brancas, de um
branco resplandecente, como nenhum lavandeiro no mundo
seria capaz de branqueá-las. 4 E apareceram diante deles Elias
e Moisés, os quais conversavam com Jesus.
5 Então Pedro disse a Jesus: "Mestre[a], é bom estarmos aqui.
Façamos três tendas: uma para ti, uma para Moisés e uma para
Elias". 6 Ele não sabia o que dizer, pois estavam apavorados.
7 A seguir apareceu uma nuvem e os envolveu, e dela saiu uma
voz, que disse: "Este é o meu Filho amado. Ouçam-no!"
8 Repentinamente, quando olharam ao redor, não viram mais
ninguém, a não ser Jesus.
9 Enquanto desciam do monte, Jesus lhes ordenou que não
contassem a ninguém o que tinham visto, até que o Filho do
homem tivesse ressuscitado dos mortos. 10 Eles guardaram o
assunto apenas entre si, discutindo o que significaria "ressus-
citar dos mortos".
11 E lhe perguntaram: "Por que os mestres da lei dizem que é
necessário que Elias venha primeiro?"
12 Jesus respondeu: "De fato, Elias vem primeiro e restaura
todas as coisas. Então, por que está escrito que é necessário
que o Filho do homem sofra muito e seja rejeitado com des-
prezo? 13 Mas eu digo a vocês: Elias já veio, e fizeram com ele
tudo o que quiseram, como está escrito a seu respeito".

A Cura de um Menino Endemoninhado
(Mt 17.14-23; Lc 9.37-45)

14 Quando chegaram onde estavam os outros discípulos, viram
uma grande multidão ao redor deles e os mestres da lei discu-
tindo com eles. 15 Logo que todo o povo viu Jesus, ficou muito
surpreso e correu para saudá-lo.
16 Perguntou Jesus: "O que vocês estão discutindo?"
17 Um homem, no meio da multidão, respondeu: "Mestre, eu
te trouxe o meu filho, que está com um espírito que o im-
pede de falar. 18 Onde quer que o apanhe, joga-o no chão.
Ele espuma pela boca, range os dentes e fica rígido. Pedi
aos teus discípulos que expulsassem o espírito, mas eles não
conseguiram".
19 Respondeu Jesus: "Ó geração incrédula, até quando estarei
com vocês? Até quando terei que suportá-los? Tragam-me o
menino".
20 Então, eles o trouxeram. Quando o espírito viu Jesus, imedia-
tamente causou uma convulsão no menino. Este caiu no chão e
começou a rolar, espumando pela boca.
21 Jesus perguntou ao pai do menino: "Há quanto tempo ele
está assim?"
"Desde a infância", respondeu ele. 22 "Muitas vezes esse es-
pírito o tem lançado no fogo e na água para matá-lo. Mas, se
podes fazer alguma coisa, tem compaixão de nós e ajuda-nos."
23 "Se podes?", disse Jesus. "Tudo é possível àquele que crê."
24 Imediatamente o pai do menino exclamou: "Creio, ajuda-me
a vencer a minha incredulidade!"
25 Quando Jesus viu que uma multidão estava se ajuntando, re-
preendeu o espírito imundo, dizendo: "Espírito mudo e surdo,
eu ordeno que o deixe e nunca mais entre nele".
26 O espírito gritou, agitou-o violentamente e saiu. O menino
ficou como morto, ao ponto de muitos dizerem: "Ele morreu".
27 Mas Jesus tomou-o pela mão e o levantou, e ele ficou em pé.
28 Depois de Jesus ter entrado em casa, seus discípulos lhe
perguntaram em particular: "Por que não conseguimos expul-
sá-lo?"
29 Ele respondeu: "Essa espécie só sai pela oração e pelo
jejum[b]".
30 Eles saíram daquele lugar e atravessaram a Galileia.
Jesus não queria que ninguém soubesse onde eles estavam,
31 porque estava ensinando os seus discípulos. E lhes dizia: "O
Filho do homem está para ser entregue nas mãos dos homens.
Eles o matarão, e três dias depois ele ressuscitará". 32 Mas
eles não entendiam o que ele queria dizer e tinham receio de
perguntar-lhe.

Quem é o Maior?
(Mt 18.1-5; Lc 9.46-48)

33 E chegaram a Cafarnaum. Quando ele estava em casa, per-
guntou-lhes: "O que vocês estavam discutindo no caminho?"
34 Mas eles guardaram silêncio, porque no caminho haviam
discutido sobre quem era o maior.
35 Assentando-se, Jesus chamou os Doze e disse: "Se alguém
quiser ser o primeiro, será o último, e servo de todos".
36 E, tomando uma criança, colocou-a no meio deles. Pegan-
do-a nos braços, disse-lhes: 37 "Quem recebe uma destas
crianças em meu nome, está me recebendo; e quem me re-
cebe, não está apenas me recebendo, mas também àquele
que me enviou".

Quem Não é contra Nós é por Nós
(Lc 9.49,50)

38 "Mestre", disse João, "vimos um homem expulsando de-
mônios em teu nome e procuramos impedi-lo, porque ele não
era um dos nossos."
39 "Não o impeçam", disse Jesus. "Ninguém que faça um mi-
lagre em meu nome, pode falar mal de mim logo em seguida,
40 pois quem não é contra nós está a nosso favor. 41 Eu digo a
verdade: Quem der um copo de água a vocês em meu nome,
por vocês pertencerem a Cristo, de modo nenhum perderá a
sua recompensa.

A Indução ao Pecado
(Mt 18.6-9)

42 "Se alguém fizer tropeçar um destes pequeninos que creem
em mim, seria melhor que fosse lançado no mar com uma
grande pedra amarrada no pescoço. 43 Se a sua mão o fizer
tropeçar, corte-a. É melhor entrar na vida mutilado do que,
tendo as duas mãos, ir para o inferno, onde o fogo nunca se

[a] **9.5** Isto é, Rabi; também em 10.51; 11.21 e 14.45.

[b] **9.29** Alguns manuscritos não trazem *e pelo jejum*.

apaga, 44 onde o seu verme não morre, e o fogo não se apaga.[a]
45 E, se o seu pé o fizer tropeçar, corte-o. É melhor entrar na
vida aleijado do que, tendo os dois pés, ser lançado no inferno,
46 onde o seu verme não morre, e o fogo não se apaga.[b] 47 E,
se o seu olho o fizer tropeçar, arranque-o. É melhor entrar no
Reino de Deus com um só olho do que, tendo os dois olhos, ser
lançado no inferno, 48 onde 'o seu verme não morre, e o fogo
não se apaga'[c]. 49 Cada um será salgado com fogo.
50 "O sal é bom, mas, se deixar de ser salgado, como restaurar
o seu sabor? Tenham sal em vocês mesmos e vivam em paz
uns com os outros."

10 A Questão do Divórcio

(Mt 19.1-12)

1 Então Jesus saiu dali e foi para a região da Judeia e para o
outro lado do Jordão. Novamente uma multidão veio a ele e,
segundo o seu costume, ele a ensinava.
2 Alguns fariseus aproximaram-se dele para pô-lo à prova,
perguntando: "É permitido ao homem divorciar-se de sua
mulher?"
3 "O que Moisés ordenou a vocês?", perguntou ele.
4 Eles disseram: "Moisés permitiu que o homem lhe desse uma
certidão de divórcio e a mandasse embora"[d].
5 Respondeu Jesus: "Moisés escreveu essa lei por causa da
dureza de coração de vocês. 6 Mas no princípio da criação Deus
'os fez homem e mulher'[e]. 7 'Por esta razão, o homem deixará
pai e mãe e se unirá à sua mulher[f], 8 e os dois se tornarão uma
só carne'.[g] Assim, eles já não são dois, mas sim uma só carne.
9 Portanto, o que Deus uniu, ninguém o separe".
10 Quando estava em casa novamente, os discípulos interro-
garam Jesus sobre o mesmo assunto. 11 Ele respondeu: "Todo
aquele que se divorciar de sua mulher e se casar com outra
mulher, estará cometendo adultério contra ela. 12 E, se ela se
divorciar de seu marido e se casar com outro homem, estará
cometendo adultério".

Jesus e as Crianças

(Mt 19.13-15; Lc 18.15-17)

13 Alguns traziam crianças a Jesus para que ele tocasse nelas,
mas os discípulos os repreendiam. 14 Quando Jesus viu isso,
ficou indignado e lhes disse: "Deixem vir a mim as crianças,
não as impeçam; pois o Reino de Deus pertence aos que são
semelhantes a elas. 15 Digo a verdade: Quem não receber o
Reino de Deus como uma criança, nunca entrará nele". 16 Em
seguida, tomou as crianças nos braços, impôs-lhes as mãos e
as abençoou.

O Jovem Rico

(Mt 19.16-30; Lc 18.18-30)

17 Quando Jesus ia saindo, um homem correu em sua direção e
se pôs de joelhos diante dele e lhe perguntou: "Bom mestre,
que farei para herdar a vida eterna?"
18 Respondeu-lhe Jesus: "Por que você me chama bom? Nin-
guém é bom, a não ser um, que é Deus. 19 Você conhece os
mandamentos: 'Não matarás, não adulterarás, não furtarás,
não darás falso testemunho, não enganarás ninguém, honra
teu pai e tua mãe'[h]".
20 E ele declarou: "Mestre, a tudo isso tenho obedecido desde
a minha adolescência".
21 Jesus olhou para ele e o amou. "Falta uma coisa para você",
disse ele. "Vá, venda tudo o que você possui e dê o dinheiro
aos pobres, e você terá um tesouro no céu. Depois, venha e
siga-me."
22 Diante disso ele ficou abatido e afastou-se triste, porque
tinha muitas riquezas.
23 Jesus olhou ao redor e disse aos seus discípulos: "Como é
difícil aos ricos entrar no Reino de Deus!"
24 Os discípulos ficaram admirados com essas palavras. Mas
Jesus repetiu: "Filhos, como é difícil[i] entrar no Reino de Deus!
25 É mais fácil passar um camelo pelo fundo de uma agulha do
que um rico entrar no Reino de Deus".
26 Os discípulos ficaram perplexos e perguntavam uns aos ou-
tros: "Neste caso, quem pode ser salvo?"
27 Jesus olhou para eles e respondeu: "Para o homem é im-
possível, mas para Deus não; todas as coisas são possíveis
para Deus".
28 Então Pedro começou a dizer-lhe: "Nós deixamos tudo para
seguir-te".
29 Respondeu Jesus: "Digo a verdade: Ninguém que tenha dei-
xado casa, irmãos, irmãs, mãe, pai, filhos, ou campos, por
causa de mim e do evangelho, 30 deixará de receber cem vezes
mais, já no tempo presente, casas, irmãos, irmãs, mães, filhos
e campos, e com eles perseguição; e, na era futura, a vida
eterna. 31 Contudo, muitos primeiros serão últimos, e os últimos
serão primeiros".

Jesus Prediz Novamente sua Morte e Ressurreição

(Mt 20.17-19; Lc 18.31-34)

32 Eles estavam subindo para Jerusalém, e Jesus ia à frente.
Os discípulos estavam admirados, enquanto os que o seguiam
estavam com medo. Novamente ele chamou à parte os Doze
e lhes disse o que haveria de lhe acontecer: 33 "Estamos su-
bindo para Jerusalém e o Filho do homem será entregue aos
chefes dos sacerdotes e aos mestres da lei. Eles o condenarão
à morte e o entregarão aos gentios[j], 34 que zombarão dele,
cuspirão nele, o açoitarão e o matarão. Três dias depois ele
ressuscitará".

---

a 9.44 Os manuscritos mais antigos não trazem o versículo 44.
b 9.46 Os manuscritos mais antigos não trazem o versículo 46.
c 9.48 Is 66.24
d 10.4 Dt 24.1-3
e 10.6 Gn 1.27
f 10.7 Alguns manuscritos antigos não trazem *e se unirá à sua mulher*.
g 10.8 Gn 2.24
h 10.19 Êx 20.12-16; Dt 5.16-20
i 10.24 Outros manuscritos dizem *é difícil para aqueles que confiam nas riquezas*.
j 10.33 Isto é, os que não são judeus.

O Pedido de Tiago e João

(Mt 20.20-28)

35 Nisso Tiago e João, filhos de Zebedeu, aproximaram-se dele e disseram: "Mestre, queremos que nos faças o que vamos te pedir".

36 "O que vocês querem que eu faça?", perguntou ele.

37 Eles responderam: "Permite que, na tua glória, nos assentemos um à tua direita e o outro à tua esquerda".

38 Disse-lhes Jesus: "Vocês não sabem o que estão pedindo. Podem vocês beber o cálice que eu estou bebendo ou ser batizados com o batismo com que estou sendo batizado?"

39 "Podemos", responderam eles. Jesus lhes disse: "Vocês beberão o cálice que estou bebendo e serão batizados com o batismo com que estou sendo batizado; 40 mas o assentar-se à minha direita ou à minha esquerda não cabe a mim conceder. Esses lugares pertencem àqueles para quem foram preparados".

41 Quando os outros dez ouviram essas coisas, ficaram indignados com Tiago e João. 42 Jesus os chamou e disse: "Vocês sabem que aqueles que são considerados governantes das nações as dominam, e as pessoas importantes exercem poder sobre elas. 43 Não será assim entre vocês. Ao contrário, quem quiser tornar-se importante entre vocês deverá ser servo; 44 e quem quiser ser o primeiro deverá ser escravo de todos. 45 Pois nem mesmo o Filho do homem veio para ser servido, mas para servir e dar a sua vida em resgate por muitos".

O Cego Bartimeu Recupera a Visão

(Mt 20.29-34; Lc 18.35-43)

46 Então chegaram a Jericó. Quando Jesus e seus discípulos, juntamente com uma grande multidão, estavam saindo da cidade, o filho de Timeu, Bartimeu, que era cego, estava sentado à beira do caminho pedindo esmolas. 47 Quando ouviu que era Jesus de Nazaré, começou a gritar: "Jesus, Filho de Davi, tem misericórdia de mim!"

48 Muitos o repreendiam para que ficasse quieto, mas ele gritava ainda mais: "Filho de Davi, tem misericórdia de mim!"

49 Jesus parou e disse: "Chamem-no". E chamaram o cego: "Ânimo! Levante-se! Ele o está chamando". 50 Lançando sua capa para o lado, de um salto pôs-se em pé e dirigiu-se a Jesus.

51 "O que você quer que eu faça?", perguntou-lhe Jesus. O cego respondeu: "Mestre, eu quero ver!"

52 "Vá", disse Jesus, "a sua fé o curou". Imediatamente ele recuperou a visão e seguiu Jesus pelo caminho.

11

A Entrada Triunfal

(Mt 21.1-11; Lc 19.28-40; Jo 12.12-19)

1 Quando se aproximaram de Jerusalém e chegaram a Betfagé e Betânia, perto do monte das Oliveiras, Jesus enviou dois de seus discípulos, 2 dizendo-lhes: "Vão ao povoado que está adiante de vocês; logo que entrarem, encontrarão um jumentinho amarrado, no qual ninguém jamais montou. Desamarrem-no e tragam-no aqui. 3 Se alguém perguntar: 'Por que vocês estão fazendo isso?', digam-lhe: O Senhor precisa dele e logo o devolverá".

4 Eles foram e encontraram um jumentinho na rua, amarrado a um portão. Enquanto o desamarravam, 5 alguns dos que ali estavam lhes perguntaram: "O que vocês estão fazendo, desamarrando esse jumentinho?" 6 Os discípulos responderam como Jesus lhes tinha dito, e eles os deixaram ir. 7 Trouxeram o jumentinho a Jesus, puseram sobre ele os seus mantos; e Jesus montou. 8 Muitos estenderam seus mantos pelo caminho, outros espalharam ramos que haviam cortado nos campos. 9 Os que iam adiante dele e os que o seguiam gritavam: "Hosana!"[a] "Bendito é o que vem em nome do Senhor!"[b]

10 "Bendito é o Reino vindouro de nosso pai Davi!" "Hosana nas alturas!"

11 Jesus entrou em Jerusalém e dirigiu-se ao templo. Observou tudo à sua volta e, como já era tarde, foi para Betânia com os Doze.

Jesus Purifica o Templo

(Mt 21.12-17; Lc 19.45-48)

12 No dia seguinte, quando estavam saindo de Betânia, Jesus teve fome. 13 Vendo a distância uma figueira com folhas, foi ver se encontraria nela algum fruto. Aproximando-se dela, nada encontrou, a não ser folhas, porque não era tempo de figos. 14 Então lhe disse: "Ninguém mais coma de seu fruto". E os seus discípulos ouviram-no dizer isso.

15 Chegando a Jerusalém, Jesus entrou no templo e ali começou a expulsar os que estavam comprando e vendendo. Derrubou as mesas dos cambistas e as cadeiras dos que vendiam pombas 16 e não permitia que ninguém carregasse mercadorias pelo templo. 17 E ele os ensinava, dizendo: "Não está escrito: 'A minha casa será chamada casa de oração para todos os povos'[c]? Mas vocês fizeram dela um 'covil de ladrões'[d]".

18 Os chefes dos sacerdotes e os mestres da lei ouviram essas palavras e começaram a procurar uma forma de matá-lo, pois o temiam, visto que toda a multidão estava maravilhada com o seu ensino.

19 Ao cair da tarde, eles[e] saíram da cidade.

A Figueira Seca

(Mt 21.18-22)

20 De manhã, ao passarem, viram a figueira seca desde as raízes. 21 Pedro, lembrando-se, disse a Jesus: "Mestre! Vê! A figueira que amaldiçoaste secou!"

22 Respondeu Jesus: "Tenham fé[f] em Deus. 23 Eu asseguro que, se alguém disser a este monte: 'Levante-se e atire-se no

---

[a] **11.9** Expressão hebraica que significa *"Salve!"*, e que se tornou uma exclamação de louvor; também no versículo 10.

[b] **11.9** Sl 118.25,26

[c] **11.17** Is 56.7

[d] **11.17** Jr 7.11

[e] **11.19** Vários manuscritos dizem *ele saiu*.

[f] **11.22** Vários manuscritos dizem *Se vocês tiverem fé*.

mar', e não duvidar em seu coração, mas crer que acontecerá
o que diz, assim lhe será feito. 24 Portanto, eu digo: Tudo o
que vocês pedirem em oração, creiam que já o receberam,
e assim sucederá. 25 E, quando estiverem orando, se tiverem
alguma coisa contra alguém, perdoem-no, para que também
o Pai celestial perdoe os seus pecados. 26 Mas, se vocês não
perdoarem, também o seu Pai que está nos céus não perdoará
os seus pecados[a]".

A Autoridade de Jesus é Questionada
(Mt 21.23-27; Lc 20.1-8)

27 Chegaram novamente a Jerusalém e, quando Jesus estava
passando pelo templo, aproximaram-se dele os chefes dos
sacerdotes, os mestres da lei e os líderes religiosos e lhe per-
guntaram: 28 "Com que autoridade estás fazendo estas coisas?
Quem te deu autoridade para fazê-las?"
29 Respondeu Jesus: "Eu farei uma pergunta. Respondam-me,
e eu direi com que autoridade estou fazendo estas coisas. 30 O
batismo de João era do céu ou dos homens? Digam-me!"
31 Eles discutiam entre si, dizendo: "Se dissermos: Dos céus,
ele perguntará: 'Então por que vocês não creram nele?' 32 Mas,
se dissermos: Dos homens..." Eles temiam o povo, pois todos
realmente consideravam João um profeta.
33 Eles responderam a Jesus: "Não sabemos".
Disse então Jesus: "Tampouco direi com que autoridade estou
fazendo estas coisas".

12

A Parábola dos Lavradores
(Mt 21.33-46; Lc 20.9-19)

1 Então Jesus começou a lhes falar por parábolas: "Certo
homem plantou uma vinha, colocou uma cerca ao redor dela,
cavou um tanque para prensar as uvas e construiu uma torre.
Depois arrendou a vinha a alguns lavradores e foi fazer uma
viagem. 2 Na época da colheita, enviou um servo aos lavra-
dores, para receber deles parte do fruto da vinha. 3 Mas eles
o agarraram, o espancaram e o mandaram embora de mãos
vazias. 4 Então enviou-lhes outro servo; e eles lhe bateram
na cabeça e o humilharam. 5 E enviou ainda outro, o qual
mataram. Enviou muitos outros; em alguns bateram, a outros
mataram.
6 "Faltava-lhe ainda um para enviar: seu filho amado. Por fim
o enviou, dizendo: 'A meu filho respeitarão'.
7 "Mas os lavradores disseram uns aos outros: 'Este é o her-
deiro. Venham, vamos matá-lo, e a herança será nossa'.
8 Assim eles o agarraram, o mataram e o lançaram para fora
da vinha.
9 "O que fará então o dono da vinha? Virá e matará aqueles
lavradores e dará a vinha a outros. 10 Vocês nunca leram esta
passagem das Escrituras? 'A pedra que os construtores rejei-
taram tornou-se a pedra angular; 11 isso vem do Senhor e é algo
maravilhoso para nós'[b]".

12 Então começaram a procurar um meio de prendê-lo, pois
perceberam que era contra eles que ele havia contado aquela
parábola. Mas tinham medo da multidão; por isso o deixaram
e foram embora.

O Pagamento de Imposto a César
(Mt 22.15-22; Lc 20.20-26)

13 Mais tarde enviaram a Jesus alguns dos fariseus e herodianos
para o apanharem em alguma coisa que ele dissesse. 14 Estes
se aproximaram dele e disseram: "Mestre, sabemos que és ín-
tegro e que não te deixas influenciar por ninguém, porque não
te prendes à aparência dos homens, mas ensinas o caminho
de Deus conforme a verdade. É certo pagar imposto a César
ou não? 15 Devemos pagar ou não?" Mas Jesus, percebendo a
hipocrisia deles, perguntou: "Por que vocês estão me pondo
à prova? Tragam-me um denário[c] para que eu o veja". 16 Eles
lhe trouxeram a moeda, e ele lhes perguntou: "De quem é
esta imagem e esta inscrição?" "De César", responderam eles.
17 Então Jesus lhes disse: "Deem[d] a César o que é de César e a
Deus o que é de Deus". E ficaram admirados com ele.

A Realidade da Ressurreição
(Mt 22.23-33; Lc 20.27-40)

18 Depois os saduceus, que dizem que não há ressurreição,
aproximaram-se dele com a seguinte questão: 19 "Mestre,
Moisés nos deixou escrito que, se um homem morrer e deixar
mulher sem filhos, seu irmão deverá casar-se com a viúva e ter
filhos para seu irmão. 20 Havia sete irmãos. O primeiro casou-se
e morreu sem deixar filhos. 21 O segundo casou-se com a viúva,
mas também morreu sem deixar filhos. O mesmo aconteceu
com o terceiro. 22 Nenhum dos sete deixou filhos. Finalmente,
morreu também a mulher. 23 Na ressurreição,[e] de quem ela
será esposa, visto que os sete foram casados com ela?"
24 Jesus respondeu: "Vocês estão enganados!, pois não co-
nhecem as Escrituras nem o poder de Deus! 25 Quando os
mortos ressuscitam, não se casam nem são dados em casa-
mento, mas são como os anjos nos céus. 26 Quanto à ressur-
reição dos mortos, vocês não leram no livro de Moisés, no re-
lato da sarça, como Deus lhe disse: 'Eu sou o Deus de Abraão, o
Deus de Isaque e o Deus de Jacó'[f]? 27 Ele não é Deus de mortos,
mas de vivos. Vocês estão muito enganados!"

O Maior Mandamento
(Mt 22.34-40)

28 Um dos mestres da lei aproximou-se e os ouviu discutindo.
Notando que Jesus lhes dera uma boa resposta, perguntou-lhe:
"De todos os mandamentos, qual é o mais importante?"
29 Respondeu Jesus: "O mais importante é este: 'Ouça, ó Israel,
o Senhor, o nosso Deus, o Senhor é o único Senhor. 30 Ame o

a 11.26 Muitos manuscritos antigos não trazem o versículo 26.
b 12.10,11 Sl 118.22,23
c 12.15 O denário era uma moeda de prata equivalente à diária de um trabalhador braçal.
d 12.17 Ou *Devolvam*
e 12.23 Alguns manuscritos acrescentam *quando ressuscitaram*
f 12.26 Êx 3.6

Senhor, o seu Deus, de todo o seu coração, de toda a sua alma,
de todo o seu entendimento e de todas as suas forças'[a]. 31 O
segundo é este: 'Ame o seu próximo como a si mesmo'[b]. Não
existe mandamento maior do que estes".
32 "Muito bem, mestre", disse o homem. "Estás certo ao
dizeres que Deus é único e que não existe outro além dele.
33 Amá-lo de todo o coração, de todo o entendimento e de todas
as forças, e amar ao próximo como a si mesmo é mais impor-
tante do que todos os sacrifícios e ofertas".
34 Vendo que ele tinha respondido sabiamente, Jesus lhe disse:
"Você não está longe do Reino de Deus". Daí por diante nin-
guém mais ousava lhe fazer perguntas.

O Cristo é Senhor de Davi
(Mt 22.41-46; Lc 20.41-44)

35 Ensinando no templo, Jesus perguntou: "Como os mestres da
lei dizem que o Cristo é filho de Davi? 36 O próprio Davi, falando
pelo Espírito Santo, disse: 'O Senhor disse ao meu Senhor:
Senta-te à minha direita até que eu ponha os teus inimigos
debaixo de teus pés'[c].
37 "O próprio Davi o chama 'Senhor'. Como pode, então, ser
ele seu filho?"
E a grande multidão o ouvia com prazer.
38 Ao ensinar, Jesus dizia: "Cuidado com os mestres da lei. Eles
fazem questão de andar com roupas especiais, de receber sau-
dações nas praças 39 e de ocupar os lugares mais importantes
nas sinagogas e os lugares de honra nos banquetes. 40 Eles
devoram as casas das viúvas, e, para disfarçar, fazem longas
orações. Esses receberão condenação mais severa!"

A Oferta da Viúva
(Lc 21.1-4)

41 Jesus sentou-se em frente do lugar onde eram colocadas as
contribuições e observava a multidão colocando o dinheiro nas
caixas de ofertas. Muitos ricos lançavam ali grandes quantias.
42 Então, uma viúva pobre chegou-se e colocou duas peque-
ninas moedas de cobre, de muito pouco valor[d].
43 Chamando a si os seus discípulos, Jesus declarou: "Afirmo
que esta viúva pobre colocou na caixa de ofertas mais do que
todos os outros. 44 Todos deram do que lhes sobrava; mas ela,
da sua pobreza, deu tudo o que possuía para viver".

13 O Sinal do Fim dos Tempos
(Mt 24.1-35; Lc 21.5-37)

1 Quando ele estava saindo do templo, um de seus discípulos
lhe disse: "Olha, Mestre! Que pedras enormes! Que construções
magníficas!"
2 "Você está vendo todas estas grandes construções?", per-
guntou Jesus. "Aqui não ficará pedra sobre pedra; serão todas
derrubadas."
3 Tendo Jesus se assentado no monte das Oliveiras, de frente
para o templo, Pedro, Tiago, João e André lhe perguntaram
em particular: 4 "Dize-nos, quando acontecerão essas coisas?
E qual será o sinal de que tudo isso está prestes a cumprir-se?"
5 Jesus lhes disse: "Cuidado, que ninguém os engane. 6 Muitos
virão em meu nome, dizendo: 'Sou eu!' e enganarão a muitos.
7 Quando ouvirem falar de guerras e rumores de guerras, não
tenham medo. É necessário que tais coisas aconteçam, mas
ainda não é o fim. 8 Nação se levantará contra nação, e reino
contra reino. Haverá terremotos em vários lugares e também
fomes. Essas coisas são o início das dores.
9 "Fiquem atentos, pois vocês serão entregues aos tribunais
e serão açoitados nas sinagogas. Por minha causa vocês
serão levados à presença de governadores e reis, como tes-
temunho a eles. 10 E é necessário que antes o evangelho seja
pregado a todas as nações. 11 Sempre que forem presos e
levados a julgamento, não fiquem preocupados com o que
vão dizer. Digam tão somente o que for dado a vocês na-
quela hora, pois não serão vocês que estarão falando, mas
o Espírito Santo.
12 "O irmão trairá seu próprio irmão, entregando-o à morte, e
o mesmo fará o pai a seu filho. Filhos se rebelarão contra seus
pais e os matarão. 13 Todos odiarão vocês por minha causa;
mas aquele que perseverar até o fim será salvo.
14 "Quando vocês virem 'o sacrilégio terrível'[e] no lugar onde não
deve estar — quem lê, entenda — então, os que estiverem na
Judeia fujam para os montes. 15 Quem estiver no telhado de
sua casa não desça nem entre em casa para tirar dela coisa
alguma. 16 Quem estiver no campo não volte para pegar seu
manto. 17 Como serão terríveis aqueles dias para as grávidas e
para as que estiverem amamentando! 18 Orem para que essas
coisas não aconteçam no inverno. 19 Porque aqueles serão
dias de tribulação como nunca houve desde que Deus criou
o mundo até agora, nem jamais haverá. 20 Se o Senhor não
tivesse abreviado tais dias, ninguém sobreviveria[f]. Mas, por
causa dos eleitos por ele escolhidos, ele os abreviou. 21 Se,
então, alguém disser: 'Vejam, aqui está o Cristo!' ou: 'Vejam,
ali está ele!', não acreditem. 22 Pois aparecerão falsos cristos e
falsos profetas que realizarão sinais e maravilhas para, se pos-
sível, enganar os eleitos. 23 Por isso, fiquem atentos: avisei-os
de tudo antecipadamente.
24 "Mas, naqueles dias, após aquela tribulação,
" 'o sol escurecerá e a lua não dará a sua luz; 25 as estrelas
cairão do céu e os poderes celestes serão abalados'[g].
26 "Então verão o Filho do homem vindo nas nuvens com grande
poder e glória. 27 E ele enviará os seus anjos e reunirá os seus
eleitos dos quatro ventos, dos confins da terra até os confins
do céu.
28 "Aprendam a lição da figueira: Quando seus ramos se re-
novam e suas folhas começam a brotar, vocês sabem que o

---

a **12.30** Dt 6.4,5
b **12.31** Lv 19.18
c **12.36** Sl 110.1
d **12.42** Grego: *2 leptos*, que valiam 1 quadrante.
e **13.14** Dn 9.27; 11.31; 12.11
f **13.20** Ou *seria salvo*
g **13.24,25** Is 13.10; 34.4

verão está próximo. 29 Assim também, quando virem estas
coisas acontecendo, saibam que ele está próximo, às portas.
30 Eu asseguro a vocês que não passará esta geração até que
todas estas coisas aconteçam. 31 Os céus e a terra passarão,
mas as minhas palavras jamais passarão.

O Dia e a Hora São Desconhecidos
(Mt 24.36-51)

32 "Quanto ao dia e à hora ninguém sabe, nem os anjos no
céu, nem o Filho, senão somente o Pai. 33 Fiquem atentos! Vi-
giem![a] Vocês não sabem quando virá esse tempo. 34 É como um
homem que sai de viagem. Ele deixa sua casa, encarrega de
tarefas cada um dos seus servos e ordena ao porteiro que vigie.
35 Portanto, vigiem, porque vocês não sabem quando o dono
da casa voltará: se à tarde, à meia-noite, ao cantar do galo ou
ao amanhecer. 36 Se ele vier de repente, que não os encontre
dormindo! 37 O que digo a vocês, digo a todos: Vigiem!"

14 Jesus é Ungido em Betânia
(Mt 26.6-13; Jo 12.1-8)

1 Faltavam apenas dois dias para a Páscoa e para a festa dos
pães sem fermento. Os chefes dos sacerdotes e os mestres da
lei estavam procurando um meio de flagrar Jesus em algum
erro[b] e matá-lo. 2 Mas diziam: "Não durante a festa, para que
não haja tumulto entre o povo".
3 Estando Jesus em Betânia, reclinado à mesa na casa de um
homem conhecido como Simão, o leproso, aproximou-se dele
certa mulher com um frasco de alabastro contendo um per-
fume muito caro, feito de nardo puro. Ela quebrou o frasco e
derramou o perfume sobre a cabeça de Jesus.
4 Alguns dos presentes começaram a dizer uns aos outros, in-
dignados: "Por que este desperdício de perfume? 5 Ele poderia
ser vendido por trezentos denários[c], e o dinheiro ser dado aos
pobres". E eles a repreendiam severamente.
6 "Deixem-na em paz", disse Jesus. "Por que a estão per-
turbando? Ela praticou uma boa ação para comigo. 7 Pois os
pobres vocês sempre terão com vocês e poderão ajudá-los
sempre que o desejarem. Mas a mim vocês nem sempre terão.
8 Ela fez o que pôde. Derramou o perfume em meu corpo an-
tecipadamente, preparando-o para o sepultamento. 9 Eu asse-
guro que onde quer que o evangelho for anunciado, em todo o
mundo, também o que ela fez será contado em sua memória."
10 Então Judas Iscariotes, um dos Doze, dirigiu-se aos chefes
dos sacerdotes a fim de lhes entregar Jesus. 11 A proposta muito
os alegrou, e lhe prometeram dinheiro. Assim, ele procurava
uma oportunidade para entregá-lo.

A Ceia do Senhor
(Mt 26.17-30; Lc 22.7-23; Jo 13.18-30)

12 No primeiro dia da festa dos pães sem fermento, quando se
costumava sacrificar o cordeiro pascal, os discípulos de Jesus
lhe perguntaram: "Aonde queres que vamos e te preparemos
a refeição da Páscoa?"
13 Então ele enviou dois de seus discípulos, dizendo-lhes: "En-
trem na cidade, e um homem carregando um pote de água virá
ao encontro de vocês. Sigam-no 14 e digam ao dono da casa em
que ele entrar: O Mestre pergunta: Onde é o meu salão de hós-
pedes, no qual poderei comer a Páscoa com meus discípulos?
15 Ele mostrará uma ampla sala no andar superior, mobiliada e
pronta. Façam ali os preparativos para nós".
16 Os discípulos se retiraram, entraram na cidade e encontraram
tudo como Jesus lhes tinha dito. E prepararam a Páscoa.
17 Ao anoitecer, Jesus chegou com os Doze. 18 Quando estavam
comendo, reclinados à mesa, Jesus disse: "Digo que certamente
um de vocês me trairá, alguém que está comendo comigo".
19 Eles ficaram tristes e, um por um, lhe disseram: "Com certeza
não sou eu!"
20 Afirmou Jesus: "É um dos Doze, alguém que come comigo
do mesmo prato. 21 O Filho do homem vai, como está escrito a
seu respeito. Mas ai daquele que trai o Filho do homem! Melhor
lhe seria não haver nascido".
22 Enquanto comiam, Jesus tomou o pão, deu graças, partiu-o,
e o deu aos discípulos, dizendo: "Tomem; isto é o meu corpo".
23 Em seguida tomou o cálice, deu graças, ofereceu-o aos dis-
cípulos, e todos beberam.
24 E disse-lhes: "Isto é o meu sangue da aliança[d], que é derra-
mado em favor de muitos. 25 Eu afirmo que não beberei outra
vez do fruto da videira, até aquele dia em que beberei o vinho
novo no Reino de Deus".
26 Depois de terem cantado um hino, saíram para o monte das
Oliveiras.

Jesus Prediz que Pedro o Negará
(Mt 26.31-35; Lc 22.31-34; Jo 13.36-38)

27 Disse-lhes Jesus: "Vocês todos me abandonarão. Pois está
escrito: 'Ferirei o pastor, e as ovelhas serão dispersas'[e].
28 Mas, depois de ressuscitar, irei adiante de vocês para a Ga-
lileia".
29 Pedro declarou: "Ainda que todos te abandonem, eu não
te abandonarei!"
30 Respondeu Jesus: "Asseguro que ainda hoje, esta noite,
antes que duas vezes[f] cante o galo, três vezes você me ne-
gará".
31 Mas Pedro insistia ainda mais: "Mesmo que seja preciso que
eu morra contigo, nunca te negarei". E todos os outros dis-
seram o mesmo.

Jesus no Getsêmani
(Mt 26.36-46; Lc 22.39-46)

32 Então foram para um lugar chamado Getsêmani, e Jesus
disse aos seus discípulos: "Sentem-se aqui enquanto vou orar".

[a] 13.33 Alguns manuscritos acrescentam *e orem!*
[b] 14.1 Ou *prender Jesus por meio de engano*
[c] 14.5 O denário era uma moeda de prata equivalente à diária de um trabalhador braçal.
[d] 14.24 Alguns manuscritos trazem *da nova aliança*.
[e] 14.27 Zc 13.7
[f] 14.30 Alguns manuscritos não trazem *duas vezes*.

33 Levou consigo Pedro, Tiago e João, e começou a ficar aflito e
angustiado. 34 E lhes disse: "A minha alma está profundamente
triste, numa tristeza mortal. Fiquem aqui e vigiem".
35 Indo um pouco mais adiante, prostrou-se e orava para que,
se possível, fosse afastada dele aquela hora. 36 E dizia: "*Abba*[a],
Pai, tudo te é possível. Afasta de mim este cálice; contudo, não
seja o que eu quero, mas sim o que tu queres".
37 Então, voltou aos seus discípulos e os encontrou dormindo.
"Simão", disse ele a Pedro, "você está dormindo? Não pôde
vigiar nem por uma hora? 38 Vigiem e orem para que não caiam
em tentação. O espírito está pronto, mas a carne é fraca."
39 Mais uma vez ele se afastou e orou, repetindo as mesmas
palavras. 40 Quando voltou, de novo os encontrou dormindo,
porque seus olhos estavam pesados. Eles não sabiam o que
lhe dizer.
41 Voltando pela terceira vez, ele lhes disse: "Vocês ainda
dormem e descansam? Basta! Chegou a hora! Eis que o Filho
do homem está sendo entregue nas mãos dos pecadores. 42 Le-
vantem-se e vamos! Aí vem aquele que me trai!"

Jesus é Preso
(Mt 26.47-56; Lc 22.47-53; Jo 18.1-11)

43 Enquanto ele ainda falava, apareceu Judas, um dos Doze.
Com ele estava uma multidão armada de espadas e varas, en-
viada pelos chefes dos sacerdotes, mestres da lei e líderes
religiosos.
44 O traidor havia combinado um sinal com eles: "Aquele a
quem eu saudar com um beijo, é ele: prendam-no e levem-no
em segurança". 45 Dirigindo-se imediatamente a Jesus, Judas
disse: "Mestre!", e o beijou. 46 Os homens agarraram Jesus e
o prenderam. 47 Então, um dos que estavam por perto puxou
a espada e feriu o servo do sumo sacerdote, decepando-lhe
a orelha.
48 Disse Jesus: "Estou eu chefiando alguma rebelião, para que
vocês venham me prender com espadas e varas? 49 Todos os
dias eu estive com vocês, ensinando no templo, e vocês não
me prenderam. Mas as Escrituras precisam ser cumpridas".
50 Então todos o abandonaram e fugiram.
51 Um jovem, vestindo apenas um lençol de linho, estava se-
guindo Jesus. Quando tentaram prendê-lo, 52 ele fugiu nu,
deixando o lençol para trás.

Jesus diante do Sinédrio

53 Levaram Jesus ao sumo sacerdote; e então se reuniram
todos os chefes dos sacerdotes, os líderes religiosos e os mes-
tres da lei. 54 Pedro o seguiu de longe até o pátio do sumo
sacerdote. Sentando-se ali com os guardas, esquentava-se
junto ao fogo.
55 Os chefes dos sacerdotes e todo o Sinédrio[b] estavam procu-
rando depoimentos contra Jesus, para que pudessem conde-
ná-lo à morte, mas não encontravam nenhum. 56 Muitos tes-
temunharam falsamente contra ele, mas as declarações deles
não eram coerentes.
57 Então se levantaram alguns e declararam falsamente contra
ele: 58 "Nós o ouvimos dizer: 'Destruirei este templo feito por
mãos humanas e em três dias construirei outro, não feito por
mãos de homens' ". 59 Mas, nem mesmo assim, o depoimento
deles era coerente.
60 Depois o sumo sacerdote levantou-se diante deles e per-
guntou a Jesus: "Você não vai responder à acusação que estes
fazem sobre você?" 61 Mas Jesus permaneceu em silêncio e
nada respondeu. Outra vez o sumo sacerdote lhe perguntou:
"Você é o Cristo, o Filho do Deus Bendito?"
62 "Sou", disse Jesus. "E vereis o Filho do homem assentado à
direita do Poderoso vindo com as nuvens do céu."
63 O sumo sacerdote, rasgando as próprias vestes, perguntou:
"Por que precisamos de mais testemunhas? 64 Vocês ouviram
a blasfêmia. Que acham?" Todos o julgaram digno de morte.
65 Então alguns começaram a cuspir nele; vendaram-lhe os
olhos e, dando-lhe murros, diziam: "Profetize!" E os guardas o
levaram, dando-lhe tapas.

Pedro Nega Jesus
(Mt 26.69-75; Lc 22.54-62; Jo 18.15-18, 25-27)

66 Estando Pedro embaixo, no pátio, uma das criadas do sumo
sacerdote passou por ali. 67 Vendo Pedro a aquecer-se, olhou
bem para ele e disse:
"Você também estava com Jesus, o Nazareno".
68 Contudo ele o negou, dizendo: "Não o conheço, nem sei do
que você está falando". E saiu para o alpendre[c].
69 Quando a criada o viu lá, disse novamente aos que estavam
por perto: "Esse aí é um deles". 70 De novo ele negou.
Pouco tempo depois, os que estavam sentados ali perto dis-
seram a Pedro: "Certamente você é um deles. Você é galileu!"
71 Ele começou a se amaldiçoar e a jurar: "Não conheço o
homem de quem vocês estão falando!"
72 E logo o galo cantou pela segunda vez[d]. Então Pedro se
lembrou da palavra que Jesus lhe tinha dito: "Antes que duas
vezes[e] cante o galo, você me negará três vezes". E se pôs a
chorar.

15 Jesus diante de Pilatos

De manhã bem cedo, os chefes dos sacerdotes com os
líderes religiosos, os mestres da lei e todo o Sinédrio[f] chegaram
a uma decisão. Amarrando Jesus, levaram-no e o entregaram
a Pilatos.
2 "Você é o rei dos judeus?", perguntou Pilatos.
"Tu o dizes"[g], respondeu Jesus.
3 Os chefes dos sacerdotes o acusavam de muitas coisas.

---

[a] **14.36** Termo aramaico para *Pai*.
[b] **14.55** Conselho dos principais líderes do povo judeu.
[c] **14.68** Muitos manuscritos acrescentam *e o galo cantou*.
[d] **14.72** Alguns manuscritos não trazem *pela segunda vez*.
[e] **14.72** Alguns manuscritos não trazem *duas vezes*.
[f] **15.1** Conselho dos principais líderes do povo judeu; também no versículo 43.
[g] **15.2** Ou *"Sim, é como dizes"*

4 Então Pilatos lhe perguntou novamente: "Você não vai res-
ponder? Veja de quantas coisas o estão acusando".
5 Mas Jesus não respondeu nada, e Pilatos ficou impressio-
nado.
6 Por ocasião da festa, era costume soltar um prisioneiro que
o povo pedisse. 7 Um homem chamado Barrabás estava na
prisão com os rebeldes que haviam cometido assassinato du-
rante uma rebelião. 8 A multidão chegou e pediu a Pilatos que
lhe fizesse o que costumava fazer.
9 "Vocês querem que eu solte o rei dos judeus?", perguntou
Pilatos, 10 sabendo que fora por inveja que os chefes dos sa-
cerdotes lhe haviam entregado Jesus. 11 Mas os chefes dos sa-
cerdotes incitaram a multidão a pedir que Pilatos, ao contrário,
soltasse Barrabás.
12 "Então, que farei com aquele a quem vocês chamam rei dos
judeus?", perguntou-lhes Pilatos.
13 "Crucifica-o!", gritaram eles.
14 "Por quê? Que crime ele cometeu?", perguntou Pilatos. Mas
eles gritavam ainda mais: "Crucifica-o!"
15 Desejando agradar a multidão, Pilatos soltou-lhes Barrabás,
mandou açoitar Jesus e o entregou para ser crucificado.

Os Soldados Zombam de Jesus

(Mt 27.27-31)

16 Os soldados levaram Jesus para dentro do palácio, isto é,
ao Pretório[a], e reuniram toda a tropa. 17 Vestiram-no com um
manto de púrpura, depois fizeram uma coroa de espinhos e a
colocaram nele. 18 E começaram a saudá-lo: "Salve, rei dos
judeus!" 19 Batiam-lhe na cabeça com uma vara e cuspiam nele.
Ajoelhavam-se e lhe prestavam adoração. 20 Depois de terem
zombado dele, tiraram-lhe o manto de púrpura e vestiram-
-lhe suas próprias roupas. Então o levaram para fora, a fim
de crucificá-lo.

A Crucificação

(Mt 27.32-44; Lc 23.26-43; Jo 19.16-27)

21 Certo homem de Cirene, chamado Simão, pai de Alexandre e
de Rufo, passava por ali, chegando do campo. Eles o forçaram
a carregar a cruz. 22 Levaram Jesus ao lugar chamado Gólgota,
que quer dizer lugar da Caveira. 23 Então lhe deram vinho mis-
turado com mirra, mas ele não o bebeu. 24 E o crucificaram.
Dividindo as roupas dele, tiraram sortes para saber com o que
cada um iria ficar.
25 Eram nove horas da manhã[b] quando o crucificaram. 26 E
assim estava escrito na acusação contra ele: O REI DOS JU-
DEUS. 27 Com ele crucificaram dois ladrões, um à sua direita
e outro à sua esquerda, 28 e cumpriu-se a Escritura que diz:
"Ele foi contado entre os transgressores"[c]. 29 Os que passavam
lançavam-lhe insultos, balançando a cabeça e dizendo: "Ora,
você que destrói o templo e o reedifica em três dias, 30 desça
da cruz e salve-se a si mesmo!"
31 Da mesma forma, os chefes dos sacerdotes e os mestres da
lei zombavam dele entre si, dizendo: "Salvou os outros, mas
não é capaz de salvar a si mesmo! 32 O Cristo, o Rei de Israel...
Desça da cruz, para que o vejamos e creiamos!" Os que foram
crucificados com ele também o insultavam.

A Morte de Jesus

(Mt 27.45-56; Lc 23.44-49; Jo 19.28-30)

33 E houve trevas sobre toda a terra, do meio-dia às três horas
da tarde[d]. 34 Por volta das três horas da tarde, Jesus bradou
em alta voz: *"Eloí, Eloí, lamá sabactâni?"*, que significa "Meu
Deus! Meu Deus! Por que me abandonaste?"[e]
35 Quando alguns dos que estavam presentes ouviram isso,
disseram: "Ouçam! Ele está chamando Elias".
36 Um deles correu, embebeu uma esponja em vinagre, co-
locou-a na ponta de uma vara e deu-a a Jesus para beber. E
disse: "Deixem-no. Vejamos se Elias vem tirá-lo daí".
37 Mas Jesus, com um alto brado, expirou.
38 E o véu do santuário rasgou-se em duas partes, de alto a
baixo. 39 Quando o centurião que estava em frente de Jesus
ouviu o seu brado e[f] viu como ele morreu, disse: "Realmente
este homem era o Filho de Deus!"
40 Algumas mulheres estavam observando de longe. Entre elas
estavam Maria Madalena, Salomé e Maria, mãe de Tiago, o
mais jovem, e de José. 41 Na Galileia elas tinham seguido e
servido a Jesus. Muitas outras mulheres que tinham subido
com ele para Jerusalém também estavam ali.

O Sepultamento de Jesus

(Mt 27.57-61; Lc 23.50-56; Jo 19.38-42)

42 Era o Dia da Preparação, isto é, a véspera do sábado, 43 José
de Arimateia, membro de destaque do Sinédrio, que também
esperava o Reino de Deus, dirigiu-se corajosamente a Pilatos
e pediu o corpo de Jesus. 44 Pilatos ficou surpreso ao ouvir que
ele já tinha morrido. Chamando o centurião, perguntou-lhe
se Jesus já tinha morrido. 45 Sendo informado pelo centurião,
entregou o corpo a José. 46 Então José comprou um lençol de
linho, baixou o corpo da cruz, envolveu-o no lençol e o colocou
num sepulcro cavado na rocha. Depois, fez rolar uma pedra
sobre a entrada do sepulcro. 47 Maria Madalena e Maria, mãe
de José, viram onde ele fora colocado.

16 **A Ressurreição**

(Mt 28.1-10; Lc 24.1-12; Jo 20.1-9)

1 Quando terminou o sábado, Maria Madalena, Salomé e Maria,
mãe de Tiago, compraram especiarias aromáticas para ungir
o corpo de Jesus. 2 No primeiro dia da semana, bem cedo,
ao nascer do sol, elas se dirigiram ao sepulcro, 3 perguntando

---

a 15.16 Residência oficial do governador romano.
b 15.25 Grego: *Era a hora terceira.*
c 15.28 Is 53.12
d 15.33 Grego: *da hora sexta até a hora nona.*
e 15.34 Sl 22.1
f 15.39 Alguns manuscritos não trazem *ouviu o seu brado e.*

umas às outras: "Quem removerá para nós a pedra da entrada
do sepulcro?"
4 Mas, quando foram verificar, viram que a pedra, que era
muito grande, havia sido removida. 5 Entrando no sepulcro,
viram um jovem vestido de roupas brancas assentado à direita
e ficaram amedrontadas.
6 "Não tenham medo", disse ele. "Vocês estão procurando
Jesus, o Nazareno, que foi crucificado. Ele ressuscitou! Não
está aqui. Vejam o lugar onde o haviam posto. 7 Vão e digam
aos discípulos dele e a Pedro: Ele está indo adiante de vocês
para a Galileia. Lá vocês o verão, como ele disse."
8 Tremendo e assustadas, as mulheres saíram e fugiram do
sepulcro. E não disseram nada a ninguém, porque estavam
amedrontadas.
9 [a]Quando Jesus ressuscitou, na madrugada do primeiro dia
da semana, apareceu primeiramente a Maria Madalena, de
quem havia expulsado sete demônios. 10 Ela foi e contou aos
que com ele tinham estado; eles estavam lamentando e cho-
rando. 11 Quando ouviram que Jesus estava vivo e fora visto por
ela, não creram.
12 Depois Jesus apareceu noutra forma a dois deles, estando
eles a caminho do campo. 13 Eles voltaram e relataram isso aos
outros; mas também nestes eles não creram.
14 Mais tarde Jesus apareceu aos Onze enquanto eles comiam;
censurou-lhes a incredulidade e a dureza de coração, porque
não acreditaram nos que o tinham visto depois de ressurreto.
15 E disse-lhes: "Vão pelo mundo todo e preguem o evangelho
a todas as pessoas. 16 Quem crer e for batizado será salvo, mas
quem não crer será condenado. 17 Estes sinais acompanharão
os que crerem: em meu nome expulsarão demônios; falarão
novas línguas; 18 pegarão em serpentes; e, se beberem algum
veneno mortal, não lhes fará mal nenhum; imporão as mãos
sobre os doentes, e estes ficarão curados".
19 Depois de lhes ter falado, o Senhor Jesus foi elevado aos céus
e assentou-se à direita de Deus. 20 Então, os discípulos saíram e
pregaram por toda parte; e o Senhor cooperava com eles, con-
firmando-lhes a palavra com os sinais que a acompanhavam.

[a] 16.9 Alguns manuscritos antigos não trazem os versículos 9-20; outros manuscritos do evangelho de Marcos, apresentam finais diferentes.

LUCAS

1 **Introdução**
Muitos já se dedicaram a elaborar um relato dos fatos que
se cumpriram[a] entre nós, 2 conforme nos foram transmitidos
por aqueles que desde o início foram testemunhas oculares
e servos da palavra. 3 Eu mesmo investiguei tudo cuidadosa-
mente, desde o começo, e decidi escrever-te um relato orde-
nado, ó excelentíssimo Teófilo, 4 para que tenhas a certeza das
coisas que te foram ensinadas.

O Nascimento de João Batista é Predito

5 No tempo de Herodes, rei da Judeia, havia um sacerdote
chamado Zacarias, que pertencia ao grupo sacerdotal de
Abias; Isabel, sua mulher, também era descendente de Arão.
6 Ambos eram justos aos olhos de Deus, obedecendo de modo
irrepreensível a todos os mandamentos e preceitos do Senhor.
7 Mas eles não tinham filhos, porque Isabel era estéril; e ambos
eram de idade avançada.
8 Certa vez, estando de serviço o seu grupo, Zacarias estava
servindo como sacerdote diante de Deus. 9 Ele foi escolhido
por sorteio, de acordo com o costume do sacerdócio, para en-
trar no santuário do Senhor e oferecer incenso. 10 Chegando a
hora de oferecer incenso, o povo todo estava orando do lado
de fora.
11 Então um anjo do Senhor apareceu a Zacarias, à direita do
altar do incenso. 12 Quando Zacarias o viu, perturbou-se e foi
dominado pelo medo. 13 Mas o anjo lhe disse: "Não tenha
medo, Zacarias; sua oração foi ouvida. Isabel, sua mulher, dará
a você um filho, e você lhe dará o nome de João. 14 Ele será
motivo de prazer e de alegria para você, e muitos se alegrarão
por causa do nascimento dele, 15 pois será grande aos olhos
do Senhor. Ele nunca tomará vinho nem bebida fermentada, e
será cheio do Espírito Santo desde antes do seu nascimento[b].
16 Fará retornar muitos dentre o povo de Israel ao Senhor, o
seu Deus. 17 E irá adiante do Senhor, no espírito e no poder
de Elias, para fazer voltar o coração dos pais a seus filhos e
os desobedientes à sabedoria dos justos, para deixar um povo
preparado para o Senhor".
18 Zacarias perguntou ao anjo: "Como posso ter certeza disso?
Sou velho, e minha mulher é de idade avançada".
19 O anjo respondeu: "Sou Gabriel, o que está sempre na
presença de Deus. Fui enviado para transmitir a você estas
boas-novas. 20 Agora você ficará mudo. Não poderá falar até o
dia em que isso acontecer, porque não acreditou em minhas
palavras, que se cumprirão no tempo oportuno".
21 Enquanto isso, o povo esperava por Zacarias, estranhando
sua demora no santuário. 22 Quando saiu, não conseguia falar

[a] 1.1 Ou *que foram aceitos com convicção*

[b] 1.15 Ou *desde o ventre de sua mãe*

nada; o povo percebeu então que ele tivera uma visão no san-
tuário. Zacarias fazia sinais para eles, mas permanecia mudo.
23 Quando se completou seu período de serviço, ele voltou para
casa. 24 Depois disso, Isabel, sua mulher, engravidou e durante
cinco meses não saiu de casa. 25 E ela dizia: "Isto é obra do Se-
nhor! Agora ele olhou para mim favoravelmente, para desfazer
a minha humilhação perante o povo".

O Nascimento de Jesus é Predito

26 No sexto mês Deus enviou o anjo Gabriel a Nazaré, cidade
da Galileia, 27 a uma virgem prometida em casamento a certo
homem chamado José, descendente de Davi. O nome da
virgem era Maria. 28 O anjo, aproximando-se dela, disse: "Ale-
gre-se, agraciada! O Senhor está com você!"
29 Maria ficou perturbada com essas palavras, pensando no
que poderia significar esta saudação. 30 Mas o anjo lhe disse:
"Não tenha medo, Maria; você foi agraciada por Deus! 31 Você
ficará grávida e dará à luz um filho, e lhe porá o nome de
Jesus. 32 Ele será grande e será chamado Filho do Altíssimo. O
Senhor Deus lhe dará o trono de seu pai Davi, 33 e ele reinará
para sempre sobre o povo de Jacó; seu Reino jamais terá fim".
34 Perguntou Maria ao anjo: "Como acontecerá isso se sou
virgem?"
35 O anjo respondeu: "O Espírito Santo virá sobre você,
e o poder do Altíssimo a cobrirá com a sua sombra. Assim,
aquele que há de nascer será chamado Santo, Filho de Deus.[a]
36 Também Isabel, sua parenta, terá um filho na velhice; aquela
que diziam ser estéril já está em seu sexto mês de gestação.
37 Pois nada é impossível para Deus".
38 Respondeu Maria: "Sou serva do Senhor; que aconteça co-
migo conforme a tua palavra". Então o anjo a deixou.

Maria Visita Isabel

39 Naqueles dias, Maria preparou-se e foi depressa para uma
cidade da região montanhosa da Judeia, 40 onde entrou na
casa de Zacarias e saudou Isabel. 41 Quando Isabel ouviu a sau-
dação de Maria, o bebê agitou-se em seu ventre, e Isabel ficou
cheia do Espírito Santo. 42 Em alta voz exclamou: "Bendita é
você entre as mulheres, e bendito é o filho que você dará à luz!
43 Mas por que sou tão agraciada, ao ponto de me visitar a
mãe do meu Senhor? 44 Logo que a sua saudação chegou aos
meus ouvidos, o bebê que está em meu ventre agitou-se de
alegria. 45 Feliz é aquela que creu que se cumprirá aquilo que
o Senhor lhe disse!"

O Cântico de Maria

46 Então disse Maria: "Minha alma engrandece ao Senhor, 47 e o
meu espírito se alegra em Deus, meu Salvador, 48 pois atentou
para a humildade da sua serva. De agora em diante, todas as
gerações me chamarão bem-aventurada, 49 pois o Poderoso
fez grandes coisas em meu favor; santo é o seu nome. 50 A
sua misericórdia estende-se aos que o temem, de geração em
geração. 51 Ele realizou poderosos feitos com seu braço; dis-
persou os que são soberbos no mais íntimo do coração. 52 Der-
rubou governantes dos seus tronos, mas exaltou os humildes.
53 Encheu de coisas boas os famintos, mas despediu de mãos
vazias os ricos. 54 Ajudou a seu servo Israel, lembrando-se da
sua misericórdia 55 para com Abraão e seus descendentes para
sempre, como dissera aos nossos antepassados".
56 Maria ficou com Isabel cerca de três meses e depois voltou
para casa.

O Nascimento de João Batista

57 Ao se completar o tempo de Isabel dar à luz, ela teve um
filho. 58 Seus vizinhos e parentes ouviram falar da grande mi-
sericórdia que o Senhor lhe havia demonstrado e se alegraram
com ela.
59 No oitavo dia foram circuncidar o menino e queriam dar-lhe o
nome do pai, Zacarias; 60 mas sua mãe tomou a palavra e disse:
"Não! Ele será chamado João".
61 Disseram-lhe: "Você não tem nenhum parente com esse
nome".
62 Então fizeram sinais ao pai do menino, para saber como
queria que a criança se chamasse. 63 Ele pediu uma tabuinha
e, para admiração de todos, escreveu: "O nome dele é João".
64 Imediatamente sua boca se abriu, sua língua se soltou e ele
começou a falar, louvando a Deus. 65 Todos os vizinhos ficaram
cheios de temor, e por toda a região montanhosa da Judeia se
falava sobre essas coisas. 66 Todos os que ouviam falar disso
se perguntavam: "O que vai ser este menino?" Pois a mão do
Senhor estava com ele.

O Cântico de Zacarias

67 Seu pai, Zacarias, foi cheio do Espírito Santo e profetizou:
68 "Louvado seja o Senhor, o Deus de Israel, porque visitou e
redimiu o seu povo. 69 Ele promoveu poderosa salvação[b] para
nós, na linhagem do seu servo Davi, 70 (como falara pelos seus
santos profetas, na antiguidade), 71 salvando-nos dos nossos
inimigos e da mão de todos os que nos odeiam, 72 para mostrar
sua misericórdia aos nossos antepassados e lembrar sua santa
aliança, 73 o juramento que fez ao nosso pai Abraão: 74 resgatar-
-nos da mão dos nossos inimigos para o servirmos sem medo,
75 em santidade e justiça, diante dele todos os nossos dias.
76 E você, menino, será chamado profeta do Altíssimo, pois irá
adiante do Senhor, para lhe preparar o caminho, 77 para dar ao
seu povo o conhecimento da salvação, mediante o perdão dos
seus pecados, 78 por causa das ternas misericórdias de nosso
Deus, pelas quais do alto nos visitará o sol nascente, 79 para
brilhar sobre aqueles que estão vivendo nas trevas e na sombra
da morte, e guiar nossos pés no caminho da paz".
80 E o menino crescia e se fortalecia em espírito; e viveu no
deserto, até aparecer publicamente a Israel.

[a] **1.35** Ou *Assim, o santo que há de nascer será chamado Filho de Deus.*

[b] **1.69** Grego: *Ele erigiu um chifre de salvação.*

2 O Nascimento de Jesus
(Mt 1.18-25)

1 Naqueles dias, César Augusto publicou um decreto ordenando
o recenseamento de todo o império romano. 2 Este foi o pri-
meiro recenseamento feito quando Quirino era governador da
Síria. 3 E todos iam para a sua cidade natal, a fim de alistar-se.
4 Assim, José também foi da cidade de Nazaré da Galileia para
a Judeia, para Belém, cidade de Davi, porque pertencia à casa
e à linhagem de Davi. 5 Ele foi a fim de alistar-se, com Maria,
que lhe estava prometida em casamento e esperava um filho.
6 Enquanto estavam lá, chegou o tempo de nascer o bebê, 7 e
ela deu à luz o seu primogênito. Envolveu-o em panos e o co-
locou numa manjedoura, porque não havia lugar para eles na
hospedaria.

Os Pastores e os Anjos

8 Havia pastores que estavam nos campos próximos e durante
a noite tomavam conta dos seus rebanhos. 9 E aconteceu que
um anjo do Senhor apareceu-lhes e a glória do Senhor resplan-
deceu ao redor deles; e ficaram aterrorizados. 10 Mas o anjo
lhes disse: "Não tenham medo. Estou trazendo boas-novas de
grande alegria para vocês, que são para todo o povo: 11 Hoje,
na cidade de Davi, nasceu o Salvador, que é Cristo[a], o Senhor.
12 Isto servirá de sinal para vocês: encontrarão o bebê envolto
em panos e deitado numa manjedoura".
13 De repente, uma grande multidão do exército celestial apa-
receu com o anjo, louvando a Deus e dizendo:
14 "Glória a Deus nas alturas, e paz na terra aos homens aos
quais ele concede o seu favor".
15 Quando os anjos os deixaram e foram para os céus, os pas-
tores disseram uns aos outros: "Vamos a Belém, e vejamos isso
que aconteceu, e que o Senhor nos deu a conhecer".
16 Então correram para lá e encontraram Maria e José e o bebê
deitado na manjedoura. 17 Depois de o verem, contaram a todos
o que lhes fora dito a respeito daquele menino, 18 e todos os
que ouviram o que os pastores diziam ficaram admirados.
19 Maria, porém, guardava todas essas coisas e sobre elas re-
fletia em seu coração. 20 Os pastores voltaram glorificando e
louvando a Deus por tudo o que tinham visto e ouvido, como
lhes fora dito.

Jesus é Apresentado no Templo

21 Completando-se os oito dias para a circuncisão do menino,
foi-lhe posto o nome de Jesus, o qual lhe tinha sido dado pelo
anjo antes de ele nascer.
22 Completando-se o tempo da purificação deles, de acordo
com a Lei de Moisés, José e Maria o levaram a Jerusalém para
apresentá-lo ao Senhor 23 (como está escrito na Lei do Senhor:
"Todo primogênito do sexo masculino será consagrado ao Se-
nhor")[b] 24 e para oferecer um sacrifício, de acordo com o que
diz a Lei do Senhor: "duas rolinhas ou dois pombinhos"[c].
25 Havia em Jerusalém um homem chamado Simeão, que
era justo e piedoso, e que esperava a consolação de Israel;
e o Espírito Santo estava sobre ele. 26 Fora-lhe revelado pelo
Espírito Santo que ele não morreria antes de ver o Cristo do
Senhor. 27 Movido pelo Espírito, ele foi ao templo. Quando os
pais trouxeram o menino Jesus para lhe fazerem o que requeria
o costume da Lei, 28 Simeão o tomou nos braços e louvou a
Deus, dizendo:
29 "Ó Soberano, como prometeste, agora podes despedir em
paz o teu servo. 30 Pois os meus olhos já viram a tua salvação,
31 que preparaste à vista de todos os povos: 32 luz para reve-
lação aos gentios[d] e para a glória de Israel, teu povo".
33 O pai e a mãe do menino estavam admirados com o que fora
dito a respeito dele. 34 E Simeão os abençoou e disse a Maria,
mãe de Jesus: "Este menino está destinado a causar a queda e
o soerguimento de muitos em Israel, e a ser um sinal de contra-
dição, 35 de modo que o pensamento de muitos corações será
revelado. Quanto a você, uma espada atravessará a sua alma".
36 Estava ali a profetisa Ana, filha de Fanuel, da tribo de Aser.
Era muito idosa; tinha vivido com seu marido sete anos de-
pois de se casar 37 e então permanecera viúva até a idade de
oitenta e quatro anos[e]. Nunca deixava o templo: adorava a
Deus jejuando e orando dia e noite. 38 Tendo chegado ali na-
quele exato momento, deu graças a Deus e falava a respeito
do menino a todos os que esperavam a redenção de Jerusalém.
39 Depois de terem feito tudo o que era exigido pela Lei do Se-
nhor, voltaram para a sua própria cidade, Nazaré, na Galileia.
40 O menino crescia e se fortalecia, enchendo-se de sabedoria;
e a graça de Deus estava sobre ele.

O Menino Jesus no Templo

41 Todos os anos seus pais iam a Jerusalém para a festa da
Páscoa. 42 Quando ele completou doze anos de idade, eles su-
biram à festa, conforme o costume. 43 Terminada a festa, vol-
tando seus pais para casa, o menino Jesus ficou em Jerusalém,
sem que eles percebessem. 44 Pensando que ele estava entre
os companheiros de viagem, caminharam o dia todo. Então
começaram a procurá-lo entre seus parentes e conhecidos.
45 Não o encontrando, voltaram a Jerusalém para procurá-lo.
46 Depois de três dias o encontraram no templo, sentado entre
os mestres, ouvindo-os e fazendo-lhes perguntas. 47 Todos os
que o ouviam ficavam maravilhados com o seu entendimento
e com as suas respostas. 48 Quando seus pais o viram, ficaram
perplexos. Sua mãe lhe disse: "Filho, por que você nos fez isto?
Seu pai e eu estávamos aflitos, à sua procura".
49 Ele perguntou: "Por que vocês estavam me procurando? Não
sabiam que eu devia estar na casa de meu Pai?" 50 Mas eles
não compreenderam o que lhes dizia.

---

[a] **2.11** Ou *Messias*. Tanto *Cristo* (grego) como *Messias* (hebraico) significam *Ungido*; também em todo o livro de Lucas.

[b] **2.23** Êx 13.2,12

[c] **2.24** Lv 12.8

[d] **2.32** Isto é, os que não são judeus.

[e] **2.37** Ou *viúva por oitenta e quatro anos*

51 Então foi com eles para Nazaré e era-lhes obediente. Sua
mãe, porém, guardava todas essas coisas em seu coração.
52 Jesus ia crescendo em sabedoria, estatura e graça diante
de Deus e dos homens.

3 João Batista Prepara o Caminho
(Mt 3.1-12; Mc 1.2-8)

1 No décimo quinto ano do reinado de Tibério César, quando
Pôncio Pilatos era governador da Judeia; Herodes, tetrarca[a]
da Galileia; seu irmão Filipe, tetrarca da Itureia e Traconites; e
Lisânias, tetrarca de Abilene; 2 Anás e Caifás exerciam o sumo
sacerdócio. Foi nesse ano que veio a palavra do Senhor a João,
filho de Zacarias, no deserto. 3 Ele percorreu toda a região pró-
xima ao Jordão, pregando um batismo de arrependimento para
o perdão dos pecados. 4 Como está escrito no livro das palavras
de Isaías, o profeta:
"Voz do que clama no deserto: 'Preparem[b] o caminho para o
Senhor, façam veredas retas para ele. 5 Todo vale será ater-
rado e todas as montanhas e colinas, niveladas. As estradas
tortuosas serão endireitadas e os caminhos acidentados, apla-
nados. 6 E toda a humanidade[c] verá a salvação de Deus' "[d].
7 João dizia às multidões que saíam para serem batizadas por
ele: "Raça de víboras! Quem deu a vocês a ideia de fugir da
ira que se aproxima? 8 Deem frutos que mostrem o arrependi-
mento. E não comecem a dizer a si mesmos: 'Abraão é nosso
pai'. Pois eu digo que destas pedras Deus pode fazer surgir
filhos a Abraão. 9 O machado já está posto à raiz das árvores,
e toda árvore que não der bom fruto será cortada e lançada
ao fogo".
10 "O que devemos fazer então?", perguntavam as multidões.
11 João respondia: "Quem tem duas túnicas dê uma a quem não
tem nenhuma; e quem tem comida faça o mesmo".
12 Alguns publicanos[e] também vieram para serem batizados.
Eles perguntaram: "Mestre, o que devemos fazer?"
13 Ele respondeu: "Não cobrem nada além do que foi estipu-
lado".
14 Então alguns soldados lhe perguntaram: "E nós, o que de-
vemos fazer?"
Ele respondeu: "Não pratiquem extorsão nem acusem ninguém
falsamente; contentem-se com o seu salário".
15 O povo estava em grande expectativa, questionando em seu
coração se acaso João não seria o Cristo. 16 João respondeu a
todos: "Eu os batizo com[f] água. Mas virá alguém mais pode-
roso do que eu, tanto que não sou digno nem de desamarrar
as correias das suas sandálias. Ele os batizará com o Espírito
Santo e com fogo. 17 Ele traz a pá em sua mão, a fim de limpar
sua eira e juntar o trigo em seu celeiro; mas queimará a palha
com fogo que nunca se apaga". 18 E com muitas outras palavras
João exortava o povo e lhe pregava as boas-novas.
19 Todavia, quando João repreendeu Herodes, o tetrarca, por
causa de Herodias, mulher do próprio irmão de Herodes, e
por todas as outras coisas más que ele tinha feito, 20 Herodes
acrescentou a todas elas a de colocar João na prisão.

O Batismo e a Genealogia de Jesus
(Mt 3.13-17; Mt 1.1-17; Mc 1.9-11)

21 Quando todo o povo estava sendo batizado, também Jesus o
foi. E, enquanto ele estava orando, o céu se abriu 22 e o Espí-
rito Santo desceu sobre ele em forma corpórea, como pomba.
Então veio do céu uma voz: "Tu és o meu Filho amado; em ti
me agrado".
23 Jesus tinha cerca de trinta anos de idade quando começou
seu ministério. Ele era considerado filho de José, filho de Eli,
24 filho de Matate, filho de Levi, filho de Melqui, filho de Janai,
filho de José, 25 filho de Matatias, filho de Amós, filho de Naum,
filho de Esli, filho de Nagai, 26 filho de Máate, filho de Mata-
tias, filho de Semei, filho de Joseque, filho de Jodá, 27 filho de
Joanã, filho de Ressa, filho de Zorobabel, filho de Salatiel, filho
de Neri, 28 filho de Melqui, filho de Adi, filho de Cosã, filho de
Elmadã, filho de Er, 29 filho de Josué, filho de Eliézer, filho de
Jorim, filho de Matate, filho de Levi, 30 filho de Simeão, filho
de Judá, filho de José, filho de Jonã, filho de Eliaquim, 31 filho
de Meleá, filho de Mená, filho de Matatá, filho de Natã, filho
de Davi, 32 filho de Jessé, filho de Obede, filho de Boaz, filho
de Salmom[g], filho de Naassom, 33 filho de Aminadabe, filho de
Ram[h], filho de Esrom, filho de Perez, filho de Judá, 34 filho de
Jacó, filho de Isaque, filho de Abraão, filho de Terá, filho de
Naor, 35 filho de Serugue, filho de Ragaú, filho de Faleque,
filho de Éber, filho de Salá, 36 filho de Cainã, filho de Arfaxade,
filho de Sem, filho de Noé, filho de Lameque, 37 filho de Ma-
tusalém, filho de Enoque, filho de Jarede, filho de Maalaleel,
filho de Cainã, 38 filho de Enos, filho de Sete, filho de Adão,
filho de Deus.

4 A Tentação de Jesus
(Mt 4.1-11; Mc 1.12,13)

1 Jesus, cheio do Espírito Santo, voltou do Jordão e foi levado
pelo Espírito ao deserto, 2 onde, durante quarenta dias, foi
tentado pelo Diabo. Não comeu nada durante esses dias e, ao
fim deles, teve fome.
3 O Diabo lhe disse: "Se és o Filho de Deus, manda esta pedra
transformar-se em pão".
4 Jesus respondeu: "Está escrito: 'Nem só de pão viverá o homem'[i]".
5 O Diabo o levou a um lugar alto e mostrou-lhe num relance
todos os reinos do mundo. 6 E lhe disse: "Eu te darei toda a
autoridade sobre eles e todo o seu esplendor, porque me foram

a **3.1** Um tetrarca era o governador da quarta parte de uma região; também no versículo 19.
b **3.4** Ou *daquele que clama: 'No deserto preparem*
c **3.6** Grego: *carne*.
d **3.6** Is 40.3-5
e **3.12** Os publicanos eram coletores de impostos, malvistos pelo povo; também em 5.27, 29, 30; 7.29, 34; 15.1; 18.10, 11, 13 e 19.2.
f **3.16** Ou *em*
g **3.32** Alguns manuscritos dizem *Salá*.
h **3.33** Alguns manuscritos dizem *Aminadabe, filho de Admim, filho de Arni, filho de Esrom*. Outros manuscritos trazem variações maiores.
i **4.4** Dt 8.3

dados e posso dá-los a quem eu quiser. 7 Então, se me ado-
rares, tudo será teu".
8 Jesus respondeu: "Está escrito: 'Adore o Senhor, o seu Deus,
e só a ele preste culto'[a]".
9 O Diabo o levou a Jerusalém, colocou-o na parte mais alta do
templo e lhe disse: "Se és o Filho de Deus, joga-te daqui para
baixo. 10 Pois está escrito:
" 'Ele dará ordens a seus anjos a seu respeito, para o guar-
darem; 11 com as mãos eles o segurarão, para que você não
tropece em alguma pedra'[b]".
12 Jesus respondeu: "Dito está: 'Não ponha à prova o Senhor,
o seu Deus'[c]".
13 Tendo terminado todas essas tentações, o Diabo o deixou
até ocasião oportuna.

Jesus é Rejeitado em Nazaré

14 Jesus voltou para a Galileia no poder do Espírito, e por toda
aquela região se espalhou a sua fama. 15 Ensinava nas sina-
gogas, e todos o elogiavam.
16 Ele foi a Nazaré, onde havia sido criado e no dia de sábado
entrou na sinagoga, como era seu costume. E levantou-se para
ler. 17 Foi-lhe entregue o livro do profeta Isaías. Abriu-o e en-
controu o lugar onde está escrito:
18 "O Espírito do Senhor está sobre mim, porque ele me ungiu
para pregar boas-novas aos pobres. Ele me enviou para pro-
clamar liberdade aos presos e recuperação da vista aos cegos,
para libertar os oprimidos 19 e proclamar o ano da graça do
Senhor"[d].
20 Então ele fechou o livro, devolveu-o ao assistente e assen-
tou-se. Na sinagoga todos tinham os olhos fitos nele; 21 e ele
começou a dizer-lhes: "Hoje se cumpriu a Escritura que vocês
acabaram de ouvir".
22 Todos falavam bem dele e estavam admirados com as pa-
lavras de graça que saíam de seus lábios. Mas perguntavam:
"Não é este o filho de José?"
23 Jesus lhes disse: "É claro que vocês me citarão este pro-
vérbio: 'Médico, cura-te a ti mesmo! Faze aqui em tua terra o
que ouvimos que fizeste em Cafarnaum' ".
24 Continuou ele: "Digo a verdade: Nenhum profeta é aceito em
sua terra. 25 Asseguro a vocês que havia muitas viúvas em Israel
no tempo de Elias, quando o céu foi fechado por três anos e
meio e houve uma grande fome em toda a terra. 26 Contudo,
Elias não foi enviado a nenhuma delas, senão a uma viúva de
Sarepta, na região de Sidom. 27 Também havia muitos leprosos[e]
em Israel no tempo de Eliseu, o profeta; todavia, nenhum deles
foi purificado — somente Naamã, o sírio".
28 Todos os que estavam na sinagoga ficaram furiosos quando
ouviram isso. 29 Levantaram-se, expulsaram-no da cidade e o
levaram até o topo da colina sobre a qual fora construída a
cidade, a fim de atirá-lo precipício abaixo. 30 Mas Jesus passou
por entre eles e retirou-se.

Jesus Expulsa um Espírito Imundo
(Mc 1.21-28)

31 Então ele desceu a Cafarnaum, cidade da Galileia, e, no
sábado, começou a ensinar o povo. 32 Todos ficavam maravi-
lhados com o seu ensino, porque falava com autoridade.
33 Na sinagoga havia um homem possesso de um demônio, de
um espírito imundo[f]. Ele gritou com toda a força: 34 "Ah!, que
queres conosco, Jesus de Nazaré? Vieste para nos destruir? Sei
quem tu és: o Santo de Deus!"
35 Jesus o repreendeu, e disse: "Cale-se e saia dele!" Então o
demônio jogou o homem no chão diante de todos e saiu dele
sem o ferir.
36 Todos ficaram admirados e diziam uns aos outros: "Que
palavra é esta? Até aos espíritos imundos ele dá ordens com
autoridade e poder, e eles saem!" 37 E a sua fama se espalhava
por toda a região circunvizinha.

O Poder de Jesus sobre os Demônios e as Doenças
(Mt 8.14-17; Mc 1.29-34)

38 Jesus saiu da sinagoga e foi à casa de Simão. A sogra de
Simão estava com febre alta, e pediram a Jesus que fizesse
algo por ela. 39 Estando ele em pé junto dela, inclinou-se e re-
preendeu a febre, que a deixou. Ela se levantou imediatamente
e passou a servi-los.
40 Ao pôr do sol, o povo trouxe a Jesus todos os que tinham
vários tipos de doenças; e ele os curou, impondo as mãos
sobre cada um deles. 41 Além disso, de muitas pessoas saíam
demônios gritando: "Tu és o Filho de Deus!" Ele, porém, os
repreendia e não permitia que falassem, porque sabiam que
ele era o Cristo.
42 Ao romper do dia, Jesus foi para um lugar solitário. As multi-
dões o procuravam e, quando chegaram até onde ele estava,
insistiram que não as deixasse. 43 Mas ele disse: "É necessário
que eu pregue as boas-novas do Reino de Deus noutras cidades
também, porque para isso fui enviado". 44 E continuava pre-
gando nas sinagogas da Judeia[g].

5 Jesus Chama os Primeiros Discípulos
(Mt 4.18-22; Mc 1.16-20; Jo 1.35-42)

1 Certo dia Jesus estava perto do lago de Genesaré[h], e uma
multidão o comprimia de todos os lados para ouvir a palavra
de Deus. 2 Viu à beira do lago dois barcos, deixados ali pelos
pescadores, que estavam lavando as suas redes. 3 Entrou num
dos barcos, o que pertencia a Simão, e pediu-lhe que o afas-
tasse um pouco da praia. Então sentou-se e do barco ensinava
o povo.
4 Tendo acabado de falar, disse a Simão: "Vá para onde as

[a] 4.8 Dt 6.13
[b] 4.10,11 Sl 91.11,12
[c] 4.12 Dt 6.16
[d] 4.18,19 Is 58.6; 61.1,2
[e] 4.27 O termo grego não se refere somente à lepra, mas também a diversas doenças da pele.
[f] 4.33 Ou *maligno*; também em todo o livro de Lucas.
[g] 4.44 Alguns manuscritos dizem *Galileia*.
[h] 5.1 Isto é, o mar da Galileia.

"águas são mais fundas", e a todos: "Lancem as redes para
a pesca".
5 Simão respondeu: "Mestre, esforçamo-nos a noite inteira e
não pegamos nada. Mas, porque és tu quem está dizendo isto,
vou lançar as redes".
6 Quando o fizeram, pegaram tal quantidade de peixes que as
redes começaram a rasgar-se. 7 Então fizeram sinais a seus
companheiros no outro barco, para que viessem ajudá-los; e
eles vieram e encheram ambos os barcos, ao ponto de come-
çarem a afundar.
8 Quando Simão Pedro viu isso, prostrou-se aos pés de Jesus
e disse: "Afasta-te de mim, Senhor, porque sou um homem
pecador!" 9 Pois ele e todos os seus companheiros estavam
perplexos com a pesca que haviam feito, 10 como também Tiago
e João, os filhos de Zebedeu, sócios de Simão.
Jesus disse a Simão: "Não tenha medo; de agora em diante
você será pescador de homens". 11 Eles então arrastaram seus
barcos para a praia, deixaram tudo e o seguiram.

A Cura de um Leproso
(Mt 8.1-4; Mc 1.40-45)

12 Estando Jesus numa das cidades, passou um homem coberto
de lepra[a]. Quando viu Jesus, prostrou-se com o rosto em terra e
rogou-lhe: "Se quiseres, podes purificar-me".
13 Jesus estendeu a mão e tocou nele, dizendo: "Quero. Seja
purificado!" E imediatamente a lepra o deixou.
14 Então Jesus lhe ordenou: "Não conte isso a ninguém; mas
vá mostrar-se ao sacerdote e ofereça pela sua purificação os
sacrifícios que Moisés ordenou, para que sirva de testemunho".
15 Todavia, as notícias a respeito dele se espalhavam ainda
mais, de forma que multidões vinham para ouvi-lo e para serem
curadas de suas doenças. 16 Mas Jesus retirava-se para lugares
solitários e orava.

Jesus Cura um Paralítico
(Mt 9.1-8; Mc 2.1-12)

17 Certo dia, quando ele ensinava, estavam sentados ali fariseus
e mestres da lei, procedentes de todos os povoados da Galileia,
da Judeia e de Jerusalém. E o poder do Senhor estava com ele
para curar os doentes. 18 Vieram alguns homens trazendo um
paralítico numa maca e tentaram fazê-lo entrar na casa, para
colocá-lo diante de Jesus. 19 Não conseguindo fazer isso, por
causa da multidão, subiram ao terraço e o baixaram em sua
maca, através de uma abertura, até o meio da multidão, bem
em frente de Jesus.
20 Vendo a fé que eles tinham, Jesus disse: "Homem, os seus
pecados estão perdoados".
21 Os fariseus e os mestres da lei começaram a pensar: "Quem
é esse que blasfema? Quem pode perdoar pecados, a não ser
somente Deus?"
22 Jesus, sabendo o que eles estavam pensando, perguntou:
"Por que vocês estão pensando assim? 23 Que é mais fácil dizer:
'Os seus pecados estão perdoados', ou: 'Levante-se e ande'?
24 Mas para que vocês saibam que o Filho do homem tem na
terra autoridade para perdoar pecados" — disse ao paralítico
— "eu digo a você: Levante-se, pegue a sua maca e vá para
casa". 25 Imediatamente ele se levantou na frente deles, pegou
a maca em que estivera deitado e foi para casa louvando a
Deus. 26 Todos ficaram atônitos e glorificavam a Deus e, cheios
de temor, diziam: "Hoje vimos coisas extraordinárias!"

O Chamado de Levi
(Mt 9.9-13; Mc 2.13-17)

27 Depois disso, Jesus saiu e viu um publicano chamado Levi,
sentado na coletoria, e disse-lhe: "Siga-me". 28 Levi levan-
tou-se, deixou tudo e o seguiu.
29 Então Levi ofereceu um grande banquete a Jesus em sua
casa. Havia muita gente comendo com eles: publicanos e ou-
tras pessoas. 30 Mas os fariseus e aqueles mestres da lei que
eram da mesma facção queixaram-se aos discípulos de Jesus:
"Por que vocês comem e bebem com publicanos e pecadores?"
31 Jesus lhes respondeu: "Não são os que têm saúde que pre-
cisam de médico, mas sim os doentes. 32 Eu não vim chamar
justos, mas pecadores ao arrependimento".

Jesus é Interrogado acerca do Jejum
(Mt 9.14-17; Mc 2.18-22)

33 E eles lhe disseram: "Os discípulos de João jejuam e oram
frequentemente, bem como os discípulos dos fariseus; mas os
teus vivem comendo e bebendo".
34 Jesus respondeu: "Podem vocês fazer os convidados do
noivo jejuar enquanto o noivo está com eles? 35 Mas virão dias
quando o noivo lhes será tirado; naqueles dias jejuarão".
36 Então lhes contou esta parábola: "Ninguém tira um remendo
de roupa nova e o costura em roupa velha; se o fizer, estra-
gará a roupa nova, além do que o remendo da nova não se
ajustará à velha. 37 E ninguém põe vinho novo em vasilha de
couro velha; se o fizer, o vinho novo rebentará a vasilha, se
derramará, e a vasilha se estragará. 38 Ao contrário, vinho novo
deve ser posto em vasilha de couro nova. 39 E ninguém, depois
de beber o vinho velho, prefere o novo, pois diz: 'O vinho velho
é melhor!' "

6 O Senhor do Sábado
(Mt 12.1-14; Mc 2.23-3.6)

1 Certo sábado, enquanto Jesus passava pelas lavouras de ce-
real, seus discípulos começaram a colher e a debulhar espigas
com as mãos, comendo os grãos. 2 Alguns fariseus pergun-
taram: "Por que vocês estão fazendo o que não é permitido
no sábado?"
3 Jesus lhes respondeu: "Vocês nunca leram o que fez Davi
quando ele e seus companheiros estavam com fome? 4 Ele en-
trou na casa de Deus e, tomando os pães da Presença, comeu
o que apenas aos sacerdotes era permitido comer e os deu
também aos seus companheiros". 5 E então lhes disse: "O Filho
do homem é Senhor do sábado".

---

[a] 5.12 O termo grego não se refere somente à lepra, mas também a diversas doenças da pele.

6 Noutro sábado, ele entrou na sinagoga e começou a ensinar;
estava ali um homem cuja mão direita era atrofiada. 7 Os fari-
seus e os mestres da lei estavam procurando um motivo para
acusar Jesus; por isso o observavam atentamente, para ver
se ele iria curá-lo no sábado. 8 Mas Jesus sabia o que eles
estavam pensando e disse ao homem da mão atrofiada: "Le-
vante-se e venha para o meio". Ele se levantou e foi.
9 Jesus lhes disse: "Eu pergunto: O que é permitido fazer no
sábado: o bem ou o mal, salvar a vida ou destruí-la?"
10 Então, olhou para todos os que estavam à sua volta e disse ao
homem: "Estenda a mão". Ele a estendeu, e ela foi restaurada.
11 Mas eles ficaram furiosos e começaram discutir entre si o que
poderiam fazer contra Jesus.

A Escolha dos Doze Apóstolos
(Mc 3.13-19)

12 Num daqueles dias, Jesus saiu para o monte a fim de orar, e
passou a noite orando a Deus. 13 Ao amanhecer, chamou seus
discípulos e escolheu doze deles, a quem também designou
apóstolos: 14 Simão, a quem deu o nome de Pedro; seu irmão
André; Tiago; João; Filipe; Bartolomeu; 15 Mateus; Tomé; Tiago,
filho de Alfeu; Simão, chamado zelote; 16 Judas, filho de Tiago;
e Judas Iscariotes, que veio a ser o traidor.

Bênçãos e Ais

17 Jesus desceu com eles e parou num lugar plano. Estavam ali
muitos dos seus discípulos e uma imensa multidão procedente
de toda a Judeia, de Jerusalém e do litoral de Tiro e de Sidom,
18 que vieram para ouvi-lo e serem curados de suas doenças. Os
que eram perturbados por espíritos imundos ficaram curados,
19 e todos procuravam tocar nele, porque dele saía poder que
curava todos.
20 Olhando para os seus discípulos, ele disse: "Bem-aventu-
rados vocês os pobres, pois a vocês pertence o Reino de Deus.
21 Bem-aventurados vocês que agora têm fome, pois serão
satisfeitos. Bem-aventurados vocês que agora choram, pois
haverão de rir.
22 Bem-aventurados serão vocês quando os odiarem, expul-
sarem e insultarem, e eliminarem o nome de vocês, como
sendo mau, por causa do Filho do homem.
23 "Regozijem-se nesse dia e saltem de alegria, porque grande
é a sua recompensa no céu. Pois assim os antepassados deles
trataram os profetas.
24 "Mas ai de vocês os ricos, pois já receberam sua consolação.
25 Ai de vocês que agora têm fartura, porque passarão fome. Ai
de vocês que agora riem, pois haverão de se lamentar e chorar.
26 Ai de vocês quando todos falarem bem de vocês, pois assim
os antepassados deles trataram os falsos profetas.

O Amor aos Inimigos
(Mt 5.38-48)

27 "Mas eu digo a vocês que estão me ouvindo: Amem os seus
inimigos, façam o bem aos que os odeiam, 28 abençoem os
que os amaldiçoam, orem por aqueles que os maltratam. 29 Se
alguém bater em você numa face, ofereça-lhe também a outra.
Se alguém tirar de você a capa, não o impeça de tirar a túnica.
30 Dê a todo aquele que pedir, e se alguém tirar o que pertence
a você, não lhe exija que o devolva. 31 Como vocês querem que
os outros lhes façam, façam também vocês a eles.
32 "Que mérito vocês terão se amarem aos que os amam? Até
os pecadores amam aos que os amam. 33 E que mérito terão
se fizerem o bem àqueles que são bons para com vocês? Até os
pecadores agem assim. 34 E que mérito terão se emprestarem
a pessoas de quem esperam devolução? Até os pecadores em-
prestam a pecadores, esperando receber devolução integral.
35 Amem, porém, os seus inimigos, façam-lhes o bem e em-
prestem a eles, sem esperar receber nada de volta. Então,
a recompensa que terão será grande e vocês serão filhos do
Altíssimo, porque ele é bondoso para com os ingratos e maus.
36 Sejam misericordiosos, assim como o Pai de vocês é mise-
ricordioso.

O Julgamento ao Próximo
(Mt 7.1-6)

37 "Não julguem e vocês não serão julgados. Não condenem e
não serão condenados. Perdoem e serão perdoados. 38 Deem
e será dado a vocês: uma boa medida, calcada, sacudida e
transbordante será dada a vocês. Pois a medida que usarem
também será usada para medir vocês".
39 Jesus fez também a seguinte comparação: "Pode um cego
guiar outro cego? Não cairão os dois no buraco? 40 O discípulo
não está acima do seu mestre, mas todo aquele que for bem
preparado será como o seu mestre.
41 "Por que você repara no cisco que está no olho do seu irmão
e não se dá conta da viga que está em seu próprio olho?
42 Como você pode dizer ao seu irmão: 'Irmão, deixe-me tirar
o cisco do seu olho', se você mesmo não consegue ver a viga
que está em seu próprio olho? Hipócrita, tire primeiro a viga
do seu olho e então você verá claramente para tirar o cisco do
olho do seu irmão.

A Árvore e seu Fruto
(Mt 7.15-20)

43 "Nenhuma árvore boa dá fruto ruim, nenhuma árvore ruim
dá fruto bom. 44 Toda árvore é reconhecida por seus frutos.
Ninguém colhe figos de espinheiros, nem uvas de ervas da-
ninhas. 45 O homem bom tira coisas boas do bom tesouro que
está em seu coração, e o homem mau tira coisas más do mal
que está em seu coração, porque a sua boca fala do que está
cheio o coração.

O Prudente e o Insensato
(Mt 7.24-29)

46 "Por que vocês me chamam 'Senhor, Senhor' e não fazem
o que eu digo? 47 Eu mostrarei com quem se compara aquele
que vem a mim, ouve as minhas palavras e as pratica. 48 É como

um homem que, ao construir uma casa, cavou fundo e colocou
os alicerces na rocha. Quando veio a inundação, a torrente
deu contra aquela casa, mas não a conseguiu abalar, porque
estava bem construída. 49 Mas aquele que ouve as minhas
palavras e não as pratica é como um homem que construiu
uma casa sobre o chão, sem alicerces. No momento em que a
torrente deu contra aquela casa, ela caiu, e a sua destruição
foi completa".

7 Um Centurião Demonstra Fé
(Mt 8.5-13)

1 Tendo terminado de dizer tudo isso ao povo, Jesus entrou
em Cafarnaum. 2 Ali estava o servo de um centurião, doente e
quase à morte, a quem seu senhor estimava muito. 3 Ele ouviu
falar de Jesus e enviou-lhe alguns líderes religiosos dos ju-
deus, pedindo-lhe que fosse curar o seu servo. 4 Chegando-se
a Jesus, suplicaram-lhe com insistência: "Este homem merece
que lhe faças isso, 5 porque ama a nossa nação e construiu a
nossa sinagoga". 6 Jesus foi com eles.
Já estava perto da casa quando o centurião mandou amigos
dizerem a Jesus: "Senhor, não te incomodes, pois não mereço
receber-te debaixo do meu teto. 7 Por isso, nem me considerei
digno de ir ao teu encontro. Mas dize uma palavra, e o meu
servo será curado. 8 Pois eu também sou homem sujeito a au-
toridade e com soldados sob o meu comando. Digo a um: Vá,
e ele vai; e a outro: Venha, e ele vem. Digo a meu servo: Faça
isto, e ele faz".
9 Ao ouvir isso, Jesus admirou-se dele e, voltando-se para a
multidão que o seguia, disse: "Eu digo que nem em Israel
encontrei tamanha fé". 10 Então os homens que haviam sido
enviados voltaram para casa e encontraram o servo restabe-
lecido.

Jesus Ressuscita o Filho de uma Viúva

11 Logo depois, Jesus foi a uma cidade chamada Naim, e com
ele iam os seus discípulos e uma grande multidão. 12 Ao se
aproximar da porta da cidade, estava saindo o enterro do filho
único de uma viúva; e uma grande multidão da cidade estava
com ela. 13 Ao vê-la, o Senhor se compadeceu dela e disse:
"Não chore".
14 Depois, aproximou-se e tocou no caixão, e os que o carre-
gavam pararam. Jesus disse: "Jovem, eu digo, levante-se!"
15 O jovem[a] sentou-se e começou a conversar, e Jesus o en-
tregou à sua mãe.
16 Todos ficaram cheios de temor e louvavam a Deus. "Um
grande profeta se levantou dentre nós", diziam eles. "Deus
interveio em favor do seu povo." 17 Essas notícias sobre Jesus
espalharam-se por toda a Judeia e regiões circunvizinhas.

Jesus e João Batista
(Mt 11.1-19)

18 Os discípulos de João contaram-lhe todas essas coisas. Cha-
mando dois deles, 19 enviou-os ao Senhor para perguntarem:
"És tu aquele que haveria de vir ou devemos esperar algum
outro?"
20 Dirigindo-se a Jesus, aqueles homens disseram: "João
Batista nos enviou para te perguntarmos: 'És tu aquele que
haveria de vir ou devemos esperar algum outro?' " 21 Naquele
momento Jesus curou muitos que tinham males, doenças
graves e espíritos malignos, e concedeu visão a muitos que
eram cegos. 22 Então ele respondeu aos mensageiros: "Voltem
e anunciem a João o que vocês viram e ouviram: os cegos
veem, os aleijados andam, os leprosos[b] são purificados, os
surdos ouvem, os mortos são ressuscitados e as boas-novas
são pregadas aos pobres; 23 e feliz é aquele que não se escan-
daliza por minha causa".
24 Depois que os mensageiros de João foram embora, Jesus
começou a falar à multidão a respeito de João: "O que vocês
foram ver no deserto? Um caniço agitado pelo vento? 25 Ou, o
que foram ver? Um homem vestido de roupas finas? Ora, os
que vestem roupas esplêndidas e se entregam ao luxo estão
nos palácios. 26 Afinal, o que foram ver? Um profeta? Sim, eu
digo a vocês, e mais que profeta. 27 Este é aquele a respeito de
quem está escrito: " 'Enviarei o meu mensageiro à tua frente;
ele preparará o teu caminho diante de ti'[c].
28 Eu digo que entre os que nasceram de mulher não há nin-
guém maior do que João; todavia, o menor no Reino de Deus
é maior do que ele".
29 Todo o povo, até os publicanos, ouvindo as palavras de
Jesus, reconheceram que o caminho de Deus era justo, sendo
batizados por João. 30 Mas os fariseus e os peritos na lei re-
jeitaram o propósito de Deus para eles, não sendo batizados
por João.
31 "A que posso, pois, comparar os homens desta geração?",
prosseguiu Jesus. "Com que se parecem? 32 São como crianças
que ficam sentadas na praça e gritam umas às outras: 'Nós to-
camos flauta, mas vocês não dançaram; cantamos um lamento,
mas vocês não choraram'.
33 Pois veio João Batista, que jejua e não bebe[d] vinho, e vocês
dizem: 'Ele tem demônio'. 34 Veio o Filho do homem, comendo
e bebendo, e vocês dizem: 'Aí está um comilão e beberrão,
amigo de publicanos e pecadores'. 35 Mas a sabedoria é com-
provada por todos os seus discípulos[e]."

Jesus é Ungido por uma Pecadora

36 Convidado por um dos fariseus para jantar, Jesus foi à casa
dele e reclinou-se à mesa. 37 Ao saber que Jesus estava co-
mendo na casa do fariseu, certa mulher daquela cidade, uma
pecadora, trouxe um frasco de alabastro com perfume 38 e se
colocou atrás de Jesus, a seus pés. Chorando, começou a mo-
lhar-lhe os pés com suas lágrimas. Depois os enxugou com seus
cabelos, beijou-os e os ungiu com o perfume.

[a] 7.15 Grego: *O morto.*

[b] 7.22 O termo grego não se refere somente à lepra, mas também a diversas doenças da pele.

[c] 7.27 Ml 3.1

[d] 7.33 Grego: *não comendo, nem bebendo.*

[e] 7.35 Grego: *filhos.*

39 Ao ver isso, o fariseu que o havia convidado disse a si mesmo:
"Se este homem fosse profeta, saberia quem nele está tocando
e que tipo de mulher ela é: uma pecadora".
40 Então lhe disse Jesus: "Simão, tenho algo a dizer a você".
"Dize, Mestre", disse ele.
41 "Dois homens deviam a certo credor. Um lhe devia qui-
nhentos denários[a] e o outro, cinquenta. 42 Nenhum dos dois
tinha com que lhe pagar, por isso perdoou a dívida a ambos.
Qual deles o amará mais?"
43 Simão respondeu: "Suponho que aquele a quem foi per-
doada a dívida maior". "Você julgou bem", disse Jesus.
44 Em seguida, virou-se para a mulher e disse a Simão: "Vê esta
mulher? Entrei em sua casa, mas você não me deu água para
lavar os pés; ela, porém, molhou os meus pés com suas lá-
grimas e os enxugou com seus cabelos. 45 Você não me saudou
com um beijo, mas esta mulher, desde que entrei aqui, não
parou de beijar os meus pés. 46 Você não ungiu a minha cabeça
com óleo, mas ela derramou perfume nos meus pés. 47 Por-
tanto, eu digo, os muitos pecados dela lhe foram perdoados;
pois ela amou muito. Mas aquele a quem pouco foi perdoado,
pouco ama".
48 Então Jesus disse a ela: "Seus pecados estão perdoados".
49 Os outros convidados começaram a perguntar: "Quem é este
que até perdoa pecados?"
50 Jesus disse à mulher: "Sua fé a salvou; vá em paz".

8 A Parábola do Semeador
(Mt 13.1-23; Mc 4.1-20)

1 Depois disso Jesus ia passando pelas cidades e povoados
proclamando as boas-novas do Reino de Deus. Os Doze es-
tavam com ele, 2 e também algumas mulheres que haviam sido
curadas de espíritos malignos e doenças: Maria, chamada Ma-
dalena, de quem haviam saído sete demônios; 3 Joana, mulher
de Cuza, administrador da casa de Herodes; Susana e muitas
outras. Essas mulheres ajudavam a sustentá-los com os seus
bens.
4 Reunindo-se uma grande multidão e vindo a Jesus gente
de várias cidades, ele contou esta parábola: 5 "O semeador
saiu a semear. Enquanto lançava a semente, parte dela caiu
à beira do caminho; foi pisada, e as aves do céu a comeram.
6 Parte dela caiu sobre pedras e, quando germinou, as plantas
secaram, porque não havia umidade. 7 Outra parte caiu entre
espinhos, que cresceram com ela e sufocaram as plantas.
8 Outra ainda caiu em boa terra. Cresceu e deu boa colheita,
a cem por um".
Tendo dito isso, exclamou: "Aquele que tem ouvidos para ouvir,
ouça!"
9 Seus discípulos perguntaram-lhe o que significava aquela
parábola. 10 Ele disse: "A vocês foi dado o conhecimento dos
mistérios do Reino de Deus, mas aos outros falo por parábolas,
para que 'vendo, não vejam; e ouvindo, não entendam'[b].
11 "Este é o significado da parábola: A semente é a palavra de
Deus. 12 As que caíram à beira do caminho são os que ouvem,
e então vem o Diabo e tira a palavra do seu coração, para
que não creiam e não sejam salvos. 13 As que caíram sobre as
pedras são os que recebem a palavra com alegria quando a
ouvem, mas não têm raiz. Creem durante algum tempo, mas
desistem na hora da provação. 14 As que caíram entre espinhos
são os que ouvem, mas, ao seguirem seu caminho, são su-
focados pelas preocupações, pelas riquezas e pelos prazeres
desta vida, e não amadurecem. 15 Mas as que caíram em boa
terra são os que, com coração bom e generoso, ouvem a pa-
lavra, a retêm e dão fruto, com perseverança.

A Candeia
(Mc 4.21-25)

16 "Ninguém acende uma candeia e a esconde num jarro ou
a coloca debaixo de uma cama. Ao contrário, coloca-a num
lugar apropriado, de modo que os que entram possam ver a
luz. 17 Porque não há nada oculto que não venha a ser revelado
e nada escondido que não venha a ser conhecido e trazido à
luz. 18 Portanto, considerem atentamente como vocês estão
ouvindo. A quem tiver, mais lhe será dado; de quem não tiver,
até o que pensa que tem lhe será tirado".

A Mãe e os Irmãos de Jesus
(Mt 12.46-50; Mc 3.31-35)

19 A mãe e os irmãos de Jesus foram vê-lo, mas não conseguiam
aproximar-se dele, por causa da multidão. 20 Alguém lhe disse:
"Tua mãe e teus irmãos estão lá fora e querem ver-te".
21 Ele lhe respondeu: "Minha mãe e meus irmãos são aqueles
que ouvem a palavra de Deus e a praticam".

Jesus Acalma a Tempestade
(Mt 8.23-27; Mc 4.35-41)

22 Certo dia Jesus disse aos seus discípulos: "Vamos para o
outro lado do lago". Eles entraram num barco e partiram. 23 En-
quanto navegavam, ele adormeceu. Abateu-se sobre o lago um
forte vendaval, de modo que o barco estava sendo inundado,
e eles corriam grande perigo. 24 Os discípulos foram acordá-lo,
clamando: "Mestre, Mestre, vamos morrer!"
Ele se levantou e repreendeu o vento e a violência das águas;
tudo se acalmou e ficou tranquilo. 25 "Onde está a sua fé?",
perguntou ele aos seus discípulos.
Amedrontados e admirados, eles perguntaram uns aos outros:
"Quem é este que até aos ventos e às águas dá ordens, e eles
lhe obedecem?"

A Cura de um Endemoninhado
(Mt 8.28-34; Mc 5.1-20)

26 Navegaram para a região dos gerasenos[c], que fica do outro
lado do lago, frente à Galileia. 27 Quando Jesus pisou em terra,

[a] **7.41** O denário era uma moeda de prata equivalente à diária de um trabalhador braçal.
[b] **8.10** Is 6.9
[c] **8.26** Alguns manuscritos trazem *gadarenos*; outros manuscritos dizem *gergesenos*; também no versículo 37.

foi ao encontro dele um endemoninhado daquela cidade. Fazia
muito tempo que aquele homem não usava roupas, nem vivia
em casa alguma, mas nos sepulcros. 28 Quando viu Jesus,
gritou, prostrou-se aos seus pés e disse em alta voz: "Que
queres comigo, Jesus, Filho do Deus Altíssimo? Rogo-te que
não me atormentes!" 29 Pois Jesus havia ordenado que o espí-
rito imundo saísse daquele homem. Muitas vezes ele tinha se
apoderado dele. Mesmo com os pés e as mãos acorrentados
e entregue aos cuidados de guardas, quebrava as correntes e
era levado pelo demônio a lugares solitários.
30 Jesus lhe perguntou: "Qual é o seu nome?"
"Legião", respondeu ele; porque muitos demônios haviam
entrado nele. 31 E imploravam-lhe que não os mandasse para
o Abismo.
32 Uma grande manada de porcos estava pastando naquela
colina. Os demônios imploraram a Jesus que lhes permitisse
entrar neles, e Jesus lhes deu permissão. 33 Saindo do homem,
os demônios entraram nos porcos, e toda a manada atirou-se
precipício abaixo em direção ao lago e se afogou.
34 Vendo o que acontecera, os que cuidavam dos porcos fu-
giram e contaram esses fatos na cidade e nos campos, 35 e o
povo foi ver o que havia acontecido. Quando se aproximaram
de Jesus, viram que o homem de quem haviam saído os demô-
nios estava assentado aos pés de Jesus, vestido e em perfeito
juízo, e ficaram com medo. 36 Os que o tinham visto contaram
ao povo como o endemoninhado fora curado. 37 Então, todo
o povo da região dos gerasenos suplicou a Jesus que se reti-
rasse, porque estavam dominados pelo medo. Ele entrou no
barco e regressou.
38 O homem de quem haviam saído os demônios suplicava-lhe
que o deixasse ir com ele; mas Jesus o mandou embora, di-
zendo: 39 "Volte para casa e conte o quanto Deus fez a você".
Assim, o homem se foi e anunciou na cidade inteira o quanto
Jesus tinha feito por ele.

O Poder de Jesus sobre a Doença e a Morte
(Mt 9.18-26; Mc 5.21-43)

40 Quando Jesus voltou, uma multidão o recebeu com alegria,
pois todos o esperavam. 41 Então um homem chamado Jairo,
dirigente da sinagoga, veio e prostrou-se aos pés de Jesus,
implorando-lhe que fosse à sua casa 42 porque sua única filha,
de cerca de doze anos, estava à morte.
Estando Jesus a caminho, a multidão o comprimia. 43 E estava
ali certa mulher que havia doze anos vinha sofrendo de he-
morragia e gastara tudo o que tinha com os médicos[a]; mas
ninguém pudera curá-la. 44 Ela chegou por trás dele, tocou na
borda de seu manto, e imediatamente cessou sua hemorragia.
45 "Quem tocou em mim?", perguntou Jesus.
Como todos negassem, Pedro disse: "Mestre, a multidão se
aglomera e te comprime".
46 Mas Jesus disse: "Alguém tocou em mim, eu sei que de mim
saiu poder".
47 Então a mulher, vendo que não conseguiria passar desperce-
bida, veio tremendo e prostrou-se aos seus pés. Na presença
de todo o povo contou por que tinha tocado nele e como fora
instantaneamente curada. 48 Então ele lhe disse: "Filha, a sua
fé a curou[b]! Vá em paz".
49 Enquanto Jesus ainda estava falando, chegou alguém da
casa de Jairo, o dirigente da sinagoga, e disse: "Sua filha
morreu. Não incomode mais o Mestre".
50 Ouvindo isso, Jesus disse a Jairo: "Não tenha medo; tão so-
mente creia, e ela será curada".
51 Quando chegou à casa de Jairo, não deixou ninguém en-
trar com ele, exceto Pedro, João, Tiago e o pai e a mãe da
criança. 52 Enquanto isso, todo o povo estava se lamentando
e chorando por ela. "Não chorem", disse Jesus. "Ela não está
morta, mas dorme."
53 Todos começaram a rir dele, pois sabiam que ela estava
morta. 54 Mas ele a tomou pela mão e disse: "Menina, levan-
te-se!" 55 O espírito dela voltou, e ela se levantou imediata-
mente. Então Jesus lhes ordenou que dessem de comer a ela.
56 Os pais dela ficaram maravilhados, mas ele lhes ordenou que
não contassem a ninguém o que tinha acontecido.

9

Jesus Envia os Doze
(Mt 10.5-14; Mc 5.7-13)

1 Reunindo os Doze, Jesus deu-lhes poder e autoridade para
expulsar todos os demônios e curar doenças 2 e os enviou a
pregar o Reino de Deus e a curar os enfermos. 3 E disse-lhes:
"Não levem nada pelo caminho: nem bordão, nem saco de
viagem, nem pão, nem dinheiro, nem túnica extra. 4 Na casa
em que vocês entrarem, fiquem ali até partirem. 5 Se não os
receberem, sacudam a poeira dos seus pés quando saírem
daquela cidade, como testemunho contra eles". 6 Então, eles
saíram e foram pelos povoados, pregando o evangelho e fa-
zendo curas por toda parte.
7 Herodes, o tetrarca[c], ouviu falar de tudo o que estava acon-
tecendo e ficou perplexo, porque algumas pessoas estavam
dizendo que João tinha ressuscitado dos mortos; 8 outros, que
Elias tinha aparecido; e ainda outros, que um dos profetas do
passado tinha voltado à vida. 9 Mas Herodes disse: "João, eu
decapitei! Quem, pois, é este de quem ouço essas coisas?" E
procurava vê-lo.

A Primeira Multiplicação dos Pães
(Mt 14.13-21; Mc 6.30-44; Jo 6.1-15)

10 Ao voltarem, os apóstolos relataram a Jesus o que tinham
feito. Então ele os tomou, e retiraram-se para uma cidade
chamada Betsaida; 11 mas as multidões ficaram sabendo, e o
seguiram. Ele as acolheu e falava-lhes acerca do Reino de Deus
e curava os que precisavam de cura.
12 Ao fim da tarde os Doze aproximaram-se dele e disseram:
"Manda embora a multidão para que eles possam ir aos

[a] 8.43 Alguns manuscritos não trazem *gastara tudo o que tinha com os médicos*.

[b] 8.48 Ou *a salvou*

[c] 9.7 Um tetrarca era o governador da quarta parte de uma região.

campos vizinhos e aos povoados, e encontrem comida e pou-
sada, porque aqui estamos em lugar deserto".
13 Ele, porém, respondeu: "Deem-lhes vocês algo para comer".
Eles disseram: "Temos apenas cinco pães e dois peixes — a
menos que compremos alimento para toda esta multidão". 14 (E
estavam ali cerca de cinco mil homens.) Mas ele disse aos seus
discípulos: "Façam-nos sentar-se em grupos de cinquenta".
15 Os discípulos assim fizeram, e todos se assentaram. 16 To-
mando os cinco pães e os dois peixes e, olhando para o céu,
deu graças e os partiu. Em seguida, entregou-os aos discípulos
para que os servissem ao povo. 17 Todos comeram e ficaram
satisfeitos, e os discípulos recolheram doze cestos cheios de
pedaços que sobraram.

A Confissão de Pedro
(Mt 16.13-20; Mc 8.27-30)

18 Certa vez Jesus estava orando em particular, e com ele es-
tavam os seus discípulos; então lhes perguntou: "Quem as
multidões dizem que eu sou?"
19 Eles responderam: "Alguns dizem que és João Batista; ou-
tros, Elias; e, ainda outros, que és um dos profetas do passado
que ressuscitou".
20 "E vocês, o que dizem?", perguntou. "Quem vocês dizem que
eu sou?" Pedro respondeu: "O Cristo de Deus".
21 Jesus os advertiu severamente que não contassem isso a
ninguém. 22 E disse: "É necessário que o Filho do homem sofra
muitas coisas e seja rejeitado pelos líderes religiosos, pelos
chefes dos sacerdotes e pelos mestres da lei, seja morto e
ressuscite no terceiro dia".
23 Jesus dizia a todos: "Se alguém quiser acompanhar-me, ne-
gue-se a si mesmo, tome diariamente a sua cruz e siga-me.
24 Pois quem quiser salvar a sua vida[a] a perderá; mas quem
perder a sua vida por minha causa, este a salvará. 25 Pois que
adianta ao homem ganhar o mundo inteiro e perder-se ou
destruir a si mesmo? 26 Se alguém se envergonhar de mim e
das minhas palavras, o Filho do homem se envergonhará dele
quando vier em sua glória e na glória do Pai e dos santos anjos.
27 Garanto a vocês que alguns que aqui se acham de modo
nenhum experimentarão a morte antes de verem o Reino de
Deus".

A Transfiguração
(Mt 17.1-13; Mc 9.2-13)

28 Aproximadamente oito dias depois de dizer essas coisas,
Jesus tomou a Pedro, João e Tiago e subiu a um monte para
orar. 29 Enquanto orava, a aparência de seu rosto se trans-
formou, e suas roupas ficaram alvas e resplandecentes como
o brilho de um relâmpago. 30 Surgiram dois homens que co-
meçaram a conversar com Jesus. Eram Moisés e Elias. 31 Apa-
receram em glorioso esplendor e falavam sobre a partida de
Jesus, que estava para se cumprir em Jerusalém.
32 Pedro e os seus companheiros estavam dominados pelo
sono; acordando subitamente, viram a glória de Jesus e os
dois homens que estavam com ele. 33 Quando estes iam se
retirando, Pedro disse a Jesus: "Mestre, é bom estarmos aqui.
Façamos três tendas: uma para ti, uma para Moisés e uma para
Elias". (Ele não sabia o que estava dizendo.)
34 Enquanto ele estava falando, uma nuvem apareceu e os
envolveu, e eles ficaram com medo ao entrarem na nuvem.
35 Dela saiu uma voz que dizia: "Este é o meu Filho, o Esco-
lhido[b]; ouçam-no!" 36 Tendo-se ouvido a voz, Jesus ficou só.
Os discípulos guardaram isto somente para si; naqueles dias,
não contaram a ninguém o que tinham visto.

A Cura de um Menino Endemoninhado
(Mt 17.14-23; Mc 9.14-32)

37 No dia seguinte, quando desceram do monte, uma grande
multidão veio ao encontro dele. 38 Um homem da multidão
bradou: "Mestre, rogo-te que dês atenção ao meu filho, pois
é o único que tenho. 39 Um espírito o domina; de repente ele
grita, lança-o em convulsões e o faz espumar; quase nunca o
abandona e o está destruindo. 40 Roguei aos teus discípulos
que o expulsassem, mas eles não conseguiram".
41 Respondeu Jesus: "Ó geração incrédula e perversa, até
quando estarei com vocês e terei que suportá-los? Traga-me
aqui o seu filho".
42 Quando o menino vinha vindo, o demônio o lançou por terra,
em convulsão. Mas Jesus repreendeu o espírito imundo, curou
o menino e o entregou de volta a seu pai. 43 E todos ficaram
atônitos ante a grandeza de Deus. Estando todos maravilhados
com tudo o que Jesus fazia, ele disse aos seus discípulos:
44 "Ouçam atentamente o que vou dizer: O Filho do homem
será traído e entregue nas mãos dos homens". 45 Mas eles não
entendiam o que isso significava; era-lhes encoberto, para que
não o entendessem. E tinham receio de perguntar-lhe a res-
peito dessa palavra.

Quem Será o Maior?
(Mt 18.1-5; Mc 9.33-41)

46 Começou uma discussão entre os discípulos acerca de qual
deles seria o maior. 47 Jesus, conhecendo os seus pensa-
mentos, tomou uma criança e a colocou em pé, a seu lado.
48 Então lhes disse: "Quem recebe esta criança em meu nome
está me recebendo; e quem me recebe está recebendo aquele
que me enviou. Pois aquele que entre vocês for o menor, este
será o maior".
49 Disse João: "Mestre, vimos um homem expulsando demônios
em teu nome e procuramos impedi-lo, porque ele não era um
dos nossos".
50 "Não o impeçam", disse Jesus, "pois quem não é contra
vocês, é a favor de vocês."

A Oposição Samaritana

51 Aproximando-se o tempo em que seria elevado aos céus,
Jesus partiu resolutamente em direção a Jerusalém. 52 E

[a] 9.24 Ou *alma*

[b] 9.35 Vários manuscritos dizem *o Amado*.

enviou mensageiros à sua frente. Indo estes, entraram num
povoado samaritano para lhe fazer os preparativos; 53 mas o
povo dali não o recebeu porque se notava que ele se dirigia
para Jerusalém. 54 Ao verem isso, os discípulos Tiago e João
perguntaram: "Senhor, queres que façamos cair fogo do céu
para destruí-los?"[a] 55 Mas Jesus, voltando-se, os repreendeu,
dizendo: "Vocês não sabem de que espécie de espírito vocês
são, pois o Filho do homem não veio para destruir a vida dos
homens, mas para salvá-los"[b]; 56 e foram para outro povoado.

Quão Difícil é Seguir Jesus!
(Mt 8.19-22)

57 Quando andavam pelo caminho, um homem lhe disse: "Eu te
seguirei por onde quer que fores".

58 Jesus respondeu: "As raposas têm suas tocas e as aves do
céu têm seus ninhos, mas o Filho do homem não tem onde
repousar a cabeça".

59 A outro disse: "Siga-me". Mas o homem respondeu: "Senhor,
deixa-me ir primeiro sepultar meu pai".

60 Jesus lhe disse: "Deixe que os mortos sepultem os seus pró-
prios mortos; você, porém, vá e proclame o Reino de Deus".

61 Ainda outro disse: "Vou seguir-te, Senhor, mas deixa-me pri-
meiro voltar e despedir-me da minha família".

62 Jesus respondeu: "Ninguém que põe a mão no arado e olha
para trás é apto para o Reino de Deus".

10 Jesus Envia Setenta e Dois Discípulos

1 Depois disso o Senhor designou outros setenta e dois[c]
e os enviou dois a dois, adiante dele, a todas as cidades e
lugares para onde ele estava prestes a ir. 2 E lhes disse: "A
colheita é grande, mas os trabalhadores são poucos. Portanto,
peçam ao Senhor da colheita que mande trabalhadores para a
sua colheita. 3 Vão! Eu os estou enviando como cordeiros entre
lobos. 4 Não levem bolsa, nem saco de viagem, nem sandálias;
e não saúdem ninguém pelo caminho.

5 "Quando entrarem numa casa, digam primeiro: Paz a esta
casa. 6 Se houver ali um homem de paz, a paz de vocês re-
pousará sobre ele; se não, ela voltará para vocês. 7 Fiquem
naquela casa e comam e bebam o que derem a vocês, pois
o trabalhador merece o seu salário. Não fiquem mudando de
casa em casa.

8 "Quando entrarem numa cidade e forem bem recebidos,
comam o que for posto diante de vocês. 9 Curem os doentes
que ali houver e digam-lhes: O Reino de Deus está próximo
de vocês. 10 Mas, quando entrarem numa cidade e não forem
bem recebidos, saiam por suas ruas e digam: 11 Até o pó da
sua cidade, que se apegou aos nossos pés, sacudimos contra
vocês. Fiquem certos disto: o Reino de Deus está próximo. 12 Eu
digo: Naquele dia, haverá mais tolerância para Sodoma do que
para aquela cidade.

13 "Ai de você, Corazim! Ai de você, Betsaida! Porque se os mi-
lagres que foram realizados entre vocês o fossem em Tiro e
Sidom, há muito tempo elas teriam se arrependido, vestindo
roupas de saco e cobrindo-se de cinzas. 14 Mas no juízo haverá
menor rigor para Tiro e Sidom do que para vocês. 15 E você,
Cafarnaum: será elevada até ao céu? Não; você descerá até
o Hades[d]!

16 "Aquele que dá ouvidos a vocês está me dando ouvidos;
aquele que os rejeita está me rejeitando; mas aquele que me
rejeita está rejeitando aquele que me enviou".

17 Os setenta e dois voltaram alegres e disseram: "Senhor, até
os demônios se submetem a nós, em teu nome".

18 Ele respondeu: "Eu vi Satanás caindo do céu como relâm-
pago. 19 Eu dei a vocês autoridade para pisarem sobre cobras
e escorpiões, e sobre todo o poder do inimigo; nada lhes fará
dano. 20 Contudo, alegrem-se, não porque os espíritos se sub-
metem a vocês, mas porque seus nomes estão escritos nos
céus".

21 Naquela hora, Jesus, exultando no Espírito Santo, disse: "Eu
te louvo, Pai, Senhor do céu e da terra, porque escondeste
estas coisas dos sábios e cultos e as revelaste aos pequeninos.
Sim, Pai, pois assim foi do teu agrado.

22 "Todas as coisas me foram entregues por meu Pai. Ninguém
sabe quem é o Filho, a não ser o Pai; e ninguém sabe quem
é o Pai, a não ser o Filho e aqueles a quem o Filho o quiser
revelar".

23 Então ele se voltou para os seus discípulos e lhes disse em
particular: "Felizes são os olhos que veem o que vocês veem.
24 Pois eu digo que muitos profetas e reis desejaram ver o que
vocês estão vendo, mas não viram; e ouvir o que vocês estão
ouvindo, mas não ouviram".

A Parábola do Bom Samaritano

25 Certa ocasião, um perito na lei levantou-se para pôr Jesus
à prova e lhe perguntou: "Mestre, o que preciso fazer para
herdar a vida eterna?"

26 "O que está escrito na Lei?", respondeu Jesus. "Como você
a lê?"

27 Ele respondeu: " 'Ame o Senhor, o seu Deus, de todo o seu
coração, de toda a sua alma, de todas as suas forças e de
todo o seu entendimento'[e] e 'Ame o seu próximo como a si
mesmo'[f]".

28 Disse Jesus: "Você respondeu corretamente. Faça isso e
viverá".

29 Mas ele, querendo justificar-se, perguntou a Jesus: "E quem
é o meu próximo?"

30 Em resposta, disse Jesus: "Um homem descia de Jerusalém
para Jericó, quando caiu nas mãos de assaltantes. Estes
lhe tiraram as roupas, espancaram-no e se foram, deixan-
do-o quase morto. 31 Aconteceu estar descendo pela mesma

---

[a] **9.54** Alguns manuscritos dizem *destruí-los, como fez Elias?*
[b] **9.55** Muitos manuscritos não trazem esta sentença.
[c] **10.1** Alguns manuscritos dizem *70*; também no versículo 17.
[d] **10.15** Essa palavra pode ser traduzida por inferno, sepulcro, morte ou profundezas.
[e] **10.27** Dt 6.5
[f] **10.27** Lv 19.18

estrada um sacerdote. Quando viu o homem, passou pelo outro
lado. 32 E assim também um levita; quando chegou ao lugar e
o viu, passou pelo outro lado. 33 Mas um samaritano, estando
de viagem, chegou onde se encontrava o homem e, quando
o viu, teve piedade dele. 34 Aproximou-se, enfaixou-lhe as fe-
ridas, derramando nelas vinho e óleo. Depois colocou-o sobre
o seu próprio animal, levou-o para uma hospedaria e cuidou
dele. 35 No dia seguinte, deu dois denários[a] ao hospedeiro e lhe
disse: 'Cuide dele. Quando eu voltar, pagarei todas as despesas
que você tiver'.

36 "Qual destes três você acha que foi o próximo do homem que
caiu nas mãos dos assaltantes?"

37 "Aquele que teve misericórdia dele", respondeu o perito na
lei. Jesus lhe disse: "Vá e faça o mesmo".

Na Casa de Marta e de Maria

38 Caminhando Jesus e os seus discípulos, chegaram a um po-
voado onde certa mulher chamada Marta o recebeu em sua
casa.

39 Maria, sua irmã, ficou sentada aos pés do Senhor, ouvindo
a sua palavra. 40 Marta, porém, estava ocupada com muito
serviço. E, aproximando-se dele, perguntou: "Senhor, não te
importas que minha irmã tenha me deixado sozinha com o ser-
viço? Dize-lhe que me ajude!"

41 Respondeu o Senhor: "Marta! Marta! Você está preocupada
e inquieta com muitas coisas; 42 todavia apenas uma é neces-
sária.[b] Maria escolheu a boa parte, e esta não lhe será tirada".

11 O Ensino de Jesus acerca da Oração

(Mt 6.5-15; 7.7-12)

1 Certo dia Jesus estava orando em determinado lugar. Tendo
terminado, um dos seus discípulos lhe disse: "Senhor, ensina-
-nos a orar, como João ensinou aos discípulos dele".

2 Ele lhes disse: "Quando vocês orarem, digam:

" Pai![c] Santificado seja o teu nome. Venha o teu Reino.[d]

3 Dá-nos cada dia o nosso pão cotidiano.

4 Perdoa-nos os nossos pecados, pois também perdoamos a
todos os que nos devem. E não nos deixes cair em[e] tentação[f]".

5 Então lhes disse: "Suponham que um de vocês tenha um
amigo e que recorra a ele à meia-noite e diga: 'Amigo, empres-
te-me três pães, 6 porque um amigo meu chegou de viagem, e
não tenho nada para lhe oferecer'.

7 "E o que estiver dentro responda: 'Não me incomode. A porta
já está fechada, e eu e meus filhos já estamos deitados. Não
posso me levantar e dar a você o que me pede'. 8 Eu digo: Em-
bora ele não se levante para dar-lhe o pão por ser seu amigo,
por causa da importunação se levantará e lhe dará tudo o que
precisar.

9 "Por isso digo: Peçam, e será dado; busquem, e encontrarão;
batam, e a porta será aberta. 10 Pois todo o que pede, recebe;
o que busca, encontra; e àquele que bate, a porta será aberta.
11 "Qual pai, do meio de vocês, se o filho pedir um[g] peixe, em
lugar disso lhe dará uma cobra? 12 Ou, se pedir um ovo, lhe dará
um escorpião? 13 Se vocês, apesar de serem maus, sabem dar
boas coisas aos seus filhos, quanto mais o Pai que está nos
céus dará o Espírito Santo a quem o pedir!"

A Acusação contra Jesus

(Mt 12.22-32; Mc 3.20-30)

14 Jesus estava expulsando um demônio que era mudo. Quando
o demônio saiu, o mudo falou, e a multidão ficou admirada.
15 Mas alguns deles disseram: "É por Belzebu, o príncipe dos
demônios, que ele expulsa demônios". 16 Outros o punham à
prova, pedindo-lhe um sinal do céu.

17 Jesus, conhecendo os seus pensamentos, disse-lhes: "Todo
reino dividido contra si mesmo será arruinado, e uma casa di-
vidida contra si mesma cairá. 18 Se Satanás está dividido contra
si mesmo, como o seu reino pode subsistir? Digo isso porque
vocês estão dizendo que expulso demônios por Belzebu. 19 Se
eu expulso demônios por Belzebu, por quem os expulsam os
filhos[h] de vocês? Por isso, eles mesmos estarão como juízes
sobre vocês. 20 Mas, se é pelo dedo de Deus que eu expulso
demônios, então chegou a vocês o Reino de Deus.

21 "Quando um homem forte, bem armado, guarda sua casa,
seus bens estão seguros. 22 Mas, quando alguém mais forte o
ataca e o vence, tira-lhe a armadura em que confiava e divide
os despojos.

23 "Aquele que não está comigo é contra mim, e aquele que
comigo não ajunta espalha.

24 "Quando um espírito imundo sai de um homem, passa por
lugares áridos procurando descanso e, não o encontrando, diz:
'Voltarei para a casa de onde saí'. 25 Quando chega, encontra
a casa varrida e em ordem. 26 Então vai e traz outros sete es-
píritos piores do que ele, e entrando passam a viver ali. E o
estado final daquele homem torna-se pior do que o primeiro".
27 Enquanto Jesus dizia estas coisas, uma mulher da multidão
exclamou: "Feliz é a mulher que te deu à luz e te amamentou".
28 Ele respondeu: "Antes, felizes são aqueles que ouvem a pa-
lavra de Deus e lhe obedecem".

O Sinal de Jonas

(Mt 12.38-42)

29 Aumentando a multidão, Jesus começou a dizer: "Esta é uma
geração perversa. Ela pede um sinal milagroso, mas nenhum
sinal lhe será dado, exceto o sinal de Jonas. 30 Pois, assim
como Jonas foi um sinal para os ninivitas, o Filho do homem
também o será para esta geração. 31 A rainha do Sul se levan-
tará no juízo com os homens desta geração e os condenará,
pois ela veio dos confins da terra para ouvir a sabedoria de

---

a 10.35 O denário era uma moeda de prata equivalente à diária de um trabalhador braçal.
b 10.42 Alguns manuscritos dizem *todavia, poucas coisas são necessárias.*
c 11.2 Muitos manuscritos dizem *Pai nosso, que estás no céu.*
d 11.2 Muitos manuscritos dizem *Reino. Seja feita a tua vontade assim na terra como no céu.*
e 11.4 Grego: *E não nos induzas à.*
f 11.4 Muitos manuscritos dizem *tentação, mas livra-nos do Maligno.*
g 11.11 Muitos manuscritos acrescentam *pão, lhe dará uma pedra, ou se pedir um*
h 11.19 Ou *discípulos*

Salomão e agora está aqui quem é maior do que Salomão. 32 Os
homens de Nínive se levantarão no juízo com esta geração e
a condenarão; pois eles se arrependeram com a pregação de
Jonas, e agora está aqui quem é maior do que Jonas.

A Candeia do Corpo

33 "Ninguém acende uma candeia e a coloca em lugar onde
fique escondida ou debaixo de uma vasilha. Ao contrário, co-
loca-a no lugar apropriado, para que os que entram possam
ver a luz. 34 Os olhos são a candeia do corpo. Quando os seus
olhos forem bons, igualmente todo o seu corpo estará cheio de
luz. Mas, quando forem maus, igualmente o seu corpo estará
cheio de trevas. 35 Portanto, cuidado para que a luz que está
em seu interior não sejam trevas. 36 Logo, se todo o seu corpo
estiver cheio de luz, e nenhuma parte dele estiver em trevas,
estará completamente iluminado, como quando a luz de uma
candeia brilha sobre você".

Jesus Condena a Hipocrisia dos Fariseus e dos Peritos na Lei

37 Tendo terminado de falar, um fariseu o convidou para comer
com ele. Então Jesus foi e reclinou-se à mesa; 38 mas o fariseu,
notando que Jesus não se lavara cerimonialmente antes da
refeição, ficou surpreso.
39 Então o Senhor lhe disse: "Vocês, fariseus, limpam o exte-
rior do copo e do prato, mas interiormente estão cheios de
ganância e de maldade. 40 Insensatos! Quem fez o exterior não
fez também o interior? 41 Mas deem o que está dentro do prato[a]
como esmola e verão que tudo ficará limpo em vocês.
42 "Ai de vocês, fariseus, porque dão a Deus o dízimo da hor-
telã, da arruda e de toda a sorte de hortaliças, mas desprezam
a justiça e o amor de Deus! Vocês deviam praticar estas coisas,
sem deixar de fazer aquelas.
43 "Ai de vocês, fariseus, porque amam os lugares de honra nas
sinagogas e as saudações em público!
44 "Ai de vocês, porque são como túmulos que não são vistos,
por sobre os quais os homens andam sem o saber!"
45 Um dos peritos na lei lhe respondeu: "Mestre, quando dizes
essas coisas, insultas também a nós".
46 "Quanto a vocês, peritos na lei", disse Jesus, "ai de vocês
também!, porque sobrecarregam os homens com fardos que
dificilmente eles podem carregar, e vocês mesmos não le-
vantam nem um dedo para ajudá-los.
47 "Ai de vocês, porque edificam os túmulos dos profetas, sendo
que foram os seus próprios antepassados que os mataram.
48 Assim vocês dão testemunho de que aprovam o que os seus
antepassados fizeram. Eles mataram os profetas, e vocês lhes
edificam os túmulos. 49 Por isso, Deus disse em sua sabedoria:
'Eu mandarei a vocês profetas e apóstolos, dos quais eles ma-
tarão alguns, e a outros perseguirão'. 50 Pelo que, esta ge-
ração será considerada responsável pelo sangue de todos os
profetas, derramado desde o princípio do mundo. 51 desde o
sangue de Abel até o sangue de Zacarias, que foi morto entre
o altar e o santuário. Sim, eu digo a vocês, esta geração será
considerada responsável por tudo isso.
52 "Ai de vocês, peritos na lei, porque se apoderaram da chave
do conhecimento. Vocês mesmos não entraram e impediram
os que estavam prestes a entrar!"
53 Quando Jesus saiu dali, os fariseus e os mestres da lei come-
çaram a opor-se fortemente a ele e a interrogá-lo com muitas
perguntas, 54 esperando apanhá-lo em algo que dissesse.

12 Advertências e Motivações

Nesse meio tempo, tendo-se juntado uma multidão de
milhares de pessoas, ao ponto de atropelarem umas às ou-
tras, Jesus começou a falar primeiramente aos seus discípulos,
dizendo: "Tenham cuidado com o fermento dos fariseus, que
é a hipocrisia. 2 Não há nada escondido que não venha a ser
descoberto, ou oculto que não venha a ser conhecido. 3 O que
vocês disseram nas trevas será ouvido à luz do dia, e o que
vocês sussurraram aos ouvidos dentro de casa, será procla-
mado dos telhados.
4 "Eu digo a vocês, meus amigos: Não tenham medo dos que
matam o corpo e depois nada mais podem fazer. 5 Mas eu
mostrarei a quem vocês devem temer: temam àquele que, de-
pois de matar o corpo, tem poder para lançar no inferno. Sim,
eu digo a vocês, a esse vocês devem temer. 6 Não se vendem
cinco pardais por duas moedinhas[b]? Contudo, nenhum deles é
esquecido por Deus. 7 Até os cabelos da cabeça de vocês estão
todos contados. Não tenham medo; vocês valem mais do que
muitos pardais!
8 "Eu digo a vocês: Quem me confessar diante dos homens,
também o Filho do homem o confessará diante dos anjos de
Deus. 9 Mas aquele que me negar diante dos homens será ne-
gado diante dos anjos de Deus. 10 Todo aquele que disser uma
palavra contra o Filho do homem será perdoado, mas quem
blasfemar contra o Espírito Santo não será perdoado.
11 "Quando vocês forem levados às sinagogas e diante dos go-
vernantes e das autoridades, não se preocupem com a forma
pela qual se defenderão, ou com o que dirão, 12 pois naquela
hora o Espírito Santo ensinará o que deverão dizer".

A Parábola do Rico Insensato

13 Alguém da multidão lhe disse: "Mestre, dize a meu irmão que
divida a herança comigo".
14 Respondeu Jesus: "Homem, quem me designou juiz ou ár-
bitro entre vocês?" 15 Então lhes disse: "Cuidado! Fiquem de
sobreaviso contra todo tipo de ganância; a vida de um homem
não consiste na quantidade dos seus bens".
16 Então lhes contou esta parábola: "A terra de certo homem
rico produziu muito. 17 Ele pensou consigo mesmo: 'O que vou
fazer? Não tenho onde armazenar minha colheita'.
18 "Então disse: 'Já sei o que vou fazer. Vou derrubar os meus
celeiros e construir outros maiores, e ali guardarei toda a

a 11.41 Ou *o que vocês têm*

b 12.6 Grego: *dois asses.*

minha safra e todos os meus bens. 19 E direi a mim mesmo:
Você tem grande quantidade de bens, armazenados para
muitos anos. Descanse, coma, beba e alegre-se'.
20 "Contudo, Deus lhe disse: 'Insensato! Esta mesma noite
a sua vida será exigida. Então, quem ficará com o que você
preparou?'
21 "Assim acontece com quem guarda para si riquezas, mas não
é rico para com Deus".

As Preocupações da Vida
(Mt 6.25-34)

22 Dirigindo-se aos seus discípulos, Jesus acrescentou: "Por-
tanto eu digo a vocês: Não se preocupem com sua própria vida,
quanto ao que comer; nem com seu próprio corpo, quanto ao
que vestir. 23 A vida é mais importante do que a comida, e o
corpo, mais do que as roupas. 24 Observem os corvos: não se-
meiam nem colhem, não têm armazéns nem celeiros; contudo,
Deus os alimenta. E vocês têm muito mais valor do que as aves!
25 Quem de vocês, por mais que se preocupe, pode acrescentar
uma hora que seja à sua vida?[a] 26 Visto que vocês não podem
sequer fazer uma coisa tão pequena, por que se preocupar
com o restante?
27 "Observem como crescem os lírios. Eles não trabalham nem
tecem. Contudo, eu digo a vocês que nem Salomão, em todo
o seu esplendor, vestiu-se como um deles. 28 Se Deus veste
assim a erva do campo, que hoje existe e amanhã é lançada
ao fogo, quanto mais vestirá vocês, homens de pequena fé!
29 Não busquem ansiosamente o que comer ou beber; não
se preocupem com isso. 30 Pois o mundo pagão é que corre
atrás dessas coisas; mas o Pai sabe que vocês precisam delas.
31 Busquem, pois, o Reino de Deus, e essas coisas serão acres-
centadas a vocês.
32 "Não tenham medo, pequeno rebanho, pois foi do agrado do
Pai dar o Reino a vocês. 33 Vendam o que têm e deem esmolas.
Façam para vocês bolsas que não se gastem com o tempo, um
tesouro nos céus que não se acabe, onde ladrão algum chega
perto e nenhuma traça destrói. 34 Pois, onde estiver o seu te-
souro, ali também estará o seu coração.

Prontidão para o Serviço

35 "Estejam prontos para servir e conservem acesas as suas
candeias, 36 como aqueles que esperam seu senhor voltar de
um banquete de casamento; para que, quando ele chegar e
bater, possam abrir-lhe a porta imediatamente. 37 Felizes os
servos cujo senhor os encontrar vigiando, quando voltar. Eu
afirmo que ele se vestirá para servir, fará que se reclinem à
mesa, e virá servi-los. 38 Mesmo que ele chegue de noite ou de
madrugada[b], felizes os servos que o senhor encontrar prepa-
rados. 39 Entendam, porém, isto: se o dono da casa soubesse
a que hora viria o ladrão, não permitiria que a sua casa fosse
arrombada. 40 Estejam também vocês preparados, porque o
Filho do homem virá numa hora em que não o esperam".
41 Pedro perguntou: "Senhor, estás contando esta parábola
para nós ou para todos?"
42 O Senhor respondeu: "Quem é, pois, o administrador fiel e
sensato, a quem seu senhor encarrega dos seus servos, para
lhes dar sua porção de alimento no tempo devido? 43 Feliz o
servo a quem o seu senhor encontrar fazendo assim quando
voltar. 44 Garanto que ele o encarregará de todos os seus bens.
45 Mas suponham que esse servo diga a si mesmo: 'Meu senhor
se demora a voltar', e então comece a bater nos servos e nas
servas, a comer, a beber e a embriagar-se. 46 O senhor daquele
servo virá num dia em que ele não o espera e numa hora que
não sabe e o punirá severamente[c] e lhe dará um lugar com
os infiéis.
47 "Aquele servo que conhece a vontade de seu senhor e não
prepara o que ele deseja, nem o realiza, receberá muitos
açoites. 48 Mas aquele que não a conhece e pratica coisas me-
recedoras de castigo, receberá poucos açoites. A quem muito
foi dado, muito será exigido; e a quem muito foi confiado,
muito mais será pedido.

Jesus Não Traz Paz, mas Divisão

49 "Vim trazer fogo à terra, e como gostaria que já estivesse
aceso! 50 Mas tenho que passar por um batismo, e como estou
angustiado até que ele se realize! 51 Vocês pensam que vim
trazer paz à terra? Não, eu digo a vocês. Ao contrário, vim
trazer divisão! 52 De agora em diante haverá cinco numa fa-
mília divididos uns contra os outros: três contra dois e dois
contra três. 53 Estarão divididos pai contra filho e filho contra
pai, mãe contra filha e filha contra mãe, sogra contra nora e
nora contra sogra".

Os Sinais dos Tempos

54 Dizia ele à multidão: "Quando vocês veem uma nuvem se
levantando no ocidente, logo dizem: 'Vai chover', e assim acon-
tece. 55 E quando sopra o vento sul, vocês dizem: 'Vai fazer
calor', e assim ocorre. 56 Hipócritas! Vocês sabem interpretar
o aspecto da terra e do céu. Como não sabem interpretar o
tempo presente?
57 "Por que vocês não julgam por si mesmos o que é justo?
58 Quando algum de vocês estiver indo com seu adversário
para o magistrado, faça tudo para se reconciliar com ele no
caminho; para que ele não o arraste ao juiz, o juiz o entregue
ao oficial de justiça, e o oficial de justiça o jogue na prisão.
59 Eu digo que você não sairá de lá enquanto não pagar o úl-
timo centavo[d]".

13 Arrependimento ou Morte

1 Naquela ocasião, alguns dos que estavam presentes con-
taram a Jesus que Pilatos misturara o sangue de alguns galileus

[a] 12.25 Ou *um único côvado à sua altura?* O côvado era uma medida linear de cerca de 45 centímetros.
[b] 12.38 Grego: *na segunda ou na terceira vigília da noite.* Isto é, entre 9 horas da noite e 3 horas da manhã.
[c] 12.46 Grego: *cortará ao meio.*
[d] 12.59 Grego: *lepto.*

com os sacrifícios deles. 2 Jesus respondeu: "Vocês pensam
que esses galileus eram mais pecadores que todos os outros,
por terem sofrido dessa maneira? 3 Eu digo que não! Mas, se
não se arrependerem, todos vocês também perecerão. 4 Ou
vocês pensam que aqueles dezoito que morreram, quando caiu
sobre eles a torre de Siloé, eram mais culpados do que todos os
outros habitantes de Jerusalém? 5 Eu digo que não! Mas se não
se arrependerem, todos vocês também perecerão".
6 Então contou esta parábola: "Um homem tinha uma figueira
plantada em sua vinha. Foi procurar fruto nela, e não achou
nenhum. 7 Por isso disse ao que cuidava da vinha: 'Já faz três
anos que venho procurar fruto nesta figueira e não acho. Corte-a! Por que deixá-la inutilizar a terra?'
8 "Respondeu o homem: 'Senhor, deixe-a por mais um ano, e
eu cavarei ao redor dela e a adubarei. 9 Se der fruto no ano que
vem, muito bem! Se não, corte-a' ".

Uma Mulher Curada no Sábado

10 Certo sábado Jesus estava ensinando numa das sinagogas,
11 e ali estava uma mulher que tinha um espírito que a mantinha doente havia dezoito anos. Ela andava encurvada e de
forma alguma podia endireitar-se. 12 Ao vê-la, Jesus chamou-a
à frente e lhe disse: "Mulher, você está livre da sua doença".
13 Então lhe impôs as mãos; e imediatamente ela se endireitou
e passou a louvar a Deus.
14 Indignado porque Jesus havia curado no sábado, o dirigente
da sinagoga disse ao povo: "Há seis dias em que se deve trabalhar. Venham para ser curados nesses dias, e não no sábado".
15 O Senhor lhe respondeu: "Hipócritas! Cada um de vocês não
desamarra no sábado o seu boi ou jumento do estábulo e o
leva dali para dar-lhe água? 16 Então, esta mulher, uma filha
de Abraão a quem Satanás mantinha presa por dezoito longos
anos, não deveria no dia de sábado ser libertada daquilo que
a prendia?"
17 Tendo dito isso, todos os seus oponentes ficaram envergonhados, mas o povo se alegrava com todas as maravilhas que
ele estava fazendo.

As Parábolas do Grão de Mostarda e do Fermento
(Mt 13.31-35; Mc 4.30-34)

18 Então Jesus perguntou: "Com que se parece o Reino de
Deus? Com que o compararei? 19 É como um grão de mostarda
que um homem semeou em sua horta. Ele cresceu e se tornou
uma árvore, e as aves do céu fizeram ninhos em seus ramos".
20 Mais uma vez ele perguntou: "Com que compararei o Reino
de Deus? 21 É como o fermento que uma mulher misturou com
uma grande quantidade[a] de farinha, e toda a massa ficou fermentada".

A Porta Estreita

22 Depois Jesus foi pelas cidades e povoados e ensinava, prosseguindo em direção a Jerusalém. 23 Alguém lhe perguntou:
"Senhor, serão poucos os salvos?"
Ele lhes disse: 24 "Esforcem-se para entrar pela porta estreita,
porque eu digo a vocês que muitos tentarão entrar e não
conseguirão. 25 Quando o dono da casa se levantar e fechar
a porta, vocês ficarão do lado de fora, batendo e pedindo:
'Senhor, abre-nos a porta'.
"Ele, porém, responderá: 'Não os conheço, nem sei de onde
são vocês'.
26 "Então vocês dirão: 'Comemos e bebemos contigo, e ensinaste em nossas ruas'.
27 "Mas ele responderá: 'Não os conheço, nem sei de onde são
vocês. Afastem-se de mim, todos vocês, que praticam o mal!'
28 "Ali haverá choro e ranger de dentes, quando vocês virem
Abraão, Isaque e Jacó e todos os profetas no Reino de Deus,
mas vocês excluídos. 29 Pessoas virão do oriente e do ocidente,
do norte e do sul, e ocuparão os seus lugares à mesa no Reino
de Deus. 30 De fato, há últimos que serão primeiros e primeiros
que serão últimos".

O Lamento Profético sobre Jerusalém
(Mt 23.37-39)

31 Naquela mesma hora, alguns fariseus aproximaram-se de
Jesus e lhe disseram: "Saia e vá embora daqui, pois Herodes
quer matá-lo".
32 Ele respondeu: "Vão dizer àquela raposa: Expulsarei demônios e curarei o povo hoje e amanhã e no terceiro dia estarei
pronto. 33 Mas preciso prosseguir hoje, amanhã e depois de
amanhã, pois certamente nenhum profeta deve morrer fora
de Jerusalém!
34 "Jerusalém, Jerusalém, você, que mata os profetas e apedreja os que são enviados a você! Quantas vezes eu quis reunir
os seus filhos, como a galinha reúne os seus pintinhos debaixo
das suas asas, mas vocês não quiseram! 35 Eis que a casa de
vocês ficará deserta. Eu digo que vocês não me verão mais até
que digam: 'Bendito o que vem em nome do Senhor'[b]".

14 Jesus na Casa de um Fariseu

Certo sábado, entrando Jesus para comer na casa de um
fariseu importante, observavam-no atentamente. 2 À frente
dele estava um homem doente, com o corpo inchado[c]. 3 Jesus
perguntou aos fariseus e aos peritos na lei: "É permitido ou não
curar no sábado?" 4 Mas eles ficaram em silêncio. Assim, tomando o homem pela mão, Jesus o curou e o mandou embora.
5 Então ele lhes perguntou: "Se um de vocês tiver um filho[d] ou
um boi, e este cair num poço no dia de sábado, não irá tirá-lo
imediatamente?" 6 E eles nada puderam responder.
7 Quando notou como os convidados escolhiam os lugares de
honra à mesa, Jesus lhes contou esta parábola: 8 "Quando alguém o convidar para um banquete de casamento, não ocupe

[a] 13.21 Grego: *3 satos*. O sato era uma medida de capacidade para secos. As estimativas variam entre 7 e 13 litros.

[b] 13.35 Sl 118.26

[c] 14.2 Grego: *que sofria de hidropisia*.

[d] 14.5 Alguns manuscritos dizem *um jumento*.

o lugar de honra, pois pode ser que tenha sido convidado alguém de maior honra do que você. 9 Se for assim, aquele que convidou os dois virá e dirá: 'Dê o lugar a este'. Então, humilhado, você precisará ocupar o lugar menos importante. 10 Mas quando você for convidado, ocupe o lugar menos importante, de forma que, quando vier aquele que o convidou, diga: 'Amigo, passe para um lugar mais importante'. Então você será honrado na presença de todos os convidados. 11 Pois todo o que se exalta será humilhado, e o que se humilha será exaltado".

12 Então Jesus disse ao que o tinha convidado: "Quando você der um banquete ou jantar, não convide seus amigos, irmãos ou parentes, nem seus vizinhos ricos; se o fizer, eles poderão também, por sua vez, convidá-lo, e assim você será recompensado. 13 Mas, quando der um banquete, convide os pobres, os aleijados, os mancos e os cegos. 14 Feliz será você, porque estes não têm como retribuir. A sua recompensa virá na ressurreição dos justos".

A Parábola do Grande Banquete
(Mt 22.1-14)

15 Ao ouvir isso, um dos que estavam à mesa com Jesus, disse-lhe: "Feliz será aquele que comer no banquete do Reino de Deus".

16 Jesus respondeu: "Certo homem estava preparando um grande banquete e convidou muitas pessoas. 17 Na hora de começar, enviou seu servo para dizer aos que haviam sido convidados: 'Venham, pois tudo já está pronto'.

18 "Mas eles começaram, um por um, a apresentar desculpas. O primeiro disse: 'Acabei de comprar uma propriedade e preciso ir vê-la. Por favor, desculpe-me'.

19 "Outro disse: 'Acabei de comprar cinco juntas de bois e estou indo experimentá-las. Por favor, desculpe-me'.

20 "Ainda outro disse: 'Acabo de me casar, por isso não posso ir'.

21 "O servo voltou e relatou isso ao seu senhor. Então o dono da casa irou-se e ordenou ao seu servo: 'Vá rapidamente para as ruas e os becos da cidade e traga os pobres, os aleijados, os cegos e os mancos'.

22 "Disse o servo: 'O que o senhor ordenou foi feito, e ainda há lugar'.

23 "Então o senhor disse ao servo: 'Vá pelos caminhos e valados e obrigue-os a entrar, para que a minha casa fique cheia. 24 Eu digo a vocês: Nenhum daqueles que foram convidados provará do meu banquete' ".

O Preço do Discipulado

25 Uma grande multidão ia acompanhando Jesus; este, voltando-se para ela, disse: 26 "Se alguém vem a mim e ama seu pai, sua mãe, sua mulher, seus filhos, seus irmãos e irmãs e até sua própria vida mais do que a mim, não pode ser meu discípulo. 27 E aquele que não carrega sua cruz e não me segue não pode ser meu discípulo.

28 "Qual de vocês, se quiser construir uma torre, primeiro não se assenta e calcula o preço, para ver se tem dinheiro suficiente para completá-la? 29 Pois, se lançar o alicerce e não for capaz de terminá-la, todos os que a virem rirão dele, 30 dizendo: 'Este homem começou a construir e não foi capaz de terminar'.

31 "Ou, qual é o rei que, pretendendo sair à guerra contra outro rei, primeiro não se assenta e pensa se com dez mil homens é capaz de enfrentar aquele que vem contra ele com vinte mil? 32 Se não for capaz, enviará uma delegação, enquanto o outro ainda está longe, e pedirá um acordo de paz. 33 Da mesma forma, qualquer de vocês que não renunciar a tudo o que possui não pode ser meu discípulo.

34 "O sal é bom, mas se ele perder o sabor, como restaurá-lo? 35 Não serve nem para o solo nem para adubo; é jogado fora. Aquele que tem ouvidos para ouvir, ouça".

15 A Parábola da Ovelha Perdida
(Mt 18.12-14)

1 Todos os publicanos e pecadores estavam se reunindo para ouvi-lo. 2 Mas os fariseus e os mestres da lei o criticavam: "Este homem recebe pecadores e come com eles".

3 Então Jesus lhes contou esta parábola: 4 "Qual de vocês que, possuindo cem ovelhas, e perdendo uma, não deixa as noventa e nove no campo e vai atrás da ovelha perdida, até encontrá-la? 5 E quando a encontra, coloca-a alegremente nos ombros 6 e vai para casa. Ao chegar, reúne seus amigos e vizinhos e diz: 'Alegrem-se comigo, pois encontrei minha ovelha perdida'. 7 Eu digo que, da mesma forma, haverá mais alegria no céu por um pecador que se arrepende do que por noventa e nove justos que não precisam arrepender-se.

A Parábola da Moeda Perdida

8 "Ou, qual é a mulher que, possuindo dez dracmas[a] e, perdendo uma delas, não acende uma candeia, varre a casa e procura atentamente, até encontrá-la? 9 E quando a encontra, reúne suas amigas e vizinhas e diz: 'Alegrem-se comigo, pois encontrei minha moeda perdida'. 10 Eu digo que, da mesma forma, há alegria na presença dos anjos de Deus por um pecador que se arrepende".

A Parábola do Filho Perdido

11 Jesus continuou: "Um homem tinha dois filhos. 12 O mais novo disse ao seu pai: 'Pai, quero a minha parte da herança'. Assim, ele repartiu sua propriedade entre eles.

13 "Não muito tempo depois, o filho mais novo reuniu tudo o que tinha e foi para uma região distante; e lá desperdiçou os seus bens vivendo irresponsavelmente. 14 Depois de ter gasto tudo, houve uma grande fome em toda aquela região, e ele começou a passar necessidade. 15 Por isso foi empregar-se com um dos cidadãos daquela região, que o mandou para o seu campo a fim de cuidar de porcos. 16 Ele desejava encher o estômago com

[a] 15.8 A dracma era uma moeda de prata equivalente à diária de um trabalhador braçal.

as vagens de alfarrobeira que os porcos comiam, mas ninguém
lhe dava nada.
17 "Caindo em si, ele disse: 'Quantos empregados de meu pai
têm comida de sobra, e eu aqui, morrendo de fome! 18 Eu me
porei a caminho e voltarei para meu pai e lhe direi: Pai, pequei
contra o céu e contra ti. 19 Não sou mais digno de ser chamado
teu filho; trata-me como um dos teus empregados'. 20 A seguir,
levantou-se e foi para seu pai. Estando ainda longe, seu pai o
viu e, cheio de compaixão, correu para seu filho, e o abraçou
e beijou.
21 "O filho lhe disse: 'Pai, pequei contra o céu e contra ti. Não
sou mais digno de ser chamado teu filho[a]'.
22 "Mas o pai disse aos seus servos: 'Depressa! Tragam a me-
lhor roupa e vistam nele. Coloquem um anel em seu dedo e
calçados em seus pés. 23 Tragam o novilho gordo e matem-no.
Vamos fazer uma festa e alegrar-nos. 24 Pois este meu filho
estava morto e voltou à vida; estava perdido e foi achado'. E
começaram a festejar o seu regresso.
25 "Enquanto isso, o filho mais velho estava no campo. Quando
se aproximou da casa, ouviu a música e a dança. 26 Então
chamou um dos servos e perguntou-lhe o que estava acon-
tecendo. 27 Este lhe respondeu: 'Seu irmão voltou, e seu pai
matou o novilho gordo, porque o recebeu de volta são e salvo'.
28 "O filho mais velho encheu-se de ira e não quis entrar. Então
seu pai saiu e insistiu com ele. 29 Mas ele respondeu ao seu
pai: 'Olha! todos esses anos tenho trabalhado como um es-
cravo ao teu serviço e nunca desobedeci às tuas ordens. Mas
tu nunca me deste nem um cabrito para eu festejar com os
meus amigos. 30 Mas quando volta para casa esse teu filho,
que esbanjou os teus bens com as prostitutas, matas o novilho
gordo para ele!'
31 "Disse o pai: 'Meu filho, você está sempre comigo, e tudo
o que tenho é seu. 32 Mas nós tínhamos que celebrar a volta
deste seu irmão e alegrar-nos, porque ele estava morto e
voltou à vida, estava perdido e foi achado' ".

16 A Parábola do Administrador Astuto

1 Jesus disse aos seus discípulos: "O administrador de um
homem rico foi acusado de estar desperdiçando os seus bens.
2 Então ele o chamou e lhe perguntou: 'Que é isso que estou
ouvindo a seu respeito? Preste contas da sua administração,
porque você não pode continuar sendo o administrador'.
3 "O administrador disse a si mesmo: 'Meu senhor está me
despedindo. Que farei? Para cavar não tenho força e tenho
vergonha de mendigar... 4 Já sei o que vou fazer para que,
quando perder o meu emprego aqui, as pessoas me recebam
em suas casas'.
5 "Então chamou cada um dos devedores do seu senhor. Per-
guntou ao primeiro: 'Quanto você deve ao meu senhor?' 6 'Cem
potes[b] de azeite', respondeu ele. O administrador lhe disse:
'Tome a sua conta, sente-se depressa e escreva cinquenta'.
7 "A seguir ele perguntou ao segundo: 'E você, quanto deve?'
'Cem tonéis[c] de trigo', respondeu ele. Ele lhe disse: 'Tome a
sua conta e escreva oitenta'.
8 "O senhor elogiou o administrador desonesto, porque agiu
astutamente. Pois os filhos deste mundo são mais astutos no
trato uns com os outros do que os filhos da luz. 9 Por isso, eu
digo: Usem a riqueza deste mundo ímpio para ganhar amigos,
de forma que, quando ela acabar, estes os recebam nas mo-
radas eternas.
10 "Quem é fiel no pouco, também é fiel no muito, e quem é de-
sonesto no pouco, também é desonesto no muito. 11 Assim, se
vocês não forem dignos de confiança em lidar com as riquezas
deste mundo ímpio, quem confiará as verdadeiras riquezas a
vocês? 12 E se vocês não forem dignos de confiança em relação
ao que é dos outros, quem lhes dará o que é de vocês?
13 "Nenhum servo pode servir a dois senhores; pois odiará um
e amará outro, ou se dedicará a um e desprezará outro. Vocês
não podem servir a Deus e ao Dinheiro[d]".
14 Os fariseus, que amavam o dinheiro, ouviam tudo isso e zom-
bavam de Jesus. 15 Ele lhes disse: "Vocês são os que se justi-
ficam a si mesmos aos olhos dos homens, mas Deus conhece o
coração de vocês. Aquilo que tem muito valor entre os homens
é detestável aos olhos de Deus.

Outros Ensinamentos

16 "A Lei e os Profetas profetizaram até João. Desse tempo em
diante estão sendo pregadas as boas-novas do Reino de Deus,
e todos tentam forçar sua entrada nele. 17 É mais fácil os céus
e a terra desaparecerem do que cair da Lei o menor traço.
18 "Quem se divorciar de sua mulher e se casar com outra mu-
lher estará cometendo adultério, e o homem que se casar com
uma mulher divorciada estará cometendo adultério.

O Rico e Lázaro

19 "Havia um homem rico que se vestia de púrpura e de linho
fino e vivia no luxo todos os dias. 20 Diante do seu portão fora
deixado um mendigo chamado Lázaro, coberto de chagas;
21 este ansiava comer o que caía da mesa do rico. Até os cães
vinham lamber suas feridas.
22 "Chegou o dia em que o mendigo morreu, e os anjos o le-
varam para junto de Abraão. O rico também morreu e foi se-
pultado. 23 No Hades[e], onde estava sendo atormentado, ele
olhou para cima e viu Abraão de longe, com Lázaro ao seu lado.
24 Então, chamou-o: 'Pai Abraão, tem misericórdia de mim e
manda que Lázaro molhe a ponta do dedo na água e refresque
a minha língua, porque estou sofrendo muito neste fogo'.
25 "Mas Abraão respondeu: 'Filho, lembre-se de que durante
a sua vida você recebeu coisas boas, enquanto que Lázaro

a **15.21** Alguns manuscritos acrescentam *Trata-me como um dos teus empregados.*

b **16.6** Grego: *100 batos.* O bato era uma medida de capacidade. As estimativas variam entre 20 e 40 litros.

c **16.7** Grego: *100 coros.* O coro era uma medida de capacidade. As estimativas variam entre 200 e 400 litros.

d **16.13** Grego: *Mamom.*

e **16.23** Essa palavra pode ser traduzida por inferno, sepulcro, morte ou profundezas.

recebeu coisas más. Agora, porém, ele está sendo consolado
aqui e você está em sofrimento. 26 E além disso, entre vocês
e nós há um grande abismo, de forma que os que desejam
passar do nosso lado para o seu, ou do seu lado para o nosso,
não conseguem'.
27 "Ele respondeu: 'Então eu te suplico, pai: manda Lázaro ir à
casa de meu pai, 28 pois tenho cinco irmãos. Deixa que ele os
avise, a fim de que eles não venham também para este lugar
de tormento'.
29 "Abraão respondeu: 'Eles têm Moisés e os Profetas; que os
ouçam'.
30 " 'Não, pai Abraão', disse ele, 'mas se alguém dentre os
mortos fosse até eles, eles se arrependeriam.'
31 "Abraão respondeu: 'Se não ouvem a Moisés e aos Profetas,
tampouco se deixarão convencer, ainda que ressuscite alguém
dentre os mortos' ".

O Pecado, a Fé e o Dever

17 Jesus disse aos seus discípulos: "É inevitável que acon-
teçam coisas que levem o povo a tropeçar, mas ai da pessoa
por meio de quem elas acontecem. 2 Seria melhor que ela fosse
lançada no mar com uma pedra de moinho amarrada no pes-
coço, do que levar um desses pequeninos a pecar. 3 Tomem
cuidado.
"Se o seu irmão pecar, repreenda-o e, se ele se arrepender,
perdoe-lhe. 4 Se pecar contra você sete vezes no dia, e sete
vezes voltar a você e disser: 'Estou arrependido', perdoe-lhe".
5 Os apóstolos disseram ao Senhor: "Aumenta a nossa fé!"
6 Ele respondeu: "Se vocês tiverem fé do tamanho de uma
semente de mostarda, poderão dizer a esta amoreira: 'Arran-
que-se e plante-se no mar', e ela obedecerá.
7 "Qual de vocês que, tendo um servo que esteja arando ou
cuidando das ovelhas, lhe dirá, quando ele chegar do campo:
'Venha agora e sente-se para comer'? 8 Ao contrário, não dirá:
'Prepare o meu jantar, apronte-se e sirva-me enquanto como
e bebo; depois disso você pode comer e beber'? 9 Será que
ele agradecerá ao servo por ter feito o que lhe foi ordenado?
10 Assim também vocês, quando tiverem feito tudo o que for
ordenado, devem dizer: 'Somos servos inúteis; apenas cum-
primos o nosso dever' ".

Dez Leprosos São Curados

11 A caminho de Jerusalém, Jesus passou pela divisa entre
Samaria e Galileia. 12 Ao entrar num povoado, dez leprosos[a]
dirigiram-se a ele. Ficaram a certa distância 13 e gritaram em
alta voz: "Jesus, Mestre, tem piedade de nós!"
14 Ao vê-los, ele disse: "Vão mostrar-se aos sacerdotes". En-
quanto eles iam, foram purificados.
15 Um deles, quando viu que estava curado, voltou, louvando a
Deus em alta voz. 16 Prostrou-se aos pés de Jesus e lhe agra-
deceu. Este era samaritano.
17 Jesus perguntou: "Não foram purificados todos os dez? Onde
estão os outros nove? 18 Não se achou nenhum que voltasse e
desse louvor a Deus, a não ser este estrangeiro?" 19 Então ele
lhe disse: "Levante-se e vá; a sua fé o salvou[b]".

A Vinda do Reino de Deus

20 Certa vez, tendo sido interrogado pelos fariseus sobre
quando viria o Reino de Deus, Jesus respondeu: "O Reino de
Deus não vem de modo visível, 21 nem se dirá: 'Aqui está ele',
ou 'Lá está'; porque o Reino de Deus está no meio de[c] vocês".
22 Depois disse aos seus discípulos: "Chegará o tempo em que
vocês desejarão ver um dos dias do Filho do homem, mas não
verão. 23 Dirão a vocês: 'Lá está ele!' ou 'Aqui está!' Não se
apressem em segui-los. 24 Pois o Filho do homem no seu dia[d]
será como o relâmpago cujo brilho vai de uma extremidade à
outra do céu. 25 Mas antes é necessário que ele sofra muito e
seja rejeitado por esta geração.
26 "Assim como foi nos dias de Noé, também será nos dias do
Filho do homem. 27 O povo vivia comendo, bebendo, casan-
do-se e sendo dado em casamento, até o dia em que Noé en-
trou na arca. Então veio o Dilúvio e os destruiu a todos.
28 "Aconteceu a mesma coisa nos dias de Ló. O povo estava
comendo e bebendo, comprando e vendendo, plantando e
construindo. 29 Mas, no dia em que Ló saiu de Sodoma, choveu
fogo e enxofre do céu e os destruiu a todos.
30 "Acontecerá exatamente assim no dia em que o Filho do
homem for revelado. 31 Naquele dia, quem estiver no telhado
de sua casa, não deve descer para apanhar os seus bens dentro
de casa. Semelhantemente, quem estiver no campo, não deve
voltar atrás por coisa alguma. 32 Lembrem-se da mulher de
Ló! 33 Quem tentar conservar a sua vida a perderá, e quem
perder a sua vida a preservará. 34 Eu digo a vocês: Naquela
noite, duas pessoas estarão numa cama; uma será tirada e a
outra deixada. 35 Duas mulheres estarão moendo trigo juntas;
uma será tirada e a outra deixada. 36 Duas pessoas estarão no
campo; uma será tirada e a outra deixada[e]".
37 "Onde, Senhor?", perguntaram eles. Ele respondeu: "Onde
houver um cadáver, ali se ajuntarão os abutres".

A Parábola da Viúva Persistente

18 Então Jesus contou aos seus discípulos uma parábola,
para mostrar-lhes que eles deviam orar sempre e nunca de-
sanimar. 2 Ele disse: "Em certa cidade havia um juiz que não
temia a Deus nem se importava com os homens. 3 E havia na-
quela cidade uma viúva que se dirigia continuamente a ele,
suplicando-lhe: 'Faze-me justiça contra o meu adversário'.
4 "Por algum tempo ele se recusou. Mas finalmente disse a si
mesmo: 'Embora eu não tema a Deus e nem me importe com
os homens, 5 esta viúva está me aborrecendo; vou fazer-lhe
justiça para que ela não venha mais me importunar' ".

[a] 17.12 O termo grego não se refere somente à lepra, mas também a diversas doenças da pele.

[b] 17.19 Ou *o curou*

[c] 17.21 Ou *dentro de*

[d] 17.24 Alguns manuscritos não trazem *no seu dia*.

[e] 17.36 Muitos manuscritos não trazem este versículo.

6 E o Senhor continuou: "Ouçam o que diz o juiz injusto. 7 Acaso
Deus não fará justiça aos seus escolhidos, que clamam a ele
dia e noite? Continuará fazendo-os esperar? 8 Eu digo a vocês:
Ele lhes fará justiça e depressa. Contudo, quando o Filho do
homem vier, encontrará fé na terra?"

A Parábola do Fariseu e do Publicano

9 A alguns que confiavam em sua própria justiça e desprezavam
os outros, Jesus contou esta parábola: 10 "Dois homens subiram
ao templo para orar; um era fariseu e o outro, publicano. 11 O
fariseu, em pé, orava no íntimo: 'Deus, eu te agradeço porque
não sou como os outros homens: ladrões, corruptos, adúlteros;
nem mesmo como este publicano. 12 Jejuo duas vezes por se-
mana e dou o dízimo de tudo quanto ganho'.
13 "Mas o publicano ficou a distância. Ele nem ousava olhar
para o céu, mas batendo no peito, dizia: 'Deus, tem miseri-
córdia de mim, que sou pecador'.
14 "Eu digo que este homem, e não o outro, foi para casa justi-
ficado diante de Deus. Pois quem se exalta será humilhado, e
quem se humilha será exaltado".

Jesus e as Crianças
(Mt 19.13-15; Mc 10.13-16)

15 O povo também estava trazendo criancinhas para que
Jesus tocasse nelas. Ao verem isso, os discípulos repreen-
diam aqueles que as tinham trazido. 16 Mas Jesus chamou a
si as crianças e disse: "Deixem vir a mim as crianças e não as
impeçam; pois o Reino de Deus pertence aos que são seme-
lhantes a elas. 17 Digo a verdade: Quem não receber o Reino de
Deus como uma criança, nunca entrará nele".

Jesus e o Homem Rico
(Mt 19.16-30; Mc 10.17-31)

18 Certo homem importante lhe perguntou: "Bom Mestre, que
farei para herdar a vida eterna?"
19 "Por que você me chama bom?", respondeu Jesus. "Não
há ninguém que seja bom, a não ser somente Deus. 20 Você
conhece os mandamentos: 'Não adulterarás, não matarás,
não furtarás, não darás falso testemunho, honra teu pai e tua
mãe'[a]."
21 "A tudo isso tenho obedecido desde a adolescência", disse
ele.
22 Ao ouvir isso, disse-lhe Jesus: "Falta ainda uma coisa. Venda
tudo o que você possui e dê o dinheiro aos pobres, e você terá
um tesouro nos céus. Depois venha e siga-me".
23 Ouvindo isso, ele ficou triste, porque era muito rico. 24 Ven-
do-o entristecido, Jesus disse: "Como é difícil aos ricos entrar
no Reino de Deus! 25 De fato, é mais fácil passar um camelo
pelo fundo de uma agulha do que um rico entrar no Reino de
Deus".
26 Os que ouviram isso perguntaram: "Então, quem pode ser
salvo?"
27 Jesus respondeu: "O que é impossível para os homens é
possível para Deus".
28 Pedro lhe disse: "Nós deixamos tudo o que tínhamos para
seguir-te!"
29 Respondeu Jesus: "Digo a verdade: Ninguém que tenha dei-
xado casa, mulher, irmãos, pai ou filhos por causa do Reino de
Deus 30 deixará de receber, na presente era, muitas vezes mais
e, na era futura, a vida eterna".

Jesus Prediz Novamente sua Morte e Ressurreição
(Mt 20.17-19; Mc 10.32-34)

31 Jesus chamou à parte os Doze e lhes disse: "Estamos su-
bindo para Jerusalém, e tudo o que está escrito pelos profetas
acerca do Filho do homem se cumprirá. 32 Ele será entregue
aos gentios[b] que zombarão dele, o insultarão, cuspirão nele,
o açoitarão e o matarão. 33 No terceiro dia ele ressuscitará".
34 Os discípulos não entenderam nada dessas coisas. O signifi-
cado dessas palavras lhes estava oculto, e eles não sabiam do
que ele estava falando.

Um Mendigo Cego Recupera a Visão
(Mt 20.29-34; Mc 10.46-52)

35 Ao aproximar-se Jesus de Jericó, um homem cego estava
sentado à beira do caminho, pedindo esmola. 36 Quando ouviu
a multidão passando, ele perguntou o que estava acontecendo.
37 Disseram-lhe: "Jesus de Nazaré está passando".
38 Então ele se pôs a gritar: "Jesus, filho de Davi, tem miseri-
córdia de mim!"
39 Os que iam adiante o repreendiam para que ficasse quieto,
mas ele gritava ainda mais: "Filho de Davi, tem misericórdia
de mim!"
40 Jesus parou e ordenou que o homem lhe fosse trazido.
Quando ele chegou perto, Jesus perguntou-lhe: 41 "O que você
quer que eu faça?"
"Senhor, eu quero ver", respondeu ele.
42 Jesus lhe disse: "Recupere a visão! A sua fé o curou[c]". 43 Ime-
diatamente ele recuperou a visão e seguia Jesus glorificando
a Deus. Quando todo o povo viu isso, deu louvores a Deus.

19 Zaqueu, o Publicano

Jesus entrou em Jericó e atravessava a cidade. 2 Havia
ali um homem rico chamado Zaqueu, chefe dos publicanos.
3 Ele queria ver quem era Jesus, mas, sendo de pequena esta-
tura, não o conseguia, por causa da multidão. 4 Assim, correu
adiante e subiu numa figueira brava para vê-lo, pois Jesus ia
passar por ali.
5 Quando Jesus chegou àquele lugar, olhou para cima e lhe
disse: "Zaqueu, desça depressa. Quero ficar em sua casa hoje".
6 Então ele desceu rapidamente e o recebeu com alegria.
7 Todo o povo viu isso e começou a se queixar: "Ele se hospedou
na casa de um pecador".

a 18.20 Êx 20.12-16; Dt 5.16-20

b 18.32 Isto é, os que não são judeus

c 18.42 Ou *o salvou*

8 Mas Zaqueu levantou-se e disse ao Senhor: "Olha, Senhor!
Estou dando a metade dos meus bens aos pobres; e se de
alguém extorqui alguma coisa, devolverei quatro vezes mais".
9 Jesus lhe disse: "Hoje houve salvação nesta casa! Porque este
homem também é filho de Abraão. 10 Pois o Filho do homem
veio buscar e salvar o que estava perdido".

A Parábola das Dez Minas

11 Estando eles a ouvi-lo, Jesus passou a contar-lhes uma pará-
bola, porque estava perto de Jerusalém e o povo pensava que
o Reino de Deus ia se manifestar de imediato. 12 Ele disse: "Um
homem de nobre nascimento foi para uma terra distante para
ser coroado rei e depois voltar. 13 Então, chamou dez dos seus
servos e lhes deu dez minas[a]. Disse ele: 'Façam esse dinheiro
render até a minha volta'.
14 "Mas os seus súditos o odiavam e por isso enviaram uma
delegação para lhe dizer: 'Não queremos que este homem
seja nosso rei'.
15 "Contudo, ele foi feito rei e voltou. Então mandou chamar os
servos a quem dera o dinheiro, a fim de saber quanto tinham
lucrado.
16 "O primeiro veio e disse: 'Senhor, a tua mina rendeu outras
dez'.
17 " 'Muito bem, meu bom servo!', respondeu o seu senhor.
'Por ter sido confiável no pouco, governe sobre dez cidades.'
18 "O segundo veio e disse: 'Senhor, a tua mina rendeu cinco
vezes mais'.
19 "O seu senhor respondeu: 'Também você, encarregue-se de
cinco cidades'.
20 "Então veio outro servo e disse: 'Senhor, aqui está a tua
mina; eu a conservei guardada num pedaço de pano. 21 Tive
medo, porque és um homem severo. Tiras o que não puseste e
colhes o que não semeaste'.
22 "O seu senhor respondeu: 'Eu o julgarei pelas suas próprias
palavras, servo mau! Você sabia que sou homem severo, que
tiro o que não pus e colho o que não semeei. 23 Então, por
que não confiou o meu dinheiro ao banco? Assim, quando eu
voltasse o receberia com os juros'.
24 "E disse aos que estavam ali: 'Tomem dele a sua mina e
deem-na ao que tem dez'.
25 " 'Senhor', disseram, 'ele já tem dez!'
26 "Ele respondeu: 'Eu digo a vocês que a quem tem, mais será
dado, mas a quem não tem, até o que tiver lhe será tirado.
27 E aqueles inimigos meus, que não queriam que eu reinasse
sobre eles, tragam-nos aqui e matem-nos na minha frente!' "

A Entrada Triunfal
(Mt 21.1-11; Mc 11.1-11; Jo 12.12-19)

28 Depois de dizer isso, Jesus foi adiante, subindo para Jeru-
salém. 29 Ao aproximar-se de Betfagé e de Betânia, no monte
chamado das Oliveiras, enviou dois dos seus discípulos, dizen-
do-lhes: 30 "Vão ao povoado que está adiante e, ao entrarem,
encontrarão um jumentinho amarrado, no qual ninguém jamais
montou. Desamarrem-no e tragam-no aqui. 31 Se alguém per-
guntar: 'Por que o estão desamarrando?' digam-lhe: O Senhor
precisa dele".
32 Os que tinham sido enviados foram e encontraram o animal
exatamente como ele lhes tinha dito. 33 Quando estavam desa-
marrando o jumentinho, os seus donos lhes perguntaram: "Por
que vocês estão desamarrando o jumentinho?"
34 Eles responderam: "O Senhor precisa dele".
35 Levaram-no a Jesus, lançaram seus mantos sobre o jumen-
tinho e fizeram que Jesus montasse nele. 36 Enquanto ele
prosseguia, o povo estendia os seus mantos pelo caminho.
37 Quando ele já estava perto da descida do monte das Oli-
veiras, toda a multidão dos discípulos começou a louvar a Deus
alegremente e em alta voz, por todos os milagres que tinham
visto. Exclamavam:
38 "Bendito é o rei que vem em nome do Senhor!"[b] "Paz no céu
e glória nas alturas!"
39 Alguns dos fariseus que estavam no meio da multidão dis-
seram a Jesus: "Mestre, repreende os teus discípulos!"
40 "Eu digo a vocês", respondeu ele; "se eles se calarem, as
pedras clamarão."

Lamento sobre Jerusalém

41 Quando se aproximou e viu a cidade, Jesus chorou sobre
ela 42 e disse: "Se você compreendesse neste dia, sim, você
também, o que traz a paz! Mas agora isso está oculto aos seus
olhos. 43 Virão dias em que os seus inimigos construirão trin-
cheiras contra você, a rodearão e a cercarão de todos os lados.
44 Também a lançarão por terra, você e os seus filhos. Não
deixarão pedra sobre pedra, porque você não reconheceu a
oportunidade que Deus concedeu".

Jesus Purifica o Templo
(Mt 21.12-17; Mc 11.15-19)

45 Então ele entrou no templo e começou a expulsar os que
estavam vendendo. 46 Disse-lhes: "Está escrito: 'A minha casa
será casa de oração'[c]; mas vocês fizeram dela 'um covil de
ladrões'[d]".
47 Todos os dias ele ensinava no templo. Mas os chefes dos
sacerdotes, os mestres da lei e os líderes do povo procuravam
matá-lo. 48 Todavia, não conseguiam encontrar uma forma
de fazê-lo, porque todo o povo estava fascinado pelas suas
palavras.

20

A Autoridade de Jesus é Questionada
(Mt 21.23-27; Mc 11.27-33)

1 Certo dia, quando Jesus estava ensinando o povo no templo
e pregando as boas-novas, chegaram-se a ele os chefes dos
sacerdotes, os mestres da lei e os líderes religiosos, 2 e lhe per-

---

a 19.13 Isto é, cerca de 1/2 quilo de prata, ou seja, o salário de 3 meses de um trabalhador braçal.

b 19.38 Sl 118.26
c 19.46 Is 56.7
d 19.46 Jr 7.11

guntaram: "Com que autoridade estás fazendo estas coisas?
Quem te deu esta autoridade?"
3 Ele respondeu: "Eu também farei uma pergunta; digam-me:
4 O batismo de João era do céu, ou dos homens?"
5 Eles discutiam entre si, dizendo: "Se dissermos: Do céu, ele
perguntará: 'Então por que vocês não creram nele?' 6 Mas se
dissermos: Dos homens, todo o povo nos apedrejará, porque
convencidos estão de que João era um profeta".
7 Por isso responderam: "Não sabemos de onde era".
8 Disse então Jesus: "Tampouco direi com que autoridade estou
fazendo estas coisas".

A Parábola dos Lavradores
(Mt 21.33-46; Mc 12.1-12)

9 Então Jesus passou a contar ao povo esta parábola: "Certo
homem plantou uma vinha, arrendou-a a alguns lavradores
e ausentou-se por longo tempo. 10 Na época da colheita, ele
enviou um servo aos lavradores, para que lhe entregassem
parte do fruto da vinha. Mas os lavradores o espancaram e o
mandaram embora de mãos vazias. 11 Ele mandou outro servo,
mas a esse também espancaram e o trataram de maneira hu-
milhante, mandando-o embora de mãos vazias. 12 Enviou ainda
um terceiro, e eles o feriram e o expulsaram da vinha.
13 "Então o proprietário da vinha disse: 'Que farei? Mandarei
meu filho amado; quem sabe o respeitarão'.
14 "Mas quando os lavradores o viram, combinaram uns com os
outros dizendo: 'Este é o herdeiro. Vamos matá-lo, e a herança
será nossa'. 15 Assim, lançaram-no fora da vinha e o mataram.
"O que lhes fará então o dono da vinha? 16 Virá, matará aqueles
lavradores e dará a vinha a outros". Quando o povo ouviu isso,
disse: "Que isso nunca aconteça!"
17 Jesus olhou fixamente para eles e perguntou: "Então, qual é
o significado do que está escrito? 'A pedra que os construtores
rejeitaram tornou-se a pedra angular.'[a]
18 Todo o que cair sobre esta pedra será despedaçado, e aquele
sobre quem ela cair será reduzido a pó".
19 Os mestres da lei e os chefes dos sacerdotes procuravam
uma forma de prendê-lo imediatamente, pois perceberam que
era contra eles que ele havia contado essa parábola. Todavia
tinham medo do povo.

O Pagamento de Imposto a César
(Mt 22.15-22; Mc 12.13-17)

20 Pondo-se a vigiá-lo, eles mandaram espiões que se fingiam
justos para apanhar Jesus em alguma coisa que ele dissesse,
de forma que o pudessem entregar ao poder e à autoridade
do governador.
21 Assim, os espiões lhe perguntaram: "Mestre, sabemos que
falas e ensinas o que é correto, e que não mostras parciali-
dade, mas ensinas o caminho de Deus conforme a verdade.
22 É certo pagar imposto a César ou não?"
23 Ele percebeu a astúcia deles e lhes disse: 24 "Mostrem-me
um denário[b]. De quem é a imagem e a inscrição que há nele?"
25 "De César", responderam eles. Ele lhes disse: "Portanto,
deem[c] a César o que é de César, e a Deus o que é de Deus".
26 E não conseguiram apanhá-lo em nenhuma palavra diante
do povo. Admirados com a sua resposta, ficaram em silêncio.

A Realidade da Ressurreição
(Mt 22.23-33; Mc 12.18-27)

27 Alguns dos saduceus, que dizem que não há ressurreição,
aproximaram-se de Jesus com a seguinte questão: 28 "Mestre",
disseram eles, "Moisés nos deixou escrito que, se o irmão de
um homem morrer e deixar a mulher sem filhos, este deverá
casar-se com a viúva e ter filhos para seu irmão. 29 Havia sete
irmãos. O primeiro casou-se e morreu sem deixar filhos. 30 O
segundo 31 e o terceiro e depois também os outros casaram-se
com ela; e morreram os sete sucessivamente, sem deixar
filhos. 32 Finalmente morreu também a mulher. 33 Na ressur-
reição, de quem ela será esposa, visto que os sete foram ca-
sados com ela?"
34 Jesus respondeu: "Os filhos desta era casam-se e são dados
em casamento, 35 mas os que forem considerados dignos de
tomar parte na era que há de vir e na ressurreição dos mortos
não se casarão nem serão dados em casamento, 36 e não
podem mais morrer, pois são como os anjos. São filhos de
Deus, visto que são filhos da ressurreição. 37 E que os mortos
ressuscitam, já Moisés mostrou, no relato da sarça, quando ao
Senhor ele chama 'Deus de Abraão, Deus de Isaque e Deus de
Jacó'[d]. 38 Ele não é Deus de mortos, mas de vivos, pois para
ele todos vivem".
39 Alguns dos mestres da lei disseram: "Respondeste bem,
Mestre!" 40 E ninguém mais ousava fazer-lhe perguntas.

O Cristo é Senhor de Davi
(Mt 22.41-46; Mc 12.35-37)

41 Então Jesus lhes perguntou: "Como dizem que o Cristo é
Filho de Davi?
42 "O próprio Davi afirma no Livro de Salmos:
" 'O Senhor disse ao meu Senhor: Senta-te à minha direita
43 até que eu ponha os teus inimigos como estrado para os
teus pés'[e].
44 Portanto Davi o chama 'Senhor'. Então, como é que ele pode
ser seu filho?"
45 Estando todo o povo a ouvi-lo, Jesus disse aos seus discí-
pulos: 46 "Cuidado com os mestres da lei. Eles fazem questão
de andar com roupas especiais e gostam muito de receber
saudações nas praças e de ocupar os lugares mais importantes
nas sinagogas e os lugares de honra nos banquetes. 47 Eles
devoram as casas das viúvas, e, para disfarçar, fazem longas
orações. Esses homens serão punidos com maior rigor!"

a **20.17** Sl 118.22

b **20.24** O denário era uma moeda de prata equivalente à diária de um trabalhador braçal.
c **20.25** Ou *devolvam*
d **20.37** Êx 3.6
e **20.42,43** Sl 110.1

21 A Oferta da Viúva
(Mc 12.41-44)

1 Jesus olhou e viu os ricos colocando suas contribuições nas
caixas de ofertas. 2 Viu também uma viúva pobre colocar duas
pequeninas moedas de cobre[a]. 3 E disse: "Afirmo que esta
viúva pobre colocou mais do que todos os outros. 4 Todos esses
deram do que lhes sobrava; mas ela, da sua pobreza, deu tudo
o que possuía para viver".

O Sinal do Fim dos Tempos
(Mt 24.1-35; Mc 13.1-31)

5 Alguns dos seus discípulos estavam comentando como o templo
era adornado com lindas pedras e dádivas dedicadas a Deus.
Mas Jesus disse: 6 "Disso que vocês estão vendo, dias virão em
que não ficará pedra sobre pedra; serão todas derrubadas".
7 "Mestre", perguntaram eles, "quando acontecerão essas
coisas? E qual será o sinal de que elas estão prestes a acon-
tecer?"
8 Ele respondeu: "Cuidado para não serem enganados. Pois
muitos virão em meu nome, dizendo: 'Sou eu!' e 'O tempo está
próximo'. Não os sigam. 9 Quando ouvirem falar de guerras e
rebeliões, não tenham medo. É necessário que primeiro acon-
teçam essas coisas, mas o fim não virá imediatamente".
10 Então lhes disse: "Nação se levantará contra nação e reino
contra reino. 11 Haverá grandes terremotos, fomes e pestes
em vários lugares e acontecimentos terríveis e grandes sinais
provenientes do céu.
12 "Mas, antes de tudo isso, prenderão e perseguirão vocês.
Então eles os entregarão às sinagogas e prisões, e vocês serão
levados à presença de reis e governadores, tudo por causa do
meu nome. 13 Será para vocês uma oportunidade de dar tes-
temunho. 14 Mas convençam-se de uma vez de que não devem
preocupar-se com o que dirão para se defender. 15 Pois eu lhes
darei palavras e sabedoria a que nenhum dos seus adversários
será capaz de resistir ou contradizer. 16 Vocês serão traídos até
por pais, irmãos, parentes e amigos, e eles entregarão alguns
de vocês à morte. 17 Todos odiarão vocês por causa do meu
nome. 18 Contudo, nenhum fio de cabelo da cabeça de vocês se
perderá. 19 É perseverando que vocês obterão a vida.
20 "Quando virem Jerusalém rodeada de exércitos, vocês
saberão que a sua devastação está próxima. 21 Então os que
estiverem na Judeia fujam para os montes, os que estiverem
na cidade saiam, e os que estiverem no campo não entrem na
cidade. 22 Pois esses são os dias da vingança, em cumprimento
de tudo o que foi escrito. 23 Como serão terríveis aqueles dias
para as grávidas e para as que estiverem amamentando! Ha-
verá grande aflição na terra e ira contra este povo. 24 Cairão
pela espada e serão levados como prisioneiros para todas
as nações. Jerusalém será pisada pelos gentios[b], até que os
tempos deles se cumpram.
25 "Haverá sinais no sol, na lua e nas estrelas. Na terra, as
nações estarão em angústia e perplexidade com o bramido e a
agitação do mar. 26 Os homens desmaiarão de terror, apreen-
sivos com o que estará sobrevindo ao mundo; e os poderes
celestes serão abalados. 27 Então se verá o Filho do homem
vindo numa nuvem com poder e grande glória. 28 Quando co-
meçarem a acontecer estas coisas, levantem-se e ergam a ca-
beça, porque estará próxima a redenção de vocês".
29 Ele lhes contou esta parábola: "Observem a figueira e todas
as árvores. 30 Quando elas brotam, vocês mesmos percebem
e sabem que o verão está próximo. 31 Assim também, quando
virem estas coisas acontecendo, saibam que o Reino de Deus
está próximo.
32 "Eu asseguro a vocês que não passará esta geração até que
todas essas coisas aconteçam. 33 Os céus e a terra passarão,
mas as minhas palavras jamais passarão.
34 "Tenham cuidado, para não sobrecarregar o coração de
vocês de libertinagem, bebedeira e ansiedades da vida, e
aquele dia venha sobre vocês inesperadamente. 35 Porque ele
virá sobre todos os que vivem na face de toda a terra. 36 Es-
tejam sempre atentos e orem para que vocês possam escapar
de tudo o que está para acontecer e estar em pé diante do
Filho do homem".
37 Jesus passava o dia ensinando no templo; e, ao entardecer,
saía para passar a noite no monte chamado das Oliveiras.
38 Todo o povo ia de manhã cedo ouvi-lo no templo.

22 A Conspiração

Estava se aproximando a festa dos pães sem fermento,
chamada Páscoa, 2 e os chefes dos sacerdotes e os mestres da
lei estavam procurando um meio de matar Jesus, mas tinham
medo do povo. 3 Então Satanás entrou em Judas, chamado
Iscariotes, um dos Doze. 4 Judas dirigiu-se aos chefes dos
sacerdotes e aos oficiais da guarda do templo e tratou com
eles como lhes poderia entregar Jesus. 5 A proposta muito os
alegrou, e lhe prometeram dinheiro. 6 Ele consentiu e ficou
esperando uma oportunidade para lhes entregar Jesus quando
a multidão não estivesse presente.

A Ceia do Senhor
(Mt 26.17-35; Mc 14.12-31; Jo 13.18-30, 36-38)

7 Finalmente, chegou o dia dos pães sem fermento, no qual
devia ser sacrificado o cordeiro pascal. 8 Jesus enviou Pedro e
João, dizendo: "Vão preparar a refeição da Páscoa".
9 "Onde queres que a preparemos?", perguntaram eles.
10 Ele respondeu: "Ao entrarem na cidade, vocês encontrarão
um homem carregando um pote de água. Sigam-no até a casa
em que ele entrar 11 e digam ao dono da casa: O Mestre per-
gunta: Onde é o salão de hóspedes no qual poderei comer
a Páscoa com os meus discípulos? 12 Ele lhes mostrará uma
ampla sala no andar superior, toda mobiliada. Façam ali os
preparativos".
13 Eles saíram e encontraram tudo como Jesus lhes tinha dito.
Então, prepararam a Páscoa. 14 Quando chegou a hora, Jesus
e os seus apóstolos reclinaram-se à mesa. 15 E disse-lhes: "De-

---

a 21.2 Grego: *2 leptos*.
b 21.24 Isto é, os que não são judeus.

sejei ansiosamente comer esta Páscoa com vocês antes de so-
frer. 16 Pois eu digo: Não comerei dela novamente até que se
cumpra no Reino de Deus".
17 Recebendo um cálice, ele deu graças e disse: "Tomem isto
e partilhem uns com os outros. 18 Pois eu digo que não beberei
outra vez do fruto da videira até que venha o Reino de Deus".
19 Tomando o pão, deu graças, partiu-o e o deu aos discípulos,
dizendo: "Isto é o meu corpo dado em favor de vocês; façam
isto em memória de mim".
20 Da mesma forma, depois da ceia, tomou o cálice, dizendo:
"Este cálice é a nova aliança no meu sangue, derramado em
favor de vocês.
21 "Mas eis que a mão daquele que vai me trair está com a
minha sobre a mesa. 22 O Filho do homem vai, como foi de-
terminado; mas ai daquele que o trair!" 23 Eles começaram a
perguntar uns aos outros qual deles iria fazer aquilo.
24 Surgiu também uma discussão entre eles, acerca de qual
deles era considerado o maior. 25 Jesus lhes disse: "Os reis
das nações dominam sobre elas; e os que exercem autoridade
sobre elas são chamados benfeitores. 26 Mas vocês não serão
assim. Ao contrário, o maior entre vocês deverá ser como o
mais jovem, e aquele que governa, como o que serve. 27 Pois
quem é maior: o que está à mesa, ou o que serve? Não é o
que está à mesa? Mas eu estou entre vocês como quem serve.
28 Vocês são os que têm permanecido ao meu lado durante as
minhas provações. 29 E eu designo a vocês um Reino, assim
como meu Pai o designou a mim, 30 para que vocês possam
comer e beber à minha mesa no meu Reino e sentar-se em
tronos, julgando as doze tribos de Israel.
31 "Simão, Simão, Satanás pediu vocês para peneirá-los como
trigo. 32 Mas eu orei por você, para que a sua fé não desfaleça.
E, quando você se converter, fortaleça os seus irmãos".
33 Mas ele respondeu: "Estou pronto para ir contigo para a
prisão e para a morte".
34 Respondeu Jesus: "Eu digo, Pedro, que antes que o galo
cante hoje, três vezes você negará que me conhece".
35 Então Jesus lhes perguntou: "Quando eu os enviei sem bolsa,
saco de viagem ou sandálias, faltou alguma coisa?" "Nada",
responderam eles.
36 Ele lhes disse: "Mas agora, se vocês têm bolsa, levem-na,
e também o saco de viagem; e, se não têm espada, vendam
a sua capa e comprem uma. 37 Está escrito: 'E ele foi contado
com os transgressores'[a]; e eu digo que isso precisa cumprir-se
em mim. Sim, o que está escrito a meu respeito está para se
cumprir".
38 Os discípulos disseram: "Vê, Senhor, aqui estão duas es-
padas". "É o suficiente!", respondeu ele.

Jesus Ora no Monte das Oliveiras
(Mt 26.36-46; Mc 14.32-42)

39 Como de costume, Jesus foi para o monte das Oliveiras, e
os seus discípulos o seguiram. 40 Chegando ao lugar, ele lhes
disse: "Orem para que vocês não caiam em tentação". 41 Ele
se afastou deles a uma pequena distância[b], ajoelhou-se e co-
meçou a orar: 42 "Pai, se queres, afasta de mim este cálice;
contudo, não seja feita a minha vontade, mas a tua". 43 Apa-
receu-lhe então um anjo do céu que o fortalecia. 44 Estando
angustiado, ele orou ainda mais intensamente; e o seu suor
era como gotas de sangue que caíam no chão.[c]
45 Quando se levantou da oração e voltou aos discípulos, encon-
trou-os dormindo, dominados pela tristeza. 46 "Por que estão
dormindo?", perguntou-lhes. "Levantem-se e orem para que
vocês não caiam em tentação!"

Jesus é Preso
(Mt 26.47-56; Mc 14.43-50; Jo 18.1-11)

47 Enquanto ele ainda falava, apareceu uma multidão conduzida
por Judas, um dos Doze. Este se aproximou de Jesus para sau-
dá-lo com um beijo. 48 Mas Jesus lhe perguntou: "Judas, com
um beijo você está traindo o Filho do homem?"
49 Ao verem o que ia acontecer, os que estavam com Jesus lhe
disseram: "Senhor, atacaremos com espadas?" 50 E um deles
feriu o servo do sumo sacerdote, decepando-lhe a orelha di-
reita.
51 Jesus, porém, respondeu: "Basta!" E tocando na orelha do
homem, ele o curou.
52 Então Jesus disse aos chefes dos sacerdotes, aos oficiais da
guarda do templo e aos líderes religiosos que tinham vindo pro-
curá-lo: "Estou eu chefiando alguma rebelião, para que vocês
tenham vindo com espadas e varas? 53 Todos os dias eu estive
com vocês no templo e vocês não levantaram a mão contra
mim. Mas esta é a hora de vocês — quando as trevas reinam".

Pedro Nega Jesus
(Mt 26.69-75; Mc 14.66-72; Jo 18.15-18, 25-27)

54 Então, prendendo-o, levaram-no para a casa do sumo sacer-
dote. Pedro os seguia a distância. 55 Mas, quando acenderam
um fogo no meio do pátio e se sentaram ao redor dele, Pedro
sentou-se com eles. 56 Uma criada o viu sentado ali à luz do
fogo. Olhou fixamente para ele e disse: "Este homem estava
com ele".
57 Mas ele negou: "Mulher, não o conheço".
58 Pouco depois, um homem o viu e disse: "Você também é um
deles". "Homem, não sou!", respondeu Pedro.
59 Cerca de uma hora mais tarde, outro afirmou: "Certamente
este homem estava com ele, pois é galileu".
60 Pedro respondeu: "Homem, não sei do que você está fa-
lando!" Falava ele ainda, quando o galo cantou. 61 O Senhor
voltou-se e olhou diretamente para Pedro. Então Pedro se
lembrou da palavra que o Senhor lhe tinha dito: "Antes que
o galo cante hoje, você me negará três vezes". 62 Saindo dali,
chorou amargamente.

[a] 22.37 Is 53.12

[b] 22.41 Grego: *a um tiro de pedra.*

[c] 22.44 Alguns manuscritos não trazem os versículos 43 e 44.

Os Soldados Zombam de Jesus

63 Os homens que estavam detendo Jesus começaram a zombar
dele e a bater nele. 64 Cobriam seus olhos e perguntavam:
“Profetize! Quem foi que bateu em você?” 65 E lhe dirigiam
muitas outras palavras de insulto.

Jesus perante Pilatos e Herodes

66 Ao amanhecer, reuniu-se o Sinédrio[a], tanto os chefes dos
sacerdotes quanto os mestres da lei, e Jesus foi levado pe-
rante eles. 67 “Se você é o Cristo, diga-nos”, disseram eles.
Jesus respondeu: “Se eu vos disser, não crereis em mim 68 e,
se eu vos perguntar, não me respondereis. 69 Mas de agora em
diante o Filho do homem estará assentado à direita do Deus
todo-poderoso”.
70 Perguntaram-lhe todos: “Então, você é o Filho de Deus?”
“Vós estais dizendo que eu sou”, respondeu ele.
71 Eles disseram: “Por que precisamos de mais testemunhas?
Acabamos de ouvir dos próprios lábios dele”.

23 Então toda a assembleia levantou-se e o levou a Pilatos.
2 E começaram a acusá-lo, dizendo: “Encontramos este
homem subvertendo a nossa nação. Ele proíbe o pagamento
de imposto a César e se declara ele próprio o Cristo, um rei”.
3 Pilatos perguntou a Jesus: “Você é o rei dos judeus?” “Tu o
dizes”[b], respondeu Jesus.
4 Então Pilatos disse aos chefes dos sacerdotes e à multidão:
“Não encontro motivo para acusar este homem”.
5 Mas eles insistiam: “Ele está subvertendo o povo em toda
a Judeia com os seus ensinamentos. Começou na Galileia e
chegou até aqui”.
6 Ouvindo isso, Pilatos perguntou se Jesus era galileu. 7 Quando
ficou sabendo que ele era da jurisdição de Herodes, enviou-o
a Herodes, que também estava em Jerusalém naqueles dias.
8 Quando Herodes viu Jesus, ficou muito alegre, porque havia
muito tempo queria vê-lo. Pelo que ouvira falar dele, espe-
rava vê-lo realizar algum milagre. 9 Interrogou-o com muitas
perguntas, mas Jesus não lhe deu resposta. 10 Os chefes dos
sacerdotes e os mestres da lei estavam ali, acusando-o com
veemência. 11 Então Herodes e os seus soldados ridiculariza-
ram-no e zombaram dele. Vestindo-o com um manto esplên-
dido, mandaram-no de volta a Pilatos. 12 Herodes e Pilatos,
que até ali eram inimigos, naquele dia tornaram-se amigos.
13 Pilatos reuniu os chefes dos sacerdotes, as autoridades e o
povo, 14 dizendo-lhes: “Vocês me trouxeram este homem como
alguém que estava incitando o povo à rebelião. Eu o examinei
na presença de vocês e não achei nenhuma base para as acusa-
ções que fazem contra ele. 15 Nem Herodes, pois ele o mandou
de volta para nós. Como podem ver, ele nada fez que mereça
a morte. 16 Portanto, eu o castigarei e depois o soltarei”. 17 Ele
era obrigado a soltar-lhes um preso durante a festa.[c]
18 A uma só voz eles gritaram: “Acaba com ele! Solta-nos Bar-
rabás!” 19 (Barrabás havia sido lançado na prisão por causa de
uma insurreição na cidade e por assassinato.)
20 Desejando soltar a Jesus, Pilatos dirigiu-se a eles nova-
mente. 21 Mas eles continuaram gritando: “Crucifica-o! Cru-
cifica-o!”
22 Pela terceira vez ele lhes falou: “Por quê? Que crime este
homem cometeu? Não encontrei nele nada digno de morte.
Vou mandar castigá-lo e depois o soltarei”.
23 Eles, porém, pediam insistentemente, com fortes gritos, que
ele fosse crucificado; e a gritaria prevaleceu. 24 Então Pilatos
decidiu fazer a vontade deles. 25 Libertou o homem que havia
sido lançado na prisão por insurreição e assassinato, aquele
que eles haviam pedido, e entregou Jesus à vontade deles.

A Crucificação
(Mt 27.32-44; Mc 15.21-32; Jo 19.16-27)

26 Enquanto o levavam, agarraram Simão de Cirene, que es-
tava chegando do campo, e lhe colocaram a cruz às costas,
fazendo-o carregá-la atrás de Jesus. 27 Um grande número
de pessoas o seguia, inclusive mulheres que lamentavam e
choravam por ele. 28 Jesus voltou-se e disse-lhes: “Filhas de
Jerusalém, não chorem por mim; chorem por vocês mesmas
e por seus filhos! 29 Pois chegará a hora em que vocês dirão:
‘Felizes as estéreis, os ventres que nunca geraram e os seios
que nunca amamentaram!’
30 “ ‘Então dirão às montanhas: “Caiam sobre nós!” e às co-
linas: “Cubram-nos!” ’[d]
31 Pois, se fazem isto com a árvore verde, o que acontecerá
quando ela estiver seca?”
32 Dois outros homens, ambos criminosos, também foram le-
vados com ele, para serem executados. 33 Quando chegaram ao
lugar chamado Caveira, ali o crucificaram com os criminosos,
um à sua direita e o outro à sua esquerda. 34 Jesus disse: “Pai,
perdoa-lhes, pois não sabem o que estão fazendo”.[e] Então eles
dividiram as roupas dele, tirando sortes.
35 O povo ficou observando, e as autoridades o ridicularizavam.
“Salvou os outros”, diziam; “salve-se a si mesmo, se é o Cristo
de Deus, o Escolhido.”
36 Os soldados, aproximando-se, também zombavam dele.
Oferecendo-lhe vinagre, 37 diziam: “Se você é o rei dos judeus,
salve-se a si mesmo”.
38 Havia uma inscrição acima dele, que dizia: ESTE É O REI DOS
JUDEUS.
39 Um dos criminosos que ali estavam dependurados lançava-lhe
insultos: “Você não é o Cristo? Salve-se a si mesmo e a nós!”
40 Mas o outro criminoso o repreendeu, dizendo: “Você não
teme a Deus, nem estando sob a mesma sentença? 41 Nós es-
tamos sendo punidos com justiça, porque estamos recebendo
o que os nossos atos merecem. Mas este homem não cometeu
nenhum mal”.

[a] **22.66** Conselho dos principais líderes do povo judeu.
[b] **23.3** Ou *“Sim, é como dizes”*
[c] **23.17** Muitos manuscritos não trazem este versículo.
[d] **23.30** Os 10.8
[e] **23.34** Alguns manuscritos não trazem esta sentença.

42 Então ele disse: "Jesus, lembra-te de mim quando entrares
no teu Reino[a]".
43 Jesus lhe respondeu: "Eu garanto: Hoje você estará comigo
no paraíso".

A Morte de Jesus
(Mt 27.45-56; Mc 15.33-41; Jo 19.28-30)

44 Já era quase meio-dia, e trevas cobriram toda a terra até as
três horas da tarde[b]; 45 o sol deixara de brilhar. E o véu do san-
tuário rasgou-se ao meio. 46 Jesus bradou em alta voz: "Pai, nas
tuas mãos entrego o meu espírito". Tendo dito isso, expirou.
47 O centurião, vendo o que havia acontecido, louvou a Deus,
dizendo: "Certamente este homem era justo". 48 E todo o povo
que se havia juntado para presenciar o que estava acon-
tecendo, ao ver isso, começou a bater no peito e a afastar-se.
49 Mas todos os que o conheciam, inclusive as mulheres que o
haviam seguido desde a Galileia, ficaram de longe, observando
essas coisas.

O Sepultamento de Jesus
(Mt 27.57-61; Mc 15.42-47; Jo 19.38-42)

50 Havia um homem chamado José, membro do Conselho,
homem bom e justo, 51 que não tinha consentido na decisão e
no procedimento dos outros. Ele era da cidade de Arimateia, na
Judeia, e esperava o Reino de Deus. 52 Dirigindo-se a Pilatos,
pediu o corpo de Jesus. 53 Então, desceu-o, envolveu-o num
lençol de linho e o colocou num sepulcro cavado na rocha, no
qual ninguém ainda fora colocado. 54 Era o Dia da Preparação,
e estava para começar o sábado.
55 As mulheres que haviam acompanhado Jesus desde a Ga-
lileia, seguiram José e viram o sepulcro e como o corpo de
Jesus fora colocado nele. 56 Em seguida, foram para casa e
prepararam perfumes e especiarias aromáticas. E descansaram
no sábado, em obediência ao mandamento.

24 A Ressurreição
(Mt 28.1-10; Mc 16.1-8; Jo 20.1-9)

1 No primeiro dia da semana, de manhã bem cedo, as mulheres
levaram ao sepulcro as especiarias aromáticas que haviam pre-
parado. 2 Encontraram removida a pedra do sepulcro, 3 mas,
quando entraram, não encontraram o corpo do Senhor Jesus.
4 Ficaram perplexas, sem saber o que fazer. De repente, dois
homens com roupas que brilhavam como a luz do sol coloca-
ram-se ao lado delas. 5 Amedrontadas, as mulheres baixaram
o rosto para o chão, e os homens lhes disseram: "Por que vocês
estão procurando entre os mortos aquele que vive? 6 Ele não
está aqui! Ressuscitou! Lembrem-se do que ele disse, quando
ainda estava com vocês na Galileia: 7 'É necessário que o Filho
do homem seja entregue nas mãos de homens pecadores, seja
crucificado e ressuscite no terceiro dia' ". 8 Então se lembraram
das palavras de Jesus.
9 Quando voltaram do sepulcro, elas contaram todas estas
coisas aos Onze e a todos os outros. 10 As que contaram estas
coisas aos apóstolos foram Maria Madalena, Joana e Maria,
mãe de Tiago, e as outras que estavam com elas. 11 Mas eles
não acreditaram nas mulheres; as palavras delas lhes pareciam
loucura. 12 Pedro, todavia, levantou-se e correu ao sepulcro.
Abaixando-se, viu as faixas de linho e mais nada; afastou-se, e
voltou admirado com o que acontecera.

No Caminho de Emaús

13 Naquele mesmo dia, dois deles estavam indo para um po-
voado chamado Emaús, a onze quilômetros[c] de Jerusalém.
14 No caminho, conversavam a respeito de tudo o que havia
acontecido. 15 Enquanto conversavam e discutiam, o próprio
Jesus se aproximou e começou a caminhar com eles; 16 mas os
olhos deles foram impedidos de reconhecê-lo.
17 Ele lhes perguntou: "Sobre o que vocês estão discutindo en-
quanto caminham?" Eles pararam, com os rostos entristecidos.
18 Um deles, chamado Cleopas, perguntou-lhe: "Você é o único
visitante em Jerusalém que não sabe das coisas que ali acon-
teceram nestes dias?"
19 "Que coisas?", perguntou ele. "O que aconteceu com Jesus
de Nazaré", responderam eles. "Ele era um profeta, poderoso
em palavras e em obras diante de Deus e de todo o povo. 20 Os
chefes dos sacerdotes e as nossas autoridades o entregaram
para ser condenado à morte e o crucificaram; 21 e nós esperá-
vamos que era ele que ia trazer a redenção a Israel. E hoje é
o terceiro dia desde que tudo isso aconteceu. 22 Algumas das
mulheres entre nós nos deram um susto hoje. Foram de manhã
bem cedo ao sepulcro 23 e não acharam o corpo dele. Voltaram
e nos contaram ter tido uma visão de anjos, que disseram que
ele está vivo. 24 Alguns dos nossos companheiros foram ao
sepulcro e encontraram tudo exatamente como as mulheres
tinham dito, mas não o viram."
25 Ele lhes disse: "Como vocês custam a entender e como de-
moram a crer em tudo o que os profetas falaram! 26 Não devia
o Cristo sofrer estas coisas, para entrar na sua glória?" 27 E,
começando por Moisés e todos os profetas, explicou-lhes o que
constava a respeito dele em todas as Escrituras.
28 Ao se aproximarem do povoado para o qual estavam indo,
Jesus fez como quem ia mais adiante. 29 Mas eles insistiram
muito com ele: "Fique conosco, pois a noite já vem; o dia já
está quase findando". Então, ele entrou para ficar com eles.
30 Quando estava à mesa com eles, tomou o pão, deu graças,
partiu-o e o deu a eles. 31 Então os olhos deles foram abertos
e o reconheceram, e ele desapareceu da vista deles. 32 Per-
guntaram-se um ao outro: "Não estava queimando o nosso
coração enquanto ele nos falava no caminho e nos expunha
as Escrituras?"
33 Levantaram-se e voltaram imediatamente para Jerusalém.
Ali encontraram os Onze e os que estavam com eles reunidos,
34 que diziam: "É verdade! O Senhor ressuscitou e apareceu

[a] 23.42 Muitos manuscritos dizem *quando vieres no teu poder real.*
[b] 23.44 Grego: *quase a hora sexta, ... até a hora nona.*
[c] 24.13 Grego: 60 estádios. Um estádio equivalia a 185 metros.

a Simão!" 35 Então os dois contaram o que tinha acontecido
no caminho e como Jesus fora reconhecido por eles quando
partia o pão.

Jesus Aparece aos Discípulos
(Jo 20.19-23)

36 Enquanto falavam sobre isso, o próprio Jesus apresentou-se
entre eles e lhes disse: "Paz seja com vocês!"
37 Eles ficaram assustados e com medo, pensando que estavam
vendo um espírito. 38 Ele lhes disse: "Por que vocês estão per-
turbados e por que se levantam dúvidas no coração de vocês?
39 Vejam as minhas mãos e os meus pés. Sou eu mesmo! To-
quem-me e vejam; um espírito não tem carne nem ossos, como
vocês estão vendo que eu tenho".
40 Tendo dito isso, mostrou-lhes as mãos e os pés. 41 E por não
crerem ainda, tão cheios estavam de alegria e de espanto, ele
lhes perguntou: "Vocês têm aqui algo para comer?" 42 Deram-
-lhe um pedaço de peixe assado, 43 e ele o comeu na presença
deles.
44 E disse-lhes: "Foi isso que eu falei enquanto ainda estava
com vocês: Era necessário que se cumprisse tudo o que a
meu respeito está escrito na Lei de Moisés, nos Profetas e nos
Salmos".
45 Então lhes abriu o entendimento, para que pudessem com-
preender as Escrituras. 46 E lhes disse: "Está escrito que o
Cristo haveria de sofrer e ressuscitar dos mortos no terceiro
dia, 47 e que em seu nome seria pregado o arrependimento
para perdão de pecados a todas as nações, começando por
Jerusalém. 48 Vocês são testemunhas destas coisas. 49 Eu envio
a vocês a promessa de meu Pai; mas fiquem na cidade até
serem revestidos do poder do alto".

A Ascensão

50 Tendo-os levado até as proximidades de Betânia, Jesus er-
gueu as mãos e os abençoou. 51 Estando ainda a abençoá-los,
ele os deixou e foi elevado ao céu. 52 Então eles o adoraram
e voltaram para Jerusalém com grande alegria. 53 E permane-
ciam constantemente no templo, louvando a Deus.

JOÃO

1 A Palavra Tornou-se Carne

No princípio era aquele que é a Palavra[a]. Ele estava com Deus
e era Deus. 2 Ele estava com Deus no princípio.
3 Todas as coisas foram feitas por intermédio dele; sem ele,
nada do que existe teria sido feito. 4 Nele estava a vida, e esta
era a luz dos homens. 5 A luz brilha nas trevas, e as trevas não
a derrotaram.[b]
6 Surgiu um homem enviado por Deus, chamado João. 7 Ele veio
como testemunha, para testificar acerca da luz, a fim de que
por meio dele todos os homens cressem. 8 Ele próprio não era
a luz, mas veio como testemunha da luz. 9 Estava chegando ao
mundo a verdadeira luz, que ilumina todos os homens.[c]
10 Aquele que é a Palavra estava no mundo, e o mundo foi
feito por intermédio dele, mas o mundo não o reconheceu.
11 Veio para o que era seu, mas os seus não o receberam.
12 Contudo, aos que o receberam, aos que creram em seu
nome, deu-lhes o direito de se tornarem filhos de Deus, 13 os
quais não nasceram por descendência natural[d], nem pela
vontade da carne nem pela vontade de algum homem, mas
nasceram de Deus.
14 Aquele que é a Palavra tornou-se carne e viveu entre nós.
Vimos a sua glória, glória como do Unigênito[e] vindo do Pai,
cheio de graça e de verdade.
15 João dá testemunho dele. Ele exclama: "Este é aquele de
quem eu falei: aquele que vem depois de mim é superior a
mim, porque já existia antes de mim". 16 Todos recebemos
da sua plenitude, graça sobre[f] graça. 17 Pois a Lei foi dada
por intermédio de Moisés; a graça e a verdade vieram por
intermédio de Jesus Cristo. 18 Ninguém jamais viu a Deus,
mas o Deus[g] Unigênito, que está junto do Pai, o tornou co-
nhecido.

João Batista Nega Ser Ele o Cristo

19 Este foi o testemunho de João, quando os judeus de Jeru-
salém enviaram sacerdotes e levitas para lhe perguntarem
quem ele era. 20 Ele confessou e não negou; declarou aberta-
mente: "Não sou o Cristo[h]".
21 Perguntaram-lhe: "E então, quem é você? É Elias?" Ele disse:
"Não sou". "É o Profeta?" Ele respondeu: "Não".
22 Finalmente perguntaram: "Quem é você? Dê-nos uma res-
posta, para que a levemos àqueles que nos enviaram. Que diz
você acerca de si próprio?"

---

[a] **1.1** Ou *o Verbo*. Grego: *Logos*.
[b] **1.5** Ou *trevas, mas as trevas não a compreenderam.*
[c] **1.9** Ou *Esta era a luz verdadeira que ilumina todo homem que vem ao mundo.*
[d] **1.13** Grego: *de sangues*.
[e] **1.14** Ou *Único*; também no versículo 18.
[f] **1.16** Ou *em lugar de*
[g] **1.18** Vários manuscritos dizem *o Filho*.
[h] **1.20** Ou *Messias*. Tanto *Cristo* (grego) como *Messias* (hebraico) significam *Ungido*; também em todo o livro de João.

23 João respondeu com as palavras do profeta Isaías: "Eu sou
a voz do que clama no deserto:[a] 'Façam um caminho reto para
o Senhor' "[b].
24 Alguns fariseus que tinham sido enviados 25 interrogaram-no:
"Então, por que você batiza, se não é o Cristo, nem Elias, nem
o Profeta?"
26 Respondeu João: "Eu batizo com[c] água, mas entre vocês
está alguém que vocês não conhecem. 27 Ele é aquele que vem
depois de mim, e não sou digno de desamarrar as correias de
suas sandálias".
28 Tudo isso aconteceu em Betânia, do outro lado do Jordão,
onde João estava batizando.

Jesus, o Cordeiro de Deus

29 No dia seguinte, João viu Jesus aproximando-se e disse:
"Vejam! É o Cordeiro de Deus, que tira o pecado do mundo!
30 Este é aquele a quem eu me referi, quando disse: Vem depois
de mim um homem que é superior a mim, porque já existia
antes de mim. 31 Eu mesmo não o conhecia, mas por isso é que
vim batizando com água: para que ele viesse a ser revelado
a Israel".
32 Então João deu o seguinte testemunho: "Eu vi o Espírito
descer dos céus como pomba e permanecer sobre ele. 33 Eu
não o teria reconhecido se aquele que me enviou para batizar
com água não me tivesse dito: 'Aquele sobre quem você vir
o Espírito descer e permanecer, esse é o que batiza com o
Espírito Santo'. 34 Eu vi e testifico que este é o Filho de Deus".

Os Primeiros Discípulos de Jesus
(Mt 4.18-22; Mc 1.16-20; Lc 5.1-11)

35 No dia seguinte, João estava ali novamente com dois dos
seus discípulos. 36 Quando viu Jesus passando, disse: "Vejam!
É o Cordeiro de Deus!"
37 Ouvindo-o dizer isso, os dois discípulos seguiram Jesus.
38 Voltando-se e vendo Jesus que os dois o seguiam, pergun-
tou-lhes: "O que vocês querem?" Eles disseram: "Rabi" (que
significa "Mestre"), "onde estás hospedado?"
39 Respondeu ele: "Venham e verão". Então foram, por volta
das quatro horas da tarde[d], viram onde ele estava hospedado
e passaram com ele aquele dia.
40 André, irmão de Simão Pedro, era um dos dois que tinham
ouvido o que João dissera e que haviam seguido Jesus. 41 O
primeiro que ele encontrou foi Simão, seu irmão, e lhe disse:
"Achamos o Messias" (isto é, o Cristo). 42 E o levou a Jesus.
Jesus olhou para ele e disse: "Você é Simão, filho de João. Será
chamado Cefas" (que traduzido é "Pedro[e]").

Jesus Chama Filipe e Natanael

43 No dia seguinte, Jesus decidiu partir para a Galileia. Quando
encontrou Filipe, disse-lhe: "Siga-me".
44 Filipe, como André e Pedro, era da cidade de Betsaida. 45 Fi-
lipe encontrou Natanael e lhe disse: "Achamos aquele sobre
quem Moisés escreveu na Lei e a respeito de quem os profetas
também escreveram: Jesus de Nazaré, filho de José".
46 Perguntou Natanael: "Nazaré? Pode vir alguma coisa boa de
lá?" Disse Filipe: "Venha e veja".
47 Ao ver Natanael se aproximando, disse Jesus: "Aí está um
verdadeiro israelita, em quem não há falsidade".
48 Perguntou Natanael: "De onde me conheces?"
Jesus respondeu: "Eu o vi quando você ainda estava debaixo
da figueira, antes de Filipe o chamar".
49 Então Natanael declarou: "Mestre[f], tu és o Filho de Deus, tu
és o Rei de Israel!"
50 Jesus disse: "Você crê porque eu disse que o vi debaixo da
figueira.[g] Você verá coisas maiores do que essa!" 51 E então
acrescentou: "Digo a verdade: Vocês verão o céu aberto e os
anjos de Deus subindo e descendo sobre o Filho do homem".

2 Jesus Transforma Água em Vinho

2 No terceiro dia houve um casamento em Caná da Galileia.
A mãe de Jesus estava ali; 2 Jesus e seus discípulos também
haviam sido convidados para o casamento. 3 Tendo acabado o
vinho, a mãe de Jesus lhe disse: "Eles não têm mais vinho".
4 Respondeu Jesus: "Que temos nós em comum, mulher? A
minha hora ainda não chegou".
5 Sua mãe disse aos serviçais: "Façam tudo o que ele mandar".
6 Ali perto havia seis potes de pedra, do tipo usado pelos judeus
para as purificações cerimoniais; em cada pote cabiam entre
oitenta e cento e vinte litros[h].
7 Disse Jesus aos serviçais: "Encham os potes com água". E os
encheram até a borda.
8 Então lhes disse: "Agora, levem um pouco ao encarregado da
festa". Eles assim fizeram, 9 e o encarregado da festa provou
a água que fora transformada em vinho, sem saber de onde
este viera, embora o soubessem os serviçais que haviam tirado
a água. Então chamou o noivo 10 e disse: "Todos servem pri-
meiro o melhor vinho e, depois que os convidados já beberam
bastante, o vinho inferior é servido; mas você guardou o melhor
até agora".
11 Este sinal milagroso, em Caná da Galileia, foi o primeiro que
Jesus realizou. Revelou assim a sua glória, e os seus discípulos
creram nele.

Jesus Purifica o Templo

12 Depois disso ele desceu a Cafarnaum com sua mãe, seus
irmãos e seus discípulos. Ali ficaram durante alguns dias.
13 Quando já estava chegando a Páscoa judaica, Jesus subiu
a Jerusalém. 14 No pátio do templo viu alguns vendendo bois,
ovelhas e pombas, e outros assentados diante de mesas, tro-
cando dinheiro. 15 Então ele fez um chicote de cordas e ex-

[a] 1.23 Ou *que clama: 'No deserto façam*
[b] 1.23 Is 40.3
[c] 1.26 Ou *em*; também nos versículos 31 e 33.
[d] 1.39 Grego: *hora décima.*
[e] 1.42 Tanto *Cefas* (aramaico) como *Pedro* (grego) significam *pedra.*
[f] 1.49 Isto é, Rabi; também em 3.2, 26; 4.31; 6.25; 9.2 e 11.8.
[g] 1.50 Ou *Você crê... figueira?*
[h] 2.6 Grego: *2 ou 3 metretas*. A metreta era uma medida de capacidade de cerca de 40 litros.

pulsou todos do templo, bem como as ovelhas e os bois; espalhou as moedas dos cambistas e virou as suas mesas. 16 Aos que vendiam pombas disse: "Tirem estas coisas daqui! Parem de fazer da casa de meu Pai um mercado!"

17 Seus discípulos lembraram-se que está escrito: "O zelo pela tua casa me consumirá"[a].

18 Então os judeus lhe perguntaram: "Que sinal milagroso o senhor pode mostrar-nos como prova da sua autoridade para fazer tudo isso?"

19 Jesus lhes respondeu: "Destruam este templo, e eu o levantarei em três dias".

20 Os judeus responderam: "Este templo levou quarenta e seis anos para ser edificado, e o senhor vai levantá-lo em três dias?" 21 Mas o templo do qual ele falava era o seu corpo. 22 Depois que ressuscitou dos mortos, os seus discípulos lembraram-se do que ele tinha dito. Então creram na Escritura e na palavra que Jesus dissera.

23 Enquanto estava em Jerusalém, na festa da Páscoa, muitos viram os sinais milagrosos que ele estava realizando e creram em seu nome[b]. 24 Mas Jesus não se confiava a eles, pois conhecia a todos. 25 Não precisava que ninguém lhe desse testemunho a respeito do homem, pois ele bem sabia o que havia no homem.

O Encontro de Jesus com Nicodemos

3 Havia um fariseu chamado Nicodemos, uma autoridade entre os judeus. 2 Ele veio a Jesus, à noite, e disse: "Mestre, sabemos que ensinas da parte de Deus, pois ninguém pode realizar os sinais milagrosos que estás fazendo, se Deus não estiver com ele".

3 Em resposta, Jesus declarou: "Digo a verdade: Ninguém pode ver o Reino de Deus, se não nascer de novo[c]".

4 Perguntou Nicodemos: "Como alguém pode nascer, sendo velho? É claro que não pode entrar pela segunda vez no ventre de sua mãe e renascer!"

5 Respondeu Jesus: "Digo a verdade: Ninguém pode entrar no Reino de Deus se não nascer da água e do Espírito. 6 O que nasce da carne é carne, mas o que nasce do Espírito é espírito. 7 Não se surpreenda pelo fato de eu ter dito: É necessário que vocês nasçam de novo. 8 O vento[d] sopra onde quer. Você o escuta, mas não pode dizer de onde vem nem para onde vai. Assim acontece com todos os nascidos do Espírito".

9 Perguntou Nicodemos: "Como pode ser isso?"

10 Disse Jesus: "Você é mestre em Israel e não entende essas coisas? 11 Asseguro que nós falamos do que conhecemos e testemunhamos do que vimos, mas mesmo assim vocês não aceitam o nosso testemunho. 12 Eu falei de coisas terrenas e vocês não creram; como crerão se falar de coisas celestiais? 13 Ninguém jamais subiu ao céu, a não ser aquele que veio do céu: o Filho do homem.[e] 14 Da mesma forma como Moisés levantou a serpente no deserto, assim também é necessário que o Filho do homem seja levantado, 15 para que todo o que nele crer tenha a vida eterna.

16 "Porque Deus tanto amou o mundo que deu o seu Filho Unigênito[f], para que todo o que nele crer não pereça, mas tenha a vida eterna. 17 Pois Deus enviou o seu Filho ao mundo, não para condenar o mundo, mas para que este fosse salvo por meio dele. 18 Quem nele crê não é condenado, mas quem não crê já está condenado, por não crer no nome do Filho Unigênito de Deus. 19 Este é o julgamento: a luz veio ao mundo, mas os homens amaram as trevas, e não a luz, porque as suas obras eram más. 20 Quem pratica o mal odeia a luz e não se aproxima da luz, temendo que as suas obras sejam manifestas. 21 Mas quem pratica a verdade vem para a luz, para que se veja claramente que as suas obras são realizadas por intermédio de Deus".[g]

O Testemunho de João Batista acerca de Jesus

22 Depois disso Jesus foi com os seus discípulos para a terra da Judeia, onde passou algum tempo com eles e batizava. 23 João também estava batizando em Enom, perto de Salim, porque havia ali muitas águas, e o povo vinha para ser batizado. 24 (Isto se deu antes de João ser preso.) 25 Surgiu uma discussão entre alguns discípulos de João e um certo judeu[h] a respeito da purificação cerimonial. 26 Eles se dirigiram a João e lhe disseram: "Mestre, aquele homem que estava contigo no outro lado do Jordão, do qual testemunhaste, está batizando, e todos estão se dirigindo a ele".

27 A isso João respondeu: "Uma pessoa só pode receber o que lhe é dado dos céus. 28 Vocês mesmos são testemunhas de que eu disse: Eu não sou o Cristo, mas sou aquele que foi enviado adiante dele. 29 A noiva pertence ao noivo. O amigo que presta serviço ao noivo e que o atende e o ouve enche-se de alegria quando ouve a voz do noivo. Esta é a minha alegria, que agora se completa. 30 É necessário que ele cresça e que eu diminua.

31 "Aquele que vem do alto está acima de todos; aquele que é da terra pertence à terra e fala como quem é da terra. Aquele que vem dos céus está acima de todos. 32 Ele testifica o que tem visto e ouvido, mas ninguém aceita o seu testemunho. 33 Aquele que o aceita confirma que Deus é verdadeiro. 34 Pois aquele que Deus enviou fala as palavras de Deus, porque ele dá o Espírito sem limitações. 35 O Pai ama o Filho e entregou tudo em suas mãos. 36 Quem crê no Filho tem a vida eterna; já quem rejeita o Filho não verá a vida, mas a ira de Deus permanece sobre ele".[i]

---

a 2.17 Sl 69.9

b 2.23 Ou *creram nele*

c 3.3 Ou *nascer de cima*; também no versículo 7.

d 3.8 Traduz o mesmo termo grego para designar *espírito*.

e 3.13 Alguns manuscritos acrescentam *que está no céu*.

f 3.16 Ou *Único*; também no versículo 18.

g 3.21 Alguns intérpretes encerram a citação no fim do versículo 15.

h 3.25 Alguns manuscritos dizem *e certos judeus*.

i 3.36 Alguns intérpretes encerram a citação no fim do versículo 30.

Jesus Conversa com uma Samaritana

4 Os fariseus ouviram falar que Jesus[a] estava fazendo e bati-
zando mais discípulos do que João, 2 embora não fosse Jesus
quem batizasse, mas os seus discípulos. 3 Quando o Senhor
ficou sabendo disso, saiu da Judeia e voltou uma vez mais à
Galileia.
4 Era-lhe necessário passar por Samaria. 5 Assim, chegou a
uma cidade de Samaria, chamada Sicar, perto das terras que
Jacó dera a seu filho José. 6 Havia ali o poço de Jacó. Jesus,
cansado da viagem, sentou-se à beira do poço. Isto se deu por
volta do meio-dia[b].
7 Nisso veio uma mulher samaritana tirar água. Disse-lhe Jesus:
“Dê-me um pouco de água”. 8 (Os seus discípulos tinham ido à
cidade comprar comida.)
9 A mulher samaritana lhe perguntou: “Como o senhor, sendo
judeu, pede a mim, uma samaritana, água para beber?” (Pois
os judeus não se dão bem com os samaritanos.[c])
10 Jesus lhe respondeu: “Se você conhecesse o dom de Deus
e quem está pedindo água, você lhe teria pedido e dele rece-
beria água viva”.
11 Disse a mulher: “O senhor não tem com que tirar água, e o
poço é fundo. Onde pode conseguir essa água viva? 12 Acaso
o senhor é maior do que o nosso pai Jacó, que nos deu o
poço, do qual ele mesmo bebeu, bem como seus filhos e
seu gado?”
13 Jesus respondeu: “Quem beber desta água terá sede outra
vez, 14 mas quem beber da água que eu lhe der nunca mais terá
sede. Ao contrário, a água que eu lhe der se tornará nele uma
fonte de água a jorrar para a vida eterna”.
15 A mulher lhe disse: “Senhor, dê-me dessa água, para que eu
não tenha mais sede, nem precise voltar aqui para tirar água”.
16 Ele lhe disse: “Vá, chame o seu marido e volte”.
17 “Não tenho marido”, respondeu ela. Disse-lhe Jesus: “Você
falou corretamente, dizendo que não tem marido. 18 O fato é
que você já teve cinco; e o homem com quem agora vive não é
seu marido. O que você acabou de dizer é verdade”.
19 Disse a mulher: “Senhor, vejo que é profeta. 20 Nossos an-
tepassados adoraram neste monte, mas vocês, judeus, dizem
que Jerusalém é o lugar onde se deve adorar”.
21 Jesus declarou: “Creia em mim, mulher: está próxima a
hora em que vocês não adorarão o Pai nem neste monte, nem
em Jerusalém. 22 Vocês, samaritanos, adoram o que não co-
nhecem; nós adoramos o que conhecemos, pois a salvação
vem dos judeus. 23 No entanto, está chegando a hora, e de
fato já chegou, em que os verdadeiros adoradores adorarão
o Pai em espírito e em verdade. São estes os adoradores que
o Pai procura. 24 Deus é espírito, e é necessário que os seus
adoradores o adorem em espírito e em verdade”.
25 Disse a mulher: “Eu sei que o Messias (chamado Cristo) está
para vir. Quando ele vier, explicará tudo para nós”.
26 Então Jesus declarou: “Eu sou o Messias! Eu, que estou fa-
lando com você”.

Os Discípulos Voltam da Cidade

27 Naquele momento, os seus discípulos voltaram e ficaram
surpresos ao encontrá-lo conversando com uma mulher. Mas
ninguém perguntou: “Que queres saber?” ou: “Por que estás
conversando com ela?”
28 Então, deixando o seu cântaro, a mulher voltou à cidade e
disse ao povo: 29 “Venham ver um homem que me disse tudo o
que tenho feito. Será que ele não é o Cristo?” 30 Então saíram
da cidade e foram para onde ele estava.
31 Enquanto isso, os discípulos insistiam com ele: “Mestre,
come alguma coisa”.
32 Mas ele lhes disse: “Tenho algo para comer que vocês não
conhecem”.
33 Então os seus discípulos disseram uns aos outros: “Será que
alguém lhe trouxe comida?”
34 Disse Jesus: “A minha comida é fazer a vontade daquele que
me enviou e concluir a sua obra. 35 Vocês não dizem: ‘Daqui a
quatro meses haverá a colheita’? Eu digo a vocês: Abram os
olhos e vejam os campos! Eles estão maduros para a colheita.
36 Aquele que colhe já recebe o seu salário e colhe fruto para
a vida eterna, de forma que se alegram juntos o que semeia
e o que colhe. 37 Assim é verdadeiro o ditado: ‘Um semeia, e
outro colhe’. 38 Eu os enviei para colherem o que vocês não
cultivaram. Outros realizaram o trabalho árduo, e vocês vieram
a usufruir do trabalho deles”.

Muitos Samaritanos Creem

39 Muitos samaritanos daquela cidade creram nele por causa
do seguinte testemunho dado pela mulher: “Ele me disse
tudo o que tenho feito”. 40 Assim, quando se aproximaram
dele, os samaritanos insistiram em que ficasse com eles, e
ele ficou dois dias. 41 E, por causa da sua palavra, muitos
outros creram.
42 E disseram à mulher: “Agora cremos não somente por causa
do que você disse, pois nós mesmos o ouvimos e sabemos que
este é realmente o Salvador do mundo”.

Jesus Cura o Filho de um Oficial

43 Depois daqueles dois dias, ele partiu para a Galileia. 44 (O
próprio Jesus tinha afirmado que nenhum profeta tem honra
em sua própria terra.) 45 Quando chegou à Galileia, os galileus
deram-lhe boas-vindas. Eles tinham visto tudo o que ele fizera
em Jerusalém, por ocasião da festa da Páscoa, pois também
haviam estado lá.
46 Mais uma vez ele visitou Caná da Galileia, onde tinha trans-
formado água em vinho. E havia ali um oficial do rei, cujo filho
estava doente em Cafarnaum. 47 Quando ele ouviu falar que
Jesus tinha chegado à Galileia, vindo da Judeia, procurou-o
e suplicou-lhe que fosse curar seu filho, que estava à beira
da morte.

[a] **4.1** Muitos manuscritos dizem *o Senhor*.
[b] **4.6** Grego: *da hora sexta*.
[c] **4.9** Ou *não usam pratos que os samaritanos usaram*.

48 Disse-lhe Jesus: "Se vocês não virem sinais e maravilhas,
nunca crerão".
49 O oficial do rei disse: "Senhor, vem, antes que o meu filho
morra!"
50 Jesus respondeu: "Pode ir. O seu filho continuará vivo". O
homem confiou na palavra de Jesus e partiu. 51 Estando ele
ainda a caminho, seus servos vieram ao seu encontro com no-
tícias de que o menino estava vivo. 52 Quando perguntou a que
horas o seu filho tinha melhorado, eles lhe disseram: "A febre
o deixou ontem, à uma hora da tarde[a]".
53 Então o pai constatou que aquela fora exatamente a hora
em que Jesus lhe dissera: "O seu filho continuará vivo". Assim,
creram ele e todos os de sua casa.
54 Esse foi o segundo sinal milagroso que Jesus realizou depois
que veio da Judeia para a Galileia.

A Cura Junto ao Tanque de Betesda

5 Algum tempo depois, Jesus subiu a Jerusalém para uma
festa dos judeus. 2 Há em Jerusalém, perto da porta das Ove-
lhas, um tanque que, em aramaico[b], é chamado Betesda[c],
tendo cinco entradas em volta. 3 Ali costumava ficar grande
número de pessoas doentes e inválidas: cegos, mancos e pa-
ralíticos. Eles esperavam um movimento nas águas.[d] 4 De vez
em quando descia um anjo do Senhor e agitava as águas.
O primeiro que entrasse no tanque, depois de agitadas as
águas, era curado de qualquer doença que tivesse. 5 Um
dos que estavam ali era paralítico fazia trinta e oito anos.
6 Quando o viu deitado e soube que ele vivia naquele estado
durante tanto tempo, Jesus lhe perguntou: "Você quer ser
curado?"
7 Disse o paralítico: "Senhor, não tenho ninguém que me ajude
a entrar no tanque quando a água é agitada. Enquanto estou
tentando entrar, outro chega antes de mim".
8 Então Jesus lhe disse: "Levante-se! Pegue a sua maca e
ande". 9 Imediatamente o homem ficou curado, pegou a
maca e começou a andar. Isso aconteceu num sábado, 10 e,
por essa razão, os judeus disseram ao homem que havia sido
curado: "Hoje é sábado, não é permitido a você carregar a
maca".
11 Mas ele respondeu: "O homem que me curou me disse:
'Pegue a sua maca e ande' ".
12 Então lhe perguntaram: "Quem é esse homem que mandou
você pegar a maca e andar?"
13 O homem que fora curado não tinha ideia de quem era ele,
pois Jesus havia desaparecido no meio da multidão.
14 Mais tarde Jesus o encontrou no templo e lhe disse: "Olhe,
você está curado. Não volte a pecar, para que algo pior não
aconteça a você". 15 O homem foi contar aos judeus que fora
Jesus quem o tinha curado.

Vida por meio do Filho

16 Então os judeus passaram a perseguir Jesus, porque ele
estava fazendo essas coisas no sábado. 17 Disse-lhes Jesus:
"Meu Pai continua trabalhando até hoje, e eu também estou
trabalhando". 18 Por essa razão, os judeus mais ainda queriam
matá-lo, pois não somente estava violando o sábado, mas
também estava dizendo que Deus era seu próprio Pai, igua-
lando-se a Deus.
19 Jesus lhes deu esta resposta: "Eu digo verdadeiramente que
o Filho não pode fazer nada de si mesmo; só pode fazer o
que vê o Pai fazer, porque o que o Pai faz o Filho também faz.
20 Pois o Pai ama ao Filho e lhe mostra tudo o que faz. Sim, para
admiração de vocês, ele lhe mostrará obras ainda maiores do
que estas. 21 Pois, da mesma forma que o Pai ressuscita os
mortos e lhes dá vida, o Filho também dá vida a quem ele
quer. 22 Além disso, o Pai a ninguém julga, mas confiou todo
julgamento ao Filho, 23 para que todos honrem o Filho como
honram o Pai. Aquele que não honra o Filho, também não honra
o Pai que o enviou.
24 "Eu asseguro: Quem ouve a minha palavra e crê naquele
que me enviou tem a vida eterna e não será condenado, mas
já passou da morte para a vida. 25 Eu afirmo que está chegando
a hora, e já chegou, em que os mortos ouvirão a voz do Filho
de Deus, e aqueles que a ouvirem viverão. 26 Pois, da mesma
forma como o Pai tem vida em si mesmo, ele concedeu ao
Filho ter vida em si mesmo. 27 E deu-lhe autoridade para julgar,
porque é o Filho do homem.
28 "Não fiquem admirados com isto, pois está chegando a hora
em que todos os que estiverem nos túmulos ouvirão a sua voz
29 e sairão; os que fizeram o bem ressuscitarão para a vida, e
os que fizeram o mal ressuscitarão para serem condenados.
30 Por mim mesmo, nada posso fazer; eu julgo apenas con-
forme ouço, e o meu julgamento é justo, pois não procuro
agradar a mim mesmo, mas àquele que me enviou.

Testemunhos acerca de Jesus

31 "Se testifico acerca de mim mesmo, o meu testemunho não
é válido.[e] 32 Há outro que testemunha em meu favor, e sei que
o seu testemunho a meu respeito é válido.
33 "Vocês enviaram representantes a João, e ele testemunhou
da verdade. 34 Não que eu busque testemunho humano, mas
menciono isso para que vocês sejam salvos. 35 João era uma
candeia que queimava e irradiava luz, e durante certo tempo
vocês quiseram alegrar-se com a sua luz.
36 "Eu tenho um testemunho maior que o de João; a própria
obra que o Pai me deu para concluir, e que estou realizando,
testemunha que o Pai me enviou. 37 E o Pai que me enviou, ele
mesmo testemunhou a meu respeito. Vocês nunca ouviram a
sua voz, nem viram a sua forma, 38 nem a sua palavra habita
em vocês, pois não creem naquele que ele enviou. 39 Vocês
estudam cuidadosamente[f] as Escrituras, porque pensam que

[a] 4.52 Grego: *à hora sétima.*
[b] 5.2 Grego: *em hebraico*; também em 19.13, 17, 20 e 20.16.
[c] 5.2 Alguns manuscritos dizem *Betzata*; outros trazem *Betsaida*.
[d] 5.3 A maioria dos manuscritos mais antigos não trazem essa frase e todo o versículo 4.
[e] 5.31 Os judeus exigiam mais de um testemunho para condenar ou justificar uma declaração.
[f] 5.39 Ou *Estudem cuidadosamente*

nelas vocês têm a vida eterna. E são as Escrituras que teste-
munham a meu respeito; 40 contudo, vocês não querem vir a
mim para terem vida.
41 "Eu não aceito glória dos homens, 42 mas conheço vocês.
Sei que vocês não têm o amor de Deus. 43 Eu vim em nome de
meu Pai, e vocês não me aceitaram; mas, se outro vier em seu
próprio nome, vocês o aceitarão. 44 Como vocês podem crer,
se aceitam glória uns dos outros, mas não procuram a glória
que vem do Deus[a] único?
45 "Contudo, não pensem que eu os acusarei perante o Pai.
Quem os acusa é Moisés, em quem estão as suas esperanças.
46 Se vocês cressem em Moisés, creriam em mim, pois ele es-
creveu a meu respeito. 47 Visto, porém, que não creem no que
ele escreveu, como crerão no que eu digo?"

6 A Primeira Multiplicação dos Pães
(Mt 14.13-21; Mc 6.30-44; Lc 9.10-17)

1 Algum tempo depois, Jesus partiu para a outra margem do
mar da Galileia (ou seja, do mar de Tiberíades), 2 e grande mul-
tidão continuava a segui-lo, porque vira os sinais milagrosos
que ele tinha realizado nos doentes. 3 Então Jesus subiu ao
monte e sentou-se com os seus discípulos. 4 Estava próxima a
festa judaica da Páscoa.
5 Levantando os olhos e vendo uma grande multidão que se
aproximava, Jesus disse a Filipe: "Onde compraremos pão para
esse povo comer?" 6 Fez essa pergunta apenas para pô-lo à
prova, pois já tinha em mente o que ia fazer.
7 Filipe lhe respondeu: "Duzentos denários[b] não comprariam
pão suficiente para que cada um recebesse um pedaço!"
8 Outro discípulo, André, irmão de Simão Pedro, tomou a pa-
lavra: 9 "Aqui está um rapaz com cinco pães de cevada e dois
peixinhos, mas o que é isto para tanta gente?"
10 Disse Jesus: "Mandem o povo assentar-se". Havia muita
grama naquele lugar, e todos se assentaram. Eram cerca de
cinco mil homens. 11 Então Jesus tomou os pães, deu graças
e os repartiu entre os que estavam assentados, tanto quanto
queriam; e fez o mesmo com os peixes.
12 Depois que todos receberam o suficiente para comer, disse
aos seus discípulos: "Ajuntem os pedaços que sobraram. Que
nada seja desperdiçado". 13 Então eles os ajuntaram e en-
cheram doze cestos com os pedaços dos cinco pães de cevada
deixados por aqueles que tinham comido.
14 Depois de ver o sinal milagroso que Jesus tinha realizado, o
povo começou a dizer: "Sem dúvida este é o Profeta que devia
vir ao mundo". 15 Sabendo Jesus que pretendiam proclamá-lo
rei à força, retirou-se novamente sozinho para o monte.

Jesus Anda sobre as Águas
(Mt 14.22-36; Mc 6.45-56)

16 Ao anoitecer seus discípulos desceram para o mar, 17 en-
traram num barco e começaram a travessia para Cafarnaum.
Já estava escuro, e Jesus ainda não tinha ido até onde eles es-
tavam. 18 Soprava um vento forte, e as águas estavam agitadas.
19 Depois de terem remado cerca de cinco ou seis quilômetros[c],
viram Jesus aproximando-se do barco, andando sobre o mar,
e ficaram aterrorizados. 20 Mas ele lhes disse: "Sou eu! Não
tenham medo!" 21 Então resolveram recebê-lo no barco, e logo
chegaram à praia para a qual se dirigiam.
22 No dia seguinte, a multidão que tinha ficado no outro lado do
mar percebeu que apenas um barco estivera ali, e que Jesus
não havia entrado nele com os seus discípulos, mas que eles
tinham partido sozinhos. 23 Então alguns barcos de Tiberíades
aproximaram-se do lugar onde o povo tinha comido o pão após
o Senhor ter dado graças. 24 Quando a multidão percebeu que
nem Jesus nem os discípulos estavam ali, entrou nos barcos e
foi para Cafarnaum em busca de Jesus.

Jesus, o Pão da Vida

25 Quando o encontraram do outro lado do mar, perguntaram-
-lhe: "Mestre, quando chegaste aqui?"
26 Jesus respondeu: "A verdade é que vocês estão me procu-
rando, não porque viram os sinais milagrosos, mas porque
comeram os pães e ficaram satisfeitos. 27 Não trabalhem pela
comida que se estraga, mas pela comida que permanece para
a vida eterna, a qual o Filho do homem dará a vocês. Deus, o
Pai, nele colocou o seu selo de aprovação".
28 Então perguntaram-lhe: "O que precisamos fazer para rea-
lizar as obras que Deus requer?"
29 Jesus respondeu: "A obra de Deus é esta: crer naquele que
ele enviou".
30 Então perguntaram-lhe: "Que sinal milagroso mostrarás para
que o vejamos e creiamos em ti? Que farás? 31 Os nossos ante-
passados comeram o maná no deserto; como está escrito: 'Ele
lhes deu a comer pão dos céus'[d]".
32 Declarou-lhes Jesus: "Digo a verdade: Não foi Moisés quem
deu a vocês pão do céu, mas é meu Pai quem dá a vocês o ver-
dadeiro pão do céu. 33 Pois o pão de Deus é aquele que desceu
do céu e dá vida ao mundo".
34 Disseram eles: "Senhor, dá-nos sempre desse pão!"
35 Então Jesus declarou: "Eu sou o pão da vida. Aquele que
vem a mim nunca terá fome; aquele que crê em mim nunca
terá sede. 36 Mas, como eu disse, vocês me viram, mas ainda
não creem. 37 Todo aquele que o Pai me der virá a mim, e quem
vier a mim eu jamais rejeitarei. 38 Pois desci dos céus, não para
fazer a minha vontade, mas para fazer a vontade daquele que
me enviou. 39 E esta é a vontade daquele que me enviou: que
eu não perca nenhum dos que ele me deu, mas os ressuscite no
último dia. 40 Porque a vontade de meu Pai é que todo aquele
que olhar para o Filho e nele crer tenha a vida eterna, e eu o
ressuscitarei no último dia".
41 Com isso os judeus começaram a criticar Jesus, porque dis-
sera: "Eu sou o pão que desceu do céu". 42 E diziam: "Este não

a 5.44 Alguns manuscritos antigos não trazem *Deus*.
b 6.7 O denário era uma moeda de prata equivalente à diária de um trabalhador braçal.
c 6.19 Grego: *25 ou 30 estádios*. Um estádio equivalia a 185 metros.
d 6.31 Êx 16.4; Ne 9.15; Sl 78.24,25

é Jesus, o filho de José? Não conhecemos seu pai e sua mãe?
Como ele pode dizer: 'Desci do céu'?"
43 Respondeu Jesus: "Parem de me criticar. 44 Ninguém pode vir
a mim se o Pai, que me enviou, não o atrair; e eu o ressuscitarei
no último dia. 45 Está escrito nos Profetas: 'Todos serão ensi-
nados por Deus'[a]. Todos os que ouvem o Pai e dele aprendem
vêm a mim. 46 Ninguém viu o Pai, a não ser aquele que vem de
Deus; somente ele viu o Pai. 47 Asseguro a vocês que aquele
que crê tem a vida eterna. 48 Eu sou o pão da vida. 49 Os seus
antepassados comeram o maná no deserto, mas morreram.
50 Todavia, aqui está o pão que desce do céu, para que não
morra quem dele comer. 51 Eu sou o pão vivo que desceu do
céu. Se alguém comer deste pão, viverá para sempre. Este pão
é a minha carne, que eu darei pela vida do mundo".
52 Então os judeus começaram a discutir exaltadamente entre
si: "Como pode este homem nos oferecer a sua carne para
comermos?"
53 Jesus lhes disse: "Eu digo a verdade: Se vocês não comerem
a carne do Filho do homem e não beberem o seu sangue, não
terão vida em si mesmos. 54 Todo aquele que come a minha
carne e bebe o meu sangue tem a vida eterna, e eu o ressusci-
tarei no último dia. 55 Pois a minha carne é verdadeira comida
e o meu sangue é verdadeira bebida. 56 Todo aquele que come
a minha carne e bebe o meu sangue permanece em mim e eu
nele. 57 Da mesma forma como o Pai que vive me enviou e eu
vivo por causa do Pai, assim aquele que se alimenta de mim
viverá por minha causa. 58 Este é o pão que desceu dos céus.
Os antepassados de vocês comeram o maná e morreram, mas
aquele que se alimenta deste pão viverá para sempre". 59 Ele
disse isso quando ensinava na sinagoga de Cafarnaum.

Muitos Discípulos Abandonam Jesus

60 Ao ouvirem isso, muitos dos seus discípulos disseram: "Dura
é essa palavra. Quem pode suportá-la?"
61 Sabendo em seu íntimo que os seus discípulos estavam se
queixando do que ouviram, Jesus lhes disse: "Isso os escan-
daliza? 62 Que acontecerá se vocês virem o Filho do homem
subir para onde estava antes? 63 O Espírito dá vida; a carne
não produz nada que se aproveite. As palavras que eu disse
são espírito e vida. 64 Contudo, há alguns de vocês que não
creem". Pois Jesus sabia desde o princípio quais deles não
criam e quem o iria trair. 65 E prosseguiu: "É por isso que eu
disse a vocês que ninguém pode vir a mim, a não ser que isto
lhe seja dado pelo Pai".
66 Daquela hora em diante, muitos dos seus discípulos voltaram
atrás e deixaram de segui-lo.
67 Jesus perguntou aos Doze: "Vocês também não querem ir?"
68 Simão Pedro lhe respondeu: "Senhor, para quem iremos? Tu
tens as palavras de vida eterna. 69 Nós cremos e sabemos que
és o Santo de Deus".
70 Então Jesus respondeu: "Não fui eu que os escolhi, os Doze?
Todavia, um de vocês é um diabo!" 71 (Ele se referia a Judas,
filho de Simão Iscariotes, que, embora fosse um dos Doze, mais
tarde haveria de traí-lo.)

Jesus Vai à Festa das Cabanas

7 Depois disso Jesus percorreu a Galileia, mantendo-se delibe-
radamente longe da Judeia, porque ali os judeus procuravam
tirar-lhe a vida. 2 Mas, ao se aproximar a festa judaica das ca-
banas[b], 3 os irmãos de Jesus lhe disseram: "Você deve sair
daqui e ir para a Judeia, para que os seus discípulos possam ver
as obras que você faz. 4 Ninguém que deseja ser reconhecido
publicamente age em segredo. Visto que você está fazendo
estas coisas, mostre-se ao mundo". 5 Pois nem os seus irmãos
criam nele.
6 Então Jesus lhes disse: "Para mim ainda não chegou o tempo
certo; para vocês qualquer tempo é certo. 7 O mundo não pode
odiá-los, mas a mim odeia porque dou testemunho de que o
que ele faz é mau. 8 Vão vocês à festa; eu ainda[c] não subirei a
esta festa, porque para mim ainda não chegou o tempo apro-
priado". 9 Tendo dito isso, permaneceu na Galileia.
10 Contudo, depois que os seus irmãos subiram para a festa,
ele também subiu, não abertamente, mas em segredo. 11 Na
festa os judeus o estavam esperando e perguntavam: "Onde
está aquele homem?"
12 Entre a multidão havia muitos boatos a respeito dele. Alguns
diziam: "É um bom homem".
Outros respondiam: "Não, ele está enganando o povo". 13 Mas
ninguém falava dele em público, por medo dos judeus.

Jesus Ensina na Festa

14 Quando a festa estava na metade, Jesus subiu ao templo e
começou a ensinar. 15 Os judeus ficaram admirados e pergun-
taram: "Como foi que este homem adquiriu tanta instrução,
sem ter estudado?"
16 Jesus respondeu: "O meu ensino não é de mim mesmo. Vem
daquele que me enviou. 17 Se alguém decidir fazer a vontade
de Deus, descobrirá se o meu ensino vem de Deus ou se falo
por mim mesmo. 18 Aquele que fala por si mesmo busca a sua
própria glória, mas aquele que busca a glória de quem o en-
viou, este é verdadeiro; não há nada de falso a seu respeito.
19 Moisés não deu a Lei a vocês? No entanto, nenhum de vocês
lhe obedece. Por que vocês procuram matar-me?"
20 "Você está endemoninhado", respondeu a multidão. "Quem
está procurando matá-lo?"
21 Jesus lhes disse: "Fiz um milagre[d], e vocês todos estão ad-
mirados. 22 No entanto, porque Moisés deu a vocês a circun-
cisão (embora, na verdade, ela não tenha vindo de Moisés,
mas dos patriarcas), vocês circuncidam no sábado. 23 Ora, se
um menino pode ser circuncidado no sábado para que a Lei
de Moisés não seja quebrada, por que vocês ficam cheios de
ira contra mim por ter curado completamente um homem no

---

[a] **6.45** Is 54.13

[b] **7.2** Ou *dos tabernáculos*

[c] **7.8** Vários manuscritos não trazem *ainda*.

[d] **7.21** Grego: *uma obra*.

sábado? 24 Não julguem apenas pela aparência, mas façam
julgamentos justos".

É Jesus o Cristo?

25 Então alguns habitantes de Jerusalém começaram a per-
guntar: "Não é este o homem que estão procurando matar?
26 Aqui está ele, falando publicamente, e não lhe dizem uma
palavra. Será que as autoridades chegaram à conclusão de que
ele é realmente o Cristo? 27 Mas nós sabemos de onde é este
homem; quando o Cristo vier, ninguém saberá de onde ele é".
28 Enquanto ensinava no pátio do templo, Jesus exclamou:
"Sim, vocês me conhecem e sabem de onde sou. Eu não estou
aqui por mim mesmo, mas aquele que me enviou é verdadeiro.
Vocês não o conhecem, 29 mas eu o conheço porque venho da
parte dele, e ele me enviou".
30 Então tentaram prendê-lo, mas ninguém lhe pôs as mãos,
porque a sua hora ainda não havia chegado. 31 Assim mesmo,
muitos no meio da multidão creram nele e diziam: "Quando
o Cristo vier, fará mais sinais milagrosos do que este homem
fez?"
32 Os fariseus ouviram a multidão falando essas coisas a res-
peito dele. Então os chefes dos sacerdotes e os fariseus en-
viaram guardas do templo para o prenderem.
33 Disse-lhes Jesus: "Estou com vocês apenas por pouco tempo
e logo irei para aquele que me enviou. 34 Vocês procurarão por
mim, mas não me encontrarão; vocês não podem ir ao lugar
onde eu estarei".
35 Os judeus disseram uns aos outros: "Aonde pretende ir este
homem, que não o possamos encontrar? Para onde vive o
nosso povo, espalhado entre os gregos, a fim de ensiná-lo?
36 O que ele quis dizer quando falou: 'Vocês procurarão por
mim, mas não me encontrarão' e 'vocês não podem ir ao lugar
onde eu estarei'?"
37 No último e mais importante dia da festa, Jesus levantou-se
e disse em alta voz: "Se alguém tem sede, venha a mim e
beba. 38 Quem crer em mim, como diz a Escritura, do seu in-
terior fluirão rios de água viva". 39 Ele estava se referindo ao
Espírito, que mais tarde receberiam os que nele cressem. Até
então o Espírito ainda não tinha sido dado, pois Jesus ainda
não fora glorificado.
40 Ouvindo as suas palavras, alguns no meio do povo disseram:
"Certamente este homem é o Profeta".
41 Outros disseram: "Ele é o Cristo". Ainda outros perguntaram:
"Como pode o Cristo vir da Galileia? 42 A Escritura não diz que o
Cristo virá da descendência[a] de Davi, da cidade de Belém, onde
viveu Davi?" 43 Assim o povo ficou dividido por causa de Jesus.
44 Alguns queriam prendê-lo, mas ninguém lhe pôs as mãos.

A Incredulidade dos Líderes Judeus

45 Finalmente, os guardas do templo voltaram aos chefes dos
sacerdotes e aos fariseus, os quais lhes perguntaram: "Por que
vocês não o trouxeram?"

[a] **7.42** Grego: *semente*.

46 "Ninguém jamais falou da maneira como esse homem fala",
declararam os guardas.
47 "Será que vocês também foram enganados?", perguntaram
os fariseus. 48 "Por acaso alguém das autoridades ou dos fa-
riseus creu nele? 49 Não! Mas essa ralé que nada entende da
lei é maldita."
50 Nicodemos, um deles, que antes tinha procurado Jesus,
perguntou-lhes: 51 "A nossa lei condena alguém, sem primeiro
ouvi-lo para saber o que ele está fazendo?"
52 Eles responderam: "Você também é da Galileia? Verifique, e
descobrirá que da Galileia não surge profeta[b]".
53 [c] Então cada um foi para a sua casa.

8 Jesus, porém, foi para o monte das Oliveiras. 2 Ao ama-
nhecer ele apareceu novamente no templo, onde todo o
povo se reuniu ao seu redor, e ele se assentou para ensiná-lo.
3 Os mestres da lei e os fariseus trouxeram-lhe uma mulher
surpreendida em adultério. Fizeram-na ficar em pé diante de
todos 4 e disseram a Jesus: "Mestre, esta mulher foi surpreen-
dida em ato de adultério. 5 Na Lei, Moisés nos ordena apedrejar
tais mulheres. E o senhor, que diz?" 6 Eles estavam usando
essa pergunta como armadilha, a fim de terem uma base para
acusá-lo. Mas Jesus inclinou-se e começou a escrever no chão
com o dedo. 7 Visto que continuavam a interrogá-lo, ele se le-
vantou e lhes disse: "Se algum de vocês estiver sem pecado,
seja o primeiro a atirar pedra nela". 8 Inclinou-se novamente e
continuou escrevendo no chão.
9 Os que o ouviram foram saindo, um de cada vez, começando
pelos mais velhos. Jesus ficou só, com a mulher em pé diante
dele. 10 Então Jesus pôs-se em pé e perguntou-lhe: "Mulher,
onde estão eles? Ninguém a condenou?"
11 "Ninguém, Senhor", disse ela. Declarou Jesus: "Eu também
não a condeno. Agora vá e abandone sua vida de pecado".

A Validade do Testemunho de Jesus

12 Falando novamente ao povo, Jesus disse: "Eu sou a luz do
mundo. Quem me segue, nunca andará em trevas, mas terá
a luz da vida".
13 Os fariseus lhe disseram: "Você está testemunhando a res-
peito de si próprio. O seu testemunho não é válido!"
14 Respondeu Jesus: "Ainda que eu mesmo testemunhe em meu
favor, o meu testemunho é válido, pois sei de onde vim e para
onde vou. Mas vocês não sabem de onde vim nem para onde
vou. 15 Vocês julgam por padrões humanos; eu não julgo nin-
guém. 16 Mesmo que eu julgue, as minhas decisões são verda-
deiras, porque não estou sozinho. Eu estou com o Pai, que me
enviou. 17 Na Lei de vocês está escrito que o testemunho de dois
homens é válido.[d] 18 Eu testemunho acerca de mim mesmo; a
minha outra testemunha é o Pai, que me enviou".
19 Então perguntaram-lhe: "Onde está o seu pai?"

[b] **7.52** Dois manuscritos dizem *o Profeta*.
[c] **7.53** Muitos manuscritos não trazem João 7.53-8.11; outros manuscritos deslocam o texto.
[d] **8.17** Dt 17.6; 19.15

Respondeu Jesus: "Vocês não conhecem nem a mim nem a
meu Pai. Se me conhecessem, também conheceriam a meu
Pai". 20 Ele proferiu essas palavras enquanto ensinava no
templo, perto do lugar onde se colocavam as ofertas[a]. No
entanto, ninguém o prendeu, porque a sua hora ainda não
havia chegado.
21 Mais uma vez, Jesus lhes disse: "Eu vou embora, e vocês
procurarão por mim, e morrerão em seus pecados. Para onde
vou, vocês não podem ir".
22 Isso levou os judeus a perguntarem: "Será que ele irá ma-
tar-se? Será por isso que ele diz: 'Para onde vou, vocês não
podem ir'?"
23 Mas ele continuou: "Vocês são daqui de baixo; eu sou lá
de cima. Vocês são deste mundo; eu não sou deste mundo.
24 Eu disse que vocês morrerão em seus pecados. Se vocês não
crerem que Eu Sou[b], de fato morrerão em seus pecados".
25 "Quem é você?", perguntaram eles. "Exatamente o que
tenho dito o tempo todo", respondeu Jesus. 26 "Tenho muitas
coisas para dizer e julgar a respeito de vocês. Pois aquele que
me enviou merece confiança, e digo ao mundo aquilo que dele
ouvi."
27 Eles não entenderam que lhes estava falando a respeito do
Pai. 28 Então Jesus disse: "Quando vocês levantarem o Filho do
homem, saberão que Eu Sou, e que nada faço de mim mesmo,
mas falo exatamente o que o Pai me ensinou. 29 Aquele que me
enviou está comigo; ele não me deixou sozinho, pois sempre
faço o que lhe agrada". 30 Tendo dito essas coisas, muitos
creram nele.

Os Filhos de Abraão e os Filhos do Diabo

31 Disse Jesus aos judeus que haviam crido nele: "Se vocês per-
manecerem firmes na minha palavra, verdadeiramente serão
meus discípulos. 32 E conhecerão a verdade, e a verdade os
libertará".
33 Eles lhe responderam: "Somos descendentes[c] de Abraão e
nunca fomos escravos de ninguém. Como você pode dizer que
seremos livres?"
34 Jesus respondeu: "Digo a vocês a verdade: Todo aquele que
vive pecando é escravo do pecado. 35 O escravo não tem lugar
permanente na família, mas o filho pertence a ela para sempre.
36 Portanto, se o Filho os libertar, vocês de fato serão livres.
37 Eu sei que vocês são descendentes de Abraão. Contudo,
estão procurando matar-me, porque em vocês não há lugar
para a minha palavra. 38 Eu estou dizendo o que vi na presença
do Pai, e vocês fazem o que ouviram do pai de vocês[d]".
39 "Abraão é o nosso pai", responderam eles. Disse Jesus: "Se
vocês fossem filhos de Abraão, fariam[e] as obras que Abraão fez.
40 Mas vocês estão procurando matar-me, sendo que eu falei
a vocês a verdade que ouvi de Deus; Abraão não agiu assim.
41 Vocês estão fazendo as obras do pai de vocês". Protestaram
eles: "Nós não somos filhos ilegítimos[f]. O único Pai que temos
é Deus".
42 Disse-lhes Jesus: "Se Deus fosse o Pai de vocês, vocês me
amariam, pois eu vim de Deus e agora estou aqui. Eu não vim
por mim mesmo, mas ele me enviou. 43 Por que a minha lin-
guagem não é clara para vocês? Porque são incapazes de ouvir
o que eu digo.
44 "Vocês pertencem ao pai de vocês, o Diabo, e querem rea-
lizar o desejo dele. Ele foi homicida desde o princípio e não se
apegou à verdade, pois não há verdade nele. Quando mente,
fala a sua própria língua, pois é mentiroso e pai da mentira.
45 No entanto, vocês não creem em mim, porque digo a ver-
dade! 46 Qual de vocês pode me acusar de algum pecado? Se
estou falando a verdade, porque vocês não creem em mim?
47 Aquele que pertence a Deus ouve o que Deus diz. Vocês não
o ouvem porque não pertencem a Deus".

As Declarações de Jesus acerca de si mesmo

48 Os judeus lhe responderam: "Não estamos certos em dizer
que você é samaritano e está endemoninhado?"
49 Disse Jesus: "Não estou endemoninhado! Ao contrário, honro
o meu Pai, e vocês me desonram. 50 Não estou buscando glória
para mim mesmo; mas há quem a busque e julgue. 51 Asse-
guro que, se alguém obedecer à minha palavra, jamais verá
a morte".
52 Diante disso, os judeus exclamaram: "Agora sabemos que
você está endemoninhado! Abraão morreu, bem como os pro-
fetas, mas você diz que, se alguém obedecer à sua palavra,
nunca experimentará a morte. 53 Você é maior do que o nosso
pai Abraão? Ele morreu, bem como os profetas. Quem você
pensa que é?"
54 Respondeu Jesus: "Se glorifico a mim mesmo, a minha glória
nada significa. Meu Pai, que vocês dizem ser o seu Deus, é
quem me glorifica. 55 Vocês não o conhecem, mas eu o co-
nheço. Se eu dissesse que não o conheço, seria mentiroso
como vocês, mas eu de fato o conheço e obedeço à sua pa-
lavra. 56 Abraão, pai de vocês, regozijou-se porque veria o meu
dia; ele o viu e alegrou-se".
57 Disseram-lhe os judeus: "Você ainda não tem cinquenta
anos, e viu Abraão?"
58 Respondeu Jesus: "Eu afirmo que antes de Abraão nascer, Eu
Sou!" 59 Então eles apanharam pedras para apedrejá-lo, mas
Jesus escondeu-se e saiu do templo.

Jesus Cura um Cego de Nascença

9 Ao passar, Jesus viu um cego de nascença. 2 Seus discípulos
lhe perguntaram: "Mestre, quem pecou: este homem ou seus
pais, para que ele nascesse cego?"
3 Disse Jesus: "Nem ele nem seus pais pecaram, mas isto acon-
teceu para que a obra de Deus se manifestasse na vida dele.
4 Enquanto é dia, precisamos realizar a obra daquele que me

[a] 8.20 Grego: *gazofilácio*.
[b] 8.24 Uma referência ao nome de Deus; também nos versículos 28 e 58.
[c] 8.33 Grego: *semente*; também no versículo 37.
[d] 8.38 Ou *Pai. Portanto, façam o que vocês ouviram do Pai*
[e] 8.39 Alguns manuscritos dizem *Se vocês são filhos de Abraão, então façam*.
[f] 8.41 Grego: *não nascemos de porneia*, termo genérico que se refere a práticas sexuais ilícitas.

enviou. A noite se aproxima, quando ninguém pode trabalhar.
5 Enquanto estou no mundo, sou a luz do mundo".
6 Tendo dito isso, cuspiu no chão, misturou terra com saliva e
aplicou-a aos olhos do homem. 7 Então disse-lhe: "Vá lavar-se
no tanque de Siloé" (que significa "enviado"). O homem foi,
lavou-se e voltou vendo.
8 Seus vizinhos e os que anteriormente o tinham visto men-
digando perguntaram: "Não é este o mesmo homem que
costumava ficar sentado, mendigando?" 9 Alguns afirmavam
que era ele.
Outros diziam: "Não, apenas se parece com ele". Mas ele pró-
prio insistia: "Sou eu mesmo".
10 "Então, como foram abertos os seus olhos?", interroga-
ram-no eles.
11 Ele respondeu: "O homem chamado Jesus misturou terra com
saliva, colocou-a nos meus olhos e me disse que fosse lavar-me
em Siloé. Fui, lavei-me, e agora vejo".
12 Eles lhe perguntaram: "Onde está esse homem?" "Não sei",
disse ele.

Os Fariseus Investigam a Cura

13 Levaram aos fariseus o homem que fora cego. 14 Era sábado
o dia em que Jesus havia misturado terra com saliva e aberto
os olhos daquele homem. 15 Então os fariseus também lhe per-
guntaram como ele recuperara a vista. O homem respondeu:
"Ele colocou uma mistura de terra e saliva em meus olhos, eu
me lavei e agora vejo".
16 Alguns dos fariseus disseram: "Esse homem não é de Deus,
pois não guarda o sábado".
Mas outros perguntavam: "Como pode um pecador fazer tais
sinais milagrosos?" E houve divisão entre eles.
17 Tornaram, pois, a perguntar ao cego: "Que diz você a res-
peito dele? Foram os seus olhos que ele abriu". O homem res-
pondeu: "Ele é um profeta".
18 Os judeus não acreditaram que ele fora cego e havia sido
curado enquanto não mandaram buscar os seus pais. 19 Então
perguntaram: "É este o seu filho, o qual vocês dizem que
nasceu cego? Como ele pode ver agora?"
20 Responderam os pais: "Sabemos que ele é nosso filho e que
nasceu cego. 21 Mas não sabemos como ele pode ver agora
ou quem lhe abriu os olhos. Perguntem a ele. Idade ele tem;
falará por si mesmo". 22 Seus pais disseram isso porque tinham
medo dos judeus, pois estes já haviam decidido que, se alguém
confessasse que Jesus era o Cristo, seria expulso da sinagoga.
23 Foi por isso que seus pais disseram: "Idade ele tem; per-
guntem a ele".
24 Pela segunda vez, chamaram o homem que fora cego e lhe
disseram: "Para a glória de Deus, diga a verdade. Sabemos que
esse homem é pecador".
25 Ele respondeu: "Não sei se ele é pecador ou não. Uma coisa
sei: eu era cego e agora vejo!"
26 Então lhe perguntaram: "O que fez ele a você? Como abriu
os seus olhos?"
27 Ele respondeu: "Eu já disse, e vocês não me deram ouvidos.
Por que querem ouvir outra vez? Acaso vocês também querem
ser discípulos dele?"
28 Então, eles o insultaram e disseram: "Discípulo dele é você!
Nós somos discípulos de Moisés! 29 Sabemos que Deus falou a
Moisés, mas, quanto a esse, nem sabemos de onde ele vem".
30 O homem respondeu: "Ora, isso é extraordinário! Vocês não
sabem de onde ele vem, contudo ele me abriu os olhos. 31 Sa-
bemos que Deus não ouve pecadores, mas ouve o homem que
o teme e pratica a sua vontade.
32 "Ninguém jamais ouviu que os olhos de um cego de nascença
tivessem sido abertos. 33 Se esse homem não fosse de Deus,
não poderia fazer coisa alguma".
34 Diante disso, eles responderam: "Você nasceu cheio de pe-
cado; como tem a ousadia de nos ensinar?" E o expulsaram.

A Cegueira Espiritual

35 Jesus ouviu que o haviam expulsado e, ao encontrá-lo, disse:
"Você crê no Filho do homem?"
36 Perguntou o homem: "Quem é ele, Senhor, para que eu nele
creia?"
37 Disse Jesus: "Você já o tem visto. É aquele que está falando
com você".
38 Então o homem disse: "Senhor, eu creio". E o adorou.
39 Disse Jesus: "Eu vim a este mundo para julgamento, a fim de
que os cegos vejam e os que veem se tornem cegos".
40 Alguns fariseus que estavam com ele ouviram-no dizer isso e
perguntaram: "Acaso nós também somos cegos?"
41 Disse Jesus: "Se vocês fossem cegos, não seriam culpados
de pecado; mas agora que dizem que podem ver, a culpa de
vocês permanece.

10 O Pastor e o seu Rebanho

"Eu asseguro a vocês que aquele que não entra no
aprisco das ovelhas pela porta, mas sobe por outro lugar, é
ladrão e assaltante. 2 Aquele que entra pela porta é o pastor
das ovelhas. 3 O porteiro abre-lhe a porta, e as ovelhas ouvem
a sua voz. Ele chama as suas ovelhas pelo nome e as leva para
fora. 4 Depois de conduzir para fora todas as suas ovelhas, vai
adiante delas, e estas o seguem, porque conhecem a sua voz.
5 Mas nunca seguirão um estranho; na verdade, fugirão dele,
porque não reconhecem a voz de estranhos". 6 Jesus usou essa
comparação, mas eles não compreenderam o que lhes estava
falando.
7 Então Jesus afirmou de novo: "Digo a verdade: Eu sou a porta
das ovelhas. 8 Todos os que vieram antes de mim eram ladrões
e assaltantes, mas as ovelhas não os ouviram. 9 Eu sou a porta;
quem entra por mim será salvo. Entrará e sairá, e encontrará
pastagem[a]. 10 O ladrão vem apenas para roubar, matar e des-
truir; eu vim para que tenham vida e a tenham plenamente.
11 "Eu sou o bom pastor. O bom pastor dá a sua vida pelas
ovelhas. 12 O assalariado não é o pastor a quem as ovelhas per-

[a] **10.9** Ou *ficará em segurança*

tencem. Assim, quando vê que o lobo vem, abandona as ove-
lhas e foge. Então o lobo ataca o rebanho e o dispersa. 13 Ele
foge porque é assalariado e não se importa com as ovelhas.
14 "Eu sou o bom pastor; conheço as minhas ovelhas, e elas me
conhecem, 15 assim como o Pai me conhece e eu conheço o
Pai; e dou a minha vida pelas ovelhas. 16 Tenho outras ovelhas
que não são deste aprisco. É necessário que eu as conduza
também. Elas ouvirão a minha voz, e haverá um só rebanho e
um só pastor. 17 Por isso é que meu Pai me ama, porque eu dou
a minha vida para retomá-la. 18 Ninguém a tira de mim, mas
eu a dou por minha espontânea vontade. Tenho autoridade
para dá-la e para retomá-la. Esta ordem recebi de meu Pai".
19 Diante dessas palavras, os judeus ficaram outra vez divi-
didos. 20 Muitos deles diziam: "Ele está endemoninhado e
enlouqueceu. Por que ouvi-lo?"
21 Mas outros diziam: "Essas palavras não são de um endemoni-
nhado. Pode um demônio abrir os olhos dos cegos?"

A Incredulidade dos Judeus

22 Celebrava-se a festa da Dedicação, em Jerusalém. Era in-
verno, 23 e Jesus estava no templo, caminhando pelo Pórtico
de Salomão. 24 Os judeus reuniram-se ao redor dele e pergun-
taram: "Até quando nos deixará em suspense? Se é você o
Cristo, diga-nos abertamente".
25 Jesus respondeu: "Eu já disse, mas vocês não creem. As
obras que eu realizo em nome de meu Pai falam por mim,
26 mas vocês não creem, porque não são minhas ovelhas. 27 As
minhas ovelhas ouvem a minha voz; eu as conheço, e elas me
seguem. 28 Eu lhes dou a vida eterna, e elas jamais perecerão;
ninguém as poderá arrancar da minha mão. 29 Meu Pai, que
as deu para mim, é maior do que todos;[a] ninguém as pode
arrancar da mão de meu Pai. 30 Eu e o Pai somos um".
31 Novamente os judeus pegaram pedras para apedrejá-lo,
32 mas Jesus lhes disse: "Eu mostrei muitas boas obras da parte
do Pai. Por qual delas vocês querem me apedrejar?"
33 Responderam os judeus: "Não vamos apedrejá-lo por ne-
nhuma boa obra, mas pela blasfêmia, porque você é um sim-
ples homem e se apresenta como Deus".
34 Jesus lhes respondeu: "Não está escrito na Lei de vocês: 'Eu
disse: Vocês são deuses'[b]? 35 Se ele chamou 'deuses' àqueles
a quem veio a palavra de Deus (e a Escritura não pode ser
anulada), 36 que dizer a respeito daquele a quem o Pai san-
tificou e enviou ao mundo? Então, por que vocês me acusam
de blasfêmia porque eu disse: Sou Filho de Deus? 37 Se eu não
realizo as obras do meu Pai, não creiam em mim. 38 Mas, se
as realizo, mesmo que não creiam em mim, creiam nas obras,
para que possam saber e entender que o Pai está em mim, e
eu no Pai". 39 Outra vez tentaram prendê-lo, mas ele se livrou
das mãos deles.
40 Então Jesus atravessou novamente o Jordão e foi para o
lugar onde João batizava nos primeiros dias do seu ministério.
Ali ficou, 41 e muita gente foi até onde ele estava, dizendo:
"Embora João nunca tenha realizado um sinal milagroso, tudo
o que ele disse a respeito deste homem era verdade". 42 E ali
muitos creram em Jesus.

A Morte de Lázaro

11 Havia um homem chamado Lázaro. Ele era de Betânia, do
povoado de Maria e de sua irmã Marta. E aconteceu que Lázaro
ficou doente. 2 Maria, sua irmã, era a mesma que derramara
perfume sobre o Senhor e lhe enxugara os pés com os cabelos.
3 Então as irmãs de Lázaro mandaram dizer a Jesus: "Senhor,
aquele a quem amas está doente".
4 Ao ouvir isso, Jesus disse: "Essa doença não acabará em
morte; é para a glória de Deus, para que o Filho de Deus seja
glorificado por meio dela". 5 Jesus amava Marta, a irmã dela
e Lázaro. 6 No entanto, quando ouviu falar que Lázaro estava
doente, ficou mais dois dias onde estava.
7 Depois disse aos seus discípulos: "Vamos voltar para a Ju-
deia".
8 Estes disseram: "Mestre, há pouco os judeus tentaram ape-
drejar-te, e assim mesmo vais voltar para lá?"
9 Jesus respondeu: "O dia não tem doze horas? Quem anda de
dia não tropeça, pois vê a luz deste mundo. 10 Quando anda de
noite, tropeça, pois nele não há luz".
11 Depois de dizer isso, prosseguiu dizendo-lhes: "Nosso amigo
Lázaro adormeceu, mas vou até lá para acordá-lo".
12 Seus discípulos responderam: "Senhor, se ele dorme, vai me-
lhorar". 13 Jesus tinha falado de sua morte, mas os seus discí-
pulos pensaram que ele estava falando simplesmente do sono.
14 Então lhes disse claramente: "Lázaro morreu, 15 e para o bem
de vocês estou contente por não ter estado lá, para que vocês
creiam. Mas vamos até ele".
16 Então Tomé, chamado Dídimo[c], disse aos outros discípulos:
"Vamos também para morrermos com ele".

Jesus Conforta as Irmãs de Lázaro

17 Ao chegar, Jesus verificou que Lázaro já estava no sepulcro
havia quatro dias. 18 Betânia distava cerca de três quilômetros[d]
de Jerusalém, 19 e muitos judeus tinham ido visitar Marta e
Maria para confortá-las pela perda do irmão. 20 Quando Marta
ouviu que Jesus estava chegando, foi encontrá-lo, mas Maria
ficou em casa.
21 Disse Marta a Jesus: "Senhor, se estivesses aqui meu irmão
não teria morrido. 22 Mas sei que, mesmo agora, Deus te dará
tudo o que pedires".
23 Disse-lhe Jesus: "O seu irmão vai ressuscitar".
24 Marta respondeu: "Eu sei que ele vai ressuscitar na ressur-
reição, no último dia".
25 Disse-lhe Jesus: "Eu sou a ressurreição e a vida. Aquele que
crê em mim, ainda que morra, viverá; 26 e quem vive e crê em
mim, não morrerá eternamente. Você crê nisso?"

---

[a] **10.29** Muitos manuscritos antigos dizem O que meu Pai me deu é maior do que tudo.
[b] **10.34** Sl 82.6
[c] **11.16** Tanto *Tomé* (aramaico) como *Dídimo* (grego) significam *gêmeo*.
[d] **11.18** Grego: *15 estádios*. Um estádio equivalia a 185 metros.

27 Ela lhe respondeu: "Sim, Senhor, eu tenho crido que tu és o
Cristo, o Filho de Deus que devia vir ao mundo".
28 E depois de dizer isso, foi para casa e, chamando à parte
Maria, disse-lhe: "O Mestre está aqui e está chamando você".
29 Ao ouvir isso, Maria levantou-se depressa e foi ao encontro
dele. 30 Jesus ainda não tinha entrado no povoado, mas estava
no lugar onde Marta o encontrara. 31 Quando notaram que ela
se levantou depressa e saiu, os judeus, que a estavam confortando em casa, seguiram-na, supondo que ela ia ao sepulcro,
para ali chorar. 32 Chegando ao lugar onde Jesus estava e
vendo-o, Maria prostrou-se aos seus pés e disse: "Senhor, se estivesses aqui meu irmão não teria morrido".
33 Ao ver chorando Maria e os judeus que a acompanhavam,
Jesus agitou-se no espírito e perturbou-se.
34 "Onde o colocaram?", perguntou ele. "Vem e vê, Senhor", responderam eles.
35 Jesus chorou.
36 Então os judeus disseram: "Vejam como ele o amava!"
37 Mas alguns deles disseram: "Ele, que abriu os olhos do cego, não poderia ter impedido que este homem morresse?"

Jesus Ressuscita Lázaro

38 Jesus, outra vez profundamente comovido, foi até o sepulcro. Era uma gruta com uma pedra colocada à entrada.
39 "Tirem a pedra", disse ele.
Disse Marta, irmã do morto: "Senhor, ele já cheira mal, pois já faz quatro dias".
40 Disse-lhe Jesus: "Não falei que, se você cresse, veria a glória de Deus?"
41 Então tiraram a pedra. Jesus olhou para cima e disse: "Pai,
eu te agradeço porque me ouviste. 42 Eu sei que sempre me
ouves, mas disse isso por causa do povo que está aqui, para que creia que tu me enviaste".
43 Depois de dizer isso, Jesus bradou em alta voz: "Lázaro,
venha para fora!" 44 O morto saiu, com as mãos e os pés envolvidos em faixas de linho e o rosto envolto num pano. Disse-lhes Jesus: "Tirem as faixas dele e deixem-no ir".

A Conspiração para Matar Jesus

45 Muitos dos judeus que tinham vindo visitar Maria, vendo o
que Jesus fizera, creram nele. 46 Mas alguns deles foram contar
aos fariseus o que Jesus tinha feito. 47 Então os chefes dos
sacerdotes e os fariseus convocaram uma reunião do Sinédrio[a]. "O que estamos fazendo?", perguntaram eles. "Aí está esse
homem realizando muitos sinais milagrosos. 48 Se o deixarmos,
todos crerão nele, e então os romanos virão e tirarão tanto o nosso lugar[b] como a nossa nação."
49 Então um deles, chamado Caifás, que naquele ano era o
sumo sacerdote, tomou a palavra e disse: "Nada sabeis! 50 Não
percebeis que vos é melhor que morra um homem pelo povo, e que não pereça toda a nação".

51 Ele não disse isso de si mesmo, mas, sendo o sumo sacerdote naquele ano, profetizou que Jesus morreria pela nação judaica,
52 e não somente por aquela nação, mas também pelos filhos
de Deus que estão espalhados, para reuni-los num povo. 53 E
daquele dia em diante, resolveram tirar-lhe a vida.
54 Por essa razão, Jesus não andava mais publicamente entre os judeus. Em vez disso, retirou-se para uma região próxima do deserto, para um povoado chamado Efraim, onde ficou com os seus discípulos.
55 Ao se aproximar a Páscoa judaica, muitos foram daquela região para Jerusalém a fim de participarem das purificações ce-
rimoniais antes da Páscoa. 56 Continuavam procurando Jesus e,
no templo, perguntavam uns aos outros: "O que vocês acham?
Será que ele virá à festa?" 57 Mas os chefes dos sacerdotes e os fariseus tinham ordenado que, se alguém soubesse onde Jesus estava, o denunciasse, para que o pudessem prender.

12 Jesus é Ungido em Betânia
(Mt 26.6-13; Mc 14.3-9)

1 Seis dias antes da Páscoa Jesus chegou a Betânia, onde vivia
Lázaro, a quem ressuscitara dos mortos. 2 Ali prepararam um
jantar para Jesus. Marta servia, enquanto Lázaro estava à mesa
com ele. 3 Então Maria pegou um frasco[c] de nardo puro, que era um perfume caro, derramou-o sobre os pés de Jesus e os enxugou com os seus cabelos. E a casa encheu-se com a fragrância do perfume.
4 Mas um dos seus discípulos, Judas Iscariotes, que mais tarde
iria traí-lo, fez uma objeção: 5 "Por que este perfume não foi
vendido, e o dinheiro dado aos pobres? Seriam trezentos dená-
rios[d]". 6 Ele não falou isso por se interessar pelos pobres, mas porque era ladrão; sendo responsável pela bolsa de dinheiro, costumava tirar o que nela era colocado.
7 Respondeu Jesus: "Deixe-a em paz; que o guarde para o dia
do meu sepultamento. 8 Pois os pobres vocês sempre terão
consigo, mas a mim vocês nem sempre terão".
9 Enquanto isso, uma grande multidão de judeus, ao descobrir que Jesus estava ali, veio, não apenas por causa de Jesus, mas também para ver Lázaro, a quem ele ressuscitara dos mortos.
10 Assim, os chefes dos sacerdotes fizeram planos para matar
também Lázaro, 11 pois por causa dele muitos estavam se afastando dos judeus e crendo em Jesus.

A Entrada Triunfal
(Mt 21.1-11; Mc 11.1-11; Lc 19.28-40)

12 No dia seguinte, a grande multidão que tinha vindo para a
festa ouviu falar que Jesus estava chegando a Jerusalém. 13 Pe-
garam ramos de palmeiras e saíram ao seu encontro, gritando: "Hosana![e]" "Bendito é o que vem em nome do Senhor!"[f] "Bendito é o Rei de Israel!"

[a] 11.47 Conselho dos principais líderes do povo judeu.
[b] 11.48 Ou *templo*

[c] 12.3 Grego: *1 litra*. A litra era uma medida de capacidade de cerca de um terço de litro.
[d] 12.5 O denário era uma moeda de prata equivalente à diária de um trabalhador braçal.
[e] 12.13 Expressão hebraica que significa *"Salve!"*, e que se tornou exclamação de louvor.
[f] 12.13 Sl 118.25,26

14 Jesus conseguiu um jumentinho e montou nele, como está
escrito:
15 "Não tenha medo, ó cidade[a] de Sião; eis que o seu rei vem,
montado num jumentinho"[b].
16 A princípio seus discípulos não entenderam isso. Só depois
que Jesus foi glorificado, eles se lembraram de que essas
coisas estavam escritas a respeito dele e lhe foram feitas.
17 A multidão que estava com ele, quando mandara Lázaro sair
do sepulcro e o ressuscitara dos mortos, continuou a espalhar o
fato. 18 Muitas pessoas, por terem ouvido falar que ele realizara
tal sinal milagroso, foram ao seu encontro. 19 E assim os fari-
seus disseram uns aos outros: "Não conseguimos nada. Olhem
como o mundo todo vai atrás dele!"

Jesus Prediz sua Morte

20 Entre os que tinham ido adorar a Deus na festa da Páscoa,
estavam alguns gregos. 21 Eles se aproximaram de Filipe, que
era de Betsaida da Galileia, com um pedido: "Senhor, que-
remos ver Jesus". 22 Filipe foi dizê-lo a André, e os dois juntos
o disseram a Jesus.
23 Jesus respondeu: "Chegou a hora de ser glorificado o Filho
do homem. 24 Digo verdadeiramente que, se o grão de trigo
não cair na terra e não morrer, continuará ele só. Mas, se
morrer, dará muito fruto. 25 Aquele que ama a sua vida a per-
derá; ao passo que aquele que odeia a sua vida neste mundo
a conservará para a vida eterna. 26 Quem me serve precisa se-
guir-me; e, onde estou, o meu servo também estará. Aquele
que me serve, meu Pai o honrará.
27 "Agora meu coração está perturbado, e o que direi? Pai,
salva-me desta hora? Não; eu vim exatamente para isto, para
esta hora. 28 Pai, glorifica o teu nome!" Então veio uma voz
dos céus: "Eu já o glorifiquei e o glorificarei novamente". 29 A
multidão que ali estava e a ouviu disse que tinha trovejado;
outros disseram que um anjo lhe tinha falado.
30 Jesus disse: "Esta voz veio por causa de vocês e não por
minha causa. 31 Chegou a hora de ser julgado este mundo;
agora será expulso o príncipe deste mundo. 32 Mas eu, quando
for levantado da terra, atrairei todos a mim". 33 Ele disse isso
para indicar o tipo de morte que haveria de sofrer.
34 A multidão falou: "A Lei nos ensina que o Cristo permanecerá
para sempre; como podes dizer: 'O Filho do homem precisa ser
levantado'? Quem é esse 'Filho do homem'?"
35 Disse-lhes então Jesus: "Por mais um pouco de tempo a luz
estará entre vocês. Andem enquanto vocês têm a luz, para que
as trevas não os surpreendam, pois aquele que anda nas trevas
não sabe para onde está indo. 36 Creiam na luz enquanto vocês
a têm, para que se tornem filhos da luz". Terminando de falar,
Jesus saiu e ocultou-se deles.

A Incredulidade dos Judeus

37 Mesmo depois que Jesus fez todos aqueles sinais milagrosos,
não creram nele. 38 Isso aconteceu para se cumprir a palavra do
profeta Isaías, que disse:
"Senhor, quem creu em nossa mensagem, e a quem foi reve-
lado o braço do Senhor?"[c]
39 Por esta razão eles não podiam crer, porque, como disse
Isaías noutro lugar:
40 "Cegou os seus olhos e endureceu-lhes o coração, para que
não vejam com os olhos nem entendam com o coração, nem
se convertam, e eu os cure"[d].
41 Isaías disse isso porque viu a glória de Jesus e falou sobre
ele.
42 Ainda assim, muitos líderes dos judeus creram nele. Mas,
por causa dos fariseus, não confessavam a sua fé, com medo
de serem expulsos da sinagoga; 43 pois preferiam a aprovação[e]
dos homens do que a aprovação de Deus.
44 Então Jesus disse em alta voz: "Quem crê em mim, não crê
apenas em mim, mas naquele que me enviou. 45 Quem me vê,
vê aquele que me enviou. 46 Eu vim ao mundo como luz, para
que todo aquele que crê em mim não permaneça nas trevas.
47 "Se alguém ouve as minhas palavras e não lhes obedece,
eu não o julgo. Pois não vim para julgar o mundo, mas para
salvá-lo. 48 Há um juiz para quem me rejeita e não aceita as
minhas palavras; a própria palavra que proferi o condenará
no último dia. 49 Pois não falei por mim mesmo, mas o Pai que
me enviou me ordenou o que dizer e o que falar. 50 Sei que o
seu mandamento é a vida eterna. Portanto, o que eu digo é
exatamente o que o Pai me mandou dizer".

Jesus Lava os Pés dos Discípulos

13 Um pouco antes da festa da Páscoa, sabendo Jesus que
havia chegado o tempo em que deixaria este mundo e iria para
o Pai, tendo amado os seus que estavam no mundo, amou-os
até o fim.[f]
2 Estava sendo servido o jantar, e o Diabo já havia induzido
Judas Iscariotes, filho de Simão, a trair Jesus. 3 Jesus sabia
que o Pai havia colocado todas as coisas debaixo do seu poder,
e que viera de Deus e estava voltando para Deus; 4 assim, le-
vantou-se da mesa, tirou sua capa e colocou uma toalha em
volta da cintura. 5 Depois disso, derramou água numa bacia e
começou a lavar os pés dos seus discípulos, enxugando-os com
a toalha que estava em sua cintura.
6 Chegou-se a Simão Pedro, que lhe disse: "Senhor, vais lavar
os meus pés?"
7 Respondeu Jesus: "Você não compreende agora o que estou
fazendo a você; mais tarde, porém, entenderá".
8 Disse Pedro: "Não; nunca lavarás os meus pés!". Jesus res-
pondeu: "Se eu não os lavar, você não terá parte comigo".
9 Respondeu Simão Pedro: "Então, Senhor, não apenas os
meus pés, mas também as minhas mãos e a minha cabeça!"

a 12.15 Grego: *filha*.
b 12.15 Zc 9.9
c 12.38 Is 53.1
d 12.40 Is 6.10
e 12.43 Grego: *glória*.
f 13.1 Ou *mostrou-lhes então que os amava perfeitamente*.

10 Respondeu Jesus: "Quem já se banhou precisa apenas lavar
os pés; todo o seu corpo está limpo. Vocês estão limpos, mas
nem todos". 11 Pois ele sabia quem iria traí-lo e, por isso, disse
que nem todos estavam limpos.
12 Quando terminou de lavar-lhes os pés, Jesus tornou a vestir
sua capa e voltou ao seu lugar. Então lhes perguntou: "Vocês
entendem o que fiz a vocês? 13 Vocês me chamam 'Mestre' e
'Senhor', e com razão, pois eu o sou. 14 Pois bem, se eu, sendo
Senhor e Mestre de vocês, lavei os seus pés, vocês também
devem lavar os pés uns dos outros. 15 Eu dei o exemplo, para
que vocês façam como lhes fiz. 16 Digo verdadeiramente que
nenhum escravo é maior do que o seu senhor, como também
nenhum mensageiro[a] é maior do que aquele que o enviou.
17 Agora que vocês sabem estas coisas, felizes serão se as pra-
ticarem.

Jesus Prediz que Será Traído
(Mt 26.17-30; Mc 14.12-26; Lc 22.7-23)

18 "Não estou me referindo a todos vocês; conheço os que
escolhi. Mas isto acontece para que se cumpra a Escritura:
'Aquele que partilhava do meu pão voltou-se contra mim[b]'.
19 "Estou dizendo antes que aconteça, a fim de que, quando
acontecer, vocês creiam que Eu Sou[c]. 20 Eu garanto: Quem re-
ceber aquele que eu enviar estará me recebendo; e quem me
recebe recebe aquele que me enviou".
21 Depois de dizer isso, Jesus perturbou-se em espírito e de-
clarou: "Digo que certamente um de vocês me trairá".
22 Seus discípulos olharam uns para os outros, sem saber a
quem ele se referia. 23 Um deles, o discípulo a quem Jesus
amava, estava reclinado ao lado dele. 24 Simão Pedro fez sinais
para esse discípulo, como a dizer: "Pergunte-lhe a quem ele
está se referindo".
25 Inclinando-se esse discípulo para Jesus, perguntou-lhe: "Se-
nhor, quem é?"
26 Respondeu Jesus: "Aquele a quem eu der este pedaço de
pão molhado no prato". Então, molhando o pedaço de pão,
deu-o a Judas Iscariotes, filho de Simão. 27 Tão logo Judas
comeu o pão, Satanás entrou nele. "O que você está para
fazer, faça depressa", disse-lhe Jesus. 28 Mas ninguém à mesa
entendeu por que Jesus lhe disse isso. 29 Visto que Judas era o
encarregado do dinheiro, alguns pensaram que Jesus estava
lhe dizendo que comprasse o necessário para a festa, ou que
desse algo aos pobres. 30 Assim que comeu o pão, Judas saiu.
E era noite.

Jesus Prediz que Pedro o Negará
(Mt 26.31-35; Mc 14.27-31; Lc 22.31-34)

31 Depois que Judas saiu, Jesus disse: "Agora o Filho do homem
é glorificado, e Deus é glorificado nele. 32 Se Deus é glorificado
nele,[d] Deus também glorificará o Filho nele mesmo, e o glo-
rificará em breve.
33 "Meus filhinhos, vou estar com vocês apenas mais um pouco.
Vocês procurarão por mim e, como eu disse aos judeus, agora
digo a vocês: Para onde eu vou, vocês não podem ir.
34 "Um novo mandamento dou a vocês: Amem-se uns aos ou-
tros. Como eu os amei, vocês devem amar-se uns aos outros.
35 Com isso todos saberão que vocês são meus discípulos, se
vocês se amarem uns aos outros".
36 Simão Pedro lhe perguntou: "Senhor, para onde vais?"
Jesus respondeu: "Para onde vou, vocês não podem seguir-me
agora, mas me seguirão mais tarde".
37 Pedro perguntou: "Senhor, por que não posso seguir-te
agora? Darei a minha vida por ti!"
38 Então Jesus respondeu: "Você dará a vida por mim? Asseguro
que, antes que o galo cante, você me negará três vezes!

Jesus Fortalece os seus Discípulos

14 "Não se perturbe o coração de vocês. Creiam em Deus;[e]
creiam também em mim. 2 Na casa de meu Pai há muitos apo-
sentos; se não fosse assim, eu teria dito a vocês. Vou preparar
lugar para vocês.[f] 3 E, quando eu for e preparar lugar, voltarei
e os levarei para mim, para que vocês estejam onde eu estiver.
4 Vocês conhecem o caminho para onde vou".

Jesus, o Caminho para o Pai

5 Disse-lhe Tomé: "Senhor, não sabemos para onde vais; como
então podemos saber o caminho?"
6 Respondeu Jesus: "Eu sou o caminho, a verdade e a vida.
Ninguém vem ao Pai, a não ser por mim. 7 Se vocês realmente
me conhecessem, conheceriam[g] também o meu Pai. Já agora
vocês o conhecem e o têm visto".
8 Disse Filipe: "Senhor, mostra-nos o Pai, e isso nos basta".
9 Jesus respondeu: "Você não me conhece, Filipe, mesmo de-
pois de eu ter estado com vocês durante tanto tempo? Quem
me vê, vê o Pai. Como você pode dizer: 'Mostra-nos o Pai'?
10 Você não crê que eu estou no Pai e que o Pai está em mim?
As palavras que eu digo não são apenas minhas. Ao contrário, o
Pai, que vive em mim, está realizando a sua obra. 11 Creiam em
mim quando digo que estou no Pai e que o Pai está em mim; ou
pelo menos creiam por causa das mesmas obras. 12 Digo a ver-
dade: Aquele que crê em mim fará também as obras que tenho
realizado. Fará coisas ainda maiores do que estas, porque eu
estou indo para o Pai. 13 E eu farei o que vocês pedirem em meu
nome, para que o Pai seja glorificado no Filho. 14 O que vocês
pedirem em meu nome, eu farei.

Jesus Promete o Espírito Santo

15 "Se vocês me amam, obedecerão aos meus mandamentos.
16 E eu pedirei ao Pai, e ele dará a vocês outro Conselheiro

a 13.16 Grego: *apóstolo*.
b 13.18 Grego: *levantou o calcanhar contra mim*. Sl 41.9
c 13.19 Uma referência ao nome de Deus.
d 13.32 Vários manuscritos não trazem *Se Deus é glorificado nele*.
e 14.1 Ou *Vocês creem em Deus;*
f 14.2 Ou *não teria eu dito a vocês que vou preparar lugar para vocês?*
g 14.7 Alguns manuscritos dizem *me têm conhecido, conhecerão*

para estar com vocês para sempre, 17 o Espírito da verdade. O
mundo não pode recebê-lo, porque não o vê nem o conhece.
Mas vocês o conhecem, pois ele vive com vocês e estará[a] em
vocês. 18 Não os deixarei órfãos; voltarei para vocês. 19 Dentro
de pouco tempo o mundo não me verá mais; vocês, porém, me
verão. Porque eu vivo, vocês também viverão. 20 Naquele dia,
compreenderão que estou em meu Pai, vocês em mim, e eu
em vocês. 21 Quem tem os meus mandamentos e lhes obedece,
esse é o que me ama. Aquele que me ama será amado por meu
Pai, e eu também o amarei e me revelarei a ele".

22 Disse então Judas (não o Iscariotes): "Senhor, mas por que
te revelarás a nós e não ao mundo?"

23 Respondeu Jesus: "Se alguém me ama, obedecerá à minha
palavra. Meu Pai o amará, nós viremos a ele e faremos morada
nele. 24 Aquele que não me ama não obedece às minhas pala-
vras. Estas palavras que vocês estão ouvindo não são minhas;
são de meu Pai que me enviou.

25 "Tudo isso tenho dito enquanto ainda estou com vocês.
26 Mas o Conselheiro, o Espírito Santo, que o Pai enviará em
meu nome, ensinará a vocês todas as coisas e fará vocês lem-
brarem tudo o que eu disse. 27 Deixo a paz a vocês; a minha paz
dou a vocês. Não a dou como o mundo a dá. Não se perturbe o
seu coração, nem tenham medo.

28 "Vocês me ouviram dizer: Vou, mas volto para vocês. Se
vocês me amassem, ficariam contentes porque vou para o Pai,
pois o Pai é maior do que eu. 29 Isso eu digo agora, antes que
aconteça, para que, quando acontecer, vocês creiam. 30 Já
não falarei muito, pois o príncipe deste mundo está vindo. Ele
não tem nenhum direito sobre mim. 31 Todavia é preciso que
o mundo saiba que eu amo o Pai e que faço o que meu Pai me
ordenou. Levantem-se, vamo-nos daqui!

15 A Videira e os Ramos

"Eu sou a videira verdadeira, e meu Pai é o agricultor.
2 Todo ramo que, estando em mim, não dá fruto, ele corta;
e todo que dá fruto ele poda[b], para que dê mais fruto ainda.
3 Vocês já estão limpos, pela palavra que tenho falado. 4 Perma-
neçam em mim, e eu permanecerei em vocês. Nenhum ramo
pode dar fruto por si mesmo se não permanecer na videira.
Vocês também não podem dar fruto se não permanecerem
em mim.

5 "Eu sou a videira; vocês são os ramos. Se alguém permanecer
em mim e eu nele, esse dará muito fruto; pois sem mim vocês
não podem fazer coisa alguma. 6 Se alguém não permanecer
em mim, será como o ramo que é jogado fora e seca. Tais
ramos são apanhados, lançados ao fogo e queimados. 7 Se
vocês permanecerem em mim, e as minhas palavras permane-
cerem em vocês, pedirão o que quiserem, e será concedido.
8 Meu Pai é glorificado pelo fato de vocês darem muito fruto; e
assim serão meus discípulos.

9 "Como o Pai me amou, assim eu os amei; permaneçam no
meu amor. 10 Se vocês obedecerem aos meus mandamentos,
permanecerão no meu amor, assim como tenho obedecido aos
mandamentos de meu Pai e em seu amor permaneço. 11 Tenho
dito estas palavras para que a minha alegria esteja em vocês
e a alegria de vocês seja completa. 12 O meu mandamento é
este: Amem-se uns aos outros como eu os amei. 13 Ninguém
tem maior amor do que aquele que dá a sua vida pelos seus
amigos. 14 Vocês serão meus amigos, se fizerem o que eu or-
deno. 15 Já não os chamo servos, porque o servo não sabe
o que o seu senhor faz. Em vez disso, eu os tenho chamado
amigos, porque tudo o que ouvi de meu Pai eu tornei conhecido
a vocês. 16 Vocês não me escolheram, mas eu os escolhi para
irem e darem fruto, fruto que permaneça, a fim de que o Pai
conceda a vocês o que pedirem em meu nome. 17 Este é o meu
mandamento: Amem-se uns aos outros.

O Mundo Odeia os Discípulos

18 "Se o mundo os odeia, tenham em mente que antes me
odiou. 19 Se vocês pertencessem ao mundo, ele os amaria
como se fossem dele. Todavia, vocês não são do mundo, mas
eu os escolhi, tirando-os do mundo; por isso o mundo os odeia.
20 Lembrem-se das palavras que eu disse: Nenhum escravo é
maior do que o seu senhor.[c] Se me perseguiram, também
perseguirão vocês. Se obedeceram à minha palavra, também
obedecerão à de vocês. 21 Tratarão assim vocês por causa do
meu nome, pois não conhecem aquele que me enviou. 22 Se
eu não tivesse vindo e falado a vocês, não seriam culpados de
pecado. Agora, contudo, eles não têm desculpa para o seu
pecado. 23 Aquele que me odeia, também odeia o meu Pai.
24 Se eu não tivesse realizado no meio deles obras que ninguém
mais fez, eles não seriam culpados de pecado. Mas agora eles
as viram e odiaram a mim e a meu Pai. 25 Mas isto aconteceu
para se cumprir o que está escrito na Lei deles: 'Odiaram-me
sem razão'[d].

26 "Quando vier o Conselheiro, que eu enviarei a vocês da parte
do Pai, o Espírito da verdade que provém do Pai, ele testemu-
nhará a meu respeito. 27 E vocês também testemunharão, pois
estão comigo desde o princípio.

16

"Eu tenho dito tudo isso para que vocês não venham a tro-
peçar. 2 Vocês serão expulsos das sinagogas; de fato, virá
o tempo quando quem os matar pensará que está prestando
culto a Deus. 3 Farão essas coisas porque não conheceram nem
o Pai, nem a mim. 4 Estou dizendo isto para que, quando chegar
a hora, lembrem-se de que eu os avisei. Não disse isso a vocês
no princípio, porque eu estava com vocês.

A Obra do Espírito Santo

5 "Agora que vou para aquele que me enviou, nenhum de vocês
me pergunta: 'Para onde vais?' 6 Porque falei estas coisas, o
coração de vocês encheu-se de tristeza. 7 Mas eu afirmo que é

[a] **14.17** Alguns manuscritos dizem *está*.
[b] **15.2** O termo grego traduzido como *poda* também significa *limpa*.
[c] **15.20** Jo 13.16
[d] **15.25** Sl 35.19; 69.4

para o bem de vocês que eu vou. Se eu não for, o Conselheiro
não virá para vocês; mas, se eu for, eu o enviarei. 8 Quando ele
vier, convencerá o mundo do pecado, da justiça e do juízo. 9 Do
pecado, porque os homens não creem em mim; 10 da justiça,
porque vou para o Pai, e vocês não me verão mais; 11 e do juízo,
porque o príncipe deste mundo já está condenado.
12 "Tenho ainda muito que dizer, mas vocês não o podem su-
portar agora. 13 Mas, quando o Espírito da verdade vier, ele
os guiará a toda a verdade. Não falará de si mesmo; falará
apenas o que ouvir, e anunciará a vocês o que está por vir.
14 Ele me glorificará, porque receberá do que é meu e o tornará
conhecido a vocês. 15 Tudo o que pertence ao Pai é meu. Por
isso eu disse que o Espírito receberá do que é meu e o tornará
conhecido a vocês.
16 "Mais um pouco e já não me verão; um pouco mais, e me
verão de novo".

A Tristeza dos Discípulos Será Transformada em Alegria

17 Alguns dos seus discípulos disseram uns aos outros: "O que
ele quer dizer com isso: 'Mais um pouco e não me verão'; e
'um pouco mais e me verão de novo', e 'porque vou para o
Pai'?" 18 E perguntavam: "Que quer dizer 'um pouco mais'?
Não entendemos o que ele está dizendo".
19 Jesus percebeu que desejavam interrogá-lo a respeito disso,
pelo que lhes disse: "Vocês estão perguntando uns aos outros
o que eu quis dizer quando falei: Mais um pouco e não me
verão; um pouco mais e me verão de novo? 20 Digo que cer-
tamente vocês chorarão e se lamentarão, mas o mundo se
alegrará. Vocês se entristecerão, mas a tristeza de vocês se
transformará em alegria. 21 A mulher que está dando à luz sente
dores, porque chegou a sua hora; mas, quando o bebê nasce,
ela esquece a angústia, por causa da alegria de ter vindo ao
mundo. 22 Assim acontece com vocês: agora é hora de tristeza
para vocês, mas eu os verei outra vez, e vocês se alegrarão,
e ninguém tirará essa alegria de vocês. 23 Naquele dia, vocês
não me perguntarão mais nada. Eu asseguro que meu Pai dará
a vocês tudo o que pedirem em meu nome. 24 Até agora vocês
não pediram nada em meu nome. Peçam e receberão, para
que a alegria de vocês seja completa.
25 "Embora eu tenha falado por meio de figuras, vem a hora
em que não usarei mais esse tipo de linguagem, mas falarei
abertamente a respeito de meu Pai. 26 Nesse dia, vocês pedirão
em meu nome. Não digo que pedirei ao Pai em favor de vocês,
27 pois o próprio Pai os ama, porquanto vocês me amaram e
creram que eu vim de Deus. 28 Eu vim do Pai e entrei no mundo;
agora deixo o mundo e volto para o Pai".
29 Então os discípulos de Jesus disseram: "Agora estás falando
claramente, e não por figuras. 30 Agora podemos perceber que
sabes todas as coisas e nem precisas que te façam perguntas.
Por isso cremos que vieste de Deus".
31 Respondeu Jesus: "Agora vocês creem? 32 Aproxima-se a
hora, e já chegou, quando vocês serão espalhados cada um
para a sua casa. Vocês me deixarão sozinho. Mas eu não estou
sozinho, pois meu Pai está comigo.
33 "Eu disse essas coisas para que em mim vocês tenham paz.
Neste mundo vocês terão aflições; contudo, tenham ânimo!
Eu venci o mundo".

Jesus Ora por si mesmo

17 Depois de dizer isso, Jesus olhou para o céu e orou: "Pai,
chegou a hora. Glorifica o teu Filho, para que o teu Filho te glo-
rifique. 2 Pois lhe deste autoridade sobre toda a humanidade[a],
para que conceda a vida eterna a todos os que lhe deste. 3 Esta
é a vida eterna: que te conheçam, o único Deus verdadeiro, e
a Jesus Cristo, a quem enviaste. 4 Eu te glorifiquei na terra,
completando a obra que me deste para fazer. 5 E agora, Pai,
glorifica-me junto a ti, com a glória que eu tinha contigo antes
que o mundo existisse.

Jesus Ora por seus Discípulos

6 "Eu revelei teu nome àqueles que do mundo me deste. Eles
eram teus; tu os deste a mim, e eles têm obedecido à tua
palavra. 7 Agora eles sabem que tudo o que me deste vem de
ti. 8 Pois eu lhes transmiti as palavras que me deste, e eles as
aceitaram. Eles reconheceram de fato que vim de ti e creram
que me enviaste. 9 Eu rogo por eles. Não estou rogando pelo
mundo, mas por aqueles que me deste, pois são teus. 10 Tudo
o que tenho é teu, e tudo o que tens é meu. E eu tenho sido
glorificado por meio deles. 11 Não ficarei mais no mundo, mas
eles ainda estão no mundo, e eu vou para ti. Pai santo, pro-
tege-os em teu nome, o nome que me deste, para que sejam
um, assim como somos um. 12 Enquanto estava com eles, eu
os protegi e os guardei no nome que me deste. Nenhum deles
se perdeu, a não ser aquele que estava destinado à perdição[b],
para que se cumprisse a Escritura.
13 "Agora vou para ti, mas digo estas coisas enquanto ainda
estou no mundo, para que eles tenham a plenitude da minha
alegria. 14 Dei-lhes a tua palavra, e o mundo os odiou, pois eles
não são do mundo, como eu também não sou. 15 Não rogo que
os tires do mundo, mas que os protejas do Maligno. 16 Eles não
são do mundo, como eu também não sou. 17 Santifica-os na
verdade; a tua palavra é a verdade. 18 Assim como me enviaste
ao mundo, eu os enviei ao mundo. 19 Em favor deles eu me san-
tifico, para que também eles sejam santificados pela verdade.

Jesus Ora por Todos os Crentes

20 "Minha oração não é apenas por eles. Rogo também por
aqueles que crerão em mim, por meio da mensagem deles,
21 para que todos sejam um, Pai, como tu estás em mim e eu
em ti. Que eles também estejam em nós, para que o mundo
creia que tu me enviaste. 22 Dei-lhes a glória que me deste,
para que eles sejam um, assim como nós somos um: 23 eu neles
e tu em mim. Que eles sejam levados à plena unidade, para

---

a 17.2 Grego: *carne.*

b 17.12 Grego: *a não ser o filho da perdição.*

que o mundo saiba que tu me enviaste, e os amaste como
igualmente me amaste.
24 "Pai, quero que os que me deste estejam comigo onde eu
estou e vejam a minha glória, a glória que me deste porque me
amaste antes da criação do mundo.
25 "Pai justo, embora o mundo não te conheça, eu te conheço,
e estes sabem que me enviaste. 26 Eu os fiz conhecer o teu
nome e continuarei a fazê-lo, a fim de que o amor que tens por
mim esteja neles, e eu neles esteja".

18 Jesus é Preso
(Mt 26.47-56; Mc 14.43-50; Lc 22.47-53)

1 Tendo terminado de orar, Jesus saiu com os seus discípulos
e atravessou o vale do Cedrom. Do outro lado havia um olival,
onde entrou com eles.
2 Ora, Judas, o traidor, conhecia aquele lugar, porque Jesus
muitas vezes se reunira ali com os seus discípulos. 3 Então
Judas foi para o olival, levando consigo um destacamento de
soldados e alguns guardas enviados pelos chefes dos sacer-
dotes e fariseus, levando tochas, lanternas e armas.
4 Jesus, sabendo tudo o que lhe ia acontecer, saiu e lhes per-
guntou: "A quem vocês estão procurando?"
5 "A Jesus de Nazaré", responderam eles. "Sou eu", disse
Jesus. (E Judas, o traidor, estava com eles.) 6 Quando Jesus
disse: "Sou eu", eles recuaram e caíram por terra.
7 Novamente lhes perguntou: "A quem procuram?" E eles dis-
seram: "A Jesus de Nazaré".
8 Respondeu Jesus: "Já disse a vocês que sou eu. Se vocês
estão me procurando, deixem ir embora estes homens". 9 Isso
aconteceu para que se cumprissem as palavras que ele dissera:
"Não perdi nenhum dos que me deste"[a].
10 Simão Pedro, que trazia uma espada, tirou-a e feriu o servo
do sumo sacerdote, decepando-lhe a orelha direita. (O nome
daquele servo era Malco.)
11 Jesus, porém, ordenou a Pedro: "Guarde a espada! Acaso não
haverei de beber o cálice que o Pai me deu?"

Jesus é Levado a Anás

12 Assim, o destacamento de soldados com o seu comandante
e os guardas dos judeus prenderam Jesus. Amarraram-no 13 e
o levaram primeiramente a Anás, que era sogro de Caifás, o
sumo sacerdote naquele ano. 14 Caifás era quem tinha dito aos
judeus que seria bom que um homem morresse pelo povo.

Pedro Nega Jesus
(Mt 26.69,70; Mc 14.66-68; Lc 22.54-57)

15 Simão Pedro e outro discípulo estavam seguindo Jesus. Por
ser conhecido do sumo sacerdote, este discípulo entrou com
Jesus no pátio da casa do sumo sacerdote, 16 mas Pedro teve
que ficar esperando do lado de fora da porta. O outro discípulo,
que era conhecido do sumo sacerdote, voltou, falou com a
moça encarregada da porta e fez Pedro entrar.
17 Ela então perguntou a Pedro: "Você não é um dos discípulos
desse homem?"
Ele respondeu: "Não sou".
18 Fazia frio; os servos e os guardas estavam ao redor de uma
fogueira que haviam feito para se aquecerem. Pedro também
estava em pé com eles, aquecendo-se.

O Sumo Sacerdote Interroga Jesus

19 Enquanto isso, o sumo sacerdote interrogou Jesus acerca dos
seus discípulos e dos seus ensinamentos.
20 Respondeu-lhe Jesus: "Eu falei abertamente ao mundo;
sempre ensinei nas sinagogas e no templo, onde todos os ju-
deus se reúnem. Nada disse em segredo. 21 Por que me inter-
rogas? Pergunta aos que me ouviram. Certamente eles sabem
o que eu disse".
22 Quando Jesus disse isso, um dos guardas que estava perto
bateu-lhe no rosto. "Isso é jeito de responder ao sumo sacer-
dote?", perguntou ele.
23 Respondeu Jesus: "Se eu disse algo de mal, denuncie o mal.
Mas, se falei a verdade, por que me bateu?" 24 Então, Anás
enviou[b] Jesus, de mãos amarradas, a Caifás, o sumo sacerdote.

Pedro Nega Jesus Mais Duas Vezes
(Mt 26.71-75; Mc 14.69-72; Lc 22.58-62)

25 Enquanto Simão Pedro estava se aquecendo, perguntaram-
-lhe: "Você não é um dos discípulos dele?" Ele negou, dizendo:
"Não sou".
26 Um dos servos do sumo sacerdote, parente do homem cuja
orelha Pedro cortara, insistiu: "Eu não o vi com ele no olival?"
27 Mais uma vez Pedro negou, e no mesmo instante um galo
cantou.

Jesus diante de Pilatos

28 Em seguida, os judeus levaram Jesus da casa de Caifás para
o Pretório[c]. Já estava amanhecendo e, para evitar contami-
nação cerimonial, os judeus não entraram no Pretório; pois
queriam participar da Páscoa. 29 Então Pilatos saiu para falar
com eles e perguntou: "Que acusação vocês têm contra este
homem?"
30 Responderam eles: "Se ele não fosse criminoso, não o te-
ríamos entregado a ti".
31 Pilatos disse: "Levem-no e julguem-no conforme a lei de
vocês". "Mas nós não temos o direito de executar ninguém",
protestaram os judeus. 32 Isso aconteceu para que se cum-
prissem as palavras que Jesus tinha dito, indicando a espécie
de morte que ele estava para sofrer.
33 Pilatos então voltou para o Pretório, chamou Jesus e lhe per-
guntou: "Você é o rei dos judeus?"
34 Perguntou-lhe Jesus: "Essa pergunta é tua, ou outros te fa-
laram a meu respeito?"
35 Respondeu Pilatos: "Acaso sou judeu? Foram o seu povo e

[a] **18.9** Jo 6.39

[b] **18.24** Ou *Ora, Anás havia enviado*

[c] **18.28** Residência oficial do governador romano; também no versículo 33.

os chefes dos sacerdotes que o entregaram a mim. Que foi
que você fez?"
36 Disse Jesus: "O meu Reino não é deste mundo. Se fosse,
os meus servos lutariam para impedir que os judeus me pren-
dessem. Mas agora o meu Reino não é daqui".
37 "Então, você é rei!", disse Pilatos. Jesus respondeu: "Tu
dizes que sou rei. De fato, por esta razão nasci e para isto vim
ao mundo: para testemunhar da verdade. Todos os que são da
verdade me ouvem".
38 "Que é a verdade?", perguntou Pilatos. Ele disse isso e saiu
novamente para onde estavam os judeus, e disse: "Não acho
nele motivo algum de acusação. 39 Contudo, segundo o cos-
tume de vocês, devo libertar um prisioneiro por ocasião da
Páscoa. Querem que eu solte 'o rei dos judeus'?"
40 Eles, em resposta, gritaram: "Não, ele não! Queremos Bar-
rabás!" Ora, Barrabás era um bandido.

19 Jesus é Condenado à Crucificação

Então Pilatos mandou açoitar Jesus. 2 Os soldados te-
ceram uma coroa de espinhos e a puseram na cabeça dele.
Vestiram-no com uma capa de púrpura, 3 e, chegando-se a ele,
diziam: "Salve, rei dos judeus!" E batiam-lhe no rosto.
4 Mais uma vez, Pilatos saiu e disse aos judeus: "Vejam, eu o
estou trazendo a vocês, para que saibam que não acho nele
motivo algum de acusação". 5 Quando Jesus veio para fora,
usando a coroa de espinhos e a capa de púrpura, disse-lhes
Pilatos: "Eis o homem!"
6 Ao vê-lo, os chefes dos sacerdotes e os guardas gritaram:
"Crucifica-o! Crucifica-o!"
Mas Pilatos respondeu: "Levem-no vocês e crucifiquem-no.
Quanto a mim, não encontro base para acusá-lo".
7 Os judeus insistiram: "Temos uma lei e, de acordo com essa
lei, ele deve morrer, porque se declarou Filho de Deus".
8 Ao ouvir isso, Pilatos ficou ainda mais amedrontado 9 e voltou
para dentro do palácio. Então perguntou a Jesus: "De onde
você vem?", mas Jesus não lhe deu resposta. 10 "Você se nega
a falar comigo?", disse Pilatos. "Não sabe que eu tenho auto-
ridade para libertá-lo e para crucificá-lo?"
11 Jesus respondeu: "Não terias nenhuma autoridade sobre
mim se esta não te fosse dada de cima. Por isso, aquele que
me entregou a ti é culpado de um pecado maior".
12 Daí em diante Pilatos procurou libertar Jesus, mas os judeus
gritavam: "Se deixares esse homem livre, não és amigo de
César. Quem se diz rei opõe-se a César".
13 Ao ouvir isso, Pilatos trouxe Jesus para fora e sentou-se na
cadeira de juiz, num lugar conhecido como Pavimento de Pedra
(que em aramaico é Gábata). 14 Era o Dia da Preparação na
semana da Páscoa, por volta das seis horas da manhã[a]. "Eis o
rei de vocês", disse Pilatos aos judeus.
15 Mas eles gritaram: "Mata! Mata! Crucifica-o!" "Devo cruci-
ficar o rei de vocês?", perguntou Pilatos. "Não temos rei, senão
César", responderam os chefes dos sacerdotes.
16 Finalmente Pilatos o entregou a eles para ser crucificado.

A Crucificação
(Mt 27.32-44; Mc 15.21-32; Lc 23.26-43)

Então os soldados encarregaram-se de Jesus. 17 Levando a sua
própria cruz, ele saiu para o lugar chamado Caveira (que em
aramaico é chamado Gólgota). 18 Ali o crucificaram, e com ele
dois outros, um de cada lado de Jesus.
19 Pilatos mandou preparar uma placa e pregá-la na cruz, com
a seguinte inscrição: JESUS NAZARENO, O REI DOS JUDEUS.
20 Muitos dos judeus leram a placa, pois o lugar em que Jesus
foi crucificado ficava próximo da cidade, e a placa estava es-
crita em aramaico, latim e grego. 21 Os chefes dos sacerdotes
dos judeus protestaram junto a Pilatos: "Não escrevas 'O Rei
dos Judeus', mas sim que esse homem se dizia rei dos judeus".
22 Pilatos respondeu: "O que escrevi, escrevi".
23 Tendo crucificado Jesus, os soldados tomaram as roupas
dele e as dividiram em quatro partes, uma para cada um deles,
restando a túnica. Esta, porém, era sem costura, tecida numa
única peça, de alto a baixo.
24 "Não a rasguemos", disseram uns aos outros. "Vamos de-
cidir por sorteio quem ficará com ela."
Isso aconteceu para que se cumprisse a Escritura que diz:
"Dividiram as minhas roupas entre si, e tiraram sortes pelas
minhas vestes"[b].
Foi o que os soldados fizeram.
25 Perto da cruz de Jesus estavam sua mãe, a irmã dela, Maria,
mulher de Clopas, e Maria Madalena. 26 Quando Jesus viu sua
mãe ali, e, perto dela, o discípulo a quem ele amava, disse
à sua mãe: "Aí está o seu filho", 27 e ao discípulo: "Aí está a
sua mãe". Daquela hora em diante, o discípulo a recebeu em
sua família.

A Morte de Jesus
(Mt 27.45-56; Mc 15.33-41; Lc 23.44-49)

28 Mais tarde, sabendo então que tudo estava concluído, para
que a Escritura se cumprisse, Jesus disse: "Tenho sede". 29 Es-
tava ali uma vasilha cheia de vinagre. Então embeberam uma
esponja nela, colocaram a esponja na ponta de um caniço
de hissopo e a ergueram até os lábios de Jesus. 30 Tendo-o
provado, Jesus disse: "Está consumado!" Com isso, curvou a
cabeça e entregou o espírito.
31 Era o Dia da Preparação e o dia seguinte seria um sábado
especialmente sagrado. Como não queriam que os corpos
permanecessem na cruz durante o sábado, os judeus pediram
a Pilatos que mandasse quebrar as pernas dos crucificados e
retirar os corpos. 32 Vieram, então, os soldados e quebraram
as pernas do primeiro homem que fora crucificado com Jesus
e, em seguida, as do outro. 33 Mas, quando chegaram a Jesus,
constatando que já estava morto, não lhe quebraram as
pernas. 34 Em vez disso, um dos soldados perfurou o lado de
Jesus com uma lança, e logo saiu sangue e água. 35 Aquele que

a 19.14 Conforme o sistema oficial romano.

b 19.24 Sl 22.18

o viu, disso deu testemunho, e o seu testemunho é verdadeiro.
Ele sabe que está dizendo a verdade, e dela testemunha para
que vocês também creiam. 36 Estas coisas aconteceram para
que se cumprisse a Escritura: "Nenhum dos seus ossos será
quebrado"[a], 37 e, como diz a Escritura noutro lugar: "Olharão
para aquele que traspassaram"[b].

O Sepultamento de Jesus
(Mt 27.57-61; Mc 15.42-47; Lc 23.50-56)

38 Depois disso José de Arimateia pediu a Pilatos o corpo de
Jesus. José era discípulo de Jesus, mas o era secretamente,
porque tinha medo dos judeus. Com a permissão de Pilatos,
veio e levou embora o corpo. 39 Ele estava acompanhado de
Nicodemos, aquele que antes tinha visitado Jesus à noite. Ni-
codemos levou cerca de trinta e quatro quilos[c] de uma mistura
de mirra e aloés. 40 Tomando o corpo de Jesus, os dois o en-
volveram em faixas de linho, com as especiarias, de acordo
com os costumes judaicos de sepultamento. 41 No lugar onde
Jesus foi crucificado havia um jardim; e no jardim, um sepulcro
novo, onde ninguém jamais fora colocado. 42 Por ser o Dia da
Preparação dos judeus, e visto que o sepulcro ficava perto,
colocaram Jesus ali.

20 A Ressurreição
(Mt 28.1-10; Mc 16.1-8; Lc 24.1-12)

1 No primeiro dia da semana, bem cedo, estando ainda escuro,
Maria Madalena chegou ao sepulcro e viu que a pedra da en-
trada tinha sido removida. 2 Então correu ao encontro de Simão
Pedro e do outro discípulo, aquele a quem Jesus amava, e
disse: "Tiraram o Senhor do sepulcro, e não sabemos onde
o colocaram!"
3 Pedro e o outro discípulo saíram e foram para o sepulcro. 4 Os
dois corriam, mas o outro discípulo foi mais rápido que Pedro
e chegou primeiro ao sepulcro. 5 Ele se curvou e olhou para
dentro, viu as faixas de linho ali, mas não entrou. 6 A seguir,
Simão Pedro, que vinha atrás dele, chegou, entrou no sepulcro
e viu as faixas de linho, 7 bem como o lenço que estivera sobre
a cabeça de Jesus. Ele estava dobrado à parte, separado das
faixas de linho. 8 Depois o outro discípulo, que chegara primeiro
ao sepulcro, também entrou. Ele viu e creu. 9 (Eles ainda não
haviam compreendido que, conforme a Escritura, era neces-
sário que Jesus ressuscitasse dos mortos.)

Jesus Aparece a Maria Madalena

10 Os discípulos voltaram para casa. 11 Maria, porém, ficou à
entrada do sepulcro, chorando. Enquanto chorava, curvou-se
para olhar dentro do sepulcro 12 e viu dois anjos vestidos de
branco, sentados onde estivera o corpo de Jesus, um à cabe-
ceira e o outro aos pés.
13 Eles lhe perguntaram: "Mulher, por que você está cho-
rando?" "Levaram embora o meu Senhor", respondeu ela, "e
não sei onde o puseram". 14 Nisso ela se voltou e viu Jesus ali,
em pé, mas não o reconheceu.
15 Disse ele: "Mulher, por que está chorando? Quem você está
procurando?" Pensando que fosse o jardineiro, ela disse: "Se
o senhor o levou embora, diga-me onde o colocou, e eu o le-
varei".
16 Jesus lhe disse: "Maria!" Então, voltando-se para ele, Maria
exclamou em aramaico: "Rabôni!" (que significa "Mestre!").
17 Jesus disse: "Não me segure, pois ainda não voltei para o
Pai. Vá, porém, a meus irmãos e diga-lhes: Estou voltando para
meu Pai e Pai de vocês, para meu Deus e Deus de vocês".
18 Maria Madalena foi e anunciou aos discípulos: "Eu vi o Se-
nhor!" E contou o que ele lhe dissera.

Jesus Aparece aos Discípulos
(Lc 24.36-49)

19 Ao cair da tarde daquele primeiro dia da semana, estando os
discípulos reunidos a portas trancadas, por medo dos judeus,
Jesus entrou, pôs-se no meio deles e disse: "Paz seja com
vocês!" 20 Tendo dito isso, mostrou-lhes as mãos e o lado. Os
discípulos alegraram-se quando viram o Senhor.
21 Novamente Jesus disse: "Paz seja com vocês! Assim como
o Pai me enviou, eu os envio". 22 E com isso, soprou sobre
eles e disse: "Recebam o Espírito Santo. 23 Se perdoarem os
pecados de alguém, estarão perdoados; se não os perdoarem,
não estarão perdoados".

Jesus Aparece a Tomé

24 Tomé, chamado Dídimo, um dos Doze, não estava com os
discípulos quando Jesus apareceu. 25 Os outros discípulos lhe
disseram: "Vimos o Senhor!" Mas ele lhes disse: "Se eu não
vir as marcas dos pregos nas suas mãos, não colocar o meu
dedo onde estavam os pregos e não puser a minha mão no
seu lado, não crerei".
26 Uma semana mais tarde, os seus discípulos estavam outra
vez ali, e Tomé com eles. Apesar de estarem trancadas as
portas, Jesus entrou, pôs-se no meio deles e disse: "Paz seja
com vocês!" 27 E Jesus disse a Tomé: "Coloque o seu dedo aqui;
veja as minhas mãos. Estenda a mão e coloque-a no meu lado.
Pare de duvidar e creia".
28 Disse-lhe Tomé: "Senhor meu e Deus meu!"
29 Então Jesus lhe disse: "Porque me viu, você creu? Felizes os
que não viram e creram".
30 Jesus realizou na presença dos seus discípulos muitos outros
sinais milagrosos, que não estão registrados neste livro. 31 Mas
estes foram escritos para que vocês creiam[d] que Jesus é o
Cristo, o Filho de Deus e, crendo, tenham vida em seu nome.

21 Jesus e a Pesca Maravilhosa

Depois disso Jesus apareceu novamente aos seus discí-
pulos, à margem do mar de Tiberíades[e]. Foi assim: 2 Estavam

[a] **19.36** Êx 12.46; Nm 9.12; Sl 34.20
[b] **19.37** Zc 12.10
[c] **19.39** Grego: *100 litras*. A litra era uma medida de capacidade de cerca de um terço de litro.
[d] **20.31** Alguns manuscritos dizem *continuem a crer*.
[e] **21.1** Isto é, o mar da Galileia.

juntos Simão Pedro; Tomé, chamado Dídimo; Natanael, de
Caná da Galileia; os filhos de Zebedeu; e dois outros discípulos.
3 "Vou pescar", disse-lhes Simão Pedro. E eles disseram: "Nós
vamos com você". Eles foram e entraram no barco, mas na-
quela noite não pegaram nada.
4 Ao amanhecer, Jesus estava na praia, mas os discípulos não
o reconheceram.
5 Ele lhes perguntou: "Filhos, vocês têm algo para comer?" Eles
responderam que não.
6 Ele disse: "Lancem a rede do lado direito do barco e vocês
encontrarão". Eles a lançaram e não conseguiam recolher a
rede, tal era a quantidade de peixes.
7 O discípulo a quem Jesus amava disse a Pedro: "É o Senhor!"
Simão Pedro, ouvindo-o dizer isso, vestiu a capa, pois a havia
tirado, e lançou-se ao mar. 8 Os outros discípulos vieram no
barco, arrastando a rede cheia de peixes, pois estavam apenas
a cerca de noventa metros[a] da praia. 9 Quando desembarcaram,
viram ali uma fogueira, peixe sobre brasas e um pouco de pão.
10 Disse-lhes Jesus: "Tragam alguns dos peixes que acabaram
de pescar".
11 Simão Pedro entrou no barco e arrastou a rede para a praia.
Ela estava cheia: tinha cento e cinquenta e três grandes peixes.
Embora houvesse tantos peixes, a rede não se rompeu. 12 Jesus
lhes disse: "Venham comer".[b] Nenhum dos discípulos tinha
coragem de lhe perguntar: "Quem és tu?" Sabiam que era o
Senhor. 13 Jesus aproximou-se, tomou o pão e o deu a eles,
fazendo o mesmo com o peixe. 14 Esta foi a terceira vez que
Jesus apareceu aos seus discípulos, depois que ressuscitou
dos mortos.

Jesus Restaura Pedro

15 Depois de comerem, Jesus perguntou a Simão Pedro:
"Simão, filho de João, você me ama mais do que estes?" Disse
ele: "Sim, Senhor, tu sabes que te amo". Disse Jesus: "Cuide
dos meus cordeiros".
16 Novamente Jesus disse: "Simão, filho de João, você me
ama?" Ele respondeu: "Sim, Senhor, tu sabes que te amo".
Disse Jesus: "Pastoreie as minhas ovelhas".
17 Pela terceira vez, ele lhe disse: "Simão, filho de João, você
me ama?" Pedro ficou magoado por Jesus lhe ter perguntado
pela terceira vez "Você me ama?" e lhe disse: "Senhor, tu
sabes todas as coisas e sabes que te amo". Disse-lhe Jesus:
"Cuide das minhas ovelhas. 18 Digo a verdade: Quando você era
mais jovem, vestia-se e ia para onde queria; mas, quando for
velho, estenderá as mãos e outra pessoa o vestirá e o levará
para onde você não deseja ir". 19 Jesus disse isso para indicar
o tipo de morte com a qual Pedro iria glorificar a Deus. E então
lhe disse: "Siga-me!"
20 Pedro voltou-se e viu que o discípulo a quem Jesus amava os
seguia. (Este era o que estivera ao lado de Jesus durante a ceia
e perguntara: "Senhor, quem te irá trair?") 21 Quando Pedro o
viu, perguntou: "Senhor, e quanto a ele?"
22 Respondeu Jesus: "Se eu quiser que ele permaneça vivo
até que eu volte, o que importa? Quanto a você, siga-me!".
23 Foi por isso que se espalhou entre os irmãos o rumor de que
aquele discípulo não iria morrer. Mas Jesus não disse que ele
não iria morrer; apenas disse: "Se eu quiser que ele permaneça
vivo até que eu volte, o que importa?"
24 Este é o discípulo que dá testemunho dessas coisas e que
os registrou. Sabemos que o seu testemunho é verdadeiro.
25 Jesus fez também muitas outras coisas. Se cada uma delas
fosse escrita, penso que nem mesmo no mundo inteiro haveria
espaço suficiente para os livros que seriam escritos.

a 21.8 Grego: *200 côvados*. O côvado era uma medida linear de cerca de 45 centímetros.
b 21.12 Grego: *"Tomem o desjejum"*.

ATOS DOS APÓSTOLOS

A Ascensão de Jesus

1 Em meu livro anterior, Teófilo, escrevi a respeito de tudo o
que Jesus começou a fazer e a ensinar, 2 até o dia em que foi
elevado aos céus, depois de ter dado instruções por meio do
Espírito Santo aos apóstolos que havia escolhido. 3 Depois do
seu sofrimento, Jesus apresentou-se a eles e deu-lhes muitas
provas indiscutíveis de que estava vivo. Apareceu-lhes por um
período de quarenta dias falando-lhes acerca do Reino de
Deus. 4 Certa ocasião, enquanto comia com eles, deu-lhes esta
ordem: "Não saiam de Jerusalém, mas esperem pela promessa
de meu Pai, da qual falei a vocês. 5 Pois João batizou com[a]
água, mas dentro de poucos dias vocês serão batizados com
o Espírito Santo".
6 Então os que estavam reunidos lhe perguntaram: "Senhor, é
neste tempo que vais restaurar o reino a Israel?"
7 Ele lhes respondeu: "Não compete a vocês saber os tempos
ou as datas que o Pai estabeleceu pela sua própria autoridade.
8 Mas receberão poder quando o Espírito Santo descer sobre
vocês, e serão minhas testemunhas em Jerusalém, em toda a
Judeia e Samaria, e até os confins da terra".

a 1.5 Ou *em*

9 Tendo dito isso, foi elevado às alturas enquanto eles olhavam, e uma nuvem o encobriu da vista deles. 10 E eles ficaram com os olhos fixos no céu enquanto ele subia. De repente surgiram diante deles dois homens vestidos de branco, 11 que lhes disseram: "Galileus, por que vocês estão olhando para o céu? Este mesmo Jesus, que dentre vocês foi elevado aos céus, voltará da mesma forma como o viram subir".

A Escolha de Matias

12 Então eles voltaram para Jerusalém, vindo do monte chamado das Oliveiras, que fica perto da cidade, cerca de um quilômetro[a]. 13 Quando chegaram, subiram ao aposento onde estavam hospedados. Achavam-se presentes Pedro, João, Tiago e André; Filipe, Tomé, Bartolomeu e Mateus; Tiago, filho de Alfeu, Simão, o zelote, e Judas, filho de Tiago. 14 Todos eles se reuniam sempre em oração, com as mulheres, inclusive Maria, a mãe de Jesus, e com os irmãos dele.

15 Naqueles dias Pedro levantou-se entre os irmãos, um grupo de cerca de cento e vinte pessoas, 16 e disse: "Irmãos, era necessário que se cumprisse a Escritura que o Espírito Santo predisse por boca de Davi, a respeito de Judas, que serviu de guia aos que prenderam Jesus. 17 Ele foi contado como um dos nossos e teve participação neste ministério".

18 (Com a recompensa que recebeu pelo seu pecado, Judas comprou um campo. Ali caiu de cabeça, seu corpo partiu-se ao meio, e as suas vísceras se derramaram. 19 Todos em Jerusalém ficaram sabendo disso, de modo que, na língua deles, esse campo passou a chamar-se Aceldama, isto é, Campo de Sangue.)

20 "Porque", prosseguiu Pedro, "está escrito no Livro de Salmos: 'Fique deserto o seu lugar, e não haja ninguém que nele habite'[b]; e ainda: 'Que outro ocupe o seu lugar[c]'[d].

21 Portanto, é necessário que escolhamos um dos homens que estiveram conosco durante todo o tempo em que o Senhor Jesus viveu entre nós, 22 desde o batismo de João até o dia em que Jesus foi elevado dentre nós às alturas. É preciso que um deles seja conosco testemunha de sua ressurreição."

23 Então indicaram dois nomes: José, chamado Barsabás, também conhecido como Justo, e Matias. 24 Depois oraram: "Senhor, tu conheces o coração de todos. Mostra-nos qual destes dois tens escolhido 25 para assumir este ministério apostólico que Judas abandonou, indo para o lugar que lhe era devido". 26 Então tiraram sortes, e a sorte caiu sobre Matias; assim, ele foi acrescentado aos onze apóstolos.

2 A Vinda do Espírito Santo no Dia de Pentecoste

Chegando o dia de Pentecoste, estavam todos reunidos num só lugar. 2 De repente veio do céu um som, como de um vento muito forte, e encheu toda a casa na qual estavam assentados. 3 E viram o que parecia línguas de fogo, que se separaram e pousaram sobre cada um deles. 4 Todos ficaram cheios do Espírito Santo e começaram a falar noutras línguas, conforme o Espírito os capacitava.

5 Havia em Jerusalém judeus, devotos a Deus, vindos de todas as nações do mundo. 6 Ouvindo-se o som, ajuntou-se uma multidão que ficou perplexa, pois cada um os ouvia falar em sua própria língua. 7 Atônitos e maravilhados, eles perguntavam: "Acaso não são galileus todos estes homens que estão falando? 8 Então, como os ouvimos, cada um de nós, em nossa própria língua materna? 9 Partos, medos e elamitas; habitantes da Mesopotâmia, Judeia e Capadócia, do Ponto e da província da Ásia, 10 Frígia e Panfília, Egito e das partes da Líbia próximas a Cirene; visitantes vindos de Roma, 11 tanto judeus como convertidos ao judaísmo; cretenses e árabes. Nós os ouvimos declarar as maravilhas de Deus em nossa própria língua!" 12 Atônitos e perplexos, todos perguntavam uns aos outros: "Que significa isto?"

13 Alguns outros, todavia, zombavam e diziam: "Eles beberam vinho demais".

A Pregação de Pedro

14 Então Pedro levantou-se com os Onze e, em alta voz, dirigiu-se à multidão: "Homens da Judeia e todos os que vivem em Jerusalém, deixem-me explicar isto! Ouçam com atenção: 15 estes homens não estão bêbados, como vocês supõem. Ainda são nove horas da manhã![e] 16 Ao contrário, isto é o que foi predito pelo profeta Joel:

17 " 'Nos últimos dias, diz Deus, derramarei do meu Espírito sobre todos os povos. Os seus filhos e as suas filhas profetizarão, os jovens terão visões, os velhos terão sonhos.

18 Sobre os meus servos e as minhas servas[f] derramarei do meu Espírito naqueles dias, e eles profetizarão.

19 Mostrarei maravilhas em cima, no céu, e sinais em baixo, na terra: sangue, fogo e nuvens de fumaça.

20 O sol se tornará em trevas e a lua em sangue, antes que venha o grande e glorioso dia do Senhor.

21 E todo aquele que invocar o nome do Senhor será salvo!'[g]

22 "Israelitas, ouçam estas palavras: Jesus de Nazaré foi aprovado por Deus diante de vocês por meio de milagres, maravilhas e sinais que Deus fez entre vocês por intermédio dele, como vocês mesmos sabem. 23 Este homem foi entregue por propósito determinado e pré-conhecimento de Deus; e vocês, com a ajuda de homens perversos[h], o mataram, pregando-o na cruz. 24 Mas Deus o ressuscitou dos mortos, rompendo os laços da morte, porque era impossível que a morte o retivesse. 25 A respeito dele, disse Davi: " 'Eu sempre via o Senhor diante de mim. Porque ele está à minha direita, não serei abalado. 26 Por isso o meu coração está alegre e a minha língua exulta; o

---

[a] **1.12** Grego: *à distância da caminhada de um sábado.*

[b] **1.20** Sl 69.25

[c] **1.20** Grego: *episcopado*. Palavra que descreve a função pastoral.

[d] **1.20** Sl 109.8

[e] **2.15** Grego: Esta é ainda a terceira hora do dia!

[f] **2.18** Ou *Até sobre os meus escravos e as minhas escravas*

[g] **2.17-21** Jl 2.28-32

[h] **2.23** Ou *daqueles que não possuem a lei*, (isto é, os gentios).

meu corpo também repousará em esperança, 27 porque tu não
me abandonarás no sepulcro[a], nem permitirás que o teu Santo
sofra decomposição.
28 Tu me fizeste conhecer os caminhos da vida e me encherás
de alegria na tua presença'[b].
29 "Irmãos, posso dizer com franqueza que o patriarca Davi
morreu e foi sepultado, e o seu túmulo está entre nós até o dia
de hoje. 30 Mas ele era profeta e sabia que Deus lhe prometera
sob juramento que poria um dos seus descendentes no trono.
31 Prevendo isso, falou da ressurreição do Cristo[c], que não foi
abandonado no sepulcro e cujo corpo não sofreu decompo-
sição. 32 Deus ressuscitou este Jesus, e todos nós somos teste-
munhas desse fato. 33 Exaltado à direita de Deus, ele recebeu
do Pai o Espírito Santo prometido e derramou o que vocês
agora veem e ouvem. 34 Pois Davi não subiu aos céus, mas
ele mesmo declarou: 'O Senhor disse ao meu Senhor: Senta-te
à minha direita 35 até que eu ponha os teus inimigos como
estrado para os teus pés'[d].
36 "Portanto, que todo o Israel fique certo disto: Este Jesus, a
quem vocês crucificaram, Deus o fez Senhor e Cristo".
37 Quando ouviram isso, ficaram aflitos em seu coração e
perguntaram a Pedro e aos outros apóstolos: "Irmãos, que
faremos?"
38 Pedro respondeu: "Arrependam-se, e cada um de vocês seja
batizado em nome de Jesus Cristo para perdão dos seus pe-
cados, e receberão o dom do Espírito Santo. 39 Pois a promessa
é para vocês, para os seus filhos e para todos os que estão
longe, para todos quantos o Senhor, o nosso Deus, chamar".
40 Com muitas outras palavras os advertia e insistia com eles:
"Salvem-se desta geração corrompida!" 41 Os que aceitaram a
mensagem foram batizados, e naquele dia houve um acréscimo
de cerca de três mil pessoas.

A Comunhão dos Cristãos

42 Eles se dedicavam ao ensino dos apóstolos e à comunhão, ao
partir do pão e às orações. 43 Todos estavam cheios de temor,
e muitas maravilhas e sinais eram feitos pelos apóstolos. 44 Os
que criam mantinham-se unidos e tinham tudo em comum.
45 Vendendo suas propriedades e bens, distribuíam a cada um
conforme a sua necessidade. 46 Todos os dias, continuavam a
reunir-se no pátio do templo. Partiam o pão em casa e juntos
participavam das refeições, com alegria e sinceridade de co-
ração, 47 louvando a Deus e tendo a simpatia de todo o povo. E o
Senhor lhes acrescentava diariamente os que iam sendo salvos.

3 A Cura de um Mendigo Aleijado

Certo dia Pedro e João estavam subindo ao templo na hora
da oração, às três horas da tarde[e]. 2 Estava sendo levado para
a porta do templo chamada Formosa um aleijado de nas-
cença, que ali era colocado todos os dias para pedir esmolas
aos que entravam no templo. 3 Vendo que Pedro e João iam
entrar no pátio do templo, pediu-lhes esmola. 4 Pedro e João
olharam bem para ele e, então, Pedro disse: "Olhe para nós!"
5 O homem olhou para eles com atenção, esperando receber
deles alguma coisa.
6 Disse Pedro: "Não tenho prata nem ouro, mas o que tenho,
isto lhe dou. Em nome de Jesus Cristo, o Nazareno, ande".
7 Segurando-o pela mão direita, ajudou-o a levantar-se, e ime-
diatamente os pés e os tornozelos do homem ficaram firmes.
8 E de um salto pôs-se em pé e começou a andar. Depois entrou
com eles no pátio do templo, andando, saltando e louvando a
Deus. 9 Quando todo o povo o viu andando e louvando a Deus,
10 reconheceu que era ele o mesmo homem que costumava
mendigar sentado à porta do templo chamada Formosa. Todos
ficaram perplexos e muito admirados com o que lhe tinha acon-
tecido.

A Pregação de Pedro no Templo

11 Apegando-se o mendigo a Pedro e João, todo o povo ficou
maravilhado e correu até eles, ao lugar chamado Pórtico de
Salomão. 12 Vendo isso, Pedro lhes disse: "Israelitas, por que
isto os surpreende? Por que vocês estão olhando para nós,
como se tivéssemos feito este homem andar por nosso próprio
poder ou piedade? 13 O Deus de Abraão, de Isaque e de Jacó,
o Deus dos nossos antepassados, glorificou seu servo Jesus,
a quem vocês entregaram para ser morto e negaram perante
Pilatos, embora ele tivesse decidido soltá-lo. 14 Vocês negaram
publicamente o Santo e Justo e pediram que fosse libertado um
assassino. 15 Vocês mataram o autor da vida, mas Deus o res-
suscitou dos mortos. E nós somos testemunhas disso. 16 Pela fé
no nome de Jesus, o Nome curou este homem que vocês veem
e conhecem. A fé que vem por meio dele lhe deu esta saúde
perfeita, como todos podem ver.
17 "Agora, irmãos, eu sei que vocês agiram por ignorância, bem
como os seus líderes. 18 Mas foi assim que Deus cumpriu o que
tinha predito por todos os profetas, dizendo que o seu Cristo
haveria de sofrer. 19 Arrependam-se, pois, e voltem-se para
Deus, para que os seus pecados sejam cancelados, 20 para que
venham tempos de descanso da parte do Senhor, e ele mande
o Cristo, o qual lhes foi designado, Jesus. 21 É necessário que
ele permaneça no céu até que chegue o tempo em que Deus
restaurará todas as coisas, como falou há muito tempo, por
meio dos seus santos profetas. 22 Pois disse Moisés: 'O Senhor
Deus levantará dentre seus irmãos um profeta como eu; ou-
çam-no em tudo o que ele disser. 23 Quem não ouvir esse pro-
feta, será eliminado do meio do seu povo'[f].
24 "De fato, todos os profetas, de Samuel em diante, um por
um, falaram e predisseram estes dias. 25 E vocês são herdeiros
dos profetas e da aliança que Deus fez com os seus antepas-
sados. Ele disse a Abraão: 'Por meio da sua descendência todos

---

[a] **2.27** Grego: *Hades*; também no versículo 31. Esta palavra também pode ser traduzida por *inferno*, *morte* ou *profundezas*.

[b] **2.25-28** Sl 16.8-11

[c] **2.31** Ou *Messias*. Tanto *Cristo* (grego) como *Messias* (hebraico) significam *Ungido*; também em todo o livro de Atos.

[d] **2.34,35** Sl 110.1

[e] **3.1** Grego: *à hora nona*.

[f] **3.23** Dt 18.15,18,19

os povos da terra serão abençoados'[a]. 26 Tendo Deus ressuscitado o seu Servo[b], enviou-o primeiramente a vocês, para abençoá-los, convertendo cada um de vocês das suas maldades".

Pedro e João perante o Sinédrio

4 Enquanto Pedro e João falavam ao povo, chegaram os sacerdotes, o capitão da guarda do templo e os saduceus. 2 Eles estavam muito perturbados porque os apóstolos estavam ensinando o povo e proclamando em Jesus a ressurreição dos mortos. 3 Agarraram Pedro e João e, como já estava anoitecendo, os colocaram na prisão até o dia seguinte. 4 Mas muitos dos que tinham ouvido a mensagem creram, chegando o número dos homens que creram a perto de cinco mil.

5 No dia seguinte, as autoridades, os líderes religiosos e os mestres da lei reuniram-se em Jerusalém. 6 Estavam ali Anás, o sumo sacerdote, bem como Caifás, João, Alexandre e todos os que eram da família do sumo sacerdote. 7 Mandaram trazer Pedro e João diante deles e começaram a interrogá-los: "Com que poder ou em nome de quem vocês fizeram isso?"

8 Então Pedro, cheio do Espírito Santo, disse-lhes: "Autoridades e líderes do povo! 9 Visto que hoje somos chamados para prestar contas de um ato de bondade em favor de um aleijado, sendo interrogados acerca de como ele foi curado, 10 saibam os senhores e todo o povo de Israel que por meio do nome de Jesus Cristo, o Nazareno, a quem os senhores crucificaram, mas a quem Deus ressuscitou dos mortos, este homem está aí curado diante dos senhores. 11 Este Jesus é

" 'a pedra que vocês, construtores, rejeitaram, e que se tornou a pedra angular'[c].

12 Não há salvação em nenhum outro, pois, debaixo do céu não há nenhum outro nome dado aos homens pelo qual devamos ser salvos".

13 Vendo a coragem de Pedro e de João e percebendo que eram homens comuns e sem instrução, ficaram admirados e reconheceram que eles haviam estado com Jesus. 14 E, como podiam ver ali com eles o homem que fora curado, nada podiam dizer contra eles. 15 Assim, ordenaram que se retirassem do Sinédrio[d] e começaram a discutir, 16 perguntando: "Que faremos com esses homens? Todos os que moram em Jerusalém sabem que eles realizaram um milagre notório que não podemos negar. 17 Todavia, para impedir que isso se espalhe ainda mais no meio do povo, precisamos adverti-los de que não falem com mais ninguém sobre esse nome".

18 Então, chamando-os novamente, ordenaram-lhes que não falassem nem ensinassem em nome de Jesus. 19 Mas Pedro e João responderam: "Julguem os senhores mesmos se é justo aos olhos de Deus obedecer aos senhores e não a Deus. 20 Pois não podemos deixar de falar do que vimos e ouvimos".

21 Depois de mais ameaças, eles os deixaram ir. Não tinham como castigá-los, porque todo o povo estava louvando a Deus pelo que acontecera, 22 pois o homem que fora curado milagrosamente tinha mais de quarenta anos de idade.

A Oração dos Primeiros Cristãos

23 Quando foram soltos, Pedro e João voltaram para os seus companheiros e contaram tudo o que os chefes dos sacerdotes e os líderes religiosos lhes tinham dito. 24 Ouvindo isso, levantaram juntos a voz a Deus, dizendo: "Ó Soberano, tu fizeste os céus, a terra, o mar e tudo o que neles há! 25 Tu falaste pelo Espírito Santo por boca do teu servo, nosso pai Davi: 'Por que se enfurecem as nações, e os povos conspiram em vão?

26 Os reis da terra se levantam, e os governantes se reúnem contra o Senhor e contra o seu Ungido'[e].

27 De fato, Herodes e Pôncio Pilatos reuniram-se com os gentios[f] e com o povo de Israel nesta cidade, para conspirar contra o teu santo servo Jesus, a quem ungiste. 28 Fizeram o que o teu poder e a tua vontade haviam decidido de antemão que acontecesse. 29 Agora, Senhor, considera as ameaças deles e capacita os teus servos para anunciarem a tua palavra corajosamente. 30 Estende a tua mão para curar e realizar sinais e maravilhas por meio do nome do teu santo servo Jesus".

31 Depois de orarem, tremeu o lugar em que estavam reunidos; todos ficaram cheios do Espírito Santo e anunciavam corajosamente a palavra de Deus.

Os Discípulos Repartem seus Bens

32 Da multidão dos que creram, uma era a mente e um o coração. Ninguém considerava unicamente sua coisa alguma que possuísse, mas compartilhavam tudo o que tinham. 33 Com grande poder os apóstolos continuavam a testemunhar da ressurreição do Senhor Jesus, e grandiosa graça estava sobre todos eles. 34 Não havia pessoas necessitadas entre eles, pois os que possuíam terras ou casas as vendiam, traziam o dinheiro da venda 35 e o colocavam aos pés dos apóstolos, que o distribuíam segundo a necessidade de cada um.

36 José, um levita de Chipre a quem os apóstolos deram o nome de Barnabé, que significa "encorajador[g]", 37 vendeu um campo que possuía, trouxe o dinheiro e o colocou aos pés dos apóstolos.

Ananias e Safira

5 Um homem chamado Ananias, com Safira, sua mulher, também vendeu uma propriedade. 2 Ele reteve parte do dinheiro para si, sabendo disso também sua mulher; e o restante levou e colocou aos pés dos apóstolos.

3 Então perguntou Pedro: "Ananias, como você permitiu que Satanás enchesse o seu coração, a ponto de você mentir ao Espírito Santo e guardar para você uma parte do dinheiro que

---

[a] **3.25** Gn 12.3; 22.18; 26.4 e 28.14
[b] **3.26** Is 52.13
[c] **4.11** Sl 118.22
[d] **4.15** Conselho dos principais líderes do povo judeu; também em todo o livro de Atos.
[e] **4.25,26** Sl 2.1,2
[f] **4.27** Isto é, os que não são judeus; também em todo o livro de Atos.
[g] **4.36** Ou *consolador*. Grego: *filho da consolação*.

recebeu pela propriedade? 4 Ela não pertencia a você? E, de-
pois de vendida, o dinheiro não estava em seu poder? O que
o levou a pensar em fazer tal coisa? Você não mentiu aos ho-
mens, mas sim a Deus".
5 Ouvindo isso, Ananias caiu morto. Grande temor apoderou-se
de todos os que ouviram o que tinha acontecido. 6 Então os
moços vieram, envolveram seu corpo, levaram-no para fora
e o sepultaram.
7 Cerca de três horas mais tarde, entrou sua mulher, sem saber
o que havia acontecido. 8 Pedro lhe perguntou: "Diga-me, foi
esse o preço que vocês conseguiram pela propriedade?" Res-
pondeu ela: "Sim, foi esse mesmo".
9 Pedro lhe disse: "Por que vocês entraram em acordo para
tentar o Espírito do Senhor? Veja! Estão à porta os pés dos que
sepultaram seu marido, e eles a levarão também".
10 Naquele mesmo instante, ela caiu morta aos pés dele. Então
os moços entraram e, encontrando-a morta, levaram-na e a
sepultaram ao lado de seu marido. 11 E grande temor apode-
rou-se de toda a igreja e de todos os que ouviram falar desses
acontecimentos.

Os Apóstolos Curam Muitos Doentes

12 Os apóstolos realizavam muitos sinais e maravilhas no meio
do povo. Todos os que creram costumavam reunir-se no Pór-
tico de Salomão. 13 Dos demais, ninguém ousava juntar-se a
eles, embora o povo os tivesse em alto conceito. 14 Em número
cada vez maior, homens e mulheres criam no Senhor e lhes
eram acrescentados, 15 de modo que o povo também levava
os doentes às ruas e os colocava em camas e macas, para que
pelo menos a sombra de Pedro se projetasse sobre alguns, en-
quanto ele passava. 16 Afluíam também multidões das cidades
próximas a Jerusalém, trazendo seus doentes e os que eram
atormentados por espíritos imundos[a]; e todos eram curados.

Os Apóstolos São Perseguidos

17 Então o sumo sacerdote e todos os seus companheiros, mem-
bros do partido dos saduceus, ficaram cheios de inveja. 18 Por
isso, mandaram prender os apóstolos, colocando-os numa
prisão pública. 19 Mas durante a noite um anjo do Senhor abriu
as portas do cárcere, levou-os para fora e 20 disse: "Dirijam-se
ao templo e relatem ao povo toda a mensagem desta Vida".
21 Ao amanhecer, eles entraram no pátio do templo, como ha-
viam sido instruídos, e começaram a ensinar o povo.
Quando chegaram o sumo sacerdote e os seus companheiros,
convocaram o Sinédrio — toda a assembleia dos líderes reli-
giosos de Israel — e mandaram buscar os apóstolos na prisão.
22 Todavia, ao chegarem à prisão, os guardas não os encon-
traram ali. Então, voltaram e relataram: 23 "Encontramos a
prisão trancada com toda a segurança, com os guardas diante
das portas; mas, quando as abrimos não havia ninguém".
24 Diante desse relato, o capitão da guarda do templo e os
chefes dos sacerdotes ficaram perplexos, imaginando o que
teria acontecido.
25 Nesse momento chegou alguém e disse: "Os homens que
os senhores puseram na prisão estão no pátio do templo, en-
sinando o povo". 26 Então, indo para lá com os guardas, o ca-
pitão trouxe os apóstolos, mas sem o uso de força, pois temiam
que o povo os apedrejasse.
27 Tendo levado os apóstolos, apresentaram-nos ao Sinédrio
para serem interrogados pelo sumo sacerdote, 28 que lhes
disse: "Demos ordens expressas a vocês para que não ensi-
nassem neste nome. Todavia, vocês encheram Jerusalém com
sua doutrina e nos querem tornar culpados do sangue desse
homem".
29 Pedro e os outros apóstolos responderam: "É preciso obe-
decer antes a Deus do que aos homens! 30 O Deus dos nossos
antepassados ressuscitou Jesus, a quem os senhores mataram,
suspendendo-o num madeiro. 31 Deus o exaltou, elevando-o à
sua direita como Príncipe e Salvador, para dar a Israel arre-
pendimento e perdão de pecados. 32 Nós somos testemunhas
destas coisas, bem como o Espírito Santo, que Deus concedeu
aos que lhe obedecem".
33 Ouvindo isso, eles ficaram furiosos e queriam matá-los.
34 Mas um fariseu chamado Gamaliel, mestre da lei, respei-
tado por todo o povo, levantou-se no Sinédrio e pediu que
os homens fossem retirados por um momento. 35 Então lhes
disse: "Israelitas, considerem cuidadosamente o que pre-
tendem fazer a esses homens. 36 Há algum tempo, apareceu
Teudas, reivindicando ser alguém, e cerca de quatrocentos
homens se juntaram a ele. Ele foi morto, todos os seus se-
guidores se dispersaram e acabaram em nada. 37 Depois dele,
nos dias do recenseamento, apareceu Judas, o galileu, que
liderou um grupo em rebelião. Ele também foi morto, e todos
os seus seguidores foram dispersos. 38 Portanto, neste caso eu
os aconselho: deixem esses homens em paz e soltem-nos. Se o
propósito ou atividade deles for de origem humana, fracassará;
39 se proceder de Deus, vocês não serão capazes de impedi-los,
pois se acharão lutando contra Deus".
40 Eles foram convencidos pelo discurso de Gamaliel. Cha-
maram os apóstolos e mandaram açoitá-los. Depois, ordena-
ram-lhes que não falassem no nome de Jesus e os deixaram
sair em liberdade.
41 Os apóstolos saíram do Sinédrio, alegres por terem sido con-
siderados dignos de serem humilhados por causa do Nome.
42 Todos os dias, no templo e de casa em casa, não deixavam
de ensinar e proclamar que Jesus é o Cristo.

A Escolha dos Sete

6 Naqueles dias, crescendo o número de discípulos, os ju-
deus de fala grega entre eles queixaram-se dos judeus de fala
hebraica[b], porque suas viúvas estavam sendo esquecidas na
distribuição diária de alimento. 2 Por isso os Doze reuniram
todos os discípulos e disseram: "Não é certo negligenciarmos

a 5.16 Ou *malignos*

b 6.1 Ou *aramaica*

o ministério da palavra de Deus, a fim de servir às mesas. 3 Ir-
mãos, escolham entre vocês sete homens de bom testemunho,
cheios do Espírito e de sabedoria. Passaremos a eles essa ta-
refa 4 e nos dedicaremos à oração e ao ministério da palavra".
5 Tal proposta agradou a todos. Então escolheram Estêvão,
homem cheio de fé e do Espírito Santo, além de Filipe, Pró-
coro, Nicanor, Timom, Pármenas e Nicolau, um convertido ao
judaísmo, proveniente de Antioquia. 6 Apresentaram esses
homens aos apóstolos, os quais oraram e lhes impuseram as
mãos.
7 Assim, a palavra de Deus se espalhava. Crescia rapidamente
o número de discípulos em Jerusalém; também um grande nú-
mero de sacerdotes obedecia à fé.

A Prisão de Estêvão

8 Estêvão, homem cheio da graça e do poder de Deus, reali-
zava grandes maravilhas e sinais no meio do povo. 9 Contudo,
levantou-se oposição dos membros da chamada sinagoga dos
Libertos, dos judeus de Cirene e de Alexandria, bem como das
províncias da Cilícia e da Ásia. Esses homens começaram a dis-
cutir com Estêvão, 10 mas não podiam resistir à sabedoria e ao
Espírito com que ele falava.
11 Então subornaram alguns homens para dizerem: "Ouvimos
Estêvão falar palavras blasfemas contra Moisés e contra Deus".
12 Com isso agitaram o povo, os líderes religiosos e os mestres
da lei. E, prendendo Estêvão, levaram-no ao Sinédrio. 13 Ali
apresentaram falsas testemunhas, que diziam: "Este homem
não para de falar contra este lugar santo e contra a Lei. 14 Pois o
ouvimos dizer que esse Jesus, o Nazareno, destruirá este lugar
e mudará os costumes que Moisés nos deixou".
15 Olhando para ele, todos os que estavam sentados no Sinédrio
viram que o seu rosto parecia o rosto de um anjo.

7 O Discurso de Estêvão no Sinédrio

Então o sumo sacerdote perguntou a Estêvão: "São verda-
deiras estas acusações?"
2 A isso ele respondeu: "Irmãos e pais, ouçam-me! O Deus
glorioso apareceu a Abraão, nosso pai, estando ele ainda na
Mesopotâmia, antes de morar em Harã, e lhe disse: 3 'Saia da
sua terra e do meio dos seus parentes e vá para a terra que
eu lhe mostrarei'[a].
4 "Então ele saiu da terra dos caldeus e se estabeleceu em
Harã. Depois da morte de seu pai, Deus o trouxe a esta terra,
onde vocês agora vivem. 5 Deus não lhe deu nenhuma herança
aqui, nem mesmo o espaço de um pé. Mas lhe prometeu que
ele e, depois dele, seus descendentes, possuiriam a terra, em-
bora, naquele tempo, Abraão não tivesse filhos. 6 Deus lhe falou
desta forma: 'Seus descendentes serão peregrinos numa terra
estrangeira, e serão escravizados e maltratados por quatro-
centos anos. 7 Mas eu castigarei a nação a quem servirão como
escravos, e depois sairão dali e me adorarão neste lugar'[b]. 8 E
deu a Abraão a aliança da circuncisão. Por isso, Abraão gerou
Isaque e o circuncidou oito dias depois do seu nascimento. Mais
tarde, Isaque gerou Jacó, e este os doze patriarcas.
9 "Os patriarcas, tendo inveja de José, venderam-no como es-
cravo para o Egito. Mas Deus estava com ele 10 e o libertou
de todas as suas tribulações, dando a José favor e sabedoria
diante do faraó, rei do Egito; este o tornou governador do Egito
e de todo o seu palácio.
11 "Depois houve fome em todo o Egito e em Canaã, trazendo
grande sofrimento, e os nossos antepassados não encontravam
alimento. 12 Ouvindo que havia trigo no Egito, Jacó enviou
nossos antepassados em sua primeira viagem. 13 Na segunda
viagem deles, José fez-se reconhecer por seus irmãos, e o
faraó pôde conhecer a família de José. 14 Depois disso, José
mandou buscar seu pai, Jacó, e toda a sua família, que eram
setenta e cinco pessoas. 15 Então Jacó desceu ao Egito, onde
faleceram ele e os nossos antepassados. 16 Seus corpos foram
levados de volta a Siquém e colocados no túmulo que Abraão
havia comprado ali dos filhos de Hamor, por certa quantia.
17 "Ao se aproximar o tempo em que Deus cumpriria sua pro-
messa a Abraão, aumentou muito o número do nosso povo no
Egito. 18 Então outro rei, que nada sabia a respeito de José,
passou a governar o Egito. 19 Ele agiu traiçoeiramente para
com o nosso povo e oprimiu os nossos antepassados, obri-
gando-os a abandonar os seus recém-nascidos, para que não
sobrevivessem.
20 "Naquele tempo nasceu Moisés, que era um menino ex-
traordinário[c]. Por três meses ele foi criado na casa de seu pai.
21 Quando foi abandonado, a filha do faraó o tomou e o criou
como seu próprio filho. 22 Moisés foi educado em toda a sabe-
doria dos egípcios e veio a ser poderoso em palavras e obras.
23 "Ao completar quarenta anos, Moisés decidiu visitar seus
irmãos israelitas. 24 Ao ver um deles sendo maltratado por um
egípcio, saiu em defesa do oprimido e o vingou, matando o
egípcio. 25 Ele pensava que seus irmãos compreenderiam que
Deus o estava usando para salvá-los, mas eles não o compreen-
deram. 26 No dia seguinte, Moisés dirigiu-se a dois israelitas
que estavam brigando, e tentou reconciliá-los, dizendo: 'Ho-
mens, vocês são irmãos; por que ferem um ao outro?'
27 "Mas o homem que maltratava o outro empurrou Moisés e
disse: 'Quem o nomeou líder e juiz sobre nós? 28 Quer matar-me
como matou o egípcio ontem?'[d] 29 Ouvindo isso, Moisés fugiu
para Midiã, onde ficou morando como estrangeiro e teve dois
filhos.
30 "Passados quarenta anos, apareceu a Moisés um anjo nas la-
baredas de uma sarça em chamas no deserto, perto do monte
Sinai. 31 Vendo aquilo, ficou atônito. E, aproximando-se para
observar, ouviu a voz do Senhor: 32 'Eu sou o Deus dos seus
antepassados, o Deus de Abraão, o Deus de Isaque e o Deus de
Jacó'[e]. Moisés, tremendo de medo, não ousava olhar.

[a] 7.3 Gn 12.1
[b] 7.6,7 Gn 15.13,14
[c] 7.20 Grego: *era bonito aos olhos de Deus.*
[d] 7.27,28 Êx 2.14
[e] 7.32 Êx 3.6

33 "Então o Senhor lhe disse: 'Tire as sandálias dos pés, porque
o lugar em que você está é terra santa. 34 De fato tenho visto a
opressão sobre o meu povo no Egito. Ouvi seus gemidos e desci
para livrá-lo. Venha agora, e eu o enviarei de volta ao Egito'[a].
35 "Este é o mesmo Moisés que tinham rejeitado com estas
palavras: 'Quem o nomeou líder e juiz?' Ele foi enviado pelo
próprio Deus para ser líder e libertador deles, por meio do anjo
que lhe tinha aparecido na sarça. 36 Ele os tirou de lá, fazendo
maravilhas e sinais no Egito, no mar Vermelho e no deserto
durante quarenta anos.
37 "Este é aquele Moisés que disse aos israelitas: 'Deus levan-
tará dentre seus irmãos um profeta como eu'[b]. 38 Ele estava na
congregação, no deserto, com o anjo que lhe falava no monte
Sinai e com os nossos antepassados, e recebeu palavras vivas,
para transmiti-las a nós.
39 "Mas nossos antepassados se recusaram a obedecer-lhe;
ao contrário, rejeitaram-no e em seu coração voltaram para o
Egito. 40 Disseram a Arão: 'Faça para nós deuses que nos con-
duzam, pois a esse Moisés que nos tirou do Egito, não sabemos
o que lhe aconteceu!'[c] 41 Naquela ocasião fizeram um ídolo em
forma de bezerro. Trouxeram-lhe sacrifícios e fizeram uma
celebração em honra ao que suas mãos tinham feito. 42 Mas
Deus afastou-se deles e os entregou à adoração dos astros,
conforme o que foi escrito no livro dos profetas: 'Foi a mim que
vocês apresentaram sacrifícios e ofertas durante os quarenta
anos no deserto, ó nação de Israel?
43 Em vez disso, levantaram o santuário de Moloque e a estrela
do seu deus Renfã, ídolos que vocês fizeram para adorar! Por-
tanto, eu os enviarei para o exílio, para além da Babilônia'[d].
44 "No deserto os nossos antepassados tinham o tabernáculo
da aliança, que fora feito segundo a ordem de Deus a Moisés,
de acordo com o modelo que ele tinha visto. 45 Tendo rece-
bido o tabernáculo, nossos antepassados o levaram, sob a
liderança de Josué, quando tomaram a terra das nações que
Deus expulsou de diante deles. Esse tabernáculo permaneceu
nesta terra até a época de Davi, 46 que encontrou graça diante
de Deus e pediu que ele lhe permitisse providenciar uma ha-
bitação para o Deus de Jacó[e]. 47 Mas foi Salomão quem lhe
construiu a casa.
48 "Todavia, o Altíssimo não habita em casas feitas por homens.
Como diz o profeta:
49 " 'O céu é o meu trono; a terra, o estrado dos meus pés. Que
espécie de casa vocês me edificarão? diz o Senhor, ou, onde
seria meu lugar de descanso?
50 Não foram as minhas mãos que fizeram todas estas coisas?'[f]
51 "Povo rebelde, obstinado[g] de coração e de ouvidos! Vocês
são iguais aos seus antepassados: sempre resistem ao Espírito
Santo! 52 Qual dos profetas os seus antepassados não perse-
guiram? Eles mataram aqueles que prediziam a vinda do Justo,
de quem agora vocês se tornaram traidores e assassinos —
53 vocês, que receberam a Lei por intermédio de anjos, mas
não lhe obedeceram".

O Apedrejamento de Estêvão

54 Ouvindo isso, ficaram furiosos e rangeram os dentes contra
ele. 55 Mas Estêvão, cheio do Espírito Santo, levantou os olhos
para o céu e viu a glória de Deus, e Jesus em pé, à direita de
Deus, 56 e disse: "Vejo os céus abertos e o Filho do homem em
pé, à direita de Deus".
57 Mas eles taparam os ouvidos e, dando fortes gritos, lança-
ram-se todos juntos contra ele, 58 arrastaram-no para fora da
cidade e começaram a apedrejá-lo. As testemunhas deixaram
seus mantos aos pés de um jovem chamado Saulo.
59 Enquanto apedrejavam Estêvão, este orava: "Senhor Jesus,
recebe o meu espírito". 60 Então caiu de joelhos e bradou: "Se-
nhor, não os consideres culpados deste pecado". E, tendo dito
isso, adormeceu.

8 E Saulo estava ali, consentindo na morte de Estêvão.

A Perseguição e a Dispersão da Igreja

Naquela ocasião desencadeou-se grande perseguição contra
a igreja em Jerusalém. Todos, exceto os apóstolos, foram dis-
persos pelas regiões da Judeia e de Samaria. 2 Alguns homens
piedosos sepultaram Estêvão e fizeram por causa dele grande
lamentação. 3 Saulo, por sua vez, devastava a igreja. Indo de
casa em casa, arrastava homens e mulheres e os lançava na
prisão.

Filipe em Samaria

4 Os que haviam sido dispersos pregavam a palavra por onde
quer que fossem. 5 Indo Filipe para uma cidade de Samaria, ali
lhes anunciava o Cristo. 6 Quando a multidão ouviu Filipe e viu
os sinais milagrosos que ele realizava, deu unânime atenção ao
que ele dizia. 7 Os espíritos imundos[h] saíam de muitos, dando
gritos, e muitos paralíticos e mancos foram curados. 8 Assim,
houve grande alegria naquela cidade.

Simão, o Mago

9 Um homem chamado Simão vinha praticando feitiçaria du-
rante algum tempo naquela cidade, impressionando todo o
povo de Samaria. Ele se dizia muito importante, 10 e todo o
povo, do mais simples ao mais rico, dava-lhe atenção e excla-
mava: "Este homem é o poder divino conhecido como Grande
Poder". 11 Eles o seguiam, pois ele os havia iludido com sua
mágica durante muito tempo. 12 No entanto, quando Filipe lhes
pregou as boas-novas do Reino de Deus e do nome de Jesus
Cristo, creram nele e foram batizados, tanto homens como mu-
lheres. 13 O próprio Simão também creu e foi batizado, e seguia

[a] **7.33,34** Êx 3.5,7,8,10
[b] **7.37** Dt 18.15
[c] **7.40** Êx 32.1
[d] **7.42,43** Am 5.25-27, segundo a antiga versão grega.
[e] **7.46** Alguns manuscritos dizem para a casa de Jacó.
[f] **7.49,50** Is 66.1,2
[g] **7.51** Grego: *incircunciso*.
[h] **8.7** Ou *malignos*

Filipe por toda parte, observando maravilhado os grandes si-
nais e milagres que eram realizados.
14 Os apóstolos em Jerusalém, ouvindo que Samaria havia
aceitado a palavra de Deus, enviaram para lá Pedro e João.
15 Estes, ao chegarem, oraram para que eles recebessem o
Espírito Santo, 16 pois o Espírito ainda não havia descido sobre
nenhum deles; tinham apenas sido batizados em nome do Se-
nhor Jesus. 17 Então Pedro e João lhes impuseram as mãos, e
eles receberam o Espírito Santo.
18 Vendo Simão que o Espírito era dado com a imposição
das mãos dos apóstolos, ofereceu-lhes dinheiro 19 e disse:
"Deem-me também este poder, para que a pessoa sobre quem
eu puser as mãos receba o Espírito Santo".
20 Pedro respondeu: "Pereça com você o seu dinheiro! Você
pensa que pode comprar o dom de Deus com dinheiro? 21 Você
não tem parte nem direito algum neste ministério, porque o
seu coração não é reto diante de Deus. 22 Arrependa-se dessa
maldade e ore ao Senhor. Talvez ele perdoe tal pensamento
do seu coração, 23 pois vejo que você está cheio de amargura
e preso pelo pecado".
24 Simão, porém, respondeu: "Orem vocês ao Senhor por mim,
para que não me aconteça nada do que vocês disseram".
25 Tendo testemunhado e proclamado a palavra do Senhor,
Pedro e João voltaram a Jerusalém, pregando o evangelho em
muitos povoados samaritanos.

Filipe e o Etíope

26 Um anjo do Senhor disse a Filipe: "Vá para o sul, para a
estrada deserta que desce de Jerusalém a Gaza". 27 Ele se
levantou e partiu. No caminho encontrou um eunuco etíope,
um oficial importante, encarregado de todos os tesouros de
Candace, rainha dos etíopes. Esse homem viera a Jerusalém
para adorar a Deus e, 28 de volta para casa, sentado em sua
carruagem, lia o livro do profeta Isaías. 29 E o Espírito disse a
Filipe: "Aproxime-se dessa carruagem e acompanhe-a".
30 Então Filipe correu para a carruagem, ouviu o homem lendo
o profeta Isaías e lhe perguntou: "O senhor entende o que
está lendo?"
31 Ele respondeu: "Como posso entender se alguém não me
explicar?" Assim, convidou Filipe para subir e sentar-se ao seu
lado.
32 O eunuco estava lendo esta passagem da Escritura: "Ele foi
levado como ovelha para o matadouro, e, como cordeiro mudo
diante do tosquiador, ele não abriu a sua boca.
33 Em sua humilhação foi privado de justiça. Quem pode falar
dos seus descendentes? Pois a sua vida foi tirada da terra"[a].
34 O eunuco perguntou a Filipe: "Diga-me, por favor: de quem
o profeta está falando? De si próprio ou de outro?" 35 Então
Filipe, começando com aquela passagem da Escritura, anun-
ciou-lhe as boas-novas de Jesus.
36 Prosseguindo pela estrada, chegaram a um lugar onde havia
água. O eunuco disse: "Olhe, aqui há água. Que me impede
de ser batizado?" 37 Disse Filipe: "Você pode, se crê de todo
o coração". O eunuco respondeu: "Creio que Jesus Cristo é o
Filho de Deus".[b] 38 Assim, deu ordem para parar a carruagem.
Então Filipe e o eunuco desceram à água, e Filipe o batizou.
39 Quando saíram da água, o Espírito do Senhor arrebatou Filipe
repentinamente. O eunuco não o viu mais e, cheio de alegria,
seguiu o seu caminho. 40 Filipe, porém, apareceu em Azoto e,
indo para Cesareia, pregava o evangelho em todas as cidades
pelas quais passava.

9 A Conversão de Saulo

Enquanto isso, Saulo ainda respirava ameaças de morte
contra os discípulos do Senhor. Dirigindo-se ao sumo sacer-
dote, 2 pediu-lhe cartas para as sinagogas de Damasco, de
maneira que, caso encontrasse ali homens ou mulheres que
pertencessem ao Caminho, pudesse levá-los presos para Jeru-
salém. 3 Em sua viagem, quando se aproximava de Damasco,
de repente brilhou ao seu redor uma luz vinda do céu. 4 Ele caiu
por terra e ouviu uma voz que lhe dizia: "Saulo, Saulo, por que
você me persegue?"
5 Saulo perguntou: "Quem és tu, Senhor?" Ele respondeu: "Eu
sou Jesus, a quem você persegue. 6 Levante-se, entre na ci-
dade; alguém dirá o que você deve fazer".
7 Os homens que viajavam com Saulo pararam emudecidos;
ouviam a voz, mas não viam ninguém. 8 Saulo levantou-se do
chão e, abrindo os olhos, não conseguia ver nada. E os homens
o levaram pela mão até Damasco. 9 Por três dias ele esteve
cego, não comeu nem bebeu.
10 Em Damasco havia um discípulo chamado Ananias. O Senhor
o chamou numa visão: "Ananias!"
"Eis-me aqui, Senhor", respondeu ele.
11 O Senhor lhe disse: "Vá à casa de Judas, na rua chamada
Direita, e pergunte por um homem de Tarso chamado Saulo.
Ele está orando; 12 numa visão viu um homem chamado Ananias
chegar e impor-lhe as mãos para que voltasse a ver".
13 Respondeu Ananias: "Senhor, tenho ouvido muita coisa a
respeito desse homem e de todo o mal que ele tem feito aos
teus santos em Jerusalém. 14 Ele chegou aqui com autorização
dos chefes dos sacerdotes para prender todos os que invocam
o teu nome".
15 Mas o Senhor disse a Ananias: "Vá! Este homem é meu instru-
mento escolhido para levar o meu nome perante os gentios e
seus reis, e perante o povo de Israel. 16 Mostrarei a ele quanto
deve sofrer pelo meu nome".
17 Então Ananias foi, entrou na casa, pôs as mãos sobre Saulo
e disse: "Irmão Saulo, o Senhor Jesus, que apareceu no ca-
minho por onde você vinha, enviou-me para que você volte
a ver e seja cheio do Espírito Santo". 18 Imediatamente, algo
como escamas caiu dos olhos de Saulo e ele passou a ver no-
vamente. Levantando-se, foi batizado 19 e, depois de comer,
recuperou as forças.

[a] 8.32,33 Is 53.7,8

[b] 8.37 Muitos manuscritos antigos não trazem o versículo 37.

Saulo em Damasco e em Jerusalém

Saulo passou vários dias com os discípulos em Damasco.
20 Logo começou a pregar nas sinagogas que Jesus é o Filho
de Deus. 21 Todos os que o ouviam ficavam perplexos e per-
guntavam: "Não é ele o homem que procurava destruir em
Jerusalém aqueles que invocam este nome? E não veio para cá
justamente para levá-los presos aos chefes dos sacerdotes?"
22 Todavia, Saulo se fortalecia cada vez mais e confundia os
judeus que viviam em Damasco, demonstrando que Jesus é
o Cristo.
23 Decorridos muitos dias, os judeus decidiram de comum
acordo matá-lo, 24 mas Saulo ficou sabendo do plano deles.
Dia e noite eles vigiavam as portas da cidade a fim de matá-lo.
25 Mas os seus discípulos o levaram de noite e o fizeram descer
num cesto, através de uma abertura na muralha.
26 Quando chegou a Jerusalém, tentou reunir-se aos discípulos,
mas todos estavam com medo dele, não acreditando que fosse
realmente um discípulo. 27 Então Barnabé o levou aos apóstolos
e lhes contou como, no caminho, Saulo vira o Senhor, que lhe
falara, e como em Damasco ele havia pregado corajosamente
em nome de Jesus. 28 Assim, Saulo ficou com eles e andava com
liberdade em Jerusalém, pregando corajosamente em nome do
Senhor. 29 Falava e discutia com os judeus de fala grega, mas
estes tentavam matá-lo. 30 Sabendo disso, os irmãos o levaram
para Cesareia e o enviaram para Tarso.
31 A igreja passava por um período de paz em toda a Judeia,
Galileia e Samaria. Ela se edificava e, encorajada pelo Espírito
Santo, crescia em número, vivendo no temor do Senhor.

Eneias e Dorcas

32 Viajando por toda parte, Pedro foi visitar os santos que viviam
em Lida. 33 Ali encontrou um paralítico chamado Eneias, que
estava acamado fazia oito anos. 34 Disse-lhe Pedro: "Eneias,
Jesus Cristo vai curá-lo! Levante-se e arrume a sua cama". Ele
se levantou imediatamente. 35 Todos os que viviam em Lida e
Sarona o viram e se converteram ao Senhor.
36 Em Jope havia uma discípula chamada Tabita, que em grego
é Dorcas[a], que se dedicava a praticar boas obras e dar esmolas.
37 Naqueles dias ela ficou doente e morreu, e seu corpo foi
lavado e colocado num quarto do andar superior. 38 Lida ficava
perto de Jope, e, quando os discípulos ouviram falar que Pedro
estava em Lida, mandaram-lhe dois homens dizer-lhe: "Não se
demore em vir até nós".
39 Pedro foi com eles e, quando chegou, foi levado para o
quarto do andar superior. Todas as viúvas o rodearam, cho-
rando e mostrando-lhe os vestidos e outras roupas que Dorcas
tinha feito quando ainda estava com elas.
40 Pedro mandou que todos saíssem do quarto; depois, ajoe-
lhou-se e orou. Voltando-se para a mulher morta, disse: "Ta-
bita, levante-se". Ela abriu os olhos e, vendo Pedro, sentou-se.
41 Tomando-a pela mão, ajudou-a a pôr-se em pé. Então, cha-
mando os santos e as viúvas, apresentou-a viva. 42 Este fato se
tornou conhecido em toda a cidade de Jope, e muitos creram
no Senhor. 43 Pedro ficou em Jope durante algum tempo, com
um curtidor de couro chamado Simão.

O Centurião Cornélio

10 Havia em Cesareia um homem chamado Cornélio, cen-
turião do regimento conhecido como Italiano. 2 Ele e toda a
sua família eram religiosos e tementes[b] a Deus; dava muitas
esmolas ao povo e orava continuamente a Deus. 3 Certo dia,
por volta das três horas da tarde[c], ele teve uma visão. Viu
claramente um anjo de Deus que se aproximava dele e dizia:
"Cornélio!"
4 Atemorizado, Cornélio olhou para ele e perguntou: "Que é,
Senhor?" O anjo respondeu: "Suas orações e esmolas subiram
como oferta memorial diante de Deus. 5 Agora, mande alguns
homens a Jope para trazerem um certo Simão, também conhe-
cido como Pedro, 6 que está hospedado na casa de Simão, o
curtidor de couro, que fica perto do mar".
7 Depois que o anjo que lhe falou se foi, Cornélio chamou dois
dos seus servos e um soldado religioso dentre os seus auxi-
liares 8 e, contando-lhes tudo o que tinha acontecido, enviou-os
a Jope.

A Visão de Pedro

9 No dia seguinte, por volta do meio-dia[d], enquanto eles via-
javam e se aproximavam da cidade, Pedro subiu ao terraço
para orar. 10 Tendo fome, queria comer; enquanto a refeição
estava sendo preparada, caiu em êxtase. 11 Viu o céu aberto e
algo semelhante a um grande lençol que descia à terra, preso
pelas quatro pontas, 12 contendo toda espécie de quadrúpedes,
bem como de répteis da terra e aves do céu. 13 Então uma voz
lhe disse: "Levante-se, Pedro; mate e coma".
14 Mas Pedro respondeu: "De modo nenhum, Senhor! Jamais
comi algo impuro ou imundo!"
15 A voz lhe falou segunda vez: "Não chame impuro ao que Deus
purificou".
16 Isso aconteceu três vezes, e em seguida o lençol foi reco-
lhido ao céu.
17 Enquanto Pedro estava refletindo no significado da visão, os
homens enviados por Cornélio descobriram onde era a casa de
Simão e chegaram à porta. 18 Chamando, perguntaram se ali
estava hospedado Simão, conhecido como Pedro.
19 Enquanto Pedro ainda estava pensando na visão, o Espírito
lhe disse: "Simão, três homens estão procurando por você.
20 Portanto, levante-se e desça. Não hesite em ir com eles,
pois eu os enviei".
21 Pedro desceu e disse aos homens: "Eu sou quem vocês estão
procurando. Por que motivo vieram?"
22 Os homens responderam: "Viemos da parte do centurião

[a] **9.36** Tanto *Tabita* (aramaico) como *Dorcas* (grego) significam *gazela*.

[b] **10.2** Isto é, simpatizantes do judaísmo.

[c] **10.3** Grego: *da hora nona*; também no versículo 30.

[d] **10.9** Grego: *da hora sexta*.

Cornélio. Ele é um homem justo e temente[a] a Deus, respeitado
por todo o povo judeu. Um santo anjo lhe disse que o chamasse
à sua casa, para que ele ouça o que você tem para dizer".
23 Pedro os convidou a entrar e os hospedou.

Pedro na Casa de Cornélio

No dia seguinte Pedro partiu com eles, e alguns dos irmãos de
Jope o acompanharam. 24 No outro dia chegaram a Cesareia.
Cornélio os esperava com seus parentes e amigos mais íntimos
que tinha convidado. 25 Quando Pedro ia entrando na casa, Cor-
nélio dirigiu-se a ele e prostrou-se aos seus pés, adorando-o.
26 Mas Pedro o fez levantar-se, dizendo: "Levante-se, eu sou
homem como você".
27 Conversando com ele, Pedro entrou e encontrou ali reunidas
muitas pessoas 28 e lhes disse: "Vocês sabem muito bem que é
contra a nossa lei um judeu associar-se a um gentio ou mesmo
visitá-lo. Mas Deus me mostrou que eu não deveria chamar
impuro ou imundo a homem nenhum. 29 Por isso, quando fui
procurado, vim sem qualquer objeção. Posso perguntar por que
vocês me mandaram buscar?"
30 Cornélio respondeu: "Há quatro dias eu estava em minha
casa orando a esta hora, às três horas da tarde. De repente,
apresentou-se diante de mim um homem com roupas res-
plandecentes 31 que disse: 'Cornélio, Deus ouviu sua oração
e lembrou-se de suas esmolas. 32 Mande buscar em Jope a
Simão, chamado Pedro. Ele está hospedado na casa de Simão,
o curtidor de couro, que mora perto do mar'. 33 Assim, mandei
buscar-te imediatamente, e foi bom que tenhas vindo. Agora
estamos todos aqui na presença de Deus, para ouvir tudo que
o Senhor te mandou dizer-nos".
34 Então Pedro começou a falar: "Agora percebo verdadeiramente
que Deus não trata as pessoas com parcialidade, 35 mas de todas
as nações aceita todo aquele que o teme e faz o que é justo.
36 Vocês conhecem a mensagem enviada por Deus ao povo de
Israel, que fala das boas-novas de paz por meio de Jesus Cristo,
Senhor de todos. 37 Sabem o que aconteceu em toda a Judeia,
começando na Galileia, depois do batismo que João pregou,
38 como Deus ungiu Jesus de Nazaré com o Espírito Santo e
poder, e como ele andou por toda parte fazendo o bem e curando
todos os oprimidos pelo Diabo, porque Deus estava com ele.
39 "Nós somos testemunhas de tudo o que ele fez na terra dos
judeus e em Jerusalém, onde o mataram, suspendendo-o num
madeiro. 40 Deus, porém, o ressuscitou no terceiro dia e fez que
ele fosse visto, 41 não por todo o povo, mas por testemunhas
que designara de antemão, por nós que comemos e bebemos
com ele depois que ressuscitou dos mortos. 42 Ele nos mandou
pregar ao povo e testemunhar que foi a ele que Deus constituiu
juiz de vivos e de mortos. 43 Todos os profetas dão testemunho
dele, de que todo o que nele crê recebe o perdão dos pecados
mediante o seu nome".
44 Enquanto Pedro ainda estava falando estas palavras, o Es-
pírito Santo desceu sobre todos os que ouviam a mensagem.
45 Os judeus convertidos que vieram com Pedro ficaram admi-
rados de que o dom do Espírito Santo fosse derramado até
sobre os gentios, 46 pois os ouviam falando em línguas[b] e exal-
tando a Deus.
A seguir Pedro disse: 47 "Pode alguém negar a água, impedindo
que estes sejam batizados? Eles receberam o Espírito Santo
como nós!" 48 Então ordenou que fossem batizados em nome
de Jesus Cristo. Depois pediram a Pedro que ficasse com eles
alguns dias.

Pedro Explica-se perante a Igreja

11 Os apóstolos e os irmãos de toda a Judeia ouviram falar
que os gentios também haviam recebido a palavra de Deus.
2 Assim, quando Pedro subiu a Jerusalém, os que eram do par-
tido dos circuncisos o criticavam, dizendo: 3 "Você entrou na
casa de homens incircuncisos e comeu com eles".
4 Pedro, então, começou a explicar-lhes exatamente como
tudo havia acontecido: 5 "Eu estava na cidade de Jope, orando;
caindo em êxtase, tive uma visão. Vi algo parecido com um
grande lençol sendo baixado do céu, preso pelas quatro
pontas, e que vinha até o lugar onde eu estava. 6 Olhei para
dentro dele e notei que havia ali quadrúpedes da terra, animais
selvagens, répteis e aves do céu. 7 Então ouvi uma voz que me
dizia: 'Levante-se, Pedro; mate e coma'.
8 "Eu respondi: De modo nenhum, Senhor! Nunca entrou em
minha boca algo impuro ou imundo.
9 "A voz falou do céu segunda vez: 'Não chame impuro ao que
Deus purificou'. 10 Isso aconteceu três vezes, e então tudo foi
recolhido ao céu.
11 "Na mesma hora chegaram à casa em que eu estava hospe-
dado três homens que me haviam sido enviados de Cesareia.
12 O Espírito me disse que não hesitasse em ir com eles. Estes
seis irmãos também foram comigo, e entramos na casa de um
certo homem. 13 Ele nos contou como um anjo lhe tinha apare-
cido em sua casa e dissera: 'Mande buscar, em Jope, Simão,
chamado Pedro. 14 Ele trará uma mensagem por meio da qual
serão salvos você e todos os da sua casa'.
15 "Quando comecei a falar, o Espírito Santo desceu sobre eles
como sobre nós no princípio. 16 Então me lembrei do que o
Senhor tinha dito: 'João batizou com[c] água, mas vocês serão
batizados com o Espírito Santo'. 17 Se, pois, Deus lhes deu o
mesmo dom que nos tinha dado quando cremos no Senhor
Jesus Cristo, quem era eu para pensar em opor-me a Deus?"
18 Ouvindo isso, não apresentaram mais objeções e louvaram a
Deus, dizendo: "Então, Deus concedeu arrependimento para a
vida até mesmo aos gentios!"

A Igreja em Antioquia

19 Os que tinham sido dispersos por causa da perseguição de-
sencadeada com a morte de Estêvão chegaram até a Fenícia,
Chipre e Antioquia, anunciando a mensagem apenas aos judeus.

a 10.22 Isto é, simpatizante do judaísmo.

b 10.46 Ou *em outros idiomas*

c 11.16 Ou *em*

20 Alguns deles, todavia, cipriotas e cireneus, foram a Antioquia
e começaram a falar também aos gregos, contando-lhes as
boas-novas a respeito do Senhor Jesus. 21 A mão do Senhor
estava com eles, e muitos creram e se converteram ao Senhor.
22 Notícias desse fato chegaram aos ouvidos da igreja em
Jerusalém, e eles enviaram Barnabé a Antioquia. 23 Este, ali
chegando e vendo a graça de Deus, ficou alegre e os animou a
permanecer fiéis ao Senhor, de todo o coração. 24 Ele era um
homem bom, cheio do Espírito Santo e de fé; e muitas pessoas
foram acrescentadas ao Senhor.
25 Então Barnabé foi a Tarso procurar Saulo 26 e, quando o
encontrou, levou-o para Antioquia. Assim, durante um ano in-
teiro Barnabé e Saulo se reuniram com a igreja e ensinaram a
muitos. Em Antioquia, os discípulos foram pela primeira vez
chamados cristãos.
27 Naqueles dias alguns profetas desceram de Jerusalém para
Antioquia. 28 Um deles, Ágabo, levantou-se e pelo Espírito pre-
disse que uma grande fome sobreviria a todo o mundo romano,
o que aconteceu durante o reinado de Cláudio. 29 Os discípulos,
cada um segundo as suas possibilidades, decidiram providen-
ciar ajuda para os irmãos que viviam na Judeia. 30 E o fizeram,
enviando suas ofertas aos presbíteros pelas mãos de Barnabé
e Saulo.

12 Pedro é Milagrosamente Libertado da Prisão

Nessa ocasião, o rei Herodes prendeu alguns que per-
tenciam à igreja, com a intenção de maltratá-los, 2 e mandou
matar à espada Tiago, irmão de João. 3 Vendo que isso agra-
dava aos judeus, prosseguiu, prendendo também Pedro du-
rante a festa dos pães sem fermento. 4 Tendo-o prendido, lan-
çou-o no cárcere, entregando-o para ser guardado por quatro
escoltas de quatro soldados cada uma. Herodes pretendia
submetê-lo a julgamento público depois da Páscoa.
5 Pedro, então, ficou detido na prisão, mas a igreja orava inten-
samente a Deus por ele.
6 Na noite anterior ao dia em que Herodes iria submetê-lo
a julgamento, Pedro estava dormindo entre dois soldados,
preso com duas algemas, e sentinelas montavam guarda à
entrada do cárcere. 7 Repentinamente apareceu um anjo do
Senhor, e uma luz brilhou na cela. Ele tocou no lado de Pedro
e o acordou. "Depressa, levante-se!", disse ele. Então as al-
gemas caíram dos punhos de Pedro.
8 O anjo lhe disse: "Vista-se e calce as sandálias". E Pedro
assim fez. Disse-lhe ainda o anjo: "Ponha a capa e siga-me".
9 E, saindo, Pedro o seguiu, não sabendo que era real o que se
fazia por meio do anjo; tudo lhe parecia uma visão. 10 Passaram
a primeira e a segunda guarda, e chegaram ao portão de ferro
que dava para a cidade. Este se abriu por si mesmo para eles,
e passaram. Tendo saído, caminharam ao longo de uma rua e,
de repente, o anjo o deixou.
11 Então Pedro caiu em si e disse: "Agora sei, sem nenhuma
dúvida, que o Senhor enviou o seu anjo e me libertou das mãos
de Herodes e de tudo o que o povo judeu esperava".
12 Percebendo isso, ele se dirigiu à casa de Maria, mãe de João,
também chamado Marcos, onde muita gente se havia reunido e
estava orando. 13 Pedro bateu à porta do alpendre, e uma serva
chamada Rode veio atender. 14 Ao reconhecer a voz de Pedro,
tomada de alegria, ela correu de volta, sem abrir a porta, e
exclamou: "Pedro está à porta!"
15 Eles porém lhe disseram: "Você está fora de si!" Insistindo
ela em afirmar que era Pedro, disseram-lhe: "Deve ser o anjo
dele".
16 Mas Pedro continuou batendo e, quando abriram a porta e
o viram, ficaram perplexos. 17 Mas ele, fazendo-lhes sinal para
que se calassem, descreveu como o Senhor o havia tirado da
prisão e disse: "Contem isso a Tiago e aos irmãos". Então saiu
e foi para outro lugar.
18 De manhã, não foi pequeno o alvoroço entre os soldados
quanto ao que tinha acontecido a Pedro. 19 Fazendo uma busca
completa e não o encontrando, Herodes fez uma investigação
entre os guardas e ordenou que fossem executados.

A Morte de Herodes

Depois Herodes foi da Judeia para Cesareia e permaneceu
ali durante algum tempo. 20 Ele estava cheio de ira contra o
povo de Tiro e Sidom; contudo, eles haviam se reunido e pro-
curavam ter uma audiência com ele. Tendo conseguido o apoio
de Blasto, homem de confiança[a] do rei, pediram paz, porque
dependiam das terras do rei para obter alimento.
21 No dia marcado, Herodes, vestindo seus trajes reais, sen-
tou-se em seu trono e fez um discurso ao povo. 22 Eles co-
meçaram a gritar: "É voz de deus, e não de homem". 23 Visto
que Herodes não glorificou a Deus, imediatamente um anjo do
Senhor o feriu; e ele morreu comido por vermes.
24 Entretanto, a palavra de Deus continuava a crescer e a es-
palhar-se.
25 Tendo terminado sua missão, Barnabé e Saulo voltaram de
Jerusalém, levando consigo João, também chamado Marcos.

13 A Missão de Barnabé e Saulo

Na igreja de Antioquia havia profetas e mestres: Barnabé,
Simeão, chamado Níger, Lúcio de Cirene, Manaém, que fora
criado com Herodes, o tetrarca[b], e Saulo. 2 Enquanto adoravam
o Senhor e jejuavam, disse o Espírito Santo: "Separem-me Bar-
nabé e Saulo para a obra a que os tenho chamado". 3 Assim,
depois de jejuar e orar, impuseram-lhes as mãos e os en-
viaram.

Em Chipre

4 Enviados pelo Espírito Santo, desceram a Selêucia e dali na-
vegaram para Chipre. 5 Chegando em Salamina, proclamaram
a palavra de Deus nas sinagogas judaicas. João estava com
eles como auxiliar.

---

[a] 12.20 Grego: *camareiro*.

[b] 13.1 Um tetrarca era o governador da quarta parte de uma região.

6 Viajaram por toda a ilha, até que chegaram a Pafos. Ali en-
contraram um judeu, chamado Barjesus, que praticava magia e
era falso profeta. 7 Ele era assessor do procônsul Sérgio Paulo.
O procônsul, sendo homem culto, mandou chamar Barnabé e
Saulo, porque queria ouvir a palavra de Deus. 8 Mas Elimas, o
mágico (esse é o significado do seu nome), opôs-se a eles e
tentava desviar da fé o procônsul. 9 Então Saulo, também cha-
mado Paulo, cheio do Espírito Santo, olhou firmemente para
Elimas e disse: 10 "Filho do Diabo e inimigo de tudo o que é
justo! Você está cheio de toda espécie de engano e maldade.
Quando é que vai parar de perverter os retos caminhos do Se-
nhor? 11 Saiba agora que a mão do Senhor está contra você, e
você ficará cego e incapaz de ver a luz do sol durante algum
tempo".
Imediatamente vieram sobre ele névoa e escuridão, e ele, ta-
teando, procurava quem o guiasse pela mão. 12 O procônsul,
vendo o que havia acontecido, creu, profundamente impressio-
nado com o ensino do Senhor.

Em Antioquia da Pisídia

13 De Pafos, Paulo e seus companheiros navegaram para Perge,
na Panfília. João os deixou ali e voltou para Jerusalém. 14 De
Perge prosseguiram até Antioquia da Pisídia. No sábado, en-
traram na sinagoga e se assentaram. 15 Depois da leitura da Lei
e dos Profetas, os chefes da sinagoga lhes mandaram dizer:
"Irmãos, se vocês têm uma mensagem de encorajamento para
o povo, falem".
16 Pondo-se em pé, Paulo fez sinal com a mão e disse: "Is-
raelitas e gentios tementes[a] a Deus, ouçam-me! 17 O Deus do
povo de Israel escolheu nossos antepassados e exaltou o povo
durante a sua permanência no Egito; com grande poder os fez
sair daquele país 18 e os aturou[b] no deserto durante cerca de
quarenta anos. 19 Ele destruiu sete nações em Canaã e deu a
terra delas como herança ao seu povo. 20 Tudo isso levou cerca
de quatrocentos e cinquenta anos.
"Depois disso, ele lhes deu juízes até o tempo do profeta
Samuel. 21 Então o povo pediu um rei, e Deus lhes deu Saul,
filho de Quis, da tribo de Benjamim, que reinou quarenta anos.
22 Depois de rejeitar Saul, levantou-lhes Davi como rei, sobre
quem testemunhou: 'Encontrei Davi, filho de Jessé, homem
segundo o meu coração; ele fará tudo o que for da minha von-
tade'[c].
23 "Da descendência desse homem Deus trouxe a Israel o
Salvador Jesus, como prometera. 24 Antes da vinda de Jesus,
João pregou um batismo de arrependimento para todo o povo
de Israel. 25 Quando estava completando sua carreira, João
disse: 'Quem vocês pensam que eu sou? Não sou quem vocês
pensam. Mas eis que vem depois de mim aquele cujas sandá-
lias não sou digno nem de desamarrar'.
26 "Irmãos, filhos de Abraão, e gentios tementes a Deus, a nós
foi enviada esta mensagem de salvação. 27 O povo de Jeru-
salém e seus governantes não reconheceram Jesus, mas, ao
condená-lo, cumpriram as palavras dos profetas, que são lidas
todos os sábados. 28 Mesmo não achando motivo legal para
uma sentença de morte, pediram a Pilatos que o mandasse
executar. 29 Tendo cumprido tudo o que estava escrito a res-
peito dele, tiraram-no do madeiro e o colocaram num sepulcro.
30 Mas Deus o ressuscitou dos mortos, 31 e, por muitos dias,
foi visto por aqueles que tinham ido com ele da Galileia para
Jerusalém. Estes agora são testemunhas de Jesus para o povo.
32 "Nós lhes anunciamos as boas-novas: o que Deus prometeu
a nossos antepassados 33 ele cumpriu para nós, seus filhos,
ressuscitando Jesus, como está escrito em Salmos 2:
" 'Tu és meu filho; eu hoje te gerei'[d].
34 O fato de que Deus o ressuscitou dos mortos, para que nunca
entrasse em decomposição, é declarado nestas palavras:
" 'Eu dou a vocês as santas e fiéis bênçãos prometidas a Davi'[e].
35 Assim ele diz noutra passagem:
" 'Não permitirás que o teu Santo sofra decomposição'[f].
36 "Tendo, pois, Davi servido ao propósito de Deus em sua ge-
ração, adormeceu, foi sepultado com os seus antepassados e
seu corpo se decompôs. 37 Mas aquele a quem Deus ressuscitou
não sofreu decomposição.
38 "Portanto, meus irmãos, quero que saibam que mediante
Jesus é proclamado o perdão dos pecados a vocês. 39 Por meio
dele, todo aquele que crê é justificado de todas as coisas das
quais não podiam ser justificados pela Lei de Moisés. 40 Cuidem
para que não aconteça o que disseram os profetas:
41 " 'Olhem, escarnecedores, admirem-se e pereçam; pois nos
dias de vocês farei algo em que vocês jamais creriam se a vocês
fosse contado!'[g]"
42 Quando Paulo e Barnabé estavam saindo da sinagoga, o povo
os convidou a falar mais a respeito dessas coisas no sábado
seguinte. 43 Despedida a congregação, muitos dos judeus e
estrangeiros piedosos convertidos ao judaísmo seguiram Paulo
e Barnabé. Estes conversavam com eles, recomendando-lhes
que continuassem na graça de Deus.
44 No sábado seguinte, quase toda a cidade se reuniu para ouvir
a palavra do Senhor. 45 Quando os judeus viram a multidão,
ficaram cheios de inveja e, blasfemando, contradiziam o que
Paulo estava dizendo.
46 Então Paulo e Barnabé lhes responderam corajosamente:
"Era necessário anunciar primeiro a vocês a palavra de Deus;
uma vez que a rejeitam e não se julgam dignos da vida eterna,
agora nos voltamos para os gentios. 47 Pois assim o Senhor
nos ordenou:
" 'Eu fiz de você luz para os gentios, para que você leve a
salvação até aos confins da terra'[h]".

[a] **13.16** Isto é, simpatizantes do judaísmo; também no versículo 26.
[b] **13.18** Alguns manuscritos dizem *e cuidou deles*.
[c] **13.22** 1Sm 13.14
[d] **13.33** Sl 2.7
[e] **13.34** Is 55.3
[f] **13.35** Sl 16.10
[g] **13.41** Hc 1.5
[h] **13.47** Is 49.6

48 Ouvindo isso, os gentios alegraram-se e bendisseram a pa-
lavra do Senhor; e creram todos os que haviam sido designados
para a vida eterna.
49 A palavra do Senhor se espalhava por toda a região. 50 Mas
os judeus incitaram as mulheres religiosas de elevada posição
e os principais da cidade. E, provocando perseguição contra
Paulo e Barnabé, os expulsaram do seu território. 51 Estes sa-
cudiram o pó dos seus pés em protesto contra eles e foram
para Icônio. 52 Os discípulos continuavam cheios de alegria e
do Espírito Santo.

14 Em Icônio

14 Em Icônio, Paulo e Barnabé, como de costume, foram
à sinagoga judaica. Ali falaram de tal modo que veio a crer
grande multidão de judeus e gentios. 2 Mas os judeus que se
tinham recusado a crer incitaram os gentios e irritaram-lhes o
ânimo contra os irmãos. 3 Paulo e Barnabé passaram bastante
tempo ali, falando corajosamente do Senhor, que confirmava
a mensagem de sua graça realizando sinais e maravilhas pelas
mãos deles. 4 O povo da cidade ficou dividido: alguns estavam
a favor dos judeus, outros a favor dos apóstolos. 5 Formou-se
uma conspiração de gentios e judeus, com os seus líderes,
para maltratá-los e apedrejá-los. 6 Quando eles souberam
disso, fugiram para as cidades licaônicas de Listra e Derbe,
e seus arredores, 7 onde continuaram a pregar as boas-novas.

Em Listra e em Derbe

8 Em Listra havia um homem paralítico dos pés, aleijado desde
o nascimento, que vivia ali sentado e nunca tinha andado. 9 Ele
ouvira Paulo falar. Quando Paulo olhou diretamente para ele e
viu que o homem tinha fé para ser curado, 10 disse em alta voz:
"Levante-se! Fique em pé!" Com isso, o homem deu um salto
e começou a andar.
11 Ao ver o que Paulo fizera, a multidão começou a gritar em
língua licaônica: "Os deuses desceram até nós em forma hu-
mana!" 12 A Barnabé chamavam Zeus e a Paulo chamavam
Hermes, porque era ele quem trazia a palavra. 13 O sacerdote
de Zeus, cujo templo ficava diante da cidade, trouxe bois e
coroas de flores à porta da cidade, porque ele e a multidão
queriam oferecer-lhes sacrifícios.
14 Ouvindo isso, os apóstolos Barnabé e Paulo rasgaram as
roupas e correram para o meio da multidão, gritando: 15 "Ho-
mens, por que vocês estão fazendo isso? Nós também somos
humanos como vocês. Estamos trazendo boas-novas para
vocês, dizendo que se afastem dessas coisas vãs e se voltem
para o Deus vivo, que fez o céu, a terra, o mar e tudo o que
neles há. 16 No passado ele permitiu que todas as nações se-
guissem os seus próprios caminhos. 17 Contudo, Deus não ficou
sem testemunho: mostrou sua bondade, dando-lhes chuva do
céu e colheitas no tempo certo, concedendo-lhes sustento com
fartura e um coração cheio de alegria". 18 Apesar dessas pala-
vras, eles tiveram dificuldade para impedir que a multidão lhes
oferecesse sacrifícios.
19 Então alguns judeus chegaram de Antioquia e de Icônio e
mudaram o ânimo das multidões. Apedrejaram Paulo e o ar-
rastaram para fora da cidade, pensando que estivesse morto.
20 Mas, quando os discípulos se ajuntaram em volta de Paulo,
ele se levantou e voltou à cidade. No dia seguinte, ele e Bar-
nabé partiram para Derbe.

O Retorno para Antioquia da Síria

21 Eles pregaram as boas-novas naquela cidade e fizeram
muitos discípulos. Então voltaram para Listra, Icônio e Antio-
quia, 22 fortalecendo os discípulos e encorajando-os a perma-
necer na fé, dizendo: "É necessário que passemos por muitas
tribulações para entrarmos no Reino de Deus". 23 Paulo e
Barnabé designaram-lhes[a] presbíteros em cada igreja; tendo
orado e jejuado, eles os encomendaram ao Senhor, em quem
haviam confiado. 24 Passando pela Pisídia, chegaram à Panfília
25 e, tendo pregado a palavra em Perge, desceram para Atália.
26 De Atália navegaram de volta a Antioquia, onde tinham
sido recomendados à graça de Deus para a missão que agora
haviam completado. 27 Chegando ali, reuniram a igreja e re-
lataram tudo o que Deus tinha feito por meio deles e como
abrira a porta da fé aos gentios. 28 E ficaram ali muito tempo
com os discípulos.

15 O Concílio de Jerusalém

15 Alguns homens desceram da Judeia para Antioquia e pas-
saram a ensinar aos irmãos: "Se vocês não forem circuncidados
conforme o costume ensinado por Moisés, não poderão ser
salvos". 2 Isso levou Paulo e Barnabé a uma grande contenda e
discussão com eles. Assim, Paulo e Barnabé foram designados,
com outros, para irem a Jerusalém tratar dessa questão com os
apóstolos e com os presbíteros. 3 A igreja os enviou e, ao pas-
sarem pela Fenícia e por Samaria, contaram como os gentios
tinham se convertido; essas notícias alegravam muito a todos
os irmãos. 4 Chegando a Jerusalém, foram bem recebidos pela
igreja, pelos apóstolos e pelos presbíteros, a quem relataram
tudo o que Deus tinha feito por meio deles.
5 Então se levantaram alguns do partido religioso dos fariseus
que haviam crido e disseram: "É necessário circuncidá-los e
exigir deles que obedeçam à Lei de Moisés".
6 Os apóstolos e os presbíteros se reuniram para considerar
essa questão. 7 Depois de muita discussão, Pedro levantou-se
e dirigiu-se a eles: "Irmãos, vocês sabem que há muito tempo
Deus me escolheu dentre vocês para que os gentios ouvissem
de meus lábios a mensagem do evangelho e cressem. 8 Deus,
que conhece os corações, demonstrou que os aceitou, dando-
-lhes o Espírito Santo, como antes nos tinha concedido. 9 Ele
não fez distinção alguma entre nós e eles, visto que purificou
os seus corações pela fé. 10 Então, por que agora vocês estão
querendo tentar a Deus, pondo sobre os discípulos um jugo
que nem nós nem nossos antepassados conseguimos suportar?

[a] 14.23 Ou *ordenaram-lhes*; ou ainda *elegeram*

11 De modo nenhum! Cremos que somos salvos pela graça de
nosso Senhor Jesus, assim como eles também".
12 Toda a assembleia ficou em silêncio, enquanto ouvia Bar-
nabé e Paulo falando de todos os sinais e maravilhas que, por
meio deles, Deus fizera entre os gentios. 13 Quando terminaram
de falar, Tiago tomou a palavra e disse: "Irmãos, ouçam-me.
14 Simão nos expôs como Deus, no princípio, voltou-se para
os gentios a fim de reunir dentre as nações um povo para o
seu nome. 15 Concordam com isso as palavras dos profetas,
conforme está escrito:
16 " 'Depois disso voltarei e reconstruirei a tenda caída de Davi.
Reedificarei as suas ruínas, e a restaurarei, 17 para que o res-
tante dos homens busque o Senhor, e todos os gentios sobre
os quais tem sido invocado o meu nome, diz o Senhor, que faz
estas coisas'[a] 18 conhecidas desde os tempos antigos.[b]
19 "Portanto, julgo que não devemos pôr dificuldades aos gen-
tios que estão se convertendo a Deus. 20 Ao contrário, devemos
escrever a eles, dizendo-lhes que se abstenham de comida
contaminada pelos ídolos, da imoralidade sexual, da carne de
animais estrangulados e do sangue. 21 Pois, desde os tempos
antigos, Moisés é pregado em todas as cidades, sendo lido nas
sinagogas todos os sábados".

A Carta do Concílio aos Cristãos Gentios

22 Então os apóstolos e os presbíteros, com toda a igreja, de-
cidiram escolher alguns dentre eles e enviá-los a Antioquia
com Paulo e Barnabé. Escolheram Judas, chamado Barsabás,
e Silas, dois líderes entre os irmãos. 23 Com eles enviaram
a seguinte carta: " Os irmãos apóstolos e presbíteros,[c] aos
cristãos gentios que estão em Antioquia, na Síria e na Cilícia:
Saudações.
24 "Soubemos que alguns saíram de nosso meio, sem nossa au-
torização, e os perturbaram, transtornando a mente de vocês
com o que disseram. 25 Assim, concordamos todos em esco-
lher alguns homens e enviá-los a vocês com nossos amados
irmãos Paulo e Barnabé, 26 homens que têm arriscado a vida
pelo nome de nosso Senhor Jesus Cristo. 27 Portanto, estamos
enviando Judas e Silas para confirmarem verbalmente o que
estamos escrevendo. 28 Pareceu bem ao Espírito Santo e a
nós não impor a vocês nada além das seguintes exigências
necessárias: 29 Que se abstenham de comida sacrificada aos
ídolos, do sangue, da carne de animais estrangulados e da
imoralidade sexual. Vocês farão bem em evitar essas coisas.
"Que tudo lhes vá bem".
30 Uma vez despedidos, os homens desceram para Antioquia,
onde reuniram a igreja e entregaram a carta. 31 Os irmãos
a leram e se alegraram com a sua animadora mensagem.
32 Judas e Silas, que eram profetas, encorajaram e fortale-
ceram os irmãos com muitas palavras. 33 Tendo passado algum
tempo ali, foram despedidos pelos irmãos com a bênção da
paz para voltarem aos que os tinham enviado, 34 mas Silas de-
cidiu ficar.[d] 35 Paulo e Barnabé permaneceram em Antioquia,
onde, com muitos outros, ensinavam e pregavam a palavra
do Senhor.

O Desentendimento entre Paulo e Barnabé

36 Algum tempo depois, Paulo disse a Barnabé: "Voltemos
para visitar os irmãos em todas as cidades onde pregamos
a palavra do Senhor, para ver como estão indo". 37 Barnabé
queria levar João, também chamado Marcos. 38 Mas Paulo
não achava prudente levá-lo, pois ele, abandonando-os na
Panfília, não permanecera com eles no trabalho. 39 Tiveram
um desentendimento tão sério que se separaram. Barnabé,
levando consigo Marcos, navegou para Chipre, 40 mas Paulo
escolheu Silas e partiu, encomendado pelos irmãos à graça do
Senhor. 41 Passou, então, pela Síria e pela Cilícia, fortalecendo
as igrejas.

16 Timóteo Acompanha Paulo e Silas

Chegou a Derbe e depois a Listra, onde vivia um discí-
pulo chamado Timóteo. Sua mãe era uma judia convertida e
seu pai era grego. 2 Os irmãos de Listra e Icônio davam bom
testemunho dele. 3 Paulo, querendo levá-lo na viagem, circun-
cidou-o por causa dos judeus que viviam naquela região, pois
todos sabiam que seu pai era grego. 4 Nas cidades por onde
passavam, transmitiam as decisões tomadas pelos apóstolos
e presbíteros em Jerusalém, para que fossem obedecidas.
5 Assim as igrejas eram fortalecidas na fé e cresciam em nú-
mero cada dia.

A Visão de Paulo em Trôade

6 Paulo e seus companheiros viajaram pela região da Frígia e
da Galácia, tendo sido impedidos pelo Espírito Santo de pregar
a palavra na província da Ásia. 7 Quando chegaram à fronteira
da Mísia, tentaram entrar na Bitínia, mas o Espírito de Jesus os
impediu. 8 Então, contornaram a Mísia e desceram a Trôade.
9 Durante a noite Paulo teve uma visão, na qual um homem da
Macedônia estava em pé e lhe suplicava: "Passe à Macedônia
e ajude-nos". 10 Depois que Paulo teve essa visão, preparamo-
-nos imediatamente para partir para a Macedônia, concluindo
que Deus nos tinha chamado para lhes pregar o evangelho.

A Conversão de Lídia em Filipos

11 Partindo de Trôade, navegamos diretamente para Samotrácia
e, no dia seguinte, para Neápolis. 12 Dali partimos para Filipos,
na Macedônia, que é colônia romana e a principal cidade da-
quele distrito. Ali ficamos vários dias.
13 No sábado saímos da cidade e fomos para a beira do rio,
onde esperávamos encontrar um lugar de oração. Sentamo-
-nos e começamos a conversar com as mulheres que haviam
se reunido ali. 14 Uma das que ouviam era uma mulher temente
a Deus chamada Lídia, vendedora de tecido de púrpura, da

[a] 15.16,17 Am 9.11,12
[b] 15.18 Alguns manuscritos dizem *Conhecida do Senhor desde os tempos antigos é a sua obra.*
[c] 15.23 Vários manuscritos dizem *Os apóstolos, os presbíteros e os irmãos.*
[d] 15.34 Muitos manuscritos antigos não trazem o versículo 34.

cidade de Tiatira. O Senhor abriu seu coração para atender
à mensagem de Paulo. 15 Tendo sido batizada, bem como os
de sua casa, ela nos convidou, dizendo: "Se os senhores me
consideram uma crente no Senhor, venham ficar em minha
casa". E nos convenceu.

Paulo e Silas na Prisão

16 Certo dia, indo nós para o lugar de oração, encontramos
uma escrava que tinha um espírito pelo qual predizia o futuro.
Ela ganhava muito dinheiro para os seus senhores com adivi-
nhações. 17 Essa moça seguia Paulo e a nós, gritando: "Estes
homens são servos do Deus Altíssimo e anunciam o caminho
da salvação". 18 Ela continuou fazendo isso por muitos dias. Fi-
nalmente, Paulo ficou indignado, voltou-se e disse ao espírito:
"Em nome de Jesus Cristo eu ordeno que saia dela!" No mesmo
instante o espírito a deixou.
19 Percebendo que a sua esperança de lucro tinha se acabado,
os donos da escrava agarraram Paulo e Silas e os arrastaram
para a praça principal, diante das autoridades. 20 E, levando-os
aos magistrados, disseram: "Estes homens são judeus e estão
perturbando a nossa cidade, 21 propagando costumes que a
nós, romanos, não é permitido aceitar nem praticar".
22 A multidão ajuntou-se contra Paulo e Silas, e os magistrados
ordenaram que se lhes tirassem as roupas e fossem açoitados.
23 Depois de serem severamente açoitados, foram lançados na
prisão. O carcereiro recebeu instrução para vigiá-los com cui-
dado. 24 Tendo recebido tais ordens, ele os lançou no cárcere
interior e lhes prendeu os pés no tronco.
25 Por volta da meia-noite, Paulo e Silas estavam orando e can-
tando hinos a Deus; os outros presos os ouviam. 26 De repente,
houve um terremoto tão violento que os alicerces da prisão
foram abalados. Imediatamente todas as portas se abriram, e
as correntes de todos se soltaram. 27 O carcereiro acordou e,
vendo abertas as portas da prisão, desembainhou sua espada
para se matar, porque pensava que os presos tivessem fugido.
28 Mas Paulo gritou: "Não faça isso! Estamos todos aqui!"
29 O carcereiro pediu luz, entrou correndo e, trêmulo, pros-
trou-se diante de Paulo e Silas. 30 Então levou-os para fora e
perguntou: "Senhores, que devo fazer para ser salvo?"
31 Eles responderam: "Creia no Senhor Jesus, e serão salvos,
você e os de sua casa". 32 E pregaram a palavra de Deus, a ele
e a todos os de sua casa. 33 Naquela mesma hora da noite o
carcereiro lavou as feridas deles; em seguida, ele e todos os
seus foram batizados. 34 Então os levou para a sua casa, ser-
viu-lhes uma refeição e com todos os de sua casa alegrou-se
muito por haver crido em Deus.
35 Quando amanheceu, os magistrados mandaram os seus sol-
dados ao carcereiro com esta ordem: "Solte estes homens".
36 O carcereiro disse a Paulo: "Os magistrados deram ordens
para que você e Silas sejam libertados. Agora podem sair. Vão
em paz".
37 Mas Paulo disse aos soldados: "Sendo nós cidadãos ro-
manos, eles nos açoitaram publicamente sem processo formal
e nos lançaram na prisão. E agora querem livrar-se de nós
secretamente? Não! Venham eles mesmos e nos libertem".
38 Os soldados relataram isso aos magistrados, os quais, ou-
vindo que Paulo e Silas eram romanos, ficaram atemorizados.
39 Vieram para se desculpar diante deles e, conduzindo-os para
fora da prisão, pediram-lhes que saíssem da cidade. 40 Depois
de saírem da prisão, Paulo e Silas foram à casa de Lídia, onde se
encontraram com os irmãos e os encorajaram. E então partiram.

17

Em Tessalônica

Tendo passado por Anfípolis e Apolônia, chegaram a Tessa-
lônica, onde havia uma sinagoga judaica. 2 Segundo o seu cos-
tume, Paulo foi à sinagoga e por três sábados discutiu com eles
com base nas Escrituras, 3 explicando e provando que o Cristo
deveria sofrer e ressuscitar dentre os mortos. E dizia: "Este
Jesus que proclamo é o Cristo". 4 Alguns dos judeus foram per-
suadidos e se uniram a Paulo e Silas, bem como muitos gregos
tementes[a] a Deus e não poucas mulheres de alta posição.
5 Mas os judeus ficaram com inveja. Reuniram alguns homens
perversos dentre os desocupados e, com a multidão, iniciaram
um tumulto na cidade. Invadiram a casa de Jasom, em busca
de Paulo e Silas, a fim de trazê-los para o meio da multidão[b].
6 Contudo, não os achando, arrastaram Jasom e alguns outros
irmãos para diante dos oficiais da cidade, gritando: "Esses ho-
mens, que têm causado alvoroço por todo o mundo, agora
chegaram aqui, 7 e Jasom os recebeu em sua casa. Todos eles
estão agindo contra os decretos de César, dizendo que existe
um outro rei, chamado Jesus". 8 Ouvindo isso, a multidão e
os oficiais da cidade ficaram agitados. 9 Então receberam de
Jasom e dos outros a fiança estipulada e os soltaram.

Em Bereia

10 Logo que anoiteceu, os irmãos enviaram Paulo e Silas para Be-
reia. Chegando ali, eles foram à sinagoga judaica. 11 Os bereanos
eram mais nobres do que os tessalonicenses, pois receberam a
mensagem com grande interesse, examinando todos os dias as
Escrituras, para ver se tudo era assim mesmo. 12 E creram muitos
dentre os judeus e também um bom número de mulheres gregas
de elevada posição e não poucos homens gregos.
13 Quando os judeus de Tessalônica ficaram sabendo que Paulo
estava pregando a palavra de Deus em Bereia, dirigiram-se
também para lá, agitando e alvoroçando as multidões. 14 Ime-
diatamente os irmãos enviaram Paulo para o litoral, mas Silas
e Timóteo permaneceram em Bereia. 15 Os homens que foram
com Paulo o levaram até Atenas, partindo depois com instru-
ções para que Silas e Timóteo se juntassem a ele, tão logo
fosse possível.

Em Atenas

16 Enquanto esperava por eles em Atenas, Paulo ficou profun-
damente indignado ao ver que a cidade estava cheia de ídolos.

---

a 17.4 Isto é, simpatizantes do judaísmo.
b 17.5 Ou *da assembleia do povo*

17 Por isso, discutia na sinagoga com judeus e com gregos te-
mentes a Deus, bem como na praça principal, todos os dias,
com aqueles que por ali se encontravam. 18 Alguns filósofos
epicureus e estoicos começaram a discutir com ele. Alguns
perguntavam: "O que está tentando dizer esse tagarela?" Ou-
tros diziam: "Parece que ele está anunciando deuses estran-
geiros", pois Paulo estava pregando as boas-novas a respeito
de Jesus e da ressurreição. 19 Então o levaram a uma reunião
do Areópago, onde lhe perguntaram: "Podemos saber que
novo ensino é esse que você está anunciando? 20 Você está
nos apresentando algumas ideias estranhas, e queremos saber
o que elas significam". 21 Todos os atenienses e estrangeiros
que ali viviam não se preocupavam com outra coisa senão falar
ou ouvir as últimas novidades.

22 Então Paulo levantou-se na reunião do Areópago e disse:
"Atenienses! Vejo que em todos os aspectos vocês são muito
religiosos, 23 pois, andando pela cidade, observei cuidadosa-
mente seus objetos de culto e encontrei até um altar com esta
inscrição: AO DEUS DESCONHECIDO. Ora, o que vocês adoram,
apesar de não conhecerem, eu lhes anuncio.

24 "O Deus que fez o mundo e tudo o que nele há é o Senhor
dos céus e da terra e não habita em santuários feitos por mãos
humanas. 25 Ele não é servido por mãos de homens, como se
necessitasse de algo, porque ele mesmo dá a todos a vida, o
fôlego e as demais coisas. 26 De um só fez ele todos os povos,
para que povoassem toda a terra, tendo determinado os
tempos anteriormente estabelecidos e os lugares exatos em
que deveriam habitar. 27 Deus fez isso para que os homens o
buscassem e talvez, tateando, pudessem encontrá-lo, embora
não esteja longe de cada um de nós. 28 'Pois nele vivemos, nos
movemos e existimos', como disseram alguns dos poetas de
vocês: 'Também somos descendência dele'.

29 "Assim, visto que somos descendência de Deus, não devemos
pensar que a Divindade é semelhante a uma escultura de ouro,
prata ou pedra, feita pela arte e imaginação do homem. 30 No
passado Deus não levou em conta essa ignorância, mas agora
ordena que todos, em todo lugar, se arrependam. 31 Pois es-
tabeleceu um dia em que há de julgar o mundo com justiça,
por meio do homem que designou. E deu provas disso a todos,
ressuscitando-o dentre os mortos".

32 Quando ouviram sobre a ressurreição dos mortos, alguns
deles zombaram, e outros disseram: "A esse respeito nós o
ouviremos outra vez". 33 Com isso, Paulo retirou-se do meio
deles. 34 Alguns homens juntaram-se a ele e creram. Entre eles
estava Dionísio, membro do Areópago, e também uma mulher
chamada Dâmaris, e outros com eles.

Em Corinto

18 Depois disso Paulo saiu de Atenas e foi para Corinto. 2 Ali,
encontrou um judeu chamado Áquila, natural do Ponto, que
havia chegado recentemente da Itália com Priscila, sua mu-
lher, pois Cláudio havia ordenado que todos os judeus saíssem
de Roma. Paulo foi vê-los 3 e, uma vez que tinham a mesma
profissão, ficou morando e trabalhando com eles, pois eram
fabricantes de tendas. 4 Todos os sábados ele debatia na sina-
goga e convencia judeus e gregos.

5 Depois que Silas e Timóteo chegaram da Macedônia, Paulo
se dedicou exclusivamente à pregação, testemunhando aos
judeus que Jesus era o Cristo. 6 Opondo-se eles e lançando
maldições, Paulo sacudiu a roupa e lhes disse: "Caia sobre a
cabeça de vocês o seu próprio sangue! Estou livre da minha
responsabilidade. De agora em diante irei para os gentios".

7 Então Paulo saiu da sinagoga e foi para a casa de Tício Justo,
que era temente[a] a Deus e que morava ao lado da sinagoga.
8 Crispo, chefe da sinagoga, creu no Senhor, ele e toda a sua
casa; e, dos coríntios que o ouviam, muitos criam e eram ba-
tizados.

9 Certa noite o Senhor falou a Paulo em visão: "Não tenha
medo, continue falando e não fique calado, 10 pois estou com
você, e ninguém vai lhe fazer mal ou feri-lo, porque tenho
muita gente nesta cidade". 11 Assim, Paulo ficou ali durante um
ano e meio, ensinando-lhes a palavra de Deus.

12 Sendo Gálio procônsul da Acaia, os judeus fizeram em con-
junto um levante contra Paulo e o levaram ao tribunal, fazendo
a seguinte acusação: 13 "Este homem está persuadindo o povo
a adorar a Deus de maneira contrária à lei".

14 Quando Paulo ia começar a falar, Gálio disse aos judeus: "Se
vocês, judeus, estivessem apresentando queixa de algum de-
lito ou crime grave, seria razoável que eu os ouvisse. 15 Mas,
visto que se trata de uma questão de palavras e nomes de sua
própria lei, resolvam o problema vocês mesmos. Não serei juiz
dessas coisas". 16 E mandou expulsá-los do tribunal. 17 Então
todos se voltaram contra Sóstenes, o chefe da sinagoga, e o
espancaram diante do tribunal. Mas Gálio não demonstrou ne-
nhuma preocupação com isso.

Priscila, Áquila e Apolo

18 Paulo permaneceu em Corinto por algum tempo. Depois des-
pediu-se dos irmãos e navegou para a Síria, acompanhado de
Priscila e Áquila. Antes de embarcar, rapou a cabeça em Cen-
creia, devido a um voto que havia feito. 19 Chegaram a Éfeso,
onde Paulo deixou Priscila e Áquila. Ele, porém, entrando na si-
nagoga, começou a debater com os judeus. 20 Pedindo eles que
ficasse mais tempo, não cedeu. 21 Mas, ao partir, prometeu:
"Voltarei, se for da vontade de Deus". Então, embarcando,
partiu de Éfeso. 22 Ao chegar a Cesareia, subiu até a igreja para
saudá-la e depois desceu para Antioquia.

23 Depois de passar algum tempo em Antioquia, Paulo partiu
dali e viajou por toda a região da Galácia e da Frígia, fortale-
cendo todos os discípulos.

24 Enquanto isso, um judeu chamado Apolo, natural de Alexan-
dria, chegou a Éfeso. Ele era homem culto[b] e tinha grande
conhecimento das Escrituras. 25 Fora instruído no caminho do

[a] 18.7 Isto é, simpatizante do judaísmo.
[b] 18.24 Ou *eloquente*

Senhor e com grande fervor[a] falava e ensinava com exatidão
acerca de Jesus, embora conhecesse apenas o batismo de
João. 26 Logo começou a falar corajosamente na sinagoga.
Quando Priscila e Áquila o ouviram, convidaram-no para ir à sua
casa e lhe explicaram com mais exatidão o caminho de Deus.
27 Querendo ele ir para a Acaia, os irmãos o encorajaram e
escreveram aos discípulos que o recebessem. Ao chegar, ele
auxiliou muito os que pela graça haviam crido, 28 pois refutava
vigorosamente os judeus em debate público, provando pelas
Escrituras que Jesus é o Cristo.

Paulo em Éfeso

19 Enquanto Apolo estava em Corinto, Paulo, atravessando
as regiões altas, chegou a Éfeso. Ali encontrou alguns discí-
pulos 2 e lhes perguntou: "Vocês receberam o Espírito Santo
quando[b] creram?" Eles responderam: "Não, nem sequer ou-
vimos que existe o Espírito Santo".
3 "Então, que batismo vocês receberam?", perguntou Paulo.
"O batismo de João", responderam eles.
4 Disse Paulo: "O batismo de João foi um batismo de arrepen-
dimento. Ele dizia ao povo que cresse naquele que viria depois
dele, isto é, em Jesus". 5 Ouvindo isso, eles foram batizados
no nome do Senhor Jesus. 6 Quando Paulo lhes impôs as mãos,
veio sobre eles o Espírito Santo, e começaram a falar em lín-
guas[c] e a profetizar. 7 Eram ao todo uns doze homens.
8 Paulo entrou na sinagoga e ali falou com liberdade durante
três meses, argumentando convincentemente acerca do Reino
de Deus. 9 Mas alguns deles se endureceram e se recusaram a
crer, e começaram a falar mal do Caminho diante da multidão.
Paulo, então, afastou-se deles. Tomando consigo os discípulos,
passou a ensinar diariamente na escola de Tirano. 10 Isso conti-
nuou por dois anos, de forma que todos os judeus e os gregos
que viviam na província da Ásia ouviram a palavra do Senhor.
11 Deus fazia milagres extraordinários por meio de Paulo, 12 de
modo que até lenços e aventais que Paulo usava eram levados
e colocados sobre os enfermos. Estes eram curados de suas
doenças, e os espíritos malignos saíam deles.
13 Alguns judeus que andavam expulsando espíritos malignos
tentaram invocar o nome do Senhor Jesus sobre os endemo-
ninhados, dizendo: "Em nome de Jesus, a quem Paulo prega,
eu ordeno que saiam!" 14 Os que estavam fazendo isso eram
os sete filhos de Ceva, um dos chefes dos sacerdotes dos ju-
deus. 15 Um dia, o espírito maligno lhes respondeu: "Jesus,
eu conheço, Paulo, eu sei quem é; mas vocês, quem são?"
16 Então o endemoninhado saltou sobre eles e os dominou,
espancando-os com tamanha violência que eles fugiram da
casa nus e feridos.
17 Quando isso se tornou conhecido de todos os judeus e gregos
que viviam em Éfeso, todos eles foram tomados de temor; e
o nome do Senhor Jesus era engrandecido. 18 Muitos dos que
creram vinham, e confessavam, e declaravam abertamente
suas más obras. 19 Grande número dos que tinham praticado
ocultismo reuniram seus livros e os queimaram publicamente.
Calculado o valor total, este chegou a cinquenta mil dracmas[d].
20 Dessa maneira a palavra do Senhor muito se difundia e se
fortalecia.
21 Depois dessas coisas, Paulo decidiu no espírito ir a Jeru-
salém, passando pela Macedônia e pela Acaia. Ele dizia: "De-
pois de haver estado ali, é necessário também que eu vá visitar
Roma". 22 Então enviou à Macedônia dois dos seus auxiliares,
Timóteo e Erasto, e permaneceu mais um pouco na província
da Ásia.

O Tumulto em Éfeso

23 Naquele tempo houve um grande tumulto por causa do Ca-
minho. 24 Um ourives chamado Demétrio, que fazia miniaturas
de prata do templo de Ártemis e que dava muito lucro aos
artífices, 25 reuniu-os com os trabalhadores dessa profissão
e disse: "Senhores, vocês sabem que temos uma boa fonte
de lucro nesta atividade 26 e estão vendo e ouvindo como este
indivíduo, Paulo, está convencendo e desviando grande número
de pessoas aqui em Éfeso e em quase toda a província da Ásia.
Diz ele que deuses feitos por mãos humanas não são deuses.
27 Não somente há o perigo de nossa profissão perder sua re-
putação, mas também de o templo da grande deusa Ártemis
cair em descrédito e de a própria deusa, adorada em toda a
província da Ásia e em todo o mundo, ser destituída de sua
majestade divina".
28 Ao ouvirem isso, eles ficaram furiosos e começaram a gritar:
"Grande é a Ártemis dos efésios!" 29 Em pouco tempo a cidade
toda estava em tumulto. O povo foi às pressas para o teatro,
arrastando os companheiros de viagem de Paulo, os macedô-
nios Gaio e Aristarco. 30 Paulo queria apresentar-se à multidão,
mas os discípulos não o permitiram. 31 Alguns amigos de Paulo
dentre as autoridades da província chegaram a mandar-lhe
um recado, pedindo-lhe que não se arriscasse a ir ao teatro.
32 A assembleia estava em confusão: uns gritavam uma coisa,
outros gritavam outra. A maior parte do povo nem sabia por
que estava ali. 33 Alguns da multidão julgaram que Alexandre
era a causa do tumulto, quando os judeus o empurraram para
a frente. Ele fez sinal pedindo silêncio, com a intenção de fazer
sua defesa diante do povo. 34 Mas, quando ficaram sabendo
que ele era judeu, todos gritaram a uma só voz durante cerca
de duas horas: "Grande é a Ártemis dos efésios!"
35 O escrivão da cidade acalmou a multidão e disse: "Efésios,
quem não sabe que a cidade de Éfeso é a guardiã do templo da
grande Ártemis e da sua imagem que caiu do céu? 36 Portanto,
visto que estes fatos são inegáveis, acalmem-se e não façam
nada precipitadamente. 37 Vocês trouxeram estes homens aqui,
embora eles não tenham roubado templos nem blasfemado
contra a nossa deusa. 38 Se Demétrio e seus companheiros de
profissão têm alguma queixa contra alguém, os tribunais estão

[a] 18.25 *Ou com fervor no Espírito*
[b] 19.2 *Ou depois que*
[c] 19.6 *Ou em outros idiomas*

[d] 19.19 A dracma era uma moeda de prata equivalente à diária de um trabalhador braçal.

abertos, e há procônsules. Eles que apresentem suas queixas
ali. 39 Se há mais alguma coisa que vocês desejam apresentar,
isso será decidido em assembleia, conforme a lei. 40 Da ma-
neira como está, corremos o perigo de sermos acusados de
perturbar a ordem pública por causa dos acontecimentos de
hoje. Nesse caso, não seríamos capazes de justificar este tu-
multo, visto que não há razão para tal". 41 E, tendo dito isso,
encerrou a assembleia.

Paulo Viaja pela Macedônia e pela Grécia

20 Cessado o tumulto, Paulo mandou chamar os discípulos
e, depois de encorajá-los, despediu-se e partiu para a Mace-
dônia. 2 Viajou por aquela região, encorajando os irmãos com
muitas palavras e, por fim, chegou à Grécia, 3 onde ficou três
meses. Quando estava a ponto de embarcar para a Síria, os
judeus fizeram uma conspiração contra ele; por isso decidiu
voltar pela Macedônia, 4 sendo acompanhado por Sópatro, filho
de Pirro, de Bereia; Aristarco e Secundo, de Tessalônica; Gaio,
de Derbe; e Timóteo, além de Tíquico e Trófimo, da província
da Ásia. 5 Esses homens foram adiante e nos esperaram em
Trôade. 6 Navegamos de Filipos, após a festa dos pães sem
fermento, e cinco dias depois nos reunimos com os outros em
Trôade, onde ficamos sete dias.

A Ressurreição de Êutico em Trôade

7 No primeiro dia da semana reunimo-nos para partir o pão, e
Paulo falou ao povo. Pretendendo partir no dia seguinte, con-
tinuou falando até a meia-noite. 8 Havia muitas candeias no
piso superior onde estávamos reunidos. 9 Um jovem chamado
Êutico, que estava sentado numa janela, adormeceu profunda-
mente durante o longo discurso de Paulo. Vencido pelo sono,
caiu do terceiro andar. Quando o levantaram, estava morto.
10 Paulo desceu, inclinou-se sobre o rapaz e o abraçou, di-
zendo: "Não fiquem alarmados! Ele está vivo!" 11 Então subiu
novamente, partiu o pão e comeu. Depois, continuou a falar
até o amanhecer e foi embora. 12 Levaram vivo o jovem, o que
muito os consolou.

Paulo Despede-se dos Presbíteros de Éfeso

13 Quanto a nós, fomos até o navio e embarcamos para Assôs,
onde iríamos receber Paulo a bordo. Assim ele tinha deter-
minado, tendo preferido ir a pé. 14 Quando nos encontrou em
Assôs, nós o recebemos a bordo e prosseguimos até Mitilene.
15 No dia seguinte navegamos dali e chegamos defronte de
Quio; no outro dia atravessamos para Samos e, um dia depois,
chegamos a Mileto. 16 Paulo tinha decidido não aportar em
Éfeso, para não se demorar na província da Ásia, pois estava
com pressa de chegar a Jerusalém, se possível antes do dia
de Pentecoste.
17 De Mileto, Paulo mandou chamar os presbíteros da igreja de
Éfeso. 18 Quando chegaram, ele lhes disse: "Vocês sabem como
vivi todo o tempo em que estive com vocês, desde o primeiro
dia em que cheguei à província da Ásia. 19 Servi ao Senhor com
toda a humildade e com lágrimas, sendo severamente provado
pelas conspirações dos judeus. 20 Vocês sabem que não deixei
de pregar a vocês nada que fosse proveitoso, mas ensinei tudo
publicamente e de casa em casa. 21 Testifiquei, tanto a judeus
como a gregos, que eles precisam converter-se a Deus com
arrependimento e fé em nosso Senhor Jesus.
22 "Agora, compelido pelo Espírito, estou indo para Jerusalém,
sem saber o que me acontecerá ali. 23 Só sei que, em todas as
cidades, o Espírito Santo me avisa que prisões e sofrimentos
me esperam. 24 Todavia, não me importo, nem considero a
minha vida de valor algum para mim mesmo, se tão somente
puder terminar a corrida e completar o ministério que o Senhor
Jesus me confiou, de testemunhar do evangelho da graça de
Deus.
25 "Agora sei que nenhum de vocês, entre os quais passei pre-
gando o Reino, verá novamente a minha face. 26 Portanto, eu
declaro hoje que estou inocente do sangue de todos. 27 Pois
não deixei de proclamar a vocês toda a vontade de Deus.
28 Cuidem de vocês mesmos e de todo o rebanho sobre o qual
o Espírito Santo os designou como bispos[a], para pastorearem
a igreja de Deus[b], que ele comprou com o seu próprio sangue.
29 Sei que, depois da minha partida, lobos ferozes penetrarão
no meio de vocês e não pouparão o rebanho. 30 E dentre vocês
mesmos se levantarão homens que torcerão a verdade, a fim
de atrair os discípulos. 31 Por isso, vigiem! Lembrem-se de que
durante três anos jamais cessei de advertir cada um de vocês
disso, noite e dia, com lágrimas.
32 "Agora, eu os entrego a Deus e à palavra da sua graça, que
pode edificá-los e dar-lhes herança entre todos os que são
santificados. 33 Não cobicei a prata, nem o ouro, nem as roupas
de ninguém. 34 Vocês mesmos sabem que estas minhas mãos
supriram minhas necessidades e as de meus companheiros.
35 Em tudo o que fiz, mostrei a vocês que mediante trabalho
árduo devemos ajudar os fracos, lembrando as palavras do
próprio Senhor Jesus, que disse: 'Há maior felicidade em dar
do que em receber' ".
36 Tendo dito isso, ajoelhou-se com todos eles e orou. 37 Todos
choraram muito e, abraçando-o, o beijavam. 38 O que mais os
entristeceu foi a declaração de que nunca mais veriam a sua
face. Então o acompanharam até o navio.

A Caminho de Jerusalém

21 Depois de nos separarmos deles, embarcamos e nave-
gamos diretamente para Cós. No dia seguinte fomos para
Rodes e dali até Pátara. 2 Encontrando um navio que ia fazer a
travessia para a Fenícia, embarcamos nele e partimos. 3 Depois
de avistarmos Chipre e seguirmos rumo sul, navegamos para
a Síria. Desembarcamos em Tiro, onde o nosso navio deveria
deixar sua carga. 4 Encontrando os discípulos dali, ficamos com
eles sete dias. Eles, pelo Espírito, recomendavam a Paulo que
não fosse a Jerusalém. 5 Mas, quando terminou o nosso tempo

[a] 20.28 Grego: *epíscopos*. Designa a pessoa que exerce função pastoral.
[b] 20.28 Muitos manuscritos trazem *igreja do Senhor*.

ali, partimos e continuamos nossa viagem. Todos os discípulos,
com suas mulheres e filhos, nos acompanharam até fora da
cidade e ali na praia nos ajoelhamos e oramos. 6 Depois de nos
despedirmos, embarcamos, e eles voltaram para casa.
7 Demos prosseguimento à nossa viagem partindo de Tiro e
aportamos em Ptolemaida, onde saudamos os irmãos e pas-
samos um dia com eles. 8 Partindo no dia seguinte, chegamos
a Cesareia e ficamos na casa de Filipe, o evangelista, um dos
sete. 9 Ele tinha quatro filhas virgens, que profetizavam.
10 Depois de passarmos ali vários dias, desceu da Judeia um
profeta chamado Ágabo. 11 Vindo ao nosso encontro, tomou
o cinto de Paulo e, amarrando as suas próprias mãos e pés,
disse: "Assim diz o Espírito Santo: 'Desta maneira os judeus
amarrarão o dono deste cinto em Jerusalém e o entregarão
aos gentios' ".
12 Quando ouvimos isso, nós e o povo dali rogamos a Paulo que
não subisse para Jerusalém. 13 Então Paulo respondeu: "Por
que vocês estão chorando e partindo o meu coração? Estou
pronto não apenas para ser amarrado, mas também para
morrer em Jerusalém pelo nome do Senhor Jesus". 14 Como
não pudemos dissuadi-lo, desistimos e dissemos: "Seja feita
a vontade do Senhor".
15 Depois disso, preparamo-nos e subimos para Jerusalém.
16 Alguns dos discípulos de Cesareia nos acompanharam e nos
levaram à casa de Mnasom, onde devíamos ficar. Ele era na-
tural de Chipre e um dos primeiros discípulos.

A Chegada de Paulo a Jerusalém

17 Quando chegamos a Jerusalém, os irmãos nos receberam
com alegria. 18 No dia seguinte Paulo foi conosco encontrar-se
com Tiago, e todos os presbíteros estavam presentes. 19 Paulo
os saudou e relatou minuciosamente o que Deus havia feito
entre os gentios por meio do seu ministério.
20 Ouvindo isso, eles louvaram a Deus e disseram a Paulo:
"Veja, irmão, quantos milhares de judeus creram, e todos eles
são zelosos da lei. 21 Eles foram informados de que você ensina
todos os judeus que vivem entre os gentios a se afastarem
de Moisés, dizendo-lhes que não circuncidem seus filhos nem
vivam de acordo com os nossos costumes. 22 Que faremos?
Certamente eles saberão que você chegou; 23 portanto, faça
o que dizemos. Estão conosco quatro homens que fizeram um
voto. 24 Participe com esses homens dos rituais de purificação
e pague as despesas deles, para que rapem a cabeça. Assim,
todos saberão que não é verdade o que falam de você, mas
que você continua vivendo em obediência à lei. 25 Quanto aos
gentios convertidos, já lhes escrevemos a nossa decisão de
que eles devem abster-se de comida sacrificada aos ídolos, do
sangue, da carne de animais estrangulados e da imoralidade
sexual".
26 No dia seguinte Paulo tomou aqueles homens e purificou-se
com eles. Depois foi ao templo para declarar o prazo do cum-
primento dos dias da purificação e da oferta que seria feita
individualmente em favor deles.

A Prisão de Paulo

27 Quando já estavam para terminar os sete dias, alguns judeus
da província da Ásia, vendo Paulo no templo, agitaram toda a
multidão e o agarraram, 28 gritando: "Israelitas, ajudem-nos!
Este é o homem que ensina a todos em toda parte contra o
nosso povo, contra a nossa lei e contra este lugar. Além disso,
ele fez entrar gregos no templo e profanou este santo lugar".
29 Anteriormente eles haviam visto o efésio Trófimo na cidade
com Paulo e julgaram que Paulo o tinha introduzido no templo.
30 Toda a cidade ficou alvoroçada, e juntou-se uma multidão.
Agarrando Paulo, arrastaram-no para fora do templo, e imedia-
tamente as portas foram fechadas. 31 Tentando eles matá-lo,
chegaram notícias ao comandante das tropas romanas de que
toda a cidade de Jerusalém estava em tumulto. 32 Ele reuniu
imediatamente alguns oficiais e soldados e com eles correu
para o meio da multidão. Quando viram o comandante e os
seus soldados, pararam de espancar Paulo.
33 O comandante chegou, prendeu-o e ordenou que ele fosse
amarrado com duas correntes. Então perguntou quem era
ele e o que tinha feito. 34 Alguns da multidão gritavam uma
coisa, outros gritavam outra; não conseguindo saber ao certo
o que havia acontecido, por causa do tumulto, o comandante
ordenou que Paulo fosse levado para a fortaleza. 35 Quando
chegou às escadas, a violência do povo era tão grande que
ele precisou ser carregado pelos soldados. 36 A multidão que o
seguia continuava gritando: "Acaba com ele!"

O Discurso de Paulo

37 Quando os soldados estavam para introduzir Paulo na for-
taleza, ele perguntou ao comandante: "Posso dizer-te algo?"
"Você fala grego?", perguntou ele. 38 "Não é você o egípcio
que iniciou uma revolta e há algum tempo levou quatro mil
assassinos para o deserto?"
39 Paulo respondeu: "Sou judeu, cidadão de Tarso, cidade im-
portante da Cilícia. Permite-me falar ao povo".
40 Tendo recebido permissão do comandante, Paulo levan-
tou-se na escadaria e fez sinal à multidão. Quando todos fi-
zeram silêncio, dirigiu-se a eles em aramaico[a]:

22 "Irmãos e pais, ouçam agora a minha defesa".
2 Quando ouviram que lhes falava em aramaico, ficaram
em absoluto silêncio.
Então Paulo disse: 3 "Sou judeu, nascido em Tarso da Cilícia,
mas criado nesta cidade. Fui instruído rigorosamente por Ga-
maliel na lei de nossos antepassados, sendo tão zeloso por
Deus quanto qualquer de vocês hoje. 4 Persegui os seguidores
deste Caminho até a morte, prendendo tanto homens como
mulheres e lançando-os na prisão, 5 como o podem teste-
munhar o sumo sacerdote e todo o Sinédrio; deles cheguei a
obter cartas para seus irmãos em Damasco e fui até lá, a fim
de trazer essas pessoas a Jerusalém como prisioneiras, para
serem punidas.

[a] **21.40** Ou *hebraico*; também em 22.2 e 26.14.

6 "Por volta do meio-dia, eu me aproximava de Damasco,
quando de repente uma forte luz vinda do céu brilhou ao meu
redor. 7 Caí por terra e ouvi uma voz que me dizia: 'Saulo, Saulo,
por que você está me perseguindo?' 8 Então perguntei: Quem
és tu, Senhor? E ele respondeu: 'Eu sou Jesus, o Nazareno, a
quem você persegue'. 9 Os que me acompanhavam viram a luz,
mas não entenderam a voz daquele que falava comigo.
10 "Assim perguntei: Que devo fazer, Senhor? Disse o Senhor:
'Levante-se, entre em Damasco, onde lhe será dito o que você
deve fazer'. 11 Os que estavam comigo me levaram pela mão
até Damasco, porque o resplendor da luz me deixara cego.
12 "Um homem chamado Ananias, fiel seguidor da lei e muito
respeitado por todos os judeus que ali viviam, 13 veio ver-me e,
pondo-se junto a mim, disse: 'Irmão Saulo, recupere a visão'.
Naquele mesmo instante pude vê-lo.
14 "Então ele disse: 'O Deus dos nossos antepassados o es-
colheu para conhecer a sua vontade, ver o Justo e ouvir as
palavras de sua boca. 15 Você será testemunha dele a todos
os homens, daquilo que viu e ouviu. 16 E, agora, que está es-
perando? Levante-se, seja batizado e lave os seus pecados,
invocando o nome dele'.
17 "Quando voltei a Jerusalém, estando eu a orar no templo,
caí em êxtase e 18 vi o Senhor, que me dizia: 'Depressa! Saia de
Jerusalém imediatamente, pois não aceitarão seu testemunho
a meu respeito'.
19 "Eu respondi: Senhor, estes homens sabem que eu ia de uma
sinagoga a outra, a fim de prender e açoitar os que creem em
ti. 20 E, quando foi derramado o sangue de tua testemunha[a]
Estêvão, eu estava lá, dando minha aprovação e cuidando das
roupas dos que o matavam.
21 "Então o Senhor me disse: 'Vá, eu o enviarei para longe,
aos gentios' ".

Paulo, Cidadão Romano

22 A multidão ouvia Paulo até que ele disse isso. Então todos
levantaram a voz e gritaram: "Tira esse homem da face da
terra! Ele não merece viver!"
23 Estando eles gritando, tirando suas capas e lançando poeira
para o ar, 24 o comandante ordenou que Paulo fosse levado à
fortaleza e fosse açoitado e interrogado, para saber por que
o povo gritava daquela forma contra ele. 25 Enquanto o amar-
ravam a fim de açoitá-lo, Paulo disse ao centurião que ali es-
tava: "Vocês têm o direito de açoitar um cidadão romano sem
que ele tenha sido condenado?"
26 Ao ouvir isso, o centurião foi prevenir o comandante: "Que
vais fazer? Este homem é cidadão romano".
27 O comandante dirigiu-se a Paulo e perguntou: "Diga-me,
você é cidadão romano?"
Ele respondeu: "Sim, sou".
28 Então o comandante disse: "Eu precisei pagar um elevado
preço por minha cidadania". Respondeu Paulo: "Eu a tenho por
direito de nascimento".
29 Os que iam interrogá-lo retiraram-se imediatamente. O pró-
prio comandante ficou alarmado, ao saber que havia prendido
um cidadão romano.

Paulo Diante do Sinédrio

30 No dia seguinte, visto que o comandante queria descobrir
exatamente por que Paulo estava sendo acusado pelos judeus,
libertou-o e ordenou que se reunissem os chefes dos sacer-
dotes e todo o Sinédrio. Então, trazendo Paulo, apresentou-o
a eles.

23 Paulo, fixando os olhos no Sinédrio, disse: "Meus irmãos,
tenho cumprido meu dever para com Deus com toda a
boa consciência, até o dia de hoje". 2 Diante disso o sumo sa-
cerdote Ananias deu ordens aos que estavam perto de Paulo
para que lhe batessem na boca. 3 Então Paulo lhe disse: "Deus
te ferirá, parede branqueada! Estás aí sentado para me julgar
conforme a lei, mas contra a lei me mandas ferir?"
4 Os que estavam perto de Paulo disseram: "Você ousa insultar
o sumo sacerdote de Deus?"
5 Paulo respondeu: "Irmãos, eu não sabia que ele era o sumo
sacerdote, pois está escrito: 'Não fale mal de uma autoridade
do seu povo'[b]".
6 Então Paulo, sabendo que alguns deles eram saduceus e os
outros fariseus, bradou no Sinédrio: "Irmãos, sou fariseu, filho
de fariseu. Estou sendo julgado por causa da minha esperança
na ressurreição dos mortos!" 7 Dizendo isso, surgiu uma vio-
lenta discussão entre os fariseus e os saduceus, e a assembleia
ficou dividida. 8 (Os saduceus dizem que não há ressurreição
nem anjos nem espíritos, mas os fariseus admitem todas essas
coisas.)
9 Houve um grande alvoroço, e alguns dos mestres da lei que
eram fariseus se levantaram e começaram a discutir inten-
samente, dizendo: "Não encontramos nada de errado neste
homem. Quem sabe se algum espírito ou anjo falou com ele?"
10 A discussão tornou-se tão violenta que o comandante teve
medo que Paulo fosse despedaçado por eles. Então ordenou
que as tropas descessem e o retirassem à força do meio deles,
levando-o para a fortaleza.
11 Na noite seguinte o Senhor, pondo-se ao lado dele, disse:
"Coragem! Assim como você testemunhou a meu respeito em
Jerusalém, deverá testemunhar também em Roma".

A Conspiração para Matar Paulo

12 Na manhã seguinte os judeus tramaram uma conspiração
e juraram solenemente que não comeriam nem beberiam
enquanto não matassem Paulo. 13 Mais de quarenta homens
estavam envolvidos nessa conspiração. 14 E, dirigindo-se aos
chefes dos sacerdotes e aos líderes dos judeus, disseram: "Ju-
ramos solenemente, sob maldição, que não comeremos nada
enquanto não matarmos Paulo. 15 Agora, portanto, vocês e o
Sinédrio peçam ao comandante que o faça comparecer diante

[a] 22.20 Ou *teu mártir*

[b] 23.5 Êx 22.28

de vocês com o pretexto de obter informações mais exatas
sobre o seu caso. Estaremos prontos para matá-lo antes que
ele chegue aqui".
16 Entretanto, o sobrinho de Paulo, filho de sua irmã, teve co-
nhecimento dessa conspiração, foi à fortaleza e contou tudo a
Paulo, 17 que, chamando um dos centuriões, disse: "Leve este
rapaz ao comandante; ele tem algo para lhe dizer". 18 Assim ele
o levou ao comandante.
Então disse o centurião: "Paulo, o prisioneiro, chamou-me,
pediu-me que te trouxesse este rapaz, pois ele tem algo para
te falar".
19 O comandante tomou o rapaz pela mão, levou-o à parte e
perguntou: "O que você tem para me dizer?"
20 Ele respondeu: "Os judeus planejaram pedir-te que apre-
sentes Paulo ao Sinédrio amanhã, sob pretexto de buscar in-
formações mais exatas a respeito dele. 21 Não te deixes con-
vencer, pois mais de quarenta deles estão preparando uma
emboscada contra Paulo. Eles juraram solenemente não comer
nem beber enquanto não o matarem. Estão preparados agora,
esperando que prometas atender-lhes o pedido".
22 O comandante despediu o rapaz e recomendou-lhe: "Não
diga a ninguém que você me contou isso".

Paulo é Transferido para Cesareia

23 Então ele chamou dois de seus centuriões e ordenou-lhes:
"Preparem um destacamento de duzentos soldados, setenta
cavaleiros e duzentos lanceiros a fim de irem para Cesareia
esta noite, às nove horas[a]. 24 Providenciem montarias para
Paulo e levem-no em segurança ao governador Félix".
25 O comandante escreveu uma carta nestes termos: 26 "Cláudio
Lísias, ao Excelentíssimo Governador Félix, Saudações.
27 "Este homem foi preso pelos judeus, que estavam prestes a
matá-lo quando eu, chegando com minhas tropas, o resgatei,
pois soube que ele é cidadão romano. 28 Querendo saber por
que o estavam acusando, levei-o ao Sinédrio deles. 29 Des-
cobri que ele estava sendo acusado em questões acerca da
lei deles, mas não havia contra ele nenhuma acusação que
merecesse morte ou prisão. 30 Quando fui informado de que
estava sendo preparada uma cilada contra ele, enviei-o ime-
diatamente a Vossa Excelência. Também ordenei que os seus
acusadores apresentassem a Vossa Excelência aquilo que têm
contra ele".
31 Os soldados, cumprindo o seu dever, levaram Paulo durante
a noite e chegaram a Antipátride. 32 No dia seguinte deixaram
a cavalaria prosseguir com ele e voltaram para a fortaleza.
33 Quando a cavalaria chegou a Cesareia, deu a carta ao go-
vernador e lhe entregou Paulo. 34 O governador leu a carta e
perguntou de que província era ele. Informado de que era da
Cilícia, 35 disse: "Ouvirei seu caso quando os seus acusadores
chegarem aqui". Então ordenou que Paulo fosse mantido sob
custódia no palácio[b] de Herodes.

24

O Julgamento de Paulo perante Félix

Cinco dias depois, o sumo sacerdote Ananias desceu a
Cesareia com alguns dos líderes dos judeus e um advogado
chamado Tértulo, os quais apresentaram ao governador suas
acusações contra Paulo. 2 Quando Paulo foi chamado, Tértulo
apresentou sua causa a Félix: "Temos desfrutado de um longo
período de paz durante o teu governo, e o teu providente cui-
dado resultou em reformas nesta nação. 3 Em tudo e em toda
parte, excelentíssimo Félix, reconhecemos estes benefícios
com profunda gratidão. 4 Todavia, a fim de não tomar-te mais
tempo, peço-te o favor de ouvir-nos apenas por um pouco.
5 Verificamos que este homem é um perturbador, que promove
tumultos entre os judeus pelo mundo todo. Ele é o principal
cabeça da seita dos nazarenos 6 e tentou até mesmo profanar
o templo; então o prendemos e quisemos julgá-lo segundo a
nossa lei. 7 Mas o comandante Lísias interveio e com muita
força o arrebatou de nossas mãos e ordenou que os seus acu-
sadores se apresentassem.[c] 8 Se tu mesmo o interrogares, po-
derás verificar a verdade a respeito de todas estas acusações
que estamos fazendo contra ele".
9 Os judeus confirmaram a acusação, garantindo que as afirma-
ções eram verdadeiras.
10 Quando o governador lhe deu sinal para que falasse, Paulo
declarou: "Sei que há muitos anos tens sido juiz nesta nação;
por isso, de bom grado faço minha defesa. 11 Facilmente po-
derás verificar que há menos de doze dias subi a Jerusalém
para adorar a Deus. 12 Meus acusadores não me encontraram
discutindo com ninguém no templo, nem incitando uma mul-
tidão nas sinagogas ou em qualquer outro lugar da cidade.
13 Tampouco podem provar-te as acusações que agora estão
levantando contra mim. 14 Confesso-te, porém, que adoro o
Deus dos nossos antepassados como seguidor do Caminho, a
que chamam seita. Creio em tudo o que concorda com a Lei e
no que está escrito nos Profetas 15 e tenho em Deus a mesma
esperança desses homens: de que haverá ressurreição tanto de
justos como de injustos. 16 Por isso procuro sempre conservar
minha consciência limpa diante de Deus e dos homens.
17 "Depois de estar ausente por vários anos, vim a Jerusalém
para trazer esmolas ao meu povo e apresentar ofertas. 18 En-
quanto fazia isso, já cerimonialmente puro, encontraram-me
no templo, sem envolver-me em nenhum ajuntamento ou tu-
multo. 19 Mas há alguns judeus da província da Ásia que deve-
riam estar aqui diante de ti e apresentar acusações, se é que
têm algo contra mim. 20 Ou os que aqui se acham deveriam
declarar que crime encontraram em mim quando fui levado
perante o Sinédrio, 21 a não ser que tenha sido este: quando me
apresentei a eles, bradei: Por causa da ressurreição dos mortos
estou sendo julgado hoje diante de vocês".
22 Então Félix, que tinha bom conhecimento do Caminho, adiou
a causa e disse: "Quando chegar o comandante Lísias, decidirei
o caso de vocês". 23 E ordenou ao centurião que mantivesse

---

[a] 23.23 Grego: *à hora terceira.*
[b] 23.35 Isto é, o Pretório, residência oficial do governador romano.
[c] 24.7 Muitos manuscritos antigos não trazem *e quisemos julgá-lo segundo a nossa lei* e todo o versículo 7.

Paulo sob custódia, mas que lhe desse certa liberdade e per-
mitisse que os seus amigos o servissem.
24 Vários dias depois, Félix veio com Drusila, sua mulher, que
era judia, mandou chamar Paulo e o ouviu falar sobre a fé
em Cristo Jesus. 25 Quando Paulo se pôs a discorrer acerca
da justiça, do domínio próprio e do juízo vindouro, Félix teve
medo e disse: "Basta, por enquanto! Pode sair. Quando achar
conveniente, mandarei chamá-lo de novo". 26 Ao mesmo tempo
esperava que Paulo lhe oferecesse algum dinheiro, pelo que
mandava buscá-lo frequentemente e conversava com ele.
27 Passados dois anos, Félix foi sucedido por Pórcio Festo; to-
davia, porque desejava manter a simpatia dos judeus, Félix
deixou Paulo na prisão.

O Julgamento perante Festo

25 Três dias depois de chegar à província, Festo subiu de
Cesareia para Jerusalém, 2 onde os chefes dos sacerdotes e os
judeus mais importantes compareceram diante dele, apresen-
tando as acusações contra Paulo. 3 Pediram a Festo o favor de
transferir Paulo para Jerusalém, contra os interesses do próprio
Paulo, pois estavam preparando uma emboscada para matá-lo
no caminho. 4 Festo respondeu: "Paulo está preso em Cesareia,
e eu mesmo vou para lá em breve. 5 Desçam comigo alguns dos
seus líderes e apresentem ali as acusações que têm contra esse
homem, se realmente ele fez algo de errado".
6 Tendo passado com eles de oito a dez dias, desceu para Ce-
sareia e, no dia seguinte, convocou o tribunal e ordenou que
Paulo fosse trazido perante ele. 7 Quando Paulo apareceu, os
judeus que tinham chegado de Jerusalém se aglomeraram ao
seu redor, fazendo contra ele muitas e graves acusações que
não podiam provar.
8 Então Paulo fez sua defesa: "Nada fiz de errado contra a lei
dos judeus, contra o templo ou contra César".
9 Festo, querendo prestar um favor aos judeus, perguntou a
Paulo: "Você está disposto a ir a Jerusalém e ali ser julgado
diante de mim, acerca destas acusações?"
10 Paulo respondeu: "Estou agora diante do tribunal de César,
onde devo ser julgado. Não fiz nenhum mal aos judeus, como
bem sabes. 11 Se, de fato, sou culpado de ter feito algo que
mereça pena de morte, não me recuso a morrer. Mas, se as
acusações feitas contra mim por estes judeus não são verda-
deiras, ninguém tem o direito de me entregar a eles. Apelo
para César!"
12 Depois de ter consultado seus conselheiros, Festo declarou:
"Você apelou para César, para César irá!"

Festo Consulta o Rei Agripa

13 Alguns dias depois, o rei Agripa e Berenice chegaram a Cesa-
reia para saudar Festo. 14 Visto que estavam passando muitos
dias ali, Festo explicou o caso de Paulo ao rei: "Há aqui um
homem que Félix deixou preso. 15 Quando fui a Jerusalém, os
chefes dos sacerdotes e os líderes dos judeus fizeram acusa-
ções contra ele, pedindo que fosse condenado.
16 "Eu lhes disse que não é costume romano condenar ninguém
antes que ele se defronte pessoalmente com seus acusadores
e tenha a oportunidade de se defender das acusações que lhe
fazem. 17 Vindo eles comigo para cá, não retardei o caso; con-
voquei o tribunal no dia seguinte e ordenei que o homem fosse
apresentado. 18 Quando os seus acusadores se levantaram para
falar, não o acusaram de nenhum dos crimes que eu esperava.
19 Ao contrário, tinham alguns pontos de divergência com ele
acerca de sua própria religião e de um certo Jesus, já morto,
o qual Paulo insiste que está vivo. 20 Fiquei sem saber como
investigar tais assuntos; por isso perguntei-lhe se ele estaria
disposto a ir a Jerusalém e ser julgado ali acerca dessas acusa-
ções. 21 Apelando Paulo para que fosse guardado até a decisão
do Imperador, ordenei que ficasse sob custódia até que eu
pudesse enviá-lo a César".
22 Então Agripa disse a Festo: "Eu também gostaria de ouvir
esse homem".
Ele respondeu: "Amanhã o ouvirás".

Paulo perante Agripa

23 No dia seguinte, Agripa e Berenice vieram com grande
pompa e entraram na sala de audiências com os altos oficiais
e os homens importantes da cidade. Por ordem de Festo, Paulo
foi trazido. 24 Então Festo disse: "Ó rei Agripa e todos os se-
nhores aqui presentes conosco, vejam este homem! Toda a
comunidade judaica me fez petições a respeito dele em Jeru-
salém e aqui em Cesareia, gritando que ele não deveria mais
viver. 25 Mas verifiquei que ele nada fez que mereça pena de
morte; todavia, porque apelou para o Imperador, decidi en-
viá-lo a Roma. 26 No entanto, não tenho nada definido a res-
peito dele para escrever a Sua Majestade. Por isso, eu o trouxe
diante dos senhores, e especialmente diante de ti, rei Agripa,
de forma que, feita esta investigação, eu tenha algo para es-
crever. 27 Pois não me parece razoável enviar um preso sem
especificar as acusações contra ele".

26 Então Agripa disse a Paulo: "Você tem permissão para
falar em sua defesa".
A seguir, Paulo fez sinal com a mão e começou a sua defesa:
2 "Rei Agripa, considero-me feliz por poder estar hoje em tua
presença, para fazer a minha defesa contra todas as acusações
dos judeus, 3 e especialmente porque estás bem familiarizado
com todos os costumes e controvérsias deles. Portanto, peço
que me ouças pacientemente.
4 "Todos os judeus sabem como tenho vivido desde pequeno,
tanto em minha terra natal como em Jerusalém. 5 Eles me co-
nhecem há muito tempo e podem testemunhar, se quiserem,
que, como fariseu, vivi de acordo com a seita mais severa da
nossa religião. 6 Agora, estou sendo julgado por causa da
minha esperança no que Deus prometeu aos nossos antepas-
sados. 7 Esta é a promessa que as nossas doze tribos esperam
que se cumpra, cultuando a Deus com fervor, dia e noite. É

por causa desta esperança, ó rei, que estou sendo acusado
pelos judeus. 8 Por que os senhores acham impossível que Deus
ressuscite os mortos?
9 "Eu também estava convencido de que deveria fazer todo
o possível para me opor ao nome de Jesus, o Nazareno. 10 E
foi exatamente isso que fiz em Jerusalém. Com autorização
dos chefes dos sacerdotes lancei muitos santos na prisão e,
quando eles eram condenados à morte, eu dava o meu voto
contra eles. 11 Muitas vezes ia de uma sinagoga para outra a
fim de castigá-los e tentava forçá-los a blasfemar. Em minha
fúria contra eles, cheguei a ir a cidades estrangeiras para per-
segui-los.
12 "Numa dessas viagens eu estava indo para Damasco, com
autorização e permissão dos chefes dos sacerdotes. 13 Por volta
do meio-dia, ó rei, estando eu a caminho, vi uma luz do céu,
mais resplandecente que o sol, brilhando ao meu redor e ao
redor dos que iam comigo. 14 Todos caímos por terra. Então
ouvi uma voz que me dizia em aramaico: 'Saulo, Saulo, por
que você está me perseguindo? Resistir ao aguilhão só lhe
trará dor!'
15 "Então perguntei: Quem és tu, Senhor? "Respondeu o Se-
nhor: 'Sou Jesus, a quem você está perseguindo. 16 Agora,
levante-se, fique em pé. Eu apareci para constituí-lo servo e
testemunha do que você viu a meu respeito e do que lhe mos-
trarei. 17 Eu o livrarei do seu próprio povo e dos gentios, aos
quais eu o envio 18 para abrir-lhes os olhos e convertê-los das
trevas para a luz, e do poder de Satanás para Deus, a fim de
que recebam o perdão dos pecados e herança entre os que são
santificados pela fé em mim'.
19 "Assim, rei Agripa, não fui desobediente à visão celestial.
20 Preguei em primeiro lugar aos que estavam em Damasco,
depois aos que estavam em Jerusalém e em toda a Judeia,
e também aos gentios, dizendo que se arrependessem e se
voltassem para Deus, praticando obras que mostrassem o
seu arrependimento. 21 Por isso os judeus me prenderam no
pátio do templo e tentaram matar-me. 22 Mas tenho contado
com a ajuda de Deus até o dia de hoje, e, por este motivo,
estou aqui e dou testemunho tanto a gente simples como a
gente importante. Não estou dizendo nada além do que os
profetas e Moisés disseram que haveria de acontecer: 23 que
o Cristo haveria de sofrer e, sendo o primeiro a ressuscitar
dentre os mortos, proclamaria luz para o seu próprio povo e
para os gentios".
24 A esta altura Festo interrompeu a defesa de Paulo e disse
em alta voz: "Você está louco, Paulo! As muitas letras o estão
levando à loucura!"
25 Respondeu Paulo: "Não estou louco, excelentíssimo Festo.
O que estou dizendo é verdadeiro e de bom senso. 26 O rei está
familiarizado com essas coisas, e lhe posso falar abertamente.
Estou certo de que nada disso escapou do seu conhecimento,
pois nada se passou num lugar qualquer. 27 Rei Agripa, crês nos
profetas? Eu sei que sim".
28 Então Agripa disse a Paulo: "Você acha que em tão pouco
tempo pode convencer-me a tornar-me cristão?"[a]
29 Paulo respondeu: "Em pouco ou em muito tempo, peço a
Deus que não apenas tu, mas todos os que hoje me ouvem se
tornem como eu, porém sem estas algemas".
30 O rei se levantou, e com ele o governador e Berenice, como
também os que estavam assentados com eles. 31 Saindo do
salão, comentavam entre si: "Este homem não fez nada que
mereça morte ou prisão".
32 Agripa disse a Festo: "Ele poderia ser posto em liberdade, se
não tivesse apelado para César".

A Viagem de Paulo para Roma

27 Quando ficou decidido que navegaríamos para a Itália,
Paulo e alguns outros presos foram entregues a um centurião
chamado Júlio, que pertencia ao Regimento Imperial. 2 Em-
barcamos num navio de Adramítio, que estava de partida para
alguns lugares da província da Ásia, e saímos ao mar, estando
conosco Aristarco, um macedônio de Tessalônica.
3 No dia seguinte, ancoramos em Sidom; e Júlio, num gesto de
bondade para com Paulo, permitiu-lhe que fosse ao encontro
dos seus amigos, para que estes suprissem as suas necessi-
dades. 4 Quando partimos de lá, passamos ao norte de Chipre,
porque os ventos nos eram contrários. 5 Tendo atravessado o
mar aberto ao longo da Cilícia e da Panfília, ancoramos em
Mirra, na Lícia. 6 Ali, o centurião encontrou um navio alexan-
drino que estava de partida para a Itália e nele nos fez em-
barcar. 7 Navegamos vagarosamente por muitos dias e tivemos
dificuldade para chegar a Cnido. Não sendo possível prosseguir
em nossa rota, devido aos ventos contrários, navegamos ao
sul de Creta, defronte de Salmona. 8 Costeamos a ilha com
dificuldade e chegamos a um lugar chamado Bons Portos, perto
da cidade de Laseia.
9 Tínhamos perdido muito tempo, e agora a navegação se tor-
nara perigosa, pois já havia passado o Jejum[b]. Por isso Paulo
os advertiu: 10 "Senhores, vejo que a nossa viagem será desas-
trosa e acarretará grande prejuízo para o navio, para a carga
e também para a nossa vida". 11 Mas o centurião, em vez de
ouvir o que Paulo falava, seguiu o conselho do piloto e do dono
do navio. 12 Visto que o porto não era próprio para passar o in-
verno, a maioria decidiu que deveríamos continuar navegando,
com a esperança de alcançar Fenice e ali passar o inverno. Este
era um porto de Creta, que dava para sudoeste e noroeste.

A Tempestade

13 Começando a soprar suavemente o vento sul, eles pensaram
que haviam obtido o que desejavam; por isso levantaram ân-
coras e foram navegando ao longo da costa de Creta. 14 Pouco
tempo depois, desencadeou-se da ilha um vento muito forte,
chamado Nordeste. 15 O navio foi arrastado pela tempestade,
sem poder resistir ao vento; assim, cessamos as manobras e

[a] **26.28** Ou *Por pouco você me convence a tornar-me cristão*".
[b] **27.9** Isto é, o Dia da Expiação (*Yom Kippur*).

ficamos à deriva. 16 Passando ao sul de uma pequena ilha cha-
mada Clauda, foi com dificuldade que conseguimos recolher o
barco salva-vidas. 17 Levantando-o, lançaram mão de todos os
meios para reforçar o navio com cordas; e, temendo que ele
encalhasse nos bancos de areia de Sirte, baixaram as velas e
deixaram o navio à deriva. 18 No dia seguinte, sendo violenta-
mente castigados pela tempestade, começaram a lançar fora a
carga. 19 No terceiro dia, lançaram fora, com as próprias mãos, a
armação do navio. 20 Não aparecendo nem sol nem estrelas por
muitos dias e continuando a abater-se sobre nós grande tem-
pestade, finalmente perdemos toda a esperança de salvamento.
21 Visto que os homens tinham passado muito tempo sem
comer, Paulo levantou-se diante deles e disse: "Os senhores
deviam ter aceitado o meu conselho de não partir de Creta, pois
assim teriam evitado este dano e prejuízo. 22 Mas agora reco-
mendo que tenham coragem, pois nenhum de vocês perderá a
vida; apenas o navio será destruído. 23 Pois ontem à noite apa-
receu-me um anjo do Deus a quem pertenço e a quem adoro,
dizendo-me: 24 'Paulo, não tenha medo. É preciso que você
compareça perante César; Deus, por sua graça, deu-lhe a vida
de todos os que estão navegando com você'. 25 Assim, tenham
ânimo, senhores! Creio em Deus que acontecerá conforme me
foi dito. 26 Devemos ser arrastados para alguma ilha".

O Naufrágio

27 Na décima quarta noite, ainda estávamos sendo levados de
um lado para outro no mar Adriático[a], quando, por volta da
meia-noite, os marinheiros imaginaram que estávamos pró-
ximos da terra. 28 Lançando a sonda, verificaram que a profun-
didade era de trinta e sete metros[b]; pouco tempo depois, lan-
çaram novamente a sonda e encontraram vinte e sete metros[c].
29 Temendo que fôssemos jogados contra as pedras, lançaram
quatro âncoras da popa e faziam preces para que amanhecesse
o dia. 30 Tentando escapar do navio, os marinheiros baixaram o
barco salva-vidas ao mar, a pretexto de lançar âncoras da proa.
31 Então Paulo disse ao centurião e aos soldados: "Se estes
homens não ficarem no navio, vocês não poderão salvar-se".
32 Com isso os soldados cortaram as cordas que prendiam o
barco salva-vidas e o deixaram cair.
33 Pouco antes do amanhecer, Paulo insistia que todos se ali-
mentassem, dizendo: "Hoje faz catorze dias que vocês têm
estado em vigília constante, sem nada comer. 34 Agora eu os
aconselho a comer algo, pois só assim poderão sobreviver. Ne-
nhum de vocês perderá um fio de cabelo sequer". 35 Tendo dito
isso, tomou pão e deu graças a Deus diante de todos. Então o
partiu e começou a comer. 36 Todos se reanimaram e também
comeram algo. 37 Estavam a bordo duzentas e setenta e seis
pessoas. 38 Depois de terem comido até ficarem satisfeitos,
aliviaram o peso do navio, atirando todo o trigo ao mar.
39 Quando amanheceu não reconheceram a terra, mas viram
uma enseada com uma praia, para onde decidiram conduzir o
navio, se fosse possível. 40 Cortando as âncoras, deixaram-nas
no mar, desatando ao mesmo tempo as cordas que prendiam
os lemes. Então, alçando a vela da proa ao vento, dirigiram-se
para a praia. 41 Mas o navio encalhou num banco de areia, onde
tocou o fundo. A proa encravou-se e ficou imóvel, e a popa foi
quebrada pela violência das ondas.
42 Os soldados resolveram matar os presos para impedir que
algum deles fugisse, jogando-se ao mar. 43 Mas o centurião
queria poupar a vida de Paulo e os impediu de executar o
plano. Então ordenou aos que sabiam nadar que se lançassem
primeiro ao mar em direção à terra. 44 Os outros teriam que
salvar-se em tábuas ou em pedaços do navio. Dessa forma,
todos chegaram a salvo em terra.

Paulo na Ilha de Malta

28 Uma vez em terra, descobrimos que a ilha se chamava
Malta. 2 Os habitantes da ilha mostraram extraordinária bon-
dade para conosco. Fizeram uma fogueira e receberam bem
a todos nós, pois estava chovendo e fazia frio. 3 Paulo ajuntou
um monte de gravetos; quando os colocava no fogo, uma ví-
bora, fugindo do calor, prendeu-se à sua mão. 4 Quando os
habitantes da ilha viram a cobra agarrada na mão de Paulo,
disseram uns aos outros: "Certamente este homem é assas-
sino, pois, tendo escapado do mar, a Justiça não lhe permite
viver". 5 Mas Paulo, sacudindo a cobra no fogo, não sofreu mal
nenhum. 6 Eles, porém, esperavam que ele começasse a inchar
ou que caísse morto de repente, mas, tendo esperado muito
tempo e vendo que nada de estranho lhe sucedia, mudaram de
ideia e passaram a dizer que ele era um deus.
7 Próximo dali havia uma propriedade pertencente a Públio, o
homem principal da ilha. Ele nos convidou a ficar em sua casa
e, por três dias, bondosamente nos recebeu e nos hospedou.
8 Seu pai estava doente, acamado, sofrendo de febre e disen-
teria. Paulo entrou para vê-lo e, depois de orar, impôs-lhe as
mãos e o curou. 9 Tendo acontecido isso, os outros doentes
da ilha vieram e foram curados. 10 Eles nos prestaram muitas
honras e, quando estávamos para embarcar, forneceram-nos
os suprimentos de que necessitávamos.

A Chegada a Roma

11 Passados três meses, embarcamos num navio que tinha pas-
sado o inverno na ilha; era um navio alexandrino, que tinha por
emblema os deuses gêmeos Cástor e Pólux. 12 Aportando em
Siracusa, ficamos ali três dias. 13 Dali partimos e chegamos a
Régio. No dia seguinte, soprando o vento sul, prosseguimos,
chegando a Potéoli no segundo dia. 14 Ali encontramos alguns
irmãos que nos convidaram a passar uma semana com eles. E
depois fomos para Roma. 15 Os irmãos dali tinham ouvido falar
que estávamos chegando e vieram até a praça de Ápio e às
Três Vendas para nos encontrar. Vendo-os, Paulo deu graças
a Deus e sentiu-se encorajado. 16 Quando chegamos a Roma,

---

[a] **27.27** O nome *Adriático* referia-se a uma área que se estendia até o extremo sul da Itália.
[b] **27.28** Grego: *20 braças*.
[c] **27.28** Grego: *15 braças*.

Paulo recebeu permissão para morar por conta própria, sob a
custódia de um soldado.

A Pregação de Paulo em Roma

17 Três dias depois, ele convocou os líderes dos judeus. Quando
estes se reuniram, Paulo lhes disse: "Meus irmãos, embora
eu não tenha feito nada contra o nosso povo nem contra os
costumes dos nossos antepassados, fui preso em Jerusalém e
entregue aos romanos. 18 Eles me interrogaram e queriam me
soltar, porque eu não era culpado de crime algum que mere-
cesse pena de morte. 19 Todavia, tendo os judeus feito objeção,
fui obrigado a apelar para César, não, porém, por ter alguma
acusação contra o meu próprio povo. 20 Por essa razão pedi
para vê-los e conversar com vocês. Por causa da esperança de
Israel é que estou preso com estas algemas".
21 Eles responderam: "Não recebemos nenhuma carta da Ju-
deia a seu respeito, e nenhum dos irmãos que vieram de lá
relatou ou disse qualquer coisa de mal contra você. 22 Todavia,
queremos ouvir de sua parte o que você pensa, pois sabemos
que por todo lugar há gente falando contra esta seita".
23 Assim combinaram encontrar-se com Paulo em dia determi-
nado, indo em grupo ainda mais numeroso ao lugar onde ele
estava. Desde a manhã até a tarde ele lhes deu explicações e
lhes testemunhou do Reino de Deus, procurando convencê-los
a respeito de Jesus, com base na Lei de Moisés e nos Profetas.
24 Alguns foram convencidos pelo que ele dizia, mas outros
não creram. 25 Discordaram entre si mesmos e começaram a ir
embora, depois de Paulo ter feito esta declaração final: "Bem
que o Espírito Santo falou aos seus antepassados, por meio
do profeta Isaías:
26 " 'Vá a este povo e diga: Ainda que estejam sempre ouvindo,
vocês nunca entenderão; ainda que estejam sempre vendo,
jamais perceberão.
27 Pois o coração deste povo se tornou insensível; de má von-
tade ouviram com os ouvidos e fecharam os olhos. Se assim
não fosse, poderiam ver com os olhos, ouvir com os ouvidos,
entender com o coração e converter-se, e eu os curaria'[a].
28 "Portanto, quero que saibam que esta salvação de Deus é
enviada aos gentios; eles a ouvirão!" 29 Depois que ele disse
isto, os judeus se retiraram, discutindo intensamente entre si.[b]
30 Por dois anos inteiros Paulo permaneceu na casa que havia
alugado e recebia a todos os que iam vê-lo. 31 Pregava o Reino
de Deus e ensinava a respeito do Senhor Jesus Cristo, aberta-
mente, sem impedimento algum.

a **28.26,27** Is 6.9,10
b **28.29** Muitos manuscritos antigos não trazem o versículo 29.

ROMANOS

1 Paulo, servo[a] de Cristo Jesus, chamado para ser apóstolo,
separado para o evangelho de Deus, 2 o qual foi prometido
por ele de antemão por meio dos seus profetas nas Escrituras
Sagradas, 3 acerca de seu Filho, que, como homem, era des-
cendente de Davi, 4 e que mediante o Espírito[b] de santidade
foi declarado Filho de Deus com poder, pela sua ressurreição
dentre os mortos: Jesus Cristo, nosso Senhor. 5 Por meio dele
e por causa do seu nome, recebemos graça e apostolado para
chamar dentre todas as nações um povo para a obediência que
vem pela fé. 6 E vocês também estão entre os chamados para
pertencerem a Jesus Cristo.
7 A todos os que em Roma são amados de Deus e chamados
para serem santos:
A vocês, graça e paz da parte de Deus nosso Pai e do Senhor
Jesus Cristo.

Paulo Anseia Visitar a Igreja em Roma

8 Antes de tudo, sou grato a meu Deus, mediante Jesus Cristo,
por todos vocês, porque em todo o mundo está sendo anun-
ciada a fé que vocês têm. 9 Deus, a quem sirvo de todo o co-
ração pregando o evangelho de seu Filho, é minha testemunha
de como sempre me lembro de vocês 10 em minhas orações;
e peço que agora, finalmente, pela vontade de Deus, me seja
aberto o caminho para que eu possa visitá-los.
11 Anseio vê-los, a fim de compartilhar com vocês algum dom
espiritual, para fortalecê-los, 12 isto é, para que eu e vocês
sejamos mutuamente encorajados pela fé. 13 Quero que
vocês saibam, irmãos, que muitas vezes planejei visitá-los,
mas fui impedido até agora. Meu propósito é colher algum
fruto entre vocês, assim como tenho colhido entre os demais
gentios[c].
14 Sou devedor tanto a gregos como a bárbaros[d], tanto a sábios
como a ignorantes. 15 Por isso estou disposto a pregar o evan-
gelho também a vocês que estão em Roma.
16 Não me envergonho do evangelho, porque é o poder de Deus
para a salvação de todo aquele que crê: primeiro do judeu,
depois do grego. 17 Porque no evangelho é revelada a justiça

a **1.1** Isto é, escravo.
b **1.4** Ou *que quanto a seu espírito*
c **1.13** Isto é, os que não são judeus, também em todo o livro de Romanos.
d **1.14** Isto é, aqueles que não possuíam cultura grega.

de Deus, uma justiça que do princípio ao fim é pela fé[a], como
está escrito: "O justo viverá pela fé"[b].

A Ira de Deus contra a Humanidade

18 Portanto, a ira de Deus é revelada dos céus contra toda
impiedade e injustiça dos homens que suprimem a verdade
pela injustiça, 19 pois o que de Deus se pode conhecer é mani-
festo entre eles, porque Deus lhes manifestou. 20 Pois desde
a criação do mundo os atributos invisíveis de Deus, seu eterno
poder e sua natureza divina, têm sido vistos claramente, sendo
compreendidos por meio das coisas criadas, de forma que tais
homens são indesculpáveis; 21 porque, tendo conhecido a Deus,
não o glorificaram como Deus, nem lhe renderam graças, mas
os seus pensamentos tornaram-se fúteis e o coração insen-
sato deles obscureceu-se. 22 Dizendo-se sábios, tornaram-se
loucos 23 e trocaram a glória do Deus imortal por imagens feitas
segundo a semelhança do homem mortal, bem como de pás-
saros, quadrúpedes e répteis.

24 Por isso Deus os entregou à impureza sexual, segundo os
desejos pecaminosos do seu coração, para a degradação do
seu corpo entre si. 25 Trocaram a verdade de Deus pela mentira,
e adoraram e serviram a coisas e seres criados, em lugar do
Criador, que é bendito para sempre. Amém.

26 Por causa disso Deus os entregou a paixões vergonhosas.
Até suas mulheres trocaram suas relações sexuais naturais por
outras, contrárias à natureza. 27 Da mesma forma, os homens
também abandonaram as relações naturais com as mulheres
e se inflamaram de paixão uns pelos outros. Começaram a co-
meter atos indecentes, homens com homens, e receberam em
si mesmos o castigo merecido pela sua perversão.

28 Além do mais, visto que desprezaram o conhecimento de
Deus, ele os entregou a uma disposição mental reprovável,
para praticarem o que não deviam. 29 Tornaram-se cheios de
toda sorte de injustiça, maldade, ganância e depravação. Estão
cheios de inveja, homicídio, rivalidades, engano e malícia. São
bisbilhoteiros, 30 caluniadores, inimigos de Deus, insolentes,
arrogantes e presunçosos; inventam maneiras de praticar o
mal; desobedecem a seus pais; 31 são insensatos, desleais, sem
amor pela família, implacáveis. 32 Embora conheçam o justo
decreto de Deus, de que as pessoas que praticam tais coisas
merecem a morte, não somente continuam a praticá-las, mas
também aprovam aqueles que as praticam.

2 O Justo Juízo de Deus

Portanto, você, que julga os outros é indesculpável; pois
está condenando você mesmo naquilo em que julga, visto que
você, que julga, pratica as mesmas coisas. 2 Sabemos que o
juízo de Deus contra os que praticam tais coisas é conforme a
verdade. 3 Assim, quando você, um simples homem, os julga,
mas pratica as mesmas coisas, pensa que escapará do juízo de
Deus? 4 Ou será que você despreza as riquezas da sua bondade,
tolerância e paciência, não reconhecendo que a bondade de
Deus o leva ao arrependimento?

5 Contudo, por causa da sua teimosia e do seu coração obsti-
nado, você está acumulando ira contra você mesmo, para o
dia da ira de Deus, quando se revelará o seu justo julgamento.
6 Deus "retribuirá a cada um conforme o seu procedimento"[c].
7 Ele dará vida eterna aos que, persistindo em fazer o bem,
buscam glória, honra e imortalidade. 8 Mas haverá ira e in-
dignação para os que são egoístas, que rejeitam a verdade e
seguem a injustiça. 9 Haverá tribulação e angústia para todo
ser humano que pratica o mal: primeiro para o judeu, depois
para o grego; 10 mas glória, honra e paz para todo o que pratica
o bem: primeiro para o judeu, depois para o grego. 11 Pois em
Deus não há parcialidade.

12 Todo aquele que pecar sem a Lei, sem a Lei também pe-
recerá, e todo aquele que pecar sob a Lei, pela Lei será jul-
gado. 13 Porque não são os que ouvem a Lei que são justos
aos olhos de Deus; mas os que obedecem à Lei, estes serão
declarados justos. 14 (De fato, quando os gentios, que não têm
a Lei, praticam naturalmente o que ela ordena, tornam-se lei
para si mesmos, embora não possuam a Lei; 15 pois mostram
que as exigências da Lei estão gravadas em seu coração. Disso
dão testemunho também a sua consciência e os pensamentos
deles, ora acusando-os, ora defendendo-os.) 16 Isso tudo se
verá no dia em que Deus julgar os segredos dos homens, me-
diante Jesus Cristo, conforme o declara o meu evangelho.

Os Judeus e a Lei

17 Ora, você leva o nome de judeu, apoia-se na Lei e orgulha-se
de Deus. 18 Você conhece a vontade de Deus e aprova o que é
superior, porque é instruído pela Lei. 19 Você está convencido
de que é guia de cegos, luz para os que estão em trevas, 20 ins-
trutor de insensatos, mestre de crianças, porque tem na Lei a
expressão do conhecimento e da verdade. 21 E então? Você,
que ensina os outros, não ensina a você mesmo? Você, que
prega contra o furto, furta? 22 Você, que diz que não se deve
adulterar, adultera? Você, que detesta ídolos, rouba-lhes os
templos? 23 Você, que se orgulha da Lei, desonra a Deus, deso-
bedecendo à Lei? 24 Pois, como está escrito: "O nome de Deus é
blasfemado entre os gentios por causa de vocês"[d].

25 A circuncisão tem valor se você obedece à Lei; mas, se você
desobedece à Lei, a sua circuncisão já se tornou incircuncisão.
26 Se aqueles que não são circuncidados obedecem aos pre-
ceitos da Lei, não serão eles considerados circuncidados?
27 Aquele que não é circuncidado fisicamente, mas obedece
à Lei, condenará você que, tendo a Lei escrita e a circuncisão,
é transgressor da Lei.

28 Não é judeu quem o é apenas exteriormente, nem é cir-
cuncisão a que é meramente exterior e física. 29 Não! Judeu é
quem o é interiormente, e circuncisão é a operada no coração,

a 1.17 Ou *é de fé em fé*; ou ainda *de fé para fé*
b 1.17 Hc 2.4
c 2.6 Sl 62.12; Pv 24.12
d 2.24 Is 52.5; Ez 36.22

pelo Espírito, e não pela Lei escrita. Para estes o louvor não
provém dos homens, mas de Deus.

3 Que vantagem há então em ser judeu, ou que utilidade há na
circuncisão? 2 Muita, em todos os sentidos! Principalmente
porque aos judeus foram confiadas as palavras de Deus.
3 Que importa se alguns deles foram infiéis? A sua infidelidade
anulará a fidelidade de Deus? 4 De maneira nenhuma! Seja
Deus verdadeiro, e todo homem mentiroso. Como está escrito:
"Para que sejas justificado nas tuas palavras e prevaleças
quando fores julgado"[a].
5 Mas, se a nossa injustiça ressalta de maneira ainda mais clara
a justiça de Deus, que diremos? Que Deus é injusto por aplicar
a sua ira? (Estou usando um argumento humano.) 6 Claro que
não! Se fosse assim, como Deus iria julgar o mundo? 7 Alguém
pode alegar ainda: "Se a minha mentira ressalta a veracidade
de Deus, aumentando assim a sua glória, por que sou conde-
nado como pecador?" 8 Por que não dizer como alguns calunio-
samente afirmam que dizemos: "Façamos o mal, para que nos
venha o bem"? A condenação dos tais é merecida.

Ninguém é Justo

9 Que concluiremos então? Estamos em posição de vantagem[b]?
Não! Já demonstramos que tanto judeus quanto gentios estão
debaixo do pecado. 10 Como está escrito: "Não há nenhum
justo, nem um sequer; 11 não há ninguém que entenda, nin-
guém que busque a Deus.
12 Todos se desviaram, tornaram-se juntamente inúteis; não há
ninguém que faça o bem, não há nem um sequer"[c].
13 "Sua garganta é um túmulo aberto; com a língua enganam"[d].
"Veneno de víbora está em seus lábios"[e].
14 "Sua boca está cheia de maldição e amargura"[f].
15 "Seus pés são ágeis para derramar sangue; 16 ruína e des-
graça marcam os seus caminhos, 17 e não conhecem o caminho
da paz"[g].
18 "Aos seus olhos é inútil temer a Deus"[h].
19 Sabemos que tudo o que a Lei diz, o diz àqueles que estão
debaixo dela, para que toda boca se cale e o mundo todo
esteja sob o juízo de Deus. 20 Portanto, ninguém será decla-
rado justo diante dele baseando-se na obediência à Lei, pois
é mediante a Lei que nos tornamos plenamente conscientes
do pecado.

A Justiça por meio da Fé

21 Mas agora se manifestou uma justiça que provém de Deus,
independente da Lei, da qual testemunham a Lei e os Pro-
fetas, 22 justiça de Deus mediante a fé em Jesus Cristo para
todos os que creem. Não há distinção, 23 pois todos pecaram
e estão destituídos da glória de Deus, 24 sendo justificados
gratuitamente por sua graça, por meio da redenção que há
em Cristo Jesus. 25 Deus o ofereceu como sacrifício para pro-
piciação[i] mediante a fé, pelo seu sangue, demonstrando a sua
justiça. Em sua tolerância, havia deixado impunes os pecados
anteriormente cometidos; 26 mas, no presente, demonstrou a
sua justiça, a fim de ser justo e justificador daquele que tem
fé em Jesus.
27 Onde está, então, o motivo de vanglória? É excluído. Baseado
em que princípio? No da obediência à Lei? Não, mas no prin-
cípio da fé. 28 Pois sustentamos que o homem é justificado pela
fé, independente da obediência à Lei. 29 Deus é Deus apenas
dos judeus? Ele não é também o Deus dos gentios? Sim, dos
gentios também, 30 visto que existe um só Deus, que pela fé
justificará os circuncisos e os incircuncisos. 31 Anulamos então
a Lei pela fé? De maneira nenhuma! Ao contrário, confirmamos
a Lei.

4 Abraão Foi Justificado pela Fé

Portanto, que diremos do nosso antepassado Abraão? 2 Se
de fato Abraão foi justificado pelas obras, ele tem do que se
gloriar, mas não diante de Deus. 3 Que diz a Escritura? "Abraão
creu em Deus, e isso lhe foi creditado como justiça."[j]
4 Ora, o salário do homem que trabalha não é considerado
como favor, mas como dívida. 5 Todavia, àquele que não tra-
balha, mas confia em Deus, que justifica o ímpio, sua fé lhe é
creditada como justiça. 6 Davi diz a mesma coisa, quando fala
da felicidade do homem a quem Deus credita justiça indepen-
dente de obras:
7 "Como são felizes aqueles que têm suas transgressões per-
doadas, cujos pecados são apagados!
8 Como é feliz aquele a quem o Senhor não atribui culpa!"[k]
9 Destina-se essa felicidade apenas aos circuncisos ou também
aos incircuncisos? Já dissemos que, no caso de Abraão, a fé lhe
foi creditada como justiça. 10 Sob quais circunstâncias? Antes
ou depois de ter sido circuncidado? Não foi depois, mas antes!
11 Assim ele recebeu a circuncisão como sinal, como selo da jus-
tiça que ele tinha pela fé, quando ainda não fora circuncidado.
Portanto, ele é o pai de todos os que creem, sem terem sido
circuncidados, a fim de que a justiça fosse creditada também a
eles; 12 e é igualmente o pai dos circuncisos que não somente
são circuncisos, mas também andam nos passos da fé que teve
nosso pai Abraão antes de passar pela circuncisão.
13 Não foi mediante a Lei que Abraão e a sua descendência
receberam a promessa de que ele seria herdeiro do mundo,
mas mediante a justiça que vem da fé. 14 Pois, se os que vivem
pela Lei são herdeiros, a fé não tem valor, e a promessa é

---

[a] 3.4 Sl 51.4
[b] 3.9 *Ou desvantagem*
[c] 3.10-12 Sl 14.1-3; Sl 53.1-3; Ec 7.20
[d] 3.13 Sl 5.9
[e] 3.13 Sl 140.3
[f] 3.14 Sl 10.7
[g] 3.15-17 Is 59.7,8
[h] 3.18 Sl 36.1

[i] 3.25 *Ou como sacrifício que desviava a sua ira, removendo o pecado*
[j] 4.3 Gn 15.6
[k] 4.7,8 Sl 32.1,2

inútil; 15 porque a Lei produz a ira. E onde não há Lei, não há
transgressão.
16 Portanto, a promessa vem pela fé, para que seja de acordo
com a graça e seja assim garantida a toda a descendência de
Abraão; não apenas aos que estão sob o regime da Lei, mas
também aos que têm a fé que Abraão teve. Ele é o pai de
todos nós. 17 Como está escrito: "Eu o constituí pai de muitas
nações"[a]. Ele é nosso pai aos olhos de Deus, em quem creu, o
Deus que dá vida aos mortos e chama à existência coisas que
não existem, como se existissem.
18 Abraão, contra toda esperança, em esperança creu, tornan-
do-se assim pai de muitas nações, como foi dito a seu respeito:
"Assim será a sua descendência"[b]. 19 Sem se enfraquecer na fé,
reconheceu que o seu corpo já estava sem vitalidade, pois já
contava cerca de cem anos de idade, e que também o ventre
de Sara já estava sem vigor. 20 Mesmo assim não duvidou nem
foi incrédulo em relação à promessa de Deus, mas foi forta-
lecido em sua fé e deu glória a Deus, 21 estando plenamente
convencido de que ele era poderoso para cumprir o que havia
prometido. 22 Em consequência, "isso lhe foi creditado como
justiça"[c]. 23 As palavras "lhe foi creditado" não foram escritas
apenas para ele, 24 mas também para nós, a quem Deus cre-
ditará justiça, a nós, que cremos naquele que ressuscitou dos
mortos a Jesus, nosso Senhor. 25 Ele foi entregue à morte por
nossos pecados e ressuscitado para nossa justificação.

Paz e Alegria

5 Tendo sido, pois, justificados pela fé, temos[d] paz com Deus,
por nosso Senhor Jesus Cristo, 2 por meio de quem obtivemos
acesso pela fé a esta graça na qual agora estamos firmes; e nos
gloriamos[e] na esperança da glória de Deus. 3 Não só isso, mas
também nos gloriamos nas tribulações, porque sabemos que a
tribulação produz perseverança; 4 a perseverança, um caráter
aprovado; e o caráter aprovado, esperança. 5 E a esperança não
nos decepciona, porque Deus derramou seu amor em nossos
corações, por meio do Espírito Santo que ele nos concedeu.
6 De fato, no devido tempo, quando ainda éramos fracos, Cristo
morreu pelos ímpios. 7 Dificilmente haverá alguém que morra
por um justo, embora pelo homem bom talvez alguém tenha
coragem de morrer. 8 Mas Deus demonstra seu amor por nós:
Cristo morreu em nosso favor quando ainda éramos pecadores.
9 Como agora fomos justificados por seu sangue, muito mais
ainda, por meio dele, seremos salvos da ira de Deus! 10 Se
quando éramos inimigos de Deus fomos reconciliados com
ele mediante a morte de seu Filho, quanto mais agora, tendo
sido reconciliados, seremos salvos por sua vida! 11 Não apenas
isso, mas também nos gloriamos em Deus, por meio de nosso
Senhor Jesus Cristo, mediante quem recebemos agora a re-
conciliação.

Morte em Adão, Vida em Cristo

12 Portanto, da mesma forma como o pecado entrou no mundo
por um homem, e pelo pecado a morte, assim também a morte
veio a todos os homens, porque todos pecaram; 13 pois antes
de ser dada a Lei, o pecado já estava no mundo. Mas o pe-
cado não é levado em conta quando não existe lei. 14 Todavia,
a morte reinou desde o tempo de Adão até o de Moisés, mesmo
sobre aqueles que não cometeram pecado semelhante à trans-
gressão de Adão, o qual era um tipo daquele que haveria de vir.
15 Entretanto, não há comparação entre a dádiva e a trans-
gressão. De fato, muitos morreram por causa da transgressão
de um só homem, mas a graça de Deus, isto é, a dádiva pela
graça de um só, Jesus Cristo, transbordou ainda mais para
muitos. 16 Não se pode comparar a dádiva de Deus com a con-
sequência do pecado de um só homem: por um pecado veio
o julgamento que trouxe condenação, mas a dádiva decorreu
de muitas transgressões e trouxe justificação. 17 Se pela trans-
gressão de um só a morte reinou por meio dele, muito mais
aqueles que recebem de Deus a imensa provisão da graça e
a dádiva da justiça reinarão em vida por meio de um único
homem, Jesus Cristo.
18 Consequentemente, assim como uma só transgressão re-
sultou na condenação de todos os homens, assim também um
só ato de justiça resultou na justificação que traz vida a todos
os homens. 19 Logo, assim como por meio da desobediência de
um só homem muitos foram feitos pecadores, assim também
por meio da obediência de um único homem muitos serão
feitos justos.
20 A Lei foi introduzida para que a transgressão fosse ressal-
tada. Mas onde aumentou o pecado transbordou a graça, 21 a
fim de que, assim como o pecado reinou na morte, também a
graça reine pela justiça para conceder vida eterna, mediante
Jesus Cristo, nosso Senhor.

Mortos para o Pecado, Vivos em Cristo

6 Que diremos então? Continuaremos pecando para que
a graça aumente? 2 De maneira nenhuma! Nós, os que mor-
remos para o pecado, como podemos continuar vivendo nele?
3 Ou vocês não sabem que todos nós, que fomos batizados em
Cristo Jesus, fomos batizados em sua morte? 4 Portanto, fomos
sepultados com ele na morte por meio do batismo, a fim de
que, assim como Cristo foi ressuscitado dos mortos mediante a
glória do Pai, também nós vivamos uma vida nova.
5 Se dessa forma fomos unidos a ele na semelhança da sua
morte, certamente o seremos também na semelhança da sua
ressurreição. 6 Pois sabemos que o nosso velho homem[f] foi cru-
cificado com ele, para que o corpo do pecado seja destruído[g],
e não mais sejamos escravos do pecado; 7 pois quem morreu
foi justificado do pecado.
8 Ora, se morremos com Cristo, cremos que também com ele
viveremos. 9 Pois sabemos que, tendo sido ressuscitado dos

---

[a] **4.17** Gn 17.5
[b] **4.18** Gn 15.5
[c] **4.22** Gn 15.6
[d] **5.1** Ou *tenhamos*
[e] **5.2** Ou *gloriemo-nos*; também no versículo 3.

[f] **6.6** Isto é, a nossa velha vida em Adão.
[g] **6.6** Ou *seja deixado sem poder*

mortos, Cristo não pode morrer outra vez: a morte não tem
mais domínio sobre ele. 10 Porque, morrendo, ele morreu para
o pecado uma vez por todas; mas, vivendo, vive para Deus.
11 Da mesma forma, considerem-se mortos para o pecado, mas
vivos para Deus em Cristo Jesus. 12 Portanto, não permitam
que o pecado continue dominando o corpo mortal de vocês,
fazendo que obedeçam aos seus desejos. 13 Não ofereçam os
membros do corpo de vocês ao pecado, como instrumentos
de injustiça; antes ofereçam-se a Deus como quem voltou da
morte para a vida; e ofereçam os membros do corpo de vocês
a ele, como instrumentos de justiça. 14 Pois o pecado não os
dominará, porque vocês não estão debaixo da Lei, mas de-
baixo da graça.

Escravos da Justiça

15 E então? Vamos pecar porque não estamos debaixo da Lei,
mas debaixo da graça? De maneira nenhuma! 16 Não sabem
que, quando vocês se oferecem a alguém para lhe obedecer
como escravos, tornam-se escravos daquele a quem obe-
decem: escravos do pecado que leva à morte, ou da obediência
que leva à justiça? 17 Mas, graças a Deus, porque, embora vocês
tenham sido escravos do pecado, passaram a obedecer de co-
ração à forma de ensino que lhes foi transmitida. 18 Vocês foram
libertados do pecado e tornaram-se escravos da justiça.
19 Falo isso em termos humanos, por causa das suas limitações
humanas[a]. Assim como vocês ofereceram os membros do seu
corpo em escravidão à impureza e à maldade que leva à mal-
dade, ofereçam-nos agora em escravidão à justiça que leva à
santidade. 20 Quando vocês eram escravos do pecado, estavam
livres da justiça. 21 Que fruto colheram então das coisas das
quais agora vocês se envergonham? O fim delas é a morte!
22 Mas agora que vocês foram libertados do pecado e se tor-
naram escravos de Deus o fruto que colhem leva à santidade,
e o seu fim é a vida eterna. 23 Pois o salário do pecado é a
morte, mas o dom gratuito de Deus é a vida eterna em[b] Cristo
Jesus, nosso Senhor.

7 A Ilustração do Casamento

Meus irmãos, falo a vocês como a pessoas que conhecem
a lei. Acaso vocês não sabem que a lei tem autoridade sobre
alguém apenas enquanto ele vive? 2 Por exemplo, pela lei a
mulher casada está ligada a seu marido enquanto ele estiver
vivo; mas, se o marido morrer, ela estará livre da lei do casa-
mento. 3 Por isso, se ela se casar com outro homem enquanto
seu marido ainda estiver vivo, será considerada adúltera. Mas,
se o marido morrer, ela estará livre daquela lei e, mesmo que
venha a se casar com outro homem, não será adúltera.
4 Assim, meus irmãos, vocês também morreram para a Lei, por
meio do corpo de Cristo, para pertencerem a outro, àquele
que ressuscitou dos mortos, a fim de que venhamos a dar fruto
para Deus. 5 Pois quando éramos controlados pela carne[c], as
paixões pecaminosas despertadas pela Lei atuavam em nosso
corpo, de forma que dávamos fruto para a morte. 6 Mas agora,
morrendo para aquilo que antes nos prendia, fomos libertados
da Lei, para que sirvamos conforme o novo modo do Espírito,
e não segundo a velha forma da Lei escrita.

A Luta contra o Pecado

7 Que diremos então? A Lei é pecado? De maneira nenhuma!
De fato, eu não saberia o que é pecado, a não ser por meio da
Lei. Pois, na realidade, eu não saberia o que é cobiça, se a Lei
não dissesse: "Não cobiçarás"[d]. 8 Mas o pecado, aproveitando
a oportunidade dada pelo mandamento, produziu em mim todo
tipo de desejo cobiçoso. Pois, sem a Lei, o pecado está morto.
9 Antes eu vivia sem a Lei, mas, quando o mandamento veio, o
pecado reviveu, e eu morri. 10 Descobri que o próprio manda-
mento, destinado a produzir vida, na verdade produziu morte.
11 Pois o pecado, aproveitando a oportunidade dada pelo man-
damento, enganou-me e por meio do mandamento me matou.
12 De fato a Lei é santa, e o mandamento é santo, justo e bom.
13 E então, o que é bom se tornou em morte para mim? De ma-
neira nenhuma! Mas, para que o pecado se mostrasse como
pecado, ele produziu morte em mim por meio do que era bom,
de modo que por meio do mandamento ele se mostrasse ex-
tremamente pecaminoso.
14 Sabemos que a Lei é espiritual; eu, contudo, não o sou, pois
fui vendido como escravo ao pecado. 15 Não entendo o que
faço. Pois não faço o que desejo, mas o que odeio. 16 E, se faço
o que não desejo, admito que a Lei é boa. 17 Nesse caso, não
sou mais eu quem o faz, mas o pecado que habita em mim.
18 Sei que nada de bom habita em mim, isto é, em minha carne.
Porque tenho o desejo de fazer o que é bom, mas não consigo
realizá-lo. 19 Pois o que faço não é o bem que desejo, mas o
mal que não quero fazer esse eu continuo fazendo. 20 Ora, se
faço o que não quero, já não sou eu quem o faz, mas o pecado
que habita em mim.
21 Assim, encontro esta lei que atua em mim: Quando quero
fazer o bem, o mal está junto de mim. 22 No íntimo do meu
ser tenho prazer na Lei de Deus; 23 mas vejo outra lei atuando
nos membros do meu corpo, guerreando contra a lei da minha
mente, tornando-me prisioneiro da lei do pecado que atua em
meus membros. 24 Miserável homem que eu sou! Quem me
libertará do corpo sujeito a esta morte? 25 Graças a Deus por
Jesus Cristo, nosso Senhor! De modo que, com a mente, eu
próprio sou escravo da Lei de Deus; mas, com a carne, da lei
do pecado.

8 A Vida pelo Espírito

Portanto, agora já não há condenação para os que estão em
Cristo Jesus[e], 2 porque por meio de Cristo Jesus a lei do Espírito

[a] **6.19** Grego: *por causa da fraqueza da sua carne.*
[b] **6.23** Ou *por meio de*
[c] **7.5** Ou *pela natureza pecaminosa*; também nos versículos 18 e 25.
[d] **7.7** Êx 20.17; Dt 5.21
[e] **8.1** Alguns manuscritos dizem *Jesus, que não vivem segundo a carne, mas segundo o Espírito*.

de vida me libertou da lei do pecado e da morte. 3 Porque, aquilo que a Lei fora incapaz de fazer por estar enfraquecida pela carne[a], Deus o fez, enviando seu próprio Filho, à semelhança do homem pecador, como oferta pelo pecado[b]. E assim condenou o pecado na carne, 4 a fim de que as justas exigências da Lei fossem plenamente satisfeitas em nós, que não vivemos segundo a carne, mas segundo o Espírito.

5 Quem vive segundo a carne tem a mente voltada para o que a carne deseja; mas quem vive de acordo com o Espírito tem a mente voltada para o que o Espírito deseja. 6 A mentalidade da carne é morte, mas a mentalidade do Espírito é vida e paz; 7 a mentalidade da carne é inimiga de Deus porque não se submete à Lei de Deus, nem pode fazê-lo. 8 Quem é dominado pela carne não pode agradar a Deus.

9 Entretanto, vocês não estão sob o domínio da carne, mas do Espírito, se de fato o Espírito de Deus habita em vocês. E, se alguém não tem o Espírito de Cristo, não pertence a Cristo. 10 Mas, se Cristo está em vocês, o corpo está morto por causa do pecado, mas o espírito está vivo[c] por causa da justiça. 11 E, se o Espírito daquele que ressuscitou Jesus dentre os mortos habita em vocês, aquele que ressuscitou a Cristo dentre os mortos também dará vida a seus corpos mortais, por meio do seu Espírito, que habita em vocês.

12 Portanto, irmãos, estamos em dívida, não para com a carne, para vivermos sujeitos a ela. 13 Pois, se vocês viverem de acordo com a carne, morrerão; mas, se pelo Espírito fizerem morrer os atos do corpo, viverão, 14 porque todos os que são guiados pelo Espírito de Deus são filhos de Deus. 15 Pois vocês não receberam um espírito que os escravize para novamente temerem, mas receberam o Espírito que os torna filhos por adoção, por meio do qual clamamos: "*Aba*[d], Pai". 16 O próprio Espírito testemunha ao nosso espírito que somos filhos de Deus. 17 Se somos filhos, então somos herdeiros; herdeiros de Deus e co-herdeiros com Cristo, se de fato participamos dos seus sofrimentos, para que também participemos da sua glória.

A Glória Futura

18 Considero que os nossos sofrimentos atuais não podem ser comparados com a glória que em nós será revelada. 19 A natureza criada aguarda, com grande expectativa, que os filhos de Deus sejam revelados. 20 Pois ela foi submetida à inutilidade, não pela sua própria escolha, mas por causa da vontade daquele que a sujeitou, na esperança 21 de que[e] a própria natureza criada será libertada da escravidão da decadência em que se encontra, recebendo a gloriosa liberdade dos filhos de Deus. 22 Sabemos que toda a natureza criada geme até agora, como em dores de parto. 23 E não só isso, mas nós mesmos, que temos os primeiros frutos do Espírito, gememos interiormente, esperando ansiosamente nossa adoção como filhos, a redenção do nosso corpo. 24 Pois nessa esperança fomos salvos. Mas esperança que se vê não é esperança. Quem espera por aquilo que está vendo? 25 Mas, se esperamos o que ainda não vemos, aguardamo-lo pacientemente.

26 Da mesma forma o Espírito nos ajuda em nossa fraqueza, pois não sabemos como orar, mas o próprio Espírito intercede por nós com gemidos inexprimíveis. 27 E aquele que sonda os corações conhece a intenção do Espírito, porque o Espírito intercede pelos santos de acordo com a vontade de Deus.

Mais que Vencedores

28 Sabemos que Deus age em todas as coisas para o bem daqueles que o amam,[f] dos que foram chamados de acordo com o seu propósito. 29 Pois aqueles que de antemão conheceu, também os predestinou para serem conformes à imagem de seu Filho, a fim de que ele seja o primogênito entre muitos irmãos. 30 E aos que predestinou, também chamou; aos que chamou, também justificou; aos que justificou, também glorificou.

31 Que diremos, pois, diante dessas coisas? Se Deus é por nós, quem será contra nós? 32 Aquele que não poupou seu próprio Filho, mas o entregou por todos nós, como não nos dará com ele, e de graça, todas as coisas? 33 Quem fará alguma acusação contra os escolhidos de Deus? É Deus quem os justifica. 34 Quem os condenará? Foi Cristo Jesus que morreu; e mais, que ressuscitou e está à direita de Deus, e também intercede por nós. 35 Quem nos separará do amor de Cristo? Será tribulação, ou angústia, ou perseguição, ou fome, ou nudez, ou perigo, ou espada? 36 Como está escrito: "Por amor de ti enfrentamos a morte todos os dias; somos considerados como ovelhas destinadas ao matadouro"[g].

37 Mas em todas estas coisas somos mais que vencedores, por meio daquele que nos amou. 38 Pois estou convencido de que nem morte nem vida, nem anjos nem demônios[h], nem o presente nem o futuro, nem quaisquer poderes, 39 nem altura nem profundidade, nem qualquer outra coisa na criação será capaz de nos separar do amor de Deus que está em Cristo Jesus, nosso Senhor.

9 A Soberania de Deus

Digo a verdade em Cristo, não minto; minha consciência o confirma no Espírito Santo: 2 tenho grande tristeza e constante angústia em meu coração. 3 Pois eu até desejaria ser amaldiçoado e separado de Cristo por amor de meus irmãos, os de minha raça, 4 o povo de Israel. Deles é a adoção de filhos; deles são a glória divina, as alianças, a concessão da Lei, a adoração no templo e as promessas. 5 Deles são os patriarcas, e a partir deles se traça a linhagem humana de Cristo, que é Deus acima de todos, bendito para sempre![i] Amém.

---

a **8.3** Ou *pela natureza pecaminosa*; também nos versículos 4, 5, 8, 9, 12 e 13.

b **8.3** Ou *homem pecador, pelo pecado*

c **8.10** Ou *o Espírito é vida*

d **8.15** Termo aramaico para *Pai*.

e **8.20,21** Ou *a sujeitou em esperança. 21Pois*

f **8.28** Alguns manuscritos dizem *Sabemos que todas as coisas contribuem juntamente para o bem dos que amam a Deus;* outros trazem *Sabemos que em todas as coisas Deus coopera juntamente com aqueles que o amam, para trazer à existência o que é bom, com os que foram.*

g **8.36** Sl 44.22

h **8.38** Ou *autoridades celestiais*

i **9.5** Ou *Cristo, que é sobre tudo. Seja Deus louvado para sempre!*

6 Não pensemos que a palavra de Deus falhou. Pois nem todos
os descendentes de Israel são Israel. 7 Nem por serem des-
cendentes de Abraão passaram todos a ser filhos de Abraão.
Ao contrário: "Por meio de Isaque a sua descendência será
considerada"[a]. 8 Noutras palavras, não são os filhos naturais[b]
que são filhos de Deus, mas os filhos da promessa é que são
considerados descendência de Abraão. 9 Pois foi assim que a
promessa foi feita: "No tempo devido virei novamente, e Sara
terá um filho"[c].
10 E esse não foi o único caso; também os filhos de Rebeca
tiveram um mesmo pai, nosso pai Isaque. 11 Todavia, antes que
os gêmeos nascessem ou fizessem qualquer coisa boa ou má
— a fim de que o propósito de Deus conforme a eleição perma-
necesse, 12 não por obras, mas por aquele que chama —, foi
dito a ela: "O mais velho servirá ao mais novo"[d]. 13 Como está
escrito: "Amei Jacó, mas rejeitei Esaú"[e].
14 E então, que diremos? Acaso Deus é injusto? De maneira ne-
nhuma! 15 Pois ele diz a Moisés: "Terei misericórdia de quem
eu quiser ter misericórdia e terei compaixão de quem eu quiser
ter compaixão"[f].
16 Portanto, isso não depende do desejo ou do esforço humano,
mas da misericórdia de Deus. 17 Pois a Escritura diz ao faraó:
"Eu o levantei exatamente com este propósito: mostrar em
você o meu poder e para que o meu nome seja proclamado em
toda a terra"[g]. 18 Portanto, Deus tem misericórdia de quem ele
quer e endurece a quem ele quer.
19 Mas algum de vocês me dirá: "Então, por que Deus ainda
nos culpa? Pois quem resiste à sua vontade?" 20 Mas quem é
você, ó homem, para questionar a Deus? "Acaso aquilo que é
formado pode dizer ao que o formou: 'Por que me fizeste as-
sim?'[h]" 21 O oleiro não tem direito de fazer do mesmo barro um
vaso para fins nobres e outro para uso desonroso?
22 E se Deus, querendo mostrar a sua ira e tornar conhecido o
seu poder, suportou com grande paciência os vasos de sua ira,
preparados[i] para a destruição? 23 Que dizer, se ele fez isso para
tornar conhecidas as riquezas de sua glória aos vasos de sua
misericórdia, que preparou de antemão para glória, 24 ou seja,
a nós, a quem também chamou, não apenas dentre os judeus,
mas também dentre os gentios? 25 Como ele diz em Oseias:
"Chamarei 'meu povo' a quem não é meu povo; e chamarei
'minha amada' a quem não é minha amada"[j], 26 e: "Acontecerá
que, no mesmo lugar em que se lhes declarou: 'Vocês não são
meu povo', eles serão chamados 'filhos do Deus vivo' "[k].

27 Isaías exclama com relação a Israel: "Embora o número dos
israelitas seja como a areia do mar, apenas o remanescente
será salvo.
28 Pois o Senhor executará na terra a sua sentença, rápida e
definitivamente"[l].
29 Como anteriormente disse Isaías: "Se o Senhor dos Exércitos
não nos tivesse deixado descendentes, já estaríamos como So-
doma, e semelhantes a Gomorra"[m].

A Incredulidade de Israel

30 Que diremos, então? Os gentios, que não buscavam justiça,
a obtiveram, uma justiça que vem da fé; 31 mas Israel, que
buscava uma lei que trouxesse justiça, não a alcançou. 32 Por
que não? Porque não a buscava pela fé, mas como se fosse
por obras. Eles tropeçaram na "pedra de tropeço". 33 Como
está escrito: "Eis que ponho em Sião uma pedra de tropeço e
uma rocha que faz cair; e aquele que nela confia jamais será
envergonhado"[n].

10 Irmãos, o desejo do meu coração e a minha oração a
Deus pelos israelitas é que eles sejam salvos. 2 Posso tes-
temunhar que eles têm zelo por Deus, mas o seu zelo não se
baseia no conhecimento. 3 Porquanto, ignorando a justiça que
vem de Deus e procurando estabelecer a sua própria, não se
submeteram à justiça de Deus. 4 Porque o fim da Lei é Cristo,
para a justificação[o] de todo o que crê.
5 Moisés descreve desta forma a justiça que vem da Lei: "O
homem que fizer estas coisas viverá por meio delas"[p]. 6 Mas a
justiça que vem da fé diz: "Não diga em seu coração: 'Quem
subirá aos céus?'[q] (isto é, para fazer Cristo descer) 7 ou 'Quem
descerá ao abismo?'[r]" (isto é, para fazer Cristo subir dentre os
mortos). 8 Mas o que ela diz? "A palavra está perto de você;
está em sua boca e em seu coração"[s], isto é, a palavra da
fé que estamos proclamando: 9 Se você confessar com a sua
boca que Jesus é Senhor e crer em seu coração que Deus o
ressuscitou dentre os mortos, será salvo. 10 Pois com o coração
se crê para justiça, e com a boca se confessa para salvação.
11 Como diz a Escritura: "Todo o que nele confia jamais será
envergonhado"[t]. 12 Não há diferença entre judeus e gentios,
pois o mesmo Senhor é Senhor de todos e abençoa ricamente
todos os que o invocam, 13 porque "todo aquele que invocar o
nome do Senhor será salvo"[u].
14 Como, pois, invocarão aquele em quem não creram? E como
crerão naquele de quem não ouviram falar? E como ouvirão,
se não houver quem pregue? 15 E como pregarão, se não forem

---

a 9.7 Gn 21.12
b 9.8 Grego: *da carne.*
c 9.9 Gn 18.10,14
d 9.12 Gn 25.23
e 9.13 Ml 1.2,3
f 9.15 Êx 33.19
g 9.17 Êx 9.16
h 9.20 Is 29.16; 45.9
i 9.22 Ou *prontos*
j 9.25 Os 2.23
k 9.26 Os 1.10

l 9.27,28 Is 10.22,23
m 9.29 Is 1.9
n 9.33 Is 8.14; 28.16
o 10.4 Grego: *justiça.*
p 10.5 Lv 18.5
q 10.6 Dt 30.12
r 10.7 Dt 30.13
s 10.8 Dt 30.14
t 10.11 Is 28.16
u 10.13 Jl 2.32

enviados? Como está escrito: "Como são belos os pés dos que
anunciam boas-novas!"[a]
16 No entanto, nem todos os israelitas aceitaram as boas-novas.
Pois Isaías diz: "Senhor, quem creu em nossa mensagem?"[b]
17 Consequentemente, a fé vem por se ouvir a mensagem, e
a mensagem é ouvida mediante a palavra de Cristo. 18 Mas eu
pergunto: Eles não a ouviram? Claro que sim: "A sua voz ressoou
por toda a terra, e as suas palavras até os confins do mundo"[c].
19 Novamente pergunto: Será que Israel não entendeu? Em pri-
meiro lugar, Moisés disse: "Farei que tenham ciúmes de quem
não é meu povo; eu os provocarei à ira por meio de um povo
sem entendimento"[d].
20 E Isaías diz ousadamente: "Fui achado por aqueles que não
me procuravam; revelei-me àqueles que não perguntavam por
mim"[e].
21 Mas, a respeito de Israel, ele diz: "O tempo todo estendi as
mãos a um povo desobediente e rebelde"[f].

O Remanescente de Israel

11 Pergunto, pois: Acaso Deus rejeitou o seu povo? De ma-
neira nenhuma! Eu mesmo sou israelita, descendente de
Abraão, da tribo de Benjamim. 2 Deus não rejeitou o seu povo,
o qual de antemão conheceu. Ou vocês não sabem como Elias
clamou a Deus contra Israel, conforme diz a Escritura? 3 "Se-
nhor, mataram os teus profetas e derrubaram os teus altares;
sou o único que sobrou, e agora estão procurando matar-me."[g]
4 E qual foi a resposta divina? "Reservei para mim sete mil ho-
mens que não dobraram os joelhos diante de Baal."[h] 5 Assim,
hoje também há um remanescente escolhido pela graça. 6 E,
se é pela graça, já não é mais pelas obras; se fosse, a graça
já não seria graça.[i]
7 Que dizer então? Israel não conseguiu aquilo que tanto
buscava, mas os eleitos o obtiveram. Os demais foram endu-
recidos, 8 como está escrito: "Deus lhes deu um espírito de
atordoamento, olhos para não ver e ouvidos para não ouvir,
até o dia de hoje"[j].
9 E Davi diz: "Que a mesa deles se transforme em laço e arma-
dilha, pedra de tropeço e retribuição para eles.
10 Escureçam-se os seus olhos, para que não consigam ver, e
suas costas fiquem encurvadas para sempre"[k].

Os Ramos Enxertados

11 Novamente pergunto: Acaso tropeçaram para que ficassem
caídos? De maneira nenhuma! Ao contrário, por causa da trans-
gressão deles, veio salvação para os gentios, para provocar
ciúme em Israel. 12 Mas, se a transgressão deles significa ri-
queza para o mundo e o seu fracasso riqueza para os gentios,
quanto mais significará a sua plenitude!
13 Estou falando a vocês, gentios. Visto que sou apóstolo para
os gentios, exalto o meu ministério, 14 na esperança de que de
alguma forma possa provocar ciúme em meu próprio povo e
salvar alguns deles. 15 Pois, se a rejeição deles é a reconciliação
do mundo, o que será a sua aceitação, senão vida dentre os
mortos? 16 Se é santa a parte da massa que é oferecida como
primeiros frutos, toda a massa também o é; se a raiz é santa,
os ramos também o serão.
17 Se alguns ramos foram cortados, e você, sendo oliveira
brava, foi enxertado entre os outros e agora participa da
seiva que vem da raiz da oliveira cultivada, 18 não se glorie
contra esses ramos. Se o fizer, saiba que não é você quem
sustenta a raiz, mas a raiz a você. 19 Então você dirá: "Os
ramos foram cortados, para que eu fosse enxertado". 20 Está
certo. Eles, porém, foram cortados devido à incredulidade, e
você permanece pela fé. Não se orgulhe, mas tema. 21 Pois,
se Deus não poupou os ramos naturais, também não poupará
você.
22 Portanto, considere a bondade e a severidade de Deus:
severidade para com aqueles que caíram, mas bondade para
com você, desde que permaneça na bondade dele. De outra
forma, você também será cortado. 23 E quanto a eles, se não
continuarem na incredulidade, serão enxertados, pois Deus é
capaz de enxertá-los outra vez. 24 Afinal de contas, se você
foi cortado de uma oliveira brava por natureza e, de maneira
antinatural, foi enxertado numa oliveira cultivada, quanto mais
serão enxertados os ramos naturais em sua própria oliveira?

Todo o Israel Será Salvo

25 Irmãos, não quero que ignorem este mistério, para que não
se tornem presunçosos: Israel experimentou um endureci-
mento em parte, até que chegue a plenitude dos gentios. 26 E
assim todo o Israel será salvo, como está escrito: "Virá de Sião
o redentor que desviará de Jacó a impiedade.
27 E esta é[l] a minha aliança com eles quando eu remover os
seus pecados"[m].
28 Quanto ao evangelho, eles são inimigos por causa de vocês;
mas, quanto à eleição, são amados por causa dos patriarcas,
29 pois os dons e o chamado de Deus são irrevogáveis. 30 Assim
como vocês, que antes eram desobedientes a Deus mas agora
receberam misericórdia, graças à desobediência deles, 31 assim
também agora eles se tornaram desobedientes, a fim de que
também recebam agora[n] misericórdia, graças à misericórdia
de Deus para com vocês. 32 Pois Deus sujeitou todos à desobe-
diência, para exercer misericórdia para com todos.

---

a 10.15 Is 52.7
b 10.16 Is 53.1
c 10.18 Sl 19.4
d 10.19 Dt 32.21
e 10.20 Is 65.1
f 10.21 Is 65.2
g 11.3 1Rs 19.10,14
h 11.4 1Rs 19.18
i 11.6 Alguns manuscritos dizem *Mas, se é por obras, já não é mais a graça; se assim fosse, as obras já não seriam obras.*
j 11.8 Dt 29.4; Is 29.10
k 11.9,10 Sl 69.22,23

l 11.27 Ou *será*
m 11.26,27 Is 59.20,21; 27.9; Jr 31.33,34
n 11.31 Alguns manuscritos não trazem *agora*.

Hino de Louvor a Deus

33 Ó profundidade da riqueza da sabedoria e do conhecimento[a]
de Deus! Quão insondáveis são os seus juízos e inescrutáveis
os seus caminhos!

34 "Quem conheceu a mente do Senhor? Ou quem foi seu con-
selheiro?"[b]

35 "Quem primeiro lhe deu, para que ele o recompense?"[c]

36 Pois dele, por ele e para ele são todas as coisas. A ele seja a
glória para sempre! Amém.

Sacrifícios Vivos

12 Portanto, irmãos, rogo pelas misericórdias de Deus que se
ofereçam em sacrifício vivo, santo e agradável a Deus; este é
o culto racional[d] de vocês. 2 Não se amoldem ao padrão deste
mundo, mas transformem-se pela renovação da sua mente,
para que sejam capazes de experimentar e comprovar a boa,
agradável e perfeita vontade de Deus.

3 Por isso, pela graça que me foi dada digo a todos vocês: Nin-
guém tenha de si mesmo um conceito mais elevado do que
deve ter; mas, ao contrário, tenha um conceito equilibrado,
de acordo com a medida da fé que Deus lhe concedeu. 4 Assim
como cada um de nós tem um corpo com muitos membros e
esses membros não exercem todos a mesma função, 5 assim
também em Cristo nós, que somos muitos, formamos um
corpo, e cada membro está ligado a todos os outros. 6 Temos
diferentes dons, de acordo com a graça que nos foi dada. Se
alguém tem o dom de profetizar[e], use-o na proporção da[f] sua
fé. 7 Se o seu dom é servir, sirva; se é ensinar, ensine; 8 se é dar
ânimo, que assim faça; se é contribuir, que contribua genero-
samente; se é exercer liderança, que a exerça com zelo; se é
mostrar misericórdia, que o faça com alegria.

O Amor

9 O amor deve ser sincero. Odeiem o que é mau; apeguem-se
ao que é bom. 10 Dediquem-se uns aos outros com amor fra-
ternal. Prefiram dar honra aos outros mais do que a vocês.
11 Nunca falte a vocês o zelo, sejam fervorosos no espírito,
sirvam ao Senhor. 12 Alegrem-se na esperança, sejam pacientes
na tribulação, perseverem na oração. 13 Compartilhem o que
vocês têm com os santos em suas necessidades. Pratiquem
a hospitalidade.

14 Abençoem aqueles que os perseguem; abençoem-nos, não
os amaldiçoem. 15 Alegrem-se com os que se alegram; chorem
com os que choram. 16 Tenham uma mesma atitude uns para
com os outros. Não sejam orgulhosos, mas estejam dispostos
a associar-se a pessoas de posição inferior[g]. Não sejam sábios
aos seus próprios olhos.

17 Não retribuam a ninguém mal por mal. Procurem fazer o que
é correto aos olhos de todos. 18 Façam todo o possível para
viver em paz com todos. 19 Amados, nunca procurem vingar-se,
mas deixem com Deus a ira, pois está escrito: "Minha é a vin-
gança; eu retribuirei"[h], diz o Senhor. 20 Ao contrário:

"Se o seu inimigo tiver fome, dê-lhe de comer; se tiver sede,
dê-lhe de beber.

Fazendo isso, você amontoará brasas vivas sobre a cabeça
dele"[i].

21 Não se deixem vencer pelo mal, mas vençam o mal com o
bem.

Submissão às Autoridades

13 Todos devem sujeitar-se às autoridades governamentais,
pois não há autoridade que não venha de Deus; as autori-
dades que existem foram por ele estabelecidas. 2 Portanto,
aquele que se rebela contra a autoridade está se opondo
contra o que Deus instituiu, e aqueles que assim procedem
trazem condenação sobre si mesmos. 3 Pois os governantes
não devem ser temidos, a não ser por aqueles que praticam
o mal. Você quer viver livre do medo da autoridade? Pratique
o bem, e ela o enaltecerá. 4 Pois é serva de Deus para o seu
bem. Mas, se você praticar o mal, tenha medo, pois ela não
porta a espada sem motivo. É serva de Deus, agente da justiça
para punir quem pratica o mal. 5 Portanto, é necessário que
sejamos submissos às autoridades, não apenas por causa da
possibilidade de uma punição, mas também por questão de
consciência.

6 É por isso também que vocês pagam imposto, pois as au-
toridades estão a serviço de Deus, sempre dedicadas a esse
trabalho. 7 Deem a cada um o que lhe é devido: se imposto,
imposto; se tributo, tributo; se temor, temor; se honra, honra.

O Amor ao Próximo e o Fim dos Tempos

8 Não devam nada a ninguém, a não ser o amor de uns pelos
outros, pois aquele que ama seu próximo tem cumprido a
Lei. 9 Pois estes mandamentos: "Não adulterarás", "Não
matarás", "Não furtarás", "Não cobiçarás"[j] e qualquer outro
mandamento, todos se resumem neste preceito: "Ame o seu
próximo como a si mesmo"[k]. 10 O amor não pratica o mal contra
o próximo. Portanto, o amor é o cumprimento da Lei.

11 Façam isso, compreendendo o tempo em que vivemos.
Chegou a hora de vocês despertarem do sono, porque agora a
nossa salvação está mais próxima do que quando cremos. 12 A
noite está quase acabando; o dia logo vem. Portanto, deixemos
de lado as obras das trevas e revistamo-nos da armadura da
luz. 13 Comportemo-nos com decência, como quem age à luz
do dia, não em orgias e bebedeiras, não em imoralidade se-
xual e depravação, não em desavença e inveja. 14 Ao contrário,

---

a 11.33 Ou *da riqueza, da sabedoria e do conhecimento*
b 11.34 Is 40.13
c 11.35 Jó 41.11
d 12.1 Ou *espiritual*
e 12.6 Isto é, falar por inspiração de Deus.
f 12.6 Ou *de acordo com a*
g 12.16 Ou *mas adotem um comportamento humilde*

h 12.19 Dt 32.35
i 12.20 Pv 25.21,22
j 13.9 Êx 20.13-15,17; Dt 5.17-19,21
k 13.9 Lv 19.18

revistam-se do Senhor Jesus Cristo e não fiquem premeditando
como satisfazer os desejos da carne[a].

14 Os Fracos e os Fortes

14 Aceitem o que é fraco na fé sem discutir assuntos contro-
vertidos. 2 Um crê que pode comer de tudo; já outro, cuja fé é
fraca, come apenas alimentos vegetais. 3 Aquele que come de
tudo não deve desprezar o que não come, e aquele que não
come de tudo não deve condenar aquele que come, pois Deus
o aceitou. 4 Quem é você para julgar o servo alheio? É para o
seu senhor que ele está em pé ou cai. E ficará em pé, pois o
Senhor é capaz de o sustentar.
5 Há quem considere um dia mais sagrado que outro[b]; há quem
considere iguais todos os dias. Cada um deve estar plenamente
convicto em sua própria mente. 6 Aquele que considera um dia
especial para o Senhor assim o faz. Aquele que come carne
para o Senhor come, pois dá graças a Deus; e aquele que se
abstém para o Senhor se abstém, e dá graças a Deus. 7 Pois
nenhum de nós vive apenas para si, e nenhum de nós morre
apenas para si. 8 Se vivemos, vivemos para o Senhor; e, se
morremos, morremos para o Senhor. Assim, quer vivamos, quer
morramos, pertencemos ao Senhor.
9 Por esta razão Cristo morreu e voltou a viver, para ser Se-
nhor de vivos e de mortos. 10 Portanto, você, por que julga seu
irmão? E por que despreza seu irmão? Pois todos comparece-
remos diante do tribunal de Deus. 11 Porque está escrito:
" 'Por mim mesmo jurei', diz o Senhor, 'diante de mim todo
joelho se dobrará e toda língua confessará que sou Deus' "[c].
12 Assim, cada um de nós prestará contas de si mesmo a Deus.
13 Portanto, deixemos de julgar uns aos outros. Em vez disso,
façamos o propósito de não pôr pedra de tropeço ou obstá-
culo no caminho do irmão. 14 Como alguém que está no Senhor
Jesus, tenho plena convicção de que nenhum alimento[d] é por
si mesmo impuro, a não ser para quem assim o considere; para
ele é impuro. 15 Se o seu irmão se entristece devido ao que você
come, você já não está agindo por amor. Por causa da sua co-
mida, não destrua seu irmão, por quem Cristo morreu. 16 Aquilo
que é bom para vocês não se torne objeto de maledicência.
17 Pois o Reino de Deus não é comida nem bebida, mas justiça,
paz e alegria no Espírito Santo; 18 aquele que assim serve a
Cristo é agradável a Deus e aprovado pelos homens.
19 Por isso, esforcemo-nos em promover tudo quanto conduz à
paz e à edificação mútua. 20 Não destrua a obra de Deus por
causa da comida. Todo alimento é puro, mas é errado comer
qualquer coisa que faça os outros tropeçarem. 21 É melhor não
comer carne nem beber vinho, nem fazer qualquer outra coisa
que leve seu irmão a cair[e].
22 Assim, seja qual for o seu modo de crer a respeito destas
coisas, que isso permaneça entre você e Deus. Feliz é o homem
que não se condena naquilo que aprova. 23 Mas aquele que tem
dúvida é condenado se comer, porque não come com fé; e tudo
o que não provém da fé é pecado.

15 Nós, que somos fortes, devemos suportar as fraquezas
dos fracos, e não agradar a nós mesmos. 2 Cada um de
nós deve agradar ao seu próximo para o bem dele, a fim de
edificá-lo. 3 Pois também Cristo não agradou a si próprio,
mas, como está escrito: "Os insultos daqueles que te insultam
caíram sobre mim"[f]. 4 Pois tudo o que foi escrito no passado
foi escrito para nos ensinar, de forma que, por meio da perse-
verança e do bom ânimo procedentes das Escrituras, mante-
nhamos a nossa esperança.
5 O Deus que concede perseverança e ânimo dê a vocês um
espírito de unidade, segundo Cristo Jesus, 6 para que com um
só coração e uma só voz vocês glorifiquem ao Deus e Pai de
nosso Senhor Jesus Cristo.
7 Portanto, aceitem-se uns aos outros, da mesma forma com
que Cristo os aceitou, a fim de que vocês glorifiquem a Deus.
8 Pois eu digo a vocês que Cristo se tornou servo dos que são
da circuncisão, por amor à verdade de Deus, para confirmar
as promessas feitas aos patriarcas, 9 a fim de que os gentios
glorifiquem a Deus por sua misericórdia, como está escrito:
"Por isso, eu te louvarei entre os gentios; Cantarei louvores
ao teu nome"[g].
10 E também diz: "Cantem de alegria, ó gentios, com o povo
dele"[h].
11 E mais: "Louvem o Senhor, todos vocês, gentios; cantem lou-
vores a ele todos os povos"[i].
12 E Isaías também diz: "Brotará a raiz de Jessé, aquele que
se levantará para reinar sobre os gentios; estes porão nele a
sua esperança"[j].
13 Que o Deus da esperança os encha de toda alegria e paz, por
sua confiança nele, para que vocês transbordem de esperança,
pelo poder do Espírito Santo.

Paulo, Ministro dos Gentios

14 Meus irmãos, eu mesmo estou convencido de que vocês
estão cheios de bondade e plenamente instruídos, sendo ca-
pazes de aconselhar-se uns aos outros. 15 A respeito de alguns
assuntos, eu escrevi a vocês com toda a franqueza, principal-
mente para fazê-los lembrar-se novamente deles, por causa
da graça que Deus me deu, 16 de ser um ministro de Cristo
Jesus para os gentios, com o dever sacerdotal de proclamar o
evangelho de Deus, para que os gentios se tornem uma oferta
aceitável a Deus, santificados pelo Espírito Santo.
17 Portanto, eu me glorio em Cristo Jesus, em meu serviço a
Deus. 18 Não me atrevo a falar de nada, exceto daquilo que
Cristo realizou por meu intermédio em palavra e em ação, a

---

a 13.14 Ou *da natureza pecaminosa*
b 14.5 Grego: *Há quem faça distinção entre um dia e outro.*
c 14.11 Is 45.23
d 14.14 Ou *de que nada*
e 14.21 Vários manuscritos acrescentam *ou a escandalizar-se, ou a enfraquecer-se.*
f 15.3 Sl 69.9
g 15.9 2Sm 22.50; Sl 18.49
h 15.10 Dt 32.43
i 15.11 Sl 117.1
j 15.12 Is 11.10

fim de levar os gentios a obedecerem a Deus, 19 pelo poder de
sinais e maravilhas e por meio do poder do Espírito de Deus.
Assim, desde Jerusalém e arredores até o Ilírico[a], proclamei
plenamente o evangelho de Cristo. 20 Sempre fiz questão de
pregar o evangelho onde Cristo ainda não era conhecido, de
forma que não estivesse edificando sobre alicerce de outro.
21 Mas antes, como está escrito: "Hão de vê-lo aqueles que
não tinham ouvido falar dele, e o entenderão aqueles que não
o haviam escutado"[b].
22 É por isso que muitas vezes fui impedido de chegar até vocês.

Paulo Planeja Visitar a Igreja em Roma

23 Mas agora, não havendo nestas regiões nenhum lugar em
que precise trabalhar e visto que há muitos anos anseio vê-los,
24 planejo fazê-lo quando for à Espanha. Espero visitá-los de
passagem e dar a vocês a oportunidade de me ajudarem em
minha viagem para lá, depois de ter desfrutado um pouco da
companhia de vocês. 25 Agora, porém, estou de partida para
Jerusalém, a serviço dos santos. 26 Pois a Macedônia e a Acaia
tiveram a alegria de contribuir para os pobres que estão entre
os santos de Jerusalém. 27 Tiveram prazer nisso e de fato são
devedores aos santos de Jerusalém. Pois, se os gentios parti-
ciparam das bênçãos espirituais dos judeus, devem também
servir aos judeus com seus bens materiais. 28 Assim, depois de
completar essa tarefa e de ter a certeza de que eles receberam
esse fruto, irei à Espanha e visitarei vocês de passagem. 29 Sei
que, quando for visitá-los, irei na plenitude da bênção de Cristo.
30 Recomendo, irmãos, por nosso Senhor Jesus Cristo e pelo
amor do Espírito, que se unam a mim em minha luta, orando
a Deus em meu favor. 31 Orem para que eu esteja livre dos
descrentes da Judeia e que o meu serviço em Jerusalém seja
aceitável aos santos, 32 de forma que, pela vontade de Deus,
eu os visite com alegria e com vocês desfrute de um período
de refrigério. 33 O Deus da paz seja com todos vocês. Amém.

16 Saudações Pessoais

Recomendo a vocês nossa irmã Febe, serva[c] da igreja em
Cencreia. 2 Peço que a recebam no Senhor, de maneira digna
dos santos, e lhe prestem a ajuda de que venha a necessitar;
pois tem sido de grande auxílio para muita gente, inclusive para
mim.
3 Saúdem Priscila[d] e Áquila, meus colaboradores em Cristo
Jesus. 4 Arriscaram a vida por mim. Sou grato a eles; não
apenas eu, mas todas as igrejas dos gentios.
5 Saúdem também a igreja que se reúne na casa deles. Saúdem
meu amado irmão Epêneto, que foi o primeiro convertido a
Cristo na província da Ásia.
6 Saúdem Maria, que trabalhou arduamente por vocês.
7 Saúdem Andrônico e Júnias, meus parentes que estiveram na
prisão comigo. São notáveis entre os apóstolos, e estavam em
Cristo antes de mim.
8 Saúdem Amplíato, meu amado irmão no Senhor.
9 Saúdem Urbano, nosso cooperador em Cristo, e meu amado
irmão Estáquis.
10 Saúdem Apeles, aprovado em Cristo.
Saúdem os que pertencem à casa de Aristóbulo.
11 Saúdem Herodião, meu parente.
Saúdem os da casa de Narciso, que estão no Senhor.
12 Saúdem Trifena e Trifosa, mulheres que trabalham ardua-
mente no Senhor.
Saúdem a amada Pérside, outra que trabalhou arduamente
no Senhor.
13 Saúdem Rufo, eleito no Senhor, e sua mãe, que tem sido mãe
também para mim.
14 Saúdem Asíncrito, Flegonte, Hermes, Pátrobas, Hermas e os
irmãos que estão com eles.
15 Saúdem Filólogo, Júlia, Nereu e sua irmã, e também Olimpas
e todos os santos que estão com eles.
16 Saúdem uns aos outros com beijo santo. Todas as igrejas de
Cristo enviam saudações.
17 Recomendo, irmãos, que tomem cuidado com aqueles que
causam divisões e põem obstáculos ao ensino que vocês têm
recebido. Afastem-se deles. 18 Pois essas pessoas não estão
servindo a Cristo, nosso Senhor, mas a seus próprios apetites.
Mediante palavras suaves e bajulação, enganam o coração dos
ingênuos. 19 Todos têm ouvido falar da obediência de vocês,
por isso estou muito alegre; mas quero que sejam sábios em
relação ao que é bom, e sem malícia em relação ao que é mau.
20 Em breve o Deus da paz esmagará Satanás debaixo dos pés
de vocês.
A graça de nosso Senhor Jesus seja com vocês.
21 Timóteo, meu cooperador, envia saudações, bem como
Lúcio, Jasom e Sosípatro, meus parentes.
22 Eu, Tércio, que redigi esta carta, saúdo vocês no Senhor.
23 Gaio, cuja hospitalidade eu e toda a igreja desfrutamos, en-
via-lhes saudações. Erasto, administrador da cidade, e nosso
irmão Quarto enviam saudações. 24 Que a graça de nosso Se-
nhor Jesus Cristo seja com vocês todos. Amém.[e]
25 Ora, àquele que tem poder para confirmá-los pelo meu
evangelho e pela proclamação de Jesus Cristo, de acordo com
a revelação do mistério oculto nos tempos passados, 26 mas
agora revelado e dado a conhecer pelas Escrituras proféticas
por ordem do Deus eterno, para que todas as nações venham
a crer nele e a obedecer-lhe; 27 sim, ao único Deus sábio seja
dada glória para todo o sempre, por meio de Jesus Cristo.
Amém.

[a] 15.19 Região da costa leste do mar Adriático.
[b] 15.21 Is 52.15
[c] 16.1 Ou *diaconisa*
[d] 16.3 Grego: *Prisca*, variante de *Priscila*.
[e] 16.24 Muitos manuscritos não trazem o versículo 24.

1 CORÍNTIOS

1 Paulo, chamado para ser apóstolo de Cristo Jesus pela von-
tade de Deus, e o irmão Sóstenes,
2 à igreja de Deus que está em Corinto, aos santificados em
Cristo Jesus e chamados para serem santos, com todos os que,
em toda parte, invocam o nome de nosso Senhor Jesus Cristo,
Senhor deles e nosso:
3 A vocês, graça e paz da parte de Deus, nosso Pai, e do Senhor
Jesus Cristo.

A Gratidão de Paulo

4 Sempre dou graças a meu Deus por vocês, por causa da graça
que dele receberam em Cristo Jesus. 5 Pois nele vocês foram
enriquecidos em tudo, isto é, em toda palavra e em todo co-
nhecimento, 6 porque o testemunho de Cristo foi confirmado
entre vocês, 7 de modo que não falta a vocês nenhum dom
espiritual, enquanto vocês esperam que o nosso Senhor Jesus
Cristo seja revelado. 8 Ele os manterá firmes até o fim, de modo
que vocês serão irrepreensíveis no dia de nosso Senhor Jesus
Cristo. 9 Fiel é Deus, o qual os chamou à comunhão com seu
Filho Jesus Cristo, nosso Senhor.

As Divisões na Igreja

10 Irmãos, em nome de nosso Senhor Jesus Cristo suplico a
todos vocês que concordem uns com os outros no que falam,
para que não haja divisões entre vocês; antes, que todos es-
tejam unidos num só pensamento e num só parecer. 11 Meus
irmãos, fui informado por alguns da casa de Cloe de que há di-
visões entre vocês. 12 Com isso quero dizer que algum de vocês
afirma: "Eu sou de Paulo"; ou "Eu sou de Apolo"; ou "Eu sou
de Pedro[a]"; ou ainda "Eu sou de Cristo".
13 Acaso Cristo está dividido? Foi Paulo crucificado em favor
de vocês? Foram vocês batizados em nome de Paulo? 14 Dou
graças a Deus por não ter batizado nenhum de vocês, exceto
Crispo e Gaio; 15 de modo que ninguém pode dizer que foi ba-
tizado em meu nome. 16 (Batizei também os da casa de Esté-
fanas; além desses, não me lembro se batizei alguém mais.)
17 Pois Cristo não me enviou para batizar, mas para pregar o
evangelho, não porém com palavras de sabedoria humana,
para que a cruz de Cristo não seja esvaziada.

Cristo, Sabedoria e Poder de Deus

18 Pois a mensagem da cruz é loucura para os que estão pere-
cendo, mas para nós, que estamos sendo salvos, é o poder de
Deus. 19 Pois está escrito:
"Destruirei a sabedoria dos sábios e rejeitarei a inteligência
dos inteligentes"[b].
20 Onde está o sábio? Onde está o erudito? Onde está o ques-
tionador desta era? Acaso não tornou Deus louca a sabedoria
deste mundo? 21 Visto que, na sabedoria de Deus, o mundo
não o conheceu por meio da sabedoria humana, agradou a
Deus salvar aqueles que creem por meio da loucura da pre-
gação. 22 Os judeus pedem sinais milagrosos, e os gregos
procuram sabedoria; 23 nós, porém, pregamos Cristo crucifi-
cado, o qual, de fato, é escândalo para os judeus e loucura
para os gentios[c], 24 mas para os que foram chamados, tanto
judeus como gregos, Cristo é o poder de Deus e a sabedoria
de Deus. 25 Porque a loucura de Deus é mais sábia que a sabe-
doria humana, e a fraqueza de Deus é mais forte que a força
do homem.
26 Irmãos, pensem no que vocês eram quando foram cha-
mados. Poucos eram sábios segundo os padrões humanos[d];
poucos eram poderosos; poucos eram de nobre nascimento.
27 Mas Deus escolheu o que para o mundo é loucura para en-
vergonhar os sábios e escolheu o que para o mundo é fraqueza
para envergonhar o que é forte. 28 Ele escolheu o que para
o mundo é insignificante, desprezado e o que nada é, para
reduzir a nada o que é, 29 a fim de que ninguém se vanglorie
diante dele. 30 É, porém, por iniciativa dele que vocês estão
em Cristo Jesus, o qual se tornou sabedoria de Deus para nós,
isto é, justiça, santidade e redenção, 31 para que, como está
escrito: "Quem se gloriar, glorie-se no Senhor"[e].

2 Eu mesmo, irmãos, quando estive entre vocês, não fui com
discurso eloquente nem com muita sabedoria para lhes
proclamar o mistério de Deus[f]. 2 Pois decidi nada saber entre
vocês, a não ser Jesus Cristo, e este crucificado. 3 E foi com
fraqueza, temor e com muito tremor que estive entre vocês.
4 Minha mensagem e minha pregação não consistiram em pala-
vras persuasivas de sabedoria, mas em demonstração do poder
do Espírito, 5 para que a fé que vocês têm não se baseasse na
sabedoria humana, mas no poder de Deus.

A Sabedoria Procedente do Espírito

6 Entretanto, falamos de sabedoria entre os que já têm maturi-
dade, mas não da sabedoria desta era ou dos poderosos desta
era, que estão sendo reduzidos a nada. 7 Ao contrário, falamos
da sabedoria de Deus, do mistério que estava oculto, o qual
Deus preordenou, antes do princípio das eras, para a nossa
glória. 8 Nenhum dos poderosos desta era o entendeu, pois,
se o tivessem entendido, não teriam crucificado o Senhor da

[a] 1.12 Grego: *Cefas*; também em 3.22, 9.5 e 15.5.
[b] 1.19 Is 29.14
[c] 1.23 Isto é, os que não são judeus.
[d] 1.26 Grego: *a carne*.
[e] 1.31 Jr 9.24
[f] 2.1 Vários manuscritos dizem *o testemunho de Deus*.

glória. 9 Todavia, como está escrito: "Olho nenhum viu, ouvido
nenhum ouviu, mente nenhuma imaginou o que Deus preparou
para aqueles que o amam"[a];
10 mas Deus o revelou a nós por meio do Espírito.
O Espírito sonda todas as coisas, até mesmo as coisas mais
profundas de Deus. 11 Pois quem conhece os pensamentos do
homem, a não ser o espírito do homem que nele está? Da
mesma forma, ninguém conhece os pensamentos de Deus, a
não ser o Espírito de Deus. 12 Nós, porém, não recebemos o
espírito do mundo, mas o Espírito procedente de Deus, para
que entendamos as coisas que Deus nos tem dado gratuita-
mente. 13 Delas também falamos, não com palavras ensinadas
pela sabedoria humana, mas com palavras ensinadas pelo Es-
pírito, interpretando verdades espirituais para os que são es-
pirituais[b]. 14 Quem não tem o Espírito não aceita as coisas que
vêm do Espírito de Deus, pois lhe são loucura; e não é capaz
de entendê-las, porque elas são discernidas espiritualmente.
15 Mas quem é espiritual discerne todas as coisas, e ele mesmo
por ninguém é discernido; pois 16 "quem conheceu a mente
do Senhor para que possa instruí-lo?"[c] Nós, porém, temos a
mente de Cristo.

3 As Divisões na Igreja

Irmãos, não pude falar a vocês como a espirituais, mas
como a carnais, como a crianças em Cristo. 2 Dei a vocês leite,
e não alimento sólido, pois vocês não estavam em condições
de recebê-lo. De fato, vocês ainda não estão em condições,
3 porque ainda são carnais. Porque, visto que há inveja e di-
visão entre vocês, não estão sendo carnais e agindo como mun-
danos? 4 Pois, quando alguém diz: "Eu sou de Paulo" e outro:
"Eu sou de Apolo", não estão sendo mundanos?
5 Afinal de contas, quem é Apolo? Quem é Paulo? Apenas servos
por meio dos quais vocês vieram a crer, conforme o ministério
que o Senhor atribuiu a cada um. 6 Eu plantei, Apolo regou,
mas Deus é quem fez crescer; 7 de modo que nem o que planta
nem o que rega são alguma coisa, mas unicamente Deus, que
efetua o crescimento. 8 O que planta e o que rega têm um só
propósito, e cada um será recompensado de acordo com o
seu próprio trabalho. 9 Pois nós somos cooperadores de Deus;
vocês são lavoura de Deus e edifício de Deus.
10 Conforme a graça de Deus que me foi concedida, eu, como
sábio construtor, lancei o alicerce, e outro está construindo
sobre ele. Contudo, veja cada um como constrói. 11 Porque nin-
guém pode colocar outro alicerce além do que já está posto,
que é Jesus Cristo. 12 Se alguém constrói sobre esse alicerce
usando ouro, prata, pedras preciosas, madeira, feno ou palha,
13 sua obra será mostrada, porque o Dia a trará à luz; pois será
revelada pelo fogo, que provará a qualidade da obra de cada
um. 14 Se o que alguém construiu permanecer, esse receberá
recompensa. 15 Se o que alguém construiu se queimar, esse
sofrerá prejuízo; contudo, será salvo como alguém que escapa
através do fogo.
16 Vocês não sabem que são santuário de Deus e que o Espírito
de Deus habita em vocês? 17 Se alguém destruir o santuário
de Deus, Deus o destruirá; pois o santuário de Deus, que são
vocês, é sagrado.
18 Não se enganem. Se algum de vocês pensa que é sábio se-
gundo os padrões desta era, deve tornar-se "louco" para que
se torne sábio. 19 Porque a sabedoria deste mundo é loucura
aos olhos de Deus. Pois está escrito: "Ele apanha os sábios
na astúcia deles"[d]; 20 e também: "O Senhor conhece os pen-
samentos dos sábios e sabe como são fúteis"[e]. 21 Portanto,
ninguém se glorie em homens; porque todas as coisas são de
vocês, 22 seja Paulo, seja Apolo, seja Pedro, sejam o mundo,
a vida, a morte, o presente ou o futuro; tudo é de vocês, 23 e
vocês são de Cristo, e Cristo de Deus.

4 Apóstolos de Cristo

Portanto, que todos nos considerem servos de Cristo e en-
carregados dos mistérios de Deus. 2 O que se requer desses
encarregados é que sejam fiéis. 3 Pouco me importa ser julgado
por vocês ou por qualquer tribunal humano; de fato, nem eu
julgo a mim mesmo. 4 Embora em nada minha consciência me
acuse, nem por isso justifico a mim mesmo; o Senhor é quem
me julga. 5 Portanto, não julguem nada antes da hora devida;
esperem até que o Senhor venha. Ele trará à luz o que está
oculto nas trevas e manifestará as intenções dos corações.
Nessa ocasião, cada um receberá de Deus a sua aprovação.
6 Irmãos, apliquei essas coisas a mim e a Apolo por amor a
vocês, para que aprendam de nós o que significa: "Não ultra-
passem o que está escrito". Assim, ninguém se orgulhe a favor
de um homem em detrimento de outro. 7 Pois quem torna você
diferente de qualquer outra pessoa? O que você tem que não
tenha recebido? E, se o recebeu, por que se orgulha, como se
assim não fosse?
8 Vocês já têm tudo o que querem! Já se tornaram ricos! Che-
garam a ser reis — e sem nós! Como eu gostaria que vocês
realmente fossem reis, para que nós também reinássemos com
vocês! 9 Porque me parece que Deus nos pôs a nós, os após-
tolos, em último lugar, como condenados à morte. Viemos a
ser um espetáculo para o mundo, tanto diante de anjos como
de homens. 10 Nós somos loucos por causa de Cristo, mas vocês
são sensatos em Cristo! Nós somos fracos, mas vocês são
fortes! Vocês são respeitados, mas nós somos desprezados!
11 Até agora estamos passando fome, sede e necessidade
de roupas, estamos sendo tratados brutalmente, não temos
residência certa e 12 trabalhamos arduamente com nossas
próprias mãos. Quando somos amaldiçoados, abençoamos;
quando perseguidos, suportamos; 13 quando caluniados, res-
pondemos amavelmente. Até agora nos tornamos a escória da
terra, o lixo do mundo.

a 2.9 Is 64.4
b 2.13 *Ou comparando realidades espirituais com realidades espirituais*
c 2.16 Is 40.13
d 3.19 Jó 5.13
e 3.20 Sl 94.11

14 Não estou tentando envergonhá-los ao escrever estas coisas,
mas procuro adverti-los, como a meus filhos amados. 15 Embora
possam ter dez mil tutores em Cristo, vocês não têm muitos
pais, pois em Cristo Jesus eu mesmo os gerei por meio do evan-
gelho. 16 Portanto, suplico-lhes que sejam meus imitadores.
17 Por essa razão estou enviando a vocês Timóteo, meu filho
amado e fiel no Senhor, o qual lhes trará à lembrança a minha
maneira de viver em Cristo Jesus, de acordo com o que eu
ensino por toda parte, em todas as igrejas.
18 Alguns de vocês se tornaram arrogantes, como se eu não
fosse mais visitá-los. 19 Mas irei muito em breve, se o Senhor
permitir; então saberei não apenas o que estão falando esses
arrogantes, mas que poder eles têm. 20 Pois o Reino de Deus
não consiste em palavras, mas em poder. 21 Que é que vocês
querem? Devo ir a vocês com vara, ou com amor e espírito de
mansidão?

Imoralidade na Igreja!

5 Por toda parte se ouve que há imoralidade entre vocês,
imoralidade que não ocorre nem entre os pagãos, a ponto
de um de vocês possuir a mulher de seu pai. 2 E vocês estão
orgulhosos! Não deviam, porém, estar cheios de tristeza e ex-
pulsar da comunhão aquele que fez isso? 3 Apesar de eu não
estar presente fisicamente, estou com vocês em espírito. E
já condenei aquele que fez isso, como se estivesse presente.
4 Quando vocês estiverem reunidos em nome de nosso Senhor
Jesus, estando eu com vocês em espírito, estando presente
também o poder de nosso Senhor Jesus Cristo, 5 entreguem
esse homem a Satanás, para que o corpo[a] seja destruído, e
seu espírito seja salvo no dia do Senhor.
6 O orgulho de vocês não é bom. Vocês não sabem que um
pouco de fermento faz toda a massa ficar fermentada? 7 Li-
vrem-se do fermento velho, para que sejam massa nova e sem
fermento, como realmente são. Pois Cristo, nosso Cordeiro
pascal, foi sacrificado. 8 Por isso, celebremos a festa, não com
o fermento velho nem com o fermento da maldade e da perver-
sidade, mas com os pães sem fermento, os pães da sinceridade
e da verdade.
9 Já disse por carta que vocês não devem associar-se com
pessoas imorais. 10 Com isso não me refiro aos imorais deste
mundo nem aos avarentos, aos ladrões ou aos idólatras. Se
assim fosse, vocês precisariam sair deste mundo. 11 Mas agora
estou escrevendo que não devem associar-se com qualquer
que, dizendo-se irmão, seja imoral, avarento, idólatra, ca-
luniador, alcoólatra ou ladrão. Com tais pessoas vocês nem
devem comer.
12 Pois como haveria eu de julgar os de fora da igreja? Não
devem vocês julgar os que estão dentro? 13 Deus julgará os de
fora. "Expulsem esse perverso do meio de vocês."

6 Se algum de vocês tem queixa contra outro irmão, como
ousa apresentar a causa para ser julgada pelos ímpios, em
vez de levá-la aos santos? 2 Vocês não sabem que os santos
hão de julgar o mundo? Se vocês hão de julgar o mundo, acaso
não são capazes de julgar as causas de menor importância?
3 Vocês não sabem que haveremos de julgar os anjos? Quanto
mais as coisas desta vida! 4 Portanto, se vocês têm questões
relativas às coisas desta vida, designem para juízes os que são
da igreja, mesmo que sejam os menos importantes. 5 Digo isso
para envergonhá-los. Acaso não há entre vocês alguém sufi-
cientemente sábio para julgar uma causa entre irmãos? 6 Mas,
em vez disso, um irmão vai ao tribunal contra outro irmão, e
isso diante de descrentes!
7 O fato de haver litígios entre vocês já significa uma completa
derrota. Por que não preferem sofrer a injustiça? Por que não
preferem sofrer o prejuízo? 8 Em vez disso vocês mesmos
causam injustiças e prejuízos, e isso contra irmãos!
9 Vocês não sabem que os perversos não herdarão o Reino de
Deus? Não se deixem enganar: nem imorais, nem idólatras,
nem adúlteros, nem homossexuais passivos ou ativos[b], 10 nem
ladrões, nem avarentos, nem alcoólatras, nem caluniadores,
nem trapaceiros herdarão o Reino de Deus. 11 Assim foram al-
guns de vocês. Mas vocês foram lavados, foram santificados,
foram justificados no nome do Senhor Jesus Cristo e no Espírito
de nosso Deus.

O Perigo da Imoralidade

12 "Tudo me é permitido", mas nem tudo convém. "Tudo me é
permitido", mas eu não deixarei que nada me domine. 13 "Os
alimentos foram feitos para o estômago e o estômago para os
alimentos", mas Deus destruirá ambos. O corpo, porém, não
é para a imoralidade, mas para o Senhor, e o Senhor para o
corpo. 14 Por seu poder, Deus ressuscitou o Senhor e também
nos ressuscitará. 15 Vocês não sabem que os seus corpos são
membros de Cristo? Tomarei eu os membros de Cristo e os
unirei a uma prostituta? De maneira nenhuma! 16 Vocês não
sabem que aquele que se une a uma prostituta é um corpo com
ela? Pois como está escrito: "Os dois serão uma só carne"[c].
17 Mas aquele que se une ao Senhor é um espírito com ele.
18 Fujam da imoralidade sexual. Todos os outros pecados que
alguém comete, fora do corpo os comete; mas quem peca
sexualmente, peca contra o seu próprio corpo. 19 Acaso não
sabem que o corpo de vocês é santuário do Espírito Santo que
habita em vocês, que lhes foi dado por Deus, e que vocês não
são de vocês mesmos? 20 Vocês foram comprados por alto
preço. Portanto, glorifiquem a Deus com o seu próprio corpo.

Acerca do Casamento

7 Quanto aos assuntos sobre os quais vocês escreveram, é
bom que o homem não toque em mulher,[d] 2 mas, por causa da
imoralidade, cada um deve ter sua esposa e cada mulher o seu

[a] 5.5 Grego: *a carne*.

[b] 6.9 Ou *nem efeminados*. O termo grego refere-se a homens que se submetem a todo tipo de depravação sexual com outros homens.

[c] 6.16 Gn 2.24

[d] 7.1 Ou *é bom que o homem se abstenha de ter relações sexuais com qualquer mulher*.

próprio marido. 3 O marido deve cumprir os seus deveres con-
jugais para com a sua mulher, e da mesma forma a mulher para
com o seu marido. 4 A mulher não tem autoridade sobre o seu
próprio corpo, mas sim o marido. Da mesma forma, o marido
não tem autoridade sobre o seu próprio corpo, mas sim a mu-
lher. 5 Não se recusem um ao outro, exceto por mútuo consen-
timento e durante certo tempo, para se dedicarem à oração.
Depois, unam-se de novo, para que Satanás não os tente por
não terem domínio próprio. 6 Digo isso como concessão, e não
como mandamento. 7 Gostaria que todos os homens fossem
como eu; mas cada um tem o seu próprio dom da parte de
Deus; um de um modo, outro de outro.

8 Digo, porém, aos solteiros e às viúvas: É bom que perma-
neçam como eu. 9 Mas, se não conseguem controlar-se, devem
casar-se, pois é melhor casar-se do que ficar ardendo de de-
sejo.

10 Aos casados dou este mandamento, não eu, mas o Senhor:
Que a esposa não se separe do seu marido. 11 Mas, se o fizer,
que permaneça sem se casar ou, então, reconcilie-se com o
seu marido. E o marido não se divorcie da sua mulher.

12 Aos outros, eu mesmo digo isto, não o Senhor: Se um irmão
tem mulher descrente e ela se dispõe a viver com ele, não se
divorcie dela. 13 E, se uma mulher tem marido descrente e ele
se dispõe a viver com ela, não se divorcie dele. 14 Pois o marido
descrente é santificado por meio da mulher, e a mulher des-
crente é santificada por meio do marido. Se assim não fosse,
seus filhos seriam impuros, mas agora são santos.

15 Todavia, se o descrente separar-se, que se separe. Em tais
casos, o irmão ou a irmã não fica debaixo de servidão; Deus
nos chamou para vivermos em paz. 16 Você, mulher, como sabe
se salvará seu marido? Ou você, marido, como sabe se salvará
sua mulher?

17 Entretanto, cada um continue vivendo na condição que o Se-
nhor lhe designou e de acordo com o chamado de Deus. Esta
é a minha ordem para todas as igrejas. 18 Foi alguém chamado
quando já era circuncidado? Não desfaça a sua circuncisão.
Foi alguém chamado sendo incircunciso? Não se circuncide.
19 A circuncisão não significa nada, e a incircuncisão também
nada é; o que importa é obedecer aos mandamentos de Deus.
20 Cada um deve permanecer na condição em que foi chamado
por Deus. 21 Foi você chamado sendo escravo? Não se incomode
com isso. Mas, se você puder conseguir a liberdade, consiga-a.
22 Pois aquele que, sendo escravo, foi chamado pelo Senhor,
é liberto e pertence ao Senhor; semelhantemente, aquele que
era livre quando foi chamado é escravo de Cristo. 23 Vocês
foram comprados por alto preço; não se tornem escravos de
homens. 24 Irmãos, cada um deve permanecer diante de Deus
na condição em que foi chamado.

25 Quanto às pessoas virgens, não tenho mandamento do
Senhor, mas dou meu parecer como alguém que, pela mi-
sericórdia de Deus, é digno de confiança. 26 Por causa dos
problemas atuais, penso que é melhor o homem permanecer
como está. 27 Você está casado? Não procure separar-se. Está
solteiro? Não procure esposa. 28 Mas, se vier a casar-se, não
comete pecado; e, se uma virgem se casar, também não co-
mete pecado. Mas aqueles que se casarem enfrentarão muitas
dificuldades na vida[a], e eu gostaria de poupá-los disso.

29 O que quero dizer é que o tempo é curto. De agora em
diante, aqueles que têm esposa, vivam como se não tivessem;
30 aqueles que choram, como se não chorassem; os que estão
felizes, como se não estivessem; os que compram algo, como
se nada possuíssem; 31 os que usam as coisas do mundo, como
se não as usassem; porque a forma presente deste mundo está
passando.

32 Gostaria de vê-los livres de preocupações. O homem que
não é casado preocupa-se com as coisas do Senhor, em como
agradar ao Senhor. 33 Mas o homem casado preocupa-se com
as coisas deste mundo, em como agradar sua mulher, 34 e está
dividido. Tanto a mulher não casada como a virgem preocu-
pam-se com as coisas do Senhor, para serem santas no corpo
e no espírito. Mas a casada preocupa-se com as coisas deste
mundo, em como agradar seu marido. 35 Estou dizendo isso
para o próprio bem de vocês; não para lhes impor restrições,
mas para que possam viver de maneira correta, em plena con-
sagração ao Senhor.

36 Se alguém acha que está agindo de forma indevida diante da
virgem de quem está noivo, que ela está passando da idade,
achando que deve se casar, faça como achar melhor. Com
isso não peca. Casem-se. 37 Contudo, o homem que decidiu
firmemente em seu coração que não se sente obrigado, mas
tem controle sobre sua própria vontade e decidiu não se casar
com a virgem — este também faz bem. 38 Assim, aquele que
se casa com a virgem faz bem, mas aquele que não se casa
faz melhor.[b]

39 A mulher está ligada a seu marido enquanto ele viver. Mas,
se o seu marido morrer, ela estará livre para se casar com
quem quiser, contanto que ele pertença ao Senhor. 40 Em meu
parecer, ela será mais feliz se permanecer como está; e penso
que também tenho o Espírito de Deus.

8 A Comida Sacrificada aos Ídolos

Com respeito aos alimentos sacrificados aos ídolos, sa-
bemos que todos temos conhecimento.[c] O conhecimento traz
orgulho, mas o amor edifica. 2 Quem pensa conhecer alguma
coisa, ainda não conhece como deveria. 3 Mas quem ama a
Deus, este é conhecido por Deus.

4 Portanto, em relação ao alimento sacrificado aos ídolos, sa-
bemos que o ídolo não significa nada no mundo e que só existe
um Deus. 5 Pois, mesmo que haja os chamados deuses, quer no

---

a 7.28 Grego: *carne*.

b 7.36-38 Ou *36Se alguém acha que não está tratando sua filha como é devido e que ela está numa idade madura, pelo que ele se sente obrigado a casá-la, faça como achar melhor. Com isso não peca. Deve permitir que se case. 37Contudo, o que se mantém firme no seu propósito e não é dominado por seus impulsos, mas domina sua própria vontade, e resolveu manter solteira sua filha, este também faz bem. 38De modo que aquele que dá sua filha em casamento faz bem, mas o que não a dá em casamento faz melhor.*

c 8.1 Ou *ídolos, "todos temos conhecimento", conforme vocês dizem.*

céu, quer na terra (como de fato há muitos "deuses" e muitos
"senhores"), 6 para nós, porém, há um único Deus, o Pai, de
quem vêm todas as coisas e para quem vivemos; e um só Se-
nhor, Jesus Cristo, por meio de quem vieram todas as coisas e
por meio de quem vivemos.
7 Contudo, nem todos têm esse conhecimento. Alguns, ainda
habituados com os ídolos, comem esse alimento como se fosse
um sacrifício idólatra; como a consciência deles é fraca, fica
contaminada. 8 A comida, porém, não nos torna aceitáveis
diante de Deus; não seremos piores se não comermos, nem
melhores se comermos.
9 Contudo, tenham cuidado para que o exercício da liberdade
de vocês não se torne uma pedra de tropeço para os fracos.
10 Pois, se alguém que tem a consciência fraca vir você que
tem esse conhecimento comer num templo de ídolos, não será
induzido a comer do que foi sacrificado a ídolos? 11 Assim, esse
irmão fraco, por quem Cristo morreu, é destruído por causa do
conhecimento que você tem. 12 Quando você peca contra seus
irmãos dessa maneira, ferindo a consciência fraca deles, peca
contra Cristo. 13 Portanto, se aquilo que eu como leva o meu
irmão a pecar, nunca mais comerei carne, para não fazer meu
irmão tropeçar.

Os Direitos de um Apóstolo

9 Não sou livre? Não sou apóstolo? Não vi Jesus, nosso Se-
nhor? Não são vocês resultado do meu trabalho no Senhor?
2 Ainda que eu não seja apóstolo para outros, certamente o
sou para vocês! Pois vocês são o selo do meu apostolado no
Senhor.
3 Essa é minha defesa diante daqueles que me julgam. 4 Não
temos nós o direito de comer e beber? 5 Não temos nós o di-
reito de levar conosco uma esposa crente como fazem os ou-
tros apóstolos, os irmãos do Senhor e Pedro? 6 Ou será que
só eu e Barnabé não temos direito de receber sustento sem
trabalhar?
7 Quem serve como soldado à própria custa? Quem planta uma
vinha e não come do seu fruto? Quem apascenta um rebanho
e não bebe do seu leite? 8 Não digo isso do ponto de vista
meramente humano; a Lei não diz a mesma coisa? 9 Pois está
escrito na Lei de Moisés: "Não amordace o boi enquanto ele
estiver debulhando o cereal"[a]. Por acaso é com bois que Deus
está preocupado? 10 Não é certamente por nossa causa que ele
o diz? Sim, isso foi escrito em nosso favor. Porque "o lavrador
quando ara e o debulhador quando debulha, devem fazê-lo
na esperança de participar da colheita". 11 Se entre vocês se-
meamos coisas espirituais, seria demais colhermos de vocês
coisas materiais? 12 Se outros têm direito de ser sustentados
por vocês, não o temos nós ainda mais? Mas nós nunca usamos
desse direito. Ao contrário, suportamos tudo para não pôr obs-
táculo algum ao evangelho de Cristo. 13 Vocês não sabem que
aqueles que trabalham no templo alimentam-se das coisas do
templo, e que os que servem diante do altar participam do que
é oferecido no altar? 14 Da mesma forma, o Senhor ordenou
àqueles que pregam o evangelho que vivam do evangelho.
15 Mas eu não tenho usado de nenhum desses direitos. Não
estou escrevendo na esperança de que vocês façam isso por
mim. Prefiro morrer a permitir que alguém me prive deste meu
orgulho. 16 Contudo, quando prego o evangelho, não posso me
orgulhar, pois me é imposta a necessidade de pregar. Ai de
mim se não pregar o evangelho! 17 Porque, se prego de livre
vontade, tenho recompensa; contudo, como prego por obri-
gação, estou simplesmente cumprindo uma incumbência a mim
confiada. 18 Qual é, pois, a minha recompensa? Apenas esta:
que, pregando o evangelho, eu o apresente gratuitamente, não
usando, assim, dos meus direitos ao pregá-lo.
19 Porque, embora seja livre de todos, fiz-me escravo de todos,
para ganhar o maior número possível de pessoas. 20 Tornei-me
judeu para os judeus, a fim de ganhar os judeus. Para os que
estão debaixo da Lei, tornei-me como se estivesse sujeito à
Lei (embora eu mesmo não esteja debaixo da Lei), a fim de
ganhar os que estão debaixo da Lei. 21 Para os que estão sem
lei, tornei-me como sem lei (embora não esteja livre da lei de
Deus, e sim sob a lei de Cristo), a fim de ganhar os que não têm
a Lei. 22 Para com os fracos tornei-me fraco, para ganhar os
fracos. Tornei-me tudo para com todos, para de alguma forma
salvar alguns. 23 Faço tudo isso por causa do evangelho, para
ser coparticipante dele.
24 Vocês não sabem que, de todos os que correm no estádio,
apenas um ganha o prêmio? Corram de tal modo que alcancem
o prêmio. 25 Todos os que competem nos jogos se submetem a
um treinamento rigoroso, para obter uma coroa que logo pe-
rece; mas nós o fazemos para ganhar uma coroa que dura para
sempre. 26 Sendo assim, não corro como quem corre sem alvo e
não luto como quem esmurra o ar. 27 Mas esmurro o meu corpo
e faço dele meu escravo, para que, depois de ter pregado aos
outros, eu mesmo não venha a ser reprovado.

Exemplos da História de Israel

10 Porque não quero, irmãos, que vocês ignorem o fato de
que todos os nossos antepassados estiveram sob a nuvem
e todos passaram pelo mar. 2 Em Moisés, todos eles foram
batizados na nuvem e no mar. 3 Todos comeram do mesmo
alimento espiritual 4 e beberam da mesma bebida espiritual;
pois bebiam da rocha espiritual que os acompanhava, e essa
rocha era Cristo. 5 Contudo, Deus não se agradou da maioria
deles; por isso os seus corpos ficaram espalhados no deserto.
6 Essas coisas ocorreram como exemplos[b] para nós, para que
não cobicemos coisas más, como eles fizeram. 7 Não sejam
idólatras, como alguns deles foram, conforme está escrito:
"O povo se assentou para comer e beber, e levantou-se para
se entregar à farra"[c]. 8 Não pratiquemos imoralidade, como
alguns deles fizeram e num só dia morreram vinte e três mil.
9 Não devemos pôr o Senhor à prova, como alguns deles fi-

[a] 9.9 Dt 25.4

[b] 10.6 Ou *como tipos*; também no versículo 11.

[c] 10.7 Êx 32.6

zeram e foram mortos por serpentes. 10 E não se queixem,
como alguns deles se queixaram e foram mortos pelo anjo
destruidor.
11 Essas coisas aconteceram a eles como exemplos e foram es-
critas como advertência para nós, sobre quem tem chegado
o fim dos tempos. 12 Assim, aquele que julga estar firme, cui-
de-se para que não caia! 13 Não sobreveio a vocês tentação que
não fosse comum aos homens. E Deus é fiel; ele não permitirá
que vocês sejam tentados além do que podem suportar. Mas,
quando forem tentados, ele mesmo providenciará um escape,
para que o possam suportar.

As Festas Idólatras e a Ceia do Senhor

14 Por isso, meus amados irmãos, fujam da idolatria. 15 Estou
falando a pessoas sensatas; julguem vocês mesmos o que
estou dizendo. 16 Não é verdade que o cálice da bênção que
abençoamos é a participação no sangue de Cristo e que o pão
que partimos é a participação no corpo de Cristo? 17 Como há
somente um pão, nós, que somos muitos, somos um só corpo,
pois todos participamos de um único pão.
18 Considerem o povo de Israel: os que comem dos sacrifícios
não participam do altar? 19 Portanto, que estou querendo dizer?
Será que o sacrifício oferecido a um ídolo é alguma coisa? Ou o
ídolo é alguma coisa? 20 Não! Quero dizer que o que os pagãos
sacrificam é oferecido aos demônios e não a Deus, e não quero
que vocês tenham comunhão com os demônios. 21 Vocês não
podem beber do cálice do Senhor e do cálice dos demônios;
não podem participar da mesa do Senhor e da mesa dos demô-
nios. 22 Porventura provocaremos o ciúme do Senhor? Somos
mais fortes do que ele?

A Liberdade do Cristão

23 "Tudo é permitido", mas nem tudo convém. "Tudo é per-
mitido", mas nem tudo edifica. 24 Ninguém deve buscar o seu
próprio bem, mas sim o dos outros.
25 Comam de tudo o que se vende no mercado, sem fazer per-
guntas por causa da consciência, 26 pois "do Senhor é a terra e
tudo o que nela existe"[a].
27 Se algum descrente o convidar para uma refeição e você
quiser ir, coma de tudo o que for apresentado, sem nada per-
guntar por causa da consciência. 28 Mas, se alguém disser:
"Isto foi oferecido em sacrifício", não coma, tanto por causa
da pessoa que o comentou, como da consciência[b], 29 isto é, da
consciência do outro, não da sua própria. Pois por que minha
liberdade deve ser julgada pela consciência dos outros? 30 Se
participo da refeição com ação de graças, por que sou conde-
nado por algo pelo qual dou graças a Deus?
31 Assim, quer vocês comam, quer bebam, quer façam qualquer
outra coisa, façam tudo para a glória de Deus. 32 Não se tornem
motivo de tropeço, nem para judeus, nem para gregos, nem
para a igreja de Deus. 33 Também eu procuro agradar a todos,
de todas as formas. Porque não estou procurando o meu pró-
prio bem, mas o bem de muitos, para que sejam salvos.

11 Tornem-se meus imitadores, como eu o sou de Cristo.

Instruções sobre a Adoração

2 Eu os elogio por se lembrarem de mim em tudo e por se ape-
garem às tradições exatamente como eu as transmiti a vocês.
3 Quero, porém, que entendam que o cabeça de todo homem
é Cristo, o cabeça da mulher é o homem e o cabeça de Cristo é
Deus. 4 Todo homem que ora ou profetiza com a cabeça coberta
desonra a sua cabeça; 5 e toda mulher que ora ou profetiza com
a cabeça descoberta desonra a sua cabeça; pois é como se a ti-
vesse rapada. 6 Se a mulher não cobre a cabeça, deve também
cortar o cabelo; se, porém, é vergonhoso para a mulher ter o
cabelo cortado ou rapado, ela deve cobrir a cabeça. 7 O homem
não deve cobrir a cabeça, visto que ele é imagem e glória de
Deus; mas a mulher é glória do homem. 8 Pois o homem não se
originou da mulher, mas a mulher do homem; 9 além disso, o
homem não foi criado por causa da mulher, mas a mulher por
causa do homem. 10 Por essa razão e por causa dos anjos, a
mulher deve ter sobre a cabeça um sinal de autoridade.
11 No Senhor, todavia, a mulher não é independente do homem
nem o homem independente da mulher. 12 Pois, assim como a
mulher proveio do homem, também o homem nasce da mulher.
Mas tudo provém de Deus. 13 Julguem entre vocês mesmos: é
apropriado a uma mulher orar a Deus com a cabeça desco-
berta? 14 A própria natureza das coisas não ensina a vocês que
é uma desonra para o homem ter cabelo comprido 15 e que o
cabelo comprido é uma glória para a mulher? Pois o cabelo
comprido foi lhe dado como manto. 16 Mas, se alguém quiser
fazer polêmica a esse respeito, nós não temos esse costume
nem as igrejas de Deus.

A Ceia do Senhor

17 Entretanto, nisto que vou dizer não os elogio, pois as reu-
niões de vocês mais fazem mal do que bem. 18 Em primeiro
lugar, ouço que, quando vocês se reúnem como igreja, há
divisões entre vocês, e até certo ponto eu o creio. 19 Pois é
necessário que haja divergências entre vocês, para que sejam
conhecidos quais entre vocês são aprovados. 20 Quando vocês
se reúnem, não é para comer a ceia do Senhor, 21 porque cada
um come sua própria ceia sem esperar pelos outros. Assim, en-
quanto um fica com fome, outro se embriaga. 22 Será que vocês
não têm casa onde comer e beber? Ou desprezam a igreja de
Deus e humilham os que nada têm? Que direi? Eu os elogiarei
por isso? Certamente que não!
23 Pois recebi do Senhor o que também entreguei a vocês:
Que o Senhor Jesus, na noite em que foi traído, tomou o pão
24 e, tendo dado graças, partiu-o e disse: "Isto é o meu corpo,
que é dado em favor de vocês; façam isto em memória de
mim". 25 Da mesma forma, depois da ceia ele tomou o cálice

[a] 10.26 Sl 24.1
[b] 10.28 Alguns manuscritos dizem *por motivos de consciência, porque "do Senhor é a terra e tudo o que nela existe"*.

e disse: "Este cálice é a nova aliança no meu sangue; façam isto sempre que o beberem em memória de mim". 26 Porque, sempre que comerem deste pão e beberem deste cálice, vocês anunciam a morte do Senhor até que ele venha.

27 Portanto, todo aquele que comer o pão ou beber o cálice do Senhor indignamente será culpado de pecar contra o corpo e o sangue do Senhor. 28 Examine-se cada um a si mesmo e então coma do pão e beba do cálice. 29 Pois quem come e bebe sem discernir o corpo do Senhor come e bebe para sua própria condenação. 30 Por isso há entre vocês muitos fracos e doentes, e vários já dormiram. 31 Mas, se nós tivéssemos o cuidado de examinar a nós mesmos, não receberíamos juízo. 32 Quando, porém, somos julgados pelo Senhor, estamos sendo disciplinados para que não sejamos condenados com o mundo.

33 Portanto, meus irmãos, quando vocês se reunirem para comer, esperem uns pelos outros. 34 Se alguém estiver com fome, coma em casa, para que, quando vocês se reunirem, isso não resulte em condenação.

Quanto ao mais, quando eu for darei instruções a vocês

Os Dons Espirituais

12 Irmãos, quanto aos dons espirituais[a], não quero que vocês sejam ignorantes. 2 Vocês sabem que, quando eram pagãos, de uma forma ou de outra eram fortemente atraídos e levados para os ídolos mudos. 3 Por isso, eu afirmo que ninguém que fala pelo Espírito de Deus diz: "Jesus seja amaldiçoado"; e ninguém pode dizer: "Jesus é Senhor", a não ser pelo Espírito Santo.

4 Há diferentes tipos de dons, mas o Espírito é o mesmo. 5 Há diferentes tipos de ministérios, mas o Senhor é o mesmo. 6 Há diferentes formas de atuação, mas é o mesmo Deus quem efetua tudo em todos.

7 A cada um, porém, é dada a manifestação do Espírito, visando ao bem comum. 8 Pelo Espírito, a um é dada a palavra de sabedoria; a outro, pelo mesmo Espírito, a palavra de conhecimento; 9 a outro, fé, pelo mesmo Espírito; a outro, dons de curar, pelo único Espírito; 10 a outro, poder para operar milagres; a outro, profecia; a outro, discernimento de espíritos; a outro, variedade de línguas; e ainda a outro, interpretação de línguas. 11 Todas essas coisas, porém, são realizadas pelo mesmo e único Espírito, e ele as distribui individualmente, a cada um, como quer.

Diversidade na Unidade

12 Ora, assim como o corpo é uma unidade, embora tenha muitos membros, e todos os membros, mesmo sendo muitos, formam um só corpo, assim também com respeito a Cristo. 13 Pois em um só corpo todos nós fomos batizados em[b] um único Espírito: quer judeus, quer gregos, quer escravos, quer livres. E a todos nós foi dado beber de um único Espírito.

14 O corpo não é feito de um só membro, mas de muitos. 15 Se o pé disser: "Porque não sou mão, não pertenço ao corpo", nem por isso deixa de fazer parte do corpo. 16 E se o ouvido disser: "Porque não sou olho, não pertenço ao corpo", nem por isso deixa de fazer parte do corpo. 17 Se todo o corpo fosse olho, onde estaria a audição? Se todo o corpo fosse ouvido, onde estaria o olfato? 18 De fato, Deus dispôs cada um dos membros no corpo, segundo a sua vontade. 19 Se todos fossem um só membro, onde estaria o corpo? 20 Assim, há muitos membros, mas um só corpo.

21 O olho não pode dizer à mão: "Não preciso de você!" Nem a cabeça pode dizer aos pés: "Não preciso de vocês!" 22 Ao contrário, os membros do corpo que parecem mais fracos são indispensáveis, 23 e os membros que pensamos serem menos honrosos, tratamos com especial honra. E os membros que em nós são indecorosos são tratados com decoro especial, 24 enquanto os que em nós são decorosos não precisam ser tratados de maneira especial. Mas Deus estruturou o corpo dando maior honra aos membros que dela tinham falta, 25 a fim de que não haja divisão no corpo, mas, sim, que todos os membros tenham igual cuidado uns pelos outros. 26 Quando um membro sofre, todos os outros sofrem com ele; quando um membro é honrado, todos os outros se alegram com ele.

27 Ora, vocês são o corpo de Cristo, e cada um de vocês, individualmente, é membro desse corpo. 28 Assim, na igreja, Deus estabeleceu primeiramente apóstolos; em segundo lugar, profetas; em terceiro lugar, mestres; depois os que realizam milagres, os que têm dons de curar, os que têm dom de prestar ajuda, os que têm dons de administração e os que falam diversas línguas. 29 São todos apóstolos? São todos profetas? São todos mestres? Têm todos o dom de realizar milagres? 30 Têm todos o dons de curar? Falam todos em línguas? Todos interpretam? 31 Entretanto, busquem[c] com dedicação os melhores dons.

O Amor

Passo agora a mostrar a vocês um caminho ainda mais excelente.

13 Ainda que eu fale as línguas dos homens e dos anjos, se não tiver amor, serei como o sino que ressoa ou como o prato que retine. 2 Ainda que eu tenha o dom de profecia, saiba todos os mistérios e todo o conhecimento e tenha uma fé capaz de mover montanhas, se não tiver amor, nada serei. 3 Ainda que eu dê aos pobres tudo o que possuo e entregue o meu corpo para ser queimado[d], se não tiver amor, nada disso me valerá.

4 O amor é paciente, o amor é bondoso. Não inveja, não se vangloria, não se orgulha. 5 Não maltrata, não procura seus interesses, não se ira facilmente, não guarda rancor. 6 O amor não se alegra com a injustiça, mas se alegra com a verdade. 7 Tudo sofre, tudo crê, tudo espera, tudo suporta.

[a] 12.1 Ou *às pessoas espirituais*
[b] 12.13 Ou *com*; ou ainda *por*
[c] 12.31 Ou *Entretanto, vocês estão buscando*
[d] 13.3 Alguns manuscritos dizem *corpo para que eu tenha de que me gloriar.*

8 O amor nunca perece; mas as profecias desaparecerão, as
línguas cessarão, o conhecimento passará. 9 Pois em parte
conhecemos e em parte profetizamos; 10 quando, porém, vier
o que é perfeito, o que é imperfeito desaparecerá. 11 Quando
eu era menino, falava como menino, pensava como menino e
raciocinava como menino. Quando me tornei homem, deixei
para trás as coisas de menino. 12 Agora, pois, vemos apenas um
reflexo obscuro, como em espelho; mas, então, veremos face a
face. Agora conheço em parte; então, conhecerei plenamente,
da mesma forma com que sou plenamente conhecido.
13 Assim, permanecem agora estes três: a fé, a esperança e o
amor. O maior deles, porém, é o amor.

14 Os Dons de Profecia e de Línguas

Sigam o caminho do amor e busquem com dedicação os
dons espirituais, principalmente o dom de profecia. 2 Pois quem
fala em uma língua[a] não fala aos homens, mas a Deus. De fato,
ninguém o entende; em espírito fala mistérios. 3 Mas quem
profetiza o faz para edificação, encorajamento e consolação
dos homens. 4 Quem fala em língua a si mesmo se edifica, mas
quem profetiza edifica a igreja. 5 Gostaria que todos vocês fa-
lassem em línguas, mas prefiro que profetizem. Quem profetiza
é maior do que aquele que fala em línguas, a não ser que as
interprete, para que a igreja seja edificada.
6 Agora, irmãos, se eu for visitá-los e falar em línguas, em que
serei útil a vocês, a não ser que leve alguma revelação, ou co-
nhecimento, ou profecia, ou doutrina? 7 Até no caso de coisas
inanimadas que produzem sons, tais como a flauta ou a cítara,
como alguém reconhecerá o que está sendo tocado, se os sons
não forem distintos? 8 Além disso, se a trombeta não emitir um
som claro, quem se preparará para a batalha? 9 Assim acon-
tece com vocês. Se não proferirem palavras compreensíveis
com a língua, como alguém saberá o que está sendo dito?
Vocês estarão simplesmente falando ao ar. 10 Sem dúvida, há
diversos idiomas no mundo; todavia, nenhum deles é sem sen-
tido. 11 Portanto, se eu não entender o significado do que al-
guém está falando, serei estrangeiro para quem fala e ele será
estrangeiro para mim. 12 Assim acontece com vocês. Visto que
estão ansiosos por terem dons espirituais[b], procurem crescer
naqueles que trazem a edificação para a igreja.
13 Por isso, quem fala em uma língua, ore para que a possa in-
terpretar. 14 Pois, se oro em uma língua, meu espírito ora, mas
a minha mente fica infrutífera. 15 Então, que farei? Orarei com
o espírito, mas também orarei com o entendimento; cantarei
com o espírito, mas também cantarei com o entendimento.
16 Se você estiver louvando a Deus em espírito, como poderá
aquele que está entre os não instruídos dizer o "Amém" à sua
ação de graças, visto que não sabe o que você está dizendo?
17 Pode ser que você esteja dando graças muito bem, mas o
outro não é edificado.
18 Dou graças a Deus por falar em línguas mais do que todos
vocês. 19 Todavia, na igreja prefiro falar cinco palavras com-
preensíveis para instruir os outros a falar dez mil palavras em
uma língua.
20 Irmãos, deixem de pensar como crianças. Com respeito ao
mal, sejam crianças; mas, quanto ao modo de pensar, sejam
adultos. 21 Pois está escrito na Lei:
"Por meio de homens de outras línguas e por meio de lábios de
estrangeiros falarei a este povo, mas, mesmo assim, eles não
me ouvirão"[c], diz o Senhor.
22 Portanto, as línguas são um sinal para os descrentes, e não
para os que creem; a profecia, porém, é para os que creem,
não para os descrentes. 23 Assim, se toda a igreja se reunir
e falar em línguas e alguns não instruídos ou descrentes en-
trarem, não dirão que vocês estão loucos? 24 Mas, se entrar
algum descrente ou não instruído quando todos estiverem pro-
fetizando, ele por todos será convencido de que é pecador e
por todos será julgado, 25 e os segredos do seu coração serão
expostos. Assim, ele se prostrará, rosto em terra, e adorará a
Deus, exclamando: "Deus realmente está entre vocês!"

Ordem no Culto

26 Portanto, que diremos, irmãos? Quando vocês se reúnem,
cada um de vocês tem um salmo, ou uma palavra de instrução,
uma revelação, uma palavra em uma língua ou uma interpre-
tação. Tudo seja feito para a edificação da igreja. 27 Se, porém,
alguém falar em língua, devem falar dois, no máximo três, e
alguém deve interpretar. 28 Se não houver intérprete, fique ca-
lado na igreja, falando consigo mesmo e com Deus.
29 Tratando-se de profetas, falem dois ou três, e os outros jul-
guem cuidadosamente o que foi dito. 30 Se vier uma revelação
a alguém que está sentado, cale-se o primeiro. 31 Pois vocês
todos podem profetizar, cada um por sua vez, de forma que
todos sejam instruídos e encorajados. 32 O espírito dos profetas
está sujeito aos profetas. 33 Pois Deus não é Deus de desordem,
mas de paz.
Como em todas as congregações dos santos, 34 permaneçam
as mulheres em silêncio nas igrejas, pois não lhes é permitido
falar; antes permaneçam em submissão, como diz a Lei. 35 Se
quiserem aprender alguma coisa, que perguntem a seus ma-
ridos em casa; pois é vergonhoso uma mulher falar na igreja.
36 Acaso a palavra de Deus originou-se entre vocês? São vocês o
único povo que ela alcançou? 37 Se alguém pensa que é profeta
ou espiritual, reconheça que o que estou escrevendo a vocês
é mandamento do Senhor. 38 Se ignorar isso, ele mesmo será
ignorado.[d]
39 Portanto, meus irmãos, busquem com dedicação o profetizar
e não proíbam o falar em línguas. 40 Mas tudo deve ser feito
com decência e ordem.

15 A Ressurreição de Cristo

Irmãos, quero lembrá-los do evangelho que preguei a
vocês, o qual vocês receberam e no qual estão firmes. 2 Por

[a] 14.2 Ou *outro idioma*; também em todo o capítulo 14.
[b] 14.12 Grego: *serem zelosos dos espíritos*.
[c] 14.21 Is 28.11,12
[d] 14.38 Alguns manuscritos dizem *Se ele ignora isso, deixe-o ignorar*.

meio deste evangelho vocês são salvos, desde que se apeguem
firmemente à palavra que preguei; caso contrário, vocês têm
crido em vão.
3 Pois o que primeiramente[a] lhes transmiti foi o que recebi:
que Cristo morreu pelos nossos pecados, segundo as Escri-
turas, 4 foi sepultado e ressuscitou no terceiro dia, segundo
as Escrituras, 5 e apareceu a Pedro e depois aos Doze. 6 De-
pois disso apareceu a mais de quinhentos irmãos de uma só
vez, a maioria dos quais ainda vive, embora alguns já tenham
adormecido. 7 Depois apareceu a Tiago e, então, a todos os
apóstolos; 8 depois destes apareceu também a mim, como a
um que nasceu fora de tempo.
9 Pois sou o menor dos apóstolos e nem sequer mereço ser
chamado apóstolo, porque persegui a igreja de Deus. 10 Mas,
pela graça de Deus, sou o que sou, e sua graça para comigo
não foi inútil; antes, trabalhei mais do que todos eles; contudo,
não eu, mas a graça de Deus comigo. 11 Portanto, quer tenha
sido eu, quer tenham sido eles, é isso que pregamos, e é nisso
que vocês creram.

A Ressurreição dentre os Mortos

12 Ora, se está sendo pregado que Cristo ressuscitou dentre os
mortos, como alguns de vocês estão dizendo que não existe
ressurreição dos mortos? 13 Se não há ressurreição dos mortos,
nem Cristo ressuscitou; 14 e, se Cristo não ressuscitou, é inútil
a nossa pregação, como também é inútil a fé que vocês têm.
15 Mais que isso, seremos considerados falsas testemunhas de
Deus, pois contra ele testemunhamos que ressuscitou a Cristo
dentre os mortos. Mas, se de fato os mortos não ressuscitam,
ele também não ressuscitou a Cristo. 16 Pois, se os mortos não
ressuscitam, nem mesmo Cristo ressuscitou. 17 E, se Cristo não
ressuscitou, inútil é a fé que vocês têm, e ainda estão em seus
pecados. 18 Neste caso, também os que dormiram em Cristo
estão perdidos. 19 Se é somente para esta vida que temos es-
perança em Cristo, somos, de todos os homens, os mais dignos
de compaixão.
20 Mas de fato Cristo ressuscitou dentre os mortos, sendo ele
as primícias[b] entre aqueles que dormiram. 21 Visto que a morte
veio por meio de um só homem, também a ressurreição dos
mortos veio por meio de um só homem. 22 Pois, da mesma
forma que em Adão todos morrem, em Cristo todos serão vivi-
ficados. 23 Mas cada um por sua vez: Cristo, o primeiro; depois,
quando ele vier, os que lhe pertencem. 24 Então virá o fim,
quando ele entregar o Reino a Deus, o Pai, depois de ter des-
truído todo domínio, toda autoridade e todo poder. 25 Pois é
necessário que ele reine até que todos os seus inimigos sejam
postos debaixo de seus pés. 26 O último inimigo a ser destruído
é a morte. 27 Porque ele "tudo sujeitou debaixo de seus pés"[c].
Ora, quando se diz que "tudo" lhe foi sujeito, fica claro que
isso não inclui o próprio Deus, que tudo submeteu a Cristo.
28 Quando, porém, tudo lhe estiver sujeito, então o próprio
Filho se sujeitará àquele que todas as coisas lhe sujeitou, a fim
de que Deus seja tudo em todos.
29 Se não há ressurreição, que farão aqueles que se batizam
pelos mortos? Se absolutamente os mortos não ressuscitam,
por que se batizam por eles? 30 Também nós, por que estamos
nos expondo a perigos o tempo todo? 31 Todos os dias enfrento
a morte, irmãos; isso digo pelo orgulho que tenho de vocês
em Cristo Jesus, nosso Senhor. 32 Se foi por meras razões hu-
manas que lutei com feras em Éfeso, que ganhei com isso?
Se os mortos não ressuscitam, "comamos e bebamos, porque
amanhã morreremos"[d].
33 Não se deixem enganar: "As más companhias corrompem
os bons costumes". 34 Como justos, recuperem o bom senso e
parem de pecar; pois alguns há que não têm conhecimento de
Deus; digo isso para vergonha de vocês.

O Corpo da Ressurreição

35 Mas alguém pode perguntar: "Como ressuscitam os mortos?
Com que espécie de corpo virão?" 36 Insensato! O que você
semeia não nasce a não ser que morra. 37 Quando você se-
meia, não semeia o corpo que virá a ser, mas apenas uma
simples semente, como de trigo ou de alguma outra coisa.
38 Mas Deus lhe dá um corpo, como determinou, e a cada es-
pécie de semente dá seu corpo apropriado. 39 Nem toda carne
é a mesma: os homens têm uma espécie de carne, os animais
têm outra, as aves outra, e os peixes outra. 40 Há corpos ce-
lestes e há também corpos terrestres; mas o esplendor dos
corpos celestes é um e o dos corpos terrestres é outro. 41 Um é
o esplendor do sol, outro o da lua, e outro o das estrelas; e as
estrelas diferem em esplendor umas das outras.
42 Assim será com a ressurreição dos mortos. O corpo que é
semeado é perecível e ressuscita imperecível; 43 é semeado
em desonra e ressuscita em glória; é semeado em fraqueza e
ressuscita em poder; 44 é semeado um corpo natural e ressus-
cita um corpo espiritual.
Se há corpo natural, há também corpo espiritual. 45 Assim está
escrito: "O primeiro homem, Adão, tornou-se um ser vivente"[e];
o último Adão, espírito vivificante. 46 Não foi o espiritual que
veio antes, mas o natural; depois dele, o espiritual. 47 O pri-
meiro homem era do pó da terra; o segundo homem, dos céus.
48 Os que são da terra são semelhantes ao homem terreno; os
que são dos céus, ao homem celestial. 49 Assim como tivemos
a imagem do homem terreno, teremos[f] também a imagem do
homem celestial.
50 Irmãos, eu declaro a vocês que carne e sangue não podem
herdar o Reino de Deus nem o que é perecível pode herdar o
imperecível. 51 Eis que eu digo um mistério: Nem todos dormi-
remos, mas todos seremos transformados, 52 num momento,
num abrir e fechar de olhos, ao som da última trombeta. Pois

[a] **15.3** Ou *em primeira mão*
[b] **15.20** Isto é, os primeiros frutos.
[c] **15.27** Sl 8.6
[d] **15.32** Is 22.13
[e] **15.45** Gn 2.7
[f] **15.49** Alguns manuscritos dizem *tenhamos*.

a trombeta soará, os mortos ressuscitarão incorruptíveis e nós
seremos transformados. 53 Pois é necessário que aquilo que
é corruptível se revista de incorruptibilidade, e aquilo que é
mortal se revista de imortalidade. 54 Quando, porém, o que é
corruptível se revestir de incorruptibilidade e o que é mortal de
imortalidade, então se cumprirá a palavra que está escrita: "A
morte foi destruída pela vitória"[a].
55 "Onde está, ó morte, a sua vitória? Onde está, ó morte, o
seu aguilhão?"[b]
56 O aguilhão da morte é o pecado, e a força do pecado é a Lei.
57 Mas graças a Deus, que nos dá a vitória por meio de nosso
Senhor Jesus Cristo.
58 Portanto, meus amados irmãos, mantenham-se firmes, e que
nada os abale. Sejam sempre dedicados à obra do Senhor, pois
vocês sabem que, no Senhor, o trabalho de vocês não será inútil.

A Coleta para o Povo de Deus

16 Quanto à coleta para o povo de Deus, façam como or-
denei às igrejas da Galácia. 2 No primeiro dia da semana, cada
um de vocês separe uma quantia, de acordo com a sua renda,
reservando-a para que não seja preciso fazer coletas quando
eu chegar. 3 Então, quando eu chegar, entregarei cartas de
recomendação aos homens que vocês aprovarem e os man-
darei para Jerusalém com a oferta de vocês. 4 Se me parecer
conveniente ir também, eles me acompanharão.

Pedidos Pessoais

5 Depois de passar pela Macedônia irei visitá-los, já que pas-
sarei por lá. 6 Talvez eu permaneça com vocês durante algum
tempo ou até mesmo passe o inverno com vocês, para que
me ajudem na viagem, aonde quer que eu vá. 7 Desta vez não
quero apenas vê-los e fazer uma visita de passagem; espero
ficar algum tempo com vocês, se o Senhor permitir. 8 Mas per-
manecerei em Éfeso até o Pentecoste, 9 porque se abriu para
mim uma porta ampla e promissora; e há muitos adversários.
10 Se Timóteo for, tomem providências para que ele não tenha
nada que temer enquanto estiver com vocês, pois ele trabalha
na obra do Senhor, assim como eu. 11 Portanto, ninguém o
despreze. Ajudem-no a prosseguir viagem em paz, para que
ele possa voltar a mim. Eu o estou esperando com os irmãos.
12 Quanto ao irmão Apolo, insisti para que fosse com os irmãos
visitar vocês. Ele não quis de modo nenhum ir agora, mas irá
quando tiver boa oportunidade.
13 Estejam vigilantes, mantenham-se firmes na fé, sejam ho-
mens de coragem, sejam fortes. 14 Façam tudo com amor.
15 Vocês sabem que os da casa de Estéfanas foram o primeiro
fruto da Acaia e que eles têm se dedicado ao serviço dos
santos. Recomendo, irmãos, 16 que se submetam a pessoas
como eles e a todos os que cooperam e trabalham conosco.
17 Alegrei-me com a vinda de Estéfanas, Fortunato e Acaico,
porque eles supriram o que estava faltando da parte de vocês.
18 Eles trouxeram alívio ao meu espírito, e ao de vocês também.
Valorizem homens como eles.

Saudações Finais

19 As igrejas da província da Ásia enviam saudações. Áquila e
Priscila[c] os saúdam afetuosamente no Senhor, e também a
igreja que se reúne na casa deles. 20 Todos os irmãos daqui
enviam saudações. Saúdem uns aos outros com beijo santo.
21 Eu, Paulo, escrevi esta saudação de próprio punho.
22 Se alguém não ama o Senhor, seja amaldiçoado. Vem, Senhor[d]!
23 A graça do Senhor Jesus seja com vocês.
24 Recebam o amor que tenho por todos vocês em Cristo Jesus.
Amém.[e]

[a] 15.54 Is 25.8
[b] 15.55 Os 13.14

[c] 16.19 Grego: *Prisca*, variante de *Priscila*.
[d] 16.22 Em aramaico a expressão *Vem, Senhor* é *Maranatha*.
[e] 16.24 Alguns manuscritos não trazem *Amém*.

2 CORÍNTIOS

1 Paulo, apóstolo de Cristo Jesus pela vontade de Deus, e o
irmão Timóteo,
à igreja de Deus que está em Corinto, com todos os santos de
toda a Acaia:
2 A vocês, graça e paz da parte de Deus nosso Pai e do Senhor
Jesus Cristo.

Deus é o Nosso Consolador

3 Bendito seja o Deus e Pai de nosso Senhor Jesus Cristo, Pai
das misericórdias e Deus de toda consolação, 4 que nos consola
em todas as nossas tribulações, para que, com a consolação
que recebemos de Deus[a], possamos consolar os que estão
passando por tribulações. 5 Pois assim como os sofrimentos
de Cristo transbordam sobre nós, também por meio de Cristo
transborda a nossa consolação. 6 Se somos atribulados, é para
consolação e salvação de vocês; se somos consolados, é para
consolação de vocês, a qual dá paciência para suportarem os
mesmos sofrimentos que nós estamos padecendo. 7 E a nossa

[a] 1.4 Grego: *com a consolação com que fomos consolados*.

esperança em relação a vocês está firme, porque sabemos que,
da mesma forma que vocês participam dos nossos sofrimentos,
participam também da nossa consolação.
8 Irmãos, não queremos que vocês desconheçam as tribu-
lações que sofremos na província da Ásia, as quais foram
muito além da nossa capacidade de suportar, a ponto de per-
dermos a esperança da própria vida. 9 De fato, já tínhamos
sobre nós a sentença de morte, para que não confiássemos
em nós mesmos, mas em Deus, que ressuscita os mortos.
10 Ele nos livrou e continuará nos livrando de tal perigo de
morte. Nele temos depositado a nossa esperança de que
continuará a livrar-nos, 11 enquanto vocês nos ajudam com
as suas orações. Assim muitos darão graças por nossa
causa[a], pelo favor a nós concedido em resposta às orações
de muitos.

Paulo Muda seus Planos

12 Este é o nosso orgulho: A nossa consciência dá testemunho
de que nos temos conduzido no mundo, especialmente em
nosso relacionamento com vocês, com santidade e since-
ridade provenientes de Deus, não de acordo com a sabe-
doria do mundo, mas de acordo com a graça de Deus. 13 Pois
nada escrevemos que vocês não sejam capazes de ler ou
entender. E espero que, 14 assim como vocês nos entenderam
em parte, venham a entender plenamente que podem orgu-
lhar-se de nós, assim como nos orgulharemos de vocês no
dia do Senhor Jesus.
15 Confiando nisso e para que vocês fossem duplamente be-
neficiados, eu planejava primeiro visitá-los 16 em minha ida à
Macedônia e voltar a vocês vindo de lá, para que me ajudassem
em minha viagem para a Judeia. 17 Quando planejei isso, será
que o fiz levianamente? Ou será que faço meus planos de modo
mundano[b], dizendo ao mesmo tempo "sim" e "não"?
18 Todavia, como Deus é fiel, nossa mensagem a vocês não é
"sim" e "não", 19 pois o Filho de Deus, Jesus Cristo, pregado
entre vocês por mim e também por Silvano[c] e Timóteo, não foi
"sim" e "não", mas nele sempre houve "sim"; 20 pois quantas
forem as promessas feitas por Deus, tantas têm em Cristo o
"sim". Por isso, por meio dele, o "Amém" é pronunciado por
nós para a glória de Deus. 21 Ora, é Deus que faz que nós e
vocês permaneçamos firmes em Cristo. Ele nos ungiu, 22 nos
selou como sua propriedade e pôs o seu Espírito em nossos
corações como garantia do que está por vir.
23 Invoco a Deus como testemunha de que foi a fim de pou-
pá-los que não voltei a Corinto. 24 Não que tenhamos domínio
sobre a sua fé, mas cooperamos com vocês para que tenham
alegria, pois é pela fé que vocês permanecem firmes.

2 Por isso resolvi não fazer outra visita que causasse tristeza
a vocês. 2 Pois, se os entristeço, quem me alegrará senão
vocês, a quem tenho entristecido? 3 Escrevi como escrevi para
que, quando eu for, não seja entristecido por aqueles que
deveriam alegrar-me. Estava confiante em que todos vocês
compartilhariam da minha alegria. 4 Pois eu escrevi com grande
aflição e angústia de coração, e com muitas lágrimas, não para
entristecê-los, mas para que soubessem como é profundo o
meu amor por vocês.

Perdão para o Pecador

5 Se um de vocês tem causado tristeza, não a tem causado
apenas a mim, mas também, em parte, para eu não ser de-
masiadamente severo com todos vocês. 6 A punição que foi
imposta pela maioria é suficiente. 7 Agora, ao contrário, vocês
devem perdoar-lhe e consolá-lo, para que ele não seja domi-
nado por excessiva tristeza. 8 Portanto, eu recomendo que rea-
firmem o amor que têm por ele. 9 Eu escrevi com o propósito de
saber se vocês seriam aprovados, isto é, se seriam obedientes
em tudo. 10 Se vocês perdoam a alguém, eu também perdoo; e
aquilo que perdoei, se é que havia alguma coisa para perdoar,
perdoei na presença de Cristo, por amor a vocês, 11 a fim de que
Satanás não tivesse vantagem sobre nós; pois não ignoramos
as suas intenções.

Ministros da Nova Aliança

12 Quando cheguei a Trôade para pregar o evangelho de Cristo e
vi que o Senhor me havia aberto uma porta, 13 ainda assim, não
tive sossego em meu espírito, porque não encontrei ali meu
irmão Tito. Por isso, despedi-me deles e fui para a Macedônia.
14 Mas graças a Deus, que sempre nos conduz vitoriosamente
em Cristo e por nosso intermédio exala em todo lugar a fra-
grância do seu conhecimento; 15 porque para Deus somos o
aroma de Cristo entre os que estão sendo salvos e os que estão
perecendo. 16 Para estes somos cheiro de morte; para aqueles,
fragrância de vida. Mas quem está capacitado para tanto? 17 Ao
contrário de muitos, não negociamos a palavra de Deus visando
a algum lucro; antes, em Cristo falamos diante de Deus com
sinceridade, como homens enviados por Deus.

3 Será que com isso estamos começando a nos recomendar
a nós mesmos novamente? Será que precisamos, como al-
guns, de cartas de recomendação para vocês ou da parte de
vocês? 2 Vocês mesmos são a nossa carta, escrita em nosso
coração, conhecida e lida por todos. 3 Vocês demonstram que
são uma carta de Cristo, resultado do nosso ministério, escrita
não com tinta, mas com o Espírito do Deus vivo; não em tábuas
de pedra, mas em tábuas de corações humanos.
4 Tal é a confiança que temos diante de Deus, por meio de
Cristo. 5 Não que possamos reivindicar qualquer coisa com base
em nossos próprios méritos, mas a nossa capacidade vem de
Deus. 6 Ele nos capacitou para sermos ministros de uma nova
aliança, não da letra, mas do Espírito; pois a letra mata, mas
o Espírito vivifica.

---

a 1.11 Muitos manuscritos dizem *por causa de vocês*.
b 1.17 Grego: *segundo a carne*.
c 1.19 Ou *Silas*, variante de *Silvano*.

A Glória da Nova Aliança

7 O ministério que trouxe a morte foi gravado com letras em pedras; mas esse ministério veio com tal glória que os israelitas não podiam fixar os olhos na face de Moisés, por causa do resplendor do seu rosto, ainda que desvanecente. 8 Não será o ministério do Espírito ainda muito mais glorioso? 9 Se era glorioso o ministério que trouxe condenação, quanto mais glorioso será o ministério que produz justificação! 10 Pois o que outrora foi glorioso, agora não tem glória, em comparação com a glória insuperável. 11 E, se o que estava se desvanecendo se manifestou com glória, quanto maior será a glória do que permanece!

12 Portanto, visto que temos tal esperança, mostramos muita confiança. 13 Não somos como Moisés, que colocava um véu sobre a face para que os israelitas não contemplassem o resplendor que se desvanecia. 14 Na verdade a mente deles se fechou, pois até hoje o mesmo véu permanece quando é lida a antiga aliança. Não foi retirado, porque é somente em Cristo que ele é removido. 15 De fato, até o dia de hoje, quando Moisés é lido, um véu cobre os seus corações. 16 Mas, quando alguém se converte ao Senhor, o véu é retirado. 17 Ora, o Senhor é o Espírito e onde está o Espírito do Senhor ali há liberdade. 18 E todos nós, que com a face descoberta contemplamos[a] a glória do Senhor, segundo a sua imagem estamos sendo transformados com glória cada vez maior, a qual vem do Senhor, que é o Espírito.

4 Tesouros em Vasos de Barro

Portanto, visto que temos este ministério pela misericórdia que nos foi dada, não desanimamos. 2 Antes, renunciamos aos procedimentos secretos e vergonhosos; não usamos de engano nem torcemos a palavra de Deus. Ao contrário, mediante a clara exposição da verdade, recomendamo-nos à consciência de todos, diante de Deus. 3 Mas, se o nosso evangelho está encoberto, para os que estão perecendo é que está encoberto. 4 O deus desta era cegou o entendimento dos descrentes, para que não vejam a luz do evangelho da glória de Cristo, que é a imagem de Deus. 5 Mas não pregamos a nós mesmos, mas a Jesus Cristo, o Senhor, e a nós como escravos de vocês, por causa de Jesus. 6 Pois Deus, que disse: "Das trevas resplandeça a luz"[b], ele mesmo brilhou em nossos corações, para iluminação do conhecimento da glória de Deus na face de Cristo.

7 Mas temos esse tesouro em vasos de barro, para mostrar que o poder que a tudo excede provém de Deus, e não de nós. 8 De todos os lados somos pressionados, mas não desanimados; ficamos perplexos, mas não desesperados; 9 somos perseguidos, mas não abandonados; abatidos, mas não destruídos. 10 Trazemos sempre em nosso corpo o morrer de Jesus, para que a vida de Jesus também seja revelada em nosso corpo. 11 Pois nós, que estamos vivos, somos sempre entregues à morte por amor a Jesus, para que a sua vida também se manifeste em nosso corpo mortal. 12 De modo que em nós atua a morte; mas em vocês, a vida.

13 Está escrito: "Cri, por isso falei"[c]. Com esse mesmo espírito de fé nós também cremos e, por isso, falamos, 14 porque sabemos que aquele que ressuscitou o Senhor Jesus dentre os mortos, também nos ressuscitará com Jesus e nos apresentará com vocês. 15 Tudo isso é para o bem de vocês, para que a graça, que está alcançando um número cada vez maior de pessoas, faça que transbordem as ações de graças para a glória de Deus.

16 Por isso não desanimamos. Embora exteriormente estejamos a desgastar-nos, interiormente estamos sendo renovados dia após dia, 17 pois os nossos sofrimentos leves e momentâneos estão produzindo para nós uma glória eterna que pesa mais do que todos eles. 18 Assim, fixamos os olhos, não naquilo que se vê, mas no que não se vê, pois o que se vê é transitório, mas o que não se vê é eterno.

5 Nossa Habitação Celestial

Sabemos que, se for destruída a temporária habitação terrena em que vivemos, temos da parte de Deus um edifício, uma casa eterna nos céus, não construída por mãos humanas. 2 Enquanto isso, gememos, desejando ser revestidos da nossa habitação celestial, 3 porque, estando vestidos, não seremos encontrados nus. 4 Pois, enquanto estamos nesta casa, gememos e nos angustiamos, porque não queremos ser despidos, mas revestidos da nossa habitação celestial, para que aquilo que é mortal seja absorvido pela vida. 5 Foi Deus que nos preparou para esse propósito, dando-nos o Espírito como garantia do que está por vir.

6 Portanto, temos sempre confiança e sabemos que, enquanto estamos no corpo, estamos longe do Senhor. 7 Porque vivemos por fé, e não pelo que vemos. 8 Temos, pois, confiança e preferimos estar ausentes do corpo e habitar com o Senhor. 9 Por isso, temos o propósito de lhe agradar, quer estejamos no corpo, quer o deixemos. 10 Pois todos nós devemos comparecer perante o tribunal de Cristo, para que cada um receba de acordo com as obras praticadas por meio do corpo, quer sejam boas quer sejam más.

O Ministério da Reconciliação

11 Uma vez que conhecemos o temor ao Senhor, procuramos persuadir os homens. O que somos está manifesto diante de Deus e esperamos que esteja manifesto também diante da consciência de vocês. 12 Não estamos tentando novamente recomendar-nos a vocês, porém estamos dando a oportunidade de exultarem em nós, para que tenham o que responder aos que se vangloriam das aparências e não do que está no coração. 13 Se enlouquecemos, é por amor a Deus; se conservamos o juízo, é por amor a vocês. 14 Pois o amor de Cristo nos constrange, porque estamos convencidos de que um morreu por todos; logo, todos morreram. 15 E ele morreu por todos

[a] 3.18 Ou *refletimos*
[b] 4.6 Gn 1.3
[c] 4.13 Sl 116.10

para que aqueles que vivem já não vivam mais para si mesmos,
mas para aquele que por eles morreu e ressuscitou.
16 De modo que, de agora em diante, a ninguém mais consideramos
do ponto de vista humano[a]. Ainda que antes tenhamos
considerado Cristo dessa forma, agora já não o consideramos
assim. 17 Portanto, se alguém está em Cristo, é nova criação.
As coisas antigas já passaram; eis que surgiram coisas novas![b]
18 Tudo isso provém de Deus, que nos reconciliou consigo
mesmo por meio de Cristo e nos deu o ministério da reconciliação,
19 ou seja, que Deus em Cristo estava reconciliando consigo
o mundo, não levando em conta os pecados dos homens, e
nos confiou a mensagem da reconciliação. 20 Portanto, somos
embaixadores de Cristo, como se Deus estivesse fazendo o seu
apelo por nosso intermédio. Por amor a Cristo suplicamos: Reconciliem-se
com Deus. 21 Deus tornou pecado[c] por nós aquele
que não tinha pecado, para que nele nos tornássemos justiça
de Deus.

6 Como cooperadores de Deus, insistimos com vocês para não
receberem em vão a graça de Deus. 2 Pois ele diz: "Eu o ouvi
no tempo favorável e o socorri no dia da salvação"[d]. Digo que
agora é o tempo favorável, agora é o dia da salvação!

Os Sofrimentos de Paulo

3 Não damos motivo de escândalo a ninguém, em circunstância
alguma, para que o nosso ministério não caia em descrédito.
4 Ao contrário, como servos de Deus, recomendamo-nos de
todas as formas: em muita perseverança; em sofrimentos,
privações e tristezas; 5 em açoites, prisões e tumultos; em
trabalhos árduos, noites sem dormir e jejuns; 6 em pureza, conhecimento,
paciência e bondade; no Espírito Santo e no amor
sincero; 7 na palavra da verdade e no poder de Deus; com as
armas da justiça, quer de ataque quer de defesa[e]; 8 por honra
e por desonra; por difamação e por boa fama; tidos por enganadores,
sendo verdadeiros; 9 como desconhecidos, apesar
de bem conhecidos; como se estivéssemos morrendo, mas eis
que vivemos; espancados, mas não mortos; 10 entristecidos,
mas sempre alegres; pobres, mas enriquecendo muitos outros;
nada tendo, mas possuindo tudo.
11 Falamos abertamente a vocês, coríntios, e abrimos todo o
nosso coração! 12 Não estamos limitando nosso afeto, mas
vocês estão limitando o afeto que têm por nós. 13 Numa justa
compensação, falo como a meus filhos, abram também o coração
para nós!

O Problema da Associação com os Descrentes

14 Não se ponham em jugo desigual com descrentes. Pois o que
têm em comum a justiça e a maldade? Ou que comunhão pode
ter a luz com as trevas? 15 Que harmonia entre Cristo e Belial?
Que há de comum entre o crente e o descrente? 16 Que acordo
há entre o templo de Deus e os ídolos? Pois somos santuário do
Deus vivo. Como disse Deus: "Habitarei com eles e entre eles
andarei; serei o seu Deus, e eles serão o meu povo"[f].
17 Portanto, "saiam do meio deles e separem-se", diz o Senhor.
"Não toquem em coisas impuras, e eu os receberei"[g] 18 "e serei
o seu Pai, e vocês serão meus filhos e minhas filhas", diz o
Senhor todo-poderoso[h].

7 Amados, visto que temos essas promessas, purifiquemo-nos
de tudo o que contamina o corpo[i] e o espírito, aperfeiçoando
a santidade no temor de Deus.

A Alegria de Paulo

2 Concedam-nos lugar no coração de vocês. A ninguém prejudicamos,
a ninguém causamos dano, a ninguém exploramos.
3 Não digo isso para condená-los; já disse que vocês estão em
nosso coração para juntos morrermos ou vivermos. 4 Tenho
grande confiança em vocês, e de vocês tenho muito orgulho.
Sinto-me bastante encorajado; minha alegria transborda em
todas as tribulações.
5 Pois, quando chegamos à Macedônia, não tivemos nenhum
descanso, mas fomos atribulados de toda forma: conflitos externos,
temores internos. 6 Deus, porém, que consola os abatidos,
consolou-nos com a chegada de Tito, 7 e não apenas
com a vinda dele, mas também com a consolação que vocês
lhe deram. Ele nos falou da saudade, da tristeza e da preocupação
de vocês por mim, de modo que a minha alegria se
tornou ainda maior.
8 Mesmo que a minha carta tenha causado tristeza a vocês,
não me arrependo. É verdade que a princípio me arrependi,
pois percebi que a minha carta os entristeceu, ainda que por
pouco tempo. 9 Agora, porém, me alegro, não porque vocês
foram entristecidos, mas porque a tristeza os levou ao arrependimento.
Pois vocês se entristeceram como Deus desejava
e de forma alguma foram prejudicados por nossa causa.
10 A tristeza segundo Deus não produz remorso, mas sim um
arrependimento que leva à salvação, e a tristeza segundo o
mundo produz morte. 11 Vejam o que esta tristeza segundo
Deus produziu em vocês: que dedicação, que desculpas, que
indignação, que temor, que saudade, que preocupação, que
desejo de ver a justiça feita! Em tudo vocês se mostraram inocentes
a esse respeito. 12 Assim, se escrevi, não foi por causa
daquele que cometeu o erro nem daquele que foi prejudicado,
mas para que diante de Deus vocês pudessem ver por vocês
mesmos como são dedicados a nós. 13 Por isso tudo fomos
revigorados.
Além de encorajados, ficamos mais contentes ainda ao ver
como Tito estava alegre, porque seu espírito recebeu refri-

[a] **5.16** Grego: *segundo a carne.*
[b] **5.17** Vários manuscritos dizem *eis que tudo se fez novo!*
[c] **5.21** Ou *uma oferta pelo pecado*
[d] **6.2** Is 49.8
[e] **6.7** Grego: *à direita e à esquerda.*
[f] **6.16** Lv 26.12; Jr 32.38; Ez 37.27
[g] **6.17** Is 52.11; Ez 20.34,41
[h] **6.18** 2 Sm 7.8,14
[i] **7.1** Grego: *a carne.*

gério de todos vocês. 14 Eu lhe tinha dito que estava orgulhoso
de vocês, e vocês não me decepcionaram. Da mesma forma
que era verdade tudo o que dissemos, o orgulho que temos
de vocês diante de Tito também mostrou-se verdadeiro. 15 E
a afeição dele por vocês fica maior ainda, quando lembra que
todos vocês foram obedientes, recebendo-o com temor e
tremor. 16 Alegro-me por poder ter plena confiança em vocês.

Incentivo à Contribuição

8 Agora, irmãos, queremos que vocês tomem conhecimento
da graça que Deus concedeu às igrejas da Macedônia. 2 No
meio da mais severa tribulação, a grande alegria e a extrema
pobreza deles transbordaram em rica generosidade. 3 Pois dou
testemunho de que eles deram tudo quanto podiam e até além
do que podiam. Por iniciativa própria 4 eles nos suplicaram in-
sistentemente o privilégio de participar da assistência aos
santos. 5 E não somente fizeram o que esperávamos, mas en-
tregaram-se primeiramente a si mesmos ao Senhor e, depois, a
nós, pela vontade de Deus. 6 Assim, recomendamos a Tito que,
assim como ele já havia começado, também completasse esse
ato de graça da parte de vocês. 7 Todavia, assim como vocês
se destacam em tudo: na fé, na palavra, no conhecimento, na
dedicação completa e no amor que vocês têm por nós[a], desta-
quem-se também neste privilégio de contribuir.
8 Não estou dando uma ordem, mas quero verificar a sinceri-
dade do amor de vocês, comparando-o com a dedicação dos
outros. 9 Pois vocês conhecem a graça de nosso Senhor Jesus
Cristo que, sendo rico, se fez pobre por amor de vocês, para
que por meio de sua pobreza vocês se tornassem ricos.
10 Este é meu conselho: convém que vocês contribuam, já que
desde o ano passado vocês foram os primeiros, não somente
a contribuir, mas também a propor esse plano. 11 Agora, com-
pletem a obra, para que a forte disposição de realizá-la seja
igualada pelo zelo em concluí-la, de acordo com os bens que
vocês possuem. 12 Porque, se há prontidão, a contribuição é
aceitável de acordo com aquilo que alguém tem, e não de
acordo com o que não tem.
13 Nosso desejo não é que outros sejam aliviados enquanto
vocês são sobrecarregados, mas que haja igualdade. 14 No
presente momento, a fartura de vocês suprirá a necessidade
deles, para que, por sua vez, a fartura deles supra a necessi-
dade de vocês. Então haverá igualdade, 15 como está escrito:
"Quem tinha recolhido muito não teve demais, e não faltou a
quem tinha recolhido pouco"[b].

A Coleta para os Crentes da Judeia

16 Agradeço a Deus ter ele posto no coração de Tito o mesmo
cuidado que tenho por vocês, 17 pois Tito não apenas aceitou o
nosso pedido, mas está indo até vocês, com muito entusiasmo
e por iniciativa própria. 18 Com ele estamos enviando o irmão
que é recomendado por todas as igrejas por seu serviço no
evangelho. 19 Não só por isso, mas ele também foi escolhido
pelas igrejas para nos acompanhar quando formos ministrar
esta doação, o que fazemos para honrar o próprio Senhor e
mostrar a nossa disposição. 20 Queremos evitar que alguém
nos critique quanto ao nosso modo de administrar essa ge-
nerosa oferta, 21 pois estamos tendo o cuidado de fazer o que
é correto, não apenas aos olhos do Senhor, mas também aos
olhos dos homens.
22 Além disso, estamos enviando com eles o nosso irmão que
muitas vezes e de muitas maneiras já nos provou que é muito
dedicado, e agora ainda mais, por causa da grande confiança
que ele tem em vocês. 23 Quanto a Tito, ele é meu compa-
nheiro e cooperador entre vocês; quanto a nossos irmãos,
eles são representantes das igrejas e uma honra para Cristo.
24 Portanto, diante das demais igrejas, demonstrem a esses
irmãos a prova do amor que vocês têm e a razão do orgulho
que temos de vocês.

9 Não tenho necessidade de escrever a respeito dessa assis-
tência aos santos. 2 Reconheço a sua disposição em ajudar
e já mostrei aos macedônios o orgulho que tenho de vocês, di-
zendo-lhes que, desde o ano passado, vocês da Acaia estavam
prontos a contribuir; e a dedicação de vocês motivou a muitos.
3 Contudo, estou enviando os irmãos para que o orgulho que
temos de vocês a esse respeito não seja em vão, mas que vocês
estejam preparados, como eu disse que estariam, 4 a fim de
que, se alguns macedônios forem comigo e os encontrarem
despreparados, nós, para não mencionar vocês, não fiquemos
envergonhados por tanta confiança que tivemos. 5 Assim, achei
necessário recomendar que os irmãos os visitem antes e con-
cluam os preparativos para a contribuição que vocês prome-
teram. Então ela estará pronta como oferta generosa, e não
como algo dado com avareza.

Semeando com Generosidade

6 Lembrem-se: aquele que semeia pouco também colherá
pouco, e aquele que semeia com fartura também colherá far-
tamente. 7 Cada um dê[c] conforme determinou em seu coração,
não com pesar ou por obrigação, pois Deus ama quem dá com
alegria. 8 E Deus é poderoso para fazer que toda a graça lhes
seja acrescentada, para que em todas as coisas, em todo o
tempo, tendo tudo o que é necessário, vocês transbordem em
toda boa obra. 9 Como está escrito:
"Distribuiu, deu os seus bens aos necessitados; a sua justiça
dura para sempre"[d].
10 Aquele que supre a semente ao que semeia e o pão ao que
come também lhes suprirá e multiplicará a semente e fará
crescer os frutos da sua justiça. 11 Vocês serão enriquecidos de
todas as formas, para que possam ser generosos em qualquer
ocasião e, por nosso intermédio, a sua generosidade resulte
em ação de graças a Deus.

---

[a] 8.7 Alguns manuscritos dizem *e em nosso amor por vocês*.
[b] 8.15 Êx 16.18
[c] 9.7 Grego: *semeie*.
[d] 9.9 Sl 112.9

12 O serviço ministerial que vocês estão realizando não está apenas suprindo as necessidades do povo de Deus, mas também transbordando em muitas expressões de gratidão a Deus. 13 Por meio dessa prova de serviço ministerial, outros louvarão a Deus pela obediência que acompanha a confissão que vocês fazem do evangelho de Cristo e pela generosidade de vocês em compartilhar seus bens com eles e com todos os outros. 14 E nas orações que fazem por vocês, eles estarão cheios de amor por vocês, por causa da insuperável graça que Deus tem dado a vocês. 15 Graças a Deus por seu dom indescritível!

10 Paulo Defende o seu Ministério

Eu, Paulo, pela mansidão e pela bondade de Cristo, apelo para vocês; eu, que sou "humilde" quando estou face a face com vocês, mas "audaz" quando ausente! 2 Rogo a vocês que, quando estiver presente, não me obriguem a agir com audácia, tal como penso que ousarei fazer, para com alguns que acham que procedemos segundo os padrões humanos[a]. 3 Pois, embora vivamos como homens[b], não lutamos segundo os padrões humanos. 4 As armas com as quais lutamos não são humanas[c]; ao contrário, são poderosas em Deus para destruir fortalezas. 5 Destruímos argumentos e toda pretensão que se levanta contra o conhecimento de Deus e levamos cativo todo pensamento, para torná-lo obediente a Cristo. 6 E estaremos prontos para punir todo ato de desobediência, uma vez estando completa a obediência de vocês.

7 Vocês observam apenas a aparência das coisas.[d] Se alguém está convencido de que pertence a Cristo, deveria considerar novamente consigo mesmo que, assim como ele, nós também pertencemos a Cristo. 8 Pois mesmo que eu tenha me orgulhado um pouco mais da autoridade que o Senhor nos deu, não me envergonho disso, pois essa autoridade é para edificá-los, e não para destruí-los. 9 Não quero que pareça que estou tentando amedrontá-los com as minhas cartas. 10 Pois alguns dizem: "As cartas dele são duras e fortes, mas ele pessoalmente não impressiona, e a sua palavra é desprezível". 11 Saibam tais pessoas que aquilo que somos em cartas, quando estamos ausentes, seremos em atos, quando estivermos presentes.

12 Não temos a pretensão de nos igualar ou de nos comparar com alguns que se recomendam a si mesmos. Quando eles se medem e se comparam consigo mesmos, agem sem entendimento. 13 Nós, porém, não nos gloriaremos além do limite adequado, mas limitaremos nosso orgulho à esfera de ação que Deus nos confiou, a qual alcança vocês inclusive. 14 Não estamos indo longe demais em nosso orgulho, como seria se não tivéssemos chegado até vocês, pois chegamos a vocês com o evangelho de Cristo. 15 Da mesma forma, não vamos além de nossos limites, gloriando-nos de trabalhos que outros fizeram.[e] Nossa esperança é que, à medida que for crescendo a fé que vocês têm, nossa atuação entre vocês aumente ainda mais, 16 para que possamos pregar o evangelho nas regiões que estão além de vocês, sem nos vangloriarmos de trabalho já realizado em território de outro. 17 Contudo, "quem se gloriar glorie-se no Senhor",[f] 18 pois não é aprovado quem a si mesmo se recomenda, mas aquele a quem o Senhor recomenda.

11 A Preocupação de Paulo com a Fidelidade dos Coríntios

1 Espero que vocês suportem um pouco da minha insensatez. Sim, por favor, sejam pacientes comigo.[g] 2 O zelo que tenho por vocês é um zelo que vem de Deus. Eu os prometi a um único marido, Cristo, querendo apresentá-los a ele como uma virgem pura. 3 O que receio, e quero evitar, é que assim como a serpente enganou Eva com astúcia, a mente de vocês seja corrompida e se desvie da sua sincera e pura devoção a Cristo. 4 Pois, se alguém tem pregado a vocês um Jesus que não é aquele que pregamos, ou se vocês acolhem um espírito diferente do que acolheram ou um evangelho diferente do que aceitaram, vocês o toleram com facilidade. 5 Todavia, não me julgo nem um pouco inferior a esses "superapóstolos". 6 Eu posso não ser um orador eloquente; contudo tenho conhecimento. De fato, já manifestamos isso a vocês em todo tipo de situação.

7 Será que cometi algum pecado ao humilhar-me a fim de elevá-los, pregando a vocês gratuitamente o evangelho de Deus? 8 Despojei outras igrejas, recebendo delas sustento, a fim de servi-los. 9 Quando estive entre vocês e passei por alguma necessidade, não fui um peso para ninguém; pois os irmãos, quando vieram da Macedônia, supriram aquilo de que eu necessitava. Fiz tudo para não ser pesado a vocês e continuarei a agir assim. 10 Tão certo como a verdade de Cristo está em mim, ninguém na região da Acaia poderá privar-me deste orgulho. 11 Por quê? Por que não amo vocês? Deus sabe que os amo! 12 E continuarei fazendo o que faço, a fim de não dar oportunidade àqueles que desejam encontrar ocasião de serem considerados iguais a nós nas coisas de que se orgulham.

13 Pois tais homens são falsos apóstolos, obreiros enganosos, fingindo-se apóstolos de Cristo. 14 Isso não é de admirar, pois o próprio Satanás se disfarça de anjo de luz. 15 Portanto, não é surpresa que os seus servos finjam ser servos da justiça. O fim deles será o que as suas ações merecem.

Paulo Orgulha-se dos seus Sofrimentos

16 Faço questão de repetir: Ninguém me considere insensato. Mas, se vocês assim me consideram, recebam-me como receberiam um insensato, a fim de que eu me orgulhe um pouco. 17 Ao ostentar esse orgulho, não estou falando segundo o Senhor, mas como insensato. 18 Visto que muitos estão se van-

---

a **10.2** Grego: *segundo a carne*; também no versículo 3.
b **10.3** Grego: *na carne*.
c **10.4** Grego: *carnais*.
d **10.7** Ou *Observem os acontecimentos evidentes.*
e **10.13-15** Ou *Nós, porém, não nos gloriaremos a respeito das coisas que não podem ser medidas, mas sim segundo o padrão de medida que o Deus de medida atribuiu a nós, a qual também se refere a vocês. 14... 15Tampouco nos gloriamos no que não se pode medir quanto ao trabalho feito por outros.*
f **10.17** Jr 9.24
g **11.1** Ou *De fato, já estão suportando.*

gloriando de modo bem humano[a], eu também me orgulharei.
19 Vocês, por serem tão sábios, suportam de boa vontade os
insensatos! 20 De fato, vocês suportam até quem os escraviza
ou os explora, ou quem se exalta ou lhes fere a face. 21 Para
minha vergonha, admito que fomos fracos demais para isso!
Naquilo em que todos os outros se atrevem a gloriar-se — falo
como insensato — eu também me atrevo. 22 São eles hebreus?
Eu também. São israelitas? Eu também. São descendentes de
Abraão? Eu também. 23 São eles servos de Cristo? — estou fora
de mim para falar desta forma — eu ainda mais: trabalhei
muito mais, fui encarcerado mais vezes, fui açoitado mais seve-
ramente e exposto à morte repetidas vezes. 24 Cinco vezes re-
cebi dos judeus trinta e nove açoites. 25 Três vezes fui golpeado
com varas, uma vez apedrejado, três vezes sofri naufrágio,
passei uma noite e um dia exposto à fúria do mar. 26 Estive
continuamente viajando de uma parte a outra, enfrentei pe-
rigos nos rios, perigos de assaltantes, perigos dos meus com-
patriotas, perigos dos gentios[b]; perigos na cidade, perigos no
deserto, perigos no mar e perigos dos falsos irmãos. 27 Traba-
lhei arduamente; muitas vezes fiquei sem dormir, passei fome
e sede, e muitas vezes fiquei em jejum; suportei frio e nudez.
28 Além disso, enfrento diariamente uma pressão interior, a
saber, a minha preocupação com todas as igrejas. 29 Quem está
fraco, que eu não me sinta fraco? Quem não se escandaliza,
que eu não me queime por dentro?
30 Se devo orgulhar-me, que seja nas coisas que mostram a
minha fraqueza. 31 O Deus e Pai do Senhor Jesus, que é bendito
para sempre, sabe que não estou mentindo. 32 Em Damasco, o
governador nomeado pelo rei Aretas mandou que se vigiasse a
cidade para me prender. 33 Mas de uma janela na muralha fui
baixado numa cesta e escapei das mãos dele.

12 A Visão de Paulo

12 É necessário que eu continue a gloriar-me com isso. Ainda
que eu não ganhe nada com isso[c], passarei às visões e revela-
ções do Senhor. 2 Conheço um homem em Cristo que há catorze
anos foi arrebatado ao terceiro céu. Se foi no corpo ou fora
do corpo, não sei; Deus o sabe. 3 E sei que esse homem — se
no corpo ou fora do corpo, não sei, mas Deus o sabe — 4 foi
arrebatado ao paraíso e ouviu coisas indizíveis, coisas que ao
homem não é permitido falar. 5 Nesse homem me gloriarei,
mas não em mim mesmo, a não ser em minhas fraquezas.
6 Mesmo que eu preferisse gloriar-me não seria insensato,
porque estaria falando a verdade. Evito fazer isso para que
ninguém pense a meu respeito mais do que em mim vê ou
de mim ouve.
7 Para impedir que eu me exaltasse por causa da grandeza
dessas revelações, foi-me dado um espinho na carne, um men-
sageiro de Satanás, para me atormentar. 8 Três vezes roguei ao
Senhor que o tirasse de mim. 9 Mas ele me disse: "Minha graça
é suficiente a você, pois o meu poder se aperfeiçoa na fra-
queza". Portanto, eu me gloriarei ainda mais alegremente em
minhas fraquezas, para que o poder de Cristo repouse em mim.
10 Por isso, por amor de Cristo, regozijo-me nas fraquezas, nos
insultos, nas necessidades, nas perseguições, nas angústias.
Pois, quando sou fraco, é que sou forte.

A Preocupação de Paulo com os Coríntios

11 Fui insensato, mas vocês me obrigaram a isso. Eu devia ser
recomendado por vocês, pois em nada sou inferior aos "supe-
rapóstolos", embora eu nada seja. 12 As marcas de um após-
tolo — sinais, maravilhas e milagres — foram demonstradas
entre vocês, com grande perseverança. 13 Em que vocês foram
inferiores às outras igrejas, exceto no fato de eu nunca ter sido
um peso para vocês? Perdoem-me essa ofensa!
14 Agora, estou pronto para visitá-los pela terceira vez e não
serei um peso, porque o que desejo não são os seus bens,
mas vocês mesmos. Além disso, os filhos não devem ajuntar
riquezas para os pais, mas os pais para os filhos. 15 Assim, de
boa vontade, por amor de vocês, gastarei tudo o que tenho
e também me desgastarei pessoalmente. Visto que os amo
tanto, devo ser menos amado? 16 Seja como for, não tenho
sido um peso para vocês. No entanto, como sou astuto, eu
os prendi com astúcia. 17 Porventura eu os explorei por meio
de alguém que enviei a vocês? 18 Recomendei a Tito que os
visitasse, acompanhado de outro irmão. Por acaso Tito os ex-
plorou? Não agimos nós no mesmo espírito e não seguimos os
mesmos passos?
19 Vocês pensam que durante todo este tempo estamos nos
defendendo perante vocês? Falamos diante de Deus como
alguém que está em Cristo, e tudo o que fazemos, amados ir-
mãos, é para fortalecê-los. 20 Pois temo que, ao visitá-los, não
os encontre como eu esperava, e que vocês não me encontrem
como esperavam. Temo que haja entre vocês brigas, invejas,
manifestações de ira, divisões, calúnias, intrigas, arrogância
e desordem. 21 Receio que, ao visitá-los outra vez, o meu Deus
me humilhe diante de vocês e eu lamente por causa de muitos
que pecaram anteriormente e não se arrependeram da impu-
reza, da imoralidade sexual e da libertinagem que praticaram.

13 Advertências Finais

13 Esta será minha terceira visita a vocês. "Toda questão
precisa ser confirmada pelo depoimento de duas ou três tes-
temunhas"[d]. 2 Já os adverti quando estive com vocês pela
segunda vez. Agora, estando ausente, escrevo aos que antes
pecaram e aos demais: quando voltar, não os pouparei, 3 visto
que vocês estão exigindo uma prova de que Cristo fala por meu
intermédio. Ele não é fraco ao tratar com vocês, mas poderoso
entre vocês. 4 Pois, na verdade, foi crucificado em fraqueza,
mas vive pelo poder de Deus. Da mesma forma, somos fracos
nele, mas, pelo poder de Deus, viveremos com ele para servir
vocês.

[a] 11.18 Grego: *segundo a carne.*
[b] 11.26 Isto é, os que não são judeus.
[c] 12.1 Vários manuscritos dizem *Embora não me seja vantajoso gloriar-me.*
[d] 13.1 Dt 19.15

5 Examinem-se para ver se vocês estão na fé; provem a vocês
mesmos. Não percebem que Cristo Jesus está em vocês? A
não ser que tenham sido[a] reprovados! 6 E espero que saibam
que nós não fomos reprovados. 7 Agora, oramos a Deus para
que vocês não pratiquem mal algum. Não para que os outros
vejam que temos sido aprovados, mas para que vocês façam o
que é certo, embora pareça que tenhamos falhado. 8 Pois nada
podemos contra a verdade, mas somente em favor da verdade.
9 Ficamos alegres sempre que estamos fracos e vocês estão
fortes; nossa oração é que vocês sejam aperfeiçoados. 10 Por
isso escrevo estas coisas estando ausente, para que, quando
eu for, não precise ser rigoroso no uso da autoridade que o
Senhor me deu para edificá-los, e não para destruí-los.

Saudações Finais

11 Sem mais, irmãos, despeço-me de vocês! Procurem aperfei-
çoar-se, exortem-se mutuamente[b], tenham um só pensamento,
vivam em paz. E o Deus de amor e paz estará com vocês.
12 Saúdem uns aos outros com beijo santo. 13 Todos os santos
enviam saudações.
14 A graça do Senhor Jesus Cristo, o amor de Deus e a comunhão
do Espírito Santo sejam com todos vocês.

[a] 13.5 Ou *que se considerem*

[b] 13.11 Ou *aceitem minha exortação*

GÁLATAS

1 Paulo, apóstolo enviado, não da parte de homens nem por
meio de pessoa alguma, mas por Jesus Cristo e por Deus
Pai, que o ressuscitou dos mortos, 2 e todos os irmãos que
estão comigo,
às igrejas da Galácia:
3 A vocês, graça e paz da parte de Deus nosso Pai e do Senhor
Jesus Cristo, 4 que se entregou a si mesmo por nossos pecados
a fim de nos resgatar desta presente era perversa, segundo a
vontade de nosso Deus e Pai, 5 a quem seja a glória para todo
o sempre. Amém.

Não Há Outro Evangelho

6 Admiro-me de que vocês estejam abandonando tão rapida-
mente aquele que os chamou pela graça de Cristo, para se-
guirem outro evangelho 7 que, na realidade, não é o evangelho.
O que ocorre é que algumas pessoas os estão perturbando,
querendo perverter o evangelho de Cristo. 8 Mas, ainda que nós
ou um anjo dos céus pregue um evangelho diferente daquele
que pregamos a vocês, que seja amaldiçoado! 9 Como já dis-
semos, agora repito: Se alguém anuncia a vocês um evangelho
diferente daquele que já receberam, que seja amaldiçoado!
10 Acaso busco eu agora a aprovação dos homens ou a de Deus?
Ou estou tentando agradar a homens? Se eu ainda estivesse
procurando agradar a homens, não seria servo de Cristo.

Paulo, Chamado por Deus

11 Irmãos, quero que saibam que o evangelho por mim anun-
ciado não é de origem humana. 12 Não o recebi de pessoa al-
guma nem me foi ele ensinado; ao contrário, eu o recebi de
Jesus Cristo por revelação.
13 Vocês ouviram qual foi o meu procedimento no judaísmo,
como perseguia com violência a igreja de Deus, procurando
destruí-la. 14 No judaísmo, eu superava a maioria dos judeus
da minha idade, e era extremamente zeloso das tradições dos
meus antepassados. 15 Mas Deus me separou desde o ventre
materno e me chamou por sua graça. Quando lhe agradou
16 revelar o seu Filho em mim para que eu o anunciasse entre
os gentios[a], não consultei pessoa alguma[b]. 17 Tampouco
subi a Jerusalém para ver os que já eram apóstolos antes
de mim, mas de imediato parti para a Arábia e voltei outra
vez a Damasco.
18 Depois de três anos, subi a Jerusalém para conhecer Pedro[c]
pessoalmente e estive com ele quinze dias. 19 Não vi nenhum
dos outros apóstolos, a não ser Tiago, irmão do Senhor.
20 Quanto ao que escrevo a vocês, afirmo diante de Deus que
não minto. 21 A seguir, fui para as regiões da Síria e da Cilícia.
22 Eu não era pessoalmente conhecido pelas igrejas da Judeia
que estão em Cristo. 23 Apenas ouviam dizer: "Aquele que antes
nos perseguia, agora está anunciando a fé que outrora procu-
rava destruir". 24 E glorificavam a Deus por minha causa.

Paulo é Aceito pelos Apóstolos

2 Catorze anos depois, subi novamente a Jerusalém, dessa
vez com Barnabé, levando também Tito comigo. 2 Fui para lá
por causa de uma revelação e expus diante deles o evangelho
que prego entre os gentios, fazendo-o, porém, em particular
aos que pareciam mais influentes, para não correr ou ter cor-
rido inutilmente. 3 Mas nem mesmo Tito, que estava comigo, foi
obrigado a circuncidar-se, apesar de ser grego. 4 Essa questão
foi levantada porque alguns falsos irmãos infiltraram-se em
nosso meio para espionar a liberdade que temos em Cristo

[a] 1.16 Isto é, os que não são judeus; também em todo o livro de Gálatas.

[b] 1.16 Grego: *carne e sangue*.

[c] 1.18 Grego: *Cefas*.

Jesus e nos reduzir à escravidão. 5 Não nos submetemos a eles
nem por um instante, para que a verdade do evangelho per-
manecesse com vocês.
6 Quanto aos que pareciam influentes — o que eram então não
faz diferença para mim; Deus não julga pela aparência — tais
homens influentes não me acrescentaram nada. 7 Ao contrário,
reconheceram que a mim havia sido confiada a pregação do
evangelho aos incircuncisos[a]; assim como a Pedro, aos cir-
cuncisos[b]. 8 Pois Deus, que operou por meio de Pedro como
apóstolo aos circuncisos, também operou por meu intermédio
para com os gentios. 9 Reconhecendo a graça que me fora con-
cedida, Tiago, Pedro[c] e João, tidos como colunas, estenderam
a mão direita a mim e a Barnabé em sinal de comunhão. Eles
concordaram em que devíamos nos dirigir aos gentios e eles
aos circuncisos. 10 Somente pediram que nos lembrássemos dos
pobres, o que me esforcei por fazer.

Paulo Repreende a Pedro

11 Quando, porém, Pedro veio a Antioquia, enfrentei-o face a
face, por sua atitude condenável. 12 Pois, antes de chegarem
alguns da parte de Tiago, ele comia com os gentios. Quando,
porém, eles chegaram, afastou-se e separou-se dos gentios,
temendo os que eram da circuncisão. 13 Os demais judeus
também se uniram a ele nessa hipocrisia, de modo que até
Barnabé se deixou levar.
14 Quando vi que não estavam andando de acordo com a ver-
dade do evangelho, declarei a Pedro, diante de todos: "Você é
judeu, mas vive como gentio e não como judeu. Portanto, como
pode obrigar gentios a viverem como judeus?
15 "Nós, judeus de nascimento e não gentios pecadores, 16 sa-
bemos que ninguém é justificado pela prática da Lei, mas me-
diante a fé em Jesus Cristo. Assim, nós também cremos em
Cristo Jesus para sermos justificados pela fé em Cristo, e não
pela prática da Lei, porque pela prática da Lei ninguém será
justificado.
17 "Se, porém, procurando ser justificados em Cristo desco-
brimos que nós mesmos somos pecadores, será Cristo então
ministro do pecado? De modo algum! 18 Se reconstruo o que
destruí, provo que sou transgressor. 19 Pois, por meio da Lei
eu morri para a Lei, a fim de viver para Deus. 20 Fui crucificado
com Cristo. Assim, já não sou eu quem vive, mas Cristo vive em
mim. A vida que agora vivo no corpo[d], vivo-a pela fé no filho
de Deus, que me amou e se entregou por mim. 21 Não anulo a
graça de Deus; pois, se a justiça vem pela Lei, Cristo morreu
inutilmente!"

3 Fé ou Obediência à Lei?

Ó gálatas insensatos! Quem os enfeitiçou? Não foi diante dos
seus olhos que Jesus Cristo foi exposto como crucificado? 2 Gos-
taria de saber apenas uma coisa: foi pela prática da Lei que
vocês receberam o Espírito, ou pela fé naquilo que ouviram?
3 Será que vocês são tão insensatos que, tendo começado pelo
Espírito, querem agora se aperfeiçoar pelo esforço próprio[e]?
4 Será que foi inútil sofrerem tantas coisas? Se é que foi inútil!
5 Aquele que dá o seu Espírito e opera milagres entre vocês
realiza essas coisas pela prática da Lei ou pela fé com a qual
receberam a palavra?
6 Considerem o exemplo de Abraão: "Ele creu em Deus, e isso
lhe foi creditado como justiça"[f]. 7 Estejam certos, portanto, de
que os que são da fé é que são filhos de Abraão. 8 Prevendo
a Escritura que Deus justificaria os gentios pela fé, anunciou
primeiro as boas-novas a Abraão: "Por meio de você todas
as nações serão abençoadas"[g]. 9 Assim, os que são da fé são
abençoados com Abraão, homem de fé.
10 Já os que se apoiam na prática da Lei estão debaixo de mal-
dição, pois está escrito: "Maldito todo aquele que não persiste
em praticar todas as coisas escritas no livro da Lei"[h]. 11 É evi-
dente que diante de Deus ninguém é justificado pela Lei, pois
"o justo viverá pela fé"[i]. 12 A Lei não é baseada na fé; ao con-
trário, "quem praticar estas coisas por elas viverá"[j]. 13 Cristo
nos redimiu da maldição da Lei quando se tornou maldição em
nosso lugar, pois está escrito: "Maldito todo aquele que for
pendurado num madeiro"[k]. 14 Isso para que em Cristo Jesus
a bênção de Abraão chegasse também aos gentios, para que
recebêssemos a promessa do Espírito mediante a fé.

A Lei e a Promessa

15 Irmãos, humanamente falando, ninguém pode anular um
testamento[l] depois de ratificado nem acrescentar-lhe algo.
16 Assim também as promessas foram feitas a Abraão e ao seu
descendente. A Escritura não diz: "E aos seus descendentes",
como se falasse de muitos, mas: "Ao seu descendente[m]",
dando a entender que se trata de um só, isto é, Cristo. 17 Quero
dizer isto: A Lei, que veio quatrocentos e trinta anos depois,
não anula a aliança previamente estabelecida por Deus, de
modo que venha a invalidar a promessa. 18 Pois, se a herança
depende da Lei, já não depende de promessa. Deus, porém,
concedeu-a gratuitamente a Abraão mediante promessa.
19 Qual era então o propósito da Lei? Foi acrescentada por
causa das transgressões, até que viesse o Descendente a quem
se referia a promessa, e foi promulgada por meio de anjos,
pela mão de um mediador. 20 Contudo, o mediador representa
mais de um; Deus, porém, é um.
21 Então, a Lei opõe-se às promessas de Deus? De maneira
nenhuma! Pois, se tivesse sido dada uma lei que pudesse con-

a 2.7 Ou *aos gentios*
b 2.7 Ou *aos judeus*; também nos versículos 8 e 9.
c 2.9 Grego: *Cefas*; também nos versículos 11 e 14.
d 2.20 Grego: *na carne*.
e 3.3 Grego: *pela carne*.
f 3.6 Gn 15.6
g 3.8 Gn 12.3; 18.18; 22.18
h 3.10 Dt 27.26
i 3.11 Hc 2.4
j 3.12 Lv 18.5
k 3.13 Dt 21.23
l 3.15 Ou *uma aliança*. Veja o versículo 17.
m 3.16 Grego: *semente*; também nos versículos 19 e 29. Gn 12.7; 13.15; 24.7

ceder vida, certamente a justiça viria da lei. 22 Mas a Escritura encerrou tudo debaixo do pecado, a fim de que a promessa, que é pela fé em Jesus Cristo, fosse dada aos que creem.

23 Antes que viesse essa fé, estávamos sob a custódia da Lei, nela encerrados, até que a fé que haveria de vir fosse revelada. 24 Assim, a Lei foi o nosso tutor até Cristo, para que fôssemos justificados pela fé. 25 Agora, porém, tendo chegado a fé, já não estamos mais sob o controle do tutor.

Os Filhos de Deus

26 Todos vocês são filhos de Deus mediante a fé em Cristo Jesus, 27 pois os que em Cristo foram batizados, de Cristo se revestiram. 28 Não há judeu nem grego, escravo nem livre, homem nem mulher; pois todos são um em Cristo Jesus. 29 E, se vocês são de Cristo, são descendência de Abraão e herdeiros segundo a promessa.

4 Digo porém que, enquanto o herdeiro é menor de idade, em nada difere de um escravo, embora seja dono de tudo. 2 No entanto, ele está sujeito a guardiões e administradores até o tempo determinado por seu pai. 3 Assim também nós, quando éramos menores, estávamos escravizados aos princípios elementares do mundo. 4 Mas, quando chegou a plenitude do tempo, Deus enviou seu Filho, nascido de mulher, nascido debaixo da Lei, 5 a fim de redimir os que estavam sob a Lei, para que recebêssemos a adoção de filhos. 6 E, porque vocês são filhos, Deus enviou o Espírito de seu Filho ao coração de vocês, e ele clama: "*Aba*[a], Pai". 7 Assim, você já não é mais escravo, mas filho; e, por ser filho, Deus também o tornou herdeiro.

A Preocupação de Paulo com os Gálatas

8 Antes, quando vocês não conheciam a Deus, eram escravos daqueles que, por natureza, não são deuses. 9 Mas agora, conhecendo a Deus, ou melhor, sendo por ele conhecidos, como é que estão voltando àqueles mesmos princípios elementares, fracos e sem poder? Querem ser escravizados por eles outra vez? 10 Vocês estão observando dias especiais, meses, ocasiões específicas e anos! 11 Temo que os meus esforços por vocês tenham sido inúteis.

12 Eu suplico, irmãos, que se tornem como eu, pois eu me tornei como vocês. Em nada vocês me ofenderam; 13 como sabem, foi por causa de uma doença que preguei o evangelho pela primeira vez a vocês. 14 Embora a minha doença tenha sido uma provação, vocês não me trataram com desprezo ou desdém; ao contrário, receberam-me como se eu fosse um anjo de Deus, como o próprio Cristo Jesus. 15 Que aconteceu com a alegria de vocês? Tenho certeza de que, se fosse possível, vocês teriam arrancado os próprios olhos para dá-los a mim. 16 Tornei-me inimigo de vocês por dizer a verdade?

17 Os que fazem tanto esforço para agradá-los não agem bem, mas querem isolá-los a fim de que vocês também mostrem zelo por eles. 18 É bom sempre ser zeloso pelo bem, e não apenas quando estou presente. 19 Meus filhos, novamente estou sofrendo dores de parto por sua causa, até que Cristo seja formado em vocês. 20 Eu gostaria de estar com vocês agora e mudar o meu tom de voz, pois estou perplexo quanto a vocês.

Sara e Hagar

21 Digam-me vocês, os que querem estar debaixo da Lei: Acaso vocês não ouvem a Lei? 22 Pois está escrito que Abraão teve dois filhos, um da escrava e outro da livre. 23 O filho da escrava nasceu de modo natural, mas o filho da livre nasceu mediante promessa.

24 Isso é usado aqui como ilustração[b]; estas mulheres representam duas alianças. Uma aliança procede do monte Sinai e gera filhos para a escravidão: esta é Hagar. 25 Hagar representa o monte Sinai, na Arábia, e corresponde à atual cidade de Jerusalém, que está escravizada com os seus filhos. 26 Mas a Jerusalém do alto é livre e é a nossa mãe. 27 Pois está escrito: "Regozije-se, ó estéril, você que nunca teve um filho; grite de alegria, você que nunca esteve em trabalho de parto; porque mais são os filhos da mulher abandonada do que os daquela que tem marido"[c].

28 Vocês, irmãos, são filhos da promessa, como Isaque. 29 Naquele tempo, o filho nascido de modo natural perseguiu o filho nascido segundo o Espírito. O mesmo acontece agora. 30 Mas o que diz a Escritura? "Mande embora a escrava e o seu filho, porque o filho da escrava jamais será herdeiro com o filho da livre"[d]. 31 Portanto, irmãos, não somos filhos da escrava, mas da livre.

A Liberdade em Cristo

5 Foi para a liberdade que Cristo nos libertou. Portanto, permaneçam firmes e não se deixem submeter novamente a um jugo de escravidão.

2 Ouçam bem o que eu, Paulo, tenho a dizer: Caso se deixem circuncidar, Cristo de nada lhes servirá. 3 De novo declaro a todo homem que se deixa circuncidar que ele está obrigado a cumprir toda a Lei. 4 Vocês, que procuram ser justificados pela Lei, separaram-se de Cristo; caíram da graça. 5 Pois é mediante o Espírito que nós aguardamos pela fé a justiça, que é a nossa esperança. 6 Porque em Cristo Jesus nem circuncisão nem incircuncisão têm efeito algum, mas sim a fé que atua pelo amor.

7 Vocês corriam bem. Quem os impediu de continuar obedecendo à verdade? 8 Tal persuasão não provém daquele que os chama. 9 "Um pouco de fermento leveda toda a massa."

10 Estou convencido no Senhor de que vocês não pensarão de nenhum outro modo. Aquele que os perturba, seja quem for, sofrerá a condenação. 11 Irmãos, se ainda estou pregando a circuncisão, por que continuo sendo perseguido? Nesse caso, o escândalo da cruz foi removido. 12 Quanto a esses que os perturbam, quem dera que se castrassem!

13 Irmãos, vocês foram chamados para a liberdade. Mas não usem a liberdade para dar ocasião à vontade da carne[e]; ao

a **4.6** Termo aramaico para *Pai*.

b **4.24** Grego: *alegoria*.

c **4.27** Is 54.1

d **4.30** Gn 21.10

e **5.13** Ou *da natureza pecaminosa*; também 5.16, 17, 19, 24 e 6.8.

contrário, sirvam uns aos outros mediante o amor. 14 Toda a Lei
se resume num só mandamento: "Ame o seu próximo como a
si mesmo"[a]. 15 Mas, se vocês se mordem e se devoram uns aos
outros, cuidado para não se destruírem mutuamente.

Vida pelo Espírito

16 Por isso digo: Vivam pelo Espírito, e de modo nenhum sa-
tisfarão os desejos da carne. 17 Pois a carne deseja o que é
contrário ao Espírito; o Espírito, o que é contrário à carne. Eles
estão em conflito um com o outro, de modo que vocês não
fazem o que desejam[b]. 18 Mas, se vocês são guiados pelo Espí-
rito, não estão debaixo da Lei.
19 Ora, as obras da carne são manifestas: imoralidade sexual,
impureza e libertinagem; 20 idolatria e feitiçaria; ódio, dis-
córdia, ciúmes, ira, egoísmo, dissensões, facções 21 e inveja;
embriaguez, orgias e coisas semelhantes. Eu os advirto, como
antes já os adverti: Aqueles que praticam essas coisas não her-
darão o Reino de Deus.
22 Mas o fruto do Espírito é amor, alegria, paz, paciência, ama-
bilidade, bondade, fidelidade, 23 mansidão e domínio próprio.
Contra essas coisas não há lei. 24 Os que pertencem a Cristo
Jesus crucificaram a carne, com as suas paixões e os seus de-
sejos. 25 Se vivemos pelo Espírito, andemos também pelo Espí-
rito. 26 Não sejamos presunçosos, provocando uns aos outros
e tendo inveja uns dos outros.

Façamos o Bem a Todos

6 Irmãos, se alguém for surpreendido em algum pecado,
vocês, que são espirituais, deverão restaurá-lo com mansidão.
Cuide-se, porém, cada um para que também não seja tentado.
2 Levem os fardos pesados uns dos outros e, assim, cumpram[c]
a lei de Cristo. 3 Se alguém se considera alguma coisa, não
sendo nada, engana-se a si mesmo. 4 Cada um examine os
próprios atos, e então poderá orgulhar-se de si mesmo, sem
se comparar com ninguém, 5 pois cada um deverá levar a pró-
pria carga.
6 O que está sendo instruído na palavra partilhe todas as coisas
boas com aquele que o instrui.
7 Não se deixem enganar: de Deus não se zomba. Pois o que
o homem semear isso também colherá. 8 Quem semeia para a
sua carne da carne colherá destruição; mas quem semeia para
o Espírito do Espírito colherá a vida eterna. 9 E não nos can-
semos de fazer o bem, pois no tempo próprio colheremos, se
não desanimarmos. 10 Portanto, enquanto temos oportunidade,
façamos o bem a todos, especialmente aos da família da fé.

A Nova Criação Substitui a Circuncisão

11 Vejam com que letras grandes estou escrevendo de próprio
punho!
12 Os que desejam causar boa impressão exteriormente[d], ten-
tando obrigá-los a se circuncidarem, agem desse modo apenas
para não serem perseguidos por causa da cruz de Cristo. 13 Nem
mesmo os que são circuncidados cumprem a Lei; querem, no
entanto, que vocês sejam circuncidados a fim de se gloriarem
no corpo[e] de vocês. 14 Quanto a mim, que eu jamais me glorie, a
não ser na cruz de nosso Senhor Jesus Cristo, por meio da qual[f]
o mundo foi crucificado para mim, e eu para o mundo. 15 De
nada vale ser circuncidado ou não. O que importa é ser uma
nova criação. 16 Paz e misericórdia estejam sobre todos os que
andam conforme essa regra e também sobre o Israel de Deus.
17 Sem mais, que ninguém me perturbe, pois trago em meu
corpo as marcas de Jesus.
18 Irmãos, que a graça de nosso Senhor Jesus Cristo seja com o
espírito de vocês. Amém.

[a] 5.14 Lv 19.18
[b] 5.17 Ou *o bem que desejam*; ou ainda *não podem fazer o que desejam*
[c] 6.2 Vários manuscritos dizem *cumprirão*.
[d] 6.12 Grego: *na carne*.
[e] 6.13 Grego: *na carne*.
[f] 6.14 Ou *de quem*

EFÉSIOS

1 Paulo, apóstolo de Cristo Jesus pela vontade de Deus, aos
santos e fiéis[a] em Cristo Jesus que estão em Éfeso[b]:
2 A vocês, graça e paz da parte de Deus nosso Pai e do Senhor
Jesus Cristo.

As Bênçãos Espirituais em Cristo

3 Bendito seja o Deus e Pai de nosso Senhor Jesus Cristo, que
nos abençoou com todas as bênçãos espirituais nas regiões
celestiais em Cristo. 4 Porque Deus nos escolheu nele antes da
criação do mundo, para sermos santos e irrepreensíveis em sua
presença. 5 Em amor nos predestinou[c] para sermos adotados
como filhos, por meio de Jesus Cristo, conforme o bom propó-
sito da sua vontade, 6 para o louvor da sua gloriosa graça, a
qual nos deu gratuitamente no Amado.
7 Nele temos a redenção por meio de seu sangue, o perdão dos
pecados, de acordo com as riquezas da graça de Deus, 8 a qual

[a] 1.1 Ou *crentes*
[b] 1.1 Alguns manuscritos mais antigos não trazem *que estão em Éfeso*.
[c] 1.4,5 Ou *presença no amor. 5Ele nos predestinou*

ele derramou sobre nós com toda a sabedoria e entendimento.
9 E nos[a] revelou o mistério da sua vontade, de acordo com o seu
bom propósito que ele estabeleceu em Cristo, 10 isto é, de fazer
convergir em Cristo todas as coisas, celestiais ou terrenas, na
dispensação da plenitude dos tempos. 11 Nele fomos também
escolhidos[b], tendo sido predestinados conforme o plano da-
quele que faz todas as coisas segundo o propósito da sua von-
tade, 12 a fim de que nós, os que primeiro esperamos em Cristo,
sejamos para o louvor da sua glória.
13 Quando vocês ouviram e creram na palavra da verdade, o
evangelho que os salvou, vocês foram selados em Cristo com
o Espírito Santo da promessa, 14 que é a garantia da nossa he-
rança até a redenção daqueles que pertencem a Deus, para o
louvor da sua glória.

Ação de Graças e Oração

15 Por essa razão, desde que ouvi falar da fé que vocês têm no
Senhor Jesus e do amor que demonstram para com todos os
santos, 16 não deixo de dar graças por vocês, mencionando-os
em minhas orações. 17 Peço que o Deus de nosso Senhor Jesus
Cristo, o glorioso Pai, dê a vocês espírito[c] de sabedoria e de
revelação, no pleno conhecimento dele. 18 Oro também para
que os olhos do coração de vocês sejam iluminados, a fim de
que vocês conheçam a esperança para a qual ele os chamou,
as riquezas da gloriosa herança dele nos santos 19 e a incom-
parável grandeza do seu poder para conosco, os que cremos,
conforme a atuação da sua poderosa força. 20 Esse poder ele
exerceu em Cristo, ressuscitando-o dos mortos e fazendo-o as-
sentar-se à sua direita, nas regiões celestiais, 21 muito acima de
todo governo e autoridade, poder e domínio, e de todo nome
que se possa mencionar, não apenas nesta era, mas também
na que há de vir. 22 Deus colocou todas as coisas debaixo de
seus pés e o designou cabeça de todas as coisas para a igreja,
23 que é o seu corpo, a plenitude daquele que enche todas as
coisas, em toda e qualquer circunstância.

A Nova Vida em Cristo

2 Vocês estavam mortos em suas transgressões e pecados,
2 nos quais costumavam viver, quando seguiam a presente
ordem[d] deste mundo e o príncipe do poder do ar, o espírito que
agora está atuando nos que vivem na desobediência. 3 Anterior-
mente, todos nós também vivíamos entre eles, satisfazendo as
vontades da nossa carne[e], seguindo os seus desejos e pensa-
mentos. Como os outros, éramos por natureza merecedores da
ira. 4 Todavia, Deus, que é rico em misericórdia, pelo grande
amor com que nos amou, 5 deu-nos vida com Cristo quando
ainda estávamos mortos em transgressões — pela graça vocês
são salvos. 6 Deus nos ressuscitou com Cristo e com ele nos fez
assentar nas regiões celestiais em Cristo Jesus, 7 para mostrar,
nas eras que hão de vir, a incomparável riqueza de sua graça,
demonstrada em sua bondade para conosco em Cristo Jesus.
8 Pois vocês são salvos pela graça, por meio da fé, e isto não
vem de vocês, é dom de Deus; 9 não por obras, para que nin-
guém se glorie. 10 Porque somos criação de Deus realizada em
Cristo Jesus para fazermos boas obras, as quais Deus preparou
antes para nós as praticarmos.

A Nova Humanidade em Cristo

11 Portanto, lembrem-se de que anteriormente vocês eram
gentios[f] por nascimento[g] e chamados incircuncisão pelos que
se chamam circuncisão, feita no corpo[h] por mãos humanas, e
que, 12 naquela época, vocês estavam sem Cristo, separados da
comunidade de Israel, sendo estrangeiros quanto às alianças
da promessa, sem esperança e sem Deus no mundo. 13 Mas
agora, em Cristo Jesus, vocês, que antes estavam longe, foram
aproximados mediante o sangue de Cristo.
14 Pois ele é a nossa paz, o qual de ambos fez um e destruiu a
barreira, o muro de inimizade, 15 anulando em seu corpo a Lei
dos mandamentos expressa em ordenanças. O objetivo dele
era criar em si mesmo, dos dois, um novo homem, fazendo a
paz, 16 e reconciliar com Deus os dois em um corpo, por meio da
cruz, pela qual ele destruiu a inimizade. 17 Ele veio e anunciou
paz a vocês que estavam longe e paz aos que estavam perto,
18 pois por meio dele tanto nós como vocês temos acesso ao
Pai, por um só Espírito.
19 Portanto, vocês já não são estrangeiros nem forasteiros, mas
concidadãos dos santos e membros da família de Deus, 20 edifi-
cados sobre o fundamento dos apóstolos e dos profetas, tendo
Jesus Cristo como pedra angular, 21 no qual todo o edifício é
ajustado e cresce para tornar-se um santuário santo no Senhor.
22 Nele vocês também estão sendo edificados juntos, para se
tornarem morada de Deus por seu Espírito.

O Apóstolo dos Gentios

3 Por essa razão oro, eu, Paulo, prisioneiro de Cristo Jesus,
em favor de vocês, gentios.
2 Certamente vocês ouviram falar da responsabilidade imposta
a mim em favor de vocês pela graça de Deus, 3 isto é, o mistério
que me foi dado a conhecer por revelação, como já lhes escrevi
em poucas palavras. 4 Ao lerem isso vocês poderão entender a
minha compreensão do mistério de Cristo. 5 Esse mistério não
foi dado a conhecer aos homens doutras gerações, mas agora
foi revelado pelo Espírito aos santos apóstolos e profetas de
Deus, 6 significando que, mediante o evangelho, os gentios são
co-herdeiros com Israel, membros do mesmo corpo, e co-parti-
cipantes da promessa em Cristo Jesus. 7 Deste evangelho tor-
nei-me ministro pelo dom da graça de Deus, a mim concedida
pela operação de seu poder.

---

[a] 1.8,9 Ou *nós. Com toda a sabedoria e entendimento 9nos*
[b] 1.11 Alguns manuscritos dizem *feitos herdeiros*.
[c] 1.17 Ou *o Espírito*
[d] 2.2 Grego: *era*.
[e] 2.3 Ou *natureza pecaminosa*

[f] 2.11 Isto é, os que não são judeus; também em 3.1, 6, 8 e 4.17.
[g] 2.11 Grego: *gentios na carne*.
[h] 2.11 Grego: *carne*; também no versículo 15.

8 Embora eu seja o menor dos menores de todos os santos, foi-me concedida esta graça de anunciar aos gentios as insondáveis riquezas de Cristo 9 e esclarecer a todos a administração deste mistério que, durante as épocas passadas, foi mantido oculto em Deus, que criou todas as coisas. 10 A intenção dessa graça era que agora, mediante a igreja, a multiforme sabedoria de Deus se tornasse conhecida dos poderes e autoridades nas regiões celestiais[a], 11 de acordo com o eterno plano que ele realizou em Cristo Jesus, nosso Senhor, 12 por intermédio de quem temos livre acesso a Deus em confiança, pela fé nele. 13 Portanto, peço a vocês que não desanimem por causa das minhas tribulações em seu favor, pois elas são uma glória para vocês.

A Oração de Paulo pelos Santos

14 Por essa razão, ajoelho-me diante do Pai, 15 do qual recebe o nome toda a família[b] nos céus e na terra. 16 Oro para que, com as suas gloriosas riquezas, ele os fortaleça no íntimo do seu ser com poder, por meio do seu Espírito, 17 para que Cristo habite no coração de vocês mediante a fé; e oro para que, estando arraigados e alicerçados em amor, 18 vocês possam, juntamente com todos os santos, compreender a largura, o comprimento, a altura e a profundidade, 19 e conhecer o amor de Cristo que excede todo conhecimento, para que vocês sejam cheios de toda a plenitude de Deus.

20 Àquele que é capaz de fazer infinitamente mais do que tudo o que pedimos ou pensamos, de acordo com o seu poder que atua em nós, 21 a ele seja a glória na igreja e em Cristo Jesus, por todas as gerações, para todo o sempre! Amém!

A Unidade do Corpo de Cristo

4 Como prisioneiro no Senhor, rogo-lhes que vivam de maneira digna da vocação que receberam. 2 Sejam completamente humildes e dóceis, e sejam pacientes, suportando uns aos outros com amor. 3 Façam todo o esforço para conservar a unidade do Espírito pelo vínculo da paz. 4 Há um só corpo e um só Espírito, assim como a esperança para a qual vocês foram chamados é uma só; 5 há um só Senhor, uma só fé, um só batismo, 6 um só Deus e Pai de todos, que é sobre todos, por meio de todos e em todos.

7 E a cada um de nós foi concedida a graça, conforme a medida repartida por Cristo. 8 Por isso é que foi dito: "Quando ele subiu em triunfo às alturas, levou cativos muitos prisioneiros, e deu dons aos homens"[c].

9 (Que significa "ele subiu", senão que também havia descido às profundezas da terra[d]? 10 Aquele que desceu é o mesmo que subiu acima de todos os céus, a fim de encher todas as coisas.)

11 E ele designou alguns para apóstolos, outros para profetas, outros para evangelistas, e outros para pastores e mestres, 12 com o fim de preparar os santos para a obra do ministério, para que o corpo de Cristo seja edificado, 13 até que todos alcancemos a unidade da fé e do conhecimento do Filho de Deus, e cheguemos à maturidade, atingindo a medida da plenitude de Cristo. 14 O propósito é que não sejamos mais como crianças, levados de um lado para outro pelas ondas, nem jogados para cá e para lá por todo vento de doutrina e pela astúcia e esperteza de homens que induzem ao erro. 15 Antes, seguindo a verdade em amor, cresçamos em tudo naquele que é a cabeça, Cristo. 16 Dele todo o corpo, ajustado e unido pelo auxílio de todas as juntas, cresce e edifica-se a si mesmo em amor, na medida em que cada parte realiza a sua função.

O Procedimento dos Filhos da Luz

17 Assim, eu digo a vocês, e no Senhor insisto, que não vivam mais como os gentios, que vivem na inutilidade dos seus pensamentos. 18 Eles estão obscurecidos no entendimento e separados da vida de Deus por causa da ignorância em que estão, devido ao endurecimento do seu coração. 19 Tendo perdido toda a sensibilidade, eles se entregaram à depravação, cometendo com avidez toda espécie de impureza.

20 Todavia, não foi isso que vocês aprenderam de Cristo. 21 De fato, vocês ouviram falar dele, e nele foram ensinados de acordo com a verdade que está em Jesus. 22 Quanto à antiga maneira de viver, vocês foram ensinados a despir-se do velho homem[e], que se corrompe por desejos enganosos, 23 a serem renovados no modo de pensar e 24 a revestir-se do novo homem, criado para ser semelhante a Deus em justiça e em santidade provenientes da verdade.

25 Portanto, cada um de vocês deve abandonar a mentira e falar a verdade ao seu próximo, pois todos somos membros de um mesmo corpo. 26 "Quando vocês ficarem irados, não pequem"[f]. Apaziguem a sua ira antes que o sol se ponha 27 e não deem lugar ao Diabo. 28 O que furtava não furte mais; antes trabalhe, fazendo algo de útil com as mãos, para que tenha o que repartir com quem estiver em necessidade.

29 Nenhuma palavra torpe saia da boca de vocês, mas apenas a que for útil para edificar os outros, conforme a necessidade, para que conceda graça aos que a ouvem. 30 Não entristeçam o Espírito Santo de Deus, com o qual vocês foram selados para o dia da redenção. 31 Livrem-se de toda amargura, indignação e ira, gritaria e calúnia, bem como de toda maldade. 32 Sejam bondosos e compassivos uns para com os outros, perdoando-se mutuamente, assim como Deus os perdoou em Cristo.

5 Portanto, sejam imitadores de Deus, como filhos amados, 2 e vivam em amor, como também Cristo nos amou e se entregou por nós como oferta e sacrifício de aroma agradável a Deus.

3 Entre vocês não deve haver nem sequer menção de imoralidade sexual como também de nenhuma espécie de impureza

[a] 3.10 Ou *no mundo espiritual*
[b] 3.15 Ou *do qual se deriva toda a paternidade*
[c] 4.8 Sl 68.18
[d] 4.9 Ou *regiões mais baixas, à terra*
[e] 4.22 Isto é, da velha vida dos não regenerados.
[f] 4.26 Sl 4.4

e de cobiça; pois essas coisas não são próprias para os santos.
4 Não haja obscenidade, nem conversas tolas, nem gracejos
imorais, que são inconvenientes, mas, ao invés disso, ações
de graças. 5 Porque vocês podem estar certos disto: nenhum
imoral, ou impuro, ou ganancioso, que é idólatra, tem herança
no Reino de Cristo e de Deus[a]. 6 Ninguém os engane com pa-
lavras tolas, pois é por causa dessas coisas que a ira de Deus
vem sobre os que vivem na desobediência. 7 Portanto, não par-
ticipem com eles dessas coisas.
8 Porque outrora vocês eram trevas, mas agora são luz no Se-
nhor. Vivam como filhos da luz, 9 pois o fruto da luz[b] consiste
em toda bondade, justiça e verdade; 10 e aprendam a discernir
o que é agradável ao Senhor. 11 Não participem das obras infru-
tíferas das trevas; antes, exponham-nas à luz. 12 Porque aquilo
que eles fazem em oculto, até mencionar é vergonhoso. 13 Mas,
tudo o que é exposto pela luz torna-se visível, pois a luz torna
visíveis todas as coisas. 14 Por isso é que foi dito:
"Desperta, ó tu que dormes, levanta-te dentre os mortos e
Cristo resplandecerá sobre ti".

Vida em Comunidade

15 Tenham cuidado com a maneira como vocês vivem; que não
seja como insensatos, mas como sábios, 16 aproveitando ao
máximo cada oportunidade, porque os dias são maus. 17 Por-
tanto, não sejam insensatos, mas procurem compreender qual
é a vontade do Senhor. 18 Não se embriaguem com vinho, que
leva à libertinagem, mas deixem-se encher pelo Espírito, 19 fa-
lando entre vocês com salmos, hinos e cânticos espirituais,
cantando e louvando de coração ao Senhor, 20 dando graças
constantemente a Deus Pai por todas as coisas, em nome de
nosso Senhor Jesus Cristo.
21 Sujeitem-se uns aos outros, por temor a Cristo.

Deveres Conjugais

22 Mulheres, sujeite-se cada uma a seu marido, como ao Se-
nhor, 23 pois o marido é o cabeça da mulher, como também
Cristo é o cabeça da igreja, que é o seu corpo, do qual ele é o
Salvador. 24 Assim como a igreja está sujeita a Cristo, também
as mulheres estejam em tudo sujeitas a seus maridos.
25 Maridos, ame cada um a sua mulher, assim como Cristo
amou a igreja e entregou-se por ela 26 para santificá-la, ten-
do-a purificado pelo lavar da água mediante a palavra, 27 e para
apresentá-la a si mesmo como igreja gloriosa, sem mancha
nem ruga ou coisa semelhante, mas santa e inculpável. 28 Da
mesma forma, os maridos devem amar cada um a sua mulher
como a seu próprio corpo. Quem ama sua mulher, ama a si
mesmo. 29 Além do mais, ninguém jamais odiou o seu próprio
corpo[c], antes o alimenta e dele cuida, como também Cristo faz
com a igreja, 30 pois somos membros do seu corpo. 31 "Por essa
razão, o homem deixará pai e mãe e se unirá à sua mulher, e
os dois se tornarão uma só carne."[d] 32 Este é um mistério pro-
fundo; refiro-me, porém, a Cristo e à igreja. 33 Portanto, cada
um de vocês também ame a sua mulher como a você mesmo,
e a mulher trate o marido com todo o respeito.

Deveres de Pais e Filhos

6 Filhos, obedeçam a seus pais no Senhor, pois isso é justo.
2 "Honra teu pai e tua mãe" – este é o primeiro mandamento
com promessa – 3 "para que tudo te corra bem e tenhas longa
vida sobre a terra"[e].
4 Pais, não irritem seus filhos; antes criem-nos segundo a ins-
trução e o conselho do Senhor.

Deveres de Escravos e Senhores

5 Escravos, obedeçam a seus senhores terrenos com respeito
e temor, com sinceridade de coração, como a Cristo. 6 Obe-
deçam-lhes, não apenas para agradá-los quando eles os ob-
servam, mas como escravos de Cristo, fazendo de coração a
vontade de Deus. 7 Sirvam aos seus senhores de boa vontade,
como servindo ao Senhor, e não aos homens, 8 porque vocês
sabem que o Senhor recompensará cada um pelo bem que
praticar, seja escravo, seja livre.
9 Vocês, senhores, tratem seus escravos da mesma forma. Não
os ameacem, uma vez que vocês sabem que o Senhor deles
e de vocês está nos céus, e ele não faz diferença entre as
pessoas.

A Armadura de Deus

10 Finalmente, fortaleçam-se no Senhor e no seu forte poder.
11 Vistam toda a armadura de Deus, para poderem ficar firmes
contra as ciladas do Diabo, 12 pois a nossa luta não é contra
seres humanos[f], mas contra os poderes e autoridades, contra
os dominadores deste mundo de trevas, contra as forças espi-
rituais do mal nas regiões celestiais[g]. 13 Por isso, vistam toda
a armadura de Deus, para que possam resistir no dia mau e
permanecer inabaláveis, depois de terem feito tudo. 14 Assim,
mantenham-se firmes, cingindo-se com o cinto da verdade,
vestindo a couraça da justiça 15 e tendo os pés calçados com a
prontidão do evangelho da paz. 16 Além disso, usem o escudo da
fé, com o qual vocês poderão apagar todas as setas inflamadas
do Maligno. 17 Usem o capacete da salvação e a espada do
Espírito, que é a palavra de Deus. 18 Orem no Espírito em todas
as ocasiões, com toda oração e súplica; tendo isso em mente,
estejam atentos e perseverem na oração por todos os santos.
19 Orem também por mim, para que, quando eu falar, seja-me
dada a mensagem a fim de que, destemidamente, torne co-
nhecido o mistério do evangelho, 20 pelo qual sou embaixador
preso em correntes. Orem para que, permanecendo nele, eu
fale com coragem, como me cumpre fazer.

a 5.5 Ou *Cristo e Deus*
b 5.9 Alguns manuscritos dizem *o fruto do Espírito*.
c 5.29 Grego: *carne*.
d 5.31 Gn 2.24
e 6.3 Dt 5.16
f 6.12 Grego: *contra carne e sangue*.
g 6.12 Ou *no mundo espiritual*

Saudações Finais

[21] Tíquico, o irmão amado e fiel servo do Senhor, informará tudo
a vocês, para que também saibam qual é a minha situação e o
que estou fazendo. [22] Enviei-o a vocês por essa mesma razão,
para que saibam como estamos e para que ele os encoraje.
[23] Paz seja com os irmãos e amor com fé da parte de Deus Pai e
do Senhor Jesus Cristo. [24] A graça seja com todos os que amam
a nosso Senhor Jesus Cristo com amor incorruptível.

FILIPENSES

1 Paulo e Timóteo, servos[a] de Cristo Jesus,
a todos os santos em Cristo Jesus que estão em Filipos, com
os bispos[b] e diáconos:
[2] A vocês, graça e paz da parte de Deus nosso Pai e do Senhor
Jesus Cristo.

Ação de Graças e Oração

[3] Agradeço a meu Deus toda vez que me lembro de vocês. [4] Em
todas as minhas orações em favor de vocês, sempre oro com
alegria [5] por causa da cooperação que vocês têm dado ao evan-
gelho desde o primeiro dia até agora. [6] Estou convencido de
que aquele que começou boa obra em vocês, vai completá-la
até o dia de Cristo Jesus.
[7] É justo que eu assim me sinta a respeito de todos vocês, uma
vez que os tenho em meu coração, pois, quer nas correntes que
me prendem, quer defendendo e confirmando o evangelho,
todos vocês participam comigo da graça de Deus. [8] Deus é
minha testemunha de como tenho saudade de todos vocês,
com a profunda afeição de Cristo Jesus.
[9] Esta é a minha oração: Que o amor de vocês aumente cada
vez mais em conhecimento e em toda a percepção, [10] para
discernirem o que é melhor, a fim de serem puros e irrepreen-
síveis até o dia de Cristo, [11] cheios do fruto da justiça, fruto que
vem por meio de Jesus Cristo, para glória e louvor de Deus.

Os Sofrimentos de Paulo Contribuem para a Expansão do Evangelho

[12] Quero que saibam, irmãos, que aquilo que me aconteceu
tem, ao contrário, servido para o progresso do evangelho.
[13] Como resultado, tornou-se evidente a toda a guarda do pa-
lácio[c] e a todos os demais que estou na prisão por causa de
Cristo. [14] E os irmãos, em sua maioria, motivados no Senhor
pela minha prisão, estão anunciando a palavra[d] com maior
determinação e destemor.
[15] É verdade que alguns pregam Cristo por inveja e rivalidade,
mas outros o fazem de boa vontade. [16] Estes o fazem por amor,
sabendo que aqui me encontro para a defesa do evangelho.
[17] Aqueles pregam Cristo por ambição egoísta, sem sinceridade,
pensando que me podem causar sofrimento enquanto estou
preso.[e] [18] Mas que importa? O importante é que de qualquer
forma, seja por motivos falsos ou verdadeiros, Cristo está
sendo pregado, e por isso me alegro.
De fato, continuarei a alegrar-me, [19] pois sei que o que me
aconteceu resultará em minha libertação[f], graças às orações
de vocês e ao auxílio do Espírito de Jesus Cristo. [20] Aguardo
ansiosamente e espero que em nada serei envergonhado. Ao
contrário, com toda a determinação de sempre, também agora
Cristo será engrandecido em meu corpo, quer pela vida, quer
pela morte; [21] porque para mim o viver é Cristo e o morrer é
lucro. [22] Caso continue vivendo no corpo[g], terei fruto do meu
trabalho. E já não sei o que escolher! [23] Estou pressionado dos
dois lados: desejo partir e estar com Cristo, o que é muito
melhor; [24] contudo, é mais necessário, por causa de vocês,
que eu permaneça no corpo. [25] Convencido disso, sei que vou
permanecer e continuar com todos vocês, para o seu progresso
e alegria na fé, [26] a fim de que, pela minha presença, outra vez
a exultação de vocês em Cristo Jesus transborde por minha
causa.
[27] Não importa o que aconteça, exerçam a sua cidadania de
maneira digna do evangelho de Cristo, para que assim, quer
eu vá e os veja, quer apenas ouça a seu respeito em minha
ausência, fique eu sabendo que vocês permanecem firmes num
só espírito, lutando unânimes pela fé evangélica, [28] sem de
forma alguma deixar-se intimidar por aqueles que se opõem
a vocês. Para eles isso é sinal de destruição, mas para vocês,
de salvação, e isso da parte de Deus; [29] pois a vocês foi dado o
privilégio de não apenas crer em Cristo, mas também de sofrer
por ele, [30] já que estão passando pelo mesmo combate que me
viram enfrentar e agora ouvem que ainda enfrento.

2
A Humildade Cristã

Se por estarmos em Cristo nós temos alguma motivação,
alguma exortação de amor, alguma comunhão no Espírito,

a 1.1 Isto é, escravos.
b 1.1 Grego: *epíscopos*. Palavra que descreve a pessoa que exerce função pastoral.
c 1.13 Ou *a todo o palácio*. Isto é, o Pretório, residência oficial do governador romano.
d 1.14 Alguns manuscritos dizem *a palavra de Deus*.
e 1.16,17 Alguns manuscritos apresentam os versículos 16 e 17 em ordem inversa.
f 1.19 Ou *salvação*
g 1.22 Grego: *na carne*; também no versículo 24.

alguma profunda afeição e compaixão, 2 completem a minha
alegria, tendo o mesmo modo de pensar, o mesmo amor, um
só espírito e uma só atitude. 3 Nada façam por ambição egoísta
ou por vaidade, mas humildemente considerem os outros supe-
riores a vocês mesmos. 4 Cada um cuide, não somente dos seus
interesses, mas também dos interesses dos outros.
5 Seja a atitude de vocês a mesma de Cristo Jesus,
6 que, embora sendo Deus[a], não considerou que o ser igual a
Deus era algo a que devia apegar-se; 7 mas esvaziou-se a si
mesmo, vindo a ser servo[b], tornando-se semelhante aos ho-
mens.
8 E, sendo encontrado em forma[c] humana, humilhou-se a si
mesmo e foi obediente até a morte, e morte de cruz!
9 Por isso Deus o exaltou à mais alta posição e lhe deu o nome
que está acima de todo nome, 10 para que ao nome de Jesus
se dobre todo joelho, nos céus, na terra e debaixo da terra,
11 e toda língua confesse que Jesus Cristo é o Senhor, para a
glória de Deus Pai.

Brilhando como Estrelas

12 Assim, meus amados, como sempre vocês obedeceram, não
apenas na minha presença, porém muito mais agora na minha
ausência, ponham em ação a salvação de vocês com temor e
tremor, 13 pois é Deus quem efetua em vocês tanto o querer
quanto o realizar, de acordo com a boa vontade dele.
14 Façam tudo sem queixas nem discussões, 15 para que ve-
nham a tornar-se puros e irrepreensíveis, filhos de Deus in-
culpáveis no meio de uma geração corrompida e depravada,
na qual vocês brilham como estrelas no universo, 16 retendo
firmemente a palavra[d] da vida. Assim, no dia de Cristo, eu me
orgulharei de não ter corrido nem me esforçado inutilmente.
17 Contudo, mesmo que eu esteja sendo derramado como
oferta de bebida[e] sobre o serviço que provém da fé que vocês
têm, o sacrifício que oferecem a Deus, estou alegre e me re-
gozijo com todos vocês. 18 Estejam vocês também alegres, e
regozijem-se comigo.

Timóteo e Epafrodito

19 Espero no Senhor Jesus enviar Timóteo brevemente, para
que eu também me sinta animado quando receber notícias
de vocês. 20 Não tenho ninguém que, como ele, tenha inte-
resse sincero pelo bem-estar de vocês, 21 pois todos buscam
os seus próprios interesses e não os de Jesus Cristo. 22 Mas
vocês sabem que Timóteo foi aprovado porque serviu comigo
no trabalho do evangelho como um filho ao lado de seu pai.
23 Portanto, é ele quem espero enviar, tão logo me certifique da
minha situação, 24 confiando no Senhor que em breve também
poderei ir.
25 Contudo, penso que será necessário enviar de volta a vocês
Epafrodito, meu irmão, cooperador e companheiro de lutas,
mensageiro que vocês enviaram para atender às minhas ne-
cessidades. 26 Pois ele tem saudade de todos vocês e está an-
gustiado porque ficaram sabendo que ele esteve doente. 27 De
fato, ficou doente e quase morreu. Mas Deus teve misericórdia
dele, e não somente dele, mas também de mim, para que eu
não tivesse tristeza sobre tristeza. 28 Por isso, logo o enviarei,
para que, quando o virem novamente, fiquem alegres e eu
tenha menos tristeza. 29 E peço que vocês o recebam no Senhor
com grande alegria e honrem homens como este, 30 porque ele
quase morreu por amor à causa de Cristo, arriscando a vida
para suprir a ajuda que vocês não me podiam dar.

Plena Confiança em Cristo

3 Finalmente, meus irmãos, alegrem-se no Senhor! Escrever
de novo as mesmas coisas não é cansativo para mim e é uma
segurança para vocês.
2 Cuidado com os "cães", cuidado com esses que praticam o
mal, cuidado com a falsa circuncisão[f]! 3 Pois nós é que somos
a circuncisão, nós que adoramos pelo Espírito de Deus, que
nos gloriamos em Cristo Jesus e não temos confiança alguma
na carne, 4 embora eu mesmo tivesse razões para ter tal con-
fiança.
Se alguém pensa que tem razões para confiar na carne, eu
ainda mais: 5 circuncidado no oitavo dia de vida, pertencente
ao povo de Israel, à tribo de Benjamim, verdadeiro hebreu;
quanto à Lei, fariseu; 6 quanto ao zelo, perseguidor da igreja;
quanto à justiça que há na Lei, irrepreensível.
7 Mas o que para mim era lucro passei a considerar como
perda, por causa de Cristo. 8 Mais do que isso, considero tudo
como perda, comparado com a suprema grandeza do conhe-
cimento de Cristo Jesus, meu Senhor, por quem perdi todas as
coisas. Eu as considero como esterco para poder ganhar Cristo
9 e ser encontrado nele, não tendo a minha própria justiça que
procede da Lei, mas a que vem mediante a fé em Cristo, a jus-
tiça que procede de Deus e se baseia na fé. 10 Quero conhecer
Cristo, o poder da sua ressurreição e a participação em seus
sofrimentos, tornando-me como ele em sua morte 11 para, de
alguma forma, alcançar a ressurreição dentre os mortos.

Prosseguindo para o Alvo

12 Não que eu já tenha obtido tudo isso ou tenha sido aperfei-
çoado, mas prossigo para alcançá-lo, pois para isso também fui
alcançado por Cristo Jesus. 13 Irmãos, não penso que eu mesmo
já o tenha alcançado, mas uma coisa faço: esquecendo-me das
coisas que ficaram para trás e avançando para as que estão
adiante, 14 prossigo para o alvo, a fim de ganhar o prêmio do
chamado celestial de Deus em Cristo Jesus.
15 Todos nós que alcançamos a maturidade devemos ver as
coisas dessa forma, e, se em algum aspecto, vocês pensam de

[a] 2.6 Ou *existindo na forma de Deus*
[b] 2.7 Ou *assumindo a forma de escravo*
[c] 2.8 Ou *figura*
[d] 2.16 Ou *firmando-se na palavra*
[e] 2.17 Veja Nm 28.7.

[f] 3.2 Grego: *mutilação*.

modo diferente, isso também Deus esclarecerá. 16 Tão somente
vivamos de acordo com o que já alcançamos.
17 Irmãos, sigam unidos o meu exemplo e observem os que
vivem de acordo com o padrão que apresentamos a vocês.
18 Pois, como já disse repetidas vezes, e agora repito com lá-
grimas, há muitos que vivem como inimigos da cruz de Cristo.
19 O destino deles é a perdição, o seu deus é o estômago, e
eles têm orgulho do que é vergonhoso; só pensam nas coisas
terrenas. 20 A nossa cidadania, porém, está nos céus, de onde
esperamos ansiosamente o Salvador, o Senhor Jesus Cristo.
21 Pelo poder que o capacita a colocar todas as coisas debaixo
do seu domínio, ele transformará os nossos corpos humilhados,
tornando-os semelhantes ao seu corpo glorioso.

4 Portanto, meus irmãos, a quem amo e de quem tenho sau-
dade, vocês que são a minha alegria e a minha coroa, per-
maneçam assim firmes no Senhor, ó amados!

Exortações

2 O que eu rogo a Evódia e também a Síntique é que vivam em
harmonia no Senhor. 3 Sim, e peço a você, leal companheiro
de jugo[a], que as ajude; pois lutaram ao meu lado na causa do
evangelho, com Clemente e meus demais cooperadores. Os
seus nomes estão no livro da vida.
4 Alegrem-se sempre no Senhor. Novamente direi: Alegrem-se!
5 Seja a amabilidade de vocês conhecida por todos. Perto está o
Senhor. 6 Não andem ansiosos por coisa alguma, mas em tudo,
pela oração e súplicas, e com ação de graças, apresentem
seus pedidos a Deus. 7 E a paz de Deus, que excede todo o
entendimento, guardará o coração e a mente de vocês em
Cristo Jesus.
8 Finalmente, irmãos, tudo o que for verdadeiro, tudo o que
for nobre, tudo o que for correto, tudo o que for puro, tudo o
que for amável, tudo o que for de boa fama, se houver algo de
excelente ou digno de louvor, pensem nessas coisas. 9 Ponham
em prática tudo o que vocês aprenderam, receberam, ouviram
e viram em mim. E o Deus da paz estará com vocês.

Agradecimentos pelas Ofertas

10 Alegro-me grandemente no Senhor, porque finalmente vocês
renovaram o seu interesse por mim. De fato, vocês já se inte-
ressavam, mas não tinham oportunidade para demonstrá-lo.
11 Não estou dizendo isso porque esteja necessitado, pois
aprendi a adaptar-me a toda e qualquer circunstância. 12 Sei
o que é passar necessidade e sei o que é ter fartura. Aprendi
o segredo de viver contente em toda e qualquer situação, seja
bem alimentado, seja com fome, tendo muito, ou passando
necessidade. 13 Tudo posso naquele que me fortalece.
14 Apesar disso, vocês fizeram bem em participar de minhas tri-
bulações. 15 Como vocês sabem, filipenses, nos seus primeiros
dias no evangelho, quando parti da Macedônia, nenhuma
igreja partilhou comigo no que se refere a dar e receber, ex-
ceto vocês; 16 pois, estando eu em Tessalônica, vocês me man-
daram ajuda, não apenas uma vez, mas duas, quando tive ne-
cessidade. 17 Não que eu esteja procurando ofertas, mas o que
pode ser creditado na conta de vocês. 18 Recebi tudo, e o que
tenho é mais que suficiente. Estou amplamente suprido, agora
que recebi de Epafrodito os donativos que vocês enviaram. São
uma oferta de aroma suave, um sacrifício aceitável e agradável
a Deus. 19 O meu Deus suprirá todas as necessidades de vocês,
de acordo com as suas gloriosas riquezas em Cristo Jesus.
20 A nosso Deus e Pai seja a glória para todo o sempre. Amém.

Saudações Finais

21 Saúdem a todos os santos em Cristo Jesus. Os irmãos que
estão comigo enviam saudações. 22 Todos os santos enviam
saudações, especialmente os que estão no palácio de César.
23 A graça do Senhor Jesus Cristo seja com o espírito de vocês.
Amém.[b]

[a] 4.3 Ou *leal Sízigo*

[b] 4.23 Alguns manuscritos não trazem *Amém*.

COLOSSENSES

1 Paulo, apóstolo de Cristo Jesus pela vontade de Deus, e o
irmão Timóteo, 2 aos santos e fiéis[a] irmãos em Cristo que
estão em Colossos:
A vocês, graça e paz da parte de Deus nosso Pai e do Senhor
Jesus Cristo[b].

Ação de Graças

3 Sempre agradecemos a Deus, o Pai de nosso Senhor Jesus
Cristo, quando oramos por vocês, 4 pois temos ouvido falar
da fé que vocês têm em Cristo Jesus e do amor que têm por
todos os santos, 5 por causa da esperança que está reservada
a vocês nos céus, a respeito da qual ouviram por meio da pa-
lavra da verdade, o evangelho 6 que chegou até vocês. Por todo

[a] 1.2 Ou *crentes*

[b] 1.2 Vários manuscritos não trazem *e do Senhor Jesus Cristo*.

o mundo este evangelho vai frutificando e crescendo, como
também ocorre entre vocês, desde o dia em que o ouviram e
entenderam a graça de Deus em toda a sua verdade. 7 Vocês o
aprenderam de Epafras, nosso amado cooperador, fiel ministro
de Cristo para conosco[a], 8 que também nos falou do amor que
vocês têm no Espírito.
9 Por essa razão, desde o dia em que o ouvimos, não deixamos
de orar por vocês e de pedir que sejam cheios do pleno conhe-
cimento da vontade de Deus, com toda a sabedoria e enten-
dimento espiritual. 10 E isso para que vocês vivam de maneira
digna do Senhor e em tudo possam agradá-lo, frutificando em
toda boa obra, crescendo no conhecimento de Deus e 11 sendo
fortalecidos com todo o poder, de acordo com a força da sua
glória, para que tenham toda a perseverança e paciência com
alegria, 12 dando graças ao Pai, que nos[b] tornou dignos de par-
ticipar da herança dos santos no reino da luz. 13 Pois ele nos
resgatou do domínio das trevas e nos transportou para o Reino
do seu Filho amado, 14 em quem temos a redenção[c], a saber,
o perdão dos pecados.

A Supremacia de Cristo

15 Ele é a imagem do Deus invisível, o primogênito sobre toda
a criação, 16 pois nele foram criadas todas as coisas nos céus
e na terra, as visíveis e as invisíveis, sejam tronos sejam sobe-
ranias, poderes ou autoridades; todas as coisas foram criadas
por ele e para ele.
17 Ele é antes de todas as coisas, e nele tudo subsiste.
18 Ele é a cabeça do corpo, que é a igreja; é o princípio e o
primogênito dentre os mortos, para que em tudo tenha a su-
premacia.
19 Pois foi do agrado de Deus que nele habitasse toda a pleni-
tude[d] 20 e por meio dele reconciliasse consigo todas as coisas,
tanto as que estão na terra quanto as que estão nos céus,
estabelecendo a paz pelo seu sangue derramado na cruz.
21 Antes vocês estavam separados de Deus e, na mente de
vocês, eram inimigos por causa do mau[e] procedimento de
vocês. 22 Mas agora ele os reconciliou pelo corpo físico de
Cristo[f], mediante a morte, para apresentá-los diante dele
santos, inculpáveis e livres de qualquer acusação, 23 desde
que continuem alicerçados e firmes na fé, sem se afastarem
da esperança do evangelho, que vocês ouviram e que tem sido
proclamado a todos os que estão debaixo do céu. Esse é o
evangelho do qual eu, Paulo, me tornei ministro.

O Trabalho de Paulo pela Igreja

24 Agora me alegro em meus sofrimentos por vocês e completo
no meu corpo[g] o que resta das aflições de Cristo, em favor do
seu corpo, que é a igreja. 25 Dela me tornei ministro de acordo
com a responsabilidade, por Deus a mim atribuída, de apre-
sentar a vocês plenamente a palavra de Deus, 26 o mistério que
esteve oculto durante épocas e gerações, mas que agora foi
manifestado a seus santos. 27 A ele quis Deus dar a conhecer
entre os gentios[h] a gloriosa riqueza deste mistério, que é Cristo
em vocês, a esperança da glória.
28 Nós o proclamamos, advertindo e ensinando a cada um com
toda a sabedoria, para que apresentemos todo homem perfeito
em Cristo. 29 Para isso eu me esforço, lutando conforme a sua
força, que atua poderosamente em mim.

2 Quero que vocês saibam quanto estou lutando por vocês,
pelos que estão em Laodiceia e por todos os que ainda
não me conhecem pessoalmente. 2 Esforço-me para que eles
sejam fortalecidos em seu coração, estejam unidos em amor
e alcancem toda a riqueza do pleno entendimento, a fim de
conhecerem plenamente o mistério de Deus, a saber, Cristo.
3 Nele estão escondidos todos os tesouros da sabedoria e do
conhecimento. 4 Eu digo isso para que ninguém os engane com
argumentos que só parecem convincentes. 5 Porque, embora
esteja fisicamente longe de vocês, em espírito estou presente
e me alegro em ver como estão vivendo em ordem e como está
firme a fé que vocês têm em Cristo.

Livres do Legalismo por meio de Cristo

6 Portanto, assim como vocês receberam Cristo Jesus, o Se-
nhor, continuem a viver nele, 7 enraizados e edificados nele,
firmados na fé, como foram ensinados, transbordando de
gratidão.
8 Tenham cuidado para que ninguém os escravize a filosofias
vãs e enganosas, que se fundamentam nas tradições humanas
e nos princípios elementares deste mundo, e não em Cristo.
9 Pois em Cristo habita corporalmente toda a plenitude da di-
vindade, 10 e, por estarem nele, que é o Cabeça de todo poder
e autoridade, vocês receberam a plenitude. 11 Nele também
vocês foram circuncidados, não com uma circuncisão feita por
mãos humanas, mas com a circuncisão feita por Cristo, que é
o despojar do corpo da carne[i]. 12 Isso aconteceu quando vocês
foram sepultados com ele no batismo e com ele foram res-
suscitados mediante a fé no poder de Deus que o ressuscitou
dentre os mortos.
13 Quando vocês estavam mortos em pecados e na incircuncisão
da sua carne[j], Deus os[k] vivificou com Cristo. Ele nos perdoou
todas as transgressões 14 e cancelou a escrita de dívida, que
consistia em ordenanças e que nos era contrária. Ele a re-
moveu, pregando-a na cruz, 15 e, tendo despojado os poderes
e as autoridades, fez deles um espetáculo público, triunfando
sobre eles na cruz.

[a] 1.7 Vários manuscritos dizem *para com vocês*.
[b] 1.12 Alguns manuscritos dizem *os*.
[c] 1.14 Alguns manuscritos dizem *redenção por meio do seu sangue*.
[d] 1.19 Ou *Pois toda a plenitude agradou-se em habitar nele*,
[e] 1.21 Ou *conforme demonstrado pelo mau*
[f] 1.22 Grego: *corpo da sua carne*.
[g] 1.24 Grego: *na minha carne*.
[h] 1.27 Isto é, os que não são judeus.
[i] 2.11 Isto é, da velha vida dos não regenerados.
[j] 2.13 Ou *da sua natureza pecaminosa*; também no versículo 23.
[k] 2.13 Alguns manuscritos dizem *nos*.

16 Portanto, não permitam que ninguém os julgue pelo que
vocês comem ou bebem, ou com relação a alguma festividade
religiosa ou à celebração das luas novas ou dos dias de sábado.
17 Essas coisas são sombras do que haveria de vir; a realidade,
porém, encontra-se em Cristo[a]. 18 Não permitam que ninguém
que tenha prazer numa falsa humildade e na adoração de anjos
os impeça de alcançar o prêmio. Tal pessoa conta detalha-
damente suas visões, e sua mente carnal a torna orgulhosa.
19 Trata-se de alguém que não está unido à Cabeça, a partir da
qual todo o corpo, sustentado e unido por seus ligamentos e
juntas, efetua o crescimento dado por Deus.
20 Já que vocês morreram com Cristo para os princípios ele-
mentares deste mundo, por que, como se ainda pertencessem
a ele, vocês se submetem a regras: 21 "Não manuseie!", "Não
prove!", "Não toque!"? 22 Todas essas coisas estão destinadas
a perecer pelo uso, pois se baseiam em mandamentos e en-
sinos humanos. 23 Essas regras têm, de fato, aparência de sa-
bedoria, com sua pretensa religiosidade, falsa humildade e
severidade com o corpo, mas não têm valor algum para refrear
os impulsos da carne.

Instruções para um Viver Santo

3 Portanto, já que vocês ressuscitaram com Cristo, procurem
as coisas que são do alto, onde Cristo está assentado à direita
de Deus. 2 Mantenham o pensamento nas coisas do alto, e não
nas coisas terrenas. 3 Pois vocês morreram, e agora a sua vida
está escondida com Cristo em Deus. 4 Quando Cristo, que é a
sua[b] vida, for manifestado, então vocês também serão mani-
festados com ele em glória.
5 Assim, façam morrer tudo o que pertence à natureza terrena
de vocês: imoralidade sexual, impureza, paixão, desejos maus
e a ganância, que é idolatria. 6 É por causa dessas coisas que
vem a ira de Deus sobre os que vivem na desobediência[c], 7 as
quais vocês praticaram no passado, quando costumavam viver
nelas. 8 Mas, agora, abandonem todas estas coisas: ira, indig-
nação, maldade, maledicência e linguagem indecente no falar.
9 Não mintam uns aos outros, visto que vocês já se despiram do
velho homem[d] com suas práticas 10 e se revestiram do novo, o
qual está sendo renovado em conhecimento, à imagem do seu
Criador. 11 Nessa nova vida já não há diferença entre grego e
judeu, circunciso e incircunciso, bárbaro[e] e cita[f], escravo e livre,
mas Cristo é tudo e está em todos.
12 Portanto, como povo escolhido de Deus, santo e amado, re-
vistam-se de profunda compaixão, bondade, humildade, man-
sidão e paciência. 13 Suportem-se uns aos outros e perdoem
as queixas que tiverem uns contra os outros. Perdoem como o
Senhor lhes perdoou. 14 Acima de tudo, porém, revistam-se do
amor, que é o elo perfeito.
15 Que a paz de Cristo seja o juiz em seu coração, visto que
vocês foram chamados para viver em paz, como membros de
um só corpo. E sejam agradecidos. 16 Habite ricamente em
vocês a palavra de Cristo; ensinem e aconselhem-se uns aos
outros com toda a sabedoria e cantem salmos, hinos e cânticos
espirituais com gratidão a Deus em seu coração. 17 Tudo o que
fizerem, seja em palavra seja em ação, façam-no em nome do
Senhor Jesus, dando por meio dele graças a Deus Pai.

Responsabilidade Social

18 Mulheres, sujeite-se cada uma a seu marido, como convém
a quem está no Senhor.
19 Maridos, ame cada um a sua mulher e não a tratem com
amargura.
20 Filhos, obedeçam a seus pais em tudo, pois isso agrada ao
Senhor.
21 Pais, não irritem seus filhos, para que eles não desanimem.
22 Escravos, obedeçam em tudo a seus senhores terrenos, não
somente para agradá-los quando eles estão observando, mas
com sinceridade de coração, pelo fato de vocês temerem o
Senhor. 23 Tudo o que fizerem, façam de todo o coração, como
para o Senhor, e não para os homens, 24 sabendo que rece-
berão do Senhor a recompensa da herança. É a Cristo, o Se-
nhor, que vocês estão servindo. 25 Quem cometer injustiça re-
ceberá de volta injustiça, e não haverá exceção para ninguém.

4 Senhores, deem aos seus escravos o que é justo e direito,
sabendo que vocês também têm um Senhor nos céus.

Outras Instruções

2 Dediquem-se à oração, estejam alerta e sejam agradecidos.
3 Ao mesmo tempo, orem também por nós, para que Deus abra
uma porta para a nossa mensagem, a fim de que possamos
proclamar o mistério de Cristo, pelo qual estou preso. 4 Orem
para que eu possa manifestá-lo abertamente, como me cumpre
fazê-lo. 5 Sejam sábios no procedimento para com os de fora;
aproveitem ao máximo todas as oportunidades. 6 O seu falar
seja sempre agradável e temperado com sal, para que saibam
como responder a cada um.

Saudações Finais

7 Tíquico informará vocês de todas as coisas a meu respeito.
Ele é um irmão amado, ministro fiel e cooperador no serviço
do Senhor. 8 Eu o envio a vocês precisamente com o propósito
de que saibam de tudo o que se passa conosco[g], e para que ele
lhes fortaleça o coração. 9 Ele irá com Onésimo, fiel e amado
irmão, que é um de vocês. Eles irão contar tudo o que está
acontecendo aqui.
10 Aristarco, meu companheiro de prisão, envia saudações, bem
como Marcos, primo de Barnabé. Vocês receberam instruções
a respeito de Marcos, e, se ele for visitá-los, recebam-no.
11 Jesus, chamado Justo, também envia saudações. Esses são

[a] **2.17** Grego: *o corpo, porém, é de Cristo.*
[b] **3.4** Alguns manuscritos dizem *nossa*.
[c] **3.6** Alguns manuscritos antigos não trazem *sobre os que vivem na desobediência*.
[d] **3.9** Isto é, da velha vida dos não regenerados.
[e] **3.11** Isto é, aquele que não possuía cultura grega.
[f] **3.11** Isto é, habitante da região ao norte do mar Negro, que não fazia parte do Império Romano.
[g] **4.8** Alguns manuscritos dizem *de que ele saiba de tudo o que se passa com vocês*.

os únicos da circuncisão que são meus cooperadores em favor
do Reino de Deus. Eles têm sido uma fonte de ânimo para mim.
12 Epafras, que é um de vocês e servo[a] de Cristo Jesus, envia
saudações. Ele está sempre batalhando por vocês em oração,
para que, como pessoas maduras e plenamente convictas,
continuem firmes em toda a vontade de Deus. 13 Dele dou tes-
temunho de que se esforça muito por vocês e pelos que estão
em Laodiceia e em Hierápolis. 14 Lucas, o médico amado, e
Demas enviam saudações. 15 Saúdem os irmãos de Laodiceia,
bem como Ninfa e a igreja que se reúne em sua casa.
16 Depois que esta carta for lida entre vocês, façam que
também seja lida na igreja dos laodicenses e que vocês igual-
mente leiam a carta de Laodiceia.
17 Digam a Arquipo: "Cuide em cumprir o ministério que você
recebeu no Senhor".
18 Eu, Paulo, escrevo esta saudação de próprio punho. Lem-
brem-se das minhas algemas. A graça seja com vocês.

[a] **4.12** Isto é, escravo.

1 TESSALONICENSES

1 Paulo, Silvano[a] e Timóteo, à igreja dos tessalonicenses, em
Deus Pai e no Senhor Jesus Cristo: A vocês, graça e paz da
parte de Deus e de nosso Senhor Jesus Cristo[b].

Ação de Graças pela Fé e pelo Exemplo dos Tessalonicenses

2 Sempre damos graças a Deus por todos vocês, mencionan-
do-os em nossas orações. 3 Lembramos continuamente, diante
de nosso Deus e Pai, o que vocês têm demonstrado: o trabalho
que resulta da fé, o esforço motivado pelo amor e a perseve-
rança proveniente da esperança em nosso Senhor Jesus Cristo.
4 Sabemos, irmãos, amados de Deus, que ele os escolheu
5 porque o nosso evangelho não chegou a vocês somente em
palavra, mas também em poder, no Espírito Santo e em plena
convicção. Vocês sabem como procedemos entre vocês, em
seu favor. 6 De fato, vocês se tornaram nossos imitadores e do
Senhor, pois, apesar de muito sofrimento, receberam a palavra
com alegria que vem do Espírito Santo. 7 Assim, tornaram-se
modelo para todos os crentes que estão na Macedônia e na
Acaia. 8 Porque, partindo de vocês, propagou-se a mensagem
do Senhor na Macedônia e na Acaia. Não somente isso, mas
também por toda parte tornou-se conhecida a fé que vocês
têm em Deus. O resultado é que não temos necessidade de
dizer mais nada sobre isso, 9 pois eles mesmos relatam de que
maneira vocês nos receberam e como se voltaram para Deus,
deixando os ídolos a fim de servir ao Deus vivo e verdadeiro 10 e
esperar dos céus seu Filho, a quem ressuscitou dos mortos:
Jesus, que nos livra da ira que há de vir.

2 O Ministério de Paulo em Tessalônica

Irmãos, vocês mesmos sabem que a visita que fizemos
a vocês não foi inútil. 2 Apesar de termos sido maltratados
e insultados em Filipos, como vocês sabem, com a ajuda
de nosso Deus tivemos coragem de anunciar o evangelho
de Deus a vocês em meio a muita luta. 3 Pois nossa exor-
tação não tem origem no erro nem em motivos impuros, nem
temos intenção de enganá-los; 4 ao contrário, como homens
aprovados por Deus para nos confiar o evangelho, não fa-
lamos para agradar pessoas, mas a Deus, que prova o nosso
coração. 5 Vocês bem sabem que a nossa palavra nunca foi
de bajulação nem de pretexto para ganância; Deus é teste-
munha. 6 Nem buscamos reconhecimento humano, quer de
vocês quer de outros.
7 Embora, como apóstolos de Cristo, pudéssemos ter sido um
peso, fomos bondosos quando estávamos entre vocês, como
uma mãe[c] que cuida dos próprios filhos. 8 Sentindo, assim,
tanta afeição, decidimos dar a vocês não somente o evangelho
de Deus, mas também a nossa própria vida, porque vocês se
tornaram muito amados por nós. 9 Irmãos, certamente vocês
se lembram do nosso trabalho esgotante e da nossa fadiga;
trabalhamos noite e dia para não sermos pesados a ninguém,
enquanto pregávamos o evangelho de Deus a vocês.
10 Tanto vocês como Deus são testemunhas de como nos por-
tamos de maneira santa, justa e irrepreensível entre vocês, os
que creem. 11 Pois vocês sabem que tratamos cada um como
um pai trata seus filhos, 12 exortando, consolando e dando tes-
temunho, para que vocês vivam de maneira digna de Deus, que
os chamou para o seu Reino e glória.
13 Também agradecemos a Deus sem cessar o fato de que,
ao receberem de nossa parte a palavra de Deus, vocês a
aceitaram, não como palavra de homens, mas conforme ela
verdadeiramente é, como palavra de Deus, que atua com efi-
cácia em vocês, os que creem. 14 Porque vocês, irmãos, tor-
naram-se imitadores das igrejas de Deus em Cristo Jesus que

[a] **1.1** Ou *Silas*, variante de *Silvano*.
[b] **1.1** Vários manuscritos não trazem *da parte de Deus e de nosso Senhor Jesus Cristo*.
[c] **2.7** Grego: *ama*.

estão na Judeia. Vocês sofreram da parte dos seus próprios conterrâneos as mesmas coisas que aquelas igrejas sofreram da parte dos judeus, 15 que mataram o Senhor Jesus e os profetas, e também nos perseguiram. Eles desagradam a Deus e são hostis a todos, 16 esforçando-se para nos impedir que falemos aos gentios[a], e estes sejam salvos. Dessa forma, continuam acumulando seus pecados. Sobre eles, finalmente[b], veio a ira[c].

Paulo Deseja Rever os Tessalonicenses

17 Nós, porém, irmãos, privados da companhia de vocês por breve tempo, em pessoa, mas não no coração, esforçamo-nos ainda mais para vê-los pessoalmente, pela saudade que temos de vocês. 18 Quisemos visitá-los. Eu mesmo, Paulo, o quis, e não apenas uma vez, mas duas; Satanás, porém, nos impediu. 19 Pois quem é a nossa esperança, alegria ou coroa em que nos gloriamos perante o Senhor Jesus na sua vinda? Não são vocês? 20 De fato, vocês são a nossa glória e a nossa alegria.

3 Por isso, quando não pudemos mais suportar, achamos por bem permanecer sozinhos em Atenas 2 e, assim, enviamos Timóteo, nosso irmão e cooperador de Deus[d] no evangelho de Cristo, para fortalecê-los e dar a vocês ânimo na fé, 3 para que ninguém seja abalado por essas tribulações. Vocês sabem muito bem que fomos designados para isso. 4 Quando estávamos com vocês, já dizíamos que seríamos perseguidos, o que realmente aconteceu, como vocês sabem. 5 Por essa razão, não suportando mais, enviei Timóteo para saber a respeito da fé que vocês têm, a fim de que o tentador não os seduzisse, tornando inútil o nosso esforço.

As Boas Notícias Trazidas por Timóteo

6 Agora, porém, Timóteo acaba de chegar da parte de vocês, dando-nos boas notícias a respeito da fé e do amor que vocês têm. Ele nos falou que vocês sempre guardam boas recordações de nós, desejando ver-nos, assim como nós queremos vê-los. 7 Por isso, irmãos, em toda a nossa necessidade e tribulação ficamos animados quando soubemos da sua fé; 8 pois agora vivemos, visto que vocês estão firmes no Senhor. 9 Como podemos ser suficientemente gratos a Deus por vocês, por toda a alegria que temos diante dele por causa de vocês? 10 Noite e dia insistimos em orar para que possamos vê-los pessoalmente e suprir o que falta à sua fé.

11 Que o próprio Deus, nosso Pai, e nosso Senhor Jesus preparem o nosso caminho até vocês. 12 Que o Senhor faça crescer e transbordar o amor que vocês têm uns para com os outros e para com todos, a exemplo do nosso amor por vocês. 13 Que ele fortaleça o coração de vocês para serem irrepreensíveis em santidade diante de nosso Deus e Pai, na vinda de nosso Senhor Jesus com todos os seus santos.

Vivendo para Agradar a Deus

4 Quanto ao mais, irmãos, já os instruímos acerca de como viver a fim de agradar a Deus e, de fato, assim vocês estão procedendo. Agora pedimos e exortamos a vocês no Senhor Jesus que cresçam nisso cada vez mais. 2 Pois conhecem os mandamentos que demos a vocês pela autoridade do Senhor Jesus.

3 A vontade de Deus é que vocês sejam santificados: abstenham-se da imoralidade sexual. 4 Cada um saiba controlar o seu próprio corpo[e] de maneira santa e honrosa, 5 não dominado pela paixão de desejos desenfreados, como os pagãos que desconhecem a Deus. 6 Neste assunto, ninguém prejudique seu irmão nem dele se aproveite. O Senhor castigará todas essas práticas, como já dissemos e asseguramos. 7 Porque Deus não nos chamou para a impureza, mas para a santidade. 8 Portanto, aquele que rejeita estas coisas não está rejeitando o homem, mas a Deus, que lhes dá o seu Espírito Santo.

9 Quanto ao amor fraternal, não precisamos escrever, pois vocês mesmos já foram ensinados por Deus a se amarem uns aos outros. 10 E, de fato, vocês amam todos os irmãos em toda a Macedônia. Contudo, irmãos, insistimos com vocês que cada vez mais assim procedam.

11 Esforcem-se para ter uma vida tranquila, cuidar dos seus próprios negócios e trabalhar com as próprias mãos, como nós os instruímos; 12 a fim de que andem decentemente aos olhos dos que são de fora e não dependam de ninguém.

A Vinda do Senhor

13 Irmãos, não queremos que vocês sejam ignorantes quanto aos que dormem, para que não se entristeçam como os outros que não têm esperança. 14 Se cremos que Jesus morreu e ressurgiu, cremos também que Deus trará, mediante Jesus e com ele, aqueles que nele dormiram. 15 Dizemos a vocês, pela palavra do Senhor, que nós, os que estivermos vivos, os que ficarmos até a vinda do Senhor, certamente não precederemos os que dormem. 16 Pois, dada a ordem, com a voz do arcanjo e o ressoar da trombeta de Deus, o próprio Senhor descerá dos céus, e os mortos em Cristo ressuscitarão primeiro. 17 Depois nós, os que estivermos vivos, seremos arrebatados com eles nas nuvens, para o encontro com o Senhor nos ares. E assim estaremos com o Senhor para sempre. 18 Consolem-se uns aos outros com essas palavras.

5 Irmãos, quanto aos tempos e épocas, não precisamos escrever 2 pois vocês mesmos sabem perfeitamente que o dia do Senhor virá como ladrão à noite. 3 Quando disserem: "Paz e segurança", a destruição virá sobre eles de repente, como as dores de parto à mulher grávida; e de modo nenhum escaparão.

---

[a] 2.16 Isto é, os que não são judeus.
[b] 2.16 Ou *plenamente*
[c] 2.16 Alguns manuscritos acrescentam *de Deus*.
[d] 3.2 Alguns manuscritos não trazem *de Deus*; outros manuscritos dizem *ministro de Deus*.
[e] 4.4 Grego: *vaso*. Ou *aprenda como conseguir esposa*; ou ainda *aprenda a viver com sua própria mulher*

4 Mas vocês, irmãos, não estão nas trevas, para que esse dia os
surpreenda como ladrão. 5 Vocês todos são filhos da luz, filhos
do dia. Não somos da noite nem das trevas. 6 Portanto, não
durmamos como os demais, mas estejamos atentos e sejamos
sóbrios; 7 pois os que dormem, dormem de noite, e os que se
embriagam, embriagam-se de noite. 8 Nós, porém, que somos
do dia, sejamos sóbrios, vestindo a couraça da fé e do amor
e o capacete da esperança da salvação. 9 Porque Deus não
nos destinou para a ira, mas para recebermos a salvação por
meio de nosso Senhor Jesus Cristo. 10 Ele morreu por nós para
que, quer estejamos acordados quer dormindo, vivamos unidos
a ele. 11 Por isso, exortem-se e edifiquem-se uns aos outros,
como de fato vocês estão fazendo.

Instruções Finais

12 Agora pedimos a vocês, irmãos, que tenham consideração
para com os que se esforçam no trabalho entre vocês, que os
lideram no Senhor e os aconselham. 13 Tenham-nos na mais
alta estima, com amor, por causa do trabalho deles. Vivam
em paz uns com os outros. 14 Exortamos vocês, irmãos, a que
advirtam os ociosos[a], confortem os desanimados, auxiliem os
fracos, sejam pacientes para com todos. 15 Tenham cuidado
para que ninguém retribua o mal com o mal, mas sejam sempre
bondosos uns para com os outros e para com todos.
16 Alegrem-se sempre. 17 Orem continuamente. 18 Deem graças
em todas as circunstâncias, pois esta é a vontade de Deus para
vocês em Cristo Jesus.
19 Não apaguem o Espírito. 20 Não tratem com desprezo as pro-
fecias, 21 mas ponham à prova todas as coisas e fiquem com o
que é bom. 22 Afastem-se de toda forma de mal.
23 Que o próprio Deus da paz os santifique inteiramente. Que
todo o espírito, a alma e o corpo de vocês sejam preservados
irrepreensíveis na vinda de nosso Senhor Jesus Cristo. 24 Aquele
que os chama é fiel e fará isso.
25 Irmãos, orem por nós. 26 Saúdem todos os irmãos com beijo
santo. 27 Diante do Senhor, encarrego vocês de lerem esta carta
a todos os irmãos.
28 A graça de nosso Senhor Jesus Cristo seja com vocês.

[a] 5.14 Ou *insubordinados*

2 TESSALONICENSES

1 Paulo, Silvano[a] e Timóteo, à igreja dos tessalonicenses, em
Deus nosso Pai e no Senhor Jesus Cristo:
2 A vocês, graça e paz da parte de Deus Pai e do Senhor Jesus
Cristo.

Ação de Graças e Oração

3 Irmãos, devemos sempre dar graças a Deus por vocês; e isso
é justo, porque a fé que vocês têm cresce cada vez mais, e
muito aumenta o amor de todos vocês uns pelos outros. 4 Por
esta causa nós nos gloriamos em vocês entre as igrejas de
Deus pela perseverança e fé demonstrada por vocês em todas
as perseguições e tribulações que estão suportando. 5 Elas dão
prova do justo juízo de Deus e mostram o seu desejo de que
vocês sejam considerados dignos do seu Reino, pelo qual vocês
também estão sofrendo.
6 É justo da parte de Deus retribuir com tribulação aos que
lhes causam tribulação, 7 e dar alívio a vocês, que estão sendo
atribulados, e a nós também. Isso acontecerá quando o Senhor
Jesus for revelado lá dos céus, com os seus anjos poderosos,
em meio a chamas flamejantes. 8 Ele punirá os que não co-
nhecem a Deus e os que não obedecem ao evangelho de nosso
Senhor Jesus. 9 Eles sofrerão a pena de destruição eterna, a se-
paração da presença do Senhor e da majestade do seu poder.
10 Isso acontecerá no dia em que ele vier para ser glorificado
em seus santos e admirado em todos os que creram, inclusive
vocês que creram em nosso testemunho.
11 Conscientes disso, oramos constantemente por vocês, para
que o nosso Deus os faça dignos da vocação e, com poder,
cumpra todo bom propósito e toda obra que procede da fé.
12 Assim o nome de nosso Senhor Jesus será glorificado em
vocês, e vocês nele, segundo a graça de nosso Deus e do Se-
nhor Jesus[b] Cristo.

O Homem do Pecado

2 Irmãos, quanto à vinda de nosso Senhor Jesus Cristo e à
nossa reunião com ele, rogamos a vocês 2 que não se deixem
abalar nem alarmar tão facilmente, quer por profecia[c], quer por
palavra, quer por carta supostamente vinda de nós, como se o
dia do Senhor já tivesse chegado. 3 Não deixem que ninguém os
engane de modo algum. Antes daquele dia virá a apostasia e,
então, será revelado o homem do pecado[d], o filho da perdição.
4 Este se opõe e se exalta acima de tudo o que se chama Deus
ou é objeto de adoração, chegando até a assentar-se no san-
tuário de Deus, proclamando que ele mesmo é Deus.

[a] 1.1 Ou *Silas*, variante de *Silvano*.

[b] 1.12 Ou *Deus e Senhor, Jesus*

[c] 2.2 Grego: *espírito*.

[d] 2.3 Vários manuscritos dizem *da iniquidade*.

5 Não se lembram de que, quando eu ainda estava com vocês,
costumava falar essas coisas? 6 E agora vocês sabem o que o
está detendo, para que ele seja revelado no seu devido tempo.
7 A verdade é que o mistério da iniquidade já está em ação,
restando apenas que seja afastado aquele que agora o detém.
8 Então será revelado o perverso, a quem o Senhor Jesus ma-
tará com o sopro de sua boca e destruirá pela manifestação
de sua vinda. 9 A vinda desse perverso é segundo a ação de
Satanás, com todo o poder, com sinais e com maravilhas en-
ganadoras. 10 Ele fará uso de todas as formas de engano da
injustiça para os que estão perecendo, porquanto rejeitaram
o amor à verdade que os poderia salvar. 11 Por essa razão Deus
lhes envia um poder sedutor, a fim de que creiam na mentira
12 e sejam condenados todos os que não creram na verdade,
mas tiveram prazer na injustiça.

Exortação à Perseverança

13 Mas nós devemos sempre dar graças a Deus por vocês, ir-
mãos amados pelo Senhor, porque desde o princípio Deus os
escolheu[a] para serem salvos mediante a obra santificadora
do Espírito e a fé na verdade. 14 Ele os chamou para isso por
meio de nosso evangelho, a fim de tomarem posse da glória
de nosso Senhor Jesus Cristo. 15 Portanto, irmãos, perma-
neçam firmes e apeguem-se às tradições que foram ensinadas
a vocês, quer de viva voz, quer por carta nossa.
16 Que o próprio Senhor Jesus Cristo e Deus nosso Pai, que nos
amou e nos deu eterna consolação e boa esperança pela graça,
17 deem ânimo ao coração de vocês e os fortaleçam para fa-
zerem sempre o bem, tanto em atos como em palavras.

Um Pedido de Oração

3 Finalmente, irmãos, orem por nós, para que a palavra do
Senhor se propague rapidamente e receba a honra merecida,
como aconteceu entre vocês. 2 Orem também para que se-
jamos libertos dos homens perversos e maus, pois a fé não é
de todos. 3 Mas o Senhor é fiel; ele os fortalecerá e os guardará
do Maligno. 4 Confiamos no Senhor que vocês estão fazendo
e continuarão a fazer as coisas que ordenamos. 5 O Senhor
conduza o coração de vocês ao amor de Deus e à perseverança
de Cristo.

Uma Advertência contra a Ociosidade

6 Irmãos, em nome do nosso Senhor Jesus Cristo nós orde-
namos que se afastem de todo irmão que vive ociosamente[b] e
não conforme a tradição que vocês receberam de nós. 7 Pois
vocês mesmos sabem como devem seguir o nosso exemplo,
porque não vivemos ociosamente quando estivemos entre
vocês, 8 nem comemos coisa alguma à custa de ninguém. Ao
contrário, trabalhamos arduamente e com fadiga, dia e noite,
para não sermos pesados a nenhum de vocês, 9 não porque
não tivéssemos tal direito, mas para que nos tornássemos um
modelo para ser imitado por vocês. 10 Quando ainda estávamos
com vocês, nós ordenamos isto: Se alguém não quiser traba-
lhar, também não coma.
11 Pois ouvimos que alguns de vocês estão ociosos; não traba-
lham, mas andam se intrometendo na vida alheia. 12 A tais pes-
soas ordenamos e exortamos no Senhor Jesus Cristo que tra-
balhem tranquilamente e comam o seu próprio pão. 13 Quanto
a vocês, irmãos, nunca se cansem de fazer o bem.
14 Se alguém desobedecer ao que dizemos nesta carta, mar-
quem-no e não se associem com ele, para que se sinta en-
vergonhado; 15 contudo, não o considerem como inimigo, mas
chamem a atenção dele como irmão.

Saudações Finais

16 O próprio Senhor da paz dê a vocês a paz em todo o tempo e
de todas as formas. O Senhor seja com todos vocês.
17 Eu, Paulo, escrevo esta saudação de próprio punho, a qual
é um sinal em todas as minhas cartas. É dessa forma que es-
crevo.
18 A graça de nosso Senhor Jesus Cristo seja com todos vocês.

[a] 2.13 Vários manuscritos dizem *porque Deus os escolheu como seus primeiros frutos*.

[b] 3.6 Ou *desregradamente*; também nos versículos 7 e 11.

1 TIMÓTEO

1 Paulo, apóstolo de Cristo Jesus, por ordem de Deus, nosso
Salvador, e de Cristo Jesus, a nossa esperança,
2 a Timóteo, meu verdadeiro filho na fé: Graça, misericórdia
e paz da parte de Deus Pai e de Cristo Jesus, o nosso Senhor.

Advertências contra Falsos Mestres da Lei

3 Partindo eu para a Macedônia, roguei que você permanecesse
em Éfeso para ordenar a certas pessoas que não mais ensinem
doutrinas falsas 4 e que deixem de dar atenção a mitos e genea-
logias intermináveis, que causam controvérsias em vez de pro-
moverem a obra de Deus, que é pela fé. 5 O objetivo desta ins-
trução é o amor que procede de um coração puro, de uma boa
consciência e de uma fé sincera. 6 Alguns se desviaram dessas
coisas, voltando-se para discussões inúteis, 7 querendo ser mes-
tres da lei, quando não compreendem nem o que dizem nem
as coisas acerca das quais fazem afirmações tão categóricas.

8 Sabemos que a Lei é boa, se alguém a usa de maneira ade-
quada. 9 Também sabemos que ela não é feita para os justos,
mas para os transgressores e insubordinados, para os ímpios e
pecadores, para os profanos e irreverentes, para os que matam
pai e mãe, para os homicidas, 10 para os que praticam imorali-
dade sexual e os homossexuais, para os sequestradores, para
os mentirosos e os que juram falsamente; e para todo aquele
que se opõe à sã doutrina. 11 Esta sã doutrina se vê no glorioso
evangelho que me foi confiado, o evangelho do Deus bendito.

A Graça de Deus Concedida a Paulo

12 Dou graças a Cristo Jesus, nosso Senhor, que me deu forças e
me considerou fiel, designando-me para o ministério, 13 a mim
que anteriormente fui blasfemo, perseguidor e insolente; mas
alcancei misericórdia, porque o fiz por ignorância e na minha
incredulidade; 14 contudo, a graça de nosso Senhor transbordou
sobre mim, com a fé e o amor que estão em Cristo Jesus.
15 Esta afirmação é fiel e digna de toda aceitação: Cristo Jesus
veio ao mundo para salvar os pecadores, dos quais eu sou o
pior. 16 Mas por isso mesmo alcancei misericórdia, para que em
mim, o pior dos pecadores, Cristo Jesus demonstrasse toda a
grandeza da sua paciência, usando-me como exemplo para
aqueles que nele haveriam de crer para a vida eterna. 17 Ao Rei
eterno, o Deus único, imortal e invisível, sejam honra e glória
para todo o sempre. Amém.
18 Timóteo, meu filho, dou a você esta instrução, segundo as
profecias já proferidas a seu respeito, para que, seguindo-as,
você combata o bom combate, 19 mantendo a fé e a boa cons-
ciência que alguns rejeitaram e, por isso, naufragaram na fé.
20 Entre eles estão Himeneu e Alexandre, os quais entreguei a
Satanás, para que aprendam a não blasfemar.

2 Instruções acerca da Adoração

Antes de tudo, recomendo que se façam súplicas, ora-
ções, intercessões e ações de graças por todos os homens;
2 pelos reis e por todos os que exercem autoridade, para que
tenhamos uma vida tranquila e pacífica, com toda a piedade
e dignidade. 3 Isso é bom e agradável perante Deus, nosso
Salvador, 4 que deseja que todos os homens sejam salvos e
cheguem ao conhecimento da verdade.
5 Pois há um só Deus e um só mediador entre Deus e os ho-
mens: o homem Cristo Jesus, 6 o qual se entregou a si mesmo
como resgate por todos. Esse foi o testemunho dado em seu
próprio tempo.
7 Para isso fui designado pregador e apóstolo (Digo a verdade,
não minto.), mestre da verdadeira fé aos gentios[a].
8 Quero, pois, que os homens orem em todo lugar, levantando
mãos santas, sem ira e sem discussões.
9 Da mesma forma, quero que as mulheres se vistam modes-
tamente, com decência e discrição, não se adornando com
tranças e com ouro, nem com pérolas ou com roupas caras,
10 mas com boas obras, como convém a mulheres que declaram
adorar a Deus.
11 A mulher deve aprender em silêncio, com toda a sujeição.
12 Não permito que a mulher ensine nem que tenha autoridade
sobre o homem. Esteja, porém, em silêncio. 13 Porque primeiro
foi formado Adão e depois Eva. 14 E Adão não foi enganado, mas
sim a mulher que, tendo sido enganada, se tornou transgres-
sora. 15 Entretanto, a mulher[b] será salva[c] dando à luz filhos —
se permanecer na fé, no amor e na santidade, com bom senso.

3 Bispos e Diáconos

Esta afirmação é digna de confiança: Se alguém deseja ser
bispo[d], deseja uma nobre função. 2 É necessário, pois, que o
bispo seja irrepreensível, marido de uma só mulher, moderado,
sensato, respeitável, hospitaleiro e apto para ensinar; 3 não
deve ser apegado ao vinho nem violento, mas sim amável,
pacífico e não apegado ao dinheiro. 4 Ele deve governar bem
sua própria família, tendo os filhos sujeitos a ele, com toda a
dignidade. 5 Pois, se alguém não sabe governar sua própria
família, como poderá cuidar da igreja de Deus? 6 Não pode
ser recém-convertido, para que não se ensoberbeça e caia na
mesma condenação em que caiu o Diabo. 7 Também deve ter
boa reputação perante os de fora, para que não caia em des-
crédito nem na cilada do Diabo.
8 Os diáconos igualmente devem ser dignos, homens de pa-
lavra, não amigos de muito vinho nem de lucros desonestos.
9 Devem apegar-se ao mistério da fé com a consciência limpa.
10 Devem ser primeiramente experimentados; depois, se não
houver nada contra eles, que atuem como diáconos.
11 As mulheres[e] igualmente sejam dignas, não caluniadoras,
mas sóbrias e confiáveis em tudo.
12 O diácono deve ser marido de uma só mulher e governar
bem seus filhos e sua própria casa. 13 Os que servirem bem
alcançarão uma excelente posição e grande determinação na
fé em Cristo Jesus.
14 Escrevo estas coisas, embora espere ir vê-lo em breve;
15 mas, se eu demorar, saiba como as pessoas devem com-
portar-se na casa de Deus, que é a igreja do Deus vivo, coluna
e fundamento da verdade. 16 Não há dúvida de que é grande o
mistério da piedade:
Deus[f] foi manifestado em corpo[g], justificado no Espírito, visto
pelos anjos, pregado entre as nações, crido no mundo, rece-
bido na glória.

4 Instruções a Timóteo

O Espírito diz claramente que nos últimos tempos alguns
abandonarão a fé e seguirão espíritos enganadores e doutrinas

[a] 2.7 Isto é, os que não são judeus.

[b] 2.15 Grego: *ela*.

[c] 2.15 Ou *restaurada*

[d] 3.1 Grego: *epíscopo*. Palavra que descreve a pessoa que exerce função pastoral; também no versículo 2.

[e] 3.11 Ou *As esposas dos diáconos;* ou ainda *As diaconisas*

[f] 3.16 Muitos manuscritos dizem *Aquele que*.

[g] 3.16 Grego: *na carne*.

de demônios. 2 Tais ensinamentos vêm de homens hipócritas
e mentirosos, que têm a consciência cauterizada 3 e proíbem
o casamento e o consumo de alimentos que Deus criou para
serem recebidos com ação de graças pelos que creem e co-
nhecem a verdade. 4 Pois tudo o que Deus criou é bom, e nada
deve ser rejeitado, se for recebido com ação de graças, 5 pois
é santificado pela palavra de Deus e pela oração.

6 Se você transmitir essas instruções aos irmãos, será um bom
ministro de Cristo Jesus, nutrido com as verdades da fé e da
boa doutrina que tem seguido. 7 Rejeite, porém, as fábulas
profanas e tolas[a] e exercite-se na piedade. 8 O exercício físico
é de pouco proveito; a piedade, porém, para tudo é proveitosa,
porque tem promessa da vida presente e da futura.

9 Esta é uma afirmação fiel e digna de plena aceitação. 10 Se
trabalhamos e lutamos é porque temos depositado a nossa
esperança no Deus vivo, o Salvador de todos os homens, espe-
cialmente dos que creem.

11 Ordene e ensine essas coisas. 12 Ninguém o despreze pelo
fato de você ser jovem, mas seja um exemplo para os fiéis na
palavra, no procedimento, no amor, na fé e na pureza. 13 Até
a minha chegada, dedique-se à leitura pública da Escritura, à
exortação e ao ensino. 14 Não negligencie o dom que foi dado
a você por mensagem profética com imposição de mãos dos
presbíteros.

15 Seja diligente nessas coisas; dedique-se inteiramente a elas,
para que todos vejam o seu progresso. 16 Atente bem para a sua
própria vida e para a doutrina, perseverando nesses deveres,
pois, agindo assim, você salvará tanto você mesmo quanto aos
que o ouvem.

5 Conselhos acerca de Viúvas, Líderes e Escravos

Não repreenda asperamente o homem idoso, mas exorte-o
como se ele fosse seu pai; trate os jovens como a irmãos; 2 as
mulheres idosas, como a mães; e as moças, como a irmãs,
com toda a pureza.

3 Trate adequadamente as viúvas que são realmente neces-
sitadas. 4 Mas, se uma viúva tem filhos ou netos, que estes
aprendam primeiramente a pôr a sua religião em prática, cui-
dando de sua própria família e retribuindo o bem recebido de
seus pais e avós, pois isso agrada a Deus. 5 A viúva realmente
necessitada e desamparada põe sua esperança em Deus e per-
siste dia e noite em oração e em súplica. 6 Mas a que vive para
os prazeres, ainda que esteja viva, está morta. 7 Dê-lhes estas
ordens, para que sejam irrepreensíveis. 8 Se alguém não cuida
de seus parentes, e especialmente dos de sua própria família,
negou a fé e é pior que um descrente.

9 Nenhuma mulher deve ser inscrita na lista de viúvas, a não ser
que tenha mais de sessenta anos de idade, tenha sido fiel a seu
marido[b] 10 e seja bem conhecida por suas boas obras, tais como
criar filhos, ser hospitaleira, lavar os pés dos santos, socorrer
os atribulados e dedicar-se a todo tipo de boa obra.

11 Não inclua nessa lista as viúvas mais jovens, pois, quando
os seus desejos sensuais superam a sua dedicação a Cristo,
querem se casar. 12 Assim elas trazem condenação sobre si,
por haverem rompido seu primeiro compromisso. 13 Além disso,
aprendem a ficar ociosas, andando de casa em casa; e não
se tornam apenas ociosas, mas também fofoqueiras e indis-
cretas, falando coisas que não devem. 14 Portanto, aconselho
que as viúvas mais jovens se casem, tenham filhos, adminis-
trem suas casas e não deem ao inimigo nenhum motivo para
maledicência. 15 Algumas, na verdade, já se desviaram, para
seguir a Satanás.

16 Se alguma mulher crente tem viúvas em sua família, deve
ajudá-las. Não seja a igreja sobrecarregada com elas, a fim de
que as viúvas realmente necessitadas sejam auxiliadas.

17 Os presbíteros que lideram bem a igreja são dignos de dupla
honra[c], especialmente aqueles cujo trabalho é a pregação e o
ensino, 18 pois a Escritura diz: "Não amordace o boi enquanto
está debulhando o cereal"[d], e "o trabalhador merece o seu
salário"[e]. 19 Não aceite acusação contra um presbítero, se não
for apoiada por duas ou três testemunhas. 20 Os que pecarem
deverão ser repreendidos em público, para que os demais
também temam.

21 Eu o exorto solenemente, diante de Deus, de Cristo Jesus e
dos anjos eleitos, a que procure observar essas instruções sem
parcialidade; e não faça nada por favoritismo.

22 Não se precipite em impor as mãos sobre ninguém e não
participe dos pecados dos outros. Conserve-se puro.

23 Não continue a beber somente água; tome também um
pouco de vinho, por causa do seu estômago e das suas fre-
quentes enfermidades.

24 Os pecados de alguns são evidentes, mesmo antes de serem
submetidos a julgamento, ao passo que os pecados de outros
se manifestam posteriormente. 25 Da mesma forma, as boas
obras são evidentes, e as que não o são não podem perma-
necer ocultas.

6 Todos os que estão sob o jugo da escravidão devem consi-
derar seus senhores dignos de todo o respeito, para que o
nome de Deus e o nosso ensino não sejam blasfemados. 2 Os
que têm senhores crentes não devem ter por eles menos res-
peito, pelo fato de serem irmãos; ao contrário, devem servi-los
ainda melhor, porque os que se beneficiam do seu serviço são
fiéis e amados. Ensine e recomende essas coisas.

O Amor ao Dinheiro

3 Se alguém ensina falsas doutrinas e não concorda com a sã
doutrina de nosso Senhor Jesus Cristo e com o ensino que é
segundo a piedade, 4 é orgulhoso e nada entende. Esse tal
mostra um interesse doentio por controvérsias e contendas
acerca de palavras, que resultam em inveja, brigas, difama-

a 4.7 Grego: *fábulas profanas e de velhas.*
b 5.9 Ou *tenha tido apenas um marido*
c 5.17 Ou *duplos honorários*
d 5.18 Dt 25.4
e 5.18 Lc 10.7

ções, suspeitas malignas 5 e atritos constantes entre aqueles
que têm a mente corrompida e que são privados da verdade,
os quais pensam que a piedade é fonte de lucro.
6 De fato, a piedade com contentamento é grande fonte de
lucro, 7 pois nada trouxemos para este mundo e dele nada
podemos levar; 8 por isso, tendo o que comer e com que ves-
tir-nos, estejamos com isso satisfeitos. 9 Os que querem ficar
ricos caem em tentação, em armadilhas e em muitos desejos
descontrolados e nocivos, que levam os homens a mergu-
lharem na ruína e na destruição, 10 pois o amor ao dinheiro é
a raiz de todos os males. Algumas pessoas, por cobiçarem o
dinheiro, desviaram-se da fé e se atormentaram com muitos
sofrimentos.

Recomendação de Paulo a Timóteo

11 Você, porém, homem de Deus, fuja de tudo isso e busque a
justiça, a piedade, a fé, o amor, a perseverança e a mansidão.
12 Combata o bom combate da fé. Tome posse da vida eterna,
para a qual você foi chamado e fez a boa confissão na presença
de muitas testemunhas. 13 Diante de Deus, que a tudo dá vida,
e de Cristo Jesus, que diante de Pôncio Pilatos fez a boa con-
fissão, eu recomendo: 14 Guarde este mandamento imaculado
e irrepreensível, até a manifestação de nosso Senhor Jesus
Cristo, 15 a qual Deus fará se cumprir no devido tempo. Ele é
o bendito e único Soberano, o Rei dos reis e Senhor dos se-
nhores, 16 o único que é imortal e habita em luz inacessível, a
quem ninguém viu nem pode ver. A ele sejam honra e poder
para sempre. Amém.
17 Ordene aos que são ricos no presente mundo que não sejam
arrogantes, nem ponham sua esperança na incerteza da ri-
queza, mas em Deus, que de tudo nos provê ricamente, para a
nossa satisfação. 18 Ordene-lhes que pratiquem o bem, sejam
ricos em boas obras, generosos e prontos a repartir. 19 Dessa
forma, eles acumularão um tesouro para si mesmos, um firme
fundamento para a era que há de vir, e assim alcançarão a
verdadeira vida.
20 Timóteo, guarde o que foi confiado a você. Evite as con-
versas inúteis e profanas e as ideias contraditórias do que é
falsamente chamado conhecimento; 21 professando-o, alguns
desviaram-se da fé.
A graça seja com vocês.[a]

[a] 6.21 Vários manuscritos dizem *você*. Vários manuscritos acrescentam *Amém*.

2 TIMÓTEO

1 Paulo, apóstolo de Cristo Jesus pela vontade de Deus, se-
gundo a promessa da vida que está em Cristo Jesus, 2 a Ti-
móteo, meu amado filho:
Graça, misericórdia e paz da parte de Deus Pai e de Cristo
Jesus, nosso Senhor.

Um Incentivo à Fidelidade

3 Dou graças a Deus, a quem sirvo com a consciência limpa,
como o serviram os meus antepassados, ao lembrar-me cons-
tantemente de você, noite e dia, em minhas orações. 4 Lem-
bro-me das suas lágrimas e desejo muito vê-lo, para que a
minha alegria seja completa. 5 Recordo-me da sua fé não fin-
gida, que primeiro habitou em sua avó Loide e em sua mãe, Eu-
nice, e estou convencido de que também habita em você. 6 Por
essa razão, torno a lembrá-lo de que mantenha viva a chama
do dom de Deus que está em você mediante a imposição das
minhas mãos. 7 Pois Deus não nos deu espírito[a] de covardia,
mas de poder, de amor e de equilíbrio.
8 Portanto, não se envergonhe de testemunhar do Senhor, nem
de mim, que sou prisioneiro dele, mas suporte comigo os meus
sofrimentos pelo evangelho, segundo o poder de Deus, 9 que
nos salvou e nos chamou com uma santa vocação, não em vir-
tude das nossas obras, mas por causa da sua própria determi-
nação e graça. Essa graça nos foi dada em Cristo Jesus desde
os tempos eternos, 10 sendo agora revelada pela manifestação
de nosso Salvador, Cristo Jesus. Ele tornou inoperante a morte
e trouxe à luz a vida e a imortalidade por meio do evangelho.
11 Desse evangelho fui constituído pregador, apóstolo e mestre.
12 Por essa causa também sofro, mas não me envergonho,
porque sei em quem tenho crido e estou bem certo de que
ele é poderoso para guardar o que lhe confiei até aquele dia.
13 Retenha, com fé e amor em Cristo Jesus, o modelo da sã
doutrina que você ouviu de mim. 14 Quanto ao que lhe foi con-
fiado, guarde-o por meio do Espírito Santo que habita em nós.
15 Você sabe que todos os da província da Ásia me abando-
naram, inclusive Fígelo e Hermógenes.
16 O Senhor conceda misericórdia à casa de Onesíforo, porque
muitas vezes ele me reanimou e não se envergonhou por eu
estar preso; 17 ao contrário, quando chegou a Roma, procu-
rou-me diligentemente até me encontrar. 18 Conceda-lhe o
Senhor que, naquele dia, encontre misericórdia da parte do
Senhor! Você sabe muito bem quantos serviços ele me prestou
em Éfeso.

[a] 1.7 Ou *o Espírito que Deus nos deu não é*

2 Portanto, você, meu filho, fortifique-se na graça que há em
Cristo Jesus. 2 E as palavras que me ouviu dizer na presença
de muitas testemunhas, confie-as a homens fiéis que sejam
também capazes de ensiná-las a outros. 3 Suporte comigo os
meus sofrimentos, como bom soldado de Cristo Jesus. 4 Ne-
nhum soldado se deixa envolver pelos negócios da vida civil, já
que deseja agradar àquele que o alistou. 5 Semelhantemente,
nenhum atleta é coroado como vencedor, se não competir de
acordo com as regras. 6 O lavrador que trabalha arduamente
deve ser o primeiro a participar dos frutos da colheita. 7 Reflita
no que estou dizendo, pois o Senhor dará a você entendimento
em tudo.
8 Lembre-se de Jesus Cristo, ressuscitado dos mortos, descen-
dente de Davi, conforme o meu evangelho, 9 pelo qual sofro e
até estou preso como criminoso; contudo a palavra de Deus
não está presa. 10 Por isso, tudo suporto por causa dos eleitos,
para que também eles alcancem a salvação que está em Cristo
Jesus, com glória eterna.
11 Esta palavra é digna de confiança: Se morremos com ele,
com ele também viveremos; 12 se perseveramos, com ele
também reinaremos. Se o negamos, ele também nos negará;
13 se somos infiéis, ele permanece fiel, pois não pode negar-se
a si mesmo.

O Obreiro Aprovado por Deus

14 Continue a lembrar essas coisas a todos, advertindo-os sole-
nemente diante de Deus, para que não se envolvam em discus-
sões acerca de palavras; isso não traz proveito e serve apenas
para perverter os ouvintes. 15 Procure apresentar-se a Deus
aprovado, como obreiro que não tem do que se envergonhar e
que maneja corretamente a palavra da verdade. 16 Evite as con-
versas inúteis e profanas, pois os que se dão a isso prosseguem
cada vez mais para a impiedade. 17 O ensino deles alastra-se
como câncer[a]; entre eles estão Himeneu e Fileto. 18 Estes se
desviaram da verdade, dizendo que a ressurreição já acon-
teceu, e assim a alguns pervertem a fé. 19 Entretanto, o firme
fundamento de Deus permanece inabalável e selado com esta
inscrição: "O Senhor conhece quem lhe pertence"[b] e "afaste-se
da iniquidade todo aquele que confessa o nome do Senhor".
20 Numa grande casa há vasos não apenas de ouro e prata,
mas também de madeira e barro; alguns para fins honrosos,
outros para fins desonrosos. 21 Se alguém se purificar dessas
coisas, será vaso para honra, santificado, útil para o Senhor e
preparado para toda boa obra.
22 Fuja dos desejos malignos da juventude e siga a justiça, a fé,
o amor e a paz, com aqueles que, de coração puro, invocam
o Senhor. 23 Evite as controvérsias tolas e inúteis, pois você
sabe que acabam em brigas. 24 Ao servo do Senhor não convém
brigar mas, sim, ser amável para com todos, apto para ensinar,
paciente. 25 Deve corrigir com mansidão os que se lhe opõem,
na esperança de que Deus lhes conceda o arrependimento,
levando-os ao conhecimento da verdade, 26 para que assim
voltem à sobriedade e escapem da armadilha do Diabo, que os
aprisionou para fazerem a sua vontade.

A Impiedade dos Últimos Dias

3 Saiba disto: nos últimos dias sobrevirão tempos terríveis.
2 Os homens serão egoístas, avarentos, presunçosos, arro-
gantes, blasfemos, desobedientes aos pais, ingratos, ímpios,
3 sem amor pela família, irreconciliáveis, caluniadores, sem
domínio próprio, cruéis, inimigos do bem, 4 traidores, precipi-
tados, soberbos, mais amantes dos prazeres do que amigos de
Deus, 5 tendo aparência de piedade, mas negando o seu poder.
Afaste-se desses também.
6 São esses os que se introduzem pelas casas e conquistam
mulheres instáveis[c] sobrecarregadas de pecados, as quais se
deixam levar por toda espécie de desejos. 7 Elas estão sempre
aprendendo, mas jamais conseguem chegar ao conhecimento
da verdade. 8 Como Janes e Jambres se opuseram a Moisés,
esses também resistem à verdade. A mente deles é depravada;
são reprovados na fé. 9 Não irão longe, porém; como no caso
daqueles, a sua insensatez se tornará evidente a todos.

A Recomendação de Paulo a Timóteo

10 Mas você tem seguido de perto o meu ensino, a minha
conduta, o meu propósito, a minha fé, a minha paciência,
o meu amor, a minha perseverança, 11 as perseguições e os
sofrimentos que enfrentei, coisas que me aconteceram em
Antioquia, Icônio e Listra. Quanta perseguição suportei! Mas,
de todas essas coisas o Senhor me livrou! 12 De fato, todos os
que desejam viver piedosamente em Cristo Jesus serão per-
seguidos. 13 Contudo, os perversos e impostores irão de mal a
pior, enganando e sendo enganados.
14 Quanto a você, porém, permaneça nas coisas que aprendeu e
das quais tem convicção, pois você sabe de quem o aprendeu.
15 Porque desde criança você conhece as Sagradas Letras, que
são capazes de torná-lo sábio para a salvação mediante a fé
em Cristo Jesus. 16 Toda a Escritura é inspirada por Deus e útil
para o ensino, para a repreensão, para a correção e para a
instrução na justiça, 17 para que o homem de Deus seja apto e
plenamente preparado para toda boa obra.

4 Na presença de Deus e de Cristo Jesus, que há de julgar os
vivos e os mortos por sua manifestação e por seu Reino,
eu o exorto solenemente: 2 Pregue a palavra, esteja prepa-
rado a tempo e fora de tempo, repreenda, corrija, exorte com
toda a paciência e doutrina. 3 Pois virá o tempo em que não
suportarão a sã doutrina; ao contrário, sentindo coceira nos
ouvidos, juntarão mestres para si mesmos, segundo os seus
próprios desejos. 4 Eles se recusarão a dar ouvidos à verdade,
voltando-se para os mitos. 5 Você, porém, seja moderado em
tudo, suporte os sofrimentos, faça a obra de um evangelista,
cumpra plenamente o seu ministério.

[a] 2.17 Grego: *gangrena*.
[b] 2.19 Nm 16.5
[c] 3.6 Grego: mulherezinhas.

6 Eu já estou sendo derramado como oferta de bebida[a]. Está
próximo o tempo da minha partida. 7 Combati o bom combate,
terminei a corrida, guardei a fé. 8 Agora me está reservada a
coroa da justiça, que o Senhor, justo Juiz, me dará naquele
dia; e não somente a mim, mas também a todos os que amam
a sua vinda.

Recomendações Finais

9 Procure vir logo ao meu encontro, 10 pois Demas, amando este
mundo, abandonou-me e foi para Tessalônica. Crescente foi
para a Galácia e Tito para a Dalmácia. 11 Só Lucas está comigo.
Traga Marcos com você, porque ele me é útil para o ministério.
12 Enviei Tíquico a Éfeso. 13 Quando você vier, traga a capa que
deixei na casa de Carpo, em Trôade, e os meus livros, especial-
mente os pergaminhos.
14 Alexandre, o ferreiro[b], causou-me muitos males. O Senhor lhe
dará a retribuição pelo que fez. 15 Previna-se contra ele, porque
se opôs fortemente às nossas palavras.
16 Na minha primeira defesa, ninguém apareceu para me apoiar;
todos me abandonaram. Que isso não lhes seja cobrado. 17 Mas o
Senhor permaneceu ao meu lado e me deu forças, para que por
mim a mensagem fosse plenamente proclamada e todos os gen-
tios[c] a ouvissem. E eu fui libertado da boca do leão. 18 O Senhor
me livrará de toda obra maligna e me levará a salvo para o seu
Reino celestial. A ele seja a glória para todo o sempre. Amém.

Saudações Finais

19 Saudações a Priscila[d] e Áquila, e à casa de Onesíforo.
20 Erasto permaneceu em Corinto, mas deixei Trófimo doente
em Mileto. 21 Procure vir antes do inverno. Êubulo, Prudente,
Lino, Cláudia e todos os irmãos enviam saudações.
22 O Senhor seja com o seu espírito. A graça seja com vocês.

a 4.6 Veja Nm 28.7.
b 4.14 Grego: *latoeiro*. Isto é, um artífice em bronze.
c 4.17 Isto é, os que não são judeus.
d 4.19 Grego: *Prisca*, variante de *Priscila*.

TITO

1 Paulo, servo[a] de Deus e apóstolo de Jesus Cristo para levar
os eleitos de Deus à fé e ao conhecimento da verdade que
conduz à piedade; 2 fé e conhecimento que se fundamentam
na esperança da vida eterna, a qual o Deus que não mente pro-
meteu antes dos tempos eternos. 3 No devido tempo, ele trouxe
à luz a sua palavra, por meio da pregação a mim confiada por
ordem de Deus, nosso Salvador, 4 a Tito, meu verdadeiro filho
em nossa fé comum: Graça e paz[b] da parte de Deus Pai e de
Cristo Jesus, nosso Salvador.

A Tarefa de Tito em Creta

5 A razão de tê-lo deixado em Creta foi para que você pusesse
em ordem o que ainda faltava e constituísse[c] presbíteros em
cada cidade, como eu o instruí. 6 É preciso que o presbítero seja
irrepreensível, marido de uma só mulher e tenha filhos crentes
que não sejam acusados de libertinagem ou de insubmissão.
7 Por ser encarregado da obra de Deus, é necessário que o
bispo[d] seja irrepreensível: não orgulhoso, não briguento, não
apegado ao vinho, não violento, nem ávido por lucro deso-
nesto. 8 Ao contrário, é preciso que ele seja hospitaleiro, amigo
do bem, sensato, justo, consagrado, tenha domínio próprio 9 e
apegue-se firmemente à mensagem fiel, da maneira pela qual
foi ensinada, para que seja capaz de encorajar outros pela sã
doutrina e de refutar os que se opõem a ela.
10 Pois há muitos insubordinados, que não passam de faladores
e enganadores, especialmente os do grupo da circuncisão. 11 É
necessário que eles sejam silenciados, pois estão arruinando
famílias inteiras, ensinando coisas que não devem, e tudo por
ganância. 12 Um dos seus próprios profetas chegou a dizer:
"Cretenses, sempre mentirosos, feras malignas, glutões pre-
guiçosos". 13 Tal testemunho é verdadeiro. Portanto, repreen-
da-os severamente, para que sejam sadios na fé 14 e não deem
atenção a lendas judaicas nem a mandamentos de homens que
rejeitam a verdade. 15 Para os puros, todas as coisas são puras;
mas, para os impuros e descrentes, nada é puro. De fato, tanto
a mente como a consciência deles estão corrompidas. 16 Eles
afirmam que conhecem a Deus, mas por seus atos o negam;
são detestáveis, desobedientes e desqualificados para qual-
quer boa obra.

2 Instruções para Vários Grupos

Você, porém, fale o que está de acordo com a sã doutrina.
2 Ensine os homens mais velhos a serem moderados, dignos de
respeito, sensatos e sadios na fé, no amor e na perseverança.
3 Semelhantemente, ensine as mulheres mais velhas a serem
reverentes na sua maneira de viver, a não serem caluniadoras
nem escravizadas a muito vinho, mas a serem capazes de
ensinar o que é bom. 4 Assim, poderão orientar as mulheres

a 1.1 Isto é, escravo.
b 1.4 Muitos manuscritos dizem *Graça, misericórdia e paz*.
c 1.5 Ou *ordenasse*
d 1.7 Grego: *epíscopo*. Palavra que descreve a pessoa que exerce função pastoral.

mais jovens a amarem seus maridos e seus filhos, 5 a serem
prudentes e puras, a estarem ocupadas em casa, e a serem
bondosas e sujeitas a seus maridos, a fim de que a palavra de
Deus não seja difamada.
6 Da mesma maneira, encoraje os jovens a serem prudentes.
7 Em tudo seja você mesmo um exemplo para eles, fazendo
boas obras. Em seu ensino, mostre integridade e seriedade;
8 use linguagem sadia, contra a qual nada se possa dizer, para
que aqueles que se opõem a você fiquem envergonhados por
não poderem falar mal de nós.
9 Ensine os escravos a se submeterem em tudo a seus senhores,
a procurarem agradá-los, a não serem respondões e 10 a não
roubá-los, mas a mostrarem que são inteiramente dignos de
confiança, para que assim tornem atraente, em tudo, o ensino
de Deus, nosso Salvador.
11 Porque a graça de Deus se manifestou salvadora a todos os
homens. 12 Ela nos ensina a renunciar à impiedade e às paixões
mundanas e a viver de maneira sensata, justa e piedosa nesta
era presente, 13 enquanto aguardamos a bendita esperança: a
gloriosa manifestação de nosso grande Deus e Salvador, Jesus
Cristo. 14 Ele se entregou por nós a fim de nos remir de toda a
maldade e purificar para si mesmo um povo particularmente
seu, dedicado à prática de boas obras.
15 É isso que você deve ensinar, exortando-os e repreenden-
do-os com toda a autoridade. Ninguém o despreze.

A Conduta Cristã

3 Lembre a todos que se sujeitem aos governantes e às au-
toridades, sejam obedientes, estejam sempre prontos a fazer
tudo o que é bom, 2 não caluniem ninguém, sejam pacíficos,
amáveis e mostrem sempre verdadeira mansidão para com
todos os homens.
3 Houve tempo em que nós também éramos insensatos e de-
sobedientes, vivíamos enganados e escravizados por toda es-
pécie de paixões e prazeres. Vivíamos na maldade e na inveja,
sendo detestáveis e odiando uns aos outros. 4 Mas, quando,
da parte de Deus, nosso Salvador, se manifestaram a bondade
e o amor pelos homens, 5 não por causa de atos de justiça por
nós praticados, mas devido à sua misericórdia, ele nos salvou
pelo lavar regenerador e renovador do Espírito Santo, 6 que
ele derramou sobre nós generosamente, por meio de Jesus
Cristo, nosso Salvador. 7 Ele o fez a fim de que, justificados por
sua graça, nos tornemos seus herdeiros, tendo a esperança da
vida eterna. 8 Fiel é esta palavra, e quero que você afirme ca-
tegoricamente essas coisas, para que os que creem em Deus se
empenhem na prática de boas obras. Tais coisas são excelentes
e úteis aos homens.
9 Evite, porém, controvérsias tolas, genealogias, discussões e
contendas a respeito da Lei, porque essas coisas são inúteis
e sem valor. 10 Quanto àquele que provoca divisões, advirta-o
uma primeira e uma segunda vez. Depois disso, rejeite-o.
11 Você sabe que tal pessoa se perverteu e está em pecado; por
si mesma está condenada.

Observações Finais

12 Quando eu enviar Ártemas ou Tíquico até você, faça o pos-
sível para vir ao meu encontro em Nicópolis, pois decidi passar
o inverno ali. 13 Providencie tudo o que for necessário para a
viagem de Zenas, o jurista, e de Apolo, de modo que nada
lhes falte. 14 Quanto aos nossos, que aprendam a dedicar-se à
prática de boas obras, a fim de que supram as necessidades
diárias e não sejam improdutivos.
15 Todos os que estão comigo enviam saudações. Saudações
àqueles que nos amam na fé. A graça seja com todos vocês.

FILEMOM

1 Paulo, prisioneiro de Cristo Jesus, e o irmão Timóteo, a você,
Filemom, nosso amado cooperador, 2 à irmã Áfia, a Arquipo,
nosso companheiro de lutas, e à igreja que se reúne com você
em sua casa:
3 A vocês, graça e paz da parte de Deus nosso Pai e do Senhor
Jesus Cristo.

Ação de Graças e Intercessão

4 Sempre dou graças a meu Deus, lembrando-me de você nas
minhas orações, 5 porque ouço falar da sua fé no Senhor Jesus
e do seu amor por todos os santos. 6 Oro para que a comunhão
que procede da sua fé seja eficaz no pleno conhecimento de
todo o bem que temos em Cristo. 7 Seu amor me tem dado
grande alegria e consolação, porque você, irmão, tem reani-
mado o coração dos santos.

A Intercessão de Paulo em favor de Onésimo

8 Por isso, mesmo tendo em Cristo plena liberdade para mandar
que você cumpra o seu dever, 9 prefiro fazer um apelo com
base no amor. Eu, Paulo, já velho, e agora também prisioneiro
de Cristo Jesus, 10 apelo em favor de meu filho Onésimo[a], que
gerei enquanto estava preso. 11 Ele antes era inútil para você,
mas agora é útil, tanto para você quanto para mim.
12 Mando-o de volta a você, como se fosse o meu próprio co-
ração. 13 Gostaria de mantê-lo comigo para que me ajudasse

a 10 *Onésimo* significa *útil*.

em seu lugar enquanto estou preso por causa do evangelho.
14 Mas não quis fazer nada sem a sua permissão, para que
qualquer favor que você fizer seja espontâneo, e não forçado.
15 Talvez ele tenha sido separado de você por algum tempo,
para que você o tivesse de volta para sempre, 16 não mais como
escravo, mas muito além de escravo, como irmão amado. Para
mim ele é um irmão muito amado, e ainda mais para você,
tanto como pessoa quanto como cristão[a].
17 Assim, se você me considera companheiro na fé, receba-o
como se estivesse recebendo a mim. 18 Se ele o prejudicou em
algo ou deve alguma coisa a você, ponha na minha conta. 19 Eu,
Paulo, escrevo de próprio punho: Eu pagarei — para não dizer
que você me deve a própria vida. 20 Sim, irmão, eu gostaria
de receber de você algum benefício por estarmos no Senhor.
Reanime o meu coração em Cristo! 21 Escrevo certo de que você
me obedecerá, sabendo que fará ainda mais do lhe que peço.
22 Além disso, prepare-me um aposento, porque, graças às
suas orações, espero poder ser restituído a vocês.
23 Epafras, meu companheiro de prisão por causa de Cristo
Jesus, envia saudações, 24 assim como também Marcos, Aris-
tarco, Demas e Lucas, meus cooperadores.
25 A graça do Senhor Jesus Cristo seja com o espírito de todos
vocês.

a 16 Grego: *tanto na carne quanto no Senhor.*

HEBREUS

1 O Filho é Superior aos Anjos

Há muito tempo Deus falou muitas vezes e de várias ma-
neiras aos nossos antepassados por meio dos profetas, 2 mas
nestes últimos dias falou-nos por meio do Filho, a quem cons-
tituiu herdeiro de todas as coisas e por meio de quem fez o
universo. 3 O Filho é o resplendor da glória de Deus e a ex-
pressão exata do seu ser, sustentando todas as coisas por sua
palavra poderosa. Depois de ter realizado a purificação dos
pecados, ele se assentou à direita da Majestade nas alturas,
4 tornando-se tão superior aos anjos quanto o nome que herdou
é superior ao deles.
5 Pois a qual dos anjos Deus alguma vez disse: "Tu és meu
Filho; eu hoje te gerei"[a]? E outra vez: "Eu serei seu Pai, e ele
será meu Filho"[b]?
6 E ainda, quando Deus introduz o Primogênito no mundo, diz:
"Todos os anjos de Deus o adorem"[c].
7 Quanto aos anjos, ele diz: "Ele faz dos seus anjos ventos, e
dos seus servos, clarões reluzentes"[d].
8 Mas a respeito do Filho, diz: "O teu trono, ó Deus, subsiste
para todo o sempre; cetro de equidade é o cetro do teu Reino.
9 Amas a justiça e odeias a iniquidade; por isso Deus, o teu
Deus, escolheu-te dentre os teus companheiros, ungindo-te
com óleo de alegria"[e].
10 E também diz: "No princípio, Senhor, firmaste os funda-
mentos da terra, e os céus são obras das tuas mãos.
11 Eles perecerão, mas tu permanecerás; envelhecerão como
vestimentas.
12 Tu os enrolarás como um manto, como roupas eles serão
trocados. Mas tu permaneces o mesmo, e os teus dias jamais
terão fim"[f].
13 A qual dos anjos Deus alguma vez disse:
"Senta-te à minha direita, até que eu faça dos teus inimigos um
estrado para os teus pés"[g]?
14 Os anjos não são, todos eles, espíritos ministradores en-
viados para servir aqueles que hão de herdar a salvação?

2 O Perigo da Negligência

Por isso é preciso que prestemos maior atenção ao que
temos ouvido, para que jamais nos desviemos. 2 Porque,
se a mensagem transmitida por anjos provou a sua firmeza
e toda transgressão e desobediência recebeu a devida pu-
nição, 3 como escaparemos, se negligenciarmos tão grande
salvação? Essa salvação, primeiramente anunciada pelo Se-
nhor, foi-nos confirmada pelos que a ouviram. 4 Deus também
deu testemunho dela por meio de sinais, maravilhas, diversos
milagres e dons do Espírito Santo distribuídos de acordo com
a sua vontade.

Jesus é Feito Semelhante a seus Irmãos

5 Não foi a anjos que ele sujeitou o mundo que há de vir, a
respeito do qual estamos falando, 6 mas alguém em certo lugar
testemunhou, dizendo: "Que é o homem, para que com ele te
importes? E o filho do homem, para que com ele te preocupes?
7 Tu o fizeste um[h] pouco menor do que os anjos e o coroaste
de glória e de honra; 8 tudo sujeitaste debaixo dos seus pés"[i].

a 1.5 Sl 2.7
b 1.5 2Sm 7.14; 1Cr 17.13
c 1.6 Dt 32.43 (segundo a Septuaginta e os manuscritos do mar Morto).
d 1.7 Sl 104.4
e 1.8,9 Sl 45.6,7
f 1.10-12 Sl 102.25-27
g 1.13 Sl 110.1
h 2.7 Ou *por um*
i 2.6-8 Sl 8.4-6

Ao lhe sujeitar todas as coisas, nada deixou que não lhe es-
tivesse sujeito. Agora, porém, ainda não vemos que todas as
coisas lhe estejam sujeitas. 9 Vemos, todavia, aquele que por
um pouco foi feito menor do que os anjos, Jesus, coroado de
honra e de glória por ter sofrido a morte, para que, pela graça
de Deus, em favor de todos, experimentasse a morte.
10 Ao levar muitos filhos à glória, convinha que Deus, por causa
de quem e por meio de quem tudo existe, tornasse perfeito,
mediante o sofrimento, o autor da salvação deles. 11 Ora, tanto
o que santifica quanto os que são santificados provêm de um
só. Por isso Jesus não se envergonha de chamá-los irmãos.
12 Ele diz: "Proclamarei o teu nome a meus irmãos; na assem-
bleia te louvarei"[a].
13 E também: "Nele porei a minha confiança"[b]. Novamente ele
diz: "Aqui estou eu com os filhos que Deus me deu"[c].
14 Portanto, visto que os filhos são pessoas de carne e sangue,
ele também participou dessa condição humana, para que, por
sua morte, derrotasse aquele que tem o poder da morte, isto
é, o Diabo, 15 e libertasse aqueles que durante toda a vida es-
tiveram escravizados pelo medo da morte. 16 Pois é claro que
não é a anjos que ele ajuda, mas aos descendentes de Abraão.
17 Por essa razão era necessário que ele se tornasse semelhante
a seus irmãos em todos os aspectos, para se tornar sumo sa-
cerdote misericordioso e fiel com relação a Deus e fazer pro-
piciação[d] pelos pecados do povo. 18 Porque, tendo em vista o
que ele mesmo sofreu quando tentado, ele é capaz de socorrer
aqueles que também estão sendo tentados.

3 Jesus é Superior a Moisés

Portanto, santos irmãos, participantes do chamado celes-
tial, fixem os seus pensamentos em Jesus, apóstolo e sumo
sacerdote que confessamos. 2 Ele foi fiel àquele que o havia
constituído, assim como Moisés foi fiel em toda a casa de Deus.
3 Jesus foi considerado digno de maior glória do que Moisés, da
mesma forma que o construtor de uma casa tem mais honra do
que a própria casa. 4 Pois toda casa é construída por alguém,
mas Deus é o edificador de tudo. 5 Moisés foi fiel como servo
em toda a casa de Deus, dando testemunho do que haveria
de ser dito no futuro, 6 mas Cristo é fiel como Filho sobre a
casa de Deus; e essa casa somos nós, se é que nos apegamos
firmemente[e] à confiança e à esperança da qual nos gloriamos.

Advertência contra a Incredulidade

7 Assim, como diz o Espírito Santo: "Hoje, se vocês ouvirem a
sua voz, 8 não endureçam o coração, como na rebelião, durante
o tempo da provação no deserto, 9 onde os seus antepassados
me tentaram, pondo-me à prova, apesar de, durante quarenta
anos, terem visto o que eu fiz.
10 Por isso fiquei irado contra aquela geração e disse: O seu
coração está sempre se desviando, e eles não reconheceram
os meus caminhos.
11 Assim jurei na minha ira: Jamais entrarão no meu descanso"[f].
12 Cuidado, irmãos, para que nenhum de vocês tenha coração
perverso e incrédulo, que se afaste do Deus vivo. 13 Ao con-
trário, encorajem-se uns aos outros todos os dias, durante o
tempo que se chama "hoje", de modo que nenhum de vocês
seja endurecido pelo engano do pecado, 14 pois passamos a ser
participantes de Cristo, desde que, de fato, nos apeguemos
até o fim à confiança que tivemos no princípio. 15 Por isso é
que se diz:
"Se hoje vocês ouvirem a sua voz, não endureçam o coração,
como na rebelião"[g].
16 Quem foram os que ouviram e se rebelaram? Não foram
todos os que Moisés tirou do Egito? 17 Contra quem Deus esteve
irado durante quarenta anos? Não foi contra aqueles que pe-
caram, cujos corpos caíram no deserto? 18 E a quem jurou que
nunca haveriam de entrar no seu descanso? Não foi àqueles
que foram desobedientes?[h] 19 Vemos, assim, que por causa da
incredulidade não puderam entrar.

4 Um Descanso Sabático para o Povo de Deus

Visto que nos foi deixada a promessa de entrarmos no des-
canso de Deus, que nenhum de vocês pense que falhou[i]. 2 Pois
as boas-novas foram pregadas também a nós, tanto quanto a
eles; mas a mensagem que eles ouviram de nada lhes valeu,
pois não foi acompanhada de fé por aqueles que a ouviram[j].
3 Pois nós, os que cremos, é que entramos naquele descanso,
conforme Deus disse:
"Assim jurei na minha ira: Jamais entrarão no meu descanso"[k];
embora as suas obras estivessem concluídas desde a criação
do mundo. 4 Pois em certo lugar ele falou sobre o sétimo dia,
nestas palavras: "No sétimo dia Deus descansou de toda obra
que realizara"[l]. 5 E de novo, na passagem citada há pouco, diz:
"Jamais entrarão no meu descanso".
6 Portanto, restam entrar alguns naquele descanso, e aqueles
a quem anteriormente as boas-novas foram pregadas não en-
traram, por causa da desobediência. 7 Por isso Deus estabe-
lece outra vez um determinado dia, chamando-o "hoje", ao
declarar muito tempo depois, por meio de Davi, de acordo com
o que fora dito antes: "Se hoje vocês ouvirem a sua voz, não
endureçam o coração".
8 Porque, se Josué lhes tivesse dado descanso, Deus não teria
falado posteriormente a respeito de outro dia. 9 Assim, ainda
resta um descanso sabático para o povo de Deus; 10 pois todo
aquele que entra no descanso de Deus também descansa das
suas obras, como Deus descansou das suas. 11 Portanto, esfor-

[a] **2.12** Sl 22.22
[b] **2.13** Is 8.17
[c] **2.13** Is 8.18
[d] **2.17** Ou *desviar a ira de Deus dos pecados e removê-los*
[e] **3.6** Muitos manuscritos trazem *firmemente até o fim*.
[f] **3.7-11** Sl 95.7-11
[g] **3.15** Sl 95.7,8; também em 4.7.
[h] **3.18** Ou *que não creram?*
[i] **4.1** Ou *que a promessa falhou*
[j] **4.2** Muitos manuscritos dizem *pois não compartilharam a fé daqueles que obedeceram.*
[k] **4.3** Sl 95.11; também no versículo 5.
[l] **4.4** Gn 2.2

cemo-nos por entrar nesse descanso, para que ninguém venha a cair, seguindo aquele exemplo de desobediência.
12 Pois a palavra de Deus é viva e eficaz, e mais afiada que qualquer espada de dois gumes; ela penetra até o ponto de dividir alma e espírito, juntas e medulas, e julga os pensamentos e as intenções do coração. 13 Nada, em toda a criação, está oculto aos olhos de Deus. Tudo está descoberto e exposto diante dos olhos daquele a quem havemos de prestar contas.

Jesus, o Grande Sumo Sacerdote

14 Portanto, visto que temos um grande sumo sacerdote que adentrou os céus, Jesus, o Filho de Deus, apeguemo-nos com toda a firmeza à fé que professamos, 15 pois não temos um sumo sacerdote que não possa compadecer-se das nossas fraquezas, mas sim alguém que, como nós, passou por todo tipo de tentação, porém, sem pecado. 16 Assim, aproximemo-nos do trono da graça com toda a confiança, a fim de recebermos misericórdia e encontrarmos graça que nos ajude no momento da necessidade.

5 Todo sumo sacerdote é escolhido dentre os homens e designado para representá-los em questões relacionadas com Deus e apresentar ofertas e sacrifícios pelos pecados. 2 Ele é capaz de se compadecer dos que não têm conhecimento e se desviam, visto que ele próprio está sujeito à fraqueza. 3 Por isso ele precisa oferecer sacrifícios por seus próprios pecados, bem como pelos pecados do povo.
4 Ninguém toma essa honra para si mesmo, mas deve ser chamado por Deus, como de fato o foi Arão. 5 Da mesma forma, Cristo não tomou para si a glória de se tornar sumo sacerdote, mas Deus lhe disse: "Tu és meu Filho; eu hoje te gerei"[a].
6 E diz noutro lugar: "Tu és sacerdote para sempre, segundo a ordem de Melquisedeque"[b].
7 Durante os seus dias de vida na terra, Jesus ofereceu orações e súplicas, em alta voz e com lágrimas, àquele que o podia salvar da morte, sendo ouvido por causa da sua reverente submissão. 8 Embora sendo Filho, ele aprendeu a obedecer por meio daquilo que sofreu; 9 e, uma vez aperfeiçoado, tornou-se a fonte da salvação eterna para todos os que lhe obedecem, 10 sendo designado por Deus sumo sacerdote, segundo a ordem de Melquisedeque.

Advertência contra a Apostasia

11 Quanto a isso, temos muito que dizer, coisas difíceis de explicar, porque vocês se tornaram lentos para aprender. 12 Embora a esta altura já devessem ser mestres, precisam de alguém que ensine a vocês novamente os princípios elementares da palavra de Deus. Estão precisando de leite, e não de alimento sólido! 13 Quem se alimenta de leite ainda é criança e não tem experiência no ensino da justiça. 14 Mas o alimento sólido é para os adultos, os quais, pelo exercício constante, tornaram-se aptos para discernir tanto o bem quanto o mal.

6 Portanto, deixemos os ensinos elementares a respeito de Cristo e avancemos para a maturidade, sem lançar novamente o fundamento do arrependimento de atos que conduzem à morte[c], da fé em Deus, 2 da instrução a respeito de batismos, da imposição de mãos, da ressurreição dos mortos e do juízo eterno. 3 Assim faremos, se Deus o permitir.
4 Ora, para aqueles que uma vez foram iluminados, provaram o dom celestial, tornaram-se participantes do Espírito Santo, 5 experimentaram a bondade da palavra de Deus e os poderes da era que há de vir, 6 mas caíram, é impossível que sejam reconduzidos ao arrependimento;[d] pois para si mesmos[e] estão crucificando de novo o Filho de Deus, sujeitando-o à desonra pública.
7 Pois a terra, que absorve a chuva que cai frequentemente e dá colheita proveitosa àqueles que a cultivam, recebe a bênção de Deus. 8 Mas a terra que produz espinhos e ervas daninhas, é inútil e logo será amaldiçoada. Seu fim é ser queimada.
9 Amados, mesmo falando dessa forma, estamos convictos de coisas melhores em relação a vocês, coisas próprias da salvação. 10 Deus não é injusto; ele não se esquecerá do trabalho de vocês e do amor que demonstraram por ele, pois ajudaram os santos e continuam a ajudá-los. 11 Queremos que cada um de vocês mostre essa mesma prontidão até o fim, para que tenham a plena certeza da esperança, 12 de modo que vocês não se tornem negligentes, mas imitem aqueles que, por meio da fé e da paciência, recebem a herança prometida.

A Certeza da Promessa de Deus

13 Quando Deus fez a sua promessa a Abraão, por não haver ninguém superior por quem jurar, jurou por si mesmo, 14 dizendo: "Esteja certo de que o abençoarei e farei numerosos os seus descendentes"[f]. 15 E foi assim que, depois de esperar pacientemente, Abraão alcançou a promessa.
16 Os homens juram por alguém superior a si mesmos, e o juramento confirma o que foi dito, pondo fim a toda discussão. 17 Querendo mostrar de forma bem clara a natureza imutável do seu propósito para com os herdeiros da promessa, Deus o confirmou com juramento, 18 para que, por meio de duas coisas imutáveis nas quais é impossível que Deus minta, sejamos firmemente encorajados, nós, que nos refugiamos nele para tomar posse da esperança a nós proposta. 19 Temos essa esperança como âncora da alma, firme e segura, a qual adentra o santuário interior, por trás do véu, 20 onde Jesus, que nos precedeu, entrou em nosso lugar, tornando-se sumo sacerdote para sempre, segundo a ordem de Melquisedeque.

[a] **5.5** Sl 2.7
[b] **5.6** Sl 110.4

[c] **6.1** *Ou de ritos inúteis*
[d] **6.6** *Ou ao arrependimento enquanto estão crucificando de novo;*
[e] **6.6** *Ou para o seu próprio mal*
[f] **6.14** Gn 22.17

7 O Sacerdote Melquisedeque

7 Esse Melquisedeque, rei de Salém e sacerdote do Deus Altís-
simo, encontrou-se com Abraão quando este voltava, depois de
derrotar os reis, e o abençoou; 2 e Abraão lhe deu o dízimo de
tudo.[a] Em primeiro lugar, seu nome significa "rei de justiça";
depois, "rei de Salém", que quer dizer "rei de paz". 3 Sem
pai, sem mãe, sem genealogia, sem princípio de dias nem fim
de vida, feito semelhante ao Filho de Deus, ele permanece
sacerdote para sempre.
4 Considerem a grandeza desse homem: até mesmo o patriarca
Abraão lhe deu o dízimo dos despojos! 5 A Lei requer dos sa-
cerdotes entre os descendentes de Levi que recebam o dízimo
do povo, isto é, dos seus irmãos, embora estes sejam descen-
dentes de Abraão. 6 Este homem, porém, que não pertencia à
linhagem de Levi, recebeu os dízimos de Abraão e abençoou
aquele que tinha as promessas. 7 Sem dúvida alguma, o inferior
é abençoado pelo superior. 8 No primeiro caso, quem recebe o
dízimo são homens mortais; no outro caso, é aquele de quem
se declara que vive. 9 Pode-se até dizer que Levi, que recebe
os dízimos, entregou-os por meio de Abraão, 10 pois, quando
Melquisedeque se encontrou com Abraão, Levi ainda não havia
sido gerado[b].

Jesus é Semelhante a Melquisedeque

11 Se fosse possível alcançar a perfeição por meio do sacerdócio
levítico (visto que em sua vigência o povo recebeu a Lei), por
que haveria ainda necessidade de se levantar outro sacerdote,
segundo a ordem de Melquisedeque e não de Arão? 12 Certo é
que, quando há mudança de sacerdócio, é necessário que haja
mudança de lei. 13 Ora, aquele de quem se dizem essas coisas
pertencia a outra tribo, da qual ninguém jamais havia servido
diante do altar, 14 pois é bem conhecido que o nosso Senhor
descende de Judá, tribo da qual Moisés nada fala quanto a
sacerdócio. 15 O que acabamos de dizer fica ainda mais claro
quando aparece outro sacerdote semelhante a Melquisedeque,
16 alguém que se tornou sacerdote, não por regras relativas
à linhagem, mas segundo o poder de uma vida indestrutível.
17 Porquanto sobre ele é afirmado:
"Tu és sacerdote para sempre, segundo a ordem de Melqui-
sedeque"[c].
18 A ordenança anterior é revogada, porque era fraca e inútil
19 (pois a Lei não havia aperfeiçoado coisa alguma), sendo in-
troduzida uma esperança superior, pela qual nos aproximamos
de Deus.
20 E isso não aconteceu sem juramento! Outros se tornaram
sacerdotes sem qualquer juramento, 21 mas ele se tornou sa-
cerdote com juramento, quando Deus lhe disse: "O Senhor
jurou e não se arrependerá: 'Tu és sacerdote para sempre' ".
22 Jesus tornou-se, por isso mesmo, a garantia de uma aliança
superior.
23 Ora, daqueles sacerdotes tem havido muitos, porque a morte
os impede de continuar em seu ofício; 24 mas, visto que vive para
sempre, Jesus tem um sacerdócio permanente. 25 Portanto, ele é
capaz de salvar definitivamente[d] aqueles que, por meio dele, se
aproximam de Deus, pois vive sempre para interceder por eles.
26 É de um sumo sacerdote como esse que precisávamos:
santo, inculpável, puro, separado dos pecadores, exaltado
acima dos céus. 27 Ao contrário dos outros sumos sacerdotes,
ele não tem necessidade de oferecer sacrifícios dia após dia,
primeiro por seus próprios pecados e, depois, pelos pecados
do povo. E ele o fez uma vez por todas quando a si mesmo se
ofereceu. 28 Pois a Lei constitui sumos sacerdotes a homens
que têm fraquezas; mas o juramento, que veio depois da Lei,
constitui o Filho perfeito para sempre.[e]

8 O Sumo Sacerdote de uma Nova Aliança

8 O mais importante do que estamos tratando é que temos
um sumo sacerdote como esse, o qual se assentou à direita do
trono da Majestade nos céus 2 e serve no santuário, no verda-
deiro tabernáculo que o Senhor erigiu, e não o homem.
3 Todo sumo sacerdote é constituído para apresentar ofertas e
sacrifícios; por isso, era necessário que também este tivesse algo
a oferecer. 4 Se ele estivesse na terra, nem seria sumo sacerdote,
visto que já existem aqueles que apresentam as ofertas pres-
critas pela Lei. 5 Eles servem num santuário que é cópia e sombra
daquele que está nos céus, já que Moisés foi avisado quando
estava para construir o tabernáculo: "Tenha o cuidado de fazer
tudo segundo o modelo que lhe foi mostrado no monte"[f].
6 Agora, porém, o ministério que Jesus recebeu é superior ao
deles, assim como também a aliança da qual ele é mediador
é superior à antiga, sendo baseada em promessas superiores.
7 Pois, se aquela primeira aliança fosse perfeita, não seria
necessário procurar lugar para outra. 8 Deus, porém, achou
o povo em falta e disse:
"Estão chegando os dias, declara o Senhor, quando farei uma
nova aliança com a comunidade de Israel e com a comunidade
de Judá.
9 Não será como a aliança que fiz com os seus antepassados,
quando os tomei pela mão para tirá-los do Egito; visto que
eles não permaneceram fiéis à minha aliança, eu me afastei
deles", diz o Senhor.
10 "Esta é a aliança que farei com a comunidade de Israel de-
pois daqueles dias", declara o Senhor. "Porei minhas leis em
sua mente e as escreverei em seu coração. Serei o seu Deus, e
eles serão o meu povo. 11 Ninguém mais ensinará o seu próximo
nem o seu irmão, dizendo: 'Conheça o Senhor', porque todos
eles me conhecerão, desde o menor até o maior. 12 Porque eu
lhes perdoarei a maldade e não me lembrarei mais dos seus
pecados"[g].

---

a 7.2 Gn 14.17-20
b 7.10 Ou *estava no corpo do seu antepassado*
c 7.17 Sl 110.4; também no versículo 21.
d 7.25 Ou *eternamente*
e 7.28 Ou *constitui para sempre o Filho, que foi aperfeiçoado.*
f 8.5 Êx 25.40
g 8.8-12 Jr 31.31-34

13 Chamando "nova" essa aliança, ele tornou antiquada a pri-
meira; e o que se torna antiquado e envelhecido está a ponto
de desaparecer.

9 A Adoração no Tabernáculo Terreno

Ora, a primeira aliança tinha regras para a adoração e
também um santuário terreno. 2 Foi levantado um taberná-
culo; na parte da frente, chamada Lugar Santo, estavam o
candelabro, a mesa e os pães da Presença. 3 Por trás do se-
gundo véu havia a parte chamada Lugar Santíssimo[a], 4 onde
se encontravam o altar de ouro para o incenso e a arca da
aliança, totalmente revestida de ouro. Nessa arca estavam o
vaso de ouro contendo o maná, a vara de Arão que floresceu
e as tábuas da aliança. 5 Acima da arca estavam os querubins
da Glória, que com sua sombra cobriam a tampa da arca[b]. A
respeito dessas coisas não cabe agora falar detalhadamente.
6 Estando tudo assim preparado, os sacerdotes entravam re-
gularmente no Lugar Santo do tabernáculo, para exercer o seu
ministério. 7 No entanto, somente o sumo sacerdote entrava no
Lugar Santíssimo, apenas uma vez por ano, e nunca sem apre-
sentar o sangue do sacrifício, que ele oferecia por si mesmo
e pelos pecados que o povo havia cometido por ignorância.
8 Dessa forma, o Espírito Santo estava mostrando que ainda
não havia sido manifestado o caminho para o Lugar Santíssimo
enquanto permanecia o primeiro tabernáculo. 9 Isso é uma ilus-
tração para os nossos dias, indicando que as ofertas e os sacri-
fícios oferecidos não podiam dar ao adorador uma consciência
perfeitamente limpa. 10 Eram apenas prescrições que tratavam
de comida e bebida e de várias cerimônias de purificação com
água; essas ordenanças exteriores foram impostas até o tempo
da nova ordem.

O Sangue de Cristo

11 Quando Cristo veio como sumo sacerdote dos benefícios
agora presentes[c], ele adentrou o maior e mais perfeito ta-
bernáculo, não feito pelo homem, isto é, não pertencente a
esta criação. 12 Não por meio de sangue de bodes e novilhos,
mas pelo seu próprio sangue, ele entrou no Lugar Santíssimo[d],
de uma vez por todas, e obteve eterna redenção. 13 Ora, se o
sangue de bodes e touros e as cinzas de uma novilha espa-
lhadas sobre os que estão cerimonialmente impuros os santi-
ficam, de forma que se tornam exteriormente puros, 14 quanto
mais o sangue de Cristo, que pelo Espírito eterno se ofereceu
de forma imaculada a Deus, purificará a nossa consciência de
atos que levam à morte[e], para que sirvamos ao Deus vivo!
15 Por essa razão, Cristo é o mediador de uma nova aliança para
que os que são chamados recebam a promessa da herança
eterna, visto que ele morreu como resgate pelas transgressões
cometidas sob a primeira aliança.
16 No caso de um testamento[f], é necessário que se comprove a
morte daquele que o fez; 17 pois um testamento só é validado
no caso de morte, uma vez que nunca vigora enquanto está vivo
quem o fez. 18 Por isso, nem a primeira aliança foi sancionada
sem sangue. 19 Quando Moisés terminou de proclamar todos os
mandamentos da Lei a todo o povo, levou sangue de novilhos
e de bodes, e também água, lã vermelha e ramos de hissopo,
e aspergiu o próprio livro e todo o povo, dizendo: 20 "Este é o
sangue da aliança que Deus ordenou que vocês obedeçam"[g].
21 Da mesma forma, aspergiu com o sangue o tabernáculo e
todos os utensílios das suas cerimônias. 22 De fato, segundo a
Lei, quase todas as coisas são purificadas com sangue, e sem
derramamento de sangue não há perdão.
23 Portanto, era necessário que as cópias das coisas que estão
nos céus fossem purificadas com esses sacrifícios, mas as pró-
prias coisas celestiais com sacrifícios superiores. 24 Pois Cristo
não entrou em santuário feito por homens, uma simples re-
presentação do verdadeiro; ele entrou nos céus, para agora se
apresentar diante de Deus em nosso favor; 25 não, porém, para
se oferecer repetidas vezes, à semelhança do sumo sacerdote
que entra no Lugar Santíssimo[h] todos os anos, com sangue
alheio. 26 Se assim fosse, Cristo precisaria sofrer muitas vezes,
desde o começo do mundo. Mas agora ele apareceu uma vez
por todas no fim dos tempos, para aniquilar o pecado mediante
o sacrifício de si mesmo. 27 Da mesma forma, como o homem
está destinado a morrer uma só vez e depois disso enfrentar o
juízo, 28 assim também Cristo foi oferecido em sacrifício uma
única vez, para tirar os pecados de muitos; e aparecerá se-
gunda vez, não para tirar o pecado, mas para trazer salvação
aos que o aguardam.

10 O Sacrifício de Cristo é Definitivo

A Lei traz apenas uma sombra dos benefícios que hão
de vir, e não a sua realidade. Por isso ela nunca consegue,
mediante os mesmos sacrifícios repetidos ano após ano,
aperfeiçoar os que se aproximam para adorar. 2 Se pudesse
fazê-lo, não deixariam de ser oferecidos? Pois os adoradores,
tendo sido purificados uma vez por todas, não mais se senti-
riam culpados de seus pecados. 3 Contudo, esses sacrifícios são
uma recordação anual dos pecados, 4 pois é impossível que o
sangue de touros e bodes tire pecados.
5 Por isso, quando Cristo veio ao mundo, disse: "Sacrifício e
oferta não quiseste, mas um corpo me preparaste; 6 de holo-
caustos e ofertas pelo pecado não te agradaste.
7 Então eu disse: Aqui estou, no livro está escrito a meu res-
peito; vim para fazer a tua vontade, ó Deus"[i].
8 Primeiro ele disse: "Sacrifícios, ofertas, holocaustos e ofertas
pelo pecado não quiseste nem deles te agradaste" (os quais
eram feitos conforme a Lei). 9 Então acrescentou: "Aqui estou;

---

a 9.3 Grego: *Santo dos Santos*.
b 9.5 Isto é, o propiciatório.
c 9.11 Muitos manuscritos dizem *que estavam por vir*.
d 9.12 Várias traduções dizem *Santuário*.
e 9.14 Ou *de ritos inúteis*
f 9.16,17 O termo grego traduzido por *testamento* é traduzido por *aliança* nos outros versículos do capítulo.
g 9.20 Êx 24.8
h 9.25 Várias traduções dizem *Santuário*.
i 10.5-7 Sl 40.6-8 (segundo a Septuaginta).

vim para fazer a tua vontade". Ele cancela o primeiro para es-
tabelecer o segundo. 10 Pelo cumprimento dessa vontade fomos
santificados, por meio do sacrifício do corpo de Jesus Cristo,
oferecido uma vez por todas.

11 Dia após dia, todo sacerdote apresenta-se e exerce os seus
deveres religiosos; repetidamente oferece os mesmos sacrifí-
cios, que nunca podem remover os pecados. 12 Mas, quando
esse sacerdote acabou de oferecer, para sempre, um único
sacrifício pelos pecados, assentou-se à direita de Deus. 13 Daí
em diante, ele está esperando até que os seus inimigos sejam
como estrado dos seus pés; 14 porque, por meio de um único
sacrifício, ele aperfeiçoou para sempre os que estão sendo
santificados.

15 O Espírito Santo também nos testifica a esse respeito. Pri-
meiro ele diz: 16 "Esta é a aliança que farei com eles, depois
daqueles dias, diz o Senhor. Porei as minhas leis em seu co-
ração e as escreverei em sua mente"[a]; 17 e acrescenta: "Dos
seus pecados e iniquidades não me lembrarei mais"[b].

18 Onde esses pecados foram perdoados, não há mais necessi-
dade de sacrifício por eles.

Um Apelo à Perseverança

19 Portanto, irmãos, temos plena confiança para entrar no Lugar
Santíssimo[c] pelo sangue de Jesus, 20 por um novo e vivo ca-
minho que ele nos abriu por meio do véu, isto é, do seu corpo.
21 Temos, pois, um grande sacerdote sobre a casa de Deus.
22 Assim, aproximemo-nos de Deus com um coração sincero e
com plena convicção de fé, tendo os corações aspergidos para
nos purificar de uma consciência culpada e os nossos corpos
lavados com água pura. 23 Apeguemo-nos com firmeza à es-
perança que professamos, pois aquele que prometeu é fiel.
24 E consideremos uns aos outros para nos incentivarmos ao
amor e às boas obras. 25 Não deixemos de reunir-nos como
igreja, segundo o costume de alguns, mas procuremos enco-
rajar-nos uns aos outros, ainda mais quando vocês veem que
se aproxima o Dia.

26 Se continuarmos a pecar deliberadamente depois que re-
cebemos o conhecimento da verdade, já não resta sacrifício
pelos pecados, 27 mas tão somente uma terrível expectativa
de juízo e de fogo intenso que consumirá os inimigos de Deus.
28 Quem rejeitava a Lei de Moisés morria sem misericórdia pelo
depoimento de duas ou três testemunhas. 29 Quão mais severo
castigo, julgam vocês, merece aquele que pisou aos pés o Filho
de Deus, profanou o sangue da aliança pelo qual ele foi santifi-
cado e insultou o Espírito da graça? 30 Pois conhecemos aquele
que disse: "A mim pertence a vingança; eu retribuirei"[d]; e outra
vez: "O Senhor julgará o seu povo"[e]. 31 Terrível coisa é cair nas
mãos do Deus vivo!

32 Lembrem-se dos primeiros dias, depois que vocês foram ilu-
minados, quando suportaram muita luta e muito sofrimento.
33 Algumas vezes vocês foram expostos a insultos e tribulações;
em outras ocasiões fizeram-se solidários com os que assim
foram tratados. 34 Vocês se compadeceram dos que estavam
na prisão e aceitaram alegremente o confisco dos seus pró-
prios bens, pois sabiam que possuíam bens superiores e per-
manentes.

35 Por isso, não abram mão da confiança que vocês têm; ela
será ricamente recompensada. 36 Vocês precisam perseverar,
de modo que, quando tiverem feito a vontade de Deus, re-
cebam o que ele prometeu; 37 pois em breve, muito em breve
"Aquele que vem virá e não demorará. 38 Mas o meu justo[f] vi-
verá pela fé. E, se retroceder, não me agradarei dele"[g].
39 Nós, porém, não somos dos que retrocedem e são des-
truídos, mas dos que creem e são salvos.[h]

11 Exemplos de Fé

Ora, a fé é a certeza daquilo que esperamos e a prova das
coisas que não vemos. 2 Pois foi por meio dela que os antigos
receberam bom testemunho.

3 Pela fé entendemos que o universo foi formado pela palavra
de Deus, de modo que aquilo que se vê não foi feito do que
é visível.

4 Pela fé Abel ofereceu a Deus um sacrifício superior ao de
Caim. Pela fé ele foi reconhecido como justo, quando Deus
aprovou as suas ofertas. Embora esteja morto, por meio da
fé ainda fala.

5 Pela fé Enoque foi arrebatado, de modo que não expe-
rimentou a morte; "e já não foi encontrado, porque Deus o
havia arrebatado"[i], pois antes de ser arrebatado recebeu tes-
temunho de que tinha agradado a Deus. 6 Sem fé é impossível
agradar a Deus, pois quem dele se aproxima precisa crer que
ele existe e que recompensa aqueles que o buscam.

7 Pela fé Noé, quando avisado a respeito de coisas que ainda
não se viam, movido por santo temor, construiu uma arca para
salvar sua família. Por meio da fé ele condenou o mundo e
tornou-se herdeiro da justiça que é segundo a fé.

8 Pela fé Abraão, quando chamado, obedeceu e dirigiu-se a
um lugar que mais tarde receberia como herança, embora
não soubesse para onde estava indo. 9 Pela fé peregrinou na
terra prometida como se estivesse em terra estranha; viveu
em tendas, bem como Isaque e Jacó, co-herdeiros da mesma
promessa. 10 Pois ele esperava a cidade que tem alicerces, cujo
arquiteto e edificador é Deus.

11 Pela fé Abraão — e também a própria Sara, apesar de estéril
e avançada em idade — recebeu poder para gerar um filho,[j]
porque considerou fiel aquele que lhe havia feito a promessa.
12 Assim, daquele homem já sem vitalidade originaram-se des-

---

a **10.16** Jr 31.33
b **10.17** Jr 31.34
c **10.19** Várias traduções dizem *Santuário*
d **10.30** Dt 32.35
e **10.30** Dt 32.36; Sl 135.14

f **10.38** Vários manuscritos não trazem *meu*.
g **10.37,38** Hc 2.3,4 (segundo a Septuaginta).
h **10.39** Grego: *retrocedem para a perdição, mas dos que creem para a preservação da vida.*
i **11.5** Gn 5.24
j **11.11** Ou *Pela fé, Sara também, que era de idade avançada, pôde ter filhos,*

cendentes tão numerosos como as estrelas do céu e tão incon-
táveis como a areia da praia do mar.
13 Todos esses viveram pela fé e morreram sem receber o que
tinha sido prometido; viram-no de longe e de longe o sau-
daram, reconhecendo que eram estrangeiros e peregrinos na
terra. 14 Os que assim falam mostram que estão buscando uma
pátria. 15 Se estivessem pensando naquela de onde saíram, te-
riam oportunidade de voltar. 16 Em vez disso, esperavam eles
uma pátria melhor, isto é, a pátria celestial. Por essa razão
Deus não se envergonha de ser chamado o Deus deles e lhes
preparou uma cidade.
17 Pela fé Abraão, quando Deus o pôs à prova, ofereceu Isaque
como sacrifício. Aquele que havia recebido as promessas es-
tava a ponto de sacrificar o seu único filho, 18 embora Deus lhe
tivesse dito: "Por meio de Isaque a sua descendência[a] será
considerada"[b]. 19 Abraão levou em conta que Deus pode res-
suscitar os mortos e, figuradamente, recebeu Isaque de volta
dentre os mortos.
20 Pela fé Isaque abençoou Jacó e Esaú com respeito ao futuro
deles.
21 Pela fé Jacó, à beira da morte, abençoou cada um dos fi-
lhos de José e adorou a Deus, apoiado na extremidade do seu
bordão.
22 Pela fé José, no fim da vida, fez menção ao êxodo dos israe-
litas do Egito e deu instruções acerca dos seus próprios ossos.
23 Pela fé Moisés, recém-nascido, foi escondido durante três
meses por seus pais, pois estes viram que ele não era uma
criança comum e não temeram o decreto do rei.
24 Pela fé Moisés, já adulto, recusou ser chamado filho da filha
do faraó, 25 preferindo ser maltratado com o povo de Deus a
desfrutar os prazeres do pecado durante algum tempo. 26 Por
amor de Cristo, considerou sua desonra uma riqueza maior do
que os tesouros do Egito, porque contemplava a sua recom-
pensa. 27 Pela fé saiu do Egito, não temendo a ira do rei, e per-
severou, porque via aquele que é invisível. 28 Pela fé celebrou a
Páscoa e fez a aspersão do sangue, para que o destruidor não
tocasse nos filhos mais velhos dos israelitas.
29 Pela fé o povo atravessou o mar Vermelho como em terra seca;
mas, quando os egípcios tentaram fazê-lo, morreram afogados.
30 Pela fé caíram os muros de Jericó, depois de serem rodeados
durante sete dias.
31 Pela fé a prostituta Raabe, por ter acolhido os espiões, não
foi morta com os que haviam sido desobedientes[c].
32 Que mais direi? Não tenho tempo para falar de Gideão, Ba-
raque, Sansão, Jefté, Davi, Samuel e os profetas, 33 os quais
pela fé conquistaram reinos, praticaram a justiça, alcançaram
o cumprimento de promessas, fecharam a boca de leões,
34 apagaram o poder do fogo e escaparam do fio da espada;
da fraqueza tiraram força, tornaram-se poderosos na batalha
e puseram em fuga exércitos estrangeiros. 35 Houve mulheres
que, pela ressurreição, tiveram de volta os seus mortos. Uns
foram torturados e recusaram ser libertados, para poderem al-
cançar uma ressurreição superior; 36 outros enfrentaram zom-
baria e açoites; outros ainda foram acorrentados e colocados
na prisão, 37 apedrejados, serrados ao meio, postos à prova[d],
mortos ao fio da espada. Andaram errantes, vestidos de pele de
ovelhas e de cabras, necessitados, afligidos e maltratados. 38 O
mundo não era digno deles. Vagaram pelos desertos e montes,
pelas cavernas e grutas.
39 Todos esses receberam bom testemunho por meio da fé; no
entanto, nenhum deles recebeu o que havia sido prometido.
40 Deus havia planejado algo melhor para nós, para que co-
nosco fossem eles aperfeiçoados.

Deus Disciplina os seus Filhos

12 Portanto, também nós, uma vez que estamos rodeados
por tão grande nuvem de testemunhas, livremo-nos de tudo
o que nos atrapalha e do pecado que nos envolve e corramos
com perseverança a corrida que nos é proposta, 2 tendo os
olhos fitos em Jesus, autor e consumador da nossa fé. Ele, pela
alegria que lhe fora proposta, suportou a cruz, desprezando a
vergonha, e assentou-se à direita do trono de Deus. 3 Pensem
bem naquele que suportou tal oposição dos pecadores contra
si mesmo, para que vocês não se cansem nem desanimem.
4 Na luta contra o pecado, vocês ainda não resistiram até o
ponto de derramar o próprio sangue. 5 Vocês se esqueceram
da palavra de ânimo que ele dirige a vocês como a filhos: "Meu
filho, não despreze a disciplina do Senhor nem se magoe com
a sua repreensão, 6 pois o Senhor disciplina a quem ama, e
castiga todo aquele a quem aceita como filho"[e].
7 Suportem as dificuldades, recebendo-as como disciplina; Deus
os trata como filhos. Ora, qual o filho que não é disciplinado por
seu pai? 8 Se vocês não são disciplinados, e a disciplina é para
todos os filhos, então vocês não são filhos legítimos, mas sim
ilegítimos. 9 Além disso, tínhamos pais humanos que nos disci-
plinavam e nós os respeitávamos. Quanto mais devemos sub-
meter-nos ao Pai dos espíritos, para assim vivermos! 10 Nossos
pais nos disciplinavam por curto período, segundo lhes parecia
melhor; mas Deus nos disciplina para o nosso bem, para que
participemos da sua santidade. 11 Nenhuma disciplina parece
ser motivo de alegria no momento, mas sim de tristeza. Mais
tarde, porém, produz fruto de justiça e paz para aqueles que
por ela foram exercitados.
12 Portanto, fortaleçam as mãos enfraquecidas e os joelhos
vacilantes. 13 "Façam caminhos retos para os seus pés"[f], para
que o manco não se desvie; antes, seja curado.

Advertência contra a Rejeição de Deus

14 Esforcem-se para viver em paz com todos e para serem
santos; sem santidade ninguém verá o Senhor. 15 Cuidem que

[a] 11.18 Grego: *semente*.
[b] 11.18 Gn 21.12
[c] 11.31 Ou *incrédulos*
[d] 11.37 Alguns manuscritos não trazem *postos à prova*.
[e] 12.5,6 Pv 3.11,12
[f] 12.13 Pv 4.26

ninguém se exclua da graça de Deus; que nenhuma raiz de
amargura[a] brote e cause perturbação, contaminando muitos;
16 que não haja nenhum imoral ou profano, como Esaú, que por
uma única refeição vendeu os seus direitos de herança como
filho mais velho. 17 Como vocês sabem, posteriormente, quando
quis herdar a bênção, foi rejeitado; e não teve como alterar a
sua decisão, embora buscasse a bênção com lágrimas.
18 Vocês não chegaram ao monte que se podia tocar, e que
estava em chamas, nem às trevas, à escuridão, nem à tem-
pestade, 19 ao soar da trombeta e ao som de palavras tais que
os ouvintes rogaram que nada mais lhes fosse dito; 20 pois não
podiam suportar o que lhes estava sendo ordenado: "Até um
animal, se tocar no monte, deve ser apedrejado".[b] 21 O espe-
táculo era tão terrível que até Moisés disse: "Estou apavorado
e trêmulo!"[c]
22 Mas vocês chegaram ao monte Sião, à Jerusalém celestial,
à cidade do Deus vivo. Chegaram aos milhares de milhares de
anjos em alegre reunião, 23 à igreja dos primogênitos, cujos
nomes estão escritos nos céus. Vocês chegaram a Deus, juiz de
todos os homens, aos espíritos dos justos aperfeiçoados, 24 a
Jesus, mediador de uma nova aliança, e ao sangue aspergido,
que fala melhor do que o sangue de Abel.
25 Cuidado! Não rejeitem aquele que fala. Se os que se recu-
saram a ouvir aquele que os advertia na terra não escaparam,
quanto mais nós, se nos desviarmos daquele que nos adverte
dos céus? 26 Aquele cuja voz outrora abalou a terra, agora
promete: "Ainda uma vez abalarei não apenas a terra, mas
também o céu"[d]. 27 As palavras "ainda uma vez" indicam a
remoção do que pode ser abalado, isto é, coisas criadas, de
forma que permaneça o que não pode ser abalado.
28 Portanto, já que estamos recebendo um Reino inabalável,
sejamos agradecidos e, assim, adoremos a Deus de modo acei-
tável, com reverência e temor, 29 pois o nosso "Deus é fogo
consumidor!"[e]

13 Exortações Finais

Seja constante o amor fraternal. 2 Não se esqueçam da
hospitalidade; foi praticando-a que, sem o saber, alguns aco
lheram anjos. 3 Lembrem-se dos que estão na prisão, como se
aprisionados com eles; dos que estão sendo maltratados, como
se vocês mesmos estivessem sendo maltratados.
4 O casamento deve ser honrado por todos; o leito conjugal,
conservado puro; pois Deus julgará os imorais e os adúlteros.
5 Conservem-se livres do amor ao dinheiro e contentem-se com
o que vocês têm, porque Deus mesmo disse: "Nunca o deixarei,
nunca o abandonarei"[f].
6 Podemos, pois, dizer com confiança: "O Senhor é o meu
ajudador, não temerei. O que me podem fazer os homens?"[g]
7 Lembrem-se dos seus líderes, que transmitiram a palavra de
Deus a vocês. Observem bem o resultado da vida que tiveram
e imitem a sua fé. 8 Jesus Cristo é o mesmo, ontem, hoje e
para sempre.
9 Não se deixem levar pelos diversos ensinos estranhos. É bom
que o nosso coração seja fortalecido pela graça, e não por
alimentos cerimoniais, os quais não têm valor para aqueles
que os comem. 10 Nós temos um altar do qual não têm direito
de comer os que ministram no tabernáculo.
11 O sumo sacerdote leva sangue de animais até o Lugar Santís-
simo como oferta pelo pecado, mas os corpos dos animais são
queimados fora do acampamento. 12 Assim, Jesus também so-
freu fora das portas da cidade, para santificar o povo por meio
do seu próprio sangue. 13 Portanto, saiamos até ele, fora do
acampamento, suportando a desonra que ele suportou. 14 Pois
não temos aqui nenhuma cidade permanente, mas buscamos
a que há de vir.
15 Por meio de Jesus, portanto, ofereçamos continuamente a
Deus um sacrifício de louvor, que é fruto de lábios que con-
fessam o seu nome. 16 Não se esqueçam de fazer o bem e de
repartir com os outros o que vocês têm, pois de tais sacrifícios
Deus se agrada.
17 Obedeçam aos seus líderes e submetam-se à autoridade
deles. Eles cuidam de vocês como quem deve prestar contas.
Obedeçam-lhes, para que o trabalho deles seja uma alegria,
não um peso, pois isso não seria proveitoso para vocês.
18 Orem por nós. Estamos certos de que temos consciência
limpa e desejamos viver de maneira honrosa em tudo. 19 Par-
ticularmente, recomendo que orem para que eu lhes seja res-
tituído em breve.
20 O Deus da paz, que pelo sangue da aliança eterna trouxe de
volta dentre os mortos o nosso Senhor Jesus, o grande Pastor
das ovelhas, 21 os aperfeiçoe em todo o bem para fazerem a
vontade dele e opere em nós o que lhe é agradável, mediante
Jesus Cristo, a quem seja a glória para todo o sempre. Amém.
22 Irmãos, peço que suportem a minha palavra de exortação;
na verdade o que eu escrevi é pouco.
23 Quero que saibam que o nosso irmão Timóteo foi posto em
liberdade. Se ele chegar logo, irei vê-los com ele.
24 Saúdem a todos os seus líderes e a todos os santos. Os da
Itália enviam saudações.
25 A graça seja com todos vocês.

[a] 12.15 Isto é, raiz venenosa.
[b] 12.18-20 Êx 19.12,13
[c] 12.21 Dt 9.19
[d] 12.26 Ag 2.6
[e] 12.29 Dt 4.24
[f] 13.5 Dt 31.6
[g] 13.6 Sl 118.6

TIAGO

1 Tiago, servo[a] de Deus e do Senhor Jesus Cristo, às doze tribos dispersas entre as nações: Saudações.

Provas e Tentações

2 Meus irmãos, considerem motivo de grande alegria o fato de passarem por diversas provações, 3 pois vocês sabem que a prova da sua fé produz perseverança. 4 E a perseverança deve ter ação completa, a fim de que vocês sejam maduros e íntegros, sem que falte a vocês coisa alguma. 5 Se algum de vocês tem falta de sabedoria, peça-a a Deus, que a todos dá livremente, de boa vontade; e lhe será concedida. 6 Peça-a, porém, com fé, sem duvidar, pois aquele que duvida é semelhante à onda do mar, levada e agitada pelo vento. 7 Não pense tal pessoa que receberá coisa alguma do Senhor, 8 pois tem mente dividida e é instável em tudo o que faz.

9 O irmão de condição humilde deve orgulhar-se quando estiver em elevada posição. 10 E o rico deve orgulhar-se caso passe a viver em condição humilde, porque o rico passará como a flor do campo. 11 Pois o sol se levanta, traz o calor e seca a planta; cai então a sua flor, e a sua beleza é destruída. Da mesma forma o rico murchará em meio aos seus afazeres.

12 Feliz é o homem que persevera na provação, porque depois de aprovado receberá a coroa da vida, que Deus prometeu aos que o amam.

13 Quando alguém for tentado, jamais deverá dizer: "Estou sendo tentado por Deus". Pois Deus não pode ser tentado pelo mal e a ninguém tenta. 14 Cada um, porém, é tentado pelo próprio mau desejo, sendo por este arrastado e seduzido. 15 Então esse desejo, tendo concebido, dá à luz o pecado, e o pecado, após ser consumado, gera a morte.

16 Meus amados irmãos, não se deixem enganar. 17 Toda boa dádiva e todo dom perfeito vêm do alto, descendo do Pai das luzes, que não muda como sombras inconstantes. 18 Por sua decisão ele nos gerou pela palavra da verdade, a fim de sermos como os primeiros frutos de tudo o que ele criou.

Praticando a Palavra

19 Meus amados irmãos, tenham isto em mente: Sejam todos prontos para ouvir, tardios para falar e tardios para irar-se, 20 pois a ira do homem não produz a justiça de Deus. 21 Portanto, livrem-se de toda impureza moral e da maldade que prevalece e aceitem humildemente a palavra implantada em vocês, a qual é poderosa para salvá-los.

22 Sejam praticantes da palavra, e não apenas ouvintes, enganando vocês mesmos. 23 Aquele que ouve a palavra, mas não a põe em prática, é semelhante a um homem que olha a sua face num espelho 24 e, depois de olhar para si mesmo, sai e logo esquece a sua aparência. 25 Mas o homem que observa atentamente a lei perfeita, que traz a liberdade, e persevera na prática dessa lei, não esquecendo o que ouviu mas praticando-o, será feliz naquilo que fizer.

26 Se alguém se considera religioso, mas não refreia a sua língua, engana-se a si mesmo. Sua religião não tem valor algum! 27 A religião que Deus, o nosso Pai, aceita como pura e imaculada é esta: cuidar dos órfãos e das viúvas em suas dificuldades e não se deixar corromper pelo mundo.

2 **Proibida a Acepção de Pessoas**

Meus irmãos, como crentes em nosso glorioso Senhor Jesus Cristo, não façam diferença entre as pessoas, tratando-as com parcialidade. 2 Suponham que, na reunião de vocês, entre um homem com anel de ouro e roupas finas e também entre um pobre com roupas velhas e sujas. 3 Se vocês derem atenção especial ao homem que está vestido com roupas finas e disserem: "Aqui está um lugar apropriado para o senhor", mas disserem ao pobre: "Você, fique em pé ali", ou: "Sente-se no chão, junto ao estrado onde ponho os meus pés", 4 não estarão fazendo discriminação, fazendo julgamentos com critérios errados?

5 Ouçam, meus amados irmãos: Não escolheu Deus os que são pobres aos olhos do mundo para serem ricos em fé e herdarem o Reino que ele prometeu aos que o amam? 6 Mas vocês têm desprezado o pobre. Não são os ricos que oprimem vocês? Não são eles os que os arrastam para os tribunais? 7 Não são eles que difamam o bom nome que sobre vocês foi invocado?

8 Se vocês de fato obedecerem à lei do Reino encontrada na Escritura que diz: "Ame o seu próximo como a si mesmo"[b], estarão agindo corretamente. 9 Mas, se tratarem os outros com parcialidade, estarão cometendo pecado e serão condenados pela Lei como transgressores. 10 Pois quem obedece a toda a Lei, mas tropeça em apenas um ponto, torna-se culpado de quebrá-la inteiramente. 11 Pois aquele que disse: "Não adulterarás"[c] também disse: "Não matarás"[d]. Se você não comete adultério mas comete assassinato, torna-se transgressor da Lei.

12 Falem e ajam como quem vai ser julgado pela lei da liberdade; 13 porque será exercido juízo sem misericórdia sobre quem não foi misericordioso. A misericórdia triunfa sobre o juízo!

Fé e Obras

14 De que adianta, meus irmãos, alguém dizer que tem fé, se não tem obras? Acaso a fé pode salvá-lo? 15 Se um irmão ou

---

a 1.1 Isto é, escravo.

b 2.8 Lv 19.18

c 2.11 Êx 20.14; Dt 5.18

d 2.11 Êx 20.13; Dt 5.17

irmã estiver necessitando de roupas e do alimento de cada
dia 16 e um de vocês lhe disser: "Vá em paz, aqueça-se e ali-
mente-se até satisfazer-se", sem porém lhe dar nada, de que
adianta isso? 17 Assim também a fé, por si só, se não for acom-
panhada de obras, está morta.
18 Mas alguém dirá: "Você tem fé; eu tenho obras". Mostre-me
a sua fé sem obras, e eu mostrarei a minha fé pelas obras.
19 Você crê que existe um só Deus? Muito bem! Até mesmo os
demônios creem — e tremem!
20 Insensato! Quer certificar-se de que a fé sem obras é inútil[a]?
21 Não foi Abraão, nosso antepassado, justificado por obras,
quando ofereceu seu filho Isaque sobre o altar? 22 Você pode
ver que tanto a fé como as obras estavam atuando juntas, e a
fé foi aperfeiçoada pelas obras. 23 Cumpriu-se assim a Escritura
que diz: "Abraão creu em Deus, e isso lhe foi creditado como
justiça"[b], e ele foi chamado amigo de Deus. 24 Vejam que uma
pessoa é justificada por obras, e não apenas pela fé.
25 Caso semelhante é o de Raabe, a prostituta: não foi ela jus-
tificada pelas obras, quando acolheu os espias e os fez sair por
outro caminho? 26 Assim como o corpo sem espírito está morto,
também a fé sem obras está morta.

O Domínio sobre a Língua

3 Meus irmãos, não sejam muitos de vocês mestres, pois
vocês sabem que nós, os que ensinamos, seremos julgados
com maior rigor. 2 Todos tropeçamos de muitas maneiras. Se
alguém não tropeça no falar, tal homem é perfeito, sendo
também capaz de dominar todo o seu corpo.
3 Quando colocamos freios na boca dos cavalos para que eles
nos obedeçam, podemos controlar o animal todo. 4 Tomem
também como exemplo os navios; embora sejam tão grandes
e impelidos por fortes ventos, são dirigidos por um leme muito
pequeno, conforme a vontade do piloto. 5 Semelhantemente,
a língua é um pequeno órgão do corpo, mas se vangloria de
grandes coisas. Vejam como um grande bosque é incendiado
por uma simples fagulha. 6 Assim também, a língua é um fogo;
é um mundo de iniquidade. Colocada entre os membros do
nosso corpo, contamina a pessoa por inteiro, incendeia todo o
curso de sua vida, sendo ela mesma incendiada pelo inferno.
7 Toda espécie de animais, aves, répteis e criaturas do mar
doma-se e tem sido domada pela espécie humana; 8 a língua,
porém, ninguém consegue domar. É um mal incontrolável,
cheio de veneno mortífero.
9 Com a língua bendizemos o Senhor e Pai e com ela amaldi-
çoamos os homens, feitos à semelhança de Deus. 10 Da mesma
boca procedem bênção e maldição. Meus irmãos, não pode ser
assim! 11 Acaso podem sair água doce e água amarga da mesma
fonte? 12 Meus irmãos, pode uma figueira produzir azeitonas
ou uma videira figos? Da mesma forma, uma fonte de água
salgada não pode produzir água doce.

Os Dois Tipos de Sabedoria

13 Quem é sábio e tem entendimento entre vocês? Que o de-
monstre por seu bom procedimento, mediante obras prati-
cadas com a humildade que provém da sabedoria. 14 Contudo,
se vocês abrigam no coração inveja amarga e ambição egoísta,
não se gloriem disso nem neguem a verdade. 15 Esse tipo de
"sabedoria" não vem dos céus, mas é terrena; não é espiritual,
mas é demoníaca. 16 Pois onde há inveja e ambição egoísta, aí
há confusão e toda espécie de males.
17 Mas a sabedoria que vem do alto é antes de tudo pura; de-
pois, pacífica, amável, compreensiva, cheia de misericórdia
e de bons frutos, imparcial e sincera. 18 O fruto da justiça se-
meia-se em paz para[c] os pacificadores.

A Submissão a Deus

4 De onde vêm as guerras e contendas que há entre vocês?
Não vêm das paixões que guerreiam dentro de vocês[d]? 2 Vocês
cobiçam coisas, mas não as têm; matam e invejam, mas não
conseguem obter o que desejam. Vocês vivem a lutar e a fazer
guerras. Não têm, porque não pedem. 3 Quando pedem, não
recebem, pois pedem por motivos errados, para gastar em
seus prazeres.
4 Adúlteros, vocês não sabem que a amizade com o mundo é
inimizade com Deus? Quem quer ser amigo do mundo faz-se
inimigo de Deus. 5 Ou vocês acham que é sem razão que a
Escritura diz que o Espírito que ele fez habitar em nós tem
fortes ciúmes?[e] 6 Mas ele nos concede graça maior. Por isso
diz a Escritura: "Deus se opõe aos orgulhosos, mas concede
graça aos humildes"[f].
7 Portanto, submetam-se a Deus. Resistam ao Diabo, e ele fu-
girá de vocês. 8 Aproximem-se de Deus, e ele se aproximará de
vocês! Pecadores, limpem as mãos, e vocês, que têm a mente
dividida, purifiquem o coração. 9 Entristeçam-se, lamentem-se
e chorem. Troquem o riso por lamento e a alegria por tristeza.
10 Humilhem-se diante do Senhor, e ele os exaltará.
11 Irmãos, não falem mal uns dos outros. Quem fala contra o seu
irmão ou julga o seu irmão fala contra a Lei e a julga. Quando
você julga a Lei, não a está cumprindo, mas está agindo como
juiz. 12 Há apenas um Legislador e Juiz, aquele que pode salvar
e destruir. Mas quem é você para julgar o seu próximo?

A Incerteza dos Planos Humanos

13 Ouçam agora, vocês que dizem: "Hoje ou amanhã iremos
para esta ou aquela cidade, passaremos um ano ali, faremos
negócios e ganharemos dinheiro". 14 Vocês nem sabem o que
acontecerá amanhã! Que é a sua vida? Vocês são como a ne-
blina que aparece por um pouco de tempo e depois se dissipa.
15 Em vez disso, deveriam dizer: "Se o Senhor quiser, viveremos
e faremos isto ou aquilo". 16 Agora, porém, vocês se vanglo-

[a] **2.20** Vários manuscritos antigos dizem *morta*.
[b] **2.23** Gn 15.6
[c] **3.18** Ou *pelos pacificadores*
[d] **4.1** Grego: *nos seus membros*.
[e] **4.5** Ou *que Deus tem fortes ciúmes pelo espírito que ele fez habitar em nós?*; ou ainda *que o Espírito que ele fez habitar em nós nos ama zelosamente?*
[f] **4.6** Pv 3.34 (segundo a Septuaginta).

riam das suas pretensões. Toda vanglória como essa é maligna.
17 Portanto, pensem nisto: Quem sabe que deve fazer o bem e
não o faz comete pecado.

Advertência aos Ricos Opressores

5 Ouçam agora vocês, ricos! Chorem e lamentem-se, tendo
em vista a desgraça que virá sobre vocês. 2 A riqueza de vocês
apodreceu, e as traças corroeram as suas roupas. 3 O ouro e a
prata de vocês enferrujaram, e a ferrugem deles testemunhará
contra vocês e como fogo devorará a sua carne. Vocês acumu-
laram bens nestes últimos dias. 4 Vejam, o salário dos trabalha-
dores que ceifaram os seus campos, e que vocês retiveram com
fraude, está clamando contra vocês. O lamento dos ceifeiros
chegou aos ouvidos do Senhor dos Exércitos. 5 Vocês viveram
luxuosamente na terra, desfrutando prazeres, e fartaram-se de
comida em dia de abate[a]. 6 Vocês têm condenado e matado o
justo, sem que ele ofereça resistência.

Paciência nos Sofrimentos

7 Portanto, irmãos, sejam pacientes até a vinda do Senhor.
Vejam como o agricultor aguarda que a terra produza a pre-
ciosa colheita e como espera com paciência até virem as
chuvas do outono e da primavera. 8 Sejam também pacientes
e fortaleçam o seu coração, pois a vinda do Senhor está pró-
xima. 9 Irmãos, não se queixem uns dos outros, para que não
sejam julgados. O Juiz já está às portas!
10 Irmãos, tenham os profetas que falaram em nome do Senhor
como exemplo de paciência diante do sofrimento. 11 Como
vocês sabem, nós consideramos felizes aqueles que mostraram
perseverança. Vocês ouviram falar sobre a perseverança de Jó
e viram o fim que o Senhor lhe proporcionou. O Senhor é cheio
de compaixão e misericórdia.
12 Sobretudo, meus irmãos, não jurem, nem pelo céu, nem pela
terra, nem por qualquer outra coisa. Seja o sim de vocês, sim, e
o não, não, para que não caiam em condenação.

A Oração da Fé

13 Entre vocês há alguém que está sofrendo? Que ele ore. Há
alguém que se sente feliz? Que ele cante louvores. 14 Entre
vocês há alguém que está doente? Que ele mande chamar os
presbíteros da igreja, para que estes orem sobre ele e o unjam
com óleo, em nome do Senhor. 15 A oração feita com fé curará o
doente; o Senhor o levantará. E, se houver cometido pecados,
ele será perdoado. 16 Portanto, confessem os seus pecados
uns aos outros e orem uns pelos outros para serem curados. A
oração de um justo é poderosa e eficaz.
17 Elias era humano como nós. Ele orou fervorosamente para
que não chovesse, e não choveu sobre a terra durante três anos
e meio. 18 Orou outra vez, e os céus enviaram chuva, e a terra
produziu os seus frutos.
19 Meus irmãos, se algum de vocês se desviar da verdade e
alguém o trouxer de volta, 20 lembrem-se disto: Quem con-
verte um pecador do erro do seu caminho salvará a vida dessa
pessoa e fará que muitíssimos pecados sejam perdoados[b].

[a] 5.5 Ou *como em dia de festa*

[b] 5.20 Grego: *cobrirá muitos pecados.*

1 PEDRO

1 Pedro, apóstolo de Jesus Cristo,
aos eleitos de Deus, peregrinos dispersos no Ponto, na Ga-
lácia, na Capadócia, na província da Ásia e na Bitínia, 2 esco-
lhidos de acordo com o pré-conhecimento de Deus Pai, pela
obra santificadora do Espírito, para a obediência a Jesus Cristo
e a aspersão do seu sangue:
Graça e paz lhes sejam multiplicadas.

Louvor a Deus por uma Esperança Viva

3 Bendito seja o Deus e Pai de nosso Senhor Jesus Cristo!
Conforme a sua grande misericórdia, ele nos regenerou para
uma esperança viva, por meio da ressurreição de Jesus Cristo
dentre os mortos, 4 para uma herança que jamais poderá pe-
recer, macular-se ou perder o seu valor. Herança guardada
nos céus para vocês 5 que, mediante a fé, são protegidos pelo
poder de Deus até chegar a salvação prestes a ser revelada
no último tempo. 6 Nisso vocês exultam, ainda que agora, por
um pouco de tempo, devam ser entristecidos por todo tipo de
provação. 7 Assim acontece para que fique comprovado que
a fé que vocês têm, muito mais valiosa do que o ouro que
perece, mesmo que refinado pelo fogo, é genuína e resultará
em louvor, glória e honra, quando Jesus Cristo for revelado.
8 Mesmo não o tendo visto, vocês o amam; e, apesar de não
o verem agora, creem nele e exultam com alegria indizível e
gloriosa, 9 pois vocês estão alcançando o alvo da sua fé, a
salvação das suas almas.
10 Foi a respeito dessa salvação que os profetas que falaram da
graça destinada a vocês investigaram e examinaram, 11 procu-
rando saber o tempo e as circunstâncias para os quais apon-
tava o Espírito de Cristo que neles estava, quando predisse a
vocês os sofrimentos de Cristo e as glórias que se seguiriam
àqueles sofrimentos. 12 A eles foi revelado que estavam minis-

trando, não para si próprios, mas para vocês, quando falaram
das coisas que agora lhes são anunciadas por meio daqueles
que pregaram o evangelho pelo Espírito Santo enviado dos
céus; coisas que até os anjos anseiam observar.

Exortação à Santidade

13 Portanto, estejam com a mente preparada, prontos para
agir; estejam alertas e ponham toda a esperança na graça que
será dada a vocês quando Jesus Cristo for revelado. 14 Como
filhos obedientes, não se deixem amoldar pelos maus desejos
de outrora, quando viviam na ignorância. 15 Mas, assim como é
santo aquele que os chamou, sejam santos vocês também em
tudo o que fizerem, 16 pois está escrito: "Sejam santos, porque
eu sou santo"[a].
17 Uma vez que vocês chamam Pai àquele que julga imparcial-
mente as obras de cada um, portem-se com temor durante a
jornada terrena de vocês. 18 Pois vocês sabem que não foi por
meio de coisas perecíveis como prata ou ouro que vocês foram
redimidos da sua maneira vazia de viver, transmitida por seus
antepassados, 19 mas pelo precioso sangue de Cristo, como de
um cordeiro sem mancha e sem defeito, 20 conhecido[b] antes da
criação do mundo, revelado nestes últimos tempos em favor de
vocês. 21 Por meio dele vocês creem em Deus, que o ressuscitou
dentre os mortos e o glorificou, de modo que a fé e a espe-
rança de vocês estão em Deus.
22 Agora que vocês purificaram a sua vida pela obediência à
verdade, visando ao amor fraternal e sincero, amem since-
ramente uns aos outros e de todo o coração. 23 Vocês foram
regenerados, não de uma semente perecível, mas imperecível,
por meio da palavra de Deus, viva e permanente. 24 Pois "toda
a humanidade[c] é como a relva e toda a sua glória como a flor
da relva; a relva murcha e cai a sua flor, 25 mas a palavra do
Senhor permanece para sempre"[d]. Essa é a palavra que foi
anunciada a vocês.

2 Portanto, livrem-se de toda maldade e de todo engano,
hipocrisia, inveja e toda espécie de maledicência. 2 Como
crianças recém-nascidas, desejem de coração o leite espiritual
puro, para que por meio dele cresçam para a salvação, 3 agora
que provaram que o Senhor é bom.

A Pedra Viva e o Povo Escolhido

4 À medida que se aproximam dele, a pedra viva — rejeitada
pelos homens, mas escolhida por Deus e preciosa para ele —,
5 vocês também estão sendo utilizados como pedras vivas na
edificação de uma casa espiritual para serem sacerdócio santo,
oferecendo sacrifícios espirituais aceitáveis a Deus, por meio
de Jesus Cristo. 6 Pois assim é dito na Escritura: "Eis que ponho
em Sião uma pedra angular, escolhida e preciosa, e aquele que
nela confia jamais será envergonhado"[e].
7 Portanto, para vocês, os que creem, esta pedra é preciosa;
mas, para os que não creem, "a pedra que os construtores
rejeitaram tornou-se a pedra angular"[f] 8 e "pedra de tropeço e
rocha que faz cair"[g]. Os que não creem tropeçam, porque deso-
bedecem à mensagem; para o que também foram destinados.
9 Vocês, porém, são geração eleita, sacerdócio real, nação santa,
povo exclusivo de Deus, para anunciar as grandezas daquele que
os chamou das trevas para a sua maravilhosa luz. 10 Antes vocês
nem sequer eram povo, mas agora são povo de Deus; não ha-
viam recebido misericórdia, mas agora a receberam.

Deveres Sociais dos Cristãos

11 Amados, insisto em que, como estrangeiros e peregrinos no
mundo, vocês se abstenham dos desejos carnais que guerreiam
contra a alma. 12 Vivam entre os pagãos de maneira exemplar
para que, mesmo que eles os acusem de praticar o mal, ob-
servem as boas obras que vocês praticam e glorifiquem a Deus
no dia da intervenção dele[h].
13 Por causa do Senhor, sujeitem-se a toda autoridade consti-
tuída entre os homens; seja ao rei, como autoridade suprema,
14 seja aos governantes, como por ele enviados para punir os
que praticam o mal e honrar os que praticam o bem. 15 Pois é
da vontade de Deus que, praticando o bem, vocês silenciem a
ignorância dos insensatos. 16 Vivam como pessoas livres, mas
não usem a liberdade como desculpa para fazer o mal; vivam
como servos[i] de Deus. 17 Tratem a todos com o devido respeito:
amem os irmãos, temam a Deus e honrem o rei.
18 Escravos, sujeitem-se a seus senhores com todo o respeito,
não apenas aos bons e amáveis, mas também aos maus.
19 Porque é louvável que, por motivo de sua consciência para
com Deus, alguém suporte aflições sofrendo injustamente.
20 Pois que vantagem há em suportar açoites recebidos por
terem cometido o mal? Mas, se vocês suportam o sofrimento
por terem feito o bem, isso é louvável diante de Deus. 21 Para
isso vocês foram chamados, pois também Cristo sofreu no lugar
de vocês, deixando exemplo, para que sigam os seus passos.
22 "Ele não cometeu pecado algum, e nenhum engano foi en-
contrado em sua boca."[j]
23 Quando insultado, não revidava; quando sofria, não fazia
ameaças, mas entregava-se àquele que julga com justiça.
24 Ele mesmo levou em seu corpo os nossos pecados sobre o
madeiro, a fim de que morrêssemos para os pecados e vivês-
semos para a justiça; por suas feridas vocês foram curados.
25 Pois vocês eram como ovelhas desgarradas, mas agora se
converteram ao Pastor e Bispo de suas almas.

---

[a] 1.16 Lv 11.44,45; 19.2; 20.7
[b] 1.20 Ou *escolhido*
[c] 1.24 Grego: *carne*.
[d] 1.24,25 Is 40.6-8
[e] 2.6 Is 28.16
[f] 2.7 Sl 118.22
[g] 2.8 Is 8.14
[h] 2.12 Grego: *visitação*.
[i] 2.16 Isto é, escravos.
[j] 2.22 Is 53.9

3 Deveres Conjugais

3 Do mesmo modo, mulheres, sujeite-se cada uma a seu marido, a fim de que, se ele não obedece à palavra, seja ganho sem palavras, pelo procedimento de sua mulher, 2 observando a conduta honesta e respeitosa de vocês. 3 A beleza de vocês não deve estar nos enfeites exteriores, como cabelos trançados e joias de ouro ou roupas finas. 4 Ao contrário, esteja no ser interior[a], que não perece, beleza demonstrada num espírito dócil e tranquilo, o que é de grande valor para Deus. 5 Pois era assim que também costumavam adornar-se as santas mulheres do passado, cuja esperança estava em Deus. Elas se sujeitavam cada uma a seu marido, 6 como Sara, que obedecia a Abraão e o chamava senhor. Dela vocês serão filhas, se praticarem o bem e não derem lugar ao medo.

7 Do mesmo modo vocês, maridos, sejam sábios no convívio com suas mulheres e tratem-nas com honra, como parte mais frágil e co-herdeiras do dom da graça da vida, de forma que não sejam interrompidas as suas orações.

Sofrendo por Fazer o Bem

8 Quanto ao mais, tenham todos o mesmo modo de pensar, sejam compassivos, amem-se fraternalmente, sejam misericordiosos e humildes. 9 Não retribuam mal com mal, nem insulto com insulto; ao contrário, bendigam; pois para isso vocês foram chamados, para receberem bênção por herança. 10 Pois "quem quiser amar a vida e ver dias felizes guarde a sua língua do mal e os seus lábios da falsidade.

11 Afaste-se do mal e faça o bem; busque a paz com perseverança.

12 Porque os olhos do Senhor estão sobre os justos e os seus ouvidos estão atentos à sua oração, mas o rosto do Senhor volta-se contra os que praticam o mal"[b].

13 Quem há de maltratá-los, se vocês forem zelosos na prática do bem? 14 Todavia, mesmo que venham a sofrer porque praticam a justiça, vocês serão felizes. "Não temam aquilo que eles temem[c], não fiquem amedrontados."[d] 15 Antes, santifiquem Cristo como Senhor em seu coração. Estejam sempre preparados para responder a qualquer pessoa que pedir a razão da esperança que há em vocês. 16 Contudo, façam isso com mansidão e respeito, conservando boa consciência, de forma que os que falam maldosamente contra o bom procedimento de vocês, porque estão em Cristo, fiquem envergonhados de suas calúnias. 17 É melhor sofrer por fazer o bem, se for da vontade de Deus, do que por fazer o mal. 18 Pois também Cristo sofreu pelos pecados uma vez por todas, o justo pelos injustos, para conduzir-nos a Deus. Ele foi morto no corpo[e], mas vivificado pelo Espírito[f], 19 no qual também foi e pregou aos espíritos em prisão 20 que há muito tempo desobedeceram, quando Deus esperava pacientemente nos dias de Noé, enquanto a arca era construída. Nela apenas algumas pessoas, a saber, oito, foram salvas por meio da água, 21 e isso é representado pelo batismo que agora também salva vocês — não a remoção da sujeira do corpo, mas o compromisso de[g] uma boa consciência diante de Deus — por meio da ressurreição de Jesus Cristo, 22 que subiu aos céus e está à direita de Deus; a ele estão sujeitos anjos, autoridades e poderes.

4 Vivendo para Deus

4 Portanto, uma vez que Cristo sofreu corporalmente[h], armem-se também do mesmo pensamento, pois aquele que sofreu em seu corpo[i] rompeu com o pecado, 2 para que, no tempo que lhe resta, não viva mais para satisfazer os maus desejos humanos, mas sim para fazer a vontade de Deus. 3 No passado vocês já gastaram tempo suficiente fazendo o que agrada aos pagãos. Naquele tempo vocês viviam em libertinagem, na sensualidade, nas bebedeiras, orgias e farras, e na idolatria repugnante. 4 Eles acham estranho que vocês não se lancem com eles na mesma torrente de imoralidade e por isso os insultam. 5 Contudo, eles terão que prestar contas àquele que está pronto para julgar os vivos e os mortos. 6 Por isso mesmo o evangelho foi pregado também a mortos, para que eles, mesmo julgados no corpo segundo os homens, vivam pelo Espírito segundo Deus.

7 O fim de todas as coisas está próximo. Portanto, sejam criteriosos e estejam alertas; dediquem-se à oração. 8 Sobretudo, amem-se sinceramente uns aos outros, porque o amor perdoa muitíssimos pecados. 9 Sejam mutuamente hospitaleiros, sem reclamação. 10 Cada um exerça o dom que recebeu para servir os outros, administrando fielmente a graça de Deus em suas múltiplas formas. 11 Se alguém fala, faça-o como quem transmite a palavra de Deus. Se alguém serve, faça-o com a força que Deus provê, de forma que em todas as coisas Deus seja glorificado mediante Jesus Cristo, a quem sejam a glória e o poder para todo o sempre. Amém.

Sofrendo por ser Cristão

12 Amados, não se surpreendam com o fogo que surge entre vocês para prová-los, como se algo estranho estivesse acontecendo. 13 Mas alegrem-se à medida que participam dos sofrimentos de Cristo, para que também, quando a sua glória for revelada, vocês exultem com grande alegria. 14 Se vocês são insultados por causa do nome de Cristo, felizes são vocês, pois o Espírito da glória, o Espírito de Deus, repousa sobre vocês. 15 Se algum de vocês sofre, que não seja como assassino, ladrão, criminoso, ou como quem se intromete em negócios alheios. 16 Contudo, se sofre como cristão, não se envergonhe, mas glorifique a Deus por meio desse nome. 17 Pois chegou a hora de começar o julgamento pela casa de Deus; e, se começa primeiro conosco, qual será o fim daqueles que não obedecem

---

a 3.4 Grego: *no homem oculto do coração.*
b 3.10-12 Sl 34.12-16
c 3.14 Ou *Não temam as ameaças deles*
d 3.14 Is 8.12
e 3.18 Grego: *carne*; também no versículo 21.
f 3.18 Ou *no espírito*; também em 4.6.
g 3.21 Ou *a indagação de*; ou ainda *a súplica por*; ou ainda *o resultado de*
h 4.1 Grego: *na carne*; também em 4.6.
i 4.1 Grego: *em sua carne.*

ao evangelho de Deus? 18 E, "se ao justo é difícil ser salvo, que
será do ímpio e pecador?"[a]
19 Por isso mesmo, aqueles que sofrem de acordo com a vontade de Deus devem confiar sua vida ao seu fiel Criador e praticar o bem.

5 **Aos Presbíteros e aos Jovens**

Portanto, apelo para os presbíteros que há entre vocês e o
faço na qualidade de presbítero como eles e testemunha dos
sofrimentos de Cristo como alguém que participará da glória
a ser revelada: 2 pastoreiem o rebanho de Deus que está aos
seus cuidados. Olhem por ele, não por obrigação, mas de livre
vontade, como Deus quer. Não façam isso por ganância, mas
com o desejo de servir. 3 Não ajam como dominadores dos que
foram confiados a vocês, mas como exemplos para o rebanho.
4 Quando se manifestar o Supremo Pastor, vocês receberão a
imperecível coroa da glória.
5 Da mesma forma, jovens, sujeitem-se aos mais velhos[b]. Sejam
todos humildes[c] uns para com os outros, porque "Deus se opõe
aos orgulhosos, mas concede graça aos humildes"[d].
6 Portanto, humilhem-se debaixo da poderosa mão de Deus,
para que ele os exalte no tempo devido. 7 Lancem sobre ele
toda a sua ansiedade, porque ele tem cuidado de vocês.
8 Estejam alertas e vigiem. O Diabo, o inimigo de vocês, anda
ao redor como leão, rugindo e procurando a quem possa devorar.
9 Resistam-lhe, permanecendo firmes na fé, sabendo
que os irmãos que vocês têm em todo o mundo estão passando
pelos mesmos sofrimentos.
10 O Deus de toda a graça, que os chamou para a sua glória eterna
em Cristo Jesus, depois de terem sofrido por pouco tempo, os
restaurará, os confirmará, os fortalecerá e os porá sobre firmes
alicerces. 11 A ele seja o poder para todo o sempre. Amém.

Saudações Finais

12 Com a ajuda de Silvano[e], a quem considero irmão fiel, eu
escrevi resumidamente, encorajando-os e testemunhando que
esta é a verdadeira graça de Deus. Mantenham-se firmes na
graça de Deus.
13 Aquela que está em Babilônia[f], também eleita, envia saudações,
e também Marcos, meu filho. 14 Saúdem uns aos outros
com beijo de santo amor. Paz a todos vocês que estão em Cristo.

[a] 4.18 Pv 11.31
[b] 5.5 Ou *aos presbíteros*
[c] 5.5 Grego: *Vistam todos o avental da humildade.*
[d] 5.5 Pv 3.34
[e] 5.12 Ou *Silas*, variante de *Silvano*.
[f] 5.13 Muito provavelmente Roma.

2 PEDRO

1 Simão Pedro, servo[a] e apóstolo de Jesus Cristo,
àqueles que, mediante a justiça de nosso Deus e Salvador
Jesus Cristo, receberam conosco uma fé igualmente valiosa:
2 Graça e paz lhes sejam multiplicadas, pelo pleno conhecimento de Deus e de Jesus, o nosso Senhor.

A Certeza de nossa Vocação e Eleição

3 Seu divino poder nos deu tudo de que necessitamos para a
vida e para a piedade, por meio do pleno conhecimento daquele que nos chamou para a sua própria glória e virtude.
4 Dessa maneira, ele nos deu as suas grandiosas e preciosas
promessas, para que por elas vocês se tornassem participantes
da natureza divina e fugissem da corrupção que há no mundo,
causada pela cobiça.
5 Por isso mesmo, empenhem-se para acrescentar à sua fé a
virtude; à virtude o conhecimento; 6 ao conhecimento o domínio próprio; ao domínio próprio a perseverança; à perseverança a piedade;
7 à piedade a fraternidade; e à fraternidade
o amor. 8 Porque, se essas qualidades existirem e estiverem
crescendo em sua vida, elas impedirão que vocês, no pleno
conhecimento de nosso Senhor Jesus Cristo, sejam inoperantes
e improdutivos. 9 Todavia, se alguém não as tem, está cego,
só vê o que está perto, esquecendo-se da purificação dos seus
antigos pecados.
10 Portanto, irmãos, empenhem-se ainda mais para consolidar
o chamado e a eleição de vocês, pois, se agirem dessa forma,
jamais tropeçarão 11 e assim vocês estarão ricamente providos
quando entrarem no Reino eterno de nosso Senhor e Salvador
Jesus Cristo.

A Glória de Cristo e a Firmeza das Escrituras

12 Por isso, sempre terei o cuidado de lembrá-los destas coisas,
se bem que vocês já as sabem e estão solidamente firmados
na verdade que receberam. 13 Considero importante, enquanto
estiver no tabernáculo deste corpo, despertar a memória de
vocês, 14 porque sei que em breve deixarei este tabernáculo,
como o nosso Senhor Jesus Cristo já me revelou. 15 Eu me empenharei para que, também depois da minha partida, vocês
sejam sempre capazes de lembrar-se destas coisas.
16 De fato, não seguimos fábulas engenhosamente inventadas,

[a] 1.1 Isto é, escravo.

quando falamos a vocês a respeito do poder e da vinda de
nosso Senhor Jesus Cristo; ao contrário, nós fomos testemu-
nhas oculares da sua majestade. 17 Ele recebeu honra e glória
da parte de Deus Pai, quando da suprema glória lhe foi di-
rigida a voz que disse: "Este é o meu filho amado, de quem
me agrado"[a]. 18 Nós mesmos ouvimos essa voz vinda dos céus,
quando estávamos com ele no monte santo.
19 Assim, temos ainda mais firme a palavra dos profetas, e
vocês farão bem se a ela prestarem atenção, como a uma
candeia que brilha em lugar escuro, até que o dia clareie e
a estrela da alva nasça no coração de vocês. 20 Antes de mais
nada, saibam que nenhuma profecia da Escritura provém de
interpretação pessoal, 21 pois jamais a profecia teve origem
na vontade humana, mas homens[b] falaram da parte de Deus,
impelidos pelo Espírito Santo.

Os Falsos Mestres e a sua Destruição

2 No passado surgiram falsos profetas no meio do povo, como
também surgirão entre vocês falsos mestres. Estes introduzirão
secretamente heresias destruidoras, chegando a negar o So-
berano que os resgatou, trazendo sobre si mesmos repentina
destruição. 2 Muitos seguirão os caminhos vergonhosos desses
homens e, por causa deles, será difamado o caminho da ver-
dade. 3 Em sua cobiça, tais mestres os explorarão com histórias
que inventaram. Há muito tempo a sua condenação paira sobre
eles, e a sua destruição não tarda.
4 Pois Deus não poupou os anjos que pecaram, mas os lançou
no inferno[c], prendendo-os em abismos tenebrosos[d] a fim de
serem reservados para o juízo. 5 Ele não poupou o mundo an-
tigo quando trouxe o Dilúvio sobre aquele povo ímpio, mas
preservou Noé, pregador da justiça, e mais sete pessoas.
6 Também condenou as cidades de Sodoma e Gomorra, re-
duzindo-as a cinzas, tornando-as exemplo do que acontecerá
aos ímpios; 7 mas livrou Ló, homem justo, que se afligia com o
procedimento libertino dos que não tinham princípios morais
8 (pois, vivendo entre eles, todos os dias aquele justo se ator-
mentava em sua alma justa por causa das maldades que via e
ouvia). 9 Vemos, portanto, que o Senhor sabe livrar os piedosos
da provação e manter em castigo os ímpios para o dia do juízo[e],
10 especialmente os que seguem os desejos impuros da carne[f]
e desprezam a autoridade.
Insolentes e arrogantes, tais homens não têm medo de difamar
os seres celestiais; 11 contudo, nem os anjos, embora sendo
maiores em força e poder, fazem acusações injuriosas contra
aqueles seres na presença do Senhor. 12 Mas eles difamam o
que desconhecem e são como criaturas irracionais, guiadas
pelo instinto, nascidas para serem capturadas e destruídas;
serão corrompidos pela sua própria corrupção! 13 Eles rece-
berão retribuição pela injustiça que causaram. Consideram
prazer entregar-se à devassidão em plena luz do dia. São
nódoas e manchas, regalando-se em seus prazeres[g], quando
participam das festas de vocês. 14 Tendo os olhos cheios de
adultério, nunca param de pecar, iludem os instáveis e têm
o coração exercitado na ganância. Malditos! 15 Eles abando-
naram o caminho reto e se desviaram, seguindo o caminho de
Balaão, filho de Beor[h], que amou o salário da injustiça, 16 mas
em sua transgressão foi repreendido por uma jumenta, um
animal mudo, que falou com voz humana e refreou a insen-
satez do profeta.
17 Esses homens são fontes sem água e névoas impelidas
pela tempestade. A escuridão das trevas lhes está reservada,
18 pois eles, com palavras de vaidosa arrogância e provocando
os desejos libertinos da carne, seduzem os que estão quase
conseguindo fugir daqueles que vivem no erro. 19 Prometen-
do-lhes liberdade, eles mesmos são escravos da corrupção,
pois o homem é escravo daquilo que o domina. 20 Se, tendo
escapado das contaminações do mundo por meio do conheci-
mento de nosso Senhor e Salvador Jesus Cristo, encontram-se
novamente nelas enredados e por elas dominados, estão em
pior estado do que no princípio. 21 Teria sido melhor que não
tivessem conhecido o caminho da justiça, do que, depois de o
terem conhecido, voltarem as costas para o santo mandamento
que lhes foi transmitido. 22 Confirma-se neles que é verdadeiro
o provérbio: "O cão volta ao seu vômito"[i] e ainda: "A porca
lavada volta a revolver-se na lama".

O Dia do Senhor

3 Amados, esta é agora a segunda carta que escrevo a vocês.
Em ambas quero despertar com estas lembranças a sua mente
sincera para que vocês se recordem 2 das palavras proferidas
no passado pelos santos profetas e do mandamento de nosso
Senhor e Salvador que os apóstolos ensinaram a vocês.
3 Antes de tudo saibam que, nos últimos dias, surgirão escar-
necedores zombando e seguindo suas próprias paixões. 4 Eles
dirão: "O que houve com a promessa da sua vinda? Desde que
os antepassados morreram, tudo continua como desde o prin-
cípio da criação". 5 Mas eles deliberadamente se esquecem
de que há muito tempo, pela palavra de Deus, existem céus
e terra, esta formada da água e pela água. 6 E pela água o
mundo daquele tempo foi submerso e destruído. 7 Pela mesma
palavra os céus e a terra que agora existem estão reservados
para o fogo, guardados para o dia do juízo e para a destruição
dos ímpios.
8 Não se esqueçam disto, amados: para o Senhor um dia é
como mil anos, e mil anos como um dia. 9 O Senhor não demora
em cumprir a sua promessa, como julgam alguns. Ao contrário,

---

[a] **1.17** Mt 17.5; Mc 9.7; Lc 9.35
[b] **1.21** Muitos manuscritos dizem *homens santos*.
[c] **2.4** Grego: *tártaro*.
[d] **2.4** Alguns manuscritos dizem *em cadeias de escuridão*.
[e] **2.9** Ou *ímpios para punição até o dia do juízo*
[f] **2.10** Ou *da natureza pecaminosa*; também no versículo 18.
[g] **2.13** Alguns manuscritos dizem *nas suas festas de fraternidade*.
[h] **2.15** Vários manuscritos dizem *Bosor*.
[i] **2.22** Pv 26.11

ele é paciente com vocês[a], não querendo que ninguém pereça,
mas que todos cheguem ao arrependimento.
10 O dia do Senhor, porém, virá como ladrão. Os céus desapare-
cerão com um grande estrondo, os elementos serão desfeitos
pelo calor, e a terra, e tudo o que nela há, será desnudada[b].
11 Visto que tudo será assim desfeito, que tipo de pessoas é ne-
cessário que vocês sejam? Vivam de maneira santa e piedosa,
12 esperando o dia de Deus e apressando a sua vinda[c]. Naquele
dia os céus serão desfeitos pelo fogo, e os elementos se der-
reterão pelo calor. 13 Todavia, de acordo com a sua promessa,
esperamos novos céus e nova terra, onde habita a justiça.

[a] 3.9 Alguns manuscritos dizem *por causa de vocês*.
[b] 3.10 Alguns manuscritos antigos dizem *será queimada*.
[c] 3.12 Ou *aguardando com ansiedade a vinda do dia de Deus*

14 Portanto, amados, enquanto esperam estas coisas, empe-
nhem-se para serem encontrados por ele em paz, imaculados
e inculpáveis. 15 Tenham em mente que a paciência de nosso
Senhor significa salvação, como também o nosso amado irmão
Paulo escreveu a vocês, com a sabedoria que Deus lhe deu.
16 Ele escreve da mesma forma em todas as suas cartas, fa-
lando nelas destes assuntos. Suas cartas contêm algumas
coisas difíceis de entender, as quais os ignorantes e instáveis
torcem, como também o fazem com as demais Escrituras, para
a própria destruição deles.
17 Portanto, amados, sabendo disso, guardem-se para que não
sejam levados pelo erro dos que não têm princípios morais,
nem percam a sua firmeza e caiam. 18 Cresçam, porém, na
graça e no conhecimento de nosso Senhor e Salvador Jesus
Cristo. A ele seja a glória, agora e para sempre! Amém.

1 JOÃO

A Palavra da Vida

1 O que era desde o princípio, o que ouvimos, o que vimos com
os nossos olhos, o que contemplamos e as nossas mãos apal-
param — isto proclamamos a respeito da Palavra da vida. 2 A
vida se manifestou; nós a vimos e dela testemunhamos, e pro-
clamamos a vocês a vida eterna, que estava com o Pai e nos foi
manifestada. 3 Proclamamos o que vimos e ouvimos para que
vocês também tenham comunhão conosco. Nossa comunhão
é com o Pai e com seu Filho Jesus Cristo. 4 Escrevemos estas
coisas para que a nossa alegria[a] seja completa.

Andar na Luz

5 Esta é a mensagem que dele ouvimos e transmitimos a vocês:
Deus é luz; nele não há treva alguma. 6 Se afirmarmos que
temos comunhão com ele, mas andamos nas trevas, mentimos
e não praticamos a verdade. 7 Se, porém, andarmos na luz,
como ele está na luz, temos comunhão uns com os outros, e
o sangue de Jesus, seu Filho, nos purifica de todo[b] pecado.
8 Se afirmarmos que estamos sem pecado, enganamos a nós
mesmos, e a verdade não está em nós. 9 Se confessarmos os
nossos pecados, ele é fiel e justo para perdoar os nossos pe-
cados e nos purificar de toda injustiça. 10 Se afirmarmos que
não temos cometido pecado, fazemos de Deus um mentiroso,
e a sua palavra não está em nós.

2 Meus filhinhos, escrevo a vocês estas coisas para que vocês
não pequem. Se, porém, alguém pecar, temos um inter-
cessor junto ao Pai, Jesus Cristo, o Justo. 2 Ele é a propiciação
pelos nossos pecados, e não somente pelos nossos, mas
também pelos[c] pecados de todo o mundo.
3 Sabemos que o conhecemos, se obedecemos aos seus man-
damentos. 4 Aquele que diz: "Eu o conheço", mas não obedece
aos seus mandamentos, é mentiroso, e a verdade não está
nele. 5 Mas, se alguém obedece à sua palavra, nele verdadei-
ramente o amor de Deus[d] está aperfeiçoado. Desta forma sa-
bemos que estamos nele: 6 aquele que afirma que permanece
nele deve andar como ele andou.
7 Amados, não escrevo a vocês um mandamento novo, mas um
mandamento antigo, que vocês têm desde o princípio: a men-
sagem que ouviram. 8 No entanto, o que escrevo é um manda-
mento novo, o qual é verdadeiro nele e em vocês, pois as trevas
estão se dissipando e já brilha a verdadeira luz.
9 Quem afirma estar na luz mas odeia seu irmão, continua nas
trevas. 10 Quem ama seu irmão permanece na luz, e nele[e] não
há causa de tropeço. 11 Mas quem odeia seu irmão está nas
trevas e anda nas trevas; não sabe para onde vai, porque as
trevas o cegaram.
12 Filhinhos, eu escrevo a vocês porque os seus pecados foram
perdoados, graças ao nome de Jesus.
13 Pais, eu escrevo a vocês porque conhecem aquele que é
desde o princípio. Jovens, eu escrevo a vocês porque ven-
ceram o Maligno.

[a] 1.4 Vários manuscritos dizem *a alegria de vocês*.
[b] 1.7 Ou *de cada*

[c] 2.2 Ou *Ele é o sacrifício que desvia a ira de Deus, tirando os nossos pecados, e não somente os nossos mas também os*
[d] 2.5 Ou *o amor a Deus*
[e] 2.10 Ou *nela*

14 Filhinhos[a], eu escrevi a vocês porque conhecem o Pai. Pais,
eu escrevi a vocês porque conhecem aquele que é desde o prin-
cípio. Jovens, eu escrevi a vocês, porque são fortes, e em vocês
a Palavra de Deus permanece, e vocês venceram o Maligno.

Não se Deve Amar o Mundo

15 Não amem o mundo nem o que nele há. Se alguém ama o
mundo, o amor do Pai[b] não está nele. 16 Pois tudo o que há no
mundo — a cobiça da carne[c], a cobiça dos olhos e a ostentação
dos bens — não provém do Pai, mas do mundo. 17 O mundo e
a sua cobiça passam, mas aquele que faz a vontade de Deus
permanece para sempre.

Advertência contra os Anticristos

18 Filhinhos, esta é a última hora e, assim como vocês ouviram
que o anticristo está vindo, já agora muitos anticristos têm
surgido. Por isso sabemos que esta é a última hora. 19 Eles
saíram do nosso meio, mas na realidade não eram dos nossos,
pois, se fossem dos nossos, teriam permanecido conosco; o
fato de terem saído mostra que nenhum deles era dos nossos.
20 Mas vocês têm uma unção que procede do Santo e todos
vocês têm conhecimento[d]. 21 Não escrevo a vocês porque não
conhecem a verdade, mas porque a conhecem e porque ne-
nhuma mentira procede da verdade. 22 Quem é o mentiroso,
senão aquele que nega que Jesus é o Cristo? Este é o anticristo:
aquele que nega o Pai e o Filho. 23 Todo o que nega o Filho
também não tem o Pai; quem confessa publicamente o Filho
tem também o Pai.
24 Quanto a vocês, cuidem para que aquilo que ouviram desde
o princípio permaneça em vocês. Se o que ouviram desde o
princípio permanecer em vocês, vocês também permanecerão
no Filho e no Pai. 25 E esta é a promessa que ele nos fez: a
vida eterna.
26 Escrevo estas coisas a respeito daqueles que os querem en-
ganar. 27 Quanto a vocês, a unção que receberam dele perma-
nece em vocês, e não precisam que alguém os ensine; mas,
como a unção dele recebida, que é verdadeira e não falsa, os
ensina acerca de todas as coisas, permaneçam nele como ele
os ensinou.

Os Filhos de Deus

28 Filhinhos, agora permaneçam nele para que, quando ele se
manifestar, tenhamos confiança e não sejamos envergonhados
diante dele na sua vinda.
29 Se vocês sabem que ele é justo, saibam também que todo
aquele que pratica a justiça é nascido dele.

3 Vejam como é grande o amor que o Pai nos concedeu:
sermos chamados filhos de Deus, o que de fato somos!
Por isso o mundo não nos conhece, porque não o conheceu.
2 Amados, agora somos filhos de Deus, e ainda não se mani-
festou o que havemos de ser, mas sabemos que, quando ele se
manifestar[e], seremos semelhantes a ele, pois o veremos como
ele é. 3 Todo aquele que nele tem esta esperança purifica-se a
si mesmo, assim como ele é puro.
4 Todo aquele que pratica o pecado transgride a Lei; de fato,
o pecado é a transgressão da Lei. 5 Vocês sabem que ele se
manifestou para tirar os nossos pecados, e nele não há pecado.
6 Todo aquele que nele permanece não está no pecado[f]. Todo
aquele que está no pecado não o viu nem o conheceu.
7 Filhinhos, não deixem que ninguém os engane. Aquele que
pratica a justiça é justo, assim como ele é justo. 8 Aquele que
pratica o pecado é do Diabo, porque o Diabo vem pecando
desde o princípio. Para isso o Filho de Deus se manifestou:
para destruir as obras do Diabo. 9 Todo aquele que é nascido
de Deus não pratica o pecado, porque a semente de Deus per-
manece nele; ele não pode estar no pecado[g], porque é nascido
de Deus. 10 Desta forma sabemos quem são os filhos de Deus
e quem são os filhos do Diabo: quem não pratica a justiça não
procede de Deus, tampouco quem não ama seu irmão.

O Amor Fraternal

11 Esta é a mensagem que vocês ouviram desde o princípio: que
nos amemos uns aos outros. 12 Não sejamos como Caim, que
pertencia ao Maligno e matou seu irmão. E por que o matou?
Porque suas obras eram más e as de seu irmão eram justas.
13 Meus irmãos, não se admirem se o mundo os odeia. 14 Sa-
bemos que já passamos da morte para a vida porque amamos
nossos irmãos. Quem não ama permanece na morte. 15 Quem
odeia seu irmão é assassino, e vocês sabem que nenhum as-
sassino tem a vida eterna em si mesmo.
16 Nisto conhecemos o que é o amor: Jesus Cristo deu a sua
vida por nós, e devemos dar a nossa vida por nossos irmãos.
17 Se alguém tiver recursos materiais e, vendo seu irmão em
necessidade, não se compadecer dele, como pode permanecer
nele o amor de Deus? 18 Filhinhos, não amemos de palavra nem
de boca, mas em ação e em verdade. 19 Assim saberemos que
somos da verdade; e tranquilizaremos o nosso coração diante
dele 20 quando o nosso coração nos condenar. Porque Deus é[h]
maior do que o nosso coração e sabe todas as coisas.
21 Amados, se o nosso coração não nos condenar, temos con-
fiança diante de Deus 22 e recebemos dele tudo o que pedimos,
porque obedecemos aos seus mandamentos e fazemos o que
lhe agrada. 23 E este é o seu mandamento: Que creiamos no
nome de seu Filho Jesus Cristo e que nos amemos uns aos ou-
tros, como ele nos ordenou. 24 Os que obedecem aos seus man-
damentos nele permanecem, e ele neles. Do seguinte modo
sabemos que ele permanece em nós: pelo Espírito que nos deu.

[a] **2.14** Grego: *Crianças*; também no versículo 18.
[b] **2.15** Ou *amor ao Pai*
[c] **2.16** Ou *da natureza pecaminosa*
[d] **2.20** Muitos manuscritos dizem *e vocês conhecem todas as coisas.*
[e] **3.2** Ou *quando isto for revelado*
[f] **3.6** Grego: *não peca*; também no final do mesmo versículo.
[g] **3.9** Grego: *não pode pecar.*
[h] **3.19,20** Ou *dele, 20 pois se o nosso coração nos condenar, Deus é*

4

Como Discernir os Espíritos

1 Amados, não creiam em qualquer espírito, mas examinem
os espíritos para ver se eles procedem de Deus, porque muitos
falsos profetas têm saído pelo mundo. 2 Vocês podem reco-
nhecer o Espírito de Deus[a] deste modo: todo espírito que con-
fessa que Jesus Cristo veio em carne procede de Deus; 3 mas
todo espírito que não confessa Jesus não procede de Deus.
Esse é o espírito do anticristo[b], acerca do qual vocês ouviram
que está vindo, e agora já está no mundo.
4 Filhinhos, vocês são de Deus e os venceram, porque aquele
que está em vocês é maior do que aquele que está no mundo.
5 Eles vêm do mundo. Por isso, o que falam procede do mundo,
e o mundo os ouve. 6 Nós viemos de Deus, e todo aquele que
conhece a Deus nos ouve; mas quem não vem de Deus não
nos ouve. Dessa forma reconhecemos o Espírito[c] da verdade
e o espírito do erro.

O Amor de Deus

7 Amados, amemos uns aos outros, pois o amor procede de
Deus. Aquele que ama é nascido de Deus e conhece a Deus.
8 Quem não ama não conhece a Deus, porque Deus é amor.
9 Foi assim que Deus manifestou o seu amor entre nós: en-
viou o seu Filho Unigênito[d] ao mundo, para que pudéssemos
viver por meio dele. 10 Nisto consiste o amor: não em que nós
tenhamos amado a Deus, mas em que ele nos amou e enviou
seu Filho como propiciação pelos nossos pecados.[e] 11 Amados,
visto que Deus assim nos amou, nós também devemos amar
uns aos outros. 12 Ninguém jamais viu a Deus; se amarmos uns
aos outros, Deus permanece em nós, e o seu amor está aper-
feiçoado em nós.
13 Sabemos que permanecemos nele, e ele em nós, porque ele
nos deu do seu Espírito. 14 E vimos e testemunhamos que o Pai
enviou seu Filho para ser o Salvador do mundo. 15 Se alguém
confessa publicamente que Jesus é o Filho de Deus, Deus per-
manece nele, e ele em Deus. 16 Assim conhecemos o amor que
Deus tem por nós e confiamos nesse amor.
Deus é amor. Todo aquele que permanece no amor permanece
em Deus, e Deus nele. 17 Dessa forma o amor está aperfeiçoado
entre nós, para que no dia do juízo tenhamos confiança, porque
neste mundo somos como ele. 18 No amor não há medo; ao con-
trário o perfeito amor expulsa o medo, porque o medo supõe
castigo. Aquele que tem medo não está aperfeiçoado no amor.
19 Nós amamos porque ele nos amou primeiro. 20 Se alguém
afirmar: "Eu amo a Deus", mas odiar seu irmão, é mentiroso,
pois quem não ama seu irmão, a quem vê, não pode amar a
Deus, a quem não vê.[f] 21 Ele nos deu este mandamento: Quem
ama a Deus, ame também seu irmão.

[a] 4.2 Ou *espírito que vem de Deus*
[b] 4.3 Ou *espírito que vem do anticristo*
[c] 4.6 Ou *espírito*
[d] 4.9 Ou *Único*
[e] 4.10 Ou *sacrifício que desvia a ira de Deus, tirando os nossos pecados.*
[f] 4.20 Vários manuscritos dizem *como pode amar a Deus, a quem não vê?*

5

A Fé no Filho de Deus

1 Todo aquele que crê que Jesus é o Cristo é nascido de Deus,
e todo aquele que ama o Pai ama também o que dele foi ge-
rado. 2 Assim sabemos que amamos os filhos de Deus: amando
a Deus e obedecendo aos seus mandamentos. 3 Porque nisto
consiste o amor a Deus: em obedecer aos seus mandamentos.
E os seus mandamentos não são pesados. 4 O que é nascido de
Deus vence o mundo; e esta é a vitória que vence o mundo: a
nossa fé. 5 Quem é que vence o mundo? Somente aquele que
crê que Jesus é o Filho de Deus.
6 Este é aquele que veio por meio de água e sangue, Jesus
Cristo: não somente por água, mas por água e sangue. E o
Espírito é quem dá testemunho, porque o Espírito é a verdade.
7 Há três que dão testemunho: 8 o Espírito, 9 a água e o sangue;
e os três são unânimes. 9 Nós aceitamos o testemunho dos
homens, mas o testemunho de Deus tem maior valor, pois é o
testemunho de Deus, que ele dá acerca de seu Filho. 10 Quem
crê no Filho de Deus tem em si mesmo esse testemunho. Quem
não crê em Deus o faz mentiroso, porque não crê no teste-
munho que Deus dá acerca de seu Filho. 11 E este é o teste-
munho: Deus nos deu a vida eterna, e essa vida está em seu
Filho. 12 Quem tem o Filho, tem a vida; quem não tem o Filho
de Deus, não tem a vida.

Observações Finais

13 Escrevi estas coisas a vocês que creem no nome do Filho de
Deus, para que saibam que têm a vida eterna. 14 Esta é a con-
fiança que temos ao nos aproximarmos de Deus: se pedirmos
alguma coisa de acordo com a vontade de Deus, ele nos ouvirá.
15 E, se sabemos que ele nos ouve em tudo o que pedimos,
sabemos que temos o que dele pedimos.
16 Se alguém vir seu irmão cometer pecado que não leva à
morte, ore, e Deus dará vida ao que pecou. Refiro-me àqueles
cujo pecado não leva à morte. Há pecado que leva à morte;
não estou dizendo que se deva orar por este. 17 Toda injustiça é
pecado, mas há pecado que não leva à morte.
18 Sabemos que todo aquele que é nascido de Deus não está no
pecado[h]; aquele que nasceu de Deus o protege[i], e o Maligno
não o atinge. 19 Sabemos que somos de Deus e que o mundo
todo está sob o poder do Maligno. 20 Sabemos também que o
Filho de Deus veio e nos deu entendimento, para que conhe-
çamos aquele que é o Verdadeiro. E nós estamos naquele que
é o Verdadeiro, em seu Filho Jesus Cristo. Este é o verdadeiro
Deus e a vida eterna.
21 Filhinhos, guardem-se dos ídolos.

[g] 5.7,8 Alguns manuscritos da Vulgata dizem *testemunho no céu: o Pai, a Palavra e o Espírito Santo, e estes três são um. 8E há três que testificam na terra: o Espírito*, (isto não consta em nenhum manuscrito grego anterior ao século doze).
[h] 5.18 Grego: *não peca.*
[i] 5.18 Ou *a si mesmo se protege*

2 JOÃO

1 O presbítero
à senhora eleita e aos seus filhos, a quem amo na verdade — e
não apenas eu os amo, mas também todos os que conhecem
a verdade —, 2 por causa da verdade que permanece em nós e
estará conosco para sempre.
3 A graça, a misericórdia e a paz da parte de Deus Pai e de Jesus
Cristo, seu Filho, estarão conosco em verdade e em amor.
4 Ao encontrar alguns dos seus filhos, muito me alegrei, pois
eles estão andando na verdade, conforme o mandamento que
recebemos do Pai. 5 E agora eu lhe peço, senhora — não como
se estivesse escrevendo um mandamento novo, mas o que já
tínhamos desde o princípio — que amemos uns aos outros. 6 E
este é o amor: que andemos em obediência aos seus mandamentos. Como vocês já têm ouvido desde o princípio, o mandamento é este: Que vocês andem em amor.
7 De fato, muitos enganadores têm saído pelo mundo, os
quais não confessam que Jesus Cristo veio em corpo[a]. Tal é
o enganador e o anticristo. 8 Tenham cuidado, para que vocês
não destruam o fruto do nosso trabalho, antes sejam recompensados plenamente. 9 Todo aquele que não permanece no
ensino de Cristo, mas vai além dele, não tem Deus; quem permanece no ensino tem o Pai e também o Filho. 10 Se alguém
chegar a vocês e não trouxer esse ensino, não o recebam em
casa[b] nem o saúdem. 11 Pois quem o saúda torna-se participante das suas obras malignas.
12 Tenho muito que escrever a vocês, mas não é meu propósito
fazê-lo com papel e tinta. Em vez disso, espero visitá-los e falar
com vocês face a face, para que a nossa alegria seja completa.
13 Os filhos da sua irmã eleita enviam saudações.

[a] 7 Grego: *carne*.
[b] 10 Isto é, nas reuniões da igreja realizadas em casa.

3 JOÃO

1 O presbítero ao amado Gaio, a quem amo na verdade.
2 Amado, oro para que você tenha boa saúde e tudo corra
bem, assim como vai bem a sua alma. 3 Muito me alegrei ao
receber a visita de alguns irmãos que falaram a respeito da
sua fidelidade, de como você continua andando na verdade.
4 Não tenho alegria maior do que ouvir que meus filhos estão
andando na verdade.
5 Amado, você é fiel no que está fazendo pelos irmãos, apesar
de não os conhecer. 6 Eles falaram à igreja a respeito desse seu
amor. Você fará bem se os encaminhar em sua viagem de modo
agradável a Deus, 7 pois foi por causa do Nome que eles saíram,
sem receber ajuda alguma dos gentios[a]. 8 É, pois, nosso dever
receber com hospitalidade irmãos como esses, para que nos
tornemos cooperadores em favor da verdade.
9 Escrevi à igreja, mas Diótrefes, que gosta muito de ser o mais
importante entre eles, não nos recebe. 10 Portanto, se eu for,
chamarei a atenção dele para o que está fazendo com suas
palavras maldosas contra nós. Não satisfeito com isso, ele se
recusa a receber os irmãos, impede os que desejam recebê-los
e os expulsa da igreja.
11 Amado, não imite o que é mau, mas sim o que é bom. Aquele
que faz o bem é de Deus; aquele que faz o mal não viu a Deus.
12 Quanto a Demétrio, todos falam bem dele, e a própria verdade testemunha a seu favor. Nós também testemunhamos, e
você sabe que o nosso testemunho é verdadeiro.
13 Tenho muito que escrever, mas não desejo fazê-lo com pena
e tinta. 14 Espero vê-lo em breve, e então conversaremos face
a face.
15 A paz seja com você. Os amigos daqui enviam saudações.
Saúde os amigos daí, um por um.

[a] 7 Isto é, dos que não são judeus.

JUDAS

1 Judas, servo[a] de Jesus Cristo e irmão de Tiago,
aos que foram chamados, amados por Deus Pai e guardados
por[b] Jesus Cristo:
2 Misericórdia, paz e amor sejam multiplicados a vocês.

O Pecado e o Destino dos Ímpios

3 Amados, embora estivesse muito ansioso para escrever a
vocês acerca da salvação que compartilhamos, senti que era
necessário escrever insistindo que batalhassem pela fé de uma
vez por todas confiada aos santos. 4 Pois certos homens, cuja
condenação já estava sentenciada[c] há muito tempo, infiltra-
ram-se dissimuladamente no meio de vocês. Estes são ímpios,
transformam a graça de nosso Deus em libertinagem e negam
Jesus Cristo, nosso único Soberano e Senhor.
5 Embora vocês já tenham conhecimento de tudo isso, quero
lembrá-los de que o Senhor[d] libertou um povo do Egito mas,
posteriormente, destruiu os que não creram. 6 E, quanto aos
anjos que não conservaram suas posições de autoridade mas
abandonaram sua própria morada, ele os tem guardado em
trevas, presos com correntes eternas para o juízo do grande
Dia. 7 De modo semelhante a esses, Sodoma e Gomorra e as
cidades em redor se entregaram à imoralidade e a relações
sexuais antinaturais[e]. Estando sob o castigo do fogo eterno,
elas servem de exemplo.
8 Da mesma forma, esses sonhadores contaminam o próprio
corpo[f], rejeitam as autoridades e difamam os seres celestiais.
9 Contudo, nem mesmo o arcanjo Miguel, quando estava dispu-
tando com o Diabo acerca do corpo de Moisés, ousou fazer acu-
sação injuriosa contra ele, mas disse: "O Senhor o repreenda!"
10 Todavia, esses tais difamam tudo o que não entendem; e as
coisas que entendem por instinto, como animais irracionais,
nessas mesmas coisas se corrompem.
11 Ai deles! Pois seguiram o caminho de Caim; buscando o lucro,
caíram no erro de Balaão e foram destruídos na rebelião de
Corá.
12 Esses homens são rochas submersas[g] nas festas de fraterni-
dade que vocês fazem, comendo com vocês de maneira deson-
rosa. São pastores que só cuidam de si mesmos. São nuvens
sem água, impelidas pelo vento; árvores de outono, sem frutos,
duas vezes mortas, arrancadas pela raiz. 13 São ondas bravias
do mar, espumando seus próprios atos vergonhosos; estrelas
errantes, para as quais estão reservadas para sempre as mais
densas trevas.
14 Enoque, o sétimo a partir de Adão, profetizou acerca deles:
"Vejam, o Senhor vem com milhares de milhares de seus
santos, 15 para julgar a todos e convencer todos os ímpios a
respeito de todos os atos de impiedade que eles cometeram
impiamente e acerca de todas as palavras insolentes que os
pecadores ímpios falaram contra ele". 16 Essas pessoas vivem
se queixando, descontentes com a sua sorte, e seguem os seus
próprios desejos impuros; são cheias de si e adulam os outros
por interesse.

Um Chamado à Perseverança

17 Todavia, amados, lembrem-se do que foi predito pelos
apóstolos de nosso Senhor Jesus Cristo. 18 Eles diziam a vocês:
"Nos últimos tempos haverá zombadores que seguirão os seus
próprios desejos ímpios". 19 Estes são os que causam divisões
entre vocês, os quais seguem a tendência da sua própria alma
e não têm o Espírito.
20 Edifiquem-se, porém, amados, na santíssima fé que vocês
têm, orando no Espírito Santo. 21 Mantenham-se no amor de
Deus, enquanto esperam que a misericórdia de nosso Senhor
Jesus Cristo os leve para a vida eterna.
22 Tenham compaixão daqueles que duvidam; 23 a outros,
salvem, arrebatando-os do fogo; a outros, ainda, mostrem
misericórdia com temor, odiando até a roupa contaminada
pela carne.

Doxologia

24 Àquele que é poderoso para impedi-los de cair e para apre-
sentá-los diante da sua glória sem mácula e com grande ale-
gria, 25 ao único Deus, nosso Salvador, sejam glória, majes-
tade, poder e autoridade, mediante Jesus Cristo, nosso Senhor,
antes de todos os tempos, agora e para todo o sempre! Amém.

---

a **1** Isto é, escravo.
b **1** Ou *para*; ou ainda *em*
c **4** Ou *homens que estavam marcados para esta condenação*
d **5** Alguns manuscritos dizem *Jesus*.
e **7** Grego: *foram após outra carne.*
f **8** Grego: *sua própria carne.*
g **12** Ou *são manchas*

APOCALIPSE

1 Introdução

Revelação de Jesus Cristo, que Deus lhe deu para mostrar
aos seus servos[a] o que em breve há de acontecer. Ele enviou
o seu anjo para torná-la conhecida ao seu servo João, 2 que
dá testemunho de tudo o que viu, isto é, a palavra de Deus e
o testemunho de Jesus Cristo. 3 Feliz aquele que lê as palavras
desta profecia e felizes aqueles que ouvem e guardam o que
nela está escrito, porque o tempo está próximo.

Saudação e Doxologia

4 João às sete igrejas da província da Ásia: A vocês, graça e
paz da parte daquele que é, que era e que há de vir, dos sete
espíritos[b] que estão diante do seu trono 5 e de Jesus Cristo,
que é a testemunha fiel, o primogênito dentre os mortos e
o soberano dos reis da terra[c]. Ele nos ama e nos libertou dos
nossos pecados por meio do seu sangue, 6 e nos constituiu
reino e sacerdotes para servir a seu Deus e Pai. A ele sejam
glória e poder para todo o sempre! Amém.
7 Eis que ele vem com as nuvens, e todo olho o verá, até mesmo
aqueles que o traspassaram; e todos os povos da terra se la-
mentarão por causa dele. Assim será! Amém.
8 "Eu sou o Alfa e o Ômega", diz o Senhor Deus, "o que é, o que
era e o que há de vir, o Todo-poderoso."

Alguém Semelhante a um Filho de Homem

9 Eu, João, irmão e companheiro de vocês no sofrimento, no
Reino e na perseverança em Jesus, estava na ilha de Patmos
por causa da palavra de Deus e do testemunho de Jesus. 10 No
dia do Senhor achei-me no Espírito e ouvi por trás de mim uma
voz forte, como de trombeta, 11 que dizia: "Escreva num livro[d]
o que você vê e envie a estas sete igrejas: Éfeso, Esmirna,
Pérgamo, Tiatira, Sardes, Filadélfia e Laodiceia".
12 Voltei-me para ver quem falava comigo. Voltando-me, vi sete
candelabros de ouro 13 e entre os candelabros alguém "seme-
lhante a um filho de homem"[e], com uma veste que chegava aos
seus pés e um cinturão de ouro ao redor do peito. 14 Sua cabeça
e seus cabelos eram brancos como a lã, tão brancos quanto a
neve, e seus olhos eram como chama de fogo. 15 Seus pés eram
como o bronze numa fornalha ardente e sua voz como o som de
muitas águas. 16 Tinha em sua mão direita sete estrelas, e da
sua boca saía uma espada afiada de dois gumes. Sua face era
como o sol quando brilha em todo o seu fulgor.
17 Quando o vi, caí aos seus pés como morto. Então ele colocou
sua mão direita sobre mim e disse: "Não tenha medo. Eu sou
o Primeiro e o Último. 18 Sou Aquele que Vive. Estive morto,
mas agora estou vivo para todo o sempre! E tenho as chaves
da morte e do Hades[f].
19 "Escreva, pois, as coisas que você viu, tanto as presentes
como as que acontecerão.[g] 20 Este é o mistério das sete es-
trelas que você viu em minha mão direita e dos sete candela-
bros: as sete estrelas são os anjos das sete igrejas, e os sete
candelabros são as sete igrejas.

2 Carta à Igreja de Éfeso

"Ao anjo da igreja em Éfeso, escreva: Estas são as palavras
daquele que tem as sete estrelas em sua mão direita e anda
entre os sete candelabros de ouro. 2 Conheço as suas obras,
o seu trabalho árduo e a sua perseverança. Sei que você não
pode tolerar homens maus, que pôs à prova os que dizem ser
apóstolos mas não são, e descobriu que eles eram impostores.
3 Você tem perseverado e suportado sofrimentos por causa do
meu nome e não tem desfalecido.
4 "Contra você, porém, tenho isto: você abandonou o seu
primeiro amor. 5 Lembre-se de onde caiu! Arrependa-se e
pratique as obras que praticava no princípio. Se não se arre-
pender, virei a você e tirarei o seu candelabro do lugar dele.
6 Mas há uma coisa a seu favor: você odeia as práticas dos
nicolaítas, como eu também as odeio.
7 "Aquele que tem ouvidos ouça o que o Espírito diz às igrejas.
Ao vencedor darei o direito de comer da árvore da vida, que
está no paraíso de Deus.

Carta à Igreja de Esmirna

8 "Ao anjo da igreja em Esmirna, escreva: Estas são as palavras
daquele que é o Primeiro e o Último, que morreu e tornou a
viver. 9 Conheço as suas aflições e a sua pobreza; mas você é
rico! Conheço a blasfêmia dos que se dizem judeus mas não
são, sendo antes sinagoga de Satanás. 10 Não tenha medo
do que você está prestes a sofrer. O Diabo lançará alguns de
vocês na prisão para prová-los, e vocês sofrerão perseguição
durante dez dias. Seja fiel até a morte, e eu lhe darei a coroa
da vida.
11 "Aquele que tem ouvidos ouça o que o Espírito diz às igrejas.
O vencedor de modo algum sofrerá a segunda morte.

Carta à Igreja de Pérgamo

12 "Ao anjo da igreja em Pérgamo, escreva: Estas são as pa-
lavras daquele que tem a espada afiada de dois gumes. 13 Sei
onde você vive — onde está o trono de Satanás. Contudo, você
permanece fiel ao meu nome e não renunciou à sua fé em mim,

---

a 1.1 Isto é, escravos; também em todo o livro de Apocalipse.
b 1.4 Ou *séptuplo Espírito*; também em 3.1; 4.5 e 5.6
c 1.5 Veja Sl 89.27.
d 1.11 Grego: *rolo*.
e 1.13 Dn 7.13

f 1.18 Essa palavra pode ser traduzida por *inferno*, *sepulcro*, *morte* ou *profundezas*.
g 1.19 Ou *você viu, as coisas presentes e as que acontecerão depois destas*.

nem mesmo quando Antipas, minha fiel testemunha, foi morto
nessa cidade, onde Satanás habita.
14 "No entanto, tenho contra você algumas coisas: você tem aí
pessoas que se apegam aos ensinos de Balaão, que ensinou
Balaque a armar ciladas contra os israelitas, induzindo-os a
comer alimentos sacrificados a ídolos e a praticar imoralidade
sexual. 15 De igual modo você tem também os que se apegam
aos ensinos dos nicolaítas. 16 Portanto, arrependa-se! Se não,
virei em breve até você e lutarei contra eles com a espada da
minha boca.
17 "Aquele que tem ouvidos ouça o que o Espírito diz às igrejas.
Ao vencedor darei do maná escondido. Também lhe darei uma
pedra branca com um novo nome nela inscrito, conhecido
apenas por aquele que o recebe.

Carta à Igreja de Tiatira

18 "Ao anjo da igreja em Tiatira, escreva: Estas são as palavras
do Filho de Deus, cujos olhos são como chama de fogo e os pés
como bronze reluzente. 19 Conheço as suas obras, o seu amor, a
sua fé, o seu serviço e a sua perseverança, e sei que você está
fazendo mais agora do que no princípio.
20 "No entanto, contra você tenho isto: você tolera Jezabel,
aquela mulher que se diz profetisa. Com os seus ensinos, ela
induz os meus servos à imoralidade sexual e a comerem ali-
mentos sacrificados aos ídolos. 21 Dei-lhe tempo para que se
arrependesse da sua imoralidade sexual, mas ela não quer se
arrepender. 22 Por isso, vou fazê-la adoecer e trarei grande
sofrimento aos que cometem adultério com ela, a não ser
que se arrependam das obras que ela pratica. 23 Matarei os
filhos[a] dessa mulher. Então, todas as igrejas saberão que eu
sou aquele que sonda mentes e corações, e retribuirei a cada
um de vocês de acordo com as suas obras. 24 Aos demais que
estão em Tiatira, a vocês que não seguem a doutrina dela e não
aprenderam, como eles dizem, os profundos segredos de Sa-
tanás, digo: Não porei outra carga sobre vocês; 25 tão somente
apeguem-se com firmeza ao que vocês têm, até que eu venha.
26 "Aquele que vencer e fizer a minha vontade até o fim darei
autoridade sobre as nações.
27 " 'Ele as governará com cetro de ferro e as despedaçará
como a um vaso de barro.'[b]
28 "Eu lhe darei a mesma autoridade que recebi de meu Pai.
Também lhe darei a estrela da manhã. 29 Aquele que tem ou-
vidos ouça o que o Espírito diz às igrejas.

Carta à Igreja de Sardes

3 "Ao anjo da igreja em Sardes, escreva: Estas são as palavras
daquele que tem os sete espíritos de Deus e as sete estrelas.
Conheço as suas obras; você tem fama de estar vivo, mas está
morto. 2 Esteja atento! Fortaleça o que resta e que estava para
morrer, pois não achei suas obras perfeitas aos olhos do meu
Deus. 3 Lembre-se, portanto, do que você recebeu e ouviu;
obedeça e arrependa-se. Mas, se você não estiver atento, virei
como um ladrão e você não saberá a que hora virei contra você.
4 "No entanto, você tem aí em Sardes uns poucos que não con-
taminaram as suas vestes. Eles andarão comigo, vestidos de
branco, pois são dignos. 5 O vencedor será igualmente vestido
de branco. Jamais apagarei o seu nome do livro da vida, mas o
reconhecerei diante do meu Pai e dos seus anjos. 6 Aquele que
tem ouvidos ouça o que o Espírito diz às igrejas.

Carta à Igreja de Filadélfia

7 "Ao anjo da igreja em Filadélfia, escreva: Estas são as pala-
vras daquele que é santo e verdadeiro, que tem a chave de
Davi. O que ele abre ninguém pode fechar, e o que ele fecha
ninguém pode abrir. 8 Conheço as suas obras. Eis que coloquei
diante de você uma porta aberta que ninguém pode fechar.
Sei que você tem pouca força, mas guardou a minha palavra e
não negou o meu nome. 9 Veja o que farei com aqueles que são
sinagoga de Satanás e que se dizem judeus e não são, mas são
mentirosos. Farei que se prostrem aos seus pés e reconheçam
que eu o amei. 10 Visto que você guardou a minha palavra de
exortação à perseverança, eu também o guardarei da hora da
provação que está para vir sobre todo o mundo, para pôr à
prova os que habitam na terra.
11 "Venho em breve! Retenha o que você tem, para que nin-
guém tome a sua coroa. 12 Farei do vencedor uma coluna no
santuário do meu Deus, e dali ele jamais sairá. Escreverei nele
o nome do meu Deus e o nome da cidade do meu Deus, a nova
Jerusalém, que desce dos céus da parte de Deus; e também
escreverei nele o meu novo nome. 13 Aquele que tem ouvidos
ouça o que o Espírito diz às igrejas.

Carta à Igreja de Laodiceia

14 "Ao anjo da igreja em Laodiceia, escreva: Estas são as pala-
vras do Amém, a testemunha fiel e verdadeira, o soberano da
criação de Deus. 15 Conheço as suas obras, sei que você não é
frio nem quente. Melhor seria que você fosse frio ou quente!
16 Assim, porque você é morno, não é frio nem quente, estou a
ponto de vomitá-lo da minha boca. 17 Você diz: 'Estou rico, ad-
quiri riquezas e não preciso de nada'. Não reconhece, porém,
que é miserável, digno de compaixão, pobre, cego, e que está
nu. 18 Dou este conselho: Compre de mim ouro refinado no
fogo, e você se tornará rico; compre roupas brancas e vista-se
para cobrir a sua vergonhosa nudez; e compre colírio para ungir
os seus olhos e poder enxergar.
19 "Repreendo e disciplino aqueles que eu amo. Por isso, seja
diligente e arrependa-se. 20 Eis que estou à porta e bato. Se
alguém ouvir a minha voz e abrir a porta, entrarei e cearei com
ele, e ele comigo.
21 "Ao vencedor darei o direito de sentar-se comigo em meu
trono, assim como eu também venci e sentei-me com meu Pai
em seu trono. 22 Aquele que tem ouvidos ouça o que o Espírito
diz às igrejas".

a 2.23 Ou *discípulos*
b 2.27 Sl 2.9

O Trono no Céu

4 Depois dessas coisas olhei, e diante de mim estava uma
porta aberta no céu. A voz que eu tinha ouvido no princípio,
falando comigo como trombeta, disse: "Suba para cá, e mos-
trarei a você o que deve acontecer depois dessas coisas".
2 Imediatamente me vi tomado pelo Espírito, e diante de mim
estava um trono no céu e nele estava assentado alguém.
3 Aquele que estava assentado era de aspecto semelhante a
jaspe e sardônio. Um arco-íris, parecendo uma esmeralda,
circundava o trono, 4 ao redor do qual estavam outros vinte
e quatro tronos, e assentados neles havia vinte e quatro an-
ciãos. Eles estavam vestidos de branco e na cabeça tinham
coroas de ouro. 5 Do trono saíam relâmpagos, vozes e trovões.
Diante dele estavam acesas sete lâmpadas de fogo, que são os
sete espíritos de Deus. 6 E diante do trono havia algo parecido
com um mar de vidro, claro como cristal. No centro, ao redor
do trono, havia quatro seres viventes cobertos de olhos, tanto
na frente como atrás. 7 O primeiro ser parecia um leão, o se-
gundo parecia um boi, o terceiro tinha rosto como de homem,
o quarto parecia uma águia em voo. 8 Cada um deles tinha seis
asas e era cheio de olhos, tanto ao redor como por baixo das
asas. Dia e noite repetem sem cessar: "Santo, santo, santo é o
Senhor, o Deus todo-poderoso, que era, que é e que há de vir".
9 Toda vez que os seres viventes dão glória, honra e graças
àquele que está assentado no trono e que vive para todo o
sempre, 10 os vinte e quatro anciãos se prostram diante daquele
que está assentado no trono e adoram aquele que vive para
todo o sempre. Eles lançam as suas coroas diante do trono
e dizem:
11 "Tu, Senhor e Deus nosso, és digno de receber a glória, a
honra e o poder, porque criaste todas as coisas, e por tua von-
tade elas existem e foram criadas".

O Livro e o Cordeiro

5 Então vi na mão direita daquele que está assentado no
trono um livro em forma de rolo, escrito de ambos os lados e
selado com sete selos. 2 Vi um anjo poderoso, proclamando
em alta voz: "Quem é digno de romper os selos e de abrir o
livro?" 3 Mas não havia ninguém, nem no céu, nem na terra,
nem debaixo da terra, que pudesse abrir o livro ou sequer
olhar para ele. 4 Eu chorava muito, porque não havia ninguém
que fosse digno de abrir o livro e de olhar para ele. 5 Então
um dos anciãos me disse: "Não chore! Eis que o Leão da tribo
de Judá, a Raiz de Davi, venceu para abrir o livro e os seus
sete selos".
6 Depois vi um Cordeiro, que parecia ter estado morto, em pé,
no centro do trono, cercado pelos quatro seres viventes e pelos
anciãos. Ele tinha sete chifres e sete olhos, que são os sete
espíritos de Deus enviados a toda a terra. 7 Ele se aproximou e
recebeu o livro da mão direita daquele que estava assentado
no trono. 8 Ao recebê-lo, os quatro seres viventes e os vinte
e quatro anciãos prostraram-se diante do Cordeiro. Cada um
deles tinha uma harpa e taças de ouro cheias de incenso, que
são as orações dos santos; 9 e eles cantavam um cântico novo:
"Tu és digno de receber o livro e de abrir os seus selos, pois
foste morto e com teu sangue compraste para Deus gente de
toda tribo, língua, povo e nação.
10 Tu os constituíste reino e sacerdotes para o nosso Deus, e
eles reinarão sobre a terra".
11 Então olhei e ouvi a voz de muitos anjos, milhares de milhares
e milhões de milhões. Eles rodeavam o trono, bem como os
seres viventes e os anciãos, 12 e cantavam em alta voz: "Digno é
o Cordeiro que foi morto de receber poder, riqueza, sabedoria,
força, honra, glória e louvor!"
13 Depois ouvi todas as criaturas existentes no céu, na terra,
debaixo da terra e no mar, e tudo o que neles há, que diziam:
"Àquele que está assentado no trono e ao Cordeiro sejam o
louvor, a honra, a glória e o poder, para todo o sempre!"
14 Os quatro seres viventes disseram: "Amém", e os anciãos
prostraram-se e o adoraram.

Os Selos

6 Observei quando o Cordeiro abriu o primeiro dos sete selos.
Então ouvi um dos seres viventes dizer com voz de trovão:
"Venha!" 2 Olhei, e diante de mim estava um cavalo branco.
Seu cavaleiro empunhava um arco, e foi-lhe dada uma coroa;
ele cavalgava como vencedor determinado a vencer.
3 Quando o Cordeiro abriu o segundo selo, ouvi o segundo ser
vivente dizer: "Venha!" 4 Então saiu outro cavalo; e este era
vermelho. Seu cavaleiro recebeu poder para tirar a paz da terra
e fazer que os homens se matassem uns aos outros. E lhe foi
dada uma grande espada.
5 Quando o Cordeiro abriu o terceiro selo, ouvi o terceiro ser vi-
vente dizer: "Venha!" Olhei, e diante de mim estava um cavalo
preto. Seu cavaleiro tinha na mão uma balança. 6 Então ouvi o
que parecia uma voz entre os quatro seres viventes, dizendo:
"Um quilo[a] de trigo por um denário[b] e três quilos de cevada por
um denário, e não danifique o azeite e o vinho!"
7 Quando o Cordeiro abriu o quarto selo, ouvi a voz do quarto
ser vivente dizer: "Venha!" 8 Olhei, e diante de mim estava um
cavalo amarelo. Seu cavaleiro chamava-se Morte, e o Hades[c] o
seguia de perto. Foi-lhes dado poder sobre um quarto da terra
para matar pela espada, pela fome, por pragas e por meio dos
animais selvagens da terra.
9 Quando ele abriu o quinto selo, vi debaixo do altar as almas
daqueles que haviam sido mortos por causa da palavra de
Deus e do testemunho que deram. 10 Eles clamavam em alta
voz: "Até quando, ó Soberano, santo e verdadeiro, esperarás
para julgar os habitantes da terra e vingar o nosso sangue?"
11 Então cada um deles recebeu uma veste branca, e foi-lhes
dito que esperassem um pouco mais, até que se completasse o
número dos seus conservos e irmãos que deveriam ser mortos
como eles.

---

[a] **6.6** Grego: *choinix*.
[b] **6.6** O denário era uma moeda de prata equivalente à diária de um trabalhador braçal.
[c] **6.8** Essa palavra pode ser traduzida por *inferno*, *sepulcro*, *morte* ou *profundezas*.

12 Observei quando ele abriu o sexto selo. Houve um grande
terremoto. O sol ficou escuro como tecido de crina negra, toda
a lua tornou-se vermelha como sangue, 13 e as estrelas do
céu caíram sobre a terra como figos verdes caem da figueira
quando sacudidos por um vento forte. 14 O céu se recolheu
como se enrola um pergaminho, e todas as montanhas e ilhas
foram removidas de seus lugares.
15 Então os reis da terra, os príncipes, os generais, os ricos,
os poderosos — todos, escravos e livres, se esconderam em
cavernas e entre as rochas das montanhas. 16 Eles gritavam às
montanhas e às rochas: "Caiam sobre nós e escondam-nos
da face daquele que está assentado no trono e da ira do Cor-
deiro! 17 Pois chegou o grande dia da ira deles; e quem poderá
suportar?"

Cento e Quarenta e Quatro Mil Selados

7 Depois disso vi quatro anjos em pé nos quatro cantos da
terra, retendo os quatro ventos, para impedir que qualquer
vento soprasse na terra, no mar ou em qualquer árvore. 2 Então
vi outro anjo subindo do Oriente, tendo o selo do Deus vivo.
Ele bradou em alta voz aos quatro anjos a quem havia sido
dado poder para danificar a terra e o mar: 3 "Não danifiquem
nem a terra, nem o mar, nem as árvores até que selemos as
testas dos servos do nosso Deus". 4 Então ouvi o número dos
que foram selados: cento e quarenta e quatro mil, de todas as
tribos de Israel.
5 Da tribo de Judá foram selados doze mil; da tribo de Rúben,
doze mil; da tribo de Gade, doze mil; 6 da tribo de Aser, doze
mil; da tribo de Naftali, doze mil; da tribo de Manassés, doze
mil; 7 da tribo de Simeão, doze mil; da tribo de Levi, doze mil;
da tribo de Issacar, doze mil; 8 da tribo de Zebulom, doze mil;
da tribo de José, doze mil; da tribo de Benjamim, doze mil.

A Grande Multidão com Vestes Brancas

9 Depois disso olhei, e diante de mim estava uma grande mul-
tidão que ninguém podia contar, de todas as nações, tribos,
povos e línguas, em pé, diante do trono e do Cordeiro, com
vestes brancas e segurando palmas. 10 E clamavam em alta
voz: "A salvação pertence ao nosso Deus, que se assenta no
trono, e ao Cordeiro".
11 Todos os anjos estavam em pé ao redor do trono, dos anciãos
e dos quatro seres viventes. Eles se prostraram com o rosto em
terra diante do trono e adoraram a Deus, 12 dizendo: "Amém!
Louvor e glória, sabedoria, ação de graças, honra, poder e
força sejam ao nosso Deus para todo o sempre. Amém!"
13 Então um dos anciãos me perguntou: "Quem são estes que
estão vestidos de branco e de onde vieram?"
14 Respondi: Senhor, tu o sabes. E ele disse: "Estes são os que
vieram da grande tribulação, que lavaram as suas vestes e as
alvejaram no sangue do Cordeiro. 15 Por isso, eles estão diante
do trono de Deus e o servem dia e noite em seu santuário; e
aquele que está assentado no trono estenderá sobre eles o
seu tabernáculo.
16 Nunca mais terão fome, nunca mais terão sede. Não os
afligirá o sol nem qualquer calor abrasador, 17 pois o Cordeiro
que está no centro do trono será o seu Pastor; ele os guiará
às fontes de água viva. E Deus enxugará dos seus olhos toda
lágrima".

O Sétimo Selo e o Incensário de Ouro

8 Quando ele abriu o sétimo selo, houve silêncio nos céus
cerca de meia hora.
2 Vi os sete anjos que se acham em pé diante de Deus; a eles
foram dadas sete trombetas.
3 Outro anjo, que trazia um incensário de ouro, aproximou-se
e ficou em pé junto ao altar. A ele foi dado muito incenso para
oferecer com as orações de todos os santos sobre o altar de
ouro diante do trono. 4 E da mão do anjo subiu diante de Deus
a fumaça do incenso com as orações dos santos. 5 Então o
anjo pegou o incensário, encheu-o com fogo do altar e lan-
çou-o sobre a terra; e houve trovões, vozes, relâmpagos e um
terremoto.

As Trombetas

6 Então os sete anjos, que tinham as sete trombetas, prepara-
ram-se para tocá-las.
7 O primeiro anjo tocou a sua trombeta, e granizo e fogo mistu-
rado com sangue foram lançados sobre a terra. Foi queimado
um terço da terra, um terço das árvores e toda a relva verde.
8 O segundo anjo tocou a sua trombeta, e algo como um grande
monte em chamas foi lançado ao mar. Um terço do mar trans-
formou-se em sangue, 9 morreu um terço das criaturas do mar
e foi destruído um terço das embarcações.
10 O terceiro anjo tocou a sua trombeta, e caiu do céu uma
grande estrela, queimando como tocha, sobre um terço dos
rios e das fontes de águas; 11 o nome da estrela é Absinto[a].
Tornou-se amargo um terço das águas, e muitos morreram
pela ação das águas que se tornaram amargas[b].
12 O quarto anjo tocou a sua trombeta, e foi ferido um terço
do sol, um terço da lua e um terço das estrelas, de forma que
um terço deles escureceu. Um terço do dia ficou sem luz, e
também um terço da noite.
13 Enquanto eu olhava, ouvi uma águia que voava pelo meio do
céu e dizia em alta voz: "Ai, ai, ai dos que habitam na terra,
por causa do toque das trombetas que está prestes a ser dado
pelos três outros anjos!"

9 O quinto anjo tocou a sua trombeta, e vi uma estrela que
havia caído do céu sobre a terra. À estrela foi dada a chave
do poço do Abismo. 2 Quando ela abriu o Abismo, subiu dele
fumaça como a de uma gigantesca fornalha. O sol e o céu escu-
receram com a fumaça que saía do Abismo. 3 Da fumaça saíram
gafanhotos que vieram sobre a terra, e lhes foi dado poder
como o dos escorpiões da terra. 4 Eles receberam ordens para

[a] 8.11 *Isto é, Amargor.*
[b] 8.11 *Ou envenenadas*

não causar dano nem à relva da terra, nem a qualquer planta ou árvore, mas apenas àqueles que não tinham o selo de Deus na testa. 5 Não lhes foi dado poder para matá-los, mas sim para causar-lhes tormento durante cinco meses. A agonia que eles sofreram era como a da picada do escorpião. 6 Naqueles dias os homens procurarão a morte, mas não a encontrarão; desejarão morrer, mas a morte fugirá deles.

7 Os gafanhotos pareciam cavalos preparados para a batalha. Tinham sobre a cabeça algo como coroas de ouro, e o rosto deles parecia rosto humano. 8 Os cabelos deles eram como os de mulher e os dentes como os de leão. 9 Tinham couraças como couraças de ferro, e o som das suas asas era como o barulho de muitos cavalos e carruagens correndo para a batalha. 10 Tinham caudas e ferrões como de escorpiões e na cauda tinham poder para causar tormento aos homens durante cinco meses. 11 Tinham um rei sobre eles, o anjo do Abismo, cujo nome, em hebraico, é Abadom e, em grego, Apoliom[a].

12 O primeiro ai passou; dois outros ais ainda virão.

13 O sexto anjo tocou a sua trombeta, e ouvi uma voz que vinha das pontas[b] do altar de ouro que está diante de Deus. 14 Ela disse ao sexto anjo que tinha a trombeta: "Solte os quatro anjos que estão amarrados junto ao grande rio Eufrates". 15 Os quatro anjos, que estavam preparados para aquela hora, dia, mês e ano, foram soltos para matar um terço da humanidade. 16 O número dos cavaleiros que compunham os exércitos era de duzentos milhões; eu ouvi o seu número.

17 Os cavalos e os cavaleiros que vi em minha visão tinham este aspecto: as suas couraças eram vermelhas como o fogo, azuis como o jacinto e amarelas como o enxofre. A cabeça dos cavalos parecia a cabeça de um leão, e da boca lançavam fogo, fumaça e enxofre. 18 Um terço da humanidade foi morto pelas três pragas: de fogo, fumaça e enxofre, que saíam da boca dos cavalos. 19 O poder dos cavalos estava na boca e na cauda; pois a cauda deles era como cobra; com a cabeça feriam as pessoas.

20 O restante da humanidade que não morreu por essas pragas nem assim se arrependeu das obras das suas mãos; eles não pararam de adorar os demônios e os ídolos de ouro, prata, bronze, pedra e madeira, ídolos que não podem ver, nem ouvir, nem andar. 21 Também não se arrependeram dos seus assassinatos, das suas feitiçarias, da sua imoralidade sexual e dos seus roubos.

10 O Anjo e o Livro

Então vi outro anjo poderoso, que descia dos céus. Ele estava envolto numa nuvem, e havia um arco-íris acima de sua cabeça. Sua face era como o sol, e suas pernas eram como colunas de fogo. 2 Ele segurava um livrinho, que estava aberto em sua mão. Colocou o pé direito sobre o mar e o pé esquerdo sobre a terra, 3 e deu um alto brado, como o rugido de um leão. Quando ele bradou, os sete trovões falaram. 4 Logo que os sete trovões falaram, eu estava prestes a escrever, mas ouvi uma voz dos céus, que disse: "Sele o que disseram os sete trovões, mas não o escreva".

5 Então o anjo que eu tinha visto em pé sobre o mar e sobre a terra levantou a mão direita para o céu 6 e jurou por aquele que vive para todo o sempre, que criou os céus e tudo o que neles há, a terra e tudo o que nela há, e o mar e tudo o que nele há, dizendo: "Não haverá mais demora! 7 Mas, nos dias em que o sétimo anjo estiver para tocar sua trombeta, vai cumprir-se o mistério de Deus, como ele o anunciou aos seus servos, os profetas".

8 Depois falou comigo mais uma vez a voz que eu tinha ouvido falar dos céus: "Vá, pegue o livro[c] aberto que está na mão do anjo que se encontra em pé sobre o mar e sobre a terra". 9 Assim me aproximei do anjo e lhe pedi que me desse o livrinho. Ele me disse: "Pegue-o e coma-o! Ele será amargo em seu estômago, mas em sua boca será doce como mel". 10 Peguei o livrinho da mão do anjo e o comi. Ele me pareceu doce como mel em minha boca; mas, ao comê-lo, senti que o meu estômago ficou amargo. 11 Então me foi dito: "É preciso que você profetize de novo acerca de muitos povos, nações, línguas e reis".

11 As Duas Testemunhas

Deram-me um caniço semelhante a uma vara de medir e me disseram: "Vá e meça o templo de Deus e o altar, e conte os adoradores que lá estiverem. 2 Exclua, porém, o pátio exterior; não o meça, pois ele foi dado aos gentios[d]. Eles pisarão a cidade santa durante quarenta e dois meses. 3 Darei poder às minhas duas testemunhas, e elas profetizarão durante mil duzentos e sessenta dias, vestidas de pano de saco". 4 Estas são as duas oliveiras e os dois candelabros que permanecem diante do Senhor da terra. 5 Se alguém quiser causar-lhes dano, da boca deles sairá fogo que devorará os seus inimigos. É assim que deve morrer qualquer pessoa que quiser causar-lhes dano. 6 Estes homens têm poder para fechar o céu, de modo que não chova durante o tempo em que estiverem profetizando, e têm poder para transformar a água em sangue e ferir a terra com toda sorte de pragas, quantas vezes desejarem.

7 Quando eles tiverem terminado o seu testemunho, a besta que vem do Abismo os atacará. E irá vencê-los e matá-los. 8 Os seus cadáveres ficarão expostos na rua principal da grande cidade, que figuradamente é chamada Sodoma e Egito, onde também foi crucificado o seu Senhor. 9 Durante três dias e meio, gente de todos os povos, tribos, línguas e nações contemplarão os seus cadáveres e não permitirão que sejam sepultados. 10 Os habitantes da terra se alegrarão por causa deles e festejarão, enviando presentes uns aos outros, pois esses dois profetas haviam atormentado os que habitam na terra.

11 Mas, depois dos três dias e meio, entrou neles um sopro de vida da parte de Deus, e eles ficaram em pé, e um grande

[a] 9.11 *Abadom* e *Apoliom* significam *destruidor*.
[b] 9.13 Grego: *chifres*.
[c] 10.8 Grego: *rolo*.
[d] 11.2 Isto é, os que não são judeus.

terror tomou conta daqueles que os viram. [12] Então eles ou-
viram uma forte voz dos céus, que lhes disse: "Subam para
cá". E eles subiram para os céus numa nuvem, enquanto os
seus inimigos olhavam.
[13] Naquela mesma hora houve um forte terremoto, e um décimo
da cidade ruiu. Sete mil pessoas foram mortas no terremoto;
os sobreviventes ficaram aterrorizados e deram glória ao Deus
dos céus.
[14] O segundo ai passou; o terceiro ai virá em breve.

A Sétima Trombeta

[15] O sétimo anjo tocou a sua trombeta, e houve fortes vozes
nos céus, que diziam: "O reino do mundo se tornou de nosso
Senhor e do seu Cristo, e ele reinará para todo o sempre".
[16] Os vinte e quatro anciãos que estavam assentados em seus
tronos diante de Deus prostraram-se sobre seus rostos e ado-
raram a Deus, [17] dizendo: "Graças te damos, Senhor Deus todo-
-poderoso, que és e que eras, porque assumiste o teu grande
poder e começaste a reinar.
[18] As nações se iraram; e chegou a tua ira. Chegou o tempo
de julgares os mortos e de recompensares os teus servos, os
profetas, os teus santos e os que temem o teu nome, tanto pe-
quenos como grandes, e de destruir os que destroem a terra".
[19] Então foi aberto o santuário de Deus nos céus, e ali foi vista
a arca da sua aliança. Houve relâmpagos, vozes, trovões, um
terremoto e um grande temporal de granizo.

12

A Mulher e o Dragão

Apareceu no céu um sinal extraordinário: uma mulher
vestida do sol, com a lua debaixo dos seus pés e uma coroa
de doze estrelas sobre a cabeça. [2] Ela estava grávida e gritava
de dor, pois estava para dar à luz. [3] Então apareceu no céu
outro sinal: um enorme dragão vermelho com sete cabeças e
dez chifres, tendo sobre as cabeças sete coroas[a]. [4] Sua cauda
arrastou consigo um terço das estrelas do céu, lançando-as na
terra. O dragão pôs-se diante da mulher que estava para dar
à luz, para devorar o seu filho no momento em que nascesse.
[5] Ela deu à luz um filho, um homem, que governará todas as
nações com cetro de ferro. Seu filho foi arrebatado para junto
de Deus e de seu trono. [6] A mulher fugiu para o deserto, para
um lugar que lhe havia sido preparado por Deus, para que ali a
sustentassem durante mil duzentos e sessenta dias.
[7] Houve então uma guerra nos céus. Miguel e seus anjos lu-
taram contra o dragão, e o dragão e os seus anjos revidaram.
[8] Mas estes não foram suficientemente fortes, e assim per-
deram o seu lugar nos céus. [9] O grande dragão foi lançado fora.
Ele é a antiga serpente chamada Diabo ou Satanás, que engana
o mundo todo. Ele e os seus anjos foram lançados à terra.
[10] Então ouvi uma forte voz dos céus, que dizia: "Agora veio a
salvação, o poder e o Reino do nosso Deus, e a autoridade do
seu Cristo, pois foi lançado fora o acusador dos nossos irmãos,
que os acusa diante do nosso Deus, dia e noite.
[11] Eles o venceram pelo sangue do Cordeiro e pela palavra do
testemunho que deram; diante da morte, não amaram a própria
vida.
[12] Portanto, celebrem-no, ó céus, e os que neles habitam! Mas
ai da terra e do mar, pois o Diabo desceu até vocês! Ele está
cheio de fúria, pois sabe que lhe resta pouco tempo".
[13] Quando o dragão foi lançado à terra, começou a perseguir
a mulher que dera à luz o menino. [14] Foram dadas à mulher as
duas asas da grande águia, para que ela pudesse voar para
o lugar que lhe havia sido preparado no deserto, onde seria
sustentada durante um tempo, tempos e meio tempo, fora do
alcance da serpente. [15] Então a serpente fez jorrar da sua boca
água como um rio, para alcançar a mulher e arrastá-la com a
correnteza. [16] A terra, porém, ajudou a mulher, abrindo a boca
e engolindo o rio que o dragão fizera jorrar da sua boca. [17] O
dragão irou-se contra a mulher e saiu para guerrear contra o
restante da sua descendência, os que obedecem aos manda-
mentos de Deus e se mantêm fiéis ao testemunho de Jesus.
[18] Então o dragão se pôs em pé[b] na areia do mar.

13

A Besta que Saiu do Mar

Vi uma besta que saía do mar. Tinha dez chifres e sete
cabeças, com dez coroas[c], uma sobre cada chifre, e em cada
cabeça um nome de blasfêmia. [2] A besta que vi era semelhante
a um leopardo, mas tinha pés como os de urso e boca como a
de leão. O dragão deu à besta o seu poder, o seu trono e grande
autoridade. [3] Uma das cabeças da besta parecia ter sofrido um fe-
rimento mortal, mas o ferimento mortal foi curado. O mundo todo
ficou maravilhado e seguiu a besta. [4] Adoraram o dragão, que
tinha dado autoridade à besta, e também adoraram a besta, di-
zendo: "Quem é como a besta? Quem pode guerrear contra ela?"
[5] À besta foi dada uma boca para falar palavras arrogantes e
blasfemas e lhe foi dada autoridade para agir durante qua-
renta e dois meses. [6] Ela abriu a boca para blasfemar contra
Deus e amaldiçoar o seu nome e o seu tabernáculo, os[d] que
habitam nos céus. [7] Foi-lhe dado poder para guerrear contra os
santos e vencê-los. Foi-lhe dada autoridade sobre toda tribo,
povo, língua e nação. [8] Todos os habitantes da terra adorarão
a besta, a saber, todos aqueles que não tiveram seus nomes
escritos no livro da vida do Cordeiro que foi morto desde a
criação do mundo[e].
[9] Aquele que tem ouvidos ouça:
[10] Se alguém há de ir para o cativeiro, para o cativeiro irá. Se
alguém há de ser morto[f] à espada, morto à espada haverá
de ser. Aqui estão a perseverança e a fidelidade dos santos.

A Besta que Saiu da Terra

[11] Então vi outra besta que saía da terra, com dois chifres como
cordeiro, mas que falava como dragão. [12] Exercia toda a auto-

---

[a] 12.3 Grego: *diademas*.

[b] 12.18 Alguns manuscritos dizem *E eu estava em pé*.

[c] 13.1 Grego: *diademas*.

[d] 13.6 Alguns manuscritos dizem *e os*.

[e] 13.8 Ou *escritos, desde a criação do mundo, no livro da vida do Cordeiro que foi morto*

[f] 13.10 Alguns manuscritos dizem *Todo aquele que mata*.

ridade da primeira besta, em nome[a] dela, e fazia a terra e seus
habitantes adorarem a primeira besta, cujo ferimento mortal
havia sido curado. 13 E realizava grandes sinais, chegando a
fazer descer fogo do céu à terra, à vista dos homens. 14 Por
causa dos sinais que lhe foi permitido realizar em nome da pri-
meira besta, ela enganou os habitantes da terra. Ordenou-lhes
que fizessem uma imagem em honra à besta que fora ferida
pela espada e contudo revivera. 15 Foi-lhe dado poder para dar
fôlego à imagem da primeira besta, de modo que ela podia
falar e fazer que fossem mortos todos os que se recusassem
a adorar a imagem. 16 Também obrigou todos, pequenos e
grandes, ricos e pobres, livres e escravos, a receberem certa
marca na mão direita ou na testa, 17 para que ninguém pudesse
comprar nem vender, a não ser quem tivesse a marca, que é o
nome da besta ou o número do seu nome.
18 Aqui há sabedoria. Aquele que tem entendimento calcule o
número da besta, pois é número de homem. Seu número é
seiscentos e sessenta e seis.

14 O Cordeiro e os Cento e Quarenta e Quatro Mil Selados

1 Então olhei, e diante de mim estava o Cordeiro, em pé sobre
o monte Sião, e com ele cento e quarenta e quatro mil que tra-
ziam escritos na testa o nome dele e o nome de seu Pai. 2 Ouvi
um som dos céus como o de muitas águas e de um forte trovão.
Era como o de harpistas tocando seus instrumentos. 3 Eles can-
tavam um cântico novo diante do trono, dos quatro seres vi-
ventes e dos anciãos. Ninguém podia aprender o cântico, a
não ser os cento e quarenta e quatro mil que haviam sido com-
prados da terra. 4 Estes são os que não se contaminaram com
mulheres, pois se conservaram castos[b] e seguem o Cordeiro
por onde quer que ele vá. Foram comprados dentre os homens
e ofertados como primícias a Deus e ao Cordeiro. 5 Mentira
nenhuma foi encontrada na boca deles; são imaculados.

Os Três Anjos

6 Então vi outro anjo, que voava pelo céu e tinha na mão o evan-
gelho eterno para proclamar aos que habitam na terra, a toda
nação, tribo, língua e povo. 7 Ele disse em alta voz: "Temam a
Deus e glorifiquem-no, pois chegou a hora do seu juízo. Adorem
aquele que fez os céus, a terra, o mar e as fontes das águas".
8 Um segundo anjo o seguiu, dizendo: "Caiu! Caiu a grande
Babilônia que fez todas as nações beberem do vinho da fúria
da sua prostituição!"
9 Um terceiro anjo os seguiu, dizendo em alta voz: "Se alguém
adorar a besta e a sua imagem e receber a sua marca na testa
ou na mão, 10 também beberá do vinho do furor de Deus que foi
derramado sem mistura no cálice da sua ira. Será ainda ator-
mentado com enxofre ardente na presença dos santos anjos e
do Cordeiro, 11 e a fumaça do tormento de tais pessoas sobe
para todo o sempre. Para todos os que adoram a besta e a sua
imagem, e para quem recebe a marca do seu nome, não há
descanso, dia e noite". 12 Aqui está a perseverança dos santos
que obedecem aos mandamentos de Deus e permanecem fiéis
a Jesus.
13 Então ouvi uma voz dos céus, dizendo: "Escreva: Felizes os
mortos que morrem no Senhor de agora em diante". Diz o Es-
pírito: "Sim, eles descansarão das suas fadigas, pois as suas
obras os seguirão".

A Colheita da Terra

14 Olhei, e diante de mim estava uma nuvem branca e, assen-
tado sobre a nuvem, alguém "semelhante a um filho de ho-
mem"[c]. Ele estava com uma coroa de ouro na cabeça e uma
foice afiada na mão. 15 Então saiu do santuário um outro anjo,
que bradou em alta voz àquele que estava assentado sobre
a nuvem: "Tome a sua foice e faça a colheita, pois a safra
da terra está madura; chegou a hora de colhê-la". 16 Assim,
aquele que estava assentado sobre a nuvem passou sua foice
pela terra, e a terra foi ceifada.
17 Outro anjo saiu do santuário dos céus, trazendo também uma
foice afiada. 18 E ainda outro anjo, que tem autoridade sobre
o fogo, saiu do altar e bradou em alta voz àquele que tinha a
foice afiada: "Tome sua foice afiada e ajunte os cachos de uva
da videira da terra, porque as suas uvas estão maduras!" 19 O
anjo passou a foice pela terra, ajuntou as uvas e as lançou no
grande lagar da ira de Deus. 20 Elas foram pisadas no lagar,
fora da cidade, e correu sangue do lagar, chegando ao nível
dos freios dos cavalos, numa distância de cerca de trezentos
quilômetros[d].

15 Os Sete Anjos e as Sete Pragas

Vi no céu outro sinal, grande e maravilhoso: sete anjos
com as sete últimas pragas, pois com elas se completa a ira de
Deus. 2 Vi algo semelhante a um mar de vidro misturado com
fogo, e, em pé, junto ao mar, os que tinham vencido a besta, a
sua imagem e o número do seu nome. Eles seguravam harpas
que lhes haviam sido dadas por Deus, 3 e cantavam o cântico
de Moisés, servo de Deus, e o cântico do Cordeiro: "Grandes e
maravilhosas são as tuas obras, Senhor Deus todo-poderoso.
Justos e verdadeiros são os teus caminhos, ó Rei das nações.
4 Quem não te temerá, ó Senhor? Quem não glorificará o teu
nome? Pois tu somente és santo. Todas as nações virão à tua
presença e te adorarão, pois os teus atos de justiça se tor-
naram manifestos".
5 Depois disso olhei e vi que se abriu nos céus o santuário, o
tabernáculo da aliança. 6 Saíram do santuário os sete anjos
com as sete pragas. Eles estavam vestidos de linho puro e res-
plandecente e tinham cinturões de ouro ao redor do peito. 7 E
um dos quatro seres viventes deu aos sete anjos sete taças de
ouro cheias da ira de Deus, que vive para todo o sempre. 8 O

[a] 13.12 Ou *na presença*; também no versículo 14.
[b] 14.4 Grego: *virgens*.
[c] 14.14 Dn 7.13
[d] 14.20 Grego: *1.600 estádios*. Um estádio equivalia a 185 metros.

santuário ficou cheio da fumaça da glória de Deus e do seu
poder, e ninguém podia entrar no santuário enquanto não se
completassem as sete pragas dos sete anjos.

16 As Sete Taças da Ira de Deus

Então ouvi uma forte voz que vinha do santuário e dizia
aos sete anjos: "Vão derramar sobre a terra as sete taças da
ira de Deus".
2 O primeiro anjo foi e derramou a sua taça pela terra, e abri-
ram-se feridas malignas e dolorosas naqueles que tinham a
marca da besta e adoravam a sua imagem.
3 O segundo anjo derramou a sua taça no mar, e este se trans-
formou em sangue como de um morto, e morreu toda criatura
que vivia no mar.
4 O terceiro anjo derramou a sua taça nos rios e nas fontes, e
eles se transformaram em sangue. 5 Então ouvi o anjo que tem
autoridade sobre as águas dizer: "Tu és justo, tu, o Santo, que
és e que eras, porque julgaste estas coisas; 6 pois eles derra-
maram o sangue dos teus santos e dos teus profetas, e tu lhes
deste sangue para beber, como eles merecem".
7 E ouvi o altar responder: "Sim, Senhor Deus todo-poderoso,
verdadeiros e justos são os teus juízos".
8 O quarto anjo derramou a sua taça no sol, e foi dado poder
ao sol para queimar os homens com fogo. 9 Estes foram quei-
mados pelo forte calor e amaldiçoaram o nome de Deus, que
tem domínio sobre estas pragas; contudo, recusaram arrepen-
der-se e glorificá-lo.
10 O quinto anjo derramou a sua taça sobre o trono da besta,
cujo reino ficou em trevas. De tanta agonia, os homens mor-
diam a própria língua 11 e blasfemavam contra o Deus dos céus,
por causa das suas dores e das suas feridas; contudo, recu-
saram arrepender-se das obras que haviam praticado.
12 O sexto anjo derramou a sua taça sobre o grande rio Eufrates,
e secaram-se as suas águas para que fosse preparado o ca-
minho para os reis que vêm do Oriente. 13 Então vi saírem da
boca do dragão, da boca da besta e da boca do falso profeta
três espíritos imundos[a] semelhantes a rãs. 14 São espíritos de
demônios que realizam sinais milagrosos; eles vão aos reis de
todo o mundo, a fim de reuni-los para a batalha do grande dia
do Deus todo-poderoso.
15 "Eis que venho como ladrão! Feliz aquele que permanece
vigilante e conserva consigo as suas vestes, para que não ande
nu e não seja vista a sua vergonha."
16 Então os três espíritos os reuniram no lugar que, em he-
braico, é chamado Armagedom.
17 O sétimo anjo derramou a sua taça no ar, e do santuário
saiu uma forte voz que vinha do trono, dizendo: "Está feito!"
18 Houve, então, relâmpagos, vozes, trovões e um forte terre-
moto. Nunca havia ocorrido um terremoto tão forte como esse
desde que o homem existe sobre a terra. 19 A grande cidade
foi dividida em três partes, e as cidades das nações se des-
moronaram. Deus lembrou-se da grande Babilônia e lhe deu
o cálice do vinho do furor da sua ira. 20 Todas as ilhas fugiram,
e as montanhas desapareceram. 21 Caíram sobre os homens,
vindas do céu, enormes pedras de granizo, de cerca de trinta
e cinco quilos[b] cada; eles blasfemaram contra Deus por causa
do granizo, pois a praga fora terrível.

17 A Mulher Montada na Besta

Um dos sete anjos que tinham as sete taças aproximou-se
e me disse: "Venha, eu mostrarei a você o julgamento da
grande prostituta que está sentada sobre muitas águas, 2 com
quem os reis da terra se prostituíram; os habitantes da terra se
embriagaram com o vinho da sua prostituição".
3 Então o anjo me levou no Espírito para um deserto. Ali vi uma
mulher montada numa besta vermelha, que estava coberta de
nomes blasfemos e que tinha sete cabeças e dez chifres. 4 A
mulher estava vestida de púrpura e vermelho e adornada de
ouro, pedras preciosas e pérolas. Segurava um cálice de ouro,
cheio de coisas repugnantes e da impureza da sua prostituição.
5 Em sua testa havia esta inscrição: MISTÉRIO: BABILÔNIA, A
GRANDE; A MÃE DAS PROSTITUTAS E DAS PRÁTICAS REPUGNANTES
DA TERRA.
6 Vi que a mulher estava embriagada com o sangue dos santos,
o sangue das testemunhas[c] de Jesus. Quando a vi, fiquei muito
admirado. 7 Então o anjo me disse: "Por que você está admi-
rado? Eu explicarei o mistério dessa mulher e da besta sobre a
qual ela está montada, que tem sete cabeças e dez chifres. 8 A
besta que você viu, era e já não é. Ela está para subir do Abismo
e caminha para a perdição. Os habitantes da terra, cujos nomes
não foram escritos no livro da vida desde a criação do mundo,
ficarão admirados quando virem a besta, porque ela era, agora
não é, e entretanto virá.
9 "Aqui se requer mente sábia. As sete cabeças são sete colinas
sobre as quais está sentada a mulher. 10 São também sete reis.
Cinco já caíram, um ainda existe, e o outro ainda não surgiu;
mas, quando surgir, deverá permanecer durante pouco tempo.
11 A besta que era, e agora não é, é o oitavo rei. É um dos sete,
e caminha para a perdição.
12 "Os dez chifres que você viu são dez reis que ainda não rece-
beram reino, mas que por uma hora receberão, com a besta,
autoridade como reis. 13 Eles têm um único propósito e darão
seu poder e sua autoridade à besta. 14 Guerrearão contra o
Cordeiro, mas o Cordeiro os vencerá, pois é o Senhor dos se-
nhores e o Rei dos reis; e vencerão com ele os seus chamados,
escolhidos e fiéis".
15 Então o anjo me disse: "As águas que você viu, onde está
sentada a prostituta, são povos, multidões, nações e línguas.
16 A besta e os dez chifres que você viu odiarão a prostituta. Eles
a levarão à ruína e a deixarão nua, comerão a sua carne e a
destruirão com fogo, 17 pois Deus pôs no coração deles o desejo
de realizar o propósito que ele tem, levando-os a concordar em
dar à besta o poder que eles têm para reinar até que se cum-

[a] **16.13** Ou *malignos*

[b] **16.21** Grego: *1 talento.*

[c] **17.6** Ou *dos mártires*

pram as palavras de Deus. 18 A mulher que você viu é a grande
cidade que reina sobre os reis da terra".

18 A Queda da Babilônia

Depois disso vi outro anjo que descia dos céus. Tinha
grande autoridade, e a terra foi iluminada por seu esplendor.
2 E ele bradou com voz poderosa: "Caiu! Caiu a grande Babi-
lônia! Ela se tornou habitação de demônios e antro de todo
espírito imundo[a], antro de toda ave impura e detestável, 3 pois
todas as nações beberam do vinho da fúria da sua prostituição.
Os reis da terra se prostituíram com ela; à custa do seu luxo
excessivo os negociantes da terra se enriqueceram".
4 Então ouvi outra voz dos céus que dizia: "Saiam dela, vocês,
povo meu, para que vocês não participem dos seus pecados,
para que as pragas que vão cair sobre ela não os atinjam!
5 Pois os pecados da Babilônia acumularam-se até o céu, e
Deus se lembrou dos seus crimes.
6 Retribuam-lhe na mesma moeda; paguem-lhe em dobro pelo
que fez; misturem para ela uma porção dupla no seu próprio
cálice.
7 Façam-lhe sofrer tanto tormento e tanta aflição como a glória
e o luxo a que ela se entregou. Em seu coração ela se van-
gloriava: 'Estou sentada como rainha; não sou viúva e jamais
terei tristeza'.
8 Por isso num só dia as suas pragas a alcançarão: morte, tris-
teza e fome; e o fogo a consumirá, pois poderoso é o Senhor
Deus que a julga.
9 "Quando os reis da terra, que se prostituíram com ela e parti-
ciparam do seu luxo, virem a fumaça do seu incêndio, chorarão
e se lamentarão por ela. 10 Amedrontados por causa do tor-
mento dela, ficarão de longe e gritarão: " 'Ai! A grande cidade!
Babilônia, cidade poderosa! Em apenas uma hora chegou a
sua condenação!'
11 "Os negociantes da terra chorarão e se lamentarão por causa
dela, porque ninguém mais compra a sua mercadoria: 12 artigos
como ouro, prata, pedras preciosas e pérolas; linho fino, púr-
pura, seda e tecido vermelho; todo tipo de madeira de cedro e
peças de marfim, madeira preciosa, bronze, ferro e mármore;
13 canela e outras especiarias, incenso, mirra e perfumes; vinho
e azeite de oliva, farinha fina e trigo; bois e ovelhas, cavalos e
carruagens, e corpos e almas de seres humanos[b].
14 "Eles dirão: 'Foram-se as frutas que tanto lhe apeteciam!
Todas as suas riquezas e todo o seu esplendor se desvane-
ceram; nunca mais serão recuperados'. 15 Os negociantes
dessas coisas, que enriqueceram à custa dela, ficarão de
longe, amedrontados com o tormento dela, e chorarão e se
lamentarão, 16 gritando: " 'Ai! A grande cidade, vestida de linho
fino, de roupas de púrpura e vestes vermelhas, adornada de
ouro, pedras preciosas e pérolas!
17 Em apenas uma hora, tamanha riqueza foi arruinada!' Todos
os pilotos, todos os passageiros e marinheiros dos navios e
todos os que ganham a vida no mar ficarão de longe. 18 Ao
verem a fumaça do incêndio dela, exclamarão: 'Que outra ci-
dade jamais se igualou a esta grande cidade?' 19 Lançarão pó
sobre a cabeça e, lamentando-se e chorando, gritarão: 'Ai! A
grande cidade! Graças à sua riqueza, nela prosperaram todos
os que tinham navios no mar! Em apenas uma hora ela ficou
em ruínas!
20 Celebrem o que se deu com ela, ó céus! Celebrem, ó santos,
apóstolos e profetas! Deus a julgou, retribuindo-lhe o que ela
fez a vocês' ".
21 Então um anjo poderoso levantou uma pedra do tamanho
de uma grande pedra de moinho, lançou-a ao mar e disse:
"Com igual violência será lançada por terra a grande cidade
de Babilônia, para nunca mais ser encontrada.
22 Nunca mais se ouvirá em seu meio o som dos harpistas, dos
músicos, dos flautistas e dos tocadores de trombeta. Nunca
mais se achará dentro de seus muros artífice algum, de qual-
quer profissão. Nunca mais se ouvirá em seu meio o ruído das
pedras de moinho.
23 Nunca mais brilhará dentro de seus muros a luz da candeia.
Nunca mais se ouvirá ali a voz do noivo e da noiva. Seus mer-
cadores eram os grandes do mundo. Todas as nações foram
seduzidas por suas feitiçarias.
24 Nela foi encontrado sangue de profetas e de santos, e de
todos os que foram assassinados na terra".

19 Aleluia!

Depois disso ouvi nos céus algo semelhante à voz de uma
grande multidão, que exclamava: "Aleluia! A salvação, a glória
e o poder pertencem ao nosso Deus, 2 pois verdadeiros e justos
são os seus juízos. Ele condenou a grande prostituta que cor-
rompia a terra com a sua prostituição. Ele cobrou dela o sangue
dos seus servos".
3 E mais uma vez a multidão exclamou: "Aleluia! A fumaça que
dela vem, sobe para todo o sempre".
4 Os vinte e quatro anciãos e os quatro seres viventes prostra-
ram-se e adoraram a Deus, que estava assentado no trono, e
exclamaram: "Amém, Aleluia!"
5 Então veio do trono uma voz, conclamando: "Louvem o nosso
Deus, todos vocês, seus servos, vocês que o temem, tanto pe-
quenos como grandes!"
6 Então ouvi algo semelhante ao som de uma grande multidão,
como o estrondo de muitas águas e fortes trovões, que bra-
dava: "Aleluia!, pois reina o Senhor, o nosso Deus, o Todo-
-poderoso.
7 Regozijemo-nos! Vamos alegrar-nos e dar-lhe glória! Pois
chegou a hora do casamento do Cordeiro, e a sua noiva já
se aprontou.
8 Para vestir-se, foi-lhe dado linho fino, brilhante e puro". O
linho fino são os atos justos dos santos.
9 E o anjo me disse: "Escreva: Felizes os convidados para o
banquete do casamento do Cordeiro!" E acrescentou: "Estas
são as palavras verdadeiras de Deus".

[a] 18.2 Ou *maligno*
[b] 18.13 Ou *corpos, e até almas humanas*

10 Então caí aos seus pés para adorá-lo, mas ele me disse: "Não
faça isso! Sou servo como você e como os seus irmãos que se
mantêm fiéis ao testemunho[a] de Jesus. Adore a Deus! O teste-
munho de Jesus é o espírito de profecia".

O Cavaleiro no Cavalo Branco

11 Vi os céus abertos e diante de mim um cavalo branco, cujo ca-
valeiro se chama Fiel e Verdadeiro. Ele julga e guerreia com jus-
tiça. 12 Seus olhos são como chamas de fogo, e em sua cabeça
há muitas coroas[b] e um nome que só ele conhece, e ninguém
mais. 13 Está vestido com um manto tingido de sangue, e o seu
nome é Palavra de Deus. 14 Os exércitos dos céus o seguiam,
vestidos de linho fino, branco e puro, e montados em cavalos
brancos. 15 De sua boca sai uma espada afiada, com a qual
ferirá as nações. "Ele as governará com cetro de ferro."[c] Ele
pisa o lagar do vinho do furor da ira do Deus todo-poderoso.
16 Em seu manto e em sua coxa está escrito este nome: REI DOS
REIS E SENHOR DOS SENHORES.
17 Vi um anjo que estava em pé no sol e que clamava em alta
voz a todas as aves que voavam pelo meio do céu: "Venham,
reúnam-se para o grande banquete de Deus, 18 para comerem
carne de reis, generais e poderosos, carne de cavalos e seus
cavaleiros, carne de todos — livres e escravos, pequenos e
grandes".
19 Então vi a besta, os reis da terra e os seus exércitos reunidos
para guerrearem contra aquele que está montado no cavalo e
contra o seu exército. 20 Mas a besta foi presa, e com ela o falso
profeta que havia realizado os sinais milagrosos em nome dela,
com os quais ele havia enganado os que receberam a marca
da besta e adoraram a imagem dela. Os dois foram lançados
vivos no lago de fogo que arde com enxofre. 21 Os demais foram
mortos com a espada que saía da boca daquele que está mon-
tado no cavalo. E todas as aves se fartaram com a carne deles.

20 Os Mil Anos

Vi descer dos céus um anjo que trazia na mão a chave
do Abismo e uma grande corrente. 2 Ele prendeu o dragão, a
antiga serpente, que é o Diabo, Satanás, e o acorrentou por
mil anos; 3 lançou-o no Abismo, fechou-o e pôs um selo sobre
ele, para assim impedi-lo de enganar as nações, até que ter-
minassem os mil anos. Depois disso, é necessário que ele seja
solto por um pouco de tempo.
4 Vi tronos em que se assentaram aqueles a quem havia sido
dada autoridade para julgar. Vi as almas dos que foram de-
capitados por causa do testemunho de Jesus e da palavra de
Deus. Eles não tinham adorado a besta nem a sua imagem,
e não tinham recebido a sua marca na testa nem nas mãos.
Eles ressuscitaram e reinaram com Cristo durante mil anos. 5 (O
restante dos mortos não voltou a viver até se completarem os
mil anos.) Esta é a primeira ressurreição. 6 Felizes e santos os
que participam da primeira ressurreição! A segunda morte não
tem poder sobre eles; serão sacerdotes de Deus e de Cristo e
reinarão com ele durante mil anos.

A Destruição de Satanás

7 Quando terminarem os mil anos, Satanás será solto da sua
prisão 8 e sairá para enganar as nações que estão nos quatro
cantos da terra, Gogue e Magogue, a fim de reuni-las para
a batalha. Seu número é como a areia do mar. 9 As nações
marcharam por toda a superfície da terra e cercaram o acam-
pamento dos santos, a cidade amada; mas um fogo desceu
do céu e as devorou. 10 O Diabo, que as enganava, foi lançado
no lago de fogo que arde com enxofre, onde já haviam sido
lançados a besta e o falso profeta. Eles serão atormentados
dia e noite, para todo o sempre.

Os Mortos São Julgados

11 Depois vi um grande trono branco e aquele que nele estava
assentado. A terra e o céu fugiram da sua presença, e não se
encontrou lugar para eles. 12 Vi também os mortos, grandes e
pequenos, em pé diante do trono, e livros foram abertos. Outro
livro foi aberto, o livro da vida. Os mortos foram julgados de
acordo com o que tinham feito, segundo o que estava regis-
trado nos livros. 13 O mar entregou os mortos que nele havia, e
a morte e o Hades[d] entregaram os mortos que neles havia; e
cada um foi julgado de acordo com o que tinha feito. 14 Então
a morte e o Hades foram lançados no lago de fogo. O lago de
fogo é a segunda morte. 15 Aqueles cujos nomes não foram
encontrados no livro da vida foram lançados no lago de fogo.

21 A Nova Jerusalém

Então vi novos céus e nova terra, pois o primeiro céu e
a primeira terra tinham passado; e o mar já não existia. 2 Vi
a Cidade Santa, a nova Jerusalém, que descia dos céus, da
parte de Deus, preparada como uma noiva adornada para o seu
marido. 3 Ouvi uma forte voz que vinha do trono e dizia: "Agora
o tabernáculo de Deus está com os homens, com os quais ele
viverá. Eles serão os seus povos[e]; o próprio Deus estará com
eles e será o seu Deus. 4 Ele enxugará dos seus olhos toda lá-
grima. Não haverá mais morte, nem tristeza, nem choro, nem
dor, pois a antiga ordem já passou".
5 Aquele que estava assentado no trono disse: "Estou fazendo
novas todas as coisas!" E acrescentou: "Escreva isto, pois estas
palavras são verdadeiras e dignas de confiança".
6 Disse-me ainda: "Está feito. Eu sou o Alfa e o Ômega, o Prin-
cípio e o Fim. A quem tiver sede, darei de beber gratuitamente
da fonte da água da vida. 7 O vencedor herdará tudo isto, e
eu serei seu Deus, e ele será meu filho. 8 Mas os covardes,
os incrédulos, os depravados, os assassinos, os que cometem
imoralidade sexual, os que praticam feitiçaria, os idólatras e

---

a 19.10 Ou *que mantêm o testemunho*
b 19.12 Grego: *diademas*.
c 19.15 Sl 2.9
d 20.13 Essa palavra pode ser traduzida por *inferno*, *sepulcro*, *morte* ou *profundezas*; também no versículo 14.
e 21.3 Alguns manuscritos dizem *o seu povo*.

todos os mentirosos — o lugar deles será no lago de fogo que
arde com enxofre. Esta é a segunda morte".
9 Um dos sete anjos que tinham as sete taças cheias das úl-
timas sete pragas aproximou-se e me disse: "Venha, eu mos-
trarei a você a noiva, a esposa do Cordeiro". 10 Ele me levou
no Espírito a um grande e alto monte e mostrou-me a Cidade
Santa, Jerusalém, que descia dos céus, da parte de Deus. 11 Ela
resplandecia com a glória de Deus, e o seu brilho era como o
de uma joia muito preciosa, como jaspe, clara como cristal.
12 Tinha um grande e alto muro com doze portas e doze anjos
junto às portas. Nas portas estavam escritos os nomes das doze
tribos de Israel. 13 Havia três portas ao oriente, três ao norte,
três ao sul e três ao ocidente. 14 O muro da cidade tinha doze
fundamentos, e neles estavam os nomes dos doze apóstolos
do Cordeiro.
15 O anjo que falava comigo tinha como medida uma vara feita
de ouro, para medir a cidade, suas portas e seus muros. 16 A
cidade era quadrangular, de comprimento e largura iguais.
Ele mediu a cidade com a vara; tinha dois mil e duzentos qui-
lômetros[a] de comprimento; a largura e a altura eram iguais
ao comprimento. 17 Ele mediu o muro, e deu sessenta e cinco
metros de espessura[b], segundo a medida humana que o anjo
estava usando. 18 O muro era feito de jaspe e a cidade era de
ouro puro, semelhante ao vidro puro. 19 Os fundamentos dos
muros da cidade eram ornamentados com toda sorte de pedras
preciosas. O primeiro fundamento era ornamentado com jaspe;
o segundo com safira; o terceiro com calcedônia; o quarto com
esmeralda; 20 o quinto com sardônio; o sexto com sárdio; o
sétimo com crisólito; o oitavo com berilo; o nono com topázio;
o décimo com crisópraso; o décimo primeiro com jacinto; e o
décimo segundo com ametista.[c] 21 As doze portas eram doze
pérolas, cada porta feita de uma única pérola. A rua principal
da cidade era de ouro puro, como vidro transparente.
22 Não vi templo algum na cidade, pois o Senhor Deus todo-
-poderoso e o Cordeiro são o seu templo. 23 A cidade não
precisa de sol nem de lua para brilharem sobre ela, pois a
glória de Deus a ilumina, e o Cordeiro é a sua candeia. 24 As
nações andarão em sua luz, e os reis da terra lhe trarão a
sua glória. 25 Suas portas jamais se fecharão de dia, pois ali
não haverá noite. 26 A glória e a honra das nações lhe serão
trazidas. 27 Nela jamais entrará algo impuro, nem ninguém que
pratique o que é vergonhoso ou enganoso, mas unicamente
aqueles cujos nomes estão escritos no livro da vida do Cordeiro.

O Rio da Vida

22 Então o anjo me mostrou o rio da água da vida que, claro
como cristal, fluía do trono de Deus e do Cordeiro, 2 no meio
da rua principal da cidade. De cada lado do rio estava a árvore
da vida, que frutifica doze vezes por ano, uma por mês. As fo-
lhas da árvore servem para a cura das nações. 3 Já não haverá
maldição nenhuma. O trono de Deus e do Cordeiro estará na
cidade, e os seus servos o servirão. 4 Eles verão a sua face, e
o seu nome estará na testa deles. 5 Não haverá mais noite.
Eles não precisarão de luz de candeia nem da luz do sol, pois o
Senhor Deus os iluminará; e eles reinarão para todo o sempre.
6 O anjo me disse: "Estas palavras são dignas de confiança e
verdadeiras. O Senhor, o Deus dos espíritos dos profetas, en-
viou o seu anjo para mostrar aos seus servos as coisas que em
breve hão de acontecer[d].

Jesus Vem em Breve

7 "Eis que venho em breve! Feliz é aquele que guarda as pala-
vras da profecia deste livro".
8 Eu, João, sou aquele que ouviu e viu estas coisas. Tendo-as
ouvido e visto, caí aos pés do anjo que me mostrou tudo aquilo,
para adorá-lo. 9 Mas ele me disse: "Não faça isso! Sou servo
como você e seus irmãos, os profetas, e como os que guardam
as palavras deste livro. Adore a Deus!"
10 Então me disse: "Não sele as palavras da profecia deste livro,
pois o tempo está próximo. 11 Continue o injusto a praticar in-
justiça; continue o imundo na imundícia; continue o justo a
praticar justiça; e continue o santo a santificar-se".
12 "Eis que venho em breve! A minha recompensa está comigo,
e eu retribuirei a cada um de acordo com o que fez. 13 Eu sou
o Alfa e o Ômega, o Primeiro e o Último, o Princípio e o Fim.
14 "Felizes os que lavam as suas vestes, e assim têm direito à
árvore da vida e podem entrar na cidade pelas portas. 15 Fora
ficam os cães, os que praticam feitiçaria, os que cometem imo-
ralidades sexuais, os assassinos, os idólatras e todos os que
amam e praticam a mentira.
16 "Eu, Jesus, enviei o meu anjo para dar a vocês este teste-
munho concernente às igrejas. Eu sou a Raiz e o Descendente
de Davi, e a resplandecente Estrela da Manhã."
17 O Espírito e a noiva dizem: "Vem!" E todo aquele que ouvir
diga: "Vem!" Quem tiver sede venha; e quem quiser beba de
graça da água da vida.
18 Declaro a todos os que ouvem as palavras da profecia deste
livro: Se alguém lhe acrescentar algo, Deus lhe acrescentará as
pragas descritas neste livro. 19 Se alguém tirar alguma palavra
deste livro de profecia, Deus tirará dele a sua parte na árvore
da vida e na cidade santa, que são descritas neste livro.
20 Aquele que dá testemunho destas coisas diz: "Sim, venho em
breve!" Amém. Vem, Senhor Jesus!
21 A graça do Senhor Jesus seja com todos. Amém.

[a] **21.16** Grego: *12.000 estádios*. Um estádio equivalia a 185 metros.
[b] **21.17** Ou *metros de altura*. Grego: *144 côvados*. O côvado era uma medida linear de cerca de 45 centímetros.
[c] **21.20** A identificação precisa de algumas dessas pedras não é conhecida.
[d] **22.6** Ou *que acontecerão rapidamente*

Esta obra foi impressa no Brasil e conta com a
qualidade de impressão e acabamento
Geográfica Editora.

Printed in Brazil.

Geográfica
editora